PALÄSTINA
zur Zeit des
Neuen Testaments
Maßstab 1:2000000
0 10 20 30
Kilometer
I Römische Provinz Judäa (4 v. bis 6 n. Chr. Tetrarchie des Archelaus)
Nordgrenze des eigentlichen Judäa
IIa u. IIb Tetrarchie des Herodes Antipas (4 v. bis 39 n. Chr.)
III Tetrarchie des Philippus (4 v. bis 34 n. Chr.)
IV Römische Provinz Syrien
V Tetrarchie des Lysanias
VI Gebiet der Zehnstädte
Die Zahlen geben die Höhen in Meter an
Höhenschichten siehe Karte ›Palästina zur Zeit des Alten Testaments‹
A
B
C
D
E
1
2
3
4
5
6
7
8
MITTELMEER
SYRO-PHOENIZIEN
Sarepta
Tyrus
Cäsarea Philippi
GAULANITIS
BATANÄA
III
TRACHONITIS
See Semachonitis
70
1204
Gischala
1208
Ptolemaïs
Chorazin
Betsaida (Julias)
Kafarnaum
Jotapata
IIa
GALILÄA
Naftali
Gennesaret
See Gennesaret
-209
Gamala?
Rafana?
Kana
Magdala
Tiberias
Hippos
Sebulon
Sephoris
Karmel
546
Gaba
Nazareth
588
Tabor
Dion
Abila
Gadara
Dora
Nain
AURANITIS
Bostra
VI
Cäsarea
Skythopolis
Pella
Ginäa
SAMARIEN
DEKAPOLIS
Scharon
1247
Sebaste
Gerasa
Neapolis
940
Sychar
Mabortha
881
Garizim
Ammatus
Apollonia
Akrabata
Antipatris
Alexandreion
Joppe
I
Fasaëlis
IIb
Arimathäa
Tamna
Gadora
1016
Jordan
PERÄA
Lydda
Gofna
Archelaïs
Modeïn
Efraïm
Philadelphia
Jamnia
JUDÄA
Jericho
Abila
Herodeion?
Emmaus
Kypros
Livias
Esebon
821
Jerusalem
Betanien
Azotos
997
Hyrkaneion
Qumran
Aschkelon
Betletefa
Betlehem
Medeba
Herodeion
Totes Meer
Betogabri
Kallirhoë
1019
Machärus
Anthedon
Hebron
Gaza
Engadi
IDUMÄA
-392
1065
Masada
Moab
Malata
Elusa
Zoara
Nabatäer
ARABIA

Zu Deiner Konfirmation, 20.4.97

Mein lieber Florian,

die Worte, die Deine beiden Paten gestern bei der Abendmahlsfeier gesprochen haben, wirst Du in den nächsten Jahren noch oft hören. – Ein neuer Lebensabschnitt [illegible] „Jugend" greifen sie auf und gestalten [illegible]

Ich wünsche Dir, daß dieses Buch Dich dabei begleiten kann, und daß Du aus den vielen Geschichten, die frühere und früheste Generationen erlebt haben, Kraft, Liebe, Glück, Trost und [illegible] schöpfen kannst!

In Liebe

Dein Paps

GUTE NACHRICHT BIBEL

GUTE NACHRICHT BIBEL

Altes und Neues Testament

Ohne die Spätschriften des Alten Testaments
(Deuterokanonische Schriften/Apokryphen)

Deutsche Bibelgesellschaft

Gute Nachricht Bibel
Revidierte Fassung 1997 der »Bibel im heutigen Deutsch«

Gemeinsame Bibelübersetzung im Auftrag und in Verantwortung von:
Deutsche Bibelgesellschaft (Evangelisches Bibelwerk)
Katholisches Bibelwerk e.V. Stuttgart
Österreichische Bibelgesellschaft
Österreichisches Katholisches Bibelwerk
Schweizerische Bibelgesellschaft
Schweizerisches Katholisches Bibelwerk

ISBN 3-438-01650-8 Sonderausgabe

Einband Rüdiger Pfeffer
Druck C. H. Beck, Nördlingen
Satz und Verarbeitung Biblia-Druck GmbH, Stuttgart
Printed in Germany

GEBRAUCHSANWEISUNG FÜR DIESE BIBEL

Der Bibeltext

Die »Gute Nachricht Bibel« ist eine Übersetzung der Heiligen Schrift aus den Ursprachen in ein modernes, einfaches Deutsch. Über den besonderen Charakter der Übersetzung und ihr Entstehen informiert das Nachwort im Anhang (Seite 345).

Die Abschnittsüberschriften sind von den Übersetzern hinzugefügt worden. Wörter in Klammern sind erläuternde Zusätze. Die Schreibung der Personen- und Ortsnamen folgt den Loccumer Richtlinien für die einheitliche Schreibung biblischer Namen, die in evangelisch-katholischer Zusammenarbeit aufgestellt worden sind.

Wörter mit Stern (*) im Bibeltext

Begriffe und Namen, die am Ende einen Stern tragen, sind in den Sacherklärungen des Anhangs (ab Seite 349) erklärt. Grundsätzlich tragen alle erklärten Wörter beim ersten Vorkommen nach einer Zwischenüberschrift dieses Hinweiszeichen (ebenso die erklärten Wörter in den Anmerkungen zum Bibeltext).

Der Gottesname im Bibeltext (Herr)

Der hebräische Gottesname JHWH (früher als »Jehova« gedeutet) wird nach altem Brauch durch das Ersatzwort »Herr« wiedergegeben. Dieses wird in einer besonderen Schriftart gedruckt (Herr), zur Unterscheidung von den Fällen, in denen im hebräischen Text selbst das Wort »Herr« (im Sinn von Gebieter, Herrscher oder als Höflichkeitsanrede) steht. Näheres siehe in der Sacherklärung »Herr«.

Anmerkungen zum Bibeltext

Kleine hochgestellte Buchstaben im Bibeltext verweisen auf die Anmerkungen am Fuß der Seiten (Fußnoten). Diese bieten teils wörtliche Übersetzungen von umschreibend wiedergegebenen Textbestandteilen, teils andere Übersetzungsmöglichkeiten, außerdem zum Textverständnis notwendige Kurzerklärungen und Hinweise zur Textüberlieferung. (Vgl. zu deren Verständnis im Anhang Seite 346/47; die verwendeten Kürzel H und G sowie die Abkürzungen der biblischen Bücher sind auf den Seiten 7* und 8* erklärt.)

Vergleichsstellen zum Bibeltext

Ganz unten auf den Seiten finden sich zu einzelnen Versen oder Versgruppen Querverweise auf andere Stellen der Bibel. Sie sind ein Angebot für das Bibelstudium und dienen der Verdeutlichung des Sinnes oder der Vertiefung des Verständnisses. Die verwendeten Abkürzungen sind auf Seite 6* erklärt; weitere Erläuterungen dazu auf Seite 12*.

Wenn ganze Abschnitte in anderen biblischen Büchern gleich oder ähnlich überliefert sind, wird darauf in kleinem Druck unter der Abschnittsüberschrift hingewiesen.

Wo finde ich was?

Das Inhaltsverzeichnis auf den folgenden Seiten folgt der Anordnung der biblischen Bücher. Wer rasch ein bestimmtes Buch finden will, kann das Abkürzungsverzeichnis auf Seite 8* benutzen, das jeweils in der 2. Spalte die einzelnen Bücher in alphabetischer Reihenfolge aufführt.

Ein Überblick über bekannte und wichtige Bibeltexte findet sich nach dem Abkürzungsverzeichnis. Zentrale Themen der Bibel sind im Stichwortverzeichnis des Anhangs erfaßt, ebenso die wichtigsten Personen (ab Seite 419). Die farbigen Landkarten werden durch das Ortsregister im Anhang erschlossen (ab Seite 437). Es enthält in alphabetischer Reihenfolge sämtliche in den Farbkarten verzeichneten Orte.

Eine rasche Orientierung über den Inhalt der einzelnen biblischen Bücher gibt die Inhaltsübersicht jeweils vor Beginn des Buches.

INHALT

Das Alte Testament

INHALT

Das Neue Testament

Anhang

ABKÜRZUNGEN IN DEN ANMERKUNGEN UND VERGLEICHSTELLEN

A, B, C	(usw.) bei Verweisen auf die Spätschriften anstelle von Kapitelziffern
E	Einheitsübersetzung der Bibel
G	Griechischer Text des Alten Testaments (Septuaginta)
H	Hebräischer Text des Alten Testaments, offizielle Fassung der jüdischen Schriftgelehrten (Masoretischer Text)
Kap	Kapitel
L	Lutherbibel, revidierte Fassung 1984
nach	Zitat aus dem Alten Testament mit teilweise abweichendem Wortlaut
par	Hinweis auf parallele Aussage(n) bei Mehrfachüberlieferung; siehe dazu Seite 12*
S	Hinweis auf »Sammelstellen«; siehe dazu Seite 12*
zit	zitiert wird … (im Neuen Testament aus dem Alten)

ABKÜRZUNGEN DER BIBLISCHEN BÜCHER UND ALPHABETISCHES INHALTSVERZEICHNIS

(N = Neues Testament, eigene Seitenzählung!)

WO FINDE ICH WAS?

(N = Neues Testament, eigene Seitenzählung)

Biblische Quellen des christlichen Lebens

Bekannte Geschichten der Bibel

Weitere Hinweise im Stichwortverzeichnis ab Seite 419 des Anhangs sowie in den Inhaltsübersichten zu Beginn jedes biblischen Buches.

Von Ägpyten nach Kanaan

Das versprochene Land

Aus der Zeit der Richter

Aus der Zeit der Könige

Aus den Büchern der Dichter und Propheten

Spätschriften des Alten Testaments

Neues Testament

(siehe auch: Feste im Kirchenjahr)

Jesus: der Beginn seines Weges

Heilungen und Wunder

Begegnungen

Gleichnisse und Beispiele

Urgemeinde und Mission

Aus der Offenbarung des Johannes

GEBRAUCHSANWEISUNG ZUR BENUTZUNG DER VERGLEICHSSTELLEN

Die am Fuß der Seiten verzeichneten biblischen Vergleichsstellen (Querverweise) sind durch die vorgesetzten fetten Ziffern mit dem Bibeltext der betreffenden Seite verknüpft.

1,4 bedeutet: Die nachfolgend aufgeführten Stellen sind als Vergleichsstellen dem Bibeltext von Kapitel 1, Vers 4 zugeordnet.

Die Vergleichsstellen selbst werden nach folgendem System abgekürzt (dies gilt zugleich für Stellenangaben in den Fußnoten zum Text und in den Sacherklärungen sowie im Stichwortverzeichnis des Anhangs):

Biblisches Buch in Abkürzung, Kapitel, Vers(e)

z. B. 1 Kor 12,20 = 1. Brief an die Korinther, Kapitel 12, Vers 20
(Abkürzungen siehe Seite 8*)

Komma zwischen Ziffern trennt Kapitel und Vers(e):

2,7	Kapitel 2, Vers 7
12,1-5	Kapitel 12, Verse 1-5

Punkt zwischen Ziffern trennt Verse:

3,5.7.12 Kapitel 3, Verse 5, 7 und 12

Semikolon (Strichpunkt) trennt vollständige Stellenangaben und einzelstehende Kapitelziffern:

5,2; 7,6-13	5,2 und 7,6-13
29–31; 35	Kapitel 29–31 und 35

Versgruppen werden durch einen kurzen Trennstrich verbunden (3-4; 1-12), vollständige Stellenangaben und Kapitel ohne Versangaben durch einen langen Trennstrich (3–4; 1–12):

12,23–14,2 = Kapitel 12, Vers 23 bis Kapitel 14, Vers 2

Der Buchstabe S (= Sammelstelle) hinter einer Stellenangabe bedeutet: An der angegebenen Stelle finden sich weitere Querverweise, z. B. in 1 Mose/Genesis:

13,16 12,2 S
Unter 12,2 werden zusätzlich als Vergleichsstellen aufgeführt: 15,5; 17,4-6; 22,17; Hebr 11,12

Verse werden in a und b unterteilt, wenn eine Abschnittsgrenze mit Überschrift mitten in den Vers fällt (z. B. Gen 2,4a/4b), aber auch, wenn nur ein Absatz den Vers in zwei Teile gliedert. In diesem zweiten Fall wird die Versziffer im Text nicht doppelt gesetzt; als b-Vers gilt der Versteil des neuen Absatzes (z. B. Ex 23,19; Seite 79).

Wo zu einem Bezugstext mehrere Vergleichsstellen angeführt werden, erfolgt die Anordnung der Stellen sinngemäß und nicht mechanisch nach der Abfolge der biblischen Bücher. In der Regel werden zuerst die Stellen aus demselben Buch (auch Buchgruppe) genannt. Wenn ein Vers gleich mehrere Themen bzw. Stichwörter enthält, zu denen Vergleichsstellen geboten werden, folgt die Anordnung der Reihenfolge der Themen, die von Fall zu Fall auch in Klammern davorgesetzt werden können, z.B. bei Matthäus:

6,10 (Herrschaft) 4,17 S; (Wille) 7,21 S; 12,50 par; 18,14 usw.

Die angegebenen Vergleichsstellen sind eine qualifizierte Auswahl aus dem reichen Netz von Querverbindungen innerhalb der Bibel. Sie umfassen folgende Kategorien:

1. Fundorte von direkten Zitaten (eingeführt mit *zit* oder *nach*)
   z. B. 2 Kön 14,6; Hab 2,13; Mt 5,38; Röm 4,3; 15,21
2. Rückverweise innerhalb eines Zusammenhangs
   z. B. Gen 44,27; 50,5.13; Dtn 32,48; 1 Kön 15,18; Est 4,7
3. Nachweise von Bezugnahmen und Anspielungen
   z. B. Jes 10,26; Dan 9,1-2; Hos 9,9; Apg 28,19; Phil 3,6
4. Parallelen, die den Sinn einer Aussage erhellen
   z. B. Gen 16,1-3; Ri 5,8; 1 Sam 20,26; 2 Sam 12,6; Ps 105,15
5. Parallelen, die dasselbe Thema betreffen
   z. B. Gen 2,7; Ps 23,1-4; Jes 31,1-3; Mt 7,7; Röm 2,11

Eine eigene Kategorie bilden die Parallelen, die sich auf größere Texteinheiten beziehen (sog. Abschnitts- oder Überlieferungsparallelen).

Sie stehen jeweils eingeklammert und in kleinerem Druck unter den fetten Abschnittsüberschriften (z. B. Ex 20; Seite 75). Gehäuft sind sie dort zu finden, wo ganze biblische Bücher denselben Stoff parallel, aber mit unterschiedlicher Akzentsetzung und zum Teil nach selbständigen Überlieferungen darbieten. Dies betrifft das Deuteronomistische und Chronistische Geschichtswerk, also die Bücher Samuel und Könige gegenüber den Büchern der Chronik, sowie die vier Evangelien, insbesondere die ersten drei (Die Gute Nachricht nach Matthäus, Markus, Lukas).

Wird in den Vergleichsstellen am Fuß der Seite auf Texte aus diesem Zusammenhang verwiesen, dann wird nur *eine* Fassung angeführt, in der Regel Samuel/Könige und bei den Evangelien Markus oder Matthäus (in dieser Reihenfolge). Ein »par« hinter der Stellenangabe verweist auf das Vorliegen von solchen Parallelen. Sie können mit Hilfe der »Abschnittsparallen« unter den Überschriften aufgefunden werden.

Ein Beispiel aus 1 Mose/Genesis:

> **1,27** Mk 10,6 par
> Zu dem Abschnitt Mk 10,2-12 ist als Abschnittsparallele angegeben Mt 19,3-12; in Betracht kommt daraus Vers 4.

Ein Beispiel aus Matthäus:

> **6,16-17** 9,14-15 par
> Zu dem Abschnitt 9,14-17 finden sich die beiden Abschnittsparallelen Mk 2,18-22 und Lk 5,3-39; in Betracht kommen daraus die Verse 18-20 bzw. 33-35.

DAS ALTE TESTAMENT

DAS ERSTE BUCH MOSE (GENESIS)

Inhaltsübersicht

DIE URGESCHICHTE VON WELT UND MENSCH (Kapitel 1–11)

Die Erschaffung der Welt

1 Am Anfang schuf Gott Himmel und Erde[a].
2 Die Erde war noch leer und öde,
Dunkel bedeckte sie und wogendes Wasser,
und über den Fluten schwebte Gottes Geist*.

3 Da sprach Gott: »Licht entstehe!«,
und das Licht strahlte auf.
4 Und Gott sah das Licht an: Es war gut.
Dann trennte Gott das Licht von der Dunkelheit
5 und nannte das Licht Tag,
die Dunkelheit Nacht.
Es wurde Abend und wieder Morgen:
der erste Tag.

6 Dann sprach Gott:
»Im Wasser soll ein Gewölbe[b] entstehen,
eine Scheidewand zwischen den
Wassermassen!«
7 So geschah es: Gott machte ein Gewölbe
und trennte so das Wasser
unter dem Gewölbe
von dem Wasser, das darüber war.
8 Und Gott nannte das Gewölbe Himmel.
Es wurde Abend und wieder Morgen:
der zweite Tag.

9 Dann sprach Gott:
»Das Wasser unter dem Himmelsgewölbe
soll sich alles an *einer* Stelle sammeln,
damit das Land hervortritt.«
So geschah es.
10 Und Gott nannte das Land Erde,
die Sammlung des Wassers nannte er Meer.
Und Gott sah das alles an: Es war gut.

11 Dann sprach Gott:
»Die Erde lasse frisches Grün aufsprießen,
Pflanzen und Bäume von jeder Art,
die Samen und samenhaltige Früchte tragen!«
So geschah es:
12 Die Erde brachte frisches Grün hervor,
Pflanzen jeder Art mit ihren Samen
und alle Arten von Bäumen
mit samenhaltigen Früchten.
Und Gott sah das alles an: Es war gut.
13 Es wurde Abend und wieder Morgen:
der dritte Tag.

14 Dann sprach Gott:
»Am Himmel sollen Lichter entstehen,
die Tag und Nacht voneinander scheiden,
leuchtende Zeichen,
um die Zeiten zu bestimmen:
Tage und Feste und Jahre.
15 Sie sollen am Himmelsgewölbe leuchten,
damit sie der Erde Licht geben.«
So geschah es:
16 Gott machte zwei große Lichter,

a Das Begriffspaar *Himmel und Erde* bezeichnet die Welt in ihrer Gesamtheit. Vers 1 ist als Überschrift zur folgenden Schöpfungsgeschichte zu verstehen.
b Vgl. Sacherklärung »Himmelsgewölbe« im Anhang.
1,1–2,4a Ps 8; 104; Ijob 38,1–39,30; Joh 1,1-4; Sir 16,26–17,10; 42,15–43,33

ein größeres, das den Tag beherrscht,
und ein kleineres für die Nacht,[a]
dazu auch das ganze Heer der Sterne.
17 Gott setzte sie an das Himmelsgewölbe,
damit sie der Erde Licht geben,
18 den Tag und die Nacht regieren
und Licht und Dunkelheit voneinander
scheiden.
Und Gott sah das alles an: Es war gut.
19 Es wurde Abend und wieder Morgen:
der vierte Tag.

20 Dann sprach Gott:
»Das Wasser soll von Leben wimmeln,
und in der Luft[b] sollen Vögel fliegen!«
21 So schuf Gott die Seeungeheuer
und alle Arten von Wassertieren,
ebenso jede Art von Vögeln
und geflügelten Tieren.
Und Gott sah das alles an: Es war gut.
22 Und Gott segnete seine Geschöpfe und sagte:
»Seid fruchtbar, vermehrt euch
und füllt die Meere,
und ihr Vögel, vermehrt euch auf der Erde!«
23 Es wurde Abend und wieder Morgen:
der fünfte Tag.

24 Dann sprach Gott:
»Die Erde soll Leben hervorbringen:
alle Arten von Vieh und wilden Tieren
und alles, was auf der Erde kriecht.«
So geschah es.
25 Gott machte die wilden Tiere und das Vieh
und alles, was auf dem Boden kriecht,
alle die verschiedenen Arten.
Und Gott sah das alles an: Es war gut.

26 Dann sprach Gott:
»Nun wollen wir Menschen machen,
ein Abbild von uns, das uns ähnlich ist!
Sie sollen Macht haben über die Fische
im Meer,
über die Vögel in der Luft,
über das Vieh und alle Tiere auf der Erde[c]
und über alles, was auf dem Boden kriecht.«
27 So schuf Gott die Menschen nach
seinem Bild,
als Gottes Ebenbild schuf er sie
und schuf sie als Mann und als Frau.[d]
28 Und Gott segnete die Menschen
und sagte zu ihnen:
»Seid fruchtbar und vermehrt euch!
Füllt die ganze Erde und nehmt sie in Besitz![e]
Ich setze euch über die Fische im Meer,
die Vögel in der Luft
und alle Tiere, die auf der Erde leben,
und vertraue sie eurer Fürsorge an.«

29 Weiter sagte Gott zu den Menschen:
»Als Nahrung gebe ich euch die Samen
der Pflanzen
und die Früchte, die an den Bäumen wachsen,
überall auf der ganzen Erde.
30 Den Landtieren aber und den Vögeln
und allem, was auf dem Boden kriecht,
allen Geschöpfen, die den Lebenshauch
in sich tragen,
weise ich Gräser und Blätter zur Nahrung zu.«
So geschah es.

31 Und Gott sah alles an, was er geschaffen hatte,
und sah: Es war alles sehr gut.
Es wurde Abend und wieder Morgen:
der sechste Tag.

2 So entstanden Himmel und Erde
mit allem, was lebt.
2 Am siebten Tag hatte Gott sein Werk vollendet
und ruhte von aller seiner Arbeit aus.
3 Und Gott segnete den siebten Tag
und erklärte ihn zu einem heiligen* Tag,
der ihm gehört,
denn an diesem Tag ruhte Gott,
nachdem er sein Schöpfungswerk
vollbracht hatte.

4a Dies ist die Geschichte der Entstehung
von Himmel und Erde;
so hat Gott sie geschaffen.

a Die Namen »Sonne« und »Mond« werden vermieden, weil sie bei manchen Nachbarn Israels als Namen für Götter verwendet wurden. Sie werden als *Lichter* (Lampen) bezeichnet, um klarzustellen, daß sie keine schicksalsbestimmende Macht haben – und natürlich erst recht nicht die anschließend genannten Sterne.
b *in der Luft:* wörtlich *über die Erde, am Himmelsgewölbe;* entsprechend in den Versen 26 und 28 *am Himmelsgewölbe.*
c *und alle Tiere …:* mit einer alten Übersetzung; H *und die ganze Erde.*
d Wörtlich *männlich und weiblich schuf er sie.*
e *nehmt sie in Besitz:* Die herkömmliche Übersetzung *macht sie euch untertan* hat oft Anlaß gegeben zu dem Mißverständnis, die Schöpfung sei der Willkür des Menschen ausgeliefert. Nach hebräischem Verständnis gehören Herrschaft und Fürsorge zusammen; die Könige und Fürsten im Alten Orient galten als »Hirten« des Volkes. Deshalb wird die Fortsetzung, die wörtlich lautet *Herrscht über (die Fische usw.),* wiedergegeben durch *Ich setze euch über … und vertraue sie eurer Fürsorge an.*

1,27 Mk 10,6 par; Kol 3,10; Weish 2,23 1,28 Weish 9,2 1,29 9,3 1,31 1 Tim 4,4 2,2-3 Ex 20,8-10 S; Hebr 4,9-10

Der Mensch im Garten Eden (Das Paradies)

4b Als Gott, der HERR,[a] Erde und Himmel machte,
5 gab es zunächst noch kein Gras und keinen
Busch in der Steppe; denn Gott hatte es noch
nicht regnen lassen. Es war auch noch niemand
da, der das Land bearbeiten konnte. 6 Nur aus
der Erde stieg Wasser auf und tränkte den
Boden.

7 Da nahm Gott, der HERR, Staub von der Erde,
formte daraus den Menschen[b] und blies ihm
den Lebensatem in die Nase. So wurde der
Mensch ein lebendes Wesen.[c]

8-9 Dann legte Gott im Osten, in der Land-
schaft Eden*, einen Garten an. Er ließ aus der
Erde alle Arten von Bäumen wachsen. Es waren
prächtige Bäume, und ihre Früchte schmeckten
gut. Dorthin brachte Gott den Menschen, den er
gemacht hatte.

In der Mitte des Gartens wuchsen zwei be-
sondere Bäume: ein Baum, dessen Früchte un-
vergängliches Leben schenken, und ein Baum,
dessen Früchte Wissen geben.[d]

10 In Eden entspringt ein Strom. Er bewässert
den Garten und teilt sich dann in vier Ströme.
11 Der erste heißt Pischon; er fließt rund um das
Land Hawila, wo es Gold gibt. 12 Das Gold dieses
Landes ist ganz rein, außerdem gibt es dort kost-
bares Harz und den Edelstein Karneol. 13 Der
zweite Strom heißt Gihon; er fließt rund um das
Land Kusch*. 14 Der dritte Strom, der Tigris, fließt
östlich von Assur.[e] Der vierte Strom ist der
Eufrat.

15 Gott, der HERR, brachte also den Menschen
in den Garten Eden. Er übertrug ihm die Auf-
gabe, den Garten zu pflegen und zu schützen.
16 Weiter sagte er zu ihm: »Du darfst von allen
Bäumen des Gartens essen, 17 nur nicht von dem
Baum, dessen Früchte Wissen geben.[f] Sonst
mußt du sterben.«

Die Erschaffung der Frau

18 Gott, der HERR, dachte: »Es ist nicht gut, daß
der Mensch so allein ist. Ich will ein Wesen
schaffen, das ihm hilft und das zu ihm paßt.«

19 So formte Gott aus Erde die Tiere des Feldes
und die Vögel. Dann brachte er sie zu dem Men-
schen, um zu sehen, wie er jedes einzelne nen-
nen würde; denn so sollten sie heißen.

20 Der Mensch gab dem Vieh, den wilden Tie-
ren und den Vögeln ihre Namen, doch unter
allen Tieren fand sich keins, das ihm helfen
konnte und zu ihm paßte.

21 Da versetzte Gott, der HERR, den Menschen
in einen tiefen Schlaf, nahm eine seiner Rippen
heraus und füllte die Stelle mit Fleisch. 22 Aus der
Rippe machte er eine Frau und brachte sie zu
dem Menschen. 23 Der freute sich und rief:

»Endlich! Sie ist's!
Eine wie ich![g]
Sie gehört zu mir,
denn von mir ist sie genommen.«[h]

24 Deshalb verläßt ein Mann Vater und Mutter,
um mit seiner Frau zu leben. Die zwei sind dann
eins, mit Leib und Seele.[i]

25 Die beiden waren nackt, aber sie schämten
sich nicht voreinander.

Die Menschen müssen den Garten Eden verlassen

3 Die Schlange* war das klügste von allen Tie-
ren des Feldes, die Gott, der HERR, gemacht
hatte. Sie fragte die Frau: »Hat Gott wirklich ge-
sagt: ›Ihr dürft die Früchte von den Bäumen im
Garten nicht essen‹?«

a Eigentlich *der HERR Gott;* ebenso in der Fortsetzung bis 3,24. »Der HERR« in dieser Schreibweise steht in der Übersetzung stets für den Gottesnamen; siehe dazu die Sacherklärung »HERR«.
b Im Hebräischen gehören *Mensch* (adam) und *Erde* (adama) auch sprachlich zusammen. Später wird Adam zum Eigennamen des ersten Menschen (siehe Anmerkung zu 3,17). *Staub* ist ein Hinweis auf die Hinfälligkeit des Menschen; vgl. 3,19.
c Wörtlich *eine lebende nefesch.* Das hebräische Wort *nefesch* wird herkömmlich mit »Seele« übersetzt. Gemeint ist damit ein Lebewesen wie Mensch oder Tier im Unterschied zu den Pflanzen (vgl. auch Sacherklärung »Seele«).
d *Wissen geben:* Wörtlich ist vom *Baum der Erkenntnis des Guten und Schlechten* die Rede. Gemeint ist nicht die Fähigkeit zu unterscheiden, was sittlich gut oder böse ist, sondern ein umfassendes Wissen von allem, was für das menschliche Leben nützlich oder schädlich ist.
e Gemeint ist die Stadt dieses Namens; siehe Sacherklärung.
f *Baum …:* wörtlich wie in Vers 8-9; vgl. die Anmerkung dort. Das gemeinte umfassende Wissen kann den Menschen zu der Meinung verführen, sein Leben in eigener Regie führen zu können. Das würde ihn überfordern und die ihm anvertraute Schöpfung zerstören, weil er der Versuchung zum Mißbrauch der damit gegebenen Möglichkeiten nicht gewachsen ist (vgl. 4,1-8.23; 6,5; 11,1-9 sowie Ez 28,1-19).
g *Endlich …:* wörtlich *Gebein von meinem Gebein, Fleisch von meinem Fleisch.*
h *Sie gehört …:* Die Zugehörigkeit ist im Hebräischen in der Namengebung ausgedrückt. Diese enthält ein Wortspiel, das sich im Deutschen nicht nachahmen läßt: »Sie wird *ischa* (= Frau) genannt werden, denn vom *isch* (= Mann) ist sie genommen.«
i *sind dann eins …:* wörtlich *sind dann ein Fleisch,* womit die volle leiblich-seelische Einheit bezeichnet wird.

2,7 Ijob 33,4; Ps 104,29-30; Koh 12,7; 1 Kor 15,45-49 **2,8-9** Offb 22,14 **2,24** Mk 10,7 par; Eph 5,31 **3,1-5** Weish 2,24

[2] »Natürlich dürfen wir sie essen«, erwiderte
die Frau, [3] »nur nicht die Früchte von dem Baum
in der Mitte des Gartens. Gott hat gesagt: ›Eßt
nicht davon, berührt sie nicht, sonst müßt ihr
sterben!‹«
[4] »Nein, nein«, sagte die Schlange, »ihr werdet
bestimmt nicht sterben! [5] Aber Gott weiß: So-
bald ihr davon eßt, werden euch die Augen auf-
gehen, und ihr werdet alles wissen, genau wie
Gott. Dann werdet ihr euer Leben selbst in die
Hand nehmen können.«[a]
[6] Die Frau sah den Baum an: Seine Früchte
mußten köstlich schmecken, sie anzusehen war
eine Augenweide, und es war verlockend, daß
man davon klug werden sollte! Sie nahm von
den Früchten und aß. Dann gab sie auch ihrem
Mann davon, und er aß ebenso.
[7] Da gingen den beiden die Augen auf, und sie
merkten, daß sie nackt waren. Deshalb flochten
sie Feigenblätter zusammen und machten sich
Lendenschurze.
[8] Am Abend, als es kühler wurde, hörten sie,
wie Gott, der HERR, durch den Garten ging. Da
versteckten sich der Mensch und seine Frau vor
Gott zwischen den Bäumen. [9] Aber Gott rief
nach dem Menschen: »Wo bist du?«
[10] Der antwortete: »Ich hörte dich kommen
und bekam Angst, weil ich nackt bin. Da habe
ich mich versteckt!«
[11] »Wer hat dir gesagt, daß du nackt bist?«
fragte Gott. »Hast du etwa von den verbotenen
Früchten gegessen?«
[12] Der Mensch erwiderte: »Die Frau, die du
mir an die Seite gestellt hast, gab mir davon; da
habe ich gegessen.«
[13] Gott, der HERR, sagte zur Frau: »Was hast du
da getan?«
Sie antwortete: »Die Schlange ist schuld, sie
hat mich zum Essen verführt!«
[14] Da sagte Gott, der HERR, zu der Schlange:

»Verflucht sollst du sein wegen dieser Tat!
Auf dem Bauch wirst du kriechen
und Staub fressen dein Leben lang –
du allein von allen Tieren.
[15] Und Feindschaft soll herrschen
zwischen dir und der Frau,
zwischen deinen Nachkommen und den ihren.[b]
Sie werden euch den Kopf zertreten,
und ihr werdet sie in die Ferse beißen.«

[16] Zur Frau aber sagte Gott:

»Ich verhänge über dich,
daß du Mühsal und Beschwerden hast,
jedesmal wenn du schwanger bist;
und unter Schmerzen bringst du Kinder zur Welt.
Es wird dich zu deinem Mann hinziehen,
aber er wird über dich herrschen.«

[17] Und zum Mann[c] sagte Gott: »Weil du auf
deine Frau gehört und mein Verbot übertreten
hast, gilt von nun an:

Deinetwegen ist der Acker verflucht.
Mit Mühsal wirst du dich davon ernähren,
dein Leben lang.
[18] Dornen und Disteln werden dort wachsen,
und du wirst die Pflanzen des Feldes essen.
[19] Viel Schweiß mußt du vergießen,
um dein tägliches Brot zu bekommen,
bis du zurückkehrst zur Erde,
von der du genommen bist.
Ja, Staub bist du,
und zu Staub mußt du wieder werden!«

[20] Der Mensch nannte seine Frau Eva,[d] denn sie
sollte die Mutter aller Menschen werden.
[21] Und Gott, der HERR, machte für den Men-
schen und seine Frau Kleider aus Fellen.
[22] Dann sagte Gott: »Nun ist der Mensch wie
einer von uns[e] geworden, und alles Wissen
steht ihm offen.[f] Es darf nicht sein, daß er auch
noch vom Baum des Lebens ißt. Sonst wird er
ewig leben!«
[23] Und er schickte den Menschen aus dem
Garten Eden* weg, damit er den Ackerboden be-
arbeite, aus dem er gemacht war.

a *ihr werdet alles wissen ...:* wörtlich *ihr werdet wie Gott sein, wissend was gut und schlecht ist* (vgl. Anmerkung zu 2,8-9).

b Das hebräische Wort für *Nachkommen* ist der grammatischen Form nach Einzahl: *Same*, d.h. Nachkommenschaft. In der Alten Kirche wurde die Einzahl auf eine Einzelperson bezogen und auf Christus oder Maria gedeutet, die Schlange entsprechend auf den Teufel.

c Wörtlich *zum Menschen.* In H wird das Wort durch die zugesetzten Vokale schon hier (nicht erst ab 4,1) als Eigenname gedeutet (ebenso in Vers 21; die Vorkommen in den Versen 20, 22, 23 und auch 24, wo wörtlich die Einzahl steht, lassen beide Deutungen zu). Ursprünglich ist Adam kein Name, sondern das hebräische Wort für »Mensch« (vgl. Anmerkung zu 2,7).

d Der Name *Eva* klingt im Hebräischen wie das Wort für »Leben«.

e *uns* ist wahrscheinlich ein Hinweis auf den himmlischen Hofstaat; vgl. Sacherklärung »Gottessöhne«.

f *und alles Wissen ...:* wörtlich *er erkennt Gutes und Schlechtes;* vgl. Anmerkungen zu 2,8-9 und 2,17.

3,4 Joh 8,44; Offb 20,2 3,5 Jes 14,14; Ez 28,2; 2 Thess 2,4 3,19 2,7; Ps 90,3; Koh 3,20-21 S

24 So trieb Gott, der HERR, die Menschen hinaus und stellte östlich von Eden die Keruben* und das flammende Schwert als Wächter auf. Niemand sollte zum Baum des Lebens gelangen können.

Der Bruder erhebt sich gegen den Bruder

4 Adam schlief mit seiner Frau Eva,[a] und sie wurde schwanger. Sie brachte einen Sohn zur Welt und sagte: »Mit Hilfe des HERRN habe ich einen Mann hervorgebracht.«[b] Darum nannte sie ihn Kain. 2 Später bekam sie einen zweiten Sohn, den nannte sie Abel. Abel wurde ein Hirt, Kain ein Bauer.

3 Einmal brachte Kain von seinem Ernteertrag dem HERRN ein Opfer. 4 Auch Abel brachte ihm ein Opfer; er nahm dafür die Besten von den erstgeborenen Lämmern seiner Herde.[c] Der HERR blickte freundlich auf Abel und sein Opfer, 5 aber Kain und sein Opfer schaute er nicht an.

Da stieg der Zorn in Kain hoch, und er blickte finster zu Boden. 6 Der HERR fragte ihn: »Warum bist du so zornig? Warum starrst du auf den Boden? 7 Wenn du Gutes im Sinn hast, kannst du den Kopf frei erheben; aber wenn du Böses planst, lauert die Sünde vor der Tür deines Herzens und will dich verschlingen. Du mußt Herr über sie sein!«

8 Kain aber sagte zu seinem Bruder Abel: »Komm und sieh dir einmal meine Felder an!«[d] Und als sie draußen waren, fiel er über seinen Bruder her und schlug ihn tot.

9 Der HERR fragte Kain: »Wo ist dein Bruder Abel?«

»Was weiß ich?« antwortete Kain. »Bin ich vielleicht der Hüter meines Bruders?«[e]

10 »Weh, was hast du getan?« sagte der HERR. »Hörst du nicht, wie das Blut deines Bruders von der Erde zu mir schreit? 11 Du hast den Acker mit dem Blut deines Bruders getränkt, deshalb stehst du unter einem Fluch und mußt das fruchtbare Ackerland verlassen. 12 Wenn du künftig den Acker bearbeitest, wird er dir den Ertrag verweigern. Als heimatloser Flüchtling mußt du auf der Erde umherirren.«

13 Kain sagte zum HERRN: »Die Strafe ist zu hart, das überlebe ich nicht! 14 Du vertreibst mich vom fruchtbaren Land und aus deiner schützenden Nähe. Als heimatloser Flüchtling muß ich umherirren. Ich bin vogelfrei, jeder kann mich ungestraft töten.«

15 Der HERR antwortete: »Nein, sondern ich bestimme: Wenn dich einer tötet, müssen dafür sieben Menschen aus seiner Familie sterben.« Und er machte an Kain ein Zeichen, damit jeder wußte: Kain steht unter dem Schutz des HERRN.

16 Dann mußte Kain aus der Nähe des HERRN weggehen. Er wohnte östlich von Eden* im Land Nod.[f]

Kulturentwicklung und menschliche Überheblichkeit

17 Kain schlief mit seiner Frau, da wurde sie schwanger und gebar einen Sohn: Henoch. Danach gründete Kain eine Stadt und nannte sie Henoch nach dem Namen seines Sohnes.

18 Henochs Frau gebar ihm einen Sohn: Irad. Dieser Irad zeugte Mehujaël, Mehujaël zeugte Metuschaël, und Metuschaël zeugte Lamech.

19 Lamech nahm sich zwei Frauen: Ada und Zilla.

20 Ada gebar ihm Jabal; von dem stammen alle ab, die mit Herden umherziehen und in Zelten wohnen. 21 Sein jüngerer Bruder war Jubal, von dem kommen die Zither- und Flötenspieler her.

22 Auch Zilla gebar einen Sohn: Tubal-Kain. Er wurde Schmied und machte alle Arten von Waffen und Werkzeugen aus Bronze und Eisen. Seine Schwester war Naama.

23 Lamech sagte zu seinen Frauen:

»Ihr meine Frauen, Ada, Zilla, hört!
Paßt auf, wie Lamech sich sein Recht
verschafft:[g]
Ich töte einen Mann für meine Wunde
und einen Jungen, wenn mich jemand schlägt!
24 Ein Mord an Kain – so hat es Gott bestimmt –
verlangt als Rache sieben Menschenleben;
für Lamech müssen siebenundsiebzig sterben!«

Ersatz für Abel

25 Adam schlief wieder mit Eva, und sie gebar noch einmal einen Sohn. Sie nannte ihn Set, denn sie sagte: »Gott hat mir wieder einen Sohn

a *schlief mit …:* wörtlich *erkannte Eva, seine Frau;* ebenso in den Versen 17 und 25. Das hebräische Wort bedeutet »erkennen/kennenlernen« in der persönlichen Begegnung. Zu *Adam* siehe Anmerkung zu 3,17.
b *hervorgebracht:* oder *erworben.* Im Hebräischen ein Wortspiel mit dem Namen Kain. *Abel* (Vers 2) bedeutet »Windhauch, Flüchtigkeit«. *Mit Hilfe des HERRN:* Deutung unsicher.
c Oder *er nahm die fetten Stücke von den erstgeborenen …*
d *»Komm und sieh …«:* mit alten Übersetzungen; in H fehlt der Satz.
e *Hüter:* Anspielung auf den Hirtenberuf des Bruders.
f *Nod* klingt wie das hebräische Wort für »ruhelos«.
g *wie Lamech …:* verdeutlichender Zusatz; H *(Paßt auf) auf meine Rede.*

4,4 Hebr 11,4 **4,10** Ijob 16,18 S; Hebr 12,24 **4,23** Ex 21,23-25 **4,24** Mt 18,22

geschenkt![a] Der wird mir Abel ersetzen, den
Kain erschlagen hat.«
26 Auch Set wurde ein Sohn geboren, den
nannte er Enosch.
Damals fingen die Menschen an, im Gebet
den Namen* des HERRN anzurufen.

Die Nachkommen Adams durch Set

(1 Chr 1,1-4)

5 Hier ist die Liste der Nachkommen von
Adam.[b]
Als Gott die Menschen erschuf, machte er sie
nach seinem Bild; 2 und er erschuf sie als Mann
und als Frau. Er segnete sie und gab ihnen den
Namen »Mensch«.
3 Als Adam 130 Jahre alt war, zeugte er einen
Sohn nach seinem Bild, als sein Abbild, und gab
ihm den Namen Set. 4-5 Danach zeugte er noch
weitere Söhne und Töchter und starb im Alter
von 930 Jahren.
6-8 Als Set 105 Jahre alt war, zeugte er Enosch.
Danach zeugte er noch weitere Söhne und Töch-
ter und starb im Alter von 912 Jahren.
9-11 Als Enosch 90 Jahre alt war, zeugte er
Kenan. Danach zeugte er noch weitere Söhne
und Töchter und starb im Alter von 905 Jahren.
12-14 Als Kenan 70 Jahre alt war, zeugte er Ma-
halalel. Danach zeugte er noch weitere Söhne
und Töchter und starb im Alter von 910 Jahren.
15-17 Als Mahalalel 65 Jahre alt war, zeugte er
Jered. Danach zeugte er noch weitere Söhne und
Töchter und starb im Alter von 895 Jahren.
18-20 Als Jered 162 Jahre alt war, zeugte er
Henoch. Danach zeugte er noch weitere Söhne
und Töchter und starb im Alter von 962 Jahren.
21 Als Henoch 65 Jahre alt war, zeugte er
Metuschelach. 22 Danach lebte er noch 300 Jahre
und zeugte weitere Söhne und Töchter. 23 Er
wurde 365 Jahre alt. 24 Henoch hatte in enger
Verbindung mit Gott gelebt. Dann war er plötz-
lich nicht mehr da; denn Gott hatte ihn von der
Erde weggenommen.
25 Als Metuschelach 187 Jahre alt war, zeugte
er Lamech. 26 Danach lebte er noch 782 Jahre
und zeugte weitere Söhne und Töchter. 27 Er
starb im Alter von 969 Jahren.
28 Als Lamech 182 Jahre alt war, zeugte er
einen Sohn. 29 Er sagte: »Der wird uns Trost ver-
schaffen bei der harten Arbeit, die uns auferlegt
ist, weil der HERR den Acker verflucht hat.« Des-
halb gab er ihm den Namen Noach.[c] 30 Danach
lebte er noch 595 Jahre und zeugte weitere
Söhne und Töchter. 31 Er starb im Alter von
777 Jahren.
32 Als Noach 500 Jahre alt war, zeugte er Sem,
Ham und Jafet.

Gott entschließt sich zum Eingreifen

6 Die Menschen begannen sich zu vermeh-
ren und sich über die Erde auszubreiten. Es
wurden ihnen auch viele Töchter geboren. 2 Da
sahen die Gottessöhne*, daß die Töchter der
Menschen sehr schön waren. Sie nahmen die
von ihnen als Frauen, die ihnen am besten ge-
fielen, und zeugten mit ihnen Kinder.
3 Der HERR aber sagte: »Ich lasse meinen
Lebensgeist nicht für unbegrenzte Zeit im Men-
schen wohnen, denn der Mensch ist schwach
und anfällig für das Böse.[d] Ich begrenze seine
Lebenszeit auf 120 Jahre.«
4 Damals und auch noch später lebte auf der
Erde das Geschlecht der Riesen. Sie waren aus
der Verbindung der Gottessöhne mit den Men-
schentöchtern hervorgegangen und sind als die
großen Helden der Vorzeit bekannt.
5 Der HERR sah, daß die Menschen auf der
Erde völlig verdorben waren. Alles, was aus
ihrem Herzen kam, ihr ganzes Denken und
Planen, war durch und durch böse. 6 Das tat
ihm weh, und er bereute, daß er sie erschaffen
hatte. 7 Er sagte: »Ich will die Menschen wieder
von der Erde ausrotten – und nicht nur die
Menschen, sondern auch die Tiere auf der Erde,
von den größten bis zu den kleinsten, und
auch die Vögel in der Luft. Es wäre besser ge-
wesen, wenn ich sie gar nicht erst erschaffen
hätte.«
8 Noach war der einzige, der vor den Augen
des HERRN bestehen konnte.

Gott gibt Noach den Befehl zum Bau der Arche

9 Dies ist die Geschichte Noachs und seiner
Nachkommen: Im Gegensatz zu seinen Zeitge-
nossen war Noach ein rechtschaffener, durch
und durch redlicher Mann; er lebte in enger Ver-
bindung mit Gott. 10 Er hatte drei Söhne: Sem,
Ham und Jafet. 11 Alle anderen Menschen konn-
ten vor Gott nicht bestehen; die Erde war voll
von Unrecht und Gewalt. 12 Wohin Gott auch

a *geschenkt:* wörtlich *gesetzt.* Im Hebräischen ein Wortspiel mit dem Namen Set.
b Wörtlich *Dies ist das Buch der Geschichte Adams.* Das hebräische Wort, das hier mit *Geschichte* wiedergegeben ist, steht auch in 2,4a; 6,9; 10,1; 11,10.27; 25,12; 36,1.9; 37,2.
c *Noach* erinnert an das hebräische Wort für »ausruhen«.
d *schwach und ...:* wörtlich *Fleisch**.
5,22-24 Hebr 11,5 6,4 Bar 3,26-28 6,5-14 Weish 10,4; Mt 24,37-39; Hebr 11,7; 1 Petr 3,20-21

sah: überall nichts als Verdorbenheit. Denn die Menschen waren alle vom rechten Weg abgekommen.

13 Da sagte Gott zu Noach: »Mit den Menschen[a] mache ich ein Ende. Ich will sie vernichten samt der Erde; denn die Erde ist voll von dem Unrecht, das sie tun.

14 Bau dir ein Schiff, eine Arche*. Mach sie aus festem Holz und dichte sie innen und außen mit Pech ab. Im Innern soll sie viele Räume haben. 15 Sie muß 150 Meter lang sein, 25 Meter breit und 15 Meter hoch.[b] 16 Mach oben ein Dach darüber,[c] zieh zwei Zwischendecken ein, so daß es dreistöckig wird, und bring an der Seite eine Tür an.

17 Ich werde eine Flut über die Erde hereinbrechen lassen, in der alles Lebendige umkommen soll. Weder Mensch noch Tier wird mit dem Leben davonkommen. 18 Mit dir aber schließe ich meinen Bund*. Ich verspreche dir: Du sollst gerettet werden.[d]

Geh mit deiner Frau, deinen Söhnen und deinen Schwiegertöchtern in die Arche! 19 Nimm von allen Tieren ein Männchen und ein Weibchen mit, damit sie mit dir gerettet werden. 20 Von jeder Tierart sollst du ein Paar in die Arche bringen, damit sie am Leben bleiben, alle Arten von Landtieren und Vögeln. 21 Nimm jedem Tier sein Futter mit, und auch genug zu essen für dich und deine Familie.«

22 Noach tat alles genau so, wie Gott es ihm befohlen hatte.

Noach, seine Familie und die Tiere gehen in die Arche

7 Dann sagte der HERR zu Noach: »Geh mit deiner Familie in die Arche*! Du bist der einzige unter den Menschen, der vor mir als gerecht* bestehen kann. 2 Nimm von allen reinen* Tieren je sieben Paare mit, aber von den unreinen Tieren nur jeweils ein Männchen und ein Weibchen. 3 Auch von den verschiedenen Vögeln nimm je sieben Paare mit. Ich möchte, daß jede Art erhalten bleibt und sich wieder auf der Erde fortpflanzen kann. 4 Noch sieben Tage, dann werde ich es vierzig Tage und Nächte lang ununterbrochen regnen lassen. Alles Leben auf der Erde, das ich geschaffen habe, wird dann ausgelöscht.«

5 Noach machte alles genau so, wie der HERR es befohlen hatte. 6 Er war damals 600 Jahre alt, als die große Flut über die Erde hereinbrach.

Die Sintflut* kommt auf die Erde

7 Noach ging also mit seiner Frau, seinen Söhnen und seinen Schwiegertöchtern in die Arche*. 8 Von allen reinen* und unreinen Landtieren sowie von allen Vögeln und den am Boden kriechenden Tieren 9 ließ er je ein Paar mit sich in die Arche gehen, ein Männchen und ein Weibchen, wie Gott es befohlen hatte. 10 Sieben Tage später kam die große Flut über die Erde.

11 Im 600. Lebensjahr Noachs, am 17. Tag des 2. Monats, öffneten sich die Schleusen des Himmels, und die Quellen der Tiefe brachen von unten aus der Erde hervor. 12 Vierzig Tage und vierzig Nächte lang regnete es von da an in Strömen auf die Erde.

13 An jenem Tag ging Noach mit seiner Frau, mit seinen Söhnen Sem, Ham und Jafet und mit den Frauen seiner Söhne in die Arche, 14 dazu je ein Paar von allen Tierarten: den wilden und den zahmen Tieren, den Tieren, die am Boden kriechen, und allen geflügelten Tieren. 15 Von allen Tierarten, allem, was auf der Erde lebt, gingen je zwei zu Noach in die Arche, 16 immer ein Männchen und ein Weibchen, so wie Gott es befohlen hatte.

Und der HERR schloß hinter Noach die Tür zu.

17 Vierzig Tage lang regnete es ununterbrochen. Das Wasser stieg an und hob die Arche vom Boden ab. 18 Es stieg immer weiter, und die Arche schwamm jetzt frei auf dem Wasser. 19 Es stieg höher und höher, und schließlich waren auf der Erde sogar die Berge bedeckt; 20 das Wasser stand sieben Meter[e] über den höchsten Gipfeln.

21 Da starb alles, was auf der Erde lebte und sich regte: Vögel, zahme und wilde Tiere, all die kleinen Tiere, von denen es auf der Erde wimmelte, und alle Menschen. 22 Alles, was Lebensgeist in sich trug[f] und auf dem Land lebte, fand den Tod.

23 So vernichtete der HERR alles Leben auf der Erde, vom Menschen bis zum kriechenden Getier, vom Vieh bis zu den Vögeln. Nur Noach und alle, die bei ihm in der Arche waren, blieben übrig.

a Wörtlich *Mit allem Fleisch**. b Hebräische Maßangaben *300, 50, 30 Ellen**.
c Möglich auch *ein Fenster*. Es folgt, nicht sicher zu deuten: *eine Elle* hoch sollst du es machen von oben her.*
d *Ich verspreche ...:* verdeutlichender Zusatz.
e Hebräische Maßangabe *15 Ellen**. f Wörtlich *was den Atem des Lebensgeistes in der Nase hatte.*
7,2-3 Lev 11,1-47 7,11 Ez 31,4

Gott denkt an die Überlebenden in der Arche

24 Hundertfünfzig Tage lang war das Wasser auf
8 der Erde gestiegen. 1 Da dachte Gott an
Noach und an all die Tiere, die bei ihm in
der Arche* waren. Er ließ einen Wind über die
Erde wehen, so daß das Wasser fiel. 2 Er ließ die
Quellen der Tiefe versiegen und schloß die
Schleusen des Himmels, so daß es zu regnen auf-
hörte.
3 So fiel das Wasser nach hundertfünfzig
Tagen. 4 Am 17. Tag des 7. Monats setzte die
Arche auf einem Gipfel des Araratgebirges auf.
5 Das Wasser fiel ständig weiter, bis am 1. Tag des
10. Monats die Berggipfel sichtbar wurden.
6 Nach vierzig Tagen öffnete Noach die Dach-
luke, die er gemacht hatte, 7 und ließ einen
Raben hinaus. Der flog so lange hin und her, bis
die Erde trocken war.
8 Noach ließ auch eine Taube fliegen, um zu
erfahren, ob das Wasser von der Erde abgeflos-
sen war. 9 Sie fand aber keine Stelle, wo sie sich
niederlassen konnte; denn die ganze Erde war
noch von Wasser bedeckt. Deshalb kehrte sie
zur Arche zurück. Noach streckte die Hand aus
und holte sie wieder herein.
10 Er wartete noch einmal sieben Tage, dann
ließ er die Taube zum zweiten Mal fliegen. 11 Sie
kam gegen Abend zurück und hielt einen fri-
schen Ölbaumzweig im Schnabel. Da wußte
Noach, daß das Wasser abgeflossen war.
12 Er wartete noch einmal sieben Tage, dann
ließ er die Taube zum dritten Mal fliegen. Dies-
mal kehrte sie nicht mehr zurück.

Noachs Opfer und Gottes Zusage

13 Am ersten Tag des Jahres, in dem Noach sechs-
hundertundein Jahr alt wurde, hatte sich das
Wasser verlaufen. Noach öffnete das Dach und
hielt Ausschau. Da sah er, daß auf der Erde kein
Wasser mehr stand. 14 Am 27. Tag des 2. Monats
war die Erde schließlich ganz trocken.
15 Da sagte Gott zu Noach: 16 »Verlaß die
Arche* mit deiner Frau, deinen Söhnen und
deinen Schwiegertöchtern! 17 Laß auch alle Tiere
hinaus, die in der Arche sind, die Vögel, die
großen Landtiere und alles, was am Boden
kriecht. Es soll wieder von ihnen wimmeln auf
der Erde; sie sollen fruchtbar sein und sich ver-
mehren auf der Erde.«[a]
18 Da ging Noach mit seiner Familie aus der
Arche, 19 und auch die Tiere kamen heraus, alle
die verschiedenen Arten.
20 Noach baute einen Opferaltar für den
HERRN. Dann nahm er welche von allen reinen*
Tieren und allen reinen Vögeln und opferte sie
darauf als Brandopfer* für den HERRN.
21 Der HERR roch den besänftigenden Duft des
Opfers und sagte zu sich selbst: »Ich will die
Erde nicht noch einmal bestrafen, nur weil die
Menschen so schlecht sind! Alles, was aus
ihrem Herzen kommt, ihr ganzes Denken und
Planen, ist nun einmal böse von Jugend auf. Ich
will nicht mehr alles Leben auf der Erde vernich-
ten, wie ich es getan habe.

22 Von jetzt an gilt,
solange die Erde besteht:
Nie werden aufhören
Saat und Ernte,
Frost und Hitze,
Sommer und Winter,
Tag und Nacht.«

Gottes Friedensbund mit den Menschen und Tieren

9 Gott segnete Noach und seine Söhne und
sagte zu ihnen: »Seid fruchtbar, vermehrt
euch und füllt die ganze Erde! 2 Alle Tiere wer-
den sich vor euch fürchten müssen: die großen
Landtiere, die Vögel, die Tiere, die am Boden
kriechen, und die Fische im Meer. Ich gebe sie in
eure Gewalt.
3 Ihr dürft von jetzt an Fleisch essen, nicht nur
Pflanzenkost; alle Tiere gebe ich euch als Nah-
rung. 4 Nur Fleisch, in dem noch Blut* ist, sollt
ihr nicht essen; denn im Blut ist das Leben.
5 Euer eigenes Blut darf auf keinen Fall vergos-
sen werden. Ich wache darüber und fordere
Leben für Leben, vom Tier und erst recht vom
Menschen. 6 Wer einen Menschen tötet, muß
von Menschenhand sterben;[b] denn der Mensch
ist nach dem Bild Gottes geschaffen. 7 Also seid
fruchtbar, vermehrt euch, so daß es von euch
wimmelt auf der Erde!«
8 Weiter sagte Gott zu Noach und zu seinen
Söhnen: 9 »Ich schließe meinen Bund[c] mit euch

a Bewußter Anklang an 1,28; ebenso später in 9,1.7; 17,6.20; 28,3; 35,11; 48,4.
b *von Menschenhand:* Zu erwägen ist die Übersetzung *(als Ausgleich) für den (getöteten) Menschen.*
c Das hebräische Wort für *Bund* (siehe Sacherklärung) kommt in den Versen 8-17 siebenmal vor. Es hat oft die Bedeutung »Zusage« oder »Versprechen«; das wird durch die variierende Übersetzung verdeutlicht.

9,1-3 1,28-29 **9,4** Lev 17,10-14S; Apg 15,20 **9,5** Ex 21,28-29 **9,6** 1,27

und mit euren Nachkommen 10 und auch mit allen Tieren, die bei euch in der Arche* waren und künftig mit euch auf der Erde leben, den Vögeln, den Landtieren und allen kriechenden Tieren. 11 Ich gebe euch die feste Zusage: Ich will das Leben nicht ein zweites Mal vernichten. Die Flut soll nicht noch einmal über die Erde hereinbrechen.

12–13 Das ist der Bund, den ich für alle Zeiten mit euch und mit allen lebenden Wesen bei euch schließe. Als Zeichen dafür setze ich meinen Bogen[a] in die Wolken. Er ist der sichtbare Garant für die Zusage, die ich der Erde mache. 14 Jedesmal, wenn ich Regenwolken über der Erde zusammenziehe, soll der Bogen in den Wolken erscheinen, 15 und dann will ich an das Versprechen denken, das ich euch und allen lebenden Wesen gegeben habe: Nie wieder soll das Wasser zu einer Flut werden, die alles Leben vernichtet. 16 Der Bogen wird in den Wolken stehen, und wenn ich ihn sehe, wird er mich an den ewigen Bund erinnern, den ich mit allen lebenden Wesen auf der Erde geschlossen habe. 17 Dieser Bogen«, sagte Gott zu Noach, »ist das Zeichen für den Bund, den ich jetzt mit allen lebenden Wesen auf der Erde schließe.«

Scheidung unter Noachs Söhnen

18 Zusammen mit Noach waren seine Söhne Sem, Ham und Jafet aus der Arche* gegangen. Ham war übrigens der Vater Kanaans. 19 Die Nachkommen der drei Söhne Noachs haben sich dann über die ganze Erde ausgebreitet.

20 Noach trieb Ackerbau. Er war der erste, der einen Weinberg anlegte. 21 Als er von dem Wein trank, wurde er betrunken, und in seinem Rausch lag er unbedeckt in seinem Zelt.

22 Ham, der Vater Kanaans, sah es und ließ seinen Vater nackt daliegen, er ging sogar zu seinen Brüdern und erzählte es ihnen. 23 Da nahmen Sem und Jafet eine Decke, legten sie über ihre Schultern, gingen rückwärts ins Zelt und deckten ihren Vater damit zu. Sie hielten dabei das Gesicht von ihm abgewandt, um ihn nicht nackt zu sehen.

24 Als Noach aus seinem Rausch erwachte und erfuhr, was sein Sohn Ham ihm angetan hatte, 25 sagte er:

»Fluch über Kanaan*!
Er wird seinen Brüdern dienen
als der letzte ihrer Knechte.
26 Gepriesen sei der HERR, der Gott Sems!
Er mache Kanaan zu Sems Knecht!
27 Gott schaffe Jafets Leuten weiten Wohnraum,[b]
bis mitten unter die Leute Sems.
Er mache Kanaan zu Jafets Knecht!«

28 Nach der großen Flut lebte Noach noch 350 Jahre; 29 er starb im Alter von 950 Jahren.

Völker, die von Noach abstammen

(1 Chr 1,5-23)

10 Hier ist die Liste der Nachkommen Noachs:

Noach hatte drei Söhne: Sem, Ham und Jafet. Deren Kinder wurden nach der großen Flut geboren.

2 *Jafets* Söhne sind: Gomer, Magog, Madai, Jawan, Tubal,[c] Meschech und Tiras. 3 Von Gomer stammen Aschkenas, Rifat und Togarma, 4 von Jawan Elischa, Tarschisch, die Kittäer und die Rodaniter.[d] 5 Die Nachkommen Jawans besiedelten die Küstenländer bis zum Rand der Erde.

Diese alle wurden zu Völkern, von denen jedes nach Sippen geordnet in seinem Gebiet lebt und seine eigene Sprache hat.

6 *Hams* Söhne sind: Kusch, Mizrajim, Put und Kanaan.[e] 7 Von Kusch stammen Seba, Hawila, Sabta, Ragma und Sabtecha; von Ragma stammen Saba* und Dedan*.

8 Kusch zeugte einen Sohn namens Nimrod, der war der erste, der fremde Völker seiner Herrschaft unterwarf. 9 Er war auch ein kühner Jäger; deshalb sagt man noch heute von jemand: »Er ist ein gewaltiger Jäger vor dem HERRN wie Nimrod.« 10 Zuerst herrschte er über die Städte Babel, Erech und Akkad, die alle[f] im Land Schinar* liegen. 11 Von da aus zog er ins Land Assur. Dort baute er die Städte Ninive*, Rehobot-Ir und Kelach 12 sowie Resen, das zwischen Ninive und Kelach liegt. Ninive ist die bekannte große Stadt.

a Gemeint ist der Bogen als Kriegswaffe, mit der (bildhaft gesehen) Gott im Unwetter die Blitze wie Pfeile auf die Erde schießt.
b Im Hebräischen ein Wortspiel zwischen *weiten Raum schaffen* und dem Namen *Jafet.*
c *Madai* = Meder, *Jawan* = Jonier; *Tubal* siehe Sacherklärung.
d *Rodaniter* (= Bewohner von Rhodos) mit den alten Übersetzungen und 1 Chr 1,7; H *Dodaniter;* zu *Elischa* usw. siehe Sacherklärungen.
e *Mizrajim* = Ägypten, *Put* = Libyen. *Kusch* und *Kanaan* siehe Sacherklärungen.
f *die alle:* vermutlicher Text; H *und Kalne.*
9,26 Ri 1,28.30.33.35

13 Von Mizrajim stammen die Luditer, Anami-
ter, Lehabiter, Naftuhiter, 14 Patrositer und Kaslu-
hiter sowie die Kaftoriter, von denen die Phili-
ster* herkommen.[a]
15 Kanaans Söhne sind: Sidon, sein Erstge-
borener, und Het*, 16 außerdem stammen von
ihm die Jebusiter, Amoriter*, Girgaschiter, 17 Hi-
witer, Arkiter, Siniter, 18 Arwaditer, Zemariter
und Hamatiter. Die Sippen der Kanaaniter breite-
ten sich so stark aus, 19 daß ihr Gebiet von Sidon
südwärts bis nach Gerar und Gaza reichte und
ostwärts bis nach Sodom* und Gomorra, Adma,
Zebojim und Lescha.
20 Diese alle sind Nachkommen Hams. Sie
wurden zu Völkern, von denen jedes nach Sip-
pen geordnet in seinem Gebiet lebt und seine
eigene Sprache hat.
21 Auch *Sem*, dem ältesten Bruder Jafets, wur-
den Kinder geboren. Von ihm stammen alle
Nachkommen Ebers ab. 22 Sems Söhne sind:
Elam*, Assur*, Arpachschad, Lud* und Aram*.
23 Von Aram stammen Uz, Hul, Geter und
Masch. 24 Arpachschad zeugte Schelach, Sche-
lach zeugte Eber.
25 Eber wurden zwei Söhne geboren. Der eine
hieß Peleg (Teilung), denn zu seiner Zeit verteilte
sich die Menschheit über die Erde; der andere
hieß Joktan. 26 Die Söhne Joktans sind Almodad,
Schelef, Hazarmawet, Jerach, 27 Hadoram, Usal,
Dikla, 28 Obal, Abimaël, Saba, 29 Ofir*, Hawila
und Jobab. Sie alle sind Nachkommen Joktans.
30 Ihr Gebiet reicht von Mescha über Sefar bis an
das Gebirge im Osten.
31 Diese alle sind Nachkommen Sems. Sie
wurden zu Völkern, von denen jedes nach Sip-
pen geordnet in seinem Gebiet lebt und seine
eigene Sprache hat.
32 Alle diese Stämme und Völker sind Nach-
kommen der Söhne Noachs. Von den Söhnen
Noachs stammen sie ab und haben sich nach
der großen Flut über die ganze Erde ausge-
breitet.

Die Menschheit will es mit Gott aufnehmen (Der babylonische Turm)

11 Die Menschen hatten damals noch alle die-
selbe Sprache und gebrauchten dieselben
Wörter. 2 Als sie nun von Osten aufbrachen,
kamen sie in eine Ebene im Land Schinar* und
siedelten sich dort an.
3 Sie sagten zueinander: »Ans Werk! Wir
machen Ziegel aus Lehm und brennen sie!« Sie
wollten die Ziegel als Bausteine verwenden und
Asphalt* als Mörtel.
4 Sie sagten: »Ans Werk! Wir bauen uns eine
Stadt mit einem Turm, der bis an den Himmel
reicht! Dann wird unser Name in aller Welt
berühmt. Dieses Bauwerk wird uns zusammen-
halten, so daß wir nicht über die ganze Erde zer-
streut werden.«
5 Da kam der HERR vom Himmel herab, um
die Stadt und den Turm anzusehen, die sie bau-
ten. 6 Als er alles gesehen hatte, sagte er: »Wohin
wird das noch führen? Sie sind ein einziges Volk
und sprechen alle dieselbe Sprache. Wenn sie
diesen Bau vollenden, wird ihnen nichts mehr
unmöglich sein. Sie werden alles ausführen, was
ihnen in den Sinn kommt.«
7 Und dann sagte er: »Ans Werk! Wir steigen
hinab und verwirren ihre Sprache, damit nie-
mand mehr den anderen versteht!«
8 So zerstreute der HERR sie über die ganze
Erde, und sie konnten die Stadt nicht weiter-
bauen. 9 Darum heißt diese Stadt Babel,[b] denn
dort hat der HERR die Sprache der Menschen ver-
wirrt und von dort aus die Menschheit über die
ganze Erde zerstreut.

Die Nachkommen Sems bis zu Abraham (Abram)[c]

(1 Chr 1,24-27)

10 Hier ist die Liste der Nachkommen Sems:
Als Sem 100 Jahre alt war, zeugte er Arpach-
schad. Das war zwei Jahre nach der großen Flut.
11 Danach lebte er noch 500 Jahre und zeugte
weitere Söhne und Töchter.
12-25 Als Arpachschad 35 Jahre alt war, zeugte
er Schelach und lebte danach noch 403 Jahre.
Als Schelach 30 Jahre alt war, zeugte er Eber
und lebte danach noch 403 Jahre.
Als Eber 34 Jahre alt war, zeugte er Peleg und
lebte danach noch 430 Jahre.
Als Peleg 30 Jahre alt war, zeugte er Regu und
lebte danach noch 209 Jahre.
Als Regu 32 Jahre alt war, zeugte er Serug und
lebte danach noch 207 Jahre.
Als Serug 30 Jahre alt war, zeugte er Nahor
und lebte danach noch 200 Jahre.
Als Nahor 29 Jahre alt war, zeugte er Terach
und lebte danach noch 119 Jahre.

a *von denen …:* steht in H hinter *Kasluhiter;* vgl. jedoch Am 9,7; Jer 47,4.
b *Babel* wird hier durch einen Anklang an das hebräische Wort für »verwirren« gedeutet; im Akkadischen bedeutet der Name »Tor Gottes«.
c Zu den Namensformen siehe Anmerkung zu 17,5.
11,10 10,21-22

Sie alle zeugten nach ihrem Erstgeborenen noch weitere Söhne und Töchter.

[26]Als Terach 70 Jahre alt war, zeugte er Abram, Nahor und Haran.

[27]Hier ist die Liste der Nachkommen Terachs: Seine Söhne waren Abram, Nahor und Haran. Haran zeugte Lot; [28]er starb noch vor seinem Vater Terach in seiner Heimatstadt Ur in Chaldäa.[a] [29]Abram heiratete Sarai, und Nahor heiratete Milka, die Tochter Harans und Schwester Jiskas. [30]Sarai aber bekam keine Kinder.

[31]Terach brach aus Ur in Chaldäa auf, um ins Land Kanaan* zu ziehen. Er nahm seinen Sohn Abram, seinen Enkel Lot und seine Schwiegertochter Sarai mit. [32]Terach wurde 205 Jahre alt; er starb in Haran.

DIE VÄTER UND MÜTTER ISRAELS VON ABRAHAM BIS JAKOB

(Kapitel 12–36)

Gott beruft Abraham (Abram)[b]

12 Da sagte der HERR zu Abram: »Verlaß deine Heimat, deine Sippe und die Familie deines Vaters, und zieh in das Land, das ich dir zeigen werde!

[2]Ich will dich segnen und dich zum Stammvater eines mächtigen Volkes machen. Dein Name soll in aller Welt berühmt sein. An dir soll sichtbar werden, was es bedeutet, wenn ich jemand segne.

[3]Alle, die dir und deinen Nachkommen Gutes wünschen, haben auch von mir Gutes zu erwarten. Aber wenn jemand euch Böses wünscht, bringe ich Unglück über ihn. Alle Völker der Erde werden Glück und Segen erlangen, wenn sie dir und deinen Nachkommen wohlgesonnen sind.«[c]

[4]Abram folgte dem Befehl des HERRN und brach auf, und Lot ging mit ihm. Abram war 75 Jahre alt, als er seine Heimatstadt Haran verließ. [5]Seine Frau Sarai und Lot, der Sohn seines Bruders, begleiteten ihn. Sie nahmen ihren ganzen Besitz mit, auch die Menschen, die sie in Haran in Dienst genommen hatten.[d] So zogen sie in das Land Kanaan*, [6]in dem damals noch das Volk der Kanaaniter wohnte. Sie durchquerten das Land bis zu dem heiligen Baum[e] bei Sichem.

[7]Dort erschien dem Abram der HERR und sagte zu ihm: »Deinen Nachkommen will ich dieses Land geben!« Da baute Abram dem HERRN einen Altar* an der Stelle, wo er ihm erschienen war.

[8]Von dort aus zog er in das Bergland östlich von Bet-El. Seine Zelte standen zwischen Bet-El im Westen und Ai im Osten. Auch dort baute er einen Altar und rief im Gebet den Namen* des HERRN an.

[9]Dann zog er von Lagerplatz zu Lagerplatz immer weiter nach Süden.

Abraham (Abram) und Sara (Sarai)[f] in Ägypten bewahrt

[10]Damals brach im Land Kanaan* eine schwere Hungersnot aus. Darum suchte Abram Zuflucht in Ägypten. [11]Als er an die ägyptische Grenze kam, sagte er zu Sarai: »Ich weiß, daß du eine schöne Frau bist. [12]Wenn die Ägypter dich sehen, werden sie sagen: ›Das ist seine Frau‹, und sie werden mich totschlagen, um dich zu bekommen. [13]Sag deshalb, du seist meine Schwester, dann werden sie mich deinetwegen gut behandeln und am Leben lassen.«

[14]In Ägypten traf ein, was Abram vorausgesehen hatte. Überall fiel Sarai durch ihre Schönheit auf. [15]Die Hofleute priesen sie dem Pharao in den höchsten Tönen, und er ließ sie in seinen Palast holen. [16]Ihr zuliebe war er freundlich zu Abram und schenkte ihm Schafe und Ziegen, Rinder, Esel und Kamele, Sklaven und Sklavinnen.

[17]Doch weil der Pharao sich die Frau Abrams genommen hatte, bestrafte der HERR ihn mit einer schweren Krankheit, ihn und alle andern in seinem Palast. [18]Da ließ der Pharao Abram rufen und sagte zu ihm: »Warum hast du mir das angetan? Du hättest mir doch sagen können, daß sie deine Frau ist! [19]Aber du hast sie für deine Schwester ausgegeben, nur deshalb habe ich sie

a Wörtlich *Ur der Chaldäer;* ebenso in Vers 31 (siehe Sacherklärung »Chaldäa«).
b Zu den Namensformen siehe Anmerkung zu 17,5.
c *Alle Völker …:* Andere Übersetzungsmöglichkeit *Alle Völker der Erde werden sich wünschen, so gesegnet zu werden, wie ich dich gesegnet habe;* vgl. 22,18; 26,4. G entspricht der jüdischen Auslegung, der auch Paulus (Gal 3,8) folgt: *Durch dich wird Gott alle Völker auf der Erde segnen.*
d *die Menschen …:* wörtlich *die Seelen (= Lebendigen), die sie in Haran erworben hatten;* vgl. Sacherklärung »Sklave«.
e Wörtlich *dem Wahrsagebaum* (Baum = Terebinthe oder Eiche*).
f Zu den Namensformen siehe 17,5 und 17,15.

11,30 15,2-4; 17,15-19; 21,1-2 **12,1** Hebr 11,8; Weish 10,5; Sir 44,19-21 **12,2** 13,16; 15,5; 17,4-6; 22,17; Hebr 11,12 **12,3** 18,18; 28,14 **12,7** (Land) 13,15; 15,18-20; 17,8; 28,13; Dtn 34,4; Ps 105,11; (Altar) Gen 35,7; Ex 17,15; Ri 6,24 **12,10-20** 20,1-18; 26,1-11

mir zur Frau genommen. Nun, sie gehört dir;
nimm sie und geh!«
20 Der Pharao bestellte eine Abteilung Solda-
ten und ließ Abram mit seiner Frau und seinem
ganzen Besitz über die Grenze bringen.

Abraham (Abram)[a] und Lot trennen sich

13 Abram kehrte mit seiner Frau und seinem
ganzen Besitz an Tieren und Menschen in
den südlichsten Teil des Landes Kanaan* zurück.
Auch sein Neffe Lot begleitete ihn.
3 [b]Von dort zog er von Lagerplatz zu Lager-
platz bis zu der Stelle zwischen Bet-El und Ai,
wo er zuerst seine Zelte aufgeschlagen hatte.
4 Das war auch der Ort, an dem er den Altar ge-
baut hatte. Dort rief er im Gebet den Namen*
des HERRN an.
2 Abram war sehr reich. Er besaß große Vieh-
herden und viel Silber und Gold. 5 Auch Lot, der
mit ihm zog, hatte viele Schafe, Ziegen und Rin-
der und viele Zelte, in denen seine Hirten mit
ihren Familien lebten.[c] 6 Das Weideland reichte
nicht aus für die Viehherden der beiden; sie
konnten auf die Dauer nicht zusammenbleiben.
7 Es gab immer Streit zwischen den Hirten
Abrams und den Hirten Lots. Außerdem wohn-
ten damals noch die Kanaaniter und die Perisiter
im Land.
8 Da sagte Abram zu seinem Neffen: »Es soll
doch kein Streit zwischen uns sein, auch nicht
zwischen unseren Hirten. Wir sind doch Brüder!
9 Das beste ist, wir trennen uns. Das ganze Land
steht dir offen: Du kannst nach Norden gehen,
dann gehe ich nach Süden; du kannst auch nach
Süden gehen, dann gehe ich nach Norden.«
10 Lot schaute sich nach allen Seiten um. Er
sah, daß es in der Jordanebene reichlich Wasser
gab. Bevor der HERR Sodom* und Gomorra zer-
störte, war es dort wie im Garten Gottes oder
wie am Nil in Ägypten – bis hinab nach Zoar.
11 Deshalb entschied sich Lot für die Jordan-
gegend und zog nach Osten.
So trennten sich die beiden: 12 Abram blieb im
Land Kanaan, Lot ging ins Gebiet der Jordan-
städte und kam im Lauf der Zeit mit seinen Zel-
ten bis nach Sodom. 13 Die Bewohner Sodoms
aber führten ein schändliches Leben, das dem
HERRN mißfiel.
14 Nachdem Lot sich von Abram getrennt
hatte, sagte der HERR zu Abram: »Sieh dich von
hier aus nach allen Seiten um, nach Norden,
nach Süden, nach Osten und nach Westen!
15 Das ganze Land, das du siehst, will ich für
immer dir und deinen Nachkommen geben.
16 Und ich werde deine Nachkommen so zahl-
reich machen wie den Staub auf der Erde, den
niemand zählen kann. 17 Durchzieh das Land
nach allen Richtungen; dir und keinem anderen
gebe ich es.«
18 Abram zog mit seinen Zelten weiter und
nahm seinen Wohnsitz in Hebron, bei den
Eichen* von Mamre.[d] Dort baute er einen Altar
für den HERRN.

Abraham (Abram)[e] rettet Lot

14 1-2 Um diese Zeit brach im Land Kanaan*
ein Krieg aus. Vier Großkönige – Amrafel
von Schinar*, Arjoch von Ellasar, Kedor-Laomer
von Elam* sowie Tidal, der König vieler Völker –
zogen ins Feld gegen die fünf Stadtkönige Bera
von Sodom*, Birscha von Gomorra, Schinab von
Adma, Schemeber von Zebojim* und den König
von Bela, das jetzt Zoar heißt. 3 Diese fünf hatten
sich zusammengeschlossen und waren mit
ihren Truppen in das Siddimtal gezogen, wo
heute das Tote Meer ist. 4 Zwölf Jahre lang hatten
sie unter der Oberherrschaft Kedor-Laomers ge-
standen, im dreizehnten waren sie von ihm ab-
gefallen.
5 Jetzt im vierzehnten Jahr rückten Kedor-
Laomer und die mit ihm verbündeten Groß-
könige heran. Zuerst besiegten sie die Rafaïter in
Aschterot-Karnajim, die Susiter in Ham, die Emi-
ter in der Ebene von Kirjatajim 6 und die Horiter
in ihrem ganzen Gebiet vom Bergland Seïr* bis
hinunter nach El-Paran am Rand der Wüste.
7 Von dort wandten sie sich nordwärts nach
En-Mischpat, das jetzt Kadesch heißt, und ver-
wüsteten das ganze Gebiet der Amalekiter* und
die von Amoritern* besiedelte Gegend von Ha-
zezon-Tamar.
8 Im Siddimtal stellten sich ihnen die abgefal-
lenen Stadtkönige entgegen; 9 mit vier Großköni-
gen mußten es die fünf kleinen Stadtkönige auf-
nehmen.
10 Nun ist das Siddimtal voll von Asphalt-
gruben*. In diese Gruben fielen die Könige von
Sodom und Gomorra, als sie sich zur Flucht
wandten; die anderen Stadtkönige flohen auf das
Gebirge. 11 Die Großkönige plünderten Sodom

a Zu den Namensformen siehe Anmerkung zu 17,5.
b Die Verse 3 und 4 sind des besseren Zusammenhangs wegen vor Vers 2 gestellt.
c *in denen …:* verdeutlichender Zusatz.
d Bei *Mamre* handelt es sich um einen Ortsnamen, nur in 14,13 um einen Personennamen.
e Zu den Namensformen siehe Anmerkung zu 17,5.

13,13 18,20 S 13,15 12,7 S 13,16 12,2 S

und Gomorra und nahmen alle Lebensmittel-
vorräte mit und alles, was wertvoll war. [12]Auch
Abrams Neffen Lot, der damals in Sodom
wohnte, schleppten sie mit, dazu seinen ganzen
Besitz.

[13]Einer von denen, die sich retten konnten,
kam zu dem Hebräer* Abram und berichtete
ihm alles. Abram wohnte damals bei den
Eichen* des Amoriters Mamre, der war ein Bru-
der von Eschkol und Aner; alle drei waren mit
Abram verbündet. [14]Als Abram hörte, daß sein
Neffe in Gefangenschaft geraten war, rief er
seine kampferprobten Leute zusammen, 318 zu-
verlässige Männer, die alle in seinen Zelten ge-
boren worden waren. Mit ihnen jagte er hinter
den siegreichen Königen her.

In der Gegend von Dan holte er sie ein. [15]Er
teilte seine Männer in zwei Gruppen, überfiel
die vier Könige bei Nacht, schlug sie in die
Flucht und verfolgte sie bis nach Hoba nördlich
von Damaskus. [16]Er nahm ihnen die ganze
Beute ab und befreite seinen Neffen Lot samt
den verschleppten Frauen und den übrigen Ge-
fangenen.

Die Begegnung mit Melchisedek

[17]Als Abram nach seinem Sieg über Kedor-Lao-
mer und die anderen Großkönige heimkehrte,
zog ihm der König von Sodom* entgegen ins
Schawetal, das jetzt Königstal heißt.

[18]Auch Melchisedek, der König von Salem,[a]
kam dorthin und brachte Brot und Wein. Melchi-
sedek diente dem höchsten Gott als Priester*.
[19]Er segnete Abram und sagte zu ihm: »Glück
und Segen schenke dir der höchste Gott, der
Himmel und Erde geschaffen hat! [20]Der höchste
Gott sei dafür gepriesen, daß er dir den Sieg über
deine Feinde gegeben hat!«

Abram aber gab Melchisedek den zehnten
Teil von allem, was er den Königen abgenom-
men hatte.

[21]Der König von Sodom sagte zu Abram: »Gib
mir meine Leute zurück, alles andere kannst du
behalten!«

[22]Aber Abram erwiderte: »Ich schwöre beim
HERRN, dem höchsten Gott, der Himmel und
Erde gemacht hat: [23]Ich behalte nichts von dem,
was dir gehört, auch nicht einen Faden oder
Schuhriemen! Gott ist mein Zeuge! Du sollst
nicht sagen können: ›Ich habe Abram reich ge-
macht.‹ [24]Ich nehme nichts für mich. Nur das
nehme ich von dir an, was meine Leute verzehrt
haben und was von der Beute auf meine Bun-
desgenossen Aner, Eschkol und Mamre entfällt.
Die sollen ihren Anteil behalten.«

Gottes Bund mit Abraham (Abram)[b]

15 Einige Zeit danach erging das Wort des
HERRN an Abram, und er empfing eine
Offenbarung*. Der HERR sagte zu ihm: »Hab
keine Angst, Abram, ich bin dein Schutz! Du
sollst reich belohnt werden.«

[2]»Herr, mein Gott«, erwiderte Abram, »womit
willst du mich denn belohnen? Ich sterbe ohne
Kinder, und meinen Besitz erbt Eliëser aus Da-
maskus.«[c] [3]Weiter sagte Abram: »Sieh doch, du
hast mir keine Kinder gegeben, und mein eige-
ner Sklave* wird mich beerben!«

[4]Da erging an Abram das Wort des HERRN:
»Nein, nicht Eliëser wird dich beerben! Du
wirst einen Sohn bekommen; der soll dein Erbe
sein.«

[5]Und der HERR führte Abram aus dem Zelt
und sagte: »Sieh hinauf zu den Sternen am Him-
mel! Kannst du sie zählen? So unzählbar werden
deine Nachkommen sein.«

[6]Abram glaubte der Zusage des HERRN, und
der HERR rechnete ihm dies als Beweis der Treue
an.[d]

[7]Weiter sagte der HERR zu Abram: »Ich bin es,
der dich aus Ur in Chaldäa[e] geführt hat, um dir
dieses Land zu geben, ich, der HERR!«

[8]»Herr, mein Gott«, erwiderte Abram, »kann
ich denn sicher sein, daß ich es je besitzen
werde? Gib mir doch eine Bestätigung dafür!«

[9]Der HERR sagte: »Bring mir eine dreijährige
Kuh, eine dreijährige Ziege, einen dreijährigen
Schafbock, eine Turteltaube und eine junge
Taube!«

[10]Abram holte die Tiere, zerteilte jedes der
Länge nach in zwei Hälften und legte die Teile
einander gegenüber; nur die Vögel zerteilte er
nicht.[f] [11]Raubvögel fielen über die Stücke her,
aber Abram verscheuchte sie.

a Wahrscheinlich = Jerusalem. *b* Zu den Namensformen siehe Anmerkung zu 17,5.

c *und meinen Besitz ...:* H enthält ein nicht deutbares Wort: *und der MESCHEK-Sohn meines Hauses, das ist Damaskus Eliëser.*

d Wörtlich *und er rechnete es ihm als Gerechtigkeit* an.* Wird *er* auf Abram bezogen, so ergibt sich der Sinn: *und Abram sah darin* (in der Zusage) *einen Beweis der Treue des HERRN.*

e Siehe Anmerkung zu 11,28.

f Dies ist die Vorbereitung einer Schwurhandlung (vgl. Jer 34,18-20): Der Schwörende – nach Vers 17 Gott – schreitet zwischen den Teilen hindurch und will im Fall eines Meineids das gleiche Schicksal erleiden wie die Tiere.

14,18-20 Ps 110,4; Hebr 7,1-10 **15,5** 12,2 S; Röm 4,18 **15,6** Röm 4,3 S

12 Als die Sonne unterging, fiel Abram in einen tiefen Schlaf, und eine unheimliche, erdrückende Angst legte sich auf ihn. 13 Der HERR sagte zu ihm: »Du sollst jetzt erfahren, wie es deinen Nachkommen ergehen wird. Sie werden als Fremde in einem Land leben, das ihnen nicht gehört. Man wird sie unterdrücken und zu Sklavendiensten zwingen. Das dauert vierhundert Jahre. 14 Dann werde ich über das Volk, dem sie dienen müssen, ein Strafgericht halten, und sie werden von dort mit reichem Besitz wegziehen. 15 Du selbst wirst ein hohes Alter erreichen und dann in Frieden sterben und begraben werden. 16 Erst die vierte Generation wird hierher zurückkehren; denn die Schuld der Amoriter*, die jetzt dieses Land bewohnen, hat ihr volles Maß noch nicht erreicht.«

17 Als die Sonne untergegangen und es ganz dunkel geworden war, sah Abram auf einmal einen rauchenden Schmelzofen* und eine brennende Fackel, die fuhren zwischen den zerteilten Tieren hindurch. 18 Auf diese Weise schloß der HERR damals mit Abram einen Bund* und gab ihm die Zusage: »Deinen Nachkommen gebe ich dieses Land, von der Grenze* Ägyptens bis an den Eufrat, 19 das ganze Gebiet, in dem jetzt noch andere Völker wohnen: die Keniter*, die Kenasiter und Kadmoniter, 20 die Hetiter*, Perisiter und Rafaïter, 21 die Amoriter, Kanaaniter*, Girgaschiter und Jebusiter.«

Sara (Sarai)[a] will Gott nachhelfen: Hagar und Ismaël

16 Abrams Frau Sarai blieb kinderlos. Sie hatte aber eine ägyptische Sklavin* namens Hagar. 2 So sagte sie zu ihrem Mann: »Du siehst, der HERR hat mir keine Kinder geschenkt. Aber vielleicht kann ich durch meine Sklavin zu einem Sohn kommen.[b] Ich überlasse sie dir.«

Abram war einverstanden, 3 und Sarai gab ihm die ägyptische Sklavin zur Frau. Er lebte damals schon zehn Jahre im Land Kanaan*.

4 Abram schlief mit Hagar, und sie wurde schwanger. Als sie merkte, daß sie ein Kind bekommen würde, begann sie auf ihre Herrin herabzusehen. 5 Da sagte Sarai zu ihrem Mann: »Mir geschieht Unrecht, und du trägst dafür die Verantwortung! Ich habe dir meine Sklavin überlassen. Seit sie weiß, daß sie ein Kind bekommt, verachtet sie mich. Ich rufe den HERRN als Richter an!«

6 Abram erwiderte: »Sie ist deine Sklavin. Mach mit ihr, was du willst!«

Sarai ließ daraufhin Hagar die niedrigsten Arbeiten verrichten; da lief sie davon.

7 In der Wüste rastete Hagar bei dem Brunnen, der am Weg nach Schur liegt. Da kam der Engel* des HERRN zu ihr 8 und fragte sie: »Hagar, Sklavin Sarais! Woher kommst du? Wohin gehst du?«

»Ich bin meiner Herrin davongelaufen«, antwortete sie.

9 Da sagte der Engel: »Geh zu deiner Herrin zurück und ordne dich ihr unter! 10 Der HERR wird dir so viele Nachkommen geben, daß sie nicht zu zählen sind. 11 Du wirst einen Sohn gebären und ihn Ismaël (Gott hat gehört) nennen; denn der HERR hat deinen Hilferuf gehört. 12 Ein Mensch wie ein Wildesel wird er sein, im Streit mit allen und von allen bekämpft; seinen Brüdern setzt er sich vors Gesicht.«[c]

13 Hagar rief: »Habe ich wirklich den gesehen, der mich anschaut?« Und sie gab dem HERRN, der mit ihr gesprochen hatte, den Namen »Du bist der Gott, der mich anschaut«.[d] 14 Darum nennt man jenen Brunnen Beer-Lahai-Roi (Brunnen des Lebendigen, der mich anschaut). Er liegt zwischen Kadesch und Bered.

15 Hagar gebar Abram einen Sohn, und Abram nannte ihn Ismaël. 16 Abram war damals 86 Jahre alt.

Gottes Bund mit Abraham (Abram) und das Bundeszeichen der Beschneidung

17 Als Abram 99 Jahre alt war, erschien ihm der HERR und sagte zu ihm: »Ich bin Gott, der Gewaltige*. Führe dein Leben in enger Verbindung mit mir und halte dich ganz an mich! 2 Ich schließe mit dir einen Bund* und mache dir die feste Zusage: Ich will dir unermeßlich viele Nachkommen geben.«

3 Abram warf sich vor Gott nieder, und Gott sagte weiter zu ihm: 4 »Ich verbürge mich dafür: Du wirst zum Vater vieler Völker werden. 5 Deshalb sollst du nicht mehr Abram heißen, son-

a Zu den Namensformen siehe Anmerkung zu 17,15.
b Das Kind der persönlichen Sklavin galt rechtlich als eigenes Kind.
c Gemeint ist, daß diese Wüstenstämme durch ihre strategisch äußerst günstige Position für ihre Nachbarn eine ständige Provokation sind. Sie können ihnen »auf der Nase herumtanzen«.
d Der Name ist nicht sicher zu deuten. In der Bezeichnung *der mich anschaut* ist die helfende Zuwendung mit eingeschlossen.

15,13 Ex 1,11-14 15,14 Ex 3,21-22; 12,29-30.35-36 15,18 12,7 S 16,1-3 30,3-5 16,4-6 Spr 30,23 17,1 Ex 6,2-3 S 17,4 12,2 S 17,5 Röm 4,17

dern Abraham;[a] denn ich habe dich zum ›Vater
vieler Völker‹ bestimmt. 6 Ich werde dich über-
aus fruchtbar machen.[b] Du wirst so viele Nach-
kommen haben, daß sie zu ganzen Völkern
werden, und sogar Könige sollen von dir abstam-
men. 7 Meine Zusage gilt dir und deinen Nach-
kommen in jeder Generation; sie ist unumstöß-
lich für alle Zeiten: Ich bin euer Gott 8 und werde
euch das ganze Land Kanaan* geben, in dem du
jetzt als Fremder lebst. Für immer soll es deinen
Nachkommen gehören, und ich werde ihr Gott
sein.«

9-10 Weiter sagte Gott: »Mein Bund mit dir
und deinen Nachkommen legt euch eine Ver-
pflichtung auf, die ihr erfüllen müßt, in jeder
kommenden Generation: Jeder von euch, der
männlichen Geschlechts ist, muß beschnitten
werden. 11 Ihr müßt bei allen die Vorhaut am Ge-
schlechtsteil entfernen. Dies soll das Zeichen
dafür sein, daß ich meinen Bund mit euch ge-
schlossen habe. 12 An jedem männlichen Neu-
geborenen muß am achten Tag diese Beschnei-
dung* vollzogen werden. Das gilt auch für die
Sklaven*, die bei euch geboren werden oder
die ihr von Fremden kauft; 13 auch sie müssen
unbedingt beschnitten werden. Ihr alle sollt
das Zeichen meines Bundes an eurem Körper
tragen. Das ist eine Bestimmung für alle Zei-
ten, so gewiß mein Bund für alle Zeiten gilt.[c]
14 Wer von euch nicht beschnitten ist, hat sein
Leben verwirkt und muß aus dem Volk aus-
gestoßen werden, denn er hat meinen Bund ge-
brochen.«

15 Dann sagte Gott zu Abraham: »Deine Frau
Sarai sollst du von jetzt an Sara[d] nennen. 16 Ich
will sie segnen und dir auch durch sie einen
Sohn schenken. Ich segne sie so, daß sie die
Mutter ganzer Völker wird, sogar Könige wer-
den von ihr abstammen.«

17 Abraham warf sich vor Gott nieder, aber er
lachte in sich hinein und dachte bei sich: »Ich
bin hundert Jahre alt, da soll mir noch ein Sohn
geboren werden? Und Sara ist neunzig, da soll
sie noch ein Kind zur Welt bringen?« 18 Er sagte
zu Gott: »Wenn nur Ismaël am Leben bleibt! Laß
doch deine Zusage für *ihn* gelten!«

19 Aber Gott sagte: »Nein! Deine Frau Sara
wird dir einen Sohn gebären, den sollst du Isaak
nennen. Ihm und seinen Nachkommen gilt
meine Zusage für alle Zeiten. 20 Doch auch deine
Bitte für Ismaël will ich erfüllen: Ich werde ihn
segnen und fruchtbar machen und ihm sehr
viele Nachkommen geben. Zwölf Fürsten wird
er zeugen, und ich lasse ihn zum Vater eines
großen Volkes werden. 21 Aber meinen Bund
mache ich mit Isaak, den dir Sara gebären wird.
Nächstes Jahr, genau um diese Zeit, wird es so-
weit sein.«

22 Als Gott ausgeredet hatte, fuhr er von Abra-
ham in den Himmel empor.

23 Noch am gleichen Tag beschnitt Abraham
seinen Sohn Ismaël und alle seine Sklaven, die
bei ihm geboren oder bei Fremden gekauft wor-
den waren, genau wie Gott es angeordnet hatte.
24 Auch Abraham selbst ließ sich beschneiden. Er
war damals 99 Jahre alt, 25 und sein Sohn Ismaël
war 13, als er beschnitten wurde. 26 Vater und
Sohn wurden am gleichen Tag beschnitten,
27 zusammen mit allen anderen Männern, die zu
Abrahams Haushalt gehörten.

Gott kündigt Abraham und Sara einen Sohn an

18 Abraham wohnte bei den Eichen* von
Mamre. Dort erschien ihm der HERR.
Abraham saß gerade in der Mittagshitze am
Eingang seines Zeltes. 2 Als er aufblickte, sah er
wenige Schritte vor sich drei Männer stehen.
Sofort sprang er auf, warf sich vor ihnen nieder
3 und sagte: »Mein Herr, wenn ich Gnade vor
dir gefunden habe, dann geh nicht hier vorüber.
Ich stehe dir zu Diensten! 4 Man wird euch so-
gleich Wasser bringen. Ihr könnt euch die Füße
waschen und es euch unter dem Baum bequem
machen. 5 Ich will inzwischen eine kleine Erfri-
schung holen, damit ihr euch stärken und dann
euren Weg fortsetzen könnt. Wozu sonst seid ihr
bei eurem Diener vorbeigekommen?

»Es ist gut«, sagten die Männer. »Tu, was du
vorhast!«

6 Abraham lief sogleich ins Zelt und sagte zu
Sara: »Schnell, nimm drei Backschüsseln[e] von
deinem feinsten Mehl, mach einen Teig und
backe Fladenbrot*!« 7 Dann lief er zum Vieh,
suchte ein schönes, gesundes Kalb aus und be-
fahl dem Knecht, es zuzubereiten. 8 Er holte
süße und saure Milch, nahm das gekochte
Fleisch und trug alles hinaus unter den Baum.
Mit eigener Hand bediente er seine Gäste und
stand dabei, während sie aßen.

a Die beiden Namensformen können gedeutet werden als »Der Vater (d. h. Gott) ist groß« und »Vater einer großen Menge«.
b Siehe Anmerkung zu 8,17.
c *Ihr alle sollt ...:* wörtlich *Mein Bund soll an eurem Körper sein als ein immerwährender Bund.*
d Die erste Namensform bedeutet »meine Fürstin«, die zweite einfach »Fürstin« (als Mutter der »Könige« in Vers 16).
e Hebräische Maßangabe *3 Sea* (= 1 Efa* = ca. 12 kg).

17,8 12,7 S **17,9-14** Ex 4,24-26; Dtn 10,16; Jer 4,4; Röm 4,11 S **17,20** 25,12-18 **18,2** Hebr 13,2

9 Nach dem Mahl fragten die Männer Abra-
ham: »Wo ist deine Frau Sara?«

»Drinnen im Zelt«, antwortete er.

10 Da sagte der HERR: »Nächstes Jahr um diese
Zeit komme ich wieder zu dir, dann wird deine
Frau einen Sohn haben.«

Sara stand im Rücken Abrahams am Zeltein-
gang und horchte. 11 Die beiden waren damals
schon alt, und Sara war schon lange über die
Wechseljahre hinaus. 12 Sie lachte in sich hinein
und dachte: »Jetzt, wo ich alt und verwelkt bin,
soll ich noch ein Kind empfangen? Und mein
Mann ist auch viel zu alt!«

13 Da sagte der HERR zu Abraham: »Warum
hat Sara gelacht? Warum zweifelt sie daran, daß
sie noch ein Kind gebären wird? 14 Ist für den
HERRN irgend etwas unmöglich? Nächstes Jahr
um die verabredete Zeit komme ich wieder,
dann hat Sara einen Sohn.«

15 »Ich habe doch nicht gelacht«, leugnete
Sara. Sie hatte Angst bekommen. Aber der HERR
sagte: »Doch, du hast gelacht!«

Abraham bittet für Sodom

16 Die Männer machten sich auf den Weg, und
Abraham begleitete sie ein Stück weit. Als sie an
eine Stelle kamen, von der aus die Stadt Sodom*
zu sehen war, 17 dachte der HERR: »Soll ich wirk-
lich vor Abraham verheimlichen, was ich mit So-
dom vorhabe? 18 Ich habe ihm doch zugesagt, er
soll der Vater eines großen und mächtigen
Volkes werden; und am Verhalten zu ihm und
seinen Nachkommen wird sich für alle Völker
der Erde Glück und Segen entscheiden.[a] 19 Ich
habe ihn ausgewählt, damit er seine Söhne und
seine weiteren Nachkommen dazu anhält, mei-
nen Geboten zu folgen; er soll sie lehren, zu tun,
was recht ist, so daß ich meine Zusage an ihn
einlösen kann.«

20 Darum sagte der HERR: »Über die Leute von
Sodom und Gomorra sind schwere Klagen zu
mir gedrungen. Ihre Schuld schreit zum Him-
mel. 21 Deshalb will ich jetzt hingehen und mit
eigenen Augen sehen, ob das wahr ist, was ich
gehört habe. Ich will wissen, ob sie es wirklich
so schlimm treiben.«

22 Zwei der Männer gingen in Richtung
Sodom, während der HERR noch bei Abraham
zurückblieb.[b]

23 Abraham trat an ihn heran und sagte:
»Willst du wirklich Schuldige und Schuldlose
ohne Unterschied vernichten? 24 Vielleicht gibt
es in Sodom fünfzig Leute, die kein Unrecht ge-
tan haben. Willst du sie auch umkommen lassen
und nicht lieber die ganze Stadt verschonen
wegen der fünfzig? 25 Du kannst doch nicht die
Unschuldigen zusammen mit den Schuldigen
töten und die einen genauso behandeln wie die
andern? Du bist der oberste Richter der ganzen
Erde, darum darfst du nicht selbst gegen das
Recht verstoßen!«

26 Der HERR sagte: »Wenn ich in Sodom fünf-
zig Unschuldige finde, will ich ihretwegen die
ganze Stadt verschonen.«

27 Abraham wandte sich noch einmal an den
HERRN: »Ich habe es gewagt, dir dreinzureden,
Herr, obwohl ich Staub und Asche bin. 28 Viel-
leicht gibt es wenigstens fünfundvierzig, die
nicht schuldig geworden sind. Willst du dann
wegen der fehlenden fünf die ganze Stadt ver-
nichten?«

Der HERR antwortete: »Ich verschone sie,
wenn ich fünfundvierzig finde.«

29 Abraham gab sich noch nicht zufrieden.
»Und wenn es nur vierzig sind?« fragte er.

Der HERR erwiderte: »Dann verschone ich sie
wegen der vierzig.«

30 »Bitte, Herr«, sagte Abraham, »werde nicht
zornig über mich, wenn ich noch weitergehe.
Vielleicht sind es nur dreißig.«

»Dann verschone ich sie wegen der dreißig.«

31 Noch einmal fing Abraham an: »Ich habe es
nun einmal gewagt, dir dreinzureden, Herr! Viel-
leicht sind es nur zwanzig.«

»Ich verschone sie auch wegen zwanzig.«

32 »Nur noch ein einziges Mal laß mich reden,
Herr«, sagte Abraham; »werde nicht zornig! Viel-
leicht sind es auch nur zehn.«

Und der HERR sagte: »Ich verschone sie auch
wegen zehn.«

33 Damit brach der HERR das Gespräch ab. Er
ging weiter, und Abraham kehrte heim.

Die Verdorbenheit der Männer von Sodom

19 Es war schon gegen Abend, als die beiden
Engel* nach Sodom* kamen. Lot saß ge-
rade beim Tor der Stadt.

Als er sie kommen sah, ging er ihnen entge-
gen, warf sich vor ihnen nieder, das Gesicht zur

a Vgl. 12,3 und die Anmerkung dazu.
b Ursprünglicher Text: *während der HERR vor Abraham stehenblieb.* H hat: *während Abraham vor dem HERRN stehenblieb* – eine bewußte Änderung der Abschreiber, die den ursprünglichen Wortlaut als anstößig empfanden.

18,10 21,1-2; Röm 9,9 **18,11-13** 25,21 S; Röm 4,19-21 **18,14** (nichts unmöglich) Ijob 42,2 S **18,15** 21,6 **18,18** 12,2 S; 12,3 S **18,20** 19,5-9; Dtn 32,32; Jes 1,10; 3,9; Jer 23,14; Klgl 4,6; Ez 16,48-50; Sir 16,8; Jud 7; Offb 11,8 **18,32** Jer 5,1 S

Erde, 2 und sagte: »Ich bin euer Diener, mein Haus steht euch offen! Ihr könnt eure Füße waschen und bei mir übernachten. Und morgen früh könnt ihr weiterziehen.«

»Nein, nein«, sagten die beiden, »wir wollen hier auf dem Platz übernachten.« 3 Aber Lot redete ihnen so lange zu, bis sie mit ihm ins Haus kamen. Er ließ ein Mahl für sie bereiten und ungesäuertes Brot* backen, und sie aßen.

4 Die beiden wollten sich eben schlafen legen, da kamen die Männer von Sodom, alle miteinander, alte und junge, und umstellten das Haus. 5 »Lot, Lot«, riefen sie, »wo sind die Männer, die heute abend zu dir gekommen sind? Gib sie heraus, wir wollen mit ihnen Verkehr haben!«

6 Lot trat zu ihnen vor das Haus, die Tür schloß er hinter sich zu. 7 »Meine Brüder«, rief er, »begeht doch nicht ein solches Verbrechen! 8 Ich habe zwei Töchter, die noch kein Mann berührt hat. Ich will sie zu euch herausbringen; macht mit ihnen, was ihr wollt. Aber diese beiden Männer behelligt mir nicht; sie sind meine Gäste und stehen unter meinem Schutz.«

9 Sie aber schrien: »Mach, daß du wegkommst! Du bist ein Fremder und willst uns Vorschriften machen? Wir werden dir noch ganz anders mitspielen als denen!«

Sie fielen über Lot her und versuchten, die Tür aufzubrechen. 10 Da zogen die beiden Männer Lot ins Haus und verschlossen die Tür. 11 Sie schlugen die Leute draußen allesamt mit Blindheit, so daß sie die Tür nicht mehr finden konnten.

Lot und seine Töchter werden gerettet

12 Darauf sagten die beiden zu Lot: »Hast du vielleicht noch andere Verwandte hier, einen Schwiegersohn, Söhne und Töchter oder sonst wen? Nimm deine ganze Familie und führe sie von hier weg! 13 Wir müssen diese Stadt vernichten, dazu hat der HERR uns hergeschickt. Denn es sind schwere Klagen über ihre Bewohner vor ihn gekommen.«

14 Da ging Lot zu den Verlobten seiner Töchter und sagte zu ihnen: »Rettet euch, verlaßt diese Stadt; denn der HERR wird sie vernichten.« Aber sie dachten, er wolle sie zum besten halten.

15 Als die Morgenröte kam, drängten die Engel* Lot zur Eile: »Schnell, nimm deine Frau und deine beiden Töchter, sonst trifft die Strafe für diese Stadt euch mit!« 16 Während Lot noch überlegte, ergriffen sie ihn, seine Frau und seine Töchter bei der Hand, führten sie aus der Stadt hinaus und ließen sie erst draußen vor dem Tor wieder los. Denn der HERR wollte Lot und die Seinen retten.

17 Als alle auf dem freien Feld waren, sagte der HERR:[a] »Lauft jetzt, so schnell ihr könnt! Es geht um euer Leben! Bleibt nicht stehen und schaut nicht zurück! Rettet euch auf die Berge, sonst seid ihr verloren!«

18 »Ach, Herr«, sagte Lot, 19 »erlaube mir eine Bitte! Du bist so freundlich zu mir gewesen und hast mir die große Gnade erwiesen, mein Leben zu retten. Aber auf die Berge ist es zu weit, wir kommen nicht dorthin, bevor das Unheil hereinbricht; und dann sind wir verloren. 20 Sieh doch, hier in der Nähe ist eine kleine Stadt, dorthin könnten wir uns retten. Verschone sie doch, sie ist ja so klein! Dann bleiben wir am Leben.«

21 »Gut«, sagte der HERR, »ich will dir auch das gewähren und die Stadt nicht vernichten. 22 Flieh schnell dorthin! Ich kann nichts tun, bevor du dort bist.«

Weil Lot die Stadt »klein« nannte, erhielt sie den Namen Zoar.[b]

Der Untergang von Sodom und Gomorra. Lots Frau schaut zurück

23 Die Sonne ging gerade auf, als Lot in Zoar ankam. 24 Da ließ der HERR Schwefel und Feuer vom Himmel auf Sodom* und Gomorra herabfallen. 25 Er vernichtete die beiden Städte und die ganze Gegend, ihre Bewohner und alles, was dort wuchs.

26 Lots Frau aber schaute zurück; da erstarrte sie zu einer Salzsäule.

27 Früh am Morgen ging Abraham an die Stelle, wo er mit dem HERRN gesprochen hatte. 28 Als er auf Sodom und Gomorra und das ganze Gebiet am Jordan hinunterschaute, sah er von dort eine Rauchwolke aufsteigen wie von einem Schmelzofen*.

29 Aber Gott hatte an Abraham gedacht: Als er die Städte in der Jordangegend vernichtete, sorgte er dafür, daß Lot, der dort wohnte, der Katastrophe entging.

Lot und seine Töcher: Über die Herkunft der Moabiter und Ammoniter

30 Lot hatte Angst, in Zoar zu bleiben. Deshalb ging er mit seinen beiden Töchtern ins Bergland hinauf und lebte dort mit ihnen in einer Höhle.

a *der HERR:* wörtlich *er;* Gott spricht durch seine Boten und wird in ihnen angeredet (Vers 18).
b *Zoar* erinnert im Hebräischen an das Wort »klein«.

19,5 Lev 18,22 S 19,11 2 Kön 6,18 19,24-25 Dtn 29,21-22; Lk 17,29; 2 Petr 2,6-9 19,26 Weish 10,7; Lk 17,32

31 Eines Tages sagte die ältere Tochter zur jün-
geren: »Unser Vater wird alt, und weit und breit
gibt es keinen Mann, der uns heiraten könnte.
32 Komm, wir geben unserem Vater Wein zu trin-
ken und legen uns zu ihm, damit wir von ihm
Kinder bekommen!«

33 Noch am selben Abend machten sie ihren
Vater betrunken. Die Ältere ging in sein Zelt und
legte sich zu ihm, und er merkte nichts, weder
wie sie zu ihm kam noch wie sie von ihm auf-
stand.

34 Am anderen Tag sagte sie zu ihrer Schwe-
ster: »Ich habe heute nacht mit unserem Vater
geschlafen. Wir wollen ihm auch diesen Abend
Wein zu trinken geben; dann legst *du* dich zu
ihm, damit wir alle beide von ihm Kinder be-
kommen.«

35 Am Abend machten sie ihren Vater wieder
betrunken. Die Jüngere ging in sein Zelt und
legte sich zu ihm, und er merkte nichts, weder
wie sie zu ihm kam noch wie sie von ihm auf-
stand.

36 So wurden die beiden Töchter Lots von
ihrem eigenen Vater schwanger. 37 Die Ältere
gebar einen Sohn und gab ihm den Namen
Moab. Er wurde der Stammvater der Moabiter*.
38 Auch die Jüngere bekam einen Sohn und
nannte ihn Ben-Ammi.[a] Er wurde der Stamm-
vater der Ammoniter*.

Abraham und Sara bei Abimelech

20 Abraham zog von dort[b] in den Süden
des Landes. Eine Zeitlang blieb er in der
Gegend zwischen Kadesch und der Wüste
Schur, dann fand er Aufnahme in der Stadt
Gerar. 2 Seine Frau Sara gab er als seine Schwe-
ster aus.

Da ließ Abimelech, der König von Gerar, sie
in sein Haus holen. 3 In der Nacht aber kam Gott
im Traum zu Abimelech und sagte: »Du mußt
sterben, weil du diese Frau genommen hast. Sie
ist verheiratet und gehört einem anderen.«

4 Abimelech hatte Sara jedoch nicht berührt,
und er erwiderte: »Herr, willst du wirklich un-
schuldige Menschen töten? 5 Er hat gesagt: ›Sie
ist meine Schwester‹, und sie hat bestätigt: ›Er ist
mein Bruder.‹ Ich habe in gutem Glauben gehan-
delt, mein Gewissen ist rein.«

6 Gott antwortete Abimelech: »Ich weiß, du
hast in gutem Glauben gehandelt. Deshalb habe
ich dich davor bewahrt, vor mir schuldig zu wer-
den, und habe dir nicht erlaubt, sie zu berühren.
7 Gib sie jetzt zurück! Ihr Mann ist ein Prophet*;
er wird für dich beten, dann bleibst du am
Leben. Wenn du sie aber behältst, mußt du ster-
ben, und alle in deinem Haus mit dir.«

8 Am nächsten Morgen rief Abimelech seine
Leute zusammen und berichtete ihnen, was ge-
schehen war. Alle bekamen große Angst. 9 Dann
rief er Abraham und hielt ihm vor: »Wie konn-
test du uns das antun? Womit habe ich mich an
dir versündigt, daß du mich und mein Volk in
diese schwere Schuld gestürzt hast? Es ist uner-
hört, was du mir angetan hast! 10 Was hast du dir
dabei gedacht?«

11 Abraham erwiderte: »Ich dachte: In dieser
Stadt nehmen sie Gott bestimmt nicht ernst und
werden mich wegen meiner Frau töten. 12 Übri-
gens ist sie wirklich meine Schwester: Sie ist die
Tochter meines Vaters, stammt aber von einer
anderen Mutter; darum konnte sie meine Frau
werden. 13 Als Gott mich aus meiner Heimat in
die Fremde schickte, sagte ich zu ihr: ›Tu mir
den Gefallen und gib mich überall, wohin wir
kommen, als deinen Bruder aus.‹«

14 Abimelech schenkte Abraham viele Schafe,
Ziegen, Rinder, Sklaven und Sklavinnen und gab
ihm seine Frau Sara zurück. 15 Er sagte zu ihm:
»Mein ganzes Land steht dir offen; du kannst
dich ansiedeln, wo du willst.« 16 Und zu Sara
sagte er: »Ich gebe deinem Bruder 1000 Silber-
stücke*. Damit wird vor allen euren Leuten er-
wiesen, daß deine Ehre nicht angetastet worden
ist, und niemand darf dir etwas nachsagen.«

17 Nun betete Abraham zu Gott, und er nahm
die Strafe von Abimelech und von seiner Frau
und seinen Sklavinnen, so daß in seinem Haus
wieder Kinder geboren wurden. 18 Der HERR
hatte nämlich in Abimelechs Haus jeden Mutter-
leib verschlossen, weil der König die Frau Abra-
hams zu sich genommen hatte.

Sara bekommt einen Sohn

21 Der HERR dachte an Sara und tat an ihr,
was er angekündigt hatte. 2 Sie wurde
schwanger und gebar Abraham noch in seinem
Alter einen Sohn. Es war genau zu der Zeit, die
Gott angegeben hatte. 3 Abraham nannte den
Sohn, den Sara ihm geboren hatte, Isaak. 4 Als
Isaak acht Tage alt war, beschnitt* er ihn, genau
wie Gott es angeordnet hatte.

5 Abraham war bei Isaaks Geburt 100 Jahre
alt. 6 Sara aber sagte: »Gott hat dafür gesorgt, daß
ich lachen kann. Alle, die davon hören, werden

a *Moab* klingt im Hebräischen ähnlich wie »von meinem Vater«, *Ben-Ammi* heißt »Sohn meines Verwandten«.
b *von dort*: d. h. nach 13,18; 18,1 von den Eichen in Mamre bei Hebron.

19,33 Lev 18,6 20,1-18 12,10-20S 21,2 Hebr 11,11 21,4 17,9-14S

mit mir lachen.[a] 7 Noch nie hat Abraham es er-
lebt, daß ihm einer die Nachricht brachte: ›Deine
Frau Sara stillt ein Kind.‹ Aber jetzt in seinem
Alter habe ich ihm noch einen Sohn geboren!«
8 Isaak wuchs und gedieh. Als er von der
Mutterbrust entwöhnt wurde, feierte Abraham
mit seinen Leuten ein großes Fest.

Hagar und Ismaël werden verstoßen und gerettet

9 Eines Tages sah Sara den Sohn der Ägypterin
Hagar spielen, das Kind, das diese Abraham ge-
boren hatte. 10 Da sagte sie zu ihrem Mann: »Jag
diese Sklavin und ihren Sohn fort! Der Sohn der
Sklavin darf nicht mit meinem Sohn Isaak zu-
sammen erben!«
11 Abraham mißfiel das sehr, denn auch Is-
maël war ja sein Sohn. 12 Aber Gott sagte zu Ab-
raham: »Gräme dich nicht wegen des Jungen
und deiner Sklavin! Tu, was Sara von dir ver-
langt; denn die Nachkommen Isaaks sollen
als deine rechtmäßigen Nachkommen gelten.
13 Aber auch den Sohn der Sklavin werde
ich zu einem Volk machen, weil er von dir ab-
stammt.«
14 Am nächsten Morgen nahm Abraham Brot
und einen Schlauch mit Wasser, legte beides
Hagar auf die Schulter, übergab ihr das Kind und
schickte sie fort. Hagar ging weg und irrte ziellos
in der Wüste bei Beerscheba umher. 15 Als das
Wasser im Schlauch aufgebraucht war, warf sie
das Kind unter einen Strauch 16 und setzte sich
etwa einen Bogenschuß davon entfernt auf die
Erde. Denn sie sagte: »Ich kann nicht mit an-
sehen, wie der Junge stirbt!« So saß sie in einiger
Entfernung und weinte laut.
17 Aber Gott hörte das Kind schreien. Da rief
der Engel* Gottes vom Himmel aus Hagar zu:
»Warum bist du verzweifelt, Hagar? Hab keine
Angst, Gott hat das Schreien des Kindes gehört!
18 Steh auf und nimm den Jungen bei der Hand;
denn ich werde seine Nachkommen zu einem
großen Volk machen.«
19 Gott öffnete Hagar die Augen, da sah sie
einen Brunnen. Sie ging hin, füllte den Schlauch
mit Wasser und gab dem Kind zu trinken.
20 Auch weiterhin half Gott dem Jungen. Er
wuchs heran und wurde ein Bogenschütze. 21 Er
lebte in der Wüste Paran, und seine Mutter gab
ihm eine Ägypterin zur Frau.

Ein Vertrag zwischen Abraham und Abimelech

22 Damals kam Abimelech mit seinem Heerfüh-
rer Pichol zu Abraham und sagte zu ihm: »Ich
sehe: Gott steht dir bei und läßt dir alles gelin-
gen, was du tust. 23 Darum schwöre mir jetzt bei
Gott, daß du an mir und meinem Sohn und allen
meinen Nachkommen nicht treulos handeln
wirst. Ich habe dir nur Gutes erwiesen; handle
du nun ebenso an mir und an dem Land, in dem
du als Fremder lebst!«
24 »Das schwöre ich dir«, sagte Abraham. 25 Er
beklagte sich aber bei Abimelech darüber, daß
dessen Knechte ihm einen Brunnen weggenom-
men hatten. 26 »Ich weiß nicht, wer das war«,
sagte Abimelech. »Du hast mir bisher nichts da-
von gesagt. Ich höre heute zum ersten Mal da-
von!«
27 Abraham gab Abimelech Schafe, Ziegen
und Rinder, und sie schlossen einen Vertrag.
28 Dann sonderte Abraham noch sieben Lämmer
aus seiner Herde aus. 29 »Was sollen diese Läm-
mer?« fragte Abimelech. 30 Abraham erwiderte:
»Die mußt du von mir annehmen! Damit be-
zeugst du, daß ich den Brunnen gegraben habe
und er mir gehört.«
31 Der Ort erhielt den Namen Beerscheba,[b]
weil Abraham und Abimelech hier ihren Vertrag
mit einem Schwur bekräftigt hatten.
32 Nachdem sie in Beerscheba den Vertrag ge-
schlossen hatten, kehrten Abimelech und sein
Heerführer Pichol in das Land der Philister*
zurück. 33 Abraham aber pflanzte in Beerscheba
einen Tamariskenbaum und rief im Gebet den
Namen* des HERRN, des ewigen Gottes, an.
34 Lange Zeit lebte Abraham als Fremder im Land
der Philister.

Gott stellt Abraham auf die Probe

22 Einige Zeit danach geschah es: Gott
stellte Abraham auf die Probe.
»Abraham!« rief er.
»Ja?« erwiderte Abraham.
2 »Nimm deinen Sohn«, sagte Gott, »deinen
einzigen, der dir ans Herz gewachsen ist, den
Isaak! Geh mit ihm ins Land Morija auf einen
Berg, den ich dir nennen werde, und opfere ihn
mir dort als Brandopfer*.«
3 Am nächsten Morgen stand Abraham früh

a Anspielung auf den Namen *Isaak* (= er/sie lacht); vgl. 17,17; 18,12-15. Vermutlich bedeutet der Name: »Gott möge (freundlich) lächeln«.
b *Beerscheba* kann als »Schwurbrunnen« oder als »Siebenbrunnen« (Vers 28; 26,33) gedeutet werden.

21,8 (entwöhnt) 1 Sam 1,24; 1 Kön 11,20; 2 Makk 7,28 **21,10** Gal 4,29-30 **21,12** Röm 9,7; Hebr 11,18 **21,13** 25,12-18 **21,22** 26,26 **22,1-18** 1 Makk 2,52; Weish 10,5; Sir 44,20; Hebr 11,17-19; Jak 2,21-22

auf. Er spaltete Holz für das Opferfeuer, belud seinen Esel und machte sich mit seinem Sohn auf den Weg zu dem Ort, von dem Gott gesprochen hatte. Auch zwei Knechte nahm er mit.

[4]Am dritten Tag erblickte er den Berg in der Ferne. [5]Da sagte er zu den Knechten: »Bleibt hier mit dem Esel! Ich gehe mit dem Jungen dort hinauf, um mich vor Gott niederzuwerfen; dann kommen wir wieder zurück.«

[6]Abraham packte seinem Sohn die Holzscheite auf den Rücken; er selbst nahm das Becken mit glühenden Kohlen und das Messer. So gingen die beiden miteinander.

[7]Nach einer Weile sagte Isaak: »Vater!«

»Ja, mein Sohn?«

»Feuer und Holz haben wir, aber wo ist das Lamm für das Opfer?«

[8]»Gott wird schon für ein Opferlamm sorgen!«

So gingen die beiden miteinander. [9]Sie kamen zu dem Ort, von dem Gott zu Abraham gesprochen hatte. Auf dem Berg baute Abraham einen Altar und schichtete die Holzscheite auf. Er fesselte Isaak und legte ihn auf den Altar, oben auf den Holzstoß.

[10]Schon faßte er nach dem Messer, um seinen Sohn zu schlachten, [11]da rief der Engel* des HERRN vom Himmel her: »Abraham! Abraham!«

»Ja?« erwiderte er, [12]und der Engel rief: »Halt ein! Tu dem Jungen nichts zuleide! Jetzt weiß ich, daß du Gott gehorchst. Du warst bereit, mir sogar deinen einzigen Sohn zu opfern.«

[13]Als Abraham aufblickte, sah er einen einzelnen[a] Schafbock, der sich mit seinen Hörnern im Gestrüpp verfangen hatte. Er ging hinüber, nahm das Tier und opferte es anstelle seines Sohnes auf dem Altar. [14]Er nannte den Ort »Der HERR sorgt vor«. Noch heute sagt man: »Auf dem Berg des HERRN ist vorgesorgt.«

[15]Noch einmal rief der Engel des HERRN vom Himmel her [16]und sagte zu Abraham: »Ich schwöre bei mir selbst, sagt der HERR: Weil du mir gehorcht hast und sogar bereit warst, mir deinen einzigen Sohn zu geben, [17]werde ich dich segnen! Deine Nachkommen mache ich so zahlreich wie die Sterne am Himmel und die Sandkörner am Meeresstrand. Sie werden ihre Feinde besiegen und ihre Städte erobern. [18]Bei allen Völkern der Erde werden die Leute zueinander sagen: ›Gott segne dich wie die Nachkommen Abrahams!‹[b] Das ist die Belohnung dafür, daß du meinem Befehl gehorcht hast.«

[19]Abraham kehrte wieder zu seinen Knechten zurück, und sie gingen miteinander nach Beerscheba. Dort blieb Abraham wohnen.

Die Nachkommen Nahors

[20]Bald danach erhielt Abraham die Nachricht: »Auch Milka hat deinem Bruder Nahor Söhne geboren.« [21–23]Es waren acht, die sie dem Bruder Abrahams geboren hatte: Uz, der Erstgeborene, Bus, Kemuël, von dem die Aramäer* abstammen, Kesed, Haso, Pildasch, Jidlaf und Betuël, der Vater von Rebekka. [24]Außerdem hatte Nahors Nebenfrau Rëuma ihm die Söhne Tebach, Gaham, Tahasch und Maacha geboren.

Sara stirbt, und Abraham erwirbt ein Familiengrab im Land Kanaan

23 Sara wurde 127 Jahre alt, [2]dann starb sie in Hebron, das damals Kirjat-Arba hieß, im Land Kanaan*. Abraham trauerte um sie und hielt die Totenklage. [3]Dann ging er von der Toten weg, setzte sich zu den Hetitern* im Tor[c] und sagte zu ihnen: [4]»Ich bin ein Ausländer und lebe nur als Gast bei euch. Verkauft mir ein Stück Land als Grabstätte für meine Familie, damit ich dort meine Frau zur letzten Ruhe betten kann!«[d]

[5]Die Hetiter antworteten Abraham: [6]»Höre, was wir dir vorschlagen, Herr! Wir ehren dich als einen Mann, dem Gott Macht und Reichtum gegeben hat. Bestatte doch deine Frau im vornehmsten unserer Gräber! Jeder von uns wird dir gerne sein Grab zur Verfügung stellen.«

[7]Abraham stand auf, verneigte sich vor ihnen [8]und sagte: »Wenn ihr also damit einverstanden seid, daß ich meine Frau hier bei euch bestatte, dann legt bei Efron, dem Sohn Zohars, ein Wort für mich ein! [9]Ich bitte ihn um die Höhle Machpela am Ende seines Feldes. Er soll sie mir um den vollen Preis verkaufen, damit ich hier bei euch ein Familiengrab besitze.«

[10]Efron saß selbst mitten unter den Hetitern, die sich im Tor der Stadt versammelt hatten, und in Gegenwart aller sagte er zu Abraham: [11]»Nein, mein Herr, hör mich an: Ich schenke dir die Höhle und das Feld dazu! Hier vor allen meinen Landsleuten schenke ich sie dir, damit du deine Frau bestatten kannst!«

[12]Abraham verneigte sich wieder vor den

a *einzelnen:* mit zahlreichen Handschriften und alten Übersetzungen; H *hinter sich.*
b *Bei allen Völkern ...:* oder *Durch deine Nachkommen werde ich alle Völker der Erde segnen* (siehe Anmerkung zu 12,3).
c *setzte sich ...:* wörtlich *sagte zu den Hetitern* (vgl. die Verse 7 und 10).
d Die Erwähnung einer Höhle (Vers 19) spricht für die Annahme, daß die Tote nicht in der Erde »begraben«, sondern in einer offenen Grablege in der Höhle beigesetzt werden sollte.

22,16 Hebr 6,13 **22,17** 12,2 S **22,18** 26,4; 48,20 **22,20** 11,29 **23,4** Hebr 11,9.13

Hetitern 13 und sagte zu Efron in Gegenwart
aller: »Bitte, hör mich an: Ich zahle den Kaufpreis
für das Feld. Nimm ihn von mir an und laß mich
dort meine Frau bestatten.«

14 Efron erwiderte: 15 »Ach, mein Herr, hör
mich an: Ein Stück Land im Wert von 400 Silber-
stücken* – was bedeutet eine solche Kleinigkeit
schon zwischen uns beiden? Du kannst dort
deine Frau bestatten.«

16 Abraham ging darauf ein und wog Efron die
Summe ab, die dieser vor den versammelten
Hetitern genannt hatte, 400 Silberstücke nach
dem Gewicht, das die reisenden Händler benut-
zen. 17–18 So ging das Feld Efrons bei Machpela
östlich von Mamre in den Besitz Abrahams
über. Vor den Augen aller Männer, die im Tor
versammelt waren, wurde das Feld samt der
Höhle und allen Bäumen darauf als Abrahams
Eigentum bestätigt.

19 Dort in der Höhle bei Mamre, in Hebron im
Land Kanaan, legte Abraham seine Frau Sara zur
letzten Ruhe. 20 Das Feld mit der Höhle war nun
also von den Hetitern in den Besitz Abrahams
übergegangen, als Grabstätte für seine Familie.

Abrahams Knecht sucht eine Frau für Isaak

24 Abraham war sehr alt geworden. Der
HERR hatte ihn gesegnet und ihm alles
gelingen lassen. 2 Eines Tages sagte er zu seinem
ältesten Knecht, der seinen ganzen Besitz ver-
waltete: »Leg deine Hand zwischen meine
Beine[a] 3 und schwöre mir! Versprich mir beim
HERRN, dem Gott des Himmels und der Erde, daß
du für meinen Sohn Isaak keine Frau auswählst,
die hier aus dem Land Kanaan* stammt. 4 Gib
mir dein Wort, daß du in meine Heimat gehst
und ihm eine Frau aus meiner Verwandtschaft
suchst.«

5 Der Besitzverwalter sagte: »Was soll ich aber
tun, wenn die Frau mir nicht hierher folgen will?
Soll ich dann deinen Sohn wieder in deine Hei-
mat zurückbringen?«

6 »Auf keinen Fall!« sagte Abraham. »Das
darfst du niemals tun! 7 Der HERR, der Gott des
Himmels, wird seinen Engel* vor dir her-
schicken, so daß dein Auftrag gelingt und die
Frau dir folgen wird. Er hat mich aus meiner
Sippe und Heimat weggeholt und mir mit einem
Schwur zugesagt, daß er meinen Nachkommen
dieses Land geben wird. 8 Wenn die Frau dir
nicht folgen will, bist du nicht mehr an deinen
Schwur gebunden. Aber auf keinen Fall darfst
du meinen Sohn dorthin zurückbringen!«

9 Da legte der Verwalter seine Hand zwischen
die Beine Abrahams und schwor ihm, alles so
auszuführen, wie er es verlangt hatte. 10 Dann
machte er zehn von den Kamelen seines Herrn
reisefertig, nahm wertvolle Geschenke mit und
reiste nach Mesopotamien, in die Stadt, in der
die Familie von Abrahams Bruder Nahor lebte.

11 Als er dort ankam, hielt er an der Quelle vor
der Stadt an und ließ die Kamele niederknien. Es
war gegen Abend, um die Zeit, wenn die Frauen
zum Wasserholen herauskommen.

12 »HERR, du Gott meines Herrn Abraham«,
betete er, »gib mir Glück zu meinem Vorhaben!
Sei gut zu meinem Herrn und erfülle seinen
Wunsch! 13 Gleich werden die jungen Mädchen
aus der Stadt hierherkommen und Wasser
schöpfen. 14 Dann will ich eins von ihnen bitten:
›Reiche mir deinen Krug, damit ich trinken
kann!‹ Wenn das Mädchen sagt: ›Trink nur; ich
will auch deinen Kamelen zu trinken geben‹,
dann weiß ich: Sie ist es, die du für deinen Die-
ner Isaak bestimmt hast. Daran werde ich erken-
nen, daß du zu meinem Herrn gut bist und sei-
nen Wunsch erfüllt hast.«

15 Kaum hatte er zu Ende gebetet, da kam aus
der Stadt ein Mädchen mit einem Wasserkrug
auf der Schulter. Es war Rebekka, die Tochter
von Betuël und Enkelin von Milka, der Frau von
Abrahams Bruder Nahor. 16 Sie war sehr schön
und noch nicht verheiratet; kein Mann hatte sie
berührt. Sie ging die Stufen zum Wasser hinab,
füllte ihren Krug, hob ihn auf die Schulter und
kam wieder herauf.

17 Schnell trat der Verwalter Abrahams auf sie
zu und bat sie: »Gib mir doch einen Schluck
Wasser aus deinem Krug!«

18 »Trink nur, Herr!« sagte das Mädchen, ließ
sogleich den Krug auf ihre Hand herunter und
hielt ihn so, daß er trinken konnte. 19 Als er
genug getrunken hatte, sagte sie: »Ich will noch
mehr Wasser holen, damit auch deine Kamele
trinken können!« 20 Sie leerte den Krug in die
Tränkrinne, stieg rasch wieder zur Quelle hinab
und schöpfte so lange, bis alle Kamele genug hat-
ten.

21 Abrahams Verwalter stand schweigend da-
bei und schaute ihr zu. Er wartete gespannt, ob
der HERR seine Reise gelingen lassen würde.

a Die Berührung des Zeugungsgliedes als »Quelle des Lebens« gibt dem Eid eine besondere Verbindlichkeit, und zwar besonders im Blick auf das nahe Ende Abrahams (entsprechend in 47,29 bei Jakob).

23,20 25,9-10; 47,30; 49,29-30; 50,13 **24,1** 12,2 **24,3** (keine fremdstämmige Frau) 26,34-35; 27,46; 28,6-9; 36,2-3; Dtn 7,1-4 S **24,4** 28,1-2 **24,7** 12,1.7 S **24,15** 22,21-23

22 Als die Kamele getrunken hatten, holte er für
Rebekka einen kostbaren goldenen Nasenring
und zwei schwere goldene Armreifen hervor
23 und sagte zu ihr: »Wessen Tochter bist du? Hat
dein Vater in seinem Haus vielleicht Platz für
uns, damit wir übernachten können?«

24 »Ich bin die Tochter von Betuël«, antwortete
sie; »es ist der Betuël, den die Milka dem Nahor
geboren hat. 25 Wir haben Platz genug und auch
Stroh und Futter für die Tiere.«

26 Da warf sich der Verwalter Abrahams vor
dem HERRN nieder und betete: 27 »Dank sei dir,
HERR, du Gott meines Herrn Abraham! Du hast
ihm deine Güte und Treue bewahrt und hast
mich geradewegs zu den Verwandten meines
Herrn geführt.«

Die Werbung um Rebekka

28 Das Mädchen lief inzwischen nach Hause zu
ihrer Mutter und erzählte, was sie erlebt hatte.
29-30 Sie hatte einen Bruder, der hieß Laban. Als
der den goldenen Schmuck sah und hörte, was
der Mann zu ihr gesagt hatte, lief er hinaus an
die Quelle. Dort wartete Abrahams Besitzver-
walter noch mit den Kamelen.

31 »Komm herein zu uns!« rief Laban. »Du
bringst den Segen des HERRN mit. Warum bleibst
du hier draußen? Ich habe schon alles herrichten
lassen, auch für deine Kamele ist genug Platz.«

32 Da ging der Verwalter mit ins Haus. Laban
ließ die Kamele abzäumen und Streu und Futter
für sie holen. Dem Gast und seinen Leuten
brachte man Wasser, damit sie sich die Füße
waschen konnten. 33 Als sie ihm aber etwas zu
essen brachten, sagte er: »Ich esse erst, wenn ich
meinen Auftrag ausgerichtet habe.«

Laban forderte ihn auf zu reden, 34 und er be-
gann:

»Ich bin Abrahams Besitzverwalter. 35 Der
HERR hat meinen Herrn reich gesegnet und zu
hohem Ansehen gebracht. Er hat ihm viele
Schafe, Ziegen und Rinder gegeben, dazu Silber
und Gold, Sklaven und Sklavinnen, Kamele und
Esel. 36 Auch hat Sara, die Frau meines Herrn,
ihm in ihrem Alter noch einen Sohn geboren,
dem er seinen ganzen Besitz vermacht hat.

37 Nun hat mein Herr mich einen Eid
schwören lassen und hat mir aufgetragen: ›Du
darfst für meinen Sohn Isaak keine Frau aus dem
Land Kanaan* wählen. 38 Geh zu meinen Ver-
wandten, zur Familie meines Vaters, und hole
ihm von dort eine Frau.‹

39 Als ich einwandte, daß die Frau mir viel-
leicht nicht in das fremde Land folgen werde,
40 da sagte er: ›Der HERR, nach dessen Willen ich
mich immer gerichtet habe, wird seinen Engel*
mit dir schicken und deine Reise gelingen lassen,
so daß du für meinen Sohn eine Frau aus meiner
Verwandtschaft, aus der Familie meines Vaters,
findest. 41 Wenn meine Verwandten dir aber
keine Frau für meinen Sohn geben wollen, bist
du nicht mehr an deinen Schwur gebunden.‹

42 Als ich nun heute an die Quelle kam, betete
ich zum HERRN und sagte: ›Gott Abrahams,
meines Herrn, wenn du doch meine Reise ge-
lingen lassen wolltest! 43 Ich stehe hier an der
Quelle und bitte dich um ein Zeichen: Zu dem
ersten heiratsfähigen Mädchen, das heraus-
kommt, will ich sagen: Gib mir doch einen
Schluck aus deinem Krug! 44 Wenn sie darauf
sagt: Trink nur, und auch deinen Kamelen will
ich zu trinken geben – dann weiß ich: Sie ist es,
die du, HERR, für den Sohn meines Herrn be-
stimmt hat.‹

45 Kaum hatte ich diese Worte in meinem Her-
zen gesprochen, da kam Rebekka mit dem Krug
auf der Schulter, stieg die Stufen zur Quelle hin-
ab und schöpfte Wasser. Ich sagte zu ihr: ›Gib
mir doch etwas zu trinken!‹ 46 Da ließ sie so-
gleich ihren Krug von der Schulter herunter und
sagte: ›Trink nur, und auch deinen Kamelen will
ich zu trinken geben!‹

Als alle Tiere getrunken hatten, 47 fragte ich
sie nach ihrem Vater, und sie sagte mir, daß es
Betuël sei, der Sohn Nahors von seiner Frau
Milka. Da legte ich ihr den goldenen Ring an die
Nase und die Goldreifen um ihre Arme. 48 Und
dann warf ich mich nieder und dankte dem
HERRN, dem Gott meines Herrn Abraham, daß er
mich geradewegs zum Bruder meines Herrn ge-
führt hat und ich jetzt die Tochter[a] des Bruders
meines Herrn als Frau für den Sohn meines
Herrn erbitten kann.

49 Sagt mir nun also, ob ihr meinem Herrn gut
seid und seinen Wunsch erfüllen wollt! Wenn
nicht, dann muß ich anderswo suchen.«

50 Laban und seine Familie[b] erwiderten: »Das
hat der HERR gefügt! Wir können seine Entschei-
dung nur annehmen. 51 Hier ist Rebekka, nimm
sie mit! Sie soll den Sohn deines Herrn heiraten,
wie der HERR es bestimmt hat.«

52 Als Abrahams Verwalter das hörte, warf er
sich auf die Erde und dankte dem HERRN. 53 Dar-
auf packte er Silber- und Goldschmuck und fest-

a *Tochter* wird hier für die Enkeltochter gebraucht.
b Wörtlich *Laban und Betuël.* Betuël tritt sonst nirgends in dieser Geschichte auf. Die Rolle, die Rebekkas Bruder Laban spielt (Verse 29-33 und 54-55), läßt darauf schließen, daß er zu diesem Zeitpunkt nicht mehr lebt.

liche Kleider aus und gab sie Rebekka. Auch ihrem Bruder und ihrer Mutter gab er kostbare Geschenke.

Rebekka kommt zu Isaak

54 Dann aßen und tranken die Gäste und legten sich schlafen. Am anderen Morgen sagte Abrahams Verwalter zum Bruder des Mädchens und zu seiner Mutter: »Laßt mich jetzt zu meinem Herrn zurückkehren!«

55 Die beiden baten ihn: »Laß sie doch noch eine Weile bei uns bleiben, nur zehn Tage; dann kann sie mit dir gehen!«

56 Er aber sagte: »Haltet mich nicht auf! Gott in seiner Güte hat meine Reise gelingen lassen. Ich möchte jetzt zu meinem Herrn zurückkehren.«

57 »Wir rufen das Mädchen«, sagten die beiden; »sie soll selbst entscheiden.«

58 Sie riefen Rebekka und fragten sie: »Willst du mit diesem Mann mitgehen?«

Rebekka sagte: »Ja, das will ich.«

59 Da verabschiedeten sie Rebekka und ihre Amme und auch den Verwalter Abrahams mit seinen Leuten. 60 Sie segneten Rebekka und sagten: »Schwester, du sollst die Mutter von vielen Tausenden werden! Mögen deine Nachkommen ihre Feinde besiegen und ihre Städte erobern!«

61 Rebekka und ihre Dienerinnen machten sich reisefertig, setzten sich auf die Kamele und zogen mit dem Besitzverwalter Abrahams. So brach er mit Rebekka in seinem Gefolge auf.

62 Isaak wohnte zu der Zeit im südlichsten Teil des Landes in der Nähe des Brunnens Lahai-Roi.[a] 63 Eines Abends, als er gerade auf dem Feld war,[b] sah er auf einmal Kamele daherkommen.

64 Auch Rebekka hatte Isaak erblickt. Schnell stieg sie vom Kamel und fragte den Verwalter Abrahams: 65 »Wer ist der Mann, der uns dort entgegenkommt?«

»Es ist mein Herr«, erwiderte er; und Rebekka bedeckte ihr Gesicht mit dem Schleier.

66 Der Besitzverwalter erzählte Isaak, wie alles gegangen war, 67 und Isaak führte Rebekka in das Zelt seiner Mutter Sara. Er nahm sie zur Frau und gewann sie lieb. So wurde er über den Verlust seiner Mutter getröstet.

Abrahams weitere Nachkommen und sein Tod

(1 Chr 1,32-33)

25 Abraham heiratete noch einmal, die Frau hieß Ketura. 2 Sie gebar ihm die Söhne Simran, Jokschan, Medan, Midian*, Jischbak und Schuach. 3 Jokschan zeugte Saba* und Dedan*, und von Dedan stammen die Aschuriter, die Letuschiter und Leummiter ab. 4 Midians Söhne waren Efa, Efer, Henoch, Abida und Eldaga. Sie alle stammen von Abrahams Frau Ketura.

5 Abraham übergab Isaak seinen gesamten Besitz. 6 Den Söhnen seiner Nebenfrauen gab er eine Abfindung und schickte sie noch zu seinen Lebzeiten in das Land im Osten. Sie sollten nicht mit seinem Sohn Isaak zusammenbleiben.

7 Abraham wurde 175 Jahre alt; 8 dann starb er, gesättigt von einem langen und erfüllten Leben, und wurde im Tod mit seinen Vorfahren vereint. 9 Seine Söhne Isaak und Ismaël bestatteten ihn in der Höhle Machpela. Sie liegt auf dem Feld östlich von Mamre, das dem Hetiter* Efron gehört hatte 10 und das Abraham von den Hetitern erwarb. Dort waren nun also Abraham und seine Frau Sara zur letzten Ruhe gebettet.[c]

11 Nach Abrahams Tod segnete Gott dessen Sohn Isaak. Isaak wohnte beim Brunnen Lahai-Roi.

Die Nachkommen Ismaëls

(1 Chr 1,28-31)

12 Dies ist die Geschichte Ismaëls, des Sohnes Abrahams, den Hagar, die ägyptische Sklavin Saras, ihm geboren hatte:

13 Von den Söhnen Ismaëls kommen die Ismaëliter mit ihren Stämmen. Ismaëls Söhne waren: Nebajot, der Erstgeborene, Kedar, Adbeel, Mibsam, 14 Mischma, Duma, Massa, 15 Hadad, Tema, Jetur, Nafisch und Kedma. 16 Nach ihnen werden die Stämme der Ismaëliter benannt, die in Dörfern und Zeltlagern wohnen; zwölf Stämme mit je einem Oberhaupt an der Spitze.

17 Ismaël wurde 137 Jahre alt; dann starb er und wurde im Tod mit seinen Vorfahren vereint. 18 Seine Nachkommen wohnten im Gebiet zwischen Hawila und Schur, das östlich von Ägyp-

a *in der Nähe ...:* vermutlicher Sinn; H *er kam vom Kommen vom Brunnen Lahai-Roi;* G *er ging durch die Wüste zum Brunnen Lahai-Roi.*

b Es folgt noch die Angabe *um zu ...* Die Bedeutung des ausgelassenen Wortes ist unbekannt; alte Übersetzungen: *um nachzudenken/zu beten.* c Siehe Anmerkung zu 23,4.

24,60 22,17 **24,62** 16,14 **25,9-10** 23,20 S **25,11** 24,1; 26,3.12 **25,12** 16,11; 21,13 **25,18** 16,12

ten am Karawanenweg nach Assur* liegt. Von ihnen gilt, was über Ismaël gesagt wurde: »Seinen Brüdern setzt er sich vors Gesicht.«[a]

Rebekka bekommt Zwillinge

19 Dies ist die Geschichte Isaaks, des Sohnes Abrahams:

Abraham zeugte Isaak. 20 Als Isaak 40 Jahre alt war, heiratete er Rebekka, die Tochter von Betuël aus dem oberen Mesopotamien, die Schwester Labans. 21 Rebekka aber bekam keine Kinder. Deshalb betete Isaak zum HERRN, und der HERR erhörte seine Bitte. Rebekka empfing Zwillinge.[b]

22 Als die Kinder im Mutterleib heftig gegeneinanderstießen, sagte sie: »Wenn es so steht, warum bin ich dann schwanger geworden?«[c] Sie ging, um den HERRN zu befragen, 23 und der HERR gab ihr die Antwort:

»Zwei Völker trägst du jetzt in deinem Leib,
in deinem Schoß beginnen sie zu streiten.
Das eine wird das andere unterwerfen:
der Erstgeborene wird dem Zweiten dienen.«

24 Als die Zeit der Entbindung kam, brachte Rebekka tatsächlich Zwillingsbrüder zur Welt. 25 Der erste, der herauskam, war am ganzen Körper mit rötlichen Haaren bedeckt; sie nannten ihn Esau.[d] 26 Danach kam sein Bruder heraus, der hielt Esau an der Ferse fest; darum nannten sie ihn Jakob.[e]

Ihr Vater Isaak war 60 Jahre alt, als die beiden geboren wurden.

Esau verkauft sein Erstgeburtsrecht

27 Die Kinder wuchsen heran. Esau wurde ein Jäger, der am liebsten in der Steppe umherstreifte. Jakob wurde ein häuslicher, ruhiger Mensch, der bei den Zelten blieb. 28 Ihr Vater, der gerne Wild aß, hatte eine Vorliebe für Esau; Jakob aber war der Liebling der Mutter.

29 Als Esau einmal erschöpft nach Hause kam, hatte Jakob gerade Linsen gekocht. 30 »Gib mir schnell etwas von dem roten Zeug da, dem roten«, rief Esau, »ich bin ganz erschöpft!« Daher bekam Esau den Beinamen Edom.[f]

31 Jakob sagte: »Nur wenn du mir vorher dein Erstgeburtsrecht abtrittst!«

32 »Ich sterbe vor Hunger«, erwiderte Esau, »was nützt mir da mein Erstgeburtsrecht!«

33 »Das mußt du mir zuvor schwören!« sagte Jakob.

Esau schwor es ihm und verkaufte so sein Erstgeburtsrecht an seinen Bruder. 34 Dann gab ihm Jakob eine Schüssel gekochte Linsen und ein Stück Brot. Als Esau gegessen und getrunken hatte, stand er auf und ging weg. Sein Erstgeburtsrecht war ihm ganz gleichgültig.

Isaak und Rebekka in Gerar

26 Wieder einmal, wie schon zur Zeit Abrahams, brach über das Land eine Hungersnot herein. Isaak suchte bei dem Philisterkönig* Abimelech in Gerar Zuflucht.

2 Der HERR war ihm erschienen und hatte gesagt: »Geh nicht nach Ägypten! Ich will dir sagen, wo du bleiben kannst. 3 Lebe hier im Land Kanaan* als Fremder, dann werde ich dir beistehen und dich segnen. Dir und deinen Nachkommen will ich alle diese Landstriche geben. Ich halte den Eid, den ich deinem Vater Abraham geschworen habe. 4 Ich mache deine Nachkommen so zahlreich wie die Sterne am Himmel und gebe ihnen dieses ganze Land. Bei allen Völkern der Erde wird man dann zueinander sagen: ›Gott segne dich wie die Nachkommen Isaaks!‹[g] 5 Das ist der Lohn dafür, daß Abraham meinem Befehl gehorcht und alle meine Gebote und Weisungen befolgt hat.«

6 So blieb Isaak in Gerar. 7 Als die Männer dort seine Frau Rebekka sahen, fragten sie ihn nach ihr. Da fürchtete er, sie könnten ihn ihretwegen umbringen, weil sie so schön war. Deshalb sagte er: »Sie ist meine Schwester.«

8 Isaak lebte mit seiner Frau schon längere Zeit in Gerar, da schaute König Abimelech eines Tages zum Fenster hinaus und sah, wie Isaak und Rebekka sich umarmten. 9 Er rief ihn zu sich und hielt ihm vor: »Sie ist ja deine Frau! Warum hast du sie für deine Schwester ausgegeben?«

»Ich hatte Angst, es würde mich sonst das Leben kosten«, erwiderte Isaak.

10 Doch Abimelech sagte: »In welche Gefahr

a *Von ihnen gilt …:* wörtlich *Er setzte sich seinen Brüdern vors Gesicht;* siehe 16,12 und Anmerkung dort.
b *Zwillinge:* verdeutlichender Zusatz.
c Wörtlich *»Wenn so, warum ich?«*
d Der Name wird nicht erklärt; das Wort für *rötlich* erinnert an den Namen Edom (das Volk, als dessen Stammvater Esau gilt; vgl. 36,1), das Wort für *mit Haaren bedeckt* an den Namen Seïr (Bergland, Wohnsitz der Edomiter*).
e *Jakob* wird hier als »Fersenhalter«, an anderer Stelle als »Betrüger« gedeutet (27,36). Der ursprüngliche Sinn ist vermutlich »Gott möge (dich) schützen«.
f *Edom* klingt ähnlich wie das hebräische Wort für *rot.*
g Siehe Anmerkung zu 22,18.

25,21 (keine Kinder) 11,30; 18,11-14; 29,31; Ri 13,2-3; 1 Sam 1,2; Lk 1,7 **25,23** 27,29.37; Mal 1,2-3; Röm 9,10-12 **25,26a** Hos 12,4 **25,33b** Hebr 12,16 **26,1-11** 12,10-20 S **26,3-4** 12,2 S; 12,7 S; 22,18 S

hast du uns da gebracht! Wie leicht hätte es ge-
schehen können, daß einer meiner Männer mit
ihr geschlafen hätte! Dann hättest du uns in
schwere Schuld gestürzt.«
11 Allen seinen Leuten ließ Abimelech be-
kanntgeben: »Wer diesen Mann oder seine Frau
antastet, muß sterben.«

Streit mit den Philistern um die Brunnen

12 Isaak säte in Gerar Getreide aus und erntete
in diesem Jahr hundertmal so viel, wie er gesät
hatte. Denn der HERR segnete ihn. 13 Auch
weiterhin vermehrte sich Isaaks Besitz, und er
wurde ein sehr reicher Mann. 14 Er hatte so viele
Schafe, Ziegen, Rinder und Knechte, daß die Phi-
lister* neidisch wurden. 15 Deshalb schütteten
sie alle Brunnen zu, die von den Knechten sei-
nes Vaters Abraham gegraben worden waren.
16 Abimelech sagte zu Isaak: »Zieh von uns
weg! Du bist uns zu mächtig geworden.« 17 So
verließ Isaak das Stadtgebiet und schlug sein
Lager im Tal von Gerar auf. 18 Er legte die Brun-
nen wieder frei, die von den Leuten Abrahams
gegraben und nach dessen Tod von den Phili-
stern zugeschüttet worden waren, und er gab
ihnen wieder die alten Namen, die sein Vater
ihnen gegeben hatte.
19 Als die Knechte Isaaks im Tal gruben,
stießen sie auf eine Quelle. 20 Die Hirten von
Gerar machten den Hirten Isaaks die Quelle
streitig und erklärten: »Das Wasser gehört uns!«
Deshalb nannte Isaak den Brunnen Esek (Streit).
21 Seine Leute gruben einen weiteren Brunnen,
und auch um den gab es Streit; deshalb nannte
er ihn Sitna (Zank).
22 Dann zog er von dort weg und grub an
anderer Stelle einen Brunnen. Diesmal gab es
keinen Streit. Da sagte Isaak: »Jetzt hat der HERR
uns freien Raum gegeben; hier werden wir uns
ausbreiten können.« Deshalb nannte er den
Brunnen Rehobot (Weite).

Die Philister erkennen, daß Gott Isaak segnet

23 Von da aus zog Isaak weiter nach Beerscheba.
24 In der ersten Nacht erschien ihm dort der
HERR und sagte zu ihm: »Ich bin der Gott deines
Vaters Abraham. Hab keine Angst; ich stehe dir
bei! Ich will dich segnen und dir viele Nachkom-
men geben, wie ich es meinem Diener Abraham
versprochen habe.«
25 Isaak baute an der Stelle einen Altar* und
rief im Gebet den Namen* des HERRN an. Er
schlug sein Lager dort auf, und seine Knechte
begannen einen Brunnen zu graben.
26 Da besuchte ihn König Abimelech aus
Gerar mit seinem Ratgeber Ahusat und seinem
Heerführer Pichol. 27 »Warum kommt ihr zu
mir?« fragte Isaak. »Ihr habt mich doch wie
einen Feind behandelt und von euch fortgejagt!«
28 Sie antworteten: »Wir haben erkannt, daß
der HERR auf deiner Seite steht. Deshalb haben
wir gedacht, wir sollten einen Friedensvertrag
schließen und ihn durch einen feierlichen Eid
bekräftigen. 29 Versprich uns, daß du uns keinen
Schaden zufügen willst! Wir haben dir ja auch
nichts zuleide getan; wir haben dir nur Gutes er-
wiesen und dich in Frieden ziehen lassen. Es ist
offenkundig, daß der HERR dich segnet.«
30 Isaak ließ ein Festmahl zubereiten, und sie
aßen und tranken miteinander. 31 Am anderen
Morgen schworen sie einen feierlichen Eid, sich
gegenseitig keinen Schaden zu tun. Isaak verab-
schiedete die drei und ließ sie in Frieden ziehen.
32 Am selben Tag kamen die Knechte, die den
Brunnen gruben, zu Isaak und berichteten: »Wir
sind auf Wasser gestoßen!« 33 Da nannte Isaak
den Brunnen Schiba (Schwur). Deshalb heißt
der Ort bis zum heutigen Tag Beerscheba.[a]

Esaus Frauen

34 Als Esau 40 Jahre alt war, heiratete er zwei
Hetiterinnen*, Judit, die Tochter von Beeri, und
Basemat, die Tochter von Elon. 35 Darüber waren
Isaak und Rebekka sehr bekümmert.

Isaak will seinen Erstgeborenen segnen. Rebekkas List

27 Isaak war alt geworden und konnte
nicht mehr sehen. Da rief er eines Tages
seinen älteren Sohn Esau zu sich und sagte:
»Mein Sohn!«
»Ja, Vater?« erwiderte Esau.
2 Isaak sagte: »Ich bin alt und weiß nicht, wie
lange ich noch lebe. 3 Deshalb nimm Pfeil und
Bogen, jage ein Stück Wild 4 und bereite mir ein
leckeres Gericht, wie ich es gern habe. Ich will
mich stärken, damit ich dich segnen kann, bevor
ich sterbe.«
5 Rebekka hatte das Gespräch mit angehört.
Als Esau gegangen war, um für seinen Vater das
Wild zu jagen, 6 sagte sie zu Jakob: »Ich habe
gehört, wie dein Vater zu deinem Bruder Esau
sagte: 7 ›Jage mir ein Stück Wild und bereite mir
ein leckeres Gericht! Ich will mich stärken und

a Siehe Anmerkung zu 21,31.
26,24 12,2 S 26,26 21,22 26,33 21,31 26,34-35 24,3 S 27,3 25,28

dich segnen, bevor ich sterbe.‹ 8 Darum hör auf
mich, mein Sohn, und tu, was ich dir sage: 9 Hol
mir von der Herde zwei schöne Ziegenböck-
chen! Ich werde daraus ein leckeres Gericht be-
reiten, wie es dein Vater gern hat. 10 Das bringst
du ihm dann, damit er dich vor seinem Tod
segnet.«

11 »Aber Esaus Haut ist behaart und meine ist
glatt«, erwiderte Jakob. 12 »Wenn mich nun mein
Vater betastet, merkt er den Betrug, und statt
mich zu segnen, verflucht er mich.«

13 Doch seine Mutter beruhigte ihn: »Der
Fluch soll auf mich fallen, mein Sohn! Tu, was
ich dir gesagt habe, und bring mir die Böck-
chen!«

14 Jakob holte sie, und seine Mutter bereitete
ein Gericht zu, wie sein Vater es gern hatte.
15 Darauf holte Rebekka das Festgewand Esaus,
ihres Älteren, das sie bei sich aufbewahrte, und
zog es ihrem jüngeren Sohn Jakob an. 16 Die
Felle der Böckchen legte sie ihm um die Handge-
lenke und um den glatten Hals. 17 Dann gab sie
ihm das leckere Fleischgericht und dazu Brot,
das sie frisch gebacken hatte.

Jakob wird anstelle seines Bruders gesegnet

18 Jakob ging zu Isaak ins Zelt und sagte: »Mein
Vater!«

»Ja«, sagte Isaak; »welcher von meinen Söh-
nen bist du?«

19 »Esau, dein Erstgeborener«, antwortete
Jakob. »Ich habe deinen Wunsch erfüllt. Setz
dich auf und iß von meinem Wild, damit du mich
segnen kannst.«

20 »Wie hast du so schnell etwas gefunden,
mein Sohn?« fragte Isaak.

Jakob erwiderte: »Der HERR, dein Gott, hat es
mir über den Weg laufen lassen.«

21 »Tritt näher«, sagte Isaak, »ich will fühlen,
ob du wirklich mein Sohn Esau bist.«

22 Jakob trat zu seinem Vater. Der betastete
ihn und sagte: »Die Stimme ist Jakobs Stimme,
aber die Hände sind Esaus Hände.« 23 Er er-
kannte Jakob nicht, weil seine Hände behaart
waren wie die seines Bruders. Darum wollte er
ihn segnen.

24 Aber noch einmal fragte Isaak: »Bist du
wirklich mein Sohn Esau?«

Jakob antwortete: »Ja, der bin ich.«

25 »Dann bring mir das Gericht!« sagte Isaak.
»Ich will von dem Wild meines Sohnes essen
und ihn dann segnen.«
Jakob gab ihm das Gericht, und sein Vater aß;
dann reichte er ihm Wein, und er trank.

26 Darauf sagte Isaak: »Komm her, mein Sohn,
und küsse mich!«

27 Jakob trat heran und küßte ihn. Isaak roch
den Duft seiner Kleider, da sprach er das Segens-
wort:

»Mein Sohn, du duftest kräftig wie die Flur,
wenn sie der HERR mit seinem Regen tränkt.
28 Gott gebe dir den Tau vom Himmel
und mache deine Felder fruchtbar,
damit sie Korn und Wein in Fülle tragen!
29 Nationen sollen sich vor dir verneigen,
und Völker sollen deine Diener werden.
Du wirst der Herrscher deiner Brüder sein,
sie müssen sich in Ehrfurcht vor dir beugen.
Wer dich verflucht, den soll das Unglück treffen;
doch wer dir wohl will, soll gesegnet sein!«

Isaak kann den Segen nicht rückgängig machen

30 So segnete Isaak seinen Sohn Jakob. Kaum
aber war er damit fertig, und kaum war Jakob
aus dem Zelt gegangen, da kam auch schon sein
Bruder Esau von der Jagd zurück. 31 Auch er be-
reitete ein leckeres Gericht, brachte es zu sei-
nem Vater und sagte: »Mein Vater, setz dich auf
und iß von meinem Wild, damit du mich segnen
kannst!«

32 »Wer bist denn *du?*« fragte Isaak.

»Dein Sohn Esau, dein Erstgeborener«, war
die Antwort.

33 Da begann Isaak vor Schreck heftig zu
zittern. »Wer?« rief er. »Wer war dann der, der
soeben von mir ging? Er hat ein Wild gejagt und
es mir gebracht, und ich habe davon gegessen,
bevor du kamst. Ich habe ihn gesegnet und kann
es nicht mehr ändern – er wird gesegnet blei-
ben!«

34 Esau schrie laut auf, als er das hörte, voll
Schmerz und Bitterkeit. »Vater«, rief er, »segne
mich auch!«

35 Aber Isaak erwiderte: »Dein Bruder ist ge-
kommen und hat dich mit List um deinen Segen
gebracht.«

36 »Zu Recht trägt er den Namen Jakob«, sagte
Esau. »Schon zum zweitenmal hat er mich betro-
gen:[a] Erst nahm er mir das Erstgeburtsrecht,
und jetzt auch noch den Segen. Hast du denn
keinen Segen mehr für mich übrig?«

37 Isaak antwortete: »Ich habe ihn zum Herr-
scher über dich gemacht; alle seine Brüder müs-

a Siehe Anmerkung zu 25,26.

27,27-29 Hebr 11,20; Sir 44,22-23 **27,29** 25,23; 12,3 S **27,35-36** 25,26.29-34

sen ihm dienen. Mit Korn und Wein habe ich ihn reichlich versehen. Was bleibt mir da noch für dich, mein Sohn?«

38 Esau sagte: »Hast du nur den *einen* Segen, Vater? Segne mich auch!« Und er begann laut zu weinen.

39 Da sagte Isaak:

»Weit weg von guten Feldern wirst du wohnen,
kein Tau vom Himmel wird dein Land
befeuchten,
40 ernähren mußt du dich mit deinem Schwert!
Du wirst der Sklave deines Bruders sein;
doch eines Tages stehst du auf und wehrst dich
und wirfst sein Joch* von deinen Schultern ab!«

Rebekka rät Jakob zur Flucht

41 Esau konnte es Jakob nicht vergessen, daß er ihn um den väterlichen Segen gebracht hatte. Er dachte: »Mein Vater lebt nicht mehr lange. Wenn die Trauerzeit vorüber ist, werde ich meinen Bruder Jakob umbringen.«

42 Rebekka wurde zugetragen, daß ihr älterer Sohn Esau solche Reden führte. Da ließ sie Jakob, den jüngeren Sohn, rufen und sagte zu ihm: »Dein Bruder Esau will sich an dir rächen und dich umbringen. 43 Darum hör auf mich, mein Sohn! Flieh nach Haran zu meinem Bruder Laban! 44 Bleib einige Zeit dort, bis sich der Zorn deines Bruders gelegt hat – 45 bis er dir nicht mehr so böse ist und nicht mehr daran denkt, was du ihm angetan hast. Ich werde dir Nachricht schicken, wenn du wieder zurückkehren kannst. Ich will euch doch nicht beide an *einem* Tag verlieren!«

Jakob soll eine Frau aus der alten Heimat heiraten

46 Rebekka sagte zu Isaak: »Das Leben ist mir verleidet, weil Esau diese Hetiterinnen* geheiratet hat. Wenn auch noch Jakob eine Frau aus dem Land hier nimmt, möchte ich lieber gleich sterben.«

28 Da rief Isaak seinen Sohn Jakob zu sich. Er segnete ihn und sagte: »Du darfst auf keinen Fall eine Frau aus dem Land Kanaan* heiraten! 2 Geh nach Mesopotamien zur Familie Betuëls, des Vaters deiner Mutter, und nimm dir eine von den Töchtern Labans, des Bruders deiner Mutter, zur Frau. 3 Gott, der Gewaltige*, wird dich segnen. Er wird dich fruchtbar machen[a] und dir viele Nachkommen schenken, so daß aus dir eine ganze Schar von Völkern wird. 4 Auf dich und deine Nachkommen wird der Segen übergehen, den Abraham empfangen hat: Sie werden das Land in Besitz nehmen, in dem du noch als Fremder lebst und das Gott einst Abraham zugesprochen hat.«

5 Nachdem Isaak ihn verabschiedet hatte, ging Jakob ins obere Mesopotamien zu Laban, dem Sohn des Aramäers* Betuël, dem Bruder von Rebekka, seiner und Esaus Mutter.

6 Das alles erfuhr Esau: Sein Vater Isaak hatte seinen Bruder Jakob gesegnet und nach Mesopotamien geschickt, damit er sich dort eine Frau suche. Als er ihn segnete, hatte er ihm befohlen: »Du darfst auf keinen Fall eine Frau aus dem Land Kanaan heiraten!« 7 Und Jakob hatte seinem Vater und seiner Mutter gehorcht und war nach Mesopotamien gegangen.

8 Da begriff Esau, daß die Frauen Kanaans seinem Vater zuwider waren. 9 Er ging zu Ismaël und nahm zu seinen anderen Frauen hinzu noch dessen Tochter Mahalat, die Schwester Nebajots und Enkelin Abrahams, zur Frau.

Jakobs Traum von der »Himmelsleiter«

10 Jakob machte sich auf den Weg von Beerscheba nach Haran. 11 Er kam an einen Platz und übernachtete dort, weil die Sonne gerade untergegangen war. Hinter seinen Kopf legte er einen der großen Steine, die dort umherlagen.

Während er schlief, 12 sah er im Traum eine breite Treppe, die von der Erde bis zum Himmel reichte. Engel* stiegen auf ihr zum Himmel hinauf, andere kamen zur Erde herunter.

13 Der HERR selbst stand ganz dicht bei Jakob[b] und sagte zu ihm: »Ich bin der HERR, der Gott deiner Vorfahren Abraham und Isaak. Das Land, auf dem du liegst, will ich dir und deinen Nachkommen geben. 14 Sie werden so unzählbar sein wie der Staub auf der Erde und sich nach allen Seiten ausbreiten, nach West und Ost, nach Nord und Süd. Am Verhalten zu dir und deinen Nachkommen wird sich für alle Menschen Glück und Segen entscheiden.[c] 15 Ich werde dir beistehen. Ich beschütze dich, wo du auch hingehst, und bringe dich wieder in dieses Land zurück. Ich lasse dich nicht im Stich und tue alles, was ich dir versprochen habe.«

a Siehe Anmerkung zu 8,17.
b Wörtlich *stand über ihm* (dem Liegenden); die Deutung *über ihr* (der Treppe) ist weniger wahrscheinlich.
c Siehe Anmerkung zu 12,3.

27,38 Hebr 12,17 **27,40** 2 Kön 8,20 **27,42** Weish 10,10 **27,43** 24,29 **27,46** 24,3 S **28,2** 24,4 **28,3** 12,2 S **28,4** 12,7 S **28,6-9** 24,3 S **28,12** Joh 1,51; Weish 10,10 **28,13** 12,7 S **28,14** 12,2 S; 12,3 S

[16]Jakob erwachte aus dem Schlaf und rief: »Wahrhaftig, der HERR ist an diesem Ort, und ich wußte es nicht!« [17]Er war ganz erschrocken und sagte: »Man muß sich dieser Stätte in Ehrfurcht nähern. Hier ist wirklich das Haus Gottes, das Tor des Himmels!«

[18]Früh am Morgen stand Jakob auf. Den Stein, den er hinter seinen Kopf gelegt hatte, stellte er als Steinmal auf und goß Öl darüber, um ihn zu weihen. [19]Er nannte die Stätte Bet-El (Haus Gottes); vorher hieß der Ort Lus.

[20]Dann legte Jakob ein Gelübde* ab: »Wenn der HERR mir beisteht«, sagte er, »wenn er mich bewahrt auf der Reise, die ich jetzt antrete, wenn er mir Nahrung und Kleidung gibt [21]und wenn ich wohlbehalten wieder nach Hause zurückkomme, dann soll er allein mein Gott sein. [22]Hier an dieser Stelle, wo ich den Stein aufgestellt habe, soll dann ein Heiligtum für ihn errichtet werden. Von allem Besitz, den er mir schenken wird, werde ich ihm den zehnten Teil geben.«

Jakob kommt zu Laban

29 Jakob machte sich auf den Weg und wanderte weiter, dem Steppenland im Osten zu.

[2]Eines Tages kam er am Rand der Steppe zu einem Brunnen, aus dem die Hirten der Gegend ihr Vieh tränkten. Drei Herden Schafe und Ziegen lagerten dort; aber der große Stein lag noch auf dem Brunnenloch. [3]Die Hirten warteten für gewöhnlich, bis alle Herden beisammen waren; dann schoben sie den Stein weg, tränkten die Tiere und schoben den Stein wieder an seinen Platz.

[4]»Meine Brüder, wo seid ihr zu Hause?« fragte Jakob die Hirten.

»In Haran«, antworteten sie.

[5]Er fragte weiter: »Kennt ihr dort Laban, den Sohn Nahors?«

»Gewiß«, sagten sie.

[6]»Geht es ihm gut?« wollte Jakob wissen.

»O ja«, war die Antwort; »da drüben kommt gerade seine Tochter Rahel mit ihrer Herde!«

[7]»Warum wartet ihr eigentlich hier?« sagte Jakob. »Die Sonne steht noch hoch, und es ist zu früh, um die Herden zusammenzutreiben. Tränkt sie und laßt sie wieder weiden!«

[8]Die Hirten erwiderten: »Das geht nicht! Erst müssen die anderen Herden hier sein. Dann schieben wir miteinander den Stein weg und geben dem Vieh zu trinken.«

[9]Während er noch mit ihnen redete, war auch schon Rahel mit der Herde herangekommen. Sie war Hirtin und hütete die Schafe und Ziegen ihres Vaters.

[10]Jakob sah Rahel und ihre Herde, und er sagte sich: »Sie ist die Tochter Labans, des Bruders meiner Mutter, und das hier sind die Schafe und Ziegen Labans, des Bruders meiner Mutter!« Und er ging zum Brunnen, schob den Stein zur Seite und tränkte die Tiere Labans, des Bruders seiner Mutter.

[11]Dann küßte er Rahel und weinte laut. [12]Er sagte ihr, daß er der Neffe ihres Vaters und ein Sohn von Rebekka sei; und sie lief zu ihrem Vater und erzählte es ihm.

[13]Als Laban hörte, daß der Sohn seiner Schwester gekommen war, lief er Jakob entgegen. Er umarmte und küßte ihn und nahm ihn mit sich in sein Haus.

Jakob erzählte ihm, was ihn hergeführt hatte. [14a]Als Laban alles gehört hatte, sagte er zu ihm: »Ja, du bist wahrhaftig mein eigen Fleisch und Blut!«

Jakobs Heirat mit Lea und Rahel

[14b]Jakob war nun schon einen Monat lang im Haus seines Onkels. [15]Eines Tages sagte Laban zu ihm: »Du sollst nicht umsonst für mich arbeiten, nur weil du mein Verwandter bist. Was willst du als Lohn haben?«

[16]Nun hatte Laban zwei Töchter, die ältere hieß Lea, die jüngere Rahel. [17]Lea hatte glanzlose Augen, Rahel aber war ausnehmend schön. [18]Jakob liebte Rahel, und so sagte er: »Gib mir Rahel, deine jüngere Tochter, zur Frau! Ich will dafür sieben Jahre bei dir arbeiten.«

[19]Laban sagte: »Ich gebe sie lieber dir als einem Fremden. Bleib also die Zeit bei mir!«

[20]Jakob arbeitete bei Laban sieben Jahre für Rahel, und weil er sie so sehr liebte, kamen ihm die Jahre wie Tage vor. [21]Danach sagte er zu Laban: »Die Zeit ist um. Gib mir jetzt die Frau, um die ich gearbeitet habe! Ich will mit ihr Hochzeit halten.«

[22]Laban lud alle Leute im Ort zur Hochzeitsfeier ein. [23]Aber am Abend führte er nicht Rahel, sondern Lea ins Brautgemach, und Jakob schlief mit ihr. [24]Als Dienerin gab Laban ihr seine Sklavin Silpa.

[25]Am Morgen sah Jakob, daß es gar nicht Rahel, sondern Lea war. Da stellte er Laban zur Rede: »Warum hast du mir das angetan? Ich habe doch um Rahel gearbeitet! Warum hast du mich betrogen?«

[26]»Es ist bei uns nicht Sitte«, erwiderte Laban, »die Jüngere vor der Älteren wegzugeben. [27]Verbringe jetzt mit Lea die Hochzeitswoche, dann

geben wir dir Rahel noch dazu. Du wirst dann
um sie noch einmal sieben Jahre arbeiten.«
28 Jakob ging darauf ein. Nachdem die Woche
vorüber war, gab Laban ihm auch Rahel zur
Frau. 29 Als Dienerin gab er Rahel seine Sklavin
Bilha.
30 Jakob schlief auch mit Rahel, und er hatte
sie lieber als Lea. Er blieb noch einmal sieben
Jahre lang bei Laban und arbeitete für ihn.

Gott schenkt Lea Söhne

31 Der HERR sah, daß Jakob Lea zurücksetzte, des-
halb schenkte er ihr Kinder, während Rahel
kinderlos blieb.
32 Als Lea ihren ersten Sohn geboren hatte,
sagte sie: »Der HERR hat meinen Kummer ge-
sehen; jetzt wird mein Mann mich lieben.« Des-
halb nannte sie das Kind Ruben.[a]
33 Danach wurde sie wieder schwanger und
gebar einen zweiten Sohn. Sie sagte: »Der HERR
hat mir auch noch diesen gegeben, weil er
gehört hat, daß mein Mann mich zurückgesetzt
hat.« So nannte sie ihn Simeon.
34 Wieder wurde sie schwanger und gebar
einen Sohn. »Jetzt habe ich meinem Mann drei
Söhne geboren«, sagte sie; »nun wird er viel-
leicht doch an mir hängen.« Deshalb nannte sie[b]
ihn Levi.
35 Als sie schließlich ihren vierten Sohn zur
Welt brachte, sagte sie: »Jetzt will ich dem HERRN
danken« und nannte ihn Juda. Dann bekam sie
lange Zeit keine Kinder mehr.

Die Söhne der beiden Nebenfrauen

30 Als Rahel sah, daß Lea Kinder bekam
und sie nicht, wurde sie eifersüchtig auf
ihre Schwester und sagte zu Jakob: »Sorge dafür,
daß ich Kinder bekomme, sonst will ich nicht
länger leben!«
2 Jakob wurde zornig und sagte: »Kann denn
ich etwas dafür? Ich bin doch nicht Gott, der dir
Kinder versagt!«
3 Da sagte Rahel: »Hier hast du meine Diene-
rin Bilha. Schlafe mit ihr, damit sie an meiner
Stelle ein Kind bekommt. Wenn sie es auf mei-
nem Schoß zur Welt bringt, ist es wie mein eige-
nes.«
4 So gab Rahel ihm ihre Dienerin Bilha zur
Frau, und er schlief mit ihr. 5 Bilha wurde
schwanger und gebar Jakob einen Sohn. 6 Rahel
sagte: »Gott hat mir zu meinem Recht verholfen,
er hat meine Bitten gehört und mir einen Sohn
geschenkt.« Darum nannte sie ihn Dan.[c]
7 Danach wurde Rahels Dienerin Bilha noch
einmal schwanger und gebar Jakob einen weite-
ren Sohn. 8 Rahel sagte: »Mit Gottes Hilfe habe
ich gegen meine Schwester gekämpft und habe
gesiegt.« Und sie nannte ihn Naftali.
9 Als Lea sah, daß sie keine Kinder mehr
bekam, gab sie Jakob ihre Dienerin Silpa zur
Frau. 10 Auch Silpa gebar Jakob einen Sohn.
11 »Er bringt Glück«, sagte Lea und nannte ihn
Gad.[d]
12 Danach gebar Silpa noch einen zweiten
Sohn, 13 und Lea sagte: »Ich bin glücklich! Alle
Frauen werden mich beneiden.« Darum nannte
sie ihn Ascher.

Gott schenkt Rahel einen Sohn

14 Zur Zeit der Weizenernte ging Ruben einmal
aufs Feld. Er fand dort Alraunfrüchte* und
brachte sie seiner Mutter Lea.
Da bat Rahel ihre Schwester: »Gib mir doch
ein paar von diesen Zauberfrüchten, die dein
Sohn gefunden hat.«
15 Aber Lea sagte: »Reicht es dir nicht, daß du
mir meinen Mann weggenommen hast? Mußt
du mir auch noch die Liebesäpfel meines Sohnes
nehmen?«
Rahel erwiderte: »Wenn du sie mir gibst, soll
Jakob meinetwegen heute nacht bei dir schla-
fen.«
16 Als Jakob am Abend vom Feld nach Hause
kam, ging ihm Lea entgegen und sagte: »Heute
mußt du bei *mir* schlafen; ich habe dafür mit den
Liebesäpfeln meines Sohnes bezahlt.«
Jakob schlief bei ihr, 17 und Gott erhörte Leas
Bitte. Sie wurde schwanger und gebar Jakob
einen fünften Sohn. 18 Sie sagte: »Gott hat mich
dafür belohnt, daß ich meinem Mann meine
Dienerin gegeben habe.« Darum nannte sie ihn
Issachar.[e]
19 Sie wurde noch einmal schwanger und
gebar Jakob einen sechsten Sohn. 20 Und sie
sagte: »Gott hat mir ein kostbares Geschenk ge-
macht. Jetzt endlich wird mein Mann mich an-
nehmen, nachdem ich ihm sechs Söhne geboren
habe.« Darum nannte sie ihn Sebulon.

a *Ruben* (eigentlich »Seht, ein Sohn!«) wird hier durch ein hebräisches Wortspiel mit »Kummer sehen« gedeutet. Die drei folgenden Namen enthalten Anklänge an die hebräischen Wörter für Hören, Anhängen und Danken.
b *sie* mit alten Übersetzungen; H *er*.
c Die Namen in Vers 6 und 8 werden durch Anklänge an »Recht verschaffen« und »kämpfen« gedeutet.
d Die Namen in Vers 11 und 13 werden durch Anklänge an »Glück« und »glücklich« gedeutet.
e Die Namen in Vers 18 und 20 werden durch Anklänge an »belohnen« und »annehmen« gedeutet.

29,31 25,21 S 30,3 16,2

21 Danach gebar sie noch eine Tochter und
nannte sie Dina.

22 Da endlich dachte Gott an Rahel: Er erhörte
ihr Gebet und öffnete ihren Mutterschoß. 23 Sie
wurde schwanger und brachte einen Sohn zur
Welt. Da sagte sie: »Gott hat meine Schande von
mir genommen.« 24 Sie nannte ihn Josef und
sagte: »Möge der HERR mir noch einen Sohn da-
zugeben!«[a]

Jakob kommt zu seinem verdienten Lohn

25 Nachdem Rahel Josef geboren hatte, sagte
Jakob zu Laban: »Laß mich nun frei! Ich möchte
in meine Heimat zurückkehren. 26 Gib mir
meine Frauen und Kinder, die ich mit meiner
Arbeit verdient habe, und laß mich ziehen! Du
weißt, wie ich mich mit aller Kraft für dich einge-
setzt habe.«

27 Aber Laban erwiderte: »Erweise mir die
Gunst noch zu bleiben! Ich habe genau gemerkt,
daß der HERR mich deinetwegen gesegnet und
mir Wohlstand geschenkt hat. 28 Was willst du
künftig als Lohn? Ich gebe dir, was du ver-
langst.«

29 Jakob sagte: »Du weißt ja, was ich für dich
getan habe und wie dein Vieh sich vermehrt
hat. 30 Bevor ich kam, hattest du nur ein paar
Tiere, und nun sind daraus so riesige Herden ge-
worden. Für jeden meiner Schritte hat der HERR
dich gesegnet. Jetzt muß ich endlich einmal an
mich selbst denken und für meine Familie sor-
gen!«

31 »Sag doch, was verlangst du als Lohn?«
fragte Laban.

»Gar nichts«, sagte Jakob; »du mußt nur eine
einzige Bedingung erfüllen, dann werde ich
auch weiterhin für deine Herden sorgen:
32-33 Ich werde heute aus deiner Herde alle
schwarzen, schwarzgefleckten und schwarzge-
sprenkelten Schafe und alle weißgescheckten
und weißgesprenkelten Ziegen entfernen. Wenn
danach trotzdem noch ein gesprenkeltes oder
geflecktes Ziegenlamm oder ein schwarzes
Schaflamm geworfen wird, soll es mir als Lohn
gehören. Du wirst künftig auf *einen* Blick sehen
können, ob ich ehrlich gegen dich bin oder ob
ich dich bestohlen habe: Die Farbe meiner Tiere
wird für mich zeugen.«

34 »Einverstanden!« antwortete Laban. »Wir
machen es, wie du vorgeschlagen hast.« 35 Er
suchte noch am gleichen Tag aus seiner Herde
alle Ziegen und Ziegenböcke heraus, an denen
etwas Weißes war, und alle Schafe, an denen
etwas Schwarzes war. Er gab sie seinen Söhnen,
36 und die mußten damit drei Tagereisen weit
wegziehen. Die restliche Herde blieb unter der
Aufsicht Jakobs.

37 Nun schnitt sich Jakob Zweige von Pappeln,
Mandelbäumen und Platanen und schälte Strei-
fen von der Rinde ab. Diese weißgestreiften
Stecken 38 legte er in die Tränkrinnen, wenn die
Tiere zum Trinken kamen; denn er wußte, daß
sie sich dort paarten. 39 Und weil die Tiere beim
Anblick der Stäbe begattet wurden, warfen sie
lauter gestreifte, gesprenkelte und gescheckte
Junge. 40 Außerdem ließ Jakob die Tiere bei der
Paarung in Richtung auf die gestreiften und dun-
kelfarbigen Tiere der Herde Labans blicken. Die
jungen Tiere nahm Jakob beiseite und bildete
eine eigene Herde daraus.

41 Er legte die Stecken aber nur dann in die
Tränkrinnen, wenn die kräftigen Tiere sich be-
gatteten; 42 bei den schwächlichen Tieren tat er
es nicht. So bekam Jakob die kräftigen Jungtiere
und Laban die schwachen.

43 Auf diese Weise wurde Jakob sehr reich
und besaß schließlich viele Herden, dazu Esel,
Kamele, Sklaven und Sklavinnen.

Jakob, Rahel und Lea beschließen, Laban heimlich zu verlassen

31 Jakob kam zu Ohren, wie die Söhne
Labans über ihn redeten. »Sein ganzer
Reichtum gehört eigentlich unserem Vater«, sag-
ten sie. »Alles, was er hat, hat er uns weggenom-
men.«

2 Auch Laban war ihm nicht mehr so wohlge-
sinnt wie früher. Wenn Jakob ihn sah, konnte er
es deutlich an seinem Gesicht ablesen.

3 Da sagte der HERR zu Jakob: »Kehre in das
Land deiner Vorfahren und zu deinen Verwand-
ten zurück! Ich werde dir beistehen.«

4 Jakob ließ Rahel und Lea zu sich auf die
Weide rufen. 5 Er sagte zu ihnen: »Ich merke
genau, daß euer Vater mir nicht mehr so freund-
lich begegnet wie früher. Aber ich bin nur des-
halb so reich geworden, weil[b] der Gott meines
Vaters mir zur Seite stand.

6 Ihr wißt selbst, wie ich mit meiner ganzen
Kraft für euren Vater gearbeitet habe. 7 Er hat
mich betrogen und meinen Lohn zehnmal ver-
ändert; aber Gott hat nicht zugelassen, daß er
mir schaden konnte. 8 Wenn euer Vater sagte:
›Du bekommst die Gesprenkelten als Lohn‹,

a *Josef* wird doppelt gedeutet: durch Anklang an »wegnehmen« (Vers 23) und an »hinzufügen« (Vers 24).
b *ich bin nur deshalb ...:* verdeutlichender Zusatz.
31,3 28,15

wurden lauter gesprenkelte Tiere geboren; und
wenn er sagte: ›Nein, die Gestreiften‹, gab es
lauter gestreifte.

9 Gott selbst hat die Herden eurem Vater
genommen und mir gegeben. 10 Während der
Brunstzeit der Tiere sah ich im Traum, daß alle
Böcke, die die Schafe und Ziegen besprangen,
gestreift, gesprenkelt und gescheckt waren.
11 Der Engel* Gottes rief mich im Traum beim
Namen, und als ich antwortete, 12 sagte er: ›Sieh
genau hin: Alle Böcke sind gestreift, gesprenkelt
und gescheckt; denn ich habe gesehen, was
Laban dir antut. 13 Ich bin der Gott, der dir in Bet-
El begegnet ist; dort hast du mir einen Stein ge-
weiht und ein Gelübde* getan. Zieh jetzt aus die-
sem Land fort und geh in deine Heimat zurück.‹«

14 Rahel und Lea antworteten Jakob: »Was
haben wir noch von unserem Vater zu erwar-
ten? 15 Er hat uns wie Fremde behandelt; ver-
kauft hat er uns, und das Geld hat er für sich ver-
braucht. 16 Uns und unseren Kindern steht zu,
was Gott unserem Vater weggenommen hat. Tu,
was Gott dir gesagt hat!«

17 Da setzte Jakob seine Frauen und Kinder
auf die Kamele, 18 nahm sein ganzes Vieh und
alles, was er in Mesopotamien erworben hatte,
und machte sich auf den Weg ins Land Kanaan*
zu seinem Vater Isaak.

19 Laban war gerade zur Schafschur gegan-
gen. Rahel benutzte die Gelegenheit und ent-
wendete ihm seinen Hausgott*.

20 Jakob hielt seinen Aufbruch vor dem
Aramäer Laban geheim. 21 Fluchtartig machte er
sich auf und davon, überquerte den Eufrat und
zog in Richtung auf das Bergland Gilead*.

Gott schützt Jakob vor Laban. Rahels List

22 Zwei Tage später erfuhr Laban, daß Jakob ge-
flohen war. 23 Mit allen Männern aus seiner
Familie jagte er hinter ihm her, und nach sieben
Tagen holte er ihn im Bergland Gilead* ein.

24 Gott aber erschien dem Aramäer* Laban in
der Nacht im Traum und sagte zu ihm: »Hüte
dich, mit Jakob anders als freundlich zu reden!«

25 Als Laban Jakob einholte, hatte Jakob ge-
rade seine Zelte im Bergland aufgeschlagen.
Auch Laban und seine Verwandten schlugen
dort ihre Zelte auf.

26 Laban sagte zu Jakob: »Warum hast du mich
hintergangen und meine Töchter wie Kriegsge-
fangene weggeschleppt? 27 Warum hast du dich
heimlich davongemacht und mir nichts gesagt?
Ich hätte dir gerne mit Gesang und Zithern und
Handpauken das Geleit gegeben. 28 Warum hast
du mir nicht erlaubt, meine Töchter und Enkel
zum Abschied zu küssen? Das war nicht klug
von dir! 29 Ich hätte ja die Macht, es euch entgel-
ten zu lassen; aber der Gott eures Vaters hat
mich heute nacht gewarnt: ›Hüte dich, mit Jakob
anders als freundlich zu reden!‹ 30 Nun gut, du
hast mich verlassen, weil es dich nach Hause
zog; aber warum hast du mir auch noch meinen
Hausgott* gestohlen?«

31 Jakob erwiderte: »Ich hatte Angst, du wür-
dest nicht zulassen, daß deine Töchter mitkom-
men. 32 Aber deinen Hausgott? Wenn du ihn hier
bei irgend jemand findest – die Person muß ster-
ben! Durchsuche alles in Gegenwart der Män-
ner, die du mitgebracht hast, unserer Verwand-
ten, und nimm dir, was dir gehört.« Jakob wußte
nämlich nicht, daß Rahel den Hausgott mitge-
nommen hatte.

33 Laban durchsuchte das Zelt Jakobs, das Zelt
Leas und das Zelt der beiden Nebenfrauen – ver-
geblich. Dann ging er zu Rahel. 34 Sie hatte
den Hausgott in den korbförmigen Sattel ihres
Kamels gelegt und sich daraufgesetzt.

Ihr Vater durchsuchte das ganze Zelt; 35 sie
aber sagte zu ihm: »Sei nicht böse, wenn ich
nicht vor dir aufstehe! Ich habe gerade meine
Tage.« Laban durchsuchte alles, konnte aber
nichts finden.

36 Da wurde Jakob zornig und begann mit
Laban abzurechnen. »Was für ein Verbrechen
habe ich begangen«, sagte er, »daß du mir so
wild nachgejagt bist? 37 Meinen ganzen Hausrat
hast du durchwühlt; hast du etwas gefunden,
was dir gehört? Lege es hier vor meinen und dei-
nen Leuten auf die Erde, damit sie entscheiden,
wer von uns beiden im Recht ist!

38 Zwanzig Jahre lang bin ich nun bei dir
gewesen, und während der ganzen Zeit haben
deine Schafe und Ziegen keine Fehlgeburt ge-
habt. Nicht einen einzigen Bock von deiner
Herde habe ich für mich geschlachtet. 39 Wenn
ein Schaf von Raubtieren gerissen wurde, durfte
ich es nicht zu dir bringen, um meine Unschuld
zu beweisen; ich mußte es selbst ersetzen, ganz
gleich, ob es bei Tag oder bei Nacht geraubt wor-
den war. 40 Tagsüber litt ich unter der Hitze und
nachts unter der Kälte, und oft fand ich keinen
Schlaf.

41 Zwanzig Jahre habe ich das nun auf mich
genommen; vierzehn habe ich um deine Töch-
ter gearbeitet und sechs um die Herde, und du
hast meinen Lohn zehnmal verändert. 42 Wenn

31,13 28,18-22 31,34-35 Lev 15,19-20 31,39 Ex 22,11-12

der Gott meines Großvaters Abraham und der Gott, vor dem mein Vater Isaak zitterte,[a] mir nicht geholfen hätte, dann hättest du mir alles genommen und mich mit leeren Händen ziehen lassen.

Aber Gott hat gesehen, wie ich mich für dich abgearbeitet habe und wie schlecht du mich behandelt hast; deshalb hat er sich in der vergangenen Nacht auf meine Seite gestellt.«

Ein Vertrag zwischen Jakob und Laban

43 Laban sagte zu Jakob: »Meine Töchter gehören mir, ihre Söhne gehören mir, und diese Herde gehört mir; alles, was du hier siehst, ist mein Eigentum. Aber was kann ich jetzt noch für meine Töchter tun und für die Söhne, die sie geboren haben? 44 Wir wollen einen Vertrag miteinander schließen und ein Zeichen errichten, das uns beide daran erinnert.«

45 Dann nahm Jakob einen großen Stein und stellte ihn als Erinnerungszeichen auf. 46 Er forderte seine Verwandten auf, Steine zu sammeln und sie zu einem Hügel zusammenzutragen. Auf diesem Steinhügel hielten sie ein gemeinsames Mahl. 47 Laban nannte ihn Jegar-Sahaduta und Jakob Gal-Ed.

48 Laban sagte: »Dieser Hügel ist Zeuge für unsere Abmachung.« Daher bekam er den Namen Gal-Ed (Zeugenhügel).[b] 49 Er wird aber auch Mizpa (Wachtturm) genannt, weil Laban fortfuhr: »Möge der HERR ein wachsames Auge auf jeden von uns haben, nachdem wir auseinandergegangen sind! 50 Nimm dich davor in acht, meine Töchter schlecht zu behandeln oder noch weitere Frauen zu nehmen. Kein Mensch ist hier als Zeuge für unsere Abmachung, Gott ist unser Zeuge!«

51 Weiter sagte Laban zu Jakob: »Dieser Steinhügel und dieses Steinmal, das ich zwischen uns errichtet habe, 52 sie sollen uns warnen, daß keiner von uns die Grenze zum andern in böser Absicht überschreitet. 53 Der Gott Abrahams und der Gott Nahors[c] sollen den bestrafen, der sich nicht daran hält!«

Jakob schwor bei dem Gott[d] seines Vaters Isaak, sich an diese Abmachung zu halten. 54 Dann schlachtete er dort im Bergland ein Opfertier und lud seine Verwandten zum Opfermahl* ein. Sie aßen mit ihm und blieben dort über Nacht.

32 Am anderen Morgen küßte Laban seine Töchter und Enkel zum Abschied und segnete sie. Dann kehrte er in seine Heimat zurück.

Jakob bereitet sich auf die Begegnung mit Esau vor

2 Als Jakob weiterzog, begegneten ihm Engel* Gottes. 3 Erstaunt rief er: »Hier ist das Lager Gottes!« Deshalb nannte er den Ort Mahanajim (Doppellager).

4 Dann sandte er Boten voraus zu seinem Bruder Esau, der sich im Gebirge Seïr* im Land Edom aufhielt. 5 Sie sollten Esau, seinem Herrn, ausrichten: »Dein ergebener Diener Jakob läßt dir sagen: ›Ich bin die ganze Zeit über bei Laban gewesen und komme jetzt zurück. 6 Ich habe reichen Besitz erworben: Rinder, Esel, Schafe und Ziegen, Sklaven und Sklavinnen. Ich lasse es dir, meinem Herrn, melden und bitte, daß du mich freundlich aufnimmst.‹«

7 Die Boten kamen zurück und berichteten Jakob: »Wir haben deinem Bruder Esau die Botschaft ausgerichtet. Er ist schon auf dem Weg zu dir; vierhundert Mann hat er bei sich.«

8 Als Jakob das hörte, erschrak er. Er verteilte seine Leute und das Vieh und die Kamele auf zwei Karawanen; 9 denn er dachte: Wenn Esau auf die eine trifft und alles niedermetzelt, wird wenigstens die andere gerettet.

10 Dann betete Jakob: »HERR, du Gott meines Großvaters Abraham und meines Vaters Isaak! Du hast zu mir gesagt: ›Kehr in deine Heimat und zu deiner Familie zurück; ich beschütze dich und lasse es dir gutgehen.‹ 11 Ich bin es nicht wert, daß du mir, deinem Diener, soviel Gutes getan und deine Zusage wahr gemacht hast. Ich besaß nur einen Wanderstock, als ich den Jordan überschritt, und nun komme ich zurück mit zwei großen Karawanen. 12 Rette mich doch jetzt vor meinem Bruder Esau! Ich habe solche Angst vor ihm. Er wird uns alle umbringen, auch die Frauen und Kinder. 13 Du hast mir doch versprochen: ›Ich beschütze dich; ich lasse es dir gutgehen. Deine Nachkommen sol-

a *der Gott, vor dem …:* wörtlich *der Schrecken Isaaks.* Es handelt sich um einen alten Gottesnamen; möglich ist auch die Deutung *vor dem die Feinde Isaaks zittern.*

b *Jegar-Sahaduta* (Vers 47) ist die aramäische Form desselben Namens. *Gal-Ed* erinnert zugleich an den Landschaftsnamen Gilead (vgl. Vers 23).

c So mit zwei Handschriften und G; H hat zusätzlich *der Gott ihres Vaters,* was wohl nicht zum ursprünglichen Text gehört.

d Wörtlich *bei dem Schrecken;* siehe Anmerkung zu Vers 42.

32,10 31,3 **32,13** 12,2 S; 28,13-15

len wie der Sand am Meer werden, den nie-
mand zählen kann.‹«
14 Jakob blieb die Nacht über an diesem Ort.
Dann stellte er aus seinem Besitz ein Geschenk
für seinen Bruder Esau zusammen. 15 Er nahm
200 Ziegen und 200 Schafe, dazu 20 Ziegenböcke
und 20 Schafböcke, 16 30 Kamelstuten mit ihren
Jungen, 40 Kühe, 10 Stiere, 20 Eselinnen und
10 Esel. 17 Die gab er seinen Hirten, jedem eine
Herde, und befahl ihnen: »Zieht voraus und laßt
einen Abstand zwischen den Herden!«
18 Zum ersten sagte er: »Wenn mein Bruder
Esau dir entgegenkommt, wird er dich fragen:
›Wer ist dein Herr? Wohin ziehst du? Wem
gehört das Vieh, das du vor dir hertreibst?‹ 19 Ant-
worte ihm: ›Es gehört Jakob, deinem ergebenen
Diener. Er möchte es dir, meinem Herrn, schen-
ken; er selbst kommt gleich hinterher.‹«
20 Dasselbe befahl er auch dem zweiten und
dritten und allen übrigen, und er schärfte ihnen
ein: »Ihr müßt zu Esau sagen: 21 ›Dein ergebener
Diener Jakob kommt gleich hinter uns her.‹« Er
dachte nämlich: Ich will zurückbleiben und ihn
erst mit meinen Geschenken günstig stimmen;
vielleicht nimmt er mich dann freundlich auf.
22 Jakob blieb also die Nacht über am Lager-
platz, während die Herden, die er als Geschenk
für seinen Bruder bestimmt hatte, vorauszogen.

Jakob ringt mit Gott

23 Mitten in der Nacht stand Jakob auf und nahm
seine beiden Frauen und die beiden Neben-
frauen und seine elf Söhne und brachte sie an
einer seichten Stelle über den Jabbok; 24 auch
alle seine Herden brachte er über den Fluß.
25 Nur er allein blieb zurück.
Da trat ihm ein Mann entgegen und rang mit
ihm bis zum Morgengrauen. 26 Als der andere
sah, daß sich Jakob nicht niederringen ließ, gab
er ihm einen Schlag auf das Hüftgelenk, so daß
es sich ausrenkte. 27 Dann sagte er zu Jakob:
»Laß mich los; es wird schon Tag!«
Aber Jakob erwiderte: »Ich lasse dich nicht
los, bevor du mich segnest!«
28 »Wie heißt du?« fragte der andere, und als
Jakob seinen Namen nannte, 29 sagte er: »Du
sollst von nun an nicht mehr Jakob heißen, du
sollst Israel[a] heißen! Denn du hast mit Gott und
mit Menschen gekämpft und hast gesiegt.«
30 Jakob bat ihn: »Sag mir doch deinen
Namen!«
Aber er sagte nur: »Warum fragst du?« und
segnete ihn.
31 »Ich habe Gott von Angesicht gesehen«, rief
Jakob, »und ich lebe noch!« Darum nannte er
den Ort Penuël.[b]
32 Als Jakob den Schauplatz verließ, ging die
Sonne über ihm auf. Er hinkte wegen seiner
Hüfte. 33 Bis zum heutigen Tag essen die Leute
von Israel, wenn sie Tiere schlachten, den Mus-
kel über dem Hüftgelenk nicht, weil Jakob auf
diese Stelle geschlagen wurde.

Das Wiedersehen mit Esau

33 Als Jakob aufblickte, sah er Esau kom-
men und hinter ihm seine vierhundert
Mann. Da stellte er die Kinder zu ihren Müttern,
zu Lea und zu Rahel und zu den beiden Neben-
frauen. 2 Dann ließ er die Nebenfrauen mit ihren
Kindern vorangehen, dahinter ging Lea mit ihren
Kindern, und zum Schluß kam Rahel mit Josef.
3 Jakob selbst ging an der Spitze des Zuges
und warf sich siebenmal auf die Erde, bis er zu
seinem Bruder kam.
4 Esau aber lief ihm entgegen, umarmte und
küßte ihn. Beide weinten vor Freude. 5 Als Esau
die Frauen mit ihren Kindern sah, fragte er sei-
nen Bruder: »Wen hast du da bei dir?«
»Das sind die Kinder, die Gott mir geschenkt
hat«, sagte Jakob. 6 Die Nebenfrauen mit ihren
Kindern traten herzu und warfen sich vor Esau
nieder, 7 ebenso Lea mit ihren Kindern, und zu-
letzt Rahel mit Josef.
8 »Was wolltest du denn mit den Herden, die
du mir entgegenschicktest?« fragte Esau seinen
Bruder.
»Ich wollte dir, meinem Herrn, ein Geschenk
machen, damit du mich freundlich aufnimmst«,
erwiderte Jakob.
9 »Lieber Bruder«, sagte Esau, »ich habe selbst
genug. Behalte es nur!«
10 »Nein, nein!« sagte Jakob. »Wenn du mir
wieder gut bist, mußt du mein Geschenk anneh-
men. Wie man vor Gott tritt, um Gnade zu fin-
den, so bin ich vor dich getreten, und du hast
mich freundlich angesehen. 11 Darum nimm
mein Geschenk an! Gott hat mir Glück gegeben,
ich bin sehr reich geworden.«
Jakob drängte seinen Bruder so lange, bis er
alles annahm. 12 Dann schlug Esau vor: »Wir wol-
len weiterziehen! Ich werde dich begleiten.«
13 Aber Jakob sagte: »Hör deinen Diener! Du

a *Israel* (»Gott möge herrschen«) wird hier als »Gotteskämpfer« gedeutet. Zur Bedeutung von *Jakob* vgl. Anmerkung zu 25,26.
b *Penuël* wird aufgrund eines Anklangs als »Angesicht Gottes« gedeutet.

32,23-33 Hos 12,4-5 **32,29** 35,10 **32,30** Ex 3,13-14; Ri 13,17-18 **32,31** Ex 33,20 S

siehst ja, daß die Kinder nicht so schnell gehen können. Außerdem muß ich die säugenden Schafe und Rinder schonen. Wenn ich sie nur einen Tag lang zu schnell treibe, wird mir die ganze Herde vor Erschöpfung sterben. [14] Zieh darum ruhig voraus; ich werde dir nach Seïr* folgen, so schnell es mit den Kindern und Tieren möglich ist.«

[15] Esau wollte wenigstens ein paar von seinen Leuten als Begleitung zurücklassen, aber Jakob sagte: »Ich brauche sie wirklich nicht. Es genügt mir, wenn du, mein Herr, mir auch künftig gut bist.«

[16] Esau machte sich auf den Rückweg nach Seïr, [17] und Jakob zog weiter nach Sukkot (Hütten). Dort baute er sich ein Haus; für das Vieh machte er Schutzdächer aus geflochtenen Zweigen. Davon hat der Ort seinen Namen.

[18] Schließlich kam Jakob wohlbehalten nach Sichem. Hier war er am Ziel seiner Reise, die er in Mesopotamien begonnen hatte. Vor der Stadt schlug er auf freiem Feld seine Zelte auf [19] und kaufte das Grundstück für den Lagerplatz für 100 große Silberstücke* von den Söhnen Hamors, des Gründers der Stadt. [20] Er errichtete dort einen Altar und gab ihm den Namen ›Gott ist der Gott Israels‹.

Vergewaltigung Dinas und Konflikt mit den kanaanitischen Bewohnern des Landes

34 Dina, die Tochter Leas und Jakobs, ging einmal aus dem Zeltlager, um Frauen der Landesbewohner zu besuchen. [2] Sichem, der Sohn des Hiwiters Hamor, des führenden Mannes der Gegend, sah sie, fiel über sie her und vergewaltigte sie.

[3] Er hatte aber eine echte Zuneigung zu Dina gefaßt; deshalb suchte er ihr Herz zu gewinnen. [4] Zu seinem Vater Hamor sagte er: »Sieh zu, daß ich dieses Mädchen zur Frau bekomme!«

[5] Jakob hörte, daß seine Tochter Dina geschändet worden war; aber weil seine Söhne gerade draußen bei den Herden waren, unternahm er nichts und wartete ihre Rückkehr ab. [6] Sichems Vater kam zu Jakob, um mit ihm über die Sache zu reden.

[7] Als die Söhne Jakobs heimkamen und davon erfuhren, waren sie tief verletzt, und es packte sie der Zorn, weil Sichem die Tochter Jakobs vergewaltigt hatte. Das galt in Israel als Schandtat; so etwas durfte nicht geschehen!

[8] Hamor aber redete ihnen zu und sagte: »Mein Sohn Sichem liebt das Mädchen; gebt sie ihm doch zur Frau! [9] Warum sollen wir uns nicht miteinander verschwägern? Gebt uns eure Töchter, und heiratet ihr unsere Töchter! [10] Unser Gebiet steht euch zur Verfügung. Werdet hier bei uns ansässig und tauscht eure Erzeugnisse gegen die unseren. Wenn ihr wollt, könnt ihr auch Grund und Boden erwerben.«

[11] Sichem sagte zu Dinas Vater und zu ihren Brüdern: »Schlagt meine Bitte nicht ab! Ich will euch alles geben, was ihr verlangt. [12] Ihr könnt den Brautpreis* und die Hochzeitsgabe für die Braut so hoch ansetzen, wie ihr wollt; ich zahle alles, wenn ich nur das Mädchen zur Frau bekomme.«

[13] Die Söhne Jakobs gaben Sichem und seinem Vater Hamor eine hinterlistige Antwort, weil Sichem ihre Schwester Dina geschändet hatte. [14] Sie sagten: »Wir können unsere Schwester nicht einem unbeschnittenen Mann geben; das geht gegen unsere Ehre. [15] Wir werden auf eure Bitte nur eingehen, wenn ihr uns gleich werdet und alle männlichen Bewohner eurer Stadt sich beschneiden* lassen. [16] Dann geben wir euch unsere Töchter, und wir können eure Töchter heiraten; dann wollen wir bei euch bleiben und mit euch zusammen ein einziges Volk bilden. [17] Wenn ihr darauf nicht eingeht, nehmen wir das Mädchen und ziehen weg.«

[18] Hamor und sein Sohn Sichem waren mit dem Vorschlag einverstanden. [19] Der junge Mann nahm die Angelegenheit sogleich in die Hand, denn er liebte das Mädchen, und alle in seiner Familie hörten auf ihn. [20] Hamor und Sichem gingen zum Versammlungsplatz am Tor und trugen die Sache den Männern ihrer Stadt vor.

Sie sagten: [21] »Diese Leute kommen in friedlicher Absicht zu uns; lassen wir sie doch bei uns wohnen und ihren Geschäften nachgehen. Es ist Platz genug für sie im Land. Wir wollen uns durch gegenseitige Heirat mit ihnen verbinden. [22] Sie sind bereit, bei uns zu bleiben und sich mit uns zu einem einzigen Volk zu vereinen. Nur eine Bedingung stellen sie: daß alle männlichen Bewohner unserer Stadt beschnitten werden, so wie es bei ihnen Brauch ist. [23] Wir wollen ihnen diese Bedingung erfüllen, dann werden sie unter uns wohnen, und ihre Herden und ihr ganzer Besitz wird uns gehören!«

[24] Die Männer der Stadt hörten auf die beiden, und alles, was männlich war, wurde beschnitten. [25] Am dritten Tag aber, als sie im Wundfieber

33,19 Jos 24,32; Joh 4,5   34,1 30,21   34,15 17,9-14 S   34,25-29 49,5-7

lagen, nahmen Dinas Brüder Simeon und Levi
ihre Schwerter, drangen in die unbewachte
Stadt ein und töteten alle männlichen Bewohner.
26 Sie erschlugen auch Hamor und Sichem, hol-
ten ihre Schwester aus Sichems Haus und nah-
men sie mit.
27 Dann raubten die Söhne Jakobs die Erschla-
genen aus und plünderten die Stadt. So rächten
sie sich dafür, daß Sichem ihre Schwester ge-
schändet hatte. 28 Sie nahmen alle Schafe und
Ziegen, Rinder, Esel und was sonst noch an Tie-
ren in der Stadt und auf dem freien Feld war,
29 und raubten alles, was sie in den Häusern fan-
den. Auch die Frauen und Kinder schleppten sie
als Beute weg.
30 Jakob aber sagte zu Simeon und Levi: »Ihr
habt mich ins Unglück gebracht! Die Bewohner
des Landes, die Kanaaniter* und die Perisiter,
werden mich jetzt hassen wie einen Todfeind.
Ich habe nur eine Handvoll Leute. Wenn sich
alle gegen uns zusammentun, ist es um uns ge-
schehen; sie bringen mich um mit meiner
ganzen Familie!«
31 Aber die beiden erwiderten: »Wir konnten
doch nicht hinnehmen, daß er unsere Schwester
wie eine Hure behandelt hat!«

Jakob kommt nach Bet-El

35 Gott sagte zu Jakob: »Zieh von hier weg
und geh nach Bet-El! Bleib dort und baue
mir einen Altar; denn dort bin ich dir erschie-
nen, als du vor deinem Bruder Esau fliehen muß-
test.«
2 Da befahl Jakob seiner ganzen Familie samt
den Sklaven und Sklavinnen: »Schafft alles fort,
was mit fremden Göttern zu tun hat! Reinigt
euch und zieht frische Kleider an! 3 Wir gehen
miteinander nach Bet-El. Dort will ich einen
Altar bauen für den Gott, der mich in der Not
gehört hat und mir auf dem ganzen Weg zur
Seite gestanden ist.«
4 Alle gaben Jakob ihre Götterfiguren* und die
Ohrringe, die sie als Amulette trugen, und er ver-
grub sie unter der großen Eiche bei Sichem.
5 Dann machten sie sich auf den Weg. Gott aber
ließ über die Bewohner der umliegenden Städte
einen solchen Schrecken kommen, daß sie es
nicht wagten, sie zu verfolgen.
6 So kam Jakob mit allen seinen Leuten nach
Lus im Land Kanaan*, das auch Bet-El heißt. 7 Er
baute dort einen Altar und nannte die Opfer-
stätte El-Bet-El (Gott von Bet-El); denn hier war
ihm Gott erschienen, als er vor seinem Bruder
fliehen mußte.
8 Damals starb Debora, die Amme Rebekkas.
Sie begruben sie unter der Eiche bei Bet-El, die
davon den Namen Klageeiche erhielt.

Gott wiederholt sein Versprechen

9 Als Jakob aus Mesopotamien zurückkehrte, er-
schien ihm Gott ein zweites Mal. Er segnete ihn
10 und sagte: »Du sollst von jetzt an nicht mehr
Jakob heißen, sondern Israel.« So gab er ihm den
Namen Israel.[a]
11 Weiter sagte Gott: »Ich bin der Gewaltige*.
Sei fruchtbar und vermehre dich![b] Deine Nach-
kommen sollen zu einem ganzen Volk, ja zu
einem Verband von Völkern werden, und sogar
Könige werden von dir abstammen. 12 Dir und
deinen Nachkommen will ich das Land geben,
das ich Abraham und Isaak zugesprochen habe.«
13 Als Gott zu Ende gesprochen hatte, fuhr er
von dem Ort, an dem er mit Jakob geredet hatte,
in den Himmel empor. 14 Jakob errichtete an die-
ser Stelle ein Steinmal, goß darüber Wein als
Trankopfer* aus und besprengte es mit Öl. 15 Er
nannte den Ort, an dem Gott mit ihm gespro-
chen hatte, Bet-El (Haus Gottes).

Rahel stirbt bei Benjamins Geburt

16 Dann zog Jakob mit seiner Familie von Bet-El
weiter. Als sie nur noch ein kleines Stück von
Efrata entfernt waren, setzten bei Rahel die
Wehen ein. Sie hatte eine sehr schwere Geburt.
17 Während sie sich unter großen Schmerzen
abmühte, rief ihr die Hebamme zu: »Hab keine
Angst! Du hast wieder einen Sohn!« 18 Aber
Rahel spürte, daß es mit ihr zu Ende ging. Des-
halb nannte sie das Kind Ben-Oni; aber sein
Vater nannte es Benjamin.[c]
19 Rahel starb, und Jakob begrub sie dort an
der Straße nach Efrata, das jetzt Betlehem heißt.
20 Er stellte auf ihrem Grab einen Denkstein auf;
der steht dort noch heute als Grabmal Rahels.
21 Dann zog er weiter und schlug seine Zelte
hinter Migdal-Eder auf. 22a Dort geschah es, daß
Ruben einmal zu Bilha, der Nebenfrau seines
Vaters, ging und mit ihr schlief. Als Jakob davon
erfuhr, empfand er es als eine schwere Krän-
kung.[d]

a Siehe die Anmerkungen zu 25,26 und 32,29. *b* Siehe Anmerkung zu 8,17.
c Die Namen bedeuten »Schmerzenskind« und »Glückskind«.
d So mit G; H hat nur *Israel* (= Jakob) *erfuhr davon.*

35,1 28,11-17 **35,2** Ex 19,10 **35,4** Jos 24,26 **35,8** 24,59 **35,10** 32,29 **35,11** 12,2 S **35,12** 12,7 S; 26,3 **35,14-15** 28,18-19 **35,22a** 49,4; Lev 18,8

Liste der Söhne und Frauen Jakobs. Isaaks Tod

(1 Chr 2,1-2)

22b Jakob hatte zwölf Söhne. 23 Die Söhne, die Lea
geboren hatte, waren: Ruben, der Erstgeborene,
Simeon, Levi, Juda, Issachar und Sebulon. 24 Die
Söhne, die Rahel geboren hatte, waren: Josef
und Benjamin. 25 Die Söhne von Bilha, der Die-
nerin Rahels, waren Dan und Naftali, 26 die von
Silpa, der Dienerin Leas, waren Gad und Ascher.
Das sind die Söhne Jakobs, die ihm in Meso-
potamien geboren wurden.

27 Zuletzt kam Jakob zu seinem Vater Isaak
nach Mamre bei Kirjat-Arba, das jetzt Hebron
heißt. Dort hatten Abraham und Isaak als
Fremde in diesem Land gelebt.

28 Isaak wurde 180 Jahre alt. 29 Dann starb er,
gesättigt von einem langen und erfüllten Leben,
und wurde im Tod mit seinen Vorfahren vereint.
Seine beiden Söhne Esau und Jakob begruben
ihn.

Esau und seine Frauen. Ihre Nachkommen: die Edomiter

(1 Chr 1,34-37)

36 Hier ist die Liste der Nachkommen[a]
Esaus, der auch Edom heißt:
2 Esau hatte drei Frauen aus dem Land
Kanaan* geheiratet: die Hetiterin Ada, eine Toch-
ter Elons, die Hiwiterin Oholibama, eine Tochter
Anas und Enkelin Zibons, 3 sowie Basemat, eine
Tochter Ismaëls und Schwester Nebajots. 4 Ada
gebar Elifas, Basemat gebar Reguël, 5 und Oholi-
bama gebar Jëusch, Jalam und Korach. Alle diese
Söhne wurden Esau im Land Kanaan geboren.

6 Später zog Esau von seinem Bruder Jakob
weg in ein anderes Land. Seine Frauen, seine
Söhne und Töchter und alle seine Leute nahm
er mit, ebenso seine Herden und seinen ganzen
Besitz, den er im Land Kanaan erworben hatte.
7 Die beiden Brüder waren zu reich, um auf die
Dauer zusammenbleiben zu können; es gab im
Land nicht genügend Weide für ihre großen
Viehherden. 8 Deshalb nahm Esau – das ist
Edom – seinen Wohnsitz im Bergland Seïr*.

9 Dies ist die Liste der Nachkommen Esaus,
des Stammvaters der Edomiter*, die auf dem
Bergland Seïr leben: 10 Von seinen Frauen Ada
und Basemat hatte Esau je einen Sohn: Elifas
und Reguël. 11 Elifas wurde der Vater von Teman,
Omar, Zefo, Gatam und Kenas. 12 Seine Neben-
frau Timna gebar ihm außerdem noch Amalek.
Diese alle stammen von Esaus Frau Ada ab.
13 Reguël wurde der Vater von Nahat, Serach,
Schamma und Misa. Sie alle stammen von Esaus
Frau Basemat ab. 14 Oholibama aber, die Tochter
Anas und Enkelin Zibons, gebar Esau die Söhne
Jëusch, Jalam und Korach.

15 Von Esau leiten sich die Stämme der Edomi-
ter mit ihren Oberhäuptern her. Von Elifas, dem
Erstgeborenen Esaus, stammen: Teman, Omar,
Zefo, Kenas, 16 Gatam und Amalek.[b] Sie alle
gehen auf Esaus Frau Ada zurück. 17 Von Esaus
zweitem Sohn Reguël stammen: Nahat, Serach,
Schamma und Misa. Sie gehen auf Esaus Frau
Basemat zurück. 18 Von Esaus Frau Oholibama,
der Tochter Anas, stammen: Jëusch, Jalam und
Korach. 19 Alle diese Stämme und ihre Ober-
häupter sind Nachkommen Esaus. Sie bilden zu-
sammen das Volk der Edomiter.

Die Nachkommen Seïrs

(1 Chr 1,38-42)

20-21 Die ursprünglichen Bewohner des Landes
Edom* sind Nachkommen des Horiters Seïr.
Dessen Söhne waren: Lotan, Schobal, Zibon,
Ana, Dischon, Ezer und Dischan. Von ihnen lei-
ten sich die Stämme der Horiter ab.

22 Der Stamm Lotan verzweigt sich in die Sip-
pen Hori und Hemam; auch die Stadt Timna
gehört zu diesem Stamm.[c]

23 Der Stamm Schobal verzweigt sich in die
Sippen Alwan, Manahat, Ebal, Schefi und
Onam.

24 Der Stamm Zibon verzweigt sich in die Sip-
pen Aja und Ana. Ana war es, der in der Wüste
eine Quelle[d] fand, als er die Esel seines Vaters
Zibon hütete.

25 Der Stamm Ana verzweigt sich in die Sip-
pen Dischon und Oholibama. Oholibama war
eine Tochter von Ana.

26 Der Stamm Dischon verzweigt sich in die
Sippen Hemdan, Eschban, Jitran und Keran.

27 Der Stamm Ezer verzweigt sich in die Sip-
pen Bilhan, Saawan und Akan.

28 Der Stamm Dischan verzweigt sich in die
Sippen Uz und Aran.

a Wörtlich *Dies ist die Geschichte.* Im Hebräischen steht dasselbe Wort wie in 5,1; vgl. die Anmerkung dort.
b So mit einigen Handschriften und 1 Chr 1,36. H nennt vor *Gatam* noch *Korach;* vgl. aber Vers 18.
c *Timna* wird hier wörtlich als »Schwester Lotans« bezeichnet, so wie *Hori* und *Hemam* als dessen »Söhne« (die wörtliche Übersetzung des an beiden Stellen gleichlautenden Textes findet sich in 1 Chr 1,39; dasselbe gilt für die Verse 23-28 und 1 Chr 1,40-42). Volkszusammenhänge werden im ganzen Kapitel als Verwandtschaftsbeziehungen dargestellt.
d *eine Quelle:* Das hebräische Wort ist nicht sicher zu deuten.

35,27 13,18   36,2-3 24,3 S   36,7 13,6   36,20-21 Dtn 2,12

[29-30] Dies also sind die Stämme der Horiter im Land Seïr nach der Reihenfolge ihrer Stammväter: Lotan, Schobal, Zibon, Ana, Dischon, Ezer, Dischan.

Die Könige der Edomiter

(1 Chr 1,43-50)

[31] In der Zeit, bevor es in Israel einen König gab, herrschten über das Land Edom* nacheinander[a] die folgenden Könige:

[32] Bela, der Sohn Beors, in der Stadt Dinhaba;
[33] Jobab, der Sohn Serachs, aus der Stadt Bozra;
[34] Huscham aus dem Gebiet des Stammes Teman;
[35] Hadad, der Sohn Bedads, in der Stadt Awit; er besiegte die Midianiter* in einer Schlacht auf dem Gebiet von Moab*;
[36] Samla aus der Stadt Masreka;
[37] Schaul aus der Stadt Rehobot am Fluß;
[38] Baal-Hanan, der Sohn Achbors;
[39] Hadad in der Stadt Pagu; seine Frau Mehetabel war eine Tochter Matreds und Enkelin Me-Sahabs.

Noch eine Stammesliste der Edomiter

(1 Chr 1,51-54)

[40] Dies sind die Oberhäupter der Nachkommen Esaus, die auch ihren Stämmen und Städten den Namen gegeben haben: Timna, Alwa, Jetet,
[41] Oholibama, Ela, Pinon, [42] Kenas, Teman, Mibzar, [43] Magdiël und Iram. Dies sind die Stämme Edoms und ihre Wohnsitze in dem Land, das sie in Besitz genommen haben.

Dies ist die Nachkommenschaft Esaus, von dem die Edomiter* abstammen.

JOSEF UND SEINE BRÜDER

(Kapitel 37–50)

Josef hat prophetische Träume

37 Jakob nahm seinen Wohnsitz im Land Kanaan*, dem Land, in dem schon sein Vater als Fremder gelebt hatte. [2] Dies ist die Familiengeschichte Jakobs:

Jakobs Sohn Josef war noch ein junger Bursche von siebzehn Jahren. Er half seinen Brüdern, den Söhnen von Bilha und Silpa, beim Hüten der Schafe und Ziegen. Er hinterbrachte seinem Vater immer, was die Leute sich von dem Treiben seiner Brüder erzählten.

[3] Jakob[b] hatte Josef von allen seinen Söhnen am liebsten, weil er ihm erst im Alter geboren worden war. Deshalb ließ er ihm ein prächtiges Gewand machen. [4] Als seine Brüder sahen, daß der Vater ihn mehr liebte als sie alle, begannen sie ihn zu hassen und konnten kein freundliches Wort mehr mit ihm reden.

[5] Einmal hatte Josef einen Traum. Als er ihn seinen Brüdern erzählte, wurde ihr Haß noch größer. [6] »Ich will euch sagen, was ich geträumt habe«, fing Josef an. [7] »Wir waren miteinander auf dem Feld, schnitten Getreide und banden es in Garben. Auf einmal stellt sich meine Garbe auf und bleibt stehen. Und eure Garben, die stellen sich im Kreis um sie herum und verneigen sich vor meiner.«

[8] Seine Brüder sagten zu ihm: »Du willst wohl noch König werden und über uns herrschen?« Wegen seiner Träume und weil er sie so offen erzählte, haßten ihn seine Brüder noch mehr.

[9] Er hatte nämlich noch einen anderen Traum, und auch den erzählte er ihnen. »Ich habe noch einmal geträumt«, sagte er. »Ich sah die Sonne, den Mond und elf Sterne. Stellt euch vor: Die alle verneigten sich vor mir.«

[10] Als er das seinem Vater und seinen Brüdern erzählte, fuhr sein Vater ihn an und sagte: »Was ist das für ein dummer Traum, den du da geträumt hast? Ich und deine Mutter und deine Brüder, wir alle sollen uns vor dir niederwerfen?«

[11] Die Brüder waren eifersüchtig auf Josef; aber sein Vater behielt die Sache im Gedächtnis.

Die Brüder verkaufen Josef nach Ägypten

[12] Einmal waren Josefs Brüder unterwegs; sie weideten die Schafe und Ziegen ihres Vaters in der Nähe von Sichem. [13] Da sagte Jakob[c] zu Josef: »Du weißt, deine Brüder sind mit den Herden bei Sichem. Ich will dich zu ihnen schicken.«

»Ich bin bereit«, antwortete Josef.

[14] Sein Vater gab ihm den Auftrag: »Geh hin und sieh, ob es deinen Brüdern gutgeht und ob auch bei den Herden alles in Ordnung ist. Dann komm wieder und bring mir Nachricht!«

So schickte Jakob ihn aus dem Tal von Hebron nach Sichem.

a *nacheinander:* verdeutlichender Zusatz im Blick auf die Verse 32-39, die wörtlich jeweils die Form haben *X wurde König … X starb, und Y wurde König …*
b Wörtlich *Israel**. c Wörtlich *Israel**.
37,2b (Josef) 30,22-24; (Bilha, Silpa) 30,4-13

15 Dort traf ihn ein Mann, wie er auf dem Feld umherirrte, und fragte ihn: »Was suchst du?«

16 »Ich suche meine Brüder«, sagte Josef; »kannst du mir sagen, wo sie ihre Herden weiden?«

17 Der Mann antwortete: »Sie sind nicht mehr hier. Ich hörte, wie sie sagten: ›Wir wollen nach Dotan gehen!‹«

Da ging Josef ihnen nach und fand sie in Dotan.

18 Die Brüder sahen Josef schon von weitem. Noch bevor er herangekommen war, stand ihr Entschluß fest, ihn umzubringen. 19 Sie sagten zueinander: »Da kommt der Kerl, dem seine Träume zu Kopf gestiegen sind! 20 Schlagen wir ihn doch tot und werfen ihn in die nächste Zisterne! Wir sagen einfach: Ein Raubtier hat ihn gefressen. Dann wird man schon sehen, was aus seinen Träumen wird!«

21 Als Ruben das hörte, wollte er Josef retten. »Laßt ihn am Leben!« sagte er. 22 »Vergießt kein Blut! Werft ihn in die Zisterne da drüben in der Steppe, aber vergreift euch nicht an ihm!« Er hatte die Absicht, Josef heimlich herauszuziehen und zu seinem Vater zurückzubringen.

23 Als Josef bei ihnen ankam, zogen sie ihm sein Obergewand aus, das Prachtgewand, das er anhatte. 24 Dann packten sie ihn und warfen ihn in die Zisterne. Die Zisterne war leer; es war kein Wasser darin. 25 Dann setzten sie sich zum Essen.

Auf einmal sahen sie eine Karawane von ismaëlitischen Kaufleuten aus der Richtung von Gilead* herankommen. Die Ismaëliter waren auf dem Weg nach Ägypten; ihre Kamele waren mit den kostbaren Harzen Tragakant, Mastix und Ladanum* beladen.

26 Da sagte Juda zu seinen Brüdern: »Was nützt es uns, wenn wir unseren Bruder umbringen? Wir werden nur schwere Blutschuld auf uns laden. 27 Lassen wir ihn leben und verkaufen ihn den Ismaëlitern; er ist doch unser Bruder, unser eigen Fleisch und Blut!«

Die anderen waren einverstanden. 28 Als die reisenden Kaufleute[a] herankamen, zogen sie Josef aus der Zisterne. Sie verkauften ihn für 20 Silberstücke* an die Ismaëliter, die ihn nach Ägypten mitnahmen.

29 Als nun Ruben wieder zur Zisterne kam, war Josef verschwunden. Entsetzt zerriß er seine Kleider, 30 ging zu seinen Brüdern und rief: »Der Junge ist nicht mehr da! Was mache ich nur? Wo bleibe ich jetzt?«

31 Die Brüder schlachteten einen Ziegenbock und tauchten Josefs Prachtgewand in das Blut. 32 Sie brachten das blutbefleckte Gewand zu ihrem Vater und sagten: »Das haben wir gefunden! Ist es vielleicht das Gewand deines Sohnes?«

33 Jakob erkannte es sogleich und schrie auf: »Mein Sohn! Es ist von meinem Sohn! Ein Raubtier hat ihn gefressen! Zerfleischt ist Josef, zerfleischt!«

34 Er zerriß seine Kleider, band den Sack* um seine Hüften und betrauerte Josef lange Zeit. 35 Alle seine Söhne und Töchter kamen zu ihm, um ihn zu trösten, aber er wollte sich nicht trösten lassen. »Nein«, beharrte er, »voll Kummer und Gram gehe ich zu meinem Sohn in die Totenwelt* hinunter!« So sehr hatte ihn der Verlust getroffen.

36 Die Kaufleute aber brachten Josef nach Ägypten und verkauften ihn dort an Potifar, einen Hofbeamten des Pharaos, den Befehlshaber der königlichen Leibwache.

Eine mutige Frau holt sich ihr Recht

38 Um diese Zeit trennte sich Juda von seinen Brüdern und zog hinunter ins Hügelland. Er wohnte in Adullam bei einem Mann namens Hira. 2 Dort sah er die Tochter des Kanaaniters* Schua und heiratete sie. 3 Sie wurde schwanger und gebar einen Sohn, dem er den Namen Er gab. 4 Dann wurde sie wieder schwanger und gebar einen zweiten Sohn; den nannte sie Onan. 5 Und den dritten Sohn nannte sie Schela. Als dieser geboren wurde, war Juda gerade in Kesib.

6 Juda verheiratete Er, seinen erstgeborenen Sohn, mit einer Frau namens Tamar. 7 Aber sein Erstgeborener tat, was dem HERRN mißfiel, und der HERR ließ ihn sterben. 8 Da sagte Juda zu Onan: »Dein Bruder hat deine Schwägerin kinderlos hinterlassen. Du bist verpflichtet, für deinen Bruder einen Sohn zu zeugen, damit sein Geschlecht nicht ausstirbt.«

9 Onan war es klar, daß das Kind nicht ihm gehören würde. Deshalb ließ er jedesmal, wenn er mit Tamar schlief, seinen Samen auf die Erde fallen, um seinem Bruder keine Nachkommen zu verschaffen. 10 Das mißfiel dem HERRN, und er ließ auch Onan sterben.

11 Da sagte Juda zu seiner Schwiegertochter

a Sie werden hier Midianiter, in Vers 36 Medaniter (vgl. 25,2) genannt. Die Schilderung ist nicht eindeutig; es kann auch übersetzt werden: *Die Midianiter zogen Josef heraus und verkauften ihn … an die Ismaëliter.*

37,28 Ps 105,17 38,8 Dtn 25,5-10

Tamar: »Bleib jetzt als Witwe im Haus deines
Vaters, bis mein Sohn Schela alt genug ist.« In
Wahrheit aber dachte er: »Ich will nicht auch
noch den letzten Sohn verlieren.« So kehrte
Tamar ins Haus ihres Vaters zurück und blieb
dort.

12 Nach einiger Zeit starb Judas Frau, die Toch-
ter Schuas. Als die Trauerzeit vorüber war, ging
Juda mit seinem Freund Hira auf die Berge nach
Timna, um nach den Männern zu sehen, die ge-
rade seine Schafe schoren.

13 Als Tamar hörte, daß ihr Schwiegervater auf
dem Weg nach Timna war, 14 legte sie ihre Wit-
wenkleider ab, verhüllte ihr Gesicht mit einem
Schleier und setzte sich an die Straße nach
Timna, dort, wo der Weg nach Enajim abzweigt.
Sie hatte genau gemerkt, daß Schela inzwischen
erwachsen war und Juda nicht von ferne daran
dachte, sie nun seinem Sohn zur Frau zu geben.

15 Als Juda sie verschleiert am Wegrand sitzen
sah, hielt er sie für eine Prostituierte. 16 Er ging
zu ihr hin und sagte: »Laß mich mit dir schlafen.«
Er wußte ja nicht, daß es seine Schwiegertochter
war.

»Was gibst du mir dafür?« fragte sie.

17 Er sagte: »Ich schicke dir ein Ziegenböck-
chen von meiner Herde.«

»Gut, aber du mußt mir ein Pfand dalassen.«

18 »Was soll es sein?«

»Das Band mit deinem Siegelring und der ge-
schnitzte Stock in deiner Hand.«

Juda gab ihr, was sie wollte. Dann schlief er
mit ihr, und sie wurde schwanger. 19 Sie ging
wieder weg, legte den Schleier ab und zog ihre
Witwenkleider an.

20 Juda schickte seinen Freund aus Adullam
mit dem Ziegenböckchen, um die Pfänder ein-
zulösen. Aber die Frau war nicht mehr zu fin-
den. 21 Der Freund fragte die Leute aus Enajim:
»Wo ist denn die geweihte* Frau, die hier an der
Straße saß?«

Sie sagten: »Hier gibt es keine geweihte Frau.«

22 Er kehrte zu Juda zurück und berichtete
ihm: »Ich habe sie nicht gefunden, und auch die
Leute dort erinnern sich nicht an eine solche
Frau.«

23 »Soll sie die Sachen behalten«, sagte Juda.
»Wenn wir weiter nachforschen, komme ich
noch ins Gerede. Ich habe mein Versprechen ge-
halten, aber du hast sie nicht gefunden.«

24 Nach etwa drei Monaten bekam Juda die
Nachricht: »Deine Schwiegertochter Tamar hat
Hurerei getrieben und ist davon schwanger ge-
worden!«

»Führt sie vor das Dorf!« befahl Juda. »Sie
muß verbrannt werden.«

25 Als man sie hinausführen wollte, schickte
Tamar ihrem Schwiegervater die Pfänder und
ließ ihm sagen: »Sieh dir einmal den Siegelring
und den Stock da an! Von dem Mann, dem das
gehört, bin ich schwanger.«

26 Juda sah sich die Sachen genau an und
sagte dann: »Sie ist im Recht, die Schuld liegt bei
mir. Ich hätte sie meinem Sohn Schela zur Frau
geben müssen.«

Er nahm sie in sein Haus, schlief aber nicht
wieder mit ihr.

27 Als für Tamar die Zeit der Entbindung kam,
zeigte es sich, daß sie Zwillinge hatte. 28 Wäh-
rend der Geburt streckte der eine seine Hand
heraus. Die Hebamme band einen roten Faden
um das Handgelenk und sagte: »Der ist der Erst-
geborene.«

29 Er zog seine Hand aber wieder zurück, und
sein Bruder kam zuerst heraus. Die Hebamme
sagte: »Mit was für einem Riß hast du dir den
Vortritt erzwungen!« Deshalb nannte man ihn
Perez.

30 Erst dann kam der mit dem roten Faden her-
aus; ihn nannte man Serach.[a]

Josef bei Potifar. Konflikt mit dessen Frau

39 Josef war von den ismaëlitischen Kauf-
leuten nach Ägypten gebracht worden.
Ein Mann namens Potifar, ein Hofbeamter des
Pharaos, der Befehlshaber der königlichen Leib-
wache, kaufte ihn den Ismaëlitern ab. 2 Josef
wurde in seinem Haus beschäftigt. Gott[b] aber
half ihm, so daß ihm alles glückte, was er tat.

3 Weil der Ägypter sah, daß Gott Josef beistand
und ihm alles gelingen ließ, 4 fand Josef seine
Gunst. Er machte ihn zu seinem persönlichen
Diener, übergab ihm sogar die Aufsicht über
sein Hauswesen und vertraute ihm die Verwal-
tung seines ganzen Besitzes an.

5 Von diesem Zeitpunkt an lag der Segen Got-
tes auf Potifar; Josef zuliebe ließ Gott im Haus
und auf den Feldern alles gedeihen. 6 Sein Herr
überließ Josef alles und kümmerte sich zu Hause
um nichts mehr außer um sein eigenes Essen.

Josef war ein ausnehmend schöner Mann.

a *Perez* bedeutet »Riß«; *Serach* wird durch Anklang an »dieser« (= *Der;* Vers 28) gedeutet.
b *Gott:* In den Versen 2-5 steht in H der Gottesname (nicht in Vers 9). Seine Wiedergabe durch *der Herr* (siehe Sacherklärung) wird hier vermieden, damit der Titel nicht irrigerweise auf Potifar als Josefs »Herrn« bezogen wird.

38,24b Jos 7,15 S **39,1** Weish 10,13-14

7 So kam es, daß Potifars Frau ein Auge auf ihn
warf. Eines Tages forderte sie ihn auf: »Komm
mit mir ins Bett!«

8 Josef wies sie ab: »Mein Herr hat mir seinen
ganzen Besitz anvertraut und kümmert sich
selbst um nichts mehr in seinem Haus. 9 Er gilt
hier nicht mehr als ich. Nichts hat er mir vorent-
halten außer dich, seine Frau! Wie könnte ich da
ein so großes Unrecht begehen und mich gegen
Gott versündigen?«

10 Tag für Tag redete sie auf Josef ein, aber er
gab ihr nicht nach. 11 Einmal hatte Josef im Haus
zu tun; niemand von der Dienerschaft war ge-
rade in der Nähe. 12 Da hielt sie ihn an seinem
Gewand fest und sagte: »Komm jetzt mit ins
Bett!« Er riß sich los und lief hinaus; das Gewand
blieb in ihrer Hand zurück.

13 Als sie merkte, daß Josef fort war und sie
sein Gewand in der Hand hielt, 14 rief sie die Die-
nerschaft herbei und sagte: »Seht euch das an!
Mein Mann hat uns diesen Hebräer* ins Haus
gebracht, der nun seinen Mutwillen mit uns
treibt. Er drang bei mir ein und wollte mit mir ins
Bett. Da habe ich laut geschrien. 15 Und als er
mich schreien hörte, ließ er sein Gewand neben
mir liegen und rannte davon.«

16 Sie legte Josefs Gewand neben sich und
wartete, bis ihr Mann nach Hause kam. 17 Auch
zu ihm sagte sie: »Dein hebräischer Knecht, den
du ins Haus gebracht hast, drang bei mir ein und
wollte sein Spiel mit mir treiben; 18 und als ich
laut zu schreien anfing, ließ er sein Gewand
neben mir liegen und rannte davon.«

19 Als Potifar das hörte, packte ihn der Zorn.
20a Er ließ Josef festnehmen und in das könig-
liche Gefängnis bringen.

Im Gefängnis deutet Josef Träume

20b Josef war nun also im Gefängnis. 21 Aber der
HERR in seiner Treue stand ihm bei. Er ver-
schaffte ihm die Gunst des Gefängnisverwalters.

22 Der Verwalter übertrug Josef die Aufsicht
über alle anderen Gefangenen, und alle Arbeiten
im Gefängnis geschahen unter Josefs Leitung.
23 Der Verwalter vertraute ihm völlig und gab
ihm freie Hand; denn er sah, daß der HERR ihm
beistand und alles gelingen ließ, was er tat.

40 1-2 Bald danach ließen sich zwei höhere
Beamte des Pharaos etwas gegen den
Pharao zuschulden kommen, der oberste Mund-
schenk und der oberste Bäcker. Ihr Herr, der
Pharao, wurde zornig auf sie 3 und ließ sie im
Haus des Befehlshabers seiner Leibwache in
Haft halten, in dem Gefängnis, in dem auch Josef
war. 4 Der Befehlshaber der Leibwache teilte
ihnen Josef als Diener zu.

Nach einiger Zeit 5 hatte jeder der beiden in
der Nacht einen Traum, der für ihn von Bedeu-
tung war. 6 Als Josef am Morgen bei ihnen ein-
trat, sah er gleich, daß sie in schlechter Stim-
mung waren. 7 »Warum laßt ihr heute den Kopf
hängen?« fragte er sie.

8 »Wir haben geträumt«, antworteten sie, »und
hier im Gefängnis haben wir keinen Traumdeu-
ter, der uns sagen kann, was es bedeutet.«

Josef sagte: »Träume zu deuten ist Gottes
Sache. Erzählt mir doch einmal, was ihr ge-
träumt habt!«

9 Zuerst erzählte der oberste Mundschenk sei-
nen Traum: »Ich sah vor mir einen Weinstock,
10 und an dem Weinstock waren drei Ranken.
Der Saft stieg in die Knospen, sie blühten auf,
und schon reiften die Trauben. 11 Ich hatte den
Becher des Pharaos in der Hand. Ich nahm die
Trauben, preßte sie über dem Becher aus und
reichte den Becher dem Pharao.«

12 Josef sagte: »Hier ist die Deutung: Die drei
Ranken sind drei Tage. 13 Heute in drei Tagen
wird der Pharao dich erhöhen[a] und dich wieder
in dein Amt einsetzen. Dann wirst du wieder
wie früher sein Mundschenk sein und ihm den
Becher reichen. 14 Aber vergiß mich nicht, wenn
es dir gutgeht! Tu mir den Gefallen und empfiehl
mich dem Pharao! Bring mich aus diesem Kerker
heraus! 15 Man hat mich aus dem Land der
Hebräer* entführt, und auch hier in Ägypten
habe ich nichts Unrechtes getan. Ich bin ohne
jede Schuld in diesem Loch.«

16 Als der oberste Bäcker sah, daß Josef dem
Traum des andern eine so günstige Deutung ge-
geben hatte, sagte er: »Ich hatte einen ganz ähn-
lichen Traum. Auf dem Kopf trug ich Körbe mit
Gebäck, drei übereinander. 17 Im obersten Korb
lagen Backwaren für die Tafel des Pharaos. Da
kamen Vögel und fraßen den Korb leer.«

18 Josef sagte: »Hier ist die Deutung: Die drei
Körbe sind drei Tage. 19 Heute in drei Tagen wird
der Pharao dich erhöhen[b] und an einen Baum
hängen. Dann werden die Vögel dein Fleisch
fressen.«

20 Drei Tage später feierte der Pharao seinen
Geburtstag. Er lud alle seine Hofbeamten zu
einem Festmahl ein. Da erhöhte er den obersten
Mundschenk und den obersten Bäcker vor
ihnen allen: 21 Den einen setzte er wieder in sein
Amt ein, und er durfte ihm den Becher reichen;

a *dich erhöhen:* wörtlich *dein Haupt erheben.*
b *dich erhöhen:* wörtlich *dein Haupt erheben von dir weg;* ein Wortspiel mit der entsprechenden Formulierung in Vers 13.

[22] den andern ließ er hängen, genau wie Josef es
vorausgesagt hatte.

[23] Aber der oberste Mundschenk dachte nicht
an Josef; er hatte ihn schon vergessen.

Der Pharao träumt

41 Zwei volle Jahre waren vergangen, da
hatte der Pharao einen Traum. In dem
Traum stand er am Ufer des Nils, [2] und er sah:
Aus dem Nil stiegen sieben schöne, wohlge-
nährte Kühe und weideten in dem Gras, das am
Ufer wuchs. [3] Danach sah er sieben andere Kühe
aus dem Nil steigen, häßlich und mager, die
stellten sich neben sie. [4] Und die mageren Kühe
fielen über die fetten her und fraßen sie auf.

Der Pharao wachte auf [5] und schlief noch ein-
mal ein. Wieder hatte er einen Traum, und er
sah: Auf einem einzigen Halm wuchsen sieben
dicke, volle Ähren. [6] Nach ihnen wuchsen sie-
ben andere Ähren auf, die blieben kümmerlich
und waren vom Ostwind ausgedörrt. [7] Und die
kümmerlichen Ähren verschlangen die sieben
dicken, vollen Ähren.

Da erwachte der Pharao und merkte, daß es
ein Traum gewesen war.

[8] Am Morgen war er sehr beunruhigt und ließ
alle Gelehrten und Wahrsager Ägyptens rufen.
Er erzählte ihnen, was er geträumt hatte, aber
keiner von ihnen konnte ihm sagen, was es be-
deuten sollte.

[9] Da wandte sich der oberste Mundschenk
an den Pharao und sagte: »Ich muß den Pharao
heute an meine früheren Verfehlungen erin-
nern. [10] Mein Herr, der Pharao, war unzufrieden
mit seinen Dienern, mit mir und mit dem ober-
sten Bäcker, und ließ uns im Haus des Befehls-
habers der Leibwache gefangenhalten. [11] Dort
hatte einmal jeder von uns beiden einen Traum,
der für ihn wichtig war, in derselben Nacht.

[12] Nun hatten wir im Gefängnis als Diener
einen jungen Hebräer*, einen Sklaven des Be-
fehlshabers der Leibwache; dem erzählten wir
unsere Träume, und er erklärte jedem, was sein
Traum bedeutete. [13] Und es ist alles genauso
eingetroffen, wie er es vorausgesagt hatte: Ich
wurde wieder in mein Amt eingesetzt, und der
andere wurde gehängt.«

Josef deutet die Träume des Pharaos

[14] Sofort sandte der Pharao nach Josef, und sie
holten ihn aus dem Kerker. Er ließ sich die Haare
schneiden, zog seine guten Kleider an und trat
vor den Pharao. [15] Der sagte zu ihm: »Ich habe
etwas geträumt, und niemand kann mir sagen,
was es bedeutet. Man hat mir gesagt, daß du
jeden Traum auf der Stelle deuten kannst.«

[16] »Nicht ich!« erwiderte Josef. »Die Antwort
kommt von Gott, und er wird dem Pharao be-
stimmt etwas Gutes ankündigen.«

[17] Da erzählte der Pharao: »In meinem Traum
stand ich am Nil [18] und sah sieben schöne, wohl-
genährte Kühe aus dem Wasser steigen und im
Ufergras weiden. [19] Und dann stiegen sieben an-
dere Kühe heraus, ganz elend und bis auf die
Knochen abgemagert; ich habe in ganz Ägypten
noch nie so häßliche gesehen. [20] Die mageren
Kühe fraßen die fetten; [21] aber es half ihnen
nichts, sie blieben so dürr und häßlich wie zu-
vor. Da wachte ich auf.

[22] Dann hatte ich einen zweiten Traum: Ich
sah, wie auf einem einzigen Halm sieben präch-
tige, volle Ähren wuchsen. [23] Danach sah ich sie-
ben schwache, kümmerliche Ähren aufwach-
sen, ganz vom Ostwind ausgedörrt. [24] Und die
kümmerlichen Ähren verschlangen die sieben
vollen.

Ich habe es schon den Wahrsagern erzählt«,
schloß der Pharao, »aber keiner konnte mir
sagen, was es bedeutet.«

[25] Da antwortete Josef: »Gott hat dem Pharao
im Traum gezeigt, was er vorhat. Beide Träume
bedeuten dasselbe; [26] es ist eigentlich ein einzi-
ger Traum. Die sieben fetten Kühe und die sie-
ben prächtigen Ähren bedeuten sieben frucht-
bare Jahre. [27] Die sieben mageren, häßlichen
Kühe und die sieben kümmerlichen, vertrockne-
ten Ähren bedeuten ebenso viele Hungerjahre.

[28] Ich habe es schon gesagt: Damit will Gott
dem Pharao ankündigen, was er in Kürze ge-
schehen läßt. [29] In den nächsten sieben Jahren
wird in ganz Ägypten Überfluß herrschen.
[30–31] Aber dann kommen sieben Hungerjahre, da
wird es mit dem Überfluß vorbei sein; man wird
nichts mehr davon merken, und drückende Hun-
gersnot wird im Land herrschen.

[32] Daß der Pharao zweimal das gleiche ge-
träumt hat, bedeutet: Gott ist fest entschlossen,
seinen Plan unverzüglich auszuführen.

[33] Darum rate ich dem Pharao, einen klugen,
einsichtigen Mann zu suchen und ihm Voll-
macht über ganz Ägypten zu geben. [34] Der Pha-
rao sollte in den kommenden guten Jahren den
fünften Teil der Ernte als Abgabe erheben. Er
sollte dafür Beamte einsetzen, [35] die unter der
Aufsicht des Pharaos das Getreide in den Städ-
ten sammeln und speichern. [36] Dann ist ein Vor-

41,8 Dan 2,1-2 41,14 Ps 105,20-21

rat da für die sieben schlechten Jahre, und das
Volk im ganzen Land Ägypten wird nicht vor
Hunger zugrunde gehen.«

Josef wird der Stellvertreter des Pharaos

37 Der Pharao fand den Vorschlag gut, und alle
seine Berater ebenso. 38 Er sagte zu den Be-
ratern: »In diesem Mann ist der Geist* Gottes.
So einen finden wir nicht noch einmal.«
39 Zu Josef sagte er: »Gott hat dir dies alles ent-
hüllt. Daran erkenne ich, daß keiner so klug und
einsichtig ist wie du. 40 Du sollst mein Stellver-
treter sein, und mein ganzes Volk soll deinen
Anordnungen gehorchen.[a] Nur die Königs-
würde will ich dir voraushaben. 41 Ich gebe dir
die Vollmacht über ganz Ägypten.«
42 Mit diesen Worten zog er seinen Siegelring
vom Finger und steckte ihn Josef an. Dann ließ
er ihn in feinstes Leinen kleiden und legte ihm
eine goldene Halskette um. 43 Er ließ ihn den
Wagen besteigen, der für den Stellvertreter des
Königs bestimmt war, und die Läufer, die vor
ihm her den Weg bahnten, riefen den Leuten zu:
»Abrek! Aus dem Weg!«

So machte der Pharao Josef zum Herrn über
ganz Ägypten. 44 »Ich bin und bleibe der Pha-
rao«, sagte er zu ihm; »aber ohne deine Erlaubnis
darf niemand im ganzen Land auch nur die Hand
oder den Fuß bewegen.« 45 Er verlieh Josef den
Namen Zafenat-Paneach[b] und gab ihm Asenat,
die Tochter des Priesters Potifera von On,[c] zur
Frau. So wurde Josef Herr über ganz Ägypten.
46 Er war 30 Jahre alt, als er vor dem Pharao, dem
König von Ägypten, stand.

Josef bereiste sofort das ganze Land. 47 Es be-
gannen jetzt die sieben fruchtbaren Jahre, und
die Felder brachten einen überreichen Ertrag.
48 Josef ließ während dieser Jahre alles Getreide,
das geerntet wurde, in die Städte bringen, in jede
Stadt den Ertrag der Felder, die in ihrer Umge-
bung lagen. 49 In den Speichern häufte sich das
Getreide wie der Sand am Meer. Josef mußte
schließlich darauf verzichten, es abmessen zu
lassen, weil es jedes Maß überstieg.
50 Noch ehe die Hungerjahre begannen, gebar
Asenat dem Josef zwei Söhne. 51 »Gott hat mich
alle Not und den Verlust meiner Familie verges-
sen lassen«, sagte er und nannte den Erstgebore-
nen Manasse. 52 Den zweiten nannte er Efraïm,
denn er sagte: »Gott hat mir im Land meines Un-
glücks Kinder geschenkt.«[d]

Josefs Brüder reisen nach Ägypten

53 Als die sieben reichen Jahre vorüber waren,
54 brachen die Hungerjahre an, genau wie Josef
es vorausgesagt hatte.

In allen Ländern rings um Ägypten herrschte
Hungersnot, nur in Ägypten gab es Vorräte.
55 Aber auch dort hungerten die Menschen und
verlangten vom Pharao Brot. Da ließ der Pharao
im ganzen Land verkünden: »Wenn ihr Brot
wollt, dann wendet euch an Josef und tut, was er
euch sagt.«
56 Die Not wurde immer drückender. Josef
ließ alle Kornspeicher öffnen und verkaufte
den Ägyptern Getreide. Denn die Hungersnot
war drückend im ganzen Land und ebenso in
allen anderen Ländern. 57 Deshalb kamen Leute
aus aller Welt nach Ägypten zu Josef, um Ge-
treide zu kaufen; denn überall herrschte Hun-
gersnot.

42 Als Jakob erfuhr, daß es in Ägypten Ge-
treide zu kaufen gab, sagte er zu seinen
Söhnen: »Was steht ihr da und schaut einander
an? 2 Ich habe gehört, daß es in Ägypten Ge-
treide gibt. Reist hin und kauft uns welches,
sonst werden wir noch verhungern!«
3 Da reisten die zehn Brüder Josefs nach Ägyp-
ten, 4 nur Benjamin, den zweiten Sohn Rahels,
behielt sein Vater zu Hause. Denn er dachte: »Es
könnte ihm unterwegs etwas zustoßen!«
5 Weil im Land Kanaan* Hungersnot herrschte,
zogen viele den gleichen Weg. Mit ihnen kamen
die Söhne Jakobs nach Ägypten.

Die Brüder erkennen Josef nicht

6 Josef war der Machthaber im Land; wer Ge-
treide kaufen wollte, mußte zu ihm gehen. Als
nun seine Brüder hereinkamen und sich vor ihm
zu Boden warfen, 7 erkannte er sie sofort. Er ließ
sich aber nichts anmerken und behandelte sie
wie Fremde.

»Woher kommt ihr?« fragte er sie streng.

»Wir kommen aus dem Land Kanaan*«, ant-
worteten sie, »wir möchten Getreide kaufen.«
8 Die Brüder erkannten Josef nicht, aber er
wußte genau Bescheid. 9 Er mußte daran den-

a *deinen Anordnungen gehorchen*: Dies ist die wahrscheinliche Bedeutung der hebräischen Redewendung *auf deinen Mund soll all mein Volk dich küssen.*
b Die wahrscheinliche Bedeutung dieses Namens ist »Gott spricht – er lebt«. c *On:* griechisch Heliopolis.
d Die beiden Namen werden durch Anklänge an »vergessen« und »fruchtbar machen« (= Kinder schenken) gedeutet.
41,42 Est 3,10; 8,2; Dan 5,7.29 **42,4** 35,16-18 **42,9** 37,5-10

ken, was er einst in seiner Jugend von ihnen geträumt hatte, und er fuhr sie an: »Spione seid ihr! Ihr wollt erkunden, wo das Land ungeschützt ist.«

10 »Nein, nein, Herr!« riefen sie. »Wir sind nur hierhergekommen, um Getreide zu kaufen. 11 Wir alle sind Söhne *eines* Vaters, ehrliche Leute! Wir sind keine Spione!«

12 Aber Josef blieb hart: »Das ist nicht wahr«, sagte er; »ihr wollt erkunden, wo das Land ungeschützt ist.«

13 Sie verteidigten sich: »Wir sind zwölf Brüder, deine ergebenen Diener, Söhne *eines* Mannes im Land Kanaan. Der Jüngste blieb bei unserem Vater, und einer ist tot.«

14 Doch Josef sagte: »Ich bleibe dabei: Ihr seid Spione! 15 Ich werde eure Behauptung prüfen: Euer jüngster Bruder muß her; sonst kommt ihr nie mehr nach Hause. Das schwöre ich beim Pharao! 16 Einer von euch soll euren Bruder holen; ihr anderen bleibt solange gefangen. Dann wird man sehen, ob ihr die Wahrheit gesagt habt. Aber beim Pharao: Ihr seid ja doch Spione!«

17 Josef ließ sie für drei Tage ins Gefängnis bringen. 18 Am dritten Tag sagte er zu ihnen: »Tut, was ich euch sage, dann bleibt ihr am Leben. Auch ich ehre Gott. 19 Wenn ihr wirklich ehrliche Leute seid, dann laßt mir einen von euch als Geisel im Gefängnis zurück. Ihr anderen zieht nach Hause und bringt euren hungernden Familien Getreide. 20 Aber schafft mir euren jüngsten Bruder her! Dann will ich euch glauben, und ihr müßt nicht sterben.«

Die Brüder waren einverstanden. 21 Sie sagten zueinander: »Das ist die Strafe für das, was wir unserem Bruder angetan haben. Seine Todesangst ließ uns ungerührt. Er flehte uns um Erbarmen an, aber wir hörten nicht darauf. Dafür müssen wir nun selbst solche Angst ausstehen.«

22 Ruben erinnerte die anderen: »Ihr wolltet ja nicht hören, als ich zu euch sagte: ›Vergreift euch nicht an dem Jungen!‹ Jetzt werden wir für seinen Tod zur Rechenschaft gezogen!«

23 Weil Josef sich mit ihnen durch einen Dolmetscher verständigte, ahnten sie nicht, daß er alles verstand. 24 Die Tränen kamen ihm, und er mußte sich abwenden. Als er wieder sprechen konnte, ließ er Simeon festnehmen und vor ihren Augen fesseln. 25 Dann befahl er seinen Leuten, die Säcke der Brüder mit Getreide zu füllen und jedem das Geld, mit dem er bezahlt hatte, wieder oben in den Sack zu legen. Er ließ ihnen auch noch Verpflegung für die Reise mitgeben.

Als das geschehen war, 26 luden die Brüder ihre Säcke auf die Esel und machten sich auf den Heimweg.

Heimkehr und Sorgen

27 Am Abend öffnete einer von ihnen in der Herberge seinen Sack, um seinen Esel zu füttern. Da sah er obenauf sein Geld liegen. 28 »Mein Geld ist zurückgekommen!« berichtete er seinen Brüdern. »Hier ist es, in meinem Sack!« Sie erschraken. Ganz niedergeschlagen sahen sie einander an und sagten: »Warum hat Gott uns das angetan?«

29 Als sie zu ihrem Vater Jakob nach Kanaan* kamen, berichteten sie ihm alles, was sie erlebt hatten.

30 »Der Mann, der in Ägypten die Macht hat, empfing uns sehr ungnädig«, erzählten sie. »Wir seien Spione, sagte er. 31 Wir wehrten uns und sagten: ›Wir sind ehrliche Leute und keine Spione, 32 zwölf Brüder sind wir; einer von uns ist tot, und der Jüngste ist bei unserem Vater im Land Kanaan geblieben.‹

33 Da sagte er: ›Ich werde sehen, ob ihr ehrliche Leute seid. Einer von euch bleibt hier bei mir; ihr anderen nehmt Getreide, damit eure Familien nicht hungern müssen, und zieht nach Hause. 34 Aber schafft mir euren jüngsten Bruder her! Daran werde ich erkennen, daß ihr keine Spione seid, sondern ehrliche Leute. Dann gebe ich auch euren anderen Bruder wieder frei, und ihr dürft euch ungehindert im Land bewegen.‹«

35 Als sie die Säcke leeren wollten, fand jeder seinen Geldbeutel oben im Sack. Jakob stand dabei, und alle erschraken. 36 Ihr Vater Jakob sagte: »Ihr raubt mir meine Kinder! Josef ist weg, Simeon ist weg, und jetzt wollt ihr mir auch noch Benjamin nehmen. Nichts bleibt mir erspart!«

37 Da sagte Ruben zu seinem Vater: »Wenn ich Benjamin nicht gesund zurückbringe, darfst du dafür meine beiden Söhne töten. Vertraue ihn mir an! Ich bringe ihn dir bestimmt wieder zurück.«

38 Aber Jakob sagte: »Mein Sohn Benjamin wird nicht mit euch gehen! Sein Bruder Josef ist tot, er ist der letzte von den Söhnen Rahels. Ich bin ein alter Mann; wenn ihm unterwegs etwas zustößt – der Kummer würde mich ins Grab bringen!«

42,22 37,21-22

Jakob läßt Benjamin mitziehen

43 Die Hungersnot lag weiter schwer auf dem Land. 2 Als das Getreide, das die Brüder aus Ägypten mitgebracht hatten, aufgezehrt war, sagte ihr Vater zu ihnen: »Geht wieder nach Ägypten und kauft uns zu essen!«

3 Aber Juda gab zu bedenken: »Der Ägypter hat ausdrücklich erklärt: ›Kommt mir nicht unter die Augen ohne euren Bruder!‹ 4 Deshalb gehen wir nur, wenn du uns Benjamin mitgibst, 5 sonst bleiben wir hier. Ohne ihn dürfen wir uns nicht vor dem Mann blicken lassen.«

6 »Warum habt ihr ihm auch verraten, daß ihr noch einen Bruder habt?« klagte Jakob.[a]

7 Sie verteidigten sich: »Er hat sich so genau nach uns und nach unserer Familie erkundigt. ›Lebt euer Vater noch?‹ wollte er wissen. ›Habt ihr noch einen Bruder?‹ Da haben wir ihm wahrheitsgemäß Auskunft gegeben. Wir konnten doch nicht ahnen, daß er verlangen würde: ›Bringt euren Bruder her!‹«

8 Juda schlug seinem Vater vor: »Vertrau den Jungen *mir* an, damit wir gehen können und nicht alle vor Hunger umkommen, wir Brüder, du selbst und unsere Familien! 9 Ich will Bürge für ihn sein, von mir sollst du ihn fordern. Mein Leben lang soll die Schuld auf mir lasten, wenn ich ihn dir nicht hierher zurückbringe. 10 Wir wären schon zweimal wieder da, wenn wir nicht so lange gezögert hätten!«

11 Ihr Vater[b] erwiderte: »Wenn es unbedingt sein muß, dann nehmt ihn mit. Aber bringt dem Ägypter als Geschenk etwas von den Schätzen unseres Landes: Honig, Pistaziennüsse, Mandeln und dazu die kostbaren Harze Mastix, Tragakant und Ladanum*. 12 Nehmt auch doppelt Geld mit, damit ihr das, was ihr in euren Säcken wiedergebracht habt, zurückgeben könnt; vielleicht war es ein Versehen.

13 Und dann nehmt euren Bruder Benjamin und macht euch auf den Weg. 14 Ich bete zu Gott, dem Gewaltigen*, daß der Ägypter Erbarmen mit euch hat und Benjamin und euren anderen Bruder wieder mit euch heimkehren läßt. Muß ich denn alle meine Kinder verlieren?«

Josef empfängt die Brüder fürstlich

15 Die Brüder nahmen das doppelte Geld und die Geschenke und reisten mit Benjamin zu Josef nach Ägypten. 16 Als Josef sah, daß sie Benjamin mitgebracht hatten, sagte er zu seinem Hausverwalter: »Führe diese Männer in meinen Palast! Schlachte ein Rind und bereite es zu! Sie werden heute mittag mit mir essen.«

17 Als der Verwalter die Brüder in den Palast führen wollte, 18 bekamen sie Angst und sagten zueinander: »Das ist wegen des Geldes, das wieder in unsere Säcke geraten ist! Die Ägypter werden über uns herfallen, uns unsere Esel wegnehmen und uns zu Sklaven machen.«

19 Noch vor dem Tor sprachen sie den Hausverwalter an: 20 »Auf ein Wort, Herr! Wir waren früher schon einmal hier, um Getreide zu kaufen. 21 Als wir auf der Heimreise in der Herberge unsere Säcke aufmachten, fanden wir obenauf das ganze Geld liegen, das wir bezahlt hatten. Wir haben alles wieder mitgebracht 22 und dazu neues Geld für das Getreide, das wir jetzt kaufen wollen. Wir wissen nicht, wer unser Geld in die Säcke gelegt hat.«

23 »Es ist alles gut«,[c] erwiderte der Verwalter, »macht euch deshalb keine Sorgen! Euer Gott, der Gott eures Vaters, hat euch einen Schatz in eure Säcke gelegt. Ich habe euer Geld erhalten.« Dann brachte er Simeon zu ihnen heraus.

24 Nachdem sie in den Palast eingetreten waren, ließ der Verwalter ihnen Wasser bringen, damit sie ihre Füße waschen konnten, und ihren Eseln ließ er Futter geben. 25 Während die Brüder auf Josef warteten, legten sie ihre Geschenke zurecht. Sie hatten nämlich erfahren, daß sie zu Mittag dort essen sollten.

26 Als nun Josef nach Hause kam, brachten sie ihm die Geschenke und warfen sich vor ihm nieder. 27 Josef erkundigte sich nach ihrem Ergehen und fragte dann: »Wie geht es eurem alten Vater, von dem ihr mir erzählt habt? Lebt er noch?«

28 Sie antworteten: »Unserem Vater, deinem ergebenen Diener, geht es gut; er ist noch am Leben.« Noch einmal erwiesen sie ihm Ehre und warfen sich vor ihm nieder.

29 Da erblickte Josef seinen Bruder Benjamin, den Sohn seiner eigenen Mutter. »Das ist also euer jüngster Bruder, von dem ihr mir erzählt habt!« sagte er, und zu Benjamin: »Gott segne dich, mein Sohn!«

30 Dann lief er schnell hinaus. Er war den Tränen nahe, so sehr bewegte ihn das Wiedersehen mit seinem Bruder. Er eilte in sein Privatzimmer, um sich dort auszuweinen. 31 Dann wusch er sich das Gesicht und kam zurück. Er nahm sich zusammen und befahl seinen Dienern: »Tragt das Essen auf!«

32 Josef aß allein an einem Tisch, die Brüder an einem anderen, und an einem dritten die

a Wörtlich *Israel**. b Wörtlich *Ihr Vater Israel**.
c Wörtlich *Frieden* für euch.* Dieses Stichwort fällt auch in den Versen 27 und 28.

Ägypter, die zum Haushalt Josefs gehörten.
Ägypter essen nämlich nicht an einem Tisch mit
Hebräern*, weil sie meinen, dadurch unrein* zu
werden.

33 Die Brüder saßen Josef gegenüber. Die
Plätze hatte man ihnen genau nach ihrem Alter
angewiesen. Als sie es bemerkten, sahen sie ein-
ander verwundert an. 34 Josef ließ ihnen von den
Gerichten servieren, die auf seinem eigenen
Tisch aufgetragen wurden. Benjamin erhielt
fünfmal soviel wie die anderen Brüder. Sie tran-
ken mit Josef Wein, bis sie in ausgelassener Stim-
mung waren.

Josef stellt seine Brüder auf die Probe

44 Später befahl Josef seinem Hausverwal-
ter: »Fülle ihre Säcke mit Getreide. Gib
ihnen so viel, wie sie gerade noch tragen kön-
nen. Das Geld kommt wieder obenauf. 2 Und in
den Sack des Jüngsten legst du dazu meinen
Becher, du weißt, den silbernen!«

Der Verwalter tat genau, was Josef befohlen
hatte.

3 Früh am Morgen durften die Brüder mit
ihren Eseln heimreisen. 4 Sie waren noch nicht
weit von der Stadt entfernt, da befahl Josef
seinem Hausverwalter: »Los, jag ihnen nach,
und wenn du sie erreicht hast, sag zu ihnen:
›Warum habt ihr Gutes mit Bösem vergolten?
5 Ihr habt den Becher mitgenommen, aus dem
mein Herr trinkt und aus dem er die Zukunft vor-
aussagt! Da habt ihr ein schweres Unrecht be-
gangen!‹«

6 Als der Verwalter sie eingeholt hatte, stellte
er sie mit diesen Worten zur Rede.

7 »Wie kannst du uns das zutrauen?« antwor-
teten sie, »so etwas würde uns nie einfallen!
8 Das Geld, das wir in unseren Säcken fanden,
haben wir aus dem Land Kanaan* wieder mitge-
bracht – wie kämen wir darauf, aus dem Haus
deines Herrn Silber oder Gold zu stehlen?
9 Wenn sich der Becher bei einem von uns fin-
det, soll der Betreffende sterben, und wir ande-
ren wollen deine Sklaven sein.«

10 »Gut«, sagte der Verwalter, »wir wollen
sehen. Der, bei dem der Becher gefunden wird,
soll mein Sklave sein; die andern können unbe-
helligt weiterreisen.«

11 So schnell sie konnten, luden sie ihre Säcke
ab und öffneten sie. 12 Der Verwalter ging der
Reihe nach vom Ältesten bis zum Jüngsten, und
der Becher fand sich im Sack Benjamins.

13 Die Brüder zerrissen entsetzt ihre Kleider,
beluden ihre Esel und kehrten allesamt in die
Stadt zurück. 14 So kamen sie zu Josef, der in sei-
nem Palast wartete, und warfen sich, Juda voran,
vor ihm zu Boden.

15 »Was habt ihr euch eigentlich gedacht?«
herrschte Josef sie an. »Ihr mußtet doch wissen,
daß ein Mann wie ich so etwas mit Leichtigkeit
herausfindet!«[a]

16 »Was sollen wir sagen, Herr?« ergriff Juda
das Wort. »Womit könnten wir uns rechtferti-
gen? Gott hat unsere Schuld ans Licht gebracht.
Wir alle sind jetzt deine Sklaven, genau wie der,
bei dem sich der Becher gefunden hat.«

17 Aber Josef sagte: »So ungerecht werde ich
nicht handeln! Der, bei dem der Becher gefun-
den wurde, soll mein Sklave sein; ihr anderen
könnt in Frieden zu eurem Vater heimkehren.«

Juda tritt für seinen Bruder ein

18 Da trat Juda vor und sagte: »Herr, du bist so
mächtig wie der Pharao! Erlaube mir, daß ich
trotzdem das Wort an dich richte, und zürne mir
nicht!

19 Das letzte Mal hast du uns gefragt: ›Habt ihr
noch einen Vater oder Bruder?‹ 20 Und wir haben
ehrlich geantwortet: ›Wir haben zu Hause noch
einen alten Vater und einen Bruder, der ihm im
Alter geboren wurde. Der Junge ist der letzte
von den beiden Söhnen seiner Mutter; der ältere
ist tot, darum hängt der Vater so an seinem Jüng-
sten.‹

21 Da befahlst du uns, ihn herzubringen;
22 aber wir gaben zu bedenken: ›Es wäre der Tod
für unseren Vater, wenn er den Jungen her-
geben müßte. Er muß bei seinem Vater bleiben.‹
23 Doch du bestandest darauf: ›Ohne ihn dürft
ihr mir nicht wieder unter die Augen kommen!‹

24 Als wir nach Hause kamen, berichteten
wir das alles unserem Vater. 25 Und als er uns
dann wieder zum Getreidekauf hierherschicken
wollte, 26 wandten wir ein: ›So können wir un-
möglich reisen. Benjamin muß mit. Sonst dürfen
wir uns vor dem Ägypter nicht mehr sehen
lassen.‹

27 Da sagte mein Vater, dein ergebener Die-
ner: ›Ihr wißt doch, daß meine Lieblingsfrau mir
nur zwei Söhne geboren hat. 28 Der eine ist fort,
ein Raubtier muß ihn zerrissen haben; bis heute
habe ich ihn nicht wiedergesehen. 29 Nun wollt
ihr mir auch noch den zweiten nehmen. Ich bin
ein alter Mann. Wenn ihm unterwegs etwas zu-
stößt – der Kummer würde mich ins Grab brin-
gen!‹

a Wörtlich *daß ein Mann wie ich wahrsagen kann.*
44,27 30,22-24; 35,16-20

30 So sprach mein Vater, dein ergebener Die-
ner. Wenn wir nun zu ihm zurückkommen und
er sieht, daß der Junge, an dem er so hängt, nicht
bei uns ist, 31 wird er auf der Stelle tot umfallen.
Dann haben wir es auf dem Gewissen, wenn
unser alter Vater stirbt und mit Kummer beladen
zu den Toten hinunter muß.

32 Außerdem habe ich mich dafür verbürgt,
daß ich den Jungen wieder zurückbringe; ich
habe die ganze Schuld auf mich genommen.
33 Erlaube mir also, Herr, daß ich anstelle des
Jungen hierbleibe und dein Sklave werde. Ihn
aber laß mit den anderen heimkehren! 34 Ich darf
nicht ohne ihn zurückkommen. Ich könnte das
Unglück nicht mit ansehen, das meinen Vater
treffen würde.«

Josef gibt sich seinen Brüdern zu erkennen

45 Da konnte Josef nicht länger an sich hal-
ten. Er schickte alle Ägypter aus dem
Raum. Kein Fremder sollte dabeisein, wenn er
sich seinen Brüdern zu erkennen gab.

2 Als er mit ihnen allein war, brach er in Trä-
nen aus. Er weinte so laut, daß die Ägypter es
hörten, und bald wußte der ganze Hof des Pha-
raos davon.

3 »Ich bin Josef!« sagte er zu seinen Brüdern.
»Lebt mein Vater noch?«

Aber sie brachten kein Wort heraus, so fas-
sungslos waren sie.

4 Er rief sie näher zu sich und wiederholte:
»Ich bin Josef, euer Bruder, den ihr nach Ägyp-
ten verkauft habt! 5 Erschreckt nicht und macht
euch keine Vorwürfe deswegen. Gott hat mich
vor euch her nach Ägypten gesandt, um viele
Menschen am Leben zu erhalten.

6 Zwei Jahre herrscht nun schon Hungersnot,
und es kommen noch fünf Jahre, in denen man
die Felder nicht bestellen und keine Ernte ein-
bringen kann. 7 Deshalb hat Gott mich vorausge-
schickt. Es ist sein Plan, euch und eure Nach-
kommen überleben zu lassen, damit er eine
noch größere Rettungstat an euch vollbringen
kann.

8 Nicht ihr habt mich hierhergebracht, son-
dern Gott. Er hat es so gefügt, daß ich die rechte
Hand des Pharaos geworden bin[a] und sein
ganzer Hof und ganz Ägypten mir unterstellt ist.

9 Macht euch schnell auf den Weg und bringt
meinem Vater die Botschaft: ›Dein Sohn Josef
läßt dir sagen: Gott hat mich zum Herrn über
ganz Ägypten gemacht. Komm hierher zu mir,
besinn dich nicht lange! 10 Du sollst in der Pro-
vinz Goschen wohnen, ganz in meiner Nähe.
Bring deine Kinder und Enkel mit, deinen Besitz
und all dein Vieh, Schafe, Ziegen und Rinder.
11 Die Hungersnot dauert noch fünf Jahre. Ich
werde für euch sorgen, damit ihr keine Not
leidet.‹

12 Ihr seht doch mit eigenen Augen«, fuhr Josef
fort, »daß ich es bin, der mit euch redet, auch
du, mein Bruder Benjamin! 13 Ihr müßt mei-
nem Vater alles erzählen, was ihr hier gesehen
habt. Sagt ihm, was für eine Stellung ich hier
in Ägypten habe. Bringt ihn hierher, so schnell
es geht!«

14 Dann umarmte Josef seinen Bruder Benja-
min, und beide weinten dabei vor Freude. 15 Da-
nach küßte er unter Tränen auch die anderen.
Erst jetzt fanden die Brüder die Sprache wieder,
und sie redeten mit Josef.

Der Pharao läßt Jakob nach Ägypten holen

16 Als am Hof des Pharaos bekannt wurde, daß
Josefs Brüder gekommen waren, freuten sich der
Pharao und seine Minister. 17 Der Pharao gab
Josef die Anweisung: »Sag deinen Brüdern, sie
sollen ihre Tiere beladen, ins Land Kanaan* rei-
sen 18 und ihren Vater und ihre Familien herbrin-
gen. Sie dürfen im fruchtbarsten Gebiet Ägyp-
tens wohnen und bekommen das Beste zu
essen, was in Ägypten wächst. 19 Mache Ge-
brauch von deiner Vollmacht und gib ihnen auch
Wagen mit für die kleinen Kinder und die Frauen
und besonders für euren Vater, damit sie be-
quem hierherreisen können. 20 Sie sollen ihren
Hausrat ruhig zurücklassen. Sie werden dafür
hier das Beste bekommen, was Ägypten zu bie-
ten hat.«

21 Die Brüder waren damit einverstanden.
Nach der Weisung des Pharaos gab Josef ihnen
die Wagen und auch Verpflegung für die Reise
mit. 22 Er schenkte jedem ein Festgewand. Benja-
min aber bekam fünf Festgewänder und noch
300 Silberstücke* dazu. 23 Seinem Vater schickte
Josef zehn Lastesel mit den kostbarsten Erzeug-
nissen Ägyptens und zehn Eselinnen mit Ge-
treide, Brot und anderen Lebensmitteln für die
Reise.

24 Dann verabschiedete er seine Brüder, und
sie machten sich auf den Weg. »Streitet euch
nicht unterwegs«, rief er ihnen nach.

25 Die Brüder kamen ins Land Kanaan zu
ihrem Vater Jakob 26 und berichteten ihm: »Josef
lebt! Denk doch, er ist Herr über ganz Ägypten!«

Aber ihr Vater rührte sich nicht; er glaubte

a *Er hat es so gefügt …:* wörtlich *Er hat mich zum Vater des Pharaos gemacht.*

45,5 50,20; Ps 105,16-17 **45,7** Ex 13,17–14,31

ihnen nicht. 27 Sie erzählten ausführlich, wie es
ihnen ergangen war und was Josef ihnen aufge-
tragen hatte. Sie zeigten ihm auch die Wagen,
die er für ihn mitgeschickt hatte.
Da endlich kam Leben in Jakob. 28 »Kein Wort
mehr!« rief er.[a] »Josef lebt noch! Ich muß hin
und ihn sehen, ehe ich sterbe!«

Gott macht Jakob Mut für die Reise

46 Jakob[b] machte sich auf den Weg; seinen
ganzen Besitz nahm er mit. Als er nach
Beerscheba kam, opferte er dort dem Gott seines
Vaters Isaak Tiere von seinen Herden und hielt
ein Opfermahl*.
2 In der Nacht erschien ihm Gott und sagte:
»Jakob! Jakob!«
»Ja?« antwortete er.
3 Gott sagte zu ihm: »Ich bin Gott, der Gott dei-
nes Vaters. Hab keine Angst, nach Ägypten zu
ziehen! Ich will deine Nachkommen dort zu
einem großen Volk machen. 4 Ich selbst werde
mit dir gehen, ich werde dich auch wieder
zurückbringen; und wenn du stirbst, wird dir
Josef die Augen zudrücken.«
5 Von Beerscheba aus ging die Reise weiter.
Die Söhne Jakobs[c] setzten ihren Vater, ihre
Frauen und ihre kleinen Kinder in die Wagen,
die der Pharao mitgeschickt hatte. 6 Mit ihren
Herden und ihrem ganzen Besitz, den sie im
Land Kanaan* erworben hatten, kamen sie nach
Ägypten, Jakob und seine ganze Familie, 7 die
Söhne und Töchter, die Enkel und Enkelinnen.
Seine ganze Nachkommenschaft brachte Jakob
mit sich nach Ägypten.

Eine Liste der Jakobsfamilie

8-15 Dies sind die Namen der Söhne Jakobs, die mit ihrem Vater, der auch Israel heißt, nach Ägypten kamen. An der Spitze stehen die Söhne, die ihm Lea in Mesopotamien geboren hatte:

Ruben, der Erstgeborene, und seine Söhne Henoch, Pallu, Hezron und Karmi;
Simeon und seine Söhne Jemuël, Jamin, Ohad, Jachin, Zohar und Schaul, der Sohn einer Kanaaniterin*;
Levi und seine Söhne Gerschon, Kehat und Merari;
Juda und seine Söhne Er, Onan, Schela, Perez und Serach; die beiden ersten waren schon in Kanaan gestorben; Perez hatte zwei Söhne: Hezron und Hamul;
Issachar und seine Söhne Tola, Puwa, Jaschub und Schimron;
Sebulon und seine Söhne Sered, Elon und Jachleel;
dazu eine Tochter: Dina

Nachkommen Jakobs von Lea: 33 Personen

16-18 Von der Sklavin Silpa, die Laban seiner Tochter Lea mitgegeben hatte, stammten:

Gad und seine Söhne Zifjon, Haggi, Schuni, Ezbon, Eri, Arod und Areli;
Ascher und seine Söhne Jimna, Jischwa, Jischwi und Beria, dazu seine Tochter Serach; Beria hatte zwei Söhne: Heber und Malkiël

Nachkommen Jakobs von Silpa: 16 Personen

19-22 Von Jakobs Lieblingsfrau Rahel stammten:

Josef mit seinen Söhnen Manasse und Efraïm, die ihm Asenat, die Tochter des Priesters Potifera aus On in Ägypten geboren hatte.
Benjamin und seine Söhne Bela, Becher, Aschbel, Gera, Naaman, Ehi, Rosch, Muppim, Huppim und Ard

Nachkommen Jakobs von Rahel: 14 Personen

23-25 Von der Sklavin Bilha, die Laban seiner Tochter Rahel mitgegeben hatte, stammten:

Dan und sein Sohn Huschim;
Naftali und seine Söhne Jachzeel, Guni, Jezer und Schillem

Nachkommen Jakobs von Bilha: 7 Personen

26 Mit Jakob siedelten 66 Kinder und Enkel nach
Ägypten über, dazu noch die Frauen seiner
Söhne. 27 Zählt man Josef und seine Söhne hin-
zu, so kamen – Jakob selbst eingeschlossen –
insgesamt 70 Angehörige der Jakobsfamilie nach
Ägypten.[d]

Jakobs Familie kommt nach Ägypten

28 Jakob kam also mit seiner ganzen Familie nach
Ägypten. Er hatte Juda vorausgeschickt, um Josef
seine Ankunft anzukündigen und ihn zu sich
nach Goschen zu rufen. 29 Josef ließ seinen

a *er:* wörtlich *Israel**. b Wörtlich *Israel**. c Wörtlich *Israels**.
d G hat in den Versen 19-22 fünf zusätzliche Namen und kommt so zur Gesamtzahl 75; vgl. Apg 7,14. Bei den 33 Nachkommen von Lea ist entweder Jakob mitgezählt oder statt Dina sind es die beiden verstorbenen Söhne von Juda.

46,3 12,2 S 46,6-7 Ps 105,23 46,8-27 Ex 1,1-5 46,28 45,10

Wagen anspannen und fuhr seinem Vater[a] ent-
gegen.
Als Jakob ihn sah, schloß er ihn in die Arme
und weinte lange. 30 »Jetzt sterbe ich gern«, sagte
Jakob. »Ich habe dich wiedergesehen und weiß,
daß du noch am Leben bist.«
31 Dann sagte Josef zu seinen Brüdern und
ihren Angehörigen: »Ich gehe jetzt zum Pharao
und melde ihm, daß ihr aus Kanaan* zu mir ge-
kommen seid. 32 Ich sage ihm, daß ihr Viehhirten
seid und eure Schafe, Ziegen, Rinder und euren
übrigen Besitz mitgebracht habt.
33 Wenn der Pharao euch zu sich rufen läßt
und euch nach eurem Beruf fragt, 34 dann ant-
wortet ihm: ›Wir sind von Jugend an Viehhirten
gewesen wie unsere Vorfahren.‹ Dann wird er
euch erlauben, hier in der Provinz Goschen zu
bleiben.«
Die Ägypter haben nämlich einen Abscheu
vor Schaf- und Ziegenhirten; sie gelten bei ihnen
als unrein*.

47 Josef ging zum Pharao und berichtete
ihm: »Mein Vater und meine Brüder
sind aus dem Land Kanaan hierhergekommen.
Ihre Herden und ihren ganzen Besitz haben sie
mitgebracht. Sie sind in der Provinz Goschen.«
2 Josef hatte fünf von seinen Brüdern mitge-
bracht und stellte sie dem Pharao vor.
3 »Was ist euer Beruf?« fragte der Pharao,
und sie antworteten: »Wir sind Schafhirten,
großer König, wie es schon unsere Vorfahren
waren.«
4 Weiter sagten sie: »Wir möchten gern eine
Zeitlang als Gäste in Ägypten leben. Im Land
Kanaan finden unsere Herden wegen der Dürre
keine Weide mehr. Erlaube uns, mächtiger Herr,
daß wir in der Provinz Goschen bleiben.«
5 Der Pharao sagte zu Josef: »Dein Vater und
deine Brüder sind also zu dir gekommen! 6 Ganz
Ägypten steht dir zur Verfügung. Laß sie im
besten Teil des Landes wohnen; sie können in
Goschen bleiben. Und wenn unter ihnen tüch-
tige Leute sind, dann vertraue ihnen die Verant-
wortung für meine eigenen Herden an.«

Jakob steht vor dem Pharao

7 Josef brachte auch seinen Vater Jakob zum Pha-
rao. Jakob begrüßte den Herrscher mit einem
Segenswunsch.
8 Der Pharao fragte ihn nach seinem Alter
9 und Jakob erwiderte: »Hundertunddreißig Jahre
lebe ich jetzt als Fremder auf dieser Erde. Mein
Leben ist kurz und leidvoll im Vergleich zu dem
meiner Vorfahren, die heimatlos wie ich auf die-
ser Erde lebten.«
10 Jakob verabschiedete sich vom Pharao mit
einem Segenswunsch.
11 Wie der Pharao befohlen hatte, ließ Josef
seinen Vater und seine Brüder in der Gegend
von Ramses, im besten Teil des Landes, wohnen
und gab ihnen dort Grundbesitz. 12 Er sorgte
auch dafür, daß seine Angehörigen Brot zugeteilt
bekamen, jede Familie nach ihrer Kopfzahl.

Die Ägypter verkaufen sich an den Pharao

13 Die Hungersnot war sehr drückend, weil im
ganzen Land kein Getreide mehr wuchs. Nicht
nur in Kanaan*, sondern auch in Ägypten waren
die Menschen ausgezehrt vom Hunger. 14 Sie
konnten zwar bei Josef Getreide bekommen,
aber sie mußten dafür bezahlen; und so kam es,
daß schließlich alles Geld aus Kanaan und Ägyp-
ten in der Hand Josefs war. Josef brachte es in
den Palast des Pharaos.
15 Als sie ihr ganzes Geld ausgegeben hatten,
kamen die Ägypter alle miteinander zu Josef und
sagten zu ihm: »Gib uns Korn! Oder sollen wir
hier vor deinen Augen verhungern? Wir haben
kein Geld mehr.«
16 »Bringt mir statt Geld euer Vieh«, antwor-
tete ihnen Josef, »dann will ich euch dafür Ge-
treide geben.« 17 Sie brachten ihm all ihr Vieh:
Pferde, Esel, Rinder, Schafe und Ziegen, und
Josef versorgte sie dafür das ganze Jahr über mit
Nahrung.
18 Im folgenden Jahr kamen sie wieder zu
Josef und sagten zu ihm: »Wir müssen dir, unse-
rem Herrn, unsere ganze Not sagen. Unser Geld
ist zu Ende, unser Vieh ist in deinem Besitz; wir
haben nur noch uns selbst und unsere Felder.
19 Sollen wir hier vor deinen Augen sterben, und
sollen unsere Felder veröden? Kaufe uns und
unsere Felder für den Pharao! Das Land soll ihm
gehören, und wir wollen seine Sklaven sein. Gib
uns dafür Getreide, von dem wir leben können,
und Saatgut, damit die Felder nicht zur Wüste
werden!«
20 Weil die Hungersnot so groß war, mußte
jeder Ägypter seinen Grundbesitz verkaufen.
Josef kaufte alles auf und machte das ganze Land
zum Eigentum des Pharaos. 21 Die Bewohner
Ägyptens machte er zu dessen Sklaven.[b] 22 Nur
die Priester mußten ihre Felder nicht verkaufen,
weil sie von dem Einkommen leben konnten,
das der Pharao für sie festgesetzt hatte.
23 Josef sagte zu den Ägyptern: »Ich habe

a Wörtlich *Israel**. b *machte er …:* mit G; H *ließ er in die Städte ziehen.*

46,30 45,28

heute euch und euer Land für den Pharao erwor-
ben. Laßt euch nun dafür Saatgut geben und sät
es aus. 24 Von der Ernte gehört der fünfte Teil
dem Pharao; das übrige ist für euch und eure
Familien. Ihr könnt davon leben und neues Saat-
gut zurücklegen.«
25 Sie sagten: »Du rettest uns das Leben! Wenn
du damit einverstanden bist, wollen wir gerne
Sklaven des Pharaos sein.«
26 Josef legte gesetzlich fest, daß in ganz Ägyp-
ten der fünfte Teil jeder Ernte an den Pharao ab-
zuliefern war. Dieses Gesetz gilt dort bis zum
heutigen Tag. Nur der Grundbesitz der Priester
wurde nicht Eigentum des Pharaos.

Jakobs letzter Wille

27 Nun war also das Israel-Volk nach Ägypten ge-
kommen und lebte in der Provinz Goschen. Sie
waren fruchtbar, vermehrten sich und wurden
sehr zahlreich.[a]
28 Jakob lebte noch siebzehn Jahre in Ägypten
und erreichte ein Alter von 147 Jahren. 29 Als er
sein Ende nahen fühlte, ließ er seinen Sohn Josef
rufen und sagte zu ihm: »Wenn du gut zu mir
sein willst, dann leg deine Hand zum Schwur
zwischen meine Beine.[b] Erweise mir Güte und
Treue und begrabe mich nicht in Ägypten! 30 Laß
mich im Tod mit meinen Vorfahren vereint sein:
Bring mich von hier weg und begrabe mich dort,
wo sie begraben sind.«
Josef versprach ihm: »Ich werde deinen
Wunsch erfüllen.«
31 »Schwöre es mir!« sagte Jakob, und Josef
schwor es ihm. Darauf verneigte sich Jakob[c]
anbetend auf seinem Bett.

Jakob segnet vor seinem Ende die Söhne Josefs

48 Nach einiger Zeit erhielt Josef die Nach-
richt, daß sein Vater krank sei. Da nahm
er seine beiden Söhne Manasse und Efraïm und
machte sich auf den Weg. 2 Als Jakob gesagt
wurde: »Dein Sohn Josef ist da«, nahm er[d] alle
seine Kräfte zusammen und setzte sich im Bett
auf.
3 Er sagte zu Josef: »Gott, der Gewaltige*, er-
schien mir in Lus im Land Kanaan*. Er segnete
mich 4 und sagte: ›Ich will dich fruchtbar
machen und vermehren[e] und dich zu einer
ganzen Schar von Völkern machen. Und dieses
Land will ich deinen Nachkommen für alle
Zeiten zum Besitz geben.‹ Das hat er mir zuge-
sagt.
5 Deine beiden Söhne Efraïm und Manasse
aber, die dir hier in Ägypten geboren wurden,
bevor ich ins Land kam, die nehme ich als meine
eigenen Söhne an; sie sollen mir genausoviel gel-
ten wie Ruben und Simeon. 6 Deine späteren
Söhne und ihre Nachkommen sollen als deine
Nachkommenschaft gelten, doch bekommen sie
ihren Anteil am Landbesitz im Gebiet ihrer älte-
ren Brüder.
7 Ich tue das deiner Mutter Rahel zuliebe.
Sie starb, als ich aus Mesopotamien ins Land
Kanaan zurückkam, kurz vor der Stadt Efrata,
und ich begrub sie dort am Wegrand.« – Efrata
heißt jetzt Betlehem.
8 Jakobs Blick fiel auf Manasse und Efraïm, die
Söhne Josefs. »Wen bringst du da mit?« fragte
er Josef. 9-10 Seine Augen waren altersschwach
geworden, und er konnte nicht mehr deutlich
sehen.
»Es sind die Söhne, die Gott mir hier in Ägyp-
ten geschenkt hat«, erwiderte Josef.
»Bring sie her«, sagte Jakob, »ich will sie seg-
nen!«
Jakob zog sie an sich, umarmte und küßte sie.
11 Er sagte zu Josef: »Ich hätte nie geglaubt, dich
wiederzusehen, und jetzt läßt Gott mich sogar
noch deine Kinder sehen.«
12 Josef nahm die beiden von Jakobs Knien
und beugte sich vor seinem Vater bis zur Erde.
13 Dann nahm er Efraïm an die rechte Hand,
so daß er von Jakob aus gesehen links stand, und
an seine linke Hand nahm er Manasse. So
brachte er sie zu seinem Vater. 14 Jakob aber
kreuzte seine Hände und legte die rechte auf den
Kopf des jüngeren Bruders Efraïm und die linke
auf den Kopf Manasses, obwohl Manasse der
Erstgeborene war.
15 Dann segnete er die Söhne Josefs[f] und
sagte: »Ich bete zu dem Gott, nach dessen Willen
meine Väter, Abraham und Isaak, sich stets ge-
richtet haben. Ich bete zu dem Gott, der mich
wie ein Hirt mein Leben lang geführt und be-
schützt hat. 16 Ich bete zu dem Gott,[g] der in aller
Not zur Stelle war und mich gerettet hat. Er
segne diese Kinder, damit mein Name und der
meiner Väter Abraham und Isaak in ihnen und
ihren Nachkommen fortlebe. Er lasse ihre Nach-

a Siehe Anmerkung zu 8,17. b Siehe Anmerkung zu 24,2. c Wörtlich *Israel**.
d *er:* wörtlich *Israel*;* entsprechend für *Jakob* in den Versen 8, 12, 13 und 14.
e Siehe Anmerkung zu 8,17. f *die Söhne Josefs:* wörtlich *Josef.* g Wörtlich *Engel**.

47,27 12,2 S **47,29-31** 49,29-32; 50,5-6 **47,29** 24,2 **47,30** 23,20 **47,31** 1 Kön 1,47 **48,4** 12,2 S; 12,7 S **48,7** 35,16-19
48,8-22 Heb 11,21

kommen zahlreich werden, damit sie das Land füllen.«

17 Josef gefiel es nicht, daß sein Vater die rechte Hand auf Efraïm gelegt hatte. Deshalb nahm er sie und wollte sie auf Manasse legen. 18 »Du irrst, Vater«, sagte er, »dieser ist der Erstgeborene, auf ihn mußt du die rechte Hand legen!«

19 Aber Jakob wehrte ab: »Das weiß ich«, sagte er. »Sei unbesorgt, auch die Nachkommen Manasses sollen zu einem großen Volk werden. Aber sein jüngerer Bruder soll noch größer werden als er; seine Nachkommen sollen zu einer Menge von Völkern werden.«

20 So segnete Jakob die Söhne Josefs und sagte zu ihm: »Du und deine Kinder, ihr werdet in Israel ein Beispiel besonderen Segens sein. Wenn die Leute in Israel einander Glück wünschen, werden sie sagen: ›Gott segne dich wie Efraïm und Manasse!‹« Ganz bewußt nannte er dabei Efraïm an erster Stelle.

21 Dann sagte er: »Ich sterbe jetzt. Gott wird euch beistehen und euch in das Land zurückbringen, das er euren Vorfahren versprochen hat. 22 Dir aber gebe ich einen Bergrücken[a] hoch über den Wohnsitzen deiner Brüder. Ich habe ihn den Amoritern* mit Schwert und Bogen weggenommen.«

Jakob schaut die Zukunft der zwölf Stämme Israels

49 Jakob rief alle seine Söhne zu sich und sagte zu ihnen: »Kommt her, ich will euch wissen lassen, wie es euren Nachkommen ergehen wird. 2 Kommt und hört, meine Söhne, was euer Vater Israel euch zu sagen hat:

3 »Du, *Ruben*, bist mein Erstgeborener,
das Zeugnis meiner besten Kraft,
weil ich dich als den Ersten zeugte;
du bist der Erste auch an Macht und Hoheit!
4 Und doch kannst du nicht Erster bleiben;
denn zügellos wie wilde Fluten
bist du einst auf mein Bett gestiegen
und hast dich dadurch selbst geschändet.

5–6 Ihr beiden Brüder, *Simeon* und *Levi*,
ihr könnt mich nie dafür gewinnen,
mich euren Plänen anzuschließen;
denn ihr kennt nichts als Wut und Willkür!
Ganz sinnlos habt ihr Männer abgeschlachtet
und starke Stiere ohne Grund verstümmelt.
7 Verflucht sei euer wildes Wüten,
weil es so roh und grausam ist.
Das Urteil über euch hat Gott gesprochen:
›Ihr dürft nicht mehr zusammenbleiben;
ich werde euch in Israel zerstreuen!‹

8 Dich, *Juda*, preisen deine Brüder!
Voll Freude jubeln sie dir zu,
weil du den Feind im Nacken packst,
und in den Staub hinunterzwingst.
9 Mein Sohn, du gleichst dem jungen Löwen,
der niemals leer vom Raubzug heimkehrt:
Er legt sich neben seine Beute,
und keiner wagt ihn aufzustören.
10 Nur dir gehören Thron und Zepter,
dein Stamm wird stets den König stellen,
bis Schilo[b] kommt, der große Herrscher,
dem alle Völker dienen sollen.
11 Ja, Juda lebt im Überfluß:
Ganz achtlos bindet er sein Reittier
am allerbesten Weinstock fest
und wäscht im Traubenblut den Mantel.
12 Der Wein macht seine Augen funkeln
und Milch die Zähne blendend weiß.

13 Du, *Sebulon*, wohnst nah beim Meer,
dort, wo die Schiffe einen Hafen finden;
bis hin nach Sidon reicht dein Land!

14–15 Du, *Issachar*, beugst deinen Rücken
und schleppst als Sklave schwere Lasten.
Genauso wie ein dürrer Esel
brichst du darunter in die Knie.
Du zahlst den Preis für deine Sehnsucht
nach einem schönen, ebnen Land
und einem Leben ohne Mühe!

16 Du, *Dan*, bewahrst das Recht des Volkes!
Deswegen wird dein Stamm geachtet
von allen Stämmen Israels.
17 Gefährlich bist du wie die Schlange,
die auf der Lauer liegt am Wegrand:
Sie beißt das Pferd in seine Fesseln,
dann stürzt der Reiter rücklings ab.
So siegst du über deine Feinde!

18 Ich warte, HERR, auf deine Hilfe!

a In dem hebräischen Wort für *Bergrücken* (wörtlich: Schulter, Schulterstück) klingt der Ortsname Sichem an (vgl. 33,18; 35,4; 37,12-14).

b Das Wort ist nicht sicher zu deuten; vielleicht *Der, dem es* (das Zepter) *zusteht,* oder *sein* (Judas) *Erbetener,* oder *sein Herrscher.*

48,20 22,18 S **49,1-27** Dtn 33,6-25 **49,3** 29,32 **49,4** 35,22 **49,5-6** 34,25-31 **49,7** Jos 19,1-9; 21,1-42 **49,8** Num 10,14-16; Ri 1,1-2 **49,9** Offb 5,5 **49,10** 1 Chr 5,2; 28,4; Hebr 7,14 **49,11-12** Joël 4,18

19 Du, *Gad*, von Räubern oft bedrängt,[a]
läßt dich von ihnen nie berauben;
du wehrst sie ab und jagst sie fort!

20 Die Felder *Aschers* tragen reiche Frucht;
in seinem Land wächst nur das Beste,
die Speise für des Königs Tisch.

21 Du, *Naftali*, gleichst einer Hirschkuh,
die auf den Bergen frei umherläuft
und schöne, starke Junge hat.[b]

22 Du, *Josef*, bist dem Weinstock gleich,
der an der Quelle üppig treibt
und seine Mauer überwuchert.
23 Die Feinde fordern dich zum Kampf,
beschießen dich mit ihren Pfeilen;
24 doch du bleibst unerschüttert stehen
und schießt mit rascher Hand zurück.
Bei dir ist Jakobs starker Gott;
deswegen führst du Israel
und bist des Volkes Schutz und Stärke.
25 Gott, der Gewaltige*, ist es, der dir hilft;
dich segnet deines Vaters Gott.
Er gibt dir Regen aus dem Himmel
und Wasser von der Flut der Tiefe
ganz unten bei dem Grund der Erde.
Das Leben mehrt und segnet er
mit Fruchtbarkeit des Mutterleibes,
mit Überfluß aus Mutterbrüsten.
26 Du siehst die Berge, fest und ewig,
die hoch bis in die Wolken ragen;
dein Reichtum überragt sie alle.[c]
Dies alles ist dir vorbehalten,
weil du den Segen erben sollst,
den ich, dein Vater, einst empfing.
Du, Josef, bist der Auserwählte
inmitten aller deiner Brüder!

27 Du, *Benjamin*, bist wie der Wolf,
der morgens seinen Raub verschlingt
und abends seine Beute teilt.«

28 Mit diesen Worten segnete Jakob seine Söhne.
Er gab jedem zum Abschied ein besonderes
Segenswort. In die Zukunft blickend, sprach er
von den zwölf Stämmen Israels.
29–30 Danach ordnete er an: »Wenn ich tot bin,
dann bringt mich ins Land Kanaan* und bettet
mich zur letzten Ruhe neben meinen Vorfahren,
in der Höhle auf dem Feld Machpela östlich von
Mamre. Dieses Grundstück hat Abraham von
dem Hetiter* Efron als Grabstätte für seine Fami-
lie erworben. 31 Dort wurden Abraham und Sara
zur letzten Ruhe gebettet, dort liegen Isaak und
Rebekka, und auch Lea habe ich dort beigesetzt.
32 Das Feld und die Höhle darauf sind unser
rechtmäßiges Eigentum; wir haben es von den
Hetitern gekauft.«
33 Während Jakob seinen Söhnen diese letzten
Anweisungen gab, saß er auf dem Rand seines
Bettes. Nun hob er seine Füße aufs Bett und
legte sich zurück. Bald darauf starb er und
wurde im Tod mit seinen Vorfahren vereint.

Die Totenfeier für Jakob

50 Josef warf sich über seinen Vater, weinte
um ihn und küßte ihn. 2 Dann befahl er
den Ärzten, die in seinem Dienst standen,
Jakob[d] einzubalsamieren. 3 Wie üblich brauch-
ten sie dazu vierzig Tage. Ganz Ägypten trauerte
um Josefs Vater siebzig Tage lang.
4 Danach wandte sich Josef an die Hofleute
des Pharaos und sagte zu ihnen: »Wenn ihr mir
eine Gunst erweisen wollt, dann richtet dem
Pharao aus: 5 ›Ich mußte meinem Vater schwö-
ren, ihn im Land Kanaan* beizusetzen, in dem
Grab, das er selbst für sich vorbereitet hat. Des-
halb möchte ich nun hinreisen und ihn zur letz-
ten Ruhe betten, dann werde ich wieder zurück-
kommen.‹«
6 Der Pharao ließ ihm antworten: »Mach es so,
wie du es deinem Vater geschworen hast.«
7 Josef machte sich auf den Weg, und die
hohen Beamten des Pharaos und alle führenden
Männer Ägyptens begleiteten ihn. 8 Auch seine
Brüder kamen mit, dazu alle aus dem Haus
Josefs und aus der Großfamilie seines Vaters, nur
die Kinder und die Gebrechlichen und das Vieh
blieben in der Provinz Goschen zurück. 9 Sogar
eine Abteilung Elitetruppen mit Streitwagen*
gab dem Toten das Geleit; es war ein gewaltiger
Trauerzug.
10 Unterwegs hielten sie in Goren-Atad östlich
des Jordans eine große Trauerfeier ab; sieben
Tage lang ließ Josef seinen Vater beweinen.
11 Die Kanaaniter, die dort wohnten, wunderten
sich und sagten zueinander: »Die Ägypter halten
aber eine große Trauerfeier ab!« Deshalb heißt

a *Gad* erinnert im Hebräischen an das Wort für »bedrängen«.
b *und schöne ...:* oder *Du verstehst es, gut zu reden.*
c *Du siehst die Berge ...:* nach G; wörtlich *Die Segnungen deines Vaters überragen die Segnungen der ewigen Berge;* H ... *überragen die Segnungen meiner Erzeuger bis zur Grenze der ewigen Berge.*
d Wörtlich *Israel**.

49,27 Ri 20,21.25 **49,29-30** 23,3-20 **49,31** 25,9-10; 35,29 **50,5** 47,29-31

der Ort auch Abel-Mizrajim (Trauer der Ägyp-
ter).[a]
12 Dann erfüllten die Söhne Jakobs den letzten
Wunsch ihres Vaters: 13 Sie brachten ihn in das
Land Kanaan und bestatteten ihn östlich von
Mamre in der Höhle auf dem Feld Machpela, die
Abraham von dem Hetiter Efron als Grabstätte
für seine Familie erworben hatte.
14 Nachdem Josef seinen Vater beigesetzt
hatte, kehrte er mit seinen Brüdern und allen,
die ihn begleitet hatten, nach Ägypten zurück.

Der Mensch denkt, Gott lenkt

15 Weil nun ihr Vater tot war, gerieten die Brüder
Josefs in Sorge. »Wenn Josef uns nur nichts mehr
nachträgt!« sagten sie zueinander. »Sonst wird er
uns jetzt heimzahlen, was wir ihm einst angetan
haben.«
16 Sie ließen Josef ausrichten: »Dein Vater hat
uns vor seinem Tod die Anweisung gegeben:
17 ›Bittet Josef, daß er euch verzeiht und euch
nicht nachträgt, was ihr ihm angetan habt.‹ Des-
halb bitten wir dich: Verzeih uns unser Unrecht!
Wir bitten dich bei dem Gott deines Vaters, dem
auch wir dienen!«
Als Josef das hörte, mußte er weinen.
18 Danach gingen die Brüder selbst zu Josef,
warfen sich vor ihm zu Boden und sagten: »Wir
sind deine Sklaven!«
19 Aber Josef erwiderte: »Habt keine Angst! Ich
werde doch nicht umstoßen, was Gott selbst
entschieden hat! 20 Ihr hattet Böses mit mir vor,
aber Gott hat es zum Guten gewendet; denn er
wollte auf diese Weise vielen Menschen das
Leben retten. Das war sein Plan, und so ist es ge-
schehen. 21 Habt also keine Angst! Ich werde für
euch und eure Familien sorgen.«
So beruhigte Josef seine Brüder und gab ihnen
wieder Mut.

Josefs Ende

22 Josef blieb mit allen Nachkommen seines
Vaters in Ägypten. Er wurde 110 Jahre alt 23 und
sah noch die Enkel seines Sohnes Efraïm; er er-
lebte es auch noch, wie seinem Enkel Machir,
dem Sohn Manasses, Söhne geboren wurden,
und nahm sie feierlich in seine Sippe auf.[b]
24 Als Josef sein Ende kommen fühlte, sagte er
zu seinen Brüdern: »Gott wird euch nicht ver-
gessen. Er wird euch aus diesem Land wieder in
das Land zurückbringen, das er Abraham, Isaak
und Jakob mit einem Eid versprochen hat.
25 Wenn das geschieht, dann nehmt auch meine
Gebeine von hier mit.«
Die Brüder[c] mußten es Josef schwören.
26 Dann starb er im Alter von 110 Jahren. Sein
Leichnam wurde einbalsamiert und in Ägypten
in einen Sarg gelegt.

a *Trauer der Ägypter:* eigentlich *Bach Ägyptens* (vgl. Num 34,5). Wortspiel mit *abel* = Fluß und *ebel* = Trauer.
b Die Aufnahme in die Sippe wird im Hebräischen ausgedrückt durch die Wendung *sie wurden auf den Knien Josefs geboren.*
c Wörtlich *Die Söhne Israels* (= Jakobs).

50,13 23,1-20 **50,20** 45,5 **50,24** 12,7 S **50,25** Ex 13,19; Jos 24,32; Hebr 11,22 **50,26** Sir 49,18

DAS ZWEITE BUCH MOSE (EXODUS)

Inhaltsübersicht

DIE BEFREIUNG ISRAELS AUS ÄGYPTEN (1,1–15,21)

Der Pharao bekommt Angst vor den Israeliten

1 Zusammen mit Jakob, der auch Israel heißt,
waren elf seiner zwölf Söhne mit ihren Fami-
lien nach Ägypten ausgewandert, nämlich:
2 Ruben, Simeon, Levi und Juda,
3 Issachar, Sebulon und Benjamin,
4 Dan und Naftali,
Gad und Ascher.
5 Josef war schon vorher nach Ägypten gekom-
men. Insgesamt waren es mit Kindern und
Enkeln siebzig direkte Nachkommen Jakobs.
6 Dann waren Josef und seine Brüder gestor-
ben. Von ihrer ganzen Generation lebte nie-
mand mehr. 7 Aber ihre Nachkommen, die Israe-
liten, waren fruchtbar und vermehrten sich;[a] sie
nahmen überhand und wurden so zahlreich,
daß sie das Land füllten.
8 Da kam in Ägypten ein neuer König an die
Macht, der von Josef nichts mehr wußte. 9 Er
sagte zu seinen Leuten: »Die Israeliten sind so
zahlreich und stark, daß sie uns gefährlich wer-
den. 10 Wir müssen etwas unternehmen, damit
sie nicht noch stärker werden. Sie könnten sich
sonst im Kriegsfall auf die Seite unserer Feinde
schlagen, gegen uns kämpfen und dann aus dem
Land fortziehen.«
11 Die Ägypter setzten deshalb Aufseher ein,
um die Israeliten mit Fronarbeit* unter Druck zu
halten. Die Männer mußten für den Pharao die
Vorratsstädte Pitom und Ramses bauen. 12 Aber
je mehr man die Israeliten unterdrückte, desto
zahlreicher wurden sie und desto mehr breite-
ten sie sich aus. Den Ägyptern wurde das un-
heimlich.
13-14 Darum ließen sie die Männer Israels als
Sklaven für sich arbeiten, mißhandelten sie und
machten ihnen das Leben zur Hölle. Sie zwan-
gen sie, aus Lehm Ziegel herzustellen und harte
Feldarbeit zu verrichten.

Die Hebammen durchkreuzen den Plan des Pharaos

15 Doch nicht genug damit: Der König von Ägyp-
ten ließ die beiden hebräischen Hebammen
Schifra und Pua rufen und befahl ihnen:
16 »Wenn ihr den hebräischen Frauen bei der Ge-
burt beisteht, dann achtet darauf, ob sie einen
Sohn oder eine Tochter zur Welt bringen. Die
männlichen Nachkommen müßt ihr sofort um-
bringen, nur die Mädchen dürft ihr am Leben
lassen.«
17 Die Hebammen aber gehorchten Gott und
befolgten den Befehl des Königs nicht. Sie ließen
auch die Söhne am Leben.
18 Da ließ der König die Hebammen kommen
und fragte sie: »Warum widersetzt ihr euch mei-
nem Befehl und laßt die Jungen am Leben?«
19 Sie antworteten dem Pharao: »Die hebräi-
schen Frauen sind kräftiger als die ägyptischen.
Bis die Hebamme zu ihnen kommt, haben sie ihr
Kind schon längst zur Welt gebracht.«
20 So vermehrte sich das Volk Israel auch wei-
terhin und wurde immer mächtiger. Gott aber
ließ es den Hebammen gutgehen. 21 Weil sie ihm
gehorcht hatten, schenkte er ihnen zahlreiche
Nachkommen.

a Siehe Anmerkung zu Gen 8,17; zu *daß sie das Land füllten* vgl. Gen 1,28; 9,1.
1,1-5 Gen 46,8-27 1,7 Gen 1,28 S 1,11 1 Kön 5,27-30; 9,15; 12,4

22 Nun gab der Pharao seinem ganzen Volk den Befehl: »Werft jeden Jungen, der den Hebräern* geboren wird, in den Nil! Nur die Mädchen dürfen am Leben bleiben.«

Israels künftiger Retter wird aus dem Wasser gerettet

2 Ein Mann aus der Nachkommenschaft von Levi heiratete eine Frau, die ebenfalls zu den Nachkommen Levis gehörte. 2 Sie wurde schwanger und brachte einen Sohn zur Welt. Als sie sah, daß es ein gesundes, schönes Kind war, hielt sie es drei Monate lang versteckt.

3 Länger konnte sie es nicht verbergen. Deshalb besorgte sie sich ein Kästchen aus Binsen, dichtete es mit Pech ab, so daß es kein Wasser durchließ, und legte das Kind hinein. Dann setzte sie das Kästchen ins Schilf am Ufer des Nils. 4 Die Schwester des Kindes versteckte sich in der Nähe, um zu sehen, was mit ihm geschehen würde.

5 Da kam die Tochter des Pharaos an den Nil, um zu baden. Ihre Dienerinnen ließ sie am Ufer zurück. Auf einmal sah sie das Kästchen im Schilf. Sie schickte eine Dienerin hin, um es zu holen. 6 Als sie es öffnete, fand sie darin einen weinenden Säugling, einen kleinen Jungen. Voller Mitleid rief sie: »Das ist einer von den Hebräerjungen!«

7 Die Schwester des Kindes kam aus ihrem Versteck und fragte: »Soll ich eine hebräische Frau rufen, die das Kind stillen kann?«

8 »Ja, tu das!« sagte die Tochter des Pharaos.

Da holte das junge Mädchen die Mutter des Kindes, 9 und die Tochter des Pharaos sagte zu ihr: »Nimm dieses Kind und stille es für mich! Ich werde dich dafür bezahlen.«

So kam es, daß die Frau ihr eigenes Kind mit nach Hause nehmen und stillen konnte. 10 Als der Junge groß genug war, brachte sie ihn wieder zurück. Die Tochter des Pharaos nahm ihn als ihren Sohn an. Sie sagte: »Ich habe ihn aus dem Wasser gezogen.« Darum gab sie ihm den Namen Mose.[a]

Der Sohn der Königstochter entdeckt seine Brüder

11 Als Mose erwachsen war, ging er einmal zu seinen Brüdern, den Israeliten, hinaus und sah, wie sie Fronarbeiten* verrichten mußten. Er wurde Zeuge, wie ein Ägypter einen Hebräer*, einen von seinen Brüdern, totschlug.[b] 12 Da schaute er sich nach allen Seiten um, und als er sah, daß niemand in der Nähe war, erschlug er den Ägypter und verscharrte ihn im Sand.

13 Am nächsten Tag ging er wieder hinaus. Da sah er zwei Hebräer, die miteinander stritten. Er sagte zu dem, der im Unrecht war: »Warum schlägst du einen Mann aus deinem eigenen Volk?«

14 Der antwortete: »Wer hat dich zum Aufseher und Richter über uns eingesetzt? Willst du mich auch umbringen wie den Ägypter?«

Da bekam Mose Angst, denn er dachte: »Es ist also doch bekannt geworden!«

Der Flüchtling findet ein Zuhause

15 Als der Pharao von dem Vorfall erfuhr, wollte er Mose töten lassen. Mose aber floh vor ihm in das Land Midian*. Dort setzte er sich an einen Brunnen, um auszuruhen.

16 Der Priester* des Landes hatte sieben Töchter; die kamen zu dem Brunnen, um die Schafe und Ziegen ihres Vaters zu tränken. Als sie gerade die Tränkrinnen voll Wasser geschöpft hatten, 17 kamen Hirten und drängten sie weg. Mose stand auf und nahm die Mädchen in Schutz. Er legte selbst Hand an beim Tränken der Tiere.

18 Als die Mädchen nach Hause zu ihrem Vater Reguël[c] kamen, fragte er: »Warum seid ihr heute schon so früh wieder da?«

19 Sie antworteten: »Ein Ägypter hat uns vor den Hirten in Schutz genommen. Er hat uns beim Tränken geholfen und sogar selbst Wasser geschöpft.«

20 »Wo ist er?« fragte Reguël seine Töchter. »Warum habt ihr ihn nicht mitgebracht? Holt ihn! Er soll mit uns essen.«

21 Reguël lud Mose ein, bei ihm zu bleiben, und Mose war damit einverstanden. Der Priester gab ihm seine Tochter Zippora zur Frau. 22 Als sie einen Sohn zur Welt brachte, sagte Mose: »Er soll Gerschom (Gast-dort) heißen, denn ich bin Gast in einem fremden Land geworden.«

Gott hört den Hilferuf der Israeliten

23 So verging eine lange Zeit. Inzwischen war der König von Ägypten gestorben. Aber die Lage der Israeliten hatte sich nicht gebessert. Sie

a *Mose* erinnert im Hebräischen an »herausziehen«.
b *totschlug:* Das Wort kann auch nur »schlagen« bedeuten, doch wäre dann Moses Reaktion übermäßig; er handelt nicht im Affekt (Vers 12).
c Von Kapitel 3 ab trägt der Priester den Namen Jitro.

2,1-2 6,20 2,2 Hebr 11,23 2,11 Hebr 11,24-26 2,15 Hebr 11,27

stöhnten unter der Zwangsarbeit und schrien um Hilfe.

Ihr Schreien drang zu Gott, 24 und er erinnerte sich an den Bund*, den er mit Abraham, Isaak und Jakob geschlossen hatte. 25 Er wandte sich den Israeliten zu und kümmerte sich um sie.[a]

Gott braucht Mose für seinen Plan

3 Mose hütete die Schafe und Ziegen seines Schwiegervaters Jitro, des Priesters von Midian*. Als er die Herde tief in die Wüste hineintrieb, kam er eines Tages an den Gottesberg*, den Horeb.

2 Dort erschien ihm der Engel* des HERRN in einer lodernden Flamme, die aus einem Dornbusch schlug. Mose sah nur den brennenden Dornbusch, aber es fiel ihm auf, daß der Busch von der Flamme nicht verzehrt wurde.

3 »Das ist doch seltsam«, dachte er. »Warum verbrennt der Busch nicht? Das muß ich mir aus der Nähe ansehen!«

4 Als der HERR sah, daß Mose näher kam, rief er ihn aus dem Busch heraus an: »Mose! Mose!«

»Ja«, antwortete Mose, »ich höre!«

5 »Komm nicht näher!« sagte der HERR. »Zieh deine Schuhe aus, denn du stehst auf heiligem Boden.«

6 Dann sagte er: »Ich bin der Gott, den dein Vater verehrt hat, der Gott Abrahams, Isaaks und Jakobs.«

Da verhüllte Mose sein Gesicht, denn er fürchtete sich, Gott anzusehen.

7 Weiter sagte der HERR: »Ich habe genau gesehen, wie mein Volk in Ägypten unterdrückt wird. Ich habe gehört, wie es um Hilfe schreit gegen seine Antreiber. Ich weiß, wie sehr es leiden muß, 8 und bin herabgekommen, um es von seinen Unterdrückern zu befreien. Ich will es aus Ägypten führen und in ein fruchtbares und großes Land bringen, ein Land, das von Milch und Honig überfließt. Ich bringe es in das Land der Kanaaniter*, Hetiter*, Amoriter*, Perisiter, Hiwiter und Jebusiter.

9 Ich habe den Hilfeschrei der Leute von Israel gehört, ich habe gesehen, wie grausam die Ägypter sie unterdrücken. 10 Deshalb geh jetzt, ich schicke dich zum Pharao! Du sollst mein Volk, die Israeliten, aus Ägypten herausführen.«

11 Aber Mose wandte ein: »Ich? Wer bin ich denn! Wie kann ich zum Pharao gehen und das Volk Israel aus Ägypten herausführen?«

12 Gott antwortete: »Ich werde dir beistehen. Und das ist das Zeichen, an dem du erkennst, daß ich dich beauftragt habe: Wenn du das Volk aus Ägypten herausgeführt hast, werdet ihr mir an diesem Berg Opfer* darbringen und mich anbeten.«

Gott gibt sich Mose zu erkennen

13 Mose sagte zu Gott: »Wenn ich nun zu den Leuten von Israel komme und zu ihnen sage: ›Der Gott eurer Vorfahren hat mich zu euch geschickt‹, und sie mich dann fragen: ›Wie ist sein Name?‹ – was soll ich ihnen sagen?«

14 Gott antwortete: »Ich bin da«,[b] und er fügte hinzu: »Sag zum Volk Israel: ›Der Ich-bin-da hat mich zu euch geschickt: 15 der HERR! Er ist der Gott eurer Vorfahren, der Gott Abrahams, Isaaks und Jakobs.‹ Denn ›HERR‹ (Er-ist-da) ist mein Name für alle Zeiten. Mit diesem Namen sollen mich auch die kommenden Generationen ansprechen, wenn sie zu mir beten.

16 Geh nun und rufe die Ältesten* des Volkes Israel zusammen! Sag zu ihnen: ›Der HERR, der Gott eurer Vorfahren, ist mir erschienen, der Gott Abrahams, Isaaks und Jakobs. Er hat zu mir gesagt: Ich habe genau gesehen, was man euch in Ägypten antut. 17 Darum bin ich entschlossen, euch aus diesem Land herauszuführen, in dem ihr so unterdrückt werdet. Ich bringe euch in das Land der Kanaaniter*, Hetiter*, Amoriter*, Perisiter, Hiwiter und Jebusiter, ein Land, das von Milch und Honig überfließt.‹

18 Wenn du so zu ihnen sprichst, werden die Ältesten des Volkes auf dich hören. Dann mußt du mit ihnen zum König von Ägypten gehen, und ihr sollt zu ihm sagen: ›Der HERR, der Gott der Hebräer*, ist uns erschienen. Deshalb wollen wir drei Tagereisen weit in die Wüste gehen und dort dem HERRN, unserem Gott, Opfer* darbringen.‹

19 Ich weiß, daß der König von Ägypten euch nicht gehen läßt; er wird sich durch keine Macht der Welt dazu zwingen lassen. 20 Aber dann werde ich meine Hand ausstrecken und die Ägypter schlagen, ich werde schreckenerregende Wunder in ihrer Mitte vollbringen. Und dann wird er euch ziehen lassen.

21 Ich werde sogar dafür sorgen, daß die Ägyp-

a Wörtlich *und erkannte (sie).*

b Der hebräische Wortlaut enthält einen Anklang an den Gottesnamen *Jahwe,* der in dieser Übersetzung nach alter Tradition durch HERR (siehe Sacherklärung) wiedergegeben wird.

2,24 Gen 17,1-14; 26,3-4; 28,13-22 **3,1** (Gottesberg) 4,27; 18,5; 24,13; 1 Kön 19,3 **3,5** Jos 5,15 **3,6** 6,2-3 S; Mt 22,32 **3,8** (Milch und Honig) Num 14,8; Dtn 26,9.15; Jos 5,6; Sir 46,8 **3,11** 4,10 **3,21-22** 11,2-3; 12,35-36; Gen 15,14; Weish 10,17.20

ter euch wohlgesinnt sein werden und ihr nicht
mit leeren Händen wegziehen müßt. 22 Alle
Frauen aus Israel sollen sich vor dem Aufbruch
von ihren ägyptischen Nachbarinnen Silber- und
Goldschmuck erbitten und festliche Kleider. Das
können dann eure Söhne und Töchter tragen.
Auf diese Weise sollt ihr die Ägypter berauben.«

Mose macht Einwendungen

4 Mose erwiderte: »Und was ist, wenn die
Leute von Israel mir nicht glauben und
nicht auf mich hören, sondern behaupten: ›Der
HERR ist dir nicht erschienen!‹ Was soll ich dann
tun?«

2 »Was hast du da in deiner Hand?« fragte der
HERR.

»Einen Stock«, sagte Mose.

3 »Wirf ihn auf die Erde!« befahl der HERR.

Mose tat es. Da wurde der Stock zu einer
Schlange, und Mose lief vor ihr davon.

4 Der HERR befahl ihm: »Pack sie beim
Schwanz!«

Mose faßte zu, und sie wurde in seiner Hand
wieder zum Stock.

5 Da sagte der HERR: »Tu das vor ihren Augen,
damit sie glauben, daß ich dir erschienen bin –
ich, der Gott ihrer Vorfahren Abraham, Isaak
und Jakob.«

6 Dann befahl er Mose: »Steck die Hand in
dein Gewand!«

Mose gehorchte, und als er seine Hand wie-
der hervorzog, war sie voll Aussatz*, weiß wie
Schnee.

7 »Steck deine Hand noch einmal in dein Ge-
wand«, befahl der HERR.

Mose tat es, und als er sie wieder hervorzog,
war sie so gesund wie der übrige Körper.

8 Der HERR sagte: »Wenn sie sich durch das
Wunder mit dem Stock nicht überzeugen lassen,
dann wird dieses zweite Wunder sie überzeu-
gen. 9 Wenn sie aber immer noch nicht glauben
und nicht auf dich hören wollen, dann nimm
Wasser aus dem Nil und schütte es auf den
Boden, und es wird zu Blut werden.«

10 Doch Mose erwiderte: »Ach Herr, ich habe
doch noch nie gut reden können, und auch seit
du mit mir, deinem Diener, sprichst, ist das nicht
besser geworden. Ich bin im Reden viel zu
schwerfällig und unbeholfen.«

11 Der HERR antwortete: »Wer hat den Men-
schen die Sprache gegeben? Wer macht die
Menschen stumm oder taub? Wer macht sie
sehend oder blind? Ich bin es, der HERR! 12 Also,
geh jetzt! Ich werde dir helfen und dir sagen,
was du reden sollst.«

13 Doch Mose erwiderte: »Nimm es mir nicht
übel, Herr, aber schicke einen andern!«

14 Da wurde der HERR zornig auf Mose und
sagte: »Du hast doch noch einen Bruder, den
Aaron![a] Ich weiß, daß er gut reden kann. Er ist
auf dem Weg zu dir und wird sich freuen, wenn
er dich wiedersieht.

15 Du sagst ihm alles, was er reden soll. Ich
helfe dir dabei, und ihm helfe ich auch. Ich sage
euch, was ihr tun und reden sollt. 16 Wenn
Aaron für dich zum Volk spricht, wird das so
sein, wie wenn ein Prophet* die Botschaften sei-
nes Gottes weitergibt.

17 Und den Stock hier nimm in die Hand! Mit
ihm wirst du die Wunder tun, die dich auswei-
sen.«

Mose macht sich auf den Weg nach Ägypten

18 Mose kehrte zurück zu seinem Schwieger-
vater Jitro und sagte: »Ich möchte wieder zu
meinen Brüdern, den Israeliten, nach Ägypten
gehen und sehen, ob sie noch am Leben sind.«

Jitro sagte: »Glückliche Reise! Zieh in Frie-
den*!«

19 Noch im Land Midian* sagte der HERR zu
Mose: »Du kannst jetzt nach Ägypten zurück-
kehren, denn alle, die dich umbringen wollten,
sind gestorben.« 20 So ließ Mose seine Frau mit
den kleinen Kindern auf den Esel steigen und
machte sich mit ihnen auf den Weg nach Ägyp-
ten. Den Stock nahm er mit.

21 Noch einmal sprach der HERR zu Mose; er
sagte: »Wenn du nach Ägypten kommst, dann
vollbringe vor dem Pharao die Wunder, zu
denen ich dich bevollmächtigt habe. Ich werde
ihn so starrsinnig machen, daß er das Volk nicht
gehen läßt. 22 Dann sollst du dem Pharao verkün-
den: ›So spricht der HERR: Israel ist mein erstge-
borener Sohn, 23 und ich befehle dir, ihn ziehen
zu lassen, damit er mir Opfer* darbringen kann.
Wenn du dich weigerst, bekommst du es mit mir
zu tun: Dann werde ich *deinen* erstgeborenen
Sohn töten.‹«

Moses Erstgeborener wird beschnitten

24 Als sie einmal unterwegs übernachteten, fiel
der HERR über Mose her und wollte ihn töten.
25 Da nahm Zippora einen scharfen Stein, schnitt

a Aaron wird hier *Levit* genannt, um auf seine künftige Rolle als Priester hinzuweisen (vgl. 28,1).

4,10 3,11; 6,12.30; Jer 1,6-10 **4,12** Mt 10,19-20 **4,15-16** 7,1-2 **4,20** 18,3-4 **4,22** Dtn 1,31; 14,1; 32,6; Jer 31,9; Hos 11,1 **4,23** 12,29 S **4,24** Gen 32,25-33 **4,25** Gen 17,9-14 S; Jos 5,2-3

die Vorhaut am Glied ihres Sohnes ab und
berührte damit Moses Beine. Dabei sagte sie:
»Du bist für mich ein Blutbräutigam*.«
26 So nannte sie ihn wegen der geschehenen
Beschneidung*. Da ließ der HERR von Mose ab.

Mose und Aaron als Führer der Israeliten

27 Der HERR sagte zu Aaron: »Geh Mose ent-
gegen in die Wüste!«
Aaron machte sich auf den Weg. Beim Gottes-
berg* traf er Mose und küßte ihn. 28 Mose er-
zählte ihm, welchen Auftrag er vom HERRN
erhalten hatte und was für Wunder er tun sollte.
29 Dann gingen die beiden nach Ägypten und
versammelten alle Ältesten* des Volkes Israel.
30 Aaron berichtete ihnen alles, was der HERR zu
Mose gesagt hatte, und Mose vollbrachte vor
den Augen des ganzen Volkes die Wunder, zu
denen Gott ihn bevollmächtigt hatte.
31 Da glaubten ihm die Israeliten. Sie begrif-
fen, daß der HERR ihre Unterdrückung gesehen
hatte und ihnen helfen wollte. Und sie warfen
sich anbetend vor dem HERRN nieder.

Mose und Aaron gehen zum Pharao

5 Nun gingen Mose und Aaron zum Pharao
und sagten: »So spricht der HERR, der Gott
Israels: ›Laß mein Volk ziehen, damit es in der
Wüste ein Fest für mich feiern kann!‹«
2 »Der HERR? Wer ist das?« erwiderte der Pha-
rao. »Was hat er mir zu befehlen? Ich kenne kei-
nen ›HERRN‹ und denke gar nicht daran, das Volk
Israel gehen zu lassen.«
3 Mose und Aaron sagten: »Er ist der Gott der
Hebräer*, und er ist uns erschienen. Deshalb
wollen wir jetzt drei Tagereisen weit in die
Wüste gehen und ihm dort Opfer* darbringen.
Sonst wird er uns mit Krankheit oder Krieg stra-
fen.«
4 Der Ägypterkönig fuhr sie an: »Was denkt
ihr euch eigentlich, daß ihr das Volk von der
Arbeit abhalten wollt? Macht, daß ihr fort-
kommt! An eure Fronarbeit*!«
5 Und er sagte noch: »Sie sind schon so zahl-
reich, und da wollt ihr ihnen auch noch eine
Arbeitspause verschaffen!«

Die Not wird größer

6 Am selben Tag befahl der Pharao den ägypti-
schen Antreibern und den Listenführern aus
dem Volk Israel: 7 »Ihr dürft den Leuten jetzt
nicht mehr das Stroh liefern, das sie zur Herstel-
lung der Ziegelsteine brauchen. Sie sollen es sich
selbst zusammensuchen! 8 Aber sie müssen ge-
nau so viele Ziegel abliefern wie bisher. Ihr dürft
ihnen nichts erlassen. Faul sind sie, deshalb
schreien sie: ›Wir wollen in die Wüste und unse-
rem Gott Opfer* darbringen.‹ 9 Sie stehen nicht
genug unter Druck. Verlangt von ihnen noch
mehr, dann werden sie sich von diesen Verfüh-
rern nichts vormachen lassen.«
10 Die Antreiber und die Listenführer gingen
hin und sagten zu den Israeliten: »So spricht der
Pharao: ›Ich lasse euch von jetzt ab kein Stroh
mehr liefern. 11 Geht selbst und sucht euch wel-
ches! Ihr müßt aber genau so viele Ziegel ablie-
fern wie bisher.‹«
12 So verteilten sich die Männer Israels über
das ganze Land und sammelten Stroh auf den
Feldern. 13 Die Ägypter aber trieben sie an und
sagten: »Ihr müßt jeden Tag genau so viele Ziegel
abliefern wie früher, als euch noch Stroh gestellt
wurde!« 14 Die Antreiber schlugen die Listenfüh-
rer der Israeliten, die sie eingesetzt hatten, und
schrien sie an: »Ihr habt heute schon wieder zu
wenig Ziegel abgeliefert!«
15 Da beschwerten sich die Listenführer beim
Pharao: »Warum tust du uns das an? Wir sind
doch immer deine treuen Diener gewesen!
16 Man hat unseren Leuten kein Stroh geliefert,
und doch sollen sie Ziegel herstellen. Sogar ge-
schlagen hat man uns. Die Schuld liegt bei dei-
nen eigenen Leuten!«
17 Der Pharao antwortete: »Faul seid ihr, ganz
einfach faul! Deswegen schreit ihr: ›Wir wollen
in die Wüste und unserem Gott Opfer dar-
bringen.‹ 18 Macht, daß ihr wieder an eure Arbeit
kommt! Stroh bekommt ihr nicht; aber die vor-
geschriebene Anzahl Ziegel wird abgeliefert!«
19 Da sahen die Listenführer aus dem Volk,
daß alles nichts half: Die Israeliten mußten pro
Tag die gleiche Menge Ziegel herstellen wie bis-
her.

Gott kündigt sein Eingreifen an

20 Als die Listenführer der Israeliten vom Pharao
kamen, trafen sie auf Mose und Aaron, die auf
sie warteten. 21 Sie überhäuften die beiden mit
Vorwürfen: »Ihr habt uns beim Pharao und sei-
nen Leuten nur verhaßt gemacht! Ihr habt ihnen
eine Waffe in die Hand gegeben, mit der sie uns
töten werden. Der HERR soll euch dafür strafen!«
22 Mose wandte sich an den HERRN und sagte:
»Herr, warum handelst du so schlecht an dei-
nem Volk? Wozu hast du mich überhaupt hier-
hergeschickt? 23 Seit ich zum Pharao gegangen

4,27b 3,1S **5,3** 3,12

bin und ihm deinen Befehl überbracht habe, hat er das Volk nur noch mehr mißhandelt. Und du hast nichts getan, um dein Volk zu retten!«

6 Darauf sagte der HERR zu Mose: »Jetzt wirst du erleben, was ich mit dem Pharao machen werde. Ich werde ihn zwingen, die Israeliten gehen zu lassen, ja, er wird sie sogar mit Gewalt aus seinem Land forttreiben.«

Mose wird noch einmal beauftragt

2 Da sprach Gott zu Mose und sagte: »Ich bin der HERR. 3 Als Gott, der Gewaltige,[a] bin ich Abraham, Isaak und Jakob erschienen; aber unter meinem Namen ›DER HERR‹ habe ich mich ihnen noch nicht zu erkennen gegeben. 4 Doch ich habe meinen Bund* mit ihnen geschlossen und ihnen das Land Kanaan* zugesagt, in dem sie als Fremde lebten.

5 Ich habe das Schreien der Leute von Israel gehört, die von den Ägyptern zur Arbeit gezwungen werden. Deshalb will ich jetzt meine Zusage einlösen. 6 Richte deinem Volk aus:

›Ich bin der HERR! Ich werde euch aus dem Frondienst* für die Ägypter wegholen und aus der Zwangsarbeit befreien, die sie euch auferlegt haben. Mit meinem ausgestreckten Arm werde ich euch retten und eure Unterdrücker hart bestrafen. 7 Ich will euch als mein Volk annehmen und will euer Gott sein. Dann werdet ihr erkennen, daß ich der HERR bin, euer Gott, der euch aus dem Frondienst für die Ägypter befreit. 8 Ich bringe euch in das Land, das ich Abraham, Isaak und Jakob mit einem Eid versprochen habe; ich gebe es euch, ihren Nachkommen, als bleibenden Besitz. Ich bin der HERR!‹«

9 Mose sagte dies alles den Israeliten, aber sie glaubten ihm nicht, so erschöpft waren sie von der harten Arbeit; sie waren völlig entmutigt.

10 Da sagte der HERR zu Mose: 11 »Geh jetzt zum Pharao, dem König von Ägypten, und verlange, daß er das Volk Israel aus seinem Land ziehen läßt!«

12 Aber Mose erwiderte: »Nicht einmal die Leute von Israel haben mir geglaubt, wie sollte da der Pharao auf mich hören? Ich bin ja auch so ungeschickt im Reden.«

13 Der HERR aber schickte Mose und Aaron von neuem zu den Israeliten und zum Pharao, weil er sein Volk aus Ägypten herausführen wollte.

Mose und Aaron als Nachkommen von Levi

14 Hier ist die Liste der Sippenhäupter des Volkes Israel:

Die Nachkommen *Rubens*, des erstgeborenen Sohnes Jakobs,[b] gliederten sich in die Sippen seiner Söhne Henoch, Pallu, Hezron und Karmi, 15 die Nachkommen *Simeons* in die Sippen seiner Söhne Jemuël, Jamin, Ohad, Jachin, Zohar und Schaul – Schaul war der Sohn einer Kanaaniterin* –, 16 und die Nachkommen *Levis* in die Sippen seiner Söhne Gerschon, Kehat und Merari.

Levi selbst war 137 Jahre alt geworden. 17 Die Sippe seines Sohnes *Gerschon* gliederte sich in die Familien von dessen Söhnen Libni und Schimi, 18 die Sippe seines Sohnes *Kehat* in die Familien von dessen Söhnen Amram, Jizhar, Hebron und Usiël – Kehat wurde 133 Jahre alt –, 19 und die Sippe seines Sohnes *Merari* in die Familien von dessen Söhnen Machli und Muschi.

20 Kehats Sohn *Amram* heiratete Jochebed, die Schwester seines Vaters. Sie gebar ihm die beiden Söhne Aaron und Mose. Amram wurde 137 Jahre alt. 21 Kehats Sohn *Jizhar* hatte drei Söhne: Korach, Nefeg und Sichri, 22 und sein Sohn *Usiël* hatte ebenfalls drei Söhne: Mischaël, Elizafan und Sitri.

23 *Aaron* heiratete Elischeba, eine Tochter Amminadabs und Schwester Nachschons. Sie gebar ihm die vier Söhne Nadab und Abihu, Eleasar und Itamar. 24 *Korach* hatte drei Söhne, nach denen sich die Familien der Korachiten benennen: Assir, Elkana und Abiasaf. 25 Aarons Sohn *Eleasar* heiratete eine Tochter Putiëls, die ihm einen Sohn namens Pinhas gebar.

Damit sind alle Familienhäupter der Leviten* aufgezählt. 26 Aaron und Mose, die dabei genannt wurden, sind eben die, denen der HERR befohlen hatte: »Führt das Volk Israel in geordneten Scharen aus Ägypten!« 27 Sie sind es, die mit dem Pharao, dem Ägypterkönig, verhandeln und die Israeliten aus Ägypten herausführen sollten.

Fortsetzung des Berichts über die Beauftragung Moses

28 Gott hatte also zu Mose in Ägypten gesagt: 29 »Ich bin der HERR! Sag dem Pharao, dem König von Ägypten, alles, was ich dir auftrage!«

a *Gott, der Gewaltige**: wörtlich *El-Schaddai.* Unter diesem Namen offenbarte sich Gott nach Gen 17,1; 28,3; 35,11; 48,3. Zum Gottesnamen *HERR* vgl. die Sacherklärung und Ex 3,13-15.
b Wörtlich *Israels*.*

6,1 11,1; 12,33 **6,4** 2,24 S; Gen 12,7 S **6,12** 4,10 S **6,14-16a** Gen 46,8-15 **6,16-19** Num 3,17-20; 1 Chr 5,27-30; 6,1-4 **6,20** 2,1-2

30 Mose aber hatte eingewandt: »Ich bin doch so
ungeschickt im Reden, wie sollte da der Pharao
auf mich hören?«

7 Darauf sagte der HERR zu Mose: »Ich bevoll-
mächtige dich, vor den Pharao hinzutreten,
als wärst du Gott, und dein Bruder Aaron wird
dein Prophet* sein. 2 Du sagst Aaron alles, was
ich dir auftrage, und er fordert dann vom Pharao,
daß er die Israeliten aus seinem Land ziehen läßt.

3 Ich werde jedoch den Pharao starrsinnig
machen, damit ich um so mehr meine Macht
durch staunenswerte Wundertaten erweisen
kann. 4 Der Pharao wird eure Forderung ableh-
nen, und dann werden die Ägypter meine Hand
zu spüren bekommen. Durch schwere Strafge-
richte werde ich es so weit bringen, daß ich mein
Volk, die Israeliten, aus Ägypten führen kann.

5 Wenn ich so meine Hand gegen die Ägypter
erhebe und das Volk Israel mitten aus ihrem
Land wegführe, dann werden die Ägypter er-
kennen, daß ich der HERR bin.«

6 Mose und Aaron folgten genau den Anwei-
sungen des HERRN. 7 Mose war damals 80 und
Aaron 83 Jahre alt.

Die ägyptischen Plagen (7,8–11,10 und 12,29-30)

8 Der HERR sagte zu Mose und Aaron: 9 »Wenn
euch der Pharao auffordert, euch durch ein Wun-
der auszuweisen, dann sagst du, Mose, zu
Aaron: ›Nimm deinen Stock und wirf ihn vor
dem Pharao auf den Boden!‹ Dann wird er zu
einer Schlange werden.«

10 Mose und Aaron gingen zum Pharao und
taten, was ihnen der HERR aufgetragen hatte.
Aaron warf seinen Stock vor dem Pharao und
seinen Ministern auf den Boden, und er wurde
zur Schlange.

11 Aber der Pharao rief seine Magier und Be-
schwörer, und sie vollbrachten mit ihren Zauber-
künsten dasselbe. 12 Jeder von ihnen warf seinen
Stock auf den Boden, und er wurde zu einer
Schlange.

Doch Aarons Stock verschlang die Stöcke der
Ägypter. 13 Trotzdem blieb der Pharao starrsinnig
und schlug ihre Forderung ab, genau wie der
HERR es vorausgesagt hatte.

Erste Plage: Wasser wird Blut

14 Darauf sagte der HERR zu Mose: »Der Pharao
ist trotzig; er weigert sich, das Volk ziehen zu las-
sen. 15 Geh morgen früh zu ihm, wenn er gerade
zum Nil hinuntergeht, und tritt ihm am Ufer des
Flusses entgegen. Nimm den Stock mit, der sich
in eine Schlange verwandelt hat.

16 Dann sag zum Pharao: ›Der HERR, der Gott
der Hebräer*, hat mich zu dir geschickt und for-
dert dich auf: Laß mein Volk in die Wüste zie-
hen, damit es mir dort Opfer* darbringen kann!
Bis jetzt hast du nicht darauf gehört. 17 Aber jetzt
sollst du erkennen, daß du es mit dem HERRN zu
tun hast. In seinem Auftrag werde ich mit dem
Stock in meiner Hand in das Wasser des Nils
schlagen, und es wird zu Blut werden. 18 Alle
Fische werden sterben, und der Fluß wird so
sehr stinken, daß die Ägypter nicht mehr von
seinem Wasser trinken können.‹«

19 Weiter sagte der HERR zu Mose: »Aaron soll
seinen Stock ausstrecken über alle Gewässer
Ägyptens, über die Flüsse und Kanäle, die Teiche
und alle Wasserstellen. Alles Wasser in Ägypten
wird dann zu Blut werden, sogar in den Gefäßen
aus Holz und Stein.«

20 Mose und Aaron taten, was der HERR ihnen
befohlen hatte. Vor den Augen des Pharaos und
seiner Minister erhob Mose[a] seinen Stock und
schlug in das Wasser des Nils. Da wurde alles
Wasser im Strom in Blut verwandelt. 21 Die
Fische starben, und das Wasser begann so sehr
zu stinken, daß die Ägypter es nicht mehr trin-
ken konnten. Im ganzen Land war das Wasser
zu Blut geworden.

22 Aber die ägyptischen Magier brachten mit
ihren Zauberkünsten dasselbe fertig. Deshalb
blieb der Pharao starrsinnig und ließ das Volk
nicht ziehen, genau wie der HERR es vorausge-
sagt hatte.

23 Der Pharao ging in seinen Palast zurück
und nahm auch diesen Machterweis des HERRN
nicht ernst. 24 Die Ägypter aber gruben an den
Ufern des Nils nach Trinkwasser, denn das Nil-
wasser war ungenießbar geworden.

Zweite Plage: Frösche

25 Sieben Tage waren vergangen, seit der HERR
den Nil verseucht hatte. 26 Da sagte der HERR zu
Mose: »Geh zum Pharao und sage zu ihm: ›So
spricht der HERR: Laß mein Volk ziehen, damit es
mir Opfer* darbringen kann! 27 Wenn du dich
weigerst, werde ich über dein ganzes Land eine
Froschplage hereinbrechen lassen. 28 Im Nil
wird es von Fröschen wimmeln, und sie werden
das Wasser verlassen und in deinen Palast kom-
men, sogar in dein Schlafzimmer und auf dein

a Wörtlich *er*.

6,30 4,10 S **7,1-2** 4,15-16 **7,9** 4,3 **7,13** 4,21 **7,14-24** Ps 78,44; 105,29; Weish 11,6-8 **7,20-21** Offb 8,8; 16,3-6 **7,22** 4,21 **7,27-29** Ps 78,45; 105,30; Weish 16,3; 19,10

Bett. Auch in die Häuser deiner Minister und
deines ganzen Volkes werden sie eindringen
und werden sich in die Backtröge und Backöfen
setzen. 29 Dich und alle deine Untertanen wird
diese Froschplage treffen.‹«

8 Weiter sagte der HERR zu Mose: »Aaron soll
die Hand mit dem Stock über die Flüsse,
Kanäle und Teiche ausstrecken, damit Frösche
herauskommen und das Land heimsuchen.«

2 Aaron streckte seine Hand über die Gewäs-
ser Ägyptens aus, da kamen so viele Frösche
heraus, daß sie das ganze Land bedeckten.

3 Aber die ägyptischen Magier vollbrachten
mit ihren Zauberkünsten dasselbe und ließen
ebenfalls in ganz Ägypten Frösche aus dem Was-
ser kommen.

Froschplage abgewendet – der Pharao bleibt hart

4 Da ließ der Pharao Mose und Aaron rufen und
sagte zu ihnen: »Bittet doch den HERRN für mich,
daß er mich und mein Volk von den Fröschen
befreit! Dann will ich die Israeliten ziehen las-
sen, damit sie dem HERRN ihre Opfer* darbrin-
gen.«

5 Mose antwortete dem Pharao: »Ich bin be-
reit! Du brauchst mir nur zu sagen, wann ich für
dich, deine Minister und dein Volk zum HERRN
beten soll. Ich werde ihn bitten, daß die Frösche
aus euren Häusern verschwinden und nur noch
im Nil welche zu finden sind.«

6 »Morgen«, sagte der Pharao, und Mose ant-
wortete: »Gut, es wird geschehen, wie du
wünschst; und daran sollst du erkennen, daß
niemand es mit dem HERRN, unserem Gott, auf-
nehmen kann. 7 Ihr alle werdet von den Frö-
schen befreit werden, nur im Nil werden noch
welche übrigbleiben.«

8 Mose und Aaron verließen den Pharao, und
Mose betete zum HERRN, daß er der Froschplage
ein Ende mache. 9 Der HERR erhörte sein Gebet,
und in allen Häusern, auf den Höfen und Feldern
starben die Frösche. 10 Haufenweise kehrte man
sie zusammen, und das ganze Land war voll von
dem Gestank.

11 Als der Pharao sah, daß die Froschplage vor-
bei war, wurde er wieder trotzig wie zuvor und
ließ das Volk nicht ziehen. Aber so hatte der
HERR es vorausgesagt.

Dritte Plage: Stechmücken

12 Nun sagte der HERR zu Mose: »Aaron soll sei-
nen Stock ausstrecken und damit auf die Erde
schlagen. Dann wird der Staub in ganz Ägypten
zu Stechmücken.«

13 Aaron tat es, da wurde aller Staub in Ägyp-
ten zu Stechmücken, die den Menschen und
Tieren zusetzten. 14 Die ägyptischen Magier ver-
suchten, mit ihren Zauberkünsten ebenfalls
Stechmücken hervorzubringen; aber sie konn-
ten es nicht. 15 Da sagten sie zum Pharao: »Die-
ser Stock ist Gottes Finger!«

Aber der Pharao blieb starrsinnig und ließ
auch jetzt das Volk nicht ziehen, genau wie der
HERR es vorausgesagt hatte.

Vierte Plage: Ungeziefer

16 Da sagte der HERR zu Mose: »Geh morgen früh
zum Pharao, wenn er gerade zum Nil hinabgeht,
und sag zu ihm: ›So spricht der HERR: Laß mein
Volk ziehen, damit es mir Opfer* darbringen
kann! 17 Sonst werde ich dich, deine Minister
und dein ganzes Volk mit Ungeziefer plagen.
Im ganzen Land und in allen Häusern wird es
davon wimmeln.

18 Nur die Provinz Goschen, in der mein Volk
wohnt, werde ich verschonen. Daran sollst du
erkennen, daß ich, der HERR, in deinem Land
meine Macht zeige. 19 Ich werde mein Volk von
dem Ungeziefer frei halten, von dem dein Volk
geplagt wird. Gleich morgen soll das gesche-
hen.‹«

20 Am nächsten Tag ließ der HERR große
Schwärme von Ungeziefer in den Palast des Pha-
raos und in die Häuser seiner Minister eindrin-
gen. Im ganzen Land richteten sie schweren
Schaden an.

Der Pharao macht vorübergehend Zugeständnisse

21 Da ließ der Pharao Mose und Aaron rufen und
sagte zu ihnen: »Ihr könnt eurem Gott eure
Opfer* darbringen, aber es muß in diesem Land
geschehen!«

22 Mose entgegnete: »Das geht nicht; denn
unsere Art zu opfern würde bei den Ägyptern
Anstoß erregen. Wenn sie das zu sehen be-
kämen, würden sie uns bestimmt steinigen*.
23 Nein, wir müssen drei Tagereisen weit in die
Wüste ziehen und dort dem HERRN, unserem
Gott, die Opfer darbringen, die er haben will.«

24 Der Pharao sagte: »Gut, ich will euch gehen
lassen, aber entfernt euch nicht zu weit! Und
betet für mich, daß die Plage aufhört.«

25 Mose antwortete: »Wenn ich jetzt von dir
weggehe, werde ich zum HERRN beten, und mor-

8,2 Offb 16,13-14 **8,11** 4,21 **8,12-13** Ps 105,31; Weish 19,10 **8,15a** Lk 11,20 **8,15b** 4,21 **8,17-20** Ps 78,45; 105,31

gen werdet ihr alle von dem Ungeziefer befreit
sein, du, deine Minister und dein ganzes Volk.
Aber täusche uns nicht wieder! Nicht daß du
uns hinterher doch nicht ziehen und dem HERRN
unsere Opfer darbringen läßt!«
26 Mose verließ den Pharao und betete zum
HERRN. 27 Der HERR erhörte sein Gebet und be-
freite den Pharao, seine Minister und sein Volk
von dem Ungeziefer. Nicht der kleinste Rest
blieb davon übrig.
28 Aber der Pharao wurde wieder trotzig und
ließ das Volk auch diesmal nicht ziehen.

Fünfte Plage: Viehpest

9 Der HERR befahl Mose: »Geh zum Pharao
und sage zu ihm: ›So spricht der HERR, der
Gott der Hebräer*: Laß mein Volk ziehen, damit
es mir Opfer* darbringen kann! 2 Wenn du dich
weigerst und es daran hinderst, 3 wird der HERR
eine schwere Seuche über dein Vieh kommen
lassen, über Pferde, Esel, Kamele, Rinder, Schafe
und Ziegen. 4 Er wird genau unterscheiden zwi-
schen dem Vieh der Israeliten und dem Vieh der
Ägypter: Von dem Vieh, das den Israeliten ge-
hört, wird kein einziges Tier sterben. 5 Der HERR
hat auch die Zeit dafür festgelegt und gesagt:
Morgen lasse ich das geschehen.‹«
6 Am nächsten Tag führte der HERR aus, was
er angekündigt hatte. Alles Vieh der Ägypter ver-
endete; aber von dem Vieh der Israeliten kam
kein einziges Tier um. 7 Als der Pharao hin-
schickte und es nachprüfen ließ, ergab sich, daß
bei den Israeliten tatsächlich nicht ein Tier ver-
endet war.
Dennoch blieb er trotzig und ließ das Volk
nicht ziehen.

Sechste Plage: Geschwüre

8 Der HERR sagte zu Mose und Aaron: »Nehmt
beide Hände voll Ofenruß! Mose soll ihn vor den
Augen des Pharaos in die Luft werfen. 9 Dann
wird er sich wie feiner Staub über ganz Ägypten
ausbreiten und an Menschen und Tieren Ge-
schwüre hervorrufen, die zu offenen Wunden
werden.«
10 Mose und Aaron nahmen Ruß aus einem
Ofen und traten vor den Pharao, und Mose warf
den Ruß in die Luft. Da entstanden an Men-
schen und Tieren Geschwüre, die zu offenen
Wunden wurden. 11 Auch die ägyptischen
Magier wurden von den Geschwüren nicht
verschont und konnten Mose nicht gegenüber-
treten.
12 Aber der HERR machte den Pharao so starr-
sinnig, daß er auch diesmal das Volk nicht zie-
hen ließ – genau wie der HERR es Mose im vor-
aus angekündigt hatte.

Siebte Plage: Hagel

13 Der HERR befahl Mose: »Geh morgen früh
zum Pharao und sage zu ihm: ›So spricht der
HERR, der Gott der Hebräer*: Laß mein Volk
ziehen, damit es mir Opfer* darbringen kann!
14 Wenn du auch diesmal nicht hörst, lasse ich
eine so schwere Plage über dich, deine Minister
und dein Volk hereinbrechen, daß du endlich er-
kennen mußt: Niemand in der ganzen Welt
kann es mit mir aufnehmen!
15 Ich hätte schon lange meine Hand aus-
strecken und dich und dein Volk mit Seuchen
vernichten können. 16 Aber ich habe dich noch
am Leben gelassen, um dir meine Macht zu zei-
gen und meinen Namen in der ganzen Welt be-
kannt zu machen.
17 Noch glaubst du, mit meinem Volk nach
deiner Willkür verfahren zu können. 18 Aber
morgen um diese Zeit werde ich einen so schwe-
ren Hagel schicken, wie man ihn seit Bestehen
Ägyptens noch nie erlebt hat. 19 Darum laß dein
Vieh in Sicherheit bringen und sorge dafür, daß
keiner von deinen Leuten auf freiem Feld bleibt.
Denn alle Menschen und Tiere, die nicht unter
ein festes Dach flüchten, wird der Hagel erschla-
gen.‹«
20 Einige Minister des Pharaos nahmen die
Ankündigung des HERRN ernst und brachten
ihre Hirten und ihr Vieh in Sicherheit. 21 Andere
aber kümmerten sich nicht darum und ließen
ihre Herden draußen auf dem Feld.
22 Nun sagte der HERR zu Mose: »Streck deine
Hand zum Himmel aus, damit in ganz Ägypten
Hagel fällt, auf die Menschen, die Tiere und alle
Pflanzen auf dem Feld.«
23 Mose erhob seinen Stock, da ließ der HERR
ein Gewitter mit schwerem Hagel über Ägypten
niedergehen. Es donnerte, 24 der Hagel prasselte
auf die Erde, und dazwischen zuckten die Blitze.
Ein so heftiges Unwetter hatten die Ägypter in
ihrer ganzen Geschichte noch nie erlebt. 25 Über-
all tötete der Hagel die Menschen und Tiere, die
auf freiem Feld waren. Er zerschlug alle Pflanzen
und riß die Äste von den Bäumen.
26 Nur die Provinz Goschen, wo das Volk
Israel wohnte, wurde verschont.

9,3-7a Ps 78,48 **9,4** 8,18 **9,7b** 4,21 **9,9-10** Offb 16,2.11 **9,12** 4,21 **9,16** Röm 9,17 **9,18-26** Ps 78,47; 105,32; Weish 16,15-23; Offb 16,21 **9,26** 8,18

Der Pharao gibt vorübergehend nach

27 Da ließ der Pharao Mose und Aaron rufen
und sagte zu ihnen: »Diesmal bekenne ich mich
schuldig! Der HERR ist im Recht, ich und mein
Volk sind im Unrecht. 28 Betet für uns zum
HERRN! Wir können seinen schrecklichen Don-
ner und den Hagel nicht mehr ertragen. Ich will
euch ja ziehen lassen und nicht länger hier fest-
halten!«
29 Mose antwortete: »Sobald ich die Stadt ver-
lassen habe, werde ich meine Arme zum HERRN
ausbreiten und zu ihm beten. Dann wird der
Donner aufhören und kein Hagel mehr fallen.
Daran sollst du erkennen, daß unser Gott der
Herr der ganzen Erde ist. 30 Aber ich weiß, daß
du dich immer noch nicht vor ihm fürchtest und
deine Minister genausowenig.«
31 Der Flachs und die Gerste waren schon ver-
nichtet; denn die Gerste hatte gerade Ähren an-
gesetzt und der Flachs stand in Blüte. 32 Aber
Weizen und Dinkel blieben verschont, weil sie
später wachsen.
33 Mose verließ den Pharao und ging zur Stadt
hinaus. Er breitete die Arme zum Gebet aus, da
hörte es auf zu donnern und zu hageln, und es
regnete auch nicht mehr.
34 Aber als der Pharao sah, daß das Unwetter
aufgehört hatte, wurde er wieder so trotzig wie
zuvor. Er widersetzte sich dem HERRN, und
ebenso seine Minister. 35 Er blieb starrsinnig und
ließ die Israeliten nicht ziehen – genau wie der
HERR es durch Mose angekündigt hatte.

Der Pharao bleibt hart

10 Nun sagte der HERR zu Mose: »Geh zum
Pharao! Ich selbst habe ihn und seine
Minister so trotzig gemacht, damit ich alle diese
Wunder unter ihnen vollbringen konnte 2 und
damit du deinen Kindern und Enkeln erzählen
kannst, wie ich den Ägyptern meine Macht ge-
zeigt habe. Denn daran sollt ihr erkennen, daß
ich der HERR bin.«
3 Mose und Aaron gingen wieder zum Pharao
und sagten zu ihm: »So spricht der HERR, der
Gott der Hebräer*: ›Wie lange sträubst du dich
noch, meine Macht anzuerkennen? Laß mein
Volk ziehen, damit es mir Opfer* darbringen
kann!
4 Sonst lasse ich morgen Heuschrecken in
dein Land einfallen. 5 Sie werden das ganze Land
bedecken, so daß der Boden nicht mehr zu
sehen ist. Alles Grün, das der Hagel übriggelas-
sen hat, werden sie auffressen, auf den Feldern
und an den Bäumen. 6 Auch in deinen Palästen
und in den Häusern deiner Minister und aller
Ägypter wird es von Heuschrecken wimmeln.
Solange deine Vorfahren auch schon in diesem
Land wohnen – solch eine Katastrophe haben
sie nicht erlebt.‹«
Nachdem Mose das gesagt hatte, verließ er
den Pharao.
7 Da sagten die Minister zum Pharao: »Wie
lange wollen wir uns noch solchen Gefahren
aussetzen? Laß die Leute ziehen und dem
HERRN, ihrem Gott, ihre Opfer darbringen!
Siehst du denn nicht, daß Ägypten zugrunde
geht?«
8 Darauf wurden Mose und Aaron zum Pha-
rao zurückgeholt. »Geht und bringt dem HERRN,
eurem Gott, eure Opfer!« sagte der Pharao zu
ihnen. Aber dann fragte er: »Wer soll denn mit-
gehen?«
9 Mose antwortete: »Alle, die Jungen und die
Alten, unsere Söhne und Töchter, unsere Schafe,
Ziegen und Rinder. So gehört es sich, wenn wir
ein Fest für den HERRN feiern.«
10 Der Pharao spottete: »Der HERR gebe seinen
Segen dazu! Ich denke nicht daran, eure Frauen,
Kinder und Alten mitgehen zu lassen! Es ist doch
klar, was ihr im Schilde führt! 11 Wenn ihr wirk-
lich dem HERRN Opfer darbringen wollt und
sonst nichts, dann genügt es, wenn die Männer
gehen.«
Und der Pharao ließ Mose und Aaron hinaus-
werfen.

Achte Plage: Heuschrecken

12 Da sagte der HERR zu Mose: »Streck deine
Hand aus über Ägypten, um die Heuschrecken
herbeizurufen. Sie sollen das Grün, das der
Hagel übriggelassen hat, bis auf den letzten Rest
auffressen.«
13 Mose streckte seinen Stock über Ägypten
aus, und der HERR ließ den ganzen Tag und die
ganze Nacht einen Ostwind wehen. Als der
Morgen kam, waren die Heuschrecken da. 14 Sie
fielen in ganz Ägypten ein und ließen sich in rie-
sigen Schwärmen nieder. Eine so große Menge
Heuschrecken wurde noch nie gesehen, und
man wird sie auch nie wieder zu sehen bekom-
men.
15 Der ganze Boden war bedeckt, das Land
war schwarz von Heuschrecken. Sie fraßen alle
Pflanzen, auch die Früchte an den Bäumen, alles,

9,35 4,21 10,2 Dtn 4,9; Ps 22,31-32; 71,18; Jos 4,6-7 S 10,12-20 Ps 78,46; 105,34-35; Weish 16,9; Offb 9,1-11

was der Hagel verschont hatte. Weder auf den
Bäumen noch am Boden ließen sie irgend etwas
Grünes übrig.
16 Der Pharao ließ in aller Eile Mose und
Aaron rufen. Er bekannte: »Ich bin vor dem
HERRN, eurem Gott, schuldig geworden, und
auch vor euch. 17 Vergebt mir nur noch dies
eine Mal meine Schuld! Bittet den HERRN, euren
Gott, daß er dieses tödliche Verderben abwen-
det!«
18 Als Mose vom Pharao weggegangen war,
betete er zum HERRN. 19 Da ließ der HERR den
Wind drehen und in einen starken Westwind
umschlagen. Der nahm die Heuschrecken mit
und wehte sie ins Rote Meer; in ganz Ägypten
blieb nicht eine Heuschrecke übrig.
20 Aber der HERR machte den Pharao auch
jetzt wieder starrsinnig, so daß er das Volk nicht
ziehen ließ.

Neunte Plage: Finsternis

21 Darauf sagte der HERR zu Mose: »Streck deine
Hand zum Himmel aus, und es wird eine Fin-
sternis über Ägypten kommen, so dicht, daß sie
mit den Händen zu greifen ist.«
22 Da erhob Mose seine Hand, und drei Tage
lang wurde es in Ägypten stockfinster. 23 Die
Ägypter konnten einander nicht sehen, und drei
Tage lang verließ niemand sein Haus. Nur wo
die Israeliten wohnten, blieb es hell.
24 Der Pharao ließ Mose rufen und sagte:
»Geht und bringt dem HERRN eure Opfer*!
Auch eure Familien könnt ihr mitnehmen; nur
die Schafe, Ziegen und Rinder müßt ihr hier-
lassen.«
25 Mose erwiderte: »Wirst vielleicht *du* uns
Tiere zur Verfügung stellen, die wir dem HERRN,
unserem Gott, als Brandopfer* und Mahlopfer*
darbringen können? 26 Nein, auch unser Vieh
muß mit uns gehen! Kein einziges Tier bleibt
zurück. Erst wenn wir an Ort und Stelle sind,
können wir wissen, welche Tiere wir zum Opfer
für den HERRN, unseren Gott, brauchen.«
27 Da machte der HERR den Pharao von neuem
starrsinnig, so daß er das Volk Israel nicht ziehen
ließ. 28 Der Pharao sagte zu Mose: »Verschwinde!
Wenn du mir noch *einmal* unter die Augen
kommst, bist du ein toter Mann.«
29 »Wie du sagst!« erwiderte Mose. »Ich werde
dir nie wieder unter die Augen kommen.«

Gott kündigt dem Pharao den schwersten Schlag an

11 Da sagte der HERR zu Mose: »Noch einen
einzigen Schlag werde ich gegen den Pha-
rao und gegen ganz Ägypten führen. Danach
wird er euch ziehen lassen. Ja, er wird euch
nicht nur ziehen lassen, er wird euch von hier
fortjagen!
2 Deshalb sag deinem Volk, daß Männer und
Frauen sich von ihren ägyptischen Nachbarn
und Nachbarinnen Schmuckstücke aus Silber
und Gold erbitten sollen.«
3 Der HERR sorgte dafür, daß die Ägypter den
Israeliten wohlgesinnt waren. Mose genoß sogar
hohes Ansehen bei den Ministern des Pharaos
und beim ganzen ägyptischen Volk.
4 Bevor Mose ging, sagte er zum Pharao: »So
spricht der HERR: ›Um Mitternacht werde ich
durch Ägypten gehen. 5 Dann werden alle Erst-
geborenen in Ägypten sterben, von deinem eige-
nen Sohn, der dein Nachfolger auf dem Thron
werden soll, bis zum Sohn der Sklavin, die an
der Handmühle* kniet. Auch beim Vieh werden
alle Erstgeburten sterben. 6 In ganz Ägypten
wird es ein Wehklagen geben, wie man es noch
nie gehört hat und auch nie wieder hören wird.‹
7 Aber den Leuten von Israel wird kein Haar
gekrümmt werden, auch ihren Tieren wird
nichts geschehen. Daran sollt ihr Ägypter erken-
nen, daß der HERR zwischen euch und den Isrue-
liten genau unterscheidet.
8 Dann werden alle deine Minister zu mir
kommen und mich auf den Knien anflehen:
›Geh endlich fort, du und dein ganzes Volk!‹ Und
dann werde ich das Land verlassen.«
So ging Mose voll Zorn vom Pharao weg.
9 Der HERR hatte zu Mose gesagt: »Der Pharao
wird nicht auf eure Forderung hören, damit ich
in Ägypten durch viele Wunder meine ganze
Macht zeigen kann.« 10 Alle diese Wunder hatten
Mose und Aaron vor den Augen des Pharaos ge-
tan; aber der HERR hatte den Pharao starrsinnig
gemacht, so daß er das Volk Israel nicht aus dem
Land gehen ließ.

Vor dem Aufbruch feiern die Israeliten das Passafest

12 Der HERR sagte zu Mose und Aaron, als
sie noch in Ägypten waren: 2 »Dieser
Monat soll für euch der Beginn des Jahres sein.[a]

a Gemeint ist der Frühlingsmonat Abib bzw. Nisan (Mitte März bis Mitte April); vgl. Sacherklärung »Kalender«.

10,16 9,27 **10,20** 4,21 **10,21-23** Ps 105,28; Weish 17,1–18,4; Offb 16,10 **10,27** 4,21 **11,1** 6,1 S **11,2** 3,21-22 S **11,5** 12,29 S **11,10** 4,21 **12,1-14** (Passafest) 12,43-49; Lev 23,5; Num 9,1-14; 28,16; Dtn 16,1-2; Jos 5,10; 2 Kön 23,21-23; 2 Chr 30,1-27; 35,1-18; Esra 6,9-21; Mt 26,17-29

3 Sagt der ganzen Gemeinde Israel, daß jeder Familienvater am 10. Tag des Monats für seine Familie ein Lamm auswählt.

4 Ist die Familie zu klein, um ein ganzes Tier zu verzehren, so soll sie sich mit der Nachbarfamilie zusammentun. Sie sollen sich vorher überlegen, wieviel jeder essen kann, damit nichts übrigbleibt. 5 Das Tier muß einjährig und männlich sein und darf keine Fehler haben. Ihr könnt ein Schaf- oder ein Ziegenböckchen nehmen.

6 Das Tier wird bis zum 14. Tag des Monats von der übrigen Herde gesondert gehalten. Gegen Abend schlachten dann alle Familien in der ganzen Gemeinde ihr Lamm. 7 Von dem Blut nehmen sie etwas und streichen es an die beiden Türpfosten und den oberen Türbalken der Häuser, in denen sie das Mahl halten. 8 Sie braten das Lamm am Feuer und essen es in derselben Nacht, zusammen mit ungesäuertem Brot* und bitteren Kräutern.

9 Ihr dürft nichts von dem Lamm roh oder gekocht essen. Es muß am Feuer gebraten sein, und zwar ganz, mit Kopf, Beinen und Innereien. 10 Ihr dürft auch nichts davon bis zum andern Morgen übriglassen. Die Reste müßt ihr verbrennen.

11 Beim Essen sollt ihr reisefertig gekleidet[a] sein, die Sandalen an den Füßen und den Wanderstab in der Hand. In Hast und Eile sollt ihr essen. Dies ist das Passafest* für mich, den Herrn.

12 In dieser Nacht werde ich durch Ägypten gehen und alle Erstgeborenen töten, bei Mensch und Vieh. An allen Göttern Ägyptens werde ich mein Gericht vollstrecken, ich, der Herr. 13 Eure Türen aber sollen durch das Blut bezeichnet sein. Überall, wo ich dieses Blut sehe, werde ich vorübergehen, und so werdet ihr verschont bleiben, wenn ich strafend durch ganz Ägypten gehe.

14 Dieser Tag soll für euch ein Gedenktag sein, der in allen kommenden Generationen als Festtag für mich gefeiert wird. Das ist eine Anweisung für alle Zeiten.

15 Vom Passa-Abend an sollt ihr sieben Tage lang ungesäuertes Brot essen. Vor Beginn des Festes müßt ihr den Sauerteig* aus euren Häusern entfernen. Wer während dieser sieben Tage Brot ißt, das mit Sauerteig zubereitet wurde, hat sein Leben verwirkt und muß aus dem Volk Israel ausgestoßen werden.

16 Der erste und der siebte Tag sind heilige* Tage, an denen jede Arbeit ruhen muß. Nur das Essen darf zubereitet werden.

17 Jahr für Jahr sollt ihr das Fest der Ungesäuerten Brote* feiern, weil ich euch am ersten Tag dieses Festes in geordneten Scharen aus Ägypten herausgeführt habe. Alle kommenden Generationen sollen diesen Festtag begehen. 18 Vom Abend des 14. Tages bis zum Abend des 21. Tages im 1. Monat dürft ihr nur ungesäuertes Brot essen. 19 Sieben Tage lang darf kein Sauerteig in euren Häusern sein. Wer in dieser Zeit gesäuertes Brot ißt, hat sein Leben verwirkt und muß aus der Gemeinde Israel ausgestoßen werden, der Israelit genauso wie der Fremde, der bei euch lebt. 20 Ihr dürft in dieser Zeit nichts essen, das mit Sauerteig zubereitet ist. Das gilt für alle eure Wohnsitze.«

Das Blut des Passalammes

21 Mose rief die Ältesten* Israels zusammen und befahl ihnen: »Jeder Familienvater soll sich ein Schaf- oder Ziegenböckchen aussuchen und es für das Passamahl* schlachten. 22 Er soll das Blut in einer Schüssel auffangen, ein Büschel Ysop* hineintauchen und die beiden Türpfosten und den oberen Türbalken mit dem Blut bestreichen. Danach darf niemand mehr das Haus verlassen bis zum Morgen. 23 Wenn der Herr in der Nacht vorbeikommt, um den Schlag gegen Ägypten zu führen, wird er das Blut an den Türpfosten und Türbalken sehen und vorübergehen. Er wird nicht zulassen, daß der Todesengel eure Häuser betritt.

24 Diese Anweisungen sollt ihr auch künftig befolgen; sie gelten für eure Nachkommen zu allen Zeiten.

25 Auch wenn ihr in das Land kommt, das der Herr euch zugesagt hat, sollt ihr an diesem Brauch festhalten. 26 Und wenn euch eure Kinder fragen, was das bedeutet, 27 dann antwortet ihnen: ›Wir schlachten am Passafest ein Tier für den Herrn, weil er in Ägypten an den Häusern der Israeliten vorüberging[b] und uns verschonte, als er den Schlag gegen die Ägypter führte.‹«

Die Leute von Israel warfen sich anbetend vor dem Herrn nieder. 28 Dann gingen sie und

a *reisefertig gekleidet:* wörtlich *mit gegürteten Lenden,* d. h. das fußlange Obergewand* mit einem Gurt um die Hüften hochgerafft (vgl. Lk 12,35).

b *Passa* (päsach) erinnert im Hebräischen an das Wort für »vorübergehen«.

12,13 Hebr 11,28 **12,15-20** (Fest der Ungesäuerten Brote) 23,15; 34,18; Lev 23,6-8; Num 28,17-25; Dtn 16,3-4; Jos 5,11; Mt 26,17 **12,23** Hebr 11,28 **12,26** Dtn 6,20 S

taten alles genau so, wie der HERR es Mose und
Aaron befohlen hatte.

Zehnte Plage: Tötung der Erstgeburt

29 Um Mitternacht tötete der HERR alle Erstge-
borenen in Ägypten, angefangen vom erstgebo-
renen Sohn des Pharaos, der sein Nachfolger auf
dem Thron werden sollte, bis zum Erstgebore-
nen des Gefangenen im Kerker, auch jede Erst-
geburt beim Vieh.
30 In jener Nacht wurden der Pharao, seine
Minister und alle Ägypter aus dem Schlaf aufge-
schreckt. Lautes Wehgeschrei erhob sich, denn
es gab kein Haus bei den Ägyptern, in dem nicht
ein Toter war.

Der Auszug des Volkes Israel aus Ägypten

31 Noch in derselben Nacht ließ der Pharao Mose
und Aaron rufen und drängte sie: »Schnell, ver-
laßt das Land! Geht fort von meinem Volk, ihr
und die anderen Israeliten! Bringt dem HERRN
eure Opfer*, wie ihr es verlangt habt. 32 Nehmt
eure Schafe, Ziegen und Rinder mit, aber geht!
Bittet euren Gott, daß er auch mich segnet!«
33 Die Ägypter drängten das Volk, schleunigst
das Land zu verlassen. »Sonst kommen wir noch
alle um!« sagten sie.
34 Die Israeliten nahmen ihren Brotteig unge-
säuert* in den Backtrögen mit; die Männer tru-
gen die Tröge in ihr Obergewand* gewickelt auf
ihren Schultern.
35 Nach der Anweisung Moses hatten die
Leute von den Ägyptern Schmuckstücke aus
Silber und Gold und festliche Kleider erbeten.
36 Der HERR hatte dafür gesorgt, daß die Ägypter
ihnen wohlgesinnt waren und ihnen alles
gaben, was sie verlangten. Auf diese Weise be-
raubten sie die Ägypter.
37 Die Israeliten brachen von Ramses auf und
zogen nach Sukkot. Es waren etwa sechshun-
derttausend, die Frauen, Kinder und Alten nicht
mitgezählt. 38 Auch eine erhebliche Zahl von
Fremden schloß sich ihnen an. Große Herden
von Schafen, Ziegen und Rindern führten sie
mit.
39 Aus dem Teig, den sie ungesäuert aus Ägyp-
ten mitgenommen hatten, backten sie Fladen-
brote*. Sie hatten aus Ägypten aufbrechen müs-
sen, noch ehe der Sauerteig dem Brotteig
zugesetzt war, und hatten auch keine Verpfle-
gung für unterwegs vorbereitet.
40 Vierhundertunddreißig Jahre lang hatten
die Israeliten in Ägypten gelebt. 41 Nach Ablauf
dieser Zeit, an dem genannten Tag, zog das Volk
des HERRN in geordneten Scharen aus Ägypten
aus.
42 Während der Nacht, in der sie der HERR aus
Ägypten herausführte, wachte er über sie. Seit-
dem ist diese Nacht für alle in Israel eine Nacht,
in der sie zur Ehre des HERRN wach bleiben.

Vorschriften für das Passafest

43 Der HERR sagte zu Mose und Aaron: »Beim
Passamahl* müßt ihr folgende Vorschriften be-
achten: Kein Ausländer darf daran teilnehmen.
44 Ein ausländischer Sklave*, den ein Israelit
gekauft hat, darf mitessen, wenn er vorher be-
schnitten* worden ist. 45 Aber die Fremdarbei-
ter* und die Lohnarbeiter* dürfen nicht teilneh-
men.
46 Das Lamm muß in demselben Haus ge-
gessen werden, in dem es zubereitet worden ist;
kein Stück davon darf aus dem Haus gebracht
werden.
Dem Tier darf kein Knochen gebrochen wer-
den.
47 Die ganze Gemeinde Israel soll dieses Mahl
feiern. 48 Wenn ein Fremder für immer bei euch
lebt und das Passafest für den HERRN mitfeiern
will, müssen alle männlichen Angehörigen sei-
ner Familie beschnitten werden. Dann rechnet
er zu den Einheimischen und darf das Passa
feiern; aber ein Unbeschnittener darf auf keinen
Fall teilnehmen. 49 Für den Fremden, der sich be-
schneiden läßt, gilt dasselbe Gesetz wie für die
Israeliten.«
50 Die Leute von Israel befolgten alles, was der
HERR ihnen durch Mose befohlen hatte.
51 An jenem Tag führte der HERR das Volk
Israel in geordneten Scharen aus Ägypten her-
aus.

Die Erstgeburten gehören Gott

13 Der HERR sagte zu Mose: 2 »Weihe mir alle
Erstgeburten*! Jedes männliche Kind, das
als erstes von einer Frau geboren wird, und
jedes männliche Tier, das als erstes von einem
Muttertier zur Welt gebracht wird, gehört mir.«[a]

Das Fest der Ungesäuerten Brote*

3 Mose sagte zum Volk: »Feiert jedes Jahr den
Tag, an dem ihr aus Ägypten gezogen seid, und
erinnert euch daran, wie der HERR euch mit star-

a *männliche* ist beide Male verdeutlichender Zusatz entsprechend den Versen 12 und 15.

12,29 4,23; 11,5; 12,12; Ps 78,51; 105,36; 135,8; Weish 18,5-19 **12,35-36** 3,21-22 S **12,39** Dtn 16,3 **12,40** Gen 15,13 **12,44** Gen 17,12-13 **12,46b** Joh 19,36 **12,49** Lev 24,22 **13,2** 13,11-16 S **13,3-7** 12,15-20 S

ker Hand aus dem Land herausgeführt hat, in
dem ihr Sklaven gewesen seid. Eßt an diesem
Tag kein Brot, das mit Sauerteig* gebacken ist!
4 Ihr zieht jetzt im Frühlingsmonat[a] aus Ägyp-
ten fort. 5 Wenn der HERR euch in das Land
bringt, das er euren Vorfahren mit einem Eid zu-
gesagt hat – das Land der Kanaaniter*, Hetiter*,
Amoriter*, Hiwiter und Jebusiter, ein Land, das
von Milch und Honig überfließt –, dann sollt ihr
jedes Jahr in diesem Monat dieses Fest begehen.
6 Sieben Tage lang dürft ihr nur solches Brot
essen, das ohne Sauerteig zubereitet ist, 7 und
am siebten Tag feiert ihr als abschließenden
Höhepunkt ein Fest für den HERRN. Im ganzen
Land darf es in dieser Zeit keinerlei Sauerteig
geben.
8 Bei dieser Gelegenheit sollt ihr euren Söh-
nen erklären: ›Wir halten diesen Brauch zur Er-
innerung an das, was der HERR für uns getan hat,
als er uns aus Ägypten herausführte.‹ 9 Dieser
Brauch hat für euch dieselbe Bedeutung wie die
Zeichen am Arm und auf der Stirn. So wie diese
Zeichen erinnert er euch daran, das Gesetz* des
HERRN immer wieder zu lesen und zu lernen.[b]
Der HERR hat euch mit starker Hand aus Ägyp-
ten herausgeführt. 10 Darum sollt ihr jährlich zu
dieser Zeit diese Vorschrift befolgen.«

Bestimmungen für die Erstgeburten

11 Weiter sagte Mose: »Wenn der HERR euch nun
in das Land der Kanaaniter* bringt und es euch
gibt, wie er das euren Vorfahren und euch selbst
mit einem Eid versprochen hat, 12 dann sollt ihr
jede Erstgeburt* dem HERRN als Eigentum über-
geben.
Jedes männliche Tier, das als erstes von
einem Muttertier geboren wird, gehört dem
HERRN und muß ihm als Opfer* dargebracht wer-
den. 13 Nur bei Eseln sollt ihr dem HERRN als Er-
satz ein Schaf oder eine Ziege opfern. Wenn ihr
das nicht tun wollt, müßt ihr dem Eselsfohlen
das Genick brechen. Auch für die menschliche
Erstgeburt, für den Jungen, den eine Frau als
erstes Kind zur Welt bringt, sollt ihr dem HERRN
einen Ersatz geben.
14 Wenn eure Söhne euch künftig fragen wer-
den, warum ihr diesen Brauch befolgt, dann sagt
ihnen: ›Dieser Brauch geht zurück auf die Zeit,
als der HERR uns mit starker Hand aus Ägypten,
wo wir Sklaven waren, herausgeführt hat. 15 Da-
mals weigerte sich der Pharao hartnäckig, uns
ziehen zu lassen, und deshalb tötete der HERR
alle Erstgeborenen in Ägypten, unter den Men-
schen wie unter dem Vieh. Deshalb opfern wir
dem HERRN jede männliche Erstgeburt; unsere
erstgeborenen Söhne aber kaufen wir durch ein
Ersatzopfer frei.‹
16 Dieser Brauch hat für euch dieselbe Bedeu-
tung wie die Zeichen am Arm und auf der Stirn;
denn mit starker Hand hat der HERR uns aus
Ägypten herausgeführt.«

Gott begleitet sein Volk

17 Als der Pharao das Volk endlich ziehen ließ,
führte Gott sie nicht am Mittelmeer entlang und
durch das Land der Philister*, obwohl das der
kürzeste Weg gewesen wäre. Gott dachte:
»Wenn das Volk dort auf Widerstand stößt und
kämpfen muß, ändert es seine Meinung und
kehrt wieder nach Ägypten zurück.« 18 Darum
ließ er das Volk einen Umweg machen und
führte es durch die Wüste den Weg zum Schilf-
meer*.
Geordnet wie eine Armee zogen die Israe-
liten aus Ägypten. 19 Mose nahm die Gebeine
Josefs mit, wie dieser es vor seinem Tod aus-
drücklich erbeten hatte. Damals hatte Josef zu
seinen Brüdern gesagt: »Gott wird euch nicht
vergessen. Dann müßt ihr meine Gebeine von
hier mitnehmen.«
20 Von Sukkot zogen die Israeliten weiter
nach Etam, wo die Wüste beginnt. Dort schlu-
gen sie ihr Lager auf. 21 Während der Wanderung
ging der HERR tagsüber in einer Wolkensäule vor
ihnen her, um ihnen den Weg zu zeigen, und
nachts in einer Feuersäule, um ihnen zu leuch-
ten. So konnten sie Tag und Nacht unterwegs
sein. 22 Jeden Tag war die Wolkensäule an der
Spitze des Zuges, und jede Nacht die Feuersäule.

Die Ägypter jagen den Israeliten nach

14 Der HERR sagte zu Mose: 2 »Befiehl den
Israeliten, daß sie vom direkten Weg
abgehen und vor Pi-Hahirot ihr Lager aufschla-
gen, zwischen Migdol und dem Meer, gegen-
über von Baal-Zefon. 3 Der Pharao wird denken:
›Sie haben sich verlaufen und sitzen in der
Wüste fest.‹ 4 Ich werde ihn so starrsinnig
machen, daß er euch verfolgen wird. Dann will
ich an ihm und seinem Heer durch einen ver-

a Der hebräische Name ist *Abib**; vgl. Anmerkung zu 12,2.
b *hat für euch dieselbe Bedeutung ...:* wörtlich *sei euch ein Zeichen an der Hand und zwischen den Augen, damit das Gesetz des HERRN (immer) in deinem Mund sei* – eine Anspielung auf die in Dtn 6,6-9 erwähnten »Zeichen«.

13,4 12,2 **13,9** Dtn 6,6-9 S **13,11-16** 13,2; 22,28-29; 34,19-20; Num 3,13; 8,16-18; 18,15-18; Dtn 15,19-20; Lk 2,23 **13,14** Dtn 6,20 S **13,19** Gen 50,25 S **13,21** 40,36-38; Num 9,15-23; Dtn 1,33; Jes 4,5-6; Ps 78,14; 105,39; Weish 18,3 **14,4** 4,21

nichtenden Schlag meine ganze Macht erwei-
sen. Die Ägypter sollen endlich erkennen, daß
ich der HERR bin.«

Die Israeliten taten, was der HERR gesagt
hatte, und änderten ihre Marschrichtung.

5 Als dem König von Ägypten gemeldet wur-
de, daß die Israeliten geflohen waren, bereuten
er und seine Minister ihre Nachgiebigkeit. Sie
sagten: »Was für eine Dummheit haben wir ge-
macht! Wir haben die Israeliten laufenlassen,
unsere Arbeitskräfte!«

6 Der Pharao ließ seinen Wagen anspannen
und bot seine ganze Kriegsmacht auf. 7 Alle ver-
fügbaren Streitwagen* Ägyptens nahm er mit,
auch die sechshundert, die seine Elitetruppe
bildeten. Jeder Wagen war nicht nur mit dem
Wagenlenker und dem Bogenschützen, sondern
auch noch mit einem Schildträger besetzt.

8 Der HERR machte den Pharao, den König von
Ägypten, so starrsinnig, daß er den Israeliten
nachjagte, die unter dem Schutz ihres Gottes
weiterzogen.

9 Die ganze ägyptische Streitwagenmacht ver-
folgte die Israeliten und holte sie ein, während
sie bei Pi-Hahirot gegenüber Baal-Zefon am Meer
lagerten.

Das Vertrauen der Israeliten reicht nicht weit

10 Als die Leute von Israel sahen, wie der Pharao
mit seinem Heer heranrückte, packte sie die
Angst, und sie schrien zum HERRN um Hilfe.

11 Zu Mose aber sagten sie: »Hast du uns aus
Ägypten geführt, damit wir hier in der Wüste
sterben? Gab es in Ägypten keine Gräber? Wozu
hast du uns von dort weggeführt? 12 Haben wir
nicht gleich gesagt, du sollst uns in Ruhe lassen,
wir wollen lieber den Ägyptern dienen? Wir
wären besser Sklaven der Ägypter, als daß wir
hier in der Wüste umkommen!«

13 Mose antwortete ihnen: »Habt keine Angst!
Wartet ab und seht zu, wie der HERR euch heute
retten wird. Ihr werdet Zeugen sein, wie die
Ägypter ihre größte Niederlage erleben. 14 Der
HERR wird für euch kämpfen, ihr selbst braucht
gar nichts zu tun.«

15 Der HERR sagte zu Mose: »Warum schreist
du zu mir um Hilfe? Befiehl den Israeliten, daß
sie weiterziehen! 16 Du aber streck deine Hand
aus und erhebe deinen Stock über das Meer und
spalte es, damit die Leute von Israel trockenen
Fußes ins Meer hineingehen können! 17 Ich
werde die Ägypter so starrsinnig machen, daß
sie hinter ihnen her ins Meer gehen. Dann will
ich am Pharao und seinem Heer, an allen seinen
Streitwagen* und Wagenkämpfern, meine ganze
Macht erweisen. 18 Die Ägypter sollen erken-
nen, daß ich der HERR bin, wenn ich am Pharao
und seinem ganzen Heer meine Macht zeige!«

19 Der Engel* Gottes, der sonst ständig vor
dem Volk Israel herging, trat nun an das Ende
des Zuges. Auch die Wolkensäule, die sonst
immer vor ihnen war, stellte sich hinter sie, 20 so
daß sie zwischen den Ägyptern und den Israeli-
ten stand. Auf der Seite der Ägypter war sie dun-
kel, aber auf der Seite der Israeliten erhellte sie
die Nacht. So konnten die Ägypter den Leuten
von Israel die Nacht über nicht näher kommen.

Gott rettet die Israeliten vor ihren Verfolgern

21 Nun streckte Mose seine Hand über das Meer
aus, und der HERR ließ die ganze Nacht über
einen starken Ostwind wehen, der das Wasser
zurücktrieb. So verwandelte sich das Meer in
trockenes Land.

Das Wasser teilte sich, 22 es stand auf beiden
Seiten wie eine Mauer, und die Israeliten gingen
trockenen Fußes mitten durchs Meer. 23 Die
Ägypter verfolgten sie; und alle Streitwagen*
des Pharaos mit den Pferden und Wagenkämp-
fern jagten hinter ihnen her ins Meer hinein.

24 Kurz vor Morgengrauen sah der HERR aus
der Feuer- und Wolkensäule auf das Heer der
Ägypter und stürzte es in Verwirrung. 25 Er
hemmte[a] die Räder ihrer Wagen, so daß sie nur
mit Mühe vorwärts kamen. Die Ägypter sagten:
»Der HERR steht auf der Seite Israels! Er kämpft
gegen uns. Nur fort von hier!«

26 Nun sagte der HERR zu Mose: »Streck deine
Hand über das Meer aus! Dann wird das Wasser
zurückfluten und die ägyptischen Streitwagen
und Wagenkämpfer unter sich begraben.«

27 Mose streckte seine Hand aus, und so
strömte das Wasser bei Tagesanbruch zurück.
Die fliehenden Ägypter rannten geradewegs hin-
ein; der HERR trieb sie mitten ins Meer. 28 Das
Wasser bedeckte die Streitwagen und Wagen-
kämpfer, die gesamte Armee des Pharaos, die
den Israeliten ins Meer gefolgt war. Kein einzi-
ger von den Ägyptern kam mit dem Leben da-
von.

29 Die Israeliten aber waren auf trockenem
Grund mitten durchs Meer gegangen, während

a *hemmte* mit alten Übersetzungen; H *entfernte*.

14,11-12 15,24; 16,3; 17,2-3; Num 11,1.4-6; 14,1-4; 20,2-5; 21,5; Ps 78,40; 106,7 **14,14** Sach 14,3 S **14,19** 13,21 S **14,21-29** Ps 66,6; 77,14-21; 78,13; 106,9-11; 114,1-5; Jes 43,16; Weish 19,6-8; 1 Kor 10,1-2; Hebr 11,29 **14,22** Jos 4,23; 2 Kön 2,8

links und rechts das Wasser wie eine Mauer stand.

30 So rettete der HERR an diesem Tag das Volk Israel vor seinen Verfolgern. Als die Leute von Israel die Leichen am Strand liegen sahen, 31 erkannten sie, daß der HERR die Ägypter durch seine große Macht vernichtet hatte. Das erfüllte sie mit Furcht und Staunen, und sie faßten festes Vertrauen zu ihm und zu Mose, seinem Diener und Bevollmächtigten*.

Das Danklied der Befreiten

15 Damals sangen Mose und die Israeliten ein Lied zur Ehre des HERRN:

Mit meinem Lied will ich den HERRN besingen,
denn er ist mächtig, er hat es gezeigt:
Ins Meer geworfen hat er Roß und Mann!
2 Mit meinem Lobgesang will ich ihn preisen,
den HERRN, der mir in Not zu Hilfe kam!
Mein Gott ist er, ich rühme seine Macht;
ich preise ihn, den schon mein Vater ehrte.
3 Welch großer Kämpfer ist er, dieser Gott!
Das kündet uns sein Name: »Ich bin da!«[a]
4 Die Streitmacht Pharaos warf er ins Meer,
die schnellsten Wagen und die besten Krieger –
im Schilfmeer* sind sie allesamt versunken.
5 Die Wasserfluten überrollten sie,
sie sanken in die Tiefe wie ein Stein.

6 HERR, deine Hand erringt den Sieg,
sie ist voll ungeheurer Macht,
und sie zerschmettert jeden Feind.
7 In großer Hoheit zeigst du dich,
und wer sich gegen dich erhebt,
den wirfst du nieder in den Staub.
Dein Zorn ist eine Feuersglut,
die jeden Feind wie Stroh verbrennt.
8 Mit deinem Atem bliesest du aufs Meer
und türmtest seine Wassermassen auf.
Die Fluten standen aufrecht wie ein Damm,
erstarrt wie Mauern mitten in dem Meer.
9 Die Feinde prahlten: ›Auf und ihnen nach!
Los, holt sie ein, wir teilen uns die Beute!
Für jeden gibt's genug! Auf, zieht das Schwert,
und löscht sie aus bis auf den letzten Mann!‹
10 Jedoch, HERR, nur ein Atemstoß von dir,
und schon bedeckte sie der Wasserwirbel;
sie sanken auf den Meeresgrund wie Blei.

11 Wer von den Göttern kann sich dir
vergleichen?
Wer ist so heilig, HERR, und so gewaltig?
Wer sonst weckt Furcht und Staunen
durch sein Tun?
12 Du brauchtest nur die rechte Hand zu heben,
und schon verschlang die Erde deine Feinde.
13 Mit starker Hand hast du dein Volk befreit,
in deiner Güte hast du es geführt,
du bringst es hin zu deiner heiligen Wohnung.
14 Die Nachbarvölker haben das gehört,
sie haben keine Ruhe mehr und zittern.
Ein kalter Schauder schüttelt die Philister,
15 die Edomiterfürsten sind bestürzt,
den Führern Moabs* ist der Mut entfallen,
die Völker Kanaans* sind voller Angst.
16 Sie sind von Furcht und Schrecken wie
gelähmt,
dein starker Arm läßt sie wie Stein erstarren,
damit dein Volk vorüberziehen kann,
das Volk, das du zum Eigentum erwähltest.
17 Du selber bringst es hin zu deinem Berg
und pflanzt es ein am Ort, an dem du wohnst,
beim Heiligtum, das du geschaffen hast.
18 HERR, du bist König, jetzt und allezeit!

Der Siegesreigen der Frauen

19 Die Pferde und Streitwagen* des Pharaos samt
allen Wagenkämpfern waren also hinter dem
Volk Israel ins Meer hineingezogen, und der
HERR hatte das Wasser über sie zurückfluten las-
sen. Aber die Leute von Israel waren trockenen
Fußes ans andere Ufer gelangt. Darum sangen
sie dieses Lied.
20 Die Prophetin* Mirjam, die Schwester
Aarons, nahm ihre Handpauke, und alle Frauen
schlossen sich ihr an. Sie schlugen ihre Hand-
pauken und tanzten im Reigen. 21 Mirjam sang
ihnen vor, und sie antworteten im Chor:

»Singt, singt dem HERRN,
denn er ist groß und mächtig,
ins Meer geworfen hat er Roß und Mann!«

DER WEG DURCH DIE WÜSTE ZUM BERG SINAI (15,22–18,27)

Gott macht das Bitterwasser genießbar

22 Mose führte das Volk vom Schilfmeer* aus in
die Wüste Schur. Drei Tage lang wanderten die
Israeliten durch die Wüste, ohne Wasser zu fin-
den. 23 Dann kamen sie nach Mara, wo es Was-
ser gab. Aber sie konnten es nicht trinken, weil
es bitter war. Deshalb hatte der Ort auch den
Namen Mara (Bitterwasser) erhalten.

a Zum *Namen* Gottes vgl. 3,13-15.

15,1a Ps 106,12; Offb 15,3 **15,17** Ps 76,3 S; 1 Kön 8,13 **15,20-21** 1 Sam 18,6-7 S

24 Die Leute von Israel rotteten sich gegen Mose zusammen und murrten: »Was sollen wir trinken?«

25a Mose schrie zum HERRN um Hilfe, und der HERR zeigte ihm ein Stück Holz. Das warf Mose in das Wasser, da konnten sie es trinken.

»Ich bin euer Arzt!«

25b An diesem Ort gab Gott dem Volk Gesetze und stellte seinen Gehorsam auf die Probe. 26 Er sagte zu den Leuten von Israel: »Achtet genau auf das, was ich, euer Gott, euch sage, und handelt danach! Befolgt alle meine Anordnungen und Gebote und tut, was ich für recht erklärt habe! Dann werde ich euch keine von den Krankheiten schicken, mit denen ich die Ägypter geplagt habe. Ich, der HERR, bin euer Arzt!«

27 Das Volk zog weiter in die Oase Elim und schlug dort sein Lager auf. Es gab in Elim zwölf Quellen und siebzig Palmen.

Gott sorgt für sein Volk

16 Von Elim zogen die Israeliten weiter in die Wüste Sin, die zwischen Elim und dem Berg Sinai liegt. Sie kamen dorthin am 15. Tag im 2. Monat nach dem Aufbruch aus Ägypten.

2 Hier in der Wüste rottete sich die ganze Gemeinde Israel gegen Mose und Aaron zusammen. Sie murrten: 3 »Hätte der HERR uns doch getötet, als wir noch in Ägypten waren! Dort saßen wir vor vollen Fleischtöpfen und konnten uns an Brot satt essen. Aber ihr habt uns herausgeführt und in diese Wüste gebracht, damit die ganze Gemeinde verhungert!«

4 Der HERR sagte zu Mose: »Ich werde euch Brot vom Himmel regnen lassen. Die Leute sollen vors Lager hinausgehen und so viel sammeln, wie sie für den Tag brauchen – aber nicht mehr, damit ich sehe, ob sie mir gehorchen. 5 Am sechsten Tag sollen sie so viel sammeln, wie sie finden. Wenn sie es zubereiten, werden sie entdecken, daß es doppelt so viel ist, wie sie sonst gesammelt haben.«

6 Mose und Aaron sagten nun zu allen Israeliten: »Heute abend werdet ihr erkennen, daß der HERR es war, der euch aus Ägypten herausgeführt hat. 7 Und morgen früh werdet ihr die Herrlichkeit* des HERRN sehen. Er hat euer Murren gehört. Denn ihn habt ihr angeklagt, nicht uns. Wer sind wir schon, daß ihr euch über uns beschwert? 8 Er wird euch am Abend Fleisch geben und am Morgen Brot, daß ihr euch satt essen könnt. Gegen ihn habt ihr Klage geführt, nicht gegen uns. Wer sind denn schon wir?«

9 Dann sagte Mose zu Aaron: »Befiehl der ganzen Gemeinde Israel: ›Kommt her und stellt euch vor dem HERRN auf, denn er hat euer Murren gehört!‹«

10 Kaum hatte sich das Volk mit dem Blick zur Wüste aufgestellt, da erschien auch schon von dort her die Herrlichkeit des HERRN in der Wolke.
11 Der HERR sagte zu Mose: 12 »Ich habe das Murren der Israeliten gehört und lasse ihnen sagen: ›Gegen Abend werdet ihr Fleisch zu essen bekommen und am Morgen so viel Brot, daß ihr satt werdet. Daran sollt ihr erkennen, daß ich der HERR, euer Gott, bin.‹«

13 Am Abend kamen Wachteln und ließen sich überall im Lager nieder, und am Morgen lag rings um das Lager Tau. 14 Als der Tau verdunstet war, blieben auf dem Wüstenboden feine Körner zurück, die aussahen wie Reif.

15 Als die Leute von Israel es sahen, sagten sie zueinander: »Was ist denn das?«[a] Denn sie wußten nichts damit anzufangen.

Mose aber erklärte ihnen: »Dies ist das Brot, mit dem der HERR euch am Leben erhalten wird.
16 Und er befiehlt euch: ›Sammelt davon, soviel ihr braucht, pro Person einen Krug voll.[b] Jeder soll soviel sammeln, daß es für seine Familie ausreicht.‹«

17 Die Leute gingen und sammelten, die einen mehr, die andern weniger. 18 Als sie es aber abmaßen, hatten die, die viel gesammelt hatten, nicht zuviel, und die, die wenig gesammelt hatten, nicht zuwenig. Jeder hatte gerade so viel gesammelt, wie er brauchte.

19 Mose sagte zu ihnen: »Niemand soll etwas davon bis zum anderen Morgen aufheben!«

20 Einige hörten nicht auf ihn und legten etwas für den anderen Tag zurück, aber am Morgen war es voller Maden und stank. Da wurde Mose zornig, weil sie nicht auf ihn gehört hatten.

21 Morgen für Morgen sammelte nun jeder, soviel er brauchte. Sobald die Sonne höher stieg, zerschmolz der Rest, der nicht aufgesammelt worden war.

a *Was ist denn das:* hebräisch *Man hu,* ein Wortspiel mit dem Begriff *Manna** (vgl. Vers 31).
b *einen Krug voll:* wörtlich *ein Gomer* (= 1/10 Efa* = ca. 2 l).

15,24 14,11-12 S **15,25a** Sir 38,5 **15,26** Dtn 7,15 **16,3** 14,11-12 S **16,4** 16,31 S; Joh 6,22-59 **16,7** 24,16-17; 33,18-23; 40,34-35; Lev 9,6.23; Num 14,10; 16,19; 17,7; 20,6 **16,13** (Wachteln) Num 11,21-23.31-34; Ps 78,26-31; 105,40; Weish 16,2-4; 19,11-12 **16,15b** 1 Kor 10,3 **16,18** 2 Kor 8,15

Gott sorgt für den Sabbat vor

22 Am sechsten Tag stellten sie fest: Sie hatten
doppelt so viel gesammelt wie an den anderen
Tagen, zwei Krüge pro Person. Die führenden
Männer der Gemeinde kamen zu Mose und be-
richteten es ihm. 23 Er sagte zu ihnen: »Damit ist
genau das eingetroffen, was der HERR angekün-
digt hatte. Denn morgen ist Ruhetag, der heilige
Tag, der dem HERRN gehört, der Sabbat*. Backt
und kocht von dem Gesammelten, soviel ihr
heute essen wollt; den Rest bewahrt für morgen
auf.«
24 Nach der Weisung Moses legten die Leute
beiseite, was überschüssig war, und siehe da:
Am anderen Morgen stank es nicht, und es fand
sich keine Made darin.
25 Mose sagte: »Eßt das heute! An diesem Tag
ist Sabbat, der Tag, der dem HERRN gehört; da
werdet ihr draußen nichts finden. 26 Jeweils
sechs Tage lang sollt ihr sammeln, aber am sieb-
ten Tag, dem Sabbat, ist nichts da.«
27 Trotzdem gingen ein paar von ihnen am
siebten Tag hinaus und wollten sammeln; aber
sie fanden nichts. 28 Da sagte der HERR zu Mose:
»Wie lange weigert ihr euch noch, mir zu gehor-
chen und meine Gebote und Anordnungen zu
befolgen? 29 Weil ich euch den Sabbat als Ruhe-
tag gegeben habe, darum gebe ich euch am
sechsten Tag Nahrung für zwei Tage. Am siebten
Tag sollt ihr alle im Lager bleiben, niemand darf
hinausgehen.«
30 So beging das ganze Volk den siebten Tag
als Ruhetag.

Eine Probe Manna zur Erinnerung

31 Die Leute von Israel nannten diese Speise das
Manna*. Es war weiß wie Koriandersamen und
schmeckte wie Honigkuchen.
32 Mose sagte zum Volk: »Der HERR hat befoh-
len, eine Tagesration Manna für eure Nachkom-
men aufzubewahren. Sie sollen sehen, womit er
euch in der Wüste am Leben erhielt, nachdem er
euch aus Ägypten herausgeführt hatte.«
33 Dann sagte er zu Aaron: »Nimm einen Krug
und fülle ihn mit einer Tagesration Manna! Stelle
ihn im Heiligtum des HERRN auf, als Erinnerung
für die künftigen Generationen.«
34 Aaron tat es und stellte den Krug vor die
Lade mit dem Bundesgesetz*.
35 Vierzig Jahre lang aßen die Israeliten
Manna, die ganze Zeit, während der sie in der
Wüste umherzogen, bis sie in das Land Kanaan*
kamen.[a]

In Massa und Meriba gibt Gott dem Volk zu trinken

(Num 20,1-13)

17 Auf Befehl des HERRN zog die ganze Ge-
meinde Israel von der Wüste Sin aus wei-
ter, von einem Lagerplatz zum andern. Einmal
schlugen sie ihr Lager bei Refidim auf. Dort gab
es kein Trinkwasser.
2 Da machten die Israeliten Mose schwere
Vorwürfe und forderten: »Gib uns Wasser zum
Trinken!«
Mose erwiderte: »Warum macht ihr mir Vor-
würfe? Warum stellt ihr den HERRN auf die
Probe?«
3 Aber die Leute von Israel hatten großen
Durst, deshalb murrten sie gegen Mose und sag-
ten: »Wozu hast du uns eigentlich aus Ägypten
herausgeführt? Nur damit wir hier verdursten,
samt unseren Kindern und dem Vieh?«
4 Da schrie Mose zum HERRN: »Was soll ich
mit diesem Volk machen? Es fehlt nicht viel, und
sie steinigen* mich!«
5 Der HERR antwortete ihm: »Rufe ein paar
von den Ältesten* Israels zu dir und geh mit
ihnen dem Volk voran. Nimm den Stock in die
Hand, mit dem du ins Nilwasser geschlagen
hast. 6 Dort drüben auf dem Felsen, am Berg
Horeb*, werde ich dich erwarten. Schlag an den
Felsen, dann wird Wasser herauskommen, und
das Volk kann trinken.«
Vor den Augen der Ältesten Israels tat Mose,
was der HERR ihm gesagt hatte.
7 Der Ort wurde Massa und Meriba (Ort der
Probe und Anklage) genannt, weil dort die Israe-
liten Mose angeklagt und den HERRN auf die
Probe gestellt hatten. Denn sie hatten gefragt:
»Ist der HERR mitten unter uns oder nicht?«

Erhobene Hände bringen den Sieg

8 Bei Refidim geschah es auch, daß die Amaleki-
ter* anrückten, um gegen die Israeliten zu kämp-
fen. 9 Mose sagte zu Josua: »Biete die kampffähi-
gen Männer auf! Morgen sollt ihr gegen die
Amalekiter kämpfen. Ich selbst werde oben auf
dem Hügel stehen und den Stock in der Hand
halten, durch den Gott bisher so große Wunder
getan hat.«

a Vers 36 lautet: *Ein Gomer ist der zehnte Teil eines Efa* (vgl. Anmerkung zu Vers 16). Der Vers nimmt Bezug auf Vers 33, wo für *Tagesration* wörtlich die Maßangabe *1 Gomer* steht.

16,23 20,8-10 S **16,31** (Manna) Num 11,6-9; Dtn 8,3.16; Ps 78,18-25; 105,40; Weish 16,20-29 **16,33** Hebr 9,4 **16,35** Jos 5,12 **17,2-3** 14,11-12 S **17,5** 7,20 **17,6** Jes 43,20; Ps 78,15-16; 105,41; Weish 11,4-14; 1 Kor 10,4 **17,7** Ps 81,8; 95,8; 106,32

[10] Josua tat, was ihm Mose befohlen hatte. Er rückte zum Kampf gegen die Amalekiter aus, während Mose, Aaron und Hur auf den höchsten Punkt des Hügels stiegen. [11] Solange Mose die Hand mit dem Stock emporhob, waren die Männer Israels überlegen. Ließ er sie aber sinken, so waren die Amalekiter überlegen.

[12] Als Mose die Hände immer schwerer wurden, brachten Aaron und Hur einen Stein herbei, auf dem Mose sitzen konnte. Sie selbst standen rechts und links von ihm und stützten seine Hände, bis die Sonne unterging. [13] So konnte Josua das Heer der Amalekiter völlig vernichten.

[14] Darauf sagte der HERR zu Mose: »Ich werde die Amalekiter so vollständig von der Erde ausrotten, daß niemand mehr an sie denken wird. Schreib das auf, damit es niemals in Vergessenheit gerät, und präge es Josua ein!«

[15] Mose baute dort einen Altar und nannte ihn: »Unser Feldzeichen ist der HERR!« [16] Er sagte: »Schwört dem HERRN treue Gefolgschaft![a] Zwischen ihm und den Amalekitern ist Krieg für alle Zeiten.«

Der Besuch des midianitischen Priesters

18 Jitro, der Priester* von Midian*, der Schwiegervater von Mose, erfuhr, was Gott alles für Mose und für sein Volk Israel getan und daß er die Israeliten aus Ägypten herausgeführt hatte.

[2] Da machte er sich mit seiner Tochter Zippora auf den Weg. Mose hatte nämlich seine Frau Zippora vorsichtshalber zu ihrem Vater zurückgeschickt. [3] Jitro nahm auch die beiden Söhne Zipporas mit. Der ältere hieß Gerschom (Gast-dort), weil Mose bei seiner Geburt gesagt hatte: »Ich bin Gast in einem fremden Land geworden«; [4] der jüngere hieß Eliëser (Gott hilft), denn Mose hatte gesagt: »Der Gott meines Vaters hilft mir, er hat mich vor dem Schwert des Pharaos gerettet.«

[5] Moses Schwiegervater kam also mit den Familienangehörigen Moses zu ihm an den Lagerplatz in der Wüste, zum Gottesberg*. [6] Er ließ Mose ausrichten: »Dein Schwiegervater Jitro ist gekommen! Auch deine Frau ist da und bringt deine beiden Söhne mit!«

[7] Da ging Mose seinem Schwiegervater entgegen, beugte sich nieder und küßte ihn. Nachdem sie einander begrüßt hatten, gingen sie in Moses Zelt. [8] Mose berichtete seinem Schwiegervater, was der HERR alles gegen den Pharao und die Ägypter getan hatte, um das Volk Israel zu befreien, und wie er sie unterwegs in allen Nöten und Gefahren beschützt hatte.

[9-10] Jitro freute sich, daß der HERR den Israeliten soviel Gutes erwiesen hatte, und sagte: »Gepriesen sei der HERR, der euch aus der Gewalt des Pharaos und der Ägypter gerettet und das Volk von der Unterdrückung befreit hat! [11] Jetzt weiß ich: Der HERR ist größer als alle anderen Götter; denn er hat sich als stärker erwiesen als die Ägypter in ihrer Vermessenheit.«

[12] Dann opferte er Gott Tiere als Brand- und Mahlopfer*, und Aaron und alle Ältesten* Israels kamen dazu und hielten mit ihm das Opfermahl vor Gott.

Einsetzung von Schiedsleuten als Helfer Moses

(Dtn 1,9-18)

[13] Am nächsten Tag setzte sich Mose hin, um in Streitfällen Recht zu sprechen. Die Leute drängten sich vor ihm vom Morgen bis zum Abend.

[14] Als sein Schwiegervater sah, wieviel Arbeit Mose damit hatte, fragte er ihn: »Was machst du dir da für eine Mühe? Die Leute drängen sich vor dir vom Morgen bis zum Abend. Mußt du das alles alleine tun?«

[15] Mose sagte: »Was soll ich machen? Sie wollen eine Entscheidung von Gott haben. [16] Wenn zwei von ihnen Streit haben, kommen sie zu mir. Ich entscheide ihren Fall und sage ihnen die Gesetze und Weisungen Gottes.«

[17] Sein Schwiegervater erwiderte: »Du mußt das anders anfassen. [18] Es ist einfach zuviel für dich; du kannst nicht alles alleine tun. Du reibst dich sonst noch auf, und auch für die Leute ist es viel zu anstrengend. [19] Paß auf, was ich dir rate – Gott möge seinen Segen dazu geben!

Deine Aufgabe soll es sein, in schwierigen Rechtsfällen die Entscheidung Gottes einzuholen. [20] Du sollst ihnen auch die Gebote und Anordnungen Gottes erklären und ihnen sagen, welche Regeln für das Zusammenleben des Volkes gelten sollen.

[21] Für die leichteren Streitfälle aber wählst du angesehene Männer aus, die nach Gottes Geboten leben, zuverlässig und unbestechlich sind. Setze sie ein als Verantwortliche für jeweils tausend, hundert, fünfzig und zehn. [22] Sie sollen dem Volk jederzeit als Schiedsleute zur Verfügung stehen und die gewöhnlichen Rechtsfälle entscheiden; nur mit den schwierigeren Fällen kommen sie zu dir. Mach dir die Last leichter, laß sie daran mittragen!

a *Schwört ...:* wörtlich *Die Hand am Thron des HERRN.*

17,14 (Amalekiter) Num 24,20; Dtn 25,17-19; Ri 6,3; 1 Sam 15,2-9; 30,1-20; 1 Chr 4,43 **18,2-3** 2,21-22; 4,20 **18,13-27** Num 11,11-29

23 Wenn Gott damit einverstanden ist und du so verfährst, wirst du unter der Last deines Amtes nicht zusammenbrechen, und die Leute werden immer zufrieden nach Hause gehen.«

24 Mose nahm den Rat seines Schwiegervaters an und handelte danach. 25 Er wählte aus allen Stämmen Israels angesehene Männer aus und setzte sie als Verantwortliche über je tausend, hundert, fünfzig und zehn. 26 Sie entschieden von nun an die einfacheren Streitfälle und legten Mose nur die schwierigen Fälle zur Entscheidung vor.

27 Darauf verabschiedete Mose seinen Schwiegervater, und Jitro kehrte wieder in sein Land zurück.

DER BUNDESSCHLUSS AM BERG SINAI (19,1–24,11)

Vorbereitung auf die Begegnung mit Gott

19 Am dritten Neumondstag[a] nach dem Auszug der Israeliten aus Ägypten kamen sie in die Wüste Sinai. 2 Sie waren von ihrem Lagerplatz bei Refidim dorthin aufgebrochen und schlugen nun ihr Lager vor dem Berg Sinai* auf. 3 Mose stieg zu Gott auf den Berg.

Der HERR rief ihm vom Berg aus zu: »Sag dem Volk Israel, den Nachkommen Jakobs: 4 ›Ihr habt gesehen, wie ich an den Ägyptern meine Macht erwiesen habe. Und ihr habt erlebt, daß ich euch getragen habe wie ein Adler seine Jungen; ich habe euch wohlbehalten hierher zu mir gebracht.

5 Wenn ihr mir nun treu bleibt und auf mich hört, sollt ihr mein ganz persönliches Eigentum sein unter allen Völkern. Die ganze Erde gehört mir; 6 aber ihr sollt ein Volk von Priestern sein, das mir ganz zur Verfügung steht und mir ungeteilt dient.‹[b] Das sollst du den Leuten von Israel sagen.«

7 Als Mose zurückkam, rief er die Ältesten* des Volkes zusammen und richtete ihnen aus, was der HERR ihm aufgetragen hatte. 8 Das ganze Volk stimmte zu: »Wir wollen alles tun, was der HERR gesagt hat!«

Mose überbrachte dem HERRN die Antwort des Volkes, 9 und der HERR sagte zu ihm: »Ich werde in einer dunklen Wolke zu dir kommen, damit das Volk hören kann, wie ich mit dir rede, und damit es nie mehr daran zweifelt, daß ich dich beauftragt habe.«[c]

10 Weiter sagte der HERR: »Geh zum Volk und sorge dafür, daß sie sich heute und morgen auf die Begegnung mit mir vorbereiten. Sie sollen alles meiden, was unrein* macht,[d] und sollen ihre Kleider waschen. 11 Übermorgen sollen sie bereit sein. Denn an diesem Tag werde ich vor den Augen des ganzen Volkes auf den Berg Sinai herabkommen.

12 Du mußt rings um den Berg eine Grenze ziehen und zu ihnen sagen: ›Nehmt euch in acht! Steigt nicht auf den Berg, berührt auch nicht seinen Fuß! Wer es tut, ist dem Tod verfallen. 13 Er muß gesteinigt oder mit Speeren und Pfeilen umgebracht werden. Das gilt für Mensch und Tier in gleicher Weise. Erst wenn die Posaune[e] ertönt, dürfen die, die ich dafür bestimmen werde, auf den Berg steigen.‹«

14 Mose stieg wieder hinab zum Volk. Er befahl den Israeliten, sich auf die Begegnung mit dem HERRN vorzubereiten und ihre Kleider zu waschen. 15 Er sagte zu ihnen: »Macht euch für übermorgen bereit. Kein Mann darf in der Zwischenzeit mit einer Frau Verkehr haben.«

Gott kommt auf den Berg Sinai

16 Am Morgen des dritten Tages, als es gerade hell wurde, begann es zu donnern und zu blitzen, eine dichte Wolke bedeckte den Berg, und mächtiger Posaunenschall war zu hören. Das Volk im Lager zitterte vor Angst. 17 Da führte Mose das Volk aus dem Lager heraus, Gott entgegen. Am Fuß des Berges stellten sie sich auf.

18 Der ganze Berg Sinai war in Rauch gehüllt, weil der HERR im Feuer auf ihn herabgekommen war. Der Rauch stieg auf wie der Rauch eines Schmelzofens*, und der ganze Berg bebte. 19 Der Posaunenschall wurde immer lauter. Mose rief, und Gott antwortete ihm mit einer Stimme, die wie Donner klang.

20 Nachdem der HERR auf den Gipfel des Berges herabgekommen war, rief er Mose zu sich, und der stieg hinauf. 21 Doch der HERR sagte zu ihm: »Geh noch einmal zurück und warne das Volk! Schärfe ihnen ein, daß sie auf keinen Fall die Grenze überschreiten, um mich zu sehen. Sonst werden viele von ihnen den Tod finden.

a Vgl. 12,2-3. Der Neumond* bezeichnete den Monatsanfang.
b *ein Volk von ...:* wörtlich *ein Königreich von Priestern* und ein heiliges* Volk.*
c Hier folgt noch einmal *Mose teilte dem HERRN die Antwort des Volkes mit.*
d *daß sie sich auf die Begegnung ...:* wörtlich *daß sie sich heiligen;* vgl. Sacherklärung »heilig«.
e Wörtlich *das Widderhorn*,* das einen dumpfen, durchdringenden Ton gibt; ebenso in den Versen 16 und 19.

19,4 Dtn 32,11 **19,5-6** Dtn 4,20; 7,6; 14,2; 26,18-19; Ps 135,4; Tit 2,14; 1 Petr 2,9; Offb 1,6 **19,9** (Wolke) 13,21 S; 24,15-18; 33,9; 34,5; 40,34-35; 1 Kön 8,10; Jes 4,5-6 **19,12** 34,3; Hebr 12,20 **19,15** 1 Sam 21,4-5 **19,16-18** Dtn 4,10-12; Hebr 12,18-19

22 Auch die Priester*, die beim Opferdienst in meine Nähe kommen, müssen sich durch besondere Handlungen darauf vorbereiten, sonst ist es um ihr Leben geschehen.«

23 Mose erwiderte: »Das Volk kann gar nicht heraufkommen, denn du selbst hast uns befohlen, eine Grenze um den Berg zu ziehen und ihn damit für heilig* und unbetretbar zu erklären.«

24 Doch der HERR sagte zu ihm: »Geh hinunter! Und dann komm mit Aaron wieder herauf. Die Priester aber und das Volk dürfen die Grenze nicht überschreiten, um zu mir heraufzusteigen. Sonst richte ich ein Blutbad unter ihnen an.« 25 So ging Mose noch einmal hinunter und warnte das Volk.

Die Zehn Gebote Gottes für sein Volk

(Dtn 5,1-21)

20 Dann gab Gott dem Volk seine Gebote. Er sagte:[a]

[1] 2 »Ich bin der HERR, dein Gott! Ich habe dich aus Ägypten herausgeführt, ich habe dich aus der Sklaverei befreit. 3 Du sollst keine anderen Götter neben mir haben.

[-/2] 4 Du sollst dir kein Gottesbild anfertigen. Mach dir überhaupt kein Abbild von irgend etwas im Himmel, auf der Erde oder im Meer.

5 Wirf dich nicht vor fremden Göttern nieder und diene ihnen nicht. Denn ich, der HERR, dein Gott, bin ein leidenschaftlich liebender Gott und erwarte auch von dir ungeteilte Liebe.[b] Wenn sich jemand von mir abwendet, dann bestrafe ich dafür auch seine Kinder, sogar noch seine Enkel und Urenkel. 6 Wenn mich aber jemand liebt und meine Gebote befolgt, dann werde ich auch noch seinen Nachkommen Liebe und Treue erweisen, und das bis in die tausendste Generation.

[2/3] 7 Du sollst den Namen des HERRN, deines Gottes, nicht mißbrauchen; denn der HERR wird jeden bestrafen, der das tut.

[3/4] 8 Halte den Ruhetag in Ehren, den siebten Tag der Woche! Er ist ein heiliger* Tag, der dem HERRN gehört. 9 Sechs Tage sollst du arbeiten und alle deine Tätigkeiten verrichten; 10 aber der siebte Tag ist der Ruhetag[c] des HERRN, deines Gottes. An diesem Tag sollst du nicht arbeiten, auch nicht dein Sohn oder deine Tochter, dein Sklave* oder deine Sklavin, dein Vieh oder der Fremde, der bei dir lebt. 11 Denn in sechs Tagen hat der HERR Himmel, Erde und Meer mit allem, was lebt, geschaffen. Am siebten Tag aber ruhte er. Deshalb hat er den siebten Tag der Woche gesegnet und zu einem heiligen Tag erklärt, der ihm gehört.

[4/5] 12 Du sollst deinen Vater und deine Mutter ehren. Dann wirst du lange in dem Land leben, das dir der HERR, dein Gott, gibt.

[5/6] 13 Du sollst nicht morden.

[6/7] 14 Du sollst nicht die Ehe brechen.

[7/8] 15 Du sollst nicht stehlen.

[8/9] 16 Du sollst nichts Unwahres über deinen Mitmenschen sagen.[d]

[9-10/10] 17 Du sollst nicht versuchen, etwas an dich zu bringen, das deinem Mitmenschen gehört,[e] weder seine Frau noch seinen Sklaven oder seine Sklavin, sein Rind oder seinen Esel noch irgend etwas anderes, das ihm gehört.«

Mose als Mittler zwischen Gott und Volk

(Dtn 5,22-33)

18 Als das ganze Volk erlebte, wie es blitzte und donnerte, Posaunenschall[f] ertönte und der Berg rauchte, bekam es große Angst und blieb zitternd in weiter Ferne stehen. 19 Die Leute sagten zu Mose: »Wir haben Angst, wenn Gott so mit uns redet. Wir werden noch alle umkommen! Sprich du an seiner Stelle zu uns, wir wollen auf dich hören.«

20 Da sagte Mose zum Volk: »Ihr müßt keine Angst haben. Gott ist nur gekommen, um euch auf die Probe zu stellen. Er will, daß ihr ihn ehrt und euch davor hütet, ihm ungehorsam zu sein.«

21 Das Volk blieb also in der Ferne stehen. Mose aber näherte sich der dunklen Wolke, in der Gott war.

Anweisung für den Altarbau

22 Der HERR sagte zu Mose: »Richte den Israeliten aus: ›Ihr habt erlebt, wie ich vom Himmel her mit euch gesprochen habe. 23 Darum sollt ihr

a *Dann gab …:* wörtlich *Gott sagte alle die folgenden Worte.* Zur Zählung der Gebote siehe Sacherklärung »Zehn Gebote«.
b *ein leidenschaftlich …:* wörtlich *ein »eifersüchtiger« Gott.*
c Wörtlich *Sabbat*.*
d Wörtlich *Du sollst (vor Gericht) keine falsche Zeugenaussage gegen deinen Mitmenschen machen.*
e *etwas, das deinem Mitmenschen gehört:* wörtlich *das Haus deines Mitmenschen.* Mit »Haus« ist nicht das Gebäude, sondern der gesamte Besitz gemeint.
f Siehe Anmerkung zu 19,13.

20,2-3 Ri 6,8; Jer 25,6 S; Hos 13,4; Ps 81,11.10 **20,4** 34,17; Lev 19,4; 26,1; Dtn 4,15-20; 27,15 **20,5-6** 34,7; Num 14,18; Dtn 5,9-10; 7,9-10 **20,5** 34,14; Dtn 4,24; 6,15; Jos 24,19 **20,7** Lev 19,12 **20,8-10** 23,12; 31,12-17; 34,21; 35,2-3; Lev 19,3; 23,3; Mk 2,27-28 S **20,11** Gen 2,2-3 S **20,12** 21,17; Lev 19,3; 20,9; Dtn 27,16; Sir 3,1-16; Mt 15,4-6; Eph 6,2-3 **20,13** 21,12-14; Gen 9,5-6; Lev 24,17; Mt 5,21-22 **20,14** Lev 20,10; Dtn 22,22; Mt 5,27-28 **20,15** 21,16; Lev 19,11; Dtn 24,7 **20,16** 23,1-3; Lev 19,15-16; Dtn 19,16-20 **20,17** Mi 2,2 **20,19** Hebr 12,19 **20,23** 20,4 S

keine anderen Götter neben mir haben. Macht
euch keine silbernen und goldenen Götzenbil-
der!
24 Macht mir einen Altar aus aufgeschütteter
Erde! Darauf sollt ihr mir eure Opfer* darbrin-
gen, die Brand- und Mahlopfer von euren Scha-
fen, Ziegen und Rindern. Ihr könnt das an jedem
Ort tun, den ich zum Heiligtum für mich bestim-
men werde.[a] Überall dort werde ich euch nahe
sein und werde euch Glück und Segen schen-
ken.
25 Wenn ihr aber einen Altar aus Steinen für
mich bauen wollt, dürft ihr nur unbehauene
Steine verwenden. Wenn der Stein mit dem Mei-
ßel in Berührung gekommen ist, ist er entweiht.
26 Baut mir keine hohen Altäre mit Stufen, da-
mit der Priester nicht hinaufsteigen muß und
dabei seine Scham entblößt.«

Gesetze für das Leben des Volkes (Kapitel 21–23)

21 Der HERR gab Mose für das Zusammen-
leben der Israeliten die folgenden Ge-
setze:

Schutzbestimmungen für Sklaven

(Dtn 15,12-18)

2 Wenn ein Israelit einen hebräischen Sklaven*
kauft, darf er ihn höchstens sechs Jahre lang für
sich arbeiten lassen. Im siebten Jahr muß er ihn
freilassen und darf kein Lösegeld verlangen.
3 War er verheiratet, als er Sklave wurde, so
wird seine Frau mit ihm freigelassen. War er
unverheiratet, so wird er allein freigelassen.
4 Wenn sein Herr ihm eine Frau gegeben hat,
bleiben die Frau und ihre Kinder Eigentum des
Herrn; nur er selbst wird frei.
5 Wenn aber der Sklave ausdrücklich erklärt:
»Ich liebe meinen Herrn, meine Frau und meine
Kinder; ich will nicht freigelassen werden«,
6 dann soll in der Gegenwart Gottes ein neues
Rechtsverhältnis begründet werden. Sein Herr
stellt ihn an die Tür oder an den Türpfosten und
bohrt eine Ahle durch sein Ohrläppchen ins
Holz. Der Mann ist dann für immer ein Glied der
Hausgemeinschaft und Sklave seines Herrn.

Schutzbestimmungen für Sklavinnen

7 Verkauft ein Israelit seine Tochter als Sklavin,
so darf sie nicht wie ein Sklave* im siebten Jahr
einfach freigelassen werden.
8 Hatte der Käufer sie als Frau für sich selbst
bestimmt, aber sie gefiel ihm nicht, so muß er
ihrer Familie Gelegenheit geben, sie zurückzu-
kaufen. Er darf sie nicht an Ausländer weiterver-
kaufen, weil er seine Zusage ihr gegenüber nicht
gehalten hat.
9 Hat er sie als Frau für seinen Sohn bestimmt,
so muß er ihr die gleichen Rechte gewähren wie
einer eigenen Tochter.
10 Heiratet er selbst sie und nimmt später
noch eine zweite Frau, so darf er ihr die Versor-
gung mit Nahrung und Kleidung und den ehe-
lichen Umgang nicht verkürzen.
11 Vernachlässigt er eine dieser drei Pflichten,
so muß er sie ohne Lösegeld freilassen.

Gesetze über todeswürdige Verbrechen

12 Wer einen anderen so schwer schlägt, daß er
stirbt, wird mit dem Tod bestraft.
13 Hat er ihn nicht vorsätzlich getötet, sondern
die Hand ist ihm ausgeglitten, weil Gott es so zu-
gelassen hat, so kann er an einen Ort fliehen,
den der HERR dafür bestimmen wird.
14 Wenn er aber seinen Mitmenschen vor-
sätzlich und hinterhältig getötet hat, kann er
auch am Altar* des HERRN keinen Schutz fin-
den; ihr müßt ihn von dort wegholen und hin-
richten.
15 Wer seinen Vater oder seine Mutter schlägt,
wird mit dem Tod bestraft.
16 Wer einen Menschen geraubt hat, wird mit
dem Tod bestraft, gleichgültig, ob er ihn schon
verkauft oder noch in seiner Gewalt hat.
17 Wer seinen Vater oder seine Mutter ver-
flucht, wird mit dem Tod bestraft.

Gesetze über Körperverletzung

18 Wenn Männer sich streiten und einer verletzt
dabei den andern mit einem Stein oder einer
Hacke, so daß er bettlägerig wird, 19 aber später
wieder aufstehen und draußen am Stock umher-
laufen kann, dann wird der Täter nur zu einer
Ersatzleistung verurteilt. Er muß dem Verletzten
ein Entgelt für die Arbeitsunfähigkeit geben und
ihm die Heilungskosten erstatten.
20-21 Wenn jemand seinen Sklaven* mit einem
Stock schlägt und er auf der Stelle stirbt, verfällt
er der Blutrache*. Wenn jedoch der Geschlagene
noch ein oder zwei Tage am Leben bleibt, geht
der Besitzer straffrei aus; es handelt sich ja um
sein Eigentum. Diese Regelung gilt genauso bei
einer Sklavin.

a *den ich zum Heiligtum ...:* wörtlich *an dem ich meines Namens** (durch Anrufung und Opfer) *gedenken lasse.*

20,25 Dtn 27,5-6; Jos 8,31 **21,2-4** Lev 25,39-43 **21,12** 20,13 S **21,13-14** Num 35,9-28 S **21,15** 20,12 S; Spr 19,26 **21,16** 20,15; Dtn 24,7 **21,17** 20,12 S

22 Wenn Männer sich streiten und sie stoßen dabei eine schwangere Frau und sie hat eine Fehlgeburt, es ist aber kein weiterer Schaden entstanden, dann soll der Schuldige eine Geldstrafe zahlen, die der Mann der betreffenden Frau festlegen kann. Die Zahlung der Ersatzsumme muß gerichtlich bestätigt werden.

23 Trägt jedoch die Frau einen Schaden davon, so gilt für das Strafmaß der Grundsatz: Leben für Leben, 24 Auge für Auge, Zahn für Zahn, Hand für Hand, Fuß für Fuß, 25 Brandwunde für Brandwunde, Verletzung für Verletzung, Strieme für Strieme.

26-27 Wenn jemand seinem Sklaven ein Auge ausschlägt, soll er ihn zur Entschädigung freilassen. Auch wenn er ihm einen Zahn ausschlägt, soll er ihn dafür freilassen. Diese Regelung gilt genauso bei einer Sklavin.

28 Wenn ein Rind einen Mann oder eine Frau stößt, so daß sie sterben, muß das Rind gesteinigt werden, sein Besitzer aber bleibt straffrei. Das Fleisch des Tieres darf nicht gegessen werden.

29 War jedoch das Rind schon längere Zeit stößig und sein Besitzer hat es nicht eingesperrt, obwohl man ihn darauf aufmerksam gemacht hat, so muß nicht nur das Rind gesteinigt, sondern auch sein Besitzer getötet werden. 30 Wenn ihm die Zahlung eines Sühnegeldes erlaubt wird, kann er sich damit freikaufen, aber er muß den vollen Betrag zahlen, der ihm auferlegt wird.

31 Stößt das Rind einen Jungen oder ein Mädchen zu Tode, muß genauso verfahren werden. 32 Bei einem Sklaven oder einer Sklavin soll der Besitzer des Rindes dem Besitzer des Sklaven dreißig Silberstücke* zahlen. Das Rind muß auch in diesem Fall gesteinigt werden.

Schaden an fremdem Vieh

33 Wenn jemand eine Zisterne oder Vorratsgrube offenläßt oder eine gräbt und nicht abdeckt, und ein Rind oder ein Esel fällt hinein und verendet, 34 dann muß er das Tier seinem Eigentümer in Geld ersetzen; den Kadaver kann er behalten.

35 Wenn jemandes Rind das Rind eines anderen stößt, so daß es eingeht, sollen die Besitzer der beiden Tiere das lebende verkaufen und den Erlös teilen. Auch das tote Tier sollen sie teilen.

36 War es jedoch bekannt, daß das Rind schon längere Zeit stößig war, und sein Besitzer hat es trotzdem nicht eingesperrt, so soll er vollen Ersatz leisten, und zwar ein lebendes Rind für das tote. Das tote darf er behalten.

Gesetze über Eigentumsvergehen

37 Wenn jemand ein Rind, ein Schaf oder eine Ziege stiehlt und das Tier schlachtet oder verkauft, muß er für das Rind fünffachen Ersatz geben und vierfachen für das Schaf oder die Ziege.

22 Wenn ein Dieb bei einem nächtlichen Einbruch ertappt und so geschlagen wird, daß er stirbt, dann gilt der, der ihn geschlagen hat, nicht als Mörder. 2 War jedoch die Sonne schon aufgegangen, zählt es als Mord.

Ein Dieb muß für das Gestohlene vollen Ersatz leisten. Falls er dazu nicht imstande ist, muß er selbst als Sklave* verkauft werden. 3 Hat er ein Stück Vieh – Rind, Esel, Schaf oder Ziege – gestohlen und es wird noch lebend bei ihm gefunden, muß er doppelten Ersatz leisten.

4 Wenn ein Mann sein Vieh auf seine Felder oder in seinen Weinberg treibt und es nicht beaufsichtigt, so daß es auch das Feld eines anderen abweidet, muß er Ersatz leisten. Er muß dem Geschädigten das Beste vom Ertrag seines eigenen Feldes oder Weinbergs geben.[a]

5 Wenn jemand Feuer macht und es erfaßt eine Dornenhecke und greift auf ein Getreidefeld oder aufgestellte Garben über oder vernichtet irgend etwas anderes auf dem Feld, dann muß er für den Schaden vollen Ersatz leisten.

Haftung für fremdes Eigentum

6 Wenn ein Mann einem anderen Geld oder Wertsachen zur Aufbewahrung anvertraut und etwas davon wird aus dem Haus dieses anderen gestohlen, dann muß der Dieb, wenn er gefaßt wird, den doppelten Betrag erstatten. 7 Kann er nicht ermittelt werden, muß der Besitzer des Hauses einen Eid vor Gott schwören, daß er nicht selbst das Eigentum des anderen an sich genommen hat.

8 Immer wenn zwei Männer sich um etwas streiten, um ein Rind, einen Esel, ein Schaf oder eine Ziege, ein Kleidungsstück oder irgend etwas sonst, und jeder behauptet, es sei sein Eigentum, dann sollen sie sich einem Gottesurteil* unterwerfen. Wer als schuldig daraus hervorgeht, muß dem anderen das Doppelte erstatten.

9 Wenn ein Mann einem anderen einen Esel, ein Rind, ein Schaf oder ein anderes Tier zur Aufsicht übergibt und es stirbt, bricht sich ein Bein oder wird von Feinden weggetrieben, ohne daß er einen Zeugen dafür hat, 10 dann muß der, dem

a G und die samaritanische Überlieferung fügen ein: *muß er von seinem eigenen Feld Ersatz leisten, je nach dem Umfang des Schadens. Hat sein Vieh jedoch das ganze Feld abgefressen, so muß er das Beste …*

21,23-25 Lev 24,19-20; Dtn 19,21; Mt 5,38 **21,37–22,14** Lev 5,21-26; Num 5,5-10

das Tier anvertraut wurde, dem anderen einen Eid beim HERRN schwören, daß er sich nicht am fremden Eigentum vergriffen hat. Der andere muß das gelten lassen und darf keinen Ersatz fordern.

[11] Ist es dagegen nachweislich gestohlen worden, so muß der, dem es anvertraut war, dafür Ersatz leisten. [12] Ist es von wilden Tieren gerissen worden und er kann es beweisen, muß er keinen Ersatz leisten.

[13] Leiht sich ein Mann von einem anderen ein Tier und es bricht sich ein Bein oder stirbt, während der Eigentümer nicht zugegen ist, so muß er vollen Ersatz leisten. [14] War jedoch der Eigentümer zugegen, muß er keinen Ersatz leisten. War das Tier gemietet, so ist der Verlust durch den Mietpreis abgegolten.

Ersatz für Verführung eines Mädchens

[15] Wenn ein Mann ein unberührtes Mädchen verführt, das noch nicht verlobt ist, muß er den Brautpreis* bezahlen und sie heiraten.

[16] Weigert sich ihr Vater, sie ihm zu geben, so muß er trotzdem den üblichen Brautpreis für eine Jungfrau bezahlen.

Weitere todeswürdige Vergehen

[17] Eine Zauberin darf nicht am Leben bleiben.

[18] Wer mit einem Tier Verkehr hat, wird mit dem Tod bestraft.

[19] Wer anderen Göttern opfert außer dem HERRN, muß aus Israel ausgerottet werden.

Rücksicht gegenüber den Schwachen

[20] Weiter ließ der HERR dem Volk Israel durch Mose sagen:[a]

»Ihr dürft die Fremden, die bei euch wohnen, nicht ausbeuten oder unterdrücken. Vergeßt nicht, daß ihr selbst in Ägypten Fremde gewesen seid.

[21] Nutzt die Schutzlosigkeit der Witwen und Waisen nicht aus! [22] Wenn ihr es dennoch tut und sie zu mir um Hilfe schreien, werde ich, der HERR, bestimmt darauf hören. [23] Ich werde in furchtbaren Zorn geraten und euch durch das Schwert eurer Feinde töten. Eure Frauen werde ich zu Witwen machen und eure Kinder zu Waisen.

[24] Wenn du einem Armen aus meinem Volk Geld leihst, verhalte dich ihm gegenüber nicht wie ein Wucherer. Verlange keine Zinsen von ihm!

[25] Falls du von einem anderen Israeliten das Obergewand* zum Pfand nimmst, so gib es vor Sonnenuntergang wieder zurück. [26] Denn sein Obergewand ist das einzige, womit er sich warm halten kann. Worin soll er sonst schlafen? Wenn er sich bei mir über dich beklagt, werde ich ihn hören; denn ich bin barmherzig.«

Achtung vor Gott

[27] »Ihr sollt Gott nicht lästern und ein Oberhaupt eures Volkes nicht verfluchen.

[28] Von euren Ernteerträgen an Getreide und Wein dürft ihr mir meinen Anteil nicht vorenthalten.

Eure erstgeborenen Söhne müßt ihr mir übereignen[b] [29] und ebenso die Erstgeburten eurer Rinder, Schafe und Ziegen. Sieben Tage lang soll das erstgeborene Jungtier bei seiner Mutter bleiben; am achten Tag sollt ihr es mir übereignen.

[30] Weil ihr mir als ein heiliges* Volk gehört, sollt ihr kein Fleisch von einem Tier essen, das von einem Raubtier gerissen und auf freiem Feld tot aufgefunden worden ist. Ihr sollt es den Hunden hinwerfen.«

Gerechtigkeit und Mitmenschlichkeit

23 »Bring bei einem Gerichtsverfahren keine Gerüchte vor. Laß dich von jemand, der Unrecht getan hat, nicht für eine falsche Zeugenaussage gewinnen. [2] Schließ dich nicht der Mehrheit an, wenn sie auf der Seite des Unrechts steht. Mußt du in einer Gerichtsverhandlung als Zeuge aussagen, so beuge dich nicht einer Mehrheit, die das Recht verdreht. [3] Du darfst aber auch nicht den Armen und Schwachen widerrechtlich begünstigen.

[4] Wenn du siehst, daß ein Tier deines Feindes sich verlaufen hat, ein Rind oder ein Esel, dann bring es ihm ohne Zögern zurück! [5] Ist der Esel deines Feindes unter seiner Last zusammengebrochen und du kommst gerade dazu, so geh nicht weiter, sondern hilf ihm, das Tier wieder auf die Beine zu bringen.

[6] Bei einem Gerichtsverfahren darfst du niemand sein Recht vorenthalten, nur weil er arm ist. [7] Verweigere deine Mitwirkung bei einem betrügerischen Prozeß. Verurteile keinen Un-

a Verdeutlichender Zusatz. *b* Was das bedeutet, geht aus 13,11-13 hervor.

22,12 Gen 31,39 **22,15** Dtn 22,28-29 **22,17** Lev 19,26 S **22,18** Lev 18,23 S **22,19** Dtn 17,2-7 **22,20** 23,9; Lev 19,33-34; Dtn 10,18-19; 24,17-20 **22,21** Dtn 10,18; 24,17.19-21; 27,19; Jes 1,17 S **22,24** Lev 25,35-37; Dtn 23,20-21; Ps 15,5; Ez 22,12 **22,25-26** Dtn 24,12-13.17; Ijob 22,6; 24,9-10; Am 2,8 **22,27** Lev 24,10-16; 1 Kön 21,10.13; Joh 18,22; Apg 23,2-5 **22,28-29** 13,11-16 S; 23,19 S **22,29** Lev 22,27 **22,30** Lev 17,15 S; 19,2b S **23,1-3** 20,16 S; Dtn 1,16-17; 16,18-20 **23,4-5** Dtn 22,1-4 **23,6** Ps 82,3-4; Dtn 1,17 S

schuldigen zum Tod; ein solches Unrecht lasse
ich nicht durchgehen. 8 Nimm von den Prozes-
sierenden keine Geschenke an; denn das trübt
das Urteilsvermögen und verführt die ehrenwer-
testen Männer dazu, das Recht zu verdrehen.
9 Beutet die Fremden nicht aus, die bei euch
leben. Ihr wißt doch, wie es einem Fremden zu-
mute ist, weil ihr selbst in Ägypten als Fremde
gelebt habt.«

Anweisungen für Sabbatruhe und Feiertage

10 »Sechs Jahre lang sollst du dein Land bearbei-
ten und den Ertrag ernten, den es dir bringt.
11 Aber im siebten Jahr laß es brachliegen. Was
dann von selbst wächst, sollen die Armen essen,
den Rest überlaß dem Wild. Ebenso sollst du es
mit deinen Weingärten und Ölbäumen halten.
12 Sechs Tage lang sollst du deine Arbeit ver-
richten, aber am siebten Tag sollst du alles ruhen
lassen. Auch dein Rind und dein Esel sollen sich
ausruhen; dein Sklave[a] und der Fremde, der für
dich arbeitet, sollen sich erholen können.
13 Richtet euch nach allem, was ich, der HERR,
euch gesagt habe! Betet nicht zu anderen Göt-
tern, erwähnt nicht einmal ihre Namen!
14 Dreimal im Jahr sollt ihr mir zu Ehren ein
großes Fest feiern. 15 Haltet als erstes das Fest der
Ungesäuerten Brote*. Zur festgesetzten Zeit im
Frühlingsmonat,[b] dem Monat eures Auszugs aus
Ägypten, sollt ihr sieben Tage lang nur solches
Brot essen, das ohne Sauerteig* zubereitet ist, so
wie ich es euch befohlen habe. Niemand soll mit
leeren Händen zu meinem Heiligtum kommen.
16 Wenn die ganze Getreideernte eingebracht ist,
sollt ihr das Pfingstfest* feiern, und im Herbst,
wenn ihr die Früchte von euren Weinstöcken
und Bäumen abgelesen habt, das Fest der Lese.
17 Dreimal im Jahr, zu diesen drei Festen, sol-
len alle Männer Israels zu mir, dem HERRN, an
mein Heiligtum kommen.
18 Zum Blut eines Mahlopfers* dürft ihr mir
nicht Brot darbringen, das mit Sauerteig zube-
reitet ist.
Das Fett des Opfertieres muß am selben Tag
verbrannt werden; es darf nicht bis zum näch-
sten Morgen aufbewahrt werden.
19 Die erstgeernteten Früchte* eurer Felder
sollt ihr zum Haus des HERRN, eures Gottes, brin-
gen.
Ihr dürft ein Böcklein nicht in der Milch sei-
ner Mutter kochen.«

Heilszusage und Warnung

20 Der HERR sagte: »Ich verspreche euch, ich
werde einen Engel* vor euch hersenden, der
euch unterwegs beschützt und euch sicher in
das Land bringt, das ich für euch bestimmt habe.
21 Haltet euch genau an seine Weisungen!
Wenn ihr euch gegen ihn auflehnt, wird er euch
das nicht vergeben, denn in seiner Person bin
ich selbst mitten unter euch. 22 Wenn ihr ihm
aufs Wort gehorcht und alles tut, was ich euch
durch ihn sage, werde ich eure Feinde nieder-
werfen und jeden in die Enge treiben, der euch
bedrängt.
23 Mein Engel geht vor euch her und bringt
euch in das Land der Amoriter*, Hetiter*, Peri-
siter, Kanaaniter*, Hiwiter und Jebusiter. Ich
werde alle diese Völker vernichten. 24 Folgt nicht
ihrem schlimmen Beispiel! Werft euch nicht vor
ihren Göttern nieder, dient ihnen nicht! Stürzt
ihre Götzenbilder um und zerschlagt ihre Stein-
male*.
25 Ehrt mich allein, den HERRN, euren Gott,
dann werde ich dafür sorgen, daß es in eurem
Land genug zu essen gibt und ihr reichlich Was-
ser habt. Ich werde auch alle Krankheiten von
euch fernhalten. 26 Es wird dann in eurem Land
keine Frau geben, die eine Fehlgeburt hat oder
kinderlos bleibt. Niemand wird vor der Zeit aus
dem Leben gerissen werden.
27 Angst und Schrecken werde ich vor euch
hersenden. Ich werde die Völker, zu denen
ihr kommt, in Verwirrung stürzen; alle eure
Feinde werden vor euch die Flucht ergreifen.
28 Panik werde ich vor euch her verbreiten[c] und
so die Hiwiter, Kanaaniter und Hetiter vertrei-
ben.
29 Allerdings werde ich sie nicht schon im
ersten Jahr vollständig vertreiben, sonst bleiben
weite Landstriche unbestellt und verwildern,
und das Wild vermehrt sich so stark, daß ihr
nicht mehr Herr darüber werdet. 30 Deshalb
werde ich sie nur nach und nach vor euch ver-
treiben, in dem Maß, in dem ihr euch vermehrt
und das Land in Besitz nehmen könnt.
31 Zuletzt aber werdet ihr ein Gebiet besitzen,
das vom Roten Meer bis zum Mittelmeer und
von der Wüste im Süden bis an den Eufrat reicht.

a Wörtlich *der Sohn deiner Sklavin**. *b* Hebräischer Monatsname *Abib**.
c Andere Deutung mit den alten Übersetzungen *Ich werde Hornissen vor euch hersenden.*

23,8 Dtn 16,19; 27,25; Ps 15,5; Jes 1,23; 5,23; Mi 3,11; Sir 20,29 **23,9** 22,20 S **23,10-11** Lev 25,1-7 S **23,12** 20,8-10 S **23,13** Jos 23,7 **23,15** 12,15-20 **23,16** (Pfingstfest) 34,22; Lev 23,15-21; Num 28,26-31; Dtn 16,9-11; Apg 2,1; (Lese = Laubhüttenfest) 34,22; Lev 23,33-36.39-43; Num 29,12-38; Dtn 16,13-15 **23,18** 34,25 **23,19a** (Früchte) 34,26; Lev 23,9-11; Dtn 18,4; 26,1-11 **23,19b** (Böcklein) 34,26; Lev 22,28; Dtn 14,21 **23,20** 14,19 **23,24** 20,5 S **23,28** Dtn 7,20; 11,25; Jos 24,12; 1 Sam 7,10; 14,15

Alle Bewohner dieses Landes gebe ich in eure
Hand, so daß ihr sie vertreiben könnt.
32 Schließt keinen Bund mit ihnen und laßt
euch nicht mit ihren Göttern ein. 33 Sie dürfen
nicht mit euch zusammen in eurem Land
leben, sonst werden sie euch dazu verleiten,
mir untreu zu werden und ihre Götter zu verehren.
Und das würde euch den Untergang
bringen.«

Gott schließt seinen Bund mit Israel

24 Der HERR sagte zu Mose: »Komm zu mir
herauf auf den Berg! Nimm Aaron,
Nadab und Abihu mit und siebzig von den Ältesten*
Israels. Werft euch in gebührender Entfernung
vor mir nieder. 2 Nur du allein darfst in
meine Nähe kommen. Das Volk darf überhaupt
nicht auf den Berg steigen.«
3 Mose trat vor das versammelte Volk und
sagte ihm die Gebote und Gesetze des HERRN.
Das ganze Volk antwortete einmütig: »Wir wollen
alles tun, was der HERR uns befiehlt!« 4 Darauf
schrieb Mose die Gebote und Gesetze in ein
Buch.

Am nächsten Morgen errichtete er am Fuß
des Berges einen Altar und stellte zwölf Steinmale
auf, für jeden Stamm Israels eines. 5 Er beauftragte
einige junge Männer, dem HERRN
Brandopfer* darzubringen und für das Opfermahl*
Stiere zu schlachten. 6 Die Hälfte des Blutes
tat Mose in Schalen, die andere Hälfte goß er
an den Altar*.
7 Dann nahm er das Buch, in dem er das Bundesgesetz*
aufgeschrieben hatte, und las es den
versammelten Israeliten laut vor. Sie versprachen:
»Wir wollen alles gehorsam tun, was der
HERR uns befiehlt.«
8 Darauf sprengte Mose aus den Schalen Blut
über das Volk und sagte dazu: »Durch dieses Blut
wird der Bund* in Kraft gesetzt, den der HERR
jetzt mit euch auf der Grundlage dieser Gebote
und Gesetze schließt.«
9 Danach stieg Mose den Berg hinauf, und
die anderen begleiteten ihn: Aaron, Nadab und
Abihu und siebzig von den Ältesten Israels.
10 Droben sahen sie den Gott Israels. Der
Boden zu seinen Füßen war wie mit blauem
Edelstein ausgelegt, klar und leuchtend wie der
Himmel.
11 Gott erlaubte den ausgewählten Vertretern
des Volkes, in seine Nähe zu kommen; er
streckte nicht die Hand gegen sie aus, um sie zu
töten.[a] Sie durften Gott sehen und aßen und
tranken in seiner Gegenwart.

ANWEISUNGEN FÜR DEN BAU DES HEILIGEN ZELTES UND DEN PRIESTERDIENST

(24,12–31,11)

Mose wird auf den Berg gerufen

12 Nun sagte der HERR zu Mose: »Steig zu mir
auf den Berg herauf und bleib eine Zeitlang hier!
Ich werde dir die Steintafeln geben, auf die ich
meine Gebote geschrieben habe. Das Volk soll
genau wissen, was ich von ihm verlange.«
13 Mose und sein Diener Josua machten sich
bereit, um auf den Gottesberg* zu steigen. 14 Zu
den Ältesten* des Volkes sagte Mose: »Wartet
hier auf uns, bis wir zurückkommen! Aaron und
Hur bleiben bei euch. Wer einen Streitfall hat,
soll sich an sie wenden.«
15 Dann stieg Mose den Berg hinauf. Die
Wolke verhüllte den Gipfel, 16-17 und die Herrlichkeit*
des HERRN kam auf den Berg Sinai*
herab. Für die Israeliten sah sie aus wie ein
loderndes Feuer auf dem Berggipfel.

Sechs Tage lang blieb der Berg so von der
Wolke verhüllt. Dann rief der HERR am siebten
Tag aus der Wolke heraus Mose zu sich. 18 Jetzt
ging Mose mitten in die Wolke hinein und stieg
auf den Gipfel des Berges hinauf. Dort oben
blieb er vierzig Tage und vierzig Nächte.

Aufruf zu einem Opfer für das Heilige Zelt

(35,4-9)

25 Der HERR befahl Mose: 2 »Sag den Leuten
von Israel, sie sollen mir eine freiwillige
Abgabe leisten. Jeder, der etwas geben möchte,
soll es herbringen.
3 Es kann Gold, Silber und Bronze sein,
4 blaue, rote und karmesinrote Wolle, Leinen und
Ziegenhaar, 5 rotgefärbte Widderfelle, Delphinenhäute,
Akazienholz, 6 Öl für die Lampen,
wohlriechende Zutaten für das Salböl und für die
Weihrauchmischung 7 oder Karneolsteine und
andere Edelsteine zum Schmuck für Amtsschurz*
und Brusttasche des Obersten Priesters*.
8 Mit Hilfe dieser Gaben sollen die Israeliten
mir ein Heiligtum errichten, denn ich will unter

a *Gott erlaubte ...:* wörtlich *Er streckte seine Hand nicht aus gegen die Vornehmen der Israeliten.*

23,32-33 34,12 **24,4b** Jos 4,3.9.20; 1 Kön 18,31 **24,7** 2 Kön 23,2.21; 2 Chr 25,4; 34,30; 35,12 **24,8** Mk 14,24 par; Hebr 9,19-20; 10,29 **24,10** Ez 1,26; Offb 4,2-3 **24,12** (Steintafeln) 25,16.21; 31,18; 32,15-16.19; 34,1.28-29; Dtn 4,13; 1 Kön 8,8-9 **24,15-18** 19,9 S **24,18** (vierzig) 34,28; Dtn 9,9.18

ihnen wohnen. 9 Ich zeige dir jetzt das Modell meiner Wohnung und der dazugehörigen Geräte, damit ihr es genau nach diesem Muster herstellen könnt.«

Die Bundeslade*

(37,1-9)

10 »Die Israeliten sollen eine Lade aus Akazienholz anfertigen: eineinviertel Meter lang, dreiviertel Meter breit und ebenso hoch.[a] 11 Außen und innen soll sie mit reinem Gold überzogen sein und ringsum mit einer Goldleiste verziert.

12 Laß vier Ringe aus Gold gießen und sie an den vier Ecken anbringen, so daß an jeder Längsseite zwei Ringe sind. 13 Weiter laß Stangen aus Akazienholz machen und sie mit reinem Gold überziehen. 14 Die Stangen sollen durch die Ringe an den Seiten der Lade gesteckt werden, damit man die Lade tragen kann. 15 Die Stangen müssen in den Ringen bleiben und dürfen nicht entfernt werden. 16 In die Lade legst du die zwei Tafeln mit dem Bundesgesetz*, die ich dir geben werde.

17 Laß eine Deckplatte aus reinem Gold herstellen, die in den Maßen genau auf die Lade paßt. 18-19 An den beiden seitlichen Enden der Deckplatte werden zwei geflügelte Kerubenfiguren* aus getriebenem Gold angebracht. 20 Sie stehen einander zugewandt, den Blick auf die Deckplatte gerichtet; ihre Flügel halten sie schirmend über der Platte ausgebreitet.

21 In der Lade verwahrst du die zwei Tafeln mit dem Bundesgesetz und legst die Deckplatte darauf. 22 Dort will ich dir begegnen. Von der Deckplatte aus, von der Stelle zwischen den beiden Keruben, werde ich mit dir reden und dir alle Anweisungen für das Volk Israel geben.«

Der Tisch für die geweihten Brote

(37,10-16)

23 »Laß einen Tisch aus Akazienholz machen, einen Meter lang, einen halben Meter breit und dreiviertel Meter hoch. 24 Er soll mit reinem Gold überzogen und die Tischplatte soll ringsum mit einer goldenen Schmuckleiste eingefaßt sein. 25 Außerdem soll auf die Tischplatte ringsum noch eine Randleiste von zehn Zentimeter Höhe aufgesetzt werden, die ebenfalls mit einer goldenen Schmuckleiste einzufassen ist.

26 Laß vier goldene Ringe machen und sie oben an den Kanten der vier Beine anbringen, 27-28 dicht unter der umlaufenden Randleiste. Dann laß zwei Stangen aus Akazienholz machen und sie mit Gold überziehen. Sie werden durch die Ringe gesteckt, so daß man den Tisch tragen kann.

29 Schließlich laß aus reinem Gold die Geräte für das Trankopfer* machen, die zu dem Tisch gehören: die Schalen, Schüsseln, Becher und Kannen.

30 Auf diesem Tisch sollen ständig die geweihten Brote* vor mir ausgelegt sein.«

Der goldene Leuchter

(37,17-24)

31 »Laß einen Leuchter aus reinem Gold machen. Er soll mit allen seinen Teilen aus einem Stück gearbeitet sein. 32 Von seinem Schaft sollen nach beiden Seiten je drei Arme ausgehen, 33 jeder mit drei Blütenkelchen verziert. 34 Auf dem Schaft selber befinden sich vier Blütenkelche, 35 drei davon an den Ansatzstellen der Arme, jeweils unterhalb der Stelle, von der ein Armpaar abzweigt. 36 Der ganze Leuchter soll aus reinem Gold bestehen und aus einem Stück gearbeitet sein.

37 Laß für den Leuchter sieben Lichtschalen* machen, die mit Öl gefüllt und so aufgesetzt werden, daß der Einschnitt für den Docht bei allen nach vorn zeigt. 38 Aus reinem Gold sollen auch die Dochtscheren und Reinigungsnäpfe angefertigt werden. 39 Für den Leuchter mit allem Zubehör sollt ihr einen Zentner* reines Gold verarbeiten.

40 Gib acht, daß alles genau nach dem Modell angefertigt wird, das ich dir hier auf dem Berg gezeigt habe.«

Die Zeltdecken für das Heiligtum

(36,8-19)

26 »Für meine Wohnung sollst du zehn kostbare Zeltbahnen anfertigen lassen. Sie sollen aus gezwirnten Leinenfäden gewebt sein und mit Bildern von Keruben* geziert, die mit blauer, roter und karmesinroter Wolle daraufgestickt sind.[b]

2 Jede Bahn soll 14 Meter lang und 2 Meter breit sein. 3 Je fünf Bahnen werden auf der Lang-

a Hebräische Maßangabe *2½* bzw. *1½ Ellen** (1 Elle = ca. 50 cm); entsprechend bei den übrigen Längenmaßen in Kap 25–27.

b Deutung von Material und Herstellungstechnik unsicher, ebenso in den Versen 31 und 36, und weiterhin an den entsprechenden Stellen der Kapitel 26–28 und 35–39. Bei *blau* und *rot* handelt es sich um die damals äußerst wertvollen Farbstoffe der Purpurschnecke.

25,9 25,40; 26,30; 27,8; Ez 40,4 **25,16** 24,12 S **25,22** Lev 16,1-2; Num 7,89; 1 Sam 4,4; Ps 99,1 **25,23** 1 Kön 7,48-50 **25,30** Lev 24,5-8 **25,31-39** 1 Kön 7,48-50 **25,40** 25,9 S; Hebr 8,5

seite miteinander zu einem größeren Stück ver-
näht.
4–5 Auch diese beiden Stücke sollen mitein-
ander verbunden werden können. Zu diesem
Zweck werden bei jedem an einer Langseite
fünfzig Schlaufen aus blauer Wolle angebracht,
die sich genau gegenüberstehen, wenn man die
Stücke nebeneinanderlegt. 6 Dann läßt du fünf-
zig goldene Klammern machen, die die Schlau-
fen zusammenhalten und so die beiden Teile zu
einem Ganzen verbinden.
7 Weiter läßt du für die Überdachung elf Zelt-
bahnen herstellen, die aus Ziegenhaar gewebt
sind. 8 Jede Bahn soll 15 Meter lang und 2 Meter
breit sein. 9 Die Bahnen werden wieder zu zwei
größeren Stücken zusammengenäht, von denen
das eine aus fünf, das andere aus sechs Bahnen
besteht. Die sechste Bahn des größeren Stücks,
die beim Aufstellen des Zeltes über dem Eingang
ausgespannt wird, soll doppelt gelegt werden.
10 An dem Ende, wo die beiden Stücke zusam-
mengefügt werden sollen, läßt du bei jedem
fünfzig Schlaufen anbringen, genau einander
gegenüber, 11 und dann fünfzig bronzene Klam-
mern anfertigen, die die Schlaufen zusammen-
halten und so die beiden Teile zu einem Ganzen
verbinden.
12–13 Das Zeltdach aus Ziegenhaar wird so
über die wollenen Zeltbahnen gelegt, daß an der
Rückseite eine halbe Bahnbreite übersteht und
an den Seiten rechts und links je ein Stück von
einem halben Meter, an der Rückseite das Dop-
pelte. 14 Darüber werden noch zwei Schutz-
decken gelegt. Die untere soll aus rotgefärbten
Widderfellen, die obere aus Delphinenhäuten
bestehen.«

Die Holzwände des Heiligtums

(36,20-34)

15 »Weiter laß Bretter aus Akazienholz zurecht-
sägen, die unter dem Zeltdach als die Wände
meiner Wohnung aufgestellt werden. 16 Jedes
Brett soll fünf Meter lang und 75 Zentimeter breit
sein 17 und an der unteren Schmalseite zwei Zap-
fen tragen.
18–21 Die nördliche und die südliche Seiten-
wand sollen jeweils aus zwanzig aufgestellten
Brettern bestehen. Jedes Brett steht auf zwei sil-
bernen Bodenplatten, in die es mit den hölzer-
nen Zapfen gesteckt wird.
22 Für die Rückwand nach Westen sollen
sechs Bretter geschnitten werden, 23–24 dazu
rechts und links für die Ecken noch je ein Win-
kelbrett.[a] 25 Die Rückwand wird also aus insge-
samt acht Brettern gebildet, und auch hier steht
jedes Brett auf zwei silbernen Bodenplatten.
26–27 Weiter laß Querstangen aus Akazienholz
machen, die die Bretter zusammenhalten, und
zwar jeweils fünf Stangen für jede Wand. 28 Die
mittlere Stange soll genau auf halber Höhe ange-
bracht werden und für jede Wand aus einem ein-
zigen Stück gefertigt sein. 29 Die Stangen werden
durch goldene Ringe gesteckt, die an den Bret-
tern angebracht sind. Bretter und Stangen sollen
ganz mit Gold überzogen sein.
30 Aus diesen Teilen sollst du meine Wohnung
errichten lassen, genau nach dem Modell, das
ich dir hier auf dem Berg gezeigt habe.«

Die Vorhänge für das Heiligtum

(36,35-38)

31 »Laß einen Vorhang aus gezwirntem Leinen
machen, auf den mit blauer, roter und karmesin-
roter Wolle Bilder von Keruben* gestickt sind.
32–33 Er soll eine Scheidewand bilden zwischen
dem Allerheiligsten* und dem übrigen Heilig-
tum. Aufgehängt wird er an vier Säulen aus
Akazienholz, die mit Gold überzogen sind und
auf silbernen Sockeln stehen. Auch die Haken,
an denen der Vorhang oben an den Säulen be-
festigt wird, sollen von Gold sein.
Hinter den Vorhang stellst du die Lade* mit
dem Bundesgesetz 34 und legst die Deckplatte
darauf. 35 Vor den Vorhang stellst du links den
Tisch für die geweihten Brote* und rechts den
goldenen Leuchter.
36 Für den Eingang des Zeltes laß einen Vor-
hang aus gezwirntem Leinen machen, in das
blaue, rote und karmesinrote Wollfäden einge-
webt sind. 37 Er wird mit goldenen Haken an
fünf Säulen aus Akazienholz aufgehängt, die mit
Gold überzogen sind und auf bronzenen Sockeln
stehen.«

Der tragbare Brandopferaltar*

(38,1-7)

27 »Weiter laß aus Akazienholz einen Altar
machen, zweieinhalb Meter lang und
ebenso breit und eineinhalb Meter hoch. 2 An
seinen oberen Ecken sollen vier Hörner* auf-
ragen, die mit dem übrigen Altar aus einem
Stück gefertigt sind. Der ganze Altar soll mit
Bronzeblech beschlagen werden.
3 Laß auch alle Geräte herstellen, die beim
Opferdienst gebraucht werden, die Schalen zum
Auffangen des Blutes, die Fleischgabeln und

a Die genauere Beschreibung der beiden Winkelbretter in Vers 24 ist wegen unbekannter Fachausdrücke nicht zu deuten.
26,30 25,9 S **26,31-33** Mk 15,38 par; Hebr 6,19; 9,3 **27,1** 1 Kön 8,64; 2 Chr 4,1; Ez 43,13-17

Kohlenbecken, die Schaufeln und Kübel zum Be-
seitigen der Asche. Alle diese Geräte sollen aus
Bronze sein.
4–5 Mache für den Altar einen gitterförmigen
Bronzerahmen, der auf seinen vier Seiten vom
Boden bis zur halben Höhe reicht und dort auf
die Einfassung trifft, die außen rings um den
Altar läuft. An den vier Ecken dieses Rahmens
wird je ein bronzener Ring angebracht. 6 Weiter
läßt du zwei Stangen aus Akazienholz machen
und mit Bronze beschlagen. 7 Für den Transport
des Altars werden sie durch die Ringe gesteckt.
8 Der Altar soll nicht aus massivem Holz be-
stehen, sondern aus Brettern zusammengefügt
werden, so daß er innen hohl ist. Laß ihn ge-
nauso machen, wie ich es dir gezeigt habe.«

Die Abgrenzung des heiligen Bereichs

(38,9-20)

9–10 »Weiter sollst du den Vorhof* rings um
meine Wohnung mit einer Abgrenzung umge-
ben. Auf der Südseite werden auf einer Länge
von 50 Metern leinene Planen angebracht; sie
werden von zwanzig Holzsäulen gehalten, die
auf Sockeln aus Bronze stehen; die Haken und
Stangen zum Aufhängen der Planen sind aus
Silber. 11 Genauso wird auf der Nordseite verfah-
ren, ebenfalls auf einer Länge von 50 Metern.
12 Auf der Westseite ist der Vorhof 25 Meter
breit; die leinenen Planen werden von zehn Säu-
len auf bronzenen Sockeln gehalten.
13 Auf der Eingangsseite im Osten ist der Vor-
hof ebenfalls 25 Meter breit. 14–15 Rechts und
links vom Eingang sind zwischen je drei Säulen
jeweils siebeneinhalb Meter Planen angebracht.
16 Der Eingang in der Mitte ist 10 Meter breit.
Der Vorhang am Eingang soll aus gezwirntem
Leinen sein, in das blaue, rote und karmesinrote
Wollfäden eingewebt sind; er wird an vier Säu-
len aufgehängt.
17 Alle Säulen rings um den Vorhof sollen auf
bronzenen Sockeln stehen; die Tücher werden
an Haken und Stangen aus Silber aufgehängt.
18 Der ganze Vorhof ist also 50 Meter lang und
25 Meter breit. Die Höhe der Abgrenzung soll
zweieinhalb Meter betragen.
19 Wie die Geräte, die für den Dienst am Hei-
ligtum gebraucht werden, sollen auch die
Pflöcke, die das Zelt und die Abgrenzung des
Vorhofs halten, aus Bronze sein.«

Öl für die Lampe im Heiligtum

(Lev 24,1-4)

20 Der HERR sagte zu Mose: »Die Israeliten sollen
dir reines Öl aus gepreßten Oliven geben, damit
es stets für die Lampe im Heiligtum zur Ver-
fügung steht. 21 Aaron und seine Söhne sollen
dafür sorgen, daß die Lampe im Heiligen Zelt*

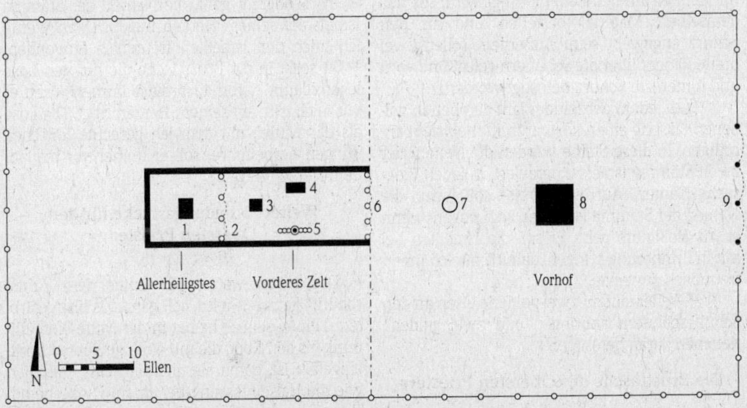

Grundriß des Heiligen Zeltes

1 Eingang
2 Brandopferaltar
3 Becken
4 äußerer Vorhang
5 siebenarmiger Leuchter
6 Tisch für die geweihten Brote
7 Räucheraltar
8 Vorhang vor dem Allerheiligsten
9 Lade mit Deckplatte und Keruben

27,8 25,9S

vom Abend bis zum Morgen leuchtet. Sie hat ihren Platz vor dem Vorhang, der die Lade* mit dem Bundesgesetz verdeckt. Auch in allen kommenden Generationen sind die Israeliten zu dieser Abgabe verpflichtet.«

Die Amtskleidung des Obersten Priesters

(39,1-7)

28 Weiter sagte der HERR zu Mose: »Rufe Aaron und seine Söhne Nadab und Abihu, Eleasar und Itamar zu dir. Ich sondere sie aus den übrigen Israeliten aus, damit sie mir als Priester* dienen.

2 Laß für deinen Bruder Aaron kostbare Priesterkleider machen, die der Würde seines Amtes angemessen sind 3 und mit denen er den Priesterdienst ausüben kann. Übertrage ihre Anfertigung fähigen Leuten, denen ich die Weisheit* dafür gegeben habe.

4 Folgende Kleidungsstücke sollen sie für Aaron und seine Nachfolger herstellen: die Brusttasche, den Amtsschurz*, das Obergewand, das Hemd mit eingewebten Mustern, den Gürtel und den Turban. 5 Als Material sollen sie Gold, blaue, rote und karmesinrote Wolle und gezwirntes Leinen nehmen.

6 Den Amtsschurz sollen sie aus gezwirntem Leinen weben und kunstvoll mit Goldfäden und den farbigen Wollfäden besticken. 7-8 Der Gürtel, mit dem er um den Leib befestigt wird, soll aus demselben Material bestehen und an den Schurz angewebt sein. Außerdem sollen zwei breite Bänder über die Schultern gelegt und vorn und hinten am Schurz befestigt werden.

9-12 Auf jedem der Bänder läßt du oben in goldener Fassung einen kostbaren Karneolstein anbringen. In diese Steine werden die Namen der zwölf Stämme Israels eingraviert, in jeden Stein sechs Namen. Auf diese Weise soll Aaron die Namen der Stämme Israels an sich tragen, wenn er ins Heiligtum geht. Er soll die Israeliten bei mir in Erinnerung bringen, damit ich mich ihnen freundlich zuwende.

13-14 Weiter läßt du zwei goldene Ösen an den Schulterbändern anbringen und zwei goldene Kettchen daran befestigen.«

Die Brusttasche des Obersten Priesters

(39,8-21)

15 »Aus demselben Material wie den Amtsschurz* sollst du die Brusttasche machen lassen, in der die heiligen Lose* aufbewahrt werden. 16 Sie hat eine Größe von 25 auf 25 Zentimeter[a] und besteht aus einem zusammengefalteten Stück Gewebe.

17-20 Auf der Vorderseite soll sie mit zwölf goldgefaßten Edelsteinen besetzt werden, die in vier Reihen angeordnet sind: in der ersten Reihe ein Rubin, ein Topas, ein Smaragd; in der zweiten Reihe ein Karfunkel, ein Saphir, ein Jaspis; in der dritten Reihe ein Achat, ein Hyazinth, ein Amethyst; in der vierten Reihe ein Chrysolith, ein Karneol und ein Onyx.[b]

21 In die Steine werden die Namen der zwölf Stämme Israels eingraviert, in jeden Stein ein Name.

22-25 An den oberen Ecken der Tasche werden zwei Goldringe angebracht und mit den goldenen Kettchen verbunden, die an den Ösen auf den Schulterbändern befestigt sind. 26 Zwei weitere Goldringe werden an den unteren Ecken der Tasche angebracht, und zwar auf der Rückseite, 27 und noch einmal zwei Goldringe unten auf den Schulterbändern, dicht über dem Gürtel, der den Schurz hält. 28 Wenn dann die beiden unteren Ringe auf jeder Seite, die an der Tasche und die auf dem Schulterband, jeweils mit einer blauen Schnur verbunden werden, sitzt die Tasche fest über dem Gürtel des Schurzes und kann sich nicht verschieben.

29 Auf diese Weise soll Aaron jedesmal, wenn er ins Heiligtum geht, die Namen der Stämme Israels auf seinem Herzen tragen. Dann werde ich mich den Israeliten freundlich zuwenden. 30 Du sollst in die Brusttasche die heiligen Lose legen, damit Aaron auch diese immer, wenn er vor mich tritt, auf seinem Herzen trägt. Die Lose als das Mittel, mit dem ich gerechte Entscheidungen herbeiführe, soll er immer vor mir auf dem Herzen tragen.«

Weitere Kleidungsstücke für den Obersten Priester

(39,22-26.30-31)

31 »Das Obergewand, das unter dem Amtsschurz* getragen wird, soll ganz aus blaugefärbtem Leinen sein. 32 Es hat in der Mitte eine Öffnung für den Kopf, die mit einer gewebten Borte eingefaßt ist, damit sie nicht einreißt – ähnlich wie die Halseinfassung bei einem Panzerhemd. 33 Am Saum des Gewandes werden Granatäpfel aus blauer, roter und karmesinroter Wolle befestigt und zwischen den Granatäpfeln goldene Glöckchen aufgehängt, 34 so daß immer auf

a Hebräische Maßangabe je *1 Spanne* (= ½ Elle*).
b Die Namen der Edelsteine können nur vermutungsweise wiedergegeben werden.
28,4-43 Lev 8,7-9.13; Sir 45,6-13 **28,30** Lev 8,8; Num 27,20-21; Dtn 33,8; Esr 2,63 par

einen Granatapfel ein Glöckchen folgt, und das ringsherum.

35 Aaron soll dieses Gewand bei seinem Dienst im Heiligtum tragen. Wenn er hineingeht und wenn er herauskommt, werden die Glöckchen erklingen, und so kann er ungefährdet die Schwelle des Heiligtums überschreiten.

36 Laß ein kleines Schild aus reinem Gold machen und darauf eingravieren: ›Dem HERRN geweiht!‹ 37 Es soll mit einer blauen Schnur vorn an Aarons Turban befestigt werden, 38 so daß es über seiner Stirn hängt. Wenn er damit vor mich tritt, werde ich die Verstöße, die die Israeliten bei der Darbringung ihrer Opfer* begangen haben, vergeben und mich ihnen freundlich zuwenden.

39 Weiter laß für Aaron noch das leinene Hemd mit eingewebten Mustern anfertigen und den Turban, ebenfalls aus Leinen, und schließlich den prachtvoll gewebten Gürtel.«

Kleidungsstücke für die übrigen Priester

(39,27-29)

40 »Für die Söhne Aarons laß Hemden, Gürtel und kleinere Turbane anfertigen, die der Würde ihres Amtes angemessen sind. 41 Dann sollst du Aaron und seinen Söhnen die Priesterkleider anlegen und sollst sie mit Salböl besprengen und in den Priesterdienst* einsetzen.

42 Laß noch leinene Kniehosen für sie anfertigen, damit ihre Scham bedeckt ist. 43 Aaron und seine Söhne sollen sie tragen, wenn sie in das Heilige Zelt* gehen oder am Brandopferaltar* Dienst tun, damit sie nicht schuldig werden und sterben müssen. Diese Vorschrift gilt auch für alle ihre Nachkommen, die künftig den Priesterdienst versehen werden.«

Anweisungen für die Einsetzung der Priester

(Lev 8,1-36)

29 »Auf die folgende Weise sollst du Aaron und seine Söhne in den Priesterdienst* einsetzen:

Wähle einen Stier und zwei Schafböcke aus, lauter fehlerfreie Tiere, 2-3 und lege in einen Korb Rundbrote, mit Öl zubereitete Ringbrote* und mit Öl bestrichene Fladenbrote*, alles aus Weizenmehl und ohne Sauerteig* gebacken.

4 Dann führe Aaron und seine Söhne zum Eingang des Heiligen Zeltes* und wasche sie mit Wasser. 5 Nimm die Priesterkleider und bekleide Aaron mit dem Priesterhemd, dem Obergewand und dem Amtsschurz* mit der Brusttasche. Befestige den Schurz mit dem daran angewebten Gürtel. 6 Setze Aaron den Turban auf und befestige daran vorne das goldene Schild. 7 Dann nimm Salböl, gieße es auf Aarons Kopf und weihe ihn so zum Priesterdienst.

8 Darauf läßt du die Söhne Aarons herantreten. Du bekleidest sie mit dem Priesterhemd, 9 legst ihnen den Gürtel an[a] und windest ihnen den Turban um den Kopf. So setzt du sie in das Priesteramt ein und überträgst ihnen das Priestertum für alle Zeiten.

10 Nun holst du den Stier herbei, und Aaron und seine Söhne legen ihre Hände auf seinen Kopf. 11 Dann schlachtest du den Stier bei meinem Altar* vor dem Eingang des Heiligen Zeltes. 12 Nimm von dem Blut und streiche es mit dem Finger an die Hörner* des Altars; das übrige Blut schütte unten an den Altar. 13 Verbrenne für mich auf dem Altar die besten Stücke des Stieres: das Fett an den Eingeweiden, den Fettlappen an der Leber und die beiden Nieren mit dem Nierenfett. 14 Das Fleisch, die Haut und die Eingeweide samt Inhalt mußt du außerhalb des Lagers verbrennen. Es handelt sich um ein Sühneopfer*.

15 Dann holst du den einen Schafbock, und Aaron und seine Söhne legen ihre Hände auf seinen Kopf. 16 Du schlachtest das Tier und sprengst sein Blut ringsum an den Altar. 17 Darauf zerlegst du das Tier und legst die Stücke samt dem Kopf auf den Altar. Die Eingeweide und Unterschenkel säuberst du vorher mit Wasser. 18 Dann wird das ganze Tier auf dem Altar verbrannt. Es ist ein Brandopfer* für mich, den HERRN, ein Opfer, das mich gnädig stimmt.

19 Hol dann den zweiten Schafbock und laß Aaron und seine Söhne die Hände auf seinen Kopf legen. 20 Schlachte den Schafbock, nimm etwas von seinem Blut und betupfe damit das rechte Ohrläppchen, den rechten Daumen und die rechte große Zehe Aarons und seiner Söhne; das übrige Blut sprengst du ringsum an den Altar. 21 Nimm dann etwas von diesem Blut und etwas Salböl und besprenge damit Aaron und seine Kleider und auch seine Söhne und deren Kleider, damit sie samt ihren Kleidern dem HERRN geweiht sind.

22 Dieser zweite Schafbock ist für das Einsetzungsopfer bestimmt. Du nimmst nun von ihm den Fettschwanz und das Fett an den Eingeweiden, den Fettlappen an der Leber und die beiden Nieren mit dem Nierenfett, ebenso die

a Es folgt noch *Aaron und seinen Söhnen,* was in G (vermutlich zu Recht) fehlt.

28,36 Sach 14,20 **28,42** 20,26

rechte Hinterkeule, [23] und dazu aus dem Korb mit den ungesäuerten Broten, der vor dem Altar steht, ein Rundbrot, ein mit Öl zubereitetes Ringbrot und ein Fladenbrot.

[24] Das alles legst du Aaron und seinen Söhnen in die geöffneten Hände, damit sie es mir, dem HERRN, darbieten. [25] Dann nimmst du es ihnen wieder aus den Händen und verbrennst es für mich auf dem Altar, wo du schon das Brandopfer dargebracht hast, als ein Opfer, das mich gnädig stimmt.

[26] Das Bruststück des zweiten Schafbocks nimmst du selbst in die Hand, um es mir symbolisch zu übereignen*; es fällt dir als dein Anteil an dem Opfer zu.

[27–28] Von allen Mahlopfern* der Israeliten sollen das Bruststück und die Keule für alle Zeiten den Nachkommen Aarons als Anteil zustehen, weil beim Schafbock des Einsetzungsopfers für Aaron und seine Söhne das Bruststück mir, dem HERRN, übereignet und die Keule vor dem Altar emporgehoben worden ist. Du sollst deshalb diese Stücke für heilig* erklären und den Priestern zusprechen.

[29] Die Priesterkleider Aarons gehen später an seine Nachfolger über. In ihnen sollen sie mit Salböl geweiht und in den Priesterdienst eingesetzt werden. [30] Jeweils der von Aarons Nachkommen, dem die Nachfolge Aarons zufällt und der den Dienst im Innern des Heiligen Zeltes zu versehen hat, soll sie bei der Feier seiner Einsetzung sieben Tage lang tragen.

[31] Das Fleisch des zweiten Schafbocks kochst du im Bereich des Heiligtums. [32] Aaron und seine Söhne sollen es am Eingang des Heiligen Zeltes essen, zusammen mit dem Opferbrot aus dem Korb. [33] Es ist als Opfer bei ihrer Einsetzung dargebracht worden, deshalb dürfen sie es essen; aber niemand sonst darf davon essen, denn es ist heilig*. [34] Was von dem Fleisch und dem Brot am anderen Morgen noch übrig ist, darf nicht gegessen werden; es muß verbrannt werden.

[35] An sieben Tagen nacheinander sollst du dieses Einsetzungsopfer wiederholen. [36] Jeden Tag schlachtest du einen Stier als Sühneopfer und reinigst mit seinem Blut den Altar von der Befleckung durch menschliche Verfehlungen. Außerdem bestreichst du den Altar mit Salböl und machst ihn dadurch heilig. [37] An sieben Tagen sollst du das wiederholen, dann wird der Altar in besonderem Maße heilig sein; jeder Unbefugte, der ihn berührt, muß sterben.«

Die täglichen Opfer

(Num 28,1-8)

[38] »Tag für Tag sollst du auf dem großen Altar zwei einjährige Schafe als Brandopfer* darbringen lassen, [39] das eine am Morgen, das andere in der Abenddämmerung.[a] [40–41] Dazu kommen jeweils als Speiseopfer* 1/10 Efa* (gut 1 Kilo) Weizenmehl, das mit 1/4 Hin* (knapp 1 Liter) feinstem Olivenöl vermengt wird, und als Trankopfer* 1/4 Hin Wein. So ist es ein Opfer, das mich gnädig stimmt. [42a] Als regelmäßiges tägliches Opfer sollt ihr und eure Nachkommen es mir in alle Zukunft am Eingang des Heiligen Zeltes darbringen.

Die Bedeutung des Heiligtums

[42b] Hier in diesem Heiligtum komme ich euch nahe, hier rede ich mit dir. [43] Hier soll es zur Begegnung zwischen mir und den Israeliten kommen.

Das Heilige Zelt wird durch die Gegenwart meiner Herrlichkeit* zu einer heiligen Stätte werden, [44] und genauso wird der Altar durch meine Gegenwart heilig*. Auch Aaron und seine Söhne mache ich heilig, damit sie mir als Priester dienen können.

[45] Ich werde mitten unter dem Volk Israel wohnen und als ihr Gott bei ihnen sein. [46] Dann werden sie erkennen, daß ich der HERR, ihr Gott, bin, der sie aus Ägypten herausgeführt hat, um in ihrer Mitte zu wohnen. Ich bin der HERR, ihr Gott.«

Der Altar für das Räucheropfer

(37,25-28)

30 Weiter sagte der HERR: »Laß einen Altar aus Akazienholz machen, auf dem Weihrauch* als Opfer für mich verbrannt wird. [2] Er soll einen halben Meter lang und genauso breit und einen Meter hoch sein. Er muß samt seinen Hörnern* aus einem Stück gefertigt werden. [3] Laß ihn außen mit reinem Gold überziehen und bringe ringsum eine goldene Leiste an. [4] Unter der Leiste sollen auf zwei einander gegenüberliegenden Seiten je zwei goldene Ringe befestigt werden, durch die die Tragstangen gesteckt werden können. [5] Die Tragstangen sollen aus Akazienholz sein und ebenfalls mit Gold überzogen werden.

a Wörtlich *zwischen den beiden Abenden;* vgl. jedoch Sacherklärung »Abendopfer«.

29,26 Lev 7,30; 8,27.29; 9,21; 10,15; 23,11.20 **29,29-30** Num 20,28 **29,37** (sterben) 30,29; Lev 6,11.20; Num 4,18-20; 8,19; Jer 30,21; Ez 44,19 **29,45** 25,8 **30,1** 1 Kön 6,20; 7,48-50; Ez 41,22; Offb 8,3-5 **30,6** 25,21-22

6 Stell diesen Altar vor dem Vorhang auf, hin-
ter dem sich die Lade* mit dem Bundesgesetz
befindet,[a] wo ich dir begegnen will.
7 Jeden Morgen, wenn Aaron die Lampen*
neu herrichtet, soll er wohlriechenden Weih-
rauch* auf diesem Altar verbrennen, 8 und ge-
nauso jeden Abend, wenn er die Lampen an-
zündet. Für alle Zukunft erwarte ich von euch
dieses regelmäßige Räucheropfer.
9 Ihr dürft auf diesem Altar keine anderen
Duftstoffe verbrennen, als ich euch vorgeschrie-
ben habe, und auch kein Brand-, Speise- oder
Trankopfer darbringen. 10 Einmal im Jahr soll
Aaron die Hörner des Altars mit dem Blut des
Sühneopfers* bestreichen und ihn so von aller
Entweihung reinigen. Er gehört zu den Dingen,
die in besonderem Maße heilig* sind.«

Die Kopfsteuer für das Heiligtum

11 Der HERR sagte zu Mose: 12 »Wenn du die Zahl
der wehrfähigen Männer in Israel feststellst,
muß jeder der Gezählten mir ein Sühnegeld für
sein Leben zahlen. Sonst könnte zur Strafe eine
schwere Seuche unter ihnen ausbrechen.
13–14 Jeder männliche Israelit ab 20 Jahren
muß mir als Opfergabe ein halbes Silberstück*
zahlen, gewogen nach dem Gewicht des Heilig-
tums, das Silberstück zu zwölf Gramm.[b] 15 Ein
Reicher soll nicht mehr zahlen und ein Armer
nicht weniger.

Mit dieser Abgabe leistet ihr Sühne, damit ihr
am Leben bleibt. 16 Du nimmst das Geld von den
Männern Israels in Empfang und gibst es den
Priestern* für den Dienst am Heiligen Zelt*. Es
soll die Israeliten bei mir in Erinnerung bringen,
damit ich mich ihnen freundlich zuwende und
sie verschone.«

Das Wasserbecken

17 Weiter sagte der HERR zu Mose: 18 »Laß ein
Wasserbecken aus Bronze anfertigen und auf
einem bronzenen Untersatz zwischen dem Hei-
ligen Zelt und dem Brandopferaltar* aufstellen.
Fülle es mit Wasser, 19–20 damit Aaron und seine
Söhne sich die Hände und Füße waschen kön-
nen, wenn sie ins Heilige Zelt gehen oder an den
Altar treten, um ein Opfer darauf zu verbrennen.
21 Wenn sie das unterlassen, müssen sie sterben.
Diese Anweisung gilt auch für ihre Nachkom-
men in aller Zukunft.«

Das heilige Salböl

22 Weiter erhielt Mose vom HERRN die Anwei-
sung: 23–24 »Besorge dir kostbare Duftstoffe,
sechs Kilo Myrrhe*, drei Kilo Zimt, drei Kilo Kal-
mus, sechs Kilo Kassia, gewogen nach dem Ge-
wicht des Heiligtums, und dazu dreieinhalb Liter
Olivenöl.[c] 25 Laß daraus das wohlriechende
Salböl bereiten, das für die Weihe von Personen
und Gegenständen gebraucht wird.
26–28 Salbe mit dem Öl das Heilige Zelt, die
Lade* mit dem Bundesgesetz, den Tisch für die
geweihten Brote* mit allen Geräten und den
Leuchter mit allem Zubehör, weiter den Räu-
cher- und den Brandopferaltar* mit allen zu-
gehörigen Geräten und das Wasserbecken samt
Untersatz. 29 Dadurch wird dies alles mir ge-
weiht und in besonderem Maße heilig*. Wer als
Unbefugter eines dieser geweihten Dinge
berührt, muß sterben.
30 Auch Aaron und seine Söhne sollst du mit
dem Öl salben, wenn du sie in den Priester-
dienst* einsetzt. 31 Den Israeliten aber mußt du
sagen: ›Das Öl, das nach dieser Anweisung be-
reitet wird, ist dem HERRN allein vorbehalten.
Dies gilt für alle Zukunft. 32 Es darf nicht auf die
Haut gewöhnlicher Menschen kommen, und
ihr dürft es überhaupt nicht für den Gebrauch
außerhalb des Heiligtums herstellen. Es ist hei-
lig, und ihr sollt es gebührend achten. 33 Wer
unbefugt solches Öl herstellt oder einen ge-
wöhnlichen Menschen damit salbt, hat sein
Leben verwirkt und muß aus dem Volk ausge-
stoßen werden.‹

Das Räucheropfer

34 Weiter sagte der HERR zu Mose: »Besorge dir
wohlriechende Stoffe: Stakte*, Räucherklaue*,
Galbanum*, Gewürzkräuter und reines Weih-
rauchharz. Nimm von jedem die gleiche Menge
35 und laß daraus die Mischung für das Räu-
cheropfer* bereiten. Füge auch etwas Salz hinzu
und verwende nur reine Stoffe. 36 Zerstoße je-
weils einen Teil davon zu Pulver und verbrenne
ihn im Heiligen Zelt vor der Lade* mit dem Bun-
desgesetz, wo ich dir begegnen werde.

Diese Weihrauchmischung soll euch als
etwas besonders Heiliges* gelten. 37 Deshalb ist
sie mir allein vorbehalten; ihr dürft sie nicht für
euren eigenen Gebrauch herstellen. 38 Wer es

a Es folgt noch *vor der Deckplatte auf der Lade;* wohl eine Randnotiz oder versehentliche Doppelschreibung die in zahlreichen Handschriften sowie G fehlt.
b Hebräische Maßangabe *20 Gera* (1 Gera = 1/20 Schekel*).
c Hebräische Maßangabe *500* bzw. *250 Schekel** und *1 Hin**.

30,10 Lev 16,18-19 **30,12** 2 Sam 24,10-15 **30,13-14** 38,25-26; Mt 17,27 **30,18** 38,8; 1 Kön 7,23-26 **30,29** 29,37 S

tut, um selbst diesen Duft zu genießen, hat sein
Leben verwirkt und muß aus dem Volk ausge-
stoßen werden.«

Die ausführenden Künstler und Handwerker

(35,30–36,1)

31 Dann sagte der HERR zu Mose: 2 »Ich habe
Bezalel, den Sohn von Uri und Enkel von
Hur vom Stamm Juda, dazu berufen, alle diese
Arbeiten auszuführen. 3 Ich habe ihn mit mei-
nem Geist* erfüllt, ihm Weisheit* und Einsicht
gegeben und ihn zu jeder künstlerischen Tätig-
keit befähigt.

4 Er kann Bilder und Gegenstände entwerfen
und sie in Gold, Silber oder Bronze ausführen;
5 er kann Edelsteine schneiden und fassen und
Holz kunstvoll bearbeiten; in jeder künstleri-
schen Technik ist er erfahren.

6 Ihm zur Seite stelle ich Oholiab, den Sohn
Ahisamachs vom Stamm Dan, und zu ihren Hel-
fern bestimme ich alle kunstfertigen Handwer-
ker in Israel.

Ich habe sie dazu befähigt, alles herzustellen,
was ich angeordnet habe: 7–11 das Heilige Zelt,
die Lade für das Bundesgesetz mit ihrer Deck-
platte, den Tisch für die geweihten Brote mit sei-
nen Geräten, den Leuchter mit allem Zubehör,
den Räucher- und den Brandopferaltar mit allen
Geräten, das Wasserbecken mit seinem Unter-
satz, die Priesterkleidung für Aaron und seine
Söhne, das Salböl und die Weihrauchmischung
für den Gebrauch im Heiligtum. Sie sollen alles
genau so ausführen, wie ich es dir befohlen
habe.«

BUNDESBRUCH UND ERNEUERUNG DES BUNDES (31,12–34,35)

Letzte Weisung und Übergabe der Gesetzestafeln

12–13 Abschließend ließ der HERR dem Volk Israel
durch Mose sagen: »Beachtet bei all diesen
Arbeiten stets meinen Ruhetag! Ich habe den
Sabbat* eingesetzt als Zeichen für den Bund*
zwischen mir und euch in allen kommenden
Generationen. Daran sollen alle anderen erken-
nen, daß ich der HERR bin, der euch als sein hei-
liges* Volk ausgesondert hat.

14–15 Beachtet also den Sabbat*! Er soll euch
ein heiliger Tag sein. Sechs Tage in der Woche
sollt ihr eure Arbeit tun. Der siebte Tag aber ist
der Ruhetag, der mir gehört. Wer an diesem Tag
irgendeine Arbeit tut und ihn dadurch entweiht,
muß mit dem Tod bestraft werden. Ein solcher
Mensch hat sein Leben verwirkt und soll aus
seinem Volk ausgerottet werden.

16–17 Dies soll für euch in alle Zukunft ein
unverbrüchliches Gesetz sein. Für alle Zeiten ist
der Sabbat ein Zeichen des Bundes* zwischen
mir und dem Volk Israel. Denn in sechs Tagen
habe ich Himmel und Erde geschaffen, aber am
siebten Tag habe ich geruht und mich von mei-
ner Arbeit erholt.«

18 Nachdem der HERR zu Ende gesprochen
hatte, übergab er Mose auf dem Berg Sinai* die
beiden Steintafeln, auf die er selbst das Bundes-
gesetz* geschrieben hatte.

Der selbstgemachte Gott: das goldene Kalb

(Dtn 9,9-12)

32 Das Volk Israel unten im Lager hatte
lange auf die Rückkehr von Mose ge-
wartet. Als er immer noch nicht kam, liefen alle
Männer bei Aaron zusammen und forderten:
»Mach uns einen Gott, der uns schützt und
führt! Denn was aus diesem Mose geworden ist,
der uns aus Ägypten hierhergeführt hat – nie-
mand weiß es.«

2 Aaron sagte zu ihnen: »Nehmt euren Frauen,
Söhnen und Töchtern die goldenen Ringe ab, die
sie an den Ohren tragen, und bringt sie her!«

3 Alle nahmen ihre goldenen Ohrringe ab und
brachten sie zu Aaron. 4 Er schmolz sie ein, goß
das Gold in eine Form und machte daraus das
Standbild eines Jungstiers.

Da riefen alle: »Hier ist dein Gott, Israel, der
dich aus Ägypten hierhergeführt hat!«

5 Aaron errichtete vor dem goldenen Stier-
bild* einen Altar* und ließ im Lager bekannt-
machen: »Morgen feiern wir ein Fest für den
HERRN!« 6 Früh am nächsten Morgen brachten
die Leute Tiere, die als Brandopfer* dargebracht
oder für das Opfermahl* geschlachtet wurden.
Sie setzten sich zum Essen und Trinken nieder,
und danach begannen sie einen wilden Tanz.

7 Da sagte der HERR zu Mose: »Steig schnell
hinunter! Dein Volk, das du aus Ägypten hier-
hergeführt hast, läuft ins Verderben. 8 Sie sind
sehr schnell von dem Weg abgewichen, den ich
ihnen mit meinen Geboten gewiesen habe: Ein
gegossenes Kalb haben sie sich gemacht, sie
haben es angebetet und ihm Opfer dargebracht
und gerufen: ›Hier ist dein Gott, Israel, der dich
aus Ägypten hierhergeführt hat!‹«

31,12-17 20,8-10 S; Gen 2,2-3 **31,18** 24,12 S **32,1-8** 1 Kön 12,26-32; Ps 106,19-22; Apg 7,39-41 **32,6** 1 Kor 10,7

Mose tritt bei Gott für sein Volk ein

(Dtn 9,13-14.26-29)

9 Weiter sagte der HERR zu Mose: »Ich habe er-
kannt, daß dies ein widerspenstiges Volk ist.
10 Deshalb will ich meinen Zorn über sie aus-
schütten und sie vernichten. Versuche nicht,
mich davon abzubringen! Mit dir will ich neu be-
ginnen und deine Nachkommen zu einem
großen Volk machen.«

11 Mose aber suchte den HERRN, seinen Gott,
umzustimmen und sagte: »Ach HERR, warum
willst du deinen Zorn über dein Volk ausschüt-
ten, das du eben erst durch deine große Macht
aus Ägypten herausgeführt hast? 12 Du willst
doch nicht, daß die Ägypter von dir sagen: ›Er
hat sie nur herausgeführt, um sie dort am Berg
zu töten und völlig vom Erdboden auszurotten!‹
Laß ab von deinem Zorn, laß dir das Unheil leid
tun, das du über dein Volk bringen willst!
13 Denk doch an Abraham, Isaak und Jakob,[a] die
dir treu gedient haben und denen du mit einem
feierlichen Eid versprochen hast: ›Ich will eure
Nachkommen so zahlreich machen wie die
Sterne am Himmel; ich will ihnen das ganze
Land, von dem ich zu euch gesprochen habe, für
immer zum Besitz geben.‹«

14 Da sah der HERR davon ab, seine Drohung
wahrzumachen, und vernichtete sein Volk nicht.

Mose zerbricht die Bundestafeln

(Dtn 9,15-17.21)

15-16 Mose stieg den Berg hinunter. In der Hand
hatte er die zwei Steintafeln, die auf beiden Sei-
ten beschrieben waren. Gott selbst hatte die
Tafeln gemacht und mit eigener Hand das Bun-
desgesetz* darauf geschrieben.

17 Als Josua das Lärmen und Schreien im
Lager hörte, sagte er zu Mose: »Es ist Krieg aus-
gebrochen!«

18 »Nein«, widersprach Mose, »das hört sich
nicht an wie Siegesjubel und auch nicht wie das
Klagegeschrei nach einer Niederlage. Ich höre
Festgesang!«

19 Als Mose näher kam, sah er das Stierbild
und das wild tanzende Volk. Da packte ihn der
Zorn, und er zerschmetterte die Tafeln auf dem
Felsboden am Fuß des Berges. 20 Das Götterbild,
das sie gemacht hatten, schmolz er ein und zer-
stampfte es dann zu Pulver. Das Pulver ver-
mischte er mit Wasser und gab es den Leuten
von Israel zu trinken.

21 Zu Aaron aber sagte er: »Was hat dir das
Volk getan, daß du es in so schwere Schuld ge-
stürzt hast?«

22 Aaron erwiderte: »Sei nur nicht zornig! Du
weißt doch, wie sehr das Volk zum Bösen neigt.
23 Sie drängten mich: ›Mach uns einen Gott, der
uns schützt und führt! Denn was aus diesem
Mose geworden ist, der uns aus Ägypten hier-
hergeführt hat – niemand weiß es.‹ 24 Da sagte
ich zu ihnen: ›Wer goldenen Schmuck hat, soll
ihn herbringen!‹ Sie gaben mir das Gold, ich
warf es ins Feuer, und herausgekommen ist die-
ser Stier!«

Bestrafung der Israeliten und Fürbitte Moses

25 Mose sah, daß das Volk zügellos geworden
war; denn Aaron hatte die Zügel schleifen las-
sen, zur Schadenfreude ihrer Feinde. 26 Darum
stellte Mose sich ans Lagertor und rief: »Her zu
mir, wer zum HERRN hält!«

Alle Leviten* sammelten sich um ihn, 27 und
er sagte zu ihnen: »So spricht der HERR, der Gott
Israels: ›Nehmt euer Schwert und geht durch
das ganze Lager, von einem Tor zum andern!
Tötet alle, die schuldig geworden sind, selbst
eure Brüder, Verwandten und Freunde!‹«

28 Die Leviten führten den Befehl aus und
töteten an jenem Tag dreitausend Mann. 29 Dar-
auf sagte Mose zu den Leviten: »Weiht euch
heute zum Priesterdienst* für den HERRN! Weder
Sohn noch Bruder habt ihr geschont, darum
wird der HERR seinen Segen auf euch legen.«

30 Am folgenden Tag sagte Mose zum Volk:
»Ihr habt schwere Schuld auf euch geladen. Dar-
um will ich jetzt zum HERRN hinaufsteigen. Viel-
leicht kann ich erreichen, daß er euch die Schuld
vergibt.«

31 Mose kehrte zum HERRN zurück und sagte:
»Ach Herr, das Volk hat sich schwer gegen dich
vergangen! Einen Gott aus Gold haben sie
gemacht. 32 Vergib doch ihre Schuld! Wenn
nicht, dann streiche meinen Namen aus dem
Buch, in dem die Namen der Deinen eingetragen
sind.«

33 Der HERR aber sagte: »Ich streiche nur den
Namen dessen aus meinem Buch, der sich gegen
mich vergangen hat. 34 Geh jetzt und führe das
Volk an den Ort, den ich dir gesagt habe. Mein
Engel* wird vor dir hergehen. Wenn die Zeit ge-
kommen ist, werde ich dieses Volk für seine Ver-
fehlung bestrafen.«

a Jakob: wörtlich *Israel**.

32,9 Jes 48,4 32,10 Num 14,12; Gen 12,2 S 32,11-14 Num 14,13-20; Ps 106,23 32,13 Gen 12,2 S; 12,7 S 32,15-16 24,12 S 32,26-29 Dtn 33,9-11 32,32 (Buch) Ps 69,29; Mal 3,16 S; Lk 10,20; Röm 9,3; Offb 3,5 S

35 Der HERR aber ließ eine Seuche unter den Israeliten wüten, weil sie Aaron dazu verleitet hatten, für sie das Götzenbild zu machen.

Die Israeliten suchen Gott gnädig zu stimmen

33 Der HERR sagte zu Mose: »Ihr brecht jetzt auf! Bring das Volk, das du aus Ägypten hierhergeführt hast, in das Land, das ich Abraham, Isaak und Jakob mit einem Eid als Besitz für ihre Nachkommen versprochen habe, 2-3 dieses Land, das von Milch und Honig überfließt!

Ich werde einen Engel* mitsenden, der vor euch hergeht, und werde die Völker im Land vor euch vertreiben, die Kanaaniter*, Amoriter*, Hetiter*, Perisiter, Hiwiter und Jebusiter. Aber ich selbst werde nicht mit euch ziehen. Ihr seid ein widerspenstiges Volk, und ich müßte euch deshalb bestimmt unterwegs vernichten.«

4 Als die Leute das hörten, wurden sie traurig, und zum Zeichen ihrer Trauer legten alle ihren Schmuck ab.

5 Da sagte der HERR zu Mose: »Sag den Leuten von Israel: ›Ihr seid zwar ein widerspenstiges Volk, und wenn ich auf dem Weg ins Land auch nur einen Augenblick in eurer Mitte weilen würde, müßte ich euch vernichten. Aber wenn ihr jetzt euren Schmuck für immer ablegt, will ich sehen, was ich für euch tun kann.‹«

6 Da trennten sich die Leute von Israel noch am Berg Horeb* von ihrem Schmuck.

Gott gewährt den Israeliten seine Nähe

7 Von da an schlug Mose jedesmal, wenn das Volk Rast machte, außerhalb des Lagers ein Zelt auf. Er nannte es das Zelt der Begegnung mit Gott.[a] Wer von den Leuten im Volk eine Weisung oder Entscheidung des HERRN suchte, mußte dorthin gehen.

8 Immer wenn Mose zu diesem Zelt ging, standen alle auf und traten an den Eingang ihrer Zelte. Sie blickten ihm nach, bis er in dem Zelt verschwunden war. 9 Wenn Mose in das Zelt ging, kam die Wolkensäule herab und blieb am Eingang des Zeltes stehen. Dann redete der HERR mit Mose. 10 Wenn die Leute von Israel die Wolkensäule über dem Zelt stehen sahen, warfen sich alle anbetend am Eingang ihrer Zelte nieder.

11 Der HERR sprach mit Mose Auge in Auge wie ein Mensch mit einem andern. Darauf kehrte Mose ins Lager zurück. Sein Diener Josua aber, der Sohn Nuns, damals noch ein junger Mann, blieb stets als Hüter im Zelt.

Mose bittet um Gottes Mitkommen

12 Mose sagte zum HERRN: »Du befiehlst mir: ›Führe das Volk in sein Land!‹, aber du hast mir nicht gesagt, wen du mitschicken wirst. Dabei hast du mir doch versichert, daß ich in deiner Gunst stehe und daß du mich als deinen Vertrauten betrachtest. 13 Wenn das stimmt, dann bestätige es mir jetzt und sag mir, was du vorhast. Und vergiß nicht, daß diese Leute dein Volk sind!«

14 Der HERR erwiderte: »Ich werde mitgehen,[b] du kannst ruhig sein.«

15 Mose sagte: »Wenn du nicht mitgehst, wäre es besser, du ließest uns hierbleiben. 16 Woran sollen wir denn erkennen, daß wir in deiner Gunst stehen, ich und dein Volk? Doch nur daran, daß du mit uns ziehst und uns dadurch vor allen anderen Bewohnern der Erde auszeichnest, nicht nur mich, sondern auch dein ganzes Volk!«

17 Der HERR antwortete: »Ich werde auch diese Bitte erfüllen, weil du in meiner Gunst stehst und mein Vertrauter bist.«

Mose möchte Gottes Herrlichkeit schauen

18 Nun bat Mose den HERRN: »Laß mich doch den Glanz deiner Herrlichkeit* sehen!«

19 Der HERR erwiderte: »Ich werde in meiner ganzen Pracht und Hoheit an dir vorüberziehen und meinen Namen ›DER HERR‹ vor dir ausrufen. Es liegt in meiner freien Entscheidung, wem ich meine Gnade erweise; es ist allein meine Sache, wem ich mein Erbarmen schenke. 20 Trotzdem darfst du mein Gesicht nicht sehen; denn niemand, der mich sieht, bleibt am Leben.

21 Weiter sagte der HERR: Hier auf dem Felsen neben mir kannst du stehen. 22 Wenn meine Herrlichkeit vorüberzieht, werde ich dich in einen Felsspalt stellen und dich mit meiner Hand bedecken, bis ich vorüber bin. 23 Dann werde ich meine Hand wegnehmen, und du kannst mir nachschauen. Aber von vorn darf mich niemand sehen.«

a *Zelt der Begegnung ...:* Der hebräische Ausdruck wird sonst durch *Heiliges Zelt* wiedergegeben (28,43; 29,4 usw.), doch handelt es sich hier offenbar um ein andersartiges Zelt, in dem kein Opferdienst verrichtet wird.

b Wörtlich *Mein Angesicht wird mitgehen* (ebenso im folgenden Vers), d. h. die den Menschen zugewandte Seite Gottes.

33,1 Gen 12,7 S **33,9** 19,9 S **33,11** Num 12,6-8; Dtn 34,10 **33,18-23** 16,7 S **33,19** Röm 9,15 **33,20** Gen 32,31; Lev 16,1-2; Dtn 5,24; Ri 6,22; 13,22; Jes 6,5 **33,22** 1 Kön 19,13

Mose in Gottes Nähe

(Dtn 10,1-5)

34 Dann sagte der HERR zu Mose: »Hau dir
zwei Steintafeln zurecht wie die ersten,
die du zerbrochen hast. Ich werde die Worte dar-
auf schreiben, die schon auf den ersten Tafeln
standen.
2 Mach dich für morgen bereit und steig in der
Frühe auf den Berg Sinai*. Stell dich auf den Gip-
fel und erwarte mich dort. 3 Du sollst niemand
mit hinaufnehmen, überhaupt darf kein Mensch
den Berg betreten. Auch das Vieh darf nicht an
seinem Fuß weiden.«
4 Mose machte die beiden Steintafeln zurecht
und nahm sie am nächsten Morgen mit auf den
Berg, wie der HERR es befohlen hatte.
5 In einer Wolke kam der HERR auf den Berg
herab, stellte sich neben Mose und rief seinen
Namen aus. 6 Er ging an Mose vorüber und rief:
»Ich bin der HERR! ›Ich bin da‹ ist mein Name![a]
Ich bin ein Gott voll Liebe und Erbarmen. Ich
habe Geduld, meine Güte und Treue sind gren-
zenlos. 7 Ich erweise Güte über tausend Gene-
rationen hin, ich vergebe Schuld, Verfehlung
und Auflehnung; aber ich lasse auch nicht alles
ungestraft hingehen. Wenn sich jemand gegen
mich wendet, dann bestrafe ich dafür auch seine
Kinder und Enkel bis in die dritte und vierte
Generation.«
8 Da warf sich Mose anbetend vor dem HERRN
nieder.

Bitte um Vergebung der Schuld und erneuter Bundesschluß

9 Mose sagte: »Herr, wenn ich in deiner Gunst
stehe, dann sei doch in unserer Mitte und zieh
mit uns in das Land! Es ist ein widerspenstiges
Volk, aber vergib uns unsere Schuld und unse-
ren Ungehorsam, und nimm uns als dein Volk
an!«
10 Darauf sagte der HERR: »Ich schließe einen
Bund* mit euch und werde vor euren Augen
Wunder tun, wie sie noch niemand vollbracht
hat unter allen Völkern der Erde. Das ganze
Volk, in dessen Mitte du stehst, soll meine Taten
sehen. Furcht- und staunenerregend werden die
Wunder sein, die ich für euch tun will.
11 Befolgt genau die Gebote, die ich euch
heute gebe. Ich werde die Bewohner des Lan-
des, in das ich euch führe, vor euch vertreiben,
die Amoriter*, Kanaaniter*, Hetiter*, Perisiter,
Hiwiter und Jebusiter. 12 Ihr dürft mit ihnen
keinen Bund schließen, wenn ihr in ihr Land
kommt, sonst könnten sie euch zum Verderben
werden. 13 Ihr müßt ihre Altäre* zerstören, die
heiligen Steinmale* zerschlagen und die geweih-
ten Pfähle* umhauen.
14 Ihr dürft euch vor keinem anderen Gott nie-
derwerfen, denn ich, der HERR, bin ein leiden-
schaftlich liebender Gott und erwarte auch von
euch ungeteilte Liebe.[b]
15 Schließt keinen Bund mit den Bewohnern
des Landes, damit ihr nicht mit ihrem Götzen-
dienst in Berührung kommt. Laßt euch nicht zu
ihren Opfermählern* einladen, 16 und verheira-
tet eure Söhne nicht mit ihren Töchtern, sonst
verleiten sie eure Söhne dazu, hinter ihren Göt-
zen herzulaufen.
17 Ihr dürft keine gegossenen Götterbilder
machen.
18 Ihr sollt das Fest der Ungesäuerten Brote*
halten, wie ich es euch befohlen habe. Sieben
Tage lang dürft ihr nur solches Brot essen, das
ohne Sauerteig zubereitet ist. Feiert dieses Fest
zur festgesetzten Zeit im Frühlingsmonat;[c] denn
in diesem Monat seid ihr aus Ägypten wegge-
zogen.
19 Jede Erstgeburt* gehört mir. Wenn eure
Rinder, Schafe und Ziegen als erstes Junges ein
männliches Tier werfen, müßt ihr es für mich
aussondern. 20 Für ein erstgeborenes Eselsfohlen
sollt ihr mir als Ersatz ein einjähriges Schaf oder
eine einjährige Ziege geben, oder ihr müßt ihm
das Genick brechen. Für eure erstgeborenen
Söhne sollt ihr mir ein Lösegeld geben.
Niemand soll mit leeren Händen zu meinem
Heiligtum kommen.
21 Sechs Tage in der Woche sollt ihr arbeiten;
aber am siebten Tag dürft ihr keine Arbeit tun.
Das gilt auch für die Zeit des Pflügens und Ern-
tens.
22 Ihr sollt das Pfingstfest* feiern, wenn die
Weizenernte vorüber ist, und im Herbst das Fest
der Lese.
23 Dreimal im Jahr sollen alle Männer zum
Heiligtum des HERRN, des Gottes Israels, kom-
men. 24 Ihr braucht keine Angst zu haben, daß in
dieser Zeit jemand in euer Land einfällt; denn ich
werde alle fremden Völker vor euch vertreiben.
25 Zum Blut eines Mahlopfers* dürft ihr mir
nicht Brot darbringen, das mit Sauerteig zuberei-
tet ist. Das Fleisch des Passalamms* darf nicht
bis zum anderen Morgen aufbewahrt werden.

a Siehe 3,13-15. *b* Siehe Anmerkung zu 20,5. *c* Hebräischer Monatsname *Abib**.

34,1 24,12 S **34,3** 19,12-13 **34,6** Num 14,18; Joël 2,13; Jona 4,2; Ps 86,15; 103,8; 145,8; Neh 9,17.31 **34,7** 20,5-6 S **34,11-16** Num 33,50-52 S **34,14** 20,5 S **34,17** 20,4 S **34,18** 12,15-20 S **34,19-20** 13,11-16 S **34,21** 20,8-10 S **34,22** 23,16 S

26 Die erstgeernteten Früchte* eurer Felder
sollt ihr in das Heiligtum des HERRN, eures Got-
tes, bringen.

Ihr dürft ein Böcklein nicht in der Milch sei-
ner Mutter kochen.«

27 Der HERR sagte zu Mose: »Schreib alle diese
Anordnungen auf! Auf ihrer Grundlage schließe
ich meinen Bund mit dir und dem Volk Israel.«

28 Vierzig Tage und vierzig Nächte blieb Mose
auf dem Berg beim HERRN, ohne zu essen und
zu trinken. Er schrieb auf die Steintafeln die
Grundregeln des Bundes zwischen Gott und sei-
nem Volk, die Zehn Gebote.

Mose muß sein Gesicht verhüllen

29 Als Mose mit den beiden Tafeln den Berg
Sinai* hinabstieg, wußte er nicht, daß sein Ge-
sicht einen strahlenden Glanz bekommen hatte,
während der HERR mit ihm sprach.

30 Aaron und das ganze Volk sahen das Leuch-
ten auf Moses Gesicht und fürchteten sich, ihm
nahe zu kommen. 31 Erst als Mose sie zu sich
rief, kamen Aaron und die führenden Männer
der Gemeinde herbei, und er redete mit ihnen.
32 Dann kamen auch die anderen Israeliten, und
Mose gab ihnen alle Anordnungen weiter, die
der HERR ihm auf dem Berg Sinai gegeben hatte.

33 Als Mose ihnen alles gesagt hatte, verhüllte
er sein Gesicht. 34-35 Sooft er ins Zelt ging, um
mit dem HERRN zu reden, nahm er die Ver-
hüllung ab. Wenn er dann herauskam, um den
Leuten von Israel zu sagen, was der HERR ihm
aufgetragen hatte, mußte er sein Gesicht wieder
bedecken; denn die Leute konnten das Leuchten
auf seinem Gesicht nicht ertragen. So hielt Mose
sein Gesicht verhüllt, bis er wieder zum HERRN
hineinging, um mit ihm zu reden.

HERSTELLUNG, AUSSTATTUNG UND ERRICHTUNG DES HEILIGEN ZELTES

(Kapitel 35–40)

Mose erinnert an das Sabbatgebot

35 Mose rief die ganze Gemeinde Israel zu-
sammen und sagte zu ihnen: »Der HERR
hat euch befohlen: 2 ›Sechs Tage in der Woche
sollt ihr arbeiten; aber der siebte Tag, der Sab-
bat*, ist der Ruhetag, der mir gehört. Wer an
diesem Tag irgendeine Arbeit tut, muß mit dem
Tod bestraft werden. 3 Ihr dürft auch kein Herd-
feuer anzünden. Das gilt für alle eure Wohn-
sitze.‹«

Aufforderung zu Spenden und Auftrag an die Handwerker

(25,1-9; 39,32-43)

4 Mose sagte zur ganzen Gemeinde Israel: »Der
HERR hat befohlen: 5 ›Ihr sollt mir eine freiwillige
Abgabe leisten; alle, die etwas geben möchten,
sollen es herbringen. Gebraucht werden Gold,
Silber und Bronze, 6 blaue, rote und karmesin-
rote Wolle, Leinen und Ziegenhaar, 7 rotgefärbte
Widderfelle, Delphinenhäute, Akazienholz, 8 Öl
für die Lampen, wohlriechende Zutaten für das
Salböl und für die Weihrauchmischung 9 sowie
Karneolsteine und andere Edelsteine zum
Schmuck für Amtsschurz* und Brusttasche des
Obersten Priesters*.‹

10 Alle, die sich auf ein Handwerk verstehen,
sollen nun kommen und alles herstellen, was
der HERR angeordnet hat: 11 das Zelt und die
Schutzdecken darüber, die Haken, die Bretter
und die Querstangen, die Säulen und Sockel;
12 weiter die Bundeslade* mit Tragstangen und
Deckplatte, den Vorhang, der das Allerheiligste*
verdeckt, 13 den Tisch für die geweihten Brote
mit den Tragstangen und allen zugehörigen
Geräten sowie die Brote selbst, 14 den Leuchter
mit seinen Lampen und mit den zur Wartung
nötigen Geräten sowie das Öl für die Lampen,
15 den Altar für das Räucheropfer* mit seinen
Tragstangen, das Salböl und die Weihrauchmi-
schung; weiter den Vorhang am Eingang des Zel-
tes, 16 den Brandopferaltar* mit dem kupfernen
Traggestell, den Tragstangen und allen zugehöri-
gen Opfergeräten, das Wasserbecken mit sei-
nem Untersatz, 17 die Abgrenzung rings um den
Vorhof* mit ihren Säulen und deren Sockeln,
den Vorhang am Eingang des Vorhofs, 18 die
Pflöcke und Stricke zur Befestigung des Zeltes
und der Abgrenzung 19 und schließlich die heili-
gen Gewänder, die Aaron und seine Söhne beim
Priesterdienst tragen sollen.«

Freiwillige Spenden für das Heiligtum

20 Die versammelte Gemeinde ging auseinander,
21 und alle, die es dazu trieb, brachten ein
freiwilliges Opfer für das Heilige Zelt*, seine
Ausstattung und die Priesterkleider.

22 Männer und Frauen opferten dem HERRN
aus freiem Antrieb goldene Schmucksachen:
Spangen, Ohrringe, Fingerringe und Halsketten.
23 Sie brachten auch blaue, rote und karmesin-
rote Wolle, Flachs, Ziegenhaar, rotgefärbte Wid-

34,26a 23,19a S **34,26b** 23,19b S **34,28** 24,18 S; 24,12 S **34,29-35** 2 Kor 3,7-18 **35,2-3** 20,8-10 S

derfelle und Delphinenhäute, 24 außerdem Sil-
ber, Bronze und Akazienholz.

25–26 Die Frauen, die die Fertigkeit besaßen
und sie gerne ausübten, verspannen die Wolle
zu Wollfäden und den Flachs zu gezwirnten Lei-
nenfäden und spannen Fäden aus dem Ziegen-
haar.

27 Die Stammesoberhäupter brachten Kar-
neolsteine und andere Edelsteine, die die
Schulterbänder am priesterlichen Amtsschurz*
Aarons und seine Brusttasche schmücken soll-
ten, 28 außerdem Olivenöl für den Leuchter und
für das Salböl und Duftstoffe für das Salböl und
die Weihrauchmischung.

29 Viele aus dem Volk trieb es, etwas zu
dem Werk beizutragen, das der HERR durch
Mose angeordnet hatte. Sie alle, Männer wie
Frauen, brachten dem HERRN ein freiwilliges
Opfer.

Mose beauftragt die Künstler und Handwerker

(31,1-11)

30 Nun sagte Mose zum Volk: »Der HERR hat
Bezalel, den Sohn von Uri und Enkel von Hur
vom Stamm Juda, dazu bestimmt, die Arbeiten
für sein Heiligtum in eigener Verantwortung
durchzuführen.

31 Er hat ihn mit seinem Geist* erfüllt, ihm
Weisheit* und Einsicht gegeben und ihn zu jeder
handwerklichen und künstlerischen Tätigkeit
befähigt. 32 So kann er Bilder und Gegenstände
entwerfen und sie in Gold, Silber oder Bronze
ausführen; 33 er kann Edelsteine schneiden und
fassen und Holz kunstvoll bearbeiten; in jeder
künstlerischen Technik ist er erfahren. 34 Der
HERR hat ihn auch dazu befähigt, andere zu sol-
chen Arbeiten anzuleiten.

Dasselbe gilt von Oholiab, dem Sohn Ahisa-
machs vom Stamm Dan.

35 Der HERR hat ihnen beiden auch die Fähig-
keit gegeben, blaue, rote und karmesinrote
Wolle und gezwirnte Leinenfäden zu verarbei-
ten, und das in allen Arten von kunstvoller
Weberei und Stickerei; sie können für alles Ent-
würfe machen und sie ausführen.

36 Bezalel, Oholiab und alle, die Fertigkei-
ten besitzen, weil der HERR ihnen Weis-
heit und Einsicht gegeben hat, sollen nun aus-
führen, was er angeordnet hat.«

2 Mose rief Bezalel, Oholiab und alle, die
der HERR fähig und bereit gemacht hatte, ans
Werk. 3 Er übergab ihnen alles, was die Israeliten
für die Herstellung des Heiligtums gespendet
hatten.

Auch weiterhin brachten die Leute zu Mose
jeden Morgen freiwillige Gaben. 4 Da kamen alle
kunstfertigen Männer, die an dem Werk beteiligt
waren, zu Mose, jeder von seiner Arbeit, 5 und
sagten: »Das Volk bringt mehr, als wir für die
aufgetragene Arbeit brauchen!«

6 Darauf ließ Mose im Lager ausrufen: »Nie-
mand, weder Mann noch Frau, soll von jetzt an
noch eine Spende für das Heiligtum abliefern!«
So hörte der Spendenfluß auf.

7 Was bisher abgeliefert worden war, reichte
als Material für alle Arbeiten aus, und es blieb
sogar noch davon übrig.

Die Bestandteile für das Heilige Zelt

(26,1-37)

8 Zusammen mit den Männern, die sich auf diese
Arbeiten verstanden, stellte Bezalel die Einzel-
teile her, aus denen die Wohnung des HERRN auf-
gebaut werden sollte.

Sie webten zehn kostbare Zeltbahnen aus ge-
zwirnten Leinenfäden und stickten darauf mit
blauer, roter und karmesinroter Wolle Bilder von
Keruben*. 9 Jede Bahn war 14 Meter lang und
2 Meter breit.[a] 10–13 Je fünf Bahnen wurden auf
der Langseite miteinander vernäht und die bei-
den so entstandenen größeren Teile durch je
fünfzig einander gegenüberstehende Schlaufen
aus blauer Wolle und fünfzig goldene Klammern
verbunden.

14 Weiter webten die Männer elf Zeltbah-
nen aus Ziegenhaar, 15 jede 15 Meter lang und
2 Meter breit. 16 Sie wurden zu zwei größeren
Stücken aus fünf und sechs Teilen zusammen-
genäht 17–18 und diese wieder durch je fünfzig
Schlaufen und fünfzig bronzene Klammern zu
einem Stück verbunden. 19 Dann machten sie
noch zwei Schutzdecken, die untere aus rotge-
färbten Widderfellen, die obere aus Delphinen-
häuten.

20 Weiter sägten sie Bretter aus Akazienholz,
die unter dem Zeltdach als Wände für die Woh-
nung des HERRN aufgestellt werden sollten, 21 je-
des Brett fünf Meter lang und 75 Zentimeter
breit, 22 mit zwei Zapfen an der unteren Schmal-
seite.

23–26 Je zwanzig Bretter machten sie für die
nördliche und südliche Seitenwand und zu
jedem Brett zwei silberne Bodenplatten, in die es
mit seinen Zapfen eingesteckt werden konnte.

27–30 Für die Rückwand nach Westen machten

a Hebräische Maßangabe in *Ellen** (vgl. Anmerkung zu 25,10), so auch weiterhin in Kap 36–38.

sie sechs Bretter und dazu für die Ecken zwei
Winkelbretter, insgesamt also acht Bretter und
sechzehn Bodenplatten.
31–32 Weiter machten sie Querstangen aus
Akazienholz, je fünf für eine Wand. 33 Die mitt-
lere Stange, die in halber Höhe anzubringen
war, bestand durchlaufend aus einem einzigen
Stück. 34 Als Halter für die Stangen brachten sie
an den Brettern goldene Ringe an und über-
zogen die Bretter und Stangen mit Gold.
35 Sie webten den Vorhang vor dem Allerhei-
ligsten* aus gezwirnten Leinenfäden und stick-
ten darauf mit blauer, roter und karmesinroter
Wolle Bilder von Keruben*, 36 weiter machten
sie aus Akazienholz die vier Trägersäulen des
Vorhangs, die mit Gold überzogen wurden,
dazu die goldenen Haken und die silbernen
Sockel.
37 Aus demselben Material webten sie einen
Vorhang für den Eingang des Zeltes, 38 machten
seine fünf Trägersäulen mit ihren bronzenen
Sockeln und überzogen die Kapitelle und die
Stangen, an denen der Vorhang aufgehängt wer-
den sollte, mit Gold.

Die Bundeslade*

(25,10-22)

37 Dann machte Bezalel die Lade aus Aka-
zienholz, eineinviertel Meter lang, drei-
viertel Meter breit und ebenso hoch. 2 Er über-
zog sie außen und innen mit reinem Gold und
verzierte sie ringsum mit einer Goldleiste.
3 Er goß vier Ringe aus Gold und brachte sie
an den vier Ecken der Lade an, zwei Ringe auf
jeder Längsseite, 4 machte zwei Stangen aus
Akazienholz, überzog sie mit Gold 5 und steckte
sie durch die Ringe, so daß man die Lade tragen
konnte.
6 Er machte eine Deckplatte aus reinem Gold,
die in den Maßen genau auf die Lade paßte,
7–8 sowie zwei geflügelte Kerubenfiguren* aus
getriebenem Gold, die an den seitlichen Enden
der Deckplatte angebracht wurden. 9 Sie standen
einander zugewandt, den Blick auf die Deck-
platte gerichtet; ihre Flügel hielten sie schirmend
über der Platte ausgebreitet.

Der Tisch für die geweihten Brote*

(25,23-30)

10 Dann machte Bezalel den Tisch aus Akazien-
holz, einen Meter lang, einen halben Meter breit
und dreiviertel Meter hoch. 11 Er überzog ihn mit
reinem Gold und faßte die Tischplatte ringsum
mit einer goldenen Schmuckleiste ein. 12 Außer-
dem setzte er auf die Tischplatte ringsum eine
Randleiste von zehn Zentimeter Höhe auf und
faßte auch sie mit einer goldenen Schmuckleiste
ein.
13 Er goß vier goldene Ringe und befestigte sie
oben an den Kanten der vier Beine, 14–15 dicht
unter der umlaufenden Randleiste. Er machte
zwei Stangen aus Akazienholz, überzog sie mit
Gold und steckte sie durch die Ringe, so daß
man den Tisch tragen konnte.
16 Außerdem machte er aus reinem Gold die
Geräte für das Trankopfer*, die auf dem Tisch
stehen sollten: die Schalen, Schüsseln, Becher
und Kannen.

Der goldene Leuchter

(25,31-40)

17 Weiter machte Bezalel den Leuchter aus rei-
nem Gold, und zwar mit allen seinen Teilen aus
einem Stück. 18 Von seinem Schaft gingen nach
beiden Seiten je drei Arme aus, 19 jeder mit drei
Blütenkelchen verziert. 20 Auf dem Schaft selber
befanden sich vier Blütenkelche, 21 drei davon an
den Ansatzstellen der Arme, jeweils unterhalb
der Stelle, von der ein Armpaar abzweigte. 22 Der
ganze Leuchter bestand aus reinem Gold und
war aus einem Stück gearbeitet.
23 Bezalel machte für den Leuchter auch die
sieben Lichtschalen* sowie die Dochtscheren
und die Reinigungsnäpfe, alles aus reinem Gold.
24 Für den Leuchter und sein Zubehör verarbeite-
te er einen Zentner* reines Gold.

Der Altar für das Räucheropfer. Salböl und Weihrauch

(30,1-5.22-38)

25 Bezalel machte aus Akazienholz den Altar für
das Räucheropfer*, einen halben Meter lang und
ebenso breit und einen Meter hoch, samt seinen
Hörnern* aus einem Stück gefertigt. 26 Er über-
zog ihn außen mit reinem Gold und brachte
ringsum eine goldene Leiste an. 27 Unter der
Leiste befestigte er die goldenen Ringe für die
Tragstangen, 28 machte aus Akazienholz die
Stangen und überzog auch sie mit Gold.
29 Durch kundige Männer ließ er das heilige
Salböl und den wohlriechenden Weihrauch* be-
reiten.

Der Brandopferaltar

(27,1-8)

38 Weiter machte Bezalel aus Akazienholz
den Altar für die Brandopfer*, zweiein-
halb Meter lang und ebenso breit und einein-
halb Meter hoch. 2 An seinen oberen Ecken
hatte er vier Hörner*, die mit ihm aus einem

Stück gefertigt waren. Der ganze Altar wurde außen mit Bronze überzogen.

3 Bezalel ließ auch die zugehörigen Geräte herstellen, alle aus Bronze: die Schalen zum Auffangen des Blutes, die Fleischgabeln und Kohlenbecken sowie die Schaufeln und Kübel zum Beseitigen der Asche.

4–5 Für den Transport wurde der Altar auf seinen vier Seiten mit einem gitterförmigen Bronzerahmen eingefaßt, der vom Boden bis zur halben Höhe reichte und dort auf die Einfassung traf, die außen rings um den Altar lief. An den vier Ecken dieses Rahmens wurde je ein bronzener Ring angebracht, um die Tragstangen hindurchzustecken. 6 Die Tragstangen wurden aus Akazienholz gefertigt, mit Bronze überzogen 7 und durch die Ringe gesteckt.

Der Altar war innen hohl, da er aus Brettern zusammengefügt war.

Das Wasserbecken

(30,18)

8 Weiter machte Bezalel das Becken aus Bronze und seinen bronzenen Untersatz. Er fertigte beides aus den Bronzespiegeln der Frauen, die am Eingang des Heiligen Zeltes* ihren Dienst verrichteten.

Die Abgrenzung des heiligen Bereichs

(27,9-19)

9–17 Als Abgrenzung des Vorhofs* machte Bezalel leinene Planen und Säulen, zwischen denen sie angebracht werden sollten. Auf der Nord- und Südseite waren es je zwanzig Säulen auf jeweils fünfzig Meter Länge, auf der Westseite zehn Säulen auf fünfundzwanzig Meter. Die Säulen erhielten bronzene Sockel; die Haken und Stangen zum Befestigen der Tücher wurden aus Silber gemacht. Auf der Ostseite kamen links und rechts des Eingangs je drei Säulen auf einer Breite von jeweils siebeneinhalb Metern. Die Kapitelle der Säulen waren mit Silber überzogen.

18–19 Den Vorhang am Eingang machten die Männer aus gezwirntem Leinen und webten blaue, rote und karmesinrote Wollfäden hinein. Er wurde zwischen vier Säulen aufgehängt, die genau wie die übrigen Säulen gefertigt waren; seine Höhe war wie die der gesamten Abgrenzung zweieinhalb Meter. 20 Alle Pflöcke, die das Zelt und die Abgrenzung halten sollten, wurden aus Bronze hergestellt.

Summe der aufgewendeten Metalle

21–23 Bezalel, der Sohn von Uri und Enkel von Hur aus dem Stamm Juda, hatte nun alle Anweisungen ausgeführt, die Mose vom HERRN bekommen hatte. Oholiab, der Sohn Ahisamachs aus dem Stamm Dan, war ihm dabei zur Seite gestanden, ein erfahrener Handwerker, der sich insbesondere auf das kunstvolle Weben und Sticken mit blauer, roter und karmesinroter Wolle und gezwirntem Leinen verstand.

Da befahl Mose dem Priester* Itamar, dem Sohn Aarons, mit Hilfe der Leviten* eine Aufstellung zu machen, wieviel Gold, Silber und Bronze für das Heilige Zelt*, die Wohnstätte des Bundesgesetzes*, aufgewendet worden war.

24 Die Goldmenge, die für das Heiligtum gespendet und bei seiner Herstellung verarbeitet worden war, betrug mehr als 29 Zentner,[a] gewogen nach dem Gewicht des Heiligtums.

25–26 Die 603550 Männer der Gemeinde, die 20 Jahre und älter waren, hatten jeder ein halbes Silberstück* beigesteuert; das machte nach dem Gewicht des Heiligtums zusammen über 100 Zentner Silber. 27 Genau 100 Zentner wurden für die hundert silbernen Bodenplatten verbraucht, die die Wandbretter des Heiligtums trugen; auf jede Platte kam ein Zentner Silber. 28 Aus den darüber hinausgehenden 13 Kilo wurden die silbernen Haken und Stangen und die Verkleidung der Kapitelle hergestellt.

29 Die gestiftete Kupfermenge betrug fast 71 Zentner. 30–31 Daraus fertigten sie den Metallüberzug und den Rahmen des Brandopferaltars und alle zum Altardienst nötigen Geräte sowie die Sockel der Säulen am Eingang des Zeltes und der Säulen rund um den Vorhof, und schließlich noch die Pflöcke, mit denen das Zelt und die Abgrenzung des Vorhofs befestigt wurden.

Die Priesterkleider

(28,1-43)

39 1–2 Nach der Anweisung, die Mose vom HERRN erhalten hatte, machten die kunstfertigen Männer auch die Priesterkleider für Aaron. Aus gezwirntem Leinen webten sie den Amtsschurz* des Obersten Priesters* und bestickten ihn kunstvoll mit Goldfäden und Fäden aus blauer, roter und karmesinroter Wolle. 3 Zur Gewinnung der Goldfäden hämmerten sie dünne Goldbleche und zerschnitten sie in

a 1 Zentner = 34,5 kg. Hebräische Maßangaben *29 Zentner* und 730 Schekel** (= 1000,5 + 8,4 kg), in den Versen 25-26 *100 Zentner und 1170 Schekel* (= 34500 + 13,5 kg), in Vers 29 *70 Zentner und 2400 Schekel* (= 2415 + 27,6 kg).

38,8 1 Sam 2,22 **38,25-26** 30,11-16

schmale Streifen. [4–5] Der Gürtel, mit dem der Schurz um den Leib befestigt wird, wurde aus demselben Material gemacht und an den Schurz angewebt. Die beiden Schulterbänder wurden vorn und hinten an ihm befestigt, genau wie der HERR es Mose befohlen hatte.

[6] Dann faßten sie zwei Karneolsteine in Gold, gravierten in die Steine die Namen der zwölf Stämme Israels ein [7] und brachten sie auf den Schulterbändern an, um die Israeliten beim HERRN in Erinnerung zu bringen – alles genauso, wie der HERR es Mose befohlen hatte.

[8] Aus demselben Material wie den Amtsschurz machten sie die Brusttasche, [9] 25 auf 25 Zentimeter groß[a] aus einem zusammengefalteten Stück Gewebe. [10–13] Die Vorderseite wurde mit zwölf in Gold gefaßten Edelsteinen besetzt, die in vier Reihen angeordnet waren: in der ersten Reihe ein Rubin, ein Topas und ein Smaragd; in der zweiten Reihe ein Karfunkel, ein Saphir, ein Jaspis; in der dritten Reihe ein Achat, ein Hyazinth, ein Amethyst; in der vierten Reihe ein Chrysolith, ein Karneol und ein Onyx. [14] In die Steine wurden die Namen der zwölf Stämme Israels eingraviert, in jeden Stein ein Name.

[15–18] Dann machten sie zwei goldene Kettchen, brachten an den Schulterbändern zwei goldene Ösen an und an den oberen Enden der Brusttasche zwei Goldringe. Öse und Ring wurden auf jeder Seite durch eines der Kettchen verbunden; so wurde die Tasche an den Schulterbändern aufgehängt. [19–21] An den unteren Ecken der Tasche und unten an den Schulterbändern, dort, wo sie auf den Gürtel des Schurzes treffen, wurden ebenfalls Goldringe angebracht und die Ringe auf beiden Seiten jeweils mit einer blauen Schnur verbunden, so daß die Tasche fest über dem Gürtel des Schurzes saß und sich nicht verschieben konnte. So hatte der HERR es Mose befohlen.

[22] Dann machten sie das Obergewand, das unter dem Amtsschurz getragen wird; es war ganz aus blaugefärbtem Leinen. [23] Die Öffnung für den Kopf wurde mit einer Borte eingefaßt, damit sie nicht einreißen konnte, ähnlich wie die Halseinfassung bei einem Panzerhemd. [24–26] Am Saum des Gewandes wurden ringsum Granatäpfel aus blauer, roter und karmesinroter Wolle befestigt und jeweils zwischen zwei Granatäpfeln ein goldenes Glöckchen aufgehängt. So hatte der HERR es für den Dienst im Heiligtum angeordnet.

[27–29] Weiter machten sie für Aaron und seine Söhne die Hemden, Kopfbedeckungen und Kniehosen aus Leinen und für Aaron den prächtigen Gürtel, alles, wie der HERR es Mose befohlen hatte.

[30] Sie machten das goldene Schild als Stirnschmuck für Aaron und gravierten darauf ein: »Dem HERRN geweiht!« [31] An dem Schild brachten sie eine blaue Schnur an, die man um den Turban binden und so das Schild über der Stirn befestigen konnte, alles nach der Anordnung des HERRN.

Die Vollendung der Arbeiten für das Heiligtum

(35,10-19)

[32] Schließlich war die ganze Arbeit am Heiligen Zelt*, der Wohnung des HERRN, vollendet. Die Israeliten hatten alles genauso gemacht, wie der HERR es Mose aufgetragen hatte.

[33–34] Nun brachten sie alles zu Mose: die Bretter für die Wände der Wohnung mit den Vorrichtungen für ihre Aufstellung, das Zeltdach mit seinen Schutzdecken und den inneren Vorhang, [35] die Lade* für das Bundesgesetz mit den Tragstangen und der Deckplatte, [36] den Tisch mit den geweihten Broten* und allen seinen Geräten, [37] den Leuchter mit seinen Lampen*, dem Öl und allem Zubehör, [38] den goldenen Altar für das Räucheropfer*, das Salböl und den Weihrauch sowie den Vorhang am Eingang des Zeltes, [39] weiter den bronzenen Altar für die Brandopfer* mit seinem Rahmen und mit allen Geräten, das Wasserbecken mit seinem Untersatz, [40] die Abgrenzung des Vorhofs* mit allem, was zu ihrer Aufstellung benötigt wird, und alle Geräte, die sonst noch im Heiligen Zelt gebraucht werden, [41] auch die Priesterkleider, die Aaron und seine Söhne beim Dienst im Heiligtum tragen sollten.

[42] Die Israeliten hatten alles genauso ausgeführt, wie der HERR es ihnen durch Mose befohlen hatte. [43] Und Mose sah alles an, was sie gemacht hatten, das ganze Werk: Es war alles genauso geworden, wie der HERR es angeordnet hatte. Und Mose segnete sie.[b]

Anweisung zur Aufrichtung des Heiligen Zeltes

40 Der HERR sagte zu Mose: [2] »Am 1. Tag des 1. Monats sollst du meine Wohnung, das Heilige Zelt, aufrichten. [3] Bringe in den hinteren Teil die Lade* mit dem Bundesgesetz und hänge den Vorhang davor. [4] Dann stelle im vorderen

a Vgl. Anmerkung zu 28,16.
b Der Vers enthält deutliche Anspielungen auf den Schluß der Schöpfungsgeschichte in Gen 1,31; 2,2-3.

Teil den Tisch mit den geweihten Broten* und
den Gefäßen für das Trankopfer* auf. Bring auch
den Leuchter dorthin und setze die Lichtscha-
len* darauf. [5] Stelle in den vorderen Teil auch
den goldenen Altar für das Räucheropfer*, direkt
gegenüber der Stelle, wo hinter dem Vorhang die
Lade mit dem Bundesgesetz steht, und hänge
auch den Vorhang am Eingang meiner Wohnung
auf.

[6] Stelle davor den Altar für die Brandopfer*
[7] und zwischen Zelt und Altar das große Becken,
und fülle es mit Wasser. [8] Errichte die Abgren-
zung rings um den Vorhof* und hänge den Vor-
hang an seinem Eingang auf.

[9-11] Nimm das Salböl und salbe damit meine
Wohnung und alles, was darin ist. Salbe auch
den Brandopferaltar mit allen seinen Geräten
und ebenso das Wasserbecken und seinen
Untersatz. Weihe auf diese Weise das Zelt und
alles, was dazugehört, so daß es heilig* wird.
Der Altar aber wird durch diese Weihe in beson-
derem Maße heilig.

[12] Laß dann Aaron und seine Söhne an den
Eingang des Zeltes treten und sich waschen.
[13] Lege Aaron die heiligen Gewänder an, salbe
ihn mit dem Öl und weihe ihn dadurch zum
Priesterdienst* für mich. [14] Auch seine Söhne laß
herantreten und lege ihnen die Priesterhemden
an. [15] Salbe auch sie mit dem Öl, damit sie mir
als Priester dienen können. Damit überträgst du
ihnen und ihren Nachkommen das Priestertum
für alle Zukunft. Auch ihre Nachkommen sollen
durch Salbung in ihren Dienst eingesetzt wer-
den.«

Das Heilige Zelt wird aufgerichtet

[16] Mose tat, was der HERR ihm aufgetragen hatte.
[17] Am 1. Tag des 1. Monats, genau ein Jahr, nach-
dem das Volk Israel Ägypten verlassen hatte,
wurde die Wohnung des HERRN aufgestellt.

[18] Mose steckte die Bretter mit den Zapfen in
die Bodenplatten, fügte aus ihnen die Wände zu-
sammen und verband sie durch die Querstan-
gen. Er stellte auch die Säulen auf, die den Vor-
hang tragen sollten. [19] Dann breitete er das Zelt
über dieses Gehäuse und legte noch die Schutz-
decke oben darüber, wie der HERR es ihm befoh-
len hatte.

[20] Darauf nahm Mose die Tafeln, auf denen
das Bundesgesetz geschrieben stand, und legte
sie in die Lade*, steckte die Tragstangen in die
Ringe an der Lade und legte die Deckplatte dar-
auf. [21] Er brachte die Lade in den hinteren Teil
des Zeltes und hängte den trennenden Vorhang
davor, wie der HERR es angeordnet hatte.

[22] Dann brachte er den Tisch ins Zelt und
stellte ihn außerhalb des Vorhangs an der rech-
ten Seite auf. [23] Er legte die geweihten Brote*
darauf, wie der HERR es befohlen hatte. [24] Auf die
linke Seite stellte er den Leuchter [25] und setzte
die Lichtschalen* darauf, wie der HERR es an-
geordnet hatte. [26-27] Nach der Anweisung des
HERRN stellte er genau in der Mitte vor dem Vor-
hang den goldenen Altar auf und verbrannte dar-
auf wohlriechenden Weihrauch*.

[28] Dann brachte er den Vorhang am Eingang
des Zeltes an. [29] Davor stellte er den großen Altar
auf und verbrannte darauf Brandopfer* und
Speiseopfer*, wie der HERR es angeordnet hatte.

[30] Das Wasserbecken stellte er zwischen das
Zelt und den Altar und füllte es mit Wasser.
[31] Mose selbst, Aaron und seine Söhne wuschen
sich darin Hände und Füße. [32] Immer bevor sie
in das Heilige Zelt gingen oder an den Altar tra-
ten, wuschen sie sich, wie der HERR es befohlen
hatte.

[33a] Zuletzt errichtete Mose die Abgrenzung
des Vorhofs*, der das Heilige Zelt und den Altar
umgibt, und brachte den Vorhang am Eingang
des Vorhofs an.

Der Herr nimmt Wohnung unter dem Volk Israel

[33b] Als Mose das ganze Werk vollendet hatte,
[34-35] kam die Wolke vom Berg Sinai herab[a] und
verhüllte das Heilige Zelt*. Die Herrlichkeit* des
HERRN erfüllte mit ihrem Glanz die ganze Woh-
nung. Deshalb konnte Mose nicht in das Zelt
hineingehen.

[36-37] Während der ganzen Wanderschaft rich-
teten sich die Israeliten nach der Wolke über der
Wohnung des HERRN. Solange die Wolke auf ihr
ruhte, blieben sie an ihrem Lagerplatz. Sobald
sie sich erhob, zogen sie weiter.

[38] Immer wenn die Israeliten ihr Lager aufge-
schlagen hatten, konnten sie tagsüber die Wolke
des HERRN über der Wohnung sehen, und nachts
leuchtete Feuer in der Wolke.

a *kam die Wolke ...:* verdeutlichender Zusatz; vgl. 24,15-18.
40,9-11 29,36-37 40,34-35 19,9 S; 16,7 S 40,36-37 13,21 S

DAS DRITTE BUCH MOSE (LEVITIKUS)

Inhaltsübersicht

OPFERGESETZE FÜR DAS VOLK
(Kapitel 1–5)

Anweisungen für das Brandopfer

1 Der HERR rief Mose zum Heiligen Zelt* und
redete von dorther zu ihm. 2 Mose sollte dem
Volk Israel im Auftrag des HERRN sagen:
Wenn jemand von euch dem HERRN ein Opfer
darbringen möchte, soll er dafür ein Rind, ein
Schaf oder eine Ziege nehmen.
3 Will er ein Brandopfer* darbringen und
wählt dafür ein Rind, so muß es ein männliches
und fehlerfreies Tier sein, sonst verschafft es
ihm nicht das Wohlwollen des HERRN. Er muß
das Tier zum Eingang des Heiligen Zeltes brin-
gen 4 und seine Hand auf dessen Kopf legen;
dann nimmt der HERR sein Opfer an und vergibt
ihm seine Schuld.
5 Darauf schlachtet er das Tier dort vor dem
Heiligen Zelt. Ein Priester[a] aus der Nachkom-
menschaft Aarons nimmt das Blut des Opfertie-
res und sprengt es ringsum an den Altar*, der
am Eingang des Heiligen Zeltes steht.
6 Während das Tier von dem, der es gebracht
hat, enthäutet und in Stücke zerlegt wird, 7 facht
der Priester die Glut auf dem Altar an und
schichtet Brennholz darüber. 8 Dann legt er die
Stücke oben darauf, auch den Kopf und die
Fetteile. 9 Die Eingeweide und Unterschenkel
muß der Betreffende vorher mit Wasser säubern.
Der Priester läßt alles auf dem Altar verbrennen.
So ist es ein Brandopfer, das den HERRN gnädig
stimmt.
10 Will jemand als Brandopfer ein Schaf oder
eine Ziege darbringen, so muß es ebenfalls ein
männliches und fehlerfreies Tier sein. 11 Er
schlachtet es rechts neben dem Altar, der vor
dem Heiligen Zelt steht. Ein Priester aus der
Nachkommenschaft Aarons sprengt das Blut
ringsum an den Altar. 12-13 Darauf zerlegt der,
der es gebracht hat, das Tier und säubert die Ein-
geweide und Unterschenkel mit Wasser. Dann
legt der Priester die Stücke, auch den Kopf und
die Fetteile, auf den Holzstoß und läßt alles auf
dem Altar verbrennen. So ist es ein Brandopfer,
das den HERRN gnädig stimmt.
14 Will jemand als Brandopfer ein Stück Geflü-
gel darbringen, so muß es eine Turteltaube oder
eine andere Taube sein. 15 Der Priester bringt sie
zum Altar, reißt ihr den Kopf ab und verbrennt
ihn im Altarfeuer. Das Blut preßt er an der Altar-
wand aus. 16 Den Kropf mit Inhalt entfernt er
und wirft ihn auf den Aschenhaufen vor dem
Altar, auf der Seite, die vom Heiligen Zelt
abgewandt ist. 17 Die Flügel soll er am Körper
des Tieres einreißen, aber nicht abreißen, und
dann das Tier auf dem Altar verbrennen. So
ist es ein Brandopfer, das den HERRN gnädig
stimmt.

Anweisungen für das Speiseopfer

2 Wenn jemand dem HERRN ein Speiseopfer*
darbringen möchte, soll er Weizenmehl
nehmen, Olivenöl darübergießen und Weih-
rauch* dazulegen. 2 Dann bringt er alles zu den
Priestern* aus der Nachkommenschaft Aarons.
Einer von ihnen nimmt eine Handvoll von dem
öldurchtränkten Mehl und den gesamten Weih-
rauch und verbrennt diesen Teil der Gabe auf
dem Altar* zum Zeichen, daß die ganze Opfer-
gabe dem HERRN gehört. So ist es ein Brandopfer,
das den HERRN gnädig stimmt.
3 Der Rest des Speiseopfers fällt den Priestern
zu. Es ist etwas besonders Heiliges*, weil es dem
HERRN als Opfergabe dargebracht worden ist.

a Im hebräischen Text steht hier und ebenso in den Versen 7, 8 und 11 die Mehrzahl, was jedoch nicht bedeutet, daß mehrere Priester (siehe Sacherklärung) an der Handlung beteiligt waren. Es soll vielmehr der ausschließliche Anspruch der Nachkommen Aarons* auf das Priesteramt unterstrichen werden.

1,1 Ex 25,22 1,3-17 6,1-6; 22,17-20; Ps 51,18-21; Hos 6,6; Mk 12,33 2,1-16 6,7-11; 10,12-13 2,3 Num 18,8-10 S

4 Will jemand als Speiseopfer etwas im Ofen Gebackenes darbringen, so muß es aus Weizenmehl zubereitet sein, ohne Verwendung von Sauerteig*; entweder als Ringbrot* aus Mehl, das mit Öl vermengt wurde, oder als Fladenbrot*, das mit Öl bestrichen ist.

5 Will jemand etwas auf einer Eisenplatte Gebackenes als Speiseopfer darbringen, so muß es aus Weizenmehl zubereitet sein, das mit Öl vermengt wurde, ebenfalls ohne Verwendung von Sauerteig. 6 Er soll es in Stücke brechen und Öl darüber gießen. So gehört es sich für ein Speiseopfer.

7 Will jemand etwas in der Pfanne Gebackenes als Speiseopfer darbringen, so soll es aus Weizenmehl zubereitet sein und in Öl gebacken werden.

8 Was nach diesen Vorschriften zubereitet wurde, kann dem HERRN als Speiseopfer dargebracht werden. Es wird dem Priester überreicht, der es dann zum Altar bringt. 9 Der Priester verbrennt einen Teil davon auf dem Altar zum Zeichen, daß die ganze Opfergabe dem HERRN gehört. So ist es ein Opfer, das den HERRN gnädig stimmt.

10 Der Rest des Speiseopfers fällt den Priestern zu. Es ist etwas besonders Heiliges, weil es dem HERRN als Opfergabe dargebracht worden ist.

11 Kein Speiseopfer, das ihr dem HERRN darbringt, darf mit Sauerteig zubereitet sein; ihr dürft auch keinen Honig verwenden. 12 Wenn ihr die ersten Früchte* eurer Ernte zum HERRN bringt, dürfen Sauerteig und Honig nicht fehlen; aber als Opfer, das auf dem Altar verbrannt wird, sind sie ausgeschlossen. 13 Doch muß jedes Speiseopfer, überhaupt jedes Opfer, gesalzen werden; denn das Salz ist ein Zeichen dafür, daß der Bund* Gottes mit euch von ewiger Dauer ist.

14 Wenn jemand dem HERRN vom ersten Ernteertrag ein Speiseopfer darbringen möchte, soll er frische Getreidekörner nehmen und sie über dem Feuer rösten und zerstoßen. 15 Dann gießt er Olivenöl darauf und gibt Weihrauch dazu. So gehört es sich für ein Speiseopfer. 16 Der Priester verbrennt einen Teil der Körner mit dem gesamten Weihrauch auf dem Altar zum Zeichen, daß das ganze Opfer dem HERRN gehört. So ist es eine Gabe für den HERRN.

Anweisungen für das Mahlopfer

3 Für das Opfer, das mit einem Mahl verbunden ist, gelten folgende Anweisungen:

Wer dem HERRN als Mahlopfer* ein Rind darbringen möchte, kann ein männliches oder ein weibliches Tier nehmen, doch muß es fehlerfrei sein. 2 Er legt seine Hand auf den Kopf des Tieres und schlachtet es am Eingang des Heiligen Zeltes*. Ein Priester[a] aus der Nachkommenschaft Aarons sprengt das Blut ringsum an den Altar. 3 Die besten Teile des Tieres müssen als Opfer für den HERRN verbrannt werden, nämlich alles Fett an den Eingeweiden, 4 die beiden Nieren mit dem Nierenfett und der Fettlappen an der Leber.[b] 5 Der Priester legt alle diese Teile auf das Altarfeuer und verbrennt sie zusammen mit den Brandopfern*. So ist es ein Opfer, das den HERRN gnädig stimmt.

6 Wer als Mahlopfer ein Schaf oder eine Ziege darbringen möchte, kann ein männliches oder ein weibliches Tier nehmen, doch muß es fehlerfrei sein. 7–16 Er bringt das Opfertier zum Heiligtum, legt die Hand auf den Kopf des Tieres und schlachtet es. Der Priester sprengt das Blut ringsum an den Altar*. Die besten Teile werden als Opfer für den HERRN verbrannt, nämlich alles Fett an den Eingeweiden, die beiden Nieren mit dem Nierenfett und der Fettlappen an der Leber. Beim Schaf kommt noch der Fettschwanz hinzu, der dicht an der Schwanzwurzel abgetrennt werden muß. Dies alles verbrennt der Priester für den HERRN auf dem Altar. So ist es eine Gabe für den HERRN.[c]

Grundsätzlich ist alles Fett für den HERRN bestimmt, als eine Gabe, die ihm Freude macht. 17 Niemand von euch darf Fett oder Blut* essen. Diese Anordnung gilt für alle eure Nachkommen und an allen euren Wohnsitzen.

Anweisungen für das Sühneopfer

4 Der HERR befahl Mose, 2 dem Volk Israel zu sagen:

Wenn jemand ohne Absicht gegen irgendein Gebot des HERRN verstößt und etwas tut, was er verboten hat, dann gelten folgende Anweisungen:

3 Ist es der Oberste Priester,[d] der unbeabsichtigt gegen ein Gebot des HERRN verstößt und da-

a Siehe Anmerkung zu 1,5.
b Die hier noch folgenden Angaben sind nicht sicher zu deuten: *an* (oder *samt*) *den Nieren soll man es abtrennen.*
c Die Opferanweisungen für das Schaf (Verse 7-11) und die Ziege (Verse 12-16a) sind im hebräischen Text getrennt, aber wörtlich gleichlautend formuliert; nur die Angabe über den Fettschwanz findet sich nur beim Schaf (in Vers 9).
d Wörtlich *der gesalbte* Priester;* vgl. Ex 29,29-30.

2,10 Num 18,8-10 S **2,13** Num 18,19; 2 Chr 13,5; Ez 43,24; Mk 9,49 par **3,1-17** 7,11-21.28-36; 19,5-8; 22,21-25 **3,16b-17** 7,22-25; 17,10-14 S **4,1-35** 5,1-13; 6,17-23; Num 15,22-29

durch Schuld über das ganze Volk bringt, so muß
er dem HERRN als Sühneopfer* einen fehler-
freien Stier darbringen.

4 Er führt den Stier zum Eingang des Heiligen
Zeltes*, legt seine Hand auf dessen Kopf und
schlachtet ihn dort vor dem Zelt. 5 Dann bringt er
einen Teil des Blutes in einer Schale ins Heilig-
tum. 6 Er sprengt mit dem Finger siebenmal
etwas von dem Blut auf den Boden vor dem Vor-
hang, der das Allerheiligste* verdeckt. 7 Dann
streicht er etwas von dem Blut an die Hörner*
des Räucheraltars*, der im vorderen Teil des Zel-
tes steht. Den Rest des Blutes schüttet er unten
an den Brandopferaltar* am Eingang des Zeltes.

8 Dann schneidet er alle Fettstücke des Tieres
heraus, das gesamte Fett an den Eingeweiden,
9 die beiden Nieren mit dem Nierenfett und den
Fettlappen an der Leber, 10 genauso wie es beim
Rind des Mahlopfers* gemacht wird. Er ver-
brennt diese Stücke auf dem Brandopferaltar.

11–12 Das ganze übrige Tier – Haut, Fleischteile
und Knochen, auch Kopf, Schenkel und die Ein-
geweide samt Inhalt – wird aus dem Lager an
den abgegrenzten Ort gebracht, wo man die
Opferasche hinschüttet. Dort wird alles in einem
Holzfeuer verbrannt.

13 Ist es die ganze Gemeinde Israel, die unbe-
absichtigt gegen ein Gebot des HERRN verstößt
und dadurch Schuld auf sich lädt, 14 so muß sie,
sobald die Verfehlung bekannt wird, einen Stier
als Sühneopfer darbringen. Das Opfertier wird
vor das Heilige Zelt gebracht, 15 und die Ältesten*
der Gemeinde legen ihre Hände auf seinen Kopf
und schlachten es dort vor dem Zelt. 16–21 Mit
dem Blut, dem Fett und dem übrigen Opfertier
verfährt der Oberste Priester genauso wie bei
dem Sühneopfer für sich selbst. Auf diese Weise
bringt er die Sache wieder ins reine, und der
HERR vergibt der ganzen Gemeinde ihre Schuld.

22 Ist es das Oberhaupt eines Stammes, das
unbeabsichtigt gegen ein Gebot des HERRN, sei-
nes Gottes, verstößt und dadurch Schuld auf sich
lädt, 23 so muß der Betreffende, sobald er darauf
aufmerksam wird, als Opfer einen fehlerfreien
Ziegenbock darbringen. 24 Er legt die Hand auf
den Kopf des Ziegenbocks und schlachtet ihn als
Sühneopfer vor dem Heiligen Zelt, an der Stelle,
wo die Tiere für das Brandopfer geschlachtet
werden. 25 Dann streicht der Priester mit dem
Finger etwas von dem Blut an die Hörner des
Brandopferaltars und schüttet den Rest des Blu-
tes unten an den Altar. 26 Das ganze Fett ver-
brennt er auf dem Altar, wie es beim Mahlopfer
geschieht. Auf diese Weise bringt er die Sache
wieder ins reine, und der HERR vergibt dem
Stammesoberhaupt seine Schuld.

27 Wenn irgend jemand aus dem Volk unbeab-
sichtigt gegen ein Gebot des HERRN verstößt und
dadurch Schuld auf sich lädt, 28 muß der Betref-
fende, sobald er darauf aufmerksam wird, als
Opfer eine fehlerfreie Ziege darbringen. 29 Er legt
seine Hand auf den Kopf des Opfertieres und
schlachtet es an der Stelle, wo man die Tiere für
das Brandopfer* schlachtet. 30 Dann streicht der
Priester mit dem Finger etwas von dem Blut an
die Hörner des Brandopferaltars und schüttet
den Rest des Blutes unten an den Altar. 31 Die
Fettstücke werden herausgeschnitten wie beim
Mahlopfer, und der Priester verbrennt sie als ein
Opfer, das dem HERRN Freude macht. Auf diese
Weise bringt er die Sache wieder ins reine, und
der HERR vergibt dem Betreffenden seine Schuld.

32–35 Anstelle einer Ziege kann als Sühneopfer
auch ein Schaf, ein weibliches, fehlerfreies Tier,
dargebracht werden. Es wird mit ihm genauso
verfahren wie mit der Ziege. Die Fettstücke ver-
brennt der Priester auf dem Altar, im Anschluß
an die übrigen Opfergaben. Auf diese Weise
bringt er die Sache wieder ins reine, und der
HERR vergibt dem Betreffenden seine Schuld.

Weitere Bestimmungen für das Sühneopfer

5 Ein Sühneopfer* wird auch in den folgen-
den Fällen erforderlich:[a]
wenn jemand unter einem Fluch* steht, weil er
einem öffentlichen Aufruf zur Zeugenaussage
nicht Folge leistete und verschwieg, was er
gesehen oder gehört hat;
2 wenn jemand etwas Unreines* berührt, zum
Beispiel das Aas von irgendeinem Tier, und
das erst später bemerkt;
3 wenn jemand etwas Unreines berührt, das an
einem Menschen ist oder von einem Men-
schen herrührt, und das erst später bemerkt;
4 wenn jemand unbedacht einen Meineid
schwört, gleichgültig, ob es zu seinem Vorteil
oder Nachteil ist, und er erst später darauf auf-
merksam wird.
5 In diesen Fällen muß der Schuldige, ob Mann
oder Frau,[b] zum Priester* gehen und vor ihm be-
kennen, was er getan hat. 6 Darauf muß er zur
Wiedergutmachung dem HERRN ein Schaf oder

a Der Satz ist verdeutlichender Zusatz.
b *ob Mann oder Frau:* verdeutlichender Zusatz, da die Anweisungen sinngemäß – d. h. abgesehen von der *Zeugenaussage,* zu der Frauen nicht zugelassen waren – für beide galten.
5,1-13 4,1-35 S

eine Ziege opfern, und zwar soll es ein weibliches Tier sein. Mit diesem Sühneopfer bringt der Priester die Sache wieder ins reine und befreit ihn von seiner Schuld.

7 Ist der Schuldige zu arm, um ein Schaf oder eine Ziege zu geben, so soll er dem HERRN statt dessen zwei Turteltauben oder zwei andere Tauben darbringen, eine als Sühneopfer und eine als Brandopfer*. 8 Der Priester nimmt zuerst die zum Sühneopfer bestimmte Taube, bricht ihr das Genick, trennt aber den Kopf nicht ab, 9 und sprengt etwas von ihrem Blut an die Altarwand. Das restliche Blut preßt er am Fuß des Altars aus. So gehört es sich für ein Sühneopfer. 10 Danach opfert der Priester die zweite Taube nach den Vorschriften für das Brandopfer. Auf diese Weise bringt er die Sache wieder ins reine, und der HERR vergibt dem Schuldigen seine Verfehlung.

11 Ist der Schuldige auch noch zu arm, um zwei Tauben aufzubringen, so soll er dem HERRN statt dessen 1/10 Efa* (gut 1 Kilo) Weizenmehl darbringen. Er darf jedoch weder Öl darübergießen noch Weihrauch* dazutun, weil es ein Sühneopfer und kein Speiseopfer* ist. 12 Der Priester nimmt eine Handvoll von dem Mehl und verbrennt diesen Teil auf dem Altar im Anschluß an die übrigen Opfergaben, als ein Zeichen dafür, daß das ganze Opfer dem HERRN gehört. So gehört es sich für ein Sühneopfer. 13 Auf diese Weise bringt der Priester die Sache wieder ins reine, und der HERR vergibt dem Schuldigen seine Verfehlung. Das übrige Mehl gehört dem Priester wie beim Speiseopfer.

Anweisungen für das Wiedergutmachungsopfer

14 Der HERR gab Mose noch weitere Anweisungen:

15 Wenn jemand ohne böse Absicht versäumt, die Abgaben für den HERRN zu entrichten und dadurch schuldig wird, muß er dem HERRN als Wiedergutmachungsopfer* einen fehlerfreien Schaf- oder Ziegenbock darbringen. Das Tier muß so viele Silberstücke* wert sein, wie du festlegst; als Maßeinheit gilt das Gewicht des Heiligtums. 16 Die Abgaben, die der Betreffende schuldig geblieben ist, muß er dem Priester abliefern und muß noch einen Aufschlag von einem Fünftel dazugeben. Mit dem Opfer bringt der Priester die Sache wieder ins reine, und der HERR vergibt dem Betreffenden seine Verfehlung.

17 Wenn jemand unbeabsichtigt gegen irgendein Gebot des HERRN verstößt und etwas Verbotenes tut, so hat er damit Schuld auf sich geladen, auch wenn es ohne Wissen geschehen ist. 18-19 Er muß dafür dem Priester* als Wiedergutmachungsopfer einen fehlerfreien Schaf- oder Ziegenbock bringen, dessen Wert du festlegst. Damit bringt der Priester die Sache wieder ins reine, und der HERR vergibt die Schuld. Das Opfer dient als Wiedergutmachung, denn der Betreffende hat sich gegen den HERRN vergangen, auch wenn es unwissend geschehen ist.

20 Der HERR gab Mose noch eine Anweisung:

21-22 Es kann sein, daß jemand für seinen Mitbürger etwas aufbewahrt, von ihm geliehen, ihm geraubt oder von ihm erpreßt hat oder etwas gefunden hat, das dem anderen gehört. Wenn er das ableugnet und die Lüge – in diesen oder weiteren Fällen – auch noch mit einem Eid bekräftigt, dann vergeht er sich gegen den HERRN. 23-24 Wenn er auf diese Weise schuldig geworden ist, muß er dem anderen sein Eigentum zurückgeben oder es ersetzen und muß zu dem vollen Betrag noch ein Fünftel hinzufügen. Die Erstattung muß an dem Tag erfolgen, an dem er für seine Schuld das Wiedergutmachungsopfer* darbringt. 25 Dieses Opfer besteht in einem fehlerfreien Schaf- oder Ziegenbock, dessen Wert du festlegst. Er gibt das Tier dem Priester, 26 und der Priester bringt damit die Sache vor dem HERRN wieder ins reine. Dann vergibt der HERR dem Betreffenden die Schuld, die er auf sich geladen hat.

OPFERGESETZE FÜR DIE PRIESTER
(Kapitel 6–7)

Zusätzliche Vorschriften für Brand- und Speiseopfer

6 1-2 Der HERR redete weiter mit Mose und gab ihm Anweisungen für Aaron und seine Söhne. Er sollte ihnen sagen:

Für das Brandopfer* gilt folgende Vorschrift: Das Opfer bleibt die ganze Nacht über auf dem Altar, und die Glut darf nicht verlöschen. 3 Am Morgen zieht der Priester* sein Leinenhemd an und dazu die leinenen Kniehosen. Er nimmt die Asche des Brandopfers von der Glut und schüttet sie neben den Altar*. 4 Dann wechselt er seine Kleider und bringt die Asche aus dem Lager an einen abgegrenzten Ort. 5-6 Über der Glut auf dem Altar schichtet er Holz auf und legt oben auf das Holz das Brandopfer und die Fett-

5,7 12,7-8 S 5,15-26 7,1-7; 19,21 5,21-26 Ex 21,37–22,14 S 6,1-6 1,3-17 S

stücke der Mahlopfer*. So facht er das Feuer auf
dem Altar jeden Morgen neu an. Es muß stets in
Brand gehalten werden und darf nie verlöschen.
7 Für das Speiseopfer* gilt folgende Vorschrift:
Ein Priester aus der Nachkommenschaft Aarons
tritt damit an den Altar, um es dem HERRN darzu-
bringen. 8 Er nimmt eine Handvoll von dem öl-
durchtränkten Mehl und den gesamten Weih-
rauch* und verbrennt diesen Teil der Gabe auf
dem Altar zum Zeichen, daß die ganze Opfer-
gabe dem HERRN gehört. So ist es ein Opfer, das
den HERRN gnädig stimmt.
9–10 Den Rest des Speiseopfers dürfen die Prie-
ster essen. Es muß ohne Sauerteig* verbacken
und an geweihter Stätte, im Vorhof* des Heiligen
Zeltes, verzehrt werden. Der HERR hat es den
Nachkommen Aarons als ihren Anteil am Opfer
zugesprochen. Es ist etwas besonders Heiliges*,
genauso wie das Fleisch des Sühneopfers* und
des Wiedergutmachungsopfers*. 11 Wer unbe-
fugt damit in Berührung kommt, muß sterben.
Nur die männlichen Nachkommen Aarons dür-
fen davon essen; es ist für alle Zukunft ihr festge-
setzter Anteil an den Opfern des HERRN.
12 Weiter erhielt Mose vom HERRN die Anwei-
sung: 13 Nachdem Aaron zum Priester gesalbt*
worden ist, müssen er und seine Nachkommen
dem HERRN von da an täglich 1/10 Efa* (gut 1 Kilo)
Weizenmehl als Speiseopfer darbringen, die eine
Hälfte am Morgen, die andere Hälfte am Abend.
14 Das Mehl wird mit Olivenöl vermengt und auf
einer eisernen Platte zu Fladen verbacken; die
Fladen werden in Stücke gebrochen und dem
HERRN dargebracht. So ist es ein Opfer, das den
HERRN gnädig stimmt. 15 Wer jeweils in der Nach-
folge Aarons den Priesterdienst versieht, muß
dieses Speiseopfer zubereiten und für den HERRN
auf dem Altar verbrennen. Diese Anordnung gilt
für alle Zukunft.
16 Überhaupt muß jedes Speiseopfer, das ein
Priester für sich selbst darbringt, ganz verbrannt
werden; es darf nichts davon gegessen werden.

Zusätzliche Vorschriften für Sühne- und Wiedergutmachungsopfer

17–18 Auch die folgenden Anweisungen erhielt
Mose für Aaron und seine Söhne:
Für das Sühneopfer* gilt die Vorschrift: Ge-
nau wie beim Brandopfer* muß das Opfertier
rechts neben dem Altar, der vor dem Heiligen
Zelt steht, geschlachtet werden.
Das Fleisch des Sühneopfers ist etwas be-
sonders Heiliges*. 19 Der Priester*, der das Opfer
darbringt, soll es essen, aber nur an geweihter
Stätte, im Vorhof* des Heiligtums.
20 Jeder, der unbefugt damit in Berührung
kommt, muß sterben. Kommt ein Spritzer von
dem Blut auf ein Kleidungsstück, so muß der
Fleck an geweihter Stätte ausgewaschen wer-
den. 21 Wird das Fleisch in einem Tongefäß ge-
kocht, so muß dieses anschließend zerschlagen
werden; bei einem Metallgefäß genügt es, wenn
es gescheuert und gründlich mit Wasser gespült
wird.
22 Nur die männlichen Mitglieder der Priester-
familien dürfen das Fleisch essen; es ist etwas
besonders Heiliges. 23 Wenn jedoch das Blut des
Opfertieres ins Heilige Zelt gebracht wurde, um
damit Sühne zu schaffen, darf niemand von dem
Fleisch essen; es muß verbrannt werden.
7 Für das Wiedergutmachungsopfer* gilt die
Vorschrift: Das Fleisch dieses Opfers ist
etwas besonders Heiliges. 2 Genau wie beim
Brandopfer muß das Opfertier rechts neben dem
Altar vor dem Heiligen Zelt geschlachtet werden.
Der Priester sprengt das Blut ringsum an den
Altar. 3–5 Die besten Stücke gehören dem HERRN,
nämlich der Fettschwanz, das Fett an den Einge-
weiden, die beiden Nieren mit dem Nierenfett
und der Fettlappen an der Leber. Sie werden
vom Priester auf dem Altar als Wiedergut-
machungsopfer verbrannt. 6 Das Fleisch dürfen
die männlichen Mitglieder der Priesterfamilien
essen, aber nur an geweihter Stätte; denn es ist
etwas besonders Heiliges.
7 Wie beim Sühneopfer, so fällt auch beim
Wiedergutmachungsopfer das Fleisch dem Prie-
ster zu, der das Opfer darbringt. 8 Beim Brand-
opfer eines einzelnen gehört dem amtierenden
Priester das Fell des Opfertieres. 9 Auch jedes
Speiseopfer*, das im Ofen gebacken oder in der
Pfanne oder auf einer Platte zubereitet ist, fällt
dem Priester zu, der es darbringt. 10 Die übrigen
Speiseopfer dagegen, ob mit oder ohne Öl darge-
bracht, werden unter allen Priestern aufgeteilt.

Weitere Anweisungen für Mahlopfer

11 Für das Mahlopfer* gilt folgende Vorschrift:
12 Wird es als Dankopfer* dargebracht, so sol-
len außer dem Opfertier noch Ringbrote* aus
Weizenmehl, das mit Olivenöl vermengt ist, und
mit Öl bestrichene Fladen dargebracht werden.
Beides muß ohne Sauerteig* zubereitet werden.
Dazu kommt Ringbrot aus feinem Mehl, das mit
Öl verrührt worden ist. 13 Zusätzlich kann auch
noch Brot mit Sauerteig dargebracht werden.

6,7-11 2,1-16 S 6,11 Ex 29,37 S 6,17-23 4,1-35 S; Num 18,8-10 S 6,20 Ex 29,37 S 7,1-7 5,15-26 S; Num 18,8-10 S 7,11-21 3,1-17 S

14 Von jeder Art Brot hebt der Opfernde ein Stück vor dem Altar des HERRN in die Höhe; dieser Anteil fällt dem Priester zu, der das Blut des Opfertieres an den Altar sprengt. 15 Das Fleisch eines Dankopfers muß an dem Tag gegessen werden, an dem das Opfer dargebracht wird. Es darf nichts bis zum anderen Morgen übrigbleiben.

16 Wird das Mahlopfer aufgrund eines Gelübdes* oder aus freien Stücken dargebracht, so kann auch noch am folgenden Tag von dem Fleisch gegessen werden. 17 Aber was am dritten Tag übrig ist, muß verbrannt werden. 18 Wenn jemand trotzdem noch von dem Fleisch des Opfertieres ißt, bringt das Opfer ihm nicht das Wohlwollen des HERRN; es wird ihm nicht angerechnet. Noch schlimmer: Es ist dem HERRN zuwider, und wer davon ißt, muß es büßen. 19 Auch Fleisch, das mit etwas Unreinem in Berührung kommt, darf nicht gegessen, sondern muß verbrannt werden.

Nur wer rein* ist, darf am Opfermahl teilnehmen. 20 Das Opferfleisch ist dem HERRN geweiht. Wer im Zustand der Unreinheit davon ißt, hat sein Leben verwirkt und muß aus seinem Volk ausgestoßen werden. 21 Dasselbe gilt für jemand, der etwas Unreines berührt, irgendeine menschliche Ausscheidung oder ein unreines Tier, und trotzdem von dem Opferfleisch ißt; ein solcher Mensch hat sein Leben verwirkt und muß aus seinem Volk ausgestoßen werden.

Verbot des Genusses von Fett und Blut

22-23 Für das ganze Volk erhielt Mose vom HERRN die Anweisung:

Ihr dürft keinerlei Fett essen, weder vom Rind noch vom Schaf, noch von der Ziege. 24 Fett von verendeten oder gerissenen Tieren dürft ihr für alle möglichen Zwecke verwenden, aber auf keinen Fall essen. 25 Wer von dem Fett eines Tieres ißt, das dem HERRN als Opfer dargebracht werden kann, hat sein Leben verwirkt und muß aus seinem Volk ausgestoßen werden.

26 Genausowenig dürft ihr Blut* essen, weder von Vögeln noch von anderen Tieren. Das gilt für euch an allen euren Wohnsitzen. 27 Auch wer Blut ißt, hat sein Leben verwirkt und muß aus seinem Volk ausgestoßen werden.

Der Anteil der Priester

28-29 Noch eine weitere Anweisung erhielt Mose für das ganze Volk:

Wer ein Opfermahl* feiert, muß einen Teil des Opfertieres dem HERRN darbringen. 30 Mit eigener Hand bringt er die Teile herbei, die für den HERRN bestimmt sind: die Fettstücke und die Fleischstücke von der Brust. Die Bruststücke übereignet* er symbolisch dem HERRN; 31 dann bekommen sie die Priester* als ihren Anteil. Die Fettstücke werden auf dem Altar verbrannt.

32 Auch die rechte Hinterkeule zählt zum Priesteranteil. 33 Sie fällt dem Priester zu, der dem HERRN das Blut und das Fett des Mahlopfertieres darbringt.

34-36 Die Brust und die rechte Hinterkeule der Tiere, die die Israeliten dem HERRN als Mahlopfer darbringen, bestimmt der HERR zum Anteil des Priesters Aaron und seiner Söhne. Diese Stücke stehen Aaron und allen seinen Nachkommen als Anteil am Opfer zu, sobald sie in den Priesterdienst eingesetzt sind. Die Israeliten sind verpflichtet, den Priestern diesen Anteil zu geben. Diese Vorschrift gilt für alle Zukunft.

37 Dies sind die Anordnungen für das Brandopfer, das Speiseopfer, das Sühneopfer, das Wiedergutmachungsopfer, das Mahlopfer und das Opfer bei der Einsetzung der Priester. 38 Der HERR gab diese Anweisungen Mose auf dem Berg Sinai*. Damals befahl er den Israeliten, ihm Opfergaben darzubringen.

EINRICHTUNG DES OPFERDIENSTES AM BERG SINAI (Kapitel 8–10)

Aaron und seine Söhne werden als Priester eingesetzt

(Ex 29,1-37)

8 Der HERR sagte zu Mose: 2-3 »Komm mit Aaron und seinen Söhnen zum Eingang des Heiligen Zeltes*! Bring auch die Priesterkleider mit, das Salböl, den Stier für das Sühneopfer*, die beiden Schafböcke und den Korb mit den ungesäuerten Broten*. Ruf die ganze Gemeinde dorthin zusammen.«

4 Mose tat, was der HERR ihm befohlen hatte, und die Gemeinde versammelte sich am Eingang des Heiligen Zeltes. 5 Mose sagte zu ihnen: »Was ihr mich jetzt tun seht, hat der HERR mir aufgetragen.«

6 Er ließ Aaron und seine Söhne vortreten und begoß sie mit Wasser. 7 Dann zog er Aaron das Priesterhemd an, band ihm den Gürtel um, legte ihm das Obergewand an und band den Amtsschurz* mit dem daran angewebten Gürtel fest. 8 An den Schulterbändern machte er die Brust-

7,22-25 3,16b-17 S 7,26 17,10-14 S 7,28-36 3,1-17 S 7,30 Ex 29,26 S 7,34-36 Dtn 18,3 8,7-8 Ex 28,1-39

tasche fest und legte die heiligen Lose* hinein.
9 Er setzte Aaron den Turban auf und befestigte
daran vorne das goldene Schild, genau wie der
HERR es ihm befohlen hatte.

10–11 Danach nahm Mose das Salböl und
weihte damit das Heiligtum und den Altar*. Er
besprengte mit dem Öl die Wohnung des HERRN
und alles, was darin war. Siebenmal sprengte
er von dem Öl gegen die Altarwand und be-
sprengte auch alle Opfergeräte und das große
Wasserbecken mit seinem Untersatz.

12 Dann goß er Salböl auf Aarons Kopf und
weihte ihn zum Priester. 13 Er ließ Aarons Söhne
vortreten und bekleidete sie mit Priesterhemd,
Gürtel und Kopfbedeckung, wie der HERR es ihm
befohlen hatte.

14 Mose ließ nun den Stier herbeibringen, der
als Sühneopfer bestimmt war. Aaron und seine
Söhne legten ihre Hände auf den Kopf des Tieres,
15 und Mose schlachtete es. Er nahm von dem
Blut und strich es mit dem Finger an die Hörner*
des Altars; das übrige Blut schüttete er unten an
den Altar. So weihte er den ganzen Altar und
reinigte ihn von der Befleckung durch mensch-
liche Verfehlungen. 16 Die Fettstücke des Opfer-
tieres – alles Fett an den Eingeweiden, den Fett-
lappen an der Leber und die beiden Nieren mit
dem Nierenfett – verbrannte er auf dem Altar.
17 Den Rest des Tieres – Haut, Fleisch und Einge-
weide – verbrannte er außerhalb des Lagers, wie
der HERR es ihm befohlen hatte.

18 Dann ließ er den Schafbock herbeibringen,
der als Brandopfer* bestimmt war. Aaron und
seine Söhne legten ihre Hände auf den Kopf des
Tieres. 19 Mose schlachtete es und sprengte das
Blut ringsum an den Altar. 20 Dann zerlegte er
das Tier und verbrannte die Stücke samt dem
Kopf und dem Fett auf dem Altar. 21 Die Ein-
geweide und Unterschenkel säuberte er mit
Wasser und verbrannte auch sie auf dem Altar.
Genau wie der HERR es befohlen hatte, wurde
das Tier als Brandopfer dargebracht, als eine
Gabe, die den HERRN gnädig stimmt.

22 Dann ließ Mose den zweiten Schafbock
bringen, der als Opfer zur Einsetzung der Prie-
ster bestimmt war. Aaron und seine Söhne leg-
ten ihre Hände auf den Kopf des Tieres, 23 und
Mose schlachtete es. Er nahm etwas von dem
Blut und betupfte damit Aarons rechtes Ohrläpp-
chen, seinen rechten Daumen und seine rechte
große Zehe. 24 Dann ließ er die Söhne Aarons
vortreten und betupfte auch bei ihnen das rechte
Ohrläppchen, den rechten Daumen und die
rechte große Zehe mit Blut. Das übrige Blut
sprengte er ringsum an den Altar.

25 Darauf nahm er den Fettschwanz, die übri-
gen Fettstücke, die Nieren und dazu die rechte
Hinterkeule. 26 Aus dem Korb mit den ungesäuer-
ten Broten*, der vor dem Altar stand, nahm er
ein gewöhnliches Ringbrot* und ein solches, das
mit Öl zubereitet war, sowie ein Fladenbrot*. Er
legte die Brote auf die Fettstücke und auf die
Keule 27 und gab alles zusammen Aaron und sei-
nen Söhnen in die Hände. Diese boten es dem
HERRN dar.

28 Darauf nahm Mose ihnen alles wieder
aus den Händen, legte es auf den Altar und
verbrannte es wie zuvor das Brandopfer. So
wurde es ein Einsetzungsopfer, wie es den
HERRN gnädig stimmt.

29 Dann nahm Mose die Bruststücke und über-
eignete* sie symbolisch dem HERRN. Der HERR
hatte bestimmt, daß dieser Teil des Einsetzungs-
opfers Mose gehören sollte.

30 Danach nahm Mose noch einmal Salböl
und etwas Blut vom Altar und sprengte beides
auf Aaron und seine Söhne sowie auf deren Klei-
der. So weihte er sie und ihre Kleider.

31 Dann sagte Mose zu Aaron und seinen Söh-
nen: »Kocht das Fleisch des zweiten Schafbocks
am Eingang zum Heiligen Zelt. Eßt es dort zu-
sammen mit dem Opferbrot aus dem Korb. So
hat der HERR es mir befohlen. 32 Was von dem
Fleisch und Brot übrigbleibt, müßt ihr verbren-
nen.

33 Solange die Einsetzungsfeier dauert, dürft
ihr euch nicht vom Eingang des Zeltes entfernen
– sieben Tage lang. 34 Der HERR hat angeordnet,
die Opfer des heutigen Tages an den folgenden
Tagen zu wiederholen, damit eure Schuld weg-
genommen wird. 35 Bleibt also sieben Tage und
Nächte lang am Eingang des Heiligen Zeltes.
Wenn ihr diese Anweisung nicht befolgt, müßt
ihr sterben. So hat der HERR es mir befohlen.«

36 Aaron und seine Söhne taten alles, was der
HERR durch Mose angeordnet hatte.

Der erste Opfergottesdienst

9 Als die sieben Tage um waren, rief Mose
Aaron und seine Söhne sowie die Ältesten*
Israels zu sich 2 und sagte zu Aaron: »Hol dir
einen jungen Stier für ein Sühneopfer* und
einen Schafbock für ein Brandopfer* und bring
sie zum Heiligen Zelt*! Beide Tiere müssen feh-
lerfrei sein.

3 Sag den Leuten von Israel, sie sollen eben-

8,10-11 Ex 40,9-11 8,29 Ex 29,26 S

falls Opfertiere bringen: für das Sühneopfer
einen Ziegenbock und für das Brandopfer einen
einjährigen Stier und ein einjähriges Schaf, bei-
des fehlerfreie Tiere.
4 Sie sollen auch einen Stier und einen Schaf-
bock bringen für das Opfermahl*, das wir vor
dem HERRN feiern wollen, und außerdem noch
Mehl und Öl für das Speiseopfer*. Denn heute
will der HERR sich euch zeigen.«

Aaron opfert für sich selbst

5 Man brachte alles, wie Mose es angeordnet
hatte, vor das Heilige Zelt*, und die ganze Ge-
meinde versammelte sich dort vor dem HERRN.
6 Mose sagte: »Heute dürft ihr die Herrlichkeit*
des HERRN sehen. Tut deshalb, was der HERR
euch befohlen hat!«
7 Zu Aaron sagte er: »Geh jetzt an den Altar*
und opfere für dich selbst das Sühneopfer* und
das Brandopfer*, damit deine Schuld weggenom-
men wird. Anschließend bringst du die Opfer für
die Schuld des Volkes dar. Tu alles, wie der HERR
es vorgeschrieben hat.«
8 Aaron ging zum Altar und schlachtete den
jungen Stier, den er als Sühneopfer für sich
selbst mitgebracht hatte. 9 Seine Söhne fingen
das Blut auf und brachten es ihm. Mit dem Fin-
ger strich er von dem Blut an die Hörner* des
Altars; das übrige Blut schüttete er unten an den
Altar. 10 Die Fettstücke, die Nieren und den Fett-
lappen an der Leber verbrannte er auf dem Altar,
genau wie der HERR es Mose aufgetragen hatte.
11 Das Fleisch und die Haut verbrannte er außer-
halb des Lagers.
12 Nun schlachtete Aaron den Schafbock für
das Brandopfer. Seine Söhne fingen das Blut auf,
und er sprengte es ringsum an den Altar. 13 Dann
zerlegten sie das Opfertier und reichten ihm die
Stücke, zuletzt den Kopf. Aaron verbrannte alles
auf dem Altar. 14 Die Eingeweide und die Unter-
schenkel säuberte er mit Wasser und legte sie
oben auf die brennenden Stücke.

Aaron opfert für das Volk

15 Danach brachte Aaron dem HERRN die Opfer-
gaben des Volkes. Er schlachtete den Ziegen-
bock, der als Opfer für die Verfehlungen des
Volkes bestimmt war, und verfuhr damit wie bei
dem Sühneopfer* für sich selbst. 16 Er besorgte
das Brandopfer* genau nach der Anordnung.
17 Vom Speiseopfer* nahm er eine Handvoll und
verbrannte diesen Teil auf dem Altar*, zusätzlich
zu dem Speiseopfer, das zum Morgenbrandopfer
gehört.
18 Dann schlachtete er den Stier und den
Schafbock für das Opfermahl*. Seine Söhne fin-
gen das Blut auf, und er sprengte es ringsum
an den Altar. 19-20 Die besten Stücke der beiden
Opfertiere, nämlich das Fett an den Eingewei-
den, die beiden Nieren mit dem Nierenfett, den
Fettlappen an der Leber und dazu den Fett-
schwanz des Schafbocks, legten sie zu den
Fleischstücken von der Brust. Die Fettstücke
legte Aaron auf dem Altar; 21 die Bruststücke
und die rechte Hinterkeule aber übereignete* er
symbolisch dem HERRN, genau wie Mose es be-
fohlen hatte.
22 Als Aaron alle Opfer dargebracht hatte, hob
er seine Hände empor und segnete das Volk.
Dann stieg er vom Altar herab. 23 Zusammen
mit Mose ging er in das Heilige Zelt*. Als sie wie-
der herauskamen und das Volk segneten, zeigte
sich die Herrlichkeit* des HERRN dem ganzen
Volk. 24 Flammen gingen von ihr aus und ver-
zehrten die Brandopferstücke und die Fettstücke
auf dem Altar. Bei diesem Anblick brach das
Volk in Jubel aus, und alle warfen sich anbetend
zu Boden.

Ein schwerer Verstoß gegen die Opfervorschriften

10 Zwei Söhne Aarons, Nadab und Abihu,
nahmen ihre Räucherpfannen*, legten
Glut und Weihrauch hinein und gingen damit
ins Heilige Zelt*. Aber sie hatten die Weisung
des HERRN nicht beachtet und die Glut nicht vom
Altar* des HERRN genommen.[a] 2 Da ging Feuer
vom HERRN aus und tötete sie.
3 Mose sagte zu Aaron: »Hier erfüllt sich, was
der HERR gesagt hat:

›Ich erweise mich als der heilige Gott
an denen, die mir nahen dürfen;
und meine Macht und Hoheit zeige ich
vor meinem ganzen Volk.‹«

Aaron war vor Schreck wie gelähmt. 4 Mose rief
Mischaël und Elizafan, die Söhne von Aarons
Onkel Usiël, und befahl ihnen: »Schafft die Lei-
chen eurer Verwandten aus dem Heiligtum!
Bringt sie vors Lager hinaus!« 5 Sie gehorchten
und schafften die Toten in ihren Priesterhemden
an einen Platz außerhalb des Lagers.

a *Aber sie hatten ...:* Deutung unsicher; wörtlich *Sie brachten fremdes Feuer vor den HERRN, das er ihnen nicht befohlen hatte.*

9,6 Ex 16,7 S **9,7** Hebr 5,3 S **9,21** Ex 29,26 S **9,22** Num 6,22-26 **9,23** Ex 16,7 S **9,24** Ri 6,21; 1 Kön 18,38; 1 Chr 21,26; 2 Chr 7,1 **10,2** Num 11,1; 16,35; 2 Kön 2,10-14

6 Mose sagte zu Aaron und dessen Söhnen Eleasar und Itamar: »Laßt eure Brüder, die anderen Israeliten, um die beiden Männer trauern, die der HERR bestraft hat! Ihr aber dürft eure Haare nicht ungepflegt hängen lassen und eure Kleider nicht zerreißen. Sonst müßt auch ihr sterben, und der Zorn des HERRN kommt über die ganze Gemeinde. 7 Entfernt euch auf keinen Fall vom Eingang des Heiligen Zeltes, sonst müßt ihr sterben; denn ihr seid mit heiligem Öl zu Priestern des HERRN geweiht.«

Aaron und seine Söhne befolgten diese Anweisung.

Einschärfung der Priesterpflichten

8 Der HERR sagte zu Aaron: 9 »Wenn ein Priester*, du selbst oder einer deiner Söhne, ins Heilige Zelt* geht, darf er vorher weder Wein noch Bier trinken, sonst muß er sterben. Diese Vorschrift gilt für alle Zukunft.

10 Ihr müßt unterscheiden zwischen gewöhnlichen Orten und meinem Heiligtum, zwischen reinen* Dingen und unreinen. 11 Ihr müßt den Israeliten alle Gesetze einprägen, die ich durch Mose verkündet habe, und müßt sie ihnen erklären.«

12–13 Mose sagte zu Aaron und den beiden Söhnen, die ihm geblieben waren, Eleasar und Itamar: »Was von den Speiseopfern* übrigbleibt, die dem HERRN dargebracht werden, dürft ihr nehmen und daraus Brot backen, aber ohne Sauerteig*. Eßt es an geweihter Stätte, neben dem Altar*, denn es ist etwas besonders Heiliges*. So hat der HERR es mir befohlen. Es ist der Anteil, der dir, Aaron, und deinen Nachkommen von den Speiseopfern des HERRN zusteht.

14 Die Brust und die Keule, die dir und deinen Nachkommen von den Mahlopfern* der Israeliten zustehen, könnt ihr an einem anderen reinen Ort verzehren, nicht nur du und deine Söhne, sondern auch die Frauen. 15 Die Priester sollen aber zuerst Keule und Brust zusammen mit den Fettstücken des Opfertieres zum Altar bringen und sie dem HERRN symbolisch übereignen*. Danach gehören sie dir und deinen Söhnen. Das steht euch für alle Zukunft als euer Anteil zu. So hat der HERR es befohlen.«

16 Als Mose nach dem Ziegenbock fragte, der als Sühneopfer* dargebracht worden war, stellte sich heraus, daß man auch Fleisch und Fell des Tieres verbrannt hatte.

Da wurde Mose zornig auf Eleasar und Itamar, die beiden Söhne, die Aaron geblieben waren, und sagte: 17 »Warum habt ihr das getan? Ihr hättet das Fleisch des Sühneopfers an geweihter Stätte essen sollen; denn es ist etwas besonders Heiliges. Der HERR hat es euch gegeben, weil ihr zwischen ihm und der Gemeinde alles wieder ins reine bringen und die Schuld der Gemeinde wegschaffen sollt. 18 Nur wenn das Blut des Opfertieres ins Heiligtum vor den HERRN gebracht worden wäre, hätte das Tier verbrannt werden dürfen. So aber hättet ihr das Fleisch im Heiligtum essen müssen, wie ich es angeordnet hatte.«

19 Aaron antwortete Mose: »Du weißt doch, meine Söhne haben ihr Sühneopfer und ihr Brandopfer* dem HERRN heute ordnungsgemäß dargebracht, und trotzdem ist so etwas Fürchterliches geschehen. Meinst du, es hätte dem HERRN gefallen, wenn wir ausgerechnet heute das Fleisch des Sühneopfers gegessen hätten?«

20 Mose ließ sich das sagen und hieß es gut.

BEDINGUNGEN FÜR DIE TEILNAHME AM OPFERGOTTESDIENST

(Reinheitsvorschriften; Kapitel 11–15)

Welche Tiere die Israeliten essen dürfen und welche nicht

(Dtn 14,3-21)

11 1–3 Der HERR befahl Mose und Aaron, den Leuten von Israel zu sagen:

»Folgende Tiere dürft ihr essen: Von den großen Landtieren sind euch alle erlaubt, die deutlich gespaltene Klauen haben und zugleich ihre Nahrung wiederkäuen. 4–6 Dagegen sollt ihr Kamele, Hasen und Klippdachse meiden. Sie sind zwar Wiederkäuer, haben aber keine gespaltenen Klauen. 7 Auch das Schwein ist für euch verboten. Es hat zwar gespaltene Klauen, ist aber kein Wiederkäuer. 8 Eßt keins von diesen Tieren und berührt sie auch nicht, wenn sie verendet sind. Sie alle gelten für euch als unrein*.

9–12 Von den Tieren, die im Wasser leben, in Flüssen, Seen und Meeren, dürft ihr nur die essen, die Flossen und Schuppen haben, die übrigen sollen euch als ungenießbar gelten. Eßt keins von diesen Tieren und wendet euch voll Ekel davon ab, wenn ihr irgendwo ein verendetes findet.

13–19 Folgende Vögel dürft ihr auf keinen Fall essen; sie sollen euch als ungenießbar gelten: Adler, Geier, Eulen und alle anderen Raubvögel,

10,9 Jes 28,7; Ez 44,21 **10,10** 11,1–15,33; Ez 22,26; 44,23 **10,12-13** 2,10; 6,9-11; Num 18,8-10 S **10,14-15** 7,28-36 **10,15** Ex 29,26 S **11,1-47** Apg 10,11-16 **11,7** Jes 65,4; 66,17; 2 Makk 6,18-20

außerdem Krähen, Strauße, Schwalben, Möwen,
Störche, Reiher, Wiedehopfe und Fledermäuse.
20 Auch alle vierfüßigen geflügelten Insekten
sollt ihr verabscheuen, 21 mit Ausnahme derer,
die Sprungbeine haben und damit auf der Erde
hüpfen können. 22 Ihr dürft also alle Heuschrek-
kenarten essen; 23 aber alles andere Ungeziefer
mit Flügeln und Füßen ist für euch ungenießbar.
24–28 Die folgenden Tiere dürft ihr nicht be-
rühren, wenn sie verendet sind: alle großen
Landtiere, die nicht deutlich gespaltene Hufe
haben und zugleich Wiederkäuer sind, und alle
Tiere, die vier Füße haben und auf Tatzen gehen.
Wer eines dieser Tiere berührt, ist unrein bis
zum Abend, und wer das Aas eines solchen Tie-
res wegschafft, muß außerdem noch seine Klei-
der waschen.
29–31 Von den kleinen Landtieren, die auf der
Erde kriechen, gelten für euch als unrein die
Mäuse und Maulwürfe, alle Eidechsenarten und
das Chamäleon. Wer sie berührt, nachdem sie
verendet sind, ist bis zum Abend unrein.
32 Alle Gegenstände, auf die ein totes Tier die-
ser Art fällt, werden unrein, gleichgültig, ob sie
aus Holz, Leinen, Leder oder Ziegenhaar sind,
und gleichgültig, wofür sie gebraucht werden.
Sie müssen sogleich in Wasser getaucht werden
und bleiben unrein bis zum Abend.
33 Fällt ein totes Tier dieser Art in ein Tonge-
fäß, so wird dessen Inhalt unrein, und ihr müßt
das Gefäß zerschlagen. 34 Jede Speise, die mit
Wasser aus solch einem Gefäß zubereitet wird,
ist unrein, und auch alle Getränke sind unrein,
die aus solch einem Gefäß getrunken werden.
35 Wenn das tote Tier auf einen Herd oder
Backofen fällt, muß er eingerissen werden; er ist
unrein und für immer unbenutzbar geworden.
36 Jedoch ein Brunnen oder eine wassergefüllte
Zisterne bleibt rein. Unrein wird nur, wer das
tote Tier herausholt.
37 Fällt Aas auf Saatgut, das gerade ausgesät
werden soll, so bleibt das Saatgut rein; 38 war es
aber zum Vorkeimen in Wasser gelegt worden,
so wird es unrein.
39 Wenn ein Tier, das ihr eigentlich essen
dürft, verendet, darf es nicht berührt werden;
wer es berührt, wird bis zum Abend unrein.
40 Wer das verendete Tier wegträgt oder etwas
davon ißt, muß außerdem seine Kleider wa-
schen.
41–42 Alle kleinen Landtiere müßt ihr verab-
scheuen und dürft sie auf keinen Fall essen,
gleichgültig, ob sie auf dem Bauch kriechen oder
sich auf vier oder mehr Füßen fortbewegen.
43 Sonst werdet ihr unrein und erregt meinen
Abscheu. 44 Ich bin der HERR, euer Gott! Ich bin
heilig*, deshalb sollt auch ihr rein und heilig
sein. Verunreinigt euch nicht durch irgend
etwas, was auf der Erde kriecht.
45 Ich bin der HERR, der euch aus Ägypten ge-
führt hat, um euer Gott zu sein. Ihr sollt heilig
sein, weil ich heilig bin.«
46 Dies sind die Anweisungen zur Beurteilung
der verschiedenen Tierarten. 47 Sie sind gegeben,
damit unterschieden wird zwischen rein und
unrein, zwischen Tieren, die gegessen werden
dürfen, und solchen, die nicht gegessen werden
dürfen.

Reinheitsvorschriften für Wöchnerinnen

12 1–2 Der HERR befahl Mose, den Leuten von
Israel zu sagen:
Wenn eine Frau einen Sohn zur Welt bringt,
ist sie 7 Tage unrein*, genau wie während ihrer
monatlichen Blutung. 3 Am 8. Tag soll der Sohn
beschnitten werden. 4 Danach muß die Frau
noch 33 Tage warten, bis sie wieder ganz rein ist.
In dieser Zeit darf sie nicht zum Heiligtum kom-
men und auch nichts berühren, was als Opfer
oder Abgabe für das Heiligtum bestimmt ist.
5 Hat sie eine Tochter zur Welt gebracht, wird
sie 14 Tage unrein und muß dann noch 66 Tage
warten, bis sie wieder ganz rein ist.
6 Sind die 33 oder 66 Tage um, so soll die Frau
ein einjähriges Schaf als Brandopfer* und eine
Taube oder Turteltaube als Sühneopfer* zum
Priester* an den Eingang des Heiligen Zeltes
bringen. 7–8 Ist sie zu arm, um ein Schaf zu
opfern, so soll sie zwei Turteltauben oder zwei
andere Tauben[a] nehmen, eine als Brandopfer
und eine als Sühneopfer. Der Priester bringt ihre
Opfergaben dem HERRN dar und nimmt damit
ihre Unreinheit weg; dann ist sie wieder rein.
Dies sind die Reinheitsvorschriften für Wöch-
nerinnen.

Bestimmungen über die Feststellung von Aussatz

13 Der HERR gab Mose und Aaron folgende
Anweisungen:
2 Wenn sich auf der Haut eines Menschen
eine Schwellung zeigt oder Schuppen oder ein
heller Fleck und somit der Verdacht auf Aussatz*
besteht, muß die betreffende Person zum Prie-

a *andere Tauben:* wörtlich *Kinder der Taube,* d. h. Tiere von der Gattung Taube. In G wurde dies als *junge Tauben* verstanden (so auch in Lk 2,24).

11,22 Mk 1,6 par 11,44-45 19,2b S 12,3 Gen 17,4-14 S 12,7-8 5,7; 14,21-22; 27,8

ster*, zu Aaron oder einem seiner Söhne, gebracht werden. 3 Der Priester muß sich den Fall ansehen. Ist die Behaarung an der kranken Stelle weiß und liegt diese tiefer als die umgebende Haut, so handelt es sich um Aussatz. Sobald der Priester das festgestellt hat, erklärt er die betreffende Person für unrein*. 4 Ist es aber ein heller Fleck auf der Haut, der nicht tiefer liegt als die umgebende Haut und dessen Behaarung nicht weiß geworden ist, so soll der Priester die erkrankte Person eine Woche lang isolieren. 5 Dann soll er sie sich wieder ansehen. Wenn die Stelle noch genauso aussieht wie vorher und der Befall sich nicht ausgebreitet hat, soll er sie noch einmal sieben Tage isolieren. 6 Ist dann der Fleck dunkler geworden und hat sich nicht weiter ausgebreitet, so war es ein harmloser Ausschlag, und der Priester erklärt die Person für rein. Sie muß nur noch ihre Kleider waschen. 7 Wenn der Ausschlag sich später doch wieder ausbreitet, muß sie sich ein zweites Mal dem Priester zeigen. 8 Findet der Priester den Verdacht auf Aussatz bestätigt, muß er sie für unrein erklären.

9-10 Wenn sich auf der Haut eines Menschen eine weiße Schwellung zeigt, muß die betreffende Person zum Priester gebracht werden, damit der sich den Fall ansieht. Ist auch die Behaarung an der kranken Stelle weiß geworden und es wuchert darauf wildes Fleisch, 11 so handelt es sich um Aussatz im fortgeschrittenen Stadium. Der Priester muß die betreffende Person für unrein erklären; der Fall ist eindeutig. 12-13 Wenn aber der Priester sieht, daß der Ausschlag den ganzen Körper von Kopf bis Fuß bedeckt, soll er die erkrankte Person für rein erklären. Weil die ganze Haut weiß geworden ist, gilt die Person als rein. 14-15 Sobald jedoch irgendwo wildes Fleisch wuchert, muß sie für unrein erklärt werden. Wucherndes Fleisch ist ein Zeichen für Aussatz. 16-17 Wenn die Wucherung zurückgeht und alles weiß wird, soll sie wieder zum Priester gehen, und der Priester erklärt sie für rein.

18 Wenn auf der Haut eines Menschen ein Geschwür entsteht und wieder abheilt, 19 aber an der Stelle des Geschwürs bildet sich eine weiße Schwellung oder ein rotweißer Fleck, dann muß die betreffende Person sich dem Priester zeigen. 20 Liegt die Stelle tiefer als die umgebende Haut und ist die Behaarung darauf weiß geworden, so soll der Priester die Person für unrein erklären. Es handelt sich um Aussatz, der mit einem Geschwür angefangen hat. 21 Kann der Priester jedoch keine solchen Anzeichen feststellen und die Färbung ist sogar zurückgegangen, so soll er die betreffende Person sieben Tage isolieren. 22 Hat der Fleck sich danach ausgedehnt, so ist es Aussatz, und der Priester muß die erkrankte Person für unrein erklären. 23 Ist der Fleck jedoch nicht größer geworden, so ist es nur die Narbe von dem Geschwür, und der Priester erklärt die Person für rein.

24 Wenn jemand eine Brandwunde auf der Haut hat und sich darin ein rotweißer oder weißer Fleck bildet, 25 muß die betreffende Person die Wunde dem Priester zeigen. Stellt sich heraus, daß die Behaarung auf dem Fleck weiß geworden ist und die Stelle tiefer liegt als die umgebende Haut, so ist in der Brandwunde Aussatz ausgebrochen, und der Priester muß die Person für unrein erklären. 26 Kann der Priester jedoch keine solchen Anzeichen feststellen und die Färbung ist sogar zurückgegangen, so soll er sie eine Woche lang isolieren 27 und sich dann wieder ansehen. Hat der Fleck sich in der Zwischenzeit ausgedehnt, so ist es Aussatz, und der Priester muß die erkrankte Person für unrein erklären. 28 Ist der Fleck jedoch nicht größer geworden und die Haut hat wieder ihre normale Färbung, so ist es nur die Narbe von der Brandwunde, und der Priester erklärt die Person für rein.

29 Wenn ein Mann oder eine Frau einen Ausschlag auf der Kopfhaut bekommt oder der Mann unter dem Bart, 30 dann muß der Priester sich den Fall ansehen. Liegt der Ausschlag tiefer als die umgebende Haut und die Haare an der Stelle sind gelblich geworden und haben ihre Festigkeit verloren, so ist es Aussatz, wie er auf dem Kopf oder im Bart auftritt, und der Priester muß die erkrankte Person für unrein erklären. 31 Liegt der Ausschlag zwar nicht tiefer als die umgebende Haut, aber das Haar an der Stelle ist gelblich geworden, so soll der Priester die Person eine Woche lang isolieren 32 und sich dann wieder ansehen. Hat sich der Ausschlag in der Zwischenzeit nicht weiter ausgebreitet, haben sich keine gelblichen Haare mehr gebildet und erscheint die Stelle nicht tiefer als die umgebende Haut, 33 so soll die Person das Haar rund um die Stelle abrasieren lassen. Der Priester isoliert sie noch einmal sieben Tage 34 und sieht sich den Fall danach wieder an. Hat sich der Ausschlag nicht weiter ausgebreitet und die Stelle liegt nicht tiefer als die umgebende Haut, so erklärt er die betreffende Person für rein. Sie muß nur noch ihre Kleider waschen. 35 Wenn der Befall sich später doch noch weiter ausbreitet, 36 muß der Priester sich die Person noch einmal ansehen. Hat sich der Ausschlag wirklich ausgebreitet, so braucht er nicht erst nach gelblich

gewordenen Haaren zu suchen. Der Fall ist eindeutig: Die erkrankte Person ist unrein. [37] Findet jedoch der Priester, daß der Ausschlag sich nicht weiter ausgebreitet hat, und sprossen an der Stelle wieder schwarze Haare, so ist der Ausschlag geheilt, und der Priester erklärt die Person für rein.

[38] Zeigen sich bei einem Mann oder einer Frau weiße Flecken auf der Haut, [39] so muß der Priester sich den Fall ansehen. Sind es nur blaßweiße Flecken, so ist es ein harmloser Ausschlag, und die betreffende Person ist rein.

[40–41] Verliert ein Mann die Haare auf seinem Kopf, an der Stirnseite oder auf dem Hinterkopf, wird er dadurch nicht unrein. [42–43] Zeigt sich aber auf der kahlen Stelle ein rotweißer Ausschlag, so muß der Priester sich den Fall ansehen. Stellt er fest, daß der rotweiße Fleck genauso aussieht wie Aussatz am Körper, [44] so handelt es sich tatsächlich um Aussatz, und der Priester muß den Betreffenden für unrein erklären. Es ist Aussatz am Kopf.

Über das Verhalten von Aussätzigen

[45] Alle, die von Aussatz[a] befallen sind, müssen zerrissene Kleider tragen und ihr Haar frei hängen lassen; Männer müssen den Bart verhüllen. Sie müssen andere, die in ihre Nähe kommen, mit dem Ruf »Unrein, unrein!« warnen. [46] Solange der Zustand anhält, bleiben sie unrein. Sie müssen abgesondert leben und sich außerhalb des Lagers aufhalten.

Bestimmungen für den Befall von Gebrauchsgegenständen

[47–49] Wenn an einem Kleid oder Gewebe aus Wolle oder Leinen oder an gegerbten Fellen oder an Gegenständen aus Leder ein Fleck auftritt und dieser Fleck gelblichgrün oder rötlich ist, dann kann es sich um fressenden Schimmel handeln, und das Stück muß dem Priester* gezeigt werden. [50] Der Priester sieht es sich an und schließt es sieben Tage ein. [51] Hat sich danach der Fleck vergrößert, so ist es tatsächlich fressender Schimmel. Der Priester erklärt das Stück für unrein*, [52] und es muß verbrannt werden.

[53] Stellt der Priester jedoch fest, daß der Fleck sich nicht ausgebreitet hat, [54] so läßt er das befallene Stück waschen und schließt es noch einmal sieben Tage ein. [55] Ist danach das Aussehen an der Stelle unverändert, so ist das Stück unrein, auch wenn der Fleck sich nicht weiter ausgebreitet hat. Es muß verbrannt werden, weil der Schimmel so tief sitzt, gleichgültig, ob es auf der Außenseite oder auf der Innenseite ist.

[56] Stellt der Priester fest, daß der Fleck nach der Reinigung verblaßt ist, so reißt er das befallene Stück von dem Kleid, dem Leder oder dem Gewebe ab. [57] Tritt der Befall danach an den übrigen Teilen auf, so muß der Gegenstand verbrannt werden. [58] Ist jedoch der Fleck bei der Reinigung ganz verschwunden, so muß das Stück ein zweites Mal gewaschen werden und ist dann rein.

[59] Nach diesen Regeln muß bei Schimmel an einem Kleid oder Gewebe aus Wolle oder Leinen oder an Gegenständen aus Leder entschieden werden, ob etwas für rein oder unrein zu erklären ist.

Bestimmungen für die Reinerklärung von Aussätzigen

14 [1–2] Der HERR sagte Mose auch, wie zu verfahren ist, damit ein Aussätziger,[b] der geheilt ist, wieder als rein gelten kann.[c]

Der Betreffende wird zum Priester* gebracht, [3] der dazu vor das Lager hinausgeht. Wenn der Priester feststellt, daß der Kranke von seinem Aussatz geheilt ist, [4] ordnet er an, daß zwei lebende reine Vögel, Zedernholz, Karmesinfarbe und Ysop* gebracht werden. [5] Er läßt den einen Vogel über einer Tonschale mit Quellwasser schlachten. [6] Dann wirft er das Zedernholz, die Karmesinfarbe und den Ysop in das mit dem Wasser vermischte Blut und taucht auch den lebenden zweiten Vogel hinein. [7] Mit der Mischung besprengt er den Genesenen siebenmal und erklärt ihn für rein; den Vogel läßt er fortfliegen.

[8] Dann wäscht der Genesene seine Kleider, er läßt sein gesamtes Haar scheren und spült sich mit Wasser ab. Nun ist er rein, und er darf ins Lager kommen, muß aber noch sieben Tage außerhalb seines Zeltes zubringen. [9] Am siebten Tag muß er sein Haar nochmals scheren lassen, das Kopf- und Barthaar, die Augenbrauen und die Haare am übrigen Körper, er muß seine Klei-

a *Aussatz:* Im Hebräischen steht ein Wort, das »Schlag, (unheimliche) Berührung« bedeutet. Im Blick ist nicht die Ansteckungsgefahr, sondern die Gefahr eines dämonischen Einflusses; siehe Sacherklärungen »Aussatz« und »rein«.
b Es ist anzunehmen, daß die Vorschriften sinngemäß auch für Frauen galten, auch wenn sich im Unterschied zu Kap 13 (Verse 29 und 38) kein Hinweis darauf findet.
c Reinheit (siehe Sacherklärung) ist nicht schon mit dem Verschwinden der Symptome gegeben, sondern muß durch die im folgenden beschriebenen Maßnahmen hergestellt werden.
14,1-2 Mk 1,44 par

der waschen und seinen Körper mit Wasser ab-
spülen. Dann ist er endgültig rein.
10 Am achten Tag nimmt der Genesene zwei
fehlerfreie junge Schafböcke und ein fehlerfreies
einjähriges Schaf sowie als Speiseopfer* 3/10 Efa*
(3,5 Kilo) Weizenmehl mit Olivenöl vermengt
und außerdem 1/12 Hin* (1/3 Liter) Olivenöl.
11 Der Priester führt ihn mit seinen Opfergaben
zum Eingang des Heiligen Zeltes* und stellt ihn
vor den HERRN.
12 Der erste Schafbock und das Öl sind für das
Wiedergutmachungsopfer* bestimmt. Der Prie-
ster übereignet* diese Opfergaben symbolisch
dem HERRN 13 und schlachtet dann den Schaf-
bock an geweihter Stätte, dort, wo die Sühne-
und Brandopfertiere geschlachtet werden. Ge-
nau wie das Sühneopfer* fällt das Wiedergut-
machungsopfer dem Priester zu; es ist etwas
besonders Heiliges*.
14 Der Priester nimmt etwas von dem Blut des
Opfertieres und betupft damit dem Genesenen
das rechte Ohrläppchen, den rechten Daumen
und die rechte große Zehe. 15 Von dem Öl gießt
er sich etwas in die hohle linke Hand, 16 taucht
den rechten Zeigefinger hinein und sprengt da-
mit siebenmal an den Altar. 17 Dann betupft er
damit dem Genesenen das rechte Ohrläppchen,
den rechten Daumen und die rechte große Zehe
18 und streicht ihm den Rest des Öls in seiner
Hand auf den Kopf. So sorgt er dafür, daß zwi-
schen dem Genesenen und dem HERRN alles
wieder ins reine gebracht wird.
19 Dann bringt der Priester das Schaf als
Sühneopfer dar und befreit so den Genesenen
von dem Makel, der ihm wegen seiner Unrein-
heit anhaftet. Danach schlachtet er den zweiten
Schafbock für das Brandopfer* 20 und verbrennt
ihn zusammen mit dem Speiseopfer auf dem
Altar. So nimmt der Priester die Unreinheit des
Genesenen weg, und er ist wieder rein.
21 Ist jemand zu arm für diese Opfergaben, so
muß er nur den einen Schafbock aufbringen, der
als Wiedergutmachungsopfer dient und dem
HERRN symbolisch übereignet wird, damit alles
ins reine kommt. Dazu nimmt er als Speiseopfer
1/10 Efa (gut 1 Kilo) Mehl mit Öl vermengt und
1/12 Hin (1/3 Liter) Öl 22 sowie zwei Turteltauben
oder zwei andere Tauben, die eine für das
Sühneopfer, die andere für das Brandopfer.
23 Er bringt dies alles am achten Tag zum Prie-
ster an den Eingang des Heiligen Zeltes und tritt
damit vor den HERRN. 24 Der Priester nimmt den
Schafbock für das Wiedergutmachungsopfer so-
wie das Öl und übereignet beides symbolisch
dem HERRN. 25–31 Darauf schlachtet er den Bock
und verfährt mit dem Blut und dem Öl genau
wie im vorangehenden Fall. Dann bringt er die
eine Taube als Sühneopfer dar, die andere als
Brandopfer, und dazu das Speiseopfer. So sorgt
er dafür, daß zwischen dem Genesenen und
dem HERRN alles wieder ins reine gebracht
wird.
32 Nach dieser Vorschrift ist zu verfahren,
wenn jemand vom Aussatz genesen, aber zu
arm ist, um ein größeres Opfer für seine Reini-
gung aufzubringen.

Bestimmungen für Befall an Häusern

33 Weiter sagte der HERR zu Mose und Aaron:
34 Wenn ihr in das Land kommt, das der HERR
euch zum Eigentum gibt, und der HERR läßt an
einem Haus Schwamm auftreten, 35 dann muß
der Besitzer des Hauses zum Priester* gehen
und melden: »An meinem Haus ist etwas, das
wie Aussatz* aussieht.«
36 Bevor der Priester in das Haus geht, läßt er
es ausräumen. Sonst muß, wenn der Verdacht
zutrifft, der ganze Hausrat für unrein* erklärt
werden. Erst danach geht er hinein und sieht
sich das Haus an.
37 Stellt er fest, daß an der Wand gelblichgrüne
oder rötliche Flecken sind, die tiefer liegen als
die übrige Wand, 38 so versperrt er das Haus für
sieben Tage. 39 Stellt er danach fest, daß die
Flecken an der Wand sich ausgedehnt haben,
40 so läßt er die Steine, die davon befallen sind,
herausreißen und außerhalb der Stadt an einen
unreinen Platz werfen. 41 Die Innenwände wer-
den ringsum abgekratzt, und der Putz wird
ebenfalls an einen unreinen Platz vor der Stadt
geworfen. 42 Dann werden andere Steine an-
stelle der alten eingesetzt und das Haus wird
neu verputzt.
43 Kommen die Flecken danach wieder zum
Vorschein 44 und der Priester stellt fest, daß sie
sich ausbreiten, so ist es fressender Schwamm.
Das Haus ist unrein; 45 es muß niedergerissen
werden. Steine, Balken und Putz werden an
einen unreinen Platz außerhalb der Stadt ge-
schafft.
46 Wer das Haus betritt, während es abge-
sperrt ist, wird unrein bis zum Abend. 47 Wer
dort schläft oder ißt, wird unrein und muß seine
Kleider waschen.
48 Stellt der Priester jedoch fest, daß die
Flecken nicht wieder aufgetreten sind, nachdem

14,13 Num 18,8-10 S 14,21-22 12,7-8 S

der Putz erneuert wurde, erklärt er das Haus für rein; der Befall ist völlig beseitigt.

[49] Um das Haus vollends rein zu machen, nimmt er zwei Vögel, Zedernholz, Karmesinfarbe und Ysop. [50] Er schlachtet den einen Vogel über einer Tonschale mit Quellwasser, [51] wirft das Zedernholz, den Ysop und die Karmesinfarbe in das mit dem Wasser vermischte Blut und taucht auch den anderen Vogel hinein. Mit der Mischung besprengt er das Haus siebenmal. [52-53] Dann läßt er den lebenden Vogel aus der Stadt hinausfliegen. So nimmt er die Unreinheit von dem Haus, und es ist wieder rein.

[54-57] Nach diesen Weisungen soll der Priester Hautausschläge bei Menschen und Flecken an Stoffen und Häusern beurteilen und entscheiden, ob der erkrankte Mensch oder der befallene Gegenstand rein oder unrein ist.

Bestimmungen über körperliche Unreinheit

15 [1-2] Der HERR befahl Mose und Aaron, den Leuten von Israel zu sagen:

Jeder Mann, der einen krankhaften Ausfluß aus seinem Glied hat, wird dadurch unrein*, [3] gleichgültig, ob der Ausfluß wäßrig oder dickflüssig ist. [4] Auch alles, worauf der Kranke liegt oder sitzt, wird unrein. [5-6] Wer dessen Lager berührt oder sich auf etwas setzt, worauf er gesessen hat, muß die Kleider waschen und sich mit Wasser abspülen und bleibt unrein bis zum Abend.

[7-11] Dasselbe gilt, wenn einer den Kranken selbst berührt, von ihm bespuckt wird, etwas berührt oder wegträgt, worauf dieser gesessen hat, oder wenn er von dem Kranken angefaßt wird, ohne daß dieser sich zuvor die Hände gewaschen hat. Auch der Sattel, auf dem der Kranke reitet, wird unrein. [12] Ein Tongefäß, das der Kranke berührt, muß zerschlagen, ein Holzgefäß muß mit Wasser abgespült werden.

[13] Wird der Kranke von seinem Ausfluß geheilt, so wartet er noch sieben Tage. Dann wäscht er seine Kleider, spült seinen Körper mit frischem Wasser[a] ab und ist wieder rein. [14] Am achten Tag nimmt er zwei Turteltauben oder zwei andere Tauben und tritt damit vor den HERRN am Eingang des Heiligen Zeltes*. Die Tauben gibt er dem Priester. [15] Der opfert die eine als Sühneopfer*, die andere als Brandopfer* und bringt so zwischen dem Kranken und dem HERRN alles wieder in Ordnung.

[16] Hat ein Mann im Schlaf einen Samenerguß, so muß er seinen ganzen Körper mit Wasser abspülen und ist bis zum Abend unrein. [17] Jedes Kleidungsstück oder Fell, woran etwas von dem Samen gekommen ist, muß mit Wasser gereinigt werden und ist unrein bis zum Abend. [18] Hat er den Samenerguß im Verkehr mit einer Frau, so müssen sich beide mit Wasser abspülen und bleiben bis zum Abend unrein.

[19] Wenn eine Frau ihre monatliche Blutung hat, ist sie sieben Tage lang unrein. Jeder, der sie berührt, wird unrein bis zum Abend. [20] Auch alles, worauf sie sich während dieser Zeit legt oder setzt, wird unrein. [21-22] Wer ihr Lager oder etwas, worauf sie gesessen hat, berührt, muß seine Kleider waschen, sich selbst mit Wasser abspülen und bleibt bis zum Abend unrein. [23] Auch wer irgend etwas auf ihrem Lager oder ihrer Sitzgelegenheit berührt, wird unrein bis zum Abend. [24] Hat ein Mann während dieser Zeit mit ihr Geschlechtsverkehr, wird er selbst für sieben Tage unrein. Jedes Lager, auf dem er liegt, wird unrein.

[25] Dauert die monatliche Blutung länger als sieben Tage oder hat eine Frau außerhalb ihrer Periode einen Ausfluß, der längere Zeit anhält, so ist sie während dieser Zeit genauso unrein wie während ihrer Monatsblutung. [26] Jedes Lager, auf dem sie liegt, und jeder Gegenstand, auf den sie sich setzt, wird unrein. [27] Wer diese Dinge berührt, wird selbst unrein. Er muß seine Kleider waschen und sich mit Wasser abspülen und bleibt unrein bis zum Abend.

[28] Wird sie von dem Ausfluß geheilt, so wartet sie noch sieben Tage und ist dann wieder rein. [29] Am achten Tag bringt sie zwei Turteltauben oder zwei andere Tauben zum Priester an den Eingang des Heiligen Zeltes. [30] Der Priester opfert die eine als Sühneopfer, die andere als Brandopfer und bringt so zwischen der Kranken und dem HERRN alles wieder in Ordnung.

[31] Abschließend sagte der HERR zu Mose und Aaron: »Schärft den Leuten von Israel ein, daß sie diese Reinheitsvorschriften beachten. Denn wenn sie in unreinem Zustand meiner Wohnung, die mitten in ihrem Lager ist, nahekommen, müssen sie sterben.«

[32-33] Nach diesen Anordnungen ist zu verfahren, wenn jemand, ob Mann oder Frau, einen Ausfluß aus seinem Geschlechtsteil hat oder wenn ein Mann mit einer Frau schläft, die ihre monatliche Blutung hat.

a Wörtlich *fließendem* (im Gegensatz zu stehendem) *Wasser*.
15,25 Mk 5,25 par

DAS JÄHRLICHE HAUPTFEST UND DIE HAUPTREGEL FÜR DAS OPFER
(Kapitel 16–17)

Bestimmungen für den Versöhnungstag

16 1-2 Nachdem die beiden Söhne Aarons ge-
storben waren, weil sie sich dem HERRN
auf eigenmächtige Weise genähert hatten, sagte
der HERR zu Mose:
»Sag deinem Bruder Aaron, daß er nur zu be-
stimmten Zeiten durch den Vorhang in das in-
nerste Heiligtum, das Allerheiligste*, geht. Sonst
muß er sterben. Denn dort zeige ich mich in
einer Wolke über der goldenen Deckplatte, die
auf der Bundeslade* liegt.
3 Er darf auf keinen Fall hineingehen, bevor er
einen Stier als Sühneopfer* und einen Schafbock
als Brandopfer* dargebracht hat.
4 Zuerst soll er sich waschen und besondere
Kleider anziehen: ein Priesterhemd und Knie-
hosen, Turban und Gürtel, alles aus einfachem
Leinen. 5 Dann läßt er sich von der Gemeinde
Israel zwei Ziegenböcke als Sühneopfer und
einen Schafbock als Brandopfer geben. 6 Er
selbst hält als Sühneopfer für die eigene Schuld
und die Schuld seiner Familie den Stier be-
reit.
7 Die beiden Böcke bringt er zu mir an den
Eingang des Heiligen Zeltes*. 8 Das Los soll ent-
scheiden, welcher Bock mir und welcher Asa-
sel* gehört. 9 Der Bock, den das Los für mich be-
stimmt, wird mir von Aaron als Opfer für die
Schuld des Volkes dargebracht; 10 der andere soll
lebend vor mich gestellt und mit der Schuld des
Volkes beladen zu Asasel in die Wüste getrieben
werden.
11 Zuvor aber muß Aaron den Stier opfern,
damit seine Schuld und die seiner Familie weg-
geschafft wird. Nachdem er das Tier geschlach-
tet hat, 12 nimmt er eine Pfanne voll glühender
Kohlen vom Altar* vor dem Heiligen Zelt und
dazu zwei Handvoll zerstoßenen Weihrauch und
geht damit durch den Vorhang in das Allerhei-
ligste. 13 Dort streut er den Weihrauch über die
Glut, damit der aufsteigende Rauch die Deck-
platte über der Lade mit dem Bundesgesetz* ver-
hüllt und er nicht sterben muß. 14 Dann holt er
etwas von dem Blut des geschlachteten Stieres
und sprengt es mit dem Finger einmal gegen die
Vorderseite der Deckplatte und siebenmal vor
ihr auf die Erde.
15 Darauf schlachtet er den Ziegenbock, der
als Sühneopfer für die Schuld des Volkes be-
stimmt ist, bringt sein Blut hinter den Vorhang
und sprengt davon auf die Deckplatte der Lade
und vor ihr auf die Erde, genau wie er es mit
dem Blut des Stieres gemacht hat. 16 Auf diese
Weise reinigt er das Allerheiligste, das durch die
Sünden der Israeliten befleckt worden ist, und
anschließend reinigt er das ganze Heilige Zelt,
das mitten im Lager der Israeliten steht und
durch ihre Verfehlungen verunreinigt wird.
17 Niemand darf im Heiligen Zelt anwesend
sein, während Aaron in das Allerheiligste geht
und für sich, seine Familie und ganz Israel diese
Sühnehandlung vollzieht.
18 Anschließend geht Aaron zum Altar, der
vor dem Heiligen Zelt steht, und reinigt auch ihn.
Er bestreicht die Hörner* des Altars mit dem
Blut der beiden Opfertiere 19 und sprengt mit
dem Finger siebenmal Blut an den Altar. Auf
diese Weise reinigt er ihn von der Befleckung
durch die Sünden des Volkes.«

Der Sündenbock

20 »Wenn Aaron das Allerheiligste, das Zelt und
den Altar gereinigt hat, bringt er den zweiten
Ziegenbock herbei. 21 Er legt seine beiden Hände
auf den Kopf des Bockes und spricht über ihm
alle Verfehlungen aus, durch die sich die Leute
von Israel schuldig gemacht haben. So legt er
alle Sünden des Volkes dem Bock auf den Kopf
und läßt dann das Tier durch einen dazu bestell-
ten Mann in die Wüste jagen. 22 Der Bock trägt
alle diese Sünden weg und bringt sie in eine un
bewohnte Gegend.
23 Dann geht Aaron in das Heilige Zelt* und
legt die leinenen Kleider ab, die er für diese
Sühnehandlung angezogen hat. Sie werden im
Zelt aufbewahrt. 24 Er wäscht sich im Bereich
des Heiligtums, legt seine Priesterkleider an und
bringt für sich und für das Volk die beiden Schaf-
böcke als Brandopfer* dar. Auch damit schafft er
Sühne für sich selbst und für das Volk. 25 Die
Fettstücke der Sühneopfer verbrennt er ebenfalls
auf dem Altar.
26 Der Mann, der den Bock zu Asasel* in die
Wüste gejagt hat, muß seine Kleider und sich
selbst mit Wasser abspülen, bevor er ins Lager
zurückkehrt. 27 Die Reste des Stieres und des an-
deren Ziegenbocks, mit deren Blut das Heiligtum
gereinigt worden ist, bringt man vor das Lager
hinaus und verbrennt dort alles, Fell, Fleisch und
Eingeweide. 28 Der Mann, der es verbrennt, darf
ebenfalls erst ins Lager zurückkehren, wenn er

16,1-17 Hebr 9,7.12 16,1-2 10,1-2; Ex 29,37 S; 19,8-9 S; 25,22 S 16,27 Hebr 13,11

sich und seine Kleider mit Wasser abgespült
hat.«

Weitere Vorschriften für den Versöhnungstag

29 »Am 10. Tag des 7. Monats sollt ihr diesen Feier-
tag begehen. Die Bestimmungen dafür gelten für
alle Zukunft. Ihr müßt euch Bußübungen* auf-
erlegen und dürft an diesem Tag keine Arbeit
verrichten. Das gilt auch für die Fremden, die bei
euch wohnen. 30 An diesem Tag wird für eure
Sünden Sühne* geleistet, und eure Unreinheit
wird von euch genommen; ihr werdet wieder
rein* vor dem HERRN. 31 Darum ist dieser Tag für
euch ein strenger Ruhetag, an dem ihr euch
Bußübungen auferlegt. Diese Anordnung gilt für
alle Zukunft.

32 Der Priester, der als Nachfolger Aarons ge-
salbt* und in dessen Priesteramt eingesetzt wird,
hat die vorgeschriebenen Handlungen zu voll-
ziehen. In den leinenen Kleidern, die eigens
dafür bestimmt sind, 33 soll er das Allerheiligste*,
das ganze Heilige Zelt* und den Altar* von aller
Befleckung reinigen und die übrigen Priester
und das ganze Volk von ihrer Schuld befreien.
34 Einmal im Jahr müssen auf diese Weise alle
Verfehlungen der Leute von Israel gesühnt wer-
den. So sollt ihr es halten für alle Zukunft.«

Aaron führte alles so aus, wie der HERR es
Mose befohlen hatte.

Schlachtung von Tieren nur am Heiligtum

17 Der HERR befahl Mose, 2 zu Aaron und sei-
nen Söhnen sowie zu allen Israeliten zu
sagen:

»Hört, was der HERR angeordnet hat! 3 Wenn
ein Israelit ein Rind, ein Schaf oder eine Ziege
schlachten will, darf er es nicht an einem beliebi-
gen Platz innerhalb oder außerhalb des Lagers
tun. 4 Er muß das Tier an den Eingang des Heili-
gen Zeltes* bringen und es dort vor der Woh-
nung des HERRN als Opfergabe für ihn schlach-
ten. Wer es anderswo schlachtet, handelt wie
jemand, der das Blut eines Menschen vergießt,
und lädt schwere Schuld auf sich. Er hat sein
Leben verwirkt und muß aus seinem Volk aus-
gestoßen werden.

5 Deshalb sollen die Leute von Israel die
Opfertiere, die sie bis jetzt auf freiem Feld ge-
schlachtet haben, zum HERRN bringen, zu sei-
nem Priester* an den Eingang des Heiligen Zel-
tes. Dort sollen sie die Tiere für das Opfermahl*
mit dem HERRN schlachten. 6 Der Priester sprengt
das Blut an den Altar* des HERRN, der am Ein-
gang des Heiligen Zeltes steht, und verbrennt auf
dem Altar die Fettstücke als ein Opfer, das den
HERRN gnädig stimmt.

7 Die Leute von Israel sollen ihre Tiere nicht
mehr als Opfer für die Dämonen* schlachten,
denen sie nachlaufen. Diese Anordnung gilt für
alle Zukunft.«

Verbot von Blutgenuß

8-9 Weiter ließ der HERR dem Volk durch Mose
sagen:

»Wer anderen Göttern ein Brandopfer* oder
ein anderes Opfer darbringt, statt es mir am Ein-
gang des Heiligen Zeltes* zu opfern, hat sein
Leben verwirkt und muß aus seinem Volk aus-
gestoßen werden. Das gilt auch für die Fremden,
die bei euch wohnen.

10 Genauso ergeht es jedem Israeliten und
jedem Fremden unter euch, der irgendwelches
Blut* ißt: Ich selbst wende mich gegen ihn und
rotte ihn aus seinem Volk aus. 11 Denn im Blut ist
das Leben. Ich habe bestimmt, daß alles Blut
zum Altar gebracht wird, um Schuld zu sühnen.
Weil im Blut das Leben ist, schafft es Sühne* für
verwirktes Leben. 12 Darum habe ich zu den
Leuten von Israel gesagt: Niemand von euch darf
Blut essen, auch nicht die Fremden, die bei euch
leben.

13 Wenn ein Israelit oder ein Fremder Wild
oder Vögel jagt, die ihr essen dürft, dann muß er
das Blut der erlegten Tiere auslaufen lassen und
mit Erde bedecken. 14 Denn im Blut ist das
Leben, und deshalb habe ich euch verboten, Blut
zu essen. Jeder, der Blut ißt, muß sterben.

15 Wenn irgend jemand, ein Israelit oder ein
Fremder, ein verendetes oder gerissenes Tier ißt,
muß er seine Kleider und sich selbst mit Wasser
abspülen und bleibt bis zum Abend unrein*.
16 Wenn er es unterläßt, muß er die Folgen tra-
gen.«

GESETZE FÜR GOTTES HEILIGES VOLK
(Kapitel 18–20)

Verbot geschlechtlicher Verirrungen

18 Der HERR sagte zu Mose: 2 »Richte den
Leuten von Israel aus, was ich ihnen zu
sagen habe:

›Ich bin der HERR, euer Gott. 3 Lebt nicht so,
wie die Leute in Ägypten leben, woher ihr

16,29-34 23,26-32; Num 29,7-11 **17,10-14** (Blut) 3,17; 7,26; 19,26; Gen 9,4; Dtn 12,16.23; Apg 15,20 **17,11** Hebr 9,22 **17,15** 11,40; 22,8; Ex 22,30; Dtn 14,21 **18,3** 20,22-24; Dtn 18,9

kommt, auch nicht so, wie sie in Kanaan* leben,
wohin ich euch bringe. Die Sitten dieser Völker
gehen euch nichts an. 4 Ihr sollt euch nach mei-
nen Ordnungen richten und meinen Anweisun-
gen gehorchen. Ich bin der HERR, euer Gott.
5 Wer meine Gebote und Weisungen befolgt, be-
wahrt sein Leben. Ich bin der HERR!

6 Kein Mann unter euch darf mit einer Bluts-
verwandten geschlechtlich verkehren. Ich bin
der HERR!

7 Du darfst nicht mit deiner Mutter schlafen
und dadurch deinen Vater entehren; denn sie ist
deine Mutter.

8 Du darfst nicht mit einer anderen Frau dei-
nes Vaters schlafen; denn auch dadurch entehrst
du deinen Vater.

9 Du darfst nicht mit deiner Schwester oder
Halbschwester schlafen, gleichgültig, ob sie die
Tochter deines Vaters oder deiner Mutter ist
und ob sie in der gleichen Ehe geboren ist oder
nicht.

10 Du darfst nicht mit deiner Enkeltochter
schlafen; denn dadurch entehrst du dich selbst.

11 Du darfst nicht mit einem Mädchen schla-
fen, das die Tochter deines Vaters und einer sei-
ner Frauen ist; denn sie ist deine Schwester.

12 Du darfst nicht mit einer Schwester deines
Vaters schlafen; denn sie ist mit deinem Vater
blutsverwandt.

13 Du darfst nicht mit einer Schwester deiner
Mutter schlafen; denn sie ist mit deiner Mutter
blutsverwandt.

14 Du darfst nicht mit der Frau deines Onkels,
des Bruders deines Vaters, schlafen; denn sie ist
deine Tante.

15 Du darfst nicht mit deiner Schwiegertochter
schlafen; denn sie ist die Frau deines Sohnes.

16 Du darfst nicht mit deiner Schwägerin
schlafen; denn dadurch entehrst du deinen Bru-
der.

17 Wenn du mit einer Frau verkehrst, darfst du
nicht gleichzeitig mit ihrer Tochter oder Enkel-
tochter schlafen. Sie sind mit ihr blutsverwandt,
deshalb ist das soviel wie Blutschande.

18 Du darfst nicht die Schwester deiner Frau
zur Nebenfrau nehmen, solange deine Frau
noch lebt.

19 Du darfst nicht mit einer Frau schlafen, die
ihre monatliche Blutung hat; denn in dieser Zeit
ist sie unrein*.

20 Du darfst nicht mit der Frau eines anderen
Mannes schlafen; denn dadurch wirst du un-
rein.

21 Du darfst keines deiner Kinder als Opfer für
den Götzen Moloch* verbrennen; denn dadurch
beleidigst du deinen Gott. Ich bin der HERR!

22 Kein Mann darf mit einem anderen Mann
geschlechtlich verkehren; denn das verabscheue
ich.

23 Kein Mann und keine Frau dürfen mit
einem Tier geschlechtlich verkehren. Das ist
widerwärtig und macht unrein.

24 Verunreinigt euch nicht durch alle diese
Verirrungen, wie es die Völker getan haben, die
ich vor euch vertreibe. 25 Sie haben das Land
unrein gemacht; aber ich sorge dafür, daß es
seine Bewohner ausspuckt und so wieder rein
wird.

26 Ihr aber sollt euch nach meinen Geboten
und Weisungen richten, und genauso die Frem-
den, die bei euch leben. Tut nicht solche ab-
scheulichen Dinge 27 wie die Leute, die vor euch
das Land bewohnten und es unrein machten.
28 Sonst wird euch das Land genauso ausspuk-
ken, wie es jetzt seine bisherigen Bewohner aus-
spuckt. 29 Wer irgendeine von diesen Abscheu-
lichkeiten tut, hat sein Leben verwirkt und muß
aus seinem Volk ausgestoßen werden.

30 Gehorcht meinen Anweisungen und richtet
euch nicht nach den abscheulichen Sitten der
Völker, die vor euch das Land bewohnten. Ver-
unreinigt euch nicht durch ein solches Verhal-
ten. Ich bin der HERR, euer Gott!«

»Ihr sollt heilig sein, denn ich bin heilig!«

19 Der HERR sagte zu Mose: 2 »Richte der
ganzen Gemeinde Israel aus, was ich ihr
zu sagen habe:

›Ihr sollt heilig* sein; denn ich, der HERR, euer
Gott, bin heilig.

3 Jeder soll seine Mutter und seinen Vater
ehren und den wöchentlichen Ruhetag, meinen
Sabbat*, beachten. Ich bin der HERR, euer Gott!

4 Wendet euch nicht anderen Göttern zu und
macht euch keine Götterbilder. Ich bin der HERR,
euer Gott!

5 Wenn ihr mir zu Ehren ein Opfermahl*
feiert, dann haltet euch an die Vorschriften, da-
mit euer Opfer euch mein Wohlwollen bringt.

18,5 Dtn 4,1 S; Neh 9,29; Ez 18,9; 20,11.13; Spr 3,1-2 S; Lk 10,28 S **18,6-23** 20,11-21 **18,8** Gen 35,22; 2 Sam 16,22; 1 Kor 5,1 **18,9** Dtn 27,22; 2 Sam 13,1-14; Ez 22,11 **18,15** Gen 38,16 **18,16** Mk 6,18 par **18,19** 15,19.24; Ez 22,10 **18,21** (Kinderopfer) 20,1-5; Dtn 12,31; 18,10-11; 2 Kön 17,17.31; Jer 7,31 S; Ez 16,20-21 S **18,22** Gen 19,5; Ri 19,22; Röm 1,27; 1 Kor 6,9 **18,23** 20,15-16; Ex 22,18; Dtn 27,21 **18,25** Jer 16,18 S **19,2b** 11,44-45; 20,25-26; Ex 22,30; Mt 5,48; 1 Petr 1,15-16 **19,3** Ex 20,12 S; 20,8-10 S **19,4** Ex 20,2-3 S; 20,4 S **19,5-8** 3,1-17; 7,16-18

6 Eßt das Opferfleisch am Tag der Schlachtung
und auch noch am Tag danach; aber was am drit-
ten Tag noch übrig ist, muß verbrannt werden.
7 Wenn jemand dann noch davon ißt, nehme ich
das ganze Opfer nicht an; es ist mir zuwider.
8 Wer davon ißt, lädt Schuld auf sich. Er hat ent-
weiht, was mir, dem HERRN, heilig* ist. Damit
hat er sein Leben verwirkt und muß aus seinem
Volk ausgestoßen werden.

9 Wenn ihr erntet, sollt ihr euer Feld nicht bis
an den Rand abernten und keine Nachlese hal-
ten. 10 Auch eure Weinberge sollt ihr nicht ganz
ablesen und die heruntergefallenen Trauben
nicht aufheben. Laßt etwas übrig für die Armen
und für die Fremden, die in eurem Land woh-
nen. Ich bin der HERR, euer Gott!

11 Vergreift euch nicht an fremdem Eigentum.
Belügt und betrügt einander nicht. 12 Miß-
braucht nicht meinen Namen*, um etwas Un-
wahres zu beschwören; denn damit entweiht
ihr ihn. Ich bin der HERR!

13 Erpreßt und beraubt nicht eure Mitmen-
schen. Wenn jemand um Tageslohn für euch
arbeitet, dann zahlt ihm seinen Lohn noch am
selben Tag aus. 14 Sagt nichts Böses über einen
Tauben, der es nicht hören und sich nicht weh-
ren kann, und legt einem Blinden keinen Knüp-
pel in den Weg. Nehmt meine Weisungen ernst:
Ich bin der HERR!

15 Wenn ihr einen Rechtsfall zu entscheiden habt, dann haltet euch streng an das Recht. Bevorzugt weder den Armen und Schutzlosen noch den Reichen und Mächtigen. Wenn ihr als Richter[a] über einen Mitmenschen das Urteil sprecht, darf allein die Gerechtigkeit den Maßstab abgeben.

16 Verbreitet keine Verleumdungen über eure Mitmenschen. Sucht niemand dadurch aus dem Weg zu schaffen, daß ihr vor Gericht falsche Anschuldigungen gegen ihn vorbringt. Ich bin der HERR!

17 Wenn du etwas gegen deinen Bruder oder deine Schwester[b] hast, dann trage deinen Groll nicht mit dir herum. Rede offen mit ihnen darüber, sonst machst du dich schuldig.

18 Räche dich nicht an deinem Mitmenschen und trage niemand etwas nach.

Liebe deinen Mitmenschen wie dich selbst.
Ich bin der HERR!‹

Weitere Weisungen für Gottes heiliges Volk

19 ›Befolgt meine Anordnungen! Kreuzt nicht Tiere verschiedener Art miteinander. Sät nicht auf demselben Acker zwei verschiedene Sorten Saatgut. Tragt auch keine Kleidung, die aus zwei verschiedenen Garnen gewebt ist.

20 Wenn ein Mann mit einer Sklavin schläft,
die einem anderen Mann zur Ehe zugesagt, aber
noch nicht losgekauft oder freigelassen worden
ist, dann muß er mir eine Wiedergutmachung
leisten. Die beiden werden nicht mit dem Tod
bestraft, weil die Frau noch nicht frei war. 21 Der
Mann muß einen Schafbock als Wiedergut-
machungsopfer* zu mir an den Eingang des Hei-
ligen Zeltes* bringen. 22 Mit diesem Opfer bringt
der Priester* die Sache wieder ins reine, und ich,
der HERR, vergebe dem Betreffenden seine
Schuld.

23 Wenn ihr in euer Land kommt und Obst-
bäume pflanzt, sind die Früchte drei Jahre lang
unrein* und dürfen nicht gegessen werden.
24 Im vierten Jahr sollen alle Früchte als Dank-
opfer mir, dem HERRN, geweiht werden. 25 Vom
fünften Jahr ab dürft ihr die Früchte essen. Wenn
ihr so verfahrt, werden eure Bäume um so mehr
Früchte tragen.[c] Ich bin der HERR, euer Gott!

26 Eßt kein Fleisch, in dem noch Blut* ist.
Treibt keine Wahrsagerei oder Zauberei.
27-28 Wenn ihr einen Toten beweint, sollt ihr
nicht das Haar abschneiden, den Bart stutzen
oder euch Einschnitte am Körper oder Tätowie-
rungen machen. Ich bin der HERR!

29 Entehrt eure Töchter nicht dadurch, daß ihr
sie zur Hurerei* anhaltet. Sonst wird sich diese
Unsitte über das ganze Land verbreiten, und
euer Land wird mir ein Greuel. 30 Haltet den Sab-
bat* in Ehren, und entweiht nicht mein Heilig-
tum. Ich bin der HERR!

31 Wendet euch nicht an Wahrsager und an Leute, die die Geister der Toten befragen. Wer das tut, macht sich unrein. Ich bin der HERR, euer Gott!

32 Steht ehrerbietig auf, wenn ein Mensch mit grauem Haar zu euch tritt. Begegnet den Alten mit Achtung und fürchtet euren Gott. Ich bin der HERR!

33 Unterdrückt nicht die Fremden, die in

a Das waren ursprünglich alle freien Männer eines Orts; die Rechtsprechung wurde von ihnen gemeinsam ausgeübt (durch Abstimmung; vgl. noch Mk 14,64).
b Wörtlich *gegen deinen Bruder**. c *Wenn ihr so verfahrt …:* oder *Von da an gehört der Ertrag euch.*

19,9-10 23,22; Dtn 24,19-21 **19,11** Ex 20,15 S; 20,16 S **19,12** Ex 20,7; 20,16 S; Mt 5,33 **19,13** Dtn 24,14-15; Mal 3,5; Jak 5,4 **19,14** Dtn 27,18 **19,15-16** Ex 23,1-3 S **19,15** Dtn 1,17 S **19,17** Mt 18,15 **19,18** 19,34; Mk 12,31 S **19,19** Dtn 22,9-11 **19,21** 5,15-26 S **19,26** (Blut) 17,10-14 S; (Wahrsagerei) 19,31 S; Ex 22,17; Dtn 18,10-11; 2 Kön 17,17; 21,6 **19,27-28** 21,5; Dtn 14,1; Jer 16,6 S **19,29** Hos 4,14 **19,30** 26,2; Ex 20,8-10 S **19,31** (Totengeister befragen) 19,26 S; 20,6.27; 1 Sam 28,3-25; Jes 8,19

eurem Land leben, 34 sondern behandelt sie
genau wie euresgleichen. Jeder von euch soll seinen fremden Mitbürger lieben wie sich selbst. Denkt daran, daß auch ihr in Ägypten Fremde gewesen seid. Ich bin der HERR, euer Gott!

35-36 Übervorteilt niemand und verwendet keine falschen Maße und Gewichte. Eure Waage muß stimmen, und die Gewichtssteine und die Längen- und Hohlmaße[a] müssen genau der Norm entsprechen. Ich bin der HERR, euer Gott, der euch aus Ägypten herausgeführt hat!

37 Richtet euch in allem nach meinen Geboten und Weisungen und befolgt sie.

Ich bin der HERR!«

Strafen für schwere Verirrungen

20 1-2 Weiter ließ der HERR den Leuten von Israel durch Mose sagen:

»Wer von euch und von den Fremden, die bei euch leben, sein Kind dem Götzen Moloch* opfert, muß mit dem Tod bestraft werden. Die
versammelte Gemeinde soll ihn steinigen*. 3 Ich
selbst wende mich gegen ihn und rotte ihn aus seinem Volk aus. Er hat eins von seinen Kindern dem Moloch gegeben und damit mein Heiligtum unrein* gemacht und meinen heiligen Namen*
entehrt. 4 Wenn die Männer der Gemeinde ihre
Augen vor seiner Untat verschließen und ihn
leben lassen, 5 dann gehe ich selbst mit ihm und
seiner Sippe ins Gericht. Ich werde ihn und alle, die sich nach seinem Beispiel mit dem Götzen Moloch einlassen, aus ihrem Volk ausrotten.

6 Auch wenn jemand sich an Wahrsager wendet und an Leute, die die Geister der Toten befragen, ist das Götzendienst. Ich selbst wende mich gegen alle, die so etwas tun, und rotte sie aus ihrem Volk aus.

7 Reinigt euch von allem, was mir zuwider ist, und lebt so, daß ihr mein heiliges* Volk seid;
denn ich bin der HERR, euer Gott. 8 Richtet euch
nach meinen Geboten und befolgt sie. Ich bin der HERR und habe euch aus den Völkern ausgesondert, damit ihr heilig seid.

9 Wer seinen Vater oder seine Mutter verflucht, muß getötet werden; sein Blut findet keinen Rächer.[b]

10 Wenn jemand mit der Frau eines anderen Israeliten Ehebruch begeht, müssen beide getötet werden, der Ehebrecher und die Ehebrecherin.

11 Wenn jemand mit einer Frau seines Vaters schläft und dadurch seinen Vater entehrt, müssen beide getötet werden; ihr Blut findet keinen Rächer.

12 Wenn jemand mit seiner Schwiegertochter schläft, müssen beide getötet werden. Sie haben sich auf eine schändliche Weise befleckt; ihr Blut findet keinen Rächer.

13 Wenn ein Mann mit einem anderen Mann geschlechtlich verkehrt, haben sich beide auf abscheuliche Weise vergangen. Sie müssen getötet werden; ihr Blut findet keinen Rächer.

14 Wenn jemand Tochter und Mutter zugleich zur Frau nimmt, ist das ein schändliches Vergehen. Alle drei müssen verbrannt werden; denn so etwas Schändliches darf es bei euch nicht geben.

15 Wenn ein Mann mit einem Tier geschlechtlich verkehrt, muß er getötet werden; auch das Tier müßt ihr umbringen.

16 Wenn eine Frau sich irgendeinem Tier nähert und mit ihm geschlechtlich verkehrt, sollt ihr die Frau und das Tier umbringen. Sie müssen getötet werden; ihr Blut findet keinen Rächer.

17 Wenn ein Mann mit seiner Schwester oder Halbschwester schläft, machen sich beide schuldig; es ist eine schlimme Schandtat. Die beiden müssen vor versammeltem Volk getötet werden. Der Mann hat mit seiner Schwester verkehrt und muß die Folgen seiner Untat tragen.

18 Wenn ein Mann mit einer Frau während ihrer monatlichen Blutung schläft, machen sich beide schuldig und müssen aus ihrem Volk ausgerottet werden.

19 Niemand darf mit der Schwester seiner Mutter oder seines Vaters schlafen; denn sie ist seine Blutsverwandte. Die beiden müssen die Folgen ihrer Untat tragen.

20 Wer mit der Frau seines Onkels schläft, entehrt damit seinen Onkel. Die beiden müssen die Folgen ihres Vergehens tragen; sie werden ohne Nachkommen sterben.

21 Wer mit der Frau seines Bruders schläft, entehrt seinen Bruder und tut etwas Schändliches. Er und die Frau werden keine Nachkommen haben.

22 Richtet euch nach allen meinen Geboten

a *Hohlmaße:* Erwähnt werden *Efa und Hin* als die Grundmaße für Getreide und Flüssigkeiten wie Wein und Olivenöl (siehe für beides die Sacherklärungen).

b Wörtlich *sein Blut (ist) auf/an ihm,* d. h. sein vergossenes Blut ruft nicht – wie bei einem Mord (Gen 4,10) – nach dem Bluträcher*; es kommt nicht als rächende Macht »über« den, der ihn tötet, sondern bleibt sozusagen an dem Getöteten haften und behaftet ihn selbst als den Schuldigen.

19,34 19,18 S; Ex 22,20 S **19,35-36** Dtn 25,13-16; Spr 11,1 S; Ez 45,10-12; Am 8,5 S **20,1-5** 18,21 S **20,6** 19,26 S **20,9** Ex 20,12 S **20,10** Ex 20,14 S **20,11-21** 18,6-23 **20,15-16** 18,23 S **20,22-24** 18,3

und Weisungen und befolgt sie. Nur dann wird euch das Land nicht ausspucken, in das ich euch bringen will. [23] Nehmt nicht die Sitten der Leute an, die ich vor euch vertreibe. Weil sie all diese Schandtaten begangen haben, sind sie mir zum Abscheu geworden, [24] und deshalb habe ich zu euch gesagt: ›Ihr Land gebe ich euch; ihr sollt es in Besitz nehmen – ein Land, das von Milch und Honig überfließt.‹ Ich, der HERR, euer Gott, habe euch aus den anderen Völkern ausgesondert.

[25] Deshalb sollt ihr auch genau zwischen reinen* und unreinen Tieren unterscheiden. Eßt keine Tiere, die ich für unrein erklärt habe. Sonst werdet ihr selbst unrein und erregt meinen Abscheu.

[26] Ihr sollt heilig sein und mir allein gehören, denn ich, der HERR, bin heilig. Ich habe euch aus den anderen Völkern ausgewählt, damit ihr mir gehört.

[27] Wenn aus einem Mann oder aus einer Frau ein Totengeist oder ein Wahrsagegeist spricht, müssen sie getötet werden. Ihr sollt sie steinigen*; ihr Blut findet keinen Rächer.«

PRIESTERREGELN UND FESTKALENDER
(Kapitel 21–25)

Besondere Reinheitsvorschriften für Priester

21 Den Priestern*, den Söhnen Aarons, ließ der HERR durch Mose sagen:

»Kein Priester darf sich dadurch verunreinigen, daß er mit einer Leiche in Berührung kommt. [2] Ausgenommen sind nur die nächsten Angehörigen: Mutter, Vater, Sohn, Tochter, Bruder, [3] auch eine unverheiratete Schwester, die noch mit ihrem Bruder im selben Haushalt lebt. [4] An der Leiche einer verheirateten Schwester jedoch entweiht er sich.[a] [5] Kein Priester darf sich bei einem Trauerfall den Kopf kahlscheren, den Bart stutzen oder Einschnitte am Körper machen.

[6] Die Priester sollen ein Leben führen, das mir, ihrem Gott, geweiht ist, und sollen meinen Namen heilig halten. Sie bringen mir die Opfergaben dar, die auf meinem Altar* verbrannt werden und die meine Speise sind, darum müssen sie alles meiden, was sie verunreinigen könnte.

[7] Sie dürfen keine Prostituierte heiraten, auch kein Mädchen, das nicht mehr Jungfrau ist, auch keine geschiedene Frau; denn ein Priester ist seinem Gott geweiht. [8] Ein Priester soll euch als ein Mann gelten, den ich für mich ausgesondert habe; denn er bringt mir meine Opferspeise dar. Ich bin der heilige Gott und habe euch als mein Volk ausgesondert. [9] Wenn die Tochter eines Priesters eine Prostituierte wird, entweiht sie ihren Vater und muß verbrannt werden.

[10] Der Oberste unter den Priestern, der bei der Amtseinsetzung mit den vorgeschriebenen Gewändern bekleidet worden ist und auf dessen Kopf das Salböl gegossen wurde, darf bei einem Trauerfall nicht sein Haar frei hängen lassen oder seine Kleider zerreißen. [11] Er darf zu keinem Toten gehen, weil er sich dadurch verunreinigt, auch nicht, wenn es sein Vater oder seine Mutter ist. [12] Solange ein Toter in seinem Haus liegt, soll er nicht dorthin gehen. Er muß ständig in meinem Heiligtum bleiben, damit er es nicht entweiht; denn er ist mit dem heiligen Öl gesalbt. Ich bin der HERR!

[13] Er darf nur eine unberührte Jungfrau heiraten, [14] keine Witwe und keine Geschiedene und keine Prostituierte. Er muß ein Mädchen aus seinem eigenen Volk zur Frau nehmen. [15] Sonst würde er unreine* Kinder haben. Ich, der HERR, habe ihn zu meinem Dienst ausgesondert.«

[16-17] Weiter ließ der HERR dem Priester Aaron durch Mose sagen: »Wenn einer deiner Nachkommen ein Gebrechen hat, darf er nicht zum Altar kommen, um mir eine Opfergabe darzubringen. Dieses Verbot gilt für alle Zukunft. [18] Keiner ist zum Opferdienst zugelassen, der blind oder gelähmt oder irgendwie mißgestaltet ist, [19] auch niemand, dessen Arm oder Bein verkrüppelt ist, [20] kein Buckliger oder Kleinwüchsiger, keiner, der eine Augen- oder Hautkrankheit hat, auch keiner mit zerquetschten Hoden.

[21] Niemand von den Nachkommen des Priesters Aaron, der irgendein Gebrechen hat, darf jemals eine Opfergabe als Speise für mich, seinen Gott, auf dem Altar verbrennen. [22] Er darf von den Opfern essen, die mir dargebracht werden, sowohl von den heiligen als auch von den besonders heiligen* Opfergaben; [23] aber weil er ein Gebrechen hat, darf er nicht zum Vorhang gehen oder sich dem Altar nähern. Er soll mein Heiligtum und alle seine heiligen Gegenstände nicht entweihen; denn ich bin der HERR, der sie heilig macht.«

[24] Mose teilte diese Anordnungen Aaron und seinen Söhnen und dem ganzen Volk mit.

a Vermutlicher Sinn; H *Als Ehemann unter seiner Verwandtschaft darf er sich nicht verunreinigen.*

20,24 Ex 3,8S **20,25** 11,1-47 par **20,26** 19,2bS; Ex 19,5-6S **20,27** 19,31S **21,5** 19,27-28S **21,7** 21,13-14; Ez 44,22 **21,8** 20,26S **21,10** 10,6 **21,22** Num 18,8-10S

Wer von den Opfergaben essen darf

22 1–2 Weiter ließ der HERR dem Priester*
Aaron und seinen Söhnen durch Mose
sagen:
»Geht achtsam um mit den heiligen Gaben,
die die Leute von Israel mir bringen, sonst ent-
ehrt ihr meinen heiligen Namen*. Ich bin der
HERR! 3 Wenn jemals einer von euch oder euren
Nachkommen sich im Zustand der Unreinheit*
diesen heiligen Gaben nähert, hat er sein Prie-
stertum verwirkt und muß sterben. Ich bin der
HERR!
4 Wer von Aarons Nachkommen Aussatz*
oder einen unreinen Ausfluß hat, darf von den
heiligen Opfergaben erst essen, wenn er wieder
rein ist. Wenn einer von ihnen etwas berührt,
was durch einen Toten verunreinigt ist, oder
einen Samenerguß hatte 5 oder unreines Unge-
ziefer angefaßt hat oder einen Menschen, der
aus irgendeinem Grund unrein ist, 6–7 wird er
selbst unrein bis zum Abend und darf so lange
nicht von den heiligen Opfergaben essen. Nach
Sonnenuntergang soll er seinen Körper mit Was-
ser abspülen, dann ist er wieder rein und darf
von den heiligen Gaben essen; denn er muß ja
davon leben. 8 Keiner von den Nachkommen
Aarons darf Fleisch von verendeten oder gerisse-
nen Tieren essen, denn das macht ihn unrein.
Ich bin der HERR!
9 Die Priester sollen sich nach den Anordnun-
gen richten, die ich, der HERR, gegeben habe,
und sich nichts zuschulden kommen lassen. Wer
die heiligen Opfergaben entweiht, muß sterben.
Ich bin der HERR, ich habe die Priester zum
Dienst für mich ausgesondert.
10 Nur wer zur Familie eines Priesters gehört,
darf von den heiligen Opfergaben essen, sonst
niemand, auch nicht ein Fremdarbeiter* oder
Lohnarbeiter*, der bei ihm lebt. 11 Ein Sklave*,
den ein Priester sich gekauft hat, darf davon
essen, auch einer, der im Haus eines Priesters ge-
boren ist. 12 Heiratet die Tochter eines Priesters
einen Mann, der selbst kein Priester ist, so darf
sie nicht mehr von den heiligen Opfergaben
essen. 13 Wenn sie aber als Witwe oder Geschie-
dene ohne Kinder in das Haus ihres Vaters
zurückkehrt, darf sie wie früher von dem essen,
was ihrem Vater als Priester zusteht. Nur wer
zur Familie eines Priesters gehört, darf davon
essen.
14 Wenn eine andere Person versehentlich
etwas von den heiligen Opfergaben ißt, muß sie
es dem Priester ersetzen und noch ein Fünftel
hinzufügen. 15–16 Die Priester sollen dafür sor-
gen, daß niemand unbefugt von den Opfergaben
ißt, sonst laden sie der Gemeinde schwere
Schuld auf. Sie sollen dafür sorgen, daß meine
heiligen Gaben nicht entweiht werden. Ich bin
der HERR, ich habe sie zum Dienst für mich aus-
gesondert.«

Vorschriften über Opfertiere

17–18 Der HERR ließ Aaron, seinen Söhnen und
dem ganzen Volk durch Mose sagen:
»Wenn ein Israelit oder ein Fremder, der in
Israel lebt, mir ein Brandopfer* darbringen will,
um ein Gelübde* zu erfüllen oder auch, um mir
freiwillig etwas zu geben, 19–20 dann muß er
dafür ein fehlerfreies männliches Tier wählen,
und zwar von Rindern, Schafen oder Ziegen.
Wenn das Tier irgendein Gebrechen hat, wird
das Opfer euch nicht mein Wohlwollen brin-
gen.
21 Auch wenn jemand mir ein Rind, ein Schaf
oder eine Ziege als Mahlopfer* darbringt, um ein
Gelübde zu erfüllen oder mir freiwillig etwas zu
geben, nehme ich es nur an, wenn das Opfertier
fehlerfrei ist.
22 Ihr dürft keine Opfertiere zu mir bringen,
die blind, verkrüppelt oder verstümmelt sind, die
Entzündungen oder Hautkrankheiten haben.
Solche Tiere dürfen nicht als Opfer auf meinen
Altar kommen. 23 Ein Rind, ein Schaf oder eine
Ziege mit mißgebildeten oder verkümmerten
Körperteilen können als freiwilliges Opfer darge-
bracht werden, als Opfer zur Erfüllung eines
Gelübdes nehme ich sie nicht an.
24 Auch ein kastriertes Tier dürft ihr mir nicht
opfern. Ihr sollt in eurem Land überhaupt keine
Tiere kastrieren; 25 aber auch von einem Auslän-
der dürft ihr kein kastriertes Tier kaufen, um es
mir als Opfer darzubringen. Solche Tiere sind
nicht vollwertig. Wenn ihr sie opfert, werden sie
euch nicht mein Wohlwollen bringen.«
26 Weiter ließ der HERR durch Mose sagen:
27 »Wird ein Kalb oder ein Schaf- oder Ziegen-
lamm geboren, so muß es sieben Tage bei seiner
Mutter bleiben. Erst vom achten Tag an nehme
ich es als Opfergabe an. 28 Ihr dürft auch nicht
das Muttertier am gleichen Tag wie das Junge
schlachten.
29–30 Wenn ihr mir für etwas danken wollt
und mir ein Mahlopfer bringt, müßt ihr das
Fleisch am selben Tag essen und dürft nichts bis
zum anderen Morgen übriglassen. Sonst wird

22,4 13,1-46; 15,2-3; 21,1-4; 15,16-17 **22,5** 11,29-31; 15,1-33 **22,8** 17,15 S **22,19-20** Dtn 15,21; 17,1; Mal 1,8 **22,27** Ex 22,29 **22,28** Ex 23,19b S

das Opfer euch nicht mein Wohlwollen bringen.
Ich bin der HERR!
31 Beachtet meine Gebote und befolgt sie. Ich
bin der HERR! 32 Entweiht nicht meinen heiligen
Namen*. Alle Israeliten sollen mich als den heili-
gen Gott anerkennen. Ich bin der HERR und habe
euch als mein Volk ausgesondert. 33 Ich habe
euch aus Ägypten geführt, um euer Gott zu sein.
Ich bin der HERR!«

Gottesdienste am Sabbat und an den großen Festen

23 1-2 Der HERR befahl Mose, den Leuten
von Israel zu sagen:
Folgende Feste hat der HERR angeordnet; ihr
sollt sie als heilige* Zeiten ausrufen, die ihm ge-
weiht sind:
3 Haltet regelmäßig den Sabbat*. Sechs Tage
sollt ihr arbeiten; aber am siebten Tag ist ein
strenger Ruhetag, ein heiliger Tag, der dem
HERRN gehört. Niemand darf an diesem Tag eine
Arbeit verrichten. Der Sabbat gehört dem HERRN.
Diese Anordnung gilt überall, an allen euren
Wohnsitzen.
4 Feiert die großen Feste zu Ehren des HERRN
als heilige Zeiten. Zu den folgenden Zeiten sollt
ihr sie ausrufen:

Passafest und erste Garbe

(Num 28,16-25)

5 Das Passafest* begeht ihr zu Ehren des HERRN
am 14. Tag des 1. Monats nach Sonnenuntergang.
6 Am darauffolgenden Tag beginnt zu Ehren
des HERRN das Fest der Ungesäuerten Brote*. Es
dauert sieben Tage lang. Während der ganzen
Festwoche dürft ihr nur solches Brot essen, das
ohne Sauerteig zubereitet ist. 7 Der erste Tag
ist für euch ein heiliger* Tag; ihr dürft an ihm
keinerlei Arbeit verrichten. 8 An jedem der sie-
ben Festtage verbrennt ihr ein Opfer* für den
HERRN. Der siebte Tag ist wieder ein heiliger Tag,
an dem ihr keinerlei Arbeit verrichten dürft.«
9-10 Weiter ließ der HERR den Leuten von
Israel durch Mose sagen: »Wenn ihr in dem
Land, das der HERR euch geben wird, die Gerste
erntet, dann sollt ihr die erste Garbe davon dem
Priester* übergeben. 11 Am Tag nach dem Sabbat
übereignet* der Priester sie symbolisch dem
HERRN; dann wird der HERR sie als Opfergabe
annehmen und euch sein Wohlwollen zu-
wenden.
12 Opfert dem HERRN an diesem Tag ein fehler-
freies einjähriges Schaf als Brandopfer* 13 und
dazu als Speiseopfer* 2/10 Efa* (2,5 Kilo) feines
Mehl, mit Olivenöl vermengt – ein Opfer, das
den HERRN gnädig stimmt. Als Trankopfer*
kommt dazu 1/4 Hin* (knapp 1 Liter) Wein.
14 Erst wenn ihr eurem Gott diese Gaben ge-
bracht habt, dürft ihr Brot und frische oder ge-
röstete Körner von der neuen Ernte essen. Diese
Anordnung gilt für alle Zukunft und an allen
euren Wohnsitzen.

Pfingstfest und erste Brote

(Num 28,26-31)

15 Vom Tag nach dem Sabbat*, an dem ihr dem
HERRN die erste Gerstengarbe gebracht habt,
zählt ihr sieben volle Wochen 16 und bringt dann
am 50. Tag, dem Tag nach dem siebten Sabbat,
dem HERRN ein Speiseopfer* von der neuen
Ernte. 17 Jede Familie bringt zwei Brote zum
Heiligtum, die aus je 2/10 Efa* (2,5 Kilo) neuem
Weizenmehl mit Sauerteig* gebacken sind. Als
Erstlingsgabe* der Weizenernte gehören sie dem
HERRN.
18 Außer dem Brot opfert die ganze Gemeinde
dem HERRN sieben fehlerfreie einjährige Schafe,
einen Stier sowie zwei Schafböcke als Brand-
opfer* und dazu die vorgeschriebenen Speise-
und Trankopfer* – ein Opfer, das dem HERRN
Freude macht. 19 Opfert auch noch einen Ziegen-
bock als Sühneopfer* und zwei einjährige
Schafe als Mahlopfer*.
20 Der Priester übereignet* die Brote samt all
diesen Opfergaben symbolisch dem HERRN,
ebenso die beiden Schafe. Sie sind eine heilige*
Gabe für den HERRN und fallen den Priestern zu.
21 Ihr müßt diesen Tag als heiligen* Tag aus-
rufen und dürft an ihm keinerlei Arbeit verrich-
ten. Diese Anordnung gilt für alle Zukunft und
an allen euren Wohnsitzen.
22 Wenn ihr erntet, sollt ihr euer Feld nicht bis
an den Rand abernten und keine Nachlese hal-
ten. Laßt etwas übrig für die Armen und die
Fremden, die in eurem Land wohnen. Ich bin
der HERR, euer Gott!

Neujahr, Versöhnungstag und Laubhüttenfest

(Num 29,1-40)

23-24 Weiter ließ der HERR den Israeliten durch
Mose sagen:
»Auch der 1. Tag des 7. Monats ist für euch ein
Ruhetag, der dem HERRN heilig* ist. An diesem
Tag sollt ihr die Trompeten blasen und euch so
beim HERRN in Erinnerung bringen. 25 Ihr dürft

22,33 11,45 23,3 Ex 20,8-10 S 23,4 Ex 23,14-17 23,5 Ex 12,1-14 S 23,6-8 Ex 12,15-20 S 23,9-11 Ex 23,19a S 23,11 Ex 29,26 S 23,15-21 Ex 23,16 S 23,20 Ex 29,26 S 23,22 19,9-10

keinerlei Arbeit verrichten und sollt für den HERRN Opfer* verbrennen.«

26 Weiter ließ er ihnen sagen: 27 »Am 10. Tag des 7. Monats ist der Versöhnungstag*. Er ist ein heiliger Tag; ihr sollt euch Bußübungen* auferlegen und Opfer für den HERRN verbrennen. 28 Ihr dürft an diesem Tag keinerlei Arbeit verrichten; denn es ist der Versöhnungstag, an dem im Heiligtum Sühne* für eure Schuld geschaffen wird. 29 Wer an diesem Tag nicht fastet* und sich Bußübungen auferlegt, hat sein Leben verwirkt und muß aus seinem Volk ausgestoßen werden. 30 Der HERR selbst wird jeden aus seinem Volk ausrotten, der an diesem Tag irgendeine Arbeit verrichtet. 31 Für diesen Tag ist unbedingte Arbeitsruhe vorgeschrieben. Diese Anordnung gilt für alle Zukunft und an allen euren Wohnsitzen. 32 Der Versöhnungstag ist für euch ein besonders strenger Ruhetag, an dem ihr euch Bußübungen auferlegt. Vom Abend des 9. Tages bis zum Abend des 10. Tages müßt ihr diesen Ruhetag einhalten.«

33–34 Weiter ließ der HERR den Leuten von Israel durch Mose sagen:

»Am 15. Tag des 7. Monats beginnt das Laubhüttenfest*. Es wird zu Ehren des HERRN sieben Tage lang gefeiert. 35 Der erste Tag ist ein heiliger Tag; ihr dürft an ihm keinerlei Arbeit verrichten. 36 Sieben Tage lang sollt ihr täglich Opfer für den HERRN verbrennen. Der achte Tag ist wieder ein heiliger Tag, an dem ihr Opfer für den HERRN verbrennt; ihr kommt an diesem Tag zur großen Festversammlung zusammen und dürft keinerlei Arbeit verrichten.

37 Dies sind die Feste des HERRN, die ihr als heilige Zeiten ausrufen und an denen ihr dem HERRN Opfer darbringen sollt – Brandopfer, Speiseopfer, Mahlopfer und Trankopfer, wie sie für das jeweilige Fest vorgeschrieben sind. 38 Außerdem begeht ihr wöchentlich den Sabbat als Tag des HERRN, und außer den Festopfern bringt ihr dem HERRN eure regelmäßigen Gaben sowie die Opfer, die ihr ihm durch ein Gelübde* versprochen habt oder freiwillig geben wollt.

39 Zum Laubhüttenfest, das nach dem Einbringen der Ernte am 15. Tag des 7. Monats mit einem Ruhetag beginnt und eine Woche später mit einem Ruhetag abschließt, müßt ihr noch beachten:

40 Ihr nehmt am ersten Tag des Festes die schönsten Früchte eurer Bäume, dazu Palmzweige und Zweige von Laubbäumen und Bachweiden und feiert dann sieben Tage lang ein Freudenfest zu Ehren des HERRN, eures Gottes. 41 Jedes Jahr sollt ihr dieses Fest im 7. Monat feiern; diese Anordnung gilt für immer, für alle eure Nachkommen. 42 Alle Leute von Israel im ganzen Land müssen diese sieben Tage in Laubhütten wohnen. 43 Eure Nachkommen in allen künftigen Generationen sollen daran erinnert werden, daß ich, der HERR, das Volk Israel einst auf dem Weg von Ägypten in sein Land in Laubhütten wohnen ließ. Ich bin der HERR, euer Gott!«

44 Alle diese Anweisungen für die Feste des HERRN gab Mose dem Volk weiter.

Leuchter und Opferbrote

24 Der HERR sagte zu Mose: 2 »Befiehl den Leuten von Israel, dir reines Olivenöl zu bringen, damit jede Nacht im Heiligtum Lichter brennen. 3 Aaron soll sie jeden Abend vor dem Vorhang, der die Lade* mit dem Bundesgesetz verdeckt, anzünden und soll dafür sorgen, daß sie bis zum Morgen nicht erlöschen. Diese Anordnung gilt für alle Zukunft. 4 Aaron soll die Lampen auf dem goldenen Leuchter vor dem Vorhang regelmäßig anzünden.

5 Laß zwölf Brote backen, jedes aus 2/10 Efa* (2,5 Kilo) Weizenmehl, 6 und lege sie in zwei Stapeln zu je sechs auf den goldenen Tisch vor dem Vorhang im Heiligtum. 7 Lege auf jeden Stapel reinen Weihrauch*. Der Weihrauch wird als Zeichen, daß die Brote mir gehören, verbrannt.

8 Jeden Sabbat* soll Aaron die Brote neu auflegen. Dazu sind die Leute von Israel für alle Zukunft verpflichtet. 9 Die abgeräumten Brote gehören Aaron und seinen Nachkommen; sie stehen den Priestern für alle Zukunft als Anteil an meinen Opfern zu. Sie sind etwas besonders Heiliges* und müssen deshalb an geweihter Stätte gegessen werden.«

Ein Fall von Gotteslästerung. Grundsätze des Strafrechts

10–11 Im Lager der Israeliten war ein Mann, der eine israelitische Mutter und einen ägyptischen Vater hatte. Seine Mutter hieß Schelomit und war eine Tochter Dibris vom Stamm Dan. Deren Sohn geriet mit einem Israeliten in Streit. Dabei lästerte er den HERRN und schmähte seinen Namen*.

Man brachte den Mann zu Mose, 12 und der ließ ihn einsperren, bis der HERR eine Weisung geben würde, was mit ihm geschehen sollte.

13 Der HERR sagte zu Mose: 14 »Führe den

23,26-32 16,1-34 23,33-36 23,39-43; Ex 23,16 S 24,1-4 Ex 27,20-21 24,5-8 Ex 25,29-30 24,9 1 Sam 21,2-7; Num 18,8-10 S; Mk 2,25-26 par 24,10-16 Ex 22,27 S 24,12 Num 9,8 S

Mann aus dem Lager! Alle, die seine Lästerung
gehört haben, legen ihre Hände auf seinen Kopf;
dann wird er von der ganzen Gemeinde gestei-
nigt*. 15 Den Leuten von Israel aber sollst du
sagen:

Wer seinen Gott lästert, muß die Folgen tra-
gen. 16 Wer den Namen des HERRN schmäht, hat
sein Leben verwirkt und muß von der ganzen
Gemeinde gesteinigt werden. Für euch Israeliten
wie für die Fremden, die bei euch leben, gilt:
Wer den Namen Gottes schmäht, muß sterben.

17 Wer einen Menschen erschlägt, muß mit
dem Tod bestraft werden. 18 Wer ein Stück Vieh
erschlägt, muß es ersetzen. Stets gilt der Grund-
satz: Leben für Leben! 19 Wer seinem Mitmen-
schen einen Schaden am Körper zufügt, muß zur
Strafe denselben Schaden am eigenen Leib erlei-
den. 20 Wer dem anderen einen Knochen bricht,
dem wird dafür ebenfalls ein Knochen gebro-
chen; wer ihm ein Auge oder einen Zahn aus-
schlägt, verliert dafür selbst Auge oder Zahn.

Stets gilt der Grundsatz: Auge für Auge, Zahn
für Zahn. Was jemand einem anderen zufügt,
das wird zur Strafe ihm selbst zugefügt.

21 Wer ein Stück Vieh erschlägt, muß es erset-
zen; aber wer einen Menschen erschlägt, hat
sein eigenes Leben verwirkt. 22 Dieses Gesetz
gilt für alle ohne Unterschied, für euch Israeliten
wie für die Fremden, die bei euch leben. Ich bin
der HERR, euer Gott!«

23 Mose sagte dies alles den Leuten von Israel.
Sie gehorchten dem Befehl des HERRN, brachten
den Mann, der Gott gelästert hatte, aus dem
Lager und steinigten ihn.

Sabbatjahr und Erlaßjahr

25 1–2 Der HERR sagte zu Mose auf dem Berg
Sinai*: »Richte den Leuten von Israel
aus, was ich ihnen zu sagen habe:

›Wenn ihr in das Land kommt, das ich euch
geben werde, müßt ihr dafür sorgen, daß das
Land mir jedes siebte Jahr einen Sabbat* feiert.
3 Sechs Jahre sollt ihr eure Felder bestellen, eure
Weinstöcke beschneiden und den Ertrag ein-
sammeln. 4 Aber jedes siebte Jahr muß das Land
ruhen; es feiert einen Sabbat zu Ehren des
HERRN. Ihr dürft in diesem Jahr kein Feld bestel-
len und keinen Weinberg pflegen. 5 Auch was
sich selbst ausgesät hat, darf nicht abgeerntet
werden, und ungepflegt wachsende Weintrau-
ben dürfen nicht abgelesen werden. Ihr müßt
das Land unbedingt ruhen lassen.

6 Es wird aber während des Sabbatjahres
genügend Nahrung für euch hervorbringen,
auch für eure Sklaven* und Sklavinnen, die
Lohnarbeiter* und Fremdarbeiter*, für alle, die
bei euch leben, 7 für euer Vieh und die wild-
lebenden Tiere. Ihr dürft alles von der Hand in
den Mund essen, was von selbst wächst.

8 Wenn ihr das Sabbatjahr siebenmal gefeiert
habt und also insgesamt 49 Jahre vergangen
sind, 9 laßt ihr am 10. Tag des 7. Monats, dem Ver-
söhnungstag*, im ganzen Land das Widderhorn*
blasen. 10 Dies ist das Zeichen dafür, daß alle
seine Bewohner wieder in ihre ursprünglichen
Rechte eingesetzt werden. Das 50. Jahr[a] muß für
euch als ein Jahr gelten, das mir gehört. Es ist das
Erlaßjahr*, in dem eine allgemeine Wiederher-
stellung erfolgt. Jeder Israelit, der seinen erb-
lichen Landbesitz verpfändet hat, bekommt ihn
wieder zurück, und wer sich einem anderen
Israeliten als Sklaven verkauft hat, darf zu seiner
Sippe zurückkehren.

11 In diesem Jahr darf nicht gesät werden, und
was ungesät nachwächst, darf nicht abgeerntet
werden; 12 auch die von selbst wachsenden
Weintrauben dürft ihr nicht ablesen. Das ganze
Jahr soll ein heiliges Jahr sein, das mir gehört. Ihr
dürft aber vom Feld weg essen, was darauf
wächst.

13 Im Erlaßjahr soll jeder seinen Besitz an
Grund und Boden zurückerhalten. 14 Dies müßt
ihr berücksichtigen, wenn ihr von einem ande-
ren Israeliten Land kauft oder es ihm verkauft.
15–16 Der Preis richtet sich nach der Zeitspanne
bis zum nächsten Erlaßjahr. Sind es noch viele
Jahre, so ist der Kaufpreis höher, sind es nur
noch wenige, so ist er entsprechend niedriger.
Gekauft wird nicht das Land, sondern die An-
zahl der Ernten. 17 Darum soll keiner von euch
einen anderen Israeliten übervorteilen. Nehmt
meine Weisungen ernst, denn ich bin der HERR,
euer Gott.

18–19 Gehorcht meinen Geboten und richtet
euch nach meinen Weisungen, dann werdet ihr
ruhig und sicher in eurem Land leben können,
und das Land wird so viel hervorbringen, daß ihr
genug zu essen habt. 20 Ihr braucht euch nicht zu
sorgen: Was werden wir im siebten Jahr essen,
wenn wir nicht säen und nicht ernten können?
21 Ich, der HERR, werde das Land im sechsten
Jahr so reich segnen, daß der Ertrag für zwei
Jahre ausreicht. 22 Nachdem ihr im achten Jahr
ausgesät habt, könnt ihr dann noch bis zur
neuen Ernte vom Ertrag des sechsten Jahres
leben.‹

a Vermutlich ist das 49. Jahr gemeint, so daß nicht zwei Brachjahre aufeinander folgen (vgl. Verse 11-12).

24,17 Ex 20,13 S **24,19-20** Ex 21,23-25 S **25,1-7** Ex 23,10-11; Dtn 15,1-11; Neh 10,32 **25,10** Jes 61,2; Lk 4,19

lange die Nahrungsmittel, mit denen du ihm aushilfst, nicht mit einem Aufschlag zurück.

Nehmt meine Weisungen ernst und sorgt dafür, daß euer Bruder neben euch leben kann. 38 Ich bin der HERR, euer Gott, der euch aus Ägypten geführt hat, um euch das Land Kanaan zu geben und euer Gott zu sein.

39 Wenn dein Bruder neben dir so sehr verarmt, daß er sich selbst an dich verkaufen muß, dann behandle ihn nicht wie einen Sklaven*, 40 sondern wie einen Lohnarbeiter* oder Fremdarbeiter. Er muß bis zum nächsten Erlaßjahr* für dich arbeiten, 41 dann wird er samt seiner Familie wieder frei und kann zu seiner Sippe zurückkehren; auch seinen Erbbesitz erhält er wieder zurück. 42 Denn alle Israeliten sind mein Eigentum, weil ich sie aus Ägypten geführt habe. Sie dürfen nicht als Sklaven verkauft werden.

43 Nehmt meine Weisungen ernst und zwingt keinen Israeliten zur Sklavenarbeit. 44 Wenn ihr Sklaven und Sklavinnen braucht, könnt ihr sie von euren Nachbarvölkern kaufen. 45 Auch Fremdarbeiter, die bei euch wohnen, könnt ihr als Sklaven erwerben und ebenso ihre Nachkommen, die in eurem Land geboren sind. Ihr könnt sie für immer als euer Eigentum behalten 46 und auch euren Söhnen vererben; sie müssen nicht freigelassen werden. Aber eure Brüder, die Israeliten, dürft ihr nicht zu Sklaven machen.

47 Es kann sein, daß ein Fremder, der bei euch lebt, oder ein Fremdarbeiter zu Reichtum kommt, während euer Bruder, ein Israelit, in seiner Nähe verarmt und sich ihm oder seinen Nachkommen als Sklaven verkaufen muß. 48–49 Dann besteht für den Israeliten jederzeit das Recht auf Freikauf. Einer seiner leiblichen Brüder oder sein Onkel oder Vetter oder ein anderer naher Verwandter kann als Löser* für ihn eintreten und ihn zurückkaufen, oder er kann es selbst tun, wenn er die Mittel zusammenbringt. 50 Er überschlägt dann mit seinem Herrn, wie viele Jahre er ihm gedient hat und wie viele es noch bis zum nächsten Erlaßjahr sind, und berechnet den Jahressatz nach dem Lohn für einen Arbeiter. 51–52 Die Summe für den Freikauf entspricht der Zahl der Jahre, die noch bis zum Erlaßjahr fehlen.

53 Sein Herr soll ihn stets wie einen freien Mann behandeln, der für einen jährlichen Lohn bei ihm arbeitet; ihr dürft nicht zulassen, daß er ihn zum Sklaven macht. 54 Wenn ein Freikauf nicht möglich ist, muß er samt seiner Familie im nächsten Erlaßjahr freigelassen werden. 55 Denn

Das Land als Eigentum Gottes und der Menschen

23 ›Besitz an Grund und Boden darf nicht endgültig verkauft werden, weil das Land nicht euer, sondern mein Eigentum ist. Ihr lebt bei mir wie Fremde oder Gäste, denen das Land nur zur Nutzung überlassen ist. 24 Bei jedem Landkauf müßt ihr ein Rückkaufsrecht einräumen.

25 Wenn dein Bruder*, ein anderer Israelit, verarmt und etwas von seinem Grundbesitz verkaufen muß, soll sein nächster Verwandter als Löser* für ihn eintreten und das Veräußerte zurückkaufen. 26 Angenommen, es findet sich niemand, der dazu in der Lage ist, aber er selbst bringt später genug auf, um seinen Besitz zurückzukaufen, 27 dann muß er soviel dafür bezahlen, wie der Zeitspanne entspricht, die noch bis zum nächsten Erlaßjahr* verbleibt. 28 Kann er die Mittel zum Rückkauf nicht aufbringen, so bleibt sein Besitz bis zum Erlaßjahr in der Hand des Käufers und fällt dann wieder an ihn, den ursprünglichen Besitzer, zurück.

29 Verkauft jemand ein Wohnhaus in einer befestigten Stadt, so wird ihm das Rückkaufsrecht nur für ein Jahr eingeräumt. 30 Wenn es innerhalb dieser Frist nicht zurückgekauft wird, geht es unwiderruflich an den Käufer und seine Erben über und fällt auch im Erlaßjahr nicht an den früheren Besitzer zurück.

31 Anders ist es, wenn das Haus zu einem Dorf ohne Schutzmauer gehört. Es wird dann genauso behandelt wie das freie Feld: Es kann unbefristet zurückgekauft werden, und im Erlaßjahr fällt es an den ursprünglichen Besitzer zurück.

32 Auch für die Häuser der Leviten* in ihren Städten besteht ein unbefristetes Rückkaufsrecht, 33 und wenn sie nicht vorher zurückgekauft wurden, fallen sie im Erlaßjahr an ihren ersten Besitzer zurück.[a] Denn die Häuser der Leviten sind ihr Erbbesitz unter den Israeliten, 34 genauso wie das Weideland, das zu ihren Städten gehört. Das Weideland der Leviten darf jedoch überhaupt nicht verkauft werden; es ist ihr unveräußerlicher Besitz.‹

Ein Israelit darf nicht versklavt werden

35 ›Wenn dein Bruder*, ein anderer Israelit neben dir, verarmt ist und seinen ganzen Besitz verloren hat, dann hilf ihm! Sorge dafür, daß er wie ein Fremder oder ein Fremdarbeiter* unter euch sein Leben fristen kann. 36–37 Fordere keine Zinsen von ihm, wenn du ihm Geld leihst, und verlange die Nahrungsmittel, mit denen du ihm aushilfst, nicht mit einem Aufschlag zurück.

a Deutung unsicher.

25,23 Ps 39,13 S 25,32-34 Num 35,2-8 S 25,35 Dtn 15,7-8 25,36-37a Ex 22,24 S 25,38 11,45 25,39-43 Ex 21,2-4; Dtn 15,12-18

mir gehören alle Israeliten als Sklaven, sie sind
mein Eigentum, weil ich sie aus Ägypten geführt
habe. Ich bin der HERR, euer Gott!«

SEGEN UND FLUCH. NACHTRÄGE
(Kapitel 26–27)

Gehorsam bringt Glück und Segen
(Dtn 7,12-15; 28,1-14)

26 Zum Abschluß ließ der HERR den Leuten
von Israel sagen:[a]
»Ihr dürft euch keine Götzenbilder anfertigen.
Ihr dürft in eurem Land keine solchen Bilder
aufstellen und anbeten, gleichgültig, ob es ge-
schnitzte oder gegossene Standbilder oder Stein-
male oder Steine mit eingeritzten Bildern sind.
Denn ich bin der HERR, euer Gott!
2 Haltet meinen Ruhetag, den Sabbat*, in
Ehren und entweiht nicht mein Heiligtum. Ich
bin der HERR!
3 Wenn ihr euch nach meinen Anweisungen
richtet und meine Gebote befolgt, werde ich
euch mit Segen überschütten. 4 Ich werde zur
rechten Zeit Regen schicken, so daß die Felder
reichen Ertrag bringen und die Bäume Früchte
tragen. 5 Ihr werdet dann soviel ernten, daß die
Dreschzeit sich bis zur Weinlese ausdehnt und
die Weinlese bis zur nächsten Aussaat. Ihr
werdet genügend zu essen haben und sicher in
eurem Land wohnen.
6 Ich werde dafür sorgen, daß in eurem Land
Frieden herrscht. Wenn ihr euch schlafen legt,
braucht ihr nicht zu befürchten, daß euch je-
mand aufschreckt. Ich werde alle wilden Tiere
im Land ausrotten, und kein fremdes Heer wird
in euer Land einfallen. 7 Ihr werdet eure Feinde
in die Flucht schlagen und mit dem Schwert nie-
dermachen. 8 Fünf von euch werden hundert vor
sich herjagen und hundert von euch zehntau-
send; eure Feinde werden reihenweise vor euch
umsinken.
9 Ich werde mich euch zuwenden und dafür
sorgen, daß ihr viele Kinder bekommt und im-
mer zahlreicher werdet. Ich werde zu meinem
Bund* stehen und alles erfüllen, was ich euch
zugesagt habe. 10 Ihr werdet noch von der alten
Ernte zu essen haben, wenn schon die neue da
ist; ihr werdet sogar die Reste der alten Ernte
wegwerfen müssen, um Platz für die neue zu be-
kommen.
11 Ich werde mitten unter euch wohnen und
werde mich nie mehr voll Abscheu von euch ab-
wenden müssen. 12 Ich werde bei euch bleiben
und euer Gott sein, und ihr werdet mein Volk
sein. 13 Ich bin der HERR, euer Gott, der euch aus
Ägypten geführt hat, wo ihr Sklaven gewesen
seid. Ich habe euer Sklavenjoch zerbrochen und
euch wieder aufrecht gehen lassen.«

Ungehorsam bringt Unglück
(Dtn 28,15-68)

14 »Wenn ihr mir aber nicht gehorcht und meine
Weisungen nicht befolgt, 15 wenn ihr meine Ge-
bote mißachtet und euch um meine Rechtsord-
nungen nicht kümmert und damit den Bund*,
den ich mit euch geschlossen habe, brecht,
16 dann werde ich lauter Unglück über euch her-
einbrechen lassen. Ich werde euch unheilbare
Krankheiten schicken, so daß ihr erblindet und
langsam dahinsiecht. Vergeblich werdet ihr aus-
säen, denn eure Feinde werden die Ernte ein-
bringen. 17 Ich selber werde zu eurem Feind und
lasse eure Feinde über euch siegen; ihr werdet
fliehen, obwohl euch niemand verfolgt.
18 Wenn ihr mir auch dann noch nicht ge-
horcht, werde ich euch siebenmal so hart bestra-
fen. 19 Ich breche euren Starrsinn und lasse es
nicht mehr regnen; der Himmel über euch wird
wie eine eiserne Glocke sein und der Boden
unter euren Füßen hart wie Stein. 20 Alle eure
Mühe ist dann vergeblich. Auf euren Feldern
wächst nichts mehr, und die Bäume tragen
keine Früchte.
21 Wenn ihr mir dann immer noch nicht ge-
horcht und euch mir weiter widersetzt, werde
ich eure Strafe nochmals siebenfach steigern.
22 Ich werde Raubtiere auf euch loslassen, die
werden eure Kinder und euer Vieh fressen und
so viele von euch umbringen, daß die Straßen
verlassen daliegen.
23 Wenn ihr dann immer noch nicht auf mich
hören wollt und euch weiterhin gegen mich
stellt, 24 dann stelle auch *ich* mich gegen *euch*
und bestrafe euch noch siebenmal härter. 25 Weil
ihr meinen Bund gebrochen habt, lasse ich feind-
liche Heere in euer Land einfallen. Sucht ihr
dann hinter euren Mauern Zuflucht, so wird die
Pest unter euch ausbrechen. Die Feinde werden
einen so dichten Ring um eure Städte legen,
26 daß ihr von jeder Zufuhr abgeschnitten seid.
Dann brauchen zehn Frauen nur noch einen
Backofen, und das Brot wird mit der Waage
zugeteilt. Und wenn ihr eure Ration aufge-

a Verdeutlichender Zusatz.

26,1b Ex 20,2-3 S; 20,4 S **26,2** 19,30; Ex 20,8-10 S **26,4** Dtn 11,14; Ez 34,26-27 **26,5** Am 9,13 **26,8** Jos 23,10 **26,9** Dtn 7,13 **26,12** Jer 7,23 S; Ez 37,26-28 S **26,14-39** Am 4,6-12; Dan 9,11 **26,16** Ri 6,3-6 **26,22** Ez 5,16-17 **26,26** Ez 4,16-17

gessen habt, seid ihr noch genauso hungrig wie zuvor.

[27] Wenn ihr mir auch dann noch nicht gehorcht und euch weiterhin gegen mich stellt, [28] bekommt ihr meinen ganzen Zorn zu spüren und werdet noch siebenmal härter bestraft. [29] Vor Hunger werdet ihr das Fleisch eurer eigenen Kinder essen. [30] Ich werde die Altäre zerschlagen, auf denen ihr euren Götzen Opfer darbringt, und werde eure Leichen auf die Trümmer eurer Götzenbilder werfen. Ich werde mich voll Abscheu von euch abwenden. [31] Eure Opfer werde ich nicht mehr annehmen, eure Städte lege ich in Schutt und Asche und zerstöre eure Heiligtümer. [32] Ich selber werde euer Land so verwüsten, daß eure Feinde sich darüber entsetzen, wenn sie es in Besitz nehmen. [33] Ich werde euch in alle Welt zerstreuen; mit dem Schwert werde ich euch forttreiben. Eure Felder werden zur Wüste und eure Städte zu Trümmerhaufen.

[34–35] Dann wird euer Land endlich die Ruhe finden, die ihr ihm nicht gegönnt habt. Während es verwüstet daliegt und ihr weit weg bei euren Feinden leben müßt, wird es feiern und die versäumten Sabbatjahre* nachholen können.

[36–37] Die aber von euch, die das alles überleben und in die Länder eurer Feinde verschleppt werden, mache ich so verzagt, daß sie schon vor einem raschelnden Blatt davonlaufen, als sei ein feindliches Heer hinter ihnen her. Sie werden stolpern und hinfallen, einer wird über den andern stürzen, obwohl sie niemand verfolgt. Ihr werdet vor keinem Feind mehr standhalten können [38] und in der Fremde zugrunde gehen; das Land eurer Feinde wird euch verschlingen.

[39] Die Überlebenden und ihre Nachkommen werden in den Ländern ihrer Feinde an den Folgen ihrer Schuld und der Schuld ihrer Vorfahren dahinsiechen. [40] Aber dann werden sie ihre Schuld und die Schuld ihrer Vorfahren bekennen, sie werden es bereuen, daß sie mir die Treue gebrochen und sich mir widersetzt haben. [41] Ich mußte sie dafür bestrafen und sie in das Land ihrer Feinde treiben. Aber wenn ihr trotziges Herz sich beugt und sie genug für ihre Schuld gebüßt haben, [42] will ich mich an meinen Bund mit Jakob erinnern und an meinen Bund mit Isaak und mit Abraham und werde an das Land denken, das ich ihnen für ihre Nachkommen versprochen hatte.

[43] Sie mußten zwar das Land verlassen, damit es die Sabbatjahre nachholen kann, die sie ihm vorenthalten haben; sie müssen ihre Schuld bezahlen, weil sie meine Rechtsordnungen mißachtet und sich nicht um meine Gebote gekümmert haben. [44] Aber daß sie im Land ihrer Feinde leben müssen, bedeutet nicht, daß ich mich ganz von ihnen abgewandt habe und sie dem Untergang preisgebe.

Ich stehe zu meinen Zusagen; ich bin der HERR, ihr Gott! [45] Ich habe mit ihren Vorfahren meinen Bund geschlossen, damals, als ich allen Völkern meine Macht gezeigt und mein Volk aus Ägypten geführt habe, um sein Gott zu sein. Dieser Bund bleibt bestehen; ich bin der HERR!«

[46] Dies sind die Gesetze, Gebote und Rechtsordnungen, die der HERR für die Beziehung zwischen ihm und seinem Volk erlassen und den Israeliten am Berg Sinai* durch Mose gegeben hat.

Bestimmungen über die Auslösung von Weihegaben

27 [1–2] Der HERR gab Mose für die Israeliten auch noch folgende Anweisungen:

»Wenn jemand durch ein besonderes Gelübde* versprochen hat, mir einen bestimmten Menschen zu geben, dann muß er an dessen Stelle den entsprechenden Geldwert entrichten, den du jeweils bestimmst. [3–7] Du legst den Wert in Silberstücken* fest, gewogen nach dem Gewicht des Heiligtums, und zwar:

für einen Mann zwischen 20 und 60 Jahren	50
für eine Frau im selben Alter	30
für eine männliche Person zwischen 5 und 20 Jahren	20
für eine weibliche Person im selben Alter	10
für einen Jungen zwischen 1 Monat und 5 Jahren	5
für ein Mädchen im selben Alter	3
für einen Mann über 60 Jahre	15
für eine Frau im selben Alter	10

[8] Wenn der Mann, der das Gelübde geleistet hat, zu arm ist, um diesen Preis zu bezahlen, muß er mit der Person, die er dem HERRN versprochen hat, zum Priester* gehen. Der Priester setzt einen niedrigeren Preis fest, den der Mann bezahlen kann.

[9] Wenn jemand dem HERRN ein Tier verspricht, das als Opfer* dargebracht werden kann, gilt dieses Tier als Eigentum des HERRN. [10] Es darf nicht gegen ein schlechteres oder bes-

26,29 2 Kön 6,28-29; Jer 19,9 S; Klgl 2,20; 4,10; Ez 5,10; Bar 2,2-3 **26,30** Ez 6,3-7 **26,33** 2 Kön 17,5-6; 25,11 **26,34-35** 2 Chr 36,21 **26,40** Esr 9,5-7; Neh 9,2.26-30; Ps 106,6-46; Dan 9,4-19 **26,42** Ex 2,24 S **27,8** 12,7-8 S

seres Tier ausgewechselt werden. Sonst verfal-
len dem HERRN beide Tiere. 11 Wenn aber jemand
dem HERRN ein unreines* Tier verspricht, das
nicht als Opfer dargebracht werden darf, muß er
es zum Priester bringen. 12 Der Priester schätzt
das Tier und legt seinen Wert fest; seine Ent-
scheidung ist nicht anfechtbar. 13 Wenn der Be-
sitzer des Tieres es zurückhaben will, muß er
zum Schätzwert noch ein Fünftel dazuzahlen.

14 Wenn jemand dem HERRN durch ein Ge-
lübde sein Haus übereignet, muß der Priester
den Wert abschätzen; seine Entscheidung ist
nicht anfechtbar. 15 Wenn der Betreffende sein
Haus zurückkaufen will, muß er zum Schätz-
wert ein Fünftel dazuzahlen.

16 Wenn jemand dem HERRN durch ein Ge-
lübde etwas von seinem erblichen Landbesitz
übereignet, sollst du den Wert nach der Größe
des Grundstücks festlegen, und zwar für ein
Feld, auf dem man drei Zentner[a] Gerste aussäen
kann, 50 Silberstücke. 17 Wenn das Feld direkt
vom Erlaßjahr* ab dem HERRN versprochen ist,
gilt der volle Schätzwert; 18 wenn es später ge-
schieht, ermäßigt der Priester den Preis, je nach-
dem, wie viele Jahre es noch bis zum nächsten
Erlaßjahr sind. 19 Wenn der Betreffende sein Feld
zurückkaufen will, muß er zum Schätzwert ein
Fünftel dazuzahlen. 20 Wenn er das Feld dem
HERRN versprochen hat und es dann an einen
anderen verkauft, ohne es vorher vom HERRN
zurückzukaufen, verliert er das Rückkaufsrecht
für alle Zeiten. 21 Wird dann das Feld im Erlaß-
jahr frei, so ist es für immer Eigentum des HERRN
und geht in den Besitz der Priester über.

22 Wenn jemand dem HERRN durch ein Ge-
lübde ein Feld übereignet, das nicht zu seinem
erblichen Landbesitz gehört, sondern durch Kauf
erworben ist, 23 berechnet der Priester, wieviel
von dem Schätzwert, den du festgelegt hast, auf
die Zeitspanne bis zum nächsten Erlaßjahr* ent-
fällt. Der Betrag gehört dem HERRN und muß
noch am gleichen Tag an das Heiligtum bezahlt
werden. 24 Im Erlaßjahr fällt das Feld an den
ursprünglichen Besitzer zurück, von dem der Be-
treffende es gekauft hat.

25 Allen Schätzwerten sollst du das Gewicht
des Heiligtums zugrunde legen.«[b]

Nachträge zur Frage der Auslösung

26 »Ein erstgeborenes Jungtier von Rindern, Scha-
fen oder Ziegen kann dem HERRN nicht durch ein
besonderes Gelübde übereignet werden, weil es
ihm schon als Erstgeburt* zusteht. 27 Das gilt
auch für die erstgeborenen Jungen von unrei-
nen* Tieren; diese können jedoch losgekauft
werden, wenn der Besitzer zum Schätzwert ein
Fünftel zuzahlt. Wird ein Tier nicht losgekauft,
so wird es von den Priestern zum Schätzpreis
verkauft.

28 Wenn jemand dem HERRN etwas von sei-
nem Besitz an Menschen, Tieren oder Feldern
unwiderruflich geweiht hat, kann es nicht wie-
der freigekauft und darf auch nicht an einen
anderen verkauft werden. Es steht unter dem
Bann* und ist als etwas besonders Heiliges* für
immer dem HERRN verfallen. 29 Auch Menschen,
die auf diese Weise dem HERRN zugeeignet wer-
den, dürfen nicht losgekauft, sondern müssen
getötet werden.

30 Der zehnte Teil von jeder Ernte an Getreide
und Früchten gehört als heilige Abgabe dem
HERRN. 31 Wenn jemand etwas davon loskaufen
will, muß er zum Gegenwert in Geld noch ein
Fünftel zuzahlen. 32-33 Auch von den Rindern,
Schafen und Ziegen gehört jedes zehnte Stück
dem HERRN. Die Tiere dürfen nicht nach ihrem
größeren oder geringeren Wert ausgesucht wer-
den; jedes zehnte Stück, das unter dem Hirten-
stab hindurchgeht, wird ausgesondert und
gehört dem HERRN. Es darf nicht mit einem an-
deren ausgetauscht werden. Sonst fallen beide
Tiere dem HERRN zu und können nicht mehr
ausgelöst werden.«[c]

34 Dies sind die Gebote, die Mose auf dem
Berg Sinai* vom HERRN erhalten hat, um sie dem
Volk Israel weiterzugeben.

a Hebräische Maßangabe: *1 Homer* (= 10 Efa* = ca. 165 kg).
b Es folgt noch die Präzisierung *der Schekel* zu 20 Gera.*
c Oder: *Sonst fallen beide dem HERRN zu. Tiere, die auf diese Weise für den HERRN ausgesondert sind, dürfen grundsätzlich nicht zurückgekauft werden.*

27,26 Ex 13,11-16 S **27,28** Jos 7,1 S **27,30-33** Num 18,21 S

DAS VIERTE BUCH MOSE (NUMERI)

Inhaltsübersicht

ORDNUNG DER STÄMME UND VORBEREITUNG ZUM AUFBRUCH
(1,1–10,10)

Zählung der Stämme Israels

1 Ein Jahr und ein Monat waren seit dem Aufbruch der Israeliten aus Ägypten vergangen. Noch immer war das Volk in der Wüste Sinai. Da sagte der HERR am 1. Tag des 2. Monats im Heiligen Zelt* zu Mose:

2–3 »Zähle mit Aaron zusammen die ganze Gemeinde Israel! Erfaßt in Listen alle wehrfähigen Männer ab zwanzig Jahren, geordnet nach Sippen und Familien. 4–15 Aus jedem Stamm bestimme ich einen Sippenältesten, damit sie euch dabei helfen. Es sind die folgenden Männer:

aus dem Stamm Ruben:
Elizur, der Sohn von Schedëur;
aus dem Stamm Simeon:
Schelumiël, der Sohn von Zurischaddai;
aus dem Stamm Juda:
Nachschon, der Sohn von Amminadab;
aus dem Stamm Issachar:
Netanel, der Sohn von Zuar;
aus dem Stamm Sebulon:
Eliab, der Sohn von Helon;
aus den Josefsstämmen für Efraïm:
Elischama, der Sohn von Ammihud,
und für Manasse:
Gamliël, der Sohn von Pedazur;
aus dem Stamm Benjamin:
Abidan, der Sohn von Gidoni;
aus dem Stamm Dan:
Ahiëser, der Sohn von Ammischaddai;
aus dem Stamm Ascher:
Pagiël, der Sohn von Ochran;
aus dem Stamm Gad:
Eljasaf, der Sohn von Dëuël;
aus dem Stamm Naftali:
Ahira, der Sohn von Enan.«

16 Diese zwölf Männer wurden aus der Gemeinde berufen, um als Stammesoberhäupter ihre Stämme zu vertreten.

17–18 Dann riefen Mose und Aaron die ganze Gemeinde Israel zusammen. Mit Hilfe der Stammesoberhäupter trugen sie alle Männer, die 20 Jahre und älter waren, in Listen ein, geordnet nach Sippen und Familien. Das geschah am 1. Tag des 2. Monats 19 in der Wüste Sinai, wie der HERR es Mose befohlen hatte.

20–46 Die Zahl der wehrfähigen Männer eines jeden Stammes ist in der folgenden Liste verzeichnet. An erster Stelle stehen die Nachkommen von Jakobs erstgeborenem Sohn Ruben.

Stamm	*Anzahl*
Ruben	46 500
Simeon	59 300
Gad	45 650
Juda	74 600
Issachar	54 400
Sebulon	57 400
Efraïm	40 500
Manasse	32 200
Benjamin	35 400
Dan	62 700
Ascher	41 500
Naftali	53 400
Gesamtzahl	603 550

1,1-46 26,1-51; Ex 30,11-16

Die Sonderstellung der Leviten

[47] Der Stamm Levi wurde nicht mit den anderen Stämmen zusammen erfaßt. [48] Der Herr hatte zu Mose gesagt: [49] »Die Leviten* darfst du nicht für den Kriegsdienst erfassen und ihre Anzahl nicht zur Summe der Männer Israels hinzuzählen. [50] Sie müssen für das Heilige Zelt*, die Wohnstätte des Bundesgesetzes*, sorgen und für alles, was dazugehört.

Auf der Wanderung tragen sie das Zelt und seine Geräte. Deshalb sollen sie ihre Zelte rings um das Heiligtum aufschlagen. [51] Wenn das Lager abgebrochen wird, bauen sie das Heilige Zelt ab und schlagen es am neuen Lagerplatz wieder auf.

Jeder Unbefugte, der sich dem Zelt nähert, wird mit dem Tod bestraft. [52] Die übrigen Stämme lagern sich um das Feldzeichen ihrer jeweiligen Heeresabteilung; [53] aber die Leviten müssen rings um das Heilige Zelt, die Wohnstätte des Bundesgesetzes, wohnen und es bewachen, damit die übrigen Israeliten ihm nicht zu nahe kommen und mein Zorn die Gemeinde trifft.«

[54] Die Israeliten machten alles, wie der Herr es Mose befohlen hatte.

Die Ordnung der Stämme

2 Der Herr sagte zu Mose und Aaron: [2] »Die Israeliten sollen ihr Lager in gehöriger Entfernung rings um das Heilige Zelt* aufschlagen. Jeder von ihnen hat seinen Platz unter dem Feldzeichen seiner Heeresabteilung und beim Zeichen seiner Sippe.«

[3–8] Auf der Ostseite bekam die Abteilung unter dem Feldzeichen Judas ihr Lager, drei Stämme mit ihren Oberhäuptern, und zwar:

Stamm	*Oberhaupt*	*Anzahl*
Juda	Nachschon, der Sohn Amminadabs	74600
Issachar	Netanel, der Sohn Zuars	54400
Sebulon	Eliab, der Sohn Helons	57400

[9] Ihre Gesamtzahl betrug 186400. Diese Abteilung sollte beim Weitermarsch zuerst aufbrechen.

[10–15] Auf der Südseite bekam die Abteilung unter dem Feldzeichen Rubens ihr Lager, drei Stämme mit ihren Oberhäuptern, und zwar:

Stamm	*Oberhaupt*	*Anzahl*
Ruben	Elizur, der Sohn Schedëurs	46500
Simeon	Schelumiël, der Sohn von Zurischaddai	59300
Gad	Eljasaf, der Sohn Dëuëls	45650

[16] Ihre Gesamtzahl betrug 151450. Diese Abteilung sollte beim Weitermarsch als zweite aufbrechen.

[17] Danach sollten sich die Leviten* mit dem Heiligen Zelt einordnen. Ihr Platz war genau in der Mitte, im Lager und unterwegs.

[18–23] Auf der Westseite bekam die Abteilung unter dem Feldzeichen Efraïms ihr Lager, drei Stämme mit ihren Oberhäuptern, und zwar:

Stamm	*Oberhaupt*	*Anzahl*
Efraïm	Elischama, der Sohn Ammihuds	40500
Manasse	Gamliël, der Sohn Pedazurs	32200
Benjamin	Abidan, der Sohn von Gidoni	35400

[24] Ihre Gesamtzahl betrug 108100. Diese Abteilung sollte beim Weitermarsch als dritte aufbrechen, direkt nach den Leviten.

[25–30] Auf der Nordseite bekam die Abteilung unter dem Feldzeichen Dans ihr Lager, drei Stämme mit ihren Oberhäuptern, und zwar:

Stamm	*Oberhaupt*	*Anzahl*
Dan	Ahiëser, der Sohn von Ammischaddai	62700
Ascher	Pagiël, der Sohn Ochrans	41500
Naftali	Ahira, der Sohn Enans	53400

[31] Ihre Gesamtzahl betrug 157600. Diese Abteilung sollte beim Weitermarsch als letzte aufbrechen.

[32] Die Gesamtzahl aller wehrfähigen Israeliten betrug 603550. [33] Nach der Anweisung des Herrn wurden die Leviten nicht zusammen mit den anderen erfaßt.

[34] Die Israeliten führten alles so aus, wie der Herr es Mose aufgetragen hatte. Sie lagerten jeweils unter ihrem Feldzeichen, nach Sippen und Familien geordnet, und so brachen sie auch auf.

Die Söhne Aarons

3 [1–2] Zu jener Zeit, als der Herr mit Mose auf dem Berg Sinai* redete, lebten folgende Nachkommen Aarons:[a] Nadab, der Erstgeborene, und Abihu, Eleasar und Itamar. [3] Diese vier waren durch Salbung* zu Priestern geweiht und in ihren Dienst eingesetzt worden.

a Es folgt noch *und Moses*, doch werden keine Nachkommen von ihm genannt.

1,51a 4,4-33 **3,1-2** Ex 6,23 **3,3** Ex 29,29; 30,30; 40,14-15; Lev 8,1-36

4 Aber Nadab und Abihu fanden den Tod, als
sie dem HERRN in der Wüste Sinai ein Weih-
rauchopfer darbrachten, das er nicht vorge-
schrieben hatte. Sie starben kinderlos. Eleasar
und Itamar versahen weiterhin den Priester-
dienst unter ihrem Vater Aaron.

Die Leviten werden den Priestern unterstellt

5 Der HERR sagte zu Mose: 6 »Rufe die Männer
des Stammes Levi zusammen und bringe sie
zum Priester Aaron! Sie sollen seine Helfer sein
7 und für ihn und die ganze Gemeinde vor dem
Heiligen Zelt* Dienst tun und für meine Woh-
nung sorgen. 8 Sie sollen die heiligen Geräte in
Ordnung halten und stellvertretend für das Volk
alle Dienste an meiner Wohnung versehen.

9 Du sollst die Leviten* Aaron und seinen
Nachkommen unterstellen; denn sie sind ihnen
von den übrigen Israeliten als Eigentum über-
geben. 10 Aaron und seine Nachkommen aber
sollen den Priesterdienst versehen. Nur sie sind
dazu befugt; jeder andere, der sich dieses Recht
anmaßt, wird mit dem Tod bestraft.«

11 Weiter sagte der HERR zu Mose: 12 »Ich
habe die Leviten für mich ausgesondert. Sie ge-
hören mir anstelle eurer erstgeborenen Söhne.
13 Eigentlich gehört mir jede Erstgeburt*. Als ich
die Erstgeborenen der Ägypter tötete, habe ich
mir alles vorbehalten, was unter euch zuerst aus
dem Mutterschoß kommt, bei Tieren wie bei
Menschen. Es gehört mir, dem HERRN.«

Zählung der Leviten

14 Dort in der Wüste Sinai sagte der HERR zu
Mose: 15 »Zähle die Leviten*, geordnet nach Sip-
pen und Familien! Alle männlichen Angehöri-
gen des Stammes Levi, die älter sind als einen
Monat, sollst du in Listen erfassen.«

16 Mose tat, was der HERR ihm befohlen hatte.

17 Levi hatte drei Söhne: Gerschon, Kehat und
Merari. 18 Die Söhne Gerschons waren Libni
und Schimi, 19 die Söhne Kehats Amram, Jizhar,
Hebron und Usiël, 20 und die Söhne Meraris
Machli und Muschi. Von ihnen stammen die
Sippen und Familien ab, die ihre Namen tragen.

21 Gerschon war der Ahnherr der Sippen
Libni und Schimi. 22 Die Gesamtzahl ihrer männ-
lichen Angehörigen, die älter waren als einen
Monat, betrug 7500. 23 Sie sollten auf der Rück-
seite des Heiligtums im Westen lagern. 24 Ihr
Oberhaupt war Eljasaf, der Sohn Laëls. 25 Sie tru-
gen die Verantwortung für das Zelt, seine
Schutzdecke und den Vorhang an seinem Ein-
gang, 26 für die Planen, die den Vorhof* rings um
Zelt und Altar umgeben, für den Vorhang am
Eingang des Vorhofs und für die Zeltstricke. Sie
hatten für alles zu sorgen, was mit diesen Ge-
genständen zusammenhing.

27 Kehat war der Ahnherr der Sippen Amram,
Jizhar, Hebron und Usiël. 28 Die Gesamtzahl
ihrer männlichen Angehörigen, die älter als
einen Monat und für den Dienst am Heiligtum
bestimmt waren, betrug 8300.[a] 29 Sie sollten an
der Südseite des Heiligtums lagern. 30 Ihr Ober-
haupt war Elizafan, der Sohn Usiëls. 31 Sie trugen
die Verantwortung für die Bundeslade*, den
Tisch mit den geweihten Broten*, den Leuchter,
die beiden Altäre, die Geräte für den Opferdienst
sowie für den Vorhang, der das Allerheiligste*
verdeckt. Sie hatten für alles zu sorgen, was mit
diesen Gegenständen zusammenhing.

32 Über den Oberhäuptern der Leviten stand
Eleasar, der Sohn des Priesters Aaron. Er hatte
die Aufsicht über alle, die am Heiligtum Dienst
taten.

33 Merari war der Ahnherr der Sippen Machli
und Muschi. 34 Die Gesamtzahl ihrer männli-
chen Angehörigen, die älter als einen Monat
waren, betrug 6200. 35 Sie sollten an der Nord-
seite des Heiligtums lagern. Ihr Oberhaupt war
Zuriël, der Sohn Abihajils. 36 Sie trugen die Ver-
antwortung für die Bretter, die die Wände des
Heiligtums bilden, und ihre Querstangen, für
seine Säulen und Sockel und für alles weitere Zu-
behör der Wohnung des HERRN. Sie hatten für
alles zu sorgen, was mit diesen Gegenständen
zusammenhing, 37 außerdem für die Säulen rings
um den Vorhof mit ihren Sockeln, die Zeltpflöcke
und Zeltstricke.

38 Mose und Aaron mit seinen Söhnen sollten
vor dem Eingang des Heiligen Zeltes auf der Ost-
seite lagern. Sie hatten für alle Israeliten den
Dienst am Heiligtum zu versehen. Der HERR
drohte jedem den Tod an, der sich unbefugt dem
Heiligtum näherte.

39 Die Gesamtzahl aller männlichen Leviten,
die älter waren als einen Monat, betrug 22 000.
Dies war das Ergebnis der Zählung, die Mose
und Aaron auf Befehl des HERRN in ihren Sippen
durchgeführt hatten.

Die Leviten vertreten die Erstgeborenen

40 Der HERR sagte zu Mose: »Zähle alle erstge-
borenen männlichen Israeliten, die älter sind als
einen Monat. 41 Denn alle erstgeborenen Söhne

a *8300:* nach einigen griechischen Handschriften (vgl. die Summe in Vers 39); H *8600.*

3,4 Lev 10,1-2.6-7 **3,11-13** 3,40-45; 8,16-19; 18,5-6 **3,13** Ex 13,11-16 S **3,14-39** 4,34-49; 26,57-62 **3,40-45** 3,11-13 S

der Israeliten gehören mir. An ihrer Stelle beanspruche ich, der HERR, die Leviten* als mein Eigentum. Ebenso erhebe ich Anspruch auf das Vieh der Leviten anstelle aller erstgeborenen Tiere der Israeliten.«

42 Mose ließ die Erstgeborenen zählen, wie der HERR es befohlen hatte, 43 und kam auf eine Gesamtzahl von 22 273.

44 Darauf sagte der HERR zu Mose: 45 »Übergib mir die Leviten anstelle der erstgeborenen Israeliten als mein Eigentum und das Vieh der Leviten anstelle der Erstgeburten ihres Viehs. 46 Die 273 Erstgeborenen, die die Zahl der Leviten übersteigen, mußt du freikaufen. 47 Pro Kopf macht das fünf Silberstücke*, gewogen nach dem Gewicht des Heiligtums. 48 Das Silber sollst du Aaron und seinen Söhnen geben.

49–51 Mose ließ sich von den Israeliten das Lösegeld zahlen und gab die Gesamtmenge von 1365 Silberstücken Aaron und seinen Söhnen, wie der HERR es ihm befohlen hatte.

Die Pflichten der Gruppe Kehat

4 Der HERR sagte zu Mose und Aaron: 2–3 »Erfasse von den Nachkommen Kehats aus dem Stamm Levi alle, die eine Aufgabe am Heiligen Zelt* zu übernehmen haben, das sind die Männer zwischen 30 und 50 Jahren, geordnet nach Sippen und Familien. 4 Sie sind für den Transport der besonders heiligen* Dinge zuständig.

5 Wenn das Lager abgebrochen wird, müssen zunächst Aaron und seine Söhne in das Zelt hineingehen, den Vorhang vor dem Allerheiligsten* abnehmen und ihn über die Lade mit dem Bundesgesetz* decken. 6 Weiter breiten sie eine Decke aus Delphinenleder und ein violettes Tuch darüber und bringen die Tragstangen an der Bundeslade* an.

7 Auch über den Tisch, auf dem das geweihte Brot* ausgelegt wird, breiten sie ein violettes Tuch und stellen darauf die Schalen, Schüsseln, Becher und Kannen für das Trankopfer*; auch das Brot legen sie darauf. 8 Darüber decken sie ein dunkelrotes Tuch und eine Decke aus Delphinenleder und bringen die Tragstangen an.

9 Dann nehmen sie ein violettes Tuch und hüllen damit den Leuchter samt seinen Lichtschalen* ein, außerdem die Dochtscheren und die Reinigungsnäpfe und alle Ölgefäße, die dazugehören. 10 Darüber breiten sie eine Decke aus Delphinenleder und legen alles auf ein Traggestell.

11 Danach breiten sie ein violettes Tuch über den goldenen Altar, legen eine Decke aus Delphinenleder darüber und bringen die Tragstangen an. 12 Alle Geräte, die im Heiligtum gebraucht werden, schlagen sie in ein violettes Tuch ein, hüllen sie in eine Decke aus Delphinenleder und legen sie auf ein Traggestell. 13 Den Brandopferaltar* reinigen sie von der Asche und bedecken ihn mit einem purpurroten Tuch. 14 Darauf legen sie alle Geräte, die am Altar gebraucht werden: die Kohlenbecken und die Fleischgabeln, die Schaufeln zum Beseitigen der Asche und die Schalen zum Auffangen des Blutes. Dann breiten sie eine Decke aus Delphinenleder darüber und bringen die Tragstangen an.

15 Erst wenn Aaron und seine Söhne alle heiligen Geräte eingehüllt haben, dürfen die Leviten* der Sippe Kehat eintreten und alles wegtragen. Wenn sie die unverhüllten heiligen Geräte berühren würden, müßten sie sterben.

16 Eleasar, der Sohn des Priesters Aaron, trägt die Verantwortung für das Lampenöl, den Weihrauch*, das tägliche Speiseopfer*, das Salböl und für die ganze Wohnung mit all ihren heiligen Gegenständen und den dazugehörigen Geräten.«

17 Der HERR sagte zu Mose und Aaron: 18–19 »Weil die Nachkommen Kehats bei ihrem Dienst mit den besonders heiligen Dingen zu tun haben, müßt ihr dafür Sorge tragen, daß sie nicht zu Schaden kommen und alle den Tod finden. Sie dürfen nicht unaufgefordert ins Heiligtum gehen, vielmehr müssen Aaron und seine Söhne sie hineinführen und jeden einzelnen anweisen, was er tragen soll. 20 Wenn sie zu früh hineingehen und auch nur für einen Augenblick die heiligen Geräte unverhüllt sehen, müssen sie sterben.«

Die Pflichten der Gruppen Gerschon und Merari

21 Der HERR sagte zu Mose: 22–23 »Erfasse von den Nachkommen Gerschons aus dem Stamm Levi alle, die eine Aufgabe am Heiligen Zelt* zu übernehmen haben, das sind die Männer zwischen 30 und 50 Jahren, geordnet nach Sippen und Familien.

24–25 Beim Transport meiner Wohnung sind sie zuständig für die Zeltbahnen, die beiden Schutzdecken, den Vorhang am Eingang des Zeltes, 26 die Planen, die den Vorhof* abgrenzen, und den Vorhang an seinem Eingang, für die Zeltstricke und alles, was sonst noch dazugehört.

4,18-20 Ex 29,37 S

27–28 Für dies alles sind die Nachkommen Gerschons verantwortlich. Aaron und seine Söhne weisen ihnen die Arbeit an. Itamar, der Sohn des Priesters Aaron, führt die Aufsicht über sie.

29–30 Erfasse auch von den Nachkommen Meraris aus dem Stamm Levi alle, die eine Aufgabe am Heiligen Zelt zu übernehmen haben, das sind die Männer zwischen 30 und 50 Jahren, geordnet nach Sippen und Familien.

31 Beim Transport des Heiligen Zeltes sind sie zuständig für die Bretter, die die Wände des Heiligtums bilden, und für ihre Querstangen, für seine Säulen und Sockel,
32 die Säulen rund um den Vorhof mit ihren Sockeln, die Zeltpflöcke und Zeltstricke und alles, was sonst noch dazugehört. Jeder von ihnen wird mit einer bestimmten Aufgabe betraut.

33 Für dies alles sind die Nachkommen Meraris verantwortlich. Itamar, der Sohn des Priesters Aaron, führt die Aufsicht über sie.«

Die Zahl der dienstfähigen Leviten

34–49 Mose, Aaron und die Oberhäupter der Stämme erfaßten unter den Nachkommen Kehats, Gerschons und Meraris alle, die eine Aufgabe am Heiligen Zelt* zu übernehmen hatten, also die Männer zwischen 30 und 50 Jahren, geordnet nach Sippen und Familien. Die Zählung ergab:

Gruppe	*Männer zwischen 30 und 50*
Kehat	2750
Gerschon	2630
Merari	3200
Gesamtzahl	8580

Jedem einzelnen wurde seine Aufgabe zugewiesen, wie der HERR es Mose befohlen hatte.

Ausweisung aller Unreinen

5 Der HERR sagte zu Mose:
2 »Befiehl den Leuten von Israel, jeden aus dem Lager zu schicken, der an Aussatz* oder an einem Ausfluß leidet oder einen Toten berührt hat.
3 Das gilt für Männer und Frauen in gleicher Weise. Sie machen sonst das Lager unrein*, in dem ich selbst, der HERR, mitten unter euch wohne.«

4 Die Leute von Israel folgten dem Befehl und schickten alle, die unrein geworden waren, aus dem Lager.

Wiedergutmachung für Eigentumsvergehen

5–6 Der HERR gab Mose für die Israeliten die Anweisung:

Wenn jemand sich am Eigentum eines anderen vergangen hat und dadurch vor dem HERRN schuldig geworden ist,
7 soll er seine Schuld bekennen und dem Geschädigten Wiedergutmachung leisten. Dabei muß er zu dem Schadenswert noch ein Fünftel hinzufügen.

8 Ist der Geschädigte nicht mehr am Leben und hat keinen nahen Verwandten, der den Schadenersatz an seiner Stelle entgegennehmen kann, so gehört dieser dem HERRN und fällt dem Priester* zu, und zwar zusätzlich zu dem Schafbock, mit dessen Blut der Priester die Schuld gegenüber dem HERRN ins reine gebracht hat.

9–10 Auch alle besonderen Gaben, die die Leute von Israel dem HERRN bringen, gehören den Priestern.

Gottesurteil beim Verdacht des Ehebruchs

11–15 Der HERR gab Mose auch die folgenden Anweisungen für die Israeliten:

Wenn ein Mann Verdacht schöpft, daß seine Frau ihm untreu geworden ist und mit einem anderen Mann geschlafen hat, aber er hat keinen Zeugen dafür, dann soll er sie zum Priester bringen. Auch wenn ein Mann eifersüchtig wird, ohne daß seine Frau ihm dazu Anlaß gegeben hat, soll er sie dorthin bringen. Als ihre Opfergabe soll er 1/10 Efa* (gut 1 Kilo) Gerstenmehl mitnehmen. Er darf aber weder Olivenöl noch Weihrauch* hinzufügen, denn es ist ein Eifersuchtsopfer, durch das die Wahrheit an den Tag kommen soll.

16 Der Priester läßt die Frau an den Altar treten.
17 Dann nimmt er ein Tongefäß mit geweihtem Wasser und tut Erde vom Boden des Heiligen Zeltes* hinein.
18 Er löst das Haar der Frau und legt das Eifersuchtsopfer in ihre Hände. Er selbst nimmt das Gefäß mit dem Wasser, das Bitterkeit und Fluch bringt.

19 Dann sagt er zu der Frau: »Wenn du mit keinem anderen als mit deinem eigenen Mann geschlafen hast, dann wird dieses bittere, fluchbringende Wasser dir nichts anhaben.
20 Hast du aber die Ehe gebrochen und mit einem anderen Mann geschlafen, dann wird dieses Wasser es offenbar machen.«[a]

21–22 Der Priester stellt die Frau unter einen Fluch* und sagt: »Wenn du so etwas getan hast,

a *dann wird ...:* verdeutlichender Zusatz; der Satz bricht ab.
4,34-49 3,14-39 5,2 Lev 13,46; 15,2; Num 9,6-7 5,5-10 Ex 21,37–22,14

dann wird der HERR dich zu einem abschrecken-
den Beispiel unter deinem Volk machen. Das
Wasser wird in deine Eingeweide eindringen, so
daß dein Bauch anschwillt und deine Ge-
schlechtsorgane einschrumpfen.«

Darauf muß die Frau antworten: »Amen*, so
soll es sein!«

23 Nun schreibt der Priester diesen Fluch auf
Pergament und wäscht die Schrift in dem bitte-
ren Wasser ab. 24-26 Er nimmt das Eifersuchts-
opfer aus den Händen der Frau und übereignet*
es symbolisch dem HERRN. Dann nimmt er eine
Handvoll davon und verbrennt diesen Teil auf
dem Altar zum Zeichen dafür, daß die ganze
Opfergabe dem HERRN gehört. Das Wasser gibt
er der Frau zu trinken, damit es in ihr wirken
kann.

27 Hat sie tatsächlich Ehebruch begangen, so
wird das Wasser ihr bittere Qualen verursachen:
Ihr Bauch wird anschwellen und ihre Ge-
schlechtsorgane werden einschrumpfen. Sie
wird zu einem abschreckenden Beispiel für ihr
Volk werden. 28 Ist sie aber unschuldig, so wird
ihr das Wasser nichts anhaben können, und sie
wird auch künftig Kinder zur Welt bringen kön-
nen.

29 So muß verfahren werden, wenn ein Mann
den Verdacht hat, daß seine Frau ihm untreu ge-
worden ist, 30 oder ihn die Eifersucht plagt. Die
Frau muß vor den HERRN gestellt werden, und
der Priester führt mit ihr die beschriebenen
Handlungen aus. 31 Der Mann wird nicht zur
Rechenschaft gezogen, wenn er sich geirrt hat;
aber die Frau muß, wenn sie schuldig ist, die Fol-
gen tragen.

Regeln für die Gottgeweihten*

6 1-2 Der HERR gab Mose für die Israeliten die
Anweisung:

Wenn ein Mann oder eine Frau[a] das Ge-
lübde* ablegt, sich dem HERRN für eine be-
stimmte Zeit zu weihen, 3 dann darf die betref-
fende Person weder Wein noch Bier trinken. Sie
darf überhaupt nichts trinken, was aus Wein-
trauben bereitet ist, und darf auch keine frischen
oder getrockneten Trauben essen. 4 Sie soll
nichts genießen, was vom Weinstock kommt.

5 Solange das Gelübde gilt, darf ein Gottge-
weihter sich Haare und Bart nicht schneiden.
Zum Zeichen, daß er dem HERRN geweiht ist,
muß er das Haar ungehindert wachsen lassen.
6 Er darf auch die ganze Zeit über nicht in die
Nähe eines Toten kommen. 7 Selbst wenn sein
Vater oder seine Mutter stirbt, sein Bruder oder
seine Schwester, muß er sich von ihnen fernhal-
ten, weil er sich seinem Gott geweiht hat. 8 Für
die ganze Zeit seines Gelübdes gehört er aus-
schließlich dem HERRN.

9 Stirbt aber jemand unvorhergesehen, wäh-
rend er dabei ist, so wird sein geweihtes Haar
unrein*. Er muß sechs Tage warten, bis er wie-
der rein ist, und muß sich dann am siebten Tag
die Haare abschneiden.

10 Am Tag darauf muß er zwei Turteltauben
oder zwei andere Tauben zum Priester* an den
Eingang des Heiligen Zeltes* bringen. 11 Der Prie-
ster opfert die eine als Sühneopfer* und die
andere als Brandopfer* und bringt damit die Ver-
schuldung gegenüber dem HERRN ins reine.
Gleichzeitig wird das nachwachsende Haar für
geweiht erklärt.

12 Der Betreffende muß noch ein einjähriges
Schaf als Wiedergutmachungsopfer* darbringen
und sich dann noch einmal für eine ebenso
lange Zeit wie beim ersten Mal dem HERRN wei-
hen. Die Zeit vor seiner Verunreinigung wird
nicht auf sein Gelübde angerechnet.

Das Opfer der Gottgeweihten nach Abschluß der Weihezeit

13 Wenn die Zeit des Gelübdes* abgelaufen ist,
muß die Person, die sich dem HERRN geweiht hat,
zum Eingang des Heiligen Zeltes* gehen 14 und
ihm drei fehlerfreie Tiere opfern: ein einjähriges
Schafböckchen als Brandopfer*, ein einjähriges
Schaf als Sühneopfer* und einen ausgewachse-
nen Schafbock als Mahlopfer*, 15 außerdem die
dazugehörigen Speise- und Trankopfer* und als
zusätzliches Speiseopfer noch einen Korb voll
Gebackenes, das aus Weizenmehl ohne Sauer-
teig* bereitet ist, und zwar Ringbrote* aus Mehl,
das mit Öl vermengt wurde, und Fladenbrote*,
die mit Öl bestrichen sind.

16 Das alles soll der Priester zum Altar bringen
und zuerst das Sühne- und das Brandopfer voll-
ziehen. 17 Dann opfert der Priester dem HERRN
den Schafbock als Mahlopfer und dazu das Ge-
backene, danach die übrigen Speise- und Trank-
opfer. 18 Der Geweihte schneidet am Eingang
des Heiligen Zeltes sein geweihtes Haar ab und
wirft es in das Altarfeuer, in dem die Fettstücke
des Mahlopfers verbrannt werden.

19 Dann legt der Priester ein gekochtes Stück
von der Schulter des Schafbocks zusammen mit

a Die *Frau* wird nur an dieser Stelle erwähnt; die Anweisungen ab Vers 5 sind am Mann orientiert (Haarschnitt; vgl. 1 Kor 11,14-15). Die Vorschrift der Verse 3-4 findet jedoch auch auf Frauen Anwendung (vgl. Ri 13,4-5.13-14).

6,3-4 Ri 13,4.7; Lk 1,15 **6,5** Ri 13,5; 1 Sam 1,11 **6,7** Lev 21,11 **6,13-21** Apg 21,23-24

einem Ringbrot und einem Fladenbrot aus dem
Korb in die Hände des Geweihten. [20] Darauf
nimmt er die Opfergaben selbst in die Hand, um
sie symbolisch dem HERRN zu übereignen*. Sie
sind dem HERRN geweiht und gehören dem Priester, genauso wie die Brust und die Hinterkeule,
die ihm ordnungsgemäß zustehen. Danach darf
der Geweihte wieder Wein trinken.

[21] Wer sich dem HERRN für eine bestimmte
Zeit weiht, muß nach deren Abschluß diese
Opfer darbringen, abgesehen von dem, was er
etwa noch zusätzlich versprochen hat. Er muß
das Gelübde, das er abgelegt hat, ohne Abstriche
erfüllen.

Der priesterliche Segen

[22] Der HERR sagte zu Mose: [23] »Wenn Aaron und
seine Söhne den Leuten von Israel den Segen*
erteilen, sollen sie sprechen:

[24] Der HERR segne euch
und beschütze euch!
[25] Der HERR blicke euch freundlich an
und schenke euch seine Liebe!
[26] Der HERR wende euch sein Angesicht zu
und gebe euch Glück und Frieden!

[27] Mit diesen Worten sollen sie den Leuten von
Israel die Segenskraft meines Namens zusprechen.[a] Dann werde ich mein Volk Israel segnen.«

Das Einweihungsopfer der Stammesoberhäupter

7 Als die Wohnung des HERRN mit allem, was
dazugehörte, fertig war und Mose sie zum
ersten Mal aufgestellt hatte, besprengte er das
Zelt, den Altar und alle heiligen Geräte mit Öl
und weihte so das ganze Heiligtum dem HERRN.

[2-3] Noch am selben Tag brachten die Stammesoberhäupter der Israeliten, die an der Spitze
der gezählten Männer standen, dem HERRN ihre
Opfergaben. Es waren sechs mit Planen überdachte Lastkarren mit je zwei Rindern davor, so
daß auf zwei Oberhäupter ein Lastkarren und
auf jeden ein Rind kam. Sie brachten die Gaben
vor die Wohnung des HERRN.

[4] Der HERR sagte zu Mose: [5] »Nimm die Gaben
von ihnen an! Die Karren und Zugtiere sollen für
den Transport des Heiligen Zeltes* verwendet
werden. Verteile sie unter die Leviten* und berücksichtige dabei die unterschiedlichen Aufgaben der einzelnen Gruppen.«

[6] Mose tat, was der HERR ihm befohlen hatte.
[7] Den Nachkommen von Gerschon gab er zwei
Lastkarren mit vier Rindern, [8] den Nachkommen
von Merari aber vier Lastkarren mit acht Rindern für die Aufgaben, die sie unter der Leitung
des Priesters Itamar auszuführen hatten. [9] Den
Nachkommen von Kehat gab er keine Lastkarren, weil sie für die besonders heiligen* Dinge
zuständig waren, die auf den Schultern getragen
werden müssen.

[10] Außerdem hatten die Stammesoberhäupter
Opfer* für die Einweihung des Altars* bereitgestellt. Als sie ihre Gaben zum Altar bringen
wollten, [11] sagte der HERR zu Mose: »Die Stammesoberhäupter sollen ihre Gaben an zwölf aufeinanderfolgenden Tagen darbringen, jeder an
einem Tag.«

[12-83] Sie brachten also ihre Gaben in folgender
Ordnung:

am 1. Tag Nachschon, der Sohn Amminadabs,
vom Stamm Juda,

am 2. Tag Netanel, der Sohn Zuars, vom
Stamm Issachar,

am 3. Tag Eliab, der Sohn Helons, vom Stamm
Sebulon,

am 4. Tag Elizur, der Sohn Schedëurs, vom
Stamm Ruben,

am 5. Tag Schelumiël, der Sohn Zurischaddais,
vom Stamm Simeon,

am 6. Tag Eljasaf, der Sohn Dëuëls, vom
Stamm Gad,

am 7. Tag Elischama, der Sohn Ammihuds,
vom Stamm Efraïm,

am 8. Tag Gamliël, der Sohn Pedazurs, vom
Stamm Manasse,

am 9. Tag Abidan, der Sohn Gidonis, vom
Stamm Benjamin,

am 10. Tag Ahiëser, der Sohn Ammischaddais,
vom Stamm Dan,

am 11. Tag Pagiël, der Sohn Ochrans, vom
Stamm Ascher,

am 12. Tag Ahira, der Sohn Enans, vom Stamm
Naftali.

Alle brachten die gleichen Gaben, und zwar
jeder eine Silberschüssel von 1500 Gramm und
eine Silberschale von 800 Gramm, gewogen
nach dem Gewicht des Heiligtums; beide Silbergefäße enthielten als Speiseopfer* Weizenmehl,
das mit Olivenöl vermengt war. Außerdem
brachte jeder eine kleine Schale aus Gold,
120 Gramm schwer[b] und mit Weihrauch* gefüllt; dazu als Brandopfer* einen Stier, einen
Schafbock und ein einjähriges Schaf, als Sühne-

a *Mit diesen Worten ...:* wörtlich *So sollen sie meinen Namen* auf die Leute von Israel legen.*
b Die hebräischen Gewichtswerte sind 130, 70 und 10 Schekel*. Das Gesamtgewicht (Verse 84-88) an Silber beträgt 2400, an Gold 120 Schekel.

opfer* einen Ziegenbock sowie als Mahlopfer* zwei Rinder, fünf Schafböcke, fünf Ziegenböcke und fünf einjährige Schafe.

84–88 Alles in allem brachten die zwölf Stammesoberhäupter als Gaben für die Einweihung des Altars:

12 Silberschüsseln und 12 Silberschalen mit einem Gesamtgewicht von 27 600 Gramm;
12 Goldschalen mit einem Gesamtgewicht von 1440 Gramm, gefüllt mit Weihrauch;
12 Stiere, 12 Schafböcke und 12 einjährige Schafe als Brandopfer sowie die dazugehörigen Speiseopfer;
12 Ziegenböcke als Sühneopfer;
24 Rinder, 60 Schafböcke, 60 Ziegenböcke und 60 einjährige Schafe als Mahlopfer.

89 Als Mose daraufhin ins Heilige Zelt trat, um mit dem HERRN zu reden, hörte er die Stimme des HERRN von der Lade* her, in der das Bundesgesetz aufbewahrt wurde. Sie ging von der Stelle zwischen den beiden Keruben* aus, die sich auf der Deckplatte der Lade befanden.

Anweisung für das Aufsetzen der Lichter

8 Der HERR sagte zu Mose: 2 »Sage Aaron, daß er die sieben Lichtschalen* so auf den Leuchter setzt, daß ihr Docht nach vorne zeigt.«

3 Aaron verfuhr nach dieser Anweisung. 4 Der Leuchter bestand aus reinem Gold und war mit allen Teilen aus einem Stück gearbeitet, genau nach dem Modell, das Mose vom HERRN auf dem Berg gezeigt bekam.

Weihe und Einsetzung der Leviten

5 Der HERR sagte zu Mose: 6–7 »Sondere die Leviten* aus den übrigen Israeliten aus. Sie müssen für den Dienst an meinem Heiligtum rein* sein. Deshalb besprenge sie mit Reinigungswasser* und sorge dafür, daß sie alle Haare an ihrem Leib abrasieren und ihre Kleider waschen.

8 Dann sollen sie als Brandopfer* einen Stier nehmen und dazu als Speiseopfer* Weizenmehl, das mit Olivenöl vermengt ist. Du selbst nimmst einen zweiten Stier für das Sühneopfer*.

9 Darauf bringst du die Leviten zum Heiligen Zelt* und versammelst dort die ganze Gemeinde Israel. 10 Du stellst die Leviten vor den HERRN, und die Israeliten legen ihre Hände auf sie. 11 Aaron soll sie mir symbolisch übereignen* als eine Opfergabe der Israeliten; denn sie sollen an meinem Heiligtum Dienst tun.

12 Die Leviten legen ihre Hände auf die Köpfe der beiden Stiere, und Aaron opfert[a] mir den einen als ihr Sühneopfer, den andern als ihr Brandopfer. Auf diese Weise wird jede Verfehlung der Leviten mir gegenüber in Ordnung gebracht. 13 Dann stellst du die Leviten vor Aaron und seine Söhne, um sie mir symbolisch zu übereignen. 14 Auf diese Weise werden sie aus den übrigen Israeliten ausgesondert und zu meinem Eigentum gemacht.

15 Danach dürfen die Leviten in das Heilige Zelt gehen und dort Dienst tun. 16 Sie sind mein besonderes Eigentum. Ich erhebe Anspruch auf sie anstelle der erstgeborenen Söhne aller übrigen Israeliten. 17 Eigentlich gehört mir in Israel alles, was zuerst aus dem Mutterschoß kommt, bei Tier und Mensch. Ich habe es mir vorbehalten, als ich alle Erstgeborenen der Ägypter tötete. 18 Nun aber habe ich anstelle der Erstgeborenen Israels die Leviten angenommen. 19 Ich habe sie zu meinem Eigentum erklärt und sie Aaron und seinen Söhnen gegeben. Sie sollen den Dienst im Heiligen Zelt verrichten und dadurch die anderen Israeliten vor dem Unheil bewahren, das sie treffen müßte, wenn sie dem Heiligtum zu nahe kämen.«

20 Mose, Aaron und die ganze Gemeinde Israel verfuhren mit den Leviten, wie der HERR es Mose befohlen hatte. 21 Nachdem die Leviten sich und ihre Kleider gewaschen hatten, übereignete Aaron sie symbolisch dem HERRN und brachte die beiden Opfer dar, um alle ihre Verfehlungen in Ordnung zu bringen. 22 Dann gingen die Leviten ins Heilige Zelt und übernahmen ihren Dienst unter der Leitung Aarons und seiner Söhne. Alles war genauso ausgeführt worden, wie der HERR es Mose befohlen hatte.

Das Dienstalter der Leviten

23 Weiter sagte der HERR zu Mose: 24–25 »Die Leviten* sollen ihren Dienst im Heiligen Zelt* mit 25 Jahren aufnehmen und mit 50 Jahren beenden. 26 Wer älter ist, kann den diensttuenden Leviten zur Hand gehen; aber er darf keine Arbeit in eigener Verantwortung ausführen. Nach dieser Regel sollst du die Leviten für ihren Dienst einteilen.«

Zusätzliche Anweisungen für das Passafest

9 Im 1. Monat des 2. Jahres, nachdem das Volk Israel aus Ägypten aufgebrochen war, sagte der HERR zu Mose in der Wüste Sinai: 2–3 »Am

a *Aaron opfert:* mit G; H *du opferst.*

7,89 Ex 25,22 S 8,1-4 Ex 25,31-40 8,16-19 3,11-13 S 8,19 Ex 29,37 S 9,1-14 Ex 12,1-14 S

14. Tag dieses Monats gegen Abend sollen die Israeliten das Passamahl* feiern. Sie sollen alle Vorschriften genau einhalten, die dafür gelten.«

4 Mose sagte dies den Israeliten weiter, 5 und sie feierten das Passafest am Abend des 14. Tages in der Wüste Sinai.

6 Einige Männer waren jedoch unrein* geworden, weil sie einen Toten berührt hatten. Deshalb konnten sie das Passamahl nicht am vorgeschriebenen Tag halten. Sie sagten zu Mose und Aaron: 7 »Wir sind unrein, weil wir einen Toten berührt haben. Müssen wir deshalb zurückstehen und dürfen nicht wie die anderen Israeliten dem HERRN das Passaopfer darbringen?«

8 Mose erwiderte: »Wartet, bis der HERR mir gesagt hat, was ihr tun sollt.«

9–11 Der HERR aber gab Mose für die Israeliten die Anweisung:

»Alle, die sich an einem Toten verunreinigt haben oder gerade auf einer Reise sind und trotzdem das Passafest feiern wollen, können es einen Monat später tun, ebenfalls am Abend des 14. Tages. Diese Regel gilt für euch und eure Nachkommen. Sie sollen das Passalamm mit ungesäuertem Brot* und bitteren Kräutern essen 12 und auf keinen Fall etwas bis zum anderen Morgen übriglassen. Auch dürft ihr dem Tier keinen Knochen brechen. Alle Vorschriften für das Passafest müssen genau befolgt werden.

13 Wer aber weder unrein noch auf Reisen ist und trotzdem das Passafest nicht zur vorgeschriebenen Zeit feiert, der hat sein Leben verwirkt und muß aus seinem Volk ausgestoßen werden. Er hat das Opfer für den HERRN nicht zur vorgeschriebenen Zeit dargebracht und muß die Folgen seiner Verfehlung tragen.

14 Wenn ein Fremder unter euch lebt, der das Passafest mitfeiern möchte, kann er das tun, doch muß er alle Vorschriften genau befolgen. Für Einheimische und für Fremde gilt ein und dasselbe Gesetz.«

Die Wolke als Zeichen der Gegenwart Gottes

15 An dem Tag, als das Heilige Zelt*, die Wohnstätte des Bundesgesetzes*, zum erstenmal aufgerichtet wurde, senkte sich die Wolke darauf herab, und am Abend wurde sie zu einem Feuerschein, der bis zum Morgen leuchtete. 16 So blieb es von nun an: Bei Tag stand die Wolke über der Wohnung des HERRN und bei Nacht der Feuerschein.

17 Immer, wenn die Wolke sich erhob, brachen die Israeliten ihre Zelte ab und zogen weiter. An dem Ort, wo die Wolke sich niederließ, schlugen sie das neue Lager auf.

18–19 Sie brachen auf und machten halt genau nach dem Befehl des HERRN. Blieb die Wolke längere Zeit über dem Zelt, so folgten die Israeliten der Weisung des HERRN und machten einen längeren Aufenthalt. 20 Blieb sie nur wenige Tage, so zogen sie entsprechend früher weiter, jeweils nach der Weisung des HERRN. 21–22 Ob die Wolke nur eine Nacht blieb oder einen ganzen Tag oder zwei Tage oder auch einen Monat, stets richteten die Israeliten die Dauer ihres Aufenthalts nach der Wolke. 23 Sie blieben oder brachen auf, wie der HERR es befahl. So befolgten sie die Anweisung, die der HERR durch Mose gegeben hatte.

Die Signaltrompeten

10 Der HERR sagte zu Mose: 2 »Laß zwei Trompeten aus getriebenem Silber anfertigen. Mit ihnen sollst du die Gemeinde zusammenrufen und auch das Zeichen zum Aufbruch geben.

3 Wenn beide Trompeten geblasen werden, muß sich die ganze Gemeinde bei dir am Eingang des Heiligen Zeltes* versammeln. 4 Wird nur eine Trompete geblasen, müssen die Oberhäupter der Stämme zu dir kommen.

5 Wenn mit den Trompeten geschmettert wird, müssen die Stämme aus dem Lager aufbrechen, beim ersten Zeichen die auf der Ostseite des Heiligen Zeltes, 6 beim zweiten Zeichen die auf der Südseite.

Schmettern ist das Signal zum Aufbruch, 7 während gewöhnliche Töne zur Versammlung rufen.

8 Die Trompeten sollen von den Söhnen Aarons, den Priestern*, geblasen werden. Diese Regeln gelten auch für alle eure Nachkommen.

9 Wenn später einmal Feinde in euer Land einfallen und ihr gegen sie in den Kampf zieht, dann müßt ihr mit den Trompeten schmettern. Dann werde ich, der HERR, euer Gott, an euch denken und euch vor euren Feinden retten. 10 Auch bei freudigen Anlässen, wenn ihr Festtage oder den Monatsanfang begeht und mir dabei Brand- und Mahlopfer* darbringt, sollt ihr die Trompeten blasen. Dann werde ich an euch denken, denn ich bin der HERR, euer Gott.«

9,6 19,11 9,8 15,34-35; 27,5-6; 36,5-6; Lev 24,12 9,12 Ex 12,46 9,15-23 Ex 13,21 S

VOM BERG SINAI BIS AN DIE GRENZE DES LANDES
(Kapitel 10–14)

Der Aufbruch des Volkes vom Berg Sinai

11 Am 20. Tag des 2. Monats – es war das zweite
Jahr nach dem Auszug der Israeliten aus Ägyp-
ten – erhob sich die Wolke vom Heiligen Zelt*,
der Wohnstätte des Bundesgesetzes*. 12 Da bra-
chen die Israeliten aus der Wüste Sinai auf. Die
Wolke führte sie bis zur Wüste Paran; dort ließ
sie sich nieder.

13 Zum ersten Mal vollzog sich damals der
Aufbruch nach der Ordnung, die der HERR durch
Mose vorgeschrieben hatte. 14-16 An der Spitze
ging die Abteilung unter dem Feldzeichen des
Stammes Juda. Zu ihr gehörten außer Juda noch
Issachar und Sebulon; die Anführer dieser drei
Stämme waren Nachschon, Netanel und Eliab.

17 Nachdem die Wohnung des HERRN abge-
baut war, folgten ihnen die Leviten* der Grup-
pen Gerschon und Merari, die die Bestandteile
des Zeltes zu tragen hatten.

18-20 Danach kam die Abteilung unter dem
Feldzeichen des Stammes Ruben, zu der noch
Simeon und Gad gehörten; die Anführer dieser
drei Stämme waren Elizur, Schelumiël und Elja-
saf.

21 Ihnen folgten die Leviten der Gruppe
Kehat, die die heiligen Geräte zu tragen hatten.
Bis sie im neuen Lager ankamen, sollte die Woh-
nung schon wieder aufgebaut sein.

22-24 Hinter ihnen zog die Abteilung unter
dem Feldzeichen des Stammes Efraïm, zu der
auch Manasse und Benjamin gehörten; die An-
führer dieser drei Stämme waren Elischama,
Gamliël und Abidan.

25-27 Die Nachhut bildete die Abteilung unter
dem Feldzeichen des Stammes Dan, zu der noch
Ascher und Naftali gehörten; die Anführer
dieser drei Stämme waren Ahiëser, Pagiël und
Ahira.

28 Nach dieser Ordnung brach das Volk Israel
regelmäßig aus dem Lager auf.

Gott selbst führt sein Volk

29 Mose sagte zu Hobab, dem Sohn seines midia-
nitischen Schwiegervaters Reguël: »Wir machen
uns jetzt auf den Weg in das Land, das der HERR
uns geben will. Geh mit uns! Dann geben wir
dir einen Anteil an dem guten Land, das der
HERR seinem Volk Israel zugesagt hat.«

30 Hobab erwiderte: »Ich möchte lieber in
meine Heimat zurückkehren.«

31 Aber Mose bat ihn: »Verlaß uns doch nicht!
Wir brauchen dich, weil du dich in der Wüste
auskennst und weißt, wo geeignete Lagerplätze
sind. Du mußt uns den Weg zeigen! 32 Wenn du
mit uns kommst, wollen wir alles, was der HERR
uns geben wird, mit dir teilen.«

33 Die Israeliten machten sich auf den Weg
und zogen vom Berg des HERRN aus drei Tage-
reisen weit. Die Bundeslade* ging an der Spitze,
um jedesmal den Lagerplatz zu bestimmen.
34 Unterwegs war bei Tag die Wolke des HERRN
über ihnen.

35 Immer wenn die Bundeslade aufgehoben
wurde, sagte Mose: »Steh auf, HERR, damit deine
Feinde vor dir fliehen und in alle Winde zerstie-
ben!«

36 Wenn sie abgesetzt wurde, sagte er: »Kehre
zurück, HERR, zu den zahllosen Scharen Israels!«

Unzufriedenheit unter dem Volk

11 Das Volk beklagte sich beim HERRN dar-
über, daß es so viel entbehren müsse. Als
der HERR das hörte, wurde er zornig und schick-
te ein Feuer, das vom Rand des Lagers her um
sich griff. 2 Da schrie das Volk zu Mose um Hilfe.
Mose betete für sie zum HERRN, und das Feuer
erlosch. 3 Sie nannten den Ort Tabera (Brand),
weil der HERR dort das Lager in Brand gesetzt
hatte.

4 Unter dem bunt zusammengewürfelten
Haufen von Fremden, die sich dem Volk Israel
beim Auszug aus Ägypten angeschlossen hat-
ten, brach ein unwiderstehliches Gelüst nach
Fleisch aus. Die Israeliten ließen sich davon an-
stecken und fingen wieder an zu jammern:
»Wenn uns doch nur jemand Fleisch verschaffen
würde! 5 Wie schön war es doch in Ägypten!
Da konnten wir Fische essen und mußten nicht
einmal dafür bezahlen. Wir hatten Gurken und
Melonen, Lauch, Zwiebeln und Knoblauch.
6 Aber hier gibt es tagaus, tagein nichts als
Manna*. Das bleibt einem ja allmählich im Hals
stecken!«

7 Manna hatte die Form von Koriandersamen
und sah weißlich aus wie Bdelliumharz*. 8-9 Es
fiel nachts mit dem Tau aufs Lager. Die Leute
sammelten es, zerrieben es zwischen Mahlstei-
nen oder zerstießen es in Mörsern, kochten
es im Topf oder backten Fladen daraus. Die
schmeckten wie Fladenbrot* aus Weizenmehl
und Olivenöl.

10,13-28 2,1-34 10,29-32 Ri 1,16 S 10,34 Ex 13,21 S 10,35 Jes 33,3; Ps 68,2; 132,8 11,1 Ex 14,11-12 S; Lev 10,2 S 11,4 Ex 12,38; 14,11-12 S 11,7-9 Ex 16,31 S

Mose bekommt Helfer

10 Mose hörte die Leute klagen. Überall standen sie in Gruppen vor ihren Zelten. Er war verärgert, denn er wußte, daß sie damit den Zorn des HERRN erregten.

11 Er sagte zum HERRN: »Warum tust du mir, deinem Diener, dies alles an? Womit habe ich es verdient, daß du mir eine so undankbare Aufgabe übertragen hast? Dieses Volk liegt auf mir wie eine drückende Last. 12 Schließlich bin ich doch nicht seine Mutter, die es geboren hat! Wie kannst du von mir verlangen, daß ich es auf den Schoß nehme wie die Amme den Säugling und es auf meinen Armen in das Land trage, das du ihren Vätern zugesagt hast?

13 Fleisch wollen sie; sie liegen mir in den Ohren mit ihrem Geschrei. Woher soll ich Fleisch nehmen für ein so großes Volk?

14 Ich allein kann dieses ganze Volk nicht tragen, die Last ist mir zu schwer. 15 Wenn du sie mir nicht erleichtern willst, dann hab wenigstens Erbarmen mit mir und töte mich, damit ich nicht länger diese Qual ausstehen muß.«

16 Der HERR antwortete Mose: »Versammle siebzig angesehene Männer aus dem Kreis der Ältesten* Israels, die sich als Aufseher* bewährt haben, und hole sie zum Heiligen Zelt. Dort sollen sie sich neben dir aufstellen. 17 Ich werde herabkommen und mit dir sprechen, und dann werde ich von dem Geist*, den ich dir gegeben habe, einen Teil nehmen und ihnen geben. Dann können sie die Verantwortung für das Volk mit dir teilen, und du brauchst die Last nicht allein zu tragen.

18 Zum Volk aber sollst du sagen: ›Macht euch bereit für morgen und seht zu, daß ihr rein* seid! Der HERR hat gehört, wie ihr vor ihm gejammert habt: Wer gibt uns Fleisch; in Ägypten hatten wir es so gut! Ihr sollt euer Fleisch bekommen, der HERR wird es euch geben. 19 Und das nicht nur einen Tag oder zwei, auch nicht fünf, zehn oder zwanzig Tage lang, 20 nein, einen ganzen Monat lang, bis es euch zum Hals heraushängt und euch davon übel wird. Das ist die Strafe dafür, daß ihr euch nach Ägypten zurückgesehnt und den HERRN verachtet habt, der mitten unter euch gegenwärtig ist.‹«

21 Mose aber sagte zum HERRN: »Das Volk, in dessen Mitte ich stehe, hat allein 600 000 wehrfähige Männer, und da sagst du, du willst dem gesamten Volk einen Monat lang Fleisch zu essen geben? 22 Wo lassen sich so viele Schafe, Ziegen und Rinder finden, um sie zu sättigen? Selbst wenn man alle Fische im Meer fangen würde, wäre es noch nicht genug!«

23 Der HERR antwortete: »Meinst du, es gibt eine Grenze für meine Macht? Du wirst jetzt gleich sehen, ob meine Zusage eintrifft oder nicht.«

Moses Helfer bekommen von seinem Geist

24 Mose ging hinaus und teilte dem Volk mit, was der HERR gesagt hatte. Er versammelte siebzig Männer aus dem Kreis der Ältesten* Israels und stellte sie rings um das Heilige Zelt* auf.

25 Da kam der HERR in der Wolke herab und redete mit Mose. Er nahm einen Teil des Geistes*, den er Mose gegeben hatte, und gab ihn den siebzig Ältesten. Als der Geist Gottes über sie kam, gerieten sie vorübergehend in ekstatische Begeisterung wie Propheten*.

26 Zwei Männer, die ebenfalls auf der Liste der siebzig standen, Eldad und Medad, waren nicht zum Heiligen Zelt gegangen, sondern im Lager geblieben. Aber auch über sie kam der Geist Gottes, und sie wurden von ekstatischer Begeisterung ergriffen.

27 Ein junger Mann lief zu Mose und erzählte ihm, was mit Eldad und Medad geschehen war. 28 Josua, der Sohn Nuns, der von Jugend an Moses Diener war, mischte sich ein und sagte zu Mose: »Laß das nicht zu!«

29 Aber Mose erwiderte: »Hast du Angst um mein Ansehen? Ich wäre froh, wenn alle Israeliten Propheten wären. Wenn doch der HERR seinem ganzen Volk seinen Geist gegeben hätte!«

Das Volk bekommt Fleisch

30 Mose und die siebzig Ältesten* gingen ins Lager zurück. 31 Inzwischen hatte der HERR einen Sturm aufkommen lassen, der trieb riesige Scharen von Wachteln vom Meer heran. Er warf sie im Umkreis von einem Tagesmarsch rings um das Lager zur Erde. Die Tiere lagen fast einen Meter hoch. 32 Den ganzen Rest des Tages, die folgende Nacht und noch den nächsten Tag über waren die Leute damit beschäftigt, Wachteln einzusammeln. Das wenigste, was einer zusammenbrachte, waren zehn Eselsladungen.[a] Sie breiteten die Tiere zum Dörren rings um das Lager aus.

33 Aber die Israeliten hatten kaum begonnen, von dem Fleisch zu essen, es war noch unzerkaut zwischen ihren Zähnen, da traf sie der Zorn des HERRN, und viele starben. 34 Man nannte

a *Eselsladung* (Homer) = 10 Efa* = ca. 4 Zentner Fleisch.

11,11-29 Ex 18,13-27 11,22 2 Kön 4,43; Mk 8,4 par 11,29 Joël 3,1 11,31-34 Ex 16,13 S

den Ort Kibrot-Taawa (Lustgräber), weil dort die Leute begraben wurden, die es nach Fleisch gelüstet hatte.

[35] Von Kibrot-Taawa zog das Volk weiter nach Hazerot und schlug dort sein Lager auf.

Mirjam und Aaron lehnen sich gegen Mose auf

12 Mirjam und Aaron machten Mose Vor-
würfe wegen der kuschitischen Frau,[a] die
er geheiratet hatte. [2–3] Zu den Israeliten sagten
sie: »Darf Mose behaupten, daß nur er den Willen des HERRN kennt? Hat der HERR nicht auch zu uns gesprochen?«

Mose unternahm nichts dagegen; denn er war der bescheidenste Mensch, der je auf der Erde gelebt hat. Aber der HERR hörte, was sie sagten.
[4] Er forderte Mose und Aaron und Mirjam auf: »Geht hinüber zum Heiligen Zelt*, ihr drei!«

Als sie dort waren, [5] kam der HERR in der Wolkensäule herab und stellte sich an den Eingang des Zeltes. Er rief Aaron und Mirjam, und die beiden traten vor.

[6] Dann sagte er zu ihnen: »Hört her! Wenn ich Propheten* zu euch sende, offenbare ich mich ihnen in Visionen und spreche zu ihnen in Träu-
men. [7] Mit meinem Bevollmächtigten* Mose aber halte ich es anders. Ihm habe ich mein
ganzes Haus anvertraut. [8] Deshalb rede ich zu ihm wie ein Mensch zu einem andern, in klaren, eindeutigen Worten. Er darf sogar mich selbst sehen. Wie könnt ihr es wagen, ihm etwas vorzuwerfen?«

[9] Voll Zorn ging der HERR weg.

[10] Als die Wolke verschwunden war, war Mirjam von Aussatz* befallen, und ihre Haut war
weiß wie Schnee geworden. Aaron sah es [11] und sagte zu Mose: »Verzeih, wir haben im Unverstand gehandelt und Unrecht getan. Laß uns
nicht dafür büßen! [12] Soll Mirjam wie eine Totgeburt aussehen, deren Fleisch schon halb verwest ist, wenn sie aus dem Mutterschoß kommt?«

[13] Mose schrie zum HERRN: »O Gott, laß sie doch wieder gesund werden!«

[14] Der HERR antwortete: »Sie muß sieben Tage lang aus dem Lager ausgesperrt werden, dann könnt ihr sie wieder in eure Gemeinschaft aufnehmen. Wenn ihr Vater ihr ins Gesicht gespuckt hätte, müßte sie sich ja auch sieben Tage lang schämen.«

[15] So wurde Mirjam für sieben Tage aus dem Lager ausgesperrt. Das Volk aber zog nicht weiter, bis Mirjam wieder aufgenommen werden
durfte. [16] Dann verließen sie Hazerot und schlugen ihr Lager in der Wüste Paran auf.

Erkundung des Landes Kanaan

13 Der HERR sagte zu Mose: [2] »Sende Leute
aus, damit sie das Land Kanaan* erkunden, das ich dem Volk Israel geben will. Nimm dazu aus jedem der zwölf Stämme einen der führenden Männer!«

[3] Mose folgte dem Befehl des HERRN. Er wählte zwölf Männer aus, lauter Sippenälteste, und schickte sie von der Wüste Paran aus ins
Land Kanaan. [4–15] Es waren:

aus dem Stamm Ruben:
Schammua, der Sohn von Sakkur;
aus dem Stamm Simeon:
Schafat, der Sohn von Hori;
aus dem Stamm Juda:
Kaleb, der Sohn von Jefunne;
aus dem Stamm Issachar:
Jigal, der Sohn von Josef;
aus dem Stamm Efraïm:
Hoschea, der Sohn von Nun;
aus dem Stamm Benjamin:
Palti, der Sohn von Rafu;
aus dem Stamm Sebulon:
Gaddiël, der Sohn von Sodi;
aus dem Stamm Manasse:
Gaddi, der Sohn von Susi;
aus dem Stamm Dan:
Ammiël, der Sohn von Gemalli;
aus dem Stamm Ascher:
Setur, der Sohn von Michael;
aus dem Stamm Naftali:
Nachbi, der Sohn von Wofsi;
aus dem Stamm Gad:
Geüël, der Sohn von Machi.

[16] Diese zwölf Männer schickte Mose aus, um das Land zu erkunden. Hoschea, dem Sohn Nuns, gab er den Namen Josua.[b]

[17] Er sagte zu ihnen: »Geht zunächst durch das Steppengebiet und durchstreift dann das
Bergland, das sich nordwärts anschließt. [18] Seht
euch Land und Leute genau an! Erkundet, wie viele Menschen dort wohnen und wie stark sie

a Die Heimat der Frau ist wahrscheinlich nicht das Land Kusch (Nubien/Äthiopien), sondern Kuschan in der Nachbarschaft von Midian (vgl. Hab 3,7). Dann handelt es sich einfach um die midianitische Priesterstochter von Ex 2,15-22, die als Nichtisraelitin Anstoß erregt.

b Den Namen Hoschea trägt er auch noch in Dtn 32,44 (in der Übersetzung angeglichen an Josua).

12,6-8 Ex 33,11; Dtn 34,10 **12,7** Hebr 3,2 **12,8** Ex 33,18-23 **12,14** 5,2-3; Lev 13,46

sind. 19-20 Achtet darauf, ob ihre Städte befestigt
sind oder nicht. Seht, ob ihr Land fruchtbar ist
und ob es dort Wälder gibt. Habt keine Angst
und bringt Proben von den Früchten des Landes
mit.« Es war gerade die Jahreszeit, in der die
ersten Trauben reif werden.

21 Die zwölf Männer machten sich auf den
Weg und erkundeten das Land von der Wüste
Zin bis hinauf nach Rehob bei Lebo-Hamat.

22 Zunächst zogen sie durch das Südland und
kamen dann nach Hebron. Dort wohnten Ahi-
man, Scheschai und Talmai, die Nachkommen
Anaks. – Die Stadt Hebron war sieben Jahre
früher gegründet worden als Zoan in Ägypten. –
23 Als sie in das Traubental kamen, schnitten sie
eine Weinranke mit einer Traube ab; die war so
schwer, daß zwei von ihnen sie auf einer Stange
tragen mußten. Auch Granatäpfel und Feigen
nahmen sie mit.

24 Das Tal bekam später den Namen Eschkol
(Traubental) wegen der Traube, die die Kund-
schafter der Israeliten dort abgeschnitten hatten.

Die Kundschafter berichten

25 Nach vierzig Tagen hatten die zwölf Männer
ihre Erkundung abgeschlossen 26 und kehrten zu
Mose und Aaron und der ganzen Gemeinde
Israel nach Kadesch in der Wüste Paran zurück.
Sie erzählten, was sie gesehen hatten, und zeig-
ten die mitgebrachten Früchte vor.

27 Sie berichteten Mose: »Wir haben das Land
durchzogen, in das du uns geschickt hast, und
wir haben alles genau angesehen. Es ist wirklich
ein Land, das von Milch und Honig überfließt.
Sieh hier seine Früchte!

28 Aber die Leute, die dort wohnen, sind stark,
und ihre Städte sind groß und gut befestigt. Und
dann haben wir auch noch die Anakssöhne* ge-
sehen! 29 Im Südland wohnen die Amalekiter*,
im Bergland die Hetiter*, Jebusiter und Amori-
ter* und in der Jordanebene die Kanaaniter*!«

30 Das Volk war aufgebracht gegen Mose, aber
Kaleb beruhigte die Leute und rief: »Wir können
das Land sehr wohl erobern! Wir sind stark ge-
nug!«

31 Doch die anderen Kundschafter sagten:
»Wir können es nicht! Das Volk im Land ist viel
stärker als wir!«

32 Sie erzählten den Israeliten schreckliche
Dinge über das Land, das sie erkundet hatten.
»In diesem Land kann man nicht leben, es ver-
schlingt seine Bewohner«, sagten sie. »Alle Män-
ner, die wir gesehen haben, sind riesengroß,
33 besonders die Nachkommen Anaks! Wir
kamen uns ihnen gegenüber wie Heuschrecken
vor, und genauso winzig müssen wir ihnen vor-
gekommen sein!«

Das Volk vertraut Gott nicht mehr

14 Die ganze Gemeinde Israel schrie laut auf
vor Entsetzen, und die Leute weinten die
ganze Nacht. 2 Alle miteinander lehnten sich
gegen Mose und Aaron auf, sie murrten und sag-
ten: »Wären wir doch lieber in Ägypten gestor-
ben oder unterwegs in der Wüste! 3 Warum will
der HERR uns in dieses Land bringen? Wir wer-
den im Kampf umkommen, und unsere Frauen
und kleinen Kinder werden den Feinden in die
Hände fallen. Es wäre besser, wir kehrten wie-
der nach Ägypten zurück!«

4 Schon gaben einige die Parole aus: »Wir
wählen einen neuen Anführer und gehen zu-
rück nach Ägypten!«

5 Da warfen sich Mose und Aaron vor den
versammelten Israeliten auf die Erde. 6 Josua und
Kaleb aber, die zusammen mit den anderen das
Land erkundet hatten, zerrissen ihre Kleider
7 und sagten zu der ganzen Gemeinde Israel:
»Das Land, das wir erkundet haben, ist ein sehr
gutes Land, 8 das von Milch und Honig über-
fließt! Wenn der HERR uns gut ist, wird er uns in
dieses Land hineinbringen und es uns geben.
9 Lehnt euch nicht gegen ihn auf! Habt keine
Angst vor den Bewohnern des Landes! Wir wer-
den im Handumdrehen mit ihnen fertig. Sie sind
von ihren Göttern verlassen, aber uns steht der
HERR zur Seite. Habt also keine Angst vor ihnen!«

10 Aber die ganze Gemeinde wollte sie steini-
gen*. Da erschien die Herrlichkeit* des HERRN
vor den Augen aller Israeliten über dem Heiligen
Zelt*.

Mose bittet für das ungehorsame Volk

11 Der HERR sagte zu Mose: »Wie lange will mich
dieses Volk noch verhöhnen? Wie lange weigern
sie sich noch, mir zu vertrauen? Habe ich ihnen
nicht genug Beweise meiner Macht und Für-
sorge gegeben? 12 Ich will sie an der Pest sterben
lassen, ich will das ganze Volk ausrotten. Mit dir
will ich neu beginnen und deine Nachkommen
zu einem Volk machen, das noch größer und
stärker ist als sie.«

13 Aber Mose erwiderte: »Was werden dann
die Ägypter sagen? Sie haben gesehen, wie du
dieses Volk durch deine Macht aus ihrem Land
geführt und bis hierher gebracht hast. 14 Und was

13,27 Ex 3,8 S 13,32-33 Dtn 2,10.21 13,32 Lev 26,38; Ez 36,13-15 14,1-4 Ex 14,11-12 S 14,10 Ex 16,7 S 14,11-20 Ex 32,9-14

werden die Bewohner dieses Landes sagen?[a] Sie haben gehört, daß du, HERR, selbst mitten unter uns bist, daß du mir Auge in Auge gegenübertrittst, daß deine Wolke über uns steht und daß du vor uns hergehst, bei Tag in einer Wolkensäule und in einer Feuersäule bei Nacht. 15 Und dann tötest du dieses ganze Volk auf einen Schlag! Die Völker, die von deinen Taten gehört haben, werden sagen: 16 ›Er war zu schwach, um dieses Volk in das Land zu bringen, das er ihnen mit einem Eid versprochen hatte. Deshalb hat er sie in der Wüste abgeschlachtet.‹

17 Ach Herr, laß doch deine Macht an uns sichtbar werden! Du hast uns zugesagt: 18 ›Ich bin der HERR, ich habe Geduld, meine Güte ist grenzenlos. Ich vergebe Schuld und Auflehnung; aber ich lasse nicht alles ungestraft hingehen. Wenn sich jemand gegen mich wendet, dann bestrafe ich dafür auch seine Kinder und Enkel bis in die dritte und vierte Generation.‹

19 Weil nun deine Güte so groß ist, darum vergib diesem Volk seine Schuld! Du hast ihm ja auch bisher vergeben während der ganzen Zeit, seit du es aus Ägypten herausgeführt hast!«

20 Der HERR antwortete: »Ich vergebe ihnen, weil du mich darum bittest. 21 Aber so gewiß ich lebe und meine Herrlichkeit* die ganze Erde erfüllen wird: 22-23 Diese Männer werden nicht in das Land kommen, das ich ihren Vorfahren versprochen habe! Sie haben meine Herrlichkeit gesehen und die Wunder, die ich in Ägypten und in der Wüste getan habe, und trotzdem haben sie mich nun zehnmal auf die Probe gestellt und sich gegen mich aufgelehnt. Keiner von denen, die mich mißachtet haben, wird das Land betreten.

24 Nur meinen Diener Kaleb will ich in das Land bringen, das er erkundet hat; seine Nachkommen sollen dort leben. Denn in ihm war ein anderer Geist, er ließ sich nicht beirren und hat mir vertraut. 25 In den Ebenen aber bleiben die Amalekiter* und Kanaaniter* wohnen.

Morgen kehrt ihr um und zieht wieder durch die Wüste, dem Schilfmeer* zu.«

Die Strafe: vierzig Jahre in der Wüste

26 Der HERR sagte zu Mose und Aaron: 27 »Wie lange soll ich es noch hinnehmen, daß dieses eigensinnige Volk sich gegen mich auflehnt? Ich habe wohl gehört, wie sie gegen mich murren. 28 Richte ihnen meine Antwort aus! Sage zu ihnen:

›Ich, der HERR, schwöre euch: Was ihr da gesagt habt, lasse ich in Erfüllung gehen – so gewiß ich lebe! 29 In dieser Wüste sollt ihr sterben, alle wehrfähigen Männer von zwanzig Jahren an aufwärts. Das ist die Strafe dafür, daß ihr euch gegen mich aufgelehnt habt. 30 Keiner von euch soll in das Land kommen, das ich euch mit einem Eid zugesichert habe, mit Ausnahme von Kaleb und Josua.

31 Eure kleinen Kinder dagegen, von denen ihr gesagt habt: Sie werden den Feinden in die Hände fallen – die werde ich in das Land hineinbringen, das ihr verschmäht habt; genau sie werden es in Besitz nehmen. 32 Ihr aber werdet in dieser Wüste sterben.

33 Doch auch eure Söhne werden wegen eurer Untreue zu leiden haben: Noch vierzig Jahre lang müssen sie mit ihrem Vieh in der Wüste umherziehen, bis von eurer Generation keiner mehr am Leben ist. 34 Vierzig Tage lang habt ihr das Land erkundet; so sollt ihr nun vierzig Jahre lang, für jeden Tag ein Jahr, eure Schuld abbüßen. Dann merkt ihr, was für Folgen es hat, wenn jemand sich von mir abwendet.[b]

35 Ich werde mein Wort nicht zurücknehmen. Keiner von euch soll aus dieser Wüste herauskommen; alle werden in ihr den Tod finden. Diese ganze böse Gemeinde, die sich gegen mich zusammengerottet hat, soll ihrer Strafe nicht entgehen.‹«

36-37 Die Männer aber, die Mose ausgesandt hatte, um das Land zu erkunden, bestrafte der HERR auf der Stelle, so daß sie tot umfielen. Sie hatten nach ihrer Rückkehr schreckliche Dinge über das Land erzählt und so die ganze Gemeinde gegen Mose aufgewiegelt und zum Murren gegen ihn gebracht. 38 Nur Josua und Kaleb blieben verschont.

Die Reue kommt zu spät

39 Mose sagte allen Israeliten die Antwort des HERRN. Da begann das Volk zu weinen und zu klagen. 40 Am anderen Morgen aber rüsteten sich die Männer Israels, um ins Bergland hinaufzuziehen. Sie sagten zu Mose: »Wir sind jetzt bereit! Wir wollen dem HERRN gehorchen und in das Land ziehen. Wir haben gestern unrecht getan.«

a Deutung unsicher.
b *Dann merkt ihr …:* wörtlich *Dann erkennt ihr meine Abwendung* (= die Abwendung von mir). Möglich auch … *wenn ich mich von jemand abwende.*

14,18 Ex 34,6S; 20,5-6S **14,21** Jes 6,3; Ps 57,6 **14,22-23** Ps 95,11; Hebr 3,17-18 **14,24** Jos 14,6-14 **14,33** Dtn 8,2.4; Ps 95,10; Am 2,10

41 Aber Mose erwiderte: »Warum wollt ihr gegen den ausdrücklichen Befehl des HERRN handeln? Das kann nicht gutgehen. 42 Ich sage euch: Zieht nicht hinauf; denn der HERR wird nicht mit euch gehen! Die Feinde werden euch in die Flucht schlagen. 43 Die Amalekiter* und die Kanaaniter* sind gerüstet und warten auf euch; ihr werdet alle umkommen. Ihr habt euch vom HERRN abgewandt; denkt nur nicht, daß er euch jetzt beistehen wird!«

44 Sie aber hatten es sich in den Kopf gesetzt, ins Bergland hinaufzuziehen. Mose ging nicht mit, und auch die Bundeslade* blieb im Lager. 45 Die Amalekiter und die Kanaaniter, die das Bergland bewohnten, griffen sie von oben her an, schlugen sie in die Flucht und verfolgten sie bis nach Horma.

ÜBER PRIESTER UND OPFER
(Kapitel 15–19)

Anweisungen über die Beigaben zu Tieropfern

15 1-2 Der HERR gab Mose für die Israeliten die folgenden Anweisungen. Sie sollten sich danach richten, wenn sie einmal in dem Land leben würden, das er ihnen geben wollte:

3 Wenn ihr den HERRN mit einer Opfergabe gnädig stimmen und ihm ein Rind, ein Schaf oder eine Ziege als Brand- oder Mahlopfer* darbringen wollt – sei es zur Erfüllung eines Gelübdes*, als freiwilliges Opfer oder als Festopfer –, 4-5 dann müßt ihr ein Speiseopfer* und ein Trankopfer* dazugeben.

Wer dem HERRN ein Schaf oder eine Ziege opfert, soll als Speiseopfer 1/10 Efa* (1,2 Kilo) Weizenmehl geben, vermengt mit 1/4 Hin* (knapp 1 Liter) Olivenöl, dazu als Trankopfer dieselbe Menge Wein.

6 Wer dem HERRN einen Schafbock opfert, nimmt 2/10 Efa (2,4 Kilo) Mehl, vermengt mit 1/3 Hin (1 1/2 Liter) Öl, 7 und dazu dieselbe Menge Wein. Das ist ein Opfer, das den HERRN gnädig stimmt.

8 Wer dem HERRN ein Rind als Brand- oder Mahlopfer darbringt, sei es als Opfer zur Erfüllung eines Gelübdes oder um ein Opfermahl zu feiern, 9 nimmt als Speiseopfer 3/10 Efa (3,6 Kilo) Mehl, vermengt mit 1/2 Hin (knapp 2 Liter) Öl, 10 dazu als Trankopfer dieselbe Menge Wein. Das ist ein Opfer, das den HERRN gnädig stimmt.

11-12 Wenn ihr mehrere Tiere derselben Art opfert, muß für jedes einzelne Tier die vorgeschriebene Menge als Speise- und Trankopfer gegeben werden.

13-14 Diese Vorschrift gilt nicht nur für euch Israeliten, sondern auch für jeden, der als Fremder vorübergehend oder dauernd unter euch lebt und dem HERRN ein Opfer darbringen will, das ihn gnädig stimmt. 15-16 Für euch und für die Fremden, die bei euch leben, gilt in dieser Sache[a] dasselbe Gesetz, und zwar für alle Zeiten. In den Augen des HERRN gibt es zwischen einem Israeliten von Geburt und einem, der in Israel Aufnahme findet, keinen Unterschied.

Das erste Brot gehört Gott

17-18 Auch die folgende Anweisung erhielt Mose vom HERRN für die Zeit, wenn die Israeliten einmal in dem Land leben würden, das er ihnen geben wollte:

19 Wenn ihr von dem Korn, das ihr in eurem Land erntet, Brot backt, müßt ihr etwas davon dem HERRN abgeben. 20-21 Das erste Brot, das ihr aus dem Mehl der neuen Ernte backt, gehört dem HERRN, genauso wie ihm ein erster Anteil am frisch gedroschenen Korn zusteht. Diese Vorschrift gilt für alle Zeiten.

Sühne für unbeabsichtigte Verfehlungen

22-23 Auch diese Anweisung erhielt Mose vom HERRN:[b]

Wenn ihr oder eure Nachkommen versehentlich gegen irgendeines der Gebote verstoßt, die der HERR euch durch Mose bekanntgemacht hat, muß die Verfehlung durch ein Opfer* wieder ins reine gebracht werden.

24 Ist die ganze Gemeinde versehentlich schuldig geworden, muß sie zur Sühne* dem HERRN einen Stier als Brandopfer darbringen, ein Opfer, das ihn gnädig stimmt. Dazu kommt das vorgeschriebene Speiseopfer und Trankopfer und noch ein Ziegenbock als Sühneopfer. 25-26 Der Priester* bringt durch diese Opfer die Verfehlung wieder ins reine, und der HERR wird der ganzen Gemeinde vergeben, weil der Verstoß unbeabsichtigt geschehen ist und weil sie ihm diese Opfer dargebracht hat. Auch den Fremden, die bei euch leben und die mit den anderen schuldig geworden sind, wird die Verfehlung vergeben.

27 Ist eine Einzelperson versehentlich schuldig geworden, muß er als Sühneopfer eine einjährige Ziege darbringen. 28 Der Priester bringt mit diesem Opfer die Verfehlung wieder ins

a *in dieser Sache:* wörtlich *in bezug auf die Versammlung.*

b Verdeutlichender Zusatz; vgl. Verse 17-18.

14,44 10,35; 1 Sam 4,1-11 **14,45** 21,3 **15,3** Lev 1,3-17 S; 3,1-17 S **15,4-5** Lev 2,1-16 S **15,19-21** Ex 23,19a S **15,22-29** Lev 4,1-35 S

reine, und der HERR wird diesem Menschen ver-
geben. 29 Diese Anordnung gilt genauso für die
Fremden, die bei euch leben.
30–31 Wer jedoch mit Wissen und Willen[a]
gegen ein Gebot des HERRN handelt, beleidigt
den HERRN und hat sein Leben verwirkt. Ein sol-
cher Mensch muß aus dem Volk ausgestoßen
werden, gleichgültig, ob er ein Israelit ist oder ein
Fremder; denn er hat den ausdrücklichen Befehl
des HERRN mißachtet. Ein solches Vergehen kann
durch kein Opfer wiedergutgemacht werden.

Ein Fall von Sabbatschändung

32 Während die Israeliten noch in der Wüste
waren, wurde ein Mann dabei ertappt, wie er an
einem Sabbat* Holz sammelte. 33 Die Leute, die
ihn gesehen hatten, brachten ihn vor Mose und
Aaron und die ganze Gemeinde. 34 Weil es für
einen solchen Fall noch keine Entscheidung des
HERRN gab, wurde er vorläufig eingesperrt.
35 Der HERR aber sagte zu Mose: »Der Mann
hat sein Leben verwirkt. Die ganze Gemeinde
soll ihn draußen vor dem Lager durch Steini-
gung* hinrichten.«
36 Da führten alle Männer den Schuldigen aus
dem Lager und steinigten ihn, wie der HERR es
Mose befohlen hatte.

Ein Erinnerungszeichen an der Kleidung

37–38 Der HERR befahl Mose, den Israeliten zu
sagen, sie sollten Quasten* an den vier Zipfeln
des Tuches anbringen, das sie als Obergewand*
trugen. Diese Vorschrift sollte auch für alle ihre
Nachkommen gelten. An jeder Quaste sollte
eine violette Kordel sein.
39–40 »Jedesmal, wenn ihr die Quasten seht«,
sagte der HERR, »sollen sie euch an meine Gebote
erinnern. Sie sollen euch mahnen, daß ihr nach
meinen Weisungen lebt und euch nicht von
euren Gedanken und euren lüsternen Augen
zum Ungehorsam verleiten laßt. Dann werdet
ihr ein heiliges* Volk sein, ein Volk, das seinem
Gott ganz gehört. 41 Ich bin der HERR, euer Gott.
Ich habe euch aus Ägypten geführt, weil ich
euer Gott sein wollte. Und ich bin es auch, ich,
der HERR!«

Die Anhänger Korachs lehnen sich gegen Mose auf

16 1–2 Korach, der Sohn Jizhars, ein Levit*
von den Nachkommen Kehats, war so
vermessen, sich gegen Mose aufzulehnen. Er
wurde unterstützt von einigen Männern aus
dem Stamm Ruben: von Datan und Abiram,
den Söhnen Eliabs, und von On, dem Sohn
Pelets, sowie von zweihundertfünfzig anderen
angesehenen Israeliten, lauter Männern, die
in der Gemeinde mit einer Aufgabe betraut
waren.
3 Sie alle kamen miteinander zu Mose und
Aaron und warfen ihnen vor: »Ihr nehmt euch
zuviel heraus! Alle Israeliten gehören dem
HERRN in gleicher Weise, und er ist mitten unter
ihnen. Warum erhebt ihr euch über die Ge-
meinde des HERRN?«
4 Als Mose das hörte, warf er sich zu Boden
und betete. 5 Dann sagte er zu Korach und sei-
nen Anhängern: »Morgen wird der HERR zeigen,
wer zu ihm gehört und wen er als heilig* aner-
kennt. Er wird nur den in seine Nähe kommen
lassen, den er ausgewählt hat. 6 Nehmt Räucher-
pfannen*, 7 legt Glut hinein und Weihrauch* dar-
auf und kommt damit morgen vor das Heilige
Zelt*. Dann wird es sich zeigen, wen der HERR
ausgewählt hat und wen er als tauglich zu sei-
nem Dienst anerkennt. Ihr Leviten* seid es, die
sich zuviel herausnehmen!«
8 Weiter sagte Mose zu Korach und seinen
Anhängern: »Hört her, ihr Leviten! 9 Der Gott
Israels hat euch aus der ganzen Gemeinde aus-
gesondert, er läßt euch in seine Nähe kommen
und den Dienst an seiner Wohnung verrichten;
ihr dürft vor der Gemeinde stehen und ihr Dien-
ste leisten. Ist euch das noch nicht genug? 10 Dir,
Korach, und den übrigen Leviten hat der HERR
dieses Vorrecht gegeben, und nun wollt ihr auch
noch das Priesteramt*? 11 Gegen den HERRN habt
ihr euch zusammengerottet, du und dein ganzer
Haufen! Wer ist schon Aaron? Euer Murren geht
doch nicht gegen ihn!«
12 Mose ließ Datan und Abiram rufen; aber sie
ließen ihm ausrichten: »Wir kommen nicht! 13 Es
reicht gerade, daß du uns aus Ägypten, dem
Land, das von Milch und Honig überfließt, weg-
geführt hast und uns in der Wüste sterben läßt!
Du willst dich auch noch als Herr über uns auf-
spielen? 14 Hast du uns vielleicht in ein Land ge-
bracht, das von Milch und Honig überfließt? Hast
du uns Äcker und Weinberge zum Besitz ge-
geben? Du machst diesen Leuten doch nur
etwas vor! Wir jedenfalls werden nicht kom-
men.«
15 Voll Zorn sagte Mose zum HERRN: »Nimm
von ihnen kein Opfer* mehr an! Ich habe meine

a *mit Wissen …:* wörtlich *mit erhobener Hand.*

15,32 Ex 20,8-10 S 15,34 9,8 S 15,37-38 Dtn 22,12; Mt 23,5 16,1-34 Ps 106,16-18; Sir 45,18-19; Jud 11 16,9 1,47-53; 3,11-13 S 16,13 Ex 3,8 S

Stellung nie mißbraucht, noch nicht einmal
einen Esel habe ich beansprucht.«

Wer darf Gott nahen?

16 Zu Korach sagte Mose: »Morgen wirst du mit
allen deinen Anhängern vor dem HERRN erschei-
nen. Auch Aaron wird dabei sein. 17 Jeder nimmt
seine Pfanne mit Weihrauch*, du und Aaron und
die zweihundertfünfzig, und dann kommt ihr
zum Heiligtum des HERRN.«

18 Alle, auch Mose und Aaron, legten Glut und
Weihrauch in ihre Pfannen und traten an den
Eingang des Heiligen Zeltes*. 19 Korach hatte die
ganze Gemeinde Israel auf seine Seite gebracht
und trat an ihrer Spitze Mose und Aaron entge-
gen, die am Eingang des Heiligen Zeltes standen.

Da erschien die Herrlichkeit* des HERRN vor
aller Augen, 20 und der HERR sagte zu Mose und
Aaron: 21 »Entfernt euch von dieser Gemeinde!
Ich will sie alle auf einen Schlag vernichten.«

22 Da warfen die beiden sich nieder und bete-
ten: »O Gott, alles Leben kommt doch von dir,
du hast es geschaffen! Willst du die ganze Ge-
meinde bestrafen, weil ein einzelner sich gegen
dich verfehlt hat?«

Die Erde verschlingt die Aufrührer

23 Der HERR sagte zu Mose: 24 »Befiehl der gan-
zen Gemeinde, sich von den Zelten Korachs,
Datans und Abirams fernzuhalten.«

25 Da ging Mose mit den Ältesten* Israels zu
Datan und Abiram hin. 26 Er sagte zur Gemeinde
Israel: »Entfernt euch von den Zelten dieser
Männer, die sich gegen Gott auflehnen. Berührt
nichts, was ihnen gehört, sonst trifft es euch mit,
wenn sie zur Strafe für ihren Ungehorsam ver-
nichtet werden.«

27 Alle entfernten sich aus dem Bereich der
Wohnungen Korachs, Datans und Abirams.

Datan und Abiram waren aus ihren Zelten
herausgekommen und standen mit ihren
Frauen, Kindern und Enkeln vor den Zelteingän-
gen. 28 Mose sagte zu den Leuten von Israel: »An
dem, was jetzt geschieht, werdet ihr erkennen,
ob der HERR mich gesandt hat oder ob ich eigen-
mächtig handle. 29 Wenn diese Männer hier
eines natürlichen Todes sterben, dann hat der
HERR mich nicht gesandt. 30 Wenn aber der HERR
etwas Unerhörtes tut, wenn die Erde sich öffnet
und sie samt ihrem Besitz verschlingt, so daß sie
lebendig in die Totenwelt* hinunter müssen,
dann wißt ihr, daß sie sich gegen den HERRN auf-
gelehnt haben.«

31 Kaum hatte Mose zu Ende gesprochen, da
spaltete sich die Erde unter Datan und Abiram
32 und verschlang sie mit Hab und Gut und
allen Angehörigen, und ebenso alle Anhänger
Korachs mit ihrem Besitz. 33 So stürzten sie alle
lebendig in die Totenwelt hinunter, und die Erde
schloß sich über ihnen. Ohne eine Spur zu hin-
terlassen, waren sie mitten aus der Gemeinde
heraus verschwunden.

34 Als die anderen Israeliten ihre Entsetzens-
schreie hörten, rannten sie davon und riefen:
»Nur fort! Sonst verschlingt uns die Erde auch!«

Wer unbefugt in die Nähe Gottes kommt ...

35 Die 250 Männer aber, die den Weihrauch*
zum Altar* des HERRN gebracht hatten, ver-
zehrte ein Feuer, das vom HERRN ausging.

17 Da sagte der HERR zu Mose: 2-3 »Befiehl
dem Priester* Eleasar, dem Sohn Aarons,
die Räucherpfannen* aus der Asche zu holen
und die glühenden Kohlen darin weit umher zu
verstreuen. Die Pfannen gehören dem HERRN,
weil sie zu seinem Altar gebracht worden sind.
Die Männer, die sie herbeibrachten, haben für
ihre Schuld mit dem Leben bezahlt. Zur War-
nung für alle Israeliten soll man Platten aus
ihnen schmieden und den großen Altar damit
umkleiden.«

4 Der Priester Eleasar nahm die bronzenen
Pfannen und ließ daraus Platten für den Altar
schmieden, 5 wie der HERR es durch Mose befoh-
len hatte. Sie sollten die Israeliten daran er-
innern, daß niemand außer den Nachkommen
Aarons mit Weihrauch in die Nähe des HERRN
kommen darf. Sonst ergeht es ihm wie Korach
und seinen Anhängern.

Mose und Aaron retten das aufrührerische Volk

6 Am nächsten Morgen versammelte sich die
ganze Gemeinde und murrte gegen Mose und
Aaron. »Ihr habt das Volk des HERRN getötet!«
warfen die Männer Israels ihnen vor.

7 Als sie aber zum Heiligen Zelt* blickten,
sahen sie, daß die Wolke es bedeckte: Die Herr-
lichkeit* des HERRN war erschienen. 8 Mose und
Aaron gingen zum Zelt, 9 und der HERR sagte zu
Mose: 10 »Entfernt euch schnell aus dieser Ge-
meinde! Ich will sie alle auf einen Schlag ver-
nichten.«

Die beiden warfen sich nieder und beteten.
11 Dann sagte Mose zu Aaron: »Nimm schnell

16,19b Ex 16,7 S; 19,9 S **16,22** 27,16-17; 2 Sam 24,17 **16,35** Lev 10,2 S **17,7** Ex 16,7 S

deine Räucherpfanne*, lege Glut vom Altar hin-
ein und streue Weihrauch* darauf. Geh damit zu
den versammelten Israeliten und bring ihre Ver-
fehlung wieder ins reine. Der HERR ist zornig,
sein Strafgericht hat schon begonnen.«
12 Aaron lief mit der Räucherpfanne mitten
in die Versammlung hinein. Als er sah, wie die
Leute scharenweise tot umfielen, streute er
Weihrauch auf die Glut, um ihre Verfehlung
gegenüber dem HERRN in Ordnung zu bringen.
13 Da griff das Unheil nicht weiter um sich; die
Stelle, an der er stand, bezeichnete die Grenze
zwischen Toten und Lebenden.
14 Es waren 14700 Israeliten getötet worden,
zusätzlich zu den Anhängern Korachs, die am
Tag zuvor umgekommen waren.
15 Aaron kehrte zu Mose an den Eingang des
Heiligen Zeltes zurück. Das Unheil war endgül-
tig gebannt.

Gott bestätigt das Priestertum Aarons und seiner Nachkommen

16 Der HERR sagte zu Mose: 17-18 »Laß dir von den
Stammesoberhäuptern des Volkes zwölf Stöcke
geben, für jeden Stamm einen, und schreib auf
jeden Stock den Namen seines Stammes. Auf
den Stock des Stammes Levi schreibst du den
Namen Aarons. 19 Lege die zwölf Stöcke im Hei-
ligen Zelt* vor die Lade* mit dem Bundesgesetz,
wo ich euch begegne. 20 Der Stock dessen, den
ich ausgewählt habe, wird Blätter treiben. So
sorge ich dafür, daß das Murren ein Ende nimmt
und die Leute von Israel sich nicht länger gegen
mich auflehnen.«
21 Mose sagte es den Israeliten, und jedes
Stammesoberhaupt gab ihm einen Stock für sei-
nen Stamm. Zusammen mit dem Stock Aarons
waren es zwölf.
22 Mose legte die Stöcke im Heiligen Zelt vor
dem HERRN nieder. 23 Als er am nächsten Tag
wieder ins Zelt kam, sah er, daß der Stock
Aarons, der den Stamm Levi vertrat, Zweige
und Blüten getrieben hatte und schon Mandeln
trug.
24 Mose nahm die Stöcke und zeigte sie den
Israeliten. Sie sahen, was geschehen war, und
jedes Stammesoberhaupt nahm seinen Stock
wieder an sich. 25 Der HERR aber befahl Mose:
»Bring den Stock Aarons zurück ins Zelt und be-
wahre ihn vor der Lade mit dem Bundesgesetz
auf. Er soll eine Warnung sein für jeden, der sich
meinen Anordnungen nicht fügt. Die Leute von
Israel sollen aufhören, zu murren und sich gegen
mich aufzulehnen; denn ich will nicht, daß sie
alle sterben.«
26 Mose tat, was der HERR ihm befohlen hatte.

Die Verantwortung der Priester und Leviten

27 Die Leute von Israel sagten zu Mose: »Wir
werden noch alle umkommen. Bald wird keiner
mehr von uns übrig sein. 28 Jeder, der sich der
Wohnung des HERRN nähert, muß sterben. Gibt
es keine Rettung für uns?«
18 Da sagte der HERR zu Aaron: »Du und
deine Söhne und alle Leviten*, ihr müßt
die Folgen tragen, wenn beim Dienst am Heilig-
tum irgend etwas falsch gemacht wird; für einen
Fehler beim Priesterdienst* aber trifft die Strafe
dich und deine Söhne allein.
2-4 Die übrigen Männer vom Stamm Levi dür-
fen mit dir und deinen Söhnen zum Zelt mit dem
Bundesgesetz* kommen und euch helfen, wenn
ihr dort den Priesterdienst verseht. Sie sollen alle
Arbeiten am Heiligen Zelt* verrichten, aber sie
dürfen auf keinen Fall den Altar* und die heili-
gen Geräte berühren, sonst müssen sie sterben,
und ihr mit ihnen.
Ihr dürft euch von niemand außer von den
Leviten helfen lassen. 5-6 Ich habe sie dazu be-
stimmt, alle Arbeiten am Heiligen Zelt zu ver-
richten. Sie sind mein Eigentum, und ich stelle
sie euch zur Verfügung. Der Dienst im Heiligtum
und am Altar aber ist allein eure Sache. So habe
ich es angeordnet, damit mein Zorn nicht noch
einmal über das Volk kommt.
7 Du und deine Nachkommen, ihr sollt als
Priester am Altar und im Allerheiligsten* Dienst
tun. Euch habe ich das Priesteramt übertragen.
Wenn irgendein anderer mir zu nahe kommt,
wird er mit dem Tod bestraft.«

Der Anteil der Priester an den Opfergaben

8 Weiter sagte der HERR zu Aaron: »Für den
Dienst, den ihr mir leistet, bekommt ihr einen
Teil von den Opfergaben*, die die Leute von
Israel mir bringen. Dies gilt für alle Zukunft.
9 Von den besonders heiligen Opfergaben ge-
hören euch alle Speiseopfer, Sühneopfer und
Wiedergutmachungsopfer, die die Leute von
Israel mir darbringen – natürlich ohne den An-
teil, der auf dem Altar verbrannt wird. Sie sind
etwas besonders Heiliges* 10 und dürfen nur von
den männlichen Angehörigen der Priesterfami-
lien und nur an geweihter Stätte verzehrt wer-
den. Achtet darauf, daß ihr sie nicht entheiligt!

17,19 Ex 25,22 S 17,25 Hebr 9,4 18,2-4 3,6-10 18,5-6 3,11-13 S 14,13; 21,22; 24,9; Ez 42,13; 44,29-30

18,8-10 (Priesteranteil) Lev 2,3.10; 6,9-11.19-22; 7,6-10; 10,12-17;

11 Die übrigen Gaben, die die Leute von Israel
mir bringen, gebe ich deinen Söhnen und Töch-
tern und allen deinen Nachkommen für alle
Zukunft. Alle in euren Familien, die rein* sind,
dürfen davon essen. 12–13 Das gilt für die Ab-
gaben an Öl, Wein und Korn, für alle Früchte
von jeder Ernte, die die Israeliten mir als Erst-
lingsgaben* bringen. Alle, die rein sind, dürfen
davon essen.

14 Außerdem gehört euch alles in Israel, was
mir unwiderruflich geweiht* worden ist, 15 auch
alle Erstgeburten bei Mensch und Tier, die mir
von den Israeliten gebracht werden. Doch müßt
ihr anstelle der erstgeborenen Kinder einen ent-
sprechenden Geldbetrag annehmen. Das gleiche
gilt für die Erstgeburten von solchen Tieren, die
nicht als Opfer zugelassen sind.

16 Für die erstgeborenen Kinder sind, wenn
sie das Alter von einem Monat erreicht haben,
fünf Silberstücke* zu entrichten, gewogen nach
dem Gewicht des Heiligtums. 17 Für die Erstge-
burten von Rindern, Schafen und Ziegen aber
dürft ihr kein Geld annehmen, denn sie sind als
Opfer für mich bestimmt. Ihr Blut müßt ihr an
den Altar* sprengen und ihre Fettstücke darauf
verbrennen, als ein Opfer, das mich gnädig
stimmt. 18 Das ganze Fleisch gehört euch, eben-
so wie beim Mahlopfer* die Brust und die rechte
Hinterkeule des Opfertieres.

19 Alle diese Gaben, die die Leute von Israel
mir bringen, gebe ich dir und deinen Nachkom-
men; alle eure Familienangehörigen dürfen
davon essen. Diese Vorrechte gelten für alle Zu-
kunft. Sie sind in meinen Augen so unwiderruf-
lich wie ein Vertrag, der durch gemeinsames
Essen von Salz besiegelt worden ist.«

Der Anspruch der Priester auf den Zehnten

20 Weiter sagte der HERR zu Aaron: »Wenn das
Volk Israel in sein Land kommt, wird dir und dei-
nem Stamm kein Anteil am Grundbesitz zuge-
teilt werden. Ich selbst bin euer Anteil, von mir
bekommt ihr alles, was ihr braucht.

21 Den Leviten* aber weise ich als Entgelt für
die Arbeit am Heiligen Zelt* den zehnten Teil
jeder Ernte in Israel zu. 22–23 Künftig sollen allein
sie zum Heiligen Zelt kommen und dort Dienst
tun. Sie allein sollen die Verantwortung tragen.
Dies ist ihre Aufgabe für alle Zukunft. Wenn da-
gegen jemand von den anderen Israeliten dem
Heiligen Zelt zu nahe kommt, macht er sich
schuldig und muß sterben.
Die Leviten dürfen keinen Grundbesitz unter
den Israeliten bekommen. 24 Ich gebe ihnen statt
dessen den Ernteanteil, den die Leute von Israel
mir abliefern. Deshalb bestimme ich, daß sie
keinen Landbesitz in Israel haben sollen.«

25–26 Weiter ließ der HERR den Leviten durch
Mose sagen: »Ich habe euch anstelle eines An-
teils am Landbesitz den zehnten Teil von dem
zugewiesen, was die Leute von Israel ernten.
Davon müßt ihr wiederum den zehnten Teil neh-
men und ihn mir abliefern.

27 Ihr gebt mir damit den Zehnten*, so wie
jeder Israelit mir von seinem Korn und Wein den
zehnten Teil abgibt. 28 Der Unterschied ist nur,
daß ihr euren Zehnten von dem nehmt, was die
Leute von Israel euch als ihren Zehnten ablie-
fern. Diesen Teil, der mir zusteht, gebt ihr Aaron
und seinen Nachkommen, den Priestern*.

29 Von allem, was ihr bekommt, müßt ihr das
Beste nehmen und mir abgeben. 30 Wenn ihr das
tut, könnt ihr den Rest für euch selbst verbrau-
chen, wie der Bauer den Rest seiner Ernte an
Korn und Wein. 31 Ihr dürft es mit euren Fami-
lien an jedem beliebigen Ort verzehren; denn es
ist der Lohn für eure Arbeit am Heiligen Zelt.
32 Ihr entweiht damit nicht die heiligen Gaben
der Israeliten, sofern ihr mir vorher das Beste da-
von als Zehnten abgegeben habt. Wenn ihr dies
jedoch versäumt, macht ihr euch schuldig und
müßt sterben.«

Die Herstellung eines Reinigungswassers

19 Der HERR sagte zu Mose und Aaron:
2 »Was ich euch jetzt befehle, soll auch in
Zukunft regelmäßig ausgeführt werden.

Laßt euch von den Israeliten eine rote Kuh
bringen, die fehlerfrei und noch nie zur Arbeit
eingespannt worden ist. 3 Gebt sie dem Priester
Eleasar, damit er sie vor das Lager hinausführen
und dort in seiner Gegenwart schlachten läßt.
4 Von ihrem Blut soll er mit dem Finger sieben-
mal etwas in Richtung auf die Vorderseite des
Heiligen Zeltes* sprengen.

5 Dann wird die ganze Kuh vor seinen Augen
verbrannt, nicht nur die Fettstücke, sondern
auch Fleisch, Blut und Haut und die Eingeweide
samt ihrem Inhalt. 6 Der Priester wirft Zedern-
holz, Ysop und Karmesinfarbe in das Feuer.
7 Darauf wäscht er sich und seine Kleider mit
Wasser. Er kann dann ins Lager gehen, bleibt
aber bis zum Abend unrein*.

8 Auch der Mann, der die Kuh verbrannt hat,
muß sich und seine Kleider waschen und bleibt

18,12-13 Ex 23,19 S 18,14 Lev 27,28 18,15-18 Ex 13,11-16 S 18,20 Dtn 10,9; 12,12; 18,1-2; Jos 13,14.33; Ez 44,28; Sir 45,22 18,21 Lev 27,30-33; Dtn 14,22-29

bis zum Abend unrein. [9]Jemand, der rein ist,
sammelt die Asche der Kuh ein und bringt sie an
einen reinen Platz außerhalb des Lagers. Dort
wird sie aufbewahrt, damit daraus für die Ge-
meinde Israel ein Reinigungswasser* zur Beseiti-
gung von Unreinheit hergestellt werden kann;
denn die Verbrennung der Kuh hat die Wirkung
eines Sühneopfers*. [10a]Der Mann, der die Asche
eingesammelt hat, muß seine Kleider waschen
und bleibt bis zum Abend unrein.«

Anwendung des Reinigungswassers

[10b]»Für die Israeliten wie für die Fremden, die
bei ihnen leben, gilt in alle Zukunft die Anord-
nung:

[11]Wer einen Toten berührt, wird für sieben
Tage unrein*. [12]Er muß sich am dritten und am
siebten Tag mit dem Reinigungswasser* be-
sprengen lassen und ist dann wieder rein.[a]
Wenn er es unterläßt, bleibt er unrein. [13]Ein sol-
cher Mensch entweiht die Wohnung des HERRN;
er hat sein Leben verwirkt und muß aus Israel
ausgestoßen werden. Seine Unreinheit ist nicht
wieder zu beseitigen, weil kein Reinigungswas-
ser über ihn gesprengt worden ist.

[14]Wenn in einem Zelt jemand stirbt, werden
alle für sieben Tage unrein, die gerade im Zelt
sind oder es betreten. [15]Auch jedes offene Ge-
fäß, das nicht mit einem festen Deckel verschlos-
sen ist, wird unrein. [16]Unrein wird auch für sie-
ben Tage, wer im Freien einen Toten berührt,
gleichgültig, ob dieser erschlagen worden oder
eines natürlichen Todes gestorben ist, und eben-
so wird unrein, wer mit menschlichen Gebeinen
oder einem Grab in Berührung kommt.

[17]Um die Unreinheit zu beseitigen, nehmt ihr
etwas Asche von der als Sühneopfer* verbrann-
ten Kuh und vermischt sie in einem Gefäß mit
frischem Wasser. [18]Jemand, der rein ist, nimmt
ein Büschel Ysop, taucht es in das Wasser und
besprengt damit das Zelt, die Gefäße darin und
jeden, der im Zelt war oder im Freien einen
Toten, seine Gebeine oder ein Grab berührt hat.
[19]Dies wird am dritten und am siebten Tag aus-
geführt. Nach der Besprengung am siebten Tag
müssen alle, die unrein geworden sind, sich und
ihre Kleider waschen, dann sind sie am Abend
wieder rein.

[20]Wer aber unrein wird und nicht diese
Sühne an sich vollziehen läßt, entweiht das Hei-
ligtum des HERRN. Er bleibt unrein, weil kein Rei-
nigungswasser über ihn gesprengt worden ist.
Er hat sein Leben verwirkt und muß aus der Ge-
meinde ausgestoßen werden.

[21]Diese Anordnung gilt in Israel für alle Zu-
kunft.

Auch der Mann, der das Reinigungswasser
versprengt, muß seine Kleider waschen, und
jeder, der mit dem Wasser in Berührung kommt,
ist bis zum Abend unrein. [22]Alles, was ein Un-
reiner berührt, wird unrein, und auch wer einen
Unreinen berührt, ist bis zum Abend unrein.«

AN DER GRENZE DES LANDES

(Kapitel 20–26)

Mose und Aaron zweifeln

(Ex 17,1-7)

20 Im ersten Monat des Jahres kamen die
Israeliten, die ganze Gemeinde, in die
Wüste Zin. Längere Zeit blieben sie in der Oase
Kadesch. Während dieser Zeit starb Mirjam und
wurde dort bestattet.

[2]Als das Wasser ausging, lief die ganze Ge-
meinde zusammen und machte Mose und
Aaron Vorwürfe. [3]»Wären wir doch auch umge-
kommen wie die anderen, die der HERR sterben
ließ«, hielten sie ihnen vor. [4]»Warum habt ihr die
Gemeinde des HERRN in diese Wüste gebracht?
Unser Vieh verdurstet hier, und wir verdursten
mit! [5]Wozu habt ihr uns aus Ägypten geführt,
wenn ihr uns nichts Besseres zu bieten habt?
Hier wächst weder Korn noch Wein, es gibt
keine Feigen und keine Granatäpfel, nicht ein-
mal Wasser gibt es zu trinken!«

[6]Mose und Aaron wichen vor dem Volk bis
zum Eingang des Heiligen Zeltes* zurück und
warfen sich dort nieder. Da erschien ihnen die
Herrlichkeit* des HERRN, [7]und der HERR sagte zu
Mose: [8]»Hol deinen Stock und geh mit Aaron zu
dem Felsen dort drüben! Befehlt dem Felsen vor
der versammelten Gemeinde, euch Wasser zu
geben! Dann wird Wasser daraus hervorspru-
deln, und ihr könnt Menschen und Vieh zu trin-
ken geben.«

[9]Wie der HERR es befohlen hatte, holte Mose
den Stock, der im Heiligtum aufbewahrt wurde.
[10]Zusammen mit Aaron rief er die Gemeinde zu
dem Felsen und sagte: »Ihr seid ein widerspen-
stiges Volk! Glaubt ihr wirklich, wir könnten
euch Wasser aus diesem Felsen verschaffen?«

[11]Er hob den Stock und schlug damit zwei-
mal an den Felsen. Da kam so viel Wasser her-

a *muß sich am dritten ...:* mit alten Übersetzungen; H *muß sich am dritten Tag mit dem Reinigungswasser besprengen lassen und ist am siebten Tag wieder rein.*

19,9 Hebr 9,13 19,17 Hebr 9,13 20,2-5 Ex 14,11-12 S 20,6 Ex 16,7 S

aus, daß Menschen und Vieh genug zu trinken
hatten.
12 Aber der HERR sagte zu Mose und Aaron:
»Ihr habt mir nicht vertraut und wolltet mir
keine Gelegenheit geben, mich vor den Leuten
von Israel als der heilige und mächtige Gott zu
erweisen. Darum könnt ihr dieses Volk nicht bis
in das Land führen, das ich ihnen versprochen
habe.«
13 Die Quelle erhielt den Namen Meriba (An-
klage), weil hier die Israeliten den HERRN ange-
klagt hatten; doch er erwies sich als der heilige
und mächtige Gott.

Die Edomiter verweigern den Durchzug

14 Von Kadesch aus schickte Mose Boten ins
Land Edom*. Sie sagten zum König der Edo-
miter: »Wir bringen Botschaft von euren Brü-
dern, den Israeliten. Sie lassen euch sagen: ›Ihr
wißt selbst, was wir alles durchgemacht haben.
15 Unsere Vorfahren zogen nach Ägypten und
haben lange dort gewohnt. Aber die Ägypter be-
handelten uns schlecht. 16 Da schrien wir zum
HERRN um Hilfe. Er hörte uns und schickte einen
Engel*, der uns aus Ägypten herausführte. Jetzt
sind wir in Kadesch, einer Stadt in der Nähe
eurer Grenze. 17 Erlaubt uns, daß wir durch euer
Land ziehen! Wir werden stets auf der großen
Straße bleiben, die dem König gehört, und nicht
einen Schritt von ihr abweichen. Wir ziehen
nicht durch eure Äcker und Weinberge und trin-
ken keinen Tropfen aus euren Brunnen.‹«
18 Aber die Edomiter antworteten: »Wir erlau-
ben nicht, daß ihr durch unser Land zieht! Wenn
ihr es versucht, werden wir gegen euch kämp-
fen.«
19 Die Israeliten versicherten noch einmal:
»Wir werden auf der festen Straße bleiben.
Wenn wir oder unser Vieh Wasser brauchen,
werden wir es euch bezahlen. Wir kommen zu
Fuß und führen nichts gegen euch im Schilde.«
20 Aber die Edomiter wiederholten: »Ihr dürft
nicht durchziehen!« Sie rückten mit einer star-
ken Heeresmacht gegen die Israeliten aus.
21 Weil die Edomiter ihnen den Durchzug ver-
weigerten, wählten die Israeliten einen anderen
Weg.

Aaron muß sterben

22 Sie brachen von Kadesch auf und kamen zum
Berg Hor, 23 der an der Grenze des Landes Edom
liegt. Dort sagte der HERR zu Mose und Aaron:
24 »Aarons Zeit ist jetzt abgelaufen! Weil ihr bei-
den mir an der Meriba-Quelle nicht gehorcht
habt, darf er das Land nicht betreten, das ich
dem Volk Israel versprochen habe.«
25 Zu Mose aber sagte er: »Nimm Aaron und
seinen Sohn Eleasar mit dir auf den Berg Hor.
26 Dort zieh Aaron die Priesterkleider aus und
lege sie seinem Sohn an. Denn Aaron wird dort
oben sterben.«
27 Mose tat, was der HERR befohlen hatte. Vor
den Augen der ganzen Gemeinde stiegen die
drei auf den Gipfel des Berges, 28 und Mose legte
Eleasar die Kleider Aarons an. Dann starb Aaron,
und Mose kehrte mit Eleasar wieder ins Lager
zurück. 29 Als die Leute von Israel hörten, daß
Aaron gestorben war, trauerten sie dreißig Tage
lang um ihn.

Ein erster Sieg über die Kanaaniter

21 Als der Kanaaniterkönig* von Arad im
Südland erfuhr, daß die Israeliten den
Weg über Atarim[a] eingeschlagen hatten, griff er
sie an und nahm einige von ihnen gefangen.
2 Da versprachen die Männer Israels dem HERRN:
»Wenn du dieses Volk in unsere Gewalt gibst,
werden wir an ihren Städten den Bann* voll-
strecken.«
3 Der HERR erhörte ihre Bitte und ließ sie über
den König von Arad siegen. Die Israeliten er-
füllten ihr Gelübde* und vernichteten die Be-
siegten samt ihren Städten. Deshalb bekam die
Stadt, die heute dort liegt, den Namen Horma
(Bann).

Die erhöhte Schlange rettet vom Schlangenbiß

4 Als die Israeliten vom Berg Hor aus weiter-
zogen, wandten sie sich zunächst nach Süden in
Richtung Schilfmeer,[b] um das Gebiet der Edomi-
ter* zu umgehen. Aber unterwegs verlor das
Volk die Geduld, 5 und sie beklagten sich bei
Gott und bei Mose: »Warum habt ihr uns aus
Ägypten weggeführt, damit wir in der Wüste
sterben? Hier gibt es weder Brot noch Wasser,
und dieses elende Manna* hängt uns zum Hals
heraus!«
6 Da schickte der HERR zur Strafe giftige
Schlangen unter das Volk. Viele Israeliten wur-
den gebissen und starben.
7 Die Leute kamen zu Mose und sagten: »Es
war nicht recht, daß wir uns gegen den HERRN
und gegen dich aufgelehnt haben. Leg doch

a Wörtlich *den Atarimweg*. Die Bezeichnung ist nicht sicher zu deuten. b Vgl. Anmerkung zu 33,10.

20,16 Ex 23,20 **20,17-18** 21,22-23 **20,24** 20,12 **20,28** Ex 29,29-30 **21,2-3** Dtn 7,1-4 S **21,3** 14,45 **21,5** Ex 14,11-12 S **21,6** Weish 16,5-14; 1 Kor 10,9

beim HERRN ein Wort für uns ein, damit er uns von diesen Schlangen befreit!«

Mose betete für das Volk, [8] und der HERR sagte zu ihm: »Fertige eine Schlange an und befestige sie oben an einer Stange. Wer gebissen wird, soll dieses Bild ansehen, dann wird er nicht sterben!«

[9] Mose machte eine Schlange aus Bronze und befestigte sie an einer Stange. Wer gebissen wurde und auf diese Schlange sah, blieb am Leben.

Der Weg bis an die Grenze des Landes Kanaan

[10–12] Die Israeliten brachen auf und zogen weiter. Ihre nächsten Lagerplätze hatten sie in Obot, in Ije-Abarim in der Wüste östlich des Landes Moab* und im Sered-Tal. [13] Von dort zogen sie bis in die Wüste nordöstlich des Arnonflusses, wo das Gebiet der Amoriter* beginnt. Der Arnon bildet die Grenze zwischen Moabitern und Amoritern. [14] Deshalb heißt es im Buch der Kriege des HERRN:

»… die Stadt Waheb in Sufa,
die Bachtäler des Arnon,
[15] die Hochebene, die sich zur Stadt Ar hin senkt
und sich an das Bergland von Moab anlehnt.«

[16] Von dort zogen sie nach Beer, wo der HERR zu Mose sagte: »Ruf das Volk zusammen, ich will ihnen Wasser geben!« [17] Damals sangen die Israeliten:

»Brunnen, laß das Wasser fließen;
singend wollen wir's begrüßen!
[18] Stab und Zepter edler Leute
gruben diesen Brunnen heute.«

Aus der Wüste zogen sie nach Mattana [19] und von dort über Nahaliël und Bamot-Baal [20] in das Tal im Gebiet von Moab beim Gipfel des Berges Pisga, von dem aus die Jordanebene zu sehen ist.

Der Sieg über den Amoriterkönig Sihon

[21] Die Männer Israels schickten Boten zu Sihon, dem König der Amoriter*, und ließen ihm sagen: [22] »Erlaube uns, daß wir durch dein Land ziehen! Wir werden stets auf der großen Straße bleiben, die dem König gehört, und keinen Acker oder Weinberg betreten; wir werden auch keinen Tropfen Wasser aus deinen Brunnen trinken.«

[23] Aber Sihon gab ihnen den Durchzug nicht frei. Im Gegenteil, er rief seine Kriegsleute zusammen und zog den Israeliten in die Wüste hinaus entgegen. Bei Jahaz stieß er mit ihnen zusammen und griff sie an.

[24] Aber die Männer Israels brachten ihm eine schwere Niederlage bei und besetzten sein Land vom Arnontal im Süden bis zum Jabbokfluß im Gebiet der Ammoniter*. – Die Grenze der Ammoniter war befestigt.[a] – [25] Die Israeliten nahmen Heschbon und die anderen Städte der Amoriter in Besitz und siedelten sich darin an.

[26] Heschbon war die Residenz des Amoriterkönigs Sihon gewesen. Dieser hatte gegen den früheren König der Moabiter* gekämpft und ihm das ganze Gebiet bis zum Arnon weggenommen. [27] Daran erinnern die bekannten Verse:

Kommt nach Heschbon, baut es wieder,
macht es stark, mit festen Mauern!
Einst war Sihon dort der Herrscher
[28] und er brachte das Verderben
über Moabs stolze Herren.
Feuer ging hervor aus Heschbon,
fraß die stolze Stadt Ar-Moab
auf den Höhen überm Arnon.
[29] Weh, mit Moab ist's zu Ende,
machtlos war sein Kriegsgott Kemosch.
Fliehen mußten seine Männer,
und die Frauen schleppte Sihon
als Gefangene mit nach Hause.
[30] Aber nun sind wir die Sieger,
und von Heschbon bis nach Dibon
wurde jede Stadt zertrümmert;
nichts blieb übrig in den Flammen,
auch Medeba fraß das Feuer.[b]

[31] Die Leute von Israel nahmen also das Land der Amoriter in Besitz. [32] Mose ließ erkunden, wie man die Stadt Jaser angreifen könnte. Die Männer Israels eroberten sie samt dem umliegenden Gebiet[c] und vertrieben auch dort die Amoriter.

Der Sieg über König Og

[33] Dann zogen sie nordwärts gegen das Land Baschan*. Bei Edreï stellte sich ihnen König Og mit seinem ganzen Heer entgegen. [34] Aber der HERR sagte zu Mose: »Hab keine Angst vor ihm! Ich habe ihn, seine Kriegsleute und sein ganzes Land in deine Gewalt gegeben. Du wirst ihm das gleiche Schicksal bereiten wie dem Amoriterkönig Sihon, der in Heschbon regiert hat.«

a G hat statt *befestigt* den Ortsnamen *Jaser;* vielleicht handelt es sich bei diesem Satz um einen erklärenden Zusatz.
b *nichts blieb …:* vermutlicher Text; H *wir haben verwüstet bis Nofach, das ist Medeba.*
c *sie samt dem …:* mit G; H *das umliegende Gebiet.*

21,8-9 Joh 3,14-15 **21,9** 2 Kön 18,4 **21,21-35** Ps 135,10-12; 136,17-22 **21,22-23** 20,17-18

35 Die Männer Israels brachten König Og eine
vernichtende Niederlage bei und besetzten sein
Land. Sein ganzes Heer wurde vernichtet; nicht
ein einziger entkam. Auch der König und seine
Söhne fielen.

Der Moabiterkönig Balak sucht Hilfe beim Magier Bileam (Kapitel 22–24)

22 Das Volk Israel zog wieder südwärts und
schlug im moabitischen Steppengebiet,
in der Jordanebene gegenüber von Jericho, sein
Lager auf.
2 Der König der Moabiter*, Balak, der Sohn
Zippors, wußte genau, was für eine Niederlage
die Israeliten seinen Nachbarn, den Amoritern*,
bereitet hatten. 3 Als er und sein Volk die Menge
der Israeliten sahen, erschraken sie und verloren
allen Mut. 4 Sie ließen den Sippenältesten der
Midianiter* sagen: »Diese Riesenmenge wird
rings um uns das ganze Land in Besitz nehmen.
Sie sind wie eine Rinderherde, die noch den letz-
ten Grashalm abfrißt.«
5 König Balak schickte Boten in die Stadt Petor
am Eufrat,[a] um Bileam, den Sohn Beors, zu Hilfe
zu rufen. Er ließ ihm sagen: »Ein großes Volk be-
droht mich! Sie sind aus Ägypten gekommen
und haben sich hier niedergelassen; direkt an
meiner Grenze haben sie ein riesiges Lager auf-
geschlagen. 6 Ich kann nicht mit ihnen fertig
werden; deshalb komm bitte und hilf mir!
Wenn du einen Fluch* gegen sie aussprichst,
wird es mir vielleicht gelingen, sie zu besiegen
und zu vertreiben. Ich weiß, was dein Wort be-
wirken kann. Wen du segnest, dem muß alles
glücken, und wen du verfluchst, der rennt in
sein Verderben.«
7 Die Ältesten* der Moabiter und der Midiani-
ter gingen zu Bileam und nahmen den Lohn für
seine Dienste gleich mit. Sie richteten ihm die
Botschaft Balaks aus. 8 Bileam antwortete ihnen:
»Bleibt die Nacht über hier! Morgen kann ich
euch sagen, welche Anweisung der HERR mir ge-
geben hat.«
So blieben die Abgesandten der Moabiter bei
Bileam.

Ein Magier, der auf Gott hört

9 In der Nacht kam Gott zu Bileam und fragte:
»Was für Männer hast du da bei dir zu Gast?«
10 Bileam antwortete: »Der Moabiterkönig Ba-
lak, der Sohn Zippors, hat sie zu mir geschickt.
11 Das Volk, das aus Ägypten gekommen ist,
macht ihm angst. Nun soll ich hingehen und es
mit einem Fluch* belegen, damit er es vertreiben
kann.«
12 Gott aber sagte zu Bileam: »Geh nicht mit
ihnen! Du darfst dieses Volk nicht verfluchen,
denn ich habe es gesegnet.«
13 Am Morgen sagte Bileam zu den Abgesand-
ten des Königs: »Ihr müßt allein heimkehren.
Der HERR hat mir verboten, mit euch zu gehen.«
14 Die Abgesandten kehrten zu Balak zurück
und berichteten ihm das. 15 Da schickte Balak
eine noch größere Gesandtschaft und wählte
dafür noch angesehenere Männer aus. 16 Sie
kamen zu Bileam und richteten ihm aus: »Balak,
der Sohn Zippors, läßt dir sagen: Nichts darf dich
abhalten zu kommen! 17 Ich werde dich reich be-
lohnen und alles tun, was du von mir verlangst.
Tu mir nur den einen Gefallen und verfluche
dieses Volk!«
18 Bileam antwortete ihnen: »Balak mag mir
alles Silber und Gold geben, das er besitzt –
gegen den Befehl des HERRN, meines Gottes,
kann ich auch nicht den kleinsten Schritt tun.
19 Aber bleibt auch ihr die Nacht über bei mir zu
Gast. Ich will sehen, was der HERR mir diesmal
sagt.«
20 In der Nacht kam Gott und sagte zu Bileam:
»Wenn die Männer gekommen sind und dich
holen wollen, dann geh ruhig mit ihnen; aber tu
nur das, was ich dir sagen werde.«

Die hellsichtige Eselin – Bileam wird gewarnt

21 Am Morgen sattelte Bileam seine Eselin und
machte sich mit den Abgesandten der Moabiter
auf den Weg. 22 Darüber wurde Gott zornig.
Während Bileam mit seinen beiden Dienern da-
hinritt, stellte sich ihm der Engel* des HERRN in
den Weg.
23 Die Eselin sah den Engel mit dem ge-
zogenen Schwert dastehen und wich ihm aus.
Sie ging vom Weg ab ins Feld hinein. Bileam
schlug sie und trieb sie wieder auf den Weg
zurück.
24 Da stellte sich der Engel an eine Stelle, wo
der Weg rechts und links von Weinbergmauern
begrenzt war. 25 Die Eselin sah den Engel und
suchte ihm auszuweichen; sie drückte sich an
die Mauer. Bileams Fuß wurde eingequetscht,
und wieder schlug er sie.
26 Der Engel ging nochmals ein Stück weiter
und suchte eine Stelle, wo es keine Möglich-
keit zum Ausweichen gab, weder rechts noch
links. 27 Als die Eselin ihn sah, ging sie in die Knie

a Es folgt noch *ins Land der Söhne seines Volkes,* was nicht sicher zu deuten ist.
22,1–24,25 Mi 6,5; 2 Petr 2,15-16; Jud 11 **22,18** 1 Kön 13,8

und legte sich auf die Erde. Bileam wurde vom Zorn gepackt, und er schlug mit dem Stock auf sie ein.

28 Da gab der HERR der Eselin die Fähigkeit zu sprechen, und sie sagte zu Bileam: »Du hast mich jetzt schon dreimal geschlagen. Was habe ich dir denn getan?«

29 »Zum Narren hältst du mich!« schrie Bileam. »Wenn ich ein Schwert hätte, wäre es schon längst um dich geschehen.«

30 Die Eselin sagte: »Schon so lange reitest du nun auf mir und kennst mich genau. Warst du bisher jemals unzufrieden mit mir?«

»Nein, nie«, antwortete Bileam.

31 Da öffnete der HERR ihm die Augen, und er sah den Engel mit dem Schwert mitten auf dem Weg stehen. Bileam warf sich vor ihm nieder, das Gesicht zur Erde.

32 »Warum hast du deine Eselin nun schon dreimal geschlagen?« fragte ihn der Engel des HERRN. »Ich selbst habe mich dir entgegengestellt, weil du auf einem verkehrten Weg bist. 33 Aber deine Eselin hat mich gesehen und ist dreimal vor mir ausgewichen. Du verdankst ihr dein Leben, denn wenn du weitergeritten wärst, hätte ich dich getötet; nur sie hätte ich verschont.«

34 »Ich habe Unrecht getan«, sagte Bileam. »Ich habe nicht gewußt, daß du dich mir in den Weg gestellt hattest. Ich werde sofort umkehren, wenn du mit dieser Reise nicht einverstanden bist.«

35 »Geh ruhig mit diesen Männern«, sagte der Engel des HERRN. »Aber du darfst nur sagen, was ich dir auftrage.«

So folgte Bileam weiter den Abgesandten des Königs.

Bileam muß Israel segnen

36 Als Balak hörte, daß Bileam zu ihm unterwegs war, ging er ihm bis zur Grenzstadt Moabs am Arnonfluß entgegen. 37 »Warum bist du nicht gleich gekommen?« fragte er ihn. »Ich habe doch so dringend nach dir geschickt. Meinst du vielleicht, ich könnte dich nicht angemessen belohnen?«

38 »Jetzt bin ich ja hier!« erwiderte Bileam. »Aber ich weiß nicht, ob ich deinen Wunsch erfüllen kann. Ich kann nur sagen, was Gott mir zu sagen befiehlt.«

39 Bileam folgte Balak nach Kirjat-Huzot. 40 Dort schlachtete der König Rinder, Schafe und Ziegen für ein Opfermahl* und ließ einen Anteil davon zu Bileam und den moabitischen Abgesandten bringen.

41 Am anderen Morgen ging Balak mit Bileam auf die Baalshöhen; von dort konnte er den Rand des israelitischen Lagers sehen.

23 Bileam sagte zum König: »Laß sieben Altäre errichten und dann sieben Stiere und sieben Schafböcke zum Opfer bereitstellen.«

2 Balak ließ alles nach Bileams Wunsch vorbereiten, und die beiden opferten auf jedem Altar einen Stier und einen Schafbock als Brandopfer*. 3 Dann sagte Bileam zu Balak: »Bleib du hier bei deinem Opfer; ich will dort hinübergehen und sehen, ob der HERR mir erscheint. Ich werde dir dann sagen, was er mir offenbart hat.«

Bileam ging auf eine kleine unbewaldete Anhöhe. 4 Dort erschien ihm Gott, und Bileam sagte zu ihm: »Ich habe dir sieben Altäre gebaut und auf jedem einen Stier und einen Schafbock als Opfer dargebracht.«

5 Der HERR wies Bileam an, was er sagen sollte, und schickte ihn zu Balak zurück. 6 Der König stand noch bei seinem Opfer, und auch die führenden Männer der Moabiter waren bei ihm. 7 Da begann Bileam zu sprechen:

»Vom Osten her, vom Aramäerland
und seinen Bergen, rief mich König Balak,
und er befahl: ›Du sollst das Jakobsvolk
mit einem schweren Fluch* belegen!
Verwünschen sollst du dieses Israel!‹
8 Wie kann ich dieses Volk verwünschen,
wenn Gott, der HERR, es nicht verwünschen
will?
Wie soll ich es verfluchen können,
solange er nicht selbst den Fluch ausspricht?
9 Hier von der Höhe aus kann ich sie sehen,
von diesem Felsengipfel aus erkenne ich:
Sie sind ein Volk von ganz besonderer Art,
das sich mit andern Völkern nicht vermischt.
10 Kein Mensch kann diese Jakobsleute zählen,
wie Staub bedecken sie die Erde,
die Scharen Israels, die vielen tausend.
Sie sind ein Volk, das Gottes Willen tut.
Ich möchte, daß ich einmal so wie sie
in Gottes Frieden sterben könnte!«

11 Empört rief Balak: »Warum hast du mir das angetan? Ich habe dich holen lassen, damit du meine Feinde verfluchst, und nun segnest du sie!«

22,31 Jos 5,13; 2 Kön 6,17 23,10 Gen 12,2 S

12 Aber Bileam erwiderte: »Ich kann nichts an-
deres sagen, als was der HERR mir in den Mund
legt.«

Gott läßt sich nicht bestechen

13 Balak sagte zu Bileam: »Komm jetzt mit mir zu
einer anderen Stelle, von der aus du das ganze
Volk sehen kannst. Von hier siehst du nur den
Rand ihres Lagers. Verfluche sie mir von dort
aus!«
14 Er nahm Bileam mit zum Späherplatz auf
dem Gipfel des Berges Pisga. Auch dort errich-
tete er sieben Altäre und opferte auf jedem einen
Stier und einen Schafbock.
15 »Bleib du hier bei deinem Opfer*«, sagte
Bileam, »ich will nach dort drüben gehen und
sehen, ob der HERR mir begegnet.«
16 Der HERR erschien Bileam und wies ihn an,
was er sagen sollte. 17 Als Bileam zu Balak und
den führenden Moabitern zurückkam, fragte ihn
der König: »Was hat der HERR dir aufgetragen?«
18 Bileam begann:

»Hör mir gut zu jetzt, Balak, Zippors Sohn!
19 Du darfst nicht meinen, Gott sei wie ein
Mensch!
Er lügt nicht, und er ändert niemals seinen Sinn.
Denn alles, was er sagt, das tut er auch.
Verspricht er etwas, hält er es gewiß.
20 Er gab mir Weisung, dieses Volk zu segnen;
und wenn er segnen will, kann ich's nicht
ändern.
21 Es bleibt dabei: Kein Unglück wird sie treffen,
kein Unheil wird in Israel zu sehen sein.
Der HERR steht ihnen bei, er ist ihr Gott;
er ist ihr König, dem ihr Jubel gilt.
22 Er hat sie aus Ägypten hergebracht
und streitet für sie wie ein wilder Stier.
23 Mit Zauberei und mit Beschwörungsformeln
ist gegen dieses Volk nichts auszurichten.
Darum zeigt man auf Israel und sagt:
›Sieh doch, was Gott für sie getan hat!‹
24 Ein Löwe gibt nicht eher Ruhe,
als bis er seine Beute eingefangen
und seines Opfers Blut getrunken hat.
So stark und fürchterlich ist dieses Volk!«

25 König Balak rief: »Wenn du sie schon nicht ver-
fluchen kannst, dann brauchst du sie doch nicht
gleich zu segnen!«
26 Aber Bileam erwiderte: »Ich habe dir doch
gesagt: Ich werde genau das sagen, was der
HERR mir aufträgt.«

Der dritte Versuch endet wie die vorhergehenden

27 »Komm«, sagte Balak zu Bileam, »ich will dich
noch an eine dritte Stelle führen! Vielleicht er-
laubt Gott, daß du sie mir von dort aus ver-
fluchst.«
28 Er nahm Bileam mit auf den Gipfel des Ber-
ges Pegor. Von dort aus kann man direkt in die
Jordanebene hinunterschauen.
29 »Baue mir hier sieben Altäre«, sagte Bileam,
»und richte mir sieben Stiere und sieben Schaf-
böcke als Opfer* her.« 30 Balak tat es und opferte
auf jedem Altar einen Stier und einen Schafbock.

24 1–2 Diesmal schaute Bileam nicht nach
Vorzeichen aus. Als er in die Ebene hin-
unterblickte, sah er das Volk Israel nach Stäm-
men geordnet lagern und wußte sofort, daß der
HERR dieses Volk liebte und es segnen wollte. Er-
füllt vom Geist* Gottes 3–4 sagte er:

»Ich höre, was der HERR verkündet.
Ich sehe, was der Mächtige* mir zeigt.
Ich liege da – die Augen sind geschlossen –,
ich schaue, was mir Gott vor Augen stellt:
5 Wie schön sind deine Zelte, Israel!
Wie blühend sehen deine Dörfer aus!
6 In allen Tälern dehnen sie sich weit,
wie frisches Grün, wie Gärten an den Bächen,
wie starke Bäume, die der HERR gepflanzt hat,
wie Zedern an den Wasserläufen.
7 Die Brunnen Israels versiegen nicht,
die Saat steht reich bewässert auf den Feldern.
Sie werden mächtiger als ihre Nachbarn,
ihr König wird selbst König Agag schlagen.
8 Ihr Gott errettete sie aus Ägypten,
er streitet für sie wie ein wilder Stier.
Sie werden ihre Feinde ganz vernichten,
so wie ein Raubtier seine Beute frißt
und ihr die Knochen durchbeißt und zermalmt.
Die Pfeile dieses Volkes treffen tödlich.
9 Es ist gefährlich wie ein starker Löwe –
wer wagt ihn aufzustören, wenn er ruht?
Ein jeder, der dich segnet, Israel,
hat selber teil an diesem Segen.
Wer dich verflucht, wird selbst vom Fluch
getroffen!«

10 Vor Zorn ballte Balak die Fäuste und sagte zu
Bileam: »Du solltest einen Fluch* auf meine
Feinde schleudern, der ihnen den Untergang
bringt. Dazu ließ ich dich holen. Du aber hast sie
gesegnet, und das schon zum drittenmal!

23,19 1 Sam 15,29; Mal 3,6; Röm 11,29 **24,7** 1 Sam 15,8 **24,9** Gen 12,3 S; 27,29

11 Mach, daß du fortkommst! Scher dich nach
Hause! Ich hatte dir eine reiche Belohnung ver-
sprochen. Du kannst dich beim HERRN dafür be-
danken, daß sie dir jetzt entgeht!«

Bileam blickt in die Zukunft

12 Bileam erwiderte: »Ich habe doch gleich zu
deinen Boten gesagt: 13 ›Auch wenn König Balak
mir alles Silber und Gold gibt, das er besitzt – ich
kann nur tun, was der HERR mir aufträgt. Ich ver-
teile Fluch und Segen* nicht nach meinem eige-
nen Willen. Ich muß sagen, was der HERR mir
befiehlt.‹

14 Jetzt kehre ich nach Hause zurück. Aber
vorher will ich dir noch ankündigen, was dein
Volk von diesem Volk in der Zukunft zu erwar-
ten hat.«

15–16 Dann begann er:

»Ich höre, was der HERR verkündet.
Ich sehe, was der Mächtige* mir zeigt.
Ich liege da – die Augen sind geschlossen –,
ich schaue, was mir Gott vor Augen stellt:
17 Ich sehe einen, noch ist er nicht da;
ganz fern erblick ich ihn, er kommt bestimmt!
Ein Stern geht auf im Volk der Jakobssöhne,
ein König steigt empor in Israel.
Er wird die Moabiter tödlich treffen
und ihnen schonungslos den Kopf
zerschmettern.[a]
18 Das ganze Seïr nimmt er in Besitz,
das Land der Edomiter, seiner Feinde.
Und Israel wird stark und mächtig werden.
19 Der König, der von Jakob abstammt,
wird über alle seine Feinde siegen.
Auch wer sich in die feste Stadt gerettet hat,
wird dort vor ihm nicht sicher sein.«

20 Als Bileam umherschaute und das Gebiet der
Amalekiter erblickte, sagte er:

»Amalek*, einst das erste unter den Völkern –
doch bald schon schlägt seine letzte Stunde.«

21 Als er das Gebiet der Keniter* erblickte, sagte
er:

»Wie sicher ihr wohnt!
Unangreifbar sind eure Orte
wie das Raubvogelnest hoch dort am Felsen.[b]
22 Und doch erreicht euch das Feuer.
Kein Nachkomme Kains bleibt hier übrig;
gefangen führt der Assyrer euch fort!«

23–24 Weiter sagte Bileam:

»Wehe, wer kommt da vom Norden?[c]
Scharen[d] aus dem Land der Kittäer*!
Sie schlagen die Syrer* und die Hebräer*.
Doch bald schlägt auch ihnen die letzte Stunde!«

25 Als Bileam seine Weissagungen beendet hatte,
machte er sich auf den Weg in seine Heimat, und
auch Balak kehrte nach Hause zurück.

Verführung zum Götzendienst am Berg Pegor

25 Als das Volk bei Schittim lagerte, began-
nen die Männer, sich mit moabitischen
Frauen einzulassen. 2 Die Moabiterinnen* luden
die Männer Israels auch zu den Opferfesten ein,
die sie zu Ehren ihres Gottes feierten. Die Män-
ner aßen von dem Opferfleisch und warfen sich
anbetend vor dem Moabitergott zu Boden. 3 So
ließ sich Israel in das Joch* des Baal* vom Berg
Pegor einspannen.

Da wurde der HERR zornig 4 und befahl Mose:
»Nimm alle Anführer des Volkes fest und laß sie
sofort, noch am hellen Tag, vor meinen Augen
hinrichten, damit ich in meinem glühenden Zorn
nicht das ganze Volk vernichten muß!«

5 Mose befahl den Schiedsmännern des
Volkes: »Tötet von den Leuten, für die ihr zustän-
dig seid, alle, die sich mit dem Baal eingelassen
haben!«

6 Mose und die ganze Gemeinde Israel hatten
sich klagend und trauernd vor dem Heiligen
Zelt* niedergeworfen. Da brachte ein Israelit vor
aller Augen eine midianitische Frau in das Zelt
seiner Familie. 7 Als der Priester* Pinhas, der
Sohn Eleasars und Enkel Aarons, das sah, stand
er auf und verließ die Versammlung. Er nahm
einen Speer, 8 folgte den beiden in den innersten
Raum des Zeltes und durchbohrte sie. Sofort
hörte die Seuche, die unter dem Volk wütete,
auf. 9 Es waren schon 24 000 Menschen daran
gestorben.

10 Der HERR sagte zu Mose: 11 »Pinhas, der
Priester, der Sohn von Eleasar und Enkel von
Aaron, hat die Strafe vom Volk abgewendet. Er

a *Er wird ...:* wörtlich *Er zerschlägt die Seiten der Moabiter und den Kopf der Söhne des Getümmels (und den Kopf der* mit der samaritanischen Überlieferung, vgl. Jer 48,45; H *und zerschmettert die).*
b Im Hebräischen ein Wortspiel zwischen *Nest* (ken) und *Kain.*
c So mit einer Handschrift; H *Wehe, wer bleibt leben, wenn Gott niederlegt.*
d *Scharen:* vermutlicher Text; H *und Schiffe.*

24,17 2 Sam 8,2; Mt 2,2; Offb 22,16 **24,18** 2 Sam 8,13-14 **24,20b** Ex 17,14 S **24,21-22** Gen 15,19; Ri 1,16; 1 Sam 15,6 **24,25** 31,8.16 **25,1-13** Ps 106,28-31 **25,1-5** 31,16; Offb 2,14 **25,5** Ex 32,27 **25,9** 1 Kor 10,8 **25,10-13** Sir 45,23-25

hat denselben Zorn empfunden wie ich, und aus diesem Zorn heraus hat er gehandelt. Sonst hätte ich meinem Zorn den Lauf gelassen und noch alle Israeliten umgebracht. [12] Sag ihm, daß ich ihm dafür ein besonderes Vorrecht gewähre: Ich schließe mit ihm einen Bund*, der ihm Frieden* zusichert. [13] Ich verspreche ihm, daß seine Nachkommen für alle Zeiten meine Priester sein sollen. Das ist der Lohn dafür, daß er sich so rückhaltlos für seinen Gott eingesetzt und das Verhältnis zwischen mir und dem Volk wieder in Ordnung gebracht hat.«

[14] Der Israelit, der zusammen mit der Midianiterin getötet wurde, war Simri, der Sohn Salus, ein Sippenältester des Stammes Simeon. [15] Die Frau hieß Kosbi; ihr Vater Zur war der Anführer einer midianitischen Stammesgruppe.

[16] Der HERR befahl Mose: [17] »Greift die Midianiter* an und bestraft sie! [18] Denn *sie* haben angefangen und euch heimtückisch angegriffen: Sie haben euch dazu verführt, den Baal vom Berg Pegor zu verehren, und sie haben euch ins Unheil gestürzt durch Kosbi, die Tochter eines ihrer Oberhäupter, die an dem Tag getötet wurde, als die Seuche unter euch wütete.«

Zweite Zählung der Stämme Israels

26 [25,19] Als die Seuche vorüber war, [1] sagte der HERR zu Mose und dem Priester* Eleasar, dem Sohn Aarons: [2] »Zählt die ganze Gemeinde Israel! Erfaßt alle wehrfähigen Männer ab 20 Jahren, geordnet nach ihren Sippen.«

[3-4] Mose und Eleasar gehorchten dem Befehl des HERRN und riefen alle erwachsenen Männer zusammen. Dies geschah im moabitischen Steppengebiet in der Jordanebene gegenüber von Jericho. Hier folgt die Liste der Männer Israels, die aus Ägypten ausgezogen waren:

[5-51] An der Spitze steht der Stamm Ruben; denn Ruben war der erstgeborene Sohn von Israels Stammvater Jakob.

Stamm	*Sippen*	*Anzahl*
Ruben	Henoch	43730
	Pallu	
	Hezron	
	Karmi	

Von Pallu stammen Eliab und dessen Söhne Nemuël, Datan und Abiram. Datan und Abiram, die in der Gemeinde mit einem Amt betraut waren, hatten sich gegen Mose und Aaron aufgelehnt, als Korach und seine Anhänger sich gegen den HERRN erhoben. Die Erde hatte sich geöffnet und sie verschlungen, und mit ihnen Korach, dessen 250 Anhänger das Feuer verzehrte. Sie wurden zu einem warnenden Beispiel für Israel. Die Söhne Korachs waren übrigens verschont geblieben.

Stamm	*Sippen*	*Anzahl*
Simeon	Jemuël	22200
	Jamin	
	Jachin	
	Serach	
	Schaul	
Gad	Zifjon	40500
	Haggi	
	Schuni	
	Osni	
	Eri	
	Arod	
	Areli	
Juda	Schela	76500
	Perez	
	Hezron	
	Hamul	
	Serach	

Die Sippen Hezron und Hamul hatten sich von der Sippe Perez abgezweigt. Zwei von Judas Söhnen, Er und Onan, waren bereits vor der Übersiedlung nach Ägypten in Kanaan gestorben.

Stamm	*Sippen*	*Anzahl*
Issachar	Tola	64300
	Puwa	
	Jaschub	
	Schimron	
Sebulon	Sered	60500
	Elon	
	Jachleel	
Manasse	Machir	52700
	Gilead	
	Abiëser	
	Helek	
	Asriël	
	Schechem	
	Schemida	
	Hefer	

25,17 31,1-10 **26,1-51** 1,1-46 **26,9-10** (Datan und Abiram) 16,1-35 **26,19** (Er und Onan) Gen 38,1-10 **26,33** (Zelofhad) 27,1-11 S

Efraïm	Schutelach	32 500
	Eran	
	Becher	
	Tahan	

Die Stämme Manasse und Efraïm waren die Nachkommen Josefs. Die Sippe Gilead hatte sich von der Sippe Machir abgezweigt und von dieser wiederum die Sippen Abiëser, Helek, Asriël, Schechem, Schemida und Hefer. Zelofhad, der Sohn Hefers, hatte keine Söhne, sondern nur Töchter. Sie hießen Machla, Noa, Hogla, Milka und Tirza. Die Sippe Eran hatte sich von der Sippe Schutelach abgezweigt.

Stamm	*Sippen*	*Anzahl*
Benjamin	Bela	45 600
	Ard	
	Naaman	
	Aschbel	
	Ahiram	
	Schufam	
	Hufam	
Dan	Schuham	64 400
Ascher	Jimna	53 400
	Jischwi	
	Beria	
	Heber	
	Malkiël	

Die Sippen Ard und Naaman hatten sich von der Sippe Bela abgezweigt, die Sippen Heber und Malkiël von der Sippe Beria. Ascher hatte noch eine Tochter namens Sara.

Stamm	*Sippen*	*Anzahl*
Naftali	Jachzeel	45 400
	Guni	
	Jezer	
	Schillem	
Gesamtzahl der erwachsenen Männer Israels		601 730

52 Der Herr sagte zu Mose: 53 »Teile das Land
unter die Stämme Israels auf, und zwar nach der
Anzahl der Stammesangehörigen. 54–56 Gib den
größeren Stämmen einen größeren Anteil und den kleineren Stämmen einen geringeren. Durch das Los soll jedem Stamm sein Stück Land zugeteilt werden.«

Der Stamm Levi und die Familien von Aaron und Mose

57 Der Stamm Levi bestand aus den Sippen Gerschon, Kehat und Merari.

58–61 Kehat war der Vater Amrams. Dieser Amram heiratete Jochebed, die ebenfalls dem Stamm Levi angehörte und noch in Ägypten geboren worden war. Sie gebar Amram zwei Söhne: Aaron und Mose, und dazu eine Tochter Mirjam.

Aaron hatte vier Söhne: Nadab und Abihu, Eleasar und Itamar. Nadab und Abihu starben, als sie ein Räucheropfer* darbrachten, ohne dabei die Weisung des Herrn zu beachten.

Zu den Leviten* zählten auch die Sippen Libna, Hebron, Machli, Muschi und Korach.

62 Die Zahl aller männlichen Leviten, die älter waren als einen Monat, betrug 23 000. Sie wurden nicht zusammen mit den Israeliten erfaßt, weil ihnen kein Landbesitz zustand.

63 Alle diese Sippen wurden von Mose und dem Priester Eleasar im moabitischen Steppengebiet in der Jordanebene gegenüber von Jericho
gezählt. 64 Von den Männern, die Mose und
Aaron bei der ersten Volkszählung in der Wüste
Sinai erfaßt hatten, lebte niemand mehr. 65 Denn
der Herr hatte zu ihnen gesagt, daß sie alle in der Wüste sterben müßten. Und so war es auch eingetroffen. Nur Kaleb, der Sohn von Jefunne, und Josua, der Sohn Nuns, waren übriggeblieben.

WEITERE GESETZLICHE REGELUNGEN

(Kapitel 27–30)

Erbregelung beim Fehlen von Söhnen

27 Zelofhad, der Sohn Hefers, der über seine Vorfahren Gilead, Machir und Manasse von Josef abstammte, hatte fünf Töchter hinterlassen: Machla, Noa, Hogla, Milka und
Tirza. 2 Diese kamen an den Eingang des Heili-
gen Zeltes* und sagten zu Mose und dem Priester* Eleasar vor den Stammesoberhäuptern und
der ganzen Gemeinde: 3 »Unser Vater ist in der
Wüste gestorben. Er gehörte nicht zu den Anhängern Korachs, die sich gegen den Herrn aufgelehnt hatten, sondern er mußte sterben, weil er wie alle anderen seiner Generation dem Herrn ungehorsam gewesen war. Er hat keine
Söhne hinterlassen. 4 Soll nun sein Name in
Israel aussterben, nur weil kein männlicher Erbe

26,57-62 3,14-39; Lev 10,1-2 **26,65** 14,21-24 **27,1-11** 26,33; 36,1-12; Jos 17,1-6 **27,3** 14,29; 16,1-34

da ist, der ihn weiterträgt? Gebt uns in der Sippe
unseres Vaters einen eigenen Anteil am Land-
besitz!«
5 Mose bat den HERRN um eine Entscheidung,
6 und der HERR antwortete ihm: 7 »Die Töchter
Zelofhads haben recht. Sie sollen neben den
Brüdern ihres Vaters erbberechtigt sein und den
väterlichen Grundbesitz erben. 8 Zu allen Israeli-
ten aber sollst du sagen: ›Wenn ein Mann stirbt,
ohne einen Sohn zu hinterlassen, hat seine Toch-
ter Anspruch auf sein Erbe. 9 Hat er auch keine
Tochter, so soll es seinen Brüdern zufallen,
10 und wenn er keine Brüder hat, den Brüdern
seines Vaters. 11 Hat auch sein Vater keine Brü-
der, so fällt das Erbe dem Nächstverwandten aus
seiner Sippe zu.‹ Dies soll bei den Israeliten gülti-
ges Recht werden. Ich, der HERR, habe es ange-
ordnet und dir gesagt.«

Josua als Moses Nachfolger

12 Der HERR sagte zu Mose: »Steig auf das Aba-
rim-Gebirge und blicke über das Land, das ich
dem Volk Israel geben will! 13 Danach mußt du
sterben, so wie dein Bruder Aaron gestorben ist.
14 Ihr dürft das Land nicht betreten, weil ihr mir
damals in der Wüste Zin nicht gehorcht habt. Als
die ganze Gemeinde gegen mich Anklage erhob,
wolltet ihr mir keine Gelegenheit geben, mich
vor den Leuten von Israel durch das Wasser aus
dem Felsen als der heilige und mächtige Gott
zu erweisen.« – Von daher hatte die Quelle bei
Kadesch den Namen Meriba, d. h. Anklage, er-
halten.
15 Mose sagte: 16 »HERR, du Gott, von dem
alles Leben kommt, setze einen Mann ein, der
das Volk führt, 17 der an der Spitze des Heeres
mit ihm auszieht und an seiner Spitze wieder
mit ihm heimkehrt. Sonst wird deine Gemeinde
wie eine Herde sein, die keinen Hirten hat.«
18–19 Der HERR antwortete: »Nimm Josua, den
Sohn Nuns; ihn habe ich durch meinen Geist*
dazu befähigt. Laß ihn vor den Priester* Eleasar
und die ganze Gemeinde treten und bestelle ihn
vor ihnen allen zu deinem Nachfolger. Leg deine
Hände auf ihn 20 und gib ihm von deiner Voll-
macht, damit ihm die ganze Gemeinde Israel ge-
horcht. 21 Bei allen wichtigen Entscheidungen
soll er sich an den Priester Eleasar wenden, da-
mit der durch die heiligen Lose* meine Weisung
einholt. Nach dem Bescheid Eleasars sollen dann
er und alle Israeliten handeln.«
22 Mose tat, was der HERR ihm befohlen hatte.
Er holte Josua und ließ ihn vor Eleasar und die
ganze Gemeinde treten. 23 Dann legte er seine
Hände auf ihn und setzte ihn als seinen Nachfol-
ger ein, wie der HERR es ihm aufgetragen hatte.

Die regelmäßigen Opfer – täglich, am Sabbat und am Monatsanfang

28 Der HERR sagte zu Mose: 2 »Die Leute
von Israel sollen darauf achten, daß sie
die Opfer*, die meine Speise sind und mir
Freude machen, jeweils zur vorgeschriebenen
Zeit auf meinem Altar* verbrennen.« 3 Im einzel-
nen sollte Mose den Israeliten folgende Anwei-
sungen weitergeben:
Ihr sollt für den HERRN täglich als Brandopfer*
zwei fehlerfreie einjährige Schafe verbrennen.
4–7 Das eine wird am Morgen dargebracht, das
andere in der Abenddämmerung.[a] Als Speise-
opfer gehören dazu jeweils 1/10 Efa* (1,2 Kilo)
Weizenmehl, das mit 1/4 Hin* (knapp 1 Liter)
feinstem Olivenöl vermengt wird. Dies ist das
regelmäßige tägliche Brandopfer, wie es zum
erstenmal am Berg Sinai* dargebracht wurde,
um den HERRN gnädig zu stimmen. Als Trank-
opfer kommt dazu jeweils 1/4 Hin (knapp 1 Liter)
Wein, der für den HERRN im Heiligtum ausgegos-
sen wird. 8 Am Abend wird dasselbe Opfer dar-
gebracht wie am Morgen – ein Brandopfer, das
den HERRN gnädig stimmt.
9–10 Am Sabbat* werden zusätzlich zwei feh-
lerfreie einjährige Schafe als Brandopfer darge-
bracht, dazu als Speiseopfer 2/10 Efa (2,4 Kilo)
Mehl, das mit Öl vermengt ist, und das dazu-
gehörige Trankopfer.
11 Am 1. Tag des Monats werden dem HERRN
als Brandopfer zwei Stiere, ein Schafbock und
sieben fehlerfreie einjährige Schafe dargebracht,
12 dazu Speiseopfer aus Weizenmehl, das mit Oli-
venöl vermengt ist, und zwar für jeden Stier
3/10 Efa (3,6 Kilo) Mehl, für den Schafbock 2/10 Efa
(2,4 Kilo) 13 und für jedes Schaf 1/10 Efa (1,2 Kilo).
Dies sind Opfer, die den HERRN gnädig stimmen.
14 Als Trankopfer gehören zu jedem Stier 1/2 Hin
(knapp 2 Liter) Wein, zu dem Schafbock 1/3 Hin
(gut 1 Liter) und zu jedem Schaf 1/4 Hin (knapp
1 Liter).
An jedem Monatsanfang sollt ihr diese Opfer
darbringen. 15 Zusätzlich zum regelmäßigen täg-
lichen Brandopfer soll an diesem Tag ein Ziegen-
bock als Sühneopfer* dargebracht werden.

a Siehe Anmerkung zu Ex 29,39.

27,5-6 9,8 S **27,12-14** Dtn 3,23-27; 32,48-52; 34,1-5 **27,13** 20,22-29 **27,14** 20,1-13 **27,16** 16,22 **27,17** 1 Kön 22,17; 2 Chr 18,16; Ez 34,5-6; Mk 6,34 par **27,18-19** 13,16; Ex 24,13; Dtn 3,28; 31,3.7-8 **27,21** Ex 28,30 S **27,22-23** Dtn 31,14.23 **28,1-8** Ex 29,38-46

Opfer am Passafest und am Pfingstfest

(Lev 23,5-22)

16 Das Passafest* wird zu Ehren des HERRN am
14. Tag des 1. Monats gefeiert. 17 Am 15. Tag des-
selben Monats beginnt das Fest der Ungesäuer-
ten Brote*, während dessen ihr sieben Tage lang
nur solches Brot essen dürft, das ohne Sauerteig*
zubereitet ist.

18 Der erste Tag ist für euch ein heiliger* Tag,
an dem ihr keinerlei Arbeit verrichten dürft.
19 Bringt dem HERRN als Brandopfer* zwei Stiere,
einen Schafbock und sieben einjährige Schafe,
alles fehlerfreie Tiere, 20-21 und dazu als Speise-
opfer* dieselbe Menge wie am Monatsanfang.
22 Außerdem sollt ihr einen Ziegenbock als
Sühneopfer* darbringen, damit eure Verfehlun-
gen gegenüber dem HERRN in Ordnung gebracht
werden.

23-24 Dies alles muß zusätzlich zum täglichen
Morgenbrandopfer und dem zugehörigen Trank-
opfer* dargebracht werden, und zwar an jedem
Tag der Festwoche. Diese Opfer sind dem HERRN
als seine Speise darzubringen und stimmen ihn
gnädig.

25 Der siebte Tag ist für euch wieder ein heili-
ger Tag, an dem ihr keinerlei Arbeit verrichten
dürft.

26 Das Pfingstfest*, an dem ihr dem HERRN das
erste Getreide der neuen Ernte als Speiseopfer
darbringt, ist für euch ebenfalls ein heiliger Tag,
an dem ihr keinerlei Arbeit verrichten dürft.
27-29 Bringt dem HERRN, um ihn gnädig zu stim-
men, als Brandopfer zwei Stiere, einen Schaf-
bock und sieben einjährige Schafe und gebt dazu
als Speiseopfer dieselbe Menge wie an jedem
Monatsanfang, 30-31 außerdem die zugehörigen
Trankopfer und als Sühneopfer einen Ziegen-
bock. Dies alles wird zusätzlich zum regelmäßi-
gen täglichen Brandopfer und den zugehörigen
Speiseopfern dargebracht. Es müssen unbedingt
fehlerfreie Tiere sein.

Opfer an Neujahr und am Versöhnungstag

(Lev 23,23-32)

29 Auch der 1. Tag des 7. Monats ist für euch
ein heiliger* Tag, an dem ihr keinerlei
Arbeit verrichten dürft. An diesem Tag wird der
Beginn des neuen Jahres mit Trompetenblasen
gefeiert. 2 Opfert dem HERRN, um ihn gnädig zu
stimmen, als Brandopfer* einen Stier, einen
Schafbock und sieben einjährige Schafe, alles
fehlerfreie Tiere, 3-4 dazu als Speiseopfer* die-
selbe Menge wie an jedem Monatsanfang,
5-6 außerdem die zugehörigen Trankopfer* und
als Sühneopfer* einen Ziegenbock. Alle diese
Opfer werden zusätzlich zum regelmäßigen täg-
lichen Brandopfer und dem Brandopfer für den
Monatsanfang und den zugehörigen Speise-
opfern dargebracht, um den HERRN gnädig zu
stimmen.

7 Der 10. Tag des 7. Monats ist für euch wieder
ein heiliger Tag. Ihr müßt fasten* und euch Buß-
übungen* auferlegen und dürft keinerlei Arbeit
verrichten. 8-10 Opfert dem HERRN als Brandopfer
einen Stier, einen Schafbock und sieben ein-
jährige Schafe, dazu als Speiseopfer dieselbe
Menge wie an jedem Monatsanfang, 11 außer-
dem die zugehörigen Trankopfer und einen Zie-
genbock als Sühneopfer, und zwar zusätzlich
zum regelmäßigen täglichen Brandopfer mit
dem zugehörigen Speiseopfer und zu dem Bock,
der an diesem Tag als Sühne* für die Schuld des
ganzen Volkes dargebracht wird.

Opfer am Laubhüttenfest

(Lev 23,33-43)

12 Der 15. Tag des 7. Monats ist für euch ebenfalls
ein heiliger* Tag, an dem ihr keinerlei Arbeit ver-
richten dürft. Von diesem Tag an feiert ihr sieben
Tage lang ein Fest zu Ehren des HERRN. 13 Opfert
dem HERRN am ersten Tag als Brandopfer*, das
ihn gnädig stimmt, dreizehn Stiere, zwei Schaf-
böcke und vierzehn einjährige Schafe, alles
fehlerfreie Tiere, 14-15 dazu als Speiseopfer* zu
jedem Tier dieselbe Menge wie an jedem Mo-
natsanfang, 16 außerdem als Sühneopfer* einen
Ziegenbock, und zwar alles zusätzlich zum
regelmäßigen täglichen Brandopfer mit dem zu-
gehörigen Speise- und Trankopfer*.

17 Am zweiten Tag des Festes opfert ihr zwölf
Stiere, zwei Schafböcke und vierzehn einjährige
Schafe, alles fehlerfreie Tiere, 18-19 und dazu die
Speise- und Trankopfer, das Sühneopfer und das
tägliche Brandopfer wie am ersten Tag. 20-34 An
den folgenden Tagen bringt ihr dem HERRN die-
selben Opfer, nur von den Stieren jeden Tag
einen weniger, also am dritten Tag elf, am vier-
ten zehn, am fünften neun, am sechsten acht
und am siebten sieben Stiere. Opfert sie zusam-
men mit den übrigen Opfern wie am ersten Tag.

35 Am achten Tag kommt ihr zur großen Fest-
versammlung zusammen; alle Arbeit muß an
diesem Tag ruhen. 36 Opfert dem HERRN als
Brandopfer, das ihn gnädig stimmt, einen Stier,
einen Schafbock und sieben einjährige Schafe,

28,16 Ex 12,1-14 S **28,17** Ex 12,15-20 S **28,26** Ex 23,16 S **29,7** Lev 16,1-34 **29,12** Ex 23,16 S

alles fehlerfreie Tiere, 37–38 dazu die übrigen Opfer wie an den anderen Tagen.

39 Diese Opfer sollt ihr dem HERRN an euren Festen darbringen, und zwar abgesehen von den Brand-, Speise-, Trank- und Mahlopfern, die ihr außerdem als Gelübdeopfer* und freiwillige Opfer darbringen wollt.

Wann Gelübde von Frauen ungültig sind

30 1–2 Mose sagte dies alles dem Volk, wie der HERR es ihm aufgetragen hatte. Weiter gab er den Stammesoberhäuptern im Auftrag des HERRN die folgenden Anweisungen:

3 Wenn ein Mann gelobt, dem HERRN etwas zu geben, oder schwört, auf bestimmte Dinge zu verzichten, muß er sein Wort halten und alles tun, was er versprochen hat.

4 Wenn eine unverheiratete Frau, die noch im Haus ihres Vaters lebt, ein derartiges Gelübde* ablegt, 5 ist es gültig, sofern ihr Vater, wenn er davon hört, keinen Einspruch erhebt. 6 Verbietet er ihr aber, das Gelübde zu erfüllen, und zwar noch am selben Tag, an dem er davon erfährt, so ist es damit außer Kraft gesetzt. Der HERR wird ihr keine Schuld anrechnen, wenn sie es nicht erfüllt; denn ihr Vater hat es ihr verwehrt.

7 Wenn eine Frau vor ihrer Heirat ein Gelübde abgelegt oder unbedacht dem HERRN etwas versprochen hat, 8 dann bleibt das Gelübde auch nach ihrer Heirat gültig, sofern der Ehemann keinen Einspruch erhebt. 9 Verbietet er ihr aber, das Gelübde zu erfüllen, und zwar noch am selben Tag, an dem er davon erfährt, so ist es ungültig geworden. Der HERR wird ihr keine Schuld anrechnen, wenn sie es nicht erfüllt. 10 Eine Witwe oder eine geschiedene Frau jedoch muß alles halten, was sie versprochen hat.

11 Wenn eine verheiratete Frau dem HERRN irgendein Gelübde ablegt, 12 dann ist es gültig, sofern der Ehemann keinen Einspruch erhebt. 13 Verbietet er ihr aber, das Gelübde zu erfüllen, und zwar noch am selben Tag, an dem er davon hört, so ist es ungültig geworden. Der HERR wird ihr keine Schuld anrechnen, wenn sie es nicht erfüllt; denn ihr Mann hat es ihr verwehrt.

14 Wenn eine Frau dem HERRN etwas gelobt oder schwört, auf etwas zu verzichten, hat der Ehemann das Recht, das Gelübde seiner Frau gelten zu lassen oder aufzuheben. 15 Wenn er aber nicht am selben Tag, an dem er davon hört, Einspruch erhebt, billigt er durch sein Schweigen das Gelübde seiner Frau. 16 Erhebt er erst später Einspruch und hindert seine Frau daran, ihr Gelübde zu erfüllen, so macht er und nicht die Frau sich schuldig, und er muß die Folgen tragen.

17 Diese Anweisungen über die Gültigkeit von Gelübden einer unverheirateten oder verheirateten Frau erhielt Mose vom HERRN.

BEGINN DER LANDVERTEILUNG

(Kapitel 31–36)

Die Strafexpedition gegen die Midianiter

31 Der HERR befahl Mose: 2 »Bestrafe die Midianiter* für das, was sie den Israeliten angetan haben. Danach wirst du sterben.«

3 Darauf sagte Mose zu den Männern Israels: »Macht euch zum Kampf bereit. Es geht gegen die Midianiter! Der HERR will sie strafen für das, was sie uns angetan haben. 4 Von jedem Stamm sollen tausend Mann in den Kampf ziehen.«

5 Aus jedem Stamm wurden tausend Kämpfer ausgewählt, so daß ein Heer von 12 000 Mann zusammenkam. 6 Mose schickte den Priester* Pinhas, den Sohn von Eleasar, mit ihnen. Dieser hatte die heiligen Geräte und die Signaltrompeten bei sich. 7 Sie griffen die Midianiter an, wie der HERR es Mose befohlen hatte, und töteten alle Männer, 8 auch die fünf Könige der Midianiter: Ewi, Rekem, Zur, Hur und Reba. Auch Bileam, den Sohn Beors, töteten sie.

9 Die Frauen und Kinder nahmen sie gefangen, auch die Viehherden und den ganzen übrigen Besitz der Midianiter nahmen sie mit. 10 Die Städte und Zeltlager verbrannten sie. 11–12 Die Gefangenen und die ganze Beute brachten sie zu Mose und Eleasar und der ganzen Gemeinde Israel in das Lager, das im moabitischen Steppengebiet in der Jordanebene bei Jericho war.

13 Mose, Eleasar und die Stammesoberhäupter gingen vor das Lager, um die Heimkehrenden zu empfangen. 14 Als Mose sie sah, wurde er zornig und sagte zu den Befehlshabern der zwölf Truppenabteilungen: 15 »Warum habt ihr die Frauen am Leben gelassen? 16 Wißt ihr nicht mehr, daß es die Frauen waren, die dem Rat Bileams folgten und mit ihrem Götzen, dem Baal* vom Berg Pegor, die Israeliten zur Untreue gegen den HERRN verführten? Deshalb ist doch die Strafe über die Gemeinde des HERRN gekommen!

17 Tötet alle Kinder, die männlichen Geschlechts sind, und alle Frauen, die schon mit einem Mann Verkehr gehabt haben! 18 Nur die

30,3-17 Lev 27,1-25; Dtn 23,22-24; Koh 5,3-4 31,6 10,9 31,7-9 Dtn 20,13-14 31,8 24,25 31,16 25,1-5 31,17-18 Ri 21,11-12

Mädchen, die noch unberührt sind, dürft ihr am Leben lassen und für euch behalten.

19 Wer jemand getötet oder eine Leiche berührt hat, muß sieben Tage außerhalb des Lagers bleiben und am dritten und am siebten Tag die Reinigung an sich vollziehen lassen; dasselbe gilt für die gefangenen Mädchen. 20 Auch die Kleidungsstücke müssen mit Reinigungswasser* besprengt werden, ebenso alles, was aus Leder, Ziegenhaar oder Holz hergestellt ist.«

21 Der Priester Eleasar sagte zu den Männern, die aus dem Kampf heimgekehrt waren: »Hört, was der HERR durch Mose angeordnet hat: 22 Alle Beutestücke aus Gold, Silber, Bronze, Eisen, Zinn oder Blei, 23 also alles, was nicht verbrennen kann, sollt ihr ins Feuer halten und danach mit Reinigungswasser besprengen. Alles, was im Feuer verbrennen würde, sollt ihr in Wasser tauchen. 24 Am siebten Tag sollt ihr eure Kleider waschen, dann seid ihr wieder rein* und könnt ins Lager zurückkehren.«

Die Verteilung der Beute

25 Der HERR sagte zu Mose: 26 »Zähle mit Eleasar und den Stammesoberhäuptern die lebende Beute, Menschen und Tiere. 27 Teile sie in zwei gleiche Teile; den einen Teil für die Männer, die gekämpft haben, den anderen für das übrige Volk.

28 Von der Hälfte, die den Kriegsleuten gehört, wird jeweils ein Mensch oder Tier von fünfhundert als Abgabe für den HERRN erhoben. 29 Gib sie dem Priester Eleasar. 30 Von der Hälfte, die dem übrigen Volk gehört, wird jeweils ein Mensch oder Tier von fünfzig ausgesondert. Gib sie den Leviten*, die an der Wohnung des HERRN Dienst tun.«

31 Mose und Eleasar führten die Anweisung aus.

32–35 Die Zählung der gesamten Beute erbrachte 675 000 Schafe und Ziegen, 72 000 Rinder, 61 000 Esel und 32 000 Menschen, nämlich unberührte Mädchen.

36–40 Der Anteil für die Kriegsleute betrug demnach 337 500 Schafe und Ziegen, 36 000 Rinder, 30 500 Esel und 16 000 Mädchen, und ihre Abgabe für den HERRN 675 Schafe und Ziegen, 72 Rinder, 61 Esel und 32 Mädchen. 41 Mose gab diese Abgabe dem Priester Eleasar, wie der HERR es befohlen hatte.

42–46 Der Anteil des übrigen Volkes war genau so groß wie der Anteil der Kriegsleute. 47 Den fünfzigsten Teil davon nahm Mose und gab ihn den Leviten, wie der HERR es befohlen hatte.

48 Die Truppenführer kamen zu Mose 49 und sagten: »Wir haben die Männer, die unter unserem Befehl standen, gezählt; nicht ein einziger wird vermißt. 50 Darum bringen wir nun dem HERRN, was wir an Goldschmuck erbeutet haben: Armbänder, Armspangen, Siegelringe, Ohrringe und Halsketten. Wir bringen es ihm als Opfergabe, damit uns kein Unheil widerfährt.«

51 Mose und Eleasar nahmen den Goldschmuck in Empfang. 52 Die Abgabe der Truppenführer hatte ein Gewicht von nahezu vier Zentner.[a] 53 Was die einfachen Kriegsleute erbeutet hatten, behielten sie für sich. 54 Mose und Eleasar nahmen die Gabe und brachten sie ins Heilige Zelt*. Sie sollte die Israeliten beim HERRN in Erinnerung bringen, damit er sich ihnen freundlich zuwende.

Die Stämme Ruben und Gad bitten um das eroberte Ostjordanland

32 Die Stämme Ruben und Gad hatten sehr große Viehherden. Als sie sahen, daß das Gebiet rings um die Städte Jaser und Gilead ein gutes Weideland war, 2 sagten sie zu Mose und zum Priester Eleasar und zu den Stammesoberhäuptern:

3–4 »Seht hier dieses Land, das der HERR, vor der Gemeinde Israel herziehend, für sein Volk erobert hat – das ganze Gebiet der Städte Atarot, Dibon, Jaser, Nimra, Heschbon, Elale, Sibma, Nebo und Beon. Es ist gutes Weideland, und wir sind Schaf- und Ziegenhirten.«

5 Und sie sagten weiter zu Mose: »Wenn wir Gnade vor dir gefunden haben, dann laß doch dieses Land uns, deinen ergebenen Dienern, zuweisen! Erlaube uns, daß wir uns hier ansiedeln und nicht erst den Jordan überqueren müssen.«

6 Mose antwortete: »Sollen die anderen Stämme allein in den Kampf ziehen, während ihr ein gutes Leben habt? 7 Wenn ihr hierbleibt, nehmt ihr den Israeliten allen Mut, über den Jordan in das Land zu ziehen, das der HERR ihnen geben will.

8 Genauso haben eure Väter gehandelt, als ich sie von Kadesch-Barnea aus in das Land schickte, um es zu erkunden. 9 Sie kamen bis ins Traubental und sahen sich das Land an, und als sie zurückkamen, entmutigten sie die Israeliten, so daß sie nicht in das Land zu ziehen wagten, das der HERR ihnen geben wollte.

10 Damals wurde der HERR zornig und

a Hebräischer Gewichtswert *16 750 Schekel**.

31,19 19,11-13 31,27 1 Sam 30,24-25 32,8-9 13,17-33 32,10-13 14,20-35

schwor: 11 ›Weil sie meiner Führung nicht ver-
traut haben, wird keiner der Männer, die aus
Ägypten gezogen und jetzt 20 Jahre oder älter
sind, das Land sehen, das ich Abraham, Isaak
und Jakob mit einem Eid versprochen habe.
12 Nur Kaleb, der Sohn von Jefunne aus der Sippe
Kenas, und Josua, der Sohn Nuns, werden hin-
einkommen.‹ Diese beiden hatten dem HERRN
völlig vertraut.

13 So traf der Zorn des HERRN die Leute von
Israel, und er ließ sie vierzig Jahre in der Wüste
umherziehen, bis alle gestorben waren, die sei-
nen Zorn erregt hatten.

14 Und nun macht ihr es genauso! Als echte
Kinder eurer Väter reizt ihr den HERRN noch
mehr zum Zorn gegen sein Volk. 15 Wenn ihr
Männer von Ruben und Gad dem HERRN jetzt
nicht gehorcht, wird er das Volk noch länger in
der Wüste umherirren lassen, bis sie vollends
alle umgekommen sind. Das ist dann allein eure
Schuld!«

16 Sie traten näher zu Mose und sagten: »Wir
wollen ja nur Einfriedungen für unsere Schaf-
und Ziegenherden machen und befestigte Städte
für unsere Frauen und Kinder bauen, 17 damit sie
vor den Bewohnern des Landes sicher sind.
Dann werden wir sofort an der Spitze der übri-
gen Israeliten in den Kampf ziehen, bis wir auch
ihnen zu ihrem Land verholfen haben.

18 Wir werden nicht eher nach Hause zurück-
kehren, als bis alle Israeliten ein Stück Land als
Erbbesitz* bekommen haben. 19 Wir selbst
haben unseren Landanteil auf dieser Seite des
Jordans und beanspruchen nichts von dem Land
auf der anderen Seite.«

Mose gibt eine bedingte Zusage

20-22 Mose erwiderte: »Wenn ihr wirklich so handelt, dann bleibt ihr weder dem HERRN noch den anderen Israeliten etwas schuldig. Rüstet euch also vor den Augen des HERRN zum Kampf und überschreitet vor seinen Augen vollzählig den Jordan, und kehrt erst wieder hierher zurück, nachdem der HERR seine Feinde vertrieben und sich das ganze Land unterworfen hat!«

Wenn ihr so handelt, dann wird euch in
Gegenwart des HERRN das Land auf dieser Seite
des Jordans als euer rechtmäßiger Besitz zuge-
sprochen werden. 23 Wenn ihr aber euer Wort
nicht haltet, ladet ihr Schuld auf euch, und die
Strafe des HERRN wird euch mit Sicherheit
treffen.

24 So baut nun feste Städte für eure Frauen
und Kinder und Einfriedungen für eure Herden,
und dann tut, was ihr versprochen habt.«

25 Die Männer von Gad und Ruben sagten
zu Mose: »Wir sind deine Diener, wir werden
ganz bestimmt tun, was du verlangst. 26 Unsere
Frauen und Kinder und all unser Vieh bleiben
hier in den Städten, 27 wir Männer aber sind be-
reit, vor den Augen des HERRN den Jordan zu
überschreiten und in den Kampf zu ziehen, ge-
nau wie du es wünschst.«

28 Mose gab darauf Eleasar, Josua und den
Oberhäuptern der übrigen Stämme die Anwei-
sung: 29 »Wenn die Männer von Gad und Ruben
mit euch zusammen den Jordan überschreiten
und so lange kämpfen, bis das ganze Land in
eurer Hand ist, dann gebt ihnen das Gebiet öst-
lich des Jordans als ihren Besitz. 30 Wenn sie aber
nicht mit euch in den Kampf ziehen, müssen sie
sich mit einem Stück Land in eurer Mitte begnü-
gen.«

31 Die Männer von Gad und Ruben versicher-
ten: »Wir sind deine Diener, wir werden tun,
was der HERR befohlen hat. 32 Wir werden ge-
rüstet vor den Augen des HERRN den Jordan
überschreiten und in den Kampf ziehen, damit
wir das Land auf dieser Seite des Jordans als
unseren Besitz behalten dürfen.«

33 Mose sprach also den Stämmen Gad und Ruben sowie dem halben Stamm des Josefssohnes Manasse das Gebiet des Amoriterkönigs Sihon und das Gebiet des Königs Og von Baschan zu, das ganze Land mit allen seinen Städten.

34 Darauf bauten die Männer des Stammes
Gad die befestigten Städte Dibon, Atarot, Aroër,
35 Atrot-Schofan, Jaser, Jogboha, 36 Bet-Nimra und
Bet-Haran und errichteten Einfriedungen für
ihre Herden. 37 Die Männer des Stammes Ruben
bauten die Städte Heschbon, Elale, Kirjatajim,
38 Nebo, Baal-Meon[a] und Sibma und gaben
ihnen Namen.

Das Siedlungsgebiet für den halben Stamm Manasse

39 Die Männer der Sippe Machir vom Stamm
Manasse eroberten das Bergland Gilead* und
vertrieben die Amoriter*, die dort wohnten.
40 Deshalb gab Mose ihnen das Gebiet Gilead als
ihren Besitz, und sie siedelten sich dort an.

41 Jaïr vom Stamm Manasse eroberte eine Reihe von Ortschaften und nannte sie »Dörfer Jaïrs«.

a Hier folgt noch: *zu verändernde Namen.* Wahrscheinlich sollte der Vorleser vor dem Aussprechen von Namen gewarnt werden, die an Götzen erinnern (*Baal,* vielleicht auch *Nebo*).

42 Nobach eroberte die Stadt Kenat mit dem
zugehörigen Gebiet und gab ihr seinen eigenen
Namen.

Die Lagerplätze der Israeliten auf dem Weg von Ägypten bis an den Jordan

33 Hier folgt eine Übersicht über die Stationen des Weges, den das Volk Israel genommen hatte, nachdem es unter Führung von
Mose und Aaron in geordneten Scharen aus
Ägypten gezogen war. 2 Auf Befehl des HERRN
hatte Mose jedesmal, wenn sie einen Lagerplatz
abbrachen, den Namen des Ortes aufgeschrieben.
3 Die Israeliten brachen auf in der Stadt Ramses, am 15. Tag des 1. Monats, am Morgen nach
dem Passamahl*. Vor den Augen aller Ägypter
zogen sie unter dem Schutz des HERRN[a] aus
Ägypten aus. 4 Die Ägypter begruben gerade
ihre erstgeborenen Söhne, die der HERR getötet
hatte. Er hatte den Ägyptern damit gezeigt, daß
er mächtiger ist als ihre Götter.
5 Von Ramses zogen die Israeliten nach Sukkot 6 und weiter nach Etam am Rand der Wüste.
7 Von dort wandten sie sich seitwärts nach Pi-Hahirot gegenüber von Baal-Zefon und schlugen
ihr Lager bei Migdol auf. 8 Dann zogen sie mitten
durch das Meer und weiter drei Tagesmärsche
weit durch die Wüste von Etam bis nach Mara.
9 Von dort zogen sie nach Elim, wo es zwölf
Quellen und siebzig Palmen gab, 10 und weiter
zum Schilfmeer,[b] 11 darauf in die Wüste Sin
12–14 und von dort nach Dofka, Alusch und Refidim. In Refidim fanden sie kein Trinkwasser.
15–37 Dann kamen sie in die Wüste Sinai und darauf nach Kibrot-Taawa, Hazerot, Ritma, Rimmon-Perez, Libna, Rissa, Kehelata, zum Berg Schefer,
nach Harada, Makhelot, Tahat, Terach, Mitka,
Haschmona, Moserot, Bene-Jaakan, Hor-Gidgad,
Jotbata, Abrona, Ezjon-Geber, nach Kadesch in
der Wüste Zin und schließlich zum Berg Hor an
der Grenze des Landes Edom*.
Als die Israeliten dort lagerten, 38–39 stieg der
Priester Aaron auf Befehl des HERRN auf den
Berg Hor. Dort oben starb er im Alter von 123 Jahren, am 1. Tag des 5. Monats im vierzigsten Jahr,
nachdem die Israeliten aus Ägypten ausgezogen
waren.
40 Damals erfuhr der Kanaaniterkönig* von
Arad im Südland, daß die Israeliten im Anmarsch waren.
41–49 Weiter kamen die Israeliten nach Zalmona, Punon, Obot, Ije-Abarim, Dibon-Gad,
Almon-Diblatajema und zum Gebirge Abarim
gegenüber der Stadt Nebo. Schließlich erreichten sie das moabitische Steppengebiet in der
Jordanebene gegenüber Jericho und schlugen ihr
Lager zwischen Bet-Jeschimot und Abel-Schittim
auf.

Keine Schonung für die Bewohner des Landes

50–51 Dort im moabitischen Steppengebiet in der
Jordanebene gegenüber von Jericho erhielt Mose
vom HERRN den Auftrag, den Israeliten in seinem
Namen zu sagen:
»Wenn ihr den Jordan überschreitet und ins
Land Kanaan* kommt, 52 müßt ihr alle seine
Bewohner vertreiben. Zerstört ihre steinernen
und bronzenen Götzenbilder und ihre Altäre.
53 Nehmt das Land in Besitz und besiedelt es,
denn ich, der HERR, gebe es euch zu eigen. 54 Teilt
es durch das Los unter euch auf und gebt jedem
Stamm einen Anteil, der der Zahl seiner Angehörigen entspricht.
55 Ihr müßt unbedingt alle Bewohner des Landes vertreiben. Wenn ihr einige zurücklaßt, werdet ihr es bereuen; denn sie werden euch Leiden
zufügen wie ein Dorn im Auge und wie Stachelpeitschen, mit denen man Ochsen antreibt.
56 Ich werde dann mit euch genauso verfahren,
wie ihr nach meinem Befehl mit ihnen verfahren solltet.«

Die Grenzen von Israels Gebiet

34 1–2 Der HERR befahl Mose, den Israeliten
die Anweisung zu geben:
»Wenn ihr in das Land Kanaan* kommt und
es in Besitz nehmt, sollen eure Grenzen folgendermaßen verlaufen:
3 Im Süden wird euer Land von der Wüste Zin
und dem Gebiet von Edom* begrenzt. Im einzelnen verläuft dort die Grenze vom südlichen
Ende des Toten Meeres 4 in südwestlicher Richtung am Fuß der Skorpionensteige vorbei über
Zin bis südlich von Kadesch-Barnea und weiter
über Hazar-Addar nach Azmon.
5 Von Azmon läuft sie nordwestlich zu dem
Tal, das die Grenze* Ägyptens bildet, und folgt

a *unter dem Schutz des HERRN:* wörtlich *mit erhobener Hand.*
b Dem Zusammenhang nach ist es nicht der Schauplatz des Meerwunders von Ex 14,2 (vgl. hier Vers 8); der Name *Schilfmeer* kann auch andere Gewässer bezeichnen.

33,3 Ex 1,11; 12,37 **33,4** Ex 12,12 **33,5** Ex 12,37 **33,6** Ex 13,20 **33,7** Ex 14,2 **33,8** Ex 15,23 **33,9** Ex 15,27 **33,11** Ex 16,1 **33,12-14** Ex 17,1 **33,15-37** Ex 19,2; Num 11,34-35; Dtn 10,6-7; 2,8; Num 20,1.22 **33,38-39** 20,22-29 **33,40** 21,1 **33,41-49** 21,10-11; 22,1; Jos 12,3 **33,50-52** Ex 23,23-33; 34,11-16; Dtn 7,1-4; 12,2-3 **33,54** 26,52-56 **33,55** Jos 23,12-13 **34,3-5** Jos 15,2-4

diesem bis zum Mittelmeer. 6 Die Westgrenze
bildet das Mittelmeer.
7 Die Nordgrenze verläuft vom Mittelmeer
zum Berg Hor 8 und von dort über Lebo-Hamat
nach Zedad 9 und weiter über Sifron bis nach
Hazar-Enan.
10 Die Ostgrenze verläuft von Hazar-Enan
über Schefam 11 und den Ort Ribla östlich von
Ajin bis zu den Abhängen am Ostufer des Sees
Gennesaret* 12 und dann weiter den Jordan ent-
lang bis zum Toten Meer.
Das Land innerhalb dieser Grenzen soll euch
gehören.«
13 Weiter sagte Mose zu den Israeliten: »Dies
also ist das Land, das durch das Los unter euch
verteilt werden soll. Der HERR hat befohlen, es
den neuneinhalb Stämmen als Besitz zu über-
geben. 14–15 Die Stämme Ruben und Gad und der
halbe Stamm Manasse haben ihren Landbesitz
schon auf der Ostseite des Jordans, gegenüber
von Jericho, erhalten.«

Befehl zur Verteilung des Landes

16 Der HERR sagte zu Mose: 17 »Der Priester Elea-
sar und Josua, der Sohn Nuns, sollen das Land
unter das Volk verteilen. 18–28 Von jedem Stamm
bestimme ich einen der führenden Männer, da-
mit sie ihnen dabei helfen. Es sind die folgen-
den:

aus dem Stamm Juda:
Kaleb, der Sohn von Jefunne;
aus dem Stamm Simeon:
Schemuël, der Sohn von Ammihud;
aus dem Stamm Benjamin:
Elidad, der Sohn von Kislon;
aus dem Stamm Dan:
Bukki, der Sohn von Jogli;
aus dem Stamm Manasse:
Hanniël, der Sohn von Efod;
aus dem Stamm Efraïm:
Kemuël, der Sohn von Schiftan;
aus dem Stamm Sebulon:
Elizafan, der Sohn von Parnach;
aus dem Stamm Issachar:
Paltiël, der Sohn von Asan;
aus dem Stamm Ascher:
Ahihud, der Sohn von Schelomi;
aus dem Stamm Naftali:
Pedahel, der Sohn von Ammihud.«

29 Diesen Männern gab der HERR den Auftrag,
das Land Kanaan unter die Israeliten aufzu-
teilen.

Städte für die Leviten

35 Im moabitischen Steppengebiet in der
Jordanebene gegenüber von Jericho
sagte der HERR zu Mose:
2–3 »Die Leute von Israel sollen von ihrem
Landbesitz den Leviten* Städte geben, in denen
sie wohnen können, und dazu Weideland für ihr
Vieh. 4–5 Das Weideland soll sich von der Stadt-
mauer aus in jeder Richtung 500 Meter weit er-
strecken, so daß ein Quadrat von 1000 Meter Sei-
tenlänge entsteht mit der Stadt in der Mitte.[a]
6–7 Insgesamt sollt ihr den Leviten 48 Städte mit
dem dazugehörigen Weideland geben. Sechs da-
von sind als Asylstädte* bestimmt, in die jeder
fliehen kann, der unabsichtlich einen Menschen
getötet hat.
8 Die Anzahl der Levitenstädte in jedem
Stamm richtet sich nach der Größe seines Gebie-
tes.«

Asylstädte für Totschläger und Verfahren bei Mord

9–10 Der HERR gab Mose noch weitere Anweisun-
gen für die Israeliten:
»Wenn ihr den Jordan überquert und ins Land
Kanaan* kommt, 11 sollt ihr Asylstädte aus-
wählen, in die jeder fliehen kann, der unbeab-
sichtigt einen Menschen getötet hat. 12 Kein Ver-
wandter der getöteten Person darf dort an ihm
die Blutrache* vollziehen. Er darf nur getötet
werden, wenn er in einer öffentlichen Gerichts-
verhandlung schuldig gesprochen worden ist.
13 Bestimmt sechs solche Städte, 14 drei östlich
des Jordans und drei im Land Kanaan*. 15 Jeder
Israelit und jeder Fremde, der bei euch lebt, auch
der Fremdarbeiter*, soll dorthin fliehen können,
wenn er unabsichtlich einen Menschen getötet
hat.
16–18 Wenn aber jemand einen anderen mit
einem Stein oder einem eisernen oder hölzer-
nen Gegenstand erschlagen hat, ist er ein Mör-
der und muß mit dem Tod bestraft werden.
19 Der Nächstverwandte der ermordeten Person
hat die Pflicht, ihn zu töten, wo immer er ihn
findet.
20–21 Auch wer einen anderen durch einen
Stoß oder Schlag mit der Faust oder durch einen
Wurf mit irgendeinem Gegenstand umgebracht
hat, gilt als Mörder, sofern er es aus Haß und

a Hebräische Maßangaben *1000* und *2000 Ellen**; G hat die doppelten Maße.

34,6 Jos 15,11-12 **34,14-15** 32,1-42 **34,17** Jos 14,1 **35,2-8** (Levitenstädte) Lev 25,32-34; Jos 21,1-42; 1 Chr 6,39-66 **35,9-28** (Asylstädte) Ex 21,13; Dtn 4,41-43; 19,1-10; Jos 20,1-9

Feindschaft oder heimtückisch getan hat. Er ist
genauso dem Tod verfallen.
22–23 Wenn dagegen jemand einen Menschen,
der nicht sein Feind ist und dem er gar keinen
Schaden zufügen wollte, durch einen Stoß oder
Wurf mit einem Stein oder irgendeinem Gegen-
stand fahrlässig getötet hat, 24–25 dann soll die
Gemeinde, aus der er stammt, in öffentlicher
Gerichtsverhandlung seine Unschuld feststellen
und sein Leben vor der Blutrache schützen. Da-
nach wird er in die Asylstadt zurückgebracht, in
die er geflohen war. Dort muß er bleiben bis
zum Tod des amtierenden Obersten Priesters*,
der mit dem heiligen Öl gesalbt* worden ist.
26 Wenn aber der Totschläger den Zufluchtsort
verläßt, 27 kann der Nächstverwandte des Ge-
töteten ihn erschlagen, ohne daß er damit Schuld
auf sich lädt. 28 Erst nach dem Tod des Obersten
Priesters kann der Totschläger ohne Gefahr nach
Hause zurückkehren.
29 Diese Anordnungen gelten für alle eure
Nachkommen an jedem Ort des Landes, in dem
ihr wohnt.
30 Niemand darf wegen eines Mordes zum
Tod verurteilt werden, wenn nicht mindestens
zwei Zeugen für die Tat vorhanden sind. Auf
eine einzige Zeugenaussage hin darf kein Todes-
urteil gefällt werden.
31 Einen Mörder, der schuldig gesprochen ist,
dürft ihr nicht gegen ein Lösegeld freilassen;
er muß hingerichtet werden. 32 Ihr dürft auch
keinen Mörder gegen ein Lösegeld in eine der
Asylstädte aufnehmen, so daß er nach dem Tod
des Obersten Priesters wieder unbestraft nach
Hause zurückkehren kann.
33 Entweiht nicht das Land, in dem ihr lebt! Es
wird entweiht durch das Blut eines Ermordeten
und kann nur wieder rein* werden durch das
Blut dessen, der den Mord begangen hat. 34 Laßt
das Land, in dem ihr lebt, nicht unrein werden;
denn ich, der HERR, wohne mitten unter euch.«

Ergänzende Bestimmungen zum Erbrecht der Töchter

36 Die Sippenältesten der Nachkommen
Gileads, des Sohnes Machirs und Enkels
des Josefssohnes Manasse, gingen zu Mose und
den Stammesoberhäuptern des Volkes 2 und sag-
ten zu Mose: »Der HERR hat dir, unserem Herrn,
befohlen, das Land durchs Los unter die Israeli-
ten aufzuteilen. Er hat dir auch befohlen, den
Landanteil unseres Verwandten Zelofhad seinen
Töchtern zuzusprechen. 3 Wenn diese nun aber
Männer aus einem anderen Stamm heiraten,
wird ihr Land unserem Stammesbesitz entzogen
und dem anderen Stamm zugeschlagen. 4 Und
wenn dann das Erlaßjahr* kommt, wird ihr
Landbesitz endgültig dem Stamm zufallen, in
den sie eingeheiratet haben.«
5 Auf Befehl des HERRN gab Mose den Israeli-
ten die Anweisung: »Die Männer vom Stamm
Manasse haben recht. 6 Darum hat der HERR be-
stimmt: Die Töchter Zelofhads dürfen heiraten,
wen sie wollen, aber nur innerhalb ihres eige-
nen Stammes. 7 Kein Grundbesitz darf von einem
Stamm zu anderen übergehen, sondern der An-
teil jedes Stammes muß geschlossen erhalten
bleiben. 8–9 Deshalb darf eine Tochter, die erbbe-
rechtigt ist, nur einen Mann aus ihrem eigenen
Stamm heiraten.«
10–11 Machla, Tirza, Hogla, Milka und Noa, die
Töchter Zelofhads, handelten nach dieser An-
weisung und heirateten ihre Vettern. 12 So ver-
blieb ihr Landbesitz beim Stamm ihres Vaters.
13 Alle diese Gesetze und Anordnungen gab
der HERR den Israeliten durch Mose im moabiti-
schen Steppengebiet in der Jordanebene gegen-
über von Jericho.

35,24-25 Ex 29,7.29-30 **35,30** Dtn 19,15 S **35,33** Gen 9,5-6; Lev 24,17 **35,34** Ex 29,45 **36,1-12** 27,1-11 S **36,5-6** 9,8 S

DAS FÜNFTE BUCH MOSE (DEUTERONOMIUM)

Inhaltsübersicht

MOSE REDET: RÜCKBLICK UND ERMAHNUNGEN

(1,1–4,43)

Mose hält Rückschau

1 In diesem Buch ist aufgeschrieben, was Mose zum ganzen Volk Israel gesprochen hat, in der Steppe östlich des Jordans, in der Nähe von Suf, zwischen Paran und Tofel, Laban, Hazerot und Di-Sahab. – 2 Vom Berg Horeb* über das edomitische Bergland bis nach Kadesch-Barnea sind es elf Tagereisen. – 3 Im 40. Jahr nach dem Aufbruch von Ägypten, am 1. Tag des 11. Monats, sagte Mose den Israeliten alles, was der HERR ihm für sie aufgetragen hatte. 4 Zuvor hatte Mose die beiden Könige östlich des Jordans besiegt: Sihon, den König der Amoriter*, der in Heschbon regierte, und Og, den König von Baschan*, der in Aschtarot und Edreï regierte.

5 Dort im Land Moab* verkündete Mose dem Volk das Gesetz des HERRN. Er begann:

6 Als wir schon längere Zeit am Berg Horeb waren, hat der HERR, unser Gott, zu uns gesagt: »Ihr seid jetzt lange genug hier gewesen. 7 Macht euch auf und zieht in das Land Kanaan* zu den Amoritern, die im Bergland wohnen, und zu ihren Nachbarvölkern in der Jordanniederung, im westlichen Hügelland, in der südlichen Steppe und in der Küstenebene, ja bis zum Libanongebirge und zum Eufratstrom im Norden. 8 Dieses ganze Land übergebe ich euch. Zieht hinein und nehmt es in Besitz! Es ist das Land, das ich euren Vorfahren Abraham, Isaak und Jakob mit einem Eid zugesagt habe, als bleibenden Besitz für sie und ihre Nachkommen.«

Wie Mose Richter einsetzte

(Ex 18,13-27)

9 Dort am Berg Horeb* sagte ich zu euch:

»Ich kann die Last, für euch verantwortlich zu sein, nicht mehr allein tragen. 10 Der HERR, euer Gott, hat euch so zahlreich werden lassen wie die Sterne am Himmel. 11 Und mein Wunsch ist, daß er, der schon eure Vorfahren beschützt hat, euch auch weiterhin segnet und euch noch tausendmal so zahlreich werden läßt, genau wie er euch das zugesagt hat.

12 Ich kann die Last nicht allein tragen, sie ist mir zu schwer; und ich kann auch nicht selbst alle eure Streitfälle schlichten. 13 Bestimmt aus jedem Stamm eine Reihe von Männern mit Verstand und Erfahrung, die ich als Oberhäupter über euch einsetzen kann.«

14 Ihr gabt mir zur Antwort: »Dein Vorschlag ist gut, wir sind damit einverstanden!«

15 Ich wählte also in allen Stämmen erfahrene Männer aus, machte sie zu Aufsehern* und setzte sie ein über jeweils tausend, hundert, fünfzig und zehn von euch. 16 Ich übertrug ihnen das Richteramt und befahl ihnen: »Untersucht jeden Streitfall zwischen zwei Israeliten oder zwischen einem Israeliten und einem Fremden, der bei euch lebt, und entscheidet, wer im Recht ist. 17 Urteilt unparteiisch! Hört die kleinen Leute genauso an wie die vornehmen und einflußreichen, und laßt euch von niemand einschüchtern; denn Gott selbst wacht über das Recht. Ist euch ein Fall zu schwierig, so kommt zu mir, damit ich ihn entscheide.«

18 Damals gab ich euch auch alle Anweisungen, die ihr befolgen sollt.

Wie Mose Kundschafter ausschickte

(Num 13,1-33)

19 Wir folgten also dem Befehl des HERRN, unseres Gottes, und machten uns vom Berg Horeb* aus auf den Weg in das Bergland der Amoriter*. Wir zogen durch die große gefährliche Wüste, an die ihr euch nur zu gut erinnert, und kamen bis nach Kadesch-Barnea. 20 Dort sagte ich zu euch: »Wir stehen jetzt vor dem Bergland der Amori-

1,4 Num 21,21-35 **1,8** Gen 12,7 S **1,9.12** Num 11,11.14 **1,10** Gen 12,2 S **1,15** Ex 18,25 **1,16-17** Ex 23,1-3 S; 23,6 **1,17** 16,19; Ex 23,6; Lev 19,15; Jak 2,1 S **1,19** Num 20,1

ter, das der HERR für euch bestimmt hat. 21 Er hat
das Land in eure Gewalt gegeben. Zieht also hin-
auf und nehmt es in Besitz! Der HERR, der Gott
eurer Vorfahren, hat es euch zugesprochen.
Habt keine Angst, laßt euch nicht abschrecken!«

22 Aber ihr alle kamt zu mir und sagtet: »Wir
wollen ein paar Männer vorausschicken, die das
Land erkunden. Sie sollen uns sagen, welchen
Weg wir am besten einschlagen und was für
Städte wir dort antreffen.« 23 Ich war damit ein-
verstanden und wählte zwölf Männer aus, von
jedem Stamm einen. 24 Sie machten sich auf den
Weg ins Bergland und erkundeten es bis zum
Traubental. 25 Sie brachten Proben von den
Früchten des Landes mit und berichteten, was
sie gesehen hatten. »Es ist ein gutes Land«, sag-
ten sie, »das der HERR, unser Gott, uns geben
will.«

26 Aber ihr widersetztet euch dem Befehl des
HERRN, eures Gottes, und wolltet nicht in das
Land ziehen. 27 Ihr begannt zu meutern und sag-
tet zueinander in euren Zelten: »Der HERR haßt
uns! Er hat uns aus Ägypten herausgeführt, um
uns den Amoritern auszuliefern, damit sie uns
vernichten. 28 Worauf lassen wir uns da ein!
Unsere Kundschafter haben uns allen Mut ge-
nommen. Sie haben uns berichtet, daß die Be-
wohner des Landes stärker und zahlreicher[a]
sind als wir und die Mauern ihrer Städte bis zum
Himmel reichen. Und was sie erst von den Ana-
kitern* erzählt haben!«

29 Ich sprach euch Mut zu und sagte: »Habt
doch keine Angst vor ihnen! 30 Der HERR, euer
Gott, wird vor euch herziehen und für euch
kämpfen. Ihr habt erlebt, was er in Ägypten für
euch getan hat; 31 und durch die Wüste hat er
euch getragen wie ein Vater sein Kind, den
ganzen langen Weg bis hierher.«

32 Aber obwohl er all das für euch getan hat,
hattet ihr kein Vertrauen zum HERRN, eurem
Gott – 33 zu ihm, der doch vor euch hergezogen
war, um die Lagerplätze auszusuchen und euch
den Weg zu zeigen, bei Tag in einer Wolke und
bei Nacht in einer Feuersäule!

Wie das Volk für seinen Unglauben bestraft wurde

(Num 14,20-45)

34 Als der HERR hörte, was ihr da sagtet, wurde er
zornig und schwor: 35 »Keiner von diesen Män-
nern, keiner aus dieser ganzen widerspenstigen
Generation wird das gute Land zu sehen bekom-
men, das ich ihren Vorfahren zugesagt habe.
36 Nur Kaleb, der Sohn von Jefunne, wird das
Land betreten; ihm und seinen Nachkommen
gebe ich das Gebiet, das er erkundet hat. Denn
er ließ sich nicht beirren und hat mir vertraut.«

37 Sogar auf mich wurde der HERR euretwegen
zornig und sagte zu mir: »Auch du wirst das
Land nicht betreten! 38 Dein Diener Josua, der
Sohn Nuns, wird hineinkommen. Ihm mach
Mut, denn er soll es als Erbbesitz* unter die
Israeliten verteilen.«

39 Und zum ganzen Volk sagte der HERR:
»Eure kleinen Kinder, die noch nicht zwischen
Gut und Böse unterscheiden können, die wer-
den in das Land hineinkommen. Ihr habt gesagt:
›Sie werden den Feinden in die Hände fallen‹ –
aber gerade ihnen werde ich das Land geben, sie
werden es in Besitz nehmen. 40 Ihr aber kehrt
jetzt um und zieht wieder in die Wüste, dem
Schilfmeer* zu!«

41 Da sagtet ihr zu mir: »Wir haben Unrecht
getan, wir waren dem HERRN ungehorsam. Doch
jetzt wollen wir in das Land hinaufziehen und es
erobern, wie der HERR, unser Gott, es uns befoh-
len hat.«

Jeder nahm seine Waffen, und ihr wolltet so-
fort losziehen. 42 Aber der HERR ließ euch durch
mich warnen. »Fallt nicht in das Land ein«, sagte
er, »versucht nicht, es zu erobern! Ich werde
nicht mit euch gehen, und ihr werdet von euren
Feinden geschlagen.«

43 Ich sagte euch das, aber ihr hörtet nicht
darauf. Ihr widersetztet euch dem HERRN und
zogt in eurem Übermut ins Bergland hinauf.
44 Da stellten sich euch die Amoriter* entgegen,
die dort wohnten, besiegten euch und jagten
euch vom Bergland Seïr* bis nach Horma, wie
ein Bienenschwarm trieben sie euch vor sich
her.

45 Dann kehrtet ihr um und weintet vor dem
HERRN und wolltet ihn umstimmen, aber er
hörte euch nicht. 46 Ihr bliebt dann lange Zeit in
der Oase Kadesch.

Wie die Israeliten durch Edom, Moab und Ammon zogen

2 Wir kehrten nun um und zogen in die
Wüste hinein, in Richtung Schilfmeer*, wie
der HERR es mir befohlen hatte. Lange Zeit wan-
derten wir im Wüstengebiet rings um das Berg-
land Seïr* umher.

2 Schließlich sagte der HERR zu mir: 3 »Ihr seid

a *zahlreicher:* mit einigen Handschriften; H *größer* (von der Körpergröße).

1,28 Num 13,32-33 **1,31** Ex 4,22 S; 19,4; Hos 11,3 **1,33** Ex 13,21 S **1,37** 3,26-27; 4,21; 32,50-52; Num 20,12 **1,38** 3,28; 31,3; Num 27,18-19 **1,39** Num 14,3 **1,46** Num 20,1 **2,1** Num 21,4

nun genug hier umhergezogen. Wendet euch
jetzt nach Norden!«
4-5 Und er gab mir für euch die Anweisung:
»Wenn ihr jetzt durch Edom*, das Gebiet eurer
Stammesverwandten, der Nachkommen Esaus,
zieht, dann fangt auf keinen Fall Krieg mit ihnen
an! Sie werden zwar vor euch Angst haben; aber
ich werde euch von ihrem Land nicht einen
Fußbreit geben. Das Bergland Seïr habe ich den
Nachkommen Esaus als bleibenden Besitz zuge-
sprochen. 6 Wenn ihr beim Durchzug Brot und
Wasser braucht, sollt ihr es ihnen bezahlen.«
7 Das konntet ihr ja auch, denn der HERR, euer
Gott, hatte all euer Tun reich gesegnet. Er vergaß
euch nicht in der großen Wüste. Vierzig Jahre
lang hat er euch begleitet und für euch gesorgt;
nie hat es euch an etwas gefehlt.
8 So zogen wir nordwärts, aber nicht durch
das Land unserer Verwandten, der Nachkom-
men Esaus, und auch nicht auf der Straße, die
von Ezjon-Geber und Elat durch die Senke zum
Toten Meer führt.[a]
Danach zogen wir weiter in Richtung Moab.
9 Der HERR aber sagte zu mir: »Kämpft nicht
gegen die Moabiter*, greift sie nicht an; denn
auch von ihrem Land werde ich euch nichts
geben. Sie sind die Nachkommen Lots, und ich
habe ihnen das Gebiet von Ar als bleibenden Be-
sitz zugesprochen.«
10 – Früher wohnten dort die Emiter, ein
großes und mächtiges Volk, dessen Männer
ebenso riesenhaft waren wie die Anakiter*.
11 Wie die Anakiter werden sie zu den Rafaïtern
gezählt; aber die Moabiter nennen sie Emiter.
12 Im Bergland Seïr wohnten früher die Horiter,
aber die Nachkommen Esaus rotteten sie aus
und nahmen ihr Land in Besitz, wie es die Israe-
liten mit dem Land machten, das der HERR ihnen
gegeben hatte. –
13 »Überschreitet jetzt den Bach Sered«, befahl
der HERR, und wir taten es. 14 Seit unserem
Aufbruch aus Kadesch-Barnea waren damals
38 Jahre vergangen. In dieser Zeit waren alle
wehrfähigen Männer jener Generation gestor-
ben, wie der HERR es als Strafe über sie verhängt
hatte. 15 Der HERR hatte dafür gesorgt, daß keiner
von ihnen am Leben blieb.
16 Nachdem sie nun alle tot waren, 17 sagte
der HERR zu mir: 18 »Ihr werdet jetzt durch das
Gebiet der Moabiter ziehen 19 und dann an die
Grenze der Ammoniter* kommen. Kämpft nicht
gegen die Ammoniter und greift sie nicht an;
denn auch von ihrem Land werde ich euch
nichts geben. Sie sind die Nachkommen Lots,
und ich habe ihnen ihr Land als bleibenden Be-
sitz zugesprochen.«
20 – Auch dieses Gebiet gilt als Land der Ra-
faïter, weil dort früher die Rafaïter wohnten. Von
den Ammonitern wurden sie Samsummiter ge-
nannt; 21 auch sie waren ein großes und mächti-
ges Volk, dessen Männer so riesenhaft waren
wie die Anakiter. Aber der HERR gab sie in die
Gewalt der Ammoniter, die sie ausrotteten und
ihr Land in Besitz nahmen, 22 genauso wie er die
Horiter und ihr Land in die Gewalt der Edomiter
gab, die dort bis heute wohnen. 23 Die Awiter
aber, die zwischen diesem Gebiet und der
Gegend von Gaza in Dörfern gewohnt hatten,
mußten den Philistern, die aus Kreta kamen,
weichen. –

Der Sieg über König Sihon

(Num 21,21-30)

24 »Brecht jetzt auf«, sagte der HERR weiter, »und
überschreitet den Arnonfluß! Ich habe den Amo-
riterkönig* Sihon, der in Heschbon regiert, in
eure Hand gegeben. Eröffnet den Kampf gegen
ihn und nehmt sein Land in Besitz! 25 Von heute
an werde ich allen Völkern der Erde Furcht und
Schrecken vor euch einjagen. Sie werden zittern
vor euch und sich winden vor Angst, wenn sie
hören, was man sich von euch erzählt.«
26 Da schickte ich von der Wüste Kedemot aus
Boten nach Heschbon zu König Sihon und ließ
ihm sagen: »Wir kommen in friedlicher Absicht!
27 Erlaube uns, durch dein Land zu ziehen. Wir
wollen nur die Straße benutzen und werden
weder nach rechts noch nach links davon ab-
gehen. 28 Was wir an Brot und Wasser brauchen,
werden wir bezahlen. Wir wollen nichts weiter
als durchziehen, 29 wie uns das schon die Edomi-
ter* und Moabiter* erlaubt haben. Unser Ziel ist
das Land auf der anderen Seite des Jordans, das
der HERR, unser Gott, uns geben will.«
30 Aber König Sihon wollte uns nicht durch-
ziehen lassen. Der HERR, euer Gott, hatte ihn
starrsinnig und uneinsichtig gemacht; denn er
wollte ihn in eure Hand geben, wie es tatsäch-
lich geschehen ist. 31 Er sagte zu mir: »Ich habe
schon für euch gehandelt: Sihon und sein Land
sind euch wehrlos preisgegeben. Nun handelt
auch ihr: Nehmt sein Land in Besitz!«

a Diese überraschende Wendung entspricht Num 20,21; alte Übersetzungen haben dagegen *durch das Land ... und auf der Straße,* wie es nach den Versen 4-5 zu erwarten wäre.

2,4-8 Num 20,14-21 **2,4-5** (Seïr) Gen 36,8 **2,9** Gen 19,37 **2,10-11** Num 13,32-33 **2,12** Gen 14,6; 36,20-30 **2,14** Num 14,28-35 **2,19** Gen 19,38 **2,23** Jer 47,4 S **2,24** Num 21,13 **2,30** Ex 7,3

32 Als uns nun Sihon mit seiner ganzen
Kriegsmacht nach Jahaz entgegenzog, 33 gab der
HERR ihn in unsere Hand, und wir töteten ihn,
seine Söhne und alle seine Kriegsleute. 34 Dann
nahmen wir alle seine Städte ein und vollstreck-
ten den Bann* an ihren Bewohnern, den Män-
nern, Frauen und Kindern. Niemand ließen wir
lebend entkommen. 35 Nur das Vieh verschon-
ten wir und nahmen es als Beute, und dazu alles,
was sonst noch von Wert war.

36 Von Aroër auf den Höhen über dem Arnon-
tal und der Stadt, die direkt am Arnonfluß liegt,
bis hin zur Landschaft Gilead* konnte sich keine
einzige Stadt gegen uns behaupten; alle gab der
HERR, unser Gott, in unsere Hand. 37 Nur vom
Land der Ammoniter* habt ihr euch ferngehal-
ten und habt das Gebiet zu beiden Seiten des
Jabboks und die Städte im angrenzenden Berg-
land nicht besetzt, weil der HERR, unser Gott, es
uns verwehrt hatte.

Der Sieg über König Og von Baschan

(Num 21,33-35)

3 Als wir zum Land Baschan* weiterzogen,
stellte sich uns bei Edreï der König des Lan-
des, Og von Baschan, mit seiner ganzen Kriegs-
macht in den Weg. 2 Der HERR aber sagte zu mir:
»Hab keine Angst vor ihm! Ich habe ihn und
seine Kriegsleute und sein Land in deine Hand
gegeben. Du wirst ihm dasselbe Schicksal berei-
ten wie dem Amoriterkönig Sihon.«

3 Und der HERR, unser Gott, ließ uns auch
über König Og von Baschan siegen. Wir töteten
ihn und alle seine Kriegsleute; kein einziger
konnte entkommen. 4 Dann nahmen wir alle
seine Städte ein, insgesamt sechzig, das ganze
Gebiet von Argob in der Landschaft Baschan,
über das er geherrscht hatte. 5 Es waren lauter
befestigte Städte mit hohen Mauern und verrie-
gelten Toren; dazu kam noch eine große Anzahl
unbefestigter Ortschaften. 6 An den Bewohnern
– Männern, Frauen und Kindern – vollstreckten
wir den Bann*, genau wie wir es in den Städten
König Sihons getan hatten. 7 Das Vieh und alles,
was sonst noch von Wert war, nahmen wir als
Beute.

8 So hatten wir nun das Land der beiden Amo-
riterkönige im Gebiet östlich des Jordans erobert,
vom Arnontal bis zum Berg Hermon – 9 die
Phönizier* nennen ihn Sirjon und die Amoriter*
Senir –, 10 alle Städte der Hochebene nördlich
des Arnons, dazu die ganze Landschaft Gilead*
sowie die Landschaft Baschan bis hin nach Sal-
cha und Edreï, alle Städte, über die König Og von
Baschan geherrscht hatte.

11 König Og war der letzte vom Geschlecht
der Rafaïter. Sein eiserner Sarg ist noch heute
in Rabba, der Hauptstadt der Ammoniter*, zu
sehen; er ist viereinhalb Meter lang und zwei
Meter breit.

Wie das Land östlich des Jordans verteilt wurde

(Num 32,1-42)

12 Nachdem wir die beiden Königreiche erobert
hatten, gab ich das Gebiet nördlich von Aroër
und dem Arnonfluß sowie die halbe Landschaft
Gilead* mit allen Städten den Stämmen Ruben
und Gad als bleibenden Besitz. 13 Die andere
Hälfte von Gilead und ganz Baschan*, das Land
des König Og, das ganze Gebiet von Argob, gab
ich der einen Hälfte des Stammes Manasse.

– Die Landschaft Baschan wurde auch Ra-
faïterland genannt. 14 Jaïr aus dem Stamm Ma-
nasse nahm das ganze Gebiet von Argob in
Besitz, bis an die Grenzen von Geschur und
Maacha, und gab diesem Gebiet, der Landschaft
Baschan, seinen eigenen Namen. Diese Gegend
heißt noch heute ›Siedlungen Jaïrs‹. –

15 Die Landschaft Gilead teilte ich der Stam-
mesgruppe Machir zu, 16 den Stämmen Ruben
und Gad aber das Gebiet südlich davon bis zum
Arnon und östlich bis zum Jabbok, der Grenze
der Ammoniter*, 17 und dazu das Jordantal vom
See Gennesaret* bis zum Toten Meer und zum
Fuß des Berges Pisga.

18 Damals sagte ich zu den Männern dieser
Stämme: »Der HERR, euer Gott, hat euch dieses
Land als bleibenden Besitz gegeben. Dafür müßt
ihr nun aber auch an der Spitze der übrigen
Israeliten bewaffnet über den Jordan ziehen.
Alle wehrfähigen Männer sind dazu verpflichtet.
19 Nur eure Frauen und Kinder und euer Vieh –
ihr habt ja so große Herden – können hier in den
Städten bleiben, die ich euch zugeteilt habe.
20 Erst wenn der HERR auch euren Brüdern, den
übrigen Israeliten, Ruhe verschafft und ihnen
auf der anderen Seite des Jordans ihr Land ge-
geben hat, dürft ihr wieder zurückkehren, jeder
zu dem Stück Land, das ihm zugeteilt worden
ist.«

21 Zu Josua aber sagte ich: »Du hast gesehen,
was der HERR, euer Gott, mit diesen beiden Köni-
gen getan hat. Genauso wird er an den Königen
auf der anderen Seite des Jordans handeln, in
deren Land du das Volk jetzt führen wirst.

2,34-35 7,1-4S 3,6 7,1-4S 3,11 2,10-11.20-21; Jos 12,4

22 Habt keine Angst vor ihnen! Der HERR, euer
Gott, wird selbst für euch kämpfen.«

Warum Mose das Betreten des Landes verwehrt wird

23 Damals bat ich den HERRN: 24 »Herr, mein Gott,
du hast begonnen, mir, deinem Diener, deine
Größe und Macht zu zeigen. Nirgends im Him-
mel und auf der Erde gibt es einen Gott, der so
gewaltige Taten und erstaunliche Wunder voll-
bringt wie du. 25 Laß mich nun auch über den
Jordan ziehen und das schöne Land dort sehen,
dieses ganze herrliche Bergland bis hinauf zum
Libanon!«

26 Aber weil ihr euch dem HERRN widersetzt
hattet, war der HERR zornig auf mich und erfüllte
meine Bitte nicht. Er sagte zu mir: »Genug! Kein
Wort mehr davon! 27 Steig auf den Gipfel des
Berges Pisga und schau nach allen Seiten, nach
Westen, nach Norden, nach Süden und nach
Osten. Du darfst das Land mit deinen Augen
sehen, aber den Jordan darfst du nicht über-
schreiten. 28 Übertrage Josua die Führung und
mache ihm Mut! Er ist es, der vor dem Volk her
über den Jordan gehen und ihm das Land zutei-
len wird, das du sehen darfst.«

29 Wir blieben nun eine Zeitlang im Tal bei der
Stadt Bet-Pegor.

Das Gesetz ist Israels kostbarster Besitz

4 Und nun, Volk Israel, höre die Gebote und
Rechtsbestimmungen, die ich euch allen
verkünde! Befolgt sie, dann werdet ihr am Leben
bleiben und das Land in Besitz nehmen, das der
HERR euren Vorfahren zugesagt hat und das er
euch geben will. 2 Fügt nichts hinzu, und nehmt
nichts davon weg. Befolgt die Gebote des HERRN,
eures Gottes genau so, wie ich sie euch sage.

3 Ihr habt mit eigenen Augen gesehen, was
der HERR, euer Gott, beim Berg Pegor getan hat:
Er hat alle aus eurer Mitte ausgerottet, die sich
dort mit dem Götzen Baal* einließen. 4 Ihr aber
seid am Leben geblieben, weil ihr treu zum
HERRN, eurem Gott, gehalten habt.

5 Ich verkünde euch jetzt die Gebote und
Rechtsbestimmungen, so wie sie mir der HERR,
mein Gott, für euch gegeben hat, damit ihr sie
befolgt in dem Land, das ihr nun in Besitz
nehmt. 6 Beachtet sie also und handelt danach!
Dann werdet ihr unter den Völkern für eure
Weisheit berühmt werden. Denn wenn die an-
deren Völker hören, nach was für Geboten ihr
lebt, werden sie voll Achtung auf euch blicken
und sagen: »Wie klug und einsichtig ist doch die-
ses große Volk!« 7 Kein anderes von den großen
Völkern hat ja einen Gott, der ihm mit seiner
Hilfe so nahe ist wie uns der HERR, unser Gott. Er
hilft uns, sooft wir zu ihm rufen. 8 Und kein
anderes großes Volk hat so gute Gebote und
Rechtsbestimmungen wie die, die ich euch
heute gebe.

Der Gott Israels ist einzigartig

9 Aber gebt acht, daß ihr nie vergeßt, was ihr mit
eigenen Augen gesehen habt! Haltet die Erinne-
rung daran euer Leben lang lebendig, und er-
zählt es euren Kindern und Enkeln weiter.
10 Denkt an den Tag, als ihr am Berg Horeb* vor
dem HERRN, eurem Gott, gestanden habt. Der
HERR hatte zu mir gesagt: »Rufe das ganze Volk
zusammen! Sie sollen hören, was ich ihnen zu
sagen habe, und sollen lernen, mich und meine
Weisungen ernst zu nehmen, die ganze Zeit, die
sie in ihrem Land leben. Sie sollen auch ihre Kin-
der dazu anhalten.«

11 Da kamt ihr heran und stelltet euch am Fuß
des Berges auf. Der Berg stand in Flammen, die
bis zum Himmel loderten, und ringsum war er
von dunklen, schwarzen Wolken umgeben.
12 Der HERR sprach zu euch aus dem Feuer her-
aus. Ihr konntet seine Stimme hören, aber sehen
konntet ihr ihn nicht; da war nur die Stimme.
13 Er verkündete euch die Zehn Gebote als die
Verpflichtungen, die sein Bund* euch auferlegt,
und schrieb sie auf zwei Steintafeln. 14 Mir aber
befahl er, euch alle Gebote und Rechtsbestim-
mungen einzuprägen, nach denen ihr in eurem
Land leben sollt.

15 Vergeßt nicht, daß ihr damals am Berg
Horeb, als der HERR aus dem Feuer zu euch
redete, nur die Stimme gehört, aber keinerlei Ge-
stalt gesehen habt. 16 Darum macht euch kein
Gottesbild; das wäre ein unverzeihliches Ver-
gehen, ganz gleich, was für eine Gestalt ihr
nachbildet: einen Mann oder eine Frau, 17–18 ein
vierfüßiges Landtier, einen Vogel, ein kriechen-
des Tier oder einen Fisch. 19 Und wenn ihr zum
Himmel aufblickt und die Sonne, den Mond und
die Sterne seht, das ganze Himmelsheer, dann
laßt euch nicht dazu verleiten, sie als Götter an-
zubeten und ihnen zu dienen. Die Verehrung
der Gestirne hat der HERR, euer Gott, allen ande-
ren Völkern der Erde zugewiesen. 20 Euch aber
hat er aus Ägypten, diesem glühenden Schmelz-

3,22 1,29-30 **3,26-27** 1,37 S; Num 27,12-20 **3,28** 1,38 S **3,29** Num 25,1-18 **4,1** 5,32-33; 6,24; 8,1; 16,20; 30,16.19-20; Lev 18,5 S **4,2** 13,1; Offb 22,18-19 **4,3** Num 25,1-9 **4,7** 4,32-34; Ps 145,18; 148,14 **4,8** Ps 147,19-20 **4,10-12** Ex 19,16-20 **4,13** Ex 24,12 S **4,16-18** Ex 20,4 S; Röm 1,23 **4,19** 17,2-4; 2 Kön 17,16; Jer 8,2; Weish 13,2 **4,20** Ex 19,5-6 S

ofen*, herausgeholt, um euch zu seinem eigenen
Volk zu machen, wie ihr das nun auch wirklich
seid.
21 Doch weil ihr ihm nicht gehorcht habt,
wurde der HERR zornig auf mich und schwor, ich
würde nicht über den Jordan in das schöne Land
kommen, das er euch als Erbbesitz geben wird.
22 Darum muß ich auf dieser Seite des Jordans
sterben; ihr aber werdet das Land in Besitz neh-
men. 23 Seht euch vor, daß ihr nicht den Bund*
vergeßt, den der HERR, euer Gott, mit euch ge-
schlossen hat! Macht euch niemals ein Gottes-
bild, ganz gleich, von welcher Gestalt, weil der
HERR, euer Gott, euch das verboten hat. 24 Der
HERR, euer Gott, ist ein verzehrendes Feuer, ein
leidenschaftlich liebender Gott, der es nicht hin-
nimmt, wenn ihr irgend etwas anderes außer
ihm verehrt.[a]

Dem verirrten Volk steht die Rückkehr offen

25 Wenn ihr schon viele Generationen lang in
eurem Land lebt, könntet ihr versucht sein, euch
gegen den HERRN zu vergehen und irgendwel-
che Gottesbilder zu machen. Damit fordert ihr
den Zorn des HERRN heraus. 26 Ich rufe Himmel
und Erde als Zeugen an: Wenn ihr so etwas tut,
werdet ihr euch nicht in dem Land halten kön-
nen, das ihr jetzt in Besitz nehmt! Es wird dann
sehr schnell um euch geschehen sein. 27 Der
HERR wird euch unter die Völker zerstreuen; nur
ein kleines Häuflein von euch wird dort über-
leben. 28 Ihr werdet Göttern dienen müssen, die
von Menschen gemacht sind, Bildern aus Holz
und Stein, die weder sehen noch hören, noch
schmecken, noch riechen können.
29 Dort werdet ihr dann den HERRN, euren
Gott, suchen, und er wird sich von euch finden
lassen, wenn ihr euch ihm mit ganzem Herzen
und mit allen Kräften zuwendet. 30 In ferner Zu-
kunft, wenn all diese Not über euch kommt,
werdet ihr wieder zum HERRN, eurem Gott,
umkehren und auf seine Stimme hören. 31 Der
HERR ist ja ein Gott voll Erbarmen, und er ist
und bleibt euer Gott. Er wird euch nicht fallen
lassen, euch nicht vernichten. Er vergißt nicht,
was er euren Vorfahren mit einem Eid zugesagt
hat.
32 Durchforscht doch einmal die Vergangen-
heit, die ganze Zeit, seit Gott die Menschen ge-
schaffen hat! Durchforscht die ganze Erde von
einem Ende zum andern! Ist irgendwann sonst
etwas so Großes geschehen? Weiß man irgend-
wo sonst von etwas dergleichen zu erzählen?
33 Hat je ein Volk die Stimme Gottes aus dem
Feuer heraus gehört und ist am Leben geblieben,
wie ihr das erlebt habt? 34 Hat jemals ein Gott es
unternommen, ein Volk aus einem anderen Volk
herauszuholen und zu seinem Eigentum zu
machen, wie das der HERR, euer Gott, in Ägypten
an euch getan hat? Vor euren Augen hat er uner-
hörte Wunder vollbracht, er hat eure Unter-
drücker in Furcht und Schrecken versetzt und
hat furchtbare Plagen über sie gebracht. Ja, er hat
selbst für euch gekämpft; mit starker Hand und
ausgestrecktem Arm hat er euch aus ihrer Mitte
herausgeführt!
35 Das alles hat der HERR euch erleben lassen,
damit ihr erkennt, daß er wahrhaftig Gott ist und
es außer ihm keinen anderen Gott gibt. 36 Er
sprach zu euch vom Himmel herab und gab
euch seine Weisungen; ihr habt sein gewaltiges
Feuer gesehen und aus dem Feuer heraus seine
Stimme gehört. 37 Weil er eure Vorfahren liebte,
hat er euch ausgewählt. Er ging mit euch und
hat euch mit seiner großen Macht aus Ägypten
herausgeführt, 38 um Völker vor euch zu vertrei-
ben, die größer und mächtiger sind als ihr, und
euch ihr Land als Erbbesitz* zu geben, wie ihr
das jetzt erlebt.
39 Begreift also heute und nehmt es zu Her-
zen, daß der HERR allein Gott ist im Himmel und
auf der Erde und es außer ihm keinen Gott gibt.
40 Lebt nach seinen Geboten und Weisungen, die
ich euch heute verkünde! Dann wird es euch
und euren Nachkommen gutgehen, und ihr wer-
det für immer in dem Land bleiben, das der
HERR, euer Gott, euch geben wird.

Asylstädte für Totschläger im Ostjordanland

41 Damals bestimmte Mose im Gebiet östlich des
Jordans drei Städte als Zufluchtsorte, 42 damit
jeder dorthin fliehen könnte, der unbeabsichtigt
einen Menschen getötet hat. Wenn der Totschlä-
ger wirklich vorher keinen Haß auf den anderen
gehabt hat, kann er dort Asyl finden und so sein
Leben retten.
43 Im Gebiet des Stammes Ruben bestimmte
Mose dafür die Stadt Bezer in der Steppenhoch-
ebene östlich des Toten Meeres, im Gebiet des
Stammes Gad die Stadt Ramot im Bergland
Gilead* und im Gebiet des halben Stammes
Manasse die Stadt Golan im Land Baschan*.

a *ein leidenschaftlich …:* wörtlich *ein »eifersüchtiger« Gott.*

4,21 1,37 S **4,24** 9,3; Jes 33,14; Hebr 12,29 **4,26** 30,19; 31,28; 32,1; Jes 1,2 **4,29-31** 30,1-10; Jer 29,13-14 S **4,31** Ex 34,6 S **4,32-34** 4,7 S **4,36** Ex 19,16-18 **4,41-43** Num 35,9-28 S

DIE ZEHN GEBOTE UND WEITERE ERMAHNUNGEN

(4,44–11,32)

Mose erinnert an die Grundlagen des Bundes

44-45 Es folgt jetzt das ganze Gesetz, das Mose dem Volk Israel nach seinem Auszug aus Ägypten verkündet hat, die Gebote, Rechtsbestimmungen und Ermahnungen. 46 Er verkündete dies alles im Tal gegenüber von Bet-Pegor, im ehemaligen Herrschaftsgebiet des Amoriterkönigs* Sihon, der in Heschbon regiert hatte. Ihn hatten die Israeliten unter der Führung Moses besiegt 47 und sein Land in Besitz genommen, und anschließend auch das Land des Königs Og von Baschan*. Sie hatten das ganze Gebiet der beiden Amoriterkönige östlich des Jordans besetzt, 48 von Aroër am Arnonfluß bis zum Hermongebirge, 49 eingeschlossen die östliche Seite der Jordansenke bis hinab zum Toten Meer und zum Fuß des Berges Pisga.

Die Zehn Gebote

(Ex 20,1-17)

5 Mose rief ganz Israel zusammen und sagte:

Volk Israel, höre die Gebote und Weisungen des HERRN, die ich euch allen jetzt verkünde! Lernt sie auswendig und befolgt sie genau. 2 Der HERR, unser Gott, hat am Berg Horeb* mit uns einen Bund* geschlossen. 3 Dieser Bund galt nicht nur unseren Vorfahren, die gestorben sind; er gilt uns allen, die wir heute lebendig hier stehen. 4 Auge in Auge hat er dort auf dem Berg aus dem Feuer zu euch gesprochen. 5 Ihr seid allerdings nicht auf den Berg gestiegen, weil ihr euch vor dem Feuer gefürchtet habt. Deshalb stellte ich mich zwischen den HERRN und euch und gab euch weiter, was der HERR mir sagte. Und das hat er gesagt:[a]

[1] 6 Ich bin der HERR, dein Gott! Ich habe dich aus Ägypten herausgeführt, ich habe dich aus der Sklaverei befreit. 7 Du sollst keine anderen Götter neben mir haben.

[-/2] 8 Du sollst dir kein Gottesbild anfertigen. Mach dir kein Abbild von irgend etwas im Himmel, auf der Erde oder im Meer. 9 Wirf dich nicht vor ihnen nieder und bete sie nicht an. Denn ich, der HERR, dein Gott, bin ein leidenschaftlich liebender Gott und erwarte auch von dir ungeteilte Liebe.[b] Wenn sich jemand von mir abwendet, dann bestrafe ich dafür auch seine Kinder, sogar noch seine Enkel und Urenkel. 10 Wenn mich aber jemand liebt und meine Gebote befolgt, dann werde ich auch noch seinen Nachkommen Liebe und Treue erweisen, und das bis in die tausendste Generation.

[2/3] 11 Du sollst den Namen des HERRN, deines Gottes, nicht mißbrauchen; denn der HERR wird jeden bestrafen, der das tut.

[3/4] 12 Halte den Ruhetag am siebten Tag der Woche, so wie es der HERR, dein Gott, befohlen hat. Er ist für dich ein heiliger* Tag, der dem HERRN gehört. 13 Sechs Tage in der Woche sollst du arbeiten und alle deine Tätigkeiten verrichten; 14 aber der siebte Tag ist der Ruhetag[c] des HERRN, deines Gottes. An diesem Tag sollst du nicht arbeiten, auch nicht dein Sohn oder deine Tochter, dein Sklave* oder deine Sklavin, dein Rind, dein Esel oder ein anderes von deinen Tieren, und auch nicht der Fremde, der bei dir lebt. An diesem Tag sollen dein Sklave und deine Sklavin genauso ausruhen können wie du. 15 Denke daran, daß du selbst in Ägypten ein Sklave warst und der HERR, dein Gott, dich mit starker Hand und ausgestrecktem Arm von dort in die Freiheit geführt hat. Deshalb befiehlt er dir, den Tag der Ruhe einzuhalten.

[4/5] 16 Du sollst deinen Vater und deine Mutter ehren. So hat der HERR, dein Gott, es dir befohlen; und wenn du das tust, wirst du lange leben, und es wird dir gutgehen in dem Land, das der HERR, dein Gott, dir gibt.

[5/6] 17 Du sollst nicht morden.

[6/7] 18 Du sollst nicht die Ehe brechen.

[7/8] 19 Du sollst nicht stehlen.

[8/9] 20 Du sollst nichts Unwahres über deinen Mitmenschen sagen.[d]

[9-10/10] 21 Du sollst nicht versuchen, die Frau deines Mitmenschen an dich zu bringen.

Du sollst überhaupt nichts begehren, was deinem Mitmenschen gehört: sein Haus und seinen Grundbesitz, seinen Sklaven, sein Rind, seinen Esel oder sonst irgend etwas, was deinem Mitmenschen gehört.

Mose erinnert an die Antwort des Volkes

(Ex 20,18-21)

22 Diese Gebote gab euch der HERR am Berg Horeb*. Eure ganze Gemeinde war versammelt

a Die folgenden Gebote sind auch in Ex 20 überliefert. Zur Frage der Zählung siehe Sacherklärung »Zehn Gebote«.
b *ein leidenschaftlich ...:* wörtlich *ein »eifersüchtiger« Gott.* c Wörtlich *Sabbat*;* ebenso in Vers 12.
d Wörtlich *Du sollst (vor Gericht) keine falsche Zeugenaussage gegen deinen Mitmenschen machen.*

5,2 Ex 24,1-8 **5,3** 29,13-14 **5,5** 5,23-31 **5,15** 6,21; 15,15; 16,12; 24,18; 26,11 **5,22-27** Hebr 12,18-19 **5,22b** Ex 24,12 S

und hörte, wie er sie mit lauter Stimme verkün-
dete, aus dem Feuer und der dunklen Wolke her-
aus.

Dies sind die Grundgebote;[a] er schrieb sie auf
zwei Steintafeln und gab die Tafeln mir.

23 Als ihr damals den Berg in Flammen saht
und die Stimme aus dem Dunkel heraus hörtet,
kamen alle eure Stammesoberhäupter und Älte-
sten* zu mir 24 und sagten: »Der HERR, unser
Gott, hat uns heute seine Größe und Herrlichkeit
sehen lassen, und wir haben aus dem Feuer
seine Stimme gehört. Wir haben staunend erfah-
ren, daß Gott zu Menschen sprechen kann,
ohne daß sie deshalb sterben müssen. 25 Aber
wir haben Angst, daß uns dieses große Feuer
doch noch verzehren wird. Wenn wir die
Stimme des HERRN, unseres Gottes, noch länger
hören, werden wir es gewiß nicht überleben.
26 Noch kein sterblicher Mensch hat so wie wir
die Stimme des lebendigen Gottes mitten aus
dem Feuer reden hören und ist am Leben geblie-
ben. 27 Deshalb geh du jetzt hin, höre alles, was
der HERR, unser Gott, sagt, und teile es uns mit.
Wir werden darauf hören und alles befolgen.«

28 Da sagte der HERR zu mir: »Ich habe gehört,
worum das Volk dich gebeten hat. Es ist gut, was
sie sagen. 29 Wenn sie nur immer so gesinnt
bleiben! Wenn sie mich nur immer so ernst neh-
men und meine Gebote befolgen! Dann wird es
ihnen und ihren Nachkommen stets gutgehen.
30 Sag ihnen, sie sollen in ihre Zelte zurückkeh-
ren. 31 Du aber tritt her zu mir! Ich will dir alle
die Gesetze, Gebote und Rechtsbestimmungen
sagen, die du ihnen einprägen sollst und nach
denen sie leben sollen in dem Land, das ich
ihnen gebe.«

32 Befolgt also sorgfältig alles, was der HERR,
euer Gott, euch befohlen hat. Weicht nicht da-
von ab! 33 Bleibt genau auf dem Weg, den er euch
mit seinen Geboten gewiesen hat. Dann werdet
ihr am Leben bleiben und es wird euch gut-
gehen, und ihr werdet immer in dem Land woh-
nen können, das ihr jetzt in Besitz nehmt.

Das Grundgebot: Gott über alles lieben

6 Ich sage euch jetzt die Gesetze und Rechts-
bestimmungen, die der HERR, euer Gott,
euch gegeben hat. Ihr sollt sie euch einprägen,
damit ihr danach handelt, wenn ihr das Land
in Besitz genommen habt, in das ihr jetzt hin-
überzieht. 2 Nehmt den HERRN, euren Gott, ernst
und befolgt stets seine Anweisungen, die ich
euch heute sage, ihr und eure Kinder und die
Kinder eurer Kinder. Tut es euer Leben lang,
dann wird der HERR euch auch ein langes Leben
schenken.

3 Höre nun seine Gebote, Volk Israel, und be-
folge sie, damit es dir gutgeht und du ein großes
Volk wirst in dem Land, das von Milch und
Honig überfließt, so wie der HERR, der Gott eurer
Vorfahren, euch das versprochen hat.

4 Höre, Israel! Der HERR ist unser Gott, der
HERR und sonst keiner.[b] 5 Darum liebt ihn von
ganzem Herzen, mit ganzem Willen und mit
aller Kraft.

6 Behaltet die Gebote im Gedächtnis, die ich
euch heute verkünde! 7 Prägt sie euren Kindern
ein, und sagt sie euch immer wieder vor – zu
Hause und auf Reisen, wenn ihr euch schlafen
legt und wenn ihr erwacht. 8 Bindet sie euch
zur ständigen Erinnerung an den Arm und auf
die Stirn. 9 Schreibt sie auf die Türpfosten eurer
Häuser und auf die Tore eurer Städte.

Gott niemals vergessen

10 Der HERR, euer Gott, bringt euch jetzt in das
Land, das er euch zum Besitz geben will, wie er
das euren Vorfahren Abraham, Isaak und Jakob
geschworen hat. Ihr werdet dort große und
schöne Städte vorfinden, die ihr nicht selbst ge-
baut habt, 11 und Häuser voll von Besitz, den ihr
nicht selbst erworben habt, Brunnen, die ihr
nicht gegraben, und Weinberge und Oliven-
haine, die ihr nicht angelegt habt. Wenn es euch
dann gutgeht und ihr euch satt essen könnt,
12 dann gebt acht, daß ihr den HERRN nicht ver-
geßt, der euch aus Ägypten herausgeführt hat,
wo ihr Sklaven gewesen seid!

13 Nehmt den HERRN, euren Gott, ernst und
gehorcht ihm! Schwört nur bei seinem Namen!
14 Lauft nicht hinter den Göttern her, die die Völ-
ker rings um euch verehren. 15 Der HERR, euer
Gott, ist ein leidenschaftlich liebender Gott, der
von euch ungeteilte Liebe erwartet;[c] wenn ihr
ihm nicht treu bleibt, fordert ihr seinen Zorn her-
aus, und er wird euch ausrotten.

16 Stellt seine Geduld nicht auf die Probe, wie
ihr es bei Massa getan habt. 17 Gehorcht seinen

a Wörtlich *und er fügte nichts hinzu,* nämlich kein weiteres Grundgebot.
b Der hebräische Text kann auf zwei Weisen gedeutet werden: »Der HERR ist unser Gott, der HERR allein«, oder: »Der HERR, unser Gott, ist *ein* HERR« (d.h. er darf nur an einem einzigen Ort verehrt werden; vgl. Dtn 12). Zum Gottesnamen siehe Sacherklärung »HERR«.
c *ein leidenschaftlich ...:* wörtlich *ein »eifersüchtiger« Gott.*

5,24 Ex 33,20 S **5,32-33** 4,1 S **6,2** 4,1 S **6,3** Gen 12,2 S; 12,7 S; Ex 3,8 S **6,4-5** 10,12; 11,13.22; 13,4; 30,6.20; Jos 22,5; Mk 12,29-30 **6,6-9** 11,18-20; 30,11-14; Ex 13,9 **6,10** 1,8 **6,15** Ex 20,5 S **6,16** Ex 17,1-7

Befehlen, beachtet sorgfältig die Gebote und Weisungen, die er euch gegeben hat, [18] und tut, was er für recht und gut erklärt hat. Dann wird es euch gutgehen, und ihr werdet das gute Land in Besitz nehmen, das der HERR euren Vorfahren versprochen hat. [19] Ihr werdet dann alle eure Feinde aus dem Land vertreiben, wie er es zugesagt hat.

Die großen Taten Gottes weitersagen*

[20] Wenn eure Kinder später fragen, wozu all die Weisungen, Gebote und Rechtsbestimmungen gut sind, die ihr vom HERRN, eurem Gott, bekommen habt, [21] dann gebt ihnen zur Antwort:

»Als Sklaven mußten wir dem König von Ägypten dienen, doch der HERR befreite uns mit seinem starken Arm. [22] Wir haben mit eigenen Augen gesehen, wie er durch seine staunenswerten Wundertaten Verderben über den Pharao und seine Familie und über alle Ägypter brachte. [23] Uns aber hat er aus Ägypten herausgeführt und in dieses Land gebracht, das er unseren Vorfahren versprochen hatte. [24] Er hat uns befohlen, ihn, unseren Gott, ernst zu nehmen und alle diese Gebote zu befolgen, damit es uns gutgeht und er uns am Leben erhalten kann, wie das heute tatsächlich der Fall ist. [25] Wir antworten in der rechten Weise auf das, was der HERR für uns getan hat,[a] wenn wir alles genau befolgen, was er, unser Gott, uns befohlen hat.

Der Verführung zum Ungehorsam vorbeugen

(Ex 34,11-16)

7 Ihr werdet jetzt bald aufbrechen, um euer Land in Besitz zu nehmen, und der HERR, euer Gott, wird es euch gelingen lassen. Er wird sieben Völker vor euch vertreiben, die größer und stärker sind als ihr: die Hetiter*, Girgaschiter, Amoriter*, Kanaaniter*, Perisiter, Hiwiter und Jebusiter. [2] Wenn der HERR sie in eure Gewalt gibt, dürft ihr keinen Friedensvertrag mit ihnen schließen. Ihr dürft sie nicht verschonen, sondern müßt den Bann* an ihnen vollstrecken. [3] Ihr dürft euch auf keinen Fall mit ihnen verschwägern. Eure Töchter dürft ihr keinem Mann aus diesen Völkern geben, und für eure Söhne dürft ihr keine Frau aus diesen Völkern nehmen. [4] Sonst könnten sie von ihnen dazu verleitet werden, sich vom HERRN abzuwenden und andere Götter zu verehren. Dann würde der HERR über euch zornig werden und euch in kürzester Zeit vernichten.

[5] Es gibt für euch nur eins: Reißt ihre Altäre nieder, zerschlagt ihre Steinmale*, haut ihre geweihten Pfähle* um und verbrennt ihre Götzenbilder. [6] Denn ihr seid ein Volk, das ausschließlich dem HERRN gehört.[b] Der HERR, euer Gott, hat euch unter allen Völkern der Erde ausgewählt und zu seinem Eigentum gemacht.

[7] Das tat er nicht etwa, weil ihr größer seid als die anderen Völker – ihr seid vielmehr das kleinste unter ihnen! [8] Nein, er tat es einzig deshalb, weil er euch liebte und das Versprechen halten wollte, das er euren Vorfahren gegeben hatte. Nur deshalb hat er euch herausgeholt aus dem Land, in dem ihr Sklaven wart; nur deshalb hat er euch mit seiner starken Hand aus der Gewalt des Pharaos befreit.

[9] Er wollte euch zeigen, daß er allein der wahre Gott ist und daß er Wort hält. Er steht zu seinem Bund* und erweist seine Liebe bis in die tausendste Generation an denen, die ihn lieben und seine Gebote befolgen. [10] Aber alle, die sich ihm widersetzen, bestraft er auf der Stelle und vernichtet sie. Er wird nicht zögern, sondern jeden auf der Stelle vernichten, der ihn mißachtet. [11] Darum haltet euch stets an seine Weisung, an die Gebote und Rechtsbestimmungen, die ich euch heute verkünde!

Gehorsam bringt Segen

[12] Wenn ihr dem HERRN, eurem Gott, treu bleibt und auf seine Gebote hört und sie befolgt, wird auch er treu sein und zu den Zusagen stehen, die er euren Vorfahren gegeben hat. [13] Er wird euch seine Liebe erweisen und seinen Segen über euch ausschütten. Er wird euch zahlreich werden lassen und euren Wohlstand mehren in dem Land, das er euch geben wird, wie er es euren Vorfahren geschworen hat. Er wird euch viele Kinder schenken und reiche Ernten an Getreide, Wein und Öl; eure Rinder, Schafe und Ziegen wird er vermehren. [14] Kein anderes Volk wird so reich gesegnet sein wie ihr. Kein Mann wird bei euch zeugungsunfähig und keine Frau unfruchtbar sein; auch alle eure Tiere werden Nachwuchs haben. [15] Der HERR wird euch vor allen Krankheiten schützen, er wird die bösen Seuchen von euch fernhalten, die ihr aus Ägypten kennt, und wird sie eure Feinde treffen lassen.

[16] Alle Völker, die der HERR in eure Hand gibt,

a *Wir antworten ...:* wörtlich *Es wird unsere Gerechtigkeit* sein.* b Wörtlich *ein heiliges* Volk für den HERRN.*

6,20 Ex 12,26; 13,14; Jos 4,21 **6,21** 5,15 S **6,24** 4,1 S **7,1-4** 2,34-35; 3,6; 20,15-17; 33,27; Jos 7,1 S; Lev 27,28 **7,5** 12,2-3 S **7,6** Ex 19,5-6 S **7,7** 9,4-5 **7,9** 6,4-5; Ex 20,5-6 S; Neh 1,5; Dan 9,4 **7,12-15** 11,13-15; 28,1-14; Lev 26,3-13 **7,15** Ex 15,26 **7,16** 7,1-4 S

müßt ihr vernichten. Ihr dürft kein Mitleid mit
ihnen haben und auf keinen Fall ihre Götter ver-
ehren, denn das würde euch ins Verderben stür-
zen.

Keine Angst vor den Völkern des Landes

17 Vielleicht seid ihr in Sorge und denkt: »Die
Völker im Land Kanaan* sind viel stärker als wir.
Die können wir nie vertreiben!«
18 Habt keine Angst vor ihnen! Denkt doch
daran, wie der HERR, euer Gott, den Pharao und
alle Ägypter seine Macht spüren ließ. 19 Denkt
an die Plagen, die er ihnen geschickt hat, und an
all seine staunenswerten Wundertaten. Denkt
daran, wie er euch mit starker Hand und ausge-
strecktem Arm aus Ägypten herausgeführt hat!
Genauso wird er die Völker, vor denen ihr jetzt
Angst habt, seine Macht spüren lassen. 20 Er
wird einen panischen Schrecken über sie kom-
men lassen,[a] bis auch noch die letzten Über-
lebenden, die sich irgendwo vor euch versteckt
haben, umgekommen sind.
21 Ihr braucht keine Angst vor ihnen zu
haben; denn der HERR, euer Gott, ist bei euch.
Er ist stark und mächtig, und alle seine Feinde
müssen sich vor ihm fürchten. 22 Er wird diese
Völker vor euch vertreiben. Allerdings läßt er
euch nicht von heute auf morgen mit ihnen
fertig werden. Sonst würden sich die wilden
Tiere zu stark vermehren und euch Schaden
zufügen.
23 Der HERR, euer Gott, wird die Völker im
Land euch preisgeben; er wird sie in Furcht und
Schrecken versetzen, so daß ihr sie völlig ver-
nichten könnt. 24 Er wird ihre Könige in eure
Hand geben; keiner von ihnen wird sich gegen
euch behaupten können. Ihr werdet sie alle ver-
nichten; nicht einmal an ihre Namen wird man
sich noch erinnern.
25 Die Standbilder ihrer Götter müßt ihr ins
Feuer werfen. Laßt euch auch nicht dazu verlei-
ten, den goldenen und silbernen Belag abzu-
lösen und an euch zu nehmen. Das würde euch
Unheil bringen; denn solches Gold und Silber
verabscheut der HERR, euer Gott. 26 Und was der
HERR verabscheut, sollt ihr nicht in eure Häuser
bringen, sonst seid ihr genauso wie diese Bilder
dem Bann* verfallen und müßt sterben. Behan-
delt sie als etwas Ekel- und Abscheuerregendes,
das vernichtet werden muß.

Das Volk verdankt alles seinem Gott

8 Das ganze Gesetz, das ich euch heute ver-
künde, sollt ihr sorgfältig befolgen, damit ihr
am Leben bleibt und euch vermehrt und das
Land in Besitz nehmen könnt, das der HERR
euren Vorfahren mit einem Eid zugesagt hat.
2 Vergeßt nicht, wie der HERR, euer Gott, euch
vierzig Jahre lang in der Wüste umherziehen
ließ! Das tat er, um euch vor Augen zu führen,
daß ihr ganz auf ihn angewiesen seid, aber auch
um euch auf die Probe zu stellen und zu sehen,
ob ihr seinen Weisungen folgen würdet oder
nicht. 3 Er ließ euch hungern, damit ihr lernt, daß
ihr ohne ihn nicht leben könnt. Und er gab euch
das Manna* zu essen, von dem ihr bis dahin
nichts gewußt hattet, sowenig wie eure Vorfah-
ren; denn er wollte euch zeigen: Der Mensch
lebt nicht nur von Brot, sondern er lebt zuerst
und zuletzt von dem Wort, jedem einzelnen
Wort, das aus dem Mund des HERRN kommt.
4 Die ganzen vierzig Jahre lang sind eure Klei-
der nicht zerschlissen, und ihr habt keine wun-
den Füße bekommen. 5 Daran sollt ihr erkennen,
daß der HERR, euer Gott, euch auf den rechten
Weg bringen will wie ein Vater, der sein Kind er-
zieht. 6 Darum folgt seinem Befehl und bleibt auf
dem Weg, den er euch weist. Nehmt seine War-
nungen ernst!
7 Der HERR, euer Gott, wird euch in ein schö-
nes und fruchtbares Land bringen. In der Ebene
wie im Bergland gibt es dort Quellen und Bäche,
die unerschöpflich aus der Tiefe hervorsprudeln.
8 Es gibt Weizen und Gerste, Trauben, Feigen
und Granatäpfel, Oliven und Honig. 9 Ihr werdet
euer Essen nicht sorgsam einteilen müssen, es
wird euch an nichts fehlen. Das Land hat sogar
eisenhaltiges Gestein, und in seinen Bergen
könnt ihr Kupfer schürfen. 10 Wenn ihr euch
dann satt essen könnt, sollt ihr dem HERRN,
eurem Gott, aus vollem Herzen danken für das
gute Land, das er euch gegeben hat.
11 Vergeßt nicht den HERRN, euren Gott! Miß-
achtet nicht seine Weisungen, Gebote und
Rechtsbestimmungen, die ich euch heute ver-
künde! 12–14 Werdet nicht übermütig, wenn es
euch gutgeht, wenn ihr reichlich zu essen habt
und in schönen Häusern wohnt, wenn eure
Viehherden wachsen, euer Gold und Silber und
all euer Besitz sich vermehrt.
Vergeßt dann nicht den HERRN, euren Gott! Er
hat euch aus Ägypten, wo ihr Sklaven gewesen

a Andere Deutung mit den alten Übersetzungen: *Sogar Hornissen wird der HERR gegen sie losschicken.*

7,20 Ex 23,28 S **8,1** 4,1 S **8,2** 13,4; Ex 15,25; Num 14,33; Ps 95,9-10 **8,3** Ex 16,31 S; Jes 55,2-3; Mt 4,4 par **8,5** Spr 3,11-12; Weish 11,9-10; Hebr 12,7

seid, herausgeführt. 15 Er hat euch durch die
große und gefährliche Wüste geführt, wo giftige
Schlangen und Skorpione hausen, wo alles aus-
gedörrt ist und es nirgends einen Tropfen Was-
ser gibt. Aber dann ließ er aus dem härtesten Fel-
sen Wasser für euch hervorquellen, 16 und er gab
euch mitten in der Wüste Manna zu essen, von
dem eure Vorfahren noch nichts wußten. Durch
Gefahr und Mangel wollte er euch vor Augen
führen, daß ihr ganz auf ihn angewiesen seid; er
wollte euch auf die Probe stellen, um euch am
Ende mit Wohltaten zu überhäufen.

17 Vergeßt das nicht, und laßt euch nicht ein-
fallen, zu sagen: »Das alles haben wir uns selbst
zu verdanken. Mit unserer Hände Arbeit haben
wir uns diesen Wohlstand geschaffen.« 18 Seid
euch vielmehr bewußt, daß der HERR, euer Gott,
euch die Kraft gab, mit der ihr dies alles erreicht
habt. Und er hat es getan, weil er zu den Zu-
sagen steht, die er euren Vorfahren gegeben hat,
wie ihr das heute sehen könnt.

19 Aber ich warne euch: Wenn ihr den HERRN,
euren Gott, vergeßt und hinter anderen Göt-
tern herlauft, wenn ihr sie anbetet und ihnen
dient, werdet ihr unweigerlich zugrunde gehen.
20 Wenn ihr dem HERRN, eurem Gott, nicht ge-
horcht, werdet ihr genauso untergehen wie die
Völker, die er vor euch vertreibt und untergehen
läßt.

Ein unverdientes Geschenk

9 Höre, Volk Israel! Du wirst jetzt den Jordan
überschreiten. Du wirst Völker vertreiben,
die größer und stärker sind als du, und Städte in
Besitz nehmen, die durch himmelhohe Mauern
geschützt sind. 2 Es gibt dort das Volk der Anaki-
ter*, ein großes Volk mit riesenhaften Männern.
Ihr habt von ihnen gehört und kennt das geflü-
gelte Wort: »Mit den Anakitern nimmt es keiner
auf.« 3 Aber ihr werdet erleben, daß der HERR,
euer Gott, vor euch herzieht wie ein verzehren-
des Feuer; er wird sie vor euch in die Knie zwin-
gen, so daß ihr sie in kürzester Zeit vertreiben
und vernichten könnt, wie er es euch verspro-
chen hat.

4–5 Wenn das geschehen ist und der HERR sie
vor dir vertrieben hat, dann laß dir nicht ein-
fallen zu sagen: »Das ist der Lohn für meinen
Gehorsam! Weil ich immer das Rechte getan
habe, hat der HERR mich in dieses Land ge-
bracht.«

Nein, der HERR gibt dir dieses Land nicht des-
halb, weil du ihm gehorcht hast und ihm immer
treu gefolgt bist. Vielmehr vertreibt er diese Völ-
ker vor dir, weil sie sich schuldig gemacht haben
und um die Zusage einzulösen, die er deinen
Vorfahren Abraham, Isaak und Jakob mit einem
Eid gemacht hat. 6 Macht euch nichts vor! Der
HERR, euer Gott, gibt euch dieses schöne Land
nicht wegen irgendwelcher Verdienste. Nein, ihr
seid ein durch und durch widerspenstiges Volk!

Der Ungehorsam des Volkes am Gottesberg

7 Denkt doch daran, wie oft ihr in der Wüste den
Zorn des HERRN, eures Gottes, herausgefordert
habt! Von dem Tag an, da ihr aus Ägypten aufge-
brochen seid, bis zu eurer Ankunft an diesem
Ort habt ihr euch dem HERRN widersetzt.

8 Am Berg Horeb* habt ihr ihn so sehr zum
Zorn gereizt, daß er euch vernichten wollte. 9 Ich
war damals auf den Berg gestiegen, denn der
HERR wollte mir die beiden Steintafeln über-
geben, auf denen die Verpflichtungen des Bun-
des* geschrieben standen, den er mit euch ge-
schlossen hatte. Vierzig Tage und vierzig Nächte
blieb ich oben auf dem Berg, ohne etwas zu
essen und zu trinken. 10 Dort gab der HERR mir
die beiden Tafeln. Er hatte mit eigener Hand die
Worte darauf geschrieben, die er aus dem Feuer
heraus zu euch gesprochen hatte, während ihr
unten am Berg versammelt wart.

11 Es war am Ende der vierzig Tage und vier-
zig Nächte, daß der HERR mir die Tafeln mit den
Bundesverpflichtungen gab. 12 Dann sagte er zu
mir: »Steig rasch den Berg hinab! Dein Volk, das
du aus Ägypten herausgeführt hast, hat etwas
Schreckliches getan. Sie sind sehr schnell von
dem Weg abgewichen, den ich ihnen doch eben
erst durch meine Gebote gewiesen habe. Sie
haben sich ein gegossenes Gottesbild gemacht.«

13 Und er fügte hinzu: »Ich weiß jetzt, was für
ein widerspenstiges Volk sie sind. 14 Versuche
nicht, mich umzustimmen. Ich will sie so gründ-
lich vernichten, daß nicht einmal ihr Name in Er-
innerung bleibt. Aus deinen Nachkommen aber
will ich ein Volk machen, das noch größer und
stärker ist als sie.«

15 Sofort stieg ich den Berg hinunter, der noch
immer in Flammen stand. Die beiden Steintafeln
trug ich in den Händen. 16 Da sah ich, daß ihr
euch gegen den HERRN, euren Gott, aufgelehnt
und euch ein gegossenes Stierbild* gemacht hat-
tet. So schnell wart ihr von dem Weg abgewi-
chen, den er euch mit seinen Geboten gewiesen
hatte!

8,15 Ex 17,1-7 **8,16** Ex 16,31 S **8,17-18** Ps 44,3-8; Hos 2,10 **9,1-2** 1,28; 2,10-11.20-21; 11,23 **9,3** 4,24 S **9,4-5** 7,7 **9,7** Ex 14,11-12 S **9,9-21** Ex 32,1-24 **9,9-11** Ex 24,12 S; 24,18 S

17 Ich schleuderte die beiden Tafeln zu Boden und zerschmetterte sie vor euren Augen. 18 Dann warf ich mich vor dem HERRN nieder und lag vor ihm noch einmal vierzig Tage und vierzig Nächte lang, ohne etwas zu essen und zu trinken. Ich trat für euch ein und flehte ihn an, daß er euch eure Schuld vergibt; denn ihr hattet ihn mit eurem Götzendienst schwer beleidigt. 19 Ich fürchtete, der HERR würde in seinem Zorn euch alle vernichten; doch der HERR hörte auch diesmal auf mein Gebet.

20 Auch auf Aaron war der HERR zornig und wollte ihn töten; aber ich betete auch für ihn. 21 Das Stierbild, das ihr in eurer Auflehnung gegen den HERRN gemacht hattet, warf ich ins Feuer, zermalmte es und zerrieb die Überreste zu Pulver. Das streute ich in das Wasser des Baches, der vom Berg herabkommt.

22 Schon zuvor und auch später immer wieder, bei Tabera, bei Massa und bei Kibrot-Taawa, habt ihr den HERRN zum Zorn gereizt. 23 Und als der HERR, euer Gott, in Kadesch-Barnea zu euch sagte: »Zieht los und erobert das Land, das ich euch zugesprochen habe«, da widersetztet ihr euch seinem Befehl. Weil ihr dem HERRN nichts zugetraut habt, habt ihr ihm nicht gehorcht. 24 Seit ich euch kenne, lehnt ihr euch gegen ihn auf.

Wie Gott auf Moses Fürbitte antwortet

25 Ich lag also damals vierzig Tage und vierzig Nächte im Gebet vor dem HERRN, weil er gedroht hatte, euch zu vernichten. 26 Ich betete: »Ach HERR, du mächtiger Gott, vernichte doch nicht dein Volk, dein Eigentum, das du in deiner großen Macht aus dem Sklavendienst befreit und mit starker Hand aus Ägypten herausgeführt hast! 27 Denk an Abraham, Isaak und Jakob, die dir treu gedient haben, und sieh nicht auf die Schuld dieses widerspenstigen Volkes!

28 Du kannst doch nicht zulassen, daß sie in dem Land, aus dem du uns herausgeführt hast, sagen: ›Ihr Gott war nicht imstande, sie in das Land zu bringen, das er ihnen zugesagt hatte! Oder er hat sie gehaßt und hat sie nur von hier weggeführt, damit sie in der Wüste umkommen.‹

29 Sie sind doch dein Eigentum, dein Volk, das du mit deiner großen Kraft und deinem ausgestreckten Arm in die Freiheit geführt hast!«

10 Da sagte der HERR zu mir: »Haue zwei steinerne Tafeln zurecht, genau wie die ersten waren, und mache für sie eine Lade* aus Holz. Bring die Tafeln zu mir auf den Berg! 2 Ich werde darauf die Worte schreiben, die auf den ersten Tafeln standen, die du zerbrochen hast, und du legst sie dann in die Lade.«

3 Ich machte eine Lade aus Akazienholz, hieb die zwei Steintafeln zurecht und stieg mit ihnen auf den Berg. 4 Der HERR schrieb darauf dieselben Worte, die schon auf den ersten Tafeln gestanden hatten: die Zehn Gebote, die er euch aus dem Feuer heraus gesagt hatte, als ihr alle am Berg versammelt wart. Dann gab er mir die Tafeln. 5 Ich stieg mit ihnen vom Berg und legte sie in die Lade, die ich gemacht hatte. Dort liegen sie noch heute, genau wie der HERR es befohlen hat.

Der Tod Aarons und der Dienst der Leviten

6 Die Israeliten zogen von Beerot-Bene-Jaakan nach Mosera. Dort starb Aaron und wurde auch dort begraben, und sein Sohn Eleasar wurde sein Nachfolger im Priesterdienst*. 7 Die Israeliten zogen dann weiter nach Gudgoda und von dort nach Jotbata, wo es reichlich Wasser gibt.

8 Damals sonderte der HERR den Stamm Levi aus den übrigen Israeliten aus und übertrug ihm besondere Aufgaben. Die Nachkommen Levis sollten die Lade* mit dem Bundesgesetz des HERRN tragen, dem HERRN als Priester* dienen und dem Volk den Segen* des HERRN zusprechen, wie es bis heute geschieht.

9 Deshalb bekamen die Nachkommen Levis keinen Anteil am Landbesitz. Der HERR selbst ist ihr Anteil, er sorgt für ihren Unterhalt, wie er, euer Gott, ihnen das zugesagt hat.

Gott erhört Moses Gebet für das Volk

10 Ich aber war vierzig Tage und vierzig Nächte auf dem Berg gewesen, genau wie beim ersten Mal, und der HERR hatte mein Gebet erhört und mir versprochen, euch nicht zu vernichten. 11 Und er hatte mir befohlen: »Geh jetzt und stell dich an die Spitze des Volkes! Brich mit ihnen auf, damit sie das Land in Besitz nehmen, das ich ihren Vorfahren für sie zugesagt habe.«

Ein einzigartiger Gott

12 Und nun höre, Volk Israel: Der HERR, euer Gott, verlangt von euch nur das eine, daß ihr ihn

9,18 Ex 24,18 S **9,22** Num 11,3; Ex 17,7; Num 11,34 **9,23** Num 13,17.31; 14,1-4 **9,26-29** Ex 32,9-13 **9,28** 32,27; Num 14,15-16; Ps 115,1-2 **10,1-5** Ex 24,12 S; 34,1-4 **10,4** Ex 20,1-17 **10,5** Ex 37,1; 40,20 **10,6** Num 33,30-33; 20,22-29; 33,38 **10,8** Num 3,5-8; 8,5-19; Dtn 18,5 **10,9** Num 18,20 S **10,10** 9,18 **10,12** 4,10.29; 6,4-5 S

ernst nehmt, seinen Weisungen folgt und ihn mit ganzem Herzen und mit allen Kräften liebt und ehrt. 13 Lebt nach seinen Geboten und Anordnungen, die ich euch heute verkünde! Wenn ihr das tut, wird es euch gutgehen.

14 Haltet euch vor Augen: Dem HERRN, eurem Gott, gehören der Himmel und alle Himmelswelten* und die ganze Erde mit allem, was darauf lebt. 15 Euren Vorfahren aber wandte der HERR seine besondere Liebe zu, und er wählte euch, ihre Nachkommen, aus allen Völkern aus und machte euch zu seinem Volk, wie ihr das heute seid.

16 Darum seid endlich nicht mehr widerspenstig! Am Körper seid ihr beschnitten*, aber ihr müßt auch euer Herz beschneiden! 17 Denn der HERR, euer Gott, ist Herr über alle Götter und Gewalten, er ist groß und mächtig und verbreitet Furcht und Schrecken um sich. Er ist nicht parteiisch und läßt sich nicht bestechen. 18 Er verhilft den Waisen und Witwen zu ihrem Recht; er liebt auch die Fremden, die bei euch leben, und versorgt sie mit Nahrung und Kleidung. 19 Darum sollt auch ihr die Fremden lieben. Ihr habt ja selbst in Ägypten als Fremde gelebt. 20 Nehmt den HERRN, euren Gott, ernst; ehrt und liebt ihn! Schwört nur bei seinem Namen!

21 Ihr habt Grund, den HERRN, euren Gott, zu rühmen und zu preisen; denn ihr habt mit eigenen Augen gesehen, was für große und schreckenerregende Taten er für euch getan hat. 22 Als eure Vorfahren nach Ägypten zogen, waren sie nur siebzig Leute, und jetzt hat der HERR euch zu einem Volk gemacht, das so zahlreich ist wie die Sterne am Himmel!

Die großen Taten Gottes

11 Liebt den HERRN, euren Gott, und befolgt stets seine Weisungen, seine Anordnungen, Gebote und Rechtsbestimmungen!

2 Denkt daran, wie der HERR euch durch seine mächtigen Taten eine Lehre erteilt und euch den rechten Weg gewiesen hat. Eure Kinder haben das nicht erlebt; aber ihr habt es gesehen und wißt, wie er euch mit starker Hand und ausgestrecktem Arm aus Ägypten herausgeführt hat.

3 Ihr habt erlebt, wie er in Ägypten über den Pharao und sein ganzes Land die schlimmsten Plagen hereinbrechen ließ 4 und wie er das Heer der Ägypter, die euch nachjagten, vernichtet hat. Mit ihren Pferden und Streitwagen* versanken sie in den Fluten des Schilfmeeres*, und ihre Macht ist gebrochen bis zum heutigen Tag.

5 Ihr habt erlebt, wie er auf dem Weg durch die Wüste für euch gesorgt und euch wohlbehalten bis hierher gebracht hat; 6 aber ihr habt auch gesehen, wie er Datan und Abiram, die sich gegen ihn auflehnten, bestraft hat, wie die Erde sich spaltete und sie mit ihren Zelten und Familien und allen, die zu ihnen gehörten, lebendig verschlang. 7 Ihr habt mit eigenen Augen alle diese großen Taten gesehen, die der HERR vollbracht hat.

8 Darum befolgt sorgfältig alle seine Weisungen, die ich euch heute verkünde! Dann wird er euch die Kraft geben, das Land zu erobern, das ihr jetzt in Besitz nehmen wollt, 9 und ihr werdet lange in dem Land leben, das der HERR euren Vorfahren und euch versprochen hat, diesem Land, das von Milch und Honig überfließt.

10 Hier müßt ihr euch nicht so plagen wie in Ägypten, woher ihr gekommen seid. Wenn ihr dort euer Getreide ausgesät hattet, mußtet ihr die Äcker mühsam bewässern, wie man es sonst nur bei Gemüsegärten macht. 11 In dem Land, in das ihr jetzt kommt, gibt es Berge und Täler, und es wird vom Regen bewässert. 12 Der HERR, euer Gott, kümmert sich selbst um das Gedeihen und blickt das ganze Jahr über, vom Anfang bis zum Ende, freundlich auf das Land.

13 Wenn ihr wirklich die Weisungen des HERRN, die ich euch heute verkünde, befolgt und ihn, euren Gott, mit ganzem Herzen und mit allen Kräften liebt und ehrt, 14 wird er euren Feldern zur rechten Zeit Regen* schicken, im Herbst und im Frühjahr. Ihr werdet Korn, Wein und Öl ernten können, 15 und euer Vieh wird Gras zum Weiden finden. Ihr werdet immer genug zu essen haben.

Vom Gehorsam des Volkes hängt seine Zukunft ab

16 Nehmt euch in acht und laßt euch nicht dazu verleiten, dem HERRN untreu zu werden. Verehrt nicht andere Götter, dient ihnen nicht; 17 sonst wird der HERR zornig auf euch werden und den Himmel verschließen, so daß kein Regen mehr fällt. Dann wächst nichts mehr auf den Feldern, und ihr müßt elend umkommen und verliert sehr schnell wieder das schöne Land, das der HERR euch geben wird.

10,16 30,6; Gen 17,9-14 S 10,17 1 Tim 6,15; (nicht parteiisch) 2 Chr 19,7; Ijob 34,19; Röm 2,11 S 10,18-19 14,28-29; 24,17-18; 27,19; Ex 22,21 S; 22,20 S 10,22 Gen 46,27; 15,5 11,3 Ex 7,8–11,10; 12,29-30 11,4 Ex 14,1-31 11,6 Num 16,23-34 11,9 6,3 S 11,13-15 7,12-15 S 11,13 6,4-5 S 11,16 Ex 20,3 S 11,17 Lev 26,19-20

18 Darum prägt euch die Gebote ein, die ich euch heute gebe, und behaltet sie im Gedächtnis! Bindet sie euch zur ständigen Erinnerung an den Arm und auf die Stirn. 19 Prägt sie euren Kindern ein und sagt sie euch immer wieder vor – zu Hause und auf Reisen, wenn ihr euch schlafen legt und wenn ihr erwacht. 20 Schreibt sie auf die Türpfosten eurer Häuser und auf die Tore eurer Städte. 21 Dann werdet ihr in dem Land, das der HERR euren Vorfahren für euch zugesagt hat, wohnen bleiben, ihr und alle eure Nachkommen, solange der Himmel sich über der Erde wölbt.

22 Wenn ihr alle Weisungen, die ich euch verkünde, genau befolgt, den HERRN, euren Gott, liebt, euch zu ihm haltet und auf seinen Wegen bleibt, 23 dann wird er alle diese Völker vor euch vertreiben, obwohl sie größer und stärker sind als ihr, und ihr werdet ihr Land in Besitz nehmen können. 24 Jeden Fleck Erde, den ihr betreten werdet, gebe ich euch, von der Wüste im Süden bis zum Libanongebirge und vom Eufratstrom bis zum Mittelmeer. 25 Niemand wird sich gegen euch behaupten können; denn der HERR wird Angst und Schrecken vor euch über alle Bewohner des Landes kommen lassen, wie er euch das versprochen hat.

26 Ich stelle euch heute vor die Wahl: Wollt ihr Segen oder Fluch? 27 Der Segen wird euch zuteil, wenn ihr die Weisungen des HERRN, eures Gottes, die ich euch heute verkünde, befolgt. 28 Der Fluch* trifft euch, wenn ihr sie mißachtet, wenn ihr den Weg, den ich euch weise, verlaßt und euch anderen Göttern zuwendet, von denen ihr bisher nichts gewußt habt.

29 Wenn der HERR, euer Gott, euch in das Land bringt, das ihr jetzt in Besitz nehmen werdet, sollt ihr die Segenszusagen auf dem Berg Garizim und die Fluchdrohungen auf dem Berg Ebal ausrufen. – 30 Das sind die beiden Berge auf der anderen Seite des Jordans, jenseits der Straße, die durch die Jordanniederung führt, in der Nähe der heiligen Bäume[a] bei Gilgal. – 31 Ihr werdet bestimmt den Jordan überschreiten und das Land in Besitz nehmen und besiedeln, das der HERR, euer Gott, euch geben wird. 32 Dann achtet sorgfältig darauf, daß ihr nach den Geboten und Rechtsbestimmungen lebt, die ich euch heute verkünde!

DAS GESETZBUCH FÜR GOTTES VOLK IN GOTTES LAND
(Kapitel 12–26)

12 Ich verkünde euch jetzt die Gebote und Rechtsbestimmungen, die ihr befolgen müßt in dem Land, das der HERR, der Gott eurer Vorfahren, euch geben wird. Sie gelten, solange ihr in diesem Land lebt.

Das Grundgebot: Ein zentrales Heiligtum für ganz Israel

2 Zerstört alle Opferstätten* auf den Bergen und Hügeln und unter den heiligen Bäumen, an denen die Völker, die ihr vertreiben werdet, ihre Götter verehren. 3 Reißt die Altäre ab, zertrümmert die Steinmale*, verbrennt die geweihten Pfähle* und stürzt alle Götzenbilder um. Nichts darf mehr an die fremden Götter erinnern.

4 Ihr dürft es auch nicht den Völkern des Landes nachmachen und den HERRN, euren Gott, an solchen Stätten verehren. 5 Ihr sollt vielmehr zu der einen und einzigen Stätte kommen, die er im Gebiet eurer Stämme auswählen und dazu bestimmen wird, daß sein Name dort wohnt.[b] 6 Dorthin sollt ihr ihm alle eure Opfer* bringen: die Brandopfer und Mahlopfer, den zehnten Teil eurer Ernte, die Pflichtabgaben, die freiwilligen Gaben und was ihr dem HERRN durch ein Gelübde versprochen habt, ebenso die Erstgeburten* eurer Rinder, Schafe und Ziegen. 7 Dort sollt ihr vor dem HERRN, eurem Gott, das Opfermahl halten. Feiert es zusammen mit euren Familien und genießt voll Freude, was eure Arbeit euch durch Gottes Segen eingebracht hat.

8 Bis jetzt konnte jeder von euch seine Opfer darbringen, wo und wie es ihm gefiel. 9 Denn ihr hattet das Land noch nicht in Besitz genommen, in dem euch der HERR, euer Gott, nach der langen Wanderung zur Ruhe kommen lassen will. 10 Aber wenn ihr nun den Jordan überschritten und das Land in Besitz genommen habt, das der HERR euch geben will, und wenn ihr mit seiner Hilfe alle eure Feinde besiegt habt und in Ruhe und Sicherheit lebt, 11 dann gilt eine andere Ordnung. Dann sollt ihr eure Opfer und Abgaben ausschließlich zu der einen Stätte bringen, die der HERR, euer Gott, dazu auswählen wird, daß sein Name dort wohnt. 12 Dort, in Gegenwart

a Siehe Anmerkung zu Gen 12,6.
b Nicht Gott, sondern sein *Name* wohnt im Allerheiligsten* des Tempels; aber der Name bedeutet Gottes volle Gegenwart, seine gnädige Zuwendung und heilbringende Nähe; vgl. Sacherklärung »Name«.

11,18-20 6,6-9 S **11,22** 6,4-5 S **11,25** Ex 23,28 S **11,26-28** 28,1-68; 30,19 **11,29** 27,12-13; Jos 8,33-34 **12,2-3** 7,5; Ex 34,13; 2 Kön 16,4; 17,10; Jer 2,20; Ez 6,13 **12,5** 12,14; 14,22-23; 15,20; 16,2.16; 17,8; 26,2; 31,11 **12,7** 12,18; 14,26; 16,11.14 **12,9** 3,20; 1 Kön 8,56; Ps 95,11 **12,12** Num 18,20 S

eures Gottes, sollt ihr eure Opferfeste feiern und
fröhlich sein mit euren Söhnen und Töchtern,
euren Sklaven und Sklavinnen. Laßt auch die
Leviten* mitfeiern, die in euren Dörfern und
Städten wohnen, denn sie haben ja keinen Land-
besitz unter euch.

Die Folge: Unterscheidung von Opfer und Schlachtung

13 Laßt euch nicht einfallen, eure Brandopfer* an
irgendeiner der Opferstätten* darzubringen, die
ihr im Land vorfindet. 14 Ihr müßt damit zu der
einen und einzigen Stätte kommen, die der HERR
im Gebiet eines eurer Stämme dafür auswählen
wird. Dorthin sollt ihr auch alle anderen Opfer*
und Abgaben bringen, die ich euch vorschreibe.
15 Ihr dürft aber ohne Einschränkung in euren
Ortschaften Tiere schlachten und ihr Fleisch
essen – soviel der HERR euch in seiner Güte
geben wird. Alle dürfen davon essen, auch wer
gerade unrein* und deshalb von der Teilnahme
an einem Opfer ausgeschlossen ist. Es ist genau-
so, als würdet ihr ein Stück Wild essen, eine Ga-
zelle oder einen Hirsch. 16 Nur das Blut* dürft ihr
nicht essen; ihr müßt es wie Wasser auf die Erde
fließen lassen.
17 Aber nichts von dem, was für den HERRN
bestimmt ist, dürft ihr in euren Ortschaften ver-
zehren, weder den zehnten* Teil von eurem
Getreide, Wein und Öl noch die Erstgeburten*
eures Viehs, noch irgendeine andere Opfergabe
oder Abgabe. 18 Nur in Gegenwart des HERRN,
eures Gottes, an dem einen Heiligtum, das er be-
stimmen wird, dürft ihr es verzehren, ihr und
eure Söhne und Töchter, eure Sklaven* und
Sklavinnen und die Leviten*, die bei euch leben.
Genießt voll Freude vor dem HERRN, eurem Gott,
was eure Arbeit euch eingebracht hat. 19 Und
vergeßt dabei nie, solange ihr in eurem Land
lebt, für die Leviten zu sorgen.
20 Wenn der HERR, euer Gott, euer Gebiet er-
weitern wird, wie er euch das zugesagt hat, und
ihr wollt gerne Fleisch essen, dann dürft ihr das
unbedenklich an euren Wohnsitzen tun, sooft
ihr wollt. 21 Ihr müßt dazu nicht zu der Stätte
gehen, die der HERR, euer Gott, dazu auswählen
wird, daß sein Name dort wohnt.[a] Alle, die zu
weit von seinem Heiligtum entfernt leben, dür-
fen an ihren Wohnsitzen von den Rindern, Scha-
fen und Ziegen, mit denen der HERR sie gesegnet
hat, schlachten und verzehren, was sie wollen,
so wie ich das angeordnet habe. 22 Ihr sollt es ge-
nauso halten, wie wenn ihr ein Stück Wild ver-
zehrt: Jeder kann davon essen, auch wer gerade
unrein* und deshalb von der Teilnahme an
einem Opfer ausgeschlossen ist.
23 Nur eins müßt ihr auch in diesem Fall be-
achten: Ihr dürft niemals Fleisch essen, in dem
noch Blut ist; denn im Blut ist das Leben. 24 Ihr
müßt das Blut wie Wasser auf die Erde fließen
lassen. 25 So verlangt es der HERR, und wenn ihr
das beachtet, wird es euch und euren Nachkom-
men gutgehen.
26 Aber die Abgaben und alles, was ihr durch
ein Gelübde* dem HERRN versprochen habt,
müßt ihr zu seinem Heiligtum bringen. 27 Auch
die Tiere für das Brandopfer müßt ihr dorthin
bringen und sie vollständig dem HERRN, eurem
Gott, darbringen, das Blut und das ganze Fleisch.
Das Blut der Tiere, die für das gemeinsame
Opfermahl* bestimmt sind, müßt ihr dort an den
Altar gießen; das Fleisch dürft ihr essen.
28 Befolgt genau alle diese Vorschriften, die
ich euch jetzt gebe, und macht alles so, wie der
HERR, euer Gott, es haben will. Dann wird es
euch und euren Nachkommen immer gutgehen.

Warnung vor Nachahmung fremder Bräuche

29 Wenn ihr in das Land einzieht und der HERR,
euer Gott, euch seine Bewohner preisgibt, so daß
ihr sie vernichten und ihr Land in Besitz neh-
men könnt, 30 dann laßt euch nicht dazu ver-
führen, ihre Bräuche nachzuahmen. Erkundigt
euch nicht danach, wie sie ihre Götter verehrt
haben, um euren Gottesdienst ebenso einzurich-
ten. 31 Ihr dürft den HERRN, euren Gott, nicht auf
ihre Weise verehren. Denn diese Völker haben
zu Ehren ihrer Götter lauter Dinge getan, die
dem HERRN zuwider sind und die er haßt. Sie
haben sogar ihre Söhne und Töchter als Opfer
für die Götzen verbrannt.

Vollständigkeit des Gesetzes

13 Befolgt das ganze Gesetz, das ich euch
heute gebe, mit allen seinen Weisungen.
Laßt nichts aus und fügt auch nichts hinzu!

Gegen Verführung zum Götzendienst

2-3 Ihr müßt damit rechnen, daß in eurer Mitte
falsche Propheten* auftreten werden oder Leute,
die sich auf Träume berufen; die werden euch
auffordern, fremde Götter zu verehren und
ihnen zu dienen. Sie werden sich dadurch aus-
zuweisen suchen, daß sie ein außerordentliches
Ereignis ankündigen, das dann auch wirklich

a *sein Name …:* siehe Anmerkung zu Vers 5.
12,16.23 Lev 17,10-14 S 12,31 Lev 18,21 S 13,1 4,2

eintrifft. 4 Hört trotzdem nicht auf sie! Der HERR,
euer Gott, will euch nur auf die Probe stellen. Er
möchte wissen, ob ihr ihn mit ganzem Herzen
und mit allen Kräften liebt. 5 Ihn, euren Gott,
sollt ihr ehren und ihn ernst nehmen, auf ihn
hören und seinen Weisungen gehorchen, ihm
dienen und ihm treu sein. 6 Der HERR, euer Gott,
hat euch aus dem Sklavendienst in Ägypten los-
gekauft und von dort in die Freiheit geführt. Wer
euch zur Untreue gegen ihn verleiten und von
dem Weg abbringen will, den er euch vorge-
schrieben hat, muß getötet werden. Ihr sollt das
Böse aus eurer Mitte entfernen.

7–8 Ihr müßt damit rechnen, daß die Men-
schen, die euch am nächsten stehen, euch heim-
lich dazu anstiften wollen, andere Götter zu ver-
ehren. Sie werden euch zu überreden suchen,
daß ihr euch den Göttern der Völker zuwendet,
die in eurer näheren oder ferneren Umgebung
wohnen, obwohl weder ihr noch eure Vorfahren
jemals etwas mit diesen Göttern zu tun hattet.
Aber selbst wenn dein leiblicher Bruder, dein
Sohn oder deine Tochter, deine geliebte Frau
oder dein bester Freund dir so zuredet – 9 höre
nicht darauf! Hab kein Mitleid mit solch einem
Verführer und schone ihn nicht! Verheimliche
seine Schuld nicht, 10 sondern zeige ihn an.[a] Wirf
den ersten Stein auf ihn, wenn er durch Steini-
gung* hingerichtet wird. 11 Auf diese Weise muß
er sterben; denn er wollte dich vom HERRN, dei-
nem Gott, abbringen, der euch aus dem Sklaven-
dienst in Ägypten befreit und von dort herausge-
führt hat. 12 Alle in Israel müssen von seiner
Bestrafung erfahren. Dann werden sie sich
fürchten, und niemand wird es mehr wagen, so
etwas Verwerfliches zu tun.

13–14 Ihr müßt damit rechnen, daß in einer von
den Städten, die der HERR, euer Gott, euch geben
wird, nichtsnutzige Leute auftreten werden, die
ihre Mitbürger dazu verleiten, fremde Götter zu
verehren. Wenn ihr davon hört, 15 müßt ihr
nachforschen, ob es sich so verhält, und den Vor-
gang genau untersuchen. Wenn sich das Ge-
rücht bewahrheitet und wirklich so etwas Ab-
scheuliches unter euch geschehen ist, 16 müßt
ihr an der betreffenden Stadt den Bann* voll-
strecken. Menschen und Tiere müßt ihr mit
dem Schwert erschlagen 17 und die ganze Beute
auf dem Marktplatz zusammentragen. Dann
zündet ihr die Stadt an und verbrennt sie samt
der Beute als ein Brandopfer* für den HERRN,
euren Gott. Die Stadt muß in Trümmern liegen-
bleiben und darf nie mehr aufgebaut werden.
18–19 Niemand darf etwas von dem Beutegut an
sich nehmen.

Wenn ihr dies alles tut, wird der HERR von sei-
nem Zorn ablassen und euch seine Güte erwei-
sen. Wenn ihr dem HERRN, eurem Gott, gehorcht
und alle seine Gebote befolgt, die ich euch heute
verkünde, und stets tut, was ihm gefällt, dann
wird er euer Volk wachsen lassen und so zahl-
reich machen, wie er es euren Vorfahren zuge-
sagt hat.

Israel soll rein und heilig sein

(Lev 11,1-19)

14 Ihr seid das Volk des HERRN, ihr gehört
ihm wie Kinder ihrem Vater. Deshalb
dürft ihr euch weder Schnitte in die Haut ma-
chen noch die Haare über der Stirn abrasieren,
wenn ihr um einen Toten trauert. 2 Der HERR,
euer Gott, hat euch als ein heiliges* Volk für sich
ausgesondert; er hat euch unter allen Völkern
der Erde als sein Eigentum ausgewählt.

3 Eßt nichts, was der HERR verabscheut und
wodurch ihr in seinen Augen unrein* werdet!

4 Unbedenklich essen dürft ihr Rinder, Schafe
und Ziegen, 5 Hirsche, Gazellen, Antilopen, Berg-
ziegen und Steinböcke. 6 Überhaupt dürft ihr alle
Tiere essen, die gespaltene Klauen haben und
zugleich ihre Nahrung wiederkäuen. 7–8 Da-
gegen sollt ihr Kamele, Hasen und Klippdachse
meiden. Sie sind zwar Wiederkäuer, haben aber
keine gespaltenen Klauen. Auch das Schwein
ist für euch verboten. Es hat zwar gespaltene
Klauen, ist aber kein Wiederkäuer. Eßt keins von
diesen Tieren und berührt sie auch nicht, wenn
sie verendet sind. Sie gelten für euch als unrein*.

9 Von den Tieren, die im Wasser leben, dürft
ihr nur die essen, die Flossen und Schuppen
haben, 10 die übrigen sind für euch verboten, sie
gelten als unrein.

11–18 Ihr könnt alle Vögel essen, nur nicht
Adler, Geier, Eulen und alle anderen Raubvögel,
Krähen, Strauße, Schwalben, Möwen, Störche,
Reiher, Wiedehopfe und Fledermäuse. 19–20 Sie
sind genauso unrein wie die geflügelten Insek-
ten. Alles andere, was fliegt, ist rein, und ihr
dürft es essen.

21 Verendete Tiere dürft ihr nicht essen. Ihr
könnt sie den Fremden geben, die bei euch
leben, oder an Ausländer verkaufen. Ihr aber
seid ein heiliges Volk, das der HERR, euer Gott,
für sich ausgesondert hat.

a So mit G; H *bringe ihn um.*

13,4 6,4-5 S; 8,2 S **13,6** 1 Kor 5,13 **13,9** 19,13.21; 25,12 **13,10** 17,5 S; 17,7; Joh 8,7 **13,12** 17,13; 19,20; 21,21 **13,15** 17,2-4 **13,16-19** 7,1-4 S **14,1** 1,31; Lev 19,27-28 S **14,2** Ex 19,5-6 S **14,21** Lev 17,15 S **14,21b** Ex 23,19b S

Ihr dürft ein Böcklein nicht in der Milch seiner Mutter kochen.

Der zehnte Teil der Ernte gehört Gott

22 Jedes Jahr müßt ihr den zehnten Teil eurer Ernte für den Herrn beiseite legen. 23 Bringt ihn zu der Stätte, die der Herr dafür auswählen wird, daß sein Name dort wohnt.[a] Feiert dort ein Fest und verzehrt es alles vor dem Herrn, eurem Gott: den zehnten Teil von eurem Korn, Wein und Öl und dazu die erstgeborenen Jungtiere eurer Rinder, Schafe und Ziegen. So sollt ihr lernen, immer dem Herrn, eurem Gott, zu gehorchen.

24 Wenn jedoch die Stätte, die der Herr auswählen wird, für euch zu weit entfernt ist und der Herr euch so reichen Ertrag geschenkt hat, daß ihr Mühe habt, den ihm zustehenden Anteil dorthin zu bringen, 25 sollt ihr ihn verkaufen und das Geld zu seinem Heiligtum mitnehmen. 26 Kauft dort für das Geld, was euer Herz begehrt: Rinder, Schafe und Ziegen, Wein und Bier und was ihr wollt, und genießt alles mit euren Familien in Gegenwart des Herrn, eures Gottes, und seid fröhlich dabei. 27 Laßt auch die Leviten* aus euren Dörfern und Städten mitfeiern, denn sie haben keinen Anteil an Grund und Boden in dem Land, das der Herr euch geben wird.

28 Jedes dritte Jahr aber sollt ihr den zehnten Teil eurer Ernte in euren Ortschaften abliefern und dort in Vorratshäusern sammeln. 29 Es ist der Lebensunterhalt für die Leviten; denn sie haben ja keinen Landbesitz; auch die Waisen und Witwen und die Fremden, die bei euch wohnen, sollen davon essen, damit sie keine Not leiden. Wenn ihr so handelt, wird der Herr alle eure Arbeit segnen.

Schuldenerlaß in jedem siebten Jahr

15 Immer wenn sieben Jahre vergangen sind, müßt ihr alle Schulden erlassen. 2 Dafür gelten folgende Bestimmungen:

Wer einem anderen Israeliten Geld geliehen hat, muß ihm jetzt die Schulden erlassen. Er darf sie von seinem Bruder, dem anderen Israeliten, nicht mehr eintreiben. Denn man hat zu Ehren des Herrn einen Schuldenerlaß ausgerufen. 3 Von einem Ausländer könnt ihr Schulden eintreiben, aber nicht von einem, der zu eurem eigenen Volk gehört und deshalb euer Bruder ist.

4–5 Wenn ihr auf den Herrn, euren Gott, hört und alle seine Weisungen befolgt, die ich euch verkünde, wird es jedoch überhaupt keine Armen unter euch geben. Denn dann wird der Herr euch genug zum Leben schenken in dem Land, das er euch gibt. 6 Er wird sein Versprechen halten und euer Land segnen. Ihr werdet so viel haben, daß ihr davon noch an andere Völker ausleihen könnt, doch ihr selbst braucht nichts zu borgen. Ihr werdet viele Völker unterwerfen, doch über euch wird kein anderes Volk herrschen.

7 Wenn aber dein Bruder, ein anderer Israelit, Not leidet, irgendwo in dem Land, das der Herr euch geben wird, dann darfst du nicht hartherzig sein und deine Hand vor deinem Bruder verschließen. 8 Leih ihm gegen ein Pfand, soviel er braucht. 9 Sei auch nicht so gemein und berechnend, daß du denkst: »Das siebte Jahr ist nicht mehr fern, dann muß ich ihm die Schulden erlassen!« Gönne ihm das und laß ihn nicht vergeblich bitten! Wenn er sich beim Herrn über dich beklagen muß, hast du schwere Schuld auf dich geladen. 10 Hilf ihm gern, tu es nicht widerwillig! Dafür wird dir der Herr auch alles gelingen lassen, was du unternimmst.

11 Es wird in eurem Land immer Arme geben; deshalb befehle ich euch: Unterstützt eure armen und notleidenden Brüder!

Freilassung von Sklaven im siebten Jahr

(Ex 21,2-11)

12 Wenn jemand aus Israel, dein Bruder oder deine Schwester,[b] sich als Sklaven* oder Sklavin an dich verkauft, dann soll der Betreffende dir sechs Jahre dienen; im siebten Jahr mußt du ihn wieder freigeben. 13 Schick ihn aber nicht mit leeren Händen weg, 14 sondern gib ihm reichlich von dem, was der Herr dir geschenkt hat: Schafe und Ziegen, Korn und Wein. 15 Denk daran, daß ihr alle in Ägypten Sklaven gewesen seid und daß der Herr, euer Gott, euch befreit hat. Deshalb gebe ich euch heute dieses Gebot.

16 Wenn es aber deinem Sklaven bei dir gefällt, wenn er dich und deine Familie liebgewonnen hat und erklärt, daß er bei dir bleiben will, 17 dann nimm eine Ahle und bohre sie durch sein Ohr in die Haustür. Dann ist er für immer dein Sklave. Entsprechend verfährst du mit einer Sklavin.

18 Mußt du ihn aber freigeben, so nimm es nicht zu schwer. Du hast durch ihn sechs Jahre lang den Lohn für einen Arbeiter gespart. Außer-

a *sein Name …:* siehe Anmerkung zu 12,5. b Wörtlich *Wenn dein Bruder, ein Hebräer* oder eine Hebräerin.*

14,22-29 Num 18,21 S **14,23** 12,5 S **14,27** Num 18,20 S **14,28-29** 26,12-15; 10,18-19 S **15,3** 23,21 **15,7-8** Lev 25,35; Sir 4,1-10; 1 Joh 3,17 **15,11** Mk 14,7 par **15,15** 5,15 S

dem wird dir der HERR dafür alles gelingen lassen, was du unternimmst.

Bestimmungen für die Darbringung der Erstgeburten

19 Wenn eure Rinder, Schafe und Ziegen als Erst-
geburt* ein männliches Tier zur Welt bringen,
müßt ihr es als Eigentum des HERRN, eures Got-
tes, aussondern. Ein erstgeborenes Rind dürft ihr
nicht für irgendeine Zugarbeit einspannen und
die Erstgeburt von Schaf oder Ziege nicht sche-
ren. 20 Einmal im Jahr sollt ihr die erstgeborenen
Tiere zu der Stätte bringen, die der HERR aus-
wählen wird, und sie dort vor dem HERRN,
eurem Gott, mit euren Familien verzehren.
21 Wenn das Tier aber lahm oder blind ist oder
sonst einen schwerwiegenden Fehler hat, dürft
ihr es nicht als Opfergabe zum HERRN, eurem
Gott, bringen. 22 Ihr könnt es dann in euren Ort-
schaften verzehren; jeder darf mitessen, auch
wer gerade unrein* ist, genau wie bei irgend-
einem Wild. 23 Nur das Blut* dürft ihr nicht
essen, ihr müßt es auf die Erde fließen lassen wie
Wasser.

Das Passafest

(Ex 12,1-20)

16 Im Frühlingsmonat, wenn die Getreide-
ernte beginnt,[a] sollt ihr zu Ehren des
HERRN das Passafest* feiern. Denn in diesem
Monat hat der HERR, euer Gott, euch mitten in
der Nacht aus Ägypten in die Freiheit geführt.
2 Ihr müßt zu diesem Fest an die Stätte kommen,
die der HERR, euer Gott, dafür auswählen wird,
daß sein Name da wohnt.[b] Dort schlachtet ihr
ihm als Passaopfer* ein Schaf, eine Ziege oder
ein Rind. 3 Ihr dürft dazu kein Brot essen, das
mit Sauerteig* gebacken ist. Sieben Tage lang
sollt ihr ungesäuertes Brot essen, genau wie da-
mals, als ihr in größter Eile aus Ägypten geflohen
seid. Dieses »Brot der Not« soll euch euer Leben
lang an den Tag erinnern, an dem ihr aus Ägyp-
ten ausgezogen seid. 4 Sieben Tage lang darf
niemand im ganzen Land Sauerteig im Haus
haben. Von dem Fleisch des Opfertieres, das ihr
am Vorabend des ersten Festtages schlachtet,
darf nichts bis zum nächsten Morgen übrig-
bleiben.
5 Ihr dürft das Passaopfer nicht an euren
Wohnsitzen schlachten, die der HERR euch zutei-
len wird, 6 sondern ausschließlich an der Stätte,
die der HERR, euer Gott, auswählen wird.
Schlachtet es am Abend, wenn die Sonne unter-
geht; denn zu dieser Zeit seid ihr aus Ägypten
aufgebrochen. 7 Kocht das Fleisch und verzehrt
es an der Stätte, die der HERR auswählen wird.
Am nächsten Morgen geht ihr wieder nach
Hause 8 und eßt dann sechs Tage lang nur sol-
ches Brot, das ohne Sauerteig gebacken ist. Am
siebten Tag ist eine große Festversammlung am
Heiligtum des HERRN, eures Gottes. Alle Arbeit
muß an diesem Tag ruhen.

Das Pfingstfest

9-10 Sieben Wochen nach Beginn der Getreide-
ernte sollt ihr zu Ehren des HERRN, eures Gottes,
das Pfingstfest* feiern. Dabei bringt ihr dem
HERRN, eurem Gott, freiwillige Opfergaben, als
Dank dafür, daß er eure Felder gesegnet hat, und
nach dem Maß, in dem euch dieser Segen in
dem betreffenden Jahr zuteil geworden ist.
11 Feiert ein fröhliches Fest vor dem HERRN,
eurem Gott, an der Stätte, die er auswählen
wird, zusammen mit euren Söhnen und Töch-
tern, euren Sklaven* und Sklavinnen und mit
den Leviten*, den Fremden, den Waisen und
Witwen, die bei euch leben. 12 Denkt daran, daß
ihr selbst in Ägypten Sklaven gewesen seid.
Richtet euch nach diesen Weisungen und befolgt
sie!

Das Laubhüttenfest

13 Wenn nicht nur die Getreide-, sondern auch
die Weinernte eingebracht ist, sollt ihr sieben
Tage lang das Laubhüttenfest* feiern. 14 Begeht
es als Freudenfest mit euren Söhnen und Töch-
tern, euren Sklaven* und Sklavinnen und mit
den Leviten*, den Fremden, den Waisen und
Witwen, die bei euch leben. 15 Feiert es sieben
Tage lang zu Ehren des HERRN an der Stätte, die
er auswählen wird. Der HERR, euer Gott, wird
seinen Segen auf alle eure Arbeit legen und euch
reichen Ertrag schenken. Deshalb sollt ihr euch
an diesem Fest von Herzen freuen.
16 Dreimal in jedem Jahr sollen alle Männer
Israels zum HERRN, eurem Gott, an die Stätte
kommen, die er auswählen wird: zum Fest der
Ungesäuerten Brote*, zum Pfingstfest* und zum
Laubhüttenfest. Keiner soll mit leeren Händen
kommen. 17 Jeder soll eine Gabe für den HERRN
mitbringen, viel oder wenig, je nachdem, wie-
viel einer besitzt und was der HERR, euer Gott,
ihm gegeben hat.

a Wörtlich *Achte auf den Monat Abib* (und feiere)*.* b *sein Name ...:* siehe Anmerkung zu 12,5.

15,19-20 Ex 13,11-16 S 15,20 12,5 S 15,21 Lev 22,19-20 S 15,22 12,15.22 15,23 Lev 17,10-14 S 16,1 Ex 13,4 16,2 12,5 S 16,3 Ex 12,34.39 16,9-12 Ex 23,16 S 16,11 12,7 S 16,12 5,15 S 16,13-15 Ex 23,16 S 16,14 5,15 S 16,16 12,5 S

Ordnung des Rechtswesens

18 Setzt in euren Stammesgebieten in jeder Stadt, die der HERR euch geben wird, Richter und Aufsichtsbeamte* ein. Sie sollen dafür sorgen, daß alle im Volk zu ihrem Recht kommen.

19 Ihr dürft das Recht nicht beugen. Ihr dürft im Gerichtsverfahren niemand begünstigen. Ihr dürft von den Prozessierenden keine Geschenke annehmen; denn das trübt das Urteilsvermögen auch der klügsten Leute und verführt die ehrenwertesten Männer dazu, Recht und Unrecht zu verwechseln. 20 Gerechtigkeit muß euer oberstes Ziel sein. Dann werdet ihr für immer in dem Land leben können, das der HERR, euer Gott, euch geben wird.

Reinheit des Gottesdienstes

21 Ihr dürft keinen geweihten Pfahl* neben dem Altar aufstellen, den ihr für den HERRN, euren Gott, errichten werdet. 22 Ihr dürft keine Steinmale* aufstellen; denn sie sind dem HERRN, eurem Gott, zuwider.

17 Ihr dürft dem HERRN, eurem Gott, kein Tier opfern – sei es Rind, Schaf oder Ziege –, das krank oder irgendwie verunstaltet ist; denn das verabscheut er.

Verfahren bei Götzendienst

2–4 Gesetzt den Fall, irgendwo in eurem Land vergeht sich ein Mann oder eine Frau gegen den HERRN, euren Gott, bricht dessen Bund* und verehrt andere Götter oder betet Sonne, Mond und Sterne an, was ich euch verboten habe. Wenn ihr von so etwas hört oder es euch angezeigt wird, müßt ihr genaue Nachforschungen anstellen. Wenn es sich herausstellt, daß tatsächlich etwas so Abscheuliches geschehen ist, wie es in Israel niemals geschehen dürfte, 5 dann müßt ihr den Mann oder die Frau vor das Tor der Stadt hinausführen und durch Steinigung* hinrichten.

6 Zwei oder drei Zeugen müssen das Vergehen bestätigen; auf die Aussage eines einzigen Zeugen hin darf niemand getötet werden. 7 Die Zeugen werfen als erste einen Stein auf die betreffende Person, danach alle versammelten Männer der Stadt so lange, bis sie tot ist. Ihr müßt das Böse aus eurer Mitte entfernen.

Das oberste Gericht

8 Wenn in euren Städten Rechtsfälle vorkommen, die den dortigen Richtern zu schwierig erscheinen, so daß sie keine Entscheidung zu treffen wagen – Fälle von Mord und Totschlag, Körperverletzungen und Streitigkeiten in Eigentumsfragen –, dann könnt ihr zu der Stätte gehen, die der HERR auswählen wird. 9 Dort tragt ihr den Fall den Priestern* aus dem Stamm Levi oder dem obersten Richter vor, der dann gerade im Amt ist. Laßt sie die Entscheidung treffen. 10–11 Ein Urteil, das von dieser Instanz gefällt wird, ist verbindlich, und ihr müßt es genau vollstrecken. Ihr dürft die Entscheidung weder verschärfen noch abmildern.

12 Wer so vermessen ist, daß er auf den Priester, der dem HERRN, eurem Gott, dient, oder auf den obersten Richter nicht hört, muß getötet werden. Ihr müßt das Böse aus Israel entfernen. 13 Alle in Israel sollen von seiner Bestrafung erfahren. Dann werden sie sich fürchten, und niemand wird mehr wagen, so etwas Unerhörtes zu tun.

Anweisungen für den König

14 Wenn ihr in dem Land wohnt, das der HERR, euer Gott, euch geben will, und es soweit kommt, daß ihr einen König haben wollt wie alle anderen Völker ringsum, 15 dann könnt ihr einen König über euch einsetzen, aber nur einen, den der HERR, euer Gott, selbst auswählt. Er muß aus eurem Volk stammen und darf kein Ausländer sein. 16 Er soll sich nicht eine Menge Pferde halten und seine Landsleute nicht nach Ägypten verkaufen, um dafür Pferde einzuhandeln. Denn der HERR hat verboten, daß sein Volk wieder nach Ägypten zurückkehrt. 17 Der König soll auch nicht zu viele Frauen haben, damit sie sein Herz nicht vom HERRN abwenden, und er soll nicht große Schätze von Gold und Silber anhäufen.

18 Wenn er den Thron bestiegen hat, muß er sich dieses Gesetzbuch abschreiben lassen, das die Priester aus dem Stamm Levi aufbewahren. 19 Er soll die Abschrift stets greifbar haben und alle Tage darin lesen. So lernt er, den HERRN, seinen Gott, ernst zu nehmen und alle Gebote dieses Gesetzbuches sorgfältig zu beachten. 20 Das wird ihn davor bewahren, auf die anderen Israeliten, die doch seine Brüder sind, herabzusehen

16,18 1,9-17; 17,8-13; 2 Chr 19,5-7 **16,19** Ex 23,1-3 S; 23,6-8; (begünstigen) Dtn 1,17 S **16,21-22** 12,2-3 S; Lev 26,1 S **17,1** Lev 22,19-20 S **17,2-4** 4,19 S; Ex 22,19; 13,15 **17,5** 13,10-11; 21,21; 22,21.24 **17,6** 19,15 S **17,7** 13,10 **17,8-13** 16,18 S **17,8** 12,5 S **17,13** 13,12 S **17,14** 1 Sam 8,5 **17,15** 1 Sam 10,24; 16,1; Apg 2,36 **17,16** 1 Kön 10,26-29; Jes 31,1 S; Ez 17,15; Dtn 28,68 **17,17** 1 Kön 11,1-8; 10,14-22.27 **17,18** 12,1–26,15 **17,19** 2 Kön 23,1-3

und sich über Gottes Weisung hinwegzusetzen.
Dann wird er lange über Israel herrschen, und
seine Nachkommen ebenso.

Der Unterhalt der Priester

18 Der Stamm Levi, dessen Männer zum
Priesterdienst berufen sind, soll nicht wie
die übrigen Stämme Israels einen Anteil am
Landbesitz bekommen. Die Priester* erhalten
vielmehr Anteil an dem, was dem HERRN selbst
zusteht: an den Opfern* und Abgaben, die ihm
von den Israeliten gebracht werden. Das soll ihr
Lebensunterhalt sein. 2 Sie sollen keinen Anteil
am Land besitzen, weil der HERR selbst ihr Anteil
ist und für sie sorgt, wie er es ihnen zugesagt
hat.

3 Wenn jemand dem HERRN ein Rind, ein
Schaf oder eine Ziege als Mahlopfer* darbringt,
muß er dem Priester eine Vorderkeule, die bei-
den Kinnbacken und den Labmagen[a] geben. Auf
diese Stücke haben die Priester Anspruch. 4 Wei-
ter müßt ihr ihnen die ersten Früchte* von eurer
Ernte geben, von Korn, Wein und Öl, und eben-
so die erste Schur eurer Schafe und Ziegen.
5 Denn der HERR, euer Gott, hat den Stamm Levi
aus allen euren Stämmen ausgewählt, damit
seine männlichen Angehörigen ihm für alle Zei-
ten in seinem Heiligtum als Priester dienen.

6 Angehörige des Stammes Levi, die über ganz
Israel verstreut in euren Ortschaften leben, dür-
fen, wenn sie wollen, zu der Stätte kommen, die
der HERR erwählen wird, 7 und den Priester-
dienst verrichten, genau wie die aus dem Stamm
Levi, die dort zu Priestern bestellt sind. 8 Sie sol-
len auch einen gleich großen Anteil wie diese
von den Abgaben bekommen, die dem Heilig-
tum zufließen, ohne Rücksicht darauf, wie groß
ihr ererbtes Vermögen ist.[b]

Gott leitet das Volk durch seine Propheten

9 Wenn ihr in das Land kommt, das der HERR,
euer Gott, euch geben wird, dann hütet euch, die
abscheulichen Bräuche seiner Bewohner zu
übernehmen. 10 Keiner von euch darf seinen
Sohn oder seine Tochter als Opfer auf dem Altar
verbrennen. Ihr dürft keine Wahrsager und
Wahrsagerinnen unter euch dulden, niemand,
der aus irgendwelchen Zeichen oder mit irgend-
welchen Praktiken die Zukunft voraussagt,
11 auch niemand, der Zauberformeln benutzt
und damit Geister beschwört oder Tote befragt.
12 Wer so etwas tut, ist dem HERRN zuwider. Ge-
nau wegen dieser Dinge vertreibt der HERR die
Bewohner des Landes vor euch. 13 Der HERR ist
euer Gott; ihm sollt ihr ganz und ungeteilt
gehören.

14 Die Völker, die ihr vertreiben werdet, hören
auf Wahrsager und Zeichendeuter; euch aber
sagt der HERR, euer Gott, auf anderem Wege,
was ihr tun sollt. 15 Einen Propheten* wie mich
wird der HERR immer wieder[c] aus euren Brü-
dern, aus eurer Mitte, berufen; auf den sollt ihr
hören.

16 Das war es doch, worum ihr den HERRN ge-
beten habt, als ihr euch am Berg Horeb* vor ihm
versammelt hattet. Ihr habt gesagt: »Wir können
die Stimme des HERRN, unseres Gottes, nicht län-
ger hören und dieses große Feuer nicht mehr
sehen, sonst müssen wir sterben!« 17 Damals
sagte der HERR zu mir: »Sie haben recht! 18 Ich
will Propheten[d] wie dich aus ihrer Mitte beru-
fen und durch ihren Mund zu ihnen sprechen.
Sie werden dem Volk sagen, was ich von ihm
verlange. 19 Wer nicht befolgt, was ein solcher
Prophet in meinem Auftrag sagt, den ziehe ich
dafür zur Rechenschaft. 20 Wenn aber ein Pro-
phet in meinem Namen etwas sagt, was ich ihm
nicht aufgetragen habe, oder wenn er im Namen
anderer Götter spricht, muß er sterben.«

21 Nun fragt ihr vielleicht: »Wie können wir
denn beurteilen, was der HERR gesagt hat und
was nicht?« 22 Wenn ein Prophet im Namen des
HERRN etwas sagt und seine Voraussage trifft
nicht ein, dann hat der HERR nicht durch ihn
geredet; er hat in eigenem Auftrag gesprochen.
Einen solchen Propheten braucht ihr nicht ernst
zu nehmen.

Asylstädte für Totschläger

(Num 35,9-28)

19 1-2 Wenn der HERR, euer Gott, die Völker
vernichtet hat, deren Land er euch geben
will, und ihr deren Städte und Häuser in Besitz
genommen habt, dann sollt ihr drei Asylstädte
auswählen. 3 Achtet darauf, daß die Städte
gleichmäßig über das Land verteilt sind, und teilt
entsprechend das ganze Land in drei Bezirke
ein. 4-6 Die Städte sollen jedem als Zuflucht die-

a Der als besonders wertvoll geltende Hauptmagen der Wiederkäuer. b Deutung unsicher.
c *immer wieder:* Zusatz, der den vom Zusammenhang nahegelegten Sinn verdeutlicht. Der hebräische Wortlaut erlaubt die Deutung auf einen einzigen Propheten der Zukunft, die im Frühjudentum und im Neuen Testament anzutreffen ist (vgl. Joh 1,21; 6,14; Apg 3,22; 7,37).
d Oder *einen Propheten;* vgl. Anmerkung zu Vers 15. Ab Vers 19 ist eindeutig von einer Mehrzahl von Propheten die Rede.

18,1-2 Num 18,20 S **18,3** Lev 7,34-36 **18,4** Ex 23,19a S **18,9** Lev 18,3 **18,10-11** Lev 19,26 S; 19,31 S **18,10** Lev 18,21 S **18,15** 34,10; Mk 9,7 par **18,16** Ex 20,18-21 **18,18** Jer 1,9; Ez 3,1-4 **18,19** Apg 3,23 **18,20-22** Jer 28,7-9.15-17

nen, der unbeabsichtigt einen Menschen getötet
hat.
Es kann zum Beispiel vorkommen, daß einer
mit seinem Nachbarn in den Wald geht, um
Bäume zu fällen, und wenn er mit der Axt aus-
holt, gleitet ihm das Eisen vom Stiel und trifft
den anderen tödlich. Weil er ohne Vorsatz und
nicht aus Haß getötet hat, kann er sein Leben vor
dem Bluträcher* retten, wenn er in einer der
Asylstädte Schutz sucht. Der Weg dorthin darf
nicht zu weit sein, sonst wird der Rächer in sei-
ner Erbitterung den Totschläger einholen und
umbringen, obwohl dieser keinen Mord began-
gen und den Tod nicht verdient hat.
7 Ihr sollt also zunächst drei Städte als Zu-
fluchtsorte bestimmen. 8 Sie reichen aus, solange
ihr erst einen Teil des Landes in Besitz genom-
men habt. Später aber wird der Herr euch das
ganze Land geben, das er euren Vorfahren zuge-
sagt hat. 9 Voraussetzung dafür ist allerdings, daß
ihr alle seine Gebote sorgfältig befolgt, die ich
euch heute verkünde, daß ihr ihn, euren Gott,
liebt und euch stets nach seinen Weisungen rich-
tet. Wenn ihr dann das ganze Land in Besitz ge-
nommen habt, sollt ihr noch drei weitere Asyl-
städte auswählen. 10 So sollt ihr dafür sorgen,
daß in dem Land, das der Herr euch als Erb-
besitz* gibt, kein Unschuldiger getötet wird;
denn dadurch würdet ihr schwere Schuld auf
euch laden.
11 Wer jedoch seinem Nachbarn feind ist, ihm
auflauert, ihn überfällt und erschlägt, kann in
diesen Asylstädten keinen Schutz finden. Wenn
er in eine von ihnen flieht, 12 müssen die Älte-
sten* seiner Heimatstadt ihn von dort holen
lassen und zur Hinrichtung dem Bluträcher
übergeben. 13 Ihr dürft ihn nicht aus Mitleid ver-
schonen. Mord darf in Israel nicht ungesühnt
bleiben. Wenn ihr so handelt, wird es euch gut-
gehen in eurem Land.

Schutz der Grundstücksgrenzen

14 Wenn ihr in dem Land lebt, das der Herr, euer
Gott, euch geben wird, darf niemand die Gren-
zen seines Grundbesitzes, die seit alters festge-
legt sind, auf Kosten seines Nachbarn verrücken.

Zeugen bei Gerichtsverfahren

15 Wenn eine Anklage vor Gericht nur von einem
einzigen Zeugen gestützt wird, darf die ange-
klagte Person nicht schuldig gesprochen wer-
den, gleichgültig, um was für ein Vergehen es
sich handelt. Erst aufgrund von zwei oder drei
Zeugenaussagen darf ein Schuldspruch gefällt
werden.
16 Wenn ein Angeklagter behauptet, daß ein
Zeuge ihn wissentlich falsch beschuldigt, 17 dann
müssen die beiden zum Heiligtum des Herrn
gehen und ihre Sache den Priestern* oder Rich-
tern vortragen, die dann gerade im Amt sind.
18 Diese sollen alles gründlich untersuchen, und
wenn es sich herausstellt, daß der Zeuge den an-
deren mit vollem Wissen falsch beschuldigt hat,
19 muß über ihn die Strafe verhängt werden, die
er über den anderen bringen wollte. Ihr müßt
das Böse aus eurer Mitte entfernen.
20 Alle in Israel sollen von der Bestrafung des
falschen Zeugen erfahren. Dann werden sie sich
fürchten, und niemand unter euch wird mehr
wagen, solch ein Unrecht zu begehen.
21 Ihr dürft niemand aus Mitleid verschonen.
Stets gilt der Grundsatz: Leben für Leben, Auge
für Auge, Zahn für Zahn, Hand für Hand, Fuß für
Fuß.

Das Aufgebot des Heeres

20 Wenn ihr gegen Feinde ins Feld zieht,
die zahlreicher sind als ihr und außer-
dem mit Pferden und Streitwagen* ausgerüstet,
dann fürchtet euch nicht. Der Herr, euer Gott,
der euch aus Ägypten geführt hat, steht euch
bei.
2 Aber ehe es zum Kampf kommt, soll der
Priester* vor die versammelten Israeliten treten
und zu ihnen sagen: 3 »Männer von Israel, ihr
zieht jetzt in den Kampf gegen eure Feinde. Seid
mutig und habt keine Angst vor ihnen! Laßt
euch nicht von ihrer Stärke beeindrucken;
weicht nicht zurück, wenn sie angreifen! 4 Der
Herr, euer Gott, zieht mit euch. Er selbst kämpft
gegen eure Feinde und hilft euch!«
5 Danach sollen die Männer, die mit der Auf-
stellung des Heeres beauftragt sind, zu den ver-
sammelten Israeliten sagen: »Ist jemand da, der
ein neues Haus gebaut und noch nicht einge-
weiht hat? Er soll heimkehren, damit er nicht im
Kampf fällt und ein anderer das Haus an seiner
Stelle bewohnt.
6 Oder ist jemand da, der einen neuen Wein-
berg angelegt und noch nicht davon geerntet
hat? Er soll heimkehren, damit er nicht fällt und
ein anderer die erste Lese hält.
7 Oder ist jemand da, der sich mit einem
Mädchen verlobt, es aber noch nicht geheiratet
hat? Er soll heimkehren, damit er nicht fällt und
ein anderer seine Braut bekommt.«

19,13 13,9S; 21,9 19,14 27,17 19,15 17,6; Num 35,30; Mt 18,16S 19,19 13,6; 1 Kor 5,13 19,20 13,12S 19,21 13,9S; Ex 21,23-25S 20,1 Ps 20,8S 20,7 24,5

8 Schließlich sollen sie noch hinzufügen: »Ist
jemand da, der Angst hat und sich vor dem Feind
fürchtet? Er soll heimkehren, damit er nicht die
anderen ansteckt und auch ihnen den Mut
nimmt.«
9 Wenn sie das alles gesagt haben, sollen sie
die Truppenführer bestimmen, die den Befehl
übernehmen.

Regeln für die Kriegführung

10 Bevor ihr eine Stadt angreift, sollt ihr zuerst
mit den Bewohnern verhandeln und sie zur
friedlichen Übergabe auffordern. 11 Wenn sie
darauf eingehen und euch die Tore öffnen, müs-
sen sie euch gehorchen und Zwangsarbeit für
euch leisten. 12 Lehnen sie das Angebot ab und
wollen kämpfen, so belagert die Stadt. 13 Wenn
der HERR, euer Gott, euch dann siegen läßt, müßt
ihr alle Männer töten. 14 Die Frauen und Kinder,
das Vieh und den übrigen Besitz dürft ihr behal-
ten; ihr dürft die ganzen Vorräte eurer Feinde
essen, alles, was der HERR in eure Hand fallen
ließ.
15 So sollt ihr verfahren, wenn eine Stadt weit
von euren Wohnsitzen entfernt ist. 16 Wenn sie
aber in dem Land liegt, das der HERR, euer Gott,
euch geben wird, dürft ihr niemand am Leben
lassen. 17 An allen Völkern im Land müßt ihr den
Bann* vollstrecken, wie der HERR, euer Gott,
es befohlen hat: an den Hetitern*, Amoritern*,
Kanaanitern*, Perisitern, Hiwitern und Jebusi-
tern. 18 Sonst verführen sie euch dazu, dem
HERRN untreu zu werden und alle die Scheuß-
lichkeiten nachzuahmen, die sie zu Ehren ihrer
Götter begehen.
19 Müßt ihr eine Stadt lange belagern, bevor
ihr sie erobern könnt, so schont die Obstpflan-
zungen in ihrer Umgebung. Haut die Stämme
nicht um! Oder sind etwa die Bäume auf dem
Feld Menschen,[a] so daß ihr sie bekämpfen
müßt? Außerdem könnt ihr ja von den Früchten
essen. 20 Nur Bäume, die keine eßbaren Früchte
tragen, dürft ihr abhauen, um damit Belage-
rungsanlagen zu bauen.

Verfahren bei einem unaufgeklärten Mord

21 Gesetzt den Fall, in dem Land, das der
HERR, euer Gott, euch geben will, wird auf
freiem Feld ein Erschlagener gefunden, es läßt
sich aber nicht in Erfahrung bringen, wer ihn
getötet hat. 2 Dann sollen die Ältesten* und die
Richter der betreffenden Gegend an die Stelle
gehen, wo der Erschlagene gefunden wurde,
und sollen feststellen, welche Stadt diesem Platz
am nächsten liegt. 3 Die Ältesten jener Stadt
müssen darauf eine junge Kuh nehmen, die noch
nie zur Arbeit eingespannt worden ist. 4 Sie
führen die Kuh in ein Tal, in dem keine Äcker
sind und durch das ein nie versiegender Bach
fließt. Dort brechen sie ihr das Genick.
5 Nun treten die Priester* vom Stamm Levi
herzu, die der HERR, euer Gott, für den Dienst am
Heiligtum und zur Erteilung des Segens* ausge-
wählt hat und die in allen strittigen Rechtsfällen
und bei tätlichen Auseinandersetzungen zu ent-
scheiden haben. 6 In ihrer Gegenwart waschen
die Ältesten über der toten Kuh ihre Hände 7 und
sprechen stellvertretend für die ganze Stadt:
»Unsere Hände haben diesen Mord nicht began-
gen. Unsere Augen haben nicht gesehen, wie er
verübt worden ist. 8 HERR, laß durch das Blut die-
ses unschuldig Ermordeten nicht Unheil über
dein Volk kommen! Du hast dein Volk aus Ägyp-
ten freigekauft, darum rechne ihm dieses Ver-
brechen nicht an!«
Dann wird der HERR die Blutschuld wegneh-
men. 9 Auf diese Weise tut ihr dem Grundsatz
Genüge: »Mord darf in Israel nicht ungesühnt
bleiben«, und handelt, wie es dem HERRN gefällt.

Ehe mit kriegsgefangenen Frauen

10 Gesetzt den Fall, ihr zieht gegen Feinde in den
Kampf und der HERR gibt euch den Sieg und ihr
macht Gefangene. 11 Wenn dann einer von euch
unter den Gefangenen ein Mädchen sieht, das
ihm so gut gefällt, daß er es heiraten möchte,
12 darf er es mit sich nach Hause nehmen. Dort
soll das Mädchen sich den Kopf kahlscheren, die
Nägel schneiden, 13 neue Kleider anziehen und
einen Monat lang über seine erschlagenen
Eltern trauern. Danach darf der Betreffende es
zur Frau nehmen.
14 Wenn die Frau ihm später nicht mehr ge-
fällt, muß er sie freigeben. Er darf sie nicht als
Sklavin verkaufen oder selber als Sklavin behal-
ten; denn sie ist seine Frau gewesen.

Das Recht des erstgeborenen Sohnes

15 Gesetzt den Fall, ein Mann hat zwei Frauen,
von denen er die eine mehr liebt als die andere,
und beide haben ihm einen Sohn geboren.
Wenn der zuerst Geborene von der weniger ge-
liebten Frau stammt, 16 darf der Vater bei der Ver-
teilung des Erbes den Sohn der Frau, die er mehr
liebt, trotzdem nicht bevorzugen und ihn als
Erstgeborenen behandeln. 17 Er muß dem Sohn

a *Menschen* (wörtlich *ein Mensch*): mit einem veränderten Vokal; H *Der Baum des Feldes ist der Mensch.*
20,8 Ri 7,3 20,16-17 7,1-4S 20,19 2 Kön 3,19.25 21,5 10,8 21,6-8 Ps 26,6; 73,13; Mt 27,24-25 21,9 19,13

der ungeliebten Frau sein Erstgeburtsrecht las-
sen und ihm doppelt soviel vererben wie dem
anderen. Denn er ist nun einmal der erste Sohn,
den er gezeugt hat.

Verfahren gegen einen Unverbesserlichen

18 Gesetzt den Fall, jemand hat einen Sohn, der
so widerspenstig und ungehorsam ist, daß er
trotz aller Strafen und Mahnungen weder auf
seinen Vater noch auf seine Mutter hört. 19 Dann
sollen ihn seine Eltern gemeinsam zum Ver-
sammlungsplatz am Tor bringen, ihn den Älte-
sten* der Stadt vorführen 20 und zu ihnen sagen:
»Unser Sohn hier ist widerspenstig und will uns
nicht gehorchen. Wir können sagen, was wir
wollen – er ist ein Prasser und Säufer.«

21 Dann sollen alle Männer der Stadt ihn
durch Steinigung* hinrichten. Ihr müßt das Böse
aus eurer Mitte entfernen. Alle in Israel sollen
davon erfahren, damit sie sich fürchten.

Bestattung eines Hingerichteten

22 Wenn jemand wegen eines Verbrechens zum
Tod verurteilt und hingerichtet worden ist und
der Tote danach an einem Pfahl[a] aufgehängt
wird, 23 dürft ihr ihn nicht über Nacht dort hän-
gen lassen. Ihr müßt ihn noch vor Sonnenunter-
gang begraben; denn wer am Holz hängt, ist von
Gott verflucht und bringt Unheil über das Land.
Ihr sollt das Land nicht verunreinigen, das der
HERR, euer Gott, euch geben wird.

Nachbarschaftliche Hilfe

22 Du sollst nicht untätig zusehen, wie
sich das Rind oder Schaf eines anderen
Israeliten verläuft. Du mußt das verirrte Tier so
schnell wie möglich zu seinem Besitzer zurück-
bringen. 2 Falls er weiter entfernt wohnt oder dir
unbekannt ist, sollst du das Tier bei dir aufneh-
men, bis der Besitzer kommt und danach fragt;
dann mußt du es ihm zurückgeben. 3 Genauso
mußt du verfahren, wenn jemand seinen Esel,
sein Obergewand* oder sonst etwas verloren
hat und du es findest. Du darfst ihm deine Hilfe
nicht versagen.

4 Du darfst auch nicht untätig zusehen, wie
der Esel oder das Rind eines anderen Israeli-
ten unterwegs unter seiner Last zusammen-
bricht. Hilf dem anderen, das Tier wieder aufzu-
richten.

Verschiedene andere Gesetze

5 Eine Frau darf keine Männerkleidung tragen
und ein Mann keine Frauenkleidung. Der HERR,
euer Gott, verabscheut jeden, der das tut.

6 Wenn du unterwegs auf einem Baum oder
auf der Erde ein Vogelnest findest, in dem eine
Vogelmutter über ihren Eiern oder Jungen sitzt,
dann darfst du die Mutter nicht von den Jungen
wegfangen. 7 Die Jungen kannst du fangen, aber
laß die Mutter fliegen. Dann wird es dir gutge-
hen, und du wirst lange leben.

8 Wenn du dir ein Haus baust, mußt du den
Rand des Flachdaches mit einem Geländer
schützen. Wenn jemand vom Dach stürzt und
dabei den Tod findet, lädst du schwere Schuld
auf dich und alle, die in dem Haus wohnen.

9 Du darfst in deinem Weinberg neben den
Weinstöcken nicht noch irgend etwas anderes
pflanzen. Sonst fällt die ganze Ernte dem Heilig-
tum zu, der Wein ebenso wie die andere Frucht.
10 Du darfst auch nicht Rind und Esel nebenein-
ander vor den Pflug spannen. 11 Du darfst keine
Kleider tragen, deren Stoff aus Wolle und Flachs
gemischt ist.

12 Du sollst an den vier Zipfeln deines Ober-
gewandes Quasten* anbringen.

Rechtsschutz für eine verleumdete Frau

13 Gesetzt den Fall, ein Mann heiratet, aber dann
gefällt ihm die Frau nicht mehr. Er möchte sie
loswerden, 14 bringt sie in schlechten Ruf und er-
klärt öffentlich: »Als ich mit dieser Frau die Ehe
vollziehen wollte, stellte sich heraus, daß sie
nicht mehr unberührt war.«

15 Dann sollen der Vater und die Mutter der
jungen Frau zum Versammlungsplatz am Tor
gehen und den Ältesten* der Stadt das Beweis-
stück dafür vorlegen, daß die Tochter ihrem
Ehemann als unberührte Jungfrau übergeben
wurde. 16 Der Vater erklärt dazu: »Ich habe
meine Tochter diesem Mann zur Frau gegeben.
Jetzt will er sie loswerden 17 und verleumdet
sie mit der Behauptung, sie sei nicht unberührt
gewesen. Aber die Spuren auf diesem Gewand
beweisen das Gegenteil.« Dabei breiten die
Eltern das Obergewand* ihrer Tochter aus, auf
dem das Paar die Hochzeitsnacht verbracht hat.

18 Darauf sollen die Ältesten den Ehemann
auspeitschen lassen. 19 Außerdem muß er dem
Vater der jungen Frau 100 Silberstücke* zahlen,

a Wörtlich *Holz* oder *Baum*. Die Formulierung ist so unbestimmt, daß sie im Neuen Testament auf das Kreuz* bezogen werden kann; vgl. Apg 5,30; 10,39; Gal 3,13.

21,21 17,5 S; 13,12 S 21,22-23 Jos 8,29; 10,26-27; 1 Sam 31,10-12; 2 Sam 4,12; 21,9-14; Gal 3,13 S 22,1-4 Ex 23,4-5 22,9-11 Lev 19,19 22,12 Num 15,37-38; Mt 23,5

als Entschädigung dafür, daß er ein Mädchen
aus dem Volk Israel verleumdet hat. Er muß die
Frau zeitlebens behalten und darf sie nicht weg-
schicken.
20 Hat der Ehemann aber mit seiner Beschul-
digung recht gehabt und die Eltern können die
Unberührtheit ihrer Tochter nicht beweisen,
21 so wird die junge Frau vor das Haus ihres
Vaters geführt und dort von den Männern der
Stadt durch Steinigung* hingerichtet. Sie hat
sich wie eine Hure benommen, obwohl sie noch
im Haus ihres Vaters lebte. Eine solche Schand-
tat darf in Israel nicht geschehen. Ihr müßt das
Böse aus eurer Mitte entfernen.

Verschiedene Fälle von Unzucht

22 Wenn ein Mann dabei ertappt wird, daß er mit
der Frau eines anderen schläft, müssen alle
beide sterben. Ihr müßt das Böse aus Israel ent-
fernen.
23 Wenn ein Mann irgendwo in der Stadt mit
einem unberührten Mädchen schläft, das einem
anderen Mann zur Ehe versprochen ist, 24 müßt
ihr die beiden vor das Tor der Stadt führen und
dort durch Steinigung* hinrichten. Das Mäd-
chen muß sterben, weil es mitten in der Stadt
nicht um Hilfe gerufen hat, und der Mann, weil
er mit einem Mädchen geschlafen hat, das recht-
lich schon die Frau eines anderen war. Ihr müßt
das Böse aus eurer Mitte entfernen.
25 Wenn aber der Mann das verlobte* Mäd-
chen draußen auf dem Feld trifft und vergewal-
tigt, muß nur er sterben. 26 Dem Mädchen kann
kein todeswürdiges Verbrechen zur Last gelegt
werden. Der Fall liegt genauso, wie wenn ein
Mann über einen anderen herfällt und ihn tot-
schlägt. 27 Vielleicht hat das Mädchen draußen
auf dem Feld um Hilfe geschrien, aber niemand
war da, der es schützen konnte.
28–29 Wenn ein Mann dabei ertappt wird, daß
er ein unberührtes Mädchen vergewaltigt, muß
er dem Vater des Mädchens 50 Silberstücke*
geben. Er muß das Mädchen zur Frau nehmen,
weil er es entjungfert hat; er darf es zeitlebens
nie mehr wegschicken.

23 Kein Mann darf mit einer Frau seines
Vaters schlafen, denn damit entehrt er
seinen Vater.

Wer am Gottesdienst Israels teilnehmen darf

2 Wenn die Gemeinde des HERRN sich zum Got-
tesdienst versammelt, darf keiner dabeisein, der
kastriert oder dessen Zeugungsglied abgeschnit-
ten worden ist. 3 Auch einer, an dessen Geburt
ein Makel haftet, darf nicht teilnehmen, und
seine Nachkommen sind noch in der zehnten
Generation von der Gemeinde Israel ausge-
schlossen.
4 Dasselbe gilt für einen Ammoniter* oder
Moabiter*: Sie sind von der Gemeinde des
HERRN ausgeschlossen, und niemals, nicht ein-
mal in der zehnten Generation, dürfen ihre
Nachkommen an den gottesdienstlichen Ver-
sammlungen teilnehmen. 5 Die Ammoniter und
Moabiter haben sich geweigert, euch Brot und
Wasser zu geben, als ihr von Ägypten kamt und
durch ihr Land gezogen seid; sie haben sogar
den Magier Bileam aus Mesopotamien gerufen
und ihm Geld geboten, damit er euch verfluchen
sollte. 6 Aber weil der HERR, euer Gott, euch liebt,
ließ er Bileams Worte nicht in Erfüllung gehen
und verwandelte den Fluch* in Segen. 7 Sucht
also nicht die Freundschaft dieser Völker und
schließt keine Verträge mit ihnen – für alle Zei-
ten nicht!
8 Dagegen sollt ihr die Edomiter* nicht streng
ausschließen, denn sie sind eure Brüder, und
auch nicht die Ägypter, denn ihr wart in ihrem
Land zu Gast. 9 Wenn einer von ihnen bei euch
wohnt, dürfen sich seine Nachkommen von der
dritten Generation ab der Gemeinde des HERRN
anschließen.

Die Reinhaltung des Heerlagers

10 Wenn ihr gegen eure Feinde in den Krieg zieht
und ein Lager aufschlagt, müßt ihr euch rein*
halten, wie die Nähe des HERRN es verlangt.
11 Wenn ein Mann im Schlaf einen Samenerguß
gehabt hat, muß er den ganzen Tag außerhalb
des Lagers bleiben. 12 Gegen Abend soll er sich
mit Wasser abspülen, und bei Sonnenuntergang
kann er wieder ins Lager zurückkehren.
13 Ihr sollt außerhalb des Lagers einen Platz
bestimmen, wo ihr eure Notdurft verrichtet.
14 Haltet Schaufeln bereit, grabt ein Loch, ehe ihr
euch hinhockt, und macht es nachher wieder
zu. 15 Euer Lager muß rein sein, denn der HERR,
euer Gott, ist mitten unter euch, um euch zu
schützen und euch den Sieg über eure Feinde zu
geben. Wenn er etwas Anstößiges bei euch ent-
deckt, wird er euer Lager verlassen.

Asyl für Flüchtlinge

16 Wenn sich ein ausländischer Sklave* zu euch
flüchtet und bei euch Schutz sucht, dann liefert

22,21 17,5 S **22,22-27** Ex 20,14 S **22,24** 17,5 S **22,28-29** Ex 22,15 **23,1** Lev 18,8 S **23,2** Jes 56,3-4 **23,4** Neh 13,1-3 **23,5-6** Num 22,1–24,19 **23,8** Gen 36; Jes 19,18-25 **23,11-12** Lev 15,16 **23,15** Lev 26,12

ihn nicht seinem Herrn aus. 17 Er soll in Freiheit bei euch leben dürfen, wo es ihm gefällt. Nutzt seine Notlage nicht aus!

Was den Herrn beleidigt

18 Kein Israelit und keine Israelitin dürfen sich dem Dienst eines fremden Gottes weihen.[a] 19 Ihr dürft den Gewinn aus anrüchigen Geschäften und aus dem Verkauf unreiner* Tiere[b] nicht in das Heiligtum des Herrn, eures Gottes, bringen, um damit ein Gelübde* zu erfüllen. Der Herr verabscheut solches Geld.

Bestimmungen über das Zinsnehmen

20 Wenn du einem anderen Israeliten, deinem Bruder, Geld oder Getreide oder sonst etwas leihst, darfst du dafür keinen Zins erheben. 21 Von einem Ausländer kannst du Zins nehmen, aber nicht von einem Israeliten. Wenn du das beachtest, wird der Herr dein Tun segnen und dir alles gelingen lassen in dem Land, das ihr jetzt in Besitz nehmen werdet.

Bestimmungen über Gelübde

22 Wenn du das Versprechen ablegst, dem Herrn, deinem Gott, irgend etwas zu schenken, dann gib es ihm auch. Schieb es nicht auf, dein Gelübde* zu erfüllen! Du wirst sonst Schuld auf dich laden; denn der Herr nimmt dich beim Wort. 23 Der Herr verlangt nicht, daß du ihm etwas versprichst, 24 aber wenn du es aus freien Stücken getan hast, mußt du es auch halten.

Erlaubter Mundraub

25 Wenn dein Weg durch einen Weinberg führt, darfst du Trauben essen, soviel du willst, um deinen Hunger zu stillen. Aber du darfst nichts in ein Gefäß sammeln.

26 Wenn du an einem Kornfeld vorbeikommst, darfst du mit der Hand Ähren abreißen. Aber du darfst sie nicht mit der Sichel abschneiden.

Scheidung und Wiederverheiratung

24 Gesetzt den Fall, ein Mann heiratet und findet dann etwas an der Frau, das ihm zuwider ist, stellt ihr eine Scheidungsurkunde* aus und schickt sie weg. 2 Wenn nun ein zweiter Mann die Frau heiratet 3 und sie ebenfalls mit einer Scheidungsurkunde wegschickt oder auch stirbt, 4 darf ihr erster Mann sie nicht wieder zur Frau nehmen; sie ist für ihn unberührbar geworden. Sonst tut er etwas, was der Herr verabscheut. Ihr dürft das Land, das der Herr, euer Gott, euch geben wird, nicht durch solch ein Vergehen entweihen.

Verschiedene Schutzbestimmungen

5 Wenn ein Mann heiratet, wird er ein Jahr lang vom Kriegsdienst und von allen Arbeitsleistungen für öffentliche Belange befreit. Er soll sich ungestört seiner Frau widmen können.

6 Wenn ihr ein Pfand nehmt, dürfen es nicht die Mühlsteine* sein, mit denen das Korn zum Brotbacken gemahlen wird. Denn dann würdet ihr das Lebensnotwendige, ja das Leben selbst zum Pfand nehmen.

7 Wenn jemand einen anderen Israeliten, einen von seinen Brüdern, raubt und ihn als Sklaven* hält oder verkauft, muß er getötet werden. Ihr müßt das Böse aus eurer Mitte entfernen.

8 Wenn jemand unter euch von Aussatz* befallen wird, müßt ihr genau die Anweisungen der Priester* aus dem Stamm Levi befolgen. Der Herr selbst hat ihnen diese Anweisungen gegeben. 9 Denkt daran, wie es Mirjam erging, die der Herr, euer Gott, nach eurem Auszug aus Ägypten für ihren Ungehorsam mit Aussatz bestrafte.

Schutz der Schwachen

10 Wenn du einem anderen Israeliten ein Darlehen gibst, sollst du nicht in sein Haus gehen, um dir selbst ein Pfand auszusuchen. 11 Du mußt draußen warten, bis er dir das Pfand herausbringt. 12 Wenn der andere so arm ist, daß er sein Obergewand* verpfänden muß, darfst du das Pfand nicht über Nacht behalten, 13 sondern mußt es bei Sonnenuntergang zurückbringen, damit er darin schlafen kann. Wenn du so handelst, wird er dir Gutes wünschen, und du wirst vor dem Herrn, deinem Gott, als gerecht dastehen.

14 Wenn ein armer, völlig mittelloser Mann um Tageslohn für dich arbeitet, darfst du ihn nicht ausbeuten, gleichgültig, ob er einer von deinen Brüdern ist oder ein Fremder, der bei euch wohnt. 15 Gib ihm seinen Lohn, bevor die Sonne untergeht; denn er braucht ihn drin-

a Siehe Sacherklärung »geweiht (2)«
b *den Gewinn …:* wörtlich *hurerischen Erwerb und Erlös für einen Hund;* vgl. Sacherklärung »Hurerei«.

23,17 Ex 22,20 23,18 1 Kön 14,24 S 23,20-21 Ex 22,24 S; Dtn 15,3 23,22-24 Num 30,3-17 S 23,26 Mk 2,23 par 24,1 Mt 5,31 S 24,5 20,7 24,7 Ex 20,15 S 24,8 Lev 13,1-46; 14,1-32; Dtn 31,9 24,9 Num 12,1-15 24,12-13 Ex 22,25-26 S 24,14-15 Lev 19,13

gend. Sonst beklagt er sich beim HERRN über
dich, und du wirst vor dem HERRN als schuldig
dastehen.
16 Wenn jemand ein Verbrechen begangen
hat, auf das die Todesstrafe steht, darf nur er
selbst dafür bestraft werden, nicht seine ganze
Familie. Die Eltern sollen nicht für die Schuld
ihrer Kinder sterben und die Kinder nicht für
die Schuld ihrer Eltern. Jeder soll nur für seine
eigene Schuld bestraft werden. 17 Verweigert
Fremden und Waisen[a] nicht ihr Recht und
nehmt nicht das Oberkleid* einer Witwe zum
Pfand. 18 Denkt daran, daß auch ihr in Ägypten
Sklaven gewesen seid und der HERR, euer Gott,
euch von dort freigekauft hat. Deshalb sollt ihr
euch um die Schwachen kümmern.
19 Wenn ihr bei der Ernte eine Garbe auf dem
Feld vergessen habt, dann geht nicht zurück, um
sie zu holen. Sie soll den Fremden, den Waisen
und Witwen gehören. Dafür wird der HERR euch
segnen bei allem, was ihr tut.
20 Wenn ihr die Oliven von euren Ölbäumen
schüttelt, dann sucht nicht hinterher noch die
Zweige ab. Laßt den Rest für die Fremden, die
Waisen und Witwen. 21 Wenn ihr in eurem Wein-
berg die Trauben erntet, dann haltet keine Nach-
lese. Laßt den Rest für die Fremden, die Waisen
und Witwen. 22 Denkt daran, daß ihr in Ägypten
Sklaven gewesen seid, und handelt danach!

Begrenzung der Prügelstrafe

25 1-2 Wenn bei einem Prozeß zwischen
zwei Männern über einen von ihnen die
Prügelstrafe verhängt wird, muß der Richter ver-
anlassen, daß der Verurteilte sich hinlegt und in
Gegenwart des Richters so viele Schläge erhält,
wie es seiner Schuld entspricht. 3 Auf keinen Fall
darf er ihm mehr als vierzig Schläge geben las-
sen, sonst würde der Bestrafte, der doch euer
Bruder ist, öffentlich entehrt.

Tierschutz

4 Einem Rind, das vor den Dreschschlitten* ge-
spannt wird, darfst du das Maul nicht zubinden.

Die Schwagerehe

5 Wenn zwei Brüder auf demselben Grundbesitz
wohnen und einer von ihnen stirbt, ohne einen
Sohn zu hinterlassen, dann soll seine Witwe kei-
nen Mann außerhalb der Familie heiraten. Der
Bruder des Verstorbenen hat die Pflicht, sie zur
Frau zu nehmen. 6 Der erste Sohn, den sie dann
zur Welt bringt, gilt als Nachkomme des verstor-
benen Bruders, damit dessen Name in Israel er-
halten bleibt.
7 Will der Mann jedoch seine Schwägerin
nicht heiraten, so soll sie zum Versammlungs-
platz am Stadttor gehen und zu den Ältesten*
sagen: »Mein Schwager lehnt es ab, mich zur
Frau zu nehmen und den Namen seines verstor-
benen Bruders in Israel zu erhalten.«
8 Dann sollen die Ältesten ihn rufen lassen
und ihn zur Rede stellen. Wenn er auf seiner
Weigerung beharrt, 9 soll seine Schwägerin in
Gegenwart der Ältesten zu ihm hingehen, ihm
einen Schuh ausziehen, ihm ins Gesicht spuk-
ken und sagen: »So verfährt man mit jedem, der
sich weigert, die Familie seines Bruders zu erhal-
ten!« 10 Seine eigene Familie aber wird man in
ganz Israel nur noch die »Barfüßer« nennen.

Übergriffe beim Streit

11 Wenn zwei Männer in Streit geraten sind und
die Frau des einen kommt ihrem bedrängten
Mann zu Hilfe und packt den andern bei den
Hoden, 12 dann dürft ihr kein Mitleid mit ihr
haben; ihr müßt ihr die Hand abhacken.

Rechtes Maß und Gewicht

13 Du darfst beim Messen und Wiegen nicht be-
trügen.[b] In deinem Beutel dürfen nicht zweier-
lei Gewichtssteine sein, ein Satz mit vollem
Gewicht und einer mit geringerem, 14 und in dei-
nem Haus nicht zwei verschiedene Kornmaße,[c]
ein größeres und ein kleineres. 15 Deine Ge-
wichtssteine müssen das volle Gewicht haben
und deine Kornmaße das volle Maß. Dann wirst
du lange leben in dem Land, das der HERR, euer
Gott, euch gibt. 16 Der HERR verabscheut jeden,
der seinen Mitmenschen betrügt.

Vergeltung an den Amalekitern

17 Vergeßt nicht, was die Amalekiter* euch ange-
tan haben, als ihr von Ägypten kamt! 18 Als ihr
von der beschwerlichen Wanderung müde wart,
haben sie euch von hinten angegriffen und alle
niedergemetzelt, die erschöpft zurückgeblieben
waren. Sie kümmerten sich nicht um Gott und
seine Gebote. 19 Wenn ihr das Land in Besitz
genommen habt, das der HERR, euer Gott, euch
geben will, und er euch Ruhe verschafft hat vor
allen Feinden ringsum, dann müßt ihr die Ama-

a So mit einigen Handschriften und alten Übersetzungen; H *fremden Waisen.* b Verdeutlichender Zusatz.
c *nicht zwei verschiedene Kornmaße:* wörtlich *nicht zweierlei Efa** (als Getreidemaß).
24,16 2 Kön 14,6; Jer 31,30; Ez 18,4.20 **24,17-18** 10,18-19 S **24,18** 5,15 S **24,19-22** Lev 19,9-10 S **25,3** 2 Kor 11,24 **25,4** 1 Kor
9,9; 1 Tim 5,18 **25,5-6** Gen 38,8; Mk 12,19 par **25,12** 13,9 S **25,13-16** Lev 19,35-36 S **25,17-19** Ex 17,14 S

lekiter so gründlich ausrotten, daß nichts von ihnen übrigbleibt. Vergeßt das nicht!

Bekenntnis bei der Ablieferung der Erntegaben

26 Wenn du in das Land kommst, das der HERR, euer Gott, euch geben will, wenn du es in Besitz genommen und dich darin eingerichtet hast, [2] dann sollst du die ersten Früchte* deiner Ernte in einen Korb legen. Du sollst damit zu der Stätte gehen, die der HERR, euer Gott, auswählen und dafür bestimmen wird, daß sein Name dort wohnt.[a] [3] Du sollst vor den Priester* treten, der zu jener Zeit dort den Dienst versieht, und sagen: »Heute bestätige ich vor dem HERRN, deinem Gott, daß ich in das Land gekommen bin, das er unseren Vorfahren durch eine eidliche Zusage für uns versprochen hat.«

[4] Wenn dann der Priester den Korb entgegengenommen und vor den Altar* des HERRN gestellt hat, [5] sollst du vor dem HERRN, deinem Gott, bekennen:

»Mein Vorfahr war ein heimatloser Aramäer*. Als er am Verhungern war, zog er mit seiner Familie nach Ägypten und lebte dort als Fremder. Mit einer Handvoll Leuten kam er hin, aber seine Nachkommen wurden dort zu einem großen und starken Volk. [6] Die Ägypter unterdrückten uns und zwangen uns zu harter Arbeit. [7] Da schrien wir zum HERRN, dem Gott unserer Väter, um Hilfe. Er hörte uns und half uns aus Not, Elend und Sklaverei. [8] Er versetzte die Ägypter durch seine staunenswerten Wundertaten in Angst und Schrecken. Er führte uns mit starker Hand und ausgestrecktem Arm aus Ägypten heraus. [9] Er brachte uns an diese heilige Stätte und gab uns dieses Land, das von Milch und Honig überfließt. [10] Und hier bringe ich nun die ersten Früchte der Ernte, die ich in dem Land eingebracht habe, das der HERR mir gegeben hat.«

Dann sollst du deinen Korb vor den Altar des HERRN stellen und dich vor dem HERRN, deinem Gott, niederwerfen. [11] Genieße voll Freude all das Gute, das er dir und deiner Familie gegeben hat, und laß auch die Leviten* und die Fremden, die bei dir wohnen, daran teilhaben.

Gebet bei der Ablieferung der Armenabgabe

[12] Jedes dritte Jahr sollt ihr den zehnten Teil eurer Ernte in euren Ortschaften sammeln, damit die Leviten*, die Waisen und Witwen davon leben können. Ihr dürft nichts davon zurückbehalten. Wenn einer seinen Zehnten* abgeliefert hat, [13] soll er feierlich vor dem HERRN, eurem Gott, erklären:

»Ich habe alles, was dir, HERR, gehört, abgeliefert. Ich habe es den Leviten, den Fremden, den Waisen und Witwen gegeben, wie du mir befohlen hast. Ich habe alle deine Vorschriften genau befolgt. [14] Ich habe nichts davon gegessen, als ich in Trauer* war; ich habe nichts berührt, als ich unrein* war, und nichts davon einem Toten als Wegzehrung mitgegeben. Ich habe alle deine Anweisungen, HERR, mein Gott, genau befolgt. [15] Sieh herab von deiner himmlischen Wohnung! Segne dein Volk Israel und segne dieses Land, das du schon unseren Vorfahren zugesagt und uns nun gegeben hast, ein Land, das von Milch und Honig überfließt.«

DER BUND ZWISCHEN GOTT UND DEM VOLK
(26,16–30,20)

Mose vermittelt den Bund zwischen Gott und Volk

[16] Mose sagte: »Der HERR, euer Gott, befiehlt euch heute, euer Leben nach allen diesen Geboten und Rechtsbestimmungen auszurichten. Befolgt sie mit ganzem Herzen und mit allen euren Kräften. [17] Der HERR hat euch heute die Zusicherung gegeben, daß er euer Gott sein will, wenn ihr auf ihn hört und alle seine Gebote, Weisungen und Rechtsbestimmungen stets genau beachtet. [18] Und ihr habt vor ihm die feierliche Erklärung abgegeben, daß ihr sein Angebot annehmen, daß ihr sein Volk sein und alle seine Gebote befolgen wollt. [19] Ihr habt ja dazu gesagt, daß ihr ein heiliges* Volk sein sollt, das ausschließlich dem HERRN, seinem Gott, gehört, ein Volk, mit dem der HERR Ehre einlegen und das er hoch über alle anderen Völker erheben will, die er geschaffen hat.«

Errichtung von Steinmalen mit dem Gesetz

27 Mose trat mit den Ältesten* Israels vor das Volk und sagte: »Achtet stets auf alle Gebote, die ich euch heute gebe! [2] An dem Tag, an dem ihr den Jordan überschreitet, um in das Land zu ziehen, das der HERR, euer Gott, euch geben will, sollt ihr große Steine aufrichten, sie

a *sein Name …:* siehe Anmerkung zu 12,5.

26,1-11 Ex 23,19a S 26,2 12,5 S 26,12-15 14,28-29 26,15 Gen 12,7 S; Ex 3,8 S 26,17-19 29,11-12 26,19 Ex 19,5-6 S; Dtn 28,1-2 27,2-8 Jos 8,30-32

mit weißer Tünche bestreichen 3 und dieses ganze Gesetz darauf schreiben. Dann werdet ihr das Land in Besitz nehmen können, das der HERR euch geben will – ein Land, das von Milch und Honig überfließt, wie er das euren Vorfahren versprochen hat. 4 Ihr sollt die Steine, nachdem ihr den Jordan überschritten habt, auf dem Berg Ebal[a] aufstellen und mit Tünche bestreichen.

5–6 Dort sollt ihr auch einen Altar für den HERRN, euren Gott, bauen. Er muß aus unbehauenen Feldsteinen errichtet werden, die mit keinem eisernen Werkzeug in Berührung gekommen sind. Auf diesem Altar sollt ihr dem HERRN, eurem Gott, Brandopfer* darbringen 7 und sollt dort Tiere für das Opfermahl* schlachten und in Gegenwart des HERRN ein fröhliches Mahl halten. 8 Auf die getünchten Steine aber müßt ihr klar und deutlich alle Bestimmungen dieses Gesetzes schreiben.«

Der Bund zwischen Gott und dem Volk

9 Umgeben von den Priestern* aus dem Stamm Levi sagte Mose zu dem ganzen Volk: »Sei still und höre, Volk Israel! Heute bist du zum Volk des HERRN, deines Gottes, geworden. 10 Darum gehorche seinen Befehlen und befolge alle seine Gebote und Weisungen, die ich dir heute verkündet habe!«

Was Gott verabscheut

11 Weiter sagte Mose an jenem Tag zu dem Volk: 12–13 »Wenn ihr den Jordan überschritten habt, sollen sich die Stämme Simeon, Levi, Juda, Issachar, Josef und Benjamin auf dem Berg Garizim aufstellen und die Stämme Ruben, Gad, Ascher, Sebulon, Dan und Naftali auf dem Berg Ebal. Die einen sollen Segenszusagen über das Volk ausrufen, die anderen Fluchandrohungen aussprechen.

14 Danach sollen die Leviten* allen Männern Israels mit lauter Stimme zurufen:

15 ›Fluch* über jeden, der sich aus Holz oder Metall ein Gottesbild anfertigen läßt, ein Werk von Menschenhand, das dem HERRN zuwider ist, und es heimlich aufstellt.‹ Und das ganze Volk sagt: ›Amen*!‹ (So sei es!)

16 ›Fluch über jeden, der seinen Vater oder seine Mutter mißachtet!‹ Und das ganze Volk sagt: ›Amen!‹

17 ›Fluch über jeden, der den Grenzstein zwischen ihm und seinem Nachbarn verrückt!‹ Und das ganze Volk sagt: ›Amen!‹

18 ›Fluch über jeden, der einen Blinden auf den falschen Weg führt!‹ Und das ganze Volk sagt: ›Amen!‹

19 ›Fluch über jeden, der einem Fremden, einer Witwe oder Waise ihr Recht vorenthält!‹ Und das ganze Volk sagt: ›Amen!‹

20 ›Fluch über jeden, der mit einer Frau seines Vaters schläft und so seinen Vater entehrt!‹ Und das ganze Volk sagt: ›Amen!‹

21 ›Fluch über jeden, der mit einem Tier verkehrt!‹ Und das ganze Volk sagt: ›Amen!‹

22 ›Fluch über jeden, der mit seiner Schwester oder Halbschwester schläft!‹ Und das ganze Volk sagt: ›Amen!‹

23 ›Fluch über jeden, der mit seiner Schwiegermutter schläft!‹ Und das ganze Volk sagt: ›Amen!‹

24 ›Fluch über jeden, der heimlich einen anderen erschlägt!‹ Und das ganze Volk sagt: ›Amen!‹

25 ›Fluch über jeden, der sich dafür bezahlen läßt, einen Schuldlosen zu ermorden!‹ Und das ganze Volk sagt: ›Amen!‹

26 ›Fluch über jeden, der die Bestimmungen dieses Gesetzes nicht genau befolgt!‹ Und das ganze Volk sagt: ›Amen!‹«

Segen des Gehorsams

(Lev 26,3-13; Dtn 7,12-15)

28 Weiter sagte Mose: »Wenn ihr auf den HERRN, euren Gott, hört und alle seine Gebote, die ich euch heute verkünde, sorgfältig befolgt, wird er euch hoch über alle Völker der Erde erheben. 2 Die ganze Fülle seines Segens* wird euch zuteil werden, wenn ihr den Weisungen des HERRN, eures Gottes, gehorcht.

3 In der Stadt und auf dem Feld schenkt er euch Gedeihen: 4 Gesunde Kinder gibt er euch und reiche Ernten; eure Rinder, Schafe und Ziegen werden sich vermehren, 5 Korb und Backtrog nicht leer werden. 6 Das Glück wird euch begleiten, wenn ihr auszieht und wenn ihr wieder heimkehrt. 7 Wenn sich Feinde gegen euch erheben, wird der HERR sie vor euch zu Boden werfen. Auf *einem* Weg werden sie gegen euch anrücken und auf *sieben* nach allen Richtungen vor euch fliehen.

8 Der HERR wird eure Vorratshäuser füllen und euch alles gelingen lassen, was ihr tut. In allem wird er euch segnen in dem Land, das er

a Nach der samaritischen Textüberlieferung: *auf dem Berg Garizim.*

27,3 26,15 S **27,5-6** Ex 20,25 **27,9** 26,18-19 **27,11-13** 11,29; Jos 8,33-35 **27,15** Ex 20,4 S **27,16** Ex 20,12 S **27,17** 19,14; Spr 22,28 S **27,18** Lev 19,14 **27,19** 10,18-19 S **27,20** Lev 18,8 S **27,21** Lev 18,23 S **27,22** Lev 18,9 S **27,23** Lev 18,17 **27,26** Gal 3,10 **28,1-2** 26,19

euch geben wird. 9 Der HERR, euer Gott, wird euch zu einem Volk machen, das ausschließlich ihm gehört, so wie er es euch mit einem Eid zugesichert hat – wenn ihr nur seine Gebote beachtet und euer Leben danach ausrichtet. 10 Alle Völker der Erde werden dann erkennen, daß der HERR euch zu seinem Eigentum erklärt hat, und sie werden sich vor euch fürchten.

11 Der HERR wird euch viele Kinder geben, er wird euer Vieh vermehren und euch reiche Ernten bescheren, so daß ihr in Wohlstand lebt in dem Land, das er euren Vorfahren mit einem Eid für euch versprochen hat. 12 Er wird seine himmlischen Vorratskammern öffnen und Regen auf euer Land herabsenden zur rechten Zeit, damit eure Arbeit Frucht trägt. Ihr werdet soviel haben, daß ihr davon noch anderen Völkern ausleihen könnt, ihr selbst aber braucht nichts zu borgen. 13 Der HERR wird euch zum ersten unter den Völkern machen, ihr werdet unaufhaltsam immer weiter aufsteigen.

Ihr müßt nur die Gebote des HERRN, eures Gottes, befolgen, auf die ich euch heute verpflichte. 14 Ihr dürft niemals abweichen von dem Weg, den ich euch weise; ihr dürft nicht hinter anderen Göttern herlaufen und ihnen dienen.«

Fluch des Ungehorsams

(Lev 26,14-39)

15 »Wenn ihr aber nicht auf den HERRN, euren Gott, hört und seine Gebote und Weisungen, die ich euch heute verkünde, nicht befolgt, wird nicht sein Segen, sondern sein Fluch* über euch kommen:

16 Mißgeschick wird euch verfolgen in der Stadt und auf dem Feld, 17 Korb und Backtrog werden leer bleiben, 18 eure Kinder werden dahinsterben und die Äcker Mißernten bringen, eure Rinder, Schafe und Ziegen werden sich nicht vermehren. 19 Unglück wird euch begleiten, wenn ihr auszieht und wenn ihr wieder heimkehrt. 20 Der HERR wird einen Fluch auf euer Tun legen; er wird euch so verwirren, daß euch nichts mehr glücken wird. Weil ihr den HERRN mit euren bösen Taten beleidigt und euch von ihm abgewandt habt, wird es in kürzester Zeit mit euch zu Ende sein.

21-22 Der HERR wird euch die Pest schicken, er wird euch mit Schwindsucht, Entzündung und Fieber heimsuchen und eure Ernten durch Dürre[a] und Schädlinge vernichten, bis niemand mehr von euch übrig ist in dem Land, das ihr jetzt in Besitz nehmen wollt. 23 Der Himmel über euch wird wie eine bronzene Glocke sein und die Erde unter euren Füßen hart wie Eisen. 24 Statt Regen werden Staub und Asche vom Himmel fallen, bis ihr völlig vernichtet seid.

25 Der HERR wird euch vor euren Feinden zu Boden werfen. Auf *einem* Weg werdet ihr gegen sie ausziehen und auf *sieben* nach allen Richtungen vor ihnen fliehen. Alle Völker der Erde werden schaudernd sehen, wie es euch ergeht. 26 Aasgeier und Hyänen werden sich über eure Leichen hermachen, und niemand wird sie verscheuchen.

27 Der HERR wird euch mit Geschwüren strafen, wie er sie den Ägyptern geschickt hat, mit Beulen, Ausschlag, Krätze, und ihr werdet kein Heilmittel dagegen finden. 28 Er wird euch strafen mit Wahnsinn, Blindheit und Geistesverwirrung, 29 so daß ihr am hellen Tag umhertappt wie Blinde. Nichts mehr wird euch glücken. Ihr werdet unterdrückt und ausgebeutet werden, und niemand wird euch beistehen.

30 Du verlobst dich mit einem Mädchen, aber ein anderer wird mit ihr schlafen. Du baust ein Haus, aber wirst nicht darin wohnen; du pflanzst einen Weinberg, aber wirst keine Trauben ernten. 31 Deine Rinder werden vor deinen Augen geschlachtet, und du bekommst nicht einen Bissen davon ab. Dein Esel wird vor deinen Augen weggeführt, und du siehst ihn nie wieder. Feinde nehmen dir deine Schafe und Ziegen weg, und niemand hilft dir, wenn du dich dagegen wehren willst. 32 Deine Söhne und Töchter werden vor deinen Augen zu einem fremden Volk in die Sklaverei geführt; du wirst dich in Sehnsucht nach ihnen verzehren, aber du wirst ohnmächtig zusehen müssen. 33 Ein Volk, das aus weiter Ferne kommt, wird den Ertrag deiner Äcker verzehren, für den du so mühsam gearbeitet hast, und du wirst immerzu unterdrückt und mißhandelt werden. 34 Wenn ihr das alles mit ansehen müßt, werdet ihr vor Schmerz wahnsinnig werden.

35 Der HERR wird euch an den Beinen, ja von der Fußsohle bis zum Scheitel, mit bösen Geschwüren strafen, die niemand heilen kann. 36 Er wird euch und den König, den ihr über euch gesetzt habt, in die Verbannung führen, zu einem fernen Volk, das weder ihr noch eure Vorfahren bis dahin gekannt habt. Dort werdet ihr fremde Götter verehren müssen, Bilder aus Holz und Stein. 37 Unter den Völkern, zu denen der HERR euch verstoßen wird, werdet ihr zum ab-

a *Dürre:* mit veränderten Vokalen; H *Schwert.*

28,12 15,6 **28,26** Jer 12,9 S **28,27** Ex 9,8-9 **28,36** 4,27-28; 2 Kön 17,5-6; 25,7.11

schreckenden Beispiel, und sie werden ihren Spott mit euch treiben.

38 Ihr werdet reichlich Samen aufs Feld streuen, aber nur wenig Korn ernten, weil die Heuschrecken alles abfressen. 39 Ihr werdet Weinberge anlegen und pflegen, aber keinen Wein keltern, weil die Raupen alles kahlfressen. 40 Im ganzen Land werden Ölbäume wachsen, aber ihr werdet kein Öl haben, um euch damit zu salben, weil die Oliven unreif abfallen.

41 Ihr werdet Kinder zeugen, aber sie werden euch nicht gehören, sondern als Gefangene weggeführt werden. 42 Alle eure Bäume und alle Pflanzen auf den Feldern werden von Schädlingen befallen werden. 43 Die Fremden, die bei euch leben, werden ihren Besitz vergrößern und immer mehr Einfluß gewinnen, während es mit euch immer weiter bergab geht. 44 Ihr könnt ihnen nichts mehr leihen, sondern werdet von ihnen borgen müssen, und schließlich werden sie die Herren sein und ihr die Sklaven.

45 All dieses Unheil wird über euch kommen und euch verfolgen, bis ihr völlig vernichtet seid, wenn ihr nicht auf den HERRN, euren Gott, hört und seine Gebote und Weisungen befolgt. 46 Daran wird dann für alle Zeiten zu erkennen sein, daß euch und eure Nachkommen der Fluch des HERRN getroffen hat.

47 Wenn ihr dem HERRN, eurem Gott, nicht gern und voll Freude dient, aus Dank für den Wohlstand, den er euch schenkt, 48 werdet ihr euren Feinden dienen müssen, die der HERR gegen euch aufbietet, und ihr werdet dabei von Hunger und Durst gequält, ihr werdet nichts anzuziehen haben und an allem Mangel leiden. Der HERR wird euch unter ein eisernes Joch* zwingen, bis ihr alle umgekommen seid.

49 Er wird aus weiter Ferne ein Volk gegen euch heranführen, dessen Sprache ihr nicht versteht. Wie der Adler herabstößt, kommen sie über euch 50 und kennen kein Erbarmen, auch Kinder und Greise metzeln sie nieder. 51 Sie verzehren euer Vieh, sie verzehren Korn, Wein und Öl; nichts lassen sie euch übrig, so daß ihr verhungern müßt. 52 Sie werden euch in euren Städten einschließen, auf deren mächtige Mauern ihr euch verlassen habt, überall in dem Land, das der HERR, euer Gott, euch gegeben hat. Sie werden euch belagern und bekämpfen, bis sie die Mauern zum Einsturz bringen.

53 In der Hungersnot, die während der Belagerung in euren Städten herrscht, werdet ihr das Fleisch eurer eigenen Kinder essen, der Söhne und Töchter, die der HERR, euer Gott, euch geschenkt hat. 54–55 Der vornehmste Mann, der auf seine feine Lebensart stolz ist, wird sich nicht scheuen, seinen eigenen Sohn zu verzehren; er wird eifersüchtig darüber wachen, daß keiner von seinen Verwandten einen Bissen davon bekommt, nicht einmal die geliebte Frau und die übrigen Kinder. So groß wird die Not sein in den Städten, die von euren Feinden belagert werden. 56–57 Die verwöhnteste Dame, die vor lauter Vornehmheit keinen Fuß auf die Erde setzt, wird in der höchsten Not ihre Nachgeburt verzehren und sogar das Kind, das sie soeben geboren hat; sie wird es in aller Heimlichkeit tun und nicht einmal dem geliebten Mann und den übrigen Kindern etwas davon gönnen.

58 Achtet also stets darauf, daß ihr den HERRN, euren Gott, ehrt, der so große Wunder tut und seinen Feinden Furcht und Schrecken einjagt. Befolgt sorgfältig alle seine Gebote, die in diesem Buch aufgeschrieben sind. 59 Sonst wird der HERR euch und eure Nachkommen mit schrecklichen Krankheiten bestrafen, gegen die es kein Heilmittel gibt. 60 Die Seuchen, die ihr in Ägypten kennen und fürchten gelernt habt, wird er bei euch ausbrechen lassen, 61 und auch alle die Krankheiten und Plagen, die in diesem Buch nicht erwähnt sind, wird er euch schicken, bis ihr ganz vernichtet seid. 62 Statt daß ihr so zahlreich werdet wie die Sterne am Himmel, wird von euch nur noch ein winziges Häuflein übrigbleiben, wenn ihr dem HERRN, eurem Gott, nicht gehorcht.

63 Während der HERR früher seine Freude daran hatte, euch Gutes zu tun und euch immer zahlreicher zu machen, wird er dann seine Freude daran haben, euch zu schaden und euch auszurotten. Er wird euch aus dem Land, das ihr jetzt in Besitz nehmt, ausreißen 64 und euch unter alle Völker zerstreuen, von einem Ende der Erde bis zum andern. Dort werdet ihr Götter verehren müssen, die euch und euren Vorfahren bis dahin fremd waren, Bilder aus Stein und Holz.

65 Aber selbst dort werdet ihr keine Bleibe finden, sondern ruhelos umherirren; denn der HERR wird euch in Angst, Finsternis und Verzweiflung hineintreiben. 66 Ihr werdet ständig um euer Leben zittern müssen und euch keinen Augenblick sicher fühlen, weder bei Nacht noch bei Tag. 67 Am Morgen werdet ihr den Abend herbeisehnen, und am Abend den Morgen. Denn alles, was ihr erlebt, wird euch immer neue Angst einjagen.

28,38-40 Mi 6,15; Joël 1,4 S 28,48 Jer 28,14 28,49-52 Jer 5,15-17 28,53 Lev 26,29 S 28,60 Ex 15,26 28,62 4,27 28,64 4,28

68 Der HERR wird euch soweit bringen, daß ihr
auf Schiffen nach Ägypten zurückkehrt, obwohl
er euch versprochen hat, ihr müßtet niemals
wieder dorthin zurückkehren. Dort werdet ihr
euch euren Feinden auf dem Sklavenmarkt als
Sklaven und Sklavinnen anbieten, aber niemand
wird euch kaufen.«

Mose eröffnet den Bundesschluß

69 Der HERR befahl Mose, dort im Land Moab* in
seinem Auftrag einen Bund* mit dem Volk Israel
zu schließen, als Ergänzung zu dem Bund, den
er am Berg Horeb* mit Israel geschlossen hatte.
Es folgen hier die Worte, mit denen dieser Bund
besiegelt wurde.

29 Mose rief alle Israeliten zusammen und
sagte zu ihnen:
»Ihr habt miterlebt, was der HERR in Ägypten
getan hat, wie er den Pharao, seine Minister und
das ganze Volk seine Macht spüren ließ. 2 Mit
eigenen Augen habt ihr gesehen, was für stau-
nenswerte Wundertaten der HERR vollbracht hat
und welche schrecklichen Plagen er über die
Ägypter kommen ließ. 3 Aber erst heute öffnet
der HERR euch Augen, Ohren und Verstand für
das, was damals geschehen ist.
4 Vierzig Jahre lang habe ich euch durch die
Wüste geführt, und eure Kleider und Schuhe
sind nicht zerschlissen. 5 Ihr hattet weder Brot
zu essen noch Wein oder Bier zu trinken. Der
HERR selbst hat für euch gesorgt, damit ihr er-
kennt, was für ein Gott das ist, der euch zu sei-
nem Volk gemacht hat. 6 Als wir in diese Gegend
kamen, zogen die Könige Sihon von Heschbon
und Og von Baschan gegen uns aus, aber wir
konnten sie besiegen, 7 ihnen ihr Land wegneh-
men und es unter die Stämme Ruben und Gad
und den halben Stamm Manasse verteilen.
8 Darum bleibt dem Bund treu, den der HERR
mit euch schließt, und erfüllt alle eure Verpflich-
tungen; dann wird euch alles gelingen, was ihr
tut.«

Der Bund gilt für alle Generationen

9 »Ihr alle habt euch heute vor dem HERRN,
eurem Gott, aufgestellt: die Oberhäupter der
Stämme, die Ältesten*, die Aufseher* und alle
Männer Israels, 10 dazu die Frauen und Kinder
und die Fremden, die in eurem Lager leben, bis
hin zu den Holzhauern und Wasserträgern.
11–12 Mit euch allen will der HERR heute sei-
nen Bund* schließen. Er erklärt hiermit feierlich,
daß ihr sein Volk seid und er euer Gott ist, wie er
euch das versprochen und wie er es euren Vor-
fahren Abraham, Isaak und Jakob mit einem Eid
zugesichert hat. Er fordert euch auf, in diesen
Bund einzuwilligen und die Verpflichtungen zu
übernehmen, die darin eingeschlossen sind.
13–14 Aber nicht nur mit euch, die ihr heute vor
dem HERRN, eurem Gott, steht, wird dieser Bund
geschlossen, sondern zugleich mit euren Nach-
kommen, die noch nicht geboren sind.«

Warnung vor Götzendienst

15 »Ihr habt unter den Ägyptern gelebt und seid
dann durch das Gebiet fremder Völker gezogen,
durch das euer Weg führte. 16 Ihr habt die verab-
scheuenswerten Götzen all dieser Völker ge-
sehen, Bilder aus Holz, Stein, Silber und Gold.
17 Gebt acht, daß niemand unter euch, kein
Mann und keine Frau, keine Sippe, kein Stamm,
sich heute vom HERRN, unserem Gott, abwendet,
um den Göttern dieser Völker zu dienen. Daraus
könnte nur Unheil und Verderben für uns alle er-
wachsen.
18 Wenn der Fluch* ausgesprochen wird, der
jeden treffen soll, der den Bund* mit dem HERRN
verletzt, darf es niemand unter euch geben, der
heimlich bei sich sagt: ›Für mich soll das nicht
gelten! Mich möge kein Unglück treffen, wenn
ich es trotzdem tue, damit endlich die Dürre auf-
hört!‹ 19 Wer so etwas tut, fordert den Zorn des
HERRN heraus. Alle Drohungen, die in diesem
Buch aufgeschrieben sind, werden an ihm in Er-
füllung gehen, und der HERR wird ihn vollständig
vernichten. Für ein solches Vergehen gibt es kei-
ne Vergebung. 20 Der HERR wird ihn aus den
Stämmen Israels ausstoßen und dem Untergang
ausliefern; alle Strafen werden ihn treffen, die in
diesem Gesetzbuch dem angedroht werden, der
den Bund mit dem HERRN bricht.
21–22 Wenn ihr dem HERRN untreu werdet,
wird er Seuchen und Katastrophen über das
Land hereinbrechen lassen. Es wird aussehen
wie nach dem Untergang von Sodom* und Go-
morra oder von Adma und Zebojim*, die der
HERR in seinem Zorn vernichtet hat: der Boden
völlig ausgebrannt, von Schwefel und Salz be-
deckt; es läßt sich nichts darauf aussäen, nicht
ein Grashalm wächst darauf.
23 Alle Völker werden dann sagen: ›Warum
hat der HERR dieses Land so hart bestraft? Was ist
der Grund für seinen schrecklichen Zorn?‹
24 Und man wird ihnen antworten: ›Das kommt

28,68 17,16; Hos 8,13; 9,3 **28,69** 5,2 **29,4-5** 8,2-4 **29,6** Num 21,21-35 **29,7** Num 32,33 **29,10** Jos 9,27 **29,11-12** 26,17-19; Ex 19,5-6 S **29,13-14** Gen 17,7-8 **29,17** 13,7.14; Hebr 12,15 **29,20** (Gesetzbuch) 28,61; 30,10; 31,26; (angedroht) 28,15-68 **29,21-22** Gen 19,24-25 S; Hos 11,8 **29,24** 1 Kön 19,10.14; Jer 22,9

davon, daß seine Bewohner dem Bund untreu
geworden sind, den der HERR, der Gott ihrer Vor-
fahren, mit ihnen schloß, als er sie aus Ägypten
herausführte. 25 Sie wandten sich von ihrem
Gott ab und beteten andere Götter an, von
denen sie vorher nichts wußten und deren Ver-
ehrung er ihnen verboten hatte. 26 Deshalb
wurde der HERR zornig auf dieses Land und ließ
alle Drohungen in Erfüllung gehen, die in die-
sem Buch aufgeschrieben sind. 27 In seinem
glühenden Zorn riß er die Bewohner aus ihrem
Land aus und schleuderte sie in ein fremdes
Land, wo sie noch heute sind.‹

28 Seinen verborgenen Plan kennt der HERR,
unser Gott, allein; aber seinen Willen hat er uns
und unseren Nachkommen für alle Zeiten klar
und deutlich verkündet, damit wir stets nach
den Geboten leben, die er uns in diesem Gesetz-
buch gegeben hat.«

Auf Umkehr folgt neuer Segen

30 »Ich habe euch klar und deutlich gesagt,
daß Gehorsam euch Segen bringt, Unge-
horsam aber Verderben. Wenn ihr und eure
Nachkommen nun trotzdem die Gebote des
HERRN mißachtet und zur Strafe vom HERRN,
eurem Gott, unter fremde Völker zerstreut wer-
det, kommt ihr vielleicht dort zur Besinnung,
2 kehrt zum HERRN, eurem Gott, zurück, werdet
ihm gehorsam und befolgt mit ganzem Herzen
und mit allen Kräften seine Gebote, die ich euch
heute verkündet habe. 3 Dann wird der HERR,
euer Gott, Erbarmen mit euch haben. Er wird
alles für euch wieder zum Guten wenden und
euch aus den Völkern, unter die er euch zer-
streut hat, herausholen. 4 Selbst wenn er euch
bis ans äußerste Ende der Welt verstoßen hat,
wird er euch von dort zurückholen 5 und euch in
das Land bringen, das euren Vorfahren gehört
hat. Ihr werdet es wieder in Besitz nehmen kön-
nen, und der HERR wird euch noch mehr segnen
und euch noch zahlreicher machen als eure Vor-
fahren.

6 Er selbst wird eure Herzen beschneiden*
und die Herzen eurer Nachkommen, so daß ihr
den HERRN, euren Gott, mit ganzem Herzen und
mit allen Kräften lieben könnt und dadurch euer
Leben rettet. 7 Das Verderben, das der HERR euch
angedroht hat, wird er dann über eure Feinde
hereinbrechen lassen, die euch unterdrückt und
verfolgt haben. 8 Ihr aber werdet euch dem
HERRN wieder zuwenden, ihm gehorchen und
alle seine Gebote befolgen, die ich euch heute
verkündet habe.

9 Dann wird der HERR, euer Gott, euer Tun
segnen und euch alles im Überfluß schenken.
Ihr werdet viele Kinder haben, euer Vieh wird
sich vermehren, und die Felder werden reiche
Ernten bringen. Der HERR wird wieder Freude
an euch haben und euch Gutes tun, so wie es
bei euren Vorfahren gewesen ist. 10 Ihr müßt
euch nur dem HERRN, eurem Gott, wieder mit
ganzem Herzen und mit allen Kräften zuwen-
den, auf ihn hören und nach seinen Geboten
und Weisungen leben, die in diesem Gesetzbuch
aufgeschrieben sind.«

Gottes Wort ist für alle zugänglich

11 »Das Gesetz, das ich euch heute gebe, ist nicht
zu schwer für euch und auch nicht unerreichbar
fern.

12 Es schwebt nicht über den Wolken, so daß
ihr fragen müßtet: ›Wer steigt in den Himmel
und holt es herab, damit wir es kennenlernen
und dann befolgen können?‹

13 Es ist auch nicht am Ende der Welt, so daß
ihr fragen müßtet: ›Wer fährt übers Meer und
holt es herbei, damit wir es kennenlernen und
dann befolgen können?‹

14 Nein, Gottes gebietendes Wort ist euch
ganz nahe. Es ist auf euren Lippen und in eurem
Herzen.[a] Ihr müßt es nur befolgen!«

Entscheidung zwischen Leben und Tod

15 »Ich stelle euch heute vor die Wahl zwischen
Glück und Unglück, zwischen Leben und Tod.

16 Wenn ihr die Gebote des HERRN, eures Got-
tes, befolgt,[b] die ich euch heute verkündet habe,
wenn ihr den HERRN liebt und seinen Weisungen
folgt, seine Anordnungen, Gebote und Rechts-
bestimmungen genau beachtet, werdet ihr am
Leben bleiben und immer zahlreicher werden.
Der HERR, euer Gott, wird euch dann segnen in
dem Land, das ihr jetzt in Besitz nehmt.

17 Aber wenn ihr euch vom HERRN abwendet
und ihm nicht mehr gehorcht, sondern euch
dazu verleiten laßt, andere Götter anzubeten
und ihnen zu dienen, 18 werdet ihr untergehen.
Ihr werdet dann nicht lange in dem Land leben,
in das ihr kommt, wenn ihr nun den Jordan
überschreitet. Das laßt euch gesagt sein!

19 Himmel und Erde sind meine Zeugen: Ich

a Das *Herz* ist hier als Sitz des Gedächtnisses angesprochen; vgl. das englische *by heart.*
b *Wenn ihr …:* nur in G überliefert.

29,27 2 Kön 17,6 30,1-10 4,29-31 30,3 Jer 23,3 S; Ez 28,25 S. 30,6 6,4-5 S; 10,16 S 30,10 29,20 S 30,11-14 6,6-9 S; Röm 10,6-8 30,14 Jer 31,31 S 30,16 4,1 S 30,19 4,26 S; 11,16-28; Sir 15,16-17

habe euch heute Segen und Fluch, Leben und
Tod vor Augen gestellt. Wählt das Leben, damit
ihr am Leben bleibt, ihr und eure Nachkommen!
20 Liebt den HERRN, euren Gott! Gehorcht ihm
und bleibt ihm treu! Denn davon hängt es ab, ob
ihr auf die Dauer als Volk fortbesteht und in dem
Land bleiben dürft, das der HERR euren Vorfah-
ren Abraham, Isaak und Jakob mit einem Eid
versprochen hat.«

MOSES LETZTE WORTE UND TOD
(Kapitel 31–34)

Mose setzt Josua als Nachfolger ein

31 Nun sagte Mose zum ganzen Volk Israel:
2 »Ich bin jetzt 120 Jahre alt; ich kann nicht
mehr euer Anführer sein. Außerdem hat der
HERR zu mir gesagt: ›Du wirst den Jordan, der
hier vor dir liegt, nicht überschreiten!‹

3 Der HERR, euer Gott, wird selbst vor euch
herziehen. Er wird die Völker dieses Landes
dem Untergang preisgeben, so daß ihr sie ver-
nichten könnt. Josua soll euer Anführer sein, wie
der HERR es angeordnet hat. 4–5 Der HERR wird
die Völker des Landes genauso in eure Hand
geben wie die Amoriterkönige Sihon und Og.
Dann müßt ihr an ihnen den Bann* vollstrecken,
wie ich es euch in seinem Auftrag befohlen
habe.

6 Seid mutig und entschlossen! Habt keine
Angst! Erschreckt nicht vor ihnen! Der HERR,
euer Gott, wird selbst mit euch ziehen. Er wird
euch gewiß nicht im Stich lassen.«

7 Mose rief nun Josua zu sich und sagte zu
ihm vor allen Israeliten: »Sei mutig und ent-
schlossen! Du wirst dieses Volk in das Land brin-
gen, das der HERR ihren Vorfahren mit einem Eid
zugesagt hat; du wirst es auch unter sie auftei-
len. 8 Der HERR selbst wird vor dir herziehen. Er
wird dir helfen und dich niemals im Stich lassen.
Hab keine Angst und laß dich von keinem Geg-
ner einschüchtern!«

Regelmäßige Verlesung des Gesetzbuches

9 Mose schrieb dieses ganze Gesetz in ein Buch
und übergab es den Priestern* aus dem Stamm
Levi, die die Bundeslade* trugen, sowie den
Ältesten* des Volkes.

10–11 Er gab ihnen den Auftrag: »Alle sieben
Jahre, im Erlaßjahr*, sollt ihr dieses Gesetzbuch
öffentlich verlesen. Tut es vor allen Israeliten,
wenn sie am Laubhüttenfest* zum HERRN,
eurem Gott, an die Stätte kommen, die er aus-
wählen wird. 12 Ruft dann das ganze Volk zu-
sammen, Männer, Frauen und Kinder und auch
die Fremden, die bei euch leben. Sie sollen die-
ses ganze Gesetz hören, damit sie lernen, den
HERRN, euren Gott, ernst zu nehmen und alle
seine Weisungen in diesem Gesetzbuch genau
zu befolgen. 13 Auch eure Kinder, die dieses Ge-
setz noch nicht kennen, sollen es hören, damit
sie lernen, den HERRN, euren Gott, ernst zu neh-
men und ihm zu gehorchen. So soll es sein
während der ganzen Zeit, die ihr in dem Land
lebt, das ihr jetzt in Besitz nehmen werdet.«

Beauftragung Josuas. Vorbereitung zum Lied Moses

14 Der HERR sagte zu Mose: »Deine Tage sind ge-
zählt. Rufe Josua und komm mit ihm zum Heili-
gen Zelt, damit ich ihn zu deinem Nachfolger
einsetze.«

Als Mose und Josua in die Nähe des Zeltes
kamen, 15 erschien der HERR in der Wolkensäule
über dem Eingang des Zeltes. 16 Er sagte zu
Mose: »Du wirst nun bald sterben, und nach dei-
nem Tod wird dieses Volk mir untreu werden
und sich von mir abwenden. Sie werden den
Bund*, den ich mit ihnen geschlossen habe, bre-
chen und sich mit den Göttern des Landes ein-
lassen, in das sie kommen. 17 Deshalb werde ich
zornig auf sie sein, ich werde mich von ihnen ab-
kehren und ihnen nicht mehr helfen. Dann wer-
den sie dahinschwinden, viel Not und großes
Unglück werden über sie kommen. Sie werden
dann zueinander sagen: ›Das alles müssen wir
erleiden, weil unser Gott nicht mehr in unserer
Mitte ist!‹ 18 Ich aber werde mich völlig von
ihnen abkehren, zur Strafe dafür, daß sie mir
ungehorsam waren und sich anderen Göttern
zugewandt haben.

19 Schreib nun für sie das Lied auf, das ich dir
sage. Sie sollen es lernen und nachsingen, damit
ich es in Zukunft als Zeugen gegen sie benutzen
kann. 20 Ich werde sie in das Land bringen, das
ich ihren Vorfahren versprochen habe, ein Land,
das von Milch und Honig überfließt; sie aber
werden sich satt essen und fett werden und sich
anderen Göttern zuwenden und ihnen dienen.
Mich werden sie verachten und meinen Bund
brechen.

21 Wenn dann Not und Unglück sie treffen,
wird dieses Lied ihnen sagen, warum das ge-
schieht. Sie werden es immer noch singen, und
so wird es als Zeuge gegen sie dastehen. Denn

30,20 4,1 S **31,2** 1,37 S **31,3** Num 27,18-19 S **31,4-5** Num 21,21-35 **31,7-8** Jos 1,5.6.9 **31,10-11** Lev 25,1-7 S; Ex 23,16 S; Dtn 12,5 S **31,14** Num 27,18-19 S **31,15** Ex 19,8-9 S **31,16** 29,24 S **31,17** 1,42; Ri 6,13 **31,20** 26,15 S; 6,11-12; 8,12-14

ich weiß wohl, wonach ihnen der Sinn steht, und das schon heute, noch ehe ich sie in das Land gebracht habe, das ich ihnen versprochen habe.«

22 Am selben Tag schrieb Mose das Lied auf, das der HERR ihm sagte, und er ließ es die Leute von Israel lernen.

23 Dann sagte der HERR zu Josua, dem Sohn Nuns: »Sei mutig und entschlossen! Ich werde dir beistehen, und du wirst das Volk Israel in das Land bringen, das ich ihm mit einem Eid zugesagt habe.«

Gesetzbuch und Lied als Zeuge gegen das Volk

24 Als Mose dieses ganze Gesetz in ein Buch ge-
schrieben hatte, 25 befahl er den Leviten*, die die
Bundeslade* des HERRN trugen: 26 »Nehmt dieses
Gesetzbuch und legt es neben die Bundeslade des HERRN, eures Gottes, damit er es künftig als Zeugen gegen dieses Volk benutzen kann.«

An das Volk gewandt, fuhr er fort: 27 »Ich
weiß genau, wie widerspenstig und eigensinnig ihr seid. Ihr habt euch schon bisher gegen den HERRN aufgelehnt, während ich noch bei euch war. Wie wird es da erst nach meinem Tod aus-
sehen! 28 Laßt die Ältesten* eurer Stämme und alle Aufseher* vortreten, damit ich sie noch einmal warne. Himmel und Erde werde ich dabei
als Zeugen anrufen. 29 Ich weiß, daß ihr nach
meinem Tod von dem Weg abgeht, den ich euch gewiesen habe, und euch in schwere Schuld verstrickt. Ihr werdet tun, was den HERRN beleidigt, und ihn durch eure Götzenbilder zum Zorn reizen. Dafür wird euch zuletzt schweres Unheil treffen.«

Das Lied Moses: Abrechnung mit dem ungehorsamen Volk

30 Dann trug Mose vor ganz Israel, vor der gesamten Versammlung, das folgende Lied vor:

32 Den Himmel rufe ich als Zeugen an,
die Erde höre meine Worte!
2 Sie mögen strömen wie ein Regenschauer,
der ausgedörrtes Land befeuchtet,
und niederträufeln wie der Tau,
der ringsum alles junge Grün erquickt!
3 Preist unsern großen und erhabenen Gott!
Ich rufe ihn bei seinem Namen,
4 ihn, unsern Fels und starken Schutz!
In allem, was er plant und ausführt,
ist er vollkommen und gerecht.
An niemand handelt er mit Trug und Tücke,
er steht zu seinem Wort, denn er ist treu!

5 Doch dieses Volk ist treulos und verkehrt –
zu ihrer Schande muß ich es bekennen –,
ganz aus der Art sind sie geschlagen;
sie können nicht mehr seine Kinder sein.
6 Ist das der Dank für alle seine Güte,
ihr unverbesserlichen Narren?
Ist er es nicht, der euch geschaffen hat
und wie ein Vater für euch sorgt?

7 Erinnert euch an ferne Zeiten,
fragt eure Väter, wie es früher war,
und eure Alten fragt, woher ihr kommt!
8 Damals erschuf der höchste Gott die Völker,
und ließ sie auf der Erde wohnen;
für jedes Volk bestimmte er ein Land
und teilte jedem einen Engel zu.[a]
9 Doch Israel, die Jakobskinder,
erwählte er sich selbst als Eigentum
und machte sie zu seinem Volk.

10 Er fand sie hilflos in der Wüste,
umlauert und umheult von wilden Tieren,
da nahm er sie in seine Obhut,
er schützte sie mit aller Sorgfalt,
so wie ein Mann sein eigenes Auge schützt.
11 Ein Adler scheucht die Jungen aus dem Nest,
damit sie selber fliegen lernen.
Doch wachsam schwebt er über ihnen,
und wenn eins müde wird und fällt,
dann breitet er die Flügel unter ihm
und fängt es auf und trägt es fort.
12 Genauso hat der HERR sein Volk beschützt;
er ganz allein hat Israel geführt,
kein fremder Gott stand ihm zur Seite!

13 Dann ließ er sie ein Land erobern.
Sie konnten auf den Feldern Korn anbauen,
aus Felsenspalten Honig sammeln,
auf steinbesätem Grund Oliven ernten.
14 Sie hatten Milch von Kühen und von Schafen,
das Fleisch der Lämmer und der Böcke;
sie aßen von dem allerbesten Weizen
und tranken ihren süßen, roten Wein.

a *für jedes Volk …:* H *er grenzte die Völker voneinander ab nach der Zahl der Söhne Israels,* d. h. Jakobs (vgl. Gen 46,3-27). G hat den wahrscheinlich ursprünglichen Text bewahrt: *nach der Zahl der Söhne Gottes,* d. h. der himmlischen Wesen, die als Götter oder Schutzengel den einzelnen Völkern zugeordnet sind (siehe Sacherklärung »Engel«). Auch der Anfang von Vers 9 ist nach G wiedergegeben; H *Denn sein Volk ist sein Eigentum.*

31,23 Jos 1,6 **31,26** 29,20 S **31,27** Ex 14,11-12 S **31,28** 4,26 S **32,1** 4,26 S **32,5** Jes 1,2-4 **32,6** 1,31 **32,8** Gen 10,1-32; Apg 17,26 **32,9** Ex 19,5-6 S; Sir 17,17 **32,10** Jer 2,2; Hos 13,5; Ez 16,6; Ps 17,8 **32,11** Ex 19,4

15 Sie lebten nun in Glück und Wohlstand,
sie waren satt, sie wurden reich;
ja, Jeschurun* nahm zu und wurde fett.
Ihr Wohlstand machte sie rebellisch,
sie stießen Gott im Übermut zurück,
ihn, der sie doch geschaffen hatte;
ihr Fels und Schutz galt ihnen nichts.
16 Sie wandten andern ihre Liebe zu
und kränkten ihn mit ihrem Götzendienst.
17 Sie brachten ihre Opfer* dar für Götter,
die keine sind und die nicht helfen können;
den Vätern waren sie noch unbekannt,
erst kürzlich sind sie aufgekommen.
18 Den starken Felsen, ihn, der euch gezeugt hat,
den Gott, aus dem ihr allesamt geboren seid,
habt ihr verraten, habt ihr ganz vergessen!

19 Das sah der HERR; er wurde zornig,
weil seine Söhne, seine Töchter ihn
verschmähten.
20 Und er beschloß: »Ich ziehe mich zurück
und überlasse sie sich selbst;
dann will ich sehn, wohin das führt!
Sie sind voll Widerspruch und Starrsinn
und kennen weder Dankbarkeit noch Treue.
21 Sie kränken mich mit einem Un-Gott,
erbittern mich durch hohle, leere Götzen;
ich kränke sie mit einem Un-Volk
und strafe sie durch aufgeblasene Menschen.

22 Mein Zorn ist gegen sie entbrannt,
ich schicke ihnen Feuer auf die Erde,
damit es alles, was dort wächst, versengt;
bis in die Totenwelt* soll es sich fressen
und auch den Grund der Berge unterhöhlen.
23 Ich überschütte sie mit schweren Plagen,
verschieße auf sie alle meine Pfeile.
24 Dann werden sie vor Hunger sterben,
durch Fieberglut und Pest zugrunde gehen.
Ich lasse wilde Tiere auf sie los,
das Gift der Schlangen soll sie niederstrecken!
25 Das Schwert soll wüten auf den Straßen,
im Hause drinnen soll der Schreck sie töten:
den jungen Mann, das junge Mädchen,
den kleinsten Säugling und den Greis!

26 Fast hätte ich sie alle ausgerottet,
und niemand hätte mehr an sie gedacht;
27 doch will ich nicht, daß andere mein Tun
mißdeuten,
daß ihre Feinde sich den Sieg zuschreiben.
Sie würden sagen: ›Das war unser Werk!‹,
statt einzusehn, daß ich, der HERR, es tat.
28-29 Denn sie sind töricht, ohne jede Einsicht;
sonst müßten sie es doch erkennen
und an ihr eigenes Ende denken.
30 Wie könnte *einer* tausend Mann verjagen,
wie könnten zwei aus ihren Reihen
zehntausend meines Volkes schlagen,
wenn ich es nicht verlassen hätte,
wenn nicht sein Gott, sein starker Fels,
es in die Hand der Feinde gäbe?

31 Sogar die Feinde haben es erkannt,
daß ihre Götter keine Helfer sind
und sich in nichts mit mir vergleichen können,
dem Helfer und Beschützer Israels.
32 Verdorben sind sie, wie die Leute,
die einst in Sodom* und Gomorra wohnten.
Sie gleichen einem Weinstock, dessen Trauben
statt Süße Bitterkeit und Gift enthalten;
33 der Wein, den man aus seinen Beeren preßt,
ist tödlicher als Schlangengift.
34 Dies alles bleibt mir im Gedächtnis,
ich werde nichts davon vergessen.
35 Ich werde bald an ihnen Rache nehmen [a]
und sie für alle Bosheit hart bestrafen.
Noch kurze Zeit, dann kommt ihr Untergang,
ihr Ende ist nicht aufzuhalten.«

36 Der HERR wird seinem Volk zu Hilfe kommen
er wird Erbarmen haben mit den Seinen.
Er sieht es ja, daß sie am Ende sind
und daß die Starken wie die Schwachen fallen.
37 Dann fragt er sie: »Wo sind jetzt eure Götter,
auf deren Schutz ihr euch verlassen habt?
38 Ihr brachtet ihnen reiche Opfer dar,
ihr habt sie vollgestopft mit Fett und Wein.
Nun sollen sie beweisen, wer sie sind,
und für euch kämpfen und euch schützen!
39 Erkennt doch: Ich, nur ich bin Herr,
ich ganz allein bin Gott, sonst keiner!
Ich schlage Wunden, und ich heile sie,
ich töte, und ich wecke wieder auf.
Aus meiner Hand kann niemand retten.
40 Ich hebe meine Hand zum Schwur
und sage: ›So gewiß ich ewig lebe:
41 Sie alle, die mich hassen und befeinden,
bekommen meinen Zorn zu spüren!‹
Ich schärfe jetzt mein Racheschwert,

a H wörtlich *Mir* (steht zu) *die Rache* (vgl. Röm 12,19). Wahrscheinlich haben G und die samaritische Überlieferung den ursprünglichen Text bewahrt: *(bleibt mir im Gedächtnis) für die Zeit der Rache (und Vergeltung, für die Zeit, da sie fallen werden …).*

32,15 31,20; 33,26 **32,17** Jer 2,11 **32,18** Jes 51,1 **32,21** Röm 10,19 **32,24-25** Lev 26,22-28 **32,27** 9,28 S **32,30** Jes 30,17; Ri 2,14-15; 1 Sam 12,9; 2 Chr 24,24 **32,32** Gen 18,20 S; Jes 5,1-4; Jer 2,21 **32,35** Röm 12,19; Hebr 10,30 **32,36** 2 Makk 7,6 **32,37-38** Ri 10,14; Jer 2,28 **32,39** 4,35; 1 Sam 2,6; Jes 43,11; Hos 13,4; Sir 36,5

dann schlag ich zu und schaffe Recht.
42 Ich mache meine Pfeile ganz betrunken
vom Blut der toten und gefangenen Gegner,
mein Schwert wird unersättlich um sich fressen,
es soll die Köpfe meiner Feinde spalten!«

43 Du, Himmel, freu dich mit dem HERRN!
Ihr Götter, werft euch vor ihm nieder![a]
Der HERR nimmt Rache an den Feinden,
weil sie die Seinen hingemordet haben.
Doch seinem Volk schenkt er Vergebung
und nimmt vom Land den Fluch der Schuld.

Letzte Ermahnung an das Volk

44 Zusammen mit Josua, dem Sohn Nuns, trug
Mose dieses Lied dem ganzen Volk vor.
45–46 Dann sagte er zu ihnen: »Nehmt euch diese
Mahnungen zu Herzen und gebt sie euren Kindern weiter, damit sie ihr Leben nach den Vorschriften dieses Gesetzes richten.
47 Das Wort des HERRN ist kein leeres Wort, es ist euer Leben! Wenn ihr ihm folgt, werdet ihr lange in dem Land leben können, das ihr jetzt in Besitz nehmt.«

Letzter Befehl Gottes an Mose

48 Am selben Tag sagte der HERR zu Mose:
49 »Geh jetzt ins Abarimgebirge dort drüben und steig auf den Berg Nebo, der im Land Moab* gegenüber von Jericho liegt. Sieh von dort aus in das Land Kanaan* hinüber, das ich dem Volk Israel zum Besitz geben werde!
50 Danach wirst du auf dem Berg sterben und im Tod mit deinen Vorfahren vereint werden, so wie schon dein Bruder Aaron vor dir gestorben ist.

51 Ihr beide dürft das Land nicht betreten, weil ihr mir an der Quelle von Meriba bei Kadesch in der Wüste Zin vor allen Israeliten ungehorsam wart und mir nicht die Gelegenheit geben wolltet, mich vor ihnen als der heilige und mächtige Gott zu erweisen.
52 Du darfst das Land, das ich dem Volk Israel gebe, aus der Ferne sehen, aber du selbst wirst nicht hineinkommen.«

Mose blickt in die Zukunft Israels

33 Bevor Mose, der Mann Gottes, starb, sprach er noch Segensworte über das Volk Israel.
2 Er sagte:

»Der HERR ist zu seinem Volk gekommen
vom Sinai* her, seinem heiligen Berg.
Wie die Sonne ging er auf über den Bergen
Edoms*,
sein Glanz strahlte auf vom Gebirge Paran.
Mit ihm kommen Scharen heiliger Engel,[b]
starke Helden begleiten ihn.[c]
3 Der HERR liebt die Stämme Israels,
er beschützt alle, die zu ihm gehören.
Sie werfen sich vor ihm nieder
und nehmen seine Befehle entgegen.
4 Mose hat uns Gottes Gesetz* gegeben,
den kostbarsten Besitz aller Nachkommen
Jakobs.
5 Der HERR wurde König in Jeschurun*,
alle Ältesten* des Volkes waren versammelt,
zusammengeströmt alle Männer Israels.«

6 Dann sagte Mose:

»Laß *Ruben* leben und nicht untergehn,
doch mache seine Männer nicht zu
zahlreich!«

7 Über den Stamm *Juda* sagte er:

»Die Bitte Judas, HERR, erhöre sie;
bring ihn zurück zu seinen Brüdern!
Mit seinen Händen soll er für sie kämpfen,
steh du ihm gegen seine Feinde bei!«

8 Über den Stamm *Levi* sagte er:

»Die heiligen Lose* übergabst du Levi,
weil er in ganzer Treue zu dir hielt.[d]
Bei Massa stelltest du ihn auf die Probe,
bei Meriba hast du mit ihm gestritten.
9 Doch später stand er fest auf deiner Seite,
selbst gegen seine Eltern, Brüder, Kinder.
Die Männer Levis folgten dir aufs Wort
und hielten treu zu deinem Bund*.
10 Sie werden Israel dein Recht verkünden,
damit dein Volk stets dein Gesetz befolgt.
Sie bringen Opfer* dar auf dem Altar,
verbrennen dir zu Ehren süßen Weihrauch*.
11 HERR, schenke ihnen Glück und
Wohlstand,
und blicke freundlich auf ihr Tun!
Vernichte alle ihre Feinde,
damit sich keiner gegen sie erhebt!«

12 Über den Stamm *Benjamin* sagte er:

»Das Lieblingskind des HERRN ist Benjamin.

a *Du, Himmel ...:* mit einer Handschrift und G; H *Ihr Völker, jubelt über sein Volk* (vgl. Röm 15,10).
b *Scharen ...:* nach der syrischen Übersetzung; H *und er ist gekommen von heiligen Zehntausenden.*
c *starke Helden ...:* mit veränderten Vokalen; H *aus seiner Rechten Gesetzesfeuer für sie.*
d So mit einer Handschrift und G; H *Deine heiligen Lose für deinen Treuen.*

32,43 Ps 97,7; Offb 6,10; 19,2 **32,47** 30,15-20 **32,48-52** Num 27,12-14 S **32,48** 1,3 **32,50** Num 20,22-29 **32,51** 1,37 S **33,2** Ri 5,4-5 S **33,5** Ex 15,18 **33,6-25** Gen 49,2-27 **33,8** Ex 28,30 S; 17,7 **33,9** Ex 32,26-29 **33,10** 10,8; Lev 10,11

Der höchste Gott[a] wacht täglich über ihn,
er wohnt beschützt und sicher zwischen
Bergen.«

13 Über den Stamm *Josef*[b] sagte er:

»Der Segen Gottes komme über ihn!
Ja, reich gesegnet sei sein Land vom HERRN
mit Regen, der vom Himmel niederrinnt,
mit Wasser aus den Speichern in der Tiefe,
14 mit allem, was die Sonne wachsen läßt
und was im Lauf der Monde reif wird!
15–16 Das Beste nur vom Besten soll er haben,
es werde ihm in reichstem Maß zuteil!
Die Erde bringe es für ihn hervor,
die Berge sollen es ihm tragen!
Der Gott, der in dem Dornbusch wohnte,
er wende Josef seine Liebe zu,
ihm, dem Erwählten unter seinen Brüdern!
17 Er gleicht dem Erstgeborenen des Stiers,
in Josef wohnt die Stärke seines Gottes.
Er hat die Hörner eines Büffels:
die vielen tausend Männer von *Manasse,*
Zehntausende von Kriegern *Efraïms,*
mit denen er die Feinde niederwirft
bis zu den Grenzen dieser Erde.«

18 Über die Stämme *Sebulon* und *Issachar* sagte er:

»Du, Sebulon, erfährst dein Glück auf See,
und du in deinen Zelten, Issachar!
19 Sie laden ihre Nachbarvölker ein,
auf ihren heiligen Berg[c] zu kommen;
sie bringen Opfer, die Gott wohlgefällig sind.
Sie finden ihren Reichtum auf dem Meer
und holen ihre Schätze aus dem Sand.«

20 Über den Stamm *Gad* sagte er:

»Der HERR gibt Gad ein weites Land,
und dafür sei ihm Preis und Dank gebracht!
Auf Beute lauert Gad, dem Löwen gleich,
und reißt den Opfern Kopf und Arme ab.
21 Vom Land erwählte er das beste Stück,
denn dort beim Anteil eines großen Fürsten
versammeln sich die Stammesoberhäupter.[d]
Der Wille Gottes wird von Gad vollstreckt;
zusammen mit dem ganzen Israel
bringt er das Recht des HERRN zur Geltung.«

22 Über den Stamm *Dan* sagte er:

»Auch Dan ist wie ein junger Löwe,
er springt hervor aus Baschans* Wald.«

23 Über den Stamm *Naftali* sagte er:

»Der HERR hat Naftali gesegnet
und sättigt ihn mit seiner Gunst.
Vom See greift er nach Süden aus.«

24 Über den Stamm *Ascher* sagte er:

»Auf Ascher blicken liebevoll die Brüder,
er ist noch mehr gesegnet als die andern.
Sein Land ist überreich an Öl,
so reich, daß er die Füße darin badet.
25 Die Städte Aschers seien wohlbewacht
mit Eisenriegeln an den Toren.
Solange er bestehen bleibt,
so lange fehle es ihm nie an Kraft!«

26 Weiter sagte Mose:

»Kein anderer Gott ist dem Gott Israels gleich,
dem Gott Jeschuruns!
In seiner Majestät fährt er über den Himmel,
auf den Wolken eilt er dir zu Hilfe.
27 Der ewige Gott ist deine Zuflucht, Israel,
in seinen Armen fängt er dich auf.
Er hat deine Feinde vor dir vertrieben
und dir befohlen: ›Vernichte sie!‹
28 Nun wohnst du in sicheren Grenzen,
ausgesondert aus den übrigen Völkern.
Tau und Regen schenkt dir der Himmel,
Korn und Wein bringt die Erde in Fülle hervor.
29 Wie glücklich bist du, Israel!
Kein anderes Volk kann sich mit dir vergleichen,
denn der HERR ist dein Helfer.
Du kannst dich auf ihn verlassen,
er ist für dich wie ein schützender Schild
und ein scharfes, siegreiches Schwert.
Deine Feinde müssen dich um Gnade bitten,
doch du schreitest stolz über sie hinweg.«

Mose stirbt

34 Dann stieg Mose vom moabitischen Step-
pengebiet hinauf auf den Berg Nebo, auf
den Gipfel des Pisga, der östlich von Jericho liegt.
Dort oben zeigte ihm der HERR das Land, das zu

a Vermutlicher Text; in H steht ein zweites Mal *über ihn/ihm* (alaw), was wahrscheinlich aus *der Höchste* (eljon) verschrieben ist.
b Die Josefsstämme Efraïm und Manasse werden hier als Einheit angesprochen.
c Wahrscheinlich ist der Tabor gemeint.
d Nach jüdischer Tradition liegt das unbekannte Grab Moses im Stammesgebiet von Gad. Die Übersetzung beruht auf einer versuchsweisen Wiederherstellung des unverständlich gewordenen Textes; H *denn dort war der Anteil eines Fürsten verborgen, und er kam (zu den/mit den) Häuptern des Volkes.*

33,15-16 Ex 3,2-6 **33,20** 1 Chr 12,9 **33,26** 3,24; 32,15; Ex 15,11; Ps 68,5; 104,3 **33,27** Ps 90,1; Dtn 7,1-4 S **33,28** Num 23,9; Gen 27,28 **33,29** 4,7-8 **34,1-5** Num 27,12-14 S

seinen Füßen ausgebreitet war: die Landschaft
Gilead* und die daran anschließenden Gebiete
bis hinauf zum Stammesgebiet von Dan, 2 das
ganze Gebiet des Stammes Naftali, das Gebiet
der Stämme Efraïm und Manasse und das ganze
Gebiet des Stammes Juda bis zum Meer im
Westen, 3 ebenso das Südland und die Senke von
der Palmenstadt[a] bis nach Zoar.

4 Er sagte zu ihm: »Dies ist das Land, das ich
Abraham, Isaak und Jakob mit einem Eid ver-
sprochen und von dem ich zu ihnen gesagt
habe: ›Euren Nachkommen will ich es geben!‹
Du hast es jetzt mit eigenen Augen gesehen,
aber du selbst darfst es nicht betreten.«

5 So starb Mose, der Bevollmächtigte* Gottes,
im Land Moab*, wie der HERR es bestimmt hatte.
6 Gott begrub ihn[b] dort im Tal gegenüber von
Bet-Pegor. Bis heute weiß niemand, wo sein
Grab ist.

7 Mose war 120 Jahre alt, als er starb. Aber bis
zuletzt war er rüstig geblieben, und seine Seh-
kraft hatte nicht nachgelassen. 8 Dreißig Tage
lang hielt das ganze Volk im moabitischen Step-
pengebiet für ihn die Totenklage*.

9 Josua, der Sohn Nuns, wurde nun der An-
führer der Israeliten. Er war mit Weisheit und
Umsicht begabt, seit Mose ihm die Hände aufge-
legt und ihn dadurch zu seinem Nachfolger ein-
gesetzt hatte. Die Leute von Israel gehorchten
ihm, wie der HERR ihnen das durch Mose befoh-
len hatte.

10 Nie mehr gab es in Israel einen Propheten*
wie Mose, mit dem der HERR Auge in Auge
gesprochen hat. 11 Kein anderer Prophet hat
solche staunenswerten Wundertaten vollbracht
wie die, mit denen er im Auftrag des HERRN
in Ägypten gegen den Pharao, seine Minister
und sein ganzes Land aufgetreten ist. 12 Kein
anderer hat Israel mit so starker Hand geführt
und vor den Augen des ganzen Volkes solche
mächtigen und schreckenerregenden Taten voll-
bracht wie er.

DAS BUCH JOSUA

Inhaltsübersicht

DIE EROBERUNG DES LANDES KANAAN UNTER JOSUA
(Kapitel 1–12)

Gott gibt den Befehl zum Einzug in das Land

1 Nachdem Mose, der Bevollmächtigte* des
HERRN, gestorben war, sagte der HERR zu
Josua, dem Sohn Nuns, dem Helfer Moses:

2 »Mein Diener Mose ist tot. Nun mach dich
auf und zieh mit dem ganzen Volk über den Jor-
dan in das Land, das ich euch geben will! Führe
das ganze Volk Israel über den Jordan! 3 Jeden
Fleck Erde, den ihr betreten werdet, gebe ich
euch, wie ich es Mose versprochen habe. 4 Euer
Gebiet soll von der Wüste im Süden bis zum
Libanongebirge im Norden reichen, es soll nach
Osten zu das ganze Land der Hetiter* bis zum
Eufrat einschließen; im Westen erstreckt es sich
bis zum Mittelmeer.

5 Kein Feind wird sich gegen dich behaupten
können; denn ich werde dir dein Leben lang
zur Seite stehen, genauso wie ich Mose zur
Seite gestanden habe. Niemals werde ich dir
meine Hilfe entziehen, nie dich im Stich lassen.
6 Sei mutig und entschlossen! Du wirst diesem
Volk das Land, das ich ihren Vorfahren mit
einem Eid zugesagt habe, als bleibenden Besitz
zuteilen.

7 Halte dich mutig und entschlossen an das,
was mein Diener Mose gesagt hat! Befolge mein
Gesetz*, das er dir übergeben hat, und laß nicht
das geringste davon außer acht; dann wird dir
alles gelingen, was du unternimmst. 8 Sprich die
Weisungen aus meinem Gesetzbuch ständig vor
dich hin und denke Tag und Nacht darüber nach,

a Wörtlich *Palmenstadt Jericho.* Ursprünglich war vermutlich die Palmenstadt Tamar am Südende des Toten Meeres gemeint.
b Oder: *Man begrub ihn.*

34,4 Gen 12,7 S **34,7** 31,2 **34,8** Num 20,29 **34,9** Num 27,18-23 **34,10** Ex 33,11; Num 12,8; Sir 45,1-5 **1,1** Num 27,18-19 S **1,3-5** Dtn 11,24-25 **1,6** Dtn 31,7-8; Gen 12,7 S **1,8** Dtn 17,9; 2 Chr 17,9; Neh 8,1-4.18

damit dein ganzes Tun an meinen Geboten aus-
gerichtet ist. Dann wirst du Erfolg haben und
wirst alles, was du beginnst, glücklich vollen-
den.
9 Ich sage dir noch einmal: Sei mutig und ent-
schlossen! Hab keine Angst, und laß dich durch
nichts erschrecken; denn ich, der HERR, dein
Gott, bin bei dir, wohin du auch gehst!«

Josua bereitet den Einmarsch vor

10-11 Darauf ließ Josua die Aufseher* durch das
Lager gehen und überall bekanntmachen: »In
drei Tagen werden wir den Jordan überschreiten
und das Land in Besitz nehmen, das der HERR
uns geben will. Bereitet genügend Verpflegung
für den Marsch vor!«
12 Zu den Stämmen Ruben und Gad und dem
halben Stamm Manasse sagte Josua: 13 »Mose,
der Bevollmächtigte* des HERRN, hat euch zuge-
sagt: ›Der HERR, euer Gott, gibt euch auf dieser
Seite des Jordans eure Heimat.‹ Denkt nun
daran, was er euch damals befohlen hat! 14 Eure
Frauen und Kinder und eure Herden können auf
dieser Seite des Jordans bleiben, aber alle eure
wehrfähigen Männer müssen an der Spitze ihrer
Brüder, der anderen Israeliten, über den Jordan
ziehen und ihnen helfen, 15 das Land einzuneh-
men, das der HERR, euer Gott, ihnen geben will.
Erst wenn der HERR euren Brüdern so wie euch
eine Heimat gegeben hat, könnt ihr zurückkom-
men und euch hier in dem Land östlich des Jor-
dans ansiedeln, das euch Mose zugesprochen
hat.«
16 Sie antworteten Josua: »Wir wollen alles
tun, was du uns gesagt hast, und überall hin-
gehen, wohin du uns schickst. 17 Wir werden dir
gehorchen, so wie wir Mose gehorcht haben.
Der HERR, dein Gott, stehe dir bei, wie er Mose
beigestanden hat. 18 Jeder, der sich dir wider-
setzt und deinen Befehlen nicht folgt, muß mit
dem Tod bestraft werden. Sei nur mutig und ent-
schlossen!«

Eine Kanaaniterin hilft den Kundschaftern Israels

2 Von Schittim aus schickte Josua heimlich
zwei Männer auf die andere Seite des Jor-
dans und befahl ihnen: »Erkundet das Land dort
drüben und besonders die Stadt Jericho!«
Die Kundschafter kamen in die Stadt und
kehrten im Haus einer Prostituierten namens
Rahab ein, um dort zu übernachten.
2 Noch am selben Abend wurde dem König
von Jericho gemeldet, daß Kundschafter der
Israeliten in die Stadt gekommen waren. 3 Sofort
schickte er Wachtleute zu Rahab und befahl ihr:
»Gib die beiden Männer heraus, die bei dir ein-
gekehrt sind! Sie sind nur gekommen, um unser
Land auszuspionieren.«
4-6 Rahab versteckte die beiden auf dem fla-
chen Dach ihres Hauses unter einem Haufen
von Flachs und sagte zu den Wachtleuten: »Ja, es
waren zwei Männer bei mir. Aber ich wußte
nicht, woher sie kamen. Beim Einbruch der Dun-
kelheit, bevor das Tor geschlossen wurde, haben
sie die Stadt wieder verlassen. Ich weiß nicht, in
welche Richtung sie gegangen sind. Aber wenn
ihr schnell hinterherlauft, könnt ihr sie noch ein-
holen.«
7 Die Wachtleute nahmen sofort die Verfol-
gung auf und liefen bis an den Jordanübergang.
Das Stadttor wurde wieder hinter ihnen ge-
schlossen.

Die Kanaaniter haben den Mut verloren

8 Noch bevor sich die beiden Kundschafter zum
Schlafen zurechtgelegt hatten, kam Rahab zu
ihnen aufs Dach 9 und sagte: »Ich weiß, daß der
HERR euch dieses Land gegeben hat. Alle seine
Bewohner zittern vor euch, sie sind vor Angst
wie gelähmt.
10 Wir haben gehört, daß euer Gott euch
einen Weg durch das Schilfmeer* gebahnt hat,
als ihr aus Ägypten gezogen seid. Wir wissen
auch, daß ihr auf der anderen Seite des Jordans
die beiden Amoriterkönige* Sihon und Og be-
siegt und getötet habt. 11 Deshalb haben wir al-
len Mut verloren. Keiner von uns wagt, gegen
euch zu kämpfen. Denn der HERR, euer Gott, hat
die Macht im Himmel und auf der Erde.
12 Ich bitte euch, schwört mir bei ihm, daß ihr
an meiner Familie genauso handelt, wie ich an
euch gehandelt habe. Und gebt mir ein zuverläs-
siges Zeichen, daß ihr es ernst meint 13 und mei-
nen Angehörigen das Leben retten wollt, mei-
nem Vater und meiner Mutter, meinen Brüdern
und meinen Schwestern und meinem ganzen
Hausgesinde!«
14 Die Kundschafter antworteten ihr: »Der
HERR soll unser eigenes Leben von uns fordern,
wenn einem von euch etwas geschieht! Aber ihr
dürft niemand sagen, daß wir hier waren. Dann
werden wir uns an die Abmachung halten und
dich und deine Angehörigen verschonen, wenn
der HERR uns dieses Land gibt.«

1,12-15 Num 32,6-32; Dtn 3,18-20; Jos 4,12 2,1 6,23 S 2,10 Ex 14,21-29 S; Num 21,21-35 2,12-14 6,22-23

Die Rückkehr der Kundschafter

15 Rahabs Haus war unmittelbar an die Stadt-
mauer gebaut. So ließ sie die beiden Männer an
einem Seil aus dem Fenster die Mauer hinunter.
16 Dabei sagte sie zu ihnen: »Geht zuerst ins
Bergland und versteckt euch dort, damit ihr
nicht euren Verfolgern in die Hände lauft. Wartet
drei Tage lang, bis sie die Verfolgung aufgegeben
haben. Dann könnt ihr unbehelligt in euer Lager
zurückkehren.«

17 Zum Abschied sagten die Kundschafter:
»Hör, was du tun mußt, andernfalls ist unser
Eid ungültig: 18 Binde diese rote Schnur an das
Fenster, durch das du uns hinuntergelassen
hast, und nimm deine Eltern und Geschwister
und alle anderen Verwandten zu dir ins Haus.
19 Niemand darf es verlassen. Wer hinausgeht
und getötet wird, ist selbst daran schuld. Wir
übernehmen dafür keine Verantwortung. Nur
wenn jemand drinnen im Haus umgebracht
wird, trifft die Schuld uns. 20 Du darfst aber
nichts verraten! Sonst sind wir nicht mehr an
den Eid gebunden, den wir dir geschworen
haben.«

21 »Gut«, sagte Rahab, »so soll es sein«, und
ließ sie gehen. Dann band sie die rote Schnur
ans Fenster.

22 Die beiden Männer versteckten sich drei
Tage in den Bergen, bis ihre Verfolger wieder in
die Stadt zurückgekehrt waren. Die Wächter
hatten alle Wege in der ganzen Gegend abge-
sucht, aber niemand gefunden.

23 Danach machten sich die Kundschafter auf
den Rückweg. Sie stiegen ins Jordantal hinunter,
überquerten den Fluß und kamen ins Lager der
Israeliten. Sie berichteten Josua, was sie erlebt
hatten, 24 und versicherten ihm: »Der HERR hat
das ganze Land in unsere Hand gegeben. Alle
seine Bewohner zittern vor uns.«

Der Übergang über den Jordan

3 Am nächsten Morgen brach Josua mit dem
ganzen Volk von Schittim aus auf und zog
mit ihnen bis an den Jordan. Dort schlugen sie
ihr Lager auf. 2 Am dritten Tag schickte Josua
wieder die Aufseher* durchs Lager 3 und ließ
den Befehl ausgeben: »Wenn ihr seht, daß die
Priester* aus dem Stamm Levi die Bundeslade*
des HERRN, eures Gottes, aus dem Lager tragen,
dann brecht auf und zieht hinter ihr her! 4 Sie
wird euch den Weg zeigen; ihr seid ihn ja noch
nie gegangen. Kommt der Lade aber nicht zu
nahe, sondern haltet einen Abstand von etwa
tausend Schritten!«

5 Weiter sagte Josua zum Volk: »Macht euch
bereit! Sorgt dafür, daß ihr rein* seid, wie der
HERR es von seinem Volk verlangt. Denn morgen
wird der HERR ein Wunder für euch tun.«

6 Am nächsten Tag befahl Josua den Priestern:
»Nehmt die Bundeslade und geht vor uns her
durch den Jordan!« Da hoben sie die Bundeslade
auf ihre Schultern und gingen dem Volk voran.

7 Der HERR aber sagte zu Josua: »Von heute ab
werde ich dich vor dem ganzen Volk Israel groß
machen. Sie sollen merken, daß ich dir beistehe,
wie ich Mose beigestanden habe. 8 Befiehl den
Priestern, die die Bundeslade tragen: ›Sobald ihr
den ersten Schritt ins Wasser des Jordans getan
habt, bleibt stehen!‹«

9 Da rief Josua das Volk zu sich und sagte:
»Hört, was der HERR, euer Gott, euch sagen läßt:
10–13 Wählt zwölf Männer aus, von jedem Stamm
einen! Die Bundeslade des HERRN, dem die
ganze Erde gehört, wird voranziehen und euch
einen Weg durch den Jordan bahnen. Sobald die
Priester, die sie tragen, ihre Füße ins Jordanwas-
ser setzen, wird kein Wasser mehr nachfließen.
Der Fluß wird sich weiter oben anstauen wie
vor einem Damm. Daran sollt ihr erkennen, daß
ihr einen lebendigen Gott habt. Er wird sein Ver-
sprechen halten und die Völker des Landes vor
euch vertreiben: die Kanaaniter*, Hetiter*, Hiwi-
ter, Perisiter, Girgaschiter, Amoriter* und Jebusi-
ter.«

14 Nun brach das Volk auf, um den Jordan zu
überschreiten. An der Spitze des Zuges gingen
die Priester mit der Bundeslade. 15 Es war gerade
Frühjahr; um diese Zeit führt der Jordan so viel
Wasser, daß er über die Ufer tritt.

In dem Augenblick, als die Priester den Fuß
ins Wasser setzten, 16 staute sich der Fluß weit
oben bei dem Ort Adam in der Nähe von
Zaretan, und das Wasser unterhalb der Stauung
lief zum Toten Meer ab. So konnte das ganze
Volk trockenen Fußes bei Jericho durch den Jor-
dan gehen.

17 Die Priester aber blieben mit der Bundes-
lade im Flußbett stehen, bis alle sicher auf der
anderen Seite angekommen waren.

Steine als Erinnerungszeichen

4 Als das ganze Volk durch den Jordan gegan-
gen war, sagte der HERR zu Josua: 2 »Wählt
zwölf Männer aus, von jedem Stamm einen,
3 und laßt sie zwölf Steine aus dem Jordan holen,

2,15 1 Sam 19,12; 2 Kor 11,33 3,1 Num 25,1 3,3 Dtn 10,8 3,4 2 Sam 6,6-7 3,16 Ps 114,3.5; Ex 14,21-22 4,3-9 Ex 24,4 S

von der Stelle, wo die Priester* stehen. Sie sollen die Steine mitnehmen und dort niederlegen, wo ihr das Nachtlager aufschlagt.«

4 Josua wählte zwölf Männer aus, für jeden Stamm Israels einen. 5 Er sagte zu ihnen: »Geht zur Bundeslade* des HERRN, eures Gottes, in den Jordan, und hebt jeder einen großen Stein auf. Nehmt ihn auf die Schulter – so viele Steine, wie es Stämme im Volk Israel gibt. 6–7 Wenn später eure Kinder fragen, was diese Steine bedeuten, dann erzählt ihnen, wie das Wasser des Jordans versiegte, als die Bundeslade den Fluß durchquerte. Diese Steine sollen die Israeliten für alle Zukunft daran erinnern.«

8 Die Männer befolgten Josuas Anweisung und holten zwölf Steine aus dem Jordan, für jeden Stamm Israels einen, wie der HERR es befohlen hatte. Sie trugen sie bis zum Lagerplatz und stellten sie dort auf.

9 Josua stellte auch mitten im Jordan zwölf Steine auf an der Stelle, wo die Priester mit der Bundeslade haltgemacht hatten. Die Steine sind noch heute dort. 10 Die Priester blieben mit der Bundeslade so lange im Jordan stehen, bis alles ausgeführt war, was der HERR dem Volk durch Josua befohlen hatte. Schon Mose hatte Josua diese Anweisung gegeben.

Das Volk ging, so schnell es konnte, durch das trockene Flußbett. 11 Als alle drüben waren, gingen auch die Priester mit der Bundeslade ans Ufer und stellten sich an die Spitze des Zuges.

12 Die Männer der Stämme Ruben und Gad und des halben Stammes Manasse gingen kampfbereit vor den übrigen Israeliten her, so wie Mose es ihnen befohlen hatte. 13 Etwa 40 000 Kriegsleute zogen unter der Führung des HERRN zum Kampf in die Ebene von Jericho. 14 Der HERR machte an diesem Tag Josua vor dem ganzen Volk groß, und die Israeliten achteten ihn sein Leben lang, genauso wie sie Mose geachtet hatten.

15 Dann sagte der HERR zu Josua: 16 »Befiehl den Priestern, die die Lade mit dem Bundesgesetz* tragen, aus dem Jordan heraufzukommen!«

17 Josua befahl es, 18 und kaum hatten die Priester das Flußbett verlassen, da kam das Wasser wieder, und der Fluß trat über seine Ufer wie zuvor.

19 Das Volk ging durch den Jordan am 10. Tag des 1. Monats und schlug sein Lager bei Gilgal auf, an der Ostgrenze des Gebietes von Jericho. 20 Dort stellte Josua die zwölf Steine auf, die sie aus dem Jordan mitgenommen hatten, 21 und sagte zu den Israeliten: »Wenn später eure Kinder fragen, was diese Steine bedeuten, 22 dann erzählt ihnen, wie das Volk Israel den Jordan trockenen Fußes durchquert hat. 23 Der HERR, euer Gott, hat das Wasser des Jordans vor euch austrocknen lassen, bis ihr hindurchgezogen wart, genauso wie er das Schilfmeer* vor uns austrocknen ließ, damit wir hindurchziehen konnten. 24 Daran sollen alle Völker der Erde erkennen, wie groß die Macht des HERRN ist, und ihr selbst sollt den HERRN, euren Gott, dafür in alle Zukunft ehren.«

5 Alle Könige der Amoriter* westlich des Jordans und alle Könige der Kanaaniter* an der Küste des Mittelmeeres hörten davon, wie der HERR den Jordan austrocknen ließ, bis das Volk Israel hindurchgezogen war. Da packte sie die Angst vor den Israeliten, und sie verloren allen Mut.

Beschneidung und erstes Passafest in Kanaan

2 Damals sagte der HERR zu Josua: »Mach dir Messer aus Stein und beschneide* alles, was männlich ist, in Israel! Zum zweiten Mal soll dies jetzt geschehen.«

3 Josua machte sich Steinmesser und beschnitt die männlichen Israeliten an einem Platz, der seitdem Beschneidungshügel heißt.

4–6 Als die Israeliten Ägypten verließen, waren alle männlichen Personen beschnitten gewesen. Aber während der vierzigjährigen Wüstenwanderung wurden keine Neugeborenen beschnitten. Die Männer, die beim Auszug aus Ägypten im wehrfähigen Alter gestanden hatten, waren inzwischen gestorben. Sie hatten dem HERRN nicht gehorcht, und deshalb hatte der HERR geschworen: »Sie sollen das Land nicht sehen, das ich ihren Vätern versprochen habe, das Land, das von Milch und Honig überfließt!« 7 Ihre herangewachsenen Söhne hatte der HERR an die Stelle ihrer Väter treten lassen, und sie waren es, die jetzt von Josua beschnitten wurden; denn unterwegs war dies nicht geschehen.

8 Nachdem alle beschnitten worden waren, blieben sie im Lager, bis die Wunden geheilt waren. 9 Der HERR sagte zu Josua: »Heute habe ich die Schande von euch genommen, daß ihr in Ägypten Sklaven gewesen seid.« Deshalb wurde der Platz Gilgal[a] genannt, und so heißt er bis heute.

a *Gilgal* klingt im Hebräischen ähnlich wie »wegnehmen«; wörtlich »abwälzen«.

4,6-7 Dtn 6,20 S; Ex 10,2 S 4,12 1,12-15 S 4,14 3,7 4,21 Dtn 6,20 S 4,23 Ex 14,21-29 S 5,1 2,10-11 5,2-3 Gen 17,9-14 S 5,4-6 Num 14,22-35

10 Während die Israeliten bei Gilgal in der
Ebene von Jericho lagerten, feierten sie das Pas-
safest*. Das geschah am 14. Tag des 1. Monats,
als es Abend wurde. 11 Am Tag darauf aßen sie
zum erstenmal etwas, was im Land Kanaan*
gewachsen war: geröstete Getreidekörner und
ungesäuertes Brot*. 12 Von diesem Zeitpunkt an
blieb das Manna* aus; die Israeliten fanden jetzt
keines mehr. Sie aßen schon in diesem ersten
Jahr, was in Kanaan gewachsen war.

Gott schickt einen mächtigen Helfer

13 In der Nähe von Jericho sah Josua plötzlich
einen Mann vor sich stehen, der ein gezogenes
Schwert in der Hand hielt. Josua ging auf ihn zu
und fragte ihn: »Freund oder Feind?«

14 »Keins von beiden«, antwortete der Frem-
de. »Ich bin der Befehlshaber über das Heer des
Herrn. Und jetzt bin ich hier.«[a]

Josua warf sich in Ehrfurcht vor ihm nieder
und sagte: »Ich bin dein Diener! Was befiehlst du
mir, Herr?«

15 Er sagte zu Josua: »Zieh deine Schuhe aus,
denn du stehst auf heiligem Boden!«

Und Josua tat, was er ihm befohlen hatte.

Die Mauern Jerichos fallen

6 Alle Tore der Stadt Jericho waren fest verrie-
gelt, als die Israeliten heranrückten. Nie-
mand konnte hinein und niemand heraus.

2 Da sagte der Herr zu Josua: »Jetzt gebe ich
Jericho mit seinem König und allen seinen
Kriegsleuten in deine Hand. 3 Zieh mit allen
kriegstüchtigen Männern täglich einmal um die
Stadt, sechs Tage lang. 4 Sieben Priester* mit
Kriegshörnern* sollen vor der Bundeslade* her-
gehen. Am siebten Tag aber zieht ihr siebenmal
um die Stadt, und die Priester sollen dabei die
Hörner blasen. 5 Sobald die Männer die Hörner
hören, stimmen alle ein lautes Kriegsgeschrei an.
Dann wird die Mauer einstürzen, und jeder
kann von der Stelle aus, wo er gerade steht, in
die Stadt eindringen.«

6 Josua rief die Priester zu sich und sagte zu
ihnen: »Nehmt die Bundeslade des Herrn auf
eure Schultern. Sieben von euch gehen mit
Kriegshörnern vor ihr her.«

7 Dann befahl er den Kriegsleuten: »Auf! Zieht
rund um die Stadt! Die erfahrensten Kämpfer
gehen der Bundeslade als Vorhut voraus.«

8-9 So geschah es. Zwischen den ausgewähl-
ten Kriegern und der Bundeslade gingen die sie-
ben Priester, die ständig ihre Hörner bliesen.
Zum Schluß kam das ganze übrige Heer. 10 Josua
hatte den Männern Israels befohlen, sich ganz
still zu verhalten und erst auf seinen Befehl das
Kriegsgeschrei anzustimmen. 11 So ließ er den
ganzen Zug mit der Bundeslade des Herrn ein-
mal um die Stadt marschieren. Dann kamen sie
ins Lager zurück und blieben die Nacht über
dort.

12 Früh am nächsten Morgen gab Josua wie-
der den Befehl zum Aufbruch. Die Priester nah-
men die Bundeslade auf ihre Schultern. 13 Dann
zogen sie los: zuerst die Vorhut, dann die Prie-
ster, die ständig ihre Hörner bliesen, hinter
ihnen die Bundeslade und schließlich das übrige
Heer. 14 Auch an diesem zweiten Tag marschier-
ten sie einmal rund um die Stadt. So taten sie es
sechs Tage lang.

15 Am siebten Tag brachen sie beim Morgen-
grauen in derselben Ordnung auf. An diesem
Tag zogen sie siebenmal um die Stadt.

16 Beim siebten Mal, als die Priester ihre Hör-
ner an den Mund setzten, befahl Josua den Män-
nern Israels: »Jetzt schreit los! Der Herr hat euch
die Stadt ausgeliefert.

17 Aber hört her: Die Stadt ist dem Herrn ge-
weiht und steht unter seinem Bann* mit allem,
was darin ist. Kein Mensch und kein Tier darf
am Leben bleiben. Nur die Prostituierte Rahab
und alle, die in ihrem Haus sind, sollen ver-
schont werden; denn sie hat damals unsere
Kundschafter versteckt. 18 Hütet euch, etwas von
dem Gebannten für euch selbst zu nehmen,
sonst kommt der Bannfluch über das ganze
Lager Israels und stürzt euch ins Verderben.
19 Alles Gold und Silber und alle Geräte aus
Bronze und Eisen gehören dem Herrn und
kommen in die Schatzkammer seines Heilig-
tums.«

20 Die Priester stießen in ihre Hörner, und als
das Volk den Hörnerschall hörte, erhob es ein
lautes Kriegsgeschrei. Da stürzte die ganze
Mauer zusammen, und die Männer Israels dran-
gen von allen Seiten in die Stadt ein und erober-
ten sie. 21 Sie erschlugen nach dem Befehl des
Herrn alles, was in der Stadt lebte, mit dem
Schwert: Männer und Frauen, Kinder und Alte,
Rinder, Schafe und Esel.

Rahabs Familie wird verschont

22 Den beiden Kundschaftern aber hatte Josua
den Auftrag gegeben: »Geht in das Haus der Pro-

a Wörtlich *Jetzt bin ich gekommen.* Möglicherweise ist die Fortsetzung *(um zu ...)* verlorengegangen.

5,10 Ex 12,1-14 S **5,11** Ex 12,15-20 S **5,12** Ex 16,31 S; 16,35-36 **5,13** Num 22,22-23.31; 1 Chr 21,16 **5,15** Ex 3,5 **6,17** Dtn 7,1-4 S; Jos 6,23 S **6,20** Hebr 11,30 **6,22** 2,14

stituierten und holt sie mit allen ihren Angehöri-
gen heraus, wie ihr es geschworen habt!«
23 Sie gingen hin und holten Rahab aus dem
Haus, dazu ihren Vater, ihre Mutter, ihre Brüder,
das Hausgesinde und die ganze Verwandtschaft.
Sie brachten sie in Sicherheit und wiesen ihnen
einen Platz außerhalb des Lagers an.
24 Dann brannten die Männer Israels die
ganze Stadt nieder. Nur das Gold und das Silber
und die Gefäße aus Bronze und Eisen kamen in
die Schatzkammer beim Heiligtum des HERRN.
25 Die Prostituierte Rahab und alle ihre Angehöri-
gen verschonte Josua zum Dank dafür, daß sie
die Kundschafter versteckt hatte. Ihre Nachkom-
men leben noch heute in Israel.
26 Damals sprach Josua die Warnung aus:
»Wer versucht, die Stadt Jericho wieder aufzu-
bauen, den trifft der Fluch des HERRN. Wenn er
die Fundamente legt, kostet es ihn seinen erstge-
borenen Sohn. Wenn er die Tore einsetzt, kostet
es ihn seinen Jüngsten.«
27 Der HERR stand Josua bei, und sein Ruhm
verbreitete sich im ganzen Land.

Das Kriegsglück wendet sich von Israel

7 Der HERR hatte den Israeliten befohlen, die
Stadt und alles darin unter den Bann* zu
stellen und sich nichts davon anzueignen. Diese
Anweisung wurde von den Israeliten nicht
streng befolgt. Ein Mann namens Achan nahm
etwas von den verbotenen Dingen. Er war der
Sohn von Karmi und Enkel von Sabdi[a] und
gehörte zur Sippe Serach, die zum Stamm Juda
zählte. Da wurde der HERR zornig und ließ es die
Israeliten spüren.
2 Josua hatte einige Männer von Jericho nach
Ai geschickt, einer Stadt östlich von Bet-El in der
Nähe von Bet-Awen. Er hatte ihnen befohlen,
die Umgebung von Ai zu erkunden. Die Männer
führten den Befehl aus, 3 kehrten zu Josua
zurück und meldeten: »Es ist keine große Stadt.
Du brauchst nicht alle Kriegsleute aufzubieten;
zwei- bis dreitausend werden genügen, um Ai
einzunehmen.«
4 So griffen etwa 3000 Israeliten die Stadt an,
aber sie wurden zurückgeschlagen. 5 Die Män-
ner von Ai verfolgten sie vom Stadttor bis zu der
Stelle, wo die Felsen steil abfallen, und töteten
dort am Abstieg 36 von den Angreifern.
Da verlor das Volk allen Mut. 6 Josua und die
Ältesten* Israels waren so erschüttert, daß sie
ihre Kleider zerrissen, Erde auf den Kopf streu-
ten und sich vor der Bundeslade* des HERRN zu
Boden warfen. So lagen sie bis zum Abend.
7 Josua betete: »Ach HERR, du mächtiger Gott!
Warum hast du uns über den Jordan gebracht?
Nur um uns in die Hände der Amoriter fallen zu
lassen und uns zu vernichten? Wären wir doch
auf der anderen Seite des Jordans geblieben!
8 Was soll ich dazu sagen, Herr, daß die Männer
Israels vor ihren Feinden geflohen sind? 9 Wenn
die Kanaaniter* und die übrigen Bewohner des
Landes davon hören, werden sie alle kommen
und uns aus dem Land treiben. Was willst du
dann noch tun, um die Ehre deines großen
Namens zu retten?«

Die Ursache: Ungehorsam

10 Der HERR antwortete Josua: »Steh auf! Warum
liegst du auf dem Boden? 11 Die Israeliten haben
Schuld auf sich geladen, sie haben den Bund* ge-
brochen, den ich mit ihnen geschlossen habe.
Sie haben heimlich etwas von den Dingen, die
vernichtet werden sollten, weggenommen und
sich angeeignet. 12 Das ist der Grund, weshalb
sie ihren Feinden nicht standhalten können. Sie
müssen vor ihnen fliehen, weil sie jetzt selbst
unter dem Bann* stehen und dem Untergang
preisgegeben sind. Ich werde euch nicht mehr
beistehen, wenn ihr nicht alles vernichtet, was
ihr gegen mein Verbot weggenommen habt.
13 Steh auf und bereite das Volk auf die Begeg-
nung mit mir vor! Befiehl ihnen, daß sie sich rei-
nigen*, damit sie morgen vor mich treten kön-
nen. Sag zu ihnen: ›So spricht der HERR, der Gott
Israels: Ihr habt Dinge bei euch, die unter dem
Bann stehen. Israel wird seinen Feinden nicht
mehr standhalten können, solange ihr euch
nicht davon trennt.‹ 14 Sie sollen morgen früh
nach Stämmen geordnet antreten. Der Stamm,
auf den ich das Los fallen lasse, soll nach Sippen
geordnet vortreten. Dann wird aus dem Stamm
eine Sippe und aus der Sippe eine Familie ausge-
lost. 15 Wen dann von den Männern dieser Fami-
lie das Los trifft, der ist es; er hat sich an den ver-
botenen Dingen vergriffen und muß verbrannt
werden, er und alles, was ihm gehört. Er hat
etwas getan, was in Israel eine Schandtat ist,
und hat dadurch den Bund mit dem HERRN ge-
brochen.«

Das Vergehen wird gesühnt

16 Am nächsten Morgen ließ Josua alle Männer
Israels nach Stämmen geordnet antreten, und

a In G lautet der Name wie in 1 Chr 2,6 *Simri*.

6,23 2,1-21; Mt 1,5; Hebr 11,31; Jak 2,25 6,26 1 Kön 16,34 7,1 6,17-19.21.24; 8,26; 10,28-41; 11,11.20-21; Ri 1,17; 21,11; Dtn 7,1-4S 7,7-9 Ex 32,11-13 7,15 Gen 38,24; Lev 20,14; 21,9 7,16 1 Sam 10,20-21; 14,41-42

das Los traf den Stamm Juda. 17 Als der Stamm
Juda mit seinen Sippen vortrat, traf es die Sippe
Serach, und aus der Sippe Serach die Familie
Sabdi. 18 Unter den Männern der Familie Sabdi
traf das Los Achan, den Sohn von Karmi und
Enkel von Sabdi.

19 Josua sagte zu ihm: »Mein Sohn, gib dem
HERRN, dem Gott Israels, die Ehre und bekenne
vor ihm deine Schuld! Sag mir offen, was du
getan hast, und verbirg mir nichts!«

20 »Ja«, antwortete Achan, »ich war es, der
sich gegen den HERRN, den Gott Israels, vergan-
gen hat. 21 Ich sah unter den Beutestücken einen
wertvollen babylonischen Mantel, 200 Silber-
stücke* und einen Goldbarren, der gut ein hal-
bes Kilo wiegt.[a] Ich konnte nicht widerstehen
und nahm es mir. Du wirst es alles in meinem
Zelt vergraben finden; das Silber liegt zuunterst.«

22 Josua schickte einige Männer zu Achans
Zelt, und sie fanden alles, wie er es beschrieben
hatte. 23 Sie brachten die Beutestücke zu Josua
und allen Israeliten und legten sie vor der Bun-
deslade* des HERRN nieder. 24 Josua und das
ganze Volk brachten Achan und die Beutestücke
und dazu seine Söhne und Töchter, seine Rin-
der, Esel, Schafe und Ziegen, sein Zelt und alles,
was ihm sonst noch gehörte, in das Achor-Tal.

25 Josua sagte: »Du hast uns ins Unglück ge-
stürzt. Dafür stürzt der HERR auch dich jetzt ins
Unglück.«

Alle Israeliten steinigten Achan* und seine
Angehörigen und verbrannten sie. 26 Dann er-
richteten sie über ihnen einen großen Steinhau-
fen, der bis heute zu sehen ist. Da ließ der HERR
von seinem Zorn ab.

Wegen dieses Vorfalls heißt das Tal bis heute
Achor-Tal (Unglückstal).

Josuas Kriegslist

8 Darauf sagte der HERR zu Josua: »Hab keine
Angst, sei nicht verzagt! Nimm alle Kriegs-
leute mit dir und zieh noch einmal hinauf vor die
Stadt Ai. Ich habe den König von Ai, sein Volk,
seine Stadt und sein Land in deine Hand ge-
geben. 2 Du sollst mit der Stadt und ihrem König
genauso verfahren wie mit Jericho und seinem
König; aber ihr dürft diesmal das Beutegut und
das Vieh für euch selbst behalten. Lege jetzt
einen Teil der Männer in einen Hinterhalt im
Rücken der Stadt!«

3 Bevor Josua mit allen Kriegsleuten nach Ai
hinaufzog, suchte er 30000[b] seiner besten Leute
aus und schickte sie noch in der Nacht voraus.
4 Er befahl ihnen: »Legt euch auf der anderen
Seite der Stadt in einen Hinterhalt, aber nicht zu
weit entfernt. Seid jederzeit zum Angriff bereit.
5 Ich werde mit dem ganzen Rest unserer Leute
vor die Stadt ziehen. Wenn dann die Männer
von Ai wieder einen Ausfall machen, werden
wir umkehren und weglaufen, 6 damit sie hinter
uns herjagen. So werden wir sie von der Stadt
weglocken; denn sie werden denken, daß wir
vor ihnen fliehen wie beim ersten Mal. 7 Unter-
dessen müßt ihr aus dem Hinterhalt hervorbre-
chen und die Stadt einnehmen. Der HERR, euer
Gott, wird sie in eure Gewalt geben. 8 Steckt sie
sofort in Brand, wie der HERR es angeordnet hat.
Haltet euch streng an meinen Befehl!«

9 Nach der Anweisung Josuas zogen sie los
und legten sich in einen Hinterhalt, westlich von
Ai, in Richtung Bet-El. Josua blieb die Nacht über
beim Hauptheer. 10 Früh am Morgen ließ er die
Kriegsleute antreten, stellte sich zusammen mit
den Ältesten* des Volkes an ihre Spitze und
rückte gegen Ai vor. 11 Nördlich davon schlugen
sie ihr Lager auf; nur ein Tal trennte sie von der
Stadt.

12 Josua legte noch 5000 Mann in den Hinter-
halt westlich der Stadt, zwischen Ai und Bet-El.
13 Das Lager war also nördlich, der Hinterhalt
westlich der Stadt. Josua selbst kehrte in der
Nacht in die Jordanebene zurück.

14 Als der König von Ai das Heer Josuas sah,
zögerte er nicht lange und rückte mit seinen Leu-
ten gegen die Israeliten aus. Er zog zu dem Platz,
der zur Jordanebene offen ist, um sie dort anzu-
greifen. Er wußte nicht, daß Josua ihm einen
Hinterhalt gelegt hatte. 15 Josua und seine Leute
ließen sich zum Schein von ihnen zurückschla-
gen und flohen in Richtung Jordanebene.

16 Darauf wurden alle Männer, die noch in Ai
waren, aufgeboten, um die Fliehenden zu verfol-
gen. Die Israeliten lockten sie immer weiter von
der Stadt weg. 17 Nicht ein Mann war in Ai[c]
zurückgeblieben, alle jagten hinter den Israeliten
her. Die Stadt lag ohne Schutz mit offenen Toren
da.

Eroberung und Vernichtung von Ai

18 Nun sagte der HERR zu Josua: »Streck deine
Hand mit dem Schwert gegen Ai aus! Ich gebe
die Stadt in deine Gewalt.«

Josua tat es, 19 und sobald er seine Hand aus-
streckte, kamen die Israeliten aus dem Hinter-
halt, liefen in die Stadt, besetzten sie und steck-
ten sie sofort in Brand.

a Hebräische Maßangabe *50 Schekel** (= 575 g). b G *3000*. c *Ai* mit G; H *Ai und Bet-El*.

7,25 Dtn 17,5 S **7,26** 8,29; Jes 65,10; Hos 2,17 **8,2** 6,17 S

[20-21]Als die Männer von Ai zurückblickten,
sahen sie Rauch von ihrer Stadt aufsteigen. Da
wußten sie, daß sie verloren waren. Sobald
Josua und die fliehenden Israeliten erkannten,
daß die Stadt eingenommen war, machten sie
kehrt und griffen die Männer von Ai an. [22]So
waren diese nun auf beiden Seiten eingeschlos-
sen, und keiner von ihnen kam mit dem Leben
davon. [23]Nur den König von Ai nahmen die
Männer Israels gefangen und brachten ihn zu
Josua.

[24]Als die Israeliten alle Männer von Ai, die
ihnen nachgejagt waren, erschlagen hatten,
zogen sie in die Stadt und töteten die Zurückge-
bliebenen. [25]So kamen an diesem Tag alle Ein-
wohner von Ai ums Leben, 12000 Männer und
Frauen. [26]Josua hielt seine Hand mit dem
Schwert so lange ausgestreckt, bis der Bann* an
allen vollstreckt war. [27]Das Vieh und das son-
stige Beutegut aus der Stadt aber behielten die
Israeliten für sich, wie der HERR es durch Josua
angeordnet hatte.

[28]Josua brannte Ai nieder und machte es für
alle Zeiten zum Trümmerhaufen. So liegt es
noch heute da. [29]Den König von Ai ließ er hän-
gen. Bis zum Sonnenuntergang hing er an einem
Baum, dann befahl Josua, den Leichnam abzu-
nehmen und in den Durchgang des Stadttores
zu werfen. Die Männer Israels errichteten über
ihm einen großen Steinhaufen, der noch heute
zu sehen ist.

Feierliche Verlesung des Gesetzes

[30]Damals baute Josua auf dem Berg Ebal einen
Altar für den HERRN, den Gott Israels, [31]so wie
das Mose, der Bevollmächtigte* des HERRN, den
Israeliten befohlen hatte. Er baute ihn genau
nach den Anweisungen, die im Gesetzbuch*
Moses aufgeschrieben sind: aus unbehauenen
Feldsteinen, die mit keinem eisernen Werkzeug
in Berührung gekommen sind. Auf diesem Altar
opferten die Leute von Israel dem HERRN Brand-
opfer* und Mahlopfer*.

[32]Auf die mitgebrachten Steine schrieb Josua
eine Abschrift des Gesetzes, das Mose vor den
Augen des Volkes niedergeschrieben hatte.[a]
[33]Die Israeliten mit ihren Ältesten*, Anführern
und Richtern und alle Fremden, die sich ihnen
angeschlossen hatten, standen auf beiden Seiten
der Bundeslade* des HERRN. Die eine Hälfte war
dem Berg Garizim, die andere Hälfte dem Berg
Ebal zugewandt. Zwischen ihnen und der Lade
des HERRN standen die Priester* aus der Nach-
kommenschaft Levis. In dieser Aufstellung sollte
das Volk nach der Anweisung Moses den Segen
des HERRN empfangen.

[34]Dann las Josua das ganze Gesetz vor, auch
die Segenszusagen und Fluchandrohungen,
alles, was im Buch des Gesetzes geschrieben
steht. [35]Er ließ kein Wort von dem weg, was
Mose gesagt hatte. Die ganze Gemeinde Israel
hörte zu, auch die Frauen und Kinder und die
Fremden, die bei ihnen lebten.

Die Leute von Gibeon retten sich durch eine List

9 Die Siege der Israeliten sprachen sich im
ganzen Land herum. Alle Könige westlich
des Jordans – im Gebirge, im Hügelland und in
der Küstenebene bis hin zum Libanon – erfuh-
ren davon, die Könige der Hetiter* und Amori-
ter*, der Kanaaniter*, Perisiter, Hiwiter und Jebu-
siter. [2]Sie alle taten sich zusammen, um
gemeinsam gegen Josua und die Israeliten zu
kämpfen.

[3]Als die Bewohner von Gibeon, die zu den
Hiwitern gehörten,[b] erfuhren, was Josua mit
Jericho und Ai gemacht hatte, [4-5]dachten sie sich
eine List aus. Einige von ihnen verkleideten sich
als Boten aus einem fernen Land. Sie zogen alte
Kleider und abgetragene und geflickte Schuhe
an, beluden ihre Esel mit abgenutzten Proviant-
säcken und geflickten Weinschläuchen und
packten lauter steinhartes Brot ein.

[6]So gingen sie ins Lager nach Gilgal und sag-
ten zu Josua und den Männern Israels: »Wir sind
aus einem fernen Land gekommen und möch-
ten, daß ihr ein Bündnis mit uns schließt.«

[7]Aber die Israeliten antworteten den Hiwi-
tern: »Wir können doch nicht einfach ein Bünd-
nis mit euch schließen! Vielleicht wohnt ihr
ganz in unserer Nähe.«

[8]Die Männer von Gibeon sagten zu Josua:
»Wir sind deine ergebenen Diener!«

»Wer seid ihr? Woher kommt ihr?« fragte er
sie.

[9]Da erzählten sie ihm folgende Geschichte:
»Deine ergebenen Diener kommen aus einem
weit entfernten Land, weil der Ruhm des HERRN,
eures Gottes, bis zu uns gedrungen ist. Wir

a *mitgebrachten:* verdeutlichender Zusatz entsprechend Dtn 27,2-4. Bei dem *Gesetz* handelt es sich um die im 5. Mose-Buch (Dtn ab Kap 5 oder 12) enthaltenen Bestimmungen.
b *die zu den Hiwitern ...:* verdeutlichende Vorwegnahme aus Vers 7.

8,26 7,1S; Dtn 7,1-4S **8,29** Dtn 21,22-23S; Jos 7,26 **8,30-32** Dtn 27,4-8 **8,33-35** Dtn 27,12-26; 11,29-30 **9,7** Ex 23,32-33; 34,12; Dtn 7,2

haben alles erfahren, was er in Ägypten getan
hat, 10 und auch alles, was er mit den beiden
Amoriterkönigen auf der anderen Seite des Jor-
dans gemacht hat, mit König Sihon von Hesch-
bon und König Og von Baschan, der in Aschtarot
regierte. 11 Da sagten unsere Ältesten* und alle
Bewohner unseres Landes zu uns: ›Nehmt Ver-
pflegung mit und macht euch auf die Reise zu
diesen Leuten. Sagt ihnen, daß wir ihre ergebe-
nen Diener sind, und bittet sie, ein Bündnis mit
uns zu schließen.‹

12 Und nun seht hier unser Brot: Es war noch
warm, als wir von zu Hause aufbrachen; jetzt
ist es hart geworden und zerbröckelt. 13 Seht
unsere Weinschläuche: Sie waren noch neu, als
wir sie füllten, aber jetzt sind sie rissig. Und
unsere Kleider und Schuhe sind zerschlissen
von der langen Reise.«

14 Die Männer Israels aßen zum Zeichen der
Verbrüderung etwas von dem Proviant, den die
Fremden mitgebracht hatten. Sie versäumten es
jedoch, vorher den HERRN zu fragen. 15 Josua gab
den Leuten aus Gibeon die vertragliche Zusiche-
rung, sie am Leben zu lassen. Und die Stammes-
oberhäupter der Israeliten versprachen ihnen
das mit einem Eid.

16 Drei Tage nach Vertragsabschluß kam es
heraus, daß die Fremden in Wirklichkeit in näch-
ster Nähe mitten im Gebiet Israels lebten. 17 Die
Israeliten waren nämlich weitergezogen und auf
die Städte gestoßen, aus denen die Boten stamm-
ten: Gibeon, Kefira, Beerot und Kirjat-Jearim.
18 Sie konnten ihnen nichts antun, weil ihre
eigenen Oberhäupter ihnen im Namen des
HERRN, des Gottes Israels, Frieden geschworen
hatten.

Das ganze Volk murrte gegen die Stammes-
oberhäupter, 19 aber sie antworteten: »Wir haben
ihnen im Namen des HERRN, des Gottes Israels,
Frieden geschworen. Darum dürfen wir ihnen
nichts antun 20 und müssen sie am Leben lassen,
sonst wird der HERR uns schwer bestrafen.
21 Aber wir versprechen euch, sie sollen für ganz
Israel den Dienst von Holzhauern und Wasser-
trägern übernehmen.«[a] So geschah es auch.

22 Josua ließ die Abgesandten aus Gibeon zu
sich kommen und sagte zu ihnen: »Warum habt
ihr uns betrogen? Ihr habt erzählt, daß ihr von
weit her kommt, und dabei wohnt ihr ganz in
der Nähe! 23 Weil ihr das getan habt, sollt ihr ver-
flucht sein. Euer Volk wird für alle Zeiten die
Sklaven stellen, die für das Heiligtum meines
Gottes Holz fällen und Wasser schöpfen.«

24 Sie erwiderten: »Wir haben so gehandelt,
weil wir um unser Leben fürchteten. Wir hatten
gehört, daß der HERR, euer Gott, euch durch
Mose, seinen Bevollmächtigten*, das ganze
Land zugesprochen und euch befohlen hatte,
alle seine Bewohner zu töten. 25 Nun, wir sind in
deiner Hand; mach mit uns, was du willst.«

26 Josua schützte die Männer von Gibeon
und erlaubte den Männern Israels nicht, sie zu
töten. 27 Doch machte er sie zu Sklaven*, die
für die Israeliten und für den Opferdienst am
Altar des HERRN Holz fällen und Wasser schöp-
fen mußten. Sie tun das noch heute an der
Stätte, die der HERR zu seinem Heiligtum be-
stimmt hat.

Strafexpedition der Kanaaniter gegen Gibeon

10 Josua hatte die Stadt Ai eingenommen
und an ihr wie zuvor an Jericho den
Bann* vollstreckt. Daraufhin hatten die Leute
von Gibeon sich den Israeliten unterworfen und
erreicht, daß sie mitten im Gebiet Israels woh-
nen bleiben konnten. Als der König Adoni-Zedek
von Jerusalem davon erfuhr, 2 brach unter seinen
Leuten große Angst aus. Denn Gibeon war so
groß wie die Städte, die einen König hatten, und
es war sogar größer als Ai. Außerdem waren die
Männer von Gibeon als tapfere Kämpfer be-
kannt.

3 Deshalb schickte der König von Jerusalem
Boten zu den Nachbarkönigen Hoham von
Hebron, Piram von Jarmut, Jafia von Lachisch
und Debir von Eglon und forderte sie auf:
4 »Kommt und helft mir! Wir wollen die Leute
von Gibeon dafür bestrafen, daß sie sich Josua
und den Leuten von Israel unterworfen haben.«
5 So zogen die fünf Könige mit ihrer gesamten
Heeresmacht vor Gibeon, belagerten die Stadt
und kämpften gegen sie.

6 Da schickten die Leute von Gibeon Boten
ins Lager der Israeliten bei Gilgal und baten
Josua: »Laß uns nicht im Stich! Wir sind deine
Sklaven und haben uns unter deinen Schutz ge-
stellt. Komm uns schnell zu Hilfe und rette uns!
Alle Könige der Amoriter* hier oben im Bergland
haben sich gegen uns zusammengetan!«

7 Josua rief alle kriegstüchtigen Männer
Israels zusammen und brach mit dem ganzen
Heer von Gilgal auf. 8 Der HERR sagte zu ihm:
»Hab keine Angst vor ihnen! Ich habe sie alle in
deine Hand gegeben. Keiner wird sich gegen
dich behaupten können.«

a *Aber wir versprechen …:* mit G; H *Und sie übernahmen … den Dienst …*

9,10 Num 21,21-35 **9,14** Num 27,21 **9,19-20** 2 Sam 21,1-9 **9,24** Jos 7,1 S **9,27** Dtn 12,5 S **10,1** 8,1-29 **10,6** 9,15

Gott verhilft den Israeliten zum Sieg

9 Josua marschierte mit seinen Männern die ganze Nacht hindurch, und so kam sein Angriff für die Amoriter* völlig überraschend. 10 Der HERR versetzte sie beim Anblick der Israeliten in einen solchen Schrecken, daß sie nur noch an Flucht dachten. Die Männer Israels brachten ihnen eine vernichtende Niederlage bei und verfolgten sie bis zur Steige* von Bet-Horon und noch weiter bis nach Aseka und Makkeda.

11 Als die Amoriter die Steige von Bet-Horon hinabflohen, ließ der HERR riesige Hagelkörner auf sie fallen, auf dem ganzen Weg bis nach Aseka. Durch sie kamen mehr Amoriter ums Leben als durch die Schwerter der Israeliten.

12 Damals, als der HERR die Amoriter den Israeliten auslieferte, betete Josua zum HERRN und rief vor ganz Israel:

»Sonne, steh still über Gibeon,
du, Mond, überm Tal von Ajalon!«
13 Und die Sonne stand still,
auch der Mond blieb stehn;
Israels Feinde mußten untergehn.

Diese Verse stehen im Buch der Heldenlieder*. Fast einen Tag lang blieb die Sonne hoch am Himmel stehen und bewegte sich nicht von der Stelle. 14 Weder vorher noch nachher hat der HERR jemals auf das Gebet eines Menschen hin so etwas getan. Der HERR selbst kämpfte auf der Seite Israels.

15 Als der Sieg errungen war, kehrte Josua mit dem ganzen Heer ins Lager bei Gilgal zurück.

Fünf Kanaaniterkönige werden gefangen und hingerichtet

16 Die fünf Amoriterkönige* jedoch waren entkommen und hatten sich in einer Höhle bei Makkeda versteckt. 17 Das wurde Josua gemeldet, 18 und er ordnete an: »Wälzt große Steine vor den Höhleneingang, und laßt eine Wache dort zurück. 19 Ihr anderen aber haltet euch nicht auf! Verfolgt weiter die übriggebliebenen Feinde, damit sie sich nicht in ihre Städte zurückziehen können. Der HERR, euer Gott, hat sie in eure Hand gegeben.«

20 So brachten Josua und seine Leute den Amoritern eine vernichtende Niederlage bei; nur einige wenige konnten sich in die befestigten Städte retten. 21 Danach kehrten alle Männer Israels unversehrt zu Josua ins Lager bei Makkeda zurück. Niemand im ganzen Land wagte mehr, gegen einen Israeliten auch nur den Mund aufzumachen.

22 Nun befahl Josua: »Wälzt die Steine vom Höhleneingang und bringt die fünf Könige zu mir heraus!« 23 Man öffnete die Höhle und führte die fünf heraus zu Josua: die Könige von Jerusalem, von Hebron, Jarmut, Lachisch und Eglon.

24 Als sie vor ihm standen, rief Josua alle Männer Israels zu sich und befahl den Anführern, die mit ihm in den Kampf gezogen waren: »Tretet vor und setzt euren Fuß auf den Nacken dieser Könige!« 25 Dann sagte er zu den Anführern: »Habt keine Angst und laßt euch durch nichts erschrecken! Seid mutig und entschlossen! So wie ihr es hier seht, wird der HERR mit allen euren Feinden verfahren.«

26 Dann erschlug Josua die Könige mit dem Schwert und hängte ihre Leichen an fünf Bäume. Dort hingen sie bis zum Abend. 27 Als die Sonne unterging, ließ er sie abnehmen. Die Männer warfen sie in die Höhle, in der sie sich zuvor versteckt hatten, und wälzten große Steine vor den Eingang, die dort bis heute zu sehen sind.

Der Süden Kanaans wird erobert

28 Noch am selben Tag griff Josua die Stadt Makkeda an und eroberte sie. Am König und an allen Einwohnern ließ er den Bann* vollstrecken. Alle wurden mit dem Schwert erschlagen; niemand konnte entkommen. Dem König der Stadt bereitete Josua dasselbe Schicksal wie dem König von Jericho.

29 Von Makkeda zog Josua mit dem Heer Israels vor die Stadt Libna und griff sie an. 30 Der HERR gab auch Libna und seinen König in die Hand der Israeliten. Sie erschlugen alle Einwohner mit dem Schwert und ließen niemand entkommen. Dem König der Stadt bereiteten sie dasselbe Schicksal wie dem König von Jericho.

31 Von Libna aus zogen sie vor die Stadt Lachisch, umzingelten sie und griffen sie an. 32 Am zweiten Tag der Belagerung gab der HERR die Stadt in die Hand der Israeliten. Sie eroberten sie und erschlugen alle Einwohner, genau wie in Libna. 33 Auch König Horam von Geser, der den Leuten von Lachisch zu Hilfe eilte, wurde von Josua besiegt, seine Truppen wurden bis auf den letzten Mann aufgerieben.

34 Von Lachisch aus zogen sie vor die Stadt Eglon, umzingelten sie und griffen sie an. 35 Sie eroberten sie am selben Tag und vollstreckten

10,10-11 Sir 46,5-6 10,13 Sir 46,4; 2 Sam 1,18 10,26-27 Dtn 21,22-23 10,28 7,1 S 10,30 7,1 S

an allen Einwohnern den Bann, genau wie in
Lachisch.
36 Von Eglon aus zogen sie vor die Stadt
Hebron, griffen sie an 37 und eroberten sie. Sie
vollstreckten den Bann an der Stadt genau wie
an Eglon und erschlugen den König und alle Be-
wohner, auch die der umliegenden Ortschaften.
Niemand konnte entkommen.
38 Darauf zogen sie weiter und griffen die
Stadt Debir an. 39 Sie eroberten sie samt den
umliegenden Ortschaften und vollstreckten den
Bann an ihrem König und an allen Einwohnern.
Sie bereiteten Debir und seinem König dasselbe
Schicksal wie Hebron und wie Libna mit seinem
König.
40–41 Auf diese Weise eroberte Josua das ganze
Land: das Gebirge in der Mitte, das westliche
Hügelland, den östlichen Gebirgsabfall und das
Steppenland im Süden, das ganze Gebiet von
Kadesch-Barnea bis Gaza und von der Land-
schaft Goschen[a] bis nach Gibeon. Er besiegte
alle Könige und ließ niemand in diesem ganzen
Gebiet am Leben; an allen vollstreckte er den
Bann, wie der HERR, der Gott Israels, es befohlen
hatte. 42 In einem einzigen Feldzug eroberte
Josua dieses Gebiet und besiegte alle Könige, die
dort regiert hatten; denn der HERR, der Gott
Israels, kämpfte für sein Volk.
43 Danach kehrte Josua mit dem ganzen Heer
Israels nach Gilgal zurück.

Die Könige Nordkanaans werden besiegt

11 1–2 Als König Jabin von Hazor von den Sie-
gen der Israeliten erfuhr, rief er alle be-
nachbarten Könige zu einem gemeinsamen
Kriegszug zusammen: den König Jobab von
Madon, die Könige von Schimron und Achschaf
und die übrigen Könige im nördlichen Bergland,
in der Ebene am See Gennesaret*, im west-
lichen Hügelland und im Küstengebiet von Dor.
3 Außerdem schickte er Boten zu den Kanaani-
tern* östlich und westlich des Gebirges und zu
den Amoritern*, Hetitern*, Perisitern und Jebusi-
tern im Bergland selbst sowie zu den Hiwitern
am Fuß des Hermongebirges im Gebiet von
Mizpe.[b]
4 Sie alle kamen mit ihren Kriegsleuten, einer
Menge, die so unzählbar war wie die Sandkör-
ner am Meeresstrand. Auch viele Streitwagen*
mit Pferden brachten sie mit. 5 Sie vereinigten
ihre Truppen gegen Israel und schlugen bei
den Quellen von Merom ihr gemeinsames Lager
auf.
6 Der HERR aber sagte zu Josua: »Hab keine
Angst vor ihnen! Morgen um diese Zeit werdet
ihr sie alle erschlagen haben. Dafür sorge ich.
Nach dem Sieg müßt ihr ihren Pferden die Fuß-
sehnen durchschneiden und ihre Streitwagen
verbrennen.«
7 Josua machte mit allen seinen Kriegsleuten
einen Überraschungsangriff auf das Lager der
Feinde, 8 und der HERR gab sie in die Hand
Israels. Die Israeliten schlugen sie in die Flucht
und verfolgten sie nach Norden bis zur großen
Stadt Sidon und bis Misrefot-Majim und nach
Osten bis zur Ebene von Mizpe. Sie erschlugen
alle und ließen keinen entkommen. 9 Nach dem
Befehl des HERRN ließ Josua die Fußsehnen der
Pferde durchschneiden und die Streitwagen ver-
brennen.

Der Norden Kanaans wird erobert

10 Dann kehrte Josua um und eroberte die Stadt
Hazor, die damals die führende Stellung unter
den Städten in diesem ganzen Bereich hatte. Er
erschlug ihren König, 11 und die Männer Israels
vollstreckten an allen Einwohnern den Bann*.
Niemand blieb am Leben; die Stadt wurde nie-
dergebrannt.
12 Auch alle anderen Städte eroberte Josua
und ließ ihre Könige und alle Einwohner töten,
wie es Mose, der Bevollmächtigte* des HERRN,
befohlen hatte. 13 Diese Städte wurden jedoch
nicht niedergebrannt; sie stehen noch heute auf
ihren Hügeln. 14 Die Israeliten nahmen alle wert-
vollen Dinge und alles Vieh für sich; aber von
den Menschen ließen sie niemand am Leben.
15 So hatte der HERR es seinem Bevollmächtigten
Mose befohlen, und Mose hatte den Befehl an
Josua weitergegeben. Josua hielt sich genau an
alle Weisungen, die Mose vom HERRN erhalten
hatte.

Die Eroberung des Landes wird vollendet

16 Josua eroberte das ganze Land von Süden bis
Norden: das Bergland, das Steppengebiet im
Süden, die ganze Landschaft Goschen, das
Hügelland im Westen und die Jordanebene,
17 das gesamte Gebiet vom Kahlen Berg, der zum
Gebirge Seïr* hin liegt, bis nach Baal-Gad in der

a *Goschen* im Süden des judäischen Berglandes (ebenso in 11,16; 15,51), zu unterscheiden von der Provinz Goschen in Ägypten (Gen 45,10; 46,28; 47,1; Ex 8,18; 9,26).
b H *Mizpa;* vgl. jedoch Vers 8.

10,38-39 15,15-17 S **11,1-11** Ri 4,1-23 **11,6** 2 Sam 8,4 **11,11** 7,1 S **11,12-15** Dtn 7,1-4 S

Ebene zwischen dem Libanon und dem Hermongebirge. Alle Könige dieses Gebietes nahm Josua gefangen und tötete sie.

18 Er mußte jedoch lange gegen sie kämpfen. 19 Außer der Hiwiterstadt Gibeon schloß keine andere Stadt mit den Israeliten Frieden. Alle mußten erobert werden. 20 Der HERR hatte ihre Bewohner so starrsinnig gemacht, daß sie den Israeliten Widerstand leisteten; denn er wollte, daß sie alle dem Bann verfielen und ohne Erbarmen vernichtet würden. So hatte er es Mose befohlen.

21 Damals vernichtete Josua auch die Anakiter*, die in den Städten Hebron, Debir und Anab und in anderen Orten im Bergland von Juda und Israel lebten. Er vollstreckte den Bann an ihnen 22 und ließ niemand von ihnen übrig. Nur die Anakiter in Gaza, Gat und Aschdod entkamen dem Untergang.

23 Josua eroberte das ganze Land, wie der HERR es Mose angekündigt hatte. Er gab es dem Volk Israel als Erbbesitz* und teilte jedem Stamm sein Gebiet zu.

Das Land hatte nun Ruhe und Frieden.

Die von Mose und Josua besiegten Könige

12 Hier folgt die Liste der Könige des Landes, über die die Israeliten gesiegt und deren Land sie erobert hatten.

Im östlichen Teil der Jordansenke und im ostjordanischen Gebiet vom Arnontal bis zum Hermongebirge waren es:

2 Erstens Sihon, der König der Amoriter*, der in Heschbon regierte.

Sein Königreich erstreckte sich von Aroër auf den Höhen über dem Arnontal und der Stadt, die direkt am Arnonfluß liegt,[a] über die halbe Landschaft Gilead* hinweg bis zum Jabbokfluß, an dem das Gebiet der Ammoniter* beginnt, 3 außerdem umfaßte es den östlichen Teil der Jordanebene vom See Gennesaret* bis zum Nordende des Toten Meeres, wo die Straße nach Bet-Jeschimot führt, und noch weiter südlich bis zu den Abhängen des Berges Pisga.

4 Zum zweiten: Og, der König von Baschan*, der letzte vom Geschlecht der Rafaïter, der in Aschtarot und Edreï regierte.

5 Sein Königreich umfaßte das Hermongebirge und die Landschaften Salcha und Baschan, begrenzt im Westen von den Königreichen Geschur und Maacha, dazu die nördliche Hälfte von Gilead, die an das Gebiet Sihons, des Königs von Heschbon, grenzt.

6 Diese beiden Könige waren von den Israeliten unter der Führung Moses besiegt worden, und Mose, der Bevollmächtigte* des HERRN, hatte ihr Land den Stämmen Ruben und Gad und dem halben Stamm Manasse als Besitz zugesprochen.

7 Es folgen die Könige, die Josua und die Israeliten im Gebiet westlich des Jordans besiegt hatten, von Baal-Gad am Fuß des Libanongebirges bis zum Kahlen Berg, der zum Gebirge Seïr* hin liegt. Josua verteilte ihr Land unter die Stämme Israels und gab es ihnen als dauernden Besitz, 8 das Gebirge in der Mitte, das Hügelland im Westen, den Gebirgsabfall im Osten mit der Wüste Juda und der Jordanebene und das Steppenland im Süden, das ganze Gebiet der Hetiter*, Amoriter, Kanaaniter*, Perisiter, Hiwiter und Jebusiter.

9–24 Und dies sind die Könige:[b]

der König von Jericho
der König von Ai in der Nähe von Bet-El
der König von Jerusalem
der König von Hebron
der König von Jarmut
der König von Lachisch
der König von Eglon
der König von Geser
der König von Debir
der König von Geder
der König von Horma
der König von Arad
der König von Libna
der König von Adullam
der König von Makkeda
der König von Bet-El
der König von Tappuach
der König von Hefer
der König von Afek
der König von Scharon[c]
der König von Madon
der König von Hazor
der König von Schimron-Meron
der König von Achschaf
der König von Taanach
der König von Megiddo

a *und der Stadt …:* vermutlicher Text (vgl. 13,9.16); H *und inmitten des Flusses.* b Verdeutlichender Zusatz.
c *der König von Scharon:* fehlt in einem Teil der griechischen Überlieferung. *Scharon* war ursprünglich vermutlich erläuternde Zufügung zu *Afek,* da es mehrere Städte des Namens gab.

11,19 9,3-15 **11,21-22** Dtn 9,1-2 S **11,22** 2 Sam 21,22 **12,1-6** Num 21,21-35 **12,3** (Bet-Jeschimot) 13,20; Num 33,49 **12,4** Dtn 3,11 S **12,5** (Geschur) 13,11-13; 2 Sam 3,3; 13,37-38 **12,6** Num 32,33

der König von Kedesch
der König von Jokneam am Karmel
der König von Dor an der Meeresküste
der König von Haroschet-Gojim in Galiläa[a]
der König von Tirza

Könige insgesamt: 31

DIE VERTEILUNG DES LANDES AN DIE ZWÖLF STÄMME
(Kapitel 13–22)

Gott ordnet die Verteilung des Landes an

13 Josua war inzwischen sehr alt geworden.
Der HERR sagte zu ihm: »Du hast nicht
mehr lange zu leben, aber es muß noch ein
großer Teil des Landes erobert werden, 2 näm-
lich das ganze Gebiet der Philister* im Süden
und im Norden das gesamte Gebiet der Geschu-
riter.[b]
3 Diese Gebiete reichen von der ägyptischen
Grenze nordwärts bis Ekron; dieser ganze Land-
strich wird den Kanaanitern* zugerechnet und
umfaßt die fünf Stadtfürstentümer der Philister:
Gaza, Aschdod und Aschkelon, Gat und Ekron
und dazu das Gebiet der Awiter im Süden.[c]
4 Weiter gehört dazu das gesamte Gebiet der
Kanaaniter von der Stadt Ara,[d] die zu Phönizien*
gehört, bis zur Stadt Afek und zum Gebiet der
Amoriter*, 5 das Gebiet der Stadt Gebal und im
Osten der ganze Libanon von Baal-Gad am
Fuß des Hermongebirges bis nach Lebo-Hamat.
6 Auch alle Gebirgsbewohner Phöniziens, vom
Libanon bis nach Misrefot-Majim, werde ich vor
den Israeliten aus dem Land vertreiben.
Teile trotzdem schon jetzt das ganze Land
durchs Los unter die Israeliten auf, wie ich es dir
befohlen habe. 7 Das Land vom Jordan bis zum
Mittelmeer[e] teilst du den neuneinhalb Stämmen
als bleibenden Besitz zu.«
8 Der halbe Stamm Manasse[f] hatte zusam-
men mit den Stämmen Ruben und Gad seinen
Anteil am Land schon östlich des Jordans erhal-
ten; Mose, der Bevollmächtigte des HERRN, hatte
ihnen die folgenden Gebiete zugeteilt:
9-10 die ganze Hochebene zwischen Medeba
und Dibon und alle Städte, über die der Amori-
terkönig Sihon von Heschbon aus geherrscht
hatte, von Aroër auf den Höhen über dem
Arnontal und der Stadt, die direkt am Arnonfluß
liegt, nach Norden bis zur Grenze der Ammoni-
ter*;
11 die Landschaft Gilead*, das Gebiet von Ge-
schur und Maacha, das ganze Hermongebirge
und die ganze Landschaft Baschan* bis nach
Salcha, 12 also das gesamte Gebiet, über das
König Og von Baschan in Aschtarot und Edreï
geherrscht hatte, der letzte aus dem Geschlecht
der Rafaïter, die von Mose besiegt und vertrie-
ben worden waren. 13 Allerdings hatten die
Israeliten die Bewohner von Geschur und
Maacha nicht vertrieben; deshalb leben sie bis
heute mitten in Israel.
14 Nur dem Stamm Levi gab Mose keinen An-
teil am Land. Der HERR hatte ihnen die Opfer-
gaben, die ihm gebracht werden, als ihren Anteil
zugesprochen.

Das Gebiet des Stammes Ruben

15 Zuerst hatte Mose den Sippen des Stammes
Ruben ihr Gebiet zugeteilt. 16 Es erstreckt sich
von Aroër auf den Höhen über dem Arnontal
und der Stadt direkt am Arnonfluß nach Norden
über die ganze Hochebene bis nach Medeba
17 und weiter bis nach Heschbon. In diesem Ge-
biet liegen die Städte Dibon, Bamot-Baal, Bet-
Baal-Meon, 18 Jahaz, Kedemot, Mefaat, 19 Kirjata-
jim, Sibma, Zeret-Schahar auf dem Gebirge
östlich des Jordans, 20 Bet-Pegor, Aschdot-Pisga,
Bet-Jeschimot 21 und die übrigen Städte der
Hochebene. Es umfaßt das ganze ehemalige
Herrschaftsgebiet des Amoriterkönigs Sihon, der
in Heschbon regiert hatte und den Mose ge-
nauso besiegt hatte wie die midianitischen*
Stammesoberhäupter Ewi, Rekem, Zur, Hur und
Reba, die im Land König Sihons lebten und in
seinen Diensten standen. 22 Mit ihnen zusam-
men hatten die Israeliten auch den Wahrsager
Bileam, den Sohn Beors, mit dem Schwert er-
schlagen. 23 Die Westgrenze des Stammes Ruben
ist der Jordan.
Alle diese Städte mit ihren Dörfern bilden den
Erbbesitz* des Stammes Ruben und seiner Sip-
pen.

a *Haroschet-Gojim:* vermutlicher Text statt *Gojim* = »der Völker« (vgl. Ri 4,2). *Galiläa*:* mit G; H *Gilgal.*
b *Geschuriter* ist hier im Unterschied zu 12,5 offenbar zusammenfassende Bezeichnung für die Nordgebiete, die in den Versen 4-6 aufgezählt werden.
c *im Süden* wird mit alten Übersetzungen zu Vers 3 gezogen; H verbindet es mit den in Vers 4 folgenden Angaben, die jedoch nach Norden weisen.
d *von (der Stadt) Ara:* vermutlicher Text; H *Meara.*
e *vom Jordan ...:* ergänzt nach G.
f *Der halbe ...:* ergänzt nach G.

13,6 Num 33,54 **13,8** Num 32,33 **13,9-10** Num 21,21-32 **13,11-12** Num 21,33-35; Jos 12,4 **13,14** Num 18,20S **13,21** Num 21,21-32; 31,8 **13,22** Num 22,1–24,25; 31,8

Das Gebiet des Stammes Gad

24 Den Sippen des Stammes Gad hatte Mose das nördlich anschließende Gebiet zugeteilt. 25 Es umfaßt Jaser und alle Städte der Landschaft Gilead* sowie das halbe Land der Ammoniter* bis nach Aroër bei Rabba, 26–27 also das restliche Herrschaftsgebiet des Amoriterkönigs Sihon; es erstreckt sich von Heschbon bis nach Ramat-Mizpe und Betonim und weiter von Mahanajim bis zum Gebiet von Lo-Dabar.[a] Ferner gehört dazu die östliche Jordanebene bis zum Südende des Sees Gennesaret* mit den Städten Bet-Haram, Bet-Nimra, Sukkot und Zafon.

28 Alle diese Städte mit ihren Dörfern bilden den Erbbesitz* des Stammes Gad mit seinen Sippen.

Das Gebiet des östlichen Halbstammes Manasse

29–30 Den Sippen des halben Stammes Manasse hatte Mose das Gebiet zugeteilt, das sich von Mahanajim nordwärts erstreckt. Es umfaßt die ganze Landschaft Baschan*, das ehemalige Herrschaftsgebiet des Königs Og von Baschan, und dazu die sechzig Ortschaften, die Machirs Sohn Jaïr erobert hatte. 31 Der Hälfte der Sippen, die von Manasses Sohn Machir abstammen, wurde die halbe Landschaft Gilead* mit den Städten Aschtarot und Edreï zugeteilt, in denen König Og regiert hatte.

32 Alle diese Gebiete hatte Mose im moabitischen Steppengebiet in der Jordanebene östlich von Jericho als Erbbesitz* an die zweieinhalb Stämme verteilt. 33 Dem Stamm Levi gab er keinen Anteil am Landbesitz. Der HERR, der Gott Israels, ist selbst ihr Erbbesitz; von ihm bekommen sie ihren Lebensunterhalt, wie er ihnen das zugesagt hat.

Beginn der Verteilung des Westjordanlandes

14 Es folgt jetzt eine Aufzählung der Gebiete, die die Israeliten im Land Kanaan* in Besitz nahmen. Der Priester* Eleasar und Josua, der Sohn Nuns, teilten zusammen mit den Sippenoberhäuptern der einzelnen Stämme das Land unter das Volk auf. 2 Wie der HERR es Mose befohlen hatte, wurden die Gebiete westlich des Jordans unter die neuneinhalb Stämme durchs Los verteilt. 3–4 Das Land östlich des Jordans war den anderen zweieinhalb Stämmen schon durch Mose zugeteilt worden. Die Nachkommen Josefs waren in zwei Stämme geteilt: Manasse und Efraïm. Die Leviten* erhielten keinen Landbesitz, nur Städte, in denen sie leben konnten, und die dazugehörigen Weidegebiete für ihre Viehherden. 5 Die Israeliten verteilten das Land unter die Stämme, wie der HERR es Mose befohlen hatte.

Kaleb bekommt seine Belohnung

6 Nun traten die Männer des Stammes Juda zu Josua; alle waren noch im Lager in Gilgal. Mit ihnen kam Kaleb, der Sohn von Jefunne aus der Sippe Kenas. Er sagte zu Josua: »Du weißt, was der HERR in Kadesch-Barnea durch Mose, den Bevollmächtigten* Gottes, uns beiden zugesagt hat. 7 Ich war damals 40 Jahre alt, und Mose, der Diener des HERRN, hatte mir den Auftrag gegeben, von dort aus das Land zu erkunden. Als ich zurückkam, berichtete ich darüber so, wie es meiner Einsicht entsprach. 8 Die Männer, die mit mir das Land erkundet hatten, machten dem Volk Angst; aber ich ließ mich nicht beirren und habe dem HERRN, meinem Gott, vertraut. 9 Da versprach mir Mose mit einem Eid: ›Der Teil des Landes, den du als Kundschafter betreten hast, soll für alle Zeiten dir und deinen Nachkommen als Erbbesitz* gehören. Das ist der Lohn dafür, daß du dich an den HERRN, meinen Gott, gehalten und ihm vertraut hast.‹

10 Seither sind 45 Jahre vergangen, und der HERR hat mein Leben bewahrt, wie er es mir versprochen hatte, in der ganzen Zeit, während die Israeliten in der Wüste umhergezogen sind. Sieh mich an! Ich bin 85 Jahre alt 11 und bin noch genauso stark wie damals, als Mose mich ausschickte, und kann noch ebensogut in den Krieg ziehen. 12 Darum gib mir nun als meinen Anteil das Bergland, von dem der HERR gesprochen hat. Du weißt noch von damals, daß dort die Anakiter* in großen, stark befestigten Städten wohnen. Vielleicht steht der HERR mir bei, so daß ich sie vertreiben kann; er hat es mir ja zugesagt.«

13 Josua segnete Kaleb und gab ihm die Stadt Hebron als Erbbesitz. 14 Sie gehört noch heute seinen Nachkommen, weil er sich an den HERRN, den Gott Israels, gehalten und ihm vertraut hat. 15 Hebron hieß früher Kirjat-Arba

a *Lo-Dabar:* vermutliche Schreibung; H *Lidebir.*

13,29-31 Num 21,33-35; Dtn 3,13-15 **13,33** Num 18,20 S **14,1** 24,33 S **14,2** Num 26,52-56 **14,3-4** Num 32,33; Gen 41,50-52; 48,8-20; (Leviten) Num 35,2-8 S **14,6** 4,19; 9,6; 10,43; (Kaleb) Num 14,24.30; Dtn 1,36 **14,7-8** Num 13,1-33; 14,6-9; 32,8-12 **14,12** Dtn 9,1-2 S **14,13-15** 15,13-14 **14,14** Num 32,12

(Stadt Arbas); dieser Arba war der größte unter den Riesen im Volk der Anakiter.

Das Land hatte nun Ruhe und Frieden.

Das Gebiet des Stammes Juda

15 Die Sippen des Stammes Juda erhielten folgenden Anteil am Land:

Im Süden grenzt ihr Gebiet an die Wüste Zin, die zu Edom* gehört.[a] 2 Im einzelnen verläuft die Südgrenze vom südlichen Ende des Toten Meeres 3 zunächst in südwestlicher Richtung, und zwar am Fuß der Skorpionensteige vorbei über Zin bis südlich von Kadesch-Barnea, und weiter über Hezron, Addar und Karka 4 nach Azmon. Von dort läuft sie nordwestlich zu dem Tal, das die ägyptische Grenze* bildet, und folgt diesem bis zum Mittelmeer. Dies soll eure Südgrenze sein.

5–6 Die Ostgrenze von Juda bildet das Tote Meer bis zur Einmündung des Jordans. Von dort verläuft die Nordgrenze nach Bet-Hogla und nördlich an Bet-Araba vorbei bis zum Bohanfels – Bohan war ein Sohn Rubens –, 7 dann durchs Achortal nach Debir und weiter zu den Gelilot;[b] die liegen der Adummim-Steige gegenüber, die am Südhang des Tales entlangläuft. Sodann geht die Grenze an der Sonnenquelle und der Rogel-Quelle* vorbei 8 und weiter durch das Hinnom-Tal* den Südhang des Berges entlang, auf dem die Jebusiterstadt Jerusalem liegt, und dann auf den Gipfel des Berges, der das Hinnom-Tal im Westen und die Ebene Rafaïm im Norden begrenzt. 9 Vom Gipfel biegt sie ab zur Quelle Neftoach und weiter zur Spitze[c] des Berges Efron und nach Baala, dem heutigen Kirjat-Jearim, 10 dann südwestlich über den Bergrücken Seïr, an der Nordseite des bewaldeten Höhenzugs von Kesalon entlang, nach Bet-Schemesch hinunter und weiter nach Timna. 11 Von dort verläuft sie nordwestlich zum Höhenzug bei Ekron und dann über Schikkaron, den Berg Baala und die Stadt Jabneel zum Mittelmeer. 12 Die Westgrenze wird von der Küste des Meeres gebildet.

Dies ist das Gebiet, das dem Stamm Juda mit seinen Sippen zusteht.

Kaleb in Hebron, seine Tochter Achsa in Debir

(Ri 1,10-15)

13 Kaleb, der Sohn von Jefunne, hatte mitten in Juda seinen Erbbesitz* erhalten, wie der HERR es Josua befohlen hatte. Er bekam die Stadt Hebron, die Arba, der Stammvater der Anakiter*, gegründet hatte. 14 Kaleb vertrieb die drei Anakiter Scheschai, Ahiman und Talmai samt ihren Sippen aus der Stadt. 15 Von dort zog er vor die Stadt Debir, die früher Kirjat-Sefer hieß. 16 Er erklärte: »Wer Kirjat-Sefer für sich erobert, dem gebe ich meine Tochter Achsa zur Frau.« 17 Da eroberte Kalebs Bruder Otniël, ein Sohn von Kenas, die Stadt und erhielt die Tochter Kalebs zur Frau.

18 Am Hochzeitstag veranlaßte Otniël seine Frau,[d] ihren Vater um Ackerland zu bitten. Sie stieg von ihrem Esel, und Kaleb fragte sie: »Was möchtest du?« 19 Sie antwortete: »Gib mir als Zeichen, daß dein Segen mich begleitet, ein Geschenk. Du hast mich in das regenarme Südland verheiratet; gib mir wenigstens ein paar Quellen!«

Da gab ihr Kaleb die oberen und unteren Teichanlagen bei Hebron.

Die zwölf Bezirke des Stammesgebietes von Juda

20–21 Der Erbbesitz* des Stammes Juda mit seinen Sippen umfaßte folgende Städte im Gebiet zwischen der Nordgrenze und der Grenze zu Edom:

(I) *Im Südland:* Kabzeel, Arad, Jagur, 22 Kina, Dimona, Arara, 23 Kedesch, Hazor-Jitnan, 24 Sif, Telem, Bealot, 25 Hazor-Hadatta, Kerijot-Hezron – das ist Hazor –, 26 Amam, Schema, Molada, 27 Hazar-Gadda, Heschmon, Bet-Pelet, 28 Hazar-Schual, Beerscheba und die dazugehörigen Dörfer, 29 Baala, Ijim, Ezem, 30 Eltolad, Kesil, Horma, 31 Ziklag, Madmanna, Sansanna, 32 Bet-Lebaot, Scharuhen, En-Rimmon – das sind neunundzwanzig Städte mit den umliegenden Dörfern.[e]

(II) 33 *Im Hügelland:* Eschtaol, Zora, Aschna,

a Die Fortsetzung ist kaum verständlich: *vom Rand des äußersten Südens* oder *vom Rand Temans.*

b *Geliot:* nach 18,17; H *Gilgal.* Die Bedeutung des Wortes ist nicht sicher zu bestimmen (»Steinkreise« oder »zusammengewälzte Steine«).

c *zur Spitze:* mit einer alten Übersetzung; H *zu den Städten.*

d *veranlaßte Otniël ...:* H *veranlaßte sie ihn* (vgl. Ri 1,14).

e Die Überlieferung der Ortsnamen ist stellenweise unsicher. H liest in Vers 21 für Arad *Eder,* in 22 für Arara *Adada,* in 23 *Hazor und Jitnan,* in 28 für »die dazugehörigen Dörfer« *Bisiotia,* in 32 für Scharuhen *Schilhim* (vgl. 19,6) und für En-Rimmon *Ajin und Rimmon* (vgl. Neh 11,19). Die Anzahl der genannten Orte ist höher als 29; vielleicht ist die Liste später erweitert worden.

15,8 15,63 S **15,13-14** Num 14,24; 14,13-15; Ri 1,20 **15,15-17** 10,38-39; 11,21; Ri 1,12-13

Die Bezirke Judas und Benjamins nach Josua 15,20-62 und 18,21-28

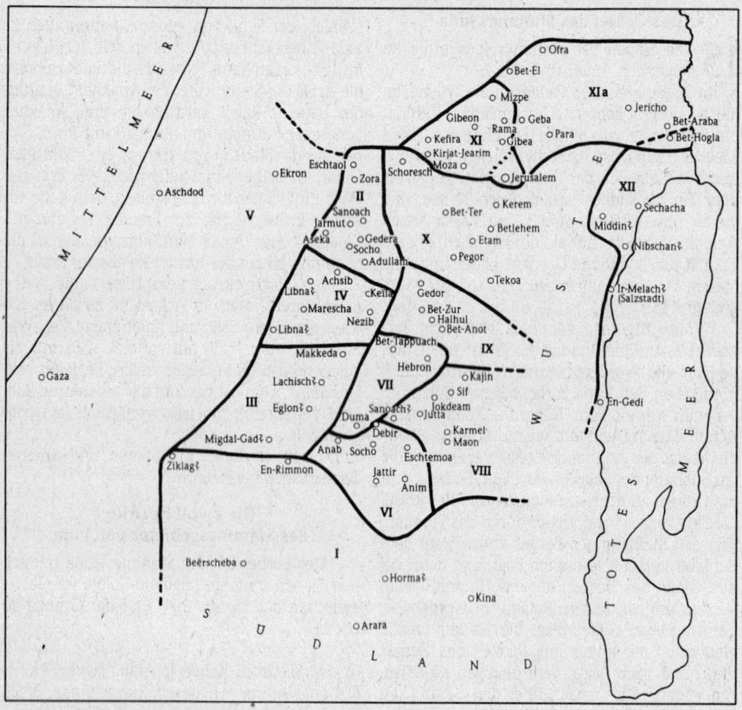

Die Kartenskizze enthält alle in Josua 15 und 18 genannten Orte, die eindeutig oder vermutungsweise zu lokalisieren sind. Die Gliederung in Bezirke wird vom Text her nahegelegt, auch wenn im einzelnen keine volle Sicherheit zu gewinnen ist.

Alle zwölf Städtegruppen in Josua 15 mit Ausnahme der fünften schließen mit derselben Formel: »Das sind ... (29, 14, 16 usw.) Städte mit den umliegenden Dörfern.« Der 5. Bezirk, der aus diesem Schema fällt, nimmt auch sonst eine Sonderstellung ein: Er umfaßt das Gebiet der Philister, das von Juda nie wirklich in Besitz genommen worden ist.
Andererseits fällt auf, daß Bezirk XI in Josua 18,25-28 noch einmal in vollständigerer Form als zweiter Bezirk des Stammes Benjamin erscheint (wobei ihm abweichend von den späteren Verhältnissen Jerusalem zugeschlagen ist). Dort wird auch noch in 18,21-24 ein erster benjaminitischer Bezirk um Jericho (XIa) beschrieben, der eine Lücke zwischen Bezirk XI und XII schließt.
Sieht man Kapitel 15 und 18 zusammen, so erhält man den Eindruck, daß sich in den beiden Aufzählungen eine 12-Gliederung des *gemeinsamen* Gebietes der Stämme Juda *und* Benjamin ankündigt. Die Liste der Städte und Bezirke würde dann auf Verhältnisse zielen, wie sie sich in der Königszeit herausbilden sollten, wo Juda und Benjamin gegenüber Nordisrael zu einem gemeinsamen Staatswesen zusammengeschlossen waren. In der späteren Königszeit kam es auch dazu, daß Bet-El, das vorher zum Gebiet von Efraïm gehört hatte, für Juda-Benjamin erobert wurde (2 Kön 23,15-18).

34 Sanoach, En-Gannim, Tappuach, Enam, 35 Jarmut, Adullam, Socho, Aseka, 36 Schaarajim, Aditajim, Gedera und Gederotajim – das sind vierzehn[a] Städte mit den umliegenden Dörfern.

(III) 37 Außerdem: Zenan, Hadascha, Migdal-Gad, 38 Dilan, Mizpe, Jokteel, 39 Lachisch, Bozkat, Eglon, 40 Kabbon, Lachmas, Kitlisch, 41 Gederot, Bet-Dagon, Naama und Makkeda – das sind sechzehn Städte mit den umliegenden Dörfern.

(IV) 42 Ferner: Libna, Eter, Aschan, 43 Jiftach, Aschna, Nezib, 44 Keïla, Achsib und Marescha – das sind neun Städte mit den umliegenden Dörfern.

(V) 45 Ferner: Ekron mit den umliegenden Siedlungen 46 sowie die Ortschaften zwischen Ekron und dem Mittelmeer, 47 ebenso Aschdod und Gaza mit den zugehörigen Ortschaften, das ganze Gebiet bis zum Mittelmeer und im Süden bis zu dem Tal, das die ägyptische Grenze* bildet.

(VI) 48 *Im Bergland:* Schamir, Jattir, Socho, 49 Danna, Kirjat-Sefer, das ist Debir,[b] 50 Anab, Eschtemoa, Anim, 51 Goschen, Holon, Gilo – das sind elf Städte mit den umliegenden Dörfern.

(VII) 52 Außerdem: Arab, Duma, Eschan, 53 Janum, Bet-Tappuach, Afeka, 54 Humta, Kirjat-Arba, das ist Hebron, und Zior – das sind neun Städte mit den umliegenden Dörfern.

(VIII) 55 Ferner: Maon, Karmel, Sif, Jutta, 56 Jesreel, Jorkoam,[c] Sanoach, 57 Kain, Gibea und Timna – zehn Städte mit den umliegenden Dörfern.

(IX) 58 Ferner: Halhul, Bet-Zur, Gedor, 59 Maarat, Bet-Anot und Eltekon – das sind sechs Städte mit den umliegenden Dörfern.

(X) Ferner: Tekoa, Efrata, das ist Betlehem, Pegor, Etam, Kulon, Tatam, Schoresch, Kerem, Gallim, Bet-Ter und Manocho – das sind elf Städte mit den umliegenden Dörfern.[d]

(XI) 60 Ferner: Kirjat-Baal, das ist Kirjat-Jearim, und Rabba – das sind zwei Städte mit den umliegenden Dörfern.

(XII) 61 *In der Steppe* nordwestlich des Toten Meeres: Bet-Araba, Middin, Sechacha, 62 Nibschan, Ir-Melach (die Salzstadt) und En-Gedi – das sind sechs Städte mit den umliegenden Dörfern.

63 Die Männer von Juda konnten die Jebusiter nicht aus Jerusalem vertreiben; deshalb leben diese noch heute dort mit den Judäern zusammen.

Das Gebiet der Josefsstämme

16 Der Landanteil der Nachkommen Josefs wird im Süden durch eine Linie begrenzt, die am Jordan bei Jericho beginnt; sie verläuft dann an den Quellen nordwestlich Jerichos vorbei und bergauf bis nach Bet-El 2 und weiter nach Lus, in das Gebiet der Arkiter und nach Atarot; 3 dann geht sie bergab nach Westen zum Gebiet der Sippe Jaflet und zum unteren Bet-Horon und weiter über Geser zum Mittelmeer.

4 Die Nachkommen Josefs, die Stämme Efraïm und Manasse, erhielten dieses Gebiet als Erbbesitz*.

Der Anteil des Stammes Efraïm

5 Die Sippen des Stammes Efraïm bekamen darin ihr besonderes Teilgebiet; dessen Südgrenze beginnt östlich von Atrot-Addar und läuft zum oberen Bet-Horon 6–9 und von dort zum Mittelmeer, die Nordgrenze von Michmetat westwärts nach Tappuach und durch das Kana-Tal ebenfalls bis zum Mittelmeer. Von Michmetat aus führt die Ostgrenze über Taanat-Schilo, Janoach, Atarot, Naara und an Jericho vorbei zum Jordan.

Dieses Gebiet mit seinen Städten und Dörfern liegt mitten im Gebiet des Stammes Manasse und gehört den Sippen des Stammes Efraïm als Erbbesitz*. 10 Sie konnten jedoch die Kanaaniter*, die in Geser lebten, nicht vertreiben. Darum wohnen diese noch heute mitten im Gebiet des Stammes Efraïm; doch müssen sie Fronarbeit* verrichten.

Der Anteil des Stammes Manasse

17 Der Hauptanteil des Gebietes fiel dem Stamm Manasse zu, der von Josefs erstgeborenem Sohn Manasse abstammt. Die Nachkommen von Manasses Erstgeborenem Machir hatten schon früher die Landschaften Gilead* und Baschan* östlich des Jordans erhalten. Sie

a Vgl. den Schluß der vorigen Anmerkung. b *Kirjat-Sefer* mit alten Übersetzungen; H *Kirjat-Sanna.*
c *Jorkoam:* mit G und nach 1 Chr 2,44; H *Jokdeam.* d Die Liste der elf Städte wird nur von G überliefert.
15,63 15,8; 18,28; Ri 1,8.21; 19,10; 2 Sam 5,6-9 16,10 17,12; Ri 1,29; 1 Kön 9,16-17 17,1 13,29-31; Num 32,39-40

waren tüchtige Krieger und hatten das Land
Gilead erobert. 2 Nun wurde dem Rest des Stam-
mes Manasse sein Land westlich des Jordans
zugeteilt, also den Nachkommen von Manasses
übrigen Söhnen Abiëser, Helek, Asriël, Sche-
chem, Hefer und Schemida.
3 Zelofhad aber, der Sohn Hefers – ein Enkel
Gileads, der wiederum ein Sohn Machirs und
Enkel Manasses war –, hatte keine Söhne,
sondern nur Töchter; sie hießen Machla, Noa,
Hogla, Milka und Tirza. 4 Diese gingen zum Prie-
ster* Eleasar und zu Josua und den Stammes-
oberhäuptern und sagten: »Der HERR hat durch
Mose befohlen, uns einen Landanteil in der
Sippe unseres Vaters zu geben.«
Josua folgte dem Befehl des HERRN und be-
handelte sie bei der Landverteilung genau wie
die Brüder ihres Vaters. 5-6 Daher kommt es, daß
der Stamm Manasse zehn Landanteile erhalten
hat, Gilead und Baschan auf der Ostseite des Jor-
dans nicht mitgerechnet; denn die weiblichen
Nachkommen Manasses bekamen genauso
ihren Erbbesitz* wie die männlichen.
7 Das Stammesgebiet von Manasse grenzt im
Norden an das Gebiet des Stammes Ascher. Die
Südgrenze verläuft zunächst von Michmetat
in der Nähe von Sichem nach Jaschub bei der
Quelle von Tappuach.[a] 8 Das Gebiet rund um
Tappuach gehört zu Manasse, aber die Stadt
Tappuach selbst zu Efraïm. 9-10 Die Grenze
folgt dann dem Kana-Tal bis zum Mittelmeer.
Nördlich des Kana-Tals liegt das Hauptgebiet
von Manasse, südlich davon liegen die Sied-
lungen Efraïms in einem Gebiet, das ebenfalls
noch zum Stamm Manasse zählt. Im Norden
grenzt Manasse also an das Gebiet des Stam-
mes Ascher, im Osten an das des Stammes
Issachar.
11 In beiden Stammesgebieten, Ascher und
Issachar, gehören einige Städte mit den um-
liegenden Dörfern zu Manasse: Bet-Schean,
Jibleam, Dor – gemeint ist der ganze Bezirk[b] –,
En-Dor, Taanach und Megiddo. 12 Die Männer
von Manasse konnten diese Städte allerdings
nicht erobern, und so blieben die Kanaaniter*
in dieser Gegend wohnen. 13 Auch als die Israeli-
ten stärker wurden, konnten sie die Kanaaniter
nicht vertreiben, doch mußten diese Fron-
dienste* für sie leisten.

Die Josefsstämme beschweren sich bei Josua

14 Die Nachkommen Josefs sagten zu Josua:
»Warum hast du uns bei der Landverteilung nur
den Anteil eines einzigen Stammes gegeben?
Wir sind doch sehr zahlreich, weil uns der HERR
so gesegnet hat.«
15 Josua antwortete ihnen: »Wenn ihr so zahl-
reich seid, daß euch das Bergland von Efraïm zu
eng ist, dann zieht in das Waldgebiet hinauf, in
das Land der Perisiter und Rafaïter, und rodet
euch dort Acker- und Weideland.«[c]
16 Die Nachkommen Josefs sagten: »Das Berg-
land ist nicht groß genug für uns, und drunten in
der Ebene sind die Kanaaniter*. Sie haben über-
all eiserne Streitwagen*, in der Gegend von Bet-
Schean genauso wie in der Ebene Jesreel.«
17 Da antwortete Josua den Nachkommen
Josefs, den Männern von Efraïm und Manasse:
»Ihr seid ein zahlreiches Volk und habt Kraft.
Deshalb fällt euch auch kein gewöhnlicher An-
teil zu, 18 sondern ihr bekommt ein bewaldetes
Bergland. Den Wald könnt ihr roden und da-
durch neues Land gewinnen. Ja, ihr werdet
sogar die Kanaaniter vertreiben, auch wenn
sie noch so stark sind und eiserne Streitwagen
haben.«

Der Rest des Landes wird in Ortslisten erfaßt

18 Die ganze Gemeinde Israel versammelte
sich in Schilo* und richtete dort das Hei-
lige Zelt* auf. Das gesamte Land war jetzt er-
obert. 2 Es gab aber noch sieben Stämme, die
ihren Anteil am Land noch nicht in Besitz ge-
nommen hatten.
3 Da sagte Josua zu den Männern dieser Stäm-
me: »Wie lange wollt ihr noch warten, bis ihr das
Land in Besitz nehmt, das der HERR, der Gott
eurer Väter, euch gegeben hat? 4-6 Wählt aus
jedem Stamm drei Männer, die ich ausschicken
kann, damit sie eine Liste von allen Städten des
Landes aufstellen.
Der Stamm Juda hat schon im Süden sein Ge-
biet erhalten, und die Josefsstämme haben das
ihre im Norden. Das restliche Land sollen die
ausgewählten Männer in sieben gleichwertige
Gebiete aufteilen, das Ergebnis aufschreiben und

a *nach Jaschub …:* im Anschluß an G; H *zu den Bewohnern von En-Tappuach* (*En* = Quelle).
b Wörtlich *der dritte (Name) meint den Bezirk.* So nach G; H *drei der Bezirk.*
c Das *Land der Perisiter und Rafaïter* ist nicht sicher zu lokalisieren. Manche Ausleger suchen es östlich des Jordans, wo jedenfalls *Rafaïter* bezeugt sind (Gen 14,5; Dtn 3,11.13).

17,3-4 Num 27,1-11 S **17,12-13** Ri 1,27-28 **17,14** Gen 48,19-20 **17,16.18** Ri 1,19; 4,3.13; Dtn 20,1 **18,1** Ri 18,31; 21,19; 22,12; 1 Sam 1,3; Jer 7,12; Ps 78,60

zu mir bringen. Dann werde ich das Los* werfen
und den HERRN, euren Gott, bitten, daß er selbst
entscheidet, welcher Teil welchem Stamm zu-
fällt.
7 Die Leute vom Stamm Levi bekommen
keinen Anteil am Land, denn ihr Anteil ist der
Priesterdienst* für den HERRN, und die Stämme
Ruben und Gad und der halbe Stamm Manasse
haben ihr Land schon östlich des Jordans
bekommen; Mose, der Bevollmächtigte* des
HERRN, hat es ihnen zugewiesen.«
8 Zu den ausgewählten Männern sagte Josua:
»Geht durch das ganze Land, nehmt es auf und
kehrt dann zu mir zurück, damit ich hier für
euch das Los werfen kann.«
Die Männer machten sich auf 9 und durch-
zogen das Land. Sie teilten die noch verbliebe-
nen Gebiete in sieben Teile auf und legten eine
Liste der Städte an, die in jedem dieser Teile
lagen. Dann kamen sie zu Josua ins Lager bei
Schilo zurück. 10 Josua ließ den HERRN durch das
Los entscheiden, und wie die Lose fielen, so ver-
teilte er das Land unter die restlichen Stämme
Israels.

Das Gebiet des Stammes Benjamin

11 Das erste Los fiel auf den Stamm Benjamin mit
seinen Sippen. Sie bekamen das Gebiet zwi-
schen dem Stamm Juda und den Josefsstäm-
men.
12 Seine Nordgrenze beginnt im Osten am Jor-
dan, läuft dann zur Höhe nördlich von Jericho
und weiter bergauf zum Weidegebiet von Bet-
Awen, 13 dann über den Bergrücken südlich von
Lus – das ist Bet-El – hinunter nach Atrot-Addar,
und zwar verläuft sie über die Höhe südlich des
unteren Bet-Horon. 14 Hier wendet sie sich nach
Süden und läuft bis Kirjat-Baal – das ist Kirjat-
Jearim –, das schon auf dem Gebiet des Stammes
Juda liegt.
15 Vor Kirjat-Jearim biegt die Grenze nach
Osten um und führt an der Quelle Neftoach vor-
bei 16 zu dem Berg an der Nordseite der Ebene
Rafaïm, hinter dem das Hinnom-Tal* beginnt; sie
führt dann durch das Hinnom-Tal den Südhang
der Jebusiterstadt Jerusalem entlang zur Rogel-
Quelle*, 17 dann zur Sonnenquelle und zu den
Gelilot,[a] die der Adummim-Steige gegenüberlie-
gen, und hinunter zum Bohanfels – Bohan war
ein Sohn Rubens –; 18 sie läuft dann auf der
Nordseite an dem Gipfel vorbei, der am Gebirgs-
abfall über der Jordanebene liegt, dann in die
Ebene hinunter 19 und ebenfalls nördlich an der
Anhöhe bei Bet-Hogla vorbei und endet dort, wo
der Jordan ins Tote Meer mündet.
20 Die Ostgrenze bildet der Jordan.
Innerhalb dieser Grenzen liegt das Gebiet,
das den Sippen des Stammes Benjamin als Erb-
besitz* zufiel.
21 Dem Stamm Benjamin mit seinen Sippen
gehören folgende Städte:[b] Jericho, Bet-Hogla,
Emek-Keziz, 22 Bet-Araba, Zemarajim, Bet-El,
23 Awim, Para, Ofra, 24 Kefar-Ammoni, Ofni und
Geba – das sind zwölf Städte mit den umliegen-
den Dörfern; 25 außerdem Gibeon, Rama, Beerot,
26 Mizpe, Kefira, Moza, 27 Rekem, Jirpeel, Tarala,
28 Zela-Haëlef, die Jebusiterstadt, das ist Jerusa-
lem, Gibea und Kirjat-Jearim – das sind vier-
zehn[c] Städte mit den umliegenden Dörfern.
Dies ist das Gebiet, das den Sippen des Stam-
mes Benjamin als Erbbesitz gehört.

Das Gebiet des Stammes Simeon

19 Das zweite Los fiel auf den Stamm
Simeon mit seinen Sippen.
Sein Erbbesitz* lag innerhalb der Grenzen
des Stammes Juda 2 und umfaßte folgende
Städte: Beerscheba, Scheba, Molada, 3 Hazar-
Schual, Baala, Ezem, 4 Eltolad, Betul, Horma,
5 Ziklag, Bet-Markabot, Hazar-Susim, 6 Bet-
Lebaot und Scharuhen – das sind dreizehn[d]
Städte mit den umliegenden Dörfern; 7 außer-
dem En-Rimmon, Eter und Aschan – das sind
vier[e] Städte mit den umliegenden Dörfern. 8 Das
Gebiet reichte im Süden bis nach Baalat-Beer
und Ramat-Negeb.
Dies ist der Teil, der den Sippen des Stammes
Simeon als Erbbesitz zufiel. 9 Sie bekamen als ihr
Gebiet ein Stück von Juda, weil der Stamm Juda
mehr Land bekommen hatte, als er brauchte.

Das Gebiet des Stammes Sebulon

10 Das dritte Los fiel auf den Stamm Sebulon mit
seinen Sippen. Sein Gebiet reicht im Südosten
bis nach Sarid; 11 von dort verläuft die Grenze
nach Westen über Marala und Dabbeschet bis
zu dem Tal westlich von Jokneam. 12 Die Ost-
grenze führt von Sarid aus nordwärts am Gebiet
von Kislot-am-Tabor vorbei nach Daberat und
hinauf nach Jafia, 13 dann weiter nach Gat-Hefer

a Vgl. Anmerkung zu 15,7.
b Zur Lage der in den Versen 21-28 aufgezählten Städte vgl. die Karte zu Josua 15, Bezirke XI und XIa.
c Vermutlich ist Zela-Haëlef als zwei Orte gezählt worden.
d Genannt werden 14 Städte; möglicherweise ist *Scheba* Doppelschreibung aus *Beerscheba*.
e H zählt den Doppelnamen En-Rimmon als zwei Orte: *Ajin und Rimmon* (vgl. Anmerkung zu 15,32).
18,7 Num 18,20 S; 32,33 **18,28** 15,63 S **19,1-9** 15,20-32; 1 Chr 4,28-33

und Et-Kazin und über Rimmon bis nach Nea;
14 von dort verläuft die Nordgrenze westwärts
über Hannaton zum Tal von Jiftach-El.
15 Zum Gebiet von Sebulon gehören noch die
Städte Kattat,[a] Nahalal, Schimron, Jidala und
Betlehem – insgesamt zwölf Städte mit den um-
liegenden Dörfern. 16 Diese Städte mit ihren Dör-
fern bilden das Gebiet, das den Sippen des Stam-
mes Sebulon als Erbbesitz* zufiel.

Das Gebiet des Stammes Issachar

17 Das vierte Los fiel auf den Stamm Issachar mit
seinen Sippen.
18 Sein Gebiet umfaßt die Städte Jesreel, Ke-
sullot, Schunem, 19 Hafarajim, Schion, Anahara,
20 Daberat,[b] Kischjon, Ebez, 21 Remet, En-Gan-
nim, En-Hadda und Bet-Pazzez. 22–23 Im Norden
verläuft die Grenze vom Berg Tabor über Scha-
hazajim und Bet-Schemesch bis zum Jordan.
Dieses Gebiet mit insgesamt sechzehn Städ-
ten und den dazugehörigen Dörfern fiel den Sip-
pen des Stammes Issachar als Erbbesitz* zu.

Das Gebiet des Stammes Ascher

24 Das fünfte Los fiel auf den Stamm Ascher mit
seinen Sippen.
25 Die Südgrenze seines Gebietes führt von
Helkat westwärts über Hali, Beten, Achschaf,
26 Alammelech, Amad und Mischal bis zum Kar-
melgebirge und zum Fluß Libnat; 27 die Ost-
grenze führt von Helkat aus nördlich nach Bet-
Dagon, berührt die Grenze des Stammes
Sebulon und das Tal Jiftach-El und verläuft wei-
ter über Bet-Emek und Negiël bis nach Kabul
und über Mischal,[c] 28 Abdon,[d] Rehob, Hammon
und Kana bis zum Gebiet der großen Stadt
Sidon. 29 Dann biegt die Grenze um nach Rama,
erreicht die befestigte Stadt Tyrus, geht weiter
nach Hosa und endet am Mittelmeer. Zum Ge-
biet von Ascher gehören auch Mahaleb, Achsib,
30 Akko,[e] Afek und Rehob – insgesamt zweiund-
zwanzig Städte mit den umliegenden Dörfern.
31 Dieses ganze Gebiet, Städte und Dörfer, fiel
den Sippen des Stammes Ascher als Erbbesitz*
zu.

Das Gebiet des Stammes Naftali

32 Das sechste Los fiel auf den Stamm Naftali mit
seinen Sippen.
33 Die Südgrenze seines Gebietes führt von
Helef ostwärts nach Elon-Zaanannim und weiter
über Adami-Nekeb und Jabneel nach Lakkum
und endet am Jordan; 34 westwärts führt sie über
Asnot-am-Tabor nach Hukkok. Das Gebiet von
Naftali stößt im Süden an das Stammesgebiet
Sebulon, im Westen an das Stammesgebiet
Ascher und im Osten an den Jordan.[f]
35 Die befestigten Städte in diesem Gebiet
waren Ziddim, Zer, Hammat, Rakkat, Kinneret,
36 Adama, Rama, Hazor, 37 Kedesch, Edreï, En-
Hazor, 38 Jiron, Migdal-El, Horem, Bet-Anat und
Bet-Schemesch – insgesamt neunzehn[g] Städte
mit den umliegenden Dörfern.
39 Dieses ganze Gebiet, Städte und Dörfer, fiel
den Sippen des Stammes Naftali als Erbbesitz*
zu.

Das Gebiet des Stammes Dan

40 Das siebte Los fiel auf den Stamm Dan mit sei-
nen Sippen.
41 Sein Gebiet umfaßt die Städte Zora, Esch-
taol, Ir-Schemesch, 42 Schaalbim, Ajalon, Jitla,
43 Elon, Timna, Ekron, 44 Elteke, Gibbeton, Baalat,
45 Jehud, Bene-Berak und Gat-Rimmon 46 sowie
das Gebiet um Jafo bis zum Jarkonfluß.[h] 47–48 Alle
diese Städte mit ihren Dörfern fielen dem Stamm
Dan als Erbbesitz* zu.
Die Leute des Stammes Dan konnten sich je-
doch in diesem Gebiet nicht halten und zogen
deshalb nach Norden vor die Stadt Lajisch. Sie
eroberten sie, erschlugen die Bewohner mit dem
Schwert und siedelten sich dort an. Nach dem
Namen ihres Stammvaters nannten sie die Stadt
Dan.

Abschluß der Landverteilung und Anteil Josuas

49 So wurde die Verteilung des Landes vollendet;
jeder Stamm erhielt seinen Erbbesitz.*
Die Israeliten gaben auch Josua einen eigenen
Besitz im Land. 50 Er hatte sich die Stadt Timnat-
Serach im Bergland Efraïm erbeten, und der
HERR sprach ihm die Stadt und das umliegende
Gebiet zu. Josua baute die Stadt wieder auf und
ließ sich dort nieder.
51 Der Priester* Eleasar, Josua, der Sohn
Nuns, und die Sippenoberhäupter der einzelnen
Stämme hatten all die genannten Gebiete unter

a Möglicherweise identisch mit *Kitron* in Ri 1,30.
b *Daberat* nach G wie 19,12 und 21,28; H *Harabbit.*
c *Mischal* nach 21,30; H *von links.* d *Abdon* nach 21,30 und 1 Chr 6,59; H *Ebron.*
e *Akko* nach griechischen Handschriften und Ri 1,31; H *Umma.* f H unverständlich: *im Osten an Juda am Jordan.*
g Es ist nicht erkennbar, welche Städte mitgezählt sind; die Gesamtzahl in den Versen 33-38 liegt höher.
h Es folgt noch der Name *Rak(k)on;* vermutlich Doppelschreibung zu *Jarkon.*

19,33 (Elon-Zaanannim = Eiche von Z.) Ri 4,11 19,47-48 Ri 18,1.11.27-29 19,49-50 24,30; Ri 2,9

die Israeliten verteilt. Die Zuteilung erfolgte durch das Los in Gegenwart des HERRN, am Eingang des Heiligen Zeltes* in Schilo*. Nun hatten sie die Verteilung des Landes abgeschlossen.

Asylstädte für Totschläger

20 1-2 Der HERR ließ den Leuten von Israel durch Josua sagen: »Führt jetzt aus, was ich früher durch Mose angeordnet habe: Wählt Städte aus, die als Asyl dienen sollen. 3 Wer unbeabsichtigt, ohne Vorsatz, einen Menschen getötet hat, kann dorthin fliehen; kein Verwandter des Getöteten darf dann noch an ihm Blutrache* üben.

4 Der Totschläger soll in eine dieser Städte gehen und auf dem Gerichtsplatz am Tor seinen Fall den Ältesten* vortragen. Daraufhin nehmen sie ihn in ihre Stadt auf und weisen ihm ein Haus an, in dem er wohnen kann. 5 Wenn ein Verwandter des Getöteten ihn dorthin verfolgt, dürfen die Männer der Stadt ihn nicht ausliefern. Dies gilt aber nur unter der Bedingung, daß er seinen Mitmenschen ohne Vorsatz und nicht aus Haß erschlagen hat.

6 Sein Fall muß in einer Gerichtsverhandlung der Gemeinde entschieden werden, dann darf der Totschläger in der Stadt wohnen, bis der zu jener Zeit amtierende Oberste Priester* gestorben ist. Danach soll er in die Stadt, aus der er geflohen ist, und zu seiner Familie zurückkehren.«

7 Die Männer Israels bestimmten folgende Asylstädte:

auf der Westseite des Jordans Kedesch in Galiläa* im Bergland von Naftali, Sichem im Bergland von Efraïm und Kirjat-Arba – das ist Hebron – im Bergland von Juda,

8 auf der Ostseite des Jordans Bezer im Steppenhochland des Stammes Ruben, Ramot in der Landschaft Gilead* im Gebiet des Stammes Gad und Golan in der Landschaft Baschan* im Gebiet des Stammes Manasse.

9 Diese Städte sollten von nun an allen Israeliten und auch den Fremden, die bei ihnen lebten, als Zufluchtsorte offenstehen. Jeder, der ohne Vorsatz einen Menschen getötet hatte, sollte hier Schutz finden, wenn ein Verwandter des Getöteten an ihm Blutrache üben wollte. Er durfte nur getötet werden, nachdem er in einem öffentlichen Gerichtsverfahren des Mordes überführt und verurteilt worden war.

Die Städte der Leviten

21 1-2 In Schilo* im Land Kanaan* kamen die Sippenoberhäupter des Stammes Levi zum Priester* Eleasar, zu Josua und zu den Oberhäuptern der Stämme Israels und sagten zu ihnen: »Der HERR hat durch Mose befohlen, uns Städte zu geben, in denen wir wohnen können, und dazu das Weideland ringsum für unser Vieh.« 3 Da traten ihnen die Israeliten von ihrem Erbbesitz* bestimmte Städte und Weideflächen ab, wie der HERR es angeordnet hatte.

4 Bei der Verlosung erhielt zuerst die Gruppe Kehat ihren Anteil, und zwar fielen der Sippe des Priesters Aaron dreizehn Städte im Gebiet der Stämme Juda, Simeon und Benjamin zu; 5 die übrigen Sippen bekamen zehn Städte im Gebiet der Stämme Efraïm, Dan und West-Manasse.

6 Der Gruppe Gerschon fielen dreizehn Städte im Gebiet der Stämme Issachar, Ascher, Naftali und Ost-Manasse zu, 7 der Gruppe Merari zwölf Städte im Gebiet der Stämme Ruben, Gad und Sebulon.

8 Diese Städte und das zugehörige Weideland teilten die Israeliten durchs Los den Nachkommen Levis zu, wie der HERR es durch Mose angeordnet hatte.

Städte der Nachkommen Kehats

9-10 Als erste erhielt die Sippe der Nachkommen Aarons aus der Gruppe Kehat ihre Städte durch das Los zugeteilt. Sie bekam vom Gebiet der Stämme Juda und Simeon die im folgenden namentlich aufgezählten Städte:

11 Zuerst Hebron im Bergland von Juda mit seinem Weideland, die ehemalige Stadt Arbas,[a] des Stammvaters der Anakiter*. 12 Das Ackerland der Stadt und die Dörfer der Umgebung hatten die Israeliten jedoch schon Kaleb, dem Sohn von Jefunne, als Erbbesitz* gegeben.

13-16 Hebron war zugleich zur Asylstadt* für Totschläger bestimmt worden. Weiter erhielten die Nachkommen Aarons folgende Städte, jeweils mit dem zugehörigen Weideland: Libna, Jattir, Eschtemoa, Holon, Debir, Aschan,[b] Jutta und Bet-Schemesch. Das waren neun Städte aus diesen beiden Stämmen.

17 Dazu kamen aus dem Gebiet des Stammes Benjamin die vier Städte Gibeon, Geba, 18 Anatot und Alemet.

19 Die Nachkommen des Priesters Aaron hat-

a *Stadt Arbas:* hebräisch *Kirjat-Arba;* vgl. 15,13-14.
b *Aschan:* mit alten Übersetzungen und 1 Chr 6,44; H *Ajin.*

20,1-9 Num 35,9-28S **21,1-42** Num 35,2-8S **21,1** 14,1 **21,2** 18,1S **21,4** Num 3,19.27-32 **21,6** Num 3,18.21-26 **21,7** Num 3,20.33-37

ten damit insgesamt dreizehn Städte mit zugehörigem Weideland erhalten.

20–22 Die übrigen Sippen der Levitengruppe* Kehat bekamen vier Städte vom Gebiet des Stammes Efraïm: Sichem im Bergland von Efraïm, zugleich eine Asylstadt für Totschläger, Geser, Kibzajim und Bet-Horon, 23–24 außerdem vom Gebiet des Stammes Dan die vier Städte Elteke, Gibbeton, Ajalon und Gat-Rimmon 25 und vom Gebiet des Stammes West-Manasse die beiden Städte Taanach und Jibleam.[a] 26 Das macht insgesamt zehn Städte mit zugehörigem Weideland.

Städte der Nachkommen Gerschons

27 Die Leviten* aus der Gruppe Gerschon bekamen zwei Städte vom Gebiet des Stammes Ost-Manasse: Golan in der Landschaft Baschan, zugleich eine Asylstadt* für Totschläger, und Aschtarot, 28–29 dazu vom Gebiet des Stammes Issachar die vier Städte Kischjon, Daberat, Jarmut und En-Gannim 30–31 und vom Gebiet des Stammes Ascher die vier Städte Mischal, Abdon, Helkat und Rehob, 32 außerdem drei Städte im Gebiet des Stammes Naftali: Kedesch in Galiläa*, eine Asylstadt für Totschläger, Hammot-Dor und Kartan. 33 Das macht insgesamt dreizehn Städte mit zugehörigem Weideland.

Städte der Nachkommen Meraris

34–35 Die übrigen Leviten*, die Sippen der Gruppe Merari, bekamen vom Gebiet des Stammes Sebulon die vier Städte Jokneam, Karta, Rimmon[b] und Nahalal, 36–37 dazu östlich des Jordans vom Gebiet des Stammes Ruben die vier Städte Bezer im Steppenhochland, zugleich eine Asylstadt* für Totschläger, Jahaz, Kedemot und Mefaat 38–39 und vom Gebiet des Stammes Gad die vier Städte Ramot in Gilead*, eine Asylstadt für Totschläger, Mahanajim, Heschbon und Jaser. 40 Das macht insgesamt zwölf Städte mit zugehörigem Weideland.

41–42 Alles in allem bekamen die Nachkommen Levis mitten im Gebiet der Israeliten achtundvierzig Städte mit ihren Weidegebieten.

Gott hat sein Versprechen gehalten

43 Der Herr gab den Israeliten das ganze Land, das er ihren Vorfahren mit einem Eid zugesagt hatte. Sie nahmen es in Besitz und besiedelten es.

44 Der Herr verschaffte ihnen Ruhe und Frieden an allen Grenzen, wie er es ihren Vorfahren versprochen hatte. Niemand konnte sich gegen sie behaupten; alle Feinde gab er in ihre Hand.

45 So hatte der Herr nun alle seine Zusagen erfüllt; nichts war ausgeblieben von all dem Guten, das er seinem Volk Israel versprochen hatte. Es war alles eingetroffen.

Josua entläßt die Männer der östlichen Stämme

22 Josua rief die Männer der Stämme Ruben, Gad und Ost-Manasse zusammen 2 und sagte zu ihnen: »Ihr habt alles getan, was Mose, der Diener des Herrn, euch befohlen hatte, und habt stets meinen Anweisungen gehorcht. 3 Die ganze Zeit über habt ihr eure Brüder, die übrigen Israeliten, nicht im Stich gelassen und habt sorgfältig darauf geachtet, die Gebote des Herrn, eures Gottes, zu befolgen. 4 Jetzt aber hat der Herr euren Brüdern Ruhe und Frieden verschafft, wie er es versprochen hatte, und ihr dürft heimziehen in das Land, das Mose, der Diener des Herrn, euch auf der anderen Seite des Jordans gegeben hat. 5 Aber vergeßt nie, was Mose euch eingeschärft hat, als er sagte: ›Ihr sollt den Herrn, euren Gott, lieben, auf seinen Wegen gehen, seine Gebote befolgen, ihm Treue halten und ihm dienen mit ganzem Herzen und allen euren Kräften.‹«

6 Josua segnete sie zum Abschied und ließ sie nach Hause ziehen. 7 Der einen Hälfte des Stammes Manasse hatte Mose östlich des Jordans in der Landschaft Baschan* Landbesitz gegeben, die andere Hälfte hatte ihren Anteil zusammen mit den übrigen Stämmen westlich des Jordans durch Josua bekommen. Josua entließ die Männer von Ost-Manasse mit einem Segenswunsch nach Hause 8 und sagte noch zu ihnen: »Ihr kehrt reich beladen nach Hause zurück, mit Silber, Gold, Bronze, Eisen, mit vielen Kleidern und einer Menge Vieh. Teilt die Beute mit euren Stammesbrüdern!«

Der Altar am Jordan führt zum Konflikt

9 Die Männer der Stämme Ruben, Gad und Ost-Manasse zogen nun von den übrigen Israeliten weg. Von Schilo im Land Kanaan* brachen sie auf, um ins Land Gilead* zu ziehen. Dort lag der Landanteil, den der Herr ihnen durch Mose zugesprochen hatte und in dem sie sich schon früher angesiedelt hatten.

a *Jibleam:* nach einer griechischen Handschrift (vgl. 1 Chr 6,55); H wiederholt *Gat-Rimmon.*
b *Rimmon:* nach 19,13 und 1 Chr 6,62; H *Dimna.*

21,43 Gen 12,7 S **21,44** 1,5; Hebr 4,8-11 **21,45** 23,14 **22,1-6** 1,12-15 S **22,5** Dtn 6,4-5 S **22,7** 13,29-31 S; 17,1-13

10 Als sie zu den Gelilot[a] in der Jordanebene
kamen, bauten sie direkt am Fluß einen großen
Altar, noch auf dieser Seite des Jordans im Land
Kanaan. 11 Bei den anderen Israeliten sprach es
sich herum: »Die Männer von Ruben, Gad und
Ost-Manasse haben bei den Gelilot am Jordan
einen Altar gebaut, jenseits der Grenze des Lan-
des Kanaan, nicht mehr im Gebiet Israels!«

12 Da kamen alle Männer Israels in Schilo*
zusammen, um gegen die Oststämme in den
Kampf zu ziehen. 13 Sie schickten eine Gesandt-
schaft zu den Männern von Ruben, Gad und
Ost-Manasse nach Gilead: Pinhas, den Sohn des
Priesters* Eleasar, 14 und dazu die zehn Ober-
häupter der westlichen Stämme Israels, lauter
Sippenälteste. 15-16 Sie kamen dorthin und frag-
ten im Namen der ganzen Gemeinde des HERRN:

»Warum habt ihr dem Gott Israels die Treue
gebrochen und euch von ihm abgewandt? Ihr
habt einen Altar gebaut; damit habt ihr ihm den
Rücken gekehrt! 17 Reicht die Schuld noch nicht,
die wir bei Pegor auf uns geladen haben und die
bis heute auf uns liegt? Ihr wißt, daß der HERR
deswegen die ganze Gemeinde gestraft hat.
18 Und trotzdem wendet ihr euch jetzt von ihm
ab! Seht ihr nicht, wie das ausgehen wird? Heute
lehnt ihr euch gegen den HERRN auf, und morgen
wird sein Zorn die ganze Gemeinde Israel tref-
fen. 19 Wenn ihr aber meint, daß euer Land un-
rein* ist, dann kommt herüber zu uns in das
Land des HERRN, wo er seine Wohnung aufge-
schlagen hat. Siedelt euch doch bei uns an! Aber
baut auf keinen Fall einen zweiten Altar neben
dem Altar des HERRN, unseres Gottes! Damit
lehnt ihr euch gegen den HERRN auf und zieht
uns in eure Auflehnung mit hinein.[b] 20 Denkt an
Achan, den Sohn Serachs, der sich an der Beute
vergriff, die der HERR zur Vernichtung bestimmt
hatte. Er war nur ein einzelner Mann, und doch
wurde die ganze Gemeinde Israel dafür bestraft.
Hat sein Vergehen ihn nicht das Leben geko-
stet?«

Versöhnung zwischen Ost- und Weststämmen

21 Die Männer von Ruben, Gad und Ost-
Manasse antworteten den Stammesoberhäup-
tern der Israeliten: 22-23 »Gott, der Mächtige, DER
HERR – Gott, der Mächtige, DER HERR – er weiß
es, und ganz Israel soll es ebenfalls wissen: Uns
trifft keine Schuld. Wenn wir diesen Altar gebaut
haben, um uns vom HERRN abzuwenden und
ihm die Treue zu brechen, dann soll der HERR
uns heute nicht beistehen. Er selbst soll den Fall
untersuchen.

Wir hatten nie die Absicht, auf dem Altar
irgendwelche Opfer darzubringen. 24 Vielmehr
hatten wir Sorge, daß in Zukunft eure Nachkom-
men zu unseren Nachkommen sagen könnten:
›Was verbindet denn euch mit dem HERRN, dem
Gott Israels? 25 Er hat doch zwischen euch und
uns den Jordan als Grenze gesetzt! Also gehört
ihr nicht zum Volk des HERRN!‹ So könnten dann
eure Nachkommen die unseren daran hindern,
dem HERRN unsere Opfer* zu bringen.

26 Deshalb haben wir diesen Altar gebaut –
nicht für Brand- oder Mahlopfer, 27 sondern als
ein Zeichen, das zwischen uns und euch und
zwischen unseren und euren Nachkommen auf-
gerichtet ist. Es soll bezeugen, daß wir tatsäch-
lich das Recht haben, zum Heiligtum des HERRN
zu kommen und ihm Brandopfer, Mahlopfer
und andere Opfer darzubringen. Eure Nachkom-
men sollen nicht zu den unseren sagen dürfen,
sie gehörten nicht zur Gemeinde des HERRN.
28 Wenn es aber je soweit käme, sollten unsere
Nachkommen sagen können: ›Seht diesen Altar!
Unsere Vorfahren haben ihn genau nach dem
Vorbild des Altars am Heiligtum des HERRN ge-
baut – nicht um Brand- oder Mahlopfer darzu-
bringen, sondern als Zeichen, das unsere Zu-
gehörigkeit zum HERRN bezeugt.‹

29 Wir denken nicht entfernt daran, uns vom
HERRN abzuwenden und neben dem Altar vor
der Wohnung des HERRN, unseres Gottes, noch
einen weiteren Altar zu bauen, auf dem Opfer
dargebracht werden.«

30 Der Priester* Pinhas und die Abgeordneten
der Gemeinde, die Oberhäupter der Stämme,
ließen gelten, was die Männer der Stämme
Ruben, Gad und Ost-Manasse zu ihrer Verteidi-
gung vorbrachten. 31 Pinhas sagte: »Jetzt erken-
nen wir, daß der HERR in unserer Mitte ist und
sich nicht von uns abgewandt hat. Ihr habt euch
mit dem Bau dieses Altars nicht gegen den
HERRN aufgelehnt, und so habt ihr die Israeliten
vor der Strafe des HERRN bewahrt.«

32 Dann kehrten Pinhas und die übrigen Ab-
gesandten ins Land Kanaan* zurück und berich-
teten alles den Israeliten. 33 Diese billigten das

a Die Bezeichnung ist nicht eindeutig. Zur Wortbedeutung vgl. Anmerkung zu 15,7, wo die Angabe in einem anderen geographischen Zusammenhang steht.
b *und zieht uns …:* mit veränderten Vokalen; H *und lehnt euch gegen uns auf.*

22,10 15,7; 18,17 **22,12** 18,1S **22,13** Num 25,7 **22,15-16** Lev 17,8-9; Dtn 12,13-14 **22,17** Num 25,1-9 **22,19** Ex 25,8 **22,20** 7,1-26 **22,27-28** 24,27; Jes 19,19-20 **22,29** Dtn 12,4-7

Verhalten der Männer von Ruben und Gad und
priesen Gott. Sie sahen jetzt keinen Anlaß mehr,
gegen sie in den Kampf zu ziehen und ihr Land
zu verwüsten. 34 Die Leute von Ruben und Gad
aber gaben dem Altar einen Namen und erklärten: »Er ist ein Zeichen zwischen uns, das bezeugt, daß der HERR unser Gott ist.«

JOSUA VERPFLICHTET DAS VOLK ZUR TREUE GEGEN GOTT

(Kapitel 23–24)

Josuas Abschiedsrede

23 Seit der HERR dem Volk Israel Ruhe vor
allen seinen Feinden verschafft hatte,
waren viele Jahre vergangen. Josua war inzwischen sehr alt geworden. 2 Deshalb rief er die
Vertreter des ganzen Volkes zusammen, die Ältesten*, die Oberhäupter, die Richter und Aufseher*, und sagte zu ihnen:

»Ich bin nun sehr alt und habe nicht mehr
lange zu leben. 3 Ihr habt mit eigenen Augen gesehen, wie der HERR, euer Gott, die Völker dieses
Landes besiegt hat; denn er war es, der für euch
kämpfte. 4 Ich habe das ganze Land vom Jordan
bis zum Mittelmeer durchs Los unter eure
Stämme verteilt, auch das Gebiet der Völker, die
noch nicht unterworfen sind. 5 Der HERR, euer
Gott, wird sie vor euch aus dem Land treiben,
und ihr werdet ihr Land in Besitz nehmen, wie
er es euch versprochen hat.

6 Laßt euch künftig durch nichts davon abbringen, alles zu befolgen, was im Gesetzbuch
Moses aufgeschrieben ist. Richtet euch genau
danach und weicht nicht vom geraden Weg ab.
7 Haltet euch getrennt von den fremden Völkern,
die noch neben euch im Land leben. Sprecht die
Namen ihrer Götter nicht aus, schwört nicht bei
ihnen. Bringt ihnen keine Opfer* und betet sie
nicht an. 8 Haltet dem HERRN, eurem Gott, die
Treue, so wie ihr es bisher getan habt.

9 Ihr habt erlebt, wie der HERR große und
starke Völker vor euch vertrieben hat; bis heute
hat niemand euch standhalten können. 10 Ein
einzelner von euch hat tausend Feinde vor sich
hergejagt; denn der HERR, euer Gott, kämpfte für
euch, wie er es versprochen hatte. 11 Auch in Zukunft hängt euer Leben davon ab, daß ihr allein
den HERRN, euren Gott, liebt. 12 Wenn ihr euch
von ihm abwendet und euch den Völkern zuwendet, die in eurem Land leben, wenn ihr euch
mit ihnen verschwägert und vermischt, 13 dann
wird der HERR, euer Gott, diese Völker auch
nicht mehr vor euch vertreiben. Das laßt euch
gesagt sein! Sie werden dann für euch so gefährlich wie eine Schlinge oder Falle und so
schmerzhaft wie Dornen im Auge oder Stachelpeitschen, mit denen man Ochsen antreibt. Zuletzt werdet ihr dann zugrunde gehen und müßt
fort aus dem guten Land, das euch der HERR,
euer Gott, gegeben hat.

14 Ihr seht, meine Zeit ist abgelaufen. Macht
es euch klar und nehmt es zu Herzen: Der HERR,
euer Gott, hat alle seine Zusagen erfüllt; nichts
ist ausgeblieben von all dem Guten, das er euch
versprochen hatte; alles ist eingetroffen. 15 Aber
genauso, wie all das Gute eingetroffen ist, das
der HERR euch zugesagt hatte, wird auch das
Böse eintreffen, das er euch angedroht hat, bis er
euch vernichtet und aus dem guten Land weggeschafft hat, das er euch gab. 16 Der HERR, euer
Gott, hat einen Bund* mit euch geschlossen und
erwartet von euch, daß ihr diesem Bund treu
bleibt. Wenn ihr euch anderen Göttern zuwendet und sie anbetet, wird euch sein brennender
Zorn treffen, und ihr werdet sehr schnell aus
dem guten Land verschwunden sein, das er euch
gegeben hat.«

Josua erinnert die Israeliten in Sichem an Gottes Taten

24 Josua rief alle Stämme Israels zu einer
Versammlung nach Sichem. Er ließ alle
Ältesten*, Oberhäupter, Richter und Aufseher*
kommen, und sie stellten sich vor Gott auf.
2 Dann sagte Josua zum ganzen Volk:

»So spricht der HERR, der Gott Israels: ›Vor
langer Zeit wohnten eure Vorfahren auf der
anderen Seite des Eufratstromes und verehrten
fremde Götter. Das ging so bis zu Terach, dem
Vater Abrahams und Nahors. 3 Aber dann holte
ich euren Stammvater Abraham aus dem Land
jenseits des Eufrats und ließ ihn im ganzen Land
Kanaan* umherziehen. Ich gab ihm Nachkommen durch seinen Sohn Isaak. 4 Diesem gab ich
zwei Söhne, Jakob und Esau. Esau wies ich das
Bergland Seïr* als Besitz an; Jakob und seine
Söhne wanderten nach Ägypten aus.

5–6 Zu den Nachkommen Jakobs, euren Vorfahren, schickte ich Mose und Aaron und ließ
über Ägypten schweres Unheil kommen. Ich
führte eure Vorfahren aus Ägypten heraus und
brachte sie bis ans Schilfmeer*. Als die Ägypter

23,1 21,44; 13,1 **23,5** Ex 23,27-31 **23,6** Dtn 29,20 S; Jos 1,8; 24,26 **23,10** Lev 26,8 **23,11** Dtn 6,4-5 S **23,12-13** Ex 23,32-33; 34,12.15-16; Num 33,55-56; Dtn 4,26; 8,19 **23,14** 21,45 **23,15-16** Dtn 28,15-68 **24,2** Gen 11,26; 31,19; 35,2-4 **24,3** Gen 12,1-9; 21,1-3 **24,4** Gen 25,24-26; 36,8; 46,1-7 **24,5-7** Ex 3,1–12,42; 14,1-31

mit ihren Streitwagen* hinter ihnen herjagten,
7 schrien sie in ihrer Not zu mir um Hilfe. Da ließ
ich zwischen ihnen und den Ägyptern eine undurchdringliche Finsternis entstehen, und dann
ließ ich die Wellen des Meeres über den Ägyptern zusammenschlagen, so daß sie ertranken.
Ihr wißt alle genau, wie die Ägypter meine
Macht zu spüren bekamen.

Dann seid ihr lange Zeit in der Wüste geblieben,
8 bis ich euch in das Land der Amoriter* östlich des Jordans brachte. Sie leisteten euch
Widerstand, aber ich gab sie in eure Hand, und
ihr konntet ihr Land in Besitz nehmen. Ich selbst
vernichtete sie vor euch.
9 Auch Balak, der Sohn
Zippors, der König der Moabiter*, stellte sich
euch in den Weg. Er ließ Bileam holen, den Sohn
Beors, damit er euch verfluchen sollte.
10 Aber
ich erhörte Bileams Gebet nicht. Gegen seinen
Willen mußte er euch segnen, und so rettete ich
euch vor seinen Anschlägen.

11 Dann habt ihr den Jordan überschritten und
seid bis vor Jericho gekommen. Auch die Einwohner Jerichos kämpften gegen euch, aber ich
gab sie in eure Hand, und ebenso alle anderen
Einwohner des Landes, die Amoriter, Perisiter,
Kanaaniter*, Hetiter*, Girgaschiter, Hiwiter und
Jebusiter.
12 Ich sandte einen gewaltigen Schrekken[a] vor euch her, der vertrieb sie vor euch,
genau wie zuvor die beiden Amoriterkönige auf
der anderen Seite des Jordans. Mir habt ihr das
zu verdanken, und nicht eurem Schwert und
eurem Kriegsbogen!

13 Dann gab ich euch dieses Land, um das ihr
euch nicht gemüht habt, und seine Städte, die
ihr nicht gebaut habt. Ihr wohnt darin und eßt
Trauben von Weinstöcken und Oliven von Bäumen, die ihr nicht gepflanzt habt.«

Josua stellt das Volk vor die Entscheidung

14 »Darum nehmt nun den HERRN ernst und ehrt
ihn«, fuhr Josua fort, »dient ihm mit ganzer
Treue! Trennt euch von den Göttern, die eure
Vorfahren jenseits des Eufrats und in Ägypten
verehrt haben, und dient dem HERRN!
15 Wenn
ihr dazu nicht bereit seid, dann entscheidet euch
heute, wem sonst ihr dienen wollt: den Göttern,
die eure Vorfahren im Land jenseits des Eufrats
verehrt haben, oder den Göttern der Amoriter*,
in deren Land ihr jetzt lebt. Ich und meine ganze
Hausgemeinschaft sind entschlossen, dem HERRN
zu dienen.«

16 Das Volk antwortete: »Wie kämen wir dazu,
den HERRN zu verlassen und anderen Göttern
zu dienen?
17 Der HERR, unser Gott, hat unsere
Väter aus der Sklaverei in Ägypten herausgeführt, und wir kennen all die staunenswerten
Wundertaten, die er dabei vollbracht hat. Auf
dem ganzen Weg hierher, quer durch das Gebiet
fremder Völker, hat er uns beschützt.
18 Vor
uns her hat er alle Völker vertrieben, auch die
Amoriter, die früher hier wohnten. Darum wollen wir dem HERRN dienen; er allein ist unser
Gott!«

19 Aber Josua sagte zu ihnen: »Stellt euch das
nicht so leicht vor, dem HERRN zu dienen; denn
er ist ein Gott, der durch und durch heilig*
ist, ein Gott, der leidenschaftlich liebt und von
euch ungeteilte Liebe erwartet. Er wird es euch
nicht verzeihen, wenn ihr ihm nicht treu bleibt.
20 Wenn ihr ihn verlaßt und anderen Göttern
folgt, werdet ihr ihn ganz anders kennenlernen:
Er wird euch nicht mehr Gutes erweisen wie
bisher, sondern Böses, und wird euch völlig vernichten.«

21 Aber das Volk antwortete: »Doch! Wir wollen dem HERRN dienen!«

22 Da sagte Josua: »Ihr seid Zeugen gegen euch
selbst, daß ihr euch für den HERRN entschieden
habt und ihm dienen wollt.«

»So ist es!« sagten sie.

23 »Dann schafft die fremden Götter fort, die
ihr noch bei euch habt!« sagte Josua. »Wendet
euch mit ganzem Herzen zum HERRN, dem Gott
Israels!«

24 Das Volk antwortete: »Wir wollen dem
HERRN, unserem Gott, dienen und auf seine Weisungen hören.«

25 So verpflichtete Josua an diesem Tag in
Sichem die Israeliten zum Gehorsam gegen den
HERRN und legte ihnen die Gebote und Rechtsordnungen vor, nach denen sie leben sollten.
26 Er schrieb alles in das Gesetzbuch Gottes.
Dann nahm er einen großen Stein und stellte ihn
dort unter der Eiche* beim Heiligtum des HERRN
auf.

27 »Seht diesen Stein!« sagte er zum Volk. »Er
steht da als Zeuge gegen uns; denn er hat alles
gehört, was der HERR heute zu uns gesprochen
hat. Er soll euch an alles erinnern, damit ihr
eurem Gott nicht untreu werdet.«

28 Josua entließ das Volk, und jeder kehrte auf
seinen Erbbesitz* zurück.

a Andere Deutung mit den alten Übersetzungen: *Ich sandte Hornissen.*

24,8 Num 21,21-35 **24,9-10** Num 22,1–24,19 **24,11** 3,1-17; 6,1-21 **24,12** Ex 23,28 S; Jos 23,9-10 **24,13** Dtn 6,10-11 **24,14** Gen 31,19; 35,2.4; Ez 20,7; 23,3 **24,18** Dtn 6,4 **24,19** Ex 20,5 S; Lev 19,2 S; Jos 23,15-16; Am 3,2 **24,21** Ex 24,3.7 **24,25** Ex 24,1-8 **24,26** Dtn 29,20 S; Jos 1,8 S; Gen 31,45; 12,6; 35,4 **24,27** 22,28.34; Gen 31,48.52

Josuas Tod

29 Einige Zeit danach starb Josua, der Sohn Nuns,
der Diener und Bevollmächtigte* des HERRN. Er
war 110 Jahre alt geworden. 30 Sie bestatteten ihn
auf seinem Erbbesitz* in Timnat-Serach, das
nördlich des Berges Gaasch im Bergland von
Efraïm liegt. 31 Die Israeliten blieben auch nach
Josuas Tod dem HERRN treu, solange noch die
Ältesten* lebten, die alles miterlebt hatten, was
der HERR für Israel getan hatte.

32 Die Gebeine Josefs, die die Israeliten aus
Ägypten mitgebracht hatten, bestatteten sie in
Sichem auf dem Stück Land, das Jakob von den
Söhnen Hamors, des Vaters von Sichem, für
100 große Silberstücke gekauft hatte und das
zum Erbbesitz der Josefsstämme zählt.

33 Auch Aarons Sohn Eleasar starb, und er
wurde bestattet in Gibea, einer Stadt im Bergland von Efraïm, die seinem Sohn Pinhas als
Wohnsitz zugeteilt worden war.

DAS BUCH VON DEN RICHTERN

Inhaltsübersicht

VORBLICK AUF DIE ZEIT DER RICHTER (1,1–3,6)

Die Stämme Juda und Simeon erobern ihr Gebiet

1 Nachdem Josua gestorben war, fragten die
Israeliten den HERRN: »Welcher Stamm soll als
erster in das Land hinaufziehen und die Kanaaniter angreifen?«

2 Der HERR antwortete: »Der Stamm Juda! Ich
gebe das Land in seine Gewalt.«

3 Da sagten die Männer des Stammes Juda zu
den Männern ihres Bruderstammes Simeon: »Kommt mit! Helft uns kämpfen und unseren Anteil am Land erobern. Dann werden wir euch anschließend auch helfen, euren Anteil in Besitz zu nehmen.« So schloß sich der Stamm Simeon dem Stamm Juda an.

4–5 Die Männer von Juda zogen also ins Bergland hinauf, und der HERR gab die Kanaaniter* und die Perisiter in ihre Hand. Bei der Stadt Besek schlugen sie ein Heer von 10000 Mann.
Sie trafen auch auf ihren König Adoni-Besek
und kämpften gegen ihn. 6 Er ergriff die Flucht,
aber sie jagten ihm nach und nahmen ihn gefangen. Sie hackten ihm die Daumen und die großen Zehen ab. 7 Da sagte er: »Siebzig Königen
ließ ich die Daumen und Zehen abhacken, und sie mußten sich von den Resten nähren, die von meinem Tisch fielen. Jetzt hat Gott mir dasselbe Schicksal bereitet.« Sie brachten ihn nach Jerusalem, wo er starb.

8 Die Männer von Juda griffen auch Jerusalem
an und eroberten es. Sie töteten die Bewohner und steckten die Stadt in Brand.

9 Dann wandten sie sich gegen die Kanaaniter, die das Bergland im Süden und die anschließende Steppe sowie das westlich vorgelagerte Hügelland bewohnten. 10 Sie kämpften gegen die
kanaanitischen Bewohner der Stadt Hebron, die
früher Kirjat-Arba hieß, und besiegten Scheschai,
Ahiman und Talmai. 11 Von dort zogen sie vor die
Stadt Debir, die früher Kirjat-Sefer hieß.

12 Kaleb sagte: »Wer Kirjat-Sefer erobert, dem
gebe ich meine Tochter Achsa zur Frau.« 13 Da eroberte Kalebs jüngerer Bruder Otniël, ein Sohn von Kenas, die Stadt und erhielt die Tochter Kalebs zur Frau. 14 Am Hochzeitstag veranlaßte
Otniël seine Frau,[a] ihren Vater um Ackerland zu bitten. Sie stieg von ihrem Esel, und Kaleb fragte sie: »Was möchtest du?« 15 Sie antwortete: »Gib
mir als Zeichen, daß dein Segen mich begleitet, ein Geschenk. Du hast mich in das regenarme Südland verheiratet; gib mir wenigstens ein paar Quellen!« Da gab ihr Kaleb die oberen und unteren Teichanlagen bei Hebron.

a *veranlaßte Otniël …:* mit G; H *veranlaßte sie ihn.*

24,29-31 Ri 2,7-9 **24,30** 19,49-50 **24,32** Gen 50,25 S; 33,19 **24,33** 14,1; 17,4; 19,51; 21,1; Num 32,28; 34,17 **1,1-2** 18,5; 20,18.22-23.27-28; 1 Kön 22,5 S **1,8** Jos 15,63 S **1,10-15** Jos 15,13-19

16 Die Keniter*, die Stammesbrüder von Moses Schwiegervater, waren mit den Männern des Stammes Juda von der Palmenstadt[a] aus aufgebrochen. Sie zogen in die Wüste südlich von Arad und ließen sich dort nieder. Auch die Amalekiter kamen dorthin und wohnten bei ihnen.[b]

17 Die Männer der Stämme Juda und Simeon zogen weiter und besiegten die kanaanitischen Bewohner der Stadt Zefat. Sie vollstreckten an ihnen den Bann* und gaben der Stadt den Namen Horma (Bann).

18 Die Männer von Juda konnten die Städte Gaza, Aschkelon und Ekron mit dem dazugehörigen Gebiet nicht erobern.[c] 19 Weil der HERR ihnen beistand, konnten sie das Bergland in Besitz nehmen, aber die Bewohner der Küstenebene konnten sie nicht unterwerfen, weil sie eiserne Streitwagen* hatten.

20 Die Stadt Hebron wurde Kaleb zugesprochen, wie es Mose angeordnet hatte, und Kaleb vertrieb daraus die drei Anakssöhne* samt ihren Sippen.

21 In Jerusalem lebten die Jebusiter, und die Männer von Benjamin konnten sie nicht daraus vertreiben. Darum leben die Jebusiter dort bis heute neben den Leuten von Benjamin.

Die Nordstämme erobern ihr Gebiet

22 Nun zogen auch die Männer der Josefsstämme Efraïm und Manasse ins Bergland hinauf, um die Stadt Bet-El zu erobern, und der HERR stand ihnen bei. 23 Sie schickten Leute aus, um Bet-El auszukundschaften; es hieß übrigens früher Lus. 24 Diese sahen einen Mann, der gerade aus der Stadt kam, zu dem sagten sie: »Zeig uns, wo wir in die Stadt eindringen können, dann werden wir dich verschonen.« 25 Er zeigte ihnen die schwächste Stelle der Stadtbefestigung, und die Männer der Josefsstämme eroberten die Stadt. Sie erschlugen die Bewohner mit dem Schwert, aber diesen Mann und seine ganze Familie ließen sie am Leben. 26 Er zog ins Land der Hetiter* und gründete eine Stadt, der er den Namen Lus gab. So heißt sie bis heute.

27 Der Stamm Manasse konnte jedoch die Bewohner der Städte Bet-Schean, Taanach, Dor, Jibleam und Megiddo sowie der dazugehörigen Ortschaften nicht vertreiben. So blieben die Kanaaniter* in dieser Gegend wohnen. 28 Als die Israeliten stärker wurden, zwangen sie die Kanaaniter zur Fronarbeit*, trieben sie aber nicht aus dem Land.

29 Der Stamm Efraïm konnte die Kanaaniter nicht aus der Stadt Geser vertreiben; darum wohnen sie dort noch heute mitten in seinem Gebiet.

30 Der Stamm Sebulon konnte die Kanaaniter nicht aus Kitron und Nahalal vertreiben; sie blieben dort wohnen und wurden später zur Fronarbeit gezwungen.

31 Der Stamm Ascher konnte die Bewohner von Akko und Sidon nicht vertreiben, auch nicht die Leute von Mahaleb, Achsib, Helba, Afek und Rehob. 32 Darum leben die Leute von Ascher noch jetzt mitten unter den Kanaanitern, den früheren Landesbewohnern; sie haben sie nicht aus dem Land vertrieben.

33 Der Stamm Naftali konnte die Bewohner von Bet-Schemesch und Bet-Anat nicht vertreiben und lebt deshalb in seinem Stammesgebiet mit den Kanaanitern, den früheren Landesbewohnern, zusammen; sie müssen ihm jedoch Frondienste leisten.

34 Als die Männer des Stammes Dan in die Ebene vordringen wollten, wurden sie von den Amoritern* in das Bergland zurückgetrieben. 35 So konnten die Amoriter sich in Har-Heres, Ajalon und Schaalbim behaupten; aber später wurden sie von den Josefsstämmen besiegt und mußten ihnen Frondienste leisten.

36 Das Gebiet der Amoriter stößt an das der Edomiter*. Die Grenze[d] verläuft von der Skorpionensteige nach Sela und dann weiter in dieser Richtung.

Israel muß das Land mit den Kanaanitern teilen

2 Der Engel* des HERRN kam von Gilgal nach Bochim herauf und sagte zu den Israeliten: »Ich habe euch aus Ägypten herausgeführt und euch in das Land gebracht, das ich euren Vorfahren mit einem Eid zugesagt hatte. Und ich habe zu euch gesagt: ›Ich werde für alle Zeiten zu dem Bund* stehen, den ich mit euch geschlossen habe; 2 ihr aber dürft auf keinen Fall einen Bund mit den Bewohnern dieses Landes schließen. Ihr müßt die Altäre ihrer Götter niederreißen.‹ Doch ihr habt mir nicht gehorcht. Wie konntet ihr das

a Vermutlich handelt es sich nicht um Jericho, sondern um Tamar am Südende des Toten Meeres.
b *Auch die Amalekiter* …:* nach einer griechischen Handschrift und der altlateinischen Übersetzung; H *Sie gingen hin und wohnten bei dem Volk.*
c *nicht:* mit G; in H fehlt das Wort. d So mit G; H *Die Grenze der Amoriter.*

1,16 Num 24,21-22 S; Ex 2,16-22; Ri 4,11; Num 10,29-32 **1,17** Dtn 7,1-4 S **1,19** Jos 17,16 S **1,20** Jos 15,13-14; Num 14,24 **1,21** Jos 15,63 S **1,27-28** Jos 17,11-13 **1,29** Jos 16,10 **1,34** Jos 19,47-48; Ri 18,1 **1,36** (Skorpionensteige) Num 34,4; Jos 15,3 **2,1** 6,11 **2,2** Num 33,50-52 S

tun? 3 Darum erkläre ich jetzt: Ich werde die Bewohner des Landes nicht vor euch vertreiben, sondern sie sollen euch zur Falle werden. Ihr werdet ständig in Versuchung stehen, ihre Götter zu verehren, und das wird euch ins Verderben stürzen.«

4 Alle Leute von Israel hörten diese Worte, und sie begannen zu weinen. 5 Darum erhielt der Ort den Namen Bochim (die Weinenden). Dort brachten die Israeliten dem HERRN Opfer* dar.

Der Ungehorsam des Volkes nach Josuas Tod

6 Als Josua die Versammlung bei Sichem aufgelöst hatte, gingen alle Israeliten in die ihnen zugeteilten Gebiete, um sie in Besitz zu nehmen. 7 Sie gehorchten dem HERRN, solange Josua lebte, und auch weiterhin, solange noch die Ältesten* des Volkes lebten, die die großen Taten Gottes für Israel mit eigenen Augen gesehen hatten.

8 Aber dann starb Josua, der Sohn Nuns, der Diener und Bevollmächtigte* Gottes, im Alter von 110 Jahren. 9 Sie bestatteten ihn auf seinem Erbbesitz* in Timnat-Heres im Bergland von Efraïm, nördlich vom Berg Gaasch. 10 Nach und nach starb auch die ganze ältere Generation, und es wuchs eine neue Generation heran, die vom HERRN nichts wissen wollte und seine großen Taten für Israel nicht miterlebt hatte.

11-12 So kam es, daß die Israeliten taten, was dem HERRN mißfiel: Sie verließen den Gott ihrer Vorfahren, der sie aus Ägypten herausgeführt hatte, und liefen fremden Göttern nach.[a] Sie fingen an, die Götter ihrer Nachbarvölker anzubeten, und beleidigten damit den HERRN. 13 Weil sie an seiner Stelle den Gott Baal* und die Göttin Astarte* verehrten, 14 wurde der HERR zornig auf sie. Er ließ immer wieder räuberische Beduinen über sie herfallen, die sie ausplünderten. Er gab sie auch den feindlichen Nachbarvölkern preis, so daß sie ihnen nicht mehr standhalten konnten. 15 Jedesmal, wenn sie in den Kampf zogen, war der HERR gegen sie und ließ ihnen nichts glücken, wie er ihnen das angedroht und mit einem Eid bekräftigt hatte. So gerieten sie in schwere Bedrängnis.

16 Immer wieder ließ der HERR bedeutende Männer erstehen, die Richter*, die die Israeliten aus der Gewalt der plündernden Nachbarstämme befreiten. 17 Aber selbst auf ihre Richter hörten sie nicht. Sie liefen weiter den fremden Göttern nach und warfen sich vor ihnen nieder. So rasch waren sie vom rechten Weg abgekommen und gehorchten nicht mehr den Geboten des HERRN, wie das ihre Vorfahren getan hatten. 18 Trotzdem ließ der HERR ihnen immer wieder einen Richter als Retter erstehen, und er stand dem Richter zur Seite und befreite sie aus der Hand ihrer Feinde. Denn wenn sie über ihre Quäler und Unterdrücker klagten, tat die harte Strafe dem HERRN leid.

Aber sie gehorchten dem HERRN nur, solange der Richter lebte; 19 nach seinem Tod wurden sie jedesmal wieder rückfällig und trieben noch schlimmeren Götzendienst als ihre Vorfahren. Sie dachten nicht daran, von ihrem Trotz und Ungehorsam zu lassen und sich zu bessern.

20 Deshalb wurde der HERR zornig auf Israel und beschloß: »Weil dieses böse Volk mir nicht gehorcht und den Bund* ständig bricht, den ich mit ihren Vorfahren geschlossen habe, 21 werde ich keine weiteren Völker mehr vor ihnen aus dem Land Kanaan* vertreiben. Die Völker, die Josua nicht mehr besiegen konnte, 22 lasse ich im Land bleiben, um die Israeliten auf die Probe zu stellen, ob sie mir gehorchen wie ihre Vorfahren oder nicht.«

23 Eben deshalb ließ der HERR diese Völker im Land und vertrieb sie nicht so schnell; deshalb hatte er sie auch nicht in Josuas Hand gegeben.

Die im Land verbliebenen Fremdvölker

3 1-2 Folgende Völker ließ der HERR im Land übrig, um den Gehorsam der Israeliten durch sie auf die Probe zu stellen – aber auch, um ihnen Gelegenheit zu geben, sich im Kriegführen zu üben. Alle Männer Israels, die die Kämpfe um das Land nicht mehr selbst erlebt hatten, sollten diese Gelegenheit bekommen.

3 Dies waren die Völker: die fünf Fürstentümer der Philister*, alle Kanaaniter*, die Phönizier* und schließlich die Hiwiter, die im Libanongebirge zwischen dem Hermon und Lebo-Hamat wohnen. 4 Durch sie sollten die Israeliten auf die Probe gestellt werden. Der HERR wollte sehen, ob sie seinen Geboten gehorchen würden, die er ihren Vorfahren durch Mose gegeben hatte.

5 Die Israeliten lebten also mitten unter den Kanaanitern, Hetitern*, Amoritern*, Perisitern, Hiwitern und Jebusitern. 6 Und was taten sie? Sie nahmen die Töchter dieser Völker als Frauen

a Wörtlich *dienten den Baalen.* Unter den *Baalen* sind alle fremden Götter zusammengefaßt; vielleicht ist auch an die Vielzahl der Baalsheiligtümer im Land gedacht.

2,3 Jos 23,12-13 S; Ri 8,27 **2,6** Jos 24,1.28 **2,7-9** Jos 24,29-31 **2,14-15** Dtn 28,15-46 **3,1-2** 2,21-22 **3,3** Jos 13,2-5

und gaben den Männern dieser Völker ihre eigenen Töchter, und sie opferten ihren Göttern.

GOTT RETTET SEIN VOLK DURCH EINZELNE RICHTER (3,7–16,31)

Der Richter Otniël

7 Die Israeliten taten, was dem HERRN mißfiel: Sie vergaßen den HERRN, ihren Gott, und beteten zu den Göttern der Kanaaniter*, dem Baal und der Aschera.[a] 8 Da wurde der HERR zornig auf sie und gab sie in die Hand Kuschan-Rischatajims, eines Königs im oberen Mesopotamien. Acht Jahre lang wurden sie von ihm unterdrückt.

9 Da schrien die Israeliten zum HERRN um Hilfe, und er ließ ihnen einen Retter erstehen: Otniël, den jüngeren Bruder Kalebs, einen Sohn von Kenas. 10 Der Geist* des HERRN nahm Besitz von ihm und machte ihn zum Richter* und Anführer der Israeliten. Er zog gegen Kuschan-Rischatajim in den Kampf, und der HERR half ihm, so daß er dem König von Mesopotamien eine schwere Niederlage beibrachte.

11 Otniël lebte danach noch 40 Jahre, und in dieser ganzen Zeit hatte das Land Ruhe vor Feinden.

Ehud rettet Israel durch eine List

12 Die Israeliten aber taten von neuem, was dem HERRN mißfiel. Deshalb ließ er Eglon, den König der Moabiter*, über sie Macht gewinnen. 13 Eglon verbündete sich mit den Ammonitern* und den Amalekitern*, besiegte die Israeliten und besetzte die Stadt Jericho. 14 Achtzehn Jahre lang mußten die Israeliten dem Moabiterkönig Tribut zahlen.

15 Da schrien sie zum HERRN um Hilfe, und er ließ ihnen einen Retter erstehen: Ehud, den Sohn von Gera aus dem Stamm Benjamin.

Ehud war Linkshänder. Als die Israeliten ihn dazu bestimmten, den Tribut an König Eglon abzuliefern, 16 schmiedete er sich ein kurzes, beidseitig geschärftes Schwert und band es sich unter dem Gewand auf der rechten Seite fest. 17 So übergab er den Tribut. – König Eglon war übrigens ein Mann von mächtiger Körperfülle.

18 Nach der Übergabe ließ Ehud die Männer, die den Tribut hergetragen hatten, nach Hause gehen. 19 Er selbst kehrte bei den steinernen Götterbildern[b] um und ging noch einmal zu Eglon zurück.

Er sagte zum König: »Ich habe eine geheime Botschaft für dich!«

»Pst!« machte Eglon, »daß keiner es hört!«

So gingen alle Diener des Königs hinaus. 20 Eglon saß in dem kühlen Obergemach, das nur für ihn allein bestimmt war. Ehud sagte zu ihm: »Ich habe für dich eine Botschaft von Gott.«

Darauf erhob sich Eglon von seinem Sitz. 21 Ehud griff mit der linken Hand nach dem Schwert an seiner rechten Seite und stieß es ihm in den Bauch. 22 Die ganze Klinge drang in Eglons Leib ein, und sogar noch der Griff verschwand im Fett. Ehud ließ das Schwert stecken, 23 verriegelte die Tür und stieg durchs Fenster hinaus.[c]

24 Nachdem Ehud gegangen war, wollten Eglons Diener nach dem König sehen, aber sie fanden die Tür des Obergemachs verriegelt. »Er wird wohl gerade seine Notdurft verrichten«, sagten sie. 25 Sie warteten vergeblich; die Tür wurde nicht geöffnet. Schließlich holten sie den Schlüssel und schlossen auf. Da lag ihr Herr tot auf dem Boden.

26 Während die Diener vor der Tür gewartet hatten, hatte sich Ehud in Sicherheit gebracht. Er war an den Steinbildern vorbeigegangen und gelangte unbehelligt nach Seïra.

27 Dort angekommen, ließ er im Bergland von Efraïm das Signalhorn* blasen, und die Männer Israels zogen hinter ihm her in die Jordanebene hinunter. 28 Er sagte zu ihnen: »Folgt mir schnell! Der HERR hat eure Feinde, die Moabiter, in eure Hand gegeben.«

Da zogen sie hinter ihm her und besetzten die Furten über den Jordan, so daß die Moabiter nicht entkommen konnten. 29 Sie erschlugen an diesem Tag 10000 von ihnen, lauter starke und kampferprobte Männer; kein einziger konnte sich retten.

30 So zwang der HERR die Moabiter an diesem Tag vor Israel in die Knie. Das Land hatte nun 80 Jahre lang Ruhe vor Feinden.

Der Richter Schamgar

31 Nach Ehud trat Schamgar, der Sohn Anats, auf. Er erschlug 600 Philister mit einem Ochsenstachel*. So rettete auch er die Israeliten vor ihren Feinden.

a Wörtlich *den Baalen und Ascheren;* vgl. Anmerkung zu 2,11-12 und Sacherklärungen.
b Es folgt noch: *die in/bei Gilgal sind,* offenbar eine Verdeutlichung, die die Steine mit denen von Jos 4,19-20 gleichsetzt. Es liegt jedoch näher, an Götterbilder im Bereich von Ehuds Palast in Jericho zu denken.
c *stieg durchs Fenster hinaus:* Deutung unsicher.

3,9 1,13 **3,10** (Geist) 6,34; 11,29; 13,25; 14,6.19; 15,14; 1 Sam 10,6; 11,6 **3,13** Ex 17,14 S; Ri 5,14 S **3,31** 5,6

Gott rettet die Israeliten durch eine Frau

4 Nachdem Ehud gestorben war, taten die
Israeliten von neuem, was dem HERRN miß-
fiel. 2 Da gab er sie in die Hand Jabins, des Königs
der Kanaaniterstadt Hazor. Dessen Heerführer
Sisera hatte sein Hauptquartier in Haroschet-
Gojim. 3 Jabin besaß 900 eiserne Streitwagen*.
Zwanzig Jahre lang unterdrückte er die Israeli-
ten hart. Deshalb riefen sie zum HERRN um
Hilfe.

4 Damals hatte eine Prophetin* namens Debo-
ra, die Frau Lappidots, das Richteramt in Israel.
5 Sie saß unter der ›Deborapalme‹ zwischen
Rama und Bet-El im Bergland von Efraïm und
entschied Rechtsfälle, die die Leute von Israel ihr
vorlegten.

6 Eines Tages bestellte sie Barak zu sich, den
Sohn Abinoams aus Kedesch im Gebiet des
Stammes Naftali. Sie sagte zu ihm: »Der HERR,
der Gott Israels, gibt dir den Auftrag: ›Nimm
10000 Mann aus den Stämmen Naftali und
Sebulon und zieh mit ihnen auf den Berg Tabor.
7 Ich werde Jabins Heerführer Sisera mit seinen
Streitwagen und seinem ganzen Heer an den
Bach Kischon locken und dort in deine Hand
geben.‹«

8 Barak sagte zu Debora: »Ich gehe nur, wenn
du mitkommst! Ohne dich gehe ich nicht.«

9 »Gut«, erwiderte Debora, »ich komme mit.
Aber der Ruhm für den Sieg wird dann nicht dir
gehören. Der HERR wird Sisera in die Hand einer
Frau geben!«

Dann stand sie auf und ging mit ihm nach
Kedesch. 10 Dorthin berief Barak die Männer der
Stämme Naftali und Sebulon. Zehntausend folg-
ten ihm auf den Berg Tabor, und Debora beglei-
tete sie.

11 Der Keniter* Heber hatte sich von seinen
Stammesbrüdern, den Nachkommen von Moses
Schwiegervater Hobab, getrennt und war nach
und nach bis zu der Eiche* bei Zaanannim in
der Nähe von Kedesch gekommen. Dort hatte
er sein Zelt aufgeschlagen.

12 Da erhielt Sisera die Meldung: »Barak, der
Sohn Abinoams, ist mit einem Heer auf den Berg
Tabor gezogen!« 13 Sofort rief er seine 900 Streit-
wagen und alle seine Kriegsleute zusammen
und zog von Haroschet-Gojim an den Bach
Kischon.

14 Als er dort ankam, sagte Debora zu Barak:
»Schlag los! Heute hat der HERR dir Sisera und
sein ganzes Heer ausgeliefert. Ich sehe, wie der
HERR selbst vor dir her in die Schlacht zieht!«

Da stürmte Barak vom Berg Tabor ins Tal hin-
unter, und die Zehntausend folgten ihm. 15 Als
sie mit gezücktem Schwert auf die Kanaaniter*
zukamen, versetzte der HERR den feindlichen
Heerführer und sein ganzes Heer in Angst und
Schrecken. Sisera sprang von seinem Wagen
und floh zu Fuß.

16 Barak verfolgte die Streitwagen Siseras und
seine Soldaten bis nach Haroschet-Gojim. Das
ganze Heer wurde vernichtet; nicht *ein* Mann
entkam.

Der feindliche Heerführer findet den Tod

17 Sisera flüchtete inzwischen zum Zelt Jaëls,
der Frau des Keniters* Heber; denn die Sippe
Heber unterhielt freundschaftliche Beziehungen
zu Jabin. 18 Jaël ging Sisera entgegen und sagte:
»Komm herein, mein Herr, kehre bei mir ein!
Hab keine Angst!« Er trat in ihr Zelt, und sie
führte ihn hinter den Vorhang.

19 »Gib mir ein wenig Wasser«, bat er, »ich bin
so durstig.« Sie holte den Schlauch mit Milch,
gab ihm zu trinken und zog den Vorhang vor.

20 »Stell dich an den Eingang des Zeltes«, sagte
er. »Wenn jemand kommt und dich fragt, ob
einer hier ist, dann antworte: ›Nein, niemand!‹«

21 Jaël aber nahm einen Zeltpflock und einen
Hammer und trat leise an Sisera heran. Er lag auf
der Seite und war vor Erschöpfung in tiefen
Schlaf gefallen. Sie trieb den Pflock durch beide
Schläfen hindurch bis in die Erde.

22 Da kam auch schon Barak, der hinter Sisera
her war. Jaël ging ihm entgegen und sagte:
»Komm mit, ich will dir den Mann zeigen, den
du suchst!« Barak ging mit ihr ins Zelt und fand
Sisera tot auf der Erde liegen, den Kopf mit dem
Pflock durchbohrt.

23 So brachte Gott dem Kanaaniterkönig Jabin
eine schwere Niederlage bei und zwang ihn vor
den Israeliten in die Knie. 24 In der Folgezeit setz-
ten sie ihm immer härter zu, bis sie ihn völlig
vernichtet hatten.

Deboras Siegeslied

5 Damals sang Debora zusammen mit Barak,
dem Sohn Abinoams, das folgende Lied:[a]

2 Zum Kampf entschlossen war ganz Israel,
freiwillig stellten sich die Männer ein –

a Die Verse 7, 12 und 15 reden von Debora in der 2. bzw. 3. Person. Wahrscheinlich handelt es sich ursprünglich um die Dichtung eines berufsmäßigen Sängers.

4,2 Jos 11,1-11 4,3 Jos 17,16 S 4,11 1,16 S; (Eiche bei Z. = Elon-Z.) Jos 19,33 4,15 Ex 23,27

gelobt, gepriesen sei der HERR dafür!
3 Ihr Könige und Fürsten, hört mir zu!
Dem HERRN zu Ehren will ich singen,
erklingen soll mein Lied und Spiel
zum Ruhm des Gottes Israels!

4 Als du vom Bergland Seïr* auszogst, HERR,
und zu uns kamst von Edoms* grünen Steppen,
da zitterte vor dir die ganze Erde,
vom Himmel stürzten Wasserfluten nieder,
die Wolken gossen ihren Regen aus.
5 Die Berge schwankten, als der HERR sich nahte,
der Gott, den sein Volk Israel verehrt,
der seinem Volk am Sinai* erschien.

6 Zur Zeit, als Schamgar lebte, Anats Sohn,
auch in den Tagen Jaëls, der Keniterin,
da lagen alle Wege menschenleer;
wer damals über Land zu reisen hatte,
der mußte auf versteckten Pfaden gehn.
7 Die Felder wagte niemand zu bestellen,
wie ausgestorben waren alle Dörfer,
bis endlich du, Debora, dich erhobst
und handeltest, du Mutter Israels!
8 Noch hielt das Volk nach neuen Göttern Ausschau,
da stand auch schon der Feind vor ihren Toren.
Doch von den vierzigtausend Männern Israels
besaß nicht einer Speer und Schild.

9 Mein Herz schlägt für die Helden Israels,
die Männer aus dem Volk, die willig kamen –
gelobt, gepriesen sei der HERR dafür!
10 Geht in euch, denkt darüber nach, ihr alle,
die vornehm ihr auf weißen Eseln reitet,
die ihr auf einem weichen Teppich sitzt,
auch ihr, die ihr zu Fuß die Straße zieht!
11 An allen Brunnen, wo die Hirten lärmen
und Wasser schöpfen, um ihr Vieh zu tränken,
dort soll man laut die großen Taten rühmen,
durch die der HERR sein Volk gerettet hat;
dazu soll Israel aus allen Städten kommen!
12 Auf, auf, Debora, auf und sing dein Lied!
Auf, Barak, Abinoams Sohn, auch du,
bring die herbei, die du gefangen hast!

13 Es kamen alle, die noch übrig waren,
und stießen zu den Führern Israels;
gerüstet kam das Volk des HERRN zu ihm:[a]
14 die Efraïmiten, stark wie Amalekiter*,
danach die mutigen Scharen Benjamins;
von Machir kamen mächtige Gebieter,
von Sebulon die Führer mit dem Stab;
15 die Fürsten Issachars erschienen alle,
gemeinsam mit Debora kamen sie,
und Barak folgte ihnen auf dem Fuß –
so stürmten sie hinunter in das Tal.

Die Sippen Rubens hielten lange Rat
und konnten sich trotz allem nicht entschließen.
16 Was bleibt ihr zwischen euren Hürden liegen
und hört dem Flötenspiel der Hirten zu?
Bei Ruben überlegten sie zu lange!
17 Von Gad in Gilead* war keiner da,
sie blieben auf der andern Jordanseite.
Warum verweilte Dan bei seinen Schiffen?
Am Strand des Meeres wohnen die von Ascher,
sie blieben dort an seinen Buchten sitzen.
18 Doch die von Sebulon und Naftali
bewiesen auf dem Schlachtfeld ihren Mut
und setzten ohne Furcht ihr Leben ein.

19 Da kamen sie, die Herrscher Kanaans*,
sie rückten an zur Schlacht bei Taanach,
beim Bache von Megiddo kämpften sie;
doch Silberbeute gab es nicht zu holen.
20 Sogar die Sterne droben griffen ein
von ihren hohen Himmelsbahnen aus,
sie kämpften gegen Sisera mit Macht.
21 Der Kischon drang heran mit seiner Flut
und riß die Feinde alle mit sich fort. –
Auf, auf, mein Herz, nimm allen Mut zusammen!
22 Da jagten sie heran, die schnellen Rosse,
der Boden dröhnte unter ihren Hufen.

23 Sprecht einen Fluch aus über die Stadt Meros!
– Das sagt der HERR durch seinen Engel*. –
Verflucht die Stadt und alle, die dort wohnen,
weil sie dem HERRN nicht Beistand leisten wollten,
weil ihre Krieger ihm nicht halfen!

24 Doch Gottes Segen komme über Jaël,
die Frau von Heber, dem Keniter*!
Gepriesen sei sie unter allen Frauen!
25 Als Sisera bei ihr um Wasser bat,
da reichte sie ihm sogar Milch zu trinken,
in edler Schale gab sie ihm den Trunk.
26 Doch dann ergriff sie einen spitzen Zeltpflock,
und mit der Rechten packte sie den Hammer.
Dann schlug sie zu, zermalmte ihm den Schädel,
durchbohrte seine Schläfe mit dem Pflock.
27 Er brach zusammen, stürzte nieder,

a *ihm:* mit einer griechischen Handschrift; H *mir.*

5,4-5 Dtn 33,2; Ps 68,8-9; Hab 3,3-6 **5,5** Ex 19,16-18 **5,6** 3,31; 4,17 **5,14** (Amalekiter) 3,13; 6,3.33; 7,12; 10,12; Ex 17,14 S; (Machir) Jos 17,1 **5,21** 4,7 **5,25** 4,19

vor ihren Füßen blieb er liegen.
Tot lag er da, das war sein Ende.

28 Zu Hause wartet ängstlich seine Mutter,
voll Sorge späht sie durch das Gitterfenster.
»Wo bleibt er?« fragt sie. »Warum kommt
er nicht?
Wann höre ich das Dröhnen seines Wagens?«
29 Die klügste ihrer Edelfrauen sagt –
die Mutter spricht es immer wieder nach:
30 »Gewiß, sie haben Beute, teilen sie:
ein Mädchen oder zwei für jeden Mann,
für Sisera gewebte, teure Stoffe
und zwei gestickte, bunte Tücher
für jede Frau, die sie erbeutet haben.«

31 Wie Sisera so soll es allen gehen,
die dir, HERR, feindlich gegenübertreten!
Doch deine Freunde sollen siegreich sein,
der Sonne gleich, die strahlend sich erhebt!

Vierzig Jahre lang hatte das Land nun Ruhe vor
Feinden.

Gott straft die Israeliten durch die Midianiter

6 Von neuem taten die Israeliten, was dem
HERRN mißfiel. Deshalb gab er sie sieben
Jahre lang in die Gewalt der Midianiter*, 2 die
ihnen hart zusetzten.

Die Leute von Israel versteckten sich vor
ihnen in Höhlen und unzugänglichen Schluch-
ten und verschanzten sich auf den Bergen.
3 Jedesmal, wenn sie Getreide gesät hatten, fie-
len die Midianiter zusammen mit den Amaleki-
tern* und mit Beduinen aus dem Osten in das
Land ein 4 und verwüsteten die Felder bis hin
nach Gaza. Sie ließen nichts Eßbares zurück und
raubten alles Vieh – Schafe, Ziegen, Rinder und
Esel. 5 Mit ihren Herden und Zelten zogen sie
heran, um das Land auszuplündern. Sie waren
so zahlreich wie die Heuschrecken; niemand
konnte sie und ihre Kamele zählen.

6-7 Durch die Raubzüge der Midianiter wur-
den die Israeliten bettelarm. In ihrer Not schrien
sie zum HERRN um Hilfe. 8 Da sandte er ihnen
einen Propheten*; der sagte zu ihnen: »So
spricht der HERR, der Gott Israels: ›Ich habe euch
aus der Sklaverei in Ägypten befreit und euch
hierher geführt. 9 Ich habe euch vor den Ägyp-
tern gerettet und ebenso aus der Hand aller Völ-
ker, die euch unterdrückten. Ich habe diese Völ-
ker vor euch her aus ihrem Land vertrieben und
es euch gegeben. 10 Und ich habe zu euch ge-
sagt: Ich bin der HERR, euer Gott; verehrt nicht
die Götter der Amoriter*, in deren Land ihr lebt!
Aber ihr habt nicht auf mich gehört.‹«

Gott beruft Gideon zum Retter Israels

11 Der Engel* des HERRN kam und setzte sich
unter die Eiche* bei Ofra. Der Platz gehörte zum
Grundbesitz Joaschs, eines Mannes aus der
Sippe Abiëser. Sein Sohn Gideon war gerade da-
bei, in der nahegelegenen Weinkelter Weizen zu
dreschen, um ihn vor den Midianitern in Sicher-
heit zu bringen.

12 Da zeigte sich ihm der Engel des HERRN und
sagte: »Gott mit dir, du tapferer Krieger!«

13 Gideon erwiderte: »Verzeihung, mein Herr!
Aber wenn wirklich Gott mit uns ist, wie konnte
uns dann soviel Unglück treffen? Unsere Väter
haben uns doch immer wieder erzählt: ›Der
HERR hat uns aus Ägypten hierhergeführt.‹ Wo
sind denn nun alle seine Wundertaten geblie-
ben? Nein, der HERR hat uns im Stich gelassen
und uns den Midianitern* ausgeliefert!«

14 Der HERR aber trat auf Gideon zu und sagte:
»Du bist stark und mutig. Geh und rette Israel
aus der Hand der Midianiter. Ich sende dich!«

15 »Aber mein Herr«, wandte Gideon ein, »wie
soll ich Israel befreien? Meine Sippe ist die
kleinste im ganzen Stamm Manasse, und ich bin
der Jüngste in meiner Familie.«

16 »Ich werde dir beistehen«, sagte der HERR,
»und du wirst die Midianiter auf einen Schlag
vernichten.«

17 Gideon erwiderte: »Wenn ich vor dir Gnade
gefunden habe, dann gib mir ein Zeichen dafür,
daß wirklich der HERR selbst mit mir sprichst!
18 Geh nicht von hier weg, bis ich dir eine Gabe
gebracht habe.«

»Ich warte, bis du zurückkommst«, sagte der
HERR.

19 Gideon ging nach Hause, kochte ein Zie-
genböckchen und backte ungesäuertes Brot* aus
einem ganzen Backtrog voll Mehl.[a] Dann legte
er das Fleisch in einen Korb, goß die Brühe in
einen Topf, brachte alles zu dem Platz unter der
Eiche und bot es dem Engel des HERRN an.

20 Doch der Engel sagte zu ihm: »Leg das
Fleisch und die Brote hier auf den Felsblock, aber

a Hebräische Maßangabe *1 Efa** (etwa 12 kg).

5,31 Ps 83,10 **6,1** (Midianiter) Gen 25,1-6; Ex 2,15-22; Num 22,4.7; 25,6-18; 31,1-18 **6,3** 5,14 S **6,5** 7,12 **6,8-10** 2,1-2.11-12; 10,11-14 **6,10** Ex 20,2-3; Jos 24,15 **6,11** 2,1 **6,15** 1 Sam 9,21 **6,16** (beistehen) Ex 3,12; Dtn 31,23; Jes 41,10; Jer 1,8 **6,17** (Zeichen) 6,36-40; 2 Kön 20,8-11; Jes 7,10-14 **6,18** 13,15; Gen 18,3-5 **6,20-21** 13,19-20

die Brühe schütte weg!« Gideon tat es, 21 und der
Engel des HERRN berührte mit dem Stab in seiner
Hand das Fleisch und die Brote. Da schlug Feuer
aus dem Felsen und verzehrte alles. Im selben
Augenblick war der Engel verschwunden.
22 Da wußte Gideon, wer mit ihm gesprochen
hatte. »HERR, du mächtiger Gott!« rief er. »Ich
habe deinen Engel gesehen, ich habe ihm ge-
genübergestanden. Ich muß sterben!«
23 Doch der HERR sagte zu ihm: »Zwischen uns
ist Frieden! Hab keine Angst, du mußt nicht ster-
ben.«
24 Da baute Gideon an derselben Stelle einen
Altar* für den HERRN und nannte ihn: »Der HERR
ist Frieden«. Noch heute steht dieser Altar in
Ofra im Gebiet der Sippe Abiëser.

Gideon zerstört den Götzenaltar

25-26 In derselben Nacht erhielt Gideon vom
HERRN den Auftrag: »Nimm den siebenjährigen
Stier[a] deines Vaters. Geh auf den Gipfel des Ber-
ges, reiß den Altar Baals* ein, der auf dem
Grundstück deines Vaters steht, und haue den
geweihten Pfahl* daneben um. Baue an dersel-
ben Stelle einen Altar für mich, den HERRN, aus
aufeinandergeschichteten Steinen genau nach
der Vorschrift, und opfere mir auf dem Altar den
Stier als Brandopfer*. Verwende als Brennholz
den geweihten Pfahl, den du umgehauen hast.«
27 Gideon nahm zehn von seinen Knechten
mit und machte alles, wie der HERR es ihm auf-
getragen hatte. Er tat es jedoch im Schutz der
Nacht, weil er sich vor seinen Angehörigen und
den Männern der Stadt fürchtete.
28 Am nächsten Morgen entdeckten die Män-
ner der Stadt, daß der Baals-Altar eingerissen,
der geweihte Pfahl abgehauen und auf dem neu
errichteten Altar ein Stieropfer dargebracht wor-
den war.
29 Sie sagten zueinander: »Wer hat das getan?«
Sie fragten überall herum, und jemand sagte:
»Das war Gideon, der Sohn von Joasch!« 30 Da
gingen die Männer der Stadt zu Joasch und ver-
langten von ihm: »Gib deinen Sohn heraus! Er
muß sterben. Er hat den Altar Baals eingerissen
und den geweihten Pfahl umgehauen.«
31 Aber Joasch sagte zu allen, die drohend um
ihn herumstanden: »Was mischt ihr euch in die
Angelegenheiten Baals? Ist es vielleicht eure
Sache, für ihn einzutreten? Wenn er ein Gott ist,
soll er selbst kämpfen und sich dafür rächen, daß
man seinen Altar eingerissen hat. Wer ihm zu
Hilfe kommt, soll es mit dem Leben büßen und
den nächsten Morgen nicht mehr erleben!«
32 Weil sein Vater gesagt hatte: »Baal soll
selbst gegen ihn kämpfen«, nannten sie Gideon
von da an auch Jerubbaal.

Gideon bittet Gott um ein Zeichen

33 Die Midianiter* und dazu die Amalekiter* und
die Beduinen aus dem Osten versammelten ihre
ganze Streitmacht und überschritten den Jordan.
In der Ebene von Jesreel schlugen sie ihr Lager
auf.
34 Da nahm der Geist* des HERRN Besitz von
Gideon. Gideon blies das Kriegshorn*, um die
Männer der Sippe Abiëser zusammenzurufen,
und alle folgten ihm. 35 Er schickte Boten durch
das Gebiet des Stammes Manasse, und auch dort
folgten die Männer seinem Ruf und schlossen
sich ihm an. Bis zu den Stämmen Ascher, Sebu-
lon und Naftali schickte er Boten, und sie alle
kamen ihm zu Hilfe.
36 Inzwischen betete Gideon zu Gott: »Gib
mir doch ein Zeichen, an dem ich erkennen
kann, daß du Israel wirklich durch mich retten
willst! 37 Ich bin gerade dabei, frisch geschorene
Wolle auf dem Dreschplatz auszulegen. Laß mor-
gen früh den Tau nur auf die Wolle fallen und die
Erde ringsum trocken bleiben! Dann weiß ich,
daß deine Zusage gilt und du Israel durch meine
Hand retten willst.«
38 Gott erfüllte ihm die Bitte. Als Gideon am
nächsten Morgen die Wolle ausdrückte, füllte
der Tau eine ganze Schale.
39 Und wieder betete Gideon zu Gott: »Werde
nicht zornig über mich, wenn ich dich noch ein
einziges Mal um ein Zeichen bitte! Laß doch
morgen früh die Wolle trocken bleiben und
ringsum auf die Erde Tau fallen.«
40 Auch diese Bitte erfüllte ihm Gott: Am
nächsten Morgen war die Wolle trocken, und auf
der Erde ringsum lag Tau.

Gideons Heer ist zu groß

7 Gideon, den man auch Jerubbaal nannte,
brach früh am Morgen mit seinem ganzen
Heer auf. Bei der Quelle Harod errichteten sie ihr
Lager. Das Lager der Midianiter* befand sich
nördlich davon in der Ebene, nahe beim Hügel
More.
2 Aber der HERR sagte zu Gideon: »Dein Heer

a Er wird zusätzlich als der *zweite* = zweitgeborene bezeichnet; es handelt sich also um das wertvollste Tier, das nach der Opferung des erstgeborenen (vgl. Ex 13,11-16!) vorhanden ist.

6,21 Lev 9,24S **6,22** Ex 33,20S **6,24** (Altar) Gen 12,7-8; 33,20; 35,7; Ex 17,15 **6,31** 1Kön 18,27 **6,34** 3,10S **6,36-40** 6,17S **6,39** Gen 18,30.32 **7,2** Dtn 8,17-18

ist zu groß! So kann ich die Midianiter nicht in
eure Hand geben. Sonst werden die Leute von
Israel am Ende prahlen und sagen: ›Der eigenen
Hand verdanken wir unsere Rettung!‹ 3 Darum
laß im ganzen Lager ausrufen, daß alle, die Angst
haben, nach Hause gehen.«[a] Da gingen 22 000
wieder heim, nur 10 000 blieben bei Gideon.

4 Doch der HERR sagte zu Gideon: »Dein Heer
ist immer noch zu groß. Führe die Männer hin-
unter zur Quelle, dort will ich selbst die Aus-
wahl treffen. Ich werde dir sagen, wer mit dir
gehen soll und wer nicht.«

5 Gideon führte die Männer zum Teich an der
Quelle. Dort sagte der HERR zu ihm: »Wer sich
hinwirft und das Wasser mit der Zunge aufleckt
wie ein Hund, den stell auf die eine Seite; und
wer sich zum Trinken hinkniet, den stell auf die
andere.« 6 Dreihundert Männer leckten das Was-
ser mit der Zunge, alle übrigen knieten sich hin
und führten es mit der hohlen Hand zum
Mund.[b]

7 Der HERR sagte zu Gideon: »Durch die
300 Männer, die das Wasser mit der Zunge
geleckt haben, will ich Israel retten und die
Midianiter in deine Hand geben. Die anderen
sollen nach Hause gehen.«

8a Gideon schickte alle zurück, nur die 300
Ausgewählten behielt er bei sich. Diese über-
nahmen von den anderen den Proviant und die
Kriegshörner*.

Der Ausgang steht fest

8b Das Lager der Midianiter* war unten in der
Ebene. 9 In der Nacht sagte der HERR zu Gideon:
»Auf, greif das Lager an, ich gebe es in deine
Hand! 10 Wenn du aber Angst hast, dann geh vor-
her mit deinem Diener Pura hinunter, 11 und hör
dir an, was sie dort miteinander reden. Das wird
dir Mut machen, sie anzugreifen.«

Gideon und sein Diener gingen hinunter und
schlichen sich bis an die äußeren Lagerwachen
heran. 12 Die Midianiter, die Amalekiter* und die
Beduinen aus dem Osten, die dort lagerten, be-
deckten die ganze Ebene wie Heuschrecken,
und ihre Kamele waren unzählbar wie die Sand-
körner am Meeresstrand.

13 Als nun Gideon bei den Wachtposten an-
kam, erzählte gerade einer seinem Kameraden
einen Traum. »Stell dir vor«, sagte er, »ich habe
im Traum gesehen, wie ein Gerstenbrot vom
Berg herab in unser Lager rollte. Es stieß an
unser Zelt, warf es um und kehrte das Unterste
zuoberst.«

14 Sein Kamerad antwortete: »Das kann nur
eine Bedeutung haben: Der Israelit Gideon wird
uns besiegen; Gott hat uns und unser Lager in
seine Hand gegeben!«

Gott kämpft auf der Seite Gideons

15 Als Gideon den Traum und seine Deutung
gehört hatte, warf er sich nieder und dankte
Gott. Dann kehrte er ins Lager Israels zurück
und rief: »Steht auf! Der HERR hat das Lager der
Midianiter* in eure Hand gegeben.«

16 Er teilte die 300 Mann in drei Gruppen auf;
jeder bekam ein Widderhorn* und eine Fackel,
dazu einen Krug, um die brennende Fackel zu
verbergen. 17-18 Gideon schärfte ihnen ein:
»Stellt euch rings um das Lager auf, und macht
alles genauso wie ich! Ich gehe jetzt bis zum
Rand des Lagers, und ihr achtet genau darauf,
was ihr mich tun seht, und macht es ebenso.
Wenn ihr hört, wie ich und die Männer bei mir
ins Horn stoßen, dann stoßt auch ihr ins Horn,
rings um das Lager, und ruft: ›Für den HERRN
und für Gideon!‹«

19 Mitten in der Nacht kam Gideon mit seinen
100 Mann an den Rand des Lagers. Die Midiani-
ter hatten gerade die Wachen gewechselt. Da
bliesen die Männer um Gideon ihre Widder-
hörner und zerschlugen die Krüge. 20 Alle drei
Abteilungen folgten dem Beispiel, stießen in die
Hörner und zerschlugen die Krüge. Jeder hielt in
der linken Hand die Fackel und in der rechten
das Horn. Sie riefen: »Auf zum Kampf! Für den
HERRN und für Gideon!« 21 Dabei standen sie
rings um das Lager, jeder an seinem Platz.

Im Lager liefen alle durcheinander, schrien
und ergriffen die Flucht. 22 Denn als die Dreihun-
dert in die Widderhörner stießen, ließ der HERR
im Lager eine Panik entstehen, und alle gingen
mit dem Schwert aufeinander los. Darauf floh
das ganze Heer in Richtung auf Bet-Schitta,
Zereda, Sefat-Abel-Mehola und Tabbat.

Die Rolle Efraïms bei der Verfolgung der Midianiter

23 Nun wurden die Männer der Stämme Naftali,
Ascher und Manasse zusammengerufen, um
die Midianiter* zu verfolgen. 24 Gideon schickte
auch Boten ins Bergland von Efraïm und ließ
dort sagen: »Kommt herab und verlegt den Mi-

a Es folgt noch: *Laß sie früh am Morgen vom Bergland Gilead weggehen;* aber Gilead* liegt weit entfernt.
b *mit der hohlen Hand zum Mund:* Die Wörter sind im hebräischen Text offenbar an die falsche Stelle geraten, so daß es dort heißt: *Dreihundert leckten mit der hohlen Hand zum Mund, alle übrigen tranken kniend.*

7,3 Dtn 20,8 7,7 1 Sam 14,6 7,12 6,5 7,22 Ps 83,10; Jes 9,3; 10,26

dianitern den Fluchtweg! Besetzt alle Wasser-
stellen bis nach Bet-Bara und sichert die Jordan-
furten!«
Da sammelten sich alle Männer des Stammes
Efraïm, besetzten die Wasserstellen und riegel-
ten die Jordanfurten ab. 25 Sie nahmen zwei
Anführer der Midianiter, Oreb und Seeb (d. h.
»Rabe« und »Wolf«) gefangen und töteten sie,
Oreb am Rabenfelsen und Seeb bei der Wolfskel-
ter. Dann verfolgten sie die Midianiter. Die abge-
schlagenen Köpfe der beiden Anführer brachten
sie zu Gideon auf die andere Seite des Jordans.

8 Die Männer von Efraïm sagten zu Gideon:
»Warum hast du uns nicht gerufen, als du in
den Kampf gegen die Midianiter gezogen bist?
Das hättest du uns nicht antun dürfen!« Sie
machten Gideon schwere Vorwürfe.
2 Doch er antwortete ihnen: »Der Sieg, den
ich errungen habe, ist nichts, verglichen mit
dem, was euch geglückt ist. Ihr kennt doch das
Sprichwort: ›Die Nachlese Efraïms ist besser als
die Lese Abiësers!‹ 3 Gott hat die Anführer der
Midianiter in eure Hand gegeben; das stellt alles
in den Schatten, was ich getan habe.«
So beruhigte er sie, und sie gaben sich zufrie-
den.

Gideon besiegt den Rest der Midianiter

4 Gideon hatte mit seinen 300 Mann den Jordan
überschritten. Weil sie von der Verfolgung ganz
erschöpft waren, 5 sagte er zu den Männern der
Stadt Sukkot: »Gebt meinen Leuten ein paar
Brotlaibe! Sie sind ganz ausgehungert. Wir ver-
folgen die Midianiterkönige Sebach und Zal-
munna.«
6 Aber die führenden Männer der Stadt er-
widerten: »Warum sollten wir deiner Truppe
Brot geben? Hast du Sebach und Zalmunna
schon in der Hand?«
7 Da sagte Gideon: »Das werdet ihr mir
büßen! Wenn der HERR die Könige der Midia-
niter* in meine Hand gegeben hat, werde ich
mit Dornen und Stachelpeitschen auf euch ein-
dreschen!«
8 Gideon zog weiter nach Penuël und bat
auch dort um Brot, aber die Männer der Stadt
antworteten ihm genau wie die Männer von
Sukkot. 9 Gideon sagte: »Wenn ich wohlbehalten
zurückkomme, werde ich eure Burg nieder-
reißen!«
10 Sebach und Zalmunna lagerten mit ihrem
Heer in Karkor. Noch 15000 Mann waren ihnen
geblieben, 120000 hatten in der vorangegan-
genen Schlacht den Tod gefunden. 11 Gideon
näherte sich ihnen auf der Straße am Rand der
Wüste, die östlich von Nobach und Jogboha ver-
läuft. Während die Midianiter sich in Sicherheit
glaubten, überfiel er völlig unerwartet ihr Lager.
12 Die beiden Könige Sebach und Zalmunna flo-
hen, aber er verfolgte sie und nahm sie gefan-
gen. Das Heer im Lager versetzte er in einen sol-
chen Schrecken, daß alle davonliefen.

Gideon nimmt Rache

13 Als Gideon, der Sohn Joaschs, von der Midiani-
terschlacht zurückkehrte und die Steige* von
Heres hinabging, 14 traf er auf einen jungen
Mann aus der Stadt Sukkot. Er hielt ihn fest und
ließ sich von ihm die führenden Männer und
die Ältesten* der Stadt aufschreiben, insgesamt
77 Namen.
15 Als er nach Sukkot kam, sagte er zu den
Männern der Stadt: »Hier bringe ich Sebach und
Zalmunna, derentwegen ihr mich verspottet und
gesagt habt: ›Hast du denn Sebach und Zal-
munna schon in der Hand, daß wir deinen er-
schöpften Leuten Brot geben sollen?‹« 16 Er ließ
die Ältesten der Stadt ergreifen und sie mit
stachligen Ruten zu Tode peitschen. 17 Die Burg
von Penuël ließ er niederreißen und die Männer
der Stadt umbringen.
18 Sebach und Zalmunna aber fragte er: »Wie
sahen die Männer aus, die ihr auf dem Berg
Tabor getötet habt?«
Sie antworteten: »Genau wie du, jeder so
stattlich wie ein Königssohn.«
19 »Es waren meine Brüder, Söhne meiner
eigenen Mutter!« rief Gideon. »So gewiß der
HERR lebt: Wenn ihr sie verschont hättet, würde
ich euch nicht umbringen.«
20 Er befahl seinem erstgeborenen Sohn Jeter:
»Auf, schlag sie tot!« Aber der brachte sein
Schwert nicht aus der Scheide. Er schreckte vor
der Tat zurück, weil er noch so jung war.
21 Sebach und Zalmunna sagten: »Steh auf
und tu es selbst! Wie der Mann, so seine Kraft!«
Da stand Gideon auf und erschlug die beiden.
Die goldenen Halbmonde, die als Amulette an
den Hälsen ihrer Kamele hingen, nahm er an
sich.

Gideon lehnt die Königswürde ab

22 Die Männer Israels sagten zu Gideon: »Sei du
unser Herrscher, und dein Sohn und dein Enkel
nach dir! Denn du hast uns aus der Hand der
Midianiter* gerettet.«

7,25 Ps 83,12 8,1 12,1 8,19 Num 35,31 8,21 Ps 83,12

23 Aber Gideon erwiderte: »Ich will nicht euer
Herrscher sein, und auch mein Sohn soll es nicht
sein; der HERR soll über euch herrschen!«
24 Doch dann fügte er hinzu: »Nur *eine* Bitte
habe ich: Gebt mir die Ohrringe, die ihr erbeutet
habt!« Die besiegten Feinde hatten goldene Ohr-
ringe getragen; denn es waren Ismaëliter.
25 »Wir geben sie dir gern«, sagten die Männer
Israels. Man breitete ein Obergewand* aus, und
jeder warf seine erbeuteten Ringe darauf. 26 Das
Gold, das auf diese Weise zusammenkam, wog
fast 20 Kilo,[a] und dazu kamen noch die Amu-
lette, Ohrgehänge und Purpurkleider, die die
Midianiterkönige getragen hatten, sowie der
Schmuck an den Hälsen ihrer Kamele.
27 Gideon machte aus dem Gold ein Got-
tesbild[b] und stellte es in seiner Heimatstadt Ofra
auf. Alle Israeliten kamen dorthin, beteten das
Bild an und wurden so dem HERRN untreu. Für
Gideon und seine Familie wurde das zum Ver-
derben.

Gideons Tod. Neuer Ungehorsam der Israeliten

28 So zwang Gott die Midianiter* vor den Israeli-
ten in die Knie; sie konnten nicht mehr gegen
Israel aufstehen. Solange Gideon lebte, hatte das
Land Ruhe vor Feinden, vierzig Jahre lang.
29 Gideon[c] kehrte nach Hause zurück und
blieb dort. 30 Von seinen vielen Frauen hatte er
siebzig Söhne. 31 Eine Nebenfrau lebte in der
Stadt Sichem. Sie gebar ihm einen Sohn, den er
Abimelech nannte. 32 Gideon starb in hohem
Alter und wurde in der Grabstätte seines Vaters
Joasch in Ofra, im Gebiet der Sippe Abiëser, bei-
gesetzt.
33 Nachdem Gideon gestorben war, liefen die
Israeliten von neuem den Baalen* nach und
machten den Bundes-Baal von Sichem zu ihrem
Gott. 34 Sie vergaßen den HERRN, ihren Gott, der
sie aus der Gewalt aller Feinde rings um sie
her gerettet hatte. 35 Auch den Nachkommen
Gideons vergalten sie die großen Taten, die
Gideon[d] für Israel getan hatte, mit Undank.

Abimelech will König werden

9 Abimelech, der Sohn Gideons, ging eines
Tages nach Sichem zu den kanaanitischen
Verwandten seiner Mutter. Er rief die ganze
Sippe zusammen und sagte zu den versammel-
ten Männern: 2 »Fragt doch einmal die Leute von
Sichem, was ihnen lieber ist: wenn alle siebzig
Söhne Gideons zusammen über sie herrschen,
oder wenn ein einziger Mann ihr König ist.
Macht ihnen deutlich, daß ich von ihrem Fleisch
und Blut bin!«
3 Die Brüder seiner Mutter machten sich zu
Abimelechs Fürsprechern und trugen die Sache
allen Bürgern Sichems vor. Diese ließen sich für
Abimelech gewinnen, denn sie sagten sich: »Er
gehört zu uns, er ist unser Bruder!« 4 Sie gaben
ihm 70 Silberstücke* aus dem Tempelschatz
ihres Gottes, der den Namen »Baal* des Bundes«
trug.
Mit diesem Geld warb Abimelech einen
Trupp von Männern an, die nichts zu verlieren
hatten und vor nichts zurückschreckten; die
wurden sein Gefolge. 5 Mit ihnen zog er nach
Ofra zum Haus seines Vaters, überfiel seine Brü-
der und tötete alle siebzig auf einem einzigen
Felsblock. Nur Gideons jüngster Sohn Jotam
kam mit dem Leben davon, weil er sich versteckt
hatte.
6 Daraufhin versammelten sich die Bürger
von Sichem und die Besatzung der Festung,
zogen vor die Stadt zu der Eiche* mit dem
Denkstein und machten Abimelech zu ihrem
König.

Jotams Fabel – Kritik am Königtum

7 Als das Jotam erfuhr, stieg er auf den Gipfel des
Berges Garizim und rief zu ihnen hinunter:
»Hört mich an, ihr Leute von Sichem – wenn ihr
wollt, daß Gott euch hört!
8 Einst kamen die Bäume zusammen, um sich
einen König zu wählen. Sie sagten zum Ölbaum:
›Sei du unser König!‹ 9 Aber der Ölbaum er-
widerte: ›Soll ich vielleicht aufhören, kostbares
Öl zu spenden, mit dem Götter und Menschen
geehrt werden? Soll ich über den Bäumen thro-
nen?‹
10 Da sagten die Bäume zum Feigenbaum: ›Sei
du unser König!‹ 11 Doch der Feigenbaum er-
widerte: ›Soll ich vielleicht aufhören, süße Fei-
gen zu tragen? Soll ich über den Bäumen thro-
nen?‹
12 Da sagten sie zum Weinstock: ›Sei du unser
König!‹ 13 Doch der erwiderte: ›Soll ich aufhören,

a Hebräische Maßangabe *1700 Schekel**.
b *Gottesbild:* Das hebräische Wort *efod* bezeichnet sonst den Amtsschurz* der Priester mit der Orakeltasche; vgl. Sacherklärung »Priesterschurz (2)«.
c In Vers 29 steht der Name *Jerubbaal* (vgl. 6,32), in Vers 30 wieder *Gideon*.
d Wörtlich *Jerubbaal Gideon* (vgl. 6,32). Im folgenden Kapitel wird für Gideon als Vater Abimelechs ausschließlich die Namensform *Jerubbaal* verwendet (Verse 1, 2, 5, 16, 19, 28, 57).

8,23 1 Sam 8,6-7 **8,24-27** Ex 32,2-4 **8,33** 9,4.46 **9,1** 8,31 **9,2** 8,30 **9,4** 8,33; 11,3 **9,6** Jos 24,26; Gen 12,6; 35,4

Wein zu spenden, der Götter und Menschen er-
freut? Soll ich über den Bäumen thronen?‹
14 Schließlich sagten sie zum Dornstrauch:
›Sei du unser König!‹ 15 Und der Dornstrauch
erwiderte: ›Wenn ihr mich wirklich zu eurem
König machen wollt, dann bückt euch und sucht
Schutz unter meinem Schatten! Sonst wird
Feuer von meinen Dornen ausgehen, das sogar
die Zedern des Libanons verbrennt!‹«
16 Nachdem Jotam diese Geschichte erzählt
hatte, fuhr er fort: »Meint ihr wirklich, daß es
recht von euch war, Abimelech zu eurem König
zu machen? Habt ihr vergessen, was ihr Gideon
und seiner Familie verdankt? 17 Mein Vater hat
sein Leben für euch aufs Spiel gesetzt, um euch
aus der Hand der Midianiter* zu retten. 18 Ihr
aber habt euch gegen seine Söhne erhoben und
habt sie alle ermordet, siebzig auf einem Stein,
und habt den Sohn seiner Sklavin zum König
von Sichem gemacht, nur weil er euer Stammes-
bruder ist. 19 Wenn das alles recht war und ihr
heute an Gideon und seiner Familie redlich ge-
handelt habt, dann wünsche ich euch, daß ihr
mit Abimelech glücklich werdet und er mit
euch. 20 Wenn es aber Unrecht war, dann soll
von Abimelech Feuer ausgehen und euch alle,
die Bürger von Sichem und die Besatzung der
Festung, verzehren! Und von den Bürgern von
Sichem und der Besatzung der Festung soll ein
Feuer ausgehen, das Abimelech verzehrt!«
21 Als Jotam zu Ende gesprochen hatte, floh er
vor seinem Bruder Abimelech nach Beer und
blieb dort.

Spannungen zwischen Abimelech und den Bürgern von Sichem

22 Als Abimelech drei Jahre über Israel ge-
herrscht hatte, 23 ließ Gott Feindschaft aus-
brechen zwischen ihm und den Bürgern von
Sichem; die Leute von Sichem lehnten sich
gegen ihn auf. 24 Abimelech sollte nämlich von
der Strafe getroffen werden, die er durch den
grausamen Mord an seinen 70 Brüdern auf sich
gezogen hatte, und auch die Bürger von Sichem
sollten dafür bestraft werden, daß sie ihm die
Mittel verschafft hatten, seine Brüder umzubrin-
gen.
25 Um Abimelech zu schädigen,[a] legten sich
die Männer von Sichem in den Bergen rings um
ihre Stadt auf die Lauer und raubten jeden aus,
der auf den Straßen vorbeizog. Das wurde
Abimelech gemeldet.
26 Um diese Zeit kam Gaal, der Sohn Ebeds,
mit seinem Anhang nach Sichem und gewann
das Vertrauen der Bürger. 27 Als sie die Weinlese
gehalten und neuen Wein gekeltert hatten, feier-
ten sie ein großes Freudenfest im Tempel ihres
Gottes. Sie aßen und tranken und schimpften
auf Abimelech.
28 Gaal rief ihnen zu: »Wer ist schon Abime-
lech? So einem sollen wir dienen, eine Stadt wie
Sichem? Er ist ein Sohn des Israeliten Gideon,
und diesen Sebul hat er als seinen Aufpasser
über uns eingesetzt! Dient lieber den Nachkom-
men Hamors, des Gründers dieser Stadt. Warum
sollen wir uns Abimelech unterwerfen? 29 Wenn
nur die Leute von Sichem mir folgten, ich würde
schnell mit Abimelech fertig! Ich würde ihn auf-
fordern: ›Ruf deine Truppe zusammen und stell
dich zum Kampf!‹«
30 Als der Stadtkommandant Sebul hörte, wie
Gaal das Volk aufhetzte, wurde er zornig. 31 Er
schickte heimlich Boten zu Abimelech und ließ
ihm sagen: »Gaal, der Sohn Ebeds, ist mit seinen
Brüdern nach Sichem gekommen. Sie wiegeln
die Leute gegen dich auf! 32 Komm deshalb im
Schutz der Nacht mit deinen Truppen und halte
dich in der Nähe der Stadt versteckt. 33 Bei Son-
nenaufgang überfällst du die Stadt, und wenn
Gaal dir mit seinen Leuten entgegenzieht,
kannst du mit ihm abrechnen.«
34 Abimelech zog in der Nacht mit seinen
Truppen herbei und versteckte sie in vier Abtei-
lungen rings um die Stadt. 35 Als Gaal am Mor-
gen ins Stadttor trat, brachen Abimelech und
seine Männer aus ihren Verstecken hervor.
36 Gaal sah sie und sagte zu Sebul: »Da kom-
men ja Krieger von den Bergen herab!«
»Du hältst die Schatten am Berghang für
Menschen«, erwiderte Sebul.
37 Aber Gaal sagte: »Doch, da kommen Krieger
den ›Nabel* der Erde‹ herab, und eine Abteilung
kommt auf dem Weg, der an der Orakeleiche
vorbeiführt.«
38 Da sagte Sebul zu ihm: »Wo bleibt nun dein
großes Maul? Du hast gesagt: ›Wer ist schon
Abimelech? So einem sollten die Leute von
Sichem dienen?‹ Nun, da sind die Männer, von
denen du so verächtlich geredet hast. Jetzt tritt
an und kämpfe gegen Abimelech!«
39 Gaal führte die Männer von Sichem in den
Kampf. 40 Abimelech aber trieb ihn zurück, so
daß er sich in die Stadt flüchten mußte. Auf dem
Weg bis zum Tor erschlugen die Krieger Abime-
lechs viele von den Männern der Stadt.
41 Abimelech kehrte nach Aruma zurück und

a Verdeutlichender Zusatz; vermutlich wollten sie seine Zolleinnahmen mindern.

9,14 2 Kön 14,9 9,28 Gen 34,2

blieb dort. Sebul aber vertrieb Gaal und seine Brüder aus Sichem.

Abimelech erobert und zerstört Sichem

[42] Schon am nächsten Tag nahmen die Männer von Sichem ihre Raubzüge wieder auf. Als Abimelech davon erfuhr, [43] teilte er seine Leute in drei Abteilungen und legte jede in einen Hinterhalt in der Nähe der Stadt. Als er die Männer von Sichem aus der Stadt kommen sah, brach er mit seinen Leuten hervor und schlug sie nieder. [44] Im einzelnen war es so abgelaufen:[a] Er selbst lief mit der einen Abteilung zum Stadttor und sperrte den Durchgang; die beiden anderen trieben die Männer von Sichem zusammen und erschlugen alle. [45] Dann griff Abimelech die Stadt an. Den ganzen Tag kämpfte er um sie. Als er sie eingenommen hatte, tötete er alle Bewohner. Er zerstörte die Stadt und streute Salz auf die Trümmer.

[46] Als die Insassen der Festung von Sichem merkten, daß die Stadt eingenommen war, flüchteten sie sich in das unterirdische Gewölbe im Tempel des Bundesgottes. [47] Abimelech wurde gemeldet, daß sie sich alle dort zusammendrängten. [48] Darauf ging er mit seinen Männern auf den Berg Zalmon, hieb mit der Axt einen Ast ab und nahm ihn auf die Schulter. »Was ihr gesehen habt, das macht mir nach, aber schnell«, sagte er zu seinen Männern. [49] Da hieb jeder einen Ast ab und trug ihn hinter Abimelech zur Burg. Sie schichteten die Äste über dem Gewölbe auf und zündeten sie an. So kamen alle Insassen der Festung ums Leben, ungefähr 1000 Männer und Frauen.

Abimelechs Ende

[50] Darauf zog Abimelech vor die Stadt Tebez, belagerte und eroberte sie. [51] In der Mitte der Stadt lag eine stark befestigte Burg. Dorthin flohen alle Bewohner, Männer und Frauen. Sie verriegelten das Tor und stiegen auf das flache Dach.

[52] Abimelech versuchte die Burg zu erobern. Er näherte sich dem Tor und wollte Feuer daran legen, [53] da warf eine Frau ihm den Mahlstein einer Handmühle* auf den Kopf und verwundete ihn tödlich. [54] Abimelech rief seinem Waffenträger zu: »Zieh dein Schwert und töte mich! Sonst wird es heißen: Eine Frau hat ihn umgebracht!« Der Waffenträger durchbohrte ihn mit dem Schwert, so daß er starb.

[55] Als die Israeliten sahen, daß Abimelech tot war, liefen sie auseinander, und jeder kehrte nach Hause zurück.

[56] So ließ Gott das Böse, das Abimelech mit dem Mord an seinen Brüdern seinem Vater angetan hatte, auf ihn selbst zurückfallen. [57] Auch die Männer von Sichem hatte Gott die Folgen ihres bösen Tuns spüren lassen. Der Fluch war in Erfüllung gegangen, den Jotam, der Sohn Gideons, über sie ausgesprochen hatte.

Die Richter Tola und Jaïr

10 Nach dem Tod Abimelechs trat wieder ein Mann auf, um Israel zu retten: Tola, der Sohn Puas und Enkel Dodos aus dem Stamm Issachar. Er wohnte in Schamir im Bergland von Efraïm. [2] Dreiundzwanzig Jahre lang war er der Richter* Israels. Dann starb er und wurde in seinem Heimatort begraben.

[3] Nach ihm trat Jaïr aus der Landschaft Gilead* auf und wurde für zweiundzwanzig Jahre der Richter Israels. [4] Er hatte dreißig Söhne, die auf dreißig Eseln ritten und dreißig Ortschaften besaßen. Diese Ortschaften liegen in Gilead und heißen bis zum heutigen Tag die »Dörfer Jaïrs«. [5] Als Jaïr starb, wurde er in Kamon begraben.

Ungehorsam bringt die Israeliten in schwere Not

[6] Die Leute von Israel taten von neuem, was dem HERRN mißfiel. Sie verehrten fremde Götter, die Baale und Astarten[b] sowie die Götter der Syrer und Phönizier, der Moabiter, Ammoniter und Philister. Dem HERRN aber kehrten sie den Rücken und ehrten ihn nicht.

[7] Da wurde der HERR zornig auf sie und gab sie den Philistern* und den Ammonitern* preis. [8] Achtzehn Jahre lang wurden alle Israeliten, die jenseits des Jordans in Gilead, im ehemaligen Gebiet der Amoriter, wohnten, von den Ammonitern grausam unterdrückt. [9] Zuletzt überschritten die Ammoniter sogar den Jordan und griffen die Stämme Juda, Benjamin und Efraïm an. So geriet ganz Israel in große Bedrängnis.

[10] Da schrien die Israeliten zum HERRN um Hilfe. »Wir haben uns gegen dich vergangen«, sagten sie. »Es war nicht recht, daß wir dir, unserem Gott, den Rücken gekehrt und die Baale verehrt haben.«

[11] Der HERR antwortete: »Habe ich euch nicht vor den Ägyptern, den Amoritern, Ammonitern und Philistern gerettet? [12] Und als ihr zu mir um Hilfe rieft, weil euch die Phönizier, Amalekiter

a Verdeutlichender Zusatz. *b* Zur Mehrzahl siehe Anmerkung zu 2,11-12.

9,46 8,33 **9,53** 2 Sam 11,21 **9,54** 1 Sam 31,4 **9,57** 9,20 **10,3-4** (Dörfer Jaïrs) Num 32,41; Dtn 3,14; 1 Chr 2,21-23 **10,11-14** 6,8-10

und Maoniter bedrängten, habe ich euch da
nicht vor ihnen beschützt? 13 Ihr aber habt euch
von mir abgewandt und habt anderen Göttern
geopfert. Deshalb werde ich euch jetzt nicht
mehr helfen. 14 Geht doch zu den Göttern, die
ihr euch ausgesucht habt! Die sollen euch jetzt in
der Not beistehen und euch retten!«

15 Die Leute von Israel sagten: »Wir haben
schwere Schuld auf uns geladen. Tu mit uns,
was du für richtig hältst, aber laß uns nicht
untergehen; rette uns!« 16 Sie schafften die Bilder
der fremden Götter weg und dienten wieder
dem HERRN. Da konnte er das Leiden der Israeli-
ten nicht länger mit ansehen.

Jiftach wird Anführer der Israeliten

17 Die Ammoniter* sammelten sich und schlu-
gen ihr Lager bei der Stadt Gilead auf; die Män-
ner Israels aber kamen bei Mizpa zusammen.
18 Die führenden Männer der Landschaft Gilead*
fragten sich besorgt: »Wer wird uns im Kampf
gegen die Ammoniter anführen?« Und sie be-
schlossen: »Wer das übernimmt, soll Herrscher
über alle Bewohner von Gilead werden.«

11 Nun gab es unter den Männern Gileads
einen besonders tapferen Krieger namens
Jiftach. Er war der Sohn einer Prostituierten; sein
Vater hieß Gilead. 2 Dieser Gilead hatte von sei-
ner Ehefrau noch weitere Söhne, und als die her-
anwuchsen, jagten sie Jiftach fort und sagten:
»Du bekommst nichts vom Erbe unseres Vaters,
denn du stammst von einer anderen Frau.« 3 So
mußte Jiftach vor seinen Brüdern fliehen. Er ging
ins Land Tob, und dort sammelte sich um ihn
eine Schar von Männern, die nichts zu verlieren
hatten. Mit ihnen unternahm er seine Streif-
züge.

4 Einige Zeit danach fingen die Ammoniter
mit Israel Krieg an. 5 Da gingen die Ältesten* von
Gilead ins Land Tob, um Jiftach zu Hilfe zu rufen.
6 Sie sagten zu ihm: »Komm und sei unser An-
führer gegen die Ammoniter!«

7 Aber Jiftach erwiderte: »Denkt ihr nicht
mehr daran, wie ihr mich verachtet und vom
Erbe meines Vaters vertrieben habt? Und jetzt
kommt ihr, wo ihr in Not seid?«

8 Sie antworteten: »Ja, wir wenden uns an
dich, damit du mit uns in den Kampf gegen die
Ammoniter ziehst. Du sollst auch Herrscher
über alle Bewohner von Gilead werden.«

9 »Ihr wollt also sagen«, erwiderte Jiftach,
»wenn der HERR mir den Sieg über die Ammoni-
ter gibt, soll ich euer Herrscher werden?«

10 Die Ältesten erklärten: »Der HERR ist unser
Zeuge: Genauso soll es geschehen.«

11 Daraufhin kam Jiftach mit, und das Volk
setzte ihn zu seinem Herrscher und Anführer
ein. Jiftach ließ sich das alles am Heiligtum des
HERRN in Mizpa bestätigen.

Jiftach verhandelt vergeblich mit den Ammonitern

12 Jiftach schickte Boten zum König der Ammoni-
ter* und ließ ihm sagen: »Warum bist du in mein
Land eingefallen? Haben wir Grund, miteinan-
der Krieg zu führen?«

13 Der Ammoniterkönig gab den Boten die
Antwort mit: »Die Israeliten haben mir mein
Land weggenommen, als sie aus Ägypten hier-
hergekommen sind, das ganze Gebiet zwischen
Arnon und Jabbok und im Westen bis an den Jor-
dan. Gib mir das alles jetzt freiwillig zurück!«

14 Jiftach schickte die Boten noch einmal zum
König der Ammoniter 15 und ließ ihm sagen: »So
spricht Jiftach: Die Israeliten haben das Land der
Moabiter und Ammoniter nicht weggenommen.
16 Nachdem sie aus Ägypten gezogen waren,
wanderten sie durch die Wüste bis zum Schilf-
meer* und kamen nach Kadesch. 17 Von dort
schickten sie Boten zum König von Edom* und
baten: ›Laß uns durch dein Land ziehen!‹ Aber
er erlaubte es ihnen nicht. Genauso erging es
ihnen mit dem König von Moab*. Deshalb blie-
ben die Israeliten in Kadesch.

18 Später umgingen sie das Gebiet der Edomi-
ter und Moabiter auf dem Weg durch die Wüste.
Sie kamen in das Gebiet östlich von Moab und
lagerten jenseits des Arnonflusses, der die
Grenze Moabs bildet; sie überschritten ihn nicht
und betraten kein moabitisches Gebiet.

19 Von dort aus schickten sie Boten zum Amo-
riterkönig Sihon nach Heschbon und baten: ›Laß
uns durch dein Land in unser Land ziehen!‹
20 Aber Sihon glaubte ihnen nicht, daß sie nur
durchziehen wollten, sondern bot seine ganzen
Kriegsleute gegen Israel auf. Er sammelte seine
Truppen bei Jahaz, und von dort aus griff er
die Israeliten an. 21-22 Der HERR aber, der Gott
Israels, gab Sihon und alle seine Kriegsleute in
die Hand der Israeliten. Sie besiegten die Amori-
ter* und nahmen ihr Land in Besitz, das ganze
Gebiet vom Arnon bis zum Jabbok und von der
Wüste bis zum Jordan. Denn dort wohnten
damals die Amoriter.

23 So hat sie nun also der HERR, der Gott
Israels, vor seinem Volk aus ihrem Land vertrie-

10,16 Jos 24,23 **11,3** 9,4; 1 Sam 22,2 **11,4** 10,7 **11,11** 10,17-18 **11,13** Dtn 2,19 **11,17** Num 20,14-21 **11,18** Num 21,4.13 **11,19-22** Num 21,21-26

ben, und nun willst du uns dieses Land streitig
machen? 24 Wenn dein Gott Kemosch jemand
vor dir vertreibt, hältst du es für dein gutes
Recht, sein Land in Besitz zu nehmen; und ge-
nauso beanspruchen wir das Land derer, die der
HERR, unser Gott, vor uns ausgetrieben hat.

25 Nimm dir ein Beispiel am Moabiterkönig
Balak, dem Sohn Zippors. Oder meinst du, du
seist soviel bedeutender als er? Hat er jemals
Krieg mit uns angefangen, um uns unser Gebiet
streitig zu machen? 26 Seit 300 Jahren wohnen
die Israeliten jetzt in Heschbon und Aroër und
den zugehörigen Ortschaften und in den Städten
am Arnonfluß. Warum habt ihr uns denn das
Land während dieser langen Zeit nicht wegge-
nommen?

27 Was meine Person angeht: Ich habe dir kein
Unrecht getan; aber du begehst ein Unrecht an
mir, wenn du ohne Ursache Krieg anfängst. Der
HERR selbst ist Richter, er soll heute den Streit
zwischen den Israeliten und den Ammonitern
entscheiden!«

Jiftachs Gelübde und sein Sieg

28 Der Ammoniterkönig ließ sich durch die Vor-
haltungen Jiftachs nicht von seinen Kriegsplänen
abbringen. 29 Da nahm der Geist* des HERRN Be-
sitz von Jiftach, und Jiftach durchzog das ganze
Gebiet von Gilead* und Manasse. Dann kehrte
er nach Mizpa in Gilead zurück, um von dort in
den Kampf gegen die Ammoniter* zu ziehen.

30 Vorher legte er ein Gelübde* ab und ver-
sprach dem HERRN: »Wenn du die Ammoniter in
meine Hand gibst 31 und ich wohlbehalten nach
Hause zurückkehre, soll das, was mir als erstes
aus der Tür meines Hauses entgegenkommt, dir
gehören. Ich will es dir als Opfer* auf deinem
Altar verbrennen.«

32 Dann zog Jiftach in den Kampf gegen die
Ammoniter, und der HERR gab sie in seine Hand.
33 Jiftach brachte ihnen eine schwere Niederlage
bei und nahm ihnen das Gebiet von Aroër bis
nach Minnit und Abel-Keramim ab, insgesamt
20 Städte. So zwang der HERR die Ammoniter vor
den Israeliten in die Knie.

34 Als nun Jiftach zu seinem Haus nach Mizpa
zurückkehrte, wer kam da aus der Tür? Seine
Tochter, seine einzige! Er hatte außer ihr keine
Kinder. Sie trat aus dem Haus und kam ihm
entgegen, dabei tanzte sie und schlug das Tam-
burin.

35 Als er sie sah, zerriß er sein Gewand und
rief: »Ach, meine Tochter, du stürzt mich in tief-
stes Leid! Daß *du* es sein mußt! Was für einen
Schmerz fügst du mir zu! Ich habe dem HERRN
mein Wort gegeben und kann es nicht zurück-
nehmen.«

36 Sie aber sagte: »Mein Vater, wenn es so ist,
dann tu an mir, was du nun einmal ausgespro-
chen hast. Der HERR hat dir ja auch den Sieg über
deine Feinde, die Ammoniter, geschenkt.«

37 Dann fügte sie hinzu: »Gewähre mir nur
eine Bitte! Laß mich noch zwei Monate leben.
Ich möchte auf die Hügel dort unten gehen und
mit meinen Freundinnen darüber weinen, daß
ich unverheiratet sterben muß.«

38 »Geh nur«, sagte ihr Vater und gab ihr zwei
Monate Zeit. So ging sie mit ihren Freundinnen
auf die Hügel, um zu weinen. 39 Als die Frist ver-
strichen war, kehrte sie zu ihrem Vater zurück,
und er tat an ihr, was er dem HERRN versprochen
hatte. Sie war noch eine unberührte Jungfrau, als
sie starb. Daraus entstand der Brauch in Israel,
40 daß die jungen Frauen einmal in jedem Jahr
hinausgehen und vier Tage lang die Tochter
Jiftachs aus Gilead beweinen.

Jiftachs Konflikt mit dem Stamm Efraïm

12 Die Männer Efraïms sammelten sich,
zogen nach Zafon und machten Jiftach
Vorwürfe. »Warum hast du uns nicht gerufen, als
du in den Kampf gegen die Ammoniter* gezogen
bist?« sagten sie. »Wir werden dir das Haus über
dem Kopf anzünden!«

2 Jiftach erwiderte ihnen: »Ich mußte mit mei-
nen Leuten einen schweren Kampf gegen die
Ammoniter bestehen. Ich habe euch ja gerufen,
aber ihr habt mir nicht geholfen. 3 Als ich sah,
daß ihr mich im Stich ließt, mußte ich in eigener
Verantwortung handeln, und der HERR gab die
Ammoniter in meine Gewalt. Warum kommt ihr
jetzt und bedroht mich?«

4 Jiftach rief alle Männer von Gilead* zu-
sammen. Sie kämpften gegen die Männer von
Efraïm und besiegten sie. Sie waren erbittert,
weil die Leute von Efraïm gesagt hatten: »Ihr
seid ja nur ein Anhängsel von Efraïm, euer Land
Gilead liegt mitten im Gebiet von Efraïm und
Manasse!«

5 Die Männer von Gilead besetzten die Jor-
danübergänge, die nach Efraïm führten. Wenn
ein flüchtiger Efraïmit kam und hinüber wollte,
fragten sie ihn: »Stammst du aus Efraïm?« Und
wenn er nein sagte, 6 forderten sie ihn auf: »Sag
doch einmal Schibbolet!«[a] Sagte er dann: »Sibbo-

a Das Wort bedeutet Ähre und Wasserflut, doch kommt es nur auf das anlautende *sch* an.

11,25 Num 22,1-6 11,29 3,10 S; 11,11 11,34 1 Sam 18,6-7 S 11,35 Num 30,3 12,1 8,1

let«, weil er es anders nicht aussprechen konnte,
packten sie ihn und schlugen ihn nieder. Auf
diese Weise fielen damals an den Jordanfurten
42 000 Männer aus Efraïm.
7 Jiftach war sechs Jahre lang der Richter*
Israels. Als er starb, wurde er in einer der Städte
Gileads bestattet.

Die Richter Ibzan, Elon und Abdon

8 Jiftachs Nachfolger als Richter* Israels war
Ibzan aus Betlehem. 9 Er hatte dreißig Söhne und
dreißig Töchter. Alle dreißig Töchter verheiratete
er nach auswärts und holte von auswärts dreißig
Mädchen als Frauen für seine Söhne. Sieben
Jahre lang war er der Richter Israels, 10 dann
starb er und wurde in Betlehem bestattet.
11 Sein Nachfolger war Elon aus dem Stamm
Sebulon. Zehn Jahre lang war er der Richter
Israels, 12 dann starb er und wurde in Ajalon im
Gebiet von Sebulon bestattet.
13 Sein Nachfolger war Abdon, der Sohn Hil-
lels aus Piraton. 14 Er hatte vierzig Söhne und
dreißig Enkel, die auf siebzig Eseln ritten. Acht
Jahre lang war er der Richter Israels, 15 dann
starb er und wurde in Piraton im Gebiet Efraïms,
am Amalekiterberg, bestattet.

Die Geburt Simsons wird angekündigt

13 Von neuem taten die Israeliten, was dem
Herrn mißfiel; da gab er sie vierzig Jahre
lang in die Hand der Philister*.
2 Damals lebte in Zora ein Mann aus dem
Stamm Dan namens Manoach, dessen Frau war
kinderlos. 3 Eines Tages erschien ihr der Engel*
des Herrn und sagte: »Du bist unfruchtbar und
hast keine Kinder bekommen, aber jetzt wirst du
schwanger werden und einen Sohn gebären.
4 Sieh zu, daß du während der Schwangerschaft
weder Wein noch Bier trinkst und keine unrei-
nen* Speisen ißt. 5 Denn der Sohn, den du zur
Welt bringen wirst, soll von seiner Geburt an
Gott geweiht* sein. Seine Haare dürfen ihm nie
geschnitten werden. Mit ihm beginnt die Ret-
tung Israels aus der Hand der Philister.«
6 Da ging die Frau zu Manoach und erzählte
ihm: »Ein heiliger Mann kam zu mir. Er sah aus
wie der Engel Gottes, so daß mir ganz unheim-
lich war. Ich wagte nicht, ihn zu fragen, woher
er kommt, und er hat mir auch nicht seinen
Namen gesagt. 7 Er sagte zu mir: ›Du wirst
schwanger werden und einen Sohn gebären.
Trink von jetzt an weder Wein noch Bier und iß
keine unreinen Speisen; denn dein Sohn wird
ein Gottgeweihter sein vom Tag seiner Geburt
bis zum Tag seines Todes.‹«
8 Da betete Manoach zum Herrn und sagte:
»Bitte, Herr, laß doch den Gottesmann noch ein-
mal zu uns kommen! Er soll uns genau sagen,
was wir mit dem Kind, das er uns angekündigt
hat, machen sollen.«
9 Gott erhörte seine Bitte, und der Engel kam
noch einmal zu der Frau, als sie gerade allein
auf dem Feld war. 10 Sie lief zu ihrem Mann und
sagte: »Komm schnell! Der Mann, der damals zu
mir kam, ist wieder da!«
11 Manoach ging mit ihr hinaus und fragte
ihn: »Warst du es, der neulich mit meiner Frau
gesprochen hat?«
»Ja, ich war es«, sagte der Engel, 12 und
Manoach fragte weiter: »Wenn deine Ankündi-
gung eingetroffen ist, wie sollen wir es dann mit
dem Kind halten? Was darf es tun und was
nicht?«
13 Der Engel des Herrn erwiderte: »Seine
Mutter soll alles meiden, was ich ihr genannt
habe. 14 Sie darf keine Trauben essen und weder
Wein noch Bier trinken, und sie soll auch keine
unreinen Speisen essen.«

Gott selbst war der Bote

15-16 Manoach hatte den Engel* des Herrn nicht
erkannt. Er sagte: »Geh noch nicht weg! Wir
möchten dir gerne ein gekochtes Ziegenböck-
chen bringen.«
Der Engel erwiderte: »Auch wenn du mir
noch so sehr zuredest, ich werde nichts essen.
Aber wenn du willst, kannst du es dem Herrn
als Brandopfer* darbringen.«
17 Manoach fragte ihn: »Wie heißt du denn?
Wir möchten dir doch unseren Dank abstatten,
wenn deine Voraussage eingetroffen ist.«
18 Aber der Engel des Herrn erwiderte: »Frage
mich nicht nach meinem Namen! Er ist voller
Wunder.«
19 Da nahm Manoach das Ziegenböckchen
und dazu Brot als Speiseopfer* und verbrannte
beides auf einem Felsblock als Opfer für den
Herrn, der Wunder tut. Manoach und seine Frau
standen dabei. 20 Und als die Flamme vom Altar
zum Himmel stieg, da stieg der Engel des Herrn
in der Flamme nach oben. Sie sahen es und war-
fen sich zu Boden, mit dem Gesicht zur Erde.
21 Manoach wußte jetzt, daß er mit dem Engel
des Herrn gesprochen hatte. Er und seine Frau
sahen ihn von da an nicht wieder.
22 Erschrocken sagte Manoach zu seiner Frau:

13,2 Gen 25,21 S 13,4-5 Num 6,1-5 13,15-16 6,18 13,17-18 Gen 32,30; Ex 3,12-15 13,19-20 6,20-21 13,22 Ex 33,20 S

»Wir haben Gott gesehen! Jetzt müssen wir ster-
ben!«
23 Doch seine Frau erwiderte: »Wenn der
Herr unseren Tod wollte, hätte er unser Opfer
nicht angenommen, das Brand- und das Speise-
opfer, und uns nicht das alles sehen lassen.
Dann hätte er uns auch nicht solch eine Ankün-
digung gemacht.«
24 Manoachs Frau gebar einen Sohn und gab
ihm den Namen Simson. Er wuchs heran, und
der Herr segnete ihn. 25 Als Simson in Mahane-
Dan zwischen Zora und Eschtaol war, trieb der
Geist* des Herrn ihn zu den ersten Taten an.

Simson will eine Philisterin heiraten

14 Als Simson einmal in das Philisterdorf
Timna hinabkam, fiel ihm dort ein
Mädchen auf. 2 Er ging nach Hause und sagte zu
seinem Vater und seiner Mutter: »Ich habe in
Timna ein Mädchen gesehen, eine Philisterin.
Gebt sie mir zur Frau!«
3 Die beiden erwiderten: »Mußt du unbedingt
eine Philisterin heiraten, eine aus diesem Volk
von Unbeschnittenen*? Gibt es in unserem
Stamm und in unserem ganzen Volk denn kein
Mädchen für dich?«
Aber Simson sagte zu seinem Vater: »Gib mir
die! Die gefällt mir!«
4 Seine Eltern konnten nicht wissen, daß der
Herr seine Hand im Spiel hatte. Er wollte einen
Anlaß haben, um gegen die Philister* vorzu-
gehen, die damals über Israel herrschten.
5 Simson machte sich also mit seinem Vater
und seiner Mutter auf den Weg nach Timna. Als
sie an die Weinberge von Timna kamen, bog
Simson vom Weg ab.[a] Da stand plötzlich ein
brüllender Löwe vor ihm. 6 Der Geist* des Herrn
nahm Besitz von Simson, und er zerriß den
Löwen mit bloßen Händen, wie man ein gebra-
tenes Böckchen beim Mahl in Stücke reißt. Sei-
nen Eltern erzählte er nichts davon. 7 Als er nach
Timna kam, sprach er mit der Philisterin, und sie
gefiel ihm gut.
8 Nach einiger Zeit ging er wieder nach
Timna, um sie zur Frau zu nehmen. Unterwegs
bog er vom Weg ab, um nach dem toten Löwen
zu sehen. In dem Kadaver hatte sich ein Bienen-
volk eingenistet, und es war auch schon Honig
da. 9 Er nahm den Honig heraus und aß im
Weitergehen davon. Er ging zu seinem Vater
und seiner Mutter hin und gab ihnen eben-
falls davon; er sagte ihnen aber nicht, daß er den
Honig im Kadaver des Löwen gefunden hatte.

Simsons erster Konflikt mit den Philistern

10 Simsons Vater ging nach Timna, um den Ehe-
vertrag abzuschließen. Simson veranstaltete ein
Festgelage, wie es damals bei den jungen Leuten
üblich war. 11 Als die Bewohner von Timna ihn
kommen sahen, wählten sie dreißig junge Män-
ner aus, die mit ihm feiern sollten.
12 Am ersten Tag des Festes sagte Simson zu
ihnen: »Ich will euch ein Rätsel aufgeben. Wenn
ihr es innerhalb der sieben Festtage lösen könnt,
gebe ich jedem von euch ein leinenes Hemd
und ein Festkleid. 13 Könnt ihr es nicht, so muß
jeder von euch mir ein Hemd und ein Festkleid
geben.«
Sie erwiderten: »Gut, laß uns dein Rätsel
hören!« Und 14 Simson sagte es ihnen:

»Vom Fresser kam Fraß,
vom Starken kam Süßes.«

Drei Tage lang versuchten sie, das Rätsel zu
lösen, und konnten es nicht. 15 Am vierten Tag[b]
sagten sie zu Simsons Frau: »Bring doch deinen
Mann dazu, daß er dir die Lösung verrät, und sag
sie uns! Sonst werden wir dich mit dem ganzen
Haus deines Vaters verbrennen. Ihr habt uns
wohl eingeladen, um uns arm zu machen?«
16 Da hängte die Frau sich weinend an Sim-
sons Hals und sagte: »Du liebst mich nicht! Ich
bin dir zuwider! Du hast meinen Landsleuten
dieses Rätsel aufgegeben und hast mir nicht ge-
sagt, was es bedeutet.«
»Ich habe es nicht einmal meinem Vater und
meiner Mutter gesagt«, erwiderte Simson. »War-
um sollte ich es dann dir sagen?«
17 Während der ganzen Festtage hing sie wei-
nend an ihm. Schließlich am siebten Tag sagte er
es ihr, weil sie ihm so zusetzte. Sie verriet die
Lösung an die jungen Männer aus ihrem Volk,
18 und die sagten zu Simson, kurz bevor die
Sonne am siebten Tag unterging:

»Was ist süßer als Honig,
was stärker als ein Löwe?«

Simson antwortete ihnen: »Hättet ihr nicht mit
meiner eigenen Kuh gepflügt, so hättet ihr mein
Rätsel nie erraten.« 19 Der Geist* des Herrn
nahm Besitz von ihm, und er ging hinunter nach
Aschkelon und erschlug dreißig Männer. Er zog
ihnen aus, was sie anhatten, und gab es den jun-
gen Männern, die sein Rätsel gelöst hatten.
Voll Zorn kehrte er darauf ins Haus seines
Vaters zurück. 20 Seine Frau aber wurde von

a *bog Simson ...:* verdeutlichender Zusatz (vgl. Vers 8).

b So mit alten Übersetzungen; H *Am siebten Tag.*

13,25 3,10 S 14,3 Gen 24,3 S 14,6 3,10 S; 1 Sam 17,34-37; 23,20 14,19 3,10 S

ihrem Vater dem Brautführer, einem von den
dreißig, gegeben.

Weitere Streitigkeiten mit den Philistern

15 Einige Zeit danach, es war gerade um die
Weizenernte, wollte Simson seine Frau
besuchen und ihr ein Ziegenböckchen bringen.
Er sagte zu ihrem Vater: »Ich möchte zu meiner
Frau in die Kammer!«, aber ihr Vater ließ ihn
nicht hinein.

2 »Ich dachte, du hättest genug von ihr«, sagte
er, »deshalb habe ich sie deinem Brautführer*
gegeben. Aber ihre jüngere Schwester ist doch
noch schöner, die kannst du an ihrer Stelle
haben!«

3 Simson sagte: »Diesmal sind die Philister*
selber schuld, wenn ich ihnen schlimm mit-
spiele!« 4 Er fing 300 Füchse, band jeweils zwei
an den Schwänzen zusammen und steckte eine
Fackel in den Knoten. 5 Dann zündete er die
Fackeln an und ließ die Füchse auf die Getreide-
felder der Philister los. So gingen die Garbenhau-
fen und das reife Getreide auf den Feldern in
Flammen auf, und auch in die Olivenhaine
wurde das Feuer hineingetragen.

6 »Wer hat das getan?« fragten die Philister,
und es sprach sich herum: »Simson war es, der
Schwiegersohn des Mannes aus Timna. Das ist
die Rache dafür, daß der ihm die Frau wegge-
nommen und dem Brautführer gegeben hat!«

Da zogen die Philister nach Timna hinauf und
verbrannten die Frau samt ihrem Vater. 7 Sim-
son aber sagte zu ihnen: »Wenn ihr es so treibt,
werde ich nicht ruhen, bis ich mich an euch
gerächt habe!« 8 Er versetzte ihnen einen schwe-
ren Schlag.[a] Dann zog er sich in die Felsenhöhle
bei Etam zurück.

Simson erschlägt tausend Philister

9 Die Philister* fielen in Juda ein und schlugen in
der Gegend von Lehi ihr Lager auf. 10 »Warum
zieht ihr gegen uns heran?« fragten die Männer
von Juda.

Die Philister antworteten: »Wir wollen Sim-
son gefangennehmen und ihm heimzahlen, was
er uns angetan hat.«

11 Da zogen 3000 Männer aus Juda zu der
Höhle bei Etam und sagten zu Simson: »Warum
hast du uns in solche Gefahr gebracht? Du muß-
test doch wissen, daß die Philister die Herren im
Land sind!«

»Ich habe ihnen nur heimgezahlt, was sie mir
angetan haben«, erwiderte Simson.

12 Da sagten die Männer von Juda: »Wir sind
gekommen, um dich zu fesseln und an die Phili-
ster auszuliefern.«

Simson verlangte von ihnen: »Ihr müßt mir
aber schwören, daß ihr selbst mir nichts weiter
antun werdet!«

13 Sie versicherten: »Wir wollen dich nur fes-
seln und ausliefern. Wir werden dich gewiß
nicht töten.« Sie fesselten ihn mit zwei neuen
Stricken und führten ihn aus der Höhle.

14 Als Simson nach Lehi gebracht wurde,
stimmten die Philister ein Triumphgeschrei an.
Da nahm der Geist* des HERRN von ihm Besitz,
und er zerriß die Stricke an seinen Armen, als
wären es Fäden, die vom Feuer versengt sind;
die Fesseln lösten sich einfach auf. 15 Dann fand
er einen frischen Eselsknochen, einen Unter-
kiefer, nahm ihn und erschlug damit tausend
Philister.

16 Simson sagte: »Mit einem Eselsknochen
hab ich's ihnen gegeben! Tausend Mann hab
ich mit der Kinnbacke eines Esels erschlagen.«
17 Dann warf er den Knochen fort. Davon hat der
Ort den Namen Ramat-Lehi (Kinnbackenhöhe).

18 Simson aber war am Verdursten, deshalb
rief er zum HERRN: »Du hast mir, deinem Diener,
diesen großen Sieg gegeben. Laß mich jetzt nicht
vor Durst sterben und in die Hand dieser Unbe-
schnittenen* fallen!« 19 Da ließ Gott in der Mulde
bei Lehi einen Spalt entstehen, und es floß Was-
ser heraus. Als Simson davon trank, lebte er
wieder auf, und seine Kraft kehrte zurück. Die
Quelle ist noch heute in Lehi zu finden. Weil
Simson hier zum HERRN gerufen hat, wird sie
»Ruferquelle« genannt.

20 Während der Zeit, als die Israeliten von den
Philistern unterdrückt wurden, war Simson
zwanzig Jahre der Richter* Israels.

Simson ist nicht so leicht zu fangen

16 Eines Tages kam Simson nach Gaza. Dort
sah er eine Prostituierte und ging zu ihr
ins Haus. 2 In der Stadt sprach es sich herum:
»Simson ist hier!« Die Philister* suchten überall
nach ihm und legten sich gleichzeitig[b] beim
Stadttor auf die Lauer. Die ganze Nacht über
unternahmen sie nichts; denn sie dachten:
»Morgen früh muß er herauskommen, dann
bringen wir ihn um!«

a Wörtlich *Er schlug sie Schenkel an Hüfte, ein großer Schlag.* Für die Redensart gibt es keine überzeugende Deutung.
b *gleichzeitig:* so sinngemäß; H *die ganze Nacht,* was hier noch nicht am Platz ist und wohl aus Versehen doppelt geschrieben wurde.
15,14 3,10 S

3 Simson aber stand schon um Mitternacht
auf, ging zum Stadttor, packte die beiden Torflü-
gel und riß sie samt Pfosten und Riegel heraus.
Dann nahm er sie auf die Schultern und trug sie
bis auf den Berg gegenüber von Hebron.

Simsons schwache Stelle

4 Nach einiger Zeit verliebte sich Simson in eine
Philisterin namens Delila aus dem Tal Sorek.
5 Da kamen die Fürsten der Philister* zu ihr und
sagten: »Überliste ihn durch deine Verführungs-
kunst! Sieh zu, daß du herausbringst, woher er
seine Kraft hat und was wir tun müssen, um ihn
in unsere Gewalt zu bringen und zu fesseln. Du
bekommst dafür von jedem von uns 1100 Silber-
stücke*!«

6 Bei nächster Gelegenheit sagte Delila zu
Simson: »Sag mir doch, warum du so stark bist!
Gibt es etwas, womit man dich fesseln und be-
zwingen kann?«

7 Simson antwortete: »Wenn man mich mit
sieben frischen Bogensehnen fesselt, die noch
nicht trocken sind, verliere ich meine Kraft und
bin nicht stärker als irgendein anderer Mensch.«

8 Die Philisterkönige gaben Delila sieben fri-
sche Bogensehnen, und sie fesselte ihn damit.
9 Einige Männer lagen bei ihr auf der Lauer. Aber
als Delila rief: »Simson, die Philister!«, zerriß er
die Sehnen wie Zwirnfäden, die dem Feuer zu
nahe gekommen sind. Simson hatte nicht preis-
gegeben, woher seine Kraft kam.

10 Da sagte Delila: »Du hast mich zum Narren
gehalten und mir Lügen erzählt. Sag mir ehrlich,
womit man dich fesseln kann!«

11 Simson antwortete: »Wenn man mich mit
Stricken fesselt, die noch nie benutzt worden
sind, verliere ich meine Kraft und bin nicht stär-
ker als irgendein anderer Mensch.«

12 Delila nahm neue Stricke und fesselte ihn
damit. Wieder lagen einige Männer bei ihr auf
der Lauer. Doch als sie rief: »Simson, die Phili-
ster!«, riß er die Stricke von den Armen, als
wären es Fäden.

13 Da sagte Delila: »Bis jetzt hast du mich zum
Narren gehalten und mir Lügen erzählt. Sag mir
doch endlich, womit man dich fesseln kann!«

Er antwortete: »Wenn du meine sieben Zöpfe
in das Gewebe auf deinem Webstuhl verwebst!«

14 Delila machte das und schlug seine Zöpfe
mit dem Weberkamm fest.[a] Dann rief sie: »Sim-
son, die Philister!« Da fuhr er aus dem Schlaf
hoch und riß das ganze Gewebe samt dem
Weberbaum* heraus.

Simson verrät sein Geheimnis

15 Darauf sagte Delila: »Wie kannst du behaup-
ten, mich zu lieben, wenn du mir kein Vertrauen
schenkst? Dreimal hast du mich zum Narren ge-
halten und mir nicht verraten, woher deine
große Kraft kommt!«

16 Täglich setzte sie ihm mit ihren Vorwürfen
zu und quälte ihn so, daß ihm das ganze Leben
verleidet war.
17 Da verriet er ihr sein Geheimnis
und erzählte ihr: »Noch nie in meinem Leben
sind mir die Haare geschnitten worden. Seit mei-
ner Geburt bin ich dem HERRN geweiht*. Wenn
man mir die Haare abschneidet, verliere ich
meine Kraft und bin nicht stärker als irgendein
anderer Mensch.«

18 Delila merkte, daß er ihr diesmal die Wahr-
heit gesagt hatte. Sie ließ den Philisterfürsten
ausrichten: »Diesmal müßt ihr selbst kommen!
Er hat mir alles verraten.« Die Fürsten kamen
und brachten das versprochene Geld mit.
19 De-
lila ließ Simson in ihrem Schoß einschlafen und
rief einen von den Philistern*, damit er ihm die
sieben Haarzöpfe abschnitt.[b] So hatte sie endlich
erreicht, daß seine Kraft ihn verließ.

20 Dann rief sie: »Simson, die Philister!« Sim-
son fuhr aus dem Schlaf hoch und dachte: »Ich
schaffe das genauso wie bisher! Ich werde alle
Fesseln abschütteln.« Er wußte nicht, daß der
HERR ihn verlassen hatte.
21 Die Philister über-
wältigten ihn, stachen ihm die Augen aus und
brachten ihn ins Gefängnis nach Gaza. Sie leg-
ten ihm bronzene Ketten an, und er mußte im
Gefängnis die Mühle drehen.

22 Aber sein Haar, das sie ihm geschnitten hat-
ten, begann wieder zu wachsen.

Simson rächt sich an den Philistern

23 Nach einiger Zeit kamen die Fürsten der Phili-
ster* zusammen, um ein großes Opfer- und
Freudenfest zu Ehren ihres Gottes Dagon zu
feiern. Sie sagten zueinander: »Unser Gott gab
unseren Feind in unsere Hand!«
24 Als das Volk
Simson sah, priesen sie ihren Gott und sangen:

a Nachdem der Faden, in diesem Fall die Zöpfe Simsons, mit dem Weberschiffchen durch die aufgespannten Kettfäden »geschossen« wurde, muß er mit dem Weberkamm oder Webeblatt – einem Stab mit kammartig eingesetzten Zinken, zwischen denen die Kettfäden geführt werden – an die schon eingeflochtenen Fäden festgeklopft werden.

b So mit G; H *rief den Mann und schnitt … ab.*

16,5 14,15-17 16,17 13,5

»Unser Gott gab unsern Feind in unsre Hand,
der zur Wüste machte unser schönes Land,
unsre besten Männer streckte in den Sand!«[a]

25 Als sie so richtig in Stimmung waren, riefen
die Fürsten: »Bringt Simson her! Wir wollen
unseren Spaß mit ihm haben.« Man brachte
Simson aus dem Gefängnis, und sie trieben
ihren Spott mit ihm. Sie hatten ihn zwischen die
Säulen gestellt.

26 Da bat Simson den Jungen, der ihn führte:
»Laß meine Hand einen Augenblick los! Ich
möchte die Säulen befühlen, die das Haus tra-
gen, und mich ein wenig daran anlehnen.«

27 Das Haus war gedrängt voll von Männern
und Frauen, die zusahen, wie Simson verspottet
wurde. Auf dem flachen Dach allein saßen etwa
3000 Menschen. Auch alle Fürsten der Philister
waren da.

28 Da rief Simson zum HERRN und sagte:
»HERR, du mächtiger Gott! Höre mich und gib mir
nur noch einmal meine alte Kraft! Ich will mich
an den Philistern rächen – wenigstens für eines
von den beiden Augen, die sie mir ausgestochen
haben.«

29 Dann tastete er nach den beiden Mittelsäu-
len, die das Gebäude trugen, und stemmte sich
gegen sie, gegen die eine mit der rechten, gegen
die andere mit der linken Hand. 30 Er rief: »Euch
Philister nehme ich mit in den Tod!«, nahm alle
Kraft zusammen und stieß die Säulen um. Da
stürzte das ganze Haus über den Philistern und
ihren Fürsten zusammen. So riß Simson mehr
Philister mit sich in den Tod, als er während
seines ganzen Lebens umgebracht hatte.

31 Seine Brüder und alle Männer im Haus sei-
nes Vaters kamen und holten seinen Leichnam.
Sie bestatteten ihn zwischen Zora und Eschtaol
im Grab seines Vaters Manoach. Zwanzig Jahre
lang war Simson der Richter* Israels gewesen.

ZUSTÄNDE IN ISRAEL WÄHREND DER RICHTERZEIT (Kapitel 17–21)

Michas Privatheiligtum und der Ursprung des Heiligtums in Dan (Kapitel 17–18)

17 Im Bergland von Efraïm lebte ein Mann
namens Micha. 2 Seiner Mutter waren
1100 Silberstücke* entwendet worden. Als sie es
entdeckte, sprach sie über den Dieb einen Fluch
aus. Da sagte Micha zu ihr: »Die Silberstücke,
die du vermißt, sind bei mir; ich habe sie mir
genommen.«

»Der HERR möge den Fluch in Segen verwan-
deln!« rief die Mutter. 3 Als Micha ihr das Silber
zurückgab, fügte sie hinzu: »Hiermit weihe ich
das Silber dem HERRN, damit er dich segnet. Es
soll davon ein Gottesbild gemacht werden, aus
Holz geschnitzt und mit Metall überzogen. So
kommt das Geld dir wieder zugute.«

4 Sie nahm von dem Geld 200 Silberstücke
und gab sie dem Goldschmied. Der machte ein
Gottesbild aus Holz und überzog es mit Metall;
das wurde in Michas Gehöft aufgestellt. 5 Micha
besaß nämlich ein eigenes Heiligtum. Er ließ
auch einen Priesterschurz* und eine Orakel-
tasche* machen und setzte einen von seinen
Söhnen als Priester* ein. 6 Es gab zu jener Zeit
noch keinen König in Israel, und jeder tat, was er
wollte.

7 Ein junger Levit* vom Stamm Juda hatte in
Betlehem Aufnahme gefunden. 8 Dann verließ er
die Stadt, um irgendwo ein neues Unterkommen
zu suchen. Sein Weg führte ihn durch das Berg-
land von Efraïm und auch zu Michas Gehöft.

9 »Woher kommst du?« fragte ihn Micha, und
er antwortete: »Ich bin ein Levit aus Betlehem in
Juda und suche irgendwo ein Unterkommen.«

10 Micha sagte zu ihm: »Bleib doch bei mir,
sei mein Priester und geistlicher Vater! Ich
werde dir jährlich 10 Silberstücke geben und
dazu deine Amtskleidung und was du an Nah-
rung brauchst.«[b]

11-12 Der Levit war damit einverstanden und
blieb da. Micha setzte ihn zum Priester ein und
behandelte ihn wie einen Sohn. 13 Er sagte sich:
»Jetzt bin ich sicher, daß der HERR es mir gut-
gehen läßt. Ich habe einen Nachkommen von
Levi als Priester.«

Der Stamm Dan sucht eine neue Heimat

18 Damals gab es noch keinen König in
Israel. Der Stamm Dan war gerade dabei,
sich ein eigenes Wohngebiet zu suchen. Bis da-
hin war ihm noch kein Erbbesitz* in Israel zuge-
wiesen worden; 2 deshalb schickten die Leute
von Dan fünf Männer aus ihrer Mitte aus, um
das Land zu erkunden, angesehene Leute aus
Zora und Eschtaol.

Die Kundschafter kamen auch ins Bergland
von Efraïm und zum Haus Michas, wo sie über-
nachteten. 3 Dabei fiel ihnen der Levit* durch

a Im Hebräischen reimt sich das Lied fünfmal auf die gleiche Endsilbe (*-enu* = unser).
b H hat noch: *Und der Levit ging;* nach der altlateinischen Übersetzung: *Und er redete dem Leviten zu.*

16,31 13,25; 15,20 17,3 Dtn 27,15 17,4 Ex 20,4 S 17,6 18,1; 19,1; 21,25 18,1-31 Jos 19,40-48 18,1 17,6 S

seine Mundart auf,[a] und sie gingen zu ihm und fragten ihn: »Wie bist du hierher gekommen? Was tust du denn hier?«

[4] Er sagte: »Micha hat mich gegen Lohn eingestellt, und so bin ich sein Priester* geworden.«

[5] Sie baten ihn: »Frag doch Gott für uns, ob unser Vorhaben gelingen wird!«

[6] Der Priester tat es und gab ihnen den Bescheid: »Zieht in Frieden weiter! Der HERR billigt euer Vorhaben.«

[7] Die Kundschafter zogen weiter und kamen nach Lajisch. Die Leute dort lebten ruhig und sorglos und fühlten sich so sicher wie die Bewohner von Sidon. Es gab keinen Machthaber im Land, der sie bedroht hätte. Sidon war weit entfernt, und sie lebten ganz für sich.

[8] Als die Kundschafter nach Zora und Eschtaol zurückkehrten, fragten ihre Stammesbrüder sie: »Wie ist es euch ergangen?«

[9] Sie antworteten: »Auf, wir wollen nach Lajisch ziehen! Es ist ein sehr gutes Land. Zögert nicht, es in Besitz zu nehmen! Was legt ihr die Hände in den Schoß? [10] Ihr werdet dort ein Volk finden, das sich in Sicherheit wiegt. Gott hat ihr Land in eure Gewalt gegeben. Es ist ein weites Land, es fehlt dort nichts, was man sich wünschen kann.«

Michas Priester folgt den Männern von Dan

[11] Daraufhin machten sich aus Zora und Eschtaol 600 bewaffnete Männer vom Stamm Dan mit ihren Familien[b] auf den Weg. [12] Ihr erstes Lager hatten sie westlich von Kirjat-Jearim im Gebiet von Juda; der Ort heißt daher bis heute Mahane-Dan (Lager Dans). [13] Von dort zogen sie weiter ins Bergland von Efraïm und kamen auch zum Haus Michas.

[14] Da sagten die fünf Männer, die als Kundschafter auf dem Weg nach Lajisch hier vorbeigekommen waren, zu den übrigen: »Ihr müßt wissen: In diesen Häusern hier gibt es ein Gottesbild, aus Holz geschnitzt und mit Metall überzogen, und außerdem einen Priesterschurz* mit Orakeltasche*. Bedenkt, was für eine Gelegenheit sich euch da bietet!«

[15] So gingen alle zum Haus des jungen Leviten*, das Micha gehörte, und begrüßten ihn. [16-17] Während er bei den 600 Bewaffneten draußen am Tor stand, gingen die fünf Kundschafter in das Haus und nahmen das Gottesbild[c] und das Orakelgerät an sich.

[18] Als der Priester es sah, sagte er: »Was tut ihr da?«

[19] Sie erwiderten: »Still, kein Wort! Komm mit uns, sei unser Priester und geistlicher Vater! Was ist besser für dich: für eine einzelne Familie oder für einen ganzen Stamm in Israel Priester zu sein?«

[20] Dem Mann gefiel diese Aussicht. Er nahm das Gottesbild und das Orakelgerät und kam mit ihnen. [21] Beim Weitermarsch ließen die Männer von Dan Frauen, Kinder und Vieh sowie die Lasttiere mit ihrem Hab und Gut an der Spitze des Zuges gehen.

[22] Sie waren schon ein gutes Stück weit gekommen, als sie von Micha und seinen Nachbarn eingeholt wurden. [23] Die Verfolger riefen: »Halt!«, und die Männer von Dan drehten sich um. Sie fragten Micha: »Was ist denn los, daß du uns mit einem bewaffneten Aufgebot nachjagst?«

[24] Micha erwiderte: »Ihr habt mir den Gott weggenommen, den ich mir gemacht hatte, und den Priester dazu; ihr habt mich völlig ausgeraubt. Und da fragt ihr noch: ›Was ist los?‹«

[25] Aber die Leute von Dan sagten zu ihm: »Kein Wort mehr, sonst werden Männer über euch herfallen, die keinen Spaß verstehen. Dann kostet es dich und deine Familie auch noch das Leben!«

[26] Die Männer von Dan setzten ihren Weg fort. Micha sah, daß er gegen die Übermacht nichts ausrichten konnte, und kehrte nach Hause zurück.

Ein Heiligtum fragwürdigen Ursprungs

[27] Die Männer von Dan nahmen also das Gottesbild Michas und seinen Priester mit sich. Als sie nach Lajisch kamen, überfielen sie die nichtsahnenden Bewohner, erschlugen sie mit dem Schwert und brannten die Stadt nieder. [28] Niemand kam den Leuten von Lajisch zu Hilfe; denn die Stadt lag weit von Sidon entfernt, und ihre Bewohner hatten ganz für sich selbst gelebt. Lajisch lag in der Ebene von Bet-Rehob.

Die Eroberer bauten die Stadt wieder auf und wohnten darin. [29] Nach ihrem Stammvater, einem der Söhne Jakobs,[d] nannten sie die Stadt Dan.

a Zu den Dialektunterschieden vgl. 12,6; Mt 26,73. b *mit ihren Familien:* verdeutlichender Zusatz nach Vers 21.

c Wörtlich *das geschnitzte Bild und das gegossene Bild.* Das klingt, als ob es sich um zwei Bilder handelte; doch ist im ganzen Zusammenhang sonst nur von einem die Rede.

d Hebräischer Text *Israels**.

18,5 1,1-2S 18,14 17,1-6 18,19 17,10 18,27-29 Jos 19,47-48

30 Dort stellten sie das mitgebrachte Gottes-
bild auf, und der Levit* Jonatan, der von Moses[a]
Sohn Gerschon abstammte, wurde ihr Priester*.
Auch seine Nachkommen versahen den Prie-
sterdienst für die Männer des Stammes Dan, bis
die Bewohner der ganzen Gegend von den Assy-
rern* aus dem Land weggeführt wurden. 31 So
lange, wie das Heiligtum von Schilo* bestand,
verehrten die Leute von Dan das Gottesbild, das
Micha für sich hatte anfertigen lassen.

Eine Schandtat im Gebiet Benjamins und die Folgen (Kapitel 19–21)

Ein Levit holt seine Frau zurück

19 In jener Zeit, als es in Israel noch keinen
König gab, lebte im äußersten Norden des
Berglandes von Efraïm ein Levit*, der dort Auf-
nahme gefunden hatte. Er hatte eine Neben-
frau, die aus Betlehem in Juda stammte. 2 Weil
sie sich über ihren Mann ärgerte, lief sie ihm
weg und kehrte zu ihrem Vater nach Betlehem
zurück. Als sie schon vier Monate lang dort war,
3 machte sich ihr Mann mit seinem Knecht und
zwei Eseln auf den Weg. Er wollte ihr gut zu-
reden und sie zur Rückkehr bewegen.

Die Frau führte ihn ins Haus ihres Vaters. Als
der ihn sah, ging er ihm voll Freude entgegen.
4 Auf das Drängen des Vaters blieb der Levit mit
seinem Knecht drei Tage da. Sie aßen und tran-
ken und übernachteten dort. 5 Am Morgen des
vierten Tages wollten sie aufbrechen, aber der
Vater sagte zu seinem Schwiegersohn: »Iß noch
eine Kleinigkeit, stärke dich für den Weg! Dann
könnt ihr gehen.« 6 So blieben sie noch, und die
beiden Männer aßen und tranken miteinander.

Dann sagte der Vater: »Tu mir den Gefallen
und bleib noch einmal über Nacht; laß es dir
wohlsein!« 7 Der Levit wollte gehen, aber der
Mann drängte ihn zu bleiben, und so gab er
noch die Nacht zu.

8 Als er am Morgen des fünften Tages aufbre-
chen wollte, sagte der Vater: »Nimm noch eine
kleine Stärkung! Wartet mit dem Aufbruch bis
gegen Abend, wenn es kühler wird.« So aßen sie
noch einmal miteinander.

9 Als dann der Levit aufstand, um sich mit
seiner Frau und dem Knecht auf den Weg zu
machen, sagte der Vater: »Es geht schon auf den
Abend zu, gleich wird es dunkel; übernachtet
doch noch einmal! Bleib noch eine Nacht und
laß es dir hier wohlsein; morgen früh könnt ihr
aufbrechen und nach Hause ziehen.«

10 Aber der Levit wollte nicht länger bleiben
und machte sich auf den Weg. Er kam mit seiner
Frau und den beiden gesattelten Eseln bis vor die
Jebusiterstadt Jerusalem. 11 Weil der Tag zu Ende
ging, sagte der Knecht zu seinem Herrn: »Laß
uns in die Stadt gehen und dort übernachten!«
12–13 Aber sein Herr erwiderte: »Wir kehren nicht
bei Fremden ein, die nicht zum Volk Israel
gehören. Wir gehen noch bis nach Gibea oder
nach Rama, dort übernachten wir.«

Nachtquartier gesucht

14 So gingen sie weiter. Als die Sonne unterging,
waren sie in der Nähe von Gibea im Gebiet des
Stammes Benjamin. 15 Sie bogen von der Straße
ab und gingen in die Stadt. Aber niemand wollte
sie aufnehmen, und so blieben sie auf dem
öffentlichen Platz unter freiem Himmel.

16 Ein alter Mann kam gerade von der Arbeit
auf dem Feld nach Hause. Es war ein Ortsfrem-
der, der vom Bergland Efraïm stammte; die übri-
gen Bewohner der Stadt gehörten zum Stamm
Benjamin. 17 Als er den Leviten* im Freien rasten
sah, fragte er ihn: »Wohin gehst du? Woher
kommst du?«

18 Der Levit antwortete: »Wir kommen von
Betlehem in Juda und wollen ans äußerste Ende
des Berglandes Efraïm. Dort wohne ich, und von
dort bin ich nach Betlehem gereist. Jetzt bin ich
auf dem Heimweg.[b] Niemand hat mich hier für
die Nacht in sein Haus aufnehmen wollen. 19 Da-
bei haben wir Stroh und Futter für unsere Esel
bei uns, auch Brot und Wein für mich, meine
Frau und meinen Knecht. Du siehst, wir sind mit
allem versorgt.«

20 Der Mann antwortete: »Seid mir willkom-
men, laßt mich für euch sorgen! Auf diesem
Platz hier könnt ihr nicht übernachten.« 21 Er
führte sie in sein Haus und warf den Eseln Futter
vor. Dann wuschen sie die Füße und aßen und
tranken miteinander.

Eine unerhörte Schandtat

22 Während sie noch in aller Ruhe beim Mahl
saßen, umstellten plötzlich die Männer der Stadt
das Haus. Es waren verruchte Leute, sie trom-
melten gegen die Tür und forderten den Besitzer

a *Moses:* mit einigen Handschriften (vgl. Ex 2,22); H *Manasses,* wobei der Buchstabe *n* durch Hochstellung als korrigierender Zusatz erkennbar ist.
b Vermutlicher Text; H *Ich bin auf dem Weg zum Haus des Herrn.*

18,30 2 Kön 15,29 **18,31** Jos 18,1 S **19,1** 17,6 S **19,10** Jos 15,63 S **19,21** (Füße) Gen 18,4; 19,2; 24,32; 43,24 **19,22-28** Hos 9,9; 10,9 **19,22-24** Gen 19,4-8

des Hauses auf: »Bring uns den Mann heraus,
der bei dir eingekehrt ist! Wir wollen mit ihm
Verkehr haben.«
[23] Der alte Mann ging zu ihnen hinaus und
sagte: »Nicht doch, Brüder, tut nicht so etwas
Gemeines! Dieser Mann ist mein Gast, ihr dürft
ihm nicht diese Schande antun. [24] Ich bringe
euch meine Tochter, die noch Jungfrau ist, und
dazu die Frau des Fremden; mit denen könnt ihr
treiben, was ihr wollt. Aber an diesem Mann
dürft ihr euch nicht so schändlich vergreifen.«
[25] Als die Männer keine Ruhe gaben, nahm
der Levit seine Nebenfrau und führte sie zu
ihnen hinaus. Sie vergewaltigten sie die ganze
Nacht über und ließen sie erst in Ruhe, als der
Morgen dämmerte. [26] Die Frau schleppte sich
zur Tür des Hauses, in dem ihr Mann übernach-
tete, und brach davor zusammen. So lag sie, bis
es ganz hell wurde.
[27] Als ihr Mann aus der Tür trat, um weiter-
zureisen, fand er sie dort; die ausgestreckten
Hände lagen auf der Türschwelle. [28] »Steh auf,
wir wollen weiter!« rief er ihr zu, aber sie konnte
nicht mehr antworten. Da lud er ihren Leichnam
auf den Esel und reiste nach Hause.
[29] Dort angekommen, nahm er ein Messer,
zerteilte den Leichnam seiner Frau in zwölf
Stücke und schickte jedem Stamm Israels eines
davon. [30] Alle, die es sahen, sagten: »Solch ein ge-
meines Verbrechen ist in Israel noch nie began-
gen worden, seit unsere Vorfahren aus Ägypten
hierher gekommen sind! Bedenkt das und haltet
Rat, was zu tun ist!«

Die Stämme Israels beschließen die Bestrafung Gibeas

20 Alle Männer Israels von Dan im Norden
bis Beerscheba im Süden und auch die
aus Gilead* im Ostjordanland versammelten
sich wie ein Mann beim Heiligtum des HERRN in
Mizpa. [2] Nicht nur die Oberhäupter der Stämme
kamen zusammen, sondern die ganze Ge-
meinde der Israeliten, 400 000 mit Schwertern
bewaffnete Männer. [3] Die Leute des Stammes
Benjamin erfuhren davon.
Die versammelten Israeliten fragten: »Wie ist
dieses Verbrechen geschehen?«, [4] und der Levit*,
der Mann der ermordeten Frau, berichtete: »Ich
kam mit meiner Nebenfrau nach Gibea im Ge-
biet von Benjamin und wollte dort übernachten.
[5] Da umzingelten die Männer von Gibea in der
Nacht das Haus, in dem ich war. Auf mich hat-
ten sie es abgesehen und wollten mich umbrin-
gen. Sie vergewaltigten meine Frau so lange, bis
sie starb. [6] Deshalb zerteilte ich ihren Leichnam
und schickte die Stücke in alle Gegenden des
Landes. Die Männer von Gibea haben ein Ver-
brechen begangen, das in Israel unerhört ist.
[7] Ihr alle seid doch Israeliten, haltet also Rat und
beschließt, was geschehen soll!«
[8] Da standen sie alle auf wie ein Mann und
erklärten: »Keiner von uns darf nach Hause
zurückkehren, [9] bevor wir an den Leuten von
Gibea die Strafe vollstreckt haben! Wir wollen
das Los werfen [10] und jeden zehnten Mann dazu
bestimmen, für die Verpflegung zu sorgen; die
übrigen sollen die Leute von Gibea bestrafen für
dieses schändliche Verbrechen, das sie mitten in
Israel begangen haben.«

Der Stamm Benjamin hält zu den Leuten von Gibea

[11] Die Männer Israels zogen einmütig, wie *ein*
Mann, gegen die Stadt Gibea. [12] Sie schickten
Boten voraus durch den ganzen Stamm Benja-
min und ließen sagen: »Was ist da für eine
schwere Untat unter euch geschehen! [13] Liefert
uns die Männer von Gibea aus, dieses verruchte
Gesindel! Wir wollen sie töten und so das Böse
aus Israel entfernen.«
Aber die Männer von Benjamin wollten nicht
auf ihre Brüder, die übrigen Israeliten, hören.
[14] Aus dem ganzen Stammesgebiet zogen sie
nach Gibea, um gegen die Israeliten zu kämpfen.
[15] 26 000 mit Schwertern bewaffnete Männer
aus dem Stamm Benjamin sammelten sich dort,
dazu kamen noch die 700 Männer von Gibea,
geübte Krieger. [16] Im Heer Benjamins gab es 700
Elitekämpfer, die Linkshänder waren und mit
der Schleuder unfehlbar ins Ziel trafen. [17] Auf der
Seite der Israeliten zählte man 400 000 mit
Schwertern bewaffnete Krieger.

Die Strafexpedition droht ein Mißerfolg zu werden

[18] Die Männer Israels gingen zum Heiligtum von
Bet-El, um bei Gott Rat zu holen. Sie fragten ihn:
»Welcher Stamm soll den Kampf gegen die Män-
ner von Benjamin eröffnen?«
Der HERR antwortete: »Der Stamm Juda.«
[19] Früh am Morgen brachen die Männer
Israels auf, zogen vor Gibea [20] und stellten sich
zum Kampf gegen die Männer von Benjamin
auf. [21] Die Männer von Benjamin aber brachen
aus der Stadt hervor und erschlugen 22 000 von
den Israeliten.

19,29 1 Sam 11,7 20,1 (Mizpa) 21,1; 1 Sam 7,5-7; 10,17 20,6 2 Sam 13,12 S 20,12-13 Dtn 13,6 20,18 1,1-2 S

22-23 Die Männer Israels kehrten nach Bet-El zurück. Sie weinten und klagten vor dem HERRN über ihre Niederlage, den ganzen Tag bis zum Abend. Sie fragten den HERRN: »Sollen wir noch einmal gegen unsere Brüder, die Männer von Benjamin, in den Kampf ziehen?«

Der HERR antwortete: »Ja, zieht gegen sie!«

Da ermannten sie sich und stellten sich am anderen Tag noch einmal an derselben Stelle zum Kampf auf. 24 Sie rückten gegen die Männer von Benjamin vor, 25 aber die brachen auch an diesem Tag aus der Stadt hervor und erschlugen 18000 von den Israeliten, lauter mit Schwertern bewaffnete Krieger.

26 Wieder zogen die Männer Israels nach Bet-El und klagten dem HERRN ihre Niederlage. Sie weinten und fasteten bis zum Abend, dann brachten sie dem HERRN Brandopfer* und Mahlopfer* dar. 27-28 Damals stand im Heiligtum von Bet-El die Bundeslade*, und als Priester diente dort Pinhas, der Sohn Eleasars und Enkel Aarons. Die Israeliten fragten den HERRN: »Sollen wir noch einmal gegen unsere Brüder, die Männer von Benjamin, in den Kampf ziehen, oder sollen wir es aufgeben?«

Der HERR antwortete: »Ja, zieht noch einmal gegen sie; morgen werde ich sie in eure Hand geben.«

Der Stamm Benjamin wird vernichtend geschlagen

29 Diesmal wandten die Israeliten eine List an und versteckten einen Teil ihrer Männer an verschiedenen Stellen rings um Gibea. 30 Dann stellten sie sich genau wie an den beiden vorangegangenen Tagen vor der Stadt zum Kampf auf.

31 Als die Männer von Benjamin aus der Stadt hervorbrachen, ließen sich die Israeliten zum Schein von ihnen zurückschlagen und lockten sie so von der Stadt weg. Auf freiem Feld, auf den Straßen, die von Gibea nach Bet-El und nach Gibeon[a] führen, erschlugen die Männer von Benjamin etwa 30 Israeliten. 32 Sie waren siegesgewiß und sagten: »Wir schlagen sie wieder wie schon zweimal!«

Die Männer von Israel folgten der Parole: »Wir weichen zurück und locken sie von der Stadt weg auf die Landstraßen!« 33 Bei Baal-Tamar jedoch hielten sie an und stellten sich zum Kampf. Gleichzeitig brachen die Männer aus dem Hinterhalt bei Geba hervor, 34 10000 ausgesuchte Krieger, und drangen gegen Gibea vor. Die Männer von Benjamin waren nichtsahnend in die Falle gegangen. Es kam zu einem schweren Kampf. 35 Der HERR half den Männern von Israel, und so konnten sie an diesem Tag 25100 Benjaminiter töten, lauter mit Schwertern bewaffnete Krieger. 36 Die Männer von Benjamin sahen, daß sie geschlagen waren.

Im einzelnen war es so zugegangen: Das Heer Israels war vor den Männern Benjamins zurückgewichen; denn die Israeliten setzten auf den Hinterhalt, den sie in der Nähe der Stadt gelegt hatten. 37 Die Männer aus dem Hinterhalt brachen hervor, überfielen die Stadt und erschlugen alle Bewohner mit dem Schwert. 38 Wie verabredet steckten sie die Stadt in Brand, so daß der Rauch von ihr aufstieg.

39 Während der Verfolgung der Zurückweichenden hatten die Männer von Benjamin schon eine Reihe von Israeliten, etwa dreißig, erschlagen. Sie sagten zueinander: »Die Israeliten fliehen! Wir haben sie auch diesmal wieder geschlagen!« 40 Doch da begann der Rauch von der Stadt aufzusteigen, und als die Männer von Benjamin zurückschauten, erkannten sie, daß die ganze Stadt in Flammen stand. 41 Jetzt machten die fliehenden Israeliten kehrt und stellten sich zum Kampf.

Die Männer von Benjamin wurden von Entsetzen gepackt, denn sie sahen, daß für sie alles verloren war. 42 Sie flohen vor den Israeliten der Wüste zu, aber ihre Verfolger blieben ihnen auf den Fersen, und auf der anderen Seite nahmen die Israeliten, die von der Stadt her[b] kamen, sie in die Zange. 43 Die Männer von Benjamin wurden umzingelt, gejagt, niedergemacht von Noha[c] bis östlich von Gibea. 44 18000 von ihnen fanden den Tod.

45 Nur ein Rest entkam und floh in Richtung Wüste, zum Rimmonfelsen. Auf den Straßen erschlugen die Israeliten noch einmal 5000 Benjaminiter und bei der weiteren Verfolgung schließlich noch 2000.[d] 46 So waren insgesamt 25000 mit Schwertern bewaffnete Männer aus dem Stamm Benjamin getötet worden, lauter tapfere Krieger.

47 Nur 600 hatten sich zum Rimmonfelsen flüchten können. Dort blieben sie vier Monate. 48 Die Männer Israels aber durchzogen das ganze Stammesgebiet Benjamin, töteten alles,

a Vermutlicher Text; H *Gibea.* b *von der Stadt her:* vermutlicher Text; H *aus den Städten.*
c *von Noha:* vermutlich Ortsname (vgl. 1 Chr 8,1-2); H *Ruheplatz.*
d *und bei der weiteren Verfolgung …:* mit einer geringen Änderung der Vokale; H *sie setzten ihnen nach bis Gidom.*
20,27-28 Num 25,10-13 **20,31** Jos 8,6.16 **20,40** Jos 8,20

Menschen und Vieh, und brannten die Städte
und Dörfer nieder.

Der Stamm Benjamin darf nicht aussterben

21 In Mizpa hatten die Männer Israels ge-
schworen: »Keiner von uns wird seine
Tochter einem Mann aus Benjamin zur Frau
geben!« 2 Nun kamen die Israeliten zum Heilig-
tum nach Bet-El und hielten den ganzen Tag
über eine große Klage vor Gott. Weinend sagten
sie: 3 »HERR, du Gott Israels, warum mußte das
geschehen? Ein ganzer Stamm fehlt heute in
Israel!«
4 Am anderen Morgen bauten sie dort einen
Altar und opferten Gott Brandopfer* und Mahl-
opfer*. 5 Dann wurde gefragt: »Ist von den Stäm-
men Israels irgendeiner nicht erschienen, als
zur Versammlung vor dem HERRN aufgerufen
wurde?«
Man hatte nämlich einen feierlichen Eid ge-
schworen: »Wer nicht zum HERRN nach Mizpa
kommt, muß sterben!« 6 Nun aber trauerten die
Israeliten über ihren Bruderstamm Benjamin
und sagten: »Heute ist ein ganzer Stamm aus
Israel ausgetilgt worden. 7 Wie können wir den
Überlebenden zu Frauen verhelfen? Wir haben
doch geschworen, daß keiner von uns seine
Tochter an einen Mann aus Benjamin verheira-
ten darf!« 8 Da verfielen sie auf den Ausweg und
stellten die Frage: »Ist vielleicht einer von den
Stämmen Israels nicht zur Versammlung vor
dem HERRN gekommen?«
Tatsächlich war aus der Stadt Jabesch in
Gilead* niemand zum Heer Israels gestoßen.
9 Als die anwesenden Männer gemustert wur-
den, stellte es sich heraus, daß von dort niemand
da war. 10 So schickten die versammelten Israeli-
ten 12000 Mann nach Jabesch mit dem Auftrag:
»Tötet die Bewohner der Stadt mit dem Schwert,
auch die Frauen und Kinder! 11 Vollstreckt an
ihnen den Bann*. Nur die Mädchen, die noch
unberührt sind, laßt am Leben.«
12 Die Männer von Israel fanden in Jabesch
400 Mädchen, die noch kein Mann berührt
hatte, und brachten sie ins Lager nach Schilo*.
13 Dann schickten die versammelten Israeliten
Boten zu den Überlebenden des Stammes Benja-
min, die sich am Rimmonfelsen versteckt hiel-
ten, und schlossen Frieden mit ihnen. 14 Die 600
Männer kehrten zurück, und die Israeliten
gaben ihnen die Mädchen, die sie bei der Bestra-
fung von Jabesch verschont hatten. Aber es
waren noch nicht genug.

Frauen aus Schilo für die Männer Benjamins

15 Die Israeliten waren traurig, weil der HERR
einen Stamm aus ihrer Mitte gerissen hatte.
16 Die Ältesten* des Volkes sagten: »Wie sollen
wir den überlebenden Männern Benjamins
Frauen verschaffen? In ganz Benjamin ist keine
Frau am Leben geblieben. 17 Der Landbesitz der
Überlebenden ist ja noch da, und es darf kein
Stamm in Israel aussterben. 18 Aber unsere Töch-
ter können wir nicht an sie verheiraten, denn
alle Israeliten haben feierlich erklärt: ›Fluch über
jeden, der einem Mann aus Benjamin eine Frau
gibt!‹«
19 Nun wurde aber jedes Jahr in Schilo* ein
Fest zu Ehren des HERRN gefeiert. – Schilo lag
nördlich von Bet-El, östlich der Straße von Bet-El
nach Sichem und südlich von Lebona. – 20 Die
Ältesten Israels sagten deshalb zu den über-
lebenden Männern Benjamins: »Legt euch in
den Weinbergen auf die Lauer, 21 und wenn ihr
die jungen Mädchen von Schilo zum Festtanz
kommen seht, dann stürmt hervor, und jeder
raubt sich eines von ihnen als Frau. Nehmt sie
mit in euer Stammesgebiet.
22 Wenn aber ihre Väter oder Brüder kom-
men und sich bei uns darüber beschweren,
dann werden wir zu ihnen sagen: ›Laßt ihnen
die Mädchen; tut es uns zuliebe! Wir konnten
durch die Bestrafung von Jabesch nicht jedem
eine Frau verschaffen. Ihr macht euch auch
nicht schuldig, wenn ihr sie ihnen überlaßt;
denn ihr habt sie ihnen ja nicht freiwillig ge-
geben.‹«
23 Die Männer Benjamins befolgten den Rat,
und jeder raubte sich aus den tanzenden Mäd-
chen eines und machte es zu seiner Frau. Dann
kehrten sie zu ihrem Erbbesitz* zurück, bauten
die Städte wieder auf und wohnten darin. 24 Die
Männer von Israel aber gingen auseinander,
jeder zu seinem Stamm und zu seiner Sippe, zu
dem Erbbesitz, der ihm zugewiesen worden
war.
25 Es gab zu jener Zeit noch keinen König in
Israel, und jeder tat, was er wollte.

21,1 20,1 S 21,10-11 Dtn 7,1-4 S; Num 31,18 21,13 20,45-47 21,19 Jos 18,1 S 21,25 17,6 S

DAS BUCH RUT

Rut läßt ihre Schwiegermutter nicht im Stich

1 Es war die Zeit, als das Volk Israel noch von
Richtern* geführt wurde. Weil im Land eine
Hungersnot herrschte, verließ ein Mann aus
Betlehem im Gebiet von Juda seine Heimatstadt
und suchte mit seiner Frau und seinen zwei Söh-
nen Zuflucht im Land Moab. 2 Der Mann hieß
Elimelech, die Frau Noomi;[a] die Söhne waren
Machlon und Kiljon. Die Familie gehörte zur
Sippe Efrat, die in Betlehem in Juda lebte.

Während sie im Land Moab* waren, 3 starb
Elimelech, und Noomi blieb mit ihren beiden
Söhnen allein zurück. 4 Die Söhne heirateten
zwei moabitische Frauen, Orpa und Rut. Aber
zehn Jahre später starben auch Machlon und
Kiljon, 5 und ihre Mutter Noomi war nun ganz
allein, ohne Mann und ohne Kinder.

6-7 Als sie erfuhr, daß der HERR seinem Volk ge-
holfen hatte und es in Juda wieder zu essen gab,
entschloß sie sich, das Land Moab zu verlassen
und nach Juda zurückzukehren. Ihre Schwieger-
töchter gingen mit.

8 Unterwegs sagte sie zu den beiden: »Kehrt
wieder um! Geht zurück, jede ins Haus ihrer
Mutter! Der HERR vergelte euch alles Gute, das
ihr an den Verstorbenen und an mir getan habt.
9 Er gebe euch wieder einen Mann und lasse
euch ein neues Zuhause finden.«

Noomi küßte die beiden zum Abschied. Doch
sie weinten 10 und sagten zu ihr: »Wir verlas-
sen dich nicht! Wir gehen mit dir zu deinem
Volk.«

11 Noomi wehrte ab: »Kehrt doch um, meine
Töchter! Warum wollt ihr mit mir gehen? Habe
ich etwa noch Söhne zu erwarten, die eure Män-
ner werden könnten? 12 Geht, meine Töchter,
kehrt um! Ich bin zu alt, um noch einmal zu hei-
raten. Und selbst wenn es möglich wäre und ich
es noch heute tun würde und dann Söhne zur
Welt brächte – 13 wolltet ihr etwa warten, bis sie
groß geworden sind? Wolltet ihr so lange allein
bleiben und auf einen Mann warten? Nein,
meine Töchter! Ich kann euch nicht zumuten,
daß ihr das bittere Schicksal teilt, das der HERR
mir bereitet hat.«

14 Da weinten Rut und Orpa noch mehr. Orpa
küßte ihre Schwiegermutter und nahm Ab-
schied; aber Rut blieb bei ihr. 15 Noomi redete ihr
zu: »Du siehst, deine Schwägerin ist zu ihrem
Volk und zu ihrem Gott zurückgegangen. Mach
es wie sie, geh ihr nach!«

16 Aber Rut antwortete: »Dränge mich nicht,
dich auch zu verlassen. Ich gehe nicht weg von
dir! Wohin du gehst, dorthin gehe ich auch; wo
du bleibst, da bleibe ich auch. Dein Volk ist mein
Volk, und dein Gott ist mein Gott. 17 Wo du
stirbst, will ich auch sterben, und dort will ich
begraben werden. Der Zorn des HERRN soll mich
treffen, wenn ich nicht Wort halte: Nur der Tod
kann mich von dir trennen!«

Ankunft in Betlehem

18 Als Noomi sah, daß Rut so fest entschlossen
war, gab sie es auf, sie zur Heimkehr zu über-
reden. 19 So gingen die beiden miteinander bis
nach Betlehem.

Als sie dort ankamen, sprach es sich sofort in
der ganzen Stadt herum, und die Frauen riefen:
»Ist das nicht Noomi?«

20 »Nennt mich nicht mehr Noomi«, sagte sie,
»nennt mich Mara;[b] denn Gott, der Gewaltige*,
hat mir ein sehr bitteres Schicksal bereitet. 21 Mit
meinem Mann und mit zwei Söhnen bin ich von
hier weggezogen; arm und ohne Beschützer läßt
der HERR mich heimkehren. Warum nennt ihr
mich noch Noomi? Der HERR, der Gewaltige, hat
sich gegen mich gewandt und mich ins Elend ge-
stürzt.«

22 So war Noomi mit ihrer moabitischen
Schwiegertochter Rut wieder nach Betlehem
zurückgekehrt. Dort hatte gerade die Gersten-
ernte begonnen.

Rut findet einen Beschützer

2 Noomi hatte von ihrem Mann her einen
Verwandten namens Boas. Er gehörte zur
Sippe Elimelechs und war ein tüchtiger Mann
und wohlhabender Grundbesitzer. 2 Eines Tages

a Gesprochen wird der Name *Nó'omi;* griechisch-lateinische Form Naëmi.
b *Mara* bedeutet »bitter«, *Noomi* »die Liebliche«.

1,1 Ri 2,16; 17,6 S; Gen 12,10 1,2 1 Sam 17,12 1,16 2 Sam 15,21 2,2 Lev 19,9-10 S

sagte die Moabiterin Rut zu ihrer Schwiegermutter: »Ich will hinausgehen und Ähren sammeln, die auf dem Feld liegengeblieben sind. Ich finde schon jemand, der freundlich zu mir ist und es mir erlaubt.«

»Geh nur, meine Tochter!« sagte Noomi.

3 Rut kam zu einem Feld und sammelte Ähren hinter den Männern und Frauen her, die dort das Getreide schnitten und die Garben banden und wegtrugen.[a] Es traf sich, daß das Feld zum Besitz von Boas gehörte.

4 Im Lauf des Tages kam Boas selbst aus der Stadt zu seinen Leuten heraus. »Gott sei mit euch!« begrüßte er sie, und sie erwiderten: »Der HERR segne dich!«

5 Boas fragte den Mann, der die Aufsicht über die anderen führte: »Wohin gehört diese junge Frau?«

6 Er antwortete: »Es ist eine Moabiterin, die
mit Noomi gekommen ist. 7 Sie hat gefragt, ob sie
die Ähren auflesen darf, die unsere Leute liegen lassen. Seit dem frühen Morgen ist sie auf den Beinen, jetzt hat sie zum erstenmal eine Pause gemacht und sich in den Schatten gesetzt.«

8 Da wandte sich Boas an Rut und sagte: »Hör auf meinen Rat! Geh nicht auf ein anderes Feld, um dort Ähren zu sammeln. Bleib hier und halte
dich zu meinen Knechten und Mägden. 9 Geh
hier auf dem Feld hinter ihnen her. Ich habe meinen Leuten befohlen, dich nicht zu hindern. Und wenn du Durst hast, geh zu den Krügen und trink von dem Wasser, das meine Leute sich dort schöpfen.«

10 Rut warf sich vor ihm zu Boden und fragte: »Wie kommt es, daß du so freundlich zu mir bist? Ich bin doch eine Fremde.«

11 Boas antwortete: »Ich weiß, was du seit dem Tod deines Mannes für deine Schwiegermutter getan hast; es wurde mir alles erzählt. Du hast deinen Vater und deine Mutter und deine Heimat verlassen und bist mit ihr zu einem Volk
gegangen, das du vorher nicht kanntest. 12 Der
HERR vergelte dir, was du getan hast, und belohne dich reich dafür – der Gott Israels, zu dem du gekommen bist, um Schutz zu finden unter seinen Flügeln!«

13 »Du bist so freundlich zu mir!« erwiderte Rut. »Du hast mich getröstet und mir Mut gemacht, obwohl ich noch viel geringer bin als eine deiner Mägde.«

14 Zur Essenszeit sagte Boas zu Rut: »Komm zu uns, iß von dem Brot und tunke es in den Most!« So setzte sie sich zu den Knechten und Mägden, und Boas gab ihr so reichlich geröstete Getreidekörner, daß sie sogar noch davon übrigbehielt.

15 Als sie aufstand, um wieder Ähren zu sammeln, wies er seine Leute an: »Laßt sie auch zwischen den Garben sammeln und treibt sie nicht
weg! 16 Laßt absichtlich Ähren aus den Garben
fallen, damit sie sie auflesen kann, und sagt ihr kein unfreundliches Wort!«

Ruts Schwiegermutter erkennt Gottes Fügung

17 So sammelte Rut bis zum Abend und klopfte dann ihre Ähren aus. Sie hatte etwa 17 Kilo[b]
Gerste zusammengebracht. 18 Sie trug alles in die
Stadt und brachte es ihrer Schwiegermutter, und sie gab ihr auch, was von den gerösteten Körnern übriggeblieben war.

19 Noomi fragte sie: »Wo hast du heute Ähren gesammelt? Auf wessen Feld bist du gewesen? Gott segne den, der dir das erlaubt hat!«

»Der Mann, auf dessen Feld ich heute war«, antwortete Rut, »hieß Boas.«

20 Da sagte Noomi zu ihr: »Der HERR segne ihn! Jetzt sehe ich, daß der HERR uns nicht im Stich gelassen hat, uns Lebende nicht und nicht unsere Toten. Du mußt wissen«, fuhr sie fort, »Boas ist mit uns verwandt. Er ist einer von den Lösern*, die uns nach dem Gesetz* beistehen müssen.«

21 Rut, die Moabiterin*, erzählte: »Er hat zu mir gesagt, ich soll mich zu seinen Leuten halten, bis sie die ganze Ernte eingebracht haben.«

22 Noomi sagte: »Es ist gut, meine Tochter, wenn du mit den Leuten von Boas gehst. Auf einem anderen Feld werden sie vielleicht nicht so freundlich zu dir sein.«

23 Während der ganzen Gerstenernte und auch noch der Weizenernte hielt sich Rut zu den Leuten von Boas und las Ähren auf. Als die Ernte vorbei war, blieb sie auch tagsüber bei ihrer Schwiegermutter.

Rut wagt eine Bitte

3 Eines Tages sagte Noomi zu Rut: »Meine Tochter, ich möchte, daß du wieder einen
Mann und eine Heimat bekommst. 2 Du weißt,

a *hinter den Männern …:* wörtlich *hinter den Erntenden her.* Die Übersetzung verdeutlicht den Vorgang des »Erntens«. Der hebräische Text des Kapitels spricht von den *Erntenden* abwechselnd in der männlichen und der weiblichen grammatischen Form, ohne daß die Tätigkeiten auf beide Seiten verteilt werden.

b Hebräische Maßangabe *1 Efa**.

2,11 Gen 12,1 2,12 Ps 91,4 3,1 1,9

daß Boas, mit dessen Leuten du auf dem Feld
warst, mit uns verwandt ist. Er arbeitet heute
abend mit der Worfschaufel* auf der Tenne, um
die Spreu von der Gerste zu trennen. 3 Bade und
salbe dich, zieh deine besten Kleider an und geh
zur Tenne. Sieh zu, daß er dich nicht bemerkt,
bevor er mit Essen und Trinken fertig ist. 4 Paß
gut auf, wo er sich hinlegt, und wenn er schläft,
schlüpfe unter seine Decke und lege dich neben
ihn. Er wird dir dann schon sagen, was du tun
sollst.«

5 »Ich werde alles so machen, wie du gesagt
hast«, antwortete Rut. 6 Dann ging sie zur Tenne
und verfuhr genau nach den Anweisungen ihrer
Schwiegermutter.

7 Als Boas gegessen und getrunken hatte,
legte er sich gutgelaunt und zufrieden am Rand
des Getreidehaufens schlafen. Leise ging Rut zu
ihm hin, schlüpfte unter die Decke und legte
sich neben ihn. 8 Um Mitternacht schrak Boas
auf und tastete um sich. An ihn geschmiegt lag –
eine Frau. 9 »Wer bist du?« fragte er und bekam
die Antwort: »Ich bin Rut, deine Sklavin! Breite
deinen Gewandsaum über mich und nimm mich
zur Frau; du bist doch der Löser*!«

10 Boas erwiderte: »Der HERR segne dich! Was
du jetzt getan hast, zeigt noch mehr als alles bis-
her, wie treu du zur Familie deiner Schwieger-
mutter hältst. Du hättest ja auch den jungen
Männern nachlaufen können und jeden bekom-
men, ob arm oder reich.

11 Nun, meine Tochter, sei unbesorgt! Ich
werde tun, worum du mich gebeten hast. Jeder
in der Stadt weiß, daß du eine tüchtige Frau bist.
12 Doch da ist noch ein Punkt: Es stimmt zwar,
daß ich ein Löser bin und dir helfen muß; aber es
gibt noch einen zweiten, der den Vortritt hat,
weil er näher verwandt ist als ich.

13 Bleib die Nacht über hier! Morgen früh
werde ich ihn vor die Wahl stellen, ob er der Ver-
pflichtung nachkommen will oder nicht. Wenn
nicht, werde ich es tun. Das verspreche ich dir,
so gewiß der HERR lebt. Bleib jetzt liegen bis zum
Morgen!«

14 Rut blieb neben ihm liegen; aber in aller
Frühe, noch bevor ein Mensch den andern er-
kennen konnte, stand sie auf. Denn Boas sagte:
»Es darf nicht bekannt werden, daß eine Frau auf
der Tenne war.«

15 Dann sagte er noch zu ihr: »Nimm dein
Umschlagtuch ab und halte es auf!« Er füllte
einen halben Zentner[a] Gerste hinein und hob
ihr die Last auf die Schulter. Dann ging er in die
Stadt.

16 Als Rut nach Hause kam, fragte ihre
Schwiegermutter: »Wie ist es dir ergangen,
meine Tochter?« Rut erzählte alles, was Boas für
sie getan und zu ihr gesagt hatte. 17 »Und diese
ganze Menge Gerste hat er mir mitgegeben«,
fügte sie hinzu. »Er sagte: ›Du darfst nicht mit
leeren Händen zu deiner Schwiegermutter kom-
men.‹«

18 Noomi antwortete: »Bleib nun hier, meine
Tochter, und warte ab, wie die Sache ausgeht.
Der Mann wird nicht ruhen, bis er sie noch
heute geordnet hat.«

Durch Rut erlebt ihre Schwiegermutter neues Glück

4 Boas war inzwischen zum Versammlungs-
platz am Stadttor gegangen und hatte sich
dort hingesetzt. Da ging gerade der andere
Löser*, von dem Boas gesprochen hatte, vorbei.
Boas rief ihm zu: »Komm hierher und setz dich«,
und der Mann tat es. 2 Dann holte Boas zehn
Männer, die zu den Ältesten* der Stadt gehör-
ten, und sagte zu ihnen: »Setzt euch hierher zu
uns!«

Als sie sich gesetzt hatten, 3 sagte er zu dem
anderen Löser: »Du weißt, daß Noomi aus dem
Land Moab* zurückgekehrt ist. Sie bietet den
Landanteil zum Verkauf an, der unserem Ver-
wandten Elimelech gehört hat. 4 Ich wollte dir
das sagen und dir den Vorschlag machen: Erwirb
den Landanteil Elimelechs in Gegenwart der
hier sitzenden Männer und in Gegenwart der
Ältesten meines Volkes! Sag, ob du deiner Ver-
pflichtung nachkommen und von deinem Recht
als Löser Gebrauch machen willst oder nicht.[b]
Ich will es wissen, denn du bist als erster an der
Reihe, und nach dir komme ich.«

Der andere antwortete: »Ich mache das!«

5 Boas fuhr fort: »Wenn du von Noomi das
Feld Elimelechs übernimmst, mußt du zugleich
die Verpflichtung übernehmen, für die Moabi-
terin Rut zu sorgen und anstelle ihres verstor-
benen Mannes einen Sohn zu zeugen. Dem
wird später das Feld zufallen, damit der Name
des Verstorbenen auf dessen Erbbesitz* weiter-
lebt.«

6 »Wenn es so ist, verzichte ich«, sagte der
andere. »Ich schädige sonst meinen eigenen Erb-

a Hebräische Angabe *6 Maß* (wahrscheinlich *Maß* = Sea = 1/3 Efa*), also ca. 33 kg.
b Der *Löser* bekommt das Nutzungsrecht an dem Ackerland Elimelechs gegen die Verpflichtung (sie ist der »Kaufpreis«), bis zu ihrem Tod für dessen Witwe Noomi zu sorgen. In Vers 5 wird eine zusätzliche Verpflichtung genannt.

3,9 Ez 16,8 **3,12** 2,20; 4,1 **4,1-4** Lev 25,25 **4,5** Dtn 25,5-6

besitz. Ich trete dir mein Recht als Löser ab. Ich
kann es nicht wahrnehmen.«
7–8 Dann zog er seinen Schuh aus und gab ihn
Boas mit den Worten: »Erwirb du das Feld!« Mit
diesem Zeichen bestätigte man früher in Israel
bei Geschäftsabschlüssen den Wechsel des Be-
sitzrechtes an Grund und Boden.
9 Boas wandte sich an die Ältesten und die
anderen anwesenden Männer und sagte: »Ihr
seid heute Zeugen, daß ich von Noomi alles
erworben habe, was Elimelech und seinen Söh-
nen Kiljon und Machlon gehörte. 10 Ich habe da-
mit auch die Moabiterin Rut, die Witwe Mach-
lons, als Frau erworben und die Verpflichtung
übernommen, an Machlons Stelle einen Sohn zu
zeugen, dem sein Erbbesitz gehören wird.
Machlons Name soll in seiner Sippe nicht ver-
gessen werden, und seine Familie soll in dieser
Stadt und in Israel bestehen bleiben. Ihr habt
meine Erklärung gehört und seid dafür Zeugen.«
11 Die Ältesten und alle Männer auf dem Platz
am Tor sagten: »Wir sind dafür Zeugen! Der HERR
mache die Frau, die in dein Haus kommt, kinder-
reich wie Rahel und Lea, die zusammen das
Haus Israel groß gemacht haben. Mögest du in
der Sippe Efrat zu Reichtum und Einfluß gelan-
gen, und möge dein Name berühmt werden in
Betlehem. 12 Durch die Nachkommen, die der
HERR dir durch diese Frau geben wird, soll deine
Familie so bedeutend werden wie die Familie
von Perez, dem Sohn von Tamar und Juda.«

Rut wird zur Urgroßmutter König Davids

13 So nahm Boas Rut zur Frau. Der HERR ließ sie
schwanger werden, und sie gebar einen Sohn.
14 Da sagten die Frauen zu Noomi: »Der HERR
sei gepriesen! Er hat dir heute in diesem Kind
einen Löser* geschenkt. Möge der Name des
Kindes berühmt werden in Israel! 15 Es wird dir
neuen Lebensmut geben und wird im Alter für
dich sorgen. Denn es ist ja der Sohn deiner
Schwiegertochter, die in Liebe zu dir hält. Wahr-
haftig, an ihr hast du mehr als an sieben Söh-
nen!«
16 Noomi nahm das Kind auf ihren Schoß und
wurde seine Pflegemutter.
17 Ihre Nachbarinnen kamen, um ihm einen
Namen zu geben, denn sie sagten: »Noomi ist
ein Sohn geboren worden!« Und sie gaben ihm
den Namen Obed. Obed wurde der Vater Isais,
Isai der Vater des Königs David.
18 Dies ist die Liste der Nachkommen von
Perez: Perez zeugte Hezron, 19 Hezron zeugte
Ram, Ram zeugte Amminadab, 20 Amminadab
zeugte Nachschon, Nachschon zeugte Salmon,
21 Salmon zeugte Boas, Boas zeugte Obed,
22 Obed zeugte Isai, und Isai zeugte David.

DAS ERSTE BUCH SAMUEL

Inhaltsübersicht

SAMUEL AM HEILIGTUM IN SCHILO (Kapitel 1–3)

Eine Frau bittet Gott um einen Sohn

1 In Ramatajim im Gebiet der Sippe Zuf im
Bergland von Efraïm lebte ein Mann namens
Elkana. Sein Vater hieß Jeroham, sein Großvater
Elihu und sein Urgroßvater Tohu; der war ein
Sohn des Efraïmiters Zuf. 2 Elkana hatte zwei
Frauen, Hanna und Peninna. Peninna hatte Kin-
der, aber Hanna war kinderlos.
3 Elkana ging einmal in jedem Jahr mit seiner
Familie nach Schilo*, um zum HERRN, dem Herr-
scher der Welt,[a] zu beten und ihm ein Opfer
darzubringen. In Schilo versahen Hofni und
Pinhas, die beiden Söhne von Eli, den Priester-
dienst*.
4 Beim Opfermahl* gab Elkana seiner Frau
Peninna und allen ihren Söhnen und Töchtern je
einen Anteil vom Opferfleisch; 5 Hanna aber be-
kam ein Extrastück, denn er liebte sie, obwohl
der HERR ihr Kinder versagt hatte.
6 Darauf begann Peninna regelmäßig zu sti-
cheln und suchte Hanna wegen ihrer Kinder-
losigkeit zu kränken.
7 Das wiederholte sich jedes Jahr, wenn sie

a Wörtlich *zum HERRN Zebaot**; entsprechend in Vers 11.

4,7-8 Dtn 25,9 4,11 Gen 35,23-26 4,12 Gen 38,27-30 4,18-22 Mt 1,3-6 1,1 1 Chr 6,11-12.19-20 1,2 Gen 25,21-22 S 1,3 Jos 18,1 S

zum Heiligtum des HERRN gingen: Peninna
kränkte Hanna so sehr, daß sie weinte und
nichts essen konnte. 8 Elkana fragte sie dann:
»Hanna, warum weinst du? Warum ißt du
nichts? Was bedrückt dich? Hast du an mir nicht
mehr als an zehn Söhnen?«

9 Wieder einmal war es so geschehen. Als sie
gegessen und getrunken hatten, stand Hanna
auf und ging zum Eingang des Heiligtums.[a]
Neben der Tür saß der Priester Eli auf seinem
Stuhl.

10 Hanna war ganz verzweifelt. Unter Tränen
betete sie zum HERRN und machte ein Gelübde*.
Sie sagte: 11 »HERR, du Herrscher der Welt, sieh
doch meine Schande und hilf mir! Vergiß mich
nicht und schenk mir einen Sohn! Ich verspre-
che dir dafür, daß er dir sein ganzes Leben lang
gehören soll; und sein Haar soll niemals ge-
schnitten werden.«

Gott hört Hannas Gebet

12 Hanna betete lange, und Eli beobachtete sie.
Er sah, wie sie die Lippen bewegte; 13 aber weil
sie still für sich betete, konnte er nichts hören.
Darum hielt er sie für betrunken.

14 »Wie lange willst du dich hier so auf-
führen?« fuhr er sie an. »Schlaf erst einmal dei-
nen Rausch aus!«

15 »Nein, Herr«, erwiderte Hanna, »ich habe
nichts getrunken; ich bin nur unglücklich und
habe dem HERRN mein Herz ausgeschüttet.
16 Denk nicht so schlecht von mir! Ich habe
großen Kummer, ich bin ganz verzweifelt. Des-
halb habe ich hier so lange gebetet.«

17 »Geh in Frieden*«, sagte Eli zu ihr, »der
Gott Israels wird deine Bitte erfüllen.«

18 Hanna verabschiedete sich und ging weg.
Sie aß wieder und war nicht mehr traurig.

19 Am nächsten Morgen standen Elkana und
seine Familie früh auf, beteten noch einmal im
Heiligtum des HERRN und kehrten dann heim
nach Rama.

Als Elkana das nächste Mal mit Hanna
schlief, erhörte der HERR ihr Gebet. 20 Sie wurde
schwanger und gebar einen Sohn. Sie sagte: »Ich
habe ihn vom HERRN erbeten« und nannte ihn
deshalb Samuel.[b]

Das Kind gehört Gott

21 Im nächsten Jahr ging Elkana wieder mit sei-
ner Familie nach Schilo. Er wollte dem HERRN
das jährliche Opfer* darbringen und dazu die
besondere Opfergabe, die er ihm versprochen
hatte.[c] 22 Hanna ging diesmal nicht mit. Sie sagte
zu ihrem Mann: »Sobald der Junge alt genug ist
und ich ihn nicht mehr stillen muß,[d] bringe ich
ihn in das Heiligtum des HERRN. Dann soll er für
immer dort bleiben.«

23 Elkana sagte zu ihr: »Tu, was du für richtig
hältst! Bleib zu Hause, bis du ihn entwöhnt hast.
Möge der HERR dann auch wahr machen, was er
diesem Kind zugesagt hat!« So blieb Hanna da-
heim und versorgte ihren Sohn.

24 Als sie Samuel entwöhnt hatte, brachte sie
ihn zum Heiligtum des HERRN nach Schilo. Das
Kind war noch sehr klein. Seine Mutter nahm
auch einen dreijährigen Stier,[e] einen kleinen
Sack[f] Weizenmehl und einen Krug Wein mit.
25 Nachdem die Eltern den Stier geschlachtet hat-
ten, brachten sie den Jungen zu Eli.

26 »Verzeihung, mein Herr«, sagte Hanna, »so
gewiß du lebst: Ich bin die Frau, die einmal an
dieser Stelle stand und betete. 27 Hier ist das
Kind, um das ich damals Gott angefleht habe; er
hat mein Gebet erhört. 28 Auch ich will nun mein
Versprechen erfüllen: Das Kind soll für sein
ganzes Leben dem HERRN gehören.«

Und alle warfen[g] sich zum Gebet vor dem
HERRN nieder.

Gott schützt die Schwachen

2 Hanna betete:

»HERR, du hast mich fröhlich gemacht,
du hast mich wieder aufgerichtet
und mich gestärkt![h]
Jetzt kann ich über meine Feinde lachen.
Ich bin voller Freude, weil du mir geholfen hast.

2 Der HERR allein ist heilig;
es gibt keinen Gott außer ihm.
Auf nichts ist so felsenfest Verlaß wie auf ihn.
3 Tut nicht so groß!
Spielt euch doch nicht so auf!

a *und ging …:* nur in G überliefert; wörtlich *und trat vor den HERRN.*
b Der Name *Samuel* klingt im Hebräischen ähnlich wie »Gott hat gehört«.
c Offenbar *versprochen* für den Fall, daß Hanna ein Kind bekam.
d Die Stillzeit dauerte bis zu drei Jahren; vgl. 2 Makk 7,28.
e *einen dreijährigen Stier:* mit alten Übersetzungen; H *drei Stiere.*
f Hebräische Maßangabe *1 Efa** (ca. 12 kg).
g Wörtlich *er warf;* die Deutung ist unsicher.
h *HERR, du hast …:* wörtlich *Mein Herz jubelt über den HERRN, mein Horn ist erhöht im HERRN.*

1,11 Num 6,5 S 1,24 Gen 21,8 S; Num 15,8-10 2,1-10 Lk 1,46-55

Prahlt nicht so frech mit euren Plänen!
Der HERR weiß genau, was ihr tut;
er prüft alle eure Taten.
4 Starken Männern zerbricht er die Waffen;
Schwachen und Entmutigten gibt er neue Kraft.
5 Reiche müssen auf einmal ihr Brot mit
eigener Hand verdienen;
Arme müssen nicht mehr hungern
und können feiern.
Die Frau, die kinderlos war, bringt sieben
Kinder zur Welt,
doch die Kinderreiche behält nicht eines.

6 Der HERR tötet und macht lebendig,
er verbannt in die Totenwelt*,
und er ruft aus dem Tod ins Leben zurück.
7 Er macht arm, und er macht reich,
er bringt die einen zu Fall,
und andere erhöht er.
8 Die Armen holt er aus der Not,
die Hilflosen heraus aus ihrem Elend;
er läßt sie aufsteigen in den Kreis der
Angesehenen
und gibt ihnen einen Ehrenplatz.
Denn die Grundpfeiler der Erde
gehören dem HERRN;
auf ihnen hat er die Erde errichtet.

9 Der HERR leitet und schützt alle,
die ihm vertrauen;
aber seine Feinde enden in Finsternis,
denn kein Mensch erreicht etwas
aus eigener Kraft.
10 Alle, die mit dem HERRN streiten,
gehen zugrunde;
er läßt im Himmel seinen Donner gegen sie
grollen.
Der HERR hält Gericht über die ganze Erde.
Er hat seinen König erwählt und gesalbt*,
darum gibt er ihm große Kraft.«

Mißstände am Heiligtum

11 Elkana kehrte nach Rama in sein Haus zurück.
Der junge Samuel blieb in Schilo* unter der Auf-
sicht des Priesters* Eli, um dem HERRN zu die-
nen.
12 Die eigenen Söhne von Eli mißbrauchten
ihr Priesteramt. Sie kümmerten sich nicht um
den Willen des HERRN 13 und begnügten sich
nicht mit dem, was den Priestern als Anteil am
Opfer zusteht. Wenn jemand aus dem Volk ein
Tier für das Opfermahl* zubereitete und das
Fleisch noch nicht einmal gar gekocht war,
schickten sie ihren Gehilfen mit einer großen
dreizinkigen Gabel. 14 Er stach damit in den Kes-
sel, den Kochtopf, die Pfanne oder die Schüssel,
und alles, was an ihr hängenblieb, bekam der
Priester.
So machten es die Söhne von Eli bei allen
Israeliten, die nach Schilo* kamen. 15 Sogar noch
ehe die Fettstücke auf dem Altar verbrannt wur-
den, kam der Gehilfe des Priesters und sagte zu
dem, der das Opfer darbringen wollte: »Gib mir
ein Stück von dem Fleisch zum Braten; der Prie-
ster nimmt es von dir nur roh, nicht gekocht!«
16 Wenn der Mann einwandte: »Erst muß für
den HERRN das Fett verbrannt werden; danach
kannst du nehmen, was du willst«, sagte der
Gehilfe: »Sofort gibst du es her, sonst nehme ich
es mit Gewalt!«
17 Auf diese Weise luden die Söhne von Eli
schwere Schuld auf sich. Sie beleidigten den
HERRN, weil sie die Opfer nicht achteten, die ihm
dargebracht wurden.

Samuel und seine Eltern

18 Unterdessen tat Samuel seinen Dienst vor
dem HERRN. Obwohl er noch so jung war, trug er
schon den leinenen Priesterschurz*. 19 Seine
Mutter machte ihm dazu jedes Jahr ein neues
Obergewand* und brachte es mit, wenn sie mit
Elkana zum Opferfest kam.
20 Eli segnete jedesmal Elkana und seine Frau
Hanna. Zu Elkana sagte er: »Der HERR schenke
dir durch diese Frau noch andere Kinder an
Stelle des einen, das sie vom HERRN erbeten hat
und das er jetzt für sich beansprucht.« Danach
kehrten sie nach Hause zurück.
21 Und der HERR war gut zu Hanna: Sie wurde
noch mehrmals schwanger und bekam weitere
drei Söhne und zwei Töchter. Samuel aber blieb
im Heiligtum des HERRN und wuchs dort auf.

Elis Söhne hören nicht auf ihren Vater

22 Eli war inzwischen sehr alt geworden. Als er
erfuhr, was seine Söhne den Israeliten antaten
und daß sie mit den Frauen schliefen, die am
Eingang des Heiligen Zeltes Dienste verrichte-
ten,[a] 23 sagte er zu ihnen: »Warum tut ihr so
etwas? Von allen Leuten höre ich nur Schlechtes
über euch. 24 Ganz Israel spricht davon, wie

a *und daß …:* Dieser Satzteil fehlt in den meisten griechischen Handschriften und in einer wichtigen hebräischen. Wahrscheinlich handelt es sich um einen späteren Zusatz.

2,5 Ps 113,9 **2,6** Dtn 32,39; 2 Kön 5,7; Ps 30,4; Hos 6,1-2; Weish 16,13; Tob 13,2 **2,7-8** Ps 113,7-8; 75,8S **2,10** 7,10; Ps 18,13-14; 96,13; 98,9 **2,12-17** Lev 7,28-36

schlimm ihr es treibt. Das muß aufhören!
25 Wenn jemand sich gegen Menschen vergeht,
wird Gott ihn vielleicht noch in Schutz nehmen;
aber wenn er sich gegen den HERRN versündigt,
wer soll dann noch für ihn eintreten?«

Doch die Söhne von Eli hörten nicht auf ihren
Vater. Der HERR machte sie taub für alle Mah-
nungen;[a] er war entschlossen, sie zu vernich-
ten.

26 Samuel aber wuchs heran zu einem jungen
Mann, an dem Gott und die Menschen Freude
hatten.

Eli wird die Strafe angekündigt

27 Eines Tages kam ein Prophet* zu Eli und sagte
zu ihm: »So spricht der HERR: ›Denkst du nicht
mehr daran, wie ich in Ägypten deinen Vorfah-
ren erschienen bin, als sie noch Sklaven des Pha-
raos waren? 28 Aus allen Stämmen Israels habe
ich sie mir zu Priestern* ausgewählt. Ich habe
sie dazu bestimmt, auf meinem Altar Opfer* dar-
zubringen, Weihrauch* für mich zu verbrennen
und im Priestergewand vor mich zu treten. Ich
habe deiner Sippe das Recht auf einen Anteil an
allen Opfern gegeben, die mir von den Israeliten
dargebracht werden. 29 Warum behandelt ihr
dann die Opfer, die mir auf meinen Befehl[b] dar-
gebracht werden, mit solcher Mißachtung?

Du, Eli, achtest deine Söhne mehr als mich
und läßt zu, daß sie die besten Stücke von dem,
was mein Volk mir opfert, wegnehmen, damit
ihr euch daran mästen könnt. 30 Ich habe dir
einst zugesagt, daß deine Nachkommen für alle
Zukunft meine Priester sein sollen. Aber jetzt
widerrufe ich meine Zusage und erkläre: Wer
mich ehrt, den ehre ich auch; aber wer mich ver-
achtet, den gebe ich der Verachtung preis. Das
sage ich, der HERR, der Gott Israels.

31 Es dauert nicht mehr lange, dann werde ich
deine Macht und den Einfluß deiner Sippe zer-
schlagen, so daß es unter euch keinen alten,
angesehenen Menschen mehr gibt. 32 Während
du in Not und Bedrängnis bist,[c] wirst du sehen,
wie ich allen Israeliten Glück und Wohlstand
schenke; aber in deiner Familie wird nie mehr
jemand zu Alter und Ansehen kommen. 33 Ich
werde zwar nicht jeden deiner Nachkommen
ausrotten, der mir als Priester dient,[d] damit du
nicht vor Kummer und Schmerz vergehst; aber
die allermeisten von ihnen müssen im besten
Mannesalter sterben. 34 Deine Söhne Hofni und
Pinhas werden beide am selben Tag sterben,
und das wird für dich das Zeichen sein, daß auch
alles andere eintrifft.

35 Dann werde ich einen Priester einsetzen,
der mir treu bleibt und tut, was mir gefällt. Er
wird im Dienst des gesalbten* Königs stehen,
den ich erwählen werde,[e] und auch seine Nach-
kommen sollen für alle Zukunft meine Priester
sein. 36 Wer dann von deiner Familie noch lebt,
wird zu ihm kommen und sich vor ihm nieder-
werfen, bloß um ein einziges Silberstück oder
einen Laib Brot zu bekommen. Er wird sich ihm
als Priestergehilfe anbieten, damit er wenigstens
etwas zu essen hat.‹«

Gott spricht zum ersten Mal mit Samuel

3 Der junge Samuel half Eli beim Priester-
dienst. In jener Zeit kam es nur noch selten
vor, daß der HERR zu einem Menschen sprach
und ihm etwas offenbarte*. 2 Eli war fast erblin-
det. Eines Nachts schlief er an seinem gewohn-
ten Platz, 3 und auch Samuel schlief im Heilig-
tum, ganz in der Nähe der Bundeslade*. Die
Lampe im Heiligtum brannte noch.

4 Da rief der HERR: »Samuel!«

»Ja«, antwortete der Junge, 5 lief schnell zu Eli
und sagte: »Hier bin ich, du hast mich gerufen!«

»Nein«, sagte Eli, »ich habe nicht gerufen.
Geh wieder schlafen!« Samuel ging und legte
sich wieder hin.

6 Noch einmal rief der HERR: »Samuel!«, und
wieder stand der Junge auf, ging zu Eli und
sagte: »Hier bin ich, du hast mich gerufen!«

Aber Eli wiederholte: »Ich habe dich nicht ge-
rufen, mein Junge, geh nur wieder schlafen!«

7 Samuel wußte noch nicht, daß es der HERR
war; denn er hatte seine Stimme noch nie
gehört. 8 Der HERR rief ihn zum dritten Mal, und
wieder stand Samuel auf, ging zu Eli und sagte:
»Hier bin ich, du hast mich gerufen!«

Da merkte Eli, daß es der HERR war, der den
Jungen rief, 9 und er sagte zu ihm: »Geh wieder
schlafen, und wenn du noch einmal gerufen
wirst, dann antworte: ›Sprich, HERR, dein Diener
hört!‹«

Samuel ging und legte sich wieder hin. 10 Da

a *Der HERR ...:* verdeutlichender Zusatz.
b Es folgt hier noch ein unverständliches Wort, das vielleicht *in der Wohnung* (= im Heiligtum) bedeutet.
c Es folgt dasselbe unverständliche Wort wie in Vers 29.
d Möglicherweise wird hier auf den Eli-Nachkommen Abjatar vorausgewiesen, der später unter David eine wichtige Rolle spielte (vgl. 1 Sam 22,20-23; 2 Sam 20,25 und öfter).
e Wörtlich *wird vor meinem Gesalbten wandeln* (= seine Tätigkeit ausüben).

2,26 Lk 2,52 **2,28** Ex 28,1; Lev 7,34-36 **2,34** 4,11; 1 Kön 2,35

trat der HERR zu ihm und rief wie zuvor: »Sa-
muel! Samuel!«

Der Junge antwortete: »Sprich, dein Diener
hört!«

11 Da sagte der HERR zu Samuel: »Ich werde in
Israel etwas tun – die Ohren werden jedem weh
tun, der davon hört. 12 Es wird alles eintreffen,
was ich Eli und seiner Familie angedroht habe.
13 Er wußte, daß seine Söhne mich beleidigten,
und doch hat er sie nicht daran gehindert. Des-
halb habe ich über seine Familie ein unwiderruf-
liches Urteil verhängt. Ich habe ihm das schon
lange angekündigt. 14 Es gibt kein Opfer, durch
das diese Schuld jemals gesühnt werden kann;
das habe ich geschworen.«

15 Samuel legte sich wieder hin. Am Morgen
öffnete er die Türen des Heiligtums. Er scheute
sich, Eli zu sagen, was der HERR ihm offenbart
hatte. 16 Aber Eli rief ihn: »Samuel, komm her,
mein Junge!«

»Hier bin ich«, antwortete Samuel.

17 Eli fragte: »Was hat der HERR dir gesagt? Ver-
schweige mir nichts! Seine Strafe soll dich tref-
fen, wenn du mir nicht alles berichtest, was er
dir gesagt hat!« 18 Da erzählte Samuel ihm alles
und verschwieg nichts. Eli aber sagte: »Er ist der
HERR! Ich beuge mich.«

19 Samuel wuchs heran. Der HERR stand ihm
bei und ließ alle Worte in Erfüllung gehen, die
er durch Samuel sprach. 20 Ganz Israel von Dan
bis Beerscheba erkannte, daß der HERR ihn zu
seinem Propheten* bestimmt hatte. 21 Auch wei-
terhin erschien ihm der HERR in Schilo* und gab
4 ihm Weisungen.[a] 1a In ganz Israel hörte
man auf Samuel.

DIE GESCHICKE DER BUNDESLADE. SAMUEL ALS RICHTER (Kapitel 4–7)

Gottes Strafe ist unabwendbar

1b Die Israeliten zogen in den Kampf gegen die
Philister*. Ihr eigenes Lager war bei Eben-Eser,
das Lager der Philister bei Afek. 2 Die Philister
griffen an, und nach einem langen und zähen
Kampf gelang es ihnen, die Israeliten zu schla-
gen. Von diesen wurden etwa 4000 Mann im
Kampf getötet.

3 Als das Heer geschlagen ins Lager zurück-
kam, fragten sich die Ältesten* des Volkes:
»Warum hat der HERR das zugelassen? Warum
konnten uns die Philister heute besiegen?« Sie
berieten sich und beschlossen: »Wir wollen nach
Schilo* senden und die Bundeslade* ins Lager
holen! Dann wird der HERR mitten unter uns
sein und uns gegen unsere Feinde helfen.«

4 Sie schickten einige Männer nach Schilo,
um die Lade zu holen, auf der der HERR, der Herr-
scher der Welt,[b] unsichtbar über den Keruben*
thront. Die Priester Hofni und Pinhas, die Söhne
von Eli, begleiteten die Lade. 5 Als die Lade des
HERRN ins Lager kam, brach unter den Israeliten
ein solcher Jubelsturm los, daß davon die Erde
dröhnte.

6 Der Lärm drang bis zu den Philistern. »Was
ist das für ein lauter Jubel im Lager der He-
bräer*?« fragten sie einander. Als sie erfuhren,
daß die Lade des HERRN im Lager Israels ange-
kommen war, 7 bekamen sie Angst. »Jetzt sind
wir verloren!« sagten sie. »Ihr Gott ist zu ihnen
ins Lager gekommen. Das hat es noch nie ge-
geben. 8 Wer kann uns vor solch einem mäch-
tigen Gott schützen? Das ist doch derselbe
Gott, der die Ägypter in der Wüste vernichtet
hat!«

9 Aber ihre Anführer riefen ihnen zu:[c] »Jetzt
gilt es! Seid mutig, Philister, und kämpft wie
Männer! Sonst werden die Hebräer euch zur
Fronarbeit* zwingen, so wie ihr es bisher mit
ihnen gemacht habt. Zeigt, daß ihr Männer seid,
und kämpft!«

10 Es kam zur Schlacht, und die Israeliten erlit-
ten eine schwere Niederlage. Das Heer löste sich
auf, und jeder floh nach Hause. 30000 israeli-
tische Männer blieben tot auf dem Schlachtfeld.
11 Auch Hofni und Pinhas, die Söhne von Eli, fan-
den den Tod. Die Lade Gottes aber nahmen die
Philister als Beute mit.

Der Schock über den Verlust der Bundeslade

12 Ein Mann aus dem Stamm Benjamin lief noch
am selben Tag vom Ort der Schlacht bis nach
Schilo. Zum Zeichen der Trauer hatte er seine
Kleider zerrissen und sich Erde auf den Kopf ge-
streut. 13-15 Eli, jetzt 98 Jahre alt und so gut wie
blind, saß eben auf seinem Stuhl und horchte an-
gespannt die Straße hinunter; er machte sich
Sorgen um die Lade* Gottes.

Als der Bote in die Stadt kam und berichtete,
was geschehen war, schrien alle vor Entsetzen
laut auf.

»Was hat das zu bedeuten?« fragte Eli.

Da war auch schon der Bote bei ihm und

a *und gab ...:* wörtlich *denn der HERR offenbarte sich Samuel in Schilo durch das Wort des HERRN.*
b Wörtlich *der Herr Zebaot*.* c Verdeutlichender Zusatz.

3,12-14 2,27-36 3,18 2 Sam 15,26 4,3 Jos 18,1 S; Num 10,35 4,4 Ex 25,22 S 4,9 Ri 13,1 4,11 2,34; Ps 78,61

sagte: [16]»Ich komme direkt aus der Schlacht, ich
bin den Feinden entronnen.«

»Was ist geschehen?« fragte Eli, [17]und der
Bote meldete: »Wir sind besiegt! Unser Heer ist
geflohen. Deine beiden Söhne, Hofni und Pin-
has, sind tot. Die Lade Gottes ist verloren!«

[18]Als Eli vom Verlust der Lade hörte, fiel er
rückwärts von seinem Stuhl am Eingang des
Heiligtums. Er war so alt und schwer, daß er sich
dabei das Genick brach und starb. Vierzig Jahre
lang war er der Richter* Israels gewesen.

[19]Seine Schwiegertochter, die Frau des Prie-
sters Pinhas, erwartete ein Kind und stand kurz
vor der Entbindung. Als sie hörte, daß die Lade
Gottes eine Beute der Philister* geworden war
und daß ihr Schwiegervater und ihr Mann den
Tod gefunden hatten, überfielen sie die Wehen.
Sie brach zusammen und gebar ein Kind, [20]aber
die Geburt kostete sie das Leben.

Während sie im Sterben lag, riefen ihr die
Frauen, die ihr beistanden, zu: »Freu dich, du
hast einen Sohn geboren!« Aber sie blieb teil-
nahmslos und gab keine Antwort. [21]Den Jun-
gen nannte sie Ikabod (Fort ist die Herrlichkeit).
Sie dachte dabei an den Verlust der Bundes-
lade und an den Tod ihres Schwiegervaters und
ihres Mannes [22]und sagte: »Die Herrlichkeit*
Gottes ist fort aus Israel! Die Lade Gottes ist ver-
loren!«

Die Bundeslade bringt den Philistern kein Glück

5 Die Philister* brachten die Bundeslade*, die
sie erbeutet hatten, von Eben-Eser nach
Aschdod [2]in den Tempel ihres Gottes Dagon und
stellten sie neben dessen Standbild auf. [3]Als die
Leute von Aschdod am nächsten Morgen in den
Tempel kamen, war das Standbild Dagons umge-
stürzt und lag mit dem Gesicht zur Erde vor der
Lade des HERRN.

Sie stellten es wieder an seinen Platz; [4]doch
auch am folgenden Morgen lag das Bild Dagons
vor der Lade des HERRN am Boden. Aber nur der
Rumpf war von Dagon übriggeblieben; sein Kopf
und die beiden Hände waren abgebrochen und
lagen auf der Türschwelle. [5]Deshalb treten die
Priester Dagons und alle Besucher des Tempels
bis heute nicht auf diese Schwelle.

[6]Auch die Leute von Aschdod und den um-
liegenden Dörfern bekamen die Macht des
HERRN zu spüren. Er strafte sie mit schmerzhaf-
ten Beulen.[a] [7]Da sagten sie: »Die Lade des Got-
tes Israels muß fort! Seine Hand lastet zu schwer
auf uns, und auch unseren Gott Dagon trifft sie
hart.«

[8]Sie riefen alle Philisterfürsten zusammen
und fragten sie: »Was sollen wir mit der Lade des
Gottes Israels machen?«

»Bringt sie nach Gat«, rieten ihnen die ver-
sammelten Fürsten; und so wurde die Lade dort-
hin gebracht.

[9]Aber als sie dort war, ließ der HERR auch die
Leute von Gat seine Macht spüren. Er plagte sie
alle, Vornehme wie Geringe, mit schmerzhaften
Beulen, so daß eine gewaltige Panik entstand.
[10]Da schickten sie die Lade Gottes weiter nach
Ekron.

Als sie dort ankam, schrien die Leute auf:
»Jetzt haben sie die Lade des Gottes Israels zu
uns gebracht! Sie wollen uns noch alle umbrin-
gen!«

[11]Sie riefen die Philisterfürsten zusammen
und forderten: »Schafft die Lade des Gottes
Israels fort! Schickt sie wieder hin, wo sie her-
gekommen ist, sonst wird sie uns und unsere
Familien noch umbringen.«

In der Stadt herrschte Todesangst, denn alle
ihre Bewohner hatten unter der strafenden
Macht Gottes schwer zu leiden. [12]Auch wer mit
dem Leben davonkam, war mit Beulen bedeckt,
und die Menschen schrien zum Himmel um
Hilfe.

Die Heimkehr der Bundeslade

6 Die Bundeslade* war nun schon sieben
Monate lang bei den Philistern*. [2]Schließ-
lich riefen sie ihre Priester und Wahrsager zu-
sammen und fragten sie: »Was sollen wir mit der
Lade des HERRN machen? Können wir sie einfach
zurückschicken, oder was müssen wir sonst
noch tun?«

[3]Sie erhielten den Bescheid: »Auf keinen Fall
dürft ihr die Lade ohne Geschenk zurück-
schicken. Ihr müßt den Gott Israels durch eine
Opfergabe versöhnen. Dann werdet ihr wieder
gesund werden, und ihr wißt dann auch, warum
er euch bisher so hart bestraft hat.«

[4]»Was für eine Opfergabe sollen wir ihm
schicken?« fragten sie, und die Antwort war:
»Fünf goldene Beulen und fünf goldene Mäuse,
je eine für jede Philisterstadt. Denn alle fünf
samt ihren Königen hat dieselbe Plage getroffen.

[5]Laßt eure Beulen und die Mäuse, die euer
Land verwüsten, in Gold nachbilden und
schenkt sie dem Gott Israels zum Zeichen da-
für, daß ihr seine Macht anerkennt. Vielleicht

a G fügt hinzu *und das Land wurde von einer Mäuseplage heimgesucht* (vgl. 6,4-5).

4,18 (Richter) Ri 10,2-3; 12,8-15; 16,31 **4,20** Gen 35,17 **4,21-22** Ps 78,61 **5,2** Ri 16,23 **5,10b** Ex 10,7

wird er dann den schrecklichen Druck von euch und eurem Land und von euren Göttern nehmen.

6 Seid nicht so starrsinnig wie einst die Ägypter und ihr Pharao! Als der HERR ihnen seine Macht zeigte, mußten sie das Volk Israel ja doch freigeben und es ziehen lassen.

7 Schafft also einen neuen Wagen herbei und spannt zwei säugende Kühe davor, die noch nie in ein Joch* gespannt worden sind. Die Kälber nehmt ihnen weg und treibt sie zur übrigen Herde zurück. 8 Stellt die Lade des HERRN auf den Wagen und daneben ein Kästchen mit den goldenen Opfergaben, die ihr für ihn bestimmt habt, und laßt die Lade ziehen, wohin sie will.

9 Dann wird sich zeigen, woher dieses große Unglück über uns gekommen ist. Nimmt die Lade den Weg in Richtung Bet-Schemesch, auf ihr eigenes Land zu, so war es der HERR, der uns diese Plage geschickt hat. Fährt sie in eine andere Richtung, dann wissen wir wenigstens, daß wir nicht vom HERRN bestraft worden sind, sondern die Plage uns nur zufällig getroffen hat.«

10 Genauso machten es die Leute: Sie nahmen zwei säugende Kühe, spannten sie vor den Wagen und sperrten deren Kälber daheim ein. 11 Dann stellten sie die Lade des HERRN auf den Wagen und dazu das Kästchen mit den goldenen Mäusen und den Nachbildungen ihrer Beulen. 12 Die Kühe aber schlugen die Richtung nach Bet-Schemesch ein; sie nahmen den kürzesten Weg und wichen weder rechts noch links davon ab. Dabei brüllten sie immerfort. Die Fürsten der Philister folgten ihnen bis dorthin, wo das Gebiet von Bet-Schemesch beginnt.

13 Die Leute von Bet-Schemesch waren gerade unten im Tal bei der Weizenernte. Als sie von der Arbeit aufblickten, sahen sie die Bundeslade herankommen. Ihre Freude darüber war groß. 14 Der Wagen fuhr bis zum Feld von Joschua und blieb neben einem Felsblock stehen. An Ort und Stelle zerhackten die Leute von Bet-Schemesch den Wagen zu Brennholz und opferten die Kühe dem HERRN als Brandopfer*.

15 Die Leviten* hatten die Lade des HERRN und das Kästchen mit den goldenen Opfergaben vom Wagen genommen und stellten beides auf den Felsblock; davor verbrannten die Leute von Bet-Schemesch dem HERRN Brandopfer* und schlachteten Tiere für ein Opfermahl*.

16 Die fünf Philisterfürsten beobachteten alles genau und kehrten noch am gleichen Tag nach Ekron zurück. 17 Fünf goldene Beulen hatten die Philister dem HERRN geschickt, um ihn zu versöhnen, je eine für die Städte Aschdod, Gaza, Aschkelon, Gat und Ekron, 18 dazu noch eine größere Anzahl von goldenen Mäusen, je eine für jede Ortschaft, die zum Herrschaftsgebiet der fünf Fürsten gehörte, nicht nur für die befestigten Städte, sondern auch für die Dörfer auf dem offenen Land.

Noch heute liegt der große Felsblock,[a] auf dem sie die Bundeslade abgestellt hatten, auf dem Feld von Joschua aus Bet-Schemesch.

Die Bundeslade kommt nach Kirjat-Jearim

19 Der HERR aber bestrafte die Leute von Bet-Schemesch, weil sie die Bundeslade* nicht mit der gebührenden Ehrfurcht angeschaut hatten; siebzig Männer[b] mußten sterben. Das ganze Volk trauerte, weil der HERR sie so hart bestraft hatte, 20 und die Leute von Bet-Schemesch sagten: »Wer kann es in der Nähe dieses heiligen Gottes aushalten? Seine Lade muß hier weg, aber wohin?«

21 Sie schickten Boten nach Kirjat-Jearim und ließen den Leuten dort sagen: »Die Philister* haben die Lade des HERRN zurückgeschickt; kommt und holt sie zu euch!«

7 Da kamen die Männer von Kirjat-Jearim und holten die Bundeslade. Sie brachten sie in das Haus Abinadabs, das oberhalb der Stadt auf einer Anhöhe steht. Seinen Sohn Eleasar weihten sie zum Wächter der Lade.

Das Volk wendet sich Gott wieder zu und wird gerettet

2 Zwanzig Jahre waren vergangen, seit die Bundeslade* nach Kirjat-Jearim gekommen war. Allen Israeliten tat es leid, daß sie vom HERRN abgefallen waren, und sie trauerten darüber, daß er sie verlassen hatte. 3 Da sagte Samuel zu ihnen: »Wenn ihr wirklich zum HERRN zurückkehren wollt, dann schafft die Bilder der fremden Götter und Göttinnen fort! Setzt euer ganzes Vertrauen auf den HERRN und verehrt keinen Gott außer ihm; dann wird er euch aus der Gewalt der Philister* befreien.«

4 Die Israeliten hörten auf Samuel. Sie beseitigten die Bilder der Götzen Baal* und Astarte* und verehrten den HERRN allein. 5 Daraufhin rief

a *Felsblock* mit einigen Handschriften und G; H *Abel* bzw. *Wiese.*
b Darauf folgt unverbunden die befremdliche Angabe *50000 Männer* (= »70 von 50000«?).

6,6 Ex 7,3; 12,31 6,7 2 Sam 6,3-4; Num 19,2; Dtn 21,3 6,19 2 Sam 6,7 7,1 2 Sam 6,1-4 7,3 Jos 24,14 7,5-7 Ri 20,1 S

Samuel alle Männer Israels nach Mizpa. »Dort will ich zum HERRN beten, daß er euch wieder hilft«, sagte er.

6 Sie kamen alle, schöpften Wasser und gossen es vor dem HERRN aus,[a] fasteten* den ganzen Tag und bekannten dem HERRN ihre Schuld. Dort in Mizpa schlichtete Samuel die Streitigkeiten unter den Israeliten und gab ihnen seine Weisungen.

7 Als bei den Philistern bekannt wurde, daß die Männer Israels sich in Mizpa versammelt hatten, rückten die fünf Philisterfürsten zu einem Feldzug gegen Israel aus. Den Israeliten entfiel aller Mut, als die Nachricht eintraf. 8 Sie bestürmten Samuel: »Laß uns nicht im Stich! Hör nicht auf, zum HERRN, unserem Gott, um Hilfe zu rufen, daß er uns gegen die Philister beisteht und uns vor dem Untergang rettet.«

9 Samuel schlachtete ein Lamm und verbrannte es auf dem Altar als Opfer* für den HERRN. Dabei rief er zum HERRN um Hilfe für Israel, und der HERR erhörte sein Gebet.

10 Während Samuel noch das Opfer verbrannte, rückten schon die Philister zum Kampf gegen Israel heran. Der HERR aber ließ es über den Philistern so schrecklich donnern, daß sie in Panik gerieten und flohen. 11 Da brachen die Männer Israels aus Mizpa hervor, verfolgten sie bis hinter Bet-Kar und brachten ihnen eine schwere Niederlage bei.

12 Samuel stellte zwischen Mizpa und Jeschana ein Steinmal auf. »Bis hierher hat uns der HERR geholfen«, sagte er. Deshalb nannte er den Stein Eben-Eser (Stein der Hilfe).

13 Die Philister waren so gründlich geschlagen worden, daß sie es nicht mehr wagten, in das Gebiet Israels einzufallen. Der HERR ließ sie nicht wieder hochkommen, solange Samuel lebte. 14 Alle Städte zwischen Ekron und Gat, die die Philister den Israeliten weggenommen hatten, fielen mit dem ganzen zugehörigen Gebiet an Israel zurück. Auch mit den Amoritern* im Land lebten die Israeliten in Frieden.

15 Sein ganzes Leben lang war Samuel der Richter* Israels. 16 Einmal im Jahr besuchte er reihum die Heiligtümer in Bet-El, Gilgal und Mizpa, um dort Recht zu sprechen und Streitfälle zu schlichten. 17 Die übrige Zeit wirkte er als Richter in seiner Heimatstadt Rama. Dort baute er auch einen Altar für den HERRN.

ISRAEL BEKOMMT EINEN KÖNIG. SAULS UNGEHORSAM (Kapitel 8–15)

Samuel warnt vor einem König

8 Als Samuel alt wurde, setzte er seine Söhne als Richter* über die Israeliten ein. 2 Der ältere hieß Joël, der jüngere Abija. Sie übten ihr Richteramt in Beerscheba aus. 3 Doch sie folgten nicht dem Vorbild ihres Vaters, sondern suchten sich zu bereichern. Sie ließen sich durch Bestechung in ihrem Urteil beeinflussen.

4 Da kamen alle Ältesten* Israels zusammen und gingen zu Samuel nach Rama. 5 Sie sagten zu ihm: »Du bist alt geworden, und deine Söhne folgen nicht deinem Beispiel. Setze deshalb einen König über uns ein, der bei uns für Recht sorgt, wie es bei allen Völkern üblich ist!«

6 Samuel war nicht damit einverstanden, daß sie einen König haben wollten. Er wandte sich an den HERRN, 7 aber der antwortete ihm: »Erfülle ihnen nur ihren Wunsch! Nicht dich lehnen sie ab, sondern mich. Ich soll nicht länger ihr König sein! 8 Seit ich sie aus Ägypten herausgeführt habe, sind sie mir immer wieder untreu geworden und haben sich anderen Göttern zugewandt. Das ist bis heute so geblieben. Jetzt ergeht es dir ebenso. 9 Tu ihnen den Willen! Aber sage ihnen zuvor in aller Deutlichkeit, was der König, der über sie herrschen wird, für Rechte hat und was er mit ihnen tun kann.«

10 Samuel sagte dem Volk, das einen König von ihm verlangte, alles, was der HERR ihm aufgetragen hatte.

11 Er sagte: »Ihr müßt euch im klaren darüber sein, welche Rechte ein König für sich in Anspruch nehmen wird. Er wird eure Söhne in seinen Dienst holen, damit sie für seine Pferde und Wagen sorgen und vor ihm herlaufen, wenn er ausfährt. 12 Einen Teil wird er zu Hauptleuten und Obersten machen, andere müssen seine Felder bestellen und abernten, wieder andere Waffen und Streitwagen* herstellen. 13 Auch eure Töchter wird er an seinen Hof holen, damit sie für ihn kochen und backen und ihm Salben bereiten.

14 Die besten Felder, Weinberge und Ölbaumpflanzungen wird er euch wegnehmen und seinen Beamten geben. 15 Von dem Ertrag eurer Felder und Weinberge wird er den zehnten Teil eintreiben und damit seine Hofleute und Diener

a Die Handlung versinnbildlicht vermutlich das restlose Bekenntnis der Schuld, das »Ausschütten des Herzens« (vgl. Ps 22,15).

7,9-10 Sir 46,16-18 **7,10** Ex 23,28 S **7,17** (Altar) Ri 6,24 S **8,2** 1 Chr 6,13 **8,5** 8,20; Dtn 17,14 **8,6-7** Ri 8,23; 1 Sam 12,12 **8,7** Ex 15,18; Dtn 33,5

bezahlen. 16-17 Auch von euren Schafen und Ziegen wird er den zehnten Teil für sich nehmen. Eure Knechte und Mägde, eure besten jungen Leute und auch eure Esel wird er für sich arbeiten lassen. Ihr alle werdet seine Sklaven sein!

18 Wenn es soweit ist, würdet ihr den König, den ihr jetzt verlangt, gerne wieder loswerden. Dann werdet ihr zum HERRN schreien, aber er wird euch nicht helfen.«

19 Doch das Volk wollte nicht auf Samuel hören. Alle riefen: »Nein, wir wollen einen König! 20 Es soll bei uns genauso sein wie bei den anderen Völkern! Ein König soll uns Recht sprechen und uns im Krieg anführen!«

21 Samuel hörte sich alles an und berichtete es dem HERRN. 22 Der HERR antwortete ihm: »Gib ihrer Forderung nach, und setze einen König über sie ein!«

Dann schickte Samuel die Männer Israels wieder nach Hause.

Der junge Saul sucht entlaufene Eselinnen

9 Im Gebiet des Stammes Benjamin lebte ein wohlhabender und angesehener Mann namens Kisch. Sein Vater hieß Abiël, seine weiteren Vorfahren waren Zeror, Bechorat und Afiach. 2 Kisch hatte einen Sohn namens Saul. Der war jung und stattlich, schöner und einen Kopf größer als alle anderen jungen Männer in Israel.

3 Einmal waren Sauls Vater die Eselinnen weggelaufen. Da sagte er zu seinem Sohn: »Nimm einen Knecht mit und suche sie!«

4 Die beiden durchstreiften das Bergland von Efraïm und fanden sie nicht. Sie suchten in der Gegend von Schalischa – ohne Erfolg, dann in der Gegend von Schaalim – vergeblich; sie durchzogen das Gebiet von Jemini – nirgends eine Spur.

5 Als sie in die Gegend von Zuf kamen, sagte Saul zu seinem Knecht: »Wir kehren lieber um! Sonst macht sich mein Vater um uns noch mehr Sorgen als um die Eselinnen.«

6 Doch der Knecht erwiderte: »In der Stadt da drüben lebt ein angesehener Gottesmann. Alles, was er voraussagt, trifft ein. Wir wollen zu ihm gehen, vielleicht kann er uns weiterhelfen.«

7 »Aber wenn wir hingehen, was sollen wir ihm dann mitbringen?« fragte Saul. »Unsere Beutel sind leer, das Brot ist aufgegessen; und sonst haben wir nichts.«

8 Der Knecht sagte: »Ich habe noch ein kleines Silberstück bei mir, das will ich ihm geben, damit er uns sagt, was wir tun sollen.«

9-11 »Gut«, sagte Saul, »gehen wir!«, und sie machten sich auf den Weg zum Gottesmann in die Stadt. Als sie die Straße zur Stadt hinaufgingen, begegneten ihnen einige Mädchen, die Wasser holen wollten. Sie fragten die Mädchen: »Ist der Seher* in der Stadt?« – Zu jener Zeit nannte man die Propheten* noch ›Seher‹. Wenn die Leute eine Antwort von Gott haben wollten, sagten sie: »Kommt, wir gehen zum Seher!« –

12 Die Mädchen antworteten: »Ja, er ist in der Stadt. Gerade heute ist er gekommen, weil das Volk auf der Höhe über der Stadt ein Opferfest feiert. Beeilt euch, 13 dann trefft ihr ihn noch, bevor er zum Opfermahl* hinaufgeht. Alle warten auf ihn; erst wenn er das Opfer gesegnet hat, dürfen die Festteilnehmer davon essen. Geht schnell, jetzt trefft ihr ihn gerade noch!«

Saul wird wie ein König empfangen

14 Die beiden gingen weiter zur Stadt hinauf. Als sie durchs Tor eintraten, kam ihnen Samuel entgegen. Er wollte gerade die Stadt verlassen und zur Opferstätte hinaufgehen.

15 Der HERR hatte ihn am Tag vorher auf die Begegnung mit Saul vorbereitet und zu ihm gesagt: 16 »Morgen um diese Zeit werde ich einen Mann aus dem Stamm Benjamin zu dir senden. Den sollst du zum Anführer meines Volkes Israel salben*. Er soll es aus der Gewalt der Philister* befreien. Ich habe den Hilferuf der Israeliten gehört und will ihnen helfen.« 17 Als nun Samuel Saul erblickte, sagte der HERR zu ihm: »Das ist der Mann, von dem ich gesprochen habe. Er soll mein Volk regieren.«

18 Gerade im Stadttor begegneten sie sich. Saul wandte sich an Samuel und fragte ihn: »Kannst du mir sagen, wo der Seher* wohnt?«

19 Samuel antwortete: »Ich bin es selbst. Kommt mit mir auf die Höhe! Ihr seid heute meine Gäste. Morgen früh darfst du weiterziehen; dann beantworte ich dir alle deine Fragen. 20 Mach dir keine Gedanken wegen der Eselinnen, die dir vor drei Tagen weggelaufen sind; sie sind gefunden. Aber es gibt Wichtigeres: Ganz Israel setzt seine Hoffnung auf dich und deine Familie!«

21 »Wie kannst du so etwas sagen?« erwiderte Saul. »Ich gehöre doch zum Stamm Benjamin, dem kleinsten aller Stämme in Israel, und meine Sippe ist die unbedeutendste im ganzen Stamm!«

9,2 10,23; 16,6-7.12; 2 Sam 14,25 9,15 1 Kön 14,5 9,16 Ex 2,23; 3,7-8 9,17 16,3.12 9,21 Ri 6,15

22 Samuel brachte Saul und seinen Begleiter in
die Halle des Heiligtums und setzte sie an die
Ehrenplätze der Tafel. Etwa dreißig Gäste waren
geladen. 23 Dann befahl er dem Koch: »Bring das
Stück her, das ich zurücklegen ließ!«
24 Der Koch brachte eine Keule.[a] Er legte sie
Saul vor und sagte: »Laß es dir schmecken! Es ist
für dich zurückgelegt worden, damit du sagen
kannst: ›Alle diese Geladenen waren meine
Gäste!‹«
Nachdem sie miteinander gegessen hatten,
25 ging Samuel mit Saul wieder zur Stadt hin-
unter. Er sprach noch länger mit ihm auf dem
flachen Dach des Hauses. 26 Dort legte Saul sich
schlafen.[b]
Früh am nächsten Morgen rief Samuel zu
ihm auf das Dach hinauf: »Steh auf, ich will dich
ein Stück begleiten!«
Saul stand auf, und sie machten sich gemein-
sam auf den Weg. 27 Als sie an die Grenze der
Stadt kamen, sagte Samuel zu ihm: »Bleib noch
einen Augenblick hier und schick deinen Knecht
voraus. Ich habe dir eine Botschaft von Gott zu
sagen.«
Der Knecht ging voraus.

Gottes Geist ergreift Besitz von Saul

10 Samuel hatte ein Gefäß mit Öl bei sich. Er
goß das Öl Saul auf den Kopf, küßte ihn
und sagte: »Hiermit hat der HERR dich zum An-
führer seines Volkes Israel gesalbt*.«
2 Weiter sagte Samuel: »Wenn du jetzt weg-
gehst, wirst du am Grab Rahels bei Zelzach im
Gebiet des Stammes Benjamin zwei Männer
treffen. Sie werden zu dir sagen: ›Die Eselinnen,
die du suchen gegangen bist, sind gefunden wor-
den. Dein Vater sorgt sich jetzt nicht mehr um
sie, sondern um dich, und fragt sich, was er
euretwegen unternehmen muß.‹
3 Wenn du dann weitereilst und zur Eiche*
von Tabor kommst, werden dir drei Männer be-
gegnen, die nach Bet-El zum Heiligtum gehen.
Der eine trägt drei Böckchen, der andere drei
Brotlaibe und der dritte einen Krug mit Wein.
4 Sie werden dich freundlich grüßen und dir
zwei von den Broten geben. Nimm sie an!
5 Dann wirst du nach Gibeat-Elohim kom-
men, wo die Philister* ihre Posten[c] aufgestellt
haben. Vor der Stadt wirst du einer Gruppe von
Propheten* begegnen, die von der Opferstätte
auf der Anhöhe herabkommen. Vor ihnen her
werden Musikanten gehen, die auf Harfen,
Handpauken, Flöten und Zithern spielen, und
die Propheten werden dazu in ekstatischer Be-
geisterung tanzen und singen. 6 Dann wird der
Geist* des HERRN auf dich kommen, und ihre Be-
geisterung wird auch dich erfassen. Von da an
wirst du wie umgewandelt sein.
7 Diese Zeichen sollen dir eine Bestätigung
sein. Wenn sie eintreffen, dann besinn dich
nicht lange. Pack die Aufgaben an, die sich dir
stellen! Gott wird dir beistehen.«
8 Samuel fügte hinzu: »Geh mir voraus nach
Gilgal und warte sieben Tage auf mich. Ich
werde dorthin kommen und dem HERRN Opfer*
darbringen. Dann will ich dich wissen lassen,
was du tun sollst.«
9 Als Saul von Samuel wegging, machte Gott
ihn zu einem neuen Menschen.[d] Alle Zeichen,
die Samuel vorhergesagt hatte, trafen der Reihe
nach ein. 10 Schließlich kamen Saul und sein
Knecht nach Gibea, wo ihnen tatsächlich eine
Gruppe von Propheten begegnete. Der Geist
Gottes nahm Besitz von Saul, und die ekstati-
sche Begeisterung der Propheten erfaßte auch
ihn.
11 Als seine Bekannten das sahen, fragten sie
einander: »Was ist denn mit dem Sohn von Kisch
geschehen? Wie kommt Saul unter die Prophe-
ten?« 12 Einer der Umstehenden meinte: »Von
denen kennt man ja nicht einmal den Vater!« So
entstand die Redensart: »Ist auch Saul unter die
Propheten geraten?«
13 Als die ekstatische Begeisterung vorüber
war, ging Saul zur Opferstätte hinauf. 14 Sein
Onkel sah ihn und den Knecht und fragte sie:
»Wo seid ihr gewesen?«
»Wir haben die Eselinnen gesucht«, antwor-
tete Saul, »und als wir sie nicht finden konnten,
gingen wir zu Samuel.«
15 »Was hat er euch denn gesagt?« wollte der
Onkel wissen.
16 »Daß die Eselinnen gefunden sind«, er-
widerte Saul. Aber daß Samuel ihm gesagt hatte,
er würde König werden, erzählte er ihm nicht.

Saul wird König über Israel

17 Samuel berief eine Volksversammlung ein.
Alle Männer von Israel kamen nach Mizpa zum
Heiligtum des HERRN. 18 Dort sagte er zu ihnen:
»Der HERR, der Gott Israels, hat euch aus
Ägypten herausgeführt, er hat euch aus der Ge-
walt der Ägypter und aller anderen Feinde be-
freit 19 und euch aus aller Not und Bedrängnis

a Es folgen noch die nicht sicher zu deutenden Worte *und was darauf ist.* *b* Der Satz ist verdeutlichender Zusatz.
c Andere Deutung *Siegessäulen.* *d* *machte Gott ...:* wörtlich *verwandelte Gott ihm das Herz in ein anderes.*

10,1 9,16; 16,13 S 10,5-6 Joël 3,1 S 10,6 Ri 3,10 S 10,10-12 19,22-24 10,17 Ri 20,1 S 10,19 8,5-9

gerettet. Ihr aber habt euch heute von ihm los-
gesagt und habt verlangt, daß ich einen König
über euch einsetze. Ihr sollt euren Willen haben.
Ordnet euch nach Stämmen und Sippen, und
stellt euch hier vor dem HERRN auf!«
20 Samuel ließ die Oberhäupter der einzel-
nen Stämme vortreten und befragte den HERRN
durch das Los. Das Los fiel auf den Stamm Benja-
min. 21 Dann ließ er die Sippenoberhäupter des
Stammes Benjamin vortreten. Das Los fiel auf
die Sippe Matri, und unter den Männern dieser
Sippe fiel es auf Saul, den Sohn von Kisch. Doch
als sie Saul nach vorn holen wollten, war er nir-
gends zu finden.
22 Sie fragten den HERRN: »Sind vielleicht nicht
alle vorgetreten?«
Der HERR antwortete: »Sucht ihn, er hat sich
im Lager versteckt!«
23 Sie liefen hin und holten ihn. Als er in ihrer
Mitte stand, sah man: Er war einen Kopf größer
als alle.
24 Samuel sagte zum Volk: »Hier ist der Mann,
den der HERR ausgewählt hat! Seht ihn euch an!
Keiner im ganzen Volk ist wie er.« Da riefen alle:
»Lang lebe der König!«
25 Samuel machte dem Volk die Rechte des
Königs bekannt. Er schrieb sie auf und ver-
wahrte die Urkunde im Heiligtum des HERRN.
Dann löste er die Versammlung auf, und jeder
ging nach Hause.
26 Auch Saul ging heim nach Gibea. Vom Heer
Israels begleiteten ihn alle Männer, denen Gott
das Herz dazu willig gemacht hatte. 27 Ein paar
Nichtsnutze aber spotteten: »Der soll unsere
Lage ändern können?« Sie hatten nur Verach-
tung für ihn übrig und brachten ihm keine
Geschenke.
Doch Saul schwieg dazu.

Sauls erste Bewährung

11 Nahasch, der König der Ammoniter*, zog
mit seinem Heer vor die Stadt Jabesch in
der Landschaft Gilead* und belagerte sie. Die Be-
wohner der Stadt boten Nahasch an: »Sichere
uns zu, daß du uns am Leben läßt; dann wollen
wir uns dir unterwerfen.«
2 Der Ammoniterkönig antwortete: »Nur un-
ter einer Bedingung lasse ich mich darauf ein:
Ich steche jedem von euch das rechte Auge aus!
So bringe ich Schande über ganz Israel.«
3 Da baten die Ältesten* der Stadt: »Gib uns
sieben Tage Zeit! Wir wollen Boten in alle Ge-
genden Israels schicken. Wenn uns niemand zu
Hilfe kommt, werden wir uns dir ergeben.«
4 Die Boten kamen auch in Sauls Heimatort
Gibea. Als sie den Bewohnern ihre Lage schil-
derten, brachen alle in lautes Weinen aus.
5 In diesem Augenblick kam Saul mit seinen
Rindern von der Feldarbeit heim. »Warum wei-
nen sie alle?« erkundigte er sich, und sie erzähl-
ten ihm, was die Boten aus Jabesch gemeldet
hatten.
6 Als Saul das hörte, nahm der Geist* Gottes
von ihm Besitz, und es packte ihn ein glühender
Zorn. 7 Er nahm zwei von den Rindern, zer-
hackte sie und sandte die Stücke in alle Gegen-
den Israels. Die Überbringer sollten überall aus-
rufen: »Wer nicht mit Saul und Samuel in den
Kampf zieht, dessen Rindern wird es ebenso er-
gehen!«
Das ganze Volk erschrak, weil sie spürten,
daß der HERR selbst hinter dieser Drohung
stand; und alle ohne Ausnahme zogen in den
Kampf. 8 In Besek musterte Saul das Heer; es
waren 300000 Mann aus Israel und 30000 aus
Juda.
9 Den Leuten von Jabesch ließ Saul durch ihre
Boten ausrichten: »Morgen um die Mittagszeit
seid ihr befreit!«
Als die Nachricht in der belagerten Stadt be-
kannt wurde, atmeten alle auf. 10 Sie ließen den
Ammonitern sagen: »Morgen kommen wir zu
euch hinaus. Dann könnt ihr mit uns machen,
was ihr wollt.«
11 Saul verteilte seine Männer auf drei Abtei-
lungen. In aller Frühe, noch vor Anbruch der
Morgendämmerung, fielen sie in das Lager der
Ammoniter ein. Als es Mittag wurde, hatten sie
die Ammoniter vernichtend geschlagen; die
wenigen, die entkamen, wurden in alle Winde
zerstreut.
12 Nach dem Sieg sagten die Männer Israels
zu Samuel: »Wer hat damals gesagt: ›Was? Saul
soll unser König werden?‹ Her mit ihnen, damit
wir sie töten!«
13 Aber Saul entschied: »Am heutigen Tag soll
niemand getötet werden! Denn heute hat der
HERR sein Volk Israel gerettet.«
14 Dann forderte Samuel das Volk auf:
»Kommt mit nach Gilgal, wir wollen Saul noch
einmal zum König ausrufen!« 15 Alle folgten Sa-
muel nach Gilgal, und am Heiligtum des HERRN
machten sie Saul zu ihrem König. Sie schlachte-
ten Opfertiere, und Saul feierte mit allen Män-
nern Israels ein großes Fest.

10,20-21 Jos 7,16 S 10,23 9,2 10,24 1 Kön 1,25.34.39; 2 Kön 11,12 10,25 Dtn 17,14-20; 1 Sam 8,11-18 11,6 16,13; Ri 3,10 S 11,7 Ri 19,29 11,12 10,27 11,13 14,45; 2 Sam 19,23 11,14 10,8 11,15 Jos 4,19-20

Samuels Abschiedsrede

12 Samuel sagte zu den versammelten Män-
nern Israels: »Ich habe eure Bitte er-
füllt und euch einen König gegeben. 2 Hier
steht er vor euch; er ist von jetzt an euer An-
führer.

Ich selbst bin schon alt, und meine Söhne
sind als erwachsene Männer hier unter euch.
Von meiner Jugend an bis heute habe ich euch
geführt. 3 Ich stelle mich jetzt eurem Urteil. Er-
hebt vor dem HERRN und seinem gesalbten*
König Anklage gegen mich, wenn ich irgendein
Unrecht begangen habe.

Wem habe ich ein Rind oder einen Esel weg-
genommen? Wen habe ich erpreßt, wen unter-
drückt? Von wem habe ich mich durch Be-
stechung dazu bringen lassen, als Richter ein
Auge zuzudrücken? Ich bin bereit, für alles Wie-
dergutmachung zu leisten.«

4 Die Männer Israels antworteten: »Du hast
keinen von uns unterdrückt oder erpreßt und
von niemand etwas angenommen.«

5 Samuel sagte: »Der HERR und sein gesalbter
König sind Zeugen dafür, daß ihr kein Unrecht
an mir gefunden habt.«

»Ja, so ist's«, riefen die Männer.

6 Dann sagte Samuel zu dem Volk: »Der HERR
hat Mose und Aaron eingesetzt und eure Vor-
fahren durch sie aus Ägypten herausgeführt.
7 Tretet nun her, damit ich euch vor ihm zur
Rechenschaft ziehen kann. Ich werde euch alles
vorhalten, was der HERR in seiner Treue für euch
und eure Vorfahren getan hat.

8 Als Jakob mit seiner Familie nach Ägypten
gekommen war und eure Vorfahren in ihrer Not
zum HERRN um Hilfe riefen, schickte der HERR
ihnen Mose und Aaron, und durch diese beiden
führte er sie aus Ägypten und gab ihnen hier in
diesem Land eine Heimat.

9 Sie aber vergaßen bald, was der HERR für sie
getan hatte, und wandten sich von ihm ab. Des-
halb gab der HERR sie ihren Feinden preis: Sisera,
dem Heerführer der Stadt Hazor, den Philistern*
und dem König der Moabiter*. Die führten Krieg
gegen sie und brachten sie in schwere Bedräng-
nis.[a] 10 Da riefen sie zum HERRN um Hilfe und
sagten: ›Es war Unrecht, daß wir dich, unseren
Gott, verlassen und statt dessen den Gott Baal*
und die Göttin Astarte* verehrt haben. Befreie
uns von unseren Feinden, dann sollst du allein
unser Gott sein!‹

11 Da schickte der HERR euch Jerubbaal, Be-
dan,[b] Jiftach und schließlich mich selbst und half
euch gegen alle Feinde rings um euch her, so
daß ihr in Frieden und Sicherheit in eurem Land
leben konntet.

12 Als ihr aber saht, daß der Ammoniterkönig
Nahasch mit seinem Heer gegen euch anrückte,
sagtet ihr zu mir: ›Nein, ein König soll uns regie-
ren!‹, obwohl doch der HERR, euer Gott, euer
König ist.

13 Nun, ihr habt den König bekommen, den
ihr gewollt habt; der HERR hat ihn euch gegeben.
14 Jetzt kommt es darauf an, daß ihr den HERRN
ehrt und ihm gehorcht, auf seine Weisungen
hört, euch seinen Anordnungen nicht wider-
setzt und ihm stets treu bleibt, ihr und der König,
der über euch herrscht. 15 Wenn ihr aber nicht
auf den HERRN hört und euch seinen Anordnun-
gen widersetzt, dann wird der HERR sich gegen
euch wenden, wie er es bei euren Vorfahren
getan hat.

16 Darum tretet her und gebt acht, was für ein
großes Wunder der HERR jetzt vor euren Augen
tun wird! 17 Es ist gerade Weizenernte, und ihr
wißt, daß zu dieser Zeit niemals Regen fällt.[c] Ich
aber werde zum HERRN rufen und ihn bitten,
daß er ein Gewitter schickt. Dann werdet ihr
einsehen, was für ein großes Unrecht gegen den
HERRN ihr begangen habt, als ihr einen König
verlangtet.«

18 Samuel rief zum HERRN, und der HERR ließ
es donnern und regnen. Da bekamen die Israeli-
ten große Angst vor dem HERRN und vor Samuel,
19 und sie sagten zu Samuel: »Bitte den HERRN,
deinen Gott, für uns, daß wir nicht sterben müs-
sen! Wir sind sündige Menschen, und nun
haben wir auch noch die Untat begangen, einen
König zu verlangen.«

20 Samuel antwortete ihnen: »Habt keine
Angst! Ihr habt zwar all dieses Unrecht getan,
aber haltet von jetzt an treu zum HERRN und ge-
horcht ihm von ganzem Herzen. 21 Lauft nur
nicht den ohnmächtigen Götzen nach! Sie kön-
nen euch nicht helfen und euch nicht retten,
weil sie *nichts* sind.

22 Der HERR bleibt sich selbst treu; er wird
euch nicht verstoßen, nachdem er einmal be-
schlossen hat, euch zu seinem Volk zu machen.

a *und brachten …:* verdeutlichender Zusatz.
b *Bedan* wird sonst nirgends erwähnt; vielleicht ist Barak (Ri 4,6-7) gemeint.
c *und ihr wißt …:* verdeutlichender Zusatz.

12,3 Num 16,15; Sir 46,19 **12,8** Ex 2,23; 6,26 **12,9** Ri 13,1; 3,12; 4,2 **12,10** Ri 10,10-15 **12,11** Ri 7,1; 11,29; 1 Sam 3,20 **12,12** 8,5-7 **12,14** Dtn 13,5 **12,15** Num 14,29-35; Ri 2,13-15 **12,21** Ps 115,4-8 **12,22** Dtn 26,17; 27,9; 29,11-14; 2 Sam 7,24

23 Auch ich werde weiter wie bisher mit meinen
Gebeten beim HERRN für euch eintreten und
euch den guten und geraden Weg weisen. Ich
würde ja Schuld auf mich laden, wenn ich damit
aufhörte.
24 Aber ihr müßt den HERRN ehren und ihm in
Treue und von ganzem Herzen gehorchen.
Denkt doch daran, was für gewaltige Dinge er
für euch getan hat! 25 Wenn ihr trotz alledem
weiter Unrecht tut, werdet ihr samt eurem König
weggefegt werden.«

Die Erhebung gegen die Philister

13 Saul war ... Jahre alt,[a] als er König wurde,
und er regierte zwei Jahre über Israel.
2 Saul wählte von den versammelten Israeli-
ten dreitausend aus. Davon standen zweitau-
send unter dem Befehl Sauls in Michmas und
auf den Höhen bei Bet-El und tausend unter dem
Befehl seines Sohnes Jonatan in Gibea, im Ge-
biet des Stammes Benjamin. Die übrigen Leute
hatte Saul nach Hause entlassen.
3 Jonatan erschlug die Männer, die als Posten
der Philister* in Geba stationiert waren.[b] Als
es bei den Philistern bekannt wurde, ließ Saul
im ganzen Land das Widderhorn* blasen, denn
er dachte: »Die Hebräer* sollen es erfahren.«
4 Überall in Israel wurde ausgerufen: »Saul hat
die Wachtposten der Philister erschlagen! Da-
durch hat Israel die Wut der Philister herausge-
fordert.« Daraufhin wurden die waffenfähigen
Männer nach Gilgal einberufen, um mit Saul in
den Kampf zu ziehen.
5 Auch die Philister sammelten sich inzwi-
schen zum Kampf gegen Israel. Sie hatten 3000[c]
Streitwagen* mit 6000 Mann Besatzung, und ihr
Heer war so unzählbar wie die Sandkörner am
Meeresstrand. Sie bezogen ihr Lager bei Mich-
mas, östlich von Bet-Awen.
6 Als die Israeliten die Übermacht sahen, ver-
steckten sie sich in Höhlen, hinter Dorngestrüpp
und in Felsspalten, in Grabkammern und Zister-
nen. 7a Ein Teil flüchtete über den Jordan ins Ge-
biet von Gad und Gilead*.

Saul handelt voreilig

7b Saul war immer noch in Gilgal, und alle seine
Kriegsleute hatten große Angst. 8 Samuel hatte
verlangt, daß er sieben Tage auf ihn warte; aber
als Samuel auch dann noch nicht kam, fingen die
Leute an wegzulaufen. 9 Deshalb ordnete Saul
an: »Bringt mir die Tiere für das Brandopfer* und
das Mahlopfer*!« Und er begann, selbst die
Opferhandlung zu verrichten.
10 Als er gerade mit dem Brandopfer fertig
war, kam endlich Samuel. Saul ging ihm ent-
gegen und begrüßte ihn.
11 »Was hast du da getan!« sagte Samuel, und
Saul erwiderte: »Die Leute begannen auseinan-
derzulaufen, als du zur vereinbarten Zeit nicht
hier warst, und die Philister* standen schon in
Michmas. 12 Da dachte ich: Nun werden sie
nach Gilgal herunterkommen und mich angrei-
fen, und ich habe dem HERRN noch kein Opfer
dargebracht, damit er mir beisteht. Deshalb habe
ich es gewagt, selbst das Brandopfer zu verrich-
ten.«
13 Samuel aber sagte: »Das war unbesonnen
von dir! Warum hast du dich nicht an den Befehl
gehalten, den der HERR, dein Gott, dir gegeben
hat? Dann hätte er dir und deiner Familie das
Königtum über Israel für alle Zeiten zugespro-
chen. 14 Nun wird dein Königtum keinen Be-
stand haben, weil du dem HERRN nicht gehorcht
hast. Er hat sich schon einen anderen aus-
gesucht, einen Mann, an dem er Gefallen hat.
Den hat er zum Anführer seines Volkes be-
stimmt.«

Die Unterlegenheit der Israeliten

15 Samuel verließ Gilgal und ging seiner Wege.
Der Rest der Männer Israels folgte Saul in den
Kampf. Sie zogen[d] von Gilgal nach Gibea im
Gebiet des Stammes Benjamin. Als Saul seine
Leute musterte, waren es nur noch sechshun-
dert.
16 Saul und Jonatan lagen mit ihren Leuten bei
Geba im Gebiet von Benjamin, während die Phi-
lister* ihr Lager bei Michmas aufgeschlagen hat-
ten. 17 Die Philister schickten drei Truppenabtei-
lungen aus, die das Land plündern sollten: eine
nach Norden in Richtung Ofra in das Gebiet von
Schual, 18 eine andere nach Westen in Richtung
Bet-Horon und eine dritte nach Osten zu dem
Höhenzug, von dem aus das Hyänental und die
dahinter liegende Wüste zu sehen sind.
19 Es gab zu jener Zeit in ganz Israel keinen
Schmied; denn die Philister wollten verhindern,
daß die Leute von Israel Schwerter und Speer-
spitzen herstellen konnten. 20 Deshalb mußte
jeder in Israel zu den Philistern gehen, wenn
er eine Pflugschar, einen Spaten, eine Axt oder

a Es fehlt eine Jahreszahl.
b Nach anderer Deutung: *Jonatan zerschlug die Siegessäule der Philister in Geba* (vgl. 10,5 und 14,1).
c *3000:* mit alten Übersetzungen; H *30 000.* d *seiner Wege. Der Rest ...:* nur in G überliefert.

12,23 7,8-9 13,5 Jos 17,16 S 13,8 10,8 13,14 16,1 13,19 Ri 5,8

eine Sichel[a] schärfen lassen wollte. 21 Bei Spaten und Pflugschar kostete das Schärfen zwei Drittel eines Silberstücks* und bei einer Axt ein Drittel.[b] 22 Wenn sie in den Krieg zogen, hatte keiner von den Männern Israels, die Saul und Jonatan folgten, ein Schwert oder einen Speer; nur Saul und sein Sohn waren damit ausgerüstet.

Jonatans Überraschungserfolg

23 Die Philister* hatten eine Abteilung ausgeschickt, die den Talübergang bei Michmas sichern sollte.

14 Eines Tages sagte Jonatan, der Sohn Sauls, zu seinem jungen Waffenträger: »Komm, wir gehen zu dem Philisterposten dort drüben!« Seinem Vater verriet er nichts davon.

2 Saul befand sich zu diesem Zeitpunkt am äußersten Ende des Gebiets von Gibea unter dem Granatapfelbaum beim Dreschplatz. Er hatte etwa 600 Mann bei sich. 3 In seiner Begleitung war auch der Priester* Ahija, der Sohn von Ikabods Bruder Ahitub; er war ein Enkel von Pinhas und Urenkel von Eli, der in Schilo* dem HERRN als Priester gedient hatte. Ahija trug die Orakeltasche*. Auch von den Männern Sauls wußte keiner, daß Jonatan weggegangen war.

4 An der Stelle, an der Jonatan das Tal überqueren wollte, ragte auf jeder Seite eine Felsspitze auf; man nannte die beiden Felsen Bozez und Senne.[c] 5 Der eine erhob sich wie ein Pfeiler im Norden, auf der Seite von Michmas, der andere im Süden, auf der Seite von Geba.

6 Jonatan sagte also zu seinem jungen Waffenträger: »Komm, wir gehen zu dem Posten dort drüben, zu diesen Unbeschnittenen*! Vielleicht hilft uns der HERR; denn für ihn ist es nicht schwer, den Sieg zu schenken, ganz gleich, ob nun viele oder wenige kämpfen.«

7 »Nur zu«, sagte der Waffenträger; »tu, was du vorhast! Ich bin dabei, du kannst dich auf mich verlassen.«

8 Jonatan sagte: »Wir gehen auf sie zu, und zwar so, daß sie uns sehen müssen. 9 Wenn sie uns dann zurufen: ›Halt! Stehenbleiben, bis wir bei euch sind!‹, dann bleiben wir stehen, wo wir gerade sind, und steigen nicht zu ihnen hinauf. 10 Sagen sie aber: ›Kommt herauf zu uns!‹, so klettern wir hinauf. Das soll das Zeichen für uns sein, daß der HERR sie in unsere Hand gegeben hat.«

11 Sie gingen also und zeigten sich ganz offen dem feindlichen Posten. Als die Philister sie sahen, sagten sie zueinander: »Seht nur, da kommen ein paar Hebräer* aus den Löchern, in die sie sich verkrochen haben!« 12 Sie riefen den beiden zu: »Kommt herauf zu uns! Wir haben ein Wörtchen mit euch zu reden!«

Da sagte Jonatan zu seinem Waffenträger: »Mir nach! Der HERR hat sie in die Hand Israels gegeben!« 13 Jonatan kletterte auf allen vieren hinauf und sein Waffenträger hinter ihm her. Da fielen die Philister vor Jonatan einfach um, und der Waffenträger, der hinter ihm herging, tötete sie.

14 Bei diesem ersten Schlag gegen die Philister hatten Jonatan und sein Waffenträger an die zwanzig Mann auf kleinstem Raum[d] erledigt. 15 Alle Philister packte das Entsetzen – die im Lager und die im Gelände, das ganze Heer, auch die Wachtposten und alle, die zur Plünderung ausgezogen waren. Als dann auch noch die Erde bebte, brach unter ihnen eine Panik aus, die Gott geschickt hatte.

16 Die Späher Sauls in Gibea bemerkten die Unruhe im Lager der Philister. 17 Saul befahl seinen Leuten: »Seht nach, wer von uns fehlt!« Es stellte sich heraus, daß Jonatan und sein Waffenträger nicht da waren. 18 Da befahl Saul dem Priester Ahija: »Bring die Lade Gottes her!« Die Bundeslade* war nämlich im Lager der Israeliten.

19 Aber während Saul noch mit Ahija sprach, steigerte sich der Tumult im Lager der Philister so sehr, daß Saul zu ihm sagte: »Nein, laß es!« 20 Saul und seine Leute sammelten sich und stürmten los zum Kampf. Als sie das feindliche Lager erreichten, sahen sie, daß dort einer gegen den andern kämpfte. Es herrschte eine ungeheure Verwirrung.

21 Die von den Hebräern, die bisher zu den Philistern gehalten hatten und auf deren Seite in den Kampf gezogen waren, wechselten jetzt die Front und schlossen sich den Israeliten unter der Führung von Saul und Jonatan an. 22 Als die Israeliten, die sich im Bergland von Efraïm versteckt hatten, von der Flucht der Philister hörten,

a *Sichel* mit G; H wiederholt *Pflugschar.*
b H ist nicht sicher zu deuten; *zwei Drittel eines Silberstücks* ist vermuteter Text anstelle eines Ausdrucks, den manche als *dreizinkige Gabel* deuten. Die beiden letzten (hebräischen) Wörter des Verses sind in der Übersetzung nicht berücksichtigt; vielleicht: *(und ebensoviel) für das Einsetzen eines Ochsenstachels*.*
c *Senne* bedeutet »Dorn, Stachel«, *Bozez* entweder »der Glänzende« oder »der Schlüpfrige«.
d Wörtlich *auf etwa der halben Pflugstrecke eines Joches Acker* (= ca. 50 m).

14,3 1,3; 4,19-22 **14,6** Ri 7,2-7; 2 Chr 13,18 S **14,11** 13,6 **14,15** Ex 23,28 S **14,18** 4,3-4 **14,20** Ri 7,22 **14,22** 13,6

setzten auch sie alle ihnen nach. 23a So schenkte
der HERR an diesem Tag Israel den Sieg.

Sauls Gewissenhaftigkeit mindert den Sieg

23b Der Kampf tobte damals bis über Bet-Awen
hinaus. 24 Als die Israeliten zeitweise in Bedräng-
nis gerieten, drohte ihnen Saul und sagte: »Fluch
über jeden, der vor Abend etwas ißt – bevor ich
mich an meinen Feinden gerächt habe!« Deshalb
nahm keiner von den Leuten irgend etwas zu
sich.

25 Zu dieser Jahreszeit gab es[a] überall in der
Gegend wilden Honig. 26 Die Waben, auf die die
Leute stießen, flossen über von Honig; aber kei-
ner wagte davon zu kosten, denn sie fürchteten
Sauls Fluch.

27 Jonatan wußte jedoch nichts von dem
Fluch, mit dem sein Vater die Leute bedroht
hatte. Er tauchte das Ende seines Stockes in eine
Wabe und leckte den Honig ab. Sofort kam
neues Leben in ihn.[b] 28 Einer der Männer stellte
ihn zur Rede und sagte: »Dein Vater hat jeden
mit einem Fluch bedroht, der heute etwas ißt!«

Weil Jonatan sah, wie erschöpft die Leute
waren, 29 erwiderte er: »Mein Vater stürzt uns
alle ins Unglück. Seht doch selbst, wie erfrischt
ich bin, weil ich ein bißchen von dem Honig ge-
gessen habe! 30 Wieviel größer wäre unser Sieg
gewesen, wenn die Leute sich von dem Proviant
gestärkt hätten, den sie von ihren Feinden er-
beutet haben! Dann wäre die Niederlage der
Philister* noch viel größer geworden.«

31 Die Israeliten verfolgten die Philister an die-
sem Tag von Michmas bis nach Ajalon. Dann
waren sie so erschöpft, 32 daß sie sich auf die
Beutetiere stürzten; sie schlachteten Schafe, Rin-
der und Kälber, ließen das Blut* auf die Erde
fließen und hielten an derselben Stelle ihr Mahl.

33 Man meldete Saul: »Die Leute machen sich
schuldig gegenüber dem HERRN; sie setzen sich
über dem Blut hin und essen!«

»Das ist ein schweres Unrecht«, rief Saul.
»Wälzt sofort einen großen Stein her!« 34 Dann
ordnete er an: »Geht überall herum und sagt den
Leuten, jeder soll sein Rind und sein Schaf zu
mir bringen und hier an diesem Stein schlach-
ten. Dann können sie essen, ohne dem HERRN
gegenüber schuldig zu werden, weil sie über
dem Blut essen.« Da brachten alle in dieser
Nacht ihre Tiere zu Saul und schlachteten sie
dort. 35 Es war das erste Mal, daß Saul für den
HERRN einen Altar* gebaut hatte.

36 Dann sagte Saul zu den Männern: »Wir
wollen noch in der Nacht den Philistern nach-
jagen! Wir wollen sie ausplündern, und keiner
von ihnen soll den nächsten Morgen erleben!«

»Gut«, riefen sie, »was du für richtig hältst,
wird gemacht!«

Der Priester aber wandte ein: »Wir wollen
doch zuerst Gott fragen!« 37 Also fragte Saul: »Soll
ich die Philister bis in die Ebene verfolgen? Wirst
du sie in unsere Hand geben?« Aber Gott gab
Saul keine Antwort.

38 Da rief Saul die Truppenführer zu sich und
sagte: »Es ist heute irgendeine Schuld began-
gen worden. Ihr müßt herausfinden, was es ist.
39 Wer sich schuldig gemacht hat, muß sterben –
und wenn es mein eigener Sohn Jonatan wäre.
Das schwöre ich, so gewiß der HERR lebt, der
Israel beisteht.« Aber niemand aus dem Volk
meldete irgendeinen Verstoß.

40 Da sagte Saul: »Ihr alle stellt euch auf diese
Seite, ich stelle mich mit Jonatan auf die andere.«

»Tu, was du für richtig hältst«, erwiderte das
Volk.

41 Dann rief Saul: »HERR, du Gott Israels, war-
um hast du mir heute nicht geantwortet? Sag es
mir durch die heiligen Lose*! Wenn die Schuld
bei mir oder bei Jonatan liegt, dann laß das Los
›Urim‹ herauskommen, wenn sie aber beim Volk
liegt, das Los ›Tummim‹!«[c]

Das Los fiel auf Saul und Jonatan, und so war
das Volk von der Schuld freigesprochen.

42 »Werft jetzt das Los zwischen mir und mei-
nem Sohn«, befahl Saul. Da fiel das Los auf Jona-
tan.

43 »Was hast du getan?« fragte ihn Saul; »sag es
mir!«

»Ich habe mit der Spitze meines Stockes ein
bißchen Honig gekostet«, antwortete Jonatan.
»Ich bin bereit zu sterben.«

44 »Gott soll mich strafen, wenn ich dich
leben lasse!« sagte Saul.

45 Aber die Männer Israels baten für Jonatan:
»Soll er sterben, nachdem er diesen großen Sieg
für Israel errungen hat? Nie und nimmer! So ge-
wiß der HERR lebt: Wir werden nicht zulassen,
daß ihm auch nur ein Haar gekrümmt wird! Nur
mit Gottes Hilfe hat er heute solche Taten voll-
bringen können.«

So rettete das Volk Jonatan vor dem Tod.

a Wörtlich *Das ganze Land war in (die Zeit der) Honigwaben gekommen und es gab …*
b *Sofort kam …*: wörtlich *Da wurden seine Augen hell.*
c Vers 41 ergänzt nach G; H *Dann rief Saul: HERR, du Gott Israels, gib Tummim* (oder *gib vollständige Klarheit*).
14,32-33 Lev 17,10-14 S 14,36-37 1 Kön 22,5 S 14,37 28,6 14,38-39 Jos 7,11-15 14,41 Ex 28,30 S

46 Saul aber verfolgte die Philister nicht wei-
ter, sondern kehrte um. So konnten sich die Phi-
lister unbehelligt in ihr Gebiet zurückziehen.

Sauls Kriege

47 Als König von Israel kämpfte Saul gegen alle
seine Feinde ringsum: gegen die Moabiter*, die
Ammoniter*, die Edomiter*, die Könige von
Zoba* und die Philister*. Gegen sie alle be-
währte er sich als Retter Israels.[a] 48 Er war ein
tapferer Mann, besiegte die Amalekiter* und be-
freite die Israeliten von allen, die ihr Land aus-
plünderten.

Sauls Familie

49 Saul hatte drei Söhne: Jonatan, Jischwi[b] und
Malkischua, und zwei Töchter; die ältere hieß
Merab, die jüngere Michal. 50 Seine Frau hieß
Ahinoam; sie war die Tochter von Ahimaaz.
Zum Heerführer machte er Abner, den Sohn sei-
nes Onkels Ner. 51 Sauls Vater Kisch und Abners
Vater Ner waren beide Söhne von Abiël.

52 Der Krieg mit den Philistern* dauerte mit
unverminderter Härte fort, solange Saul lebte.
Darum zog Saul jeden tapferen und kriegstüchti-
gen Mann, den er gewinnen konnte, zu seiner
Truppe ein.

Sauls halbherziger Gehorsam

15 Samuel kam zu Saul und sagte: »Der HERR
gab mir damals den Auftrag, dich zum
König über sein Volk Israel zu salben*. Darum
höre jetzt seinen Befehl! 2 So spricht der HERR,
der Herrscher der Welt:[c] ›Ich will jetzt den Ama-
lekitern* vergelten, was sie Israel angetan ha-
ben. Sie versperrten ihm den Weg, als es aus
Ägypten kam. 3 Darum zieh gegen sie ins Feld
und vernichte sie! Alles, was zu ihnen gehört,
steht unter dem Bann*. Darum töte ohne Erbar-
men Männer und Frauen, Kinder und Säuglinge,
Rinder, Schafe, Kamele und Esel.‹«

4 Saul rief die wehrfähigen Männer nach
Telaïm[d] zusammen. Dort musterte er sie; es
waren 200000 Mann Fußvolk, dazu kamen
noch 10000 Mann aus Juda. 5 Mit ihnen drang
Saul zur Hauptstadt der Amalekiter vor und legte
sich im Tal auf die Lauer.

6 Den Kenitern* ließ Saul sagen: »Zieht fort,
trennt euch von den Amalekitern, damit ihr
nicht zusammen mit ihnen ausgerottet werdet.
Ihr seid uns Israeliten freundlich begegnet, als
wir aus Ägypten kamen.« Da verließen die Keni-
ter das Gebiet der Amalekiter.

7 Dann griff Saul die Amalekiter an und schlug
sie vernichtend von Hawila bis Schur an der
ägyptischen Grenze. 8 Ihren König Agag nahm
Saul gefangen. An den anderen Amalekitern
vollstreckte er den Bann und ließ sie mit dem
Schwert niedermachen. 9 Saul und die Männer
Israels verschonten jedoch nicht nur Agag, son-
dern auch vom Vieh – den Schafen, Ziegen und
Rindern – die gesunden und kräftigen Tiere, das
Mastvieh und die Lämmer und überhaupt alles,
was wertvoll war; daran wollten sie nicht den
Bann vollstrecken.

Gott kehrt sich von Saul ab

10 Da erging das Wort des HERRN an Samuel, er
sagte: 11 »Es reut mich, daß ich Saul zum König
gemacht habe. Er hat sich von mir abgewandt
und meine Befehle nicht befolgt.«

Samuel war tief getroffen. Die ganze Nacht
schrie er zum HERRN, um ihn umzustimmen.

12 Früh am Morgen machte er sich auf den
Weg zu Saul. Er hörte, Saul sei in der Stadt Kar-
mel gewesen und habe dort ein Siegeszeichen
aufgerichtet, dann sei er nach Gilgal weiterge-
zogen.

13 Als Samuel nach Gilgal kam, empfing ihn
Saul mit den Worten: »Sei vom HERRN gesegnet!
Ich habe den Befehl des HERRN ausgeführt!«

14 »Aber ich höre doch Schafe blöken und Rin-
der brüllen«, entgegnete Samuel.

15 »Meine Leute haben sie mitgebracht«, er-
widerte Saul. »Sie haben die besten Schafe und
Rinder am Leben gelassen, um sie dem HERRN,
deinem Gott, als Opfer* darzubringen. Alles
übrige haben wir vernichtet.«

16 »Kein Wort weiter!« rief Samuel. »Ich will
dir jetzt verkünden, was der HERR mir in dieser
Nacht gesagt hat!«

»Sprich!« erwiderte Saul, 17 und Samuel sagte:
»Du bist der Anführer der Stämme Israels. Ob-
wohl du selbst dich nicht für würdig hieltest, hat
der HERR dich zu ihrem König gemacht. 18 Er hat
dich zu den Amalekitern* geschickt und dir be-
fohlen: ›Kämpfe gegen sie, bis du sie vernichtet
hast. Vollstrecke den Bann* an ihnen, denn sie
haben sich gegen mich gestellt.‹ 19 Warum hast
du dem HERRN nicht gehorcht? Warum hast du
getan, was ihm mißfällt, und dich auf die Beute
gestürzt?«

a *Gegen sie ...:* mit G; H *Ihnen allen tat er Böses.*
b Wohl identisch mit *Isch-Boschet/Eschbaal* (2 Sam 2,8; vgl. Anmerkung zu 1 Chr 8,33).
c Wörtlich *der HERR Zebaot.*
d Vermutlich der sonst Telem genannte Ort (vgl. 27,8).

14,49 18,17-20.26-27; 31,2.7 15,1 10,1 15,2 Ex 17,14S 15,3 Dtn 7,1-4S; Jos 7,1S 15,6 Ri 1,16S 15,17 9,21

20»Ich habe ihm doch gehorcht«, erwiderte
Saul. »Ich habe getan, was er mir aufgetragen
hatte: An den Amalekitern habe ich den Bann
vollstreckt und ihren König Agag hierherge-
bracht. 21 Meine Leute aber ließen die besten
von den erbeuteten Schafen und Rindern am
Leben, um sie hier in Gilgal dem HERRN, deinem
Gott, zu opfern.«
22 Doch Samuel erwiderte: »Was meinst du,
was gefällt dem HERRN besser: Brandopfer* und
Mahlopfer* oder Gehorsam gegenüber seinem
Befehl? Laß dir gesagt sein: Wenn du dem HERRN
gehorchst, ist das besser als ein Opfer; und
wenn du ihm richtig zuhörst, ist das besser
als das Fett von Widdern. 23 Trotz gegen Gott
ist ebenso schlimm wie Zauberei, Auflehnung
gegen ihn so schlimm wie Götzendienst. Weil
du gegen den Befehl des HERRN verstoßen hast,
hat der HERR auch dich verstoßen: Du kannst
nicht länger König über sein Volk sein.«
24 Saul sah sein Unrecht ein. »Ich habe mich
schuldig gemacht«, bekannte er. »Ich habe den
Befehl des HERRN und deine Anweisungen nicht
befolgt. Ich hatte Angst vor meinen Männern
und ließ ihnen ihren Willen. 25 Vergib mir meine
Schuld und komm mit mir zurück, damit ich
mich vor dem HERRN niederwerfen und ihm
Ehre erweisen kann!«
26 Aber Samuel erwiderte: »Ich kann nicht mit
dir zurückgehen. Du hast gegen den Befehl des
HERRN verstoßen, darum hat der HERR nun dich
verstoßen. Du kannst nicht mehr König über
Israel sein.«

Saul und Samuel trennen sich

27 Samuel wollte weggehen. Da hielt Saul ihn
am Mantel fest, so daß ein Stück davon abriß.
28 Samuel sagte: »Wie du mir dieses Stück von
meinem Mantel abgerissen hast, so entreißt der
HERR dir heute die Königsherrschaft über Israel
und gibt sie einem anderen, der würdiger ist
als du. 29 Der Gott, auf den Israel stolz sein
kann,[a] steht zu seinem Urteil und nimmt es
nicht zurück. Er ist nicht wie ein Mensch, der
seinen Sinn ändert und seine Entscheidung
bereut.«
30 »Du hast recht«, wiederholte Saul, »ich
habe mich schuldig gemacht. Aber stelle mich
vor meinem Volk und seinen Ältesten* nicht
bloß und erweise mir jetzt die gebührende Ehre.
Komm mit mir zurück, damit ich mich vor dem
HERRN, deinem Gott, niederwerfen und ihm
Ehre erweisen kann!«
31 Samuel ließ sich umstimmen und ging mit.
Als Saul sich vor dem HERRN niedergeworfen
hatte, 32 befahl Samuel: »Bringt mir Agag, den
König der Amalekiter*!«
Gelassen[b] ging Agag auf Samuel zu und
sagte: »Die Todesgefahr ist vorbei.« 33 Aber Sa-
muel erwiderte: »Dein Schwert hat viele Mütter
kinderlos gemacht. So soll jetzt auch deine Mut-
ter kinderlos werden!« Und er schlug Agag vor
dem Altar* in Gilgal in Stücke.
34 Dann kehrte Samuel nach Rama zurück,
und auch Saul ging nach Hause in seine Stadt
Gibea. 35 Samuel mied Saul für den Rest seines
Lebens, denn er trauerte um ihn. Dem HERRN
aber tat es leid, daß er Saul zum König über
Israel gemacht hatte.

DAVID AM KÖNIGSHOF SAULS
(16,1–21,1)

Gott sucht sich den Jüngsten aus

16 Der HERR sagte zu Samuel: »Wie lange
trauerst du noch um Saul? Ich habe ihn
verstoßen; er kann nicht länger König über Israel
sein. Fülle jetzt ein Horn mit Salböl und geh
nach Betlehem zu Isai. Unter seinen Söhnen
habe ich mir einen als König ausgewählt.«
2 »Aber wie kann ich das?« wandte Samuel
ein. »Wenn Saul es erfährt, bringt er mich um!«
Der HERR antwortete: »Nimm eine Kuh mit
und sage, du seist gekommen, um ein Opfer*
darzubringen. 3 Lade auch Isai dazu ein. Ich sage
dir dann, welchen von seinen Söhnen du zum
König salben* sollst.«
4 Samuel gehorchte dem HERRN und machte
sich auf den Weg. In Betlehem kamen ihm die
Ältesten* der Stadt besorgt entgegen und frag-
ten: »Dein Kommen bedeutet doch nichts
Schlimmes?«
5 »Nein«, antwortete Samuel. »Ich komme,
um dem HERRN ein Opfer darzubringen. Tut das
Nötige, damit ihr rein* seid, und kommt dann
mit mir zum Opfermahl!« Er lud auch Isai und
seine Söhne dazu ein und forderte sie auf, sich
zu reinigen.
6 Als Isai mit seinen Söhnen zum Opfermahl
kam, fiel Samuels Blick auf Eliab, und er dachte:
»Das ist gewiß der, den der HERR ausgewählt
hat!«
7 Doch der HERR sagte zu Samuel: »Laß dich
nicht davon beeindrucken, daß er groß und statt-
lich ist. Er ist nicht der Erwählte. Ich urteile an-

a *Der Gott ...:* wörtlich *Der Ruhm Israels.* b Vielleicht bedeutet das Wort auch *in Ketten.*

15,22 Jes 1,10-20 S 15,26 1 Kön 11,11 15,27-28 28,17; 1 Kön 11,30-31 15,29 Num 23,19 S 16,1 15,23; 2 Kön 9,1.3 16,6-7 9,2 S

ders als die Menschen. Ein Mensch sieht, was in
die Augen fällt; ich aber sehe ins Herz.«

8 Isai rief Abinadab und führte ihn Samuel
vor. Aber Samuel sagte: »Auch ihn hat der HERR
nicht ausgewählt.«

9 Dann ließ Isai Schima vortreten, aber Sa-
muel wiederholte: »Auch ihn hat der HERR nicht
ausgewählt.«

10 So ließ Isai alle sieben Söhne an Samuel
vorbeigehen, aber Samuel sagte: »Keinen von
ihnen hat der HERR ausgewählt.«

11 Dann fragte er Isai: »Sind das alle deine
Söhne?«

Isai antwortete: »Der Jüngste fehlt noch,
David, der hütet die Schafe.«

»Laß ihn holen«, sagte Samuel, »wir setzen
uns nicht zum Opfermahl hin, bevor er hier ist!«

12 Isai schickte einen Boten, und David kam.
Der Junge war schön und kräftig[a] und hatte
klare Augen.

»Er ist es, salbe ihn!« sagte der HERR zu
Samuel. 13 Da goß Samuel Öl aus seinem Horn
über ihn und salbte ihn zum König vor den
Augen seiner Brüder.

In diesem Augenblick nahm der Geist* des
HERRN Besitz von David und verließ ihn nicht
mehr. Samuel aber kehrte nach Rama zurück.

David tritt in Sauls Dienste

14 Der HERR hatte seinen Geist* von Saul genom-
men und ihm einen bösen Geist geschickt, der
ihn oft quälte. 15 Da sagten seine Leute zu Saul:
»Du weißt selbst, daß ein böser Geist, von Gott
geschickt, dich immer wieder befällt. 16 Sollen
wir uns nicht nach einem Mann umsehen, der
Harfe spielen kann? Du brauchst es nur zu be-
fehlen! Wenn dann der böse Geist über dich
kommt, kannst du dir etwas vorspielen lassen;
das wird dich aufmuntern.«

17 »Ja«, antwortete Saul, »sucht mir einen
guten Harfenspieler und bringt ihn zu mir!«

18 Einer von den jungen Leuten sagte: »Ich
kenne einen: Isai in Betlehem hat einen Sohn,
der Harfe spielen kann. Er stammt aus einer an-
gesehenen Familie und ist ein tüchtiger Kämpfer.
Er versteht, zur rechten Zeit das rechte Wort zu
sagen, und sieht sehr gut aus. Der HERR steht
ihm bei.«

19 Da sandte Saul Boten zu Isai und ließ ihm
sagen: »Schick mir doch deinen Sohn David, der
die Schafe hütet!«

20 Isai gab David einen mit Broten beladenen
Esel, einen Schlauch Wein und einen jungen Zie-
genbock für Saul mit. 21 So kam David ins Haus
Sauls und trat in seinen Dienst. Der König ge-
wann ihn lieb und machte ihn zu seinem Waf-
fenträger. 22 Seinem Vater Isai ließ er sagen: »Laß
David in meinem Dienst bleiben! Er hat mein
Wohlgefallen gefunden.«

23 Immer, wenn der von Gott geschickte böse
Geist über Saul kam, griff David zur Harfe und
begann darauf zu spielen. Dann wurde es Saul
leichter ums Herz, er fühlte sich wieder wohler,
und der böse Geist verließ ihn.

Ein einzelner Mann fordert das Heer Israels heraus

17 Die Philister* zogen ihre Streitmacht bei
Socho im Gebiet des Stammes Juda zu-
sammen. In Efes-Dammim zwischen Socho und
Aseka hatten sie ihr Lager.

2 Saul bot alle wehrfähigen Männer Israels auf
und ließ sie im Eichental* das Lager beziehen.
Als die Israeliten zum Kampf antraten, 3 stellten
sie sich am Abhang des Tales auf. Am gegen-
überliegenden Abhang standen die Philister; da-
zwischen lag die Talsohle.

4 Da trat aus den Reihen der Philister ein
einzelner Krieger hervor. Er hieß Goliat und
stammte aus Gat. Er war über drei Meter groß
5-6 und trug einen Helm, einen Schuppenpanzer
und Beinschienen, alles aus Bronze; der Panzer
allein wog mehr als einen Zentner. Er hatte ein
bronzenes Krummschwert geschultert. 7 Der
Schaft seines Spießes war so dick wie ein Weber-
baum*, und die eiserne Spitze wog fast vierzehn
Pfund.[b] Ein Soldat trug den großen Schild vor
ihm her.

8 Der Mann trat vor die Reihen der Philister
und rief den Israeliten zu: »Warum stellt ihr euch
zur Schlacht auf? Ich stehe für die Philister, und
ihr steht für Saul. Wählt einen von euch aus! Er
soll zu mir herabkommen und mit mir kämpfen.
9 Wenn er mich besiegt und tötet, werden wir
eure Sklaven. Wenn aber ich siege und ihn töte,
müßt ihr unsere Sklaven werden und uns die-
nen.«

10 Dann schrie er: »Habt ihr gehört: Ich for-

a *schön und kräftig:* Die genauere Bedeutung der beiden Wörter ist nicht sicher zu bestimmen; möglich *sonnengebräunt und gutaussehend.*

b Hebräische Maßangaben in den Versen 5-7: *6 Ellen* und 1 (Hand-)Spanne; 5000 Schekel** (= 57,5 kg); *600 Schekel* (= 6,9 kg).

16,13 (salbte zum König) 2 Sam 2,4; 5,3; Ps 89,21; 1 Sam 10,1; 1 Kön 1,39; 2 Kön 9,6; 11,12; (Geist) 1 Sam 11,6 S **16,14** 18,10 S **17,4-7** 2 Sam 21,15-22

dere das ganze Heer Israels heraus! Schickt mir einen Mann, damit wir miteinander kämpfen!«

11 Als Saul und die Männer Israels den Philister so reden hörten, erschraken sie und hatten große Angst.

David läßt sich nicht einschüchtern

12 David war – wie gesagt – ein Sohn von Isai, der zur Sippe Efrat zählte und in Betlehem, im Gebiet von Juda, wohnte. Isai hatte acht Söhne. Für den Kriegsdienst war er selbst schon zu alt, als Saul regierte. 13 Aber seine drei ältesten Söhne, Eliab, Abinadab und Schima, waren mit dem Heer Sauls in den Krieg gezogen. 14 David war der Jüngste von seinen Söhnen. 15 Er kam immer wieder vom Königshof nach Hause und hütete die Schafe seines Vaters.

16 Vierzig Tage lang trat Goliat morgens und abends vor und forderte die Israeliten zum Zweikampf heraus.

17 Da sagte Isai eines Tages zu David: »Geh zu deinen Brüdern ins Lager! Bring ihnen diesen Sack[a] mit gerösteten Körnern und die zehn Brote. 18 Dem Hauptmann nimmst du die zehn Käse hier mit. Erkundige dich, wie es deinen Brüdern geht, und bring ein Lebenszeichen von ihnen mit. 19 Sie sind mit Saul und allen Männern Israels im Eichental* und kämpfen gegen die Philister*.«

20 David übergab die Schafe einem Hütejungen. Früh am nächsten Morgen lud er alles auf einen Esel und machte sich auf den Weg, wie Isai es ihm aufgetragen hatte.

Als er zum Lager kam, rückte das Heer gerade aus und stellte sich zum Kampf auf. Die Männer stimmten den Schlachtruf an. 21 Die Schlachtreihen der Israeliten und der Philister* standen sich gegenüber. 22 David ließ sein Gepäck bei der Lagerwache, lief an die Front zu seinen Brüdern und fragte sie, wie es ihnen gehe.

23 Während er mit ihnen sprach, trat wieder der Philister Goliat aus Gat vor und forderte die Israeliten zum Zweikampf heraus. Auch David hörte seine Worte.

24 Sobald die Männer Israels den Philister sahen, bekamen sie große Angst und wichen vor ihm zurück. 25 »Hast du ihn gesehen? Da kommt er!« riefen sie einander zu. »Und wie er Israel verspottet! Wer ihn tötet, den macht der König zum reichen Mann; er soll sogar die Königstochter bekommen, und seine ganze Familie wird von allen Abgaben befreit!«

26 David erkundigte sich bei den Männern, die in seiner Nähe standen: »Was für eine Belohnung bekommt der, der den Philister tötet und diese Schande von Israel nimmt? Dieser Unbeschnittene* darf doch nicht das Heer des lebendigen Gottes verhöhnen!« 27 Sie erklärten ihm noch einmal, was der König als Belohnung ausgesetzt hatte.

28 Als sein ältester Bruder Eliab ihn so mit den Männern reden hörte, wurde er zornig und sagte: »Was hast denn du hier zu suchen! Unsere kümmerlichen paar Schafe läßt du allein in der Wildnis; wer wird nun auf sie aufpassen? Ich weiß, wie vorwitzig du bist; ich kann mir schon denken, was dich hergetrieben hat. Du bist gekommen, um einmal den Krieg zu sehen!«

29 David erwiderte: »Was habe ich denn getan? Ich frage doch nur!« 30 Er drehte sich um und fragte den nächsten, und wieder bekam er dieselbe Antwort.

Die falschen Waffen

31 Es sprach sich herum, daß sich David so eingehend nach der Belohnung erkundigt hatte. Man berichtete es auch Saul, und der ließ ihn zu sich rufen.

32 »Mein König!« sagte David. »Laß dich von diesem Philister* nicht einschüchtern! Ich werde mit ihm kämpfen.«

33 »Unmöglich! Das kannst du nicht«, erwiderte Saul. »Du bist ja fast noch ein Kind, und er ist ein Mann, der von Jugend auf mit den Waffen umgeht!«

34 »Mein König«, sagte David, »als ich die Schafe meines Vaters hütete, kam es vor, daß ein Löwe oder Bär sich ein Tier von der Herde holen wollte. 35 Dann lief ich ihm nach, schlug auf ihn ein und rettete das Opfer aus seinem Rachen. Wenn er sich wehrte und mich angriff, packte ich ihn an der Mähne und schlug ihn tot. 36 Mit Löwen und Bären bin ich fertig geworden. Diesem unbeschnittenen* Philister soll es nicht besser ergehen! Er wird dafür büßen, daß er das Heer des lebendigen Gottes verhöhnt hat! 37 Der HERR hat mich vor den Krallen der Löwen und Bären geschützt, er wird mich auch vor diesem Philister beschützen!«

»Gut«, sagte Saul, »kämpfe mit ihm; der HERR wird dir beistehen!« 38 Er gab ihm seine eigene Rüstung, zog ihm den Brustpanzer an und setzte ihm den bronzenen Helm auf. 39 David hängte sich das Schwert um und machte ein paar Schritte. Doch er war es nicht gewohnt.

»Ich kann darin nicht gehen«, sagte er zu Saul,

a Wörtlich *dieses Efa**; Gewicht der gerösteten Körner ca. 15 kg.

17,15 16,11.19 17,25 18,27; Jos 15,16 17,34-37 Ri 14,6; Sir 47,3

»ich habe noch nie eine Rüstung getragen.« Er
legte alles wieder ab 40 und nahm seinen Hirten-
stock. Im Bachbett suchte er fünf glatte Kiesel-
steine und steckte sie in seine Hirtentasche. In
der Hand hielt er seine Schleuder; so ging er dem
Philister entgegen.

David besiegt Goliat

41 Auch Goliat rückte vor; sein Schildträger ging
vor ihm her. Als er nahe genug war, 42 sah er,
wer ihm da entgegenkam: ein Halbwüchsiger,
kräftig und schön.[a]

Er war voll Verachtung für ihn 43 und rief ihm
zu: »Was willst du denn mit deinem Stock? Bin
ich vielleicht ein Hund?« Dann rief er den Zorn
seiner Götter auf David herab. 44 »Komm nur
her«, spottete er, »dein Fleisch will ich den
Geiern und Raubtieren zu fressen geben!«

45 Doch David antwortete: »Du trittst gegen
mich an mit Säbel, Spieß und Schwert. Ich aber
komme mit dem Beistand des HERRN, des Herr-
schers der Welt,[b] des Gottes, dem das Heer
Israels folgt und den du verhöhnt hast.

46 Er wird dich heute in meine Hand geben.
Ich werde dich töten und dir den Kopf ab-
schlagen, und die Leichen der übrigen Philister*
werde ich den Vögeln und Raubtieren zu fressen
geben. Dann wird die ganze Welt erkennen, daß
das Volk Israel einen Gott hat, der es beschützt.[c]

47 Auch die hier versammelten Israeliten sol-
len sehen, daß der HERR weder Schwert noch
Speer braucht, um sein Volk zu retten. Denn der
HERR bestimmt den Ausgang des Krieges und
wird euch Philister in unsere Hand geben.«

48 Goliat ging vorwärts und kam auf David zu.
David lief ihm entgegen, 49 griff in seine Hirten-
tasche, holte einen Stein heraus, schleuderte ihn
und traf den Philister am Kopf. Der Stein durch-
schlug die Stirn, und Goliat stürzte vornüber zu
Boden. 50 Ohne Schwert, nur mit Schleuder und
Stein, hatte David ihn besiegt und getötet. 51 Er
lief zu dem Gestürzten hin, zog dessen Schwert
aus der Scheide und schlug ihm den Kopf ab.

Als die Philister sahen, daß ihr stärkster
Mann tot war, liefen sie davon. 52 Die Männer
von Israel und Juda aber stimmten das Kriegsge-
schrei an und verfolgten sie bis nach Gat[d] und
bis vor die Stadttore von Ekron. Auf dem ganzen
Weg von Schaarajim bis nach Gat und Ekron
lagen die Leichen der erschlagenen Philister.

53 Als die Israeliten von der Verfolgung zu-
rückkamen, plünderten sie das Lager der Feinde.
54 David nahm den Kopf Goliats mit und brachte
ihn später nach Jerusalem; die Waffen Goliats
bewahrte er in seinem Zelt auf.

David gewinnt einen Freund

55 Saul hatte zugesehen, wie David dem Phili-
ster* entgegenging, und er hatte seinen Heerfüh-
rer Abner gefragt: »Wer ist der Bursche eigent-
lich?«

»Ich habe keine Ahnung, mein König«, er-
widerte Abner.

56 »Sieh zu, daß du herausfindest, zu welcher
Familie er gehört«, sagte Saul.

57 Als dann David nach seinem Sieg ins Lager
zurückkam, führte Abner ihn zum König. David
hielt noch den Kopf des Philisters in der Hand.
58 Saul fragte ihn, zu welcher Familie er gehöre,
und David antwortete: »Ich bin der Sohn deines
Dieners Isai aus Betlehem.«

18 Schon nach diesen wenigen Worten
fühlte sich Sauls Sohn Jonatan zu David
hingezogen. Er gewann ihn so lieb wie sein eige-
nes Leben. 2 Saul behielt David von da an bei
sich und ließ ihn nicht mehr zu seiner Familie
zurückkehren.

3 Jonatan schloß einen Freundschaftsbund
mit David. »Du bist mir so lieb wie mein eigenes
Leben«, sagte Jonatan zu David. 4 Dabei zog er
Mantel und Rüstung aus und bekleidete David
damit, auch sein Schwert, seinen Bogen und sei-
nen Gürtel schenkte er ihm.

5 David zog für Saul in den Kampf und bewies
eine glückliche Hand bei allem, was dieser ihm
auftrug; darum gab ihm der König den Ober-
befehl über seine Truppe. Diese Entscheidung
fand den Beifall des ganzen Volkes, und auch die
Leute am Hof Sauls freuten sich darüber.

Saul wird eifersüchtig

6 Als das Heer heimkehrte und zusammen mit
ihm David, der den stärksten Mann der Phili-
ster* erschlagen hatte, zogen Frauen aus allen
Städten Israels König Saul entgegen. Sie tanzten
und sangen zum Klang der Harfen und Hand-
pauken 7 und wiederholten jubelnd immer wie-
der:

»Tausend Feinde hat Saul erschlagen,
doch zehntausend waren's, die David erschlug!«

8 Dieses Lied gefiel Saul ganz und gar nicht, und

a Vgl. Anmerkung zu 16,12. b Wörtlich *des HERRN Zebaot**. c *der es beschützt:* verdeutlichender Zusatz.
d *Gat* mit einer griechischen Handschrift; H *Gai* (= Tal).

17,42 16,12 **17,45** Ps 20,8 S **17,50-51** 2 Sam 21,19 **18,2** 16,22; 17,15 **18,3** 19,1-7; 20,1-42; 23,16-18; 2 Sam 1,26; 21,7 **18,5** 18,14.16.30 **18,6-7** Ex 15,20-21; Ri 5,1; 11,34; Jdt 15,12-14 **18,7** 21,12; 29,5

er wurde sehr zornig. »David schreiben sie zehn-
tausend zu«, dachte er, »und mir nur tausend!
Jetzt fehlt nur noch, daß er König wird!«
9 Von da an blickte Saul mit Argwohn auf
David.
10 Am nächsten Tag ließ Gott einen bösen
Geist* über Saul kommen, so daß der König in
seinem Haus tobte wie ein Wahnsinniger. David
begann wie gewöhnlich auf der Harfe zu spie-
len. Plötzlich hob Saul den Speer, den er in der
Hand hielt, 11 und wollte David an die Wand
spießen. Doch David wich ihm zweimal aus.
12 Da begann Saul sich vor David zu fürchten,
denn es war offenkundig: Der HERR hatte Saul
verlassen und stand auf der Seite Davids. 13 Dar-
um wollte der König ihn nicht länger in seiner
Nähe haben und machte ihn zum Befehlshaber
einer Truppe. An ihrer Spitze machte David
seine Streifzüge. 14 Alle Unternehmungen führte
er erfolgreich aus; denn der HERR stand ihm bei.
15 Als Saul sah, wie gut David alles gelang,
fürchtete er sich noch mehr vor ihm. 16 David
aber wurde der Liebling aller, nicht nur in Juda,
sondern in ganz Israel. Voller Bewunderung
sahen sie, wie er allen voran ins Feld zog und
siegreich heimkehrte.[a]

Saul stellt David eine Falle

17 Nun sagte Saul zu David: »Ich will dir meine
älteste Tochter Merab zur Frau geben. Dafür
sollst du mir als tapferer Kämpfer dienen und die
Kriege führen, die der HERR befiehlt.« Saul dachte
aber: »Ich will mich nicht an ihm vergreifen; das
lasse ich die Philister* besorgen.«
18 David antwortete Saul: »Wer bin ich denn?
Was hat meine Familie und die Sippe meines
Vaters in Israel schon zu bedeuten? Wie könnte
ich da Schwiegersohn des Königs werden!«
19 Als dann der Tag kam, den Saul für die
Hochzeit festgesetzt hatte, wurde Merab nicht
David, sondern Adriël aus Mehola zur Frau ge-
geben.
20 Doch Michal, Sauls jüngere Tochter, hatte
David liebgewonnen. Als man Saul davon er-
zählte, kam es ihm gerade recht. 21 Er sagte sich:
»Ich locke ihn durch sie in die Falle, so daß er
den Philistern in die Hände fällt.« Zu David sagte
er: »Ich gebe dir heute noch einmal Gelegenheit,
mein Schwiegersohn zu werden!«
22 Er hatte seine Leute angewiesen, ganz
beiläufig zu David zu sagen: »Du weißt, daß der
König große Stücke auf dich hält, und auch alle
seine Untergebenen haben dich gern. Willst du
nicht sein Schwiegersohn werden?«
23 Die Leute Sauls redeten dementsprechend
mit David, doch er antwortete ihnen: »Meint ihr,
es sei so leicht, der Schwiegersohn des Königs zu
werden? Ich bin ein armer, einfacher Mann!«
24 Die Männer meldeten es Saul, 25 und er
wies sie an, zu David zu sagen: »Der König ver-
langt kein Brautgeld* von dir, du mußt ihn nur
an seinen Feinden rächen und ihm die Vorhäute
von hundert Philistern bringen.« Saul rechnete
nämlich damit, daß David im Kampf gegen die
Philister umkommen würde.
26 Als sie das Angebot Sauls überbrachten,
war er damit einverstanden, auf diesem Weg der
Schwiegersohn des Königs zu werden. Bevor die
gesetzte Frist verstrichen war, 27 hatte er die Be-
dingung erfüllt. Er brach mit seinen Leuten auf,
erschlug zweihundert Philister, brachte ihre Vor-
häute dem König und legte sie ihm in voller Zahl
vor. Da gab Saul ihm seine Tochter Michal zur
Frau.
28 Saul sah, daß der HERR auf der Seite Davids
stand und daß seine Tochter Michal ihn liebte.
29 Deshalb fürchtete er sich noch mehr vor David
und wurde zu seinem unversöhnlichen Feind.
30 Die Philisterkönige kämpften weiter gegen
Israel, und jedesmal, wenn es zum Kampf kam,
war David erfolgreicher als alle anderen Trup-
penführer Sauls. So wuchs Davids Ruhm immer
mehr.

Jonatan als Fürsprecher Davids

19 Saul sprach zu seinem Sohn Jonatan und
zu seinen Offizieren ganz offen darüber,
daß er David umbringen wolle. Jonatan aber
hatte David liebgewonnen, 2 deshalb warnte er
ihn: »Mein Vater will dich töten. Nimm dich
morgen in acht und halte dich von früh an ver-
steckt. 3 Ich werde mit meinem Vater aufs freie
Feld hinausgehen und dort, in der Nähe deines
Verstecks, mit ihm über dich sprechen. Ich
werde seine Stimmung erkunden und dir dann
Bescheid geben.«
4 Jonatan setzte sich bei seinem Vater für
David ein und sagte: »Mein König, vergehe dich
nicht an deinem Diener David! Er hat dir doch
nichts getan, im Gegenteil: Er hat dir gute
Dienste geleistet. 5 Er hat sein Leben aufs Spiel
gesetzt, als er gegen Goliat antrat; durch ihn hat
der HERR ganz Israel geholfen. Du hast es selber
gesehen und dich darüber gefreut. Warum willst

a *Voller Bewunderung ...:* wörtlich *weil er vor ihnen her aus- und einzog.*

18,10 16,14.23; 19,9 **18,11** 19,10; 20,33 **18,12** 18,29 **18,16** 2 Sam 5,2 **18,17** 14,49; 25,28 **18,18** 2 Sam 7,18 **18,19** 2 Sam 21,8 **18,29** 18,12 **18,30** 18,5 **19,1** 18,3 S **19,5** 17,50

du dich jetzt an ihm vergehen und einen Un-
schuldigen ohne jeden Grund umbringen?«
6 Saul ließ sich von Jonatan umstimmen und
schwor: »So gewiß der HERR lebt: David soll
nicht sterben!«
7 Jonatan rief David zu sich und erzählte ihm
alles. Dann brachte er ihn zu Saul, und David
stand wieder in Sauls Diensten wie zuvor.

Saul steht David nach dem Leben

8 Von neuem kam es zum Kampf mit den Phili-
stern*, und David zog gegen sie ins Feld. Er
brachte ihnen eine schwere Niederlage bei und
schlug sie in die Flucht.
9 Als David heimgekehrt war, kam wieder
der böse Geist* über Saul, den der HERR ihm
schickte. David spielte vor dem König auf der
Harfe, während dieser mit dem Speer in der
Hand dasaß. 10 Plötzlich schleuderte Saul den
Speer auf David, um ihn zu durchbohren; doch
David konnte ausweichen, und der Speer fuhr in
die Wand.
David flüchtete sich in sein Haus. Da es schon
Abend war, 11 schickte Saul bewaffnete Männer
aus, die das Haus Davids bewachen und ihn am
nächsten Morgen umbringen sollten. Michal
warnte David und sagte zu ihm: »Wenn du dich
nicht noch heute nacht in Sicherheit bringst, bist
du morgen ein toter Mann.« 12 Sie ließ David
durchs Fenster hinab, und er entkam.
13 Nun legte Michal die geschnitzte Figur des
Hausgottes* ins Bett, deckte sie mit einem Man-
tel zu und legte ans Kopfende ein Geflecht aus
Ziegenhaar. 14 Als Saul seine Leute schickte, um
David zu holen, sagte sie zu ihnen: »Er ist
krank.« 15 Saul schickte die Männer noch einmal
hin und befahl ihnen, bis zu David vorzudrin-
gen. »Bringt ihn samt dem Bett«, sagte er, »damit
ich ihn töten kann.«
16 Als sie ins Haus eindrangen, fanden sie im
Bett nur den Hausgott und das Geflecht aus Zie-
genhaar. 17 Saul stellte seine Tochter zur Rede:
»Warum hast du mich hintergangen und meinen
Feind entkommen lassen?« Aber Michal erwi-
derte: »Er hat gedroht, mich zu töten, wenn ich
ihn nicht gehen lasse.«

Saul bei den Propheten in Rama

18 David war geflohen und hatte sich in Sicher-
heit gebracht. Er kam zu Samuel nach Rama und
erzählte ihm, was Saul ihm alles angetan hatte.
Dann ging er mit Samuel in die Wohnsiedlung
der Propheten* und blieb dort.
19 Als Saul erfuhr, daß David in der Propheten-
siedlung in Rama war, 20 schickte er bewaffnete
Männer, die ihn festnehmen sollten. Sie kamen
gerade dazu, wie die ganze Gemeinschaft der
Propheten in ekstatischer Begeisterung tanzte
und sang. Samuel als ihr Vorsteher stand dabei.
Da kam der Geist* Gottes auch über die Männer
Sauls, und sie gerieten in denselben Zustand wie
die Propheten.
21 Als es Saul berichtet wurde, schickte er an-
dere Boten, aber auch die wurden von der Begei-
sterung der Propheten angesteckt. Da schickte
Saul ein drittes Mal Boten, doch denen erging es
ebenso.
22 Nun machte sich Saul selbst auf den Weg
nach Rama. Bei der großen Zisterne in Sechu er-
kundigte er sich, wo Samuel und David zu fin-
den seien, und bekam die Antwort: »Da drüben,
in der Prophetensiedlung in Rama!«
23 Als er dorthin ging, versetzte der Geist Got-
tes auch ihn in ekstatische Begeisterung, und in
diesem Zustand legte er den Weg bis zur Sied-
lung in Rama zurück. 24 Dort angekommen, warf
er auch noch seine Kleider ab und schrie und
tanzte vor Samuel herum, bis er erschöpft zu
Boden fiel. Den Rest des Tages und die ganze
Nacht lag er nackt auf der Erde.
Daher kommt die Redensart: »Ist Saul auch
unter die Propheten geraten?«

Jonatans Freundschaftsdienst

20 David floh aus der Prophetensiedlung in
Rama und kam zu Jonatan. »Was habe
ich deinem Vater getan?« fragte er ihn. »Was
wirft er mir denn vor, daß er mich umbringen
will?«
2 »Nie und nimmer mußt du sterben!« erwi-
derte Jonatan. Mein Vater sagt mir doch immer,
was er vorhat, ob es nun etwas Wichtiges oder
etwas Unwichtiges ist. Warum sollte er mir aus-
gerechnet dies verheimlichen? Glaub mir, es ist
nichts daran!«
3 »Aber dein Vater weiß doch genau, daß ich
deine Gunst gewonnen habe«, wandte David
ein. »Er will dich schonen, deshalb sagt er dir
nichts. So gewiß der HERR lebt und so gewiß du
selbst lebst: Ich stehe schon mit einem Fuß im
Grab.«
4 »Was ist dein Wunsch, was kann ich für dich
tun?« fragte Jonatan.
5 Da sagte David: »Morgen ist Neumondstag*,
da erwartet der König mich zum Essen an seiner
Tafel. Wenn es dir recht ist, will ich fernbleiben

19,9 18,10 S 19,10 18,11 S 19,11 Ps 59,1 19,22-24 10,10-12 20,1-42 18,3 S 20,1 24,12; 26,18 20,5 Num 28,11-15

und mich bis übermorgen in der Umgebung ver-
stecken. 6 Wenn dein Vater nach mir fragt, dann
sag zu ihm: ›David hat mich dringend gebeten,
ihn schnell in seine Vaterstadt Betlehem gehen
zu lassen, wo seine gesamte Sippe das jährliche
Opferfest feiert.‹ 7 Sagt dein Vater: ›Es ist gut‹, so
droht mir keine Gefahr. Wenn er aber zornig
wird, weißt du, daß er das Schlimmste beschlos-
sen hat. 8 Bitte, tu mir diesen Gefallen! Denk an
den Freundschaftsbund, den du mir gewährt
und den du vor dem HERRN besiegelt hast. Wenn
ich aber wirklich schuldig bin, dann töte du
mich! Liefere mich nicht deinem Vater aus!«

9 Jonatan erwiderte: »Wie kannst du mir so
etwas zutrauen? Wenn ich merke, daß mein
Vater das Schlimmste über dich beschlossen hat,
werde ich es dir bestimmt sagen.«

10 David fragte weiter: »Wer soll mir Bescheid
geben, was dein Vater gesagt hat und ob er zor-
nig geworden ist?«

11 »Laß uns ins freie Feld hinausgehen«,
schlug Jonatan vor. Während sie nebeneinander
gingen, 12 sagte er zu David: »Ich verspreche dir
beim HERRN, dem Gott Israels: Übermorgen um
diese Zeit werde ich meinen Vater auf die Probe
stellen. Ich bin ganz sicher, daß du nichts zu
fürchten hast. Wenn es anders ist, gebe ich dir
Nachricht. 13 Der HERR soll mich strafen, wenn
ich dich nicht warne! Hat mein Vater wirklich
deinen Tod beschlossen, so lasse ich dich gehen,
damit du dich in Sicherheit bringen kannst. Der
HERR stehe dir dann bei, wie er meinem Vater
beigestanden hat. 14 Wenn ich es noch erlebe,
daß du König wirst,[a] dann denk an die Güte, die
der HERR dir erwiesen hat, und schenke mir das
Leben. 15 Schone auch meine Nachkommen!
Entzieh ihnen nicht deine Gunst, selbst dann
nicht, wenn der HERR alle deine Feinde besei-
tigt.«

16 Jonatan schloß einen Bund mit David und
dessen Familie und sagte: »Der HERR wird deine
Nachkommen[b] zur Rechenschaft ziehen, wenn
sie sich nicht an unseren Bund halten!« 17 Dann
fügte er noch hinzu: »Schwöre mir, daß du dich
daran hältst! Du liebst mich doch. Denk daran,
daß ich dich liebe wie mich selbst!«

18 Jonatan sagte weiter: »Morgen am Neu-
mondstag wird man dich vermissen, weil dein
Platz leer bleibt. 19 Warte bis übermorgen und
komm dann schnell herunter an die Stelle, wo
du dich schon einmal verborgen hattest,[c] und
versteck dich hinter dem Stein Ezel (Abschieds-
stein). 20 Ich werde drei Pfeile in dieser Richtung
abschießen, als ob ich ein Ziel treffen wollte.

21 Und nun paß gut auf! Ich werde meinen
Diener losschicken mit den Worten: ›Los, suche
die Pfeile!‹ Wenn ich ihm dann zurufe: ›Die
Pfeile liegen näher bei mir‹, dann kannst du her-
vorkommen; es steht gut für dich, du bist nicht
in Gefahr, so gewiß der HERR lebt. 22 Wenn ich
dem Jungen aber zurufe: ›Die Pfeile liegen weiter
weg‹, dann geh, denn der HERR selbst schickt
dich fort.

23 Denk aber an das, was wir einander ver-
sprochen haben! Der HERR ist unser Zeuge für
alle Zeiten!«

David muß vor Saul fliehen

24 David versteckte sich draußen im Gelände wie
verabredet. Am Neumondstag* setzte sich der
König zum Festmahl an die Tafel. 25 Er saß auf
seinem Platz an der Wand, wo er jedesmal zu sit-
zen pflegte. Sein Heerführer Abner saß neben
ihm, Jonatan ihm gegenüber;[d] Davids Platz
blieb leer. 26 Saul sagte nichts, denn er dachte:
»Es wird irgend etwas vorgefallen sein, so daß er
den Reinheitsvorschriften* nicht genügt. Ja, be-
stimmt ist er nicht rein.«

27 Als aber der Platz auch am zweiten Festtag
leer war, fragte Saul seinen Sohn Jonatan: »War-
um ist dieser Kerl, der Sohn von Isai, weder
gestern noch heute zum Festmahl erschienen?«

28 Jonatan antwortete: »David hat mich drin-
gend gebeten, ihn zu entschuldigen, weil er
nach Betlehem mußte. 29 Er sagte: ›Laß mich
doch gehen! Wir feiern daheim ein Opferfest mit
der ganzen Sippe, und mein Bruder hat darauf
bestanden, daß ich komme. Wenn ich deine
Gunst gefunden habe, dann laß mich doch
gehen, damit ich meine Verwandten besuchen
kann.‹ Deshalb ist er nicht an die Tafel des
Königs gekommen.«

30 Da packte Saul der Zorn über Jonatan; er
schrie ihn an: »Du Bastard! Ich weiß genau, daß
du zu diesem hergelaufenen Kerl hältst – zur
Schande für dich und deine Mutter, die dich ge-
boren hat! 31 Solange der Sohn von Isai noch lebt,
mußt du um dein Leben fürchten und hast keine
Aussicht, jemals König zu werden. Schick also
hin und laß ihn festnehmen; er muß sterben!«

32 »Warum soll er getötet werden?« fragte
Jonatan. »Was hat er denn getan?«

a *daß du ...:* verdeutlichender Zusatz.
b Wörtlich *deine Feinde.* Gemeint sind die Nachkommen, die in einem Fluch nicht erwähnt werden sollen.
c *schon einmal:* Deutung unsicher; wörtlich *am Tag der Tat.*
d *ihm gegenüber:* vermutlicher Text; H *stand auf.*

20,15 24,22; 2 Sam 9,1-13; 21,7 **20,26** Lev 15,16

33 Da schleuderte Saul seinen Speer nach ihm und wollte ihn damit treffen. Nun wußte Jonatan, daß sein Vater fest entschlossen war, David umzubringen. 34 Glühend vor Zorn stand er von der Tafel auf. Er rührte an diesem zweiten Tag des Neumondfestes keinen Bissen mehr an, denn er machte sich Sorgen um David, über den sein Vater so voller Haß gesprochen hatte.

35 Am nächsten Morgen ging Jonatan hinaus zu dem Platz, an dem er sich mit David verabredet hatte. Er hatte einen jungen Diener bei sich. 36 »Lauf«, befahl er ihm, »du mußt die Pfeile wiederfinden, die ich abschieße!«

Der Junge lief los, und Jonatan schoß einen Pfeil über ihn hinweg. 37 Als der Junge an die Stelle kam, wo der Pfeil niedergegangen war, rief Jonatan ihm nach: »Liegt der Pfeil nicht weiter von dir weg? 38 Schnell, beeile dich, bleib nicht stehen!«

Der Junge hob den Pfeil auf und kam zu seinem Herrn zurück. 39 Er ahnte nichts; nur Jonatan und David wußten, worum es ging.

40 Dann gab Jonatan seine Waffen dem Diener und befahl ihm: »Geh, bring das in die Stadt!« 41 Als er gegangen war, kam David aus seinem Versteck hinter dem Steinhaufen[a] hervor. Er kniete vor Jonatan nieder und beugte sich dreimal zur Erde. Dann küßten sie sich, und beide weinten.[b]

42 »Geh in Frieden*!« sagte Jonatan. »Vergiß nicht, was wir einander vor dem HERRN geschworen haben. Der HERR wird zwischen uns beiden und zwischen unseren beiderseitigen Nachkommen für alle Zeiten Zeuge sein!«

21 David machte sich rasch auf den Weg, und Jonatan kehrte in die Stadt zurück.

DAVID AUF DER FLUCHT VOR SAUL
(21,1–28,2)

David wird für seinen Weg ausgerüstet

2 Auf seiner Flucht kam David zum Priester* Ahimelech nach Nob. Der Priester trat ihm besorgt entgegen: »Warum kommst du allein? Weshalb hast du keine Begleitung bei dir?«

3 David antwortete: »Der König hat mir einen Auftrag gegeben, von dem niemand etwas erfahren darf. Mit meinen Männern habe ich einen geheimen Treffpunkt verabredet. 4 Gib mir schnell etwas Proviant, vielleicht fünf Brote oder was sich sonst auftreiben läßt!«

5 »Ich habe kein gewöhnliches Brot da, nur solches, das Gott geweiht ist«,[c] wandte der Priester ein, »das kann ich dir nur geben, wenn deine Männer sich von Frauen ferngehalten haben.«

6 »Wir sind wirklich seit vorgestern mit keiner Frau in Berührung gekommen«, erwiderte David. »Schon als wir aufbrachen, waren die Waffen der Männer rein*, obwohl es sich nur um ein gewöhnliches Unternehmen[d] handelt. Also werden sie heute erst recht rein sein.«

7 Da gab ihm der Priester die geweihten Brote, die man vom Tisch im Heiligtum abgeräumt hatte, um frisches Brot aufzulegen.

8 An diesem Tag hielt sich auch einer aus dem Gefolge Sauls im Heiligtum des HERRN auf; es war der Edomiter* Doëg, der Aufseher über die Hirten Sauls.

9 David fragte Ahimelech: »Hast du nicht einen Speer oder ein Schwert für mich? Ich konnte meine Waffen nicht mehr holen, weil der Befehl des Königs mir dazu keine Zeit ließ.«

10 »Doch«, antwortete der Priester, »wir haben hier das Schwert des Philisters* Goliat, den du im Eichental* getötet hast. Dort hinten[e] liegt es, in einen Mantel gewickelt. Wenn du willst, kannst du es haben; eine andere Waffe ist nicht hier.«

»Ja, gib es mir!« sagte David. »Ein besseres bekomme ich nirgends.«

David überlistet den Philisterkönig

11 Am selben Tag noch setzte David seine Flucht vor Saul fort. Er kam zu Achisch, dem König von Gat. 12 Die Hofleute erkannten ihn und sagten zu Achisch: »Das ist doch David, der König von Israel! Das ist doch der, dem sie im Reigen zujubeln:

›Tausend Feinde hat Saul erschlagen,
doch zehntausend waren's, die David erschlug!‹«

13 David war sich im klaren, was diese Worte bedeuteten, und geriet in große Furcht vor Achisch, dem König von Gat. 14 Darum stellte er sich wahnsinnig und tobte, als sie ihn festhalten wollten. Er kritzelte auf die Torflügel und ließ Speichel in seinen Bart laufen.

15 Da sagte Achisch zu seinen Leuten: »Ihr

a *hinter dem Steinhaufen:* mit G; H *von Süden her.*
b Die Fortsetzung ist unverständlich; wörtlich *bis hin zu David machte er groß.*
c Vgl. Sacherklärung »Brote, geweihte«.
d D. h. kein Unternehmen im besonderen Auftrag Gottes.
e *hinten:* wörtlich *hinter dem Efod*.*

20,33 18,11 S **21,5** Lev 24,5-9; Ex 19,15 **21,7** Mt 12,3-4 par **21,8** 22,9.18.22 **21,10** 17,51.54 **21,12** 18,6-7 **21,14** Ps 34,1; 56,1

seht doch, daß der Mann wahnsinnig ist!
Warum bringt ihr ihn zu mir? 16 Habe ich nicht
schon Verrückte genug hier? Der soll sich an-
derswo austoben. Was hat er in meinem Haus
zu suchen?«

David findet Schicksalsgenossen

22 David floh aus Gat in eine Höhle in der
Nähe der Stadt Adullam. Als seine Brü-
der und seine ganze Sippe davon erfuhren,
kamen sie zu ihm dorthin. 2 Auch alle möglichen
Leute, die verfolgt, verschuldet oder verbittert
waren, schlossen sich ihm an, insgesamt etwa
400 Mann. David wurde ihr Anführer.
3 Von dort aus ging er nach Mizpe im Land
Moab und bat den König der Moabiter*: »Er-
laube, daß mein Vater und meine Mutter hier-
herkommen und bei dir bleiben, bis ich weiß,
was Gott mit mir vorhat.« 4 So brachte er die bei-
den an den moabitischen Königshof, und sie blie-
ben dort, solange sich David in der Bergfestung
versteckt hielt.
5 Der Prophet Gad aber forderte David auf:
»Bleib nicht hier im Versteck! Kehr in deine Hei-
mat Juda zurück!« David gehorchte und zog nach
Jaar-Heret.

Sauls Rache an den Priestern von Nob

6 Saul erfuhr, daß das Versteck Davids und seiner
Männer aufgespürt worden war. Der König saß
gerade auf der Anhöhe bei Gibea unter der
Tamariske und hielt seinen Speer in der Hand;
sein ganzes Gefolge stand um ihn herum.
7 »Ich will euch etwas sagen«, fuhr Saul sie an.
»Ihr bildet euch wohl ein, dieser Judäer wird aus-
gerechnet euch vom Stamm Benjamin Äcker
und Weinberge schenken und euch zu Haupt-
leuten und Obersten machen! 8 Ihr habt euch
doch alle gegen mich verschworen! Keiner hat
mir gesagt, daß mein Sohn sich mit dem Sohn
von Isai zusammengetan hat. Keiner hat mir die
Augen dafür geöffnet, daß der eigene Sohn mei-
nen Knecht gegen mich aufhetzt, damit er mir
nachstellt, wie es jetzt der Fall ist. Keinem von
euch macht es etwas aus, daß mir so schändlich
mitgespielt wird!«
9 Beim Gefolge Sauls stand auch der Edomi-
ter* Doëg. Er sagte: »Ich habe ihn gesehen, wie
er zum Priester Ahimelech, dem Sohn Ahitubs,
nach Nob kam. 10 Der Priester* hat eine Weisung
von Gott für ihn eingeholt und ihm zu essen ge-
geben, er hat ihm sogar das Schwert des Phili-
sters* Goliat überlassen.«
11 Darauf ließ König Saul den Priester Ahime-
lech und alle seine Verwandten, die ganze Prie-
sterschaft von Nob, holen.
12 »Hör mir gut zu, Sohn Ahitubs«, fuhr Saul
ihn an.
»Ich höre, mein Herr«, erwiderte Ahimelech.
13 »Warum habt ihr euch gegen mich ver-
schworen, du und dieser Sohn von Isai?« fragte
Saul. »Du hast ihm doch Proviant und ein
Schwert gegeben, und du hast Weisung von Gott
für ihn eingeholt. Deshalb kann er sich jetzt
gegen mich erheben und mir auflauern.«
14 Ahimelech erwiderte dem König: »Aber
David ist doch der treueste Gefolgsmann, den du
hast! Er ist dein Schwiegersohn und der Anfüh-
rer deiner Elitetruppe. Alle an deinem Hof erwei-
sen ihm Ehre. 15 Es war doch nicht das erste Mal,
daß ich eine Weisung von Gott für ihn eingeholt
habe! Du verdächtigst mich und meine Ver-
wandten zu Unrecht; ich habe von alldem nicht
das geringste gewußt.«
16 Aber Saul sagte: »Du mußt sterben, du und
deine ganze Sippe.« 17 Er befahl den Wachen, die
bei ihm standen: »Umstellt die Priester des
HERRN und tötet sie! Sie haben mit David ge-
meinsame Sache gemacht. Sie wußten genau,
daß er auf der Flucht war, und haben es mir
nicht gesagt.«
Aber die Männer weigerten sich, gegen die
Priester des HERRN Gewalt anzuwenden. 18 Des-
halb sagte Saul zu dem Edomiter Doëg: »Komm
her, schlag du sie tot!«
Doëg trat heran und machte die Priester mit
dem Schwert nieder; 85 Mann, die den leinenen
Priesterschurz* trugen, tötete er an diesem Tag.
19 Außerdem ließ Saul alle Einwohner der Prie-
sterstadt Nob, Männer, Frauen, Kinder und
Säuglinge, mit dem Schwert umbringen, auch
die Rinder, Esel, Schafe und Ziegen ließ er töten.
20 Nur ein einziger Sohn Ahimelechs und
Enkel Ahitubs, nämlich Abjatar, konnte sich
retten. Er floh zu David 21 und berichtete ihm,
daß Saul alle Priester des HERRN umgebracht
hatte.
22 David klagte sich selbst an und sagte zu
Abjatar: »Als ich damals Doëg in Nob sah, wußte
ich gleich, daß er es Saul verraten würde. Ich bin
schuld, ich habe deine ganze Familie auf dem
Gewissen! 23 Bleib jetzt bei mir und hab keine
Angst! Bei mir bist du am sichersten; denn auf
mich hat Saul es genauso abgesehen wie auf
dich.«

22,1 24,3-4; Ps 57,1; 142,1 **22,5** 2 Sam 24,11-13 **22,7** 8,12.14 **22,8** 18,3 S **22,9** 21,8; Ps 52,2 **22,14** 18,26-27 **22,18** 21,8 **22,19** 21,2 **22,20** (Abjatar) 23,6.9; 30,7; 2 Sam 8,17; 15,24; 1 Kön 1,7; 2,26-27; Mk 2,26 **22,22** 21,8

David befreit Keïla und muß weiterfliehen

23 David wurde berichtet: »Die Philister*
sind gegen die Stadt Keïla gezogen und
rauben das Getreide von den Tennen weg.«
2 Da fragte er den HERRN: »Soll ich angreifen?
Werde ich die Philister vertreiben?«
Er erhielt die Antwort: »Geh, du wirst sie ver-
treiben und die Stadt befreien.«
3 Aber seine Männer hielten ihm entgegen:
»Wir haben schon hier in Juda Angst genug. Wie
wird es erst sein, wenn wir nach Keïla gehen
und gegen die Truppen der Philister kämpfen sol-
len?«
4 David fragte den HERRN ein zweites Mal,
und er erhielt die Antwort: »Auf, zieh nach Keïla!
Ich werde die Philister in deine Hand geben.«
5 David zog mit seinen Männern nach Keïla
und griff die Philister an. Er trieb ihr Vieh weg
und brachte ihnen eine schwere Niederlage bei.
So befreite er die Bewohner der Stadt. 6 Dort in
Keïla war es übrigens, daß der Priester Abjatar,
der Sohn Ahimelechs, auf seiner Flucht vor Saul
zu David stieß. Er brachte die Orakeltasche* mit.
7 Als Saul die Nachricht bekam, daß David
nach Keïla gekommen war, freute er sich und
sagte: »Jetzt hat Gott ihn aufgegeben und mir
ausgeliefert! Er sitzt in der Falle, denn er hat sich
in eine Stadt mit Mauern und Toren eingeschlos-
sen.« 8 Saul rief ganz Israel zu den Waffen, um
nach Keïla zu ziehen und David und seine Leute
zu belagern.
9 Als David merkte, daß die Kriegsvorberei-
tungen Sauls sich gegen ihn richteten, befahl er
dem Priester Abjatar, die Orakeltasche* herzu-
bringen. 10 Dann sagte er: »HERR, du Gott Israels!
Ich, dein ergebener Diener, habe zuverlässige
Nachricht, daß Saul hierherkommen und die
Stadt vernichten will, nur weil ich hier bin. 11 Ich
fürchte, die Bürger von Keïla werden mich an
ihn ausliefern. Wird Saul tatsächlich herkom-
men? Ich bitte dich, HERR, du Gott Israels, gib mir
Antwort!«
Der HERR gab David den Bescheid: »Er wird
kommen.«
12 David fragte weiter: »Werden dann die Bür-
ger der Stadt mich und meine Leute an ihn aus-
liefern?«
»Sie werden es tun«, lautete die Antwort.
13 Da verließen David und seine Leute, an die
600 Mann, die Stadt und durchzogen das Land
von einem Schlupfwinkel zum andern. Als Saul
erfuhr, daß David aus Keïla entkommen war,
blies er seinen Feldzug wieder ab.

David wird verraten und im letzten Augenblick gerettet

14 David hielt sich in der Einöde in Bergver-
stecken auf, besonders im Bergland bei der Stadt
Sif. Saul war die ganze Zeit hinter ihm her,
konnte ihn aber nicht fassen, weil Gott ihn
schützte. 15 David wußte genau, daß Saul ausge-
zogen war, um ihn umzubringen.
Damals, als David in Horescha in der Steppe
bei Sif war, 16 ging Sauls Sohn Jonatan hin und
suchte ihn auf. Er ermutigte David, auf die Hilfe
Gottes zu vertrauen, 17 und sagte zu ihm: »Hab
keine Angst! Mein Vater wird dich nicht in seine
Gewalt bringen. Du wirst König über Israel wer-
den, und ich werde der zweite Mann nach dir
sein. Das weiß auch mein Vater ganz genau.«
18 Die beiden schlossen einen Freundschafts-
bund und riefen den HERRN als Zeugen dafür an.
Dann kehrte Jonatan nach Hause zurück,
während David in Horescha blieb.
19 Ein paar Männer aus Sif gingen zu Saul
nach Gibea und verrieten ihm: »David hält sich
bei uns im Bergversteck in der Nähe von Hore-
scha verborgen, auf dem Hügel Hachila südlich
von Jeschimon. 20 Du mußt nur kommen, König,
dann sorgen wir dafür, daß er dir in die Hände
fällt.«
21 Saul sagte: »Der HERR segne euch dafür, daß
ihr mir helfen wollt. 22 Geht und erkundet alles
noch genauer, stellt fest, wo er sich aufhält und
wer ihn dort gesehen hat. Ich habe sagen hören,
daß er sehr listig ist. 23 Erkundet alle Schlupfwin-
kel, in denen er sich versteckt halten könnte,
und wenn ihr ganz sicher seid, dann kommt
wieder. Dann will ich mit euch gehen. Wenn er
noch im Land ist, werde ich ihn aufspüren, und
wenn ich ganz Juda absuchen muß.«
24 Die Männer kehrten nach Sif zurück, und
Saul folgte ihnen. David und seine Männer
waren inzwischen in der Wüste bei Maon, in
der Senke südlich von Jeschimon. 25 Als David er-
fuhr, daß Saul mit seinen Leuten hinter ihm her
war, wollte er sich ins Felsenversteck zurück-
ziehen, immer noch in der Wüste bei Maon. Saul
hörte davon und folgte ihm in die Wüste hinein.
26 Nur noch ein Bergzug trennte die beiden.
Saul ging an dem einen Abhang entlang und
David mit seinen Männern am andern. David
machte die größten Anstrengungen, um seinem
Verfolger zu entkommen; aber Saul und seine

23,2-4 1 Kön 22,5 S **23,6** 22,20 S **23,17** 20,30-31; 24,21 S **23,18** 18,3 S **23,19** 26,1; Ps 54,2

Leute hatten ihn schon so gut wie eingeschlos-
sen. 27 Da kam im letzten Augenblick ein Bote zu
Saul und meldete ihm: »Die Philister* sind ins
Land eingefallen und plündern alles aus. Schnell,
komm uns zu Hilfe!«
28 Sofort brach Saul die Verfolgung ab und zog
gegen die Philister. Daher bekam der felsige
Bergzug den Namen »Trennungsfels«.

David beschämt Saul

24 Von dort aus zog sich David in die
schwer zugänglichen Berge bei En-Gedi
zurück. 2 Saul schlug inzwischen die Philister* in
die Flucht und verfolgte sie. Als er heimkehrte,
wurde ihm gemeldet: »David ist jetzt in der Berg-
wüste bei En-Gedi!«
3 Saul nahm 3000 der besten Kriegsleute aus
ganz Israel mit. Östlich der Steinbockfelsen
machte er sich auf die Suche nach David und sei-
nen Männern. 4 Als er an den Schafhürden vor-
beikam, ging er in die nahe gelegene Höhle, um
seine Notdurft zu verrichten.
Hinten in dieser Höhle saß David mit seinen
Männern. 5 Die flüsterten ihm zu: »Heute ist der
Tag, von dem der HERR zu dir gesagt hat: ›Ich
gebe deinen Feind in deine Hand. Du kannst mit
ihm tun, was du willst.‹«
David stand auf und schnitt heimlich einen
Zipfel von Sauls Gewand ab. 6 Hinterher schlug
ihm aber doch das Gewissen, weil er das gewagt
hatte. 7 Er sagte zu seinen Leuten: »Der HERR be-
wahre mich davor, daß ich Hand an meinen Ge-
bieter lege, an den gesalbten* König des HERRN!
Denn das ist und bleibt er.«[a] 8 Er wies seine
Männer zurecht und verbot ihnen, sich an Saul
zu vergreifen.
Als Saul die Höhle verlassen hatte, um seinen
Weg fortzusetzen, 9 kam David heraus und rief
ihm nach: »Mein Herr und König!«
Saul drehte sich um, und David warf sich
ehrerbietig vor ihm nieder. 10 Er sagte: »Warum
läßt du dir einreden, daß ich dich ins Verderben
stürzen will? 11 Heute kannst du dich mit eige-
nen Augen vom Gegenteil überzeugen. Hier in
der Höhle hatte der HERR dich in meine Hand ge-
geben; meine Leute haben mir zugesetzt, daß
ich dich umbringen soll. Aber ich habe dich ge-
schont, weil ich dachte: ›Ich werde nicht Hand
an meinen Gebieter legen; denn er ist der ge-
salbte König des HERRN.
12 Mein Vater, sieh diesen Zipfel deines Ge-
wandes hier in meiner Hand! Ich hätte dich
töten können, aber ich habe nur dieses Stück
von deinem Gewand abgeschnitten. Daran mußt
du doch erkennen, daß ich kein Verräter bin und
dir nichts Böses antun will. Ich habe dir nichts
getan, und doch stellst du mir nach und willst
mich umbringen.
13 Der HERR soll Richter zwischen uns sein! Er
soll dich strafen für das Unrecht, das du mir an-
tust; aber ich selbst werde meine Hand nicht
gegen dich erheben. 14 Du kennst das Sprich-
wort: ›Nur Verbrecher begehen Verbrechen.‹ Ich
werde mich nicht an dir vergreifen. 15 Hinter
wem jagst du denn her? Der König von Israel
jagt einen toten Hund, ja einen einzigen Floh!
16 Der HERR soll Richter sein und zwischen dir
und mir entscheiden. Er soll meinen Streit gegen
dich führen und mir zu meinem Recht verhel-
fen.«
17 Als David ausgeredet hatte, fragte Saul: »Ist
das wirklich deine Stimme, mein Sohn David?«
Und er brach in lautes Weinen aus.
18 Dann sagte er zu David: »Du bist im Recht
gegen mich. Du bist gut zu mir gewesen, obwohl
ich dir Böses angetan habe. 19 Heute hast du es
bewiesen; denn du hast mich verschont. Der
HERR hatte mich in deine Hand gegeben, aber du
hast mich nicht getötet.
20 Wo kommt so etwas vor, daß einer seinen
Feind in der Hand hat und ihn unbehelligt lau-
fenläßt? Der HERR wird dich dafür belohnen.
21 Ich weiß ja, du wirst König werden, und in
deiner Hand wird das Königtum in Israel festen
Bestand haben. 22 Darum schwöre mir beim
HERRN, daß du meine Nachkommen nicht aus-
rottest, damit mein Andenken in meiner Sippe
erhalten bleibt!«
23 David schwor es. Dann kehrte Saul nach
Hause zurück, aber David und seine Männer
gingen wieder hinauf in ihr Bergversteck.

David als Bandenführer

25 Um diese Zeit starb Samuel. Ganz Israel
versammelte sich und hielt die Toten-
klage* für ihn. Dann bestatteten sie ihn in sei-
nem Heimatort Rama. David zog sich damals
weit nach Süden in die Wüste Paran zurück.
2 In der Ortschaft Maon lebte ein sehr reicher
Mann, der im Nachbardorf Karmel Viehzucht
betrieb. Er hatte in Karmel 3000 Schafe und
1000 Ziegen und befand sich gerade dort, weil
Schafschur war. 3 Dieser Mann hieß Nabal und
war ein Nachkomme Kalebs. Seine Frau hieß

a *Denn das ist ...:* wörtlich *Denn er ist der Gesalbte des HERRN.*

24,1-23 26,1-25 **24,6** 2 Sam 24,10 **24,7** 26,9.23; 31,4; 2 Sam 1,14 **24,12** 20,1 S **24,16** Ps 43,1; 119,154 **24,21** 13,14; 15,28; 23,17; 25,30; 28,17 **24,22** 20,15 S **25,1** (Rama) 1,19; 2,11; 15,34; 28,3

Abigajil, sie war schön und klug, er selbst aber
grob und gemein.

4 Als David in der Wüste hörte, daß Nabal
zur Schafschur nach Karmel gekommen war,
5 schickte er zehn junge Männer los mit dem
Auftrag: »Geht hinauf nach Karmel, bestellt
Nabal einen Gruß von mir 6 und richtet ihm folgendes aus:

›Ich wünsche dir alles Gute! Glück und Heil
für dich und deine Familie und für alles, was dir
gehört! 7 Ich habe gehört, daß du deine Schafe
scheren läßt. Darf ich dich daran erinnern, daß
deine Hirten die Schafe ganz in unserer Nähe
weiden ließen? Wir haben ihnen nichts zuleide
getan, und während der ganzen Zeit ist ihnen in
Karmel kein einziges Schaf abhanden gekommen. 8 Frage sie nur, sie werden es dir bestätigen. Nimm also meine Boten freundlich auf!
Heute ist doch ein Festtag für dich. Hab die Güte
und gib ihnen mit, was du für deinen ergebenen
Diener David erübrigen kannst.‹«

9 Nachdem sie Nabal das alles im Namen
Davids ausgerichtet hatten, blieben die Boten abwartend stehen. 10 Nabal aber entgegnete ihnen:
»David? Wer ist das? Sohn von Isai? Nie von ihm
gehört! Heutzutage gibt es genug Knechte, die
ihren Herren davongelaufen sind und ein Räuberleben führen.[a] 11 Mein Brot und mein Trinkwasser und die geschlachteten Tiere hier sind
für meine Schafscherer. Soll ich es etwa Leuten
geben, von denen ich nicht einmal weiß, woher
sie kommen?«

12 Die Männer kehrten zu David zurück und
berichteten ihm alles. 13 »Schnallt die Schwerter
um!« befahl David. Auch er nahm sein Schwert.
Mit 400 Mann zog er los; die restlichen 200 ließ
er als Wache am Lagerplatz zurück.

Die kluge Frau eines dummen Mannes

14 Einer von Nabals Knechten war zu Abigajil
gelaufen. »Soeben waren Boten von David da«,
berichtete er. »Er ließ unseren Herrn freundlich
grüßen, aber der hat sie nur beschimpft. 15 Dabei
waren die Männer Davids immer sehr gut zu
uns und haben uns nie etwas getan. In der
ganzen Zeit, die wir draußen in ihrer Nähe
umherzogen, ist uns kein einziges Schaf gestohlen worden. 16 Sie waren wie eine schützende
Mauer bei Tag und bei Nacht, solange die Herden in ihrer Nähe weideten. 17 Sieh zu, ob du
noch etwas retten kannst; sonst ist unser Herr
verloren, und wir alle mit. Er selbst ist ja so boshaft und eigensinnig, daß er nicht mit sich reden
läßt.«

18 Schnell ließ Abigajil einige Esel beladen. Sie
nahm 200 Fladenbrote*, zwei Krüge voll Wein,
fünf geschlachtete Schafe, einen Sack geröstete
Körner,[b] 100 Portionen gepreßte Rosinen und
200 Portionen Feigenmark. 19 Sie befahl ihren
Knechten: »Geht ihr mit den Eseln voraus, ich
komme gleich nach!« Ihrem Mann sagte sie
nichts davon.

20 Als Abigajil auf ihrem Esel den Berg hinunterritt, kamen ihr plötzlich an einer Biegung
des Weges David und seine Leute entgegen.
21 David schimpfte gerade: »Für nichts und wieder nichts habe ich in der Steppe alles beschützt,
was diesem Schuft gehört! Nicht ein einziges
Stück Vieh ist ihm weggekommen, nur Gutes
habe ich ihm getan – und das ist jetzt der Dank
dafür! 22 Gott soll mich strafen, wenn er von
allen seinen Leuten morgen früh noch *einen* hat,
der an die Wand pinkelt!«

23 Als Abigajil sah, daß es David war, stieg sie
rasch von ihrem Esel, warf sich vor David nieder, das Gesicht zur Erde, 24 und blieb vor seinen
Füßen liegen. »Es ist alles meine Schuld, Herr!«
sagte sie. »Bitte hör mich an, laß es dir erklären!
25 Nabal, diesen nichtsnutzigen Menschen,
darfst du nicht ernst nehmen. Er ist genau das,
was sein Name sagt: ein bösartiger Dummkopf.[c]
Unglücklicherweise war ich nicht da, als deine
Boten kamen. 26 So gewiß der HERR lebt und du
selbst lebst: Es ist gut, daß ich dir noch rechtzeitig begegnet bin![d] Der HERR hat dich so daran
gehindert, dich zu rächen und dabei schwere
Schuld auf dich zu laden. Nabal wird seiner
Strafe nicht entgehen. Allen deinen Feinden, die
dir schaden wollen, soll es so ergehen wie ihm!

27 Bitte, Herr, nimm dieses Geschenk an, das
ich dir mitgebracht habe, und verteile es unter
deine Gefolgsleute. 28 Ich bin dir treu ergeben;
verzeih mir, daß ich so vermessen war, dir in
den Weg zu treten. Ich weiß, der HERR wird dich
zum König machen, und dein Königshaus wird
für immer bestehen. Du bist ja der Mann, durch
den der HERR seine Kriege führt; und dein Leben
lang wird dir niemand ein Unrecht vorwerfen
können. 29 Wenn dich jemand verfolgt und dich
umbringen möchte, wird er dir nichts anhaben

a *und ein …:* verdeutlichender Zusatz.
b Hebräische Maßangabe *5 Sea* (1 Sea = 1/3 Efa*); Gewicht der gerösteten Körner ca. 25 kg.
c Der Name *Nabal* (= vornehm, angesehen) ist gleichlautend mit dem hebräischen Wort für »gottvergessener Narr«.
d *Es ist gut …:* verdeutlichender Zusatz.
25,28 24,21 S; 18,17; 2 Sam 7,16 S

können, weil der HERR dein Leben bewahren
wird, wie man einen kostbaren Stein im Beutel
verwahrt; aber das Leben deiner Feinde wird
der HERR wegwerfen, wie man einen Stein mit
der Schleuder fortschleudert. [30] Wenn dann der
HERR alle seine Zusagen eingelöst und dir die
Herrschaft über Israel gegeben hat, [31] wirst du
froh sein, daß dein Gewissen rein ist und du dir
nicht selbst zu deinem Recht verholfen und
ohne Grund Blut vergossen hast. Und denk
dann auch an mich, deine Dienerin, wenn der
HERR dich so weit gebracht hat.«

[32] »Gepriesen sei der HERR, der Gott Israels«,
rief David, »daß er dich in diesem Augenblick
mir entgegengeschickt hat. [33] Und gepriesen sei
deine Klugheit! Gesegnest sollst du sein, weil du
mich davor bewahrt hast, eigenmächtig Rache
zu nehmen und Blutschuld auf mich zu laden.
[34] Ich schwöre dir beim HERRN, dem Gott Israels,
der mich davor bewahrt hat, dir etwas zuleide zu
tun: Wenn du mir nicht so schnell entgegengekommen
wärst, hätte Nabal morgen früh,
wenn es hell wird, von seinen Männern keinen
mehr am Leben gefunden – keinen von allen,
die an die Wand pinkeln!«

[35] David nahm die Gaben an, die Abigajil ihm
gebracht hatte, und sagte zu ihr: »Geh unbesorgt
nach Hause. Was du von mir erbeten hast, ist dir
gewährt.«

Die Kluge wird Davids Frau

[36] Als Abigajil nach Hause kam, saß Nabal mit
seinen Leuten beim Festmahl; er feierte wie ein
König. Er war in Hochstimmung und völlig betrunken,
deshalb sagte sie ihm nichts.

[37] Erst am anderen Morgen, als er wieder
nüchtern war, erzählte sie ihm, was vorgefallen
war. Als er das hörte, traf ihn der Schlag, und er
konnte sich nicht mehr rühren. [38] Zehn Tage später
ließ der HERR ihn sterben.

[39] Als David davon hörte, sagte er: »Gepriesen
sei der HERR! Er hat mir Recht verschafft und
Nabal für seine Unverschämtheit bestraft. Er hat
mich, seinen Diener, davor bewahrt, unbedacht
Schuld auf mich zu laden. Er hat Nabals böse Tat
auf ihn selbst zurückfallen lassen.«

Dann schickte David zu Abigajil und bat sie,
seine Frau zu werden. [40] Seine Boten kamen zu
ihr nach Karmel und sagten: »David schickt uns,
er will dich zur Frau nehmen!«

[41] Da stand sie auf, warf sich nieder mit dem
Gesicht zur Erde und sagte: »Ich bin seine Sklavin
und bereit, den Dienern meines Herrn die
Füße zu waschen.« [42] Schnell machte sie sich
reisefertig und setzte sich auf ihren Esel; ihre
fünf Mägde begleiteten sie. Sie folgte den Boten
Davids und wurde seine Frau.

[43] David hatte nun zwei Frauen; schon zuvor
hatte er Ahinoam aus Jesreel geheiratet. [44] Die
Saulstochter Michal, die seine erste Frau gewesen
war, hatte ihr Vater mit Palti, dem Sohn
von Lajisch aus Gallim, verheiratet.

David beschämt Saul zum zweiten Mal

26 Ein paar Männer aus Sif kamen zu Saul
nach Gibea und verrieten ihm, wo David
sich versteckt hielt. »Er ist auf dem Hügel Hachila,
gegenüber von Jeschimon«, sagten sie.

[2] Sogleich machte sich Saul auf den Weg in die
Steppe bei Sif, um David aufzuspüren. Er nahm
3000 der besten Männer Israels mit. [3] Als sie zu
dem Hügel kamen, schlugen sie am Weg ihr
Lager auf.

David, der sich noch in der Steppe befand, erfuhr,
daß Saul auch hier hinter ihm her war. [4] Er
schickte Kundschafter aus, die bestätigten ihm,
daß Saul angerückt war.

[5] Darauf ging David selbst hin und erkundete
den Lagerplatz. In einem großen Kreis lagen die
Männer Sauls, und in der Mitte sah er den
König, der sich dort mit seinem Feldherrn Abner
zur Ruhe gelegt hatte.

[6] Der Hetiter* Ahimelech und Abischai, der
Sohn der Zeruja und Bruder Joabs, waren mit
David mitgekommen. Nun sagte er zu ihnen:
»Ich schleiche mich zu Saul ins Lager. Wer von
euch kommt mit?«

»Ich gehe mit dir«, sagte Abischai.

[7] Als es dunkel geworden war, schlichen die
beiden ins Lager und drangen an den schlafenden
Männern und an Abner vorbei bis zu Saul
vor. Der König lag in tiefem Schlaf. In der Nähe
seines Kopfes steckte sein Speer in der Erde.

[8] Abischai flüsterte David zu: »Heute hat Gott
dir deinen Feind ausgeliefert! Ich durchbohre
ihn mit seinem eigenen Speer und spieße ihn an
den Boden;[a] ein einziger Stoß genügt!«

[9] Aber David wehrte ab: »Vergreif dich nicht
an ihm! Wer die Hand ausstreckt gegen den gesalbten*
König des HERRN, wird der Strafe nicht
entgehen. [10] So gewiß der HERR lebt, er selbst
wird ihm das Ende bereiten; er kann ihn eines
natürlichen Todes sterben oder in der Schlacht
umkommen lassen. [11] Der HERR bewahre mich

a *mit seinem eigenen ...:* vermutlicher Text; H *mit dem Speer und an den Boden.*

25,30 24,21 S **25,39** 24,16 **25,43** 2 Sam 3,2 **25,44** 18,27; 2 Sam 3,14-15 **26,1-25** 24,1-23 **26,1** 23,19; Ps 54,2 **26,6-9** 2 Sam 3,39 S **26,6** (Abischai) 2 Sam 2,18; 10,10; 16,9; 18,2; 20,6-7; 21,17; 23,18; 1 Chr 18,12 **26,9** 24,7 S

davor, daß ich Hand an seinen gesalbten König
lege! Nimm jetzt den Speer dort neben seinem
Kopf und seine Wasserflasche – und dann weg
von hier!«

12 David nahm beides an sich, dann machten
sie sich auf den Rückweg. Niemand sah etwas,
niemand merkte etwas, und niemand wachte
auf, denn der HERR hatte alle in einen tiefen
Schlaf fallen lassen.

13 David stieg ins Tal hinunter und auf der
anderen Seite den Berg hinauf. In sicherer Ent-
fernung stellte er sich hin 14 und rief zu Abner,
dem Sohn Ners, und zum Kriegslager hinüber:
»Abner! Antworte mir!«

»Wer wagt es, so zum König herüberzu-
schreien?« rief Abner zurück.

15 Da sagte David: »Du bist doch ein Mann,
mit dem es keiner in Israel aufnehmen kann!
Warum hast du deinen Herrn, den König, nicht
besser bewacht? Eben war jemand im Lager, der
hätte ihn töten können. 16 Da hast du wahrlich
kein Glanzstück vollbracht! So gewiß der HERR
lebt: Ihr alle habt den Tod verdient, weil ihr
euren Herrn, den von Gott gesalbten König,
nicht beschützt habt. Sieh doch einmal nach:
Der Speer hinter seinem Kopf ist weg und die
Wasserflasche auch!«

17 Da erkannte ihn Saul an der Stimme und
rief: »Ist das nicht deine Stimme, mein Sohn
David?«

»Ja, mein Herr und König«, rief David zurück,
18 und er fuhr fort: »Warum verfolgst du mich,
deinen Diener? Was habe ich dir getan? Was ist
meine Schuld? 19 Hör mich an, mein Herr und
König! Irgendwer hat dich gegen mich aufge-
hetzt. Wenn es der HERR gewesen ist, müssen
wir ihn durch ein Opfer* versöhnen; wenn es
aber Menschen waren, sollen sie dafür vor dem
HERRN verflucht sein! Sie wollen mich vertrei-
ben, mir meinen Anteil am Land des HERRN neh-
men; sie sagen zu mir: ›Geh fort, diene fremden
Göttern!‹ 20 Nein, laß es nicht zu, daß ich fern
vom HERRN in der Fremde umkomme! Warum
jagst du mich wie ein Rebhuhn in den Bergen?
Der König Israels zieht aus, um einen Floh zu
fangen!«

21 Saul antwortete: »Ich bin im Unrecht.
Komm wieder zurück, mein Sohn David! Ich
werde dir nie mehr etwas Böses antun, weil du
heute mein Leben so hoch geachtet hast. Ich
sehe, was für ein Narr ich war! Ich habe mich
schwer an dir vergangen.«

22 David sagte darauf: »Hier ist dein Speer,
mein König! Einer von deinen Leuten soll kom-
men und ihn holen. 23 Der HERR belohnt alle, die
ihm die Treue halten und stets nach seinen Ge-
boten leben. Er hatte dich heute in meine Hand
gegeben, aber ich wollte mich nicht an dir ver-
greifen, an dem gesalbten König des HERRN.
24 Soviel wie dein Leben mir heute bedeutet hat,
soviel wird künftig mein Leben dem HERRN be-
deuten, und er wird mich aus aller Not und Ge-
fahr retten.«

25 Saul sagte: »Gott segne dich, mein Sohn
David! Alles, was du unternimmst, wirst du er-
folgreich zu Ende bringen.«

Dann trennten sie sich: David setzte seinen
Weg fort, und Saul kehrte nach Hause zurück.

David sucht Schutz bei Israels Feinden

27 David sagte sich: »Eines Tages werde ich
doch noch Saul in die Hände fallen. Es
gibt für mich keinen besseren Schutz, als daß ich
schleunigst ins Gebiet der Philister* fliehe. Dann
bin ich vor Saul sicher. Solange ich in Israel bin,
wird er nicht aufhören, überall nach mir zu
suchen.«

2 Darum ging David mit seinen 600 Mann
über die Grenze zu Achisch, dem Sohn Maochs,
dem König von Gat. 3 Ihre Familien nahmen sie
mit; David hatte seine beiden Frauen bei sich,
Ahinoam aus Jesreel und Abigajil, die Witwe
Nabals aus Karmel. Sie alle blieben bei Achisch
in Gat.

4 Als Saul erfuhr, daß David dorthin geflohen
war, gab er es auf, weiter nach ihm zu suchen.

5 Nach einiger Zeit sagte David zu Achisch:
»Wenn ich deine Gunst gefunden habe, dann laß
mich doch in eine deiner Landstädte ziehen und
dort wohnen. Warum sollte dein Diener unbe-
dingt bei dir in der Hauptstadt bleiben?«

6 Daraufhin überließ Achisch ihm noch am
selben Tag die Stadt Ziklag. Deshalb gehört
Ziklag bis heute den Königen von Juda. 7 Insge-
samt lebte David ein Jahr und vier Monate im
Gebiet der Philister.

Davids doppeltes Spiel

8 Von Ziklag aus[a] unternahm David mit seinen
Männern Raubzüge gegen den Stamm Geschur
und die Leute von Geser und gegen die Amale-
kiter*, die das Gebiet zwischen Telem und der
Wüste Schur[b] und von dort bis zur Grenze
Ägyptens bewohnen. 9 Überall, wo David hin-

a Verdeutlichender Zusatz.
b *die das Gebiet …:* vermutlicher Text (vgl. Jos 15,24); H *die seit alters das Gebiet bis (zur Wüste) Schur …*

26,18 20,1 S **27,1** 23,23 **27,2** 21,11 **27,3** 25,42-43 **27,8** Ex 17,14 S

kam, machte er Männer und Frauen nieder, aber
die Schafe und Ziegen, Rinder, Esel und Kamele
und auch die Kleider nahm er als Beute mit.
Wenn er zurückkam, 10 fragte Achisch ihn
regelmäßig: »Habt ihr wieder mal einen Raubzug
gemacht?«
»Ja«, sagte David, »ins Südland, in das Gebiet
der Judäer«, oder: »Ins Südland, in das Gebiet der
Jerachmeëliter«, oder: »Ins Südland, in das Ge-
biet der Keniter*«.
11 David ließ niemand am Leben und brachte
auch keine Gefangenen nach Gat, denn sonst
hätte Achisch von ihnen erfahren können, was
David und seine Männer in Wirklichkeit taten.
So machte es David die ganze Zeit, während er
bei den Philistern* lebte.
12 Achisch meinte sich auf David verlassen zu
können; denn er dachte: »Er hat sich bei seinen
Landsleuten so verhaßt gemacht, daß er gar
keine andere Wahl hat, als für immer in meinem
Dienst zu bleiben.«

28 Als die Philister wieder einmal ihre Trup-
pen zu einem Kriegszug gegen die Israe-
liten zusammenzogen, sagte Achisch zu David:
»Du bist dir doch darüber im klaren, daß du mit
mir kommst und mit deinen Männern auf unse-
rer Seite kämpfst?«
2 »Natürlich«, erwiderte David; »jetzt kannst
du einmal mit eigenen Augen sehen, wie ich dir
diene.«
»Gut«, sagte Achisch, »du bist während des
Feldzuges für meine persönliche Sicherheit ver-
antwortlich.«

SAULS VERZWEIFLUNG UND ENDE
(28,3–31,13)

Saul sucht Rat bei einem Toten

3 Samuel war gestorben und in seiner Heimat-
stadt Rama begraben worden. Ganz Israel hatte
für ihn die Totenklage* gehalten. Übrigens hatte
Saul alle Totenbeschwörer und Wahrsager im
Land ausgerottet.
4 Die Philister* hatten ihre Truppen zusam-
mengezogen; sie rückten bis nach Schunem vor
und schlugen dort ihr Lager auf. Saul rief die
Männer Israels zu den Waffen; sie hatten ihr
Lager auf dem Gilboa-Gebirge.
5 Als Saul das Heer der Philister sah, erschrak
er und wurde ganz verzagt. 6 Er fragte den
HERRN, was er tun sollte. Doch der HERR gab ihm
keine Antwort, weder durch einen Traum noch
durch das Los, noch durch das Wort eines Pro-
pheten*.
7 Darum befahl Saul seinen Leuten: »Sucht
mir eine Frau, die Verstorbene herbeirufen
kann! Ich will zu ihr gehen und sie um Rat fra-
gen.«
»In En-Dor gibt es eine«, sagten sie ihm.
8 Saul zog fremde Kleider an, machte sein Ge-
sicht unkenntlich und ging mit zwei Begleitern
dorthin. Es war Nacht, als sie ankamen. Saul bat
die Frau: »Du mußt für mich einen Totengeist be-
schwören und mir die Zukunft voraussagen! Ich
sage dir, wen du aus der Totenwelt* heraufholen
sollst.«
9 Die Frau erwiderte: »Du weißt doch selbst,
daß der König so etwas verboten hat. Er hat die
Totenbeschwörer und Wahrsager im ganzen
Land ausgerottet. Du willst mir nur eine Falle
stellen, damit ich getötet werde.«
10 Aber Saul schwor: »So gewiß der HERR lebt,
es wird dir nichts geschehen!«
11 »Wen soll ich dir denn heraufrufen?« fragte
die Frau.
Saul antwortete: »Rufe Samuel!«
12 Als die Frau Samuel erblickte, schrie sie auf
und sagte zu Saul: »Warum hast du mich hinter-
gangen? Du bist ja Saul!«
13 »Du brauchst nichts zu fürchten«, erwiderte
der König. »Sag, was du siehst!«
»Ich sehe einen Geist aus der Erde heraufstei-
gen«, berichtete sie.
14 »Wie sieht er aus?« fragte Saul.
»Es ist ein alter Mann«, sagte sie, »er trägt
einen Prophetenmantel.« Daran erkannte Saul,
daß es Samuel war. Er warf sich vor ihm nieder,
das Gesicht zur Erde.
15 »Warum hast du meine Ruhe gestört und
mich heraufkommen lassen?« fragte ihn Samuel.
Saul antwortete: »Ich bin in Todesängsten.
Die Philister sind gegen mich aufmarschiert, und
Gott hat mich verlassen. Er gibt mir keine Ant-
wort mehr, weder durch Propheten noch durch
Träume. Darum habe ich dich rufen lassen. Sag
mir, was ich tun soll!«

Gottes Urteil ist unwiderruflich

16 Samuel erwiderte: »Wozu mußt du mich noch
fragen? Du siehst doch: Der HERR hat sich von
dir abgewandt und ist dein Feind geworden. 17 Er
führt jetzt aus, was er durch mich angekündigt
hat: Er nimmt dir das Königtum und gibt es
David. 18 Der HERR befahl dir, sein Vernichtungs-
urteil an den Amalekitern* zu vollstrecken. Weil

28,3 25,1; Lev 19,31 S **28,6** 14,37; Ex 28,30 S; Ri 1,1-2 S **28,11** Sir 46,20 **28,14** (Prophetenmantel) 1 Kön 11,29; 19,19; 2 Kön 1,8; 2,8.14; Sach 13,4 **28,17** 24,21 S **28,18** 15,3-9

du ihm nicht gehorcht hast, verfährt er jetzt so
mit dir. 19 Er wird dich und das Heer Israels in die
Hand der Philister geben. Morgen wirst du mit
deinen Söhnen bei mir in der Totenwelt* sein.«

20 Saul stürzte wie vom Schlag getroffen der
Länge nach zu Boden, so entsetzt war er über
die Worte Samuels. Er war ohnedies geschwächt,
weil er den ganzen Tag über nichts
gegessen hatte.

21 Die Frau trat zu Saul, und als sie sah, daß er
ganz verstört war, sagte sie: »Mein König! Ich
habe deine Bitte erfüllt und habe sogar mein
Leben dabei aufs Spiel gesetzt. 22 Nun laß auch
mich nicht vergeblich bitten! Ich bringe dir eine
Kleinigkeit zu essen. Stärke dich für den Weg,
der vor dir liegt!«

23 Saul weigerte sich: »Nein, ich esse nichts!«
Aber seine beiden Begleiter und die Frau setzten
ihm so lange zu, bis er ihnen nachgab. Er stand
auf und setzte sich auf das Bett. 24 Die Frau hatte
ein gemästetes Kalb im Stall, das schlachtete sie
in aller Eile. Dann nahm sie Mehl, machte einen
Teig und backte Fladenbrot*. 25 Das trug sie Saul
und seinen Begleitern auf.

Sie aßen und machten sich noch in derselben
Nacht auf den Rückweg.

David muß nicht in den Kampf gegen Israel ziehen

29 Die Philister* sammelten ihr Heer bei
Afek, die Israeliten lagerten sich an der
Quelle vor der Stadt Jesreel. 2 Die Philisterfürsten
ließen alle ihre Truppen geordnet an sich vorübermarschieren.
Die Kriegsleute von Achisch,
dem König von Gat, bildeten den Schluß.

Als die Fürsten der Philister dabei auch
David mit seinen Männern sahen, 3 fragten sie
Achisch: »Was haben denn die Hebräer* hier zu
suchen?«

Achisch erklärte ihnen: »Das ist doch David,
der früher dem Israelitenkönig Saul gedient hat
und jetzt seit Jahr und Tag in meinen Diensten
steht. Die ganze Zeit, seit er zu mir übergelaufen
ist, habe ich noch nie etwas an ihm auszusetzen
gehabt.«

4 Doch die Philisterfürsten waren empört und
forderten von Achisch: »Schick den Mann
zurück! Er soll an dem Ort bleiben, den du ihm
als Wohnsitz angewiesen hast. Er darf auf keinen
Fall mit uns in den Kampf ziehen, sonst
wird er sich noch mitten in der Schlacht auf die
Seite des Feindes schlagen. Eine bessere Gelegenheit
findet er nicht mehr, die Gunst seines
Herrn wiederzugewinnen, als wenn er ihm die
Köpfe unserer Männer vor die Füße legt! 5 Das ist
doch derselbe David, von dem sie bei ihren Reigentänzen
singen:

›Tausend Feinde hat Saul erschlagen,
doch zehntausend waren's, die David erschlug.‹«

6 Achisch rief David zu sich und sagte: »So gewiß
der HERR lebt: Du bist ein zuverlässiger Gefolgsmann,
und nach meiner Meinung ist es gut, daß
du mit mir in den Kampf ziehst. Denn in der
ganzen Zeit, seit du bei mir bist, habe ich nichts
an dir auszusetzen gefunden. Aber die Philisterfürsten
trauen dir nicht. 7 Kehr deshalb wieder
um und verhalte dich ruhig! Tu nichts, was ihren
Unwillen auf dich ziehen könnte.«

8 David fragte: »Womit habe ich diese Behandlung
verdient? Hast du jemals etwas an mir auszusetzen
gehabt, seit ich in deine Dienste getreten
bin? Warum darf ich dann nicht mitkommen
und gegen die Feinde meines Herrn und Königs
kämpfen?«

9 »Ich weiß, ich weiß«, erwiderte Achisch,
»mir bist du so lieb wie ein Engel* Gottes; aber
die Fürsten der Philister haben nun einmal gesagt:
›Er darf auf keinen Fall mit uns in den
Kampf ziehen.‹ 10 Macht euch also morgen in
aller Frühe fertig, du und alle, die einst Saul gedient
haben, und zieht ab, sobald es hell wird!«

11 So machte sich David bei Tagesanbruch auf
den Weg und kehrte mit seinen Männern in das
Land der Philister zurück. Das Philisterheer aber
rückte in Richtung Jesreel vor.

Davids Rachezug gegen die Amalekiter

30 Als David und seine Männer zwei Tage
später in Ziklag ankamen, lag die Stadt in
Schutt und Asche. Die Amalekiter* waren auf
einem Raubzug in das Südland eingefallen und
hatten dabei auch Ziklag verwüstet. 2 Getötet
hatten sie niemand, aber alle Frauen und Kinder
waren als Gefangene weggeschleppt worden.

3 Als David und seine Männer die niedergebrannte
Stadt sahen und entdeckten, daß ihre
Frauen und Kinder verschleppt waren, 4 schrien
sie entsetzt auf. Sie weinten so lange, bis sie vor
Erschöpfung nicht mehr konnten. 5 Auch die beiden
Frauen Davids, Ahinoam aus Jesreel und
Abigajil, die Witwe Nabals aus Karmel, waren in
Gefangenschaft geraten.

6 David war in schwerer Bedrängnis. Seine
Männer drohten offen damit, ihn zu steinigen*,
so erbittert waren sie über den Verlust ihrer

28,19 31,2-4 29,1 4,1b 29,3 27,2.7 29,4 27,6 29,5 18,6-7 29,9 2 Sam 14,17.20; 19,28 30,1-20 27,8; Ex 17,14S 30,5 25,42-43

Söhne und Töchter. Aber das Vertrauen auf den
HERRN, seinen Gott, gab ihm Mut.
7 Er befahl dem Priester* Abjatar, dem Sohn
Ahimelechs, die Orakeltasche* zu bringen.
8 Dann fragte er den HERRN: »Soll ich diese
Räuberbande verfolgen? Werde ich sie ein-
holen?«

Er erhielt die Antwort: »Verfolge sie! Du wirst
sie einholen und die Gefangenen retten.«

9-10 David brach mit seinen 600 Mann sofort
auf. Als sie zum Besortal kamen, blieben
200 Mann dort zurück, weil sie zu erschöpft
waren, das Tal zu überqueren. Mit den anderen
400 setzte David die Verfolgung fort.

11-12 Unterwegs fanden die Leute Davids
einen Ägypter, der drei Tage nichts gegessen
und getrunken hatte. Sie brachten ihn zu David
und gaben ihm Brot und Wasser, dazu eine Por-
tion Feigenmark und zwei Portionen gepreßte
Rosinen. Nachdem er das gegessen hatte, kam er
wieder zu Kräften, 13 und David fragte ihn: »Zu
wem gehörst du? Woher kommst du?«

Er antwortete: »Ich bin ein Ägypter, der
Sklave* eines Amalekiters. Mein Herr hat mich
vor drei Tagen hier liegengelassen, weil ich
krank geworden war. 14 Wir hatten im Südland
die Philister* überfallen und die Nachkommen
Kalebs, die zu Juda gehören; dabei haben wir
auch Ziklag niedergebrannt.«

15 David fragte ihn: »Kannst du mir den Weg
zu dieser Räuberbande zeigen?«

Der Sklave sagte: »Schwöre mir bei Gott, daß
du mich nicht tötest oder meinem Herrn auslie-
ferst! Dann werde ich dich zu diesen Räubern
führen.« 16 Er zeigte ihnen den Weg, und sie fan-
den die Amalekiter in Gruppen über die ganze
Gegend zerstreut. Sie aßen und tranken und
feierten ausgelassen, weil sie bei den Philistern
und in Juda so reiche Beute gemacht hatten.

17 David überfiel sie am nächsten Morgen, als
es eben hell wurde, und der Kampf dauerte bis
zum Abend. Alle Feinde wurden niederge-
macht, nur 400 junge Männer konnten auf
Kamelen fliehen. 18-19 David befreite alle Gefan-
genen und auch seine beiden Frauen. Niemand
wurde vermißt; seine Männer bekamen alle ihre
Kinder gesund wieder. Auch alles, was die Ama-
lekiter erbeutet hatten, wurde zurückerobert.
20 Die Schafe, Ziegen und Rinder der Amalekiter
nahm David für sich; man trieb sie vor dem
anderen Vieh her und sagte: »Das ist Davids
Beute.«

David sorgt für eine gerechte Verteilung der Beute

21 In der Nähe des Besortals kamen ihnen die
200 Mann entgegen, die so erschöpft gewesen
waren, daß David sie dort zurücklassen mußte.
David grüßte sie freundlich.
22 Aber unter denen, die mit David gezogen
waren, gab es ein paar gemeine und nichtsnut-
zige Männer, die sagten zu David: »Sie sind
nicht mit uns in den Kampf gezogen, also geben
wir ihnen auch nichts von der Beute ab, die wir
den Feinden abgenommen haben. Sie sollen
froh sein, daß wir ihnen ihre Frauen und Kinder
wiederbringen, und schleunigst mit ihnen ver-
schwinden!«
23 Doch David sagte: »Meine Brüder, wir ver-
danken doch alles, was wir erbeutet haben, dem
HERRN! So könnt ihr nicht darüber verfügen. Der
HERR war es, der uns beschützt hat; er hat uns
diese Räuber ausgeliefert, die uns überfallen hat-
ten. 24 Niemand wird gutheißen, was ihr da vor-
habt. Vielmehr soll gelten:

Zum Kampf geht der eine,
den Troß schützt der andre.
Die Beute des Krieges wird ehrlich geteilt.«

25 Seit jenem Tag gilt dies als festes Recht in
Israel. David führte es ein, und es wird bis heute
befolgt.

David macht sich Freunde

26 Von Ziklag aus schickte David einen Teil der
Beute an die Ältesten* des Stammes Juda, mit
denen er durch seine Herkunft verbunden war,
und ließ ihnen sagen: »Hier ist ein Geschenk für
euch aus der Beute, die David den Feinden des
HERRN abgenommen hat.«
27 Er schickte solche Geschenke nach Betuël,[a]
nach Ramot im Südland, nach Jattir, 28 Aroër, Sif-
mot, Eschtemoa 29 und Rakal, in die Städte der
Jerachmeëliter und der Keniter*, 30 nach Horma,
Bor-Aschan, Atach 31 und Hebron, und außer-
dem in alle Orte, in denen er einst mit seinen
Leuten Unterschlupf gefunden hatte.

Sauls Ende

(1 Chr 10,1-12)

31 Im Gilboa-Gebirge kam es zwischen
Israel und den Philistern* zur Schlacht.
Die Männer Israels mußten fliehen; viele wur-

a *Betuël:* vermutliche Schreibung; vgl. 1 Chr 4,30. Der Ort ist identisch mit *Betul* in Jos 19,4. H *Bet-El,* das aber nicht in Juda liegt.

30,7 22,20 S **30,24** Num 31,27 **30,29** 27,10

den von den Feinden niedergemacht. 2 Die Phi-
lister verfolgten Saul und seine Söhne Jonatan,
Abinadab und Malkischua. Die drei Söhne fan-
den dabei den Tod.

3 Um Saul entbrannte ein heftiger Kampf. Als
die Bogenschützen ihn entdeckten und auf ihn
anlegten, zitterte er vor Angst. 4 Er befahl sei-
nem Waffenträger: »Zieh dein Schwert und töte
mich! Sonst werden es diese Unbeschnittenen*
tun und ihren Spott mit mir treiben.«

Aber der Waffenträger scheute sich und
wollte es nicht tun. Da nahm Saul sein Schwert
und stürzte sich hinein.

5 Als der Waffenträger sah, daß Saul tot war,
stürzte auch er sich in sein Schwert und folgte
ihm in den Tod. 6 So starben Saul, seine drei
Söhne, sein Waffenträger und alle seine Männer
gemeinsam an diesem einen Tag.

7 Als die israelitischen Bewohner der Jesreel-
Ebene und der angrenzenden Jordangegend
erfuhren, daß das Heer Israels geschlagen
und Saul mit seinen Söhnen gefallen war, ver-
ließen sie ihre Wohnorte und flohen. Die Phili-
ster rückten nach und nahmen die Städte in
Besitz.

8 Am Tag nach der Schlacht plünderten die
Philister die Gefallenen aus. Dabei fanden sie
Saul und seine drei Söhne auf dem Gilboa-Ge-
birge. 9 Sie schlugen Saul den Kopf ab und zogen
ihm seine Rüstung aus. Kopf und Rüstung ließen
sie durch Boten in ihrem ganzen Gebiet herum-
zeigen. So verkündeten sie ihren Götzen und
ihrem Volk die Siegesnachricht. 10 Dann legten
sie die Rüstung in den Tempel der Astarte*; den
Leichnam Sauls hängten sie an der Stadtmauer
von Bet-Schean auf.

11 Als die Bewohner von Jabesch in Gilead* er-
fuhren, was die Philister mit Saul gemacht hat-
ten, 12 brachen alle kriegstüchtigen Männer auf
und gingen im Schutz der Nacht nach Bet-
Schean. Sie nahmen den Leichnam Sauls und
auch die Leichen seiner Söhne von der Mauer,
brachten sie nach Jabesch und verbrannten sie
dort. 13 Die Gebeine begruben sie unter der
Tamariske vor ihrer Stadt und fasteten* zur
Trauer eine ganze Woche lang.

DAS ZWEITE BUCH SAMUEL

Inhaltsübersicht

DAVID ALS KÖNIG ÜBER JUDA
(Kapitel 1–4)

David erfährt vom Ende Sauls und Jonatans

1 1-2 Die Nachricht von Sauls Tod erreichte
David, nachdem er von seinem Sieg über die
Amalekiter* nach Ziklag zurückgekehrt war. Er
war gerade den dritten Tag wieder in der Stadt,
da kam ein Mann zu ihm, der aus der Schlacht
entkommen war, einer aus der näheren Um-
gebung Sauls. Zum Zeichen der Trauer hatte er
seine Kleider zerrissen und Erde auf seinen Kopf
gestreut. Er warf sich vor David zu Boden und
erwies ihm Ehre wie einem König.

3 »Wo kommst du her?« fragte ihn David.

Der Mann antwortete: »Vom Heer Israels. Ich
konnte mich vor den Philistern* retten.«

4 »Wie steht es?« fragte David. »Berichte mir!«

Da erzählte er: »Unser Heer wurde in die
Flucht geschlagen. Viele sind gefallen, auch Saul
und Jonatan sind tot.«

5 David fragte den jungen Mann, der ihm die
Nachricht brachte: »Saul und Jonatan tot? Woher
weißt du das?«

6 Der Mann erzählte: »Ganz zufällig kam ich
auf das Gilboa-Gebirge.[a] Da sah ich Saul stehen,
wie er sich auf seinen Speer stützte. Die Streit-
wagen* der Philister hatten ihn schon fast er-
reicht. 7 Als er sich umwandte, sah er mich und
rief mich zu sich. ›Ja, Herr?‹ sagte ich. 8 Er fragte:
›Wer bist du?‹, und ich antwortete: ›Ein Amale-
kiter.‹ 9 Da rief er: ›Komm her und gib mir den

a Die Aussagen des *jungen Mannes* scheinen nicht recht zu der Schilderung des Unglücksboten in den Versen 1-4 zu passen. Möglicherweise sind zwei Berichte miteinander verflochten worden.

31,2-4 28,19; 14,49 31,4 24,7 S; Ri 9,54 31,9 17,54 31,10 Dtn 21,22-23 S 31,11-12 1 Sam 11,1-11 31,13 2 Sam 1,12

Todesstoß! Ich lebe noch, aber ich habe keine
Kraft mehr.‹

10 Ich sah, daß er seine Niederlage nicht über-
leben würde. Darum ging ich hin und gab ihm
den Todesstoß. Dann nahm ich ihm den Stirnreif
und die Armspange ab. Ich habe sie dir gebracht,
Herr, hier sind sie!«

11 Als David das hörte, zerriß er sein Gewand,
und dasselbe taten die Männer, die bei ihm
waren. 12 Sie weinten und fasteten* bis zum
Abend und hielten die Totenklage* um Saul und
um seinen Sohn Jonatan und um das Heer des
HERRN, um alle Männer Israels, die in der
Schlacht gefallen waren.

13 David fragte den jungen Mann, der ihm die
Nachricht überbracht hatte: »Woher stammst
du?«

Er antwortete: »Ich bin der Sohn eines amale-
kitischen Einwanderers.«

14 Da fuhr David ihn an: »Wie konntest du
es wagen, den gesalbten* König des HERRN zu
töten!« 15 Er rief einem seiner Männer zu:
»Komm her, stoß ihn nieder!«, und der schlug
ihn tot.

16 David aber sagte noch zu dem Amalekiter:
»Dein Blut finde keinen Rächer![a] Du hast dir
selbst das Urteil gesprochen, als du sagtest: ›Ich
habe den gesalbten König des HERRN getötet.‹«

Davids Klagelied

17 David stimmte über Saul und seinen Sohn Jo-
natan die Totenklage* an. 18 Er sprach die Worte,
die bekanntlich ins Buch der Heldenlieder* auf-
genommen sind. Dort tragen sie die Überschrift
»Lehrt die Männer von Juda den Bogenkampf«;
sie lauten:

19 Erschlagen liegen sie auf deinen Bergen,
die Besten, die du hattest, Israel,
dein Ruhm und Stolz, gefallen sind sie – tot!

20 Sprecht nicht davon in Gat und Aschkelon,
verschweigt es auf den Gassen dieser Städte!
Sonst freuen sich die Frauen der Philister*,
die Töchter dieser Unbeschnittenen* jubeln.

21 Ihr Höhen von Gilboa, seid verflucht!
Nie sollen Tau und Regen auf euch fallen,
nie sollen Felder voller Frucht euch zieren,
weil dort die Schilde unserer Helden liegen,
Sauls Schild im Staub, entweiht für alle Zeit!

22 Der Pfeil vom Bogen Jonatans traf stets
sein Ziel,
und nie zog Saul sein Schwert vergeblich,
in Scharen sanken ihre Feinde nieder.

23 Geliebt und hochgeachtet waren sie,
im Leben unzertrennlich, Saul und Jonatan –
nun sind sie auch im Tode noch vereint!
Sie waren schneller als der schnelle Adler,
den Löwen übertrafen sie an Kraft.

24 Ihr Frauen Israels, auf, klagt um Saul!
Er war es, der euch Purpurkleider gab
und euch mit goldenem Schmuck so reich
beschenkte.

25 Die Tapfersten sind tot, im Kampf erschlagen!
Auch Jonatan liegt tot dort oben auf den Bergen!
26 Mein Bruder Jonatan, mein bester Freund,
voll Schmerz und Trauer weine ich um dich;
denn deine Freundschaft hat mir mehr bedeutet,
als Frauenliebe je bedeuten kann!

27 Die besten Krieger tot, im Kampf erschlagen,
für immer sind die Tapfersten dahin!

David wird König über Juda, Isch-Boschet über Israel

2 David fragte den HERRN: »Soll ich jetzt in
eine der Städte des Stammes Juda übersie-
deln?«

Er erhielt die Antwort: »Ja!«

»Wohin soll ich gehen?« fragte er weiter.

Die Antwort war: »Nach Hebron.«

2 So kam David nach Hebron. Seine beiden
Frauen, Ahinoam aus Jesreel und Abigajil, die
Witwe Nabals aus Karmel, nahm er mit. 3 Auch
die Männer seiner Truppe folgten ihm; sie ließen
sich mit ihren Familien in der Umgebung der
Stadt nieder.

4 Daraufhin kamen die Männer des Stammes
Juda nach Hebron und salbten* David zu ihrem
König.

Als David die Nachricht erhielt, daß die Män-
ner von Jabesch in Gilead* Saul bestattet hatten,
5 schickte er Boten dorthin und ließ ihnen sagen:
»Der HERR möge euch segnen zum Lohn dafür,
daß ihr Saul, eurem König, diese Liebe erwiesen
und ihn beigesetzt habt! 6 Er erweise auch euch
seine beständige Liebe, und ich selbst werde es
ebenso halten, weil ihr das getan habt. 7 Seid tap-

a Wörtlich *Dein Blut (komme) auf deinen Kopf;* siehe Anmerkung zu Lev 20,9.

1,10 1 Sam 31,4 **1,14** 1 Sam 24,7 S **1,18** Jos 10,13 **1,26** 1 Sam 18,3 S **2,1** Ri 1,1-2 S **2,2** 1 Sam 25,42-43 **2,4** 1 Sam 16,13 S **2,4b-6** 1 Sam 31,11-13

fer und laßt euch nicht entmutigen! Saul, euer
Herr, ist tot; aber inzwischen hat der Stamm
Juda mich zu seinem König gemacht.«
8 Sauls Heerführer Abner, der Sohn Ners,
hatte sich mit Isch-Boschet,[a] einem Sohn Sauls,
nach Mahanajim zurückgezogen. 9 Dort machte
er ihn zum König über ganz Israel. Seine
Herrschaft erstreckte sich auf die Landschaften
Gilead*, Ascher, Jesreel, Efraïm und Benjamin.
10 Isch-Boschet war 40 Jahre alt, als er König über
Israel wurde. Er regierte zwei Jahre lang.
Zu David hielt nur der Stamm Juda. 11 Sieben-
einhalb Jahre lang regierte David in Hebron als
König über Juda.

Der Beginn des Krieges zwischen Juda und Israel

12 Abner, der Sohn Ners, zog mit den Kriegsleu-
ten des Saulssohnes Isch-Boschet von Mahana-
jim nach Gibeon. 13 Joab, der Sohn der Zeruja,
kam mit den Kriegsleuten Davids ebenfalls dort-
hin; beim Teich von Gibeon trafen sie zusam-
men. Die Männer Davids lagerten sich auf der
einen Seite des Teiches, die Männer Isch-
Boschets auf der andern.
14 Abner sagte zu Joab: »Unsere jungen Leute
könnten hier zu einem Kampfspiel antreten!«
Joab stimmte zu: »Ja, das könnten sie!«
15 Zwölf junge Männer aus dem Stamm Benja-
min traten für den Sohn Sauls, für Isch-Boschet,
an, und zwölf von den Männern Davids stellten
sich ihnen gegenüber. 16 Die Kämpfenden pack-
ten sich gegenseitig an den Haaren, und jeder
stieß seinem Gegner das Schwert in die Seite, so
daß alle gleichzeitig umkamen. Daher bekam
dieser Platz in der Nähe von Gibeon den Namen
Helkat-Hazzurim.[b]
17 Nun brach zwischen den beiden Truppen-
abteilungen ein erbitterter Kampf aus – mit dem
Ergebnis, daß die Männer Israels unter Abner
von den Männern Davids besiegt wurden.
18 Alle drei Söhne der Zeruja, Joab, Abischai
und Asaël, waren an dem Kampf beteiligt. Asaël,
der so schnell war wie eine wilde Gazelle,
19 jagte hinter Abner her und ließ sich durch
nichts von ihm ablenken.
20 Abner drehte sich um und rief: »Bist du das,
Asaël?« Und als Asaël bejahte, 21 sagte er zu ihm:
»Geh nach rechts oder nach links und pack
einen von diesen jungen Leuten, dem kannst du
Waffen und Rüstung abnehmen!« Aber Asaël
ließ sich nicht davon abbringen, hinter Abner
herzujagen.
22 Noch einmal warnte ihn Abner: »Setz mir
nicht weiter nach! Sonst muß ich dich nieder-
schlagen. Dann kann ich deinem Bruder Joab
nicht mehr unter die Augen treten!«
23 Doch Asaël wollte einfach nicht von ihm
ablassen. Da stieß ihm Abner das stumpfe Ende
seines Speeres in den Bauch, so daß der Schaft
auf der anderen Seite wieder herauskam. Asaël
stürzte zu Boden und war sofort tot. Jeder, der
an die Stelle kam und Asaël tot daliegen sah,
blieb einen Augenblick stehen.
24 Joab und Abischai aber jagten hinter Abner
her. Bei Sonnenuntergang waren sie bis zum
Hügel Amma gekommen, der östlich von Giach
am Weg in die Steppe von Gibeon liegt. 25 Die
Männer von Benjamin sammelten sich um Ab-
ner und stellten sich dicht geschlossen oben auf
dem Hügel auf.
26 Abner rief Joab zu: »Soll das Schwert denn
immerzu weiterfressen? Du weißt doch, was für
ein bitteres Ende das nimmt! Worauf wartest du
noch? Gib den Befehl, daß deine Männer mit der
Verfolgung ihrer Brüder aufhören!«
27 »Gut, daß du das endlich sagst«, erwiderte
Joab. »So gewiß Gott lebt, meine Leute hätten die
deinen sonst noch bis morgen früh vor sich her-
gejagt!«
28 Joab ließ das Widderhorn* blasen. Da gaben
seine Männer die Verfolgung auf und stellten
den Kampf gegen die Männer von Israel ein.
29 Abner und seine Leute marschierten die
ganze Nacht durch die Jordanebene, überquer-
ten den Fluß und kehrten durch die Schlucht des
Jabboks nach Mahanajim zurück.
30 Als Joab die Verfolgung Abners abgebro-
chen hatte und die ganze Truppe um sich sam-
melte, wurden von Davids Leuten außer Asaël
noch weitere neunzehn Mann vermißt. 31 Die
Kriegsleute Davids hatten aus dem Stamm Ben-
jamin, von den Leuten, die Abner gefolgt waren,
360 Mann erschlagen. 32 Sie nahmen Asaël mit
und bestatteten ihn in Betlehem in der Grab-
stätte seines Vaters. Danach marschierten Joab
und seine Männer die ganze Nacht hindurch
und kamen bei Tagesanbruch in Hebron an.
3 Der Krieg zwischen den Anhängern Sauls
und den Anhängern Davids zog sich lange
hin. David gewann immer mehr die Oberhand,

a Zur Namensform siehe Anmerkung zu 1 Chr 8,33.
b Der Name bedeutet »Feld der Felsen«, was keinen erkennbaren Bezug zu dem Vorfall ergibt. Vielleicht verschrieben aus *Helkat-Hazzodim* = »Feld der Jagenden« (so G) oder *Helkat-Hazziddim* = »Feld der Seiten«.
2,8 1 Sam 14,50 2,18 1 Sam 26,6 S 2,23 3,27

während das Königshaus Sauls an Macht und
Einfluß verlor.

Eine Liste der Söhne Davids

2 In Hebron wurden David nacheinander die fol-
genden Söhne geboren:

als Erstgeborener Amnon, seine Mutter war Ahi-
noam aus Jesreel;
3 als zweiter Kilab, seine Mutter war Abigajil, die
Witwe Nabals aus Karmel;
als dritter Abschalom, seine Mutter war Maacha,
die Tochter des Königs Talmai von Geschur;
4 als vierter Adonija, seine Mutter war Haggit;
als fünfter Schefatja, seine Mutter war Abital;
5 als sechster Jitream, seine Mutter war Davids
Frau Egla.

Diese Söhne wurden David in Hebron geboren.

Der Konflikt zwischen Isch-Boschet und seinem Heerführer Abner

6 Während des Krieges zwischen den Anhän-
gern Sauls und den Anhängern Davids erwies
sich Abner als unentbehrliche Stütze für das
Königshaus Sauls. 7 Nun hatte Saul eine Neben-
frau gehabt, Rizpa, die Tochter von Aja. Eines
Tages stellte Isch-Boschet Abner zur Rede und
sagte: »Warum hast du mit der Nebenfrau mei-
nes Vaters geschlafen?«
8 Über diese Frage wurde Abner ganz wütend;
er schrie: »Bin ich denn ein ehrloser Verräter?
Meinst du, ich halte es mit Juda? Ich tue bis
heute alles, was ich kann, für das Königshaus
Sauls, für seine ganze Familie und alle seine
Freunde; ich bewahre dich davor, daß du David
in die Hände fällst – und du machst mir jetzt eine
Szene wegen so einer lächerlichen Geschichte!
9 Gott soll mich strafen, wenn ich nicht dafür
sorge, daß genau das eintrifft, was er David mit
einem Eid versprochen hat! 10 Denn das hat der
HERR gesagt: ›Ich werde der Familie Sauls das
Königtum wegnehmen und David zum König
über Israel und Juda machen, über das ganze
Land von Dan bis Beerscheba!‹«
11 Isch-Boschet bekam solche Angst vor
Abner, daß er ihm kein Wort erwidern konnte.

Abner verhandelt mit David

12 Darauf schickte Abner in eigener Sache Boten
zu David und ließ ihm sagen: »Wem steht denn
dieses Land zu? Hier mein Vorschlag: Schließ
einen Vertrag mit mir, und ich werde alles für
dich tun, damit ganz Israel zu dir übergeht!«
13 David antwortete: »Gut, ich schließe einen
Vertrag mit dir, aber nur unter einer Bedingung:
Laß dich nicht vor mir sehen, ohne daß du mir
Sauls Tochter Michal mitbringst, wenn du zu mir
kommst!«
14 Gleichzeitig sandte er Boten zu Isch-
Boschet und ließ ihm sagen: »Gib mir meine
Frau Michal heraus, für die ich als Brautpreis*
hundert Philistervorhäute bezahlt habe!«
15 Isch-Boschet schickte nach ihr und ließ sie
von ihrem Mann Paltiël, dem Sohn Lajischs,
wegholen. 16 Ihr Mann ging mit ihr und lief wei-
nend hinter ihr her bis nach Bahurim. Erst als
Abner ihn anfuhr: »Geh endlich heim!«, kehrte
er um.
17 Abner hatte zuvor mit den Ältesten* der
Stämme Israels gesprochen und zu ihnen gesagt:
»Schon lange wolltet ihr doch David zum König
über euch haben. 18 Jetzt ist es Zeit zu handeln.
Der HERR selbst hat ja von ihm gesagt: ›Durch
meinen Diener David will ich mein Volk Israel
aus der Gewalt der Philister* und aller seiner
Feinde retten.‹«
19 Abner sprach auch mit den Männern des
Stammes Benjamin. Dann ging er nach Hebron,
um David mitzuteilen, daß die Leute von Israel
und der ganze Stamm Benjamin ihn als König
haben wollten.
20 Als Abner in Begleitung von zwanzig Män-
nern nach Hebron kam, gab David ein Festessen
für sie. 21 Danach sagte Abner zu David: »Ich
gehe jetzt und werde dir als meinem Herrn und
König alle Stämme Israels zuführen. Sie werden
einen Vertrag mit dir schließen, und du wirst ihr
König sein, ganz wie es deinem Willen ent-
spricht.«
David verabschiedete Abner, und er ging in
Frieden weg.

Joab rächt sich an Abner

22 Nicht lange danach kehrte Joab mit den
Kriegsleuten Davids von einem Streifzug zurück.
Sie brachten reiche Beute mit. Abner befand sich
zu diesem Zeitpunkt nicht mehr bei David in
Hebron; der König hatte ihn schon verabschie-
det, und er war in Frieden weggegangen.
23 Kaum war Joab mit der Truppe in Hebron
angekommen, erzählte man ihm auch schon:
»Abner, der Sohn Ners, war beim König, und der
hat ihn in Frieden ziehen lassen!«
24 Da ging Joab sofort zum König und stellte

3,2-3 1 Sam 25,42-43 3,7 21,8 3,10 1 Sam 24,21 S 3,14 1 Sam 18,27 3,15 1 Sam 25,44

ihn zur Rede: »Was hast du da gemacht? Abner
ist zu dir gekommen, und du hast ihn einfach
wieder ziehen lassen! 25 Du mußt ihn doch ken-
nen! Er ist nur gekommen, um dich zu täuschen;
er will ausspionieren, was du vorhast.«
26 Als Joab vom König herauskam, schickte er
Boten hinter Abner her, um ihn zurückzurufen.
David wußte nichts davon. Die Boten holten
Abner bei der Zisterne von Sira ein, 27 und er
kehrte um nach Hebron. Joab führte ihn beiseite
in das Innere des Tores, als wolle er unter vier
Augen mit ihm reden. Doch dort stieß er ihm
einen Dolch in den Unterleib, so daß er starb. So
rächte sich Joab dafür, daß Abner seinen Bruder
Asaël getötet hatte.

David distanziert sich von Joabs Tat

28 Als David wenig später davon erfuhr, rief
er: »Mich und mein Königtum trifft auf ewig
keine Schuld vor dem HERRN am Tod von Abner!
29 Joab allein ist dafür verantwortlich, er und
seine ganze Familie sollen dafür büßen. Unter
seinen Nachkommen soll es zu allen Zeiten
Leute geben, die an Aussatz oder krankhaften
Ausflüssen leiden, an Krücken gehen, gewalt-
sam umkommen oder Hunger leiden!«
30 – Joab und Abischai hatten Abner umge-
bracht, weil er ihren Bruder Asaël in der
Schlacht bei Gibeon getötet hatte. –
31 Darauf befahl David Joab und allen seinen
Männern: »Zerreißt eure Kleider, legt den Sack*
an und geht im Trauerzug vor Abner her!« Der
König selbst ging hinter der Bahre. 32 So bestatte-
ten sie Abner in Hebron. Der König weinte laut
an seinem Grab, und alle weinten mit ihm.
33 Dann sang er für Abner ein Klagelied:

»Abner, mußtest du denn wie ein Nichtsnutz
sterben?
34 Deine Hände waren nicht gefesselt,
deine Füße lagen nicht in Eisen!
Warum fandest du ein solches Ende,
Abner, wie von Mörderhand erschlagen?«

Als die Leute das hörten, weinten sie noch mehr.
35 Später redeten sie David zu, er solle doch am
Trauermahl teilnehmen; aber weil der Tag noch
nicht zu Ende war, schwor er: »Gott soll mich
strafen, wenn ich einen Bissen anrühre, bevor
die Sonne untergegangen ist!«
36 Sie respektierten das, und es gefiel ihnen
gut, wie überhaupt alles, was er tat, den Beifall
des ganzen Volkes hatte. 37 Alle, die dabei waren,
erkannten an diesem Tag, daß der König nichts
mit dem Mord an Abner zu tun hatte. Auch in
ganz Israel sprach sich das herum.
38 Zu seinen Hofleuten sagte David: »Ihr seid
euch doch klar darüber, daß heute ein bedeuten-
der und mächtiger Mann in Israel umgekommen
ist? 39 Ich bin zwar zum König gesalbt*, aber ich
bin noch zu schwach, um so etwas zu verhin-
dern. Diesen Söhnen der Zeruja bin ich nicht
gewachsen. Der HERR möge den Schuldigen be-
strafen, wie er es verdient hat!«

Isch-Boschet wird ermordet

4 Als Isch-Boschet erfuhr, daß Abner in
Hebron umgebracht worden war, verlor er
allen Mut, und alle in Israel waren bestürzt. 2 In
Isch-Boschets Diensten standen zwei Brüder als
Truppenführer, Baana und Rechab, Söhne von
Rimmon aus Beerot. Sie gehörten zum Stamm
Benjamin; denn auch Beerot zählt jetzt zum Ge-
biet dieses Stammes. Die früheren Bewohner
von Beerot sind nach Gittajim geflohen und
leben dort noch heute als Fremde.
4 Übrigens lebte noch ein Enkel Sauls, ein
Sohn Jonatans namens Merib-Baal, er war je-
doch an beiden Beinen gelähmt. Er war fünf
Jahre alt gewesen, als sein Vater und sein Groß-
vater den Tod fanden. Als die Nachricht davon
aus Jesreel eingetroffen war, hatte ihn seine
Amme aufgenommen, um mit ihm zu fliehen.
Aber in ihrer Hast ließ sie ihn fallen. Seither war
er gelähmt.
5 Rechab und Baana, die Söhne von Rimmon
aus Beerot, gingen zum Haus von Isch-Boschet.
Als sie hinkamen, war gerade die heißeste Tages-
zeit, und Isch-Boschet hielt seinen Mittagsschlaf.
6 Die Türhüterin war beim Verlesen von Wei-
zenkörnern eingeschlafen. So konnten sie un-
bemerkt hineinschlüpfen.[a] 7 Sie kamen bis ins
Schlafzimmer, in dem Isch-Boschet auf seinem
Bett lag, töteten ihn und schlugen ihm den Kopf
ab. Den Kopf nahmen sie mit, marschierten die
ganze Nacht durch die Jordanebene 8a und
brachten ihn zu David nach Hebron.

David distanziert sich von dem Mord an Isch-Boschet

8b »Hier ist der Kopf von Isch-Boschet!« sagten sie
zum König. »Heute hat der HERR unserem König
Rache verschafft an Saul und seiner Sippschaft!«
9 Aber David antwortete Rechab und seinem
Bruder Baana, den Söhnen von Rimmon aus

a *Die Türhüterin ...:* mit G; H *Sie drangen ins Innere des Hauses ein, Weizen holend, und durchbohrten ihn, und sie entkamen.*

3,27 20,10; 2,23 **3,29** 1 Kön 2,34 **3,33** 1,17 **3,39** 2,18; 16,9-10; 19,23; 1 Sam 26,6-9 **4,4** 9,1-13 **4,9** 1 Sam 26,23-24

Beerot: »So gewiß der HERR lebt, der mich aus
aller Gefahr gerettet hat: Ihr täuscht euch gewal-
tig![a] 10 Der Bote, der mir in Ziklag die Nachricht
brachte: ›Saul ist tot!‹, hielt sich auch für einen
Freudenboten. Aber ich ließ ihn festnehmen
und hinrichten. Das war sein Botenlohn! 11 Was
meint ihr, wie ich erst mit Verbrechern verfahre,
die einen rechtschaffenen Mann in seinem Haus
mitten im Schlaf umbringen! Ich ziehe euch für
diesen Mord zur Rechenschaft. Ihr habt euer
Leben verwirkt.«

12 David gab seinen Männern den Befehl, und
sie töteten Rechab und Baana. Dann schlugen
sie ihnen Hände und Füße ab und hängten ihre
Leichen am Teich von Hebron auf. Den abge-
schlagenen Kopf Isch-Boschets aber setzten sie
im Grab Abners in Hebron bei.

DAVID ALS KÖNIG ÜBER GANZ ISRAEL IN JERUSALEM

(Kapitel 5–6)

David wird König über Israel

(1 Chr 11,1-3)

5 Nun kamen die Vertreter aller Stämme
Israels zu David nach Hebron und sagten zu
ihm: »Du bist doch unser eigen Fleisch und Blut!
2 Schon früher, als Saul noch unser König war,
hast du das Heer Israels im Krieg angeführt. Und
der HERR hat dir zugesagt: ›Du bist der Mann, der
künftig mein Volk Israel führen und schützen
soll. Du wirst der Anführer Israels sein!‹«

3 Das sagten alle Ältesten* Israels, die zum
König nach Hebron gekommen waren. König
David schloß dort in Hebron einen Vertrag mit
ihnen, und sie riefen den HERRN als Zeugen dafür
an. Daraufhin salbten* sie David zum König über
Israel.

4 David war 30 Jahre alt, als er König wurde.
Er regierte 40 Jahre lang, 5 siebeneinhalb Jahre in
Hebron als König über Juda und 33 Jahre in Jeru-
salem als König über Israel und Juda.

David erobert Jerusalem und macht es zu seiner Hauptstadt

(1 Chr 11,4-9; 14,1-2)

6 Nachdem David König von Israel geworden
war, zog er mit seinen Kriegsleuten vor die Stadt
Jerusalem.
Die Jebusiter, die dort wohnten, riefen ihm
zu: »Diese Festung wirst du nicht einnehmen,
selbst Blinde und Lahme könnten sie verteidi-
gen!« So sicher waren sie, daß David nicht in
ihre Stadt eindringen würde.

7 Trotzdem eroberte David die Festung Zion*,
und sie wurde die Stadt Davids. 8 Er sagte da-
mals: »Wer die Jebusiter besiegen will, muß
durch den Wasserschacht* in die Stadt eindrin-
gen.[b] Sie sind mir verhaßt, diese Blinden und
Lahmen.« – Deshalb sagt man: »Ein Blinder oder
Lahmer kommt mir nicht ins Haus!«

9 Darauf machte David die Festung zu seiner
Residenz und gab ihr den Namen »Davidsstadt«.
Er baute sie ringsherum aus, vom Millo* stadt-
einwärts.

10 So wurde David immer mächtiger, und der
HERR, der Herrscher der Welt,[c] stand ihm bei.
11 Hiram, der König von Tyrus, schickte eine Ge-
sandtschaft zu David. Er lieferte David Zedern-
holz für den Bau seines Palastes und schickte
auch Zimmerleute und Steinmetzen, die den Bau
ausführten. 12 Daran erkannte David: Es war der
HERR, der ihn zum König über Israel gemacht
und sein Königtum gefestigt hatte. Der HERR
handelte so, weil er sein Volk Israel liebte.

Liste der Söhne Davids (Fortsetzung)

(1 Chr 14,3-7)

13 Nachdem David von Hebron nach Jerusalem
gezogen war, nahm er sich Nebenfrauen und
noch weitere Frauen aus Jerusalem und bekam
noch mehr Söhne und Töchter. 14 Die Söhne,
die ihm in Jerusalem geboren wurden, waren:
Schammua, Schobab, Natan, Salomo, 15 Jibhar,
Elischua, Nefeg, Jafia, 16 Elischama, Eljada und
Elifelet.

David schlägt die Angriffe der Philister zurück

(1 Chr 14,8-17)

17 Als die Philister* erfuhren, daß David zum
König von Israel gesalbt* worden war, kamen
sie mit ihrem ganzen Heer, um ihn in ihre Ge-
walt zu bringen. Doch David konnte sich recht-
zeitig in seiner Bergfestung in Sicherheit brin-
gen.

18 Die Philister besetzten die Ebene Rafaïm.
19 Da fragte David den HERRN: »Soll ich sie an-
greifen? Wirst du sie in meine Hand geben?«

a *Ihr täuscht ...:* verdeutlichender Zusatz.
b *muß durch den ...:* Deutung unsicher; wörtlich *muß die Röhre berühren.* Möglicher Sinn: *Wer einen Jebusiter besiegt, soll der Röhre Gewalt antun* (d.h. ihn kastrieren).
c Wörtlich *der HERR Zebaot*.*

4,10 1,1-16 **4,12** Dtn 21,22-23 S **5,2** 1 Sam 18,16; 24,21 S **5,3** 1 Sam 16,13 S **5,5** 2,11 **5,6** Jos 15,63 S **5,8** Lev 21,18; Mt 21,14 **5,11** 1 Kön 5,15 **5,13** 2,1-4; 3,2-5 **5,19** 1 Sam 23,9-12; 30,7-8

Der HERR antwortete: »Greif sie an! Ganz ge-
wiß gebe ich sie in deine Hand!«
20 David zog aus und besiegte die Philister
bei Baal-Perazim. Er sagte: »Wie Wasser einen
Damm durchbricht, hat der HERR die Reihen mei-
ner Feinde durchbrochen.« Deshalb erhielt der
Ort den Namen Baal-Perazim (Herr des Durch-
bruchs). 21 Die fliehenden Philister ließen sogar
ihre Götterbilder zurück, und David und seine
Männer nahmen sie als Beute mit.

22 Nach einiger Zeit zogen die Philister noch
einmal gegen David aus. Wieder besetzten sie
die Ebene Rafaïm. 23 Auch diesmal fragte David
den HERRN, und er antwortete: »Greif sie nicht
an, sondern umgehe sie und fall ihnen bei den
Bakabäumen in den Rücken. 24 Sobald du ein
Geräusch hörst, wie wenn jemand durch die
Baumwipfel schreitet, schlägst du los. Denn
dann weißt du, daß ich vor dir her in die Schlacht
gezogen bin, um das Heer der Philister zu be-
siegen.«

25 David befolgte die Weisung des HERRN. Er
besiegte die Philister und trieb sie von Geba bis
nach Geser zurück.

David holt die Bundeslade nach Jerusalem

(1 Chr 13,1-14; 15,25-28)

6 David rief die Elite der wehrfähigen jungen
Männer Israels zusammen, etwa 300000
Mann, 2 und zog mit ihnen nach Baala im Gebiet
des Stammes Juda. Von dort wollte er die Lade
Gottes nach Jerusalem holen – die Bundeslade*,
die dem HERRN, dem Herrscher der Welt, ge-
weiht ist,[a] der über den Keruben* thront.

3–4 Sie luden die Lade Gottes auf einen Wagen,
der neu und noch völlig unbenutzt war. So
brachten sie die Lade aus dem Haus Abinadabs
fort, das auf der Anhöhe steht. Usa und Achjo,
die Söhne Abinadabs, lenkten den Wagen[b] mit
der Lade Gottes, wobei Achjo vor der Lade her-
ging. 5 David und die Männer Israels spielten
zur Ehre des HERRN auf Schlaghölzern, Zithern
und Harfen, auf Handpauken, Schellen und Zim-
beln*.

6 Als sie zum Dreschplatz Nachons kamen,
drohten die vorgespannten Rinder den Wagen
umzuwerfen. Usa griff nach der Lade, um sie
festzuhalten. 7 Da wurde der HERR zornig auf
Usa und tötete ihn, weil er so gedankenlos ge-
handelt hatte; er starb an Ort und Stelle neben
der Lade. 8 David war wütend, weil der HERR ihn
so aus dem Leben gerissen hatte. Darum nannte
er den Platz Perez-Usa (Usa-Riß), und so heißt er
bis heute.

9 David bekam aufgrund dieses Vorfalls Angst
vor dem HERRN. »Es ist ein vermessener Ge-
danke, die Lade des HERRN zu mir zu holen«,
sagte er sich 10 und gab den Plan auf, sie zu sich
in die Davidsstadt* zu bringen. Er leitete sie statt
dessen um in das Haus Obed-Edoms, der aus Gat
stammte. 11 Dort blieb sie drei Monate stehen.

Der HERR aber segnete Obed-Edom und sein
ganzes Haus. 12 Als der König davon erfuhr, daß
der HERR wegen der Lade Obed-Edom mit Glück
und Wohlstand gesegnet hatte, ging er hin, um
sie in einer feierlichen Prozession aus dem Haus
Obed-Edoms in die Davidsstadt zu überführen.

13 Als die Träger der Lade des HERRN die ersten
sechs Schritte zurückgelegt hatten, ließ David sie
anhalten und opferte ein Rind und ein Mastkalb.
14 Unterwegs tanzte er mit ganzer Hingabe vor
dem HERRN und seiner Lade her. Er hatte nur
einen leinenen Priesterschurz* an. 15 So über-
führten David und die Männer aus ganz Israel
die Lade des HERRN unter Jubelgeschrei und dem
Schall der Widderhörner* nach Jerusalem.

Was David unter Ehre versteht

(1 Chr 15,29–16,3.43)

16 Als die Bundeslade* in die Davidsstadt* getra-
gen wurde, stand Davids Frau Michal, die Toch-
ter Sauls, am Fenster. Sie fand es unpassend, daß
David als König vor dem HERRN her tanzte und
hüpfte, und sie verachtete ihn in ihrem Herzen.

17 Die Lade des HERRN wurde in das Zelt ge-
bracht, das David für sie errichtet hatte, und an
den vorgesehenen Platz gestellt. Der König op-
ferte Brandopfer* und schlachtete Tiere für das
Opfermahl*. 18 Nach dem Mahl segnete er das
Volk im Namen des HERRN, des Herrschers
der Welt.[c] 19 Alle aus Israel, die dabei gewesen
waren, die ganze große Menge, Männer wie
Frauen, bekamen ein Ringbrot* und je eine Por-
tion zusammengepreßte Datteln und Rosinen
mit auf den Heimweg.

20 Auch David ging nach Hause, um seine
Familie zu begrüßen. Michal, die Tochter Sauls,
kam ihm entgegen und spottete: »Heute hat
der König von Israel aber Ehre eingelegt! Vor
den Frauen seiner Diener hat er sich schamlos

a *die dem HERRN ...:* wörtlich *über der der Name des HERRN Zebaot* ausgerufen ist.*
b Durch das Versehen eines Abschreibers wird hier wiederholt: *der neu war* (die Worte *und noch völlig unbenutzt* sind verdeutlichender Zusatz!); 4 *so brachten sie sie aus dem Haus Abinadabs fort, das auf der Anhöhe steht.*
c Wörtlich *des HERRN Zebaot*.*

6,2 Jos 15,9; Ex 25,22 S 6,3-4 1 Sam 7,1; 6,7 6,7 1 Sam 6,19 6,9-10 1 Sam 5,7-11; 6,20 6,11 (Obed-Edom) 1 Chr 26,4-5

entblößt, wie es nur das niedrigste Gesindel
tut!«
21 Doch David erwiderte ihr: »Zur Ehre des
HERRN habe ich es getan! Er hat mich deinem
Vater und allen seinen Nachkommen vorge-
zogen und mich zum Anführer seines Volkes
Israel gemacht. Deshalb will ich auch künftig zu
seiner Ehre tanzen und springen 22 und mich
noch tiefer erniedrigen als diesmal. Ich will mich
selbst für gering halten; aber die Frauen, die
mich nach deiner Meinung verachten müssen,
die werden es verstehen und mir Ehre erwei-
sen.«
23 Michal aber, die Tochter Sauls, blieb ihr
Leben lang kinderlos.

GOTTES ZUSAGE UND DAVIDS VERSAGEN. DAVID AUF DEM HÖHEPUNKT SEINER MACHT (Kapitel 7–12)

Zusage eines ewigen Königtums an David

(1 Chr 17,1-27)

7 König David wohnte in Frieden in seinem
Palast. Der HERR hielt alle Feinde von ihm
fern. 2 Da sagte der König eines Tages zu dem
Propheten* Natan: »Ich wohne hier in einem
Palast aus Zedernholz, und die Lade* Gottes
steht in einem Zelt. Ist das in Ordnung?«
3 Natan bestärkte den König und sagte zu
ihm: »Mach dich nur ans Werk und führe aus,
was du im Herzen bewegst! Der HERR wird dir
beistehen.«
4 Aber in der folgenden Nacht erging das Wort
des HERRN an Natan, und er sagte zu ihm: 5 »Geh
zu meinem Diener David und richte ihm aus: ›So
spricht der HERR: *Du* willst mir ein Haus bauen,
in dem ich wohnen soll? 6 Seit ich die Israeliten
aus Ägypten herausgeführt und in dieses Land
gebracht habe, habe ich noch nie in einem Haus
gewohnt. Bis heute bin ich stets mit einem Zelt
als Wohnung umhergezogen. 7 Während der
ganzen Zeit, in der ich bei den Israeliten von
Stamm zu Stamm[a] gezogen bin, habe ich doch
niemals gesagt: Warum baut ihr mir kein Haus
aus Zedernholz? Von keinem der Stämme,
denen ich aufgetragen hatte, mein Volk Israel zu
schützen und zu führen, habe ich je so etwas
verlangt.‹
8 Darum sollst du meinem Diener David aus-
richten: ›So spricht der HERR, der Herrscher der
Welt:[b] Ich habe dich von der Schafherde wegge-
holt und zum Herrscher über mein Volk Israel
gemacht. 9 Bei allem, was du unternommen
hast, habe ich dir geholfen und habe alle deine
Feinde vernichtet. Ich habe dich berühmt ge-
macht, und du wirst zu den Großen der Erde
gezählt. 10 Meinem Volk Israel habe ich eine
Heimat gegeben, ein Land, in dem es sicher
leben kann und sich nicht mehr vor Unter-
drückern fürchten muß wie früher, 11 und auch
noch zu der Zeit, als ich Richter* über mein Volk
berief.
Dir aber habe ich Ruhe verschafft und deine
Feinde von dir ferngehalten. Und nun kündige
ich, der HERR, dir an, daß *ich dir* ein Haus bauen
werde, nicht du mir![c] 12 Wenn deine Zeit abge-
laufen ist und du stirbst, werde ich dafür sorgen,
daß einer deiner Söhne dir auf dem Königsthron
folgt. 13 Der wird dann ein Haus für mich[d]
bauen, und ich werde seine Herrschaft und die
seiner Nachkommen für alle Zeiten fest be-
gründen.
14 Ich will sein Vater sein, und er soll mein
Sohn sein. Wenn er sich verfehlt, werde ich ihn
nach Menschenmaß bestrafen, wie ein irdischer
Vater seinen Sohn; 15 aber meine Liebe will ich
ihm nicht entziehen, wie ich sie Saul entzogen
habe. Ihn habe ich verstoßen und dich an seiner
Stelle zum König gemacht. 16 Dein Königshaus
und deine Königsherrschaft werden vor mir für
immer Bestand haben; dein Thron wird für alle
Zeiten feststehen.‹«

Davids Dankgebet

17 Natan sagte David alles, was der HERR ihm
offenbart und für David aufgetragen hatte. 18 Da
ging der König in das Zelt des HERRN,[e] kniete vor
dem HERRN nieder und betete:
»HERR, du mächtiger Gott, ich bin es nicht
wert, daß du mich und meine Familie so weit ge-
bracht hat! 19 Aber das war in deinen Augen
noch zu wenig, HERR, du mächtiger Gott: Du
hast Zusagen gemacht, die noch meinen fern-
sten Nachkommen gelten.[f]
20 Ich brauche dir nichts weiter zu sagen, du
kennst meine innersten Gedanken, HERR, du
mächtiger Gott! 21 Weil du es zugesagt hattest
und weil es dein Wille war, hast du all dies

a *von Stamm zu Stamm:* verdeutlichender Zusatz.
b Wörtlich *der HERR Zebaot*;* entsprechend in den Versen 26 und 27.
c *nicht du mir:* verdeutlichender Zusatz.
d Wörtlich *für meinen Namen;* siehe Anmerkung zu Dt 12,5.
e *in das Zelt …:* verdeutlichender Zusatz.
f Es folgt noch der schwer deutbare Satz: *und dies ist eine Weisung für Menschen, HERR, du mächtiger Gott.*

7,6 Jos 18,1; 2 Chr 1,3 **7,8** 1 Sam 16,11 **7,12-13** 1 Kön 5,19; 6,12-13; 8,20; Ps 89,4-5; 132,11; Apg 2,30 **7,14-15** Ps 89,31-34 **7,14** Ps 2,7; 89,27-28; 1 Chr 22,10; 28,6-7; Hebr 1,5; 2 Kor 6,18 **7,16** 1 Sam 25,28; 1 Kön 2,45; 11,38; Ps 89,36-37

Große getan und es mich, deinen Diener, wissen
lassen.
22 HERR, du mächtiger Gott, wie groß bist du!
Niemand ist dir gleich. Alles, was wir je gehört
haben, bestätigt: Es gibt keinen Gott außer dir.
23 Und welches andere Volk auf der Erde gleicht
deinem Volk Israel? Wo hat je ein Gott so viel für
ein Volk getan: es aus der Sklaverei befreit und
zu seinem Eigentum erklärt, ihm einen großen
Namen gemacht und solche mächtigen, furcht-
erregenden Taten für es vollbracht! Aus Ägypten
hast du es herausgeholt und hast andere Völker
und ihre Götter vor ihm vertrieben.[a] 24 Du hast
Israel auf ewig zu deinem Volk gemacht, HERR,
und bist sein Gott geworden.
25 Laß die Zusage, die du mir, deinem Diener,
und allen meinen Nachkommen gegeben hast,
für alle Zeiten gültig bleiben! Erfülle, was du ver-
sprochen hast! 26 Dann wird dein Name zu allen
Zeiten gerühmt werden, und die Menschen wer-
den sagen: ›Der HERR, der Herrscher der Welt, ist
der Gott Israels!‹ Und auch das Königshaus dei-
nes ergebenen Dieners wird vor dir Bestand
haben.
27 HERR, du Herrscher der Welt und Gott
Israels, ich habe mir ein Herz gefaßt, so zu dir zu
beten, weil du mir, deinem Diener, das Ohr
geöffnet und mir zugesprochen hast: ›Ich will dir
ein Haus bauen.‹ 28 Nun, HERR, du mächtiger
Gott, du allein bist wirklich Gott, und auf deine
Worte ist Verlaß. Du hast mir all dies Gute ver-
sprochen. 29 Darum bitte ich dich: Segne mein
Königshaus, damit es für immer vor deinen
Augen Bestand hat und zu allen Zeiten einer
meiner Nachkommen auf meinem Thron sitzt.[b]
HERR, du mächtiger Gott, du hast es zugesagt,
und durch deinen Segen wird mein Haus für
immer gesegnet sein.«

David unterwirft die Nachbarvölker

(1 Chr 18,1-13)

8 Einige Zeit später griff David erneut die Phi-
lister* an. Er zwang sie in die Knie und be-
seitigte endgültig ihre Herrschaft über das Ge-
biet Israels.[c]
2 Danach besiegte David die Moabiter*. Die
Gefangenen mußten sich nebeneinander auf die
Erde legen, und er ließ die Meßschnur über Tod
und Leben entscheiden. Man maß jeweils zwei
Schnurlängen ab; wer darunter fiel, wurde ge-
tötet – und dann eine Schnurlänge; wer darunter
fiel, blieb am Leben. David machte die Moabiter
zu seinen Untertanen und zwang sie, ihm regel-
mäßig Tribut zu zahlen.
3 Dann besiegte David den König von Zoba*,
Hadad-Eser, den Sohn Rehobs. Der war gerade
ausgezogen, um seine Macht im Gebiet am
oberen Eufrat wiederherzustellen. 4 David nahm
von seinem Heer 1700 Wagenkämpfer und
20000 Fußsoldaten gefangen. Den Zugpferden
der Streitwagen* ließ er die Fußsehnen durch-
schneiden, um sie zu lähmen; nur hundert ver-
schonte er.
5 Als die Syrer* von Damaskus König Hadad-
Eser von Zoba zu Hilfe eilten, besiegte David
auch sie und tötete von ihnen 22000 Mann. 6 Er
legte Besatzungen in ihre Städte, machte sie zu
seinen Untertanen und zwang sie, ihm regel-
mäßig Tribut zu zahlen.
Der HERR stand David zur Seite und ließ ihm
alles gelingen, was er unternahm.
7 David erbeutete auch die goldenen Köcher,
die Hadad-Esers hohe Offiziere getragen hatten,
und ließ sie nach Jerusalem schaffen. 8 In den
Städten Tebach und Berotai, die zu Hadad-Esers
Gebiet gehörten, fielen ihm große Mengen von
Bronze in die Hände.
9 Als Toï, der König von Hamat, erfuhr, daß
David die ganze Streitmacht Hadad-Esers ver-
nichtend geschlagen hatte, 10 schickte er seinen
Sohn Hadoram[d] zu König David. Er ließ ihn
grüßen und beglückwünschte ihn zu seinem
Sieg. Hadad-Eser nämlich hatte ständig gegen Toï
Krieg geführt. Hadoram brachte David als Ge-
schenk Geräte aus Gold, Silber und Bronze.
11 König David weihte alle diese Geräte dem
HERRN, ebenso wie das Silber und das Gold, das
von den Völkern kam, die er unterworfen hatte,
12 von den Edomitern,[e] Moabitern und Ammoni-
tern, den Philistern und Amalekitern und auch
von Hadad-Eser.
13 Davids Ruhm wurde noch größer, als er
von seinem Sieg über die Edomiter im Salztal
zurückkam; 18000 Mann hatte der Feind ver-
loren. 14 Im ganzen Land Edom* setzte er Statt-
halter ein und machte die Bewohner zu seinen
Untertanen.
Der HERR stand David zur Seite und ließ ihm
alles gelingen, was er unternahm.

a *hast vertrieben:* mit alten Übersetzungen; H *für dein Land.* b *und zu allen Zeiten ...:* verdeutlichender Zusatz.
c *beseitigte endgültig ...:* Deutung unsicher; wörtlich *nahm den Zaum der Elle* aus der Hand der Philister.*
d *Hadoram:* mit 1 Chr 18,9 und G; H *Joram.*
e *Edomiter:* mit einigen Handschriften und alten Übersetzungen (vgl. 1 Chr 18,11-12); H *Aramäer* (= Syrer*); ebenso für *Edomiter* in Vers 13. *Aram* und *Edom* sind in der hebräischen Schrift leicht zu verwechseln.

7,23 Dtn 4,7 S **7,24** 1 Sam 12,22 S **8,2** 2 Kön 1,1 S **8,3** Ps 60,2 **8,4** Jos 11,6.9; Dtn 17,16 **8,13** Ps 60,2 **8,14** Num 24,18

Davids oberste Beamte

(20,23-26; 1 Chr 18,14-17)

15 Als König über ganz Israel regierte David gerecht und sorgte in seinem ganzen Volk für Recht und Gerechtigkeit. 16 Joab, der Sohn der Zeruja, war oberster Befehlshaber über das Heer. Joschafat, der Sohn Ahiluds, war Kanzler. 17 Zadok, der Sohn Ahitubs, und Ahimelech, der Sohn Abjatars, waren Priester.[a] Seraja war Staatsschreiber. 18 Benaja, der Sohn von Jojada, befehligte[b] die Leibgarde* Davids. Auch die Söhne Davids waren Priester*.

David kümmert sich um die Nachkommen Sauls

9 Eines Tages fragte David: »Ist eigentlich von Sauls Familie noch jemand am Leben? Ich möchte dem Betreffenden eine Gunst erweisen – meinem verstorbenen Freund Jonatan zuliebe.«

2 Nun gab es da einen Diener, der im Hausstand Sauls eine bedeutende Stellung gehabt hatte;[c] er hieß Ziba. Sie holten ihn zu David, und der König fragte ihn: »Bist du Ziba?«

»Ja«, sagte er, »dein gehorsamer Diener!«

3 Der König fragte ihn: »Ist denn von Sauls Familie noch jemand am Leben? Ich würde ihm gerne eine Gunst erweisen, so wie Gott das tut.«

Ziba antwortete: »Es gibt noch einen Sohn Jonatans. Er ist an beiden Füßen gelähmt.«

4 »Wo ist er?« fragte der König.

»In Lo Dabar, im Haus von Machir, dem Sohn Ammiëls«, antwortete Ziba.

5 König David schickte nach Lo-Dabar und ließ ihn aus dem Haus Machirs holen. 6 Als Merib-Baal, der Sohn Jonatans und Enkel Sauls, eintraf, warf er sich vor David nieder, das Gesicht zur Erde, und erwies ihm die gebührende Ehre.

»Du bist also Merib-Baal!« sprach David ihn an, und er antwortete: »Ja, dein gehorsamer Diener!«

7 »Hab keine Angst«, sagte David, »ich will dir eine Gunst erweisen deinem Vater Jonatan zuliebe. Ich werde dir allen Landbesitz zurückgeben, der einst deinem Großvater Saul gehört hat. Und du darfst immer an meinem Tisch essen.«

8 Merib-Baal warf sich erneut zu Boden und sagte: »Ich bin es nicht wert, daß du mir deine Gnade zuwendest. Ich bin doch nicht mehr als ein toter Hund!«

9 Der König aber rief Ziba, den Diener Sauls, und sagte zu ihm: »Alles, was Saul und seiner Familie gehört hat, gebe ich Merib-Baal, dem Enkel deines Herrn. 10 Du wirst mit deinen Söhnen und Knechten für ihn die Felder bestellen und die Ernte einbringen, damit dein Herr einen angemessenen Lebensunterhalt hat. Merib-Baal selbst, der Sohn deines Herrn, wird immer an meinem Tisch essen.«

Ziba hatte fünfzehn Söhne und zwanzig Knechte. 11 Er antwortete: »Ich will alles so machen, wie mein Herr und König es befiehlt.«

Merib-Baal wurde also an Davids Tafel versorgt wie einer der Königssöhne. 12 Er hatte übrigens einen kleinen Sohn namens Micha. Alle Angehörigen der Familie Zibas wurden zu Dienern Merib-Baals. 13 Er wohnte in Jerusalem, denn er war ständiger Gast an der Tafel des Königs. Er war an beiden Füßen gelähmt.

Der Ammoniterkönig beleidigt Davids Boten

(1 Chr 19,1-5)

10 Einige Zeit danach starb der Ammoniterkönig* Nahasch,[d] und sein Sohn Hanun wurde König. 2 David dachte: »Sein Vater stand mit mir in freundschaftlichen Beziehungen; ich will mit Hanun, seinem Sohn, auch gute Beziehungen pflegen.« So schickte er Gesandte hin, die sein Beileid aussprechen sollten.

Als die Gesandten im Ammoniterland ankamen, 3 redeten die führenden Männer der Ammoniter ihrem Herrn, dem neuen König, ein: »Glaubst du wirklich, daß David seine Gesandten nur geschickt hat, um deinen Vater zu ehren und dir sein Beileid auszusprechen? Er will bestimmt unsere Hauptstadt auskundschaften lassen, damit er sie zerstören kann.«

a Wahrscheinlich lautete der ursprüngliche Text: *Abjatar, der Sohn Ahimelechs und Enkel Ahitubs, und Zadok waren Priester* (vgl. 20,25 und 1 Sam 22,20). Er könnte verändert worden sein, um Zadok an die erste Stelle zu rücken, die er später einnahm (1 Kön 2,26-27.35).
b *befehligte:* mit alten Übersetzungen (vgl. 20,23); H *und.*
c Verdeutlichende Wiedergabe (vgl. Vers 10); wörtlich *Zum Haus Sauls gehörte ein Diener* (siehe Sacherklärung »Bevollmächtigter«).
d *Nahasch:* verdeutlichender Zusatz; vgl. 1 Chr 19,1.

8,15-18 1 Kön 4,1-6 **8,16** (Joab) 2,13; 3,22-27; 10,9; 11,1; 14,1.23; 18,10; 19,2.14; 20,7-13; 24,2; 1 Kön 1,7; 2,5.28-35 **8,17** (Zadok) 15,24; 19,12; 1 Kön 1,8; 2,35; 4,2-6; (Abjatar) 1 Sam 22,20 S **8,18** (Benaja) 23,20; 1 Kön 1,8.38; 2,25.34-35.46; 4,2-6 **9,1-13** 1 Sam 20,15 S **9,3** 4,4 **10,1** 1 Sam 11,1; 12,12

4 Da ließ Hanun die Gesandten Davids ergrei-
fen und ihnen den halben Bart und die Kleider
unten bis zum Gesäß abschneiden. So schickte
er sie zurück.
5 Als es David gemeldet wurde, schickte er
ihnen Boten entgegen. Weil sie so schwer ge-
schändet waren, ließ er ihnen sagen: »Bleibt in
Jericho und kommt erst zurück, wenn euer Bart
nachgewachsen ist!«

Der Sieg über die verbündeten Ammoniter und Syrer

(1 Chr 19,6-19)

6 Als die Ammoniter* merkten, daß sie David
tödlich beleidigt hatten, warben sie 20000 Syrer*
von Bet-Rehob und Zoba* an sowie 12000 Mann
von Tob und den König von Maacha mit
1000 Mann. 7 David erfuhr von diesen Kriegsvor-
bereitungen und ließ Joab mit seinen erfahrenen
Kriegsleuten ausrücken. 8 Die Ammoniter be-
zogen Stellung vor dem Tor ihrer Hauptstadt
Rabba, während die Syrer aus Zoba und Rehob
sowie die Söldner von Tob und Maacha sich in
einiger Entfernung im offenen Feld zum Kampf
aufstellten.
9 Als Joab sah, daß die Feinde ihn von vorn
und von hinten bedrohten, wählte er seine be-
sten Leute aus, um sich mit ihnen den Syrern
entgegenzustellen. 10 Die übrigen sollten unter
dem Befehl seines Bruders Abischai gegen die
Ammoniter kämpfen.
11 Joab sagte zu Abischai: »Wenn die Syrer
mir zu stark werden, dann komm und hilf mir!
Und wenn dir die Ammoniter zu stark werden,
komme *ich* dir zu Hilfe. 12 Nur Mut! Laß uns
tapfer und unerschrocken für unser Volk und für
die Städte unseres Gottes kämpfen. Der HERR
wird der Sache den Ausgang geben, der ihm ge-
fällt.«
13 Joab schlug mit seinen Leuten los, und die
Syrer ergriffen vor ihm die Flucht. 14 Als die Am-
moniter es sahen, ergriffen auch sie die Flucht
vor Abischai und zogen sich in die Stadt zurück.
Nach diesem Sieg kämpfte Joab nicht weiter
gegen die Ammoniter und kehrte nach Jerusa-
lem zurück.
15 Als die Syrer sahen, daß die Israeliten sie
geschlagen hatten, zogen sie alle ihre Truppen
zusammen. 16 König Hadad-Eser ließ auch die
syrischen Truppen von jenseits des Eufrats an-
rücken. Unter dem Befehl seines Heerführers
Schobach zogen sie nach Helam.
17 Als David davon hörte, rief er alle wehrfähi-
gen Männer Israels zusammen, überquerte mit
ihnen den Jordan und zog nach Helam. Dort
stellten sich ihm die Syrer entgegen, und es kam
zur Schlacht. 18 Die Männer Israels schlugen das
syrische Heer in die Flucht. David und die Israe-
liten vernichteten 700 Streitwagen* samt den
Pferdegespannen und Besatzungen und töteten
40000 Mann vom Fußvolk.[a] Der Heerführer
Schobach wurde so schwer verwundet, daß er
noch auf dem Schlachtfeld starb.
19 Die Könige, die bisher unter der Oberherr-
schaft Hadad-Esers gestanden hatten, sahen, daß
sie besiegt waren; sie unterwarfen sich den
Israeliten und wurden ihnen tributpflichtig. Die
Syrer aber wagten es nicht, den Ammonitern
noch einmal zu helfen.

Ein König bricht die Ehe …

11 Im folgenden Frühjahr, um die Zeit, wenn
die Könige in den Krieg ziehen, schickte
David Joab mit seinen Kriegsleuten und dazu das
ganze Heer Israels von neuem in den Kampf. Sie
setzten den Ammonitern* schwer zu und be-
lagerten ihre Hauptstadt[b] Rabba. David selbst
blieb in Jerusalem.
2 An einem Spätnachmittag erhob sich David
von der Mittagsruhe und ging auf dem flachen
Dach des Königspalastes auf und ab. Da sah er
im Hof des Nachbarhauses[c] eine Frau, die ge-
rade badete. Sie war sehr schön. 3 David ließ
einen Diener kommen und erkundigte sich, wer
sie sei. Man sagte ihm: »Das ist doch Batseba, die
Tochter Ammiëls und Frau des Hetiters* Urija.«
4 David schickte Boten hin und ließ sie holen.
Sie kam zu ihm, und er schlief mit ihr. Sie hatte
gerade die Reinigung* nach ihrer monatlichen
Blutung vorgenommen. Danach kehrte sie wie-
der in ihr Haus zurück.
5 Die Frau wurde schwanger und ließ David
ausrichten: »Ich bin schwanger geworden!« 6 Da
sandte er einen Boten zu Joab mit dem Befehl:
»Schick mir den Hetiter Urija her!« Und Joab
schickte ihn zu David.
7 Als Urija kam, erkundigte sich David, ob es
Joab gutgehe und den Kriegsleuten gutgehe und
ob die Kampfhandlungen erfolgreich verliefen.
8 Dann sagte er zu ihm: »Geh jetzt nach Hause
und ruh dich aus!« Als Urija den Palast verließ,
wurde ein königliches Ehrengeschenk hinter
ihm hergetragen.
9 Doch Urija ging nicht in sein Haus, sondern

a *Fußvolk:* mit 1 Chr 19,18; H *Wagenkämpfer.* b *ihre Hauptstadt:* verdeutlichender Zusatz; vgl. 12,26-30.
c *im Hof …:* verdeutlichender Zusatz.
11,1 8,16 S; 1 Chr 20,1 11,3 (Urija) 23,39 11,4 Lev 15,19

übernachtete mit den anderen Dienern seines
Herrn am Tor des Königspalastes.
[10] Als David gemeldet wurde: »Urija ist nicht
nach Hause gegangen«, fragte er ihn: »Warum
gehst du nicht nach Hause? Du hast doch einen
langen Weg hinter dir?«
[11] Urija antwortete: »Die Männer Israels und
Judas stehen im Feld, und auch die Bundeslade*
hat nur ein Zeltdach über sich; mein Befehls-
haber Joab und seine Offiziere lagern auf dem
bloßen Boden. Und da soll ich nach Hause
gehen, essen und trinken und mit meiner Frau
schlafen? So gewiß du lebst: Das werde ich nicht
tun!«
[12–13] David sagte: »Bleib noch einen Tag hier;
morgen lasse ich dich gehen!« Urija blieb den
Tag in Jerusalem. Am nächsten Tag lud David ihn
an seine Tafel. Er machte ihn betrunken, aber
wieder ging Urija am Abend nicht nach Hause,
sondern legte sich bei den anderen Dienern sei-
nes Herrn schlafen.

… und regelt die Folgen durch einen Mord

[14] Am nächsten Morgen schrieb David einen
Brief an Joab und ließ ihn durch Urija überbrin-
gen. [15] Darin stand: »Stellt Urija in die vorderste
Linie, wo der Kampf am härtesten ist! Dann
zieht euch plötzlich von ihm zurück, so daß er
erschlagen wird und den Tod findet.«
[16] Joab wußte, wo die Gegner ihre tapfersten
Kämpfer hatten. Als nun die Israeliten die Stadt
weiter belagerten, stellte er Urija genau an diese
Stelle. [17] Einmal machten dort die Belagerten
einen Ausfall und lieferten Joab ein Gefecht, bei
dem einige von Davids Leuten fielen. Auch Urija
fand dabei den Tod.
[18] Joab meldete David den Verlauf des Ge-
fechts. [19] Er schärfte dem Boten ein: »Wenn du
den ganzen Hergang berichtet hast, [20] wird der
König vielleicht zornig und fragt dich: ›Warum
seid ihr beim Kampf so nahe an die Stadt heran-
gegangen? Ihr wißt doch, daß von der Mauer
heruntergeschossen wird! [21] Habt ihr vergessen,
wie es Abimelech, dem Sohn Jerubbaals, vor
Tebez erging, als eine Frau den Mahlstein einer
Handmühle* von der Mauer warf, der ihn er-
schlug? Warum seid ihr so nahe an die Mauer
herangerückt?‹ Dann sollst du sagen: ›Auch dein
Diener Urija, der Hetiter*, ist ums Leben gekom-
men.‹«
[22] Der Bote ging zu David und meldete ihm
alles, was Joab ihm aufgetragen hatte. [23] Er be-
richtete: »Die Feinde waren stärker als wir, sie
machten einen Ausfall und griffen uns auf offe-
nem Feld an. Doch wir drängten sie bis dicht an
das Stadttor zurück. [24] Da schossen die Bogen-
schützen von der Mauer auf uns herunter. Einige
von deinen Leuten fielen, auch dein Diener
Urija, der Hetiter, fand dabei den Tod.«
[25] David befahl dem Boten: »Sag Joab von mir:
›Nimm die Sache nicht so schwer! Das Schwert
holt sich bald diesen, bald jenen. Nur Mut!
Kämpfe noch entschiedener gegen die Stadt, bis
sie zerstört ist!‹ So sollst du ihm Mut machen.«
[26] Als die Frau Urijas hörte, daß ihr Mann ge-
fallen war, hielt sie für ihn die Totenklage*.
[27] Nach Ablauf der Trauerzeit holte David sie zu
sich in seinen Palast und heiratete sie. Sie gebar
ihm einen Sohn.
Doch dem HERRN mißfiel, was David getan
hatte.

David muß sich selbst das Urteil sprechen

12 Deshalb sandte der HERR den Propheten*
Natan zu David. Natan ging zum König
und sagte:
»Ich muß dir einen Rechtsfall vortragen:[a]
Zwei Männer lebten in derselben Stadt. Der eine
war reich, der andere arm. [2] Der Reiche besaß
eine große Zahl von Schafen und Rindern. [3] Der
Arme hatte nichts außer einem einzigen kleinen
Lämmchen. Er hatte es gekauft und zog es zu-
sammen mit seinen Kindern bei sich auf. Es aß
von seinem Brot, trank aus seinem Becher und
schlief in seinem Schoß. Er hielt es wie eine
Tochter.
[4] Eines Tages bekam der reiche Mann Besuch.
Er wollte keines von seinen eigenen Schafen
oder Rindern für seinen Gast hergeben. Darum
nahm er dem Armen das Lamm weg und setzte
es seinem Gast vor.«
[5] David brach in heftigen Zorn aus und rief:
»So gewiß der HERR lebt: Der Mann, der das
getan hat, muß sterben! [6] Und das Lamm muß er
vierfach ersetzen – als Strafe dafür, daß er diese
Untat begangen und kein Mitleid gehabt hat!«
[7] »*Du* bist der Mann!« sagte Natan zu David.
»Und so spricht der HERR, der Gott Israels:
›Ich habe dich zum König über Israel gesalbt*
und dich vor den Nachstellungen Sauls gerettet.
[8] Ich habe dir den ganzen Besitz deines Herrn
gegeben, habe seine Frauen in deinen Schoß ge-
legt und dich zum König über Juda und Israel ge-
macht. Und wenn das noch zu wenig war, hätte
ich dir noch dies und das geben können. [9] War-
um hast du meine Gebote mißachtet und getan,

a *Ich muß …*: verdeutlichender Zusatz.

11,11 1 Sam 4,3-4 11,21 Ri 9,53-54 12,1 7,2; Ps 51,1 12,6 Ex 21,37

was mir mißfällt? Du hast den Hetiter* Urija auf
dem Gewissen, durch das Schwert der Ammoni-
ter* hast du ihn umbringen lassen, und dann
hast du dir seine Frau genommen. 10 Genauso
wird nun das Schwert sich in aller Zukunft in
deiner Familie Opfer suchen, weil du mich
mißachtet und die Frau des Hetiters zu deiner
Frau gemacht hast.‹«
11 Und auch das sagte Natan noch:[a] »So
spricht der HERR: ›Aus deiner eigenen Familie
lasse ich Unglück über dich kommen. Du wirst
mit ansehen müssen, wie ich dir deine Frauen
wegnehme und sie einem anderen gebe, der am
hellichten Tag mit ihnen schlafen wird. 12 Was
du heimlich getan hast, will ich im Licht des
Tages geschehen lassen, und ganz Israel wird es
sehen.‹«

David muß die Folgen tragen

13 David sagte zu Natan: »Ich bekenne mich
schuldig vor dem HERRN!«
Natan erwiderte: »Auch wenn der HERR über
deine Schuld hinwegsieht und du nicht sterben
mußt – 14 der Sohn, den dir Batseba geboren
hat, muß sterben, weil du mit deiner Untat den
HERRN verhöhnt hast!«[b]
15 Dann ging Natan nach Hause.
Der HERR aber ließ das Kind, das Urijas Frau
geboren hatte, schwer krank werden. 16 David
flehte Gott an, es am Leben zu lassen. Er rührte
kein Essen an und legte sich nachts zum Schla-
fen auf den nackten Boden. 17 Die vertrautesten
unter seinen Hofleuten gingen zu ihm und
wollten ihn aufheben und ins Bett bringen,
aber er ließ es nicht zu und aß auch nicht mit
ihnen.
18 Nach einer Woche starb das Kind. Keiner
von Davids Dienern wagte ihm zu sagen, daß es
tot war. »Schon als das Kind noch lebte, wollte er
sich nicht trösten lassen«, sagten sie zueinander.
»Wenn er nun erfährt, daß es gestorben ist, wird
es für uns gefährlich!«
19 Als David merkte, daß seine Diener mitein-
ander flüsterten, wurde ihm klar, was gesche-
hen war. »Ist das Kind tot?« fragte er.
»Ja«, antworteten sie.
20 Da stand David vom Boden auf, wusch und
salbte sich und zog frische Kleider an. Dann ging
er ins Heiligtum und warf sich vor dem HERRN
nieder. Wieder in seinen Palast zurückgekehrt,
ließ er sich etwas zu essen bringen.
21 Seine Leute fragen ihn: »Wie sollen wir das
verstehen? Als das Kind noch lebte, hast du ge-
weint und gefastet*, und nun, wo es gestorben
ist, stehst du auf und ißt!«
22 Doch David sagte: »Solange das Kind noch
lebte, habe ich gefastet und geweint, weil ich
dachte: Vielleicht hat der HERR doch noch Erbar-
men mit mir und läßt es am Leben. 23 Aber nun
ist es tot; was soll ich mich da noch kasteien? Ich
kann es ja doch nicht wieder zum Leben er-
wecken. Ich folge ihm einmal nach – aber zu mir
kommt es nicht mehr zurück.«
24 Dann ging David zu Batseba, seiner Frau,
und tröstete sie. Er schlief mit ihr, und sie bekam
wieder einen Sohn. David gab ihm den Namen
Salomo. Der HERR wandte dem Kind seine Liebe
zu. 25 Das ließ er David durch den Propheten
Natan mitteilen. Der gab ihm den Namen
Jedidja,[c] weil der HERR es so gesagt hatte.

Die Unterwerfung der Ammoniter

(1 Chr 20,1-3)

26 Joab setzte den Kampf gegen Rabba, die Haupt-
stadt der Ammoniter*, fort und eroberte den
unteren Stadtteil.[d] 27 Dann schickte er Boten zu
David und ließ ihm melden: »Ich habe zum
Sturm auf Rabba angesetzt, die Unterstadt am
Fluß ist bereits gefallen. 28 Komm nun mit dem
Rest der wehrfähigen Männer Israels hierher
und nimm selbst die Oberstadt ein, damit nicht
ich als Eroberer der Stadt gelte!«
29 David bot alle Männer Israels auf, zog mit
ihnen vor Rabba, griff die Stadt an und eroberte
sie. 30 Dem ammonitischen Gott Milkom[e] nahm
er die Krone vom Haupt. Sie wog einen Zentner*
und bestand ganz aus Gold und Edelsteinen. Da-
vid selbst wurde nun mit ihr gekrönt. Außerdem
nahm er aus der Stadt reiche Beute mit. 31 Die
Männer der Stadt führte er weg und ließ sie
schwere Arbeiten verrichten – mit Steinsägen,
mit eisernen Picken, eisernen Äxten und an den
Ziegelformen.[f]
Ebenso verfuhr David mit den anderen Städ-
ten der Ammoniter und ihren Bewohnern. Dann
kehrte er mit dem ganzen Heer nach Jerusalem
zurück.

a Verdeutlichender Zusatz.
b Vermutlicher Text; H *weil du durch diese Sache die Feinde des HERRN beleidigt hast.*
c *Jedidja* bedeutet »Liebling des HERRN«, *Salomo* (hebräisch *Schelomo*) »friedfertig/friedevoll« von *schalom* = Frieden*.
d Wörtlich *eroberte die Königsstadt;* vgl. aber Vers 27, wo es wörtlich *Wasserstadt* heißt.
e *Dem (ammonitischen Gott) Milkom:* mit veränderten Vokalen (vgl. 1 Kön 11,5); H *Ihrem König.*
f Zu einer verbreiteten Fehldeutung dieses Verses siehe Anmerkung zu 1 Chr 20,3.

12,10 13,28-29; 18,14; 1 Kön 2,24-25 **12,11-12** 16,21-22 **12,16** Jes 58,5 S

ABSCHALOMS AUFSTAND GEGEN DAVID (Kapitel 13–19)

Eine folgenreiche Verfehlung des Kronprinzen Amnon

13 Danach geschah folgendes: Davids Sohn
Abschalom hatte eine Schwester namens
Tamar. Sie war sehr schön, und ihr Halbbruder
Amnon, einer der anderen Söhne Davids, ver-
liebte sich in sie. 2 Er war ganz niedergedrückt
und wurde fast krank ihretwegen; sie war näm-
lich noch Jungfrau, und er sah keine Möglich-
keit, sich ihr zu nähern.
3 Nun hatte Amnon einen Freund namens
Jonadab. Er war ein Sohn von Davids Bruder
Schima und wußte in jeder Lage einen Rat. 4 Er
sagte zu Amnon: »Warum bist du Morgen für
Morgen so niedergeschlagen, Prinz? Willst du
mir nicht sagen, was dich bedrückt?«
»Ich bin verliebt in Tamar, die Schwester mei-
nes Bruders Abschalom«, erwiderte er.
5 Jonadab riet ihm: »Du legst dich ins Bett und
stellst dich krank. Wenn dein Vater nach dir
sieht, dann sagst du zu ihm: ›Meine Schwester
Tamar soll kommen und mir etwas Stärkendes
zu essen geben. Hier vor meinen Augen soll sie
es zubereiten, damit ich zusehen kann. Dann
soll sie selbst es mir reichen.‹«
6 Amnon legte sich also hin und stellte sich
krank, und als der König ihn besuchte, sagte er
zu ihm: »Meine Schwester Tamar soll kommen
und hier vor meinen Augen ein paar Küchlein
backen; von ihrer Hand werde ich sie essen.«
7 David schickte jemand zu Tamar ins Haus
und ließ ihr sagen: »Geh ins Haus deines Bru-
ders Amnon und mach ihm etwas Stärkendes zu
essen!«
8 So ging Tamar ins Haus ihres Bruders Am-
non; er lag im Bett. Sie nahm Teig, knetete ihn,
formte Küchlein daraus und backte sie in der
Pfanne. Amnon konnte ihr dabei vom Neben-
raum aus zusehen. 9 Dann nahm sie die Pfanne
und schüttete die Speise auf einen Teller.
Aber er weigerte sich zu essen. »Die anderen
sollen erst hinausgehen«, verlangte er. Als alle
fort waren, 10 sagte er zu Tamar: »Bring mir die
Speise ins Schlafzimmer! Ich mag nur essen,
wenn du sie mir mit eigener Hand gibst.« Tamar
nahm die Küchlein, die sie gebacken hatte, und
brachte sie ihrem Bruder ans Bett.
11 Als sie ihm aber etwas davon reichte,
packte er sie und sagte: »Komm, Schwester, leg
dich zu mir!«
12 »Nein, Bruder, tu mir nicht Gewalt an!«
wehrte sie sich. »Das darf in Israel nicht gesche-
hen! Begeh nicht eine solche Schandtat! 13 Was
soll aus mir werden, wenn du mich so entehrst?
Und du selbst würdest in Israel wie einer von
den gottvergessenen Schurken dastehen. Sprich
doch mit dem König! Er wird mich dir sicher zur
Frau geben.«
14 Doch Amnon wollte nicht auf sie hören. Er
fiel über sie her und vergewaltigte sie.
15 Hinterher aber empfand er eine solche Ab-
neigung gegen das Mädchen, daß er es nicht
mehr ausstehen konnte. Sein Abscheu war
größer, als vorher sein Verlangen gewesen war.
»Steh auf! Mach, daß du fortkommst!« sagte
er zu ihr.
16 »Nein, jag mich nicht weg!« flehte sie ihn
an. »Das wäre ein noch größeres Unrecht als das
erste.«
Aber Amnon wollte nicht auf sie hören. 17 Er
rief seinen engsten Diener und befahl ihm: »Wirf
mir die da hinaus und verriegle die Tür hinter
ihr!«
18 Tamar hatte ein Gewand mit langen Ärmeln
an, wie es die unverheirateten Königstöchter tru-
gen. Als der Diener sie hinauswarf und die Tür
hinter ihr verschloß, 19 streute sie sich Staub aufs
Haar, zerriß das Ärmelkleid, legte die Hand auf
den Kopf und lief laut weinend davon.
20 Als sie zu ihrem Bruder Abschalom kam,
fragte er sie: »Hat Amnon dir etwas angetan?
Sprich nicht darüber, er ist schließlich dein Bru-
der! Nimm es nicht zu schwer.« So blieb Tamar
im Haus ihres Bruders Abschalom und lebte dort
einsam, von jedem weiteren Umgang ausge-
schlossen.
21 Als König David erfuhr, was geschehen
war, wurde er sehr zornig. Aber er bestrafte Am-
non nicht, denn er liebte ihn, weil er sein erst-
geborener Sohn war.[a] 22 Abschalom aber sprach
kein Wort mehr mit Amnon; so sehr haßte er
ihn, weil er seine Schwester Tamar vergewaltigt
hatte.

Abschalom rächt sich an seinem Rivalen Amnon

23 Zwei Jahre später hielt Abschalom Schafschur
in Baal-Hazor in der Nähe der Stadt Efraïm[b] und
lud dazu alle Königssöhne ein. 24 Er ging zu
König David und sagte: »Mein Herr und König,

a *Aber er bestrafte …:* mit einer hebräischen Handschrift und G; fehlt in H.
b Wahrscheinlich identisch mit Efron (2 Chr 13,19) = Ofra (Ri 6,11).
13,1 3,2-3 13,3 1 Sam 16,9 13,12 (in Israel Schandtat) Gen 34,7; Dtn 22,21; Ri 20,6; Jer 29,23 13,13 Dtn 22,28-29

bei mir ist gerade Schafschur. Darf ich den König und seine engsten Vertrauten einladen, sie mit mir zu feiern?«

25 »Aber nein, mein Sohn«, erwiderte der König. »Es wären zu viele, wenn wir alle kämen. Wir wollen dir nicht zur Last fallen.«

Abschalom wiederholte seine Bitte und drängte den König, aber der ließ sich nicht umstimmen und entließ ihn mit einem Segenswunsch.

26 Doch Abschalom blieb hartnäckig. »Kann nicht wenigstens mein Bruder Amnon mitkommen?« sagte er.

»Warum denn?« fragte der König. 27 Aber Abschalom gab keine Ruhe, bis David schließlich Amnon und alle seine anderen Söhne mit ihm ziehen ließ.

Abschalom bewirtete seine Gäste wie ein König.[a] 28 Seinen Leuten befahl er: »Seid bereit! Wenn der Wein bei Amnon zu wirken beginnt und ich euch sage: ›Erschlagt Amnon!‹, dann tötet ihn! Habt keine Angst; ich übernehme die Verantwortung. Seid nur mutig; zeigt, daß ihr tapfere Männer seid!«

29 Die Leute Abschaloms gehorchten seinem Befehl und töteten Amnon. Die übrigen Söhne Davids sprangen alle auf, bestiegen ihre Maultiere und flohen.

30 Sie waren noch unterwegs, als schon das Gerücht zu David drang: »Abschalom hat alle Königssöhne umgebracht, keiner ist entkommen!«

31 Der König stand auf, zerriß sein Gewand und warf sich zu Boden. Auch die Diener, die dabeistanden, zerrissen ihre Kleider. 32 Aber Jonadab, der Sohn von Davids Bruder Schima, sagte: »Mein Herr und König, sie haben bestimmt nicht alle Königssöhne umgebracht! Wahrscheinlich ist nur Amnon tot. Es war Abschalom doch anzusehen, daß er auf Rache sann seit dem Tag, an dem Amnon seine Schwester Tamar vergewaltigt hat. 33 Laß dich also von dem Gerücht nicht beunruhigen! Deine Söhne sind am Leben; nur Amnon ist tot.«

34 Abschalom war übrigens sofort nach der Tat geflohen.

Der Späher, der ausschaute, sah jetzt auf dem Weg von Westen eine größere Menschenmenge den Berghang herunterkommen. 35 Da sagte Jonadab zu David: »Siehst du, da kommen sie, die Königssöhne! Es ist genauso gelaufen, wie es dein ergebener Diener gesagt hat.«

36 Kaum hatte er das ausgesprochen, da waren die Söhne des Königs auch schon da. Sie begannen laut zu weinen, und auch David und seine Hofleute brachen in Tränen aus.

37 Abschalom floh zum König von Geschur, zu Talmai, dem Sohn von Ammihud. David aber trauerte lange um seinen Sohn Amnon.

Joab bereitet Abschaloms Rückkehr vor

38 Abschalom war also nach Geschur geflohen. Dort blieb er drei Jahre. 39 Nach einiger Zeit begann David sich mit Amnons Tod abzufinden, und sein Zorn gegen Abschalom legte sich.[b]

14 Joab merkte, daß der König seinen Sohn Abschalom zu vermissen begann. 2 Er ließ deshalb aus dem Dorf Tekoa eine weise* Frau holen und sagte zu ihr: »Du sollst die Rolle einer abgehärmten Frau spielen! Zieh Trauerkleider an, laß dein Gesicht ungesalbt und stelle dich so, als ob du schon lange um einen Toten trauertest. 3 Dann geh zum König und sprich mit ihm genau nach meiner Anweisung.« Joab instruierte sie, was sie tun und sagen sollte.

4 Als die Frau zum König kam, warf sie sich vor ihm nieder, das Gesicht zur Erde, und sagte: »Hilf mir, mein König!«

5 »Wo fehlt es?« fragte er, und sie erzählte: »Ich bin eine arme Witwe; mein Mann ist tot. 6 Ich hatte zwei Söhne, die gerieten eines Tages auf dem Feld miteinander in Streit. Weil niemand in der Nähe war, der dazwischentreten konnte, kam es so weit, daß der eine den andern erschlug.

7 Nun haben sich alle Verwandten zusammengetan und verlangen, daß ich ihnen den noch lebenden Sohn herausgebe. Sie wollen ihn töten, weil er seinen Bruder umgebracht hat. Aber dann stehe ich ohne Sohn und Erben da. Sie werden mir den letzten Funken Hoffnung auslöschen und es dahin bringen, daß niemand übrigbleibt, der in Zukunft noch den Namen meines Mannes trägt und dafür sorgt, daß die Familie nicht ausstirbt.«

8 »Geh ruhig nach Hause«, antwortete der König. »Ich werde die nötigen Anordnungen treffen.«

9 »Mein Herr und König«, sagte die Frau, »aber ich und meine Familie werden dann doch als Rechtsbrecher dastehen; denn dem König selbst wird niemand etwas vorzuwerfen wagen.«

10 Der König erwiderte: »Wenn dich jemand

a Der Satz ist nur in G überliefert.
b *und sein Zorn …:* mit einigen griechischen Handschriften; H *König David hörte auf, gegen Abschalom vorzugehen.*
13,37 3,3

deswegen belästigt, dann bring ihn zu mir, und
er wird dich künftig in Ruhe lassen.«
11 Sie aber sagte: »Wiederhole deine Zusage
und rufe dabei den HERRN, deinen Gott, als
Zeugen an! Nur dann bin ich sicher, daß der
Bluträcher* mein Unglück nicht noch größer
macht und mein zweiter Sohn auch umgebracht
wird.«
»So gewiß der HERR lebt«, erklärte David,
»deinem Sohn soll kein Haar gekrümmt wer-
den.«
12 »Mein Herr und König«, fuhr nun die Frau
fort, »darf ich noch etwas sagen?«
»Sprich!« sagte der König, 13 und sie begann:
»Warum willst du am Volk Gottes genau das-
selbe Unrecht begehen? Nach der Entscheidung,
die du, mein König, soeben getroffen hast, stehst
du selbst wie ein Schuldiger da, wenn du deinen
verbannten Sohn nicht zurückkehren läßt. 14 Wir
müssen doch alle einmal sterben; es geht uns
wie dem Wasser, das auf die Erde geschüttet
wird und darin versickert: Das Leben läßt sich
nicht wieder zurückholen. Aber Gott will nicht,
daß noch mehr Leben zerstört wird. Deshalb ist
er darauf aus, daß ein Verbannter nicht für
immer in der Verbannung bleibt – womit er ja
auch aus *seiner* Nähe verbannt ist.
15 Mein Herr und König, ich bin mit meinem
Anliegen zu dir gekommen, weil meine Ver-
wandten mir solche Angst eingejagt haben. Da
sagte ich mir: Ich will meine Sache dem König
vortragen, vielleicht wird er mir helfen. 16 Er
wird gewiß auf meine Bitte eingehen, dachte
ich; er wird mich vor dem Mann retten, der mei-
nen Sohn töten und damit auch mich aus unse-
rem Erbbesitz* drängen will. 17 Ich dachte, die
Entscheidung meines Herrn und Königs wird
mir Ruhe verschaffen; denn mein König ist so
unbestechlich wie der Engel* Gottes und ent-
scheidet unparteiisch über Recht und Unrecht.
Möge der HERR, dein Gott, dir auch weiterhin
beistehen!«
18 Der König erwiderte der Frau: »Ich will dich
etwas fragen, aber du darfst mir nichts ver-
schweigen!«
»Frag nur, mein Herr und König!«
19 »Nun, hat hier nicht Joab seine Hand mit im
Spiel?«
»Wahrhaftig, mein Herr und König!« rief die
Frau. »Es ist unmöglich, etwas vor dir, meinem
Herrn, zu verbergen. Ja, dein Heerführer Joab
hat mich hergeschickt und mir genau erklärt,
was ich sagen und tun soll. 20 Er wollte nicht
gleich mit der Tür ins Haus fallen. Aber mein
Herr und König ist so weise wie der Engel Got-
tes, er durchschaut alles, was auf Erden vor sich
geht.«
21 Darauf sagte der König zu Joab: »Gut, ich er-
fülle deine Bitte. Geh und hol mir den Jungen,
den Abschalom, zurück!«
22 Joab warf sich vor David zu Boden, das Ge-
sicht zur Erde, und sagte: »Gott segne dich dafür,
mein König! Jetzt weiß ich, daß du mir freund-
lich gesinnt bist, weil du meinen Wunsch erfüllt
hast.«

Abschalom überwindet den Groll seines Vaters

23 Joab ging sofort nach Geschur und brachte Ab-
schalom nach Jerusalem zurück. 24 Der König
aber befahl: »Er soll in sein Haus gehen; ich emp-
fange ihn nicht!« So lebte Abschalom wieder in
seinem Haus, aber zum König wurde er nicht
vorgelassen.
25 In ganz Israel gab es keinen Mann, der so
schön war und so sehr bewundert wurde wie
Abschalom. Vom Scheitel bis zur Sohle war alles
an ihm vollkommen.
26 Wenn er sein Haar schneiden ließ – und das
geschah einmal im Jahr, wenn es ihm zu schwer
wurde –, dann wog das abgeschnitte Haar jedes-
mal fünf Pfund.[a] 27 Er hatte drei Söhne und
eine Tochter namens Tamar, eine sehr schöne
Frau.
28 Abschalom lebte nun schon zwei Jahre in
Jerusalem, ohne seinen Vater gesehen zu haben.
29 Da ließ er Joab zu sich rufen, damit er beim
König ein Wort für ihn einlege; aber Joab wollte
nicht zu ihm kommen. Noch ein zweites Mal
schickte er nach Joab, aber auch diesmal wollte
er nicht kommen.
30 Da sagte Abschalom zu seinen Knechten:
»Das Feld Joabs liegt neben meinem eigenen. Es
wächst Gerste darauf. Geht hin und zündet es
an!« Die Knechte führten den Befehl aus und
steckten das Feld in Brand.
31 Darauf kam Joab sofort zu Abschalom ins
Haus und fragte ihn: »Warum haben deine
Knechte meine Gerste angezündet?«
32 »Weil du nicht gekommen bist, als ich nach
dir schickte«, antwortete Abschalom. »Ich wollte
dich bitten, zum König zu gehen und ein Wort
für mich einzulegen. Du sollst ihn in meinem
Namen fragen: ›Wozu bin ich eigentlich von Ge-

a Hebräische Maßangabe *200 Schekel nach dem königlichen Gewicht.* Der königliche Schekel* war etwa 1,5 g schwerer als der gewöhnliche und entspricht ca. 13 g.

14,17.20 1 Sam 29,9 S **14,23** 13,37-38 **14,25** 1 Sam 9,2 S **14,27** 18,18

schur zurückgekommen! Ich wäre besser dort geblieben.‹ Sag dem König, daß ich ihn nun endlich sehen möchte. Wenn er mich für schuldig hält, soll er mich töten.«

33 Joab ging zum König und richtete ihm die Botschaft aus. Da ließ der König Abschalom holen. Der kam und warf sich vor ihm zu Boden, das Gesicht zur Erde, und der König küßte ihn.

Abschalom reißt das Königtum an sich

15 Einige Zeit später legte sich Abschalom einen Wagen mit Pferden zu und eine Leibwache von fünfzig Mann. 2 Jeden Morgen stellte er sich vor dem Stadttor an der Straße auf. Hier kamen alle Leute vorbei, die in einen Rechtsstreit verwickelt waren, den sie dem König zur Entscheidung vorlegen wollten.

Abschalom sprach jeden von ihnen an und fragte: »Aus welcher Stadt bist du?« Wenn der dann antwortete: »Aus dem und dem Stamm Israels, Herr«, 3 sagte er zu ihm: »Die Argumente, die du vorbringst, sind sehr gut; aber am Königshof gibt es niemand, der dich anhören wird. 4 Wenn nur *ich* in diesem Land Richter wäre; ich würde jedem, der mit einem Streitfall zu mir kommt, zu seinem Recht verhelfen.«

5 Wenn sich dann einer vor ihm niederwerfen wollte, zog er ihn an sich und küßte ihn. 6 So machte es Abschalom mit jedem, der beim König Recht suchte. Auf diese Weise stahl er dem König die Herzen der Männer Israels.

7 Nach vier[a] Jahren sagte Abschalom zum König: »Ich möchte nach Hebron gehen, um das Gelübde* zu erfüllen, das ich dem HERRN gegeben habe. 8 Als ich noch in Geschur in Syrien war, habe ich, dein ergebener Diener, dem HERRN versprochen: ›Wenn du mich nach Jerusalem zurückbringst, will ich dir ein Dankopfer* darbringen.‹«

9 »Geh in Frieden*!« sagte David. Daraufhin ging Abschalom nach Hebron. 10 Er schickte jedoch heimlich Boten zu allen Stämmen Israels und ließ bekanntmachen: »Wenn ihr das Widderhorn* blasen hört, dann ruft: ›Abschalom ist in Hebron König geworden!‹«

11 Zweihundert Bürger aus Jerusalem begleiteten Abschalom nach Hebron; sie waren als Festgäste eingeladen und gingen ahnungslos mit. Von Abschaloms Plan wußten sie nichts.

12 Als das Opferfest schon begonnen hatte, ließ Abschalom noch Ahitofel, den Berater Davids, aus seinem Wohnort Gilo holen. So zog die Verschwörung immer weitere Kreise, und die Anhänger Abschaloms wurden immer zahlreicher.

David muß aus Jerusalem fliehen

13 Ein Bote aus Hebron[b] kam zu David und meldete: »Das Herz der Männer Israels gehört Abschalom!«

14 Da sagte David zu seinen Gefolgsleuten, die bei ihm in Jerusalem waren: »Wir müssen fliehen! Es gibt keine andere Rettung vor Abschalom. Schnell fort, bevor er hier ist, sonst fallen wir in seine Hand, und er richtet in der Stadt ein Blutbad an.«

15 »Du bist unser Herr und König«, sagten die Männer, »du hast zu befehlen. Wir halten zu dir!«

16 Der König verließ die Stadt; seine Frauen, Kinder und Hofleute begleiteten ihn. Nur zehn Nebenfrauen ließ er zurück, damit sie sich um den Palast kümmerten.

17 Auch alle Kriegsleute in der Stadt folgten dem König. Beim letzten Haus machten sie halt, 18 und der König ließ die Kriegsleute an sich vorüberziehen, auch die Leibgarde* und die 600 Mann, die ihm aus Gat gefolgt waren.

19 Zu deren Anführer Ittai sagte David: »Halt, warum willst du mitkommen? Kehr um und biete dem neuen König deine Dienste an! Du bist doch ein Ausländer und lebst hier in der Verbannung. 20 Eben erst bist du bei uns angekommen, und jetzt sollst du schon wieder fliehen müssen? Ich weiß ja nicht, wohin es mich noch verschlägt. Geh in die Stadt zurück und nimm auch deine Landsleute mit! Der HERR wird dich für deine Güte und Treue belohnen.«[c]

21 Aber Ittai sagte: »So gewiß der HERR lebt und so gewiß du, mein König, lebst: Du magst gehen, wohin du willst – wo mein Herr, der König, sein wird, da werde ich auch sein, tot oder lebendig!«

22 »Gut«, sagte David, »dann komm mit!« So zogen Ittai, seine Männer und ihr ganzer Troß am König vorüber.

23 Alle, die zurückblieben, weinten laut, als der König mit dem ganzen Kriegsvolk das Kidrontal überquerte und den Weg in die Wüste einschlug.

a *vier:* mit alten Übersetzungen; H *vierzig.* b *aus Hebron:* verdeutlichender Zusatz.
c *Der HERR wird …:* mit G; H *Güte und Treue mit dir.*

15,1 1 Kön 1,5 15,7-8 Dtn 23,22 15,10 1 Kön 1,39 15,11-12 1 Kön 1,9-11.25 15,12 (Ahitofel) 15,31.34; 16,21.23; 17,1.7.14.23; 23,34
15,14 Ps 3,1 15,16 16,21-22 15,18 8,18; 1 Sam 27,2

David läßt treue Helfer in Jerusalem zurück

24 Auch der Priester* Zadok war zur Stelle und hatte die Leviten* bei sich, die die Bundeslade* trugen. Sie setzten sie ab, und der Priester Abjatar vollzog Opferhandlungen,[a] bis alle von der Stadt her den Bach Kidron überquert hatten.

25 Dann sagte der König zu Zadok: »Bring die Lade wieder in die Stadt! Wenn der HERR mit mir Erbarmen hat, bringt er mich eines Tages zurück und läßt mich die Lade und den Ort, an dem sie steht, wiedersehen. 26 Wenn er aber sagt: ›Ich habe kein Gefallen mehr an dir‹, dann soll er mit mir machen, was er für gut hält.«

27 Der König fügte noch hinzu: »Ich lasse dich als Beobachter in der Stadt! Kehrt in Frieden nach Jerusalem zurück, du und dein Sohn Ahimaaz und auch Abjatar mit seinem Sohn Jonatan. 28 Ich werde an der Jordanfurt warten, bis ich von euch Näheres über die Lage in der Stadt erfahre.«

29 Abjatar und Zadok brachten die Bundeslade wieder nach Jerusalem zurück und blieben dort. 30 David stieg den Ölberg* hinauf. Er ging barfuß, hatte sein Gesicht verhüllt und weinte. Auch alle, die ihn begleiteten, verhüllten ihr Gesicht und weinten.

31 Unterwegs wurde David gemeldet: »Auch Ahitofel steht auf der Seite der Verschwörer um Abschalom!«

»HERR«, betete David, als er das hörte, »mach den klugen Rat Ahitofels zur Torheit!«

32 Als er oben auf dem Ölberg angelangt war, dort, wo die Gebetsstätte ist, stieß sein alter Freund und Ratgeber,[b] der Arkiter Huschai, zu ihm. Zum Zeichen der Trauer hatte er sein Gewand zerrissen und sich Erde auf den Kopf gestreut.

33 David sagte zu ihm: »Geh nicht mit mir, du würdest mir nur zur Last fallen! 34 Aber wenn du in die Stadt zurückkehrst, kannst du mir nützlich sein und die Ratschläge Ahitofels durchkreuzen. Geh zu Abschalom und sage zu ihm: ›Ich will dir dienen, mein König! Ich stand zwar früher im Dienst deines Vaters, aber von jetzt an diene ich dir!‹ 35 Auch die Priester Zadok und Abjatar bleiben in der Stadt. Berichte ihnen alles, was du aus dem Königspalast in Erfahrung bringen kannst. 36 Sie werden es mir dann durch ihre Söhne Ahimaaz und Jonatan weitermelden.«

37 So kam Davids Ratgeber Huschai zu eben der Zeit in die Stadt zurück, als Abschalom in Jerusalem einzog.

Genugtuung in der Familie Sauls

16 Als David ein Stück weitergezogen war, kam ihm Ziba entgegen, der Hausverwalter von Sauls Enkel Merib-Baal. Er hatte zwei gesattelte Esel bei sich, die mit 200 Fladenbroten*, 100 Portionen zusammengepreßter Rosinen, einem Korb mit Früchten[c] und einem Krug Wein beladen waren.

2 »Was hat das zu bedeuten!« fragte der König, und Ziba antwortete: »Die Esel sind zum Reiten für die königliche Familie, Brot und Früchte für deine Männer zum Essen, und der Wein soll denen, die auf dem Weg durch die Wüste ermatten, Kraft geben!«

3 »Und wo ist der Enkel Sauls, deines Herrn?« fragte David.

»Ach, der ist in Jerusalem geblieben«, sagte Ziba. »Er ist überzeugt, daß die Israeliten ihn heute in seine Rechte als Thronfolger Sauls einsetzen.«

4 »Dann soll dir der ganze Besitz deines Herrn gehören«, entschied David.

Ziba sagte: »Ich werfe mich vor dir nieder und danke dir. Mögest du mir immer so gütig begegnen, mein Herr und König!«

5 Als David nach Bahurim kam, lief ihm aus dem Ort ein Mann entgegen. Es war Schimi, der Sohn von Gera, ein Verwandter des Königs Saul. Er beschimpfte David 6 und bewarf ihn und seine Leute mit Steinen. Selbst die »Dreißig Helden«*, die David umgaben, schreckten ihn nicht ab.

7 Er stieß wilde Flüche gegen David aus und rief: »Zum Teufel mit dir, du Mörder, du Unmensch! 8 Jetzt erlebst du die Strafe für das, was du der Familie Sauls angetan hast. Der HERR bringt das Blut aller Ermordeten über dich! Das Königtum, das du an dich gerissen hast, hat er deinem Sohn Abschalom gegeben. Jetzt steckst du selber im Unglück, du Mörder!«

9 Da sagte Abischai, der Sohn der Zeruja, zu David: »Wie kommt dieser tote Hund dazu, den König zu beschimpfen? Ich werde hingehen und ihm den Kopf abschlagen!«

10 Aber David erwiderte: »Was geht das euch an, dich und Joab, ihr Söhne der Zeruja? Der HERR hat ihm befohlen, mich zu beschimpfen; wer darf ihn da zur Rechenschaft ziehen?«

a Wörtlich *und Abjatar stieg hinauf* (auf den Altar? in die Stadt?).
b *sein alter …:* verdeutlichender Zusatz; vgl. Vers 34; 16,16.
c *einem Korb …:* vermutlicher Text; H *100 Früchten.*

15,24 8,17 S; 1 Sam 22,20 S 15,31 15,12 S 15,32 (Huschai) 16,16; 17,5-8.14-15; 1 Kön 4,16 16,1 9,1-13; 1 Sam 20,15 16,3-4 19,25-31 16,5 (Schimi) 19,17-24; 1 Kön 2,8-9.36-46 16,8 21,1-9 16,9-10 3,39 S

11 Und zu allen gewandt sagte David: »Wenn
sogar mein Sohn, der aus dem Samen meines
Leibes hervorgegangen ist, mich umbringen will,
was kann man da von einem aus dem Stamm
Benjamin, dem Stamm Sauls, erwarten? Laßt ihn
fluchen, denn der HERR hat es ihm befohlen.
12 Ich muß jetzt diese Erniedrigung hinnehmen;
vielleicht erbarmt sich dann der HERR und er-
weist mir Gutes für den Fluch*, der mir heute
nachgeschleudert wird.«
13 Während David mit seinen Leuten weiter-
ging, lief Schimi auf der anderen Seite des Tales
nebenher. Er beschimpfte David in einem fort
und warf mit Steinen und Dreck nach ihm.
14 Erschöpft kam der König mit seinen Leuten
schließlich am Jordan an.[a] Dort machten sie
Rast.

Abschalom tritt öffentlich in die Rechte seines Vaters ein

15 Abschalom war mit den Männern Israels, die
sich ihm angeschlossen hatten, in Jerusalem ein-
gezogen; auch Ahitofel begleitete ihn. 16 Hu-
schai, der Freund und Ratgeber Davids, ging zu
Abschalom und sagte: »Es lebe der König! Es
lebe der König!«
17 Spöttisch fragte ihn Abschalom: »Ist das
deine Treue zu deinem Freund David? Warum
bist du nicht mit ihm gegangen?«
18 »Unmöglich!« erwiderte Huschai. »Ich ge-
höre zu dem, den der HERR erwählt hat und den
alle Männer Israels zu ihrem König gemacht ha-
ben. Bei ihm bleibe ich! 19 Außerdem bist du
doch Davids Sohn. Wie ich deinem Vater gedient
habe, so will ich nun dir dienen.«
20 Abschalom wandte sich an Ahitofel und
sagte: »Rate mir! Was soll ich jetzt tun?«
21 Ahitofel sagte: »Dein Vater hat doch seine
Nebenfrauen dagelassen, damit sie sich um den
Palast kümmern. Nimm sie in Besitz! Wenn sich
das in Israel herumspricht, wird es allen klar
werden: Du hast dich bei deinem Vater verhaßt
gemacht; es gibt kein Zurück. Und alle, die zu dir
halten, werden sich dann noch entschiedener
für dich einsetzen.«
22 So wurde also auf dem flachen Dach des
Palastes für Abschalom ein Zelt aufgeschlagen,
und die Frauen wurden dorthin gebracht. Vor
den Augen von ganz Israel ging Abschalom hin-
ein und schlief mit den Nebenfrauen seines
Vaters.
23 Wenn Ahitofel einen Rat gab, war das da-
mals so, als hätte man einen Bescheid von Gott
eingeholt. So viel galt sein Wort schon bei David
und nun auch bei Abschalom.

Abschalom folgt dem falschen Rat

17 Ahitofel machte Abschalom noch einen
weiteren Vorschlag: »Gib mir Vollmacht«,
sagte er. »Ich will mir 12000 Mann auswählen
und mit ihnen noch in dieser Nacht hinter David
herjagen. 2 Dann bekomme ich ihn zu fassen, so-
lange er noch erschöpft und entmutigt ist. Wenn
ich ihn in diesem Zustand überfalle, werden alle
seine Leute davonlaufen, und ich kann ihn töten,
ohne weiteres Blut zu vergießen. 3 Ich werde dir
dann alle seine Leute zuführen. Alle werden zu
dir kommen, wenn der eine erledigt ist, auf den
du es abgesehen hast. Sein ganzes Kriegsvolk
kannst du verschonen.«
4 Der Vorschlag leuchtete Abschalom ein.
Auch die Ältesten* Israels stimmten ihm zu.
5 Trotzdem zögerte Abschalom. »Wir wollen
auch noch den Rat von Huschai, dem Arkiter,
hören«, sagte er. »Ruft ihn her!«
6 Huschai kam, und Abschalom berichtete
ihm, was Ahitofel geraten hatte. »Was ist deine
Meinung?« fragte Abschalom. »Sollen wir dem
Vorschlag Ahitofels folgen? Oder rätst du uns
etwas anderes?«
7 Huschai sagte: »Diesmal hat Ahitofel keinen
guten Rat gegeben. 8 Du kennst doch deinen
Vater und seine Männer! Die Männer sind alle
miteinander kampferprobte Leute, und jetzt sind
sie auch noch wütend wie eine Bärin, der man
ihre Jungen weggenommen hat. Dein Vater aber
ist kriegserfahren genug, daß er seinen Leuten
keine Nachtruhe gönnen wird. 9 Er hat sich ge-
wiß in irgendeiner Höhle oder sonst einem Hin-
terhalt versteckt. Wenn deine Leute in die Falle
laufen und du gleich zu Anfang Verluste hast,
wird es heißen: ›Die Anhänger Abschaloms
haben eine Niederlage erlitten.‹ 10 Dann werden
alle den Mut verlieren; selbst der Tapferste, der
so mutig ist wie ein Löwe, wird verzagen. Jeder-
mann in Israel weiß doch, was für ein siegrei-
cher Heerführer dein Vater ist und was für er-
probte Soldaten er um sich hat.
11 Deshalb rate ich dir: Rufe die wehrfähigen
Männer aus dem ganzen Gebiet Israels zusam-
men, von Dan im Norden bis Beerscheba im
Süden. Mit diesem Heer, das so unzählbar ist
wie der Sand am Meer, mußt du persönlich in
den Kampf ziehen, 12 und der Sieg ist dir sicher.
Wir werden deinen Vater aufspüren und über
ihn herfallen, wie der Morgentau auf die Erde

a *am Jordan:* verdeutlichender Zusatz.

16,16 15,32 S 16,20 15,12 S 16,21 15,16; 20,3 16,22 12,11-12 17,1 15,12 S 17,5 15,32 S

fällt. Von ihm und seinen Leuten wird keiner übrigbleiben. 13 Wenn er sich in eine befestigte Stadt zurückzieht, werden die Männer Israels Seile um ihre Mauern legen und die Stadt ins Tal schleifen, so daß kein einziger Stein auf dem Berg zurückbleibt!«

14 Da riefen Abschalom und alle Männer Israels: »Huschai hat recht! Sein Rat ist besser als der Rat Ahitofels!« So sorgte der HERR dafür, daß der kluge Rat Ahitofels mißachtet wurde. Denn der HERR hatte den Untergang Abschaloms beschlossen.

15 Huschai berichtete den Priestern* Zadok und Abjatar von dem Rat, den Abschalom und die Ältesten Israels von Ahitofel erhalten hatten. 16 »Schickt schnell zu David«, sagte er. »Er soll nur ja nicht auf dieser Seite des Jordans bleiben, sondern den Fluß noch in dieser Nacht überqueren. Sonst sind er und alle seine Leute verloren.«

David gewinnt einen Vorsprung

17 Jonatan und Ahimaaz warteten bei der Rogel-Quelle*, weil sie sich in der Stadt nicht sehen lassen durften. Eine Magd ging zu ihnen und brachte ihnen die Nachricht, die sie König David weitermelden sollten. 18 Aber ein junger Mann sah die beiden und sagte es Abschalom.

Jonatan und Ahimaaz liefen los, so schnell sie konnten. In Bahurim kannten sie einen Mann, der in seinem Hof eine Zisterne hatte; in der versteckten sie sich. 19 Seine Frau legte eine Decke über die Öffnung und breitete Gerstenkörner darauf aus.

20 Als die Männer Abschaloms an das Haus kamen, fragten sie die Frau: »Wo sind Ahimaaz und Jonatan?«

Sie antwortete: »Die sind dort über den Bach weitergegangen!« Die Männer durchsuchten alles, und als sie niemand fanden, kehrten sie wieder nach Jerusalem zurück.

21 Sobald sie fort waren, stiegen die beiden aus der Zisterne und brachten David die Nachricht. »Schnell über den Fluß!« sagten sie, und sie berichteten, was für einen gefährlichen Rat Ahitofel gegeben hatte. 22 Sofort brach David mit allen seinen Leuten auf, und sie überquerten den Jordan. Bei Tagesanbruch waren alle bis zum letzten Mann auf der anderen Seite.

23 Als Ahitofel sah, daß Abschalom seinen Rat nicht befolgen wollte, sattelte er seinen Esel und kehrte in seine Heimatstadt zurück. Er gab seiner Familie letzte Anweisungen und hängte sich auf. So starb er und wurde in der Grabstätte seines Vaters bestattet.

24 David hatte schon Mahanajim erreicht, als Abschalom schließlich mit dem gesamten Heer Israels den Jordan überschritt. 25 Für Joab hatte Abschalom Amasa als Heerführer eingesetzt. Er war der Sohn des Ismaëliten Jeter, seine Mutter war Abigal, eine Tochter von Isai und Schwester von Joabs Mutter Zeruja.[a] 26 Das Heer Israels mit Abschalom schlug im Gebiet von Gilead* sein Lager auf.

27 Als David in Mahanajim ankam, erwarteten ihn dort Schobi, der Sohn von Nahasch, aus dem ammonitischen Rabba sowie Machir, der Sohn von Ammiël, aus Lo-Dabar und Barsillai aus Roglim in Gilead. 28-29 Sie hatten vorausgesehen, daß David und seine Leute vom Weg durch die Wüste hungrig, durstig und müde sein würden. Deshalb brachten sie Schlafmatten, Metallgefäße und Tongeschirr, Weizen und Gerste, Mehl, geröstete Körner, Bohnen und Linsen, Honig, Butter, Käse und Schafe.

Die Entscheidungsschlacht

18 David musterte sein Heer, teilte es in Abteilungen zu je tausend und Unterabteilungen zu je hundert Mann ein und bestimmte die Anführer der einzelnen Abteilungen. 2 Dann bildete er drei Gruppen, die erste unter Joab, die zweite unter Joabs Bruder Abischai und die dritte unter Ittai aus Gat.

»Ich bin fest entschlossen, selbst mit euch in den Kampf zu ziehen«, erklärte David vor dem ganzen Heer. 3 Aber die Männer sagten: »Du darfst auf keinen Fall mit uns in den Kampf ziehen! Wenn *uns* etwas zustößt, hat das nichts zu bedeuten, selbst wenn wir fliehen müssen oder die Hälfte von uns den Tod findet. Aber du bedeutest so viel wie zehntausend von uns. Außerdem wäre es gut, wenn du uns notfalls von der Stadt aus Verstärkung bringen könntest.«

4 Der König willigte ein und sagte: »Ich will tun, was ihr für richtig haltet.« Er trat neben das Stadttor und ließ seine Soldaten abteilungsweise an sich vorbeiziehen. 5 Alle konnten es hören, wie er den drei Heerführern Joab, Abischai und Ittai den Befehl gab: »Schont mir mein Kind, den Abschalom!«

a *des Ismaëliten* und *Isai:* mit einigen griechischen Handschriften und in Übereinstimmung mit 1 Chr 2,13-17; H *des Israeliten* und *Nahasch.*

17,17 15,36 **17,23** 15,12 S; Mt 27,5 **17,25** (Amasa) 19,14; 20,4-12; 1 Kön 2,5.31-32 **17,27** 9,4; (Barsillai) 19,32-40; 1 Kön 2,7 **18,2** 8,16 S; 15,19; 1 Sam 26,6 S **18,3** 21,17 **18,5** 14,21; 18,12.29; 19,7

6 So zogen Davids Truppen ins Feld, dem Heer
Israels entgegen. Im Waldland von Efraïm kam
es zum Kampf. 7 Die Kriegsleute Davids brachten
dem Heer Israels eine schwere Niederlage bei;
20000 Israeliten fanden den Tod. 8 Der Kampf
breitete sich über die ganze Gegend aus, und
durch das gefährliche Gelände kamen mehr
Menschen ums Leben als durch feindliche Waffen.

Abschaloms Ende

9 Abschalom geriet in die Nähe von Kriegsleuten
Davids. Er ritt auf einem Maultier und kam unter
einer großen Eiche* durch; da verfing er sich mit
seinen Haaren in dem dichten Geäst. Das Maultier lief unter ihm weg, und er blieb zwischen
Himmel und Erde in der Luft hängen.

10 Einer von den Männern Davids hatte es beobachtet und meldete Joab: »Abschalom hängt
dort drüben an einer Eiche!«

11 »Was?« rief Joab. »Du hast ihn gesehen?
Warum hast du ihn nicht auf der Stelle umgebracht? Ich hätte dir zur Belohnung zehn Silberstücke* und einen Gürtel geschenkt!«

12 Aber der Mann erwiderte: »Auch für tausend Silberstücke hätte ich es nicht getan! Wie
könnte ich mich am Sohn des Königs vergreifen?
Wir haben doch alle gehört, wie der König dir,
Abischai und Ittai befohlen hat: ›Gebt mir acht
auf mein Kind! Daß nur keiner ihm etwas antut!‹
13 Wenn ich ihn umgebracht hätte und der König
hätte es erfahren – er erfährt alles –, dann hättest du ja doch nicht zu mir gestanden.«

14 »Was hältst du mich auf!« rief Joab, nahm
drei Speere und stieß sie Abschalom, der immer
noch lebend an der Eiche hing, in die Brust.
15 Die zehn Waffenträger Joabs umringten Abschalom und schlugen ihn vollends tot.

16 Joab ließ die Widderhörner* blasen und
hielt damit seine Kriegsleute von der weiteren
Verfolgung der Israeliten ab. 17 Das Heer Israels
löste sich auf, und jeder ging nach Hause. Die
Männer Joabs warfen den Leichnam Abschaloms im Wald in eine tiefe Grube und schichteten darüber einen großen Steinhaufen auf.

18 Schon zu seinen Lebzeiten hatte sich
Abschalom im Königstal bei Jerusalem einen
Gedenkstein errichten lassen. Er hatte gesagt:
»Ich habe keinen Sohn, in dem mein Name fortleben könnte.« Darum gab er dem Stein seinen
Namen, und bis heute nennt man ihn Abschalom-Stein.

Zwei Boten mit derselben Nachricht

19 Ahimaaz, der Sohn Zadoks, bot sich an: »Ich
will zum König laufen und ihm die Nachricht
bringen, daß der HERR ihm den Sieg über seine
Feinde gegeben hat!«

20 Aber Joab erwiderte: »Ein andermal kannst
du Bote sein, heute nicht! Du wirst ihm keine
gute Nachricht bringen. Bedenk doch: Sein Sohn
ist tot!«

21 Joab befahl dem Schwarzen, der bei ihm in
Sold stand:[a] »Lauf zum König und melde ihm,
was du gesehen hast!« Der Bote verneigte sich
und lief los.

22 Aber Ahimaaz ließ nicht locker: »Mag kommen, was will – ich möchte doch noch selbst
hinter dem Schwarzen herlaufen!«

»Warum bist du so darauf versessen?« erwiderte Joab. »Für diese Nachricht bekommst du
bestimmt keinen Botenlohn!«

23 »Ganz gleich, ich laufe«, rief Ahimaaz, und
Joab sagte: »Dann lauf eben!« Ahimaaz nahm
den Weg durch die Jordanebene und überholte
den andern.

24 David wartete im Torgang. Auf dem Dach
der Toranlage hielt ein Späher Ausschau. Er sah,
wie ein einzelner Mann sich in schnellem Lauf
der Stadt näherte, 25 und meldete es dem König.

David sagte: »Wenn es nur einer ist, bringt er
gute Nachricht.«

Während der Mann näher kam, 26 bemerkte
der Späher noch einen zweiten, der hinter ihm
herlief. »Da kommt noch einer; auch der läuft
allein«, rief er zum Torwächter hinab.

»Auch der bringt gute Nachricht«, sagte der
König.

27 Jetzt erkannte der Späher den ersten. »Es ist
Ahimaaz, der Sohn Zadoks!« rief er hinunter.
»Ich sehe es an der Art, wie er läuft.«

»Das ist ein guter Mann«, sagte der König, »er
kommt gewiß mit einer guten Nachricht!«

28 Ahimaaz rief: »Sei gegrüßt«, warf sich vor
David nieder und sagte: »Mein König, gepriesen
sei der HERR, dein Gott! Er hat alle in deine Hand
gegeben, die sich gegen dich erhoben haben.«

29 »Und was ist mit meinem Kind, mit Abschalom?« fragte David. »Ist er unversehrt?«

Ahimaaz erwiderte: »Ich sah ein großes Gedränge um ihn, als Joab uns beide, deine ergebenen Diener, auf den Weg schickte. Ich weiß aber
nicht, was vorging.«

30 »Stell dich hier neben mich«, sagte David.
31 Da kam auch schon der Schwarze angelau-

a Wörtlich *befahl dem Kuschiter,* einem dunkelhäutigen Söldner aus Kusch/Äthiopien*.

18,13 14,20 **18,18** 14,27; Jes 56,4-5 **18,19** 15,36; 17,17 **18,20** 4,10

fen und rief: »Mein König, ich bringe gute Nach-
richt. Der HERR hat dir heute den Sieg gegeben
über alle, die sich gegen dich erhoben haben.«
32 »Und was ist mit meinem Kind, mit Ab-
schalom?« fragte ihn David. »Ist er unversehrt?«
»Mein König«, sagte der Schwarze, »so wie
ihm müßte es allen deinen Feinden ergehen,
jedem, der sich böswillig gegen dich erhebt!«

Joab mahnt König David zur Vernunft

19 Der König war tief getroffen. Er stieg
zur Wachstube über dem Tor hinauf und
klagte: »Mein Sohn, mein Abschalom! Mein
Sohn, mein Sohn, mein Abschalom! Wäre ich
doch an deiner Stelle gestorben! Mein Abscha-
lom, mein Sohn, mein Sohn!«
2 Man meldete Joab: »Der König weint; er
trauert um Abschalom!«
3 Auch unter den Kriegsleuten sprach es sich
herum: »Der König trägt Leid um Abschalom!«,
und ihre Siegesfreude schlug in Niedergeschla-
genheit um. 4 Sie schlichen durch das Tor in die
Stadt wie Männer, die sich schämen, weil sie vor
dem Feind davongelaufen sind.
5 Mit verhülltem Gesicht saß der König da
und klagte laut: »Mein Sohn, mein Abschalom!
Abschalom, mein Sohn, mein Sohn!«
6 Da ging Joab zum König hinein und sagte:
»Du beleidigst deine Getreuen, die zu dir gehal-
ten haben. Sie haben heute dir, deinen Söhnen
und Töchtern, deinen Frauen und Nebenfrauen
das Leben gerettet. 7 Du aber verachtest deine
treuesten Freunde und liebst statt dessen deine
Feinde. Dein Verhalten zeigt, daß deine Truppen-
führer und Kriegsleute dir nichts bedeuten. Ich
sehe, es wäre dir ganz recht, wenn Abschalom
noch lebte und wir alle tot wären.
8 Fasse dich! Steh auf, geh hinaus und sag
deinen Leuten ein anerkennendes Wort! Ich
schwöre dir beim HERRN: Wenn du nicht
kommst, laufen sie dir noch in dieser Nacht alle
davon. Das wird schlimmer für dich sein als
alles, was du seit deiner Jugend durchgemacht
hast.«
9a Da stand König David auf und setzte sich
neben das Tor. Die Kriegsleute erfuhren es: »Der
König sitzt am Tor!« Da kamen sie alle und zogen
an ihm vorbei.

David bereitet seine Rückkehr vor

9b Das Heer Israels hatte sich aufgelöst, und alle
waren nach Hause zurückgekehrt. 10 In allen
Stämmen machten sich die Leute gegenseitig
Vorwürfe. Es hieß: »König David hat uns vor den
Philistern* gerettet und von allen unseren Fein-
den befreit. Und dann mußte er vor Abschalom
fliehen und das Land verlassen. 11 Jetzt ist Ab-
schalom, den wir an seiner Stelle als König ein-
gesetzt hatten, gefallen. Worauf wartet ihr noch,
warum holt ihr König David nicht zurück?«
12 David aber schickte Boten zu den Priestern
Zadok und Abjatar und ließ ihnen sagen: »Ruft
die Ältesten* des Stammes Juda zusammen und
richtet ihnen aus:
›Wollt ihr die letzten sein, die daran denken,
den König in seinen Palast zurückzuholen? Von
ganz Israel wird der Wunsch an den König her-
angetragen![a] 13 Ihr seid doch meine Stammes-
genossen, mein eigen Fleisch und Blut! Warum
laßt ihr zu, daß die anderen euch zuvorkom-
men?‹
14 Amasa aber sollt ihr von mir ausrichten:
›Bist du nicht mit mir verwandt, mein eigen
Fleisch und Blut? Du sollst von jetzt ab an Joabs
Stelle mein Heerführer sein. Gott soll mich stra-
fen, wenn ich mein Wort breche.‹«
15 Damit brachte David die Männer des Stam-
mes Juda wieder geschlossen auf seine Seite. Sie
ließen dem König sagen: »Komm zu uns zurück,
und bring alle deine Leute mit!«

David verzeiht seinen Feinden

16 Der König machte sich auf den Rückweg nach
Jerusalem und kam an den Jordan. Die Männer
von Juda waren ihm bis nach Gilgal entgegen-
gekommen, um ihn über den Fluß zu geleiten.
17 Zusammen mit ihnen eilte auch der Benja-
minit Schimi aus Bahurim, der Sohn von Gera,
zum Empfang des Königs herbei. 18 Er hatte tau-
send Mann aus dem Stamm Benjamin bei sich,
darunter auch Ziba, den Hausverwalter von Sauls
Enkel Merib-Baal, mit seinen fünfzehn Söhnen
und zwanzig Knechten. Sie alle hatten den Jor-
dan noch vor dem König erreicht 19 und waren
über die Furt zum anderen Ufer gegangen, um
dem König und seinem Hofstaat beim Übergang
über den Fluß zu helfen und ihm Dienste zu
leisten.
Als David gerade den Fluß überqueren wollte,
warf sich Schimi vor ihm nieder 20 und bat:
»Mein Herr und König, strafe mich nicht für das,
was ich dir angetan habe, als du aus Jerusalem
fliehen mußtest! Trage es mir nicht nach! 21 Ich
weiß, daß ich ein schweres Unrecht begangen
habe. Halte es mir zugute, daß ich dir heute als
erster aus den Josefsstämmen entgegengekom-

a Hier werden versehentlich die Worte *»in seinen Palast«* wiederholt; sie fehlen in den alten Übersetzungen.

19,7 18,5 S 19,10 3,18; 5,17-25; 21,15-22 19,11 15,10 19,14 17,25 S 19,17-24 16,5 S 19,18 16,1-4

men bin, um dich als meinen königlichen Herrn zu empfangen!«

22 Bevor der König antworten konnte, rief Abischai, der Sohn der Zeruja: »Er hat den Tod verdient; denn er hat den gesalbten* König des HERRN beschimpft!«

23 Aber David sagte zu Abischai und zu seinem Bruder Joab: »Was mischt ihr euch in meine Angelegenheiten, ihr Söhne der Zeruja? Was fällt euch ein, an einem solchen Tag als Ankläger aufzutreten? Ich bin doch heute wieder König über Israel geworden, da wird kein Israelit getötet!«

24 Und zu Schimi sagte er: »Du mußt nicht sterben, ich schwöre es dir.«

25 Auch Sauls Enkel Merib-Baal kam dem König entgegen. Seit dem Tag, an dem David aus Jerusalem fliehen mußte, bis zum Tag seiner Rückkehr hatte er seine Füße nicht gewaschen, den Bart nicht gepflegt und die Kleider nicht gewechselt. 26 Als er zum König kam,[a] fragte ihn der: »Warum bist du nicht mit mir gekommen, Merib-Baal?«

27 Sauls Enkel antwortete: »Mein Herr und König! Mein Hausverwalter ist schuld, er hat mich hintergangen. Ich hatte befohlen: ›Man soll meinen Esel satteln, damit ich den König begleiten kann!‹ Du weißt ja, daß ich gelähmt bin. 28 Doch er hat mich bei dir, meinem Herrn und König, verleumdet. Aber du bist ja so unbestechlich wie der Engel* Gottes. Tu mit mir, was du willst! 29 Alle Angehörigen meines Vaters mußten damit rechnen, daß du sie töten läßt; aber statt dessen hast du mir erlaubt, an der königlichen Tafel zu essen. Ich habe kein Recht, dich noch einmal um eine Gunst zu bitten.«

30 »Genug der Worte!« sagte David. »Ich bestimme, daß ihr beide, du und dein Verwalter Ziba, den Landbesitz Sauls untereinander teilt.«

31 »Er kann ruhig alles haben!« erwiderte Merib-Baal. »Das wichtigste ist, daß du, mein Herr und König, wohlbehalten wieder nach Hause gekommen bist.«

Abschied von einem treuen Gefolgsmann

32 Barsillai war aus Roglim in Gilead* gekommen, um den König bis zum Jordan zu begleiten und ihn dort zu verabschieden. 33 Er war sehr wohlhabend und hatte David während seines Aufenthalts in Mahanajim mit Lebensmitteln versorgt. Mit seinen 80 Jahren war Barsillai schon ein sehr alter Mann. 34 Nun sagte der König zu ihm: »Komm zu mir an den Hof nach Jerusalem; ich werde dort für dich und deine Familie sorgen.«

35 Aber Barsillai erwiderte: »Ich habe nicht mehr lange zu leben; warum sollte ich mit dir nach Jerusalem übersiedeln? 36 Ich bin nun 80 Jahre alt, und es macht für mich keinen Unterschied mehr, ob etwas gut ist oder schlecht. Ich kann nicht mehr schmecken, was ich esse und trinke, und ich kann die Stimmen der Sänger und Sängerinnen nicht mehr hören. Ich würde dir nur zur Last fallen, mein Herr und König!

37 Eine so große Belohnung habe ich auch gar nicht verdient. Ich wollte dich, mein Herr und König, nur die kurze Strecke bis zum Jordan begleiten. 38 Laß mich jetzt umkehren und in meiner Heimatstadt sterben, wo mein Vater und meine Mutter begraben sind. Mein Sohn[b] Kimham kann mit dir ziehen und dir dienen. Tu an ihm, was du für richtig hältst!«

39 »Gut«, sagte der König, »dann soll Kimham mitkommen. Ich werde alles für ihn tun, was du wünschst. Und wenn du für dich selbst einmal einen Wunsch hast, werde ich ihn dir gerne erfüllen.«

40 Dann gingen Davids Truppen durch die Furt über den Jordan. Bevor der König selbst den Fluß durchschritt, küßte er Barsillai zum Abschied und segnete ihn. Barsillai kehrte nach Hause zurück, 41 während David nach Gilgal weiterzog; Kimham ging mit ihm. Alle Männer von Juda und die Hälfte der Männer von Israel gaben dem König das Geleit.

Rivalität zwischen Israel und Juda

42 Alle Männer von Israel kamen zum König und beschwerten sich. »Wie kommt es«, sagten sie, »daß unsere Brüder, die Männer von Juda, sich das Recht angemaßt haben, dich, deine Familie und alle deine Leute über den Jordan zu bringen?«

43 Alle Männer von Juda rechtfertigten sich und sagten zu den Männern von Israel: »Der König steht uns näher, er ist doch unser Stammesgenosse! Warum regt ihr euch so auf? Haben wir euch etwa den König weggenommen, oder hat er uns irgendein Vorrecht gewährt?«

44 Die Männer von Israel antworteten denen von Juda: »Wir haben zehn Anteile am König, nicht nur einen wie ihr! Darum steht uns das erste Recht zu. Warum habt ihr uns nicht die Ehre gelassen? Und hatten wir denn nicht als

a Es folgt noch *(nach) Jerusalem,* was vermutlich zum vorangehenden Vers gehört (Rückkehr nach Jerusalem).
b *Mein Sohn:* verdeutlichender Zusatz mit G.

19,23 3,39 S; 1 Sam 11,13 **19,25-28** 9,1-13; 16,1-3 **19,28** 1 Sam 29,9 S **19,30-31** 16,4 **19,32-40** 17,27 S

erste davon gesprochen, den König zurückzu-
holen?«

Aber die Männer von Juda gaben ihnen eine Antwort, die noch schärfer war als die Vorwürfe der Männer von Israel.

Der Aufstand Schebas wird niedergeworfen

20 Dort in Gilgal war auch ein niederträchtiger Mann aus dem Stamm Benjamin, Scheba, der Sohn von Bichri. Er blies das Widderhorn* und rief:

»Was geht uns alle dieser David an?
Seit wann gehört der Isai-Sohn zu uns?
Ihr Männer Israels, auf und nach Hause!«

2 Da ließen die Männer von Israel David im Stich und zogen mit Scheba, dem Sohn von Bichri, davon. Nur die Männer von Juda blieben ihrem König treu und geleiteten ihn vom Jordan bis nach Jerusalem.

3 Als David nach Jerusalem in seinen Königspalast kam, befahl er als erstes, die zehn Nebenfrauen, die er als Hüterinnen des Palastes zurückgelassen hatte, in ein verschlossenes Haus zu bringen. Er sorgte für ihren Lebensunterhalt, hatte jedoch keinen Verkehr mehr mit ihnen. Sie lebten bis zu ihrem Tod völlig abgeschlossen, als Witwen auf Lebenszeit.

4 Dann sagte der König zu Amasa: »Biete alle
Männer von Juda auf! Übermorgen bist du mit
ihnen hier!« 5 Amasa ging, um die Männer von
Juda zusammenzurufen, war jedoch zur gesetzten Frist nicht zurück.

6 Da sagte der König zu Abischai: »Scheba wird uns noch gefährlicher als Abschalom! Nimm meine Leute und jag ihm nach, bevor er befestigte Städte in seine Hand bringt und wir das Nachsehen haben.«[a]

7 Die Kriegsleute Joabs zogen also unter
Abischais Führung von Jerusalem aus los, um
Scheba nachzujagen, dazu auch Davids Leib-
garde* und die »Dreißig Helden«*. 8 Als sie den
großen Felsen bei Gibeon erreichten, war Amasa kurz zuvor dort eingetroffen. Joab trug sein übliches Gewand und darüber einen breiten Gürtel, unter dem ein Dolch verborgen war. Er war durch den Gürtel waagrecht an der Seite gehalten, und wenn Joab sich leicht vorbeugte, glitt er unbemerkt aus seiner Scheide.

9 Joab begrüßte Amasa: »Wie geht es dir, mein
Freund?« Dabei faßte er mit der rechten Hand
Amasa beim Bart, als wollte er ihn küssen.
10 Amasa bemerkte nicht, daß Joab den Dolch in der anderen Hand hielt. Joab stieß ihn damit in den Bauch, daß die Eingeweide auf die Erde quollen. Es brauchte keinen zweiten Stoß, Amasa war auf der Stelle tot.

Joab und sein Bruder Abischai jagten weiter
hinter Scheba her. 11 Einer von Joabs Männern
stellte sich neben Amasas Leichnam und rief:
»Joab nach, wer auf ihn steht und zu David hält!«
12 Er merkte aber, daß alle Kriegsleute stehen-
blieben, weil Amasa blutüberströmt mitten auf
der Straße lag. So schaffte er Amasas Leiche von
der Straße weg ins Feld und warf einen Mantel
darüber, damit nicht jeder, der vorbeikam, bei
ihr stehenblieb. 13 Als die Leiche aus dem Weg
geschafft war, folgten alle Joab und nahmen die Verfolgung Schebas auf.

14 Joab zog durch alle Stämme Israels bis nach Abel-Bet-Maacha. Alle wurden seine Verbündeten,[b] sammelten sich und folgten ihm.

15 Als Joab mit seinem Heer die Stadt erreicht hatte, schlossen sie Scheba darin ein und schütteten eine Angriffsrampe* auf. Als die Rampe die Höhe der Vormauer erreicht hatte, drang das Heer Joabs bis zur Hauptmauer vor und versuchte, sie zum Einsturz zu bringen.

16 Nun lebte in der Stadt eine weise* Frau. Die rief den Belagerern von der Mauer aus zu: »Leute, hört her, hört her! Sagt Joab, er soll kommen; ich muß mit ihm reden.«

17 Als Joab kam, fragte sie: »Bist du Joab?« »Ja«, sagte er, und sie fuhr fort: »Ich bitte dich, hör mich an!«

»Ich höre«, erwiderte Joab.

18 Sie begann: »Seit alter Zeit sagen die Leute:
›Holt euch doch Rat in Abel, dann kommt alles in
Ordnung!‹ 19 Unsere Stadt gehört zu den fried-
lichsten und treuesten in Israel. Sie trägt den Ehrentitel ›Mutter in Israel‹. Und die willst du zerstören? Wie kannst du dich an einem Stück Land vergreifen, das dem HERRN gehört?«

20–21 »Nein, nein!« erwiderte Joab. »Ich will mich doch nicht daran vergreifen! Ich denke nicht daran, sie zu zerstören! Aber ihr habt einen Mann aus dem Bergland Efraïm bei euch, Scheba, den Sohn von Bichri, der hat sich gegen König David erhoben. Nur auf den habe ich es abgesehen. Gebt ihn heraus, und ich ziehe von der Stadt ab!«

»Wir werden dir seinen Kopf über die Mauer
werfen«, sagte die Frau. 22 Mit ihrer Weisheit

a *und wir …:* Deutung unsicher; wörtlich *und uns unser Auge/unsere Quelle ausreißt.*
b *seine Verbündeten:* vermutlicher Text; H unverständlich.

20,1 1 Kön 12,16 20,3 16,21-22 20,4 17,25 S 20,7 1 Sam 26,6 S 20,10 3,27

überzeugte sie die Leute in der Stadt. Sie schlugen Scheba den Kopf ab und warfen ihn zu Joab über die Mauer. Da ließ Joab das Widderhorn* blasen und die Belagerung abbrechen. Die Männer von Juda kehrten nach Hause zurück, und Joab begab sich zum König nach Jerusalem.

Davids oberste Beamte

(8,15-18)

23 Joab war oberster Befehlshaber über das ganze Heer Israels. Benaja, der Sohn von Jojada, befehligte Davids Leibgarde*. 24 Adoniram hatte die Aufsicht über die Fronarbeiten*. Joschafat, der Sohn von Ahilud, war Kanzler. 25 Schewa war Staatsschreiber. Zadok und Abjatar waren Priester*, 26 und auch Ira aus Jaïr war Priester im Dienst Davids.

NACHTRÄGE UND ABSCHLUSS DER DAVIDSGESCHICHTE

(Kapitel 21–24)

Sieben Nachkommen Sauls müssen sterben

21 Während der Regierungszeit Davids gab es einmal eine schwere Hungersnot. Sie dauerte schon drei Jahre lang. Da ging David ins Zelt des HERRN und fragte den HERRN nach dem Grund. Er bekam die Antwort: »Auf Saul und seiner Familie lastet eine Blutschuld, weil er viele unschuldige Bewohner von Gibeon getötet hat.«

2-3 Die Einwohner von Gibeon waren keine Israeliten, sondern ein Rest der amoritischen* Bevölkerung des Landes. Die Israeliten hatten ihnen vertraglich zugesichert, sie zu verschonen; aber Saul in seinem Eifer für Israel und Juda hatte sie zu vernichten versucht.

König David rief die Männer von Gibeon zu sich und fragte sie: »Was kann ich tun, um diese Schuld wiedergutzumachen? Ich möchte, daß ihr das Volk des HERRN nicht verfluchen müßt.«

4 Sie antworteten: »Wir nehmen von den Nachkommen Sauls als Sühne für dieses Vergehen kein Silber oder Gold an; aber Leute aus dem Volk Israel zu töten, ist uns verwehrt.«

»Was soll ich also für euch tun, was ist eure Meinung?« fragte David, 5 und sie antworteten: »Weil Saul es war, der uns vernichten, uns ausrotten wollte – im ganzen Gebiet Israels sollte es für uns keinen Platz zum Leben geben –, 6 darum soll man uns sieben seiner männlichen Nachkommen ausliefern. Wir wollen sie vor dem HERRN in Gibea, der Heimatstadt von Saul, dem Erwählten des HERRN, hinrichten.«

»Ich werde sie euch ausliefern«, sagte der König. 7 Er verschonte jedoch Merib-Baal, den Sohn Jonatans und Enkel Sauls, weil er seinem Freund Jonatan mit einem heiligen Eid versprochen hatte, seine Nachkommen nicht auszurotten. 8 Er nahm die beiden Söhne, die Rizpa, die Tochter von Aja, Saul geboren hatte, Armoni und Mefi-Boschet, und die fünf Söhne, die Sauls Tochter Merab[a] ihrem Mann Adriël, dem Sohn von Barsillai aus Mehola, geboren hatte, 9 und lieferte sie den Männern von Gibeon aus. Die richteten sie hin, oben auf dem Berg vor dem HERRN. Alle sieben starben auf einmal; es war in den ersten Tagen der Erntezeit, zu Beginn der Gerstenernte.

David sorgt für ein ehrenvolles Begräbnis

10 Rizpa aber ging hin und legte ein grobes schwarzes Tuch über den Felsen und setzte sich darauf. Sie blieb dort vom Beginn der Ernte, bis der erste Regen fiel. Tagsüber hielt sie die Vögel von den Leichen fern und nachts verscheuchte sie die wilden Tiere.

11 Als David hörte, was Rizpa, die Nebenfrau Sauls, für die Hingerichteten tat, 12 ließ er sich von den führenden Männern der Stadt Jabesch in Gilead* die Gebeine Sauls und seines Sohnes Jonatan geben. Die Männer von Jabesch hatten einst die Leichen der beiden vom Gerichtsplatz in Bet-Schean weggeholt, wo die Philister* sie nach ihrem Sieg auf dem Gilboa-Gebirge aufgehängt hatten.

13 Als die Gebeine Sauls und seines Sohnes Jonatan hergebracht worden waren, sammelte man die Gebeine der sieben Hingerichteten ein 14 und bestattete alle zusammen in Zela im Gebiet von Benjamin, in der Grabstätte von Sauls Vater Kisch. Dies alles geschah genau, wie der König es angeordnet hatte. Daraufhin erhörte Gott die Gebete seines Volkes und machte der Hungersnot ein Ende.

Nachträge zu Davids Philisterkämpfen

15 Wieder einmal waren die Philister* in Israel eingefallen. David zog ihnen mit seiner Truppe entgegen und griff sie an. Als er vom Kampf erschöpft war, 16 versuchte ein Riese namens Jischbi-Benob, ihn zu töten. Der Riese trug eine neue Rüstung, und die bronzene Spitze seines

a *Merab:* mit einigen hebräischen und griechischen Handschriften; H *Michal* (vgl. jedoch 1 Sam 18,19).

20,23-26 8,16-18 **21,2-3** Jos 9,3-27 **21,7** 1 Sam 18,3 S **21,8** 3,7; 1 Sam 18,19 **21,9-14** 1 Sam 17,44 **21,12** 1 Sam 31,8-13 **21,15** 5,17-25

Spießes wog mehr als drei Kilo.[a] 17 Aber Abi-
schai, der Sohn der Zeruja, kam David zu Hilfe
und erschlug den Philister.

Davids Männer beschworen ihn, in Zukunft
doch nicht mehr selbst in den Kampf zu ziehen.
»Wenn wir dich verlieren«, sagten sie, »dann
sieht es für Israel düster aus.«

18 Später kam es bei Gob erneut zum Kampf
mit den Philistern. Damals tötete Sibbechai aus
Huscha den Riesen Rippai.

19 Bei einem weiteren Gefecht in Gob tötete
Elhanan aus Betlehem, der Sohn von Jaïr,[b] den
Philister Goliat aus Gat, dessen Spieß so dick
war wie ein Weberbaum*.

20 Als es danach bei Gat zum Kampf kam, trat
ein besonders großer Riese vor; er hatte sechs
Finger an der Hand und sechs Zehen an jedem
Fuß, also 12 Finger und 12 Zehen. 21 Er verspot-
tete die Israeliten; aber Jonatan, der Sohn von
Davids Bruder Schima, tötete ihn.

22 Diese vier Riesen stammten aus Gat und
waren Nachkommen von Rafa. Sie wurden von
David und seinen Männern erschlagen.

Davids Danklied

(Psalm 18,1-51)

22 Nachdem der HERR ihn vor Saul und vor
allen anderen Feinden gerettet hatte,
dichtete David das folgende Lied:

2 »Du, HERR, bist mein Fels, meine Burg,
  mein Retter,
3 du, Gott, bist meine sichere Zuflucht,
mein Beschützer, mein starker Helfer,
meine Festung auf steiler Höhe!
Zu dir kann ich fliehen,
du schützt mich vor aller Gewalt.
4 Wenn ich zu dir um Hilfe rufe,
dann rettest du mich vor meinen Feinden.
Ich preise dich, HERR!

5 Das Wasser ging mir bis an die Kehle,
vernichtende Fluten stürzten auf mich ein,
6 die Totenwelt* hielt mich mit Schlingen fest,
die Falle des Todes schlug über mir zu.
7 In meiner Verzweiflung schrie ich zum HERRN,
zu ihm, meinem Gott, rief ich um Hilfe.
Er hörte mich in seinem Tempel*,
mein Hilferuf drang an sein Ohr.

8 Da wankte und schwankte die Erde,
da bebten die Fundamente des Himmels,
sie zitterten vor seinem Zorn.
9 Aus seiner Nase quoll dunkler Rauch,
aus seinem Mund schossen helle Flammen,
und glühende Kohlen sprühten hervor.

10 Er neigte den Himmel tief auf die Erde
und fuhr hernieder auf dunklen Wolken.
11 Er ritt auf einem geflügelten Kerub*
und erschien auf den Flügeln
  des Sturmes.
12 Er hüllte sich ein in Finsternis,
in Wassermassen und schwarzes Gewölk.
13 Sein strahlender Glanz war wie glühende
  Kohlen.

14 Dann ließ er vom Himmel den Donner grollen,
laut dröhnte die Stimme des höchsten Gottes.
15 Er schoß seine Pfeile
und verjagte meine Feinde;
er schleuderte seinen Blitz
und stürzte sie in Schrecken.
16 Da zeigte sich der Grund des Meeres,
das Fundament der Erde wurde sichtbar,
als du, HERR, deinen Feinden drohtest
und ihnen deinen Zorn zu spüren gabst.

17 Vom Himmel her griff seine Hand nach mir,
sie faßte mich und zog mich aus der Flut,
18 entriß mich meinem mächtigen Feind,
den überstarken Gegnern, die mich haßten.
19 Sie überfielen mich am Tag meines Unglücks,
jedoch der HERR beschützte mich vor ihnen.
20 Rings um mich machte er es weit und frei.
Er liebt mich, darum half er mir.

21 Der HERR hat mir meine Treue vergolten;
er hat mir Gutes getan,
denn meine Hände sind rein.
22 Stets ging ich die Wege, die er mir zeigte;
nie habe ich mich durch Schuld
  von ihm entfernt.
23 Seine Anordnungen standen mir
  immer vor Augen,
und seine Befehle wies ich nie zurück.
24 Ich tat genau, was er von mir verlangte,
und ging dem Unrecht immer aus dem Weg.
25 Ja, der HERR hat meine Treue vergolten;
er weiß es, ich bin ohne Schuld.

26 Den Treuen, HERR, hältst du die Treue;
für vollen Gehorsam gibst du volle Güte;
27 den Reinen zeigst du dich in reiner Klarheit;
doch den Falschen begegnest du als Gegner.

a Hebräische Maßangabe *300 Schekel** (= 3450 g). *b* *Jaïr* in Angleichung an 1 Chr 20,5; H *Jaare-Orgim*.

21,17 1 Sam 26,6 S; 2 Sam 18,3 **21,18-22** 1 Chr 20,4-8

[28] Die Erniedrigten rettest du aus
Unterdrückung,
aber den Hochmütigen bist du feind
und holst sie vom hohen Roß.
[29] Du, HERR, bist mein Licht,
du selbst, mein Gott,
machst alles Dunkel um mich hell.
[30] Mit dir schlage ich feindliche Horden zurück,
mit dir, meinem Gott, überspringe ich Mauern.

[31] Alles, was dieser Gott tut, ist vollkommen,
was der HERR sagt, ist unzweifelhaft wahr.
Wer in Gefahr ist und zu ihm flieht,
findet bei ihm immer sicheren Schutz.
[32] Kein anderer als der HERR ist Gott!
Nur er, unser Gott, ist ein schützender Fels!
[33] Er gibt mir Kraft und Stärke
und öffnet mir einen geraden,
gut gebahnten Weg.
[34] Er macht meine Füße gazellenflink
und standfest auf allen steilen Gipfeln.
[35] Er bringt meinen Händen das Fechten bei
und lehrt meine Arme, den Bogen zu spannen.

[36] HERR, du bist mein Schutz und meine Hilfe;
daß du mir nahe bist, macht mich stark.
[37] Du hast den Weg vor mir frei gemacht,
nun kann ich ohne Straucheln vorwärts gehen.

[38] Ich verfolgte meine Feinde und bezwang sie;
ich ließ nicht ab, bis sie vernichtet waren.
[39] Ich schlug sie zu Boden und brachte sie
zur Strecke;
sie fielen vor meine Füße.
[40] Du gabst mir die Kraft für diesen Kampf,
du brachtest die Feinde in meine Gewalt.
[41] Sie mußten vor mir die Flucht ergreifen,
alle, die mich haßten, konnte ich vernichten.
[42] Sie schauten nach Hilfe aus,
doch da war kein Retter.
Sie schrien zu dir, HERR,
doch du gabst keine Antwort.
[43] Ich zermalmte sie zu Staub, den der Wind
aufwirbelt.
Ich trat sie nieder wie den Schmutz
auf der Straße.

[44] Du hast mich gerettet vor den Aufrührern
aus meinem Volk,
du hieltst deine Hand über mich
und machtest mich zum Herrscher
ganzer Völker.
Mir unbekannte Stämme unterwerfen sich,
[45] Ausländer kommen und kriechen vor mir,
sie hören, was ich sage, und gehorchen sofort.
[46] Sie haben keine Kraft mehr zum Widerstand,
zitternd kommen sie hervor aus ihren Burgen.

[47] Der HERR lebt!
Ihn will ich preisen, meinen schützenden Fels!
Gott, meinen Fels und Retter, will ich rühmen!
[48] Du hast mich Rache nehmen lassen
und hast mir die Völker unterworfen.
[49] Du hast mich mitten aus meinen Feinden
gerettet,
mich ihren grausamen Händen entrissen
und mir den Sieg gegeben über meine Gegner.

[50] Darum will ich dich preisen, HERR,
und deinen Ruhm besingen unter den Völkern.
[51] Du verleihst deinem König große Siege,
du erweist deinem Erwählten deine Güte.
Das tust du für David und seine Söhne
in allen kommenden Generationen.«

Davids Vermächtnis

23 Dies ist Davids Vermächtnis, es sind seine letzten Worte:

»Hört zu, denn David, Isais Sohn, spricht jetzt –
zu höchster Ehre hat ihn Gott erhoben,
zum König hat ihn Jakobs Gott gesalbt*;
der Lieblingsdichter ist er seines Volkes Israel.[a]

[2] Der Geist* des HERRN ist es, der aus mir spricht;
er hat sein Wort in meinen Mund gelegt.
[3] Israels Gott, der starke Fels,
auf den sein Volk vertraut, er hat zu mir gesagt:
›Ein König, der sein Volk gerecht regiert,
Gott ernst nimmt, seine Weisung stets befolgt,
[4] ist wie die helle Morgensonne,
wenn sie vom wolkenlosen Himmel strahlt
und nach dem Regen frisches Grün
aufsprießen läßt.‹

[5] Ich weiß, mein Königshaus hält treu zu Gott.
Er hat mir seinen Bund* gewährt für alle Zeiten,
so hat er es geordnet, und darüber wacht er.
Auf seine Hilfe kann ich mich verlassen;
gelingen läßt er alles, was ich unternehme.

[6] Doch alle diese gottvergessenen Schurken,
sie sind wie abgestorbenes Dorngesträuch,
vom Wind entwurzelt und davongeweht.
Mit bloßen Händen rührt es niemand an;

a Andere mögliche Übersetzung: *der Liebling der Gesänge Israels.*
23,5 7,12-16; Ps 89,4-5; Jes 55,3-4

7 mit Eisenhaken, mit dem Schaft des Speers,
liest man es auf und wirft es dann ins Feuer.
An Ort und Stelle wird's ein Raub der
Flammen.«

Davids berühmte Krieger und ihre Taten

(1 Chr 11,10-41)

8 Hier folgen die Namen der berühmten »Hel-
den« Davids:
Jischbaal aus der Sippe Hachmoni[a] war der
Anführer der »Dreißig Helden«. Er kämpfte mit
dem Speer[b] gegen 800 Feinde und erstach sie
alle in einer einzigen Schlacht.
9 An zweiter Stelle steht Eleasar, der Sohn von
Dodo aus Ahoach. Er war einer der »Drei«, die
David damals bei sich hatte, als die Israeliten die
Philister* zum Kampf herausforderten, die Phi-
lister jedoch zum Angriff übergingen und die
Männer von Israel sich zurückzogen. 10 Eleasar
aber hielt stand. Er räumte unter den Philistern
auf, bis sein Arm erlahmte und die Hand sich
um den Schwertgriff zusammenkrampfte. So
schenkte der HERR damals den Israeliten einen
großen Sieg. Sein Beispiel ermutigte die Männer
von Israel, wieder vorzurücken, aber es gab nur
noch die Beute einzusammeln.
11 Der dritte war Schamma aus Harar, der
Sohn von Age. Als die Philister auf einem Lin-
senfeld bei Lehi[c] gegen die Israeliten kämpften
und die Männer Israels flohen, 12 stellte er sich
mitten auf das Feld, hielt dem Angriff stand und
schlug die Philister zurück. So schenkte der HERR
den Israeliten einen großen Sieg.
13 Als einmal während der Ernte ein Philister-
heer sein Lager in der Ebene Rafaïm aufgeschla-
gen hatte, gingen drei von Davids »Dreißig Hel-
den« zu David in die Höhle bei Adullam. 14 Dort
hatte er seine Bergfestung, in der er sich gerade
aufhielt. Eine Abteilung der Philister lag zur glei-
chen Zeit in Betlehem. 15 Aus einer Laune heraus
sagte David: »Ich habe Durst! Wer bringt mir
Wasser aus der Zisterne beim Tor von Betle-
hem?« 16-17 Darauf brachen die drei in das Lager
der Philister ein, schöpften Wasser aus der Zister-
ne beim Tor von Betlehem und brachten es Da-
vid. Der aber weigerte sich, es zu trinken. »Der
HERR bewahre mich davor, ein solches Unrecht
zu tun!« sagte er. »Das wäre gerade so, wie
wenn ich das Blut dieser Männer hier trinken
würde, die ihr Leben dafür aufs Spiel gesetzt
haben.« Er goß das Wasser als Trankopfer* für
den HERRN auf die Erde. Diese Tat vollbrachten
die drei tapferen Helden.
18 Abischai, Joabs Bruder, der Sohn der
Zeruja, war der Anführer der »Dreißig Helden«.
Er tötete mit dem Speer 300 Feinde und wurde
so berühmt wie einer der »Drei«. 19 Er war ange-
sehener als die »Dreißig Helden«[d] und wurde
deren Anführer; doch an die »Drei« reichte er
nicht heran.
20 Benaja aus Kabzeel war der Sohn des tapfe-
ren Jojada und vollbrachte große Taten. Er tötete
die beiden mächtigen Helden, die als »Löwen von
Moab« bekannt waren. Als an einem Schneetag
ein Löwe in eine Grube fiel, stieg er allein hin-
unter und erschlug ihn. 21 Er tötete auch einen
stattlichen Ägypter, der mit einem Speer bewaff-
net war. Er selbst hatte nichts als einen Stock;
aber er ging auf den Ägypter los, riß ihm den
Speer aus der Hand und durchbohrte ihn damit.
22 Durch solche Taten wurde Benaja so berühmt
wie einer der »Drei«. 23 Er war angesehener als
die »Dreißig Helden«, doch an die »Drei« reichte
er nicht heran. David machte ihn zum Anführer
seiner Leibgarde*.
24 Zu den »Dreißig Helden« gehörten:

Asaël, der Bruder von Joab
Elhanan, der Sohn von Dodo, aus Betlehem
25 Schamma aus Harod
Elika aus Harod
26 Helez aus Bet-Pelet
Ira, der Sohn von Ikkesch, aus Tekoa
27 Abiëser aus Anatot
Sabeni aus Huscha[e]
28 Zalmon aus Ahoach
Mahrai aus Netofa
29 Heled, der Sohn von Baana, aus Netofa
Ittai, der Sohn von Ribai, aus Gibea im Gebiet
Benjamins
30 Benaja aus Piraton
Hiddai aus Nahale-Gaasch
31 Abialbon aus Bet-Araba
Asmawet aus Bahurim
32 Eljachba aus Schaalbon
Jaschen aus Gun[f]

a *Jischbaal* statt *Joscheb-Baschebet* mit einem Teil der griechischen Überlieferung; *Hachmoni* statt *Tachemoni* nach 1 Chr 11,11.
b *Er kämpfte ...:* vermutlicher Text nach 1 Chr 11,11; H *Er war der Ezniter Adino.*
c *Lehi:* mit veränderten Vokalen (vgl. Ri 15,9.14.19); H *in einer Schar.* d *Dreißig*: mit einer Handschrift; H *drei.*
e *Sabeni:* mit einigen griechischen Handschriften (vgl. 21,18 und 1 Chr 11,29); H *Mebunnai.*
f *Jaschen ...:* mit einem Teil der griechischen Überlieferung; H *die Söhne Jaschens.*

23,13-14 1 Sam 22,1.4 **23,18** 1 Sam 26,6 S **23,20** 8,18 S **23,21** 1 Sam 17,43.51 **23,24** (Asaël) 2,18-23

Jonatan, [33] der Sohn von Schamma,[a] aus Harar,
Ahiam, der Sohn von Scharar, aus Arar
[34] Elifelet, der Sohn von Ahasbai, aus Maacha
Eliam, der Sohn von Ahitofel, aus Gilo
[35] Hezro aus Karmel
Paarai aus Arab
[36] Jigal, der Sohn von Natan, aus Zoba*
Bani aus Gad
[37] der Ammoniter* Zelek
Nachrai aus Beerot, der Waffenträger Joabs
[38] Ira aus Jattir
Gareb aus Jattir
[39] der Hetiter* Urija

Insgesamt waren es siebenunddreißig.

David greift in Gottes Rechte ein

(1 Chr 21,1-6)

24 Noch einmal ließ der HERR die Israeliten seinen Zorn spüren. Er reizte David auf, etwas zu tun, was dem Volk schaden mußte. Er sagte zu ihm: »Zähle die Männer von Israel und Juda!«

[2] Da befahl der König seinem Heerführer Joab, der gerade bei ihm war: »Geh durch alle Stämme Israels von Dan bis Beerscheba und laß die wehrfähigen Männer zählen. Ich will wissen, wie viele es sind.«

[3] Joab erwiderte: »Mein Herr und König! Ich wünsche von Herzen, daß der HERR, dein Gott, das Heer Israels noch hundertmal so zahlreich macht, wie es schon ist. Möge er dich das noch erleben lassen! Aber warum willst du so etwas tun?«

[4] Doch der König ließ sich durch Joab und die obersten Truppenführer nicht von seinem Plan abbringen. So machten sie sich an die befohlene Musterung.

[5] Joab und die Truppenführer überquerten den Jordan und begannen mit ihrer Zählung bei Aroër und der Stadt im Arnontal[b] im Gebiet des Stammes Gad. Von dort gingen sie in Richtung Jaser [6] und weiter durch die Landschaft Gilead* zum Gebiet der Hetiter in der Gegend von Kadesch[c] und über Dan-Jaan bis in die Gegend von Sidon. [7] Dann wandten sie sich südwärts[d] und kamen zu der befestigten Stadt Tyrus, erfaßten alle Städte der Hiwiter und der Kanaaniter* in dieser Gegend und zogen dann weiter durch das ganze Land bis nach Beerscheba am südlichen Ende von Juda.

[8] In neun Monaten und zwanzig Tagen hatten sie das ganze Land durchzogen und kehrten dann nach Jerusalem zurück. [9] Joab meldete dem König die Gesamtzahl der wehrfähigen Männer, die mit dem Schwert umgehen konnten: 800 000 im Gebiet von Israel und 500 000 im Gebiet von Juda.

Die Strafe trifft das Volk

(1 Chr 21,7-17)

[10] Aber nun schlug David das Gewissen, weil er die Männer Israels gezählt hatte. Er betete: »HERR, ich habe ein großes Unrecht begangen. Vergib mir doch meine Schuld! Ich habe sehr unbesonnen gehandelt.«

[11-12] Als David am nächsten Morgen aufstand, kam der Prophet Gad, der Seher* Davids, zu ihm. Das Wort des HERRN war nämlich an ihn ergangen, und der HERR hatte zum ihm gesagt: »Geh zu David und richte ihm aus: ›So spricht der HERR: Ich lasse dir die Wahl zwischen drei Übeln. Wähle, was ich dir antun soll!‹«

[13] Der Prophet kam also zum König, überbrachte ihm die Botschaft und fragte: »Was willst du: daß eine siebenjährige Hungersnot über dein Land kommt, oder daß du für drei Monate vor deinen Feinden fliehen mußt, oder daß drei Tage lang die Pest in deinem Land wütet? Überleg es dir gut und sag mir, was für eine Antwort ich dem HERRN bringen soll, der mich geschickt hat!«

[14] David sagte zu Gad: »Ich stehe vor einer schrecklichen Wahl! Aber wenn es denn sein muß, dann lieber in die Hand des HERRN fallen, denn er ist voll Erbarmen. In die Hand von Menschen will ich nicht fallen!«

[15] Da ließ der HERR in Israel die Pest ausbrechen. Sie wütete von jenem Morgen an bis zu dem Zeitpunkt, den der HERR bestimmt hatte, und im ganzen Land zwischen Dan und Beerscheba fielen ihr 70 000 Männer aus dem Volk zum Opfer.

[16] Als aber der Todesengel auch in Jerusalem sein grausiges Werk verrichten wollte, tat es dem HERRN leid, und er sagte zu dem Engel*, der sich unter dem Volk seine Opfer suchte: »Halt, es ist genug!«

a *der Sohn … :* mit einigen griechischen Handschriften; H *Schamma.*
b *und begannen … :* mit einem Teil der griechischen Überlieferung; H *und lagerten bei Aroër, südlich der Stadt.*
c *zum Gebiet der Hetiter* … :* mit einem Teil der griechischen Überlieferung; H *zum Land Tachtim-Hodschi.* Mit *Kadesch* ist wohl nicht die Stadt am Orontes in Nordsyrien gemeint, sondern eher Kedesch in Galiläa (Jos 20,7).
d *wandten sie … :* verdeutlichender Zusatz, ebenso in der Fortsetzung *zogen dann weiter durch das ganze Land.*

23,39 11,3-27 **24,1** Num 25,3; 32,13; Ri 2,14-20; 3,8 **24,10** 1 Sam 24,6 **24,11-12** 1 Sam 22,5 **24,14** Neh 9,19.27.31 **24,16** 2 Chr 32,21

Der Engel des HERRN stand gerade auf dem
Dreschplatz des Jebusiters Arauna. [17]Als David
sah, wie der Engel die Leute mit der Pest schlug,
sagte er zum HERRN: »Aber ich bin doch der
Schuldige! Ich, der König, habe mich verfehlt,
mein Volk, diese unschuldige Herde, hat nichts
Böses getan. Darum strafe doch mich und meine
Familie!«

David opfert auf dem späteren Tempelplatz

(1 Chr 21,18-27)

[18]Am selben Tag kam der Prophet Gad zu David
und sagte zu ihm: »Geh hinauf zum Dreschplatz
des Jebusiters Arauna und baue dem HERRN dort
einen Altar*!«

[19]David gehorchte dem Befehl des HERRN,
den der Prophet ihm ausgerichtet hatte, und ging
hinauf. [20]Als Arauna von der Arbeit aufschaute
und den König und seine Begleiter kommen sah,
ging er ihnen entgegen und warf sich vor dem
König nieder, das Gesicht zur Erde.

[21]»Mein Herr und König«, sagte er, »was führt
dich zu mir, deinem Diener?«

David antwortete: »Ich möchte deinen
Dreschplatz kaufen und dort einen Altar für den
HERRN bauen, damit die Seuche aufhört.«

[22]»Nimm alles, mein Herr und König«, sagte
Arauna, »und opfere, was du willst! Meine Rin-
der hier kannst du für das Brandopfer* neh-
men und ihr Joch* und den Dreschschlitten*
als Brennholz. [23]Ich schenke dir alles, mein
König!«[a] Und er fügte hinzu: »Möge der HERR,
dein Gott, dein Opfer mit Wohlgefallen anneh-
men!«

[24]Aber der König erwiderte: »Nein, ich
möchte den Platz zum vollen Preis von dir kau-
fen, und ich will dem HERRN, meinem Gott, auch
nicht Opfer darbringen, die ich nicht bezahlt
habe.«

So kaufte David den Dreschplatz und die Rin-
der für 50 Silberstücke*. [25]Er baute dort einen
Altar für den HERRN und opferte darauf Brand-
opfer und Mahlopfer*.

Und der HERR hörte auf die Bitten, die der
König für sein Land vorbrachte, und machte der
Seuche, die in Israel wütete, ein Ende.

DAS ERSTE BUCH VON DEN KÖNIGEN

Inhaltsübersicht

SALOMOS KRÖNUNG UND DAVIDS TOD (1,1–2,12)

Adonija will König werden

1 König David war sehr alt geworden. Obwohl
er in Wolldecken eingehüllt wurde, konnte er
nicht mehr warm werden. [2]Da sagten seine Die-
ner zu ihm: »Erlaube uns, Herr, daß wir uns
nach einem jungen, unberührten Mädchen um-
sehen! Sie soll für dich da sein, dich bedienen
und in deinen Armen schlafen, damit du warm
wirst.«

[3]Sie suchten im ganzen Land Israel nach
einem schönen Mädchen. Die Wahl fiel auf
Abischag aus Schunem, und sie brachten sie
zum König. [4]Sie war außerordentlich schön. Von
da an war sie ganz für den König da und be-
diente ihn; aber er hatte keinen Verkehr mit
ihr.

[5]Adonija, der Sohn von Davids Frau Haggit,
spielte sich groß auf und erklärte: »Ich bin der
künftige König!« Er legte sich einen Wagen und
Pferde zu und eine Leibwache von fünfzig
Mann, die vor seinem Wagen herliefen. [6]Sein
Vater hatte ihn immer sehr nachsichtig be-
handelt und ihn nie wegen irgend etwas zur
Rede gestellt. Er war ein stattlicher Mann und
nach Abschalom der nächstgeborene der Söhne
Davids.

[7]Adonija war es gelungen, den Heerführer
Joab und den Priester* Abjatar auf seine Seite zu
ziehen. [8]Dagegen konnte er den Priester Zadok
sowie Benaja, den Sohn von Jojada, den Ober-
sten der Leibgarde*,[b] und den Propheten* Natan

a *Ich schenke* (wörtlich *Arauna schenkt*) ...: mit einigen Handschriften; H *Das alles schenkt Arauna, der König, dem König.*
b *den Obersten ...:* verdeutlichender Zusatz (vgl. 2 Sam 8,18); ebenso in Vers 32.

24,22 1 Sam 6,14 **1,5** 2 Sam 3,4; 15,1 **1,7** 2 Sam 8,16 S; 1 Sam 22,20 S **1,8** 2 Sam 8,17 S; 8,18 S; 7,2; 12,1

nicht für sich gewinnen, auch nicht Schimi, Reï
und die Elitetruppe Davids.
9 Eines Tages veranstaltete Adonija beim
Sohelet-Felsen an der Rogel-Quelle* ein großes
Opferfest. Er ließ Schafe, Rinder und gemästete
Kälber schlachten. Alle anderen Königssöhne
und die im Hofdienst stehenden Männer von
Juda hatte er eingeladen, 10 aber nicht den Pro-
pheten Natan und Benaja und die Elitetruppe
Davids, und auch nicht seinen Bruder Salomo.

Salomo hat Fürsprecher bei David

11 Da ging Natan zu Batseba, der Mutter Salo-
mos, und sagte: »Hast du schon gehört, daß Ado-
nija, der Sohn der Haggit, König ist? Und David,
unser Herr, hat keine Ahnung davon! 12 Dein
Leben steht auf dem Spiel und das deines Soh-
nes Salomo! Deshalb rate ich dir, 13 geh zu David
und sage zu ihm: ›Mein Herr und König, du hast
mir doch mit einem Eid zugesichert, daß mein
Sohn Salomo und kein anderer dir auf dem
Königsthron folgen soll. Warum ist denn nun
Adonija König geworden?‹ 14 Während du noch
mit ihm sprichst, werde ich selber kommen und
dir helfen.«
15 Batseba ging sofort zu König David, der sich
im innersten Raum seines Palastes aufhielt. Er
war sehr alt geworden, und Abischag aus Schu-
nem bediente ihn.
16 Batseba verneigte sich vor dem König und
warf sich vor ihm nieder.
»Was möchtest du?« fragte der König.
17 »Mein Herr und König«, sagte sie, »du hast
mir bei dem HERRN, deinem Gott, geschworen,
daß mein Sohn Salomo und kein anderer dir auf
dem Thron folgen soll. 18 Aber jetzt ist Adonija
König geworden – und du, mein Herr und König,
weißt nicht einmal davon! 19 Er hat ein großes
Opferfest veranstaltet und eine Menge Rinder,
Mastkälber und Schafe schlachten lassen. Alle
deine Söhne hat er eingeladen, auch den Priester
Abjatar und den Heerführer Joab, nur deinen
treuen Sohn Salomo nicht. 20 Auf dich, mein
König, blickt jetzt ganz Israel! Alle warten dar-
auf, daß du ihnen sagst, wer nach dir auf dei-
nem Thron sitzen soll. 21 Sonst werden sie mei-
nen Sohn Salomo und mich als Hochverräter
behandeln, wenn du eines Tages nicht mehr
lebst.«
22–23 Während Batseba noch mit dem König
sprach, wurde der Prophet Natan gemeldet. Er
trat ein und warf sich vor dem König nieder.
24 »Mein Herr und König«, sagte er, »ich sehe, du
hast entschieden, daß Adonija dein Nachfolger
werden soll! 25 Jedenfalls hat er heute ein großes
Opferfest veranstaltet und eine Menge Rinder,
Mastkälber und Schafe schlachten lassen. Dazu
hat er alle deine Söhne, die Truppenführer und
den Priester Abjatar eingeladen. In diesem
Augenblick essen und trinken sie als seine Gäste
und rufen: ›Lang lebe König Adonija!‹ 26 Aber
mich und den Priester Zadok, Benaja und deinen
Sohn Salomo hat er nicht eingeladen. 27 Ist all das
wirklich auf deine Anordnung geschehen, mein
König? Hast du vor deinen treuesten Dienern
verheimlicht, wer dein Nachfolger auf dem
Königsthron werden soll?«

David bestimmt Salomo zu seinem Nachfolger

28 »Ruft Batseba wieder herein!« befahl König
David. Sie kam und trat vor ihn. 29 Dann hob er
die Hand zum Schwur und sagte: »So gewiß der
HERR lebt, der mich aus aller Not gerettet hat:
30 Ich habe dir beim HERRN, dem Gott Israels, ge-
schworen, daß dein Sohn Salomo und kein ande-
rer mein Nachfolger werden soll. Und heute löse
ich meine Zusage ein!«
31 Batseba verneigte sich tief, warf sich vor
David nieder und sagte: »Möge mein Herr und
König ewig leben!«
32 Dann sagte David: »Ruft mir den Priester
Zadok, den Propheten Natan und Benaja, den
Obersten der Leibgarde*!«
Als alle beisammen waren, 33 befahl er ihnen:
»Mein Sohn Salomo soll mein königliches Maul-
tier besteigen. Nehmt meine Leibgarde mit und
geleitet ihn hinab zur Gihon-Quelle*. 34 Dort sol-
len ihn der Priester Zadok und der Prophet Na-
tan zum König über Israel salben*. Laßt die Hör-
ner blasen und ruft laut: ›Lang lebe König
Salomo!‹ 35 Dann sollt ihr ihn wieder hierher ge-
leiten, und er soll sich auf meinen Thron setzen.
Kein anderer als er soll an meiner Stelle König
sein. Ihn habe ich zum Herrscher über Israel
und Juda bestimmt.«
36 »Amen*«, sagte Benaja. »So will es der
HERR, der Gott meines Königs! 37 Er stehe Salomo
bei, wie er meinem Herrn und König beigestan-
den hat, ja, er lasse den Sohn noch bedeutender
werden als seinen Vater!«
38 Zadok, Natan und Benaja ließen Salomo auf
das Maultier von König David steigen und gaben
ihm mit der königlichen Leibgarde das Geleit

1,9-11 2 Sam 15,11-12 1,11 2 Sam 12,24 1,34 1 Sam 16,13 S

hinab zur Gihon-Quelle. 39 Der Priester Zadok hatte aus dem Zelt des HERRN das Horn mit dem Salböl mitgebracht und salbte Salomo zum König. Die Widderhörner* wurden geblasen, und das Volk rief: »Lang lebe König Salomo!«

40 Dann geleiteten sie ihn wieder hinauf nach Jerusalem. Alle waren außer sich vor Freude, spielten auf Flöten und jubelten so laut, daß die Erde dröhnte.

Adonija muß aufgeben

41 Auch Adonija und seine Gäste hörten den Lärm. Sie hatten gerade das Festmahl beendet. Als Joab das Hörnerblasen hörte, fragte er: »Was ist das für ein Lärm in der Stadt?« 42 Da kam auch schon Jonatan, der Sohn des Priesters Abjatar. »Komm her«, rief Adonija, »du bist ein zuverlässiger Mann und bringst gewiß gute Nachricht!«

43 »Wenn es nur so wäre!« erwiderte Jonatan. »König David, unser Herr, hat Salomo zum König gemacht! 44–45 Er hat ihn auf sein Maultier steigen lassen und mit Zadok, Natan und Benaja und der königlichen Leibgarde* zur Gihon-Quelle geschickt. Dort haben ihn der Priester Zadok und der Prophet Natan zum König gesalbt*. Dann sind sie alle jubelnd wieder nach Jerusalem hinaufgezogen, und die ganze Stadt ist in heller Aufregung. Das ist der Lärm, den ihr gehört habt!

46 Salomo hat sich schon auf den Königsthron gesetzt, 47 und die Hofleute haben König David ihre Glückwünsche gebracht und gesagt: ›Dein Gott mache Salomo noch berühmter als dich selbst und seine Herrschaft noch bedeutender als die deine!‹ Der König hat sich auf seinem Bett verneigt 48 und gesagt: ›Der HERR, der Gott Israels, sei gepriesen! Er hat es so gefügt, daß heute ein Nachfolger meinen Thron bestiegen hat und ich es noch erleben durfte.‹«

49 Die Gäste Adonijas sprangen erschrocken auf und liefen auseinander. 50 Adonija fürchtete die Rache Salomos, deshalb flüchtete er zum Zelt des HERRN[a] und ergriff schutzsuchend die Hörner* des Altars.

51 Man meldete Salomo: »Adonija fürchtet sich vor König Salomo; er klammert sich an die Hörner des Altars und sagt: ›Ich gehe erst von hier weg, wenn König Salomo mir schwört, daß er mich, seinen Diener, nicht töten wird.‹«

52 Salomo sagte: »Wenn er sich nichts zuschulden kommen läßt, wird ihm kein Haar gekrümmt werden; aber wenn er etwas gegen mich unternimmt, muß er sterben.« 53 Er schickte Männer mit dieser Zusicherung zu Adonija, die geleiteten ihn hinunter in den Königspalast.

Adonija trat vor König Salomo und warf sich vor ihm nieder. Salomo aber sagte zu ihm: »Du kannst nach Hause gehen!«

David will Salomos Herrschaft sichern

2 Als David sein Ende nahen fühlte, sagte er zu seinem Sohn Salomo: 2 »Meine Zeit ist abgelaufen. Nun kommt es darauf an, daß du deinen Mann stehst! 3 Achte stets darauf, daß du so lebst, wie der HERR, dein Gott, es haben will. Befolge alle seine Gebote und Anweisungen, die im Gesetzbuch* Moses aufgeschrieben sind. Dann wirst du Erfolg haben in allem, was du planst und unternimmst. 4 Dann wird auch der HERR sein Versprechen halten, das er mir gegeben hat. Er sagte ja zu mir: ›Wenn deine Nachkommen mir treu bleiben und meine Gebote mit ganzem Herzen befolgen, dann wird auf dem Thron Israels stets einer aus der Familie Davids sitzen.‹«

5 »Noch etwas«, fuhr David fort: »Du erinnerst dich, was mein Heerführer Joab mir angetan hat. Er hat die beiden Heerführer Israels, Abner und Amasa, mitten im Frieden getötet. Mit diesen Mordtaten hat er seine Soldatenehre befleckt. 6 Du wirst in deiner Weisheit dafür sorgen, daß er seine gerechte Strafe bekommt. So alt er ist, er darf keines natürlichen Todes sterben!

7 Aber sei freundlich zu den Söhnen von Barsillai, dem Mann aus Gilead*! Sorge für sie, denn sie haben auch mich versorgt, als ich vor deinem Bruder Abschalom fliehen mußte.

8 Dann ist da auch noch Schimi aus Bahurim, vom Stamm Benjamin. Als ich damals nach Mahanajim floh, hat er mich beschimpft und verflucht. Bei meiner Rückkehr kam er mir voll Reue an den Jordan entgegen; da habe ich ihm geschworen, ihn nicht zu töten. 9 Aber jetzt muß er seine Strafe finden. Du hast Weisheit genug, um zu wissen, was du mit ihm tun mußt. So alt er ist, er muß eines gewaltsamen Todes sterben!«

10 Bald darauf starb David und wurde in der Davidsstadt* beigesetzt. 11 Vierzig Jahre lang hatte er als König über Israel regiert, davon sieben in Hebron und dreiunddreißig in Jerusalem. 12 Salomo wurde sein Nachfolger, und er hatte die Herrschaft fest in der Hand.

a *zum Zelt …:* verdeutlichender Zusatz; vgl. 2,28.

1,42 2 Sam 15,27.36 **2,4** 2 Sam 7,12-16 **2,5** 2 Sam 3,26-27; 20,10 **2,7** 2 Sam 17,27 S **2,8-9** 2 Sam 16,5-6 S **2,11** 2 Sam 5,4-5

SALOMO ALS KÖNIG UND DER BAU DES TEMPELS (2,13–11,43)

Salomo beseitigt seinen Rivalen

13 Eines Tages kam Adonija zu Salomos Mutter Batseba. »Was führt dich her?« fragte sie ihn. »Ist etwas passiert?«

14 »Nein«, erwiderte Adonija, »aber ich habe eine Bitte.«

»Sprich nur!« sagte sie, 15 und er begann: »Du weißt, mir stand eigentlich der Königsthron zu, und ganz Israel hatte erwartet, daß ich der neue König würde. Aber es ist anders gekommen, und das Königtum ist meinem Bruder zugefallen. Der HERR hat es so gewollt. 16 Nun habe ich nur eine einzige Bitte; schlage sie mir nicht ab!«

»Was ist es denn?« fragte Batseba, 17 und er antwortete: »Lege bei König Salomo ein Wort für mich ein, daß er mir Abischag von Schunem zur Frau gibt. Dir wird er es bestimmt nicht verweigern.«

18 »Gut«, sagte Batseba, »ich will mit dem König reden.«

19 Sie ging zu König Salomo, um ihm die Bitte Adonijas vorzutragen. Der König stand auf, ging ihr entgegen und verneigte sich tief vor ihr. Dann setzte er sich auf seinen Thron und ließ zu seiner rechten Seite einen Thronsessel für seine Mutter aufstellen.

20 »Ich habe eine kleine Bitte an dich«, begann sie; »schlag sie mir nicht ab!«

»Sprich sie ruhig aus, Mutter«, erwiderte der König, »ich werde dir nichts verweigern.«

21 Batseba sagte: »Könnte nicht Abischag von Schunem deinem Bruder Adonija zur Frau gegeben werden?«

22 König Salomo fuhr auf und sagte zu ihr: »Warum bittest du für Adonija nur um Abischag von Schunem? Bitte doch gleich um den Königsthron! Er ist schließlich mein älterer Bruder! Der Priester Abjatar und der Heerführer Joab hätten sicher nichts dagegen einzuwenden!«

23 Dann schwor er: »Gott soll mich strafen, wenn Adonija diese Bitte nicht mit seinem Leben büßt! 24 So gewiß der HERR lebt, der mich auf den Thron meines Vaters David gebracht und zum König eingesetzt hat, der HERR, der sein Wort gehalten und mir und meinen Nachkommen das Königtum gegeben hat: Noch heute wird Adonija sterben!«

25 König Salomo schickte Benaja, den Sohn von Jojada, hin, und der stach Adonija nieder.

Salomo fühlt sich auch jetzt noch nicht sicher

26 Zum Priester Abjatar sagte der König: »Geh in deine Heimatstadt Anatot und bewirtschafte deine Felder! Eigentlich hast du den Tod verdient. Aber dir war unter meinem Vater die Bundeslade* des HERRN anvertraut, und du hast auch alle Leiden meines Vaters mit ihm geteilt.« 27 Damit entzog er Abjatar das Recht, dem HERRN als Priester* zu dienen. So traf ein, was der HERR einst in Schilo* der Familie des Priesters Eli angekündigt hatte.

28 Joab hörte, was geschehen war. Er war einst nicht zu Abschalom übergegangen, hatte sich aber diesmal auf die Seite Adonijas gestellt. Deshalb floh er zum Zelt des HERRN und ergriff schutzsuchend die Hörner* des Altars.

29 Als König Salomo es erfuhr, schickte er einen Boten und ließ Joab fragen: »Warum hast du dich zum Altar geflüchtet?«

»Ich fürchtete deine Rache«, antwortete Joab, »deshalb suchte ich Schutz beim HERRN.«

Als das König Salomo gemeldet wurde,[a] gab er Benaja den Befehl: »Geh hin und töte ihn!«

30 Benaja ging zum Zelt des HERRN und sagte zu Joab: »Der König befiehlt: ›Verlaß diesen Ort!‹«

»Nein«, erwiderte Joab, »hier will ich sterben.«

Benaja ging zum König und berichtete, was Joab ihm geantwortet hatte. 31 »Tu, was er verlangt«, sagte der König. »Stoße ihn nieder und bestatte ihn. So sorgst du dafür, daß die Strafe für seine Untaten nicht mich und die Familie meines Vaters trifft. 32 Er allein trägt die Schuld daran; sein Blut finde keinen Rächer*! Denn er hat zwei unschuldige Männer umgebracht, die ihn an Treue und Rechtschaffenheit weit übertrafen. Abner, den Heerführer Israels, und Amasa, den Heerführer Judas, hat er ermordet, ohne daß mein Vater das geringste davon wußte. 33 Dafür soll Joab büßen, und auch noch seine Nachkommen zu allen Zeiten. Aber die Nachkommen Davids, alle, die ihm jemals auf seinen Thron folgen, möge der HERR vor allem Unglück bewahren.«

34 So ging Benaja zum Altar und erstach Joab.

a Von »schickte er einen Boten« ab ist der Text nur in G überliefert.

2,17 1,3-4 **2,25** 2 Sam 8,18 S **2,26** 1 Sam 22,20 S **2,27** 1 Sam 2,27-36 **2,28** 1,7.51 **2,31-32** 2,5 S **2,34** 2 Sam 3,29

Auf seinem Besitz in der Steppe bei Betlehem[a]
wurde er bestattet.
35 Der König machte Benaja an Joabs Stelle
zum Heerführer, und den Priester Zadok setzte
er an die Stelle Abjatars.

Auch Schimi muß sterben

36 König Salomo ließ Schimi aus Bahurim zu sich
rufen und befahl ihm: »Bau dir ein Haus in Jeru-
salem und wohne dort! Du darfst die Stadt unter
keinen Umständen verlassen. 37 Sobald du dei-
nen Fuß über den Bach Kidron setzt, mußt du
sterben. Du allein trägst dann die Schuld daran;
dein Blut findet keinen Rächer*. Das laß dir ge-
sagt sein!«
38 »Ich bin damit einverstanden«, sagte Schimi.
»Ich werde tun, was mein Herr und König be-
fiehlt.«
Schimi wohnte schon drei Jahre in Jerusalem,
39 da entliefen ihm eines Tages zwei Sklaven*
und flohen zum König von Gat, zu Achisch, dem
Sohn von Maacha. Als Schimi hörte, daß die bei-
den in Gat waren, 40 sattelte er seinen Esel, ritt
zu König Achisch und holte seine Sklaven zu-
rück.
41 Man meldete Salomo: »Schimi hat die Stadt
verlassen! Er ist nach Gat geritten und wieder
zurückgekehrt.«
42 Der König ließ ihn holen und sagte zu ihm:
»Ich habe dich gewarnt und dir gesagt: ›Sobald
du die Stadt verläßt, mußt du sterben.‹ Und du
hast geantwortet: ›Ich bin einverstanden; ich ge-
horche.‹ Ich habe dich sogar beim Herrn schwö-
ren lassen, daß du es nicht tun wirst. 43 Warum
hast du deinen Eid gebrochen und meinen Be-
fehl mißachtet? 44 Im übrigen weißt du ganz
genau, was du meinem Vater David angetan
hast. Dafür läßt der Herr dich jetzt büßen.
45 Mich aber möge er segnen; er lasse das
Königshaus Davids für alle Zeiten bestehen.«
46 Der König gab Benaja den Befehl, und der
ging mit Schimi hinaus und erstach ihn. Nun
war das Königtum fest in der Hand Salomos.

Salomo heiratet eine ägyptische Königstochter

3 Salomo nahm verwandtschaftliche Bezie-
hungen zum Pharao, dem König von Ägyp-
ten, auf: Er heiratete die Tochter des Pharaos. Er
ließ sie in einem Haus in der Davidsstadt* woh-
nen, bis sein Palast sowie der Tempel* und die
Stadtmauer vollendet waren.

Salomo darf sich etwas wünschen

(2 Chr 1,3-12)

2 Weil damals noch kein Tempel* für den Herrn[b]
gebaut war, brachte das Volk dem Herrn seine
Opfer an den Opferstätten* rings im Land. 3 Salo-
mo liebte den Herrn und befolgte seine Gebote,
wie es sein Vater David getan hatte; aber auch er
opferte an diesen Opferstätten.
4 Einmal ging der König nach Gibeon, um ein
Opferfest zu feiern. Dort war die bedeutendste
Opferstätte im ganzen Land. Salomo opferte auf
dem Altar tausend Tiere als Brandopfer*. 5 Als er
im Heiligtum übernachtete, erschien ihm der
Herr im Traum und sagte zu ihm: »Wünsche dir,
was du willst; ich will es dir geben!«
6 Salomo antwortete: »Du hast in großer Treue
an deinem Diener, meinem Vater David, gehan-
delt, so wie auch er stets treu zu dir gehalten und
dir aufrichtig gedient hat. Du hast ihm deine
große Treue auch darin erwiesen, daß du ihm
einen Sohn gegeben hast, der einst auf seinem
Thron sitzen sollte, wie das jetzt wirklich einge-
treten ist.
7 Herr, mein Gott! Du hast mich, deinen Die-
ner, anstelle meines Vaters David zum König ge-
macht. Ich bin noch viel zu jung und unerfahren
und fühle mich dieser Aufgabe nicht gewach-
sen. 8 Und doch hast du mir das Volk anvertraut,
das du dir erwählt hast, und ich trage die Verant-
wortung für so viele Menschen, die niemand
zählen kann. 9 Darum schenke mir ein Herz, das
auf deine Weisung hört, damit ich dein Volk
leiten und gerechtes Urteil sprechen kann. Wie
kann ich sonst dieses große Volk regieren?«
10 Der Herr freute sich über diese Bitte.
11 Deshalb sagte er zu Salomo: »Du hättest dir
langes Leben oder Reichtum oder den Tod deiner
Feinde wünschen können. Statt dessen hast du
mich um Einsicht gebeten, damit du gerecht
regieren kannst. 12 Darum werde ich deine Bitte
erfüllen und dir soviel Weisheit und Verstand
schenken, daß kein Mensch vor oder nach dir
mit dir verglichen werden kann.
13 Aber auch das, worum du mich nicht ge-
beten hast, will ich dir geben: Ich werde dir
Reichtum und hohes Ansehen schenken, so daß
zu deinen Lebzeiten kein König sich darin mit

a *bei Betlehem:* verdeutlichender Zusatz. Joab gehört zur Sippe Davids (vgl. 1 Chr 2,13-16), die in Betlehem ihren Wohnsitz hat (1 Sam 16,1).
b Wörtlich *kein Haus für den Namen des Herrn;* siehe Anmerkung zu Dtn 12,5.

2,35 4,2-6 **2,36** 2 Sam 16,5-6 S **2,39** 1 Sam 21,11; 27,2-3 **2,45** 2 Sam 7,16 S **3,2-3** (Opferstätten) 15,14; 22,44; 2 Kön 12,4; 14,4; 15,4.35; 16,4; 18,4 **3,4-9** Weish 8,21–9,19

dir messen kann. 14 Und wenn du meine Gebote so treu befolgst wie dein Vater David, dann schenke ich dir auch ein langes Leben.«

15 Als Salomo erwachte, merkte er, daß der HERR im Traum mit ihm gesprochen hatte. Er ging nach Jerusalem und trat vor die Bundeslade* des HERRN, opferte Brandopfer und ließ Tiere für das Opfermahl* schlachten. Sein gesamter Hofstaat wurde zu dem Mahl geladen.

Ein Beispiel für Salomos Weisheit

16 Eines Tages kamen zwei Prostituierte zum König und trugen ihm einen Rechtsstreit vor.

17 »Mein Herr und König«, sagte die eine, »diese Frau und ich wohnen zusammen im selben Haus. Sie war dabei, als ich einen Sohn gebar. 18 Zwei Tage danach gebar sie selbst einen Sohn. Nur wir beide waren zu dieser Zeit im Haus; sonst war niemand da. 19 Eines Nachts wälzte sie sich im Schlaf auf ihr Kind und erdrückte es, so daß es starb. 20 Da stand sie mitten in der Nacht auf und nahm mir mein Kind weg, während ich schlief. Dafür legte sie ihr totes Kind neben mich. 21 Als ich am Morgen erwachte und mein Kind stillen wollte, fand ich es tot. Doch als ich es genau ansah, merkte ich, daß es gar nicht das meine war.«

22 »Das ist nicht wahr!« rief die andere. »Mein Kind ist das lebende und deins das tote!«

»Nein«, rief die erste, »das tote ist deins, das lebende meins!« So stritten sie sich vor dem König.

23 Da sagte König Salomo: »Die eine behauptet: ›Mein Kind ist das lebende, deins das tote!‹, die andere: ›Nein, das tote ist deins, das lebende meins!‹« 24 Und er befahl seinen Leuten: »Bringt mir ein Schwert!«

Sie brachten es ihm. 25 Er befahl weiter: »Zerschneidet das lebende Kind in zwei Teile und gebt die eine Hälfte der einen, die andere Hälfte der andern!«

26 Da rief die Frau, der das lebende Kind gehörte – denn die Mutterliebe regte sich mächtig in ihr: »Ach, mein Herr und König! Gebt es der andern, aber laßt es leben!«

Die andere aber sagte: »Weder dir noch mir soll es gehören! Zerschneidet es nur!«

27 Darauf entschied der König: »Gebt das Kind der ersten, tötet es nicht! Sie ist die Mutter.«

28 Überall in Israel erfuhr man von diesem Urteil des Königs, und alle schauten in Ehrfurcht zu ihm auf. Sie sahen, daß Gott ihm Weisheit geschenkt hatte, so daß er gerechte Entscheidungen fällen konnte.

Die Minister Salomos

4 Salomo war nun König über ganz Israel. 2–6 In die Regierungsämter setzte er folgende Männer ein:

als Oberpriester: Asarja, den Sohn von Zadok
als Staatsschreiber: Elihoref und Ahija, die Söhne von Schischa
als Kanzler: Joschafat, den Sohn von Ahilud
als Heerführer: Benaja, den Sohn von Jojada [a]
als Vorsteher der Provinzverwalter: Asarja, den Sohn von Natan
als Ratgeber des Königs: den Priester* Sabud, den Sohn von Natan
als Palastverwalter: Ahischar
als Beauftragten für die Fronarbeiten: Adoniram, den Sohn von Abda.

Die zwölf Provinzen und ihre Verwalter

7 Salomo hatte das Gebiet Israels in zwölf Provinzen eingeteilt, an deren Spitze jeweils ein Provinzverwalter stand. Sie hatten reihum je einen Monat lang die Versorgung des königlichen Hofes zu übernehmen.

8–19 Hier ist die Liste der Provinzverwalter und ihrer Provinzen:

Verwalter	*Provinz*
(1) der Sohn Hurs	das Bergland von Efraïm
(2) der Sohn Dekers	das Gebiet der Städte Makaz, Schaalbim, Bet-Schemesch, Ajalon und Bet-Hanan [b]
(3) der Sohn Heseds	das Gebiet der Stadt Arubbot, dazu das Gebiet von Socho und das ganze Land Hefer
(4) der Sohn Abinadabs; er war mit Salomos Tochter Tafat verheiratet	das bergige Hinterland der Küstenstadt Dor
(5) Baana, der Sohn Ahiluds	die ganze Jesreel-Ebene mit den Städten Taanach und Megiddo bis über Jokneam im Westen hinaus, dazu das ganze Gebiet

a Es folgt noch (wohl aus 2 Sam 20,25 hierhergeraten) *als Priester Zadok und Abjatar;* vgl. zu Abjatar 2,26-27.
b *Ajalon und Bet-Hanan:* mit hebräischen und griechischen Handschriften; H *Elon Bet-Hanan.*
3,26 Jes 49,15

	der Stadt Bet-Schean in der Jordansenke bis in die Gegend der Stadt Jesreel im Westen, und im Süden in Richtung Zaretan bis zur Stadt Abel-Mehola[a]
(6) der Sohn Gebers	der nördliche Teil von Gilead* mit der Stadt Ramot und das Siedlungsgebiet des Manassesohnes Jaïr sowie das Gebiet von Argob in Baschan* mit 60 befestigten Städten
(7) Ahinadab, der Sohn von Iddo	der südliche Teil von Gilead mit der Stadt Mahanajim
(8) Ahimaaz, der mit Salomos Tochter Basemat verheiratet war	das Stammesgebiet Naftali
(9) Baana, der Sohn von Huschai	das Stammesgebiet Ascher und das Gebiet von Alot
(10) Joschafat, der Sohn von Paruach	das Stammesgebiet Issachar
(11) Schimi, der Sohn von Ela	das Stammesgebiet Benjamin
(12) Geber, der Sohn von Uri	das Stammesgebiet Gad[b] im ehemaligen Gebiet des Amoriterkönigs Sihon und des Königs Og von Baschan

Über das Gebiet von Juda war nur ein einziger Verwalter eingesetzt.[c]

Salomos Reich und seine Hofhaltung

20 Die Menschen in Juda und Israel waren so
zahlreich wie der Sand am Meer. Alle hatten
genug zu essen und zu trinken und waren glücklich.

5 Salomo herrschte über alle Königreiche vom
Eufrat bis zum Gebiet der Philister* und zur
Grenze Ägyptens. Sie erkannten seine Oberherrschaft an und zahlten ihm Tribut. So blieb es
während der ganzen Regierungszeit Salomos.
2 Salomo brauchte für seine Hofhaltung täglich drei Tonnen feines und sechs Tonnen gewöhnliches Mehl,[d]
3 zehn im Stall gemästete
Rinder, zwanzig Rinder von der Weide und hundert Schafe; dazu kamen noch Hirsche, Rehe,
Gazellen und gemästetes Geflügel.
4 Salomos Herrschaft erstreckte sich über das
ganze Gebiet westlich des Eufrats und über alle
Könige, die dort regierten, von der Stadt Tifsach
bis nach Gaza. Mit allen Nachbarländern hatte
er Frieden.
5 Während seiner ganzen Regierungszeit lebten die Leute in Juda und Israel, von
Dan im Norden bis Beerscheba im Süden, in
Sicherheit und Wohlstand. Jeder konnte ungestört unter seinem Weinstock und seinem Feigenbaum sitzen.
6 Salomo hatte 12000 Pferde für seine 4000[e]
Streitwagengespanne*.
7 Die Verwalter seiner
zwölf Provinzen versorgten ihn und alle, die an
der königlichen Tafel speisten, mit Lebensmitteln, so daß es an nichts fehlte. Jeden Monat war
eine andere Provinz dafür zuständig.
8 Sie beschafften auch Gerste und Stroh für die Wagenpferde und anderen Zugtiere und brachten es
nach einer festgelegten Ordnung jeweils dorthin, wo es gebraucht wurde.

Salomos Weisheit

9 Gott schenkte Salomo große Weisheit* und Einsicht und ein Wissen, so unermeßlich wie der
Sand am Meeresstrand.
10 Salomo übertraf darin
sogar die Weisen Arabiens und Ägyptens.
11 Er
wußte mehr als alle Menschen, auch mehr als
der Esrachiter Etan und als Heman, Kalkol und
Darda, die Söhne Mahols. Sein Ruhm verbreitete
sich unter allen benachbarten Völkern.
12 Er verfaßte 3000 Weisheitssprüche und
1005[f] Lieder.
13 Er sprach darin über alle Arten
von Bäumen von der Libanon-Zeder bis zum
Ysop, der an Mauern wächst, und ebenso über
die großen Landtiere, die Vögel, die Kriechtiere
und Fische.
14 Aus allen Völkern kamen Leute, um Salomo
zu hören, wenn er seine Weisheitsworte vortrug; alle Könige der Erde, zu denen der Ruf

a Deutung unsicher. *b* *Gad* mit G; H *Gilead* (vgl. aber Provinz 6 und 7).
c So im Anschluß an G; H *Nur ein Verwalter war über dieses Gebiet gesetzt.*
d Hebräische Maßangaben *30* und *60 Kor* (1 Kor = 10 Efa*); Betrag in der Umrechnung abgerundet.
e H *40000;* vgl. jedoch 2 Chr 9,25.
f Entgegen dem ersten Eindruck handelt es sich vielleicht um eine »runde« Zahl: Die Buchstaben des hebräischen Wortes für *Lied* ergeben, als Zahlzeichen gelesen, die Summe 1005. Die Wörter für die aufgezählten Naturerscheinungen ergeben den Zahlenwert 3000.

4,13 (Nr. 6: Jaïr) Num 32,41; Dtn 3,14 **4,20** Gen 12,2 S **5,1** Gen 12,7 S; 2 Chr 9,26 **5,5** Mi 4,4 **5,6** 10,26; 2 Chr 1,14; 9,25 **5,11** 1 Chr 2,6; Ps 89,1 **5,12-14** Spr 1,1; 10,1; 25,1; Hld 1,1; 1 Kön 10,23-24; Sir 47,15-17

seiner Weisheit gedrungen war, schickten Ge-
sandte zu ihm.

Salomo schließt einen Vertrag mit König Hiram

(2 Chr 2,2-15)

15 König Hiram von Tyrus war stets ein guter
Freund Davids gewesen. Als er erfuhr, daß Salo-
mo anstelle seines Vaters König geworden war,
schickte er eine Gesandtschaft nach Jerusalem.
16 Daraufhin ließ Salomo Hiram ausrichten:
17 »Wie du weißt, konnte mein Vater David dem
HERRN, seinem Gott, keinen Tempel* bauen. Er
mußte sich ständig gegen die Angriffe der Nach-
barvölker wehren, bis der HERR ihm den Sieg
über sie gab. 18 Mir aber hat der HERR, mein Gott,
Frieden geschenkt. Niemand greift mich an, kein
Unheil bedroht mich.
19 Darum habe ich mich entschlossen, einen
Tempel zu bauen, einen Wohnsitz für den
Namen des HERRN, meines Gottes.[a] So hatte der
HERR es vorgesehen, als er zu meinem Vater
David sagte: ›Dein Sohn, dem ich nach deinem
Tod die Herrschaft übertragen werde, soll mei-
nem Namen ein Haus bauen.‹
20 Deshalb bitte ich dich: Laß auf dem Liba-
non-Gebirge für mich Zedern fällen! Meine
Arbeiter werden den deinen dabei zur Hand
gehen. Ich erstatte dir den Lohn für deine Leute;
fordere, was du für angemessen hältst. Du weißt
ja, daß wir in Israel niemand haben, der so gut
Bäume fällen kann wie deine Untertanen im Ge-
biet von Sidon.«
21 Als Hiram die Botschaft Salomos erhielt,
freute er sich sehr und sagte: »Dem HERRN sei
gedankt, daß er David einen so tüchtigen Sohn
geschenkt hat, der dieses große Volk regieren
kann!«
22 Er ließ Salomo sagen: »Ich habe deine Bot-
schaft erhalten. Ich bin bereit, deinen Wunsch
zu erfüllen und dir das Bauholz zu schicken.
23 Meine Arbeiter werden die Stämme vom Liba-
non zum Meer hinunterschaffen. Dann lasse ich
sie zu Flößen zusammenbinden und die Küste
entlang zu dem Platz bringen, den du mir nen-
nen wirst. Dort werden meine Arbeiter die
Flöße wieder auflösen, und deine Leute können
die Stämme für den Weitertransport überneh-
men. Du wirst mir dafür gewiß auch einen
Wunsch erfüllen und mir Lebensmittel für mei-
nen Hof schicken.«
24 Salomo erhielt von Hiram die Zedern- und
Zypressenstämme, die er brauchte. 25 Dafür lie-
ferte er für den Unterhalt von Hirams Königshof
jährlich 3000 Tonnen Weizen und 4000 Hekto-
liter feinstes Olivenöl.[b]
26 Der HERR hatte Salomo Weisheit geschenkt,
wie er es ihm versprochen hatte. Deshalb
herrschte Frieden zwischen Hiram und Salomo,
und die beiden schlossen ein Bündnis.

Vorbereitungen für den Tempelbau

(2 Chr 2,1.16-17)

27 König Salomo ließ in ganz Israel 30000 Leute
zum Frondienst* ausheben 28 und stellte sie
unter die Leitung Adonirams. Jeweils 10000
mußten einen Monat lang auf dem Libanon
arbeiten, danach durften sie für zwei Monate
nach Hause.
29 Darüber hinaus arbeiteten für Salomo in
den Bergen Judas 80000 Steinbrecher und
70000 Männer, die die Steinblöcke abtranspor-
tierten. 30 Dazu kamen 3300 Aufseher, die den
Provinzverwaltern Salomos unterstellt waren
und die gesamte Arbeit überwachen mußten.
31 Auf Befehl des Königs brachen sie mächtige
Steinblöcke von bester Qualität für das Funda-
ment des Tempels; sie wurden im Steinbruch zu-
rechtgehauen. 32 Die Bauleute Salomos und Hi-
rams sowie Männer aus der Stadt Byblos
bearbeiteten die Steinblöcke und Stämme, wie
sie für den Bau des Tempels gebraucht wurden.

Salomo baut Gott einen Tempel

(2 Chr 3,1-4)

6 Vierhundertachtzig Jahre waren seit der
Befreiung der Israeliten aus Ägypten ver-
gangen. Da begann König Salomo im zweiten
Monat seines vierten Regierungsjahres, dem
Monat Siw*, ein Haus für den HERRN zu bauen.
2 Das Tempelhaus, das er bauen ließ, war
dreißig Meter[c] lang, zehn Meter breit und fünf-
zehn Meter hoch. 3 Die Vorhalle war ebenso
breit wie der Hauptbau und fünf Meter tief. 4 In
den Mauern ließ er Fensteröffnungen anbringen
mit Rahmen und Gittern aus Stein[d] 5 und ließ

a *einen Wohnsitz ...:* siehe Anmerkung zu Dtn 12,5.

b *4000 hl* mit G; H *400 l.* Hebräische Maßangaben *20000 Kor* (1 Kor = 10 Efa*; genauer 3300 t) und *20* bzw. *20000 Bat* (1 Bat = 6 Hin*).

c Hebräische Maßangaben: jeweils die doppelte Anzahl *Ellen* (hebräisch Amma; 1 Elle = 46 oder 52 cm); entsprechend weiterhin in diesem und im nächsten Kapitel.

d Deutung unsicher; auch bei der Deutung anderer bautechnischer Angaben sind wir gelegentlich auf Vermutungen angewiesen.

5,15 2 Sam 5,11 **5,19** 2 Sam 7,12-13 **5,20-32** Esra 3,7 **5,28** 4,2-6; 12,18 **6,1** Ex 12,40-41

außen an den Seitenwänden und an der Hinterwand einen mehrstöckigen Anbau aus Holz errichten.
[6] Die Mauer des Tempelhauses verjüngte sich außen stufenweise; so konnten die Balken der Holzkonstruktion auf dem Vorsprung aufliegen und brauchten nicht in die Tempelmauer eingelassen zu werden. Der Anbau war im untersten Stock zweieinhalb Meter tief, im mittleren drei und im obersten dreieinhalb.

[7] Die Mauern des Tempels wurden aus unbearbeiteten Bruchsteinen erbaut. Auf der ganzen Baustelle wurden weder Hämmer noch Meißel noch andere eiserne Werkzeuge verwendet.

[8] Der Eingang zum Anbau war auf der Südseite; vom Erdgeschoß führte eine Treppe zum mittleren Stockwerk und von dort zum Oberstock hinauf.
[9] Als die Mauern aufgeführt waren, ließ Salomo eine Decke aus Zedernbalken und Zedernbrettern als Dach über das Tempelhaus legen.[a]
[10] Der Anbau lief um das ganze Haus herum und war durch Zedernbalken mit der Tempelmauer verbunden. Jedes Stockwerk war zweieinhalb Meter hoch.

[11] Damals erging das Wort des HERRN an Salomo, und er sagte zu ihm:
[12-13] »Wenn du nach meinen Geboten lebst, meine Rechtsordnungen befolgst und auf alle meine Weisungen achtest, will ich dir gegenüber die Zusage einlösen, die ich deinem Vater David gegeben habe. Ich werde in diesem Haus, das du mir baust, mitten unter den Israeliten wohnen und mein Volk Israel niemals im Stich lassen.«

Die innere Ausstattung des Tempels

(2 Chr 3,5-14)

[14] Nachdem Salomo den Rohbau des Tempelhauses vollendet hatte,
[15] ließ er die Innenwände vom Boden bis zur Decke mit Zedernholz täfeln und den Fußboden mit Zypressenholz auslegen.
[16] Zehn Meter von der Rückwand entfernt wurde eine Zwischenwand aus Zedernholz aufgeführt, um einen Raum für die Wohnung des HERRN, das Allerheiligste*, zu schaffen.
[17] Der verbleibende Innenraum war also noch zwanzig Meter lang.
[18] Er war ringsum mit Zedernholz getäfelt; nirgends war das Mauerwerk zu sehen. Die Täfelung war mit Schnitzereien in Form von Blüten und Früchten verziert.

[19] Im hinteren Teil des Baues ließ Salomo die Wohnung des HERRN herrichten. Hier sollte die Bundeslade* ihren Platz finden.
[20] Der Raum war zehn Meter lang, zehn Meter breit und zehn Meter hoch, die Wände waren mit reinem Gold bedeckt. Salomo ließ auch einen Altar aus Zedernholz machen.
[21-22] Er sollte vor dem Allerheiligsten stehen und wurde ganz mit Gold überzogen. Auch die Wände des Tempelhauses wurden mit Gold überzogen. Vor dem Allerheiligsten wurden goldene Ketten quer durch den Raum gespannt.

[23] Für das Allerheiligste ließ Salomo zwei Kerubenfiguren* aus Olivenholz[b] schnitzen. Jede war fünf Meter hoch.
[24] Ihre Flügel maßen je zweieinhalb Meter, so daß die beiden Flügel ausgespannt eine Länge von fünf Metern hatten.
[25-26] Beide Figuren hatten genau die gleiche Größe und Gestalt.
[27] Salomo ließ sie nebeneinander im Allerheiligsten aufstellen. Ihre ausgespannten Flügel berührten einander in der Mitte des Raumes und reichten außen bis an die Seitenwände.
[28] Auch diese Kerubenfiguren wurden mit Gold überzogen.

[29] Die Wände des Tempels im inneren wie im äußeren Raum[c] wurden mit geschnitzten Bildern von Keruben und Palmbäumen und mit geschnitzten Blüten verziert,
[30] und der Fußboden wurde mit Gold überzogen.
[31] Der Eingang zum Allerheiligsten bekam Türflügel aus Olivenholz; der Türrahmen war nach innen fünffach abgestuft.
[32] Auf den beiden Türflügeln wurden Schnitzereien von Keruben, Palmbäumen und Blüten angebracht und die Keruben und Palmen mit Gold überzogen.
[33] Der Eingang des Tempelhauses bekam einen vierfach abgestuften Türrahmen aus Olivenholz
[34] und eine Doppeltür aus Zypressenholz. Auf jeder Seite waren hintereinander je zwei drehbare Türflügel angebracht.
[35] Die Türflügel wurden mit vergoldeten Schnitzereien von Keruben, Palmbäumen und Blüten verziert.

[36] Den inneren Vorhof* um das Tempelhaus ließ Salomo mit einer Mauer einfassen, die in Schichten aus jeweils drei Lagen behauener Steine und einer Lage Zedernbalken gebaut war.

[37] Im vierten Regierungsjahr Salomos, im zweiten Monat, dem Monat Siw*, wurde der Grundstein für den Tempel gelegt.
[38] Im elften Regierungsjahr, im achten Monat, dem Monat

a Es folgen noch zwei unbekannte Wörter; vielleicht: *(und) über die Nebengebäude und Säulenhallen.*
b Deutung unsicher; wörtlich *Ölholz* (ebenso in den Versen 31 und 33). In Frage kommen auch Ölweide (Oleaster) oder eine Kiefernart; »Öl« bezeichnet den Harzreichtum.
c *im inneren ...:* wörtlich *innen und außen.*

6,12-13 2 Sam 7,8-16; Ex 29,45 **6,19** Ex 26,32-34 **6,20** Ex 30,1-3 **6,23-28** Ex 25,18-20

Bul*, war der Bau mit der gesamten Einrichtung vollendet. Gut sieben Jahre hatte Salomo am Haus des HERRN gebaut.

Salomo baut sich einen Königspalast

7 An seinem eigenen Haus, der Palastanlage, baute Salomo dreizehn Jahre, bis alles vollendet war.

2 Er baute eine große Halle, die der »Libanonwald« genannt wurde. Sie war 50 Meter lang, 25 Meter breit und 15 Meter hoch. Ihre Decke wurde von vier Reihen von Zedernsäulen getragen, auf denen Zedernbalken ruhten. 3 Im Obergeschoß befanden sich 45 abgeteilte Räume,[a] die mit Zedernbrettern gedeckt waren, je 15 in einer Reihe. 4 Die Halle hatte an den beiden Seitenwänden drei übereinanderliegende Reihen von je drei Fenstern, die sich genau gegenüberstanden. 5 An den Schmalseiten waren je drei einander gegenüberliegende Türen,[b] deren Rahmen vierfach abgestuft waren.

6 Weiter baute Salomo die »Säulenhalle«, 25 Meter lang und 15 Meter breit. Sie hatte eine Vorhalle, deren Dach ebenfalls von Säulen getragen wurde.[c] 7 Außerdem baute er die »Thronhalle«, sie war vom Boden bis zur Decke mit Zedernholz getäfelt. Sie hieß auch Gerichtshalle, weil der König hier Gericht hielt. 8 Salomos Wohnhaus lag hinter der Thronhalle in einem anderen Hof. Es war in derselben Bauweise errichtet, und ebenso das Haus für die ägyptische Königstochter, die Salomo geheiratet hatte.

9 Alle diese Gebäude waren aus besten Quadersteinen aufgeführt, die auf der Außen- und Innenseite mit der Steinsäge geschnitten waren.[d] 10 Die Fundamente bestanden aus mächtigen Steinblöcken, teils fünf, teils vier Meter lang. 11 Darauf erhoben sich Mauern aus Quadersteinen, zwischen denen Balken aus Zedernholz eingefügt waren.

12 Der große Hof um die Palastgebäude war von einer Mauer eingefaßt, die abwechselnd aus drei Lagen behauener Steine und einer Lage Zedernbalken aufgeführt war. In derselben Bauweise waren auch die Mauer um den inneren Vorhof* des Tempels sowie die Vorhalle des Tempels errichtet worden.

Berufung des Bronzegießers Hiram

13-14 König Salomo ließ aus Tyrus einen Bronzegießer namens Hiram kommen. Er war der Sohn einer Witwe aus dem Stamm Naftali, sein Vater war ein Tyrer gewesen. Er war ein begabter und erfahrener Künstler und konnte jede Art von bronzenen Gegenständen herstellen. Er folgte dem Ruf Salomos und übernahm die Leitung der Bronzearbeiten.

Bronzearbeiten für den Tempel: die beiden Säulen

(2 Chr 3,15-17)

15 Hiram goß zwei Säulen aus Bronze, jede neun Meter hoch; der Umfang des Säulenschafts betrug sechs Meter. 16 Oben auf jede Säule setzte er ein bronzenes Kapitell von zweieinhalb Meter Höhe. 17 Die Kapitelle waren mit Reihen von kettenartigen Bändern überzogen, je sieben an jedem Kapitell. 18-22 Um jedes Kapitell zogen sich über den Bändern rundherum je zwei Girlanden von bronzenen Granatäpfeln, zweihundert an jeder Säule. Das Ganze sah aus wie ein Blütenkelch.[e]

Als Hiram die Arbeit vollendet hatte, wurden die Säulen vor der Eingangshalle des Tempels* aufgestellt; die rechte bekam den Namen Jachin (Er richtet auf), die linke den Namen Boas (In ihm ist Stärke).

Das große bronzene Becken

(2 Chr 4,2-5)

23 Dann machte Hiram ein großes rundes Bronzebecken, das »Meer«. Sein Durchmesser betrug fünf Meter, sein Umfang fünfzehn Meter und seine Höhe zweieinhalb Meter. 24 Auf der Außenseite war es unterhalb des Randes mit zwei Reihen von Flaschenkürbissen verziert, die mit dem Becken aus einem Guß waren; auf einen halben Meter kamen zehn kleine Kürbisse.

25 Das Becken wurde von zwölf Rindern getragen, die in Dreiergruppen angeordnet waren; jede Gruppe schaute in eine andere Himmelsrichtung.

26 Der Rand des Beckens war nach außen gewölbt wie bei einem Kelch oder einer Wasserlilie. Das Metall war etwa eine Handbreite dick.

Das Becken faßte über 40 000 Liter.[f]

---

a *Räume:* Deutung unsicher. b *Türen* mit G; H *Fenster.* Die Deutung des Verses ist ganz unsicher.

c Es folgt noch *und … davor.* Die Bedeutung des ausgelassenen Wortes ist unbekannt.

d Es folgt noch *vom Fundament bis zu … (?) und von außen bis zum großen Hof.*

e Es folgt noch die Maßangabe *4 Ellen* (= 2 m). Die Beschreibung der Kapitelle ist insgesamt nur vermutungsweise wiederzugeben.

f Hebräische Maßangabe *2000 Bat* (1 Bat = 6 Hin*).

7,8 3,1 **7,13-14** 2 Chr 2,12-13

Die bronzenen Kesselwagen

27 Außerdem machte Hiram zehn fahrbare Gestelle aus Bronze.[a] Jedes war zwei Meter lang, zwei Meter breit und eineinhalb Meter hoch.

28 Sie hatten auf allen vier Seiten eine Anzahl von waagrechten bronzenen Leisten, die durch senkrechte Querleisten verbunden waren. 29 Auf den mittleren Leisten waren Löwen, Rinder und Keruben* abgebildet, die oben und unten von gehämmerten Kränzen eingefaßt waren.

30 Jedes Gestell hatte zwei Achsen und vier Räder aus Bronze. Von den vier Eckpfosten gingen unten Streben aus, die mit der untersten verzierten Leiste verbunden waren.

31 Der ringförmige Aufsatz, der den Kessel trug, war 75 Zentimeter hoch und ragte über das Gestell hinaus; er war ebenfalls verziert. Er ruhte auf einem viereckigen Rahmen.

32 Die vier Räder reichten nicht bis an die Leisten des Rahmens heran; sie waren 75 Zentimeter hoch. Die kurzen Achsen der Räder waren fest mit dem Gestell verbunden. 33 Die Räder waren wie die Räder von Streitwagen*; alle Teile – Achsen, Felgen, Speichen und Naben – waren aus Bronze gegossen.

34 An den vier Eckpfosten des Gestells waren Streben angebracht, die mit dem übrigen Gestell aus einem Guß waren. 35 Der ringförmige Aufsatz auf dem Gestell ragte 25 Zentimeter darüber hinaus und wurde durch Halter am Gestell getragen. Der Rahmen, auf dem er ruhte, war fest mit ihm verbunden. 36 Auf dem Rahmen und den Haltern waren Keruben, Löwen und Palmen eingraviert, und ringsum waren Kränze angebracht.

37 Alle zehn Gestelle waren völlig gleich. Hiram machte sie nach demselben Plan und Maß und aus der gleichen Gußform.

38 Dann machte er für jedes Gestell einen bronzenen Kessel mit einem Durchmesser von zwei Metern, der 840 Liter[b] faßte. 39 Fünf der Kesselwagen erhielten ihren Platz auf der Südseite des Tempelhauses, die übrigen fünf auf der Nordseite. Das große Becken wurde an der Südostecke aufgestellt.

Zusammenfassende Liste der Geräte für den Tempel

(2 Chr 4,11–5,1)

40–45 Im Auftrag König Salomos fertigte Hiram alle diese Arbeiten für den Tempel* des HERRN an. Jedes Stück war aus Bronze gegossen, und die Oberfläche war anschließend poliert worden. Hier ist ein vollständiges Verzeichnis aller Stücke:

2 Säulen
2 becherförmige Kapitelle für die Säulen
2 Geflechte von Bändern für die Kapitelle
400 Granatäpfel, aufgehängt über den Bändern jedes Kapitells in zwei Reihen zu je hundert
10 fahrbare Gestelle
10 Kessel zum Einsetzen in die Gestelle
das große Becken
12 Rinder als Untersatz des Beckens
außerdem Schalen zum Auffangen des Blutes sowie Schaufeln und Kübel zum Beseitigen der Asche

46 Der König ließ alle diese Stücke im Jordantal in den mächtigen Tonablagerungen zwischen Sukkot und Zaretan gießen. 47 Weil es so viele Stücke waren, verzichtete er darauf, das Gewicht der verarbeiteten Bronze festzustellen.

48–50 Salomo ließ auch die heiligen Geräte für den Tempel des HERRN herstellen:

den Räucheraltar*
den Tisch für die geweihten Brote*
die zehn Leuchter, je fünf rechts und fünf links vor dem Allerheiligsten*
die blütenförmigen Aufsätze der Leuchter, die Lichtschalen* und Dochtscheren
die Schüsseln, Lichtmesser, Blutschalen, Löffel und Kohlenbecken
die Angeln für die Tür zum Allerheiligsten und für die Eingangstür des Tempels

Alle diese Gegenstände wurden aus Gold gefertigt.

51 Nachdem König Salomo den Tempel und seine Ausstattung vollendet hatte, brachte er die Gaben, die sein Vater David dem HERRN geweiht hatte, herbei. Das Silber und das Gold und alle Geräte kamen in die Schatzkammern des Tempels.

Der Tempel als Wohnung Gottes

(2 Chr 5,2–6,2)

8 Nun ließ König Salomo die Ältesten* Israels, die Vertreter aller Stämme und Sippen, zu sich nach Jerusalem kommen. Sie sollten die Bundeslade* des HERRN von der Davidsstadt auf dem Zionsberg* in den Tempel hinaufbringen.

[a] Die folgende Beschreibung ist zum Teil nur vermutungsweise wiederzugeben (vor allem Vers 28 und die Maßangaben in Vers 31).
[b] Hebräische Maßangabe *40 Bat* (1 Bat = 6 Hin*).
8,1 2 Sam 6,12-17

2 Auch alle Männer Israels kamen deshalb am Laubhüttenfest* im siebten Monat, dem Monat Etanim*, zu König Salomo.

3 Als die Ältesten versammelt waren, hoben die Priester* die Bundeslade auf ihre Schultern 4 und trugen sie zum Tempel hinauf. Mit Hilfe der Leviten* brachten sie auch das Heilige Zelt* und alle seine Geräte dorthin. 5 König Salomo und die ganze Festgemeinde opferten vor der Bundeslade eine große Menge Schafe und Rinder, mehr als man zählen konnte.

6 Dann brachten die Priester die Lade des HERRN an den vorgesehenen Platz im hintersten Raum des Tempels, dem Allerheiligsten*. Sie stellten sie unter die Flügel der Keruben*. 7 Die Keruben hielten nämlich ihre Flügel über der Lade ausgebreitet und überspannten damit die Lade samt ihren Tragstangen. 8-9 Die Tragstangen waren so lang, daß ihre Enden nur zu sehen waren, wenn jemand direkt vor der Tür zum Allerheiligsten stand; vom Hauptraum des Heiligtums aus waren sie nicht zu sehen.

In der Lade waren nur die beiden Steintafeln, die Mose am Berg Horeb* hineingelegt hatte. Auf ihnen steht das Gesetz des Bundes*, den der HERR mit den Israeliten geschlossen hat, als sie aus Ägypten kamen. Sie befinden sich noch heute dort.

10 Als die Priester den Tempel wieder verließen, erfüllte eine Wolke das ganze Heiligtum. 11 Die Priester konnten ihren Dienst nicht fortsetzen, denn die Herrlichkeit* des HERRN erfüllte den Tempel.

12 Da betete Salomo: »HERR, du hast gesagt: ›Ich wohne im Wolkendunkel.‹[a] 13 Darum habe ich dir dieses prächtige Haus gebaut, eine Stätte, an der du für immer wohnen kannst.«

Worte zur Einweihung des Tempels

(2 Chr 6,3-21)

14 Dann drehte sich der König um und wandte sich der ganzen Gemeinde Israel zu. Er grüßte alle Versammelten mit einem Segenswunsch. 15 Dann sagte er:

»Gepriesen sei der HERR, der Gott Israels! Er hat wahr gemacht, was er meinem Vater David versprochen hat, als er sagte: 16 ›In der ganzen Zeit, seit ich mein Volk Israel aus Ägypten in dieses Land brachte, habe ich in keinem der Stämme Israels eine Stadt erwählt, damit dort ein Wohnsitz für meinen Namen[b] errichtet wird. Aber dich habe ich als Herrscher über mein Volk Israel ausgewählt.‹

17 Schon mein Vater David wollte dem HERRN, dem Gott Israels, einen Tempel* bauen. 18 Aber der HERR sagte zu ihm: ›Ich freue mich über deine Absicht, für mich ein Haus zu bauen. 19 Aber nicht du, sondern erst dein Sohn, der dir noch geboren wird, soll mir dieses Haus bauen.‹[c]

20 Dieses Versprechen hat der HERR gehalten: Ich bin als Sohn meines Vaters David König geworden und habe den Wohnsitz für den Namen des HERRN, des Gottes Israels, gebaut. 21 In diesem Haus hat auch die Lade ihren Platz gefunden, in der die Tafeln des Bundes* liegen, den der HERR mit unseren Vorfahren schloß, nachdem er sie aus Ägypten herausgeführt hatte.«

22 Dann trat Salomo vor den Augen der ganzen Gemeinde Israel vor den Altar* des HERRN, breitete die Arme zum Himmel aus 23 und betete:

»HERR, du Gott Israels! Weder im Himmel noch auf der Erde gibt es einen Gott wie dich. Du stehst zu deinem Bund und erweist deine Güte und Liebe allen, die dir mit ungeteiltem Herzen dienen. 24 So hast du an deinem Diener, meinem Vater David, gehandelt. Der heutige Tag ist Zeuge dafür, daß du dein Versprechen gehalten hast.

25 HERR, du Gott Israels, nun erfülle auch die andere Zusage, die du meinem Vater David, deinem Diener gegeben hast: daß stets einer aus der Familie Davids auf dem Thron Israels sitzen wird – wenn seine Nachkommen dir nur genauso treu dienen wie er. 26 Gott Israels, laß doch in Erfüllung gehen, was du meinem Vater David, deinem Diener, versprochen hast!

27 Aber bist du nicht viel zu erhaben, um bei uns Menschen zu wohnen? Ist doch selbst der ganze weite Himmel[d] zu klein für dich, wieviel mehr dann dieses Haus, das ich gebaut habe. 28 HERR, mein Gott! Achte dennoch auf mein demütiges Gebet und höre auf die Bitte, die ich heute vor dich bringe: 29 Richte deinen Blick Tag und Nacht auf dieses Haus, von dem du gesagt hast: ›Hier soll mein Name wohnen!‹[e] Höre mich, wenn ich von hier aus zu dir rufe, 30 und

a Ein Teil der alten Übersetzungen überliefert eine längere Fassung des Wortes: *Die Sonne hast du, HERR, an den Himmel gesetzt; aber du hast gesagt: ...*
b *ein Wohnsitz ...:* siehe Anmerkung zu Dtn 12,5.
c *für mich* und *mir:* wörtlich *meinem Namen* (siehe vorige Anmerkung).
d *der ganze ...:* wörtlich *der Himmel und alle Himmelswelten**.
e *mein Name wohnen:* siehe Anmerkung zu Dtn 12,5.

8,2 Ex 23,16 S **8,6-7** 6,23-28 **8,8-9** Ex 24,12 S; Dtn 10,1-5 **8,10-11** Ex 40,34-35 S **8,12** Ps 18,12; 97,2 **8,13** Ps 132,14 **8,17-19** 2 Sam 7,1-13 **8,23** Dtn 4,35.39; 6,4-5; 7,9 **8,25** 2,4; 2 Sam 7,12-16 **8,27** 2 Chr 2,5; 6,18; Jes 66,1 **8,29** Dtn 12,5

höre auch die Gebete deines Volkes Israel! Wenn
wir an dieser Stätte zu dir rufen, dann höre uns
in deiner himmlischen Wohnung! Erhöre uns
und vergib uns alle Schuld!«

Der Tempel als Ort des Gebets

(2 Chr 6,22-40)

31 »Wenn jemand verdächtigt wird, sich gegen
einen anderen vergangen zu haben, und er wird
hierher zu deinem Altar* gebracht und unter
den Fluch* gestellt, der ihn im Fall der Schuld
treffen soll, 32 dann höre du es im Himmel und
sorge für Recht: Bestrafe ihn, wenn er schuldig
ist, und laß sein böses Tun auf ihn selbst zurück-
fallen; aber verschone ihn, wenn er schuldlos ist,
und laß seine Redlichkeit vor aller Augen offen-
bar werden!

33 Wenn die Israeliten, dein Volk, von Feinden
besiegt werden, weil sie dir nicht gehorcht
haben, und sie wenden sich dir wieder zu, prei-
sen deinen Namen und bitten hier in deinem
Haus um Erbarmen, 34 dann höre du es im
Himmel: Vergib deinem Volk seine Schuld, und
bringe es wieder in das Land zurück, das du
ihren Vorfahren gegeben hast!

35 Wenn kein Regen auf das Land fällt, weil
seine Bewohner dir nicht gehorcht haben, und
sie erkennen deine strafende Hand, kehren um
und beten zu dir, wenden sich diesem Haus zu
und preisen deinen Namen, 36 dann höre du es
im Himmel: Vergib deinem Volk und seinen
Königen ihre Schuld, zeige ihnen, was sie tun
sollen, und laß es wieder regnen auf das Land,
das du deinem Volk als bleibenden Besitz ge-
geben hast!

37 Wenn im Land eine Hungersnot ausbricht,
wenn das Getreide durch Glutwinde, Krankhei-
ten oder Schädlinge vernichtet wird, wenn der
Feind ins Land einfällt oder Seuchen wüten,
38 dann höre das Gebet, das ein einzelner
Mensch oder dein ganzes Volk an dich richtet.
Wenn irgend jemand in der Not seines Herzens
seine Arme betend zu diesem Haus hin ausbrei-
tet, 39 dann höre du ihn in deiner himmlischen
Wohnung: Vergib ihm seine Schuld und hilf ihm!
Doch handle so, wie es jeder verdient. Du
kennst ja die verborgensten Gedanken der Men-
schen und siehst ihnen ins Herz. 40 Dann wer-
den sie dich stets ernst nehmen, die ganze Zeit,
die sie in dem Land leben, das du unseren Vor-
fahren gegeben hast.

41-42 Wenn ein Ausländer, der nicht zu dei-
nem Volk Israel zählt, der aber gehört hat, was
für Taten du mit starker Hand und ausgestreck-
tem Arm für dein Volk vollbracht hast – wenn
solch ein Mensch aus einem fernen Land
kommt und im Anblick dieses Hauses zu dir
betet, 43 dann höre ihn in deiner himmlischen
Wohnung und erfülle seine Bitten! Alle Völker
auf der Erde werden dann erkennen, daß du der
wahre Gott bist, und werden dich genauso
ehren, wie dein Volk Israel es tut. Und sie wer-
den erkennen, daß du von diesem Haus, das ich
für dich gebaut habe, Besitz ergriffen hast.

44 Wenn dein Volk in deinem Auftrag gegen
Feinde in den Kampf zieht und dabei in der
Ferne zu dir betet, den Blick zu der Stadt gerich-
tet, die du dir erwählt hast, und zu dem Haus,
das ich deinem Namen[a] gebaut habe, 45 dann
höre sein Gebet im Himmel und verhilf ihm zu
seinem Recht!

46 Vielleicht kommt es auch so weit, daß die
Israeliten sich gegen dich auflehnen – es gibt ja
niemand, der nicht schuldig wird – und du dann
zornig wirst und sie ihren Feinden preisgibst, die
sie in ein fremdes Land verschleppen, in der
Nähe oder in der Ferne. 47 Dort kommen sie viel-
leicht zur Einsicht und wenden sich dir zu und
bekennen vor dir: ›Wir haben Unrecht getan,
wir haben dir nicht gehorcht.‹ 48 Und wenn sie
dann von ganzem Herzen zu dir umkehren und
dort zu dir beten, den Blick gerichtet zu dem
Land, das du ihren Vorfahren gegeben hast, zu
der Stadt, die du dir erwählt hast, und zu dem
Haus, das ich deinem Namen gebaut habe,
49 dann höre ihr Gebet in deiner himmlischen
Wohnung und verhilf ihnen zu ihrem Recht!
50 Vergib ihnen alles, was sie gegen dich getan
und womit sie sich gegen dich aufgelehnt
haben. Verhilf ihnen dazu, daß ihre Feinde mit
ihnen Erbarmen haben. 51 Sie sind doch dein
Eigentum; sie sind dein Volk, das du aus Ägyp-
ten, aus diesem glühenden Schmelzofen, heraus-
geführt hast!

52 Sieh freundlich auf mich und auf dein
ganzes Volk, HERR! Hilf uns, sooft wir in der Not
zu dir rufen! 53 Du hast doch die Israeliten aus
allen Völkern der Welt als dein Eigentum ausge-
wählt. Das hast du ihnen durch Mose, deinen
Diener und Bevollmächtigten*, sagen lassen, als
du unsere Vorfahren aus Ägypten herausgeführt
hast, HERR, du mächtiger Gott!«

Schlußgebet und Ermahnung des Volkes

54 Als Salomo sein Gebet beendet und dem
HERRN alle diese Bitten vorgetragen hatte, stand

a Siehe Anmerkung zu Dtn 12,5 (auch für Vers 48).

8,39 1 Sam 16,7; Spr 15,11 8,48 Dan 6,11 S 8,51 Dtn 4,20 8,53 Ex 19,5-6 S

er auf; er hatte nämlich beim Beten vor dem Altar* des HERRN gekniet und die Arme zum Himmel ausgebreitet. 55 Er trat vor die versammelte Gemeinde Israel hin, segnete sie und rief allen zu:

56 »Wir wollen den HERRN, unseren Gott, preisen! Er hat Wort gehalten und seinem Volk Israel ein Land geschenkt, in dem es in Frieden leben kann. Die großartige Zusage, die er uns durch seinen Diener Mose gab, hat er Wort für Wort erfüllt; nichts ist ausgeblieben.

57 Wie er unseren Vorfahren beistand, so stehe er nun auch uns zur Seite! Er möge uns nie verlassen oder verstoßen. 58 Er schenke uns ein Herz, das ihm gehorsam ist, damit wir immer nach den Geboten und Weisungen leben, die er unseren Vorfahren gegeben hat.

59 Der HERR, unser Gott, möge sich Tag und Nacht an mein Gebet erinnern, an alle Bitten, die ich ihm heute vorgetragen habe. Er möge mir, seinem Diener, und seinem Volk Israel beistehen und uns Recht verschaffen Tag für Tag, wie es jeweils nötig ist. 60 Dann werden alle Völker der Welt erkennen, daß der HERR allein Gott ist und sonst niemand. 61 Ihr aber sollt mit ungeteiltem Herzen dem HERRN, unserem Gott, angehören und stets nach seinen Geboten und Weisungen leben, wie ihr es heute tut.«

Die ersten Feste im Tempel

(2 Chr 7,4-10)

62–63 Nun feierte der König zusammen mit der ganzen Festgemeinde die Einweihung des Tempels* durch ein großes Opfer*. Für das Opfermahl ließ er 22 000 Rinder und 120 000 Schafe schlachten. 64 Weil der Bronzealtar vor dem Haus des HERRN für die Menge der Opfer zu klein war, machte Salomo den ganzen Mittelteil des Vorhofs* zum Opferaltar. Dort ließ er die Brand- und Speiseopfer verbrennen und auch die Fettstücke des Mahlopfers.

65 Sieben Tage lang feierten sie die Einweihung des Tempels.[a] Es war eine riesige Festgemeinde aus ganz Israel versammelt, von Lebo-Hamat im Norden bis zu dem Tal, das die ägyptische Grenze* bildet, im Süden.

66 Am achten Tag entließ der König das Volk. Die Leute riefen dem König ihre Segenswünsche zu und kehrten nach Hause zurück. Sie waren voll Freude und Dank für alles, was der HERR für seinen Diener David und sein Volk Israel getan hatte.

Gott antwortet Salomo

(2 Chr 7,11-22)

9 Als Salomo den Tempel* des HERRN und den Königspalast sowie alle anderen Bauvorhaben vollendet hatte, 2 erschien der HERR ihm ein zweites Mal, wie er ihm einst in Gibeon erschienen war.

3 Er sagte zu Salomo: »Ich habe dein Gebet erhört. Ich habe diesen Tempel, den du gebaut hast, erwählt und zu einer Stätte gemacht, an der mein Name wohnt für alle Zeiten.[b] Meine Augen sind stets auf dieses Haus gerichtet, dort ist mein ganzes Herz euch zugewandt. 4 Und wenn du mir wie dein Vater David treu und aufrichtig dienst und alle meine Gebote befolgst, 5 werde ich die Herrschaft deiner Nachkommen über das Volk Israel für alle Zeiten sichern. So habe ich es deinem Vater David versprochen, als ich zu ihm sagte: ›Stets soll einer aus der Familie Davids auf dem Thron Israels sitzen.‹

6 Wenn sich aber die Israeliten – in dieser oder in einer späteren Generation – von mir abwenden, meinen Geboten nicht mehr gehorchen und anderen Göttern dienen, 7 dann werde ich sie aus dem Land vertreiben, das ich ihnen gegeben habe. Von dem Haus, das ich zur Wohnung meines Namens bestimmt habe,[c] will ich dann nichts mehr wissen, und alle Völker werden das Volk Israel verachten und verspotten. 8 Dieser Tempel wird nur noch ein Trümmerhaufen sein;[d] wer daran vorbeigeht, wird sich mit Entsetzen abwenden. Wenn jemand fragt, warum der HERR dieses Land und dieses Haus so verwüstet hat, 9 wird man ihm antworten: ›Weil sie sich vom HERRN, ihrem Gott, abgewandt haben. Er hat ihre Vorfahren aus Ägypten herausgeführt, aber sie haben sich anderen Göttern zugewandt, sie angebetet und ihnen geopfert. Deshalb hat der HERR all dieses Unglück über sie gebracht.‹«

Salomo tritt einige Städte an Hiram ab

(2 Chr 8,1-2)

10 Zwanzig Jahre lang hatte Salomo am Tempel* des HERRN und an seinem eigenen Palast gebaut. 11 König Hiram von Tyrus hatte ihm Zedern- und Zypressenholz geliefert und auch alles Gold, das

a So mit G; H hat noch: *und sieben Tage, vierzehn Tage lang* (vermutlich Angleichung an 2 Chr 7,9).
b Siehe Anmerkung zu Dtn 12,5. *c* *Wohnung meines Namens:* siehe Anmerkung zu Dtn 12,5.
d So mit den alten Übersetzungen; H *Dieser Tempel wird erhaben sein.*

8,56 Dtn 12,10; Jos 21,44-45 **8,61** 8,23; Dtn 6,5 **8,64** Ex 27,1 S **9,2** 3,5 **9,3** 8,29 **9,5** 2,4; 2 Sam 7,12-16 **9,7** Dtn 28,37; Jer 18,16 S **9,8** 2 Kön 25,9 **9,10** 7,1

er brauchte. Als nun beide Bauten vollendet
waren, trat Salomo an Hiram zwanzig Städte in
Galiläa* ab.
12 Hiram selbst kam von Tyrus, um sie anzu-
sehen; aber sie gefielen ihm nicht. 13 »Was für
einen Landstrich hast du mir da gegeben, mein
Freund«, sagte Hiram zu Salomo. Davon hat die
Gegend bis heute den Namen Kabul.[a] 14 Hiram
hatte Salomo immerhin 120 Zentner* Gold ge-
schickt.

Salomos weitere Bautätigkeit

(2 Chr 8,3-18)

15 Salomo ließ alle seine Bauvorhaben in Fron-
arbeit* ausführen. Auf diese Weise baute er in
Jerusalem außer dem Tempel* des HERRN und
seinem Königspalast auch den Millo* und die
Stadtmauer, und außerhalb Jerusalems die
Städte Hazor, Megiddo, Geser.
16 Gegen die Kanaaniterstadt Geser war der
Pharao, der König von Ägypten, herangezogen,
hatte sie erobert und niedergebrannt und dabei
alle Bewohner getötet. Dann hatte er die Stadt
zur Mitgift für seine Tochter bestimmt, als sie
König Salomos Frau wurde. 17 Diese Stadt baute
Salomo wieder auf.
Außerdem baute er das untere Bet-Horon
18 und Baala sowie Tamar in der Senke südlich
des Toten Meeres. 19 In diesen Städten brachte
Salomo seine Streitwagentruppen* unter und
stattete sie mit allen erforderlichen Vorräten aus.
Auch alles, was Salomo sonst noch bauen
wollte in Jerusalem, im Libanon und in seinem
ganzen Herrschaftsgebiet, wurde in Fronarbeit
errichtet. 20-21 Alle Nachkommen der vorisraeli-
tischen Bewohner des Landes, an denen die
Israeliten bei dessen Eroberung nicht den Bann*
vollstrecken konnten, wurden von Salomo zum
Frondienst herangezogen. Bis heute müssen die
übriggebliebenen Amoriter*, Hetiter*, Perisiter,
Hiwiter und Jebusiter solche Arbeiten ausführen.
22 Von den Israeliten dagegen zwang Salomo kei-
nen zur Fronarbeit, sondern machte sie zu sei-
nen Soldaten und Beamten, zu Truppenführern
und Streitwagenkämpfern.
23 Im Dienst seiner Provinzverwalter standen
550 Beamte, die die Arbeiter an den Bauvor-
haben Salomos beaufsichtigten. 24 Mit den Arbei-
ten am Millo begann Salomo, als die Tochter des
Pharaos aus der Davidsstadt* in das Haus um-
gezogen war, das er ihr im Palastbezirk gebaut
hatte.

Salomos regelmäßige Opfer

25 Nachdem der Tempel vollendet war, opferte
Salomo dort dreimal jährlich Brandopfer* und
Mahlopfer*. Er verbrannte die Opferstücke auf
dem Altar*, den er für den HERRN gebaut hatte.

Salomos Handelsflotte

26 In Ezjon-Geber bei Elat am Roten Meer, im
Gebiet von Edom*, ließ König Salomo eine Flotte
bauen. 27 König Hiram stellte Salomo erfahrene
Seeleute zur Verfügung, die dessen Männer auf
der Fahrt begleiteten. 28 Sie segelten in das Land
Ofir* und brachten Salomo von dort 420 Zent-
ner* Gold.

Eine arabische Königin besucht Salomo

(2 Chr 9,1-12)

10 Salomo wurde zur Ehre des HERRN so be-
kannt, daß auch die Königin von Saba*
von ihm hörte. Sie machte sich auf den Weg, um
sein Wissen durch Rätselfragen auf die Probe zu
stellen. 2 Mit zahlreichem Gefolge kam sie nach
Jerusalem. Ihre Kamele waren schwer beladen
mit duftenden Ölen, Gold und Edelsteinen.
Als sie zu Salomo kam, legte sie ihm die Rät-
sel vor, die sie sich ausgedacht hatte. 3 Salomo
blieb ihr keine Antwort schuldig; auch die
schwierigsten Fragen konnten ihn nicht in Ver-
legenheit bringen.
4 Die Königin war tief beeindruckt von der
Klugheit Salomos. Sie besichtigte auch seinen
Palast. 5 Sie sah die Speisen und Getränke, die
auf seine Tafel kamen, die Minister, die nach
ihrem Rang an seiner Tafel saßen, und die Die-
ner, die in kostbaren Gewändern aufwarteten,
und sie sah auch die reichen Brandopfer*, die er
dem HERRN im Tempel* opferte.
Sie konnte sich vor Staunen nicht fassen
6 und sagte zu Salomo: »Es war nichts übertrie-
ben, was ich bei mir zu Hause über dich und
dein Wissen gehört habe. 7 Ich wollte es nicht
glauben, aber jetzt habe ich mich mit eigenen
Augen davon überzeugt. Dein Wissen und dein
Reichtum übertreffen sogar noch alles, was ich
darüber gehört hatte. Nicht einmal die Hälfte der
Wahrheit hat man mir gesagt.
8 Wie glücklich sind deine Frauen[b] und deine

a Der Sinn des Namens ist nicht sicher zu deuten.
b *Frauen* mit alten Übersetzungen; H *Männer*. (Der ursprüngliche Text wurde vermutlich im Blick auf den schlechten Ruf der Frauen Salomos verändert; vgl 11,1-8.)

9,15 5,27-32 **9,16** 3,1 **9,20-21** Ri 1,19.21.27-35; 3,1-5; Dtn 7,1-4S **9,25** Ex 23,14-17; 34,23; Dtn 16,16 **9,26-28** 10,22; 22,49 **10,1-10** Mt 12,42par

Minister, die täglich um dich sind und deine
klugen Worte hören! 9 Der HERR, dein Gott, sei
gepriesen, der dich erwählt und auf den Thron
Israels gebracht hat! Weil seine Liebe zu seinem
Volk nicht aufhört, hat er dich zum König einge-
setzt, damit du für Recht und Gerechtigkeit
sorgst.«
10 Dann schenkte sie Salomo 120 Zentner*
Gold, eine Menge duftende Öle und viele Edel-
steine. Nie wieder gelangte so viel kostbares Öl
nach Jerusalem wie damals.
11 Übrigens brachten die Schiffe König Hirams,
die Gold aus dem Land Ofir* einführten, auch
große Ladungen Edelhölzer und Edelsteine von
dort mit. 12 Salomo ließ aus dem Holz Schnitz-
werk[a] für den Tempel des HERRN und den
Königspalast sowie Saiteninstrumente für die
Tempelsänger herstellen. Bis heute ist nie mehr
so viel kostbares Edelholz nach Jerusalem ge-
kommen.
13 Salomo erfüllte der Königin von Saba jeden
ihrer Wünsche und beschenkte sie darüber
hinaus so reich, wie nur er es konnte. Danach
kehrte die Königin mit ihrem Gefolge wieder in
ihr Land zurück.

Salomos Pracht, Reichtum und Macht

(2 Chr 9,13-28; 1,14-17)

14 In einem einzigen Jahr wurden König Salomo
666 Zentner Gold[b] geliefert. 15 Dazu kam noch
das Gold, das er als Steuer von den Großkaufleu-
ten und Händlern und als Abgabe von seinen
Provinzverwaltern und den arabischen Königen
erhielt.
16 Salomo ließ 200 Langschilde anfertigen und
mit Gold überziehen. Für jeden Schild wurden
sieben Kilo Gold gebraucht. 17 Dann ließ er noch
300 Rundschilde machen, jeder mit fast zwei
Kilo Gold überzogen,[c] und ließ sie alle in den
»Libanonwald«, die große Halle neben seinem
Palast, bringen.
18 Er ließ auch einen großen Thronsessel her-
stellen, der mit Elfenbein und reinem Gold be-
legt war. 19-20 Sechs Stufen führten zum Thron
hinauf, und auf jeder Stufe stand rechts und
links eine Löwenfigur, und ebenso neben den
Armlehnen. Das obere Ende der Rückenlehne
war nach hinten eingerollt. Kein anderer König
hat sich je einen so prächtigen Thron anfertigen
lassen. 21 Alle Trinkgefäße Salomos und sämt-
liche Geräte in der großen Halle, dem »Libanon-
wald«, bestanden aus reinem Gold. Silber galt
zur Zeit Salomos als wertlos.
22 Der König besaß eine seetüchtige Handels-
flotte,[d] die zusammen mit den Schiffen von
König Hiram ausfuhr. Alle drei Jahre kamen die
Schiffe zurück und brachten Gold, Silber, Elfen-
bein und verschiedene Arten von Affen.
23 So übertraf König Salomo alle anderen
Könige der Erde an Reichtum und Klugheit,
24 und Menschen aus aller Herren Ländern
kamen zu ihm, um seine Worte zu hören und die
Weisheit kennenzulernen, die Gott ihm ver-
liehen hatte. 25 Alle brachten sie ihm Geschenke
mit: silberne und goldene Gefäße, Festkleider
und Waffen, kostbare Öle, Pferde und Maultiere.
So ging es Jahr um Jahr.
26 Salomo legte sich eine große Zahl von
Wagen und Pferden zu. Er hatte 1400[e] Streit-
wagen* und 12 000 Wagenkämpfer. Ein Teil von
ihnen war in Jerusalem stationiert, die übrigen
waren in den Städten untergebracht, die er zu
diesem Zweck ausgebaut hatte.
27 Unter Salomos Regierung war in Jerusalem
Silber so gewöhnlich wie Steine, und Zedern-
holz wie das Holz der Maulbeerfeigenbäume*
im Hügelland von Juda.
28 Seine Pferde ließ Salomo aus Ägypten, und
zwar aus Koa,[f] einführen; seine Händler kauften
sie dort auf. 29 Auch Streitwagen wurden aus
Ägypten eingeführt. Ein Streitwagen kostete
600 Silberstücke*, ein Pferd 150 Silberstücke.
Die Händler Salomos belieferten auch die Könige
der Hetiter* und Syrer* mit Pferden und Streit-
wagen.

Salomo läßt sich zum Götzendienst verführen

11 König Salomo hatte außer der ägyptischen
Königstochter noch viele andere ausländi-
sche Frauen aus den Völkern der Moabiter*,
Ammoniter*, Edomiter*, Phönizier* und Heti-

a Der Sinn des Wortes ist unsicher; vielleicht *Geländer* (2 Chr 9,11: *Treppen*).
b Vielleicht die Summe der Mengen von 9,14.28; 10,10. Die mit »Zentner« übersetzte Maßeinheit umfaßt nur 35 Kilo, doch wurde wegen der auffallenden Zahl 666 – wie auch in vergleichbaren Fällen – auf eine genauere Umrechnung verzichtet.
c *fast zwei Kilo:* genau 1725 g. Hebräische Maßangaben in den Versen 16 und 17 *600 Schekel** und *3 Minen* (1 Mine = 50 Schekel).
d Wörtlich *eine Tarschisch-Flotte;* siehe Sacherklärung »Tarschisch«.
e Nach einem Teil der griechischen Überlieferung *4000;* vgl. 5,6.
f *Koa* mit 2 Chr 1,16; H unverständlich. Andere Deutung *und aus Kuë* (= Zilizien).

10,11 9,26-28 **10,17** 7,2 **10,22** 9,26-28 **10,24** Sir 47,16-17 **10,26** 5,6 S **10,27-28** Dtn 17,16-17; Sir 47,18 **11,1-4** Dtn 17,17; Ex 34,16; Dtn 7,3-4 **11,1** 3,1

ter*. [2] Zwar hatte der HERR den Israeliten verboten, Angehörige dieser Völker zu heiraten. »Ihr sollt nichts mit ihnen zu tun haben«, hatte er gesagt; »sonst werden sie euch dazu verführen, auch ihre Götter zu verehren.« Aber Salomo liebte diese Ausländerinnen.

[3] Insgesamt hatte Salomo 700 Ehefrauen und 300 Nebenfrauen. Sie hatten großen Einfluß auf ihn. [4] Als er älter wurde, brachten sie ihn dazu, andere Götter zu verehren. Er hielt nicht mehr mit ungeteiltem Herzen zum HERRN, seinem Gott, wie es sein Vater David getan hatte. [5] Er verehrte Astarte*, die Göttin der Phönizier, und Milkom, den Götzen der Ammoniter. [6] So tat er, was dem HERRN mißfiel, und hielt sich nicht mehr ausschließlich an den HERRN wie sein Vater David.

[7] Damals baute Salomo auf dem Berg östlich von Jerusalem eine Opferstätte* für Kemosch, den Götzen der Moabiter, und für Milkom,[a] den Götzen der Ammoniter. [8] Alle seine ausländischen Frauen bekamen Opferstätten, an denen sie ihren Göttern Räucheropfer* darbringen und Opfermähler* abhalten konnten. [9-10] Obwohl der HERR ihm zweimal erschienen war und ihm verboten hatte, fremde Götter zu verehren, hatte Salomo nicht darauf gehört und hatte sich vom HERRN abgewandt.

Deshalb wurde der HERR zornig auf Salomo [11] und sagte zu ihm: »Du hast meinen Bund* gebrochen und meine Weisungen nicht befolgt. Darum werde ich dir das Königtum wegnehmen und es einem deiner Leute geben. [12] Aber deinem Vater David zuliebe will ich das nicht schon zu deinen Lebzeiten tun, sondern erst, wenn dein Sohn die Regierung übernimmt. [13] Und auch ihm werde ich die Herrschaft nicht ganz wegnehmen. Einen einzigen von den zwölf Stämmen will ich ihm lassen, meinem Diener David zuliebe und weil ich Jerusalem erwählt habe.«

Gott läßt Feinde gegen Salomo aufstehen

[14] Der HERR ließ Salomo einen Gegner erstehen, Hadad, einen Edomiter* von königlicher Abstammung. [15-17] Er war in jugendlichem Alter mit einigen Gefolgsleuten seines Vaters nach Ägypten entkommen, als David alle männlichen Edomiter töten ließ. Davids Heerführer Joab war damals mit dem Heer Israels in Edom einmarschiert, um die Israeliten zu bestatten, die dort umgebracht worden waren. Sechs Monate war Joab mit dem ganzen Heer in Edom, bis er den Befehl ausgeführt hatte.

[18] Hadad und seine Begleiter waren über das Land Midian* in die Oase Paran gelangt; dort fanden sie ortskundige Männer, die sie zum Pharao nach Ägypten führten. Der Pharao gab Hadad ein Haus und ein Stück Land und sorgte für seinen Lebensunterhalt. [19] Er fand so viel Gefallen an ihm, daß er ihm die Schwester seiner Frau, der Königin Tachpenes, zur Frau gab. [20] Diese gebar Hadad einen Sohn namens Genubat. Als das Kind von der Mutterbrust entwöhnt war, feierte Tachpenes dies durch ein Fest im Palast des Pharaos, und von da ab wurde Genubat gemeinsam mit den Königssöhnen im Palast erzogen.

[21] Als Hadad hörte, daß David und sein Heerführer Joab tot waren, sagte er zum Pharao: »Erlaube mir, daß ich in mein Land zurückkehre!«

[22] »Du hast hier doch alles, was du dir wünschen kannst«, erwiderte der Pharao. »Warum willst du in dein Land ziehen?« Hadad aber bestand darauf und kehrte nach Edom zurück.

[23] Der HERR ließ Salomo noch einen Gegner erstehen, Reson, den Sohn von Eljada. Er hatte im Dienst Hadad-Esers, des Königs von Zoba*, gestanden und war geflohen, [24] als David die syrischen Hilfstruppen Hadad-Esers niedermachte. Er sammelte Männer um sich und wurde zum Anführer einer Horde von Kriegsleuten. Später zog er mit ihnen nach Damaskus, nahm die Stadt in Besitz und riß die Herrschaft an sich. [25] So wurde Reson König über ganz Syrien*. Er war ein entschiedener Gegner Israels. Während der ganzen Regierungszeit Salomos fügte er ebenso wie der Edomiter Hadad den Israeliten Schaden zu.

Ankündigung der Strafe für Salomos Ungehorsam

[26] Auch einer von Salomos Beamten machte einen Aufstand gegen den König: Jerobeam aus Zereda im Gebiet des Stammes Efraïm. Sein Vater Nebat war gestorben, und seine Mutter Zerua lebte als Witwe. [27] Zu seinem Aufstand kam es auf folgende Weise:

Salomo hatte auf der Nordseite Jerusalems die befestigte Aufschüttung, den Millo*, verstärken lassen, um der Davidsstadt* einen besseren Schutz zu geben. [28] Jerobeam war als wehrpflichtiger Bürger zu den Arbeiten herangezogen worden. Als Salomo sah, wie er sich dabei auszeichnete, übertrug er ihm die Aufsicht über die

a H *Molech* (= Moloch*); vgl. jedoch Verse 5 und 33.

11,4 8,61 11,9-10 3,4-15; 9,1-9 11,11 11,26; 12,2-3; 1 Sam 15,26.28 11,15-17 2 Sam 8,14 11,20 Gen 21,8 S 11,23 2 Sam 8,3-8

Fronarbeiter* aus den Stämmen Efraïm und Manasse.

29 Als Jerobeam während dieser Zeit einmal Jerusalem verließ, begegnete ihm unterwegs der Prophet Ahija aus Schilo. Der Prophet trug einen neuen Mantel. Weit und breit war niemand, der die beiden beobachten konnte.

30 Da nahm Ahija seinen neuen Mantel, riß ihn in zwölf Stücke 31 und sagte zu Jerobeam: »Nimm dir zehn! Der HERR, der Gott Israels, läßt dir sagen: ›Ich werde Salomo die Herrschaft entreißen und dir zehn von den zwölf Stämmen geben. 32 Nur einen Stamm lasse ich ihm, meinem Diener David zuliebe und weil ich Jerusalem aus allen Stämmen Israels als meine Stadt ausgewählt habe.

33 So bestrafe ich Salomo dafür, daß er mir den Rücken gekehrt und die phönizische Göttin Astarte*, den moabitischen Gott Kemosch und den ammonitischen Gott Milkom verehrt hat. Er hat mir nicht gehorcht und ist vom rechten Weg abgewichen. Er hat nicht getan, was mir gefällt, und sich nicht wie sein Vater David an meine Weisungen und Gesetze gehalten.

34 Aber seinem Vater zuliebe, den ich erwählt habe und der meine Gebote befolgt hat, werde ich ihn selbst noch verschonen und ihm die Herrschaft nicht entreißen; er soll, solange er lebt, der Anführer meines Volkes bleiben. 35 Erst seinem Sohn werde ich das Königtum wegnehmen und es dann dir geben, die Herrschaft über die zehn Stämme. 36 *Einen* Stamm werde ich seinem Sohn belassen, damit im Haus meines Dieners David das Licht nicht erlischt und in alle Zukunft einer seiner Nachkommen in Jerusalem regiert, in der Stadt, die ich dazu bestimmt habe, daß mein Name dort wohnt.[a]

37 Dich aber mache ich zum König über alles, was du nur wünschen kannst: Du sollst König sein über die zehn Stämme Israels.[b] 38 Wenn du mir in allem gehorchst und nicht vom rechten Weg abgehst, wenn du tust, was mir gefällt, und dich nach meinen Weisungen und Geboten richtest wie mein Diener David, dann werde ich dir beistehen. Ich werde dir die Herrschaft über die zehn Stämme Israels geben und dafür sorgen, daß immer einer deiner Nachkommen auf deinem Thron sitzt, wie ich es auch David versprochen habe. 39 Den Nachkommen Davids werde ich einen Teil ihres Herrschaftsgebietes wegnehmen, aber nicht für alle Zeiten.‹«

40 Salomo wollte Jerobeam umbringen lassen; doch er entkam und floh zu Schischak, dem König von Ägypten. Dort blieb er bis zu Salomos Tod.

Das Ende der Regierung Salomos

(2 Chr 9,29-31)

41 Alles, was es sonst noch über Salomo zu berichten gibt, über seine Regierungstätigkeit und über seine Weisheit, ist in der amtlichen Chronik Salomos nachzulesen. 42 Vierzig Jahre lang regierte Salomo in Jerusalem über ganz Israel. 43 Als er starb, wurde er in der Davidsstadt* bestattet. Sein Sohn Rehabeam wurde sein Nachfolger.

REICHSTEILUNG UND GESCHICHTE DER GETRENNTEN REICHE ISRAEL UND JUDA (12,1–16,28)

Ein König verachtet gute Ratschläge

(2 Chr 10,1-15)

12 Rehabeam ging nach Sichem, denn dort wollten ihn die Nordstämme Israels[c] zum König machen. 2-3 Auch Jerobeam, der Sohn Nebats, war dort. Er hatte vor König Salomo nach Ägypten fliehen müssen; als dann aber nach Salomos Tod die Stämme Israels Boten zu ihm geschickt hatten, war er zurückgekehrt.

Jerobeam und die versammelten Männer der Nordstämme traten vor Rehabeam und sagten zu ihm: 4 »Dein Vater hat uns hohe Abgaben und schwere Frondienste* auferlegt. Erleichtere uns die Last, dann werden wir dich als König anerkennen.«

5 »Kommt übermorgen wieder!« antwortete ihnen Rehabeam.

Als sie gegangen waren, 6 beriet er sich mit den erfahrenen Männern, die bereits im Dienst seines Vaters Salomo gestanden hatten. Er fragte sie: »Was ratet ihr mir? Welche Antwort soll ich dem Volk geben?«

7 Sie rieten ihm: »Komm ihnen entgegen und sprich freundlich mit ihnen! Wenn du ihnen heute ein einziges Mal den Willen tust, werden sie dir für immer gehorchen.«

8 Rehabeam gefiel der Rat der erfahrenen Männer nicht. Er fragte die jungen Leute, die mit ihm aufgewachsen waren und nun in seinem Dienst standen: 9 »Was ratet ihr mir? Wie soll ich

a *mein Name ...:* siehe Anmerkung zu Dtn 12,5. b Wörtlich *über Israel*;* ebenso im folgenden Vers.
c *die Nordstämme Israels:* wörtlich *ganz Israel*.*

11,29 1 Sam 28,14 S **11,30-31** 1 Sam 15,27-28 **11,32** 11,13 **11,33** 11,5-7 **11,36** 11,13; 15,4; 2 Kön 8,19 **11,38** 2 Sam 7,16 S **11,39** Ez 37,15-24 **11,40** 14,25-26 **12,2-3** 11,40 **12,4** 5,27-32; 9,15

diesen Leuten antworten? Sie verlangen von mir, daß ich ihre Lasten erleichtere!«

10 Da rieten ihm die jungen Leute, die mit ihm aufgewachsen waren: »Wenn dieses Volk zu dir sagt: ›Dein Vater hat uns schwere Lasten auferlegt, mach du sie leichter!‹, dann gib ihnen die Antwort: ›Mein Finger ist dicker als die Hüften meines Vaters! 11 Wenn mein Vater euch schwere Lasten auferlegt hat, dann werde ich sie noch schwerer machen. Wenn er euch mit Peitschen angetrieben hat, dann werde ich euch mit Stachelpeitschen antreiben.‹«

12 Am dritten Tag, wie verabredet, erschienen Jerobeam und das ganze Volk vor Rehabeam. 13 Der König gab ihnen eine harte Antwort. Er folgte nicht dem Rat der erfahrenen Männer, 14 sondern richtete sich nach dem Rat seiner Altersgenossen. Er sagte: »Mein Vater hat euch schwere Lasten auferlegt; ich werde sie noch schwerer machen. Mein Vater hat euch mit Peitschen angetrieben; ich werde euch mit Stachelpeitschen antreiben.«

15 Der König blieb taub für die Bitte des Volkes. Der HERR hatte es so gefügt, denn das Wort, das er durch Ahija von Schilo zu Jerobeam gesagt hatte, sollte in Erfüllung gehen.

Nordisrael sagt sich von der Davidsdynastie los

(2 Chr 10,16-19)

16 Als die Männer der Nordstämme[a] merkten, daß der König auf ihre Forderung nicht einging, riefen sie:

»Was geht uns alle das Haus Davids an?
Seit wann gehört der Isai-Sohn zu uns?
Ihr Männer Israels, auf und nach Hause!
Mag Davids Sippe sehen, was ihr bleibt!«

Die Versammlung löste sich auf. 17 Nur die Angehörigen der Nordstämme, die in den Städten Judas wohnten, erkannten Rehabeam als König an.

18 Als Rehabeam noch einen Versuch machte und Adoniram, den Beauftragten für die Fronarbeiten*, zu den Vertretern der Nordstämme schickte, empfingen sie ihn mit einem solchen Steinhagel, daß er den Tod fand. Der König konnte sich gerade noch auf seinen Wagen retten und nach Jerusalem entkommen.

19 Die Nordstämme Israels sagten sich vom Königshaus Davids los und sind bis zum heutigen Tag von ihm getrennt geblieben.

20 Überall im Bereich der Nordstämme hatte es sich herumgesprochen, daß Jerobeam zurückgekehrt war. Da schickten die Männer Israels Boten zu ihm, riefen ihn in ihre Versammlung und machten ihn zu ihrem König. Niemand hielt zum Königshaus Davids außer dem einen Stamm Juda.

Gott untersagt die Rückeroberung Nordisraels

(2 Chr 11,1-4)

21 Rehabeam war nach Jerusalem zurückgekehrt und hatte aus den Stämmen Juda und Benjamin ein Heer von 180 000 bewährten Kriegern aufgestellt. Sie sollten gegen das Nordreich Israel* ziehen und die Königsherrschaft für den Sohn Salomos zurückgewinnen.

22 Aber das Wort Gottes erging an den Propheten* Schemaja; Gott sagte zu ihm: 23 »Ich gebe dir eine Botschaft für Rehabeam, den Sohn Salomos, den König von Juda, und für alle Männer aus Juda und Benjamin. Sage zu ihnen: 24 ›So spricht der HERR: Kämpft nicht gegen eure Brüder, die Männer von Israel! Kehrt um und geht nach Hause! Ich selbst habe alles so gefügt.‹«

Sie gehorchten der Weisung des HERRN, kehrten um und gingen nach Hause.

Die Religionspolitik König Jerobeams

25 Jerobeam ließ die Stadt Sichem im Bergland von Efraïm befestigen und machte sie zu seiner Residenz. Später befestigte er auch die Stadt Penuël.

26 Aber Jerobeam machte sich Sorgen. »Wenn ich nichts unternehme«, sagte er sich, »werde ich mein Königtum wieder an die Nachkommen Davids verlieren. 27 Denn wenn das Volk regelmäßig nach Jerusalem geht und im Tempel* des HERRN Opferfeste feiert, werden die Leute sich wieder ihrem früheren Herrn, dem König von Juda, zuwenden und Rehabeam als König anerkennen. Sie werden mich umbringen und sich wieder der Herrschaft des Königs von Juda unterstellen.«

28 Jerobeam überlegte sich, was er dagegen tun könnte. Er ließ zwei goldene Stierbilder* anfertigen und sagte zum Volk: »Ihr braucht nicht länger zum Tempel in Jerusalem zu gehen. Hier ist dein Gott, Israel, der dich aus Ägypten hierhergeführt hat!«

29 Das eine Standbild ließ er in Bet-El aufstellen, das andere in der Stadt Dan. 30 Damit verleitete er das Volk zur Sünde. In einer großen Pro-

a Wörtlich *Als ganz Israel**. Auch im folgenden spricht die Übersetzung verdeutlichend von den Nordstämmen.

12,13 Sir 47,23 **12,15** 11,29-31 **12,16** 2 Sam 20,1 **12,18** 1 Kön 5,28 S **12,28** Ex 32,4 **12,29** Gen 12,8; 28,10-22; Ri 20,18; 18,27-31

zession zogen die Männer Israels vor dem zweiten Standbild her bis nach Dan.

[31] Jerobeam ließ auch an anderen Stellen des Landes Heiligtümer errichten und setzte Priester beliebiger Herkunft ein, die nicht zum Stamm Levi gehörten. [32] Schließlich ordnete er an, am 15. Tag des 8. Monats ein Wallfahrtsfest zu feiern, das dem Laubhüttenfest* in Jerusalem entsprechen sollte. Er selbst stieg an diesem Tag in Bet-El die Stufen zum Altar hinauf und opferte vor seinen Stierbildern. Die Priester, die er eingesetzt hatte, wirkten dabei mit.

Ein Prophet kündigt die Entweihung von Jerobeams Staatsheiligtum an

[33] Am 15. Tag des 8. Monats – in dem Monat, den er eigenmächtig festgelegt hatte – veranstaltete Jerobeam in Bet-El ein Fest für die Leute im Reich Israel* und opferte auf dem Altar*, den er dort errichtet hatte. Er selbst trat auf die Stufen des Altars, um dem HERRN Opfer* darzubringen.

13 Der HERR aber hatte einen Propheten[a] aus Juda nach Bet-El geschickt, der kam gerade dort an, als Jerobeam am Altar stand und sein Opfer darbringen wollte. [2] Im Auftrag des HERRN wandte sich der Prophet gegen den Altar und rief ihm zu: »Altar! Altar! So spricht der HERR: ›In der Königsfamilie Davids wird ein Sohn mit Namen Joschija geboren werden. Der wird die Priester töten, die auf dir Opfer darbringen, und wird Totengebeine auf dir verbrennen lassen.‹«

[3] Weiter sagte er: »Der HERR wird ein Zeichen geben, an dem alle sehen können, daß dies eintreffen wird. Der Altar wird bersten, und die fettgetränkte Opferasche wird über den Boden verstreut werden.«

[4] König Jerobeam, der gerade auf den Stufen des Altars stand, streckte die Hand gegen den Propheten aus und befahl: »Nehmt den Mann fest!« Aber im selben Augenblick wurde sein Arm steif; so daß er ihn nicht mehr zurückziehen konnte. [5] Der Altar zerbarst und die Opferasche wurde über den Boden verstreut, genau wie es der Prophet im Auftrag des HERRN angekündigt hatte.

[6] Da sagte der König zu dem Propheten: »Besänftige doch den Zorn des HERRN, deines Gottes, und bete für mich, daß ich meinen Arm wieder bewegen kann.« Der Prophet tat es, und der Arm wurde gesund und beweglich wie zuvor.

[7] Nun sagte der König zu dem Propheten: »Komm mit mir in mein Haus und iß etwas bei mir! Ich möchte dir auch noch ein Geschenk machen.«

[8] Aber der Prophet erwiderte: »Ich komme nicht mit, auch wenn du mir die Hälfte deines Besitzes versprichst. Ich werde an diesem Ort weder essen noch trinken. [9] Als der HERR mich herschickte, hat er mir befohlen: ›Du darfst dort nichts essen und nichts trinken und auch nicht auf demselben Weg zurückkehren, auf dem du hingehst.‹«

[10] Der Prophet verließ Bet-El und kehrte auf einem anderen Weg nach Hause zurück.

Der Prophet läßt sich zum Ungehorsam verführen

[11] In Bet-El lebte ein alter Prophet*. Dessen Söhne erzählten ihm, was der Prophet aus Juda getan und was er zum König gesagt hatte. [12] »Auf welchem Weg ist er nach Hause gegangen?« fragte ihr Vater. Sie hatten es beobachtet und berichteten es ihm. [13] »Sattelt mir meinen Esel«, befahl er. Dann saß er auf [14] und ritt dem Propheten aus Juda nach.

Er fand ihn, wie er unter einer Eiche* saß, und fragte ihn: »Bist du der Gottesmann, der aus Juda gekommen ist?«

»Ja«, sagte der andere. [15] Da forderte der Alte ihn auf: »Komm mit mir in mein Haus und iß etwas bei mir!«

[16] Aber der Prophet aus Juda erwiderte: »Ich kann nicht mit dir gehen. Ich darf an diesem Ort mit niemand essen oder trinken. [17] Der HERR hat es mir verboten und hat mir auch befohlen, auf einem anderen Weg nach Hause zurückzukehren.«

[18] Da sagte der Alte: »Ich bin auch ein Prophet, genau wie du. Der HERR hat mir durch einen Engel* befohlen: ›Nimm ihn mit dir nach Hause und gib ihm zu essen und zu trinken.‹« Das war gelogen; [19] aber der andere glaubte es, kehrte mit ihm um und aß und trank bei ihm.

[20] Während sie bei Tisch saßen, erging das Wort des HERRN an den Propheten, der den Mann aus Juda wieder zurückgeholt hatte. [21] Er rief seinem Gast zu: »So spricht der HERR: ›Du hast mir, dem HERRN, deinem Gott, nicht gehorcht, [22] sondern bist umgekehrt und hast gegessen und getrunken, obwohl ich dir gesagt hatte: Du sollst an diesem Ort weder essen noch

a Wörtlich *einen Mann Gottes*. So wird der Abgesandte durchgehend bis Vers 31 bezeichnet, im Unterschied zu dem *Propheten* aus Bet-El ab Vers 11; doch sind beide Bezeichnungen hier gleichwertig (vgl. Vers 18).

12,32 Ex 23,16 S **13,2** 2 Kön 23,16

trinken. Deshalb wirst du nicht im Grab deiner Vorfahren bestattet werden.‹«

23 Als die Mahlzeit beendet war, ließ der Prophet aus Juda sich von seinem Gastgeber den Esel satteln 24 und machte sich auf den Heimweg. Unterwegs fiel ein Löwe über ihn her und tötete ihn. Der Löwe und der Esel blieben neben dem Toten stehen.

25 Ein paar Leute, die gerade vorbeikamen, sahen den Toten auf dem Weg liegen und den Löwen neben ihm. Sie erzählten es in der Stadt, in der der alte Prophet lebte. 26 Als der es hörte, sagte er: »Das ist der Gottesmann, der dem Befehl des HERRN nicht gehorcht hat. Deshalb hat der HERR einen Löwen geschickt, damit er über ihn herfällt und ihn tötet. So hat der HERR es angekündigt.«

27 Er befahl seinen Söhnen, ihm einen Esel zu satteln, 28 ritt zu der Stelle und fand alles, wie es ihm berichtet worden war. Der Esel und der Löwe standen neben dem Toten, und der Löwe hatte weder den Toten aufgefressen noch dem Esel etwas zuleide getan.

29 Der alte Prophet hob den Toten auf seinen Esel und brachte ihn nach Bet-El zurück, um ihn zu betrauern und zu bestatten. 30 Er legte ihn in seine eigene Grabkammer, und die Leute dort stimmten die Totenklage* an: »Ach, mein Bruder! Mein Bruder!«

31 Nachdem er ihn bestattet hatte, sagte der Alte zu seinen Söhnen: »Wenn ich sterbe, dann legt mich in dasselbe Grab wie diesen Gottesmann! Laßt meine Gebeine neben den seinen ruhen. 32 Denn was er dem Altar in Bet-El und den Opferstätten in den Ortschaften Samariens im Auftrag des HERRN angekündigt hat, das wird ganz bestimmt eintreffen.«

Jerobeam hat nichts gelernt

33 Jerobeam ließ sich durch diese Vorfälle nicht von seinem falschen Weg abbringen. Auch weiterhin machte er jeden, der sich darum bewarb, zum Priester* an den Opferstätten* des Landes. 34 Die Schuld, die er damit auf sich lud, führte zur Vernichtung seiner Familie und zum Untergang seines Königshauses.

Jerobeam und ganz Israel wird die Strafe angekündigt

14 Damals wurde Jerobeams Sohn Abija krank. 2 Da sagte Jerobeam zu seiner Frau: »Geh nach Schilo zum Propheten* Ahija. Er hat einst vorausgesagt, daß ich König über dieses Volk werden soll. Mach dich unkenntlich, damit niemand merkt, daß du meine Frau bist. 3 Nimm zehn Brote, ein paar Kuchen und einen Krug voll Honig mit. Der Prophet wird dir sagen, wie die Krankheit ausgehen wird.«

4 Die Frau ging nach Schilo und kam in das Haus von Ahija. Der Prophet konnte sie nicht sehen, denn er war altersblind. 5 Doch der HERR hatte zu ihm gesagt: »Die Frau Jerobeams wird zu dir kommen und dich fragen, wie die Krankheit ihres Sohnes ausgehen wird. Sie wird sich dir aber nicht zu erkennen geben.« Der HERR sagte ihm auch, was er ihr antworten sollte.

6 Als die Frau in die Tür trat, hörte Ahija ihre Schritte und sagte: »Komm nur herein! Du bist doch die Frau Jerobeams. Warum verstellst du dich? Ich habe eine schlimme Botschaft für dich. 7 Geh heim und richte Jerobeam aus:

›So spricht der HERR, der Gott Israels: Ich habe dich aus dem ganzen Volk ausgewählt und dir die Herrschaft über mein Volk übertragen. 8 Ich habe das Königtum über Israel[a] den Nachkommen Davids weggenommen und habe es dir gegeben. Aber du bist nicht dem Beispiel meines Dieners David gefolgt, der mir unverbrüchlich die Treue hielt, der alle meine Gebote beachtet und nur getan hat, was mir gefällt. 9 Nein, du hast es schlimmer getrieben als irgendeiner vor dir: Mich hast du verworfen und hast dir eigene Götter gemacht, Bilder aus Bronzeguß! Beleidigt hast du mich damit!

10 Deshalb werde ich Unglück über deine Familie bringen. Alle deine männlichen Nachkommen werde ich ausrotten, die mündigen wie die unmündigen. Ich werde keinen von ihnen übriglassen, so wie man Kot bis zum letzten Rest wegfegt. 11 Wer von ihnen in der Stadt umkommt, den fressen die Hunde, und wer auf dem freien Feld stirbt, den fressen die Geier.‹ Der HERR hat es gesagt.«

12 Weiter sagte Ahija zu der Frau Jerobeams: »Geh jetzt nach Hause! Sobald du die Stadt betrittst, wird dein Sohn sterben. 13 Ganz Israel wird um ihn trauern. Aber er wird der einzige aus der Familie Jerobeams sein, der in ein Grab kommt, weil er auch der einzige ist, an dem der HERR, der Gott Israels, etwas Gutes gefunden hat. 14 Der HERR wird einen König über Israel einsetzen, der alle Nachkommen Jerobeams ausrotten wird.[b] 15 Ja, der HERR wird Israel einen

a Gemeint ist der Bereich der Nordstämme; siehe Sacherklärung »Israel«.
b Es folgt noch: *Dies ist der Tag, und wie? Schon jetzt?*

13,24 20,36; 2 Kön 2,24 14,2 11,29-31 14,10 15,29 14,15 8,46; 2 Kön 17,1-6

Schlag versetzen, daß es schwankt wie ein
Schilfrohr im Wasser. Er wird die Leute von
Israel aus diesem guten Land, in das er ihre Vor-
fahren eingepflanzt hat, ausreißen und wird
sie wegschleudern in das Land jenseits des
Eufratstromes. So werden sie dafür bestraft, daß
sie sich geweihte Pfähle* aufgestellt und den
HERRN damit beleidigt haben. 16 Er wird die
Leute von Israel ihren Feinden preisgeben, weil
Jerobeam sich gegen ihn vergangen hat und sie
sich von ihm zum Götzendienst verführen
ließen.«

17 Die Frau Jerobeams kehrte heim nach
Tirza, und in dem Augenblick, als sie über die
Schwelle des Hauses trat, starb ihr Sohn. 18 Sie
bestatteten ihn, und ganz Israel trauerte um ihn.
So geschah, was der HERR durch seinen Diener,
den Propheten Ahija, angekündigt hatte.

Jerobeams Tod und sein Nachfolger

19 Was es sonst noch über Jerobeam zu berichten
gibt, über seine Regierungsmaßnahmen und die
Kriege, ist in der amtlichen Chronik der Könige
von Israel nachzulesen. 20 Er regierte 22 Jahre
lang, und als er starb, wurde sein Sohn Nadab
sein Nachfolger.

Rehabeam als König von Juda

(2 Chr 11,5–12,16)

21 Rehabeam, der Sohn Salomos, war 41 Jahre alt,
als er König von Juda wurde. Siebzehn Jahre lang
regierte er in Jerusalem, in der Stadt, die der
HERR aus dem ganzen Gebiet der Stämme Israels
ausgewählt und zum Wohnsitz seines Namens[a]
bestimmt hatte. Rehabeams Mutter war die Am-
moniterin* Naama.

22 Die Leute von Juda taten, was dem HERRN
mißfiel. Durch ihren Ungehorsam erregten sie
den Zorn des HERRN, mehr als ihre Vorfahren
es je getan hatten. 23 Genau wie die Leute im
Reich Israel* errichteten sie auf allen Bergen und
unter allen großen Bäumen Opferstätten* und
stellten geweihte Steinmale* und Pfähle* auf.
24 Auch gab es geweihte* Männer und Frauen
im Land. Mit alldem folgten die Leute von Juda
den abscheulichen Bräuchen der Völker, die der
HERR vor seinem Volk vertrieben hatte.

25 Im fünften Regierungsjahr König Reha-
beams zog der ägyptische König Schischak[b]
gegen Jerusalem heran. 26 Er raubte die Schatz-
kammern im Tempel* und im Königspalast aus
und nahm auch alle goldenen Schilde mit, die
Salomo hatte anfertigen lassen. 27 Rehabeam ließ
dafür Schilde aus Bronze machen und gab sie
den Kommandanten der Wache, die am Eingang
des Palastes stationiert war. 28 Jedesmal, wenn
der König in den Tempel des HERRN ging, trugen
die Wachen, die ihn begleiteten, diese Schilde
und brachten sie dann wieder in ihre Unterkunft
zurück.

29 Was es sonst noch über Rehabeam und
seine Taten zu berichten gibt, ist in der amt-
lichen Chronik der Könige von Juda nachzu-
lesen. 30 Während seiner ganzen Regierungszeit
herrschte Krieg zwischen ihm und Jerobeam.
31 Als er starb, wurde er in der Grabstätte seiner
Vorfahren in der Davidsstadt* bestattet. Seine
Mutter war die Ammoniterin Naama. Sein Sohn
Abija wurde sein Nachfolger.

Über König Abija von Juda

(2 Chr 13,1-23)

15 Im 18. Regierungsjahr Jerobeams, des
Königs von Israel, wurde Abija König von
Juda. 2 Er regierte drei Jahre lang in Jerusalem.
Seine Mutter hieß Maacha und war eine Tochter
Abischaloms.

3 Er folgte dem bösen Beispiel seines Vaters
und diente dem HERRN, seinem Gott, nicht mit
ungeteiltem Herzen, wie es sein Ahnherr David
getan hatte. 4 Trotzdem gab der HERR ihm einen
Sohn als Nachfolger auf dem Thron und ließ das
Licht in seinem Königshaus nicht erlöschen, und
er bewahrte auch Jerusalem vor dem Untergang.
Das tat er David zuliebe, 5 der zeit seines Lebens
getan hatte, was dem HERRN gefiel, und ihm in
allen Dingen gehorcht hatte – das Unrecht ge-
gen den Hetiter* Urija ausgenommen.[c]

7 Was es sonst noch über Abija und seine
Taten zu berichten gibt, ist in der amtlichen
Chronik der Könige von Juda nachzulesen. 8 Als
er starb, wurde er in der Davidsstadt* bestattet.
Sein Sohn Asa wurde sein Nachfolger.

Über König Asa von Juda

(2 Chr 14,1-4; 15,16-19; 16,1-6.11-14)

9 Im 20. Regierungsjahr Jerobeams, des Königs
von Israel, wurde Asa König von Juda. 10 Er
regierte 41 Jahre lang in Jerusalem. Die Stellung

a *zum Wohnsitz ...:* siehe Anmerkung zu Dtn 12,5. b Der Pharao Scheschonk I. (945–924 v. Chr.).
c Der übergangene Vers 6 findet sich nur in H, aber nicht in G: *Solange sie lebten, herrschte Krieg zwischen Rehabeam und Jerobeam* (vgl. 14,30).

14,24 Dtn 23,18; 1 Kön 15,12; 22,47; 2 Kön 23,7 14,25 11,40 14,26 10,16-17 15,3 8,61; 11,3-4 15,4 11,36 15,5 (Urija) 2 Sam 11,1-27

der Königsmutter* behielt seine Großmutter
Maacha, die Tochter Abischaloms.
11 Er tat, was dem HERRN gefiel, genau wie
sein Ahnherr David. 12 Er trieb die geweihten*
Männer und Frauen aus dem Land und besei-
tigte die Götzenbilder, die seine Vorgänger auf-
gestellt hatten. 13 Er wagte es sogar, Maacha
als Königsmutter abzusetzen, weil sie ein ver-
abscheuungswürdiges Götzenbild der Göttin
Aschera* aufgestellt hatte. Das Götzenbild ließ
er wegschaffen und im Kidrontal verbrennen.
14 Die Opferstätten* im Land ließ er allerdings
weiter bestehen; aber in allem anderen ge-
horchte er dem HERRN mit ungeteiltem Herzen
sein ganzes Leben lang. 15 Er brachte die gol-
denen und silbernen Geräte, die sein Vater
dem HERRN geweiht hatte, in den Tempel* und
weihte dem HERRN noch weitere Gold- und Sil-
bergeräte.
16 Zwischen Asa und König Bascha von
Israel[a] herrschte Krieg, solange sie lebten.
17 Bascha rückte nach Süden gegen Juda vor und
baute die Stadt Rama zur Festung aus, um die
Wege von und nach Juda kontrollieren zu kön-
nen.
18 Darauf schickte König Asa eine Gesandt-
schaft nach Damaskus zum Syrerkönig Ben-Ha-
dad, dem Sohn Tabrimmons und Enkel Hesjons.
Er gab den Abgesandten alles Silber und Gold
mit, das in den königlichen Schatzkammern und
in den Schatzkammern des Tempels noch übrig
war, und ließ dem König von Syrien* sagen:
19 »Ich möchte ein Bündnis mit dir schließen,
wie es schon zwischen unseren Vätern bestan-
den hat. Dieses Silber und Gold schicke ich dir
als Geschenk. Kündige dafür dein Bündnis mit
König Bascha von Israel und falle in sein Land
ein, damit er von meiner Grenze abziehen
muß!«
20 Ben-Hadad ging darauf ein und schickte
seine Truppen gegen das Reich Israel*. Sie ver-
wüsteten die Städte Ijon, Dan und Abel-Bet-
Maacha sowie das ganze Gebiet am See Genne-
saret*. 21 Da brach Bascha den Ausbau von Rama
ab und kehrte in seine Hauptstadt Tirza zurück.
22 König Asa bot nun alle Männer Judas auf;
keiner wurde freigestellt. Sie mußten die Bau-
materialien, die Bascha für den Festungsbau be-
reitgelegt hatte, abtransportieren, die Steine und
das Holz. Asa ließ damit die Städte Geba und
Mizpa im Gebiet des Stammes Benjamin befesti-
gen.
23 Was es sonst noch über Asa und seine
Taten zu berichten gibt, über die Städte, die er
gebaut hat, und über alle seine Erfolge, ist in der
amtlichen Chronik der Könige von Juda nachzu-
lesen. Im Alter erkrankte er an einem Fußleiden.
24 Als er starb, wurde er in der Grabstätte seiner
Vorfahren in der Davidsstadt* bestattet. Sein
Sohn Joschafat wurde sein Nachfolger.

König Nadab von Israel und das Ende der Dynastie Jerobeams

25 Im zweiten Regierungsjahr von Asa, dem
König von Juda, wurde Nadab, der Sohn Jero-
beams, König von Israel. Er regierte zwei Jahre
lang. 26 Er tat, was dem HERRN mißfiel, und folgte
dem bösen Beispiel seines Vaters, der die Leute
im Reich Israel* zum Götzendienst verführt
hatte.
27 Bascha, der Sohn von Ahija aus dem
Stamm Issachar, machte eine Verschwörung
gegen ihn und erschlug ihn, als Nadab mit dem
Heer Israels die Philisterfestung Gibbeton be-
lagerte. 28 Bascha tötete Nadab im dritten Regie-
rungsjahr von Asa, dem König von Juda, und
wurde an seiner Stelle König von Israel.
29 Als Bascha den Thron bestiegen hatte, rot-
tete er die ganze Familie Jerobeams aus; nie-
mand von dessen Nachkommen ließ er am
Leben. So traf ein, was der HERR durch seinen
Diener Ahija von Schilo angekündigt hatte. 30 Es
war die Strafe dafür, daß Jerobeam sich gegen
den HERRN, den Gott Israels, vergangen und die
Leute von Israel zum Götzendienst verführt
hatte. Dadurch hatte er den Zorn des HERRN her-
ausgefordert.
31 Was es sonst noch über Nadab und seine
Taten zu berichten gibt, ist in der amtlichen
Chronik der Könige von Israel nachzulesen.
32 Zwischen Asa und König Bascha von Israel
herrschte Krieg, solange sie lebten.

Über König Bascha von Israel

33 Im dritten Regierungsjahr von Asa, dem König
von Juda, wurde Bascha, der Sohn von Ahija,
König von Israel. Er regierte in Tirza 24 Jahre
lang. 34 Er tat, was dem HERRN mißfiel, und folgte
dem bösen Beispiel Jerobeams, der die Leute
im Reich Israel* zum Götzendienst verführt
hatte.

16 Da erging das Wort des HERRN an den Pro-
pheten* Jehu, den Sohn von Hanani. Er
mußte König Bascha im Namen des HERRN
sagen: 2 »Obwohl du ein Mann ohne Macht und
Einfluß warst, habe ich dich zum König über

a Über Bascha wird ab Vers 27 berichtet.

15,12 14,24 S 15,13 2 Kön 23,4.6.12 15,14 3,2-3 S 15,18 14,26 15,27 16,15 15,29 14,10

mein Volk Israel gemacht. Du aber bist dem bösen Beispiel Jerobeams gefolgt. Du hast mein Volk zum Götzendienst verführt, so daß sie meinen Zorn erregt haben. [3] Deshalb wird es deiner Familie ebenso ergehen wie der Familie Jerobeams. Ich werde niemand von deinen Nachkommen übriglassen. [4] Wer von ihnen in der Stadt umkommt, den fressen die Hunde, und wer auf dem freien Feld stirbt, den fressen die Geier.«

[5] Was es sonst noch über Bascha zu berichten gibt, über seine Taten und seine Erfolge, ist in der amtlichen Chronik der Könige von Israel nachzulesen. [6] Als er starb, wurde er in Tirza bestattet. Sein Sohn Ela wurde sein Nachfolger.

[7] Der Prophet Jehu, der Sohn von Hanani, hatte Bascha und seiner Familie den Untergang angekündigt, weil er so viel Böses gegen den HERRN getan und ihn mit seinen Götzen beleidigt hatte. Es sollte ihnen ergehen wie der Familie Jerobeams – und das auch deshalb, weil[a] Bascha die Nachkommen Jerobeams ausgerottet hatte.

König Ela von Israel und das Ende der Dynastie Baschas

[8] Im 26. Regierungsjahr von Asa, dem König von Juda, wurde Ela, der Sohn von Bascha, König von Israel. Er regierte zwei Jahre lang in Tirza.

[9] Dann machte Simri, der Befehlshaber über die Hälfte seiner Streitwagen*, eine Verschwörung gegen ihn. Als der König in Tirza im Haus des Palastvorstehers Arza zechte und schon betrunken war, [10] drang Simri in das Haus ein und erschlug ihn.

Nun wurde Simri König von Israel, im 27. Regierungsjahr des Königs Asa von Juda.

[11-12] Nachdem Simri den Königsthron bestiegen hatte, rottete er alle männlichen Nachkommen von Bascha aus. Er tötete auch alle, die der Königsfamilie nahestanden. So traf ein, was der HERR einst Bascha durch den Propheten Jehu angekündigt hatte. [13] Es war die Strafe dafür, daß Bascha und sein Sohn Ela die Leute im Reich Israel* zur Sünde verführt und den HERRN, den Gott Israels, mit ihren nichtigen Götzen beleidigt hatten.

[14] Was es sonst noch über Ela und seine Taten zu berichten gibt, ist in der amtlichen Chronik der Könige von Israel nachzulesen.

Der Kampf um den Thron nach der Ermordung von König Bascha

[15] Im 27. Regierungsjahr von Asa, dem König von Juda, wurde Simri für sieben Tage König von Israel in der Hauptstadt Tirza.

Das Heer Israels belagerte damals wieder[b] die Philisterfestung Gibbeton. [16] Als im Heerlager bekannt wurde, daß Simri eine Verschwörung gemacht und König Ela erschlagen hatte, erhoben die Männer von Israel sofort ihren Heerführer Omri zum König von Israel.

[17-18] Omri zog mit dem ganzen Heer von Gibbeton vor die Hauptstadt Tirza. Als die Stadt nach kurzer Belagerung eingenommen wurde, schloß sich Simri in den inneren Turm des Königspalastes ein, ließ den Palast anzünden und fand in den Flammen den Tod. [19] Dies war die Strafe dafür, daß er getan hatte, was dem HERRN mißfiel. Denn er war dem bösen Beispiel Jerobeams gefolgt, der die Leute im Reich Israel* zum Götzendienst verführt hatte.

[20] Was es sonst noch über Simris Verschwörung und sein Königtum zu berichten gibt, ist in der amtlichen Chronik der Könige von Israel nachzulesen.

[21] Das Volk war jedoch gespalten: Nur der eine Teil hielt zu Omri, der andere Teil machte Tibni, den Sohn Ginats, zum König. [22] Doch die Anhänger von Omri waren stärker als die Anhänger von Tibni. Als Tibni starb, wurde Omri König über das ganze Volk.

Über König Omri von Israel

[23] Im 31. Regierungsjahr von Asa, dem König von Juda, wurde Omri König von Israel. Er regierte zwölf Jahre lang, davon die ersten sechs in der Stadt Tirza. [24] Dann kaufte er den Berg von Samaria um zwei Zentner* Silber und baute darauf seine neue Hauptstadt. Nach dem früheren Besitzer des Berges, einem Mann namens Schemer, nannte er die Stadt Samaria.[c]

[25] Omri tat, was dem HERRN mißfiel. Er trieb es schlimmer als alle seine Vorgänger. [26] Er folgte in allem dem bösen Beispiel Jerobeams, der die Leute im Reich Israel* dazu verführt hatte, den HERRN, ihren Gott, mit ihren nichtigen Götzen zu beleidigen.

[27] Was es sonst noch über Omri zu berichten gibt, über seine Taten und seine Erfolge, ist in der amtlichen Chronik der Könige von Israel nach-

a *auch deshalb, weil:* sprachlich weniger wahrscheinlich *obwohl.* b *wieder:* verdeutlichender Zusatz (vgl. 15,27).
c Hebräische Namensform *Schomeron.*

16,3 15,29; 16,11-12 16,11-12 16,3 16,15 15,27

zulesen. 28 Als er starb, wurde er in Samaria
bestattet. Sein Sohn Ahab wurde sein Nach-
folger.

KÖNIG AHAB UND DER PROPHET ELIJA (16,29–22,40)

Über König Ahab von Israel

29 Im 38. Regierungsjahr von Asa, dem König von
Juda, wurde Ahab, der Sohn von Omri, König
von Israel. Er regierte 22 Jahre lang in Samaria.
30 Noch mehr als seine Vorgänger tat er, was
dem HERRN mißfiel. 31 Es war noch das wenigste,
daß er an dem Götzendienst Jerobeams festhielt.
Was viel schlimmer war: Er heiratete Isebel, eine
Tochter Etbaals, des Königs der Phönizier*, und
er ging so weit, daß er dem Gott Baal* Opfer dar-
brachte und sich vor ihm niederwarf. 32 Er baute
ihm in Samaria einen Tempel und errichtete dort
einen Altar für ihn. 33 Außerdem ließ er ein Bild
der Göttin Aschera* aufstellen. Mit diesen und
ähnlichen Taten beleidigte er den HERRN, den
Gott Israels, mehr als alle Könige, die vor ihm im
Reich Israel* regiert hatten.
34 Während seiner Regierungszeit baute Hiël
aus Bet-El die Stadt Jericho wieder auf. Als er
die Fundamente legte, kostete ihn das seinen
erstgeborenen Sohn Abiram, und als er die Tore
einsetzte, kostete es ihn seinen jüngsten Sohn
Segub. So erfüllte sich die Drohung, die einst
Josua im Auftrag des HERRN ausgesprochen hatte.

Der Prophet Elija kündigt die große Dürre an

17 Elija, der Prophet* aus dem Dorf Tischbe
in der Landschaft Gilead,[a] sagte zu Ahab:
»So gewiß der HERR, der Gott Israels, lebt, in des-
sen Dienst ich stehe: In den nächsten Jahren
wird weder Tau noch Regen fallen, bis ich es be-
fehle!«

Gott sorgt für seinen Boten: Elija am Bach Kerit

2 Darauf erging das Wort des HERRN an Elija, er
sagte zu ihm: 3 »Bring dich in Sicherheit! Geh
nach Osten über den Jordan und versteck dich
am Bach Kerit. 4 Aus dem Bach kannst du trin-
ken, und ich habe den Raben befohlen, daß sie
dir zu essen bringen.«
5 Elija gehorchte dem Befehl des HERRN, ging
auf die andere Jordanseite an den Bach Kerit und
blieb dort. 6 Morgens und abends brachten ihm
die Raben Brot und Fleisch, und Wasser bekam
er aus dem Bach.
7 Aber weil es nicht regnete, trocknete der
Bach nach einiger Zeit aus.

Gott sorgt für seinen Boten: Elija bei der Witwe von Sarepta

8 Da erging das Wort des HERRN an Elija, er sagte
zu ihm: 9 »Geh in die Stadt Sarepta in Phönizien*
und bleib dort! Ich habe einer Witwe befohlen,
dich mit Essen und Trinken zu versorgen.«
10 Elija machte sich auf den Weg und ging nach
Sarepta. Als er ans Stadttor kam, traf er dort eine
Witwe, die Holz auflas. »Bring mir doch etwas
Wasser!« bat er sie. 11 Als sie wegging, um es zu
holen, rief er ihr nach: »Bring auch etwas Brot
mit!«
12 Doch sie sagte: »So gewiß der HERR, dein
Gott, lebt: Ich habe keinen Bissen mehr, nur
noch eine Handvoll Mehl im Topf und ein paar
Tropfen Öl im Krug. Ich lese gerade ein paar
Holzstücke auf und will mir und meinem Sohn
die letzte Mahlzeit bereiten. Dann müssen wir
sterben.«
13 Elija erwiderte: »Geh heim und tu, was du
vorhast. Aber backe zuerst für mich ein kleines
Fladenbrot* und bring es zu mir heraus. Den
Rest kannst du dann für dich und deinen Sohn
zubereiten. Hab keine Angst, 14 denn der HERR,
der Gott Israels, hat versprochen: ›Der Mehltopf
wird nicht leer und das Öl im Krug versiegt
nicht, bis ich es wieder regnen lasse.‹«
15 Die Frau ging und tat, was Elija ihr aufgetra-
gen hatte. Und wirklich hatten die drei jeden Tag
zu essen. 16 Der Mehltopf wurde nicht leer und
das Öl im Krug versiegte nicht, wie der HERR es
durch Elija versprochen hatte.

Elija erweckt den Sohn der Witwe wieder zum Leben

17 Nach einiger Zeit wurde der Sohn der Witwe,
die den Propheten* in ihr Haus aufgenommen
hatte, krank. Sein Zustand verschlimmerte sich
immer mehr, und zuletzt starb er. 18 Da sagte die
Mutter zu Elija: »Was habe ich mit dir zu tun, du
Mann Gottes? Du bist nur in mein Haus gekom-
men, um Gott an meine Sünden zu erinnern.
Darum mußte mein Sohn jetzt sterben!«
19 »Gib ihn mir!« erwiderte Elija. Er nahm ihr
das tote Kind vom Schoß, trug es in die Dach-
kammer, in der er wohnte, und legte es auf sein
Bett.
20 Dann rief er: »HERR, mein Gott! Willst du

a *der Prophet ...:* mit G; H *der Tischbiter aus den Bewohnern Gileads**.

16,34 Jos 6,26 17,1 (Elija) Mal 3,23; Sir 48,1-11; Mt 11,14 S; Jak 5,17 17,9 Lk 4,25-26

wirklich diese Frau ins Unglück stürzen und ihr
den einzigen Sohn nehmen? Sie hat mich doch
so freundlich in ihr Haus aufgenommen!« 21 Er
legte sich dreimal auf den Leichnam des Kindes
und rief dabei: »HERR, mein Gott, laß doch sein
Leben wiederkommen!«

22 Der HERR erhörte sein Gebet und gab dem
Kind das Leben zurück. 23 Elija nahm den Jungen
bei der Hand, brachte ihn hinunter zu seiner
Mutter und sagte zu ihr: »Sieh her, er lebt!«

24 Die Frau sagte: »Jetzt weiß ich, daß du ein
Mann Gottes bist. Auf das Wort, das du im
Namen des HERRN sprichst, ist Verlaß!«

Elija stellt sich dem König

18 Schon länger als zwei Jahre hatte es nicht
mehr geregnet, da erging das Wort des
HERRN an Elija. Der HERR sagte zu ihm: »Geh und
tritt vor König Ahab! Ich werde dem Land wie-
der Regen schicken!« 2 Elija machte sich auf den
Weg.

In der Stadt Samaria waren alle Vorräte auf-
gebraucht. 3 Darum ließ Ahab seinen Palastver-
walter Obadja rufen. Obadja hatte immer treu
zum HERRN gehalten. 4 Als Isebel die Propheten*
des HERRN ermorden ließ, hatte er hundert von
ihnen in Sicherheit gebracht, sie zu je fünfzig in
zwei Höhlen versteckt und mit Brot und Wasser
versorgt.

5 Nun sagte Ahab zu Obadja: »Los, wir
suchen[a] jetzt jede Oase und jedes Bachtal im
Land nach Gras ab. Vielleicht finden wir irgend-
wo noch etwas für unsere Pferde und Maulesel.
Sonst bleibt uns nichts anderes übrig, als einen
Teil der Tiere zu töten.«

6 Ahab und Obadja teilten das Land unter sich
auf und gingen dann jeder für sich auf die Suche.
7 Als nun Obadja das Land durchstreifte, trat ihm
plötzlich Elija in den Weg. Obadja erkannte den
Propheten, warf sich vor ihm nieder und fragte:
»Elija, mein Herr, bist du es?«

8 »Ich bin es«, sagte Elija. »Kehr sofort um und
melde deinem Herrn, daß ich hier bin!«

9 »Was habe ich getan, daß du mich dem Zorn
des Königs ausliefern willst?« erwiderte Obadja.
»Er wird mich umbringen lassen. 10 So gewiß der
HERR, dein Gott, lebt: Es gibt kein Land, in dem
Ahab dich nicht suchen ließ. Wenn es hieß: ›Er
ist nicht hier‹, mußte es ihm der König des Lan-
des mit einem Eid bestätigen. 11 Und jetzt soll ich
hingehen und ihm melden: ›Elija ist da‹?

12 Kaum bin ich weg, kann der Geist* des
HERRN dich an einen Ort bringen, den ich nicht
kenne. Wenn Ahab dich dann nicht findet, wird
er mich umbringen. Dabei habe ich doch von
Jugend auf treu zum HERRN gehalten. 13 Hat man
dir nicht berichtet, was ich getan habe? Als
Isebel die Propheten des HERRN umbrachte, habe
ich hundert von ihnen in zwei Höhlen versteckt
und mit Brot und Wasser versorgt. 14 Und nun
schickst du mich zu Ahab, damit ich dich bei
ihm melde? Er wird mich bestimmt umbringen.«

15 Aber Elija sagte: »So gewiß der HERR, der
Herrscher der Welt,[b] lebt, in dessen Dienst ich
stehe, ich sage dir: Noch heute wird mich Ahab
zu sehen bekommen!«

Elija ruft das Volk auf den Berg Karmel und fordert eine Entscheidung

16 Da ging Obadja zu König Ahab und brachte
ihm die Botschaft. Der König brach sofort auf
und zog Elija entgegen. 17 Als er den Propheten*
erblickte, rief er: »Da bist du also – der Mann,
der Israel ins Unglück stürzt!«

18 Doch Elija erwiderte: »Nicht ich stürze
Israel ins Unglück, sondern du und deine Fami-
lie! Ihr habt die Gebote des HERRN mißachtet;
sogar du selbst verehrst die Baale*! 19 Aber jetzt
ist es soweit: Schicke Boten aus! Ganz Israel soll
zu mir auf den Gipfel des Berges Karmel kom-
men. Rufe auch die 450 Propheten Baals und die
400 Propheten der Aschera*, die von Isebel mit
Essen und Trinken versorgt werden!«

20 Ahab ließ die Männer Israels und die Pro-
pheten Isebels auf den Berg Karmel rufen. Als
alle versammelt waren, 21 trat Elija vor die Volks-
menge und rief: »Wie lange schwankt ihr noch
hin und her? Entweder der HERR ist Gott, dann
folgt *ihm* – oder Baal ist Gott, dann folgt *ihm!*«

Als alles stumm blieb, 22 fuhr Elija fort: »Ich
bin der einzige Prophet des HERRN, der noch
übriggeblieben ist, und hier sind 450 Propheten,
die im Dienst Baals stehen. 23 Bringt zwei junge
Stiere her! Sie sollen sich einen auswählen, ihn
zerteilen und die Stücke auf die Holzscheite
legen; aber sie dürfen kein Feuer anzünden. Ich
werde es mit dem anderen Stier ebenso machen.
24 Dann sollen sie zu ihrem Baal rufen, und ich
rufe zum HERRN. Wer von beiden als Antwort
Feuer schickt, der ist Gott.«

Das ganze Volk rief: »Ja, so soll es sein!«

Welcher Gott schickt Feuer vom Himmel?

25 Dann sagte Elija zu den Propheten* Baals:
»Macht ihr den Anfang; ihr seid in der Überzahl.

a *wir suchen:* mit G; H *suche!*   b Wörtlich *der HERR Zebaot**.

17,21-22 2 Kön 4,34-35   18,12 2 Kön 2,16; Apg 8,39-40   18,18 16,31-33   18,21 Jos 24,15   18,24 Lev 9,24 S

Sucht euch einen Stier aus, bereitet ihn als Opfer
zu und betet zu eurem Gott, aber zündet kein
Feuer an!«

26 Die Baalspropheten richteten das Opfer zu
und riefen vom Morgen bis zum Mittag: »Baal,
höre uns!« Dabei tanzten sie um den Altar und
hüpften die Stufen hinauf.[a] Aber alles blieb still,
niemand antwortete.

27 Als es Mittag wurde, machte sich Elija über
sie lustig. »Ihr müßt lauter rufen!« spottete er.
»Er ist doch ein Gott! Vielleicht denkt er gerade
nach, oder er mußte dringend mal weg oder ist
auf Reisen gegangen. Vielleicht hält er gerade
seinen Mittagsschlaf. Ihr müßt ihn aufwecken!«

28 Sie schrien immer lauter und ritzten sich
nach ihrem Brauch die Haut mit Schwertern und
Speeren, daß das Blut an ihnen herabfloß; 29 sie
führten sich wie Irrsinnige auf. So trieben sie es
die ganze Zeit bis zu der Stunde, in der das
Abendopfer* vorbereitet wird. Aber alles blieb
still, kein Echo kam, keine Antwort.

30 Da rief Elija der Volksmenge zu: »Her zu
mir!«, und alle drängten sich um ihn. Dann be-
gann er, den zerstörten Altar des HERRN wieder
aufzubauen. 31 Er wählte zwölf Steine aus, nach
der Zahl der Stämme Israels, der Nachkommen
Jakobs, zu dem der HERR gesagt hatte: »Du sollst
Israel heißen.« 32 Aus diesen Steinen baute er
dem HERRN einen Altar.

Dann zog er rings um den Altar einen Gra-
ben, so breit, daß man darin zwölf Kilo[b] Saatgut
hätte aussäen können. 33 Er schichtete Holz-
scheite auf, zerteilte den Stier und legte die
Stücke auf das Holz. 34 Schließlich ließ er vier
Eimer Wasser über das Opfer und die Holz-
scheite gießen und ließ das noch zweimal wie-
derholen. 35 Das Wasser floß am Altar hinunter
und füllte den Graben.

36 Zur Stunde des Abendopfers trat Elija vor
den Altar und rief: »HERR, du Gott Abrahams,
Isaaks und Jakobs! Alle sollen heute erfahren,
daß du Gott bist in Israel und ich dein Diener,
der dies alles in deinem Auftrag getan hat.
37 Höre mich, HERR, erhöre mich! Dieses Volk soll
erkennen, daß du, HERR, allein Gott bist und daß
du sie wieder auf den rechten Weg zurückbrin-
gen willst.«

38 Da ließ der HERR Feuer herabfallen. Es ver-
zehrte nicht nur das Opfertier und die Holz-
scheite, sondern auch die Steine, die Erde rings-
um und das Wasser im Graben.

39 Als das Volk das sah, warfen sich alle zu
Boden und riefen: »Der HERR allein ist Gott, der
HERR allein ist Gott!«

40 Elija aber befahl: »Haltet die Baalspropheten
fest! Keiner darf entkommen!« Sie wurden fest-
genommen, und Elija ließ sie zum Bach Kischon
hinabführen und dort hinrichten.

Das Ende der Trockenheit

41 Dann sagte Elija zu Ahab: »Geh in dein Zelt, iß
und trink; denn ich höre schon den Regen rau-
schen.«

42 Während Ahab wegging, stieg Elija auf den
Gipfel des Karmelgebirges, kauerte sich auf den
Boden und verbarg sein Gesicht zwischen den
Knien. 43 Er befahl seinem Diener: »Geh dort
hinüber und halte Ausschau zum Meer hin!«

Der Diener ging, dann kam er zurück und
meldete: »Es ist nichts zu sehen.«

Elija sagte: »Geh noch einmal!« Der Diener
ging und kam wieder; siebenmal schickte ihn
Elija. 44 Beim siebten Mal meldete er: »Ich sehe
eine kleine Wolke am Horizont, sie ist etwa so
groß wie die Faust eines Mannes.«

Da befahl ihm Elija: »Geh zu Ahab und sag
ihm, er soll sofort anspannen lassen und losfah-
ren, damit er nicht vom Regen überrascht wird!«

45 Ahab stieg auf seinen Wagen und fuhr los
nach Jesreel. Da verfinsterte sich auch schon der
Himmel, der Wind trieb schwarze Wolken her-
an, und ein heftiger Regen ging nieder. 46 Elija
wurde vom Geist* des HERRN ergriffen, band
sein Obergewand* hoch und lief vor dem Wagen
Ahabs her bis nach Jesreel.

Elija will aufgeben

19 Ahab berichtete Isebel alles, was Elija
getan und daß er alle Propheten Baals*
umgebracht hatte. 2 Da schickte Isebel einen
Boten zu Elija und ließ ihm sagen: »Die Götter
sollen mich strafen, wenn ich dich morgen um
diese Zeit nicht ebenso umbringen werde, wie
du meine Propheten* umgebracht hast!«

3 Da packte Elija die Angst,[c] und er floh, um
sein Leben zu retten. In Beerscheba an der Süd-
grenze von Juda ließ er seinen Diener zurück
4 und wanderte allein weiter, einen Tag lang
nach Süden in die Steppe hinein. Dann setzte er
sich unter einen Ginsterstrauch und wünschte
den Tod herbei. »HERR, ich kann nicht mehr«,
sagte er. »Laß mich sterben! Ich bin nicht besser
als meine Vorfahren.« 5 Dann legte er sich unter
den Ginsterstrauch und schlief ein.

a Deutung unsicher.
b Hebräische Maßangabe *2 Sea* (1 Sea = 1/3 Efa*).
c So mit G; H *Da sah Elija.*

18,31 Ex 24,4 S; Gen 32,29 **18,36** Ex 3,6 **18,38** Lev 9,24 S **18,40** Ex 22,19 **18,42-45** Jak 5,18 **19,4** Num 11,15; Jona 4,3.8-9

Aber ein Engel* kam, weckte ihn und sagte:
»Steh auf und iß!«
6 Als Elija sich umschaute, entdeckte er hin-
ter seinem Kopf ein frisches Fladenbrot* und
einen Krug mit Wasser. Er aß und trank und
legte sich wieder schlafen.
7 Aber der Engel des HERRN weckte ihn noch
einmal und sagte: »Steh auf und iß! Du hast
einen weiten Weg vor dir!«
8 Elija stand auf, aß und trank und machte
sich auf den Weg. Er war so gestärkt, daß er vier-
zig Tage und Nächte ununterbrochen wanderte,
bis er zum Berg Gottes, dem Horeb*, kam.
9 Dort ging er in die Höhle hinein und wollte
sich darin schlafen legen. Da hörte er plötzlich
die Stimme des HERRN: »Elija, was willst du
hier?«
10 Elija antwortete: »HERR, ich habe mich lei-
denschaftlich für dich, den Gott Israels und der
ganzen Welt,[a] eingesetzt; denn die Leute von
Israel haben den Bund* gebrochen, den du
mit ihnen geschlossen hast; sie haben deine
Altäre niedergerissen und deine Propheten um-
gebracht. Ich allein bin übriggeblieben, und nun
wollen sie auch mich noch töten.«

Gott offenbart sich Elija und gibt ihm einen Auftrag

11 Der HERR sagte: »Komm aus der Höhle und tritt
auf den Berg vor mich hin! Ich werde an dir
vorübergehen!«
Da kam ein Sturm, der an der Bergwand rüt-
telte, daß die Felsbrocken flogen. Aber der HERR
war nicht im Sturm.
Als der Sturm vorüber war, kam ein starkes
Erdbeben. Aber der HERR war nicht im Erd-
beben.
12 Als das Beben vorüber war, kam ein
loderndes Feuer. Aber der HERR war nicht im
Feuer.
Als das Feuer vorüber war, kam ein ganz lei-
ser Hauch. 13 Da verhüllte Elija sein Gesicht mit
dem Mantel, trat vor und stellte sich in den Ein-
gang der Höhle.
Eine Stimme fragte ihn: »Elija, was willst du
hier?«
14 Er antwortete: »HERR, ich habe mich leiden-
schaftlich für dich, den Gott Israels und der
ganzen Welt, eingesetzt, denn die Leute von
Israel haben den Bund* gebrochen, den du
mit ihnen geschlossen hast; sie haben deine
Altäre niedergerissen und deine Propheten um-
gebracht. Ich allein bin übriggeblieben, und nun
wollen sie auch mich noch töten.«
15 Da befahl ihm der HERR: »Geh den Weg
zurück, den du gekommen bist! Geh bis nach
Damaskus, und salbe* dort Hasaël zum König
von Syrien*. 16 Darauf salbe Jehu, den Sohn von
Nimschi, zum König von Israel und Elischa, den
Sohn Schafats aus dem Dorf Abel-Mehola, zum
Propheten*, zu deinem Nachfolger. 17 Wer dem
Schwert Hasaëls entrinnt, den wird Jehu töten,
und wer sich vor Jehu retten kann, der kommt
durch Elischa um. 18 Aber ich werde dafür sor-
gen, daß in Israel siebentausend Männer am
Leben bleiben, alle, die nicht vor Baal* niederge-
kniet sind und sein Bild nicht geküßt haben.«

Elija nimmt Elischa in seinen Dienst

19 Als Elija vom Berg Horeb* zurückkam, traf er
Elischa, den Sohn Schafats, beim Pflügen. Elf
Knechte mit je einem Rindergespann gingen vor
ihm her, er selbst führte das zwölfte Gespann.
Im Vorbeigehen warf Elija ihm seinen Prophe-
tenmantel über.
20 Sofort verließ Elischa sein Gespann, lief
Elija nach und sagte zu ihm: »Laß mich noch
meinen Vater und meine Mutter zum Abschied
küssen, dann folge ich dir!«
»Geh nur«, sagte Elija, »aber vergiß nicht, was
ich mit dir gemacht habe!«[b] 21 Danach nahm
Elischa die beiden Rinder seines Gespanns und
schlachtete sie. Mit dem Holz des Jochs* machte
er ein Feuer, kochte das Fleisch und gab es sei-
nen Leuten als Abschiedsmahl. Dann ging er mit
Elija und wurde sein Diener.

Die Überheblichkeit des Syrerkönigs

20 Der syrische* König Ben-Hadad bot
seine ganze Heeresmacht auf. Zweiund-
dreißig Vasallenkönige folgten ihm mit ihren
Truppen; auch eine große Zahl von Pferden mit
Streitwagen* waren dabei. Er zog vor Samaria,
schloß die Stadt ein und begann mit den Vorbe-
reitungen zum Angriff.
2 Dann schickte er Boten in die Stadt zu Ahab,
dem König von Israel, 3 und ließ ihm sagen: »So
spricht Ben-Hadad: ›Dein Silber und dein Gold
gehören mir, und genauso deine Frauen und
deine edelstgeborenen Söhne. Gib sie heraus!‹«
4 Der König von Israel antwortete ihm: »Ich
unterwerfe mich dir, mein Herr und König!
Alles, was ich habe, gehört dir.«
5 Aber die Boten Ben-Hadads kamen zum

a Wörtlich *den Gott Zebaot**; ebenso in Vers 14.
b Andere Deutung: *Kehr um, ich habe dir doch nichts getan!*

19,10 18,22 19,13 Ex 3,6; 33,20-23 19,14 Röm 11,3 19,15 2 Kön 8,7-13 19,16 2 Kön 9,1-6; 1 Kön 19,19-21; 2 Kön 2,9-15 19,18 Röm 11,4 19,19 (Prophetenmantel) 1 Sam 28,14 S 19,20 Lk 9,61 20,1 2 Kön 6,24

zweiten Mal und sagten: »So spricht Ben-Hadad:
›Ich habe dir gesagt: Gib mir dein Silber und
Gold, deine Frauen und deine Söhne. 6 Aber jetzt
sage ich außerdem:[a] Morgen um diese Zeit
schicke ich meine Leute zu dir, damit sie dein
Haus und die Häuser deiner Minister durch-
suchen. Sie werden alles mitnehmen, was
ihnen[b] gefällt.‹«

7 Der König rief die Ältesten* des Landes zu
sich und sagte zu ihnen: »Ihr seht, wie übel
dieser Syrer uns mitspielen will. Ich habe ihm
meine Frauen und Söhne, mein Gold und Silber
zugestanden; aber jetzt will er noch mehr.«

8 »Weigere dich!« riefen die Ältesten und alle
Männer der Stadt. »Geh nicht darauf ein!«

9 Da gab der König den Boten Ben-Hadads den
Bescheid: »Sagt zu meinem Herrn, dem König:
›Was du zuerst verlangt hast, werde ich dir
geben; aber auf diese Forderung kann ich nicht
eingehen.‹«

Die Boten überbrachten dem Syrerkönig die
Antwort. 10 Da schickte er sie ein drittes Mal zu
Ahab und ließ ihm sagen: »Der Fluch der Götter
soll mich treffen, wenn Samaria soviel Schutt
hergibt, daß jeder von meinen Kriegsleuten auch
nur eine Handvoll davon mitnehmen kann!«

11 Aber der König von Israel ließ Ben-Hadad
ausrichten: »Wer dem Löwen das Fell abziehen
will, muß ihn zuerst erschlagen!«

12 Ben-Hadad zechte gerade mit den Vasal-
lenkönigen in seinem Zelt, als ihm die Antwort
gebracht wurde. »Rammböcke* ansetzen!« be-
fahl er seinen Truppenführern. Und sogleich
brachten sie die Mauerbrecher in Stellung.

Gott steht zu seinem Volk

13 Da kam ein Prophet* zu König Ahab und sag-
te: »So spricht der HERR: ›Du siehst doch dieses
riesige Heer? Ich gebe es heute in deine Hand.
Du sollst erkennen, daß ich der HERR bin!‹«

14 »Durch wen soll das geschehen?« fragte der
König, und der Prophet antwortete: »So spricht
der HERR: ›Durch die Kriegsleute der Provinzver-
walter.‹«

»Und wer soll die Schlacht eröffnen?«

»Du!« war die Antwort.

15 Der König ließ die Kriegsleute der Provinz-
verwalter antreten; es waren 232 Mann. Dann
ließ er die Männer von Israel antreten; es waren
7000. 16-17 Um die Mittagszeit rückten die Israe-
liten aus der Stadt aus, an der Spitze die Kriegs-
leute der Provinzverwalter.

Ben-Hadad und die zweiunddreißig Vasal-
lenkönige zechten in ihren Zelten. Der Syrer-
könig hatte Späher aufgestellt, die ihm meldeten:
»Aus Samaria kommt ein Zug von Männern.«
18 Er befahl: »Wenn sie um Frieden bitten wol-
len: Nehmt sie gefangen! Wenn sie angreifen:
Nehmt sie gefangen!«

19-20 Aber die Israeliten, die aus der Stadt aus-
gebrochen waren – die Kriegsleute der Provinz-
verwalter und hinter ihnen das ganze Heer
Israels –, machten im Kampf Mann gegen Mann
jeden nieder, der sich ihnen in den Weg stellte.
Die Syrer ergriffen die Flucht, und die Israeliten
verfolgten sie. Ben-Hadad entkam zu Pferd zu-
sammen mit den Reitern. 21 Darauf rückte der
König von Israel aus und vernichtete die Streit-
wagenmacht* der Feinde. So brachte er den
Syrern eine schwere Niederlage bei.

Wie weit reicht die Macht von Israels Gott?

22 Wieder kam der Prophet* zum König von
Israel und sagte zu ihm: »Sei auf der Hut! Rüste
dich für einen neuen Ansturm. Im nächsten
Frühjahr wird der König von Syrien* wieder
gegen dich heranziehen.«

23 Zu König Ben-Hadad aber sagten seine Rat-
geber: »Der Gott der Israeliten ist ein Berggott,
deshalb waren sie uns überlegen. Wenn wir in
der Ebene gegen sie kämpfen, werden wir sie
mit Sicherheit besiegen. 24 Wir raten dir also:
Setze deine zweiunddreißig Könige ab und er-
setze sie durch Provinzstatthalter. 25 Stelle ein
Heer auf, das genauso groß ist wie das, das du
verloren hast, und auch wieder genauso viele
Pferde und Streitwagen*. Dann wollen wir in
der Ebene gegen sie kämpfen. Du wirst sehen,
daß wir sie besiegen.«

König Ben-Hadad hörte auf ihren Rat. 26 Im
folgenden Frühjahr musterte er seine Truppen
und zog mit ihnen nach Afek, um gegen Israel
zu kämpfen. 27 Auch die Israeliten sammelten ihr
Heer, zogen den Syrern entgegen und schlugen
ihr Lager dem Lager der Syrer gegenüber auf. Im
Vergleich mit der Masse der Feinde, die das
ganze Land bedeckten, wirkten sie wie zwei
kleine Ziegenherden.

28 Da kam der Prophet zum König von Israel
und sagte zu ihm: »So spricht der HERR: ›Weil
diese Syrer behaupten, ich sei ein Gott der Berge
und hätte keine Macht in der Ebene, werde ich
diese ganze riesige Heeresmacht in deine Hand
geben. Daran werdet ihr erkennen, daß ich der
HERR bin.‹«

a Verdeutlichender Zusatz. b *ihnen:* mit G; H *dir.*
20,14 22,5 S

29 Sechs Tage lang lagen die beiden Heere ein-
ander gegenüber; am siebten Tag kam es zum
Kampf. Die Israeliten besiegten die Syrer und
töteten von ihnen an diesem einen Tag 100 000
Mann. 30a Die übrigen flohen in die Stadt Afek;
aber alle 27 000 wurden unter der einstürzenden
Stadtmauer begraben.

Der König von Israel verschont seinen Feind

30b Auch Ben-Hadad war in die Stadt geflohen
und suchte nach einem sicheren Schlupfwinkel.
31 Da sagten seine Ratgeber zu ihm: »Wir haben
gehört, daß die Könige von Israel sich an die
Regeln halten, die zwischen den Völkern gelten.
Deshalb wollen wir uns den Sack* um die Hüf-
ten binden, einen Strick um den Hals legen und
vor die Stadt hinaus zum König von Israel gehen.
Vielleicht können wir erreichen, daß er dir das
Leben schenkt.«

32 Die Ratgeber Ben-Hadads zogen also den
Sack an, legten sich Stricke um den Hals, gingen
zum König von Israel und sagten: »Dein ergebe-
ner Diener Ben-Hadad bittet dich: ›Schenke mir
das Leben!‹«

»Lebt er denn noch?« erwiderte Ahab. »Er ist
doch mein Bruder!«

33 Die Abgesandten Ben-Hadads nahmen dies
als ein gutes Zeichen, griffen das Wort auf und
versicherten: »Gewiß, Ben-Hadad ist dein Bru-
der!«

»Geht und holt ihn!« sagte der König.

Als Ben-Hadad herauskam, ließ der König
von Israel ihn zu sich auf den Wagen steigen.
34 Ben-Hadad sagte zu ihm: »Ich werde dir die
Städte zurückgeben, die mein Vater deinem
Vater weggenommen hat. Du kannst auch in
meiner Hauptstadt Damaskus Handelshäuser
gründen, wie es mein Vater in Samaria getan
hat.«

Der König von Israel erwiderte:[a] »Gut, wenn
du mir das schwörst, lasse ich dich frei.« Er
schloß mit Ben-Hadad einen Vertrag darüber
und ließ ihn unbehelligt ziehen.

Der König von Israel wird zur Rechenschaft gezogen

35 Ein Prophet aus einer Prophetengemeinschaft*
sagte zu einem andern im Namen des HERRN:
»Schlage mich!« Aber der andere weigerte sich,
ihn zu schlagen. 36 Da sagte der Prophet: »Du
hast dich dem Befehl des HERRN widersetzt. Des-
halb wird dich ein Löwe töten, sobald du von
mir weggehst.« Als der andere weiterging, fiel
ihn ein Löwe an und tötete ihn.

37 Der Prophet traf einen anderen Mann und
sagte zu ihm: »Schlage mich!« Der Mann schlug
ihn, so daß er blutete. 38 Dann stellte sich der Pro-
phet an dem Weg auf, den der König kommen
sollte. Den Kopf hatte er verbunden, so daß ihn
niemand als Prophet erkennen konnte.

39 Als der König vorbeikam, sprach der Mann
ihn an und sagte: »Mein König, ich bin mit in die
Schlacht gezogen. Da brachte mir einer einen
Gefangenen und sagte zu mir: ›Bewache ihn!
Wenn er entkommt, kostet es dich dein Leben
oder einen Zentner* Silber.‹ 40 Aber ich war zu
beschäftigt, und auf einmal war der Gefangene
nicht mehr da.«

Der König sagte: »Du hast selbst das Urteil
über dich gesprochen!«

41 Da nahm der Mann die Binde ab, und der
König erkannte, daß er es mit einem Propheten
zu tun hatte. 42 »So spricht der HERR«, rief der
Prophet: »Du hast den Mann freigelassen, den
ich unter den Bann* gestellt und zum Untergang
bestimmt hatte. Deshalb nehme ich dein Leben
für seines, und deinem Volk wird es ergehen
wie dem seinen!«

43 Verstimmt und zornig ging der König weiter
und kam in seinen Palast in Samaria.

Nabots Weinberg: Ein König mißbraucht seine Macht

21 Nach einiger Zeit geschah folgendes:
König Ahab von Samaria hatte in der Stadt
Jesreel einen Palast. Unmittelbar daneben lag ein
Weinberg, der einem Einwohner der Stadt
namens Nabot gehörte. 2 Eines Tages sagte der
König zu Nabot: »Überlaß mir deinen Weinberg!
Er grenzt direkt an meinen Palast und wäre ge-
rade der rechte Platz für einen Gemüsegarten.
Ich gebe dir dafür einen besseren, oder wenn es
dir lieber ist, bezahle ich ihn dir in gutem Geld.«

3 Aber Nabot erwiderte: »Der HERR bewahre
mich davor, daß ich dir den Erbbesitz* meiner
Vorfahren gebe!«

4 Der König war verstimmt und zornig, weil
Nabot ihm eine solche Antwort gegeben hatte.
Er ging in den Palast, legte sich auf sein Bett und
drehte sich zur Wand; er rührte keinen Bissen
an.

5 Seine Frau Isebel ging zu ihm hinein und
fragte: »Warum bist du so verstimmt? Warum ißt
du nichts?«

6 Ahab antwortete: »Mehr als einmal habe ich

a Verdeutlichender Zusatz.
20,36 13,24 21,3 Num 36,7; Ez 46,18

Nabot aus Jesreel zugeredet und gesagt: ›Gib mir
deinen Weinberg! Ich bezahle ihn dir, oder
wenn es dir lieber ist, gebe ich dir einen andern
dafür.‹ Aber er bleibt dabei: ›Meinen Weinberg
bekommst du nicht!‹«
7 Da sagte seine Frau Isebel zu ihm: »Bist
nicht *du* der König im Land? Steh auf, sei wieder
vergnügt und laß es dir schmecken! Ich werde
dir Nabots Weinberg schon verschaffen.«
8 Sie schrieb im Namen Ahabs an die Ältesten*
und die einflußreichen Männer in Jesreel,
Nabots Mitbürger, und versah die Briefe mit
dem königlichen Siegel. 9 Die Briefe lauteten:
»Ruft einen Bußtag* aus! Laßt die Bewohner
der Stadt zusammenkommen und gebt Nabot
einen der vordersten Plätze. 10 Setzt ihm zwei ge-
wissenlose Männer gegenüber, die als Zeugen
gegen ihn auftreten und sagen: ›Du hast Gott
und dem König geflucht!‹ Dann führt ihn vor die
Stadt hinaus und steinigt* ihn.«
11 Die Ältesten der Stadt und die einflußrei-
chen Männer, Nabots Mitbürger, machten alles
genau so, wie Isebel es in ihren Briefen verlangt
hatte. 12 Sie riefen die Bürger der Stadt zu einer
Bußfeier* zusammen und ließen Nabot ganz
vorne sitzen. 13 Ihm gegenüber saßen die beiden
Schurken. Sie standen als Zeugen gegen Nabot
auf und erklärten: »Nabot hat Gott und dem
König geflucht!« Nabot wurde vor die Stadt hin-
ausgeführt und gesteinigt. 14 Dann ließen die
Ältesten der Stadt Isebel melden: »Nabot ist tot,
man hat ihn gesteinigt.«
15 Als Isebel die Nachricht erhielt, sagte sie zu
Ahab: »Auf, nimm den Weinberg in Besitz! Die-
ser Nabot aus Jesreel, der sich geweigert hat, ihn
dir zu verkaufen – er lebt nicht mehr, er ist tot!«
16 Als Ahab hörte, daß Nabot tot war, ging er
sofort hinunter, um Nabots Weinberg in Besitz
zu nehmen.

Elija kündigt Ahab und Isebel die Bestrafung an

17 Da erging das Wort des HERRN an den Prophe-
ten* Elija aus Tischbe. Der HERR sagte zu ihm:
18 »Auf, geh zu Ahab, dem König von Israel, der
in Samaria regiert! Er ist gerade in den Weinberg
Nabots hinuntergegangen, um ihn in Besitz zu
nehmen. 19 Sage zu ihm: ›Erst mordest du, und
dann raubst du! So spricht der HERR: Wo die
Hunde das Blut Nabots aufgeleckt haben, dort
werden sie auch dein Blut auflecken.‹«
20 Als Ahab den Propheten kommen sah, rief
er ihm entgegen: »Hast du mich gefunden, mein
Feind?«
Elija erwiderte: »Ja, ich habe dich ertappt! Du
hast dich dazu anstiften lassen, zu tun, was dem
HERRN mißfällt. 21 Darum läßt er dir sagen: ›Ich
werde dich und deine Familie ins Unglück stür-
zen. Du selbst mußt sterben, und alle deine
männlichen Nachkommen werde ich ausrotten,
die mündigen wie die unmündigen. 22 Weil du
meinen Zorn herausgefordert und die Leute im
Reich Israel* zum Götzendienst verleitet hast,
werde ich deiner Familie das gleiche Schicksal
bereiten wie den Familien von Jerobeam und
von Bascha.‹
23 Der Königin Isebel aber läßt der HERR
sagen: An der Stadtmauer von Jesreel werden
die Hunde ihren Leichnam fressen. 24 Wer von
deiner Familie in der Stadt stirbt, den fressen die
Hunde, und wer auf dem freien Feld stirbt, den
fressen die Geier.«
25 In der Tat gab es keinen, der so bereitwillig
wie Ahab tat, was dem HERRN mißfällt. Seine
Frau Isebel hatte ihn dazu verleitet. 26 Seine
schlimmste Sünde war, daß er die Götzen ver-
ehrte, genau wie die Amoriter*, die der HERR
vor den Israeliten aus dem Land vertrieben
hatte.
27 Als Elija zu Ende gesprochen hatte, zerriß
Ahab vor Entsetzen sein Gewand. Er zog den
Sack* an, trug ihn auf der bloßen Haut und legte
ihn selbst zum Schlafen nicht ab. Bedrückt ging
er umher und wollte kein Essen anrühren.
28 Da erging das Wort des HERRN an den
Propheten Elija, er sagte: 29 »Hast du bemerkt,
daß Ahab sich vor mir gebeugt hat? Weil er das
getan hat, lasse ich das Unheil noch nicht zu
seinen Lebzeiten über seine Familie herein-
brechen, sondern erst, wenn sein Sohn König
ist.«

Ist Gott für diesen Krieg?

(2 Chr 18,1-11)

22 Gut zwei Jahre lang hatte es keinen
Krieg mehr zwischen Syrien* und Israel
gegeben. 2 Im dritten Jahr kam König Joschafat
zum König von Israel.[a] 3 Da sagte der König von
Israel zu seinen Leuten: »Habt ihr vergessen, daß
die Stadt Ramot in Gilead* eigentlich uns gehört?
Warum zögern wir, sie den Syrern wieder weg-
zunehmen?«

a Der Zusammenhang zeigt, daß der König von Juda in einem Abhängigkeitsverhältnis zum König von Israel steht.

21,10 Dtn 19,15 S **21,19** 22,35-38; 2 Kön 9,25-26 **21,21** 2 Kön 9,7-8 **21,22** 15,29; 16,11-12 **21,23** 2 Kön 9,10.36 **21,29** 11,12; 2 Sam 12,13-14

4 Er wandte sich an Joschafat und fragte ihn:
»Machst du mit, wenn ich Ramot angreife?«
»Ich mache mit«, antwortete Joschafat; »du
kannst auf meine Truppen, auf Mann und Roß,
zählen wie auf deine eigenen.« 5 Aber dann sagte
er: »Du solltest doch zuerst den HERRN fragen,
was er dazu meint.«
6 Da rief der König von Israel alle Propheten*
zusammen, etwa vierhundert, und fragte sie:
»Soll ich die Stadt Ramot angreifen oder nicht?«
»Greife sie an!« antworteten sie. »Der HERR
wird sie in deine Hand geben.«
7 Aber Joschafat zögerte und fragte: »Gibt es
hier keinen weiteren Propheten, durch den wir
den HERRN fragen könnten?«
8 »Es gibt schon noch einen«, erwiderte der
König von Israel, »Micha, den Sohn von Jimla.
Aber ich kann ihn nicht ausstehen, weil er mir
immer nur Unglück ankündigt.«
Doch Joschafat sagte: »So sollte der König
nicht reden!« 9 Da rief der König von Israel einen
Hofbeamten und befahl ihm, so rasch wie mög-
lich Micha herbeizuholen.
10 Die beiden Könige saßen in ihrem könig-
lichen Ornat auf zwei Thronsesseln, die auf dem
freien Platz vor dem Stadttor Samarias aufgestellt
waren. Die vierhundert Propheten standen vor
ihnen; sie waren im Zustand ekstatischer Begei-
sterung. 11 Einer von ihnen, Zidkija, der Sohn
von Kenaana, hatte sich einen Helm mit eiser-
nen Hörnern aufgesetzt und rief: »So spricht der
HERR: ›So unbesiegbar wie ein Stier mit eisernen
Hörnern wirst du gegen die Syrer anrennen und
sie völlig vernichten.‹«
12 Die anderen Propheten stimmten ein und
riefen: »Zieh nur gegen Ramot! Du wirst siegen!
Der HERR wird die Stadt in die Hand des Königs
geben!«

Ein unbequemer Prophet

(2 Chr 18,12-27)

13 Unterwegs sagte der Bote zu Micha: »Die Pro-
pheten haben dem König einstimmig Sieg pro-
phezeit. Sieh zu, daß du es ebenso machst und
ihm einen glücklichen Ausgang ankündigst!«
14 Aber Micha antwortete: »So gewiß der
HERR lebt, ich kann nur ankündigen, was er mir
aufträgt.«
15 Als Micha vor den König trat, fragte ihn der:
»Micha, sollen wir Ramot angreifen oder nicht?«
Micha antwortete: »Greif die Stadt nur an; du
wirst siegen. Der HERR wird sie in deine Hand
geben.«
16 Aber der König sagte zu ihm: »Ich be-
schwöre dich, mir nichts als die reine Wahrheit
zu sagen! Was hat der HERR dir gesagt?«
17 Da antwortete Micha: »Ich sah das Heer
Israels über die Berge zerstreut wie eine Schaf-
herde, die keinen Hirten hat. Und der HERR sagte
zu mir: ›Sie haben keinen Anführer mehr. Der
Krieg ist zu Ende; jeder soll nach Hause zurück-
kehren!‹«
18 Der König von Israel wandte sich zu
Joschafat und sagte: »Habe ich nicht recht? Er
kündigt mir immer nur Unglück an!«
19 Aber Micha sprach weiter: »Höre, was der
HERR dir sagt! Ich sah den HERRN auf seinem
Thron sitzen. Rechts und links vor ihm stand das
ganze Heer der Engel*. 20 Da fragte der HERR:
›Wer ködert Ahab[a] und bringt ihn dazu, daß er
Ramot angreift und dort den Tod findet?‹
Der eine hatte diesen Vorschlag, der andere
jenen, 21 bis zuletzt einer der Himmelsgeister vor
den HERRN hintrat und sagte: ›Ich werde ihn
ködern!‹ ›Womit?‹ fragte der HERR, 22 und er ant-
wortete: ›Ich werde als Lügengeist aus dem
Mund aller seiner Propheten sprechen.‹ Da sagte
der HERR: ›Du darfst ihn ködern, dir wird es ge-
lingen. Geh hin und tu es!‹
23 Du siehst also«, wandte sich Micha an den
König, »daß der HERR deinen Propheten Lügen
eingegeben hat. In Wirklichkeit hat er deinen
Untergang beschlossen.«
24 Da trat Zidkija, der Sohn von Kenaana,
auf Micha zu, gab ihm eine Ohrfeige und rief:
»Was sagst du da? Der Geist* des HERRN soll
mich verlassen haben und nur noch mit dir
reden?«
25 »Du wirst es ja sehen«, erwiderte Micha,
»wenn der Tag kommt, an dem du dich im
hintersten Winkel deines Hauses verstecken
mußt.«
26 »Nehmt ihn fest«, befahl der König, »und
führt ihn zum Stadtkommandanten Amon und
zum Prinzen Joasch. 27 Sagt zu ihnen: ›Befehl des
Königs: Haltet diesen Mann im Gefängnis, bis
ich wohlbehalten zurückgekehrt bin. Gebt ihm
die kleinste Ration Wasser und Brot!‹«
28 Micha erwiderte: »Wenn du wohlbehalten
zurückkehrst, dann hat der HERR nicht durch
mich gesprochen.« Und er fügte hinzu: »Hört, ihr
Völker der ganzen Erde!«

a Nur hier und in den Versen 39-41 fällt in diesem Kapitel der Name Ahab.

22,4 2 Kön 3,7 **22,5** (den HERRN fragen) 20,14; Ri 1,1-2 S; 1 Sam 14,36-37; 23,2-4; 28,6; 2 Kön 3,11; 8,8; Jer 21,2 **22,13** Jes 30,10 **22,14** Num 22,18 **22,17** Num 27,17 S **22,19** Jes 6,1; Ijob 1,6; Offb 4,2-4 **22,28** Dtn 18,22; Jer 28,9; Mi 1,2-3

Der Prophet behält recht

(2 Chr 18,28-34)

[29] Der König von Israel und Joschafat, der König von Juda, zogen also gemeinsam gegen die Stadt Ramot. [30-31] Unterwegs sagte der König von Israel zu Joschafat: »Ich werde verkleidet in die Schlacht ziehen, aber du kannst unbesorgt deine königlichen Kleider tragen.«

Der König von Syrien* hatte nämlich den zweiunddreißig Anführern seiner Streitwagentruppe* befohlen: »Ihr sollt nur den König von Israel angreifen. Laßt euch mit keinem anderen ein, und wenn er einen noch so hohen Rang hat!« Deshalb zog der König von Israel verkleidet in die Schlacht.

[32] Als die Wagenkämpfer Joschafat sahen, riefen sie: »Da ist der König von Israel!« und setzten zum Angriff gegen ihn an. Joschafat aber schrie, [33] und als die Wagenkämpfer merkten, daß er nicht der Gesuchte war, ließen sie ihn in Ruhe.

[34] Doch ein einfacher Soldat schoß aufs Geratewohl einen Pfeil ab, der den König von Israel an einer ungeschützten Körperstelle traf. Der König befahl seinem Wagenlenker: »Dreh um und bring mich aus der Schlacht! Ich bin verwundet.« [35] Weil aber der Kampf an Heftigkeit zunahm, mußte der König den Syrern gegenüber durchhalten. Der Adjutant hielt ihn in seinem Wagen aufrecht, während das Blut aus seiner Wunde in den Wagen floß. Gegen Abend starb er.

[36] Als die Sonne unterging und die Männer Israels ins Lager zurückgekehrt waren, ließen die Truppenführer ausrufen: »Jeder soll nach Hause gehen! [37] Der König ist tot!«[a]

Sie brachten ihn nach Samaria und bestatteten ihn dort. [38] Als man seinen Streitwagen am Teich von Samaria reinigte, leckten die Hunde sein Blut auf, und die Huren wuschen sich in dem blutgefärbten Wasser, genau wie der HERR es angekündigt hatte.

Rückblick auf König Ahab von Israel

[39] Was es sonst noch über Ahab und seine Taten zu berichten gibt, über seinen elfenbeingeschmückten Palast und die Städte, die er befestigt hat, das ist in der amtlichen Chronik der Könige von Israel nachzulesen. [40] Als er starb, wurde sein Sohn Ahasja sein Nachfolger.

WEITERE GESCHICHTE DER GETRENNTEN REICHE

(22,41-54; 2 Könige 1–16)

Über König Joschafat von Juda

(2 Chr 20,31–21,1)

[41] Im vierten Regierungsjahr Ahabs, des Königs von Israel, wurde Joschafat, der Sohn von Asa, König von Juda. [42] Er war 35 Jahre alt, als er König wurde, und regierte 25 Jahre lang in Jerusalem. Seine Mutter hieß Asuba und war eine Tochter von Schilhi.

[43] Er folgte in allem dem Vorbild seines Vaters Asa und tat, was dem HERRN gefiel. [44] Die Opferstätten rings im Land ließ er jedoch bestehen, so daß das Volk auch weiterhin an diesen Stätten Opfer* darbrachte.

[45] Joschafat machte Frieden mit dem König von Israel und schloß mit ihm einen Vertrag. [46] Was es sonst noch über Joschafat zu berichten gibt, über seine Kämpfe und Erfolge, ist in der amtlichen Chronik der Könige von Juda nachzulesen.

[47] Er vertrieb auch den Rest der geweihten* Männer und Frauen, die sein Vater Asa im Land übriggelassen hatte.

[48] Das Land Edom* hatte zu seiner Zeit keinen eigenen König, sondern wurde durch einen Statthalter des Königs von Juda regiert. [49] Joschafat hatte große Handelsschiffe[b] bauen lassen, um im Land Ofir* Gold zu holen. Es kam aber nicht dazu, weil die Flotte in der Nähe von Ezjon-Geber Schiffbruch erlitt. [50] König Ahasja von Israel, der Sohn Ahabs, wollte seine Kaufleute gerne mit denen Joschafats mitfahren lassen; aber Joschafat hatte es abgelehnt.

[51] Als Joschafat starb, wurde er in der Grabstätte seiner Vorfahren in der Davidsstadt* bestattet. Sein Sohn Joram wurde sein Nachfolger.

Über König Ahasja von Israel

[52] Im 17. Regierungsjahr Joschafats, des Königs von Juda, wurde Ahasja, der Sohn Ahabs, König von Israel. Zwei Jahre lang regierte er in Samaria.

[53] Er tat, was dem HERRN mißfiel und folgte in allem dem bösen Beispiel seines Vaters, seiner Mutter und des Königs Jerobeam, der die Leute im Reich Israel* zum Götzendienst verführt hatte. [54] Er opferte dem Götzen Baal* und warf sich vor ihm nieder. Damit beleidigte er den HERRN, den Gott Israels, genau wie sein Vater es getan hatte.

a So mit G; H *Der König starb.* *b* Wörtlich *Tarschisch-Schiffe;* siehe Sacherklärung »Tarschisch«.

22,38 21,19 **22,44** 3,2-3 S **22,45** 22,4; 2 Kön 3,7 **22,47** 14,24 S **22,49** 9,26-28

DAS ZWEITE BUCH VON DEN KÖNIGEN

Inhaltsübersicht

ENDE DES PROPHETEN ELIJA UND WIRKEN DES PROPHETEN ELISCHA (1,1–8,15)

Elija hat eine Botschaft für König Ahasja

1 Nach dem Tod von König Ahab sagten sich
die Moabiter* von der Oberherrschaft Israels
los.
2 Eines Tages fiel sein Nachfolger Ahasja
durch das Gitter im Obergeschoß seines Palastes in Samaria und verletzte sich schwer. Da
schickte er Boten in die Philisterstadt* Ekron. Sie
sollten Baal-Sebub*, den Gott der Stadt, fragen,
ob die Verletzung wieder heilen würde.
3 Aber der Engel* des HERRN befahl Elija, dem
Propheten* aus Tischbe: »Geh und tritt den Boten des Königs in den Weg! Sag zu ihnen: ›Gibt
es in Israel keinen Gott? Müßt ihr außer Landes
gehen und Baal-Sebub, den Gott von Ekron,
befragen? 4 Darum läßt der HERR eurem König
sagen: Du wirst von deinem Krankenlager nicht
wieder aufstehen! Deine Tage sind gezählt.‹«
Elija tat, was der HERR ihm aufgetragen hatte.
5 Da kehrten die Boten um, und als sie zum
König kamen, fragte er sie: »Wie kommt es, daß
ihr so schnell zurück seid?«
6 Sie antworteten: »Ein Mann trat uns in den
Weg und sagte: ›Kehrt auf der Stelle zum König
zurück, der euch abgesandt hat, und richtet ihm
aus: Der HERR läßt dir sagen: Gibt es in Israel
keinen Gott? Mußt du Boten außer Landes
schicken, um Baal-Sebub, den Gott von Ekron,
zu befragen? Darum wirst du von deinem Krankenlager nicht wieder aufstehen. Deine Tage
sind gezählt.‹«
7 Der König fragte: »Wie sah der Mann aus,
der euch das gesagt hat?«
8 Sie antworteten: »Er trug einen Mantel aus
Ziegenhaaren und einen ledernen Gürtel.«
»Dann war es Elija!« sagte der König.

Kraftprobe zwischen König und Prophet

9 Sofort schickte er einen Truppenführer mit
fünfzig Mann hinter Elija her. Sie fanden den
Propheten*, wie er gerade auf dem Gipfel eines
Berges saß.
Der Anführer ging zu ihm hinauf und sagte:
»Mann Gottes, komm herunter! Der König befiehlt es!«
10 Doch Elija antwortete: »Wenn ich wirklich
ein Mann Gottes bin, dann soll Feuer vom Himmel herabfallen und dich und deine fünfzig
Mann vernichten!«[a] Sofort fiel Feuer vom Himmel und verbrannte sie alle.
11 Da schickte der König einen anderen Truppenführer mit fünfzig Mann. Auch er rief Elija
zu: »Mann Gottes, komm sofort herunter! Der
König befiehlt es!«
12 Elija antwortete ihm: »Wenn ich wirklich
ein Mann Gottes bin, dann soll Feuer vom Himmel herabfallen und dich und deine fünfzig
Mann vernichten!« Da ließ Gott Feuer vom Himmel fallen, das verbrannte sie vollständig.
13 Zum dritten Mal schickte der König einen
Truppenführer mit fünfzig Mann. Als der zu Elija
hinaufgestiegen war, kniete er vor ihm nieder
und flehte ihn an: »Mann Gottes, schone mein
Leben und das Leben dieser fünfzig Männer!
14 Feuer ist vom Himmel gefallen und hat die beiden Truppenführer vor mir samt ihren Leuten
vernichtet. Schone mein Leben und laß mich
nicht dasselbe Schicksal erleiden!«
15 Da sagte der Engel* des HERRN zu Elija:
»Geh mit ihm hinab! Hab keine Angst vor dem
König!«
Elija stand auf und ging mit ihm zum König.
16 Er sagte zu ihm: »Höre, was der HERR dir sagen
läßt: ›Du hast dich an Baal-Sebub, den Gott
von Ekron, gewandt. Du denkst wohl, es gibt
in Israel keinen Gott, den man befragen kann!
Deshalb wirst du von deinem Krankenlager

a Im Hebräischen liegt ein Wortspiel zwischen *Mann* (isch) und *Feuer* (esch) vor.

1,1 3,4-27; 1 Sam 14,47; 2 Sam 8,2 1,3 1 Kön 17,1 S **1,8** 1 Sam 28,14 S; Mk 1,6 par 1,10 Lev 10,2 S; Lk 9,54

nicht wieder aufstehen. Deine Tage sind gezählt!«
17 Was Elija im Auftrag des HERRN angekün-
digt hatte, traf ein: Ahasja starb. Weil er keinen
Sohn hatte, wurde sein Bruder Joram sein Nach-
folger auf dem Thron. Damals war Joram, der
Sohn Joschafats, im zweiten Jahr König von Juda.
18 Was es sonst noch über Ahasja und seine
Taten zu berichten gibt, ist in der amtlichen
Chronik der Könige von Israel nachzulesen.

Gott holt Elija zu sich

2 Der Tag war nicht mehr fern, an dem der
HERR den Propheten* Elija durch einen
mächtigen Sturm zu sich in den Himmel holen
wollte.
Elija verließ Gilgal, und Elischa schloß sich
ihm an. 2 Elija sagte zu ihm: »Bleib doch hier!
Der HERR schickt mich nach Bet-El.«
Aber Elischa erwiderte: »So gewiß der HERR
lebt und du selbst lebst: Ich weiche nicht von
deiner Seite!«
So gingen sie miteinander nach Bet-El. 3 Die
Propheten der dortigen Prophetengemeinschaft*
kamen zu Elischa heraus und fragten ihn: »Weißt
du, daß der HERR dir heute deinen Lehrer weg-
nehmen und ihn zu sich holen wird?«
»Ich weiß es«, sagte Elischa, »erinnert mich
nicht daran!«
4 Wieder sagte Elija zu Elischa: »Bleib hier!
Der HERR schickt mich nach Jericho.«
Aber Elischa antwortete auch diesmal: »So ge-
wiß der HERR lebt und du selbst lebst: Ich weiche
nicht von deiner Seite!«
So kamen die beiden nach Jericho. 5 Die Pro-
pheten der dortigen Prophetengemeinschaft
machten sich an Elischa heran und fragten:
»Weißt du, daß der HERR dir heute deinen Lehrer
wegnehmen und ihn zu sich holen wird?«
Und wieder antwortete er: »Ich weiß es; er-
innert mich nicht daran!«
6 Zum dritten Mal bat ihn Elija: »Bleib doch
hier! Der HERR schickt mich an den Jordan.«
Aber Elischa erwiderte: »So gewiß der HERR
lebt und du selbst lebst: Ich weiche nicht von
deiner Seite!«
So gingen die beiden miteinander. 7 Fünfzig
Propheten folgten ihnen bis an den Jordan und
blieben in einiger Entfernung stehen. 8 Elija
rollte seinen Mantel zusammen und schlug da-
mit auf das Wasser. Da teilte es sich, und beide
gingen trockenen Fußes durch den Fluß.
9 Am anderen Ufer sagte Elija zu Elischa: »Was
kann ich noch für dich tun, bevor der HERR mich
von dir wegholt?«
Elischa bat: »Ich möchte den Anteil des Erst-
geborenen[a] von deinem Geist erben und deinen
Auftrag weiterführen.«
10 Elija antwortete: »Du verlangst mehr, als in
meiner Macht steht. Wenn der HERR es dich
sehen läßt, wie er mich von dir wegholt, wird
deine Bitte erfüllt werden, sonst nicht.«
11 Während sie so im Gehen miteinander
redeten, kam plötzlich ein Streitwagen* aus
Feuer mit Pferden aus Feuer und trennte sie von-
einander, und Elija fuhr in einem gewaltigen
Sturm in den Himmel.
12a Elischa sah es und rief: »Mein Vater, mein
Vater! Du warst Israels Streitwagen und sein
Lenker!«

Gott bestätigt Elischa als Elijas Nachfolger

12b Als Elischa ihn nicht mehr sehen konnte, zer-
riß er sein Obergewand* mittendurch. 13 Er hob
den Mantel Elijas auf, der zu Boden gefallen war,
und kehrte an den Jordan zurück. 14 Genau wie
Elija schlug er damit auf das Wasser und rief:
»Wo ist der HERR, der Gott Elijas?« Da teilte sich
das Wasser, und Elischa ging trockenen Fußes
durch den Fluß.
15 Die Propheten* aus Jericho hatten ihm vom
anderen Ufer aus zugesehen und riefen: »Der
Geist Elijas hat sich auf Elischa niedergelassen!«
Sie liefen ihm entgegen, warfen sich vor ihm
nieder 16 und sagten: »Wir sind fünfzig kräftige
Männer und stehen zu deiner Verfügung. Sollen
wir nicht ausschwärmen und deinen Lehrer
suchen? Vielleicht hat der Geist* des HERRN ihn
gepackt und auf irgendeinen Berg oder in eine
Schlucht geworfen.«
»Nein, laßt das!« sagte Elischa. 17 Aber sie setz-
ten ihm so lange zu, bis er einwilligte. Die fünf-
zig suchten drei Tage lang und fanden Elija nicht.
18 Als sie zu Elischa nach Jericho zurückkehrten,
sagte er zu ihnen: »Habe ich euch nicht gleich
gesagt, daß ihr nicht zu suchen braucht?«

Elischas Wort bringt Leben und Tod

19 Die Bürger von Jericho kamen zu Elischa und
sagten: »Herr, wie du siehst, hat unsere Stadt
eine ausgezeichnete Lage. Nur das Wasser ist
schlecht; es verursacht Fehlgeburten bei Men-
schen und Tieren.«
20 »Bringt mir eine Schale, eine ganz neue«,

a *den Anteil ...:* wörtlich *zwei Teile;* vgl. Dtn 21,17.

2,1 (Elischa) 1 Kön 19,16.19-21 2,8 1,8; Ex 14,16 2,9 Dtn 21,17 2,11 Sir 48,9; 1 Makk 2,58; Gen 5,24; Lk 24,51 2,12a 13,14 2,15 Num 11,25; 1 Kön 19,16 2,16 1 Kön 18,12 2,19-22 Ex 15,23-25

befahl Elischa, »und füllt sie mit Salz!« Als sie ihm die Schale gebracht hatten, 21 ging er damit vor die Stadt zu der Wasserquelle und schüttete das Salz hinein mit den Worten: »So spricht der HERR: ›Ich mache dieses Wasser wieder gesund; es wird niemand mehr den Tod bringen und keine Fehlgeburten mehr verursachen.‹«

22 Seitdem ist das Wasser in Ordnung, bis heute, genau wie Elischa es gesagt hat.

23 Von Jericho ging Elischa hinauf ins Bergland nach Bet-El. Da kam aus der Stadt eine Horde Jungen, die machten sich über ihn lustig und riefen von oben herab: »Komm zu uns herauf, Glatzkopf! Komm zu uns herauf, Glatzkopf!«

24 Elischa schaute sich um, und als er sie erblickte, verfluchte er sie im Namen des HERRN. Im selben Augenblick kamen zwei Bären aus dem Dickicht und zerrissen zweiundvierzig von ihnen.

25 Von Bet-El wanderte Elischa weiter zum Berg Karmel, dann kehrte er nach Samaria zurück.

Über König Joram von Israel

3 Im 18. Regierungsjahr Joschafats, des Königs von Juda, wurde Joram, der Sohn Ahabs, König von Israel. Zwölf Jahre lang regierte er in Samaria. 2 Er tat, was dem HERRN mißfiel – wenn auch nicht in dem Ausmaß, wie sein Vater und seine Mutter es getan hatten. Das Steinmal*, das sein Vater zu Ehren Baals* hatte errichten lassen, ließ er wieder entfernen. 3 Doch von dem Götzendienst, zu dem König Jerobeam die Leute von Israel verführt hatte, wollte er nicht lassen.

Der Feldzug gegen die Moabiter

4 Mescha, der König von Moab*, besaß große Schafherden und hatte dem König von Israel als Tribut 100 000 Schlachtschafe und ebenso viele einjährige Schafböcke zu liefern. 5 Nach dem Tod Ahabs wollte er die Oberherrschaft Israels nicht länger anerkennen und stellte die Tributlieferungen ein. 6 Darauf zog König Joram von Samaria aus durch das Land, um die Männer Israels gegen ihn zu den Waffen zu rufen.

7 Er schickte auch Gesandte zu Joschafat, dem König von Juda, und ließ ihm sagen: »Der König von Moab ist von mir abgefallen. Ich will einen Feldzug gegen ihn unternehmen. Machst du mit?«

»Ich mache mit«, antwortete Joschafat, »du kannst auf meine Truppen, auf Mann und Roß, zählen wie auf deine eigenen.«

8 »Welchen Anmarschweg sollen wir wählen?« fragte Joram.

»Den Weg durch die Wüste von Edom*«, sagte Joschafat.

Elischa rettet das Heer vor dem Verdursten

9 So rückten der König von Israel und der König von Juda mit ihren Heeren aus. Auch der König von Edom* mit seinen Truppen zog mit.

Nachdem sie sieben Tage lang marschiert waren, fand sich kein Wasser mehr für ihre Soldaten und für die Lasttiere. 10 »Wir hätten den Feldzug nicht unternehmen sollen!« sagte der König von Israel. »Der HERR hat uns drei Könige nur hierhergerufen, um uns den Moabitern* in die Hände zu liefern.«

11 Joschafat erwiderte: »Ist denn hier kein Prophet*, durch den wir den HERRN fragen könnten?«

Darauf sagte einer von den Offizieren des Königs von Israel: »Elischa ist hier, der Sohn Schafats. Er stand im Dienst Elijas, er hat ihm das Wasser über die Hände gegossen.«

12 »Dann ist er auch der Mann, der uns sagen kann, was der HERR von uns will«, sagte Joschafat.

Die drei Könige gingen also zu Elischa. 13 Aber der sagte zum König von Israel: »Was habe ich mit dir zu schaffen? Geh zu den Propheten, bei denen dein Vater und deine Mutter sich Rat geholt haben!«

»Die können uns nicht helfen«, erwiderte der König, »denn der HERR ist es, der uns hierhergerufen hat und der uns drei Könige den Moabitern in die Hände liefern will.«

14 Darauf sagte Elischa: »So gewiß der HERR lebt, der Herrscher der Welt,[a] in dessen Dienst ich stehe: Nur König Joschafat von Juda zuliebe lasse ich mich bitten, dich allein würde ich keines Blickes würdigen. 15 Aber nun laßt einen Harfenspieler kommen!«

Während das Harfenspiel erklang, kam der Geist* des HERRN über Elischa, 16 und er sagte: »So spricht der HERR: ›Hebt hier, in diesem ausgetrockneten Flußbett, überall Gruben aus! 17 Ihr werdet zwar keinen Windhauch spüren und keinen Regen fallen sehen, und doch wird sich dieses Tal mit Wasser füllen, so daß ihr genug zu trinken habt, ihr, euer Schlachtvieh und die Lasttiere.‹

18 Aber der HERR wird noch viel mehr für euch tun: Er wird die Moabiter in eure Hand geben.

a *der HERR ...:* wörtlich *der HERR Zebaot* lebt.*

2,24 1 Kön 13,24 S **3,4-5** 1,1 S **3,7** 1 Kön 22,4 **3,11** 1 Kön 22,5.7; Ri 1,1-2 S

[19]Alle ihre prächtigen, gut befestigten Städte
werdet ihr erobern, ihre Fruchtbäume um-
hauen und alle Quellen zuschütten. Ihr frucht-
bares Ackerland werdet ihr unter Steinen be-
graben.«
[20]Und wirklich, am nächsten Morgen, zu der
Zeit, wenn im Tempel das Speiseopfer* darge-
bracht wird, kam von den Bergen Edoms her
so viel Wasser geströmt, daß die ganze Gegend
davon überschwemmt war.

Der Sieg über die Moabiter

[21]Inzwischen hatten die Moabiter* gehört, daß
die Könige von Israel, von Juda und von Edom*
zum Krieg gegen sie anrückten. Alle kampffähi-
gen Männer waren aufgeboten und zur Grenze
geschickt worden. [22]Als sie an jenem Morgen
aufwachten und die Sonne über dem Wasser
aufging, da erschien ihnen das Wasser aus der
Entfernung rot wie Blut.
[23]»Das ist Blut!« sagten sie. »Bestimmt sind
die drei Könige in Streit geraten und haben sich
samt ihren Heeren gegenseitig umgebracht. Auf,
ihr Moabiter, holt euch die Beute!«
[24]Als sie sich aber dem Lager näherten, bra-
chen die Männer Israels hervor und schlugen sie
in die Flucht. Danach drangen die Israeliten in
das Land der Moabiter ein und brachten ihnen
eine schwere Niederlage bei. [25]Sie zerstörten
die Städte, und auf die Äcker warf jeder von
ihnen einen Stein, bis alles Fruchtland unter Stei-
nen begraben war. Alle Quellen wurden zuge-
schüttet und alle Fruchtbäume umgehauen. Nur
die Mauer von Kir-Heres hielt dem Angriff
stand;[a] doch war die Stadt umzingelt und wurde
von den Steinschleuderern beschossen.
[26]Als der König von Moab merkte, daß er die
Stadt nicht mehr lange halten konnte, wollte
er mit 700 Kriegern, lauter mit Schwertern
bewaffneten Männern, den Belagerungsring
durchbrechen, und zwar an der Stelle, wo
der König von Edom stand. Der Versuch schei-
terte. [27]Darauf nahm der König seinen erst-
geborenen Sohn, der einmal an seiner Stelle
hätte König werden sollen, und opferte ihn auf
der Stadtmauer dem Gott der Moabiter als
Brandopfer*. Da kam der Zorn des Moabiter-
gottes[b] über die Männer Israels, so daß sie die
Belagerung abbrachen und in ihr Land zurück-
kehrten.

Elischa hilft einer armen Witwe

4 Eine Witwe, deren Mann zur Prophetenge-
meinschaft* um Elischa gehört hatte, bat
den Propheten dringend um Hilfe. »Mein Mann
ist gestorben«, sagte sie. »Du weißt, daß er dem
HERRN treu gedient hat. Nun ist der Gläubiger
dagewesen, dem mein Mann noch Geld schul-
det. Er will mir meine beiden Jungen wegneh-
men und zu seinen Sklaven* machen.«
[2]»Was kann ich für dich tun?« fragte Elischa.
»Sag mir doch: Was hast du noch im Haus?«
»Nichts mehr«, antwortete sie, »nur noch
einen kleinen Krug mit Olivenöl.«
[3]Da sagte Elischa: »Geh in der ganzen Nach-
barschaft herum und leih dir Gefäße aus, leere
Gefäße, alles, was du bekommen kannst! [4]Dann
geh ins Haus, schließ hinter dir und deinen Kin-
dern die Tür ab und gieß das Öl in die Gefäße!
Immer, wenn ein Gefäß voll ist, stellst du es bei-
seite!«
[5]Die Frau ging in ihr Haus und schloß hinter
sich und ihren Jungen die Tür ab. Die beiden
reichten ihr die Gefäße hin, und sie füllte das Öl
ein. [6]Schließlich waren alle Gefäße voll. »Reich
mir noch eins!« sagte sie zu dem einen Jungen.
Aber der antwortete: »Es ist keins mehr da!« Da
hörte das Öl auf zu fließen.
[7]Die Frau kam zum Propheten Elischa[c] und
berichtete, was geschehen war. Elischa sagte:
»Nun geh, verkauf das Öl und bezahle mit dem
Geld deine Schulden! Von dem, was noch übrig-
bleibt, kannst du mit deinen Söhnen leben.«

Elischa verspricht einer kinderlosen Frau einen Sohn

[8]Eines Tages kam Elischa durch das Dorf Schu-
nem. Dort wohnte eine wohlhabende Frau, die
ihn zum Essen einlud. Jedesmal, wenn er später
dort vorbeikam, kehrte er bei ihr zum Essen ein.
[9]Einmal sagte die Frau zu ihrem Mann: »Du
erinnerst dich doch an den Gast, der immer bei
uns einkehrt, wenn er vorbeikommt. Ich weiß,
er ist ein heiliger* Mann, der Gott dient und ihm
ganz nahe steht.[d] [10]Wir sollten auf dem flachen
Dach ein kleines Zimmer für ihn bauen und es
gut ausstatten, mit Bett und Tisch, Stuhl und
Leuchter. Wenn er uns besucht, kann er sich
dorthin zurückziehen.« So machten sie es.
[11]Als Elischa wieder einmal nach Schunem

a Wörtlich *Nur die Steine (der Mauer) von Kir-Heres ließen sie übrig.*
b *der Zorn des Moabitergottes:* wörtlich *ein gewaltiger Zorn.* Es wird nicht gesagt, wie sich das Menschenopfer im einzelnen auswirkte, aber mit seiner Wirksamkeit wird offenbar gerechnet. Manche Ausleger nehmen an, daß die Israeliten Abscheu und Entsetzen ergriff.
c Wörtlich *zu dem Mann Gottes.*
d Wörtlich *ein heiliger* Mann Gottes.*

3,27 Lev 18,21 S 4,1 Ex 21,2-4 4,2-7 1 Kön 17,12-16

kam, ging er in sein Zimmer hinauf, um sich aus-
zuruhen. 12 Danach befahl er seinem Diener Ge-
hasi, die Frau heraufzubitten. Sie kam und blieb
draußen vor der Tür des Zimmers stehen.
13 Elischa ließ ihr durch seinen Diener sagen:
»Du hast dir soviel Mühe um uns gemacht. Kann
ich etwas für dich tun? Soll ich mich beim König
oder bei seinem Heerführer für dich verwen-
den?«
Aber sie ließ ihm sagen: »Ich wohne doch
hier mitten unter meiner Sippe; ich brauche
keine Hilfe.«
14 Elischa fragte Gehasi: »Was könnten wir
denn sonst für sie tun?«, und der antwortete: »Es
gäbe schon etwas: Sie hat keinen Sohn, und ihr
Mann ist schon alt.«
15 »Ruf sie herein«, sagte Elischa. Sie kam und
blieb in der Tür stehen, 16 und Elischa sagte zu
ihr: »Im nächsten Jahr um diese Zeit wirst du
einen Sohn auf deinen Armen wiegen!« »Ach
Herr, du Mann Gottes«, erwiderte sie, »mach mir
doch keine falschen Hoffnungen!«
17 Die Frau wurde tatsächlich schwanger, und
ein Jahr später gebar sie einen Sohn, genau um
die Zeit, die Elischa genannt hatte.

Elischa erweckt den Sohn der Frau wieder zum Leben

18 Als der Junge größer geworden war, besuchte
er eines Tages seinen Vater draußen auf dem
Feld bei den Schnittern. 19 Plötzlich schrie er auf:
»Mein Kopf! Mein Kopf tut mir so weh!«
Der Vater befahl einem Knecht: »Trag ihn
heim zu seiner Mutter!« 20 Sie hielt das Kind
noch bis zum Mittag auf ihren Knien, dann starb
es.
21 Die Mutter brachte den Leichnam in das
obere Zimmer, legte ihn auf das Bett des Prophe-
ten* und schloß die Tür zu. Dann ging sie hinaus
aufs Feld 22 und sagte zu ihrem Mann: »Gib mir
einen Knecht mit einer Eselin! Ich will schnell
zu dem Mann Gottes reiten; ich bin bald wieder
zurück.«
23 »Warum gehst du ausgerechnet heute?«
fragte er. »Es ist doch weder Sabbat* noch Neu-
mondstag*!«
»Laß es gut sein«, sagte sie, 24 sattelte die
Eselin und befahl dem Knecht: »Treib mir das
Tier tüchtig an und hör nicht damit auf, bis ich es
dir sage!«
25 So kam sie zu Elischa an den Berg Karmel.
Der Prophet sah sie schon von weitem und sagte
zu Gehasi: »Da kommt ja die Frau aus Schunem!
26 Lauf ihr entgegen und frag sie: ›Geht es dir
gut? Geht es deinem Mann gut? Geht es dem
Kind gut?‹«
Die Frau antwortete Gehasi: »Ja, es geht gut!«
27 Aber als sie auf dem Berg bei dem Mann Got-
tes angelangt war, fiel sie vor ihm nieder und
umklammerte seine Füße. Gehasi wollte sie
zurückstoßen, aber Elischa sagte: »Laß sie! Sie ist
ja ganz verzweifelt. Und der HERR hat mir nicht
gesagt, was geschehen ist!«
28 »Ach, mein Herr«, sagte sie, »habe ich dich
vielleicht um einen Sohn gebeten! Habe ich
nicht gesagt, du sollst mir keine falschen Hoff-
nungen machen?«
29 Da sagte Elischa zu Gehasi: »Geh so schnell
du kannst nach Schunem! Bleib nicht stehen,
um irgend jemand zu begrüßen! Und wenn dich
jemand begrüßen will, antworte ihm nicht!
Nimm meinen Prophetenstab mit und leg ihn
auf das Gesicht des Jungen.«
30 Aber seine Mutter sagte: »So gewiß der
HERR lebt und du selbst lebst, ich gehe nicht
ohne dich von hier weg!« Da ging Elischa mit
ihr.
31 Gehasi war vorausgeeilt und hatte den
Stock auf das Gesicht des Jungen gelegt; aber der
gab kein Lebenszeichen und rührte sich nicht.
Gehasi ging zurück, Elischa entgegen, und sagte
zu ihm: »Er ist nicht aufgewacht.«
32-33 Als Elischa selbst in das Haus kam, ging
er in sein Zimmer und fand den Jungen tot auf
seinem Bett liegen. Er schloß die Tür hinter sich
ab und betete zum HERRN. 34 Dann legte er sich
auf den Jungen, so daß sein Mund dessen Mund
berührte und seine Augen und Hände die Augen
und Hände des Jungen.
Nachdem er eine Zeitlang so gelegen hatte,
wurde der Körper des Jungen wieder warm.
35 Elischa stand auf und ging einmal im Zimmer
auf und ab. Dann legte er sich wieder wie vorher
auf den Körper des Jungen. Da nieste das Kind
siebenmal und schlug die Augen auf.
36 Elischa rief Gehasi und befahl ihm, die
Mutter zu holen. Als sie kam, sagte er zu ihr:
»Hier hast du deinen Sohn!« 37 Sie trat auf Elischa
zu und warf sich vor ihm nieder. Dann nahm sie
ihren Sohn und verließ das Zimmer.

Das ungenießbare Gemüse

38 Elischa kehrte nach Gilgal zurück. Im Land
herrschte damals Hungersnot. Als die Propheten
der dortigen Prophetengemeinschaft* einmal
um Elischa versammelt waren,[a] befahl er sei-

a Wörtlich *vor ihm saßen,* wie die Schüler vor dem Lehrer (Meister).

4,14-16 Gen 18,9-11 4,17 Gen 21,1-2; Ps 113,9 4,18-37 1 Kön 17,17-24

nem Diener: »Setz den großen Topf auf und
koche den Leuten etwas zu essen!«
39 Einer der Männer ging hinaus aufs Feld, um
Malvenfrüchte zu suchen. Aber das einzige, was
er fand, war ein Rankengewächs mit Früchten
wie kleine Gurken. Davon sammelte er, soviel
er in seinem Obergewand* mitnehmen konnte.
Dann schnitt er die Früchte in Stücke und warf
sie in den Topf. Niemand ahnte, daß sie unge-
nießbar waren.
40 Das Gericht wurde an alle ausgeteilt. Doch
kaum hatten sie angefangen zu essen, da schrien
sie los: »Elischa,[a] Gift im Topf!« Sie brachten es
nicht hinunter.
41 Da sagte Elischa: »Gebt mir Mehl!« Er warf
es in den Topf und sagte zu seinem Diener: »Teil
es ihnen aus!« Da war das Gericht genießbar.

Brot für hundert Propheten

42 Einmal kam ein Mann aus Baal-Schalischa zu
Elischa. Er brachte ihm als Abgabe vom Erst-
geernteten zwanzig Fladenbrote* aus Gerste
und einen Beutel voll Getreidekörner. Elischa
befahl seinem Diener: »Gib das unseren Leuten,
damit sie sich satt essen können!«
43 Aber der Diener erwiderte: »Wie soll das für
hundert Männer reichen?«
Elischa wiederholte: »Gib das unseren Leuten
zu essen! Denn so spricht der HERR: ›Es wird
noch davon übrigbleiben.‹«
44 Da teilte der Diener es an sie aus. Sie aßen
sich satt und ließen noch davon übrig, genau wie
der HERR es angekündigt hatte.

Ein aussätziger Feind sucht Hilfe

5 Naaman, der Heerführer des Königs von
Syrien*, war an Aussatz* erkrankt. Er war
ein tapferer Soldat, und der König hielt große
Stücke auf ihn, weil der HERR durch ihn den
Syrern zum Sieg verholfen hatte. 2 In seinem
Haus befand sich ein junges Mädchen, das von
syrischen Kriegsleuten bei einem Streifzug aus
Israel geraubt worden war. Sie war Dienerin bei
seiner Frau geworden.
3 Einmal sagte sie zu ihrer Herrin: »Wenn
mein Herr doch zu dem Propheten* gehen
könnte, der in Samaria lebt! Der würde ihn von
seiner Krankheit heilen.«
4 Naaman ging zum König und berichtete
ihm, was das Mädchen gesagt hatte. 5 »Geh doch
hin«, antwortete der König, »ich werde dir einen
Brief an den König von Israel mitgeben.«
Naaman machte sich auf den Weg. Er nahm
7 Zentner Silber, eineinhalb Zentner Gold[b] und
zehn Festgewänder mit. 6 Er überreichte dem
König von Israel den Brief; in dem es hieß: »Ich
bitte dich, meinen Diener Naaman freundlich
aufzunehmen und von seinem Aussatz zu hei-
len.«
7 Als der König den Brief gelesen hatte, zerriß
er sein Gewand und rief: »Ich bin doch nicht
Gott! Er allein hat Macht über Tod und Leben!
Der König von Syrien verlangt von mir, daß ich
einen Menschen von seinem Aussatz heile. Da
sieht doch jeder: Er sucht nur einen Vorwand,
um Krieg anzufangen!«

Der Geheilte erkennt den wahren Gott

8 Als Elischa, der Mann Gottes, davon hörte, ließ
er dem König sagen: »Warum hast du dein Ge-
wand zerrissen? Schick den Mann zu mir! Dann
wird er erfahren, daß es in Israel einen Prophe-
ten* gibt!«
9 Naaman fuhr mit all seinen pferdebespann-
ten Wagen hin und hielt vor Elischas Haus.
10 Der Prophet schickte einen Boten hinaus und
ließ ihm sagen: »Fahre an den Jordan und tauche
siebenmal darin unter! Dann bist du von deinem
Aussatz* geheilt.«
11 Naaman war empört und sagte: »Ich hatte
gedacht, er würde zu mir herauskommen und
sich vor mich hinstellen, und dann würde er den
HERRN, seinen Gott, beim Namen rufen und da-
bei seine Hand über der kranken Stelle hin- und
herbewegen und mich so von meinem Aussatz
heilen. 12 Ist das Wasser des Abana und des Par-
par, der Flüsse von Damaskus, nicht besser als
alle Gewässer Israels? Dann hätte ich ja auch in
ihnen baden können, um geheilt zu werden!«
Voll Zorn wollte er nach Hause zurückfahren.
13 Aber seine Diener redeten ihm zu und sagten:
»Herr, bedenke doch: Wenn der Prophet etwas
Schwieriges von dir verlangt hätte, hättest du es
bestimmt getan. Aber nun hat er nur gesagt:
›Bade dich, und du wirst gesund!‹ Solltest du es
da nicht erst recht tun?«
14 Naaman ließ sich umstimmen, fuhr zum
Jordan hinab und tauchte siebenmal in seinem
Wasser unter, wie der Mann Gottes es befohlen
hatte. Da wurde er völlig gesund, und seine Haut
wurde wieder so rein wie die eines Kindes.
15 Mit seinem ganzen Gefolge kehrte er zu
Elischa zurück, trat vor ihn und sagte: »Jetzt

a Wörtlich *Mann Gottes* (vgl. 4,9.16.22); ebenso in Vers 42.
b Hebräische Maßangaben *10 Zentner** und *6000 Schekel**.
4,42-44 Mk 6,35-44 par **5,1-14** Lk 4,27 **5,7** (Tod und Leben) 1Sam 2,6 S

weiß ich, daß der Gott Israels der einzige Gott ist
auf der ganzen Erde. Nimm darum von mir ein
kleines Dankgeschenk an!«
16 Aber Elischa erwiderte: »So gewiß der HERR
lebt, dem ich diene: Ich nehme nichts an.« So
sehr Naaman ihm auch zuredete, Elischa blieb
bei seiner Ablehnung.
17 Schließlich sagte Naaman: »Wenn du schon
mein Geschenk nicht annimmst, dann laß mich
wenigstens so viel Erde von hier mitnehmen,
wie zwei Maultiere tragen können. Denn ich
will in Zukunft keinem anderen Gott mehr
Brand- oder Mahlopfer* darbringen, nur noch
dem HERRN.[a]
18 In einem Punkt jedoch möge der HERR
Nachsicht mit mir haben: Wenn mein König
zum Tempel seines Gottes Rimmon[b] geht, um
zu beten, muß ich ihn mit dem Arm stützen und
mich zugleich mit ihm niederwerfen – der HERR
möge es mir verzeihen!«
19a Elischa sagte: »Kehre heim in Frieden*!«

Der Aussatz trifft Elischas habgierigen Diener

19b Als Naaman schon ein Stück weit entfernt
war, 20 sagte sich Gehasi, der Diener Elischas:
»Mein Herr läßt diesen reichen Syrer mit der
ganzen Last seiner Geschenke wieder abziehen.
Er hätte ihm ruhig etwas davon abnehmen kön-
nen. So gewiß der HERR lebt: Ich laufe hinterher
und hole das nach!«
21 Gehasi lief, so schnell er konnte. Als Naa-
man ihn herankommen sah, stieg er von seinem
Wagen, ging ihm entgegen und fragte: »Es ist
doch nichts passiert?«
22 »Nein«, sagte Gehasi, »aber mein Herr läßt
dir sagen: ›Eben sind aus dem Bergland Efraïm
zwei junge Leute von der dortigen Propheten-
gemeinschaft* zu mir gekommen. Gib mir doch
einen Zentner* Silber und zwei Festgewänder
für sie!‹«
23 »Ich bitte dich, nimm zwei Zentner«, sagte
Naaman und drängte es ihm sogar auf. Er ließ
das Silber in zwei Säcke verpacken, legte die
beiden Festgewänder darauf und schickte zwei
seiner Leute mit, die das Geschenk vor Gehasi
hertragen sollten. 24 Beim Hügel vor der Stadt
schickte Gehasi die beiden Männer zurück und
brachte die Geschenke heimlich in Elischas Haus.
25 Als er zu seinem Herrn kam, fragte ihn der:
»Woher kommst du, Gehasi?«
»Ich war doch nicht weg«, sagte der Diener.
26 Aber Elischa entgegnete ihm: »Ich war im
Geist dabei, als der Mann von seinem Wagen
stieg und dir entgegenging! Dies ist nicht der
Augenblick, Geld und Festkleider anzunehmen
und sich dafür Olivenhaine und Weingärten,
Schafe und Rinder, Sklaven und Sklavinnen zu-
zulegen. 27 Der Aussatz* Naamans wird dich
und alle deine Nachkommen befallen, und ihr
werdet ihn nie wieder loswerden!«
Als Gehasi von Elischa wegging, war seine
Haut vom Aussatz so weiß wie Schnee.

Elischa bringt die ins Wasser gefallene Axt zum Schwimmen

6 Die Männer der Prophetengemeinschaft*
beklagten sich bei Elischa: »Der Raum, in
dem wir zusammenkommen, um dir zuzuhören,
ist zu eng. 2 Wir möchten deshalb zum Jordan
gehen und dort Bäume fällen. Wenn jeder von
uns einen Balken heranschafft, können wir[c]
einen neuen Versammlungsraum bauen.«
»Geht nur!« sagte Elischa. 3 Aber einer der
Männer bat ihn: »Komm doch mit uns!« Elischa
sagte ja 4 und ging mit.
So kamen sie an den Jordan und fällten
Bäume. 5 Bei der Arbeit flog plötzlich einem die
eiserne Axtklinge vom Stiel und fiel ins Wasser.
Laut aufschreiend sagte der Mann zu Elischa:
»Herr, was mache ich jetzt? Die Axt war nur ge-
liehen!«
6 Elischa fragte: »Wo ist die Klinge hineingefal-
len?« Der Mann zeigte ihm die Stelle. Darauf
schnitt Elischa sich einen Stock ab, warf ihn an
der Stelle ins Wasser, und die Klinge kam an die
Oberfläche.
7 »Greif sie!« sagte Elischa. Und der Mann
holte sie sich heraus.

Elischa stiftet Frieden zwischen Syrien und Israel

8 Der König von Syrien* führte Krieg gegen
Israel. Er beriet sich mit seinen Truppenführern
und entschied, an welcher Stelle sie sich für
einen Überraschungsangriff bereithalten woll-
ten. 9 Da schickte Elischa, der Mann Gottes,
einen Boten zum König von Israel, nannte ihm
den Ort und warnte ihn: »Mach einen Bogen um
die Stelle, denn dort wollen sie dich angreifen!«
10 Darauf ließ der König von Israel die Gegend,
vor der ihn der Prophet* gewarnt hatte, gut aus-
kundschaften und war dort besonders vorsich-
tig.

a Wegen der besonderen Beziehung des Gottes Israel zum Land Israel will Naaman ihm seine Opfer auf israelitischer Erde darbringen. *b* Ein aramäischer Wettergott (»Brüller«).
c So mit alten Übersetzungen; H hat noch *dort.*

So ging es nicht nur ein- oder zweimal, sondern noch öfter. [11] Den König von Syrien beunruhigte die Sache. Er ließ seine Truppenführer zusammenrufen und sagte: »Einer von den Unseren verrät uns an den König von Israel. Könnt ihr mir sagen, wer es ist?«

[12] »Nein, nein, mein Herr und König«, antwortete einer von den Truppenführern. »Der Prophet Elischa ist schuld. Er meldet dem König von Israel sogar, was du in deinem Schlafzimmer sagst.«

[13] »Findet mir heraus, wo er ist!« befahl der König. »Dann werde ich ihn schon in meine Gewalt bringen.«

Man meldete dem König, Elischa sei in Dotan. [14] Da schickte er ein großes Heer dorthin, verstärkt durch eine Streitwagenabteilung. Die Truppen rückten bei Nacht an und umzingelten die Stadt. [15] Als der Diener Elischas morgens aufstand und vor die Tür trat, sah er die Stadt von Truppen und Streitwagen* umstellt.

»Was sollen wir jetzt tun?« fragte er Elischa.

[16] Der gab ihm zur Antwort: »Laß dir keine Angst einjagen, weil es so viele sind! Auf unserer Seite stehen noch mehr.«

[17] Darauf betete Elischa: »HERR, öffne doch meinem Diener die Augen!« Da öffnete der HERR ihm die Augen, und er sah: Der ganze Berg, auf dem die Stadt lag, war rings um Elischa bedeckt mit Pferden und Streitwagen aus Feuer.

[18] Als die Syrer nun vorrückten, bat Elischa den HERRN: »Schlag sie mit Blindheit!« Und der HERR schlug sie mit Blindheit, wie Elischa es erbeten hatte. [19] Elischa ging ihnen entgegen und sagte zu ihnen: »Ihr müßt den falschen Weg eingeschlagen haben; dies ist nicht die Stadt, die ihr sucht. Folgt mir, ich führe euch zu dem Mann, hinter dem ihr her seid!« Und er führte sie nach Samaria.

[20] Dort betete er: »HERR, jetzt öffne ihnen wieder die Augen!« Da öffnete der HERR ihnen die Augen, und sie sahen, daß sie sich mitten in der Stadt Samaria befanden.

[21] Als der König von Israel die Syrer sah, fragte er Elischa: »Mein Vater, soll ich sie niedermachen lassen?«

[22] »Nein, tu es nicht«, sagte Elischa. »Sogar Soldaten, die du im Kampf gefangengenommen hast, wirst du nicht einfach erschlagen. Gib ihnen lieber etwas zu essen und zu trinken, und dann sollen sie zu ihrem König zurückkehren!«

[23] Darauf ließ der König von Israel ein reiches Mahl für sie bereiten. Sie aßen und tranken und durften dann heimkehren. Seitdem unternahmen die Syrer keine Raubzüge mehr in das Gebiet Israels.

Hungersnot im belagerten Samaria

[24] Einige Zeit danach zog Ben-Hadad, der König von Syrien*, sein Heer zusammen, fiel in Israel ein und belagerte Samaria. [25] Die Nahrungsmittel in der Stadt wurden so knapp, daß man schließlich für einen Eselskopf 80 Silberstücke* und für eine Handvoll Taubendreck[a] 5 Silberstücke zahlen mußte.

[26] Eines Tages, als der König von Israel gerade die Stadtmauer inspizierte, rief eine Frau ihm zu: »Hilf mir doch, mein Herr und König!«

[27] Der entgegnete: »Hilft dir der HERR nicht, wie soll *ich* dir dann helfen? Es ist kein Getreide mehr da und auch kein Wein. [28] Oder bedrückt dich etwas anderes?«

Da zeigte sie auf eine andere Frau und rief: »Diese Frau da hatte zu mir gesagt: ›Gib deinen Sohn her, den essen wir heute; morgen essen wir dann den meinen.‹ [29] So haben wir also meinen Sohn gekocht und aufgegessen. Als ich aber am folgenden Tag zu ihr sagte: ›Gib deinen Sohn her, wir wollen ihn essen‹, da hatte sie ihn versteckt!«

[30] Als der König das hörte, zerriß er sein Gewand. Und weil er oben auf der Mauer stand, konnten alle sehen, daß er darunter auf dem bloßen Leib den Sack* trug. [31] Dann rief der König: »Gottes Zorn soll mich treffen, wenn ich nicht heute Elischa, dem Sohn Schafats, den Kopf abschlagen lasse!«

Elischa sagt das Ende der Hungersnot voraus

[32] Sofort machte sich der König auf den Weg zu Elischa, und ein Bote mußte ihm vorauslaufen. Elischa saß in seinem Haus; die Ältesten* der Stadt waren um ihn versammelt.

Noch ehe der Bote des Königs eintraf, sagte Elischa zu den Ältesten: »Wißt ihr schon, daß der König, dieser Mörder, jemand hergeschickt hat, der mir den Kopf abschlagen soll? Wenn der Mann kommt, schließt die Tür ab und laßt ihn nicht herein! Der König selbst folgt ihm auf dem Fuß!«

[33] Elischa hatte noch nicht ausgeredet, da erschien auch schon der König[b] bei ihm und rief: »Wie kann ich noch weiter darauf warten, daß

a Vermutlich Bezeichnung für ein nicht sehr wertvolles Nahrungsmittel; *eine Handvoll:* wörtlich 1/4 *Kab* = 1/3 l.
b *König:* vermutlicher Text; H *Bote.*
6,17 Num 22,31; 2 Kön 2,11 6,18 Gen 19,11 6,24 1 Kön 20,1 6,28-29 Lev 26,29 S

der HERR uns hilft? Er selbst hat uns doch in die-
ses Unglück gestürzt!«
7 Darauf sagte Elischa zu allen Anwesenden:
»Hört das Wort des HERRN! So spricht der
HERR: ›Morgen um diese Zeit sind im Tor von
Samaria vier Kilo Weizenmehl und zehn Kilo
Gerstenkörner[a] für ein Silberstück* zu kaufen!‹«
2 Der Offizier, der den König begleitete, gab
zurück: »Das ist unmöglich, selbst wenn der
HERR Fenster in den Himmel machen würde!«
Elischa sagte zu ihm: »Du wirst es mit eige-
nen Augen sehen, aber nicht mehr davon essen!«

Die Belagerer sind abgezogen

3 Draußen vor dem Stadttor saßen vier Männer,
die den Aussatz* hatten. Sie sagten zueinander:
»Sollen wir hier sitzen bleiben, bis wir sterben?
4 In die Stadt zu gehen hat keinen Sinn, dort kön-
nen wir auch nur verhungern. Gehen wir ins La-
ger der Syrer*! Wenn sie uns am Leben lassen,
haben wir Glück gehabt, und wenn nicht – ster-
ben müssen wir sowieso.«
5 Bei Anbruch der Dunkelheit gingen sie zum
syrischen Lager. Aber schon als sie die ersten
Zelte erreichten, merkten sie, daß das Lager ver-
lassen war. 6 Der HERR hatte die Syrer einen
Lärm hören lassen, wie wenn ein großes Heer
mit Pferden und Streitwagen* anrückt. Da hat-
ten sie sich gesagt: »Gewiß hat der König von
Israel die Könige der Hetiter* und die Könige von
Ägypten mit ihren Truppen zu Hilfe gerufen; die
wollen uns jetzt in den Rücken fallen!« 7 Darum
hatten sie bei Anbruch der Dunkelheit die Flucht
ergriffen und rannten um ihr Leben. Ihre Zelte,
ihre Pferde und Esel, das ganze Lager, so wie es
war, hatten sie zurückgelassen.
8 Die vier Aussätzigen gingen in eines der
nächstgelegenen Zelte und aßen und tranken
sich erst einmal satt. Dann nahmen sie alles Sil-
ber und Gold und die Gewänder, die sie in dem
Zelt fanden, und versteckten alles außerhalb des
Lagers. Danach gingen sie in ein anderes Zelt,
holten auch dort alle Kostbarkeiten heraus,
brachten sie weg und versteckten sie.
9 Dann aber sagten sie sich: »Das ist nicht
recht, was wir da tun. Heute ist ein großer Tag,
wir haben eine gute Nachricht zu überbringen.
Wenn wir die auch nur bis morgen für uns
behielten, würden wir uns schuldig machen.
Kommt, wir gehen in die Stadt, zum Palast des
Königs, und melden dort, was geschehen ist!«
10 Sie liefen also zur Stadt, riefen die Torwäch-
ter und meldeten ihnen: »Wir sind im Lager der
Syrer gewesen. Kein Mensch ist mehr dort;
keine Menschenstimme war zu hören. Nur die
Pferde und Esel stehen angebunden im Lager,
und die Zelte sind noch völlig in Ordnung.«
11 Die Torwächter gaben die Nachricht weiter,
und man meldete es im Palast des Königs. 12 Der
König stand auf – es war mitten in der Nacht –
und beriet sich mit seinen hohen Offizieren. Er
sagte: »Ich will euch sagen, was die Syrer mit
uns vorhaben: Sie wissen, wie sehr uns der
Hunger zusetzt. Nun haben sie ihr Lager verlas-
sen und halten sich im Gelände versteckt. Sie
warten nur darauf, daß wir uns aus der Stadt
herauswagen. Dann werden sie uns alle gefan-
gennehmen und in die Stadt eindringen!«
13 Darauf meinte einer der Offiziere: »Wir soll-
ten ein paar von den Pferden, die uns noch ge-
blieben sind, zur Erkundung ausschicken. Denn
auch wenn wir sie hierbehielten, würden sie zu-
grunde gehen – genauso wie die vielen Israeli-
ten, die schon umgekommen sind.«
14 Der König ließ also zwei Streitwagen* an-
spannen und gab den Besatzungen den Auftrag
zu erkunden, wo sich das syrische Heer befinde.
15a Die Kundschafter verfolgten dessen Spur bis
zum Jordan: Der ganze Weg war übersät mit
Kleidungsstücken und Waffen, die die Syrer
weggeworfen hatten, um auf der Flucht schnel-
ler voranzukommen.

Die Voraussagen Elischas treffen ein

15b Nachdem die Kundschafter zurückgekehrt
waren und dem König Bericht erstattet hatten,
16 stürmte das ganze Volk aus der Stadt hinaus
und plünderte das Lager der Syrer*. Da trat ein,
was der HERR durch Elischa angekündigt hatte:
Sechs Kilo Weizenmehl und zwölf Kilo Gerste
waren für ein Silberstück* zu kaufen.
17 Den hohen Offizier, in dessen Begleitung
der König zu Elischa gekommen war, hatte der
König zum Stadttor geschickt, um dort die Ord-
nung aufrechtzuerhalten. Doch er wurde vom
Volk zu Tode getrampelt.
Auch dies geschah genau, wie der Mann Got-
tes es vorausgesagt hatte. 18 Denn als Elischa
dem König verkündet hatte: »Zehn Kilo Ger-
stenkörner und vier Kilo Weizenmehl sind mor-
gen um diese Zeit im Tor von Samaria für ein
Silberstück zu kaufen!«, 19 hatte der Offizier ihm
geantwortet: »Das ist unmöglich, selbst wenn
der HERR Fenster in den Himmel machen wür-

a Hebräische Maßangaben *1* und *2 Sea* = 1/3 und 2/3 Efa* (bei der Umrechnung in Gewichtswerte verschiebt sich die Relation 1:2, da Mehl ein größeres Volumen hat (siehe Sacherklärung »Efa«).

7,3 Lev 13,46 7,6 6,17 7,16-19 7,1-2

de!« Darauf hatte Elischa ihm angekündigt: »Du wirst es mit eigenen Augen sehen, aber nichts mehr davon essen!« [20] Genauso kam es: Das Volk trampelte ihn im Tordurchgang zu Tode.

Elischa hilft nochmals der Frau aus Schunem

8 Elischa hatte der Frau, deren Sohn er wieder lebendig gemacht hatte, die Weisung gegeben: »Zieh weg von hier und suche für dich und deine Familie anderswo ein Unterkommen! Denn der HERR schickt eine Hungersnot ins Land, die sieben Jahre lang anhalten wird.« [2] Die Frau tat, was der Mann Gottes ihr befohlen hatte, und blieb mit den Ihren sieben Jahre im Land der Philister*. [3] Dann kehrte sie nach Israel zurück und wandte sich an den König, um ihr Haus und ihre Äcker zurückzubekommen.

[4] Der König sprach gerade mit Gehasi, dem Diener Elischas. Er hatte ihn gebeten: »Erzähl mir doch von den Wundertaten, die Elischa vollbracht hat!« [5] Und gerade als Gehasi ihm erzählte, wie Elischa einmal einen toten Jungen wieder lebendig gemacht hatte, erschien die Frau vor dem König und bat ihn um Hilfe wegen des Hauses und wegen der Äcker.

»Mein Herr und König«, sagte Gehasi, »das ist die Frau, deren Sohn wieder lebendig wurde, und hier ist auch ihr Sohn!« [6] Da ließ sich der König noch einmal alles von der Frau selbst erzählen. Dann gab er ihr einen Hofbeamten mit und befahl ihm: »Sorge dafür, daß sie alles zurückbekommt, was ihr gehört. Und sieh zu, daß sie auch vollen Ersatz bekommt für alles, was man in den Jahren ihrer Abwesenheit auf ihren Feldern geerntet hat!«

Elischa sagt Hasaël, daß er König von Syrien wird

[7] Elischa kam nach Damaskus, als Ben-Hadad, der König von Syrien*, gerade krank zu Bett lag. Als der König erfuhr, daß er in der Stadt sei, [8] sagte er zu Hasaël: »Geh zu dem Mann Gottes, nimm ein Geschenk mit und frage durch ihn den HERRN, ob ich noch einmal gesund werde oder nicht!«

[9] Hasaël ließ vierzig Kamele mit allen möglichen Kostbarkeiten beladen, wie man sie in Damaskus herstellt, und erschien damit bei Elischa. Er sagte: »Dein ergebener Diener Ben-Hadad, der König von Syrien, schickt mich zu dir und läßt fragen, ob er noch einmal gesund wird oder nicht.«

[10] Elischa antwortete: »Geh und sag ihm, daß er wieder gesund wird. Aber der HERR hat mich wissen lassen, daß er sterben muß.«

[11] Elischas Gesicht wurde starr vor Entsetzen.[a] Dann brach der Mann Gottes in Tränen aus.

Hasaël fragte: »Warum weinst du, Herr?«

Elischa erwiderte: »Ich weiß, wieviel Unglück du über die Israeliten bringen wirst: Du wirst ihre Städte in Brand stecken, die jungen Männer umbringen, die Kinder am Boden zerschmettern und den schwangeren Frauen den Leib aufschlitzen.«

[13] »Aber mein Herr«, antwortete Hasaël, »ich bin doch nur ein armer Hund! Wie sollte ich so etwas Gewaltiges vollbringen können?«

Da sagte Elischa zu ihm: »Der HERR hat mich wissen lassen, daß du König von Syrien wirst.«

[14] Hasaël kehrte zu seinem Herrn zurück. Der fragte ihn: »Was hat Elischa gesagt?«

»Er hat gesagt, du wirst wieder gesund«, antwortete Hasaël. [15] Am folgenden Tag nahm Hasaël ein Tuch, tauchte es in Wasser, preßte es auf das Gesicht des Königs und erstickte ihn. Dann übernahm er selbst die Herrschaft als König von Syrien.

WEITERE GESCHICHTE DER GETRENNTEN REICHE ISRAEL UND JUDA

(8,16–16,20)

Über König Joram von Juda

(2 Chr 21,1-20)

[16] Im fünften Regierungsjahr Jorams, des Sohnes Ahabs, des Königs von Israel, wurde Joram, der Sohn Joschafats, König von Juda. Er führte die Regierungsgeschäfte zunächst gemeinsam mit seinem Vater Joschafat. [17] Er war 32 Jahre alt, als er König wurde, und regierte acht Jahre lang in Jerusalem.

[18] Er hatte eine Tochter[b] Ahabs zur Frau. Wie die Familie Ahabs folgte er dem bösen Beispiel der Könige von Israel und tat, was dem HERRN mißfiel. [19] Doch der HERR wollte Juda nicht vernichten. Er hatte ja seinem Diener David versprochen, daß sein Licht nicht verlöschen sollte

a *vor Entsetzen:* wörtlich *und er entsetzte sich bis zum Schämen* (d. h. maßlos). So mit veränderten Vokalen; H *und er richtete (den Blick) bis zum Schämen.*

b Nach 8,26-27 ist sie eine Tochter Omris und Schwester Ahabs, was den Altersverhältnissen eher entsprechen würde.

8,1 4,8-37 **8,8** 1 Kön 22,5 S **8,12** 10,32-33; 12,18; 13,3-7.22 **8,13** 1 Kön 19,15 **8,19** 1 Kön 11,36 S

und in alle Zukunft einer seiner Nachkommen
König sein würde.
20 Während der Regierungszeit Jorams sagten
sich die Edomiter* von der Oberherrschaft Judas
los und setzten einen eigenen König ein. 21 Joram
zog darauf mit allen seinen Streitwagen* nach
Edom und kam bis in die Gegend der Stadt Zaïr.
Dort wurde er samt seinen Streitwagen von den
Edomitern eingeschlossen. Aber in der Nacht
schlug er gegen sie los und brachte ihnen eine
solche Niederlage bei, daß sie alle die Flucht ergriffen und in ihre Ortschaften heimkehrten.
22 Trotzdem ist Edom seit damals von Juda unabhängig geblieben. Zur gleichen Zeit befreite sich
auch die Stadt Libna von der Oberherrschaft
Judas.
23 Was es sonst noch über Joram und seine
Taten zu berichten gibt, ist in der amtlichen
Chronik der Könige von Juda nachzulesen. 24 Als
er starb, wurde er in der Grabstätte seiner Vorfahren in der Davidsstadt* bestattet. Sein Sohn
Ahasja wurde sein Nachfolger.

Über König Ahasja von Juda

(2 Chr 22,1-6)

25 Im zwölften Regierungsjahr Jorams, des Königs
von Israel, wurde Ahasja König von Juda. Er war
der Sohn des Königs Joram von Juda. 26-27 Er war
22 Jahre alt, als er König wurde, und regierte nur
ein Jahr lang in Jerusalem.

Durch seine Mutter Atalja, eine Tochter des Königs Omri von Israel, war er mit der Familie von König Ahab verwandt, und er folgte auch ganz dem bösen Beispiel der Ahabssippe und tat, was dem HERRN mißfiel.

28 Gemeinsam mit Joram, dem Sohn Ahabs,
zog er nach Ramot in Gilead* in den Kampf gegen König Hasaël von Syrien*. Joram wurde von
den Syrern verwundet 29 und zog sich nach
Jesreel zurück, um seine Wunden ausheilen zu
lassen. Ahasja kam nach Jesreel und besuchte
ihn.

Jehu wird zum König von Israel gesalbt

9 Elischa rief einen Prophetenjünger* zu sich
und sagte zu ihm: »Nimm dieses Gefäß mit
Salböl, und geh, so schnell du kannst, in die
Stadt Ramot in Gilead*! 2 Sieh dich dort um nach
Jehu, dem Sohn von Joschafat und Enkel von
Nimschi! Hol ihn aus dem Kreis der anderen Offiziere heraus und nimm ihn mit in einen Raum,
wo du mit ihm unter vier Augen bist! 3 Dort
gieße das Öl auf seinen Kopf mit den Worten:
›Der HERR sagt: Ich salbe* dich zum König über
Israel!‹ Und dann verschwinde, so schnell du
kannst!«
4 Der Prophetenjünger, der Abgesandte Elischas, ging nach Ramot in Gilead. 5 Als er ankam,
saßen gerade alle Truppenführer beisammen. Er
sagte: »Oberst, ich habe eine Botschaft für dich.«

Jehu fragte: »An wen von uns?«

»An dich, Oberst!« erwiderte der Prophetenjünger.

6 Jehu stand auf und ging mit ihm ins Haus.
Dort goß der Prophetenjünger das Salböl auf Jehus Kopf mit den Worten: »So spricht der HERR,
der Gott Israels: ›Ich salbe dich zum König über
mein Volk Israel! 7 Du sollst alle Nachkommen
Ahabs umbringen, als ersten deinen Herrn, den
König! Auf diese Weise will ich Isebel dafür bestrafen, daß sie meine Diener ermorden ließ, die
Propheten* und all die anderen, die mir treu geblieben waren.
8 Ja, die ganze Familie Ahabs soll umkommen! Alle seine männlichen Nachkommen, die
Unmündigen genauso wie die Mündigen, werde
ich aus Israel ausrotten. 9 Der Familie Ahabs
wird es ebenso ergehen wie der Familie von
Jerobeam, dem Sohn von Nebat, und der Familie
von Bascha, dem Sohn von Ahija. 10 Isebels Leiche aber sollen die Hunde fressen auf den
Äckern von Jesreel; niemand wird sie begraben!‹«

Nachdem der Prophetenjünger das gesagt hatte, verließ er das Haus und floh.

11 Als Jehu zu den anderen Offizieren herauskam, fragten sie ihn: »Gibt's was Besonderes?
Was wollte der Verrückte von dir?«

Jehu antwortete: »Ihr wißt doch selbst, was das für einer war und daß solche Leute nur Unsinn reden.«

12 Doch die Offiziere meinten: »Keine Ausflüchte! Heraus mit der Sprache!«

Da antwortete Jehu: »Er hat mir verkündet: ›So spricht der HERR: Ich salbe dich zum König über Israel!‹«

13 Sofort nahmen die Offiziere ihre Mäntel
und breiteten sie auf den Stufen vor dem Haus
als Teppich vor Jehu aus. Dann ließen sie die
Widderhörner* blasen und riefen: »Jehu ist
König!«

Das Ende der Könige Joram und Ahasja

14 Jehu, der Sohn von Joschafat und Enkel von
Nimschi, machte sich sofort daran, König Joram
zu stürzen. Joram hatte unter Einsatz des ganzen

8,20 Gen 27,40; 1 Kön 22,48 **8,28** 1 Kön 22,1-38 **9,3** 1 Sam 16,13; 1 Kön 19,16 **9,7** 1 Kön 18,4; 19,2; 21,8-10 **9,9** 1 Kön 16,3 S **9,10** 9,36; 1 Kön 21,23 **9,11** Jer 29,26; Hos 9,7 **9,13** Mk 11,7-10 par; 1 Kön 1,39

israelitischen Heeres die Stadt Ramot in Gilead*
gegen den syrischen König Hasaël verteidigt.
15 Er war aber im Kampf mit den Syrern* ver-
wundet worden und mußte sich nach Jesreel
zurückziehen, um dort seine Wunden ausheilen
zu lassen.

Jehu sagte zu den Offizieren, die in Ramot um
ihn versammelt waren: »Wenn ihr einverstan-
den seid, lassen wir keinen aus der Stadt ent-
kommen, der nach Jesreel gehen und erzählen
kann, was hier geschehen ist.«

16 Dann brach er mit einer kleinen Streit-
wagenabteilung auf und fuhr selbst nach Jesreel.
Dort befand sich nicht nur der kranke König
Joram, sondern auch Ahasja, der König von Juda.
Er war gekommen, um Joram einen Besuch ab-
zustatten.

17 Als der Wachtposten auf dem Turm von Jes-
reel die Streitwagenkolonne kommen sah, mel-
dete er es dem König. Der König befahl: »Schickt
den Leuten einen Reiter entgegen; er soll fragen,
ob es gut steht mit dem Kampf.«

18 Der Reiter kam bei der Kolonne an und
sagte zu Jehu: »Der König läßt fragen, ob alles gut
steht.«

Jehu antwortete: »Was geht das dich an? Reih
dich hinter mir ein!«

Der Wachtposten meldete: »Der Reiter hat die
Kolonne erreicht, aber er kommt nicht zurück!«
19 Da schickte der König einen zweiten Reiter.
Auch er sagte: »Der König läßt fragen, ob alles
gut steht.« Und auch ihm antwortete Jehu: »Was
geht das dich an? Reih dich hinter mir ein!«

20 Wieder meldete der Wachtposten: »Der Rei-
ter hat die Kolonne erreicht, aber er kommt nicht
zurück!« Und er fügte hinzu: »Der Anführer der
Kolonne fährt wie ein Verrückter; das kann nur
Jehu sein!«

21 Joram befahl: »Spannt meinen Wagen an!«
Auch der Wagen von Ahasja wurde angespannt,
und beide Könige, Joram von Israel und Ahasja
von Juda, fuhren Jehu entgegen. Auf dem Grund-
stück Nabots trafen sie mit ihm zusammen.

22 Als Joram Jehu erblickte, fragte er ihn:
»Steht alles gut, Jehu?«

Der gab zur Antwort: »Was soll das heißen?
Kann es gut stehen, solange deine Mutter Isebel
fremden Göttern nachläuft und Zauberei treibt?«

23 König Joram wendete seinen Wagen, rief:
»Verrat, Ahasja!« und fuhr davon. 24 Aber Jehu
spannte seinen Bogen und traf Joram zwischen
die Schulterblätter, so daß der Pfeil das Herz
durchbohrte und mit der Spitze vorn wieder her-
auskam. Joram brach in seinem Wagen tot zu-
sammen.

25 Jehu befahl seinem Adjutanten Bidkar:
»Nimm ihn und wirf ihn auf das Grundstück
Nabots! Erinnerst du dich noch an das, was der
HERR einst zu Ahab, dem Vater Jorams, sagen
ließ? Wir beide fuhren damals in unseren Wagen
dicht hinter dem König. Der HERR ließ ihm
sagen: 26 ›Ich habe gesehen, wie man gestern
Nabot und seine Söhne ermordet hat. Hier, auf
dem Grundstück Nabots, werde ich dich dafür
zur Rechenschaft ziehen!‹ Also nimm ihn und
wirf ihn hin; so geschieht, was der HERR gesagt
hat.«

27 Als König Ahasja von Juda sah, was ge-
schah, floh er in Richtung Bet-Gan. Jehu jagte
ihm nach und befahl seinen Leuten: »Schießt
auch ihn nieder!« Und sie schossen auf ihn. Wo
der Weg bei Gur in der Nähe von Jibleam berg-
auf führt, wurde Ahasja auf seinem Wagen von
Pfeilen verwundet. Er kam noch bis Megiddo;
dort starb er.

28 Seine Diener brachten den toten König auf
einem Wagen nach Jerusalem und bestatteten
ihn in seiner Grabstätte in der Davidsstadt*
neben seinen Vorfahren. 29 Im elften Regierungs-
jahr Jorams, des Sohnes Ahabs, war Ahasja
König von Juda geworden.

Das Ende der Königin Isebel

30 Jehu kehrte zur Stadt Jesreel zurück, und
Isebel wurde davon unterrichtet. Sie schminkte
sich die Augenränder, frisierte sich und zeigte
sich am Fenster des Palastes. 31 Als Jehu durchs
Tor fuhr, rief sie ihm zu: »Na, Simri, Mörder dei-
nes Herrn, steht alles gut?«

32 Jehu schaute zum Fenster hinauf und rief:
»Wer hält zu mir?« Ein paar Hofbeamte schauten
zu ihm hinunter. 33 »Werft sie zum Fenster hin-
aus!« befahl er ihnen, und sie taten es. Isebels
Blut spritzte an der Mauer und an den Pferden
hoch, und Jehu fuhr über sie hinweg.

34 Dann ging er in den Palast und ließ Essen
und Trinken auftragen. Nach dem Mahl sagte er:
»Seht doch nach Isebel, diesem Weib, das der
HERR verflucht hat, und begrabt sie! Sie ist
immerhin eine Königstochter!« 35 Aber die Män-
ner, die sie begraben wollten, fanden von ihr nur
noch den Schädel und die Füße und Hände.

36 Sie berichteten es Jehu, und der sagte: »So
ist eingetroffen, was der HERR durch seinen Die-
ner Elija aus Tischbe angekündigt hat: ›Vor Jes-
reel sollen die Hunde das Fleisch Isebels fressen,

9,15-16 8,29 **9,21** 1 Kön 21,1-16 **9,25-26** 1 Kön 21,19 **9,27-28** 2 Chr 22,6-9 **9,28** 14,20; 23,30 **9,31** (Simri) 1 Kön 16,9-10.15-18 **9,36** 1 Kön 21,23

37 ihre Leiche soll wie Mist auf dem Acker wer-
den; niemand wird mehr sagen können: Das ist
Isebel.‹«

Jehu rottet die Familie Ahabs aus

10 In Samaria gab es siebzig Söhne und
Enkel von Ahab. Jehu schickte Briefe an
die maßgeblichen Männer der Stadt: an die
königlichen Bevollmächtigten in Jesreel, an die
Ältesten* der Stadt und an die Erzieher der Prin-
zen. In den Briefen hieß es:
2 »Bei euch sind die Söhne eures Herrn, ihr
verfügt über Pferde und Streitwagen*, eure Stadt
ist gut befestigt, und ihr habt Waffen genug.
3 Also sucht den fähigsten unter den Prinzen aus,
setzt ihn auf den Thron seines Vaters, und
kämpft für das Königtum eures Herrn!«
4 Aber die Männer hatten große Angst vor
Jehu. Sie sagten: »Mit den zwei Königen ist er
schon fertig geworden, wie sollten wir uns da
gegen ihn behaupten können?« 5 Die maßgeb-
lichen Männer – der Palastkommandant, der
Stadtkommandant, die Ältesten und die Erzie-
her – ließen also Jehu mitteilen: »Wir stehen zu
deinen Diensten! Wir werden alles ausführen,
was du befiehlst. Wir wollen niemand hier zum
König machen. Tu, was du für richtig hältst.«
6 Darauf schrieb Jehu ihnen einen zweiten
Brief. Darin hieß es: »Wenn ihr auf meiner Seite
steht und bereit seid, meinen Befehlen zu fol-
gen, dann kommt morgen um diese Zeit zu mir
nach Jesreel und bringt die Köpfe der Söhne
eures Herrn mit!« – Die siebzig Königssöhne
wurden nämlich in Samaria von den vornehm-
sten Bürgern der Stadt erzogen. – 7 Die maßgeb-
lichen Männer von Samaria ließen darauf die
Prinzen umbringen, siebzig Mann, und ihre
Köpfe in Körbe legen und nach Jesreel schaffen.
8 Als Jehu gemeldet wurde, man habe die
Köpfe der Königssöhne gebracht, gab er den Be-
fehl, sie in zwei Haufen vor dem Stadttor aufzu-
stapeln und dort bis zum nächsten Morgen lie-
genzulassen. 9 Am nächsten Morgen erschien er
selbst vor dem Stadttor und sagte zu den Män-
nern, die sich dort einfanden: »Euch trifft keine
Schuld! *Ich* habe die Verschwörung gegen mei-
nen Herrn, den König, angezettelt und ihn getö-
tet. Aber wer hat die hier alle umgebracht? 10 Er-
kennt daran, daß alles in Erfüllung geht, was der
HERR der Familie Ahabs angedroht hat. Der HERR
hat getan, was er durch seinen Diener Elija an-
gekündigt hatte.«

11 Darauf ließ Jehu auch noch alle Mitglieder
der Familie Ahabs umbringen, die sich in Jesreel
befanden, ebenso alle hohen Beamten, Ratgeber
und Priester des Königs; keiner kam mit dem
Leben davon.
12 Dann machte sich Jehu auf den Weg nach
Samaria. Bei Bet-Eked-Roïm 13 traf er auf Ver-
wandte des Königs Ahasja von Juda. Er fragte:
»Wer seid ihr?«
Sie antworteten: »Wir sind Verwandte von
König Ahasja und wollen nach Jesreel, um der
königlichen Familie, besonders den Söhnen des
Königs und den Söhnen der Königsmutter*,
einen Besuch abzustatten.«
14 Jehu befahl seinen Leuten: »Nehmt sie ge-
fangen!« Sie wurden gefangen abgeführt und bei
der Zisterne von Bet-Eked[a] getötet. Es waren
42 Mann; keiner von ihnen kam mit dem Leben
davon.
15 Als Jehu in Richtung Samaria weiterzog, be-
gegnete ihm Jonadab, der Sohn Rechabs. Jehu
begrüßte ihn und fragte: »Kann ich mich auf dich
verlassen, so wie du dich auf mich verlassen
kannst?«
Jonadab antwortete: »Du kannst es!«
»Dann gib mir deine Hand«, sagte Jehu. Jona-
dab gab Jehu die Hand. Darauf ließ Jehu ihn zu
sich in den Wagen steigen 16 und sagte: »Komm
mit und sieh dir an, wie leidenschaftlich ich
mich für den HERRN einsetze!« Und Jonadab fuhr
mit.
17 In Samaria angekommen tötete Jehu alle,
die von Ahabs Verwandtschaft noch übriggeblie-
ben waren. Er rottete die Familie Ahabs vollstän-
dig aus. So trat ein, was der HERR durch Elija an-
gekündigt hatte.

Jehu rottet die Verehrer Baals aus

18 Nun versammelte Jehu das Volk von Samaria
und verkündete: »Ahab hat Baal* zu wenig ver-
ehrt; das soll jetzt anders werden! 19 Ruft alle
Propheten Baals zusammen, alle seine Priester
und alle, die ihn verehren! Keiner darf fehlen,
denn ich will zu Ehren Baals ein großes Opfer-
fest veranstalten. Wer nicht kommt, wird mit
dem Tod bestraft!« In Wahrheit aber wollte Jehu
alle Verehrer Baals umbringen.
20 Er befahl also, eine Festversammlung zu
Ehren Baals auszurufen. 21 Er schickte Boten
durch das ganze Gebiet Israels, und alle Verehrer
Baals kamen in Samaria zusammen. Es gab kei-
nen, der dem Aufruf nicht folgte. Sie gingen alle

a Der volle Name in Vers 12 bedeutet »Schurhaus der Hirten«.

10,8 1 Sam 17,51.54; 31,9; 2 Sam 4,7-8 10,10 1 Kön 21,18-24 10,11 Hos 1,4 10,15 Jer 35,6-10 10,17 1 Kön 21,21 10,18 1 Kön 16,31-32 10,19 1 Kön 18,19-40

in den Vorhof des Tempels Baals, und der ganze Hof war voll von Menschen.

22 Jehu befahl dem Mann, der für die heiligen Gewänder zuständig war: »Gib an alle Verehrer Baals Festgewänder aus!« Als das geschehen war, 23 ging er zusammen mit Jonadab, dem Sohn Rechabs, in den Tempel und rief den Baalsverehrern zu: »Seht euch um und sorgt dafür, daß hier wirklich nur Verehrer Baals anwesend sind! Für Verehrer des HERRN ist hier kein Platz!«

24 Dann traten Jehu und Jonadab an den Altar, um zu Ehren Baals Brandopfer* und Mahlopfer* darzubringen. Jehu hatte aber außerhalb des Tempelbezirks 80 Mann bereitgestellt und ihnen gesagt: »Wer von euch auch nur einen der Baalsverehrer entwischen läßt, der bezahlt es mit seinem Leben!«

25 Nachdem die Opfer dargebracht waren, gab Jehu der Leibwache und den Offizieren den Befehl: »Kommt herein! Erschlagt sie alle! Keiner darf entkommen!« Da brachten sie alle Verehrer Baals um und warfen die Leichen hinaus.

Dann gingen sie in den innersten Bereich des Baals-Tempels, 26 holten die geweihten Pfähle* heraus und verbrannten sie. 27 Das Steinmal*, das zu Ehren Baals errichtet worden war, schlugen sie in Stücke. Schließlich rissen sie die ganze Tempelanlage nieder; bis heute wird der Platz als öffentlicher Abort benutzt.

Abschließende Bemerkungen über Jehu und seine Regierungszeit

28 So machte Jehu der Verehrung Baals* in Israel ein Ende. 29 Nur von dem Götzendienst Jerobeams, zu dem dieser ganz Israel verführt hatte, konnte er nicht lassen: Die goldenen Stierbilder* in Bet-El und Dan blieben unangetastet.

30 Der HERR sagte zu Jehu: »Du hast getan, was vor mir recht ist; alles, was ich der Familie Ahabs zugedacht hatte, hast du ausgeführt. Deshalb werden deine Nachkommen bis in die vierte Generation Könige von Israel sein!«

31 Doch befolgte Jehu das Gesetz* des HERRN, des Gottes Israels, nicht mit ungeteiltem Herzen: Er blieb bei dem Götzendienst, zu dem Jerobeam ganz Israel verführt hatte.

32–33 Während der Regierungszeit von Jehu fing der HERR an, das Gebiet Israels zu beschneiden: König Hasaël von Syrien* eroberte das ganze Gebiet östlich des Jordans, von der Stadt Aroër, die am Arnon liegt, bis hinauf zum Bergland Gilead* und der Landschaft Baschan*, das sind die Stammesgebiete von Gad, Ruben und Ost-Manasse.

34 Was es sonst noch über Jehu zu berichten gibt, über seine Taten und Erfolge, ist in der amtlichen Chronik der Könige von Israel nachzulesen. 35 Als er starb, wurde er in Samaria bestattet. Sein Sohn Joahas wurde sein Nachfolger. 36 28 Jahre lang war Jehu in Samaria König über das Reich Israel gewesen.

Atalja versucht, das Königshaus Davids auszurotten

(2 Chr 22,10-12)

11 Als Atalja, die Mutter von Ahasja, erfuhr, daß ihr Sohn tot war, ließ sie alle Angehörigen der königlichen Familie umbringen. 2 Aber Joscheba, die Tochter von König Joram und Schwester von Ahasja, holte heimlich Ahasjas kleinen Sohn Joasch samt seiner Amme aus der Mitte der Prinzen, die in ihren Betten getötet werden sollten. Sie versteckte ihn vor Atalja, so daß er am Leben blieb. 3 Sechs Jahre lang hielt sie ihn im Bereich des Tempels* verborgen, solange Atalja das Land regierte.

Aufstand gegen Atalja und Wiederherstellung des Königtums der Davidsnachkommen

(2 Chr 23,1-21)

4 Im siebten Jahr ließ der Priester Jojada die Offiziere der königlichen Leibgarde* und der Palastwache zu sich in den Tempel* kommen. Dort schloß er mit ihnen einen Pakt. Er ließ sie Treue schwören und zeigte ihnen den Sohn des Königs.

5 Dann gab er ihnen folgende Anweisungen: »Ein Drittel eurer Leute, die am nächsten Sabbat* den Dienst antreten, bewacht den Königspalast, 6 das zweite Drittel das Tor Sur und das letzte Drittel das Tor hinter dem Haus der Palastwache. Mit diesen drei Gruppen sollt ihr verhindern, daß jemand in den Tempelbereich eindringt. 7 Die zwei Abteilungen eurer Leute aber, die am Sabbat ihren Dienst gerade beenden, sollen im Tempelbereich bleiben und den König beschützen. 8 Sie sollen mit der Waffe in der Hand einen Kreis um ihn bilden und ihn auf Schritt und Tritt begleiten. Wer in den Kreis einzudringen versucht, wird getötet!«

9 Die Offiziere befolgten genau die Anweisungen Jojadas. Jeder rief seine Leute zusammen: die Männer, die am Sabbat den Dienst begannen, und die, die ihn beendeten. Mit ihnen kamen sie zu Jojada. 10 Der Priester übergab den

10,29 1 Kön 12,28-30 10,32-33 8,12 S 11,1 9,27 11,10 2 Sam 8,7.11-12

Offizieren die Speere und Schilde, die noch von König David stammten und sich jetzt im Tempelbereich befanden. 11 Jeder der Männer bekam seine Waffe in die Hand, dann stellten sie sich vor dem Tempelhaus auf, im Halbkreis von der südlichen Ecke über den Brandopferaltar* bis zur nördlichen Ecke, um den König nach allen Seiten abzusichern.

12 Darauf führte Jojada den Sohn des Königs heraus, um ihn zum König zu machen. Er setzte ihm die Krone auf und überreichte ihm die Krönungsurkunde. Dann wurde er gesalbt*, und alle klatschten in die Hände und riefen: »Hoch lebe der König!«

13 Als Atalja die Jubelrufe der Palastwache und des Volkes hörte, begab sie sich zu der Menge am Tempel des Herrn. 14 Da sah sie den neugekrönten König auf dem Platz stehen, wo nach altem Brauch der König zu stehen pflegt. Er war umgeben von den Offizieren und den Trompetern. Die Männer von Juda jubelten vor Freude, und die Trompeten schmetterten.

Atalja zerriß ihr Gewand und schrie: »Verrat! Verschwörung!« 15 Der Priester Jojada aber wollte nicht, daß man sie im Bereich des Tempels tötete. Darum befahl er den Offizieren der Leibgarde: »Führt sie zwischen den Reihen eurer Leute hinaus! Wer ihr folgt, wird mit dem Schwert getötet!« 16 Sie ergriffen Atalja und brachten sie über den Pferdeeingang in den Palastbezirk. Dort wurde sie hingerichtet.

17 Jojada ließ den König und das Volk von Juda einen Bund* mit dem Herrn schließen. Sie verpflichteten sich dazu, Ernst damit zu machen, daß sie das Volk des Herrn waren. Ebenso ließ er den König und das Volk untereinander einen Bund schließen. 18 Darauf zogen alle Männer von Juda zum Tempel des Gottes Baal* und rissen ihn nieder. Sie zertrümmerten die Altäre und die Götterbilder und erschlugen Mattan, den Priester Baals, dort vor den Altären.

Nachdem Jojada zum Schutz des Tempels Wachen aufgestellt hatte, 19 rief er alle zusammen, die Offiziere, die Leute der Leibgarde und der Palastwache und die Männer von Juda. Zusammen mit ihnen geleitete er den König vom Tempel durch das Tor der Palastwache zum Palast hinab. Dort nahm der König auf seinem Thron Platz. 20 Alle Männer Judas freuten sich, die Bewohner der Stadt aber blieben ruhig. Atalja war im Palast mit dem Schwert getötet worden.

Über König Joasch von Juda

(2 Chr 24,1-3)

12 Joasch war sieben Jahre alt, als er König wurde. 2 Im siebten Regierungsjahr von Jehu, dem König von Israel, kam er auf den Thron, und er regierte 40 Jahre lang in Jerusalem. Seine Mutter hieß Zibja und stammte aus Beerscheba. 3 Er tat zeitlebens, was dem Herrn gefiel, so wie es ihn der Priester Jojada gelehrt hatte 4 Die Opferstätten* rings im Land ließ er jedoch bestehen, so daß das Volk auch weiterhin an diesen Stätten Opfer darbrachte.

Joasch sorgt für die Instandsetzung des Tempels

(2 Chr 24,4-14)

5 Joasch gab den Priestern die Anweisung: »Alles Geld, das als eine dem Herrn geweihte Gabe zum Tempel* gebracht wird – sowohl die pflichtmäßigen Zahlungen als auch die freiwilligen Gaben –, 6 sollen die Priester in Empfang nehmen, jeder von dem Tempelbesucher, der sich an ihn wendet. *Sie* sind dann dafür verantwortlich, daß von dem Geld Reparaturen am Tempel ausgeführt und die baufälligen Teile ausgebessert werden.«

7 Aber im 23. Regierungsjahr des Königs Joasch hatten die Priester die baufälligen Teile immer noch nicht ausbessern lassen. 8 Da ließ der König den Priester Jojada und die anderen Priester zu sich kommen und fragte: »Warum habt ihr den Tempel immer noch nicht ausbessern lassen? Von jetzt an sollt ihr das Geld nicht mehr selbst in Empfang nehmen, denn ihr verwendet es offensichtlich nicht für die Instandsetzung des Tempels!« 9 Die Priester waren einverstanden: Das Geld, das das Volk zum Tempel brachte, sollte nicht mehr an sie ausgehändigt werden, sie waren dann aber auch nicht mehr verantwortlich für die Instandsetzung des Tempels.

10 Der Priester Jojada ließ nun einen Kasten anfertigen und in den Deckel ein Loch machen. Er stellte ihn neben dem Altar*, rechts vom Tempeleingang, auf. In diesen Kasten legten die Priester, die an den Tempeltoren die Aufsicht führten, alles Geld, das zum Tempel gebracht wurde. 11 Wenn der Kasten voll war, ließen sie den Staatsschreiber und den Obersten Priester* kommen. In deren Gegenwart wurde das Geld in Beutel abgepackt, gewogen und registriert 12 und danach den Meistern ausgehändigt, die mit der Instandsetzung des Tempels betraut

11,12 (gesalbt) 1 Sam 16,13 S 11,14 23,3; 1 Kön 1,39 11,19 1 Kön 1,46 12,4 1 Kön 3,2-3 S 12,5 Ex 30,11-16; Lev 27,1-8 12,10-16 22,3-7

waren. Diese bezahlten damit die Zimmerleute,
Bauarbeiter, 13 Maurer und Steinmetze und kauf-
ten davon das Bauholz und die Steine und was
sonst noch für die Instandsetzung des Tempels
gebraucht wurde.
14 Das Geld wurde nicht für die Herstellung
von Tempelgeräten verwendet, für silberne
Schüsseln, Messer, Schalen, Trompeten oder an-
dere Tempelgeräte aus Gold oder Silber, 15 son-
dern den Meistern übergeben, die den Tempel
instand zu setzen hatten. 16 Von diesen Män-
nern wurde keine Rechenschaft verlangt über
die Verwendung der Gelder; sie handelten auf
Treu und Glauben.
17 Das Geld aber, das bei Wiedergutma-
chungsopfern* und Sühneopfern* zu entrichten
war, wurde nicht für die Instandsetzung des
Tempels verwendet. Es gehörte den Priestern.

Joasch bewahrt Jerusalem vor dem Angriff der Syrer

(2 Chr 24,23-24)

18 Damals griff Hasaël, der König von Syrien*,
die Stadt Gat an und eroberte sie. Danach traf er
Vorbereitungen, auch Jerusalem anzugreifen.
19 Doch König Joasch von Juda nahm alle Gaben,
die seine Vorfahren, die Könige Joschafat, Joram
und Ahasja, dem HERRN geweiht hatten, dazu
auch die Gaben, die von ihm selbst stammten,
sowie alles Gold, das sich in den Schatzkam-
mern des Tempels und des königlichen Palastes
befand, und ließ das alles als Geschenk zu König
Hasaël bringen. Da verzichtete Hasaël darauf,
Jerusalem anzugreifen.

Joaschs Ende und sein Nachfolger

(2 Chr 24,25-26)

20 Was es sonst noch über Joasch und seine Taten
zu berichten gibt, ist in der amtlichen Chronik
der Könige von Juda nachzulesen. 21-22 Schließ-
lich fiel er einer Verschwörung seiner Hofleute
zum Opfer. Zwei von ihnen, Josachar, der Sohn
Schimats, und Josabad, der Sohn Schomers, er-
mordeten ihn in dem Haus am Millo*, dort, wo
der Weg nach Silla hinabführt. Joasch wurde in
der Grabstätte seiner Vorfahren in der Davids-
stadt* bestattet. Sein Sohn Amazja wurde sein
Nachfolger.

Über König Joahas von Israel

13 Im 23. Regierungsjahr von Joasch, dem
König von Juda, wurde Joahas, der Sohn
von Jehu, König von Israel, und er regierte
17 Jahre lang in Samaria. 2 Er tat, was dem HERRN
mißfiel. Er folgte dem bösen Beispiel Jerobeams
und hörte nicht auf mit dem Götzendienst, zu
dem Jerobeam die Leute im Reich Israel verführt
hatte.
3 Da traf der Zorn des HERRN die Israeliten:
Während der Zeit, in der Joahas regierte, gab er
sie immer wieder in die Gewalt des Syrerkönigs
Hasaël und seines Sohnes Ben-Hadad.
4 Als Joahas jedoch zum HERRN um Hilfe rief,
hörte ihn der HERR; er sah ja, wie hart der Syrer-
könig Israel zusetzte. 5 Der HERR schickte den
Leuten von Israel einen Retter, so daß sie sich
aus der Gewalt der Syrer* befreien und wie zu-
vor in Frieden leben konnten.
6 Dennoch blieben sie bei dem Götzendienst,
zu dem die Familie Jerobeams die Leute im Reich
Israel verführt hatte. Sie wollten davon nicht las-
sen. Auch das Bild der Göttin Aschera* in Sama-
ria blieb unangetastet.
7 Das Heer von König Joahas bestand am Ende
nur noch aus 10 Streitwagen*, 50 Wagenkämp-
fern und 10 000 Fußsoldaten. Alles andere hatte
der König von Syrien vernichtet; er hatte die
Streitmacht Israels zertreten wie Staub auf der
Straße.
8 Was es sonst noch über Joahas zu berichten
gibt, über seine Taten und Erfolge, ist in der amt-
lichen Chronik der Könige von Israel nachzu-
lesen. 9 Als er starb, wurde er in Samaria bestat-
tet. Sein Sohn Joasch wurde sein Nachfolger.

Über König Joasch von Israel

10 Im 37. Regierungsjahr von Joasch, dem König
von Juda, wurde Joasch, der Sohn von Joahas,
König über Israel. Er regierte 16 Jahre lang in
Samaria. 11 Er tat, was dem HERRN mißfiel, und
hielt fest an dem Götzendienst, zu dem Jerobe-
am die Leute im Reich Israel verführt hatte.
12 Was es sonst noch über Joasch zu berichten
gibt, über seine Taten und Erfolge – auch über
den Krieg gegen Amazja, den König von Juda –,
das ist alles in der amtlichen Chronik der
Könige von Israel nachzulesen. 13 Als Joasch
starb, wurde Jerobeam sein Nachfolger. Joasch
wurde in Samaria in der Grabstätte der Könige
von Israel bestattet.

Der sterbende Elischa verkündet einen Sieg über die Syrer

14 Elischa war schwer erkrankt, und es ging mit
ihm zu Ende. Da kam Joasch, der König von
Israel, zu ihm. Er weinte und rief: »Mein Vater,

12,17 Lev 5,15-16; 7,7-10 **12,18** 8,12 S **12,19** 16,8; 18,15; 1 Kön 15,18-19 **13,3** 8,12 S **13,12** 14,8-16 **13,14** 2,12

mein Vater! Du bist Israels Streitwagen* und
sein Lenker!«
15 Elischa befahl ihm: »Hol einen Bogen und
Pfeile!« Der König tat es. 16-17 Darauf sagte
Elischa: »Öffne das Fenster, durch das man nach
Osten sehen kann, und spanne den Bogen!«
Joasch tat es.
Nun legte Elischa seine Hände auf die Hände
des Königs und sagte: »Schieß!« Der König schoß
den Pfeil ab, und Elischa sagte: »Dieser Pfeil ist
ein Zeichen für die Hilfe, die vom HERRN kommt!
Der HERR steht euch bei im Kampf gegen die
Syrer*, und deshalb wirst du sie bei Afek vernichtend schlagen!«
18 Dann befahl Elischa dem König: »Nimm die
übrigen Pfeile zur Hand! Stoße mit ihnen auf den
Boden!« Der König tat es dreimal und hielt inne.
19 Da wurde der Mann Gottes zornig und rief:
»Fünfmal, sechsmal hättest du sie aufstoßen
müssen, dann hättest du die Syrer völlig vernichtet! Jetzt wirst du ihnen nur dreimal eine Niederlage beibringen.«

Durch den toten Elischa wird ein Toter lebendig

20 Elischa starb und wurde in einer Grabhöhle
bestattet.[a] Im folgenden Frühjahr machten räuberische Banden aus Moab* das Land unsicher.
21 Einmal wollte man gerade einen Mann bestatten, als eine solche Bande daherkam. Die Leute
warfen ihren Toten einfach in die Grabnische
Elischas und rannten davon.[b]
Kaum aber war der Tote mit den Gebeinen
Elischas in Berührung gekommen, da wurde er
wieder lebendig und stand auf.

Die letzten Worte Elischas gehen in Erfüllung

22 Während der ganzen Zeit, in der Joahas regierte, wurde das Reich Israel von dem Syrerkönig Hasaël schwer bedrängt. 23 Aber der HERR
meinte es gut mit Israel und hatte mit ihm Erbarmen. Er half den Leuten von Israel, weil er an
den Bund* dachte, den er mit Abraham, Isaak
und Jakob geschlossen hatte. Er wollte sie nicht
vernichten, denn bis dahin hatte er noch nicht
endgültig mit ihnen gebrochen.
24 Als Hasaël starb, wurde sein Sohn Ben-Hadad König von Syrien*. 25 Joasch, der Sohn
von König Joahas, konnte Ben-Hadad die Städte
wieder entreißen, die sein Vater Joahas an Hasaël verloren hatte. Joasch besiegte Ben-Hadad
dreimal und eroberte die Städte zurück.

Über König Amazja von Juda

(2 Chr 25,1-4.11-12)

14 Im zweiten Regierungsjahr von Joasch,
dem König von Israel, wurde Amazja
König von Juda. Er war der Sohn des Königs
Joasch von Juda. 2 Er war 25 Jahre alt, als er König
wurde, und regierte 29 Jahre lang in Jerusalem.
Seine Mutter hieß Joaddan und stammte aus
Jerusalem.
3 Amazja folgte dem Vorbild seines Vaters
Joasch und tat, was dem HERRN gefiel. Doch an
seinen Ahnherrn David reichte er nicht heran.
4 Die Opferstätten* rings im Land ließ er bestehen, so daß das Volk auch weiterhin an diesen Stätten Opfer darbrachte.
5 Als Amazja die Herrschaft fest in der Hand
hatte, ließ er die Hofleute töten, die seinen Vater
Joasch ermordet hatten. 6 Ihre Söhne aber verschonte er, weil im Gesetzbuch* von Mose das
Gebot des HERRN steht: »Die Eltern sollen nicht
für die Schuld ihrer Kinder sterben und die Kinder nicht für die Schuld ihrer Eltern; jeder soll
nur für seine eigene Schuld bestraft werden.«
7 Amazja schlug die Edomiter*, die mit einem
10 000 Mann starken Heer im Salztal gegen ihn
angetreten waren. Er eroberte auch die Stadt
Sela und gab ihr den Namen Jokteel. So heißt sie
noch heute.

Amazjas Niederlage gegen König Joasch von Israel

(2 Chr 25,17-24)

8 Darauf schickte Amazja Boten zu König Joasch
von Israel, dem Sohn von Joahas und Enkel von
Jehu, und ließ ihm sagen: »Komm, tritt mir im
Kampf gegenüber, damit wir sehen, wer stärker
ist!«
9 König Joasch antwortete ihm: »Der Dornstrauch auf dem Libanon sagte zur Zeder: ›Gib
meinem Sohn deine Tochter zur Frau!‹ Aber die
wilden Tiere liefen über den Dornstrauch und
zertrampelten ihn. 10 Dein Sieg über die Edomiter ist dir zu Kopf gestiegen. Gib dich mit deinem
Ruhm zufrieden und bleib zu Hause! Oder willst
du dich ins Unglück stürzen und ganz Juda mit
hineinreißen?«

a *in einer Grabhöhle* ist verdeutlichender Zusatz; die Toten wurden nicht mit Erde bedeckt, sondern in unterirdischen Höhlen oder Grabkammern in offenen Nischen beigesetzt.
b *rannten davon:* vermutlicher Text; H *er kam (hinein?).*

13,22 8,12 S **13,23** Ex 2,24 S; 2 Kön 17,18-20; 24,20 **13,25** 13,19 **14,4** 1 Kön 3,2-3 S **14,5** 12,21-22 **14,6** *zit* Dtn 24,16; Ez 18,4.20 **14,7** 2 Sam 8,13 **14,9** Ri 9,14

11 Aber Amazja hörte nicht auf, Joasch heraus-
zufordern. So rückte König Joasch zum Kampf
heran. Bei Bet-Schemesch, im Gebiet von Juda,
traf sein Heer auf das von König Amazja. 12 Die
Männer von Juda wurden geschlagen und liefen
auseinander, jeder kehrte nach Hause zurück.
13 Amazja wurde bei Bet-Schemesch von Joasch
gefangengenommen.

Dann zog Joasch nach Jerusalem und ließ die
Stadtmauer auf einer Länge von 200 Metern nie-
derreißen, vom Efraïmtor bis zum Ecktor. 14 Er
nahm alles Gold und Silber und alle kostbaren
Geräte mit, die sich im Tempel* und in den
Schatzkammern des königlichen Palastes befan-
den. Außerdem führte er eine Anzahl von Gei-
seln mit sich nach Samaria.

Tod des Königs Joasch von Israel

15 Was es sonst noch über Joasch zu berichten
gibt, über seine Taten und Erfolge – auch über
den Krieg gegen Amazja, den König von Juda –,
das ist alles in der amtlichen Chronik der Könige
von Israel nachzulesen. 16 Als Joasch starb,
wurde er in Samaria in der Grabstätte der Könige
von Israel bestattet. Sein Sohn Jerobeam wurde
sein Nachfolger.

Amazjas Ende. Asarja wird König von Juda

(2 Chr 25,25–26,2)

17 König Amazja von Juda überlebte König Joasch
von Israel um 15 Jahre. 18 Was es sonst noch über
Amazja zu berichten gibt, ist in der amtlichen
Chronik der Könige von Juda nachzulesen.

19 In Jerusalem kam es zu einer Verschwö-
rung gegen ihn. Er floh nach Lachisch, aber die
Verschwörer schickten ihm dorthin Männer
nach, die ihn umbrachten. 20 Auf einem mit Pfer-
den bespannten Wagen wurde er nach Jerusa-
lem zurückgebracht und in der Davidsstadt* in
der Grabstätte seiner Vorfahren bestattet.

21 Als Nachfolger Amazjas machten alle Män-
ner von Juda seinen Sohn Asarja zum König. Er
war damals 16 Jahre alt. 22 Nach dem Tod seines
Vaters eroberte er die Stadt Elat zurück und
baute sie zur Festung aus.

Über König Jerobeam II. von Israel

23 Im 15. Regierungsjahr von Amazja, dem König
von Juda, wurde Jerobeam, der Sohn von Joasch,
König von Israel. Er regierte 41 Jahre lang in
Samaria 24 und tat, was dem HERRN mißfiel, ge-
nauso wie Jerobeam, der Sohn Nebats, der die
Leute des Reiches Israel zum Götzendienst ver-
führt hatte. 25 Doch gelang es ihm, alle Gebiete,
die zum Reich Israel gehörten, zurückzuerobern,
von Lebo-Hamat bis hinunter zum Toten Meer.

Damit ging in Erfüllung, was der HERR, der
Gott Israels, durch seinen Diener versprochen
hatte, durch den Propheten Jona, den Sohn von
Amittai aus Gat-Hefer. 26 Denn der HERR hatte
gesehen, wie erbärmlich schlecht es um die
Israeliten stand,[a] daß sie allesamt am Ende
waren und daß niemand da war, der ihnen hätte
helfen können. 27 Noch hatte der HERR ja auch
nicht beschlossen, das Reich Israel vom Erd-
boden verschwinden zu lassen, und so half er
ihnen durch Jerobeam, den Sohn von Joasch.

28 Was es sonst noch über Jerobeam zu be-
richten gibt, über seine Taten und Erfolge, ist in
der amtlichen Chronik der Könige von Israel
nachzulesen. Dort wird auch berichtet, wie er
Gebiete von Damaskus und Hamat für Israel
zurückgewann, die einst zum Reich Davids
gehört hatten. 29 Als Jerobeam starb, wurde er in
der Grabstätte der Könige von Israel bestattet.
Sein Sohn Secharja wurde sein Nachfolger.

Über König Asarja (Usija) von Juda

(2 Chr 26,1-23)

15 Im 27. Regierungsjahr Jerobeams, des
Königs von Israel, wurde Asarja, der Sohn
von Amazja, König von Juda. 2 Er war 16 Jahre
alt, als er König wurde, und regierte 52 Jahre lang
in Jerusalem. Seine Mutter hieß Jecholja und
stammte aus Jerusalem.

3 Er folgte dem Vorbild seines Vaters Amazja
und tat, was dem HERRN gefiel. 4 Die Opferstät-
ten* rings im Land ließ er jedoch bestehen, so
daß das Volk auch weiterhin an diesen Stätten
Opfer darbrachte.

5 Der HERR schlug Asarja, so daß er aussätzig*
wurde. Er blieb es bis zu seinem Tod und mußte
in einem abgesonderten Haus wohnen. Sein
Sohn Jotam war Palastvorsteher und führte an-
stelle des Königs die Regierungsgeschäfte.

6 Was es sonst noch über Asarja und seine
Taten zu berichten gibt, ist in der amtlichen
Chronik der Könige von Juda nachzulesen. 7 Als
Asarja starb, wurde er in der Davidsstadt* in der
Grabstätte seiner Vorfahren bestattet. Sein Sohn
Jotam wurde sein Nachfolger.

Über König Secharja von Israel

8 Im 38. Regierungsjahr von Asarja, dem König
von Juda, wurde Secharja, der Sohn Jerobeams,
König von Israel. Er regierte sechs Monate lang

a So mit alten Übersetzungen; H *Der HERR sah das Elend von Israel, das sehr widerspenstig war.*

14,20 9,28 S **14,22** 1 Kön 9,26 **14,25b** Jona 1,1 **14,28** 2 Sam 8,5-10 **15,4** 1 Kön 3,2-3 S **15,5** Lev 13,46 **15,7** (starb) Jes 6,1

in Samaria. 9 Er tat, was dem HERRN mißfiel, ge-
nau wie seine Vorfahren, und hörte nicht auf mit
dem Götzendienst, zu dem Jerobeam, der Sohn
Nebats, die Leute im Reich Israel verführt hatte.
10 Schallum, der Sohn von Jabesch, machte
eine Verschwörung gegen ihn. Er erschlug ihn in
Jibleam[a] und wurde sein Nachfolger.
11 Was es sonst noch über Secharja und seine
Taten zu berichten gibt, ist in der amtlichen
Chronik der Könige von Israel nachzulesen.
12 Damit war das Wort in Erfüllung gegangen,
das der HERR zu König Jehu gesagt hatte. Er hatte
ihm nämlich versprochen: »Deine Nachkom-
men werden bis in die vierte Generation auf
dem Thron Israels sitzen.« Und so war es ge-
schehen.

Über König Schallum von Israel

13 Schallum, der Sohn von Jabesch, wurde König
von Israel im 39. Regierungsjahr des Königs Asar-
ja[b] von Juda und regierte einen Monat lang in
Samaria. 14 Dann rückte Menahem, der Sohn
von Gadi, aus der Stadt Tirza an, drang in Sama-
ria ein, tötete Schallum und wurde selbst König
an seiner Stelle.
15 Was es sonst noch über Schallum zu berich-
ten gibt und über die Verschwörung, die er ange-
zettelt hatte, ist in der amtlichen Chronik der
Könige von Israel nachzulesen.
16 Menahem übte grausame Rache an der
Stadt Tifsach,[c] weil sie ihm die Tore nicht öffnen
wollte. Er rückte von Tirza heran und richtete
unter den Bewohnern der Stadt und ihrer Umge-
bung ein Blutbad an; allen schwangeren Frauen
ließ er den Leib aufschlitzen.

Über König Menahem von Israel

17 Im 39. Regierungsjahr von Asarja, dem König
von Juda, wurde Menahem, der Sohn von Gadi,
König von Israel. Er regierte zehn Jahre lang in
Samaria. 18 Er tat, was dem HERRN mißfiel, und
hörte nicht auf mit dem Götzendienst, zu dem
Jerobeam, der Sohn Nebats, die Leute im Reich
Israel verführt hatte.
19 Als Tiglat-Pileser,[d] der König von Assyrien*,
gegen Israel anrückte, zahlte ihm Menahem
1000 Zentner* Silber als Gegenleistung dafür,
daß der Assyrerkönig zu ihm stand und ihn als
König von Israel bestätigte. 20 Das Silber brachte
er dadurch zusammen, daß er allen Grundbesit-
zern in Israel eine Abgabe von einem halben
Kilo[e] auferlegte. Daraufhin zog der Assyrerkönig
aus Israel ab und kehrte in sein Land zurück.
21 Was es sonst noch über Menahem und
seine Taten zu berichten gibt, ist in der amt-
lichen Chronik der Könige von Israel nachzu-
lesen. 22 Als er starb, wurde sein Sohn Pekachja
sein Nachfolger.

Über König Pekachja von Israel

23 Im 50. Regierungsjahr von Asarja, dem König
von Juda, wurde Pekachja, der Sohn Menahems,
König von Israel. Er regierte zwei Jahre lang in
Samaria. 24 Er tat, was dem HERRN mißfiel, und
hörte nicht auf mit dem Götzendienst, zu dem
Jerobeam, der Sohn Nebats, die Leute im Reich
Israel verführt hatte.
25 Sein Adjutant Pekach, der Sohn von Remal-
ja, zettelte eine Verschwörung gegen ihn an.
Unterstützt von fünfzig Männern aus Gilead*
überwältigte er den König im inneren Turm des
Königspalastes von Samaria.[f] Er tötete ihn und
wurde selbst König an seiner Stelle.
26 Was es sonst noch über Pekachja und seine
Taten zu berichten gibt, ist in der amtlichen
Chronik der Könige von Israel nachzulesen.

Über König Pekach von Israel

27 Im 52. Regierungsjahr von Asarja, dem König
von Juda, wurde Pekach, der Sohn von Remalja,
König von Israel. Er regierte 20 Jahre lang in
Samaria. 28 Er tat, was dem HERRN mißfiel, und
hörte nicht auf mit dem Götzendienst, zu dem
Jerobeam, der Sohn Nebats, die Leute im Reich
Israel verführt hatte.
29 Während der Regierungszeit Pekachs fiel
der Assyrerkönig Tiglat-Pileser in Israel ein. Er
eroberte die Städte Ijon, Abel-Bet-Maacha, Ja-
noach, Kedesch und Hazor sowie die Landschaf-
ten Gilead* und Galiläa*, das ganze Stammesge-
biet von Naftali eingeschlossen. Er besetzte das
Land und führte die Einwohner weg nach As-
syrien*.
30 Im 20. Regierungsjahr Jotams, des Königs

a *in Jibleam:* mit einem Teil der griechischen Überlieferung; H *vor dem Volk.*
b *Asarja:* H *Usija.* Ebenso lautet der Name des Königs in den Versen 32 und 34 sowie in dem Paralleltext 2 Chr 26 (vgl. auch Jes 6,1).
c *Tifsach* liegt weit entfernt am oberen Eufrat. Ein Teil der griechischen Überlieferung nennt statt dessen *Tappuach,* eine Stadt im Bergland Efraïm südlich von Sichem.
d *Tiglat-Pileser:* H *Pul.* Dies ist der babylonische Name für den assyrischen König Tiglat-Pileser III. (vgl. 1 Chr 5,26).
e Hebräische Maßangabe *50 Schekel** (= 570 g); die Gesamtsumme beträgt umgerechnet 35 t (1 Zentner* = ca. 35 kg).
f Es folgt noch die schwer zu deutende Aussage: *mit Argob und mit Arje.*

15,12 10,30 **15,19** 15,29 **15,29** 17,6

von Juda, zettelte Hoschea, der Sohn von Ela, eine Verschwörung gegen Pekach an, tötete ihn und wurde selbst König an seiner Stelle.

31 Was es sonst noch über Pekach und seine Taten zu berichten gibt, ist in der amtlichen Chronik der Könige von Israel nachzulesen.

Über König Jotam von Juda

(2 Chr 27,1-9)

32 Im zweiten Regierungsjahr Pekachs, des Königs von Israel, wurde Jotam, der Sohn von Asarja,[a] König von Juda. 33 Er war 25 Jahre alt, als er König wurde, und regierte 16 Jahre lang in Jerusalem. Seine Mutter hieß Jeruscha und war eine Tochter Zadoks.

34 Er tat, was dem HERRN gefiel, und folgte in allem dem Vorbild seines Vaters Asarja. 35 Die Opferstätten* rings im Land ließ er jedoch bestehen, so daß das Volk auch weiterhin an diesen Stätten Opfer darbrachte.

Jotam baute das obere Tor am Tempel* des HERRN. 36 Was es sonst noch über ihn und seine Taten zu berichten gibt, ist in der amtlichen Chronik der Könige von Juda nachzulesen. 37 Während seiner Regierungszeit begann der HERR Rezin, den König von Syrien*, und Pekach, den Sohn von Remalja, den König von Israel, gegen Juda loszulassen.

38 Als Jotam starb, wurde er in der Grabstätte seiner Vorfahren in der Stadt seines Ahnherrn David bestattet. Sein Sohn Ahas wurde sein Nachfolger.

Über König Ahas von Juda

(2 Chr 28,1-4)

16 Im 17. Regierungsjahr Pekachs, des Königs von Israel, wurde Ahas, der Sohn Jotams, König von Juda. 2 Er war 20 Jahre alt, als er König wurde, und regierte 16 Jahre lang in Jerusalem.

Er tat nicht wie sein Ahnherr David, was dem HERRN gefiel, 3 sondern folgte dem schlechten Beispiel der Könige von Israel. Er ließ sogar seinen Sohn als Opfer verbrennen und folgte damit der abscheulichen Sitte der Völker, die der HERR vor den Israeliten aus dem Land vertrieben hatte. 4 An den Opferstätten* auf den Hügeln und unter allen heiligen Bäumen opferte er den fremden Göttern.

Ahas ruft den Assyrerkönig zu Hilfe

(2 Chr 28,5-8.16-21)

5 Als Ahas regierte, rückten König Rezin von Syrien* und König Pekach von Israel, der Sohn von Remalja, gegen Jerusalem heran und belagerten es; sie kamen aber nicht dazu, es anzugreifen. 6 Rezin konnte jedoch Elat unter syrische Kontrolle bringen. Er vertrieb die Judäer aus der Stadt, und Edomiter* kamen dorthin zurück. Sie wohnen noch heute dort.

7 Ahas ließ damals Tiglat-Pileser, dem König von Assyrien*, folgende Botschaft überbringen: »Ich bin dein Diener und dein Sohn! Der König von Syrien und der König von Israel greifen mich an; komm und rette mich aus ihrer Hand!«

8 Zugleich ließ Ahas dem Assyrerkönig alles Silber und Gold, das sich in den Schatzkammern des Tempels* und des Königspalastes befand, als Geschenk überbringen. 9 Der Assyrerkönig hörte auf die Bitte von Ahas. Er zog gegen Damaskus, eroberte die Stadt und führte ihre Bewohner nach Kir in die Verbannung. König Rezin tötete er.

Ahas verfügt Änderungen im Tempel

(2 Chr 28,23-25)

10 König Ahas ging nach Damaskus, um mit Tiglat-Pileser, dem König von Assyrien*, zusammenzutreffen. Als er dort den Altar* sah, den die Assyrer errichtet hatten,[b] schickte er dem Priester Urija ein Modell davon und eine genaue Beschreibung, wie er ausgeführt war. 11 Nach diesen Angaben baute Urija auch in Jerusalem einen solchen Altar und hatte ihn schon vollendet, noch ehe Ahas aus Damaskus zurückkehrte.

12 Als der König nach Jerusalem zurückkam und den Altar vorfand, weihte er ihn persönlich ein. Er stieg die Stufen zum Altar hinauf 13 und verbrannte für sich ein Brandopfer* und ein Speiseopfer*, goß ein Trankopfer* aus und sprengte das Blut der Tiere, die als Mahlopfer* geschlachtet worden waren, an die Wand des Altars.

14 Zwischen dem neuen Altar und der Vorderfront des Tempelhauses stand bis jetzt noch der frühere Altar, der aus Bronze war. Ahas ließ ihn dort entfernen und rechts von seinem neuen Altar aufstellen. 15 Dem Priester Urija befahl er: »Von jetzt an werden die regelmäßigen Brand-

a Vgl. Anmerkung zu Vers 13.
b *den die Assyrer …:* verdeutlichender Zusatz.

15,35 1 Kön 3,2-3 S   15,37 16,5   16,3 Lev 18,21 S   16,4 1 Kön 3,2-3 S   16,5 15,37; Jes 7,1-9   16,6 14,22   16,8 12,19 S   16,14 Ex 27,1-2

und Speiseopfer am Morgen und am Abend auf dem großen neuen Altar dargebracht, ebenso die Brand-, Speise- und Trankopfer für den König und für das ganze Volk. Auch alles Blut der Tiere, die für Brand- oder Mahlopfer geschlachtet werden, wird an diesem Altar ausgegossen. Den Bronzealtar will ich dazu benutzen, die Eingeweide der Opfertiere zu untersuchen.«[a]

16 Der Priester Urija machte alles so, wie der König es angeordnet hatte.

17 König Ahas ließ auch die Leisten und die Kessel von den bronzenen Kesselwagen aus dem Tempel wegholen; ebenso die zwölf bronzenen Rinder, die das große runde Becken, das »Meer«, trugen. Das große Becken bekam einen Unterbau aus Stein.

18 Im Tempel gab es einen überdachten Platz, von dem aus der König am Sabbatgottesdienst teilnahm, und ebenso einen besonderen Eingang für den König. Beides ließ Ahas mit Rücksicht auf den assyrischen König beseitigen.[b]

Tod von König Ahas

(2 Chr 28,26-27)

19 Was es sonst noch über Ahas und seine Taten zu berichten gibt, ist in der amtlichen Chronik der Könige von Juda nachzulesen. 20 Als er starb, wurde er in der Grabstätte seiner Vorfahren in der Davidsstadt* bestattet. Sein Sohn Hiskija wurde sein Nachfolger.

DER UNTERGANG DES NORDREICHES ISRAEL (Kapitel 17)

Eroberung Samarias und Wegführung der Bevölkerung

17 Im 12. Regierungsjahr des Königs Ahas von Juda wurde Hoschea, der Sohn von Ela, König von Israel. Er regierte neun Jahre lang in Samaria. 2 Er tat, was dem HERRN mißfiel; doch trieb er es nicht so schlimm wie seine Vorgänger.

3 Als Salmanassar, der König von Assyrien*, mit seinem Heer gegen ihn anrückte, unterwarf Hoschea sich ihm und mußte ihm von da an jährlich eine größere Summe als Tribut zahlen. 4 Dann aber erfuhr der Assyrerkönig, daß der König von Israel von ihm abfallen wollte. Hoschea hatte nämlich Gesandte zum ägyptischen König nach Saïs[c] geschickt und die jährlichen Tributzahlungen eingestellt. Deshalb ließ Salmanassar ihn verhaften und ins Gefängnis werfen.

5 Der Assyrerkönig war mit seinem Heer in das Land eingefallen und hatte Samaria belagert. Im dritten Jahr der Belagerung, 6 dem neunten Regierungsjahr von Hoschea, konnte Salmanassar die Stadt einnehmen. Die Bevölkerung des Reiches Israel ließ er nach Assyrien wegführen. Dort siedelte er sie in der Provinz Halach und am Habor-Fluß in der Provinz Gosan sowie in den Städten Mediens an.[d]

Israels Ende als Strafe für seinen Ungehorsam

7-8 So weit kam es, weil sich die Leute von Israel an dem HERRN, ihrem Gott, versündigt hatten. Er hatte sie aus Ägypten herausgeführt und aus der Hand des Pharaos befreit. Aber sie folgten dem schlechten Beispiel ihrer Könige, verehrten fremde Götter und übernahmen die Gebräuche der Völker, die der HERR vor ihnen vertrieben hatte. 9 Sie verehrten den HERRN, ihren Gott, auf eine Weise, die nicht recht war. Überall, wo sie wohnten, richteten sie Opferstätten* ein, beim einsamen Wachtturm genauso wie in der befestigten Stadt. 10 Auf jeder höheren Erhebung und unter jedem größeren Baum stellten sie geweihte Steinmale* und Pfähle* auf. 11 Dort verbrannten sie Opfergaben, genau wie die Völker, die der HERR vor ihnen vertrieben hatte. Mit all ihren bösen Taten zogen sie sich den Zorn des HERRN zu. 12 Sie verehrten auch Götzenbilder, obwohl der HERR ihnen das ausdrücklich verboten hatte.

13 Der HERR aber ließ die Leute von Israel und ebenso die Leute von Juda durch seine Propheten* und Seher* warnen. Er ließ ihnen sagen: »Kehrt um; ihr seid auf dem falschen Weg! Lebt nach meinen Geboten! Richtet euer Leben nach den Vorschriften meines Gesetzes*, das ich euren Vorfahren gab und das ich euch durch meine Diener, die Propheten, bekanntgemacht habe!«

14 Aber sie wollten nicht hören. Sie waren genauso halsstarrig wie ihre Vorfahren, die auch schon dem HERRN, ihrem Gott, kein Vertrauen geschenkt hatten. 15 Sie verachteten seine Gebote und machten sich nichts aus dem Bund*, den er mit ihren Vorfahren geschlossen hatte.

a Wörtlich *will ich zum Erforschen benutzen.* Der Brauch, die Beschaffenheit der Eingeweide als günstiges oder ungünstiges Vorzeichen zu deuten, könnte ebenfalls von den Assyrer übernommen worden sein. Oft wird auch übersetzt: *Was mit dem Bronzealtar geschehen soll, will ich noch überlegen.* b Die Deutung von Vers 18 ist ganz unsicher.
c Oder: *zum ägyptischen König So.* Ein Pharao dieses Namens ist jedoch nicht bekannt.
d Vgl. zu diesen Angaben die Sacherklärung »Exil«.

16,17 1 Kön 7,23-39 **16,20** Jes 14,28 **17,5-6** 18,9-11 **17,6** 15,29 **17,7-8** Jos 24,14-24; Lev 18,3 **17,12** Ex 20,23

Sie ließen sich nicht von ihm warnen. Sie liefen
nichtigen Götzen nach und wurden dabei selbst
zunichte. Sie machten es genau wie die Völker
ihrer Umgebung, obwohl der HERR ihnen das
doch verboten hatte. 16 Sie mißachteten die
Gebote des HERRN, ihres Gottes, machten sich
zwei gegossene Stierbilder* und stellten ein Bild
der Göttin Aschera* auf; sie verehrten das ganze
Heer der Sterne am Himmel und beteten zu dem
Gott Baal*. 17 Sie verbrannten ihre eigenen
Kinder als Opfer für die Götzen und trieben
Wahrsagerei und Zauberei, kurzum: Sie taten
alles, was dem HERRN mißfiel und was ihn belei-
digen mußte.
18 Da wurde der HERR so zornig über die Leute
von Israel, daß er sie aus seiner Nähe vertrieb
und nur noch den Stamm Juda im Land wohnen
ließ. 19 Aber auch die Leute von Juda hielten sich
nicht an die Gebote des HERRN, ihres Gottes,
sondern folgten dem schlechten Beispiel der
Leute von Israel. 20 Deshalb verstieß der HERR die
Israeliten allesamt. Er ließ zur Strafe fremde Völ-
ker über sie kommen, die sie ausplünderten, und
ließ sie schließlich alle aus seiner Nähe weg-
schaffen.
21 Der HERR hatte die Leute des Reiches Israel
vom Königshaus Davids abgetrennt, und sie hat-
ten Jerobeam, den Sohn Nebats, zu ihrem König
gemacht. Jerobeam aber hatte sie dahin ge-
bracht, sich vom HERRN abzuwenden und
schwere Schuld auf sich zu laden. 22 Sie verfielen
ganz dem Götzendienst, den Jerobeam einge-
führt hatte, und wollten nicht davon lassen. 23 So
vertrieb sie der HERR aus seiner Nähe, wie er es
durch seine Diener, die Propheten, angekündigt
hatte. Die Leute von Israel wurden aus ihrem
Land weggeführt nach Assyrien*. Dort sind sie
heute noch.

In Samarien werden fremde Völker angesiedelt

24 Anstelle der weggeführten Israeliten siedelte
der König von Assyrien* Fremde in Samarien an.
Er ließ Leute aus den Städten Babylon*, Kuta,
Awa, Hamat und Sefarwajim kommen; die nah-
men das Land in Besitz und wohnten in seinen
Städten.
25 Anfangs ehrten sie den HERRN nicht und
brachten ihm keine Opfer*. Darum ließ er
Löwen in ihr Gebiet einfallen, die viele Men-
schen töteten. 26 Da meldete man dem König von
Assyrien: »Die Leute, die du aus ihrem Land
weggeführt und in Samarien angesiedelt hast,
wissen nicht, auf welche Weise der Gott dieses
Landes verehrt werden will. Deshalb hat er
Löwen unter sie geschickt, die schon viele Men-
schen getötet haben.«
27 Der Assyrerkönig befahl: »Schickt einen
der Priester*, die ihr von dort weggeführt habt,
zurück! Er soll hingehen und bei ihnen wohnen
und ihnen erklären,[a] nach welchen gottesdienst-
lichen Bräuchen der Gott dieses Landes zu ver-
ehren ist.« 28 So kehrte einer der Priester aus der
Verbannung zurück. Er wohnte in Bet-El und
zeigte den Leuten, auf welche Weise der HERR
verehrt werden will.
29 Aber die Fremden machten sich außerdem
in allen Städten, in denen sie wohnten, Götzen-
bilder und stellten sie an den vielen Opferstät-
ten* auf, die die Israeliten errichtet hatten. Jede
Volksgruppe hatte ihren eigenen Gott: 30 die Leu-
te aus Babylon Sukkot-Benot, die Leute aus Kuta
Nergal, die Leute aus Hamat Aschima, 31 die Leu-
te aus Awa Nibhas und Tartak. Sie stellten die
Bilder dieser Götter auf und opferten ihnen; die
Leute aus Sefarwajim verbrannten sogar die
eigenen Kinder für ihre Götter Adrammelech
und Anammelech.
32 Sie verehrten daneben auch den HERRN,
und sie setzten aus ihren eigenen Reihen Prie-
ster ein, die an den Opferstätten überall im Land
den Opferdienst für ihn versahen. 33 So dienten
sie gleichzeitig dem HERRN und ihren eigenen
Göttern; denn sie hielten an den Bräuchen fest,
die sie aus ihren Heimatländern mitgebracht hat-
ten.
34 Noch bis heute halten die Leute in Sama-
rien an ihren alten Bräuchen fest. Sie nehmen
den HERRN nicht ernst und befolgen nicht seine
Gesetze und Gebote, die doch jetzt auch für sie
verbindlich sein sollten.[b] Sie kümmern sich
nicht um das Gesetz*, das der HERR den Nach-
kommen von Jakob – er verlieh ihm den Namen
Israel – gegeben hat.
35 Der HERR hatte nämlich mit den Nachkom-
men Jakobs einen Bund* geschlossen und ihnen
gesagt: »Verehrt keine fremden Götter! Werft
euch nicht vor ihnen nieder, dient ihnen nicht,
bringt ihnen keine Opfer! 36 Dient mir allein,
dem HERRN, der euch mit großer Kraft und aus-
gestrecktem Arm aus Ägypten herausgeführt
hat! Vor mir werft euch nieder, mir bringt eure

a *und bei ihnen wohnen …:* mit alten Übersetzungen; H *damit sie hingehen und dort wohnen, und er soll ihnen erklären.*
b Deutung unsicher.

17,15 Ex 23,24 17,16 1 Kön 12,28; 16,33; Dtn 4,19 S 17,17 Lev 18,21 S; 19,26 S 17,21 1 Kön 12,20.25-32 17,31 Lev 18,21 S 17,32 1 Kön 12,31 17,34 (Israel) Gen 32,29; 1 Kön 18,31 17,35 Ex 20,5 S 17,36 Dtn 4,10

Opfer! [37–38] Achtet sorgfältig darauf, stets die Gesetze und Rechtsbestimmungen, die Weisungen und die Gebote zu befolgen, die ich euch aufgeschrieben habe. Denkt an den Bund, den ich mit euch geschlossen habe, und verehrt keine fremden Götter. [39] Ich, der HERR allein, bin euer Gott, mich sollt ihr verehren! Ich allein rette euch aus der Gewalt aller eurer Feinde.«

[40] Aber sie hatten nicht gehört, und auch die Leute aus jenen Völkern hörten nicht darauf; sie hielten an den Bräuchen fest, die sie aus ihren Heimatländern mitgebracht hatten. [41] Sie dienten dem HERRN und zugleich ihren Götzen. Und ihre Kinder und Enkel machten es genauso, alle ihre Nachkommen bis zum heutigen Tag.

WEITERE GESCHICHTE DES REICHES JUDA BIS ZU SEINEM UNTERGANG

(Kapitel 18–25)

König Hiskija beseitigt den Götzendienst

(2 Chr 29,1-2; 31,1)

18 Im dritten Regierungsjahr des Königs Hoschea von Israel wurde Hiskija, der Sohn von Ahas, König von Juda. [2] Er war 25 Jahre alt, als er König wurde und regierte 29 Jahre lang in Jerusalem. Seine Mutter hieß Abi und war eine Tochter von Secharja.

[3] Er tat, was dem HERRN gefiel, genau wie sein Ahnherr David. [4] Er ließ die Opferstätten* rings im Land zerstören, die geweihten Steinmale* in Stücke schlagen und das Götzenbild der Aschera* umstürzen. Er zerschlug auch die bronzene Schlange, die Mose gemacht hatte. Bis in die Tage Hiskijas hatten die Israeliten Weihrauch vor ihr verbrannt; sie nannten sie Nehuschtan.

[5] Keiner von allen Königen Judas vor oder nach Hiskija vertraute so wie er dem HERRN, dem Gott Israels. [6] Hiskija hielt sein Leben lang treu zum HERRN und befolgte die Gebote, die der HERR durch Mose gegeben hatte. [7] Darum stand der HERR ihm auch bei und gab ihm Erfolg in allem, was er unternahm. So gelang es Hiskija, sich von der Oberherrschaft des Königs von Assyrien* zu befreien.

[8] Hiskija besiegte auch die Philister* und verfolgte sie bis nach Gaza. Er verwüstete alles in ihrem Gebiet, vom Wachtturm bis zur befestigten Stadt.

Die Assyrer erobern Samaria

(17,5-7)

[9] Im vierten Regierungsjahr von Hiskija – es war das siebte Regierungsjahr von Hoschea, dem König von Israel – rückte Salmanassar, der König von Assyrien*, mit seinen Truppen vor die Stadt Samaria und belagerten sie. [10] Nach fast dreijähriger Belagerung nahm er sie ein, im sechsten Regierungsjahr von Hiskija und im neunten von Hoschea. [11] Salmanassar ließ die Bevölkerung des Reiches Israel nach Assyrien in die Verbannung wegführen. Dort siedelte er sie in der Provinz Halach und am Habor-Fluß in der Provinz Gosan sowie in den Städten Mediens an.[a]

[12] Das alles geschah, weil sie nicht auf den HERRN, ihren Gott, gehört hatten. Sie brachen den Bund*, den er mit ihnen geschlossen hatte, und befolgten nicht die Gebote, die Mose, der Beauftragte* des HERRN, verkündet hatte.

Die Assyrer ziehen vor Jerusalem

(2 Chr 32,1-16; Jes 36,1-10)

[13] Im 14. Regierungsjahr von Hiskija fiel Sanherib, der König von Assyrien*, mit seinen Truppen in das Land Juda ein und eroberte alle befestigten Städte. [14] Als der Assyrerkönig noch vor der Stadt Lachisch lag, schickte Hiskija Boten zu ihm und ließ ihm sagen: »Ich habe Unrecht getan. Kämpfe nicht weiter gegen mich. Ich werde alles zahlen, was du forderst.«

Sanherib verlangte als Tribut 300 Zentner* Silber und 30 Zentner* Gold. [15] Hiskija mußte alles Silber abliefern, das sich in den Schatzkammern des Tempels* und des Königspalastes befand. [16] Damals wurde auch die Goldverkleidung von den Türen und Türpfosten des Tempels entfernt und als Tribut dem König von Assyrien übergeben. Hiskija selbst hatte diese Goldverkleidung anbringen lassen.

[17] Dennoch[b] schickte der Assyrerkönig von Lachisch aus seine drei obersten Hofleute – den obersten Heerführer, den Palastvorsteher und den Obermundschenk – zu König Hiskija nach Jerusalem und gab ihnen ein starkes Heer mit. Vor der Stadt machten sie halt an der Wasserleitung beim oberen Teich*, auf der Straße, die vom Tuchmacherfeld kommt. [18] Sie verlangten den König zu sprechen. Hiskija schickte den Palastvorsteher Eljakim, den Sohn von Hilkija, zu ihnen hinaus, und mit ihm den Staatsschreiber

a Vgl. dazu die Sacherklärung »Exil«. *b* Verdeutlichender Zusatz.

18,4 1 Kön 3,2-3 S; Num 21,8-9 **18,5** 23,25 **18,13** Sir 48,18 **18,15** 12,19 S **18,17** Jes 7,3

Schebna und den Kanzler Joach, den Sohn von Asaf.

19 Der Obermundschenk sagte zu ihnen:

»Meldet Hiskija, was der große König, der König von Assyrien, ihm sagen läßt: ›Worauf vertraust du eigentlich, daß du dich so sicher fühlst? 20 Meinst du etwa, daß du mit leeren Worten gegen meine Kriegsmacht und Kriegserfahrung antreten kannst?

Auf wen hoffst du, daß du es wagst, dich gegen mich aufzulehnen? 21 Erwartest du etwa Hilfe von Ägypten? Du kannst dich genausogut auf ein Schilfrohr stützen – es zersplittert und durchbohrt dir die Hand. Der König von Ägypten hat noch jeden im Stich gelassen, der sich auf ihn verlassen hat.

22 Oder wollt ihr behaupten, daß ihr euch auf den HERRN, euren Gott, verlassen könnt? Dann sag mir doch: Ist er nicht eben der Gott, dessen Opferstätten und Altäre du, Hiskija, beseitigt hast? Hast du nicht den Leuten von Juda und Jerusalem befohlen, daß sie nur noch auf dem Altar in Jerusalem Opfer* darbringen sollen?‹

23 Mein Herr, der König von Assyrien, bietet dir folgende Wette an: Er gibt dir zweitausend Pferde, wenn du die Reiter dafür zusammenbringst. 24 Du kannst es ja nicht einmal mit dem unbedeutendsten Truppenführer meines Herrn aufnehmen. Du hoffst nur auf Ägypten und seine Streitwagenmacht.

25 Im übrigen läßt der König von Assyrien dir sagen: ›Glaub nur nicht, ich sei gegen den Willen des HERRN gegen diese Stadt gezogen, um sie in Schutt und Asche zu legen! Der HERR selbst hat mir befohlen: Greif dieses Land an und verwüste es!‹«

Jerusalem wird zur Übergabe aufgefordert

(2 Chr 32,18-20; Jes 36,11–37,8)

26 Da unterbrachen Eljakim, Schebna und Joach den Obermundschenk und baten ihn: »Sprich doch bitte aramäisch* mit uns, wir verstehen es. Sprich nicht hebräisch, die Leute auf der Stadtmauer hören uns zu!«

27 Aber der Obermundschenk erwiderte: »Hat mich etwa mein Herr nur zu deinem Herrn und zu dir gesandt? Nein, meine Botschaft gilt allen, die dort oben auf der Stadtmauer sitzen und die bald zusammen mit euch den eigenen Kot fressen und den eigenen Harn saufen werden!«

28 Darauf trat der Obermundschenk noch ein Stück weiter vor und rief laut auf hebräisch:

»Hört, was der große König, der König von Assyrien*, euch sagen läßt! 29 So spricht der König: ›Laßt euch von Hiskija nicht täuschen! Er kann euch nicht aus meiner Hand retten. 30 Laßt euch auch nicht dazu überreden, auf den HERRN zu vertrauen! Glaubt Hiskija nicht, wenn er sagt: Der HERR wird uns bestimmt retten und diese Stadt nicht in die Hand des Assyrerkönigs fallen lassen!

31 Hört nicht auf Hiskija, hört auf mich! So spricht der König von Assyrien: Kommt heraus und ergebt euch! Jeder darf von seinem Weinstock und seinem Feigenbaum essen und Wasser aus seiner Zisterne trinken, 32 bis ich euch in ein Land bringe, das ebenso gut ist wie das eure. Dort gibt es Korn und Brot, Most und Wein, Öl und Honig in Fülle. Hört auf mich, dann werdet ihr am Leben bleiben und nicht umkommen!

Hört nicht auf Hiskija! Er macht euch etwas vor, wenn er euch einredet: Der HERR wird uns retten! 33 Haben etwa die Götter der anderen Völker ihre Länder vor mir schützen können? 34 Wo sind jetzt die Götter von Hamat und Arpad? Wo sind die Götter von Sefarwajim, Hena und Awa? Hat irgendein Gott Samaria vor mir beschützt? 35 Wer von allen Göttern hat sein Land vor mir retten können? Und da soll ausgerechnet der HERR, euer Gott, Jerusalem vor mir beschützen?‹«

36 Die Männer auf der Mauer blieben still und antworteten nichts; so hatte König Hiskija es angeordnet. 37 Eljakim, Schebna und Joach zerrissen ihr Gewand, gingen zu Hiskija und berichteten ihm, was der Obermundschenk gesagt hatte.

19 Als König Hiskija das hörte, zerriß auch er sein Gewand, legte den Sack* an und ging in den Tempel* des HERRN. 2 Zugleich schickte er den Palastvorsteher Eljakim, den Staatsschreiber Schebna und die angesehensten Priester mit dem Sack bekleidet zum Propheten* Jesaja, dem Sohn von Amoz. 3 Sie sollten ihm im Namen des Königs sagen:

»Heute straft uns Gott für unsere Sünden; wir sind in Not und Schande geraten. Es geht uns wie Kindern, die im Mutterschoß steckengeblieben sind, weil die Mutter keine Kraft mehr zum Gebären hat. 4 Der Assyrerkönig hat seinen Obermundschenk hierhergeschickt, um den lebendigen Gott zu verhöhnen. Wenn doch der HERR, dein Gott, hören wollte, wie dieser Fremde ihn lästert! Wenn er ihn doch strafen wollte für die Schmach, die er ihm angetan hat! Bete zum HERRN für die, die von seinem Volk übriggeblieben sind!«

18,21 (Ägypten) 17,4; Jes 30,1-7; 31,1-3; Jer 37,7; Ez 29,6-7 **18,33-34** Jes 10,9-11 **19,4** 18,35; 1 Sam 17,10

5 Die Männer kamen zu Jesaja und überbrach-
ten ihm diese Botschaft. 6 Jesaja antwortete
ihnen: »Sagt dem König: ›So spricht der HERR:
Hab keine Angst! Laß dich nicht einschüchtern,
wenn die Boten des Assyrerkönigs mich lästern
und behaupten, ich könnte euch nicht retten.
7 Ich werde dafür sorgen, daß er seinen Plan auf-
gibt. Er wird eine Nachricht erhalten und schleu-
nigst nach Hause zurückkehren. Dort werde ich
ihn umbringen lassen.‹«
8 Sanherib, der König von Assyrien, stand in-
zwischen nicht mehr vor Lachisch, sondern
kämpfte schon gegen die Festung Libna. Dorthin
kehrte der Obermundschenk zurück.

Sanherib prahlt – Hiskija betet

(2 Chr 32,17.20; Jes 37,9-20)

9 Der Assyrerkönig erfuhr, daß ein Heer unter
der Führung des äthiopischen* Königs Tirhaka
gegen ihn heranrückte. Da schickte er noch ein-
mal Gesandte zu König Hiskija 10 und ließ ihm
sagen:
»Verlaß dich nicht zu sehr auf deinen Gott!
Laß dir nicht von ihm einreden, daß Jerusalem
niemals in meine Hand fallen wird. 11 Du weißt
doch, was die Könige von Assyrien mit den an-
deren Ländern gemacht haben. Sie haben alle
verwüstet, und da willst ausgerechnet du dem
Untergang entrinnen? 12 Denk doch an Gosan,
an Haran und Rezef und an die Leute von Eden,
die in Telassar wohnten. Haben ihre Götter
meine Vorgänger daran hindern können, alle
diese Städte dem Erdboden gleichzumachen?
13 Und wo sind die Könige, die in Hamat und
Arpad, Sefarwajim, Hena und Awa regierten?«
14 Die Abgesandten Sanheribs übergaben ihre
Botschaft in einem Brief. Als Hiskija ihn gelesen
hatte, ging er in den Tempel*, breitete ihn vor
dem HERRN aus 15 und betete:
»HERR, du Gott Israels, der über den Keruben*
thront! Du allein bist der Herrscher über alle Rei-
che der Welt. Du hast Himmel und Erde geschaf-
fen. 16 Sieh doch, wie es uns ergeht! Höre doch,
wie dieser Sanherib dich, den lebendigen Gott,
verhöhnt!
17 Es ist wahr: Die Könige von Assyrien haben
alle diese Völker[a] vernichtet 18 und ihre Götter
ins Feuer geworfen. Aber es waren ja keine Göt-
ter, sondern nur Bilder aus Holz oder Stein, von
Menschen angefertigt. Deshalb wurden sie auch
vernichtet.
19 HERR, unser Gott, rette uns vor diesem As-
syrerkönig! Alle Königreiche der Welt sollen er-
kennen, daß du, HERR, allein Gott bist!«

Gott spottet über den Assyrerkönig

(Jes 37,21-38)

20 Da ließ Jesaja, der Sohn von Amoz, dem König
Hiskija ausrichten: »So spricht der HERR, der Gott
Israels: ›Du hast zu mir um Hilfe gerufen
gegen den Assyrerkönig Sanherib. Ich habe dein
Gebet gehört, 21-22 und ich will dir sagen, was
ich tun werde. So spreche ich zu ihm:

Die unbesiegte Zionsstadt*
nur Spott und Verachtung für dich hat!
Die Jungfrau Zion lacht dich aus,
die Zunge streckt sie dir heraus.[b]
Mit wem hast du dich eingelassen,
gegen wen, du Narr, dich aufgeblasen?
Mich, den heiligen Gott Israels, kennst du nicht,
und doch schmähst du und höhnst du
mir ins Gesicht!
23 Wahrhaftig, du warst schlecht beraten,
als du so prahltest mit deinen Taten.
Durch Boten ließest du überall sagen:
Ich bin der Herr! Ich bestieg meinen Wagen,
hoch auf den Libanon fuhr ich im Trab,
die Tannen und Zedern dort holzte ich ab,
all seine Schlupfwinkel spürte ich auf,
und nie kam ins Stocken mein Siegeslauf!
24 Ich grub mir Brunnen mit eigener Hand,
so schafft' ich mir Wasser im Feindesland.
Ich trockne sie aus, die ägyptischen Flüsse,
sie müssen versiegen vom Tritt meiner Füße!

25 So prahlst du. Hör zu jetzt und laß es
dir sagen:
Ich hab's so beschlossen seit uralten Tagen;
ich hab es geplant, was jetzt ist geschehen,
drum mußten die Städte zugrunde gehen.
Nichts ist davon übrig als Trümmer nur,
von ihren Bewohnern blieb keine Spur.
26 Der Mut, sich zu wehren, war ihnen entfallen,
verschwunden die Kraft, drum erging's
ihnen allen
wie Gras an einem trocknen Ort;
es sprießt – und schon ist es verdorrt.
27 Ich hab auch dich ganz fest in der Hand,
was immer du tust, ist mir vorher bekannt,
ob du stehst, liegst, kommst, gehst –
alles sehe ich,
ich weiß genau, wie du tobst gegen mich.
28 Weil mir dein Geschwätz in die Ohren dringt,

a So mit einer Handschrift und G; H hat noch *und ihre Länder.*
b Wörtlich *sie schüttelt (höhnisch) den Kopf hinter dir her.*
19,15 Ex 25,22 S; Jer 32,17; Apg 4,24 **19,18** Jes 44,9-20 S **19,23-24** Jes 10,13-14

schmück ich dir die Nase mit einem
eisernen Ring,
ich lege dir meinen Zaum in das Maul,
und zwing dich wie einen störrischen Gaul.
Den Weg, den du Prahlhans gekommen bist,
den bring ich zurück dich in kürzester Frist!

29 Dir, Hiskija, aber gebe ich ein Vorzeichen für
das, was in der Zukunft geschehen wird: In die-
sem Jahr und im folgenden werdet ihr essen,
was sich von selbst ausgesät hat; aber im dritten
Jahr könnt ihr wieder säen und ernten, Wein-
berge anlegen und ihre Trauben essen. 30 So wer-
den einst die Bewohner von Juda, die mit dem
Leben davongekommen sind, gedeihen wie
Pflanzen, die tiefe Wurzeln schlagen und reiche
Frucht bringen. 31 Denn ein Rest wird übrigblei-
ben auf dem Zionsberg in Jerusalem und das
Land von neuem besiedeln. Ich, der HERR, sorge
dafür in meiner leidenschaftlichen Liebe zu mei-
nem Volk.

32 Ich sage dir noch einmal, wie es dem As-
syrerkönig ergehen wird: Er wird nicht in diese
Stadt eindringen, ja, nicht einen einzigen Pfeil
hineinschießen. Er wird nicht dazu kommen,
eine Rampe gegen ihre Mauer vorzutreiben und
seine Männer im Schutz der Schilde zum Angriff
aufzustellen. 33 Auf demselben Weg, auf dem er
gekommen ist, wird er wieder heimkehren. Er
wird ganz bestimmt nicht in die Stadt eindrin-
gen. Ich bin der HERR, ich sage es! 34 Um meiner
Ehre willen und meinem Diener David zuliebe
werde ich dieser Stadt beistehen und sie
retten!‹«

35 In derselben Nacht kam der Engel* des
HERRN in das Lager der Assyrer und tötete dort
185 000 Mann. Als der Morgen anbrach, lag alles
voller Leichen. 36 Da ließ König Sanherib zum
Aufbruch blasen und zog ab. Er kehrte in seine
Heimat zurück und blieb in Ninive*. 37 Dort
betete er eines Tages im Tempel seines Gottes
Nisroch. Da erschlugen ihn seine Söhne Adram-
melech und Sarezer mit dem Schwert. Sie muß-
ten in das Land Ararat fliehen. Sanheribs Sohn
Asarhaddon wurde sein Nachfolger auf dem
Thron.

Gott erhört Hiskijas Gebet

(2 Chr 32,24; Jes 38,1-8.21-22)

20 Damals wurde Hiskija todkrank. Der Pro-
phet Jesaja, der Sohn von Amoz, kam zu
ihm und sagte: »So spricht der HERR: ›Bereite
dich auf dein Ende vor! Du wirst von diesem
Krankenlager nicht wieder aufstehen.‹«

2 Hiskija drehte sich zur Wand hin und betete:
3 »Ach, HERR, denk doch daran, daß ich dir immer
treu war! Ich habe dir mit ganzem Herzen ge-
horcht und stets getan, was dir gefällt.«
Hiskija brach in Tränen aus und weinte laut.

4 Jesaja war erst bis zum mittleren Hof des
Palastes gekommen, da erging an ihn das Wort
des HERRN, und er erhielt den Befehl: 5 »Kehr um
und sag zu Hiskija, dem Anführer meines
Volkes: ›So spricht der HERR, der Gott deines
Ahnherrn David: Ich habe dein Gebet gehört
und deine Tränen gesehen. Ich werde dich ge-
sund machen. Am dritten Tag von heute an
wirst du wieder in meinen Tempel* gehen kön-
nen. 6 Ich gebe dir noch fünfzehn Jahre dazu und
werde dich und diese Stadt vor dem König von
Assyrien* retten. Um meiner Ehre willen und
meinem Diener David zuliebe werde ich Jerusa-
lem beschützen.‹«

7 Jesaja richtete die Botschaft aus. Dann sagte
er zu den Dienern: »Legt einen Verband aus ge-
preßten Feigen auf die entzündete Stelle, dann
wird der König gesund werden.«[a]

8 Hiskija fragte Jesaja: »Woran kann ich erken-
nen, daß der HERR mich wirklich gesund machen
wird und ich schon übermorgen in seinen Tem-
pel gehen werde?«

9 Jesaja antwortete: »Der HERR wird dir ein
Zeichen geben, an dem du erkennen kannst, daß
er seine Zusage wahr macht. Du hast die Wahl:
Soll der Schatten auf der Treppe zehn Stufen
vorrücken oder zehn Stufen zurückgehen?«

10 Hiskija sagte: »Es ist nichts Besonderes,
wenn er ein wenig schneller vorrückt; ich möch-
te, daß er um zehn Stufen zurückgeht!«

11 Da rief Jesaja zum HERRN, und der HERR ließ
den Schatten auf der Treppe, die König Ahas ge-
baut hatte, um zehn Stufen zurückgehen.

Gott ist mit Hiskijas Politik nicht einverstanden

(2 Chr 32,25-26; Jes 39,1-8)

12 Als der babylonische König Merodach-Bala-
dan, der Sohn Baladans, davon hörte, daß Hiskija
von einer Krankheit genesen war, schickte er
ihm ein Glückwunschschreiben und ließ ihm
Geschenke überbringen. 13 Hiskija nahm die
Botschaft der Gesandten entgegen und zeigte
ihnen alles, was er besaß: Silber, Gold, Gewürze
und kostbare Öle, seine Waffen, Rüstungen und

a *dann wird …:* mit alten Übersetzungen und nach Jes 38,21: H *und er wurde gesund.*
19,35-37 19,7; 2 Chr 32,21-22

Lebensmittelvorräte. Alle Schatzkammern, Ge-
räte- und Vorratshäuser in seinem Palast und in
seinem ganzen Reich ließ er sie sehen.
14 Da kam der Prophet Jesaja zu König Hiskija
und fragte ihn: »Was wollten diese Männer von
dir? Woher kamen sie?«
»Sie sind von weit her gekommen, aus Baby-
lon*«, antwortete Hiskija.
15 »Was haben sie in deinem Palast gesehen?«
fragte Jesaja.
»Ich habe ihnen alle meine Vorräte und
Schätze gezeigt«, sagte Hiskija. »Ich habe nichts
vor ihnen geheimgehalten.«
16 Da sagte Jesaja: »Höre, was der HERR dir
sagen läßt: 17 ›Alle Schätze in deinem Palast,
die deine Vorfahren zusammengetragen haben,
werden eines Tages nach Babylon weggeschafft,
nichts bleibt davon zurück. 18 Auch von den Söh-
nen, die dir noch geboren werden, wird man
einige nach Babylon verschleppen. Sie werden
dort den König in seinem Palast bedienen müs-
sen.‹«
19 Hiskija sagte: »Ich beuge mich unter die
Entscheidung des HERRN.« Und er fügte hinzu:
»Wenn nur wenigstens zu meinen Lebzeiten
noch Frieden und Sicherheit herrschen!«
20 Was es sonst noch über Hiskija und all
seine Erfolge zu berichten gibt, ist in der amt-
lichen Chronik der Könige von Juda nachzu-
lesen. Dort ist auch aufgezeichnet, wie er den
Wasserspeicher anlegen und das Wasser durch
einen Tunnel in die Stadt leiten ließ.[a] 21 Als His-
kija starb, wurde er in der Grabstätte seiner Vor-
fahren bestattet. Sein Sohn Manasse wurde sein
Nachfolger.

Der Mann, der das Maß der Schuld voll macht

(2 Chr 33,1-20)

21 Manasse war zwölf Jahre alt, als er König
wurde, und regierte 55 Jahre lang in Jeru-
salem. Seine Mutter hieß Hefzi-Bah.
2 Manasse tat, was dem HERRN mißfiel, und
folgte den abscheulichen Bräuchen der Völker,
die der HERR vor den Israeliten vertrieben hatte.
3 Er baute die Opferstätten* wieder auf, die sein
Vater Hiskija zerstört hatte, errichtete Altäre für
den Gott Baal* und ließ ein Bild der Göttin
Aschera* anfertigen, genau wie König Ahab von
Israel es getan hatte. Er warf sich auch vor dem
Heer der Sterne am Himmel nieder und brachte
ihm Opfer.
4 Im Tempel* von Jerusalem, den der HERR
zur Wohnstätte seines Namens bestimmt hatte,[b]
stellte er Altäre fremder Götter auf 5 und in
den Vorhöfen* des Tempels Altäre für das ganze
Sternenheer. 6 Er verbrannte einen seiner Söhne
als Opfer, gab sich mit Zauberern und Wahr-
sagern ab und hielt sich Totenbeschwörer und
Zeichendeuter. Mit all diesem bösen Tun be-
leidigte er den HERRN und zog seinen Zorn auf
sich.
7 Er stellte das Bild der Göttin Aschera in dem
Tempel auf, von dem der HERR zu David und sei-
nem Sohn Salomo gesagt hatte: »In diesem Haus
und in Jerusalem, das ich mir aus allen Stämmen
Israels ausgesucht habe, soll mein Name für alle
Zeiten Wohnung nehmen. 8 Wenn sie mir gehor-
chen und alle Gebote befolgen, die Mose, mein
Diener und Beauftragter*, ihnen verkündet hat,
werde ich nicht zulassen, daß sie jemals aus dem
Land vertrieben werden, das ich ihren Vätern
gegeben habe.«
9 Aber die Leute von Juda hörten nicht auf den
HERRN und ließen sich von Manasse zum Göt-
zendienst verführen. Sie trieben es noch schlim-
mer als die Völker, die der HERR vor den Israeli-
ten ausgerottet hatte.
10 Da ließ der HERR durch seine Diener, die
Propheten*, verkünden: 11 »König Manasse hat
noch schlimmeren Götzendienst getrieben als
die Amoriter*, die früher in diesem Land ge-
wohnt haben, und er hat auch die Leute von
Juda zum Götzendienst verführt. 12 Darum sagt
der HERR, der Gott Israels: ›Ich werde schweres
Unglück über Jerusalem und über ganz Juda
bringen. Jedem, der davon hört, werden die
Ohren weh tun. 13 Jerusalem wird mit demsel-
ben Maß gemessen wie Samaria, und sein Kö-
nigshaus mit demselben Maß wie die Familie
von König Ahab. Ich wische die Einwohner Jeru-
salems hinweg; die Stadt wird so leer sein wie
eine Schüssel, die man auswischt und umstülpt.
14 Auch Juda und Jerusalem, die von meinem er-
wählten Volk noch übriggeblieben sind, will ich
verstoßen. Ich gebe sie in die Hand ihrer Feinde,
die das Land ausplündern und seine Bewohner
wegführen werden. 15 Denn sie haben mich be-
leidigt und meinen Zorn herausgefordert, von
dem Tag, an dem ihre Vorfahren aus Ägypten ge-
zogen sind, bis heute.‹«
16 Auch viele unschuldige Menschen hatte
Manasse umbringen lassen; in Jerusalem waren
Ströme von Blut geflossen. Das kam noch hinzu

a Siehe Sacherklärung »Schiloach«. *b* *Wohnstätte:* siehe Anmerkung zu Dtn 12,5; ebenso für Vers 7.

20,17 24,13 20,18 24,14-15; Dan 1,1-5 20,19 22,20 21,3 18,4; 1 Kön 16,33 21,5 Dtn 4,19 S 21,6 Lev 18,21 S; 19,26 S 21,7-8 1 Kön 9,3-5 21,12 Jer 19,3 S

zu dem Götzendienst, zu dem er auch die Leute
von Juda verführt hatte, so daß sie nach seinem
Beispiel taten, was dem HERRN mißfällt.
17 Was es sonst noch über Manasse und seine
Taten zu berichten gibt, auch über den Götzen-
dienst, den er trieb, das ist in der amtlichen
Chronik der Könige von Juda nachzulesen. 18 Als
Manasse starb, wurde er im Garten seines
Palastes – der Garten hatte früher einmal Usa
gehört – bestattet. Sein Sohn Amon wurde sein
Nachfolger.

Über König Amon von Juda

(2 Chr 33,21-25)

19 Amon war 22 Jahre alt, als er König wurde, und
er regierte zwei Jahre lang in Jerusalem. Seine
Mutter hieß Meschullemet und war eine Tochter
von Haruz aus Jotba.
20 Er tat, was dem HERRN mißfiel, genau wie
sein Vater Manasse. 21 In allem folgte er dessen
Beispiel. Wie schon sein Vater opferte er den
Götzenbildern und warf sich vor ihnen nieder.
22 Vom HERRN aber, dem Gott seiner Vorfahren,
wandte er sich ab und kümmerte sich nicht um
seine Gebote.
23 Einige Hofbeamte Amons verschworen
sich gegen ihn und töteten ihn in seinem Palast.
24 Die Männer von Juda aber brachten alle um,
die sich an der Verschwörung beteiligt hatten,
und riefen seinen Sohn Joschija zu seinem Nach-
folger aus.
25 Was es sonst noch über Amon und seine
Taten zu berichten gibt, ist in der amtlichen
Chronik der Könige von Juda nachzulesen. 26 Be-
stattet wurde er in der Grabanlage in dem Gar-
ten, der früher einmal Usa gehört hatte. Sein
Sohn Joschija wurde sein Nachfolger.

Ein Gesetzbuch wird gefunden

(2 Chr 34,1-2.8-18)

22 Joschija war erst acht Jahre alt, als er
König wurde, und er regierte 31 Jahre
lang in Jerusalem. Seine Mutter hieß Jedida, sie
war eine Tochter von Adaja aus Bozkat.
2 Joschija folgte dem Vorbild seines Vorfahren
David. Er tat, was dem HERRN gefiel, und richtete
sich streng nach dessen Geboten und Weisun-
gen.
3 In seinem 18. Regierungsjahr schickte König
Joschija den Staatsschreiber Schafan, den Sohn
von Azalja und Enkel von Meschullam, mit fol-
gendem Auftrag in den Tempel*: 4 »Geh zum
Obersten Priester* Hilkija und laß ihn feststel-
len, wieviel Geld bisher zum Tempel gebracht
und von den Torhütern* eingesammelt worden
ist. 5–6 Dann soll der Priester es den Meistern
aushändigen, die für die Ausbesserungsarbeiten
am Tempel verantwortlich sind. Sie sollen davon
den Lohn der Zimmerleute, Bauarbeiter und
Maurer bezahlen und das nötige Baumaterial,
Holz und Bruchsteine, beschaffen. 7 Er soll von
den Verantwortlichen keinen Nachweis über
die Verwendung des Geldes verlangen, sondern
ihnen vertrauen, daß sie ehrlich damit um-
gehen.«
8 Als der Staatsschreiber seinen Auftrag ausge-
richtet hatte, sagte der Oberste Priester zu ihm:
»Ich habe im Tempel das Gesetzbuch* des
HERRN gefunden!«
Der Staatsschreiber nahm die Buchrolle* und
las sie. 9 Dann ging er zum König und meldete:
»Deine Diener, die Priester, haben den Opfer-
kasten im Tempel geleert und das Geld den Mei-
stern ausgehändigt, die für die Ausbesserungs-
arbeiten verantwortlich sind.« 10 Er berichtete
dem König auch, daß der Priester Hilkija ihm
eine Buchrolle übergeben hatte, und las sie dem
König vor.

König Joschija ist entsetzt

(2 Chr 34,19-28)

11 Als der König hörte, was in diesem Gesetz-
buch* stand, zerriß er sein Gewand. 12 Er stellte
eine Abordnung zusammen: Hilkija, den Ober-
sten Priester*, Ahikam, den Sohn von Schafan,
Achbor, den Sohn von Micha, sowie den Staats-
schreiber Schafan und den königlichen Vertrau-
ten Asaja. Er befahl ihnen: 13 »Geht und fragt
den HERRN um Rat wegen der Worte, die in die-
sem Buch stehen! Fragt ihn für mich, für das
Volk und für ganz Juda. Denn wir haben den
schweren Zorn des HERRN auf uns gezogen, weil
unsere Vorfahren die Anordnungen nicht befolgt
haben, die in diesem Buch stehen.«
14 Die fünf Männer gingen miteinander zu der
Prophetin* Hulda und trugen ihr die Frage vor.
Die Prophetin wohnte in der Jerusalemer Neu-
stadt; ihr Mann Schallum, der Sohn von Tikwa
und Enkel von Hasra, hatte die Aufsicht über die
Kleiderkammer.[a] 15–16 Die Prophetin sagte zu den
Abgesandten des Königs:
»Antwortet dem Mann, der euch zu mir ge-
sandt hat: ›So spricht der HERR, der Gott Israels:

a Ob am Tempel oder am Königspalast, ist nicht zu entscheiden.

22,3-7 12,10-16 22,8 Dtn 17,18-19; 29,20 S

Alle Drohungen, die du in diesem Buch gelesen
hast, lasse ich in Erfüllung gehen. Ich bringe Un-
glück über diese Stadt und ihre Bewohner. 17 Sie
haben mir die Treue gebrochen und anderen
Göttern geopfert. Mit ihren selbstgemachten
Götzenbildern haben sie mich herausgefordert.
Mein Zorn gegen diese Stadt ist aufgelodert wie
ein Feuer, das nicht erlöscht!‹

18 Für den König selbst aber, der euch herge-
schickt hat, um den HERRN zu fragen, habe ich
folgende Botschaft: ›So spricht der HERR, der
Gott Israels: Du hast die Worte gehört, 19 die ich
gegen diese Stadt und ihre Bewohner gespro-
chen habe: Es soll ihnen so ergehen, daß alle
Völker das Entsetzen packt; wer einem andern
Böses wünschen will, wird sagen: Es ergehe dir
wie Jerusalem![a] Aber du hast es dir zu Herzen
genommen und dich meinem Urteil gebeugt, du
hast dein Gewand zerrissen und vor mir ge-
weint; deshalb habe ich auch dein Gebet erhört.
20a Du wirst das Unglück, das ich über diese
Stadt bringen werde, nicht mehr mit eigenen
Augen sehen. Ich lasse dich in Frieden sterben,
und du wirst in der Grabstätte deiner Vorfahren
bestattet werden.‹«

Joschia verpflichtet das Volk auf das aufgefundene Gesetz

(2 Chr 34,29-32)

20b Die Abgesandten gingen zum König zurück
und richteten ihm alles aus.

23 Darauf ließ der König alle Ältesten* von
Juda und Jerusalem zu sich rufen. 2 Mit
allen Männern von Juda und der ganzen Bevöl-
kerung Jerusalems, den Priestern* und Prophe-
ten* und dem ganzen Volk, den vornehmen wie
den einfachen Leuten, ging er hinauf zum Tem-
pel* des HERRN. Dort ließ er vor ihnen das ganze
Bundesgesetz* verlesen, das sich im Tempel ge-
funden hatte.

3 Dann trat der König an seinen Platz vor dem
Tempel und schloß einen Bund* mit dem HERRN.
Das ganze Volk mußte versprechen, dem HERRN
zu gehorchen und alle seine Gebote und Anwei-
sungen mit ganzem Willen und aller Kraft zu be-
folgen. Alles, was in dem aufgefundenen Buch
gefordert war, sollte genau befolgt werden.

Das ganze Volk stimmte zu und verpflichtete sich zum Gehorsam gegen das Gesetz des HERRN.

Joschija reinigt den Gottesdienst in Jerusalem

(2 Chr 34,3-5)

4 Nun befahl der König dem Obersten Priester*
Hilkija sowie seinen Stellvertretern und den Tor-
hütern*, den Tempel* des HERRN von den Spu-
ren des Götzendienstes zu säubern. Er ließ alle
Geräte und Einrichtungen, die für den Gott
Baal*, die Göttin Aschera* und das ganze Heer
der Sterne bestimmt waren, aus der Stadt brin-
gen und im Kidrontal verbrennen. Die Asche
ließ er nach Bet-El schaffen.

5 Er setzte die Götzenpriester ab, die von den
Königen Judas eingesetzt worden waren, um
an den Opferstätten* in den Städten von Juda
und in der Umgebung Jerusalems Opfer darzu-
bringen. Er entließ auch alle Priester, die dem
Baal, der Sonne, dem Mond, den Sternen des
Tierkreises und dem ganzen übrigen Sternen-
heer geopfert hatten.

6 Er entfernte das Götzenbild der Aschera aus
dem Tempel des HERRN und ließ es ebenfalls im
Kidrontal verbrennen. Die Überreste ließ er zu
Staub zerstoßen und zusammen mit der Asche
auf den Gräbern des Armenfriedhofs ausstreuen.
7 Außerdem ließ er die Häuser der geweihten*
Frauen abreißen, die im Tempelbezirk gestanden
hatten. Dort hatten die Frauen Gewänder für die
Göttin Aschera gewebt.

8 Auch die Altäre vor dem Tor des Stadtkom-
mandanten Joschua[b] ließ er niederreißen. Sie
hatten, vom Torinneren aus gesehen, auf der lin-
ken Seite gestanden.

Im ganzen Land Juda, von Geba bis Beersche-
ba, entweihte er die Opferstätten und holte aus
allen Städten die Priester* nach Jerusalem. 9 Sie
erhielten ihren Anteil an den ungesäuerten Bro-
ten*, die den Jerusalemer Priestern zustehen;
aber sie durften am Altar des HERRN keinen
Opferdienst tun.

10 Joschija entweihte auch die Opferstätte
Tofet* im Hinnom-Tal, damit dort niemand mehr
seinen Sohn oder seine Tochter als Opfer für den
Götzen Moloch* verbrennen konnte.

11 Weiter ließ er die Pferdestandbilder beseiti-
gen, die die Könige von Juda zu Ehren des Son-
nengottes aufgestellt hatten. Sie standen auf
dem Parwar-Platz[c] am Eingang zum Tempel,
nahe bei den Diensträumen des Hofbeamten

a *wer einem andern ...*: wörtlich *sie sollen zum Fluchwort* werden.*

b Ob er das Tor gebaut hat oder bewacht oder in der Nähe wohnt, ist nicht zu erkennen.

c Die Bedeutung des Wortes *Parwar* ist unsicher; vermutet wird: Platz, Anbau, Kolonnaden, offener Pavillon.

22,20 20,19 23,2 22,8 S; Ex 24,7 23,3 11,14 23,4-6 21,3 23,4.6 1 Kön 15,13 23,5 Dtn 4,19 S 23,7 1 Kön 14,24 S 23,10 Jer 7,31; Lev 18,21 S

Netan-Melech. Die dazugehörigen Wagen wur-
den verbrannt.
12 Der König ließ auch die Altäre abbrechen,
die die Könige von Juda in ihrem Palast auf dem
Dach des von Ahas erbauten Obergeschosses
errichtet hatten, und ebenso die Altäre, die Ma-
nasse in den beiden Vorhöfen* des Tempels auf-
gestellt hatte. Er zertrümmerte sie völlig und ließ
den Schutt ins Kidrontal werfen.
13 Er entweihte die Götzenaltäre im Osten
von Jerusalem, südlich vom Berg der Vernich-
tung.[a] König Salomo hatte sie einst für die phöni-
zische Göttin Astarte*, den moabitischen Gott
Kemosch und den ammonitischen Götzen Mil-
kom bauen lassen.
14 Joschija ließ auch die Steinmale* zerschla-
gen und die geweihten Pfähle* umhauen. Über-
all, wo sie gestanden hatten, bedeckte er die
Erde mit Totengebeinen.

Joschija zerstört die Heiligtümer im Land

(2 Chr 34,6-7)

15 Dann ließ Joschija die Opferstätte in Bet-El zer-
stören. Der Tempel wurde in Brand gesteckt, der
Altar zu Staub zermalmt und auch der geweihte
Pfahl* verbrannt. Jerobeam, der Sohn Nebats,
hatte diese Opferstätte erbauen lassen und die
Leute im Reich Israel dadurch zum Götzendienst
verführt.
16 Vor der Zerstörung hatte Joschija den Altar
entweiht. Er hatte gesehen, daß am Berg Gräber
lagen. Er ließ die Totengebeine einsammeln und
auf dem Altar verbrennen. Genau das hatte der
HERR durch einen Propheten ankündigen lassen,
als Jerobeam bei der Einweihung des Heiligtums
am Altar stand.
Auf die Grabstätte eben dieses Propheten fiel
der Blick des Königs.[b] 17 »Was ist das für ein
Grabmal, das ich dort sehe?« fragte er die Be-
wohner der Stadt. Sie antworteten ihm: »Das ist
das Grab des Propheten, der aus Juda hierher-
kam und alles voraussagte, was du jetzt mit die-
sem Altar getan hast.«
18 Da befahl Joschija: »Laßt ihm seine Ruhe!
Keiner soll sich an seinen Gebeinen vergreifen!«
So blieben seine Gebeine an ihrem Platz, und
ebenso die Gebeine des anderen Propheten, der
aus Samaria stammte.
19 Wie mit Bet-El, so verfuhr Joschija auch mit
den Tempeln in den Städten Samariens. Die
Könige von Israel hatten sie bauen lassen und
damit den Zorn des HERRN herausgefordert. Jo-
schija zerstörte sie 20 und ließ ihre Priester auf
den Altären abschlachten; außerdem verbrannte
er Totengebeine auf den Altären. Darauf kehrte
er nach Jerusalem zurück.

Das erste gemeinsame Passafest in Jerusalem

(2 Chr 35,1.18-19)

21 Dann befahl König Joschija dem ganzen Volk:
»Feiert jetzt das Passafest* für den HERRN, euren
Gott! Haltet es genau nach den Vorschriften, die
in dem Buch stehen, auf das ihr euch vor dem
HERRN verpflichtet habt!«
22 Weder in der Zeit, als Richter* die Israeliten
angeführt hatten, noch unter der Herrschaft der
Könige Israels und Judas war das Passafest in
dieser Form gefeiert worden. 23 Aber jetzt, im
18. Regierungsjahr des Königs Joschija, feierte das
ganze Volk dieses Fest, so wie das Gesetz* es
verlangt, in der Stadt Jerusalem.

Joschija kann die Katastrophe nicht abwenden

24 Nach den Vorschriften des Gesetzbuches*, das
der Priester Hilkija im Tempel* des HERRN gefun-
den hatte, vertrieb Joschija die Totenbeschwörer
und Wahrsager und ließ die Hausgötter* und alle
Arten von Götzenbildern in Juda und Jerusalem
wegschaffen.
25 Mit ganzem Herzen, mit ganzem Willen
und mit aller Kraft wandte er sich dem HERRN
zu und richtete sich streng nach dem Gesetz*
Moses. Er übertraf darin alle anderen Könige vor
und nach ihm.
26 Aber Joschija konnte den Zorn des HERRN
über Juda nicht besänftigen, so sehr hatte
Manasse den HERRN beleidigt durch all das, was
er getan hatte. 27 Der HERR blieb bei seinem Ent-
schluß: »Genau wie die Leute von Israel lasse
ich auch die Leute von Juda aus ihrem Land ver-
schleppen, damit ich sie nicht mehr vor Augen
haben muß. Mit der Stadt, die ich erwählt habe,
mit Jerusalem, will ich nichts mehr zu tun
haben, und genausowenig mit dem Tempel, von
dem ich einst sagte: ›Hier soll mein Name woh-
nen.‹«[c]

a Gemeint ist der Ölberg* (im Hebräischen klingt beides ähnlich), der in diesem Zusammenhang bewußt nicht mit Namen genannt wird. *b* Das Ende des Verses von »als Jerobeam« an ist nur in G überliefert.
c *mein Name:* siehe Anmerkung zu Dtn 12,5.

23,12 21,5 **23,13** 1 Kön 11,7 **23,15** 1 Kön 12,29.32 **23,16** 1 Kön 13,2 **23,17** 1 Kön 13,30-32 **23,21** Ex 12,1-14 S; 2 Kön 23,2-3 **23,24** Lev 19,31 S **23,25** 18,5; Dtn 6,4-5 S **23,26-27** 21,11-16

Das Ende von König Joschija

(2 Chr 35,20–36,1)

28 Was es sonst noch über Joschija und seine
Taten zu berichten gibt, ist in der amtlichen
Chronik der Könige von Juda nachzulesen.
29 In der Regierungszeit von Joschija zog Pha-
rao Necho, der König von Ägypten, mit seinem
Heer zum Eufrat, um dem König von Assyrien*
Hilfe zu leisten.[a] Bei Megiddo suchte Joschija ihn
aufzuhalten. Doch gleich zu Beginn des Kampfes
fand er den Tod.[b]
30 Seine Leute brachten den toten König auf
einem Wagen von Megiddo nach Jerusalem und
bestatteten ihn dort in der vorbereiteten Grab-
stätte. Die Männer von Juda riefen Joahas, einen
der Söhne von Joschija, zu seinem Nachfolger
aus und salbten* ihn.

Die Könige Joahas und Jojakim. Juda zwischen Ägypten und Babylonien

(2 Chr 36,2-8)

31 Joahas war 23 Jahre alt, als er König wurde,
und er regierte nur drei Monate lang in Jerusa-
lem. Seine Mutter hieß Hamutal; sie war eine
Tochter von Jirmeja und stammte aus Libna. 32 Er
tat, was dem HERRN mißfiel, genau wie seine
Vorfahren.
33 Der Pharao Necho setzte ihn ab und hielt
ihn in Ribla in der Provinz Hamat gefangen. Das
Land mußte an den Pharao 100 Zentner* Silber
und einen Zentner[c] Gold als Tribut bezahlen.
34 Für Joahas setzte der Pharao Eljakim, einen
anderen Sohn von Joschija, als Nachfolger sei-
nes Vaters zum König ein und änderte seinen
Namen in Jojakim. Joahas nahm er mit nach
Ägypten, wo er später starb.
35 Um dem Pharao die verlangte Summe ab-
liefern zu können, sah Jojakim sich gezwungen,
von der Bevölkerung eine Abgabe zu erheben.
Von jedem Einwohner forderte er einen Betrag,
der sich nach der Größe seines Besitzes richtete.
36 Jojakim war 25 Jahre alt, als er König wurde,
und er regierte elf Jahre lang in Jerusalem. Seine
Mutter hieß Sebuda; sie war eine Tochter von
Pedaja und stammte aus Ruma. 37 Genau wie
seine Vorfahren tat Jojakim, was dem HERRN
mißfiel.

24 Während seiner Regierungszeit zog
Nebukadnezzar, der König von Babylo-
nien*, mit einem Heer heran, und Jojakim unter-
warf sich ihm. Doch nach drei Jahren lehnte er
sich gegen ihn auf. 2 Der HERR[d] aber schickte
umherstreifende Truppen der Kaldäer*, der
Syrer*, der Moabiter* und der Ammoniter*
gegen Jojakim. Sie fielen in Juda ein und ver-
wüsteten es, genau wie der HERR es durch seine
Diener, die Propheten*, angekündigt hatte.
3 Dies alles kam über Juda auf ausdrücklichen
Befehl des HERRN, denn er wollte sich die Leute
von Juda aus den Augen schaffen. Der Grund
dafür war, daß Manasse ihn durch seinen Göt-
zendienst beleidigt 4 und darüber hinaus in Jeru-
salem viele unschuldige Menschen getötet hatte.
Der HERR war entschlossen, diese Schuld nicht
zu vergeben.
5 Was es sonst noch über Jojakim und seine
Taten zu berichten gibt, ist in der amtlichen
Chronik der Könige von Juda nachzulesen. 6 Als
er starb, wurde sein Sohn Jojachin sein Nachfol-
ger.
7 Zu dieser Zeit wagte sich der König von
Ägypten schon nicht mehr aus seinem Land
heraus, denn alle Gebiete vom Eufrat bis zur
ägyptischen Grenze*, die früher zu seinem
Machtbereich gehört hatten, waren inzwi-
schen fest in der Hand des Königs von Baby-
lonien.

Nebukadnezzar nimmt Jerusalem ein

(2 Chr 36,9-13; Jer 52,1-3)

8 Jojachin war 18 Jahre alt, als er König wurde,
und regierte nur drei Monate lang in Jerusalem.
Seine Mutter hieß Nehuschta; sie war eine Toch-
ter Elnatans und stammte aus Jerusalem. 9 Joja-
chin tat, was dem HERRN mißfiel, genauso wie
sein Vater Jojakim.
10 Kurz nach seinem Regierungsantritt zog das
Heer Nebukadnezzars, des Königs von Babylo-
nien*, vor die Stadt Jerusalem und belagerte sie.
11 Als die Belagerung in vollem Gange war, er-
schien Nebukadnezzar selbst vor der Stadt. 12 Da
ergab sich Jojachin und ging zusammen mit sei-
ner Mutter und mit all seinen Beamten, Offizie-
ren und Hofleuten hinaus vor die Stadt zu König
Nebukadnezzar. Es war das achte Regierungs-

a *um ... zu leisten:* vermutlicher Text; H *gegen den König von Assyrien* (vgl. 2 Chr 35,20-21). Der Pharao wollte den bedrängten Assyrern zu Hilfe kommen, um den Aufstieg der Babylonier zur Großmacht zu verhindern.
b *Bei Megiddo ...:* Der sehr knapp formulierte hebräische Text erlaubt unterschiedliche Deutungen; wörtlich *König Joschija ging/zog ihm entgegen, und er tötete ihn in/bei Megiddo, (sofort) als er ihn sah.*
c *einen Zentner:* wörtlich *Zentner.* Es fehlt die Zahlenangabe; sie ist möglicherweise ausgefallen.
d Oder nach G *Er* = Nebukadnezzar. In jedem Fall handelt es sich um Hilfstruppen des Babylonierkönigs.

23,29-34 Jer 22,10-22 **23,30** 9,28 S **23,33-34** Jer 22,10; Ez 19,4 **23,35** 15,20 **24,1** Jer 21,2 S **24,2** 6,23; 13,20 **24,3-4** 21,16 **24,12** Jer 22,24-30

jahr Nebukadnezzars, als Jojachin sein Gefange-
ner wurde.
13 Alle Schätze, die sich im Tempel* des HERRN
und im Königspalast befanden, ließ der Baby-
lonierkönig wegschleppen. Wie der HERR es an-
gedroht hatte, ließ Nebukadnezzar auch alle gol-
denen Geräte zerschlagen, die Salomo für den
Tempel hatte anfertigen lassen. 14 Aus Jerusalem
führte er alle maßgeblichen und wohlhabenden
Leute in die Verbannung*, insgesamt 10000
Mann, dazu alle erfahrenen Handwerker, insbe-
sondere die Bau- und Metallhandwerker. Nur
die ärmere Bevölkerungsschicht blieb zurück.
15 Auch König Jojachin, seine Mutter und
seine Frauen, seine Hofleute und alle führenden
Männer von Juda ließ Nebukadnezzar von Jeru-
salem nach Babylonien in die Verbannung weg-
führen, 16 dazu 7000 wohlhabende Männer und
1000 erfahrene Handwerker, insbesondere Bau-
und Metallhandwerker; er nahm alle mit, die
mit Waffen umgehen konnten. 17 Anstelle Joja-
chins setzte er dessen Onkel Mattanja als König
ein und gab ihm den Namen Zidkija.
18 Zidkija war 21 Jahre alt, als er König wurde,
und er regierte elf Jahre lang in Jerusalem. Seine
Mutter hieß Hamutal; sie war eine Tochter von
Jirmeja und stammte aus Libna. 19 Zidkija tat,
was dem HERRN mißfiel, genau wie sein Bruder
Jojakim.
20a Nun aber war das Maß voll. Der HERR war
so zornig über die Bewohner Jerusalems und
Judas, daß er sie aus seinen Augen wegschaffen
ließ.

Jerusalem wird zum zweiten Mal eingenommen

(2 Chr 36,17-21; Jer 39,1-10; 52,4-27)

20b Zidkija lehnte sich gegen Nebukadnezzar,
25 den König von Babylonien*, auf. 1 Da
erschien Nebukadnezzar im neunten
Regierungsjahr Zidkijas mit allen seinen Truppen
vor Jerusalem. Rings um die Stadt ließ er einen
Belagerungswall aufschütten. Am 10. Tag des
10. Monats begann die Belagerung, 2 und sie dau-
erte bis ins elfte Regierungsjahr Zidkijas. 3 Zu-
letzt waren die Nahrungsmittel in der Stadt völ-
lig aufgebraucht.
Am 9. Tag des 4. Monats im elften Regierungs-
jahr Zidkijas 4 schlugen die Babylonier eine Bre-
sche in die Stadtmauer. Im Schutz der Dunkel-
heit gelang es König Zidkija und seinen
Kriegsleuten, durch den Torweg zwischen den
beiden Mauern am königlichen Garten die Stadt
zu verlassen und den Belagerungsring zu durch-
brechen. Sie flohen in östlicher Richtung zur
Jordanebene.
5 Sofort nahmen babylonische Truppen die
Verfolgung auf und holten Zidkija in der Ebene
bei Jericho ein. Von seinen Kriegsleuten im Stich
gelassen, 6 wurde er gefangengenommen und
nach Ribla vor den König von Babylonien ge-
bracht. Nebukadnezzar selbst sprach ihm das
Urteil. 7 Zidkija mußte mit ansehen, wie seine
Söhne abgeschlachtet wurden; dann stach man
ihm die Augen aus und brachte ihn, mit Ketten
gefesselt, nach Babylon*.
8 Im 19. Regierungsjahr Nebukadnezzars, am
7. Tag des 5. Monats, traf Nebusaradan, der Be-
fehlshaber der königlichen Leibwache, einer der
engsten Vertrauten des Babylonierkönigs, in
Jerusalem ein. 9 Er ließ den Tempel* des HERRN,
den Königspalast und alle vornehmen Häuser
Jerusalems niederbrennen. Auch alle anderen
Häuser gingen in Flammen auf. 10 Seine Truppen
rissen die Mauern der Stadt ringsum nieder.
11 Nebusaradan ließ die restliche Stadtbevöl-
kerung und alle, die zu den Babyloniern über-
gelaufen waren, gefangen wegführen. 12 Nur aus
der ärmsten Schicht der Landbevölkerung ließ er
eine Anzahl zurück, damit sie die Weinberge
und Äcker bestellten.
13 Die Babylonier zertrümmerten die bronze-
nen Säulen, die vor dem Tempel des HERRN auf-
gestellt waren, ebenso die Kesselwagen und das
große Bronzebecken, und schafften das ganze
Metall nach Babylon. 14 Sie nahmen die Töpfe
und Schaufeln und Messer und Pfannen mit,
alle Bronzegeräte, die für den Tempeldienst ge-
braucht worden waren. 15 Auch die Feuerbecken
und Schalen, überhaupt alle goldenen und sil-
bernen Geräte nahm Nebusaradan mit.
16 Für die beiden Säulen, das große Becken
und die Kesselwagen hatte König Salomo eine
ungeheure Menge Bronze verarbeitet. 17 Die
beiden Säulen waren neun Meter hoch; jede
trug ein bronzenes Kapitell von eineinhalb
Meter Höhe. Die Kapitelle waren ringsum mit
Bandgeflecht und Granatäpfeln aus Bronze ver-
ziert.
18 Nebusaradan, der Befehlshaber der Leib-
wache, ließ den Oberpriester Seraja, seinen Stell-
vertreter Zefanja und die drei Torhüter* festneh-
men. 19 In der Stadt fanden sich außerdem noch
ein hoher Offizier, fünf Männer aus der näch-
sten Umgebung des Königs, der Beamte, der für
die Musterung des Heeres verantwortlich war,

24,13 20,17 **24,14-15** 20,18; Jer 29,1 **24,15** Ez 17,12; 19,9 **24,17** Jer 37,1; Ez 17,13-14 **24,20a** 13,23; Jer 7,15 **25,1** Jer 21,1-10; 34,1-7; Ez 4,1-3; 24,1-2 **25,2-4** Ez 12,13 **25,9** 1 Kön 9,8 **25,13-17** 1 Kön 7,15-50; Jer 27,19-22 **25,18** Jer 21,1 S

war, und sechzig wichtige Männer aus dem Ge-
biet von Juda. Auch sie ließ Nebusaradan verhaf-
ten [20] und brachte sie zum König von Babylonien
nach Ribla in der Provinz Hamat. [21] Dort ließ
Nebukadnezzar sie hinrichten.
So wurde das Volk von Juda aus seinem Land
in die Verbannung weggeführt.

Wirren unter den Zurückgebliebenen

(Jer 40,7-9; 41,1-3; 43,5-7)

[22] Über den Rest der Bevölkerung, der im Land
Juda zurückgeblieben war, setzte Nebukad-
nezzar Gedalja, den Sohn Ahikams und Enkel
Schafans, als Statthalter ein. [23] Als die Truppen-
führer aus Juda, die den Babyloniern* nicht in
die Hände gefallen waren, davon hörten, kamen
sie alle mit ihren Männern zu Gedalja nach Miz-
pa. Es waren Jischmaël, der Sohn von Netanja,
Johanan, der Sohn von Kareach, Seraja, der Sohn
von Tanhumet aus Netofa, und Jaasanja aus
Maacha.
[24] Gedalja sagte zu ihnen und ihren Männern:
»Ich gebe euch mein Wort: Ihr braucht keine
Angst vor den Babyloniern zu haben. Bleibt im
Land und unterwerft euch dem König von Baby-
lonien, dann wird euch nichts geschehen!«
[25] Aber im siebten Monat jenes Jahres kam
Jischmaël, der Sohn von Netanja und Enkel von
Elischama aus der königlichen Familie, mit zehn
Männern nach Mizpa. Sie töteten Gedalja und
alle Judäer und Babylonier, die bei ihm waren.
[26] Aus Angst vor der Rache der Babylonier flüch-
tete die ganze Bevölkerung, vornehme wie ein-
fache Leute, zusammen mit den Truppenführern
nach Ägypten.

Grund für neue Hoffnung?

(Jer 52,31-34)

[27] Als Ewil-Merodach König von Babylonien*
wurde, begnadigte er noch im selben Jahr König
Jojachin von Juda und holte ihn aus dem Gefäng-
nis. Das geschah im 37. Jahr der Gefangenschaft
Jojachins, am 27. Tag des 12. Monats.
[28] Der neue König behandelte Jojachin freund-
lich und gab ihm eine Ehrenstellung unter den
fremden Königen, die genau wie Jojachin nach
Babylon* gebracht worden waren. [29] Jojachin
durfte seine Gefängniskleidung ablegen und zeit-
lebens an der königlichen Tafel speisen. [30] Auf
Anordnung des babylonischen Königs wurde
ihm bis zu seinem Tod täglich alles geliefert, was
er zu seinem Unterhalt brauchte.

DAS ERSTE BUCH DER CHRONIK

Inhaltsübersicht

VON ADAM BIS SAUL: ABSTAMMUNGSLISTEN (Kapitel 1–9)

Von Adam bis Abraham

(Gen 5,1-32; 10,2-29; 11,10-26)

1 Die Abstammungslinie von Adam bis Noach:
Adam, Set, Enosch, [2] Kenan, Mahalalel, Jered,
[3] Henoch, Metuschelach, Lamech, [4] Noach.
Noach hatte drei Söhne: Sem, Ham und Jafet.
[5] Die Söhne *Jafets* waren: Gomer, Magog,
Madai, Jawan,[a] Tubal*, Meschech und Tiras.
[6] Von Gomer stammen ab: Aschkenas, Rifat[b]
und Togarma. [7] Von Jawan: Elischa, Tarschisch*,
die Kittäer und die Rodaniter.[c]
[8] Die Söhne *Hams* waren: Kusch, Mizrajim,
Put[d] und Kanaan*.
[9] Von Kusch stammen ab: Seba, Hawila,
Sabta, Ragma und Sabtecha. Von Ragma: Saba*
und Dedan*. [10] Kusch zeugte auch Nimrod. Die-
ser wurde der erste große Herrscher auf der
Erde.
[11] Mizrajim war der Stammvater der Luditer,
Anamiter, Lehabiter, Naftuhiter, [12] Patrositer,
Kasluhiter sowie der Kaftoriter, von denen die
Philister* herkommen.[e]
[13] Die Nachkommen Kanaans waren: Sidon,
sein Erstgeborener, und Het*, [14] außerdem die
Jebusiter, Amoriter*, Girgaschiter, [15] Hiwiter, Ar-

a Siehe Anmerkung zu Gen 10,2. *b* So nach Gen 10,3; H *Difat.*
c *Elischa* und *Kittäer* bezeichnen beide die (Bewohner der) Insel Zypern; *Rodaniter* = Bewohner der Insel *Rhodos.*
d Siehe Anmerkung zu Gen 10,6. *e* Siehe Anmerkung zu Gen 10,14.
25,26 Dtn 28,68; Jer 40,13–43,7 **25,27** 24,15

kiter, Siniter, 16 Arwaditer, Zemariter und Hama-
titer.
17 Die Söhne *Sems* waren: Elam*, Assur*,
Arpachschad, Lud*, Aram*, Uz, Hul, Geter und
Meschech.
18 Arpachschad zeugte Schelach, Schelach
zeugte Eber. 19 Eber wurden zwei Söhne ge-
boren, der eine hieß Peleg (Teilung), denn zu sei-
ner Zeit verteilte sich die Menschheit über die
Erde; der andere hieß Joktan. 20 Joktans Nach-
kommen waren: Almodad, Schelef, Hazarma-
wet, Jerach, 21 Hadoram, Usal, Dikla, 22 Obal,
Abimaël, Saba*, 23 Ofir*, Hawila und Jobab. Sie
alle sind Nachkommen Joktans.
24 Die Abstammungslinie von Sem bis Abra-
ham: Sem, Arpachschad, Schelach, 25 Eber, Pe-
leg, Regu, 26 Serug, Nahor, Terach, 27 Abram, der
auch Abraham heißt.

Die Nachkommen Abrahams

(Gen 25,1-4.13-16; 36,4-28)

28 Die Söhne Abrahams waren: Isaak und
Ismaël. 29 Hier ist die Liste ihrer Nachkommen:
Ismaëls Erstgeborener war Nebajot, dann
folgten Kedar*, Adbeel, Mibsam, 30 Mischma,
Duma, Massa, Hadad, Tema, 31 Jetur, Nafisch und
Kedma. Sie alle sind Nachkommen von Ismaël.
32 Auch von seiner Nebenfrau Ketura hatte
Abraham Söhne; sie gebar Simran, Jokschan,
Medan, Midian*, Jischbak und Schuach. Die
Söhne von Jokschan waren: Saba* und Dedan*.
33 Die Söhne von Midian waren: Efa, Efer,
Henoch, Abida und Eldaga. Sie alle sind Nach-
kommen von Ketura.
34 Abrahams Sohn Isaak hatte zwei Söhne:
Esau und Israel.[a] 35 Die Söhne von Esau waren:
Elifas, Reguël, Jëusch, Jalam und Korach. 36 Die
Söhne von Elifas waren: Teman, Omar, Zefo, Ga-
tam, Kenas, Timna und Amalek*. 37 Die Söhne
Reguëls: Nahat, Serach, Schamma und Misa.
38 Die Söhne von Seïr[b] waren: Lotan, Schobal,
Zibon, Ana, Dischon, Ezer und Dischan.
39 Die Söhne Lotans: Hori und Hemam. Lo-
tans Schwester war Timna.
40 Die Söhne Schobals: Alwan, Manahat, Ebal,
Schefi und Onam.
Die Söhne Zibons: Aja und Ana.
41 Der Sohn von Seïrs Sohn Ana: Dischon.
Die Söhne von Seïrs Sohn Dischan: Hemdan,
Eschban, Jitran und Keran.
42 Die Söhne Ezers: Bilhan, Saawan und
Akan.[c]
Die Söhne Dischans: Uz und Aran.

Die Könige von Edom

(Gen 36,31-43)

43-50 Bevor es in Israel einen König gab, herrsch-
ten über das Land Edom* nacheinander folgende
Könige:[d]

Bela, der Sohn Beors, in der Stadt Dinhaba;
Jobab, der Sohn Serachs, aus der Stadt Bozra;
Huscham aus dem Gebiet des Stammes Teman;
Hadad, der Sohn Bedads, in der Stadt Awit;
er besiegte die Midianiter* in einer Schlacht
auf dem Gebiet von Moab*;
Samla aus der Stadt Masreka;
Schaul aus der Stadt Rehobot am Fluß;
Baal-Hanan, der Sohn Achbors;
Hadad in der Stadt Pagu; seine Frau Mehetabel
war eine Tochter Matreds und Enkelin
Me-Sahabs.

51 Nach dem Tod Hadads wurde die Herrschaft
in Edom von Sippenoberhäuptern ausgeübt. Es
waren[e] die Oberhäupter der Sippen Timna,
Alwa, Jetet, 52 Oholibama, Ela, Pinon, 53 Kenas,
Teman, Mibzar, 54 Magdiël und Iram.

Die Söhne Israels (Jakobs)

(Gen 35,23-26)

2 Die Söhne Israels[f] waren: Ruben, Simeon,
Levi, Juda, Issachar, Sebulon, 2 Dan, Josef,
Benjamin, Naftali, Gad und Ascher.

Die Nachkommen von Juda

(Gen 38,3-7.27-30)

3 Die Söhne Judas waren: Er, Onan und Schela.
Diese drei hatte ihm die Tochter von Schua, eine
Kanaaniterin*, geboren. Aber Er, sein Erstge-
borener, tat, was dem HERRN mißfiel, und der
HERR ließ ihn sterben. 4 Judas Schwiegertochter
Tamar gebar ihm dann noch Perez und Serach.
Insgesamt hatte Juda fünf Söhne.
5 Die Söhne von Perez waren: Hezron und
Hamul.
6 Die Söhne von Serach: Simri, Etan, Heman,
Kalkol und Darda.[g] 7 Simri hatte einen Sohn

a *Israel* = Jakob; vgl. Gen 32,29; 35,5. b Nach Gen 36,20 die horitischen Ureinwohner des Landes Edom*.
c *und Akan:* mit zahlreichen hebräischen und einer griechischen Handschrift und Gen 36,27; H *Jaakan*.
d Siehe Anmerkung zu Gen 36,31.
e Wörtlich *Hadad starb. Und es waren Sippenoberhäupter in Edom:...* f Siehe Anmerkung zu 1,34.
g *Darda* mit zahlreichen Handschriften und alten Übersetzungen (vgl. 1 Kön 5,11); H *Dara*.
1,28 Gen 21,3; 16,15 **1,34** Gen 25,19-26 **2,5** Gen 46,12 **2,6** 1 Kön 5,11 **2,7** Jos 7,1-26

namens Karmi;[a] dessen Sohn war Achan. Der stürzte Israel ins Unglück, denn er vergriff sich an Beutegut, das Gott geweiht war. 8 Etan hatte einen Sohn namens Asarja.

9 Die Söhne, die Hezron geboren wurden, waren: Jerachmeël, Ram und Kaleb.

Die Nachkommen von Ram

(Rut 4,19-22)

10 Ram zeugte Amminadab, Amminadab zeugte Nachschon, das Oberhaupt des Stammes Juda. 11 Nachschon zeugte Salmon, Salmon Boas, 12 Boas Obed, Obed Isai. 13 Isai zeugte als Erstgeborenen Eliab, danach als zweiten Abinadab, als dritten Schima, 14 als vierten Netanel, als fünften Raddai, 15 als sechsten Ozem, als siebten David. 16 Die sieben hatten zwei Schwestern: Zeruja und Abigal. Zeruja hatte drei Söhne: Abischai, Joab und Asaël. 17 Abigal gebar Amasa; dessen Vater war der Ismaëliter Jeter.

Die Nachkommen Kalebs

18 Kaleb, der Sohn Hezrons, hatte aus seiner ersten Ehe mit Asuba eine Tochter namens Jeriot.[b] Deren Söhne waren Jescher, Schobab und Ardon. 19 Nach Asubas Tod verheiratete Kaleb sich mit Efrata, die gebar ihm Hur. 20 Hur zeugte Uri, und Uri zeugte Bezalel.

21 Später heiratete Kalebs Vater Hezron noch einmal im Alter von 60 Jahren. Seine Frau, eine Tochter Machirs, des Stammvaters von Gilead*, gebar ihm Segub. 22 Segub zeugte Jaïr. Ihm gehörten 23 Ortschaften im Land Gilead, die »die Dörfer Jaïrs« genannt wurden. 23 Aber die Geschuriter und Syrer* nahmen sie ihm ab, ebenso die Stadt Kenat mit den dazugehörenden Dörfern, insgesamt 60 Orte, die alle den Nachkommen Machirs gehört hatten. 24 Nach dem Tod Hezrons, dessen Frau Abija hieß, schlief Kaleb mit Efrata,[c] und sie gebar ihm Aschhur, den Stammvater von Tekoa.

Die Nachkommen Jerachmeëls

25 Jerachmeël, der erstgeborene Sohn Hezrons, hatte folgende Söhne: Ram, seinen Erstgeborenen, dann Buna, Oren, Ozem und Ahija. 26 Er hatte noch eine zweite Frau namens Atara, die war die Mutter seines Sohnes Onam.

27 Die Söhne seines Erstgeborenen Ram waren: Maaz, Jamin und Eker.

28 Die Söhne Onams waren: Schammai und Jada. Die Söhne von Schammai: Nadab und Abischur. 29 Die Frau Abischurs hieß Abihajil, sie gebar ihm die Söhne Achban und Molid. 30 Die Söhne Nadabs waren: Seled und Appajim. Seled starb, ohne Kinder zu hinterlassen. 31 Der Sohn Appajims war Jischi, der Sohn Jischis Scheschan, und der Sohn Scheschans war Achlai.

32 Jada, der Bruder von Schammai, hatte zwei Söhne: Jeter und Jonatan. Jeter starb kinderlos. 33 Die Söhne Jonatans waren: Pelet und Sasa. Diese alle waren Nachkommen Jerachmeëls.

34 Scheschan hatte übrigens keine Söhne, sondern nur Töchter. 35 Eine von ihnen gab er seinem ägyptischen Sklaven Jarha zur Frau, und sie gebar ihm Attai. 36–41 Attai zeugte Natan, Natan zeugte Sabad, Sabad Eflal, weiter folgten in direkter Linie Obed, Jehu, Asarja, Helez, Elasa, Sismai, Schallum, Jekamja und Elischama.

Weitere Listen von Nachkommen Kalebs

42 Die Söhne Kalebs, des Bruders von Jerachmeël, waren: Mescha, sein Erstgeborener, der Stammvater von Sif, und als zweiter Marescha, der Stammvater von Hebron.[d] 43 Die Söhne Hebrons waren: Korach, Tappuach, Rekem und Schema. 44 Schema zeugte Raham, den Stammvater von Jorkoam. Rekem zeugte Schammai, 45 dessen Sohn war Maon, der Stammvater von Bet-Zur.

46 Efa, eine Nebenfrau Kalebs, gebar ihm die Söhne Haran, Moza und Gases. Haran zeugte Jahdai; 47 dessen Söhne[e] waren: Regem, Jotam, Geschan, Pelet, Efa und Schaaf.

48 Maacha, eine andere Nebenfrau Kalebs, gebar ihm Scheber und Tirhana, 49 später auch Schaaf, den Stammvater von Madmanna, und Schewa, den Stammvater von Machbena und von Gibea.

Kaleb hatte auch eine Tochter Achsa.

50 Eine Liste der Nachkommen Kalebs:[f]

Die Söhne von Hur, dem Erstgeborenen von

a *Simri …:* ergänzt nach Jos 7,1, wo jedoch statt *Simri* die Namensform *Sabdi* steht.
b So nach zwei alten Übersetzungen; H *Kaleb … zeugte Asuba, eine Frau, und Jeriot* oder *zeugte mit Asuba, (s)einer Frau, und mit Jeriot.*
c *dessen Frau …:* mit zwei alten Übersetzungen; H *in Kaleb-Efrata, und Hezrons Frau war Abija.*
d *und als zweiter …:* vermutlicher Text; H *und die Söhne Mareschas, des Vaters von Hebron.* Die meisten der hier genannten Namen bezeichnen Orte und Sippen, nicht Einzelpersonen.
e Vermutlicher Text; H *Haran zeugte Gases. 47 Die Söhne Jahdais.*
f Hier wird besonders deutlich, daß die Abstammungslisten zugleich die Sippengliederung in einem bestimmten Gebiet beschreiben (Städte- und Sippennamen!).

2,13-15 1 Sam 16,6-13 **2,16-17** 2 Sam 2,18; 17,25 **2,18** 2,42; 4,15; Jos 14,6 **2,20** Ex 31,2 **2,22-23** Ri 10,3-6; 1 Kön 4,13 **2,42** 2,18 **2,49** Jos 15,16

Kalebs Frau Efrata: Schobal, der Gründer von
Kirjat-Jearim, 51 Salmon, der Stammvater von
Betlehem, und Haref, der Stammvater von Bet-
Gader.
52 Schobal, der Stammvater von Kirjat-Jearim
hatte als Nachkommen die Sippe Reaja[a] und die
Hälfte der Bewohner von Manahat.[b] 53 In Kirjat-
Jearim wohnten die Sippen der Jeteriter, Putiter,
Schumatiter und Mischraïter. Von ihnen stamm-
ten auch die Bewohner von Zora und Eschtaol
ab.
54 Die Nachkommen Salmons waren: die Be-
wohner von Betlehem, von Netofa und Atrot-
Bet-Joab sowie die andere Hälfte der Bewohner
von Manahat, die aus Zora kamen. 55 In Jabez
wohnten die Tiratiter, Schimatiter und Suchati-
ter. Diese Sippen waren aus Sofer gekommen.[c]
Sie gehörten alle zu den Kenitern* und stamm-
ten von Hammat ab, dem Stammvater von Bet-
Rechab.

Die Nachkommen Davids

(2 Sam 3,2-5; 5,13-16)

3 Folgende Söhne wurden David in Hebron
geboren:

als Erstgeborener Amnon, seine Mutter war
Ahinoam aus Jesreel;
als zweiter Daniel, seine Mutter war Abigajil
aus Karmel;
2 als dritter Abschalom, seine Mutter war
Maacha, die Tochter des Königs Talmai von
Geschur;
als vierter Adonija, seine Mutter war Haggit;
3 als fünfter Schefatja, seine Mutter war Abital;
als sechster Jitream, seine Mutter war Davids
Frau Egla.

4 Diese sechs wurden David in Hebron geboren.
Dort regierte er siebeneinhalb Jahre.
Danach regierte David 33 Jahre in Jerusalem.
5 Dort wurden ihm weitere Söhne geboren:

vier Söhne von Batseba,[d] der Tochter Ammiëls:
Schammua,[e] Schobab, Natan und Salomo;
6 neun Söhne von anderen Frauen:
Jibhar, Elischua, Elifelet, 7 Nogah, Nefeg, Jafia,
8 Elischama, Eljada und Elifelet.

9 Sie alle waren vollberechtigte Söhne Davids;
dazu kamen noch die Söhne der Nebenfrauen.
Ihre Schwester war Tamar.
10 Die Nachkommen und Thronerben von
König Salomo in direkter Linie waren: Reha-
beam, Abija, Asa, Joschafat, 11 Joram, Ahasja,
Joasch, 12 Amazja, Asarja, Jotam, 13 Ahas, Hiskija,
Manasse, 14 Amon und Joschija.
15 Die Söhne von Joschija waren: der erstge-
borene Johanan, der zweite Jojakim, der dritte
Zidkija, der vierte Schallum.
16 Die Söhne von Jojakim: Jojachin und Zid-
kija.
17 Die Söhne von Jojachin, der in die Gefan-
genschaft fortgeführt wurde: Schealtiël, 18 Mal-
kiram, Pedaja, Schenazzar, Jekamja, Hoschama
und Nedabja.
19 Die Söhne von Pedaja: Serubbabel und
Schimi.
Die Söhne von Serubbabel: Meschullam und
Hananja; ihre Schwester war Schelomit. 20 Fünf
weitere Söhne von ihm waren: Haschuba, Ohel,
Berechja, Hasadja und Juschab-Hesed.
21 Die Söhne von Hananja: Pelatja, Jeschaja,
Refaja, Arnan, Obadja und Schechanja.[f]
22 Die sechs Söhne von Schechanja: Schema-
ja,[g] Hattusch, Jigal, Bariach, Nearja und Schafat.
23 Die drei Söhne von Nearja: Eljoënai, Hiskija
und Asrikam.
24 Und schließlich die sieben Söhne von Eljoë-
nai: Hodawja, Eljaschib, Pelaja, Akkub, Johanan,
Delaja und Anani.

Einzelne Sippen des Stammes Juda

4 Die Nachkommen von Juda über seinen
Sohn Perez waren in direkter Linie: Hezron,
Karmi, Hur, Schobal, 2 Reaja und Jahat. Die
Söhne Jahats waren: Ahumai und Lahad. Von
ihnen stammten die Sippen ab, die in Zora
wohnten.
3 Die Stammväter von Etam waren: Jesreel,
Jischma und Jidbasch; ihre Schwester hieß Haz-
lelponi.
4 Penuël war der Stammvater von Gedor, Eser
war der von Huscha. Beide waren Nachkom-
men von Hur, dem Erstgeborenen von Kalebs
Frau Efrata, dem Stammvater von Betlehem.
5 Aschhur, der Stammvater von Tekoa, hatte
zwei Frauen: Hela und Naara. 6 Naara gebar ihm
die Söhne Ahusam, Hefer, Temni und Ahasch-

a *(die Sippe) Reaja:* vermutlicher Text nach 4,2; H *den Seher.*
b *Manahat:* vermutlicher Text nach Vers 54; H *Ruheplätze.*
c Die Deutung ist unsicher; andere Übersetzungsmöglichkeit: ... *waren des Schreibens kundig.*
d Die Namensform lautet hier *Batschua.* e So nach 14,4; 2 Sam 5,14; H *Schima.*
f *Refaja ... :* mit einigen Handschriften und alten Übersetzungen; H hat vor jedem der Namen *die Söhne* (Refajas usw.).
g Hier folgt noch: *Die Söhne Schemajas.*

3,4 1 Kön 2,11 S; 1 Chr 29,27 **3,5** 2 Sam 11,3 **3,9** (Tamar) 2 Sam 13,1-22 **3,10-19** Mt 1,7-12

tari. 7 Die Söhne von Hela waren: Zeret, Zohar und Etnan.

8 Von Koz stammten Anub und Zobeba ab sowie die Sippen Aharhels, des Sohnes Harums.

9 Ein Mann namens Jabez war der angesehenste unter seinen Brüdern. Bei seiner Geburt hatte seine Mutter gesagt: »Ich habe ihn mit Schmerzen geboren«, und deshalb hatte sie ihn Jabez[a] genannt. 10 Er selbst aber hatte zum Gott Israels gebetet: »Segne mich und erweitere mein Gebiet! Steh mir bei und halte Unglück und Schmerz von mir fern!« Diese Bitte hatte Gott erhört.

11 Kelub, ein Bruder von Schuha, zeugte Mehir, den Vater von Eschton. 12 Dessen Söhne waren: Bet-Rafa, Paseach und Tehinna, der Stammvater von Ir-Nahasch. Ihre Sippen wohnten in Recha.

13 Die Söhne von Kenas waren: Otniël und Seraja. Die Söhne Otniëls: Hatat und Meonotai; 14 der Sohn von Meonotai war Ofra. Der Sohn von Seraja: Joab, der Stammvater des »Tales der Zimmerleute«. Es wurde so genannt, weil alle seine Bewohner Zimmerleute waren.

15 Die Söhne von Kaleb, dem Sohn von Jefunne, waren: Iru, Ela und Naam; der Sohn von Ela war Kenas.

16 Die Söhne von Jehallelel waren: Sif, Sifa, Tirja und Asarel.

17–18 Die Söhne von Esra waren: Jeter, Mered, Efer und Jalon. Mered hatte eine Ägypterin zur Frau. Sie hieß Bitja und war eine Tochter des Pharaos. Sie gebar ihm Mirjam, Schammai und Jischbach, den Stammvater von Eschtemoa. Seine andere Frau aus dem Stamm Juda gebar ihm Jered, den Stammvater von Gedor, Heber, den Stammvater von Socho, und Jekutiël, den Stammvater von Sanoach.

19 Hodija heiratete eine Schwester von Naham. Deren Nachkommen waren Hagarmi, der Stammvater von Keïla, und Eschtemoa.

20 Die Söhne Schimons waren: Amnon, Rinna, Ben-Hanan und Tilon.

Der Sohn von Jischi war Sohet. Auch dieser hatte einen Sohn.

21 Von Schela, dem Sohn von Juda, stammten ab: Er, der Stammvater von Lecha, und Lada, der Stammvater von Marescha, außerdem die Sippen, die in Aschbea wohnten. Sie waren Weber und stellten feines weißes Leinen her. 22 Zu den Nachkommen Schelas gehörten auch Jokim und die Bewohner von Koseba, außerdem Joasch und Saraf, die eine Zeitlang in Moab* gelebt hatten und dann wieder nach Betlehem zurückgekehrt waren[b] – wie man erzählt. 23 Ihre Nachkommen wohnten in Netaïm und Gedera und arbeiteten dort als Töpfer in den königlichen Werkstätten.

Die Nachkommen von Simeon

24 Die Söhne Simeons waren: Jemuël, Jamin, Jarib, Serach und Schaul. 25 Schauls Sohn war Schallum; auf ihn folgten als weitere Nachkommen in dieser Linie: Mibsam, Mischma, 26 Hammuël, Sakkur und Schimi. 27 Schimi hatte sechzehn Söhne und sechs Töchter; seine Brüder dagegen hatten nur wenige Kinder. Überhaupt war der Stamm Simeon nicht so zahlreich wie der Stamm Juda.

28 Die Nachkommen Simeons wohnten in Beerscheba, Molada, Hazar-Schual, 29 Baala, Ezem, Eltolad, 30 Betuël, Horma, Ziklag, 31 Bet-Markabot, Hazar-Susim, Bet-Biri und Schaarajim. Sie bewohnten diese Städte und die dazugehörenden Dörfer bis zu der Zeit, als David König wurde. 32 Außerdem gehörten ihnen die fünf Städte Etam, Ajin, Rimmon,[c] Tochen und Aschan 33 mit allen dazugehörenden Dörfern bis nach Baal. So steht es in den Listen ihrer Familien und Wohnorte.

34 Ihre Sippenoberhäupter waren:[d] Meschobab, Jamlech, Joscha, der Sohn von Amazja, 35 Joël, Jehu, der Sohn von Joschibja und Enkel von Seraja und Urenkel von Asiël, 36 weiter Eljoënai, Jaakoba, Jeschohaja, Asaja, Adiël, Jesimiël, Benaja 37 und Sisa, der in aufsteigender Linie von Schifi, Allon, Jedaja, Schimri und Schemaja abstammte.

38 Diese Sippen hatten sich stark vermehrt. 39 Um neue Weideplätze für ihre Schafherden zu suchen, zogen sie deshalb in den östlichen Teil des Tales, nach Gedor zu. 40 Dort fanden sie gute, saftige Weiden. Das Land dehnte sich nach allen Seiten weit aus, es war sicher und ruhig. Die früheren Bewohner waren Nachkommen von Noachs Sohn Ham. 41 In der Zeit, als Hiskija König von Juda war, kamen jene Sippen und überfielen die Nachkommen Hams in ihren Zeltlagern und ebenso die Mëuniter, die dort wohnten. Sie vernichteten sie völlig und ließen sich an ihrer Stelle nieder. Sie wohnen dort bis zum heutigen Tag.

42 Eine andere Gruppe aus dem Stamm Si-

a Der Name erinnert an das hebräische Wort für »Schmerz«.
b *und dann …:* nach alten Übersetzungen; H *und Jaschubi-Lechem.*
c Statt *Ajin, Rimmon* ist vielleicht *En-Rimmon* zu lesen (vgl. Jos 15,32; 19,7).
d Vorweggenommen aus Vers 38.

4,15 Jos 15,13-14 S **4,24** Gen 46,10; Num 26,12-14 **4,28-33** Jos 19,2-8 **4,40** Gen 10,6-20

meon, etwa 500 Mann, zog in das Bergland Seïr*. Ihre Anführer waren Pelatja, Nearja, Refaja und Usiël, die Söhne von Jischi. 43 Sie töteten den Rest der Amalekiter*, der sich einst dorthin gerettet hatte, ließen sich dort nieder und wohnen dort bis zum heutigen Tag.

Die Nachkommen von Ruben

5 Ruben war der erste Sohn Israels.[a] Weil er aber mit einer Nebenfrau seines Vaters geschlafen hatte, wurden seine Erstgeburtsrechte auf die beiden Söhne seines Bruders Josef übertragen. In das Verzeichnis der Stämme wurde aber auch Josef nicht an erster Stelle aufgenommen, 2 obwohl ihm das Erstgeburtsrecht zuerkannt wurde; denn am mächtigsten unter allen Bruderstämmen war Juda. Darum wurde auch einer aus dem Stamm Juda König von Israel.

3 Die Söhne von Ruben, dem Erstgeborenen Israels, waren: Henoch, Pallu, Hezron und Karmi.

4 Von einem seiner Nachkommen namens Joël stammte Schemaja ab. Auf ihn folgten in direkter Linie: Gog, Schimi, 5 Micha, Reaja, Baal 6 und Beera, der von dem Assyrerkönig* Tiglat-Pileser in die Verbannung weggeführt wurde. Er war damals das Oberhaupt des Stammes Ruben. 7 Weiter waren in den Verzeichnissen der Nachkommen Rubens folgende Männer mit ihren Sippen aufgeführt: als Oberhaupt Jëiël, dann Secharja 8 und Bela, der Sohn von Asa und Enkel von Schema aus der Sippe Joël.

Der Stamm Ruben wohnte in dem Gebiet von Aroër bis Nebo und Baal-Meon 9 und in östlicher Richtung bis an den Rand der Wüste, die sich vom Eufrat her erstreckt. Die Nachkommen Rubens hatten große Herden im ganzen Land Gilead*.

10 In der Zeit Sauls führten sie Krieg gegen die Hagariter, besiegten sie und besetzten ihr Wohngebiet am östlichen Rand von Gilead.

Die Nachkommen von Gad

11 Die Nachkommen Gads wohnten angrenzend an den Stamm Ruben in der Landschaft Baschan* bis nach Salcha. 12 Ihr Oberhaupt war Joël, an zweiter Stelle kam Schafam, dann folgten Janai und Schafat. Diese Sippen wohnten in Baschan.

13 Dazu kamen sieben weitere Männer mit ihren Sippen: Michael, Meschullam, Scheba, Jorai, Jakan, Sia und Eber. 14 Sie waren die Nachkommen Abihajils, des Sohnes von Huri. Abihajils weitere Vorfahren in aufsteigender Linie waren: Jaroach, Gilead, Michael, Jeschischai, Jachdo und Bus. 15 Das Oberhaupt dieser Gruppe war Ahi, der Sohn von Abdiël und Enkel von Guni. 16 Diese Sippen wohnten in Gilead*, Baschan und in den Städten, die zu dieser Gegend gehörten; ebenso an allen Weideplätzen der Landschaft Scharon bis hin an ihre Grenzen.

17 Sie alle wurden in der Zeit der Könige Jotam von Juda und Jerobeam von Israel in die Verzeichnisse des Stammes Gad eingetragen.

18 Das Heer der Stämme Ruben und Gad und des halben Stammes Manasse, die alle im Ostjordanland wohnten, bestand aus 44760 kriegstüchtigen Männern. Sie waren mit Schild, Schwert und Bogen bewaffnet. 19 Sie kämpften gegen die hagaritischen Stämme Jetur, Nafisch und Nodab. 20 Sie setzten ihr Vertrauen auf Gott und riefen zu ihm um Hilfe. Er erhörte sie und stand ihnen im Kampf zur Seite, so daß sie die Hagariter und ihre Verbündeten besiegen konnten. 21 Sie erbeuteten von ihnen 50000 Kamele, 250000 Schafe und 2000 Esel und nahmen 100000 Mann gefangen. 22 Viele von den Gegnern waren gefallen, weil Gott den Israeliten im Kampf geholfen hatte. Sie blieben in diesem Gebiet wohnen, bis sie selbst in die Verbannung weggeführt wurden.

Die Nachkommen von Manasse östlich des Jordans

23 Die eine Hälfte des Stammes Manasse wohnte in dem Gebiet von Baschan* bis Baal-Hermon und bis zum Senir- und zum Hermongebirge. Dieser Teil des Stammes Manasse war sehr zahlreich. 24 Die Oberhäupter der einzelnen Sippen waren: Efer, Jischi, Eliël, Asriël, Jirmeja, Hodawja und Jachdiël. Alle diese Männer waren tapfere Krieger und geachtete Leute.

25-26 Aber dieser halbe Stamm Manasse wie auch die Stämme Ruben und Gad wurden dem HERRN, dem Gott ihrer Vorfahren, untreu und verehrten die Götter der früheren Bewohner, die Gott vor den Israeliten vertrieben hatte. Darum strafte sie der HERR, der Gott Israels, durch den König Pul[b] von Assyrien*, durch Tiglat-Pileser. Der HERR selbst gab ihm den Gedanken ein, sie in die Verbannung zu führen. Er ließ sie nach Halach, an den Fluß Habor, nach Hara und ins Tal von Gosan bringen. Dort leben sie heute noch.

a *Israels:* siehe Anmerkung zu 1,43. b Siehe Anmerkung zu 2 Kön 15,19.

4,43 Ex 17,14 S 5,1 Gen 35,22; 49,3-4 5,2 Gen 49,8-10 5,3 Gen 46,9 5,6 5,26-27; 2 Kön 15,29 5,25-26 2 Kön 15,19.29; 17,6

Die Nachkommen von Levi: priesterliche Linie

27 Levi hatte drei Söhne: Gerschon, Kehat und
Merari. 28 Die Söhne Kehats waren: Amram, Jiz-
har, Hebron und Usiël. 29 Die Söhne Amrams:
Aaron, Mose und Mirjam. Die Söhne Aarons:
Nadab und Abihu, Eleasar und Itamar.

30–40 Die Nachkommen Aarons in der führenden Linie und seine Nachfolger im Priesterdienst:[a]

Eleasar zeugte Pinhas
Pinhas zeugte Abischua
Abischua zeugte Bukki
Bukki zeugte Usi
Usi zeugte Serachja
Serachja zeugte Merajot
Merajot zeugte Amarja
Amarja zeugte Ahitub
Ahitub zeugte Zadok
Zadok zeugte Ahimaaz
Ahimaaz zeugte Asarja
Asarja zeugte Johanan
Johanan zeugte Asarja

Dieser Asarja[b] übte als erster den Priesterdienst in dem Tempel* aus, den Salomo in Jerusalem gebaut hatte.

Asarja zeugte Amarja
Amarja zeugte Ahitub
Ahitub zeugte Zadok
Zadok zeugte Schallum
Schallum zeugte Hilkija
Hilkija zeugte Asarja
Asarja zeugte Seraja
Seraja zeugte Jozadak

41 Jozadak mußte mit in die Verbannung, als der HERR die Bewohner von Juda und Jerusalem durch Nebukadnezzar wegführen ließ.

Die Nachkommen von Levi: levitische Linien

6 Die Söhne von Levi waren: Gerschon,
Kehat und Merari. 2 Die Söhne Gerschons
waren: Libni und Schimi. 3 Die Söhne Kehats:
Amram, Jizhar, Hebron und Usiël. 4 Die Söhne
von Merari: Machli und Muschi.
Es folgen die Sippenoberhäupter der Leviten*
in den Hauptlinien der Nachkommen Levis:
5 Die Gruppe Gerschon: Auf Gerschon folg-
ten in absteigender Linie Libni, Jahat, Simma,
6 Joach, Iddo, Serach und Jeotrai.
7 Die Gruppe Kehat: Auf Kehat folgten in
absteigender Linie Amminadab, Korach, Assir,
8 Elkana, Abiasaf, Assir, 9 Tahat, Uriël, Usija und
Schaul. 10 Die Söhne Elkanas waren: Amasai,
Ahimot 11 und Elkana. Auf diesen folgten in
direkter Linie: Zuf, Nahat, 12 Eliab, Jeroham, El-
kana und Samuel.[c] 13 Die Söhne Samuels waren:
der erstgeborene Joël und der zweite[d] Abija.
14 Die Gruppe Merari: Auf Merari folgten in
absteigender Linie Machli, Libni, Schimi, Usa,
15 Schima, Haggija und Asaja.

Die Aufgaben der Leviten

16 Ein Teil der Nachkommen von Levi erhielt
von David den Auftrag, den Chorgesang im
Heiligtum des HERRN zu übernehmen, nach-
dem die Bundeslade* dort ihren festen Platz
gefunden hatte. 17 Sie versahen diesen Dienst
vor der heiligen Zeltwohnung, bis Salomo das
Haus des HERRN in Jerusalem gebaut hatte. Sie
richteten sich dabei genau nach den Anweisun-
gen. 18 Folgende Leviten* wurden zusammen
mit den übrigen Männern ihrer Sippen dazu be-
rufen:
Leiter der ersten Sängergruppe war Heman
von den Nachkommen Kehats. Er war der Sohn
Joëls und Enkel Samuels. 19 Seine weiteren Vor-
fahren waren: Elkana, Jeroham, Eliël, Tohu,
20 Zuf, Elkana, Mahat, Amasai, 21 Elkana, Joël,
Asarja, Zefanja, 22 Tahat, Assir, Abiasaf, Korach,
23 Jizhar und Kehat, der Sohn von Levi und Enkel
von Israel.[e]
24 Rechts neben Heman stand Asaf von den
Nachkommen Gerschons, der Leiter der zweiten
Sängergruppe. Er war der Sohn von Berechja
und Enkel von Schima. 25 Seine weiteren Vorfah-
ren waren: Michael, Maaseja, Malkija, 26 Etni,
Serach, Adaja, 27 Etan, Simma, Schimi, 28 Jahat
und Gerschon, der Sohn von Levi.
29 Links neben Heman stand Etan von den
Nachkommen Meraris, der Leiter der dritten
Sängergruppe. Er war der Sohn von Kischi[f] und
Enkel von Abdi. Seine weiteren Vorfahren
waren: Malluch, 30 Haschabja, Amazja, Hilkija,

a Verdeutlichender Zusatz. b Nach 1 Kön 4,2 war dies der Träger des gleichen Namens zwei Generationen zuvor.
c *und Samuel* findet sich nur in einem Teil der griechischen Überlieferung.
d *Joël und der zweite:* mit alten Übersetzungen (vgl. Vers 18; 1 Sam 8,2); H *Waschni und.*
e *Israel:* siehe Anmerkung zu 1,34. f In 15,17 heißt dieselbe Person *Kuschaja.*

5,27-29 Ex 6,16-25; Num 26,57-60 **5,34-40** (Zadok) 2 Sam 8,17 S; (Seraja) 2 Kön 25,18-21 **6,1-4** Ex 6,16-19; Num 3,17-20 **6,11-12** 1 Sam 1,1 **6,13** 1 Sam 8,2 **6,16** 2 Sam 6,17 **6,18-19** 1 Sam 1,1 **6,18** (Heman) 15,17.19; 16,41; 25,1.4-6; 2 Chr 5,12; 29,12-14; 35,15; Ps 88,1 **6,24** (Asaf) 15,17.19; 16,5.7.37; 25,1.2.6; 2 Chr 5,12; 29,30; 35,15; Neh 11,17; 12,46; Ps 50,1; 73,1–83,1 **6,29** (Etan) 15,17.19

31 Amzi, Bani, Schemer, 32 Machli, Muschi und Merari, der Sohn von Levi.

33 Die anderen Leviten, ihre Brüder, hatten den Dienst an der Wohnung, dem Haus Gottes, zu verrichten. 34 Der Priesterdienst* aber war den Nachkommen Aarons vorbehalten. Diese verbrannten die Opfer auf dem Brandopferaltar* und den Weihrauch auf dem Räucheraltar*. Sie allein durften mit den heiligsten Dingen umgehen und Sühnehandlungen für die Israeliten vollziehen, genau wie es Mose, der Bevollmächtigte* Gottes, festgelegt hatte.

35 Die Nachkommen Aarons in direkter Abstammungslinie und zugleich seine Nachfolger im Priesterdienst[a] waren: Eleasar, Pinhas, Abischua, 36 Bukki, Usi, Serachja, 37 Merajot, Amarja, Ahitub, 38 Zadok und Ahimaaz.

Die Wohnorte der Leviten

(Jos 21,1-42)

39 Die Wohnorte und die Weideplätze für die Viehherden wurden den Nachkommen Levis von den übrigen Stämmen durch das Los zugeteilt.[b]

Das erste Los fiel auf die Priester, die Nachkommen Aarons, die zu den Nachkommen Kehats gehören. 40 Sie erhielten im Gebiet des Stammes Juda die Stadt Hebron mit dem Weideland ringsum. 41 Das Ackerland der Stadt dagegen und die dazugehörenden Dörfer bekam Kaleb, der Sohn von Jefunne. 42–45 Hebron war eine von den Asylstädten*, in denen ein Totschläger Zuflucht finden konnte. Außerdem erhielten die Priester im Stammesgebiet von Juda: Libna, Jattir, Eschtemoa, Hilen, Debir, Aschan und Bet-Schemesch; dazu im Stammesgebiet von Benjamin: Geba, Alemet und Anatot, insgesamt dreizehn Städte, jeweils mit dem dazugehörenden Weideland.

46 Die übrigen Sippen der Nachkommen Kehats bekamen durch das Los zehn Städte in der westlichen Hälfte des Stammesgebiets von Manasse.

47 Die verschiedenen Sippen der Nachkommen Gerschons erhielten dreizehn Städte im Gebiet der Stämme Issachar, Ascher und Naftali sowie in der östlichen Hälfte des Stammesgebiets von Manasse, in Baschan*.

48 Die Sippen der Nachkommen von Merari bekamen durch das Los zwölf Städte im Gebiet der Stämme Ruben, Gad und Sebulon.

49 Die Israeliten übergaben also den Nachkommen von Levi diese Städte, immer mit dem dazugehörenden Weideland. 50 Die Priester erhielten durch das Los die bereits genannten Städte im Gebiet der Stämme Juda, Simeon und Benjamin.

51–55 Die anderen Sippen der Nachkommen Kehats erhielten folgende Städte mit dem dazugehörenden Weideland: Im Stammesgebiet von Efraïm: die Asylstadt* Sichem im Bergland Efraïm, weiter Geser, Kibzajim,[c] Bet-Horon, Ajalon und Gat-Rimmon; im Stammesgebiet von West-Manasse: Aner und Jibleam.

56–61 Die Nachkommen Gerschons bekamen folgende Städte mit dem dazugehörenden Weideland: Im Gebiet von Ost-Manasse: Golan in Baschan* und Aschtarot; im Gebiet von Issachar: Kedesch, Daberat, Ramot und Anem; im Gebiet von Ascher: Mischal, Abdon, Hukok und Rehob; und im Gebiet von Naftali: Kedesch in Galiläa*, Hammon und Kirjatajim.

62–66 Die Nachkommen von Merari schließlich bekamen folgende Städte mit dem dazugehörenden Weideland: Im Stammesgebiet von Sebulon: Rimmon und Tabor; auf der Ostseite des Jordans im Stammesgebiet von Ruben: die Stadt Bezer, die gegenüber von Jericho in der Steppe liegt, dazu Jahaz, Kedemot und Mefaat; im Stammesgebiet von Gad: Ramot in Gilead*, Mahanajim, Heschbon und Jaser.

Die Nachkommen von Issachar

7 Die Söhne von Issachar waren: Tola, Puwa, Jaschub und Schimron.

2 Die Söhne von Tola waren: Usi, Refaja, Jeriël, Jachmai, Jibsam und Schemuël. Sie waren die Oberhäupter ihrer Sippen und tüchtige Krieger. In der Zeit Davids betrug die Zahl der Nachkommen Tolas nach ihren Verzeichnissen 22600 Mann.

3 Usi hatte einen Sohn namens Jisrachja. Jisrachja und seine vier Söhne Michael, Obadja, Joël und Jischija waren alle Sippenoberhäupter. 4 Sie hatten so viele Frauen und Kinder, daß ihre Sippen in der Lage waren, 36000 Mann für das Heer zu stellen.

5 Auch ihre Brüder aus den übrigen Sippen Issachars waren alle tüchtige Krieger. Insgesamt umfaßte ihr Verzeichnis 87000 Mann.

Die Nachkommen von Benjamin und Naftali

6 Benjamin hatte drei Söhne: Bela, Becher und Jediaël.

a *und zugleich …:* verdeutlichender Zusatz.
b Wörtlich *Dies sind ihre Wohnsitze mit ihren Zeltlagern in ihrem Gebiet.* c *Kibzajim:* nach Jos 21,22; H *Jokmeam.*
6,34 Ex 28,1 6,35-38 5,29-34 7,1 Gen 46,13; Num 26,5-51 7,6 8,1-2; Gen 46,21; Num 26,5-51

7 Die Söhne von Bela waren: Ezbon, Usi, Usiël, Jerimot und Ir. Diese fünf waren die Oberhäupter ihrer Sippen und tüchtige Krieger. Im Verzeichnis ihrer Nachkommen waren 22034 Mann eingetragen.

8 Die Söhne von Becher waren: Semira, Joasch, Eliëser, Eljoënai, Omri, Jeremot, Abija, Anatot und Alemet. 9 Im Verzeichnis ihrer Nachkommen waren, nach Sippen geordnet, 20200 kriegstüchtige Männer eingetragen.

10 Jediaël hatte einen Sohn namens Bilhan, dessen Söhne waren: Jëusch, Benjamin, Ehud, Kenaana, Setan, Tarschisch und Ahischahar. 11 Auch sie waren Oberhäupter ihrer Sippen und tüchtige Krieger. Sie stellten im Kriegsfall 17200 Mann für das Heer.

12 Die Söhne von Ir waren Huppim und Schuppim. Der Sohn von Aher war Huschim.

13 Die Söhne von Naftali waren: Jachzeel, Guni, Jezer und Schallum. Sie alle stammten von Naftalis Mutter Bilha ab.

Die Nachkommen von Manasse

14 Manasse hatte einen Sohn namens Asriël. Seine aramäische Nebenfrau gebar ihm Machir, den Vater Gileads. 15 Machir nahm eine Schwester von Huppim und Schuppim zur Frau, sie hieß Maacha. Sein zweiter Sohn war Zelofhad;[a] dieser hatte nur Töchter.

16 Maacha, die Frau Machirs, gebar zwei Söhne. Den einen nannte sie Peresch, der andere hieß Scheresch. Die Söhne von Scheresch waren Ulam und Rekem. 17 Ulam hatte einen Sohn namens Bedan. Das sind die Nachkommen von Gilead, dem Sohn von Machir und Enkel von Manasse.

18 Seine Schwester Molechet[b] gebar Ischhod, Abiëser und Machla. 19 Die Söhne von Schemida waren: Achjan, Schechem, Likhi und Aniam.

Die Nachkommen von Efraïm

20 Efraïm hatte einen Sohn namens Schutelach, dessen Sohn war Bered, und als weitere Nachkommen in direkter Linie folgten: Tahat, Elada, Tahat 21 und Sabad.

Außer Schutelach hatte Efraïm noch zwei Söhne namens Eser und Elad. Sie zogen aber nach Gat hinunter, um den dortigen Bewohnern ihre Viehherden zu rauben, und wurden dabei erschlagen. 22 Ihr Vater Efraïm trauerte lange Zeit um sie, und seine Verwandten kamen zu ihm, um ihn zu trösten. 23 Dann schlief er wieder mit seiner Frau, und sie wurde schwanger und gebar einen Sohn. Er nannte ihn Beria, weil er in dieser Unglückszeit seiner Familie geboren wurde.[c]

24 Efraïms Tochter war Scheera. Sie ließ das untere und das obere Bet-Horon sowie Usen-Scheera erbauen.

25 Seine Söhne[d] waren: Refach und Reschef. Reschef hatte einen Sohn namens Telach; dessen weitere Nachkommen waren: Tahan, 26 Ladan, Ammihud, Elischama 27 und Nun; dessen Sohn war Josua.

28 Der Grundbesitz, den die Nachkommen Efraïms bewohnten, umfaßte Bet-El mit den dazugehörenden Dörfern, östlich davon Naara, in westlicher Richtung Geser, und im Norden reichte er bis Sichem und Aja, jeweils mit den zugehörigen Dörfern. 29 Im Besitz der Nachkommen von Manasse befanden sich Bet-Schean, Taanach, Megiddo und Dor, ebenfalls mit den Dörfern ringsum. Alle diese Orte wurden von den Nachkommen Josefs, den Söhnen Israels,[e] bewohnt.

Die Nachkommen von Ascher

30 Die Söhne von Ascher waren: Jimna, Jischwa, Jischwi und Beria; ihre Schwester war Serach.

31 Die Söhne von Beria waren: Heber und Malkiël. Dieser war der Stammvater von Birsajit.

32 Heber zeugte Jaflet, Schemer und Hotam sowie eine Tochter namens Schua.

33 Die Söhne Jaflets waren: Pasach, Bimhal und Aschwat. 34 Die Söhne Schemers: Ahi, Rohga, Hubba und Aram. 35 Und die Söhne seines Bruders Hotam:[f] Zofach, Jimna, Schelesch und Amal.

36 Die Söhne Zofachs waren: Suach, Harnefer, Schual, Beri, Jimra, 37 Bezer, Hod, Schamma, Schilscha, Jitran und Beera. 38 Die Söhne Jitrans waren: Jefunne, Pispa und Ara.

39 Die Söhne von Ulla[g] waren: Arach, Hanniël und Rizja.

40 Sie alle waren Nachkommen Aschers, her-

a Wessen zweiter Sohn Zelofhad sein soll, ist nicht deutlich. Nach Jos 17,3 ist er ein Urenkel Machirs. Der hebräische Text der Verse 14-19 ist lückenhaft und unsicher überliefert.
b Wessen *Schwester* sie war, läßt sich nicht klären, weil der Name nirgends erwähnt wird.
c *Beria* erinnert im Hebräischen an »im Unglück«.
d *Seine Söhne* bezieht sich in der jetzigen Gestalt des Textes auf Beria. Jedoch scheint die Liste in Vers 21 unterbrochen zu sein. e *Israels**: siehe Anmerkung zu 1,34.
f *Hotam:* vermutlicher Text; H *Helem.*
g Dieser Name wird vorher nicht erwähnt.

7,13 Gen 46,24 7,14 Num 26,5-51 7,20 Num 26,5-51 7,27 Num 27,18-19 S 7,30 Gen 46,17; Num 26,44-47

vorragende Führer ihrer Sippen und tapfere Krieger. In den Listen der wehrfähigen Männer waren von den Nachkommen Aschers 26000 Mann eingetragen.

Eine weitere Liste der Nachkommen Benjamins

8 [1-2]Benjamin hatte fünf Söhne, der Erst-
geborene war Bela, der zweite Aschbel,
der dritte Achrach, der vierte Noha, der fünfte
Rafa.

[3]Die Söhne von Bela waren: Ard,[a] Gera, Abi-
hud, [4]Abischua, Naaman, Ahoach, [5]Gera, Sche-
fufan und Huram.

[6]Die Söhne Ehuds[b] waren die Oberhäupter
der Sippen, die in Geba wohnten und von dort
nach Manahat verschleppt wurden, [7]nämlich
Naaman, Ahija und Gera. Gera war es, der sie
dorthin verschleppte.

Die Söhne von Belas Sohn Gera waren: Usa
und Ahihud.[c]

[8-9]Schaharajim wohnte im Hochland von
Moab*. Er hatte seine Frauen Huschim und
Baara verstoßen und danach Hodesch geheira-
tet. Sie gebar ihm die Söhne Jobab, Zibja,
Mescha, Malkam, [10]Jëuz, Sacheja und Mirma.
Jeder von ihnen war das Oberhaupt einer eige-
nen Sippe. [11]Von seiner früheren Frau Huschim
stammten die Söhne Abitub und Elpaal. [12]Die
Söhne Elpaals waren: Eber, Mischam und Sche-
med. Dieser erbaute Ono, Lod und die dazu-
gehörenden Orte.

[13]Die Brüder Beria und Schema waren die
Oberhäupter der Sippen, die in Ajalon wohnten.
Sie vertrieben die Einwohner von Gat. [14]Ihre
übrigen Brüder hießen Elpaal, Schaschak und
Jeroham.[d]

[15-16]Die Söhne von Beria waren: Sebadja,
Arad, Eder, Michael, Jischpa und Joha.

[17-18]Die Söhne von Elpaal: Sebadja, Meschul-
lam, Hiski, Heber, Jischmerai, Jislia und Jobab.

[19-21]Die Söhne von Schimi:[e] Jakim, Sichri,
Sabdi, Eliënai, Zilletai, Eliël, Adaja, Beraja und
Schimrat.

[22-25]Die Söhne von Schaschak: Jischpan,
Eber, Eliël, Abdon, Sichri, Hanan, Hananja, Elam,
Antotija, Jifdeja und Penuël.

[26-27]Und die Söhne von Jeroham: Scham-
scherai, Scheharja, Atalja, Jaareschja, Elija und
Sichri. [28]Sie waren die Oberhäupter der Sippen
ihrer Nachkommen und wohnten in Jerusalem.

[29]In Gibeon wohnte Jëiël,[f] der Stammvater
dieser Stadt; seine Frau hieß Maacha. [30]Sein
erstgeborener Sohn war Abdon, als weitere
Söhne folgten: Zur, Kisch, Baal, Ner,[g] Nadab,
[31]Gedor, Achjo, Secher und Miklot; dieser hatte
einen Sohn namens Schima. [32]Auch sie ließen
sich wie ihre Stammesbrüder in Jerusalem nie-
der.

[33]Der Sohn Ners war Abner,[h] der Sohn
Kischs war Saul. Die Söhne Sauls waren: Jona-
tan, Malkischua, Abinadab und Eschbaal.[i]

[34]Der Sohn Jonatans war Merib-Baal; der
hatte einen Sohn namens Micha.

[35]Die Söhne von Micha waren: Piton, Me-
lech, Tachrea und Ahas. [36]Ahas zeugte Joadda,
und Joadda zeugte Alemet, Asmawet und Simri.
Simri zeugte Moza, [37]seine weiteren Nachkom-
men waren: Bina, Rafa, Elasa und Azel.

[38]Azel hatte sechs Söhne: Asrikam, Bochru,
Jischmaël, Schearja, Obadja und Hanan. [39]Die
Söhne von Azels Bruder Eschek waren: der erst-
geborene Ulam, der zweite Jëusch, der dritte Eli-
felet.

[40]Die Söhne Ulams waren tapfere Krieger,
mit Pfeil und Bogen bewaffnet. Sie hatten viele
Söhne und Enkel, insgesamt 150 Mann.

Alle die genannten Sippen gehörten zu den
Nachkommen Benjamins.

Die Bewohner Jerusalems nach der Verbannung

(Neh 11,3-19)

9 So wurde ganz Israel nach seinen Sippen
erfaßt und im amtlichen Verzeichnis der
Könige von Israel aufgeschrieben.

Weil die Bewohner des Königreichs Juda sich
von Gott abgewandt hatten, wurden sie nach
Babylonien* in die Verbannung geführt. [2]Die
ersten, die von dort zurückkehrten und sich wie-
der auf ihrem Erbbesitz* in Juda ansiedelten,
waren Leute aus dem Volk sowie Priester*, Levi-
ten* und Tempeldiener*.

[3]Damals ließen sich in Jerusalem folgende

a *Ard:* mit einigen Handschriften und Gen 46,21; Num 26,40; H *Addar.*
b Nach Ri 3,15 ist Ehud der Sohn eines Gera; vgl. hier Vers 3.
c Die Deutung der Verse 6-7 ist unsicher.
d *Ihre übrigen ...:* vermutlicher Text; H *und Achjo, Schaschak und Jeremot.*
e Wahrscheinlich dieselbe Person wie Schema in Vers 13.
f *Jëiël:* nach 9,35 ergänzt.
g *Ner:* nach 9,36 ergänzt.
h *Abner:* vermutlicher Text; H *Kisch* (vgl. 1 Sam 9,1; 14,50-51).
i Da man aus dem Namensbestandteil *-baal* (= Herr, Gebieter) später den Namen des Gottes Baal* heraushörte, wurde der Name *Eschbaal* (= Gefolgsmann des Herrn) im 2. Samuelbuch in *Isch-Boschet* (= Mann der Schande) verunstaltet und damit zugleich sein Träger verunglimpft; vgl. 2 Sam 2,8.10.12 usw.

8,1-2 7,6 S **8,29-38** 9,35-44 **8,34** 2 Sam 9,6 **9,2** Esra 2,1; Neh 7,6

Leute aus den Stämmen Juda, Benjamin, Efraïm
und Manasse nieder:

4 Aus dem Stamm *Juda:*
Utai, der Sohn Ammihuds; er stammt über
Omri, Imri und Bani von Judas Sohn Perez ab;
5 von den Nachkommen von Judas Sohn Schela:
Asaja, der Erstgeborene,[a] und seine Söhne;
6 von den Nachkommen von Judas Sohn Serach:
Jëuël.
Zusammen mit ihren Brüdern waren es 690.

7 Aus dem Stamm *Benjamin:*
Sallu, der Sohn Meschullams; seine weiteren
Vorfahren waren Hodawja und Senua;
8 Jibneja, der Sohn Jerohams;
Ela, der Sohn von Usi und Enkel von Michri;
Meschullam, der Sohn von Schefatja; seine weiteren Vorfahren waren Reguël und Jibnija.
9 Zusammen mit ihren Brüdern und nach ihren
Sippen waren es 956 Sippenoberhäupter.

10 Von den *Priestern:*
Jedaja, Jojarib, Jachin;
11 Asarja, der Sohn von Hilkija, das Oberhaupt
des Tempels*; seine weiteren Vorfahren
waren Meschullam, Zadok, Merajot und Ahitub;
12 Adaja, der Sohn Jerohams; seine weiteren
Vorfahren waren Paschhur und Malkija;
Masai, der Sohn Adiëls; seine weiteren Vorfahren waren Jachsera, Meschullam, Meschillemot und Immer.
13 Zusammen mit ihren Brüdern waren es 1760
Sippenoberhäupter, alle befähigt zum Dienst
im Haus Gottes.

14 Von den *Leviten:*
Schemaja von der Gruppe Merari, seine Vorfahren waren Haschub, Asrikam, und Haschabja;
15 Bakbakar, Heresch, Galal und Mattanja, der
Sohn von Micha und Enkel von Sichri, ein
Nachkomme Asafs;
16 Abda, der Sohn von Schammua und Enkel von
Galal, ein Nachkomme Jedutuns;
Berechja, der Sohn von Asa und Enkel von Elkana, der früher in den Siedlungen von Netofa
gewohnt hatte.

17 Dazu die *Torwächter:*
Schallum, Akkub, Talmon und Ahiman. Ihr
Oberhaupt war Schallum.
18 Seine Sippe bewacht bis zum heutigen Tag
das Königstor auf der Ostseite. Ihre Vorfahren[b] waren beim Zug durch die Wüste die
Torwächter im Lager der Leviten gewesen.
19 Auch den Dienst als Wächter am Eingang
des Heiligen Zeltes* versahen Schallum und
die Männer seiner Sippe, sämtlich Nachkommen Korachs; Schallum stammte über Kore
und Abisaf von Korach ab. Ihre Vorfahren hatten in der Wüste den Eingang zum Lager des
HERRN bewacht;
20 Pinhas, der Sohn Eleasars,
war ihr Oberhaupt gewesen – der HERR gedenke seiner!
21 Secharja, der Sohn von Meschelemja, war Torhüter am Eingang des Heiligen Zeltes.
22 Insgesamt waren es 212, die zu Torwächtern
ausgewählt worden waren.

Die Torwächter waren in ihren Dörfern in das
Sippenverzeichnis eingetragen worden; David
und der Prophet* Samuel hatten sie in ihr Amt
eingesetzt.
23 Sie und ihre Söhne standen Wache
an den Eingangstoren zum Heiligen Zelt und
später zum Tempel des HERRN.
24 Die Wachen waren nach den vier Himmelsrichtungen aufgestellt, nach Osten, Westen, Norden und Süden.
25 Die Männer wohnten in ihren
Dörfern und mußten jeweils für sieben Tage
zum Dienst erscheinen, wenn sie an der Reihe
waren.
26 Nur die vier obersten Wächter, auch sie
Leviten, waren ständig im Dienst. Zu ihren Aufgaben gehörte die Aufsicht über die Vorratsräume und die Schatzkammern des Tempels.
27 Sie blieben auch über Nacht im Tempelbereich, denn sie mußten Wache halten und jeden
Morgen die Tore aufschließen.
28 Andere Leviten waren verantwortlich für
die Geräte, die beim Gottesdienst gebraucht
wurden. Sie trugen sie abgezählt hinein und
nach Gebrauch wieder hinaus.
29 Wieder andere waren zuständig für die sonstigen Geräte und heiligen Gefäße und verantwortlich für das Mehl, den Wein, das Olivenöl,
den Weihrauch* und die Duftstoffe für das Salböl.
30 Die Herstellung des Salböls aus diesen Stoffen war jedoch Aufgabe der Priester.
31 Der Levit Mattitja, der erstgeborene Sohn
des Korachnachkommen Schallum, hatte ständig
dafür zu sorgen, daß das Backwerk für die
Speiseopfer* hergestellt wurde.
32 Für die geweihten Brote*, die jeden Sabbat* aufgelegt werden müssen, waren einige ihrer Stammesbrüder
von den Nachkommen Kehats zuständig.
33 Die levitischen Sippen, die für den Gesang

a Wessen *Erstgeborener,* wird nicht gesagt. b Verdeutlichender Zusatz; wörtlich *Sie.*
9,18 Num 1,53 9,32 Lev 24,5-8

am Tempel verantwortlich waren, wohnten in den Kammern am Tempel. Sie waren von aller anderen Arbeit befreit, weil sie Tag und Nacht zu ihrem Dienst bereit sein mußten.

34 Alle die genannten Sippenoberhäupter, die nach ihrer Abstammung zu den Leviten gehörten, wohnten damals in Jerusalem.

Vorfahren und Nachkommen König Sauls

(8,29-38)

35 In Gibeon wohnte Jëiël, der Stammvater dieser Stadt. Seine Frau hieß Maacha, 36 sein erstgeborener Sohn war Abdon, die weiteren Söhne waren: Zur, Kisch, Baal, Ner, Nadab, 37 Gedor, Achjo, Secher und Miklot; 38 Miklot hatte einen Sohn namens Schima. Auch sie ließen sich wie ihre Stammesbrüder in Jerusalem nieder.

39 Der Sohn Ners war Abner,[a] der Sohn von Kisch aber war Saul. Die Söhne Sauls waren: Jonatan, Malkischua, Abinadab und Eschbaal.[b]

40 Jonatans Sohn war Merib-Baal und dessen Sohn Micha.

41 Die Söhne von Micha waren: Piton, Melech, Tachrea und Ahas. 42 Der Sohn von Ahas hieß Joadda, und dessen Söhne waren: Alemet, Asmawet und Simri. Der Sohn von Simri war Moza, 43 und als weitere Nachkommen in dieser Linie folgten: Bina, Refaja, Elasa und Azel.

44 Azel hatte sechs Söhne: Asrikam, Bochru, Jischmaël, Schearja, Obadja und Hanan.

DAS KÖNIGTUM DAVIDS

(Kapitel 10–20)

Sauls Ende

(1 Sam 31,1-13)

10 Im Gilboa-Gebirge kam es zwischen Israel und den Philistern* zur Schlacht. Die Männer Israels mußten fliehen; viele wurden von den Feinden niedergemacht. 2 Die Philister verfolgten Saul und seine Söhne Jonatan, Abinadab und Malkischua. Die drei Söhne fanden dabei den Tod.

3 Um Saul selbst entbrannte ein heftiger Kampf. Als die Bogenschützen ihn entdeckten und auf ihn anlegten, zitterte er vor Angst. 4 Er befahl seinem Waffenträger: »Zieh dein Schwert und töte mich! Sonst werden diese Unbeschnittenen* ihren Spott mit mir treiben.«

Aber der Waffenträger scheute sich und wollte es nicht tun. Da nahm Saul sein Schwert und stürzte sich hinein.

5 Als der Waffenträger sah, daß Saul tot war, stürzte auch er sich ins Schwert und starb. 6 So starben Saul und seine drei Söhne; das war das Ende seines Königshauses.

7 Als die israelitischen Bewohner der Jesreel-Ebene erfuhren, daß das Heer geschlagen und Saul mit seinen Söhnen gefallen war, verließen sie ihre Wohnorte und flohen. Die Philister rückten nach und nahmen die Städte in Besitz.

8 Am Tag nach der Schlacht plünderten die Philister die Gefallenen aus. Dabei fanden sie Saul und seine Söhne auf dem Gilboa-Gebirge. 9 Sie zogen Saul aus und nahmen seinen Kopf und seine Rüstung. Beides ließen sie durch Boten in ihrem ganzen Gebiet herumzeigen. So verkündeten sie ihren Götzen und ihrem Volk die Siegesnachricht. 10 Dann legten sie die Rüstung in den Tempel eines ihrer Götter; den Kopf Sauls brachten sie am Tempel ihres Gottes Dagon an.

11 Als die Bewohner von Jabesch in Gilead* alles erfuhren, was die Philister mit Saul gemacht hatten, 12 brachen alle kriegstüchtigen Männer auf. Sie holten die Leichname Sauls und seiner Söhne nach Jabesch, begruben die Gebeine unter der Eiche* ihrer Stadt und fasteten zur Trauer eine ganze Woche lang.

13 Saul fand den Tod, weil er dem HERRN untreu geworden war. Er hatte seine Weisungen nicht befolgt und sogar eine Totenbeschwörerin befragt, 14 anstatt sich an den HERRN zu wenden. Darum ließ der HERR ihn sterben und machte an seiner Stelle David, den Sohn von Isai, zum König.

David wird König über Israel

(2 Sam 5,1-3)

11 Ganz Israel kam zu David nach Hebron. Die Leute sagten zu ihm: »Du bist doch unser eigen Fleisch und Blut! 2 Schon früher, als Saul noch König war, hast du das Heer Israels im Krieg angeführt. Und der HERR, dein Gott, hat dir zugesagt: ›Du bist der Mann, der künftig mein Volk Israel führen und schützen soll. Du wirst der Anführer Israels sein!‹«

3 So sagten alle Ältesten* Israels, die zu König David nach Hebron gekommen waren. David schloß dort in Hebron einen Vertrag mit ihnen, und sie riefen den HERRN als Zeugen dafür an. Daraufhin salbten* sie David zum König über Israel, so wie der HERR es durch Samuel angeordnet hatte.

a H *Kisch;* vgl. Anmerkung zu 8,33. b *Eschbaal:* siehe Anmerkung zu 8,33.

10,13 1 Sam 13,8-14; 15,1-26; 28,7-8; Lev 19,31 S 11,3 1 Sam 16,1-13

David erobert Jerusalem und macht es zu seiner Hauptstadt

(2 Sam 5,6-10)

4 Dann zog David mit allen Männern Israels vor
die Stadt Jerusalem, die damals Jebus hieß. Dort
wohnten die Jebusiter. 5 Sie riefen David zu:
»Diese Festung wirst du nicht einnehmen!«
Trotzdem eroberte er die Festung Zion*, und sie
wurde die Stadt Davids.
6 David hatte nämlich zu seinen Leuten ge-
sagt: »Wer den ersten Jebusiter erschlägt, soll
Heerführer werden!« Da stieg Joab, der Sohn
der Zeruja, als erster in die Stadt hinauf, und er
wurde Davids Heerführer.
7 David machte die Festung zu seiner Resi-
denz; darum nannte man sie »Davidsstadt«. 8 Er
baute sie ringsum aus, vom Millo* aus in der
ganzen Runde. Joab stellte den Rest der Stadt
wieder her.
9 David wurde immer mächtiger, und der
HERR, der Herrscher der Welt,[a] stand ihm bei.

Davids berühmte Krieger und ihre Taten

(2 Sam 23,8-39)

10 Hier werden die berühmten »Helden« Davids
verzeichnet, die ihm treu ergeben waren. Ge-
meinsam mit dem ganzen Volk hatten sie ihn
zum König über Israel gemacht, wie es vom
HERRN angeordnet worden war. 11 Dies sind ihre
Namen:
Jischbaal[b] aus der Sippe Hachmoni war der
Anführer der Elitetruppe Davids. Er kämpfte mit
dem Speer gegen dreihundert Feinde und er-
stach sie alle in einer einzigen Schlacht.
12 An zweiter Stelle steht Eleasar, der Sohn
von Dodo, aus Ahoach. Er war einer der »Drei«.
13 Er war dabei, als die Philister* sich bei Pas-
Dammim gegen David zum Kampf sammelten.
Dort war ein Feld mit Gerste. Als die Israeliten
flohen, 14 stellten sie sich mitten auf das Feld,
hielten dem Angriff stand und schlugen die Phili-
ster zurück. So schenkte der HERR den Israeliten
einen großen Sieg.
15 Als einmal das Heer der Philister sein Lager
in der Ebene Rafaïm aufgeschlagen hatte, gingen
drei von den »Dreißig Helden« zu dem Felsen
hinunter, wo David war, in die Höhle bei Adul-
lam. 16 Dort hatte er seine Bergfestung, in der er
sich gerade aufhielt; eine Abteilung der Philister
lag zur gleichen Zeit in Betlehem. 17 Aus einer
Laune heraus sagte David: »Ich habe Durst! Wer
bringt mir Wasser aus der Zisterne beim Tor von
Betlehem?« 18-19 Darauf brachen die drei in das
Lager der Philister ein, schöpften Wasser aus der
Zisterne beim Tor von Betlehem und brachten es
David. Der aber weigerte sich, es zu trinken.
»Mein Gott bewahre mich davor, ein solches
Unrecht zu tun«, sagte er. »Das wäre geradeso,
wie wenn ich das Blut dieser Männer hier trin-
ken würde, die ihr Leben dafür aufs Spiel gesetzt
haben.« Er goß das Wasser als Trankopfer* für
den HERRN auf die Erde. Diese Tat vollbrachten
die drei tapferen Helden.
20-21 Der Erste dieser drei war Abischai, der
Bruder Joabs. Er tötete einmal mit dem Speer
dreihundert Feinde. Er war der berühmteste
dieser drei Männer; aber an die »Drei« reichte er
doch nicht heran.
22 Benaja aus Kabzeel war der Sohn des tapfe-
ren Jojada und vollbrachte große Taten. Er tötete
die beiden mächtigen Helden, die als »Löwen
von Moab« bekannt waren. Als an einem
Schneetag ein Löwe in eine Grube fiel, stieg er
allein hinunter und erschlug ihn. 23 Er tötete
auch einen Ägypter, der zweieinhalb Meter[c]
groß war und einen Speer hatte, dessen Schaft
so dick war wie ein Weberbaum*. Benaja selbst
hatte nichts als einen Stock; aber er ging auf den
Ägypter los, riß ihm den Speer aus der Hand und
durchbohrte ihn damit. 24 Durch solche Taten
wurde auch Benaja als einer jener drei berühmt.
25 Er war angesehener als die »Dreißig Helden«,
aber an die »Drei« reichte er doch nicht heran.
David machte ihn zum Anführer seiner Leib-
garde*.
26 Die tapferen Helden waren:

Asaël, der Bruder von Joab
Elhanan, der Sohn von Dodo, aus Betlehem
27 Schammot aus Harod
Helez aus Pelon[d]
28 Ira, der Sohn von Ikkesch, aus Tekoa
Abiëser aus Anatot
29 Sibbechai aus Huscha
Ilai aus Ahoach
30 Mahrai aus Netofa
Heled, der Sohn von Baana, aus Netofa
31 Ittai, der Sohn von Ribai, aus Gibea im Gebiet
Benjamins
Benaja aus Piraton

a Wörtlich *der HERR Zebaot**. b *Jischbaal:* mit griechischen Handschriften (vgl. 2 Sam 23,8); H *Jaschobam.*
c Hebräische Maßangabe *5 Ellen**.
d *Pelon* ist kein Ortsname, sondern bedeutet vermutlich »Da-und-da«; ebenso in Vers 36.
11,4 Jos 15,63 S 11,20-21 1 Sam 26,6 S 11,22 2 Sam 8,18 S

[32] Hiddai aus Nahale-Gaasch
Abiël aus Bet-Araba
[33] Asmawet aus Bahurim
Eljachba aus Schaalbim
[34] Haschem[a] aus Gison
Jonatan, der Sohn von Schage, aus Harar
[35] Ahiam, der Sohn von Sachar, aus Harar
Elifal, der Sohn Urs
[36] Hefer aus Mechera
Ahija aus Pelon
[37] Hezro aus Karmel
Naarai, der Sohn von Esbai
[38] Joël, der Bruder Natans
Mibhar, der Sohn von Hagri
[39] Zelek, der Ammoniter*
Nachrai aus Beerot, der Waffenträger Joabs
[40] Ira aus Jattir
Gareb aus Jattir
[41] Urija, der Hetiter*
Sabad, der Sohn von Achlai
[42] Adina, der Sohn von Schisa, einer der maßgeblichen Männer des Stammes Ruben und Anführer von dreißig Mann
[43] Hanan, der Sohn von Maacha
Joschafat aus Meten
[44] Usija aus Aschtarot
Schama und Jëiël, die Söhne Hotams, aus Aroër
[45] Jediaël, der Sohn von Schimri, und sein Bruder Joha aus Tiz
[46] Eliël aus Mahanajim
Jeribai und Joschawja, die Söhne Elnaams
Jitma, der Moabiter*
[47] Eliël, Obed und Jaasiël aus Zoba*.

Die ersten Anhänger Davids in Ziklag

12 Viele hatten sich schon früher David angeschlossen, als er sich in Ziklag aufhielt und sich von König Saul, dem Sohn von Kisch, fernhalten mußte. Sie kämpften schon damals an seiner Seite.
[2] Sie waren mit Bogen und Pfeilen bewaffnet und konnten sowohl mit der rechten wie auch mit der linken Hand Steine schleudern und Pfeile schießen. Aus dem Stamm Benjamin, von Sauls eigenen Stammesbrüdern, kamen zu David:

[3] Ahiëser, ihr Anführer, und Joasch, die Söhne von Schemaa aus Gibea;
Jesiël und Pelet, die Söhne von Asmawet;
Beracha und Jehu aus Anatot;
[4] Jischmaja aus Gibeon, einer von den »Dreißig Helden*« und ihr Anführer;
[5] Jirmeja, Jahasiël, Johanan und Josabad aus Gedera;
[6] Elusai, Jerimot, Bealja, Schemarja und Schefatja aus Haruf;
[7] Elkana, Jischija, Asarel, Joëser und Jaschobam von den Nachkommen Korachs;
[8] Joëla und Sebadja, die Söhne von Jeroham, aus Gedor.

[9] Auch aus dem Stamm Gad ging eine Anzahl tapferer, kampferprobter Männer zu David über, als er in seiner Bergfestung in der Wüste Juda war. Sie waren mit Schild und Speer bewaffnet, kämpften wie die Löwen und waren in den Bergen flink wie die Gazellen.
[10-14] Es waren:

der Anführer	Eser
der zweite	Obadja
der dritte	Eliab
der vierte	Mischmanna
der fünfte	Jirmeja
der sechste	Attai
der siebte	Eliël
der achte	Johanan
der neunte	Elsabad
der zehnte	Jirmeja
der elfte	Machbannai

[15] Sie alle waren Anführer im Heer. Schon der Schwächste von ihnen nahm es mit hundert Gegnern auf, der Stärkste aber mit tausend.
[16] Um sich zu David durchzuschlagen, überschritten sie im März den Jordan, als er Hochwasser führte und alle Nebentäler auf beiden Seiten abgeschnitten waren.
[17] Aus den Stämmen Benjamin und Juda kamen ebenfalls einige zu Davids Bergfestung.
[18] Er trat ihnen entgegen und sagte: »Wenn ihr als Freunde gekommen seid, um mir zu helfen, dann seid ihr mir herzlich willkommen. Habt ihr aber vor, mich an meine Feinde zu verraten, so weiß es der HERR, der Gott unserer Vorfahren, und wird euch strafen; denn ich habe kein Unrecht getan.«
[19] Da ergriff der Geist* Gottes Besitz von Amasai, dem späteren Anführer der Elitetruppe Davids, und er rief:

»David, dir gehören wir!
Zu dir stehen wir, Sohn von Isai!
Sieg und Erfolg sei dir gegeben,
dir und allen, die bei dir sind;
denn deine Hilfe kommt von Gott!«

a Vermutlicher Text; H *die Söhne Haschems.*
11,41 2 Sam 11,3 12,1 1 Sam 27,6-8

Da nahm David sie bei sich auf und machte sie
zu Anführern seiner Truppe.
20 Schließlich schlossen sich auch einige Män-
ner aus dem Stamm Manasse David an. Dies ge-
schah in der Zeit, als er auf der Seite der Phili-
ster* gegen Saul in den Kampf ziehen sollte. Es
kam allerdings nicht dazu, denn die Heerführer
der Philister schickten ihn vor der Schlacht weg.
Sie sagten sich: »Er könnte wieder zu Saul, sei-
nem früheren Herrn, überlaufen und uns ihm
ans Messer liefern!«
21 Als David danach wieder nach Ziklag zu-
rückkehrte, kamen folgende Männer aus Ma-
nasse zu ihm: Adnach, Josabad, Jediaël, Michael,
Josabad, Elihu und Zilletai. Sie waren Führer von
Truppenverbänden des Stammes Manasse ge-
wesen. 22 Sie alle waren hervorragende Kriegs-
leute. Sie unterstützten nun David im Kampf ge-
gen die Banden der Amalekiter[a] und wurden
Anführer in seinem Heer.
23 Tag für Tag kamen immer neue Leute zu
David, um ihm zu helfen, so daß er schließlich
über ein riesiges Heer verfügte.

Davids Heer in Hebron

24 Nach Sauls Tod kamen wehrfähige Männer
aus allen Stämmen des Volkes zu David nach
Hebron, um ihn nach der Weisung des HERRN
anstelle Sauls zum König auszurufen. 25 Hier
sind ihre Zahlen:

Juda	6800 Mann, mit Schild und Lanze bewaffnet
26 Simeon	7100 tapfere Krieger
27 Levi	4600 Mann; 28 unter ihnen der Priester Jojada, das Oberhaupt der Nachkommen Aarons, mit 3700 Mann, 29 sowie Zadok, damals noch ein junger Mann, aber ein tapferer Krieger, mit seiner Sippe, nämlich 22 Anführern
30 Benjamin	3000 Mann von den Stammesbrüdern Sauls; der größere Teil des Stammes hielt damals noch zur Familie Sauls
31 Efraïm	20800 Krieger, lauter angesehene Leute in ihren Sippen
32 West-Manasse	18000 Mann; sie waren namentlich dazu bestimmt und beauftragt worden, nach Hebron zu gehen und David zum König zu machen
33 Issachar	200 Anführer mit allen ihren Männern; sie erkannten das Gebot der Stunde und wußten, was Israel zu tun hatte
34 Sebulon	50000 Mann, kriegsmäßig ausgerüstet und kampfbereit; sie waren fest entschlossen, David zu helfen
35 Naftali	1000 Anführer und 37000 Mann, mit Schild und Speer bewaffnet
36 Dan	28600 Mann, alle kampfbereit
37 Ascher	40000 Mann, wehrfähig und kampfbereit
38 Ruben, Gad und Ost-Manasse	120000 Mann in voller Kriegsbewaffnung von den Stämmen östlich des Jordans

39 Alle diese Kriegsleute kamen geordnet und
bewaffnet nach Hebron mit der einmütigen
Absicht, David zum König von ganz Israel aus-
zurufen. In diesem Wunsch waren sie sich mit
allen übrigen Israeliten einig. 40 Sie blieben drei
Tage bei David in Hebron; für Essen und Trinken
sorgten die Bewohner der Stadt.[b] 41 Auch Leute
aus der weiteren Umgebung, sogar aus den
Stammesgebieten von Issachar, Sebulon und
Naftali, trugen dazu bei. Auf Eseln, Kamelen,
Maultieren und Rindern brachten sie Mehl, zu-
sammengepreßte Feigen und Trauben, Wein und
Olivenöl, auch eine große Menge Rinder und
Schafe; denn in ganz Israel herrschte große
Freude.

David holt die Bundeslade aus Kirjat-Jearim

(2 Sam 6,1-11)

13 David beriet sich mit den verantwort-
lichen Männern, den Anführern der Trup-
penverbände und den Hauptleuten. 2 Dann
wandte er sich an das ganze versammelte Volk
und sagte: »Wenn ihr einverstanden seid und der
HERR, unser Gott, es so will, dann laßt uns Boten
in alle Gegenden des Landes schicken. Sie sollen
unsere Brüder rufen, die zu Hause geblieben
sind, ebenso die Priester* und Leviten* in ihren
Wohnorten. Sie alle sollen hierherkommen,
3 und dann wollen wir gemeinsam die Bundes-
lade* unseres Gottes nach Jerusalem holen;
denn in der Zeit Sauls haben wir uns nicht um
sie gekümmert.«
4 Die ganze Versammlung fand den Plan gut
und beschloß, ihn auszuführen.

a *der Amalekiter:* verdeutlichender Zusatz; vgl. 1 Sam 30,1-20.
12,20 1 Sam 29,1-11

b *die Bewohner ...:* wörtlich *ihre Brüder.*

5 David ließ ganz Israel zusammenrufen, von
der ägyptischen Grenze* im Süden bis nach
Lebo-Hamat im Norden, um die Bundeslade aus
Kirjat-Jearim zu holen. 6 Dort nämlich befand
sich die Lade, die dem HERRN geweiht ist,[a] der
über den Keruben* thront.

David zog also mit allen Israeliten nach Baala,
wie Kirjat-Jearim im Gebiet von Juda auch ge-
nannt wird, zum Haus Abinadabs. 7 Auf einem
neuen, noch ungebrauchten Wagen, der von Usa
und Achjo geführt wurde, holten sie die Lade
Gottes von dort weg. 8 Unterwegs tanzten David
und das Volk mit ganzer Hingabe zu Ehren des
HERRN. Sie sangen dazu unter Begleitung von
Lauten und Harfen, Handpauken, Becken und
Trompeten.

9 Als sie zum Dreschplatz Kidons kamen,
drohten die vor den Wagen gespannten Rinder
auszubrechen. Usa griff nach der Lade, um sie
festzuhalten. 10 Da wurde der HERR zornig auf
Usa, weil er die Lade angefaßt hatte, und ließ ihn
auf der Stelle sterben. 11 David war wütend, weil
der HERR ihn so aus dem Leben gerissen hatte.
Darum heißt der Platz bis zum heutigen Tag
Perez-Usa (Usa-Riß).

12 David bekam aufgrund dieses Vorfalls
Angst vor Gott. »Kann ich es denn noch wagen,
die Lade zu mir zu holen?« fragte er sich. 13 Des-
halb ließ er sie nicht in die Davidsstadt* bringen.
Er leitete sie statt dessen um in das Haus Obed-
Edoms, der aus Gat stammte. 14 Dort blieb die
Lade drei Monate stehen.

Der HERR aber segnete das Haus Obed-Edoms
und alles, was ihm gehörte.

David in Jerusalem

(2 Sam 5,11-16)

14 Hiram, der König von Tyrus, schickte eine
Gesandtschaft zu David. Er lieferte David
Zedernholz und schickte auch Steinmetzen und
Zimmerleute, die ihm einen Palast bauen sollten.
2 Daran erkannte David: Es war der HERR, der ihn
zum König über Israel gemacht und sein König-
tum gefestigt hatte. Der HERR handelte so, weil
er sein Volk Israel liebte.

3 David heiratete in Jerusalem weitere Frauen
und hatte mit ihnen noch mehr Söhne und Töch-
ter. 4 Die in Jerusalem geborenen Söhne hießen:
Schammua, Schobab, Natan, Salomo, 5 Jibhar,
Elischua, Elpelet, 6 Nogah, Nefeg, Jafia, 7 Elischa-
ma, Beeljada und Elifelet.

David schlägt die Angriffe der Philister zurück

(2 Sam 5,17-25)

8 Als die Philister* erfuhren, daß David zum
König von ganz Israel gesalbt* worden war,
kamen sie mit ihrem ganzen Heer, um ihn in
ihre Gewalt zu bringen. David hörte davon und
zog ihnen entgegen.

9 Die Philister besetzten die Ebene Rafaïm.
10 Da fragte David Gott: »Soll ich sie angreifen?
Wirst du sie in meine Hand geben?«

Der HERR antwortete: »Greif sie an! Ich will
sie in deine Hand geben.«

11 David zog aus und besiegte die Philister
bei Baal-Perazim. Er sagte: »Wie Wasser einen
Damm durchbricht, so hat der HERR durch meine
Hand die Reihen meiner Feinde durchbrochen.«
Deshalb erhielt der Ort den Namen Baal-Pera-
zim (Herr des Durchbruchs). 12 Die fliehenden
Philister ließen sogar ihre Götterbilder zurück;
David aber befahl, sie zu verbrennen.

13 Nach einiger Zeit zogen die Philister noch
einmal gegen David aus. Wieder besetzten sie
die Ebene Rafaïm. 14 David fragte auch diesmal
Gott, und der antwortete: »Greif sie nicht an,
sondern umgehe sie, bis du zu den Bakabäumen
kommst, und überfalle sie von dort aus! 15 Sobald
du ein Geräusch hörst, wie wenn jemand durch
die Baumwipfel schreitet, schlägst du los. Denn
dann weißt du, daß ich vor dir her in die Schlacht
gezogen bin, um das Heer der Philister zu besie-
gen.« 16 David befolgte die Weisung Gottes. Er
besiegte das Heer der Philister und trieb es von
Gibeon bis nach Geser zurück.

17 Davids Ruhm breitete sich aus in alle Län-
der, und der HERR sorgte dafür, daß alle Völker
vor David Angst bekamen.

Vorbereitungen für den Transport der Bundeslade

15 David ließ in der Davidsstadt* für sich
Häuser bauen. Er bestimmte auch einen
Platz für die Bundeslade* und ließ ein Zelt für sie
aufschlagen. 2 Damals ordnete er auch an: »Nur
die Leviten* dürfen die Lade Gottes tragen, weil
der HERR selbst sie dazu erwählt hat, seine Lade
zu tragen und ihm allezeit zu dienen.«

3 Dann ließ David ganz Israel nach Jerusalem
zusammenrufen, um die Lade des HERRN an den
Platz zu bringen, den er für sie vorbereitet hatte.
4 Besonders die Priester* als die Nachkommen
Aarons und die Leviten ließ er laden. 5-10 Darauf

a Wörtlich *die Lade Gottes, über der der Name des HERRN ausgerufen worden ist.*

13,5 1 Sam 7,1-2 13,6 Ex 25,22 S 13,14 26,4-5 14,4-7 3,5-8 14,12 Dtn 7,25 15,1 2 Sam 6,17 15,2 Dtn 10,8 S

fanden sich die Oberhäupter der levitischen Sippen mit ihren Verwandten ein:

von den Nachkommen Kehats:
Uriël mit 120 Mann;
von den Nachkommen Meraris:
Asaja mit 220 Mann;
von den Nachkommen Gerschons:
Joël mit 130 Mann;
von den Nachkommen Elizafans:
Schemaja mit 200 Mann;
von den Nachkommen Hebrons:
Eliël mit 80 Mann;
von den Nachkommen Usiëls:
Amminadab mit 112 Mann.

11 David ließ die Priester Zadok und Abjatar und
die sechs führenden Leviten zu sich kommen
12 und sagte zu ihnen: »Ihr seid die Oberhäupter
des Stammes Levi. Zusammen mit euren Stam-
mesbrüdern müßt ihr euch jetzt vorbereiten, da-
mit ihr rein* seid; denn ihr sollt die Bundeslade
des HERRN, unseres Gottes, zu dem Platz brin-
gen, den ich für sie vorgesehen habe. 13 Das
vorige Mal seid ihr nicht dabei gewesen, und der
HERR, unser Gott, hat uns einen schweren Schlag
versetzt, weil wir ihn nicht vorher befragt
haben, wie es sich gehört hätte.«

14 Da reinigten sich die Priester und Leviten
für diesen Dienst. 15 Dann hoben die Leviten die
Bundeslade mit den Tragstangen auf ihre Schul-
tern, wie es Mose nach der Weisung des HERRN
angeordnet hatte.

16 David befahl den Oberhäuptern der Levi-
ten, einige ihrer Stammesbrüder als Sänger und Spielleute zu bestimmen. Sie sollten den HERRN mit frohen Liedern preisen und den Gesang mit Harfen, Lauten und Becken begleiten.

17 Sie beauftragten damit Heman, den Sohn von Joël, sowie Asaf, den Sohn von Berechja, und Etan, den Sohn von Kuschaja, der zu den Nachkommen von Merari gehörte.

18 Hinzu kamen folgende Leviten im zweiten Dienstrang: Secharja,[a] Jaasiël, Schemiramot, Jehiël, Unni, Eliab, Benaja, Maaseja, Mattitja, Elifelehu, Mikneja, Obed-Edom und Jëiël.[b]

19 Die Sänger Heman, Asaf und Etan schlugen
die bronzenen Becken. 20 Secharja, Jaasiël, Sche-
miramot, Jehiël, Unni, Eliab, Maaseja und Benaja
spielten Harfe in der hohen Tonlage;[c] 21 Mattitja,
Elifelehu, Mikneja, Obed-Edom, Jëiël und Asasja spielten Laute in der tiefen Tonlage. Damit begleiteten sie den Gesang.

22 Kenanja war unter den Leviten der Verant-
wortliche für Transportarbeiten.[d] Weil er sich
darauf verstand, gab er auch die Anweisungen
für den Transport der Bundeslade. 23 Berechja
und Elkana gingen als Wächter voraus. 24 Vor der
Lade gingen die Priester Schebanja, Joschafat, Netanel, Amasai, Secharja, Benanja und Eliëser und bliesen auf ihren Trompeten, und hinter ihr folgten Obed-Edom und Jehija als Wächter.

David holt die Bundeslade nach Jerusalem

(2 Sam 6,12-19)

25 David, die Ältesten* von Israel und die An-
führer der Truppenverbände gingen mit, als die
Bundeslade* aus dem Haus Obed-Edoms geholt
wurde; und alle waren voller Freude. 26 Weil
Gott es den Leviten* gelingen ließ, die diesmal die Lade trugen, opferte man ihm zum Dank sieben Stiere und sieben Schafböcke.

27 David trug ein Obergewand* aus feinem
weißen Leinen. Ebenso waren auch die Leviten gekleidet, die die Lade trugen, wie auch die Sänger und Kenanja, der den Transport beaufsichtigte. David selbst trug darunter auch den
leinenen Priesterschurz*. 28 Ganz Israel stimmte
jubelnd in den Klang der Hörner, Trompeten, Becken, Harfen und Lauten mit ein. So geleiteten sie die Lade des HERRN zu ihrem neuen Platz.

29 Als die Bundeslade in die Davidsstadt* getragen wurde, stand Davids Frau Michal, die Tochter Sauls, am Fenster. Sie fand es unpassend, daß David als König vor Freude umhersprang und tanzte, und verachtete ihn in ihrem Herzen.

16 Die Lade Gottes wurde in das Zelt ge-
bracht, das David für sie errichtet hatte.
David opferte Gott Brandopfer* und schlachtete
Tiere für das Opfermahl*. 2 Nach dem Mahl seg-
nete er das Volk im Namen des HERRN. 3 Alle
Israeliten, die dabeigewesen waren, Männer wie Frauen, bekamen einen Laib Brot und je eine Portion zusammengepreßte Datteln und Rosinen mit auf den Heimweg.

4 Einigen Leviten, die bei der Einholung der Bundeslade als Sänger mitgewirkt hatten, gab David den Auftrag, diesen Dienst auch weiterhin

a Hier folgt noch *Sohn*.
b Es folgt noch *die Torwächter;* aber nach Vers 21 sind alle Genannten Sänger und Spielleute.
c Die musikalischen Ausdrücke in den Versen 20-21 sind nicht sicher zu deuten. Andere übersetzen in Vers 20 *auf elamitische Weise* und in Vers 21 *auf schimjanitische Weise.*
d Andere Übersetzungsmöglichkeit *der Leiter des Vortrags;* ebenso in Vers 27.

15,11 2 Sam 8,17 S; 1 Sam 22,20 **15,15** Ex 25,14; Num 7,9 **15,16** 16,5-6; 25,1; 2 Chr 5,12; 7,6; 29,25-26; Esra 3,10; Neh 12,27.33-36 **15,17** 6,18 S; 6,24 S; 6,29

vor der Lade zu versehen und den HERRN, den
Gott Israels, mit ihren Liedern zu rühmen, zu
loben und zu preisen. 5 Er setzte Asaf als ihren
Leiter ein und Secharja als dessen Stellvertreter.
Weiter bestimmte er zu diesem Dienst: Jaasiël,[a]
Schemiramot, Jehiël, Mattitja, Eliab, Benaja,
Obed-Edom und Jëiël. Sie alle sollten zu ihrem
Gesang auf Harfen und Lauten spielen, und Asaf
sollte die Becken schlagen. 6 Die Priester Benaja
und Jahasiël erhielten den ständigen Auftrag, vor
der Bundeslade die Trompeten zu blasen.

Ein Danklied

(Ps 105,1-15; 96; 106,1.47-48)

7 An jenem Tag ließ David zum erstenmal von Asaf und seinen Stammesbrüdern dieses Lied zu Ehren des HERRN vortragen:

8 »Dankt dem HERRN!
Macht seinen Namen* überall bekannt;
verkündet allen Völkern, was er getan hat!
9 Singt und spielt zu seiner Ehre,
ruft euch seine Wunder ins Gedächtnis!
10 Seid stolz auf ihn, den heiligen Gott!
Seid voller Freude über ihn,
ihr, die ihr nach ihm fragt!
11 Geht zum HERRN, denn er ist mächtig;
sucht seine Nähe zu aller Zeit!
12 Erinnert euch an seine machtvollen Taten,
an seine Wunder und Gerichtsurteile,
13 ihr Nachfahren seines Dieners Israel,
ihr Nachkommen Jakobs, seine Erwählten!

14 Er, ist unser Gott, er, der HERR,
seine Herrschaft umschließt die ganze Welt.
15 Denkt an seinen Bund* mit uns!
Sein Versprechen gilt tausend Generationen.
16 So hat er es Abraham zugesagt
und Isaak mit einem Schwur bestätigt.
17 So hat er es Jakob fest versprochen,
als ewigen Bund mit Israel.
18 Er hat gesagt: ›Ich gebe euch ganz Kanaan,
ich teile es euch zu als Erbbesitz*.‹
19 Sie waren damals leicht zu zählen,
nur eine Handvoll Leute waren sie,
eingewanderte Fremde im Land.
20 Sie zogen von einem Volk zum andern,
auf Wanderschaft in vieler Herren Länder.
21 Doch Gott ließ sie von niemand unterdrücken,
ihretwegen warnte er die Herrscher:
22 ›Hände weg von meinen berufenen Dienern!
Krümmt keinem meiner Boten ein Haar!‹

23 Singt dem HERRN, ihr Bewohner
der ganzen Erde,
verkündet Tag für Tag, wie gern er hilft!
24 Erzählt allen Menschen von seiner
Herrlichkeit,
berichtet allen Völkern von seinen großen Taten!
25 Der HERR ist mächtig, groß ist sein Ruhm;
mehr als alle Götter ist er zu fürchten.
26 Die Götter der Völker sind nur tote Götzen,
der HERR aber hat den Himmel geschaffen.
27 Pracht und Hoheit umgeben ihn,
Macht und Freude erfüllen seine Wohnung.

28 Auf zu ihm, ihr Völker!
Erweist dem HERRN Ehre,
unterwerft euch seiner Macht!
29 Erweist ihm die Ehre, die ihm zusteht:
Bringt ihm eure Opfergaben*!
Werft euch vor ihm nieder,
wenn er in seiner Heiligkeit erscheint!
30 Die ganze Welt soll vor ihm erzittern!
Die Erde ist fest gegründet,
sie stürzt nicht zusammen.
31 Der Himmel soll sich freuen,
die Erde jauchzen!
Sagt es allen Menschen: ›Der HERR ist König!‹
32 Das Meer soll tosen mit allem, was darin lebt!
Der Ackerboden soll fröhlich sein
samt allem, was darauf wächst!
33 Die Bäume im Wald sollen jubeln;
denn der HERR kommt,
er kommt und sorgt für Recht auf der Erde.

34 Dankt dem HERRN, denn er ist gut zu uns,
seine Liebe hört niemals auf!
35 Sagt zu ihm: ›Rette uns doch!
Du, Gott, bist unser Befreier!
Hol uns heraus aus den fremden Völkern
und führe uns wieder zusammen!
Dann werden wir dich preisen,
dich, unseren heiligen Gott;
und dir zu danken wird unsere größte
Freude sein!‹
36 Gepriesen sei der HERR, der Gott Israels,
vom Anfang der Zeiten bis in alle Zukunft!«

Auf dieses Lied antwortete das ganze Volk:
»Amen*! Preist den HERRN!«

Ordnung des Gottesdienstes in Jerusalem und Gibeon

37 Auf Befehl Davids blieben Asaf und die ande-
ren Männer seiner Sippe bei der Bundeslade*

a *Jaasiël:* mit 15,18.20; H *Jëiël.*

16,5-6 15,16 S **16,5** 6,24 S **16,7** 6,24 S **16,16** Gen 12,2 S; 26,3 **16,17-18** Gen 28,13 **16,34** 16,41; 2 Chr 5,13; 7,3.6; 20,21; Esra 3,11; Ps 118,1 S; Jer 33,11; 1 Makk 4,24; DanZ 3,89 **16,37** 6,24 S

des Herrn, um den täglich nötigen Dienst vor ihr
zu tun.
38 Auch Obed-Edom, der Sohn Jedutuns, und
die Angehörigen seiner Sippe nahmen ihren
Dienst als Torwächter auf. Zu ihnen gehörte
auch Hosa. Insgesamt waren es 68 Männer.
39 Die Priester aber, Zadok und seine Ver-
wandten, versahen auf Anweisung Davids ihren
Dienst weiterhin am Heiligen Zelt*, das an der
Opferstätte* in Gibeon stand. 40 Sie sollten dort
nach wie vor jeden Morgen und Abend auf dem
Altar die Brandopfer* darbringen und alles tun,
was in dem Gesetz* vorgeschrieben ist, das der
Herr den Israeliten gegeben hat.
41 Von den Sängern blieben Heman, Jedutun
und andere, die dazu ausgewählt und nament-
lich bestimmt worden waren, ebenfalls in Gi-
beon, um auch dort regelmäßig mit Gesang den
Herrn zu preisen: »Seine Liebe hört niemals
auf!« 42 Sie begleiteten die Lieder, die sie zur
Ehre Gottes vortrugen, mit Trompeten, Becken
und anderen Musikinstrumenten. Als Torwäch-
ter waren die Söhne Jedutuns dort tätig.
43 Schließlich kehrte das ganze Volk wieder in
seine Wohnorte zurück; auch David ging nach
Hause, um seine Familie zu begrüßen.

Die Zusage eines ewigen Königtums

(2 Sam 7,1-16)

17 Nachdem David in seinen Palast eingezo-
gen war, sagte er eines Tages zu dem Pro-
pheten Natan: »Ich wohne hier in einem Palast
aus Zedernholz, und die Bundeslade* des Herrn
steht in einem Zelt. Ist das in Ordnung?«
2 Natan sagte: »Tu, was du vorhast; Gott wird
dir beistehen.«
3 Aber in der folgenden Nacht sagte Gott zu
Natan: 4 »Geh zu meinem Diener David und
richte ihm aus: ›So spricht der Herr: Nicht du
sollst mir das Haus bauen, in dem ich wohnen
kann! 5 Seit ich die Israeliten aus Ägypten her-
ausgeführt habe, habe ich noch nie in einem
Haus gewohnt, ich hatte immer nur ein Zelt und
wanderte von Ort zu Ort. 6 Zu keinem der Män-
ner, die ich als Richter* und Anführer meines
Volkes berief, habe ich je gesagt: Warum baust
du mir kein Haus aus Zedernholz?‹
7 Darum sollst du meinem Diener David aus-
richten: ›So spricht der Herr, der Herrscher der
Welt:[a] Ich habe dich von der Schafherde wegge-
holt und zum Herrscher über mein Volk Israel
gemacht. 8 Bei allem, was du unternommen
hast, habe ich dir geholfen und habe alle deine
Feinde vernichtet. Ich habe dich berühmt ge-
macht, und du wirst zu den Großen der Erde ge-
zählt. 9 Meinem Volk Israel habe ich eine Heimat
gegeben, ein Land, in dem es sicher leben kann.
Es soll sich nicht mehr vor Unterdrückern fürch-
ten müssen wie früher, 10 und auch noch zu der
Zeit, als ich Richter über mein Volk berief. Viel-
mehr will ich alle deine Feinde in die Knie zwin-
gen.
Und nun kündige ich, der Herr, dir an, daß
ich dir ein Haus bauen werde, nicht du mir![b]
11 Wenn deine Zeit abgelaufen ist und du stirbst,
werde ich dafür sorgen, daß einer deiner Söhne
dir auf dem Königsthron folgt, und ich will seiner
Herrschaft festen Bestand geben. 12 Er soll dann
ein Haus für mich bauen, und ich werde seine
Herrschaft und die seiner Nachkommen für alle
Zeiten fest begründen.
13 Ich will sein Vater sein, und er soll mein
Sohn sein. Ich will ihm niemals meine Liebe ent-
ziehen, wie ich sie deinem Vorgänger entzogen
habe, 14 sondern ich werde ihn für immer in
meinem Haus und in meiner Königsherrschaft
bestätigen. Sein Thron wird für alle Zeiten be-
stehen.‹«

Davids Dankgebet

(2 Sam 7,17-29)

15 Natan sagte David alles, was der Herr ihm
offenbart und für David aufgetragen hatte. 16 Da
ging der König in das Zelt des Herrn,[c] kniete vor
dem Herrn nieder und betete:
»Herr, mein Gott, ich bin es nicht wert, daß
du mich und meine Familie so weit gebracht
hast! 17 Aber das war in deinen Augen noch zu
wenig, mein Gott: Du hast Zusagen gemacht, die
noch meinen fernsten Nachkommen gelten. Du
hast mich angeschaut wie einen besonders wür-
digen Menschen, Herr, mein Gott!
18 Was soll ich dir noch mehr sagen, nachdem
du mich, deinen Diener, so hoch geehrt hast! Du
kennst meine innersten Gedanken. 19 Herr, weil
du mich liebst und weil es dein Wille war, hast
du all dies Große getan, damit deine großen
Taten bekannt werden.
20 Herr, niemand ist dir gleich! Alles, was wir
je gehört haben, bestätigt: Es gibt keinen Gott
außer dir! 21 Und welches andere Volk auf der
Erde gleicht deinem Volk Israel? Wo hat je ein
Gott so viel für ein Volk getan und es aus der
Sklaverei befreit und zu seinem Eigentum ge-

a Wörtlich *der Herr Zebaot**. b *nicht du mir:* verdeutlichender Zusatz.
c *in das Zelt …:* verdeutlichender Zusatz.

16,40 Ex 29,38-39 **16,41** 25,1 S; 16,34 S **16,43** 2 Sam 6,19-20 **17,13** 22,10; 28,6; 2 Kor 6,18; Hebr 1,5

macht? Du hast mächtige, furchterregende Taten
getan, so daß dein Name in aller Welt bekannt
geworden ist. Aus Ägypten hast du es heraus-
geholt und hast andere Völker vor ihm vertrie-
ben. 22 Du hast Israel auf ewig zu deinem Volk
gemacht, HERR, und bist sein Gott geworden.
23 Laß nun wahr werden, HERR, was du mir
und meinen Nachkommen für alle Zeiten zuge-
sagt hast! Erfülle, was du versprochen hast!
24 Dann wird dein Name* als zuverlässig gelten
und zu allen Zeiten gerühmt werden, und die
Menschen werden sagen: ›Der HERR, der Herr-
scher der Welt,[a] ist der Gott Israels!‹ Und auch
das Königshaus deines ergebenen Dieners wird
vor dir Bestand haben.
25 Du, mein Gott, hast mir ja das Ohr geöffnet
und mir zugesagt: ›Ich will dir ein Haus bauen.‹
Darum wage ich, so zu dir zu beten. 26 HERR, du
bist der wahre Gott, und du hast mir, deinem
Diener, diese herrliche Zusage gemacht. 27 Du
hast beschlossen, mein Königshaus zu segnen,
damit immer einer meiner Nachkommen auf
meinem Thron sitzt. Und weil du es gesegnet
hast, HERR, bleibt es für immer gesegnet.«

David unterwirft die Nachbarvölker

(2 Sam 8,1-14)

18 Einige Zeit später besiegte David die Phili-
ster*. Er zwang sie in die Knie und nahm
ihnen die Stadt Gat mit den dazugehörigen Ort-
schaften ab.
2 Er besiegte auch die Moabiter*. Er machte
sie zu seinen Untertanen und zwang sie, ihm
regelmäßig Tribut zu zahlen.
3 Dann besiegte er König Hadad-Eser von
Zoba*, dessen Gebiet sich auf Hamat zu er-
streckte. Hadad-Eser war gerade ausgezogen,
um das Gebiet am oberen Eufrat unter seine
Herrschaft zu bringen. 4 David erbeutete von
ihm 1000 Streitwagen* und nahm 7000 Wagen-
kämpfer und 20000 Fußsoldaten gefangen. Den
Zugpferden der Streitwagen ließ er die Fußseh-
nen durchschneiden, um sie zu lähmen; nur 100
verschonte er.
5 Als die Syrer* von Damaskus König Hadad-
Eser von Zoba zu Hilfe eilten, besiegte David
auch sie und tötete von ihnen 22000 Mann. 6 Er
legte Besatzungen in ihre Städte, machte sie zu
seinen Untertanen und zwang sie, ihm regel-
mäßig Tribut zu zahlen.
Der HERR stand David zur Seite und ließ ihm
alles gelingen, was er unternahm.
7 David erbeutete auch die goldenen Schilde,[b]
die Hadad-Esers hohe Offiziere getragen hatten,
und ließ sie nach Jerusalem schaffen. 8 In den
Städten Tibhat und Kun, die zu Hadad-Esers Ge-
biet gehörten, fielen ihm große Mengen von
Bronze in die Hände. Daraus ließ Salomo später
das sogenannte »bronzene Meer«, die beiden
Säulen und die übrigen Bronzegegenstände des
Tempels* herstellen.
9 Als Toï, der König von Hamat, erfuhr, daß
David die ganze Streitmacht Hadad-Esers ver-
nichtend geschlagen hatte, schickte er seinen
Sohn Hadoram zu König David. Er ließ ihn
grüßen und beglückwünschte ihn zu seinem
Sieg. Hadad-Eser hatte nämlich ständig gegen Toï
Krieg geführt. 10 Hadoram brachte David als Ge-
schenk Geräte aus Gold, Silber und Bronze.
11 König David weihte alle diese Geräte dem
HERRN, ebenso wie das Silber und Gold, das er
von den übrigen Völkern erbeutet hatte, von den
Edomitern*, Moabitern, Ammonitern*, Phili-
stern und Amalekitern*.
12 Abischai, der Sohn der Zeruja, besiegte im
Salztal die Edomiter, wobei 18000 von ihnen
fielen. 13 Im ganzen Land Edom setzte David
Statthalter ein und machte die Bewohner zu
seinen Untertanen.
Der HERR stand David zur Seite und ließ ihm
alles gelingen, was er unternahm.

Davids oberste Beamte

(2 Sam 8,15-18; 20,23-26)

14 Als König über ganz Israel regierte David ge-
recht und sorgte in seinem ganzen Volk für
Recht und Gerechtigkeit.
15 Joab, der Sohn der Zeruja, war oberster
Befehlshaber über das Heer. Joschafat, der Sohn
Ahiluds, war Kanzler. 16 Zadok, der Sohn Ahi-
tubs, und Ahimelech, der Sohn Abjatars,[c] waren
Priester*. Schawscha war Staatsschreiber, 17 und
Benaja, der Sohn von Jojada, befehligte die Leib-
garde* Davids. Auch die Söhne Davids nahmen
führende Stellungen im königlichen Dienst ein.

Der Ammoniterkönig beleidigt Davids Boten

(2 Sam 10,1-5)

19 Einige Zeit danach starb der Ammoniter-
könig* Nahasch, und sein Sohn Hanun
wurde König. 2 David dachte: »Sein Vater stand
mit mir in freundschaftlichen Beziehungen; ich
will mit Hanun, seinem Sohn, auch gute Bezie-

a Wörtlich *der HERR Zebaot**. b Deutung unsicher. c Vgl. Anmerkung zu 2 Sam 8,17.

18,8 2 Chr 4,1-6.11b-18 18,12 1 Sam 26,6 S

hungen pflegen.« So schickte er Gesandte hin,
die sein Beileid aussprechen sollten.
Als die Gesandten im Ammoniterland an-
kamen, 3 redeten die führenden Männer der
Ammoniter Hanun ein: »Glaubst du wirklich,
daß David seine Gesandten nur geschickt hat,
um deinen Vater zu ehren und dir sein Beileid
auszusprechen? Sie sind bestimmt gekommen,
um unser Land genauestens auszukundschaf-
ten!«
4 Da ließ Hanun die Gesandten Davids ergrei-
fen, ihnen den Bart und alle Haare abscheren
und die Kleider unten bis zum Gesäß abschnei-
den. So schickte er sie zurück.
5 Als sie noch auf dem Heimweg waren,
wurde David gemeldet, wie man seine Gesand-
ten behandelt hatte. Da schickte er ihnen Boten
entgegen, und weil sie so schwer geschändet
waren, ließ er ihnen sagen: »Bleibt in Jericho
und kommt erst zurück, wenn euer Bart nach-
gewachsen ist.«

Der Sieg über die verbündeten Ammoniter und Syrer

(2 Sam 10,6-19)

6 Als König Hanun und die Ammoniter* merk-
ten, daß sie David tödlich beleidigt hatten,
schickten sie Unterhändler mit 1000 Zentnern*
Silber nach Mesopotamien, nach Maacha in
Syrien* und nach Zoba*, um überall Streit-
wagen* und Wagenkämpfer anzuwerben. 7 Sie
brachten 32000 Streitwagen zusammen und ge-
wannen den König von Maacha zum Bundes-
genossen. Er rückte mit seinen Kriegern heran,
und sie lagerten vor der Stadt Medeba. Auch die
Ammoniter kamen aus ihren Städten und sam-
melten sich zum Kampf.
8 David erfuhr von diesen Kriegsvorbereitun-
gen und ließ Joab mit dem ganzen Heer der
kriegstüchtigen Männer ausrücken.
9 Die Ammoniter bezogen Stellung vor dem
Tor ihrer Hauptstadt Rabba, während sich die
anderen Könige, die ihnen mit ihren Truppen[a]
zu Hilfe gekommen waren, in einiger Entfer-
nung im offenen Feld zum Kampf aufstellten.
10 Als Joab sah, daß die Feinde ihn von vorn
und hinten bedrohten, wählte er seine besten
Leute aus, um sich mit ihnen den Syrern ent-
gegenzustellen. 11 Die übrigen sollten unter dem
Befehl seines Bruders Abischai gegen die Am-
moniter kämpfen.
12 Joab sagte zu Abischai: »Wenn die Syrer
mir zu stark werden, dann komm und hilf mir!
Und wenn dir die Ammoniter zu stark werden,
komme *ich* dir zu Hilfe. 13 Nur Mut! Laß uns tap-
fer und unerschrocken für unser Volk und für die
Städte unseres Gottes kämpfen! Der HERR wird
der Sache den Ausgang geben, der ihm gefällt.«
14 Joab schlug mit seinen Leuten los, und die
Syrer ergriffen die Flucht. 15 Als die Ammoniter
es sahen, ergriffen auch sie die Flucht vor
Abischai und zogen sich in die Stadt zurück.
Darauf ging auch Joab mit seinem Heer wieder
heim nach Jerusalem.
16 Als die Syrer aus Maacha[b] erkannten, daß
die Israeliten sie besiegt hatten, schickten sie
Boten zu den anderen syrischen Volksstämmen
nördlich des Eufrats und riefen sie zu Hilfe. Sie
kamen, angeführt von Schobach, dem Heerfüh-
rer Hadad-Esers.
17 Als David davon hörte, rief er alle wehrfähi-
gen Männer Israels zusammen, überquerte mit
ihnen den Jordan und kam in die Nähe der Syrer.
Nachdem er sein Heer ihnen gegenüber aufge-
stellt hatte, begannen die Syrer den Kampf. 18 Sie
mußten aber vor den Israeliten fliehen. David
und seine Männer vernichteten 7000 syrische
Streitwagen* samt den Pferdegespannen und
Besatzungen und töteten 40000 Mann Fußvolk.
Unter den Getöteten war auch der Heerführer
Schobach.
19 Die syrischen Könige, die für Hadad-Eser in
diesen Krieg ziehen mußten, sahen ein, daß sie
Israel unterlegen waren. Sie schlossen mit David
Frieden und unterwarfen sich ihm. Von da an
waren die Syrer nicht mehr geneigt, die Ammo-
niter zu unterstützen.

Die Unterwerfung der Ammoniter

(2 Sam 11,1; 12,26-31)

20 Im folgenden Frühjahr, um die Zeit,
wenn die Könige in den Krieg ziehen,
zog Joab mit dem Heer wieder in den Kampf
gegen die Ammoniter*. Sie verwüsteten deren
Land, drangen bis Rabba vor und belagerten die
Stadt. David selbst blieb in Jerusalem.
Joab eroberte die Stadt und zerstörte sie.
2 Dann kam auch David und nahm[c] dem ammo-
nitischen Gott Milkom[d] die goldene Krone vom
Haupt. Sie wog einen Zentner* und trug einen
kostbaren Edelstein. David selbst wurde nun mit
ihr gekrönt. Außerdem nahm er aus der Stadt
reiche Beute mit.
3 Die Einwohner setzte er für Bauarbeiten ein;

a *mit ihren Truppen:* verdeutlichender Zusatz. b *aus Maacha:* verdeutlichender Zusatz; vgl. Vers 6.
c Wörtlich *Und David nahm.* d *dem ... Milkom:* mit veränderten Vokalen (vgl. 1 Kön 11,5); H *ihrem König.*

sie mußten mit Steinsägen,[a] eisernen Hacken
und Äxten arbeiten. Ebenso verfuhr David mit
allen Städten der Ammoniter und ihren Bewoh-
nern. Dann kehrte er mit dem ganzen Heer nach
Jerusalem zurück.

Kämpfe gegen die Philister

(2 Sam 21,18-22)

4 Danach kam es bei Geser zum Kampf mit den
Philistern*. Damals tötete Sibbechai aus Huscha
den Riesen Sippai, und die Philister wurden in
die Knie gezwungen.
5 Bei einem weiteren Gefecht tötete Elhanan,
der Sohn Jaïrs, den Philister Lachmi aus Gat. Die-
ser war ein Bruder Goliats, und der Schaft seines
Speeres war so dick wie ein Weberbaum*.
6 Als es danach bei Gat zum Kampf kam, trat
ein besonders großer Riese vor. Er hatte sechs
Finger an jeder Hand und sechs Zehen an jedem
Fuß, also 12 Finger und 12 Zehen. 7 Er verspottete
die Israeliten; aber Jonatan, der Sohn von Davids
Bruder Schima, tötete ihn.
8 Diese Riesen stammten aus Gat und waren
Nachkommen von Rafa. Sie wurden von David
und seinen Männern erschlagen.

DAVID BEREITET DEN BAU DES TEMPELS VOR

(Kapitel 21–29)

David greift in Gottes Rechte ein

(2 Sam 24,1-9)

21 Der Satan* wollte Israel ins Unglück stür-
zen. Deshalb verführte er David dazu, das
Volk zählen zu lassen. 2 David befahl Joab und
den Führern des Volkes: »Geht durch das ganze
Land von Beerscheba bis Dan und zählt die
Israeliten! Sagt mir das Ergebnis, damit ich weiß,
wie viele es sind!«
3 Joab erwiderte: »Mein Herr und König, ich
wünsche von Herzen, daß der HERR sein Volk
noch hundertmal so zahlreich macht, wie es
schon ist! Alle sind deine treuen Untertanen!
Warum fragst du nach ihrer Zahl? Warum soll
eine solche Schuld auf Israel kommen?«
4 Aber der König ließ sich durch Joab nicht von
seinem Plan abbringen. So machte sich Joab auf
den Weg und durchzog das ganze Land. Als er
wieder nach Jerusalem kam, 5 meldete er David
das Ergebnis: Es gab in Israel 1 100 000 Männer,
die mit dem Schwert umgehen konnten, und in
Juda 470 000.
6 Die Stämme Levi und Benjamin hatte Joab
nicht mitgezählt, weil er mit dem Befehl
des Königs ganz und gar nicht einverstanden
war.

Die Strafe trifft das Volk

(2 Sam 24,10-17)

7 Gott mißfiel, was David getan hatte, darum be-
strafte er die Leute von Israel. 8 Da betete David
zu Gott: »Ich habe ein großes Unrecht began-
gen. Vergib mir doch meine Schuld! Ich habe
sehr unbesonnen gehandelt.«
9 Der HERR aber sagte zu Gad, dem Seher*
Davids: 10 »Geh zu David und richte ihm aus: ›So
spricht der HERR: Ich lasse dir die Wahl zwischen
drei Übeln. Wähle, was ich dir antun soll!‹«
11 Gad kam zum König, überbrachte ihm die
Botschaft und fragte: »Was willst du: 12 daß eine
dreijährige Hungersnot kommt oder daß du drei
Monate vor deinen Feinden fliehen mußt, die
dich mit dem Schwert verfolgen, oder daß drei
Tage die Pest, das Schwert des HERRN, im Land
wütet und der Engel* des HERRN in ganz Israel
viele Menschen tötet? Überleg es dir und sag
mir, was für eine Antwort ich dem HERRN brin-
gen soll, der mich geschickt hat!«
13 David sagte zu Gad: »Ich stehe vor einer
schrecklichen Wahl! Aber wenn es denn sein
muß, dann lieber in die Hand des HERRN fallen,
denn er ist voll Erbarmen. In die Hand von Men-
schen will ich nicht fallen!«
14 Da ließ der HERR in Israel die Pest ausbre-
chen, und es starben an ihr 70 000 Menschen.
15 Er schickte den Todesengel auch nach Jerusa-
lem, um die Stadt zu verderben. Doch als der
HERR sah, wie der Engel sein grausiges Werk an-
fing, tat es ihm leid, und er befahl ihm: »Halt, es
ist genug!«
Der Engel des HERRN stand gerade auf dem
Dreschplatz des Jebusiters Arauna. 16 Als David
aufblickte, sah er ihn dort zwischen Himmel und
Erde stehen. Er hatte das gezogene Schwert in
der Hand und hielt es über Jerusalem hin ausge-
streckt. David und die Ältesten* der Stadt, alle
mit dem Sack* bekleidet, warfen sich mit dem
Gesicht zur Erde nieder.
17 David betete: »HERR, mein Gott, ich bin
doch der Schuldige! Ich habe den Befehl zur Zäh-
lung gegeben. Ich, der König, habe mich schwer

a G deutet den hebräischen Text: »David zersägte sie mit Sägen.« Das führte bald zu einer Fehldeutung und Fehlübersetzung der Parallelüberlieferung in 2 Sam 12,31 (»… legte sie unter eiserne Sägen und Zacken und eiserne Keile und verbrannte sie in Ziegelöfen«), die heute allgemein aufgegeben ist; siehe die Übersetzung dort.

20,5 1 Sam 17,4-7 21,1 Ijob 1,6 S 21,7 27,24

verfehlt, mein Volk, diese unschuldige Herde, hat nichts Böses getan. HERR, mein Gott, strafe mich und meine Familie, aber verschone dein Volk mit solchen Plagen!«

David erwirbt den Platz für den Tempel

(2 Sam 24,18-25)

18 Der Engel des HERRN befahl Gad, dem König zu sagen, er solle zum Dreschplatz* des Jebusiters Arauna hinaufgehen und dem HERRN dort einen Altar errichten. 19 David ging hin, wie der Seher* es ihm im Namen des HERRN befohlen hatte.

20 Arauna hatte vorher gerade mit seinen vier Söhnen Weizen gedroschen. Als er sich dabei umwandte, hatte er den Engel gesehen. Seine Söhne waren weggelaufen und hatten sich versteckt.

21 David ging also zu Arauna. Als dieser aufschaute und David kommen sah, ging er ihm vom Dreschplatz aus entgegen und warf sich vor ihm nieder.

22 David sagte zu Arauna: »Überlaß mir den Dreschplatz! Ich will ihn dir zum vollen Preis abkaufen und darauf dem HERRN einen Altar* errichten, damit die Seuche aufhört.«

23 Arauna antwortete: »Nimm ihn, mein Herr und König, und tu damit, was dir gefällt! Ich gebe ihn dir umsonst, und dazu auch die Rinder für das Brandopfer*, den Dreschschlitten* als Brennholz und den Weizen für das Speiseopfer*.«

24 »Nein«, sagte der König, »ich möchte ihn dir zum vollen Preis abkaufen. Ich will nicht dein Eigentum wegnehmen, um es dem HERRN zu geben, und ich will ihm auch keine Brandopfer darbringen, die ich nicht bezahlt habe.«

25 David zahlte Arauna 600 Goldstücke für den Platz. 26 Dann baute er dort einen Altar für den HERRN, opferte darauf Brandopfer und Mahlopfer* und rief zum HERRN. Und der HERR antwortete ihm durch Feuer, das vom Himmel fiel und das Brandopfer auf dem Altar verzehrte.[a] 27 Dem Engel aber befahl er, das Schwert wieder einzustecken.

28 David erkannte, daß der HERR ihn erhört hatte und daß er ihm dort auf dem Dreschplatz des Jebusiters Arauna Opfer darbringen durfte. 29 Die Wohnung des HERRN, die Mose in der Wüste angefertigt hatte, und der dazugehörende Brandopferaltar befanden sich zu dieser Zeit noch an der Opferstätte* in Gibeon. 30 David wagte aber nicht mehr, dorthin zu gehen, um den HERRN zu befragen; so sehr hatte ihn der Engel des HERRN mit dem Schwert erschreckt.

22 Deshalb sagte er: »Hier soll der Tempel* für den HERRN, unseren Gott, gebaut werden und der Altar, auf dem die Brandopfer der Israeliten dargebracht werden.«

Vorbereitungen für den Tempelbau

2 David ließ aus dem ganzen Land die Männer zusammenholen, die aus anderen Völkern stammten. Er setzte sie als Steinhauer ein. Sie mußten die großen Quadersteine behauen, aus denen das Haus Gottes gebaut werden sollte. 3 Er ließ auch eine Menge Eisen heranschaffen, aus dem Nägel für die Torflügel und Klammern für das Mauerwerk hergestellt werden sollten, und solche Mengen von Bronze, daß man sie gar nicht wiegen konnte. 4 Auch ungezählte Zedernstämme wurden gelagert, denn die Leute von Sidon und Tyrus brachten David große Mengen von Zedernholz.

5 Er sagte sich nämlich: »Mein Sohn Salomo ist noch jung und unerfahren; aber der Tempel* des HERRN muß ein so großartiger Bau werden, daß er in der ganzen Welt bewundert und gerühmt wird. Ich werde deshalb alles für ihn vorbereiten.«

So traf David selbst noch vor seinem Tod alle nötigen Vorkehrungen für den Bau.

6 Dann rief er seinen Sohn Salomo zu sich und gab ihm den Auftrag, einen Tempel* für den HERRN, den Gott Israels, zu bauen. 7 Er sagte zu ihm: »Mein Sohn, ich selbst hatte mir vorgenommen, ein Haus für den Namen des HERRN, meines Gottes, zu bauen.

8 Aber er ließ mir sagen: ›Du hast ständig Kriege geführt und viel Blut vergossen. Darum sollst *du* kein Haus für mich[b] bauen. 9 Doch dir wurde ein Sohn geboren, Salomo; er wird, wie sein Name sagt,[c] ein Mann des Friedens sein. Ich selbst werde dafür sorgen, daß Israel unter seiner Regierung in Ruhe und Frieden leben kann, von keinem Feind bedroht. 10 Er soll das Haus für mich bauen. Er wird mein Sohn sein, und ich will sein Vater sein; ich will seiner Königsherrschaft über Israel für immer Bestand geben.‹

a Wörtlich *durch Feuer vom Himmel auf dem Altar des Brandopfers.*
b Wörtlich *für meinen Namen;* so auch in Vers 10 (vgl. dazu Anmerkung zu Dtn 12,5).
c Der Name *Salomo* (hebräisch Schelomo) enthält das hebräische Wort für »Frieden« (Schalom).

21,26 Lev 9,24 S **21,29** 16,39; Ex 36,8-38; 38,1-2; 2 Chr 1,3-5 **22,5** 29,1-2 **22,7-10** 17,1-14 **22,8** 28,3; 1 Kön 5,17 **22,10** 2 Sam 7,14 S

11 Nun ist es soweit, mein Sohn! Der HERR, dein Gott, stehe dir bei, damit dir der Bau seines Tempels gelingt, wie er es zugesagt hat. 12 Der HERR, dein Gott, gebe dir Klugheit und Einsicht! Er wird dich zum Herrscher über Israel einsetzen mit dem Auftrag, daß du sein Gesetz* genau befolgst. 13 Wenn du alle Gebote und Vorschriften beachtest, die er Mose für das Volk Israel gegeben hat, wirst du Erfolg haben. Laß dich nicht beirren und hab keine Angst, sondern sei mutig und entschlossen!

14 Denk daran, daß ich trotz aller Schwierigkeiten 100mal 1000 Zentner* Gold und 1000mal 1000 Zentner Silber für den Tempel zusammengebracht habe, dazu solche Mengen von Eisen und Bronze, daß man sie gar nicht wiegen kann. Auch Holz und Steine für den Bau habe ich beschafft, und du wirst noch mehr herbeischaffen. 15 Eine große Zahl von Bauarbeitern steht dir zur Verfügung: Steinmetzen, Maurer und Zimmerleute, ebenso zahllose Kunsthandwerker, 16 die Arbeiten in Gold, Silber, Eisen und Bronze ausführen können. Geh also ans Werk, der HERR wird dir helfen!«

17 Allen führenden Männern in Israel befahl David, seinen Sohn Salomo beim Bau des Tempels zu unterstützen. 18 Er sagte zu ihnen: »Vergeßt nicht, daß der HERR, euer Gott, euch geholfen hat! Er hat euch Ruhe verschafft an allen Grenzen ringsum. Die früheren Besitzer dieses Landes hat er in meine Gewalt gegeben, so daß es nun dem HERRN und seinem Volk gehört. 19 Richtet darum euer Sinnen und Trachten darauf, den HERRN, euren Gott, zu suchen und nach seinem Willen zu fragen! Geht ans Werk und baut ihm zu Ehren das Heiligtum, damit die Bundeslade* und die heiligen Geräte in das Haus kommen, das für den Namen* des HERRN errichtet wird!«

David setzt die Dienstgruppen der Leviten ein

23 David war inzwischen sehr alt geworden, gesättigt von einem langen und erfüllten Leben. Darum setzte er seinen Sohn Salomo als König über Israel ein. 2 Er ließ dazu alle führenden Leute in Israel und die Priester* und Leviten* zusammenrufen.[a]

3 David ließ alle männlichen Leviten zählen, die dreißig Jahre und älter waren. Diese Zählung ergab 38000 Mann. 4 Von ihnen bestimmte er 24000 zur Bauaufsicht am Tempel* des HERRN, 6000 als Beamte und Richter, 5 4000 als Torwächter und 4000 als Sänger, die den HERRN preisen und dazu auf den Instrumenten spielen sollten, die er selbst hatte anfertigen lassen.

6 David teilte die Leviten in drei Abteilungen ein, und zwar nach ihrer Abstammung von Gerschon, Kehat oder Merari, den Söhnen von Levi.

7 Die Gruppe *Gerschon:* Sie gliedert sich nach Gerschons Söhnen Ladan und Schimi.

8 Ladan hatte drei Söhne. Der rangoberste war Jehiël; ihm folgten Setam und Joël. 9 Schimi[b] hatte drei Söhne: Schelomit, Hasiël und Haran. Sie alle waren die Oberhäupter der Sippen, die von Ladan abstammten.

10 Schimi hatte vier Söhne: Jahat, Sisa,[c] Jëusch und Beria. 11 Der rangoberste war Jahat, an zweiter Stelle stand Sisa; Jëusch und Beria aber hatten nur wenige Kinder und bildeten deshalb zusammen eine einzige Sippe und auch nur eine Dienstgruppe.

12 Die Gruppe *Kehat:* Sie gliedert sich nach dessen Söhnen Amram, Jizhar, Hebron und Usiël.

13 Amram hatte zwei Söhne: Aaron und Mose. Aaron und seine Nachkommen wurden für alle Zeiten für den Priesterdienst ausgesondert. Ihnen waren die heiligsten Aufgaben anvertraut. Sie allein durften für den HERRN Opfer auf dem Altar verbrennen und im Namen des HERRN der Gemeinde seinen Segen zusprechen.

14 Die Nachkommen von Mose dagegen wurden zu den Leviten gezählt. 15 Mose hatte zwei Söhne: Gerschom und Eliëser. 16 Unter den Söhnen Gerschoms war der rangoberste Schubaël. 17 Eliëser hatte nur einen Sohn namens Rehabja; dieser aber hatte viele Söhne.

18 Unter den Söhnen Jizhars war der rangoberste Schelomit.

19 Die Söhne Hebrons waren: der rangoberste Jerija, der zweite Amarja, der dritte Jahasiël und der vierte Jekamam.

20 Unter den Söhnen Usiëls war der rangoberste Micha und der zweite Jischija.

21 Die Gruppe *Merari:* Sie gliedert sich nach Meraris Söhnen Machli und Muschi.

Machli hatte zwei Söhne: Eleasar und Kisch.

22 Eleasar hinterließ, als er starb, keine Söhne, sondern nur Töchter. Diese verheirateten sich mit ihren Vettern, den Söhnen von Kisch.

a Dieser Bericht wird erst in 28,1 fortgesetzt.
b Wahrscheinlich ist hier ein Name verwechselt worden; die Söhne von Schimi werden erst in Vers 10 genannt.
c Der Name ist auch in der Form *Sina* überliefert.

22,13 Jos 1,6-9 **23,1** 1Kön 1,1-40 **23,3** Num 4,2-3; 1Chr 23,24; 2Chr 31,17; Esra 3,8 **23,12** 5,28-29; 6,3 **23,13** Ex 28,1; Dtn 10,8 **23,15** Ex 18,3-4 **23,21** 6,4

23 Muschi hatte drei Söhne: Machli, Eder und
Jeremot.
24 Diese Oberhäupter der Nachkommen von
Levi wurden also beauftragt, zusammen mit
ihren Sippen den Dienst am Tempel zu überneh-
men. Alle Männer ab zwanzig Jahren wurden
gezählt und jeder einzelne in die Namenslisten
eingetragen. 25 Denn David hatte gesagt: »Der
Herr, der Gott Israels, hat seinem Volk Ruhe ver-
schafft, so daß es hier ständig wohnen kann,[a]
und auch er selbst hat für alle Zeiten in Jerusa-
lem Wohnung genommen. 26 Deshalb brauchen
die Leviten nicht mehr wie früher die Wohnung
des Herrn und die Geräte für ihren Dienst zu
tragen.«
27 Nach den letzten Anweisungen Davids
wurden alle Leviten gezählt, die zwanzig Jahre
und älter waren. 28 David hatte angeordnet:[b]
»Die Aufgabe der Leviten ist es, den Priestern*
im Tempel zur Hand zu gehen. Sie sollen dort
die Vorhöfe und Kammern beaufsichtigen, die
heiligen Geräte reinigen und auch sonst alle
Arbeiten erledigen, die im Tempel anfallen. 29 Sie
haben für die geweihten Brote* zu sorgen und
für das Mehl zum Speiseopfer*, außerdem für
die ungesäuerten Fladenbrote*, das Pfannenge-
bäck und das übrige Backwerk. Zu ihren Auf-
gaben gehört es auch, alle Hohlmaße und Län-
genmaße zu überwachen.
30 Sie müssen jeden Morgen und Abend be-
reitstehen, um den Herrn mit Lobgesängen und
Dankliedern zu preisen. 31 Immer, wenn dem
Herrn Brandopfer* dargebracht werden, also am
Sabbat*, am Neumondstag* und an den großen
Festen, haben sie in der vorgeschriebenen An-
zahl vor dem Herrn zu erscheinen.
32 So sollen die Leviten am Heiligen Zelt* und
im Heiligtum ihren Dienst versehen und die
Priester, ihre Stammesbrüder, bei allen ihren
Pflichten unterstützen.«

Die Dienstgruppen der Priester

24 Auch die Priester*, die Nachkommen
Aarons, wurden in Dienstgruppen einge-
teilt. Aaron hatte vier Söhne: Nadab und Abihu,
Eleasar und Itamar. 2 Nadab und Abihu starben
schon, als Aaron noch lebte, und hinterließen
keine Söhne. Deshalb übten von da an nur Elea-
sar und Itamar den Priesterdienst* aus.
3 Mit Hilfe von Zadok, einem Nachkommen
Eleasars, und Ahimelech, einem Nachkommen
Itamars, teilte David die Priester in Dienstgrup-
pen ein. 4 Dabei stellte sich heraus, daß die Zahl
der Männer bei den Nachkommen Eleasars
größer war als bei den Nachkommen Itamars.
Deshalb teilte man sie so ein, daß die Sippen-
oberhäupter aus der Linie Eleasars mit ihren Sip-
pen sechzehn Dienstgruppen bildeten und die
aus der Linie Itamars nur acht. 5 Ihre Reihenfolge
aber wurde durch das Los bestimmt; denn die
führenden Priester beider Gruppen, der Nach-
kommen Eleasars und der Nachkommen Ita-
mars, waren als Verantwortliche für den Dienst
am Heiligtum Gottes gleichberechtigt.
6 Der Schreiber Schemaja, der Sohn Netanels,
ein Levit, schrieb alle auf. Dabei waren zugegen:
der König, die führenden Männer des Volkes,
der Priester Zadok sowie Abjatar, der Sohn
Ahimelechs,[c] dazu die Sippenoberhäupter der
Priester und Leviten. Abwechselnd wurden
zwei Sippen von den Nachkommen Eleasars
und eine Sippe von den Nachkommen Itamars
ausgelost. 7–18 Folgende Dienstgruppen wurden
durch das Los bestimmt:

1. Jojarib	13. Huppa
2. Jedaja	14. Jeschebab
3. Harim	15. Bilga
4. Seorim	16. Immer
5. Malkija	17. Hesir
6. Mijamin	18. Pizzez
7. Koz	19. Petachja
8. Abija	20. Jeheskel
9. Jeschua	21. Jachin
10. Schechanja	22. Gamul
11. Eljaschib	23. Delaja
12. Jakim	24. Maasja

19 Entsprechend diesen Dienstgruppen mußten
die Priester in den Tempel kommen und ihren
Dienst nach den Vorschriften verrichten, die
ihnen ihr Stammvater Aaron auf Befehl des
Herrn, des Gottes Israels, gegeben hatte.

Eine zusätzliche Liste von Leviten

20 Weitere Sippenoberhäupter der Leviten* wa-
ren:

von den Nachkommen Amrams: Schubaël; von
den Söhnen Schubaëls: Jechdeja
21 von den Söhnen Rehabjas: Jischija, der rang-
oberste
22 von den Nachkommen Jizhars: Schelomit; von
den Söhnen Schelomits: Jahat
23 von den Söhnen Hebrons: Jerija, der rangober-

a *so daß …:* verdeutlichender Zusatz. b Verdeutlichender Zusatz.
c Siehe Anmerkung zu 2 Sam 8,17.

23,26 Num 1,50; Dtn 10,8 **23,28-32** Num 3,5-9 **24,1** 5,29 **24,2** Lev 10,1-2 **24,19** Lk 1,8-9 **24,21-30** 23,17-23

ste,[a] Amarja, der zweite, Jahasiël, der dritte,
und Jekamam, der vierte
24 von den Söhnen Usiëls: Micha; von den Söh-
nen Michas: Schamir
25 von den Söhnen Jischijas, einem Bruder von
Micha: Secharja

26 Die Nachkommen Meraris waren Machli und
Muschi – sie waren Söhne von Meraris Sohn
Jaasija. 27 Weitere Nachkommen Meraris über
Jaasija waren: Schoham, Sakkur und Ibri. 28 Die
Söhne Machlis waren: Eleasar, der keine Kinder
hatte, 29 und Kisch.[b] Der Sohn von Kisch war
Jerachmeël. 30 Die Söhne Muschis waren:
Machli, Eder und Jerimot.
Dies waren die Sippen der Leviten.
31 Sie losten ihre Reihenfolge genauso aus wie
ihre Stammesbrüder, die Priester, in Gegenwart
von König David, Zadok, Ahimelech und den
Sippenoberhäuptern der Priester und Leviten.
Dabei wurden die Familien der Sippenoberhäup-
ter nicht anders behandelt als die ihrer jüngsten
Brüder.

Die Dienstgruppen der Sänger

25 David bestimmte zusammen mit den
Verantwortlichen für die Tempeldienste
die Männer der Sippen Asaf, Heman und Jedu-
tun als Sänger und Musikanten. In prophetischer
Begeisterung[c] sollten sie Gott mit Liedern prei-
sen und den Gesang auf Lauten, Harfen und
Becken begleiten. Folgende Männer wurden
dazu berufen:
2 Die Söhne Asafs: Sakkur, Josef, Netanja und
Asarela. Sie standen unter der Leitung ihres
Vaters, der auf Anweisung des Königs Gott prei-
sen sollte, erfüllt von prophetischer Begeiste-
rung.
3 Die Söhne Jedutuns: Gedalja, Zeri, Jeschaja,
Schimi,[d] Haschabja und Mattitja, zusammen
sechs. Sie sollten Laute spielen unter der Leitung
ihres Vaters, der selbst den HERRN in propheti-
scher Begeisterung pries und rühmte.
4 Die Söhne Hemans: Bukkija, Mattanja,
Usiël, Schubaël, Jerimot, Hananja, Hanani, Eliata,
Giddalti, Romamti-Eser, Joschbekascha, Malloti,
Hotir und Mahasiot.[e] 5 So viele Söhne hatte
Heman, der Seher* des Königs. Gott hatte ihm
versprochen, ihn zu einem angesehenen Mann
zu machen; deshalb hatte er ihm vierzehn
Söhne und drei Töchter geschenkt.
6 Alle diese Männer sollten nach Fertigstel-
lung des Tempels unter der Leitung ihrer Väter
Asaf, Jedutun und Heman zum Gesang die
Becken, Harfen und Lauten spielen, wie es der
König im voraus festgelegt hatte. 7 Zusammen
mit ihren Stammesbrüdern, die für den Gesang
im Gottesdienst ausgebildet waren, zählten sie
288 Mann, lauter fähige Leute.
8 Auch sie losten die Reihenfolge aus, nach der
sie ihren Dienst zu tun hatten. Dabei wurden die
Älteren nicht anders behandelt als die Jüngeren,
und der Meister nicht anders als die Schüler.
9-31 Das Los bestimmte folgende Männer, die
zusammen mit ihren Söhnen und näheren Ver-
wandten Gruppen von je zwölf bildeten; das
erste Los traf den Asaf-Sohn Josef:

1. Josef	13. Schubaël
2. Gedalja	14. Mattitja
3. Sakkur	15. Jerimot
4. Zeri	16. Hananja
5. Netanja	17. Joschbekascha
6. Bukkija	18. Hanani
7. Asarela	19. Malloti
8. Jeschaja	20. Eliata
9. Mattanja	21. Hotir
10. Schimi	22. Giddalti
11. Usiël	23. Mahasiot
12. Haschabja	24. Romamti-Eser

Die Torwächter

26 Auch die Torwächter am Tempel* waren
in Abteilungen gegliedert.
Aus der Sippe Korach kam Meschelemja, der
Sohn von Kore und Enkel von Abiasaf.[f] 2 Seine
Söhne waren: der Erstgeborene Secharja, der
zweite Jediaël, der dritte Sebadja, der vierte Jat-
niël, 3 der fünfte Elam, der sechste Johanan und
der siebte Eljoënai.
4 Auch Obed-Edom gehörte dazu; seine Söhne
waren: der Erstgeborene Schemaja, der zweite
Josabad, der dritte Joach, der vierte Sachar, der
fünfte Netanel, 5 der sechste Ammiël, der siebte
Issachar und der achte Peulletai. Mit so vielen
Söhnen hatte Gott ihn gesegnet.
6 Die Söhne von Obed-Edoms Sohn Schemaja

a So in Angleichung an 23,19; H *und seine Söhne Jerija.*
b *und Kisch:* vermutlicher Text; H *über Kisch.*
c Vgl. dazu 1 Sam 10,5.10. d *Schimi* ist nur in einer Handschrift und G überliefert (vgl. Verse 9-31, Nr. 10).
e *Hananja, Hanani ...:* Die Namen dieser Reihe sind sämtlich »sprechend« und ergeben, hintereinander gelesen, eine Art Gebetstext: »Sei gnädig, HERR – sei mir gnädig – mein Gott bist du – ich habe (dich) gepriesen – ich habe gerühmt deine Hilfe – sitzend in harter Not – verleihe doch – Offenbarungen.«
f *von Abiasaf* mit einer griechischen Handschrift (vgl. 9,19); H *von Asaf.*
25,1 6,18 S; 6,24 S; (Jedutun) 16,41; 25,3.6; 2 Chr 5,12; 29,12-14; 35,15; Ps 39,1; 62,1; 77,1 **26,4-5** 13,14

bekamen führende Stellungen in ihrer Sippe,
denn sie waren tüchtige Männer. 7 Es waren
Otni, Refaël, Obed und Elsabad sowie ihre Brü-
der Elihu und Semachja, zwei sehr tüchtige
Männer.

8 Alle diese Torwächter waren Nachkommen
Obed-Edoms. Sie und ihre Söhne und näheren
Verwandten waren für ihren Dienst bestens ge-
eignet, insgesamt 62 Mann.

9 Die Söhne und näheren Verwandten von
Meschelemja waren 18 Mann, ebenfalls fähige
Leute.

10-11 Aus der Sippe Merari kam Hosa. Er hatte
vier Söhne: Schimri, Hilkija, Tebalja und Sechar-
ja. Obwohl Schimri nicht der Erstgeborene war,
hatte sein Vater ihn zum Anführer der Dienst-
gruppe gemacht. Insgesamt gehörten zur Familie
Hosas dreizehn Söhne und nähere Verwandte.

12 Die Abteilungen der Torwächter wurden
von den Oberhäuptern und den erwachsenen
Männern der Familien gebildet. Ebenso wie die
anderen Leviten* verrichteten sie ihren Dienst
am Tempel. 13 Sie losten aus, welche Familien die
einzelnen Tore bewachen sollten, und auch da-
bei wurden die Älteren und die Jüngeren völlig
gleich behandelt.

14 Für das Osttor fiel das Los auf Meschelemja
und für das Nordtor auf seinen Sohn Secharja,
der als ein kluger Ratgeber bekannt war. 15 Das
Los für das Südtor fiel auf Obed-Edom, für das
Vorratshaus auf seine Söhne. 16 Das Westtor und
das Schallechet-Tor an der ansteigenden Straße
wurden Schuppim und Hosa zugewiesen.

Die Posten wurden wie folgt verteilt: 17 An der
Ostseite sollten täglich sechs Mann stehen, an
der Nordseite vier, nach Süden ebenfalls vier,
dazu zweimal zwei am Vorratshaus, 18 und nach
Westen zwei an der Straße und vier am Parbar-
platz.[a]

19 Das waren die einzelnen Abteilungen der
Torwächter, die alle zu den Nachkommen von
Korach und Merari gehörten.

Die Aufseher der Schatzkammern

20 Einige andere Leviten[b] führten Aufsicht über
die Tempelschätze und über die geweihten
Gaben, die für den Tempel* gestiftet wurden.
21 Die Nachkommen Ladans aus der Sippe Ger-
schon, Oberhäupter ihrer Familien, waren Jehiël
22 und seine Söhne Setam und Joël. Diese be-
wachten die Tempelschätze. 23 Außer ihnen
wurden auch Nachkommen von Amram, Jiz-
har, Hebron und Usiël mit dieser Aufgabe be-
traut.

24 Einst war Schubaël Oberaufseher über die
Schätze des Heiligen Zeltes[c] gewesen. Er war
der Sohn von Gerschom, dem einen der beiden
Söhne Moses. 25 Von Eliëser, dem anderen Sohn
Moses, stammte Rehabja ab. Dessen Sohn war
Jeschaja, die weiteren Nachkommen in direkter
Linie waren Joram, Sichri und Schelomit.

26 Schelomit sollte nun zusammen mit seinen
Brüdern die geweihten Gaben bewachen, alles,
was König David, die Sippenoberhäupter, die
Hauptleute und Obersten und die Befehlshaber
des Heeres 27 aus ihrer Kriegsbeute abgeliefert
hatten, um damit den Tempel gut auszustatten.
28 Vorher hatten auch schon der Seher* Samuel
und Saul, der Sohn von Kisch, Abner, der Sohn
von Ner, und Joab, der Sohn der Zeruja, solche
Spenden gemacht. Alle Gaben wurden von
Schelomit und seinen Brüdern beaufsichtigt.
Jeder, der eine solche Gabe brachte, mußte sie
ihnen übergeben.

Verwaltungsaufgaben anderer Leviten

29 Von den Nachkommen Jizhars waren Kenanja
und seine Söhne draußen im Land Israel als
Amtleute und Richter tätig.

30 Von den Nachkommen Hebrons waren
Haschabja und die Angehörigen seiner Sippe
im Landesteil westlich des Jordans als Aufseher
eingesetzt, sowohl für die Belange des Tempels[d]
als auch für die königliche Verwaltung. Sie
waren insgesamt 1700 Mann, lauter tüchtige
Leute.

31 Das Oberhaupt der Nachkommen Hebrons
mit allen ihren Sippen und Familien war Jerija.
Im 40. Regierungsjahr Davids suchte man den
ganzen Sippenverband ab und fand dabei in
Jaser im Land Gilead* viele tüchtige Männer.
32 David setzte sie mit Jerija an der Spitze im Ost-
jordanland ein, wo die Stämme Ruben, Gad und
der halbe Stamm Manasse wohnten. Sie waren
dort Aufseher für die Angelegenheiten Gottes
und des Königs, insgesamt 2700 Mann, jeder von
ihnen das Oberhaupt einer eigenen Familie.

Die Organisation des Heeres

27 Es folgen hier die Heeresabteilungen
Israels, die jeweils für einen Monat des
Jahres antraten und dann wieder abzogen, jede
24000 Mann stark. Für den ordnungsgemäßen
Ablauf waren verantwortlich die Sippenober-

a *Parbarplatz*: siehe Anmerkung zu 2 Kön 23,11. Es ist nicht sicher, ob es sich um denselben Platz handelt.
b So mit G; H *Die Leviten*, Achija.* c *des Heiligen Zeltes**: verdeutlichender Zusatz. d Wörtlich *des Herrn.*

26,21-22 23,8 **26,23** 23,12 **26,24-27** 23,15-17

häupter, die Obersten und Hauptleute sowie die dafür zuständigen Verwaltungsbeamten im königlichen Dienst.

2–15 Befehlshaber der Heeresabteilungen waren folgende Männer:

1. Monat	Jaschobam, der Sohn von Sabdiël und Nachkomme von Perez. Er war der Befehlshaber über alle Offiziere seiner Abteilung
2. Monat	Dodai aus Ahoach. Der höchste Offizier seiner Abteilung war Miklot
3. Monat	Benaja, der Sohn des Oberpriesters Jojada. Er war einer der »Dreißig Helden«. Als er ihr Anführer wurde, übernahm sein Sohn Ammisabad den Befehl über seine Abteilung
4. Monat	Asaël, der Bruder Joabs; später sein Sohn Sebadja
5. Monat	Schamhut, ein Nachkomme Serachs
6. Monat	Ira, der Sohn von Ikkesch, aus Tekoa
7. Monat	Helez aus Pelon,[a] vom Stamm Efraïm
8. Monat	Sibbechai, ein Nachkomme Serachs, aus Huscha
9. Monat	Abiëser aus Anatot, vom Stamm Benjamin
10. Monat	Mahrai, ein Nachkomme Serachs, aus Netofa
11. Monat	Benaja aus Piraton, vom Stamm Efraïm
12. Monat	Heldai, ein Nachkomme Otniëls, aus Netofa

Die Führer der Stämme

16–22 An der Spitze der Stämme standen folgende Männer:

Ruben	Eliëser, der Sohn von Sichri
Simeon	Schefatja, der Sohn von Maacha
Levi	Haschabja, der Sohn von Kemuël
Aarons-Nachkommen	Zadok
Juda	Elihu, ein Bruder Davids
Issachar	Omri, der Sohn von Michael
Sebulon	Jischmaja, der Sohn von Obadja
Naftali	Jerimot, der Sohn von Asriël
Efraïm	Hoschea, der Sohn von Asasja
West-Manasse	Joël, der Sohn von Pedaja
Ost-Manasse	Jiddo, der Sohn von Secharja
Benjamin	Jaasiël, der Sohn von Abner
Dan	Asarel, der Sohn von Jeroham

Dies waren die Stämme Israels.

23 David hatte die männlichen Israeliten nicht zählen lassen, jedenfalls nicht die bis zu zwanzig Jahren; denn der HERR hatte zugesagt, er würde Israel so zahlreich machen wie die Sterne am Himmel.
24 Joab, der Sohn der Zeruja, hatte mit der Zählung der Männer Israels angefangen, mußte sie aber abbrechen, weil der HERR darüber zornig würde und Israel strafte. Deshalb stehen die Zahlen nicht in der Chronik des Königs David.

Die Verwalter des königlichen Besitzes

25 Asmawet, der Sohn Adiëls, hatte die Aufsicht über die Schätze des Königs in Jerusalem;
Jonatan, der Sohn von Usija, verwaltete die Vorräte auf dem Land, in den Städten, Dörfern und Schutztürmen;
26 Esri, der Sohn Kelubs, beaufsichtigte die Landarbeiter;
27 Schimi aus Rama hatte die Weinberge zu überwachen;
Sabdi aus Schefam war zuständig für die Weinvorräte in den Weinbergen;
28 Baal-Hanan aus Bet-Gader überwachte die Oliven- und Maulbeerfeigenbäume* im Hügelland;
Joasch war zuständig für die Ölvorräte;
29 Schitrai aus der Scharonebene war dort für die Rinderherden verantwortlich;
Schafat, der Sohn von Adlai, war verantwortlich für die Rinder in den Tälern;
30 der Ismaëliter Obil war verantwortlich für die Kamele;
Jechdeja aus Meronot war verantwortlich für die Eselinnen;
31 der Hagariter Jasis war verantwortlich für die Schafherden.

Dies waren die Verwalter des königlichen Besitzes.

Davids engste Umgebung

32 Davids Onkel Jonatan, ein kluger und gelehrter Mann, war sein Berater, und Jehiël, der Sohn von Hachmoni, war der Erzieher der Königs-

a *Pelon:* siehe Anmerkung zu 11,27.

27,2-15 (Benaja) 11,22-25; (Asaël) 11,26; 2 Sam 2,18-23 **27,23** Gen 12,2 S **27,24** 21,1-27

söhne. 33 Ahitofel war ebenfalls Berater. Huschai, ein Arkiter, war der Freund und Vertraute des Königs. 34 Nach dem Tod Ahitofels traten Jojada, der Sohn von Benaja, und Abjatar an seine Stelle. Joab war Heerführer des Königs.

David gibt Salomo Anweisungen für den Tempelbau[a]

28 David ließ alle maßgeblichen Männer von Israel nach Jerusalem zusammenrufen: die Oberhäupter der Stämme, die Befehlshaber der Heeresabteilungen, die Obersten und Hauptleute, die Verwalter des Landbesitzes und der Viehherden des Königs und seiner Söhne, die Hofbeamten, die hervorragenden Krieger und alle anderen wichtigen Männer.

2 König David stand auf und sagte zu ihnen: »Männer meines Volkes, meine Brüder, hört mir zu! Ich selbst hatte mir vorgenommen, ein Haus zu bauen, in dem die Bundeslade* des HERRN, der Fußschemel unseres Gottes, einen festen Platz finden soll. Ich habe auch alle Vorbereitungen für diesen Bau getroffen. 3 Doch Gott hat zu mir gesagt: ›Nicht du sollst das Haus für mich[b] bauen, denn du hast ständig Kriege geführt und viel Blut vergossen.‹

4 Aber der HERR, der Gott Israels, hat aus der ganzen Familie meines Vaters gerade mich erwählt, daß ich und meine Nachkommen für alle Zeiten Könige von Israel sein sollen. Unter den Stämmen Israels hat er Juda erwählt, unter den Familien Judas die meines Vaters, und unter allen Söhnen meines Vaters hat er an mir Gefallen gefunden und mich zum König von ganz Israel gemacht. 5 Unter den vielen Söhnen, die mir vom HERRN geschenkt worden sind, hat er Salomo zu meinem Nachfolger bestimmt. Er soll auf dem Königsthron des HERRN über Israel regieren.

6 Der HERR hat auch zu mir gesagt: ›Dein Sohn Salomo soll den Tempel* mit seinen Vorhöfen für mich bauen. Ihn habe ich erwählt; er wird mein Sohn sein, und ich will sein Vater sein. 7 Ich will seiner Herrschaft für immer Bestand geben, wenn er sich auch künftig so entschieden an meine Gebote und Rechtsordnungen hält, wie er es jetzt tut.‹

8 Ich ermahne euch nun vor den Augen von ganz Israel, der Gemeinde des HERRN, und vor den Ohren unseres Gottes: Achtet auf alle Gebote des HERRN, eures Gottes, und befolgt sie gewissenhaft! Dann werdet ihr im Besitz dieses schönen Landes bleiben, und ihr könnt es euren Nachkommen für alle Zeiten weitervererben.

9 Du aber, mein Sohn Salomo, lerne den HERRN, den Gott deines Vaters, immer besser kennen! Gehorche ihm bereitwillig und mit ungeteiltem Herzen! Denn er sieht uns ins Herz und kennt unsere geheimsten Gedanken. Wenn du ihn suchst, läßt er sich von dir finden. Wenn du dich aber von ihm abwendest, wird er dich für immer verstoßen. 10 Denke daran: Der HERR hat dich erwählt, damit du ihm ein Heiligtum baust. Darum geh entschlossen ans Werk!«

11 Darauf übergab David seinem Sohn Salomo die Baupläne für den ganzen Tempel mit der Vorhalle, dem Hauptraum, den angebauten Schatzkammern, den Obergemächern und Innenräumen und dem Raum für die Bundeslade,[c] 12 ebenso mit den Vorhöfen und den Hallen ringsum. David hatte schon alles genau festgelegt, wie es ihm der Geist* Gottes eingegeben hatte.

David gab Salomo auch Anweisungen für die Verwendung der Tempelschätze und der Gaben, die Gott geweiht waren, 13 für die Einteilung der Dienstgruppen der Priester* und Leviten* und für den gesamten Dienst im Haus des HERRN und die dazu nötigen Geräte. 14 Für jedes einzelne goldene und silberne Gerät gab er genau an, wieviel Gold oder Silber dazu verwendet werden sollte, 15 ebenso für die goldenen und silbernen Leuchter mit den dazugehörenden Lampen, je nachdem, für welchen Zweck sie bestimmt waren.

16 Er setzte auch das Goldgewicht der Tische für die geweihten Brote* und das Gewicht des Silbers für die anderen Tische fest. 17 Er machte Angaben für die Gabeln, Opferschalen und Kannen, die aus reinem Gold gefertigt werden sollten, und über das Gewicht des Goldes oder Silbers für jeden einzelnen Becher. 18 Er bestimmte, aus welcher Menge von reinstem Gold der Räucheraltar* hergestellt werden sollte, und übergab Salomo einen Plan für den Wagen der Bundeslade*, insbesondere für die Kerubenfiguren aus Gold, die mit ihren ausgebreiteten Flügeln die Bundeslade des HERRN bedecken sollten.

19 Und David sagte: »Für alle Arbeiten, die zur Ausführung des Bauplans nötig sind, hat der HERR mir schriftliche Anweisungen gegeben, die von seiner Hand stammen.«

a Hier wird der Bericht von 23,2 wieder aufgenommen.
b Wörtlich *für meinen Namen;* siehe Anmerkung zu Dtn 12,5.
c *dem Raum …:* wörtlich *dem Haus der Deckplatte* (vgl. Ex 25,17-22).

27,33 2 Sam 15,12 S; 15,32 S **28,2-7** 17,1-14 **28,2** Klgl 2,1 S **28,3** 22,8 S **28,13** 23,1–26,32

20 Noch einmal sagte David zu seinem Sohn Salomo: »Geh mutig und entschlossen an diese Aufgabe heran! Laß dich nicht beirren und hab keine Angst, denn der HERR, mein Gott, wird dir beistehen. Er wird sich nicht von dir abwenden und dich nicht im Stich lassen, sondern wird dir helfen, alle diese Arbeiten an seinem Tempel zu vollenden. 21 Die Gruppen der Priester und der Leviten, die für den gesamten Dienst im Tempel bestimmt sind, stehen schon bereit. Für alle Aufgaben hast du willige und sachkundige Leute zur Seite, auch die führenden Männer und das ganze Volk werden dir in jeder Hinsicht behilflich sein.«

Spenden für den Bau des Tempels

29 Dann wandte sich König David an die ganze Versammlung und sagte: »Mein Sohn Salomo, der einzige, den der HERR für dieses Werk erwählt hat, ist noch jung und unerfahren, und die Aufgabe, die er lösen muß, ist groß. Das Bauwerk, das er errichten soll, ist ja nicht für einen Menschen bestimmt, sondern für Gott, den HERRN!

2 Darum habe ich meine ganze Kraft eingesetzt, um für das Haus meines Gottes große Mengen Gold, Silber, Bronze, Eisen und Holz zu beschaffen. Sie sind für die Geräte, die hergestellt werden müssen, ebenso Edelsteine, Halbedelsteine und andere wertvolle Steine in verschiedenen Farben[a] sowie große Mengen von weißem Marmor. 3 Weil mir der Tempel meines Gottes am Herzen liegt, spende ich darüber hinaus aus meinem eigenen Besitz 4 noch 3000 Zentner* reines Gold aus Ofir* und 7000 Zentner reines Silber. Mit einem Teil davon sollen die Innenwände verkleidet werden; 5 das übrige ist für die goldenen und silbernen Gegenstände und alle sonstigen Arbeiten der Künstler bestimmt. Und nun frage ich euch: Wer ist bereit, dem HERRN heute eine Gabe zu bringen?«

6 Da bewiesen die Sippenoberhäupter, die Oberhäupter der Stämme, die Obersten und Hauptleute und die Beamten des Königs ihre Opferbereitschaft 7 und spendeten für den Tempelbau 5000 Zentner Gold, dazu 10000 Goldmünzen,[b] 10000 Zentner Silber, 18000 Zentner Bronze und 100000 Zentner Eisen. 8 Wer Edelsteine besaß, stiftete sie für den Tempelschatz, der von Jehiël, einem Nachkommen Gerschons, verwaltet wurde.

9 Das ganze Volk freute sich über die Opferbereitschaft, weil diese reichen Gaben freiwillig und mit ungeteiltem Herzen für den HERRN gespendet worden waren. Auch König David freute sich sehr darüber.

Davids Dankgebet

10 Darauf pries David vor der ganzen Versammlung den HERRN und betete:

»Gepriesen seist du, HERR, du Gott unseres Stammvaters Israel,[c] vom Anfang der Zeiten bis in alle Zukunft! 11 Dir, HERR, gehören Größe und Kraft, Ehre und Hoheit und Pracht! Alles im Himmel und auf der Erde ist dein Eigentum; dir gehört alle Herrschaft, du bist hoch erhoben als das Haupt über alles!

12 Du teilst Reichtum und Ansehen aus und gibst Kraft und Stärke dem, den du groß und mächtig machen willst. Du bist der HERR über alles! 13 Darum wollen wir dir, unserem Gott, danken und deinen herrlichen Namen* rühmen.

14 Ich bin nichts, HERR, und auch mein Volk ist nichts; aus eigenem Vermögen wären wir gar nicht in der Lage, dir solche Gaben zu bringen. Alles kommt von dir, auch diese Gaben haben wir erst von dir empfangen.

15 Es geht uns nicht anders als allen unseren Vorfahren: Wir wohnen nur wie Gäste oder Fremde in diesem Land, das du uns gegeben hast, denn unser Leben auf der Erde ist vergänglich wie ein Schatten, ohne Hoffnung auf Dauer.

16 HERR, unser Gott! Der ganze Reichtum, den wir jetzt zusammengebracht haben, um für dich, für deinen heiligen Namen, ein Haus zu bauen,[d] kommt aus deiner Hand, und darum gehört auch alles dir!

17 Mein Gott, ich weiß, daß du den Menschen ins Herz siehst, und du freust dich, wenn sie aufrichtig sind. Ich habe dies alles mit aufrichtigem Herzen gegeben, und ich habe voller Freude gesehen, welche Opferbereitschaft auch dein Volk hier bewiesen hat.

18 HERR, du Gott unserer Vorfahren Abraham, Isaak und Israel! Erhalte deinem Volk für immer diese Gesinnung, daß es von Herzen dir zugewandt bleibt!

19 Hilf auch meinem Sohn Salomo, daß er mit ungeteiltem Herzen deine Gebote, Weisungen und Vorschriften befolgt und alles tut, um den Tempelbau auszuführen, den ich vorbereitet habe.«

20 Dann forderte David die ganze Versammlung auf: »Preist den HERRN, euren Gott!«

a Hier wird eine Reihe von Steinen aufgezählt, die nicht sicher zu identifizieren sind. b Wörtlich *Dariken.*
c *Israel* = Jakob; siehe Gen 32,29; 35,10. d *für deinen heiligen Namen:* siehe Anmerkung zu Dtn 12,5.

29,1-2 22,5 **29,2** 22,14 **29,5** Ex 25,2 **29,15** Ps 39,13 S **29,17** Ps 7,10

Da priesen alle den HERRN, den Gott ihrer Vor-
fahren. Vor dem HERRN und dem König warfen
sie sich auf die Knie und beugten sich mit der
Stirn zur Erde nieder.
21 Am nächsten Tag brachten sie dem HERRN
Opfer.* Sie schlachteten tausend Stiere, tausend
Schafböcke und tausend Lämmer als Brandopfer.
Dazu kamen die vorgeschriebenen Trankopfer
und eine große Menge von Mahlopfern für das
ganze versammelte Volk. 22 Sie aßen und tran-
ken in Gegenwart des HERRN und freuten sich
sehr an diesem Tag. Zum zweiten Mal riefen sie
Salomo zum König aus und salbten* ihn, damit
er nun im Auftrag des HERRN das Volk regierte.
Zadok aber salbten sie zum Priester.
23 Dann bestieg Salomo anstelle seines Vaters
David den Thron des HERRN, und er wurde von
ganz Israel als König anerkannt. 24 Alle führen-
den Männer des Volkes, die hervorragenden
Krieger und auch die anderen Söhne Davids
unterwarfen sich ihm.
25 Der HERR ließ Salomo vor den Augen von
ganz Israel sehr mächtig werden und machte ihn
zu einem so bedeutenden König, daß er seine
Vorgänger an Glanz weit übertraf.

Zusammenfassung der Regierung Davids

26 David, der Sohn von Isai, war König von
ganz Israel. 27 Er regierte vierzig Jahre lang,
davon sieben in Hebron und dreiunddreißig
in Jerusalem. 28 Er starb in hohem Alter, ge-
sättigt von einem langen Leben, von Reichtum
und Ehre. Sein Sohn Salomo wurde sein Nach-
folger.
29 Alles, was es sonst noch über Davids Regie-
rungszeit zu sagen gibt, das ist nachzulesen in
den Berichten des Sehers* Samuel, des Prophe-
ten* Natan und des Sehers Gad. 30 Sie schildern
seine ganze Regierungstätigkeit und seine Siege,
überhaupt alles, was er selbst und Israel und die
anderen Königreiche damals erlebt haben.

DAS ZWEITE BUCH DER CHRONIK

Inhaltsübersicht

KÖNIG SALOMO UND DER BAU DES TEMPELS (Kapitel 1–9)

Salomos Bitte um Weisheit

(1 Kön 3,4-15)

1 Salomo, der Sohn Davids, festigte seine
Königsherrschaft; der HERR, sein Gott, stand
ihm bei und ließ ihn sehr mächtig werden.
2 Eines Tages rief Salomo die Vertreter von
ganz Israel nach Jerusalem zusammen: die Trup-
penführer, die Richter, die Führer der Stämme
und die Sippenoberhäupter. 3 Mit der ganzen
Versammlung ging er zur Opferstätte* in Gi-
beon.
Dort stand noch das Heilige Zelt*, das Mose,
der Diener und Bevollmächtigte* Gottes, in
der Wüste herstellen ließ. 4 Für die Bundeslade*
hatte David in Jerusalem ein Zelt aufschlagen las-
sen und sie von Kirjat-Jearim herbeigeholt. 5 Bei
der Wohnung des HERRN in Gibeon stand auch
der bronzene Altar*, den Bezalel, der Sohn von
Uri und Enkel von Hur, gemacht hatte.
Dorthin begab sich nun Salomo mit allen Ver-
sammelten 6 und opferte dem HERRN auf dem
Altar vor dem Heiligen Zelt tausend Tiere als
Brandopfer*.
7 In der folgenden Nacht erschien ihm Gott
und sagte zu ihm: »Wünsche dir, was du willst!
Ich will es dir geben.«
8 Salomo sagte zu Gott: »Du hast meinem
Vater David sehr viel Güte erwiesen, und mich
hast du nun an seiner Stelle als König eingesetzt.
9 HERR, mein Gott, laß doch jetzt die Zusage, die
du meinem Vater gegeben hast, in Erfüllung ge-
hen! Denn du hast mich zum König gemacht
über ein Volk, das so zahlreich ist wie die Staub-
körner auf der Erde. 10 Darum schenke mir Weis-
heit und Verständnis, daß ich mit deinem Volk
richtig umgehe! Wie könnte ich denn sonst die-
ses große Volk regieren?«
11 Da sagte Gott zu Salomo: »Du hättest dir
auch Reichtum, Schätze oder Ansehen wün-
schen können, den Tod deiner Feinde oder lan-
ges Leben für dich. Statt dessen hast du mich um
Weisheit gebeten, damit du mein Volk, über das

29,22 1 Kön 1,39-40; 1 Sam 16,13 S; 2 Sam 8,17 S **29,23** 1 Kön 2,12 **29,25** 1 Kön 3,12-13 **29,27** 3,4 S **1,1** 1 Kön 2,12 **1,4** 1 Chr 13,5-14; 15,25–16,1 **1,5** Ex 38,1-7 **1,9** 1 Chr 17,7-14; Gen 12,2 S

ich dich als König eingesetzt habe, regieren
kannst. Weil dir das am Herzen liegt, 12 will ich
dir Weisheit und Verständnis schenken. Aber ich
gebe dir dazu auch so viel an Reichtum, Schät-
zen und Ansehen, wie noch kein König vor dir
besessen hat und auch nach dir keiner haben
wird.«
13 Danach kehrte Salomo vom Heiligen Zelt an
der Opferstätte in Gibeon wieder nach Jerusa-
lem zurück, um von dort aus über Israel zu
regieren.

Salomos Macht und Reichtum

(9,25-28; 1 Kön 10,26-29)

14 Salomo legte sich eine große Zahl von Streit-
wagen* mit den dazugehörigen Besatzungen zu.
Er hatte 1400 Wagen und 12 000 Wagenkämpfer.
Ein Teil von ihnen war in Jerusalem stationiert,
die übrigen waren in den Städten untergebracht,
die er dafür ausgebaut hatte.
15 Unter Salomos Regierung war in Jerusalem
Silber und Gold so gewöhnlich wie Steine, und
Zedernholz wie das Holz der Maulbeerfeigen-
bäume* im Hügelland von Juda.
16 Seine Pferde ließ Salomo aus Ägypten, und
zwar aus Koa, einführen; seine Händler kauften
sie dort auf. 17 Auch Streitwagen wurden aus
Ägypten eingeführt. Ein Streitwagen kostete
600 Silberstücke*, ein Pferd 150 Silberstücke. Die
Händler Salomos belieferten auch die Könige
der Hetiter* und Syrer* mit Pferden und Streit-
wagen.

Vorbereitungen für den Tempelbau

(1 Kön 5,15-32)

18 Salomo befahl, zu Ehren des Herrn einen Tem-
pel* zu bauen und für ihn selbst einen Regie-
rungspalast.
2 Er ließ 80 000 Mann zum Frondienst* aus-
heben, die als Steinbrecher in den Bergen
von Juda arbeiten mußten, und 70 000 Mann, die
die Steinblöcke abtransportierten. Weitere 3600
Mann setzte er als Aufseher ein.
2 Dann schickte er eine Gesandtschaft zum
König Hiram von Tyrus und ließ ihm sagen:
»Du hast schon meinen Vater David unter-
stützt, als er sich einen Palast bauen wollte, und
hast ihm dazu Zedernholz geliefert. 3 Jetzt bin
ich selbst im Begriff, einen Tempel zu bauen, ein
Haus für den Namen des Herrn, meines Gottes,[a]
das ihm geweiht sein soll. Wir wollen darin
für ihn Weihrauch* verbrennen und ständig
geweihte Brote* auflegen. Jeden Morgen und
Abend, am Sabbat*, am Neumond* und an den
Festen des Herrn, unseres Gottes, sollen dort
Brandopfer* dargebracht werden. Dazu sind wir
Israeliten für alle Zeiten verpflichtet.
4 Das Haus, das ich bauen will, muß sehr groß
werden, weil unser Gott größer ist als alle ande-
ren Götter. 5 Für ihn läßt sich eigentlich gar kein
Haus bauen. Der ganze Himmel, so unendlich
weit er auch ist[b] – für ihn ist er noch zu klein!
Wie könnte ich ihm da ein Haus bauen? Nur ein
Heiligtum, in dem ihm Opfer dargebracht wer-
den, kann ich ihm bauen.
6 Und nun meine Bitte: Schicke mir einen
tüchtigen Künstler, der alle Arbeiten in Gold, Sil-
ber, Bronze und Eisen ausführen kann. Ebenso
muß er rote, karmesinrote und blaue Wolle ver-
arbeiten können, und auch auf Schnitzarbeiten
muß er sich verstehen. Er soll alle diese Arbeiten
zusammen mit den Künstlern aus Juda und Jeru-
salem ausführen, die hier bei mir sind und die
schon mein Vater David angestellt hat.
7 Schicke mir auch Zedern- und Zypressen-
stämme und anderes Edelholz aus dem Libanon-
Gebirge! Ich weiß ja, wie gut deine Leute dort
Holz zu schlagen verstehen. Auch dabei sollen
meine Arbeiter den deinen zur Hand gehen.
8 Auf diese Weise soll eine große Menge Bauholz
zurechtgemacht werden, weil der Tempel, den
ich bauen will, so groß und prächtig werden
muß.
9 Für die Verpflegung deiner Leute, die das
Holz fällen, will ich dir 4000 Tonnen Weizen,
4000 Tonnen Gerste, 4000 Hektoliter Olivenöl
und 4000 Hektoliter Wein liefern.«[c]
10 Darauf ließ König Hiram von Tyrus Salomo
eine schriftliche Botschaft überbringen, in der es
hieß: »Der Herr muß sein Volk sehr lieben, weil
er dich als König eingesetzt hat!«
11 Weiter schrieb Hiram: »Der Herr, der Gott
Israels, der Himmel und Erde geschaffen, sei ge-
priesen! Er hat König David einen tüchtigen, klu-
gen Sohn geschenkt. Es ist ein weiser Entschluß,
daß du ihm einen Tempel bauen willst und dir
selbst einen Regierungspalast. 12 Ich werde dir
dazu einen tüchtigen und begabten Künstler
schicken, meinen Meister Hiram. 13 Seine Mut-
ter kommt aus dem Stamm Dan, sein Vater aber
von hier aus Tyrus. Er versteht sich auf alle
Arbeiten in Gold, Silber, Bronze, Eisen, Stein

a *für den Namen:* siehe Anmerkung zu Dtn 12,5. b Siehe Anmerkung zu 6,18.
c Hebräische Maßangaben je *20 000 Kor* (1 Kor = 10 Efa*) und *20 000 Bat* (1 Bat = 6 Hin*). Die Gewichtsmaße wurden bei der Umrechnung aufgerundet; genauer je etwa 3300 t.

1,14 1 Kön 5,6 S **2,5** 1 Kön 8,27 S **2,12-13** 1 Kön 7,13-14

und Holz, ebenso auf die Verarbeitung von roter, blauer und karmesinroter Wolle und von Leinen sowie auf Schnitzarbeiten aller Art. Er kann alles entwerfen, was du bei ihm in Auftrag gibst, und ist bereit, mit deinen Künstlern und denen deines verehrten Vaters David zusammenzuarbeiten.

14 Habe die Güte, die angekündigte Sendung von Weizen, Gerste, Wein und Öl abzuschicken.
15 Wir unsererseits werden im Libanon-Gebirge so viel Holz fällen, wie du benötigst. Ich lasse die Stämme in Flößen an der Küste entlang bis nach Jafo bringen. Von dort können deine Leute sie nach Jerusalem weitertransportieren.«

16 Salomo ließ in ganz Israel die Menschen zählen, die aus anderen Völkern stammten und als Fremde im Land lebten. Auch sein Vater David hatte das schon einmal getan. Die jetzige Zählung ergab 153600 Männer.
17 Davon setzte Salomo 80000 in den Bergen von Juda als Steinbrecher ein, weitere 70000 als Lastträger für den Transport der Steine und 3600 als Aufseher, um die Leute zur Arbeit anzuhalten.

Salomo baut Gott einen Tempel

(1 Kön 6,1-38)

3 Dann begann Salomo, auf dem Berg Morija in Jerusalem das Haus für den HERRN zu bauen. Den Platz hatte schon sein Vater David bestimmt, weil ihm dort auf dem Dreschplatz des Jebusiters Arauna der HERR erschienen war.
2 Im zweiten Monat[a] seines vierten Regierungsjahres fing Salomo mit dem Bau an.

3 Die Länge des Tempelhauses betrug dreißig Meter und die Breite zehn Meter.[b]
4 An der Stirnseite befand sich eine Vorhalle, zehn Meter breit wie der Hauptbau und sechzig Meter[c] hoch. Die Innenwände der Vorhalle ließ Salomo mit reinem Gold überziehen.

5 Das Haus selber ließ er innen mit Zypressenholz verkleiden und dies ebenfalls mit reinem Gold überziehen. Darauf wurden noch Verzierungen in Form von Palmbäumen und kettenartigen Bändern angebracht.
6 Das ganze Haus ließ er mit kostbaren Steinen schmücken. Das für den Bau verwendete Gold stammte aus Parwajim.
7 Damit wurde innen das ganze Haus einschließlich der Balken, Schwellen, Wände und Türen verkleidet. An den Wänden wurden auch noch Bilder von Keruben* eingeschnitzt.

8 Den hinteren Raum, das Allerheiligste*, machte Salomo zehn Meter lang und zehn Meter breit, so breit wie das ganze Gebäude. Er wurde innen mit reinem Gold verkleidet; dafür wurden 600 Zentner* gebraucht.
9 Für den Goldüberzug der Nägel wurde ein halbes Kilo[d] gebraucht. Auch die Wände der oberen Räume wurden mit Gold überzogen.

10 Für das Allerheiligste ließ Salomo zwei Kerubenfiguren gießen.[e] Auch sie wurden mit Gold überzogen.
11-12 Jede hatte zwei Flügel, je zweieinhalb Meter lang. Die beiden Figuren waren so nebeneinander aufgestellt, daß ihre ausgespannten Flügel einander in der Mitte des Raumes berührten und außen bis an die Seitenwände reichten.
13 Die Flügel überspannten also die ganze Breite des Raumes von zehn Metern, von einer Wand bis zur andern. Die Figuren selbst standen aufrecht auf ihren Füßen und waren mit dem Gesicht dem Eingang zugewandt.
14 Weiter ließ Salomo den Vorhang vor dem Allerheiligsten machen. Er war aus gezwirntem Leinen gewebt, und mit blauer, roter und karmesinroter Wolle waren Kerubenbilder darauf gestickt.

Die beiden Säulen aus Bronze

(1 Kön 7,15-22)

15 Schließlich ließ Salomo für den Platz vor dem Tempel zwei Säulen herstellen. Sie waren siebzehneinhalb Meter hoch, ihre Kapitelle hatten eine Höhe von zweieinhalb Metern.
16 Für diese Säulen wurden auch kettenartige Bänder[f] angefertigt und oben ringsum angebracht, ebenso hundert Nachbildungen von Granatäpfeln, die an den Bändern befestigt wurden.
17 Salomo ließ die Säulen vor dem Tempelhaus aufstellen, eine rechts, die andere links. Die rechte nannte er Jachin (Er richtet auf) und die linke Boas (In ihm ist Stärke).

Die Ausstattung des Tempels

(1 Kön 7,23-40)

4 Salomo ließ einen Altar* aus Bronze machen, der war zehn Meter lang, zehn Meter breit und fünf Meter hoch.

2 Ebenso ließ er ein großes, rundes Bronze-

a So mit einigen Handschriften und alten Übersetzungen; H hat noch am *zweiten (Tag)*.
b Hebräische Maßangaben jeweils die doppelte Zahl *Ellen**, auch weiterhin in Kap 3 und 4; im Text wird an dieser Stelle noch vermerkt *nach dem älteren Ellenmaß*, d. h. die Elle zu 52 cm.
c Ein Teil der griechischen Überlieferung hat *zehn Meter*. Das Hauptgebäude war nach 1 Kön 6,2 fünfzehn Meter hoch.
d Hebräische Gewichtsangabe *50 Schekel**.
e *gießen:* Die Deutung der hebräischen Wendung ist unsicher.
f Es folgt hier noch (vielleicht Verschreibung) *im Allerheiligsten*.

3,1 Gen 22,2 3,10-13 Ex 25,18-20 3,14 Ex 26,31 4,1-18 1 Chr 18,8 4,1 1 Kön 8,64

becken gießen, das »Meer«. Sein Durchmesser
betrug fünf Meter, sein Umfang fünfzehn Meter
und seine Höhe zweieinhalb Meter. 3 Unter sei-
nem Rand war es ringsum mit zwei Reihen von
Rindern verziert, die mit dem Becken aus einem
Guß waren; auf einen halben Meter kamen
zehn Rinder. 4 Das Becken wurde von zwölf Rin-
dern getragen, die in Dreiergruppen angeordnet
waren; jede Gruppe schaute in eine andere Him-
melsrichtung. 5 Der Rand des Beckens war nach
außen gewölbt wie bei einem Kelch oder einer
Wasserlilie. Das Metall war etwa eine Hand-
breite dick. Das Becken faßte über 60 000 Liter.[a]

6 Außerdem ließ Salomo zehn kleinere
Bronzebecken machen. Fünf davon ließ er
rechts vom »Meer« aufstellen und fünf links.
Darin wurde alles abgespült, was von den Opfer-
tieren auf dem Altar verbrannt werden sollte.
Das Wasser im großen Becken dagegen war nur
für die Waschungen der Priester bestimmt.

7 Salomo ließ auch zehn goldene Leuchter
machen, genau nach der Vorschrift. Fünf wur-
den im Hauptraum des Tempels auf der rechten
Seite aufgestellt und fünf auf der linken. 8 Ebenso
wurden zehn Tische angefertigt und dort auf-
gestellt, fünf rechts und fünf links. Außerdem
ließ Salomo hundert goldene Opferschalen her-
stellen.

9 Dann richtete er den inneren Vorhof* ein,
der nur von den Priestern betreten werden
durfte, und den großen, äußeren Vorhof. Für
diesen ließ er Tore anfertigen, deren Flügel mit
Bronze überzogen wurden. 10 Rechts vom Ein-
gang des Tempels, an der Südostecke des Gebäu-
des, wurde das große Becken aufgestellt.

11a Hiram fertigte auch alle sonstigen Tempel-
geräte an wie Kübel, Schaufeln und Opferscha-
len.

Zusammenfassende Liste der Geräte für den Tempel

(1 Kön 7,40-51)

11b-16 Im Auftrag von König Salomo fertigte Mei-
ster Hiram alle diese Arbeiten für den Tempel*
des HERRN an. Jedes Stück war aus Bronze ge-
gossen und die Oberfläche anschließend poliert
worden.

Hier ist ein vollständiges Verzeichnis aller Stücke:

2 Säulen
2 becherförmige Kapitelle für die Säulen
2 Geflechte von Bändern für die Kapitelle
400 Granatäpfel, aufgehängt über den Bändern jedes Kapitells in zwei Reihen zu je hundert
die fahrbaren Gestelle
die Kessel zum Einsetzen in die Gestelle
das große Becken
12 Rinder als Untersatz des Beckens
Schaufeln und Kübel zum Beseitigen der Asche sowie Gabeln

17 Der König ließ all dies im Jordantal in den
mächtigen Tonablagerungen zwischen Sukkot
und Zaretan gießen. 18 Er ließ sehr viele Stücke
machen, weil es auf das Gewicht der verarbeite-
ten Bronze nicht ankam.

19-22 Salomo ließ auch die heiligen Geräte für
den Tempel des HERRN herstellen:

den Räucheraltar
die Tische für die geweihten Brote
die blütenförmigen Aufsätze der Leuchter, Lichtschalen* und Dochtscheren
die Lichtmesser, Blutschalen, Löffel und Kohlenbecken
die Türen zum Allerheiligsten und die Eingangstüren des Tempels

Alle diese Gegenstände wurden aus Gold gefertigt.

5 Nachdem König Salomo den Tempel und
seine Ausstattung vollendet hatte, brachte
er die Gaben, die sein Vater David dem HERRN
geweiht hatte, herbei. Das Silber und das Gold
und alle Geräte kamen in die Schatzkammern
des Tempels.

Die Bundeslade wird in den Tempel gebracht

(1 Kön 8,1-13)

2 Nun ließ König Salomo die Ältesten* Israels
nach Jerusalem kommen, die Vertreter aller
Stämme und Sippen. Sie sollten die Bundeslade*
des HERRN von der Davidsstadt auf dem Zions-
berg* in den Tempel hinaufbringen. 3 Alle Män-
ner Israels kamen deshalb am Laubhüttenfest*
im siebten Monat zu König Salomo.

4 Als die Ältesten versammelt waren, hoben
die Leviten* die Bundeslade auf ihre Schultern
5 und trugen sie zum Tempel hinauf. Mit Hilfe
der Priester* aus der Nachkommenschaft Levis
brachten sie auch das Heilige Zelt* und alle seine
Geräte dorthin. 6 König Salomo und die ganze
Festgemeinde opferten vor der Lade eine große
Menge Schafe und Rinder, mehr als man zählen
konnte.

a Hebräische Maßangabe *3000 Bat* (1 Bat = 6 Hin*).

4,7 Ex 25,31-40 4,8 Ex 25,23-30 5,1 1 Chr 18,11 5,2 1 Chr 16,1 5,3 Ex 23,16 S 5,5 Dtn 10,5

7 Dann brachten die Priester die Lade des
Herrn an den vorgesehenen Platz im hintersten
Raum des Tempels, dem Allerheiligsten*. Sie
stellten sie unter die Flügel der Keruben*. 8 Die
Keruben hielten nämlich ihre Flügel ausgebreitet
und überspannten damit die Lade und ihre
Tragstangen.

9 Die Tragstangen waren aber so lang, daß
ihre Enden nur zu sehen waren, wenn jemand
direkt vor der Tür zum Allerheiligsten stand;
vom Hauptraum des Heiligtums aus waren sie
nicht zu sehen. Die Lade befindet sich noch
heute dort.

10 In der Lade waren nur die beiden Tafeln,
die Mose am Gottesberg Horeb* hineingelegt
hatte. Auf ihnen steht das Gesetz des Bundes*,
den der Herr mit den Israeliten geschlossen hat,
als sie aus Ägypten kamen.

11 Die Priester traten wieder aus dem Tempel
hinaus. Für diesen Tag hatten sich alle anwesen-
den Priester so vorbereitet, daß sie rein* waren,
auch die, deren Dienstgruppe während dieser
Zeit dienstfrei hatte.

12 Auch die Tempelsänger waren vollzählig
zugegen: die Leviten Asaf, Heman und Jedutun
mit allen ihren Söhnen und Verwandten. Sie tru-
gen Gewänder aus feinem weißen Leinen und
standen mit ihren Becken, Harfen und Lauten an
der Ostseite des Altars*.

Ihnen zur Seite standen hundertzwanzig
Priester mit Trompeten. 13 Diese setzten gleich-
zeitig mit den Sängern, den Becken und anderen
Instrumenten ein. Es klang wie aus *einem*
Mund, als sie alle miteinander den Herrn prie-
sen mit den Worten: »Der Herr ist gut zu uns,
seine Liebe hört niemals auf!«

In diesem Augenblick erfüllte eine Wolke den
Tempel, das Haus des Herrn. 14 Die Priester
konnten ihren Dienst wegen der Wolke nicht
fortsetzen, denn die Herrlichkeit* des Herrn
erfüllte das ganze Heiligtum.

6 Da betete Salomo: »Herr, du hast gesagt:
›Ich wohne im Wolkendunkel.‹ 2 Darum
habe ich dir dieses prächtige Haus gebaut, eine
Stätte, an der du für immer wohnen kannst.«

Worte zur Einweihung des Tempels

(1 Kön 8,14-30)

3 Dann drehte sich der König um und wandte
sich der ganzen Gemeinde Israel zu. Er grüßte
alle Versammelten, die ringsum standen, mit
einem Segenswunsch. 4 Dann sagte er:

»Gepriesen sei der Herr, der Gott Israels! Er
hat wahr gemacht, was er meinem Vater David
versprochen hat, als er sagte: 5 ›In der ganzen
Zeit, seit ich mein Volk Israel aus Ägypten in
dieses Land brachte, habe ich in keinem der
Stämme Israels eine Stadt erwählt, damit dort
ein Wohnsitz für meinen Namen[a] errichtet
wird. Ich habe auch niemand als Herrscher über
mein Volk Israel ausgewählt. 6 Aber jetzt habe
ich Jerusalem als Wohnsitz für meinen Namen
erwählt. Und ich habe David ausgewählt; er soll
der Herrscher über mein Volk Israel sein.‹

7 Schon mein Vater David wollte dem Herrn,
dem Gott Israels, einen Tempel bauen. 8 Aber der
Herr sagte zu ihm: ›Ich freue mich über deine
Absicht, für mich ein Haus zu bauen. 9 Aber
nicht du, sondern erst dein Sohn, dein leiblicher
Nachkomme, soll mir dieses Haus bauen.‹[b]

10 Dieses Versprechen hat der Herr gehalten:
Ich bin als Sohn meines Vaters David König ge-
worden und habe den Wohnsitz für den Herrn,
den Gott Israels, gebaut. 11 In dieses Haus habe
ich nun auch die Lade gestellt, in der die Tafeln
des Bundes* liegen, den der Herr mit dem Volk
Israel schloß.«

12 Dann trat Salomo vor den Augen der
ganzen Gemeinde Israel vor den Altar* des
Herrn und breitete die Arme zum Himmel aus.
13 Er hatte dazu ein Podest aus Bronze anfertigen
und mitten im Vorhof* aufstellen lassen. Es war
zweieinhalb Meter lang, ebenso breit und ein-
einhalb Meter hoch. Auf dieses stieg er hinauf,
kniete vor den Augen der ganzen Gemeinde
Israel nieder, breitete die Arme aus 14 und be-
tete:

»Herr, du Gott Israels! Weder im Himmel
noch auf der Erde gibt es einen Gott wie dich. Du
stehst zu deinem Bund und erweist deine Güte
und Liebe allen, die dir mit ungeteiltem Herzen
dienen. 15 So hast du an meinem Vater David,
deinem Diener und Bevollmächtigten*, gehan-
delt; der heutige Tag ist Zeuge dafür, daß du dein
Versprechen gehalten hast.

16 Herr, du Gott Israels, nun erfülle auch die
andere Zusage, die du meinem Vater David ge-
geben hast, daß stets einer aus der Familie
Davids auf dem Thron Israels sitzen wird, wenn
seine Nachkommen dir nur genauso treu dienen
und dein Gesetz* befolgen wie er. 17 Gott Israels,

a *ein Wohnsitz …:* siehe Anmerkung zu Dtn 12,5.
b *für mich* (Vers 8) und *mir:* wörtlich *meinem Namen* (siehe vorige Anmerkung); entsprechend in Vers 10.

5,11 1 Chr 24,1-19 **5,12** 1 Chr 15,16 S; 6,24 S; 6,18 S; 25,1 S **5,13** 1 Chr 16,34 S **5,14** Ex 19,8-9 S **6,4-9** 1 Chr 17,1-12 **6,11** Dtn 10,5 **6,16** 2 Sam 7,16 S; 1 Kön 2,4

laß doch in Erfüllung gehen, was du deinem Die-
ner David versprochen hast!
18 Aber bist du nicht viel zu erhaben, um bei
uns Menschen auf der Erde zu wohnen? Ist doch
selbst der ganze weite Himmel[a] zu klein für
dich, geschweige denn dieses Haus, das ich ge-
baut habe!
19 HERR, mein Gott, achte dennoch auf mein
demütiges Gebet und höre auf die Bitte, die ich
vor dich bringe: 20 Richte deinen Blick Tag und
Nacht auf dieses Haus, von dem du gesagt hast,
daß dein Name dort wohnen soll![b] Du hast ver-
sprochen, das Gebet zu hören, das ich, dein Die-
ner, von hier aus an dich richte. 21 Höre mich,
wenn ich von hier aus zu dir rufe, und höre auch
die Gebete deines Volkes Israel! Wenn wir
an dieser Stätte zu dir rufen, dann höre uns in
deiner himmlischen Wohnung. Erhöre uns und
vergib uns alle Schuld!«

Der Tempel als Ort des Gebets

(1 Kön 8,31-53)

22 »Wenn jemand verdächtigt wird, sich gegen
einen anderen vergangen zu haben, und er wird
hierher zu deinem Altar* gebracht und unter
den Fluch* gestellt, der ihn im Fall der Schuld
treffen soll, 23 dann höre du es im Himmel und
sorge für Recht: Bestrafe ihn, wenn er schuldig
ist, und laß sein böses Tun auf ihn selbst zurück-
fallen; aber verschone ihn, wenn er schuldlos ist,
und laß seine Redlichkeit vor aller Augen offen-
bar werden!
24 Wenn die Israeliten, dein Volk, von Feinden
besiegt werden, weil sie dir nicht gehorcht
haben, und sie wenden sich dir wieder zu, prei-
sen deinen Namen und bitten hier in deinem
Haus um Erbarmen, 25 dann höre du es im Him-
mel: Vergib deinem Volk seine Schuld und bring
es wieder in das Land zurück, das du ihnen und
ihren Vorfahren gegeben hast!
26 Wenn kein Regen auf das Land fällt, weil
seine Bewohner dir nicht gehorcht haben, und
sie erkennen deine strafende Hand, kehren um
und beten zu dir, wenden sich diesem Haus zu
und preisen deinen Namen, 27 dann höre du es
im Himmel: Vergib deinem Volk und seinen
Königen ihre Schuld, zeige ihnen, was sie tun
sollen, und laß es wieder regnen auf das Land,
das du deinem Volk als bleibenden Besitz ge-
geben hast!
28 Wenn im Land eine Hungersnot ausbricht,
wenn das Getreide durch Glutwinde, Krankhei-
ten oder Schädlinge vernichtet wird, wenn der
Feind ins Land einfällt oder Seuchen wüten,
29 dann höre das Gebet, das ein einzelner
Mensch oder dein ganzes Volk Israel an dich
richtet. Wenn irgend jemand in seiner Not und
seinem Schmerz seine Arme betend zu diesem
Haus hin ausbreitet, 30 dann höre du ihn in dei-
ner himmlischen Wohnung: Vergib ihm seine
Schuld und hilf ihm! Doch handle so, wie es
jeder verdient. Du kennst ja die verborgensten
Gedanken der Menschen und siehst ihnen ins
Herz. 31 Dann werden sie dich stets ernst neh-
men und dir gehorchen, die ganze Zeit, die sie in
dem Land leben, das du unseren Vorfahren ge-
geben hast.
32 Wenn ein Ausländer, der nicht zu deinem
Volk Israel zählt, aus einem fernen Land kommt,
weil er gehört hat, was für Taten du mit starker
Hand und ausgestrecktem Arm für dein Volk
vollbracht hast – wenn solch ein Mensch im An-
blick dieses Hauses zu dir betet, 33 dann höre ihn
in deiner himmlischen Wohnung und erfülle
seine Bitte. Alle Völker auf der Erde werden
dann erkennen, daß du der wahre Gott bist, und
werden dich genauso ehren, wie dein Volk Israel
es tut. Und sie werden erkennen, daß du von
diesem Haus, das ich für dich gebaut habe, Be-
sitz ergriffen hast.
34 Wenn dein Volk in deinem Auftrag gegen
Feinde in den Kampf zieht und dabei in der
Ferne zu dir betet, den Blick zu der Stadt gerich-
tet, die du dir erwählt hast, und zu dem Haus,
das ich deinem Namen[c] gebaut habe, 35 dann
höre sein Gebet im Himmel und verhilf ihm zu
seinem Recht!
36 Vielleicht kommt es auch so weit, daß die
Israeliten sich gegen dich auflehnen – es gibt ja
niemand, der nicht schuldig wird – und du dann
zornig wirst und sie ihren Feinden preisgibst, die
sie in ein fremdes Land verschleppen, in der
Nähe oder in der Ferne. 37 Dort kommen sie viel-
leicht zur Einsicht und wenden sich dir wieder
zu und bekennen vor dir: ›Wir haben Unrecht
getan, wir haben dir nicht gehorcht.‹ 38 Und
wenn sie dann von ganzem Herzen zu dir um-
kehren und dort zu dir beten, den Blick gerichtet
zu dem Land, das du ihren Vorfahren gegeben,
und der Stadt, die du dir erwählt hast, und zu
dem Haus, das ich deinem Namen gebaut habe,
39 dann höre ihr Gebet in deiner himmlischen
Wohnung und verhilf ihnen zu ihrem Recht! Ver-

a *der ganze ...:* wörtlich *der Himmel und alle Himmelswelten**.
b *daß dein Name ...:* siehe Anmerkung zu Dtn 12,5.
c Siehe Anmerkung zu Dtn 12,5 (auch für Vers 38).
6,18 1 Kön 8,27 S

gib ihnen alles, was sie gegen dich getan haben!
40 Mein Gott, sieh freundlich auf jeden, der hier
zu dir betet, und höre auf seine Bitte!

41 Und nun, HERR unser Gott,
steh auf und begleite deine Lade*,
das Wahrzeichen deiner gewaltigen Macht!
Komm zu deinem Ruheplatz!
Gib deinen Priestern* Vollmacht,
uns deine Hilfe zu vermitteln!
Alle deine Treuen erfreue mit Glück und Segen!
42 Weise den König nicht zurück,
den du gesalbt* und eingesetzt hast!
Denk daran, was du David versprochen hast,
deinem Vertrauten in deiner großen Güte!«

Die ersten Feste im Tempel

(1 Kön 8,62-66)

7 Als Salomo sein Gebet beendet hatte, fiel
Feuer vom Himmel und verzehrte das
Brandopfer* und die dem HERRN geweihten
Stücke der Mahlopfer*. Die Herrlichkeit* des
HERRN erfüllte den Tempel, 2 so daß die Priester
ihn nicht betreten konnten. 3 Als die Leute von
Israel sahen, wie das Feuer herabfiel und wie die
Herrlichkeit des HERRN sich über dem Tempel
zeigte, warfen sich alle auf die Knie und beugten
sich mit dem Gesicht auf das Pflaster nieder; sie
beteten den HERRN an und priesen ihn mit den
Worten: »Der HERR ist gut zu uns, seine Liebe
hört niemals auf!«
4–5 Dann feierte König Salomo zusammen mit
dem ganzen Volk die Einweihung des Tempels
durch ein großes Opfer. Für das Opfermahl ließ
er 22000 Rinder und 120000 Schafe schlachten.
6 Die Priester versahen ihren Dienst, und auch
die Leviten* hatten sich mit den Musikinstru-
menten aufgestellt, die König David für den Got-
tesdienst hatte anfertigen lassen. Die Leviten be-
gleiteten damit die Danklieder Davids. Auch jetzt
priesen sie den HERRN wieder mit dem Lied:
»Seine Liebe hört niemals auf!« Die Priester blie-
sen dazu ihre Trompeten, während das ganze
Volk stand.
7 Weil der Bronzealtar vor dem Haus des
HERRN für die Menge der Opfer zu klein war,
machte Salomo den ganzen Mittelteil des Vor-
hofs* zum Opferaltar. Dort ließ er Brand- und
Speiseopfer darbringen und die Fettstücke der
Mahlopfer verbrennen.
8 Im Anschluß an die Einweihung des Tem-
pels feierten Salomo und das ganze Volk Israel
eine Woche lang das Laubhüttenfest*. Es war
eine große Gemeinde, die aus dem ganzen Land
zusammengekommen war, von Lebo-Hamat
im Norden bis zu dem Tal, das die ägyptische
Grenze* bildet, im Süden. 9 Am achten Tag fand
die Abschlußfeier statt. Sie hatten also zuerst
sieben Tage lang die Einweihung des Altars ge-
feiert, dann noch einmal sieben Tage das Laub-
hüttenfest.
10 Am 23. Tag des siebten Monats verabschie-
dete Salomo das Volk. Glücklich und zufrieden
über alles Gute, das Gott David, Salomo und sei-
nem Volk Israel erwiesen hatte, gingen alle nach
Hause.

Gott antwortet Salomo

(1 Kön 9,1-9)

11 Salomo hatte das Haus des HERRN und sein
eigenes Haus vollendet, und alles, was er sich da-
bei vorgenommen hatte, war gut gelungen. 12 Da
erschien ihm der HERR in der Nacht und sagte zu
ihm:
»Ich habe dein Gebet erhört und diesen Tem-
pel* dazu bestimmt, daß ihr mir hier eure Opfer*
darbringt. 13 Es könnte geschehen, daß ich ein-
mal den Himmel verschließe und es keinen
Regen gibt, daß ich den Heuschrecken befehle,
das Land kahlzufressen, oder daß ich die Pest
über mein Volk kommen lasse. 14 Wenn dann
dieses Volk, über dem mein Name ausgerufen
ist,[a] sich besinnt, wenn es zu mir betet und von
seinen falschen Wegen wieder zu mir umkehrt,
dann werde ich im Himmel sein Gebet hören.
Ich will ihm alle Schuld vergeben und auch die
Schäden des Landes wieder heilen.
15 Ich werde freundlich auf jeden Menschen
blicken, der hier zu mir betet, und werde auf
seine Bitte hören. 16 Ich selbst habe diesen Tem-
pel erwählt und zu einer heiligen Stätte ge-
macht, an der mein Name wohnen soll[b] für alle
Zeiten. Meine Augen sind stets auf dieses Haus
gerichtet, dort ist mein ganzes Herz euch zuge-
wandt.
17 Und wenn du mir so dienst wie dein Vater
David und alle meine Gebote befolgst, 18 werde
ich deiner Herrschaft und der Herrschaft deiner
Nachkommen Bestand geben. Denn ich habe
mit deinem Vater einen Bund* geschlossen und
ihm versprochen: ›Stets soll einer aus deiner
Familie Herrscher über Israel sein.‹
19 Wenn ihr euch aber von mir abwendet,

a *ausgerufen* zum Zeichen der Besitzergreifung; vgl. Esra 5,1; Am 9,12.
b *Name:* vgl. Anmerkung zu Dtn 12,5; ebenso für Vers 20.

6,41-42 Ps 132,8-10   7,1 Lev 9,24 S   7,3 1 Chr 16,34 S   7,6 1 Chr 15,16 S; 16,34 S   7,7 4,1   7,13-15 6,26-30   7,18 6,16 S

meine Gebote nicht mehr beachtet und statt des-
sen anderen Göttern dient, 20 dann werde ich
euch Israeliten aus dem Land vertreiben, das ich
euch gegeben habe. Von dem Haus, das ich zur
Wohnung meines Namens bestimmt habe, will
ich dann nichts mehr wissen, und alle Völker
werden es verachten und verspotten.

21 Dann werden alle, die an dem jetzt noch so
erhabenen Bauwerk vorbeikommen, entsetzt
sein und fragen: ›Warum hat der HERR dieses
Land und dieses Haus so verwüstet?‹ 22 Und man
wird ihnen antworten: ›Weil sie sich vom HERRN,
dem Gott ihrer Vorfahren, abgewandt haben. Er
hat sie aus Ägypten herausgeführt, aber sie
haben sich anderen Göttern zugewandt, sie
angebetet und ihnen geopfert. Deshalb hat der
HERR all dieses Unglück über sie gebracht.‹«

Weitere Unternehmungen Salomos

(1 Kön 9,10-28)

8 Zwanzig Jahre lang baute Salomo am Tem-
pel* des HERRN und an seinem eigenen
Palast. 2 Nach dieser Zeit baute er die Städte aus,
die ihm Hiram überlassen hatte, und siedelte
Israeliten darin an.

3 Danach rückte er gegen die Stadt Hamat-
Zoba vor und eroberte sie. 4 Er befestigte auch
Tadmor in der Steppe und alle Städte, die er im
Gebiet von Hamat gebaut und mit Vorratshäu-
sern ausgestattet hatte. 5 Das obere und das
untere Bet-Horon baute er zu Festungen aus, die
durch Mauern und Tore mit starken Riegeln ge-
sichert waren. 6 Ebenso befestigte er Baalat so-
wie alle Städte, in denen er seine Streitwagen-
truppen* unterbrachte und Vorräte speicherte.
Auch in Jerusalem, im Libanon-Gebirge und in
seinem ganzen Reich baute er alles, was er sich
vorgenommen hatte.

7–8 Alles, was Salomo bauen ließ, wurde in
Fronarbeit* errichtet. Dazu zog er die Nachkom-
men der vorisraelitischen Bewohner des Landes
heran, die von den Israeliten nicht ausgerottet
worden waren, den ganzen Rest der Hetiter*,
Amoriter*, Perisiter, Hiwiter und Jebusiter. Sie
müssen bis heute solche Arbeiten ausführen.
9 Von den Israeliten dagegen zwang Salomo kei-
nen zur Fronarbeit, sondern machte sie zu sei-
nen Soldaten, zu Anführern seiner Truppen und
zu Streitwagenkämpfern. 10 König Salomo hatte
250 Oberaufseher, die mußten die Leute bei der
Arbeit beaufsichtigen.

11 Salomo hatte eine Tochter des Pharaos ge-
heiratet. Er ließ auch für sie einen Palast bauen,
damit sie aus der Davidsstadt* dorthin umziehen
konnte. Er sagte sich: »Meine Frau soll nicht im
Haus von König David wohnen. In seiner Nähe
hat einmal die Bundeslade* des HERRN gestan-
den, dadurch ist die ganze Umgebung heilig* ge-
worden.«

12 Nachdem der Tempel vollendet war,
brachte Salomo auf dem Altar vor der Vorhalle
dem HERRN regelmäßig Brandopfer* dar, 13 am
Sabbat*, am Neumondstag* und an den drei
großen Festen im Jahr: dem Fest der Ungesäuer-
ten Brote*, dem Pfingstfest* und dem Laubhüt-
tenfest*. So hatte es schon Mose bestimmt.

14 Nach den Anweisungen, die Salomo von
seinem Vater David erhalten hatte, teilte er die
Priester* in verschiedene Gruppen ein, in denen
sie ihren Dienst verrichten sollten, ebenso die
Leviten*, die den Priestern halfen und für den
Gesang im Tempel sorgten, so wie es jeden Tag
nötig war. Auch die Torwächter wurden für die
einzelnen Tore in Dienstgruppen eingeteilt, wie
David, der Mann Gottes, es festgelegt hatte. 15 In
keinem Punkt wich man von dem ab, was David
hinsichtlich der Priester und Leviten und der
Tempelschätze angeordnet hatte.

16 Damit war alles ausgeführt, was Salomo
sich vorgenommen hatte, vom Tag der Grund-
steinlegung des Tempels bis zum Tag seiner Voll-
endung. Das Haus des HERRN war fertig.

17 Damals kam Salomo auch nach Ezjon-
Geber und Elat an der Küste des Roten Meeres
im Land Edom*. 18 Hiram schickte ihm dorthin
Schiffe mit erfahrenen Schiffsleuten. Zusammen
mit den Männern Salomos segelten sie in das
Land Ofir* und brachten Salomo von dort 450
Zentner* Gold.

Eine arabische Königin besucht Salomo

(1 Kön 10,1-13)

9 Salomo wurde so bekannt, daß auch die
Königin von Saba* von ihm hörte. Sie
machte sich auf den Weg nach Jerusalem, um
sein Wissen durch Rätselfragen auf die Probe zu
stellen. Sie kam mit zahlreichem Gefolge, ihre
Kamele waren schwer beladen mit duftenden
Ölen, Gold und Edelsteinen.

Als sie zu Salomo kam, legte sie ihm die Rät-
sel vor, die sie sich ausgedacht hatte. 2 Salomo
blieb ihr keine Antwort schuldig; auch die
schwierigsten Fragen konnten ihn nicht in Ver-
legenheit bringen. 3 Die Königin war tief beein-
druckt von der Klugheit Salomos. Sie besichtigte
auch seinen Palast. 4 Sie sah die Speisen und Ge-

8,11 1 Kön 3,1 8,13 Num 28,9-31; 29,12-39 8,14 1 Chr 23,1–26,19 9,1 Mt 12,42 par

tränke, die auf seine Tafel kamen, die Minister,
die nach ihrem Rang an seiner Tafel saßen, und
die Diener, die in kostbaren Gewändern aufwar-
teten, und sie sah auch den prächtigen Zug,
wenn Salomo zum Tempel* des HERRN hinauf-
ging.

Sie konnte sich vor Staunen nicht fassen
5 und sagte zu Salomo: »Es war nichts übertrie-
ben, was ich bei mir zu Hause über dich und
dein Wissen gehört habe. 6 Ich konnte es nicht
glauben, aber jetzt habe ich mich mit eigenen
Augen davon überzeugt. Dein Wissen übertrifft
sogar noch alles, was ich darüber gehört hatte.
Nicht einmal die Hälfte der Wahrheit hat man
mir gesagt. 7 Wie glücklich sind deine Leute und
deine Minister, die täglich um dich sind und
deine klugen Worte hören! 8 Der HERR, dein Gott,
sei gepriesen, der Gefallen an dir hat und dich
auf seinen Thron gebracht hat, damit du als
König für den HERRN, deinen Gott, regierst! Dein
Gott liebt sein Volk Israel und will es für immer
erhalten. Darum hat er dich zum König einge-
setzt, und du sollst darüber wachen, damit du für
Recht und Gerechtigkeit sorgst.«

9 Dann schenkte sie Salomo 120 Zentner*
Gold, eine Menge duftende Öle und viele Edel-
steine. Nie wieder hat es so kostbares Öl ge-
geben wie dieses, das die Königin von Saba dem
König Salomo schenkte.

10 Übrigens brachten die Leute Hirams und
Salomos, die Gold aus dem Land Ofir* einführ-
ten, auch Edelhölzer und Edelsteine von dort
mit. 11 Salomo ließ aus dem Holz Treppen[a] für
den Tempel des HERRN und den Königspalast
sowie Saiteninstrumente für die Tempelsänger
herstellen. Vorher ist so etwas im Land Juda nie
gesehen worden.

12 Salomo erfüllte der Königin von Saba jeden
Wunsch, den sie aussprach, ausgenommen die
Art von Gastgeschenken, die sie selbst ihm mit-
gebracht hatte.[b] Danach kehrte die Königin mit
ihrem Gefolge wieder in ihr Land zurück.

Salomos Pracht, Reichtum und Macht

(1 Kön 10,14-29)

13 In einem einzigen Jahr wurden König Salomo
666 Zentner* Gold geliefert. 14 Dazu kam noch
das Gold, das er als Steuern von den Großkauf-
leuten und Händlern einnahm, und die Abgaben
in Silber und Gold, die er von seinen Provinzver-
waltern und den arabischen Königen erhielt.

15 Salomo ließ 200 Langschilde anfertigen und
mit Gold überziehen. Für jeden Schild wurden
sieben Kilo Gold gebraucht. 16 Dann ließ er noch
300 Rundschilde machen, jeder mit dreieinhalb
Kilo Gold überzogen,[c] und ließ sie alle in den
»Libanonwald«, die große Halle neben seinem
Palast, bringen.

17 Auch ließ er einen großen Thronsessel her-
stellen, der mit Elfenbein und reinem Gold be-
legt war. 18-19 Sechs Stufen führten zum Thron
hinauf, und auf jeder Stufe stand rechts und
links je eine Löwenfigur, ebenso auf beiden
Seiten neben den Armlehnen. Der Thron hatte
auch einen goldenen Fußschemel. Kein anderer
König hat sich je einen so prächtigen Thron an-
fertigen lassen.

20 Alle Trinkgefäße Salomos und sämtliche
Geräte in der großen Halle, dem »Libanonwald«,
waren aus reinem Gold. Silber galt zur Zeit Salo-
mos als wertlos. 21 Der König besaß eine sehr
tüchtige Handelsflotte, die mit Leuten Hirams bis
nach Tarschisch* fuhr. Alle drei Jahre kamen die
Schiffe zurück und brachten Gold, Elfenbein und
verschiedene Arten von Affen.

22 So übertraf König Salomo alle anderen
Könige der Erde an Reichtum und Klugheit,
23 und alle Könige kamen zu ihm, um seine
Worte zu hören und die Weisheit kennenzuler-
nen, die Gott ihm verliehen hatte. 24 Alle brach-
ten sie ihm Geschenke mit: silberne und gol-
dene Gefäße, Festkleider und Waffen, kostbare
Öle, Pferde und Maultiere. So ging es Jahr um
Jahr.

25 Salomo hatte 4000 Stallplätze für seine
Pferde und Streitwagen*. Er hatte 12 000 Wagen-
kämpfer. Ein Teil von ihnen war in Jerusalem
stationiert, die übrigen waren in den Städten
untergebracht, die er dafür ausgebaut hatte.

26 Salomo herrschte über alle Könige im
ganzen Gebiet zwischen dem Eufrat, dem Land
der Philister* und Ägypten. 27 Unter seiner Re-
gierung war in Jerusalem Silber so gewöhnlich
wie Steine, und Zedernholz wie das Holz der
Maulbeerfeigenbäume* im Hügelland von Juda.
28 Die Pferde bekam Salomo aus Ägypten und
allen möglichen anderen Ländern.

Das Ende der Regierung Salomos

(1 Kön 11,41-43)

29 Alles, was es sonst noch über Salomo zu sagen
gibt, vom Anfang bis zum Ende, das ist nachzu-
lesen in den Berichten des Propheten* Natan
sowie in den Niederschriften der Worte des Pro-

a *Treppen:* oder *Geländer.* b *ausgenommen …:* so die wahrscheinlichste Deutung.
c Hebräische Maßangaben *600* und *300 Schekel*.*

9,25-28 1,14-16 **9,25** 1 Kön 5,6 S **9,26** Gen 15,18; 1 Kön 5,1

pheten Ahija aus Schilo* und der Offenbarungen*, die der Prophet Jedo über Jerobeam, den Sohn Nebats, erhalten hat.

30 Vierzig Jahre lang regierte Salomo in Jerusalem über ganz Israel. 31 Als er starb, wurde er in der Davidsstadt* bestattet. Sein Sohn Rehabeam wurde sein Nachfolger.

GESCHICHTE DER KÖNIGE VON JUDA
(Kapitel 10–28)

Ein König verachtet gute Ratschläge
(1 Kön 12,1-15)

10 Rehabeam ging nach Sichem, denn dorthin waren die Nordstämme Israels[a] gekommen, um ihn zum König zu machen. 2 Als Jerobeam, der Sohn Nebats, davon hörte, kehrte er aus Ägypten zurück, wohin er vor Salomo hatte fliehen müssen. 3 Die Stämme Israels ließen ihn rufen, und er trat mit ihnen allen vor Rehabeam.

Sie sagten zu ihm: 4 »Dein Vater hat uns hohe Abgaben und schwere Frondienste* auferlegt. Erleichtere uns die Last, dann werden wir dich als König anerkennen.«

5 »Kommt übermorgen wieder!« antwortete ihnen Rehabeam.

Als sie gegangen waren, 6 beriet er sich mit den erfahrenen Männern, die bereits im Dienst seines Vaters Salomo gestanden hatten. Er fragte sie: »Was ratet ihr mir? Welche Antwort soll ich dem Volk geben?«

7 Sie rieten ihm: »Sei freundlich zu ihnen und behandle sie mit Güte! Wenn du ihnen entgegenkommst, werden sie dir für immer gehorchen.«

8 Rehabeam hörte nicht auf den Rat der erfahrenen Männer. Er fragte die jungen Leute, die mit ihm aufgewachsen waren und nun in seinem Dienst standen: 9 »Was ratet ihr mir? Wie soll ich diesen Leuten antworten? Sie verlangen von mir, daß ich ihre Lasten erleichtere!«

10 Da rieten ihm die jungen Leute, die mit ihm aufgewachsen waren: »Wenn dieses Volk zu dir sagt: ›Dein Vater hat uns schwere Lasten auferlegt, mach du sie leichter!‹, dann gib ihnen die Antwort: ›Mein Finger ist dicker als die Hüften meines Vaters! 11 Mein Vater hat euch schwere Lasten auferlegt; ich werde sie noch schwerer machen. Er hat euch mit Peitschen angetrieben; ich werde euch mit Stachelpeitschen antreiben.‹«

12 Am dritten Tag, wie verabredet, erschienen Jerobeam und das ganze Volk vor Rehabeam. 13 König Rehabeam gab ihnen eine harte Antwort. Er achtete nicht auf den Rat der erfahrenen Männer, 14 sondern richtete sich nach dem Rat seiner Altersgenossen. Er sagte: »Mein Vater hat euch schwere Lasten auferlegt; ich werde sie noch schwerer machen. Mein Vater hat euch mit Peitschen angetrieben; ich werde euch mit Stachelpeitschen antreiben.«

15 Der König blieb taub für die Bitte des Volkes. Gott hatte es so gefügt; denn das Wort, das der HERR durch Ahija von Schilo zu Jerobeam gesagt hatte, sollte in Erfüllung gehen.

Israel sagt sich von der Davidsdynastie los
(1 Kön 12,16-19)

16 Als die Männer der Nordstämme[b] merkten, daß der König auf ihre Forderung nicht einging, riefen sie:

»Was geht uns alle das Haus Davids an?
Seit wann gehört der Isai-Sohn zu uns?
Ihr Männer Israels, auf und nach Hause!
Mag Davids Sippe sehen, was ihr bleibt!«

Die Versammlung löste sich auf. 17 Nur die Israeliten, die in den Städten von Juda wohnten, erkannten Rehabeam als König an. 18 Als Rehabeam noch einen Versuch machte und Adoniram, den Beauftragten für die Fronarbeiten*, zu den Vertretern der Nordstämme schickte, empfingen sie ihn mit einem solchen Steinhagel, daß er den Tod fand. Der König selbst konnte sich gerade noch auf seinen Wagen retten und nach Jerusalem entkommen.

19 Die Nordstämme Israels sagten sich vom Königshaus Davids los, und sie sind bis zum heutigen Tag von ihm getrennt geblieben.

Gott untersagt die Rückeroberung
(1 Kön 12,21-24)

11 Rehabeam kehrte nach Jerusalem zurück und stellte aus den Stämmen Juda und Benjamin ein Heer von 180 000 bewährten Kriegsleuten auf. Sie sollten gegen Israel ziehen und die Königsherrschaft für Rehabeam zurückgewinnen.

2 Aber das Wort des HERRN erging an den Propheten* Schemaja, er sagte zu ihm: 3 »Ich gebe

a *die Nordstämme …:* wörtlich *ganz Israel**.
b Wörtlich *Als ganz Israel**. Auch im folgenden spricht die Übersetzung verdeutlichend von den Nordstämmen.
10,2 1 Kön 11,26-40 10,15 1 Kön 11,29-39

dir eine Botschaft für Rehabeam, den Sohn Salomos, den König von Juda, und für alle Männer aus Juda und Benjamin. Sag zu ihnen: [4]›So spricht der HERR: Kämpft nicht gegen eure Brüder! Kehrt nach Hause zurück! Ich selbst habe es so gefügt.‹«

Sie gehorchten der Weisung des HERRN, kehrten um und zogen nicht gegen Jerobeam.

Festungsbauten Rehabeams

[5-10]Rehabeams Residenzstadt war Jerusalem. Im Gebiet von Juda und Benjamin baute er eine Reihe von Städten zu Festungen aus, nämlich Betlehem, Etam, Tekoa, Bet-Zur, Socho, Adullam, Gat, Marescha, Sif, Adorajim, Lachisch, Aseka, Zora, Ajalon und Hebron.

[11]Rehabeam ließ diese Städte stark befestigen und setzte Kommandanten darin ein. Er legte in ihnen auch Vorräte an Lebensmitteln, Olivenöl und Wein an [12]sowie Waffenlager mit Schilden und Lanzen, um diese Städte in jeder Hinsicht sehr stark zu machen. So sicherte er seine Herrschaft über Juda und Benjamin.

Die Priester und Leviten schließen sich Rehabeam an

[13]Die Priester* und die Leviten*, die überall in Israel wohnten, gingen zu Rehabeam über. [14]Die Leviten verließen ihre Weideplätze und ihren Besitz und kamen nach Juda und Jerusalem, weil Jerobeam und seine Nachfolger sie daran hinderten, ihren Priesterdienst für den HERRN auszuüben. [15]Jerobeam hatte nämlich eigene Priester angestellt für die Opferstätten im Land mit ihren Dämonen- und Götterbildern in Form von Böcken und Stieren, die er hatte machen lassen.

[16]Den Leviten aus den Nordstämmen folgten von dort auch alle Israeliten, die dem HERRN, dem Gott Israels, treu bleiben wollten. Sie kamen nach Jerusalem und brachten ihm, dem Gott ihrer Vorfahren, ihre Opfer*. [17]So trugen sie dazu bei, das Königreich Juda zu stärken und Rehabeams Herrschaft zu festigen. Das dauerte aber nur drei Jahre, so lange, wie sich alle nach dem Vorbild Davids und Salomos richteten.

Rehabeams Familie

[18]Rehabeam heiratete Mahalat; ihr Vater war Jerimot, ein Sohn Davids, und ihre Mutter war Abihajil, eine Tochter von Davids Bruder Eliab und Enkelin von Isai. [19]Mahalat gebar Rehabeam die Söhne Jëusch, Schemarja und Saham. [20]Danach heiratete Rehabeam auch Maacha, die Tochter Abschaloms. Von ihr wurden ihm Abija, Attai, Sisa und Schelomit geboren.

[21]Im ganzen hatte Rehabeam achtzehn Frauen und sechzig Nebenfrauen und durch sie achtundzwanzig Söhne und sechzig Töchter. Aber er liebte Maacha mehr als alle seine anderen Frauen. [22]Darum bestimmte er Abija, deren ersten Sohn, zum Thronfolger und gab ihm die führende Stellung unter seinen Brüdern.

[23]Rehabeam ging aber auch mit seinen übrigen Söhnen klug vor: Er verteilte sie auf alle Gegenden von Juda und Benjamin und setzte sie als Kommandanten der befestigten Städte ein. Er gab ihnen ein äußerst großzügiges Einkommen und verschaffte ihnen viele Frauen.

Der Pharao Schischak überfällt Juda

(1 Kön 14,25-28)

12 Als Rehabeam mächtig geworden und seine Herrschaft in Juda gesichert war, fragte er nicht mehr nach dem Gesetz* des HERRN und sein ganzes Volk auch nicht. [2]Da zog im fünften Regierungsjahr Rehabeams der ägyptische König Schischak[a] gegen Jerusalem heran; so bestrafte der HERR ihre Untreue.

[3]Schischak kam mit einem Heer von 1200 Streitwagen* und 60000 Wagenkämpfern, denen noch ungezählte Libyer, Sukkijiter und Äthiopier* als Hilfstruppen folgten. [4]Er eroberte zuerst die befestigten Städte in Juda und rückte dann gegen Jerusalem vor.

[5]Damals kam der Prophet* Schemaja zu Rehabeam und den anderen führenden Männern von Juda, die sich vor Schischak nach Jerusalem zurückgezogen hatten, und sagte zu ihnen: »So spricht der HERR: ›Weil ihr euch von mir abgewandt habt, wende ich mich auch von euch ab und gebe euch in die Hand Schischaks!‹«

[6]Da beugten sich die führenden Leute von Juda und der König unter dieses Urteil Gottes und sagten: »Der HERR ist im Recht!«

[7]Als der HERR merkte, daß sie ihr Unrecht einsahen, erging sein Wort an Schemaja, er sagte: »Sie haben ihre Schuld eingestanden; darum will ich sie nicht umbringen. Mein Zorn soll nicht so weit gehen, daß Schischak Jerusalem vernichtet; ich werde sie bald aus dieser Gefahr erretten. [8]Aber sie werden sich ihm unterwerfen müssen, damit sie erkennen, was für ein Unterschied es ist, mir zu gehorchen oder den Königen anderer Länder.«

[9]Schischak rückte in Jerusalem ein. Er leerte

a Pharao Scheschonk I. (945–924 v. Chr.).

11,15 1 Kön 12,28.31 **11,16** 1 Kön 12,26-27 **12,5** 15,1-2; 24,20.24; 30,6 **12,9** 9,15-16

die Schatzkammern im Tempel und im Königspalast. Er nahm auch alle goldenen Schilde mit, die Salomo hatte anfertigen lassen. 10 Rehabeam ließ dafür Schilde aus Bronze machen und gab sie den Kommandanten der Wache, die am Eingang des Palastes stationiert war. 11 Jedesmal, wenn der König in das Haus des HERRN ging, trugen die Wachen, die ihn begleiteten, diese Schilde und brachten sie dann wieder in ihre Unterkunft zurück.

12 Weil Rehabeam sein Unrecht eingesehen hatte, ließ der Zorn des HERRN von ihm ab, und er vernichtete ihn nicht völlig. Es gab damals auch in Juda noch manches Gute.

Das Ende der Regierung Rehabeams

(1 Kön 14,21-24.29-31)

13 Rehabeam konnte seine Herrschaft wieder festigen und weiter als König regieren.

Rehabeam war 41 Jahre alt, als er König wurde. Siebzehn Jahre lang regierte er in Jerusalem, der Stadt, die der HERR aus ganz Israel als Wohnsitz für seinen Namen bestimmt hatte.[a] Rehabeams Mutter war die Ammoniterin* Naama. 14 Er tat, was verwerflich war, weil er nicht nach dem Willen des HERRN fragte.

15 Die Regierungsgeschichte Rehabeams, vom Anfang bis zum Ende, ist nachzulesen in den Berichten der Propheten* Schemaja und Iddo. Dort steht auch das Verzeichnis seiner Familie. Während seiner ganzen Regierungszeit gab es Krieg zwischen ihm und Jerobeam. 16 Als er starb, wurde er in der Davidsstadt* bestattet. Sein Sohn Abija wurde sein Nachfolger.

König Abija

(1 Kön 15,1-8)

13 Im 18. Regierungsjahr Jerobeams, des Königs von Israel, wurde Abija König von Juda. 2 Er regierte drei Jahre lang in Jerusalem. Seine Mutter hieß Michaja und war eine Tochter von Uriël aus Gibea.

Auch zwischen Abija und Jerobeam kam es wieder zum Krieg. 3 Abija zog mit einem Heer von 400 000 tüchtigen Kriegsleuten aus, um den Kampf zu eröffnen. Jerobeam stellte ihm 800 000 kriegstüchtige Leute entgegen.

4 Während die Heere einander gegenüberstanden, stieg Abija auf den Berg Zemarajim im Bergland Efraïm und rief:

»Jerobeam und alle Israeliten, hört mir zu! 5 Ihr müßtet doch wissen, daß der HERR, der Gott Israels, mit David einen unwiderruflichen Bund[b] geschlossen hat. Darin hat er David und seinen Nachkommen für alle Zeiten die Herrschaft über ganz Israel gegeben.

6 Aber Jerobeam, der Sohn Nebats, der Diener Salomos, hat sich gegen seinen Herrn, den Sohn Davids, aufgelehnt. 7 Eine Gruppe von nichtswürdigen Abenteurern hat sich ihm angeschlossen und über Rehabeam, den Sohn Salomos, die Oberhand bekommen. Rehabeam war damals noch zu jung und unentschlossen, um sich gegen sie durchsetzen zu können. 8 Und jetzt meint ihr, ihr könntet euch durchsetzen gegen das Königtum, das der HERR selbst den Nachkommen Davids übertragen hat. Ihr seid ja so viele, und ihr habt die goldenen Stierbilder*, die Jerobeam als Götter für euch gemacht hat!

9 Die Priester* des HERRN, die Nachkommen Aarons, habt ihr vertrieben, auch die Leviten*. Dafür habt ihr neue Priester eingesetzt, wie es die anderen Völker auch tun: Jeder, der kommt und als Opfergabe einen Stier und sieben Schafböcke mitbringt, wird zum Priester geweiht – zum Priester für Götter, die gar keine sind!

10 Wir dagegen bleiben beim HERRN, unserem Gott! Wir haben ihn nicht verlassen. Bei uns dienen die Nachkommen Aarons dem HERRN als Priester, und die Leviten tun, was ihnen aufgetragen ist. 11 Jeden Morgen und Abend opfern sie dem HERRN Brandopfer* und Räucheropfer*. Auf den Opfertisch legen sie regelmäßig die geweihten Brote*, und jeden Abend werden auf dem goldenen Leuchter die Lampen* angezündet. Wir halten uns genau an die Anordnungen des HERRN, ihr aber habt ihn verlassen!

12 Denkt daran: Gott selbst steht auf unserer Seite und führt uns! Auch seine Priester sind hier und stehen bereit, um mit den Trompeten das Signal zum Angriff zu geben. Ihr Männer von Israel, kämpft nicht gegen den HERRN, den Gott eurer Vorfahren! Es kann nicht gut für euch ausgehen!«

13-14 Jerobeam hatte inzwischen einen Teil seines Heeres als Hinterhalt in den Rücken der Leute von Juda geschickt. Als diese sahen, daß sie auf zwei Fronten kämpfen mußten, riefen sie zum HERRN um Hilfe. Die Priester bliesen die Trompeten, 15 und alle stimmten das Kriegsgeschrei an. Da griff Gott selbst ein und schlug Jerobeam und sein Heer zurück. 16 Die Männer Israels flohen, und Gott gab sie in die Hand der Leute von Juda.

17 Abija und seine Kriegsleute bereiteten dem

a *Wohnsitz für …:* siehe Anmerkung zu Dtn 12,5.
b Wörtlich *einen Salzbund;* vgl. Num 18,19.
13,8-9 1 Kön 12,28-31

Gegner eine schwere Niederlage; dabei verlor Israel 500 000 kriegstüchtige Männer. 18 Damals wurde Israel in die Knie gezwungen, und die Leute von Juda bekamen die Oberhand; denn sie vertrauten dem HERRN, dem Gott ihrer Vorfahren.

19 Abija verfolgte Jerobeam noch weiter und eroberte die Städte Bet-El, Jeschana und Efron und die dazugehörenden Ortschaften. 20 Solange Abija lebte, konnte Jerobeam seine frühere Macht nicht mehr wiedergewinnen; schließlich machte der HERR seinem Leben ein Ende. 21 Abija dagegen wurde immer mächtiger. Er heiratete vierzehn Frauen, und sie gebaren ihm zweiundzwanzig Söhne und sechzehn Töchter.

22 Was es sonst noch von Abija zu sagen gibt, von seinen Taten und seinen Reden, das ist nachzulesen im Bericht des Propheten* Iddo. 23 Als Abija starb, wurde er in der Davidsstadt* bestattet. Sein Sohn Asa wurde sein Nachfolger. Unter Asas Regierung hatte das Land zehn Jahre lang Frieden.

König Asa und seine Erfolge

(1 Kön 15,9-12)

14 Asa tat, was gut und recht war und dem HERRN, seinem Gott, gefiel. 2 Er ließ die Altäre und Opferstätten der fremden Götter zerstören, die geweihten Steinmale* in Stücke schlagen und die geweihten Pfähle* umhauen. 3 Er forderte das Volk von Juda auf, dem HERRN, dem Gott ihrer Vorfahren, zu gehorchen und sein Gesetz* mit allen seinen Geboten zu befolgen. 4 Auch in den anderen Städten Judas beseitigte er die Opferstätten der fremden Götter und die Räucheraltäre*.

In diesen Jahren hatte das Land Frieden, 5 weil der HERR dafür sorgte, daß Asa von keiner Seite angegriffen wurde. Er nutzte diese Zeit, um eine Reihe von Städten in Juda zu befestigen. 6 Er sagte zu den Leuten von Juda: »Laßt uns diese Städte ausbauen und sie durch Mauern mit Türmen und durch Tore mit starken Riegeln sichern. Noch haben wir freie Hand in unserem Land. Wir haben uns bemüht, nach dem Willen des HERRN, unseres Gottes, zu leben; darum hat er uns Frieden an allen unseren Grenzen gegeben.« Sie fingen an zu bauen und konnten die Arbeit auch glücklich vollenden.

7 Das Heer von Asa bestand aus 300 000 Mann vom Stamm Juda, die mit Speeren und großen Schilden ausgerüstet waren, und 280 000 Mann vom Stamm Benjamin, bewaffnet mit Rundschilden und Bogen. Sie alle waren tüchtige Krieger.

8 Der Äthiopier[a] Serach rückte mit einem Heer von tausendmal tausend Mann und dreihundert Streitwagen* gegen Juda vor und kam bis Marescha. 9 Asa zog ihm entgegen, und die beiden Heere stellten sich im Zefata-Tal[b] bei Marescha zum Kampf auf.

10 Asa rief zum HERRN, seinem Gott: »HERR, wenn ein Schwacher mit einem Starken kämpfen muß, kann niemand ihm so beistehen wie du. Hilf uns, HERR, unser Gott, denn wir verlassen uns ganz auf dich! Im Vertrauen auf dich sind wir doch gegen diese Übermacht angetreten. Du, HERR, bist unser Gott! Gegen dich kann kein Mensch etwas ausrichten!«

11 Da griff der HERR selbst für Asa und die Leute von Juda ein und schlug die Äthiopier zurück, so daß sie fliehen mußten. 12 Asa verfolgte sie mit seinen Männern bis nach Gerar. Dabei fielen von den Äthiopiern so viele, daß sie sich nicht mehr zu einem Gegenangriff sammeln konnten. Sie erlitten eine vernichtende Niederlage durch den HERRN und sein Heer.

Die Leute von Juda machten überaus reiche Beute. 13 Sie konnten auch alle Ortschaften rings um Gerar erobern, denn der HERR hatte einen gewaltigen Schrecken über die Bewohner kommen lassen. Sie plünderten diese Orte aus, denn es gab dort reiche Beute. 14 Sie überwältigten auch die Zeltlager der Hirten, die sich dort in der Gegend mit ihren Herden aufhielten, und nahmen eine große Menge Schafe, Ziegen und Kamele als Beute mit. Danach kehrten sie wieder nach Jerusalem zurück.

Asa erneuert den Bund mit Gott

(1 Kön 15,13-15)

15 Der Geist* Gottes nahm Besitz von Asarja, dem Sohn Odeds, 2 so daß er Asa entgegenging und zu ihm sagte: »Hört mir zu, König Asa und alle Leute von Juda und Benjamin! Der HERR hält zu euch, solange ihr euch zu ihm haltet. Wenn ihr seine Nähe sucht, wird er sich von euch finden lassen. Wenn ihr euch aber von ihm abwendet, wird auch er sich von euch abwenden.

a *Äthiopier:* wörtlich *Kuschiter;* einige Ausleger verstehen darunter einen äthiopischen General mit einer Armee aus verschiedenen Völkern, andere denken an einen Überfall von Stämmen aus der arabischen Gegend Kuschan (vgl. Anmerkung zu Num 12,1).

b Ein *Zefata-Tal* ist unbekannt. Vielleicht hat G den ursprünglichen Text bewahrt: *im Tal nördlich von Marescha.*

13,18 14,10; 16,7-8; 1 Sam 14,6 S **14,10** 13,18 S **15,1-2** 12,5 S

3 Es gab eine lange Zeit, in der die Israeliten
ohne den wahren Gott lebten. Da hatten sie
auch keine Priester*, die sie unterwiesen, und
sie kannten Gottes Gesetz* nicht mehr. 4 Jedes-
mal, wenn es dann den Israeliten schlecht ging,
wandten sie sich wieder zum HERRN, ihrem
Gott; sie suchten seine Nähe, und er ließ sich
finden. 5 Damals konnte niemand ungefährdet
reisen, es war eine Zeit der Unsicherheit und
Unordnung in allen Ländern. 6 Die Völker be-
drängten sich gegenseitig, und Städte lagen mit-
einander im Streit, weil Gott sie durch alle Arten
von Unglück verwirrte. 7 Darum seid jetzt stark,
und legt die Hände nicht in den Schoß! Der HERR
wird euer Tun belohnen!«

8 Als Asa diese prophetischen Worte Asarjas[a]
hörte, ging er entschlossen ans Werk und ließ
im ganzen Gebiet von Juda und Benjamin die
verabscheuenswürdigen Götterbilder entfernen,
ebenso in den Städten, die er im Bergland Efraïm
erobert hatte. Den Altar des HERRN vor der Vor-
halle des Tempels* ließ er erneuern.

9 Dann rief er die Männer aus Juda und Benja-
min zusammen, dazu auch alle aus den Stäm-
men Efraïm, Manasse und Simeon, die sich in
seinem Land aufhielten. Es waren nämlich viele
zu ihm übergelaufen, als sie sahen, daß der
HERR, sein Gott, auf seiner Seite stand.

10 Im 15. Regierungsjahr von Asa, im dritten
Monat, versammelten sich alle in Jerusalem.
11 Sie opferten dem HERRN 700 Rinder und 7000
Schafe aus der Beute, die sie heimgebracht hat-
ten. 12 Sie erneuerten den Bund*, den Gott mit
ihren Vorfahren geschlossen hatte, und ver-
pflichteten sich, dem HERRN mit ganzem Herzen
und allen Kräften zu gehorchen. 13 Wer sich
nicht nach dem Willen des HERRN richten
würde, sollte mit dem Tod bestraft werden,
gleichgültig, ob solch ein Mensch vornehm oder
gering, Mann oder Frau war.

14 Dies alles gelobten sie dem HERRN unter
Jubelrufen und dem Schall der Trompeten und
Widderhörner*. 15 Alle in Juda freuten sich dar-
über, denn sie hatten aus voller Überzeugung in
den Schwur eingestimmt. Weil sie sich mit
ganzer Hingabe dem HERRN zugewandt hatten,
wandte auch er sich ihnen zu und gab ihnen
Frieden an allen ihren Grenzen.

16 König Asa setzte auch seine Mutter[b]
Maacha als Königsmutter* ab, weil sie ein ver-
abscheuenswürdiges Götzenbild der Göttin
Aschera* aufgestellt hatte. Das Götzenbild ließ
er umhauen, in Stücke schlagen und im Kidron-
tal verbrennen.

17 Die vielen Opferstätten in Israel blieben
allerdings weiterhin bestehen, aber in allem an-
deren gehorchte Asa dem HERRN mit ungeteil-
tem Herzen sein Leben lang. 18 Er brachte die
goldenen und silbernen Geräte, die sein Vater
dem HERRN geweiht hatte, in den Tempel und
weihte dem HERRN noch weitere Gold- und Sil-
bergeräte.

19 Bis zum 35. Regierungsjahr von Asa gab es
keinen Krieg mehr.

Asa führt Krieg mit Bascha von Israel

(1 Kön 15,17-22)

16 Im 36. Regierungsjahr von Asa rückte
Bascha, der König von Israel, nach Süden
gegen Juda vor und baute die Stadt Rama zur
Festung aus, um die Wege von und nach Juda
kontrollieren zu können.

2 Da schickte König Asa Boten nach Damas-
kus zu Ben-Hadad, dem König von Syrien*. Er
gab den Boten alles Silber und Gold mit, das in
den königlichen Schatzkammern und in den
Schatzkammern des Tempels* noch übrig war,
und ließ dem Syrerkönig sagen: 3 »Ich möchte
ein Bündnis mit dir schließen, wie es schon
zwischen unseren Vätern bestanden hat. Ich
schicke dir Silber und Gold; kündige dafür dein
Bündnis mit König Bascha von Israel und falle in
sein Land ein,[c] damit er von meiner Grenze ab-
ziehen muß.«

4 Ben-Hadad ging darauf ein und schickte
seine Truppen gegen das Reich Israel. Sie ver-
wüsteten die Städte Ijon, Dan und Abel-Majim
sowie alle Vorratslager der Städte im Stammes-
gebiet Naftali. 5 Daraufhin brach Bascha den Aus-
bau von Rama ab und stellte die Arbeiten ein.

6 König Asa bot nun alle Männer von Juda auf.
Sie mußten die Steine und das Holz, die Bascha
für den Festungsbau bereitgelegt hatte, abtrans-
portieren. Asa ließ damit die Städte Geba und
Mizpa befestigen.

Der Prophet Hanani

7 Um diese Zeit kam der Prophet* Hanani zu
König Asa von Juda und hielt ihm vor: »Du hast
beim König von Syrien* Hilfe gesucht statt beim
HERRN, deinem Gott. Damit hast du dich um die
Möglichkeit gebracht, auch noch die Syrer zu be-

a Es folgen noch die schwer deutbaren Worte *und die Weissagung, Oded, der Prophet* (oder *des Propheten Oded;* vgl. Vers 1).

b Nach 11,20 und 1 Kön 15,2 war sie seine Großmutter.

c *und falle …:* verdeutlichender Zusatz.

15,3-6 Ri 2,10-18 **15,7** 1 Kor 15,58 **15,12** Jos 24,25; Dtn 6,4-5 S **16,7-8** 13,18 S

siegen! 8 Hatten die Äthiopier* und die Libyer nicht auch ein gewaltiges Heer mit einer großen Zahl von Streitwagen* und Wagenkämpfern? Damals hast du dich auf den HERRN verlassen, und darum gab er sie in deine Hand. 9 Der HERR behält die ganze Erde im Auge, damit er denen beistehen kann, die ihm mit ungeteiltem Herzen vertrauen. Du hast dich diesmal verhalten wie jemand, der keine Einsicht hat. Von jetzt ab wirst du ständig Krieg haben.«

10 Da wurde Asa so wütend auf den Propheten, daß er ihn ins Gefängnis werfen ließ. Er fing damals auch an, einige aus dem Volk zu mißhandeln.

Das Ende der Regierung Asas

(1 Kön 15,23-24)

11 Die Regierungsgeschichte von Asa, vom Anfang bis zum Ende, ist nachzulesen im Buch der Könige von Juda und Israel. 12 In seinem 39. Regierungsjahr erkrankte Asa an einem Fußleiden. Obwohl die Krankheit sehr ernst wurde, suchte er auch damals seine Hilfe nicht beim HERRN, sondern bei den Ärzten.

13 In seinem 41. Regierungsjahr starb Asa. 14 Er wurde in der Gruft beigesetzt, die er sich in der Davidsstadt* hatte aushauen lassen. Man bettete ihn darin auf ein Lager, das bedeckt war mit Balsam und anderen wohlriechenden Stoffen, die von Salbenmischern sachkundig zusammengestellt waren. Auch ein gewaltiges Feuer wurde zu seinen Ehren angezündet.

König Joschafats gute Regierung

17 Nach Asa wurde sein Sohn Joschafat König. Er wurde sehr mächtig in seinem Land.[a] 2 Er stationierte Truppen in allen befestigten Städten Judas und richtete überall im Land Posten ein, auch in den Städten im Gebiet von Efraïm, die sein Vater erobert hatte.

3 Der HERR stand Joschafat bei, denn er lebte so, wie sein Ahnherr David zu Beginn seiner Regierung gelebt hatte. Er verehrte nicht die Baale*, 4 sondern hielt sich treu an den Gott seines Ahnherrn und befolgte seine Gebote im Gegensatz zu den Königen von Israel. 5 Darum festigte der HERR das Königtum Joschafats. Ganz Juda brachte ihm Geschenke, er wurde sehr reich und gewann hohes Ansehen. 6 Weil er dem HERRN gehorchte, wurde er immer mutiger, und er ließ die Opferstätten der fremden Götter und die geweihten Pfähle* in Juda zerstören.

7 In seinem dritten Regierungsjahr ordnete Joschafat an, dem Volk von Juda Unterricht im Gesetz* des HERRN zu erteilen. Er beauftragte damit einige seiner Beamten, nämlich Ben-Hajil, Obadja, Secharja, Netanel und Michaja, 8 dazu die Leviten* Schemaja, Netanja, Sebadja, Asaël, Schemiramot, Jonatan, Adonija, Tobija und Tob-Adonija sowie die Priester* Elischama und Joram. 9 Sie alle wurden vom König ausgesandt und zogen nun von Stadt zu Stadt. Sie hatten das Gesetzbuch des HERRN bei sich und unterwiesen das Volk, wie der König es befohlen hatte.

Joschafats Macht

10 Über alle Königreiche rings um Juda hatte der HERR einen gewaltigen Schrecken kommen lassen, so daß niemand Joschafat anzugreifen wagte. 11 Die Philister* brachten ihm Geschenke und Silber als Tribut, und sogar die Araber brachten ihm 7700 Schafböcke und ebenso viele Ziegenböcke. 12 So wurde Joschafat im Lauf der Zeit immer mächtiger. Er baute in Juda Burgen und Städte mit Vorratsspeichern, 13 und auch in den übrigen Städten des Landes legte er Vorräte an.

In Jerusalem waren die besten Kriegsleute seines Heeres stationiert. 14 Die Diensteinteilung des Heeres richtete sich nach den Sippenverbänden.

Die Truppenführer des Stammes Juda waren:

Adna, Oberst und Befehlshaber über 300000 tüchtige Krieger;

15 Johanan, Oberst und Befehlshaber über 280000 Mann;

16 Amasja, der Sohn von Sichri, Befehlshaber über 200000 Mann; er hatte sich freiwillig dem HERRN zur Verfügung gestellt.

17 Die Truppenführer des Stammes Benjamin waren:

Eljada, ein tapferer Krieger, Befehlshaber über 200000 Mann, die mit Schild und Bogen bewaffnet waren;

18 Josabad, Befehlshaber über 180000 gut ausgerüstete Männer.

19 Sie alle standen dem König im Kriegsfall zur Verfügung, abgesehen von den ständigen Besatzungen, die er in den Festungen von ganz Juda stationiert hatte.

a *in seinem Land:* wörtlich *über Israel.* Gemeint ist Juda, das der Verfasser der Chronikbücher als das wahre Israel ansieht im Gegensatz zum Nordreich Israel.

16,8 14,7-14 16,9 Ps 33,13-19; Sach 4,10b 16,10 18,25-26; Jer 20,2 17,1 1 Kön 15,24; 22,41 17,9 Esra 7,25; Dtn 29,20

Joschafat verbündet sich mit König Ahab von Israel

(1 Kön 22,1-12)

18 Joschafat war sehr reich und stand in
hohem Ansehen. Er verheiratete seinen
Sohn mit einer Tochter des Königshauses Ahab.
2 Nach einigen Jahren besuchte er Ahab in
Samaria. Dieser ließ für ihn und sein Gefolge
eine Menge Schafe und Rinder schlachten. Dann
überredete er ihn, mit ihm zusammen die Stadt
Ramot in Gilead* anzugreifen.
3 König Ahab von Israel fragte König Joschafat
von Juda: »Machst du mit, wenn ich gegen
Ramot ziehe?«
»Ich mache mit«, antwortete Joschafat, »du
kannst auf meine Truppen zählen wie auf deine
eigenen.« 4 Aber dann sagte er: »Du solltest doch
zuerst den HERRN fragen, was er dazu meint.«
5 Da rief der König von Israel alle Propheten*
zusammen, etwa vierhundert, und fragte sie:
»Sollen wir die Stadt Ramot angreifen oder
nicht?«
»Greif sie an!« antworteten sie. »Der HERR
wird sie in deine Hand geben.«
6 Aber Joschafat zögerte und fragte: »Gibt es
hier keinen weiteren Propheten, durch den wir
den HERRN fragen könnten?«
7 »Es gibt schon noch einen«, erwiderte der
König von Israel, »Micha, den Sohn von Jimla.
Aber ich kann ihn nicht ausstehen, weil er mir
immer nur Unglück ankündigt.«
Doch Joschafat sagte: »So sollte der König
nicht reden!«
8 Da rief der König von Israel einen Hofbeam-
ten und befahl ihm, so rasch wie möglich Micha
herbeizuholen.
9 Die beiden Könige saßen in ihrem könig-
lichen Ornat auf zwei Thronsesseln, die auf dem
freien Platz vor dem Stadttor Samarias aufgestellt
waren. Die vierhundert Propheten standen vor
ihnen: sie waren im Zustand ekstatischer Begei-
sterung.
10 Einer von ihnen, Zidkija, der Sohn von
Kenaana, hatte sich einen Helm mit eisernen
Hörnern aufgesetzt und rief: »So spricht der
HERR: ›Unbesiegbar wie ein Stier mit eisernen
Hörnern wirst du gegen die Syrer* anrennen
und sie völlig vernichten.‹«
11 Die anderen Propheten stimmten ein und
riefen: »Zieh nur gegen Ramot! Du wirst siegen!
Der HERR wird die Stadt in die Hand des Königs
geben!«

Ein unbequemer Prophet

(1 Kön 22,13-28)

12 Unterwegs sagte der Bote zu Micha: »Die
Propheten* haben dem König einstimmig Sieg
prophezeit. Sieh zu, daß du es ebenso machst
und ihm einen glücklichen Ausgang ankün-
digst!«
13 Aber Micha antwortete: »So gewiß der
HERR lebt, ich kann nur ankündigen, was mein
Gott mir aufträgt.«
14 Als Micha vor den König trat, fragte ihn der:
»Micha, sollen wir Ramot angreifen oder nicht?«
Micha antwortete: »Greift die Stadt nur an;
ihr werdet siegen. Der HERR wird sie in eure
Hand geben.«
15 Aber der König sagte zu ihm: »Ich be-
schwöre dich, mir nichts als die reine Wahrheit
zu sagen! Was hat der HERR dir gesagt?«
16 Da antwortete Micha: »Ich sah das Heer
Israels über die Berge zerstreut wie eine Schaf-
herde, die keinen Hirten hat. Und der HERR sagte
zu mir: ›Sie haben keinen Anführer mehr. Der
Krieg ist zu Ende; jeder soll nach Hause zurück-
kehren.‹«
17 Der König von Israel wandte sich zu
Joschafat und sagte: »Habe ich nicht recht? Er
kündigt mir immer nur Unglück an!«
18 Aber Micha sprach weiter: »Weil das so ist,
hört nun, was der HERR euch sagt! Ich sah den
HERRN auf seinem Thron sitzen. Rechts und links
stand das ganze Heer der Engel*. 19 Da fragte der
HERR: ›Wer ködert Ahab,[a] den König von Israel,
und bringt ihn dazu, daß er Ramot angreift und
dort den Tod findet?‹ Der eine hatte diesen Vor
schlag, der andere jenen, 20 bis zuletzt ein Geist
vor den HERRN trat und sagte: ›Ich werde ihn
ködern.‹
›Womit?‹ fragte der HERR, 21 und er antwor-
tete: ›Ich werde als Lügengeist aus dem Mund
aller seiner Propheten sprechen.‹ Da sagte der
HERR: ›Du darfst ihn ködern, dir wird es gelin-
gen. Geh hin und tu es!‹
22 Du siehst also«, wandte sich Micha an den
König, »daß der HERR deinen Propheten Lügen
eingegeben hat. In Wirklichkeit hat er deinen
Untergang beschlossen.«
23 Da trat Zidkija auf Micha zu, gab ihm eine
Ohrfeige und sagte: »Wie soll das zugegangen
sein, daß der Geist* des HERRN mich verlassen
hat und nur noch mit dir redet?«
24 »Du wirst es ja sehen«, erwiderte Micha,
»wenn der Tag kommt, an dem du dich im

a Abgesehen von den einleitenden Versen 1-3 wird der Name Ahabs in diesem ganzen Bericht nur hier erwähnt.

18,1 17,5 18,4 Ri 1,1-2 S 18,16 Num 27,17 S

hintersten Winkel deines Hauses verstecken
wirst.«
25 »Nehmt ihn fest«, befahl der König, »und
führt ihn zum Stadtkommandanten Amon und
zum Prinzen Joasch. 26 Sagt zu ihnen: ›Befehl
des Königs: Haltet diesen Mann im Gefäng-
nis, bis ich wohlbehalten zurückgekehrt bin!
Gebt ihm die kleinste Ration Wasser und
Brot!‹«
27 Micha erwiderte: »Wenn du wohlbehalten
zurückkehrst, dann hat der HERR nicht durch
mich gesprochen.« Und er fügte hinzu: »Hört, ihr
Völker der ganzen Erde!«

Der Prophet behält recht

(1 Kön 22,29-35)

28 Der König von Israel und Joschafat, der König
von Juda, zogen also gemeinsam gegen die Stadt
Ramot. 29-30 Unterwegs sagte der König von
Israel zu Joschafat: »Ich werde verkleidet in die
Schlacht ziehen, aber du kannst unbesorgt deine
königlichen Kleider tragen.«
Der König von Syrien* hatte nämlich den
Anführern seiner Streitwagentruppe* befohlen:
»Ihr sollt nur den König von Israel angreifen.
Laßt euch mit keinem anderen ein, und wenn er
einen noch so hohen Rang hat!«
Deshalb zog der König von Israel verkleidet in
die Schlacht. 31 Als die Wagenkämpfer Joschafat
sahen, riefen sie: »Da ist der König von Israel!«
und setzten von allen Seiten zum Angriff gegen
ihn an. Joschafat aber schrie; und Gott, der HERR,
half ihm und lenkte sie von ihm ab.
32 Als die Wagenkämpfer merkten, daß er
nicht der Gesuchte war, ließen sie ihn in Ruhe.
33 Ein einfacher Soldat aber schoß aufs Gerate-
wohl einen Pfeil ab, der den König von Israel an
einer ungeschützten Körperstelle traf. Da befahl
der König seinem Wagenlenker: »Dreh um und
bring mich aus der Schlacht! Ich bin verwundet.«
34 Weil aber der Kampf an Heftigkeit zunahm,
mußte der König den Syrern gegenüber durch-
halten und bis zum Abend in seinem Wagen auf-
recht stehenbleiben. Als die Sonne unterging,
starb er.
19 König Joschafat von Juda aber kehrte
wohlbehalten in seinen Palast nach Jeru-
salem zurück. 2 Da trat ihm der Prophet* Jehu,
der Sohn von Hanani, entgegen und sagte zu
ihm: »Mußtest du dem Feind des HERRN helfen
und dich mit Leuten anfreunden, die den HERRN
hassen? Der HERR ist deswegen zornig auf dich!
3 Zu deinem Glück hat er aber auch Gutes bei dir
gefunden: Du hast die geweihten Pfähle* aus
dem Land beseitigt und bemühst dich, den Wil-
len Gottes zu befolgen.«

Joschafat ordnet das Rechtswesen

4 Von da an blieb Joschafat in Jerusalem und ging
nicht noch einmal nach Samaria.[a] Er bereiste
sein ganzes Land, von Beerscheba bis zum Berg-
land Efraïm, um die Leute von Juda wieder zum
HERRN, dem Gott ihrer Vorfahren, zurückzubrin-
gen.
5 In allen befestigten Städten von Juda setzte
er Richter ein. 6 Er sagte zu ihnen: »Bedenkt, was
für eine Aufgabe ihr übernehmt: Ihr sollt für das
Recht sorgen, nicht im Auftrag von Menschen,
sondern im Auftrag des HERRN! 7 Nehmt den
HERRN ernst und tut euren Dienst gewissenhaft!
Der HERR, unser Gott, läßt es euch nicht durch-
gehen, wenn ihr irgend jemand bevorzugt oder
Bestechungsgeschenke annehmt.«
8 Auch in Jerusalem setzte Joschafat Richter
ein, Männer aus den Leviten*, den Priestern*
und den Sippenoberhäuptern. Sie bildeten den
obersten Gerichtshof des Landes, der im Namen
des HERRN Recht zu sprechen hatte. Daneben
behandelten sie die Streitsachen der Einwohner
von Jerusalem.[b]
9 Diesen Richtern gab Joschafat folgende An-
weisung: »Tut euren Dienst im Gehorsam gegen-
über dem HERRN, mit aller Treue und mit unge-
teiltem Herzen! 10 Wenn eure Brüder, die Richter
in den anderen Städten, euch ihre Fragen vor-
legen, etwa Fälle von Mord und Totschlag oder
andere Verstöße gegen Gesetze, Vorschriften,
Anordnungen und Bräuche, dann sollt ihr sie
belehren und warnen, damit sie nicht vor
dem HERRN schuldig werden. Sonst macht auch
ihr euch schuldig, und sein Zorn trifft sie und
euch.
11 In allen Angelegenheiten, die das Gesetz*
des HERRN betreffen, hat der Oberpriester
Amarja die letzte Verantwortung, und wenn es
um die Anordnungen des Königs geht, Sebadja,
der Sohn Jischmaëls, das Oberhaupt des Stam-
mes Juda. Als Gerichtsschreiber stehen euch die
Leviten zur Verfügung. Nun geht entschlossen
an eure Aufgabe! Der HERR steht denen zur
Seite, die das Rechte tun.«

a *und ging nicht ...:* verdeutlichender Zusatz.
b *der Einwohner ...:* mit alten Übersetzungen; H *und kehrten nach Jerusalem zurück.*
18,26 16,10 **19,2** 20,37; 25,7 **19,5-7** Dtn 16,18-20; Esra 7,25 **19,8-11** Dtn 16,18 S

Joschafats Sieg über seine Feinde

20 Einige Zeit danach zog ein großes Heer
von Moabitern* und Ammonitern*, un-
terstützt durch eine Anzahl von Mëunitern,[a]
gegen Joschafat heran. 2 Boten kamen und mel-
deten: »Eine große Übermacht rückt von der
anderen Seite des Toten Meeres aus Edom[b]
gegen dich vor. Sie stehen schon in Hazezon-
Tamar.« – Das ist ein anderer Name für En-Gedi.
3 Joschafat erschrak sehr. Er entschloß sich,
den HERRN zu befragen, und ließ in ganz Juda
eine Fastenzeit* ausrufen. 4 Die Leute kamen
aus allen Städten des Landes nach Jerusalem, um
vom HERRN Hilfe zu erbitten. 5 Sie versammelten
sich mit den Einwohnern der Stadt im neuen
Vorhof des Tempels*, und Joschafat trat vor sie
hin 6 und betete:

»HERR, du Gott unserer Vorfahren! Du bist der
Gott im Himmel, du bist der Herrscher über alle
Reiche der Welt. Bei dir ist alle Kraft und Macht,
so daß niemand es mit dir aufnehmen kann.
7 Du, unser Gott, hast doch die früheren Bewoh-
ner dieses Landes vor deinem Volk Israel vertrie-
ben und hast das Land uns, den Nachkommen
deines Freundes Abraham, für alle Zeiten ge-
geben.

8 Unsere Vorfahren ließen sich hier nieder
und bauten für dich[c] ein Heiligtum, denn sie
sagten: 9 ›Wenn ein Unglück über uns kommt,
Kriegsschrecken, Pest oder Hungersnot, dann
wollen wir hier vor diesem Haus vor dich hintre-
ten, denn in diesem Haus wohnt dein Name.
Hier wollen wir in unserer Not zu dir rufen, und
du wirst uns hören und uns helfen.‹

10 Sieh doch jetzt die Ammoniter, die Moabi-
ter und das Volk aus dem Bergland Seïr*, die uns
angreifen wollen. Als die Israeliten aus Ägypten
kamen, hast du ihnen nicht erlaubt, das Gebiet
dieser Völker zu betreten. Sie haben einen Um-
weg gemacht und diese Völker nicht ausgerottet.
11 Zum Dank dafür kommen sie jetzt und wollen
uns aus deinem Land vertreiben, das du uns
gegeben hast!

12 Du unser Gott! Willst du sie nicht dafür be-
strafen? Wir können gegen diese Übermacht
nichts ausrichten. Wir wissen nicht, was wir tun
sollen. Darum blicken wir auf dich!«

13 Das ganze Volk von Juda, auch die Frauen
und Kinder, standen dort vor dem Tempel. 14 Da
nahm mitten in dieser Versammlung der Geist*
des HERRN Besitz von Jahasiël, einem Leviten*
aus der Sippe Asaf. Er war der Sohn von Sechar-
ja, seine weiteren Vorfahren waren Benaja, Jëiël
und Mattanja.

15 Er rief: »Hört her, Leute von Juda, ihr Ein-
wohner von Jerusalem und vor allem du, König
Joschafat! So spricht der HERR zu euch: ›Habt
keine Angst! Erschreckt nicht vor der Über-
macht! Dieser Kampf ist nicht eure, sondern
meine Sache! 16 Zieht morgen ins Tal hinunter,
ihnen entgegen! Sie werden den Weg von Ziz
heraufkommen. Am Ausgang des Tales, wo die
Wüste von Jeruël beginnt, werdet ihr auf sie tref-
fen. 17 Ihr selbst braucht nicht zu kämpfen; bleibt
ruhig stehen und schaut zu, wie ich, der HERR,
für euch den Sieg erringe.‹

Habt keine Angst, ihr Bewohner von Juda
und Jerusalem, erschreckt nicht! Zieht ihnen
morgen entgegen, und der HERR wird bei euch
sein.«

18 Da kniete Joschafat nieder und beugte sich
bis zur Erde, und auch das ganze Volk von Juda
und die Bewohner Jerusalems warfen sich anbe-
tend vor dem HERRN nieder. 19 Danach erhoben
sich die Leviten der Sippe Korach, die zu den
Nachkommen Kehats gehören, und priesen den
HERRN, den Gott Israels, mit machtvollem Ge-
sang.

20 Früh am nächsten Morgen, vor ihrem Auf-
bruch zur Wüste von Tekoa, trat Joschafat vor sie
und sagte: »Hört her, Männer von Juda und Jeru-
salem! Vertraut dem HERRN, eurem Gott, dann
werdet ihr stark sein! Glaubt seinen Propheten*,
und ihr werdet siegen!«

21 Nachdem er sich mit dem Volk abgespro-
chen hatte, stellte er die Tempelsänger in ihren
geweihten Dienstgewändern an die Spitze des
Heeres. Sie sollten den HERRN preisen mit dem
Lied: »Dankt dem HERRN, denn seine Liebe hört
niemals auf!«

22-23 Als sie anfingen zu singen, stürzte der
HERR die Feinde, die ihnen entgegenrückten,
in Verwirrung, so daß sie sich gegenseitig ver-
nichteten. Erst wandten sich die Ammoniter
zusammen mit den Moabitern gegen die Män-
ner aus dem Bergland Seïr, fielen über sie her
und vernichteten sie. Dann gerieten sie selbst
aneinander und machten sich gegenseitig nie-
der.

a *Mëunitern:* mit G; H *Ammonitern.*
b *Edom*:* mit einer Handschrift und der altlateinischen Übersetzung; H *Aram* (= Syrien); vgl. Anmerkung zu 2 Sam 8,12.
c Wörtlich *für deinen Namen;* siehe Anmerkung zu Dtn 12,5.

20,7 Jes 41,8; Jak 2,23 **20,9** 6,24-31 **20,10** Dtn 2,4-19 **20,15-17** Dtn 20,1-4; Jes 8,10 **20,17a** Ex 14,13-14 **20,20** Jes 7,9 **20,21** (Lied) 1 Chr 16,34 S

24 Als die Leute von Juda zu der Anhöhe
kamen, von der aus die Wüste zu überblicken
war, und nach dem feindlichen Heer ausschau-
ten, sahen sie nur noch Tote am Boden liegen.
Nicht einer war mit dem Leben davongekom-
men. 25 Joschafat und seine Leute kamen, um die
Beute einzusammeln. Sie fanden bei den Gefal-
lenen so viele Lasttiere[a] und wertvolle Dinge,
darunter Kleider[b] und kostbare Geräte, daß sie
drei Tage brauchten, um alles fortzuschaffen.

26 Am vierten Tag versammelten sie sich im
Beracha-Tal, um dem HERRN zu danken. Von
daher hat das Tal seinen Namen »Danktal«; so
heißt es heute noch. 27 Dann kehrten sie alle, mit
Joschafat an der Spitze, wieder nach Jerusalem
zurück. Sie waren voller Freude, weil der HERR
ihnen gegen ihre Feinde geholfen hatte. 28 Unter
dem Klang der Harfen, Lauten und Trompeten
zogen sie in Jerusalem ein und gingen zum Tem-
pel des HERRN.

29 Über die umliegenden Länder kam ein ge-
waltiger Schrecken, als sie hörten, daß der HERR
selbst den Kampf gegen die Feinde Judas geführt
hatte. 30 In der folgenden Zeit konnte Joschafat
ungestört regieren, denn der HERR, sein Gott,
schenkte ihm Frieden an allen Grenzen.

Das Ende der Regierung von König Joschafat

(1 Kön 22,41-51)

31 Joschafat war also König von Juda. Er war
35 Jahre alt, als er an die Herrschaft kam, und
er regierte 25 Jahre lang in Jerusalem. Seine
Mutter hieß Asuba und war eine Tochter von
Schilhi. 32 Er folgte in allem dem Vorbild seines
Vaters Asa und tat, was dem HERRN gefiel.
33 Nur die Opferstätten rings im Land bestanden
weiter, denn das Volk war mit dem Herzen
noch nicht auf den Gott seiner Vorfahren aus-
gerichtet.

34 Was es sonst noch über Joschafat zu sagen
gibt, vom Anfang bis zum Ende, das ist nachzu-
lesen in dem Bericht, den Jehu, der Sohn von
Hanani, geschrieben hat. Er steht im Buch der
Könige Israels.

35 Einmal traf König Joschafat von Juda eine
Übereinkunft mit König Ahasja von Israel, ob-
wohl dieser ein verwerfliches Leben führte.
36 Sie beschlossen, gemeinsam Schiffe zu bauen,
die nach Tarschisch* fahren sollten. Die Schiffe
wurden in Ezjon-Geber gebaut. 37 Damals sagte
der Prophet* Eliëser aus Marescha, der Sohn von
Dodawa, zu Joschafat: »Weil du dich mit Ahasja
verbündet hast, wird der HERR dein Werk zer-
stören.« Die Flotte erlitt Schiffbruch und kam
nicht nach Tarschisch.

21 Als Joschafat starb, wurde er neben
seinen Vorfahren in der Davidsstadt* be-
stattet. Sein Sohn Joram wurde sein Nachfolger.

König Joram

(2 Kön 8,16-24)

2 Joram hatte mehrere Brüder: Asarja, Jehiël,
Secharja, Asarja, Michael und Schefatja. Sie alle
waren Söhne von König Joschafat.[c] 3 Ihr Vater
schenkte ihnen viel Gold, Silber und andere
Kostbarkeiten; außerdem gab er ihnen befestigte
Städte in Juda. Die Königswürde aber übertrug er
Joram, weil dieser der erste Sohn war. 4 Als Jo-
ram anstelle seines Vaters König geworden war
und die Herrschaft fest in der Hand hatte, ließ er
alle seine Brüder töten und auch einige von den
führenden Männern.

5 Joram war 32 Jahre alt, als er König wurde,
und regierte acht Jahre lang in Jerusalem. 6 Er tat,
was dem HERRN mißfiel, und folgte damit dem
schlechten Beispiel der Könige von Israel, vor
allem der Familie von König Ahab, mit dessen
Tochter er verheiratet war. 7 Der HERR wollte
aber trotz allem das Königshaus Davids nicht
ausrotten, weil er mit David einen Bund* ge-
schlossen und ihm versprochen hatte, daß das
Licht in seinem Königshaus nicht verlöschen
und immer einer seiner Nachkommen in Jerusa-
lem König sein sollte.

8 Während der Regierungszeit Jorams sagten
sich die Edomiter* von der Oberherrschaft Judas
los und setzten einen eigenen König ein. 9 Joram
zog darauf mit seinen Truppenführern und mit
allen seinen Streitwagen* nach Edom. Zwar
konnten die Edomiter ihn und seine Wagen um-
zingeln, aber in der Nacht schlug er gegen sie los
und besiegte sie. 10 Trotzdem ist Edom seit da-
mals von Juda unabhängig geblieben.

Zur gleichen Zeit befreite sich auch die Stadt
Libna von der Oberherrschaft Judas. Das alles
geschah, weil Joram sich vom HERRN, dem Gott
seiner Vorfahren, abgewandt hatte.

11 Joram richtete sogar auf den Bergen von
Juda Opferstätten ein und verleitete so die Be-
wohner von Jerusalem und Juda dazu, dem
HERRN untreu zu werden. 12 Damals erhielt

a *Lasttiere:* mit veränderten Vokalen und G; H *unter ihnen.*
b *Kleider:* mit einigen Handschriften und alten Übersetzungen; H *Leichen.*
c Es folgt noch *von Israel;* vgl. Anmerkung zu 17,1.

20,37 19,2; 25,7 **21,7** 6,16 S; 7,18 **21,8** Gen 27,40

Joram einen Brief von dem Propheten* Elija.
Darin stand:
»So spricht der HERR, der Gott deines Ahn-
herrn David: ›Du bist nicht auf dem Weg geblie-
ben, den dein Vater Joschafat und dein Groß-
vater Asa gegangen sind. 13 Statt dessen bist du
dem schlechten Beispiel der Könige von Israel
gefolgt. Du bist dem HERRN genauso untreu ge-
worden wie das Königshaus Ahabs und hast
auch die Leute von Juda und Jerusalem zur Un-
treue gegen Gott verführt. Deine eigenen Brü-
der, die besser waren als du, hast du getötet.
14 Darum wird der HERR hart zuschlagen; seine
Strafe wird dein Volk, deine Söhne und Frauen
und deinen ganzen Besitz treffen. 15 Du selbst
wirst schwer krank werden und lange leiden
müssen, bis dir zuletzt die Eingeweide aus dem
Leib fallen.‹«

16 Der HERR gab den Philistern* und den Ara-
berstämmen, die neben den Kuschitern[a] wohn-
ten, in den Sinn, Joram anzugreifen. 17 Sie rück-
ten gegen Juda heran, drangen in das Land ein
und nahmen allen Besitz mit, der sich im Königs-
palast befand. Sie verschleppten auch Jorams
Frauen und Söhne. Nur der jüngste, Joahas, blieb
übrig.

18 Dann ließ der HERR den König selbst krank
werden. Es war eine unheilbare Krankheit in sei-
nen Eingeweiden, 19 die sich lange hinzog. Nach
zwei Jahren traten die Eingeweide heraus, und
er starb unter furchtbaren Schmerzen. Das Volk
hatte beim Tod seiner Vorgänger immer ein
großes Feuer zu ihren Ehren angezündet; bei
ihm unterließ man es.

20 Joram war mit 32 Jahren König geworden
und hatte acht Jahre lang in Jerusalem regiert.
Er starb, ohne daß jemand um ihn trauerte. Er
wurde zwar in der Davidsstadt* bestattet, aber
nicht an der Seite der früheren Könige.

König Ahasja

(2 Kön 8,25-29; 9,27-29)

22 Die Einwohner von Jerusalem machten
Jorams jüngsten Sohn Ahasja[b] zu sei-
nem Nachfolger. Alle seine älteren Söhne hatte
eine Horde von Räubern umgebracht, die mit
den Arabern das Heerlager Judas überfallen
hatte. Deshalb wurde Ahasja König von Juda.

2 Ahasja war zwanzig[c] Jahre alt, als er an die
Macht kam, und er regierte ein Jahr lang in Jeru-
salem. Seine Mutter war Atalja, eine Tochter[d]
des Königs Omri von Israel.

3 Auch er folgte dem schlechten Vorbild des
Königshauses Ahabs; denn seine Mutter, seine
Ratgeberin, stiftete ihn dazu an. 4 Er tat, was
dem HERRN mißfiel, ganz wie die Nachkommen
Ahabs, von denen er sich nach dem Tod seines
Vaters beraten ließ. Das führte zu seinem Unter-
gang.

5 Diese seine Ratgeber verleiteten ihn dazu,
gemeinsam mit Joram, dem Sohn Ahabs, dem
König von Israel, in den Krieg gegen König Ha-
saël von Syrien* zu ziehen. Bei Ramot in Gilead*
kam es zum Kampf. Dabei wurde Joram ver-
wundet. 6 Er zog sich nach Jesreel zurück, um
seine Wunden ausheilen zu lassen.

Ahasja,[e] der Sohn Jorams, der König von Juda,
besuchte ihn dort, 7 und dieser Besuch wurde für
Ahasja zum Verderben. So hatte Gott es gefügt.
Denn nachdem Ahasja bei Joram angekommen
war, fuhr er mit ihm Jehu, dem Enkel von Nim-
schi, entgegen. Diesen hatte der HERR zum König
bestimmt und ihm den Auftrag gegeben, die
Nachkommen Ahabs auszurotten.

8 Als nun Jehu das Strafgericht am Königshaus
Ahabs vollzog, stieß er auch auf die Truppenfüh-
rer aus Juda und die Neffen von Ahasja, die in
dessen Dienst standen, und tötete sie. 9 Ahasja
selbst versteckte sich in Samaria; aber Jehu ließ
ihn suchen. Er wurde festgenommen, vor Jehu
gebracht und hingerichtet. Trotzdem gewährten
Jehu und seine Leute ihm ein Begräbnis, denn
sie sagten sich: »Er ist immerhin ein Enkel
Joschafats, der sich mit ganzem Herzen zum
HERRN gehalten hat.«

Von der Familie Ahasjas war nun keiner
übriggeblieben, der alt genug[f] war, um die Herr-
schaft zu übernehmen.

Königin Atalja

(2 Kön 11,1-3)

10 Als Atalja, die Mutter von Ahasja, erfuhr, daß
ihr Sohn tot war, ließ sie alle Angehörigen des
Königshauses von Juda umbringen.

11 Aber die Prinzessin Joscheba holte heimlich
Ahasjas kleinen Sohn Joasch aus der Mitte der
Prinzen, die getötet werden sollten, und ver-
steckte ihn mit seiner Amme in der Bettenkam-
mer. Auf diese Weise rettete sie ihn vor Atalja, so
daß er nicht zusammen mit den anderen Söhnen

a Siehe Anmerkung zu Num 12,1.
b *Ahasja* ist eine andere Form des Namens Joahas (21,17).
c *zwanzig:* mit G; H 42; vgl. 2 Kön 8,26, wo das Alter mit 22 Jahren angegeben wird.
d Siehe Anmerkung zu 2 Kön 8,26.
e *Ahasja:* mit einigen Handschriften und alten Übersetzungen; H *Asarja.*
f *alt genug:* wörtlich *fähig* oder *tüchtig.*

21,15 2 Makk 9,5; Apg 1,18 **21,19** 16,14 **22,7** 2 Kön 9,1-10.29 **22,8** 2 Kön 10,12-14

des Königs getötet wurde. Joscheba war eine
Tochter von Joram und Schwester von Ahasja,
und sie war die Frau des Priesters Jojada.
12 Sechs Jahre lang blieb Joasch bei ihnen im
Bereich des Tempels* verborgen, solange Atalja
das Land regierte.

Ataljas Sturz und die Wiederherstellung des Königtums der Davidsnachkommen

(2 Kön 11,4-20)

23 Im siebten Jahr entschloß sich der Prie-
ster* Jojada, zu handeln. Er verbündete
sich mit einigen Truppenführern: Asarja, dem
Sohn von Jeroham, Jischmaël, dem Sohn von
Johanan, Asarja, dem Sohn von Obed, Maaseja,
dem Sohn von Adaja, und Elischafat, dem Sohn
von Sichri. 2 Die zogen durch alle Städte in Juda
und brachten die Leviten* und die Sippenober-
häupter Israels nach Jerusalem. 3 Alle versam-
melten Männer schlossen im Tempel* einen
Pakt mit dem König.
Dann sagte Jojada zu ihnen: »Der Sohn des
Königs soll also König werden, so wie der HERR
zugesagt hat, daß immer ein Nachkomme Da-
vids in Jerusalem König sein soll. 4 Wir werden
jetzt wie folgt vorgehen: Ein Drittel der Priester
und Leviten, alle, die am nächsten Sabbat* den
Dienst antreten, bewachen die Eingänge des
Tempels, 5 das zweite Drittel den Königspalast
und das letzte Drittel das Grundtor; die Männer
aus dem Volk besetzen die Vorhöfe des Tempels.
6 Niemand kommt in das Haus des HERRN hinein
außer den Priestern und den diensttuenden Levi-
ten, weil sie für den Dienst geweiht sind. Die
übrigen Männer müssen sich an das Verbot des
HERRN halten. 7 Die Leviten schließen mit der
Waffe in der Hand einen Kreis um den König
und begleiten ihn auf Schritt und Tritt. Wer in
das Tempelhaus einzudringen versucht, wird
getötet!«
8 Die Leviten und alle versammelten Männer
von Juda befolgten genau die Anweisungen von
Jojada. Jeder rief seine Leute zusammen, nicht
nur die, die am Sabbat den Dienst begannen,
sondern auch die, die ihn beendeten; denn Jo-
jada hatte auch diese nicht entlassen. 9 Er über-
gab den Truppenführern die Speere, die großen
Schilde und die Rundschilde, die noch von König
David stammten und sich jetzt im Tempel befan-
den. 10 Jeder der Männer bekam seine Waffe in
die Hand, dann stellte Jojada sie alle vor dem
Tempel auf, im Halbkreis von der südlichen Ecke
über den Brandopferaltar* bis zur nördlichen
Ecke, um den König nach allen Seiten abzu-
sichern.
11 Darauf führten Jojada und seine Söhne
den Prinzen heraus, um ihn zum König zu
machen. Sie setzten ihm die Krone auf und über-
reichten ihm die Krönungsurkunde. Dann salb-
ten* sie ihn, und alle riefen: »Hoch lebe der
König!«
12 Als das Volk herbeiströmte und dem neuen
König zujubelte, hörte Atalja den Lärm. Sie be-
gab sich zu der Menge am Tempel des HERRN.
13 Dort sah sie Joasch, der am Eingang auf dem
Platz des Königs stand, umgeben von den Trup-
penführern und den Trompetern. Auch die Tem-
pelsänger standen dort und leiteten mit ihren
Instrumenten den Festgesang, und das ganze
Volk jubelte vor Freude.
Da zerriß Atalja ihr Gewand und schrie: »Ver-
rat! Verrat!«
14 Der Priester Jojada aber wollte nicht, daß
man sie im Bereich des Tempels tötete. Darum
befahl er den Truppenführern: »Führt sie zwi-
schen den Reihen eurer Leute hinaus! Wer ihr
folgt, wird mit dem Schwert getötet!« 15 Sie er-
griffen Atalja, führten sie ab und töteten sie beim
Roßtor am königlichen Palast.
16 Jojada schloß einen Bund* zwischen sich
und dem ganzen Volk und dem König. Sie ver-
pflichteten sich dazu, Ernst damit zu machen,
daß sie das Volk des HERRN waren. 17 Anschlie-
ßend zog die ganze Versammlung zum Tempel
des Gottes Baal* und riß ihn nieder. Sie zertrüm-
merten die Altäre und die Götterbilder und er-
schlugen Mattan, den Priester Baals, dort vor
den Altären.
18 Jojada übertrug den Priestern, den Nach-
kommen Levis, die Aufsicht über den Tempel
des HERRN. David hatte sie in Dienstgruppen ein-
geteilt, damit sie die Brandopfer* darbrachten,
wie es im Gesetz* Moses vorgeschrieben ist. Sie
sollten ihren Dienst im Tempel verrichten, be-
gleitet von festlichem Gesang, genauso wie
David es angeordnet hatte. 19 Jojada stellte auch
Torwächter an die Eingänge des Tempelbereichs.
Sie hatten darauf zu achten, daß niemand den
heiligen Bezirk betrat, der auf irgendeine Weise
unrein* war.
20 Danach nahm Jojada die Offiziere, die ange-
sehenen und führenden Männer und das ganze
versammelte Volk mit sich, um den König vom
Tempel durch das obere Tor hinunter zum Palast
zu geleiten. Dort ließen sie ihn auf dem könig-

23,3b 1 Chr 17,11-14 **23,11** 1 Sam 16,13 S **23,16** 15,12 **23,18** 7,6; 1 Chr 15,16 S

lichen Thron Platz nehmen. 21 Die ganze Bevöl-
kerung des Landes freute sich, und die Stadt
blieb ruhig, nachdem man Atalja hingerichtet
hatte.

König Joasch und die Renovierung des Tempels

(2 Kön 12,1-17)

24 Joasch war sieben Jahre alt, als er König
wurde, und er regierte vierzig Jahre lang
in Jerusalem. Seine Mutter hieß Zibja und
stammte aus Beerscheba. 2 Joasch tat, was dem
HERRN gefiel, solange der Priester Jojada lebte.
3 Er heiratete zwei Frauen, die Jojada für ihn aus-
wählte, und hatte mit ihnen mehrere Söhne und
Töchter.

4 Nach einiger Zeit beschloß Joasch, das Haus
des HERRN zu renovieren. 5 Er rief die Priester*
und Leviten* zu sich und sagte zu ihnen: »Geht
in alle Städte in Juda und sammelt Geld von den
Israeliten, damit wir jedes Jahr die nötigen Repa-
raturen am Tempel* eures Gottes durchführen
können. Beeilt euch damit!«

Aber die Leviten ließen sich Zeit. 6 Deshalb
ließ der König den Oberpriester Jojada zu sich
kommen und hielt ihm vor: »Mose, der Bevoll-
mächtigte* Gottes, und die ganze Gemeinde ha-
ben seinerzeit den Israeliten eine Abgabe für das
Heilige Zelt* auferlegt. Warum hast du nicht
dafür gesorgt, daß die Leviten diese Abgabe in
Juda und Jerusalem einsammeln? 7 Atalja – die-
ses schändliche Weib! Ihre Anhänger haben den
Tempel verfallen lassen. Sie haben sogar die Ga-
ben, die für das Haus des HERRN geweiht waren,
für die Baale* verwendet.«

8 Auf Befehl des Königs wurde ein Kasten
angefertigt und am Tor des Tempelbereichs auf-
gestellt. 9 Dann wurde in Juda und Jerusalem
bekanntgegeben, daß jeder die Abgabe herbei-
bringen sollte, die Mose, der Bevollmächtigte
Gottes, damals in der Wüste den Israeliten aufer-
legt hatte. 10 Der Aufruf wurde von den führen-
den Männern Israels und dem ganzen Volk mit
Freude aufgenommen. Sie brachten ihre Beiträ-
ge und steckten sie in den Kasten, bis er voll war.

11 Täglich mußten die Leviten im Auftrag des
Königs nachprüfen. Wenn sie sahen, daß viel
Geld im Kasten war, kamen der Schreiber des
Königs und ein Beauftragter des Oberpriesters.
Sie leerten gemeinsam den Kasten aus und
brachten ihn dann an seinen Platz zurück. Auf
diese Weise kam sehr viel Geld zusammen.

12 Der König und Jojada übergaben das Geld
den Meistern, die für die Bauarbeiten am Tempel
verantwortlich waren. Diese stellten Steinmet-
zen und Zimmerleute sowie Eisen- und Kupfer-
schmiede an, die den Tempel renovieren und
alle Schäden beseitigen sollten. 13 Sie alle gin-
gen ans Werk, und die Arbeit machte gute Fort-
schritte. Sie machten den Tempel wieder so
schön und fest, wie er ursprünglich gewesen
war.

14 Als alle Arbeiten abgeschlossen waren,
brachten die Meister das übriggebliebene Geld
dem König und Jojada zurück. Jojada ließ davon
Tempelgeräte herstellen, Schalen und andere
goldene und silberne Gefäße, wie sie für den
Gottesdienst und bei den Opfern gebraucht wur-
den. Solange Jojada lebte, wurden im Tempel
regelmäßig Brandopfer* dargebracht.

15 Jojada wurde sehr alt. Er starb mit 130 Jah-
ren, gesättigt von einem langen und erfüllten
Leben. 16 Er wurde in der Davidsstadt* an der
Seite der Könige bestattet, in Anerkennung
seines Dienstes in Israel für Gott und seinen
Tempel.

König Joasch verläßt den rechten Weg

(2 Kön 12,18-22)

17 Nach dem Tod von Jojada kamen die führen-
den Männer von Juda zum König und machten
ihm ihre Aufwartung. Von da an ließ er sich von
ihnen beraten. 18 Das führte dazu, daß die Leute
von Juda aufhörten, in den Tempel* des HERRN
zu gehen und den Gott ihrer Vorfahren zu ver-
ehren. Statt dessen beteten sie wieder vor den
geweihten Pfählen* und Götzenbildern. Weil sie
sich damit vor dem HERRN schuldig machten,
wurde er zornig auf Juda und Jerusalem. 19 Er
schickte ihnen Propheten*, um sie zu warnen
und zu ihm zurückzurufen, aber niemand hörte
auf sie.

20 Da nahm der Geist* Gottes Besitz von
Secharja, dem Sohn des Priesters Jojada, so daß
er vor das Volk hintrat und rief: »So spricht der
HERR: ›Warum übertretet ihr meine Gebote und
bringt euch selbst um euer Glück? Ihr habt mich
verlassen; jetzt verlasse ich euch!‹«

21 Darauf taten sich die Gegner Secharjas zu-
sammen, und er wurde auf Befehl des Königs im
Vorhof des Tempels gesteinigt*. 22 König Joasch
dachte nicht mehr daran, wieviel er Secharjas
Vater Jojada verdankte, und ließ den Sohn um-
bringen. Ehe Secharja starb, rief er noch: »Der
HERR sieht es und wird es vergelten!«

23 Am Anfang des nächsten Jahres rückte eine

24,3 Dtn 17,17 24,6 Ex 30,11-16 24,20 12,5 S 24,21 Mt 23,35 par

Heeresgruppe der Syrer* gegen Joasch heran und drang in Juda und Jerusalem ein. Alle führenden Männer von Juda wurden getötet und ihr ganzer Besitz als Beute zum König von Syrien nach Damaskus gebracht. 24 Obwohl die Syrer nur mit einem kleinen Heer gekommen waren, konnten sie die große Streitmacht von Juda besiegen, denn der HERR gab die Leute von Juda in ihre Hand, weil sie sich von ihm, dem Gott ihrer Väter, abgewandt hatten. So vollzogen die Syrer sein Strafgericht an Joasch.

25 Als sie wieder abzogen, ließen sie Joasch schwer verwundet zurück. Seine Hofleute verschworen sich gegen ihn wegen des Mordes am Sohn[a] des Priesters Jojada und erschlugen ihn auf seinem Krankenlager. Er wurde in der Davidsstadt* bestattet, aber nicht in der Grabstätte der anderen Könige. 26 Die Anstifter der Verschwörung waren Josachar, der Sohn der Ammoniterin* Schimat, und Josabad, der Sohn der Moabiterin* Schomer.

27 Die Liste seiner Söhne, die vielen Prophetenworte gegen ihn und der Bericht über die Renovierung des Tempels stehen in den ausführlichen Erläuterungen zum »Buch von den Königen«. Sein Sohn Amazja wurde sein Nachfolger.

König Amazja

(2 Kön 14,1-6)

25 Amazja war 25 Jahre alt, als er König wurde, und er regierte 29 Jahre lang in Jerusalem. Seine Mutter hieß Joaddan und stammte aus Jerusalem. 2 Er tat, was dem HERRN gefiel, aber er hielt sich nicht mit ungeteiltem Herzen zu ihm.

3 Nachdem er die Herrschaft fest in die Hand bekommen hatte, ließ er die Hofleute töten, die seinen Vater Joasch ermordet hatten. 4 Ihre Söhne aber verschonte er, weil im Gesetzbuch* von Mose das Gebot des HERRN steht: »Die Eltern sollen nicht für die Schuld ihrer Kinder sterben und die Kinder nicht für die Schuld ihrer Eltern. Jeder soll nur für seine eigene Schuld bestraft werden.«

Amazjas Krieg gegen Edom

(2 Kön 14,7)

5 Amazja rief die Männer der Stämme Juda und Benjamin aus dem ganzen Land zusammen. Er ordnete sie nach Sippen und unterstellte sie dem Befehl von Hauptleuten und Obersten. Als alle Männer ab zwanzig Jahre gezählt waren, zeigte sich, daß er über ein Heer von 300000 kriegstüchtigen Leuten verfügte, die alle mit Schild und Speer bewaffnet waren. 6 Außerdem ließ der König für 100 Zentner* Silber noch 100000 Söldner aus dem Nordreich Israel anwerben.

7 Aber ein Prophet* kam zu Amazja und sagte zu ihm: »Mein König, du solltest die Kriegsleute aus Israel zu Hause lassen! Der HERR steht nicht auf der Seite dieser Efraïmiter aus dem Nordreich! 8 Wenn du sie mitnimmst, kannst du dich noch so mutig in den Kampf stürzen – Gott wird dafür sorgen, daß du deinen Feinden unterliegst. Denn er kann beides: dir helfen und dich zu Fall bringen!«

9 »Und was wird aus den 100 Zentnern Silber, die ich den Söldnern aus Israel gegeben habe?« fragte Amazja den Propheten.

Er antwortete: »Der HERR kann dir viel mehr als das wiedergeben.«

10 Da entließ Amazja die Söldner aus Efraïm und schickte sie in ihr Land zurück. Sie waren deshalb über Juda sehr verärgert und zogen voller Wut wieder heim.

11 Amazja nahm all seinen Mut zusammen und führte seine Leute in den Kampf. Sie zogen ins Salztal und besiegten dort die Edomiter,[b] von denen 10000 fielen. 12 Weitere 10000 Edomiter wurden gefangengenommen. Die Männer von Juda führten die Gefangenen auf einen hohen Felsen und stürzten sie von dort hinunter, so daß sie alle zerschmettert wurden.

13 Inzwischen aber überfielen die Söldner, die Amazja zurückgeschickt hatte, die Städte von Juda zwischen Samaria und Bet-Horon. Sie töteten dabei 3000 Männer und schleppten viel Beute fort.

14 Als Amazja von seinem Sieg über die Edomiter heimkehrte, brachte er deren Götterbilder mit. Er stellte sie als seine eigenen Götter auf, warf sich vor ihnen nieder und verbrannte ihnen Räucheropfer*. 15 Deshalb wurde der HERR zornig auf ihn. Er schickte einen Propheten zu ihm und ließ ihm sagen: »Warum suchst du Hilfe bei diesen Göttern, die ihr Volk nicht vor dir beschützen konnten?«

16 Aber Amazja fiel dem Propheten ins Wort und rief: »Habe ich dich etwa als meinen Ratgeber eingesetzt? Hör auf, wenn du keine Schläge bekommen willst!«

Da richtete der Prophet seine Botschaft nicht weiter aus. Er sagte nur noch: »Ich weiß, der HERR hat deinen Untergang beschlossen, weil du dich diesen fremden Göttern zugewandt und nicht auf mich gehört hast.«

a *am Sohn:* mit zwei alten Übersetzungen; H *an den Söhnen.* b *Edomiter:* wörtlich *Männer von Seïr*.*

24,24 12,5 S 25,4 *zit* Dtn 24,16 25,7 19,2; 20,37

Amazjas Krieg mit Israel

(2 Kön 14,8-20)

17 König Amazja von Juda beriet sich mit seinen
Hofleuten. Dann schickte er Boten zu König
Joasch von Israel, dem Sohn von Joahas und
Enkel von Jehu, und ließ ihm sagen: »Komm, tritt
mir im Kampf gegenüber, damit wir sehen, wer
stärker ist!«

18 König Joasch antwortete ihm: »Der Dorn-
strauch auf dem Libanon sagte zur Zeder: ›Gib
meinem Sohn deine Tochter zur Frau!‹ Aber die
wilden Tiere liefen über den Dornstrauch und
zertrampelten ihn. 19 Dein Sieg über die Edomi-
ter* ist dir zu Kopf gestiegen. Gib dich mit dei-
nem Ruhm zufrieden und bleib zu Hause! Oder
willst du dich ins Unglück stürzen und ganz Juda
mit hineinreißen?«

20 Aber Amazja hörte nicht auf ihn. Gott hatte
es so gefügt, denn er wollte die Leute von Juda in
die Gewalt des Königs von Israel geben, weil sie
bei den Göttern der Edomiter* Rat und Hilfe
suchten.

21 König Joasch rückte zum Kampf heran. Bei
Bet-Schemesch, im Gebiet von Juda, traf sein
Heer auf das von König Amazja. 22 Die Männer
von Juda wurden geschlagen und liefen ausein-
ander, jeder kehrte nach Hause zurück.

23 Amazja wurde bei Bet-Schemesch von
Joasch gefangengenommen und nach Jerusalem
mitgeführt. Dort ließ Joasch die Stadtmauer auf
einer Länge von 200 Metern niederreißen, vom
Efraïmtor bis zum Ecktor. 24 Er nahm alles Gold
und Silber und alle kostbaren Geräte mit, die
sich im Tempel unter der Aufsicht Obed-Edoms
befanden, ebenso alle Schätze aus dem könig-
lichen Palast; außerdem führte er eine Anzahl
von Geiseln mit sich nach Samaria.

25 König Amazja von Juda überlebte König
Joasch von Israel um fünfzehn Jahre. 26 Was es
sonst noch über Amazja zu berichten gibt, vom
Anfang bis zum Ende, das ist nachzulesen im
Buch der Könige von Juda und Israel.

27 Seit der Zeit, als er sich vom HERRN ab-
wandte, gab es in Jerusalem eine Verschwörung
gegen ihn. Schließlich floh er nach Lachisch,
aber die Verschwörer schickten ihm auch dort-
hin Männer nach, die ihn umbrachten. 28 Auf
einem mit Pferden bespannten Wagen holte
man ihn in die Hauptstadt[a] zurück und bestat-
tete ihn in der Grabstätte seiner Vorfahren.

König Usija, seine Macht und sein Reichtum

(2 Kön 14,21-22; 15,1-3)

26 Alle Männer von Juda machten Usija[b]
als Nachfolger seines Vaters Amazja
zum König. Er war damals sechzehn Jahre alt.
2 Er eroberte nach dem Tod seines Vaters die
Stadt Elat zurück und baute sie zur Festung
aus.

3 Usija war sechzehn Jahre alt, als er König
wurde, und er regierte 52 Jahre lang in Jerusa-
lem. Seine Mutter hieß Jecholja und stammte
aus Jerusalem. 4 Er folgte dem Vorbild seines
Vaters Amazja und tat, was dem HERRN gefiel.
5 Solange Secharja lebte, der ihn dazu anhielt,[c]
bemühte er sich, dem Willen Gottes zu folgen.
Und solange er dem HERRN gehorsam war, gab
der HERR ihm Erfolg.

6 Er unternahm einen Feldzug gegen die Phili-
ster*. Dabei ließ er die Mauern von Gat, Jabne
und Aschdod niederreißen, seinerseits aber be-
festigte er eine Reihe anderer Orte im Gebiet von
Aschdod und im übrigen Land der Philister.
7 Gott stand ihm bei in diesem Kampf gegen die
Philister, ebenso auch gegen die Araberstämme,
die in der Gegend von Gur-Baal wohnten, und
gegen die Mëuniter. 8 Die Mëuniter[d] zahlten
ihm Tribut. Er wurde so mächtig, daß sein Ruhm
bis nach Ägypten drang.

9 In Jerusalem baute er Türme am Ecktor, am
Taltor und am sogenannten Winkel und be-
festigte sie stark. 10 Auch im Wüstengebiet ließ
er Wehrtürme errichten und viele Zisternen
anlegen, weil er im Hügelland und auf der Hoch-
ebene große Viehherden besaß. Außerdem
beschäftigte er in den Bergen und in der frucht-
baren Niederung viele Landarbeiter und Wein-
bauern, weil er viel von der Landwirtschaft
hielt.

11 Usija hatte auch ein kriegstüchtiges Heer,
das aus den wehrfähigen Männern des ganzen
Volkes bestand. Der Listenführer Jëiël und der
Amtmann Maaseja waren beauftragt worden,
alle zu erfassen; die Aufsicht dabei hatte Hanan-
ja, einer der obersten königlichen Beamten. Das
Heer war in Abteilungen gegliedert; 12 2600 Sip-
penoberhäupter waren die Anführer. 13 Unter
ihrem Befehl stand eine Heeresmacht von
307 500 Mann, so stark und schlagkräftig, daß
der König es mit allen seinen Feinden aufneh-

a Wörtlich *die Stadt von Juda.*
b In der Parallelüberlieferung im 2. Königsbuch lautet der Name des Königs Asarja (vgl. Anmerkung zu 2 Kön 15,13).
c *der ihn dazu anhielt:* mit G; H *der sich auf das Sehen Gottes verstand.* d *Mëuniter:* mit G; H *Ammoniter.*

25,18 Ri 9,14 **25,24** 1 Chr 26,4-5.15 **26,2** 8,17

men konnte. 14 Er rüstete seine Leute mit Schilden, Speeren, Helmen, Brustpanzern, Bogen und Schleudersteinen aus. 15a Er ließ auch kunstvolle Wurfmaschinen bauen, mit denen man Pfeile abschießen und große Steine schleudern konnte. Sie wurden in Jerusalem auf den Türmen und Mauerecken aufgestellt.

Usijas Verfehlung und Krankheit

(2 Kön 15,5-7)

15b Weil Gott ihm auf wunderbare Weise half, wurde Usija immer mächtiger, und sein Ruhm drang bis in ferne Länder. 16 Als er aber mächtig geworden war, wurde er überheblich und verging sich gegen den HERRN, seinen Gott, sich selbst zum Schaden. Er ging in den Tempel*, um selbst auf dem Räucheraltar* Weihrauch zu verbrennen.

17 Aber der Oberpriester Asarja und weitere achtzig Priester* des HERRN, lauter beherzte Männer, folgten ihm. 18 Sie traten dem König entgegen und sagten: »Es steht dir nicht zu, Usija, dem HERRN Weihrauchopfer darzubringen! Das ist nur den Priestern erlaubt, den Nachkommen Aarons, die dazu geweiht sind. Verlaß das Heiligtum, denn du hast dich gegen Gott, gegen den HERRN, vergangen. Damit kannst du bei ihm keinen Ruhm gewinnen!«

19 Usija, der bereits die Räucherpfanne in der Hand hielt, wurde zornig; aber gerade als er den Priester anfahren wollte, brach auf seiner Stirn Aussatz* hervor. Das geschah vor den Augen der Priester, im Tempel des HERRN, unmittelbar neben dem Räucheraltar.

20 Der Oberpriester Asarja und die anderen Priester sahen voll Entsetzen den Aussatz auf seiner Stirn. Sofort trieben sie Usija aus dem Tempel. So schnell er konnte, lief er hinaus; denn er merkte, daß der HERR ihn gestraft hatte.

21 König Usija blieb aussätzig bis zu seinem Tod. Er mußte in einem abgesonderten Haus wohnen und durfte das Haus des HERRN nicht mehr betreten. Sein Sohn Jotam war Palastvorsteher und führte anstelle des Königs die Regierungsgeschäfte.

22 Was es sonst noch über Usija zu berichten gibt, vom Anfang bis zum Ende, das hat der Prophet* Jesaja, der Sohn von Amoz, aufgezeichnet. 23 Als Usija starb, bestattete man ihn wegen seines Aussatzes auf dem Gelände neben der Grabstätte der Könige. Sein Sohn Jotam wurde sein Nachfolger.

König Jotam

(2 Kön 15,32-38)

27 Jotam war 25 Jahre alt, als er König wurde, und er regierte 16 Jahre lang in Jerusalem. Seine Mutter hieß Jeruscha und war eine Tochter Zadoks. 2 Er tat, was dem HERRN gefiel, und folgte in allem dem Vorbild seines Vaters Usija; aber er drang nicht wie dieser in den Tempel* ein. Das Volk jedoch blieb bei seinem verkehrten Treiben.

3 Jotam baute das obere Tor am Tempel des HERRN und verstärkte die Mauern am Ofel* an vielen Stellen. 4 Er befestigte eine Reihe von Städten in den Bergen von Juda und errichtete Burgen und Türme in den Waldgebieten.

5 Er führte Krieg gegen den König der Ammoniter* und besiegte ihn. Die Ammoniter mußten ihm in jenem Jahr 100 Zentner* Silber, 1500 Tonnen Weizen und 1500 Tonnen Gerste abliefern,[a] ebenso auch noch im nächsten und übernächsten Jahr. 6 Jotam wurde sehr mächtig, weil er sich in allem, was er tat, nach dem Willen des HERRN, seines Gottes, richtete.

7 Was es sonst noch über Jotam zu berichten gibt, über alle seine Kriegszüge und sonstigen Unternehmungen, das ist nachzulesen im Buch der Könige von Israel und Juda. 8 Er war 25 Jahre alt, als er König wurde, und er regierte 16 Jahre in Jerusalem. 9 Als er starb, wurde er in der Davidsstadt* bestattet. Sein Sohn Ahas wurde sein Nachfolger.

König Ahas

(2 Kön 16,1-5)

28 Ahas war zwanzig Jahre alt, als er König wurde, und er regierte sechzehn Jahre lang in Jerusalem. Er folgte nicht dem Willen des HERRN wie sein Ahnherr David, 2 sondern dem schlechten Vorbild der Könige von Israel. Er ließ Standbilder des Gottes Baal* gießen 3 und brachte im Hinnom-Tal Räucheropfer* dar. Er ließ sogar seine eigenen Söhne als Opfer verbrennen und folgte damit der abscheulichen Sitte der Völker, die der HERR vor den Israeliten aus dem Land vertrieben hatte. 4 An den Opferstätten* der fremden Götter, auf den Hügeln und unter allen heiligen Bäumen, verbrannte er Opfergaben und feierte Opfermähler*.

5 Wegen all dieser Untaten gab ihn der HERR, sein Gott, in die Hand des Königs von Syrien*. Die Syrer besiegten ihn und brachten viele Leute aus Juda gefangen nach Damaskus.

a *1500 Tonnen:* hebräische Maßangabe *10 000 Kor* (1 Kor = 10 Efa*), genauer etwa 1650 t.

26,18 Ex 30,7-8; Num 3,10 **27,2** 26,16 **28,3** Lev 18,21 S **28,5-6** Jes 7,1

Zugleich gab der HERR ihn auch in die Hand des Königs von Israel: Pekach, der Sohn von Remalja, bereitete ihm eine schwere Niederlage. 6 An einem einzigen Tag fielen 120 000 Männer aus Juda, lauter tüchtige Krieger – zur Strafe dafür, daß die Leute aus Juda dem HERRN, dem Gott ihrer Vorfahren, den Rücken gekehrt hatten. 7 Sichri, ein tapferer Mann aus dem Stamm Efraïm, tötete den Prinzen Maaseja, den Palastvorsteher Asrikam und Elkana, den Stellvertreter des Königs. 8 Die Männer von Israel nahmen 200 000 Frauen und Kinder aus ihrem Brudervolk als Gefangene mit, außerdem machten sie reiche Beute und brachten sie nach Samaria.

Die Rückgabe der Gefangenen

9 In Samaria lebte ein Prophet* des HERRN namens Oded. Als das Heer dorthin zurückkam, ging er ihm entgegen und sagte: »Der HERR, der Gott eurer Vorfahren, war zornig auf die Leute von Juda. Deshalb hat er sie in eure Hand gegeben. Ihr aber habt mit einer solchen Wut drauflos gemordet, daß es zum Himmel schreit. 10 Nun wollt ihr auch noch diese Gefangenen aus Juda und Jerusalem zu euren Sklaven und Sklavinnen machen. Habt ihr denn noch nicht genug Schuld gegen den HERRN auf euch geladen? 11 Hört jetzt auf mich! Diese Gefangenen sind eure Brüder und Schwestern. Laßt sie wieder heimkehren! Sonst wird sich der Zorn des HERRN gegen euch kehren.«

12 Auch einige der führenden Männer aus dem Stamm Efraïm traten dem heimkehrenden Heer entgegen, nämlich Asarja, der Sohn von Johanan, Berechja, der Sohn von Meschillemot, Jehiskija, der Sohn von Schallum, und Amasa, der Sohn von Hadlai. 13 Sie sagten: »Ihr dürft die Gefangenen nicht hierherbringen! Unser Unrecht und unsere Schuld gegenüber dem HERRN sind schon so groß, daß er zornig auf uns ist. Wollt ihr die Schuld noch größer machen?«

14 Da ließen die Kriegsleute in Gegenwart der führenden Männer und der ganzen versammelten Gemeinde die Gefangenen frei und verzichteten sogar auf die Beute. 15 Einige Leute wurden namentlich bestimmt und beauftragt, sich um die Gefangenen zu kümmern. Sie gaben allen, die nicht genug anzuziehen hatten, Kleidungsstücke und Schuhe aus dem Beutegut. Sie gaben ihnen zu essen und zu trinken und versorgten die Verwundeten. Alle, die zum Gehen zu schwach waren, setzten sie auf Esel und brachten sie bis nach Jericho, der Palmenstadt. Dort waren sie nicht mehr weit von ihren Landsleuten. Dann kehrten die Männer von Israel wieder nach Samaria zurück.

Ahas sucht vergeblich Hilfe in Assyrien

(2 Kön 16,7-20)

16 Damals schickte König Ahas eine Botschaft an das Königshaus von Assyrien* und bat um Hilfe, 17 weil die Edomiter* wieder ins Land eingedrungen waren. Sie hatten Juda besiegt und viele Gefangene weggeführt. 18 Auch die Philister* waren in das Hügelland und in das Südland von Juda eingefallen. Sie hatten die Städte Bet-Schemesch, Ajalon und Gederot eingenommen wie auch Socho, Timna und Gimso mit den dazugehörigen Dörfern und hatten sich dort festgesetzt. 19 Der HERR bereitete Juda diese Niederlagen als Strafe für die Sünden von König Ahas,[a] der ihm die Treue gebrochen und die Zügellosigkeit des Volkes geduldet hatte.

20 Der Assyrerkönig Tiglat-Pileser rückte tatsächlich mit seinem Heer heran. Aber anstatt Ahas zu unterstützen, setzte er ihn unter Druck. 21 Ahas lieferte die Schätze aus dem Tempel* des HERRN, aus dem Königspalast und aus dem Besitz der führenden Kreise an ihn aus und bekam doch nicht die erwartete Hilfe.

22 Selbst in dieser Zeit schwerster Bedrängnis blieb Ahas dem HERRN ungehorsam, er trieb es sogar noch schlimmer: 23 Er opferte den Göttern von Damaskus, obwohl die Leute von Damaskus ihn geschlagen hatten. Er sagte sich: »Diese Götter haben den Königen von Syrien* geholfen und mich besiegt. Wenn ich ihnen nun Opfer* darbringe, werden sie mir ebenso helfen.« Aber ihm und ganz Israel brachten sie nur Unglück.

24 Ahas ließ auch die Geräte aus dem Haus Gottes zusammentragen und zerschlagen, und die Tore des Tempels ließ er schließen. Statt dessen errichtete er Altäre an allen Ecken in Jerusalem. 25 Auch in allen anderen Städten von Juda ließ er Opferstätten* errichten, um den fremden Göttern Opfer darzubringen. Mit alldem forderte er den Zorn des HERRN, des Gottes seiner Vorfahren, heraus.

26 Was es sonst noch über Ahas zu berichten gibt, über alle seine Taten vom Anfang bis zum Ende, das ist nachzulesen im Buch der Könige von Juda und Israel. 27 Ahas starb und wurde in Jerusalem bestattet, aber nicht in der Grabstätte der Könige von Israel.[b] Sein Sohn Hiskija wurde sein Nachfolger.

a Es folgt noch *von Israel;* vgl. Anmerkung zu 17,1.

b Zu *Israel* siehe Anmerkung zu 17,1.

REFORMEN UND ENDE DES REICHES JUDA (Kapitel 29–36)

König Hiskija reinigt den Tempel

(2 Kön 18,1-3)

29 Hiskija war 25 Jahre alt, als er König wur-
de, und er regierte 29 Jahre lang in Jeru-
salem. Seine Mutter hieß Abi und war eine Toch-
ter von Secharja. 2 Hiskija tat, was dem HERRN
gefiel, genau wie sein Ahnherr David.

3 Noch im ersten Jahr seiner Regierung, gleich
zu Beginn des neuen Jahres, ließ er die Tore
des Tempels* wieder öffnen und instandsetzen.
4 Dann rief er die Priester* und die Leviten* zu
sich. Sie versammelten sich auf dem Platz im
Osten, 5 und er sagte zu ihnen:

»Männer vom Stamm Levi, hört mir zu! Rei-
nigt* euch für euren Dienst! Reinigt und weiht
auch den Tempel wieder! Er gehört dem HERRN,
dem Gott eurer Vorfahren. Räumt deshalb alles
hinaus, was ihn unrein gemacht hat!

6 Unsere Väter sind dem HERRN untreu ge-
worden und haben getan, was ihm mißfiel. Sie
haben ihm und seiner Wohnung den Rücken ge-
kehrt. 7 Schlimmer noch: Sie haben die Tore der
Vorhalle geschlossen, die Lampen gelöscht und
dem Gott Israels in seinem Tempel keine Räu-
cheropfer* und keine Brandopfer* mehr darge-
bracht. 8 Darum ist der HERR auf Juda und Jerusa-
lem zornig geworden. Er hat sie zu einem
abschreckenden Beispiel gemacht, zu Stätten
des Grauens, von denen man sich mit Entsetzen
abwendet, wie ihr mit eigenen Augen seht.
9 Deswegen sind auch unsere Väter im Krieg
umgekommen, und unsere Frauen und Kinder
sind in Gefangenschaft.

10 Ich habe jetzt die feste Absicht, mit dem
HERRN, dem Gott Israels, einen Bund* zu
schließen, in der Hoffnung, daß er seinen Zorn
von uns abwendet. 11 Verliert nun keine Zeit
mehr, geht an eure Aufgabe! Euch hat der HERR
doch erwählt, als seine Diener vor ihm zu stehen
und ihm Opfer darzubringen.«

12–14 Da traten folgende Leviten vor:

von den Nachkommen Kehats:
Mahat, der Sohn von Amasai, und Joël,
der Sohn von Asarja;
von den Nachkommen Meraris:
Kisch, der Sohn von Abdi, und Asarja,
der Sohn von Jehallelel;
von den Nachkommen Gerschons:
Joach, der Sohn von Simma, und Eden,
der Sohn von Joach;
von den Nachkommen Elizafans:
Schimri und Jëiël;
von den Nachkommen Asafs:
Secharja und Mattanja;
von den Nachkommen Hemans:
Jehiël und Schimi;
von den Nachkommen Jedutuns:
Schemaja und Usiël.

15 Sie riefen ihre Stammesbrüder zusammen,
und alle reinigten sich für ihren Dienst. Dann be-
gannen sie, den Tempel zu reinigen, wie es der
König nach den Weisungen des HERRN befohlen
hatte. 16 Die Priester gingen in das Tempelhaus
hinein und brachten alles, was unrein war, hin-
aus in den Vorhof. Von dort aus schafften es die
Leviten ins Kidrontal außerhalb der Stadt.

17 Am ersten Tag des ersten Monats fingen sie
mit der Reinigung an; nach einer Woche kamen
sie an die Vorhalle. Während der folgenden acht
Tage wurde die Vorhalle gereinigt, so daß sie am
16. Tag mit allem fertig waren.

18 Dann gingen sie zu König Hiskija und mel-
deten ihm: »Wir haben den ganzen Tempel wie-
der gereinigt, auch den Brandopferaltar* und
den Tisch für die geweihten Brote* und die zu
beiden gehörenden Geräte. 19 Wir haben auch
alle anderen Geräte wieder hergerichtet und neu
geweiht, die König Ahas während seiner Regie-
rung entweiht hatte, als er dem HERRN untreu
geworden war. Sie können jetzt wieder für
den Dienst am Altar des HERRN verwendet
werden.«

Die Wiedereinweihung des Tempels

20 Am nächsten Morgen rief König Hiskija die
führenden Männer der Stadt zu sich und ging
mit ihnen zum Haus des HERRN hinauf. 21 Man
brachte sieben Stiere, sieben Schafböcke und
sieben Lämmer für das Brandopfer* herbei, dazu
sieben Ziegenböcke, die als Sühneopfer* für das
Königshaus, den Tempel* und die ganze Bevöl-
kerung von Juda vorgesehen waren. Der König
befahl den Priestern, den Nachkommen Aarons,
die Tiere auf dem Altar des HERRN zu opfern.

22 Nacheinander wurden die Stiere, die Schaf-
böcke und die Lämmer geschlachtet. Die Prie-
ster nahmen das Blut und sprengten es an den
Altar.* 23 Zuletzt brachte man die Böcke für das
Sühneopfer und stellte sie vor den König und
die versammelten Israeliten. Diese legten ihre

29,3 28,24 **29,12-14** (Asaf) 1 Chr 6,24 S; (Heman) 1 Chr 6,18 S; (Jedutun) 1 Chr 25,1 S **29,23-24** Lev 4,22-24

Hände auf die Köpfe der Opfertiere. 24 Dann schlachteten die Priester die Böcke und sprengten das Blut an den Altar, um Israel von seiner Schuld zu befreien; denn der König hatte das Brandopfer und Sühneopfer für das ganze Volk angeordnet.

25 Er stellte auch die Leviten* mit Becken, Harfen und Lauten wieder beim Tempel auf. So hatte es König David angeordnet, nachdem sein prophetischer Ratgeber Gad und der Prophet* Natan ihm einen entsprechenden Befehl des HERRN überbracht hatten. 26 Die Leviten nahmen Aufstellung mit den Instrumenten, die König David hatte anfertigen lassen, ebenso die Priester mit ihren Trompeten.

27 Als Hiskija den Befehl gab, das Brandopfer auf dem Altar herzurichten, ertönten die Instrumente Davids, des Königs von Israel. Dazu priesen die Leviten den HERRN mit ihrem Gesang, und die Priester bliesen auf den Trompeten. 28 Alle versammelten Israeliten warfen sich nieder und beteten den HERRN an. Die Leviten sangen und die Trompeten schmetterten, solange die Opferhandlung andauerte. 29 Zum Schluß warfen sich der König und alle Anwesenden noch einmal zur Anbetung nieder.

30 Dann forderten König Hiskija und die führenden Männer die Leviten auf, den HERRN mit den Liedern Davids und des prophetischen Sängers Asaf zu preisen. Sie taten dies mit großer Freude, dann warfen auch sie sich nieder, um den HERRN anzubeten.

31 Anschließend wandte sich Hiskija zu dem versammelten Volk und sagte: »Ihr seid nicht mit leeren Händen hier vor dem HERRN erschienen. Kommt her und bringt eure Mahlopfer* und Dankopfer* zu seinem Tempel!«

Da brachten sie ihre Opfer herbei, und wer besonders reichlich geben wollte, gab noch Brandopfer hinzu. 32 Auf diese Weise kamen 70 Rinder, 100 Schafböcke und 200 Lämmer für das Brandopfer* zusammen. 33 Die Zahl der übrigen Opfergaben betrug 600 Rinder und 3000 Schafe.

34 Zuerst waren gar nicht genug Priester da, um alle Tiere für das Brandopfer abzuhäuten. Deshalb gingen ihre Stammesbrüder, die Leviten, ihnen dabei zur Hand, bis die Arbeit geschafft war und noch mehr Priester sich für den Dienst gereinigt* hatten. Die Leviten hatten sich nämlich mit größerem Eifer gereinigt als die Priester. 35 Außerdem war die Zahl der Brandopfer an diesem Tag besonders groß, und die Priester bekamen zusätzlich zu tun mit den Fettstücken der Mahlopfer*, die verbrannt werden mußten, und mit den Trankopfern*, die zum Brandopfer hinzugehören.

Damit war der regelmäßige Gottesdienst im Tempel des HERRN wieder aufgenommen. 36 Hiskija und das ganze Volk freuten sich sehr, daß Gott ihnen diese Wende geschenkt hatte. Sie war viel schneller eingetreten, als sie erwartet hatten.

Vorbereitungen für das Passafest

30 Hiskija schickte Boten mit Briefen durch das ganze Gebiet von Israel und Juda; auch an die Stämme Efraïm und Manasse.[a] Er lud alle ein, zum Haus des HERRN nach Jerusalem zu kommen und zu Ehren des HERRN, des Gottes Israels, gemeinsam das Passafest* zu feiern. 2 Vorher hatte er sich mit den verantwortlichen Männern und der ganzen Gemeinde von Jerusalem beraten, ob sie nicht das Fest diesmal erst im zweiten Monat begehen sollten.

3 Zum vorgeschriebenen Zeitpunkt im ersten Monat war es nicht möglich, weil sich noch nicht genügend Priester für den Dienst gereinigt* hatten und auch das Volk nicht so schnell in Jerusalem zusammenkommen konnte. 4 Der König und die ganze Gemeinde hatten diesem Plan zugestimmt 5 und beschlossen, sich mit einem Aufruf an ganz Israel zu wenden, von Beerscheba im Süden bis nach Dan im Norden. Alle Israeliten sollten zu diesem Passafest nach Jerusalem eingeladen werden. Es war ja schon lange nicht mehr von allen Stämmen gemeinsam begangen worden, wie es vorgeschrieben ist.

6 Die Boten eilten mit den Briefen des Königs und seiner Minister durch ganz Juda und Israel. Im Auftrag des Königs riefen sie aus:

»Ihr Israeliten, kehrt wieder um zum HERRN, dem Gott eurer Ahnen Abraham, Isaak und Israel![b] Dann wird er sich euch, dem Rest eures Volkes, wieder zuwenden, allen, die nicht von den Assyrern* verschleppt worden sind. 7 Folgt nicht länger dem schlechten Vorbild eurer Väter und Brüder! Sie sind dem HERRN, dem Gott eurer Vorfahren, untreu geworden, und deshalb hat er sie zu einem abschreckenden Beispiel für alle werden lassen, wie ihr selbst es miterlebt habt.

8 Seid nicht so starrsinnig wie eure Vorfahren, unterstellt euch dem HERRN! Kommt zu seinem Tempel*, den er für alle Zeiten zu seinem Heiligtum bestimmt hat! Dient dem HERRN, eurem

a Efraïm und Manasse waren die größten Stämme des Nordreiches Israel. b *Israel* = Jakob; vgl. Gen 32,29; 35,10.

29,25-26 1 Chr 15,16 S 29,30 1 Chr 6,24 S 30,2-3 Num 9,9-11 30,6 Ex 3,6; 2 Chr 12,5 S

Gott; dann wird er seinen Zorn von euch ab-
wenden. 9 Wenn ihr zu ihm zurückkehrt, wird
er dafür sorgen, daß die Assyrer mit euren
verschleppten Brüdern und Söhnen Erbarmen
haben und sie in euer Land zurückkehren las-
sen. Der HERR, euer Gott, ist voll Güte und Erbar-
men! Er wird sich gewiß nicht länger von euch
abwenden, wenn ihr zu ihm zurückkommt.«

10 Die Boten gingen von einer Stadt zur an-
dern, durch das Gebiet von Efraïm und Manasse
und bis hin nach Sebulon. Aber die Leute dort
lachten sie aus und verspotteten sie. 11 Nur
einige aus den Stämmen Ascher, Manasse und
Sebulon gingen in sich und kamen nach Jerusa-
lem. 12 In Juda aber bewirkte Gott, daß alle ein-
mütig dem Aufruf folgten, den der König und die
führenden Männer nach dem Gebot des HERRN
erlassen hatten.

Hiskija feiert das Passafest

13 Im zweiten Monat kam eine große Volks-
menge in Jerusalem zusammen, um das Passa-
fest* und das Fest der Ungesäuerten Brote* zu
feiern. Es war eine ungewöhnlich große Ver-
sammlung. 14 Zuerst beseitigten sie in Jerusalem
die Altäre und Räucheraltäre* der fremden Göt-
ter und warfen sie ins Kidrontal. 15 Am 14. Tag
des Monats schlachteten sie die Passalämmer.

Weil die Priester* und die Leviten* sich ge-
schämt hatten, waren sie diesmal für ihren
Dienst gereinigt*. Sie brachten Tiere für das
Brandopfer* herbei. 16 Dann nahmen sie ihre
Plätze ein, wie es Mose, der Mann Gottes, im
Gesetz* festgelegt hatte. Die Priester nahmen
von den Leviten das Blut der Opfertiere entge-
gen und sprengten es an den Altar*.

17 Viele der Festteilnehmer hatten nicht die
nötige Reinigung an sich vorgenommen; deshalb
schlachteten die Leviten für sie die Passalämmer,
damit diese dem HERRN geweiht werden konn-
ten. 18-19 Viele, besonders aus Efraïm, Manasse,
Issachar und Sebulon, hatten auch schon ange-
fangen, das Passamahl zu essen, ohne die Rein-
heitsvorschriften beachtet zu haben.

Darum betete Hiskija für sie: »HERR, du Gott
unserer Vorfahren, vergib in deiner Güte allen,
die sich nicht so vorbereitet haben, wie es für
dieses heilige Fest nötig ist, die aber doch mit
ganzem Herzen nach deinem Willen fragen.«
20 Der HERR erhörte das Gebet Hiskijas und ließ
keine Strafe über sie kommen.

21 Sieben Tage lang feierten die in Jerusalem
versammelten Israeliten voller Freude das Fest
der Ungesäuerten Brote. Die Priester und Levi-
ten priesen Tag für Tag den HERRN; sie taten das
mit dem lauten Schall ihrer Instrumente. 22 His-
kija lobte die Leviten, weil sie mit soviel Umsicht
ihren Dienst für den HERRN ausgeübt hatten.

Eine ganze Woche lang feierten die Israeliten
und aßen miteinander die Mahlopfer* und dank-
ten dem HERRN, dem Gott ihrer Vorfahren. Als
die Tage zu Ende waren, 23 beschloß die ganze
Gemeinde, noch weitere sieben Tage zusam-
menzubleiben, und auch diese zweite Woche
machten sie zu einem Freudenfest.

24 König Hiskija von Juda hatte der Gemeinde
dazu 1000 Rinder und 7000 Schafe geschenkt,
und die führenden Männer des Volkes hatten
1000 Rinder und 10000 Schafe gegeben. Sehr
viele Priester hatten sich zum Dienst gereinigt.

25 Sie freuten sich alle miteinander: das Volk
von Juda, die Priester und die Leviten, dazu alle,
die aus den anderen Stämmen Israels gekom-
men waren, wie auch die Fremden, die von dort
mitgekommen waren oder in Juda wohnten.
26 In ganz Jerusalem herrschte große Festfreude;
denn seit Salomo, der Sohn Davids, König in
Israel gewesen war, hatte es so etwas in Jerusa-
lem nicht mehr gegeben.

27 Zuletzt erhoben sich die Priester, die Nach-
kommen Levis, und erteilten dem Volk den
Segen des HERRN. Ihr Gebet drang hinauf zu
seiner himmlischen Wohnung, und Gott erhörte
es.

Hiskija ordnet den Tempeldienst

31 Als das Fest zu Ende war, zogen die ver-
sammelten Israeliten erst noch in die an-
deren Städte Judas. Überall zerschlugen sie die
Steinmale*, hieben die geweihten Pfähle* um
und zerstörten die Opferstätten und Altäre der
fremden Götter, bis nichts mehr von ihnen
übrigblieb. Außer in Juda taten sie dies auch im
ganzen Gebiet der Stämme Benjamin, Efraïm
und Manasse. Dann erst kehrten sie in die
Wohnorte zurück, wo sie ihren Grundbesitz hat-
ten.

2 Hiskija ordnete auch aufs neue die Dienst-
gruppen der Priester* und der Leviten*, wie sie
früher bestanden hatten, und wies jedem die
Aufgabe zu, die er im Tempel, der Wohnstätte[a]
des HERRN, zu erfüllen hatte: Die Priester sollten

[a] *im Tempel* ...:* wörtlich *in/an den Toren des Lagers;* möglicherweise werden die Tore genannt, weil zu den Dienstgruppen auch die der Torwächter gehörte.

30,9 Ex 34,6 S **30,13-20** Ex 12,1-14 S **30,14** 28,24 **30,15** 30,3 **30,21-22** Ex 12,15-20 S **30,25** 11,16-17; 15,9; 31,6 **30,26** 1 Kön 8,66 **30,27** Lev 9,22; Num 6,22-26 **31,1** 2 Kön 18,4

die Brandopfer* und Mahlopfer* darbringen, und die Leviten sollten ihnen dabei helfen und den HERRN mit Musik und Gesang preisen.

3 Der König gab aus seinem eigenen Besitz einen Anteil zu den Brandopfern*, die im Gesetz* des HERRN vorgeschrieben sind: den Opfern an jedem Morgen und Abend, am Sabbat*, am Neumondstag* und an den anderen Festen.

4 Er befahl auch den Einwohnern von Jerusalem, die Abgaben für die Priester und Leviten zu leisten, damit diese sich ganz ihren Aufgaben widmen konnten, wie sie im Gesetz des HERRN vorgeschrieben sind. 5 Sobald dieser Befehl bekannt geworden war, brachten die Israeliten in großen Mengen das Erstgeerntete* von Wein, Olivenöl, Honig und allen Feldfrüchten, dazu von allen ihren Erträgen den vorgeschriebenen zehnten* Teil. 6 Auch die Bewohner der anderen Städte Judas einschließlich der Nordisraeliten, die sich bei ihnen niedergelassen hatten, brachten den zehnten Teil ihrer Rinder und Schafe und andere Gaben, die sie dem HERRN, ihrem Gott, geweiht hatten.

Sie schichteten alle diese Abgaben zu großen Stapeln auf, einen neben dem andern. 7 Im dritten Monat begannen sie damit, und erst im siebten Monat waren sie mit dem Stapeln fertig. 8 Als Hiskija und die führenden Männer kamen und die aufgeschichteten Mengen sahen, dankten sie dem HERRN und seinem Volk Israel.

9 Hiskija fragte die Priester und Leviten, woher diese Stapel kämen, 10 und der Oberpriester Asarja, ein Nachkomme Zadoks, antwortete: »Seitdem das Volk angefangen hat, seine Abgaben zum Tempel des HERRN zu bringen, haben wir gut und reichlich zu essen und haben große Vorräte übrigbehalten. Der HERR hat sein Volk so reich gesegnet, daß diese Mengen hier übriggeblieben sind.«

11 Hiskija befahl deshalb, im Tempelbereich Vorratskammern einzurichten. Als dies geschehen war, 12 wurde alles sorgfältig dort eingelagert: die Ernteabgaben, der abgelieferte zehnte Teil aller Erträge und die übrigen Opfergaben. Als Oberaufseher über diese Vorräte wurde der Levit Konanja eingesetzt und sein Bruder Schimi als sein Stellvertreter. 13 Als weitere Aufseher unterstanden ihnen Jehiël, Asasja, Nahat, Asaël, Jerimot, Josabad, Eliël, Jismachja, Mahat und Benaja. So hatten es König Hiskija und der Oberpriester Asarja, der Vorsteher des Tempels, verfügt.

14 Die Aufsicht über die Gaben, die freiwillig für Gott gespendet wurden, führte der Levit Kore, der Sohn von Jimna, der Torwächter des Osttors. Er hatte auch die Opfergaben, die dem HERRN gebracht wurden, an die Priester zu verteilen, ebenso die besonders heiligen* Teile der Opfer, die nur von den Priestern gegessen werden dürfen. 15 Unter seiner Leitung standen Eden, Minjamin, Jeschua, Schemaja, Amarja und Schechanja, die ihn in den Wohnorten der Priester bei seiner Arbeit gewissenhaft unterstützten. Sie sorgten dafür, daß alle Priester in den verschiedenen Dienstgruppen regelmäßig ihren Anteil bekamen, die alten wie die jungen.

16 Man hatte Verzeichnisse angelegt für die Priester, die nach ihren Dienstgruppen turnusgemäß nach Jerusalem gehen mußten, um dort im Tempel die täglichen Aufgaben zu erfüllen. Die Listen erfaßten alle männlichen Personen ab drei Jahren. 17 Die Eintragung der Priester erfolgte nach ihren Sippen. Die Leviten wurden ebenfalls in Verzeichnisse eingetragen, nach ihren Dienstgruppen und Aufgaben, und zwar alle ab zwanzig Jahren. 18 Bei den einen wie bei den andern wurden aber auch ihre Familien eingetragen, die Frauen, Söhne und Töchter. Sie wurden, weil die Männer ständig im Dienst des HERRN standen, zu ihrem geweihten Stand mit hinzugezählt.

19 Gesorgt war auch für alle unter den Priestern, den Nachkommen Aarons, die nicht in den Städten, sondern draußen bei ihren Weidegründen wohnten. Für sie wurden in jeder Stadt Männer namentlich bestimmt, die allen männlichen Angehörigen der Priesterfamilien ihre Anteile an den Gaben austeilen mußten, ebenso allen, die als Leviten eingeschrieben waren.

20 So handelte Hiskija in ganz Juda. Er tat, was vor dem HERRN, seinem Gott, recht und gut war und bewies ihm damit seine Treue. 21 Als er den Tempeldienst wieder ordnete und dem Gesetz* des HERRN und seinen Geboten wieder Geltung verschaffte, tat er dies alles, weil er seinem Gott mit ganzem Herzen gehorchen wollte. Darum ließ es ihm der HERR auch gelingen.

Die Assyrer dringen in Juda ein

(2 Kön 18,13; Jes 36,1)

32 Nachdem Hiskija dies alles getan und damit seine Treue zum HERRN bewiesen hatte, rückte Sanherib, der König von Assyrien*, mit seinen Truppen heran, fiel in Juda ein und

31,3 Num 28,1–29,39 31,4 Num 18,11-24 31,5 Lev 27,30 31,6 30,25 S 31,14 Num 18,8-10 S 31,17 1 Chr 23,3 S

belagerte die befestigten Städte, um sie in seine Gewalt zu bringen.

2 Hiskija erkannte, daß Sanherib es vor allem auf Jerusalem abgesehen hatte. 3 Er beriet sich deshalb mit seinen Ministern und Offizieren, ob man nicht die Wasserquellen außerhalb der Stadt unzugänglich machen sollte, und sie stimmten diesem Vorschlag zu. 4 Sie sagten sich: »Wenn die assyrischen Könige kommen, um uns zu belagern, sollen sie kein Wasser finden!« Sie holten viele Leute zusammen, und diese schütteten alle Quellen zu, ebenso auch den Zugang zu dem unterirdischen Kanal, durch den das Wasser in die Stadt geleitet wird.[a]

5 Hiskija ging auch entschlossen daran, die Stadtmauer überall, wo sie schadhaft geworden war, wieder instandsetzen zu lassen. Die bestehenden Türme wurden höher gebaut, außerhalb der Mauer wurde noch eine zweite Mauer errichtet, und in der Davidsstadt* verstärkte man die Befestigung am Millo*. Außerdem ließ der König eine große Menge Wurfspeere und Schilde anfertigen.

6 Er setzte auch Truppenführer ein, die die wehrfähigen Männer im Fall einer Belagerung befehligen sollten. Dann bestellte er alle Männer zu sich auf den Platz am Stadttor und sprach ihnen Mut zu. Er sagte: 7 »Seid tapfer und entschlossen! Erschreckt nicht und habt keine Angst vor dem König von Assyrien und seinem ganzen Heer! Auf unserer Seite steht eine Macht, die stärker ist als er. 8 Er stützt sich auf menschliche Macht, wir aber auf den HERRN, unseren Gott! Der wird uns helfen und selbst den Kampf für uns führen.«

Durch diese Worte Hiskijas, des Königs von Juda, wurde der Mut der Leute sehr gestärkt.

Jerusalem soll eingeschüchtert werden

(2 Kön 18,17-37; Jes 36,2-22)

9 Einige Zeit später schickte König Sanherib – er lag noch mit seiner ganzen Streitmacht vor der Stadt Lachisch – Beauftragte zu König Hiskija von Juda und allen Leuten aus Juda, die in Jerusalem waren. Er gab ihnen folgende Botschaft mit:

10 »König Sanherib von Assyrien* läßt euch sagen: Worauf vertraut ihr eigentlich, daß ihr in der belagerten Stadt Jerusalem bleiben wollt? 11 Hiskija führt euch in die Irre, wenn er euch einredet: ›Der HERR, unser Gott, wird uns vor dem König von Assyrien retten.‹ In Wirklichkeit schickt er euch in den Tod! Verhungern und verdursten werdet ihr! 12 Er selbst hat doch die Opferstätten* und Altäre eures Gottes im ganzen Land beseitigt und den Leuten von Juda und Jerusalem befohlen, den HERRN nur noch an einem einzigen Altar anzubeten und ihm nur dort Opfer* darzubringen.

13 Wißt ihr nicht, was ich und meine Vorgänger mit den Völkern in anderen Ländern gemacht haben? Haben ihre Götter sie etwa vor mir schützen können? 14 Nicht einer von den vielen Göttern hat das gekonnt! Kein einziges der vielen Völker, die meine Vorgänger vernichtet haben, ist von seinem Gott gerettet worden! Da soll ausgerechnet der HERR, euer Gott, euch vor mir bewahren? 15 Ich sage euch: Laßt euch nicht von Hiskija in die Irre führen und betrügen! Glaubt ihm nicht! Kein Gott irgendeines Landes oder Reiches konnte sein Volk aus meiner Hand oder aus der meiner Vorgänger erretten. Und euer Gott kann das genauso wenig!«

16 In diesem Ton redeten die Abgesandten Sanheribs immer weiter gegen den HERRN, den wahren Gott, und seinen Diener Hiskija.

Sanherib lästert Gott und wird bestraft

(2 Kön 19,9-19.35-37; Jes 37,9-20.36-38)

17 Sanherib hatte auch einen Brief mitgeschickt, in dem er den HERRN, den Gott Israels, verspottete. Darin hieß es: »Die Götter der anderen Länder haben ihre Völker nicht aus meiner Hand retten können. Genauso wenig kann der Gott Hiskijas sein Volk vor mir retten.«

18 Die Abgesandten des Assyrerkönigs riefen diese Worte mit lauter Stimme auf hebräisch den Einwohnern von Jerusalem zu, die auf der Stadtmauer standen. Sie wollten sie damit einschüchtern und ihnen Angst einjagen, um die Stadt noch leichter erobern zu können. 19 Dabei redeten sie vom Gott Jerusalems, als wäre er den Göttern der anderen Völker gleichzustellen, die doch nur von Menschenhand hergestellte Bilder sind.

20 Aber König Hiskija und der Prophet* Jesaja, der Sohn von Amoz, beteten deswegen zu Gott und schrien zu ihm um Hilfe. 21 Da schickte der HERR einen Engel*, der im Lager des Assyrerkönigs alle Kriegsleute, Offiziere und Befehlshaber tötete, so daß der König mit Schimpf und Schande in sein Land zurückkehren mußte. Als er eines Tages in den Tempel seines Gottes ging, erschlugen ihn dort seine eigenen Söhne mit dem Schwert.

a *durch den ...:* verdeutlichender Zusatz.

32,7 2 Kön 6,16 **32,8** 20,15-17 S **32,18** 2 Kön 18,26-28 **32,20** 2 Kön 19,1-4

22 So rettete der HERR König Hiskija und die
Bewohner von Jerusalem aus der Hand San-
heribs, des Königs von Assyrien, und schützte
sie vor allen ihren Feinden. Er gab ihnen Frieden
an allen Grenzen.[a] 23 Aus vielen Ländern wur-
den Opfergaben für den HERRN nach Jerusalem
gebracht und kostbare Geschenke für Hiskija,
den König von Juda; denn er stand seitdem bei
allen Völkern in hohem Ansehen.

Das Ende der Regierung Hiskijas

(2 Kön 20,1-21; Jes 38,1-8; 39,1-8)

24 Einmal wurde Hiskija todkrank. Er betete
zum HERRN, und der HERR sagte ihm zu, daß
er wieder gesund würde; er bestätigte ihm das
sogar durch ein offenkundiges Wunder. 25 Aber
anstatt dem HERRN für die erwiesene Wohltat
zu danken, wurde Hiskija überheblich. Deshalb
wurde der HERR zornig auf ihn und auch auf
Juda und Jerusalem. 26 Doch Hiskija und die Be-
wohner von Jerusalem sahen ihre Schuld ein
und beugten sich vor dem HERRN. Darum kam
seine Strafe noch nicht über sie, solange Hiskija
lebte.

27 Hiskija war sehr reich und stand in höch-
stem Ansehen. Er legte Schatzkammern an für
seinen Besitz an Gold, Silber, Edelsteinen, Bal-
samöl, Schilden und allen möglichen kostbaren
Geräten. 28 Er baute auch Vorratshäuser für Ge-
treide, Wein und Olivenöl und Ställe für das
Vieh, das er in großer Zahl hielt. 29 Zum Schutz
seiner riesigen Rinder- und Schafherden ließ er
eine Reihe von Grenzstädten bauen. Gott selbst
hatte ihm zu diesem großen Reichtum verhol-
fen. 30 Die Gihon-Quelle*, die sich außerhalb der
Stadt befindet, ließ Hiskija abdecken und
das Wasser unterirdisch in westlicher Richtung
in die Davidsstadt* leiten. Alles, was er unter-
nahm, gelang ihm.

31 So nahm es auch noch ein gutes Ende, als
die Fürsten von Babylon* eine Gesandtschaft zu
ihm schickten, die sich nach dem Wunder er-
kundigen sollte, das im Land geschehen war. Da-
mals ließ Gott Hiskija seinen selbstgewählten
Weg gehen; aber er tat dies nur, weil er Hiskijas
Charakter auf die Probe stellen wollte.

32 Was sonst noch über Hiskija zu berichten
ist, über seine Taten, mit denen er seine Treue
zum HERRN bewies, das ist nachzulesen in der
Niederschrift der Offenbarungen des Prophe-
ten* Jesaja, des Sohnes von Amoz, und im Buch
der Könige von Israel und Juda. 33 Als Hiskija
starb, wurde er in der Grabstätte der Nachkom-
men Davids bestattet, und zwar an bevorzugter
Stelle, und die ganze Bevölkerung von Juda und
Jerusalem erwies ihm große Ehre. Sein Sohn
Manasse wurde sein Nachfolger.

König Manasse, sein Götzendienst und seine Bestrafung

(2 Kön 21,1-9)

33 Manasse war zwölf Jahre alt, als er König
wurde, und er regierte 55 Jahre lang in
Jerusalem. 2 Er tat, was dem HERRN mißfiel, und
folgte den abscheulichen Bräuchen der Völker,
die der HERR vor den Israeliten aus dem Land
vertrieben hatte. 3 Er baute die Opferstätten wie-
der auf, die sein Vater Hiskija zerstört hatte, er-
richtete Altäre für den Gott Baal*, stellte auch
wieder geweihte Pfähle* auf und warf sich vor
dem Heer der Sterne nieder und brachte ihm
Opfer*.

4 Im Tempel* von Jerusalem, den der HERR für
alle Zeiten zur Wohnstätte seines Namens be-
stimmt hatte,[b] stellte er Altäre fremder Götter
auf 5 und in den Vorhöfen des Tempels Altäre
für das ganze Sternenheer. 6 Er ließ seine eige-
nen Söhne im Hinnom-Tal als Opfer verbrennen,
gab sich mit Zauberern und Wahrsagern ab und
hielt sich Totenbeschwörer und Zeichendeuter.
Mit all diesem bösen Tun beleidigte er den
HERRN und zog seinen Zorn auf sich.

7 Er ließ auch ein Götzenbild anfertigen und
im Haus Gottes aufstellen, dem Haus, von dem
der HERR zu David und zu seinem Sohn Salomo
gesagt hatte: »In diesem Haus und in Jerusalem,
der Stadt, die ich mir aus allen Stämmen Israels
ausgewählt habe, soll mein Name für alle Zeiten
Wohnung nehmen. 8 Wenn sie mir gehorchen
und alle Gebote und Vorschriften meines Geset-
zes* befolgen, das ich ihnen durch Mose ge-
geben habe, dann werde ich nicht zulassen, daß
sie jemals aus dem Land vertrieben werden, das
ich ihren Vorfahren zugesagt habe.«

9 Aber Manasse verführte die Leute von Juda
und Jerusalem, daß sie es schlimmer trieben als
die Völker, die der HERR vor den Israeliten ausge-
rottet hatte.

10 Der HERR warnte Manasse und sein Volk,
aber sie achteten nicht darauf. 11 Darum ließ er
die Heerführer des Königs von Assyrien* mit
ihren Truppen gegen Juda heranrücken. Sie nah-
men Manasse gefangen, schlugen einen
Haken durch seinen Kiefer und führten ihn in
Ketten nach Babylon*.

a So mit G; H *Er führte sie von ringsum.* b *Wohnstätte ...*: siehe Anmerkung zu Dtn 12,5; ebenso für Vers 7.

33,6 Lev 18,21 S; 19,26 S; 19,31 S 33,7-8 7,12-18 33,11 Ez 19,4.9

König Manasse beugt sich vor Gott

(2 Kön 21,17-18)

12 In dieser verzweifelten Lage wandte Manasse sich wieder dem HERRN, seinem Gott und dem Gott seiner Vorfahren, zu. Er beugte sich tief vor ihm 13 und flehte ihn um Erbarmen an. Und Gott erhörte sein Gebet: Er ließ ihn wieder nach Jerusalem zurückkehren und als König weiterregieren. Daran erkannte Manasse, daß der HERR der wahre Gott ist.

14 Nach seiner Rückkehr ließ er an der Davidsstadt* eine sehr hohe Mauer bauen. Sie führte an der Gihon-Quelle* vorbei den Abhang des Kidrontals entlang in Richtung zum Fischtor um den Ofel* herum. In allen befestigten Städten Judas setzte er Kommandanten ein.

15 Er beseitigte auch die Standbilder der fremden Götter aus dem Tempel* des HERRN, besonders das steinerne Götzenbild, das er dort aufgestellt hatte. Ebenso entfernte er die Altäre, die er vorher im Tempelbereich und in Jerusalem errichtet hatte, und ließ alles vor die Stadt hinauswerfen. 16 Den Altar des HERRN dagegen stellte er wieder her und opferte darauf Mahlopfer* und Dankopfer*. Allen Leuten von Juda befahl er, nur noch dem HERRN, den Gott Israels, anzubeten. 17 Die Bevölkerung opferte zwar auch weiterhin an den Opferstätten* im Land, doch die Opfer galten allein dem HERRN, ihrem Gott.

18 Was es sonst noch über Manasse zu berichten gibt, über sein Gebet zu Gott[a] und alles, was die Propheten* ihm im Auftrag des HERRN verkündeten, das ist nachzulesen im Buch der Könige von Israel. 19 Das Gebet, das er an Gott richtete, und wie Gott ihn erhörte, aber auch alle seine Sünden und Vergehen sowie die Orte, an denen er Opferstätten errichtete und geweihte Pfähle* und Götzenbilder aufstellte, bevor er sich vor dem HERRN beugte – das alles findet sich in der Niederschrift von Hosai.

20 Als Manasse starb, wurde er bei seinem Palast[b] bestattet. Sein Sohn Amon wurde sein Nachfolger.

König Amon

(2 Kön 21,19-24)

21 Amon war 22 Jahre alt, als er König wurde, und er regierte zwei Jahre lang in Jerusalem. 22 Er tat, was dem HERRN mißfiel, genau wie sein Vater Manasse. Er warf sich vor all den Götzenbildern nieder, die sein Vater gemacht hatte, und opferte ihnen. 23 Aber im Gegensatz zu seinem Vater Manasse beugte er sich nicht vor dem HERRN, sondern lud immer größere Schuld auf sich.

24 Schließlich verschworen sich einige von seinen Hofbeamten gegen ihn und töteten ihn in seinem Palast. 25 Die Männer Judas aber brachten alle um, die sich an dieser Verschwörung gegen König Amon beteiligt hatten, und riefen seinen Sohn Joschija zu seinem Nachfolger aus.

König Joschija räumt mit dem Götzendienst auf

(2 Kön 22,1-2; 23,4-20)

34 Joschija war erst acht Jahre alt, als er König wurde, und er regierte 31 Jahre lang in Jerusalem. 2 Er folgte dem Vorbild seines Vorfahren David und tat, was dem HERRN gefiel; er richtete sich streng nach dessen Geboten und Weisungen.

3 In seinem achten Regierungsjahr, als er noch sehr jung war, fing er an, nach dem HERRN, dem Gott seines Vorfahren David, zu fragen. Im zwölften Regierungsjahr begann er, in Juda und Jerusalem die Opferstätten, die geweihten Pfähle* und die geschnitzten und gegossenen Götzenbilder zu beseitigen. 4 Unter seiner Aufsicht wurden die Altäre des Gottes Baal* niedergerissen. Die Räuchersäulen*, die darauf standen, ließ er in Stücke schlagen. Die geweihten Pfähle und die geschnitzten und gegossenen Standbilder ließ er zu Staub zermahlen und den Staub auf die Gräber der Leute streuen, die diesen Machwerken Opfer dargebracht hatten. 5 Die Gebeine der Götzenpriester ließ er auf den Altären verbrennen, auf denen sie geopfert hatten. So reinigte* er Juda und Jerusalem von allen diesen Dingen.

6 Aber auch in den Städten der Stämme Manasse, Efraïm, Simeon und bis hin nach Naftali griff er durch und durchsuchte sogar die Häuser. 7 Überall bei den Nordstämmen ließ er die Altäre niederreißen, die geweihten Pfähle umhauen, die Götzenbilder zertrümmern und die Räucheraltäre in Stücke schlagen. Dann kehrte er nach Jerusalem zurück.

a Ein »Gebet Manasses« ist seit dem 3. nachchristlichen Jahrhundert bezeugt. Es wurde später im Anhang der lateinischen Bibelübersetzung überliefert und findet sich deshalb auch im Anhang zu den »Spätschriften des Alten Testaments«, den sog. Apokryphen, in einigen deutschen Bibelausgaben (die vorliegende eingeschlossen).

b Wörtlich *in seinem Palast;* nach 2 Kön 21,18 im Garten seines Palastes.

33,18 2 Kön 21,10-15 34,4 33,3 34,5 1 Kön 13,2

Der Tempel wird ausgebessert

(2 Kön 22,3-7)

8 In seinem 18. Regierungsjahr, noch während der Reinigung des Landes und des Tempels* vom Götzendienst, ging Joschija auch daran, das Haus des HERRN, seines Gottes, auszubessern. Er schickte dazu drei Männer in den Tempel*: Schafan, den Sohn von Azalja, Maaseja, den Stadtgouverneur, und Joach, den Sohn von Joahas, den Sprecher des Königs. 9 Sie gingen zum Obersten Priester[a] Hilkija; dort wurde ihnen das Geld ausgehändigt, das für den Tempel gespendet worden war. Die Leviten*, die an den Eingängen als Torwächter Dienst taten, hatten es von Manasse, Efraïm und den anderen nordisraelitischen Stämmen wie auch von Juda, Benjamin und den Einwohnern Jerusalems eingesammelt.

10 Sie übergaben das Geld den Meistern, die mit den Ausbesserungsarbeiten am Tempel beauftragt worden waren. 11 Diese zahlten davon den Lohn für die Handwerker und Bauarbeiter. Sie kauften davon auch behauene Steine und Bauholz, womit das Balkenwerk aller Gebäudeteile erneuert wurde. So ließ Joschija den Tempel des HERRN, seines Gottes, wiederherstellen, nachdem die früheren Könige von Juda ihn vernachlässigt hatten.

12 Die Bauleute arbeiteten sehr gewissenhaft. Die Aufsicht über sie führten die Leviten Jahat und Obadja von den Nachkommen Meraris sowie Secharja und Meschullam von den Nachkommen Kehats. Andere Leviten, die mit Musikinstrumenten umgehen konnten, 13 gaben damit den Takt für die Arbeit der Lastenträger und aller übrigen Arbeiter. Einzelne Leviten waren auch als Schreiber, Aufseher oder Torwächter eingesetzt.

Ein Gesetzbuch wird gefunden

(2 Kön 22,8-10)

14 Als man das Geld holte, das die Leute zum Tempel* gebracht hatten, fand der Priester Hilkija das Buch mit dem Gesetz*, das der HERR durch Mose hatte verkünden lassen.

15 Hilkija sagte zu dem Kanzler Schafan: »Ich habe im Haus des HERRN das Gesetzbuch gefunden«, und gab Schafan die Buchrolle*.

16 Dieser brachte sie dem König und meldete ihm: »Wir haben alles ausgeführt, was du befohlen hast. 17 Wir haben das Opfergeld, das sich im Tempelbereich fand, herausgeholt und den dafür verantwortlichen Männern und den Bauleuten übergeben.«

18 Dann berichtete er dem König auch, daß der Priester Hilkija ihm eine Buchrolle übergeben hatte, und las dem König daraus vor.

König Joschija ist entsetzt

(2 Kön 22,11-20a)

19 Als der König hörte, was in diesem Gesetzbuch stand, zerriß er sein Gewand. 20 Er stellte eine Abordnung zusammen: den Priester Hilkija, Ahikam, den Sohn von Schafan, Achbor, den Sohn von Micha, den Kanzler Schafan und den königlichen Vertrauten Asaja. Er befahl ihnen: 21 »Geht und fragt den HERRN um Rat wegen der Worte, die in diesem Buch stehen! Fragt ihn für mich und alle, die von Israel und Juda übriggeblieben sind. Denn wir haben den schweren Zorn des HERRN auf uns gezogen, weil unsere Vorfahren sein Wort nicht beachtet und nicht alles getan haben, was in diesem Buch steht.«

22 Hilkija und die anderen Männer, die der König bestimmt hatte, gingen zu der Prophetin* Hulda und sagten ihr, weshalb sie gekommen waren. Die Prophetin wohnte in der Jerusalemer Neustadt; ihr Mann Schallum, der Sohn von Tokhat und Enkel von Hasra, hatte die Aufsicht über die Kleiderkammer.[b]

23-24 Die Prophetin sagte zu den Abgesandten des Königs: »Antwortet dem Mann, der euch zu mir gesandt hat: ›So spricht der HERR, der Gott Israels: Alle Verfluchungen, die du aus diesem Buch gehört hast, lasse ich in Erfüllung gehen. Ich bringe Unglück über diese Stadt und ihre Bewohner. 25 Sie haben mir die Treue gebrochen und anderen Göttern geopfert. Mit ihren selbstgemachten Götzenbildern haben sie mich herausgefordert. Mein Zorn gegen diese Stadt ist aufgelodert wie ein Feuer, das nicht erlöscht.‹

26 Für den König von Juda aber, der euch hergeschickt hat, um den HERRN zu fragen, habe ich folgende Botschaft: ›So spricht der HERR, der Gott Israels: Du hast die Worte gehört, 27 die ich gegen diese Stadt und ihre Bewohner gesprochen habe. Du hast sie zu Herzen genommen und dich darunter gebeugt, du hast dein Gewand zerrissen und geweint. Darum habe ich auch dein Gebet gehört. 28a Du wirst das Unglück, das ich über diese Stadt und ihre Bewohner bringen werde, nicht mehr mit eigenen Augen sehen. Du wirst in Frieden sterben und in der Grabstätte deiner Vorfahren bestattet werden!‹«

a Das einzige Mal in den Chronik-Büchern wird hier diese Amtsbezeichnung gebraucht; siehe Sacherklärung »Oberster Priester«. *b* Ob am Tempel oder am Königspalast, ist nicht zu entscheiden.

Joschija verpflichtet das Volk auf das neue Gesetz

(2 Kön 22,20b–23,3)

28b Die Abgesandten gingen zum König zurück
und richteten ihm alles aus. 29 Darauf ließ der
König alle Ältesten* von Juda und Jerusalem zu
sich rufen. 30 Mit allen Männern von Juda und
der ganzen Bevölkerung Jerusalems, den Priestern* und Leviten* und dem ganzen Volk, den vornehmen wie den einfachen Leuten, ging er hinauf zum Tempel* des HERRN. Dort ließ er vor ihnen das ganze Bundesgesetz* verlesen, das sich im Tempel gefunden hatte.

31 Dann trat der König an seinen Platz vor dem Tempelhaus und schloß einen Bund* mit dem HERRN. Das ganze Volk mußte versprechen, dem HERRN zu gehorchen und alle seine Gebote und Anweisungen mit ganzem Willen und aller Kraft zu befolgen. Alles, was in dem aufgefundenen Buch gefordert war, sollte genau befolgt werden.
32 Der König forderte alle Anwesenden aus Jerusalem und dem Stammesgebiet Benjamin auf, diesem Bund beizutreten.

Die ganze Bevölkerung von Jerusalem verpflichtete sich zum Gehorsam gegenüber dem HERRN, dem Gott ihrer Vorfahren.

33 Joschija ließ auch in allen übrigen Gebieten Israels die Standbilder der fremden Götter entfernen und hielt alle, die dort wohnten, dazu an, allein dem HERRN, ihrem Gott, zu dienen. Solange Joschija lebte, hielten sie dem HERRN, dem Gott ihrer Vorfahren, die Treue.

Joschija feiert das Passafest

(2 Kön 23,21-23)

35 Joschija feierte in Jerusalem zu Ehren des HERRN das Passafest*. Am 14. Tag des ersten Monats wurden die Passalämmer geschlachtet.
2 Joschija hatte die Priester* an ihre Aufgaben erinnert und sie angespornt, ihren Dienst im Tempel* zu versehen.
3 Zu den Leviten*, die ganz Israel im Gesetz* zu unterweisen hatten und zum Dienst für den HERRN geweiht waren, sagte Joschija:

»Ihr braucht die Bundeslade* nicht mehr auf euren Schultern zu tragen; sie hat ihren festen Platz in dem Tempel gefunden, den Salomo, der Sohn Davids und König von Israel, gebaut hat. Darum sollt ihr dem HERRN, eurem Gott, und seinem Volk nun hier im Tempel dienen.
4 Ordnet euch nach euren Sippen und Dienstgruppen, so wie König David und sein Sohn Salomo es schriftlich festgelegt haben.
5 Jede eurer Dienstgruppen soll für eine Anzahl von Familien aus dem Volk im Heiligtum bereitstehen.
6 Reinigt* euch für den Dienst und schlachtet für eure Brüder aus dem Volk die Passalämmer und bratet sie, damit alles so geschieht, wie es der HERR durch Mose befohlen hat!«

7 Joschija schenkte dem versammelten Volk aus dem königlichen Besitz 30 000 Schaf- und Ziegenböckchen für das Passaopfer und 3000 Rinder.
8 Auch seine Minister spendeten für das Volk und für die Priester und Leviten solche freiwilligen Gaben. Die drei führenden Priester am Tempel, Hilkija, Secharja und Jehiël, übergaben der Priesterschaft 2600 Tiere für das Passaopfer und 300 Rinder.
9 Ebenso machten es die führenden Leviten, Konanja und seine Brüder Schemaja und Netanel, sowie Haschabja, Jëiël und Josabad: Sie gaben den anderen Leviten 5000 Tiere für das Passaopfer und 500 Rinder.

10 Nachdem alles für das Fest vorbereitet war, traten die Priester an ihren Platz, und die Leviten stellten sich in ihren Dienstgruppen auf, wie es der König befohlen hatte.
11 Die Leviten schlachteten die Passalämmer, und die Priester nahmen von den Leviten das Blut entgegen und sprengten es an den Altar. Dann häuteten die Leviten die Tiere ab.
12 Die als Brandopfer* bestimmten Teile legten sie für die einzelnen Familiengruppen beiseite, damit die Priester sie auf dem Altar des HERRN verbrennen konnten, wie es von Mose im Gesetzbuch* vorgeschrieben ist. Ebenso verfuhren sie mit den Rindern.

13 Dann brieten die Leviten die Passalämmer am offenen Feuer, wie es vorgeschrieben ist. Die Teile der Rinder dagegen, die bei der Opfermahlzeit verzehrt werden sollten,[a] kochten sie in Kesseln und Töpfen. So schnell sie konnten, teilten sie alles an die Leute aus.
14 Danach bereiteten sie für sich selbst das Passamahl zu und auch für die Priester, die Nachkommen Aarons; denn diese hatten bis in die Nacht hinein zu tun, um die vielen Brandopfer und die Fettstücke der Mahlopfer* auf dem Altar zu verbrennen.

15 Die Sänger, die Nachkommen Asafs, blieben während der ganzen Zeit an ihrem Platz, so wie es David und seine prophetischen Ratgeber Asaf, Heman und Jedutun bestimmt hatten. Auch die Torwächter blieben an ihren Toren. Sie alle brauchten ihren Dienst nicht zu unterbrechen, weil die Leviten, ihre Stammesbrüder, das Passamahl für sie zubereiteten.
16 So wurde an

a *Die Teile ...*: wörtlich *Die heiligen/geweihten Gaben.*

35,4 8,14 **35,7** 31,3 **35,12** Lev 3,7-16 **35,13** Ex 12,8-9 **35,15** 1 Chr 6,24 S; 6,18 S; 25,1 S

diesem Tag der ganze Gottesdienst zu Ehren des
HERRN geregelt. Sie hielten das Passamahl und
opferten auf dem Altar des HERRN Brandopfer,
wie König Joschija es angeordnet hatte.
[17]Anschließend an das Passafest feierten die
versammelten Israeliten sieben Tage lang das
Fest der Ungesäuerten Brote*. [18]Ein solches
Passafest wie dieses hatte es in Israel seit der
Zeit des Propheten* Samuel nicht mehr gegeben.
Keiner der früheren Könige hatte es in der Weise
begangen, wie König Joschija es feierte, zusam-
men mit den Priestern und den Leviten, mit
allen Besuchern aus Juda und Israel und den
Einwohnern von Jerusalem. [19]Dies geschah im
18. Regierungsjahr Joschijas.

Das Ende der Regierung Joschijas

(2 Kön 23,28-30)

[20]Einige Zeit, nachdem Joschija den Tempel*
renoviert hatte, zog König Necho von Ägypten
mit seinen Truppen heran. Er war damals auf
dem Weg zur Schlacht von Karkemisch am
Eufrat. Joschija aber wollte ihn aufhalten.
[21]Da schickte Necho Boten zu ihm und ließ
ihm sagen: »Was kümmerst du dich um meine
Angelegenheiten, König von Juda? Mein Feldzug
richtet sich nicht gegen dich, sondern gegen das
Königshaus von Babylon,[a] mit dem ich mich im
Krieg befinde. Gott hat mir Eile befohlen. Er ist
auf meiner Seite; darum stell dich nicht gegen
ihn, sonst vernichtet er dich!«
[22]Aber Joschija hörte nicht auf diese Worte,
durch die Gott selbst ihn warnen wollte, und zog
sich nicht vor Necho zurück. Er machte sich
durch Verkleidung unkenntlich und griff an. In
der Ebene von Megiddo kam es zum Kampf.
[23]Dabei wurde er von den ägyptischen Bogen-
schützen getroffen.
»Bringt mich von hier weg«, befahl er seinen
Begleitern, »ich bin schwer verwundet!«
[24]Sie hoben ihn von seinem Streitwagen*
herunter, setzten ihn auf seinen zweiten Wagen
und brachten ihn nach Jerusalem zurück. Dort
starb er und wurde in der Grabstätte seiner
Vorfahren bestattet. Ganz Juda und Jerusalem
trauerte um ihn.
[25]Der Prophet* Jeremia dichtete ein Klage-
lied* auf Joschija. Seitdem wird der König von
allen Sängern und Sängerinnen in ihren Klagelie-
dern besungen; das ist in Israel zu einem festen
Brauch geworden. Diese Lieder stehen im Buch
der Trauerlieder.
[26]Was es sonst noch über Joschija zu berich-
ten gibt, über seine Taten, mit denen er seine
Treue zum Gesetz* des HERRN bewies, [27]und
seine ganze Geschichte vom Anfang bis zum
Ende, das ist nachzulesen im Buch der Könige
von Israel und Juda.

Die Könige Joahas, Jojakim und Jojachin

(2 Kön 23,30–24,17)

36 Die Männer von Juda machten Joahas,
den Sohn von Joschija, als Nachfolger
seines Vaters in Jerusalem zum König. [2]Er war
23 Jahre alt, als er König wurde, und regierte nur
drei Monate lang in Jerusalem.
[3]Dann setzte König Necho von Ägypten ihn
ab. Dem Land wurde eine Tributzahlung von
100 Zentnern* Silber und einem Zentner Gold
auferlegt. [4]Necho setzte Eljakim, den Bruder
von Joahas, als König von Juda und Jerusalem ein
und änderte seinen Namen in Jojakim. Seinen
Bruder Joahas aber nahm Necho als Gefangenen
mit nach Ägypten.
[5]Jojakim war 25 Jahre alt, als er König wurde,
und er regierte elf Jahre lang in Jerusalem. Er tat,
was dem HERRN, seinem Gott, mißfiel. [6]König
Nebukadnezzar von Babylonien* rückte gegen
ihn heran und nahm ihn gefangen. Er ließ ihn in
Ketten legen und brachte ihn nach Babylon.
[7]Auch einen Teil der kostbaren Geräte des Tem-
pels* ließ er nach Babylon schaffen und stellte
sie dort in seinem Palast auf.
[8]Was es sonst noch über Jojakim zu berichten
gibt, über seine abscheulichen Taten und das,
was mit ihm geschah, das ist nachzulesen im
Buch der Könige von Israel und Juda. Sein Sohn
Jojachin wurde sein Nachfolger.
[9]Jojachin war 18 Jahre alt,[b] als er König wur-
de, und er regierte drei Monate und zehn Tage in
Jerusalem. Auch er tat, was dem HERRN mißfiel.
[10]Um die Jahreswende ließ König Nebukad-
nezzar ihn nach Babylon holen, dazu wieder
eine Menge wertvoller Tempelgeräte. Als König
von Juda und Jerusalem setzte er Zidkija, einen
Verwandten Jojakims, ein.

König Zidkija und der Untergang Judas

(2 Kön 24,18–25,21; Jer 39,1-10; 52,1-27)

[11]Zidkija war 21 Jahre alt, als er König wurde,
und er regierte elf Jahre lang in Jerusalem. [12]Er
tat, was dem HERRN mißfiel, und beugte sich
auch nicht, als der HERR ihn durch den Pro-
pheten* Jeremia warnte. [13]Er rebellierte gegen
König Nebukadnezzar, obwohl er ihm den
Treueeid geschworen und dabei Gott zum Zeu-

a *von Babylon*:* verdeutlichender Zusatz.
b *achtzehn* mit einer Handschrift und alten Übersetzungen; H *acht.*

35,17 Ex 12,15-20 S 36,12 Jer 37,1–38,26

gen genommen hatte. Hartnäckig und eigen-
sinnig weigerte er sich, zum HERRN, dem Gott
Israels, umzukehren.
14 Auch die führenden Männer der Priester-
schaft und des Volkes trieben es mit ihrer Un-
treue gegenüber dem HERRN immer schlimmer.
Sie folgten den abscheulichen Bräuchen der an-
deren Völker und entweihten den Tempel* in
Jerusalem, den der HERR doch zu seinem Eigen-
tum erklärt hatte. 15 Immer wieder warnte sie
der HERR, der Gott ihrer Vorfahren, durch seine
Boten, weil er sein Volk und seine Wohnung
schonen wollte. 16 Aber sie machten sich über
die Boten Gottes lustig, schlugen sein Wort in
den Wind und verspotteten seine Propheten.
Darum wurde der HERR auf sein Volk so zornig,
daß es keine Rettung mehr gab.
17 Der HERR ließ König Nebukadnezzar von
Babylonien* gegen sie heranrücken. Alle
Kriegsleute von Juda kamen um, die letzten
beim Kampf im Heiligtum. Nebukadnezzar ver-
schonte keinen, nicht einmal die jungen
Mädchen, die Alten und Schwachen. Der HERR
gab sie alle in seine Gewalt. 18 Nebukadnezzar
ließ nun auch noch die letzten Tempelgeräte, die
großen wie die kleinen, nach Babylon bringen,
dazu die Tempelschätze und die Schätze des
Königs und der anderen führenden Männer.
19 Die Babylonier steckten das Haus Gottes in
Brand, rissen die Stadtmauer von Jerusalem nie-
der, warfen Feuer in alle vornehmen Häuser und
vernichteten auf diese Weise alles, was an Wert-
vollem noch übriggeblieben war. 20 Den Rest der
Bewohner, die den Kampf überlebt hatten, ließ
Nebukadnezzar nach Babylonien wegführen.
Dort mußten sie ihm und auch noch seinen
Nachkommen als Sklaven dienen, bis die Per-
ser* an die Herrschaft kamen.
21 Damit ging in Erfüllung, was der HERR
durch den Propheten Jeremia vorausgesagt
hatte: »Das Land soll siebzig Jahre lang brach-
liegen, bis alle Sabbatjahre* nachgeholt sind, die
Israel nicht eingehalten hat.«

Kyrus gibt die Erlaubnis zur Heimkehr

(Esra 1,1-3a)

22 Im ersten Regierungsjahr des Perserkönigs
Kyrus ging in Erfüllung, was der HERR durch den
Propheten Jeremia angekündigt hatte. Der HERR
gab dem Perserkönig den Gedanken ein, in sei-
nem ganzen Reich ausrufen und auch schriftlich
bekanntmachen zu lassen:
23 »Kyrus, der König von Persien*, gibt be-
kannt: Der HERR, der Gott des Himmels, hat alle
Königreiche der Erde in meine Gewalt gegeben.
Er hat mich beauftragt, ihm in Jerusalem in Judäa
einen Tempel* zu bauen. Hiermit ordne ich an:
Wer von meinen Untertanen zum Volk dieses
Gottes gehört, möge im Schutz seines Gottes
zurückkehren.«

DAS BUCH ESRA

Inhaltsübersicht

RÜCKKEHR NACH JERUSALEM UND WIEDERAUFBAU DES TEMPELS

(Kapitel 1–6)

König Kyrus ordnet den Tempelbau an und erlaubt die Heimkehr nach Jerusalem

1 Im ersten Regierungsjahr von Kyrus, dem
König von Persien*, ging in Erfüllung, was
der HERR durch den Propheten Jeremia angekün-
digt hatte. Der HERR gab dem Perserkönig den
Gedanken ein, in seinem ganzen Reich ausrufen
und auch schriftlich bekanntmachen zu lassen:

2 »Kyrus, der König von Persien, gibt bekannt:
Der HERR, der Gott des Himmels, hat alle König-
reiche der Erde in meine Gewalt gegeben. Er hat
mich beauftragt, ihm in Jerusalem in Judäa einen
Tempel* zu bauen. Hiermit ordne ich an:
3 Wer von meinen Untertanen zum Volk dieses
Gottes gehört, möge im Schutz seines Gottes
nach Jerusalem in Judäa zurückkehren und dort
das Haus des HERRN, des Gottes Israels, bauen;
denn er ist der Gott, der in Jerusalem wohnt.
4 Wer an irgendeinem Ort in meinem Reich vom
Volk dieses Gottes übriggeblieben ist, soll dabei

36,21 Jer 25,11 S; Lev 26,34-35 **36,23** Jes 44,28 **1,1-3** 2 Chr 36,21-23; Jer 25,11-12; 29,10 **1,2** Jes 44,28 **1,4** 7,15-16; 8,25-30; Ex 3,21-22 S

von seinen Nachbarn am Ort unterstützt werden. Sie sollen ihm Silber und Gold, Vieh und was er sonst noch braucht, sowie freiwillige Gaben für das Haus dieses Gottes in Jerusalem mitgeben.«

5 Alle, die Gott dazu bereit gemacht hatte, sein Haus in Jerusalem zu bauen, brachen unverzüglich auf: die Sippenoberhäupter der Stämme Juda und Benjamin mit ihren Angehörigen, die Priester*, die Leviten* und viele andere. 6 Von ihren Nachbarn wurden sie unterstützt mit silbernen Geräten, Gold, Vieh und vielen anderen wertvollen und nützlichen Dingen; dazu kamen noch die freiwilligen Gaben für den Tempel.

7 König Kyrus gab auch die heiligen Geräte aus dem Tempel des HERRN zurück, die Nebukadnezzar in Jerusalem erbeutet und in die Schatzkammer im Tempel seines Gottes gebracht hatte. 8 Der Perserkönig übergab sie seinem Schatzmeister Mitredat, der für Scheschbazzar, den Statthalter Judas, eine genaue Aufstellung machte. 9–10 Das Verzeichnis erwähnt unter anderem:

Goldene Schalen	30
silberne Schalen	1000
silberne Schalen, ausgebessert	29
goldene Becher	30
silberne Becher, beschädigt[a]	410
andere Geräte	1000

11 Insgesamt waren es 5400 Geräte aus Gold und Silber. Scheschbazzar brachte das alles mit, als er mit seinen verschleppten Landsleuten aus Babylon* wieder nach Jerusalem kam.

Die Liste der Heimkehrer

(Neh 7,6-72)

2 Viele, deren Vorfahren aus der persischen Provinz Judäa stammten, verließen Babylonien* und kehrten nach Jerusalem und Judäa zurück, jeder in seinen Heimatort. Ihre Familien hatten in Babylonien gelebt, seit König Nebukadnezzar sie dorthin verschleppt hatte.

2a Ihre Anführer waren: Serubbabel, Jeschua, Nehemja, Seraja, Reelaja, Mordochai, Bilschan, Misperet, Bigwai, Rehum und Baana.

2b–35 Hier folgt die Liste der israelitischen Sippen mit der Zahl der zu ihnen gehörigen Männer.[b]

Parosch	2172
Schefatja	372
Arach	775
Pahat-Moab, die Nachkommen von Jeschua und Joab	2812
Elam	1254
Sattu	945
Sakkai	760
Bani	642
Bebai	623
Asgad	1222
Adonikam	666
Bigwai	2056
Adin	454
Ater, die Nachkommen Hiskijas	98
Bezai	323
Jora	112
Haschum	223
Gibbar	95
aus Betlehem	123
aus Netofa	56
aus Anatot	128
aus Asmawet	42
aus Kirjat-Jearim, Kefira und Beerot	743
aus Rama und Geba	621
aus Michmas	122
aus Bet-El und Ai	223
aus Nebo	52
Magbisch	156
Elam – ein anderer	1254
Harim	320
aus Lod, Hadid und Ono	725
aus Jericho	345
Senaa	3630

36–39 Von den Sippen der Priester* kehrten heim:

Jedaja, die Nachkommen von Jeschua	973
Immer	1052
Paschhur	1247
Harim	1017

40 Von den Leviten*:

die Sippe Jeschua, die Nachkommen von Kadmiël, Binnui und Hodawja[c]	74

41 Von den Tempelsängern:

die Nachkommen Asafs	128

a *ausgebessert – beschädigt:* Deutung unsicher.
b *Hier folgt …:* wörtlich *Die Zahl der Männer des Volkes Israel.* Frauen (und Kinder?) sind offenbar erst in der Gesamtzahl (Verse 64-67) enthalten, die die Summe der Angaben in den Versen 2b-58 um 12 542 überschreitet.
c *Binnui:* vermutlicher Text; H *den Söhnen Hodawjas.*

1,7 2 Chr 36,7.18 **1,8** 5,14 **2,2a** (Serubbabel) 3,2.8; 5,2; Neh 12,1; Hag 1,1 S; Sach 4,6-10; (Jeschua) 3,2.8; 5,2; Neh 12,1.10; Hag 1,1 S; Sach 3,1-9; 6,11-12

42 Von den Torwächtern des Tempels:
die Sippen Schallum, Ater, Talmon,
Akkub, Hatita und Schobai,
zusammen 139

43–54 Von den Tempeldienern* kehrten folgende
Sippen heim:
Ziha, Hasufa, Tabbaot, Keros, Sia, Padon,
Lebana, Hagaba, Akkub, Hagab, Salmai,
Hanan, Giddel, Gahar, Reaja, Rezin, Nekoda,
Gasam, Usa, Paseach, Besai, Asna, die
Mëuniter und die Nefusiter, Bakbuk, Hakufa,
Harhur, Bazlut, Mehida, Harscha, Barkos,
Sisera, Temach, Neziach, Hatifa.

55–57 Folgende Sippen der Sklaven Salomos kehr-
ten heim:
Sotai, Soferet, Peruda, Jaala, Darkon, Giddel,
Schefatja, Hattil, Pocheret-Zebajim, Ami.

58 Gesamtzahl der heimkehrenden Tempeldiener
und Nachkommen der Sklaven Salomos 392

59–60 Aus Tel-Melach, Tel-Harscha, Kerub-Addon
und Immer kamen folgende Sippen; sie konnten
jedoch nicht nachweisen, daß sie israelitischer
Abstammung waren:
Delaja, Tobija und Nekoda 652

61–62 Unter den Priestern gab es einige, die ihre
Abstammungslisten nicht finden konnten. Es
waren die Sippen Habaja, Koz und Barsillai. Der
Ahnherr der Sippe Barsillai hatte eine Tochter
von Barsillai aus Gilead* geheiratet und dessen
Namen angenommen. Weil diese drei Sippen
ihre priesterliche Abstammung nicht nachwei-
sen konnten, wurden sie für unrein* erklärt
und vom Priesterdienst ausgeschlossen. 63 Der
Statthalter untersagte ihnen, von den heiligen
Opfergaben zu essen, bis wieder ein Oberster
Priester* eingesetzt wäre, der ihren Fall klären
könnte.[a]

64–67 Gesamtzahl der Gemeinde
der Heimkehrer 42360

Hinzu kamen:
Sklaven und Sklavinnen 7337
Sänger und Sängerinnen 200
Pferde 736
Maultiere 245
Kamele 435
Esel 6720

68 Als die Heimkehrer beim Tempel* des HERRN
in Jerusalem ankamen, gaben einige der Sippen-
oberhäupter eine Spende für den Wiederaufbau
des Tempels an der alten Stelle. 69 Sie gaben in
die Baukasse, soviel sie geben konnten, insge-
samt 61000 Goldmünzen, 5000 Pfund Silber[b]
und 100 Priestergewänder.

70 Die Priester und die Leviten sowie alle
anderen, die am Tempel Dienst taten, die Sänger,
die Torwächter und die Tempeldiener, ließen
sich in ihren Heimatorten nieder, ebenso auch
die übrigen Israeliten.

Die ersten Opfer auf dem neuen Altar

3 Als die Israeliten wieder in ihren Heimat-
orten wohnten, versammelte sich das ganze
Volk zu Beginn des siebten Monats in Jerusalem.
2 Jeschua, der Sohn Jozadaks, mit seinen Brü-
dern, den Priestern, und Serubbabel, der Sohn
Schealtiëls, mit seinen Brüdern, den nichtprie-
sterlichen Israeliten, hatten den Altar* des Got-
tes Israels wieder aufgebaut, um auf ihm die
Brandopfer* darzubringen, die im Gesetz*
Moses, des Dieners Gottes, vorgeschrieben wer-
den.
3 Obwohl die Nachbarvölker sie davon ab-
schrecken wollten, errichteten sie den Altar an
seiner alten Stelle und brachten jeden Morgen
und Abend dem Herrn ihre Brandopfer. 4 Auch
das Laubhüttenfest* feierten sie genau nach der
Ordnung des Gesetzes. An jedem der sieben
Festtage opferten sie so viele Tiere als Brand-
opfer, wie für den jeweiligen Tag vorgeschrieben
waren.
5 Von dieser Zeit an wurden die Brandopfer
wieder regelmäßig jeden Morgen und Abend
dargebracht, auch die Opfer an den Neumonds-
tagen* und an allen sonstigen Festtagen, sowie
freiwillige Gaben für den HERRN.
6 Am 1. Tag des 7. Monats hatten sie wieder
angefangen, dem HERRN Brandopfer darzubrin-
gen, aber die Fundamente für den Wiederaufbau
des Tempels* waren noch nicht gelegt. 7 Gegen
Bezahlung stellten sie Steinbrucharbeiter und
Steinmetzen an. Arbeiter aus Sidon und Tyrus

a *bis wieder:* wörtlich *bis ein Priester für Urim und Tummim* (= die heiligen Lose*) *erstünde.* Es ist bekannt, daß die Obersten Priester der nachexilischen Zeit das (verlorene?) Losorakel *nie mehr* in Benutzung nahmen.
b *Goldmünzen:* wörtlich (griechische) *Drachmen in Gold; Pfund:* hebräische Maßangabe Mane/Mine (= je 50 Schekel*); Summe ca. 2875 kg.

2,43-54 8,20 **2,55-57** 1 Kön 9,20-21 **2,61-62** 2 Sam 17,27 S **2,63** Num 18,8-10 S **3,1** Neh 7,72; 8,1 **3,2** 2,2 a S; Ex 27,1 S **3,3** Num 28,1-8 **3,4** Ex 23,16 S **3,5** Num 28,11–29,39 **3,7** 1 Kön 5,20-29

brachten Zedernstämme vom Libanon übers
Meer nach Jafo. Dafür bekamen sie Nahrungs-
mittel, Getränke und Olivenöl.

Das Fundament eines neuen Tempels

[8] Im 2. Monat des 2. Jahres nach der Rückkehr
wurde mit den Bauarbeiten für das Haus Gottes
in Jerusalem begonnen. Serubbabel und Jeschua
sowie ihre israelitischen Brüder, nämlich die
Priester*, die Leviten* und alle, die aus der Ver-
bannung heimgekehrt waren, standen geschlos-
sen hinter dem Werk. Den Leviten, die zwanzig
Jahre und älter waren, wurde die Aufsicht über
die Bauarbeiten übertragen.
[9] Jeschua mit seinen Söhnen und Brüdern so-
wie Kadmiël und seine Söhne, die Nachkom-
men von Hodawja,[a] leiteten gemeinsam die
Leute an, die die Arbeiten ausführten. Zu den
Aufsehern gehörten auch die Leviten der Sippe
Henadad.
[10] Als die Bauleute das Fundament für den
Tempel* des HERRN gelegt hatten, kamen die
Priester in ihrer Amtskleidung und mit ihren
Trompeten, dazu von den Leviten die Nachkom-
men Asafs mit Becken, um den HERRN nach der
Weisung Davids, des Königs von Israel, zu prei-
sen. [11] Sie lobten und priesen Gott im Wechsel-
gesang: »Der HERR ist gut zu uns; seine Liebe zu
Israel hört niemals auf!« Die Priester und Leviten
begannen, und das ganze Volk fiel ein mit lau-
tem Jubel zur Ehre Gottes, weil das Fundament
für das Haus des HERRN fertig war.
[12] Viele von den Alten – Priester, Leviten und
Sippenoberhäupter – hatten den ersten Tempel
noch gekannt. Als sie nun sahen, daß das Funda-
ment des neuen Tempels gelegt war, weinten
sie laut. Andere aber schrien und jubelten vor
Freude, [13] und ihr Jubelgeschrei übertönte das
Weinen. Das Volk machte einen solchen Lärm,
daß es weithin zu hören war.

Die Juden lassen die Samariter* nicht mitbauen

4 Die Leute von Samaria,[b] die Feinde der
Judäer und der Leute von Benjamin, erfuh-
ren, daß die Heimgekehrten den Tempel* des
HERRN, des Gottes Israels, wieder aufbauten.
[2] Sie kamen zu Serubbabel und den Sippen-
oberhäuptern und schlugen ihnen vor: »Laßt uns
gemeinsam bauen! Wir verehren doch den-
selben Gott wie ihr und bringen ihm unsere
Opfer* seit der Zeit des Assyrerkönigs* Asarhad-
don, der uns hier angesiedelt hat.«
[3] Aber Serubbabel, Jeschua und die anderen
Sippenoberhäupter Israels erwiderten: »Ihr habt
kein Recht, zusammen mit uns unserem Gott
ein Haus zu bauen! Wir allein dürfen dem
HERRN, dem Gott Israels, den Tempel bauen. So
hat es uns Kyrus, der König der Perser*, befoh-
len.«
[4] Von da an unternahmen die Leute im Land
alles, um die Heimgekehrten mutlos zu machen
und vom Weiterbauen abzuschrecken. [5] Sie be-
stachen sogar königliche Beamte, deren Pläne zu
vereiteln. Diese Politik verfolgten sie von der Zeit
des Königs Kyrus bis in die Regierungszeit des
Königs Darius hinein.

Der Wiederaufbau Jerusalems und der Tempelbau werden unterbrochen

[6] Bald nachdem dann Xerxes die Regierung ange-
treten hatte, erhoben diese Leute bei ihm schrift-
lich Anklage gegen die Bewohner von Judäa und
Jerusalem.
[7] Danach, während der Regierungszeit von
Artaxerxes, schrieben Bischlam, Mitredat, Ta-
beel und ihre Amtskollegen einen Brief an den
König. Er war in aramäischer Schrift geschrie-
ben, und der Text war ins Aramäische übersetzt
worden.[c]
[8] Auch Rehum, der Befehlshaber von Sama-
rien, und sein Sekretär Schimschai schrieben
einen Brief an König Artaxerxes, in dem sie
über die Vorgänge in Jerusalem berichteten. Als
Absender sind aufgeführt:
[9] der Befehlshaber Rehum, der Sekretär
Schimschai und ihre Amtskollegen, die Richter,
Gesandten, Staatsschreiber und Verwaltungs-
beamten[d], sodann die Leute aus Erech, Babylon
und Susa in Elam* [10] sowie die Vertreter der übri-
gen Volksgruppen, die der große und berühmte
König Assurbanipal nach der Stadt Samaria und
anderen Ortschaften in der Provinz westlich des
Eufrats umgesiedelt hatte.
[11] Der Brief lautete:

»An König Artaxerxes von seinen Untertanen in
der Westprovinz.
[12] Wir haben dem König folgendes zu melden:
Die Juden, die aus dem Gebiet in deiner Nähe

a *Hodawja:* nach 2,40; H *Juda.* b Verdeutlichender Zusatz.
c Der ganze Abschnitt 4,8–6,18 ist nicht in hebräischer, sondern in aramäischer* Sprache geschrieben; vielleicht handelt es sich hier um einen versteckten Hinweis darauf.
d *die Richter …:* Statt der Amtsbezeichnungen könnte es sich auch um (allerdings unbekannte) Herkunftsorte handeln, also *die Diniter, Afarsatkiter, Tarpeliter, Afarsiter.*

3,8 2,2a S; 1 Chr 23,3 S **3,10** 1 Chr 15,16 S **3,11** 1 Chr 16,34 S **3,12** Hag 2,3 **4,1** 2 Kön 17,24-41 **4,3** 2,2 S; 1,2-4 **4,6** Est 1,1

weggezogen und zu uns nach Jerusalem gekommen sind, wollen diese aufrührerische, böse Stadt wieder aufbauen. Sie haben angefangen, die Stadtmauern wieder zu errichten; die Fundamente sind bereits ausgebessert.
13 Der König möge bedenken: Wenn diese Stadt wieder aufgebaut ist und die Mauern wiederhergestellt sind, werden die Bewohner keine Abgaben, Steuern und Zölle mehr zahlen, zum Nachteil der königlichen Einnahmen. 14 Wir haben dem König Treue geschworen[a] und können nicht tatenlos zusehen, wenn seine Rechte angetastet werden. Darum schicken wir diese Meldung.
15 Man sollte in den Chroniken deiner Vorgänger nachforschen. Darin wird man den sicheren Beweis finden, daß diese Stadt immer rebellisch war und den Königen sowie der Provinzverwaltung Schwierigkeiten gemacht hat. Die Leute dort sind von jeher Aufrührer und Unruhestifter gewesen, aus diesem Grund hat man die Stadt auch zerstört.
16 Wir müssen auf eine weitere Gefahr hinweisen: Wenn diese Stadt wieder aufgebaut ist und die Mauern wiederhergestellt sind, wird die ganze Provinz westlich des Eufrats dem König verlorengehen.«

17 Der König schickte folgende Antwort:

»An den Befehlshaber Rehum, seinen Sekretär Schimschai und ihre Amtskollegen in Samaria und in der Westprovinz: Ich wünsche Euch Heil und Segen!
18 Der Brief, den ihr mir gesandt habt, ist mir Wort für Wort vorgelesen worden. 19 Ich habe daraufhin in den Chroniken nachforschen lassen, und es hat sich bestätigt, daß diese Stadt sich von alters her immer wieder gegen die Könige aufgelehnt hat und voll war von Rebellen und Unruhestiftern. 20 In Jerusalem hat es Könige gegeben, die das ganze Gebiet westlich des Eufrats beherrschten und von den Bewohnern Abgaben, Steuern und Zölle erhoben.
21 Aus diesem Grund sollt ihr den Leuten dort befehlen, ihre Bauarbeiten sofort einzustellen. Diese Stadt darf nur dann wieder aufgebaut werden, wenn ich selbst den ausdrücklichen Befehl dazu erteile. 22 Laßt in dieser Angelegenheit keine Verzögerung eintreten, so daß dem Reich kein weiterer Schaden entsteht.«

23 Die Abschrift des Briefes von König Artaxerxes wurde Rehum, Schimschai und ihren Kollegen vorgelesen. Sofort machten sie sich auf den Weg nach Jerusalem und zwangen die Juden mit Gewalt, den Wiederaufbau der Stadt abzubrechen.

24 Auch die Bauarbeiten am Haus Gottes in Jerusalem wurden unterbunden und ruhten daraufhin bis ins zweite Regierungsjahr des Perserkönigs Darius.

Störungen bei der Wiederaufnahme des Tempelbaus

5 Damals traten Haggai, der Prophet*, und Sacharja, der Sohn von Iddo, als Propheten auf. Sie ermutigten die Juden in Judäa und Jerusalem im Auftrag des Gottes Israels, der sie zu seinem Eigentum erklärt hatte.[b] 2 Da nahmen Serubbabel, der Sohn Schealtiëls, und Jeschua, der Sohn Jozadakas, den Tempelbau wieder auf,[c] und die Propheten Gottes standen ihnen zur Seite und unterstützten sie.

3 Bald darauf kamen Tattenai, der Statthalter der Provinz westlich des Eufrats, und Schetar-Bosnai mit ihren Räten zu den Juden und fragten: »Wer hat euch die Genehmigung erteilt, diesen Tempel* wieder aufzubauen?«[d] 4 Außerdem fragten sie: »Wie heißen die Männer, die für diesen Bau verantwortlich sind?«

5 Aber Gott ließ die Ältesten* der Juden nicht im Stich, sondern sorgte dafür, daß man sie ungehindert weiterbauen ließ, bis eine Entscheidung von König Darius eingetroffen war.

6 Hier folgt eine Abschrift des Briefes, der damals an König Darius abging; er wurde geschrieben von Tattenai, dem Statthalter der Westprovinz, und Schetar-Bosnai und seinen Räten, den königlichen Beamten der Westprovinz. 7 Sie schickten an den König folgenden Bericht:

»An König Darius: Wir entbieten dir unsere untertänigsten Grüße und Segenswünsche!
8 Wir haben dir zu melden, daß wir im Bezirk von Judäa waren. Wir sahen, daß dort der Tempel des großen Gottes wieder aufgebaut wird. Die Leute verwenden Quadersteine und fügen

a Wörtlich *Wir haben das Salz des Palastes gegessen.* Durch Essen von Salz bekräftigte man einen Vertrag oder ein Bündnis.
b *im Auftrag …:* wörtlich *im Namen des Gottes Israels, (der) über ihnen (ausgerufen war).*
c Wörtlich *begannen den Tempel zu bauen;* vgl. Hag 1,1-15; Sach 8,9-13.
d Es folgt noch *und dieses/diesen … fertigzustellen;* ebenso in dem gleichlautenden Passus in Vers 8. Die Bedeutung des ausgelassenen Wortes ist unbekannt.

4,19 2 Kön 18,7; 24,1.20 **5,1** Hag 1,1; Sach 1,1 **5,2** 2,2a S; Hag 1,14-15a; Sach 4,9-10a

Lagen von Balken in die Mauern ein. Sie arbeiten sorgfältig, und die Arbeit geht unter ihren Händen schnell voran. [9] Wir fragten ihre Ältesten*: ›Wer hat euch die Genehmigung erteilt, diesen Tempel wieder aufzubauen?‹ [10] Wir fragten sie auch nach ihren Namen, um dir eine Liste der Verantwortlichen zusenden zu können.
[11] Sie antworteten uns:
›Wir sind Diener des Gottes, der Himmel und Erde gemacht hat. Wir bauen das Gotteshaus wieder auf, das eine lange Zeit hier gestanden hat; ein großer König des Volkes Israel hat es erbaut und vollendet. [12] Weil unsere Vorfahren den Gott des Himmels erzürnten, gab er sie in die Gewalt Nebukadnezzars, des Königs von Babylon. Der zerstörte dieses Haus und verschleppte das Volk nach Babylonien*.
[13] Als aber Kyrus in Babylon König wurde, gab er schon im ersten Regierungsjahr den Befehl, dieses Gotteshaus wieder aufzubauen. [14] König Kyrus ließ auch die goldenen und silbernen Geräte, die Nebukadnezzar aus dem Tempel in Jerusalem mitgenommen und in den Tempel seines Gottes in Babylon gebracht hatte, wieder dort herausholen. Er übergab sie einem Mann namens Scheschbazzar, den er zum Statthalter über Judäa ernannt hatte, [15] und befahl ihm: Nimm diese Geräte, bring sie wieder in den Tempel in Jerusalem und sorge dafür, daß dieses Gotteshaus an seinem alten Platz wieder aufgebaut wird!
[16] Scheschbazzar kam daraufhin nach Jerusalem und legte das Fundament des Tempels. Seither wird daran gebaut, aber das Haus ist noch nicht vollendet.‹
[17] So bitten wir nun, daß der König, wenn er es für richtig hält, im königlichen Archiv in Babylon nachforschen läßt, ob tatsächlich ein Befehl von König Kyrus erlassen worden ist, dieses Gotteshaus in Jerusalem wieder aufzubauen. Ferner bitten wir den König, uns seine Entscheidung in dieser Sache wissen zu lassen.«

Der König stellt sich auf die Seite der Juden

6 König Darius ließ in den Archiven seines Reiches nachforschen. [2] In der königlichen Sommerresidenz Ekbatana in der Provinz Medien fand sich eine Schriftrolle, auf der folgender Erlaß verzeichnet war:

[3] »Geschrieben im ersten Jahr des Königs Kyrus: König Kyrus befiehlt in Sachen des Tempels zu Jerusalem wie folgt: Das Gotteshaus soll wieder aufgebaut werden, damit dort Opfer* dargebracht werden können. Die alten Fundamente sollen wiederverwendet werden. Seine Höhe soll dreißig Meter betragen, seine Breite gleichfalls dreißig Meter. [4] Auf drei Schichten Quadersteine soll eine Schicht Balken[a] kommen. Die Kosten gehen zu Lasten der Staatskasse. [5] Die goldenen und silbernen Geräte, die Nebukadnezzar aus dem Tempel in Jerusalem mitgenommen und nach Babylon gebracht hat, sollen zurückgegeben werden, damit sie wieder an ihren alten Platz im Haus Gottes kommen.«

[6] Aufgrund dieses Dokuments ließ der König einen Brief schreiben:[b]

»An Tattenai, Statthalter der Provinz westlich des Eufrats, Schetar-Bosnai und ihre Räte, die Beamten der Provinz:
Haltet euch aus der Sache heraus! [7] Hindert die Juden nicht! Ihr Statthalter und ihre Ältesten* sollen das Gotteshaus an der Stelle wieder aufbauen, wo es gestanden hat.
[8] Außerdem befehle ich euch, die Ältesten der Juden beim Bau dieses Gotteshauses zu unterstützen. Ich schreibe euch verbindlich vor: Die Kosten sind in voller Höhe aus den königlichen Steuereinnahmen der Westprovinz zu bestreiten. Sie sind pünktlich und ohne Verzug auszubezahlen, damit der Bau nicht wieder ins Stocken gerät.
[9] Auch alles, was zum Brandopfer* für den Gott des Himmels gebraucht wird an Stieren, an Schafböcken und Lämmern, dazu Weizen, Salz, Wein und Öl, soll den Priestern* von Jerusalem Tag für Tag pünktlich geliefert werden, ohne jede Nachlässigkeit und genau nach ihrer Anforderung. [10] Die Juden sollen dem Gott des Himmels Opfer darbringen, die sein Wohlgefallen finden, und sie sollen dabei für das Leben des Königs und seiner Söhne beten.
[11] Abschließend ordne ich an: Wenn jemand obigen Befehl übertritt, soll der tragende Balken aus seinem Haus gerissen und er selbst an den aufgerichteten Balken genagelt werden. Sein Haus wird in Schutt und Asche gelegt. [12] Der Gott, der jenen Ort zum Wohnsitz seines Namens bestimmt hat,[c] vernichte jeden König und jedes Volk, die versuchen sollten, diesen Befehl zu mißachten und das Gotteshaus in Jerusalem zu zerstören.

a *Balken* mit G; H *neue Balken.* b *Aufgrund ...:* wörtlich nur *Nun.*
c *Wohnsitz seines Namens:* siehe Anmerkung zu Dtn 12,5.
5,12 2 Chr 36,19-20 **5,13-15** 1,1-11 **6,3** 2 Chr 3,3 **6,10** (beten) 1 Makk 7,33; Bar 1,11; 1 Tim 2,2; Jer 29,7 **6,12** Dtn 12,5 S

Ich, Darius, habe diesen Befehl gegeben. Er ist
wortwörtlich auszuführen.«

Die Vollendung des Tempelbaus

13 Von da ab hielten sich Tattenai, der Statthalter
der Westprovinz, Schetar-Bosnai und ihre Räte
streng an die Befehle des Königs. 14 Die Älte-
sten* der Juden konnten den Bau weiterführen.
Sie kamen mit der Arbeit gut voran, weil die Pro-
pheten* Haggai und Sacharja ihnen im Auftrag
Gottes Mut zusprachen. So vollendeten sie den
Bau, wie es der Gott Israels und die persischen
Könige Kyrus, Darius und Artaxerxes angeord-
net hatten.
15 Der Tempel* wurde vollendet am 3. Tag des
Monats Adar* im 6. Regierungsjahr des Königs
Darius. 16 Alle Israeliten, die Priester*, die Levi-
ten* und alle anderen, die aus der Verbannung
heimgekehrt waren, feierten die Wiedereinwei-
hung des Tempels mit großer Freude. 17 Zur Tem-
pelweihe opferten sie 100 Stiere, 200 Schafböcke
und 400 Lämmer, außerdem als Sühneopfer* für
ganz Israel 12 Ziegenböcke, für jeden Stamm
einen. 18 Sie ordneten auch wieder den Dienst
am Tempel und teilten die Priester in ihre Dienst-
gruppen und die Leviten in ihre Abteilungen ein,
wie es das Gesetz* Moses vorschreibt.

Das Passafest

19 Am 14. Tag des 1. Monats feierten die Heimge-
kehrten das Passafest*. 20 Alle Priester und Levi-
ten* hatten sich darauf vorbereitet; sie waren
ohne Ausnahme rein*. Die Leviten schlachteten
die Passalämmer* für alle, die aus der Verban-
nung heimgekehrt waren, auch für ihre Brüder,
die Priester, und für sich selbst.
21 Nicht nur die heimgekehrten Israeliten
aßen das Passamahl, sondern auch alle, die sich
von der unreinen Bevölkerung des Landes abge-
sondert und den Israeliten angeschlossen hatten,
um mit ihnen zusammen den HERRN, den Gott
Israels, zu verehren.
22 Sieben Tage lang feierten sie mit großer
Freude das Fest der Ungesäuerten Brote*. Der
HERR selber hatte ihnen diese Freude geschenkt;
denn er hatte den König von Assyrien[a] ihnen
gegenüber freundlich gestimmt. So hatte der
HERR ihnen geholfen, seinen Tempel*, das Haus
des Gottes Israels, wieder aufzubauen.

ESRAS ENTSENDUNG UND AUFLÖSUNG DER MISCHEHEN

(Kapitel 7–10)

Esra erhält einen Sonderauftrag

7 1-5 Zur Regierungszeit des Perserkönigs Arta-
xerxes lebte in Babylon[b] ein Mann namens
Esra. Er konnte die Reihe seiner Vorfahren
zurückführen bis auf Aaron, das erste Ober-
haupt der Priesterschaft. Sein Vater hieß Seraja;
seine weiteren Vorfahren waren: Asarja, Hilkija,
Schallum, Zadok, Ahitub, Amarja, Asarja, Mera-
jot, Serachja, Usi, Bukki, Abischua, Pinhas und
Eleasar, der Sohn Aarons.
6 Dieser Esra kam aus Babylon nach Jerusa-
lem. Er war ein kundiger Lehrer* des Gesetzes*,
das der HERR seinem Volk Israel durch Mose ge-
geben hatte. Weil der HERR seine Hand schüt-
zend über ihn hielt, erfüllte ihm der König alle
seine Bitten. 7 So zogen mit ihm im 7. Regie-
rungsjahr des Königs Artaxerxes eine größere
Anzahl Israeliten, dazu Priester*, Leviten*, Sän-
ger, Torwächter und Tempeldiener* nach Jerusa-
lem.
8 Im fünften Monat desselben Jahres kamen
sie dort an. 9 Als Tag des Aufbruchs aus Babylon
hatte Esra den 1. Tag des 1. Monats bestimmt, und
am 1. Tag des 5. Monats erreichte er mit ihnen
Jerusalem, denn die gütige Hand seines Gottes
beschützte ihn.
10 Esra hatte sich mit ganzem Herzen der Auf-
gabe gewidmet, das Gesetz des HERRN zu erfor-
schen und zu befolgen und die Israeliten seine
Vorschriften zu lehren, damit sie sich in ihrer
Lebensführung und Rechtsprechung daran hiel-
ten.

Ein König sorgt für den Tempel in Jerusalem

11 König Artaxerxes fertigte einen Erlaß aus. Eine
Abschrift davon übergab er Esra, dem Priester*
und Gesetzeskundigen, dem Lehrer* der Gebote
und Ordnungen, die der HERR dem Volk Israel
gegeben hatte. Dieser Erlaß lautete:[c]

12 »Artaxerxes, König über alle Könige, an Esra,
den Priester, den Lehrer für das Gesetz* des
Himmelsgottes: Ich wünsche dir Heil und
Segen!

a Gemeint ist der König von Persien, der auch das frühere Assyrische Reich, den alten Feind Israels, beherrschte.
b *lebte in Babylon**: verdeutlichender Zusatz; im Hebräischen sind die Verse 1-5 ein einziger Satz, der in Vers 6 fortgeführt wird.
c Die Verse 12-26 sind in aramäischer* Sprache geschrieben.

6,14 Hag 1,1; Sach 1,1 **6,16-17** Num 7,1-88; 2 Chr 7,4-7 **6,18** 1 Chr 23,1–24,31 **6,19-21** Ex 12,1-14 S **6,22** Ex 12,15-20 S **7,1-5** (Vorfahren) 1 Chr 5,29-40 **7,6** (schützende Hand) 7,9.28; 8,18.22.31; Neh 2,8.18

13 Hiermit befehle ich: Jeder in meinem Reich,
der zum Volk Israel und zu seinen Priestern und
Leviten* gehört und freiwillig mit dir nach Jeru-
salem ziehen will, darf mit dir ziehen.
14 Der König und seine sieben Räte senden dich,
um zu erkunden, ob in Jerusalem und Judäa alles
so geordnet ist, wie es dem Gesetz deines Gottes
entspricht, das in deiner Hand ist. 15 Außerdem
sollst du das Silber und Gold hinbringen, das der
König und seine Räte als Opfergabe für den Gott
Israels entrichten, der in Jerusalem seine Wohn-
stätte hat. 16 Nimm auch alles Silber und Gold
mit, das du in der Provinz Babylon* sammeln
kannst, auch freiwillige Gaben des Volkes und
der Priester, die sie als Spenden für das Haus
ihres Gottes in Jerusalem geben.
17 Du bekommst dieses Geld zu treuen Händen
mit, um davon Stiere, Schafböcke und Lämmer
sowie die dazugehörenden Speiseopfer* und
Trankopfer* zu kaufen und diese Opfer eurem
Gott auf dem Altar vor seinem Tempel* in Jerusa-
lem darzubringen. 18 Sollte noch etwas von dem
Silber und Gold übrigbleiben, so könnt ihr dar-
über nach dem Willen eures Gottes verfügen,
wie es dir und deinen Mitpriestern am besten er-
scheint. 19 Auch die Geräte, die dir für den Dienst
im Haus deines Gottes übergeben werden, sollst
du deinem Gott in Jerusalem überbringen.
20 Was du sonst noch für den Tempel deines Got-
tes aufwenden mußt, wird dir die Staatskasse
erstatten.
21 Ich, König Artaxerxes, gebe allen Schatzmei-
stern der Westprovinz den Befehl: Alles, worum
Esra, der Priester und Lehrer im Gesetz des Him-
melsgottes, bittet, ist ihm pünktlich und sorgfäl-
tig zu liefern, 22 und zwar bis zu 100 Zentner* Sil-
ber, bis zu 100 große Sack Weizen, bis zu 100
Eimer Wein[a] und ebensoviel Olivenöl, dazu Salz,
soviel er benötigt. 23 Stellt mit Eifer und Hingabe
alles bereit, was der Gott des Himmels für den
Dienst an seinem Tempel braucht, damit nicht
etwa sein Zorn über das Königreich, den König
und seine Söhne kommt!
24 Außerdem wird euch bekanntgegeben: Nie-
mand hat das Recht, von den Priestern, Leviten,
Sängern, Torwächtern, Tempeldienern* und allen
anderen, die am Tempel dieses Gottes Dienst
tun, irgendwelche Steuern oder Abgaben zu for-
dern.
25 Du aber, Esra, setze Richter und Rechtslehrer
ein mit der Weisheit, die das Gesetz in deiner
Hand dir vermittelt. Sie sollen eurem ganzen
Volk in der Westprovinz Recht sprechen, allen,
die die Gesetze deines Gottes kennen. Wenn
jemand sie nicht kennt, sollt ihr ihn darin unter-
weisen. 26 Wer aber dem Gesetz deines Gottes
nicht gehorcht, den sollt ihr vor Gericht stellen
und je nach Vergehen zum Tod, zur Ausstoßung
aus der Gemeinschaft, zu einer Geldstrafe oder
zu Gefängnis verurteilen.«

Esra preist Gott

27 Gepriesen sei der HERR, der Gott unserer
Väter! Er war es, der dem König dies alles ins
Herz gegeben hat, um seinem Tempel* in Jerusa-
lem Ehre und Ansehen zu verleihen. 28 Er hat
mich die Gunst des Königs finden lassen und
auch die Gunst seiner Räte und aller einfluß-
reichen Beamten. Er hat mir Mut gemacht, weil
seine gütige Hand mir half, und so habe ich eine
ganze Reihe von israelitischen Sippenoberhäup-
tern dafür gewinnen können, mit mir zurückzu-
kehren.

Die Begleiter Esras

8 Hier folgt die Liste der Sippenoberhäupter
und der mit ihnen eingetragenen Männer,
die zur Regierungszeit des Königs Artaxerxes
mit mir von Babylon* nach Jerusalem reisten:

2-3 Von der Sippe Pinhas: Gerschom
von der Sippe Itamar: Daniel
von der Sippe David: Hattusch, der Sohn von
Schechanja[b]
von der Sippe Parosch: Secharja und mit ihm 150
eingetragene Männer
4 von der Sippe Pahat-Moab: Eljoënai, der Sohn
von Serachja, und mit ihm 200 Männer
5 von der Sippe Sattu: Schechanja, der Sohn von
Jahasiël,[c] und mit ihm 300 Männer
6 von der Sippe Adin: Ebed, der Sohn Jonatans,
und mit ihm 50 Männer
7 von der Sippe Elam: Jeschaja, der Sohn von
Atalja, und mit ihm 70 Männer
8 von der Sippe Schefatja: Sebadja, der Sohn
Michaels, und mit ihm 80 Männer
9 von der Sippe Joab: Obadja, der Sohn Jehiëls,
und mit ihm 218 Männer
10 von der Sippe Bani: Schelomit, der Sohn von
Josifja,[d] und mit ihm 160 Männer

a Hebräische Maßangaben für *große Sack* »Kor«, für *Eimer* »Bat« (1 Kor = 10 Efa*; 1 Bat = 6 Hin*); umgerechnet etwa 17 t bzw. 21 hl.
b So nach 1 Chr 3,21-22; H *von den Söhnen Davids: Hattusch; von den Söhnen Schechanjas.*
c So mit einem Teil der griechischen Überlieferung; H *von der Sippe Schechanja: der Sohn Jahasiëls.*
d So mit einem Teil der griechischen Überlieferung; H *von der Sippe Schelomit: der Sohn von Josifja.*

7,14 Est 1,14 7,15-16 1,4 S 7,19 8,25-27

11 von der Sippe Bebai: Secharja, der Sohn von
Bebai, und mit ihm 28 Männer
12 von der Sippe Asgad: Johanan, der Sohn
Katans, und mit ihm 110 Männer
13 von der Sippe Adonikam auch noch die letz-
ten: Elifelet, Jëiël und Schemaja, und mit
ihnen 60 Männer
14 von der Sippe Bigwai: Utai und Sabbud und
mit ihnen 70 Männer.

Esra gewinnt Leviten und Tempeldiener für die Heimkehr

15 Ich bestellte die ganze Gruppe an den Kanal,
der nach der Stadt Ahawa fließt. Dort lagerten
wir drei Tage. Als ich mir die Leute ansah, fand
ich eine Reihe von Priestern* unter ihnen, aber
keinen einzigen Leviten*. 16 Deshalb ließ ich
einige Familienoberhäupter zu mir kommen,
nämlich Eliëser, Ariël, Schemaja, Jonatan,[a] Jarib,
Elnatan, Natan, Secharja und Meschullam sowie
Jojarib und Elnatan, zwei kluge Männer. 17 Ich
schickte sie zu Iddo, dem Vorsteher des Leviten-
dorfes Kasifja, und sagte ihnen, was sie Iddo und
seinen Brüdern, die dort ansässig waren,[b] aus-
zurichten hatten. Diese sollten ihnen einige
Männer mitgeben, die den Dienst am Tempel*
unseres Gottes verrichten konnten.
18 Weil die gütige Hand unseres Gottes uns
half, brachten sie Scherebja mit, einen verständi-
gen Mann, der von Machli abstammte, einem
Enkel von Levi, dem Sohn Jakobs,[c] dazu seine
Söhne und Brüder, 18 Mann. 19 Außerdem kamen
Haschabja und Jeschaja von den Nachkommen
des Levisohnes Merari und brachten ihre Söhne
und die Brüder von Haschabja mit, 20 Mann.
20 Schließlich kamen noch 220 Tempeldiener*
mit, alle namentlich eingetragen. Ihre Vorfahren
waren von David und den Führern des Volkes
dem Tempel übereignet worden, um den Leviten
zu helfen.

Reisevorbereitungen

21 Dort am Ahawa-Kanal ordnete ich auch einen
Fasttag* an. Wir alle wollten uns vor unserem
Gott beugen und ihn um eine glückliche Reise
bitten für uns und unsere Familien und allen Be-
sitz, den wir mitnahmen. 22 Ich wollte den König
nicht bitten, uns eine Reitertruppe mitzugeben,
die uns unterwegs vor feindlichen Überfällen
schützen sollte. Das wäre zu beschämend für
mich gewesen; denn wir hatten ihm gesagt:
»Unser Gott beschützt alle, die ihm gehorchen;
aber sein heftiger Zorn kehrt sich gegen die, die
sich von ihm abwenden.« 23 So fasteten wir und
baten unseren Gott um seinen Schutz, und er er-
hörte unser Gebet.
24 Danach nahm ich zwölf von den führen-
den Priestern* beiseite sowie Scherebja und
Haschabja und zehn weitere Leviten*. 25 In ihrer
Gegenwart wog ich das Silber, das Gold und die
kostbaren Geräte ab, die der König, seine Räte
und Minister und alle Israeliten im Perserreich
als Opfergabe für den Tempel* unseres Gottes
gestiftet hatten. 26-27 Dann übergab ich ihnen
alle diese Schätze. Insgesamt waren es:

650 Zentner* Silber
100 silberne Geräte, zusammen einige[d] Zentner schwer
100 Zentner Gold
20 goldene Becher im Wert von 1000 persischen Goldmünzen[e]
2 prachtvolle Gefäße aus polierter Bronze, ebenso wertvoll wie goldene Gefäße.

28 Ich sagte zu ihnen: »Ihr seid dem HERRN ge-
weiht, so auch diese Gegenstände. Dieses Silber
und dieses Gold sind Gaben, die dem HERRN,
dem Gott eurer Vorfahren, aus freiem Entschluß
gestiftet worden sind. 29 Bewacht sie mit aller
Sorgfalt, bis ihr beim Tempel in Jerusalem an-
kommt. Dort werdet ihr sie in den Neben-
räumen des Tempels nachwiegen und an die
führenden Priester und Leviten sowie an die Sip-
penoberhäupter des Volkes aushändigen.«
30 Die Priester und die Leviten übernahmen
das Silber, das Gold und die kostbaren Geräte,
um sie nach Jerusalem in den Tempel unseres
Gottes zu bringen.

Die Ankunft in Jerusalem

31 Am 12. Tag des 1. Monats brachen wir vom
Ahawa-Kanal auf zur Reise nach Jerusalem. Die
gütige Hand unseres Gottes beschützte uns vor
Feinden und Wegelagerern. 32 Als wir in Jerusa-
lem ankamen, ruhten wir uns zunächst drei
Tage aus.
33 Am vierten Tag gingen wir zum Haus unse-

a *Jonatan:* mit einigen Handschriften; H *Elnatan.*
b *seinen Brüdern:* mit alten Übersetzungen; H *seinem Bruder. – die dort ansässig waren:* vermutlicher Sinn des hebräischen Konsonantentextes; H *den Tempeldienern.*
c Wörtlich *dem Sohn Israels**.
d *einige:* Im Text scheint eine Zahl ausgefallen zu sein; manche lesen mit veränderten Vokalen: *zwei Zentner.*
e *persischen Goldmünzen:* wörtlich *Dariken.*

8,18 7,6S **8,20** 2,43-54 **8,22** 7,6S **8,25-30** 1,4S; 7,19 **8,31** 7,6S

res Gottes. Dort wurden das Silber, das Gold und
die kostbaren Geräte nachgewogen und dem
Priester Meremot, dem Sohn von Urija, über-
geben. Bei Meremot waren Eleasar, der Sohn
von Pinhas, und zwei Leviten: Josabad, der Sohn
von Jeschua, und Noadja, der Sohn von Binnui.
34 Alle Gegenstände wurden nachgezählt und
gewogen, und das Gesamtgewicht wurde
schriftlich festgehalten.

35 Danach richteten alle, die aus der Verban-
nung heimgekehrt waren, dem Gott Israels ein
großes Brandopfer* aus. Sie opferten für die
zwölf Stämme Israels 12 Stiere, 96 Schafböcke,
72 Lämmer[a] sowie 12 Ziegenböcke als Sühne-
opfer*. Alle diese Tiere wurden dem HERRN zu
Ehren verbrannt.

36 Dann händigten sie den Reichsfürsten* und
Statthaltern in der Provinz westlich des Eufrats
die Geleitbriefe des Königs aus. Aufgrund der
Briefe gewährten diese Männer dem Volk und
dem Tempel* Gottes ihre Unterstützung.

Esra erfährt von Ehen mit fremden Frauen

9 Eine Anzahl von führenden Leuten kamen
zu mir und sagten: »Das Volk hat sich ver-
gangen, die Männer Israels, die Priester* und die
Leviten*. Sie haben sich nicht ferngehalten von
den übrigen Bewohnern des Landes, die Götzen
verehren, von den Kanaanitern*, Hetitern*, Peri-
sitern, Jebusitern, Ammonitern*, Moabitern*,
Ägyptern und Amoritern.[b] 2 Jüdische Männer
haben Frauen aus diesen Völkern geheiratet, so
daß sich das Volk Gottes mit fremden Völkern
vermischt hat. Führende Männer und Ratsher
ren sind bei diesem Treubruch mit schlechtem
Beispiel vorangegangen.«

3 Als ich das hörte, zerriß ich meine Kleider,
das Ober- und das Untergewand, raufte mir die
Haare und den Bart und setzte mich starr vor
Entsetzen vor dem Tempelhaus[c] nieder. 4 So saß
ich bis zur Zeit des Abendopfers*. Um mich sam-
melten sich alle, die Angst hatten vor dem Urteil
des Gottes Israels über den Treubruch der Heim-
gekehrten.

5 Zur Zeit des Abendopfers erhob ich mich aus
meiner Erstarrung, kniete in meinen zerrissenen
Kleidern nieder und betete mit ausgebreiteten
Armen zum HERRN, meinem Gott.

6 »Mein Gott«, sagte ich, »ich schäme mich
und wage nicht, meine Augen zu dir zu er-
heben; denn die Flut unserer Sünden reicht uns
bis an die Kehle, und der Berg unserer Verfeh-
lungen ist bis zum Himmel gewachsen. 7 Von
der Zeit unserer Väter bis heute haben wir
schweres Unrecht begangen. Wegen unserer
Vergehen wurden wir, unsere Könige und
unsere Priester in die Gewalt fremder Herrscher
gegeben. Man hat uns hingeschlachtet, als Ge-
fangene verschleppt, ausgeplündert und mit
Schimpf und Schande überschüttet. So ist es bis
heute geblieben.

8 Nun hast du jetzt für eine kurze Zeit Gnade
walten lassen, HERR, unser Gott. Du hast einen
Rest von uns übriggelassen und uns an deiner
heiligen Stätte in Sicherheit gebracht. Unsere
Augen konnten wieder aufleuchten, du hast
uns ein wenig aufatmen lassen in unserer
Sklaverei. 9 Wir sind noch Sklaven; aber doch
hast du uns nicht verlassen. Du hast uns die
Gunst der Könige von Persien* finden lassen, so
daß wir deinen Tempel* aus den Trümmern
wiederaufrichten konnten, und du hast uns in
Judäa und Jerusalem eine sichere Wohnstätte ge-
geben.

10 Aber wie können wir vor dir, unserem Gott,
bestehen nach dem, was jetzt vorgefallen ist?
Wir haben gegen deine Gebote verstoßen, 11 die
du uns einst durch deine Diener, die Propheten*,
einschärfen ließest. Du hast uns durch sie sagen
lassen: ›Das Land, das ihr in Besitz nehmen wer-
det, ist unrein* durch den Götzendienst seiner
Bewohner und die Götzenbilder, mit denen sie
es von einem Ende bis zum andern angefüllt
haben. 12 Deshalb sollt ihr mit diesen Leuten
keine Ehen schließen: Eure Töchter dürft ihr kei-
nem Mann aus diesen Völkern geben und für
eure Söhne keine Frau aus diesen Völkern neh-
men. Sucht nicht ihre Freundschaft und schließt
keine Verträge mit ihnen – für alle Zeiten nicht!
Denn ihr sollt selbst stark werden, den Ertrag
des Landes genießen und es euren Söhnen ver-
erben als Besitz für alle kommenden Generatio-
nen.‹

13 Weil unser Volk dir nicht gehorcht und
schwere Schuld auf sich geladen hatte, kam
großes Unglück über uns. Und doch hast du,
unser Gott, uns nicht so hart gestraft, wie wir es
verdient hatten, sondern hast uns, die wir hier
sind, übriggelassen. 14 Wie können wir nun wie-
der anfangen, gegen deine Gebote zu verstoßen

a *72:* mit alten Übersetzungen; H *77.*
b *Amoriter* könnte nach persischem Sprachgebrauch Bezeichnung für die Araber sein; vielleicht ist auch zu lesen *Edomiter.*
c *vor dem Tempelhaus:* verdeutlichender Zusatz; vgl. 10,1.
9,1-2 (Fremde geheiratet) 9,11-12 S; Neh 10,31; 13,23-28; Mal 2,10-12; Ex 34,11-16 9,11 Lev 18,24-27 9,12 Dtn 7,3; 23,7

und uns mit diesen Götzendienern zu verschwägern? Mußt du da nicht so zornig werden, daß du uns ganz vernichtest und es keinen Rest und keine Rettung mehr gibt?

15 HERR, du Gott Israels, du hast Gnade vor Recht ergehen lassen und uns als Rest deines Volkes gerettet, wie unser Hiersein das heute bezeugt. Und nun stehen wir vor dir mit unserer Schuld! Wir wissen: So können wir vor dir nicht bestehen!«

Die Mischehen werden geschieden

10 Während Esra vor dem Tempelhaus auf den Knien lag und unter Tränen zu Gott betete und die Schuld des Volkes bekannte, versammelte sich bei ihm eine große Gemeinde von Männern, Frauen und Kindern aus Israel. Sie alle weinten sehr.

2 Schechanja, der Sohn von Jehiël aus der Sippe Elam, sagte zu Esra: »Wir haben unserem Gott die Treue gebrochen; denn wir haben Frauen aus der Bevölkerung des Landes geheiratet. Aber trotzdem gibt es noch eine Hoffnung für Israel: 3 Wir müssen jetzt mit unserem Gott einen Bund* schließen und uns verpflichten, alle fremden Frauen mit ihren Kindern wegzuschicken. So hast du es uns geraten, und alle, die das Gebot unseres Gottes ernst nehmen, haben es befürwortet. Dem Gesetz* Gottes muß Geltung verschafft werden. 4 Darum steh auf! Du mußt das in Ordnung bringen. Sei mutig und handle! Wir stehen hinter dir!«

5 Da stand Esra auf. Er ließ die Vorsteher der Priester* aus der Nachkommenschaft von Levi und die Vorsteher von ganz Israel schwören, so zu handeln, wie Schechanja beantragt hatte, und sie schworen es. 6 Dann verließ Esra den Platz vor dem Haus Gottes und ging in die Tempelzelle Johanans, des Sohnes von Eljaschib. Dort blieb er die Nacht über,[a] aß nicht und trank nicht, so erschüttert war er über den Treubruch der Heimgekehrten.

7 Darauf ließ Esra in Judäa und Jerusalem ausrufen, daß alle Heimgekehrten sich in Jerusalem versammeln sollten. 8 So hätten es die Vorsteher und Ältesten* beschlossen. Jeder, der nicht vor Ablauf von drei Tagen komme, werde aus der Gemeinde der Heimgekehrten ausgeschlossen, und sein gesamter Besitz werde eingezogen.

9 Pünktlich versammelten sich alle Männer der Stämme Juda und Benjamin in Jerusalem. Es war der 20. Tag des 9. Monats. Sie setzten sich auf den freien Platz vor dem Haus Gottes, zitternd wegen der anstehenden Sache und auch, weil es in Strömen regnete.

10 Der Priester Esra stand auf und sagte zu ihnen: »Durch eure Heirat mit fremden Frauen habt ihr dem HERRN die Treue gebrochen und so die Schuld Israels vergrößert. 11 Gesteht jetzt vor dem HERRN, dem Gott eurer Väter, eure Schuld ein und tut, was er von euch erwartet. Trennt euch von den Bewohnern des Landes und von euren fremden Frauen!«

12 Die ganze Gemeinde rief laut: »Ja, das müssen wir tun! Genau wie du sagst!«

13 Sie gaben aber zu bedenken: »Wir sind zu viele hier, und außerdem regnet es. Hier im Freien können wir nicht bleiben. Die Sache läßt sich auch nicht in ein oder zwei Tagen erledigen, weil so viele von uns darin verwickelt sind. 14 Unsere Vorsteher sollen hierbleiben und im Auftrag der ganzen Gemeinde handeln. Jeder, der eine fremde Frau geheiratet hat, soll zur festgesetzten Zeit vor ihnen erscheinen, zusammen mit den Ältesten* und Richtern seines Ortes. Alles soll in Ordnung gebracht werden, damit wir den glühenden Zorn unseres Gottes von uns abwenden, den wir mit diesem Treubruch auf uns gezogen haben.«

15 Alle stimmten zu, ausgenommen Jonatan, der Sohn von Asaël, und Jachseja, der Sohn von Tikwa, die von Meschullam und dem Leviten* Schabbetai unterstützt wurden. 16 Die Heimgekehrten verfuhren nach diesem Beschluß. Der Priester Esra rief die Oberhäupter aller Sippen namentlich auf und betraute sie mit dieser Aufgabe.[b]

Am 1. Tag des 10. Monats traten sie zusammen, um mit der Untersuchung zu beginnen. 17 Alle Männer, die fremde Frauen geheiratet hatten, mußten vor ihnen erscheinen. Bis zum 1. Tag des 1. Monats war die ganze Angelegenheit geregelt.

Die Liste der Männer mit nichtjüdischen Frauen

18–19 Hier folgt die Liste der Männer, die nichtjüdische Frauen geheiratet hatten. Sie verpflichteten sich mit Handschlag, ihre fremden Frauen wegzuschicken, und brachten als Wiedergutmachungsopfer* einen Schafbock dar:

a So mit alten Übersetzungen; H *Er ging dorthin.*
b So mit alten Übersetzungen; H *Es wurden ausgewählt Esra, der Priester, und Männer, Oberhäupter der Sippen, alle mit Namen.*
10,6 Jes 58,5 S

Priester:
aus der Sippe von Jeschua, dem Sohn Jozadaks, und von seinen Brüdern: Maaseja, Eliëser, Jarib und Gedalja
20 aus der Sippe Immer: Hanani und Sebadja
21 aus der Sippe Harim: Maaseja, Elija, Schemaja, Jehiël und Usija
22 aus der Sippe Paschhur: Eljoënai, Maaseja, Jischmaël, Netanel, Josabad und Elasa

23 *Leviten:*
Josabad, Schimi, Kelaja, der auch Kelita genannt wird, Petachja, Juda und Eliëser

24 *Sänger:*
Eljaschib

Torwächter:
Schallum, Telem und Uri

25 *Andere Israeliten:*
aus der Sippe Parosch: Ramja, Jisija, Malkija, Mijamin, Eleasar, Malkija und Benaja
26 aus der Sippe Elam: Mattanja, Secharja, Jehiël, Abdi, Jeremot und Elija
27 aus der Sippe Sattu: Eljoënai, Eljaschib, Mattanja, Jeremot, Sabad und Asisa
28 aus der Sippe Bebai: Johanan, Hananja, Sabbai und Atlai
29 aus der Sippe Bani: Meschullam, Malluch, Adaja, Jaschub, Scheal und Jeremot
30 aus der Sippe Pahat-Moab: Adna, Kelal, Benaja, Maaseja, Mattanja, Bezalel, Binnui und Manasse
31 aus der Sippe Harim: Eliëser, Jischija, Malkija,
Schemaja, Simeon, 32 Benjamin, Malluch und
Schemarja
33 aus der Sippe Haschum: Mattenai, Mattatta, Sabad, Elifelet, Jeremai, Manasse und Schimi
34 aus der Sippe Bani: Maadai, Amram, Uël, 35 Be-
naja, Bedja, Keluhi, 36 Wanja, Meremot, Elja-
schib, 37 Mattanja, Mattenai, Jaasai, 38 Bani,
Binnui, Schimi, 39 Schelemja, Natan, Adaja,
40 Machnadbai, Schaschai, Scharai, 41 Asarel,
Schelemja, Schemarja, 42 Schallum, Amarja
und Josef
43 aus der Sippe Nebo: Jëiël, Mattitja, Sabad, Sebina, Jaddai, Joël und Benaja

44 Alle diese Männer hatten nichtjüdische Frauen geheiratet. Unter den Frauen waren einige, die Kinder geboren hatten.

DAS BUCH NEHEMIA

Inhaltsübersicht

NEHEMIAS ENTSENDUNG UND WIEDERAUFBAU DER STADTMAUER
(Kapitel 1–7)

Nehemia beginnt seinen Rechenschaftsbericht

1 Dies ist der Bericht von Nehemia, dem Sohn von Hachalja:
Im 20. Regierungsjahr des Perserkönigs* Arta-
xerxes, im Monat Kislew*, war ich in der königlichen Residenz Susa. 2 Da kam Hanani, einer
meiner Brüder, mit einigen Männern aus Judäa
zu mir. Ich fragte sie, wie es den Juden dort gehe,
den Überlebenden, die nicht verschleppt worden waren, und erkundigte mich nach dem
Zustand Jerusalems. 3 Sie berichteten mir: »Die
Menschen in der Provinz Juda, die der Verschleppung entgangen sind, leben in großer Not und Schande. Die Stadtmauer Jerusalems liegt in Trümmern, die Tore sind durch Feuer zerstört.«

4 Als ich das hörte, setzte ich mich nieder und
weinte. Tagelang trauerte ich, fastete* und flehte
den Gott des Himmels an. 5 Ich betete:

»Ach HERR, du Gott des Himmels, du großer und ehrfurchtgebietender Gott! Du stehst in unerschütterlicher Treue zu deinem Bund* und zu denen, die dich lieben und nach deinen Geboten
leben. 6 Sieh mich, deinen Diener, freundlich an,
und habe ein offenes Ohr für mein Gebet! Tag und Nacht flehe ich zu dir für die Menschen, die dir dienen, dein Volk Israel!

Ich bekenne dir die Sünden, die wir Israeliten gegen dich begangen haben. Wir haben

1,3 Esra 9,3 1,5 Dtn 7,9 S

Unrecht getan; auch ich und meine Verwandten haben sich verfehlt. 7 Wir haben große Schuld auf uns geladen: Wir haben die Gebote und Gesetze mißachtet, die du uns durch Mose, deinen Diener und Bevollmächtigten*, gegeben hast.

8 Aber denk doch daran, daß du ausdrücklich zu deinem Diener Mose gesagt hast: ›Wenn ihr mir untreu werdet, will ich euch unter die fremden Völker zerstreuen; 9 wenn ihr aber zu mir zurückkehrt, auf meine Gebote achtet und sie befolgt, werde ich sogar die, die ich bis ans äußerste Ende der Erde verstoßen habe, von dort zurückholen. Ich will sie heimbringen an den Ort, den ich erwählt und zum Wohnsitz meines Namens[a] bestimmt habe.‹ So hast du gesagt – 10 und sie sind ja trotz allem deine Diener, dein Volk, das du einst durch deine große Macht und mit deiner starken Hand aus Ägypten befreit hast!

11 Ach Herr, erhöre mein Flehen und das Flehen aller, die dir bereitwillig und voll Ehrfurcht dienen! Laß mich doch heute Erfolg haben und hilf, daß der König mir gnädig ist!«

Ich war nämlich der Mundschenk des Königs.

Der Mundschenk des Königs wagt eine Bitte …

2 Es war an einem Tag im Monat Nisan*, im 20. Regierungsjahr des Königs Artaxerxes.[b] Der Wein war bereitgestellt, und ich nahm den Becher, füllte ihn und reichte ihn dem König. Ich war bei ihm sehr gut angeschrieben.

2 Der König sagte zu mir: »Warum siehst du so schlecht aus? Du bist doch nicht etwa krank? Nein, das ist es nicht – irgend etwas macht dir das Herz schwer!«

Der Schreck fuhr mir in die Glieder. 3 Dann antwortete ich: »Der König möge ewig leben! Kann ich denn fröhlich aussehen? Die Stadt, in der meine Vorfahren begraben sind, ist verwüstet, und ihre Tore sind vom Feuer zerstört.«

4 Darauf fragte mich der König: »Und was ist deine Bitte?«

Ich schickte ein Stoßgebet zum Gott des Himmels 5 und sagte zum König: »Mein König, wenn es dir gut erscheint und wenn du deinem Diener Vertrauen schenkst, dann laß mich doch nach Judäa gehen in die Stadt, in der meine Vorfahren begraben sind, damit ich sie wieder aufbauen kann!«

… und erhält Vollmachten für Jerusalem

6 Der König, neben dem die Königin saß, fragte mich: »Wie lange würde deine Reise dauern? Wann könntest du wieder hier sein?«

Ich nannte ihm eine Zeit, und er war einverstanden. 7 Dann sagte ich noch zu ihm: »Mein König, wenn es dir recht ist, dann möge man mir amtliche Schreiben mitgeben an die Statthalter der Westprovinz, damit sie mich nach Judäa durchreisen lassen. 8 Außerdem brauche ich ein amtliches Schreiben an Asaf, den königlichen Oberforstverwalter. Er soll mir Bauholz geben für die Tore der Verteidigungsanlage beim Tempel*, für die Stadtmauer und für das Haus, in dem ich wohnen werde.«

Der König gewährte es mir, denn die gütige Hand meines Gottes stand mir bei.

9 Für die Reise gab mir der König eine Leibwache von Offizieren und Reitern mit. Als ich zu den Statthaltern der Westprovinz kam, übergab ich ihnen die Briefe des Königs. 10 Sanballat, der Horoniter*, und der Ammoniter* Tobija, sein Bevollmächtigter, gerieten in heftigen Zorn, weil einer kam, der den Israeliten helfen wollte.

Vorbereitungen zum Wiederaufbau der Stadtmauer

11 Als ich in Jerusalem ankam, wartete ich zunächst drei Tage. 12 Dann begab ich mich in der Nacht auf Erkundung, nahm aber nur wenige Männer mit. Ich hatte noch keinem Menschen gesagt, was mein Gott mir ins Herz gegeben hatte und was ich für die Stadt tun wollte. Ich nahm auch keine Reittiere mit außer dem einen, auf dem ich ritt.

13 So ritt ich bei Nacht durch das Taltor und von dort aus südwärts in Richtung Drachenquelle bis zum Misttor. Ich untersuchte genau, wie weit die Mauern Jerusalems eingerissen und die Tore verbrannt waren. 14 Dann wandte ich mich nach Norden zum Quelltor und zum Königsteich. Weil ich an der Mauer entlang mit meinem Reittier nicht mehr weiterkam, 15 ritt ich noch ein Stück unten im Tal weiter, um mir ein Bild vom Zustand der Mauer zu machen. Dann kehrte ich um und kam durch das Taltor wieder zurück.

16 Die Ratsherren der Stadt wußten nicht, wohin ich gegangen war und was ich vorhatte. Denn bis dahin hatte ich keinem der Juden

a *Wohnsitz meines Namens:* siehe Anmerkung zu Dtn 12,5.
b Das hier gegebene Datum liegt 4 Monate früher als die Angabe von 1,1. Vielleicht sind die Jahre und Monate nach verschiedenen Kalendern berechnet (vgl. Sacherklärung »Kalender«).

1,8 Lev 26,33 **1,9** Dtn 30,1-5 **1,10** Dtn 9,29 **2,3** 2 Chr 36,19 **2,8** Esra 7,6 S **2,10** 2,19; 3,33-35; 4,1; 6,1; 13,28

etwas von meinen Plänen mitgeteilt, weder den Priestern noch den Männern der ersten Familien und den Ratsherren, noch allen übrigen, die mit der Sache zu tun hatten.

[17] Nun aber sagte ich zu ihnen: »Ihr seht selbst die trostlose Lage, in der wir stecken. Jerusalem ist ein Trümmerhaufen, und die Stadttore sind verbrannt. Kommt, laßt uns die Mauer wieder aufbauen, damit diese Schande aus der Welt geschafft wird!«

[18] Ich erzählte ihnen auch, wie die gütige Hand meines Gottes mir geholfen und was der König mir gewährt hatte.

Da sagten sie: »Ja, ans Werk, bauen wir sie auf!« Und sie machten sich mit Eifer an die Vorbereitungen zu dem wichtigen Unternehmen.

[19] Als Sanballat, Tobija und der Araber Geschem von unserer Absicht hörten, machten sie sich über uns lustig und sagten: »Da habt ihr euch etwas Großes vorgenommen! Ein bißchen zu groß für euch! Wollt ihr euch am Ende noch gegen den König auflehnen?«

[20] Ich ließ ihnen ausrichten: »Der Gott des Himmels wird es uns gelingen lassen. Wir, seine Diener, machen uns ans Werk und bauen die Mauer auf. Euch aber geht Jerusalem nichts an; denn ihr habt hier weder Grundbesitz noch irgendeinen Rechtsanspruch, ihr habt euch auch nie um die Stadt verdient gemacht!«

Die Liste der Bauleute

3 Der Oberste Priester* Eljaschib und seine Brüder, die Priester, bauten das Schafstor wieder auf, weihten es und setzten die Torflügel ein. Sie weihten auch das angrenzende Mauerstück bis zum »Turm der Hundert« und zum Hananel-Turm.

[2] Die Einwohner von Jericho bauten den daran anschließenden Mauerabschnitt wieder auf.

Den nächsten Abschnitt baute Sakkur, der Sohn von Imri, wieder auf.

[3] Die Sippe Senaa baute das Fischtor wieder auf. Sie deckten es mit Balken, setzten die Torflügel ein und brachten die Riegel und ihre Sicherungen an.

[4] Meremot, der Sohn von Urija und Enkel von Koz, besserte den nächsten Mauerabschnitt aus.

Den anschließenden Teil setzte Meschullam, der Sohn von Berechja und Enkel von Meschesabel, instand.

Am nächsten Abschnitt arbeitete Zadok, der Sohn von Baana.

[5] Die Einwohner von Tekoa besserten den anschließenden Mauerabschnitt aus. Aber die vornehmen Männer dieser Stadt weigerten sich, die Arbeit aufzunehmen, die ihnen von mir zugewiesen wurde.

[6] Jojada, der Sohn von Paseach, und Meschullam, der Sohn von Besodja, setzten das Jeschana-Tor instand. Sie deckten es mit Balken, setzten die Torflügel ein und brachten die Riegel und ihre Sicherungen an.

[7] Am anschließenden Teil der Mauer arbeiteten Melatja aus Gibeon, Jadon aus Meronot sowie die Männer aus Gibeon und Mizpa. Nahe bei diesem Abschnitt lag der Amtssitz des Statthalters für die Provinz westlich des Eufrats.

[8] Usiël, der Sohn von Harhaja, aus der Familie der Goldschmiede, besserte den nächsten Abschnitt aus.

Den anschließenden Teil setzte Hananja, der Salbenmischer, instand. Diese beiden stellten den Abschnitt bis zur »Breiten Mauer« fertig.

[9] Refaja, der Sohn Hurs, Vorsteher des halben Verwaltungsbezirks Jerusalem, besserte den nächsten Mauerabschnitt aus.

[10] Jedaja, der Sohn von Harumaf, setzte den anschließenden Teil instand, seinem eigenen Haus gegenüber.

Am nächsten Abschnitt arbeitete Hattusch, der Sohn von Haschabneja.

[11] Malkija, der Sohn Harims, und Haschub, der Sohn Pahat-Moabs, besserten den nächsten Teil der Mauer aus, bis zum Ofenturm.

[12] Schallum, der Sohn von Lohesch, Vorsteher der anderen Hälfte des Verwaltungsbezirks Jerusalem, setzte den anschließenden Abschnitt instand. Seine Töchter halfen ihm dabei.

[13] Hanun und die Einwohner von Sanoach bauten das Taltor wieder auf. Sie setzten die Torflügel ein und brachten die Riegel und ihre Sicherungen an. Außerdem besserten sie die Mauer von dort bis zum Misttor aus, ein Stück von etwa 500 Metern.[a]

[14] Das Misttor wurde von Malkija, dem Sohn Rechabs, wieder aufgebaut. Er war Vorsteher des Bezirks Bet-Kerem. Er setzte die Torflügel ein und brachte die Riegel und ihre Sicherungen an.

[15] Schallun, der Sohn von Kolhose, Vorsteher des Bezirks Mizpa, baute das Quelltor wieder auf. Er machte eine neue Überdachung, setzte die Torflügel ein und brachte die Riegel und ihre Sicherungen an. Außerdem setzte er die Mauer am Teich der Wasserleitung beim königlichen

a Hebräische Maßangabe *1000 Ellen**.

2,18 Esra 7,6 S **3,1** (Eljaschib) 3,20-21; 12,10.22; 13,28; (Hananel-Turm) 12,39; Jer 31,38; Sach 14,10 **3,15** 2 Kön 20,20

Garten instand, bis zu den Stufen, die von der
Davidsstadt* herabführen.
16 Am nächsten Mauerabschnitt arbeitete
Nehemja, der Sohn Asbuks, Vorsteher der einen
Hälfte des Bezirks Bet-Zur. Er arbeitete an dem
Abschnitt gegenüber den Gräbern Davids und
seiner Nachfolger, bis zu dem künstlich angelegten Teich und der Kaserne der »Dreißig Helden*«.
17 Den anschließenden Teil der Mauer setzten
die Leviten* unter Rehum, dem Sohn von Bani,
instand.

Haschabja, Vorsteher der einen Hälfte des Bezirks Keïla, besserte den nächsten Abschnitt aus;
er vertrat seinen Bezirk.
18 Am anschließenden Teil arbeiteten die Leviten[a] unter Binnui, dem Sohn Henadads, Vorsteher der anderen Hälfte des Bezirks Keïla.
19 Den nächsten Teil setzte Eser, der Sohn von
Jeschua, Vorsteher von Mizpa, instand. Sein Abschnitt lag gegenüber dem Aufstieg zur Waffenkammer beim »Winkel«.[b]
20 Baruch, der Sohn von Sabbai, arbeitete mit
ganzem Einsatz am Mauerabschnitt zwischen
dem »Winkel« und dem Eingang zum Haus des
Obersten Priesters Eljaschib.
21 Meremot, der Sohn von Urija und Enkel
von Koz, besserte den nächsten Abschnitt aus,
vom Eingang zum Haus Eljaschibs bis zum Ende
des Hauses.
22 Den anschließenden Teil setzten die Priester aus der Umgebung von Jerusalem[c] instand.
23 Benjamin und Haschub arbeiteten am
nächsten Teil, ihren Häusern gegenüber.

Asarja, der Sohn von Maaseja und Enkel von
Ananeja, setzte den anschließenden Abschnitt
instand, nahe bei seinem Haus.
24 Am nächsten Teil arbeitete Binnui, der Sohn
Henadads, vom Haus Asarjas bis zum »Winkel«
und weiter bis zur »Ecke«.
25 Palal, der Sohn von Usai, arbeitete an der
Mauer gegenüber dem »Winkel« und dem hohen Turm, der am königlichen Palast vorspringt,
nahe beim Wachthof.

Pedaja, der Sohn von Parosch,
26 und die Tempeldiener*, die auf dem Ofel* wohnten, besserten den anschließenden Teil aus, bis zum Wassertor auf der Ostseite und zum vorspringenden
Turm.
27 Am nächsten Teil, vom vorspringenden
Turm bis zur Mauer am Ofel, arbeiteten die Einwohner von Tekoa.
28 Den Abschnitt oberhalb des Roßtores setzten die Priester instand, jeder seinem Haus
gegenüber.
29 Zadok, der Sohn von Immer, arbeitete an
dem Teil der Mauer, der seinem Haus gegenüber
lag.

Den anschließenden Teil setzte Schemaja, der
Sohn von Schechanja, der Wächter des Osttores,
instand.
30 Hananja, der Sohn von Schelemja, und
Hanun, der sechste Sohn Zalafs, besserten den
nächsten Teil aus.

Meschullam, der Sohn von Berechja, arbeitete an dem Abschnitt gegenüber seiner Wohnung.
31 Malkija, der Goldschmied, setzte den
anschließenden Teil instand, bis zum Haus der
Tempeldiener und der Händler, gegenüber dem
Wachttor, und bis zum Aufgang an der Nordostecke.
32 Den Mauerabschnitt von dort bis zum
Schafstor setzten die Goldschmiede und die
Händler instand.

Die Pläne der Gegner werden durchkreuzt

33 Als Sanballat hörte, daß wir die Stadtmauer
wieder aufbauten, wurde er zornig und war sehr
verärgert. Er machte sich über uns Juden lustig
34 und sagte in Gegenwart seiner Freunde und
der Truppen von Samaria: »Was bilden sich diese
elenden Juden eigentlich ein? Meinen sie wirklich, sie könnten es schaffen? Oder glauben sie,
daß ihre Opfer* etwas bewirken?[d] Das ist doch
keine Arbeit von einem Tag! Sie wollen wohl die
verbrannten Steine ihrer Ruinen zu neuem
Leben erwecken?«
35 Tobija, der Ammoniter*, stand neben ihm
und fügte hinzu: »Sie sollen nur bauen! Wenn
ein Fuchs an ihre Mauer springt, dann stürzt die
ganze Herrlichkeit zusammen!«
36 »Du unser Gott«, sagte ich, »hör doch, wie
sie über uns lachen! Laß ihren Spott auf sie selbst
zurückfallen! Laß sie gefangen weggeführt werden und selber die Verachtung zu spüren bekommen!
37 Vergib ihnen dieses Unrecht nicht,
vergiß es ihnen nicht! Denn sie haben dich beleidigt, vor allen, die an der Mauer bauen.«
38 Trotz dieser Anfeindungen konnten wir die
Mauer wieder aufbauen. Bald schon war sie

a *die Leviten:* wörtlich *ihre Brüder.* b *Winkel:* andere Deutung *Stützpfeiler/Böschung.*
c *aus der Umgebung ...:* wörtlich *aus dem Umkreis,* womit sonst die Jordanebene bezeichnet wird.
d *Oder glauben sie:* Deutung unsicher.

3,20-21 3,1 S 3,21 Esra 8,33 3,26 11,21; Esra 8,20 S 3,33 2,10 S 3,37 Jer 18,23

über die ganze Länge geschlossen und bis zur halben Höhe aufgeführt, weil alle mit Eifer bei der Sache waren.

4 Als Sanballat und Tobija, die Araber, die Ammoniter und die Leute von Aschdod erfuhren, daß der Wiederaufbau der Mauer Jerusalems voranging und sich ihre Lücken zu schließen begannen, gerieten sie in Wut. 2 Sie verschworen sich und beschlossen, bewaffnet gegen Jerusalem zu ziehen und dort Verwirrung anzurichten. 3 Wir aber beteten zu unserem Gott und stellten Tag und Nacht zum Schutz gegen sie Wachen auf. 4 Unter den Judäern ging zu dieser Zeit das Lied um:

»Der Schutt nimmt ja doch nie ein Ende,
wir haben schon ganz lahme Hände!
Wir sind viel zu müde und matt,
zu bauen die Mauer der Stadt.«

5 Unsere Feinde dachten: »Ehe die Judäer etwas ahnen, sind wir schon mitten unter ihnen, schlagen sie zusammen und bereiten ihrem Machwerk ein Ende.«

6 Doch es kam ganz anders. Denn die Juden, die in ihrer Nähe wohnten, hielten uns auf dem laufenden über das, was unsere Feinde gegen uns vorhatten.[a] 7 Darum rief ich alle wehrfähigen Männer zu den Waffen. Ich stellte sie unterhalb des Tempelplatzes hinter den eingestürzten Partien der Mauer auf,[b] geordnet nach Familienverbänden, bewaffnet mit Schwertern, Speeren und Bogen.

8 In dieser gefährlichen Lage[c] trat ich vor sie hin und sagte zu den Männern aus den ersten Familien und den Ratsherren und zum ganzen Volk: »Habt keine Angst! Erinnert euch daran, wie groß und mächtig der Herr ist! Kämpft für eure Brüder, für eure Söhne und Töchter, für eure Frauen und für euren Besitz!«

Mauerbau im Schutz der Waffen

9 Unsere Feinde erfuhren, daß wir gewarnt waren. Ihr Plan war gescheitert, Gott hatte ihn vereitelt. Wir aber gingen alle zur Mauer zurück, jeder an seine Arbeit.

10 Von dem Tag an arbeitete nur noch die Hälfte meiner Leute beim Mauerbau mit, während die andere Hälfte Wache stand, ausgerüstet mit Speeren, Schilden, Bogen und Rüstungen. Die führenden Männer standen hinter den Leuten von Juda, 11 die am Mauerbau arbeiteten. Die Träger trugen mit der einen Hand die Last, in der andern hielten sie eine Waffe. 12 Alle Bauleute hatten während der Arbeit das Schwert umgeschnallt. Ich selbst hatte den Mann mit dem Signalhorn immer bei mir.

13 Zu den Männern aus den ersten Familien und den Ratsherren und den Bauleuten aus dem Volk sagte ich: »Die Baustelle ist weitläufig. Wir müssen uns über die ganze Mauer verteilen und sind dadurch weit voneinander entfernt. 14 Wenn ihr von irgendeiner Stelle her das Widderhorn* blasen hört, kommt ihr sofort zu mir dorthin. Unser Gott wird für uns kämpfen!«

15 So arbeiteten wir alle vom ersten Morgenrot an, bis die Sterne sichtbar wurden; aber die Hälfte meiner Leute hatte ständig den Speer in der Hand und hielt Wache. 16 Für die ganze Zeit hatte ich angeordnet, daß die verantwortlichen Bauführer mit ihren Leuten in Jerusalem übernachten sollten. So konnten sie uns nachts beim Wachtdienst helfen und tagsüber an die Arbeit gehen. 17 Weder ich noch einer von meinen Brüdern und Verwandten, meinen eigenen Leuten oder der Wachmannschaft, die mich begleitete, zog seine Kleider aus, und jeder hatte seinen Wurfspeer stets griffbereit.[d]

Die kleinen Leute bezahlen die Zeche

5 Im Volk aber breitete sich Unzufriedenheit aus.[e] Die Männer und ihre Frauen kamen zu mir und beschwerten sich über ihre jüdischen Stammesbrüder.

2 Die einen klagten: »Wir haben viele Söhne und Töchter und wissen nicht, wie wir genug Getreide zum Leben beschaffen sollen.«

3 Andere beklagten sich: »Wir müssen unsere Felder, unsere Weinberge und unsere Häuser verpfänden, um in der Hungersnot Brot kaufen zu können.«

4 Wieder andere beschwerten sich: »Wir mußten unsere Felder und Weinberge verpfänden, um die Abgaben für den König bezahlen zu können.«

5 Sie alle sagten: »Sind wir etwa nicht vom selben Fleisch und Blut wie unsere Stammesbrüder? Sind unsere Kinder nicht genausogut Israeliten wie ihre Kinder? Und doch müssen wir ihnen unsere Söhne und Töchter als Sklaven* geben. Einige unserer Töchter sind schon miß-

a *hielten uns ...:* vermutlicher Text; H *kamen aus allen Orten und sagten uns zehnmal: Kommt zu uns zurück.*
b *unterhalb des Tempelplatzes ...:* Deutung unsicher. c Wörtlich *Ich sah (die Lage).*
d *stets griffbereit:* wörtlich *und jeder – sein Wurfspeer (war) das Wasser* (vielleicht: nahm die Stelle des Waschwassers ein, d. h. es gab keine Gelegenheit zum Waschen).
e Verdeutlichender Zusatz.

4,1 2,10 S 4,14 Ex 14,14 5,5-11 Lev 25,35-42

braucht worden, und wir können nichts dagegen tun. Unsere Felder und Weinberge gehören anderen.«

[6] Ich wurde sehr zornig, als ich von diesem himmelschreienden Unrecht erfuhr. [7] Ich überlegte mir die Sache hin und her. Dann sagte ich den Männern aus den ersten Familien und den Ratsherren hart und deutlich meine Meinung: »Wie könnt ihr die Notlage eurer eigenen Stammesbrüder so schamlos ausnutzen?«

Ich brachte die Sache vor die Versammlung der ganzen Gemeinde [8] und hielt den Schuldigen vor: »Wir haben von unseren jüdischen Stammesbrüdern, die unter die Nachbarvölker verkauft worden waren, so viele losgekauft, wie wir konnten. Und ihr wollt sie jetzt selber verkaufen, damit sie wieder zurückgekauft werden müssen?«

Sie schwiegen und konnten nichts zu ihrer Rechtfertigung vorbringen.

[9] Ich fuhr fort: »Was ihr da tut, ist ein Verbrechen. Ihr solltet in wahrer Gottesfurcht leben! So aber macht ihr uns zum Gespött der Völker, die unsere Feinde sind. [10] Auch ich, meine Brüder und Verwandten und meine Leute haben Geld und Getreide ausgeliehen. Laßt uns doch auf jede Rückzahlung verzichten! [11] Und gebt euren Schuldnern noch heute ihre Felder, ihre Weinberge, Ölbäume und Häuser zurück! Erlaßt ihnen die ganze Schuld, alles, was ihr ihnen an Geld und Getreide, an Wein und Öl geliehen habt!«

Nehemia als leuchtendes Vorbild

[12] Da riefen sie: »Wir wollen alles zurückgeben und nichts mehr von ihnen fordern! Wir wollen alles so machen, wie du gesagt hast!«

Ich rief die Priester* zu mir und ließ die Gläubiger vor ihnen ihr Versprechen beschwören. [13] Ich schüttelte alles, was ich über dem Gürtel in meinem Gewand trug, vor der ganzen Gemeinde heraus und erklärte: »Genauso soll Gott jeden, der diesen Schwur nicht hält, aus seinem Haus und seinem Besitz hinausschütteln, ja, er selbst soll genauso ausgeschüttelt und ausgeleert sein.«

Die ganze Gemeinde rief: »Amen*, so soll es sein!« und pries den HERRN. Alle hielten sich an diese Abmachung.

[14] Ich selbst verzichtete für mich und meine Verwandtschaft von Anfang an auf die Unterhaltskosten, die mir als Statthalter der Provinz Juda zustanden, die ganzen zwölf Jahre lang, vom 20. bis zum 32. Regierungsjahr des Königs Artaxerxes. [15] Frühere Statthalter hatten dem Volk schwere Lasten auferlegt. Sie verlangten von ihm nicht nur Brot und Wein, sondern täglich auch noch 40 Silberstücke* für ihren Unterhalt.[a] Auch ihre Leute unterdrückten das Volk.

Weil ich Gott ernst nahm, tat ich dies alles nicht. [16] Meine ganze Kraft habe ich für den Bau der Mauer eingesetzt, und auch meine Leute haben bei der Arbeit mitgeholfen. Keiner von uns hat Grundbesitz erworben. [17] Hundertfünfzig Beamte der judäischen Bezirksverwaltung hatte ich ständig zu verpflegen, dazu die Gäste, die von den umliegenden Völkern zu uns kamen. [18] Täglich wurden ein Rind, sechs ausgesuchte Schafe und dazu Geflügel zubereitet. Alle zehn Tage wurden die verschiedensten Weine in großen Mengen angeliefert. Trotzdem habe ich die Unterhaltskosten, die mir als Statthalter zustanden, nicht in Anspruch genommen; denn das Volk war durch die Bauarbeiten schon mehr als genug belastet.

[19] Denk doch an mich, mein Gott, und laß mir zugute kommen, was ich für dieses Volk getan habe!

Die Gegner wollen Nehemia einschüchtern

6 Sanballat, Tobija und der Araber Geschem sowie unsere übrigen Feinde erfuhren, daß ich den Mauerbau vollendet hatte und keine Lücken mehr in der Mauer waren. Allerdings hatten wir die Torflügel noch nicht eingesetzt.

[2] Genau zu dieser Zeit schickten Sanballat und Geschem mir einen Boten mit der Einladung, sie in Kefirim im Ono-Tal zu treffen. Weil sie aber Böses gegen mich im Schilde führten, [3] ließ ich ihnen durch Boten sagen: »Ich habe eine große Aufgabe zu bewältigen und kann unmöglich kommen. Meine Arbeit würde liegenbleiben, wenn ich sie verließe, um euch zu treffen.«

[4] Viermal schickten sie mir dieselbe Einladung, und jedesmal schickte ich ihnen dieselbe Antwort. [5] Sanballat gab nicht auf. Das fünfte Mal schickte er einen seiner Diener mit einem unversiegelten Brief. [6] Darin stand:

»Wie Geschem mir bestätigt hat, geht unter den Leuten das Gerücht um, daß du mit den Juden einen Aufstand vorbereitest und daß ihr zu diesem Zweck auch die Mauer wieder aufbaut. Man erzählt sich auch, du wolltest ihr König

a Deutung unsicher; möglich auch: *Brot und Wein für 40 Silberstücke.*

5,19 6,14; 13,14.22.31; Ps 132,1 6,1 2,10 S

werden. 7 Du sollst Propheten* bestellt haben, die den Auftrag haben, überall in Jerusalem auszurufen: ›Juda hat wieder einen König!‹ Es wird nicht ausbleiben, daß solche Gerüchte dem König zu Ohren kommen. Komm also zu mir, damit wir miteinander über alles reden können.«

8 Ich ließ ihm antworten: »Was du schreibst, ist völlig aus der Luft gegriffen. Du hast dir das alles selbst ausgedacht.«

9 So versuchten sie alle, uns Angst einzujagen, in der Hoffnung, daß wir die Arbeit abbrechen würden. Ich aber sagte mir: »Jetzt erst recht!«

10 Eines Tages besuchte ich Schemaja, den Sohn von Delaja und Enkel von Mehetabel, weil dieser verhindert war, zu mir zu kommen. Er sagte zu mir: »Gehen wir miteinander zum Tempel* und schließen uns im Innern des Gotteshauses ein; sie wollen dich nämlich ermorden. Heute nacht werden sie kommen!«

11 Ich antwortete ihm: »Ein Mann in meiner Stellung flieht nicht. Und wie dürfte ich es wagen, in den Tempel einzudringen? Ein solches Vergehen müßte ich mit dem Leben bezahlen. Nein, ich gehe nicht!«

12 Ich hatte nämlich erkannt, daß Schemaja nicht von Gott beauftragt worden war. Er hatte zwar wie ein Prophet zu mir gesprochen, aber Tobija und Sanballat hatten ihn dafür bezahlt. 13 Sie wollten ihn dazu benutzen, mir Angst einzujagen. Ich sollte dem Rat Schemajas folgen und ein Unrecht begehen. Dann hätten sie eine Gelegenheit gehabt, meinen Ruf zu ruinieren und mich vor meinem eigenen Volk verächtlich zu machen.

14 Du, mein Gott, vergiß nicht, was Tobija und Sanballat mir angetan haben! Denk auch an alles, womit die Prophetin Noadja und die anderen Propheten mir Angst machen wollten!

Die Vollendung der Mauer

15 Dennoch wurde die Mauer vollendet. Am 25. Tag des Monats Elul*, nach 52 Tagen, hatten wir es geschafft. 16 Als die feindlichen Völker rings um uns her das hörten, bekamen sie es mit der Angst zu tun. Aller Hochmut war ihnen vergangen, weil sie einsehen mußten, daß unser Gott es war, der dieses Werk vollbracht hatte.

17 Während dieser ganzen Zeit standen Leute aus den ersten Familien in Judäa in regem Briefwechsel mit Tobija. 18 Viele Judäer waren mit ihm durch einen Eid verbunden, denn er war der Schwiegersohn von Schechanja, dem Sohn Arachs. Außerdem hatte Tobijas Sohn Johanan eine Tochter von Meschullam, dem Sohn von Berechja, geheiratet. 19 Diese Leute gingen so weit, in meiner Gegenwart die Verdienste[a] Tobijas zu rühmen, und hinterbrachten ihm jede meiner Bemerkungen. Darauf schickte er mir Briefe, um mir Angst zu machen.

Der Wachtdienst in Jerusalem wird organisiert

7 Als der Wiederaufbau der Mauer abgeschlossen war, ließ ich die Torflügel einsetzen. Danach nahmen die Torwächter, die Sänger und die Leviten* ihren Dienst am Tempel* auf.

2 Den Schutz Jerusalems übertrug ich meinem Bruder Hanani sowie Hananja, dem Kommandanten der Burg. Hananja war ein Mann, der vollstes Vertrauen verdiente, und sein Gehorsam gegenüber Gott war beispielhaft.

3 Ich sagte zu ihnen: »Die Tore Jerusalems werden erst geöffnet, wenn die Wärme der Sonne zu spüren ist. Und abends, wenn noch alle Bewohner auf den Beinen sind,[b] werden die Tore geschlossen und verriegelt. Richtet einen Wachtdienst ein, zu dem alle Männer der Stadt eingeteilt werden. Ein Teil soll die Wachtposten an den gefährdeten Stellen beziehen, die anderen sollen bei ihrem Haus Wache halten.«

Die Liste der Heimkehrer

(Esra 2,1-70)

4 Jerusalem war eine große, weiträumige Stadt; aber die Zahl der Einwohner war klein, und es war noch nicht alles mit Häusern bebaut. 5 Mein Gott gab mir den Gedanken ein, die Männer der ersten Familien, die Ratsherren und das ganze Volk zusammenzurufen, um sie nach ihren Sippen in Listen einzutragen. Ich fand bei dieser Gelegenheit das Verzeichnis, in dem die ersten Heimkehrer aufgeschrieben waren. Darin hieß es:

6 Viele, deren Vorfahren aus der persischen Provinz Judäa stammten, verließen Babylonien* und kehrten nach Jerusalem und Judäa zurück, jeder in seinen Heimatort. Ihre Familien hatten in Babylonien gelebt, seit König Nebukadnezzar sie dorthin verschleppt hatte.

a *Verdienste:* Wortspiel mit dem Namen Tobija; mit G und veränderten Vokalen ergibt sich der Sinn: *Sie erzählten vor mir Gerüchte von ihm.*

b *Und abends …:* Deutung unsicher; wörtlich *Und bis sie* (die Wächter?) *stehen.*

6,11 Num 18,7; 2 Chr 26,16-20 6,14 5,19 S

7a Ihre Anführer waren: Serubbabel, Jeschua,
Nehemja, Asarja, Raamja, Nahamani, Mordo-
chai, Bilschan, Misperet, Bigwai, Rehum und
Baana.
7b–38 Hier folgt die Liste der israelitischen Sip-
pen mit der Zahl der zu ihnen gehörigen Män-
ner:[a]

Parosch	2172
Schefatja	372
Arach	652
Pahat-Moab, die Nachkommen von Jeschua und Joab	2818
Elam	1254
Sattu	845
Sakkai	760
Bani	648
Bebai	628
Asgad	2322
Adonikam	667
Bigwai	2067
Adin	655
Ater, die Nachkommen von Hiskija	98
Haschum	328
Bezai	324
Harif	112
Gibeon	95
Netofa aus Betlehem	188
aus Anatot	128
aus Bet-Asmawet	42
aus Kirjat-Jearim, Kefira und Beerot	743
aus Rama und Geba	621
aus Michmas	122
aus Bet-El und Ai	123
aus Nebo – dem anderen	52
Elam – ein anderer	1254
Harim	320
aus Jericho	345
aus Lod, Hadid und Ono	721
Senaa	3930

39–42 Von den Sippen der Priester* kehrten heim:

Jedaja, die Nachkommen von Jeschua	973
Immer	1052
Paschhur	1247
Harim	1017

43 Von den Leviten*:

die Sippe Jeschua, die Nachkommen von Kadmiël, Binnui und Hodawja[b]	74

44 Von den Tempelsängern:

die Nachkommen Asafs	148

45 Von den Torwächtern des Tempels:

die Sippen Schallum, Ater, Talmon, Akkub, Hatita und Schobai	139

46–56 Von den Tempeldienern* kehrten folgende
Sippen heim:
Ziha, Hasufa, Tabbaot, Keros, Sia, Padon,
Lebana, Hagaba, Salmai, Hanan, Giddel,
Gahar, Reaja, Rezin, Nekoda, Gasam, Usa,
Paseach, Besai, die Mëuniter, die Nefusiter,
Bakbuk, Hakufa, Harhur, Bazlut, Mehida,
Harscha, Barkos, Sisera, Temach, Neziach,
Hatifa

57–59 Folgende Sippen der Sklaven Salomos kehr-
ten heim:
Sotai, Soferet, Peruda, Jaala, Darkon, Giddel,
Schefatja, Hattil, Pocheret-Zebajim, Amon

60 Gesamtzahl der heimkehrenden Tempeldiener
und Nachkommen der Sklaven Salomos 392

61–62 Aus Tel-Melach, Tel-Harscha, Kerub-Addon
und Immer kamen folgende Sippen; sie konnten
aber nicht nachweisen, daß sie israelitischer Ab-
stammung waren:

Delaja, Tobija und Nekoda	642

63–64 Unter den Priestern gab es einige, die ihre
Abstammungslisten nicht finden konnten. Es
waren die Sippen Habaja, Koz und Barsillai. Der
Ahnherr der Sippe Barsillai hatte eine Tochter
von Barsillai aus Gilead* geheiratet und dessen
Namen angenommen. Weil diese drei Sippen
ihre priesterliche Abstammung nicht nachwei-
sen konnten, wurden sie für unrein* erklärt und
vom Priesterdienst ausgeschlossen. 65 Der Statt-
halter untersagte ihnen, von den heiligen Opfer-
gaben zu essen, bis wieder ein Oberster Prie-
ster* eingesetzt wäre, der ihren Fall klären
könnte.[c]

66–68 Gesamtzahl der Gemeinde
der Heimkehrer 42360

Hinzu kamen:

Sklaven und Sklavinnen	7337
Sänger und Sängerinnen[d]	200

a Wörtlich *Die Zahl der Männer des Volkes Israel.* Frauen (und Kinder?) sind offenbar erst in der Gesamtzahl (Verse 66-68) enthalten, die die Summe der Angaben in den Versen 7b-60 um 11271 überschreitet.
b *Binnui und Hodawja:* vermutlicher Text; H *(und) von den Söhnen Hodawjas.* *c* Siehe Anmerkung zu Esra 2,61-62.
d Vermutlich ist hier etwas ausgefallen; vgl. Esra 2,64-67.

Kamele	435
Esel	6720

69–71 Viele aus dem Volk gaben eine Spende für den Bau und den Tempelschatz:

der Statthalter	1000	Goldmünzen
	50	Opferschalen
	30	Priestergewänder
	285	Kilo Silber[a]
ein Teil der Sippenoberhäupter	20000	Goldmünzen
	1250	Kilo Silber
das übrige Volk	20000	Goldmünzen
	1140	Kilo Silber
	67	Priestergewänder

72a Alle Israeliten ließen sich in ihren Heimatorten nieder: die Priester, die Leviten, die Torwächter und Sänger, die Leute aus dem Volk und die Tempeldiener.

VERPFLICHTUNG AUF DAS GESETZ DURCH ESRA (Kapitel 8–10)

Esra führt das Volk in das Gesetz Gottes ein

8 72b Als der 7. Monat herankam und die Israeliten in ihren Städten lebten, 1 versammelte sich das ganze Volk vollzählig auf dem Platz vor dem Wassertor. Sie sagten zu Esra, dem Lehrer* des Gesetzes: »Bring doch das Buch her, in dem das Gesetz* steht, das der HERR den Israeliten durch Mose gegeben hat!«

2 Da brachte der Priester Esra das Gesetzbuch vor die Gemeinde, die Männer und Frauen und alle Kinder, die es schon verstehen konnten. Am 1. Tag des 7. Monats, 3 vom frühen Morgen bis zum Mittag, verlas er das Gesetzbuch auf dem Platz vor dem Wassertor, und das ganze Volk hörte gespannt auf die Worte des Buches. 4 Esra, der Lehrer des Gesetzes, stand dabei auf einem hölzernen Podest, das man zu diesem Zweck errichtet hatte. Neben ihm standen auf der rechten Seite Mattitja, Schema, Anaja, Urija, Hilkija und Maaseja, auf der linken Pedaja, Mischaël, Malkija, Haschum, Haschbaddana, Secharja und Meschullam.

5 Esra öffnete die Buchrolle*, und weil er höher stand als das Volk, konnten es alle sehen. Da stand das ganze Volk auf. 6 Zuerst pries Esra den HERRN, den großen Gott, und alle antworteten mit zum Gebet erhobenen Händen: »Amen, Amen*!« Sie warfen sich auf die Knie und berührten mit der Stirn die Erde, um dem HERRN Ehre zu erweisen.

7 Die Leviten* Jeschua, Bani, Scherebja, Jamin, Akkub, Schabbetai, Hodija, Maaseja, Kelita, Asarja, Josabad, Hanan und Pelaja gingen zu den Leuten hin und halfen ihnen, das Gelesene zu verstehen. 8 Sie gaben eine mündliche Übersetzung[b] des Gesetzes und erklärten es den Leuten so, daß sie es verstehen konnten.

9 Als das Volk die strengen Forderungen des Gesetzes hörte, fingen alle an laut zu weinen. Da sagten der Statthalter Nehemia, der Priester und Lehrer Esra und die Leviten zu ihnen: »Seid nicht traurig und weint nicht! Heute ist ein heiliger Tag, ein Festtag zur Ehre des HERRN, eures Gottes!«

10 Esra sagte zu ihnen: »Geht nun, eßt und trinkt! Nehmt das Beste, was ihr habt,[c] und gebt auch denen etwas, die nichts haben. Der heutige Tag ist ein Festtag zur Ehre des HERRN! Macht euch keine Sorgen, denn die Freude am HERRN umgibt euch wie eine schützende Mauer.«

11 Auch die Leviten redeten den Leuten zu: »Beruhigt euch, denn dieser Tag ist ein Festtag des HERRN! Macht euch nur keine Sorgen!«

12 Da gingen alle nach Hause und feierten ein großes Freudenfest. Sie aßen und tranken und teilten ihr Festmahl mit denen, die nichts hatten. Denn sie hatten begriffen, was ihnen vorgelesen worden war.

Das Volk feiert das Laubhüttenfest

13 Am zweiten Tag kamen die Sippenoberhäupter des ganzen Volkes mit den Priestern und den Leviten zu Esra, dem Lehrer*, um die Worte des Gesetzes* noch genauer zu studieren. 14 Da fanden sie im Gesetz, was Mose auf Befehl des HERRN geschrieben hatte:

»Die Israeliten sollen während des Festes im siebten Monat in Laubhütten* wohnen, 15 und sie sollen in Jerusalem und in allen ihren Städten ausrufen und bekanntmachen: ›Geht auf die umliegenden Berge und holt frische Zweige von edlen und wilden Ölbäumen, Myrten, Dattelpalmen und anderen dichtbelaubten Bäumen, damit wir Laubhütten bauen können, wie das Gesetz es vorschreibt!‹«

a *Silber:* ergänzt im Blick auf Esra 2,69; *285 Kilo:* umgerechnet aus *500 Minen* (1 Mine = 50 Schekel*).
b Die Volkssprache zur Zeit Nehemias war Aramäisch*; darum mußte das hebräisch verfaßte Gesetz übersetzt werden.
c *eßt und trinkt …:* wörtlich *eßt fette Speisen und trinkt süße Getränke.*

7,72b–8,1 Esra 3,1 **8,2** 7,6; Dtn 29,20 S **8,6** 5,13 **8,15** Ex 23,16 S

16 Da ging das Volk hinaus, holte Zweige und baute sich Laubhütten, die einen auf den flachen Dächern ihrer Häuser, andere in ihren Höfen, in den Vorhöfen des Tempels* und auf den freien Plätzen am Wassertor und am Efraïmtor. 17 Die ganze Gemeinde der Heimkehrer baute Laubhütten und wohnte in ihnen. Das hatten die Israeliten seit der Zeit Josuas, des Sohnes Nuns, bis zu diesem Tag nicht mehr getan. Alle waren glücklich und voller Freude.

18 Täglich, vom ersten bis zum letzten Festtag, las Esra laut aus dem Gesetzbuch Gottes vor. Sieben Tage wurde das Fest gefeiert. Am achten Tag fand die im Gesetz vorgeschriebene Festversammlung statt.

Das Volk bekennt seine Schuld

9 Am 24. Tag desselben Monats versammelten sich die Israeliten zu einem Fasttag*. Sie hatten den Sack* angelegt und sich Erde auf den Kopf gestreut. 2 Alle, die als Nachkommen Jakobs zu Israel gehörten,[a] trennten sich ausdrücklich von allen Fremden und traten vor den HERRN, um ihre Schuld und die Schuld ihrer Vorfahren zu bekennen. 3 Sie erhoben sich von ihren Plätzen, und drei Stunden lang wurde ihnen aus dem Gesetzbuch* des HERRN, ihres Gottes, vorgelesen. Dann warfen sie sich vor dem HERRN nieder und bekannten ihm ihre Verfehlungen, ebenfalls drei Stunden lang.

4 Auf dem Podium der Leviten* erhoben sich Jeschua, Bani, Kadmiël, Schebanja, Bunni, Scherebja, Bani und Kenani. Sie riefen mit lauter Stimme zum HERRN, ihrem Gott. 5 Die Leviten Jeschua, Kadmiël, Bani, Haschabneja, Scherebja, Hodija, Schebanja und Petachja aber sagten zum Volk: »Auf, preist den HERRN, euren Gott, von Ewigkeit zu Ewigkeit!«

6 Und die Leviten beteten dem Volk vor:[b]

»Dein großer Name, HERR, sei gepriesen!
Alles Preisen und Rühmen der Menschen
reicht nicht an ihn heran.
Du, HERR, allein bist Gott!
Du hast den Himmel geschaffen,
die Himmelswelt mit dem Heer der Engel*.
Du hast die Erde und das Meer geschaffen
und alle Geschöpfe, die dort leben.
Ihnen allen hast du das Leben geschenkt,
und die Himmelsmächte[c] beten dich an!

7 Du, HERR, unser Gott, erwähltest Abram
und holtest ihn heraus aus Ur in Chaldäa*;
du gabst ihm den Namen Abraham.[d]
8 Du sahst, daß er in Treue zu dir hielt,
und schlossest einen Bund* mit ihm
und gabst ihm dabei das Versprechen:
›Deinen Nachkommen gebe ich das Land,
in dem die Kanaaniter* wohnen,
die Hetiter* und die Amoriter*,
die Perisiter, Jebusiter und Girgaschiter.‹
Und du hast dein Versprechen gehalten,
auf dich ist in allem Verlaß!

9 Unsere Vorfahren wurden unterdrückt
in Ägypten –
du sahst es und griffest ein.
Am Schilfmeer* schrien sie zu dir um Hilfe –
du hörtest es und schicktest Rettung.
10 Der Pharao, seine Minister und sein Volk
behandelten unsere Väter mit Hochmut.
Da zeigtest du ihnen deine Macht
und ließest sie deine gewaltigen Taten spüren.
So machtest du dir einen großen Namen,
er wird gerühmt bis zum heutigen Tag.
11 Vor den Augen unserer Vorfahren
zerteiltest du das Meer,
trockenen Fußes zogen sie mitten hindurch.
Doch ihre Verfolger stürztest du in die Fluten,
wie Steine sanken sie in die Tiefe.

12 Du leitetest sie bei Tag durch eine
Wolkensäule,
und nachts erhelltest du ihren Weg
mit dem leuchtenden Schein der Feuersäule.
13 Du kamst hernieder auf den Berg Sinai*,
du sprachst zu ihnen vom Himmel her.
Klare Ordnungen gabst du ihnen,
Gesetze, die das Leben verläßlich regeln,
mit guten Vorschriften und Geboten.
14 Du lehrtest sie, den Sabbat* zu achten
als heiligen* Tag, der dir gehört;
du gabst ihnen Vorschriften und Gebote
und ein Gesetz* durch deinen Diener Mose.
15 Als der Hunger sie plagte,
gabst du ihnen Brot vom Himmel;
aus dem Felsen ließest du Wasser strömen,

a Wörtlich *Der Same* (= die Nachkommenschaft) *Israels**. b *Und die …*: verdeutlichender Zusatz.
c Wörtlich *das Heer des Himmels*, d. h. die Gestirne (so wörtlich auch vorher in der Mitte des Verses).
d Siehe Anmerkung zu Gen 17,5.

8,18 8,2-4; Lev 23,36 **9,1** Jes 58,5 S **9,2** Lev 26,40 S **9,6** Dtn 6,4; Gen 1,1-25 **9,7** Gen 11,31; 12,1 **9,8** Gen 15,18-21 **9,9** Ex 2,23-25; 3,7; 14,10-12 **9,10** Ex 7,8–11,10; 12,29-30; 18,11 **9,11** Ex 14,21-29; 15,4-5 **9,12** Ex 13,21-22 **9,13** Ex 19,1–23,19; Dtn 4,5-8 **9,14** Ex 20,8-10 **9,15** Ex 16,4-36; 17,1-7; Dtn 1,21

um ihren Durst damit zu löschen.
Dann befahlst du ihnen, das Land einzunehmen,
das Land, das du ihnen zugesagt hattest
mit zum Schwur erhobener Hand.

16 Doch unsere Vorfahren wurden übermütig,
trotzig schlugen sie deine Weisungen
in den Wind.
17 Sie weigerten sich, auf dich zu hören;
nur allzuschnell vergaßen sie die Wunder,
mit denen du ihnen geholfen hattest.
Sie setzten es sich in den Kopf, zurückzukehren
nach Ägypten,[a] in die Sklaverei.
Du aber bist ein Gott, der vergibt,
voll Liebe und Erbarmen bist du,
voll Geduld und von grenzenloser Güte.
Du hast sie nicht im Stich gelassen,
18 nicht einmal, als sie sich das Stierbild* gossen
und sagten: ›Das ist dein Gott,
der dich aus Ägypten herausgeführt hat.‹
Wie tief sie dich damit beleidigt haben!
19 Du aber, in deinem großen Erbarmen,
hast sie dort in der Wüste nicht verlassen.
Du nahmst die Wolkensäule nicht weg,
sie blieb ihr Begleiter an jedem Tag;
und die Feuersäule leuchtete ihnen,
damit sie auch nachts ihren Weg erkannten.
20 Du gabst ihnen deinen guten Geist,
um sie zu rechter Einsicht zu führen.
Auch weiterhin sättigtest du sie mit Manna*
und gabst ihnen Wasser für ihren Durst.
21 Vierzig Jahre, bei ihrem Zug durch die Wüste,
versorgtest du sie mit dem, was sie brauchten.
Ihre Kleider zerfielen nicht zu Lumpen,
ihre Füße schwollen vom Gehen nicht an.

22 Du gabst Könige und Völker in ihre Macht,
ein Land nach dem andern eroberten sie.
Sie besetzten das Land des Königs Sihon
von Heschbon
und das Land Baschan*, wo König Og regierte.
23 Du schenktest ihnen so viele Kinder,
wie Sterne am Himmel stehen.
Und du brachtest ihre Kinder in das Land,
das schon die Väter in Besitz nehmen sollten
nach deinem Befehl.
24 Nun kamen die Söhne hinein
und nahmen es in Besitz.
Die Kanaaniter, die früher dort wohnten,
zwangst du vor ihnen in die Knie.
Die Herrscher des Landes und ihre Völker,
du gabst sie alle in ihre Hand,
daß sie mit ihnen taten, was sie wollten.
25 Befestigte Städte nahmen sie ein,
ein fruchtbares Land eroberten sie
und Häuser, angefüllt mit reichem Gut,
aus dem Felsen ausgehauene Zisternen,
Weinberge und Olivengärten
und Obstbäume in großer Zahl.
Es ging ihnen gut, sie aßen und wurden satt
und genossen die Fülle deiner Gaben.

26 Dann aber wurden sie widerspenstig
und rebellierten gegen dich;
sie kehrten deinem Gesetz den Rücken.
Sie brachten deine Propheten* um,
die ihnen ihre Schuld vorhielten
und sie mahnten, zu dir zurückzukehren.
So kränkten sie dich immer von neuem.
27 Darum gabst du sie in die Hand ihrer Feinde,
und sie wurden von ihnen hart bedrängt.
Aber wenn sie vor Not nicht mehr
weiterwußten,
wenn sie laut zu dir um Hilfe schrien,
dann erhörtest du sie vom Himmel her;
denn dein Erbarmen ist ja so groß.
Du sandtest ihnen starke Retter,
die sie von ihren Unterdrückern befreiten.

28 Doch kaum hattest du ihnen Ruhe verschafft,
da lehnten sie sich von neuem gegen dich auf,
und du gabst sie in die Hand ihrer Feinde,
die ihnen hart zusetzten.
Wieder schrien sie zu dir um Hilfe,
und du erhörtest sie vom Himmel her:
Du erwiest ihnen dein Erbarmen
und halfst ihnen wieder und wieder.
29 Du ermahntest sie, zurückzukehren
und wieder auf dein Gesetz zu hören.
Sie aber blieben übermütig
und hielten sich nicht an deine Gebote.
Sie mißachteten deine Ordnungen,
von denen du gesagt hattest:
›Wer sie einhält, bewahrt sein Leben.‹
Sie zeigten dir die kalte Schulter,
trotzig boten sie dir die Stirn
und weigerten sich, dir zu gehorchen.
30 Geduldig ertrugst du sie viele Jahre,
du warntest sie durch deinen Geist*,
der deinen Propheten die Worte eingab;
doch sie blieben für dich taub.
Darum liefertest du sie schließlich aus

a *nach Ägypten:* mit G; H *in ihrer Widerspenstigkeit.*

9,16-17 Num 14,1-4; Dtn 1,26-33 **9,17** Ex 34,6 S **9,18** Ex 32,1-4 **9,19-21** Dtn 8,2-4 **9,22** Num 21,21-35 **9,23-24** Num 14,26-31 **9,23** Gen 15,5; 12,2 S **9,24** Jos 6,1–12,24 **9,25** Dtn 6,10-11 **9,26** 1 Kön 18,4.13; 19,10.14; Jer 2,30; 26,20-23; 2 Chr 24,20-22 **9,27-30** Ri 2,11-21 **9,29** Lev 18,5 S **9,30** 2 Kön 17,13-20; 2 Chr 36,15-16

an die Völker fremder Länder.
31 Aber weil dein Erbarmen so groß ist,
hast du dennoch kein Ende mit ihnen gemacht
und sie nicht verlassen,
du Gott voller Liebe und Erbarmen!

32 Nun, Gott, unser Gott, du bist so groß,
so mächtig und ehrfurchtgebietend!
Du hast mit uns einen Bund* geschlossen
und stehst dazu mit unerschütterlicher Treue.
Laß dir nun nicht gleichgültig sein,
was an Leiden über uns gekommen ist!
Unsere Könige und Führer haben gelitten,
unsere Priester und Propheten, das ganze Volk,
schon unsere Vorfahren haben gelitten,
seit der Zeit der assyrischen* Herrschaft
bis heute!
33 Du warst im Recht, dir ist nichts vorzuwerfen,
wenn uns dies alles getroffen hat;
denn du bist treu geblieben,
wir aber sind dir untreu geworden.
34 Unsere Könige und führenden Männer,
unsere Priester und das ganze Volk,
unsere Vorfahren,
haben dein Gesetz nicht befolgt,
auf deine Gebote nicht geachtet
und deine Warnungen in den Wind geschlagen.
35 Du hattest ihnen ein eigenes Königreich
gegeben
und sie mit Wohltaten überschüttet,
du hattest ihnen ein Land gegeben,
das weit und reich vor ihnen lag.
Sie aber weigerten sich, dir zu dienen
und von ihrem Unrecht zu lassen.
36 Deshalb sind wir nun Sklaven,
hier in diesem Land,
das du unseren Vorfahren gegeben hast,
damit sie all das Gute genießen,
das es hervorbringt –
Sklaven sind wir in diesem Land!
37 Sein Ertrag kommt den Königen zugute,
die du über uns gesetzt hast
zur Strafe für unsere Sünden.
Sie sind die Herren über uns und unser Vieh
und tun mit uns, was ihnen gefällt.
Darum sind wir in so tiefer Not!«

Das Volk verpflichtet sich auf das Gesetz

10 »Wegen all dessen«, erklärten die Leviten*
für alle Anwesenden,[a] »gehen wir jetzt
eine bindende Verpflichtung ein und halten
sie schriftlich fest. Unsere führenden Männer,
unsere Leviten und unsere Priester* setzen ihre
Namen unter die Urkunde, die dann eingerollt
und versiegelt wird.
2 Folgende Personen setzen ihre Namen darunter:

Nehemia, der Statthalter, der Sohn von
Hachalja, danach die Priester: Zidkija, 3-9 Seraja,
Asarja, Jirmeja, Paschhur, Amarja, Malkija, Hattusch, Schebanja, Malluch, Harim, Meremot, Obadja, Daniel, Ginneton, Baruch, Meschullam, Abija, Mijamin, Maasja, Bilga und Schemaja;
10-14 danach die Leviten: Jeschua, der Sohn von Asanja, Binnui aus der Sippe Henadad sowie Kadmiël, ferner ihre Brüder Schebanja, Hodija, Kelita, Pelaja, Hanan, Micha, Rehob, Haschabja, Sakkur, Scherebja, Schebanja, Hodija, Bani und Beninu;
15-28 danach die führenden Männer des Volkes: Parosch, Pahat-Moab, Elam, Sattu, Bani, Bunni, Asgad, Bebai, Adonija, Bigwai, Adin, Ater, Hiskija, Asur, Hodija, Haschum, Bezai, Harif, Anatot, Nebai, Magpiasch, Meschullam, Hesir, Meschesabel, Zadok, Jaddua, Pelatja, Hanan, Anaja, Hoschea, Hananja, Haschub, Lohesch, Pilha, Schobek, Rehum, Haschabna, Maaseja, Ahija, Hanan, Anan, Malluch, Harim und Baana.
29-30 Das ganze übrige Volk schließt sich seinen Brüdern, den ranghöchsten Männern, an, ebenso die restlichen Priester und Leviten, die Torwächter, Sänger, Tempeldiener* und alle, die sich von den nichtisraelitischen Volksgruppen im Land getrennt haben, um das Gesetz* Gottes zu befolgen, dazu ihre Frauen und alle von ihren Söhnen und Töchtern, die alt genug sind, um zu verstehen, worum es geht.

Sie alle verpflichten sich durch einen Eid, sich an das Gesetz zu halten, das Gott uns durch Mose, seinen Bevollmächtigten*, gegeben hat, und alle Gebote, Vorschriften und Anweisungen des HERRN, unseres Gottes, zu befolgen.«

Der Inhalt der Verpflichtung

31 »Insbesondere verpflichten wir uns:[b]

Wir verheiraten unsere Töchter nicht an Angehörige fremder Volksgruppen im Land und nehmen von ihnen keine Frauen für unsere Söhne.
32 Wenn diese Fremden ihr Getreide oder andere Waren am Sabbat* oder an einem anderen Feiertag zum Verkauf anbieten, kaufen wir nichts.

a *erklärten …:* verdeutlichender Zusatz; vgl. 9,4-5. b Verdeutlichender Zusatz.

9,31 Ex 34,6 S 9,32 Dtn 7,9; 2 Kön 15,19.29; 17,3-6; Esra 4,2.10 9,33-37 Lev 26,40 S 10,3-9 12,2-7 10,31 Esra 9,1-2 S 10,32 Ex 20,8-10 S; Neh 13,16-21; Lev 25,1-7 S; Neh 5,9-11

Jedes siebte Jahr begehen wir das Erlaßjahr*:
Wir lassen das Land brachliegen und erlassen
alle Schulden.
33 Jedes Jahr zahlen wir ein Drittel-Silber-
stück[a] für den Dienst im Tempel* unseres Got-
tes: 34 für die geweihten Brote*, die regelmäßi-
gen täglichen Speise- und Brandopfer*, für die
Opfer am Sabbat, am Neumondstag* und an den
anderen Festtagen, für die geweihten Gaben und
für die Opfer, die die Schuld Israels wegnehmen
sollen, und für alle Dienste am Tempel unseres
Gottes.
35 Zusammen mit den Priestern und Leviten*
losen wir jährlich aus, welche Sippen zu den
festgesetzten Zeiten dem Tempel Brennholz lie-
fern müssen für die Opfer, die auf dem Altar des
HERRN, unseres Gottes, verbrannt werden, wie
es im Gesetz vorgeschrieben ist.
36 Jedes Jahr bringen wir die ersten Früchte*
unserer Felder und Fruchtbäume zum Tempel
des HERRN.
37 Wie es im Gesetz vorgeschrieben ist, brin-
gen wir unsere erstgeborenen Söhne und die
Erstgeburten unserer Kühe, Schafe und Ziegen
zu den diensttuenden Priestern im Tempel unse-
res Gottes.
38 Wir bringen den Priestern den Brotteig, den
wir vom ersten Getreide des Jahres machen,[b]
sowie die besten Früchte unserer Bäume, den
ersten Wein und das erste Olivenöl. Alle diese
Gaben liefern wir ihnen in den Vorratsräumen
am Tempel unseres Gottes ab.
Den zehnten Teil vom Ertrag unserer Felder
geben wir den Leviten – denen nämlich, die in
allen Ortschaften, wo wir die Felder bestellen,
den Zehnten* einsammeln. 39 Ein Priester, ein
Nachkomme Aarons, soll bei den Leviten sein,
wenn sie den Zehnten in Empfang nehmen. Den
zehnten Teil von diesem Zehnten sollen die Levi-
ten an den Tempel abliefern und dort in die
Räume des Vorratshauses bringen. 40 In diese
Räume müssen die Leute von Israel und die
Leviten alle Abgaben an Getreide, Wein und
Olivenöl bringen. Dort befinden sich alle Geräte
für den Tempeldienst, dort halten sich auch die
diensttuenden Priester, Torwächter und Sänger
auf.
Wir werden das Haus unseres Gottes nicht
vernachlässigen.«

EINWEIHUNG DER MAUER UND REFORMEN NEHEMIAS (Kapitel 11–13)

Zuzug nach Jerusalem und Liste der Einwohner

11 Die führenden Familien des Volkes wohn-
ten schon in Jerusalem.[c] Aus der übrigen
Bevölkerung wurde durch das Los jede zehnte
Familie dazu bestimmt, in Jerusalem, der Heili-
gen Stadt, zu wohnen. Die anderen Familien
konnten in ihren Städten und Dörfern bleiben.
2 Jede Familie, die darüber hinaus freiwillig nach
Jerusalem zog, wurde öffentlich gelobt.
3 Die folgende Liste verzeichnet die Sippen-
häupter der Provinz Judäa, die in Jerusalem und
den Städten von Judäa wohnten, jeweils auf
ihrem Erbbesitz*. Sie umfaßt die Angehörigen
des Volkes,[d] die Priester*, die Leviten*, die Tem-
peldiener* und die Nachkommen der Sklaven
Salomos.

4 Aus dem Stamm *Juda:*
Ataja, der Sohn von Usija; er stammte über
Secharja, Amarja, Schefatja und Mahalalel
von Judas Sohn Perez ab.
5 Maaseja, der Sohn Baruchs; er stammte über
Kolhose, Hasaja, Adaja, Jojarib und Secharja
von Judas Sohn Schela ab.
6 Insgesamt wohnten 468 Nachkommen von Pe-
rez in Jerusalem, sie waren alle kriegstüchtige
Männer.

7 Aus dem Stamm *Benjamin:*
Sallu, der Sohn von Meschullam; seine weiteren
Vorfahren waren Joëd, Pedaja, Kolaja, Maase-
ja, Itiël und Jeschaja.
8 Außerdem Gabbai und Sallai.
Insgesamt waren es 928. 9 Ihr Anführer war Joël,
der Sohn von Sichri; zu ihnen gehörte auch
Juda, der Sohn von Senua, der zweite Stadt-
vorsteher.

10 Von den *Priestern:*
Jedaja, der Sohn von Jojarib, sowie Jachin.
11 Seraja, der Sohn von Hilkija, der Vorsteher des
Tempels*; seine weiteren Vorfahren waren
Meschullam, Zadok, Merajot und Ahitub.
12 Zusammen mit ihren Verwandten gehörten zu

a Wörtlich *1/3 Schekel**; umgerechnet etwa 4 g.
b Es folgt noch *und (den ersten/besten Teil) unsere(r) Abgaben,* was schwer verständlich ist und in G fehlt.
c Hier wird an den Bericht von 7,4-5 angeknüpft.
d *die Angehörigen …:* wörtlich *Israel.* H gliedert den Text anders; wörtlich *die in Jerusalem wohnten, und in den Städten Judäas wohnten sie jeweils auf ihrem Erbbesitz in ihren Städten: Israel …*

10,33 Ex 30,11-16 **10,35** 13,31 **10,36** Ex 23,19 S; Neh 12,44-47; 13,10-13 **10,37** Ex 13,11-16 S **10,38** Ex 23,19 S; Num 18,21 S **10,39-40** Num 18,25-26; Neh 12,44-47; 13,10-13 **11,3-19** 1 Chr 9,2-17

diesen Sippen insgesamt 822, die den Priester-
dienst am Tempel verrichteten.
Adaja, der Sohn von Jeroham; seine weiteren
Vorfahren waren Pelalja, Amzi, Secharja,
Paschhur und Malkija. 13 Zusammen mit sei-
nen Verwandten waren es 242 Familienober-
häupter.
Amaschsai, der Sohn von Asarel; seine weiteren
Vorfahren waren Achsai, Meschillemot und
Immer. 14 Zusammen mit ihren Verwandten
waren es 128 kriegstüchtige Männer. Ihr An-
führer war Sabdiël, der Sohn von Haggedo-
lim.

15 Von den *Leviten:*
Schemaja, der Sohn von Haschub; seine weite-
ren Vorfahren waren Asrikam, Haschabja
und Bunni.
16 Schabbetai und Josabad, Sippenoberhäupter,
die für die Verwaltungsaufgaben am Tempel
verantwortlich waren.
17 Mattanja, der Sohn von Micha und Enkel von
Sabdi, ein Nachkomme Asafs; er leitete den
Lobgesang[a] und stimmte beim Gebet den
Dankruf an; Bakbukja, einer seiner Verwand-
ten, war sein Stellvertreter.
Abda, der Sohn von Schammua und Enkel von
Galal, ein Nachkomme Jedutuns.
18 Insgesamt wohnten 284 Leviten in der Heili-
gen Stadt.

19 *Torwächter:*
Akkub und Talmon und ihre Verwandten, die
die Tempeltore bewachten, insgesamt 172.

20 Die übrigen Israeliten, einschließlich der Prie-
ster aus der Nachkommenschaft von Levi,
wohnten alle auf ihrem Grundbesitz in den Städ-
ten und Dörfern Judäas.
21 Die Tempeldiener wohnten in Jerusalem auf
dem Ofel*. Sie arbeiteten unter der Aufsicht von
Ziha und Gischpa.
22 Vorsteher der Leviten in Jerusalem war Usi,
der Sohn von Bani; seine weiteren Vorfahren
waren Haschabja, Mattanja und Micha. Er
gehörte zu den Nachkommen Asafs, die beim
Gottesdienst im Tempel für Musik und Gesang
zuständig waren. 23 Eine königliche Anordnung
regelte ihren Dienst für jeden Tag.
24 Petachja, der Sohn Meschesabels, ein Nach-
komme von Serach, dem Sohn von Juda, be-
riet den König in allen Fragen, die das Volk be-
trafen.

Liste der Wohnorte außerhalb Jerusalems

25 Weil sie Weideplätze in der Umgebung hatten,
wohnten Leute vom Stamm Juda in folgenden
Landstädten: Kirjat-Arba mit den dazugehörigen
Dörfern, Dibon mit den dazugehörigen Dörfern,
Kabzeel mit den dazugehörigen Gehöften, 26 Je-
schua, Molada, Bet-Pelet, 27 Hazar-Schual, Beer-
scheba mit seinen Dörfern, 28 Ziklag, Mechona
mit seinen Dörfern, 29 En-Rimmon, Zora, Jarmut;
30 weiter Sanoach und Adullam mit den dazu-
gehörigen Gehöften, Lachisch und das dazu-
gehörige Gebiet sowie Aseka und seine Dörfer.
Das Siedlungsgebiet der Leute vom Stamm Juda
reichte von Beerscheba im Süden bis zum Hin-
nom-Tal* im Norden.
31 Wohnorte der Leute vom Stamm Benjamin
waren: Geba, Michmas, Aja, Bet-El mit seinen
Dörfern, 32 Anatot, Nob, Ananeja, 33 Hazor,
Rama, Gittajim, 34 Hadid, Zeboim, Neballat,
35 Lod, Ono und das Tal der Handwerker. 36 Einige
Gruppen von Leviten aus dem Gebiet von Juda
ließen sich im Gebiet von Benjamin nieder.

Die Liste der heimgekehrten Priester und Leviten

12 Folgende Priester* und Leviten* kehrten
mit Serubbabel, dem Sohn Schealtiëls,
und mit Jeschua aus der Verbannung heim:
Priester: Seraja, Jirmeja, Esra, 2 Amarja, Mal-
luch, Hattusch, 3 Schechanja, Harim,[b] Meremot,
4 Iddo, Ginneton, Abija, 5 Mijamin, Maadja, Bilga,
6 Schemaja, Jojarib, Jedaja, 7 Sallu, Amok, Hilkija
und Jedaja. Dies waren die führenden Priester
und ihre Brüder während der Amtszeit Jeschuas.
8 *Leviten:* Jeschua, Binnui, Kadmiël, Scherebja,
Juda und Mattanja. Diese waren zuständig für
den Gesang. 9 Weiter Bakbukja und Unni. Sie
und ihre Verwandten bildeten den Chor, der die
Antworten sang.[c]

Die Nachkommen des Priesters Jeschua

10 Jeschua zeugte Jojakim, Jojakim zeugte Elja-
schib, Eljaschib zeugte Jojada, 11 Jojada zeugte
Jonatan, Jonatan zeugte Jaddua.

a *Lobgesang:* mit G; H *Anfang.* b So nach 10,6; 12,15; H *Rehum.*
c *(Sie) und:* mit einigen Handschriften und alten Übersetzungen; H *(Bakbukja und Unni,) ihre Verwandten,* (weiter wörtlich:) *ihnen gegenüber nach Dienstgruppen.*

11,17 1 Chr 6,24 S **11,21** 3,26 **12,1** Esra 2,2 a S **12,2-7** 10,3-9 **12,8-9** 10,10-14 **12,10** Esra 2,2 a S; Neh 3,1 S

Die Oberhäupter der Priester- und Levitensippen

12–21 Zur Zeit Jojakims waren folgende Priester*
die Oberhäupter ihrer Sippen:

in der Sippe Seraja	Meraja
in der Sippe Jirmeja	Hananja
in der Sippe Esra	Meschullam
in der Sippe Amarja	Johanan
in der Sippe Malluch	Jonatan
in der Sippe Schebanja	Josef
in der Sippe Harim	Adna
in der Sippe Meremot[a]	Helkai
in der Sippe Iddo	Secharja
in der Sippe Ginneton	Meschullam
in der Sippe Abija	Sichri
in der Sippe Mijamin	N.[b]
in der Sippe Maadja	Piltai
in der Sippe Bilga	Schammua
in der Sippe Schemaja	Jonatan
in der Sippe Jojarib	Mattenai
in der Sippe Jedaja	Usi
in der Sippe Sallu	Kallai
in der Sippe Amok	Eber
in der Sippe Hilkija	Haschabja
in der Sippe Jedaja	Netanel

22 Von den Leviten*, die während der Amtszeit
der Priester Eljaschib, Jojada, Johanan und Jad-
dua Dienst taten, wurden die Sippenoberhäupter
in Listen erfaßt, ebenfalls die Sippenoberhäupter
der Priester während der Regierungszeit des Per-
serkönigs Darius.[c] 23 Die Sippenoberhäupter der
Leviten bis zur Amtszeit Johanans, des Sohnes
von Eljaschib, sind in der amtlichen Chronik ver-
zeichnet.

24–25 Sippenoberhäupter der Leviten waren:
Haschabja, Scherebja und Jeschua, der Sohn Kad-
miëls. Sie und ihre Verwandten Mattanja, Bak-
bukja und Obadja standen einander in zwei
Chören gegenüber und priesen und dankten
Gott im Wechselgesang, wie es David, der Mann
Gottes, angeordnet hatte.

Meschullam, Talmon und Akkub waren Tor-
wächter; sie bewachten die Vorratsräume bei
den Toren des Tempels*.

26 Alle diese Männer lebten und wirkten
gleichzeitig mit dem Priester Jojakim, dem Sohn
von Jeschua und Enkel von Jozadak, mit Nehe-
mia, dem Statthalter, und mit Esra, dem Priester
und Lehrer* des Gesetzes.

Die Einweihung der Stadtmauer

27 Zur Einweihung der Stadtmauer wurden die
Leviten* aus dem ganzen Land nach Jerusalem
geholt. Sie sollten die Feier mit Lobliedern und
der festlichen Musik von Becken, Harfen und
Lauten begleiten. 28–29 Die Sänger kamen aus
den Dörfern rings um Jerusalem, wo sie sich an-
gesiedelt hatten, und des weiteren aus den Sied-
lungen von Netofa, aus Bet-Gilgal und aus der
Gegend von Geba und Asmawet. 30 Die Priester
und Leviten besprengten sich selbst mit Reini-
gungswasser*, dann besprengten sie auch das
Volk, die Mauer und die Tore.

31 Darauf ließ ich – berichtet Nehemia[d] – die
führenden Männer von Judäa auf die Mauer stei-
gen und stellte zwei große Festchöre zusammen.
Der erste zog oben auf der Mauer nach rechts
dem Misttor zu. 32 Hinter den Sängern ging
Hoschaja mit der einen Hälfte der führenden
Männer. 33–35 Danach kamen die Priester Asarja,
Esra, Meschullam, Juda, Benjamin, Schemaja
und Jirmeja. Sie bliesen Trompeten. Ihnen folg-
ten die Leviten: Secharja, der über Jonatan, Sche-
maja, Mattanja, Michaja und Sakkur von Asaf
abstammte, 36 sowie seine Mitbrüder Schemaja,
Asarel, Milalai, Gilalai, Maai, Netanel, Juda und
Hanani. Sie trugen Saiteninstrumente, wie sie
einst König David, der Mann Gottes, gespielt
hatte. An ihrer Spitze ging Esra, der Lehrer* des
Gesetzes. 37 Sie gingen weiter zum Quelltor und
stiegen dann auf dem ansteigenden Mauerstück
zur Davidsstadt* hinauf; am ehemaligen Palast
Davids vorbei kamen sie zum Wassertor im
Osten der Stadt.

38 Den zweiten Festchor mit der anderen
Hälfte der führenden Männer begleitete ich
selbst.[e] Wir zogen auf der Mauer in entgegenge-
setzter Richtung zum Ofentor und zur »Breiten
Mauer«, 39 dann über das Efraïmtor, das Jescha-
na-Tor, das Fischtor und weiter am Hananel-
Turm und am »Turm der Hundert« vorbei zum
Schafstor; am Wachttor machten wir halt.

40–41 Nun stellten sich die beiden Chöre im
Vorhof des Tempels* auf. Auf meiner Seite stan-
den außer der zweiten Hälfte der führenden
Männer[f] die Priester Eljakim, Maaseja, Mijamin,

a H *Merajot;* doch vgl. Vers 3. Entsprechend sind *Maadja* in Vers 17 und *Sallu* in Vers 20 an die Namen in den Versen 5 und 7 angepaßt; H *Moadja* und *Sallai.* *b* Hier ist ein Name ausgefallen.
c Vermutlich Darius II. (423–404 v. Chr.). *d* Verdeutlichender Zusatz; vgl. 1,1.
e *führenden:* sinngemäß ergänzt; vgl. Verse 32 und 40.
f Nur hier in diesem Abschnitt wird für sie der sonst mit »Ratsherren« (vgl. 2,16; 4,8.13; 5,7; 7,5; 13,11) übersetzte Begriff verwendet.

12,22 3,1 S **12,27** 1 Chr 15,16 S **12,30** Num 8,6-7 **12,39** 3,1 S

Michaja, Eljoënai, Secharja und Hananja mit
Trompeten. 42 Daneben standen die Leviten[a]
Maaseja, Schemaja, Eleasar, Usi, Johanan, Mal-
kija, Elam und Eser. Unter der Leitung von Jis-
rachja stimmten die Sänger ihren Lobgesang an.
43 Anschließend wurden eine Menge Tiere für
das Opfermahl* geschlachtet. Alle waren fröh-
lich, denn Gott hatte ihr Werk gelingen lassen.
Auch die Frauen und Kinder freuten sich, und
der Jubel Jerusalems war weithin zu hören.

Die Versorgung der Priester und Leviten

44 Damals wurden auch Aufseher für die Vorrats-
räume angestellt, in denen alle Vorräte und Ab-
gaben gelagert wurden, die ersten Früchte* der
Ernte und der zehnte* Teil aller Erträge. Von
allem, was auf den Feldern rings um die Städte
geerntet wurde, sollte der gesetzlich festgelegte
Anteil in die Vorratsräume gebracht werden, als
Abgabe für die Priester* und die Leviten*. Die
Leute von Judäa befolgten die Anordnung wil-
lig;[b] denn sie hatten ihre Freude an den Prie-
stern und Leviten, die den Dienst am Tempel
versahen, 45 ihrem Gott die Opfer* darbrachten
und die Reinigungshandlungen* vollzogen.

Auch die Sänger und die Torwächter ver-
richteten ihren Dienst nach den Anordnungen
Davids und seines Sohnes Salomo. 46 Damals,
zur Zeit Davids, war Asaf der Vorsteher[c] der Sän-
ger, die Gott mit ihren Liedern priesen und ihm
dankten.
47 Zur Zeit Serubbabels wie zur Zeit Nehemias
lieferten alle Israeliten ohne Ausnahme die Ab-
gaben, die den Sängern und Torwächtern für
ihren täglichen Unterhalt zustanden. Die Leute
brachten die Gaben, die dem HERRN geweiht
waren, zu den Leviten, die den vorgeschriebe-
nen Anteil an die Priester abgaben.

Die Reformen Nehemias (Kapitel 13)

Ausschluß von Fremdstämmigen

13 Zu dieser Zeit las man dem Volk öffentlich
aus dem Gesetzbuch* Moses vor. Dabei
stieß man auch auf die Vorschrift: »Kein Ammo-
niter* oder Moabiter* darf zur Gemeinde Gottes
gehören. 2 Denn diese Völker haben sich gewei-
gert, den Israeliten, als sie aus Ägypten kamen,
Brot und Wasser zu geben; der Moabiterkönig
hat sogar dem Magier Bileam Geld geboten, da-
mit er sie verfluchen sollte. Aber unser Gott ver-
wandelte den Fluch* in Segen.«
3 Als die Leute diese Stelle aus dem Gesetz
hörten, schlossen sie alle Fremden, die sich
unter sie gemischt hatten, aus der Gemeinde
Israel aus.

Sorge für die Reinheit des Tempels

4-5 Einige Zeit davor war folgendes geschehen:
Der Priester Eljaschib, der Verantwortliche für
die Nebenräume beim Haus unseres Gottes,
hatte seinem Verwandten Tobija einen großen
Raum im Tempelbereich zur Verfügung gestellt.
Dort war ursprünglich das Mehl für die Speise-
opfer* gelagert worden, auch Weihrauch* und
die entsprechenden Tempelgeräte sowie die Ab-
gaben von Getreide, Wein und Olivenöl, die den
Leviten*, den Sängern und Torwächtern zustan-
den, einschließlich des Anteils für die Priester.
6 Dies hatte sich zugetragen, als ich nicht in
Jerusalem war. Denn im 32. Regierungsjahr des
Königs Artaxerxes von Babylon[d] war ich dorthin
an den Königshof zurückgekehrt. Nach einiger
Zeit bat ich den König um die Erlaubnis, wieder
nach Jerusalem zu gehen. 7-8 Dort angekommen
sah ich, was Eljaschib angerichtet hatte. Ich war
entrüstet, daß er Tobija einen Raum im Vorhof
des Hauses Gottes gegeben hatte, und ließ alles
hinauswerfen, was Tobija gehörte. 9 Dann befahl
ich, den Raum samt den angrenzenden Räu-
men[e] zu reinigen* und die Tempelgeräte, das
Mehl für die Speiseopfer und den Weihrauch
wieder hineinzubringen.

Fürsorge für die Leviten

10 Ich erfuhr auch, daß die Abgaben für den
Unterhalt der Leviten* nicht abgeliefert worden
waren. Deshalb hatten die Leviten und die Sän-
ger ihren Dienst am Tempel verlassen, und jeder
war auf seine Felder gegangen, um sie zu bestel-
len.
11 Da zog ich die Ratsherren zur Rechenschaft
und hielt ihnen vor: »Wie konnte es dahin kom-
men, daß das Haus Gottes vernachlässigt wird?«
Dann holte ich die Leviten zurück und stellte sie
wieder an ihre Arbeit.
12 Nun brachten alle Leute aus Judäa auch
wieder den zehnten* Teil von ihrem Getreide,
dem Wein und dem Olivenöl in die Vorrats-

a *die Leviten:* sinngemäß ergänzt; vgl. Verse 33-35. b *befolgten …:* verdeutlichender Zusatz.
c *war Asaf der Vorsteher:* mit einer Handschrift und alten Übersetzungen; H *und Asafs gab es Vorsteher.*
d Die Könige von Persien hatten ihre Residenz in Babylon*. e *den Raum …:* wörtlich *die Räume.*
12,44-47 10,36.38-40 **12,45** (Reinigung) 13,9.22.30; (Anordnungen) 1 Chr 23,1-26,19; 2 Chr 8,14-15 **12,46** 1 Chr 6,24 S **13,1-2** Dtn 23,4-6; Num 22,1-6 **13,4-5** 3,1 S **13,10-13** 10,36.38-40; Dtn 12,19 **13,12** Mal 3,8-10

räume. 13 Die Aufsicht über die Vorräte übertrug
ich dem Priester Schelemja, dem Schreiber Za-
dok und dem Leviten Pedaja. Als Helfer stellte
ich ihnen Hanan, den Sohn von Sakkur und
Enkel von Mattanja, zur Seite. Sie waren als
zuverlässige Männer bekannt und bekamen des-
halb den Auftrag, die Lebensmittel an ihre Amts-
brüder zu verteilen.

14 Denk an mich, mein Gott, und rechne es
mir an! Streiche die guten Taten nicht aus dei-
nem Buch, die ich für dein Haus und die Ord-
nung seines Dienstes getan habe!

Sorge für die Heiligung des Sabbats

15 In jener Zeit sah ich Leute, die am Sabbat*
arbeiteten. Die einen zerstampften mit den
Füßen Weintrauben in der Kelter*, andere füll-
ten Getreide ab und luden es auf Esel, dazu
Wein, Weintrauben, Feigen und andere Lasten,
und brachten sie am Sabbat nach Jerusalem hin-
ein. Ich verwarnte sie, als sie es an diesem Tag
verkaufen wollten. 16 Es gab auch Leute aus
Tyrus, die sich bei uns niedergelassen hatten;
die führten von dort Fische und andere Waren
ein und verkauften sie auch am Sabbat an die
Leute von Judäa und Jerusalem.

17 Da zog ich die Männer der ersten Familien
in Judäa zur Rechenschaft und hielt ihnen vor:
»Was fällt euch ein, so etwas Verwerfliches zu
tun! Ihr schändet den Sabbat! 18 Genau dasselbe
haben eure Vorfahren gemacht, darum hat unser
Gott all das Unglück über uns und über diese
Stadt gebracht. Wollt ihr, daß durch eure Sabbat-
schändung sein Zorn auf Israel noch größer
wird?«

19 Deshalb gab ich Befehl, am Vorabend des
Sabbats die Tore Jerusalems zu schließen, sobald
es in den Torgängen anfing zu dunkeln, und sie
erst wieder zu öffnen, wenn der Sabbat vorüber
war. Ich stellte einige meiner Leute an die Tore,
um zu verhindern, daß irgendeine Warenladung
am Sabbat in die Stadt kam.

20 Kaufleute und Händler, die mit allen mög-
lichen Waren handelten, übernachteten darauf-
hin ein- oder zweimal direkt vor Jerusalem. 21 Ich
verwarnte sie und sagte: »Warum übernachtet
ihr vor der Stadtmauer? Wenn es noch einmal
vorkommt, lasse ich euch festnehmen.« Von da
an kamen sie am Sabbat nicht wieder.

22 Den Leviten befahl ich, sie sollten sich vor-
bereiten, damit sie rein* seien; dann sollten
sie sich an den Toren aufstellen und darüber
wachen, daß der Sabbat als heiliger Tag geachtet
werde.

Denk an mich, mein Gott, und rechne mir
auch dies an! Sei mir gnädig in deiner grenzen-
losen Güte!

Vorgehen gegen Mischehen

23 Damals wurde ich auf einige Judäer aufmerk-
sam, die Frauen aus der Philisterstadt Aschdod
und von den Ammonitern* und Moabitern* ge-
heiratet hatten. 24 Die Hälfte ihrer Kinder kannte
nur die Sprache von Aschdod oder einem ande-
ren der fremden Völker, aber die Sprache der
Juden[a] konnten sie nicht sprechen.

25 Ich zog die Männer zur Rechenschaft und
verfluchte sie; einige von ihnen schlug ich,
zerrte sie an den Haaren und beschwor sie bei
Gott: »Ihr dürft eure Töchter nicht mit ihren Söh-
nen verheiraten und von ihren Töchtern keine
als Frau für euch oder eure Söhne nehmen! 26 Ihr
wißt doch, daß König Salomo sich gerade da-
durch versündigt hat. Unter den Königen der
anderen Völker gab es keinen, der sich mit ihm
vergleichen konnte. Er war der Liebling Gottes;
Gott machte ihn zum König über ganz Israel.
Und sogar ihn haben die fremden Frauen dazu
verführt, Gott untreu zu werden. 27 Ist es nicht
unerhört, daß ihr nun genau dasselbe Unrecht
begeht und unserem Gott untreu werdet und
fremde Frauen heiratet!«

28 Einer von den Söhnen des Obersten Prie-
sters* Jojada, des Sohnes von Eljaschib, war mit
einer Tochter des Horoniters* Sanballat verheira-
tet. Den jagte ich aus meinem Gebiet.

29 Mein Gott, vergiß diesen Leuten nicht, wie
sie den Priesterstand entehrt und den Bund* ge-
brochen haben, den du mit den Priestern und
Leviten* geschlossen hast!

Nehemias Schlußwort

30 So reinigte ich unser Volk von allen fremden
Einflüssen. Ich stellte Dienstordnungen für die
Priester* und die Leviten* auf und legte für jeden
einzelnen seine Aufgaben fest. 31 Ich regelte
auch die vereinbarten Brennholzlieferungen
und die Abgaben der ersten Früchte*.

Denk doch an mich, mein Gott, und laß mir
all das zugute kommen!

a Hebräisch* bzw. Aramäisch.

13,14 5,19 S **13,15** Jer 17,21-22 **13,16-21** 10,32 S **13,23-28** Esra 9,1-2 S **13,25** Dtn 7,3 **13,26** 2 Sam 12,24-25; 1 Kön 11,1-8 **13,28** 3,1 S; 2,10 S; Lev 21,14 **13,29** Num 25,12-13; Mal 2,8 **13,31** 10,35; 5,19 S

DAS BUCH ESTER[a]

Inhaltsübersicht

Macht und Reichtum des Perserkönigs

1 Es war in der Zeit, als König Xerxes über das
Perserreich herrschte, ein Reich aus 127 Pro-
vinzen, das von Indien bis Äthiopien reichte;
2 sein Königsthron stand in der Stadt Susa. 3 In
seinem dritten Regierungsjahr gab er ein Fest für
alle führenden Männer des gesamten Reiches.
Die hochrangigen Offiziere aus Persien und
Medien, der hohe Adel und die Statthalter aller
Provinzen nahmen daran teil. 4 Volle sechs
Monate stellte der König seine Macht und sei-
nen unermeßlichen Reichtum vor ihnen zur
Schau.
5 Anschließend veranstaltete der König ein
Fest für alle Bewohner des Palastbezirks, vom
vornehmsten bis zum geringsten. Sieben Tage
lang wurde im Schloßpark gefeiert. 6 Zwischen
Alabastersäulen waren weiße und blaue Vor-
hänge aus kostbaren Stoffen aufgehängt, be-
festigt mit weißen und purpurroten Schnüren
und silbernen Ringen. Polsterbetten mit golde-
nen und silbernen Füßen standen auf dem kost-
baren Fußboden aus verschiedenfarbigen Stein-
platten.
7 Getrunken wurde aus goldenen Bechern,
von denen keiner dem andern glich; Wein gab es
in Fülle aus den königlichen Kellern. 8 Alle konn-
ten trinken, soviel sie wollten; aber niemand
wurde dazu gezwungen. Der König hatte die
Diener angewiesen, sich ganz nach den Wün-
schen der Gäste zu richten.

Die Königin fällt in Ungnade

9 Königin Waschti veranstaltete gleichzeitig im
Palast des Königs ein Fest für die Frauen. 10 Am
siebten Tag des Festes rief König Xerxes die
sieben Eunuchen* zu sich, die ihn persönlich
bedienten: Mehuman, Biseta, Harbona, Bigta,
Abagta, Setar und Karkas. In seiner Weinlaune
befahl er ihnen, 11 die Königin im Schmuck ihrer
Krone herzubringen. Alle seine Gäste, die
führenden Männer seines Reiches ebenso wie
die Bewohner des Palastbezirks, sollten ihre
außerordentliche Schönheit bewundern.
12 Aber Königin Waschti weigerte sich, dem
Befehl des Königs zu gehorchen. Da packte den
König der Zorn. 13 Sofort besprach er sich mit sei-
nen Ratgebern, weisen Männern, die sich auf
den Lauf der Gestirne verstanden und über das
Recht Bescheid wußten. 14 Es waren Karschena,
Schetar, Admata, Tarschisch, Meres, Marsena
und Memuchan. Diese sieben Fürsten der Perser
und Meder hatten den höchsten Rang nach dem
König. Sie waren seine engsten Vertrauten und
durften jederzeit bei ihm vorsprechen.
15 Er sagte zu ihnen: »Ich habe meine Diener
mit einem Befehl zur Königin Waschti gesandt,
aber sie hat ihn nicht befolgt. Was soll nach dem
Gesetz mit ihr geschehen?«
16 Memuchan antwortete: »Königin Waschti
hat sich nicht nur am König vergangen, sondern
auch an seinen Fürsten, ja am ganzen Volk in
allen Provinzen des Reiches. 17 Was sie getan
hat, wird sich unter allen Frauen herumspre-
chen. Sie werden auf ihre Männer herabsehen
und sagen: ›König Xerxes befahl der Königin
Waschti, vor ihm zu erscheinen; aber sie wei-
gerte sich.‹ 18 Die Frauen der Fürsten im Reich
haben es gehört, und sie werden sich schon
heute ihren Männern gegenüber darauf berufen.
Das wird eine Menge böses Blut geben.
19 Wenn der König es für richtig hält, sollte er
einen königlichen Befehl erlassen, daß Waschti
nie wieder vor ihm erscheinen darf. Dies müßte
unter die Gesetze der Meder und Perser aufge-
nommen werden, die unwiderruflich sind. Und
dann sollte der König an ihrer Stelle eine andere
zur Königin machen, die diese Würde auch ver-
dient. 20 Wenn dieser Beschluß des Königs in sei-
nem ganzen Reich bekannt wird, werden alle
Frauen, von den vornehmsten bis zu den ein-
fachsten Familien, ihren Männern den schuldi-
gen Respekt erweisen.«

a Die Übersetzung der erweiterten griechischen Fassung des Ester-Buches findet sich in Ausgaben mit den »Spätschriften des Alten Testaments« ab Seite 913.

1,1 Esra 4,6 1,14 Esra 7,14 1,19 8,8; Dan 6,8-10.16

21 Dem König und seinen Fürsten leuchtete
dieser Rat ein. Wie Memuchan vorgeschlagen
hatte, 22 schickte der König einen Erlaß in alle
Provinzen seines Reiches, jeweils in der Schrift
und Sprache des betreffenden Landes. Auf diese
Weise wollte er sicherstellen, daß jeder Mann in
seinem Haus der Herr bleibt.

Eine neue Königin wird gesucht

2 Als der Zorn des Königs sich gelegt hatte,
begann er, über das Geschehene nachzu-
denken. 2 Seine Diener bemerkten es und sagten
zu ihm: »Man sollte für den König schöne junge
Mädchen suchen, die noch kein Mann berührt
hat! 3 Der König könnte in den Provinzen seines
Reiches Beamte damit beauftragen, alle beson-
ders schönen Mädchen, die noch unberührt
sind, in seinen Harem nach Susa zu bringen. Der
königliche Eunuch* Hegai, der die Aufsicht im
Frauenhaus führt, soll sich um sie kümmern und
dafür sorgen, daß ihre Schönheit mit allen Mit-
teln gepflegt wird. 4 Das Mädchen, das dem
König am besten gefällt, soll dann an Waschtis
Stelle Königin werden.«
Dem König gefiel dieser Vorschlag, und er gab
die entsprechenden Anordnungen.

Ein jüdisches Mädchen unter den Bewerberinnen

5 Im Palastbezirk von Susa lebte ein Jude namens
Mordechai, der Sohn Jaïrs. Er war vom Stamm
Benjamin und ein Nachkomme von Schimi und
Kisch. 6 Als der Babylonierkönig Nebukadnezzar
eine Anzahl von Judäern mit König Jojachin aus
Jerusalem in die Verbannung geführt hatte, war
auch die Familie von Mordechai unter den Ver-
schleppten gewesen.
7 Mordechai hatte eine Kusine Hadassa, auch
Ester genannt. Sie war außerordentlich schön.
Weil sie Vater und Mutter verloren hatte, hatte
Mordechai sie als Tochter angenommen.
8 Als der königliche Erlaß bekanntgemacht
war und die Mädchen nach Susa in die Obhut
von Hegai gebracht wurden, da war unter ihnen
auch Ester. Sie wurde in den königlichen Harem
gebracht und dem Eunuchen Hegai übergeben.
9 Sie fiel ihm auf und gewann seine Gunst. Er
sorgte dafür, daß sofort mit der Pflege ihrer
Schönheit begonnen und sie aufs beste ernährt
wurde. Er gab ihr die schönsten Räume im
Harem und sieben ausgewählte Dienerinnen
aus dem Königspalast.
10 Nach der Weisung von Mordechai hatte
Ester nichts über ihre jüdische Herkunft gesagt.
11 Mordechai ging täglich vor dem Hof des
Harems auf und ab, um zu hören, wie es Ester
erging und was mit ihr geschah.
12 Jedes Mädchen wurde ein Jahr lang auf die
Begegnung mit dem König vorbereitet. Sechs
Monate dauerte die vorgeschriebene Behand-
lung mit Myrrhenöl* und weitere sechs die mit
Balsamöl und anderen Pflegemitteln. Dann
konnte das Mädchen zum König gebracht wer-
den.
13 Wenn eine an der Reihe war, vom Frauen-
haus in den Königspalast zu gehen, durfte sie
sich Kleider und Schmuck für diese Gelegenheit
selbst aussuchen. 14 Sie ging am Abend in den
Palast und kehrte am nächsten Morgen in den
zweiten Harem zurück. Dieser war für die
Nebenfrauen des Königs bestimmt und stand
unter der Aufsicht des königlichen Eunuchen
Schaaschgas. Keine durfte ein zweites Mal zum
König kommen, außer wenn sie ihm besonders
gefallen hatte und er sie namentlich rufen ließ.

Ester wird Königin

15 Eines Tages kam die Reihe auch an Ester, die
Tochter von Abihajil, dem Onkel jenes Morde-
chai, der sie nach dem Tod ihres Vaters als Toch-
ter angenommen hatte. Sie verzichtete darauf,
Kleidung und Schmuck selbst auszusuchen, und
nahm nur, was Hegai ihr empfohlen hatte. Alle,
die sie sahen, waren voller Bewunderung. 16 So
wurde Ester zum König in den Palast gebracht,
im zehnten Monat seines siebten Regierungs-
jahres, dem Monat Tebet*.
17 Der König fand an Ester mehr Gefallen als
an allen andern Frauen, und sie übertraf in sei-
nen Augen bei weitem die anderen Mädchen.
Deshalb setzte er ihr die Krone auf und machte
sie an Waschtis Stelle zur Königin. 18 Er gab ihr
zu Ehren ein großes Festmahl und lud alle
führenden Männer seines Reiches dazu ein. Er
gewährte den Provinzen seines Reiches einen
Steuernachlaß[a] und verteilte königliche Ge-
schenke.

Esters Pflegevater rettet dem König das Leben

19–20 Inzwischen wurden zum zweitenmal
Mädchen für den König gesammelt. Ester hatte
dem König immer noch nichts von ihrer jüdi-
schen Herkunft und Volkszugehörigkeit gesagt.

a Der Text ist nicht sicher zu deuten; vielleicht ist auch zeitweise Befreiung vom Fron- und Kriegsdienst gemeint oder eingeschlossen.

1,22 3,12; 8,9 **2,5** 1 Sam 9,1 **2,6** 2 Kön 24,14-15

So hatte Mordechai es ihr befohlen, und sie folgte ihm noch genauso wie damals, als sie seine Pflegetochter war.

Mordechai stand inzwischen in königlichen Diensten und saß in der Torhalle des Palastbezirks. 21 Gerade damals nun machten Bigtan und Teresch, zwei königliche Eunuchen*, die die Torwache befehligten, eine Verschwörung. Sie waren unzufrieden mit dem König und beschlossen, ihn umzubringen. Mordechai, der ja ebenfalls dort im Tor war, 22 erfuhr davon und sagte es Königin Ester, die es in seinem Auftrag sofort dem König meldete. 23 Die Sache wurde untersucht, die Verschwörung aufgedeckt, und die beiden Schuldigen wurden an den Galgen gehängt. Der König ließ den Vorfall in die amtliche Chronik eintragen.

Der Jude Mordechai reizt den mächtigen Haman zum Zorn

3 Einige Zeit später erhob König Xerxes Haman, den Sohn von Hammedata, einen Nachkommen von Agag, zu seinem ersten Minister. 2 Alle königlichen Beamten in der Torhalle des Palastbezirks knieten vor Haman nieder und beugten sich tief vor ihm, wie der König es befohlen hatte. Mordechai aber blieb stehen und verbeugte sich nicht.

3 Die Leute des Königs fragten ihn: »Warum gehorchst du nicht dem Befehl des Königs?«

4 »Weil ich Jude bin«, sagte er.

Tag für Tag setzten sie ihm zu, Haman diese Ehre zu erweisen; aber Mordechai hörte nicht darauf.

Da gingen sie hin und zeigten ihn bei Haman an, denn sie wollten sehen, was er zu Mordechais Begründung sagen würde. 5 Haman war wütend, als man ihn darauf hinwies, daß Mordechai sich nicht vor ihm niederwarf. 6 Aber es war ihm zu wenig, nur ihn selbst zu bestrafen, und da sie ihm gesagt hatten, daß Mordechai zum jüdischen Volk gehörte, beschloß er, alle Juden im Persischen Reich, das ganze Volk von Mordechai, auszurotten.

Haman plant die Ausrottung der Juden

7 Im ersten Monat des zwölften Regierungsjahres des Königs Xerxes, dem Monat Nisan*, wurde auf Anordnung Hamans für alle Tage des Jahres bis hinein in den zwölften Monat, den Monat Adar*, das Pur – das ist das Los – geworfen. Auf diese Weise wollte Haman den günstigsten Zeitpunkt für sein Unternehmen herausfinden.

8 Danach sagte er zum König: »Es gibt ein Volk in deinem Reich, das über alle Provinzen zerstreut lebt und sich von den anderen Völkern absondert. Seine Bräuche sind anders als die aller anderen Völker, und die königlichen Gesetze befolgt es nicht. Das kann sich der König nicht bieten lassen. 9 Wenn der König einverstanden ist, soll der Befehl erlassen werden, sie zu töten. Ich werde dann in der Lage sein, den Verwaltern der Staatskasse 10000 Zentner* Silber auszuhändigen.«

10 Der König zog seinen Siegelring vom Finger, gab ihn dem Judenfeind Haman 11 und sagte zu ihm: »Ihr Silber überlasse ich dir! Und mit ihnen selbst kannst du machen, was du willst!«

12 Am 13. Tag des 1. Monats ließ Haman die Schreiber des Königs zusammenrufen und diktierte ihnen einen Erlaß an die Reichsfürsten*, an die Statthalter der Provinzen und an die Fürsten der einzelnen Völker, jeweils in der Schrift und Sprache des betreffenden Landes. Der Erlaß war als Schreiben des Königs abgefaßt und mit dessen Siegelring gesiegelt. 13 Er wurde durch Kuriere in alle Provinzen des Reiches gebracht und enthielt den Befehl:

»Alle Juden – Männer, Frauen und Kinder – sollen an einem einzigen Tag, dem 13. Tag des 12. Monats, des Monats Adar, erschlagen, ermordet, ausgerottet werden. Ihr Besitz ist zur Plünderung freigegeben.«

14 In jeder Provinz sollte der Erlaß öffentlich bekanntgemacht werden, so daß sich alle für diesen Tag rüsten konnten. 15 Auf Anordnung des Königs machten sich die Kuriere eiligst auf den Weg. Auch im Palastbezirk von Susa wurde der Erlaß bekanntgemacht.

Darauf ließen sich der König und Haman zu einem Trinkgelage nieder. Die ganze Stadt aber geriet in große Aufregung.

Ester soll die Juden retten

4 Als Mordechai erfuhr, was vorgefallen war, zerriß er sein Gewand, band sich den Sack* um und streute sich Asche auf den Kopf. So ging er durch die Stadt und stieß laute, durchdringende Klagerufe aus. 2 Er kam bis vor den Palastbezirk, den er jedoch im Trauerschurz nicht betreten durfte.

3 Auch in allen Provinzen herrschte unter den

3,1 1 Sam 15,8-9.32-33; Ex 17,14 S 3,8 Num 23,9; Dtn 4,5-8 3,10 Gen 41,42 S 3,12 1,22; 8,9

Juden große Trauer, nachdem der königliche Erlaß dort eingetroffen war. Sie fasteten*, weinten und klagten, und viele saßen im Sack in der Asche.

4 Die Dienerinnen und Diener Esters berichteten ihrer Herrin von Mordechais Trauer. Ester war ganz erschrocken und ließ Mordechai Kleider bringen, damit er den Sack ablegen und zu ihr in den Palast kommen konnte. Aber er wollte ihn nicht ausziehen. 5 Da schickte Ester den Eunuchen Hatach, den der König ihr als Diener gegeben hatte, zu Mordechai hinaus. Er sollte ihr berichten, warum Mordechai sich so auffallend verhielt.

6 Hatach ging zu Mordechai auf den großen Platz vor dem Palastbezirk. 7 Mordechai erzählte ihm alles, was geschehen war, und nannte ihm auch die Geldsumme, die Haman dem König für seine Staatskasse versprochen hatte, wenn er die Juden umbringen dürfte. 8 Er gab ihm eine Abschrift des königlichen Erlasses, in dem die Ausrottung der Juden befohlen wurde. Er sollte sie Ester zeigen und sie dringend auffordern, zum König zu gehen und für ihr Volk um Gnade zu bitten.

9 Hatach berichtete Ester alles, was Mordechai ihm aufgetragen hatte. 10 Ester aber schickte den Eunuchen noch einmal zu Mordechai und ließ ihm sagen: 11 »Alle, die im Dienst des Königs stehen, und alle seine Untertanen in den Provinzen des Reiches kennen das unverbrüchliche Gesetz: Wer ungerufen, ob Mann oder Frau, zum König in den inneren Hof des Palastes geht, muß sterben. Nur wenn der König ihm das goldene Zepter entgegenstreckt, wird er am Leben gelassen. Mich hat der König jetzt schon dreißig Tage nicht mehr zu sich rufen lassen.«

12-13 Mordechai schickte Ester die Antwort: »Denk nur nicht, daß du im Königspalast dein Leben retten kannst, wenn alle anderen Juden umgebracht werden! 14 Wenn du in dieser Stunde schweigst, wird den Juden von anderswo her Hilfe und Rettung kommen. Aber du und deine Familie, ihr habt dann euer Leben verwirkt und werdet zugrunde gehen. Wer weiß, ob du nicht genau um dieser Gelegenheit willen zur Königin erhoben worden bist?«

15 Da ließ Ester Mordechai die Antwort bringen: 16 »Geh und rufe alle Juden in Susa zusammen! Haltet ein Fasten* für mich. Drei Tage lang sollt ihr nichts essen und nichts trinken, auch nicht bei Nacht; und ich werde zusammen mit meinen Dienerinnen dasselbe tun. Dann gehe ich zum König, auch wenn es gegen das Gesetz ist. Komme ich um, so komme ich um!«

17 Mordechai ging und tat, was Ester ihm aufgetragen hatte.

Ester sucht eine günstige Gelegenheit

5 Dann am dritten Tag legte Ester die königlichen Gewänder an und ging in den inneren Hof des Palastes, der direkt vor dem Thronsaal liegt. Der König saß gerade auf seinem Thron, der offenen Saaltür gegenüber.

2 Da sah er auf einmal Königin Ester im Hof stehen. Aber sie fand seine Gunst, und er streckte ihr das goldene Zepter entgegen, das er in der Hand hielt.

Ester trat heran und berührte die Spitze des Zepters. 3 Der König fragte sie: »Was führt dich her, Königin Ester? Was ist dein Wunsch? Ich gewähre dir alles, bis zur Hälfte meines Königreiches!«

4 Ester antwortete: »Mein König, wenn es dir recht ist, dann komm doch heute mit Haman zu dem Mahl, das ich für dich vorbereitet habe.«

5 »Schnell, holt Haman herbei«, rief der König, »damit wir Esters Einladung folgen!« So kam der König mit Haman zu Esters Mahl.

6 Beim Wein fragte er sie: »Was ist nun dein Wunsch? Ich erfülle ihn dir! Fordere, was du willst, bis zur Hälfte meines Königreiches!«

7 Ester antwortete: »Ich habe eine große Bitte: 8 Wenn ich deine Gunst, mein König, gefunden habe, und wenn du so gnädig bist, mir meinen Wunsch zu erfüllen, dann komm doch auch morgen mit Haman zu dem Mahl, das ich für dich vorbereiten werde. Dann will ich dir meinen Wunsch sagen.«

Haman will Mordechai aus dem Weg schaffen

9 Haman war in bester Laune, als er von dem Mahl bei der Königin nach Hause ging. Doch im Tor kam er an Mordechai vorbei, der nicht vor ihm aufstand und ihm nicht die geringste Ehrerbietung erwies. Haman wurde von Wut gepackt, 10 aber er ging weiter.

Zu Hause rief er seine Freunde und seine Frau Seresch. 11 Er prahlte vor ihnen mit seinem Reichtum und der großen Zahl seiner Söhne und strich voll Stolz heraus, wie der König ihn ausgezeichnet und über alle anderen Fürsten und Minister gestellt habe. 12 »Und die Königin Ester«, fuhr er fort, »hat zu dem Mahl, das sie

4,11 5,2; 8,4 **4,16** 2 Makk 13,10-12; Jes 58,5 S **5,2** 4,11 S **5,3** 5,6; 7,2; 9,12; Mk 6,23

veranstaltet hat, außer dem König nur noch mich eingeladen, und auch morgen soll ich zusammen mit dem König bei ihr essen. [13] Aber das alles ist mir vergällt, solange ich den Juden Mordechai im Tor des Palastbezirks sitzen sehe!«

[14] Da rieten ihm seine Frau und seine Freunde: »Laß einen Galgen errichten, zwanzig Meter hoch, und laß dir vom König die Erlaubnis geben, Mordechai daran aufzuhängen. Danach kannst du unbeschwert mit dem König zum festlichen Mahl gehen.«

Haman fand den Vorschlag ausgezeichnet und gab sofort Befehl, den Galgen aufzurichten.

Haman muß Mordechai die höchste Ehre erweisen

6 Der König konnte in dieser Nacht nicht schlafen, deshalb ließ er die Chronik bringen, in der die wichtigen Ereignisse seiner Regierungszeit aufgeschrieben waren. Man las dem König daraus vor [2] und kam dabei zu der Stelle, wo berichtet wurde, wie Mordechai die Verschwörung der königlichen Torwächter Bigtan und Teresch aufgedeckt und König Xerxes das Leben gerettet hatte. [3] Der König fragte: »Was für eine Belohnung, was für eine Auszeichnung hat Mordechai dafür erhalten?«

»Keine«, antworteten die Diener des Königs.

[4] »Wer ist da draußen im Hof?« fragte der König. Eben in diesem Augenblick war nämlich Haman in den äußeren Hof des Palastes getreten. Er wollte sich vom König die Erlaubnis erbitten, Mordechai an den Galgen zu hängen, den er errichtet hatte.

[5] Die Diener antworteten dem König: »Es ist Haman, der da draußen steht.«

»Ruft ihn herein«, befahl der König.

[6] Als Haman eintrat, fragte der König ihn: »Was kann ein König für jemand tun, dem er eine besondere Ehre erweisen will?«

Haman dachte: »Da kann nur ich gemeint sein; wen sonst sollte der König besonders ehren wollen?« [7] Deshalb antwortete er: »Für den Mann, dem der König eine besondere Ehre erweisen will, [8] soll man ein kostbares Gewand bringen, das sonst der König selbst trägt, und ein Pferd mit dem königlichen Schmuck am Zaumzeug, das sonst der König selbst reitet. [9] Man soll Pferd und Gewand einem der höchsten Würdenträger des Königs übergeben, damit dieser den Mann, den der König ehren will, königlich kleidet und ihn auf dem Pferd des Königs über den großen Platz der Stadt führt. Dabei soll er vor dem zu Ehrenden hergehen und ausrufen: ›So handelt der König an dem Mann, dem er eine besondere Ehre erweisen will!‹«

[10] Da sagte der König zu Haman: »Nimm schnell ein Gewand und ein Pferd, wie du sie beschrieben hast! Ehre den Juden Mordechai, der in der Torhalle des Palastbezirks sitzt, so wie du es vorgeschlagen hast! Du mußt alles genauso ausführen und darfst nichts auslassen.«

[11] Haman folgte dem Befehl des Königs, kleidete Mordechai königlich, führte ihn auf dem Pferd des Königs über den großen Platz und rief vor ihm aus: »So handelt der König an dem Mann, dem er eine besondere Ehre erweisen will!«

[12] Danach kehrte Mordechai an seinen Platz im Tor des Palastbezirks zurück. Haman aber eilte völlig verstört, mit verhülltem Gesicht, nach Hause. [13] Dort erzählte er seiner Frau und allen seinen Freunden, was geschehen war. Diese seine klugen Ratgeber sagten zu ihm: »Wenn Mordechai, mit dem dir das passiert ist, zum Volk der Juden zählt, dann kannst du aufgeben. Dein Untergang ist besiegelt.«

Ester enthüllt dem König ihre Herkunft

[14] Noch während sie das sagten, kamen die Diener des Königs, um Haman zum Mahl bei der 7 Königin abzuholen. [1] Der König und Haman fanden sich dort ein. [2] Beim Wein richtete der König an Ester dieselbe Frage wie am Tag zuvor: »Was ist nun dein Wunsch, Königin Ester? Ich erfülle ihn dir! Fordere, was du willst, bis zur Hälfte meines Königreiches!«

[3] Die Königin antwortete ihm: »Wenn ich deine Gunst, mein König, gefunden habe und du mir eine Bitte erlauben willst, dann flehe ich um mein Leben und um das Leben meines Volkes. [4] Man hat uns verkauft, mich und mein Volk; man will uns töten, morden, ausrotten! Würden wir nur der Freiheit beraubt und als Sklaven verkauft, so hätte ich geschwiegen und den König nicht damit belästigt.«

[5] Da sagte König Xerxes, und er wandte sich dabei an die Königin Ester: »Wer wagt so etwas? Wo ist der Mann, der so schändliche Pläne ausheckt?«

[6] Ester antwortete: »Unser Todfeind ist dieser böse Haman hier!«

Haman blickte entsetzt auf den König und die Königin. [7] Voll Zorn stand der König von der Tafel auf und ging in den Schloßpark hinaus. Haman trat auf Königin Ester zu und flehte um sein

6,2 2,21-22 6,9 Gen 41,42-43 7,2 5,3 S

Leben. Er spürte, daß der König schon seinen Tod beschlossen hatte.

Haman kommt statt Mordechai an den Galgen

8 Als der König wieder in den Saal trat, fand er Haman kniend vor dem Polster, auf dem Ester lag. Empört rief er: »Jetzt tut er sogar der Königin Gewalt an, und das in meinem Palast!«

Kaum war das Wort aus dem Mund des Königs, da verhüllten schon die Diener das Gesicht Hamans. 9 Einer der königlichen Eunuchen*, Harbona, sagte: »Da ist doch noch der Galgen, den Haman für Mordechai, den Retter des Königs, errichten ließ! Er steht auf Hamans eigenem Grundstück, er ist zwanzig Meter hoch.«

»Hängt Haman daran auf!« befahl der König.

10 So wurde Haman an den Galgen gehängt, den er selbst für Mordechai bestimmt hatte.

Darauf legte sich der Zorn des Königs.

Die Juden dürfen ihren Mördern zuvorkommen

8 Noch am selben Tag schenkte König Xerxes der Königin Ester das Haus und den Besitz des Judenfeindes Haman. Er ließ Mordechai zu sich rufen; denn Ester hatte ihm berichtet, daß er ihr Pflegevater sei. 2 Der König zog seinen Siegelring, den er Haman wieder abgenommen hatte, von der Hand und überreichte ihn Mordechai. Ester machte Mordechai zum Verwalter von Hamans Besitz.

3 Noch einmal wandte sich Ester an den König. Sie warf sich vor seinem Thron nieder, weinte und flehte ihn an, die Ausführung des Verbrechens zu verhüten, das Haman, dieser typische Nachfahre Agags, gegen die Juden geplant hatte.

4 Der König streckte ihr sein goldenes Zepter entgegen, da stand sie auf, trat vor ihn 5 und sagte: »Wenn es dem König recht ist, wenn ich seine Gunst gefunden habe, wenn er mir wohlwill und mein Vorschlag ihm gefällt, dann veranlasse der König, daß der Erlaß widerrufen wird, den der Agagsnachkomme Haman, der Sohn von Hammedata, aufgesetzt hat, um die Juden in allen Provinzen des Reiches auszurotten. 6 Ich kann es nicht mit ansehen, wie das Unheil seinen Lauf nimmt und mein eigenes Volk vernichtet wird.«

7 König Xerxes antwortete Königin Ester und dem Juden Mordechai: »Ich habe Ester den ganzen Besitz Hamans geschenkt und ihn selbst an den Galgen hängen lassen, weil er die Juden vernichten wollte. 8 Aber ein Erlaß, der im Namen des Königs abgefaßt und mit seinem Siegelring gesiegelt ist, läßt sich nicht zurücknehmen. Ihr könnt jedoch in meinem Namen und unter meinem Siegel eine weitere Verfügung erlassen, um die Juden zu retten. Tut, was ihr für richtig haltet!«

9 Mordechai ließ die Schreiber des Königs zusammenrufen – es war am 23. Tag des 3. Monats, des Monats Siwan*, – und diktierte ihnen einen Erlaß an die Juden im ganzen Reich sowie an die Reichsfürsten* und die Statthalter und obersten Beamten aller 127 Provinzen von Indien bis Äthiopien, jeweils in der Schrift und Sprache des betreffenden Landes und auch für die Juden in ihrer eigenen Schrift und Sprache. 10 Der Erlaß war im Namen des Königs abgefaßt; er wurde mit dem königlichen Siegel versehen und durch berittene Boten auf den schnellsten Kurierpferden in alle Provinzen geschickt. Er enthielt die Verfügung:

11 »Der König erlaubt den Juden in allen Städten seines Reiches, sich zum Schutz ihres Lebens zusammenzutun und alle zu töten, zu vernichten und auszurotten, die ihnen und ihren Frauen und Kindern Gewalt antun wollen – und zwar überall im Reich, wo das vorkommt, unter allen Völkern und in allen Provinzen. Der Besitz ihrer Feinde wird den Juden zur Plünderung freigegeben. 12 Diese Erlaubnis gilt für ein und denselben Tag in allen Provinzen des Reiches, nämlich den 13. Tag des 12. Monats, des Monats Adar*.«

13 In jeder Provinz sollte dieser Erlaß öffentlich bekanntgemacht werden, und die Juden sollten sich für diesen Tag rüsten, um sich an ihren Feinden zu rächen. 14 In höchster Eile und auf den besten königlichen Kurierpferden machten sich die Boten mit der Anordnung des Königs auf den Weg. Auch im Palastbezirk von Susa wurde der königliche Erlaß bekanntgemacht.

15 Darauf trat Mordechai aus dem Palastbezirk, gekleidet, wie es seiner hohen Stellung entsprach. Er trug ein Gewand in violetter und weißer Farbe, einen Mantel aus feinem weißem Leinen und purpurrotem Wollstoff und dazu eine große goldene Krone. Die Bewohner von Susa jubelten ihm zu.

16 Die Juden der Stadt waren von Glück und

8,1 2,7 **8,2** 3,10 **8,4** 4,11 S **8,8** 1,19 S **8,9** 1,22; 3,12 **8,11** 3,13 **8,15** 6,11; Dan 5,29

Freude erfüllt und genossen die Ehre, die ihnen von allen Seiten erwiesen wurde. [17]Auch überall in den Provinzen, in jeder Stadt, in der der Erlaß des Königs eintraf, herrschte unter den Juden Freude und Jubel, und sie feierten das Ereignis mit Festtagen und fröhlichen Gelagen. Von den Nichtjuden gerieten viele in große Furcht und traten zum Judentum über.

Die Juden vernichten ihre Feinde

9 Es kam der 13. Tag des 12. Monats, des Monats Adar* – der Tag, an dem die Anordnungen des königlichen Erlasses ausgeführt werden sollten. Die Feinde der Juden hatten gehofft, an diesem Tag über die Juden triumphieren zu können; aber nun geschah es umgekehrt, daß die Juden über ihre Feinde triumphierten. [2]In allen Städten im Reich des Königs Xerxes, in denen Juden lebten, taten sich diese zusammen und gingen gegen alle vor, die ihnen schaden wollten. Niemand konnte sich gegen sie behaupten, denn alle waren aus Furcht vor den Juden wie gelähmt.

[3]Aus Angst vor Mordechai stellten sich die Beamten in den Provinzen, die Reichsfürsten*, die Statthalter und die Verwalter der Staatskasse auf die Seite der Juden und unterstützten sie. [4]Denn es war überall bekannt geworden, welche Stellung Mordechai am Königshof einnahm, und seine Macht nahm immer noch zu.

[5]Die Juden machten alle ihre Feinde mit dem Schwert nieder und töteten sie; sie verfuhren mit denen, die ihnen schaden wollten, ganz nach ihrem Wunsch. [6]Im Palastbezirk von Susa erschlugen sie 500 Männer, [7–10]außerdem die zehn Söhne des Judenfeindes Haman, des Sohnes von Hammedata: Parschandata, Dalfon, Aspata, Porata, Adalja, Aridata, Parmaschta, Arisai, Aridai und Wajesata. Doch vergriffen sie sich nicht am Besitz ihrer Feinde.

[11]Noch am selben Tag wurde dem König die Zahl der Männer gemeldet, die die Juden im Palastbezirk getötet hatten. [12]Darauf sagte er zu Königin Ester: »Allein im Palastbezirk haben die Juden 500 Mann erschlagen, dazu auch die Söhne Hamans. Wie viele werden es da in den Provinzen des Reiches sein! Hast du jetzt noch eine Bitte? Ich will sie dir erfüllen.«

[13]Ester antwortete: »Wenn es dem König recht ist, soll den Juden in Susa auch morgen gestattet sein, was für heute erlaubt war. Und die Leichen der zehn Söhne Hamans sollen öffentlich aufgehängt werden.«

[14]Der König befahl, so zu verfahren, und ließ in Susa einen entsprechenden Erlaß bekanntmachen. Die Söhne Hamans wurden öffentlich aufgehängt. [15]Die Juden von Susa aber taten sich auch am 14. Tag des Monats zusammen und erschlugen in der Stadt 300 Mann. Sie vergriffen sich jedoch nicht an deren Besitz.

[16–17]Die Juden in den Provinzen des Reiches hatten sich am 13. Tag des Monats zusammengetan, um ihr Leben zu schützen, und 75 000 ihrer Feinde getötet. So verschafften sie sich Ruhe und Sicherheit, aber am Besitz ihrer Feinde vergriffen sie sich nicht. Am 14. Tag des Monats unternahmen sie nichts mehr, sondern feierten ihre Rettung mit festlichen Gelagen. [18–19]Daher kommt es, daß die Juden in den Städten des Landes den 14. Tag des Monats Adar als Feiertag begehen, festliche Gelage halten und sich gegenseitig auserlesene Speisen zusenden. Die Juden von Susa jedoch waren zwei Tage lang gegen ihre Feinde vorgegangen und feierten erst den 15. Tag des Monats mit Festgelagen.

Einsetzung des Purim-Festes

[20]Mordechai schrieb die Ereignisse dieser Tage auf und schickte an alle Juden in allen Provinzen des Königs Xerxes, nah und fern, einen Brief. [21]Darin ordnete er an, jährlich den 14. und 15. Tag des Monats Adar* festlich zu begehen, [22]zur Erinnerung an die Tage, die ihnen Ruhe und Rettung vor ihren Feinden gebracht hatten, und an den Monat, in dem sich ihr Kummer in Freude und ihre Trauer in Jubel verwandelt hatte. An diesen beiden Tagen sollten die Juden festliche Gelage halten und sich gegenseitig auserlesene Speisen zusenden; außerdem sollten sie den Armen Geschenke machen.

[23]Die Juden folgten der Anordnung Mordechais und begingen von da an Jahr für Jahr das Fest, das sie damals nach ihrer Rettung gefeiert hatten. [24–26]Weil der Judenfeind Haman die Juden völlig vernichten wollte und zur Bestimmung des entscheidenden Tages das Pur – das ist das Los – geworfen hatte, bekam dieses Fest den Namen Purim. Als der Plan dem König bekanntgeworden war, hatte er angeordnet und schriftlich bestätigt, daß die Vernichtung, die Haman den Juden zugedacht hatte, ihn selber treffen sollte und er und seine Söhne an den Galgen gehängt würden.

Aufgrund dessen, was sie erlebt hatten, und aufgrund von Mordechais Brief [27]machten die Juden es sich zur Pflicht, jährlich zur selben Zeit

9,12 5,3 S 9,13-14 Dtn 21,22-23 S 9,24-26 3,7

und nach festen Regeln diese beiden Tage zu begehen. Auch für ihre Nachkommen und alle Nichtjuden, die sich ihrer Gemeinschaft anschließen würden, sollte dieses Fest zur verbindlichen Einrichtung werden. [28] Für alle Zukunft sollten diese Tage die Erinnerung an das Geschehene wachhalten; jede jüdische Familie sollte sie begehen, in welcher Provinz und Stadt sie auch lebte. Niemals sollte dieses Fest unter den Juden in Vergessenheit geraten.

[29] Königin Ester, die Tochter von Abihajil, und der Jude Mordechai schrieben noch einen zweiten Brief über das Purim-Fest und gaben darin verbindliche Anweisungen für die Feier. [30] Der Brief richtete sich an alle Juden in den 127 Provinzen des Königs Xerxes und begann mit einem Friedenswunsch. [31] Seine Absicht war, die Anordnung, die Mordechai und die Königin gegeben hatten, noch einmal zu unterstreichen und die Juden an die von ihnen übernommene Verpflichtung zur Feier des Purim-Festes* zu erinnern. Diese Verpflichtung umfaßte auch das Fasten* und Klagen, die dem Festmahl vorangehen sollten.

[32] Der Brief Esters erklärte alle diese Festvorschriften für verbindlich; sein Wortlaut wurde in einem besonderen Buch aufgezeichnet.

Mordechai als Beschützer der Juden

10 König Xerxes verpflichtete seine Untertanen im gesamten Reich, bis hin zu den fernsten Provinzen, zu Frondiensten.[a] [2] Seine übrigen Taten, in denen sich seine Macht und Stärke erwies, sind aufgezeichnet in der amtlichen Chronik der Könige von Medien und Persien. Dort ist auch genau beschrieben, zu welcher Stellung er Mordechai erhob. [3] Der Jude Mordechai war der erste Mann direkt nach dem König. Er stand in hohem Ansehen bei den Juden und war bei ihnen allen beliebt, weil er für sein Volk sorgte und sich stets für dessen Wohl einsetzte.

a Es könnte sich auch um eine Sondersteuer handeln.

DAS BUCH IJOB (HIOB, JOB)

Inhaltsübersicht

IJOBS GLÜCK UND ERPROBUNG
(1,1–2,10)

Ijobs Frömmigkeit und Wohlstand

1 Im Land Uz lebte einmal ein Mann namens
Ijob. Er war ein Vorbild an Rechtschaffenheit,
nahm Gott ernst und hielt sich von allem Bösen
fern. 2 Seine Frau hatte ihm sieben Söhne und
drei Töchter geboren, 3 und er besaß sehr viel
Vieh: 7000 Schafe und Ziegen, 3000 Kamele,
1000 Rinder und 500 Esel. Dazu hatte er auch
viele Knechte und Mägde. An Wohlstand und
Ansehen übertraf Ijob alle Männer des Steppenlandes im Osten.

4 Seine Söhne hatten die Gewohnheit, reihum
in ihren Häusern Festessen zu veranstalten, an
denen alle Brüder teilnahmen. Auch ihre drei
Schwestern luden sie dazu ein, und alle aßen
und tranken miteinander. 5 Immer wenn eine
solche Reihe von Festmählern vorüber war,
stand Ijob frühmorgens auf und ließ seine Kinder
holen. Für jedes von ihnen brachte er ein Brandopfer* dar, um sie von Sünde zu reinigen. Denn
er sagte sich: »Vielleicht hat eines von ihnen in
Gedanken Gott beleidigt und ist dadurch schuldig geworden.«

Ijobs Frömmigkeit in Zweifel gezogen

6 Eines Tages kamen die Gottessöhne* zur
himmlischen Ratsversammlung, und jeder stellte
sich an seinen Platz vor dem HERRN.

Unter ihnen war auch der Satan*. 7 Der HERR
fragte ihn: »Was hast denn *du* gemacht?«

»Ich habe die Erde kreuz und quer durchstreift«, antwortete der Satan.

8 Der HERR fragte ihn: »Hast du auch meinen
Diener Ijob gesehen? So wie ihn gibt es sonst
keinen auf der Erde. Er ist ein Vorbild an Rechtschaffenheit, nimmt Gott ernst und hält sich von
allem Bösen fern.«

9 Der Satan entgegnete: »Würde er dir gehorchen, wenn es sich für ihn nicht lohnte? 10 Du
hast ihn und seine Familie und seinen ganzen
Besitz vor jedem Schaden bewahrt. Du läßt alles
gelingen, was er unternimmt, und sein Vieh füllt
das ganze Land. 11 Taste doch einmal seinen Besitz an! Wetten, daß er dich dann öffentlich verflucht?«

12 Da sagte der HERR zum Satan: »Gut! Alles,
was er besitzt, gebe ich in deine Gewalt. Aber
ihn selbst darfst du nicht antasten!« Danach verließ der Satan die Ratsversammlung.

Ijob auf die Probe gestellt

13 Eines Tages waren die Kinder Ijobs wieder einmal im Haus ihres ältesten Bruders zusammen,
um zu essen und Wein zu trinken.

14 Da kam ein Knecht zu Ijob gelaufen und
meldete: »Wir waren gerade mit den Rindern
beim Pflügen, und die Esel weideten ganz in der
Nähe. 15 Da sind plötzlich Beduinen aus Saba
über uns hergefallen. Sie haben alle Tiere mitgenommen und deine Knechte mit dem Schwert
erschlagen. Ich allein konnte mich retten, um es
dir zu sagen.«

16 Er hatte noch nicht ausgeredet, da kam
schon ein anderer und sagte: »Feuer ist vom
Himmel gefallen und hat die Schafe und Ziegen
und ihre Hirten getötet. Ich allein konnte mich
retten, um es dir zu sagen.«

17 Er hatte noch nicht ausgeredet, da kam
schon der nächste und sagte: »Drei Horden von
Nomaden[a] haben uns überfallen. Sie haben die
Kamele gestohlen und deine Knechte erschlagen. Ich allein konnte mich retten, um es dir zu
sagen.«

18 Er hatte noch nicht ausgeredet, da kam ein
vierter und sagte: »Deine Kinder waren im Haus
deines Ältesten zusammen, um zu essen und

a *von Nomaden:* wörtlich *von Chaldäern*;* wahrscheinlich sind hier die nomadischen Vorfahren der späteren Eroberer Babyloniens gemeint.

1,1 Jer 25,20; Ez 14,14.20; Jak 5,11 **1,6** 2,1; 1 Kön 22,19-21; Ps 103,19-21; Offb 5,11; (Satan) 1 Chr 21,1; Sach 3,1-2; Offb 12,9-10 **1,9** Ps 73,13 **1,11** 2,5

Wein zu trinken. 19 Da kam ein Sturm von der
Wüste her und packte das Haus an allen vier
Ecken. Es ist über den jungen Leuten zusam-
mengestürzt und hat sie alle erschlagen. Ich
allein konnte mich retten, um es dir zu sagen.«
20 Da stand Ijob auf, zerriß sein Gewand und
schor sich den Kopf kahl. Dann warf er sich nie-
der, das Gesicht zur Erde, 21 und sagte:

»Nackt kam ich aus dem Schoß der Mutter,
nackt geh ich wieder von hier fort.
Der HERR gibt alles,
er kann es auch nehmen.
Ich will ihn preisen, was immer er tut!«

22 Trotz allem, was geschehen war, versündigte
sich Ijob nicht. Er machte Gott keinen Vorwurf.

Ijob noch härter auf die Probe gestellt

2 Eines Tages kamen die Gottessöhne* wie-
der zur himmlischen Ratsversammlung und
stellten sich vor dem HERRN auf. Auch der
Satan* war wieder dabei.
2 Der HERR fragte ihn: »Was hast denn *du* ge-
macht?« »Ich habe die Erde kreuz und quer
durchstreift«, antwortete der Satan.
3 Der HERR fragte: »Hast du auch meinen Die-
ner Ijob gesehen? So wie ihn gibt es sonst keinen
auf der Erde. Er ist ein Vorbild an Rechtschaffen-
heit, nimmt Gott ernst und hält sich von allem
Bösen fern. Du hast mich ohne jeden Grund
dazu überredet, ihn ins Unglück zu stürzen.
Aber er ist mir treu geblieben.«
4 »Er hat ja keinen schlechten Tausch ge-
macht!«[a] widersprach der Satan. »Ein Mensch
ist bereit, seinen ganzen Besitz aufzugeben,
wenn er dafür seine Haut retten kann. 5 Aber
taste doch einmal ihn selber an! Wetten, daß er
dich dann öffentlich verflucht?«
6 Da sagte der HERR zum Satan: »Gut! Ich gebe
ihn in deine Gewalt. Aber sein Leben darfst du
nicht antasten!«
7 Der Satan ging aus der Ratsversammlung
hinaus und ließ an Ijobs Körper eiternde Ge-
schwüre ausbrechen; von Kopf bis Fuß war er
damit bedeckt. 8 Ijob setzte sich mitten in einen
Aschenhaufen und kratzte mit einer Scherbe an
seinen Geschwüren herum.
9 Seine Frau sagte zu ihm: »Willst du Gott jetzt
immer noch die Treue halten? Verfluche ihn
doch und stirb!«
10 Aber Ijob antwortete: »Du redest ohne Ver-
stand, wie eine, die Gott nicht ernst nimmt!
Wenn Gott uns Gutes schickt, nehmen wir es
doch gerne an. Warum sollen wir dann nicht
auch das Böse aus seiner Hand annehmen?«
Trotz aller Schmerzen versündigte Ijob sich
nicht. Er sagte kein Wort gegen Gott.

IJOBS AUSEINANDERSETZUNG MIT SEINEN FREUNDEN (2,11–28,28)

Ijobs Freunde besuchen ihn

11 Ijob hatte drei Freunde: Elifas aus Teman,
Bildad aus Schuach und Zofar aus Naama. Als sie
von all dem Unglück hörten, das Ijob getroffen
hatte, beschlossen sie, ihn zu besuchen. Sie
wollten ihm ihr Mitgefühl zeigen und ihn trö-
sten.
12 Sie sahen ihn schon von ferne, doch sie er-
kannten ihn nicht. Als sie näher kamen und
sahen, daß er es war, fingen sie an, laut zu wei-
nen. Sie zerrissen ihre Kleider und warfen Staub
in die Luft und auf ihre Köpfe.
13 Dann setzten sie sich neben Ijob auf die
Erde. Sieben Tage und sieben Nächte blieben sie
so sitzen, ohne ein Wort zu sagen; denn sie
sahen, wie furchtbar Ijob litt.

Ijobs Klage: Wozu noch leben?

3 1-2 Ijob selbst brach schließlich das Schwei-
gen. Er verfluchte den Tag seiner Geburt
und sagte:

3 »Versunken und vergessen soll er sein,
der Tag, an dem ich einst geboren wurde,
und auch die Nacht, die sah, wie man
mich zeugte!
4 Gott, mach doch diesen Tag zu Finsternis!
Streich ihn aus dem Gedächtnis, du dort oben,
und laß ihn niemals mehr das Licht erblicken!
5 Er war das Eigentum der Dunkelheit;
sie fordere ihn zurück, erschrecke ihn
mit Sonnenfinsternis und dichten Wolken!
6 Auch jene Nacht – das Dunkel soll sie holen,
damit sie nicht im Jahreslauf erscheint,
wenn man die Monate und Tage zählt.
7 Mach sie zu einer unfruchtbaren Nacht,
in der kein Jubelruf erklingen kann.
8 Die Zaubermeister sollen sie verwünschen,
die fähig sind, die Tage zu verfluchen,
und ohne Furcht den großen Drachen wecken:
9 Kein Morgenstern soll ihr den Tag ankünden;
das Licht, auf das sie wartet, bleibe aus;
kein Strahl der Morgenröte soll sie treffen!

a Wörtlich *Haut um Haut;* ein altes Sprichwort, das sich auf den Tauschhandel bezieht.

1,20 Gen 37,34; Ez 27,30-31 1,21 Ps 49,18; Koh 5,14; 1 Tim 6,7 2,1 1,6 2,9 Tob 2,14 2,12 1,20 3,3 10,18; Jer 20,14-18

[10] Sie hat den Schoß der Mutter nicht versperrt,
und sie ist schuld an meinem ganzen Leid.

[11] Wär ich doch gleich bei der Geburt gestorben
oder, noch besser, schon im Leib der Mutter!
[12] Warum hat sie mich auf den Schoß genommen
und mich an ihren Brüsten trinken lassen?
[13] Ich läge jetzt ganz still in meinem Grab,
ich hätte meine Ruhe, könnte schlafen,
[14] zusammen mit den Königen und Ratsherrn,
die Pyramiden für sich bauen ließen,
[15] und mit den Fürsten, die im Reichtum
schwammen,
in ihren Häusern Gold und Silber häuften.
[16] Wie eine Fehlgeburt wär ich verscharrt,
wie Kinder, die die Sonne niemals sahen.
[17] Im Grab kann auch der Böse nicht mehr toben,
der müde Fronarbeiter ruht dort aus.
[18] Auch die Gefangenen sind dort in Frieden,
sie hören nicht mehr, wenn die Wächter
schreien.
[19] Ob groß, ob klein, dort sind sie alle gleich,
der Sklave ist dort frei von seinem Herrn.

[20] Warum gibt Gott den Menschen
Licht und Leben,
ein Leben voller Bitterkeit und Mühe?
[21] Sie warten auf den Tod, doch der bleibt aus.
Sie suchen ihn viel mehr als alle Schätze.
[22] Sie freuen sich auf ihren letzten Hügel
und jubeln beim Gedanken an ihr Grab.
[23] Wohin mein Leben führt, ist mir verborgen,
mit einem Zaun hält Gott mich eingeschlossen.
[24] Nur unter Stöhnen esse ich mein Brot,
mein Klagen hört nicht auf, es fließt wie Wasser.
[25] Hab ich vor etwas Angst, so trifft es mich.
Wovor ich zittere, das kommt bestimmt.
[26] Ich habe keinen Frieden, keine Ruhe,
nur Plage über Plage fällt mich an.«

Der erste Freund: Befolge deinen eigenen Rat!

4 Jetzt nahm Elifas von Teman das Wort:
[2] »Erträgst du es, wenn ich dir etwas sage?
Ich kann beim besten Willen nicht mehr
schweigen!
[3] Du hast doch viele Menschen unterwiesen
und schlaff gewordene Hände stark gemacht.
[4] Wenn jemand strauchelte, du halfst ihm auf,
den weichen Knien gabst du Halt und Kraft.
[5] Jetzt, wo du selber dran bist, wirst du schwach
und kannst dem Unglück nicht ins Auge sehen.
[6] Hast du nicht Gott zu jeder Zeit geehrt?
War nicht dein Leben frei von jedem Tadel?
Dann könntest du doch Mut und Hoffnung
haben!
[7] Denk einmal nach: Ging je ein Mensch
zugrunde,
der treu und ehrlich war und ohne Schuld?
[8] Ich kann nur sagen, was ich selber sah:
Da pflügen Leute auf dem Feld der Bosheit,
sie säen Unheil – und das ernten sie!

[9] Die solches tun, erregen Gottes Zorn,
der sie hinwegfegt wie ein heißer Sturm.
[10] Die Unheilstifter brüllen wie die Löwen,
doch Gott bricht ihnen alle Zähne aus.
[11] Sie gehen ein wie Löwen ohne Beute,
und ihre Kinder werden weit zerstreut.

Beuge dich unter das allgemeine Menschenlos!

[12] Ganz heimlich ist ein Wort zu mir gekommen,
wie leises Flüstern drang es an mein Ohr,
[13] so wie ein Traum den Menschen überfällt
und ihm die Ruhe seines Schlafes raubt.
[14] Das Grauen packte mich, ließ mich
erschaudern,
ich zitterte vor Angst an allen Gliedern.
[15] Ein kalter Hauch berührte mein Gesicht,
die Haare sträubten sich mir vor Entsetzen.
[16] Vor meinen Augen sah ich etwas stehen,
doch konnt' ich nicht erkennen, was es war,
und eine leise Stimme hörte ich:
[17] ›Wie kann ein Mensch vor seinem Gott
bestehen?
Wie kann er schuldlos sein vor seinem Schöpfer?
[18] Gott traut nicht einmal seinen eigenen
Dienern,
selbst seinen Engeln* wirft er Fehler vor.
[19] Meinst du, er traute dem Geschöpf aus Lehm,
das aus dem Staub hervorgegangen ist,
das man zerdrücken kann wie eine Motte?‹
[20] Am Morgen munter, sind sie abends tot,
sie gehen dahin für immer, unbeachtet.
[21] Wenn Gott die Seile ihres Zeltes löst,
ist ihre Zeit vorbei, sie müssen fort.[a]

5 Erheb doch Klage! Nimmt sie einer an?
An welchen Engel könntest du dich
wenden?

[a] Der Rest des Verses ist schwer zu deuten; entweder *und sie wissen nicht wie* oder *und nicht in/mit Weisheit.*

3,16 10,19 **3,19** 21,26 **3,21** 6,8-9; 7,15; 11,20; Sir 30,17; Offb 9,6 **3,24** Ps 42,4; 80,6; 102,10 **4,7** Ps 34,20-21; Spr 12,21; Sir 2,10; 2 Petr 2,9 **4,8** Spr 22,8; Sir 7,3; Gal 6,7 **4,17** 14,4; 15,14; 25,4; Ps 14,3; 143,2; Spr 20,9; Röm 3,10-12 **4,18** 15,15 **4,20** Ps 90,5-6

2 Du bringst dich um mit deinem Aufbegehren!
So sinnlos kann doch nur ein Dummkopf handeln!
3 Zwar sah ich solche Leute sicher wohnen,
doch plötzlich stürzten ihre Häuser ein.[a]
4 Das Leben ihrer Kinder kennt kein Glück,
und vor Gericht tritt niemand für sie ein.
5 Was sie geerntet haben, essen andere;
sie finden es im sichersten Versteck
und stürzen sich voll Habgier auf ihr Gut.

Wende dich an Gott!

6 Des Menschen Unglück wächst nicht aus der Erde,
und was ihm Not macht, trifft ihn nicht von außen.
7 Aus seinem eigenen Wesen kommt das Leid,[b]
so wie der Funkenwirbel aus dem Feuer.
8 Ging's mir wie dir, ich wüßte, was ich täte:
Ich brächte meine ganze Not vor Gott.
9 Er ist's, der Wunder tut, unzählbar viel,
so groß, daß wir sie nicht verstehen können.
10 Er läßt den Regen auf die Erde fallen,
damit das Wasser alle Felder tränkt.
11 Wer niedrig ist, den hebt er hoch hinauf;
wer weint und klagt, den läßt er Freude finden.
12–13 Er fängt die Listigen mit ihrer List;
was ihre klugen Köpfe stolz ersinnen,
das stellt er auf den Kopf und macht's zunichte.
14 Am hellen Mittag schlägt er sie mit Blindheit
und läßt sie tappen wie in dunkler Nacht.
15 Er hilft den Schwachen, schützt sie vor Verleumdung
und reißt sie aus der Hand der Unterdrücker.
16 Den Armen gibt er Zuversicht und Hoffnung,
jedoch den Bösen wird das Maul gestopft.

17 Wie glücklich ist der Mensch, den Gott zurechtweist!
Wenn er dich jetzt erzieht, lehn dich nicht auf!
18 Die Wunden, die er schlägt, verbindet er;
denn seine Hand schlägt zu, doch heilt sie auch.
19 Sooft dich auch das Unglück treffen mag,
er wird dir helfen und dem Schaden wehren.
20 In Hungerzeiten hält er dich am Leben,
im Krieg läßt er das Schwert nicht an dich kommen.
21 Er schützt dich vor dem Zischeln böser Zungen;
du mußt nichts fürchten, wenn das Unheil naht.
22 Gewalt und Hunger kannst du stolz verlachen;
vor wilden Tieren hast du keine Angst.
23 Auch auf dem freien Felde bist du sicher,
und jedes Raubtier läßt dich dort in Frieden.
24 In Haus und Hof bleibt alles unversehrt,
auf deinen Weideplätzen fehlt kein Tier.
25 Du siehst, wie deine Kinderschar sich mehrt,
so zahlreich wie die Halme auf der Wiese.
26 In hohem Alter kommst du dann ins Grab,
so wie man Korn erst einfährt, wenn es reif ist.

27 Das alles, Ijob, haben wir erforscht.
Du solltest es dir merken, denn es stimmt!«

Ijob: Aus mir spricht die Verzweiflung!

6 Ijob antwortete:
2 »Wenn jemand meinen Kummer wiegen wollte
und meine Leiden auf die Waage legte –
3 sie wären schwerer als der Sand am Meer.
Was Wunder, wenn ich wirre Reden führe!
4 Die Pfeile Gottes[c] haben mich getroffen
und meinen Geist mit ihrem Gift verstört.
Die Schrecken Gottes haben mich umzingelt,
ein Heer von Feinden, aufmarschiert zur Schlacht.
5 Kein Esel schreit auf saftig grüner Weide,
und jeder Stier ist still, hat er sein Futter.
6 Doch wer mag ungesalzne Speisen essen?
Wem schmeckt der weiße Schleim von einem Ei?
7 Wie solche Nahrung mir ein Ekel ist,
genauso ungenießbar ist mein Leid![d]

8 Warum gibt Gott mir nicht, was ich erbitte?
Und warum tut er nicht, worauf ich warte?
9 Wenn er sich doch entschlösse, mich zu töten
und mir den Lebensfaden abzuschneiden!
10 Darüber würde ich vor Freude springen,
das wäre mir ein Trost in aller Qual.
Was er, der Heilige, befohlen hat,
dagegen hab ich niemals rebelliert.
11 Woher nehm ich die Kraft, noch auszuhalten?
Wie kann ich leben ohne jede Hoffnung?
12 Ist etwa meine Kraft so fest wie Stein?
Sind meine Muskeln denn aus Erz gemacht?

a Wörtlich *Ich sah einen Toren Wurzeln schlagen, doch plötzlich verfluchte ich seine Stätte.*
b So mit veränderten Vokalen; H *Der Mensch ist zum Unglück geboren.*
c Wörtlich *des Gewaltigen*.* d Der Vers ist nicht sicher zu deuten.

5,3-5 20,4-11 **5,9** 9,10; Ps 40,6 **5,11** Ps 75,8 S **5,12-13** 37,24; 1 Kor 3,19 **5,14** Jes 59,9-10 **5,17** Dtn 8,5; Ps 94,12; 119,71; Spr 3,11-12; Hebr 12,5-6; Offb 3,19 **5,18** Dtn 32,39; Hos 6,1 **5,19** Ps 37,24; Spr 24,16 **5,20** Ps 33,19 **6,4** 16,12-13; Ps 38,3; Klgl 2,4; 3,12-13 **6,8-9** 3,21 S

13 Ich selber weiß mir keine Hilfe mehr,
ich sehe niemand, der mich retten könnte.
14 Wer so am Boden liegt, braucht treue Freunde,
daß er nicht aufhört, sich an Gott zu halten.[a]
15 Doch ihr enttäuscht mich wie die
Steppenflüsse,
die trocken werden, wenn es nicht mehr regnet.
16 Wenn Eis und Schnee in Frühjahrswärme
schmelzen,
dann sind die Flüsse voll von trübem Wasser;
17 doch in der Sommerhitze schwinden sie,
ihr Bett liegt leer und trocken in der Glut.
18 Die Karawanen biegen ab vom Weg
und folgen ihnen, sterben in der Wüste.
19 Aus Tema und aus Saba kamen sie,
sie spähten aus, sie wollten Wasser finden.
20 Doch ihr Vertrauen wurde nicht belohnt:
an leeren Flüssen endete die Hoffnung.
21 Für mich seid ihr genau wie diese Flüsse:
weil ihr mein Unglück seht, weicht ihr zurück.
22 Hab ich vielleicht um ein Geschenk gebeten,
müßt ihr für mich denn irgendwen bestechen?
23 Sollt ihr Erpressern Lösegelder zahlen,
um mich aus ihren Händen freizukaufen?

24 Belehrt mich doch, dann will ich gerne
schweigen.
Wo hab ich mich vergangen? Sagt es mir!
25 Durch Wahrheit bin ich leicht zu überzeugen,
doch euer Redeschwall beweist mir nichts!
26 Wollt ihr mich wegen meiner Worte tadeln
und merkt nicht, daß Verzweiflung aus mir
spricht?
27 Ihr würdet noch um Waisenkinder würfeln
und euren besten Freund für Geld
verschachern!
28 Seht mir doch einmal richtig in die Augen!
Wie käme ich dazu, euch anzulügen?
29 Hört auf zu richten, seid nicht ungerecht!
Noch habe ich das Recht auf meiner Seite!
30 Ich gehe nicht zu weit mit meinen Worten,
ich kann doch Recht und Unrecht
unterscheiden!

Warum läßt Gott den Menschen nicht in Ruhe?

7 Sein ganzes Leben muß der Mensch
sich quälen,
für große Mühe gibt's geringen Lohn.
2 Er gleicht dem Sklaven, der nach Schatten
lechzt,
dem Knecht, der sehnlich auf den Abend wartet.
3 Auch mir ist solch ein Los zuteil geworden:
sinnlos vergeht ein Monat nach dem andern,
und Nacht für Nacht verbringe ich mit
Schmerzen.
4 Leg ich mich nieder, schleppen sich
die Stunden;
ich wälze mich im Bett und kann nicht schlafen
und warte ungeduldig auf den Morgen.
5 Mein Körper fault und ist bedeckt mit Krusten,
die Haut bricht auf und eitert überall.
6 Ganz ohne Hoffnung schwinden meine Tage,
sie eilen schneller als ein Weberschiffchen.
7 Gott, denk an mich: Mein Leben ist ein Hauch;
mein Glück vergeht, ich seh es nie mehr wieder!
8 Noch siehst du mich, doch bald ist es zu spät;
blickst du dann wieder her, so bin ich fort.
9 Die Wolke löst sich auf und ist verschwunden;
genauso geht's dem Menschen, wenn er stirbt:
Vom Ort der Toten kommt er nicht zurück.
10 Nie mehr betritt auf Erden er sein Haus,
und wer ihn kannte, wird ihn bald vergessen.

11 Deswegen werde ich den Mund nicht halten,
ich lasse meiner Zunge freien Lauf.
Was mich so bitter macht, das muß heraus!
12 Weshalb, Gott, läßt du mich so streng
bewachen?
Bin ich das Meer? Bin ich ein Ungeheuer?[b]
13 Wenn ich auf meinem Lager Ruhe suche,
der Schlaf mir meine Schmerzen lindern soll,
14 dann quälst du mich mit schauerlichen
Träumen
und ängstigst mich mit schlimmen
Schreckensbildern.
15 Mir wär es lieber, wenn du mich erwürgtest;
der Tod ist besser als ein solches Leben!
16 Ich bin es satt, ich mag nicht weiter kämpfen.
Mein ganzes Leben ist doch ohne Sinn.
17 Warum nimmst du den Menschen
denn so wichtig,
daß du den Blick auf ihn gerichtet hältst?
18 Zur Rechenschaft ziehst du ihn jeden Morgen
und stellst ihn immer wieder auf die Probe.
19 Wann blickst du endlich weg, läßt mich
in Ruhe,
so lang nur, daß ich einmal schlucken kann?
20 Wenn ich gesündigt habe ohne Wissen,

a Der Vers ist nicht sicher zu deuten.
b Die Zeile ist eine Anspielung auf alte Erzählungen, nach denen Meer und Seeungeheuer gefangengehalten werden, damit sie nicht entkommen und Schaden anrichten können (vgl. 38,8-11).

6,15 Jer 15,18 **6,24** 10,2; 13,23 **7,1** 14,1; Ps 39,5; Sir 40,1 **7,6** 9,25; Jes 38,12 **7,7** Ps 39,5-7 **7,9-10** 10,21; 14,12; Jak 4,14 **7,11** 10,1 **7,12** 9,13 S **7,15** 3,21 S **7,17** Ps 8,5; 144,3 **7,19** 14,6; 33,11; Ps 39,14; 139,1-12 **7,20** 6,4 S; Num 15,22-29; Ps 19,13

was tat ich dir damit, du Menschenwächter?
Warum bin ich das Ziel für deine Pfeile?
Bin ich dir[a] wirklich so zur Last gefallen?
[21] Kannst du denn meine Fehler nicht verzeihen
und meine Sünde einfach übersehen?
Nicht lange mehr, dann liege ich im Staub,
und suchst du mich, so bin ich nicht mehr da.«

Der zweite Freund: Laß dich warnen!

8 Da sagte Bildad von Schuach:
[2] »Wie lange willst du solche Reden führen?
Wann hörst du auf, hier soviel Wind zu machen?
[3] Denkst du im Ernst, daß Gott das Recht verdreht?
Meinst du, er hält sich nicht an sein Gesetz*?
[4] Nein, deine Kinder haben sich versündigt,
drum hat er sie bestraft, wie sie's verdienten.
[5] Du solltest dich bemühen, Gott zu suchen,
ihn, den Gewaltigen*, um Gnade bitten.
[6] Denn wenn du wirklich rein und schuldlos bist,
wird er dir ganz gewiß zu Hilfe kommen
und dir Besitz und Kinder wiedergeben.
[7] Was früher war, wird dir gering erscheinen,
wenn du am Ende Gottes Segen siehst.

[8] Frag nach der Weisheit früherer Geschlechter!
Was sie entdeckten, solltest du dir merken.
[9] Wir leben erst seit gestern, wissen nichts,
wie Schatten schwinden unsre Erdentage.
[10] Die Väter aber können dich belehren
aus ihrem Schatz gesammelter Erfahrung:
[11] Nur wo es sumpfig ist, kann Schilfrohr wachsen;
nur wo es Wasser gibt, wächst Riedgras auf;
[12] doch ist das Wasser fort, verdorren sie,
eh du sie schneiden und verwerten kannst.
[13] So geht es allen, die nach Gott nicht fragen.
Wer ohne Gott lebt, dem bleibt keine Hoffnung!
[14] Denn seine Sicherheit gleicht einem Faden
und sein Vertrauen einem Spinnennetz:
[15] Wenn du dich darauf stützt, dann gibt es nach;
hältst du dich daran fest, so hält es nicht.

[16] Im Sonnenlicht wächst er wie eine Pflanze,
die Ranken wuchern überall im Garten,
[17] die Wurzeln sind verflochten zwischen Steinen
und bohren sich hinab bis zu den Felsen.
[18] Doch wenn du sie dann aus dem Boden reißt,
weiß niemand mehr, wo sie gestanden hat.
[19] Genauso sieht das Glück der Bösen aus!
An ihrer Stelle kommen andere hoch.

[20] Die Unbescholtenen verläßt Gott nicht;
doch Übeltätern steht er niemals bei.
[21] Bestimmt wird er dich wieder lachen lassen
und deinen Mund mit frohem Jubel füllen.
[22] Doch deine Feinde ernten Schmach und Schande,
die Heimstatt solcher Menschen muß vergehn.«

Ijob: Gott ist eben der Stärkere

9 Ijob antwortete:
[2] »So ist es! Daran gibt es keinen Zweifel:
Kein Mensch kann Recht behalten gegen Gott!
[3] Bekäm er Lust, mit Gott zu prozessieren,
so würde der ihm tausend Fragen stellen,
auf die er auch nicht eine Antwort weiß.
[4] Gott ist so reich an Weisheit, Macht und Stärke!
Wer kann es wagen, *ihm* die Stirn zu bieten?
Er käme nicht mit heiler Haut davon!

[5] Ganz unversehens rückt Gott Berge fort,
und wenn er zornig wird, zerstört er sie.
[6] Gott stößt die Erde an, und sie erbebt;
die Pfeiler, die sie tragen, läßt er schwanken.
[7] Wenn er's befiehlt, scheint keine Sonne mehr,
die Sterne kann er hindern aufzugehen.
[8] Allein hat Gott den Himmel ausgespannt,
nur er kann über Meereswellen schreiten.
[9] Gott schuf den Großen Bären, den Orion,
das Siebengestirn, den Sternenkranz des Südens.
[10] Gott ist's, der Wunder tut, unzählbar viele,
so groß, daß wir sie nicht verstehen können.

[11] Gott geht an mir vorbei – ich seh ihn nicht,
ich merke nicht, wie er vorübergeht.
[12] Er rafft hinweg, und niemand hindert ihn.
Wer wagt zu fragen: ›He, was machst du da‹?
[13] Gott muß nicht seinen Zorn in Schranken halten,
selbst Rahabs* Helfer hatten sich zu beugen.
[14] Wie könnte *ich* ihm dann entgegentreten,
wie rechte Worte finden gegen ihn?

a *dir* mit G; H *mir*.

8,3 34,10-12; Dtn 32,4 **8,4** 1,4-5 **8,6-7** 42,10 **8,8-10** 15,18; Dtn 32,7; Sir 8,9 **8,13** 11,20; Jes 48,22 **8,22** Spr 14,11 **9,2-4** 13,18; 40,3-5; Ps 143,2 **9,5-7** Joël 2,10 S **9,8** Jes 40,22 S; Mk 6,48 par **9,9** 38,31-32; Am 5,8 **9,10** 5,9 **9,11** Ex 33,18-23 **9,13** 7,12; 26,12; Ps 89,11; Jes 51,9

[15] Ich bin im Recht und darf mein Recht
nicht fordern!
Soll ich ihn etwa noch um Gnade bitten,
ihn, der das Urteil schon beschlossen hat?

[16] Selbst wenn er sich dem Rechtsverfahren
stellte –
daß er mich hören würde, glaub ich nicht.
[17] Gott sendet seinen Sturm und wirft
mich nieder,
ganz ohne Grund schlägt er mir viele Wunden.
[18] Er läßt mich nicht einmal zu Atem kommen,
statt dessen füllt er mich mit Bitterkeit.
[19] Soll ich Gewalt anwenden? Er ist stärker!
Zieh ich ihn vor Gericht? Wer lädt ihn vor?
[20] Ich bin im Recht, ich habe keine Schuld,
doch was ich sage, muß mich schuldig
sprechen.
[21–22] Mir ist jetzt alles gleich, drum sprech ich's
aus,
selbst wenn ich meinen Kopf dafür riskiere:
Daß ich im Recht bin, hilft mir nichts bei ihm;
ob schuldig oder nicht – Gott bringt mich um![a]
[23] Wenn plötzlich eine Katastrophe kommt
und Menschen ohne Schuld getötet werden,
hat er für ihre Ängste nur ein Lachen.
[24] Gott hat die Erde Schurken übergeben,
und alle Richter hat er blind gemacht.
Wenn er es nicht gewesen ist, wer dann?

[25] Mein Leben eilt noch schneller als ein
Läufer,
nicht einer meiner Tage bringt mir Glück.
[26] Wie leichte Boote gleiten sie vorbei,
schnell wie der Sturz des Adlers auf die Beute.
[27] Wenn ich mir sage: ›Gib das Klagen auf,
vergiß den ganzen Jammer, lach doch wieder!‹,
[28] dann packt mich gleich die Angst
vor neuen Qualen;
ich weiß es ja, Gott spricht mich doch nicht frei.
[29] Er will mich unbedingt für schuldig halten.
Was hilft es, meine Unschuld zu beweisen?
[30] Ich könnte mich mit reinstem Wasser
waschen,
die Hände könnte ich mit Lauge säubern.
[31] Dann würde er mich in ein Schlammloch
tauchen,
so daß sich meine Kleider vor mir ekeln.
[32] Ach, wäre Gott doch nur ein Mensch wie ich,
ich wüßte, welche Antwort ich ihm gäbe:
er müßte mit mir vor Gericht erscheinen!
[33] Gäb es doch einen Schiedsmann
zwischen uns,[b]
dem wir uns alle beide beugen müßten!
[34] Dann dürfte Gott mich nicht mehr
weiterprügeln
und würde mir nicht länger Angst einjagen.
[35] Ich könnte reden, ohne mich zu fürchten.
Jedoch in meinem Fall geht Macht vor Recht!

Gott will mich schuldig sehen

10 Es ekelt mich vor diesem ganzen Leben,
drum halt ich meine Klage nicht zurück;
es muß heraus, was mich verzweifeln läßt!
[2] Du kannst mich doch nicht einfach schuldig
sprechen!
Gott, sag mir jetzt, was wirfst du mir denn vor?
[3] Was bringt es dir, daß du so grausam bist?
Verachtest du, was du geschaffen hast,
und läßt gelingen, was Verbrecher planen?
[4] Siehst du denn auch nicht mehr,
als Menschen sehen,
und urteilst so beschränkt, wie wir es tun?
[5] Dein Leben ist doch nicht wie unser Leben,
du zählst es nicht wie wir nach kurzen Jahren.
[6] Was suchst du dann so eilig meine Schuld
und spürst voll Eifer meinen Sünden nach,
[7] obwohl du weißt, daß ich nicht schuldig bin
und niemand mich aus deiner Hand errettet?

[8] Mit deinen Händen hast du mich gestaltet,
und nun verschlingst du mich mit Haut
und Haar.
[9] Vergiß es nicht: Du formtest mich wie Ton.
Willst du mich jetzt in Staub zurückverwandeln?
[10] Wie Milch hast du mich damals hingegossen,
im Mutterleib mich Form annehmen lassen.
[11] Mit Haut und Muskeln hast du mich
umgeben,
aus Knochen und aus Sehnen mich geflochten.
[12] Das Leben gabst du mir und deine Liebe;
dein Schutz bewahrte meinen Lebensgeist.
[13] Und doch, ich weiß, daß du bei alledem
ganz im Geheimen etwas anderes plantest:
[14] Du wolltest sehen, ob ich schuldig würde,
um mir dann jeden Fehler vorzuhalten.
[15] Tu ich nun Unrecht, so ergeht's mir schlecht.
Tu ich das Rechte, läßt du's auch nicht gelten.
Von Schmach und Schande bin ich wie
benommen.
[16] Gelingt mir etwas und ich fühle Stolz,

a Wörtlich [21] *Lauter bin ich, nicht kümmert mich meine Seele, ich verachte mein Leben.* [22] *Es ist eins! Darum sage ich: Er vernichtet den Vollkommenen und den Gesetzlosen.*
b *Gäb es doch einen …:* mit einigen Handschriften und alten Übersetzungen; H *Es gibt keinen …*

9,25 7,6 9,29-30 Jer 2,22; Dtn 21,6-8 S 10,1 7,11 10,2 6,24 10,4 1 Sam 16,7 10,8-9 Gen 2,7; 3,19

so machst du wie ein Löwe Jagd auf mich
und ängstigst mich mit deiner Übermacht.
17 Dir fehlt es nie an Zeugen gegen mich,
damit du Grund hast, mir noch mehr zu grollen
und immer neue Strafen zu verhängen.[a]

18 Warum, Gott, hast du mich ans Licht geholt,
hervorgezogen aus dem Leib der Mutter?
Wär ich gestorben, eh' ein Mensch mich sah!
19 Vom Schoß der Mutter gleich hinein ins Grab,
das wäre so, als wär ich nie gewesen!
20 Ich habe nur noch kurze Zeit zu leben;
laß mich in Frieden diesen Rest genießen!
21 Bald geh ich fort ins dunkle Land der Toten,
aus dem es niemals eine Rückkehr gibt,
22 ins Land, wo Finsternis und Chaos herrschen
und selbst das Licht so schwarz ist
wie die Nacht.«

Der dritte Freund: Du bist schuldig, Gott ist im Recht!

11 Da sagte Zofar von Naama:
2 »Soll dieser Unsinn ohne Antwort bleiben?
Hat einer recht, nur weil er dauernd redet?
3 Meinst du, daß dein Geschwätz uns
mundtot macht,
wir auf dein Spotten nichts erwidern können?
4 Du hast behauptet, was du sagst, sei wahr,
vor Gottes Augen seist du ohne Schuld.
5 Ich wünschte nur, daß Gott jetzt selber spräche
und dir darauf die rechte Antwort gäbe!
6 Er würde dir sein Handeln offenbaren,
das unserm Wissen unbegreiflich ist.
Dann würdest du sehr schnell zur Einsicht
kommen,
wie viel von deiner Schuld dir Gott erläßt.

7 Die Tiefen Gottes, kannst du sie ergründen?
Kennst du die Größe des Gewaltigen*?
8 Gott reicht noch höher als der Himmelsdom,[b]
zu dessen Grenze du nie hingelangst.
Gott reicht noch tiefer als die Totenwelt*,
von der du doch so gut wie gar nichts weißt.
9 Gott ist viel größer als die ganze Erde,
viel breiter als das ganze weite Meer.
10 Holt er den Schuldigen vor sein Gericht,
so gibt es niemand, der ihn daran hindert.
11 Er kennt die Taugenichtse und ihr Treiben,
das Unrecht kann sich nicht vor ihm
verstecken.[c]
12 Jedoch ein Dummkopf kommt erst dann
zur Einsicht,
wenn wilde Esel zahm geboren werden![d]

13 Du, Ijob, mußt dein Herz zu Gott hinwenden
und deine Hände ihm entgegenstrecken.
14 Doch reinige sie erst von allem Unrecht
und laß in deinem Haus nichts Böses zu.
15 Dann kannst du frei von Schuld den Blick
erheben;
dann stehst du fest und brauchst dich nicht
zu fürchten.
16 Das Unheil, das dich traf, kannst du vergessen
wie Wasserfluten, die verlaufen sind.
17 Dein Leben zeigt sich dann in neuem Licht
und strahlt noch heller als die Mittagssonne;
nach aller Dunkelheit kommt Morgenglanz.
18 Du lebst in Sicherheit, mit neuer Hoffnung;
du bist beschämt, doch kannst du ruhig
schlafen.
19 In deinem Frieden wird dich niemand stören,
doch viele werden kommen, dir zu
schmeicheln.
20 Den Bösen aber bleibt nur die Verzweiflung,
sie suchen Zuflucht, ohne sie zu finden,
und ihre einzige Hoffnung ist der Tod.«

Ijob: Was Gott tut, ist unbegreiflich

12 Ijob antwortete:
2 »So ist's! Was seid ihr doch für kluge Leute!
Mit euch stirbt ganz bestimmt
die Weisheit* aus!
3 Doch ich bin auch nicht auf den Kopf gefallen,
ich hab genausoviel Verstand wie ihr!
Was ihr gesagt habt, könnte jeder sagen!
4 Obwohl ich mir nichts vorzuwerfen habe,
muß ich mir diesen Hohn gefallen lassen,
den meine eigenen Freunde auf mich schütten.
Ich schrei zu Gott, der mich sonst stets erhörte!
5 Wer Schaden hat, muß für den Spott nicht
sorgen;
das tun die anderen, denen alles glückt.
Und wer schon wankt, bekommt noch
einen Tritt.

a *Strafen …:* wörtlich *Ablösungen und ein Heer gegen mich (zu schicken).*
b *noch höher als:* mit der lateinischen Übersetzung; H *so hoch wie.*
c Die Zeile ist nicht sicher zu deuten; wörtlich *er sieht das Böse, ohne daß er achtgibt* (= achtgeben muß).
d Der Vers ist nicht sicher zu deuten.

10,18 3,3 S **10,20** 7,7 **10,21** 7,9-10 **10,31** Ps 37,30 **11,4** 10,7; 16,17; 27,6; 33,9 **11,5** 38,1 **11,7** Röm 11,33 **11,13** Ps 88,10; 1 Kön 8,38-39 **11,17** Jes 58,8; Ps 97,11 **11,20** 3,21 S **12,3** 13,2; 2 Kor 11,5-6 **12,4** 11,4 S

[6] Die Unheilstifter leben stets in Frieden;
wer Gott zum Zorn reizt, ist in Sicherheit.
Sie haben es geschafft, Gott einzufangen.
[7] Du kannst das Vieh und auch die Vögel fragen,
sie würden dir die rechte Auskunft geben.
[8] Die Erde sagt es dir, wenn du sie fragst,
die Fische wüßten es dir zu erzählen.
[9] Die ganze Schöpfung weiß es, spricht es aus:
›Dies alles hat die Hand des Herrn* gemacht!‹
[10] Von seiner Macht hängt jedes Leben ab,
der Atem aller Menschen kommt von ihm.

[11] Der Gaumen prüft, ob eine Speise schmeckt;
genauso muß das Ohr die Worte prüfen.
[12] Es heißt, die alten Leute hätten Weisheit,
ihr hohes Alter gäbe ihnen Einsicht.
[13] Bei Gott ist wirklich Weisheit, Rat und Einsicht
und auch die Macht, Geplantes auszuführen.
[14] Was Gott in Trümmer legt, baut niemand auf;
wen er gefangensetzt, der kommt nicht frei.
[15] Hält er den Regen auf, wird alles trocken;
läßt er ihn los, zerwühlt die Flut das Land.
[16] Gott hat die Macht und überlegenes Wissen,
Verführte und Verführer sind sein Werk.
[17] Die klugen Ratsherrn läßt er ratlos werden,
die Rechtsgelehrten leere Sprüche reden.
[18] Die Fesseln[a] harter Herrscher löst er auf
und führt sie selber in Gefangenschaft.
[19] Sogar den Priestern nimmt er Amt und Würden;
die ältesten Geschlechter löscht er aus.
[20] Berühmte Redner bringt er jäh zum Schweigen,
den Alten nimmt er ihre Urteilskraft.
[21] Gott läßt Geachtete verächtlich werden,
und starke Helden macht er plötzlich wehrlos.
[22] Er zieht die dunkle Decke von den Tiefen
und bringt die Finsternis ins helle Licht.
[23] Gott läßt Nationen wachsen und vergehen,
er macht sie stark – und tilgt sie wieder aus.
[24] Aus ihren Führern läßt er Narren werden,
die keinen Weg mehr aus der Wüste finden,
[25] die ohne Licht im Dunkeln um sich tasten
und sich verirren wie Betrunkene.

Wenn ihr doch schweigen würdet!

13 Was ihr so redet, hab ich längst gehört,
ich hab es selbst gesehn und mir gemerkt.
[2] Was ihr da wißt, das weiß ich allemal,
darin nehm ich es gerne mit euch auf!
[3] Doch nicht mit euch, mit Gott hab ich zu reden;
mit dem Gewaltigen* lieg ich im Streit!
[4] Ihr selbst seid ratlos, deckt es zu mit Lügen;
Kurpfuscher seid ihr, die nicht heilen können!
[5] Es wäre besser, wenn ihr schweigen würdet,
dann könnte man euch noch für weise halten!

[6] Hört zu, damit ich euch mein Recht beweise!
Macht eure Ohren auf für meine Worte!
[7] Tut ihr's für Gott, wenn ihr so schamlos lügt?
Wollt ihr zu seinen Gunsten mich betrügen?
[8] Warum ergreift ihr denn Partei für ihn?
Müßt ihr ihn etwa vor Gericht vertreten?
[9] Wie wäre es, wenn er euch jetzt verhörte?
Läßt Gott sich von euch täuschen wie ein Mensch?
[10] Er wird euch ganz gewiß zur Rede stellen,
wenn ihr geheimen Vorurteilen folgt.
[11] Erschreckt ihr nicht vor seiner Majestät?
Schon der Gedanke müßte euch erschüttern!
[12] Wie Staub im Wind sind eure weisen Sprüche,
und eure Gründe halten stand wie Ton.

[13] Seid still, laßt mich in Ruh! Jetzt rede ich!
Was daraus wird, das ist mir völlig gleich!
[14] Und wenn ich mich um Kopf und Kragen rede:
ich bin bereit, mein Leben zu riskieren.
[15] Gott wird mich töten, darauf warte ich;
doch erst will ich vor ihm mein Recht behaupten.
[16] Vor ihm zu stehen, wär für mich schon Rettung;
denn Heuchler kommen nicht in seine Nähe.
[17] Nun hört euch an, was ich zu sagen habe,
daß ihr begreift, was ich erklären will!

[18] Ich bin bereit, den Rechtsfall vorzutragen.
Ich bin im Recht, das weiß ich ganz genau!
[19] Wer hätte Aussicht, mich zu Fall zu bringen?
Dann wollt' ich gerne schweigen und auch sterben!
[20] Nur dies, mein Gott, erbitte ich von dir,
damit ich offen vor dich treten kann:
[21] Zieh deine schwere Hand von mir zurück,
und fülle mich nicht mehr mit Angst und Schrecken.

a *Fesseln* mit alten Übersetzungen; H *Züchtigung*.

12,6 21,7; Ps 73,3-12; Jer 12,1-2 **12,7** 38,39–39,30; Mt 6,26-30 par **12,10** 34,14-15; Gen 2,7; Apg 17,25.28 **12,12** 8,8-10 S **12,16** 1 Kön 22,20-23 **12,19** 1 Sam 2,30-32 **12,21** 1 Sam 17,45-47 **13,2** 12,3 **13,5** Spr 17,28 **13,7** 42,7 **13,15** 14,20; 17,15-16 **13,18** 9,2-4 S

[22] Dann klage an, und ich will Rede stehen;
oder ich frage dich, und du gibst Antwort.

[23] Wie viele Sünden habe ich begangen?
Wie groß ist meine Schuldenlast bei dir?
[24] Weshalb siehst du mich nicht mehr
freundlich an
und tust, als wäre ich dein Feind geworden?
[25] Was bin ich denn? Ein abgefallenes Blatt,
ein dürrer Strohhalm, fortgeweht vom Wind.
Doch ständig scheuchst du mich und jagst
mir nach!
[26] Zu harten Strafen hast du mich verurteilt,
kein Fehler meiner Jugend ist vergessen!
[27] Du läßt nicht zu, daß ich mich frei bewege,[a]
argwöhnisch überwachst du jeden Schritt,
selbst meine Fußspur zeichnest du dir auf.
[28] Deshalb zerfalle ich[b] wie faules Holz,
wie ein von Motten angefressenes Kleid.

Gott läßt dem Menschen keine Hoffnung

14 Was ist der Mensch, von einer Frau
geboren?
Sein Leben ist nur kurz, doch voller Unrast.
[2] Wie eine Blume blüht er und verwelkt,
so wie ein Schatten ist er plötzlich fort.
[3] Und trotzdem läßt du ihn nicht aus den Augen,
du ziehst ihn vor Gericht, verurteilst ihn!
[4] Du mußt doch wissen, daß er unrein ist,
daß niemals etwas Reines von ihm ausgeht!
[5] Im voraus setzt du fest, wie alt er wird,
auf Tag und Monat hast du es beschlossen.
Du selbst bestimmst die Grenzen seines Lebens,
er kann und darf sie niemals überschreiten.
[6] Darum blick weg von ihm, laß ihn in Ruhe,
und gönne ihm sein bißchen Lebensfreude![c]

[7] Für einen Baum gibt es noch eine Hoffnung:
Wenn man ihn fällt, dann schlägt er wieder aus.
[8] Selbst wenn die Wurzeln in der Erde altern,
der Stumpf im Boden abstirbt und verdorrt –
[9] er muß nur ein klein wenig Wasser spüren,
dann treibt er wieder wie ein junges Bäumchen.
[10] Doch stirbt ein Mensch, so ist es mit ihm aus.
Wenn er gestorben ist, wo bleibt er dann?
[11] Vielleicht geschieht's, daß Ströme nicht mehr
fließen,
daß auch das Wasser aus dem Meer
verschwindet;
[12] doch tote Menschen stehen nicht mehr auf,
sie werden nie aus ihrem Schlaf erwachen.
Noch eher stürzt der ganze Himmel ein!

[13] Verbirg mich doch dort unten bei den Toten,
versteck mich, bis dein Zorn vorüber ist!
Bestimme doch, wie lang ich warten muß,
bis du mir deine Güte wieder zeigst.
[14] Doch kommt ein Toter je zurück ins Leben?
Ich hielte gerne diese Qualen aus,
wenn ich auf bessere Zeiten hoffen könnte.
[15] Du würdest rufen, ich dir Antwort geben.
Du würdest wieder Freude an mir haben
und daran denken, daß ich dein Geschöpf bin.
[16] Du würdest alle meine Schritte zählen,
doch keine Liste meiner Sünden führen.
[17] Für immer würdest du die Schuld
verschließen,
du decktest alle meine Fehler zu.

[18] Jedoch auch Berge stürzen ein, zerfallen,
und Felsen rücken fort von ihrer Stätte;
[19] das Wasser kann den harten Stein zerreiben,
Sturzregen schwemmt den Ackerboden fort.
So läßt du unsere Hoffnung untergehen!
[20] Du zwingst den Menschen nieder mit
Gewalt,
machst seine Züge starr und fremd im Tod
und schickst ihn fort – er kommt nie mehr
zurück.
[21] Wenn seine Kinder hier zu Ehren kommen
oder in Schande stürzen, weiß er's nicht.
[22] Was er noch fühlt, ist nur die eigene
Ohnmacht,
und trauern kann er nur noch um sich selbst.«

Der erste Freund: Kein Mensch ist schuldlos

15 Da sagte Elifas von Teman:
[2-3] »Das alles, Ijob, ist doch nichts als Wind!
Was du da von dir gibst, sind leere Worte!
Hat einer wirklich Weisheit* und Verstand,
wird er nicht sinnlos oder unnütz reden.
[4] Du untergräbst das Fundament des Glaubens,
machst frommes Leben ganz und gar
unmöglich!
[5] Es ist die Schuld, die dich so reden läßt,
auch wenn du sie mit schlauen Worten
leugnest.

a Wörtlich *Du legst meine Füße in den Block*. b Wörtlich *Und er zerfällt.*
c Die Zeile wörtlich *damit er wie ein Tagelöhner seinen Tag* (= den kleinen Rest nach der Arbeit) *genießen kann.*
13,22 31,35; 38,2; 40,7 **13,24** 19,11; 22,21; 33,10 **13,26** Ps 25,7 **14,1** 7,1 S; Ps 39,5-7 S **14,2** 8,9; Ps 90,5-6 S **14,4** 4,17 S; Jes 64,5; Sir 34,4 **14,5** Ps 39,5-6 **14,6** 7,19 S **14,12** 7,9-10

6 Dein eigener Mund verurteilt dich, nicht ich;
du selbst belastest dich mit jedem Wort.

7 Bist du als erster Mensch geboren worden?
Warst du schon da, als Gott die Berge schuf?
8 Gehörtest du zu seiner Ratsversammlung
und bist in seine Pläne eingeweiht?
9 Von welchen Dingen weißt du mehr als wir?
Was kennst du, das uns fremd geblieben ist?
10 Im Kreis der Weisen* gibt's ergraute Männer,
die älter wurden als dein eigener Vater.

11 Du lehnst es ab, wenn Gott dich trösten will,
wenn wir statt seiner ruhig mit dir reden.
12 Warum nur regst du dich so schrecklich auf
und läßt so wütend deine Augen rollen?
13 Du richtest deinen Ärger gegen Gott
und klagst ihn an mit lästerlichen Worten.
14 Meinst du im Ernst, es gäbe einen
Menschen,
der rein und schuldlos ist vor seinem Gott?
15 Nicht einmal seinen Engeln[a] kann er trauen,
und auch der Himmel ist für ihn nicht rein.
16 Der Mensch gar ist abscheulich und
verdorben;
das Unrecht ist ihm ebenso alltäglich,
wie wenn er einen Becher Wasser trinkt.

17 Ich will dich unterweisen, hör mir zu!
Was ich gesehen habe, sag ich dir.
18 Von weisen Leuten hab ich es gelernt,
und diese hatten es von ihren Vätern.
19 Das Land gehörte ihnen noch allein,
kein Fremder konnte sie von Gott abbringen.[b]

20 Der skrupellose Unterdrücker zittert
sein Leben lang aus Angst vorm letzten Tag.
21 In seinen Ohren gellen Schreckensstimmen;
im tiefsten Frieden wartet er auf Räuber;
22 er hofft nicht mehr, dem Dunkel zu
entrinnen;
das Schwert scheint über seinem Kopf
zu schweben;
23 schon sieht er Geier seinen Leichnam
fressen.[c]
Er weiß, der Untergang[d] ist ihm gewiß;
der Tag der Finsternis 24 stürzt ihn in
Schrecken;
verzweiflungsvolle Angst rückt auf ihn zu,
bereit zum Angriff wie ein starker König.
25 So geht's dem Mann, der seine Fäuste ballt,
Gott, dem Gewaltigen*, den Krieg erklärt.
26–27 Weil er von Kraft und von Gesundheit
strotzt,
nimmt er den großen, schweren Schild
zur Hand
und macht den Nacken steif zum Sturm
auf Gott.
28 Er zieht in Häuser, die verlassen wurden,
baut Städte auf, die Trümmer bleiben sollten,
und fürchtet nicht den Fluch, der darauf lastet.
So trotzt er Gott und fordert ihn heraus.[e]

29 Was solch ein Mensch besitzt, ist nicht
von Dauer;
er wird hier auf der Erde niemals reich;
30 der dunklen Totenwelt* entgeht er nicht.
Er gleicht dem Baum: Das Feuer frißt
die Zweige,
am Ende fegt ihn Gottes Atem fort.
31 Wer sich mit falschen Werten selber täuscht,
darf nicht enttäuscht sein über falschen Lohn.
32 Noch vor der Zeit verwelkt er wie ein
Zweig[f]
und trägt nie wieder frisches, grünes Laub.
33 Er bringt sich um den Lohn, so wie ein
Weinstock,
der seine Trauben unreif fallen läßt,
und wie ein Ölbaum, der die Blüten abstößt.
34 So fruchtlos bleibt die ganze böse Sippschaft,
und ihre Häuser wird das Feuer fressen,
denn mit Bestechung wurden sie gebaut.
35 Mit unheilvollen Plänen gehn sie schwanger,
und Unglück ist es, was sie dann gebären;
Enttäuschung bringen sie hervor, sonst nichts!«

Ijob: Gott behandelt mich ungerecht

16 Ijob antwortete:

2 »Von dieser Art hab ich genug gehört!
Nur Last ist euer Trost für mich, nicht Hilfe!
3 Machst du nun endlich Schluß mit dem
Gerede?
Was reizt dich denn, mir ständig zu erwidern?
4 Wenn ihr jetzt hier an meiner Stelle wärt,
dann könnte ich genau dasselbe sagen.
Ich könnte meinen Kopf sehr weise schütteln

a Wörtlich *Heiligen*. b *konnte sie ...*: wörtlich *zog unter ihnen umher.*
c *schon sieht er ...*: vermutlicher Text; H *Er irrt umher nach Brot, wo?*
d *der Untergang*: mit G; H *in seiner Hand (ein Tag der Finsternis).*
e *und fürchtet nicht ...*: verdeutlichender Zusatz; vgl. Jos 6,26; 1 Kön 16,34.
f *verwelkt er (wie ein Zweig)*: mit alten Übersetzungen; H *er wird angefüllt/ausgezahlt.*
15,7 38,4.21 **15,8** Jer 23,18 S; Röm 11,34 **15,14** 4,17 S **15,15** 4,18; 25,5 **15,17** 32,10; 36,2 **15,20-24** 18,11-14 **15,28** Jos 6,26 **15,35** Ps 7,15

und euch mit schönen Sprüchen reich
bedenken.
5 Ich gäb euch neue Kraft – mit meinem Mund;
ich zeigte euch mein Mitleid – mit den Lippen.

6 Mein Reden läßt die Schmerzen nicht
verschwinden;
doch schweige ich, so wird mir auch nicht
leichter.
7 Gott hat sein Ziel erreicht: Ich bin am Ende,
rings um mich ist es menschenleer geworden.
8 Er gräbt mir tiefe Falten ins Gesicht,
bis zum Gerippe bin ich abgemagert;
und all das muß nun meine Schuld beweisen.
9 Voll Zorn starrt er mich an, knirscht
mit den Zähnen
und reißt mir alle Glieder einzeln aus.
10 Die Leute rotten sich um mich zusammen,
sie reißen ihre Mäuler auf und spotten,
sie schlagen mir voll Feindschaft ins Gesicht.
11 Gott hat mich an Verbrecher ausgeliefert,
mich schlimmen Schurken in die Hand
gegeben.
12 Aus meinem Frieden riß er mich heraus,
er packte mich im Nacken, warf mich nieder.
Dann nahm er mich als Ziel für seine Pfeile,
13 die mich von allen Seiten dicht umschwirren.
Erbarmungslos durchbohrt er meine Nieren,
läßt meine Galle auf die Erde fließen.
14 Er schlägt mir eine Wunde nach der andern,
so wie ein Kriegsheer Breschen in die Mauer.

15 Das Trauerkleid ist meine zweite Haut,
besiegt und kraftlos liege ich im Staub.
16 Ganz heiß ist mein Gesicht vom vielen
Weinen,
die Augen sind umringt von dunklen Schatten.
17 Und doch, an meinen Händen klebt
kein Unrecht,
und mein Gebet ist frei von Heuchelei!

18 Hör mich, du Erde, deck mein Blut nicht zu,
damit sein Schreien nicht zur Ruhe kommt!
19 Im Himmel muß doch einer für mich
aufstehn,
der dort mein Recht vertritt und für mich bürgt.
20 Von meinen Freunden hab ich nichts
als Hohn,
doch unter Tränen blick ich hin zu Gott.
21 Gott, der mein Freund ist, muß mir Recht
verschaffen
und Gott, den Feind, in seine Schranken
weisen.[a]
22 Es eilt, denn meine Jahre sind gezählt,
bald gehe ich die Straße ohne Rückkehr.

Von allen verlassen und verhöhnt

17 Das Atmen fällt mir schwer, mein Leben
endet,
der Docht verglimmt, mein Grab ist schon
geschaufelt.
2 Rings um mich höre ich den Hohn der
Spötter,
auch nachts läßt ihr Gezänk mich nicht mehr
schlafen.
3 Du forderst Bürgschaft, Gott?
Sei du mein Bürge!
Wer sonst legt seine Hand für mich ins Feuer?
4 Du hast ihr Herz versperrt für jede Einsicht;
drum wirst du sie nicht triumphieren lassen.
5 Machst du es so wie jener Mann im
Sprichwort,
der seine Freunde einlädt und beschenkt
und seine eigenen Kinder hungern läßt?

6 Doch jetzt bin ich die Spottfigur der Leute,
ich werde angespuckt; Gott stellt mich bloß.
7 Vor Kummer ist mein Auge fast erblindet,
ich bin nur noch ein Schatten meiner selbst.
8 Ihr haltet euch für redlich, seid entsetzt;
ihr meint, ihr hättet keine Schuld,
erregt euch,
in euren Augen bin ich ein Verbrecher.
9 Ihr seid gerecht und laßt euch nicht
beirren,
seid rein und schuldlos, fühlt euch nur
bestärkt.[b]
10 Kommt doch, kommt ruhig alle wieder her;
bei euch ist doch nicht einer mit Verstand!

11 Vorbei sind meine Tage; meine Pläne,
die Wünsche meines Herzens, sind zunichte.
12 Die Freunde sagen mir, die Nacht sei Tag;
das Licht sei mir ganz nah, behaupten sie,
obwohl die Finsternis mich überfällt.
13 Mir bleibt als Wohnstatt nur die Totenwelt*,
im Dunkel dort kann ich mich niederlegen.

a Der Vers ist nicht sicher zu deuten; wörtlich *(blicke ich zu Gott) daß er einem Mann Recht schaffe gegen Gott und einem Menschen gegen seinen Gefährten.*
b Die Verse 8-9 sind wörtlich eine allgemeine Aussage über die Redlichen, Gerechten usw. Die Übersetzung versucht, diese Aussage mit dem Vorausgehenden und Folgenden zu verbinden.

16,8 19,20.28; 33,19.21 **16,10-11** 30,9-14; Ps 22,13-19 **16,12-13** 6,4 S **16,17** 31,1-34; 11,4 S; Jes 1,15 **16,18** Gen 4,10; Ez 24,7-8; Jes 26,21 **16,19** 17,3; 19,25 **16,22** 10,21 **17,3** 16,19 **17,6** 30,9 S **17,12** 11,17

14 Das kalte Grab – ich nenn es meinen Vater,
die Maden meine Mutter, meine Schwestern.
15 Da sollte es für mich noch Hoffnung geben?
Kann jemand nur ein Fünkchen davon sehen?
16 Sie steigt mit mir hinunter zu den Toten [a]
und wird dort mit mir in den Staub gelegt.«

Der zweite Freund: Böse Menschen nehmen ein böses Ende

18 Da sagte Bildad von Schuach:
2 »Wie lange redet ihr noch drumherum?
Denkt nach! Dann laßt uns klar und
deutlich reden!
3 Sind wir so dumm wie Vieh,
wie er behauptet?
Seid ihr der Meinung, daß wir unrein* sind?
4 Du, Ijob, reißt dich selbst vor Wut in Stücke.
Die ganze Erde soll entvölkert werden,
die Felsen sollen fort von ihrer Stelle –
und alles nur, damit du recht behältst!

5 Es bleibt dabei: Ein böser Mensch geht unter,
das Licht in seinem Leben wird erlöschen,
das Feuer seines Herdes nicht mehr leuchten;
6 in seinem Zelte brennt die Lampe nieder –
genauso geht sein Lebensglück zu Ende.
7 Sein Schritt, sonst weit und fest, wird kurz
und zögernd;
er stolpert über seinen eigenen Plan.
8 Er läuft ins Netz, fällt durch das Zweiggeflecht,
das er einst selber auf die Grube legte.
9 Die Falle springt und packt ihn an der Ferse,
die Schlinge zieht sich zu und hält ihn fest.
10 Ein Fallstrick liegt versteckt vor ihm
am Boden,
die Falle wartet schon auf seinem Weg.
11 Von überall bedrängen ihn die Schrecken,
sie jagen ihn auf Schritt und Tritt in Angst.
12 Der Hunger raubt ihm seine letzte Kraft,
das Unglück ist sein ständiger Begleiter.
13 Und auch die Krankheit kommt,
des Todes Tochter,
läßt seine Haut und seine Glieder faulen.
14 Aus seinem sicheren Zelt wird er vertrieben,
um vor den Herrn der Totenwelt* zu treten.
15 Das herrenlose Zelt ist frei für jeden;
wo der Verfemte wohnte, streut man Schwefel. [b]
16 Er gleicht dem Baum: die Wurzel ist verdorrt,
und seine Zweige oben sind verwelkt.
17 Sein Name wird im ganzen Land vergessen,
bald kann sich niemand mehr an ihn erinnern.
18 Aus der bewohnten Welt ist er verbannt
und aus dem Licht ins Dunkel fortgetrieben.
19 Kein Kind, kein Enkel setzt die Sippe fort,
an seinem Wohnort überlebt nicht einer.
20 Entsetzen herrscht im Osten wie im Westen
bei allen, die von diesem Schicksal [c] hören.
21 Ja, so geht's denen, die das Unrecht lieben;
wer nicht nach Gott fragt, nimmt ein solches
Ende.«

Ijob: Gott tut mir Unrecht …

19 Ijob antwortete:
2 »Wie lange redet ihr noch auf mich ein?
Wie lange wollt ihr mich mit Worten quälen?
3 Ihr habt mich nun schon viel zu oft
beschimpft
und schämt euch nicht, mich zu beleidigen.
4 Wenn ich unwissend einen Fehler machte,
dann bin doch ich allein davon betroffen.
5 Ihr aber spielt euch auf als meine Richter,
nehmt meine Leiden als Beweis der Schuld.
6 Seht ihr nicht ein, daß Gott mir Unrecht tut?
Mit einem Netz hat er mich eingefangen.
7 Ich schrei um Hilfe, aber niemand hört.
Ich will mein Recht, doch keiner steht mir bei.
8 Den Weg sperrt Gott mir ab, ich kann nicht
weiter;
er läßt mich mitleidslos im Dunkeln tappen.
9 Gott hat mir meinen Wohlstand
fortgenommen
und meine Ehre in den Schmutz getreten.
10 Ringsum reißt er mich ein wie eine Mauer,
wie einen Baum entwurzelt er mein Hoffen,
schickt mich hinunter in die Totenwelt*.
11 Sein ganzer Zorn ist gegen mich entbrannt,
er setzt mir zu, als wäre ich sein Feind.
12 Geschlossen rückt sein Heer zum Angriff vor,
rings um mein Zelt errichtet es sein Lager.
13 Gott hält selbst meine Brüder von mir fern,
Bekannte tun, als wär ich ihnen fremd.
14 Die Freunde und Verwandten bleiben aus,
sie alle haben mich ganz schlicht vergessen.
15 Die Gäste meines Hauses [d] und die Mägde

a *mit mir …:* mit veränderten Vokalen; H unklar.
b Durch Schwefelstreuen sollte das Land symbolisch gereinigt werden, oder es drückte die Verfluchung aus.
c *von diesem Schicksal:* wörtlich *von seinem (Gerichts)tag.*
d Gemeint sind Ausländer, die auf Ijobs Schutz angewiesen waren.
18,5-6 21,17; Spr 13,9 **18,7** Spr 4,12 **18,8** Ps 35,7-8 **18,11** 15,20-24 **18,17** Spr 10,7 **19,5** 16,8; 19,28; Ps 41,7 **19,7** 30,20; Hab 1,2 **19,8** 3,23; Klgl 3,7-9 **19,10** 14,7 **19,11** 13,24S **19,13-19** Ps 38,12S

behandeln mich wie einen völlig Fremden,
als käme ich aus einem fernen Volk.
16 Mein Knecht gibt keine Antwort,
wenn ich rufe;
um jeden Dienst muß ich ihn lange bitten.
17 Mein Atem ist für meine Frau Gestank,
und meine Brüder ekeln sich vor mir.
18 Selbst Kinder haben keine Achtung mehr;
quäl ich mich hoch, so machen sie sich lustig.
19 Die engsten Freunde zeigen nichts als
Abscheu.
Ich liebte sie, doch sie befehden mich.

20 Nur Haut und Knochen sind an mir zu sehen,
und mein Gesicht gleicht einem Totenkopf.[a]
21 Ihr seid doch meine Freunde! Habt Erbarmen!
Was mich zu Boden schlug, war Gottes Hand!
22 Warum verfolgt ihr mich so hart wie er?
Habt ihr mich denn noch nicht genug gequält?[b]
23 Ich wünschte, jemand schriebe alles auf,
daß meine Worte festgehalten würden,
24 mit einem Meißel in den Fels gehauen,
mit Blei geschwärzt, damit sie ewig bleiben!

... aber er wird mir recht geben

25 Doch nein, ich weiß, daß Gott, mein
Anwalt,[c] lebt!
Er spricht das letzte Wort hier auf der Erde.
26–27 Jetzt, wo die Haut in Fetzen an mir hängt
und ich kein Fleisch mehr auf den Knochen
habe,
jetzt möchte ich ihn sehn mit meinen Augen,
ihn selber will ich sehen, keinen Fremden![d]
Mein Herz vergeht in mir vor lauter Sehnsucht!
28 Ihr überlegt, wie ihr mich quälen könnt
und in mir selbst den Grund des Übels findet.
29 Doch seht euch vor, daß euch das Schwert
nicht trifft;
denn solche Schuld verdient die Todesstrafe.
Vergeßt es nicht, daß Gott der Richter ist.«

Der dritte Freund: Den Verbrecher trifft die verdiente Strafe

20 Da sagte Zofar von Naama:
2 »In meinem Herzen ist ein Sturm entfesselt,
es kocht in mir, ich kann nicht an mich halten!
3 Ich fühle mich beschimpft durch deine
Mahnung,
doch mein Verstand gibt mir die rechte
Antwort:

4 Es ist dir doch bekannt, daß immer schon,
seit Gott die Menschen auf die Erde setzte,
5 der Jubelruf der Bösen schnell verstummte,
die Freude des Verbrechers bald vorbei war.
6 Selbst wenn er in den Himmel wachsen sollte
und mit dem Kopf bis an die Wolken reichte,
7 er muß hinunter wie sein eigener Kot,
für immer fort! Und alle, die ihn kannten,
sie werden fragen: ›Wo ist er geblieben?‹
8 Wie eine Nachtvision entschwindet er,
und wie ein Traum löst er sich auf in nichts.
9 Kein Auge, das ihn sah, sieht ihn dann wieder,
auch seine Wohnung sieht nichts mehr
von ihm.
10 Sein Hab und Gut, mit viel Betrug erworben,
muß er mit eigener Hand zurückerstatten,
und seine Kinder müssen betteln gehn.
11 Er schien voll jugendlicher Kraft zu sein,
doch jetzt liegt sie vereint mit ihm im Staub.

12 Für seinen Gaumen ist das Böse süß;
er hält es unter seiner Zunge fest;
13 ganz langsam läßt er es im Mund zergehen,
um möglichst lang etwas davon zu haben.
14 Jedoch im Magen wird die Speise bitter,
verwandelt sich in schlimmes Schlangengift.
15 Erbrechen muß er das geraubte Gut,
Gott zwingt ihn, jeden Rest herauszuwürgen.
16 Was er verschlungen hat, das wirkt wie Gift,
es ist so tödlich wie der Biß der Viper.
17 Er hat nichts mehr vom Reichtum dieses
Landes,
von Milch und Honig, die in Strömen fließen.
18 Was er erworben hat durch Tausch und
Handel,
er darf es nicht behalten und genießen,
19 weil er die Armen schamlos unterdrückte
und Häuser raubte, statt sie selbst zu bauen.

20 Er kann den Hals nie voll genug bekommen,
und trotzdem macht ihn sein Besitz nicht sicher.
21 Vor seiner Freßlust kann sich niemand retten,
drum ist sein Glück auch nur von kurzer Dauer.
22 Bei allem Überfluß ist ihm nicht wohl;

a Der Vers ist nicht sicher zu deuten; wörtlich *An Haut und Fleisch klebt mein Gebein, und ich wurde an der Haut meiner Zähne kahl.*
b Die Zeile wörtlich *und könnt von meinem Fleisch nicht satt werden.* c Wörtlich *Löser**.
d Die traditionelle Übersetzung, die Ijob in den Versen 25-27 seine Hoffnung auf Auferstehung ausdrücken läßt, beruht auf der lateinischen Übersetzung (Vulgata) und hat keine Grundlage im hebräischen Text (vgl. Sacherklärung »Auferstehung«).
19,20 16,8 S **19,25** Ps 56,10; 140,13; Jes 50,8 **19,26-27** 42,5; Ps 42,2-3; Mt 5,8 **20,6-7** Gen 11,4; Ps 37,35-36; Jes 14,13-15; Dan 4,8.17-20 **20,8** Ps 73,20 **20,17** 29,6; Ex 3,8 S **20,19** Ps 109,16 **20,20** Lk 12,19-20

dann schlägt die schwere Hand des Unglücks
zu:[a]
23 Er kriegt genug, um seinen Bauch zu füllen,
wenn Gottes Zorn wie Hagel auf ihn fällt;
von dieser Mahlzeit wird er endlich satt!
24 Entrinnt er auch dem Eisenschwert des
Feindes,
so schießt ihn doch der Bronzebogen nieder.
25 Der Pfeil durchbohrt ihn, fährt aus seinem
Rücken,
die blitzendblanke Spitze tropft von Blut.
Dann stürzen alle Schrecken über ihn.
26 Die Finsternis ist für ihn aufgespart;
ein Feuer, das kein Mensch entzündet hat,
frißt ihn und seine ganze Sippschaft auf.
27 Der Himmel zeigt sein volles Unrecht an,
die Erde spricht als Zeuge gegen ihn.
28 Der Wohlstand seines Hauses wird vernichtet,
wenn Gottes Zorn wie eine Sturzflut kommt.
29 So sieht das Schicksal böser Menschen aus;
Gott selbst hat ihnen dieses Los bestimmt!«

Ijob: Gott läßt die Bösen ja doch ungestraft!

21 Ijob antwortete:
2 »Wenn ihr doch einmal richtig hören wolltet!
Denn damit könntet ihr mich wirklich trösten!
3 Ertragt mich doch, gestattet mir zu reden;
dann mögt ihr weiterspotten, wenn ihr wollt![b]
4 Beklag ich mich denn über einen Menschen?
Warum verliere ich wohl die Geduld?
5 Seht mich doch an, dann werdet ihr
erschaudern,
ihr legt die Hand vor Schrecken auf den Mund.
6 Wenn ich dran denke, was geschehen ist,
dann fang ich an, am ganzen Leib zu zittern.
7 Warum läßt Gott die Bösen weiterleben?
Sie werden alt, die Kraft nimmt sogar zu.
8 Gesichert wachsen ihre Kinder auf,
mit Freuden sehen sie noch ihre Enkel.
9 Kein Unglück stört den Frieden ihrer Häuser,
sie kriegen Gottes Geißel nie zu spüren.
10 Ihr Stier bespringt die Kühe nicht vergebens,
die Kühe kalben leicht und ohne Fehlwurf.
11 Frei wie die Lämmer laufen ihre Kinder,
und ihre Jugend tanzt und springt vor Freude.
12 Sie singen laut zu Tamburin und Leier,
sind voller Fröhlichkeit beim Klang der Flöte.
13 Im Glück verbringen sie ihr ganzes Leben
und sterben einen sanften, schönen Tod.

14 ›Laß uns in Ruhe‹, sagen sie zu Gott,
›von deinem Willen wollen wir nichts wissen!
15 Bist du so mächtig? Müssen wir dir dienen?
Was nützt es eigentlich, zu dir zu beten?‹
16 Sie glauben, ihres Glückes Schmied zu sein.
Doch ihre Art zu denken liegt mir fern!

17 Wie oft hast du es eigentlich erlebt,
daß es erloschen ist, das Licht der Bösen?
Wie oft geschieht es, daß sie Unglück trifft?
Hat Gott sie je in seinem Zorn gestraft?
18 Wann sind sie denn wie Stroh im Wind
gewesen?
Wann hat der Sturm sie fortgeweht wie Spreu?

19 Ihr habt gesagt, daß Gottes Strafgericht
die Kinder für die Schuld des Vaters trifft.
Das ist nicht recht! Den Vater soll es treffen;
der Schuldige soll auch die Strafe tragen!
20 Er selbst soll seinen Untergang erleben
und Gottes Zorn[c] am eigenen Leibe spüren!
21 Ob es den Kindern gut geht oder schlecht,
das kümmert ihn nicht mehr nach seinem Tod.
22 Muß Gott vielleicht noch unterwiesen
werden,
er, der Gericht hält über hoch und niedrig?

23 Der eine bleibt gesund bis an sein Ende;
dann stirbt er, frei von Sorgen und im Frieden,
24 der Körper wohlgenährt, die Glieder stark.
25 Der andere stirbt verbittert und enttäuscht,
weil er vom Glück nichts abbekommen hat.
26 Nun liegen sie zusammen in der Erde,
ein Heer von Würmern deckt sie beide zu.

27 Ich weiß genau, wie ihr jetzt weiterdenkt;
euch geht's ja nur darum, euch durchzusetzen.
28 ›Was ist denn aus dem reichen Mann
geworden?‹
fragt ihr. ›Was blieb denn noch von seinem
Haus?‹
29 Habt ihr denn nie mit Reisenden gesprochen
und nie gehört, was sie berichtet haben?[d]
30 Am Tag, wenn Gott Gericht hält voller Zorn,
ist der Verbrecher stets in Sicherheit.
31 Wer wagt es, ihm sein Unrecht vorzuhalten?
Wer zahlt ihm heim, was er verbrochen hat?
32 Mit allen Ehren trägt man ihn zum Friedhof,
an seinem Grab hält man die Totenwacht.

a *dann schlägt …:* mit alten Übersetzungen; H *die Hand jedes Unglücklichen wird über ihn kommen.*
b *mögt ihr (wenn ihr wollt):* mit alten Übersetzungen; H *magst du.* c Wörtlich *den Zorn des Gewaltigen**.
d Die Zeile wörtlich *und habt ihr ihre Zeichen nicht genau beachtet?*

20,29 27,13 **21,7** 12,6 S; Mal 3,14 **21,14** 22,17 **21,17** 18,5 **21,18** Ps 1,4 **21,19** 20,10; Ex 20,5-6; Dtn 24,16 S

33 Unübersehbar ist sein Leichenzug,
sogar die Erde deckt ihn freundlich zu.

34 Doch ihr versucht, mir Trug als Trost
zu bieten;
denn jede Antwort, die ihr bringt,
ist Schwindel!«

Der erste Freund: Gott straft dich wegen deiner Bosheit

22 Da sagte Elifas von Teman:
2 »Wie kann ein Mensch für Gott
von Nutzen sein!
Sich selber nützt der Mensch, der Einsicht hat!
3 Was bringt es Gott,[a] wenn du das Rechte tust?
Hat er Gewinn, wenn du vollkommen bist?
4 Du denkst doch nicht, er zieht dich
vor Gericht,
weil du ihn ehrst und ihm gehorsam bist?
5 Es kann nur wegen deiner Bosheit sein
und weil du immer wieder Unrecht tust.

6 Wenn dir ein Landsmann irgend etwas
schuldet,
verlangst du sein Gewand dafür als Pfand,
obwohl er keine andere Kleidung hat.
7 Der Durstige bekommt von dir kein Wasser,
den Hungernden verweigerst du dein Brot.
8 Weil du die Macht hast, nimmst du alles Land;
du meinst, dein Rang gibt dir das Recht dazu.
9 Die Witwen schickst du fort mit leeren
Händen,
und Waisenkinder übervorteilst du.
10 Darum bist du von Schlingen eingeschlossen,
ganz plötzlich macht die Angst dich starr
und stumm.
11 Du siehst nichts mehr vor lauter Dunkelheit,
die Wasserflut geht über dich hinweg.

12 Bedenk, daß Gott so fern ist wie der Himmel.
Betrachte doch den höchsten Stern dort oben!
13 Du schließt daraus: ›Was kann da Gott
schon wissen?
Kann er denn richten trotz der Wolkendecke?
14 Sie hindert ihn daran, hindurchzusehen,
wenn er am Himmelsrand spazierengeht.‹

15 Willst du den ausgetretenen Pfaden folgen,
auf denen immer schon die Bösen gingen?
16 Sie wurden vor der Zeit zu Fall gebracht,
wie Mauern, die das Wasser unterspült.
17 Sie hatten Gott verworfen und gemeint,
er könnte ihnen nicht gefährlich werden.
18 Doch von demselben Gott kam all ihr
Reichtum.
Auch mir liegt ihre Art zu denken fern!
19 Die Guten freuen sich, sehn sie dies Ende;
wer ohne Schuld ist, lacht die Bösen aus:
20 ›Seht, unsere Feinde sind vernichtet worden,
das Feuer fraß sie bis zum letzten Mann!‹

Kehr um zu Gott!

21 Hör endlich auf, in Gott den Feind zu sehen,
und söhne dich doch wieder mit ihm aus!
Nur so wirst du dein Glück zurückgewinnen.
22 Wenn er dich unterweist, dann nimm es an,
behalte jedes Wort in deinem Herzen!
23 Kehr um zu ihm,[b] dann richtet er dich auf.
Schaff alles Unrecht fort aus deinem Haus!
24 Nimm auch dein ganzes Gold
und wirf es weg;
laß es im Flußbett bei den Steinen liegen.
25 Gott, der Gewaltige*, ist selbst dein Gold,
anstatt der Silberhaufen hast du ihn!
26 Dein Gott[c] ist dann die Quelle deiner Freude,
und voll Vertrauen blickst du zu ihm auf.
27 Er gibt dir Antwort, wenn du zu ihm betest;
dann wirst du dein Gelübde* froh erfüllen.
28 Was immer du beschließt, es wird gelingen;
auf allen deinen Wegen wird es hell.
29 Wenn andere leiden und am Boden liegen,
dann gibst du ihnen wieder neuen Mut,
und Gott hebt die Beschämten freundlich auf.
30 Auch den, der schuldig wurde, rettet er;
wenn deine Hände rein sind, wird er frei.«

Ijob: Wenn ich Gott nur finden könnte!

23 Ijob antwortete:
2 »Zwar möchte ich mein Stöhnen unterdrücken,
und doch kommt Widerspruch von meinen
Lippen.
3 Wenn ich nur wüßte, wo sich Gott befindet
und wie ich zu ihm hingelangen könnte!
4 Ich würde ihm schon meine Lage schildern,
ihm meine Gründe und Beweise nennen.
5 Ich bin gespannt, was er dann sagen würde,
wie er mir darauf seine Antwort gäbe.

a Wörtlich *dem Gewaltigen**. b Wörtlich *zu dem Gewaltigen**. c Wörtlich *Der Gewaltige**.

22,3 35,7 **22,6-9** 31,16-22 **22,6** Ex 22,25-26 S **22,7** 31,17; Jes 58,7; Mt 25,42-43 **22,9** 29,12-13; Ex 22,21 S **22,13** Ps 14,1 S **22,17** 21,14 **22,18** 21,16 **22,19** Ps 52,8; 107,42 **22,21** 13,24 S **22,23** 8,5-7; 11,14-15 **22,24-25** 31,24; Ps 16,5-6; Mt 6,19-21 par; Mk 10,21 par **22,26** 11,15; Jes 58,14 **22,27** Ps 22,25-26 **22,29** 4,3-4 **22,30** 42,8; Jak 5,15-16 **23,5** 38,1–41,26

[6] Ob er mich seine Allmacht fühlen ließe?
Nein, hören würde er auf meine Worte.
[7] Ich würde meinen Rechtsstreit
mit ihm führen
als einer, dem nichts vorzuwerfen ist.
Das müßte auch mein Richter anerkennen!

[8] Ich kann nach Osten gehn, dort ist Gott nicht;
und auch im Westen ist er nicht zu finden.
[9] Ist er im Norden tätig, seh ich's nicht;
versteckt er sich im Süden, weiß ich's nicht.
[10] Doch *mein* Weg ist ihm lange schon bekannt;
wenn er mich prüft, dann bin ich rein wie Gold.
[11] Mein Fuß hielt sich genau an seine Spur,
ich blieb auf seinem Weg und wich nicht ab.
[12] Ich tue immer, was er mir befiehlt,
sein Wort bewahre ich in meinem Herzen.[a]

[13] Doch Gott allein bestimmt – wer will ihn
hindern?
Was ihm gefällt, das setzt er einfach durch.
[14] Er wird auch tun, was er für mich geplant hat,
und Pläne über mich hat er genug!
[15] Das ist es, was mich so erschrecken läßt.
Sooft ich an ihn denke, zittere ich.
[16] Gott hat mir alle Zuversicht genommen;
weil er so mächtig ist, macht er mir angst.
[17] Gott ist's, der mich erdrückt, und nicht
das Dunkel,
auch wenn ich jetzt vor Dunkelheit nichts sehe.

Die Mächtigen fragen nicht nach Gottes Willen …

24 Warum setzt Gott[b] nicht einfach
Tage fest,
daß seine Treuen sehn, wie er Gericht hält?
[2] Die Mächtigen verrücken Feldergrenzen;
den kleinen Leuten stehlen sie die Herden
und treiben sie auf ihre eigene Weide.
[3] Das Rind der Witwe nehmen sie als Pfand,
den Waisen rauben sie den letzten Esel.
[4] Die Armen werden aus dem Weg gestoßen,
sie fliehn vor Furcht und müssen sich
verstecken.

[5] Wie wilde Esel in der dürren Steppe
gehn sie bei Morgengrauen an die Arbeit.
Für ihre Kinder suchen sie nach Nahrung,
die in der Steppe doch nur kärglich wächst.
[6] Sie sammeln Reste auf dem Feld des Reichen,[c]
in seinem Weinberg suchen sie nach Beeren.
[7] Nackt müssen sie im Freien übernachten,
und keine Decke schützt sie vor der Kälte.
[8] Im Bergland triefen sie von Regennässe
und drücken sich zum Schutz dicht an die
Felsen.

[9] Der Witwe nimmt man ihren Säugling fort,
den Schuldnern pfändet man sogar den Mantel.
[10] Die Armen müssen ohne Kleidung gehn;
sie hungern, weil sie nichts zu essen haben,
selbst wenn sie für die Reichen Garben tragen.
[11] Im Garten pressen sie Oliven aus,
sie keltern Wein und müssen durstig bleiben.
[12] Die armen Stadtbewohner klagen laut,
das Röcheln der Verletzten schreit zum
Himmel,
doch Gott beachtet all den Wahnsinn nicht!

[13] Die Bösen hassen jede Art von Licht;
drum wissen sie auch nichts von Gottes Wegen
und fragen nicht danach, was ihm gefällt.
[14] Im Morgengrauen steht der Mörder auf
und bringt den Armen um, der schutzlos ist.
Bei Nacht bricht er in Häuser ein und stiehlt.
[15] Der Ehebrecher wartet bis zum Abend
und bindet sich die Maske vors Gesicht,
damit kein Auge ihn erkennen kann.
[16] Im Dunkeln raubt der Dieb die Häuser aus.
Bei Tage schließen sie sich alle ein,
weil sie vom hellen Licht nichts wissen wollen.
[17] Ihr Tag beginnt erst, wenn es dunkel wird,
und keine Finsternis kann sie erschrecken.

… aber Gott wird sie vernichten

[18] Der Böse wird von Fluten fortgeschwemmt,
sein Grund und Boden ist von Gott verflucht,
und auch zum Weinberg geht er niemals
wieder.
[19] Die Sonnenhitze läßt den Schnee
verschwinden,
der ausgedörrte Boden schluckt das Wasser.
Genauso schluckt die Totenwelt* den Sünder.
[20] Selbst seine Mutter denkt nicht mehr an ihn;
er ist ein fettes Fressen für die Würmer.
Aus der Erinnerung ist er verschwunden;
der Böse wurde wie ein Baum gefällt.
Das ist die Strafe für sein schlimmes Unrecht:
[21] Die kinderlose Frau hat er mißhandelt,
der Witwe keine Freundlichkeit erwiesen.

a *in meinem Herzen:* mit G; H *von meiner Verpflichtung.*
b Wörtlich *der Gewaltige*.
c Die Zeile ist nicht sicher zu deuten.

23,10-12 Ps 17,3-5 **23,10** Spr 17,3 S **23,13** 9,12; Dan 4,32 **23,14** 10,13-14 **24,2** Spr 22,28 S **24,3** Dtn 24,17 **24,7** Dtn 24,12-13 **24,9** Ex 22,25-26 S **24,10** Jes 58,7 **24,12** 35,9-13; Ps 94,5-7; Koh 4,1 **24,15** Sir 23,18

22 Die Mächtigen rafft Gottes Macht hinweg;
erhebt er sich, verzweifeln sie am Leben.
23 Gott wiegt sie anfangs nur in Sicherheit,
doch achtet er genau auf ihre Taten.
24 Sie werden groß, doch nur für kurze Zeit;
dann schrumpfen sie wie eine Blütendolde
und werden abgeschnitten wie die Ähre.
25 So ist es! Was ich sage, ist die Wahrheit.
Kann einer mir das Gegenteil beweisen?«

Der zweite Freund: Kein Mensch kann vor Gott bestehen

25 Da sagte Bildad von Schuach:
2 »Gott herrscht mit furchterregender Gewalt,
mit starker Hand schafft er im Himmel Frieden.
3 Wer kann die Scharen seiner Diener zählen?
Geht Gottes Licht nicht über allen auf?
4 Wie will ein Mensch vor Gott bestehen
können,
ein von der Frau Geborener je schuldlos sein?
5 Sogar das Licht des Mondes ist nicht hell,
und auch die Sterne sind nicht rein für Gott;
6 geschweige denn der Mensch,
die Eintagsfliege!
Was gilt bei Gott schon dieser kleine Wurm?«

Ijob: Wie groß und mächtig ist Gott!

26 Ijob antwortete:
2 »Du bist doch wirklich eine große Hilfe
für einen kranken, schwachen Mann wie mich!
3 Du kannst so gut beraten, weißt so viel
und gibst es gern an arme Narren weiter!
4 Wo hast du diese weisen Worte her?
Sag, welcher Geist hat sie dir eingeblasen?

5 Sogar die Geister der Verstorbenen zittern
dort in der Tiefe unterm Meeresboden.
6 Die Totenwelt* liegt nackt vor Gottes Augen,
kein Schleier deckt den Abgrund vor ihm zu.
7 Gott spannt das Zelt des Himmels aus
im Leeren,
und überm Nichts hängt er die Erde auf.
8 Das Wasser speichert er in seinen Wolken,
die nicht zerreißen trotz der großen Last.

9 In dichte Wolken hüllt er seinen Thron,
damit kein Auge ihn erblicken kann.
10 Rund um die Meere zog er einen Kreis;
dort liegt die Grenze zwischen Licht und
Dunkel.
11 Die Pfeiler, die den Himmel tragen,
schwanken,
Entsetzen packt sie, wenn Gott sie bedroht.
12 Mit seiner Kraft hat er das Meer besiegt
und Rahab* umgebracht durch seine Klugheit.
13 Sein Atem hat den Himmel blankgefegt,
den schnellen Drachen hat sein Arm
durchbohrt.
14 Das alles ist der Saum von seinen Taten,
ein schwaches Echo, das wir davon hören.
Wie groß und mächtig muß Gott wirklich sein!«

Mein Gewissen ist rein!

27 Ijob setzte seine Rede fort, er sagte:
2 »Beim Leben Gottes, des Gewaltigen*,
der mir mein Recht noch immer vorenthält
und mir das Leben bitter macht! Ich schwöre:
3 Solange ich noch Atem in mir habe
und Gottes Hauch in meiner Nase ist,
4 kommt niemals Unrecht über meine Lippen
und keine Lüge über meine Zunge!
5 Ich denke nicht daran, euch recht zu geben;
bei meiner Unschuld bleib ich, bis ich sterbe!
6 Daß ich im Recht bin, geb ich niemals auf;
denn mein Gewissen weiß von keiner Schuld!

So straft Gott alle, die ihn verlassen

7 Wer mich bekämpft und mir mit Haß
begegnet,
den soll die Strafe des Verbrechers treffen!
8 Sein Leben ist dahin, wenn Gott es fordert
und sich entschließt, den Faden abzuschneiden.
9 Wenn er in Not gerät und beten will,
wird Gott auf seinen Hilfeschrei nicht achten.
10 Er hätte immer bei Gott[a] Freude suchen
und zu ihm beten sollen, nicht erst jetzt!

11 Ich will euch nun von Gottes Macht
berichten
und nicht verschweigen, was er wirklich plant.
12 Ihr habt doch selber alles miterlebt!
Was tragt ihr dann noch solchen Unsinn vor?
13 Seht, welche Strafe Gott[b] dem Menschen
sendet,
der ihn verläßt und andere unterdrückt:

a Wörtlich *bei dem Gewaltigen**. b Wörtlich *der Gewaltige**.

25,2-3 Ps 103,19-21; Sir 43,9-10 25,4 4,17 S 25,5 15,15 S 25,6 Jes 41,14 26,6 Ps 139,8; Spr 15,11; Am 9,2 26,10 Spr 8,27 26,12-13 9,13 S; Jes 27,1 26,14 Sir 43,32 27,3 33,4; Gen 2,7 27,6 11,4 S; 13,18; 17,9; Apg 24,16 S 27,8 6,9 27,13-17 Koh 2,26 S 27,13 20,29

[14] Ein solcher Mensch mag viele Söhne haben,
doch alle werden sie im Krieg getötet;
die Enkel kriegen nie genug zu essen.
[15] Was überlebt, das rafft die Pest hinweg;
die Witwen halten keine Totenklage.
[16] Er mag auch haufenweise Silber haben,
mehr Kleider, als er jemals brauchen kann.
[17] Was soll's? Ein Frommer wird die Kleider tragen,
ein guter Mensch das ganze Silber erben.
[18] Sein Haus hat er gebaut wie eine Motte,
so wie das Laubgeflecht des Weinbergwächters:
[19] Reich legt er sich in seinem Haus zu Bett;
doch wenn er aufwacht, ist es nicht mehr da.
[20] Wie eine Flut holt ihn der Schrecken ein.
Ein Wirbelsturm kommt nachts und trägt ihn fort.
[21] Der Ostwind hebt ihn hoch und reißt ihn mit,
er fegt ihn mit Gewalt von seinem Wohnplatz.
[22] Der Sturm stürzt mitleidslos auf ihn herab,
er müht sich, was er kann, um zu entfliehen.
[23] In seinem Rücken heult und pfeift der Sturm
und macht ihm angst mit seinen harten Schlägen.[a]

Woher kommt die Weisheit?

28 Da gibt es Orte, wo sich Silber findet,
und Plätze, wo das Gold gewaschen wird.
[2] Tief in der Erde gräbt der Mensch nach Eisen,
und Kupfer schmilzt er aus den Steinen.
[3] Er läßt sich von der Finsternis nicht hindern,
bis in die letzten Winkel stößt er vor,
aus tiefstem Dunkel holt er das Gestein.
[4] Weit, weit entfernt von den bewohnten Orten,
dort, wo kein Reisender vorüberzieht,
gräbt man die Schächte tief hinab ins Erdreich,
schwebt überm Abgrund, klammert sich ans Seil.
[5] Hier oben, auf der Erde, wächst das Korn;
dort unten, in der Erde, wird gewühlt,
daß alles aussieht wie nach einem Feuer.
[6] Im Felsgestein dort gibt es die Saphire,
und auch der Goldstaub ist darin zu finden.
[7] Kein Falke hat den Weg dorthin erspäht,
und auch kein Geierauge sieht den Ort.
[8] Kein Löwe und kein anderes wildes Tier
ist jemals diesen Pfad entlanggegangen.
[9] Allein der Mensch legt Hand an das Gestein;
von Grund auf wühlt er ganze Berge um.
[10] Quer durch die Felsen treibt er Stollen vor
und findet dabei viele Kostbarkeiten.
[11] Wo Wasser sickert, dichtet er die Risse;
er bringt Verborgenes ans Tageslicht.

[12] Die Weisheit* aber – wo ist sie zu finden?
Und wer kann sagen, wo die Einsicht wohnt?
[13] Hier bei den Menschen findet sie sich nicht,
und ihren Kaufpreis kann kein Händler nennen.
[14] Die tiefste Tiefe sagt: ›Hier ist sie nicht!‹
›Hier hat sie keine Wohnung‹, sagt das Meer.
[15] Man kauft sie nicht, man tauscht sie auch nicht ein,
für Gold und Silber ist sie nicht zu haben,
[16] mit allerfeinstem Gold nicht zu bezahlen,
auch nicht mit Karneolen und Saphiren.
[17] Mit reinstem Glas[b] läßt sie sich nicht vergleichen,
Gerät aus bestem Gold reicht nicht zum Tausch.
[18] Korallen und Kristalle zählen nicht,
sie übertrifft an Wert sogar die Perlen.
[19] Der feinste Topas und das reinste Gold
sind unvergleichbar mit dem Wert der Weisheit.

[20] Wo ist ihr Ort? Wo kommt die Weisheit her?
Und wer kann sagen, wo die Einsicht wohnt?
[21] Kein Lebewesen hat sie je gesehen,
kein Vogel hat sie je im Flug erspäht.
[22] Sogar der Abgrund und der Tod bekennen:
›Wir haben bloß mal von ihr reden hören.‹
[23] Nur Gott, sonst niemand, kennt den Weg zu ihr.
Er ganz allein weiß, wo die Weisheit wohnt.
[24] Gott sieht die Erde bis an ihre Enden,
vom Himmel aus erblickt er alle Dinge.
[25] Als er dem Winde seine Wucht verlieh,
dem Meer sein Maß und seine Grenze gab,
[26] als er dem Regen Zeit und Ort bestimmte
und der Gewitterwolke ihren Weg,
[27] da sah er auch die Weisheit, prüfte sie,
erkannte ihren Wert und nahm sie auf.
[28] Danach gab Gott den Menschen diese Regel:
›Den Herrn stets ernst zu nehmen, das ist Weisheit.
Und alles Unrecht meiden, das ist Einsicht.‹«

a Der Vers ist nicht sicher zu deuten; wörtlich *Man klatscht über ihn in die Hände und pfeift/zischt ihm nach von seiner Stätte her.*
b Wörtlich *Mit Gold und Glas;* Glas hatte damals einen sehr hohen Wert.

27,14 21,19 S **28,2** Dtn 8,9 **28,12-27** Spr 8,22-31; Weish 7,22–8,8; Sir 1,1-6; 24,3-11; Bar 3,15 **28,15-19** Spr 2,1-5; 3,14-15 S **28,25** 38,8-11; Jes 40,12 **28,26** 36,27-28; 38,25 **28,27** Spr 8,22; Sir 1,8-9; Bar 3,32 **28,28** 1,1; Spr 1,7 S

IJOB APPELLIERT AN GOTT
(Kapitel 29–31)

Ijob: Wäre es doch so wie früher!

29 Ijob setzte seine Rede fort, er sagte:

2 »Ach, wenn es wieder so wie früher wäre,
als Gott mich führte und mein Leben schützte!
3 Er schenkte mir Erfolg an jedem Tag,
in dunklen Stunden leuchtete sein Licht.
4 Wär's einmal noch wie in der besten Zeit,
als Gott mein Freund war und mein Heim
bewahrte!
5 Mit seiner ganzen Macht stand er mir bei,
rings um mich waren alle meine Kinder.
6 Die Kühe und die Ziegen gaben Milch,
so viel, daß ich drin hätte waten können.
Kein Boden war zu steinig für Oliven,
ich hatte Öl in ungeheuren Mengen.

7 Ging ich zum Rat der Ältesten* am Stadttor
und setzte mich in ihrer Runde nieder,
8 so traten alle Jungen scheu beiseite,
die Alten standen auf und blieben stehen;
9 die Edlen hörten plötzlich auf zu reden
und legten einen Finger auf die Lippen;
10 sogar die Angesehensten verstummten,
als wäre ihre Zunge festgeklebt.

11 Wer mich erblickte oder reden hörte,
war voller Lob für mich und meine Taten:
12 Ich half den Armen, die um Hilfe riefen,
den Waisenkindern, denen niemand beistand.
13 Von neuem Mut Erfüllte priesen mich,
den Witwen gab ich Sicherheit und Freude.
14 Gerechtigkeit war immer mein Gewand,
mein Mantel und mein Turban war das Recht.
15 Für die Erblindeten war ich das Auge,
und für die Lahmen wurde ich der Fuß.
16 Für die Bedürftigen war ich der Vater,
das Recht der Fremden prüfte ich genau.
17 War einer grausam, brach ich ihm den Kiefer
und riß ihm seine Beute aus den Zähnen.

18 Ich hoffte, alt zu werden wie der Phönix[a]
und so wie er in meinem Nest zu sterben.
19 Ich glaubte, wie ein starker Baum zu sein,
der seine Wurzeln tief ins Wasser senkt
und dessen Zweige nachts der Tau befeuchtet.
20 Ich dachte, immer neuen Ruhm zu finden
und immer stark zu bleiben wie ein Bogen,
der Pfeil auf Pfeil verschießt und nicht ermattet.[b]
21 Denn alle warteten auf meinen Rat
und hörten schweigend meiner Rede zu;
22 dann wollte niemand mehr noch etwas sagen.
Sie sogen meine Worte auf wie Tropfen;
23 sie warteten darauf wie auf den Regen,
so wie Verdurstende nach Wasser lechzen.
24 Mein Lächeln brachte ihr Vertrauen wieder;
sah ich sie freundlich an, so strahlten sie.
25 Ich führte sie, bestimmte ihren Weg,
so wie ein König seine Truppen führt;
wenn jemand traurig war, gab ich ihm Trost.

Die Gegenwart ist zum Verzweifeln!

30 Jetzt aber muß ich mich verspotten
lassen
von solchen, die viel jünger sind als ich.
Schon ihre Väter haben nichts getaugt!
Ich konnte sie nicht zu den Herden schicken,
damit sie meinen Hunden helfen sollten.

2 Für welche Arbeit sind schon Leute gut,
die keine Kraft mehr in den Armen haben,
3 weil Hunger und Entbehrung sie erschöpften?
Sie nagen trockene Wurzeln in der Wüste,
dem Land der Dunkelheit und Einsamkeit.
4 Sie pflücken sich das Salzkraut unter
Sträuchern
und essen Wurzeln von den Ginsterbüschen.
5 Von allen anderen werden sie vertrieben,
so wie man Diebe mit Geschrei verjagt.
6 Sie hausen in den Wänden tiefer Schluchten,
in Höhlen und in Spalten des Gesteins.
7 Sie schreien wie Tiere im Gebüsch der Wüste,
sie drängen sich im stachligen Gestrüpp.
8 Ein Pöbelvolk, Gesindel ohne Namen,
das man mit Peitschen aus dem Lande trieb.

9 Jetzt singen sie ihr Spottlied über mich,
ich bin der Redestoff für ihren Klatsch.
10 Sie ekeln sich und rücken von mir ab,
sie haben keine Scheu, mich anzuspucken.
11 Ganz schwach und wehrlos hat mich
Gott gemacht,
drum lassen sie auch jede Hemmung fahren.
12 Nun kommt die Schlangenbrut und greift
mich an;

a Nach einer alten Sage wird der Wundervogel Phönix viele hundert Jahre alt. Dann verbrennt er mit seinem Nest, um aus der Asche neu zu erstehen.
b *und immer stark ...:* wörtlich *und mein Bogen in meiner Hand wird eins aufs andere folgen lassen.*

29,2 1,1-5; 42,10-17 **29,3** Ps 18,29 **29,8** Lev 19,32 **29,12** 31,16 **29,14** Jes 59,17 S **29,15** Lev 19,14 **29,16** 31,18 **29,19** Ps 1,3 **30,1** 19,18 **30,9** 17,6; Ps 31,12; 69,13; Klgl 3,14 **30,10** Jes 50,6; Mk 14,65 par

sie zwingen mich, die Stellung aufzugeben;
sie schütten Dämme auf zum letzten Sturm.
13 Sie haben mir den Fluchtweg abgeschnitten;
zu meinem Sturz trägt jeder fleißig bei,
sie brauchen dazu keine fremde Hilfe.
14 Sie dringen durch die Breschen meiner Mauer
und drängen durch die Trümmer auf mich zu.

15 Der Schrecken greift nach mir
mit kalter Hand;
ein Windstoß wirbelt meine Würde fort,
mein Wohlstand löst sich auf wie eine Wolke.
16 Ich spüre, wie mein Leben aus mir fließt.
Seit Tagen schon umklammert mich die Qual.
17 Nachts bohrt der Schmerz in allen meinen
Knochen,
als sollten sie aus meinem Körper fallen;
die Nerven können keine Ruhe finden.

18 Mit aller Kraft hat Gott mein Kleid gepackt,[a]
er schnürt mich ein wie ein zu enger Kragen.
19 Er hat mich in den Lehm zurückgestoßen,
im Staub und in der Asche muß ich trauern.
20 Ich schrei um Hilfe, Gott! Wann gibst du
Antwort?
Ich steh vor dir – dein Blick bleibt starr und kalt.
21 Du bist so grausam gegen mich geworden
und läßt mich spüren, wieviel Macht du hast.
22 Du setzt mich auf den Wind wie auf ein Pferd;
er reißt mich mit Getöse ins Verderben.
23 Ich weiß, du bringst mich fort zur Totenwelt*,
wo alle Lebenden sich wiederfinden.

24 Dem Trümmerhaufen kann man nicht mehr
helfen.
Ob Gottes Hand mir hilft, bevor ich falle?[b]
25 Hab ich nicht oft geweint mit
Schwergeplagten?
Zog ihre Not mir nicht das Herz zusammen?
26 Ich hoffte, wartete auf Licht und Glück,
doch nichts als Dunkelheit und Unglück kam!
27 Ich bin erregt und finde keine Ruhe,
denn Tag für Tag umgibt mich nichts als Qual.
28 Ich bin voll Trauer, mir scheint keine Sonne;
ich klage öffentlich und fordere Hilfe.
29 Mein Schreien klingt, wie wenn Schakale
heulen,
ich weine einsam wie der Vogel Strauß.
30 Geschwärzt ist meine Haut, sie löst sich ab,
die Glut des Fiebers brennt in meinen Knochen.
31 Mein Lautenspiel ist Jammerlaut geworden,
mein Flötenspiel in Klagelied verwandelt.

Ich schwöre …

31 Mit meinen Augen schloß ich den
Vertrag,
niemals ein Mädchen lüstern anzusehen.
2 Was hätte ich von Gott sonst zu erwarten?
Was wäre seine Antwort[c] auf mein Tun?
3 Er schickt Verderben, straft mit Mißgeschick,
wenn jemand böse ist und Unrecht tut.
4 Gott sieht doch, was ich tue und was nicht;
er zählt doch alle meine Schritte nach!

5 Ich schwöre, daß ich nie zur Lüge griff
und nie versuchte, andere zu betrügen.
6 Wenn Gott mich auf gerechter Waage wiegt,
dann muß er meine Unschuld anerkennen.
7 Wenn ich vom rechten Weg gewichen bin,
wenn ich mein Herz den Augen folgen ließ,
wenn meine Hände schmutzig sind von Schuld,
8 dann soll ein anderer essen, was ich säte,
oder die Ernte soll vernichtet werden.

9 Wenn ich für meines Nachbarn Frau
entbrannte
und auf sie lauerte an seiner Tür,
10 soll meine Frau für einen anderen kochen,[d]
und andere Männer sollen mit ihr schlafen!
11 Denn mein Vergehen wäre eine Schandtat,
die jeder Richter hart bestrafen müßte;
12 ein Feuer wäre es, das mich vernichtet
und restlos niederbrennt, was mir gehört.

13 Wenn einer meiner Knechte sich beklagte,
wenn eine Magd sich über mich beschwerte,
hab ich zu keiner Zeit ihr Recht mißachtet.
14 Wie könnte ich sonst Gott vor Augen treten
und mich verteidigen, wenn er mich prüfte?
15 Derselbe, der mich schuf im Mutterleib,
hat doch auch die geschaffen, die mir dienen!

16 Den Armen schlug ich keine Bitte ab,
und keine Witwe ging verzweifelt fort.
17 Mein Mittagsmahl war nie für mich allein,
kein Waisenkind blieb ohne seinen Anteil.
18 Von Jugend auf, solang ich denken kann,

a So mit G; H *Mit aller Kraft verändert sich mein Gewand.*
b Ijob vergleicht sich selbst mit einer Mauer; er hofft auf Hilfe, ehe es zu spät ist.
c Wörtlich *die Antwort des Gewaltigen*.* *d* Wörtlich *mahlen.*

30,20 19,7; Ps 22,3 **30,25** Ps 35,13-14; Röm 12,15 **30,29** Ps 102,7-8; Mi 1,8 **30,30** Ps 102,4-6; Klgl 3,4; 4,8 **31,1** Sir 9,5.8; Mt 5,28 **31,4** 10,6; 14,16; 23,10; 34,21 **31,6** 1,1; 27,6 S **31,11** Dtn 22,22; Spr 6,32 **31,15** Spr 14,31; Eph 6,9 **31,16-20** Jes 58,6-7; Tob 4,7-11.16; Mt 25,35-36 **31,16** 29,12 **31,18** 29,16

nahm ich es wie ein Vater bei der Hand.[a]

19 Wenn einer nichts mehr anzuziehen hatte,
zu arm war, eine Decke zu bezahlen,
20 dann half ich ihm und gab ihm warme
Kleidung,
gewebt aus Wolle meiner eigenen Schafe;
er aber dankte mir mit Segenswünschen.

21 Wenn ich die Elternlosen unterdrückte,
weil alle Richter meine Freunde waren,
22 dann soll mein Arm am Ellenbogen brechen
und meine Schulter sich vom Rücken lösen!
23 Die Furcht vor Gottes Strafe schreckt mich ab,
und seine Hoheit kann ich nicht ertragen.

24 Ich hab mich niemals auf mein Gold
verlassen,
es nie als meine Sicherheit betrachtet.
25 Mein Wohlstand hat mich niemals
stolz gemacht,
auch meine Arbeit nicht, die stets gelang.
26 Wenn ich die Sonne sah in ihrem Glanz,
den Mond auf seiner Bahn in voller Pracht,
27 dann war ich nie versucht, sie zu verehren
und ihnen eine Kußhand zuzuwerfen.
28 Der Richter müßte solche Sünde strafen,
weil ich den höchsten Gott verleugnet hätte!

29 Ich hab nie schadenfroh dabeigestanden,
wenn meine Feinde Not und Unglück traf.
30 Ich hab auch niemals meinem Mund erlaubt,
den Tod auf einen Feind herabzuwünschen.
31 Wer je mein Gast war, wird es mir bezeugen,
daß jeder gut und reich bewirtet wurde.
32 Kein Fremder mußte draußen übernachten,
denn meine Tür stand immer allen offen.

33 Ich habe nie versucht, wie viele andere,
mein Unrecht vor den Leuten zu verbergen.
34 Ich hatte niemals Angst vor ihrem Reden;
ich bin auch niemals stumm zu Haus
geblieben,
weil ich ihr Spottgeschrei gefürchtet hätte.

38 Wenn sich mein Acker über mich beklagt[b]
und alle seine Furchen weinen müssen,
39 weil ich nur erntete und ihn nicht pflegte
und seinem Herrn im Himmel nicht
gehorchte,[c]
40a dann soll er Dornen tragen statt des Weizens
und statt der Gerste Unkraut wachsen lassen!

35 Gäb es doch einen, der mich hören wollte!
Was ich gesagt hab, kann ich unterschreiben.
Gott, der Gewaltige*, soll Antwort geben!
Er zeige mir die Klageschrift des Gegners!
36 Ich will sie stolz auf meiner Schulter tragen,
sie mir als Kranz um meine Schläfen winden.
37 Ich würde Gott mein Leben offenlegen
und ohne Furcht ihm nahen wie ein Fürst!«

40b Hier enden die Worte Ijobs.

DIE REDEN DES VIERTEN FREUNDES
(Kapitel 32–37)

32 Die drei Männer gaben es auf, mit Ijob
zu reden, weil er sich selbst für unschul-
dig hielt. 2 Aber ein anderer, der dabeistand,
Elihu, der Sohn Barachels, ein Busiter aus der
Sippe Ram, konnte nun nicht länger an sich hal-
ten. Er war zornig auf Ijob, weil der sich im
Recht sah und Gott die Schuld zuschob. 3 Er war
aber auch zornig auf die Freunde Ijobs, weil sie
es nicht fertigbrachten, Ijob seine Schuld nach-
zuweisen. 4 Weil Elihu jünger war als die ande-
ren, hatte er sich zurückgehalten, solange sie mit
Ijob redeten. 5 Doch als er sah, daß sie nichts
mehr zu sagen wußten, ließ er seinem Zorn
freien Lauf. 6a Er sagte:

Elihus Unwille über Ijob und seine Freunde

6b »Ich bin noch jung, bin nicht so alt wie ihr;
drum hielt ich mich zurück und scheute mich,
mein Wissen vor euch Männern auszubreiten.
7 Ich sagte mir: ›Erst soll das Alter reden,
Erfahrung langer Jahre hat den Vortritt.‹
8 Doch was den Menschen klug macht,
ist der Geist,
der Hauch, den Gott ihm eingeblasen hat.
9 Ob einer weise ist, liegt nicht am Alter;

a Wörtlich *Denn von meiner Jugend an wuchs es bei mir auf wie bei einem Vater, und vom Leib meiner Mutter an habe ich es geleitet.*
b Die Verse 38-40a sind umgestellt worden, weil 35-37 eindeutig den Schluß der Verteidigungsrede Ijobs bilden.
c Die Deutung der Zeile ist schwierig; wörtlich *weil ich die Seele seiner Besitzer zum Keuchen brachte.* Vermutlich wird auf die Vorschrift über das Brachjahr angespielt (Ex 23,10-11; Lev 25,1-5).

31,24 22,24-25; Spr 11,28; Lk 12,15.19-21 **31,26-27** Dtn 4,19 S **31,29** Spr 24,17; Mt 5,44 par **31,30** 1 Petr 3,9 **31,32** Ri 19,20-21; Hebr 13,2 S **31,35** 13,22 S; 23,3-7 **31,38-39** 2 Chr 36,21 **32,2** 13,18; 19,6-7; 27,5-6 **32,3** 18,21; 20,29; 22,5 **32,7** 12,12; Sir 32,7-10 **32,9** Weish 4,8-9

was recht ist, weiß man nicht aufgrund der
Jahre.
10 Deswegen sage ich nun: Hört mir zu,
damit auch ich mein Wissen weitergebe.

11 Ich wartete gespannt auf eure Worte;
auf einsichtsvolle Reden hoffte ich,
als ihr euch um die rechte Antwort mühtet.
12 Mit aller Sorgfalt hörte ich euch zu,
doch keiner konnte Ijob widerlegen.
13 Denkt nicht, es sei der Weisheit letzter
Schluß,
daß Gott allein ihn widerlegen könne.
14 Ich bin es nicht, den Ijobs Worte treffen,
und eure Antwort würd ich ihm nicht geben!
15 Die Luft ist ihnen allen ausgegangen,
vor Schreck fällt keinem etwas Rechtes ein.
16 Soll ich nun weiterwarten, weil sie
schweigen?
Sie stehen da und wissen nichts zu sagen.
17 Jetzt ist's an mir, die Antwort zu erteilen
und offen darzulegen, was ich weiß.

18 Mein Herz ist randvoll angefüllt mit Worten,
der Gottesgeist in mir drängt mich zu reden.
19 Es gärt in mir wie eingeschlossener Wein;
wenn ich nicht reden darf, dann platze ich!
20 Ich halt es nicht mehr aus, es muß heraus,
damit ich endlich wieder Luft bekomme!
21 Für niemand werde ich Partei ergreifen,
und keinem will ich Schmeichelworte sagen.
22 Das liegt mir nicht, ich laß mich nicht
drauf ein,
sonst würde mich mein Schöpfer schnell
bestrafen.

Gott schweigt nicht!

33 Du aber, Ijob, hör mir bitte zu
und achte auf die Worte, die ich sage.
2 Ich möchte meine Rede jetzt beginnen.
3 Mit ruhigem Gewissen spreche ich,
die reine Wahrheit kommt von meinen Lippen.
4 Von Gottes Geist* bin ich geschaffen worden;
sein Atem[a] war's, der mich ins Leben rief.
5 Du darfst mir widersprechen, wenn du kannst.
Bring alle deine Gegengründe vor!
6 In Gottes Augen sind wir beide gleich,
auch mich hat er aus Lehm geformt wie dich.
7 Du brauchst dich also nicht vor mir
zu fürchten,
ich setze dich bestimmt nicht unter Druck.

8 Nun denn, ich selber hab dich sagen hören –
den Klang der Worte hab ich noch im Ohr:
9 ›Ich weiß von keiner Schuld und keinem
Unrecht,
unschuldig bin ich, frei von jedem Tadel.
10 Doch Gott erfindet immer neue Gründe,
damit er mich als Feind behandeln kann.
11 Er läßt nicht zu, daß ich mich frei bewege,[b]
argwöhnisch überwacht er jeden Schritt.‹
12 Ich muß dir sagen, Ijob, du hast unrecht.
Mit Menschenmaß läßt Gott sich niemals
messen!
13 Was hast du ihm denn letztlich vorzuwerfen?
Daß er zu allen deinen Fragen schweigt?

14 Gott redet doch! Er tut es immer wieder,
mal sanft, mal hart – man achtet nur nicht
drauf!
15 Zur Nachtzeit, wenn die Menschen ruhig
schlafen,
in tiefem Schlummer auf den Betten liegen,
dann redet Gott durch Träume und Visionen.
16 Er öffnet ihre Ohren, daß sie hören;
mit Nachdruck warnt er sie vor ihrem Tun,
17 damit er sie von ihrer Bosheit abbringt
und ihnen jeden Grund nimmt, stolz zu sein.
18 So rettet er ihr Leben vor dem Grab
und hindert sie, in seinen Speer zu laufen.

19 Gott mahnt die Menschen auch durchs
Krankenlager,
wenn jemand Schmerz in allen Gliedern fühlt.
20 Du magst kein Essen sehn vor lauter Ekel,
sogar beim Leibgericht packt dich der Brechreiz.
21 Zusehends nimmst du ab, dein Fleisch
verschwindet,
so daß man alle Knochen zählen kann.
22 Dem Rand des Grabes kommst du immer
näher,
schon will der Tod nach deinem Leben greifen.

23 Vielleicht kommt dann ein Engel* dir zu Hilfe,
ein einziger der tausend Gottesboten,
die uns verkünden, was Gott von uns will.
24 Vielleicht erbarmt der Engel sich und sagt:
›Laß ihn noch nicht ins Grab hinunterfahren!
Ich hab das Lösegeld für ihn bekommen!‹
25 Dann wird dein Körper wieder frisch
und stark,
genauso wie in deiner Jugendzeit.
26 Dann betest du zu Gott und wirst gehört;
voll Freude trittst du hin vor deinen Herrn,

a Wörtlich *der Atem des Gewaltigen**. b Wörtlich *Er legt meine Füße in den Block**.

32,18-19 Jer 20,9 **32,21-22** 13,7-10; Spr 24,23; 29,5 **33,4** 27,3 **33,7** 19,22 **33,9** 11,4 S; 31,1-40 **33,10** 13,24 S **33,11** 7,19 S; 13,27 **33,15** 4,13-17; 1 Kön 3,5; Dan 2,1.28-29 **33,16** 36,10 **33,19** 36,15 **33,21** 16,8 S **33,25** Ps 103,5

der dich nun wieder angenommen hat.
[27] Vor aller Welt bekennst du dann voll Dank:
›Gesündigt hatte ich, das Recht verdreht,
doch Gott hat mir die Schuld nicht heimgezahlt.
[28] Vom Rand des Grabes hat er mich gerettet
und mir erlaubt, daß ich am Leben bleibe.‹
[29] Gott tut dies alles immer, immer wieder;
so handelt er im Leben jedes Menschen,
[30] um ihn vom sicheren Grab zurückzubringen
und ihm die Lebensfreude zu erhalten.

[31] Du, Ijob, achte gut auf meine Worte!
Bleib still und laß mich weiter zu dir reden!
[32] Doch wenn du etwas einzuwenden hast,
dann sprich; ich gäbe dir so gerne recht.
[33] Wenn nicht, dann schweig und hör mir
weiter zu,
daß ich dir zeigen kann, was Weisheit* ist.«

Du kannst Gott kein Unrecht vorwerfen!

34 Weiter sagte Elihu:
[2] »Ihr klugen Männer, hört auf meine Rede!
Ihr habt Erfahrung; darum hört mir zu!
[3] ›Der Gaumen prüft, ob eine Speise schmeckt;
genauso muß das Ohr die Worte prüfen.‹
[4] Laßt uns den Fall gemeinsam untersuchen!
Was recht und gut ist, müssen wir erkennen.
[5] Denn Ijob hat gesagt: ›Ich bin im Recht;
doch Gott verweigert mir die Anerkennung.
[6] Das Urteil über mich hat er gefälscht,[a]
sein Pfeil bringt mir den Tod ganz ohne Schuld!‹
[7] Ihr sagt: ›Wo ist ein Mann wie dieser Ijob?
Er lästert Gott, wie wenn er Wasser trinkt.
[8] Er fühlt sich wohl im Kreise der Verbrecher
und hat Gemeinschaft mit den Feinden Gottes.
[9] Er sagt doch selbst: Der Mensch hat nichts
davon,
wenn er sich stets um Gottes Freundschaft
müht.‹

[10] Drum hört mir zu, ihr Männer mit Verstand!
Es ist nicht möglich, daß Gott Unrecht tut,
daß der Gewaltige* das Recht verdreht!
[11] Der Mensch bekommt von Gott, was er
verdient;
entsprechend seinem Tun vergilt er ihm.
[12] Gott tut gewiß kein Unrecht, nie und
nimmer!
Er, der Gewaltige*, verdreht kein Recht!
[13] Hat denn ein anderer ihm die Macht
gegeben?
Wer hat ihm diese Erde anvertraut?
[14] Wenn Gott tatsächlich an sich selber dächte
und hielte seinen Lebenshauch zurück,
[15] dann würden alle Lebewesen sterben,
im Augenblick zu Staub und Asche
werden.

[16] Wenn du Verstand hast, Ijob, dann paß auf
und höre auch auf das, was ich jetzt sage!
[17] Verklagst du Gott, den Großen und
Gerechten?
Meinst du, daß er ein Feind des Rechtes ist?
Wie könnte er dann diese Welt regieren?
[18] Nur Gott kann einen König Nichtsnutz
nennen[b]
und zu den Großen sagen: ›Ihr Verbrecher!‹
[19] Nur er nimmt keine Rücksicht auf die
Fürsten,
zieht keinen Reichen einem Armen vor;
denn alle sind Geschöpfe seiner Hände.
[20] Sie sterben plötzlich, mitten in der Nacht.
Das Volk gerät in Aufruhr, Starke weichen;
kein Mensch erhebt die Hand, doch sie sind
fort.

[21] Gott überwacht die Wege jedes Menschen
und sieht genau, was einer unternimmt.
[22] Für ihn ist keine Dunkelheit so dunkel,
daß Unheilstifter sich verstecken könnten.
[23] Gott braucht auch keine lange Untersuchung,
um einen Menschen vor Gericht zu ziehen.
[24] Er muß die Mächtigen nicht erst verhören,
um sie durch andere Leute zu ersetzen.
[25] Weil Gott genau auf ihre Taten achtet,
kann er sie über Nacht zugrunde richten.
[26] Auf öffentlichem Platz bestraft er sie
vor aller Welt, genauso wie Verbrecher.

[27] Das tut er, weil sie ihm nicht folgen wollten
und seinen Willen nie beachtet haben.
[28] So zwangen sie die Armen und Geringen,
zu Gott zu schreien, ihm ihr Leid zu klagen.
Und Gott hat ihren Hilferuf gehört!
[29] Doch wenn er sich entschlösse, nichts zu tun,
dann könnte niemand ihn dafür verdammen.
Und wenn er sich verbirgt, dann sieht ihn
keiner.
Was könnten Menschen oder Völker tun,

a So mit veränderten Vokalen; H *Ich lüge gegen mein Recht.*
b *Nur Gott kann ...:* mit einer Handschrift und den alten Übersetzungen; H *Ist es recht (... zu nennen)?*

33,27 Ps 103,10 **33,30** Ps 30,4 S **34,5** 27,2; 31,6 **34,6** 6,4 S **34,7** 15,16 **34,10.12** 8,3 **34,11** Spr 24,12 **34,14-15** 12,10; Ps 104,29 **34,17** Gen 18,25 **34,19** Dtn 10,17 S **34,20** Ex 12,29; Lk 12,20 **34,21** 31,4 S; Ps 33,14-15; Jer 32,19 **34,22** Ps 139,11-12

[30] wenn Gott es wollte, daß ein Volksverführer,
der kein Gewissen hat, ihr König würde?[a]

[31] Wenn jemand Gott die Schuld bekennt
und sagt:
›Ich habe mich verfehlt, ich tu's nie wieder!
[32] Zeig mir die Fehler, die ich selbst nicht sehe.
Das Unrecht, das ich tat, ich tu's nicht mehr‹ –
[33] willst du dann immer noch, daß Gott ihn
straft,
weil du ihn ja bereits verurteilt hast?
Nicht ich muß das entscheiden, sondern du!
Nun laß uns hören, was du selber denkst!

[34] Wer Einsicht hat, der stimmt mir sicher zu;
und jeder Weise, der mir zuhört, sagt:
[35] ›Viel Wissen zeigt sich nicht in Ijobs Worten,
sein Reden hat doch weder Hand noch Fuß.
[36] Ihr müßt ihn noch viel besser hinterfragen!
Er redet wie ein Mensch, der Gott nicht kennt.
[37] Zu seinen Sünden fügt er Rebellion;
in unserer Mitte sät er Zweifel aus
und häuft die bösen Worte gegen Gott.‹«

Mit Gott kannst du dich nicht vergleichen!

35 Weiter sagte Elihu:
[2] »Glaubst du denn allen Ernstes, es sei richtig,
daß du dich für gerechter hältst als Gott?
[3] Du sagst zu ihm: ›Was nützt mir meine
Unschuld?
Sie fällt bei dir ja doch nicht ins Gewicht!‹
[4] Auf diese Frage will ich Antwort geben;
sie gilt zu gleicher Zeit für deine Freunde:

[5] Sieh einmal aufmerksam den Himmel an!
Sieh auch die Wolken dort hoch über dir!
[6] Mit deiner Sünde kannst du Gott nicht
schaden,
und alle deine Fehler tun ihm nichts.
[7] Ihm bringt's auch nichts, wenn du
das Rechte tust;
er ist auf dein Geschenk nicht angewiesen.
[8] Dein *Mitmensch* leidet unter deiner Bosheit,
und ihm nur nützt das Gute, das du tust.

[9] Die Menschen stöhnen, rufen laut um Hilfe,
wenn Mächtige sie grausam unterdrücken.
[10] Doch keiner fragt nach Gott, der ihn
gemacht hat,
der auch in dunklen Stunden Hoffnung schenkt.
[11] Gott hat uns mehr gelehrt als alle Tiere,
er gab uns mehr Verstand als allen Vögeln.
[12] Um Hilfe schreien wir, doch Gott bleibt
stumm,
weil wir voll Bosheit und voll Hochmut sind.
[13] Das Schreien ist umsonst, Gott hört es nicht;
er, der Gewaltige*, sieht uns nicht an.

[14] Du, Ijob, sagst, du könntest Gott nicht sehen.
Hab nur Geduld, dein Fall ist ihm bekannt!
[15] Weil Gott dich seinen Zorn nicht spüren ließ
und sich nicht groß um soviel Dummheit
kümmert,
[16] reißt du den Mund auf, redest solchen
Unsinn.«

Gott ist ein gerechter Richter

36 Elihu setzte seine Rede fort, er sagte:
[2] »Ertrage mich, hör noch ein wenig zu;
ich hab noch einiges für Gott zu sagen.
[3] Mein Wissen hole ich aus weiter Ferne,
um zu beweisen, daß mein Schöpfer recht hat.
[4] Verlaß dich drauf: Ich sage dir die Wahrheit!
Der vor dir steht, ist seiner Sache sicher.

[5] Gott hat die Macht, doch treibt er keinen
Spott;
als Richter urteilt er mit fester Klarheit.
[6] Er läßt die Unheilstifter nicht am Leben,
den Unterdrückten aber schafft er Recht.
[7] Gott wendet seinen Blick nicht von den
Treuen.
Wenn sie mit Königen zusammen herrschen,
dann läßt er sie für immer Ehre finden.
[8] Doch sind sie in Gefangenschaft geraten
und leiden unterm harten Druck der Fesseln,
[9] dann zeigt er ihnen damit ihre Schuld,
daß sie so stolz und überheblich waren.
[10] Für seine Warnung schärft er ihr Gehör,
damit sie sich von allem Bösen trennen.

[11] Wenn sie gehorchen und sich unterwerfen,
dann werden Glück und Freude sie begleiten
an jedem Tag, in jedem Lebensjahr.
[12] Wenn nicht, dann laufen sie in ihren Tod
und gehn in ihrem Unverstand zugrunde.
[13] Wer Gott verlassen hat, der klagt ihn an.
Wenn Gott ihn einschließt, schreit er nicht
zu ihm.

a Deutung des hebräischen Textes unter Änderung der Vokale.
35,2 4,17 S; 32,2 S **35,3** 34,9 **35,5** 11,7-9 **35,6-7** 22,2-3; Röm 11,35 **35,14** 9,11 **36,6** 8,3; Ps 9,13 S **36,7-11** 2 Chr 33,9-13; Dan 4,25-34 **36,7** Ps 113,7-8

[14] Sein Leben endet in den besten Jahren,
im Jugendalter muß er schändlich sterben.
[15] Wer aber leidet, wird durchs Leid gebessert;
Gott öffnet ihm die Augen durch die Not.

[16] Auch dir hat Gott die Freiheit einst geschenkt,
aus Not und Enge hat er dich gerettet;
die besten Speisen füllten deinen Tisch.
[17] Doch nun trifft dich der volle Lohn der Bosheit,[a]
das Urteil über dich ist schon gefällt.
[18] Laß dich vom Zorn nicht zum Rebellen machen!
Verlaß dich nicht auf hohes Lösegeld!
[19] Meinst du, dein Reichtum reiche dafür aus?
Dein Gold hilft gar nichts, auch nicht deine Kraft.
[20] Und warte nicht voll Sehnsucht auf die Nacht,
in der die Völker ausgerottet werden![b]
[21] Gib acht, daß du dich nicht zum Bösen wendest,
auch wenn du das für besser hältst als leiden.

Hab Ehrfurcht vor dem mächtigen Gott!

[22] Besinne dich auf Gottes große Macht!
Er ist der beste Lehrer, den wir kennen.
[23] Wer könnte ihm befehlen, was er tun soll?
Wer könnte zu ihm sagen: ›Das war unrecht‹?
[24] Vergiß nicht, ihm zu danken für sein Tun,
für das die Menschen ihn mit Liedern preisen.
[25] Die ganze Welt betrachtet es mit Staunen,
auch wenn wir's nur von weitem sehen können.
[26] Gott ist so groß, daß wir ihn nicht begreifen,
und seiner Jahre Zahl ist unergründbar.
[27] Er zieht die Wassertropfen hoch zum Himmel
und sammelt sie als Regen für die Erde.
[28] Die Wolken lassen sie hinunterrieseln
und gießen sie auf all die vielen Menschen.
[29] Wer kann verstehen, wie die Wolken schweben,
warum am Himmelszelt der Donner rollt?
[30] Die Wolken leuchten auf von seinen Blitzen,
jedoch die Meerestiefen bleiben dunkel.
[31] Auf diese Weise sorgt Gott für die Völker
und gibt den Menschen überreichlich Speise.
[32] Er packt den Blitzstrahl fest mit beiden Händen,
und dann befiehlt er ihm, sein Ziel zu treffen.
[33] Der Donner kündet das Gewitter an,
und auch die Herden fühlen, daß es kommt.

37 Von seinem Krachen bebt auch mir das Herz,
vor Schrecken fängt es an, ganz wild zu schlagen.
[2] Hört doch, wie zornig Gottes Stimme klingt,
das Grollen, das aus seinem Munde kommt.
[3] Man hört es unterm Himmel überall.
Sein Blitz erreicht die fernsten Erdengrenzen.
[4] Der Donner folgt ihm auf dem Fuße nach,
er rollt und dröhnt mit hoheitsvollem Klang.
Und wieder zucken Blitze hinterdrein;
Gott schickt sie aus, wenn seine Stimme schallt.

[5] Wenn diese Stimme spricht, geschehen Wunder,
so groß und herrlich, daß wir's nicht verstehen.
[6] Dem Schnee befiehlt er: ›Fall zur Erde nieder!‹
Den Regenwolken sagt er: ›Laßt es schütten!‹
[7] So zwingt er uns, die Hände stillzuhalten
und uns auf *seine* Arbeit zu besinnen.
[8] Sogar das Wild verkriecht sich im Versteck
und muß in seinen Höhlen liegen bleiben.

[9] Aus seiner Kammer kommt der Wintersturm,
und mit dem Nordwind kommt der scharfe Frost.
[10] Der Atem Gottes läßt das Eis entstehen
und macht die Wasserflächen starr wie Stein.
[11] Mit Regenwasser füllt er seine Wolken
und schickt sie mit den Blitzen übers Land.
[12] Sie ziehen hin und her, wie er sie lenkt,
um seinen Willen überall zu tun.
[13] Gott schickt den Regen, um das Land zu feuchten.
Mal schickt er ihn, um Menschen zu bestrafen,
ein andermal als Zeichen seiner Güte.

[14] Dies alles, Ijob, höre es dir an!
Betrachte aufmerksam die Wunder Gottes!
[15] Kannst du mir sagen, wie er sie vollbringt,
wie er den Blitz in Wolken strahlen läßt?
[16] Die Wolken – weißt du, wie sie schweben können,
die Wunderwerke seines großen Wissens?
[17] Dir wird ja schon zu heiß in deinen Kleidern

a Die Zeile ist nicht sicher zu deuten; wörtlich *Du aber bist voll vom Gerichtsurteil des Gottlosen.*
b *ausgerottet werden:* wörtlich *von ihrer Stätte weggehoben werden.* Wir wissen nicht, auf welche Erwartung hier angespielt wird.

36,15 Ps 119,67 **36,26** Ps 90,2 **36,27–37,24** 38,22-38; Ps 147,16-18; Sir 43,13-22 **36,29** 37,16 **36,31** Ps 104,13-15 **37,2** Ps 29,3-9S **37,14** Ps 8,4; 111,2-4

beim Südwind, der das Land mit Schwüle füllt.
18 Kannst du mit ihm die Himmelskuppel*
wölben,
die hart ist wie ein Spiegel aus Metall?

19 Belehre uns! Was sollen wir ihm sagen?
Wir wissen nichts, wir tappen nur im Dunkeln.
20 Wird ihm gemeldet, daß ich reden will?
Ist jemand da, der es ihm sagen muß?
21 Das Licht ist oft für uns nicht mehr zu sehen,
weil dunkle Wolken es verborgen halten;
doch plötzlich fegt der Wind den Himmel klar.
22 Ein heller Lichtschein kommt von Norden her:
der Glanz, der Gott umgibt, läßt uns
erschrecken.
23 Wir können niemals zu ihm[a] hingelangen;
er ist so mächtig, so gerecht und stark,
zu keiner Zeit tritt er das Recht mit Füßen.
24 Darum muß jeder Ehrfurcht vor ihm haben!
Doch alle, die sich selbst für weise halten,
die sieht er nicht, sie gelten nichts bei ihm.«

GOTTES ANTWORT UND IJOBS NEUES GLÜCK
(Kapitel 38–42)

Gott antwortet Ijob mit Fragen: Beispiele seiner Macht und Weisheit

38 Dann ergriff der HERR selbst das Wort
und antwortete Ijob aus dem Sturm her-
aus. Er sagte zu ihm:

2 »Wer bist du, daß du meinen Plan anzweifelst,
von Dingen redest, die du nicht verstehst?
3 Nun gut! Steh auf und zeige dich als Mann!
Ich will dich fragen, gib du mir Bescheid!

4 Wo warst du denn, als ich die Erde machte?
Wenn du es weißt, dann sage es mir doch!
5 Wer hat bestimmt, wie groß sie werden sollte?
Wer hat das mit der Meßschnur festgelegt?
Du weißt doch alles! Oder etwa nicht?
6 Auf welchem Sockel stehen ihre Pfeiler?
Wer hat den Grundstein ihres Baus gelegt?
7 Ja, damals sangen alle Morgensterne,
die Gottessöhne* jubelten vor Freude!

8 Wer hat das Meer mit Toren abgesperrt,
als es hervorbrach aus dem Schoß der Erde?
9 Ich war's, ich hüllte es in dichte Wolken,
als Windel gab ich ihm den dunklen Nebel.
10 Ich gab ihm seine vorbestimmte Grenze,
schloß es mit Tor und Riegel sicher ein.
11 Ich sagte ihm: ›Bis hierher und nicht weiter!
Hier hört der Hochmut deiner Wellen auf!‹

12 Hast du je einen Tag heraufbefohlen,
der Morgenröte ihren Platz bestimmt
13 und ihr gesagt, der Erde Saum zu fassen,
und alle Bösen von ihr abzuschütteln?
14 In ihrem Licht erheben sich die Berge,[b]
wie Kleiderfalten treten sie hervor.
15 Den Bösen aber bringt das Licht kein Glück,
es setzt dem Mißbrauch ihrer Macht ein Ende.
16 Warst du schon unten bei den
Meeresquellen?
Den Grund des Meeres, hast du ihn
durchstreift?
17 Hast du am Tor der Totenwelt* gestanden,
dort, wo die ewige Finsternis beginnt?
18 Weißt du, wie weit die Erde sich erstreckt?
Wenn du das alles kennst, dann sag es mir!

19 Kennst du den Weg zum Ursprungsort
des Lichtes?
Von welcher Stelle kommt die Dunkelheit?
20 Führst du sie bis ans Ende ihres Weges
und bringst sie dann zu ihrem Ort zurück?
21 Du mußt es können, denn du bist so alt,
du warst ja damals lange schon geboren!

22 Hast du die Vorratskammern schon gesehen,
wo ich den Schnee und Hagel aufbewahre?
23 Ich halte sie bereit für Unheilstage;
mit ihnen greif ich ein in Kampf und Krieg.
24 Wo ist der Weg zum Aufgangsort der Sonne
und wo der Platz, von dem der Ostwind
kommt?

25 Wer grub am Himmel Rinnen für den Regen?
Wer bahnte dem Gewitter seinen Weg?
26 Wer läßt es regnen auf die öde Steppe,
aufs Land, in dem es keine Menschen gibt?
27 Wer stillt den Durst der ausgedörrten Erde,
damit sie grünes Gras aufsprießen läßt?
28 Denk an den Regen: Hat er einen Vater?
Und sieh den Tau: Hat jemand ihn gezeugt?
29 Wo kommt das Eis her? Wer ist seine Mutter?
Und welcher Schoß gebar den Reif und Frost,

a Wörtlich *zu dem Gewaltigen**.
b Wörtlich *Sie verwandelt sich wie Siegelton;* wenn ein Siegel in Ton gedrückt wird, treten die Erhebungen hervor.

37,22 Ez 1,4-28; Apg 22,6-7; Offb 1,12-17 **37,24** 5,12-13 S **38,1** Ps 18,10-12; 50,3; Ez 1,4; Nah 1,3b; Hab 1,3 **38,3** 40,7 **38,4** 15,7 **38,5** Spr 30,4 S **38,6** Ps 24,2; 75,4; 104,5 **38,7** 1,6 S; Ps 19,2; Bar 3,34-35 **38,11** Ps 104,6-9; Spr 8,29; Jer 5,22 **38,16** Sir 24,5 **38,21** 15,7 **38,22-38** 36,27–37,24 **38,22** Ps 33,7; 135,7; Jer 10,13 **38,23** Jos 10,11; Jes 30,30 **38,25** 28,26

[30] der Bach und Fluß in harten Stein verwandelt,
das Meer bewegungslos erstarren läßt?

[31] Kannst du das Siebengestirn
zusammenbinden?
Löst du den Gürtel des Orions auf?
[32] Läßt du die Tierkreisbilder aufmarschieren,
daß jedes sichtbar wird zu seiner Zeit?
Lenkst du den Großen und den Kleinen Wagen?
[33] Kennst du die Ordnung, der der Himmel folgt,
und machst sie gültig für die ganze Erde?

[34] Rufst du den Wolken dort Befehle zu,
damit sie Regen auf dich strömen lassen?
[35] Schickst du die Blitze auf die Erde nieder?
Stehn sie dir zu Befehl, wenn du sie rufst?
[36] Wer sagt dem Ibis, daß der Nilstrom steigt?
Wer sagt dem Hahn, daß Regenwetter
kommt?[a]
[37] Wer zählt die rechte Zahl von Wolken ab?
Wer leert des Himmels Wasserkrüge aus,
[38] wenn alle Ackerschollen fest
zusammenbacken,
die Erde hart geworden ist wie Stein?

[39] Treibst du der Löwin ihre Beute zu?
Stillst du die heiße Gier der jungen Löwen,
[40] wenn sie sich in den Höhlen niederkauern,
in dichten Büschen auf der Lauer liegen?
[41] Wer ist es, der den Raben Futter gibt,
wenn ihre Jungen nichts zu fressen finden
und mir laut schreiend ihren Hunger klagen?

39 Kannst du mir sagen, wann die
Gemse wirft?
Sahst du der Hirschkuh beim Gebären zu?
[2] Weißt du, wie viele Monate sie tragen?
Wann kommt für sie die Stunde der Geburt?
[3] Sie kauern nieder, werfen ihre Jungen,
und schnell sind sie den Schmerz
der Wehen los.
[4] Die Jungen wachsen, werden groß und stark,
sie laufen fort und kehren nicht zurück.

[5] Wer gab dem wilden Esel seine Freiheit,
wer löste seine Fesseln, ließ ihn laufen?
[6] Die Steppe machte ich zu seiner Heimat,
im Salzland ist der Ort, an dem er wohnt.
[7] Er hält sich fern vom Lärm der großen Stadt,
kein Treiber kann ihn je zur Arbeit zwingen.
[8] Auf allen Bergen sucht er seine Weide,
wo etwas Grünes wächst, er spürt es auf.

[9] Meinst du vielleicht, der Wildstier wird
dir dienen?
Verbringt er wohl die Nacht in deinem Stall?
[10] Und läßt er sich von dir am Leitseil führen,
damit er Furchen pflügt auf deinem Feld?
[11] Darfst du ihm trauen, seine Kräfte nutzen,
daß er den Wagen mit den Garben zieht?
[12] Kannst du erwarten, daß er deine Ernte
dir schön gehorsam auf die Tenne bringt?

[13] Die Straußenhenne schlägt zwar mit den
Flügeln,
doch kann sie damit fliegen wie der Storch?[b]
[14] Die Eier legt sie einfach auf die Erde
und überläßt dem heißen Sand das Brüten.
[15] Sie denkt nicht dran, daß sie ein Fuß
zertreten
und wilde Tiere sie zerbrechen können.
[16] Die Jungen läßt sie stehn, als wären's
fremde;
sinnlose Mühe macht ihr gar nichts aus.
[17] Als ich sie schuf, gab ich ihr keine Klugheit,
und an Verstand hat sie nichts mitbekommen.
[18] Doch wird sie aufgeschreckt und läuft davon,
so lacht sie Pferd und Reiter spöttisch aus.

[19] Gabst du dem Pferd die vielgerühmte Stärke
und schmücktest seinen Hals mit einer Mähne?
[20] Läßt du es Sprünge machen wie ein
Heuschreck?
Wenn es so mächtig schnaubt, erschrickt
der Mensch.
[21] Es scharrt den Boden voller Kampfesfreude
und eilt mit aller Kraft der Schlacht entgegen.
[22] Was Angst und Furcht heißt, ist ihm
unbekannt,
selbst vor dem Schwerte weicht es nicht
zurück.
[23] Im Köcher seines Reiters klirren Pfeile,
im Licht der Sonne funkeln Speer und Lanze.
[24] Mit dröhnendem Galopp fliegt es dahin.
Beim Schall der Hörner steht es nicht mehr still,
[25] mit Wiehern gibt es Antwort aufs Signal.
Schon aus der Ferne wittert es die Schlacht,
hört die Befehle und das Kriegsgeschrei.

[26] Bist du vielleicht der einsichtsvolle Lehrer,
bei dem der Falke seine Flugkunst lernte,
wenn er nach Süden zu die Flügel breitet?
[27] Schickt dein Befehl den Adler hoch hinauf,
dort in der Höhe seinen Horst zu bauen?
[28] Hoch in den Bergen baut er seine Wohnung,

a Wörtlich *Wer gab dem Ibis Weisheit* und dem Hahn Verstand?*
b Der Vers ist nicht sicher zu deuten.
38,31 9,9 S 38,33 Jer 33,25 38,39-41 Ps 104,21-22; 104,27-28 S

auf Felsenzacken und an steiler Wand.
29 Von dort aus blickt er weit hinaus ins Tal,
sein Auge sucht und späht nach einer Beute;
30 denn seine Jungen sind voll Gier nach Blut.
Wo Tote liegen, stellt auch er sich ein.«

40 Und der HERR fragte Ijob:
2 »Mit mir, dem Mächtigen,[a] willst du dich streiten?
Willst du mich tadeln, oder gibst du auf?«

Ijob erkennt Gottes Weisheit an

3 Da antwortete Ijob dem HERRN:

4 »Ich bin zu wenig, HERR! Was soll ich sagen?
Ich lege meine Hand auf meinen Mund!
5 Ich habe mehr geredet als ich sollte,
noch einmal tu ich es bestimmt nicht mehr!«

Gott fragt Ijob noch einmal: Beispiele seiner Macht und Weisheit

6 Da sagte der HERR aus dem Sturm heraus zu Ijob:

7 »Steh auf jetzt, Ijob, zeige dich als Mann!
Ich will dich fragen, gib du mir Bescheid!
8 Willst du im Ernst mein Recht in Frage stellen,
mich schuldig sehn, damit du recht behältst?
9 Sag, nimmst du es an Stärke mit mir auf?
Kann deine Stimme donnern wie die meine?
10 Dann zeige dich in deiner ganzen Pracht,
laß dich in Majestät und Hoheit sehen!
11 Halt deinen Zorn nicht länger mehr in Schranken,
blick alles Hohe an und wirf es nieder,
12 sieh alle Stolzen an und mach sie klein,
zertrete die Verbrecher auf der Stelle!
13 Wirf alle miteinander in das Grab,
schick sie hinunter in die Totenwelt*!
14 Dann werde ich nicht zögern, dich zu rühmen,
weil deine Hand den Sieg errungen hat.

15 Sieh dir als Beispiel doch das Nilpferd[b] an,
das mein Geschöpf ist gradeso wie du!
Es frißt zwar Gras, nicht anders als ein Rind,
16 doch achte auf die Kraft in seinen Lenden,
und sieh die starken Muskeln seines Bauches!
17 Sein Schwanz ist kräftig wie der Stamm der Zeder,
die Sehnen seiner Schenkel stark wie Seile.
18 Die Knochen gleichen festen Bronzeröhren,
die Rippen sind so hart wie Eisenstangen.
19 Es ist ein Meisterwerk in meiner Schöpfung,
und niemand als sein Schöpfer kann's bezwingen.
20 Das Gras zum Fressen liefern ihm die Berge,
wo neben ihm die wilden Tiere spielen.
21 Es hat sein Lager unter Dornenbüschen
und sein Versteck im Sumpf und Ried des Ufers.
22 Die dichten Büsche spenden ihm den Schatten
und auch die Weiden, die das Ufer säumen.
23 Auch wenn das Wasser steigt, bleibt's ruhig liegen;
wenn ihm der Fluß ins Maul dringt, flieht es nicht.
24 Wer könnte ihm von vorn entgegentreten
und ihm ein Fangseil durch die Nase ziehen?

25 Fängst du das Krokodil[c] mit einer Angel,
daß ihm die Schnur die Zunge niederdrückt?
26 Ziehst du ein Binsenseil durch seine Nase
und schlägst ihm einen Haken durch den Kiefer?
27 Wird es dich vielmals um Erbarmen bitten
und dir mit vielen Zärtlichkeiten schmeicheln?
28 Schließt du mit ihm gar einen Dienstvertrag,
daß es als Knecht für immer bei dir bleibt?
29 Spielst du mit ihm, als wär's ein kleiner Vogel,
und legst es für die Mädchen an die Leine?
30 Versteigert es die Fischerzunft an Händler,
die es in Stücken auf dem Markt verkaufen?
31 Kannst du mit Speeren seinen Körper spicken,
mit der Harpune seinen Kopf durchbohren?
32 Faß es doch an – du tust es nicht noch einmal;
an diesen Kampf denkst du ein Leben lang!

41 Wer hofft, es zu besiegen, täuscht sich selbst;
sein bloßer Anblick wirft dich schon zu Boden.
2 Wer wird so tollkühn sein, es aufzustören?
Noch schlimmer wär es, *mir* die Stirn zu bieten!

a Wörtlich *dem Gewaltigen**.
b Wörtlich *Behemot* (= Tier); dieses Tier spielt in alten Legenden eine wichtige Rolle.
c Wörtlich *Leviatan* (der Gewundene); siehe dazu die Sacherklärung.

39,30 Mt 24,28 par **40,2** 9,2-4; Jes 45,9 **40,4-5** Gen 18,27-32 **40,6** 38,1 S **40,7** 38,3 **40,8** 4,17 S **40,9** Ps 29,3-9 S **40,11** Jes 2,11-18 **40,13** Ez 32,18 **40,25** Ez 32,2 **40,26** Ez 29,4 **41,2** 9,4

[3] Hab ich von jemand ein Geschenk bekommen,
das ich ihm jetzt zurückzuzahlen hätte?
Gehört nicht alles unterm Himmel mir?

[4] Ich muß noch mehr vom Krokodil berichten,
von seinen Gliedern, seinen Fähigkeiten,
auch von der Schönheit seines Körperbaus.
[5] Wer wagt es, ihm das Oberkleid zu öffnen?
Wer dringt in seinen Doppelpanzer ein?[a]
[6] Wer öffnet gar das große Tor des Rachens,
bewacht von diesen fürchterlichen Zähnen?
[7] Sein ganzer Rücken[b] ist aus festen Schilden,
verschlossen und versiegelt, undurchdringbar.
[8] Sie schließen ohne Lücke aneinander,
kein Lufthauch kommt mehr zwischen ihnen
durch.
[9] Sie alle sind so eng und fest verklammert,
daß nichts sie auseinanderreißen kann.
[10] Das Licht sprüht strahlend hell bei seinem
Niesen,
und wie das Morgenrot glühn seine Augen.
[11] Aus seinem Rachen schießen lange Flammen,
und Feuerfunken fliegen ringsumher.
[12] Aus seinen Nüstern strömt ein dichter Dampf,
so wie aus einem Topf, in dem es kocht.
[13] Sein Atem kann ein Kohlenfeuer zünden,
und eine Flamme schlägt aus seinem Rachen.
[14] In seinem Nacken wohnt so große Kraft,
daß jeder, der es sieht, vor Angst erzittert.
[15] Sein Bauch ist straff und fest, wie angegossen,
das Fleisch liegt unbeweglich, gibt nicht nach.
[16] Sein Herz ist hart wie Stein, kennt kein
Erbarmen,
es ist so unnachgiebig wie ein Mühlstein*.
[17] Erhebt es sich, erschrecken selbst die
Stärksten,
und weichen voller Angst vor ihm zurück.
[18] In seinen harten Panzer dringt kein Schwert,
kein Speer, kein Spieß, kein Pfeil kann es
verwunden.
[19] Das Eisen ist bei ihm nicht mehr als Stroh,
und Bronze ist soviel wie morsches Holz.
[20] Mit einem Pfeil kann niemand es verjagen,
und Schleudersteine achtet es wie Stoppeln.
[21] Für einen Strohhalm hält es selbst die Keule,
und wenn der Wurfspeer zischt, dann lacht es
spöttisch.
[22] Sein Bauch ist wie ein Brett mit spitzen
Scherben,
wie eine Egge zieht es durch den Schlamm.
[23] Es wühlt das Wasser auf, wie wenn es siedet,
und läßt es brodeln wie im Salbentopf.
[24] Im Meer bleibt eine helle Spur zurück,
sie leuchtet silberweiß wie Greisenhaar.
[25] Auf Erden kannst du nichts mit ihm
vergleichen;
so furchtlos ist kein anderes Geschöpf.
[26] Selbst auf die Größten blickt es stolz herab,
es ist der König aller wilden Tiere.«

Ijob unterwirft sich Gott

42 Da antwortete Ijob dem HERRN:
[2] »Ich weiß jetzt, daß dir nichts unmöglich ist;
denn alles, was du planst, führst du auch aus.
[3] Du fragst, warum ich deinen Plan anzweifle
und rede ohne Wissen und Verstand.
In meinem Unverstand hab ich geredet
von Dingen, die mein Denken übersteigen.
[4] Du hast mich aufgefordert, zuzuhören
und dann auf deine Fragen zu erwidern.
[5] Ich kannte dich ja nur vom Hörensagen;
jetzt aber hat mein Auge dich geschaut.
[6] Ich schäme mich für alles, was ich sagte;
in Staub und Asche nehm ich es zurück.«

Gott gibt Ijob recht

[7] Nachdem der HERR das alles zu Ijob gesagt hat-
te, wandte er sich an Elifas von Teman und sagte:
»Ich bin zornig auf dich und deine beiden Freun-
de; denn ihr habt nicht die Wahrheit über mich
gesagt wie mein Diener Ijob.
[8] Darum holt euch jetzt sieben junge Stiere
und sieben Widder, geht damit zu Ijob und
opfert sie mir als Brandopfer* für eure Schuld.
Mein Diener Ijob soll für euch beten; denn auf
ihn werde ich hören und euch nicht für euren
Unverstand bestrafen. Denn ihr habt nicht die
Wahrheit über mich gesagt wie mein Diener
Ijob.«
[9] Elifas aus Teman, Bildad aus Schuach und
Zofar aus Naama taten, was der HERR ihnen ge-
sagt hatte, und der HERR nahm Ijobs Gebet für
sie an.

Gott schenkt Ijob neues Glück

[10] Nachdem Ijob für seine drei Freunde gebetet
hatte, ließ der HERR ihn wieder gesund werden
und gab ihm zweimal so viel, wie er vorher be-
sessen hatte. [11] Alle seine Brüder und Schwe-
stern und die früheren Freunde besuchten ihn
und feierten mit ihm in seinem Haus. Sie be-

a *Doppelpanzer* mit G; H *Doppelgebiß.* b *Rücken* mit alten Übersetzungen; H *Stolz.*

41,3 Ps 24,1 **41,23** Ez 32,2 **42,2** Gen 18,14 S; Jer 32,17; Sach 8,6; Mk 9,23; 10,27 par; Lk 1,37 **42,3-4** 38,2-3 **42,5** 19,26-27 **42,6** 2,8 **42,7** 13,7-10 **42,8** 22,29-30 **42,10** 8,6-7 **42,11** 19,13-15.19

kundeten ihm ihr Mitgefühl und trösteten ihn wegen all des Unglücks, das der HERR über ihn gebracht hatte. Jeder schenkte ihm eine große Silbermünze und einen goldenen Ring.

12 Der HERR segnete Ijob während der nun folgenden Zeit seines Lebens noch mehr als vorher. Ijob besaß schließlich 14000 Schafe und Ziegen, 6000 Kamele, 2000 Rinder und 1000 Esel.
13 Er bekam noch sieben Söhne und drei Töchter.
14 Die älteste Tochter nannte er Täubchen, die zweite Zimtblüte und die jüngste Schminktöpfchen.
15 Im ganzen Land gab es keine schöneren Frauen als die Töchter Ijobs. Ihr Vater bedachte sie in seinem Testament genau wie ihre Brüder und vermachte jeder einen Anteil seines Landbesitzes.

16 Ijob lebte nach seiner Erprobung noch 140 Jahre, so daß er noch seine Enkel und Urenkel sah.
17 Er starb in hohem Alter, gesättigt von einem langen und erfüllten Leben.

DIE PSALMEN[a]

Inhaltsübersicht

Die Sammlung der 150 Psalmen ist nicht nach inhaltlichen Gesichtspunkten gegliedert. Die herkömmliche Einteilung in fünf Bücher schließt sich äußerlich an die Fünf-Gliederung der Mosebücher (Gen bis Dtn) an. Hier wird eine Übersicht nach Themen und Anlässen gegeben:

Loblieder

auf Gottes Güte und Treue
92; 103; 111; 113; 117; 145
auf Gottes Taten in Schöpfung und Geschichte
8; 19; 29; 33; 65; 78; 89; 104; 105; 114; 146; 147
auf Gott, den König der Völker
47; 48; 67; 76; 82; 93; 96–99; 146

Gebete in schwerer Not

bei Krankheit und Unglück
6; 13; 22; 31; 38; 39; 41; 51; 69; 71; 86; 88; 130
bei Anfeindungen und falscher Anklage
3; 4; 5; 7; 17; 26; 27; 28; 35; 42/43; 52; 54–59; 64; 70; 94; 102; 109; 120; 140–143
bei Katastrophen und allgemeiner Not
44; 60; 74; 77; 79; 80; 83; 85; 89; 90; 125; 126; 137
bei Unterdrückung und Verfolgung
9–12; 123; 129

Dank nach der Rettung

18; 22,22b-32; 30; 32; 40; 66; 75; 107; 108; 116; 118; 124; 138

Vertrauen auf Gott

16; 23; 27; 36; 46; 52; 62; 63; 91; 131

Zusage der göttlichen Hilfe

91; 121

Wallfahrtslieder und Festliturgien

24; 68; 84; 95; 100; 115; 122; 134; 135; 136; 148; 149; 150

Lehrgedichte

vom richtigen Leben
1; 15; 19,8-15; 34; 50; 81; 112; 119; 127; 128; 133
vom Ende der Gottesfeinde
14; 36; 37; 49; 53; 73

Zionslieder

46; 48; 87; 122; 132

Lieder des Königs und für den König

2; 20; 21; 45; 61; 72; 101; 110; 132; 144

Hinweise auf Christus

2; 22; 110

a In dieser Übersetzung der Psalmen werden einige hebräische Wörter nicht wiedergegeben:
1. In 55 Psalmüberschriften steht eine Wendung, deren Bedeutung bisher nicht eindeutig geklärt werden konnte. Meistens übersetzt man: *Für den Chorleiter.* Es könnte aber auch heißen: *Von dem Hervorragenden.* Daneben gibt es eine ganze Reihe von Deutungsversuchen, von denen keiner überzeugt.
2. An 71 Stellen steht das Wort *sela.* Es wird von den Auslegern entweder als Zeichen für ein Zwischenspiel verstanden oder als Aufforderung zur Wiederholung der Zeile oder als Aufruf an die Gemeinde, sich zum Gebet zu verneigen; es könnte auch Zeichen für eine Pause sein.
3. In Psalm 9,17 steht vor *sela* noch ein anderes Wort, das man für gewöhnlich mit *Zwischenspiel* übersetzt. Alle diese Begriffe weisen zurück in eine Zeit, in der die Psalmen noch mit Instrumentenbegleitung gesungen wurden.
Die »Überschriften« am Anfang der meisten Psalmen sind späte Zusätze. Neben den musikalischen Hinweisen enthalten sie Vermutungen über Verfasser und Entstehungsverhältnisse, die der jüdischen Tradition entnommen sind.

42,17 5,26; Gen 25,8

ERSTES BUCH
(Psalmen 1–41)

Wahres Glück

1 Wie glücklich ist ein Mensch,
der sich nicht verführen läßt von denen,
die Gottes Gebote mißachten,
der nicht dem Beispiel
gewissenloser Sünder folgt
und nicht zusammensitzt mit Leuten,
denen nichts heilig ist.
2 Wie glücklich ist ein Mensch,
der Freude findet an den Weisungen des HERRN,
der Tag und Nacht in seinem Gesetz* liest
und darüber nachdenkt.
3 Er gleicht einem Baum,
der am Wasser steht;
Jahr für Jahr trägt er Frucht,
sein Laub bleibt grün und frisch.
Ein solcher Mensch hat Erfolg
bei allem, was er unternimmt.

4 Ganz anders geht es denen,
die nicht nach Gott fragen:
Sie sind wie Spreu, die der Wind davonbläst.
5 Vor Gottes Gericht können sie nicht bestehen,
und in der Gemeinde der Treuen
ist für sie kein Platz.
6 Der HERR sorgt für alle, die auf ihn hören;
aber von den Ungehorsamen bleibt keine Spur.

Der König des Herrn

2 Was soll der Aufruhr unter den Völkern?
Wozu schmieden sie vergebliche Pläne?
2 Die Herrscher der Erde lehnen sich auf,
die Machthaber verbünden sich
gegen den HERRN
und den König, den er erwählt hat:[a]
3 »Wir wollen nicht mehr ihre Knechte sein!
Auf, laßt uns die Fesseln zerreißen!«

4 Doch der Herr im Himmel* lacht,
er spottet nur über sie.
5 Dann aber wird er zornig; er herrscht sie an,
stürzt sie in Angst und Schrecken:
6 »Ich habe meinen König eingesetzt!
Er regiert auf dem Zion*,
meinem heiligen Berg.«
7 Ich gebe bekannt, was der HERR verfügt hat.
Er hat zu mir gesagt:
»Du bist mein Sohn,
heute habe ich dich dazu gemacht.[b]
8 Fordere von mir alle Völker,
ich schenke sie dir;
die ganze Erde gebe ich dir zum Besitz.
9 Regiere sie mit eiserner Faust!
Wenn du willst, zerschlag sie
wie Töpfe aus Ton!«

10 Darum nehmt Vernunft an, ihr Könige;
laßt euch warnen, ihr Mächtigen der Erde!
11 Unterwerft euch dem HERRN,
zittert vor ihm und jubelt ihm zu!
12 Huldigt seinem Sohn!
Sonst wird er unwillig,
und es ist um euch geschehen;
denn sein Zorn ist schnell entflammt.
Wohl allen, die bei ihm Schutz suchen!

Vertrauen auf Gottes Schutz

3 Ein Lied Davids. Er dichtete es, als er vor seinem Sohn Abschalom fliehen mußte.

2 HERR, ich kann sie nicht mehr zählen,
so viele sind's, die sich gegen mich stellen,
3 so viele, die schadenfroh von mir sagen:
»Von dem will Gott nichts mehr wissen!«

4 Doch du, HERR, umgibst mich
mit deinem Schutz;
du rettest meine Ehre, du schaffst mir Recht.
5 Sooft ich auch zu dir um Hilfe rufe,
du hörst mich in deinem Heiligtum,
von deinem Berg her schickst du mir
Antwort.
6 Ganz ruhig kann ich mich schlafen legen,
weil du mich beschützt,
bis ich morgens erwache.
7 Auch wenn's Tausende sind,
die mich umzingeln,
sie können mir keine Angst einjagen!

8 Sieh nicht länger zu, HERR!
Du mein Gott, greif doch ein!
Ich weiß, du schlägst ihnen aufs freche Maul,
du brichst meinen Feinden die Zähne aus.
9 Wer in Not ist, findet bei dir Hilfe.
HERR, gib deinem Volk Gelingen und Glück!

a *den König …:* wörtlich *seinen Gesalbten/Messias**.
b Wörtlich *heute habe ich dich gezeugt.*

1,1-6 34,12-23; 145,20; Spr 24,19-20 S **1,1** 119,1-2; Spr 4,14 **1,2** Jos 1,8 **1,3** 92,13-15; Jer 17,8 **1,4-6** Weish 5,14 S **2,1-2** Apg 4,25-26 **2,1** Offb 11,18 **2,2** 48,5; Offb 19,19 **2,4** 59,9 S **2,6** 110,1-2; 76,3 S; Jes 24,21-23 **2,7** 2 Sam 7,14 S; Apg 13,33 **2,8** 72,8-11 **2,9** Offb 2,27; 19,15 **3,1** 2 Sam 15,17 **3,5** Jes 14,32 S **3,6** 4,9 **3,7** 27,3

Freude und Frieden trotz Verleumdung

4 Ein Lied Davids, zu begleiten auf Saiteninstrumenten.

2 Antworte mir, wenn ich rufe!
Mein Gott, du hältst doch zu mir![a]
Als ich vor Enge kaum noch atmen konnte,
hast du mich in die Freiheit geführt.
Darum hab auch jetzt Erbarmen mit mir,
hör mich, wenn ich zu dir schreie,
höre auf mein Gebet!

3 Ihr Reichen habt die Macht
und mißbraucht sie zu Lüge und Verleumdung;
ihr zieht meine Ehre in den Schmutz.
Wann hört ihr endlich damit auf?
4 Seht doch ein: Der HERR tut Wunder
für alle, die ihm die Treue halten;[b]
er hört mich, wenn ich zu ihm rufe.

5 Zittert vor ihm,
und macht Schluß mit dem Unrecht!
Denkt einmal gründlich nach,
nachts, wenn ihr allein seid,
und werdet still!
6 Bringt dem Herrn eure Opfer,
gebt ihm recht;
schenkt ihm wieder euer Vertrauen!

7 Viele klagen:
»Was haben wir noch Gutes zu erwarten?
HERR, sieh uns wieder freundlich an!«
8 Doch mir hast du so viel Freude gegeben,
mehr als sie hatten und haben können
mit all ihrem Korn und dem vielen Wein.
9 Mich quält keine Sorge,
wenn ich mich niederlege,
ganz ruhig schlafe ich ein;
denn du, HERR, hältst die Gegner von mir fern
und läßt mich in Sicherheit leben.[c]

Gebet eines Bedrängten

5 Ein Lied Davids, zu singen mit Flötenbegleitung.

2 HERR, höre doch, was ich sage;
achte auf mein Seufzen und Stöhnen!
3 Verschließ die Ohren nicht,
wenn ich um Hilfe schreie,
du mein König und mein Gott!
An dich wende ich mich mit meiner Bitte.
4 Früh am Morgen hörst du mein Rufen,
in der Frühe trage ich dir meine Sache vor[d]
und warte auf deine Entscheidung.

5 Dir, HERR, gefällt kein Unrecht,
kein Unheilstifter darf zu dir kommen.
6 Überhebliche Prahler willst du nicht sehen,
und Verbrecher trifft dein Haß.
7 Die Lügner vernichtest du,
du verabscheust die Mörder und Betrüger.

8 Doch mir erweist du große Güte:
Ich darf zu deinem Tempel* kommen,
vor deinem Heiligtum mich niederwerfen
und voller Ehrfurcht zu dir beten.
9 HERR, laß meine Feinde sehen,
wie du mir hilfst![e]
Ebne vor mir den Weg, den ich gehen soll!

10 Auf das, was sie sagen, kann sich
niemand verlassen,
ihr Kopf steckt voll von schändlichen
Plänen.
Glattzüngige Schmeichler sind sie;
doch ihre schönen Worte bringen Tod
und Verderben.[f]
11 Zahl es ihnen heim, Gott,
verstricke sie in ihre eigenen Ränke!
Vertreibe sie aus deiner Nähe;
denn ihre Schandtaten sind zahllos
und ihr Trotz gegen dich ist maßlos.

12 Doch freuen sollen sich alle,
die sich auf dich verlassen.
Ihr Jubel soll kein Ende haben,
denn du bist ihr Beschützer.
Sie sollen vor Freude singen,
sie alle, die dich lieben
13 und dir die Treue halten.
Denn reich beschenkst du sie
mit deinem Segen,
schützend umgibt sie deine Güte.

a *Mein Gott ...:* wörtlich *Gott meiner Gerechtigkeit*.*
b *tut Wunder für:* mit zahlreichen Handschriften; H *sondert aus.*
c *hältst die Gegner ...:* wörtlich *läßt mich allein und sicher leben;* »allein« bedeutet hier nicht »einsam«, sondern »von den Gegnern abgeschirmt«. d *trage ich ...:* oder *bringe ich dir ein Opfer dar.*
e *laß meine Feinde ...:* wörtlich *leite mich in deiner Gerechtigkeit* meiner Feinde wegen.*
f *ihre schönen Worte ...:* wörtlich *ihre Kehle ist ein offenes Grab.*

4,7 31,17S **4,9** 3,6 **5,3** 44,5 **5,4** 88,14; Weish 16,28; Sir 39,5 **5,8** 26,8; 132,7; 134,2; 138,2 **5,10** Röm 3,13 **5,11** Röm 12,17-21

Ein Hilferuf

6 Ein Lied Davids, zu begleiten auf achtsaitigem Instrument.

2 Herr, du bist zornig auf mich.
Aber nimm die Strafe von mir,
schlag mich nicht so hart!
3 Hab Erbarmen, Herr, mir ist so elend!
Heile mich, Herr,
ich habe keine Kraft mehr in den Gliedern!
4 Ich weiß keinen Ausweg mehr.
Wie lange noch, Herr?
5 Laß ab von deinem Zorn! Rette mich!
Hilf mir, du liebst mich doch!
6 Wenn ich tot bin, kann ich dich nicht
mehr preisen.
Dort unten bei den Toten dankt dir niemand.

7 Ich bin müde vom Stöhnen.
Ich weine die ganze Nacht,
mein Bett ist durchnäßt von Tränen,
8 meine Augen sind getrübt vor Kummer –
und das alles wegen meiner Feinde.
9 Macht, daß ihr fortkommt, ihr Verbrecher!
Der Herr hat mein Weinen gehört.
10 Er achtet auf mein Schreien,
mein Gebet nimmt er an.
11 Schimpf und Schande komme
über meine Feinde!
Ganz plötzlich sollen sie erschrecken
und beschämt die Flucht ergreifen!

Gott verschafft mir Recht

7 Ein Klagelied, mit dem David sich an den Herrn wandte, als der Benjaminiter Kusch ihn beschuldigte.[a]

2 Herr, mein Gott, bei dir suche ich Schutz!
Rette mich vor meinen Verfolgern, hilf mir –
3 sonst beißen sie mir die Kehle durch
wie Löwen,
und niemand kann mich ihnen entreißen!

4 Herr, mein Gott,
wenn das stimmt, was man mir vorwirft,
wenn irgendein Verbrechen
an meinen Händen klebt,
5 wenn ich treulos gehandelt habe
an Freunden
und die beraubt habe,
die mich jetzt grundlos verklagen,
6 dann sollen sie mich verfolgen,
mich einfangen und am Boden zertreten
und auch noch mein Andenken auslöschen!

7 Steh auf, Herr, laß sie deinen Zorn fühlen!
Geh vor gegen das Wüten meiner Feinde!
Greif ein, hilf mir, stell das Recht wieder her!
8 Versammle die Völker rings um dich
zum Gericht,
hoch über ihnen nimm deinen Platz ein!
9 Herr, du Richter der Völker,
verschaffe mir Recht!
Sprich mich frei, Herr;
du weißt, daß ich unschuldig bin!
10 Mach dem Treiben der Verbrecher ein Ende;
doch dem, der deinen Willen getan hat,
gib wieder festen Boden unter die Füße!
Du kennst die geheimsten Gedanken,
du unbestechlicher Gott!

11 Bei Gott finde ich Schutz;
er rettet alle, die ihm gehorchen.
12 Gott ist ein gerechter Richter,
ein Gott, der täglich die Schuldigen bestraft.
13 Wenn sie nicht umkehren,
schärft er sein Schwert,
spannt seinen Bogen und legt auf sie an.
14 Seine tödlichen Waffen liegen bereit,
mit brennenden Pfeilen beschießt er sie.

15 Wer mit bösen Plänen schwanger geht,
der gebärt Unglück
und erlebt nur Enttäuschung.
16 Wer anderen eine Grube gräbt,
sie aushöhlt, so tief er kann,
der schaufelt sein eigenes Grab.
17 Seine Bosheit fällt auf ihn selbst zurück,
seine Untaten werden ihm zum Verhängnis.
18 Den Herrn will ich preisen für seine Treue;[b]
ihm, dem höchsten Gott,
singe ich dankbar mein Lied.

Gottes Hoheit und die Würde des Menschen

8 Ein Lied Davids, zu begleiten auf gatitischem Instrument*.

2 Herr, unser Herrscher!
Groß ist dein Ruhm auf der ganzen Erde!
Deine Hoheit reicht höher als der Himmel.

a Im Alten Testament wird eine solche Beschuldigung nicht erwähnt. *b* *Treue:* wörtlich *Gerechtigkeit**.

6,3 Jer 17,14 **6,4** 13,2-3 S **6,6** 30,10; 88,11-13; 115,17; Jes 38,18; Sir 17,27; Bar 2,17-18; Ps 16,10-11 S **7,4-5** Ijob 31,7-34 **7,10** 139,1 S **7,12** 58,12; 99,4 **7,16-17** 9,16; 35,8; 57,7; Spr 26,27 S **8,2** Jes 6,3; Ps 104,1-2

3 Aus dem Lobpreis der Schwachen und
Hilflosen[a] baust du eine Mauer,
an der deine Widersacher und Feinde
zu Fall kommen.

4 Ich bestaune den Himmel,
das Werk deiner Hände,
den Mond und alle die Sterne,
die du geschaffen hast:
5 Wie klein ist da der Mensch,
wie gering und unbedeutend!
Und doch gibst du dich mit ihm ab
und kümmerst dich um ihn!

6 Ja, du hast ihm Macht und Würde verliehen;
es fehlt nicht viel, und er wäre wie du.
7 Du hast ihn zum Herrscher gemacht
über deine Geschöpfe,
alles hast du ihm unterstellt:
8 die Schafe, Ziegen und Rinder,
die Wildtiere in Feld und Wald,
9 die Vögel in der Luft
und die Fische im Wasser,
die kleinen und die großen,
alles, was die Meere durchzieht.

10 HERR, unser Herrscher,
groß ist dein Ruhm auf der ganzen Erde!

Gott sorgt für Recht

9 Ein Lied Davids, für hohe Knabenstimmen.[b]

2 HERR, von ganzem Herzen will ich dir danken,
deine machtvollen Taten allen verkünden.
3 Über dich will ich jubeln und mich freuen,
von dir will ich singen, du höchster Gott!

4 Vor dir mußten meine Feinde weichen,
sie stürzten und kamen um.
5 Du hast dich auf den Richterstuhl gesetzt
und mir zu meinem Recht verholfen,
denn deine Urteile sind gerecht.

6 Den Völkern hast du gedroht,
die Unheilstifter zerschlagen,
ihre Namen für immer ausgetilgt.
7 Völlig vernichtet hast du sie,
ihre Städte entvölkert und in Trümmer gelegt,
für immer sind sie vergessen.

8 Doch der Herr regiert für alle Zeiten,
sein Richterstuhl ist aufgestellt.
9 Der ganzen Welt spricht er gerechtes Urteil,
unparteiisch entscheidet er über die Völker.
10 Den Unterdrückten bietet er sicheren
Schutz;
in schlimmer Zeit sind sie bei ihm geborgen.
11 Alle, die dich kennen, HERR,
setzen auf dich ihr Vertrauen.
Du läßt niemand im Stich,
der deine Nähe sucht.

12 Preist den HERRN mit eurem Lied,
ihn, dessen Thron auf dem Zionsberg* steht;
macht bei den Völkern seine Taten bekannt!
13 Den Hilfeschrei der Armen überhört er nicht,
er vergißt nicht die Qual der Verfolgten
und zieht die Verfolger zur Rechenschaft.

14 HERR, hab Erbarmen mit mir!
Sieh doch, wie sie mir zusetzen mit ihrem Haß!
Hol mich weg von den Toren des Totenreichs*!
15 Dann stelle ich mich an die Tore deiner Stadt
und rühme dich vor allen,
für das, was du an mir getan hast.

16 Die anderen Völker sind in die Grube
gefallen,
die sie für uns gegraben hatten.
Sie legten ihre Netze aus
und haben sich selbst darin gefangen.
17 Der HERR hat seine Macht erwiesen,
er hat für Recht gesorgt.
Die Unheilstifter sind in die eigene Falle
gelaufen.

18 Hinab zu den Toten gehören sie alle,
die Völker, die Gott den Rücken kehren!
19 Doch die Armen sind nur scheinbar
vergessen,
ihre Hoffnung ist nicht für immer dahin.
20 Greif ein, HERR!
Laß nicht zu,
daß ein Mensch dir die Stirn bietet!
Zieh die Völker vor Gericht,
sprich ihnen allen das Urteil!
21 Stürze sie in Angst und Schrecken, HERR,
zeig ihnen, daß sie nur Menschen sind!

a Wörtlich *Aus dem Mund unmündiger Kinder und Säuglinge* (vgl. Mt 21,16). Diese Wendung ist bildlich zu verstehen; vgl. Klgl 2,18-19; 4,2-4, wo Zion mit der klagenden Witwe verglichen wird und das besiegte Volk mit Kindern und Säuglingen.
b Deutung unsicher.

8,3 Mt 21,16 **8,5-9** Gen 1,26-28; Hebr 2,6-8 **9,9** 96,13 S **9,12** 76,3 S **9,13** 10,14.18; 35,10; 140,13; 146,7-9; Dtn 10,18-19 S; Am 2,6 S **9,14** 16,10-11 S **9,16** 7,16-17 S **9,19** Weish 3,1-9

Warum greift Gott nicht ein?[a]

10 Warum bist du so weit weg, HERR?
Warum verbirgst du dich vor uns?
Wir sind vor Elend am Ende!
2 Schamlose Schurken stellen den Armen nach
und fangen sie in heimtückischen Fallen.
3 Sie geben auch noch damit an,
daß sie so unersättlich sind.
Nichts zählt bei ihnen, nur ihr Gewinn.
Sie danken dir nicht, Gott, sie lästern dich nur!

4 In ihrem Größenwahn reden sie sich ein:
»Wie sollte Gott uns zur Rechenschaft ziehen?
Wo er doch gar nicht existiert!«
Weiter reicht ihr vermessenes Denken nicht.
5 Sie tun, was sie wollen, und alles gelingt.
Ob du sie verurteilst, berührt sie nicht;
du bist ja so fern dort oben!

Sie lachen spöttisch über jeden Gegner.
6 »Was soll uns erschüttern?« sagen sie.
»An uns geht jedes Unglück vorüber;
so war es immer, so bleibt es auch!«
7 Sie fluchen, sie lügen und drohen,
was sie reden, bringt Verderben und Unheil.
8 Im Hinterhalt liegen sie nah bei den Dörfern,
warten auf Leute, die nichts Böses ahnen,
heimlich ermorden sie schuldlose Menschen.
9 Sie liegen und lauern wie Löwen im Dickicht,
sie spähen nach hilflosen Opfern aus
und fangen sie ein mit ihren Netzen.
10 Sie ducken sich, werfen sich auf die Armen
und stoßen sie nieder mit roher Gewalt.
11 Bei alledem sagen diese Verbrecher:
»Gott fragt nicht danach, er sieht niemals her,
er will von uns gar nichts wissen.«

12 Steh auf, HERR! Greif doch ein, Gott!
Vergiß nicht die Schwachen,
nimm sie in Schutz!
13 Laß nicht zu,
daß die Schurken dich mißachten!
Warum dürfen sie sagen:
»Er straft uns ja nicht«?
14 Aber du bist nicht blind!
Du siehst all das Leiden und Unheil,
und du kannst helfen.
Darum kommen die Schwachen
und Waisen zu dir
und vertrauen dir ihre Sache an.
15 Zerschlage die Macht der Unheilstifter,
rechne mit ihnen ab,
mach dem Verbrechen ein Ende!

16 Du, HERR, bist König für immer und ewig.
Die Fremden, die nichts von dir wissen
wollen,
müssen aus deinem Land verschwinden.
17 Du nimmst die Bitten der Armen an,
du hörst ihr Rufen, HERR,
du machst ihnen Mut.
18 Den Waisen und Unterdrückten
verschaffst du Recht
und läßt keinen Menschen mehr Schrecken
verbreiten auf der Erde.

Geborgenheit bei Gott

11 Von David.

In der Nähe des HERRN bin ich geborgen.
Warum sagt ihr zu mir: »Vogel, flieh ins Gebirge!
2 Die Mörderbande hat schon den Bogen
gespannt,
der Pfeil liegt schußbereit auf der Sehne,
um im Dunkeln schuldlose Menschen zu töten.
3 Wenn jede Ordnung zerbrochen wird,
was richtet dann noch einer aus,
der sich an Gottes Ordnungen hält?«

4 Der HERR ist hier in seinem heiligen Tempel*,
er, dessen Thronsitz im Himmel steht.
Seine Augen sind auf die Menschen gerichtet,
nichts entgeht seinem prüfenden Blick.
5 Der HERR sieht die Treuen, die ihm gehorchen,
und auch die andern, die ihn mißachten.
Und wer Gewalt liebt, den haßt er von Herzen.
6 Er straft die Schuldigen mit harten Plagen:
Feuer und Schwefel läßt er auf sie regnen,
sengenden Glutwind schickt er ihnen.
7 Der HERR erfüllt, was er versprochen hat,
und er liebt alle, die ihr Versprechen halten.[b]
Wer ihm gehorcht, darf in seiner Nähe leben.[c]

Gott hält sein Versprechen

12 Ein Lied Davids, zu begleiten auf acht-
saitigem Instrument.

a Die Psalmen 9 und 10 bilden im hebräischen Text eine Einheit.
b *Der HERR erfüllt ...*: wörtlich *Der HERR ist gerecht und liebt Gerechtigkeit**.
c Wörtlich *darf sein Gesicht sehen,* d. h. seine freundliche Zuwendung erleben.
10,1 22,2 10,4 14,1 S 10,5-6 73,3-5.11-12 10,7 Röm 3,14 10,11.13 14,1 S 10,14.18 68,6; 9,13 S 11,4 Hab 2,20; 1 Kön 8,27 S; Ps 103,19 11,6 Gen 19,24; Ps 9,13 S

2 Herr, hilf uns,
sonst ist es mit deinen Leuten aus!
Menschen, auf die Verlaß ist,
gibt es immer weniger.
3 Einer belügt den andern,
mit glatter Zunge loben sie einander,
aber im Herzen spielt jeder ein doppeltes Spiel.
4 Herr, bring sie zum Schweigen,
diese Schmeichler!
Stopf ihnen das Maul,
diesen anmaßenden Schwätzern!
5 »Wir verstehen zu reden«, prahlen sie,
»und wir erreichen alles.
Wir sind schlagfertig,
mit uns nimmt's keiner auf!«

6 »Ja«, sagt der Herr, »jetzt greife ich ein!
Denn die Armen werden unterdrückt,
und die Hilflosen stöhnen.
Ich bringe den Mißhandelten Befreiung.«
7 Auf die Worte des Herrn ist Verlaß,
sie sind rein und echt wie Silber,
das im Schmelzofen siebenmal gereinigt wurde.

8 Herr, du hältst dich an deine Zusagen,
jetzt und immer:
Du wirst uns vor diesen Lügnern bewahren,
9 auch wenn sie überall frei umherlaufen
und ihre Gemeinheit immer schlimmer wird.

Furcht und Vertrauen

13 Ein Lied Davids.
2 Herr! Hast du mich für immer vergessen?
Wie lange willst du dich noch verbergen?
3 Wie lange sollen mich die Sorgen quälen,
soll der Kummer Tag für Tag
an meinem Herzen nagen?
Wie lange dürfen meine Feinde
mich noch bedrängen?

4 Sieh mich doch wieder an, Herr!
Gib mir Antwort, du mein Gott!
Mach es wieder hell vor meinen Augen,
damit ich nicht in Todesnacht versinke!
5 Sonst sagen meine Feinde:
»Den haben wir erledigt!«
und jubeln über meinen Sturz.

6 Doch ich verlasse mich auf deine Liebe,
ich juble über deine Hilfe.
Mit meinem Lied will ich dir danken, Herr,
weil du so gut zu mir gewesen bist.

Kein Gott?

(Ps 53,2-7)

14 Von David.
Die Unverständigen reden sich ein:
»Es gibt keinen Gott!«[a]
Sie sind völlig verdorben,
ihr Tun ist abscheulich,
unter ihnen ist niemand, der Gutes tut.

2 Der Herr blickt vom Himmel* herab
auf die Menschen.
Er will sehen, ob es da welche gibt,
die Verstand haben und nach ihm fragen.
3 Doch alle sind sie von ihm abgefallen,
verkommen sind sie, alle miteinander,
niemand ist da, der Gutes tut,
nicht einmal einer!

4 »Sie sind blind«, sagt der Herr.
»Wo bleibt der Verstand dieser Unheilstifter?
Sie fressen mein Volk, als wäre es Brot;
doch mich nehmen sie alle nicht ernst.«

5 Bald schon werdet ihr furchtbar erschrecken;
denn Gott hält zu denen, die ihm gehorchen.
6 Ihr wolltet die Hoffnung der Armen zerstören,
der Herr aber gibt ihnen sicheren Schutz.

7 Wie sehnlich warte ich darauf,
daß Israels Retter vom Zionsberg* kommt!
Wenn der Herr die Not seines Volkes
wendet,
dann werden sie jubeln, die Nachkommen
Jakobs,
ganz Israel wird sich freuen.

Gottes Bedingungen

15 Ein Lied Davids.
»Herr, wer darf in deinen Tempel* kommen?
Wen läßt du weilen auf dem heiligen Berg?«

2 »Nur Menschen, die in allem dem Herrn
gehorchen

a *Es gibt …:* Nicht die Existenz Gottes wurde damals geleugnet, sondern daß er in irdische Verhältnisse eingreift; vgl. 10,11.

12,2 116,11; Mi 7,2-4 **12,3-5** 52,4-6 **12,3** 28,3; Jer 9,7 **12,5** 73,8 **12,6** 9,13 S **12,7** 119,140; Jes 48,10 S **13,2-3** 6,4; 79,5; 80,5; 89,47; 90,13; Hab 1,2; Offb 6,10 **14,1-3** Röm 3,10-12 **14,1** 10,4.11.13; 73,11; 94,7; Ijob 22,13; Jes 29,15; Jer 5,12; Ez 8,12; 9,9; Zef 1,12 **14,3** Gen 6,11-12 **14,4** Mi 3,2-3 **14,6** 9,13 S **14,7** 76,3 S; Ps 126,1-6 **15,1-5** 24,3-6; 118,19-20; Jes 33,14-16; Mi 6,6-8

und jederzeit das Rechte tun.
Sie denken und reden nur die Wahrheit.
3 Sie machen niemand bei anderen schlecht,
tun nichts, was ihren Freunden schadet,
und bringen ihre Nachbarn nicht in Verruf.
4 Sie verachten die, die Gott verworfen hat,
und ehren alle, die den HERRN ernst nehmen.
Sie tun, was sie geschworen haben,
selbst dann, wenn es ihnen Nachteil bringt.
5 Für ausgeliehenes Geld verlangen sie
keine Zinsen.
Sie lassen sich nicht durch Bestechung
dazu bewegen,
Unschuldige anzuklagen oder zu verurteilen.

Ein Mensch, der sich daran hält,
steht für immer auf sicherem Grund.«

Du zeigst mir den Weg zum Leben

16 Ein Lied Davids.

Schütze mich, Gott! Ich vertraue dir.
2 Ich sage zu dir:[a] »Du bist mein Herr.
Mein Glück finde ich allein bei dir!«
3 Im Land werden viele Götter verehrt,
an denen auch ich meine Freude hatte.
Jetzt aber sage ich:[b]
4 Wer anderen Göttern nachläuft,
muß seine volle Strafe tragen.
Ich gieße diesen Göttern kein Opferblut
mehr hin;
nicht einmal ihre Namen spreche ich aus.

5 HERR, was ich brauche, du teilst es mir zu;
du hältst mein Los in der Hand.
6 Mir ist ein schöner Anteil zugefallen;[c]
was du mir zugemessen hast, gefällt mir gut.

7 Ich preise den HERRN,
der mir sagt, was ich tun soll;
auch nachts erinnert mich mein Gewissen
an seinen Rat.
8 Er ist mir nahe,
das ist mir immer bewußt.
Er steht mir zur Seite,
ich fühle mich ganz sicher.
9 Darum bin ich voll Freude und Dank,
ich weiß mich beschützt und geborgen.
10 Du, HERR, wirst mich nicht der Totenwelt*
preisgeben!
Du wirst nicht zulassen, daß ich für immer
im Grab ende;
denn ich halte in Treue zu dir!
11 Du führst mich den Weg zum Leben.
In deiner Nähe finde ich ungetrübte Freude;
aus deiner Hand kommt mir ewiges Glück.

Gebet eines unschuldig Verfolgten

17 Ein Gebet Davids.

HERR, ich suche Gerechtigkeit!
Höre meine Klage, nimm meine Bitte an;
von meinen Lippen kommt keine Lüge.
2 Dein Urteil wird mich freisprechen,
weil du siehst, daß ich ehrlich und redlich bin.

3 Du kennst meine Gedanken.
Heute nacht wirst du kommen,
du wirst mein Innerstes durchforschen
und nichts finden, was du tadeln müßtest.
Mein Denken ist nicht anders als mein Reden.
4 Auch wenn sie es noch so schlimm trieben,
die Menschen rings um mich her,
ich habe mich stets nach deinem Wort gerichtet
und niemals nach dem Vorbild der Verbrecher.
5 Ich habe mich an deinen Weg gehalten
und bin nicht einen Schritt davon gewichen.

6 Ich wende mich an dich, mein Gott,
ich weiß, daß du mir Antwort gibst.
Hab ein offenes Ohr für mich,
hör meine Worte!
7 Erweise mir deine wunderbare Güte!
Du bist der Retter aller, die bei dir
Zuflucht suchen
vor denen, die sich gegen dich stellen.
8 Bewahre mich,
wie man sein eigenes Auge schützt,
und gib mir Zuflucht unter deinen Flügeln!
9 Du siehst meine Feinde, diese Verbrecher;
sie kreisen mich ein,
sie wollen mich vernichten!

10 Ihr Herz ist ohne jedes Mitgefühl,
ihr Mund führt vermessene Reden.
11 Jetzt umzingeln sie mich;[d]

a *Ich sage (zu dir):* mit zahlreichen Handschriften und mit alten Übersetzungen; H *Du sagst (zum HERRN).*
b Die Übersetzung ist ein Versuch, den schwierigen Text von H wiederzugeben.
c Wörtlich *Die Meßschnüre sind für mich auf schönes Land gefallen.*
d So mit einer Handschrift; H *Unsere Schritte jetzt.*

15,5 Ex 22,24 S; 23,8 S **16,2** 73,25; Klgl 3,24 **16,3-4** Ex 23,24.13; Hos 2,19; Sach 13,2 **16,5-6** Jos 18,10; Num 18,20 **16,8-11** Apg 2,25-28 **16,10-11** 9,14; 30,4 S; Dan 12,2 S **17,3** 139,1-6.23 **17,4-5** Ijob 23,11-12 **17,8** 57,2; 61,5; 63,8; 91,4; Ex 37,9

sie lauern darauf, mich niederzustrecken,
[12] wie gierige Löwen, zum Sprung bereit,
lüstern auf Beute, um sie zu zerreißen.

[13] Steh auf, HERR! Stell dich gegen sie!
Zwing sie zu Boden, diese Schurken,
und rette mich mit deinem Schwert!
[14] Befrei mich von ihnen
mit deiner starken Hand!
Verkürze ihren Anteil am Leben![a]
Gib ihnen, was sie verdient haben;
es ist bestimmt genug,
um ihren Bauch zu füllen.
Auch ihre Kinder werden davon satt,
es reicht sogar noch für die Enkel.
[15] Ich bin ohne Schuld, HERR!
Darum darf ich dich sehen.
Wenn ich wach werde,
will ich mich satt sehen an dir!

Dank für Gottes Hilfe

(2 Sam 22)

18 Von David, dem Vertrauten des HERRN. Er
sang dieses Lied zum Dank dafür, daß der
HERR ihn vor Saul und allen anderen Feinden
gerettet hatte. [2] Damals sang er:

Ich liebe dich, HERR,
denn durch dich bin ich stark!
[3] Du mein Fels, meine Burg, mein Retter,
du mein Gott, meine sichere Zuflucht,
mein Beschützer, mein starker Helfer,
meine Festung auf steiler Höhe!
[4] Wenn ich zu dir um Hilfe rufe,
dann rettest du mich vor den Feinden.
Ich preise dich, HERR!

[5] Ich war gefangen in den Fesseln des Todes,
vernichtende Fluten stürzten auf mich ein,
[6] die Totenwelt* hielt mich mit Schlingen fest,
die Falle des Todes schlug über mir zu.
[7] In meiner Verzweiflung schrie ich zum HERRN,
zu ihm, meinem Gott, rief ich um Hilfe.
Er hörte mich in seinem Tempel*,
mein Hilferuf drang durch bis an sein Ohr.

[8] Da wankte und schwankte die Erde,
da bebten die Fundamente der Berge,
sie zitterten vor seinem Zorn.
[9] Aus seiner Nase quoll dunkler Rauch,
aus seinem Mund schossen helle Flammen,
und glühende Asche sprühte hervor.

[10] Er neigte den Himmel tief auf die Erde
und fuhr hernieder auf dunklen Wolken.
[11] Er ritt auf einem geflügelten Kerub*
und schwebte herab auf den Flügeln des Sturms.
[12] Er hüllte sich ein in Finsternis,
in Regendunkel und schwarzes Gewölk.
[13-14] Sein strahlender Glanz verscheuchte
die Wolken
mit Hagelschlägen und glühenden Steinen.

Dann ließ er im Himmel den Donner grollen,
laut dröhnte die Stimme des höchsten Gottes.
[15] Er schoß seine Pfeile
und verjagte meine Feinde;
er schleuderte Blitze
und stürzte sie in Schrecken.
[16] Da zeigte sich der Grund des Meeres,
das Fundament der Erde wurde sichtbar,
als du, HERR, deinen Feinden drohtest
und ihnen deinen Zorn zu spüren gabst.

[17] Vom Himmel her griff seine Hand nach mir,
sie faßte mich und zog mich aus der Flut,
[18] entriß mich meinem mächtigen Feind,
den überstarken Gegnern, die mich haßten.
[19] Sie überfielen mich am Tag meines Unglücks,
jedoch der HERR beschützte mich vor ihnen.
[20] Rings um mich machte er es weit und frei.
Er liebt mich, darum half er mir.

[21] Der HERR hat mir meine Treue vergolten;
er hat mir Gutes getan,
denn meine Hände sind rein.
[22] Stets ging ich die Wege, die er mir zeigte;
nie habe ich mich durch Schuld
von ihm entfernt.
[23] Seine Anordnungen standen mir
immer vor Augen,
und seine Befehle wies ich nie zurück.
[24] Ich tat genau, was er von mir verlangte,
und ging dem Unrecht immer aus dem Weg.
[25] Ja, der HERR hat meine Treue vergolten;
er sieht es, meine Hände sind rein.

[26] Den Treuen, HERR, hältst du die Treue;
für vollen Gehorsam gibst du volle Güte;
[27] den Reinen zeigst du dich in reiner Klarheit;
doch den Falschen begegnest du als Gegner.

a Deutung unsicher.

17,15 42,3; 63,3; Jes 6,1-5; Offb 22,4 **18,3** 31,3; 61,3-4; 71,1.3; 91,2; 144,2 **18,5-7** 116,3-4; 30,4 S **18,8** 99,1; Ri 5,4-5 S; Nah 1,5-6 **18,9** Ex 19,18 **18,10-17** 144,5-7 **18,11** Ex 25,18-22; Ez 1,22-28; Ps 104,3 **18,13-15** 77,18-19 **18,16** 77,17; Jes 51,9-10 **18,17** 32,6 **18,21-25** 15,1-5 S

[28] Die Erniedrigten rettest du aus Unterdrückung,
aber die Hochmütigen holst du vom hohen Roß.
[29] Du läßt mein Lebenslicht strahlen, HERR.
Du selbst, mein Gott,
machst mir das Dunkel hell.
[30] Mit dir, mein Gott, erstürme ich Schutzwälle,
mit dir springe ich über Mauern.

[31] Alles, was dieser Gott tut, ist vollkommen,
was der HERR sagt, ist unzweifelhaft wahr.
Wer in Gefahr ist und zu ihm flieht,
findet bei ihm immer sicheren Schutz.
[32] Kein anderer als der HERR ist Gott!
Nur er, unser Gott, ist ein schützender Fels!
[33] Er ist es, der mir Kraft zum Kämpfen gibt
und einen geraden, gut gebahnten Weg.
[34] Er macht meine Füße gazellenflink
und standfest auf allen steilen Gipfeln.
[35] Er bringt meinen Händen das Fechten bei
und lehrt meine Arme, den Bogen zu spannen.

[36] HERR, du bist mein Schutz und meine Hilfe,
du hältst mich mit deiner mächtigen Hand,
daß du mir nahe bist, macht mich stark.
[37] Du hast den Weg vor mir frei gemacht,
nun kann ich ohne Straucheln vorwärts gehen.

[38] Ich verfolgte meine Feinde, holte sie ein
und ließ nicht ab, bis sie vernichtet waren.
[39] Ich schlug sie zu Boden,
sie kamen nicht mehr hoch,
erschlagen fielen sie vor meine Füße.
[40] Du gabst mir die Kraft für diesen Kampf,
du brachtest die Feinde in meine Gewalt.
[41] Sie mußten vor mir die Flucht ergreifen,
alle, die mich haßten, konnte ich vernichten.
[42] Sie schrien um Hilfe,
doch da war kein Retter.
Sie schrien zu dir, HERR,
doch du gabst keine Antwort.
[43] Ich zermalmte sie zu Staub,
den der Wind aufwirbelt.
Ich fegte sie weg wie den Straßenschmutz.

[44] Du rettest mich vor rebellischen Leuten
und machst mich zum Herrscher
ganzer Völker.
Mir unbekannte Stämme unterwerfen sich,
[45] Ausländer kommen und kriechen vor mir,
sie hören, was ich sage, und gehorchen sofort.
[46] Sie haben keine Kraft mehr zum Widerstand,
zitternd kommen sie hervor aus ihren Burgen.
[47] Der HERR lebt! Ihn will ich preisen,
meinen schützenden Fels!
Gott, meinen Retter, will ich rühmen!
[48] Er hat mich Rache nehmen lassen,
er hat mir die Völker unterworfen
[49] und mich vor zornigen Feinden gerettet.
Er hat mir den Sieg gegeben
über meine Gegner
und mich ihren grausamen Händen entrissen.

[50] Darum will ich dich preisen
und deinen Ruhm besingen unter den Völkern.
[51] Du schenkst deinem König große Siege,
du erweist deinem Erwählten deine Güte.
Das tust du für David und seine Söhne
in allen kommenden Generationen.

Gottes Größe in der Schöpfung und in seinem Gesetz

19 Ein Lied Davids.
[2] Der Himmel verkündet es: Gott ist groß!
Das Heer der Sterne[a] bezeugt seine
Schöpfermacht.
[3] Ein Tag sagt es dem andern,
jede Nacht ruft es der nächsten zu.
[4] Kein Wort wird gesprochen,
kein Laut ist zu hören,
[5] und doch geht ihr Ruf weit über die Erde
bis hin zu ihren äußersten Grenzen.

Gott hat der Sonne ein Zelt gebaut.
[6] Sie kommt daraus hervor
wie der Bräutigam aus dem Brautgemach,
wie ein Sieger betritt sie ihre Bahn.
[7] Sie geht auf am einen Ende des Himmels
und läuft hinüber bis zum anderen Ende.
Nichts bleibt ihrem feurigen Auge
verborgen.

[8] Das Gesetz* des HERRN ist vollkommen,
es gibt Kraft und Leben.
Die Mahnungen des HERRN sind gut,
sie verhelfen Unwissenden zur Einsicht.
[9] Die Weisungen des HERRN sind zuverlässig,
sie erfreuen das Herz.
Die Anordnungen des HERRN sind deutlich,
sie geben einen klaren Blick.
[10] Die Ehrfurcht vor dem HERRN ist untadelig
und hat für immer Bestand.
Die Gebote des HERRN sind richtig

a Wörtlich *Das Himmelsgewölbe**.

18,28 9,13 S; Lk 1,52 S **18,29** 36,10; Ijob 29,3 **18,31** 12,7 **18,32** Jes 44,8; Ps 18,3 S **18,44-46** 2,8-9 **18,47** 18,3 S **18,50** 108,4; Röm 15,9 **18,51** 20,7; 2 Sam 7,16 S **19,2** 8,4; Röm 1,20 **19,5** Röm 10,18

und ohne Ausnahme gerecht.
[11] Sie sind kostbarer als das feinste Gold,
süßer als der beste Honig.

[12] Auch ich höre auf deine Gebote, HERR,
denn wer sie befolgt, wird reich belohnt.
[13] Doch wer weiß,
wie oft er Schuld auf sich lädt?
Strafe mich nicht, wenn ich es unwissend tat!
[14] Bewahre mich vor vermessenen
Menschen,
damit sie mich nicht auf ihre Seite ziehen.
Dann werde ich rein bleiben
und frei von schwerer Schuld.
[15] Nimm meine Worte freundlich auf!
Laß mein Gebet zu dir dringen,
HERR, mein Halt und mein Retter!

Segenswunsch für den König

20 Ein Lied Davids.
[2] Der HERR gebe dir Antwort,
wenn du in Not gerätst und zu ihm schreist;
er selbst, der Gott Jakobs, sei dein Beschützer!
[3] Er sende dir Hilfe aus seinem Heiligtum,
mächtigen Beistand vom Zionsberg*!
[4] Er nehme deine Opfergaben gnädig an
und freue sich über deine Brandopfer*!
[5] Er erfülle die Wünsche deines Herzens
und lasse alle deine Pläne gelingen!
[6] Dann wollen wir voll Freude jubeln,
weil er dir zum Sieg verholfen hat.
Den Namen unseres Gottes wollen wir
rühmen
und unsere Feldzeichen hochheben.
Der HERR gebe dir alles, worum du ihn bittest!

[7] Nun weiß ich es:
Der HERR steht seinem König zur Seite;
aus seinem Heiligtum im Himmel
gibt er ihm Antwort,
seine mächtige Hand greift ein und befreit.
[8] Manche schwören auf gepanzerte Wagen,
andere verlassen sich auf Pferde;
doch wir vertrauen auf den HERRN,
unseren Gott!
[9] Sie alle brechen zusammen und fallen hin,
wir aber stehen und halten stand.

[10] HERR, hilf dem König!
Erhöre uns, wenn wir zu dir beten![a]

Die Freude des Königs

21 Ein Lied Davids.
[2] HERR, der König freut sich und jubelt laut,
denn du bist mächtig und gabst ihm den Sieg.
[3] Den Wunsch seines Herzens hast du erfüllt
und seine Bitte nicht abgewiesen.
[4] Mit Glück und Gelingen beschenktest du ihn
und setztest ihm die goldene Krone auf.
[5] Um langes Leben bat er – du gewährtest es;
du gibst ihm viele reiche Jahre.
[6] Sein Ruhm ist groß durch deine Hilfe,
mit Pracht und Hoheit umgibst du ihn.
[7] Du segnest ihn sein ganzes Leben lang,
ihn selbst und alles, was er tut.
Durch deine Nähe erfüllst du ihn mit Freude.
[8] HERR, der König verläßt sich auf dich.
Gott, du Höchster, durch deine Güte
steht er sicher und fest.

[9] HERR, du wirst alle deine Feinde aufspüren,
deine mächtige Hand wird alle treffen,
die dich hassen.
[10] Du wirst sie vernichten mit lodernden
Flammen
am Tag, an dem du dich ihnen zeigst.
Dein Zorn wird brennen wie ein Feuer,
das sie mit Haut und Haaren verschlingt.
[11] Feg ihre Brut von der Erde weg,
rotte sie aus der Menschheit aus!
[12] Sie haben sich gegen dich verschworen
und schmieden viele verwegene Pläne;
doch erreichen werden sie damit nichts.
[13] Denn du richtest deinen Bogen auf sie
und jagst sie alle in die Flucht.
[14] HERR, zeige dich ihnen in deiner Macht,
dann werden wir deine großen Taten
besingen!

Rettung aus äußerster Verlassenheit

22 Ein Lied Davids, nach der Melodie ›Eine Hirschkuh am Morgen‹.

[2] Mein Gott, mein Gott,
warum hast du mich verlassen?
Warum hilfst du nicht, wenn ich schreie,
warum bist du so fern?
[3] Mein Gott, Tag und Nacht rufe ich um Hilfe,
doch du antwortest nicht
und schenkst mir keine Ruhe.

a So Vers 10 mit G; H *HERR, hilf! Der König erhöre uns am Tag unseres Rufens.*

19,13 Num 15,22-29 **20,3** 76,3 S; Jes 14,32 S **20,5** 21,3; 37,4 **20,7** 18,51 **20,8** 33,16-17; 147,10-11; Dtn 20,1; 1 Sam 17,45; Jes 31,1 S **21,3** 37,4; 1 Kön 3,11-14 **22,2** 42,10; Mk 15,34 par

4 Du bist doch der heilige Gott,
dem Israel Danklieder singt!
5 Auf dich verließen sich unsere Väter,
sie vertrauten dir, und du hast sie gerettet.
6 Sie schrien zu dir und wurden befreit;
sie hofften auf dich
und wurden nicht enttäuscht.

7 Doch ich bin kaum noch ein Mensch,
ich bin ein Wurm,
von allen verhöhnt und verachtet.
8 Wer mich sieht, macht sich über mich lustig,
verzieht den Mund und schüttelt den Kopf:
9 »Übergib deine Sache dem Herrn,
der kann dir ja helfen!
Er läßt dich bestimmt nicht im Stich!
Du bist doch sein Liebling!«

10 Ja, du hast mich aus dem Mutterschoß
gezogen,
an der Mutterbrust hast du mich
vertrauen gelehrt.
11 Seit dem ersten Atemzug
stehe ich unter deinem Schutz;
von Geburt an bist du mein Gott.
12 Bleib jetzt nicht fern, denn ich bin in Not!
Niemand sonst kann mir helfen!

13 Viele Feinde umzingeln mich,
kreisen mich ein wie wilde Stiere.
14 Sie reißen ihre Mäuler auf,
brüllen mich an wie hungrige Löwen.
15 Ich zerfließe wie ausgeschüttetes Wasser,
meine Knochen fallen auseinander.
Mein Herz zerschmilzt in mir wie Wachs.
16 Meine Kehle[a] ist ausgedörrt,
die Zunge klebt mir am Gaumen,
ich sehe mich schon im Grab liegen –
und du läßt das alles zu!
17 Eine Verbrecherbande hat mich umstellt;
Hunde sind sie, die mir keinen Ausweg lassen.
Sie zerfetzen mir Hände und Füße.[b]
18 Alle meine Rippen kann ich zählen;
und sie stehen dabei und gaffen mich an.
19 Schon losen sie um meine Kleider
und verteilen sie unter sich.

20 Bleib nicht fern von mir, Herr!
Du bist mein Retter, komm und hilf mir!
21 Rette mich vor dem Schwert meiner Feinde,
rette mein Leben vor der Hundemeute!
22 Reiß mich aus dem Rachen des Löwen,
rette mich vor den Hörnern der wilden Stiere!

Herr, du hast mich erhört!

23 Ich will meinen Brüdern von dir erzählen,
in der Gemeinde will ich dich preisen:
24 »Die ihr zum Herrn gehört: Preist ihn!
Alle Nachkommen Jakobs: Ehrt ihn!
Ganz Israel soll ihn anbeten!
25 Kein Elender ist dem Herrn zu gering;
mein Geschrei war ihm nicht lästig.
Er wandte sich nicht von mir ab,
sondern hörte auf meinen Hilferuf.«

26 Darum danke ich dir, Herr,
vor der ganzen Gemeinde.
Vor den Augen aller, die dich ehren,
bringe ich dir die Opfer,
die ich dir versprochen habe.
27 Die Armen sollen sich satt essen;
die nach dir, Herr, fragen,
sollen Loblieder singen;
immer möge es ihnen gutgehen!

28 Alle Völker sollen zur Einsicht kommen;
von allen Enden der Erde
sollen sie zum Herrn umkehren
und sich vor ihm niederwerfen.
29 Denn der Herr ist König,
er herrscht über alle Völker.
30 Vor ihm müssen die Mächtigen sich beugen,[c]
alle Sterblichen sollen ihn ehren,
alle, die hinunter müssen ins Grab.
31 Auch die kommende Generation
soll ihm dienen,
sie soll hören, was er getan hat.
32 Und sie soll ihren Nachkommen
weitererzählen,
wie der Herr eingegriffen hat, wie treu er ist.

Der Herr ist mein Hirt

23 Ein Lied Davids.

Der Herr ist mein Hirt;
darum leide ich keine Not.

a Vermutlicher Text; H *Meine Kraft.*
b Wörtlich *Meine Hände und Füße wie der Löwe;* G *Sie haben mir Hände und Füße durchbohrt;* vgl. Lk 24,40; Joh 20,25.27.
c Vermutlicher Text; H *Alle Großen der Erde werden essen und sich beugen.*

22,5-6 Ex 3,7-9; 14,13-16; Ri 2,18 **22,7** Jes 52,14; 53,3; 41,14 **22,8-9** Weish 2,18-20; Mk 15,29 par; Mt 27,43 **22,10-11** 71,6 **22,16** Joh 19,28 **22,19** Mk 15,24 par; Joh 19,23-24 **22,23** 40,10-11; 66,16-20; 107,31-32; Tob 12,6; Hebr 2,12 **22,26** 66,13-15 S **22,27** Dtn 14,29 **22,28-30** 96,7-10 S **22,31-32** Jos 4,6-7 S **23,1-4** Ez 34,11-16; Joh 10,11-15.27-29; Offb 7,17 **23,1** 74,1 S; Jes 40,11; Mi 7,14

2 Er bringt mich auf saftige Weiden,
läßt mich ruhen am frischen Wasser
3 und gibt mir neue Kraft.
Auf sicheren Wegen leitet er mich,
dafür bürgt er mit seinem Namen*.

4 Und muß ich auch durchs finstere Tal –
ich fürchte kein Unheil!
Du, HERR, bist ja bei mir;
du schützt mich und führst mich,
das macht mir Mut.[a]

5 Vor den Augen meiner Feinde
deckst du mir deinen Tisch;
als Gast nimmst du mich bei dir auf[b]
und füllst mir den Becher randvoll.

6 Deine Güte und Liebe umgeben mich
an jedem neuen Tag;
in deinem Haus darf ich nun bleiben[c]
mein Leben lang.

Einzug ins Heiligtum

24 Ein Lied Davids.

Dem HERRN* gehört die ganze Erde
mit allem, was darauf lebt.
2 Er hat sie fest gegründet über dem Wasser
und ihre Fundamente auf den Grund
des Meeres gelegt.

3 »Wer hat Zutritt zum Berg des HERRN?
Was für Menschen dürfen den heiligen Boden
betreten?«[d]

4 »Nur Menschen,
die unschuldige Hände haben
und ein reines Gewissen.
In ihren Herzen gibt es keine Falschheit,
von ihren Lippen kommt nie ein Meineid.
5 Der HERR wird sie segnen
und ihnen Hilfe senden,
wie er es den Seinen zugesagt hat.[e]
6 So sind die Menschen, die nach Gott fragen
und in seine Nähe kommen dürfen.
So sind die wahren Nachkommen Jakobs.«[f]

7 »Öffnet euch weit, ihr ehrwürdigen Tore!
Der König will einziehen,
dem alle Macht gehört!«

8 »Wer ist dieser mächtige König?«

»Es ist der HERR, der Starke und Gewaltige!
Der HERR, der Sieger in jedem Kampf! –
9 Öffnet euch weit, ihr ehrwürdigen Tore!
Der König will einziehen,
dem alle Macht gehört!«

10 »Wer ist dieser mächtige König?«

»Es ist der Herr über Himmel und Erde![g]
Er ist der höchste König,
ihm gehört alle Macht!«

Vergib mir meine Schuld

25 Von David.

Auf dich, HERR, richte ich Herz und Sinn.
2 Dir, meinem Gott, vertraue ich;
enttäusche mich nicht!
Diesen Triumph dürfen meine Feinde
nicht haben!
3 Enttäuscht wird niemand, der auf dich hofft;
aber wer dich treulos verläßt,
wird zuschanden.

4 HERR, zeig mir den Weg, den ich gehen soll;
laß mich erkennen, was du von mir verlangst.
5 Lehre mich, in Treue zu dir mein Leben zu
führen
Du bist doch der Gott, bei dem ich Hilfe finde;
auf dich hoffe ich zu jeder Zeit.

6 HERR, denke an deine Güte und dein
Erbarmen,
die du von Anfang an deinem Volk
erwiesen hast.
7 Denke nicht an die Fehler meiner Jugend,
auch nicht an die späteren Vergehen;
aber denke an mich in deiner Liebe –
auf deine Güte, HERR, verlasse ich mich!

8 Gut und zuverlässig ist der HERR:
Den Sündern zeigt er den richtigen Weg;

a *du schützt …:* wörtlich *dein Stock und deine Keule geben mir Mut.* Der Stock diente zum Führen und Antreiben der Schafe, die Keule zur Abwehr von Raubtieren.
b *als Gast …:* wörtlich *du salbst meinen Kopf mit Öl.* Auf diese Weise begrüßte man einen Gast.
c *bleiben:* mit alten Übersetzungen; H *(in dein Haus) zurückkehren.*
d Dieser Psalm ist ein Lied, das vermutlich beim Einzug der Bundeslade* in den Tempel (vgl. 1 Kön 8,1-6) im Wechsel gesungen wurde.
e *und ihnen Hilfe …:* wörtlich *sie empfangen Gerechtigkeit* vom Gott ihrer Hilfe.*
f *So sind …:* wörtlich *Jakob.*
g *der Herr …:* wörtlich *der HERR Zebaot*.*

23,4 46,3-4 **23,5** 36,9; 92,11 **23,6** 27,4; 41,13; 65,5; 84,2-5.11 **24,1** 50,12; 89,12; Ex 9,29; 1 Kor 10,26 **24,2** 136,6; Ijob 38,6 **24,3-6** 15,1-5 S **24,7-10** 68,25; 47,6-10 S **25,4** 27,11; 86,11; 139,24; 143,8 **25,7** Ijob 13,26

9 den Entrechteten verhilft er zu ihrem Recht
und lehrt sie, seinen Willen zu erkennen.
10 Alles, was der HERR tut, ist Güte und Treue
für die, die seinen Bund* achten
und seinen Weisungen gehorchen.

11 Dein Name*, HERR, bürgt für deine Liebe;
darum vergib mir meine Schuld –
sie ist so groß!

12 Wie steht es mit den Menschen,
die den HERRN ernst nehmen?
Der HERR zeigt ihnen den Weg,
den sie gehen sollen.
13 Sie leben in Glück und Frieden,
und ihren Kindern wird das Land gehören.
14 Alle, die den HERRN ernst nehmen,
zieht er ins Vertrauen
und enthüllt ihnen das Geheimnis
seines Bundes.

15 Meine Augen blicken immer zum HERRN;
er wird meine Füße aus dem Fangnetz ziehen.
16 HERR, wende dich mir zu und hab Erbarmen;
ich bin so verlassen und hilflos.
17 Die Angst preßt mir das Herz zusammen.
Mach mich frei, nimm den Druck von mir!
18 Sieh doch mein Elend an und meine Not!
Vergib mir meine ganze Schuld!
19 Sieh meine Feinde, HERR: Es sind so viele,
sie setzen mir zu mit Grausamkeit und Haß.
20 Beschütze mein Leben und rette mich!
Bei dir suche ich Zuflucht,
enttäusche mich nicht!
21 Hilf mir, rein und redlich zu leben;
HERR, ich rechne mit dir.

22 Gott, befreie Israel aus aller Not!

Gebet eines unschuldig Angeklagten

26 Von David.

HERR, verschaffe mir Recht!
Ich habe mir nichts zuschulden kommen
lassen.
Ich habe dir immer vertraut,
nichts hat mich davon abbringen können.
2 Stell mich auf die Probe, HERR,
prüfe mich auf Herz und Nieren!

3 Ich hatte deine Güte immer vor Augen,
im Wissen um deine Treue habe ich
mein Leben geführt.
4 Ich hatte nichts zu tun mit falschen Leuten
und gab mich nicht ab mit Hinterhältigen.
5 Ich mied die Gemeinschaft der Verbrecher
und blieb den Gewissenlosen fern.

6 Zum Zeichen meiner Unschuld
wasche ich meine Hände, HERR.
Dann schreite ich um deinen Altar;
7 ich danke dir mit meinem Lied
und verkünde deine Wundertaten.
8 Ich liebe das Haus, in dem du wohnst,
wo du in deiner Herrlichkeit*
uns nahe bist.

9 Töte mich nicht
zusammen mit den Sündern;
nimm mir nicht das Leben
zusammen mit den Mördern!
10 An ihren Händen klebt schlimmes Unrecht,
sie füllen ihre Taschen mit Bestechungsgeld.
11 Ich aber führe ein Leben ohne Tadel.
Erbarme dich und rette mich!

12 Jetzt stehe ich auf sicherem Grund.
Dafür will ich den HERRN preisen,
wenn sein Volk zusammenkommt.

Geborgen bei Gott

27 Von David.

Der HERR ist mein Licht,
er befreit mich und hilft mir;
darum habe ich keine Angst.
Bei ihm bin ich sicher wie in einer Burg;
darum zittere ich vor niemand.
2 Wenn meine Feinde mich bedrängen,
wenn sie mir voller Haß ans Leben wollen,
dann stürzen sie und richten sich zugrunde.
3 Mag ein ganzes Heer mich umzingeln,
ich habe keine Angst.
Auch wenn es zum Kampf kommt:
Ich vertraue auf ihn.

4 Nur eine Bitte habe ich an den HERRN,
das ist mein Herzenswunsch:
Solang ich lebe,
möchte ich in seinem Haus bleiben,
um dort seine Freundlichkeit zu schauen
und seinen Tempel* zu bewundern.[a]

a So mit G; H ist nicht sicher zu deuten.

25,9 9,13 S **25,11** Jes 48,11 S **25,12-13** 41,2-4; 92,13-16; 112; 128; 1,1-6 S **25,13** 37,29 S **25,15** 123,1; 141,8 **25,22** 130,8 **26,1** 43,1; 59,4-5 **26,2** 139,23 **26,6** Dtn 21,6-8 S **26,8** 5,8 S; 23,6 S **27,1** 36,10; 112,4; Mi 7,8; Ps 56,5 S **27,3** 3,7 **27,4-5** 23,6 S

[5] Wenn schlimme Tage kommen,
nimmt der HERR mich bei sich auf,
er gibt mir Schutz unter seinem Dach
und stellt mich auf sicheren Felsengrund.
[6] Dann triumphiere ich über die Feinde,
die mich von allen Seiten umringen.
Im Tempel bringe ich ihm meine Opfer,
mit lautem Jubel danke ich dem HERRN,
mit Singen und Spielen preise ich ihn.

[7] HERR, höre mich, wenn ich dich rufe;
hab doch Erbarmen und antworte mir!
[8] Ich erinnere mich an deine Weisung;
du hast gesagt: »Kommt zu mir!«
Darum suche ich deine Nähe, HERR.
[9] Verbirg dich nicht vor mir!
Jag mich nicht im Zorn von dir weg!
Du hast mir doch immer geholfen;
laß mich jetzt nicht im Stich!
Verstoß mich nicht, Gott, du mein Retter!
[10] Wenn auch Vater und Mutter mich verstoßen,
du, HERR, nimmst mich auf.

[11] HERR, zeige mir den richtigen Weg,
leite mich auf gerader Bahn,
damit meine Feinde schweigen müssen.
[12] Gib mich nicht ihrer Mordgier preis!
Die Zeugen, die mich belasten sollen,
Lügner sind sie, die das Recht zerstören!
[13] Doch ich weiß,
ich muß nicht hinab zu den Toten;
ich darf weiterleben, um deine Güte zu sehen.

[14] Vertrau auf den HERRN,
sei stark und fasse Mut,
vertrau auf den HERRN!

Hilfe in äußerster Bedrohung

28 Von David.

HERR, ich rufe zu dir um Hilfe!
Du mein Beschützer, stell dich nicht taub!
Wenn du mich schweigend von dir weist,
dann ist für mein Leben keine Hoffnung mehr.
[2] Höre mich, wenn ich dich rufe,
wenn ich zu dir um Hilfe schreie,
dir betend meine Hände entgegenstrecke
zum innersten Raum deines Heiligtums hin.

[3] Verurteile mich nicht zusammen mit denen,
die deine Gebote frech mißachten,
auch nicht mit denen, die Unheil stiften –
die zwar mit allen freundlich reden,
doch im Herzen nur böse Pläne aushecken.
[4] Gib ihnen den verdienten Lohn,
bestrafe sie für ihre Taten,
zahl ihnen ihre Schändlichkeiten heim!
[5] Sie haben keine Augen für dein Tun,
sie merken nicht, wie du eingreifst, HERR!
Du wirst sie zu Boden werfen,
daß sie nicht wieder aufstehen können.

[6] Der HERR sei gepriesen,
denn er hat meinen Hilferuf gehört.
[7] Er hat mich verteidigt und beschützt,
auf ihn kann ich mich verlassen.
Er hat mir geholfen, darum freue ich mich
und danke ihm mit meinem Lied.

[8] Der HERR ist ein machtvoller Schutz
für sein Volk.
Der König, den er erwählt und gesalbt* hat,
ist bei ihm geborgen wie in einer Festung.
[9] Rette dein Volk, HERR!
Segne uns, dein Volk, das dir allein gehört,
führe uns und steh uns immer bei!

Gottes Größe im Gewitter

29 Ein Lied Davids.

Alle Ehre dem HERRN!
Ihr Mächtigen im Himmel,[a] ehrt den HERRN,
unterwerft euch seiner Macht!
[2] Gebt ihm die Ehre, die ihm allein zusteht!
Werft euch nieder vor ihm,
wenn er in seiner Heiligkeit erscheint.

[3] Die Stimme des HERRN schallt über das
Wasser,
der mächtige Gott läßt den Donner grollen;
der HERR thront über den Ozeanen.
[4] Voller Gewalt ist seine Stimme,
voll Hoheit dröhnt sie, diese Stimme,
[5] die starken Zedern zerschmettert sie;
der HERR zerschlägt die Libanonzedern.
[6] Der Libanon hüpft vor ihm wie ein Kalb,
der Hermon springt auf wie ein junger Büffel.
[7] Zuckende Flammen sprüht seine Stimme,
[8] die Wüste erzittert vor dieser Stimme;
der HERR läßt die Wüste von Kadesch erbeben.
[9] Die Hirschkühe kalben aus Angst
vor seiner Stimme,

a Wörtlich *Ihr Göttersöhne;* vgl. die Sacherklärung »Gottessöhne«.

27,5 31,21 **27,8** Am 5,4; Ps 105,4 **27,10** Jes 49,15 **27,11** 25,4S **27,12** 35,11; 109,2S **28,2** 5,8S; 1Kön 8,6 **28,5** Jes 5,12 **28,6-7** Klgl 3,57-58 **29,1-2** 103,20-21S **29,3-9** 46,7; Ijob 37,2-4; Am 1,2; Joël 2,11; Joh 12,28-29 **29,6** 114,4.6

die Wälder verlieren ihr Laub
vor dieser Stimme.
Und im himmlischen Thronsaal ruft jeder:
»Gott allein die Ehre!«

10 Der HERR thront über dem Himmelsozean*,
er herrscht als König für ewige Zeiten.
11 Der HERR wird seinem Volk Kraft geben,
er wird es mit Glück und Frieden beschenken.

Du hast mir das Leben neu geschenkt

30 Ein Lied Davids; Gesang zur Wiedereinweihung des Tempels*.

2 Ich preise dich, HERR,
denn aus dem Abgrund hast du mich
heraufgeholt
und meinen Feinden keinen Grund gegeben,
sich über meinen Sturz zu freuen.
3 HERR, mein Gott, ich schrie zu dir um Hilfe,
und du hast mich wieder gesund gemacht.
4 Du hast mich von den Toten zurückgeholt.
Ich stand schon mit einem Fuß im Grab,
doch du hast mir das Leben neu geschenkt.

5 Ihr alle, die ihr zum HERRN gehört,
preist ihn mit euren Liedern,
dankt ihm und denkt daran, daß er heilig ist!
6 Nur einen Augenblick trifft uns sein Zorn,
doch lebenslang umgibt uns seine Güte.
Am Abend mögen Tränen fließen –
am Morgen jubeln wir vor Freude.

7 Als ich mich sicher fühlte, dachte ich:
»Was kann mir schon geschehen?«
8 Durch deine Güte, HERR,
stand ich fester als die Berge.[a]
Doch dann verbargst du dich vor mir
und stürztest mich in Angst und Schrecken.
9 Ich schrie zu dir um Hilfe, HERR,
ich fragte dich:
10 »Was nützt es dir, wenn ich jetzt sterbe,
wenn ich ins Grab hinunter muß?
Kann einer dir auch dann noch danken,
wenn er zu Staub zerfallen ist?
Kann denn ein Toter deine Treue preisen?
11 HERR, hab Erbarmen, höre mich,
sei du mein Helfer, HERR!«
12 Du hast mein Klagelied in einen
Freudentanz verwandelt,
mir statt des Trauerkleids ein Festgewand
gegeben.
13 Ich mußte nicht für immer verstummen;
ich kann dich mit meinen Liedern preisen.
Dir, HERR, mein Gott, gilt allezeit mein Dank!

Ich verlasse mich auf dich, Herr!

31 Ein Lied Davids.

2 HERR, bei dir suche ich Zuflucht;
laß mich nie enttäuscht werden!
Rette mich, wie du es versprochen hast![b]
3 Hör mich doch, hilf mir schnell!
Sei mir ein rettender Fels, eine schützende Burg,
dann bin ich in Sicherheit.
4 Du gibst mir Halt, du bietest mir Schutz.
Geh mit mir und führe mich,
denn du bist mein Gott![c]
5 Bewahre mich vor der Falle,
die man mir heimlich gestellt hat;
du bist doch mein Beschützer!
6 Ich gebe mich ganz in deine Hand,
du wirst mich retten, HERR, du treuer Gott!

7 Ich verabscheue alle,
die sich an die Götzen klammern;
ich selber, HERR, verlasse mich nur auf dich!
8 Ich bin glücklich, daß du so gut zu mir bist.
Du hast meine Not gesehen
und erkannt, wie verzweifelt ich war.
9 Den Feinden hast du mich nicht ausgeliefert,
sondern mir Raum zum Leben verschafft.

10 Hab Erbarmen, HERR,
ich weiß nicht mehr weiter!
Meine Augen sind müde vom Weinen,
ich bin völlig am Ende.
11 Die Sorgen verkürzen mein Leben,
der Kummer frißt meine Jahre.
Die Verzweiflung[d] raubt mir die Kraft,
meine Glieder versagen den Dienst.

12 Zur Spottfigur bin ich geworden
für meine Feinde,
zum Hohngelächter für meine Nachbarn,
zum Schreckgespenst für meine Freunde.
Alle, die mich auf der Straße sehen,

a *stand ich fester …:* H *hattest du meinem Berg Stärke aufgerichtet.*
b Wörtlich *Rette mich in deiner Gerechtigkeit*.* c *denn du …:* wörtlich *um deines Namens* willen.*
d So mit alten Übersetzungen; H *Meine Schuld.*

29,10 104,3; 47,6-10 S **30,1** Esra 6,16; 1 Makk 4,52-54 **30,4** 56,14; 86,13; 103,4; 116,8; 1 Sam 2,6 S; Jona 2,7 **30,6** Jes 54,7-8 **30,10** 6,6 S **30,12** Jes 61,3 **31,2-4** 18,3 S **31,3** 102,3 S **31,5** 140,6 **31,6** Lk 23,46; Apg 7,59 **31,12** 38,12 S

laufen vor mir davon.
[13] Vergessen hat man mich
wie einen, der schon lange tot ist,
wie weggeworfenes, zerbrochenes Geschirr.
[14] Ich höre, wie sie über mich tuscheln;
von allen Seiten bin ich bedroht.
Sie stecken ihre Köpfe zusammen
und überlegen, wie sie mich zur Strecke
bringen.

[15] Doch ich verlasse mich auf dich!
Du, HERR, du bist und bleibst mein Gott!
[16] Was aus mir wird, liegt in deiner Hand.
Rette mich vor meinen Feinden,
die mich verfolgen!
[17] HERR, sieh mich freundlich an,
denn ich gehöre dir.
Hilf mir in deiner Güte!
[18] Zu dir, HERR, rufe ich,
enttäusche mich nicht!
Doch diese Verbrecher sollen sich täuschen:
[19] Schick sie hinunter in die Totenwelt*,
damit sie für immer verstummen!
Bring sie zum Schweigen,
diese eingebildeten Lügner,
die den Schuldlosen frech verleumden!

[20] Wie groß ist deine Güte, HERR!
Du wendest sie denen zu, die dir gehorchen.
Vor aller Augen zeigt sich diese Güte
an denen, die bei dir Zuflucht suchen.
[21] In deiner Nähe sind sie geborgen,
vor allen Ränken sicher unter deinem Dach.
Du nimmst sie in Schutz vor ihren Verklägern.

[22] Dank sei dir, HERR!
Du hast mir deine Güte erwiesen;
ein Wunder hast du an mir getan,
als meine Feinde mich ringsum bedrängten.
[23] Ich dachte schon in meiner Angst,
ich wäre aus deiner Nähe verbannt.
Doch du hast mich gehört,
als ich um Hilfe schrie.

[24] Liebt den Herrn, ihr, die ihr ihm gehört;
denn er schützt alle, die ihm die Treue halten.
Doch wer sich über ihn erhebt,
bekommt seinen Zorn zu spüren.
[25] Ihr, die ihr auf den HERRN vertraut,
seid stark, faßt Mut!

Freude über die Vergebung der Schuld

32 Ein Gedicht Davids.

Freuen dürfen sich alle,
denen Gott ihr Unrecht vergeben
und ihre Verfehlungen zugedeckt hat!
[2] Freuen dürfen sich alle,
denen der HERR die Schuld nicht anrechnet
und deren Gewissen nicht mehr belastet ist!

[3] HERR,
erst wollte ich meine Schuld verschweigen;
doch davon wurde ich so krank,
daß ich von früh bis spät nur stöhnen konnte.
[4] Ich spürte deine Hand bei Tag und Nacht;
sie drückte mich zu Boden,
ließ meine Lebenskraft entschwinden
wie in der schlimmsten Sommerdürre.
[5] Darum entschloß ich mich,
dir meine Verfehlungen zu bekennen.
Was ich getan hatte, gestand ich dir;
ich verschwieg dir meine Schuld nicht länger.
Und du – du hast mir alles vergeben!

[6] Deshalb soll jeder, der dir die Treue hält,
zu dir beten, wenn er in Not gerät.[a]
Wenn sie ihn dann bedrängt wie eine Flut,
wird sie ihn nicht verschlingen können.
[7] Bei dir finde ich Schutz;
du hältst die Not von mir fern
und läßt mich jubeln über meine Rettung.

[8] Der HERR hat mir geantwortet:[b]
»Ich sage dir, was du tun sollst,
und zeige dir den richtigen Weg.
Ich lasse dich nicht aus den Augen.
[9] Sei doch nicht unverständig
wie ein Maultier oder Pferd!
Die mußt du mit Zaum und Zügel bändigen,
sonst folgen sie dir nicht.«[c]

[10] Wer Gottes Gebote mißachtet,
schafft sich viel Kummer;
aber wer dem HERRN vertraut,
wird seine Güte erfahren.
[11] Ihr, die ihr dem HERRN gehorcht,
freut euch und jubelt über ihn!
Alle, die zu ihm halten,
sollen vor Freude singen!

a Vermutlicher Text; H *zu dir beten zur Zeit des Findens, nur.*
b Verdeutlichender Zusatz. *c* *sonst folgen ...:* Deutung unsicher.
31,14 Jer 20,10 **31,17** 67,2; 80,4; 119,135; Num 6,25 **31,19** 109,2 S **31,21** 23,6 S **31,23** 65,5; Jona 2,5 **31,24** Dtn 6,4-5 S **32,1-2** 103,3.8-12; Röm 4,6-8; 1 Joh 1,9 **32,3-5** 38,19; Jak 5,16 S **32,8** 25,4 S

Der Schöpfer der Welt schützt sein Volk

33 Jubelt dem HERRN zu,
ihr alle, die ihr ihm gehorcht!
Es ist gut, wenn die Redlichen ihn preisen!
2 Dankt dem HERRN auf der Laute,
spielt für ihn auf der zehnsaitigen Harfe!
3 Singt ihm ein neues Lied,
singt und spielt, gebt euer Bestes!

4 Was der HERR sagt, ist zuverlässig,
er beweist es durch seine Taten.
5 Er liebt Gerechtigkeit und Recht;
von seiner Güte lebt die ganze Welt.

6 Durch das Wort des HERRN
entstand der Himmel,
er schuf die Gestirne durch seinen Befehl.
7 Das Wasser am Himmel
hat er in Wolken gefaßt,[a]
die Fluten in Kammern eingesperrt.
8 Vor ihm muß sich die ganze Erde fürchten
und jeder Mensch in Ehrfurcht erschauern.
9 Denn er spricht, und es geschieht;
er gibt einen Befehl, schon ist er ausgeführt.

10 Der HERR durchkreuzt die Beschlüsse
der Völker,
er macht ihre stolzen Pläne zunichte.
11 Doch was er selbst sich vornimmt,
das führt er auch aus;
sein Plan steht für alle Zeiten fest.
12 Glücklich das Volk,
das den HERRN zum Gott hat,
das er erwählt hat als sein Eigentum!

13 Der HERR blickt vom Himmel* herab
auf die Menschen;
14 von dort oben, wo sein Thronsitz ist,
beobachtet er alle, die auf der Erde leben.
15 Er hat ihnen Verstand und Willen gegeben
und weiß alles, was sie tun und treiben.

16 Wenn ein König in der Schlacht
den Sieg erringt,
verdankt er das nicht seiner großen Armee;
und wenn ein Krieger heil davonkommt,
liegt es nicht an seinen starken Muskeln.
17 Wer sich auf Reiterheere verläßt,
ist verlassen;
auch viele Pferde mit all ihrer Kraft
können den Sieg nicht erzwingen.
18 Doch der HERR beschützt alle,
die ihm gehorchen,
alle, die mit seiner Güte rechnen.
19 Er wird sie vor dem Tod bewahren
und in Hungerzeiten am Leben erhalten.

20 Wir hoffen auf den HERRN,
er hilft uns und beschützt uns.
21 Wir freuen uns über ihn,
denn auf ihn, den heiligen Gott, ist Verlaß.
22 HERR, laß uns deine Güte sehen,
wie wir es von dir erhoffen!

Von Ängsten befreit

34 Von David. Er dichtete dieses Lied, als
Abimelech ihn fortgejagt hatte, weil
David sich vor ihm wahnsinnig gestellt hatte.[b]

2 Den HERRN will ich preisen zu jeder Zeit,
nie will ich aufhören, ihm zu danken.
3 Was er getan hat, will ich rühmen.
Hört es, ihr Unterdrückten, und freut euch!
4 Preist mit mir die Taten des HERRN;
laßt uns gemeinsam seinen Namen ehren!

5 Ich wandte mich an den HERRN,
und er antwortete mir;
er befreite mich von allen meinen Ängsten.
6 Wenn ihr zum HERRN blickt,
dann leuchtet euer Gesicht,
euer Vertrauen wird nicht enttäuscht.
7 Hier steht einer, der um Hilfe rief.
Der HERR hat ihn gehört
und ihn aus jeder Bedrängnis gerettet.
8 Alle, die dem HERRN gehorchen,
umgibt sein Engel mit mächtigem Schutz
und bringt sie in Sicherheit.

9 Erprobt es doch selbst und erlebt es:[c]
Der HERR ist gütig!
Wie glücklich sind alle,
die bei ihm Zuflucht suchen!
10 Ihr, die ihr dem HERRN gehört,
unterstellt euch ihm!

a Wörtlich *Die Gewässer des Meeres hat er zu einem Haufen/Damm gesammelt.* Gedacht ist dabei an den Himmelsozean, der sich über dem Himmelsgewölbe* befindet.
b Vgl. 1 Sam 21,11-16, wo der König von Gat den Namen Achisch trägt. Allerdings kommt Abimelech bei den Philistern als Königsname vor; vgl. Gen 20,2; 26,1.
c Wörtlich *Schmeckt und seht.*

33,1-2 92,2-4 **33,3** 96,1 S **33,6** 8,4 **33,7** Ijob 38,22 **33,9** Gen 1,3.6.9 usw.; Jes 48,13 **33,10** Jes 8,10 **33,12** Ex 19,5-6 S **33,15** 94,9-11 **33,16-17** 20,8 S **33,19** 1 Kön 17,1-16 **34,8** 35,5; 91,11; Gen 24,7 **34,9** 1 Petr 2,3

Wer ihm gehorcht, kennt keine Not.
11 Selbst starke Löwen leiden oftmals Hunger;
doch wer zum HERRN kommt,
findet alles, was er zum Leben nötig hat.

12 Kommt, junge Leute, hört mir zu!
Ich will euch sagen, was es heißt,
Gott ernst zu nehmen und mit ihm zu leben:
13 Wollt ihr von eurem Leben etwas haben
und möglichst lange glücklich sein?
14 Dann nehmt eure Zunge gut in acht,
damit ihr nicht lügt und niemand verleumdet!
15 Kehrt euch vom Bösen ab und tut das Gute!
Müht euch mit ganzer Kraft darum,
daß ihr mit allen Menschen in Frieden lebt!

16 Der HERR hat ein offenes Auge für alle,
die ihm die Treue halten,
und ein offenes Ohr für ihre Bitten.
17 Denen, die Böses tun, widersteht er
und läßt die Erinnerung an sie
mit ihnen sterben.
18 Doch wenn seine Treuen rufen, hört er sie
und rettet sie aus jeder Bedrängnis.
19 Wenn sie verzweifelt sind
und keinen Mut mehr haben,
dann ist er ihnen nahe und hilft.

20 Wer dem HERRN treu bleibt,
geht durch viele Nöte,
aber aus allen befreit ihn der HERR.
21 Er bewahrt ihn so unversehrt,
daß ihm kein Knochen gebrochen wird.
22 Doch wer Unrecht tut,
den bringt sein Unrecht um.
Wer die Vertrauten des HERRN haßt,
wird seiner Strafe nicht entgehen.

23 Der HERR rettet das Leben aller,
die bei ihm Schutz suchen;
sie haben kein Unheil zu fürchten.

Gott nimmt die Schwachen in Schutz

35 Von David.

HERR, sprich sie schuldig,
die mich beschuldigen;
tritt meinen Gegnern entgegen!
2 Nimm Schild und Waffen,
komm und hilf mir!
3 Zücke die Lanze, versperre den Weg,
daß meine Verfolger mich nicht erreichen!
Gib mir die Zusage, daß du mir hilfst!

4 Schimpf und Schande über alle,
die mir ans Leben wollen!
Zurückweichen müssen sie und sich schämen,
alle, die Böses gegen mich planen!
5 Sie sollen zerstieben wie Spreu im Wind,
wenn der Engel* des HERRN sie davontreibt.
6 Ihr Weg soll dunkel und schlüpfrig sein,
wenn der Engel des HERRN ihnen nachjagt.
7 Ohne Ursache haben sie mir Fallen gestellt,
ein Loch gegraben und mit einem Netz
verdeckt.
8 Ganz unerwartet treffe sie das Unheil!
Sie sollen sich in ihrem Netz verfangen
und in die eigene Grube stürzen!
9 Ich aber werde jubeln und mich freuen,
weil mir der HERR geholfen hat.
10 Aus tiefstem Herzen will ich zu ihm sagen:
»HERR, keiner ist wie du!
Du hilfst dem Schwachen gegen den Starken,
du schützt den Wehrlosen und Armen
vor dem, der ihn berauben will.«

11 Falsche Zeugen sagen gegen mich aus.
Man verhört mich über Verbrechen,
von denen ich nichts weiß.
12 Gutes vergelten sie mir mit Bösem;
alle haben mich im Stich gelassen.
13 Früher, wenn einer von ihnen krank war,
zog ich mir Trauerkleidung an.
Um seine Krankheit von ihm abzuwenden,
verzichtete ich auf mein Essen;
ich neigte meinen Kopf tief auf die Brust
und betete für ihn,
14 als wäre er mein Bruder oder Freund.
Wie einer, der um seine Mutter trauert,
ging ich umher, gebeugt und voller Kummer.
15 Nun aber freuen sie sich über meinen Sturz
und rotten sich zusammen gegen mich.
Sogar verachtetes Volk[a] kommt daher,
Leute, die niemand kennt;
sie hören nicht auf, mich zu beschimpfen.
16 Sie spotten über mein entstelltes Aussehen;
drohend zeigen sie mir die Zähne.

17 Herr, wie lange noch willst du ruhig
zusehen?
Rette mich vor ihren Anschlägen,
bewahre mein Leben vor diesen Löwen!

a *verachtetes Volk:* wörtlich *Lahme (kommen).*

34,12-23 1,1-6 S **34,13-17** 1 Petr 3,10-12 **34,15** Röm 12,18; Hebr 12,14 S **34,18-19** 145,18-19 **34,20** 2 Kor 1,5 S **34,22** 37,14-15; 54,7; 140,7; 7,16-17 S **35,5** 34,8 S **35,8** 7,16-17 S **35,10** 9,13 S **35,11** 27,12; 1 Kön 21,13; Mt 26,59 **35,13-14** 2 Sam 12,16-17

18 Dann danke ich dir vor der ganzen Gemeinde,
vor versammeltem Volk will ich dich preisen.

19 Laß nicht zu,
daß sie über mein Unglück jubeln,
meine Feinde, diese Bande von Lügnern!
Ohne jeden Anlaß hassen sie mich
und zwinkern einander verständnisvoll zu.
20 Nie hört man von ihnen ein gutes Wort.
Gegen die Stillen im Land,
die friedliebenden Leute,
denken sie sich immer neue
Verleumdungen aus.
21 Sie reißen die Mäuler gegen mich auf
und höhnen: »Da! Habt ihr's gesehen?
Jetzt haben wir endlich den Beweis!«

22 Du, HERR, hast das alles gesehen!
Schweig doch nicht länger,
bleib nicht fern von mir!
23 Steh auf, greif ein,
verschaffe mir Recht!
Mein Herr und Gott,
nimm du meine Sache in die Hand!

24 Du bist treu und gerecht, HERR,
darum sprich mich frei;
laß sie nicht hämisch über mich jubeln!
25 Sie sollen niemals sagen dürfen:
»Endlich haben wir's geschafft,
den haben wir erledigt!«
26 Sie alle sollen sich gründlich
verrechnet haben,
die sich über mein Unglück freuen!
Mit Schimpf und Schande sollen sie abziehen,
die stolz auf mich herabsehen wollen!

27 Doch alle, die meinen Freispruch wünschen,
sollen vor Freude jubeln
und immer wieder sagen:
»Der HERR ist groß!
Er sorgt dafür, daß sein Vertrauter
in Glück und Frieden leben kann.«
28 Ich selbst will deine Treue[a] verkünden,
alle Tage will ich dich preisen.

Die Bosheit der Menschen und die Güte Gottes

36 Von David, dem Vertrauten des HERRN.

2 Die Aufsässigkeit gegen Gott
liegt den Bösen im Blut,[b]
nichts ist ihnen heilig.
3 Sie sind viel zu sehr von sich eingenommen,
als daß sie ihr Unrecht einsehen könnten
oder gar es hassen.
4 Lug und Trug ist alles, was sie reden;
was sie tun, ist weder vernünftig noch gut.
5 Sogar im Bett schmieden sie üble Pläne.
Sie bleiben bei ihrem schlimmen Treiben;
nichts hält sie von ihrer Bosheit zurück.

6 HERR, deine Güte reicht bis an den Himmel
und deine Treue, so weit die Wolken ziehen!
7 Deine Gerechtigkeit ragt hoch
wie die ewigen Berge,
deine Urteile gründen tief wie das Meer.
Du, HERR, hilfst Menschen und Tieren.
8 Deine Liebe ist unvergleichlich.
Du bist unser Gott,
du breitest deine Flügel über uns
und gibst uns Schutz.
9 Du sättigst uns aus dem Reichtum
deines Hauses,
deine Güte erquickt uns wie frisches Wasser.
10 Du selbst bist die Quelle, die uns Leben
schenkt.
Deine Liebe ist die Sonne, von der wir leben.

11 Bleib immer denen gut, die dich kennen;
bleib allen in Treue zugewandt,
die dir von ganzem Herzen folgen!
12 Laß nicht zu,
daß die Übermütigen mich niedertreten
und die Gewalttätigen mich aus Haus
und Heimat vertreiben.
13 Ich sehe sie schon stürzen,
diese Unheilstifter;
sie liegen am Boden
und kommen nicht mehr hoch.

Erfahrungen aus einem Leben mit Gott

37 Von David.

Reg dich nicht auf über Menschen,
die Gottes Gebote mißachten!
Und wenn es den Unheilstiftern gutgeht,
beneide sie nicht!
2 Denn wie das Gras verdorren sie bald,
sie welken und gehen ein wie grünes Kraut.

a *Treue:* wörtlich *Gerechtigkeit**; ebenso in 37,11.
b Wörtlich *Die Auflehnung des Bösen spricht im Innern seines Herzens* (*seines* mit einigen Handschriften; H *meines*).

35,18 22,23 S 35,20 Weish 2,12-20 36,2 Röm 3,18 36,5 Mi 2,1 36,6 108,5 S 36,7 104,27-28 S 36,8 17,8 S 36,9-10 Jer 2,13; Ez 47,1-12 S; Joh 4,14; Ps 84,12 S 37,1-40 73,1-28 37,1-2 Spr 24,19-20

3 Verlaß dich auf den HERRN
und tu, was recht ist;
dann bleibst du im Land
und wohnst in Sicherheit.
4 Suche dein Glück beim HERRN:
Er wird dir jeden Wunsch erfüllen.
5 Überlaß dem HERRN die Führung
für dein Leben;
vertrau doch auf ihn, er macht es richtig!
6 Deine guten Taten macht er sichtbar
wie das Licht des Tages,
und deine Treue läßt er strahlen
wie die Mittagssonne.

7 Werde ruhig vor dem HERRN
und warte gelassen auf sein Tun!
Wenn Menschen, die Böses im Schilde führen,
auch noch ständig Erfolg haben,
reg dich nicht auf!

8 Laß dich nicht hinreißen zu Wut und Zorn,
ereifere dich nicht, wenn andere Böses tun;
sonst tust du am Ende selber Unrecht!
9 Menschen, die sich Gott widersetzen,
rottet er aus;
doch alle, die auf ihn hoffen, werden das
Land besitzen.
10 Nicht lange mehr, dann sind die Bösen fort,
du wirst von ihnen keine Spur mehr finden.
11 Den Armen aber wird das Land gehören,
und nichts wird fehlen an ihrem Glück.

12 Wer Gott mißachtet, schmiedet Pläne,
zähneknirschend und voller Haß,
um denen zu schaden, die Gott gehorchen.
13 Der Herr aber lacht über seine Feinde,
er weiß: Der Tag der Abrechnung kommt.
14 Die Bösen haben das Schwert gezogen,
den Bogen haben sie schon gespannt.
Sie wollen die Armen und Wehrlosen töten,
alle, die ein ehrliches Leben führen.
15 Doch das Schwert dringt ihnen
ins eigene Herz,
und ihre Bogen werden zerbrochen.

16 Arm sein, aber mit Gott leben,
ist besser als aller Reichtum der vielen,
die gegen Gott leben;
17 denn der Herr zerbricht die Macht
seiner Gegner,
doch seine Getreuen macht er stark.
18 Der HERR sorgt täglich für die,
die sich in allem nach ihm richten.
Was er ihnen geben will,
bleibt für immer ihr Besitz.
19 In Unglückstagen enttäuscht er sie nicht,
in Zeiten der Hungersnot macht er sie satt.
20 Doch seine Feinde kommen um,
die Bösen verschwinden wie die Pracht
der Wiesen,
sie gehen in Rauch auf und verwehen.

21 Wer Gott mißachtet, muß ständig borgen,
und zurückzahlen kann er nicht.
Doch wer Gott gehorcht, kann freigebig
helfen.
22 Menschen, die Gott segnet, besitzen das
Land;
doch wer unter seinem Fluch steht, kommt um.
23 Der HERR hat Freude an einem redlichen
Menschen
und lenkt alle seine Schritte.
24 Er mag fallen, aber er stürzt nicht zu Boden;
denn der HERR hält ihn fest an der Hand.

25 Ich habe ein langes Leben hinter mir;
nie sah ich Menschen von Gott verlassen,
die ihm die Treue halten,
und nie ihre Kinder auf der Suche nach Brot.
26 Alle Tage können sie freigebig leihen,
und an ihren Kindern zeigt sich Gottes Segen.
27 Kehr dich vom Bösen ab und tu das Gute;
dann ist dir dein Wohnplatz für immer sicher.
28 Denn der HERR liebt das Recht
und verläßt die Seinen nicht, die ihm treu
bleiben;
für alle Zeiten beschützt er sie.
Aber die Nachkommen der Feinde Gottes
kommen um.
29 Den Gehorsamen wird das Land gehören,
sie dürfen für immer darin wohnen.

30 Ein Mensch, der sich nach Gott richtet,
spricht Worte der Weisheit*
und sagt, was recht ist vor dem HERRN.
31 Das Gesetz* seines Gottes trägt er im Herzen;
darum weicht er nicht vom richtigen Weg.
32 Wer Gott mißachtet, lauert darauf,
die umzubringen, die Gott gehorchen.
33 Doch der HERR läßt nicht zu,
daß sie in Mörderhände fallen
oder daß man sie gegen das Recht verurteilt.
34 Hoffe auf den HERRN
und befolge seine Gebote;[a]

a *befolge …:* wörtlich *bleib auf seinem Weg.*

37,4 36,10; 20,5 **37,5** 55,23; Spr 16,3 **37,11** Mt 5,5 **37,13** 59,9 S **37,16** Spr 15,16 **37,24** Spr 24,16 **37,25** Koh 7,15 S **37,29** 25,13; Jes 60,21 **37,30** Spr 10,31

dann ehrt er dich und schenkt dir das Land,
und du wirst sehen,
wie er seine Feinde vernichtet.

35 Ich sah einen Bösen,
der seine Macht mißbrauchte;
er wurde immer größer,
wie ein Baum auf fettem Boden.
36 Aber als ich[a] noch einmal vorüberging,
da war nichts mehr von ihm zu sehen.
Ich suchte ihn, doch ich fand keine Spur.

37 Achte auf unsträfliche, ehrliche Menschen,
und du wirst sehen:
Wer den Frieden liebt,
dessen Nachkommen bleiben.
38 Doch die Unheilstifter werden alle vernichtet,
und ihre Nachkommen werden ausgerottet.
39 Der HERR hilft denen, die zu ihm halten.
Wenn Gefahr droht, finden sie bei ihm Zuflucht.
40 Er rettet sie und steht ihnen bei.
Vor den Bösen wird er sie retten
und ihnen helfen,
denn bei ihm suchen sie Schutz.

Unter der Last von Krankheit und Schuld

38 Ein Lied Davids, um sich bei Gott in Erinnerung zu bringen.

2 HERR, du bist zornig auf mich.
Aber nimm die Strafe von mir,
peinige mich nicht länger!
3 Deine Pfeile bohren sich in mich hinein,
und deine Hand drückt mich zu Boden.

4 An meinem ganzen Körper
ist nichts Gesundes mehr zu sehen,
und keins von meinen Gliedern ist heil.
Das ist deine Antwort auf meine Schuld;
du zeigst mir damit, wie sehr du mir zürnst!
5 Meine Schuld ist mir über den Kopf
gewachsen;
sie wiegt zu schwer,
ich kann sie nicht mehr tragen.
6 Ich war so töricht,
dich nicht ernst zu nehmen.
Darum eitern meine Wunden
und riechen widerlich.
7 Gebeugt von Schmerzen,
zerschlagen und voll Kummer
schleppe ich mich von einem Tag
zum andern.
8 Tief in mir fühle ich das Fieber brennen,
am ganzen Körper ist kein heiler Fleck.

9 Mit meiner Kraft bin ich völlig am Ende,
die Qual ist zu groß,
ich kann nur noch schreien.
10 Du weißt, wonach ich mich sehne, Herr!
Du hast doch all mein Stöhnen gehört!
11 Mein Herzschlag flattert,
meine Kraft ist fort,
selbst meine Augen versagen mir den Dienst.
12 Die Freunde und Nachbarn meiden mich,
sie fürchten sich vor meinem Unglück.
Auch meine Nächsten sind nun fern von mir.
13 Man will mir ans Leben, stellt mir Fallen;
man wünscht mir Unheil,
redet, was mir schadet,
verleumdet mich den ganzen Tag.

14 Ich aber stelle mich taub, als hörte ich nichts,
mein Mund bleibt stumm, als könnte ich nicht
reden.
15 Ich bin wie einer, der nicht hören kann
und deshalb keine Antwort gibt.
16 Denn ich verlasse mich auf dich,
mein Gott und Herr;
du wirst an meiner Statt die Antwort geben.
17 Ich möchte nicht,
daß sie mein Unglück feiern,
daß sie sich überheben, wenn ich strauchle.
18 Denn es fehlt nicht mehr viel
zu meinem Sturz;
meine Schmerzen erinnern mich ständig daran.

19 Ich gestehe es: Ich habe gesündigt.
Ich finde keine Ruhe wegen meiner Schuld.
20 Doch meine Todfeinde sind stark
und mächtig;
viele sind es, die mich grundlos hassen.
21 Gutes vergelten sie mir mit Bösem,
sie feinden mich an, weil ich das Gute suche.

22 HERR, laß mich nicht im Stich,
bleib nicht fern von mir, mein Gott!
23 Komm, hilf mir bald, Herr, du mein Retter!

Gott, zeige mir, wie kurz mein Leben ist!

39 Ein Lied Davids, für Jedutun.

2 Ich hatte mir vorgenommen,
auf mich aufzupassen
und nichts zu sagen,

a *ich:* mit alten Übersetzungen; H *er* bzw. *man.*

38,3 Ijob 6,4 38,4-6 32,3-5 S; 40,13 38,12 31,12; 69,9; 88,9.19; Ijob 19,13-19 38,19 32,3-5 S 39,1 1 Chr 25,1 S

wodurch ich schuldig würde,
in Gegenwart von Schurken stillzuschweigen,
als hätte ich einen Knebel im Mund.
3 Ich habe mich in Schweigen gehüllt,
doch nichts hat sich dadurch gebessert,
denn meine Qualen wurden immer schlimmer:
4 In meinem Herzen staute sich die Angst,
jeder Gedanke fachte sie an wie ein Feuer –
da hielt ich's nicht mehr aus,
ich mußte reden!

5 HERR, zeige mir, wie kurz mein Leben ist
und daß mein Ende unausweichlich kommt;
mach mir bewußt, wie wenig mir noch bleibt!
6 Die Länge meines Lebens –
ein paar Handbreit;
ein Weilchen nur,
ein Nichts in deinen Augen.
Wie fest meint jeder Mensch zu stehen
und ist in Wahrheit nur ein Hauch!
7 Er kommt und geht
wie die Bilder eines Traums;
er ist geschäftig und lärmt – für nichts;
er sammelt und speichert
und weiß nicht, wer's bekommt.

8 Herr, was hab ich da noch zu erhoffen?
Ich setze meine ganze Hoffnung auf dich!
9 Befreie mich von aller meiner Schuld,
und mach mich nicht zum Spott für Menschen,
die dich und deine Gebote mißachten!
10 Ich bin jetzt still,
ich werde nichts mehr sagen;
von dir kommt alles, was geschehen ist.
11 Doch laß es genug sein;
hör auf, mich zu plagen;
ich halte deine Schläge nicht mehr aus!
12 Du strafst einen Menschen für seine Schuld;
das Wertvollste, was er hat, sein Leben,[a]
zerstörst du wie die Motte, die ein Kleid
zerfrißt.
Ein Hauch ist jeder Mensch – mehr nicht!

13 Höre mein Gebet, HERR,
achte auf mein Schreien;
sei nicht taub für mein Klagen und Weinen!
Ich bin nur ein Gast bei dir
wie alle meine Ahnen,
ein rechtloser Fremder,
der auf deine Güte zählt.
14 Wende deinen strafenden Blick von mir ab,
damit ich noch einmal aufatmen kann,
bevor ich gehen muß und nicht mehr bin!

Dank und Gelöbnis

40 Ein Lied Davids.

2 Unbeirrt habe ich auf den HERRN gehofft,
auf seine Hilfe habe ich gewartet.
Er hat mein Schreien gehört
und hat mir geholfen.
3 Ich sah mich schon im Grabe liegen,
ich sah mich im Sumpf versinken;
doch er hat mich herausgezogen
und mich auf Felsengrund gestellt.
Jetzt kann ich wieder sichere Schritte tun.

4 Ein neues Lied hat er mir in den Mund gelegt,
mit dem ich ihn preisen kann,
ihn, unseren Gott.
Viele sollen es hören und sehen;
dann nehmen sie den HERRN wieder ernst
und schenken ihm ihr Vertrauen.
5 Wie glücklich ist,
wer ganz auf den HERRN vertraut
und sich an keine anderen Mächte[b] bindet,
die nur in die Irre führen.

6 HERR, mein Gott!
Du hast so viel für uns getan;
niemand ist wie du!
Deine Pläne, deine wunderbaren Taten –
wenn ich sie alle aufzählen wollte,
ich käme nie an ein Ende!
7 Aus Opfern und Gaben machst du dir nichts,
Brandopfer* und Sühneopfer* verlangst du nicht
von mir.
Aber du hast mir Ohren gegeben,
um auf dich zu hören!
8–9 Darum sage ich: Mein Gott, ich bin bereit,
zu tun, was du von mir erwartest,
so wie es für mich aufgeschrieben ist
im Buch des Gesetzes*.
Ich freue mich über dein Gesetz
und trage es in meinem Herzen.

10 Vor der ganzen Gemeinde will ich erzählen,
wie treu du deine Zusagen einlöst.[c]
Ich höre niemals auf, davon zu reden;

a Wörtlich *seine Anmut/Schönheit.* b *Mächte:* Deutung unsicher.
c *wie treu ...:* wörtlich *(erzählen) die Gerechtigkeit**, in Vers 11 *Was du getan hast* wörtlich *Deine Gerechtigkeit.*

39,5-7 62,10; 78,39; 90,12; 144,4; Ijob 7,7-8; 14,1-2 **39,8** 42,6 **39,12** 90,7-9 **39,13** 119,19; Lev 25,23; 1 Chr 29,15; 1 Petr 2,11 S; Hebr 11,13 **39,14** Ijob 7,19 S **40,4** 96,1 S **40,5** Jer 17,5-8 **40,6** 139,17-18 S **40,7-9** 50,7-15; 51,18-19; 69,32; Koh 4,17 S **40,10-11** 22,23 S

du weißt es, HERR!
11 Was du getan hast,
behalte ich nicht für mich,
ich bezeuge es allen,
daß du treu bist und hilfst.
Ich will der Gemeinde nicht verschweigen,
wie gütig und zuverlässig du bist.
12 HERR, du wirst mir dein Erbarmen
nicht entziehen.
Deine Güte und Treue werden mich stets
bewahren.

13 Von allen Seiten
überfällt mich das Unglück;
ich kann nicht zählen, wie oft es zuschlägt.
Meine Verfehlungen haben mich eingeholt;
ich kann nichts anderes mehr sehen,
ich habe mehr davon als Haare auf dem Kopf.
Darum habe ich allen Mut verloren.
14 Sei gnädig, HERR, rette mich,
komm, hilf mir bald!

15 Schimpf und Schande komme über alle,
die mir nach dem Leben trachten!
Zurückweichen sollen sie
und zuschanden werden,
alle, die an meinem Unglück Freude haben!
16 Sie sollen sich entsetzen über ihre Schande,
die hämisch rufen: »Da! Habt ihr's gesehen?«
17 Doch alle, die deine Nähe suchen,
sollen über dich jubeln und glücklich sein!
Alle, die deine Hilfe begehren,
sollen immer wieder rufen: »Der HERR ist groß!«

18 Ich bin arm und wehrlos;
Herr, vergiß mich nicht!
Du bist doch mein Helfer und Befreier,
mein Gott, laß mich nicht länger warten!

Gebet eines Kranken

41 Ein Lied Davids.

2 Wie glücklich sind alle,
die für die Hilflosen sorgen!
Wenn sie in Not geraten,
holt der HERR sie heraus
3 und erhält sie am Leben;
alle im Land werden sie glücklich preisen.
Der HERR überläßt sie nicht der Willkür
ihrer Feinde.
4 Wenn Krankheit sie niederwirft,
steht der HERR ihnen bei
und hilft ihnen wieder auf.

5 Weil ich das weiß, sage ich:
HERR, hab Erbarmen mit mir
und mach mich wieder gesund!
Denn gegen dich habe ich mich vergangen!

6 Meine Feinde sind grausam,
sie fragen: »Wann ist er endlich tot,
damit man ihn schnellstens vergißt?«
7 Wenn mich überhaupt noch einer
von ihnen besucht,
dann tut er es in böser Absicht:
Er sucht nach Beweisen für meine Schuld;
kaum ist er wieder draußen,
verleumdet er mich.
8 Alle, die mich hassen,
stecken ihre Köpfe zusammen;
einmütig ziehen sie über mich her
und reden schon von meinem Ende:
9 »Den läßt die Hölle nicht mehr los,
sein Bett verläßt er nur noch als Toter!«
10 Sogar mein bester Freund,
dem ich wie keinem anderen vertraute,
der mit mir vom selben Brot gegessen hat –
auch er hat sich nun gegen mich gewandt!
11 Du aber hab Erbarmen mit mir,
HERR, richte mich doch wieder auf,
damit ich sie zur Rechenschaft ziehe!

12 Wenn das Siegesgeschrei meiner Feinde
verstummt,
dann weiß ich, daß du es gut mit mir meinst.
13 Weil ich schuldlos bin, hältst du zu mir
und läßt mich für immer in deiner Nähe leben.

14 Gepriesen sei der HERR, der Gott Israels,
vom Anfang der Zeiten bis in alle Zukunft!
Amen, so soll es sein!

ZWEITES BUCH
(Psalmen 42–72)

Hoffnung in größter Not[a]

42/43 Ein Gedicht der Korachiter.

2 Wie ein Hirsch nach frischem Wasser lechzt,
so sehne ich mich nach dir, mein Gott!
3 Ich dürste nach Gott,

a Wie der Kehrvers zeigt (42,6.12; 43,5), waren Ps 42/43 ursprünglich ein zusammenhängendes Lied.

40,14-18 70,2-6 40,16 35,21 40,18 9,13 S 41,2-4 25,12-13 S 41,2 Spr 14,21 S 41,5 38,4-6 S 41,7 35,21 41,10 Joh 13,18 41,13 23,6 S 42,2-3 17,15 S; 84,3

nach dem wahren, lebendigen Gott.
Wann darf ich zu ihm kommen,
wann darf ich ihn sehen?[a]

4 Tränen sind meine Nahrung
bei Tag und Nacht,
weil man mich ständig fragt:
»Wo bleibt er denn, dein Gott?«
5 Wenn ich an früher denke,
geht das Herz mir über:
Da zog ich mit der großen Schar
zum Hause Gottes,
da konnte ich jubeln und danken
in der feiernden Menge.

6 *Warum bin ich so mutlos?*
Muß ich denn verzweifeln?
Auf Gott will ich hoffen!
Ich weiß, ich werde ihn noch einmal preisen,
ihn, meinen Gott, der mir hilft.[b]

7 Ich weiß nicht mehr aus noch ein!
Darum gehen meine Gedanken zu ihm –
aus der Ferne,
vom Land an den Jordanquellen,
vom Hermongebirge mit seinen Gipfeln.
8 Rings um mich tost es und braust es:
Flut auf Flut, von ihm geschickt,
Welle auf Welle rollt über mich hin.

9 Am Tag wird er mir seine Güte erweisen,
und in der Nacht will ich ihm singen
voller Dank;
zu Gott will ich beten,
der mir das Leben gibt.
10 Ich sage zu ihm, meinem Beschützer:
Warum hast du mich vergessen?
Warum geht es mir so elend?
Und dazu quälen mich noch meine Feinde!
11 Wie eine tödliche Wunde ist ihr Hohn
für mich,
weil sie mich täglich fragen:
»Wo bleibt er denn, dein Gott?«

12 *Warum bin ich so mutlos?*
Muß ich denn verzweifeln?
Auf Gott will ich hoffen!
Ich weiß, ich werde ihn noch einmal preisen,
ihn, meinen Gott, der mir hilft.

43,1 Steh mir bei, Gott,
verschaffe mir Recht;
verteidige mich gegen treulose Menschen,
die mich mit Lüge und Arglist verfolgen!
2 Du bist doch immer mein Schutz gewesen!
Warum hast du mich jetzt verstoßen?
Warum geht es mir so elend?
Und dazu quälen mich noch meine
Feinde!

3 Stell mir dein Licht und deine Treue
zur Seite!
Sie sollen mich führen,
mich hinbringen zu deinem heiligen Berg,
zu dem Ort, wo du wohnst.
4 Dort will ich an deinen Altar treten,
vor dich, den Grund meiner Freude.
Zum Klang der Harfe will ich dich preisen,
dich, meinen Gott!

5 *Warum bin ich so mutlos?*
Muß ich denn verzweifeln?
Auf Gott will ich hoffen!
Ich weiß, ich werde ihn noch einmal preisen,
ihn, meinen Gott, der mir hilft.

Von Gott verstoßen?

44 Ein Gedicht der Korachiter.
2 Gott, mit eigenen Ohren
haben wir es gehört,
unsere Väter und Vorväter
haben es uns erzählt,
was du vollbracht hast in ihren Tagen –
damals, vor langer Zeit:
3 Fremde Völker hast du aus dem Land
vertrieben
und unsere Väter darin wohnen lassen.
Die Fremden hast du hart geschlagen,
damit unsere Väter in Freiheit
leben konnten.
4 Sie haben zwar das Land erobert,
doch nicht durch *ihre* Schwerter
kam der Sieg
und nicht durch ihre eigene Kraft:
Durch *deine* Hand und *deine* Macht
und *deine* Gegenwart ist es geschehen,
denn du liebtest sie!

a *ihn sehen:* mit einigen Handschriften und der syrischen Übersetzung; H *vor ihm erscheinen* (so von den jüdischen Überlieferern geändert, da als anstößig empfunden; vgl. Ex 33,20).
b *ihn, meinen Gott ...* (wörtlich *die Hilfe meines Angesichts und meinen Gott*): mit einigen Handschriften und alten Übersetzungen; entsprechend in Vers 12; 43,5. H *die Hilfe seines Angesichts, [7] mein Gott.*

42,4 115,1-2 S **42,5** 122,1 S **42,6** 39,8; 62,6 **42,8** 18,5; 69,2-3; 88,8; 124,4-5; Ijob 22,11; Jona 2,4 **42,9** 119,55 S **42,10** 22,2 **43,3** 76,3 S **43,4** 5,8 S **44,2-4** Jos 24,11-12

5 Du, Gott, bist unser König,
du gibst[a] den Nachkommen Jakobs den Sieg.
6 Mit deiner Hilfe stoßen wir die Gegner nieder,
durch deine Macht zertreten wir
unsere Feinde.
7 Wir verlassen uns nicht auf unseren Bogen,
wir erwarten nicht,
daß unser Schwert uns rettet:
8 Nur du befreist uns von unseren Feinden
und stürzt die in Schande, die uns hassen.
9 Alle Tage wollen wir dich rühmen
und dir, unserem Gott, ohne Ende danken!

10 Nun aber hast du uns verstoßen
und uns in Schmach und Schande gestürzt;
du ziehst nicht mehr mit unseren Heeren
in den Kampf.
11 Du läßt zu, daß wir fliehen müssen
vor unseren Feinden, die uns hassen;
hemmungslos dürfen sie Beute machen.
12 Wie Schlachtvieh lieferst du uns
an sie aus,
du zerstreust uns unter fremde Völker.

13 Du verkaufst dein Volk
zu einem lächerlichen Preis,
nicht den kleinsten Gewinn machst du dabei.
14 Du läßt uns von unseren Nachbarn
verhöhnen,
sie dürfen uns verlachen und beschimpfen.
15 Du machst uns zur Spottfigur
für die Völker,
sie alle schütteln über uns den Kopf.
16 Den ganzen Tag empfinden wir
die Schande,
und das Gesicht brennt uns vor Scham,
17 wenn wir den Hohn der Feinde hören,
wie sie in ihrer Rachsucht uns beleidigen.

18 Dies alles ist über uns hereingebrochen –
doch wir hatten dich nicht vergessen
und den Bund mit dir nicht aufgekündigt!
19 Wir haben uns nicht von dir abgewandt
und sind keinen Schritt von deinem Weg
gewichen.
20 Du aber hast uns zu Boden geschlagen,
wir müssen in den Trümmern hausen
wie Schakale,
auch nicht die kleinste Hoffnung läßt du uns.
21 Hätten wir dich, unseren Gott, vergessen
und zu anderen Göttern gebetet,
22 du hättest es sofort gewußt,
du kennst doch die Tiefen unseres Herzens!
23 Weil wir zu dir gehören,
sind wir täglich in Todesgefahr.
Wir werden angesehen wie Schafe,
die zum Schlachten bestimmt sind.

24 Wach auf, Herr! Warum schläfst du?
Wach endlich auf,
verstoß uns nicht für immer!
25 Warum blickst du nicht mehr auf uns?
Warum fragst du nicht danach,
wie man uns quält und unterdrückt?
26 Erniedrigt liegen wir am Boden,
kraftlos hingestreckt in den Staub.
27 Greif ein und hilf uns, mach uns frei!
Wir berufen uns auf deine Güte!

Zur Hochzeit des Königs

45 Ein Gedicht der Korachiter, zu singen nach der Melodie »Lilien«,[b] ein Lied auf die Liebe.

2 Eine Botschaft bewegt mein Herz,
Gott hat sie mir eingegeben;
darum singe ich dem König ein Lied.
Meine Zunge soll es so kunstvoll tun
wie der Griffel in der Hand des geübten
Schreibers.

3 Du bist der stattlichste von allen Männern,
von deinen Lippen fließen Worte voller Huld;
sichtbar ruht Gottes Segen auf dir.
4 Schnalle dein Schwert um,
du tapferer Kämpfer,
umgib dich mit Pracht und königlichem
Glanz!
5 In deiner Pracht besteige den Wagen,
führe erfolgreich den Kampf für die
Wahrheit,
verhilf den Schwachen zu ihrem Recht![c]
Vollbringe Taten, für die man dich fürchtet!
6 Schieße deine scharfen Pfeile,
unterwirf dir die Völker,
triff deine Feinde mitten ins Herz!

7 Dein Thron ist Gottes Thron,
darum steht er für alle Zeiten fest.[d]

a *du gibst:* mit G; H *gib.*
b Die Deutung der hebräischen Bezeichnung ist unsicher; einige verstehen darunter ein Musikinstrument.
c Wörtlich *für die Wahrheit und für die Demut der Gerechtigkeit.*
d Oder *Gott, dein Thron* (oder *Dein göttlicher Thron*) *steht für alle Zeiten fest.*

44,7 20,8 S **44,14-15** 79,4; 80,7 **44,22** 139,1 S **44,23** 34,20; 69,8; Röm 8,36 **44,24** 121,4 **45,5** 72,1-2 **45,7-8** 2,6; Hebr 1,8-9

Du regierst dein Reich als gerechter König.
8 Du liebst das Recht
und verabscheust das Unrecht;
darum hat Gott dich zum Herrscher berufen,
dein Gott hat dir mehr Ehre und Freude
gegeben
als allen, die zu dir gehören.
9 Nach Myrrhe*, Zimt und Aloë*
duften alle deine Gewänder.
Um dich zu erfreuen, erklingt Musik
aus deinen mit Elfenbein verzierten Palästen.
10 Töchter von Königen sind an deinem Hof;
zu deiner Rechten steht die Königin[a]
in Schmuck aus allerbestem Gold.

11 Du Königstochter, sieh mich an
und höre aufmerksam, was ich dir sage:
Vergiß dein Volk und die Familie deines Vaters!
12 Der König begehrt dich wegen deiner
Schönheit.
Er ist dein Gebieter, verneige dich vor ihm!
13 Die Leute von Tyrus bringen dir Geschenke,
die reichsten Völker suchen deine Gunst.

14 Wie prächtig sieht die Königstochter aus!
In golddurchwirktem Kleid betritt sie den
Palast.
15 Über bunte Teppiche[b] wird sie hereingeführt
mit ihrem Brautgefolge von jungen Mädchen;
so bringt man sie zum König.
16 Unter Freudenrufen und lautem Jubel
ziehen sie ein in die große Halle.

17 Mein König, an der Stelle deiner Väter
werden in Zukunft deine Söhne herrschen;
du wirst sie in der ganzen Welt
zu Fürsten machen.
18 Mein Lied soll die Erinnerung an dich
für alle Zeiten lebendig halten;
immer werden die Völker dich preisen!

Gott ist bei uns

46 Ein Lied der Korachiter, für hohe Stimmen.

2 Gott ist unsere sichere Zuflucht,
ein bewährter Helfer in aller Not.
3 Darum haben wir keine Angst,
auch wenn die Erde bebt
und die Berge ins Meer versinken,
4 wenn die Fluten toben und tosen
und die Berge davon erzittern:

Der Herr der Welt ist bei uns,
der Gott Jakobs ist unser Schutz![c]

5 Frisches Wasser strömt durch die
Gottesstadt,
in der die heilige Wohnung des Höchsten ist.
6 Gott selbst ist in ihren Mauern,
nichts kann sie erschüttern.
Er bringt ihr Hilfe, bevor der Morgen graut.
7 Er läßt seine Stimme hören –
und die Völker zittern,
Königsthrone wanken,
die ganze Erde vergeht vor Angst.

8 *Der Herr der Welt ist bei uns,*
der Gott Jakobs ist unser Schutz!

9 Kommt und seht, wie mächtig der HERR ist,
wie er Furcht und Schrecken auf der Erde
verbreitet:
10 Er macht dem Krieg ein Ende in aller Welt;
die Bogen zerbricht er,
die Spieße zerschlägt er,
die Schilde verbrennt er.
11 »Macht Frieden!« ruft er.
»Erkennt, daß ich Gott bin!
Ich habe Macht über die Völker der Erde.«

12 *Der Herr der Welt ist bei uns,*
der Gott Jakobs ist unser Schutz!

Der höchste Herrscher

47 Ein Lied der Korachiter.

2 Ihr Völker alle, klatscht in die Hände,
begrüßt unseren Gott mit Freudengeschrei!
3 Der HERR ist der Höchste,
vor ihm erschrickt alles,
er, der große König, regiert die ganze Erde.
4 Er hat uns die anderen Völker unterworfen
und Nationen in unsere Gewalt gebracht.
5 Das Land, das wir besitzen,
unser ganzer Stolz –
er selbst hat es für uns ausgewählt,
denn er liebt die Nachkommen Jakobs.

a Wahrscheinlich handelt es sich um die Mutter des Königs.
b Oder *In bunten Kleidern.* Fortsetzung unklar, wörtlich *Brautjungfern hinter ihr her, ihre Gefährtinnen, werden zu dir gebracht.*
c Der Kehrvers ist an dieser Stelle nach Vers 8 und 12 ergänzt worden. *Herr der Welt:* wörtlich *HERR Zebaot*.*

45,11 Rut 1,16-17 **46,2** Spr 18,10 S **46,4** 27,1 **46,5** Ez 47,1-12 S **46,7** 29,3-9 S **46,10-11** 76,4; Jes 2,4 S **47,4** 2,8; Jos 23,3-5 **47,5** Dtn 32,9; 7,9 S

[6] Gott ist zu seinem Thron hinaufgestiegen,
unter Jubelrufen und Hörnerschall
nimmt er ihn ein.
[7] Singt und spielt zu Gottes Ehre!
Singt und spielt zur Ehre unseres Königs!
[8] Denn Gott ist der König der ganzen Erde;
preist ihn mit eurem schönsten Lied!

[9] Gott herrscht über alle Völker;
er sitzt auf seinem heiligen Thron.
[10] Die Großen der Völker kommen herbei,
sie versammeln sich mit dem Volk,
das dem Gott Abrahams gehört.[a]
Ihm unterwerfen sich die Mächtigen der Erde,
denn er steht hoch über ihnen allen.

Die Stadt des großen Königs

48 Ein Lied der Korachiter.

[2] Der HERR ist mächtig!
Groß ist der Ruhm unseres Gottes
in seiner Stadt und auf seinem heiligen Berg!
[3] Prächtig erhebt sich der Zion*,
eine Freude für die ganze Welt!
Er ist der wahre Gottesberg*;
dort steht die Stadt des großen Königs.
[4] Gott ist in ihren Mauern,
er selbst ist ihr Schutz.
[5] Die Könige rotteten sich zusammen
und stürmten gemeinsam gegen die Stadt.
[6] Doch was sie sahen, ließ sie erstarren,
kopflos vor Angst ergriffen sie die Flucht.
[7] Das Zittern kam plötzlich über sie,
so wie die Wehen über eine Frau,
[8] unabwendbar wie der Ostwind,
mit dem Gott die größten Schiffe zerbricht.

[9] Das alles hatte man uns seit langem
erzählt;
nun haben wir es selbst gesehen
in der Stadt, die unserem Gott gehört,
dem Herrscher der ganzen Welt.[b]
Er hat sie für immer fest gegründet.

[10] Im Innern deines Tempels*, Gott,
erinnern wir uns an deine Güte.
[11] In der ganzen Welt wirst du gepriesen,
bis in die fernsten Winkel reicht dein Ruhm.
Sieg und Rettung sind in deiner Hand;[c]
[12] deswegen herrscht Freude auf dem Zion!
Du hast für unser Recht gesorgt;
darum jubeln alle Städte in Juda!

[13] Umschreitet den Zion,
geht rund um die Stadt,
zählt ihre starken Türme,
[14] bewundert ihren breiten Wall,
betrachtet ihre mächtige Burg!
Dann könnt ihr's euren Kindern weitersagen:
[15] »Seht doch, so mächtig ist Gott!
Er ist unser Gott für alle Zeiten
und wird uns immer führen.«[d]

Leben ist nicht zu kaufen

49 Ein Lied der Korachiter.

[2] Hört mir zu, ihr Völker,
merkt auf, ihr Bewohner der ganzen Erde!
[3] Hohe und Geringe, Reiche und Arme,
die einen wie die anderen rufe ich!
[4] Aus meinen Worten spricht Erfahrung
und tiefe Einsicht aus meinen Gedanken.
[5] Ich lausche auf Eingebungen von Gott
und werde sie beim Harfenspiel erklären:

[6] Warum soll ich mich ängstigen
an Unglückstagen,
wenn ich umringt bin von den Unheilstiftern,
die sich an meine Fersen heften?
[7] Sie verlassen sich auf ihr vieles Geld
und brüsten sich mit ihrem großen Reichtum.
[8] Doch Gott ein Menschenleben abzukaufen
ist unmöglich!
Auch sein eigenes Leben kann niemand
auslösen:
[9] Der Kaufpreis für ein Menschenleben
ist zu hoch;
was man auch bietet, es ist niemals genug.
[10] Kein Mensch kann für immer leben,
am Sterben führt kein Weg vorbei![e]

[11] Es ist offenkundig:
Auch die Klügsten sterben,
genauso wie unvernünftige Narren;

a Wörtlich *Die Großen der Völker versammeln sich – das Volk des Gottes Abrahams**.
b Wörtlich *dem HERRN Zebaot**. c *Sieg und ...:* wörtlich *Deine Rechte ist gefüllt mit Gerechtigkeit**.
d *immer:* mit mehreren Handschriften und G. Nach H müßte dieses im Hebräischen letzte Wort des Psalms übersetzt werden: *Nach (der Melodie): Stirb.* Da solche Angaben für gewöhnlich am Anfang eines Psalms stehen, fragt es sich, ob ursprünglich der folgende Psalm so begonnen hat. Andere Ausleger lesen (mit veränderten Vokalen): *über den Tod hinaus.*
e Wörtlich *für immer leben und das Grab nicht sehen.*

47,6-10 24,7-10; 29,10; 93,1-2; 96,7-10; 97,1-5; 99,1-2; Jes 52,7 S **48,2-3** 76,3 S **48,3** Jes 14,13; Ez 28,14 **48,5-8** 46,9-11; 76,6-8 **49,7** 37,16; 52,9; Ijob 31,24 S; Jer 9,22 **49,8-10** Mk 8,36 par **49,11** Koh 2,13-16

was sie besitzen, bleibt zurück für andere.
12 Für immer wird das enge Grab
ihre Wohnung,[a]
auch wenn sie ganze Länder ihr eigen nannten.

13 *Durch Größe und Reichtum*
bleibt keiner am Leben;
der Mensch geht ebenso zugrunde
wie das Vieh.

14 Voll Sicherheit sind diese Leute,
so vermessen, nur auf sich selber zu vertrauen,
so überzeugt von ihren eigenen Reden.
Wie aber ist ihr Schicksal?
Was ist ihre Zukunft?
15 Wie Schafe trotten sie zur Totenwelt*;
der Hirt, der sie dort weidet, ist der Tod.[b]
Weit weg von ihren prachtvollen Häusern
zerfrißt die Verwesung ihre Gestalt.[c]
16 Mein Leben aber – Gott selbst kauft es frei;
aus den Krallen des Todes reißt er mich heraus!

17 Laß dich nicht ängstigen,
wenn einer reich wird
und der Wohlstand seines Hauses
immer größer!
18 Denn wenn er stirbt,
nimmt er nichts davon mit,
sein Reichtum folgt ihm nicht ins Grab.
19 Sein Leben lang lobt er sich selber,
und andere schmeicheln ihm,
weil es ihm gutgeht.
20 Und doch muß er dorthin,
wo seine Väter sind,
die niemals mehr das Licht erblicken.

21 *Größe und Reichtum*
mag ein Mensch gewinnen;
aber wenn er keine Einsicht hat,
geht er zugrunde wie das Vieh.

Was Gott von seinem Volk erwartet

50 Ein Lied Asafs.
Gott, der HERR, spricht,
der Große und Mächtige!
Sein Ruf schallt über die ganze Erde,
von dort, wo die Sonne aufgeht,
bis dorthin, wo sie versinkt.
2 Auf dem Zion*, dem schönsten aller Berge,
zeigt sich Gott in strahlendem Glanz.
3 Unser Gott kommt, er schweigt nicht länger.
Vor ihm her läuft vernichtendes Feuer,
um ihn stürmt und wütet das Wetter.
4 Himmel und Erde ruft er als Zeugen auf,
denn er will sein Volk zur Rechenschaft
ziehen.
5 »Holt mir die Meinen zusammen«, sagt er,
»sie haben einen Bund* mit mir geschlossen
und sich verpflichtet, mir zu gehorchen;
mit einem Opfer* haben sie den Bund
besiegelt.«
6 Der Himmel kann es bezeugen:
Gott ist im Recht,
wenn er nun Rechenschaft von ihnen fordert.

7 »Höre, mein Volk,
ich habe mit dir zu reden!
Israel, ich klage dich an,
ich selbst, dein Gott!
8 Du bringst mir viele Opfergaben,
daran habe ich nichts auszusetzen;
Brandopfer bringst du mir zu jeder Zeit.
9 Aber ich nehme deine Opfer* nicht an.
Ich brauche ihn nicht,
den Stier aus deinem Stall,
auch nicht den Bock aus deinem Pferch!
10 Alle Tiere des Waldes gehören mir,
das Wild auf Tausenden von Bergen
ist mein Eigentum.
11 Auch die Vögel dort gehören mir
und alle kleinen Tiere auf dem freien Feld.
12 Selbst wenn ich Hunger hätte,
würde ich von dir nichts fordern;
denn mir gehört die ganze Erde
und alles, was darauf lebt.
13 Meinst du, ich esse das Fleisch von Rindern
oder trinke das Blut von Böcken?
14 Nicht Opfer will ich von dir, sondern Dank:
Löse deine Versprechen ein,
die du mir in Bedrängnis gegeben hast,
mir, dem Höchsten, deinem Gott!
15 Bist du in Not, so rufe mich zu Hilfe!
Ich werde dir helfen,
und du wirst mich preisen.«

16 Zu dem Ungehorsamen aber sagt Gott:
»Was sprichst du ständig von meinen Geboten
und berufst dich auf meinen Bund?

a *Grab:* mit alten Übersetzungen; H *Ihr Inneres (ist) ihre Wohnung für immer.*
b Es folgt noch, im Zusammenhang unverständlich: *Am Morgen werden sie von den Gerechten zertreten.*
c Die Deutung der beiden letzten Zeilen von Vers 15 ist äußerst unsicher.

49,13 Koh 3,18-21 **49,14-16** 16,10-11; Weish 2,23–3,9 **49,16** 30,4 S; 73,23-26 **49,17-20** Ijob 1,21 S **50,1** 1 Chr 6,24 S **50,2** 76,3 S **50,3** 97,3-4 **50,4-15** Mi 6,1-8 **50,4** Dtn 4,26 S **50,5** Ex 24,4-11 **50,8-15** 40,7-9 S **50,15** 91,15

17 Du läßt dir ja nichts von mir sagen,
jede Mahnung schlägst du in den Wind!
18 Mit Dieben freundest du dich an,
bei Ehebrechern fühlst du dich zu Hause,
19 dein Mund fließt über von Lästerreden,
deine Zunge knüpft lauter Lügengewebe.
20 Du ziehst über deine Mitmenschen her,
sogar den eigenen Bruder verleumdest du.
21 Und ich sollte schweigen zu all diesem Unrecht?
Hältst du mich etwa für deinesgleichen?
Ich verlange Rechenschaft von dir,
ich halte dir jede Schändlichkeit vor Augen!

22 Ihr alle, die ihr mich vergessen habt,
hört, was ich sage, nehmt es zu Herzen!
Sonst schlage ich zu, und es gibt keine Rettung.
23 *Dank* ist die Opfergabe,
an der ich Freude habe;
und wer auf meinen Wegen geht,
erfährt meine Hilfe.«

Bitte um Vergebung der Schuld

51 Ein Lied Davids. 2 Er dichtete es, als der Prophet Natan ihn wegen seines Ehebruchs mit Batseba zur Rede gestellt hatte.

3 Gott, du bist reich an Liebe und Güte;
darum erbarme dich über mich,
vergib mir meine Verfehlungen!
4 Nimm meine ganze Schuld von mir,
wasche mich rein von meiner Sünde!

5 Ich weiß, ich habe Unrecht getan,
meine Fehler stehen mir immer vor Augen.
6 Nicht nur an Menschen bin ich schuldig geworden,
gegen dich selbst habe ich gesündigt;
ich habe getan, was du verabscheust.
Darum bist du im Recht,
wenn du mich schuldig sprichst;
deinen Richterspruch kann niemand tadeln.

7 Ich bin verstrickt in Verfehlung und Schuld
seit meine Mutter mich empfangen[a] und geboren hat.
8 Das war mir verborgen;
du hast es mir gezeigt.
Dir gefällt es,
wenn jemand die Wahrheit erkennt.[b]

9 Nimm meine Schuld von mir,[c]
dann werde ich rein!
Wasche mich,
dann werde ich weiß wie Schnee!
10 Laß mich wieder Freude erleben
und mit deiner Gemeinde jubeln.
Du hast mich völlig zerschlagen;
richte mich doch wieder auf!
11 Sieh nicht auf meine Verfehlungen,
tilge meine ganze Schuld!

12 Gott, schaffe mich neu:
Gib mir ein Herz, das dir völlig gehört,
und einen Geist, der beständig zu dir hält.[d]
13 Vertreibe mich nicht aus deiner Nähe,
entzieh mir nicht deinen Heiligen Geist*!
14 Mach mich doch wieder froh
durch deine Hilfe,
und gib mir ein gehorsames Herz!
15 Alle, die dir nicht gehorchen,
will ich an deine Gebote erinnern,
damit sie umkehren und tun, was dir gefällt.

16 Gott, du bist mein Retter!
Ich habe den Tod verdient,
aber verschone mich!
Dann werde ich laut deine Treue preisen.[e]
17 Herr, nimm die Schuld von mir
und löse mir die Zunge,[f]
dann kann ich deine Güte vor allen rühmen.
18 Tieropfer willst du nicht,
ich würde sie dir gerne geben;
aus Brandopfern* machst du dir nichts.
19 Aber wenn ein Mensch dir Herz und Geist hingibt,
wenn er mit sich am Ende ist
und dir nicht mehr trotzt –
ein solches Opfer weist du nicht ab.

20 Erweise doch Zion* deine Liebe:
Bau die Mauern Jerusalems wieder auf!
21 Dann wirst du auch wieder Freude haben
am Opfer, das du uns vorgeschrieben hast,
am Brandopfer, das wir dir ganz darbringen!
Dann werden auf deinem Altar*
wieder Stiere verbrannt!

a Damit wird nicht gesagt, daß der Zeugungsakt sündig ist oder die Sünde weitervererbt.
b Die Deutung von Vers 8 ist unsicher. *c* Wörtlich *Entsündige mich mit Ysop**.
d Wörtlich *Erschaffe mir, Gott, ein reines Herz, und erneuere in mir einen beständigen Geist.*
e *Treue:* wörtlich *Gerechtigkeit**. *f* Wörtlich *Herr, tu meine Lippen auf.*

50,23 119,108 **51,2** 2 Sam 12,1-17 **51,5** 32,5; 1 Joh 1,8-10 **51,6** Röm 3,4 **51,7** Röm 7,14 **51,9** Jes 1,18; Hebr 10,22 **51,12-14** Ez 36,26-27 S **51,18-19** 40,7-9 S **51,19** Jes 66,2 **51,20** 147,2 S **51,21** Mal 3,4

Der reiche Tyrann und sein Ende

52 Ein Gedicht Davids. [2] Er dichtete es, als der Edomiter Doëg zu Saul gekommen war und ihm berichtet hatte, David sei bei Ahimelech gewesen.

3 Warum prahlst du mit deiner Bosheit,
du Tyrann,
wo doch Gottes Güte mich den ganzen Tag
beschützt?
4 Ständig schmiedest du unheilvolle Pläne,
messerscharf ist deine Zunge, du Betrüger!
5 Das Böse ist dir lieber als das Gute,
die Lüge lieber als die Wahrheit.
6 Mit Worten zu zerstören macht dir Freude;
hinterhältig ist alles, was du sagst.
7 Deshalb wird Gott dich für immer vernichten;
er wird dich packen
und aus deinem Haus vertreiben;
aus der Welt der Lebenden wird er dich
entfernen,
so wie man Unkraut aus dem Boden reißt.

8 Menschen, die Gott die Treue halten,
werden zuschauen und erschaudern.
Dann werden sie erleichtert über dich lachen:
9 »Da, seht ihn, diesen Mann!
Er suchte seine Zuflucht nicht bei Gott,
sondern wähnte sich sicher mit seinem Geld,
das er durch Verbrechen erworben hatte.«
10 Ich aber bin wie ein grünender Ölbaum,
der nahe beim Tempel* Gottes wächst;
ich verlasse mich für alle Zeit auf seine Güte.

11 Gott, ich will dir immer danken
für das, was du getan hast.
Vor allen, die zu dir halten, will ich dich rühmen,
weil du so gütig bist.

Kein Gott?

(Ps 14)

53 Ein Gedicht Davids, zu singen nach schwermütiger Weise.[a]

2 Die Unverständigen reden sich ein:
»Es gibt keinen Gott!«[b]
Sie sind völlig verdorben,
ihr Tun ist schlimmstes Unrecht,
es gibt keinen, der etwas Gutes tut.
3 Gott blickt vom Himmel* herab
auf die Menschen.
Er will sehen, ob es da welche gibt,
die Verstand haben und nach ihm fragen.
4 Doch alle sind sie von ihm abgefallen,
verkommen sind sie, alle miteinander,
niemand ist da, der Gutes tut,
nicht einmal einer!

5 »Sie sind blind«, sagt Gott.
»Wo bleibt der Verstand dieser Unheilstifter?
Sie fressen mein Volk, als wäre es Brot;
doch mich nehmen sie alle nicht ernst.«

6 Ganz plötzlich werden sie erschrecken,
obwohl es keinen sichtbaren Grund dafür gibt.
Denn Gott zerstreut die Gebeine derer,
die sein Volk bedrängen.
Gott hat sie verworfen,
darum werden sie vor den Seinen
zuschanden.

7 Wie sehnlich warte ich darauf,
daß Israels Retter vom Zionsberg* kommt!
Wenn Gott das Schicksal seines Volkes wendet,
dann werden sie jubeln,
die Nachkommen Jakobs,
dann wird ganz Israel sich freuen.

Hilferuf eines Verfolgten

54 Ein Gedicht Davids, zu begleiten mit Saiteninstrumenten. [2] Er dichtete es, als die Männer von Sif zu Saul gekommen waren und ihm gemeldet hatten, David halte sich in ihrem Gebiet versteckt.

3 Gott, mach deinem Namen Ehre, rette mich!
Verschaffe mir Recht; du hast doch die Macht!
4 Ich bete zu dir, Gott, höre mich!
Verschließ die Ohren nicht vor meiner Bitte!
5 Menschen, die ich gar nicht kenne,
Grausame, die nicht nach dir fragen,
sie greifen mich an,
sie wollen mir ans Leben.

6 Du aber, Gott, du wirst mir helfen;
du bist mein Herr, du stehst für mich ein.
7 Das Unrecht, das meine Feinde mir antun,
wende es auf sie selbst zurück!
Bring sie für immer zum Schweigen –

a Die Bedeutung der hebräischen Wendung, die nur hier und in Ps 88,1 vorkommt, ist völlig unsicher.
b *Es gibt ...:* Nicht die Existenz Gottes wurde damals geleugnet, sondern daß er in irdische Verhältnisse eingreift; vgl. 10,11.
52,2 1 Sam 21,8; 22,9-10 **52,6** 109,2 S **52,7** 1,4-5 **52,9** 49,7 S **52,10** 92,13-15 **54,2** 1 Sam 23,19; 26,1 **54,7** 34,22 S; Röm 12,17-21

ich verlasse mich auf deine Treue!

8 Aus freien Stücken bringe ich dir Opfer*;
ich will dir danken, HERR,
weil du so gütig bist.
9 Du hast mich aus aller Bedrängnis befreit,
ich sehe lauter besiegte Feinde!

Vom Freund verraten

55 Ein Gedicht Davids, zu begleiten mit Saiteninstrumenten.

2 Gott, höre mein Gebet,
wende dich nicht ab von meiner Klage,
3 höre mich an und gib mir Antwort!
Die Sorgen drücken mich nieder,
ich finde keine Ruhe mehr;
4 denn Feinde bedrohen mich,
und Schurken bedrängen mich.
Sie überhäufen mich mit Unheil
und verfolgen mich mit wütendem Haß.
5 Die Angst schnürt mir das Herz zusammen,
tödlicher Schrecken hat mich überfallen,
6 Furcht und Zittern haben mich gepackt,
und kaltes Grauen steigt in mir hoch.

7 Ich wollte, ich hätte Flügel wie eine Taube!
Dann könnte ich fliegen
und eine Zuflucht suchen,
8 weit weg in die Wüste könnte ich fliehen
und endlich wieder Ruhe finden.
9 Ich würde schnell zu einem Schutzort eilen,
wo ich sicher bin vor dem rasenden Sturm.

10 Verwirre ihre Sprache, Herr,
damit sie einander nicht mehr verstehen![a]
Denn alles, was ich in der Stadt
gesehen habe,
ist Zwietracht und brutale Gewalt,
11 die Tag und Nacht die Runde machen,
oben auf dem Wehrgang der Mauer.
Und im Innern der Stadt
sind Unheil und Elend,
12 das Verbrechen breitet sich in ihr aus,
ihr Markt ist ein Schauplatz
von Betrug und Unterdrückung.

13 Wäre er immer mein Feind gewesen,
er, der mich jetzt beschimpft –
ich könnte es ertragen!
Hätte er mich immer schon gehaßt,
er, der sich über mich erhebt –
ich wäre ihm aus dem Weg gegangen.
14 Doch nein, *du* bist es,
ein Mann von gleichem Rang,
mein engster und vertrauter Freund!
15 Wie haben wir unsere Gespräche genossen;
einmütig gingen wir in Gottes Haus!

16 Der Tod soll meine Feinde holen,
ganz überraschend soll er für sie kommen!
Lebend sollen sie hinunter in die Totenwelt*;
denn die Bosheit wohnt in ihren Häusern
und Herzen!

17 Ich aber schreie zu Gott,
und er, der HERR, wird mir helfen.
18 Am Abend, am Morgen und am Mittag
bringe ich mein Klagen und Stöhnen vor ihn,
und er hört mich!
19 Er rettet mich und bewahrt mein Leben
bei allen Angriffen meiner Feinde;
denn viele werden mir zur Seite stehen.

20 Gott, der seit Menschengedenken regiert,
hört mein Gebet und zahlt es ihnen heim;
denn sie wollen sich nicht ändern
und weigern sich, ihn ernst zu nehmen.
21 Der Verräter vergreift sich an seinen
Freunden
und bricht das feierliche Bündnis.
22 Süß wie Sahne sind seine Worte,
aber sein Herz denkt nur an Krieg.
Glatt wie Öl fließt seine Rede,
doch jedes Wort ist ein spitzer Dolch.

23 »Wirf deine Last ab, übergib sie dem HERRN;
er selber wird sich um dich kümmern!
Niemals läßt er die im Stich,
die ihm die Treue halten.«

24 Du, Gott, wirst sie hinunterstürzen
in den großen, gähnenden Abgrund.
Wer sich mit Mord und Betrug befleckt,
soll in der Mitte seines Lebens sterben!
Ich aber vertraue auf dich!

Vertrauen und Furchtlosigkeit

56 Ein Lied Davids, nach der Melodie »Verstummte Taube in der Ferne«. Er dichtete es, als ihn die Philister in Gat festgenommen hatten.

a Wörtlich *Vernichte, Herr, zerteile ihre Zunge.*
54,8 50,23 55,10-12 Jer 5,1 55,10 Gen 11,7-9 55,13-14 41,10 55,16 Num 16,31-33 55,23 37,5; 1 Petr 5,7 56,1 1 Sam 21,11-16

[2] Gott, hab Erbarmen mit mir,
denn man stellt mir nach,
unaufhörlich werde ich bedrängt
und angefeindet!
[3] Meine Feinde dringen ständig auf mich ein;
viele kämpfen gegen mich, du Höchster.
[4] Doch wenn ich Angst bekomme,
setze ich mein Vertrauen auf dich.

[5] *Ich preise Gott für sein helfendes Wort.*
Ich vertraue ihm und habe keine Angst:
Was könnte ein Mensch mir schon tun?

[6] Ständig verdrehen sie meine Worte;
alles, was sie planen, soll mir schaden.
[7] Sie liegen überall auf der Lauer,
sie bespitzeln mich auf Schritt und Tritt,
sie haben es auf mein Leben abgesehen.
[8] Sollen sie frei ausgehen bei so viel Unrecht?
Gott, schlage sie in deinem Zorn zu Boden!
[9] Du weißt, wie oft ich umherirren mußte.
Sammle meine Tränen in deinen Krug;
ich bin sicher, du zählst sie alle!
[10] An dem Tag, an dem ich dich zu Hilfe rufe,
müssen meine Feinde den Rückzug antreten.
Ich weiß es: Du, Gott, stehst mir bei!

[11] *Ich preise Gott für sein helfendes Wort,*
ja, ich preise den HERRN für dieses Wort.
[12] *Ich vertraue ihm und habe keine Angst:*
Was könnten mir Menschen schon tun?

[13] Gott,
ich will dir meine Dankesschuld bezahlen,
so wie ich es versprochen habe.
[14] Denn du hast mich gerettet
vom drohenden Tod,
meine Füße vom Abgrund zurückgehalten.
Ich darf in deiner Nähe weiterleben,
weil du mich das Licht noch sehen läßt.

Neue Gewißheit

(Verse 8-12: 108,2-6)

57 Ein Lied Davids, nach der Melodie »Richte nicht zugrunde«. Er dichtete es, als er auf der Flucht vor Saul in der Höhle war.

[2] Erbarm dich, Gott, hab Erbarmen mit mir!
Bei dir suche ich Zuflucht,
im Schutz deiner Flügel will ich mich bergen,
bis das Unglück vorüber ist.

[3] Zu Gott, dem Höchsten, schreie ich,
zu ihm, der sich auf meine Seite stellt.
[4] Vom Himmel her wird er mir Hilfe schicken,
auch wenn mein Verfolger noch so höhnt!
Gott steht mir bei,
denn er ist treu und gütig!

[5] Mir ist, als wäre ich umringt von Löwen,
die gierig sind auf Menschenfleisch.
Ihre Zähne sind spitz wie Speere und Pfeile,
ihre Zungen scharf wie geschliffene Schwerter.

[6] *Gott, überstrahle den Himmel*
mit deiner Herrlichkeit
und erfülle die Erde mit deiner Macht!

[7] Sie haben mir ein Netz in den Weg gelegt,
um mein Leben in ihre Gewalt zu bekommen.
Eine Grube haben sie für mich gegraben;
aber sie sind selber hineingefallen.

[8] Mein Herz ist ruhig geworden, Gott,
ich fühle mich wieder sicher;
mit einem Lied will ich dich preisen.
[9] Wach auf, mein Herz!
Harfe und Laute, wacht auf,
denn heute will ich die Sonne wecken!
[10] Dir, Herr, bringe ich meinen Dank,
von dir will ich singen vor allen Völkern;
[11] denn deine Güte reicht bis an den Himmel
und deine Treue, so weit die Wolken ziehen!

[12] *Gott, überstrahle den Himmel*
mit deiner Herrlichkeit
und erfülle die Erde mit deiner Macht!

Gott sorgt für Recht auf der Erde

58 Ein Lied Davids, nach der Melodie »Richte nicht zugrunde«.

[2] Ihr Mächtigen,
ist euer Urteil wirklich gerecht,[a]
wenn ihr Gericht über die Menschen haltet?
Oder wollt ihr das Recht zum Verstummen
bringen?
[3] Mit Wissen und Willen begeht ihr Verbrechen;

a *Ihr Mächtigen:* mit veränderten Vokalen (wörtlich *Ihr Götter;* vgl. 82,1 und Anmerkung). Wahrscheinlich wurde dieser Wortlaut als anstößig empfunden und deshalb in H gedeutet als *Verstummen* (H kann zur Not übersetzt werden: *Sprecht ihr wirklich Verstummen des Rechts*).

56,5 27,1; 118,6; Jes 51,12; Mt 10,28 par **56,6-7** 35,20-21 **56,13** 50,14 **56,14** 30,4 S; Ijob 33,30 **57,1** 1 Sam 22,1; 24,4 **57,2** 17,8 S **57,6** 8,2 S **57,7** 7,16-17 S **57,9** 59,17; 30,6 **57,11** 108,5 **58,2-3** Mi 3,1-4 S

auf der Waage des Unrechts wägt ihr ab,
was Recht sein soll im ganzen Land.

4 Die Unheilstifter – kaum geboren
sind sie schon auf der schiefen Bahn;
von klein auf gewöhnen sie sich ans Lügen.
5 Sie verspritzen das reinste Schlangengift.
Sie gleichen der tauben Otter,
die sich die Ohren verstopft
6 und die Stimme des Beschwörers
nicht hört,
der sich auf seine Künste versteht.

7 Gott, zerschlage ihnen die Zähne,
zerbrich das Gebiß dieser Löwen, HERR!
8 Laß sie verschwinden
wie versickerndes Wasser,
laß ihre Pfeile das Ziel nicht erreichen,
9 laß sie wie Schnecken in Schleim zerfließen,
wie Totgeburten die Sonne niemals sehen!
10 Es soll ihnen gehen wie dornigen Ranken:
Der Wirbelsturm soll sie aus dem Boden reißen,
ehe sie zu Gestrüpp zusammenwachsen,
noch grün, bevor sie vertrocknet sind![a]

11 Alle, die Gott gehorchen,
werden sich freuen,
wenn sie sehen, wie Gott Vergeltung übt;
sie werden im Blut der Unheilstifter waten.
12 Und alle Menschen werden bekennen:
»Wer Gott die Treue hält, wird belohnt.
Es gibt einen Gott,
der für Recht sorgt auf der Erde.«

Bitte um Schutz

59 Ein Lied Davids, nach der Melodie »Richte nicht zugrunde«. Er dichtete es, als Saul sein Haus umstellen ließ, um ihn zu töten.

2 Mein Gott,
rette mich vor meinen Feinden!
Bring mich in Sicherheit vor denen,
die mein Unglück suchen!
3 Hilf mir gegen diese Unheilstifter!
Rette mich, sie dürsten nach meinem Blut!

4 Sieh, wie sie mir ans Leben wollen,
wie sie mir auflauern, die mächtigen Feinde!
Ich habe doch kein Unrecht getan,
man kann mir keine Verfehlung vorwerfen!
5 Obwohl keine Schuld auf mir liegt,
laufen sie herbei, um mich anzugreifen.
Wach auf, komm und sieh es dir an!
6 HERR, du Herrscher der Welt,[b] Gott Israels,
steh auf, halte Gericht über alle Fremden!
Hab kein Erbarmen mit diesen Verbrechern!

7 Jeden Abend kommen sie wieder
und schleichen rings um die Stadt
wie eine Meute heulender Hunde.
8 Der Geifer fließt ihnen aus dem Maul,
jedes Wort von ihren Lippen ist ein Dolch,
doch sie meinen, daß niemand es hört!
9 Du aber, HERR, du lachst sie aus,
du spottest über alle diese Fremden.
10 Ich rechne mit dir,
denn du machst mich stark;[c]
du, Gott, gibst mir sicheren Schutz.
11 Du bist so gut zu mir, du stehst mir bei
und läßt mich triumphieren über meine Feinde.

12 Vertilge sie nicht auf einen Schlag,
sonst könnte mein Volk es vergessen!
Zerstreue sie mit deiner Macht,
zwinge sie nieder;
du bist doch unser Beschützer, Herr!
13 Mit jedem Wort beleidigen sie dich.
Ihr Hochmut soll zum Fallstrick für sie werden,
denn sie verfolgen mich mit Flüchen
und Lügen.
14 Vernichte sie in deinem Zorn,
vernichte sie, damit nichts von ihnen bleibt!
Bis an die Enden der Erde soll man erkennen,
daß du, Gott, in Israel regierst!

15 Jeden Abend kommen sie wieder
und schleichen rings um die Stadt
wie eine Meute heulender Hunde.
16 Überall suchen sie etwas zu fressen
und knurren,[d] wenn sie nicht genug
bekommen.

17 Ich aber besinge deine Macht,
frühmorgens rühme ich deine Güte;
denn du bewahrst mich wie in einer Burg,
bei dir finde ich Zuflucht in Zeiten der Not.
18 Für dich spiele ich mein Lied,
denn du machst mich stark;
du, Gott, gibst mir sicheren Schutz,
du bist so gut zu mir!

a Deutung unsicher. b *HERR, du ...:* wörtlich *HERR Gott Zebaot**.
c *denn du machst mich stark* (wörtlich *du meine Stärke*): mit einigen Handschriften und G; H *seine Stärke.*
d *knurren:* mit G; H *übernachten.*

58,11 Dtn 32,35-36 **58,12** 7,12 S; Mal 2,17–3,5 **59,1** 1 Sam 19,11 **59,4-5** 26,1 **59,9** 2,4; 37,13; Weish 4,18 **59,17** 30,6; 90,14; 143,8

Gebet in großer Bedrängnis

(Verse 7-14: 108,7-14)

60 Ein Lied Davids, nach der Melodie »Lilie der Mahnung«. 2 Er dichtete es während des Krieges mit den Syrern* in Mesopotamien und in Zoba*, als Joab auf dem Rückweg das Heer der Edomiter* – 12 000 Mann – im Salztal schlug.

3 Gott, du hast uns verstoßen
und unsere Reihen auseinandergerissen.
Du bist zornig auf uns gewesen;
aber richte uns doch wieder auf!
4 Du hast den Boden unter uns erschüttert
und gespalten;
heile seine Risse, damit die Erde nicht
auseinanderbricht!
5 Du hast dein Volk durch harte Proben
gehen lassen,
uns betäubenden Wein zu trinken gegeben.
6 Zwar hast du uns durch ein Zeichen
gewarnt,
uns, die wir dich lieben und ehren;
aber es war nur ein Zeichen zur Flucht,
damit wir den Pfeilen der Feinde entgingen.[a]
7 Greif ein mit deiner Macht,
gib Antwort auf unser Rufen,
rette uns – du liebst uns doch!

8 Aus seinem Heiligtum
gibt Gott die Antwort:
»Ich juble über meinen Sieg!« sagt er.
»Ich werde Sichem meinem Volk zuteilen,
das Tal von Sukkot für sie vermessen.
9 Mir gehört Gilead*, mir gehört Manasse,
Efraïm ist mein Helm und Juda mein Zepter.
10 Moab* muß mir als Waschschüssel dienen,
auf Edom* werfe ich meinen Schuh,
um mein Besitzrecht anzuzeigen.[b]
Ihr Philister*, jubelt mir zu!«

11 Wer bringt mich in die befestigte Stadt,
wer führt mich nach Edom?
12 Wer außer dir, Gott, könnte das tun?
Aber du hast uns ja verstoßen
und ziehst nicht mehr mit unseren Heeren
in den Kampf!
13 Komm *du* uns in unserer Not zu Hilfe;
auf Hilfe von Menschen ist kein Verlaß!
14 Mit Gott auf unserer Seite
vollbringen wir Großes;
denn er wird unsere Feinde zertreten.

Unter Gottes Schutz

61 Von David, zu begleiten auf Saiteninstrumenten.

2 Gott, höre mein Klagen,
achte auf mein Gebet!
3 Vom Ende der Erde schreie ich zu dir,
weil mir die Kräfte schwinden.
Bring mich hinauf auf den sicheren Felsen;
ich schaffe es nicht, er ist mir zu hoch!
4 Du bist meine Zuflucht,
ein starker Turm,
wenn der Feind mich bedroht.
5 Ich möchte immer in deinem Tempel* bleiben
und mich bergen im Schutz deiner Flügel.

6 Was ich dir versprochen habe,
du, Gott, hast es gehört.
Großzügig beschenkst du alle,
die sich dir in Ehrfurcht nahen.
7 Gib dem König ein langes Leben,
er soll über viele Generationen regieren!
8 Laß ihn für immer unter deinen Augen leben,
damit Güte und Treue sein Tun bestimmen!
9 Ohne Ende will ich dir dafür danken
mit meinem Lied
und dir meine Versprechen Tag für Tag erfüllen.

Bei Gott finde ich Ruhe

62 Ein Lied Davids, nach der Weise Jedutuns.

2 Nur auf Gott vertraue ich und bin ruhig;
von ihm allein erwarte ich Hilfe.
3 Er ist der Fels und die Burg,
wo ich in Sicherheit bin.
Wie sollte ich da wanken?

4 Wie lange stürzt ihr euch auf einen einzigen,
um ihn totzuschlagen, ihr alle miteinander?
Eine Mauer, die sich schon neigt,
eine brüchige, schwankende Wand –
mehr bin ich doch nicht!
5 Ständig schmiedet ihr Pläne,
um mich von meinem Ehrenplatz zu stürzen;
es macht euch Vergnügen,

a *damit wir …:* mit alten Übersetzungen; H *damit es sich erhebe vor der Wahrheit.*
b *um mein …:* zur Verdeutlichung des Bildes hinzugefügt; vgl. Rut 4,7-8.

60,2 2 Sam 8,3-14; 1 Chr 18,12 **60,5** Jer 25,15 S **60,9** Gen 49,8.10 **60,12** 44,10 **60,13** 118,8-9 **61,3** 18,3 S **61,4** Spr 18,10 S **61,5** 23,6 S; 17,8 S **61,7-8** 21,5; 72,5; 89,4-5 **62,1** 1 Chr 25,1 S **62,2** 37,7; Jes 30,15 S **62,3** 18,3 S **62,5** 109,2 S

mich zu verleumden.
Euer Mund sagt mir Segenswünsche,
aber im Herzen verflucht ihr mich.

6 Immer wieder muß ich es mir sagen:[a]
Vertrau auf Gott, dann findest du Ruhe!
Er allein gibt mir Hoffnung,
7 er ist der Fels und die Burg,
wo ich in Sicherheit bin;
darum werde ich nicht wanken.
8 Gott ist mein Retter, er schützt meine Ehre;
mein starker Fels ist er und meine Zuflucht!

9 Ihr, die ihr zu seinem Volk gehört,
setzt allezeit euer Vertrauen auf ihn,
schüttet euer Herz bei ihm aus;
denn Gott ist unsere Zuflucht!
10 Menschen, ob hoch oder niedrig,
ein Hauch sind sie, ein täuschendes Nichts.
Auf der Waagschale schnellen sie
in die Höhe,
sie alle zusammen sind leichter als ein
Hauch.
11 Verlaßt euch nicht auf Gewalt,
erwartet keinen Gewinn von Raub!
Und wenn euer Wohlstand wächst,
hängt euer Herz nicht daran!
12 Gott hat gesprochen,
mehr als einmal habe ich es gehört,
daß bei ihm die Macht ist –
13 ja, Herr, und auch die Treue,
du belohnst oder bestrafst jeden
nach seinem Tun.

Sehnsucht nach Gemeinschaft mit Gott

63 Ein Lied Davids. Er dichtete es, als er in der Wüste Juda war.

2 Gott!
Du bist mein Gott, dich suche ich!
Ich sehne mich nach dir mit Leib und Seele;
ich dürste nach dir
wie ausgedörrtes, wasserloses Land.[b]
3 Im Heiligtum schaue ich nach dir aus,
um deine Macht und Herrlichkeit
zu sehen.
4 Deine Liebe bedeutet mir mehr
als das Leben,
darum will ich dich preisen.
5 Mein Leben lang will ich dir danken
und dir meine Hände im Gebet
entgegenstrecken.
6 Du machst mich satt und glücklich
wie bei einem Festmahl;[c]
mit jubelnden Lippen preise ich dich.

7 In nächtlichen Stunden, auf meinem Bett,
gehen meine Gedanken zu dir,
und betend sinne ich über dich nach.
8 Ja, du hast mir geholfen,
im Schutz deiner Flügel kann ich
vor Freude singen.
9 Ich halte mich ganz eng an dich,
und du stützt mich
mit deiner mächtigen Hand.

10 Alle, die auf meinen Untergang warten,
sollen selbst hinunter ins Totenreich*!
11 Dem Schwert sollen sie ausgeliefert
werden,
als Fraß für die Schakale!
12 Doch der König finde seine Freude
bei Gott!
Glücklich preisen darf sich jeder,
der Gott als Zeugen anrufen kann,
wenn er seine Unschuld[d] beschwören muß!
Aber den Lügnern wird das Maul gestopft.

Gottes Gericht über hinterhältige Feinde

64 Ein Lied Davids.

2 Gott, höre mein lautes Klagen!
Schütze mein Leben vor den Feinden,
die mich in Angst und Schrecken stürzen!
3 Sie schmieden Pläne zu meinem Unheil,
sie rotten sich gegen mich zusammen;
bring mich vor ihnen in Sicherheit!

4 Ihre Zungen sind wie geschliffene
Schwerter;
wie Pfeile verschießen sie giftige Worte,
5 aus dem Hinterhalt,
ohne Warnung und Hemmung,
um schuldlose Menschen damit zu treffen.
6 Sie hetzen einander auf und beraten,
wie sie ihre Fallen stellen können;
sie meinen, daß niemand sie entdeckt.
7 Sie planen ihr Verbrechen und sagen:

a Verdeutlichender Zusatz. *b* So mit einigen Handschriften; H *im ausgedörrten … Land.*
c Wörtlich *wie von Fett und Mark.* *d* *seine Unschuld:* verdeutlichender Zusatz; vgl. 1 Kön 8,31.
62,10 39,5-7 S; Jes 40,15 **62,11** Mt 6,19-21 par **62,13** Jer 17,10 S **63,1** 1 Sam 22,5; 23,14 **63,2** 42,2-3; 143,6 **63,3** 17,15 S **63,4** 73,26 **63,7** 119,55 S **63,8** 17,8 S **63,12** 84,10 **64,4-5** 109,2 S **64,6** 73,11

»Wir haben es, jetzt muß es uns gelingen! –
Aus einem klugen Kopf kommen kluge
Gedanken.«[a]

8 Gott aber legt den Bogen auf sie an,
ganz plötzlich trifft sie sein Pfeil;
9 ihre eigenen Worte bringen sie zu Fall.
Wer sie liegen sieht, schüttelt den Kopf.
10 Alle werden von Furcht erfüllt,
sie sagen weiter, was Gott getan hat,
und nehmen sich die Lehre zu Herzen.
11 Wer dem HERRN die Treue hält,
wird bei ihm Freude und Zuflucht finden.
Alle, die ihm von Herzen gehorchen,
dürfen stolz und glücklich sein!

Dank für Gottes Wohltaten

65 Ein Lied Davids.

2 Gott, der du auf dem Zionsberg* wohnst,
dir steht es zu, daß wir dich preisen,[b]
daß jeder dir seine Gelübde* einlöst.
3 Du erhörst Gebete,
darum kommen alle Menschen zu dir.
4 Die Verfehlungen lasten zu schwer auf uns,[c]
aber *du* kannst uns die Schuld vergeben.
5 Wie glücklich sind alle, die du erwählst!
Sie dürfen in deine Nähe kommen
und in den Vorhöfen* deines Tempels wohnen.
Wir möchten all das Gute genießen,
das wir in deinem Heiligtum bekommen.

6 Gott, unser Retter, du hältst uns die Treue,[d]
du antwortest uns durch gewaltige Taten.
Du bist die Hoffnung der ganzen Erde
bis hin zu den fernsten Meeren.
7 Du hast die Berge hingestellt mit deiner
Kraft.
Du bist zum Kampf gerüstet mit Macht
8 und stillst den Aufruhr des Meeres,
das Brüllen seiner Wellen;
du stillst auch den Aufruhr der Völker.
9 Sie erschrecken vor deinen Wundern
selbst an den äußersten Enden der Erde.
Deine Taten wecken Freude und Jubel
überall, wo Menschen wohnen.

10 Du sorgst für das Land,
du machst es reich und fruchtbar:
So läßt du das Korn für die Menschen
wachsen.
Gott, deine Bäche sind immer voll Wasser;
11 du feuchtest die Furchen
und ebnest die Schollen,
du tränkst die Felder mit Regengüssen
und segnest, was auf ihnen sprießt.
12 Mit guten Gaben krönst du das Jahr,
in deinen Spuren läßt du Überfluß zurück.
13 Die Steppe füllt sich mit üppigem Grün,
die Hügel hallen wider von Freudenrufen.
14 Die Weiden schmücken sich mit Herden,
die Täler hüllen sich in wogendes Korn –
alles ist voll Jubel und Gesang.

Ein Danklied für Gottes Hilfe

66 Ein Lied.

Jubelt Gott zu, alle Völker der Erde!
2 Singt zur Ehre seines Namens*,
rühmt ihn mit eurem Lobgesang!
3 Sagt zu Gott:
»Wie überwältigend sind deine Taten!
Deine Feinde müssen sich vor dir beugen,
weil du so mächtig bist.
4 Alle Welt soll dich anbeten,
alle sollen dir singen,
dich mit ihren Liedern preisen!«

5 Kommt her und seht, was Gott getan hat!
Sein Tun erfüllt die Menschen
mit Furcht und Staunen:
6 Er machte das Meer zu trockenem Land,
so daß wir zu Fuß hindurchgehen konnten.
Darüber waren wir voll Freude!
7 Für immer regiert er mit gewaltiger Macht,
er behält die Völker genau im Auge.
Wer wagt es, ihm die Stirn zu bieten?
8 Ihr Völker, werft euch nieder
vor unserem Gott,
preist ihn mit lauter Stimme!
9 Er erhält uns am Leben
und bewahrt uns vor dem Untergang.

10 Gott, du hast uns auf die Probe gestellt.
So wie man Silber ausschmelzt,
hast du uns gereinigt.[e]

a *Aus einem …:* wörtlich *Und das Innere eines Mannes, und das Herz ist tief.* Diese Worte scheinen im Hebräischen ein Sprichwort gewesen zu sein, dessen Bedeutung die Übersetzung wiederzugeben sucht.
b *dir steht es zu …:* mit G; H *dir Stille Lobpreis.* c *uns:* mit einigen Handschriften; H *mir.*
d *du hältst …:* wörtlich *in Gerechtigkeit* (antwortest du).* e Siehe Sacherklärung »Schlacken«.

64,9 34,22 S 65,2 76,3 S 65,5 23,6 S 65,6-9 46,9-11 65,8 89,10 S 65,10-14 104,10-15 66,1-4 98,4-6; 96,7-10 S 66,6 Ex 14,21-29 S 66,10 12,7 S; Spr 17,3 S

11 Du hast uns in die Falle laufen lassen,
uns schwere Lasten aufgebürdet.
12 Unseren Feinden hast du erlaubt,
uns in den Staub zu treten.
Durch Feuer und Wasser mußten wir gehen;
doch du hast uns herausgeholt,
so daß wir wieder frei atmen konnten.

13 Mit Brandopfern* komme ich in dein Haus,
um mein Gelübde* einzulösen.
14 Ich bringe, was ich dir versprach,
als ich in arger Bedrängnis war.
15 Die besten Opfertiere bringe ich dir dar,
Widder und Ziegenböcke,
auch Stiere bereite ich zu.
Vom Altar soll ihr Rauch hinaufsteigen
zu dir.

16 Ihr, die ihr Gott verehrt, kommt alle her!
Ich muß euch erzählen,
was er für mich getan hat!
17 Ich schrie zu ihm um Hilfe,
schon gewiß, daß ich ihn preisen würde.
18 Hätte ich Böses im Sinn gehabt,
so hätte der Herr mich nicht gehört.
19 Gehört aber hat er mich, das steht fest;
Gott hat auf meinen Hilfeschrei geachtet.
20 Ich danke Gott!
Er hat mein Gebet nicht abgewiesen
und mir seine Güte nicht verweigert.

Alle Völker sollen Gott preisen!

67 Ein Lied, zu begleiten auf Saiteninstrumenten.

2 Gott, wende uns deine Liebe zu
und segne uns,
blicke uns freundlich an!
3 Dann sehen die Menschen der ganzen Erde,
wie du uns führst,
und alle Nationen erkennen,
wie du hilfst und befreist.

4 Gott, die Völker sollen dir danken,
alle Völker sollen dich preisen!
5 Sie sollen vor Glück und Freude singen;
denn du regierst sie alle gerecht,
du lenkst alle Nationen auf der Erde.
6 Gott, die Völker sollen dir danken,
alle Völker sollen dich preisen!
7 Die Erde hat gute Ernte gebracht;
so segnet uns Gott, unser Gott!
8 Er segne uns,
und alle Welt soll ihn ehren!

Gottes Sieg

68 Ein Lied Davids.

2 Gott steht auf,
seine Feinde zerstieben;
alle, die ihn hassen, fliehen vor ihm.
3 Er treibt sie fort wie Rauch, der verweht.
Wenn Gott sich zeigt,
vergehen alle, die sich ihm entgegenstellen,
wie Wachs, das am Feuer zerfließt.
4 Doch die Treuen, die zu ihm halten,
freuen sich und jubeln vor ihm
in überschäumender Freude.

5 Singt zur Ehre Gottes,
preist ihn mit Liedern!
Baut eine Straße für den Wolkenreiter[a]
– HERR ist sein Name* –
freut euch und jubelt vor ihm!
6 Vater der Waisen, Beistand der Witwen –
das ist Gott in seiner heiligen Wohnung!
7 Den Einsamen schafft er eine Familie,
die Gefangenen führt er in Freiheit
und Glück;
doch die Rebellen müssen zwischen kahlen
Felsen wohnen.

8 Gott, als du auszogst an der Spitze
deines Volkes,
als du es durch die Wüste führtest,
9 da bebte die Erde, da troff der Himmel
vor dir, dem Gott vom Sinai*, Israels Gott.
10 Du ließest reichlichen Regen fallen,
um dein erschöpftes Land neu zu beleben.
11 Dein Volk hat dort eine Heimat gefunden,
so gütig sorgtest du für die Armen.

12 Der Herr spricht das entscheidende Wort,
und schon sind überall die Frauen unterwegs,
um die Nachricht vom Sieg zu verkünden:
13 »Die feindlichen Könige fliehen,
ihre Heere sind auf der Flucht!
Für die Frauen zu Hause
gibt's reiche Beute zu teilen.
14 Wer bleibt da noch bei den Herden liegen?«
Die Flügel der Taube schimmern von Silber,

a Der Psalm benutzt eine Reihe von kanaanitischen Bezeichnungen der obersten Gottheit für den Gott Israels.

66,12 Jes 43,2 **66,13-15** 40,7-9 S; Num 30,3; Jona 2,10 **66,16-20** 22,23 S **67,2** 31,17 S **67,4-6** 96,13 S **68,2** Num 10,35 **68,5** Dtn 33,26 S **68,6** 10,14 S; 9,13 S **68,8-9** Ex 13,21; Ps 77,18-19; Ri 5,4-5 S

und ihr Gefieder ist bedeckt mit hellem Gold.[a]
15 Als Gott, der Mächtige, die Könige vertrieb,
da fiel Schnee auf dem Schwarzen Berg.

16 Ein gewaltiges Gebirge ist der Baschanberg,
ein Gebirge mit vielen Kuppen.
17 Warum bist du neidisch,
du mit deinen vielen Kuppen,
warum schielst du auf den Berg,
den Gott sich als Wohnsitz erwählt hat?
Für immer wird der Herr dort bleiben!

18 Zehntausende von blitzenden Wagen hat Gott,
in ihrer Mitte der Herr selber,
der Heilige in seiner Herrlichkeit.[b]
19 Er fährt zur Höhe hinauf
und führt Gefangene mit.
Menschen huldigen ihm mit Gaben,
sogar die Rebellen unterwerfen sich
und dürfen wohnen bei dem HERRN,
unserem Gott.

20 Tag für Tag sei der Herr gepriesen;
denn er trägt uns, er ist unser Helfer!
21 Er ist ein Gott, der mit Taten eingreift;
er ist unser Herr, der uns rettet vor dem Tod.
22 Doch seinen Feinden wird er den Schädel
zertrümmern,
allen, die bei ihren Verbrechen bleiben.
23 Der Herr hat angekündigt:
»Ich bringe sie zurück vom Baschanberg,
und sogar vom Grund des Meeres.
24 Du wirst waten im Blut der Feinde,
und deine Hunde sollen davon lecken,
bis sie satt sind.«

25 Gott,
deinen Triumphzug haben alle gesehen,
deinen Einzug ins Heiligtum,
du mein Gott und König!
26 An der Spitze die Sänger,
danach die Harfenspieler,
ringsum mit Handpauken die Mädchen.
27 »Dankt Gott,
wenn ihr euch zum Fest versammelt!
Dankt dem HERRN,
ihr Nachkommen Jakobs!«[c]
28 Benjamin führt sie an,
der kleinste der Stämme.
Ihm folgen die Fürsten von Juda
mit ihren fröhlich lärmenden Scharen,
dann die Fürsten von Sebulon und von Naftali.

29 Du sollst stark sein, Israel;
so hat es dein Gott beschlossen.
»Gott, festige, was du für uns vollbracht hast!
30 In deinem Tempel* in Jerusalem
bringen die Könige dir ihren Tribut.
31 Herrsche sie an, bedrohe sie:
Ägypten, diese Bestie im Schilf,
die Völker, diese Herde von Stieren
und Kälbern,
sie alle, die sich vor dir niederwerfen
mit Silberstücken in den Händen!«[d]
Er hat die Völker zerstreut,
die an Kriegen ihre Freude haben.
32 Aus Ägypten bringt man ihm rote Stoffe,
aus Äthiopien* eilen sie herbei
und huldigen Gott mit Geschenken.

33 Ihr Mächtigen der Erde,
singt zur Ehre Gottes,
preist den Herrn mit Liedern!
34 Er reitet am Himmel dahin,
der seit Urzeiten besteht.
Hört, wie mächtig seine Stimme erschallt!
35 Erkennt seine Herrschaft an!
In seiner Hoheit regiert er Israel,
und seine Macht zeigt sich in den Wolken.
36 Ehrfurchtgebietend ist Gott,
wenn er aus seinem Heiligtum hervortritt!
Er ist der Gott Israels,
er verleiht seinem Volk Stärke und Macht.
Gott sei gepriesen!

Wegen Gott in Schmach und Schande

69 Von David, zu singen nach der Melodie »Lilien«.[e]

2 Hilf mir, Gott!
Die Flut geht mir bis an die Kehle!
3 Ich versinke im brodelnden Schlamm,
meine Füße finden keinen Halt.
Ich treibe ab in tiefes Wasser,
die Strömung reißt mich mit sich fort!
4 Bis zur Erschöpfung habe ich geschrien,

a Wahrscheinlich wird auf die Kostbarkeit der Beute angespielt; die Taube ist vielleicht ein Bild für Israel.
b Wörtlich *hat Gott, der Herr unter ihnen, der Sinai in Heiligkeit* (der *im Heiligtum*).
c *Nachkommen …:* wörtlich *die ihr aus dem Quell/Brunnen Israels stammt;* zu »Israel« vgl. Gen 32,29; 35,10.
d Die Deutung der Verse 29-31 ist sehr unsicher. *e* Siehe Anmerkung zu Ps 45,1.

68,17 76,3 S **68,19** Eph 4,8-10 **68,20** Jes 46,3-4 **68,21** 30,4 S **68,25** 24,7-10 S; 9,13 S **68,30-32** 96,7-10; Jes 18,7 S **68,34** 29,3; Dtn 33,26 S **69,2-3** 42,8 S

meine Kehle ist davon ganz entzündet.
Meine Augen sind müde geworden
vom Ausschauen nach dir, meinem Gott!
5 Viele hassen mich ohne jeden Grund,
zahlreicher sind sie als die Haare
auf meinem Kopf.
Meine Feinde verbreiten Lügen über mich,
sie sind mächtig und wollen mich vernichten.
Ich soll wieder herausgeben,
was ich gar nicht gestohlen habe!

6 Gott, du weißt, wie unverständig ich war;
meine Schuld ist dir nicht verborgen.
7 HERR, du Herrscher der Welt,
Gott Israels, du mächtiger Gott,[a]
enttäusche nicht die, die mit dir rechnen!
Wenn sie sehen, daß du mir nicht hilfst,
könnten sie die Hoffnung verlieren.
8 Weil ich zu dir gehöre,
werde ich geschmäht,
für dich erleide ich Schimpf und Schande.
9 Meinen Verwandten bin ich ein Fremder
geworden,
selbst meine Brüder kennen mich nicht mehr.
10 Die Liebe zu deinem Haus –
sie verzehrt mich wie ein Feuer.
Die Schmähungen, mit denen man dich lästert,
sie treffen mich.
11 Ich weine und versage mir das Essen,
doch dafür ernte ich nichts als Hohn.
12 Ich gehe im Sack* umher
und werde dafür nur ausgelacht.
13 Dort, wo die Leute zusammenkommen,
bin ich der Anlaß für ihren Klatsch
und für die Spottlieder betrunkener Zecher.

14 Doch ich bete zu dir, HERR!
Hilf mir in der Stunde, die du bestimmst!
Du bist so reich an Güte,
darum erhöre mich!
Du bist doch der Retter, auf den Verlaß ist.
15 Laß mich nicht im Schlamm versinken,
zieh mich heraus!
Rette mich vor denen, die mich hassen!
Zieh mich heraus aus dem tiefen Wasser!
16 Sonst treibt die Strömung mich fort,
der Abgrund verschlingt mich,
die Grube schließt sich über mir!

17 Erhöre meine Bitte, HERR,
denn deine Güte tut mir wohl;
wende dich mir zu in deinem Erbarmen!
18 Ich bin doch dein Diener,
verbirg dich nicht länger vor mir!
Ich bin voller Angst, erhöre mich bald!
19 Komm zu mir, befreie und rette mich,
damit meine Feinde schweigen müssen!

20 Du weißt, wie man mich verhöhnt,
mich entehrt und mit Schande überschüttet;
alle meine Gegner stehen dir vor Augen.
21 Die Schmach bricht mir das Herz,
ich bin zutiefst verwundet.
Ich habe auf Mitgefühl gewartet,
doch niemand hat es mir erwiesen.
Ich habe einen gesucht, der mich tröstet,
und keinen einzigen gefunden.
22 Statt Nahrung haben sie mir Gift gereicht,
mir Essig angeboten,
um meinen Durst zu löschen.

23 Ihre Opfergelage
sollen ihnen zum Fallstrick werden,
der sie ins Verderben bringt,
sie und alle ihre Tischgenossen!
24 Laß sie blind werden
und nichts mehr sehen,
mach sie für immer kraftlos und krank!
25 Schütte deinen Zorn über sie aus,
hole sie ein mit der Glut deines Grimms!
26 Ihr Lagerplatz soll verwüstet werden,
mach ihre Zelte menschenleer!
27 Denn erbarmungslos jagen sie mich,
den deine Strafe doch schon getroffen hat,
und sie reden gern von den Schmerzen derer,
denen du Wunden geschlagen hast.
28 Rechne ihnen jede Verfehlung an,
und erkläre sie nicht für gerecht!
29 Streiche ihre Namen aus dem Buch
des Lebens,
damit sie nicht eingeschrieben sind
mit denen, die in Treue zu dir halten.

30 Ich selbst bin arm
und von Schmerzen geplagt;
durch deine Hilfe, Gott,
bring mich in Sicherheit!
31 Dann kann ich dich preisen
mit meinem Lied
und deine Größe verkünden
durch meinen Dank.
32 Das ist dir lieber,
als wenn ich ein Rind für dich schlachte,
dir einen starken Stier als Opfer* bringe.

a *HERR, du ...*: wörtlich *Herr, HERR Zebaot*, Gott Israels.*

69,5 109,2 S; Joh 15,25 **69,8** 44,23 S **69,9** 38,12 S **69,10** Joh 2,17; Röm 15,3 **69,13** Ijob 30,9 **69,14** Jes 49,8 **69,22** Mk 15,36 par **69,23-24** Röm 11,9-10 **69,26** Apg 1,20 **69,29** Ex 32,32 S; Mal 3,16 S **69,31-32** 40,7-9 S

33 Die Unterdrückten werden es sehen,
und sie werden sich freuen.

Ihr alle, die ihr nach Gott fragt:
Neuer Mut soll eure Herzen erfüllen!
34 Denn der HERR hört das Rufen der Hilflosen,
er läßt die Seinen nicht im Stich,
wenn sie gefangen sind.
35 Himmel und Erde sollen ihn preisen,
die Meere und alles, was darin lebt!
36 Denn der HERR wird den Zionsberg* befreien
und die Städte in Juda wieder aufbauen.
Sein Volk wird wieder dort wohnen
und das Land besitzen.
37 Die Kinder seiner Diener werden es erben,
und alle, die den HERRN lieben,
werden dort wohnen.

Warten auf Gott

(Ps 40,14-18)

70 Ein Lied Davids, um sich bei Gott in Erinnerung zu bringen.

2 Gott, rette mich,
komm, hilf mir bald!
3 Schimpf und Schande komme über sie,
die mir nach dem Leben trachten!
Zurückweichen sollen sie
und zuschanden werden,
die an meinem Unglück Freude haben!
4 Mit Schande beladen sollen sie abziehen,
die hämisch rufen: »Da! Habt ihr's gesehen?«
5 Doch alle, die deine Nähe suchen,
sollen über dich jubeln und glücklich sein!
Alle, die deine Hilfe begehren,
sollen immer wieder rufen:
»Gott ist groß!«

6 Ich bin arm und wehrlos;
Gott, komm bald zu mir!
Du bist doch mein Helfer und Befreier,
HERR, laß mich nicht länger warten!

Bitte um Schutz im Alter

71 HERR, bei dir suche ich Zuflucht;
enttäusche nicht mein Vertrauen!
2 Rette mich, befreie mich,
wie du es versprochen hast![a]
Hör mich doch, hilf mir!
3 Sei mir ein sicheres Zuhause,
wohin ich jederzeit kommen kann!
Du hast doch zugesagt, mir zu helfen;
du bist mein Fels und meine Burg!

4 Meine Feinde mißachten dich, mein Gott,
sie brechen das Recht und mißhandeln mich.
Rette mich aus ihren Fäusten!
5 Du bist meine Hoffnung, Herr,
dir habe ich von Jugend auf vertraut.
6 Seit meiner Geburt bist du mein Halt,
du hast mir aus dem Mutterschoß
herausgeholfen,
darum gehört dir allezeit mein Dank!
7 Viele meinten, du hättest mich verflucht;
aber du bist mein mächtiger Beschützer.
8 Mein Mund singt immerzu dein Lob,
den ganzen Tag verkünde ich deinen Ruhm.

9 Jetzt, wo ich alt geworden bin,
vertreibe mich nicht aus deiner Nähe!
Die Kräfte schwinden mir, verlaß mich nicht!
10 Meine Feinde stecken die Köpfe zusammen;
sie beraten schon, wie sie mich umbringen
können.
11 »Gott hat ihn verstoßen«, sagen sie.
»Los, ihm nach! Packt ihn!
Jetzt gibt es keinen mehr, der ihm hilft.«

12 Gott, du bist so weit weg!
Komm doch, mein Gott, hilf mir schnell!
13 Laß sie unterliegen und zugrunde gehen,
sie, die mich beschuldigen!
Mit Schimpf und Schande sollen sie abziehen,
alle, die mein Verderben suchen!

14 Ich gebe die Hoffnung niemals auf;
auch in Zukunft werde ich dich preisen.
15 Ich werde allen sagen, wie treu du bist;[b]
den ganzen Tag will ich erzählen, wie du
hilfst –
deine Wohltaten sind nicht zu zählen.
16 Ich werde deine großen Taten preisen,
HERR, mein Gott!
Nur noch von dir und deiner Treue[c]
will ich reden.

17 Gott, von Jugend auf bist du mein Lehrer,
und bis heute erzähle ich von deinen Wundern.
18 Auch jetzt, wo ich alt und grau
geworden bin,
verlaß mich nicht, mein Gott!
Kindern und Enkeln will ich erzählen,

a *wie du …:* wörtlich *in deiner Gerechtigkeit**. b *wie treu …:* wörtlich *deine Gerechtigkeit;* ebenso in Vers 24.
c *Treue:* wörtlich *Gerechtigkeit.*

69,34 9,13 S 71,1-3 18,3 S 71,6 22,10-11 71,9 Jes 46,3-4 71,11 3,3 71,18 22,31-32 S

wie mächtig du bist
und wie gewaltig deine Taten sind.

19 Gott, deine Treue reicht bis an den Himmel!
Du hast große Dinge vollbracht.
Wer ist wie du?
20 Schlimme Zeiten hast du mich sehen lassen,
doch immer wieder schenkst du mir das Leben
und rettest mich vor dem sicheren Grab.
21 Immer wieder tröstest du mich
und bringst mich zu größeren Ehren
als zuvor.
22 Darum will ich dich preisen mit meinem
Saitenspiel,
ich will deine Treue rühmen, mein Gott!
Zur Laute will ich dir Loblieder singen,
dir, dem heiligen Gott Israels.
23 Voll Freude will ich über dich jubeln,
denn du hast mich befreit.
24 Von früh bis spät will ich erzählen,
wie treu du bist.
Alle, die mein Verderben suchen,
werden schmachvoll untergehen.

Segenswunsch für den König

72

Für Salomo.

Gott, gib dem König Weisheit,
damit er in deinem Sinn Recht sprechen kann;
ihn, den rechtmäßigen Erben des Thrones,
mach zum treuen Bewahrer deiner
Rechtsordnung!
2 Unparteiisch soll er dein Volk regieren
und den Entrechteten zu ihrem Recht
verhelfen!
3 Unter seiner gerechten Herrschaft
wird das Volk dann in Frieden leben
und Wohlstand haben im ganzen Land
mit seinen Bergen und Hügeln!
4 Den Benachteiligten soll er Recht
verschaffen
und den Bedürftigen Hilfe bringen;
aber die Unterdrücker soll er zertreten!

5 Der König soll leben,[a]
solange Sonne und Mond uns leuchten,
unzählige Generationen lang!
6 Er gleiche dem Regen,
der auf die Wiesen fällt
und das trockene Land durchfeuchtet!
7 Unter seiner Regierung blühe das Recht,[b]
und der Wohlstand wachse,
bis es keinen Mond mehr gibt!

8 Seine Herrschaft reiche von Meer zu Meer,
vom Eufratstrom bis zu den Enden der Erde!
9 Verneigen sollen sich vor ihm
die Wüstenstämme,
seine Feinde müssen sich niederwerfen!
10 Die Könige von Tarschisch*
und vom Ende der Erde
sollen ihm Geschenke senden!
Die von Saba* und Seba
sollen ihm Tribut entrichten!
11 Huldigen sollen ihm alle Herrscher,
und alle Völker sollen ihm dienen!

12 Er rettet die Bedürftigen,
die zu ihm schreien,
die Entrechteten, die keinen Helfer haben.
13 Er kümmert sich um die Schwachen
und Armen
und sorgt dafür, daß sie am Leben bleiben.
14 Er befreit sie von Gewalt und Unterdrückung,
denn vor ihm hat ihr Leben einen Wert.

15 Der König soll leben!
Man bringe ihm das Gold von Saba;
man bete jederzeit für ihn
und wünsche ihm alle Tage Segen!
16 Der Weizen wachse im ganzen Land,
bis hinauf auf die Gipfel der Berge,
dicht und wogend wie die Wälder
hoch oben auf dem Libanon!
Die Städte sollen blühen und gedeihen
wie die satten grünen Wiesen!
17 Der Name des Königs werde nie vergessen,
sein Ruhm nehme zu,
solange die Sonne besteht!
Wenn Menschen einander Segen wünschen,
sollen sie sagen: »Gott segne dich,
wie er den König gesegnet hat!«
Und alle Völker sollen ihn glücklich preisen!

18 Gepriesen sei der HERR, der Gott Israels,
der einzige, der Wunder vollbringt!
19 Sein ruhmreicher Name sei für immer
gepriesen,
seine Macht setze sich durch in aller Welt!
Amen*, so soll es sein!

20 Hier enden die Gebete Davids, des Sohnes von
Isai.

a So mit G; H *Man soll ihn fürchten.*
b *das Recht:* mit einigen Handschriften und alten Übersetzungen; H *der Gerechte.*
71,20 30,4 S 72,1-4 101,1-8; Spr 16,10 S 72,4 9,13 S 72,5 61,7-8 S; 72,17 72,8-11 2,8 72,10 68,30.32 72,14 116,15

DRITTES BUCH
(Psalmen 73–89)

Gott, ich gehöre zu dir!

73 Ein Lied Asafs.

Ich weiß es: Gott ist gut zu Israel,
zu allen, die ihm mit ganzem Herzen
gehorchen.
2 Doch beinahe wäre ich irre geworden,
ich wäre um ein Haar zu Fall gekommen:
3 Ich war eifersüchtig auf die Menschen,
die nicht nach dem Willen Gottes fragen;
denn ich sah, daß es ihnen so gutgeht.
4 Ihr Leben lang kennen sie keine Krankheit,
gesund sind sie und wohlgenährt.
5 Sie verbringen ihre Tage ohne Sorgen
und müssen sich nicht quälen
wie andere Leute.
6 Ihren Hochmut tragen sie zur Schau
wie einen Schmuck,
ihre Gewalttätigkeit wie ein kostbares Kleid.
7 Ihr Luxusleben verführt sie zur Sünde,[a]
ihr Herz quillt über von bösen Plänen.
8 Ihre Reden sind voll von Spott
und Verleumdung,
mit großen Worten schüchtern sie die Leute ein.
9 Sie reißen das Maul auf und lästern
den Himmel,
ihre böse Zunge verschont nichts auf der Erde.

10 Darum läuft das Volk Gottes ihnen nach,
und lauscht begierig auf ihr Geschwätz.[b]
11 »Gott merkt ja doch nichts!« sagen sie.
»Was weiß der da oben von dem,
was hier vorgeht?«
12 So sind sie alle, die Gott verachten;
sie häufen Macht und Reichtum
und haben immer Glück.

13 Es war ganz umsonst, HERR,
daß ich mir ein reines Gewissen bewahrte
und wieder und wieder meine Unschuld
bewies.
14 Ich werde ja trotzdem täglich gepeinigt,
ständig bin ich vom Unglück verfolgt.
15 Aber wenn ich so reden wollte wie sie,
würde ich alle verraten, die zu dir gehören.[c]
16 Ich mühte mich ab, das alles zu verstehen,
aber es schien mir ganz unmöglich.
17 Doch dann kam ich in dein Heiligtum.
Da erkannte ich, wie es mit ihnen ausgeht:
18 Du stellst sie auf schlüpfrigen Boden;
du verblendest sie, damit sie stürzen.
19 Ganz plötzlich ist es aus mit ihnen,
sie alle nehmen ein Ende mit Schrecken.
20 Herr, wenn du aufstehst, verschwinden sie
wie die Bilder eines Traumes beim Erwachen.

21 Als ich verbittert war und innerlich zerrissen,
22 da hatte ich den Verstand verloren,
wie ein Stück Vieh stand ich vor dir.
23 Und dennoch gehöre ich zu dir!
Du hast meine Hand ergriffen und hältst mich;
24 du leitest mich nach deinem Plan
und holst mich am Ende in deine Herrlichkeit.
25 Wer im Himmel könnte mir helfen,
wenn nicht du?
Was soll ich mir noch wünschen auf der Erde?
Ich habe doch dich!
26 Auch wenn ich Leib und Leben verliere,
du, Gott, hältst mich;
du bleibst mir für immer!

27 Wer sich von dir entfernt, geht zugrunde;
wer dir untreu wird, den vernichtest du.
28 Ich aber setze mein Vertrauen auf dich,
meinen Herrn;
dir nahe zu sein, ist mein ganzes Glück.
Ich will weitersagen, was du getan hast.

Klage über das zerstörte Heiligtum

74 Ein Gedicht Asafs.

Gott, hast du uns für immer verstoßen?
Warum wütet dein Zorn so furchtbar gegen uns?
Wir sind doch deine Herde,
und du bist unser Hirt!
2 Denke daran, wie du uns einst befreit hast!
Damals hast du uns zu deinem Eigentum
gemacht,
schon seit uralter Zeit sind wir dein Volk.
Denk an den Zionsberg*,
den du zu deinem Wohnsitz bestimmt hast!
3 Komm doch,
sieh dir die trostlosen Trümmer an!
Den ganzen Tempel* haben die Feinde zerstört.

a So mit G; H *Ihr Auge tritt aus dem Fett hervor.* *b* Wörtlich *und Wasser in Fülle wird von ihnen geschlürft.*
c Wörtlich *würde ich die Generationen deiner Söhne verraten.*
73,1-28 (scheinbares Glück der Bösen) Spr 24,19-20 S; Ps 10,1-18; Ijob 21,7-33; Koh 8,12b-14; Mal 3,14-15 **73,8** 12,5; 109,2 S **73,9** Jes 57,4 **73,11** 14,1 S **73,13** 26,6; Mal 3,14-15 **73,17-20** 49,14-15 **73,24** 49,16; 16,10-11 S **73,26** 63,4 **74,1-23** 79,1-13 **74,1** (Herde – Hirt) 23,1; 79,13; 80,2; 95,7; 100,3 **74,2** Ex 20,2; 19,5-6 S; Ps 76,3 S **74,3** 2 Kön 25,9; Klgl 3,18

4 Brüllend sind sie in die heilige Stätte
eingebrochen
und haben dort ihre Feldzeichen aufgepflanzt.
5 Sie haben wild drauflosgeschlagen,
als hätten sie ein Dickicht vor sich,
6 die kostbaren Schnitzereien haben sie
zertrümmert
mit ihren Äxten und Eisenstangen.
7 Sie haben Feuer in dein Heiligtum geworfen,
deine Wohnung[a] niedergerissen und
geschändet.
8 Sie schrien: »Wir machen Schluß mit ihnen!
Wir verbrennen[b] alle Göttertempel
auf der Erde!«

9 Es gibt kein Zeichen mehr dafür,
daß du noch bei uns bist.
Kein Prophet* spricht mehr;
niemand von uns weiß,
wie lange das noch dauert.
10 Gott, wie lange darf der Feind noch höhnen?
Hört das nie auf,
daß er deinen Namen* beschimpft?
11 Warum siehst du so untätig zu?
Wann greifst du endlich ein?

12 Gott, seit uralter Zeit bist du unser König,
du hast gewaltige Taten auf der Erde vollbracht!
13 Mit deiner Macht hast du das Meer gespalten
und den Seeschlangen die Schädel
zertrümmert.
14 Dem Drachen[c] hast du die Köpfe
abgeschlagen
und ihn den wilden Tieren[d] zum Fraß
gegeben.
15 Du hast Quellen und Bäche sprudeln lassen
und mächtige Ströme zum Versiegen gebracht.
16 Der Tag gehört dir und auch die Nacht,
Sonne und Mond hast du an ihren Platz
gestellt.
17 Du hast alle Gebiete der Erde abgegrenzt,
Sommer und Winter hast du gemacht.

18 HERR, höre doch,
wie unsere Feinde dich verhöhnen!
Sie mißachten dich und lästern deinen Namen.
19 Gib dein hilfloses Volk nicht diesen Räubern
preis!
Wir werden unterdrückt;
laß uns nicht endlos leiden!
20 Denk an deinen Bund* mit uns!
Alle versteckten Winkel im Land
sind voll von Verbrechen und Gewalttat.
21 Enttäusche die Verfolgten nicht;
rette die Armen und Unterdrückten,
damit sie dich preisen!
22 Steh auf, Gott!
Es geht um deine Sache,
verschaff dir Recht!
Denk an die Schmähungen der Spötter,
mit denen sie dich täglich überschütten!
23 Hör doch, wie sie toben;
immer lauter wird ihr Geschrei!

Gott kommt und hält Gericht

75 Ein Lied Asafs, nach der Melodie »Richte nicht zugrunde«.

2 Wir danken dir, Gott, wir danken dir!
Wir bekennen dich als unseren Gott
und erzählen von den Wundern, die du tust.[e]

3 »Wenn der Augenblick kommt«, sagt Gott,
»die Zeit, die ich bestimme,
dann halte ich unbestechlich Gericht.
4 Auch wenn die Erde zittert
und ihre Bewohner vor Angst vergehen –
ich habe ihre Pfeiler auf festen Grund gestellt.«

5 Darum sage ich zu den Überheblichen:
»Schluß jetzt mit eurer Prahlerei!«
Zu denen, die Gottes Gebote mißachten:
»Spielt euch nicht so auf!
6 Euer Spiel ist zu Ende;
hört auf, so vermessen zu reden!
7 Weder vom Osten noch vom Westen
habt ihr etwas zu erwarten,
auch nicht aus der Wüste
oder von den Bergen[f] –
8 Gott selbst kommt und hält Gericht:
Die einen stürzt er,
die anderen macht er groß.«

9 Der HERR hält einen Becher in der Hand,
gefüllt mit scharfem, gärendem Wein.
Allen auf der Erde, die sich ihm widersetzten,
gibt er von diesem Wein zu trinken;

a Wörtlich *die Wohnung deines Namens**; siehe Anmerkung zu Dtn 12,5. b So mit G; H *Sie haben verbrannt.*
c *Drachen:* wörtlich *Leviatan**. d Wörtlich *den Bewohnern der Wüste* (vgl. 72,9).
e *Wir erzählen ...* (wörtlich *Wir rufen dich/deinen Namen an, wir erzählen ...*): mit G; H *dein Name ist nahe, sie erzählen ...*
f *auch nicht ...:* wörtlich *auch nicht aus der Wüste der Berge* (oder ... *aus der Wüste Erhöhung*).

74,13 89,11; Jes 51,9-10; Ex 14,21-22 **74,16** 104,19 **75,8** 146,7-9; 147,6; 1Sam 2,7-8; Ijob 5,11; Spr 29,23; Jes 2,11-16; Ez 17,24; Tob 4,19; Lk 1,52 S **75,9** Jer 25,15 S

sie alle müssen den Becher leeren
bis zum letzten, bitteren Tropfen.

10 Ich aber höre nicht auf,
von seinen Taten zu reden
und den Gott Jakobs mit Liedern zu ehren.
11 Er wird[a] die Macht der Unheilstifter brechen;
doch alle, die zu ihm halten, macht er stark.

Gott ist Sieger

76 Ein Lied Asafs, zu begleiten auf Saiteninstrumenten.

2 Gott ist in Juda wohlbekannt,
in ganz Israel ist er berühmt.
3 In Jerusalem hat er sein Haus,
dort[b] wohnt er auf dem Zionsberg*.
4 Alles Kriegsgerät hat er zerbrochen,
die Pfeile, die Schwerter und die Schilde.

5 Von Glanz bist du umgeben, Gott,
machtvoller als die uralten Berge[c] bist du!
6 Furchtlose Krieger wurden ausgeplündert;
sie schlafen ihren letzten Schlaf,
und können nie mehr zu den Waffen greifen.
7 Als du sie bedrohtest, Gott Jakobs,
da konnten Roß und Reiter sich nicht mehr
rühren.

8 Ehrfurchtgebietend bist du!
Wer hält dir stand, wenn du zornig wirst?
9 Vom Himmel her verkündest du das Urteil.
Alle Welt erschrickt und wird still,
10 wenn du aufstehst, Gott, und Gericht hältst,
um die Unterdrückten auf der Erde
zu befreien.
11 Sogar das Wüten deiner Feinde
muß noch deinen Ruhm vergrößern;
denn alle, die diesem Wüten entgehen,
sind wie eine Krone,
mit der du dich schmückst.

12 Legt Gelübde* ab und löst sie ein
vor dem HERRN, eurem Gott!
Ihr Völker, die ihr rings um ihn wohnt,
bringt dem gewaltigen Gott Geschenke!
13 Er erniedrigt hochmütige Führer
und lehrt die Herrscher der Erde
das Fürchten!

Trost in verzweifelter Lage

77 Ein Lied Asafs, nach der Weise Jedutuns.

2 Ich schreie zu Gott, so laut ich kann;
ich schreie zu Gott, er wird mich hören.
3 In meiner Angst suche ich den Herrn;
nachts strecke ich die Hand nach ihm aus,
ohne davon zu ermüden.
Trost von Menschen kann mir nicht helfen!

4 Denke ich an Gott, so muß ich stöhnen.
Komme ich ins Grübeln,
so packt mich Verzweiflung.
5 Er hindert mich, die Augen zuzumachen;
ich bin verstört, kaum finde ich Worte.
6 Ich denke nach über frühere Zeiten,
ich erinnere mich an längst vergangene Jahre,
7 als mich beim Saitenspiel noch Freude erfüllte.
Die ganze Nacht verbringe ich mit Grübeln,
immer wieder bewegen dieselben Fragen
mein Herz:

8 Hat der Herr uns für immer verstoßen?
Will er sich nicht mehr erbarmen?
9 Ist er nie wieder gut zu uns?
Gilt sein Versprechen in Zukunft
nicht mehr?
10 Hat Gott vergessen, sich zu erbarmen?
Verschließt er uns vor Zorn sein Herz?
11 Von Gottes Macht ist nichts zu sehen,
der Höchste tut nichts mehr für uns –
das ist es, was mich quält!

12 Ich denke an deine Taten, HERR,
deine Wunder von damals mache ich mir
bewußt.
13 Ich zähle mir auf, was du vollbracht hast,
immer wieder denke ich darüber nach.
14 Gott, heilig ist alles, was du tust!
Kein anderer Gott ist so gewaltig wie du!
15 Du bist der einzige, der Wunder tut;
an den Völkern hast du deine Macht bewiesen.
16 Dein Volk, die Nachkommen Jakobs
und Josefs,
hast du mit starker Hand befreit.

17 Als die Wasserfluten dich sahen, Gott,
da fingen sie an zu beben,
die Tiefen des Meeres begannen zu zittern.
18 Die Wolken vergossen Ströme von Regen,

a Vermutlicher Text; H *Ich werde.* b H verbindet *dort* mit dem folgenden Satz: *Dort hat er zerbrochen ...*
c *die uralten Berge:* mit G; H *die Berge der Beute.*

76,3 9,12; 48,2-3; 65,2; 68,17; 87,1-2; 132,13; Jes 2,3 S; Obd 17a S **76,4** 46,10-11 S **76,6-7** 48,5-8; Jer 51,57 **76,12** 66,13-15 S
77,1 1 Chr 25,1 **77,6-7** 143,5 **77,8-11** 74,1; Klgl 5,1-5.20-22 **77,16-21** Ex 14,21-29 S

in ihrer Mitte grollte der Donner,
und deine Pfeile schossen hin und her.
[19] Dein Wagen donnerte durch die Wolken,
deine Blitze erhellten die Welt,
die Erde zitterte und bebte.

[20] Dein Weg führte mitten durch das Meer,
deine Schritte gingen durch Wassertiefen,
doch deine Spuren konnte niemand sehen.
[21] Durch deine Diener Mose und Aaron
hast du dein Volk geführt wie eine Herde.

Gottes Geschichte mit seinem Volk

78 Ein Gedicht Asafs.
Mein Volk, höre auf meine Weisung!
Ihr alle, gebt acht auf meine Worte!
[2] Ich will euch an frühere Zeiten erinnern,
euch Gottes geheimnisvolle Führungen zeigen.
[3] Wir kennen das alles seit langen Jahren,
weil wir immer wieder davon hörten,
wenn unsere Väter es uns erzählten.
[4] Wir wollen es unseren Kindern
nicht verschweigen.
Auch die kommende Generation soll hören
von der Macht des HERRN,
von seinen Wundern,
von allen Taten, für die wir ihn preisen.

[5] Er hat mit Israel einen Bund* geschlossen,
den Nachkommen Jakobs seine Weisungen
gegeben.
Er hat unseren Vorfahren befohlen,
ihren Kindern davon zu erzählen,
[6] damit auch die folgende Generation
es erfährt,
die Kinder, die noch geboren werden.
Und wenn sie selbst Eltern geworden sind,
sollen sie es weitergeben an ihre Kinder.
[7] Sie sollen auf Gott vertrauen,
seine Taten nie vergessen
und seine Gebote treu befolgen.
[8] Sie sollen nicht ihren Vorfahren gleichen,
der Generation von widerspenstigen Rebellen,
unzuverlässig und unbeständig,
untreu gegenüber Gott.
[9] – Die Männer von Efraïm,
mit Pfeilen und Bogen gerüstet,
ergriffen am Tag des Kampfes die Flucht. –[a]
[10] Sie hielten sich nicht an den Bund mit Gott
und weigerten sich,
seiner Weisung zu gehorchen.
[11] Sie vergaßen die machtvollen Wunder,
die er vor ihren Augen getan hatte.

[12] In Ägypten, in der Gegend von Zoan,
vor den Augen ihrer Väter,
vollbrachte Gott gewaltige Taten:
[13] Er zerteilte das Meer
und ließ sie hindurchziehen;
er türmte das Wasser auf wie einen Damm.
[14] Tagsüber leitete er sie mit einer Wolke
und in der Nacht mit hellem Feuerschein.
[15] In der Wüste spaltete er Felsen
und ließ sie Wasser aus der Tiefe trinken.
[16] Aus hartem Gestein brachen Bäche hervor
und stürzten mit mächtigem Schwall herab.

[17] Sie aber sündigten weiter gegen den
Höchsten,
sie widersetzten sich ihm dort im dürren Land.
[18] Sie wagten es, Gott auf die Probe zu stellen,
als sie Nahrung verlangten nach ihrem
Geschmack.
[19] Sie zweifelten an ihm und sagten:
»Bringt Gott es etwa fertig,
uns hier in der Wüste den Tisch zu decken?
[20] Es ist wahr, er hat den Felsen geschlagen,
und das Wasser strömte in Bächen heraus.
Aber kann er uns auch Brot besorgen?
Kann er Fleisch herbeibringen für sein Volk?«
[21] Als der HERR sie so reden hörte,
wurde er zornig auf die Nachkommen Jakobs,
sein Zorn traf Israel wie ein Feuer.
[22] Sie hatten ihrem Gott nicht vertraut
und nicht mit seiner Hilfe gerechnet.

[23] Trotzdem gab er den Wolken Befehl
und öffnete die Himmelstore:
[24] Er ließ das Manna* auf sie regnen,
er gab ihnen das Korn des Himmels zu essen.
[25] Sie alle aßen das Brot der Engel;
Gott schickte ihnen Nahrung
und machte sie satt.
[26] Am Himmel setzte er den Ostwind frei,
er zwang den Südwind heranzustürmen.
[27] Dann ließ er Fleisch auf sie regnen
wie Staub,
Vögel, so zahlreich wie Sand am Meer.
[28] Mitten ins Lager ließ er sie fallen,
rings um die Zelte der Israeliten.
[29] Sie aßen und wurden mehr als satt;
Gott gab ihnen, was sie gefordert hatten,

a Dieser Vers nimmt das Thema von Vers 67 vorweg.

78,3 44,2 **78,4** Dtn 4,9-10 **78,13** Ex 14,21-29 S **78,14** Ex 13,21 S **78,15-16** Ex 17,6; Num 20,11 **78,17-20** Ex 16,3; Num 11,4 **78,21** Num 11,1 **78,23-25** Ex 16,4.13-15; 16,31 S **78,26-29** Ex 16,13 S

30 doch ihre Gier war noch nicht gestillt.
Sie hatten das Fleisch noch zwischen den Zähnen,
31 da wurde Gott zornig auf sie und schlug zu,
ihre jungen, starken Männer tötete er.

32 Aber trotz allem sündigten sie weiter,
sie schenkten seinen Wundern kein Vertrauen.
33 Da nahm er ihrem Leben Sinn und Ziel
und ließ sie vergehen in Angst und Schrecken.
34 Immer wenn Gott einige tötete,
begannen die anderen, nach ihm zu fragen,
sie wandten sich ihm zu und suchten ihn.
35 Sie erinnerten sich:
Gott war doch ihr Beschützer,
er, der Höchste, war ihr Befreier.
36 Aber alles war Heuchelei;
was ihr Mund ihm sagte, war gelogen.
37 Ihr Herz hielt nicht entschieden zu ihm,
sie standen nicht treu zu seinem Bund*.
38 Trotzdem blieb er voll Erbarmen:
Er tilgte sie nicht aus,
sondern tilgte ihre Schuld.
Oft genug verschonte er sie,
und hielt seinen Zorn im Zaum.
39 Er wußte ja, sie waren Geschöpfe,
vergänglich wie ein Windhauch,
der verweht und niemals wiederkehrt.

40 Wie oft widersetzten sie sich ihm in der Wüste
und forderten seinen Zorn heraus!
41 Immer wieder stellten sie ihn auf die Probe
und kränkten ihn, den heiligen Gott Israels.
42 Sie vergaßen seine großen Taten
und den Tag der Befreiung von ihren Feinden.
43 Damals gab er Ägypten Beweise seiner Macht,
in der Gegend von Zoan vollbrachte er Wunder.
44 Er verwandelte die Ströme und Bäche in Blut,
so daß niemand mehr daraus trinken konnte.
45 Er schickte den Feinden Ungeziefer, das sie quälte,
und Frösche, die ihr Land verseuchten.
46 Ihre Ernte lieferte er den Heuschrecken aus,
die fraßen den Ertrag ihrer Arbeit.
47 Er zerschlug ihre Reben durch Hagel,
ihre Feigen durch riesige Hagelkörner.
48 Auch ihr Vieh gab er dem Hagel preis
und ihre Herden den Blitzen.
49 Er ließ seinen glühenden Zorn auf sie los,
rasende Wut und furchtbare Plagen,
ein ganzes Heer von Unglücksengeln.
50 Er ließ seinem Zorn freien Lauf;
er bewahrte sie nicht länger vor dem Tod,
sondern lieferte sie aus an die Pest.
51 Er tötete jeden erstgeborenen Sohn
in den Häusern der Ägypter,
der Nachkommen Hams.

52 Dann führte er sein Volk hinaus
wie eine Herde von Schafen
und leitete sie auf dem Weg durch die Wüste.
53 Er führte sie sicher,
sie hatten nichts zu fürchten,
aber ihre Feinde bedeckte das Meer.
54 Er brachte sie in sein heiliges Land,
zu dem Berg, den er selbst erobert hatte.
55 Vor ihnen her vertrieb er die Völker;
das Land verloste er unter die Seinen
und gab es ihnen als Erbbesitz.
In den Häusern der Kanaaniter*
ließ er die Stämme Israels wohnen.

56 Sie aber forderten den Höchsten heraus,
sie richteten sich nicht nach Gottes Geboten.
57 Sie kehrten sich ab und verrieten ihn
genauso wie früher ihre Väter,
unzuverlässig wie ein Bogen,
dessen Sehne reißt.
58 Sie ärgerten ihn mit ihren Opferstätten*
und reizten ihn mit Götzenbildern.
59 Gott sah das alles und wurde zornig,
er ließ die Israeliten im Stich.
60 Das Zelt, das er bei ihnen aufgeschlagen hatte,
seine Wohnung in Schilo*, gab er auf.
61 Den Feinden erlaubte er,
die Bundeslade* zu entführen,
das Zeichen seiner Macht und Hoheit.
62 Er war so zornig auf sein eigenes Volk,
daß er es dem Schwert der Feinde preisgab.
63 Das Feuer fraß die jungen Männer,
den Mädchen sang niemand mehr das Hochzeitslied.
64 Die Priester* wurden mit dem Schwert getötet,
und die Witwen konnten keine Totenklage* halten.

65 Da wachte der Herr auf,
geradeso als hätte er geschlafen,
wie ein Krieger, der seinen Rausch abschüttelt.
66 Er schlug seine Feinde in die Flucht,

78,30-31 Num 11,33 **78,38** 103,12-13 **78,39** 39,5-7 S **78,43-52** Ex 7,1–11,10; 12,29-42 **78,53** Ex 14,28 **78,54-55** Jos 23,3-4; 24,8-13 **78,56-59** Ri 2,11-15 **78,60** Jos 18,1 S **78,61-64** 1 Sam 4,17-20 **78,65-72** 2 Sam 7,8-16

bedeckte sie mit unauslöschlicher Schande.
67 Die Nachkommen Josefs verwarf er,
den Stamm Efraïm lehnte er als Führer ab.
68 Doch den Stamm Juda erwählte er
und den Berg Zion*, den er liebte.
69 Dort hat er seinen Tempel* gebaut,
hoch wie der Himmel und fest wie die Erde,
die er gegründet hat für alle Zeiten.

70 Er erwählte David als seinen Vertrauten.
Er holte ihn von den Weideplätzen,
71 vom Hüten der Herde rief er ihn weg
und machte ihn zum König Israels,
zum Hirten über Gottes eigenes Volk.
72 Und David sorgte für sie mit redlichem
Herzen,
er leitete sie mit kluger Hand.

Hört Gottes Zorn nie auf?

79 Ein Lied Asafs.

Gott, Fremde sind in dein Land eingefallen;
sie haben deinen heiligen Tempel* geschändet
und Jerusalem in Trümmer gelegt.
2 Sie haben deine Diener getötet,
alle, die zu dir hielten,
und haben sie überall liegen lassen
als Fraß für die Geier und wilden Tiere.
3 Im ganzen Umkreis von Jerusalem
ist das Blut deines Volkes in Strömen
geflossen,
und niemand war da, der die Toten begrub.
4 Die Nachbarvölker überschütten uns
mit Hohn,
sie lachen und spotten über uns.

5 Wie lange noch, HERR?
Willst du für immer zornig auf uns sein?
Willst du weiterwüten wie ein Feuer?
6 Laß deinen Zorn an den Fremden aus,
an den Völkern, die dich nicht kennen,
den Königreichen, wo man dich nicht ehrt!
7 Denn sie haben Israel vernichtet
und sein Land verwüstet.

8 Rechne uns nicht das Unrecht an,
das unsere Väter begangen haben!
Begegne uns bald mit deinem Erbarmen,
denn wir sind völlig am Ende!
9 Gott, unser Retter, hilf uns;
deine eigene Ehre steht auf dem Spiel!
Befrei uns, vergib uns unsere Schuld;
mach deinem Namen Ehre!

10 Warum sollen die Völker sagen:
»Wo ist er denn, ihr Gott?«
Laß sie erkennen und laß uns sehen,
wie du an ihnen Vergeltung übst
für das vergossene Blut deiner Diener!
11 Laß das Stöhnen der Gefangenen
zu dir dringen!
Deine Macht ist so groß;
darum bewahre das Leben der Todgeweihten!
12 Unsere Nachbarn haben dich verhöhnt;
zahl es ihnen siebenfach zurück!

13 Wir aber, dein Volk, für das du sorgst
wie ein Hirt für seine Herde,
wir wollen dir allezeit danken
und deinen Ruhm verkünden
in allen Generationen!

Hör uns, Hirt Israels!

80 Ein Lied Asafs, ein Bekenntnis, zu singen nach der Melodie »Lilien«.[a]

2 Hör uns, Hirt Israels,
der du Josefs Nachkommen führst
wie eine Herde!
Der du über den Keruben* thronst,
zeige dich in strahlendem Glanz!
3 Entfalte deine gewaltige Macht
vor den Augen deiner Stämme,
vor Efraïm, Benjamin und Manasse!
Komm und hilf uns!

4 *Gott, richte uns wieder auf!*
Blick uns freundlich an,
dann ist uns geholfen!

5 HERR, du Gott der ganzen der Welt,[b]
wie lange willst du noch zornig schweigen,
wenn dein Volk zu dir betet?
6 Du hast uns Kummer zu essen gegeben
und becherweise Tränen zu trinken.
7 Du hast uns zum Zankapfel der Nachbarn
gemacht,
unsere Feinde treiben ihren Spott
mit uns.

a Vgl. Anmerkung zu 45,1.
b *HERR, du ...:* wörtlich *HERR Gott Zebaot**, ebenso in Vers 20; in den Versen 8 und 15 wörtlich *Gott Zebaot.*
79,1 74,1-8; 2 Kön 25,8-10 **79,2** Jer 12,9 S **79,4** 44,14-15 **79,5** 13,2-3 S; 85,6 S **79,7** 2 Kön 25,8-12 **79,8** Ez 18,1-4.20 **79,9-10** 115,1-2 S **79,13** 74,1 S **80,2** 74,1 S; 2 Sam 6,2 S **80,4** 31,17 S **80,5** 13,2-3 S **80,7** 44,14-15 S

8 *Gott, du Herr der Welt,*
richte uns doch wieder auf!
Blick uns freundlich an,
dann ist uns geholfen!

9 In Ägypten hast du einen Weinstock
ausgegraben;
ganze Völker hast du vertrieben,
um ihn an ihrer Stelle einzupflanzen.
10 Du hast den Boden für ihn gerodet;
darum konnte er Wurzeln schlagen
und das ganze Land ausfüllen.
11 Mit seinem Schatten bedeckte er die Berge,
mit seinen Zweigen die mächtigen Zedern.
12 Seine Ranken streckte er aus bis zum Meer,
seine Triebe bis hin zum Eufrat.
13 Warum hast du seine Schutzmauer
niedergerissen,
daß jeder, der vorbeikommt, ihn plündern
kann?
14 Das Wildschwein aus dem Wald
verwüstet ihn,
die Tiere der Steppe fressen ihn kahl.

15 Komm wieder zu uns, Gott, du Herr der Welt!
Blicke vom Himmel herab und sieh uns,
kümmere dich um deinen Weinstock!
16 Schütze ihn, den du selber gepflanzt hast,
den Sproß, der dir seine Kraft verdankt!
17 Aber nun ist er umgehauen und verbrannt!
Blick unsere Feinde drohend an,
damit sie vergehen müssen!
18 Lege deine Hand schützend auf den König,
der an deiner rechten Seite sitzt,
auf den Mann,[a] den du stark gemacht hast.
19 Wir wollen nie wieder von dir weichen!
Erhalte uns am Leben,
wir wollen uns zu dir bekennen![b]

20 *HERR, du Gott der ganzen Welt,*
richte uns doch wieder auf!
Blick uns freundlich an,
dann ist uns geholfen!

Festjubel und Gehorsam

81 Von Asaf, zu begleiten auf gatitischem
Instrument*.

2 Jubelt Gott zu, unserem starken Beschützer!
Jauchzt vor Freude über den Gott Jakobs!
3 Stimmt den Lobgesang an,
schlagt die Tamburine,
greift in die Saiten von Leier und Laute!
4 Blast das Horn* zum Neumond,
blast es wieder zum Vollmond,
dem Tag unseres Festes!
5 Denn das ist eine Vorschrift für Israel,
so hat es der Gott Jakobs befohlen.
6 Diese Regel gab er dem Volk Josefs,
als er gegen die Ägypter kämpfte.

Ich höre Worte,
die ich so noch niemals hörte:

7 »Ich habe dir die Last von den Schultern
genommen
und den schweren Tragkorb aus den Händen.
8 Du hast zu mir geschrien in deiner Not,
und ich habe dich daraus befreit.
Ich habe dir Antwort gegeben
mitten aus der Gewitterwolke,
in der ich mich verborgen hielt.
An der Quelle von Meriba
habe ich dein Vertrauen geprüft.

9 Mein Volk, hör mir zu, ich muß dich warnen!
Wenn du doch auf mich hören wolltest, Israel!
10 Bei dir darf kein Platz sein
für einen anderen Gott,
vor keinem fremden Gott darfst du dich
niederwerfen!
11 Ich bin der HERR, dein Gott,
ich habe dich aus Ägypten herausgeführt.
Mach deinen Mund weit auf,
ich werde ihn füllen!

12 Aber mein Volk hat nicht auf mich gehört,
Israel wollte nichts von mir wissen.
13 Darum überließ ich es seinem Starrsinn;
es sollte seinen eigenen Wünschen folgen.
14 Wenn mein Volk doch auf mich hörte!
Wenn Israel doch auf meinem Weg bliebe!
15 Wie schnell würde ich seine Feinde
bezwingen
und seine Unterdrücker niederwerfen!«

16 Alle, die den HERRN hassen,
würden vor ihm kriechen müssen,
und ihre Zeit wäre für immer vorbei.
17 Doch Israel würde er mit bestem Weizen
ernähren
und mit Honig aus den Bergen sättigen.

a Wörtlich *den Menschensohn.* b *uns zu dir bekennen:* wörtlich *deinen Namen* ausrufen.*

80,9 Jes 5,1-7 S; Dtn 26,8-9 80,17 Ez 15,4 80,18 110,1 S 81,4-6 Num 10,10; Lev 23,23-24 81,7 Ex 6,5-6 81,8 Ex 19,16; 17,7 81,10-11 Ex 20,2-5 81,12 Jer 7,24-26 81,17 Dtn 32,13

Gericht über die Götter

82 Ein Lied Asafs.
Gott steht auf in der Versammlung der Götter,[a]
und zieht sie zur Rechenschaft:

2 »Wie lange wollt ihr noch das Recht verdrehen
und für die Schuldigen Partei ergreifen?
3 Verteidigt die Armen und die Waisenkinder,
verschafft Wehrlosen und Unterdrückten ihr
Recht!
4 Befreit die Entrechteten und Schwachen,
reißt sie aus den Klauen ihrer Unterdrücker!
5 Aber ihr seht nichts und ihr versteht nichts!
Hilflos tappt ihr in der Dunkelheit umher,
und die Fundamente der Erde geraten
ins Wanken.
6 Ich hatte zwar gesagt: ›Ihr seid Götter,
meine Söhne seid ihr, Söhne des Höchsten!‹
7 Doch ihr werdet wie die Menschen sterben,
wie unfähige Minister aus dem Amt gejagt!«

8 Greif ein, Gott, regiere die Welt;
denn dir gehören alle Völker!

Gebet in Kriegsgefahr

83 Ein Lied Asafs.
2 Gott, schweig nicht länger!
Schau nicht so stumm und tatenlos zu!
3 Sieh doch, wie deine Feinde toben,
wie hoch sie den Kopf tragen,
alle, die dich hassen!
4 Sie haben sich gegen dein Volk
verschworen.
Heimtückisch schmieden sie Pläne gegen uns,
die wir unter deinem Schutz stehen.
5 »Auf«, sagen sie, »wir löschen Israel aus!
Dieses Volk muß verschwinden,
und sein Name muß vergessen werden!«
6 Sie halten miteinander Rat,
um ein Bündnis gegen dich zu schließen,
und schnell sind sie ein Herz und eine Seele:
7 Die Leute von Edom*, die Ismaeliter,
die von Moab* und die Hagariter;
8 die von Gebal, Ammon* und Amalek*;
die Philister* und die Bewohner von Tyrus;
9 sogar die Assyrer* kommen noch dazu
und bringen den Nachkommen Lots
Verstärkung.

10 Gott, schlage sie wie die Midianiter*,
wie Sisera, wie Jabin am Kischonbach.
11 Sie wurden bei En-Dor vernichtet
und blieben als Dünger auf den Feldern liegen.
12 Behandle ihre Fürsten wie Oreb und Seeb,
ihre Führer wie Sebach und Zalmunna,
13 sie alle, die beschlossen haben:
»Wir wollen Gottes Land erobern!«

14 Du mein Gott, laß sie davonwirbeln
wie trockene Disteln, wie Spreu im Wind!
15 Sei ihnen wie ein Feuer, das den Wald
verzehrt,
wie eine Flamme, die Berge anzündet!
16 Jage sie mit deinem Sturm,
stürze sie in Panik durch deinen Orkan!
17 Treib ihnen die Schamröte ins Gesicht,
damit sie anfangen, nach dir, HERR, zu fragen!
18 Bringe für immer Schmach und Schrecken
über sie,
und laß sie in ihrer Schande zugrunde gehen!
19 Sie sollen erkennen:
Du, HERR, unser Gott,
du allein bist der Höchste in aller Welt!

Sehnsucht nach dem Tempel Gottes

84 Ein Lied der Korachiter, zu begleiten auf gatitischem Instrument*.

2 Meine ganze Liebe gehört deinem Haus,
HERR, du großer und mächtiger Gott![b]
3 Ich möchte jetzt dort sein,
in den Vorhöfen* des Tempels –
die Sehnsucht danach verzehrt mich!
Mit Leib und Seele schreie ich nach dir,
dem lebendigen Gott!
4 Sogar die Vögel dürfen bei dir wohnen;
die Schwalben bauen ihr Nest bei deinen
Altären
und ziehen dort ihre Jungen auf,
HERR, du Herrscher der Welt,
mein König und mein Gott!
5 Wie glücklich sind alle,
die in deinem Haus Wohnrecht haben
und dich dort immerzu preisen können!

a Damit sind die Götter der anderen Völker gemeint, die nach alttestamentlichem Verständnis mächtige Wesen zwischen Gott und den Menschen sind; vgl. die Sacherklärung »Gottessöhne«.
b *HERR, du ...:* wörtlich *HERR Zebaot**, ebenso in Vers 13 und für *HERR, du Herrscher der Welt* in Vers 4.
82,1 89,6-8 **82,3-4** 9,13 S **82,6** Joh 10,34 **83,2-9** 124,1-5 **83,4** 2,2 **83,9** Gen 19,36-39 **83,10** Ri 7,15–8,12; 4,1-24 **83,12** Ri 7,25; 8,12.18-21 **84,3** 42,2-3 S **84,5** 23,6 S

[6] Wie glücklich sind sie,
die bei dir ihre Stärke finden
und denen es am Herzen liegt,
zu deinem Heiligtum zu ziehen!
[7] Wenn sie durchs Wüstental wandern,
brechen dort Quellen auf,
milder Regen macht alles grün und frisch.
[8] Mit jedem Schritt wächst ihre Kraft,
bis sie auf dem Zionsberg* vor dir stehen.

[9] Höre mein Gebet, Gott, du Herrscher der Welt![a]
Achte auf meine Bitte, du Gott Jakobs!
[10] Blicke freundlich auf unseren Beschützer,
auf den König, den du eingesetzt[b] hast!

[11] Ein Tag im Vorhof deines Tempels
zählt mehr als sonst tausend.
Lieber an der Tür deines Hauses stehen
als bei Menschen wohnen,
die dich mißachten.

[12] Ja, Gott, der HERR, ist die Sonne,
die uns Licht und Leben gibt.
Er ist der Schild, der uns beschützt.
Er schenkt uns seine Liebe
und nimmt uns in Ehren auf.
Allen, die untadelig leben,
gewährt er das höchste Glück.

[13] HERR, du großer und mächtiger Gott,
wie gut hat es jeder, der sich auf dich verläßt!

Frieden für Gottes Volk

85 Ein Lied der Korachiter.
[2] HERR, früher hast du gezeigt,
daß du dein Land liebst,
und hast für dein Volk[c] alles wieder
zum Guten gewendet.
[3] Sein Unrecht hast du weggenommen
und seine ganze Verfehlung zugedeckt.
[4] Du hast deinen Zorn zurückgezogen
und seine schreckliche Glut wieder
abgewendet.

[5] Gott, unser Retter,
stell uns auch jetzt wieder her!
Hör auf, uns zu zürnen!
[6] Oder willst du für immer zornig auf uns sein?
Soll dein Unwille nie zu Ende gehen?
[7] Willst du uns nicht neu beleben,
damit dein Volk sich über dich freut?
[8] HERR, laß uns wieder deine Güte sehen!
Komm uns zu Hilfe!

[9] Ich horche auf das, was Gott, der HERR, sagt:
Er spricht von Frieden für sein Volk,
für alle, die zu ihm gehören;
aber sie sollen ihre Torheit nicht wiederholen!
[10] Seine Hilfe ist all denen nahe,
die ihn ehren und ihm gehorchen;
bald wohnt seine Herrlichkeit* wieder
in unserem Land.
[11] Dann kommen Güte und Treue zusammen,
Recht und Frieden küssen einander.
[12] Die Treue sprießt aus der Erde hervor,
und das Recht blickt vom Himmel herab.
[13] Der HERR selber gibt Gelingen,
und unser Land gibt reichen Ertrag.
[14] Das Recht geht dem HERRN voraus
und bereitet ihm den Weg.

Hilferuf in großer Not

86 Ein Gebet Davids.
HERR, ich bin arm und hilflos;
höre mich und gib mir Antwort!
[2] Bewahre mein Leben, ich gehöre doch zu dir!
Hilf mir, ich bin doch dein Diener;
du mein Gott, ich verlasse mich auf dich!
[3] Den ganzen Tag schreie ich zu dir;
hab Erbarmen mit mir, Herr!
[4] Auf dich richte ich mein Herz
und meinen Sinn;
erfülle mich doch wieder mit Freude!
[5] Herr, du bist freundlich
und bereit, Schuld zu vergeben;
voll Güte begegnest du allen,
die zu dir beten.
[6] Darum höre jetzt meine Bitte;
HERR, achte auf meinen Hilferuf!
[7] In meiner Not schreie ich zu dir;
du wirst mir Antwort geben.

[8] Herr, wer unter den Göttern[d] ist wie du?
Kein anderer kann deine Taten vollbringen!
[9] Du hast alle Völker geschaffen.
Sie werden kommen,
sich vor dir niederwerfen
und dir, Herr, ihre Huldigung darbringen.

a *Gott, du …:* wörtlich *HERR Gott Zebaot**. b *eingesetzt:* wörtlich *gesalbt**.
c Wörtlich *für Jakob*. d Siehe Anmerkung zu 82,1.

84,6 122,1 **84,7** Jes 41,17-20 **84,10** 2,6 **84,11** 23,6 S **84,12** 36,10; 97,11; Jes 60,19 **85,2** 126,1 **85,6** 74,1; 77,8; 79,5 **85,8** 126,4 **85,10** Ez 11,22-23 **85,13** 67,7 **85,14** Jes 58,8 **86,5** 130,3 **86,7** 50,15 **86,8** 135,5 **86,9** 96,7-10 S

10 Denn du bist groß und tust Wunder;
nur du bist Gott, du ganz allein!

11 HERR, zeige mir den richtigen Weg,
damit ich in Treue zu dir mein Leben führe!
Laß es meine einzige Sorge sein,
dich zu ehren und dir zu gehorchen!
12 Herr, mein Gott,
von ganzem Herzen will ich dir danken
und allezeit deinen Ruhm verkünden;
13 denn du bist überaus gut zu mir gewesen:
Du hast mein Leben gerettet
aus der untersten Totenwelt*.

14 Gott, vermessene Leute greifen mich an,
eine gewalttätige Bande will mir ans Leben,
sie alle fragen nicht nach dir.
15 Aber du, Herr,
du bist ein Gott voll Liebe und Erbarmen,
du hast viel Geduld,
deine Güte und Treue sind grenzenlos.
16 Darum wende dich mir zu,
hab Erbarmen mit mir!
Gib mir deine Kraft und deine Hilfe!
Ich gehöre dir doch mit Leib und Leben![a]
17 Zeige mir, daß du es gut mit mir meinst!
Alle, die mich hassen, werden sich schämen,
wenn sie sehen, wie du mir hilfst
und mich tröstest.

Heimatrecht in Zion

87 Ein Lied der Korachiter.
Der HERR hat seine Stadt gebaut,
ihr Fundament ist sein heiliger Berg.
2 Er liebt die Zionsstadt* mit ihren schönen Toren
mehr als alle anderen Orte,
in denen die Nachkommen Jakobs wohnen.
3 Was er von dir sagt, du Gottesstadt,
macht deinen Ruhm noch größer:

4 »Ich rechne Ägypten und Babylon* zu denen,
die mich kennen und ehren;
auch das Philisterland* gehört dazu,
ebenso Tyrus und Äthiopien*,
von denen man sagen kann:
›Dieser und jener ist dort zu Hause.‹
5 Aber zu Zion wird man sagen:
›Jeder ist in dir zu Hause,
denn Gott, der Höchste, hat dich errichtet.‹«

6 Der HERR stellt eine Liste auf
von Menschen aus allen Völkern,
und hinter jeden Namen schreibt er:
»Dieser Mensch hat Heimatrecht in Zion.«[b]
7 Alle tanzen vor Freude und singen:
»Zion, in dir sind wir daheim!«

Gebet in Verlassenheit und Todesnot

88 Ein Gedicht des Esrachiters Heman, aus der Sammlung der Korachiter, zu singen nach schwermütiger Weise.[c]

2 HERR, mein Gott und Retter,
Tag und Nacht schreie ich zu dir!
3 Laß mein Gebet zu dir dringen,
höre meinen Hilferuf!

4 Ich habe mehr als genug gelitten,
mit einem Fuß stehe ich schon im Grab.
5 Alle meinen, mit mir sei es aus;
die Kräfte schwinden mir, ich kann nicht mehr.
6 Man hat mich aufgegeben wie einen Toten;
mir geht es wie den Erschlagenen,
die man ins Massengrab geworfen hat –
du sorgst nicht mehr für sie,
deine Hilfe erreicht sie nicht mehr.
7 In den tiefsten Abgrund hast du mich gestürzt,
wo ewige Dunkelheit mich einschließt.
8 Dein Zorn drückt mich zu Boden,
in schweren Wogen rollt er über mich hin.
9 Meine Freunde hast du mir entfremdet,
sie wenden sich voll Abscheu von mir ab.
Ich bin im Elend gefangen
und finde keinen Ausweg;
10 vor Schmerzen wird mir schwarz vor Augen.

Tag für Tag schreie ich zu dir, HERR,
und strecke meine Hände zu dir aus!
11 Tust du auch für Tote noch Wunder?
Stehen die Schatten auf, um dich zu preisen?
12 Erzählt man im Grab von deiner Güte,
in der Totenwelt* von deiner Treue?
13 Weiß man dort in der Finsternis noch,
welche Wunder du tust für dein Volk?[d]
Denkt bei den Vergessenen noch jemand daran,
wie treu du deine Zusagen einlöst?

a *Gib mir ...:* wörtlich *Gib deinem Knecht deine Kraft, hilf dem Sohn deiner Magd.*
b Wörtlich *Dieser ist dort geboren.* c Vgl. Anmerkung zu 53,1.
d *welche Wunder ...:* wörtlich *von deiner Gerechtigkeit*.*

86,11 25,4 S; Joh 14,6 **86,13** 30,4 S **86,15** Ex 34,6 S **87,1-2** 48,2-3; 78,68 **87,5-6** Jes 44,5; 56,6-7 **88,1** 1 Chr 6,18 S **88,6** Ez 32,19-20 **88,8** 42,8 S **88,9** 38,12 S **88,11-13** 6,6 S

14 Ich aber schreie zu dir, HERR;
jeden Morgen bestürme ich dich mit Bitten.
15 Warum hast du mich verstoßen, HERR?
Warum verbirgst du dich vor mir?

16 Solange ich denken kann,
bin ich gequält und dem Tode nah.
Du erschreckst mich mit immer neuen Plagen,
so daß ich fast an dir irre werde.
17 Dein Zorn ist über mich gekommen
wie ein Feuersturm,
deine furchtbaren Angriffe zerschlagen mich.
18 Sie bedrohen mich von allen Seiten,
täglich dringen sie auf mich ein
wie tödliche Fluten.
19 Freunde und Nachbarn hast du mir
entfremdet;
mein einziger Begleiter ist die Finsternis.

Ist Gott wortbrüchig geworden?

89 Ein Gedicht des Esrachiters Etan.

2 HERR, für immer will ich singen
von den Beweisen deiner Güte.
Mein Lied soll deine Treue verkünden
für alle kommenden Generationen.
3 »Deine Güte hört niemals auf«, sage ich,
»deine Treue steht fest wie der Himmel.«[a]

4 Du hast gesagt:
»Ich habe mir einen Mann erwählt
und einen Bund* mit ihm geschlossen.
David, meinem Vertrauten, habe ich
geschworen:
5 ›Ich bestätige dein Königshaus für immer
und festige deinen Thron für alle Generationen.‹«

6 HERR, der Himmel rühmt deine Wunder,
die Schar der Engel[b] preist deine Treue;
7 denn niemand dort oben ist dir gleich,
von den Göttern[c] kann sich keiner mit dir
messen.
8 Gott, du bist sehr gefürchtet im
himmlischen Rat,
Ehrfurcht erfüllt alle, die dich umgeben.
9 Gott du Herrscher der ganzen Welt,[d]
wer ist so mächtig wie du,
wer ist so durch und durch treu?
10 Du bändigst das rebellische Meer;
wenn seine Wellen toben,
glättest du sie wieder.
11 Du hast den Meeresdrachen[e] getötet
und zertreten
und deine Feinde mit starker Hand zerstreut.
12 Dir gehört der Himmel,
dir gehört die Erde,
das Festland mit allem, was darauf lebt;
denn du hast sie ins Dasein gerufen.
13 Norden und Süden hast du geschaffen,
Tabor und Hermon jubeln dir zu.
14 Du allein hast den starken Arm,
die siegreich erhobene rechte Hand!
15 Dein Thron ist gegründet auf Recht
und Gerechtigkeit,
Güte und Treue gehen vor dir her.

16 Wie glücklich ist das Volk,
das dich mit Jubelrufen begrüßt!
Es lebt in deiner segensreichen Nähe.
17 Es freut sich täglich, weil du sein Gott bist.
Durch deine Treue[f] machst du es groß.
18 Du gibst ihm deine wunderbare Kraft.
Weil du uns liebst, sind wir stark.
19 Dir, HERR, gehört auch unser Beschützer;
du hast unseren König berufen,
du heiliger Gott Israels.

20 Einst hast du zu deinem Volk gesprochen,
in einer Vision hast du gesagt:
»Einen Helden habe ich zum Helfer gemacht,
ihn aus dem Volk erwählt und erhöht.
21 Ich habe David gefunden, meinen Vertrauten,
und ihn mit heiligem Öl zum König gesalbt*.
22 Mit meiner Hand werde ich ihn halten,
durch meine Macht will ich ihn stärken.
23 Kein Feind wird ihn jemals überlisten,
kein Aufrührer ihn bezwingen können.
24 Seine Gegner werde ich vernichten
und alle niederschlagen, die ihn hassen.
25 Meine Treue und Güte sind ihm sicher.
Weil ich bei ihm bin, wächst seine Macht.
26 Ich gebe ihm die Herrschaft
über das Meer
und unterwerfe ihm die großen Ströme.
27 Er wird zu mir sagen: ›Du bist mein Vater,
mein Gott, mein starker Beschützer!‹
28 Ich mache ihn zu meinem Erstgeborenen,

a *wie der Himmel:* mit zwei Handschriften und alten Übersetzungen; H *im Himmel.*
b Wörtlich *die Versammlung der Heiligen, womit hier die Engel gemeint sind (vgl. Sacherklärung »Heilige«).*
c Siehe Anmerkung zu 82,1. d *Gott, du ...:* wörtlich *HERR Gott Zebaot**. e Wörtlich *Rahab**.
f *Treue:* wörtlich *Gerechtigkeit**.

88,14 5,4 S **88,19** 38,12 S **89,1** 1 Kön 5,11; 1 Chr 15,17.19 **89,3** 36,6-7 **89,4-5** 2 Sam 7,16 S; 23,5; Jes 55,3-5 **89,6** 19,2 **89,7-8** 82,1; Ijob 1,6 S **89,10** 65,8; 107,29; Ijob 38,8-11; Mk 4,39 par **89,11** 74,13 S **89,12** 24,1 S **89,15** 97,2; 85,14 **89,19** 84,10; 2,6 **89,20-38** 2 Sam 7,8-16 **89,27** 2 Sam 7,14 S

zum höchsten unter den Königen der Erde.
29 Jederzeit umgibt ihn meine Güte,
mein Bund mit ihm ist unverbrüchlich.
30 Ich bestätige sein Königshaus für immer,
sein Thron bleibt fest,
solange der Himmel besteht.

31 Wenn seine Nachkommen mein Gesetz*
verlassen
und meinen Weisungen nicht gehorchen,
32 wenn sie meine Vorschriften übertreten
und meine Anordnungen nicht befolgen,
33 dann werde ich ihren Ungehorsam bestrafen,
für ihre Verfehlung werde ich sie schlagen.
34 Aber David werde ich die Treue halten,
ihm niemals meine Güte entziehen.
35 Mein Bund mit ihm wird nicht gebrochen,
meine Zusagen ändere ich nicht ab.
36 Ein für allemal habe ich es geschworen
und bürge dafür mit meiner Heiligkeit*:
Ich werde David niemals täuschen!
37 Sein Königshaus soll für immer bestehen.
Seinen Thron werde ich stets vor Augen haben,
ebenso lange wie die Sonne;
38 für alle Zeiten bleibt er stehen wie der Mond,
dieser treue Zeuge in den Wolken.«

39 Und doch hast du ihn fallen lassen
und verstoßen!
Du bist zornig geworden auf den König,
den du doch selber eingesetzt hast.
40 Den Bund mit deinem Diener hast du
widerrufen,
seine Krone in den Schmutz geworfen
und geschändet.
41 Die Mauern seiner Stadt hast du zerbrochen,
seine festen Burgen in Trümmer gelegt.
42 Alle, die vorübergingen, haben ihn beraubt.
Seine Nachbarn treiben ihren Spott mit ihm.
43 Du hast seinen Gegnern den Sieg gegeben
und alle seine Feinde mit Freude erfüllt.
44 Sein Schwert hast du stumpf werden lassen,
und im Kampf hast du ihm nicht geholfen.
45 Seinem Glanz hast du ein Ende gemacht
und seinen Thron zu Boden gestürzt.
46 Du hast ihn vor der Zeit altern lassen
und ihn mit Schimpf und Schande bedeckt.

47 Wie lange noch, HERR?
Willst du dich für immer verbergen?
Wie lange soll dein Zorn noch brennen?
48 Denk doch wieder an mich,
mein Leben ist so kurz!
Nur für einen winzigen Augenblick
hast du uns Menschen geschaffen.
49 Gibt es denn einen, der leben darf,
ohne jemals den Tod zu sehen,
einen, der sich retten kann
vor den Klauen der Totenwelt*?

50 Herr, wo sind sie,
die früheren Beweise deiner Güte?
Du hattest sie David versprochen
und dich mit deiner Treue dafür verbürgt!
51 Denk daran,
wie man deine Diener beschimpft!
Ich muß den Hohn vieler Völker ertragen.
52 HERR, deine Feinde verhöhnen den König,
den du gesalbt und eingesetzt hast;
sie verhöhnen ihn auf Schritt und Tritt.

53 Der HERR sei für alle Zeiten gepriesen!
Amen, so soll es sein!

VIERTES BUCH
(Psalmen 90–106)

Der ewige Gott – der vergängliche Mensch

90 Ein Gebet von Mose, dem Mann Gottes.
Herr, seit Menschengedenken
warst du unser Schutz.[a]
2 Du, Gott, warst schon,
bevor die Berge geboren wurden
und die Erde unter Wehen entstand,
und du bleibst in alle Ewigkeit.
3 Du sagst zum Menschen:
»Werde wieder Staub!«
So bringst du ihn dorthin zurück,
woher er gekommen ist.
4 Für dich sind tausend Jahre wie ein Tag,
so wie gestern – im Nu vergangen,
so kurz wie ein paar Nachtstunden.
5 Du scheuchst die Menschen fort,
sie verschwinden wie ein Traum.[b]
Sie sind vergänglich wie das Gras:
6 Morgens noch grünt und blüht es,
am Abend schon ist es verwelkt.

a *Schutz:* wörtlich *Wohnung;* einige Handschriften haben *Burg, Zuflucht.*
b *sie verschwinden ...:* wörtlich *ein Schlaf.*

89,39-46 2 Kön 25,5-10 **89,47** 13,2-3 S **89,52** 2,6 **90,3** 103,14; 146,4; Gen 3,19 **90,4** 2 Petr 3,8 **90,5-6** 102,12; 103,15-16; Ijob 14,2; Jes 40,6-8; 1 Petr 1,24-25

7 Weil du zornig bist
und dich gegen uns stellst,
sind wir verloren und müssen vergehen.
8 Denn du siehst die geheimsten Fehler;
alle unsere Vergehen deckst du auf.
9 Dein Zorn liegt schwer auf unserem Leben,
darum ist es so flüchtig wie ein Seufzer.
10 Siebzig Jahre sind uns zugemessen,
wenn es hoch kommt, achtzig –
doch selbst die besten davon
sind Mühe und Last!
Wie schnell ist alles vorbei,
und wir sind nicht mehr!

11 Doch wer begreift schon,
wie furchtbar dein Zorn ist,
und wer nimmt ihn sich zu Herzen?
12 Laß uns erkennen,
wie kurz unser Leben ist,
damit wir zur Einsicht kommen!

13 HERR, wie lange zürnst du uns noch?
Hab doch Erbarmen mit uns
und wende dich uns wieder zu!
14 Laß uns jeden Morgen spüren,
daß du zu uns hältst,
dann sind unsere Tage erfüllt
von Jubel und Dank.
15 Viele Jahre hast du Unglück über uns
gebracht;
gib uns nun ebenso viele Freudenjahre!
16 Laß uns noch erleben, daß du eingreifst,
zeig unseren Kindern deine große Macht!
17 Herr, unser Gott, sei freundlich zu uns!
Laß unsere Arbeit nicht vergeblich sein!
Ja, Herr, laß gelingen, was wir tun!

Unter Gottes Schutz

91 Wer unter dem Schutz
des höchsten Gottes lebt
und bleiben darf bei ihm,
der alle Macht hat,
2 der sagt zum HERRN:
»Du bist meine Zuflucht,
bei dir bin ich sicher wie in einer Burg.
Mein Gott, ich vertraue dir!«

3 Du kannst dich darauf verlassen:
Der HERR wird dich retten
vor den Fallen, die man dir stellt,
vor Verrat und Verleumdung.[a]
4 Er breitet seine Flügel über dich,
ganz nahe bei ihm bist du geborgen.
Wie Schild und Schutzwall
deckt dich seine Treue.

5 Du mußt keine Angst mehr haben
vor Gefahren und Schrecken bei Nacht,
auch nicht vor Überfällen bei Tag,
6 vor der Seuche, die im Dunkeln zuschlägt,
oder dem Fieber, das am Mittag wütet.
7 Auch wenn tausend neben dir sterben
und zehntausend rings um dich fallen –
dich selber wird es nicht treffen.
8 Mit eigenen Augen wirst du sehen,
wie Gott alle straft, die ihn mißachten.

9 Du sagst: »Der HERR ist meine Zuflucht.«
Beim höchsten Gott hast du Schutz gefunden.
10 Darum wird dir nichts Böses geschehen,
kein Unheil darf dein Haus bedrohen.
11 Gott hat seinen Engeln befohlen,
dich zu beschützen, wohin du auch gehst.
12 Sie werden dich auf Händen tragen,
damit du nicht über Steine stolperst.
13 Löwen und Schlangen können dir nicht
schaden,
du wirst sie alle niedertreten.

14 Gott selber sagt:
»Er hängt an mir mit ganzer Liebe,
darum werde ich ihn bewahren.
Weil er mich kennt und ehrt,
werde ich ihn in Sicherheit bringen.
15 Wenn er mich ruft, dann antworte ich.
Wenn er in Not ist, bin ich bei ihm;
ich hole ihn heraus und bringe ihn zu Ehren.
16 Ich gebe ihm ein langes, erfülltes Leben;
er wird die Hilfe erfahren, auf die er wartet.«

Gott danken macht Freude

92 Ein Lied zum Sabbat.
2 HERR, es macht Freude, dir zu danken,
dich, den Höchsten, mit Liedern zu preisen,
3 frühmorgens schon deine Güte zu rühmen
und nachts noch deine Treue zu verkünden
4 beim Klang der zehnsaitigen Harfe,
zur Musik von Laute und Leier.

5 Was du getan hast, HERR, macht mich froh;
dein Eingreifen löst meinen Jubel aus.

a So mit alten Übersetzungen; H *vor der Pest.*

90,10.12 39,5-7 S 90,13 13,2-3 S 90,14 59,17 S 91,2 18,3 S 91,4 17,8 S 91,11-12 34,8 S; Mt 4,6 par 91,13 Lk 10,19 91,15 50,15 92,2-4 33,1-3

[6] HERR, wie gewaltig sind deine Taten,
wie unergründlich deine Gedanken!
[7] Wer keine Einsicht hat, erkennt sie nicht.
Wer sich nichts sagen läßt,
wird nichts davon verstehen.
[8] Menschen, die deine Gebote mißachten,
können sprießen wie das Gras,
die Verbrecher mögen blühen und gedeihen –
am Ende werden sie ausgetilgt!
[9] Du, HERR, hoch über allen,
du bleibst für alle Zeiten.
[10] Aber deine Feinde, HERR,
deine Feinde kommen um;
sie werden vertrieben, diese Unheilstifter!

[11] Du hast mir die Kraft des Wildstiers gegeben
und mich mit Ehre und Freude überschüttet.[a]
[12] Ich sehe den Sturz meiner Feinde,
ich höre das Klagegeschrei der Gegner,
die mich überfallen wollten.

[13] Alle, die Gott die Treue halten,
wachsen auf wie immergrüne Palmen
und werden groß und stark wie Libanonzedern.
[14] Weil sie in der Nähe des HERRN gepflanzt sind,
in den Vorhöfen* am Tempel unseres Gottes,
wachsen und grünen sie immerzu.
[15] Noch im hohen Alter tragen sie Frucht,
immer bleiben sie voll Saft und Kraft.
[16] Ihr Ergehen bezeugt:
Der HERR tut das Rechte,
auf ihn ist Verlaß,
bei ihm gibt's kein Unrecht!

Der Herr der Welt

93 Der HERR ist König!
Hoheit umhüllt ihn wie ein Mantel,
Macht umgibt ihn wie ein Gürtel.
Die Erde ist fest gegründet,
sie stürzt nicht zusammen.

[2] HERR,
seit undenklichen Zeiten steht dein Thron,
von allem Anfang an warst du da.
[3] Das Meer tobte,
es tobte und toste mit Gebrüll –
und immer noch möchte es toben,
das Meer!
[4] Mächtig ist das Brüllen des Meeres,
mächtiger noch sind seine Wellen,
doch am mächtigsten, HERR im Himmel,
bist du!

[5] Deine Weisungen verdienen Vertrauen,
und deinen Tempel* soll jeder achten,
ihn anerkennen als heiligen Ort
für alle kommenden Zeiten.

Der Richter der ganzen Welt

94 Gott, bei dir liegt die Vergeltung!
Komm endlich, HERR, zeige dich!
[2] Greif ein, du Richter der ganzen Welt,
gib den Vermessenen, was sie verdienen!

[3] Wie lange dürfen sie noch triumphieren,
sie alle, die dich mißachten?
Wie lange noch, HERR?
[4] Sie reden und reden, diese Unheilstifter;
freche, überhebliche Prahler sind sie.
[5] HERR, sie unterdrücken dein Volk,
sie zertreten Menschen, die dir gehören!
[6] Sie bringen die Witwen und Waisen um
und töten auch die Fremden,
die Gastrecht haben in deinem Land.
[7] »Der HERR sieht ja doch nichts«, sagen sie,
»der Gott Israels achtet nicht darauf!«

[8] Gibt es noch etwas Dümmeres als euch?
Ihr Narren, wann denkt ihr endlich nach!
[9] Er, der den Menschen Ohren gab,
sollte selbst nicht hören?
Er, der ihnen Augen schuf,
sollte selbst nicht sehen?
[10] Er, der alle Völker erzieht,
sollte ausgerechnet euch nicht strafen?
Der HERR gibt den Menschen Erkenntnis,
[11] er kennt auch alle ihre Pläne,
und weiß, wie vergeblich und sinnlos
sie sind.

[12] Wie glücklich sind alle,
die du, HERR, erziehst,
denen du Wissen gibst durch dein Gesetz*!
[13] So bewahrst du sie davor,
ins Unglück zu laufen.
Doch für die Menschen, die dein Gesetz
mißachten,
hebt man schon die Grube aus.
[14] Du läßt die Deinen nicht im Stich, HERR,
du sagst dich von deinem Volk nicht los.

a *und mich ...:* wörtlich *ich bin mit frischem Öl durchfeuchtet/gesalbt.* Die Salbung mit frischem Öl symbolisiert den Übergang von der Trauer zur Freude; vgl. Jes 61,3

92,6 139,17-18 S; Jes 55,9 92,8 Spr 24,19-20 S 92,11 23,5 92,13-15 1,3; 52,10; 25,12-13 S 93,1-2 47,6-10 S 93,3-4 Ijob 38,8-11 94,1-2 Dtn 32,35-36 94,3 13,2-3 S 94,7 10,11 94,11 1 Kor 3,20 94,12 Ijob 5,17 S

15 Bald richten die Richter wieder
nach dem Recht,
und alle Aufrichtigen werden sich freuen.

16 Wer hilft mir gegen die Unheilstifter?
Wer verteidigt mich gegen diese Verbrecher?
17 Herr, wenn du mir nicht geholfen hättest,
dann wäre ich längst für immer verstummt.
18 Wenn ich dachte: »Nun stürze ich!«,
hast du mich mit deiner Güte gestützt.
19 Wenn mir das Herz schwer war
von tausend Sorgen,
hat mich dein Trost wieder froh gemacht.

20 Dürfen ungerechte Richter sich auf dich
berufen,
im Namen deines Rechtes Unrecht sprechen?
21 Sie verbünden sich gegen jeden Menschen,
der deinen Geboten gehorchen will.
Er wird zum Tod verurteilt,
obwohl er schuldlos ist.

22 Doch du, Herr, bist meine Burg,
du, mein Gott, bist der sichere Ort,
wo ich mich bergen kann.
23 Du zahlst ihnen ihre Verbrechen heim
und vernichtest sie durch ihre eigene Bosheit.
Ja, Herr, unser Gott, vernichte sie!

Keine Anbetung ohne Gehorsam

95 Kommt und jauchzt vor dem Herrn,
wir begrüßen ihn mit Freudengeschrei;
denn er ist unser starker Helfer!
2 Wir treten vor ihn mit unserem Dank,
wir ehren ihn mit unseren Liedern!
3 Denn der Herr ist der höchste Gott,
der große König über alle Götter:
4 In seiner Gewalt sind die Tiefen der Erde,
und ihm gehören die Gipfel der Berge.
5 Das Meer gehört ihm – er hat es gemacht,
und auch das Land – er hat es geformt.
6 Kommt, verneigt euch, werft euch nieder,
geht auf die Knie und betet ihn an,
ihn, den Herrn, unseren Schöpfer!
7 Denn er ist unser Gott,
und wir sind sein Volk,
er sorgt für uns wie ein Hirt,
er leitet uns wie eine Herde.

Heute gilt es! Hört, was er euch sagt:
8 »Seid doch nicht so starrsinnig
wie eure Vorfahren damals in Meriba
oder an dem Tag von Massa in der Wüste!
9 Sie haben mich dort herausgefordert,
mich haben sie auf die Probe gestellt,
und hatten doch meine Taten
selber gesehen!
10 Angewidert haben sie mich,
die ganze Generation, vierzig lange Jahre!
Schließlich mußte ich mir sagen:
›Alles, was sie wollen, ist verkehrt;
nach meinem Willen haben sie nie gefragt.‹
11 Darum habe ich geschworen
in meinem Zorn:
›Niemals werden sie das Land betreten,
wo ich ihnen Ruhe geben wollte!‹«

Gott, der König der ganzen Erde

(1 Chr 16,23-33)

96 Singt dem Herrn ein neues Lied!
Singt dem Herrn,
ihr Bewohner der ganzen Erde!
2 Singt dem Herrn, dankt eurem Gott,
verkündet Tag für Tag, wie gern er hilft!
3 Erzählt allen Menschen von seiner
Herrlichkeit*,
berichtet allen Völkern von seinen
großen Taten!
4 Der Herr ist mächtig, groß ist sein Ruhm;
mehr als alle Götter ist er zu fürchten.
5 Die Götter der Völker sind nur tote Götzen,
der Herr aber hat den Himmel geschaffen.
6 Macht und Hoheit umgeben ihn,
Pracht und Herrlichkeit erfüllen seinen Tempel*.

7 Auf zu ihm, ihr Völker!
Erweist dem Herrn Ehre,
unterwerft euch seiner Macht!
8 Erweist ihm die Ehre, die ihm zusteht:
Bringt Opfergaben* in seinen Tempel!
9 Werft euch vor ihm nieder,
wenn er in seiner Heiligkeit erscheint!
Die ganze Welt soll vor ihm erzittern.
10 Sagt es allen Menschen:
»Der Herr ist König!«
Die Erde ist fest gegründet,
sie stürzt nicht zusammen.
Der Herr wird alle Völker regieren
und ihnen gerechtes Urteil sprechen.

11 Der Himmel soll sich freuen,
die Erde soll jauchzen,

94,17 124,1-3 **94,19** 2 Kor 1,5 **94,20** 109,6 **94,23** 7,16-17 S **95,7** 74,1 S **95,7b-11** Hebr 3,7–4,11 **95,8-9** Ex 17,2-7 **95,11** Num 14,21-23 **96,1** 33,3; 40,4; 98,1; 144,9; 149,1; Jes 42,10; Offb 5,9; 14,3 **96,5** 115,4-7; Jes 40,18-26 **96,7-10** 22,28-30; 29,1-2; 66,1-4; 86,9; Jes 2,2-3 S; 66,23; Sach 8,20-23; 14,16; Tob 13,13; Ps 47,6-10 S

das Meer soll tosen mit allem, was darin lebt!
12 Der Ackerboden soll fröhlich sein
samt allem, was darauf wächst;
alle Bäume im Wald sollen jubeln!
13 Denn der HERR kommt;
er kommt und sorgt für Recht auf der Erde.
Er regiert die Völker in allen Ländern
als gerechter, unbestechlicher Richter.

Der König der Erde und sein Volk

97 Der HERR ist König!
Jubeln soll die ganze Erde,
freuen sollen sich die fernsten Länder!

2 Dichtes Wolkendunkel umgibt den HERRN;
Sein Thron ist gegründet auf Recht
und Gerechtigkeit.
3 Feuer läuft vor ihm her
und verzehrt alle seine Feinde.
4 Seine Blitze erhellen die ganze Welt,
die Erde sieht es und zittert.
5 Die Berge zerfließen wie Wachs
vor dem HERRN, dem Herrscher der ganzen
Erde.
6 Der Himmel bezeugt seine Treue,[a]
und alle Völker sehen seine Herrlichkeit.

7 Alle, die Götterbilder anbeten
und mit ihren toten Götzen prahlen,
werden zuschanden und müssen
sich schämen;
denn alle Götter werfen sich nieder
vor dem HERRN.
8 Die Zionsstadt* hört es voll Freude,
alle Städte in Juda jubeln,
weil du, HERR, den Sieg errungen hast.
9 HERR, du bist der Höchste in der Welt,
himmelhoch stehst du über allen Göttern!

10 Ihr, die ihr den HERRN liebt, haßt alles Böse!
Ihr gehört zu ihm,
darum bewahrt er euer Leben;
er befreit euch aus der Gewalt der Verbrecher.
11 Bald geht die Sonne auf für alle,
die ihm die Treue halten
und ihm mit ganzem Herzen gehorchen;
dann werden sie voller Freude sein!
12 Freut euch über den HERRN,
ihr, die ihr treu auf seiner Seite steht!
Dankt ihm und denkt daran, daß er heilig* ist!

Der Herr der Welt hilft seinem Volk

98 Ein Lied.
Singt dem HERRN ein neues Lied!
Er hat Wunder für uns vollbracht:
Durch seine große göttliche Macht
hat er den Sieg errungen.
2 So hat er den Beweis erbracht,
daß er rettet.
Allen Völkern hat er gezeigt:
Auf ihn ist Verlaß![b]
3 Er hat sein Versprechen eingelöst
und hat Israel Güte und Treue erwiesen.
Bis ans Ende der Erde ist es nun bekannt,
daß unser Gott uns befreit hat.

4 Jubelt dem HERRN zu,
ihr Bewohner der Erde!
Jauchzt vor Freude, preist ihn mit Gesang!
5 Singt ihm Lieder zur Harfe,
laßt den Lobpreis ertönen zum Saitenspiel!
6 Laßt Trompeten und Hörner* erschallen,
jauchzt vor dem HERRN,
dem Herrscher der Welt!
7 Das Meer soll brausen
mit allem, was darin lebt;
die Erde soll jubeln
mit allen, die darauf wohnen;
8 die Ströme sollen in die Hände klatschen
und alle Berge vor Freude singen!
9 Denn der HERR kommt;
er kommt und sorgt für Recht auf der Erde.
Er regiert die Völker in allen Ländern
als gerechter, unparteiischer Richter.

Der heilige Gott ist unser König

99 Der HERR ist König!
Über den Keruben* ist sein Thron;
die Völker zittern, und die Erde bebt.
2 Der HERR ist mächtig in der Zionsstadt*,
ein gewaltiger Herrscher über alle Völker.

3 Sie alle sollen dich preisen,
dich, den großen, ehrfurchtgebietenden Gott!
Heilig bist du!
4 Dir, dem König, gehört die Macht,
und du kümmerst dich um das Recht.
Du hast die Regeln für unser Leben aufgestellt,
in Israel[c] Recht und Ordnung festgelegt.

a *Treue:* wörtlich *Gerechtigkeit**. b *Auf ihn ...:* wörtlich *(gezeigt) seine Gerechtigkeit**.
c Wörtlich *Jakob* (vgl. Gen 32,29; 35,10).

96,13 9,9; 82,8; 98,9; Apg 17,31 **97,1-5** 47,6-10 S **97,6** 50,4.6 **97,7** Jes 41,21-29 S **97,11** 84,12 S; 25,12-13 S **98,1** 96,1 S **98,2-3** Jes 52,9-10 **98,4-6** 66,1-4 **98,9** 96,13 S **99,1-2** 47,6-10 S; Ex 25,22 S **99,4** 7,12 S

5 Rühmt den HERRN, unseren Gott!
Werft euch nieder vor seinem Thron!
Heilig ist er!
6 Mose und Aaron waren seine Priester*,
auch Samuel war unter denen, die zu ihm rufen;
sie beteten zu ihm,
und er gab ihnen Antwort.
7 Er sprach zu ihnen aus der Wolkensäule,
und sie hüteten die Mahnungen und Gebote,
die er ihnen anvertraute.

8 HERR, unser Gott, du hast ihre Bitten erhört:
Du hast deinem Volk die Schuld vergeben,
doch die Folgen seiner Taten mußte es tragen.

9 Rühmt den HERRN, unseren Gott!
Werft euch nieder vor seinem heiligen Berg!
Der HERR, unser Gott, ist heilig!

Wir sind sein Volk

100
Ein Danklied.
Jubelt dem HERRN zu, ihr Bewohner der Erde!
2 Stellt euch freudig in seinen Dienst!
Kommt zu ihm mit lautem Jauchzen!
3 Denkt daran: Der HERR allein ist Gott!
Er hat uns geschaffen, und ihm gehören wir.[a]
Sein Volk sind wir, er sorgt für uns
wie ein Hirt für seine Herde.
4 Geht durch die Tempeltore mit einem Danklied,
betretet den Festplatz mit Lobgesang!
Preist ihn, dankt ihm für seine Taten!
5 Denn der HERR ist gut zu uns,
seine Liebe hört niemals auf,
von einer Generation zur anderen bleibt er treu.

Gelöbnis des Königs

101
Ein Lied Davids.
Ich will singen von Güte und Recht;
HERR, darum singe und spiele ich für dich.
2 Ich achte darauf, untadelig zu leben.
Wann wirst du zu mir kommen?

Mit redlichem Herzen lebe ich
unter denen, die mich umgeben.
3 Ich befasse mich nicht mit Unheilsplänen.
Gottes Gebote zu übertreten ist mir verhaßt,
niemand soll mir das nachsagen können.
4 Von Schlechtigkeit will ich nichts wissen;
darum sollen hinterhältige Menschen mir fernbleiben.
5 Wer seinen Nachbarn verleumdet
– auch wenn es nicht öffentlich geschieht –,
den bringe ich für immer zum Schweigen.
Ich dulde niemand, der überheblich ist
und auf andere herabsieht.
6 Aber ich halte Ausschau nach allen im Land,
die treu und zuverlässig sind;
mit solchen Leuten umgebe ich mich.
Wenn jemand ein vorbildliches Leben führt,
dann nehme ich ihn in meinen Dienst.
7 Für Menschen, die betrügen,
ist kein Platz in meiner Nähe,
und solche, die lügen,
müssen mir aus den Augen.
8 Jeden Morgen halte ich strenges Gericht
über alle Verbrecher im Land.
Jeden, der andere ins Unglück stürzt,
will ich aus der Stadt des HERRN entfernen.

Hoffnung in der Not

102
Gebet eines Unglücklichen, dem die Kräfte schwinden und der dem HERRN seine Not klagt.

2 HERR, höre mein Gebet,
laß meinen Hilferuf zu dir dringen!
3 Jetzt, am Tag der Not,
verbirg dich doch nicht vor mir!
Höre mich jetzt, ich schreie zu dir;
erhöre mich bald!

4 Mein Leben schwindet dahin wie ein Rauch,
mein ganzer Körper glüht wie ein Ofen.
5 Meine Lebenskraft verdorrt
wie Gras in der Sonnenglut,
sogar das Essen ist mir vergangen.
6 Ich kann nur noch stöhnen
und bin nichts als Haut und Knochen.
7 Ich gleiche dem Vogel in der Wüste,
der Eule, die in Ruinen haust.
8 Ich liege wach,
ich bin wie ein Vogel,
einsam und allein auf dem Dach.
9 Ständig beschimpfen mich meine Feinde.
Wenn sie jemand verwünschen wollen,
nennen sie meinen Namen und sagen:
»So wie den soll dich das Unglück treffen!«

a *ihm gehören wir:* nach anderer hebräischer Überlieferung *nicht wir.*

99,7 Ex 33,11 99,8 Ex 34,7 99,9 76,3S 100,1 66,1; 98,4 100,3 74,1S; Ex 19,5-6S 100,4 122,2 100,5 118,1S 101,1-8 72,1-4.12-14 101,8 Spr 20,26 102,3 31,3; 69,18; 143,7

[10] Staub und Asche habe ich als Brot,
und Tränen mischen sich in mein Getränk.
[11] In deinem Unmut und Zorn über mich
hast du mich gepackt und zu Boden
geschleudert.
[12] Mein Leben gleicht dem sinkenden Tag:
Bald wird die Nacht die Schatten verschlingen.
Wie Gras auf der Wiese verwelke ich.

[13] Doch du, HERR, regierst für alle Zeiten,
deinen Namen wird man nennen
in allen kommenden Generationen.
[14] Du wirst eingreifen
und Erbarmen haben mit der Zionsstadt*.
Es ist Zeit, daß du dich um sie kümmerst;
die festgesetzte Stunde ist gekommen!
[15] Wir, deine Diener, lieben auch noch
ihre Steine;
es tut uns weh, daß sie in Trümmern liegt.

[16] Den HERRN sollen alle Völker anerkennen,
alle Herrscher der Erde sollen sich beugen
vor seiner Hoheit und Macht!
[17] Denn der HERR baut die Zionsstadt wieder auf,
er zeigt sich in seiner Macht und Hoheit.
[18] Das Gebet der Unterdrückten
weist er nicht ab,
sondern nimmt es freundlich an.
[19] Diese Worte soll man aufschreiben
für eine kommende Generation.
Dann wird ein neu erschaffenes Volk
den Herrn preisen.
[20] Von seiner heiligen Wohnung im Himmel
blickt der HERR herab auf die Erde,
[21] um das Stöhnen der Gefangenen zu hören
und die zum Tode Verurteilten freizulassen.
[22] Sie werden den HERRN auf dem Zionsberg
rühmen,
in ganz Jerusalem werden sie ihn preisen,
[23] wenn die Völker dort zusammenkommen
und alle Königreiche ihm Ehre erweisen.

[24] Der HERR hat meine Kraft zerbrochen
mitten in meinem Lauf,
er hat mein Leben abgekürzt.
[25] Darum sage ich zu ihm: »Mein Gott!
Laß mich doch nicht im besten Alter sterben!«

Du selber überdauerst die Generationen.
[26] Du hast die Erde gegründet vor langer Zeit,
den Himmel hast du gemacht mit eigener
Hand.
[27] Sie werden vergehen, du aber bleibst.
Sie werden alt und zerfallen wie Kleider,
du wechselst sie aus wie ein Gewand,
und sie müssen verschwinden.
[28] Du aber bleibst derselbe,
und deine Jahre werden nicht enden.
[29] Unsere Kinder werden in Sicherheit wohnen,
und auch ihre Kinder werden sicher sein
unter deinem Schutz.

Das große Dankgebet

103 Von David.
Auf, mein Herz, preise den HERRN!
Alles in mir soll den heiligen Gott rühmen!
[2] Auf, mein Herz, preise den HERRN
und vergiß nie, was er für mich getan hat!

[3] Meine ganze Schuld hat er mir vergeben,
von aller Krankheit hat er mich geheilt,
[4] dem Grab hat er mich entrissen,
hat mich mit Güte und Erbarmen überschüttet.
[5] Mit guten Gaben erhält er mein Leben;
täglich erneuert er meine Kraft,
und ich bleibe jung und stark wie ein Adler.

[6] Der HERR greift ein mit heilvollen Taten,[a]
den Unterdrückten verschafft er Recht.
[7] Mose hat er eingeweiht in seine Pläne,
Israel hat er seine Wunder sehen lassen.
[8] Der HERR ist voll Liebe und Erbarmen,
voll Geduld und unendlicher Güte.
[9] Er klagt nicht immerfort an
und bleibt nicht für alle Zeit zornig.
[10] Er straft uns nicht, wie wir es verdienten,
unsere Untaten zahlt er uns nicht heim.
[11] So unermeßlich groß wie der Himmel
ist seine Güte zu denen, die ihn ehren.
[12] So fern der Osten vom Westen liegt,
so weit entfernt er die Schuld von uns.
[13] Wie ein Vater mit seinen Kindern
Erbarmen hat,
so hat der HERR Erbarmen mit denen,
die ihn ehren.

[14] Er weiß, was für Geschöpfe wir sind;
er kennt uns doch: Wir sind nur Staub!

a *greift ein …:* wörtlich *übt Gerechtigkeit* aus.*

102,12 90,5-6 S **102,13** 135,13 **102,14-15** Jes 64,8-10 **102,16** 96,7-10 S **102,17** 147,2 S **102,19** Jes 43,21; Ez 37,1-14 **102,20-21** 9,13 S; Jes 57,15; 61,1-3 **102,26-28** 90,2; Jes 51,6; Hebr 1,10-12 **103,1-2** 22,23-26; 57,8-11; 71,22-24; 92,2-6; 138,1-3; 145,1-9; Tob 12,6 **103,3** 32,1-2; 38,4-6 **103,4** 30,4 S **103,5** Jes 40,31 **103,6-7** Ex 3,7-10 **103,8** Ex 34,6 S **103,9** Jes 57,16 S **103,11-12** 108,5 S **103,14** 90,3 S

[15] Der Mensch ist so vergänglich wie das Gras,
es ergeht ihm wie der Blume im Steppenland:
[16] Ein heißer Wind kommt – schon ist sie fort,
und wo sie stand, bleibt keine Spur von ihr.
[17] Doch die Güte Gottes bleibt für immer
bestehen;
bis in die fernste Zukunft gilt sie denen,
die ihn ehren.
Er hält auch noch zu ihren Kindern und Enkeln,
[18] wenn sie nur seinem Bund* treu bleiben
und nach seinen Geboten leben.

[19] Der HERR hat seinen Thron im Himmel
errichtet,
er herrscht als König über alle Welt.
[20] Preist den HERRN, ihr starken Engel*,
die ihr ihm aufs Wort gehorcht
und seine Befehle ausführt!
[21] Preist den HERRN, ihr mächtigen Diener,
die ihr seinen Willen vollstreckt!
[22] Preist den HERRN, ihr Geschöpfe alle,
wo immer ihr lebt in seinem Reich!
Auch du, mein Herz, preise den HERRN!

Macht und Güte des Schöpfers

104 Auf, mein Herz, preise den HERRN!
HERR, mein Gott, wie groß du bist!
In Hoheit und Pracht bist du gekleidet,
[2] in Licht gehüllt wie in einen Mantel.
Den Himmel spannst du aus wie ein Zeltdach.
[3] Droben über dem Himmelsozean*
hast du deine Wohnung gebaut.
Du nimmst die Wolken als Wagen
oder fliegst auf den Flügeln des Windes.
[4] Stürme sind deine Boten,
und das Feuer ist dein Gehilfe.

[5] Du hast die Erde auf Pfeilern erbaut,
nun steht sie fest und stürzt nicht zusammen.
[6] Die Fluten hatten das Land bedeckt,
das Wasser stand über den Bergen.
[7] Vor deiner Stimme bekam es Angst;
es floh vor dem Grollen deines Donners.
[8] Von den Bergen floß es ab in die Täler,
an den Ort, den du ihm zugewiesen hast.
[9] Dann hast du dem Wasser Grenzen gesetzt,
nie wieder darf es die Erde überfluten.

[10] Du läßt Quellen entspringen und zu Bächen
werden;
zwischen den Bergen suchen sie ihren Weg.
[11] Sie dienen den wilden Tieren als Tränke,
Wildesel löschen dort ihren Durst.
[12] An den Ufern bauen die Vögel ihre Nester,
aus dichtem Laub ertönt ihr Gesang.
[13] Vom Himmel schickst du den Regen
auf die Berge
und gibst der Erde reichlich zu trinken.
[14] Du läßt das Gras sprießen für das Vieh
und läßt die Pflanzen wachsen,
die der Mensch für sich anbaut,
damit die Erde ihm Nahrung gibt:
[15] Der Wein macht ihn froh,
das Öl macht ihn schön,
das Brot macht ihn stark.

[16] Auch die großen Bäume trinken sich satt,
die Libanonzedern, die du gepflanzt hast.
[17] In ihren Zweigen nisten die Vögel,
hoch in den Wipfeln[a] hausen die Störche.
[18] Den Steinböcken gehören die hohen Berge,
in den Felsen finden die Klippdachse Zuflucht.

[19] Du hast den Mond gemacht,
um die Zeit zu teilen;
die Sonne weiß, wann sie untergehen muß.
[20] Schickst du die Dunkelheit, so wird es Nacht,
und die Tiere im Dickicht regen sich.
[21] Die jungen Löwen brüllen nach Beute;
sie erwarten von dir, Gott,
daß du sie satt machst.
[22] Geht dann die Sonne auf,
so ziehen sie sich zurück
und ruhen in ihren Verstecken aus.
[23] Nun erwacht der Mensch;
er geht an seine Arbeit und müht sich,
bis es wieder Abend wird.

[24] HERR, was für Wunder hast du vollbracht!
Alles hast du weise geordnet;
die Erde ist voll von deinen Geschöpfen.
[25] Da ist das weite, unermeßliche Meer,
darin wimmelt es von Lebewesen,
von großen und kleinen Tieren.
[26] Schiffe ziehen dort ihre Bahn
und die gefährlichen Meerungeheuer[b] –
du hast sie geschaffen, um damit zu spielen.

[27] Alle deine Geschöpfe warten darauf,
daß du ihnen Nahrung gibst zur rechten Zeit.
[28] Sie nehmen, was du ihnen ausstreust;

a So mit G; H *in den Zypressen.* *b* Vgl. Sacherklärung »Leviatan«.

103,15-16 90,5-6 S **103,17** Lk 1,50 **103,19** 47,6-10 S **103,20-21** 29,1-2; 148,2; Jes 6,1-4 **104,1-2** 93,1 **104,2** 1 Tim 6,16; Jes 40,22 S **104,3** 29,10; 68,5 **104,4** Hebr 1,7 **104,5** Ijob 38,6 S **104,6-9** Gen 1,9-10; Ijob 38,8-11 **104,10-15** 65,10-14 **104,21** Ijob 38,39 **104,24** Gen 1,31 **104,26** Ijob 40,25-29 **104,27-28** 104,21; 136,25; 145,15-16; 147,9

du öffnest deine Hand,
und sie alle werden satt.
29 Doch wenn du dich abwendest,
sind sie verstört.
Wenn du den Lebenshauch zurücknimmst,
kommen sie um und werden zu Staub.
30 Schickst du aufs neue deinen Atem,
so entsteht wieder Leben.
Du erneuerst das Gesicht der Erde.

31 Die Herrlichkeit* des HERRN
bleibe für immer bestehen;
der HERR freue sich an allem,
was er geschaffen hat!
32 Er sieht die Erde an, und sie bebt;
er berührt die Berge, und sie rauchen.
33 Ich will dem HERRN singen
mein Leben lang;
meinen Gott will ich preisen,
solange ich atme.
34 Ich möchte ihn erfreuen mit meinem Lied,
denn ich selber freue mich über ihn.
35 Wer sich gegen den HERRN empört,
soll von der Erde verschwinden,
es soll keine Unheilstifter mehr geben!

Auf, mein Herz, preise den HERRN!
Preist alle den HERRN – Halleluja!

Gott hält sein Versprechen

(Verse 1-15: 1 Chr 16,8-22)

105 Dankt dem HERRN!
Macht seinen Namen* überall
bekannt;
verkündet allen Völkern, was er getan hat!
2 Singt und spielt zu seiner Ehre,
ruft euch seine Wunder ins Gedächtnis!
3 Seid stolz auf ihn, den heiligen Gott!
Seid voller Freude über ihn,
ihr, die ihr nach ihm fragt!
4 Geht zum HERRN, denn er ist mächtig;
sucht seine Nähe zu aller Zeit!
5 Erinnert euch an seine machtvollen Taten,
an seine Wunder und Gerichtsurteile,
6 ihr Nachfahren seines Dieners Abraham,
ihr Nachkommen Jakobs, ihr seine Erwählten!

7 Er ist unser Gott, er, der HERR,
seine Herrschaft umschließt die ganze Welt.
8 Niemals vergißt er seinen Bund* mit uns,
sein Versprechen gilt tausend Generationen.
9 So hat er es Abraham zugesagt
und es Isaak mit einem Schwur bestätigt.
10 So hat er es Jakob fest versprochen,
als ewigen Bund mit Israel.
11 Er hat gesagt: »Ich gebe euch ganz Kanaan*,
ich teile es euch zu als Erbbesitz.«
12 Sie waren damals leicht zu zählen,
nur eine Handvoll Leute waren sie,
eingewanderte Fremde im Land.
13 Sie zogen von einem Volk zum andern,
auf Wanderschaft in vieler Herren Länder.
14 Doch Gott ließ sie von niemand unterdrücken,
ihretwegen warnte er die Herrscher:
15 »Hände weg von meinen berufenen Dienern!
Krümmt meinen Propheten* kein Haar!«

16 Als er den Hunger ins Land kommen ließ
und kein Brot mehr zu finden war,
17 da schickte er ihnen einen Mann voraus:
Josef wurde als Sklave verkauft.
18 Man zwängte seine Füße in eiserne Fesseln,
ein eiserner Ring umschloß seinen Hals,
19 bis dann seine Voraussage sich erfüllte
und das Wort des HERRN seine Unschuld erwies.
20 Der König befahl, seine Fesseln zu lösen;
der Herrscher vieler Völker gab ihm die Freiheit.
21 Er vertraute ihm die Regierung an,
die Verwaltung seines ganzen Eigentums,
22 damit er den Ministern Weisung erteilte
und die königlichen Ratgeber Weisheit lehrte.

23 Dann kam Jakob nach Ägypten,
Israel wurde Gast im Land der Nachkommen
Hams.
24 Der HERR ließ das Volk sehr zahlreich werden
und mächtiger als seine Unterdrücker.
25 So änderte er den Sinn der Ägypter:
Sie begannen, die Israeliten zu hassen
und Gottes Diener arglistig zu täuschen.
26 Er sandte Mose, seinen Vertrauten,
und Aaron, den er ausgewählt hatte.
27 Sie vollbrachten die Wunder,
die er angekündigt hatte,
seine Machterweise im Land der Hamiten.

28 Er schickte die schwärzeste Finsternis –
diesmal widersprachen Mose und Aaron
ihm nicht.[a]

a Vgl. dagegen Num 20,7-12.24; 27,14.

104,29 90,3 **104,30** Gen 2,7; Ez 37,9-10 **104,32** Sir 16,18-19 **105,1** 96,3 **105,4** 27,8 S **105,8** Dtn 7,9 S **105,9** Gen 15,18; 26,3 **105,10-11** Gen 28,13-14 **105,13-15** Gen 12,10-20; 20,1-7 **105,15** (Propheten) Gen 20,7 **105,16-22** Gen 37,12-28; 39,19-20; 41,1-46 **105,19** (Voraussage) Gen 40,9-22; (Unschuld) Gen 39,11-20 **105,23** Gen 47,5-7 **105,24-25** Ex 1,6-22 **105,26** Ex 2,1–4,17 **105,27-35** Ex 7,1–11,10

29 Die Gewässer der Ägypter verwandelte er
in Blut
und ließ ihre Fische darin sterben.
30 Es wimmelte überall von Fröschen,
sogar in den königlichen Gemächern.
31 Auf seinen Befehl kam das Ungeziefer,
Schwärme von Mücken bedeckten Ägypten.
32 Statt Regen schickte er ihnen Hagel,
und Blitze flammten überall im Land.
33 Ihre Weinstöcke und Feigenbäume
zerschlug er,
er zerbrach alle Bäume in ihrem Gebiet.
34 Ein Befehl von ihm,
und die Heuschrecken kamen
in Riesenscharen ohne Zahl.
35 Die ließen keinen Grashalm stehen
und fraßen alle Felder kahl.
36 Zuletzt erschlug er die Erstgeborenen,
den Stolz der ägyptischen Familien.

37 Dann führte er die Seinen aus dem Land,
beladen mit Schätzen von Silber und Gold;
niemand aus ihren Stämmen blieb zurück.
38 Ganz Ägypten war froh über ihren Auszug,
so groß war die Angst vor diesem Volk.
39 Durch eine Wolke schützte sie der HERR,
und Feuer erhellte für sie die Nacht.
40 Als sie ihn baten, ließ er Wachteln kommen,
mit Brot vom Himmel machte er sie satt.
41 Er öffnete den Felsen, und Wasser kam hervor,
wie ein Strom ergoß es sich durch die Wüste.

42 Das tat er wegen seines heiligen
Versprechens,
das er seinem Diener Abraham gegeben hatte.
43 Als er sein erwähltes Volk befreite,
da sangen und jubelten sie vor Freude.
44 Er gab ihnen die Länder anderer Völker,
der Ertrag fremder Arbeit wurde ihr Besitz,
45 damit sie nun seinen Anordnungen folgen
und seinen Weisungen gehorchen.

Preist den HERRN – Halleluja!

Israels Untreue und Gottes Treue

106 Halleluja – Preist den HERRN!
Dankt dem HERRN, denn er ist gut zu uns,
seine Liebe hört niemals auf!
2 Wer könnte alle seine großen Taten nennen
und ihn dafür gebührend preisen?
3 Wie glücklich sind alle,
die sich nach Gottes Ordnungen richten
und jederzeit tun, was er verlangt!

4 Wenn du deinem Volk deine Liebe zeigst,
HERR, dann denk auch an mich!
Wenn du es befreist, dann hilf auch mir!
5 Laß mich das Glück deiner Erwählten erleben,
gemeinsam mit deinem Volk mich freuen
und jubeln mit allen, die dir gehören.

6 Wir haben uns versündigt,
wir genauso wie unsere Väter,
wir haben Unrecht getan
und Schuld auf uns geladen.

7 Unsere Vorfahren haben nichts gelernt
aus Gottes Wundertaten damals in Ägypten.
Sie vergaßen die vielen Zeichen seiner Güte,
schon am Ufer des Schilfmeers*
widersetzten sie sich ihm.
8 Trotzdem rettete er sie
und zeigte seine gewaltige Macht,
denn seine Ehre stand auf dem Spiel.
9 Er bedrohte das Schilfmeer,
und es trocknete aus.
Wo sonst abgrundtiefes Wasser ist,
ließ er sie wie auf Wüstenboden gehen.
10 Er rettete sie vor den haßerfüllten Feinden
und befreite sie aus ihrer Gewalt.
11 Das Wasser deckte die Verfolger zu,
nicht einer von ihnen blieb übrig. –
12 Da schenkten sie seinen Worten Vertrauen
und priesen ihn mit einem Lied.

13 Doch bald schon vergaßen sie seine Taten;
sie warteten nicht, bis sein Plan sich erfüllte.
14 In der Wüste forderten sie Gott heraus,
weil sie ihrer Gier nicht widerstanden.
15 Er schickte ihnen, was sie verlangten;
dann aber machte er sie so krank,
daß sie immer schwächer wurden.

16 Im Lager wurden sie neidisch auf Mose
und auf Aaron, den geweihten Diener
des HERRN.
17 Da öffnete sich plötzlich die Erde,
verschlang Datan und Abiram samt Anhang
und schloß sich wieder über ihnen.
18 Ein Feuer flammte auf in ihrer Mitte
und verzehrte die ganze rebellische Horde.

105,36 Ex 12,29-30 **105,37** Ex 12,35-36 **105,39** Ex 14,19-20; 13,21 S **105,40** Ex 16,13 S; 16,31 S **105,41** Ex 17,3-6 **105,42** 105,9 S **105,44** Jos 24,11-13 **106,1** 118,1 S **106,6** Dan 9,5 **106,7** Ex 14,11-12 **106,8-11** Ex 14,21-29 **106,12** Ex 14,31; 15,1-21 **106,13-15** Num 11,4-6.18-20.31-34 **106,16-18** Num 16,1-3.31-35

19 Am Horeb* machten sie sich ein Stierbild,
sie warfen sich nieder vor gegossenem Metall.
20 Die Herrlichkeit ihres Gottes vertauschten sie
mit dem Bild eines Rindviehs, das Gras frißt.
21 Gott, ihren Retter, vergaßen sie,
seine machtvollen Taten in Ägypten,
22 seine Wunder bei den Nachkommen Hams,
sein ehrfurchtgebietendes Tun am Schilfmeer.
23 Darum plante er, sie alle umzubringen;
doch Mose, sein Erwählter, trat dazwischen,
er warf sich für sie in die Bresche
und wandte den Zorn Gottes von ihnen ab,
so daß sie nicht ausgerottet wurden.

24 Dann verschmähten sie das herrliche Land,
weil sie der Zusage Gottes mißtrauten;
25 sie meuterten in ihren Zelten
und wollten dem HERRN nicht mehr
gehorchen.
26 Da schwor er ihnen mit erhobener Hand,
sie in der Wüste sterben zu lassen
27 und ihre Nachkommen in alle Welt
zu zerstreuen,
damit sie unter fremden Völkern sterben.

28 Sie ließen sich sogar darauf ein,
Baal, den Götzen vom Berg Pegor, zu verehren.
Sie aßen das Fleisch von Opfertieren,
die man toten Götzen dargebracht hatte.
29 Sie reizten den HERRN zum Zorn
mit ihrem Treiben,
und plötzlich kam das Unheil über sie.
30 Doch Pinhas trat vor und hielt Gericht,
und die Seuche hörte wieder auf.
31 Sein Tun fand Gottes Anerkennung;
das soll nicht vergessen werden
in allen noch kommenden Generationen!

32 Bei der Quelle von Meriba geschah es wieder:
Sie forderten Gottes Zorn heraus
und brachten Mose damit in Bedrängnis.
33 Sie hatten ihn so sehr gereizt,
daß er redete, ohne zu überlegen.

34 Sie tilgten die anderen Völker nicht aus,
obwohl es der HERR so befohlen hatte.
35 Sie verschwägerten sich mit den fremden
Völkern
und nahmen deren Gebräuche an.
36 Sie warfen sich nieder vor den Götzen,
die ihnen zum Verhängnis wurden.
37 Sie nahmen ihre Söhne und Töchter
und brachten sie den Dämonen* als Opfer dar.
38 Das Blut von Schuldlosen vergossen sie,
das Blut ihrer eigenen Kinder,
die sie für die Götzen Kanaans* schlachteten;
dadurch entweihten sie das Land.
39 Sie wurden unrein* durch ihr Treiben;
was sie taten, war Untreue gegen Gott.

40 Der HERR wurde zornig auf sein Volk,
er sah sein Eigentum nur noch mit Abscheu.
41 Er lieferte sie an fremde Völker aus,
und haßerfüllte Leute herrschten über sie.
42 Die Feinde beuteten sie aus
und unterdrückten sie mit harter Hand.
43 Oft genug befreite sie der HERR;
sie aber blieben widerspenstig
und gerieten durch ihre Schuld
immer tiefer in Not.
44 Doch wenn er ihre Hilfeschreie hörte
und ihre Angst und Verzweiflung sah,
45 dann dachte er wieder an seinen Bund*,
an das, was er ihnen versprochen hatte.
In seiner Güte taten sie ihm leid.
46 Darum ließ er sie Erbarmen finden
bei allen, die sie gefangenhielten.

47 HERR, unser Gott, rette uns doch!
Hol uns heraus aus den fremden Völkern
und führe uns wieder zusammen!
Dann werden wir dich preisen,
dich, unseren heiligen Gott;
und unsere größte Freude wird es sein,
dir zu danken!

48 Gepriesen sei der HERR, der Gott Israels,
vom Anfang der Zeiten bis in alle Zukunft!
Und alle sollen sagen:
»Amen! Halleluja!«

FÜNFTES BUCH
(Psalmen 107–150)

Das Danklied der Geretteten

107 Dankt dem HERRN,
denn er ist gut zu uns,
seine Liebe hört niemals auf!
2 So sollen alle sprechen,
die der HERR befreit hat!
Er hat sie aus der Hand ihrer Bedränger gerettet

106,19-23 Ex 32,1-14 106,20 Röm 1,23 S 106,23 Ez 22,30 S 106,24-25 Num 13,21–14,4; Dtn 1,26-27 106,26-27 Num 14,22-23.29 106,28-31 Num 25,1-13 106,32-33 Num 20,2-13.24 106,34-36 Dtn 7,1-5 106,37-39 Lev 18,21 S 106,40-46 Ri 2,10-19 106,47 Dtn 30,1-3 107,1 118,1 S

3 und aus fremden Ländern wieder
heimgebracht,
von Ost und West, von Nord und Süd.[a]

4 Die einen irrten umher in wegloser Wüste,
fernab von jeder bewohnten Gegend.
5 Sie wurden gequält von Hunger und Durst
und hatten alle Hoffnung aufgegeben.
6 *Sie schrien zum HERRN in ihrer Not,*
der rettete sie aus der Todesangst.
7 Er brachte sie auf den richtigen Weg
und ließ sie zu menschlichen Siedlungen finden.
8 *Nun sollen sie dem HERRN danken*
für seine Güte,
ihn preisen für ihre wunderbare Rettung!
9 Er hat den Verdurstenden zu trinken gegeben
und den Hungernden reiche Nahrung
verschafft.

10 Andere hockten in finsteren Kerkern,
gefangen in Elend und eisernen Ketten,
ohne Hoffnung, die Sonne je wiederzusehen.
11 Sie hatten sich gegen Gott empört,
die Weisungen des Höchsten in den Wind
geschlagen.
12 Da zerbrach er ihren Trotz durch harte
Schläge;
sie lagen am Boden,
und niemand half ihnen auf.
13 *Sie schrien zum HERRN in ihrer Not,*
der rettete sie aus der Todesangst.
14 Er holte sie aus dem finsteren Kerker
und riß ihre Fesseln in Stücke.
15 *Nun sollen sie dem HERRN danken*
für seine Güte,
ihn preisen für ihre wunderbare Rettung!
16 Er hat die gepanzerten Türen zerschlagen,
die eisernen Riegel hat er zerbrochen.

17 Andere waren so uneinsichtig,
daß sie sich dem HERRN widersetzten;
ihre Vergehen stürzten sie in schlimmes
Unglück.
18 Sie ekelten sich vor jeder Speise,
ihr Leben hing nur noch an einem Faden.
19 *Sie schrien zum HERRN in ihrer Not,*
der rettete sie aus der Todesangst.
20 Er sprach ein Wort, und sie waren geheilt;
so bewahrte er sie vor dem Grab.
21 *Nun sollen sie dem HERRN danken*
für seine Güte,
ihn preisen für ihre wunderbare Rettung!
22 Sie sollen ihm danken mit Opfergaben*
und voll Freude verkünden, was er getan hat!

23 Andere wieder fuhren übers Meer
und trieben Handel an vielen Küsten.
24 Sie erlebten voll Staunen, was der HERR kann
und wie er die Elemente beherrscht.
25 Auf seinen Befehl erhob sich ein Sturm,
und haushoch türmten sich die Wellen.
26 Ihr Schiff wurde zum Himmel
hinaufgeschleudert
und stürzte hinab in den gähnenden Abgrund.
Sie vergingen vor Angst und Elend.
27 Wie Betrunkene schwankten
und taumelten sie,
sie waren mit ihrer Weisheit am Ende.
28 *Sie schrien zum HERRN in ihrer Not,*
der rettete sie aus der Todesangst.
29 Er ließ den Sturm zur leichten Brise werden,
und die tobenden Wellen legten sich.
30 Da wurde ihnen wieder leicht ums Herz,
und er brachte sie zum ersehnten Hafen.
31 *Nun sollen sie dem HERRN danken*
für seine Güte,
ihn preisen für ihre wunderbare Rettung!
32 In der Gemeinde sollen sie davon erzählen,
im Rat der Ältesten* ihn dafür rühmen!

33 Gott kann Ströme versiegen lassen,
wasserreiche Täler zu Steppen machen
34 und fruchtbares Land zur salzigen Wüste,
wenn die Bewohner das Recht nicht achten.
35 Er kann auch Wüsten zu Weiden machen
und in Steppen Quellen aufbrechen lassen.
36 Dort können die Ausgehungerten leben;
sie bauen eine Stadt, in der sie wohnen.
37 Sie bestellen die Felder,
legen Weinberge an
und bringen reiche Ernte ein.
38 Gott schenkt ihnen Glück und Gelingen,
und sie bekommen viele Kinder;
auch ihre Herden nehmen zu. –
39 Doch wenn sie immer geringer werden,
gebeugt von Unglück und Unterdrückung,
40 dann bringt er die Vornehmen in Schande
und läßt sie umherirren in wegloser Wüste.
41 Die Armen aber befreit er aus der Not
und läßt ihre Familien wachsen wie Herden.

42 Alle, die dem HERRN gehorchen,
werden es sehen und sich freuen;
aber die Lästermäuler müssen verstummen.

a *Süd:* vermutlicher Text; H *vom Meer.*

107,3 Jes 43,5-6 107,6 50,15 107,9 Lk 1,53 107,25 Jona 1,4 107,27 Spr 23,34 107,29 89,10 S 107,31-32 22,23 S 107,33-34 Jes 42,15; 50,2 107,35 Jes 41,18 107,40-41 75,8 S

43 Wer klug ist, achtet darauf
und wird erkennen, wie gütig der HERR ist.

Dankbare Gewißheit in großer Bedrängnis

(Verse 2-6: 57,8-12; Verse 7-14: 60,7-14)

108 Ein Lied Davids.

2 Mein Herz ist ruhig geworden, Gott;
ich fühle mich wieder sicher;
mit einem Lied will ich dich preisen.
Ja, das will ich!
3 Harfe und Laute, wacht auf,
denn heute will ich die Sonne wecken!
4 Dir, HERR, bringe ich meinen Dank,
von dir will ich singen vor allen Völkern;
5 denn deine Güte ist größer als der Himmel,
und deine Treue reicht so weit wie die Wolken!
6 Gott, überstrahle den Himmel mit deiner
Herrlichkeit*
und erfülle die Erde mit deiner Macht!
7 Greif ein mit deiner starken Hand,
gib Antwort auf mein Rufen,
rette uns – du liebst uns doch!

8 Aus seinem Heiligtum gibt Gott die Antwort:
»Ich juble über meinen Sieg!« sagt er.
»Ich werde Sichem meinem Volk zuteilen,
das Tal von Sukkot für sie vermessen.
9 Mir gehört Gilead*, mir gehört Manasse,
Efraïm* ist mein Helm
und Juda mein Zepter.
10 Moab* muß mir als Waschschüssel dienen,
auf Edom* werfe ich meinen Schuh,
um mein Besitzrecht anzuzeigen.[a]
Über die Philister* breche ich in Siegesjubel aus!«

11 Wer bringt mich in die befestigte Stadt,
wer führt mich nach Edom?
12 Wer außer dir, Gott, könnte das tun?
Aber du hast uns ja verstoßen
und ziehst nicht mehr mit unseren Heeren
in den Kampf!
13 Komm *du* uns in unserer Not zu Hilfe;
auf Hilfe von Menschen ist kein Verlaß!

14 Mit Gott auf unserer Seite
vollbringen wir Großes;
denn er wird unsere Feinde zertreten.

Gebet eines unschuldig Angeklagten

109 Ein Lied Davids.

Du, Gott, dem ich meine Danklieder singe,
schweige nicht länger!
2 Gewissenlose Verleumder klagen mich an,
nichts als Lügen höre ich von ihnen.
3 Mit gehässigen Reden umringen sie mich,
grundlos dringen sie auf mich ein.
4 Für meine Freundschaft feinden sie mich an;
ich aber habe für sie gebetet.
5 Gutes vergelten sie mir mit Bösem,
meine Liebe erwidern sie mit Haß.

6 »Berufe einen Richter gegen meinen Feind,[b]
einen, der so gewissenlos ist wie er selbst,
und einen harten Ankläger neben ihn!
7 Am Ende muß er als schuldig dastehen,
selbst sein Gebet soll als Verbrechen gelten!
8 Nur wenige Jahre soll sein Leben dauern,
und seine Stellung soll ein anderer
bekommen!
9 Seine Kinder sollen Waisen werden
und seine Frau eine schutzlose Witwe!
10 In Trümmern sollen seine Kinder hausen
und weit von dort umherirren und betteln!
11 Seinen ganzen Besitz sollen Gläubiger
nehmen,
und Fremde den Ertrag seiner Arbeit rauben!
12 Es darf niemand mehr geben, der sein
Andenken ehrt
und Mitleid hat mit seinen verwaisten
Kindern!
13 Seine Nachkommen sollen ausgerottet
werden,
in der nächsten Generation sei ihr Name
vergessen!
14 Der HERR rechne ihm das Unrecht seiner
Vorväter an,
auch die Schuld seiner Mutter bleibe
ungetilgt!
15 Nichts davon soll der HERR vergessen!
Die Namen dieser Leute lösche er aus,
damit niemand im Land mehr an sie denkt!
16 Denn dieser Mensch hat nie daran gedacht,
einem anderen Güte zu erweisen.
Die Armen und Bedürftigen hat er verfolgt,
die Hoffnungslosen in den Tod getrieben.
17 Er hat das Fluchen geliebt,

a Diese Zeile ist ein verdeutlichender Zusatz; vgl. Rut 4,7-8.
b *meinen Feind:* wörtlich *ihn.* Das Verständnis der Verse 6-19 ist schwierig. Es ist möglich, daß der Psalmist – gegen seine Feinde gerichtet – eine Reihe bekannter Verwünschungen zitiert oder die Worte seiner Feinde gegen ihn (vgl. auch Sacherklärung »Fluch«).

108,5 36,6; 57,11; 103,11-12 **109,2** 31,18-19; 52,6; 62,5; 64,4-5; 69,5; 27,12 S **109,4** Jer 15,11 **109,6** 94,20 **109,8** Apg 1,20

darum hat der Fluch ihn getroffen.
Er hat sich geweigert, andere zu segnen,
darum ist der Segen von ihm gewichen.
18 Er wollte verflucht sein,
wenn er schuldig wäre;
er hat sich in diesen Fluch gehüllt,
als wäre er ein schützender Mantel.
Und der Fluch ist in ihn eingedrungen
wie Wasser, das man trinkt,
wie Öl, mit dem man sich einreibt.
19 Darum soll der Fluch nun bei ihm bleiben,
ihn umhüllen wie sein Hemd,
ihn für immer umschließen wie sein Gürtel!«

20 So soll der HERR verfahren
mit allen meinen Feinden,
die mich beschuldigen und verleumden!

21 HERR, mein Gott, es geht um deine Ehre!
Erweise mir deine große Güte
und rette mich!
22 Ich bin arm und hilflos
und im Innersten verwundet.
23 Ich schwinde dahin
wie ein Schatten vor der Nacht;
man schüttelt mich ab wie ein lästiges Insekt.
24 Vom vielen Fasten wanken mir die Knie,
vor Entbehrung ist mein Körper abgemagert.
25 Meine Feinde verhöhnen mich,
wenn sie mich sehen,
und schütteln verächtlich ihre Köpfe.

26 HERR, mein Gott, steh mir bei!
Hilf mir, ich rechne mit deiner Güte!
27 Laß sie erkennen, daß *du* es tust,
daß du, HERR, alles so gefügt hast!
28 Sie verfluchen mich,
du aber wirst mich segnen.
Sie greifen mich an und werden unterliegen,
ich aber werde voll Freude sein.
29 Sie alle, die mich beschuldigen –
Schimpf und Schande soll über sie kommen,
sie völlig umhüllen wie ein Mantel!

30 Ich will dem HERRN danken
mit lauter Stimme,
in der großen Menge will ich ihn preisen!
31 Denn er wird dem Wehrlosen beistehen
und ihn retten vor seinen Richtern,
die ihn zum Tod verurteilen wollen.

Gottes Zusage an den König

110 Ein Lied Davids.

Gott, der HERR, läßt dir sagen,
dir, meinem Herrn und König:
»Setze dich an meine rechte Seite!
Ich will dir deine Feinde unterwerfen,
sie als Schemel unter deine Füße legen.
2 Der HERR hat dich zum König gemacht
auf dem Berg Zion*.
Von dort aus wird er dein Reich ausweiten;
über alle deine Feinde sollst du herrschen!
3 Israels Männer folgen dir willig,
wenn du sie zum Kampf rufst.
Festlich geschmückt, frisch wie der Morgentau,
sammelt sich bei dir die Jugend deines Volkes.«[a]

4 Mit einem Schwur sagt der HERR es dir zu:
»Du bist mein Priester* für immer,
nach der Art Melchisedeks.«
Er nimmt diese Zusage nicht zurück.
5 Der Herr wird dir zur Seite stehen
und Könige zu Boden schlagen
am Tag seines Zornes.
6 Wenn er Gericht hält über die Völker,
werden überall Tote liegen;
er vernichtet die Herrscher vieler Länder.[b]

7 Der König trinkt aus dem Bach am Weg,
und so gestärkt, behält er den Sieg.

Dank für Gottes Wundertaten

111 Halleluja – Preist den HERRN!

Von Herzen will ich den HERRN preisen
unter denen, die zu ihm halten,
inmitten der Gemeinde.
2 Wie gewaltig sind die Taten des HERRN!
Alle, die Freude an ihnen haben,
denken ständig über sie nach.
3 Sein Tun ist voller Hoheit und Pracht;
für immer hält er den Seinen die Treue.[c]
4 Er selbst hat Gedenktage gestiftet,
damit seine großen Taten nicht vergessen
werden.

Voll Güte und Erbarmen ist der HERR!
5 Alle, die ihm gehorchten, machte er satt;
niemals vergißt er seinen Bund* mit ihnen.

a Deutung ganz unsicher. b So mit G; H *er vernichtet das Haupt über weites Land.*
c *für immer ...:* wörtlich *seine Gerechtigkeit* besteht für immer.*
109,18 Num 5,17-28 **109,21** 143,11; 115,1-2 **110,1** 2,6; 80,18; Mk 12,36 S **110,4** Gen 14,18-20; Hebr 5,6 **110,5-6** 2,8-9 **111,1** 22,23 S **111,4** 78,5-6; Ex 12,24-27; 13,8-10 **111,5** 105,40 S

[6] Er zeigte seinem Volk, wie mächtig er ist:
er gab ihm die Länder anderer Völker.
[7] Was er tut, ist zuverlässig und richtig.
Seine Gebote verdienen Vertrauen;
[8] für alle Zeiten stehen sie fest,
sie sind genau und treu zu befolgen.

[9] Der HERR hat sein Volk befreit
und einen Bund mit ihm geschlossen,
der für immer gilt.
Heilig und ehrfurchtgebietend ist er!
[10] Den HERRN stets ernst zu nehmen,
damit fängt alle Weisheit* an.
Wer es tut, beweist Verstand.

Der Ruhm des HERRN hört niemals auf!

Das Glück der Treuen

112 Halleluja – Preist den HERRN!
Wie glücklich ist ein Mensch,
der den HERRN achtet und ehrt
und große Freude hat an Gottes Geboten!
[2] Seine Nachkommen werden mächtig im Land;
denn wer dem HERRN gehorcht,
dessen Kinder segnet er.
[3] Wohlstand und Reichtum sind in seinem Haus,
seine Treue zum HERRN bleibt für immer fest.
[4] Sogar in dunklen Stunden strahlt ein Licht
für alle, die dem HERRN gehorchen;
denn er ist gütig, barmherzig und gerecht.

[5] Gut steht es um den Menschen,
der den Armen schenkt und leiht
und der bei allem, was er unternimmt,
das von Gott gesetzte Recht beachtet.
[6] Nie gerät er ins Wanken,
niemals wird seine Treue vergessen.
[7] Schlimme Nachricht macht ihm keine Angst,
mit ruhigem Herzen vertraut er dem HERRN.
[8] Fest und mutig bleibt er, ohne Furcht,
bald wird er herabschauen auf seine Feinde.
[9] Großzügig gibt er den Bedürftigen;
seine Treue zum HERRN bleibt für immer fest.[a]
Darum wird er beschenkt mit Macht und Ehre.
[10] Wer Gott mißachtet, sieht es voller Ärger,
knirscht mit den Zähnen und vergeht vor Wut.
Seine bösen Pläne werden zunichte.

Gottes Größe und Erbarmen

113 Halleluja – Preist den HERRN!
Ihr seine Diener, preist ihn!
Rühmt seinen großen Namen!
[2] Dankt eurem mächtigen Herrn,
jetzt und in aller Zukunft!
[3] Von dort, wo die Sonne aufgeht,
bis dorthin, wo sie versinkt –
überall werde der HERR gepriesen!
[4] Herrscher über alle Völker ist der HERR,
seine Herrlichkeit überstrahlt den Himmel.

[5–6] Wer im Himmel oder auf der Erde
gleicht dem HERRN, unserem Gott,
ihm, der im höchsten Himmel thront
und hinabschaut in die tiefste Tiefe?
[7] Den Armen holt er aus der Not,
den Hilflosen heraus aus seinem Elend,
[8] und gibt ihm einen Ehrenplatz
bei den Angesehenen seines Volkes.
[9] Der Frau, die keine Kinder haben konnte,
verschafft er ein sicheres Zuhause
und macht sie zu einer glücklichen Mutter.

Preist den HERRN – Halleluja!

Der ehrfurchtgebietende Gott

114 Als Israel aus Ägypten wegzog,
als die Nachkommen Jakobs das Volk verließen,
dessen Sprache sie nicht verstehen konnten,
[2] da wurde Juda Gottes Heiligtum,
Israel wurde sein Herrschaftsgebiet.
[3] Das Meer sah es und floh,
der Jordan wich zurück,
[4] die Berge sprangen wie Widder,
und die Hügel hüpften wie Lämmer.

[5] Du Meer, warum fliehst du denn?
Du Jordan, weshalb weichst du zurück?
[6] Ihr Berge, warum springt ihr wie Widder?
Ihr Hügel, weshalb hüpft ihr wie Lämmer?

[7] Ja, Erde, erbebe vor dem Herrn,
zittere, wenn der Gott Jakobs sich zeigt!
[8] Er hat den Felsen in einen Teich verwandelt,
den harten Stein in eine Quelle!

a *seine Treue …:* wörtlich *seine Gerechtigkeit* besteht für immer.*

111,6 105,44 **111,10** Spr 1,7 S **112,1-10** 25,12-13 S **112,1-2** Spr 20,7 **112,4** Mi 7,8 **112,5** Dtn 15,7-8 **112,9** 2 Kor 9,9 **113,5-8** Jes 57,15 **113,7-8** 9,13 S; 1 Sam 2,7-8 S **113,9** 1 Sam 2,5 **114,2** Ex 19,6 **114,3** Ex 14,21-22; Jos 3,14-17 **114,4** 29,6 **114,8** Ex 17,6 S

Gott allein die Ehre!

115 Nicht uns, HERR, nicht uns –
nein, deinen Namen bringe zu Ehren!
Wir wissen doch, daß du gütig und treu bist!
2 Warum sollen die anderen Völker sagen:
»Wo ist er denn, ihr Gott?«

3 Unser Gott? Im Himmel ist er!
Und alles, was er will, das tut er auch!
4 Doch ihre Götzen aus Silber und Gold
sind Machwerke von Menschenhänden.
5 Sie haben Münder, die nicht sprechen,
Augen, die nichts sehen,
6 Ohren, die nichts hören,
Nasen, die nichts riechen,
7 Hände, die nichts fühlen,
Füße, die sich nicht bewegen,
und aus ihren Kehlen kommt kein Laut.
8 Genauso sollen alle werden,
die diese Götzen geschaffen haben,
und alle, die sich auf Götzen verlassen!

9 Volk Israel, vertrau dem HERRN!
Er ist deine Hilfe und dein Schutz.
10 Ihr Priester,[a] vertraut dem HERRN!
Er ist eure Hilfe und euer Schutz.
11 Ihr alle, die ihr ihn verehrt,
vertraut dem HERRN!
Er ist eure Hilfe und euer Schutz.

12 Der HERR denkt an uns und will uns
segnen.
Er segne ganz Israel!
Er segne die Priester!
13 Er segne alle, die ihn verehren,
Niedrige und Hohe miteinander!
14 Der HERR schenke euch große Familien,
euch und all euren Kindern!
15 Glück und Gelingen gebe euch der HERR,
der Himmel und Erde geschaffen hat!

16 Der Himmel* gehört dem HERRN allein,
doch die Erde hat er den Menschen gegeben.
17 Die Toten können ihn nicht mehr preisen;
sie sind dort, wo man für immer schweigt.
18 Wir aber wollen ihm danken,
jetzt und in aller Zukunft!

Preist den HERRN – Halleluja!

Dank für die Rettung vom Tod

116 Ich liebe den HERRN,
denn er hört mich,
wenn ich zu ihm um Hilfe schreie.
2 Er hat ein offenes Ohr für mich;
darum bete ich zu ihm, solange ich lebe.

3 Ich war gefangen in den Fesseln des Todes,
die Schrecken der Totenwelt* griffen nach mir,
Angst und Verzweiflung quälten mich.
4 Da schrie ich zu ihm:
»HERR, rette mein Leben!«

5 Der HERR ist gütig und gerecht,
voll Erbarmen ist unser Gott.
6 Der HERR schützt alle,
die sich nicht helfen können.
Ich war schwach, und er hat mir geholfen.
7 Nun kann ich wieder zur Ruhe kommen,
denn der HERR ist gut zu mir gewesen.
8 HERR, du hast mich gerettet
vom drohenden Tod,
du hast meine Tränen versiegen lassen
und meine Füße zurückgehalten
vor dem Abgrund.
9 Ich darf in der Welt der Lebenden bleiben
und in deiner Nähe weiterleben.

10 Ich habe dem HERRN vertraut,
auch als ich klagte:
»Ich liege ganz am Boden!«
11 In meiner Ratlosigkeit sagte ich:
»Auf keinen Menschen ist Verlaß!«
12 Wie kann ich dem HERRN vergelten,
was er für mich getan hat?
13 Ich will ihn vor der Gemeinde rühmen
und den Becher der Rettung[b] erheben,
um ihm zu danken.
14 Was ich ihm versprochen habe, löse ich ein
in Gegenwart seines ganzen Volkes.
15 Der HERR läßt die Seinen nicht untergehen,
dafür ist ihm ihr Leben zu wertvoll.

16 HERR, ich gehöre dir mit Leib und Leben;
darum hast du mich vom Tod befreit.
17 Ich bringe dir ein Dankopfer*
und bekenne vor allen,
daß du zu deinem Namen* stehst und hilfst.

18 Was ich dem HERRN versprochen habe,

a *Ihr Priester*:* wörtlich *Haus Aaron.*
b Dieser mit Wein gefüllte Becher war wohl ein Teil des Dankopfers; siehe Sacherklärung »Opfer«.

115,1-2 42,4; 79,9-10; Joël 2,17; Mi 7,10; Jes 48,11 S **115,4-11** 135,15-20 **115,4-7** 96,5; Jes 41,21-29 S **115,14** 127,3 **115,16** 8,7; Gen 1,28 **115,17** 6,6 S **116,3-4** 18,5-7 **116,5** Ex 34,6 S **116,8** 30,4 S **116,13-14** 22,26; 66,13-15 **116,15** 72,14

das löse ich ein
in Gegenwart seines ganzen Volkes,
19 in den Vorhöfen* seines Tempels,
mitten in dir, Jerusalem!

Preist den HERRN – Halleluja!

Alle Welt soll Gott preisen!

117 Preist den HERRN, alle Völker!
Rühmt ihn, ihr Nationen alle!
2 Denn seine Güte zu uns ist übergroß,
und seine Treue hört niemals auf.

Preist den HERRN – Halleluja!

Dank des Königs für Gottes Hilfe

118 *Dankt dem HERRN,*
denn er ist gut zu uns,
seine Liebe hört niemals auf!
2 Das Volk Israel soll rufen:
»Seine Liebe hört niemals auf!«
3 Die Priester* sollen rufen:
»Seine Liebe hört niemals auf!«
4 Alle, die den HERRN verehren, sollen rufen:
»Seine Liebe hört niemals auf!«

5 Als ich von allen Seiten bedrängt war,
schrie ich zum HERRN um Hilfe.
Er erhörte mich und machte mich frei.
6 Der HERR steht mir bei;
nun fürchte ich nichts mehr.
Was könnte ein Mensch mir schon tun?
7 Der HERR steht mir bei,
er selbst greift ein;
darum werde ich mit eigenen Augen sehen,
wie meine Feinde unterliegen.
8 Mit dem HERRN rechnen ist besser
als sich auf Menschen verlassen.
9 Mit dem HERRN rechnen ist besser
als auf die Hilfe der Mächtigen warten.

10 Feindliche Völker umringten mich –
ich trieb sie zurück mit der Hilfe des HERRN!
11 Sie bedrängten mich von allen Seiten –
ich trieb sie zurück mit der Hilfe des HERRN!
12 Sie überfielen mich wie Bienenschwärme –
ich trieb sie zurück mit der Hilfe des HERRN!
Einem Strohfeuer glich ihr Angriff,
so schnell war er vorüber.
13 Sie setzten mir hart zu, um mich zu stürzen;
doch der HERR hat mir geholfen.
14 Vom HERRN kommt meine Kraft,
ihm singe ich mein Lied,
denn er hat mich gerettet.

15 Das Volk Gottes stimmt das Siegeslied an;
aus allen Zelten schallt es laut:
»Der HERR hat seine Macht gezeigt;
16 seine Hand ist siegreich erhoben.
Er hat die Feinde geschlagen!«

17 Ich muß nicht sterben, ich darf weiterleben
und erzählen, was der HERR getan hat.
18 Der HERR hat mich hart angefaßt,
doch vor dem Tod hat er mich bewahrt.
19 Öffnet mir das Tor zum Tempel*,
durch das die Treuen einziehen dürfen!
Ich will eintreten, um dem HERRN zu danken.
20 »Hier ist der Zugang zum HERRN.[a]
Wenn du seine Weisungen treu befolgt hast,
dann komm, tritt ein!«
21 Ich danke dir, HERR, du hast mich erhört!
Du hast mir die Rettung gebracht!

22 Der Stein, den die Bauleute als wertlos
weggeworfen haben,
ist zum Eckstein[b] geworden.
23 Der HERR hat dieses Wunder vollbracht,
und wir haben es gesehen.

24 Diesen Tag hat der HERR zum Festtag
gemacht.
Heute wollen wir uns freuen und jubeln!
25 Hilf uns doch, HERR!
Gib uns Glück und Gelingen!
26 »Heil dem, der im Auftrag des HERRN kommt!
Den Segen* des HERRN sprechen wir euch zu,
hier, von seinem Tempel aus.«
27 Der HERR allein ist Gott,
er blickt uns freundlich an.
»Nehmt Zweige!
Schließt euch zusammen zum festlichen Reigen
bis dicht an die Hörner* des Altars!«[c]
28 Du bist mein Gott, und ich danke dir;
mein Gott, ich will dich preisen!

29 *Dankt dem HERRN, denn er ist gut zu uns,*
seine Liebe hört niemals auf!

a Hier und in Vers 26-27 spricht vermutlich ein Priester.
b *Eckstein:* siehe Sacherklärung; möglich auch *Schlußstein.*
c Die Deutung der letzten drei Verszeilen ist unsicher.

117,1 Röm 15,11 **117,2** Ex 34,6 S **118,1** 100,5; 106,1; 107,1; 136,1-26; 1 Chr 16,34 S **118,6** 56,5 S; Hebr 13,6 **118,8** Jer 17,5-8 **118,14** Ex 15,2 **118,17-18** 30,4 S **118,19-20** 15,1-5 S; Jes 26,2 **118,22-23** Mk 12,10 par; Apg 4,11; 1 Petr 2,4-7 **118,26** Mk 11,10 par; Mt 23,39 par

Ein Loblied auf Gottes Gesetz[a]

I

119 Wie glücklich ist, wer stets
unsträflich lebt
und jederzeit des HERRN Gesetz* befolgt!
2 Wie glücklich ist, wer Gottes Weisung ausführt
und wer mit ganzem Herzen nach ihm fragt!
3 Bei solchen Menschen findet sich
kein Unrecht,
weil sie in allem Gottes Willen tun.
4 Du, HERR, hast deine Vorschriften gegeben,
damit man sich mit Sorgfalt danach richtet.
5 Ich möchte unbeirrbar dabei bleiben,
mich deinen Ordnungen zu unterstellen!
6 Dann brauchte ich nicht mehr
beschämt zu sein
im Blick auf die Gebote, die du gabst.
7 Was du entschieden hast, präg' ich mir ein
und preise dich dafür mit reinem Herzen.
8 An deine Ordnungen will ich mich halten;
steh du mir bei und laß mich nicht im Stich!

II

9 Wie kann ein junger Mensch sein Leben
meistern?
Indem er tut, was du gesagt hast, HERR.
10 Von Herzen frage ich nach deinem Willen;
bewahre mich davor, ihn zu verfehlen!
11 Was du gesagt hast, präge ich mir ein,
weil ich vor dir nicht schuldig werden will.
12 Ich muß dir immer wieder danken, HERR,
weil du mich deinen Willen kennen lehrst.
13 Was du nach deinem Recht entschieden hast,
das sage ich mir immer wieder auf.
14 Genau nach deinen Weisungen zu leben,
erfreut mich mehr als alles Gut und Geld.
15 Ich denke über deine Regeln nach,
damit ich deinen Weg für mich erkenne.
16 HERR, deine Ordnungen sind meine Freude;
ich werde deine Worte nicht vergessen.

III

17 Ich bin dein Diener, HERR, sei gut zu mir,
damit ich lebe und dein Wort befolge!
18 HERR, öffne mir die Augen für die Wunder,
die dein Gesetz in sich verborgen hält!
19 Ich bin nur Gast hier, darum brauch ich
Schutz.
Verschweig mir nicht, was du befohlen hast!
20 Mit Sehnsucht warte ich zu jeder Zeit
auf das, was du nach deinem Recht verfügst.
21 Du drohst den Stolzen, den von dir
Verfluchten,
die deine Regeln ständig übertreten.
22 Befreie mich von Schande und Verachtung,
weil ich mich stets an deine Weisung halte.
23 Die Großen halten Rat, um mir zu schaden;
doch ich will deine Vorschriften ergründen.
24 An deiner Weisung hab ich meine Freude,
weil ich mit ihr stets gut beraten bin.

IV

25 Ich liege kraftlos hingestreckt im Staub;
belebe mich, wie du versprochen hast!
26 Ich klagte dir mein Leid; du hast geholfen.
Nun laß mich wissen, was du mir befiehlst!
27 Ich möchte deine Vorschriften verstehen,
und deine Wunder täglich neu bedenken.
28 Vor Traurigkeit zerfließe ich in Tränen.
Wie du es zugesagt hast, hilf mir auf!
29 Bewahre mich vor jeder Art von Falschheit,
in deiner Güte lehr mich dein Gesetz!
30 Ich habe mich entschieden, treu zu bleiben,
und will mich deiner Ordnung unterstellen.
31 Ich binde mich ganz fest an deine Weisung;
HERR, laß mich deshalb nicht als Narr dastehen!
32 Den Weg, den du mir vorschreibst,
gehe ich,
du hast mein Herz dazu bereit gemacht.

V

33 HERR, laß mich deine Regeln klar erkennen,
damit ich sie befolge, mir zum Lohn.
34 Gib mir genug Verstand für dein Gesetz;
von ganzem Herzen will ich darauf hören.
35 Was du befohlen hast, hilf mir befolgen;
ich werde große Freude daran haben!
36 Auf deine Weisung richte meinen Sinn,
nicht darauf, großen Reichtum zu erlangen!
37 Zieh meinen Blick von Nichtigkeiten ab,
und führe mich, damit ich leben kann!
38 Bestätige auch mir, HERR, dein Versprechen,
das allen gilt, die dir gehorchen wollen.
39 Die Schande, die mir Angst macht,
nimm sie weg!
Was du entscheidest, das ist gut und recht.
40 Ich will mich ganz nach deinen Regeln
richten.
In deiner Treue gib mir Kraft dazu!

VI

41 Laß deine Güte auch zu mir gelangen;
HERR, rette mich, wie du versprochen hast!

a Im Hebräischen folgt der Aufbau dieses Psalms dem Alphabet, und zwar so, daß jeweils die 8 Verse einer Strophe mit demselben Buchstaben anfangen. Luther nannte den Psalm »Das güldene ABC«.

119,1-2 1,1-2; 112,1; 128,1 119,19 39,13 S 119,32 25,4 S

42 Dann kann ich jedem eine Antwort geben,
der mich verhöhnt. – Ich nehme dich beim
Wort!
43 Ich möchte deine Treue rühmen können;
auf deinen Urteilsspruch vertraue ich.
44 An dein Gesetz will ich mich halten, HERR,
in jeder Lage und für alle Zukunft.
45 Ich werde weiten Raum zum Leben haben,
weil ich mich stets nach deiner Weisung richte.
46 Ich halte sie selbst Königen entgegen
und bin gewiß, ich werde nicht beschämt.
47 Ich liebe die Gebote, die du gabst;
es macht mir Freude, wenn ich sie befolge.
48 Ich liebe und verehre die Gebote
und denke über deine Regeln nach.

VII

49 Vergiß nicht, was du mir versprochen hast;
du hast mich Großes hoffen lassen, HERR!
50 Sogar in meiner Not bin ich getröstet,
denn durch dein Wort erhältst du mich
am Leben.
51 Die Stolzen treiben ihren Spott mit mir,
doch ich wich nie von deiner Weisung ab.
52 Es macht mir Mut, HERR, wenn ich daran
denke,
wie du in alter Zeit für Recht gesorgt hast.
53 Ich werde wütend, wenn ich Menschen sehe,
die dein Gesetz mißachten und verlassen.
54 Solang ich Gast auf dieser Erde bin,
sind deine Regeln Inhalt meiner Lieder.
55 Mein Denken kreist in jeder Nacht
um dich,
damit ich immer dein Gesetz befolge.
56 Nach deinen Regeln jederzeit zu leben,
das ist mein Auftrag und mein größtes Glück.

VIII

57 Ich sag's noch einmal, HERR:
Das ist mein Vorrecht,
daß ich mich stets nach deinen Worten richte.
58 Mit ganzem Herzen such ich deine Güte;
erbarme dich, wie du versprochen hast!
59 Ich überdenke meine Lebensführung
und kehre wieder um zu deiner Weisung.
60 Ich eile mich, ich schiebe es nicht auf,
das auszuführen, was du mir befiehlst.
61 Rings um mich hat man Fallen ausgelegt,
doch ich vergesse niemals dein Gesetz.
62 Noch mitten in der Nacht erwache ich
und preise dich, weil du gerecht entscheidest.
63 Ich bin ein Freund für alle, die dich ehren
und sich genau an deine Regeln halten.
64 Die Erde ist erfüllt von deiner Güte;
HERR, hilf mir, deinen Willen zu erkennen!

IX

65 Du bist so gut zu mir gewesen, HERR,
genauso, wie du es versprochen hattest.
66 Gib du mir rechte Einsicht und Erkenntnis;
denn deinen Weisungen vertraue ich.
67 Bevor ich leiden mußte, ging ich irre;
jetzt aber tue ich, was du befiehlst.
68 Stets bist du gut und tust mir so viel Gutes!
HERR, hilf mir, deinen Willen zu erkennen!
69 Von frechen Lügnern werde ich beschuldigt,
doch folge ich von Herzen deiner Weisung.
70 Sie sind zu stumpf und träge zum Verstehen;
doch mir ist dein Gesetz die größte Freude.
71 Für mich war's gut, daß ich durchs Leiden
mußte,
um mich auf deine Weisung zu besinnen.
72 HERR, dein Gesetz hat größeren Wert für mich,
als Tausende von Gold- und Silberstücken!

X

73 Mit deinen Händen hast du mich gestaltet;
HERR, hilf mir, deinen Willen zu verstehen!
74 Die Deinen sehen mich und freuen sich,
weil ich mich auf dein Wort verlassen habe.
75 Ich weiß, HERR, daß du stets gerecht
entscheidest;
du hattest recht, als du mich leiden ließest.
76 Laß deine Güte mich nun wieder trösten,
wie du es mir doch zugesagt hast, HERR!
77 Erbarm dich über mich, dann kann ich leben;
denn dein Gesetz ist meine größte Freude!
78 Bring Schande über alle frechen Lügner,
weil sie mich ohne jeden Grund verklagen!
Ich denke immer nur an deine Regeln.
79 Laß alle zu mir kommen, die dich ehren,
damit sie deine Weisungen erkennen!
80 Mein Herz soll nie von deiner Ordnung
weichen,
dann werde ich auch nicht in Schande
kommen.

XI

81 Ich warte sehnsuchtsvoll auf deine Hilfe,
ich setze meine Hoffnung auf dein Wort.
82 Ich schaue mir die Augen aus nach dir:
Wann kommst du endlich, HERR, und tröstest
mich?
83 Ich schrumpfe wie ein Weinschlauch,
der im Rauch hängt;
doch deine Regeln will ich nie vergessen.

119,46 Mt 10,18 par **119,47-48** 119,97; 119,77 S; Neh 8,10 **119,55** 119,62.148; 42,9; 63,7; 139,18; Jes 26,9 **119,64** 33,5 **119,67.71** Spr 3,11-12 S **119,77** 119,47.92.143.162.174

84 Wie lange, HERR, willst du mich warten lassen?
Wann trifft dein Urteil die, die mich verfolgen?
85 In Gruben wollen mich die Feinde fangen,
sie, die vermessen dein Gesetz mißachten.
86 Was du befiehlst, HERR, darauf ist Verlaß.
Doch sie verfolgen mich zu Unrecht; hilf mir!
87 Fast hätten sie mich hier im Land getötet,
obwohl ich dein Gesetz nicht übertrat.
88 Durch deine Güte laß mich weiterleben,
damit ich deine Weisungen befolge!

XII

89 Dein Wort, HERR, bleibt für alle Zeit bestehen,
bei dir im Himmel ist sein fester Platz.
90 Auch deine Treue bleibt für alle Zukunft:
Du hast die Erde dauerhaft gegründet.
91 Dein Wille hält bis heute alles aufrecht,
und alle Dinge stehen dir zu Diensten.
92 Wenn dein Gesetz nicht meine Freude wäre,
dann wäre ich vor Elend umgekommen.
93 Ich werde deine Regeln nie vergessen;
ich weiß, durch sie erhältst du mich am Leben.
94 HERR, ich gehöre dir, komm mir zu Hilfe!
Ich frage jederzeit nach deinen Regeln.
95 Verbrecher warten drauf, mich zu vernichten;
ich aber will auf deine Weisung achten.
96 Ich sah, auch die Vollkommenheit
hat Grenzen,
doch dein Gebot hat unbegrenzte Geltung.

XIII

97 Ich habe dein Gesetz unendlich lieb!
Den ganzen Tag beschäftigt es mein Denken.
98 HERR, dein Gebot wird immer bei mir sein;
es macht mich wissender als meine Feinde.
99 Ich habe mehr gelernt als meine Lehrer,
denn all mein Forschen fragt nach deiner
Weisung.
100 Ich habe mehr Erkenntnis als die Alten,
weil ich mich stets nach deinen Regeln richte.
101 Ich halte mich von jedem Unrecht fern,
um das zu tun, was du befohlen hast.
102 Ich weiche nicht von deiner Weisung ab;
du selber warst mein Lehrer, niemand anders.
103 Welch eine Köstlichkeit sind deine Worte!
Sie sind noch süßer als der beste Honig!
104 Durch deine Regeln bringst du mich
zur Einsicht;
deshalb sind krumme Wege mir verhaßt.

XIV

105 Dein Wort ist eine Leuchte für mein Leben,
es gibt mir Licht für jeden nächsten Schritt.
106 Ich bin entschlossen, meinen Schwur
zu halten:
Ich folge dir, weil du gerecht entscheidest.
107 In tiefes Leiden hast du mich geführt;
gib neues Leben, wie du es versprachst!
108 Nimm meinen Dank als Opfergabe* an;
HERR, hilf mir, deinen Willen zu erkennen!
109 Mein Leben ist in ständiger Gefahr,
doch niemals hab ich dein Gesetz vergessen.
110 Verbrecherisch will man mir Fallen stellen,
ich aber weiche nicht von deinen Regeln.
111 HERR, deine Weisungen sind mein Besitz
und meine Herzensfreude, jetzt und immer!
112 Ich will entschlossen deinen Regeln folgen;
das soll mein Lohn für alle Zeiten sein!

XV

113 Ich hasse Menschen mit geteilten Herzen;
doch dein Gesetz hat meine ganze Liebe.
114 Mein Schutz und meine Zuflucht, HERR,
bist du!
Auf dein Versprechen kann ich mich verlassen.
115 Ihr Unheilstifter, geht mir aus den Augen!
Ich folge den Befehlen meines Gottes.
116 HERR, sei mein Halt, damit ich leben kann;
ich nehme dich beim Wort, enttäusch mich
nicht!
117 Sei meine Stütze, HERR, komm mir zu Hilfe!
Ich werde stets auf deine Regeln achten.
118 Wer dein Gebot verläßt, den weist du ab;
denn was er tut, ist Täuschung und Betrug.
119 Wer dich verwirft, den wirfst du fort
wie Abfall;
das ist's, weshalb ich deine Weisung liebe.
120 Die Furcht vor dir läßt meine Haut
erschaudern,
ich habe Angst vor deinen Urteilssprüchen.

XVI

121 Ich habe richtig und gerecht gehandelt;
drum gib mich nicht den Unterdrückern preis!
122 Gib mir die Sicherheit, daß alles gut wird,
daß freche Menschen mich nicht länger quälen!
123 Ich schaue mir die Augen aus
nach Rettung,
die du versprochen hast in deiner Treue.
124 Laß deine Güte an mir sichtbar werden
und hilf mir, deinen Willen zu erkennen!
125 Ich bin dein Diener, HERR, gib mir Verstand,
damit ich deine Weisungen erkenne!
126 Jetzt ist es Zeit für dich zu handeln, HERR;
denn viele übertreten dein Gesetz.
127 Ich liebe die Gebote, die du gabst,

119,84 12,2-3 S 119,87 37,9-11; 112,2 119,89-90 119,160; 111,8; Jes 40,8 119,100 Ijob 32,9; Weish 4,8-9 119,105 2 Petr 1,19; Joh 8,12 119,108 50,23

viel mehr als selbst das allerfeinste Gold.
128 Für mich sind deine Regeln alle richtig;
deshalb sind krumme Wege mir verhaßt.

XVII

129 HERR, deine Weisungen sind Wunderwerke,
und darum halte ich an ihnen fest.
130 Erklärung deines Wortes bringt Erleuchtung,
auch Unerfahrene bekommen Einsicht.
131 Mein Mund ist weit geöffnet vor Verlangen,
so lechze ich nach deinen Weisungsworten.
132 HERR, wende dich mir zu und hab Erbarmen,
so wie es denen zusteht, die dich lieben.
133 Durch dein Gesetz mach meine Schritte sicher,
damit kein Unrecht mich beherrschen kann!
134 Befreie mich von meinen Unterdrückern,
dann kann ich deine Vorschriften befolgen.
135 Ich bitte dich, HERR, blick mich freundlich an
und hilf mir, deinen Willen zu erkennen.
136 Von Tränen überströmt ist mein Gesicht,
weil hier so viele dein Gesetz mißachten.

XVIII

137 HERR, du erfüllst, was du versprochen hast,
und deine Urteilssprüche sind gerecht.
138 Durch deine Weisungen hast du bewiesen,
daß Recht und Treue all dein Tun bestimmen.
139 Weil ich dich liebe, HERR, packt mich der Zorn,
wenn meine Feinde dein Gesetz vergessen.
140 Auf alle deine Worte ist Verlaß;
HERR, darum hänge ich so sehr an ihnen!
141 Ich mag verachtet sein und unbedeutend,
doch deine Regeln hab ich nicht vergessen.
142 Dein Recht wird immer meine Rettung bleiben,
und dein Gesetz ist wahr und zuverlässig.
143 Auch dann, wenn Angst und Sorgen nach mir greifen,
als meine Freude bleibt mir dein Gebot.
144 Für immer steht das Recht durch deine Weisung;
hilf mir, sie zu verstehn, dann kann ich leben!

XIX

145 Von Herzensgrund schrei ich zu dir; gib Antwort!
An deine Regeln, HERR, will ich mich halten.
146 Ich rufe dich zu Hilfe, rette mich!
Ich werde deinen Weisungen gehorchen.
147 Vor Tagesanbruch schreie ich zu dir
und warte hoffnungsvoll auf deine Worte.
148 Sogar zur Nachtzeit liege ich noch wach
und denke über dein Versprechen nach.
149 In deiner Güte höre mein Gebet;
erhalte mich durch dein gerechtes Urteil.
150 Mit böser Absicht nahen die Verfolger;
doch sie entfernen sich von deiner Weisung.
151 Du aber, HERR, du bist ganz nah bei mir;
was du befiehlst, ist wahr und zuverlässig.
152 Für immer hast du dein Gesetz gegeben;
seit langem hab ich das an ihm erkannt.

XX

153 Sieh doch mein Elend an, befreie mich!
Ich habe niemals dein Gesetz vergessen.
154 HERR, steh mir bei und sorge für mein Recht!
Errette mich, wie du versprochen hast!
155 Wer dich mißachtet, findet keine Hilfe,
weil er sich nicht um deine Weisung kümmert.
156 HERR, dein Erbarmen ist unendlich groß;
erhalte mich durch dein gerechtes Urteil!
157 Ich habe viele Feinde und Verfolger,
doch deiner Weisung bin ich stets gefolgt.
158 Mit Abscheu blicke ich auf die Verräter,
weil sie sich nicht nach deinen Worten richten.
159 HERR, sieh doch, wie ich deine Regeln liebe!
Durch deine Güte laß mich weiterleben!
160 Dein Wort ist wahr und zuverlässig, HERR;
für immer gilt, was du entschieden hast.

XXI

161 Die Großen dringen grundlos auf mich ein;
doch nur vor dem, was *du* sagst, bebt mein Herz.
162 An deinen Worten hab ich große Freude,
so wie sich jemand über Beute freut.
163 Für Lügen fühle ich nur Haß und Abscheu,
doch dein Gesetz hat meine ganze Liebe!
164 Ich preise dich wohl siebenmal am Tag
dafür, daß du, HERR, stets gerecht entscheidest.
165 Wer dein Gesetz liebt, der hat Glück und Frieden,
kein Hindernis kann ihn zum Straucheln bringen.
166 HERR, meine Hoffnung ist, daß du mir hilfst;
ich führe aus, was du befohlen hast.
167 Nach deinen Weisungen will ich mich richten,
mit ganzem Herzen hänge ich an ihnen.
168 Du hast mir Weisung und Gebot gegeben
und siehst genau, wie ich mich daran halte.

119,135 31,17S 119,140 12,7 119,148 119,55 S 119,160 Joh 17,17

XXII

169 Laß meine Bitte zu dir dringen, HERR;
mach dein Versprechen wahr und gib mir
Einsicht!
170 Laß meinen Hilferuf zu dir gelangen!
Du hast mir zugesagt, daß du mich rettest!
171 Von meinen Lippen soll dein Lob erklingen,
weil du mich deinen Willen kennen lehrst.
172 Mein Mund soll dich besingen für dein
Wort;
was du befohlen hast, ist recht und richtig.
173 Streck deine Hand aus, HERR, um mir
zu helfen;
ich habe mich für dein Gesetz entschieden!
174 Daß du mich rettest, ist mein größter
Wunsch,
und dein Gesetz ist meine größte Freude.
175 Ich möchte leben, HERR, um dich zu preisen;
dein Urteilsspruch wird mir dazu verhelfen.
176 Ich bin verirrt wie ein verlorenes Schaf;
HERR, suche mich, bring mich zurück zu dir!
Ich habe deine Regeln nicht vergessen.

Hilferuf gegen Verleumder

120 Ein Lied, zu singen auf dem Weg nach Jerusalem.[a]

Ich schrie zum HERRN in meiner Not,
und er hat mich erhört.
2 Ich schrie:
»HERR, rette mich vor diesen Lügnern,
vor allen doppelzüngigen Betrügern!«

3 Womit soll Gott euch strafen,
ihr Lügenmäuler?
4 Mit spitzen Pfeilen aus Kriegerhand,
dazu noch glühende Kohlen![b]

5 Wie schlimm für mich,
daß ich unter Fremden leben muß,
bei einem Volk, das meinen Gott nicht kennt![c]
6 Schon viel zu lange wohne ich hier,
unter Menschen, die den Frieden hassen!
7 Ich will den Frieden;
doch sobald ich davon rede,
suchen sie Streit.

Gott ist bei dir!

121 Ein Lied, zu singen auf dem Weg nach Jerusalem.

»Ich blicke hinauf zu den Bergen:
Woher wird mir Hilfe kommen?«

2 *»Meine* Hilfe kommt vom HERRN,
der Himmel und Erde gemacht hat!
3 Und du sollst wissen:[d]
Der HERR läßt nicht zu, daß du zu Fall kommst.
Er gibt immer auf dich acht.
4 Er, der Beschützer Israels,
wird nicht müde und schläft nicht ein;
5 er sorgt auch für dich.
Der HERR ist bei dir,
hält die Hand über dich,
6 damit dich die Hitze der Sonne nicht quält
und der Mond dich nicht krank macht.
7 Der HERR wendet Gefahr von dir ab
und bewahrt dein Leben.
8 Auf all deinen Wegen wird er dich beschützen,
vom Anfang bis zum Ende,
jetzt und in aller Zukunft!«

Friedenswunsch für Jerusalem

122 Ein Lied Davids, zu singen auf dem Weg nach Jerusalem.

Wie habe ich mich gefreut,
als man zu mir sagte:
»Komm mit,
wir gehen zum Haus des HERRN!«
2 Nun sind wir angelangt,
wir haben deine Tore durchschritten
und stehen in dir, Jerusalem.

3 Jerusalem, du herrliche Stadt,
von festen Mauern geschützt![e]
4 Zu dir ziehen sie in Scharen,
die Stämme, die dem HERRN gehören.
Dort soll ganz Israel ihn preisen,
so wie er es angeordnet hat.
5 In Jerusalem ist das höchste Gericht,
dort regiert das Königshaus Davids.

a In den hebräischen Überschriften der hier beginnenden Gruppe von 15 Psalmen steht ein Ausdruck, der nicht sicher zu deuten ist. Er scheint auf »Stufen« hinzuweisen und wird heute meistens im Sinn der obigen Übersetzung verstanden.
b Wörtlich *glühende Kohlen vom Ginsterstrauch.* Die hier genannte Ginsterart ergibt besonders gute Holzkohle.
c *daß ich unter Fremden ...:* wörtlich *daß ich in Meschech weile, wohne in den Zelten von Kedar.* Diese beiden Völker waren gleichbedeutend mit »Barbaren und Heiden«.
d Verdeutlichender Zusatz; die Verse 2-8 sind eine Antwort auf die Frage, die in Vers 1 ausgesprochen wird.
e Deutung unsicher.

119,175 6,6 S **119,176** Jes 53,6; Lk 15,4-7 **120,2** 109,2 S **120,6** 35,20 **120,7** Röm 12,18 **121,1-2** 125,2; 124,8 **121,3-8** 91,3-13 **121,4** 1 Kön 18,27 **122,1** 26,8; 42,5; Jes 2,3 **122,2** 100,4 **122,3** 48,13-14 **122,4** Dtn 16,16 **122,5** 1 Kön 7,7

6 Wünscht Jerusalem Glück und Frieden:
»Allen, die dich lieben, soll es gutgehen!
7 In deinen Mauern herrsche Sicherheit
und Wohlstand,
deinen Häusern bleibe die Sorge fern!«
8 Weil ich meine Brüder und Freunde liebe,
sage ich:
»Ich wünsche dir Glück und Frieden!«
9 Weil in dir das Haus des HERRN,
unseres Gottes, steht,
freue ich mich, wenn es dir gutgeht.

Bitte um Erbarmen

123 Ein Lied, zu singen auf dem Weg nach Jerusalem.

Ich richte meinen Blick hinauf zu dir,
zum Himmel hinauf, wo du thronst.
2 Voll Erwartung blicken die Knechte
auf die Hand ihres Hausherrn;
aufmerksam schauen die Augen der Magd
auf die Hand ihrer Herrin.
So blicken wir zu dir, HERR, unser Gott,
bis du uns dein Erbarmen zeigst!

3 Erbarm dich, HERR, hab Erbarmen mit uns!
Wir haben genug Verachtung erlebt,
4 viel zuviel hinunterschlucken müssen
vom Spott unserer satten, sorglosen Feinde,
vom Hohn vermessener Unterdrücker!

Unsere Hilfe kommt von Gott!

124 Ein Lied Davids, zu singen auf dem Weg nach Jerusalem.

Hätte der HERR uns nicht beigestanden
– so soll das Volk Israel bekennen –,
2 hätte der HERR uns nicht beigestanden,
immer wenn Menschen uns überfielen
3 und ihre Wut an uns auslassen wollten –
wir wären schon längst von der Erde
verschwunden.
4-5 Die Fluten hätten uns überrollt,
das schäumende Wasser hätte uns gepackt,
der Sturzbach uns mit sich fortgerissen.

6 Der HERR sei gepriesen!
Er hat uns nicht den Feinden überlassen
als Beute für ihre Zähne.
7 Wir sind entkommen
wie ein Vogel aus dem Netz des Fängers;
das Netz ist zerrissen, und wir sind frei!

8 Unsere Hilfe kommt vom HERRN,
der Himmel und Erde geschaffen hat;
er ist für uns da![a]

Unter dem Schutz Gottes

125 Ein Lied, zu singen auf dem Weg nach Jerusalem.

Alle, die dem HERRN vertrauen,
sind wie der Zionsberg*:
für immer unerschütterlich und fest.
2 Ein Schutzwall von Bergen umgibt Jerusalem.
So umgibt der HERR sein Volk
jetzt und in aller Zukunft.
3 Menschen, die Gottes Gebote mißachten,
werden nicht lange im Lande herrschen,
das denen gehört, die Gott gehorchen.
Sonst würden auch die Treuen
bald Unrecht tun.

4 HERR, guten Menschen erweise Gutes,
denen, die nach deinem Willen fragen!
5 Doch alle, die dir untreu werden
und ihre eigenen, krummen Wege gehen,
bestrafe sie genauso wie alle anderen
Unheilstifter!

Glück und Frieden* komme über Israel!

Bitte um erneute Hilfe

126 Ein Lied, zu singen auf dem Weg nach Jerusalem.

Als der HERR uns heimbrachte,
zurück zum Berg Zion*,
da kamen wir uns vor wie im Traum.
2 Wie konnten wir lachen und vor Freude
jubeln!
Bei den anderen Völkern sagte man damals:
»Der HERR hat Großes für sie getan!«
3 Ja, der HERR hatte Großes für uns getan,
und wir waren glücklich.

4 HERR, wende auch jetzt unsere Not,
bring Glück und Frieden* zurück,

a Der Vers wörtlich *Unsere Hilfe (ist) im Namen des HERRN, der … geschaffen hat.* Mit *»er ist für uns da«* bringt die Übersetzung zum Ausdruck, was im Hebräischen mit dem *Namen* Gottes bezeichnet wird (siehe Sacherklärung »HERR«).

122,6 Tob 13,13-16 **123,1** 25,15 S; 1 Kön 8,27.30 **123,3-4** 44,14 **124,1-3** 83,4-5 **124,4-5** 42,8 S **124,8** 121,2 **125,1** 46,6; Jes 28,16 **126,1-3** Esra 1,1–2,1 **126,4** Neh 1,2-3; Jes 59,9-11

so wie du das Wasser wieder zurückbringst
und die ausgetrockneten Bäche
plötzlich füllst!

5 Wer mit Tränen sät,
wird mit Freuden ernten.
6 Weinend gehen sie hin
und streuen die Saat aus,
jubelnd kommen sie heim
und tragen ihre Garben.

An Gottes Segen ist alles gelegen

127 Ein Lied Salomos, zu singen auf dem Weg nach Jerusalem.

Der HERR selbst muß das Haus bauen,
sonst arbeiten die Bauleute vergeblich.
Der HERR selbst muß die Stadt beschützen,
sonst ist jede Wache umsonst.
2 Was könnt ihr denn ohne Gott erreichen?
In aller Frühe steht ihr auf
und arbeitet bis tief in die Nacht;
mit viel Mühe bringt ihr zusammen,
was ihr zum Leben braucht.
Das gibt Gott den Seinen im Schlaf![a]

3 Kinder sind ein Geschenk des HERRN,
mit ihnen belohnt er die Seinen.
4 Kräftige Söhne sind für den Vater
wie Pfeile in der Hand eines Kriegers.
5 Wer viele solche Pfeile in seinem Köcher hat,
der hat das Glück auf seiner Seite.
Wenn seine Feinde ihn verklagen,
verhelfen sie ihm zu seinem Recht.

So segnet Gott!

128 Ein Lied, zu singen auf dem Weg nach Jerusalem.

Wie glücklich ist ein Mensch,
der den HERRN achtet und ehrt
und sich nach seinen Geboten richtet!

2 Was deine Arbeit dir eingebracht hat,
das wirst du auch genießen.
Wie glücklich du sein kannst!
Es ist gut um dich bestellt!
3 Da ist deine Frau in deinem Haus;
sie gleicht einem fruchtbaren Weinstock.
Da sind die Kinder um deinen Tisch,
zahlreich wie frische Ölbaumtriebe.
4 So segnet der HERR den Mann,
der ihn achtet und ehrt.

5 Der HERR segne dich,
der auf dem Zionsberg* wohnt!
Solange du lebst, sollst du sehen,
daß es Jerusalem gutgeht,
6 und auch die Kinder deiner Kinder
sollst du sehen!

Glück und Frieden* komme über Israel!

Hart bedrängt, aber nicht vernichtet

129 Ein Lied, zu singen auf dem Weg nach Jerusalem.

Hart haben sie mir zugesetzt von Anfang an
– so soll das Volk Israel sagen –,
2 hart haben sie mir zugesetzt von Anfang an,
doch niemals konnten sie mich vernichten.
3 Den Rücken haben sie mir aufgerissen
wie ein Feld, in das man Furchen pflügt.
4 Der HERR ist treu!
Er hat mich aus der Gewalt der Bösen befreit,
die Stricke hat er zerschnitten!
5 Zurückweichen müssen sie und sich
schämen,
alle, die den Zionsberg* hassen!
6 Es ergehe ihnen wie dem Gras auf den
Dächern:
Die Hälmchen verdorren,
bevor sie aufgeschossen sind;
7 kein Schnitter rafft sie zusammen,
niemand sammelt sie zu Bündeln,
8 niemand geht vorüber und sagt zu den
Schnittern:
»Der HERR segne euch!«

Im Auftrag des HERRN
sprechen wir euch seinen Segen* zu!

Gebet in tiefster Not

130 Ein Lied, zu singen auf dem Weg nach Jerusalem.

Aus der Tiefe meiner Not
schreie ich zu dir.
2 HERR, höre mich doch!
Sei nicht taub für meinen Hilferuf!

a Oder *Den Seinen gibt er (gesunden) Schlaf.*

126,5-6 Mt 5,4; Joh 16,20; Offb 21,4 **127,1-2** Spr 10,22; Dtn 8,17-18; Mt 6,25-34 **127,3** 128,3 **128,1-4** 25,12-13 S **128,3** 127,3; Weish 4,1-6 **128,5** 76,3 S; 134,3 **129,1-3** 124,1-3; Klgl 3,22 **129,4** Ex 20,2; Ri 2,18; Esra 9,7-9 **129,8** Rut 2,4

3 Wenn du Vergehen anrechnen wolltest,
Herr, wer könnte vor dir bestehen?
4 Aber bei dir finden wir Vergebung,
damit wir dich ehren und dir gehorchen.

5 Ich setze meine ganze Hoffnung
auf den HERRN,
ich warte auf sein helfendes Wort.
6 Ich sehne mich nach dem Herrn
mehr als ein Wächter
nach dem Morgengrauen,
mehr als ein Wächter
sich nach dem Morgen sehnt.

7 Volk Israel, hoffe auf den HERRN!
Denn er ist gut zu uns
und immer bereit, uns zu retten.
8 Ja, er wird Israel retten von aller Schuld!

Still wie ein zufriedenes Kind

131 Ein Lied Davids, zu singen auf dem Weg nach Jerusalem.

HERR! Ich denke nicht zu hoch von mir,
ich schaue auf niemand herab.
Ich frage nicht nach weitgesteckten Zielen,
die unerreichbar für mich sind.
2 Nein, still und ruhig ist mein Herz,
so wie ein sattes Kind im Arm der Mutter –
still wie ein solches Kind bin ich geworden.

3 Volk Israel, vertrau dem HERRN
von jetzt an und für alle Zukunft!

Die Stadt des Herrn und seines Königs

132 Ein Lied, zu singen auf dem Weg nach Jerusalem.

HERR, denk doch an David,
an alle Mühe, die er auf sich nahm!
2 Denk an das feierliche Versprechen,
das er dir, dem starken Gott Jakobs, gab:
3 »Ich werde mein Haus nicht mehr betreten,
ich lege mich nicht mehr auf mein Bett,
4 ich gestatte meinen Augen keinen Schlaf
und gönne mir keine Ruhe mehr,
5 bis ich einen Platz gefunden habe,
wo der HERR wohnen kann,
der starke Gott Jakobs!«

6 In Efrata bekamen wir Nachricht
von der Bundeslade* des HERRN,
und wir fanden sie in der Nähe von Jáar.[a]

7 Kommt, wir gehen zur Wohnung des HERRN
und werfen uns zu seinen Füßen nieder!
8 Steh auf, HERR, begleite deine Lade,
das Wahrzeichen deiner gewaltigen Macht!
Komm zu deinem Ruheplatz!
9 Gib deinen Priestern* Vollmacht,
uns deinen Beistand zu vermitteln!
Alle deine Treuen sollen jubeln!
10 David, deinem Vertrauten, zuliebe
weise unseren König nicht zurück,
ihn, den du gesalbt* und eingesetzt hast!

11 Der HERR hat es David geschworen,
und diesen Schwur nimmt er nicht zurück:
»Ich erwähle einen deiner Söhne
zu deinem Nachfolger auf dem Thron!
12 Wenn er sich an den Bund* mit mir hält
und meinen Weisungen gehorcht,
dann soll auch ihm ein Sohn als König folgen.
Und das soll gelten für alle Generationen!«

13 Ja, der HERR hat den Zionsberg* ausgewählt,
er hat ihn zu seiner Wohnstätte bestimmt:
14 »Hier soll für immer mein Ruheplatz sein,
hier will ich wohnen, das ist mein Wille!
15 Ich will die Zionsstadt reich versorgen,
ihre Armen mache ich satt.
16 Ihren Priestern gebe ich Vollmacht,
ihr meinen Beistand zu vermitteln;
alle meine Treuen sollen jubeln!
17 Und hier lasse ich die Nachkommen Davids
mächtig werden;
im Haus des Königs, den ich gesalbt habe,
entzünde ich ein Licht, das nicht erlöschen
soll.
18 Seine Feinde bedecke ich mit Schande,
doch seine Krone soll immer heller
strahlen!«

Wie schön, wenn Brüder beieinander bleiben!

133 Ein Lied Davids, zu singen auf dem Weg nach Jerusalem.

Wie wohltuend ist es, wie schön,
wenn Brüder, die beieinander wohnen,

a *Jáar* ist wahrscheinlich ein poetischer Name für Kirjat-Jearim (s. 1 Sam 7,1).

130,3 143,2; Ijob 4,17 S; Röm 3,10.19-20 **130,4** 32,1; Jes 55,7 **130,6** 119,81; Jes 21,11-12 **130,8** Mt 1,21 **131,1** Sir 3,21 **131,2** 62,2 **132,1-2** 2 Sam 7,1-2 **132,6** 2 Sam 6,1-3; 1 Sam 7,1 **132,7** 5,8 S **132,8-10** 2 Sam 6,12-17; 2 Chr 5,4-7; 6,41-42 **132,11-12** 2 Sam 7,16 S **132,13** 76,3 S **132,14** 1 Kön 8,13 **132,17** Mt 20,30-31 S

sich auch gut verstehen![a]
2 Das ist wie das gute, duftende Öl,
aufs Haar des Priesters* Aaron gegossen,
das hinunterrinnt in seinen Bart
bis zum Halssaum seines Gewandes.
3 Das ist wie erfrischender Tau vom Hermon,
der sich niedersenkt auf den Zionsberg*.
Dort will der HERR seinen Segen* schenken,
Leben, das für immer besteht.

Aufruf zum Dank

134 Ein Lied, zu singen auf dem Weg nach Jerusalem.

Auf, dankt dem HERRN,
ihr seine Diener alle,
die ihr in seinem Hause steht
und nachts den Dienst verrichtet!
2 Streckt eure Hände aus zum Heiligtum
und dankt dem HERRN!

3 »Vom Zion*, von seinem Tempel* aus
segne dich der HERR,
der Himmel und Erde geschaffen hat!«[b]

Gottes Ruhm wird niemals enden!

135 Halleluja – Preist den HERRN!

Rühmt ihn, der euch so nahe ist![c]
Preist ihn, ihr seine Diener alle,
2 die ihr in seinem Tempel steht,
in den Vorhöfen* am Haus unseres Gottes!

3 Preist den HERRN, denn er ist gut zu uns!
Singt und spielt zu seiner Ehre,
denn er ist freundlich zu uns!
4 Der HERR hat die Nachkommen Jakobs
erwählt,
er hat Israel zu seinem Eigentum gemacht.

5 Ich weiß es: der HERR ist groß,
unser Herr ist mächtiger als alle Götter.
6 Denn alles, was er will, das tut er auch,
im Himmel und auf der Erde,
auf den Meeren und in allen Tiefen.
7 Er führt Wolken heran vom Ende der Erde,
er läßt es blitzen und läßt den Regen fallen,
er holt den Wind aus seinen Vorratskammern.

8 Er war es, der damals bei den Ägyptern
alle erstgeborenen Söhne sterben ließ
und alle Erstgeburt beim Vieh.
9 Erschreckende Wunder ließ er geschehen
am Pharao und an allen seinen Dienern.

10 Er war es, der viele Völker besiegte
und mächtige Könige umkommen ließ:
11 Sihon, den König der Amoriter*,
und Og, den König des Landes Baschan*,
und alle Herrscher im Lande Kanaan*.
12 Ihre Länder teilte er Israel zu,
er gab sie seinem Volk als Erbbesitz*.

13 HERR, dein Ruhm wird niemals enden,
alle Generationen werden von dir sprechen!
14 Der HERR wird seinem Volk zum Recht
verhelfen,
er hat Erbarmen mit den Seinen.

15 Die Götzen der anderen Völker,
ob aus Silber oder aus Gold,
sie sind Machwerke von menschlichen Händen.
16 Sie haben Münder, die nicht sprechen,
sie haben Augen, die nichts sehen,
17 sie haben Ohren, die nichts hören –
kein Atem ist in ihrem Mund!
18 Genauso sollen alle werden,
die diese Götzen geschaffen haben,
und alle, die sich auf Götzen verlassen!

19 Ihr vom Volk Israel: Dankt dem HERRN!
Ihr seine Priester*: Dankt dem HERRN!
20 Auch ihr Leviten*: Dankt dem HERRN!
Ihr alle, die ihr ihn verehrt: Dankt dem HERRN!
21 Er, der in Jerusalem wohnt,
soll auf dem Zionsberg* gepriesen
werden!

Preist den HERRN – Halleluja!

Seine Liebe hört niemals auf!

136 Dankt dem HERRN,
denn er ist gut zu uns!
– Seine Liebe hört niemals auf!

a Da Grundbesitz nicht aufgeteilt werden durfte, mußten die erwachsenen Söhne (samt ihren Familien) in der Regel gemeinsam wohnen und wirtschaften.
b Diese Worte wurden vermutlich von einem Priester gesprochen (vgl. 118,26).
c Wörtlich *Rühmt den Namen des HERRN;* vgl. Anmerkung zu 124,8.

133,2 Ex 29,7 134,1 Jes 30,29 134,2 5,8 S 135,4 Ex 19,5-6 135,5-6 115,3 135,7 Ijob 38,22 S 135,8-9 Ex 12,29-30 135,10-12 Jos 11,23–12,24 135,13 102,13 135,15-18 96,5 S 135,21 76,3 S 136,1 118,1 S

[2] Dankt ihm, dem allerhöchsten Gott!
– Seine Liebe hört niemals auf!
[3] Dankt ihm, dem mächtigsten aller Herren!
– Seine Liebe hört niemals auf!

[4] Er allein tut große Wunder.
– Seine Liebe hört niemals auf!
[5] Kunstvoll hat er den Himmel gewölbt.
– Seine Liebe hört niemals auf!
[6] Über den Meeren hat er die Erde ausgebreitet.
– Seine Liebe hört niemals auf!
[7] Er hat die großen Lichter gemacht:
– Seine Liebe hört niemals auf!
[8] Die Sonne, um den Tag zu regieren –
– Seine Liebe hört niemals auf!
[9] Mond und Sterne für die Nacht.
– Seine Liebe hört niemals auf!

[10] Er tötete die Erstgeborenen der Ägypter.
– Seine Liebe hört niemals auf!
[11] Er führte Israel von dort heraus.
– Seine Liebe hört niemals auf!
[12] Er tat es mit seiner gewaltigen Macht.
– Seine Liebe hört niemals auf!
[13] Er schnitt das Schilfmeer* in zwei Teile.
– Seine Liebe hört niemals auf!
[14] Er führte Israel mitten hindurch.
– Seine Liebe hört niemals auf!
[15] Er stürzte den Pharao und sein Heer
in die Fluten.
– Seine Liebe hört niemals auf!

[16] Er leitete sein Volk durch die Wüste.
– Seine Liebe hört niemals auf!
[17] Er besiegte große Könige.
– Seine Liebe hört niemals auf!
[18] Mächtige Könige brachte er um:
– Seine Liebe hört niemals auf!
[19] Sihon, den König der Amoriter* –
– Seine Liebe hört niemals auf!
[20] und Og, den König des Landes Baschan*.
– Seine Liebe hört niemals auf!
[21] Ihre Länder teilte er Israel zu.
– Seine Liebe hört niemals auf!
[22] Er gab sie seinen Dienern als Erbbesitz*.
– Seine Liebe hört niemals auf!

[23] Er dachte an uns, sooft man uns unterdrückte.
– Seine Liebe hört niemals auf!
[24] Er befreite uns von unseren Feinden.
– Seine Liebe hört niemals auf!
[25] Allen Geschöpfen gibt er zu essen.
– Seine Liebe hört niemals auf!
[26] Dankt ihm, dem Gott des Himmels*!
– Seine Liebe hört niemals auf!

Klage der Gefangenen in Babylon

137 An den Flüssen Babylons*
saßen wir und weinten,
jedesmal wenn wir an Zion* dachten.
[2] Unsere Harfen hingen dort
an den Weiden;
wir mochten nicht mehr auf ihnen spielen.
[3] Doch die Feinde, die uns unterdrückten,
die uns verschleppt hatten aus der Heimat,
verlangten von uns auch noch Jubellieder.
»Singt uns ein Lied vom Zion!« sagten sie.
[4] Fern vom Tempel*, im fremden Land –
wie konnten wir da Lieder singen
zum Preis des HERRN?

[5] Jerusalem, wenn ich dich je vergesse,
dann soll mir die rechte Hand verdorren!
[6] Die Zunge soll mir am Gaumen festwachsen,
wenn ich aufhöre, an dich zu denken,
wenn ich irgend etwas lieber habe,
lieber als dich, Jerusalem!

[7] HERR, vergiß nicht,
was die Edomiter* taten,
als Jerusalem in die Hand der Feinde fiel,
wie sie schrien:
»Reißt sie nieder, die Stadt!
Reißt sie nieder bis auf den Grund!«

[8] Babylon, auch du wirst bald verwüstet!
Gott segne den, der dir heimzahlt,
was du uns angetan hast!
[9] Gott segne den, der deine Kinder packt
und sie am Felsen zerschmettert!

Dankbare Gewißheit

138 Von David.

Ich danke dir von ganzem Herzen;
ich preise dich mit meinem Lied,
dich und nicht die anderen Götter![a]
[2] Ich werfe mich nieder vor deinem Heiligtum,
um dir zu danken, HERR,
für deine Güte und deine Treue.

a Siehe Anmerkung zu 82,1.

136,5 Gen 1,6-8 **136,6** 24,2 S **136,7-9** Gen 1,14-18 **136,10-12** Ex 12,29-33.51 **136,13-15** Ex 14,21-31 **136,16** Dtn 29,4-5 **136,17-22** Dtn 29,6-7 **136,23-24** 129,4 S **136,25** 104,27-28 S **137,1.3** 2 Kön 24,14-16; 25,11; Ez 3,15 **137,5-6** 122,3-9; Jer 51,50 **137,7** Ez 35; Obd 10-14 **137,8** Jer 50,1–51,64 **138,2** 5,8 S; Eph 3,20

Du hast dein Versprechen erfüllt,
ja, du hast noch viel mehr getan,
als wir von dir erwartet hatten![a]
3 Du hast mich erhört, als ich zu dir schrie;
du ermutigst mich zu den kühnsten Wünschen.[b]

4 HERR,
alle Herrscher der Erde sollen dich preisen,
denn sie haben deine Zusagen gehört.
5 Sie sollen dein Tun besingen und sagen:
»Gewaltig ist die Macht des HERRN!
6 Er thront dort in höchster Höhe,
und trotzdem sieht er die Niedrigen
und kümmert sich um sie.«[c]
7 Wenn ich mitten durch Gefahren gehen muß,
erhältst du mich am Leben.
Du nimmst mich in Schutz
vor der Wut meiner Feinde,
deine mächtige Hand wird mir helfen.
8 HERR, du wirst alles für mich tun,
deine Liebe hört niemals auf!
Vollende, was du angefangen hast!

Mein Schöpfer kennt mich durch und durch

139 Ein Lied Davids.
HERR, du durchschaust mich,
du kennst mich bis auf den Grund.
2 Ob ich sitze oder stehe, du weißt es,
du kennst meine Pläne von ferne.
3 Ob ich tätig bin oder ausruhe,
du siehst mich;
jeder Schritt, den ich mache, ist dir bekannt.
4 Noch ehe ein Wort auf meine Zunge kommt,
hast du, HERR, es schon gehört.
5 Von allen Seiten umgibst du mich,
ich bin ganz in deiner Hand.
6 Daß du mich so durch und durch kennst,
das übersteigt meinen Verstand;
es ist mir zu hoch, ich kann es nicht fassen.

7 Wohin kann ich gehen, um dir zu entrinnen,
wohin fliehen, damit du mich nicht siehst?
8 Steige ich hinauf in den Himmel –
du bist da.
Verstecke ich mich in der Totenwelt* –
dort bist du auch.
9 Fliege ich dorthin, wo die Sonne aufgeht,
oder zum Ende des Meeres, wo sie versinkt:
10 auch dort wird deine Hand nach mir greifen,
auch dort läßt du mich nicht los.
11 Sage ich: »Finsternis soll mich bedecken,
rings um mich werde es Nacht«,
12 so hilft mir das nichts;[d]
denn auch die Finsternis
ist für dich nicht dunkel,
und die Nacht ist so hell wie der Tag.

13 Du hast mich geschaffen mit Leib und Geist,
mich zusammengefügt im Schoß meiner Mutter.
14 Dafür danke ich dir,
es erfüllt mich mit Ehrfurcht.
An mir selber erkenne ich:
Alle deine Taten sind Wunder!
15 Ich war dir nicht verborgen,
als ich im Dunkeln Gestalt annahm,
tief unten im Mutterschoß der Erde.
16 Du sahst mich schon fertig,
als ich noch ungeformt war.
Im voraus hast du alles aufgeschrieben;
jeder meiner Tage war schon vorgezeichnet,
noch ehe der erste begann.
17 Wie rätselhaft sind mir deine Gedanken, Gott,
und wie unermeßlich ist ihre Fülle!
18 Sie sind zahlreicher als der Sand am Meer.
Nächtelang denke ich über dich nach
und komme an kein Ende.

19 Gott, bring sie doch alle um,
die dich und deine Gebote mißachten!
Halte mir diese Mörder vom Leib!
20 Sie reden Lästerworte gegen dich;
HERR, deine Feinde mißbrauchen deinen Namen*!
21 Wie ich sie hasse, die dich hassen, HERR!
Wie ich sie verabscheue,
die gegen dich aufstehen!
22 Deine Feinde sind auch meine Feinde,
ich hasse sie glühend.

23 Durchforsche mich, Gott, sieh mir ins Herz,
prüfe meine Wünsche und Gedanken!
24 Und wenn ich in Gefahr bin, mich von dir zu entfernen,
dann bring mich zurück auf den Weg zu dir!

a *Du hast dein Versprechen ...:* wörtlich *Du hast dein Wort groß gemacht über deinen ganzen Namen* hinaus.*
b *du ermutigst ...:* Deutung unsicher.
c *und kümmert ...:* wörtlich *und der Erhabene erkennt aus der Ferne.* Andere Übersetzungsmöglichkeit *und den Stolzen erkennt er aus der Ferne.*
d Verdeutlichender Zusatz.

138,6 Jes 57,15 138,7 Jes 43,2 139,1 7,10; 17,3; 44,22; Jer 11,20 S 139,7-12 Jer 23,23-24; Am 9,2-3; Ijob 26,6; 34,22; Sir 16,17 S 139,13-14 Ijob 10,8-11 139,16 Ijob 14,5; Jer 1,5; Koh 6,10 139,17-18 40,6; 92,6; Sir 18,5-7 139,18 119,55 S 139,24 25,4 S

Bitte um Hilfe gegen Verleumder

140 Ein Lied Davids.

2 HERR, rette mich vor boshaften Menschen,
vor gewalttätigen Leuten beschütze mich!
3 Ihr Kopf steckt voll von bösen Plänen,
ständig brechen sie Streit vom Zaun.
4 Sie sind gefährlich wie züngelnde Schlangen,
ihre Worte sind tödlich wie Natterngift.
5 HERR, bewahre mich vor Menschen,
die dich und deine Gebote mißachten;
vor gewalttätigen Leuten beschütze mich,
vor denen, die mich zu Fall bringen wollen.
6 Diese Vermessenen haben mir Fallen gestellt,
mir Schlingen und Netze in den Weg gelegt.

7 Ich aber sage: HERR, du bist mein Gott!
Höre mich, wenn ich um Hilfe rufe!
8 Gott, du mein Herr, mein starker Helfer,
du hast mich im Kampf geschützt
wie ein Schild.
9 Gib diesen Unheilstiftern nicht, was sie
sich wünschen!
Laß ihre Machenschaften nicht gelingen;
sie würden sonst noch überheblicher!
10 Die Lügen, die sie über mich verbreiten,
laß sie zurückfallen auf diese Verleumder!
11 Laß glühende Kohlen auf sie regnen!
Stürze sie ins Feuer, in tiefe Schluchten,
aus denen sie nicht mehr herauskommen
können!
12 Für böse Zungen soll im Land kein Platz sein,
und wer Gewalttat liebt,
den soll das Unglück zu Tode hetzen!

13 Ich weiß es, HERR:
Du trittst für die Unterdrückten ein,
du wirst den Wehrlosen Recht verschaffen.
14 Alle, die dir die Treue halten
und nach deinem Willen fragen,
werden in deiner Nähe leben
und dich preisen.

Bitte um Bewahrung

141 Ein Lied Davids.

HERR, ich schreie zu dir,
komm doch und hilf mir schnell!
Höre mich, wenn ich dich rufe!
2 Nimm mein Gebet als Weihrauch* an,
der hinaufsteigt und zu dir gelangt!
Und meine ausgebreiteten Hände,
nimm sie an wie ein Abendopfer*!

3 HERR, wache über meine Zunge,
stell einen Posten ans Tor meiner Lippen!
4 Hindere mich, meinen Neigungen
nachzugeben,
damit ich nichts Übles rede
und keine Schandtat begehe,
zusammen mit anderen, die Unheil stiften.
Nimm mir die Lust an ihren Leckerbissen!
5 Nur wer das Rechte tut, darf mich strafen.
Wenn er mich in Güte zurechtweist,
dann ist das eine Wohltat,
gegen die ich mich nicht sträube.[a]
Und wenn er selbst ins Unglück gerät,
höre ich nicht auf, für ihn zu beten.

6 Wenn die bösen Richter vom Felsen
hinabgestürzt werden,
dann wird sich erweisen,
wie zurückhaltend mein Urteil über sie war.[b]
7 Wie ein zerschmetterter Mühlstein*
am Boden,[c]
so liegen ihre Gebeine hingestreut[d]
am Eingang zur Totenwelt*.

8 Meine Augen blicken zu dir,
mein Gott und Herr!
Bei dir suche ich Zuflucht,
laß mich nicht zugrunde gehen!
9 Bewahre mich vor der Schlinge,
die sie mir ausgelegt haben,
vor den Fallen derer,
die mein Unglück wollen.
10 Laß die Treulosen in ihr eigenes Netz geraten,
während ich sicher daran vorübergehe.

Keiner kümmert sich um mich!

142 Ein Gedicht Davids, ein Gebet. Er verfaßte es, als er in der Höhle war.

2 Ich schreie zum HERRN, so laut ich kann,
ich bitte den HERRN um Hilfe.
3 Ihm klage ich meine Not,
ihm sage ich, was mich quält.

a *dann ist das ...*: wörtlich *das ist bestes Öl, das mein Kopf nicht zurückweist.*
b Vers 6 ist nicht sicher zu deuten. c Vermutlicher Text; H *Wie wenn einer pflügt und aufreißt.*
d *ihre* mit alten Übersetzungen; H *unsere.*

140,4 58,5; Röm 3,13 140,6 31,5 140,10 34,22 S 140,13 9,13 S 141,2 Offb 5,8; 8,3-4 141,3 34,14; 39,2; Sir 22,27 S; Jak 3,2-10 S 141,8 25,15 S 141,10 7,16-17 S 142,1 1 Sam 22,1; 24,4

4 Auch wenn ich selbst allen Mut verliere,
du, HERR, weißt, wie es mit mir weitergeht!
Auf dem Weg, den ich gehen muß,
hat man mir Schlingen gelegt.
5 Ich schaue mich um:
da ist niemand, der mich beachtet.
Ich habe keine Zuflucht mehr,
keinen Menschen,
der sich um mich kümmert.

6 Zu dir, HERR, schreie ich!
Ich sage: Du bist meine Zuflucht,
mit dir habe ich alles,
was ich im Leben brauche!
7 Höre mein Schreien,
ich bin mit meiner Kraft am Ende!
Rette mich vor meinen Verfolgern,
sie sind zu stark für mich!
8 Befreie mich aus dem Gefängnis!
Im Kreise aller, die dir die Treue halten,
werde ich dir dafür danken, HERR,
daß du so gut zu mir gewesen bist.

Zieh mich nicht vor Gericht!

143 Ein Lied Davids.
HERR, höre mein Gebet,
achte auf meine Bitte!
Du bist treu und gerecht;
darum höre mich und hilf mir!
2 HERR, zieh mich nicht vor dein Gericht;
denn vor dir kann kein Mensch bestehen!

3 Mein Feind verfolgt mich,
er wirft mich zu Boden, um mich zu zertreten;
er stößt mich in die Dunkelheit,
zu denen, die schon lange tot sind.
4 Ich habe allen Mut verloren,
mit meiner Kraft bin ich am Ende.
5 Ich erinnere mich an früher,
an alles, was du damals vollbracht hast;
ich denke über deine Taten nach.
6 Betend strecke ich die Hände zu dir aus
und warte sehnsüchtig auf deine Hilfe,
wie ein ausgedörrtes Land auf Regen wartet.

7 HERR, erhöre mich bald,
ich kann nicht mehr!
Verbirg dich doch nicht vor mir,
sonst ist es um mein Leben geschehen!
8 Frühmorgens sage mir deine Güte zu,
denn ich setze mein Vertrauen auf dich.
Zeig mir den rechten Weg;
auf dich richte ich Herz und Sinn.

9 HERR, rette mich vor meinen Feinden;
bei dir bin ich in Sicherheit.
10 Hilf mir, nach deinem Willen zu leben;
denn du bist mein Gott!
Gib mir deinen guten Geist*,
daß er mich führe auf sicherem Grund!
11 HERR, mach deinem Namen* Ehre
und erhalte mich am Leben!
In deiner Treue[a] befrei mich aus der Not!
12 Ich rechne mit deiner Güte;
vernichte doch meine Feinde,
vertilge alle, die mir ans Leben wollen;
denn ich gehöre dir!

Gebet des Königs

144 Von David.
HERR, mein Beschützer, ich preise dich!
Du bringst meinen Händen das Fechten bei
und machst meine Finger geschickt zum Kampf.
2 Du mein treuer Helfer, meine Burg,
meine sichere Festung und mein Retter,
mein Schild, hinter dem ich mich berge,
du unterwirfst mir fremde Völker.[b]

3 Was ist denn der Mensch, HERR,
daß du ihn beachtest?
Was bedeutet er dir,
der vergängliche Mensch,
daß du dich mit ihm abgibst?
4 Wie ein Hauch ist der Mensch,
und sein Leben gleicht dem schwindenden
Schatten.

5 HERR, neige den Himmel und komm herab!
Berühre die Berge, daß sie rauchen!
6 Schleudere deine Blitze
und verjage die Feinde,
schieße deine Pfeile,
stürze sie in Schrecken!
7 Streck deine Hände vom Himmel herab,
reiß mich heraus aus der tödlichen Flut!
Rette mich vor der Macht der Fremden,
8 die selbst dann noch lügen,
wenn sie die Hand zum Schwur erheben.

a *Treue:* wörtlich *Gerechtigkeit*.*
b *(fremde) Völker:* mit zahlreichen Handschriften und mit alten Übersetzungen; H *mein Volk.*

142,8 22,23 S **143,2** 130,3 S **143,5** 77,6-13 **143,6** 63,2 S **143,7** 102,3 S **143,8** 59,17 S; 25,4 S **143,10** Neh 9,20 **143,11** 115,1-2 **144,2** 18,3 S; 2,8 **144,3** 8,5; Ijob 7,17 **144,4** 39,5-7 S **144,5-7** 18,10-17

9 Gott, ich will ein neues Lied für dich singen,
auf der zehnsaitigen Harfe will ich
für dich spielen.
10 Du hast unseren Königen den Sieg gegeben;
du hast David, deinen Diener, gerettet
vor dem Schwert seiner Feinde.
11 Befreie mich,
rette mich vor der Macht der Fremden,
die selbst dann noch lügen,
wenn sie die Hand zum Schwur erheben.

12 Unsere Söhne werden dann wie Bäume sein,
die ungehindert hochgewachsen sind,
und unsere Töchter stark und schön
wie die geschnitzten Säulen in den Palästen.
13 Dann werden unsere Speicher überquellen
und uns mit Gütern aller Art versorgen.
Unsere Schafe und Ziegen auf den Weiden
werden sich vieltausendfach vermehren.
14 Auch unsere Kühe werden Kälber tragen
und sie gesund und ohne Schaden gebären.
Wir werden nichts mehr zu klagen haben.
15 Glücklich das Volk, dem es so ergeht!
Glücklich das Volk, das den HERRN
zum Gott hat!

Deine Herrschaft hört niemals auf!

145 Ein Lobgesang Davids.

Du mein Gott und König,
dich will ich rühmen;
immer, ohne Ende, will ich dir danken!
2 Jeden Tag, Gott, will ich dir danken;
immer, ohne Ende, will ich dich preisen!
3 Ich will bekennen:
»Der HERR ist mächtig, groß ist sein Ruhm,
unermeßlich ist seine Macht!«

4 Jede Generation soll es der nächsten sagen,
sie soll rühmen, was du vollbracht hast,
und deine machtvollen Taten weitererzählen!
5 Deine Pracht und Hoheit sollen alle rühmen,[a]
und ich will stets an deine Wunder denken!
6 Deine gewaltige Macht sollen sie verkünden,
und ich will erzählen von deinen Taten!
7 Deine reiche Güte sollen sie rühmen
und deine Treue[b] laut besingen:
8 »Der HERR ist voll Liebe und Erbarmen,
er hat Geduld, seine Güte kennt keine
Grenzen.
9 Der HERR ist gut zu allen,
er erbarmt sich über alle seine Geschöpfe.«

10 Alle deine Geschöpfe sollen dich preisen,
HERR,
alle, die zu dir gehören, sollen dir danken!
11 Vom Glanz deines Königtums sollen sie reden
und von deiner gewaltigen Macht,
12 damit alle Menschen von deinen Taten hören,
von der Herrlichkeit und Pracht
deines Königtums!
13 Du bist König für alle Zeiten,
und deine Herrschaft hört niemals auf!

Der HERR ist verläßlich in allem, was er sagt,
und gütig in allem, was er tut.[c]
14 Er stützt alle, die zusammenbrechen,
er richtet die Niedergebeugten auf.

15 Alle blicken voll Hoffnung auf dich,
und jedem gibst du Nahrung
zur rechten Zeit.
16 Du öffnest deine wohltätige Hand,
und alles, was lebt, wird satt.

17 Der HERR ist gerecht in seinem Handeln
und gütig in allen seinen Taten.
18 Er ist denen nahe, die zu ihm beten –
allen, die aufrichtig zu ihm beten.
19 Er erfüllt die Bitten der Menschen,
die ihm gehorchen;
er hört ihr Schreien und rettet sie.
20 Der HERR beschützt alle, die ihn lieben;
doch alle, die ihn mißachten,
macht er zunichte.
21 Ich will den Ruhm des HERRN verkünden,
und alles, was lebt, soll ihm danken,
ihm, dem heiligen Gott,
immer und ohne Ende!

Gott, der Schutz der Schwachen

146 Halleluja – Preist den HERRN!

Auf, mein Herz, preise den HERRN!
2 Ich will ihn loben mein Leben lang,
meinem Gott will ich singen,
solange ich atme!

3 Verlaßt euch nicht auf Leute,
die Macht und Einfluß haben!

a *sollen alle rühmen:* mit einer Handschrift; H *und die Worte.* b *Treue:* wörtlich *Gerechtigkeit*.*
c *Der HERR ...:* ergänzt nach einer Handschrift und alten Übersetzungen.
144,9 96,1S 144,10 18,51 145,4 78,4 145,8 Ex 34,6S 145,9 Weish 11,22-26 145,13 47,6-10S 145,14 9,13S 145,15-16 104,27-28S 145,18 Dtn 4,7; Jes 58,6-9 145,19 Spr 10,24 145,20 1,1-6S 146,3-5 118,8-9; Jer 17,5-8

Sie sind auch nur Menschen
und können euch nicht helfen.
4 Sie müssen sterben und zu Staub zerfallen,
und mit ihnen vergehen auch ihre Pläne.
5 Wie glücklich aber ist jeder,
der den Gott Jakobs zum Helfer hat
und auf ihn seine Hoffnung setzt,
auf den HERRN, seinen Gott!

6 Der HERR hat die ganze Welt geschaffen:
den Himmel, die Erde und das Meer,
samt allen Geschöpfen, die dort leben.
Seine Treue hat kein Ende,
er steht zu seinem Wort:
7 Den Unterdrückten verschafft er Recht,
den Hungernden gibt er zu essen,
die Gefangenen macht er frei.
8-9 Die Blinden macht er sehend,
die Verzweifelten richtet er auf.
Er beschützt die Gäste und Fremden im Land
und sorgt für die Witwen und Waisen.
Der HERR liebt alle, die ihm die Treue halten,
aber die Pläne der Treulosen vereitelt er.

10 Der HERR bleibt König für alle Zeiten!
Zion*, dein Gott wird herrschen
von Generation zu Generation!

Preist den HERRN – Halleluja!

Gottes Macht in Natur und Geschichte

147

Halleluja – Preist den HERRN!
Ja, es ist gut, unserem Gott zu singen;
es macht Freude, ihn mit Liedern zu preisen!
2 Der HERR baut Jerusalem wieder auf,
die aus Israel Verschleppten bringt er
wieder heim.
3 Er heilt alle, deren Herz zerrissen ist,
und verbindet ihre Wunden.

4 Er allein kennt die Zahl der Sterne,
er ruft sie alle mit Namen.
5 Unser Herr ist gewaltig,
groß ist seine Macht,
seine Einsicht hat keine Grenzen.
6 Die Erniedrigten richtet er auf,
doch alle, die sich gegen ihn erheben,
wirft er zu Boden.

7 Stimmt ein Loblied an für den HERRN,
singt unserem Gott zum Klang der Harfe!
8 Er bedeckt den Himmel mit Wolken,
schafft den Regen herbei für die Erde,
läßt das Gras auf den Bergen wachsen.
9 Allen Tieren gibt er ihr Futter,
auch den jungen Raben, die danach
schreien.

10 Viele verlassen sich auf ihre schnellen Pferde
und die starken Muskeln ihrer Krieger;
sie alle sind dem HERRN zuwider.
11 Doch seine Freude hat er an Menschen,
die ihn ehren und ihm gehorchen
und die mit seiner Güte rechnen.

12 Preise den HERRN, Jerusalem;
rühme deinen Gott, du Zionsstadt*!
13 Er schafft Sicherheit in deinen Mauern,[a]
er segnet das Volk, das in dir wohnt.
14 Glück und Frieden gibt er deinem Land,
mit bestem Weizen macht er dich satt.

15 Er schickt seine Befehle auf die Erde,
und schnell erreicht sein Wort das Ziel.
16 Er läßt den Schnee wie Wollflocken fallen;
er streut den Reif wie Asche aus;
17 in Brocken schleudert er den Hagel
und schickt den Frost, dem keiner widersteht.
18 Doch wenn er ein Wort spricht,
beginnt es zu tauen;
sein Atem läßt die Bäche wieder fließen.

19 Seine Weisungen gibt er den Nachkommen
Jakobs,
Regeln für das Leben seines Volkes Israel.
20 Für kein anderes Volk hat er das getan,
kein anderes kennt seine Weisungen.

Preist den HERRN – Halleluja!

Preist Gott im Himmel und auf der Erde!

148

Halleluja – Preist den HERRN!
Preist den HERRN, alle seine Geschöpfe,
preist ihn droben im Himmel!
2 Lobt ihn, alle seine Engel*!
Lobt ihn, ihr himmlischen Mächte!
3 Lobt ihn, Sonne und Mond!
Lobt ihn, ihr leuchtenden Sterne!

a Wörtlich *Er festigt die Riegel deiner Tore.*

146,4 90,3 S **146,7-9** 9,13 S; 75,8 S **146,10** 145,13 **147,1** 92,2 **147,2** 51,20; 102,17; Jes 44,26-28; 43,5-7 **147,3** Ijob 5,18 **147,4** Jes 40,26 S **147,6** 75,8 S **147,9** 104,27-28 S **147,10-11** 20,8 S **147,15** 33,9 **147,16-18** Ijob 38,22-30 **147,19-20** Dtn 4,5-8 **148,1-13** 19,2; 69,35; 103,22; 150,6; DanZ A,34-58 **148,2** 103,20-21

4 Lobt ihn, ihr Weiten des Himmels*
und ihr Gewässer über dem Himmelsgewölbe*!

5 Sie alle sollen den HERRN rühmen,
denn sein Befehl rief sie ins Dasein.
6 Er stellte sie für immer an ihren Platz
und setzte ihnen eine Ordnung,
die sie niemals übertreten dürfen.

7 Preist den HERRN, alle seine Geschöpfe,
preist ihn unten auf der Erde!
Lobt ihn, ihr Ozeane,
ihr Ungeheuer im Meer!
8 Lobt ihn, Blitze, Hagel, Schnee und Wolken,
ihr Stürme, die ihr seinen Befehl ausführt!
9 Lobt ihn, ihr Berge und Hügel,
ihr Obstbäume und Wälder!
10 Lobt ihn, wilde und zahme Tiere,
ihr Vögel und alles Gewürm!
11 Lobt ihn, ihr Könige und alle Völker,
ihr Fürsten und Mächtigen der Erde!
12 Lobt ihn, ihr Männer und Frauen,
Alte und Junge miteinander!

13 Sie alle sollen den HERRN rühmen!
Denn sein Name* allein ist groß;
der Glanz seiner Hoheit
strahlt über Erde und Himmel.

14 Sein Volk Israel steht ihm nahe;
durch ihn ist es groß und mächtig geworden.
Darum bleibt es ihm treu und preist ihn!

Preist den HERRN – Halleluja!

Gott bringt sein Volk zu Ehren

149 Halleluja – Preist den HERRN!
Singt dem HERRN ein neues Lied,
preist ihn, wenn ihr zusammenkommt,
alle, die ihr zu ihm haltet!
2 Freu dich, Volk Israel: Er ist dein Schöpfer!
Du Gemeinde auf dem Zionsberg*,
juble ihm zu: Er ist dein König!
3 Rühmt ihn mit festlichem Reigentanz,
singt ihm zum Takt der Tamburine,
ehrt ihn mit eurem Saitenspiel!
4 Denn der HERR ist freundlich
zu seinem Volk,
er erhöht die Erniedrigten durch seine Hilfe.

5 Alle, die zum HERRN gehören, sollen jubeln,
weil er sie zu Ehren gebracht hat!
Sie sollen vor Freude singen,
auch in der Nacht![a]
6 Mit lauter Stimme sollen sie ihn preisen,
scharfe Schwerter in ihren Händen!
7 Sie sollen Gottes Gericht vollziehen,
an allen Völkern Vergeltung üben:
8 die Könige und alle Mächtigen
sollen sie in eiserne Ketten legen!
9 So werden sie Gottes Urteil vollstrecken,
wie es geschrieben steht in seinem Gesetz*.
Das ist eine Ehrung für die Seinen.

Preist den HERRN – Halleluja!

Preist alle den Herrn!

150 Halleluja – Preist den HERRN!
Rühmt Gott in seinem Heiligtum!
Lobt Gott, den Mächtigen im Himmel!
2 Lobt Gott, denn er tut Wunder,
seine Macht hat keine Grenzen!
3 Lobt Gott mit Hörnerschall,
lobt ihn mit Harfen und Lauten!
4 Lobt Gott mit Trommeln und Freudentanz,
mit Flöten und mit Saitenspiel!
5 Lobt Gott mit klingenden Zimbeln*,
lobt ihn mit schallenden Becken!
6 Alles, was atmet,
soll den HERRN rühmen!

Preist den HERRN – Halleluja!

a *auch in der Nacht:* wörtlich *auf ihrem Lager.*

148,4 Gen 1,7; Ps 104,3 148,5 33,9 148,6 Ijob 38,10-11; Jer 33,25 148,7 104,26 148,8 104,4 148,14 Dtn 4,7 149,1 96,1 S 149,2 100,3; 24,7-10; 1 Sam 12,12 149,4 75,8 S 150,3-5 98,4-6; 2 Sam 6,5 150,6 Offb 5,13

DAS BUCH DER SPRICHWÖRTER (SPRÜCHE)

Inhaltsübersicht

ÜBER WEISHEIT UND TORHEIT
(Kapitel 1–9)

Was aus diesem Buch zu lernen ist

1 Dieses Buch enthält in Sprüche gefaßte Rat-
schläge fürs Leben von Salomo, dem Sohn
Davids und König von Israel. 2 Sie zeigen uns,
was Weisheit* und echte Bildung ist, damit wir
merken können, wo mit Einsicht über etwas ge-
redet wird. 3 Mit ihrer Hilfe kommen wir zu
einer guten Bildung und lernen, wie wir unser
Leben richtig führen und immer auf dem gera-
den Weg bleiben. 4 So können wir auch junge
und unerfahrene Menschen zu Klugheit und
Besonnenheit führen. 5–6 Sie werden dann ver-
stehen, was weise Lehrer sagen: ihre Sprüche,
Bilder, Gleichnisse und Rätsel. Auch Erfahrene
lernen aus diesem Buch noch dazu und machen
Fortschritte in der Kunst, die Aufgaben des
Lebens zu bewältigen.
7 Den HERRN ernst nehmen ist der Anfang
aller Erkenntnis. Wer ihn mißachtet, verachtet
auch Weisheit und Lebensklugheit.

Warnung vor schlechtem Umgang

8 Mein Sohn,[a] höre auf deinen Vater und deine
Mutter und folge ihrem Rat! 9 Das schmückt dich
wie ein prächtiger Kranz auf dem Kopf oder wie
eine Halskette. 10 Laß dich nicht von gewissen-
losen Menschen verführen, 11 die zu dir sagen:
»Komm, geh mit uns! Wir legen uns auf die
Lauer! Wenn Leute vorbeikommen, schlagen
wir sie tot, einfach so! 12 Wir machen es wie der
Tod: Wir reißen sie mitten aus dem Leben her-
aus und befördern sie, so wie sie sind, ins Grab.
13 Ihr Hab und Gut nehmen wir und füllen
unsere Häuser damit. 14 Die Beute teilen wir mit-
einander. Komm, mach mit!«
15 Mein Sohn, mach nicht gemeinsame Sache
mit diesen Verbrechern, 16 denn auf Schritt und
Tritt haben sie nichts als Bosheit und Mord im
Sinn! 17 Die Vögel beachten das ausgespannte
Netz nicht und fliegen hinein. 18 Genauso
machen es diese Verbrecher:[b] Sie lauern sich
selbst auf und stellen dem eigenen Leben nach.
19 Alle, die auf krummen Wegen reich werden
wollen, nehmen ein solches Ende: Dem Räuber
raubt sein Raub das Leben!

Die Weisheit mahnt

20 Die Weisheit* ruft auf den Straßen,
auf den Plätzen erschallt ihre Stimme;
21 wo die Leute sich treffen, hört man sie,
am Stadttor trägt sie ihre Rede vor:

22 »Wann werdet ihr endlich reif und erwachsen,
unreife Grünschnäbel, die ihr seid?
Ihr unverbesserlichen Schwätzer,
wie lange wollt ihr euch nicht bessern?
Wann kommt ihr endlich zur Einsicht,
ihr alle, die ihr mich mißachtet?
23 Nehmt euch doch meine Mahnung zu
Herzen!
Dann öffne ich euch den Schatz meines Wissens
und gebe euch davon, soviel ihr wollt.

24 Ich habe immer wieder geredet,
doch ihr habt gar nicht zugehört.
Mit erhobener Hand habe ich gerufen,
und niemand hat darauf geachtet.
25 Ihr habt euch nicht zurechtweisen lassen
und jeden Rat in den Wind geschlagen.
26 Wartet ab, das Unglück kommt bestimmt!
Dann werde ich es sein, die lacht!
Dann ist die Reihe an mir, zu spotten,

a So spricht der Weisheitslehrer zu seinem Schüler. Es ist nicht sicher, in welchem Umfang Mädchen in die Unterweisung einbezogen wurden und weise Frauen als Lehrerinnen tätig waren. Ein Beispiel ist die Mutter des Königs Lemuël in 31,1-9 (vgl. 2 Sam 14,2; 20,16).

b *Genauso …:* verdeutlichender Zusatz.

1,7 2,4-5; 9,10; 15,33; Dtn 6,2-3; Ijob 28,28; Ps 111,10; Koh 12,13 S; Sir 1,14.16 **1,8** 6,20; 13,1; 23,22; 30,17 S; Ex 20,12 S; Sir 3,1-16 **1,20-21** 8,1-3; 9,3 **1,24** Jes 65,2.12; Jer 25,1-6

27 wenn Angst und Schrecken über euch
kommen
wie ein fürchterlicher Gewittersturm,
28 Dann schreit ihr nach mir, doch ich antworte
nicht,
ihr werdet mich suchen und nirgends finden.

29 Wenn ihr euch jeder Einsicht verschließt
und euch weigert, den HERRN ernst zu nehmen,
30 wenn ihr meine Ratschläge von euch weist
und auf keine von meinen Warnungen hört,
31 dann müßt ihr die Folgen tragen
und auslöffeln, was ihr euch eingebrockt habt.
32 Alle, die sich nichts sagen lassen,
gehen an ihrer Halsstarrigkeit zugrunde;
und die Sorglosen und Selbstsicheren
bringt ihr Eigensinn ums Leben.
33 Doch alle, die auf mich hören,
haben nichts zu befürchten,
Not und Unglück bleiben ihnen erspart.«

Die Weisheit: ein Schatz und ein Schutz

2 Mein Sohn,[a] nimm meine Worte in dich auf!
Verwahre sie wie einen Schatz. 2 Verschließ
die Ohren nicht für die Lehren der Weisheit*,
und bemühe dich, alles zu verstehen! 3 Rufe Ver-
stand und Einsicht zu Hilfe! 4 Suche nach der
Weisheit wie nach Silber, wie nach vergrabenen
Schätzen. 5 Wenn du das alles tust, wirst du auch
lernen, Gott zu erkennen und ihn ernst zu neh-
men. 6 Der HERR ist es, der Weisheit gibt, von
ihm kommen Wissen und Verständnis. 7 Men-
schen, die ihm mit redlichem Herzen folgen, fin-
den bei ihm Schutz und Hilfe. 8 Er bewahrt alle,
die auf dem rechten Weg bleiben und ihm die
Treue halten.

9 Wenn du auf mich hörst, wirst du erkennen,
was vor Gott recht und gut und geradlinig ist.
Dann wirst du ein Leben führen können, das er
gutheißt. 10 Du erlangst Weisheit und Erfahrung
und hast deine Freude daran. 11 Einsicht und
Besonnenheit beschützen dich, 12 sie bewahren
dich davor, etwas Falsches zu tun. Sie halten
dich fern von denen, die die Wahrheit verdre-
hen, 13 die den geraden Weg verlassen haben
und auf finsteren Abwegen sind. 14 Es macht
ihnen Spaß, Unrecht zu tun, über die schlimm-
sten Verirrungen anderer freuen sie sich. 15 Un-
zuverlässige Menschen sind sie, denen niemand
trauen kann.

16 Einsicht und Besonnenheit helfen dir auch,
der fremden Frau[b] zu widerstehen, dich dich
mit ihren schmeichelnden Worten verführen
will. 17 Ihren eigenen Mann hat sie verlassen
und damit auch Gott die Treue gebrochen. 18 Wer
zu ihr geht, der geht in den Tod; denn von ihrem
Haus führt der Weg steil hinunter in die Toten-
welt*. 19 Wer sie aufsucht, kommt nicht mehr
zurück; denn von ihrem Haus führt kein Weg
zum Leben.

20 In jeder Hinsicht helfen dir Einsicht und Be-
sonnenheit, dein Leben so zu führen, wie Men-
schen es tun, die Gott die Treue halten. 21 Red-
liche, rechtschaffene Menschen dürfen im Land
bleiben und darin wohnen. 22 Die Treulosen
aber, die nicht nach Gott fragen, werden weg-
gefegt und ausgerottet.

Anerkennung bei Gott und Menschen

3 Mein Sohn, vergiß nicht, was ich dir beige-
bracht habe; behalte meine Anweisungen
im Gedächtnis! 2 Dadurch sicherst du dir ein lan-
ges, erfülltes Leben. 3 An Liebe und Treue zu an-
deren soll es bei dir niemals fehlen. Schmücke
dich damit wie mit einer Halskette![c] 4 So findest
du Beifall und Anerkennung bei Gott und den
Menschen.

5 Verlaß dich nicht auf deinen Verstand, son-
dern setze dein Vertrauen ungeteilt auf den
HERRN! 6 Denk an ihn bei allem, was du tust; er
wird dir den richtigen Weg zeigen. 7 Halte dich
nicht selbst für klug und erfahren, sondern
nimm den HERRN ernst und bleib allem Unrecht
fern! 8 Das ist eine Medizin, die dich rundum ge-
sund erhält und deinen Körper erfrischt. 9 Ehre
den Herrn mit deinen Opfergaben*; bringe ihm
das Beste vom Ertrag deiner Arbeit. 10 Dann wer-
den deine Kornspeicher sich füllen und deine
Weinfässer überlaufen.

11 Mein Sohn, wehre dich nicht, wenn der
HERR dich hart anfaßt; werde nicht unwillig,
wenn er dich ermahnt. 12 Denn wenn der HERR
jemand liebt, dann erzieht er ihn mit Strenge,
genauso wie ein Vater seinen Sohn.

Vom Wert der Weisheit

13 Wie glücklich ist ein Mensch, der die Weis-
heit* gefunden und Erkenntnis erlangt hat!

a Siehe Anmerkung zu 1,8. b Hier wird auch auf die Torheit als Verführerin angespielt (9,13-18).
c Es folgt noch *Schreibe sie auf die Tafel deines Herzens.* In den wichtigsten Handschriften von G fehlt dieser Satz, der wahrscheinlich aus 7,3 übernommen worden ist.

1,28 Jer 11,11; Am 8,11-12; Mi 3,4 **1,31** Jes 3,10-11 **2,4-5** 1,7 S **2,16-19** 5,3-6 S **2,18** 9,18 **2,21-22** 3,33 S **3,1-2** 4,4.10; 7,1-3; 9,11; 10,27; Lev 18,5 S **3,6** Ps 25,4 S **3,7** Jes 5,21 **3,9** Ex 23,19a S **3,11-12** 2 Sam 7,14-15; Ijob 5,17 S

14 Weisheit besitzen ist besser als Silber, wert-
voller als das reinste Gold. 15 Sie ist kostbarer
als Edelsteine; nichts, was man sich wünschen
könnte, ist mit ihr vergleichbar. 16 Mit der
rechten Hand bietet sie dir langes Leben und
mit der linken Wohlstand und Ansehen. 17 Sie
erfüllt dein Leben mit Glück und Sicherheit.
18 Sie ist der wahre »Baum des Lebens«; wer
sie erlangt und festhält, kann sich glücklich
preisen!

19 Mit Weisheit hat Gott die Erde gegründet,
mit Verstand das Himmelsgewölbe gebaut.
20 Sein Können ließ Flüsse aus der Tiefe quellen
und Regen aus den Wolken rieseln.

21 Mein Sohn, laß dich stets von der Weis-
heit leiten, trenne dich nie von Besonnenheit
und Klugheit! 22 Sie geben dir ein glückliches
Leben und schmücken dich wie eine Hals-
kette. 23 Durch sie gehst du deinen Weg in
Sicherheit und stolperst über kein Hindernis.
24 Abends legst du dich ohne Angst zu Bett und
schläfst die ganze Nacht hindurch fest und
ruhig. 25 Katastrophen brauchst du nicht zu
fürchten, wie sie plötzlich über Menschen kom-
men, die Gott mißachten. 26 Denn der HERR ist
dein sicherer Schutz, er läßt dich nicht in eine
Falle laufen.

Richtiges Verhalten unter Menschen

27 Wenn ein Mitmensch Hilfe braucht und du
ihm helfen kannst, dann weigere dich nicht,
es zu tun. 28 Und wenn du ihm sofort helfen
kannst, dann sage nicht, er soll morgen wieder-
kommen. 29 Schmiede keine bösen Pläne gegen
deinen Nachbarn, der dir vertraut. 30 Streite dich
nicht grundlos mit jemand, der dir gar nichts
getan hat.

31 Beneide keinen gewalttätigen Menschen
um seine Erfolge, und nimm ihn nicht zum Vor-
bild! 32 Denn der HERR verabscheut alle, die
krumme Wege gehen; aber die Rechtschaffenen
macht er zu seinem Vertrauten. 33 Auf dem Haus
der Unheilstifter liegt der Fluch des HERRN; aber
sein Segen kommt über die Wohnstätte der
Menschen, die ihm die Treue halten. 34 Die über-
heblichen Spötter trifft sein Spott; aber denen,
die gering von sich denken, wendet er seine
Liebe zu. 35 Weise kommen zu Ehren, aber
Narren ernten nichts als Schande.

Weisheit – der beste Erwerb

4 Ihr jungen Leute, hört auf das, was ich wie
ein Vater zu euch sage. Achtet darauf, damit
ihr verständig werdet! 2 Es ist etwas Gutes, was
ich euch beibringen will; deshalb schiebt es
nicht von euch weg! 3 Als ich noch ein kleiner
Junge war, zärtlich geliebt von meiner Mutter
wie ein einziges Kind, da hat mein Vater mich
schon unterwiesen. 4 Er sagte zu mir:

»Präge dir meine Worte ein, vergiß sie nicht!
Wenn du tust, was ich dir sage, wirst du leben.
5 Erwirb Weisheit* und Einsicht! Vergiß meine
Worte nicht, sondern richte dich nach ihnen!
6 Trenne dich nie von der Weisheit, sie wird dich
beschützen. Liebe sie, dann lebst du in Sicher-
heit. 7 Weisheit ist das Allerwichtigste; darum
gib notfalls alles hin, um sie zu erwerben. 8 Halte
sie in Ehren, dann wird sie dich zu Ehren brin-
gen. Wende ihr deine Liebe zu, und sie wird dir
Ansehen verschaffen. 9 Sie wird ein Schmuck
für dich sein, genauso wie ein prächtiger Kranz
auf deinem Kopf.«

Weisheit – der sicherste Weg

10 Mein Sohn, achte genau auf das, was ich dir
sage. Dadurch verlängerst du dein Leben. 11 Ich
will dich auf den Weg der Weisheit* und Lebens-
klugheit bringen; es ist ein gerader Weg. 12 Wenn
du diesen Weg gehst, wird kein Hindernis dei-
nen Schritt hemmen; selbst wenn du läufst,
wirst du nicht stolpern. 13 Bleibe bei dem, was
du gelernt hast, verleugne es nicht! Halte an den
Lehren der Weisheit fest, dein Leben hängt da-
von ab!

14 Richte dich nicht nach dem Vorbild gewis-
senloser Menschen, folge nicht dem Beispiel der
Unheilstifter! 15 Hab nichts mit ihnen zu tun, geh
nicht auf ihren Wegen! Wende dich vom Un-
recht ab, laß dich nicht darauf ein! 16 Schlechte
Menschen können nicht einschlafen, wenn sie
nicht vorher etwas angestellt haben. Sie finden
erst Ruhe, wenn sie jemand zu Schaden ge-
bracht haben. 17 Unrecht ist ihr tägliches Brot
und Gewalttätigkeit der Wein, an dem sie sich
berauschen.

18 Das Leben der Menschen, die auf Gott
hören, gleicht dem Sonnenaufgang: es wird hel-
ler und heller, bis es völlig Tag geworden ist.
19 Aber das Leben derer, die Gott mißachten, ist
wie die finstere Nacht: sie kommen zu Fall und
wissen nicht, worüber sie gestolpert sind.

3,14-15 2,4; 8,10-11; 16,16; Ijob 28,15-19; Weish 7,8-10 **3,19-20** 8,22-31 S **3,24** 3,6; 4,9 **3,26** 10,29 **3,27** Sir 4,1-10 **3,33** 2,21-22; 13,21; 14,11; 24,20; 1 Sam 2,9; Ijob 20,4-19; Jes 3,10-11 **3,34** Jak 4,6; 1 Petr 5,5 **4,4** 3,1-2 S **4,7** 23,23; Mt 13,44-46 **4,10** 3,1-2 S **4,14** Ps 1,1

Weisheit – Hilfe zum Leben

20 Mein Sohn, hör mir gut zu, achte auf meine
Worte! 21 Präge sie dir ein, damit du sie in Herz
und Sinn behältst und nie verlierst. 22 Sie erhal-
ten den Menschen, der sie befolgt, bei Leben
und Gesundheit. 23 Mehr als auf alles andere
achte auf deine Gedanken, denn sie entscheiden
über dein Leben. 24 Laß deinen Mund keine Un-
wahrheit aussprechen; über deine Lippen soll
keine Verleumdung oder Täuschung kommen.

25 Laß deine Augen geradeaus schauen, richte
deine Blicke genau auf deinen Weg! 26 Überlege,
was du tun willst, und dann tu es entschlossen!
27 Laß dich von der richtigen Entscheidung nicht
abbringen, damit deine Füße nicht auf Abwege
geraten.

Warnung vor Ehebruch

5 Mein Sohn,[a] hör mir zu und beherzige, was
ich dir als Weisheit* und Einsicht weiter-
gebe. 2 Dann wirst du gescheit und redest, was
Hand und Fuß hat.

3 Die fremde Frau[b] lockt dich mit honigsüßen
Worten, glatt wie Öl fließen sie von ihren Lip-
pen. 4 Doch am Ende ist sie bitter wie Galle und
tödlich wie ein beidseitig geschliffenes Schwert.
5 Sie reißt dich mit in den Tod, ihre Schritte
führen geradewegs ins Grab. 6 Damit du den
Weg zum Leben nicht siehst, lenkt sie dich ab,
ohne daß du es merkst.

7 Hört mir jetzt gut zu, ihr jungen Männer,
und schlagt meine Warnungen nicht in den
Wind!

8 Geh dieser Frau aus dem Weg! Komm der
Tür ihres Hauses nicht zu nahe! 9 Sonst bist du
deine Ehre los, und ein erbarmungsloser Rächer
bringt dich um alles, was du in langen Jahren er-
worben hast.[c] 10 Dann leben Fremde von dei-
nem Vermögen, und der Ertrag deiner Mühe
kommt einem Unbekannten zugute. 11 Wenn du
schließlich bis auf die Knochen abgemagert bist,
dann stöhnst du 12 und jammerst: »Hätte ich mir
nur etwas sagen lassen! Warum habe ich mich
gegen jede Ermahnung gesträubt? 13 Hätte ich
doch besser aufgepaßt und auf meine Lehrer
gehört! 14 Um ein Haar wäre ich in aller Öffent-
lichkeit bloßgestellt worden!«

15 Du hast doch deinen eigenen Brunnen,
deine Quelle, die klares Wasser sprudelt. Trink
aus dieser Quelle! 16 Willst du, daß ihr Wasser
auf die Straße fließt? 17 Willst du es etwa mit an-
deren teilen? Für dich allein soll es sprudeln!
18 Freue dich an der Frau, die du jung geheiratet
hast. Sie soll dir viele Kinder schenken! 19 Anmu-
tig wie eine Gazelle ist sie. Ihre Brüste sollen
dich immer berauschen, in ihren Armen kannst
du dich selbst vergessen!

20 Mein Sohn, willst du wirklich dein Glück
bei einer anderen suchen und dich an den
Brüsten einer Fremden berauschen? 21 Bedenke:
Der HERR sieht alles, was du tust, und prüft alle
deine Wege. 22 Deine Untaten werden dich ein-
holen; deine Sünde wird dir zur Schlinge, in der
du dich selber fängst. 23 Wer keine Selbstbeherr-
schung hat, kommt um. Seine bodenlose Dumm-
heit bringt ihn ins Grab.

Vier Warnungen

6 Mein Sohn, hast du für einen anderen Bürg-
schaft übernommen? Hast du dich durch
Handschlag verpflichtet, für seine Schulden auf-
zukommen? 2 Sind deine eigenen Worte dir zur
Schlinge geworden? Bist du durch deine Ver-
sprechungen in eine Falle geraten? 3 Dann hat
der andere dich in seiner Gewalt, mein Sohn,
und dir bleibt nur noch ein Ausweg: Geh zu ihm,
bestürme ihn mit Bitten, laß nicht nach, damit er
dich freigibt. 4 Gönne dir keine Ruhe, gönne dei-
nen Augen keinen Schlaf, 5 bis du ihm entron-
nen bist wie eine Gazelle aus der Hand des Fal-
lenstellers oder ein Vogel aus dem Netz.

6 Sieh dir die Ameise an, du Faulpelz! Nimm
dir ein Beispiel an ihr, damit du weise wirst! 7 Sie
hat keinen Aufseher und keinen Antreiber.
8 Und doch sorgt sie im Sommer für ihre Nah-
rung und sammelt zur Erntezeit ihre Vorräte.
9 Wie lange willst du noch liegen bleiben, du
Faulpelz? Wann geruhst du endlich aufzuste-
hen? 10 »Nur ein kurzes Nickerchen«, sagst du,
»nur einen Moment die Augen zumachen und
die Hände in den Schoß legen.« 11 Und während
du das tust, kommt die Armut zu dir wie ein
Landstreicher, und die Not überfällt dich wie ein
Einbrecher.

12 Nichtsnutzige, heimtückische Menschen
laufen umher und verbreiten Lügen. 13 Sie zwin-
kern mit den Augen, um andere zu täuschen,
und geben Zeichen mit den Händen oder Füßen.
14 Ihr Herz ist falsch; immerzu schmieden sie
böse Pläne und zetteln Streitereien an. 15 Darum
nehmen sie ein schreckliches Ende. Unerwartet
wird das Verderben sie treffen, und nichts wird
es abwenden können.

a Siehe Anmerkung zu 1,8. *b* Siehe Anmerkung zu 2,16. *c* Deutung unsicher.

5,3-6 2,16-19; 6,24–7,27; 22,14; 23,27-28; Koh 7,26 **5,18-19** Koh 9,9 **5,19** Hld 4,5 **6,1-5** 11,15; 17,18; 20,16; 22,26-27; 27,13; Sir 29,18-19 **6,6** 19,24; 20,4; 26,13-16 **6,8** 30,25 **6,10-11** 19,15; 20,13; 24,33-34 **6,12-15** 26,24-26 **6,13** 10,10; 16,30

16 Sechs Dinge verabscheut der HERR, und das siebte kann er erst recht nicht ausstehen:

17 überhebliche Augen,
eine lügnerische Zunge,
Hände, die schuldlose Menschen töten,
18 einen Kopf, der böse Pläne ausheckt,
Füße, die auf verbrecherischen Wegen laufen,
19 einen Zeugen, der nicht die Wahrheit sagt,
und einen Menschen, der Brüder gegeneinander
aufhetzt.

Ehebruch bleibt nicht ohne Folgen

20 Mein Sohn, halte dich an die Weisungen deines Vaters! Vergiß nicht, was deine Mutter dich gelehrt hat! 21 Laß dir die Worte deiner Eltern am Herzen liegen, so nahe wie das Schmuckstück, das du an einer Schnur um den Hals trägst. 22 Diese Worte werden dich bei deiner Arbeit leiten, dich beschützen, während du schläfst, und dich beraten, sobald du wieder aufgewacht bist.

23 Was Vater und Mutter dir beibringen, ist wie eine helle Lampe für deinen Weg. Wenn sie dich ermahnen und zurechtweisen, leiten sie dich an zu einem erfüllten Leben. 24 Sie schützen dich vor der schlechten Frau, vor der Frau eines anderen, die dich mit Schmeichelworten lockt. 25 Laß dich nicht von ihren Reizen verführen, und wenn sie dir schöne Augen macht, fall nicht darauf herein! 26 Für eine Prostituierte zahlst du nicht mehr als für einen Laib Brot, aber für die Frau eines anderen mußt du mit deinem Leben bezahlen.[a]

27 Kann man Feuer in der Tasche seines Gewandes tragen, ohne das Gewand in Brand zu setzen? 28 Kann man über glühende Kohlen laufen, ohne sich die Füße zu verbrennen? 29 Ebensowenig kann man mit der Frau eines anderen schlafen, ohne die Strafe dafür zu bekommen.

30 Einen Dieb verachtet man, auch wenn er nur stiehlt, weil der Hunger ihn treibt. 31 Wird er ertappt, so muß er es siebenfach bezahlen und schlimmstenfalls alles hergeben, was er besitzt. 32 Aber wer mit der Frau eines anderen Ehebruch begeht, muß den Verstand verloren haben. So etwas tut nur einer, der sein Leben leid ist!

33 Schläge bekommt er und dazu Schmach und Schande, die er nie wieder los wird. 34 Eifersucht steigert die Wut eines Ehemannes bis zum Äußersten; und wenn die Gelegenheit sich bietet, wird er sich rächen ohne jedes Mitleid. 35 Mit Sühnegeld läßt er sich nicht besänftigen. Du magst ihm noch so viele Geschenke anbieten, er bleibt hart.

Laß dich nicht verführen!

7 Mein Sohn, denk an meine Worte! Hüte meine Anweisungen wie einen Schatz! 2 Wenn du leben willst, dann gib auf sie acht wie auf dein eigenes Auge. 3 Behalte meine Weisungen immer bei dir, wie einen Ring an deinem Finger, schreibe sie dir tief ins Herz! 4 Betrachte die Weisheit* als deine Schwester und die Einsicht als deine beste Freundin. 5 Sie werden dich fernhalten von der Frau eines anderen, von der Fremden,[b] die so schmeichelhaft reden kann.

6 Eines Tages stand ich am Fenster meines Hauses und schaute hinaus. 7 Auf der Straße sah ich viele junge, noch unerfahrene Leute. Unter ihnen fiel mir ein Bursche auf, der gänzlich ohne Verstand sein mußte. 8 Er ging die Gasse entlang, an deren Ecke eine gewisse Frau wohnte, und näherte sich ihrem Haus. 9 Der Abend war schon der Nacht gewichen, es war dunkel geworden.

10 Da sah ich sie, sie ging auf ihn zu, gekleidet wie eine Prostituierte. Sie wußte genau, was sie wollte.[c] 11 Sie war so waghalsig und hemmungslos, daß es sie nicht im Hause hielt. 12 Mal sah man sie auf dem Marktplatz, mal auf den Straßen, dann wieder stand sie an irgendeiner Ecke und wartete.

13 Sie ging also auf den jungen Mann zu, legte ihm die Arme um den Hals, küßte ihn, blickte ihm herausfordernd in die Augen und sagte: 14 »Ich mußte Gott heute ein Dankopfer* bringen, das ich ihm versprochen hatte; das Fleisch für das Opfermahl habe ich mit nach Hause gebracht.[d] 15 Deshalb bin ich herausgekommen. Ich wollte dich immer schon kennenlernen. Da bist du nun! 16 Ich habe mein Bett mit weichen, bunten Tüchern aus Ägypten bezogen, 17 mit Essenzen von Myrrhe, Aloë und Zimt habe ich es besprengt. 18 Komm mit! Wir lieben uns die ganze Nacht bis morgen früh, wir wollen einander genießen! 19 Der Mann ist nicht zu Hause, er macht gerade eine lange Reise. 20 Er hat genug Geld mitgenommen und kommt frühestens in vierzehn Tagen wieder.«

21 Mit solchen Worten redet sie auf ihn ein, und schließlich hat sie ihn überredet. 22 Er folgt ihr – wie ein Ochse, der zum Schlachtplatz geführt wird. Mit Ketten an den Füßen geht er

a Deutung unsicher. b Siehe Anmerkung zu 2,16.
c *Sie wußte ...:* wörtlich *mit verschlagenem Herzen.* d *das Fleisch ...:* zur Verdeutlichung hinzugefügt.

6,19 19,5 S 6,20 1,8 S 6,24–7,27 5,3-6 S 7,1-3 3,1-2 S 7,14 Lev 7,15-16

seiner Strafe entgegen, dieser unverbesserliche
Narr! 23 Er weiß nicht, daß es um sein Leben
geht – bis ein Pfeil ihm die Leber durchbohrt, bis
er gefangen im Netz hängt wie ein Vogel.
24 Deshalb hört mir jetzt zu, ihr jungen Män-
ner! Merkt euch, was ich euch sage: 25 Laßt euch
nicht von einer solchen Frau den Kopf verdre-
hen, folgt ihr nicht auf ihren schlimmen Wegen!
26 Sie hat schon viele Männer ruiniert, und nicht
wenige sind ihretwegen ums Leben gekommen.
27 Ihr Haus ist ein Zugang zur Totenwelt*. Wer zu
ihr geht, betritt den kürzesten Weg ins Grab.

Die Weisheit stellt sich vor

8 Hört doch, die Weisheit* ruft,
die Einsicht läßt ihre Stimme erschallen!
2 Erhöht und weithin sichtbar steht sie
an den Straßen
und da, wo sich Wege kreuzen.
3 Sie stellt sich an die Tore der Stadt,
an den Toreingängen ruft sie aus:
4 »Leute, ich habe euch etwas zu sagen!
An alle Menschen wende ich mich.
5 Ihr Grünschnäbel, lernt reif zu werden!
Ihr Unverständigen, werdet klug!
6 Hört zu, ich gebe euch wertvollen Rat!
Ihr könnt euch auf meine Worte verlassen.
7 Aus meinem Mund hört ihr die Wahrheit;
Böses auszusprechen, ist mir verhaßt.
8 Meine Worte sind alle wahr und ehrlich,
es ist keine Falschheit und Hinterlist darin.
9 Sie sind klar und eindeutig für alle,
die Einsicht haben und ihren Verstand
gebrauchen.
10 Sucht meine Unterweisung, nicht
Silberschmuck!
Strebt nach Erkenntnis statt nach Schmuck
aus Gold!
11 Ihr wißt doch: ›Weisheit ist besser als
Juwelen,
sie ist mit nichts vergleichbar,
was ein Mensch sich wünschen könnte!‹

12 Ich bin die Weisheit.
Ich bin vertraut mit der Klugheit
und weiß umsichtig zu überlegen.
13 Dem HERRN gehorchen heißt:
das Böse hassen.
Ich verabscheue Überheblichkeit und Hochmut,
unrechtes Tun und lügnerisches Reden.
14 Ich mache Pläne und führe sie auch aus;
ich habe die Einsicht und auch die Macht.
15 Mit meiner Hilfe regieren die Könige
und treffen die Herrscher gerechte
Entscheidungen.
16 Mit meiner Hilfe regieren die Mächtigen,
die Großen, die für das Recht zu sorgen haben.
17 Alle, die mich lieben, die liebe ich auch.
Wer mich sucht, wird mich finden.
18 Reichtum und Ehre habe ich zu bieten,
bleibenden Besitz und gerechten Lohn.
19 Was ihr von mir bekommt,
ist besser als das feinste Gold,
wertvoller als das reinste Silber.
20 Wo Menschen nach Gottes Willen fragen
und einander gerecht behandeln,
dort bin ich mit Sicherheit zu finden,
21 um denen, die mich lieben, Besitz zu geben
und ihre Häuser mit Schätzen zu füllen.

22 Am Anfang hat der HERR mich geschaffen,
ich war sein erstes Werk vor allen anderen.
23 In grauer Vorzeit hat er mich gemacht,
am Anfang, vor Beginn der Welt.
24 Als ich geboren wurde, gab es noch
kein Meer,
und keine Quelle brach aus der Tiefe hervor.
25 Der Grund der Berge war noch nicht gelegt,
die Hügel waren noch nicht entstanden.
26 Gott hatte noch nicht die Erde gemacht,
vom festen Land und seinen Feldern
war noch nicht das geringste zu sehen.
27 Ich war dabei, als er den Himmel wölbte
und den Kreis des Horizonts festlegte
über den Tiefen des Ozeans,
28 als er die Wolken hoch oben zusammenzog
und die Quellen aus der Tiefe sprudeln ließ,
29 als er dem Meer die Grenze bestimmte,
die seine Fluten nicht überschreiten dürfen,
als er die Fundamente der Erde abmaß –
30 da war ich als Kind an seiner Seite,
ich freute mich an jedem Tag
und spielte unter seinen Augen.
31 Ich spielte auf dem weiten Rund der Erde
und hatte meine Freude an den Menschen.

32 Deshalb, ihr jungen Leute, hört auf mich!
Wie glücklich sind alle, die mir folgen!
33 Schlagt meine Unterweisung nicht
in den Wind,
hört darauf und werdet klug!
34 Wie glücklich sind alle, die mir zuhören,
die jeden Tag vor meinem Haus stehen
und an meinem Tor auf mich warten.
35 Alle, die mich finden, finden das Leben,

8,1-3 1,20-21 S **8,10-11** 3,14-15 S **8,16** Weish 6,20-21 **8,22-31** 3,19-20; Ijob 28,23-27 **8,22-23** Weish 8,3-4; Sir 1,4 S **8,27** Sir 21,10 **8,29** Ijob 38,11 S

und der HERR hat Freude an ihnen.
36 Doch wer mich verfehlt, schadet sich selbst.
Alle, die mich hassen, lieben den Tod.«

Weisheit und Torheit laden ein

9 Frau Weisheit* hat sich ein Haus gebaut
mit sieben prächtigen Säulen.
2 Zum Fest hat sie Rinder schlachten lassen,
den Wein mit feinen Gewürzen vermischt
und ihren Tisch für das Mahl gedeckt.
3 Nun schickt sie ihre Dienerinnen;
sie gehen auf den Marktplatz der Stadt
und rufen in ihrem Auftrag aus:
4 »Wer unerfahren ist, soll zu mir kommen!
Wer etwas lernen will, ist eingeladen!
5 Kommt in mein Haus, eßt und trinkt,
was ich für euch zubereitet habe!
6 Wer unwissend bleiben will, den laßt stehen!
Kommt, betretet den Weg zur Einsicht!
Der Lohn dafür ist ein erfülltes Leben.«

7 Wer einen Eingebildeten belehren will, macht
sich lächerlich. Und wer einen Unheilstifter zu-
rechtweist, tut es zu seinem eigenen Schaden.
8 Tadle keinen Eingebildeten, er wird dich has-
sen. Zeige dem Gebildeten seine Fehler, und er
wird dich dafür lieben. 9 Belehre den Klugen,
dann wird er noch klüger. Unterweise den,
der nach Gott fragt, und sein Wissen wird zu-
nehmen.
10 Den HERRN ernst nehmen ist der Anfang
aller Weisheit*. Gott, den Heiligen, kennen ist
Einsicht. 11 Durch die Weisheit wird dein Leben
verlängert. 12 Wenn du weise bist, hast du selber
den Nutzen davon. Wenn du aber ein eingebil-
deter Spötter bist, mußt du selber die Folgen
tragen.

13 Frau Torheit ist eine schamlose Dirne,
eine vorlaute, aufdringliche Schwätzerin.
14 Vor ihrem Haus am Marktplatz der Stadt
sitzt sie an der Tür auf hohem Stuhl.
15 Sie sagt zu jedem, der vorübergeht
und einen geraden Weg verfolgt:
16 »Wer unerfahren ist, komme zu mir!
Wer etwas lernen will, ist eingeladen!
17 Verbotenes Wasser ist süß!
Heimlich gegessenes Brot schmeckt am
allerbesten!«
18 Doch wer ihrer Einladung Folge leistet,
weiß nicht, daß drinnen an ihrem Tisch
die Geister der Toten sitzen.
Wer die Schwelle ihres Hauses überschreitet,
betritt damit schon die Totenwelt*.

DIE ERSTE SAMMLUNG VON RATSCHLÄGEN SALOMOS

(10,1–22,16)

10 1a Die folgenden Sprüche sind von Salo-
mo:

Wohlstand kommt durch Gottes Segen

1b Ein kluger Sohn ist Vaters Glück, doch ein
dummer ist Mutters Kummer.
2 Durch Unrecht reich werden bringt keinen
Nutzen, aber Gott gehorchen rettet vom Tod.
3 Gott läßt niemand verhungern, der nach
ihm fragt; aber wer ihn mißachtet, dessen Gier
bleibt ungestillt.
4 Untätige Hände bringen Armut, fleißige
Hände Reichtum.
5 Wer gescheit ist, erntet, wenn das Korn reif
ist; wer die Erntezeit verschläft, verdient Verach-
tung.
6 Wer Gott gehorcht, empfängt Segen; wer
Gott mißachtet, hinter dessen Worten versteckt
sich seine Gewalttätigkeit.
7 An einen guten Menschen erinnert man sich
in Dankbarkeit, von einem schlechten vergißt
man sogar den Namen.
8 Ein weiser Mensch nimmt Weisungen an,
ein uneinsichtiger Schwätzer rennt in sein Ver-
derben.
9 Wer geradlinig lebt, lebt ohne Angst; wer
krumme Wege geht, wird irgendwann ertappt.
10 Wer jemand mit den Augen zuzwinkert,
will andere in Schwierigkeiten bringen;[a] aber
ein uneinsichtiger Schwätzer bringt sich selbst
ins Verderben.
11 Wer mit Gott lebt, dessen Mund ist eine
Quelle des Lebens; wer ohne Gott lebt, hinter
dessen Worten versteckt sich seine Gewalttätig-
keit.
12 Haß sucht Streit, Liebe sucht Verständigung.
13 Von den Lippen des Verständigen hört man
kluge Worte, aber auf den Rücken des Unver-
ständigen gehört der Stock.
14 Weise reden nicht von ihrem Wissen, aber
Unverständige reden plötzliches Unheil herbei.
15 Für den Reichen ist sein Vermögen eine
sichere Burg, für die Armen ist ihre Armut der
sichere Untergang.

a Deutung unsicher.

9,3 1,20-21 S **9,10** 1,7 S; 30,3 **9,11** 3,1-2 S **9,18** 2,18; 7,27 **10,1b** 15,20; 23,24-25 **10,2** 11,4 **10,3** 13,25; Ps 34,10-11 **10,10** 6,13 S **10,14** 13,3 S **10,15** 18,11

16 Wer Gott gehorcht, bekommt zum Lohn das Leben. Wer Gott mißachtet, verfehlt es durch Unrecht.

17 Wenn du dich willig ermahnen läßt, gehst du den Weg zum Leben; wenn du keine Warnung hören willst, gehst du in die Irre.

18 Wer Haß geheimhalten will, muß lügen; wer alles ausposaunt, muß verrückt sein!

19 Ein Mensch, der viel redet, versündigt sich leicht; wer seine Zunge im Zaum hält, zeigt Verstand.

20 Was ein Mensch sagt, der Gott gehorcht, ist wertvoll wie reinstes Silber; was sich jemand ausdenkt, der Gott mißachtet, ist völlig wertlos.

21 Menschen, die Gott gehorchen, erhalten mit ihren Worten viele am Leben; aber unverbesserliche Narren sterben aus Mangel an Verstand.

22 Wohlstand kommt durch Gottes Segen, eigene Mühe macht ihn nicht größer.

23 Für Unverständige ist es ein Vergnügen, Schandtaten zu verüben; Verständige haben ihre Freude daran, sich mit der Weisheit* zu befassen.

24 Wer Gott mißachtet, dem stößt zu, was er befürchtet; wer Gott gehorcht, bekommt, was er wünscht.

25 Wenn der Sturm vorüber ist, sind die Unheilstifter nicht mehr da; aber ein Mensch, der nach Gott fragt, steht immer auf festem Grund.

26 Wie Essig für die Zähne und Rauch für die Augen, so ist ein Faulpelz für seinen Arbeitgeber.

27 Wer Gott ernst nimmt, vermehrt die eigenen Lebensjahre; wer ihn mißachtet, verkürzt sie.

28 Wenn du Gott gehorchst, erwartet dich Freude; wenn du ihn mißachtest, hast du nichts Gutes zu erwarten.

29 Wer sich an Gott hält, hat in ihm eine feste Burg; aber allen, die Unrecht tun, bringt er den Untergang.

30 Wer Gott gehorcht, bleibt für immer fest gegründet; doch wer ihn mißachtet, darf nicht im Land bleiben.

31 Aus dem Mund eines rechtschaffenen Menschen kommen Worte der Weisheit; aber eine lügnerische Zunge wird abgeschnitten.

32 Die Worte eines Menschen, der Gott gehorcht, tun wohl; was die Ungehorsamen sagen, tut weh.

Freigebige werden immer reicher

11 Falsche Waage kann Gott nicht ausstehen; nur richtiges Gewicht ist ihm recht.

2 Überheblichkeit bringt Schande; ein weiser Mensch ist bescheiden.

3 Aufrichtige werden von ihrer Redlichkeit geleitet; Hinterhältige von ihrer Falschheit umgebracht.

4 Reich sein bewahrt nicht vor Gottes Strafe; aber Gott gehorchen rettet vor dem Tod.

5 Den Rechtschaffenen ebnet ihr Gehorsam den Weg; aber die Bösen bringt ihre Bosheit zu Fall.

6 Die Aufrichtigen rettet ihre Treue; aber den Treulosen wird ihre Habsucht zur Schlinge.

7 Wenn ein schlechter Mensch stirbt, dann stirbt auch seine Hoffnung; was er vom Reichtum erhoffte, erweist sich als Täuschung.

8 Wer Gott gehorcht, wird aus Not errettet; an seiner Stelle gerät der hinein, der Gott mißachtet.

9 Menschen, die Gott verachten, schaden anderen mit ihren Worten; Menschen, die Gott die Treue halten, retten andere durch ihr Wissen.

10 Wenn es den Guten gutgeht, freut sich die ganze Stadt; und wenn die Verbrecher umkommen, jubeln alle ihre Bewohner.

11 Durch die Rechtschaffenen kommt Segen über die Stadt und baut sie auf; doch die Worte der Unheilstifter reißen sie nieder.

12 Wer verächtlich über andere redet, hat keinen Verstand; Verständige halten den Mund.

13 Ein Mensch, der jedes Gerücht weiterträgt, plaudert auch Geheimnisse aus; ein vertrauenswürdiger Mensch behandelt sie vertraulich.

14 Ohne Führung ist ein Volk verloren; aber wo viele Ratgeber sich einig werden, da ist Sicherheit.

15 Wer für die Schulden eines Fremden Bürgschaft leistet, ist übel dran. Wer den bürgenden Handschlag ausschlägt, hat einen ruhigen Schlaf.

16 Eine Frau kommt durch Liebenswürdigkeit zu Ansehen; Männer kommen durch Tatkraft zu Vermögen.

17 Wenn du zu anderen gütig bist, tust du dir selber wohl; wenn du grausam bist, tust du dir selber weh.

18 Wer nicht nach Gott fragt, sammelt unsicheren Gewinn; wer tut, was Gott will, bekommt sicheren Lohn.

19 Entschieden das Rechte tun führt zum Leben, beharrlich Unrecht tun führt zum Tod.

10,19 13,3 S; 17,27 **10,21** 11,9; 12,6; 15,28 **10,22** Ps 127,1-2 **10,25** Mt 7,24-27 par **10,27** 3,1-2 S; 14,26-27; 19,23; 22,4 S **10,28** 11,23 **10,29** 3,26 **10,30** 12,3 **11,1** 16,11; 20,10.23; Lev 19,35-36 S **11,4** 10,2 **11,8** 21,18 **11,9** 10,21 S **11,15** 6,1-5 S

20 Gott verabscheut die Unzuverlässigen; aber alle, die geradlinig leben, liebt er.

21 Verlaß dich darauf: wer Unrecht tut, entgeht der Strafe nicht; aber alle, die Gott gehorchen, werden freigesprochen.

22 Ein goldener Ring im Rüssel einer Wildsau? So ist eine schöne Frau ohne Benehmen!

23 Wenn du Gott gehorchst, hast du nur Gutes zu erwarten; wenn du Gott mißachtest, wird deine Hoffnung grausam enttäuscht.

24 Freigebige werden immer reicher, der Geizhals spart sich arm.

25 Wenn du mit anderen teilst, wirst du selbst beschenkt; wenn du den Durst anderer stillst, läßt man dich auch nicht verdursten.

26 Wer in Notzeiten sein Korn im Speicher behält, den verfluchen die Leute; aber sie preisen den, der es verkauft.

27 Wer danach trachtet, Gutes zu tun, findet Zustimmung bei Gott. Wer danach trachtet, Unheil zu stiften, den überfällt es.

28 Ein Mensch, der sich auf seinen Reichtum verläßt, kommt zu Fall. Aber alle, die sich an Gott halten, sprossen wie frisches Laub.

29 Wer Haus und Familie nicht in Ordnung hält, dessen Besitz löst sich in Luft auf. Wenn du so dumm bist, wirst du schließlich zum Sklaven eines Klügeren.

30 Wer Gott gehorcht, dessen Tun hilft anderen zum Leben. Wer klug und weise ist, gewinnt Menschen für sich.[a]

31 Menschen, die Gott gehorchen, bekommen hier auf der Erde ihren Lohn – und die erst recht, die Gott mißachten und Unrecht tun!

Gott gehorchen ist ein Weg zum Leben

12 Wer lernen will, läßt sich gern zurechtweisen; wer keinen Tadel erträgt, bleibt dumm.

2 Ein guter Mensch findet Zustimmung bei Gott; aber den Ränkeschmied verurteilt er.

3 Wer sich über Gottes Gebote hinwegsetzt, hat keinen sicheren Halt; aber alle, die Gott gehorchen, stehen fest wie Bäume mit starken Wurzeln.

4 Eine tüchtige Frau bringt ihren Mann zu höchsten Ehren; aber eine Schlampe bringt ihn um wie eine langsam fressende Krankheit.

5 Ein Mensch, der Gott gehorcht, denkt stets an das Recht; ein Mensch, der Gott mißachtet, plant nichts als Betrug.

6 Was Unheilstifter sagen, ist ein tödlicher Hinterhalt; aber die Worte redlicher Menschen retten aus Todesgefahr.

7 Wer Gott mißachtet, wird gestürzt und verschwindet für immer; wer ihm gehorcht, dessen Familie bleibt bestehen.

8 Wenn einer Verstand hat, lobt man ihn; aber einen Wirrkopf lacht man aus.

9 Nicht angesehen sein und einen Diener haben ist besser als berühmt sein und nichts zu essen haben.

10 Ein Mensch, der mit Gott rechnet, kümmert sich um das Wohl seiner Tiere; wer Gott mißachtet, hat kein Herz für sie.

11 Wenn du deine Felder bestellst, hast du Brot genug; wenn du dich mit windigen Geschäften abgibst, hast du den Verstand verloren.

12 Wer Gott mißachtet, beneidet die Verbrecher um ihren Gewinn; wer Gott gehorcht, hat alle Voraussetzungen zum Erfolg.[b]

13 Die Worte eines Schurken sind eine tödliche Falle; aber wer Gott gehorcht, entgeht dieser Gefahr.

14 Wer Gutes sagt, lebt auch gut davon; wer Gutes tut, dem bringt es etwas ein.

15 Ein Narr hält alles, was er tut, für richtig; Weise hören auf klugen Rat.

16 Wenn ein Dummkopf gekränkt wird, zeigt er seinen Ärger sofort; Kluge beherrschen ihre Gefühle.

17 Wer die Wahrheit aussagt, hilft dem Recht zum Sieg; ein falscher Zeuge bringt es zu Fall.

18 Die Worte mancher Leute sind wie Messerstiche; die Worte weiser Menschen bringen Heilung.

19 Wahrheit besteht für immer, Lüge nur einen Augenblick.

20 Wer böse Pläne schmiedet, betrügt sich selbst; wer anderen hilfreichen Rat erteilt, macht sich selber Freude.

21 Wenn du Gott gehorchst, dann stößt dir nichts Böses zu; wenn du Gott mißachtest, kannst du dich vor Plagen nicht retten.

22 Lügner sind Gott zuwider; aber an zuverlässigen Menschen hat er Gefallen.

23 Der Kluge hält mit seinem Wissen zurück; der Narr geht mit seiner Unwissenheit hausieren.

a Der Vers ist schwer zu deuten; wörtlich *Die Frucht des Gerechten ist ein Baum des Lebens, und Menschen(leben) nimmt ein Weiser.*
b *wer Gott gehorcht ...:* wörtlich *die Wurzel des Gerechten bringt (Frucht).*

11,23 10,28 **11,24-25** 2 Kor 9,6 **11,28** 15,6 S; Ps 1,3; 52,9-10 **12,1** 13,1.18; 15,12 **12,3** 10,30; Ps 1,3-4 **12,4** 31,10-12 **12,6** 10,21 S **12,7** 14,11 S **12,10** 27,23; Ex 20,10; 23,4-5; Dtn 22,6-7; 25,4; Sir 7,22 **12,11** 27,23-27; 28,19 **12,18** Ps 57,5 **12,23** 17,28 S

24 Fleiß führt zu Macht, Faulheit macht zum Sklaven.

25 Sorgen drücken einen Menschen nieder; ein gutes Wort richtet ihn auf.

26 Menschen, die Gott gehorchen, sind besser dran als andere; denn alle, die Gott mißachten, gehen in die Irre.

27 Ein fauler Jäger fängt nie ein Wild; aber ein fleißiger Mensch sammelt seltene Schätze.

28 Gott gehorchen ist ein Weg zum Leben, eine gut gebaute Straße ohne tödliche Gefahren.

Schnell erschwindelter Reichtum verliert sich

13 Ein verständiger Sohn hört darauf, wenn sein Vater ihn zurechtweist; aber ein Taugenichts überhört jeden Tadel.

2 Ein Mensch, der Gutes sagt, lebt auch gut davon; aber Verbrecher kommen nicht aus ohne Gewalttätigkeit.

3 Wer den Mund halten kann, bewahrt sein Leben; wer ihn zu weit aufreißt, bringt sich ins Verderben.

4 Der Faulpelz kommt um vor Begier und bleibt hungrig; aber der Fleißige ißt sich satt.

5 Wer Gott gehorcht, haßt die Lüge; wer Gott mißachtet, setzt Gerüchte in die Welt.

6 Das Rechte befolgen bewahrt die Vollkommenen; aber Unrecht stürzt die Sünder ins Verderben.

7 Der eine spielt den Reichen und ist bettelarm; der andere spielt den Armen und ist steinreich.

8 Der Reiche kann sein Leben freikaufen; beim Armen hat der Erpresser nichts zu holen.

9 Wer Gott gehorcht, gleicht einem hell brennenden Licht; wer Gott mißachtet, ist wie eine erlöschende Lampe.

10 Überheblichkeit bringt nichts als Zank und Streit; wenn du klug bist, nimmst du guten Rat an.

11 Schnell erschwindelter Reichtum verliert sich, langsam erarbeiteter vermehrt sich.

12 Langes Warten macht das Herz krank; aber ein erfüllter Wunsch gibt ihm neues Leben.

13 Wer guten Rat verachtet, muß teuer dafür bezahlen; wer ihn befolgt, wird belohnt.

14 Die Worte eines weisen Lehrers sind eine Quelle des Lebens; sie helfen, den Fallen des Todes zu entgehen.

15 Leute mit klarem Verstand finden Zustimmung; Treulose gehen einen Weg voller Stolpersteine.

16 Alles, was ein kluger Mensch tut,[a] zeigt sein Wissen. Was ein Dummkopf tut, zeigt seine Unwissenheit.

17 Ein untreuer Bote bringt sich ins Unglück; aber ein zuverlässiger bringt verfahrene Dinge wieder in Ordnung.

18 In Armut und Schande gerätst du, wenn du Zurechtweisung ablehnst; wenn du Tadel annimmst, kommst du zu Ehren.

19 Wenn dein Wunsch in Erfüllung geht, freust du dich. Wenn ein Narr von seiner Verbohrtheit lassen soll, ärgert er sich.

20 Wer sich zu Klugen gesellt, wird klug; wer sich mit Dummköpfen befreundet, ist am Ende selbst der Dumme.

21 Unglück verfolgt die, die Unrecht tun; Glück belohnt alle, die Gott gehorchen.

22 Ein guter Mensch kann seinen Besitz auf Kinder und Enkel vererben; die Sünder werden beerbt von den Menschen, die Gott gehorchen.

23 Auch auf den kümmerlichen Feldern der Armen wächst reichlich zu essen; trotzdem kommen viele um, weil ihr Recht mißachtet wird.[b]

24 Wer den Stock schont, haßt seinen Sohn; wer seinen Sohn liebt, erzieht ihn beizeiten.

25 Wer Gott gehorcht, kann sich satt essen; wer Gott mißachtet, läuft ständig mit knurrendem Magen herum.

Gerechtigkeit macht ein Volk groß

14 Kluge Frauen[c] bauen Haus und Familie auf, aber unverständige reißen alles nieder.

2 Geradlinig leben und Gott ernst nehmen gehören zusammen, ebenso krumme Wege gehen und nicht nach ihm fragen.

3 Unverbesserliche Narren schaden sich selbst durch ihr hochmütiges Reden;[d] was der Erfahrene sagt, schützt ihn vor Schaden.

4 Wo keine Rinder sind, spart man ihr Futter;[e] aber für reiche Erträge braucht man ihre Kraft.

5 Ein ehrlicher Zeuge sagt immer die Wahr-

a So mit alten Übersetzungen; H *Jeder Kluge.*

b Der Vers ist nicht sicher zu deuten; wörtlich *Der Neubruch der Armen gibt (viel) Nahrung, aber mancher geht durch Ungerechtigkeit zugrunde.*

c Wörtlich *Die weisen* unter den Frauen.*

d Wörtlich *Im Mund der Narren ist ein Stock/Sproß (gegen) Hochmut.*

e *spart ...:* wörtlich *ist die Futterkrippe leer/rein.*

12,25 16,24 **13,1** 1,8 S; 12,1 S **13,3** 10,14.19; 21,23; Ps 141,3 S **13,9** Ijob 18,5-6 **13,16** 17,28 S **13,21** 3,33 S **13,22** 28,8; Koh 2,26 S **13,24** 19,18; 22,15; 23,13-14; 29,15.17; Sir 30,1-13 **13,25** 10,3 S **14,1** 31,10-31 **14,3** 17,28 S

heit, aber ein falscher Zeuge bringt nichts als Lügen vor.

6 Die Eingebildeten wollen weise werden und schaffen es nicht; den Einsichtigen fällt es leicht.

7 Meide unverbesserliche Narren; du hörst bei ihnen kein vernünftiges Wort!

8 Wer klug ist, hat Einsicht und weiß, was er tut. Wer dumm ist, hat nur Dummheit; damit täuscht er sich selbst und andere.

9 Unverbesserliche Narren stimmen sich gegenseitig zu, weil sie alle im Unrecht sind;[a] aber redliche Menschen finden Zustimmung bei Gott.

10 Das Menschenherz ist mit seinen tiefsten Schmerzen und Freuden allein; niemand kann sie mit ihm teilen.

11 Das Haus des Verbrechers wird niedergerissen; aber die Familie des Redlichen blüht und gedeiht.

12 Mancher Mensch hält seinen Weg für den richtigen, aber am Ende führt er ihn in den Tod.

13 Hinter dem Lachen kann sich Traurigkeit verbergen; wenn dann die Freude vorüber ist, ist der Schmerz noch da.

14 Wer sich auf Abwege begibt, bekommt den Lohn dafür; aber der Lohn guter Menschen ist vorzuziehen.

15 Ein Grünschnabel glaubt alles, was man ihm sagt; der Erfahrene prüft es, bevor er handelt.

16 Der Kluge ist vorsichtig und meidet das Böse; der Dumme handelt unbeherrscht und überschätzt sich.

17 Wer sich schnell erhitzt, macht Dummheiten; wer kalt berechnet, macht sich verhaßt.

18 Der Besitz des Grünschnabels ist seine Unwissenheit; Wissen ist der Schmuck der Erfahrenen.

19 Die Bösen werden sich vor den Guten niederbeugen; wer Gott mißachtet, muß denen dienen, die Gott gehorchen.

20 Den Armen mag niemand, nicht einmal sein Nachbar; aber die Reichen haben viele Freunde.

21 Wer seinen Mitmenschen mit Verachtung begegnet, macht sich schuldig; aber freuen darf sich, wer sich um die Hilflosen kümmert.

22 Wer Unheilspläne schmiedet, läuft ins Unheil; wer Gutes plant, erfährt Güte und Treue.

23 Jede Arbeit bringt Lohn; aber Geschwätz bringt nur Nachteil.

24 Reichtum ist die Krone der Verständigen; unverbesserliche Narren bekränzen sich mit Unverstand.[b]

25 Wer als Zeuge die Wahrheit sagt, rettet Menschenleben; wer Lügen vorbringt, ist ein gewissenloser Schurke.

26 Alle, die Gott ernst nehmen, sind in Sicherheit, und auch ihre Kinder haben eine Zuflucht.

27 Gott ernst nehmen ist eine Quelle des Lebens, denn dadurch vermeidest du tödliche Fehler.

28 Je größer ein Volk, desto größer die Ehre seines Herrschers; ein Rückgang der Bevölkerung ist sein Untergang.

29 Ein Mensch, der ruhig bleibt, zeigt, daß er Einsicht hat; wer aufbraust, zeigt nur seinen Unverstand.

30 Ein ausgeglichener Sinn erhält den Körper gesund; aber Eifersucht ist wie eine Krebsgeschwulst.

31 Wer die Schwachen unterdrückt, beleidigt ihren Schöpfer. Wer Hilflosen beisteht, ehrt ihn.

32 Wer Gott mißachtet, wird wegen seiner Bosheit verworfen; wer Gott gehorcht, wird durch seine Redlichkeit beschützt.[c]

33 Im Herzen der Verständigen ist die Weisheit zu Hause, das erkennen sogar die Unverständigen.

34 Gerechtigkeit macht ein Volk groß; aber Unrecht macht ihm Schande.

35 Einen fähigen Beamten weiß der Herrscher zu schätzen; aber einen Pfuscher trifft sein Zorn.

Ein freundlicher Blick erfreut das Herz

15 Eine versöhnliche Antwort kühlt den Zorn ab, ein verletzendes Wort heizt ihn an.

2 Kluge Menschen zieren das Wissen durch treffende Worte; aber der Mund der Unverständigen quillt über von Torheit.

3 Gottes Augen sind überall; er sieht, ob jemand Unrecht oder das Rechte tut.

4 Heilende Worte helfen zum Leben; böswilliges Reden zerstört jeden Lebensmut.

5 Ein Dummkopf macht sich über die Warnungen seines Vaters lustig; wer sich zurechtweisen läßt, wird klug.

a Deutung unsicher; wörtlich *(unter) Narren spottet man über die Schuld.*

b *unverbesserliche Narren …* (wörtlich *der Kranz der Toren ist Narrheit*): vermutlicher Text; H *die Narrheit der Toren ist Narrheit.*

c *durch seine Redlichkeit:* mit G; H *auch im Tod.*

14,11 3,33 S; 12,7 **14,12** 16,25; Sir 21,10; Mt 7,13 **14,17** 15,18; 19,19; 22,24; 29,22 **14,20** 19,4.6-7; Sir 6,10-12; 13,21-23 **14,21** 14,31; 17,5; 19,17; 22,9; 28,17; Ijob 31,13-23; Ps 41,2; Mt 5,7 **14,29** 16,32; 19,11 **14,31** 14,21 S **15,5** 10,17; 12,1 S; 13,24 S

6 Wer Gott gehorcht, in dessen Haus ist Über-
fluß; wer Gott mißachtet, dem bringt sein Ge-
winn kein Glück.
7 Kluge Leute fließen von Weisheit* über, aber
aus Hohlköpfen kann nichts kommen.
8 Gott verabscheut die Opfergaben* der Un-
heilstifter; aber das Gebet redlicher Menschen
macht ihm Freude.
9 Gott verabscheut das Treiben der Bösen;
aber er liebt Menschen, die tun, was er ver-
langt.
10 Wer sich auf Abwege begibt, wird hart ge-
straft; wer sich nicht zurechtweisen läßt, ver-
wirkt sein Leben.
11 Auch der tiefste Abgrund der Totenwelt* ist
vor Gott nicht verborgen, wieviel weniger ein
Menschenherz mit seinen Gedanken!
12 Eingebildete lieben keinen Tadel, deshalb
gehen sie nie zu erfahrenen Lehrern.
13 Freude zeigt sich am strahlenden Gesicht,
Kummer legt sich aufs Gemüt.
14 Ein verständiger Mensch hungert nach
Wissen; ein uneinsichtiger hat nur auf Dumm-
heit Appetit.
15 Für die Bekümmerten ist jeder Tag böse, die
Glücklichen kennen nur Festtage.
16 Lieber arm sein und Gott ernst nehmen als
reich sein und in ständiger Sorge.
17 Lieber eine Schüssel Kraut unter Freunden
als der schönste Braten, übergossen mit Haß.
18 Ein Hitzkopf erregt Streit, ruhiges Blut
schlichtet ihn.
19 Für die Faulen ist jeder Weg mit Dornen
versperrt; Tüchtige finden immer eine gebahnte
Straße.
20 Ein verständiger Sohn macht Vater und
Mutter Freude; ein Dummkopf macht sich über
sie lustig.
21 Wer keinen Verstand hat, hat Vergnügen an
Torheit; wer Einsicht hat, geht unbeirrbar seinen
Weg.
22 Pläne ohne Beratung schlagen fehl; durch
gute Ratgeber führen sie zum Ziel.
23 Du freust dich, wenn du die Antwort nicht
schuldig bleiben mußt; und wie gut ist das rich-
tige Wort zur rechten Zeit!
24 Wer Einsicht hat, folgt dem Weg aufwärts
zum Leben und vermeidet den Weg, der hinab-
führt zu den Toten.
25 Gott zerstört die Häuser der Hochmütigen;
aber den Grundbesitz der Witwen verteidigt er.
26 Gott verabscheut böse Pläne, aber freund-
liche Worte sind vor ihm recht.
27 Wer um jeden Preis reich werden will,
bringt seine Familie ins Verderben; aber wer
sich von niemand kaufen läßt, sichert sein
Leben.
28 Ein guter Mensch hilft mit überlegten Ant-
worten; der Unheilstifter sprudelt über von un-
heilvollen Reden.
29 Gott hält sich fern von denen, die ihn
mißachten; aber er achtet auf die Bitten derer,
die ihm gehorchen.
30 Ein freundlicher Blick erfreut das Herz, und
eine gute Nachricht stärkt die Glieder.
31 Ein Mensch, der auf hilfreichen Tadel hört,
gehört zu den Weisen.
32 Wer Zurechtweisung verwirft, wirft sein
Leben fort. Wer sich korrigieren läßt, kommt zu
tieferer Einsicht.
33 Gott ernst nehmen, das ist Erziehung
zur Weisheit: erst die Bescheidenheit, dann die
Ehre.

Das Menschenherz macht Pläne

16 Ein Mensch denkt sich manches aus, aber
das letzte Wort dazu spricht Gott.
2 Der Mensch hält alles, was er tut, für richtig;
Gott aber prüft die Beweggründe.
3 Laß Gott über dein Tun entscheiden, dann
werden sich deine Pläne erfüllen!
4 Gott hat alles auf ein Ziel hin geschaffen, so
auch die Bösen für den Tag ihrer Bestrafung.
5 Hochmütige kann Gott nicht ausstehen; ver-
laß dich darauf: sie werden ihrer Strafe nicht ent-
gehen.
6 Wenn ein Mensch treu zu Gott hält und das
Gute tut, wird ihm die Schuld vergeben. Alle, die
Gott ernst nehmen, entgehen dem Unheil.
7 Wenn Gott mit deinem Tun einverstanden
ist, dann macht er sogar deine Feinde bereit, mit
dir Frieden zu schließen.
8 Lieber wenig, aber ehrlich verdient, als ein
großer Gewinn aus unlauteren Geschäften.
9 Das Menschenherz macht Pläne – ob sie
ausgeführt werden, liegt bei Gott.
10 Der König spricht an der Stelle Gottes; dar-
um irrt er sich nicht, wenn er Recht spricht.
11 Gott will, daß die Waage stimmt; er selbst
hat die Gewichte festgelegt.
12 Könige hassen es, wenn Unrecht geschieht;
denn durch Recht wird ihre Herrschaft gefestigt.

15,6 11,28 S; Jes 5,8-10; Am 6,3-7; Jak 5,1-6 **15,8** 15,29; 21,27; 28,9; Sir 7,9; Joh 9,31 **15,11** Ps 139,8; Jer 17,9-10; Sir 42,18 **15,12** 12,1 S **15,13** 17,22; Sir 13,25-26 **15,16** 16,8; Ps 37,16; Tob 12,8-9 **15,17** 17,1 **15,18** 14,17 S **15,20** 10,1b S **15,23** 25,11 **15,28** 10,21 S **15,29** 15,8 S **15,30** 25,25 **15,31-32** 15,5 S **15,33** 1,7 S; 22,4 **16,1** 16,9; 19,21; Jer 10,23 **16,3** Ps 37,5 **16,8** 15,16 S **16,9** 16,1 S **16,10** 20,8.26; 25,2; 1 Kön 3,28; Ps 72,1-4 **16,11** 11,1 S **16,12** 20,28; 25,5; 29,14

13 Könige haben Gefallen an ehrlicher Rede; sie lieben es, wenn jemand die Wahrheit sagt.

14 Der Zorn des Königs ist ein Vorbote des Todes; ein kluger Mensch tut alles, um ihn zu besänftigen.

15 Ein huldvolles Lächeln auf dem Gesicht des Königs bedeutet Leben; seine Gunst gleicht einer Wolke, die erquickenden Regen bringt.

16 Weisheit* und Einsicht zu erlangen ist unendlich viel wertvoller als Silber und Gold.

17 Der Weg redlicher Menschen führt am Unglück vorbei. Darum: wer sein Leben bewahren will, achtet auf seinen Weg.

18 Auf Stolz folgt Sturz, nach Übermut kommt Untergang.

19 Bescheiden sein und zu den Armen gehören ist besser, als mit Vermessenen Beute zu teilen.

20 Wer befolgt, was er gelernt hat, hat Erfolg, und wer Gott vertraut, findet bleibendes Glück.

21 Ein weiser Mensch steht in hohem Ansehen; und je besser er redet, desto leichter überzeugt er.

22 Einsicht schenkt denen, die sie haben, das Leben. Dummköpfe werden durch ihre eigene Dummheit bestraft.

23 Ein Weiser redet mit Verstand; deshalb überzeugen seine Worte.

24 Freundliche Worte sind wie Honig: süß für den Gaumen und gesund für den ganzen Körper.

25 Der Weg, den du für den richtigen hältst, führt dich am Ende vielleicht in den Tod.

26 Der Hunger eines Arbeiters arbeitet für ihn; sein leerer Magen spornt ihn an.

27 Ein nichtsnutziger Mensch gräbt Unheil aus; seine Worte sind zerstörerisch wie ein Feuer.

28 Ein heimtückischer Mensch sät überall Streit, und ein Verleumder bringt Freunde auseinander.

29 Ein verbrecherischer Mensch stiftet seinen Freund zu Verbrechen an und führt ihn auf einen todbringenden Weg.

30 Wer mit den Augen zwinkert, führt Böses im Schilde; und wer hämisch grinst, hat es schon vollbracht.

31 Weißes Haar ist ein ehrenvoller Schmuck; denn langes Leben ist der Lohn für Menschen, die Gott die Treue halten.

32 Geduld bringt weiter als Heldentum; sich beherrschen ist besser als Städte erobern.

33 Menschen werfen das Los, aber die Entscheidung kommt von Gott.[a]

Fröhlichkeit ist gut für die Gesundheit

17 Ein Stück trockenes Brot in Eintracht ist besser als ein großes Festmahl mit Zank.

2 Ein tüchtiger Diener tritt an die Stelle eines nichtsnutzigen Sohnes und wird zusammen mit den anderen Söhnen erben.

3 Für Gold und Silber gibt es Tiegel und Ofen; aber das Herz eines Menschen prüft Gott.

4 Ein Verbrecher hört auf böswillige Reden; und das Ohr des Lügners hängt am Mund des Verleumders.

5 Wenn du die Armen verspottest, beleidigst du ihren Schöpfer; über das Unglück anderer freut sich niemand ungestraft.

6 Die Alten sind stolz auf ihre Enkel und die Kinder auf ihre Väter.

7 Gewählte Sprache paßt nicht zu einem Dummkopf; noch weniger paßt Lüge zu einem geachteten Mann.

8 Manche meinen, Bestechungsgeschenke wirkten wie ein Zauber und brächten ihnen überall Glück.

9 Wer Freundschaft halten will, verzeiht Unrecht; wer es immer wieder auftischt, zerstört sie.

10 Bei einem verständigen Menschen richtet ein Verweis mehr aus als hundert Hiebe bei einem uneinsichtigen.

11 Der Rebell will nichts als Aufruhr; darum schickt man ihm einen Boten mit dem Todesurteil.

12 Lieber mit einer Bärin zusammentreffen, der man die Jungen geraubt hat, als mit einem unverbesserlichen Narren in seiner Verbohrtheit.

13 Wer Gutes mit Bösem vergilt, in dessen Haus wird das Unglück Dauergast.

14 Der Anfang eines Streites ist wie eine Sickerstelle in einem Damm: du mußt beizeiten eingreifen, ehe es zur Katastrophe kommt.

15 Schuldige freisprechen und Schuldlose verurteilen – beides kann Gott nicht ausstehen.

16 Was nützt es einem Schwachkopf, wenn er Geld ausgibt und sich unterrichten läßt? Kann er Verstand kaufen?

17 Ein Freund steht allezeit zu dir, auch in Notzeiten hilft er dir wie ein Bruder.

18 Wenn du dich durch Handschlag verpflich-

a Der Vers ist eine Anspielung auf die heiligen Lose des Obersten Priesters (vgl. Ex 28,30).

16,14-15 19,12; 20,2 **16,16** 3,14-15 S **16,18** 18,12 **16,24** 12,25 **16,25** 14,12 S **16,27** Jak 3,6 **16,30** 6,13 S **16,31** 20,29 **16,32** 14,29 S **16,33** 18,18 **17,1** 15,17 **17,3** Ps 66,10; Ijob 23,10; Weish 3,6; Sir 2,5; Jes 48,10 S **17,5** 14,21 S **17,8** 18,16 **17,15** 18,5; 24,23-25; 28,21; Lev 19,15; Jes 5,23 **17,17** 18,24; 27,10; Sir 37,5 **17,18** 6,1-5 S

test, für die Schulden eines anderen aufzukommen, hast du den Verstand verloren.

19 Wer Streit liebt, liebt es, schuldig zu werden. Wer anmaßend auftritt, bereitet seinen Sturz vor.[a]

20 Ein Mensch, der Verkehrtes denkt und Übles redet, hat nichts Gutes zu erwarten.

21 Wer einen unverbesserlichen Sohn hat, kennt keine Freude; ein Taugenichts macht seinem Vater das Leben schwer.

22 Fröhlichkeit ist gut für die Gesundheit, Mutlosigkeit raubt einem die letzte Kraft.

23 Ein bestechlicher Richter nimmt heimlich Geschenke an, und das Recht nimmt einen verkehrten Lauf.

24 Ein kluger Mensch denkt stets daran, noch mehr Einsicht zu gewinnen; der Dummkopf ist mit seinen Gedanken überall und nirgends.

25 Ein uneinsichtiger Sohn ist für seinen Vater ein ständiger Ärger und für seine Mutter eine bittere Enttäuschung.

26 Schuldlose mit einer Geldstrafe belegen ist schlimm, und einen geachteten Mann zu einer Prügelstrafe verurteilen ist gegen jedes Recht.

27 Wenn du wirklich etwas gelernt hast, gehst du sparsam mit deinen Worten um. Ein Mensch, der sich beherrschen kann, zeigt, daß er Verstand hat.

28 Sogar ein Dummkopf kann für klug und verständig gehalten werden – wenn er nur den Mund halten könnte!

Die Zunge hat Macht über Leben und Tod

18 Der Eigenbrötler tut nur, was ihm in seinen Kram paßt; heftig wehrt er sich gegen jede bessere Einsicht.

2 Für einen Dummkopf ist es unwichtig, ob er von einer Sache etwas versteht; er will nur überall seine Meinung sagen.

3 Mit der Schuld[b] kommt die Schande; du verlierst deine Ehre und bekommst dafür Hohn.

4 Tief wie das Meer sind die Worte eines weisen Menschen, unerschöpflich wie ein sprudelnder Bach, eine Quelle der Weisheit*.

5 Es ist nicht recht, den Schuldigen zu begünstigen und dem Schuldlosen sein Recht zu verweigern.

6 Was ein Dummkopf sagt, führt zu Streit, und jedes seiner Worte schreit nach Schlägen.

7 Die Worte eines unverbesserlichen Narren sind sein Untergang; was er sagt, wird ihm selber zur tödlichen Falle.

8 Verleumdungen verschlingt man wie Leckerbissen und behält sie für immer tief im Gedächtnis.

9 Der nachlässige Arbeiter und der mutwillige Zerstörer sind Brüder.

10 Gott ist wie ein starker Turm; wer ihm gehorcht, findet bei ihm sichere Zuflucht.

11 Der Reiche hält sein Vermögen für eine Festung; in seiner Einbildung erscheint es ihm wie eine hohe Mauer.

12 Wer hoch hinaus will, stürzt ab; Bescheidenheit bringt Ansehen.

13 Ein Mensch, der antwortet, bevor er zugehört hat, zeigt seinen Unverstand und wird nicht ernst genommen.

14 Der Wille zum Leben unterwirft sich die Krankheit. Doch wie willst du mit einem zerbrochenen Willen leben?

15 Ein kluger Mensch spitzt ständig die Ohren, um noch mehr zu lernen.

16 Geschenke öffnen manche Türen, sie verschaffen dir Zutritt zu einflußreichen Leuten.

17 Wer bei einer Streitsache zuerst spricht, scheint recht zu haben. Doch dann kommt sein Gegner und stellt alles in Frage.

18 Das Los kann zwischen Prozeßgegnern entscheiden und ihrem Streit ein Ende machen.

19 Ein gekränkter Bruder ist unzugänglicher als eine Festung; Zerwürfnisse sind wie starke Riegel am Eingang der Burg.

20 Was einer mit seinen Worten erreicht, entscheidet über seine Zufriedenheit.[c]

21 Die Zunge hat Macht über Leben und Tod. Wenn du an der Sprache Freude hast, kannst du viel durch sie erreichen.

22 Wer eine Frau gefunden hat, hat das Glück gefunden; Gott meint es gut mit ihm.

23 Der Arme bittet höflich und bescheiden, der Reiche antwortet abweisend und barsch.

24 Sogenannte Freunde können dich ruinieren; aber ein echter Freund hält fester zu dir als ein Bruder.

Bedürftigen helfen heißt Gott etwas leihen

19 Lieber arm und untadelig als dumm und hinterhältig!

2 Eifer ohne Sachverstand taugt nichts; wer es zu eilig hat, macht Fehler.

a *Wer anmaßend auftritt …:* wörtlich *Wer seine Tür hoch macht, sucht Einsturz.*
b So mit einem veränderten Vokal; H *Mit einem Bösen.* c Deutung unsicher.

17,22 15,13 S **17,23** Ex 23,8 S **17,25** 19,13; Sir 16,1-3 **17,27** 10,19; Sir 20,6-8 **17,28** 12,23; 13,16; 14,3; 15,2 **18,5** 17,15 S **18,10** 14,26; Ps 46,2; 61,4 **18,11** 10,15 **18,12** 16,18 **18,16** 17,8 **18,18** 16,33 **18,22** 19,14; 31,10-12; Gen 2,18; Sir 26,1-4 S **18,24** 17,17 S **19,1** 28,6

3 Manche bringen sich durch eigene Torheit in Schwierigkeiten, aber die Schuld schieben sie Gott zu.

4 Reichtum vermehrt die Zahl der Freunde; aber der Arme wird von seinem Freund im Stich gelassen.

5 Ein falscher Zeuge geht nicht frei aus; wer Meineide schwört, wird seiner Strafe nicht entgehen.

6 Der Einflußreiche ist von vielen Schmeichlern umgeben; wer Geschenke verteilt, hat alle Welt zum Freund.

7 Den Armen mögen nicht einmal seine Brüder, erst recht meiden ihn seine Bekannten; er hält sich an Versprechungen, die nichts mehr gelten.[a]

8 Wenn du deinen Verstand schärfst, tust du dir selbst etwas Gutes; wenn du deiner Einsicht folgst, findest du das Glück.

9 Ein falscher Zeuge entgeht nicht seiner Strafe; wer Meineide schwört, hat sein Leben verwirkt.

10 Ein Leben im Wohlstand paßt nicht zu einem Dummkopf; noch weniger steht es einem Sklaven zu, über Angesehene zu herrschen.

11 Ein Mensch, der Einsicht hat, regt sich nicht auf; es gereicht ihm zur Ehre, bei Kränkungen Nachsicht zu üben.

12 Der Zorn des Königs ist wie das Brüllen eines Löwen; aber seine Gunst ist wie Tau, der das Gras erfrischt.

13 Ein Taugenichts von Sohn ist eine Katastrophe für seinen Vater, und eine nörgelnde Frau ist so unerträglich wie das ständige Tropfen durch ein undichtes Dach.

14 Geld und Gut erbt man von den Eltern; aber eine tüchtige Frau ist ein Gottesgeschenk.

15 Faulheit macht schläfrig, und wer träge ist, muß hungern.

16 Wer sich nach den Geboten richtet, bewahrt sein Leben; wer sich gehen läßt, kommt um.

17 Bedürftigen helfen heißt Gott etwas leihen, der wird es voll zurückerstatten.

18 Erzieh deine Kinder mit Strenge, dann kannst du Hoffnung für sie haben; laß sie nicht in ihr Verderben laufen!

19 Wer im Jähzorn handelt, soll dafür Strafe zahlen; wenn du sie ihm erläßt, wird es nur noch schlimmer mit ihm.

20 Befolge gute Ratschläge und laß dich korrigieren, dann bist du am Ende ein weiser Mensch.

21 Menschen haben den Kopf voller Pläne, doch nur Gottes Beschluß wird ausgeführt.

22 Was einen Menschen wertvoll macht, ist seine Güte;[b] darum ist ein Armer besser als ein Falscher.

23 Gott ernst nehmen ist gut für das Leben; satt und zufrieden verbringt man die Nacht, ohne vom Unglück erschreckt zu werden.

24 Der Faulpelz greift in die Schüssel, aber er bekommt die Hand nicht zum Mund.

25 Gib dem überheblichen Spötter den Stock zu spüren, und die Unerfahrenen werden es sich merken; tadle den Verständigen, und er selber wird daraus lernen.

26 Wer seinen Vater schlecht behandelt und seine Mutter aus dem Haus vertreibt, ist ein unwürdiger Mensch, für den man sich schämt.

27 Lehne nur alle Zurechtweisung ab, dann bleibt dir auch das Wissen fern!

28 Ein hinterhältiger Zeuge verlacht das Recht; Unheilstifter finden Geschmack an Verbrechen.

29 Für hochmütige Spötter gibt es Strafen und für den Rücken uneinsichtiger Narren den Stock.

Gott haßt zweierlei Gewicht

20 Der Wein macht zum Großmaul und das Bier zum Krakeeler; wer sich ständig betrinkt, wird niemals weise.

2 Ein König ist so bedrohlich wie ein knurrender Löwe; seinen Zorn zu wecken wäre Selbstmord.

3 Es ehrt einen Mann, sich aus einem Streit herauszuhalten; nur ein Dummkopf stürzt sich hinein.

4 Im Herbst mag der Faulpelz nicht pflügen; später will er ernten und kann nichts finden.

5 Guter Rat liegt tief im Menschenherzen wie Wasser in einem Brunnen; wer Verstand hat, holt ihn herauf.

6 Viele reden von ihrer Treue; aber finde mal einen Menschen, auf den Verlaß ist!

7 Wer Gott gehorcht, führt ein Leben ohne Tadel; seine Kinder können von Glück reden!

8 Wenn der König Gericht hält, findet sein Blick jeden Verbrecher heraus.

9 Welcher Mensch kann von sich behaupten:

a *er hält sich an Versprechungen ...:* Die zweite Vershälfte kann nur versuchsweise wiedergegeben werden; wörtlich *nachjagend Worten, nicht sie* oder *nachjagend Worten, ihm gehören sie.*
b Deutung unsicher.

19,3 Sir 15,11-20 **19,4** 14,20S **19,5** 6,19; 19,9; 21,28; 24,28; Ex 20,16S **19,6-7** 14,20S **19,9** 19,5S **19,11** 14,29 **19,12** 16,14-15S **19,13** 17,25S; 21,9S **19,14** 18,22S **19,15** 6,10-11S **19,17** 14,21S **19,18** 13,24S **19,19** 14,17S **19,21** 16,1S **19,23** 10,27S **19,24** 6,6S **19,25** 21,11 **19,26** 20,20S **19,29** 10,13; 13,24S; 26,3 **20,1** 23,20-21.29-35; 31,4.6-7; Sir 31,25-30 **20,2** 16,14-15S **20,4** 6,6S **20,7** Ps 112,1-2 **20,8** 16,10S **20,9** 30,12; Ijob 4,17S

»Ich habe ein reines Gewissen, ich bin meine Fehler losgeworden«?

10 Zweierlei Maß, zweierlei Gewicht: Gott haßt beides.

11 Schon einen jungen Menschen erkennst du an seinen Taten; du siehst daran, ob er Charakter hat.

12 Das Ohr ist zum Hören und das Auge zum Sehen, dazu hat Gott beide geschaffen.

13 Liebst du den Schlaf, so bist du bald arm. Mach die Augen früh auf, dann hast du immer satt zu essen!

14 »Viel zu teuer!« sagt der Käufer; doch wenn er weggeht, reibt er sich die Hände.

15 Gold und edle Steine gibt es haufenweise, aber einsichtsvolle Worte sind eine Seltenheit.

16 Wenn einer so dumm war, für einen Fremden zu bürgen, dann nimm ruhig sein Obergewand* als Pfand, wenn er von dir etwas borgen will.

17 Wer von Betrug lebt, findet anfangs Geschmack daran; aber hinterher hat er den Mund voll Sand.

18 Durch Beratung kommen Pläne zum Ziel; wenn du in den Kampf ziehen willst, brauchst du einen guten Plan.

19 Wer jedes Gerücht weiterträgt, plaudert auch Geheimnisse aus. Darum meide Leute, die zuviel reden!

20 Wenn du deinen Vater oder deine Mutter verfluchst, wird es dir ergehen wie einem, dessen Lampe in dunkelster Nacht erlöscht.

21 Wenn du zu schnell nach deinem Erbe greifst, bringt es dir am Ende kein Glück.

22 Nimm dir nicht vor, erlittenes Unrecht selber zu vergelten! Vertrau auf Gott, er wird dir Recht verschaffen!

23 Gott haßt zweierlei Gewicht, und falsche Waage heißt er nicht gut.

24 Gott bestimmt jeden unserer Schritte. Wie kann ein Mensch wissen, welche Richtung sein Leben nimmt?

25 Wenn du Gott etwas versprichst und erst dann überlegst, wie du es erfüllen kannst, begibst du dich in eine ausweglose Falle.

26 Ein weiser König findet die Verbrecher heraus und bestraft sie ohne Erbarmen.

27 Der Lebensgeist ist Gottes Lampe; mit ihr durchleuchtet er das Menschenherz und seine Gedanken.[a]

28 Gottes Güte und Treue beschützen den König, und durch Güte festigt der König seine Herrschaft.

29 Junge Männer können stolz sein auf ihre Kraft und die Alten auf ihr graues Haar.

30 Striemen sind ein Heilmittel gegen die Bosheit, Schläge bessern den Charakter.[b]

Den Faulpelz bringen seine Wünsche um

21 Wasserbäche können wir umleiten. So lenkt Gott das Herz eines Herrschers, wie er will.

2 Der Mensch hält alles, was er tut, für einwandfrei; Gott aber prüft die Beweggründe.

3 Tu, was in Gottes Augen recht und gut ist! Das ist ihm lieber als Opfergaben*.

4 Hochmütiger Blick, überheblicher Verstand – einen Menschen erziehen zu wollen, der Gott mißachtet, führt zu nichts.[c]

5 Fleiß mit Überlegung bringt sicheren Gewinn, jede Übereilung bringt nichts als Verlust.

6 Mit Lug und Trug gesammelter Reichtum ist wie der flüchtige Atem derer, die den Tod suchen.

7 Mit ihrer Gewalttätigkeit bereiten sich die Verbrecher selbst den Untergang; denn sie weigern sich, dem Recht zu folgen.

8 Schurken gehen auf krummen Wegen; aber redliche Menschen führen ein geradliniges Leben.

9 Lieber ein ruhiger Winkel unterm Dach als ein ganzes Haus zusammen mit einer ständig nörgelnden Frau.

10 Boshafte Menschen haben nur Böses im Sinn, mit ihren Mitmenschen haben sie kein Erbarmen.

11 Wenn du die überheblichen Spötter bestrafst, werden wenigstens die Grünschnäbel daraus lernen. Wenn du die Weisen belehrst, vermehrst du ihr eigenes Wissen.

12 Ein gerechter Herrscher[d] behält die Verbrechersippe im Auge und bringt die Unheilstifter ins Unglück.

13 Wenn du für das Schreien der Armen nur taube Ohren hast, wirst du keine Antwort bekommen, wenn du selber um Hilfe rufst.

14 Hast du jemand verärgert, so steck ihm heimlich ein Geschenk zu; das wird ihn besänftigen.

15 Ein gerechter Urteilsspruch bedeutet Freu-

a *das Menschenherz …:* wörtlich *alle Kammern des Körpers.*
b *den Charakter:* wörtlich *die Kammern des Körpers.*
c *einen Menschen erziehen …:* wörtlich *der Neubruch des Bösen ist Verfehlung.* d Wörtlich *Ein Gerechter.*

20,10 11,1 S **20,13** 6,10-11 S **20,16** 6,1-5 S **20,18** 24,6 **20,20** 19,26; 30,17; Ex 21,17 **20,22** 24,29; Sir 28,1-7; Mt 5,38-42; Röm 12,17 S **20,23** 11,1 S **20,25** Ri 11,29-40; Koh 5,3-5 **20,26** 16,10 S **20,28** 16,12 S; Ps 61,8 **20,29** 16,31 **21,3** 1 Sam 15,22; Ps 40,7-9 S **21,9** 19,13; 21,19; 25,24; 27,15-16; Sir 25,16-26 **21,11** 19,25

de für die Unschuldigen, aber Schrecken für die Verbrecher.

16 Ein Mensch, der es ablehnt, vernünftig zu leben, wird bald den Toten Gesellschaft leisten.

17 Wer Vergnügungen liebt, dem geht schnell das Geld aus; immer gut essen und trinken macht niemand reich.

18 Einmal werden die Plätze vertauscht; dann trifft die Bösen das Unglück, das jetzt die Guten erleiden müssen.[a]

19 Lieber in der Wüste leben als zusammen mit einer zänkischen Frau, die dir auf die Nerven geht.

20 Wertvolle Schätze und duftendes Öl sammeln sich im Haus des Weisen; aber ein Dummkopf vergeudet alles.

21 Wenn du anderen Güte und Liebe erweist, findest du Gegenliebe, Ansehen und ein erfülltes Leben.

22 Ein weiser Mann kann eine Stadt voll Soldaten angreifen und die Befestigungen zerschlagen, auf die sie sich verlassen hat.

23 Wer seinen Mund hält, hält sich Schwierigkeiten vom Hals.

24 Ein überheblicher Spötter tut alles in vermessener Selbstüberschätzung.

25 Den Faulpelz bringen seine Wünsche um, weil seine Hände sie nicht erfüllen wollen.

26 Manche wollen immer nur nehmen und haben; wer Gott die Treue hält, kann geben und großzügig sein.

27 Gott verabscheut die Opfergaben der Unheilstifter, besonders wenn sie damit böse Absichten fördern wollen.

28 Einem lügnerischen Zeugen wird das Wort entzogen; aber wer aussagt, was er genau gehört hat, darf zu Ende sprechen.[b]

29 Redliche sind sicher in dem, was sie tun; Unheilstifter müssen so tun, als wären sie sicher.

30 Klugheit, Scharfsinn und Einsicht richten nichts aus, wenn du es mit Gott zu tun bekommst.

31 Du kannst das Pferd anspannen für den Tag der Schlacht; aber der Sieg kommt von Gott.

Wer Unrecht sät, wird Unheil ernten

22 Ein guter Ruf ist besser als großer Reichtum; Liebenswürdigkeit hilft weiter als Silber und Gold.

2 Reiche und Arme leben nebeneinander, sie alle hat Gott geschaffen.

3 Ein Mensch mit Erfahrung sieht das Unglück kommen und bringt sich in Sicherheit; die Unerfahrenen laufen mitten hinein und müssen es büßen.

4 Wer Gott ernst nimmt und sich ihm unterwirft, findet Reichtum, Ansehen und ein erfülltes Leben.

5 Der Weg falscher Menschen ist voller Dornen und Schlingen; wer sein Leben liebt, meidet ihn.

6 Bring einem Kind am Anfang seines Lebens gute Gewohnheiten bei, es wird sie auch im Alter nicht vergessen.

7 Der Reiche hat die Armen in seiner Gewalt; wer Geld leihen muß, wird zum Sklaven seines Gläubigers.

8 Wer Unrecht sät, wird Unheil ernten; dann kann er seinen Mutwillen an niemand mehr auslassen.

9 Einem gütigen Menschen wünscht man Gutes, weil er sein Brot mit den Armen teilt.

10 Vertreibe den hochmütigen Spötter, und der Zank hört auf, Streit und Beschimpfung sind zu Ende.

11 Wer ein reines Gewissen hat und gewinnend reden kann, den nimmt der König zum Freund.

12 Gott sorgt dafür, daß die Wahrheit erkannt wird; er entlarvt die Worte der Lügner.

13 Der Faulpelz sagt: »Ich kann nicht hinausgehen; draußen ist ein Löwe, der bringt mich um!«

14 Die verführerischen Worte fremder Frauen sind eine Falle; wenn Gott zornig auf dich ist, läufst du hinein.

15 Kinder neigen zu Dummheiten; strenge Erziehung wird sie davon heilen.

16 Einen Armen ausbeuten, um sich zu bereichern, oder einem Reichen etwas schenken – beides bringt nur Schaden!

KLEINERE SAMMLUNGEN
(22,17–24,34)

Dreißig Ratschläge

17 Hör mir zu! Ich will dir weitergeben, was weise Lehrer gesagt haben. Nimm dir ihre[c]

a Deutung unsicher.
b Wörtlich *Ein Lügenzeuge vergeht, aber ein hörender Mann wird fortwährend reden.*
c *ihre* mit G; H *meine.*

21,17 23,20-21 S **21,18** 11,8; Lk 1,52-53 **21,19** 21,9 S **21,23** 13,3 S **21,27** 15,8 S **21,28** 19,5 S **21,31** Ps 20,8 S **22,2** 29,13; Ijob 31,15; Weish 6,7 **22,4** 10,27 S; 15,33 **22,8** Ijob 4,8; Hos 8,7 S; Gal 6,7 **22,9** 14,21 S **22,11** Ps 101,6 **22,14** 5,3-6 S **22,15** 13,24 S

Worte zu Herzen! [18] Du tust gut daran, sie aus-
wendig zu lernen, damit du sie jederzeit her-
sagen kannst. [19] Ich lehre sie dich heute, um dir
zu zeigen, daß du dich stets auf Gott verlassen
kannst. [20] Dreißig von diesen Lehren habe ich
für dich aufgeschrieben, lauter wohlbegründete
Ratschläge. [21] Sie sagen dir alles, was du wissen
mußt, um die Aufträge deiner Vorgesetzten zu-
verlässig zu erfüllen.

1

[22] Nutze die Wehrlosigkeit anderer nicht aus
und benachteilige die Armen nicht vor Gericht.
[23] Gott schützt die Schutzlosen; wer ihnen ihr
Recht nimmt, dem nimmt Gott das Leben.

2

[24] Nimm keinen Jähzornigen zum Freund und
verkehre nicht mit jemand, der sich nicht be-
herrschen kann. [25] Sonst gewöhnst du dich an
seine Unart und gefährdest dein Leben.

3

[26] Übernimm keine Bürgschaft für fremde
Schulden. [27] Wenn du sie nicht bezahlen kannst,
pfändet man sogar dein Bett.

4

[28] Verrücke nicht die Grenzen deines Grund-
stücks, die schon deine Vorfahren festgelegt
haben.

5

[29] Wenn du einen siehst, der in seinem Beruf
tüchtig ist, kannst du sicher sein: Er wird Köni-
gen dienen, nicht gewöhnlichen Leuten.

6

23 Wenn du bei einem hohen Herrn zu
Tisch sitzt, dann vergiß nicht, mit wem
du es zu tun hast. [2] Stürz dich nicht auf die
Speisen,[a] auch wenn du noch so hungrig bist.
[3] Sei vorsichtig, wenn er dich mit Leckerbissen
füttert; du könntest dich in ihm täuschen.

7

[4] Plage dich nicht damit ab, reich zu werden;
du weißt es doch besser! [5] Denn ehe du dich's
versiehst, hat dein Reichtum Flügel bekommen
und entschwindet deinen Augen wie ein Adler,
der zum Himmel aufsteigt.

8

[6] Laß dich nicht von einem Geizhals einladen,
und wenn er dir noch so köstliche Speisen vor-
setzen will. [7] Denn er hat alle Bissen abgezählt.
»Greif doch zu!« sagt er; aber im Grunde gönnt
er dir nichts. [8] Dann vergeht dir der Appetit, und
das ganze Essen kommt dir wieder hoch. Du
hast seine Küche mit überschwenglichen Wor-
ten gelobt und nichts dafür bekommen.

9

[9] Verschwende deinen guten Rat nicht an
oberflächliche Menschen, die ihn doch nicht zu
schätzen wissen.

10

[10] Verrücke nicht die von alters her festgeleg-
ten Grenzen, um deinen Landbesitz auf Kosten
wehrloser Waisen zu vergrößern. [11] Denn sie
haben einen mächtigen Beistand: Gott selbst
wird ihr Recht gegen dich verteidigen.

11

[12] Sei bereit, dich korrigieren zu lassen, und
spitze die Ohren, wenn du etwas lernen kannst.

12

[13] Erzieh deinen Sohn mit Strenge. Eine
Tracht Prügel bringt ihn nicht um. [14] Aber wenn
du ihm seine Unarten austreibst, wirst du ihm
das Leben retten.

13

[15] Mein Sohn,[b] wenn du klug und besonnen
wirst, machst du mir Freude, [16] und wenn ich
aus deinen Worten erkenne, daß du gereift bist,
kann ich stolz auf dich sein.

14

[17] Beneide nicht gewissenlose Menschen,
denen es gutgeht, sondern gib dir täglich Mühe,
den Willen Gottes zu tun. [18] Dann kannst du
hoffnungsvoll in die Zukunft blicken, und dei-
nem Glück steht nichts mehr im Weg.

15

[19] Hör auf mich, mein Sohn! Sei vernünftig
und bleib auf dem geraden Weg! [20] Halte dich
fern von denen, die sich mit Wein vollaufen las-
sen und ihren Bauch mit Fleisch vollstopfen.

a Wörtlich *Lege ein Messer an deine Kehle.*
b Siehe Anmerkung zu 1,8.

22,22-23 23,10-11; Ex 23,6-7 **22,24** 14,17 S **22,26-27** 6,1-5 S **22,28** 23,10; Dtn 27,17 S **23,1-3** Sir 31,12-21 **23,4-5** 28,22 S **23,10-11** 15,25; 22,22-23 S; 22,28 S **23,13-14** 13,24 S **23,17** 3,31; 24,1; 24,19-20 S **23,20-21** 20,1 S; 21,17; Sir 18,33

21 Wer säuft und schlemmt, wird faul und hat
schließlich nur noch Lumpen am Leib.

16

22 Achte deinen Vater und deine Mutter, du
verdankst ihnen das Leben! Hör auch dann noch
auf sie, wenn sie alt geworden sind.
23 Wahrheit und Weisheit*, Einsicht und Her-
zensbildung sind es wert, daß du sie dich etwas
kosten läßt. Gib sie nie wieder her!
24 Die größte Freude für einen Vater ist ein
tüchtiger und charakterfester Sohn. 25 Mach
deinem Vater und deiner Mutter Freude. Sie,
die dich geboren hat, soll doch stolz auf dich
sein!

17

26 Hör mir gut zu, mein Sohn! Folge meinem
Beispiel. 27 Hüte dich vor der Dirne und vor der
Frau eines anderen. Sie sind wie eine tiefe
Grube, wie ein enger Brunnen, in dem du stek-
kenbleibst. 28 Wie Wegelagerer lauern sie den
Männern auf und verführen viele zur Untreue.

18

29 Willst du wissen, wer ständig stöhnt und
sich selbst bemitleidet? Wer immer Streit hat
und sich über andere beklagt? Wer glasige
Augen hat und Verletzungen, die er sich hätte
ersparen können? 30 Das sind die, die bis spät in
die Nacht beim Wein sitzen und keine Gelegen-
heit auslassen, eine neue Mischung zu probie-
ren. 31 Laß dich nicht vom Wein verführen! Er
funkelt so rot im Becher und gleitet so ange-
nehm durch die Kehle; 32 aber dann wird es dir
schwindlig, als hätte dich eine giftige Schlange
gebissen. 33 Du siehst Dinge, die es gar nicht
gibt, und redest dummes Zeug. 34 Du fühlst dich
wie auf stürmischer See, wie einer, der im Mast-
korb eines Schiffes liegt. 35 Wenn du wieder zu
dir kommst, sagst du: »Man muß mich geschla-
gen haben, aber es hat nicht weh getan. Man
muß mich verprügelt haben, aber ich habe
nichts gespürt! Wie werde ich nur wach? Ich
brauche einen Schluck Wein, ich will wieder
von vorn anfangen!«

19

24 Sei nicht neidisch auf das Glück schlech-
ter Menschen; suche nicht ihre Freund-
schaft! 2 Sie haben nichts als Verbrechen im
Sinn, und sooft sie den Mund aufmachen,
kommt jemand zu Schaden.

20

3 Weisheit* und Verstand sind ein sicheres
Fundament, auf dem du dein Haus errichten
kannst, 4 und Wissen füllt seine Räume mit wert-
vollen und schönen Dingen.

21

5 Nur ein kluger Mann ist wirklich stark;
durch Wissen vervielfacht er seine Kraft. 6 Wenn
du einen Krieg gewinnen willst, mußt du sorgfäl-
tig planen; je mehr gute Ratgeber du hast, desto
sicherer ist dir der Sieg.

22

7 Wer nichts gelernt hat, für den ist die Weis-
heit erfahrener Männer zu hoch; in der Rats-
versammlung muß er den Mund halten.

23

8 Wer ständig Teufeleien ausheckt, wird bald
ein Teufel genannt. 9 Wenn jemand unbelehrbar
ist, führt alles, was er sich vornimmt, zur Sünde;
und ein Mensch, dem nichts heilig ist, ist bei
allen verhaßt.

24

10 Du magst dich für stark halten – ob du es
bist, zeigt sich erst in der Not.

25

11 Laß nicht zu, daß unschuldige Menschen
verurteilt werden. Tu alles, was du kannst, um
sie vor dem Tod zu retten. 12 Rede dich nicht da-
mit heraus, daß du nichts gewußt hast. Gott
sieht dir ins Herz und weiß, ob du die Wahrheit
sagst. Er belohnt oder bestraft jeden Menschen,
wie er es aufgrund seiner Taten verdient hat.

26

13 Mein Sohn, Honig ist etwas Gutes und ein
Genuß für den Gaumen. 14 Weisheit aber ist gut
für dein ganzes Leben. Wenn du sie erwirbst,
dann kannst du hoffnungsvoll in die Zukunft
blicken, und deinem Glück steht nichts mehr im
Weg.

27

15 Suche nicht mit List und Tücke einen red-
lichen Mann um Haus und Hof zu bringen.
16 Denn der Rechtschaffene kommt immer wie-
der auf die Füße, sooft ihn auch das Unglück zu
Boden schlägt. Aber wer Gottes Gebote mißach-
tet, kommt zu Fall und steht nie mehr auf.

23,22 1,8 S 23,23 4,7 23,24-25 10,1b S 23,27-28 5,3-6 S 23,29-35 20,1 S 24,1 23,17 S 24,6 20,18 24,12 Jer 17,10 S 24,16 Ps 37,23-24

28

17 Wenn dein Feind ins Unglück gerät, dann
sei nicht schadenfroh! 18 Das gefällt Gott nicht
und könnte ihn veranlassen, ihm den Rest der
Strafe zu schenken.

29

19 Reg dich nicht auf, wenn es bösen Men-
schen gutgeht; beneide sie nicht; 20 denn ihr
Glück ist nicht von Dauer, es erlischt wie eine
Öllampe.

30

21 Mein Sohn, fürchte Gott und fürchte den
König! Laß dich nicht mit Aufrührern ein;
22 denn ganz plötzlich trifft sie das Verderben.
Wer weiß, welches Unglück Gott oder der König
unversehens über sie bringt?

Noch einige weitere Ratschläge

23 Auch die folgenden Worte stammen von wei-
sen Lehrern:
Ein Richter, der nicht unparteiisch Recht
spricht, begeht Unrecht. 24 Wer Schuldige frei-
spricht, wird von allen Leuten gehaßt und ver-
flucht. 25 Aber denen, die gerecht entscheiden,
wird es gutgehen, denn sie werden von allen an-
erkannt und gepriesen.
26 Eine offene, ehrliche Antwort ist ein Zei-
chen von wahrer Freundschaft.
27 Erledige zuerst, was du draußen zu tun
hast, bestelle deine Felder für die Ernte; dann
kannst du ein Haus bauen und eine Familie
gründen.
28 Belaste niemand mit einer Falschaussage!
Oder willst du wissentlich lügen? 29 Denke
nicht: »Wie du mir, so ich dir; jetzt wird die
Rechnung beglichen!«

30 Am Feld eines Faulpelzes ging ich vorüber,
am Weinberg des Mannes ohne Verstand.
31 Dort wuchsen statt Reben nur Dornen
und Disteln,
wild wucherndes Unkraut bedeckte das Land,
die Mauer ringsum war schon völlig zerfallen.
32 Ich sah es und zog meine Lehre daraus:
33 »Etwas schlummern und schlafen,
die Arme verschränken,
34 und schnell kommen Armut und Not
dir ins Haus.«

DIE ZWEITE SAMMLUNG VON RATSCHLÄGEN SALOMOS

(Kapitel 25–29)

25 Die nun folgenden Sprüche sind wieder
von Salomo. Lehrer am Hof des Königs
Hiskija von Juda haben sie gesammelt.

Wenn dein Feind hungrig ist …

2 Gott wird geehrt für das, was er verborgen hält;
Könige werden geehrt für das, was sie auf-
decken.
3 Wie die Höhe des Himmels und die Tiefe der
Erde, so unerforschlich sind die Gedanken der
Könige.
4 Entferne die Schlacke aus dem Silber, dann
kann der Künstler ein erlesenes Gefäß daraus
machen. 5 Entferne üble Berater aus der Nähe
des Königs, dann wird er gerecht regieren, und
seine Herrschaft wird Bestand haben.
6 Tritt am Hof des Königs bescheiden auf und
halte dich nicht für die Hauptperson. 7 Es ist
ehrenvoller, wenn man dich auf einen besseren
Platz bittet, als wenn man dich von einem Platz
verweist, der für einen Vornehmeren bestimmt
war.
8 Wenn dir bei deinem Nachbarn oder deiner
Nachbarin etwas verdächtig erscheint, dann
bring es nicht gleich vor Gericht. Wie stehst du
da, wenn sie dir beweisen können, daß du dich
getäuscht hast?
9 Wenn du einen Streit mit deinem Nachbarn
hast, dann berufe dich nicht auf das, was jemand
dir im Vertrauen gesagt hat. 10 Sonst wissen bald
alle, daß du nichts für dich behalten kannst, und
um deinen guten Ruf ist es geschehen.
11 Wie goldene Äpfel auf silbernen Schalen, so
sind treffende Worte im richtigen Augenblick.
12 Wie ein schmückender Ohrring aus feinstem
Gold, so wertvoll ist weiser Rat für ein hörendes
Ohr.
13 Erledigst du einen Auftrag zuverlässig, so
freuen sich deine Vorgesetzten, wie man sich
bei der Ernte über ein kühles Getränk freut.
14 Wie Wolken und Wind ohne Regen, so ist
ein Mensch, der Versprechungen macht und sie
nicht hält.
15 Eine sanfte Zunge zerbricht Knochen: Mit
geduldigen Worten kannst du mächtige Leute
umstimmen.
16 Wenn du zuviel Honig ißt, schlägt er dir

24,17 Ijob 31,29 **24,19-20** Ps 37,1-2.8-10.35-36; 73,2-3.17-20; 92,8; Spr 23,17 S; Sir 12,6 S **24,20** 3,33 S **24,21** 1 Petr 2,17 **24,23-25** 17,15 S **24,26** 25,11 S **24,28** 19,5 S **24,29** 20,22 S **24,33-34** 6,10-11 S **25,1** 1,1; 10,1; 2 Kön 18,1-8 **25,2** 16,10 S; 30,4; Dtn 29,28; Koh 8,16-17 **25,4** Jes 1,25 S **25,5** 16,12 S **25,7** Lk 14,7-11 **25,9-10** Sir 27,16 **25,11** 15,23; 24,26

auf den Magen, und du bekommst ihn über. 17 Wenn du deine Bekannten zu oft besuchst, fällst du ihnen auf die Nerven, und sie werden dich leid.

18 Wie eine Keule, ein Schwert oder ein spitzer Pfeil, so tödlich ist eine falsche Aussage vor Gericht.

19 In der Not auf treulose Freunde vertrauen, das ist so wie mit einem brüchigen Zahn kauen oder mit einem lahmen Fuß laufen.

20 An einem kalten Tag die Kleider ablegen oder Essig in eine Wunde[a] gießen – so wirkt es, wenn du einem traurigen Menschen lustige Lieder vorsingst.

21 Wenn dein Feind hungrig ist, dann gib ihm zu essen, und wenn er Durst hat, gib ihm zu trinken. 22 Dann wird es ihm bald leid tun, dein Feind zu sein,[b] und Gott wird dich belohnen.

23 Bei Westwind gibt's Regen, und bei Klatsch gibt's Ärger.

24 Ein ruhiger Winkel unterm Dach ist besser als ein ganzes Haus gemeinsam mit einer ständig nörgelnden Frau.

25 Wie kühles Wasser für einen Durstigen, so ist eine gute Nachricht aus fernem Land.

26 Wie eine verschmutzte Quelle oder ein vergifteter Brunnen, so ist ein guter Mensch, der sich von einem bösen irremachen läßt.

27 Zuviel Honig und zuviel Ehre sind unbekömmlich.[c]

28 Wie eine Stadt ohne Schutzwall, so ist ein Mann ohne Selbstbeherrschung.

Wer anderen eine Grube gräbt …

26 Wie Schnee im Sommer und Regen in der Erntezeit, genauso unpassend sind Ansehen und Wohlstand bei einem Dummkopf.

2 Wie ein flatternder Spatz oder eine fliegende Schwalbe, so ist ein unverdienter Fluch: er läßt sich auf keinen Menschen nieder.

3 Die Peitsche fürs Pferd, der Zaum für den Esel und der Stock für den Rücken unverbesserlicher Narren!

4 Gib dem Dummen keine Antwort, die seiner Dummheit entspricht, damit die Leute dich nicht selbst für dumm halten!

5 Gib ihm eine Antwort, wie seine Dummheit sie verdient, damit er sich nicht selbst für klug hält!

6 Wer einen Dummkopf als Boten schickt, ist wie jemand, der sich selbst die Füße abhackt und schlimmen Ärger schlucken muß.[d]

7 Kraftlos wie die Beine eines Gelähmten, so ist ein Weisheitsspruch im Mund von Unverständigen.

8 Einen Stein in der Schleuder festbinden und einem Dummkopf Ehre erweisen: eins ist so sinnlos wie das andere.

9 Ein stacheliger Zweig in der Hand eines Betrunkenen – genauso gefährlich ist ein Weisheitsspruch im Mund von Unverständigen.

10 Wie ein Bogenschütze, der auf jeden schießt, so unverantwortlich handelt jemand, der einen Dummkopf in Dienst nimmt oder den ersten besten, der vorüberkommt.

11 Ein Hund frißt noch einmal, was er erbricht; so wiederholt ein Dummkopf seinen Unsinn.

12 Kennst du einen, der sich selbst für weise hält? Für einen Schwachsinnigen ist mehr Hoffnung als für ihn!

13 Der Faulpelz sagt: »Draußen läuft ein wildes Tier umher, ein Löwe, mitten auf der Straße!«

14 Die Tür dreht sich in ihren Angeln – und der Faulpelz in seinem Bett.

15 Der Faulpelz greift in die Schüssel, aber die Hand zum Mund zu führen ist ihm zu mühsam.

16 Der Faulpelz hält sich selbst für klüger als sieben Sachverständige.

17 Mische dich nicht in einen Streit, der dich nichts angeht! Sonst schaffst du dir ähnlichen Ärger wie jemand, der einen vorüberlaufenden Hund bei den Ohren packt.

18 Wie ein Irrer, der mit Brandpfeilen und anderen tödlichen Waffen spielt, 19 so handelt jemand, der seinen Freund betrügt und dann sagt: »Es war nur ein Scherz!«

20 Wo kein Holz mehr ist, geht das Feuer aus; und wo kein Klatsch mehr ist, hört der Streit auf.

21 Kohle hält die Glut in Gang und Holz das Feuer; so sorgt der Streithahn dafür, daß der Zank weitergeht.

22 Verleumdungen verschlingt man wie Leckerbissen und behält sie für immer tief im Gedächtnis.

23 Wie Silberglasur auf Tongeschirr, so ist zündende Rede mit böser Absicht.

24 Ein gehässiger Mensch ist voller Falschheit, aber er versteckt sie hinter Schmeichelworten.

a *in eine Wunde* mit G; H *auf Natron.* b Wörtlich *Dann sammelst du glühende Kohlen auf seinen Kopf.*
c Wörtlich *Zuviel Honig essen ist nicht gut, und das Suchen nach ihrer Ehre (ist) Ehre.*
d *schlimmen Ärger …:* Deutung unsicher; wörtlich *Gewalttat trinkt.*

25,18 19,5 S 25,21-22 Röm 12,20 25,24 21,9 S 25,25 15,30 25,28 29,11 26,3 19,29 S 26,11 2 Petr 2,22 26,13-16 6,6 S 26,24-26 6,12-15

25 Und wenn er noch so freundlich redet, glaub
ihm nicht! Er hat alle erdenklichen Teufeleien im
Sinn. 26 Seinen Haß mag er eine Weile verbergen
können, aber schließlich wird er von allen
durchschaut.

27 Wer anderen eine Grube gräbt, fällt selbst
hinein. Wer einen Stein hochwirft, auf den fällt
er zurück.

28 Wer andere mit seinen Lügen zugrunde ge-
richtet hat, haßt sie auch dann noch; Verleum-
dung führt zu Vernichtung.

Überlaß es anderen, dich zu loben

27 Gib nicht an mit dem, was du morgen
vorhast! Du weißt ja nicht einmal, was
dir heute zustößt.

2 Überlaß es anderen, dich zu loben; besser
ein fremder Mund lobt dich als dein eigener!

3 Sand und Steine sind schwer, aber noch
schwerer wiegt der Ärger, den man mit Dumm-
köpfen hat.

4 Zorn ist grausam und Wut wie überschäu-
mendes Wasser; doch noch unerträglicher ist
Eifersucht.

5 Liebe, die offen tadelt, ist besser als eine, die
ängstlich schweigt.

6 Ein Freund bleibt dein Freund, auch wenn
er dir weh tut; ein Feind überfällt dich mit über-
trieben vielen Küssen.

7 Wer satt ist, läßt den besten Honig stehen;
aber Hungrigen schmeckt sogar Bitteres süß.

8 Wie ein Vogel, der fortfliegt von seinem
Nest, so ist ein Mensch, der seine Heimat ver-
läßt.

9 Duftendes Öl und Weihrauch geben eine
festliche Stimmung; aber noch beglückender
als süße Düfte ist die Zuneigung eines Men-
schen.[a]

10 Verlaß deine Freunde nicht, auch nicht die
Freunde deines Vaters. Wenn du in Schwierig-
keiten bist, lauf nicht gleich zum Haus deines
Bruders. Der Nachbar nebenan kann dir besser
helfen als der Bruder in der Ferne.

11 Werde klug und weise, mein Sohn,[b] und
mach mir Freude! Wenn mir dann jemand Un-
fähigkeit vorwirft, kann ich ihn widerlegen.

12 Ein Mensch mit Erfahrung sieht das Un-
glück kommen und bringt sich in Sicherheit; die
Unerfahrenen laufen mitten hinein und müssen
es büßen.

13 Wenn jemand so dumm war, für einen
Fremden zu bürgen, dann nimm ruhig sein
Obergewand* als Pfand, wenn er von dir etwas
borgen will.

14 Wenn du deinen Nachbarn jeden Morgen
mit lauten Glückwünschen grüßt, dann legt er es
dir als Verwünschung aus.

15 Wie ein Loch im Dach, durch das es bei
Regen ständig tropft, so ist eine keifende Frau.
16 Sie zum Schweigen bringen? Genausogut
kannst du versuchen, den Wind anzuhalten oder
Öl mit den Fingern festzuhalten!

17 Eisen wird mit Eisen geschärft, und ein
Mensch bekommt seinen Schliff durch Umgang
mit anderen.

18 Wer seinen Feigenbaum pflegt, bekommt
dafür die Feigen zu essen; ein Diener, der für sei-
nen Herrn sorgt, wird dafür geehrt.

19 Im Spiegel des Wassers erkennst du dein
Gesicht, und im Spiegel deiner Gedanken er-
kennst du dich selbst.

20 Der Schlund der Totenwelt* ist unersättlich,
und auch die Augen des Menschen wollen im-
mer noch mehr.

21 Den Wert von Gold und Silber prüft man
mit Tiegel und Ofen; was ein Mann wert ist, sagt
sein Ruf.

22 Einen unverbesserlichen Narren kannst du
in einem Mörser mit dem Stößel stampfen, mit-
ten zwischen den Körnern. Die Körner verlieren
dabei ihre Hülsen, aber der Narr nicht seine
Dummheit.

23 Achte auf den Zustand deiner Herden, küm-
mere dich um deine Schafe und Ziegen. 24 Geld-
besitz ist nicht von Dauer; nicht einmal eine
Krone geht endlos von einer Generation auf
die andere über. 25 Mähe deine Wiesen, und
während das Gras nachwächst, hole das Heu
von den Bergen! 26 Die Schafe geben dir Wolle
zur Kleidung. Mit dem Erlös für die Ziegen-
böckchen kannst du ein neues Feld kaufen,
27 und von den Ziegen bekommst du Milch im
Überfluß. So kannst du dich und deine Familie
ernähren und auch deine Mägde am Leben er-
halten.

Lieber arm sein und untadelig leben

28 Wer Gott mißachtet, ergreift die Flucht,
obwohl niemand ihn verfolgt. Wer Gott
gehorcht, fühlt sich sicher wie ein Löwe.

2 Bei Aufruhr im Land mehren sich die Herr-
scher; aber mit einem klugen und gebildeten

a *aber noch beglückender ...:* andere mögliche Deutung *und die Süße eines Freundes (erfreut) durch wohlbedachten Rat.*
b Siehe Anmerkung zu 1,8.

26,27 28,10; Ps 7,16-17 S; Koh 10,8; Sir 27,25-26 **27,1** Jak 4,13-14 **27,3** Sir 22,15 **27,10** 17,17 S **27,13** 6,1-5 S **27,15-16** 21,9 S **27,23-27** 12,10-11

Mann an der Spitze herrscht dauerhafte Ordnung.

[3] Ein Armer, der die Armen ausbeutet, ist wie ein Unwetter, das den Ackerboden wegschwemmt und jede Hoffnung auf Ernte zunichte macht.

[4] Menschen, die nicht nach Gottes Gesetz* fragen, beglückwünschen die Unheilstifter; wer sich an das Gesetz hält, bekämpft sie.

[5] Schlechte Menschen verstehen nichts vom Recht; aber die, die nach Gott fragen, verstehen alles.

[6] Lieber arm sein und untadelig leben als reich sein und krumme Wege gehen.

[7] Ein verständiger Sohn befolgt Gottes Gesetz; aber wer mit liederlichen Leuten verkehrt, macht seinem Vater Schande.

[8] Wenn du von den Armen Zins nimmst, um dein Vermögen zu vergrößern, sammelst du es für jemand, der mit den Armen Mitleid hat.

[9] Wer Gottes Gesetz nicht mehr hören will, dessen Gebet will Gott nicht mehr hören.

[10] Wer redliche Menschen auf einen gefährlichen Abweg bringt, läuft in seine eigene Falle. Aber alle, die untadelig leben, werden reich belohnt.

[11] Der Reiche hält sich selbst für klug, aber ein Armer mit Scharfsinn durchschaut ihn.

[12] Wenn gute Menschen regieren, ist überall festlicher Glanz. Wenn Verbrecher an die Macht kommen, dann verstecken sich die Leute.

[13] Menschen, die ihre Verfehlungen verheimlichen, haben keinen Erfolg im Leben; aber alle, die ihr Unrecht bekennen und aufgeben, finden Gottes Erbarmen.

[14] Wie glücklich sind alle, die Gott ernst nehmen! Doch wer starrsinnig bleibt, stürzt ins Unglück.

[15] Ein brüllender Löwe, ein raubgieriger Bär – so ist ein Tyrann, der über ein armes Volk herrscht.

[16] Ein unvernünftiger Vorgesetzter beutet seine Untergebenen aus; aber einer, der es ablehnt, durch Unrecht reich zu werden, bleibt lange im Amt.

[17] Ein Mensch, der einen Mord auf dem Gewissen hat, flieht geradewegs in den Abgrund; niemand soll ihn daran hindern!

[18] Wenn du untadelig lebst, bist du in Sicherheit; aber wenn du krumme Wege gehst, kommst du plötzlich zu Fall.

[19] Wer seine Felder bestellt, hat viel zu essen; wer sich mit windigen Geschäften abgibt, hat viel zu hungern.

[20] Zuverlässige Menschen haben Glück und Erfolg; aber wer um jeden Preis reich werden will, wird der Strafe nicht entgehen.

[21] Parteilichkeit ist ein schlimmes Übel, und mancher wird zum Verbrecher schon für ein Stück Brot.

[22] Ein habgieriger Mensch greift nach dem Reichtum und weiß nicht, daß die Armut nach ihm greift.

[23] Wenn du andere zurechtweist, erntest du am Ende mehr Dankbarkeit, als wenn du ihnen immer nach dem Mund redest.

[24] Wer meint, es sei kein Unrecht, seinen Vater und seine Mutter zu bestehlen, ist nicht besser als ein gemeiner Dieb.

[25] Ein Mensch, der nie genug bekommen kann, erregt überall Streit; ein Mensch, der auf Gott vertraut, hat immer genug.

[26] Folge nur deinem eigenen Kopf, und du wirst sehen, wie weit du es bringst! Laß dich von der Weisheit* leiten, und du wirst dem Unglück entrinnen.

[27] Wer den Armen hilft, leidet niemals Mangel; aber wer seine Augen vor der Not verschließt, dem mangelt es nicht an Verwünschungen.

[28] Alle verstecken sich, wenn schlechte Menschen an die Macht kommen; aber wenn sie umkommen, mehren sich die, die Gott gehorchen.

Stock und Tadel helfen, klug zu werden

29 Wer trotz aller Zurechtweisung widerspenstig bleibt, wird plötzlich so zerschmettert, daß ihm nichts wieder aufhelfen kann.

[2] Wenn Menschen an die Macht kommen, die Gott gehorchen, dann freuen sich die Leute. Wenn jemand regiert, der Gott mißachtet, dann seufzen sie.

[3] Ein Sohn, der die Weisheit* liebt, macht seinem Vater Freude; einer, der seine Zeit bei Dirnen zubringt, verschleudert ihm sein Vermögen.

[4] Ein König, der für Recht sorgt, sichert das Gedeihen seines Landes; aber einer, der immer neue Steuern erfindet, richtet es zugrunde.

[5] Wer seinem Mitmenschen Schmeicheleien sagt, legt ihm ein Netz vor die Füße.

[6] Der Böse verfängt sich in seinem Unrecht; aber der Rechtschaffene singt vor Freude.

[7] Wer Gott gehorcht, sorgt dafür, daß die

28,6 19,1 **28,8** 13,22; Ex 22,24 S **28,9** 15,8 S **28,10** 26,27 S **28,12** 28,28; 29,2 **28,13** Ps 32,3-5 S **28,19** 12,11 S **28,20** 13,11 **28,21** 17,15 S **28,22** 23,4-5; 1 Tim 6,9 **28,27** 14,21 S **28,28** 28,12; 29,2 **29,2** 28,12.28

Schwachen ihr Recht bekommen; wer Gott
mißachtet, hat kein Verständnis für ihr Recht.
8 Unzufriedene Besserwisser können eine
ganze Stadt in Aufruhr versetzen; aber vernünf-
tige Leute beruhigen die Gemüter.
9 Wenn ein Kluger mit einem Unverständigen
prozessiert, dann lacht der oder fängt an zu
toben; aber zur Einsicht kommt er nicht.
10 Ein untadeliger Mensch ist den Mördern
ein Dorn im Auge, aber die Redlichen retten ihm
das Leben.
11 Der Dummkopf gibt jedem Ärger freien
Lauf; der Weise kann sich beherrschen.
12 Wenn ein Herrscher auf Lügen hört, dann
werden alle seine Untergebenen unehrlich.
13 Der Arme und sein Unterdrücker leben
nebeneinander, beiden hat Gott Augen zum
Sehen gegeben.
14 Ein König, der den Schwachen Recht ver-
schafft, festigt seine Herrschaft für immer.
15 Stock und Tadel helfen, klug zu werden; ein
Kind, das man sich selbst überläßt, macht seiner
Mutter Schande.
16 Wenn die Bösen sich mehren, vermehrt
sich das Unrecht. Aber wer Gott gehorcht, wird
sehen, wie solche Leute untergehen.
17 Erziehe deinen Sohn mit Strenge, dann
wird er für dich zur Quelle der Zufriedenheit
und Freude.
18 Ohne prophetische Weisung wird ein Volk
zügellos. Wie glücklich ist ein Volk, das auf Got-
tes Gesetz* hört!
19 Mit Worten kannst du einen Sklaven nicht
belehren; er hört sie zwar, aber er gehorcht
nicht.
20 Kennst du einen, der redet, ohne zu über-
legen? Für einen Schwachsinnigen ist mehr
Hoffnung als für ihn!
21 Wer seinen Diener von Anfang an ver-
wöhnt, wird am Ende von ihm ausgenutzt.[a]
22 Ein Hitzkopf erregt Streit; wer schnell auf-
braust, macht viele Fehler.
23 Hochmütige werden gedemütigt; aber wer
nicht hoch von sich denkt, kommt zu Ehren.
24 Wer mit einem Dieb die Beute teilt, handelt
gegen sein eigenes Leben; denn wenn er die
Fluchandrohung des Richters hört, darf er nichts
sagen.[b]
25 Sich vor Menschen fürchten bringt Gefahr;
auf Gott vertrauen bringt Sicherheit.
26 Viele buhlen um die Gunst eines Herr-
schers; dabei ist es Gott, der ihnen Recht ver-
schaffen kann.
27 Wer Gott gehorcht, verabscheut die Rechts-
brecher. Wer Gott mißachtet, verabscheut die
Rechtschaffenen.

WEITERE RATSCHLÄGE
(Kapitel 30–31)

Die Worte Agurs

30 Die folgenden Worte stammen von
Agur, dem Sohn Jakes. Dieser Mann
sagte:
Ich habe mich abgemüht, Gott, ich habe mich
abgemüht und bin am Ende mit meiner Kunst![c]
2 Ich bin zu dumm, um als Mensch gelten zu
können; mir fehlt der Verstand gewisser Leute.
3 Ich habe keine Weisheit erworben und weiß
also nichts von dem heiligen Gott!

4 Wer ist je in den Himmel hinaufgestiegen
und als Wissender von dort herabgekommen?
Wer hat je den Wind mit den Händen gepackt
und das Wasser im Mantel eingebunden?
Wer hat die fernsten Grenzen der Erde
bestimmt?
Wie heißt dieser Mann? Und wer ist sein Sohn?
Sag es mir, du mußt es doch wissen!

5 Alles, was Gott sagt, ist unzweifelhaft wahr.
Wer in Gefahr ist und zu ihm flieht,
findet bei ihm immer sicheren Schutz.
6 Füge zu seinen Worten nichts Eigenes hinzu,
sonst weist er dich zurecht
und überführt dich als Lügner!

7 Mein Gott, ich bitte dich nur um zwei Dinge;
gib sie mir, solange ich lebe: 8 Bewahre mich
davor zu lügen, und laß mich weder arm noch
reich sein! Gib mir nur, was ich zum Leben
brauche! 9 Habe ich zuviel, so sage ich vielleicht:
»Wozu brauche ich Gott?« Habe ich zu wenig,
so fange ich vielleicht an zu stehlen und bringe
deinen Namen in Verruf.
10 Schwärze keinen Diener bei seinem Herrn
an, sonst verleumdet er dich und du ziehst den
kürzeren!

a *ausgenutzt:* Bedeutung des Wortes unsicher.
b Es handelt sich um einen Fall, wie er in Lev 5,1 vorgesehen ist.
c *Dieser Mann sagte …* mit veränderten Vokalen; H: *Wort des Mannes zu Itiël und Ukal.*

29,11 25,28 **29,13** 22,2 S **29,14** 16,12 S **29,15.17** 13,24 S **29,18** Ps 74,9; 1,2 **29,22** 14,17 S **29,23** Ps 75,8 S **30,3** 9,10 **30,4** Ijob 38,1–39,30; Sir 1,2-3; Bar 3,29-31; Joh 3,13 **30,6** Dtn 4,2 **30,8-9** Sir 5,1-2; 1Tim 6,8-10

[11] Es gibt Leute, die verfluchen ihren Vater
und sagen kein gutes Wort über ihre Mutter.
[12] Es gibt Leute, die behaupten, ein reines Ge-
wissen zu haben, obwohl nichts von ihrem
Schmutz abgewaschen ist.
[13] Es gibt Leute, die denken wunder wie hoch
von sich und sehen auf alle anderen herab.
[14] Es gibt Leute mit Zähnen, die scharf sind
wie Schwerter und spitz wie Dolche. Damit fres-
sen sie die Armen und Hilflosen im Land.

Zahlensprüche und andere Ratschläge

[15] Manche Leute sind wie Blutegel: »Gib, gib!«
sagen sie und saugen andere aus.
Drei werden nie satt, und das vierte ist ganz
unersättlich: [16] die Totenwelt*; der Schoß einer
Frau, die keine Kinder bekommt; die Erde, die
immer nach Regen verlangt; und das Feuer, das
niemals sagt: »Jetzt reicht's.«
[17] Wer verächtlich auf seinen Vater herabsieht
und seiner Mutter den schuldigen Gehorsam
verweigert, dem werden die Raben die Augen
aushacken, und die Geier werden ihn fressen.
[18] Drei Dinge kann ich nicht erklären, und das
vierte ist mir erst recht ein Geheimnis: [19] der
Flug des Adlers am Himmel, das Gleiten der
Schlange über eine Felsplatte, die Fahrt des
Schiffes auf weglosem Meer und der unwider-
stehliche Drang des Mannes zu einer Frau.
[20] Die Ehebrecherin schläft mit einem Mann,
wäscht sich und sagt: »Ich habe nichts Unrech-
tes getan« – gerade so, als hätte sie gegessen und
sich den Mund abgewischt.
[21] Drei Dinge stellen die Welt auf den Kopf,
aber das vierte ist ganz unerträglich: [22] wenn ein
Sklave König wird, wenn ein gewissenloser
Mensch zu Reichtum kommt, [23] wenn eine un-
ausstehliche Frau einen Mann findet und wenn
eine Sklavin die Herrin von ihrem Platz ver-
drängt.
[24] Vier Tiere sind zwar klein, aber an Weis-
heit* fehlt es ihnen nicht: [25] die Ameisen – sie
haben keine Macht, doch sie legen Vorräte für
den ganzen Winter an; [26] die Klippdachse – sie
sind nicht stark, doch sie schaffen sich sichere
Wohnungen in den Ritzen der Felsen; [27] die Heu-
schrecken – sie haben keinen König, und doch
fliegen sie in geordneten Scharen; [28] die Eidech-
sen – man kann sie mit der Hand fangen, und
doch dringen sie sogar in den Palast des Königs
ein.
[29] Drei haben einen stolzen Gang, und der
vierte ist darin nicht zu übertreffen: [30] der Löwe,
der König der Tiere, der vor niemand zurück-
weicht; [31] der stolzierende Hahn; der Ziegen-
bock; und der König, wenn er seine Krieger
mustert.[a]
[32] Wenn dich die Lust ankommt, dich selbst
zu loben, ob zu Recht oder zu Unrecht, dann
halte dir lieber den Mund zu! [33] Schüttle die
Milch, und sie wird Butter. Schlage jemand auf
die Nase, und es fließt Blut. Ärgere andere Leute,
und du bekommst Streit.

Mahnungen für einen König

31 Ratschläge für König Lemuël, die seine
Mutter ihm gab:
[2] »Du bist der Sohn, den ich so lange von Gott
erbeten habe. Hör auf meinen Rat: [3] Vergeude
deine Kraft und dein Geld nicht mit Frauen; das
hat schon manchen König zugrunde gerichtet.
[4] Ergib dich nicht dem Trunk! Wein und Bier sind
nichts für Könige! [5] Wenn sie sich betrinken, ver-
gessen sie, was ihnen aufgetragen ist, und sor-
gen nicht mehr dafür, daß die Armen zu ihrem
Recht kommen. [6] Bier und Wein sind gut für den,
der am Ende ist; [7] der mag sich betrinken und
seinen Kummer vergessen. [8] Deine Sache aber
ist es, für Recht zu sorgen. Sprich für alle, die
sich selbst nicht helfen können. [9] Sprich für die
Armen und Schwachen, nimm sie in Schutz,
und verhilf ihnen zu ihrem Recht!«

Lob der tüchtigen Frau

[10] Eine tüchtige Frau ist das kostbarste Juwel, das
einer finden kann. [11] Ihr Mann kann sich auf sie
verlassen, sie bewahrt und mehrt seinen Besitz.
[12] Ihr ganzes Leben lang macht sie ihm Freude
und enttäuscht ihn nie.
[13] Sie sorgt dafür, daß sie immer Flachs und
Wolle hat; sie spinnt und webt mit fleißigen Hän-
den. [14] Sie schafft von überall her Nahrung her-
bei wie ein Handelsschiff aus fernen Ländern.
[15] Sie steht schon auf, wenn es noch dunkel
ist, bereitet die Mahlzeiten vor und weist den
Mägden die Arbeit zu. [16] Sie schaut sich nach
einem Stück Land um, kauft es mit dem Geld,
das sie selber verdient hat, und bepflanzt es mit
Reben.
[17] Sie packt ihre Aufgaben energisch an und
scheut keine Mühe. [18] Sie merkt, daß ihre Mühe
etwas einbringt; darum arbeitet sie beim Schein
der Lampe bis spät in die Nacht. [19] In jeder freien
Minute nimmt sie die Spindel zur Hand.

a *wenn er …:* nach G; H vielleicht *gegen den sich niemand erhebt.*

30,12 20,9 S **30,16** 27,20 **30,17** 1,8 S; 20,20 S **30,21-23** Koh 10,5-7 **30,23** Gen 16,4-6 **30,25** 6,6-8 **31,3** Dtn 17,17 S **31,4** 20,1 S **31,8-9** 16,10 S **31,10-31** 14,1 **31,10-12** 12,4; 18,22 S

20 Den Armen und Notleidenden gibt sie
reichlich und gern. 21 Schnee und Frost bereiten
ihr keine Sorgen, weil sie für alle im Haus
warme Kleidung bereithält.

22 Sie macht sich schöne Decken; ihre Kleider
sind aus feinem Leinen und purpurroter Wolle.

23 Sie hat einen Mann, der von allen geachtet
wird; sein Wort gilt etwas im Rat der Gemeinde.

24 Sie fertigt Tücher und Gürtel an und ver-
kauft sie an Händler. 25 Als wohlhabende und
angesehene Frau blickt sie ohne Sorgen in die
Zukunft.

26 Was sie redet, zeugt von Weisheit*; mit
freundlichen Worten gibt sie Anweisungen und
Ratschläge. 27 Alles, was im Haus geschieht, be-
hält sie im Auge; Müßiggang ist ihr unbekannt.

28 Ihre Kinder sind stolz auf sie, und ihr Mann
lobt sie. 29 »Es gibt viele tüchtige Frauen«, sagt er;
»aber du bist die allerbeste!«

30 Anmut und Schönheit sind vergänglich und
kein Grund, eine Frau zu rühmen; aber wenn
sie Gott ernst nimmt, dann verdient sie Lob.
31 Ihre Mühe darf nicht unbelohnt bleiben: Für
das, was sie leistet, soll die ganze Stadt sie ehren.

DAS BUCH KOHELET (PREDIGER)

Inhaltsübersicht

ALLES IST SINNLOS, GOTT UNBEGREIFLICH (1,1–3,15)

1 In diesem Buch sind die Lehren des Philoso-
phen[a] aufgeschrieben. Er war ein Sohn Da-
vids und König in Jerusalem.

Alles ist schon einmal dagewesen

2 Völlig sinnlos ist alles, pflegte der Philosoph zu
sagen, völlig sinnlos. Was auch geschieht, es hat
alles keinen Sinn. 3 Der Mensch müht und plagt
sich sein Leben lang, und was hat er davon?
4 Die Generationen kommen und gehen; und die
Erde bleibt, wie sie ist. 5 Die Sonne geht auf, sie
geht unter, und dann wieder von vorn, immer
dasselbe. 6 Jetzt weht der Wind von Norden,
dann dreht er und weht von Süden, er dreht wei-
ter und immer weiter, bis er wieder aus der alten
Richtung kommt. 7 Alle Flüsse fließen ins Meer,
aber das Meer wird nicht voll. Das Wasser kehrt
zu den Quellen zurück – und wieder fließt es ins
Meer.

8 Du bemühst dich, alles, was geschieht, in
Worte zu fassen, aber es gelingt dir nicht. Denn
mit dem Hören und Sehen kommst du nie an ein
Ende. 9 Was gewesen ist, das wird wieder sein;
was getan wurde, das wird wieder getan. Und
doch gibt es eigentlich nichts Neues unter der
Sonne. 10 »Sieh her«, sagen sie, »da ist etwas
Neues!« Unsinn! Es ist schon einmal dagewesen,
lange bevor wir geboren wurden. 11 Wir wissen
nur nichts mehr von dem, was die Alten taten.
Und was wir heute tun oder unsere Kinder mor-
gen, wird auch bald vergessen sein.

Handeln, Wissen, Genießen – es führt zu nichts

12 Ich, der Philosoph,[a] war König über Israel
und regierte in Jerusalem. 13 Ich nahm mir vor,
alle Dinge zu ergründen und zu begreifen. Ich
wollte herausfinden, was für einen Sinn alles
hat, was in der Welt geschieht. Doch was ist das
für eine fruchtlose Beschäftigung! Gott hat sie
den Menschen gegeben, damit sie sich mit ihr
plagen.

14 Ich beobachtete alles, was Menschen auf
der Erde tun, und ich fand: Alles ist vergeblich.
Es ist, als jagtest du dem Wind nach. 15 Krummes
kann nicht gerade werden; was nicht da ist,
kannst du nicht zählen.

16 Ich sagte zu mir selbst: »Ich weiß mehr als
alle, die vor mir über Jerusalem geherrscht
haben. Ich habe eine Fülle von Weisheit* und
Erkenntnis gesammelt.« 17 Doch als ich darüber

a *In diesem Buch …:* wörtlich *Worte von Kohelet.* Das Wort *kohelet* ist von dem Wortstamm für »versammeln« abgeleitet und bezeichnet einen Menschen, der bestimmte Gemeindeversammlungen und philosophische Kreise oder Schulen leitet und in ihnen zu reden und zu lehren hat (vgl. 12,9).

1,1 1,12; 12,9; Spr 1,1 **1,2** 12,8; Ijob 7,16; Ps 69,6; 62,10 **1,3** 2,11.18-23; 3,9; 5,15 **1,4-11** 3,14-15 **1,12** 1,1 S **1,13** 3,10; 8,16-17 **1,14** 2,11; 4,4 **1,15** 7,13 **1,16** 2,9; 1 Kön 5,9-14 **1,17** 2,12; 8,16-17

nachdachte, was das alles wert ist und was der
Weise den uneinsichtigen Schwachköpfen vor-
aushat, erkannte ich: Auch die Bemühung um
Weisheit und Erkenntnis ist Jagd nach Wind.
18 Wer viel weiß, hat viel Ärger. Je mehr Erfah-
rung, desto mehr Enttäuschung.

2 Ich entschloß mich, das Leben zu genießen
und glücklich zu sein. Aber ich merkte:
Auch das ist sinnlos. 2 Das Lachen ist etwas für
Narren, und die Freude – was bringt sie schon
ein?

Lohnt es sich, etwas zu vollbringen?

3 Ich wollte am vollen Leben teilhaben wie die
Menschen, die sich nicht um Weisheit und Ein-
sicht kümmern; aber der Verstand sollte die
Führung behalten. Ich trank Wein, um mich in
Stimmung zu bringen, denn ich wollte erkun-
den, ob der Mensch während seiner kurzen
Lebenstage irgendwo Glück finden kann.

4 Ich vollbrachte große Dinge: Ich baute mir
Häuser und pflanzte Weinberge. 5 Ich legte Obst-
gärten an und pflanzte darin alle Arten von
Fruchtbäumen. 6 Ich legte Teiche an, um die vie-
len aufwachsenden Bäume zu bewässern. 7 Ich
kaufte mir zahlreiche Sklaven und Sklavinnen
zu denen hinzu, die ich von meinem Vater ge-
erbt hatte. Ich besaß mehr Rinder, Schafe und
Ziegen als irgend jemand vor mir in Jerusalem.
8 Ich füllte meine Vorratskammern mit Silber
und Gold aus den Schätzen der unterworfenen
Könige und Länder. Ich hielt mir Sänger und Sän-
gerinnen und nahm mir so viele Frauen, wie ein
Mann nur wünschen kann.

9 So wurde ich mächtiger und reicher als alle,
die vor mir in Jerusalem regiert hatten. Weil ich
ein so großes Wissen besaß, 10 konnte ich mir
alles verschaffen, was meinen Augen gefiel, und
ich versagte mir keine Freude. Mit all meiner
Mühe hatte ich es so weit gebracht, daß ich
tatsächlich glücklich war.

11 Doch dann dachte ich über alles nach, was
ich getan und erreicht hatte, und kam zu dem Er-
gebnis: Alles ist sinnlos; du könntest genausogut
mit der Hand nach dem Wind greifen. Letztlich
kommt bei aller Mühe nichts heraus.

Lohnt es sich, Wissen zu erwerben?

12 Ich wollte wissen, ob bei Weisheit* etwas
anderes herauskommt als bei Unverstand und
Torheit. Denn was wird der Mann tun, der mir
auf dem Königsthron folgt? Bestimmt das, was
man schon immer getan hat![a]

13 Es stimmt: Weisheit ist besser als Unwis-
senheit, so wie Licht besser ist als Finsternis.
14 Der Wissende sieht, wo er geht; der Unwis-
sende tappt im Dunkeln. Aber ich erkannte
auch: Beide trifft am Ende das gleiche Schicksal.
15 Wenn es mir also trotz meiner Weisheit genau-
so ergeht wie den Unverständigen, weshalb
bemühe ich mich dann so sehr darum? Und
ich sagte mir: Auch das ist sinnlos. 16 Kluge
müssen doch genauso sterben wie die Dum-
men. Und man erinnert sich an die einen nicht
länger als an die andern. Wie bald sind sie alle
vergessen! 17 Da war mir das ganze Leben ver-
leidet. Du kannst tun, was du willst auf dieser
Erde – es ist doch alles sinnlos und führt zu
nichts.

18 Auch der ganze Ertrag meiner Mühe war
mir verleidet. Ich muß ja doch alles einem ande-
ren überlassen, der nach mir kommt. 19 Wer
weiß, ob der auch den Verstand hat, es sinnvoll
zu gebrauchen. Trotzdem wird er über alles ver-
fügen, was ich mir mit solcher Mühe durch mein
großes Wissen erworben habe. Auch das ist
sinnlos! 20 Da begann ich zu verzweifeln, weil
ich mich für nichts und wieder nichts geplagt
hatte. 21 Da müht sich jemand ab mit Klugheit
und Geschick und erreicht etwas; aber dann
muß er es einem vererben, der keinen Finger
dafür krummgemacht hat. Auch das ist sinnlos
und ein großes Übel! 22 Was hat der Mensch am
Ende von all seiner Anstrengung? 23 Nichts als
Sorgen und Plagen hat er sein Leben lang, selbst
in der Nacht kommen seine Gedanken nicht zur
Ruhe. Auch das ist sinnlos!

Wer kann sein Leben genießen?

24 Es gibt für den Menschen nichts Besseres
als essen und trinken und genießen, was er
sich erarbeitet hat. Doch dieses Glück hängt
nicht von ihm selbst ab: Es ist ein Geschenk
Gottes. 25 Denn wer hat zu essen oder hat Grund
zur Freude ohne ihn?[b] 26 Den Menschen, die
Gott liebt, schenkt er Weisheit*, Wissen und
Freude. Die Sünder aber läßt er sammeln und an-
häufen, um es denen zu geben, die er liebt. Die
ganze Mühe war dann sinnlos und Jagd nach
Wind.

a Oder *was ist der Mann, der auf den König folgt, den sie schon längst eingesetzt haben?*
b *ohne ihn* mit einigen Handschriften und G; H *ohne mich.*

2,1 2,3.10-11; 2,24-25 S; Weish 2,6 **2,2** Spr 14,13 **2,3** 2,1 S; Spr 20,1 S **2,7** 1 Kön 5,3; 8,62-63 **2,8** 1 Kön 5,1; 10,14-22; 2 Sam 19,36; 1 Kön 11,3 **2,9** 1,16; 1 Kön 10,23 **2,11** 1,3 S **2,12** 1,17; 2,18-19 **2,13-14** 10,2 **2,14** 9,2-3; Ijob 9,21-22 **2,15** 7,16 **2,16** Ps 49,11 **2,18-23** 1,3 S **2,18-19** 6,2; Ps 39,7 **2,21** Sir 11,18-19 **2,22-23** 5,16; 8,16-17; Ijob 7,1-2; 14,1 **2,24-25** 3,12-13.22; 5,17-18; 8,15; 9,7-9; 11,7-10 **2,26** Ijob 27,16-17; Spr 2,6; 13,22

Gott hat alles im voraus bestimmt

3 Alles, was auf der Erde geschieht, hat seine von Gott bestimmte Zeit:

2 geboren werden und sterben,
einpflanzen und ausreißen,
3 töten und Leben retten,
niederreißen und aufbauen,
4 weinen und lachen,
wehklagen und tanzen,
5 Steine werfen und Steine aufsammeln,
sich umarmen
und sich aus der Umarmung lösen,
6 finden und verlieren,
aufbewahren und wegwerfen,
7 zerreißen und zusammennähen,
schweigen und reden.
8 Das Lieben hat seine Zeit
und auch das Hassen,
der Krieg und der Frieden.

9 Was hat ein Mensch von seiner Mühe und Arbeit? 10 Ich habe die fruchtlose Beschäftigung gesehen, die Gott den Menschen auferlegt hat. 11 Gott hat für alles eine Zeit vorherbestimmt, zu der er es tut; und alles, was er tut, ist vollkommen. Dem Menschen hat er eine Ahnung von dem riesigen Ausmaß der Zeiträume[a] gegeben, aber von dem, was Gott in dieser unvorstellbar langen Zeit tut, kann der einzelne Mensch nur einen winzigen Ausschnitt wahrnehmen.

12 Ich bin zu der Erkenntnis gekommen: Das Beste, was der Mensch tun kann, ist, sich zu freuen und sein Leben zu genießen, solange er es hat. 13 Wenn er aber zu essen und zu trinken hat und genießen kann, was er sich erarbeitet hat, dann verdankt er das der Güte Gottes.

14 Ich habe erkannt: Alles, was Gott tut, ist unabänderlich für alle Zeiten. Der Mensch kann nichts hinzufügen und nichts davon wegnehmen. So hat es Gott eingerichtet, damit wir in Ehrfurcht zu ihm aufschauen. 15 Was in der Vergangenheit geschah und was in Zukunft geschehen wird, hat Gott lange zuvor festgelegt. Und die Zeit, die uns entschwunden ist, ist bei ihm nicht vergangen.

UNGERECHTIGKEITEN UND SINNLOSIGKEITEN (3,16–6,12)

Unrecht in der Welt

16 Noch etwas habe ich in dieser Welt beobachtet: Wo Recht gesprochen und für Gerechtigkeit gesorgt werden sollte, da herrscht schreiendes Unrecht. 17 Da dachte ich: Letzten Endes ist es Gott selbst, der die Guten genauso wie die Bösen verurteilt. Denn er hat eine Zeit bestimmt für alles, was auf der Erde geschieht.

18 Ich sagte mir: Gott will die Menschen prüfen. Sie sollen einsehen, daß sie von sich aus nicht anders sind als das Vieh. 19 Menschen und Tiere haben das gleiche Schicksal: Die einen wie die anderen müssen sterben. Sie haben beide den gleichen vergänglichen Lebensgeist. Nichts hat der Mensch dem Tier voraus, denn alles muß vergehen. 20 Alles muß an den gleichen Ort. Aus dem Staub der Erde ist alles entstanden, und zum Staub der Erde kehrt alles zurück. 21 Wer weiß denn, ob der Lebensgeist des Menschen in die Höhe steigt und der Lebensgeist des Tieres in die Erde versinkt?

22 So habe ich eingesehen, daß der Mensch nichts Besseres tun kann, als den Ertrag seiner Arbeit zu genießen. Das hat Gott ihm zugeteilt. Wie sollte er sich auch freuen an dem, was erst nach ihm sein wird?

4 Ich habe auch gesehen, wieviel Ausbeutung es in dieser Welt gibt. Die Unterdrückten weinen, aber niemand trocknet ihre Tränen. Niemand hilft ihnen, denn ihre Unterdrücker haben die Macht. 2 Wie gut haben es die Toten! Ihnen geht es besser als den Lebenden. 3 Noch besser sind die dran, die gar nicht geboren wurden und die Ungerechtigkeit auf der Erde nicht sehen mußten.

Sinn und Unsinn der Arbeit

4 Auch das habe ich gesehen: Da plagt sich ein Mensch und leistet etwas und tut alles, um die anderen auszustechen. Ist das nicht auch sinnlos? Letzten Endes kommt nichts dabei heraus. 5 Es heißt zwar: »Der Unbelehrbare legt seine Hände in den Schoß – und verhungert.« 6 Aber ich sage: Eine Handvoll zum Leben und dabei Ruhe und Frieden ist besser als beide Hände voll sinnloser Jagd nach Wind.

a *eine Ahnung …:* wörtlich *die Ewigkeit ins Herz.* Das hebr. Wort für »Ewigkeit« bezeichnet die Erstreckung der Zeit bis in die fernste Vergangenheit oder Zukunft.

3,1 3,17; 8,5-6; 9,11-12 **3,2** 7,17; Ijob 5,26; Spr 10,27 **3,7** Spr 15,23 **3,8** 9,1 **3,9** 1,3 S **3,10** 1,13 **3,11** 7,14; Sir 39,16.20 **3,12-13** 2,24-25 S **3,14** 6,10; 12,13 S; Sir 18,4-6; 42,21 **3,15** 1,9 **3,16** 4,1; 5,7 **3,17** 3,1 S **3,19** Ps 49,13.21 **3,20-21** 12,7; Gen 2,7; 3,19; Ps 103,14; 104,29; Weish 2,1-3; Sir 40,11 **3,22** 2,24-25 S **4,1** 3,16 S **4,2** Ijob 3,20-22 **4,3** 6,3-5; Ijob 3,11-19; Jer 20,14-18 **4,5** Spr 6,10-11 S **4,6** Spr 15,16

7 Noch etwas Unsinniges habe ich in dieser
Welt bemerkt: 8 Da lebt jemand ganz allein; er
hat keinen Sohn und auch keinen Bruder. Trotz-
dem arbeitet er rastlos weiter, und sein Besitz ist
ihm nie groß genug. Für wen plage ich mich
dann eigentlich und gönne mir selbst keine
Freude? Das ist doch eine elende Art zu leben
und völlig sinnlos!

Besser nicht allein!

9 Zwei sind allemal besser dran als einer allein.
Wenn zwei zusammenarbeiten, bringen sie es
eher zu etwas. 10 Wenn zwei unterwegs sind
und hinfallen, dann helfen sie einander wieder
auf die Beine. Aber wer allein geht und hinfällt,
ist übel dran, weil niemand ihm helfen kann.
11 Wenn zwei beieinander schlafen, können sie
sich gegenseitig wärmen. Aber wie soll einer
allein sich warm halten? 12 Ein einzelner
Mensch kann leicht überwältigt werden, aber
zwei wehren den Überfall ab. Noch besser sind
drei; es heißt ja: »Ein Seil aus drei Schnüren reißt
nicht so schnell.«

Wankelmütige Volksgunst

13 Es heißt: »Ein junger Mann, der arm ist, aber
gelernt hat, sein Leben richtig zu führen, ist bes-
ser als ein alter, eigensinniger König, der keinen
Rat mehr annimmt.« 14 Gut, den jungen Mann
holten sie aus dem Gefängnis und setzten ihn
auf den Thron, obwohl er in einer armen Familie
geboren wurde, als der andere schon König war.
15 Aber ich habe beobachtet, daß das Volk sich
immer auf die Seite des nächsten jungen Man-
nes stellt, der schon bereitsteht, um den Platz
des anderen einzunehmen. 16 Alle Leute laufen
ihm nach. Aber schon bald werden sie auch mit
ihm unzufrieden sein und dem nächsten zu-
jubeln. Auch das ist sinnlos, es bringt nicht, was
man erwartet.

Vom Verhalten Gott gegenüber

17 Überlege, was du tust, wenn du zum Gottes-
haus gehst. Du sollst dort zuhören und lernen,
Gott zu gehorchen. Das ist besser, als wenn
Dummköpfe nur Tiere zum Opfer* dorthin brin-
gen. Sie bleiben unwissend und tun deshalb
weiter Böses.

5 Überlege, bevor du Gott etwas sagst. Sprich
nicht alle Gedanken aus, die dir kommen.
Denn Gott ist im Himmel, und du bist auf der
Erde; darum rede nicht mehr als nötig. 2 Es heißt
doch: »Je mehr Pläne du im Kopf hast, desto
schlimmer träumst du. Und je mehr Worte du
machst, desto mehr Unsinn redest du.«

3 Wenn du Gott etwas versprochen hast, dann
erfülle dein Gelübde* so schnell wie möglich.
Leichtfertige Leute, die ihr Versprechen nicht
halten, kann Gott nicht ausstehen. 4 Keine Ver-
sprechungen machen ist besser als etwas ver-
sprechen und es dann nicht halten.

5 Sieh dich vor, daß du nichts Unrechtes sagst.
Hast du es doch getan, so behaupte nicht vor
dem Priester, es sei dir nur so herausgerutscht.
Oder willst du, daß Gott zornig auf dich wird
und deine Arbeit mißlingen läßt? 6 Viel Träumen
führt zu viel Sinnlosigkeit, viele Worte auch.[a]
Darum nimm Gott ernst!

Die Ausbeuter sind sich einig

7 Wundere dich nicht, wenn du siehst, wie man
die Armen auf dem Land unterdrückt und ihnen
gerechtes Urteil verweigert. Denn ein Mächtiger
deckt den anderen, und beide deckt einer, der
noch mächtiger ist. 8 Es wäre besser, wenn der
König selbst sich um die Verhältnisse auf dem
Land kümmern würde.[a]

Reichtum, der kein Glück bringt

9 Wer am Geld hängt, bekommt nie genug da-
von. Wer ein üppiges Leben liebt, dem fehlt
immer noch etwas. Auch das ist sinnlos. 10 Je rei-
cher jemand wird, desto mehr Leute wollen von
seinem Reichtum leben. Welchen Nutzen hat er
am Ende davon? Nur das Nachsehen. 11 Wer hart
arbeitet, schläft gut, ob er viel oder wenig geges-
sen hat. Der reiche Faulenzer dagegen wälzt
sich schlaflos im Bett, weil ihn der Magen
drückt.

12 Noch eine böse Sache habe ich beobachtet:
daß einer, der seinen Reichtum ängstlich hütet,
dennoch ins Elend gerät. 13 Ein einziges schlech-
tes Geschäft, und schon ist alles verloren! Wenn
der Mann einen Sohn hat, kann er ihm nichts
mehr vererben. 14 Und überhaupt: Nackt, wie
der Mensch auf die Welt gekommen ist, muß er
wieder von ihr gehen. Von allem, was er hier an-
gehäuft hat, kann er nicht einmal eine Handvoll
mitnehmen. 15 Das ist doch eine ganz üble
Sache: Der Mensch muß gehen, wie er gekom-
men ist; für nichts und wieder nichts hat er sich
abgeplagt. 16 Sein Leben lang hat er sich nichts
gegönnt und sich mit Ärger, Sorgen und Krank-
heit herumgeschlagen.

a Deutung unsicher.

4,8 5,9; Spr 27,20 **4,17** 1 Sam 15,22 S; Ps 40,7-9 S; Spr 15,8 S **5,1** Mt 6,7 **5,2** 10,14; Spr 10,19 **5,3-5** Num 30,3; Spr 20,25 **5,6** 12,13 S **5,7** 3,16 S **5,9** 4,8; Lk 12,15-21 **5,11** Sir 31,19-20 **5,14** Ijob 1,21 S **5,15** 1,3 S **5,16** 2,22-23

Dankbar genießen

17 Ich bin zu der Erkenntnis gekommen, daß wir
Menschen in dem kurzen Leben, das Gott uns
zugemessen hat, nichts Besseres tun können
als essen und trinken und es uns wohl sein
lassen bei aller Mühe, die wir haben. So hat Gott
es für uns bestimmt. 18 Wenn Gott einen Men-
schen reich und wohlhabend werden läßt und
ihm erlaubt, seinen Teil davon zu genießen und
sich am Ertrag seiner Mühe zu freuen, dann
ist das ein Gottesgeschenk! 19 Die Freude läßt
ihn nicht mehr daran denken, wie kurz sein
Leben ist.

Auch Reichtum bringt keine Sicherheit

6 Etwas Schlimmes habe ich in dieser Welt
gesehen, das schwer zu ertragen ist: 2 Da ist
jemand, den hat Gott zu Reichtum, Besitz und
Ansehen kommen lassen; er hat alles, was ein
Mensch sich wünschen kann. Aber Gott erlaubt
ihm nicht, es zu genießen; irgendein Unbekann-
ter wird sich ein gutes Leben damit machen. Das
ist doch sinnlos und ganz unerträglich! 3 Mag
einer auch hundert Kinder haben und ein hohes
Alter erreichen – was hat er davon, wenn er
nicht sein Leben genießen kann und am Ende
nicht einmal ein anständiges Begräbnis be-
kommt? Ich sage: Eine Fehlgeburt hat es besser
als er! 4 Denn:

»Als ein Nichts kommt sie,
in die Nacht geht sie,
namenlos und vergessen.
5 Das Sonnenlicht sieht sie nicht,
was Leben ist, weiß sie nicht;
doch Ruhe hat sie gefunden.«

Jedenfalls mehr Ruhe als der andere, 6 der nichts
von seinem Leben hat, und wenn er zweitau-
send Jahre alt würde! Am Ende kommen alle an
den gleichen Ort.
7 Der Mensch müht sich ständig ab, um sich
satt essen zu können. Was hilft's, er wird doch
immer wieder hungrig! 8 Darin geht es den Wei-
sen* nicht besser als den Unwissenden. Und
was nützt es den Armen, wenn sie etwas wis-
sen? Wissen macht nicht satt![a] 9 Gib dich zufrie-
den mit dem, was du hast, und verlange nicht
nach allen möglichen anderen Dingen; denn das
ist sinnlos und Jagd nach Wind.

Sich gegen Gott wehren ist nutzlos

10 Alles, was geschieht, ist vor langer Zeit be-
stimmt worden. Ehe ein Mensch auf die Welt
kommt, steht schon fest, was aus ihm wird. Und
mit seinem Schöpfer, der mächtiger ist als er,
kann er nicht darüber streiten. 11 Je mehr er ge-
gen ihn vorbringt, desto sinnloser wird es und
desto weniger kommt für ihn dabei heraus.
12 Überhaupt, wer kann einem Menschen sagen,
was für ihn gut ist während seines kurzen, sinn-
losen Lebens, das so flüchtig ist wie ein Schat-
ten? Und wer kann ihm sagen, was nach ihm auf
dieser Erde geschehen wird?

ALTE WEISHEITEN, NEU GESEHEN (Kapitel 7–9)

Über den Tod

7 »Ein guter Ruf ist besser als ein schönes
Begräbnis«,[b] heißt es. Ich aber sage: Der
Todestag ist besser als der Tag der Geburt.
2 In ein Trauerhaus gehen bringt mehr Ge-
winn als in ein Hochzeitshaus gehen; denn auf
jeden Menschen wartet der Tod, und wer noch
lebt, nehme sich das zu Herzen!
3 Weinen ist besser als Lachen. Ein trauriges
Gesicht ist ein Zeichen für reiche Lebenserfah-
rung.
4 Der Narr geht am liebsten dorthin, wo es
lustig zugeht; der Weise* geht lieber in ein
Trauerhaus.

Über Wissen und Unverstand

5 Der Tadel eines weisen Menschen hilft dir
mehr als alle Loblieder der Unwissenden.
6 Denn das Lachen unverbesserlicher Narren
ist wie das Prasseln brennender Dornen unter
einem Kochtopf: Es hat keinen Sinn!
7 Aber auch der Weise wird zum Narren,
wenn man ihn erpreßt, und Geschenke ver-
nebeln seinen Verstand.

Über Geduld und Vorsicht

8 Mit Reden aufhören ist besser als mit Reden an-
fangen. Ruhig Blut bringt weiter als ein heißer
Kopf.
9 Laß dich nicht aus der Ruhe bringen; nur
Unverständige ärgern sich über alles.
10 Frage nicht: »Warum war früher alles bes-

a Die zweite Vershälfte ist nicht sicher zu deuten.
b Wörtlich *besser als gutes Salböl* (das zum Einbalsamieren benutzt wurde).

5,17-18 2,24-25 S **6,2** 2,18-19; Lk 12,20 **6,3-5** 4,3 S **6,10** 3,14 S; Ijob 9,1-35 **6,12** 3,22; Ps 144,4 **7,1** Spr 22,1 **7,7** Ex 23,8

ser als heute?« Damit verrätst du nur, daß du das
Leben noch nicht kennst.

Über Erfahrung und Besitz

11 Wissen und Erfahrung sind ebensoviel wert
wie Besitz, ja, sie werfen sogar noch Gewinn ab.
12 Sie geben genausoviel Sicherheit wie das
Geld, und sie bringen noch mehr: sie erhalten
ihren Besitzer am Leben.

13 Aber vergiß nicht, daß es bei allem auf Got-
tes Tun ankommt. Wer kann geradebiegen, was
er krumm gemacht hat? 14 Freu dich, wenn du
einen Glückstag hast. Und wenn du einen Un-
glückstag hast, dann denke daran: Gott schickt
dir beide, und du weißt nicht, was als nächstes
kommt.

Die gesunde Mitte

15 Während meines nichtigen, flüchtigen Lebens
habe ich beobachtet: Es gibt Menschen, die
nach Gottes Geboten leben und trotzdem elend
umkommen; aber andere, die Unrecht tun und
sich um Gott nicht kümmern, genießen ihr
Leben bis ins hohe Alter. 16 Deshalb ist mein Rat:
Übertreib es nicht mit der Rechtschaffenheit,
und bemühe dich nicht zu sehr um Wissen!
Warum willst du dich selbst zugrunde richten?
17 Schlag aber auch nicht über die Stränge, und
bleib nicht in der Unwissenheit! Warum willst
du vor der Zeit sterben? 18 Halte dich an die ge-
sunde Mitte. Wenn du Gott ernst nimmst, fin-
dest du immer den rechten Weg.

19 Wissen und Erfahrung helfen einem Men-
schen mehr, als zehn Herrscher einer Stadt ihm
helfen können. 20 Aber kein Mensch auf der Erde
ist so rechtschaffen, daß er immer richtig handelt
und nie einen Fehler macht.

21 Versuche nicht, alles mitzubekommen, was
die Leute reden. Was hast du davon, wenn du
hörst, wie deine Untergebenen über dich
schimpfen? 22 Du weißt doch, daß du selbst oft
genug über andere geschimpft hast.

Vergebliches Forschen

23 Ich wollte weise werden; ich habe alles ver-
sucht, um zur Einsicht zu kommen; aber sie
blieb mir unerreichbar fern. 24 Der Sinn aller
Dinge ist so fern und so tief verborgen. Wer kann
ihn ergründen? 25 Dann wandte ich mich etwas
anderem zu: Ich forschte und beobachtete, um
daraus meine Schlüsse zu ziehen und zu einem
Urteil zu kommen. Ich wollte wissen, ob die Bos-
heit etwas mit fehlender Einsicht zu tun hat und
Unverstand mit Unverbesserlichkeit.

26 Da ist zum Beispiel die Art von Frau, die
noch bitterer ist als der Tod. Von ihr sagt man:
»Sie ist eine Falle, ihre Liebe ist ein Fangnetz;
ihre Arme, mit denen sie dich umfängt, sind Fes-
seln. Ein Mann, mit dem Gott es gut meint, kann
ihr entrinnen. Aber wer Gott mißfällt, den fängt
sie ein.«

27 Sieh dir an, was ich[a] herausgefunden habe;
es ist das Ergebnis vieler Einzelbeobachtungen –
28 das heißt: Was ich eigentlich suchte, habe ich
nicht gefunden. Ich habe den Menschen ge-
sucht, wie er sein sollte, und unter Tausend habe
ich *einen* gefunden, und das war keine Frau! –
29 Das Ergebnis meines ganzen Forschens war:
Gott hat die Menschen einfach und aufrichtig
geschaffen, aber manche wollen alles kompli-
ziert haben.

8 »Wissen macht das Gesicht freundlich und
läßt die strengen Falten verschwinden«,
heißt es. Aber wer hat dieses Wissen und kann
alles richtig erklären?

Auflehnung ist zwecklos

2 Ich rate dir: Tu, was der König befiehlt, denn du
hast ihm vor Gott Treue geschworen. 3 Gib nicht
dem Wunsch nach, gegen ihn zu rebellieren.
Laß dich nicht auf eine so gefährliche Sache ein;
denn der König tut letzten Endes doch, was ihm
gefällt. 4 Er hat die Macht, seinen Willen durch-
zusetzen, und kein Mensch kann ihn dafür zur
Rechenschaft ziehen.

5 Wer Gottes Gebote befolgt, bleibt von Un-
glück verschont, und wer Lebensweisheit hat,
weiß, wann und wie er handeln muß. 6 Denn
alles, was geschieht, hat seine von Gott be-
stimmte Zeit. Aber es gibt ein schlimmes Ge-
schick, das auf dem Menschen lastet: 7 Er weiß
nicht, was ihn treffen wird, und niemand sagt
ihm, wie es geschehen wird. 8 Den Wind kann
er nicht aufhalten oder einsperren. Ebensowenig
kann er seinen Todestag aufhalten. Im Krieg
wird kein Soldat entlassen, und wer schuldig ge-
worden ist, kann den Folgen seiner Schuld nicht
entgehen.

Warum geht es Verbrechern so gut?

9 Noch etwas habe ich beobachtet. Ich habe alles
untersucht, was in der Welt geschieht, wenn
einige wenige die Macht besitzen und die ande-
ren darunter zu leiden haben. 10 Ich habe ge-

a Es folgt hier noch *sagte Kohelet;* vgl. Anmerkung zu 1,1.

7,11-12 Spr 3,14-18; 16,16 **7,13** 1,15 **7,14** 3,11; Ijob 2,10; Sir 11,14 **7,15** 8,14; 9,2; Ijob 12,6 S **7,16** 2,15 **7,17** 3,2 S **7,18** 12,13 S **7,19** Spr 24,5 **7,20** Jak 3,2 **7,26** Spr 5,3-6 S **8,3** Spr 20,2 **8,5-6** 3,1 S **8,8** 9,12

sehen, wie Verbrecher zum Gottesdienst in den Tempel kamen, während rechtschaffene Leute aus dem Heiligtum vertrieben wurden und niemand in der Stadt mehr an ihre guten Taten dachte.[a] Auch das ist sinnlos!

11 Daß die Strafe den Verbrecher nicht auf der Stelle ereilt, ermutigt viele dazu, Verbrechen zu begehen. 12a Manche haben schon hundert Schandtaten verübt – und leben immer noch!

Lohn und Strafe

12b Auch ich kenne das Sprichwort: »Wer Gott ernst nimmt, dem geht es gut. 13 Aber wer Unrecht begeht, hat kein Glück. Sein Leben ist kurz und flüchtig wie ein Schatten, weil er Gott nicht ernst nimmt.« 14 Doch das ist Unsinn! In der Welt sieht es oft genug ganz anders aus: Da sind Menschen, die immer das Rechte tun, und es ergeht ihnen, wie es Verbrechern gehen sollte. Und es gibt Verbrecher, denen es so gut geht, als hätten sie immer das Rechte getan. Es bleibt dabei: Ich sehe darin keinen Sinn!

15 Darum soll sich der Mensch an die Freude halten. Er soll essen und trinken und sich freuen; das ist das Beste, was er unter der Sonne bekommen kann während des kurzen Lebens, das Gott ihm auf dieser Erde schenkt.

Was von der Weisheit zu halten ist

16 Ich wollte herausfinden, was an der sogenannten Weisheit eigentlich dran ist. Darum habe ich dieses mühselige Geschäft beobachtet, mit dem der Mensch sich auf der Erde herumschlägt – Tag und Nacht tut er kein Auge zu. 17 Und ich mußte einsehen: Ein Mensch kann das, was Gott tut und unter der Sonne geschehen läßt, niemals in seinem Zusammenhang erfassen. Er mag noch so angestrengt danach suchen, den Zusammenhang der Dinge findet er nicht. Auch wenn ein Weiser* behauptet, ihn zu kennen – gefunden hat er nichts.

Alle trifft dasselbe Schicksal

9 Ich habe über alles nachgedacht und bin zu der Einsicht gekommen, daß auch die Klugen und Rechtschaffenen in allem, was sie tun, von Gott abhängig sind. Nicht einmal, warum sie lieben oder hassen, wissen sie. 2 Alle trifft das gleiche Schicksal, ob sie nun Gottes Gebote befolgen oder sie übertreten, Gutes oder Böses tun, sich rein* halten oder sich beflecken, Gott Opfer* bringen oder nicht. Dem Schuldlosen ergeht es nicht besser als dem Verbrecher, der den Reinigungseid* scheuen muß.

3 Es ist zum Verzweifeln, daß auf alle ohne Unterschied dasselbe Ende wartet. Weil die Bösen nicht auf der Stelle bestraft werden, ergreift sie Verblendung, und sie treiben es noch schlimmer. Aber zuletzt müssen alle sterben. 4 Solange ein Mensch lebt, hat er noch Hoffnung, und ein lebender Hund ist immer noch besser als ein toter Löwe. 5 Die Lebenden wissen wenigstens, daß sie einmal sterben müssen. Die Toten wissen überhaupt nichts mehr. Ihre Verdienste werden nicht belohnt; denn niemand denkt mehr an sie. 6 Ganz gleich, ob sie einst Liebe, Haß oder Eifersucht erregt haben, alles ist aus und vorbei. Sie haben auf ewig keinen Anteil mehr an dem, was unter der Sonne geschieht.

Das einzige, was dem Menschen übrigbleibt

7 Darum iß dein Brot und trink deinen Wein und sei fröhlich dabei! So hat es Gott für die Menschen vorgesehen, und so gefällt es ihm. 8 Nimm das Leben als ein Fest: Trag immer frisch gewaschene Kleider und sprenge duftendes Öl auf dein Haar! 9 Genieße jeden Tag mit der Frau, die du liebst, solange dieses flüchtige Leben dauert, das Gott dir geschenkt hat. Denn das ist der Lohn für die Mühsal dieses Lebens. 10 Wenn sich dir die Gelegenheit bietet, etwas zu tun, dann tu es mit vollem Einsatz. Denn du bist unterwegs zu dem Ort, von dem kein Mensch wiederkehrt. Wenn du tot bist, ist es zu Ende mit allem Tun und Planen, mit aller Einsicht und Weisheit.

Jeder seines Glückes Schmied?

11 Noch etwas habe ich in dieser Welt erkannt: Es sind nicht immer die Schnellsten, die das Rennen machen. Auch die tapfersten Krieger siegen nicht in jedem Kampf. Bildung ist keine Garantie für sicheren Broterwerb, Klugheit führt nicht unbedingt zu Reichtum, und Können findet nicht immer Beifall. Denn schlechte Tage und schlimmes Geschick überfallen jeden. 12 Niemand weiß, wann seine Zeit kommt. Wie Fische, die plötzlich ins Netz geraten, wie Vögel, über denen die Falle zuschlägt, so gehen die Menschen in die Schlinge. Der Tod ereilt sie, wenn sie am wenigsten daran denken.

a Deutung unsicher.

8,11-12a 9,3 **8,12b-13** Ps 37,17-20; Spr 3,33 S; 10,27 **8,14** 7,15 S **8,15** 2,24-25 S **8,16-17** 1,13 S; 1,17 S; 2,22-23 S **9,1** 3,8 **9,2-3** 2,14 **9,2** 7,15 S **9,3** 8,11-12 **9,7-9** 2,24-25 S **9,9** Spr 5,18-19 **9,11-12** 3,1 S **9,12** 8,8

Macht und Ohnmacht des Wissens

13 Noch etwas anderes habe ich gesehen, ein
treffendes Beispiel dafür, wie Wissen in dieser
Welt eingeschätzt wird: 14 Da war eine kleine
Stadt mit nur wenigen Einwohnern. Ein mächti-
ger König rückte gegen sie an, schloß sie ein und
ging mit Belagerungstürmen gegen ihre Mauern
vor. 15 In dieser Stadt lebte ein armer, aber sehr
kluger Mann. Mit seiner Klugheit hätte er die
Stadt retten können; doch niemand dachte an
ihn. 16 Und dann behauptet man: »Wissen ist
besser als Macht.« Zugegeben, aber wenn einer
arm ist, hält man ihn nicht für klug; darum hört
keiner auf seine Worte. 17 Es ist besser, auf den
ruhigen Rat eines weisen Menschen zu hören
als auf das unverständige Geschrei eines Ober-
narren. 18 Wissen richtet etwas Besseres aus als
Waffen – aber eine einzige falsche Entscheidung
richtet alles Bessere zugrunde.

EINZELNE WEISHEITSSPRÜCHE UND SCHLUSSBILANZ (Kapitel 10–12)

Vermischte Lebensweisheiten

10 Eine tote Fliege bringt duftendes Öl zum
Stinken, und ein bißchen Dummheit
macht alles Wissen und Ansehen eines Men-
schen zunichte.

2 Ein weiser Mensch trifft die richtige Ent-
scheidung, aber der Unbelehrbare trifft stets da-
neben. 3 Seine Dummheit zeigt sich bei jedem
Anlaß, und alle sagen von ihm: »Der hat keinen
Verstand.«

4 Wenn dein Vorgesetzter zornig auf dich ist,
dann gib nicht gleich deine Stelle auf. Wenn du
ruhig bleibst, wird er dir sogar große Fehler ver-
zeihen.

5 Ich habe etwas Schlimmes in dieser Welt ge-
sehen, das sich die Mächtigen immer wieder zu-
schulden kommen lassen: 6 Leute ohne Verstand
bekommen einflußreiche Stellungen, während
angesehene Bürger unbeachtet bleiben. 7 Ich
habe Sklaven hoch zu Roß gesehen, während
Fürsten zu Fuß gehen mußten.

8 Wer ein Loch gräbt, kann hineinfallen. Wer
eine Mauer einreißt, kann von einer Schlange
gebissen werden. 9 Wer im Steinbruch arbeitet,
kann sich dabei weh tun. Und wer Holz spaltet,
ist in Gefahr, sich zu verletzen.

10 Wenn die Axt stumpf geworden ist und du
sie nicht schärfst, dann mußt du dich doppelt an-
strengen. Richtig angewendete Weisheit* hat
eben ihre Vorteile. 11 Der Schlangenbeschwörer
hat nichts von seiner Kunst, wenn die Schlange
beißt, ehe er sie beschworen hat.

12 Was der Weise sagt, findet Zustimmung.
Aber Unverständige reden sich um Kopf und
Kragen. 13 Am Anfang ist ihr Reden nur dummes
Geschwätz, aber am Ende tödliche Torheit. 14 Sie
reden und reden ohne Ende. Dabei weiß kein
Mensch, was geschehen wird. Und niemand
sagt ihm, was sein wird, wenn er einmal gestor-
ben ist. 15 Das anstrengende, viele Reden müßte
den Unverständigen doch so müde machen, daß
er nicht mehr nach Hause gehen kann![a]

16 Es steht schlimm um ein Land, wenn sein
König noch jung und unerfahren ist und die
Minister schon frühmorgens Festgelage halten.
17 Aber ein Land kann sich glücklich preisen,
wenn sein König fähig ist, selbst zu entscheiden,
und die Minister zur üblichen Zeit essen und
trinken und sich dabei wie Männer benehmen,
die sich beherrschen können.

18 Wenn jemand zu faul ist, das Dach seines
Hauses auszubessern, dringt der Regen durch,
und bald stürzt es ein.

19 Gut essen macht Freude, Wein trinken
macht lustig, und Geld macht beides möglich.

20 Schimpf nicht auf den König, nicht einmal
in Gedanken! Schimpf nicht auf die Reichen,
nicht einmal in deinem Schlafzimmer! Wände
haben Ohren, und deine Worte könnten Flügel
bekommen.

Die Zukunft ist unberechenbar

11 Wirf dein Hab und Gut ins Meer; trotzdem
kann es sein, daß du es nach langer Zeit
wiederfindest. 2 Bring dein Geld an allen mög-
lichen Plätzen in Sicherheit; trotzdem kann es
sein, daß ein Unglück über das Land kommt und
alles verlorengeht.

3 Wenn die Wolken voll sind, dann regnet es.
Gleichgültig, ob ein Baum nach Süden oder nach
Norden fällt: Wo er hinfällt, dort bleibt er liegen.
4 Wer immer nach dem Wind sieht und auf das
passende Wetter wartet, der kommt weder zum
Säen noch zum Ernten.

5 Du weißt nicht, wann der Wind seine Rich-
tung ändert. Du siehst nicht, wie sich ein Kind
im Mutterleib entwickelt. Genausowenig ver-
stehst du, was Gott tut. 6 Arbeite am Morgen
oder am Abend, ganz wie du willst; denn du

a Die Deutung dieses Verses ist sehr unsicher.

9,16 Spr 24,5; Sir 13,22-23 10,2 2,13-14 10,5-7 Spr 30,21-23 10,8 Spr 26,27 S 10,11 Sir 12,13 10,14 5,2; 6,12 10,16 Jes 3,4
10,19 Ps 104,15 11,3-6 3,11 11,5 8,16-17; Joh 3,8

kannst nicht voraussehen, welches von beiden Erfolg bringt – vielleicht sogar beides!

Genieße das Leben, solange du jung bist

7 Das Licht der Sonne sehen zu können bedeutet Glück und Freude. 8 Genieße froh jeden Tag, der dir gegeben ist! Auch wenn du noch viele vor dir hast – denk daran, daß die Nacht, die ihnen folgt, noch länger ist. Alles, was dann kommt, ist sinnlos. 9 Freu dich, junger Mensch! Sei glücklich, solange du noch jung bist! Tu, was dir Spaß macht, wozu deine Augen dich locken! Aber vergiß nicht, daß Gott für alles von dir Rechenschaft fordern wird. 10 Halte dir den Ärger von der Seele und die Krankheit vom Leib. Jugend und dunkles Haar vergehen schnell.

12 Denk an deinen Schöpfer, solange du noch jung bist, ehe die schlechten Tage kommen und die Jahre, die dir nicht gefallen werden. 2 Dann verdunkeln sich dir Sonne, Mond und Sterne, und nach jedem Regen kommen wieder neue Wolken. 3 Dann werden deine Arme, die dich beschützt haben, zittern, und deine Beine, die dich getragen haben, werden schwach. Die Zähne fallen dir aus, einer nach dem anderen; deine Augen werden trüb 4 und deine Ohren taub. Deine Stimme wird dünn und zittrig.[a] 5 Das Steigen fällt dir schwer, und bei jedem Schritt bist du in Gefahr zu stürzen. Draußen blüht der Mandelbaum, die Heuschrecke frißt sich voll, und die Kaperfrucht bricht auf; aber dich trägt man zu deiner letzten Wohnung. Auf der Straße stimmen sie die Totenklage* für dich an.

6 Genieße dein Leben, bevor es zu Ende geht, wie eine silberne Schnur zerreißt oder eine goldene Schale zerbricht, wie ein Krug an der Quelle in Scherben geht oder das Schöpfrad zerbrochen in den Brunnen stürzt. 7 Dann kehrt der Leib zur Erde zurück, aus der er entstanden ist, und der Lebensgeist geht zu Gott, der ihn gegeben hat.

8 Völlig sinnlos ist alles, war die Erkenntnis des Philosophen,[b] völlig sinnlos.

Erstes Nachwort

9 Eins muß noch hinzugefügt werden: Der Philosoph[b] war ein weiser Lehrer, der ständig sein Wissen an das Volk weitergab. Er untersuchte viele Sprichwörter und prüfte sie auf ihren Wahrheitsgehalt. Er verfaßte auch selbst viele Sprichwörter. 10 Er mühte sich, seinen Worten eine schöne Form zu geben, dabei aber ehrlich zu bleiben und die Wahrheit zu schreiben.

11 Die Worte weiser Lehrer wirken wie der spitze Stock, mit dem der Bauer seine Ochsen antreibt. Sprichwörter gleichen eingeschlagenen Nägeln: sie bleiben fest sitzen. Sie sind eine Gabe Gottes, des einen großen Hirten.

Zweites Nachwort

12 Im übrigen laß dich warnen, mein Sohn:[c] Es werden viel zu viele Bücher geschrieben, und das viele Grübeln kann dich bis zur Erschöpfung ermüden.

13 Fassen wir alles zusammen, so kommen wir zu dem Ergebnis: Nimm Gott ernst und befolge seine Gebote! Das ist alles, worauf es für den Menschen ankommt. 14 Über alles, was wir tun, wird Gott Gericht halten, über die guten und die schlechten Taten, auch wenn sie jetzt noch verborgen sind.

a Die Verse 3-4 lauten wörtlich: *an dem Tag, wenn die Wächter des Hauses zittern und die starken Männer sich krümmen und die Müllerinnen nicht mehr arbeiten, weil sie zu wenige sind, und die durch die Fenster Sehenden sich verdunkeln* 4 *und die Türen zur Straße geschlossen werden, während das Geräusch der Mühle dünner wird und sich zur Vogelstimme erhebt und alle Töchter des Gesangs gedämpft werden.*

b Siehe Anmerkung zu 1,1. c Siehe Anmerkung zu Spr 1,8.

11,7-10 2,24-25 S **12,7** 3,20-21 S **12,8** 1,2 S **12,13** 5,6; 7,18; Dtn 4,10; Spr 1,7 S

DAS HOHELIED[a]

1 Das schönste aller Lieder, von Salomo.

Sei mein König!

SIE
2 Komm doch und küß mich!
Deine Liebe berauscht mich
mehr noch als Wein.

3 Weithin verströmen
deine kostbaren Salben
herrlichen Duft.

Jedermann kennt dich,
alle Mädchen im Lande
schwärmen für dich!

4 Komm, laß uns eilen,
nimm mich mit dir nach Hause,
faß meine Hand!

Du bist mein König!
Deine Zärtlichkeit gibt mir
Freude und Glück.

Rühmen und preisen
will ich stets deine Liebe,
mehr als den Wein!

Mädchen, die schwärmen,
wenn dein Name genannt wird,
schwärmen zu Recht!

Das Mädchen vom Land

SIE
5–6 Schwarz gebrannt hat mich die Sonne,
schwarz wie Beduinenzelte,
wie die Decken Salomos.
Trotzdem bin ich schön, ihr Mädchen
aus der Stadt Jerusalem!
Seht nicht so auf mich herunter,
weil ich dunkler bin als ihr.
Draußen muß ich alle Tage
meiner Brüder Weinberg hüten.
Doch für meinen eigenen Weinberg
– für mich selbst – kann ich nicht sorgen;
dafür bleibt mir keine Zeit!

Die Hirtin

SIE
7 Sag mir, Geliebter,
wo kann ich dich finden?
Wo ruhn deine Schafe
mittags, wenn's heiß wird?

Andere Hirten,
was sollen sie denken,
wenn ich nach dir frage,
überall suche?

ER
8 Mußt du mich fragen,
du Schönste der Frauen?
Du mußt es doch wissen,
wo du mich findest!

Nimm deine Zicklein
und folge dem Schafsweg!
Dort wirst du mich treffen,
nah bei den Zelten.

Zwiesprache der Liebenden

ER
9 Prächtig und schön siehst du aus,
meine Freundin,
stolz wie die Stute an Pharaos Wagen!
10 Schmückende Kettchen umrahmen
die Wangen,
und deinen Hals zieren Schnüre mit Perlen.
11 Aber noch schöneren Schmuck
sollst du haben:
silberne Perlen an Kettchen aus Gold!

SIE
12 Solange mein König mir nahe ist,
verbreitet mein Nardenöl seinen Duft.
13 Mein Liebster liegt bei mir, an meiner Brust,

a Die Rollenangaben (SIE, ER usw.) sind nicht Bestandteil des Bibeltextes, sondern wie die Überschriften zum besseren Verständnis hinzugefügt.

1,1 1 Kön 5,12 **1,2** 1,4; 4,10 **1,3** 1,12 **1,4** 1,2; 4,10 **1,12** 1,3

er duftet wie würziges Myrrhenharz,
14 so kräftig wie Blüten vom Hennastrauch;
im Weinberg von En-Gedi wachsen sie.

ER
15 Schön bist du, zauberhaft schön,
meine Freundin,
und deine Augen sind lieblich wie Tauben!

SIE
16 Stattlich und schön bist auch du,
mein Geliebter!
Sieh, unser Lager ist blühendes Gras,
17 Balken in unserem Haus sind die Zedern
und die getäfelten Wände Zypressen.

Liebe sieht alles schöner

2 SIE
Eine Frühlingsblume bin ich,
wie sie in den Wiesen wachsen,[a]
eine Lilie aus den Tälern.

ER
2 Eine Lilie unter Disteln –
so erscheint mir meine Freundin
unter allen anderen Mädchen.

SIE
3 Wie ein Apfelbaum im Walde
ist mein Liebster unter Männern.
Seinen Schatten hab ich gerne,
um mich darin auszuruhen;
seine Frucht ist süß für mich.

Krank vor Liebe

SIE
4 Ins Festhaus hat mein Liebster mich geführt;
Girlanden zeigen an, daß wir uns lieben.
5 Stärkt mich mit Äpfeln, mit Rosinenkuchen,
denn Liebessehnsucht hat mich krank gemacht.
6 Sein linker Arm liegt unter meinem Kopf,
und mit dem rechten hält er mich umschlungen.
7 Ihr Mädchen von Jerusalem, laßt uns allein!
Denkt an die scheuen Rehe und Gazellen:
Wir lieben uns, schreckt uns nicht auf!

Der Winter ist vorbei

SIE
8 Mein Freund kommt zu mir!
Ich spür's, ich hör ihn schon!
Über Berge und Hügel
eilt er herbei.
9 Dort ist er –
schnell wie ein Hirsch,
wie die flinke Gazelle.
Jetzt steht er vorm Haus!
Er späht durch das Gitter,
schaut zum Fenster herein.
10 Nun spricht er zu mir!

ER
Mach schnell, mein Liebes!
Komm heraus, geh mit!
11 Der Winter ist vorbei mit seinem Regen.
12 Es grünt und blüht, soweit das Auge reicht.
Im ganzen Land hört man die Vögel singen;
nun ist die Zeit der Lieder wieder da!
13 Sieh doch: die ersten Feigen werden reif;
die Reben blühn, verströmen ihren Duft.
Mach schnell, mein Liebes!
Komm heraus, geh mit!
14 Verbirg dich nicht vor mir wie eine Taube,
die sich in einem Felsenspalt versteckt.
Mein Täubchen, zeig dein liebliches Gesicht,
und laß mich deine süße Stimme hören!

DIE MÄDCHEN
15 Ach, fangt uns doch die Füchse,
die frechen, kleinen Füchse!
Sie wühlen nur im Weinberg,
wenn unsre Reben blühn.

SIE
16 Nur mir gehört mein Liebster,
und ich gehöre ihm!
Er findet seine Weide,
wo viele Blumen stehn.
17 Am Abend, wenn es kühl wird
und alle Schatten fliehn,
dann komm zu mir, mein Liebster!
Komm, eile wie ein Hirsch;
sei flink wie die Gazelle,
die in den Bergen[b] wohnt.

Nachtgedanken

3 SIE
Nachts lieg ich auf dem Bett und kann
nicht schlafen.
Ich sehne mich nach ihm und suche ihn,

a Wörtlich *Eine Narzisse (?) von Scharon bin ich.* Die Scharon-Ebene (Karte PA, B4-5) hatte üppige Wiesen; vgl. 1 Chr 5,16; Jes 33,9. b Wörtlich *in den Beter-Bergen.*
2,7 8,4

doch nirgends kann mein Herz den Liebsten finden.
2 Ich seh mich aufstehn und die Stadt durcheilen,
durch Gassen streifen, über leere Plätze –
ich sehne mich nach ihm und suche ihn,
doch nirgends kann ich meinen Liebsten finden.
3 Die Wache greift mich auf bei ihrem Rundgang.
»Wo ist mein Liebster, habt ihr ihn gesehn?«
4 Nur ein paar Schritte weiter find ich ihn.
Ich halt ihn fest und laß ihn nicht mehr los;
ich nehm ihn mit nach Hause in die Kammer,
wo meine Mutter mich geboren hat.

5 Ihr Mädchen von Jerusalem, laßt uns allein!
Denkt an die scheuen Rehe und Gazellen:
Wir lieben uns, schreckt uns nicht auf!

Der Bräutigam kommt

DIE ZUSCHAUER
6 Was kommt dort herauf aus der Wüste?
Wie Rauchsäulen zieht es heran;
es duftet nach Weihrauch* und Myrrhe*,
nach allen Gewürzen der Händler.
7 Schaut hin! Das ist Salomos Sänfte,
geleitet von sechzig Beschützern,
von Israels tapfersten Helden,
8 im Kampfe erprobt und bewährt.
Das Schwert hat ein jeder am Gürtel
zum Schutz gegen nächtliche Schrecken.
9 Aus edelstem Holz[a] ließ der König
den tragbaren Thronsessel machen,
10 die Säulen mit Silber beschlagen,
die Lehne mit Gold überziehen.
Aus purpurnem Stoff sind die Kissen,
mit Liebe gewebt und bestickt
von Jerusalems Frauen und Mädchen.
11 Ihr Frauen von Zion, kommt her,
den König zu sehn und die Krone,
mit der seine Mutter ihn schmückte
zum heutigen Tag seiner Hochzeit,
dem Tag voller Freude und Glück.

Du bist schön, meine Freundin!

4 ER
Preisen will ich deine Schönheit,
du bist lieblich, meine Freundin!

Deine Augen sind wie Tauben,
flattern hinter deinem Schleier.
Wie die Herde schwarzer Ziegen
talwärts vom Berg Gilead* zieht,
fließt das Haar auf deine Schultern.
2 Weiß wie frischgeschorne Schafe,
wenn sie aus der Schwemme steigen,
glänzen prächtig deine Zähne,
keiner fehlt in seiner Reihe.
3 Wie ein scharlachrotes Band
ziehn sich deine feinen Lippen.
Deine Wangen hinterm Schleier
schimmern rötlich wie die Scheibe
eines Apfels vom Granatbaum.
4 Wie der Turm des Königs David,
glatt und rund, geschmückt mit tausend
blanken Schilden, ragt dein Hals.
5 Deine Brüste sind zwei Zicklein,
Zwillingsjunge der Gazelle,
die in Blumenwiesen weiden.
6 Wenn die Schatten länger werden
und der Abend Kühle bringt,
komm ich zu dir, ruh auf deinem
Myrrhenberg und Weihrauchhügel.

7 Deine Schönheit will ich preisen!
Du bist lieblich, meine Freundin,
und kein Fehler ist an dir!

Geh mit mir!

ER
8 Komm, meine Braut, geh doch mit,
laß die Berge!
Laß den gefahrvollen Libanon, komm!
Fort von dem Gipfel des Berges Amana,
fort vom Senir und vom ragenden Hermon,
fort von den Lagerplätzen der Löwen,
fort von den Bergen der Panther, komm mit!

Liebeszauber

ER
9 Verzaubert hast du mich,
Geliebte, meine Braut!
Ein Blick aus deinen Augen,
und ich war gebannt.
Sag, birgt er einen Zauber,
an deinem Hals der Schmuck?

10 Wie glücklich du mich machst
mit deiner Zärtlichkeit!
Mein Mädchen, meine Braut,
ich bin von deiner Liebe
berauschter als von Wein.

a Wörtlich *Libanonholz.*

3,3 5,7 3,4 8,2 3,6 8,5 4,5 7,4; Spr 5,19 4,10 1,2.4

Du duftest süßer noch
als jeder Salbenduft.

11 Wie Honig ist dein Mund,
mein Schatz, wenn du mich küßt,
und unter deiner Zunge
ist süße Honigmilch.
Die Kleider, die du trägst,
sie duften wie der Wald
hoch auf dem Libanon.

Der Liebesgarten

ER
12–15 Meine Braut ist ein Garten
voll erlesener Pflanzen!
An Granatapfelbäumen
reifen köstliche Früchte.
Herrlich duften die Rosen
und die Blüten der Henna.
Narde*, Safran und Kalmus,
alle Weihrauchgewächse,
Zimt und Aloë*, Myrrhe*,
alle Arten von Balsam
sind im Garten zu finden.
Eine Quelle entspringt dort
mit kristallklarem Wasser,
das vom Libanon herkommt.
Aber noch sind mir Garten
und Quelle verschlossen!

SIE
16 Kommt doch, ihr Winde,
durchweht meinen Garten!
Nordwind und Südwind,
erweckt seine Düfte!
Komm, mein Geliebter,
betritt deinen Garten!
Komm doch und iß
seine köstlichen Früchte!

5 ER
Ich komm in den Garten,
zu dir, meine Braut!
Ich pflücke die Myrrhe,
die würzigen Kräuter.
Ich öffne die Wabe
und esse den Honig.
Ich trinke den Wein,
ich trinke die Milch.
Eßt, Freunde, auch ihr,
und trinkt euren Wein;
berauscht euch an Liebe!

Nachtgedanken

SIE
2 Ich lag im Schlaf, jedoch mein Herz blieb wach.
Da klopft's! Ich weiß: Mein Freund steht
vor der Tür.

ER
»Mach auf, mein Schatz, mach auf, ich will
zu dir!
Mein Täubchen, öffne doch, laß mich hinein!
Mein Haar ist naß vom Tau der kühlen Nacht.«

SIE
3 »Ich habe doch mein Kleid schon ausgezogen
und müßt es deinetwegen wieder anziehn.
Auch meine Füße habe ich gewaschen;
ich würde sie ja wieder schmutzig machen!«

4 Durchs Fenster an der Tür greift seine Hand;
ich höre, wie sie nach dem Riegel sucht.
Mein Herz klopft laut und wild. Er ist so nah!
5 Ich springe auf und will dem Liebsten öffnen.
Als meine Hände nach dem Riegel greifen,
da sind sie feucht von bestem Myrrhenöl.
6 Schnell öffne ich die Tür für meinen Freund;
doch er ist fort, ich kann ihn nicht mehr sehn.
Mein Herz steht still, fast tötet mich der
Schreck!
Ich suche meinen Freund, kann ihn nicht
finden.
Ich rufe ihn, doch er gibt keine Antwort.

7 Die Wächter finden mich bei ihrem Rundgang.
Sie schlagen ohne Mitleid auf mich ein
und reißen mir den Umhang von den Schultern.

Helft mir suchen!

SIE
8 Ihr Mädchen alle, ich beschwöre euch:
Wenn euch mein Freund begegnet,
sagt ihm doch,
die Liebessehnsucht macht mich matt
und krank!

DIE MÄDCHEN
9 Beschreib ihn uns,
du schönste aller Frauen!
Wer ist es, den du suchst?
Was unterscheidet ihn
von anderen Männern,
daß du uns so beschwörst?

5,7 3,3

SIE
10 Mein Liebster ist blühend und voller Kraft,
nur einer von Tausenden ist wie er!
11 Sein schönes Gesicht ist so braungebrannt,
sein Haar dicht und lockig und rabenschwarz.
12 Die Augen sind lebhaften Tauben gleich.
Ganz weiß sind die Zähne, als hätten sie
gebadet in Bächen von reiner Milch.
13 Die Wangen sind Beete voll Balsamkraut,
die herrlichsten Würzkräuter sprießen dort.[a]
Wie Lilien leuchtet sein Lippenpaar,
das feucht ist von fließendem Myrrhenöl.
14 Die Arme sind Barren aus rotem Gold,
mit Steinen aus Tarschisch rundum besetzt.
Sein Leib ist ein Kunstwerk aus Elfenbein,
geschmückt mit Saphiren von reinster Art.
15 Die Beine sind marmornen Säulen gleich,
die sicher auf goldenen Sockeln stehn.
Dem Libanon gleicht er an Stattlichkeit,
den ragenden Zedern an Pracht und Kraft.
16 Sein Mund ist voll Süße, wenn er mich küßt –
ja, alles an ihm ist begehrenswert!
Seht, so ist mein Liebster und so mein Freund.
Nun wißt ihr's, ihr Mädchen Jerusalems!

6 DIE MÄDCHEN
Schnell, sag uns noch,
du schönste aller Frauen:
Wo ging dein Liebster hin?
Wir wollen mit dir gehn
und nach ihm suchen!
Wo könnte er denn sein?

SIE
2 Er ist in seinem Garten,
wo Balsamsträucher stehn,
wo er die Herde weidet
und schöne Lilien pflückt.
3 Nur mir gehört mein Liebster,
und ich gehöre ihm!
Er findet seine Weide,
wo viele Blumen stehn.

Wie schön du bist!

ER
4 Schön wie Tirza[b] bist du, Freundin,
strahlend wie Jerusalem;
wie ein Trugbild in der Wüste
raubt dein Anblick mir den Atem.
5 Wende deine Augen von mir,
denn sie halten mich gefangen.

Wie die Herde schwarzer Ziegen
talwärts vom Berg Gilead* zieht,
fließt das Haar auf deine Schultern.
6 Deine Zähne glänzen prächtig.
Weiß sind sie wie Mutterschafe,
wenn sie aus der Schwemme steigen;
jedes kommt mit seinem Jungen,
keins ist unfruchtbar geblieben:
Keiner fehlt in seiner Reihe.
7 Deine Wangen hinterm Schleier
schimmern rötlich wie die Scheibe
eines Apfels vom Granatbaum.

8 Laß den König sechzig Frauen,
achtzig Konkubinen haben,
dazu Mädchen ohne Zahl!
9 Meine Liebe gilt nur einer:
meinem makellosen Täubchen!
Sie ist ihrer Mutter Liebling,
denn sie ist die einzige Tochter.
Sähen sie die andern Frauen,
Königinnen, Konkubinen,
alle würden sie besingen:

DIE FRAUEN
10 »Wer leuchtet so schön wie das Morgenrot,
so hell wie der Mond, wie der Sonne Strahl,
verwirrend wie Bilder im Wüstensand?«

Erwartung

ER
11 Ich ging hinunter in den Walnußgarten,
um mich am frischen Grün des Tals zu freuen,
des Weinstocks neue Triebe anzuschauen
und auch die ersten Blüten am Granatbaum.

SIE
12 Was ist mit mir? Ich kann mich kaum beherrschen,
obwohl ich doch aus edlem Hause stamme![c]

Der Hochzeitstanz

7 DIE MÄDCHEN UND FRAUEN
Komm, dreh dich im Hochzeitstanz, Schulammít![d]
Komm, dreh dich im Tanze und laß dich sehn!

a *die herrlichsten …:* mit G; H *Türme der herrlichsten Würzkräuter.*
b Tirza war eine Zeitlang die Hauptstadt des Nordreiches Israel.
c Deutung unsicher. d Der Name wird auf der letzten Silbe betont.
6,4 6,10 6,10 6,4 6,11 7,13

SIE
Was habt ihr davon, mich beim Tanz zu sehn?
Was ist denn Besonderes an Schulammít?

ER
2 Deine Füße sind zierlich
in den Schuhen, du Fürstin!
Und das Rund deiner Hüften
ist das Werk eines Künstlers!
3 Einer Schale, der niemals
edler Wein fehlen möge,
gleicht dein Schoß, süßes Mädchen!
Wie ein Hügel von Weizen
ist dein Leib, rund und golden
und von Lilien umstanden.
4 Deine Brüste sind herzig
wie zwei junge Gazellen.
5 Einem Elfenbeinturm gleich
ist dein Hals, schlank und schimmernd.
Deine Augen – zwei Teiche
nah beim Tore von Heschbon.
Deine Nase ist zierlich
wie der Vorsprung des Wachtturms[a]
an dem Weg nach Damaskus.
6 Wie das Karmelgebirge
ist dein Kopf, hoch und prächtig.
Voller Glanz ist dein Haupthaar;
in dem Netz deiner Locken
liegt ein König gefangen.

Die Erfüllung

ER
7 Du bist schön wie keine andere,
dich zu lieben macht mich glücklich!
8 Schlank wie eine Dattelpalme
ist dein Wuchs, und deine Brüste
gleichen ihren vollen Rispen.
9 Auf die Palme will ich steigen,
ihre süßen Früchte pflücken,
will mich freun an deinen Brüsten,
welche reifen Trauben gleichen.
Deinen Atem will ich trinken,
der wie frische Äpfel duftet,
10 mich an deinem Mund berauschen,
denn er schmeckt wie edler Wein …

SIE
… der durch deine Kehle gleitet,
dich im Schlaf noch murmeln läßt.

Nur ihm gehöre ich!

SIE
11 Nur ihm, meinem Liebsten, gehör ich,
und mir gilt sein ganzes Verlangen!
12 Komm, laß uns hinausgehn, mein Liebster,
die Nacht zwischen Blumen verbringen!
13 Ganz früh stehn wir auf, gehn zum Weinberg
und sehn, ob die Weinstöcke treiben,
die Knospen der Reben sich öffnen
und auch die Granatbäume blühen.
Dort schenke ich dir meine Liebe!

Einladung

SIE
14 Kannst du den Duft der Liebesäpfel spüren?
Vor unsrer Tür ist köstlich süßes Obst,
die allerbesten Früchte, alt und neu,
für dich, mein Liebster, sind sie aufbewahrt!

Wärst du doch mein Bruder!

8 SIE
Ich wünschte mir, daß du mein Bruder wärst,
den meine Mutter an der Brust genährt hat.
Dann dürfte ich dich unbekümmert küssen,
wenn ich dich draußen auf der Straße treffe,
und niemand würde dann die Nase rümpfen.
2 Ich nähm dich mit zum Hause meiner Mutter;
du könntest mich im Zärtlichsein belehren,
ich gäbe dir gewürzten Wein zu trinken
und meinen Most von Früchten des Granatbaums.

3 Sein linker Arm liegt unter meinem Kopf,
und mit dem rechten hält er mich umschlungen.
4 Ihr Mädchen alle, ich beschwöre euch,
daß ihr uns nicht in unsrer Liebe stört!

DIE MÄDCHEN
5a Wer kommt dort herauf aus der Wüste,
gestützt auf den Arm ihres Liebsten?

Unüberwindlich wie der Tod

SIE
5b Hier unterm Apfelbaum
hab ich dich aufgeweckt,
wo deine Mutter dich
empfing und auch gebar.

a Wörtlich: *des Libanonturms.*

7,12 2,10 7,13 6,11 8,2 3,4 8,4 2,7; 3,5 8,5a 3,6

6 Du trägst den Siegelring
an einer Schnur
auf deiner Brust.
So nimm mich an dein Herz!
Du trägst den Reif
um deinen Arm.
So eng umfange mich!

Unüberwindlich
ist der Tod:
Niemand entrinnt ihm,
keinen gibt er frei.
Unüberwindlich –
so ist auch die Liebe,
und ihre Leidenschaft
brennt wie ein Feuer.

7 Kein Wasser kann die Glut der Liebe löschen,
und keine Sturzflut schwemmt sie je hinweg.
Wer meint, er könne solche Liebe kaufen,
der ist ein Narr, er hat sie nie gekannt!

Besorgte Brüder

IHRE BRÜDER
8 Noch ist unsre kleine Schwester
für die Liebe viel zu jung,
denn sie hat noch keine Brüste.
Kommt sie erst ins rechte Alter,
daß sie jemand freien will,
müssen ihre Brüder wachen.
9 Sperrt sie sich wie eine Mauer,
schmückt man sie mit Silberzinnen.
Gleicht sie einer offenen Pforte,
schließt man sie mit Zedernbalken.

SIE
10 Eine starke Mauer bin ich,
Türmen gleichen meine Brüste.
Trotzdem will ich mich ergeben,
bitte meinen Freund um Frieden.

Glücklicher als Salomo

ER
11 Salomo hat einen Weinberg
auf dem Hang von Ba'al-Hamon.
Für die Ernte würde jeder
tausend Silberstücke zahlen;
darum wird er streng bewacht.
12 Salomo gönn ich die tausend,
auch den Wächtern noch zweihundert –
ich hab meinen eigenen Weinberg!

Liebesruf

ER
13 Du Mädchen in den Gärten,
die Freunde warten schon:
Laß deine Stimme hören
und rufe mich zu dir!

SIE
14 Komm schnell zu mir, mein Liebster!
Komm, eile wie ein Hirsch;
sei flink wie die Gazelle,
die in den Bergen wohnt.

DER PROPHET JESAJA

Inhaltsübersicht

WORTE ÜBER JUDA UND JERUSALEM AUS JESAJAS FRÜHZEIT (Kapitel 1–12)

Buchüberschrift

1 In diesem Buch steht, was der HERR dem Pro-
pheten Jesaja, dem Sohn von Amoz, über das
Land Juda und die Stadt Jerusalem offenbart*
hat. Jesaja empfing diese Botschaften während
der Zeit, als dort nacheinander die Könige Usija,
Jotam, Ahas und Hiskija regierten.

Israel kennt seinen Gott nicht mehr

2 Hört zu, Himmel und Erde! Hört, was der HERR
sagt: »Ich habe Kinder aufgezogen; und jetzt, wo
sie groß geworden sind, sagen sie sich von mir
los! 3 Jedes Rind kennt seinen Besitzer und jeder
Esel die Futterkrippe seines Herrn. Israel aber
will nicht begreifen, wem es gehört; mein Volk
nimmt keine Vernunft an.«

4 Weh euch, ihr verbrecherisches und schuld-
beladenes Volk! Ihr seid eine üble Sippschaft,
ganz aus der Art geschlagen. Ihr habt den HERRN
verlassen, den heiligen Gott Israels verworfen,
ihm den Rücken gekehrt!

5 Seid ihr noch nicht genug geschlagen wor-
den, daß ihr immer noch widerspenstig seid? Ihr
seid ja schon krank an Leib und Seele. 6 Vom
Scheitel bis zur Sohle ist kein heiler Fleck mehr
an euch, nur Beulen, blutige Striemen und fri-
sche Wunden. Niemand hat sie gereinigt und
verbunden, auch keine Salbe ist darauf gekom-
men. 7 Euer Land ist verwüstet, eure Städte sind
verbrannt; Fremde verzehren vor euren Augen
die Ernte von euren Feldern. Alles ist zerstört,
als hätten wilde Horden bei euch gehaust.

8 Nur Jerusalem[a] ist übriggeblieben wie ein
Schutzdach im Weinberg, wie eine Wächter-
hütte im Gurkenfeld, eine ringsum belagerte
Stadt. 9 Hätte der HERR, der Herrscher der Welt,[b]
nicht einen kleinen Rest von uns übriggelassen,
so wäre es uns wie Sodom* und Gomorra er-
gangen!

Opfer ohne Gehorsam sind nutzlos

10 Ihr Machthaber von Sodom, hört, was der
HERR sagt! Du Volk von Gomorra, vernimm die
Weisung unseres Gottes![c]

11 »Was soll ich mit euren vielen Opfern*?«
fragt der HERR. »Die Schafböcke, die ihr für mich
verbrennt, und das Fett eurer Masttiere habe ich
satt; das Blut von Stieren, Lämmern und Böcken
mag ich nicht. 12 Wenn ihr zu meinem Tempel
kommt, zertrampelt ihr nur seine Vorhöfe*.
Habe ich das verlangt? 13 Laßt eure nutzlosen
Opfer! Ich kann euren Weihrauch nicht mehr
riechen! Ihr feiert den Neumond*, den Sabbat*
und andere Feste; ich kann sie nicht ausstehen,
solange ihr nicht von euren Verbrechen laßt.
14 Eure Neumondfeiern und eure Feste hasse
ich; sie sind mir lästig, ich kann sie nicht mehr
ertragen.

15 Wenn ihr im Gebet eure Hände zu mir aus-
streckt, blicke ich weg. Und wenn ihr mich auch
noch so sehr mit Bitten bestürmt, ich höre nicht
darauf; denn an euren Händen klebt Blut!
16 Wascht euch, reinigt euch! Macht Schluß mit
eurem üblen Treiben; hört auf, vor meinen
Augen Unrecht zu tun! 17 Lernt Gutes zu tun,
sorgt für Gerechtigkeit, haltet die Gewalttätigen
in Schranken, helft den Waisen und Witwen zu
ihrem Recht!«

18 Der HERR sagt: »Kommt her, laßt uns prü-

a Wörtlich *die Tochter Zion**. b Wörtlich *der HERR Zebaot**.
c Jerusalem wird hier mit den Städten gleichgesetzt, die als Inbegriff der Verdorbenheit galten (vgl. Sacherklärung »Sodom« sowie Gen 18,20 und die Vergleichsstellen dazu).

1,2 Dtn 4,26 S; Jes 30,9 **1,5-9** 2 Kön 18,13–19,36 **1,9** Gen 19,24-25; Röm 9,29 **1,10-20** 1 Sam 15,22; Jes 43,22-25; 58,1-12; Jer 6,20 S; Am 4,4-5 S; Hos 6,6 S; Ps 40,7-9 S; Mt 5,23-24 **1,10** Jer 23,14; Ez 16,48-50; Gen 18,20 S **1,17** 1,23; 3,11-15; Ex 22,21 S; Am 2,6 S; 5,24 **1,18** Ps 51,9

fen, wer von uns recht hat, ihr oder ich! Eure
Verbrechen sind rot wie Blut, und doch könnten
sie weiß werden wie Schnee. Sie sind rot wie
Purpur, und doch könnten sie weiß werden wie
reine Wolle – 19 wenn ihr mir nur gehorchen
wolltet![a] Dann könntet ihr all die guten Dinge
genießen, die das Land hervorbringt. 20 Aber
wenn ihr euch weigert und widerspenstig bleibt,
wird euch das Schwert vernichten. Das sage ich,
der HERR!«

Jerusalem ist Gottes Feind geworden

21 Wie konnte sie zur Hure werden, die Stadt, die
früher so treu war? Einst herrschte in ihr das
Recht, ihre Bewohner folgten Gottes Geboten;
jetzt aber wohnen dort lauter Mörder! 22 Jerusa-
lem, früher warst du wie reines Silber, jetzt aber
bist du nichts als silbrig glänzende Schlacke*!
Früher warst du wie guter Wein, jetzt aber ist
der Wein verwässert! 23 Deine Führer – Aufrüh-
rer sind sie, die mit Dieben unter einer Decke
stecken, scharf auf Geschenke und Bestechungs-
geld! Aber den Waisen verhelfen sie nicht zu
ihrem Recht, und die Klagen der Witwen hören
sie gar nicht erst an.

24 Darum sagt der HERR, der Herrscher über
die ganze Welt,[b] der mächtige Gott Israels: »Ich
bin voller Zorn auf euch, ich muß mir Luft
verschaffen! Ich werde euch eure Feindschaft
vergelten! 25 Jetzt wende ich mich gegen euch
und greife ein! Alle Schlacke* unter euch werde
ich ausschmelzen, damit ihr reines Silber wer-
det. 26 Ich werde euch wieder zuverlässige Rich-
ter und Ratsherren geben, so wie ihr sie am An-
fang hattet. Dann nennt man Jerusalem wieder
wie früher ›Stadt des Rechts‹ und ›treue Stadt‹.«

27 Ja, Rettung kommt für die Zionsstadt*,
wenn ihre Bewohner das Recht wieder achten,
wenn sie zum HERRN zurückgekehrt sind und
ihm die Treue halten. 28 Die Rebellen und Rechts-
brecher werden vernichtet; alle, die den HERRN
verlassen, werden untergehen.

29 Ihr liebt eure heiligen Eichen* und umgebt
sie liebevoll mit Hecken. Von den Götzen, die ihr
dort verehrt, erwartet ihr neue Lebenskraft.[c] Es
wird eine bittere Enttäuschung für euch werden!
30 Ihr werdet dastehen wie eine Eiche, die ihre
Blätter verliert, wie eine Pflanzung, die kein
Wasser mehr bekommt. 31 Wer glaubte, neue
Stärke zu gewinnen, ist dann wie trockener Zun-
der, und was er tut, wird zum zündenden Fun-
ken. So geht alles in Flammen auf, und niemand
kann löschen.

Eine Vision vom kommenden Frieden

2 Folgende Botschaft über Juda und Jerusalem
bekam Jesaja, der Sohn von Amoz, durch
eine Vision:

2 Es kommt eine Zeit, da wird der Berg, auf
dem der Tempel des HERRN steht, unerschütter-
lich fest stehen und alle anderen Berge über-
ragen. Alle Völker strömen zu ihm hin. 3 Überall
werden die Leute sagen: »Kommt, wir gehen auf
den Berg des HERRN, zu dem Haus, in dem der
Gott Jakobs wohnt! Er soll uns lehren, was recht
ist; was er sagt, wollen wir tun!«

Denn vom Zionsberg* in Jerusalem wird der
HERR sein Wort ausgehen lassen. 4 Er weist die
Völker zurecht und schlichtet ihren Streit. Dann
schmieden sie aus ihren Schwertern Pflugscha-
ren und aus ihren Speerspitzen Winzermesser.
Kein Volk wird mehr das andere angreifen, und
niemand lernt mehr das Kriegshandwerk.

5 Auf, ihr Nachkommen Jakobs, laßt uns in
dem Licht leben, das vom HERRN ausgeht!

Der Tag, an dem Gott seine Macht erweist

6 HERR, du hast dich von deinem Volk, den Nach-
kommen Jakobs, zurückgezogen. Denn ihr Land
ist voll von fremden Bräuchen, überall gibt es
Zauberer wie bei den Philistern*; es wimmelt
bei ihnen von Ausländern. 7 Ihr Land ist voll von
Silber und Gold und unzähligen Schätzen. Es ist
voll von Pferden, und die Streitwagen* kann nie-
mand zählen. 8 Und ihr Land ist voll von Götzen.
Seine Bewohner beten Bildwerke an, die sie mit
eigenen Händen gemacht haben. 9 Darum müs-
sen sich alle bücken und werden erniedrigt. Ver-
gib ihnen nicht, HERR!

10 Verkriecht euch zwischen Felsen, versteckt
euch in Erdlöchern, wenn der HERR Schrecken
verbreitet und seine Macht und Hoheit zeigt!
11 Der Tag kommt, an dem es mit der Überheb-

a Andere, weniger wahrscheinliche Übersetzungsmöglichkeit: *Eure Verbrechen sind rot wie Blut, und doch sollen sie weiß werden wie Schnee. Sie sind rot wie Purpur, und doch sollen sie weiß werden wie weiße Wolle. Wenn ihr mir gehorcht, dann könnt ihr …* b Wörtlich *der Herr, der HERR Zebaot**.
c *Von den Götzen …:* Der Satz ist hinzugefügt, um die folgenden Verse verständlich zu machen.

1,21 Ez 16,15.24-26.28-35 **1,22** 1,25 S **1,23** 1,17 S **1,25** 1,22; Spr 25,4; Ez 22,18-21; Jes 48,10 S **1,26** Sach 8,3 **1,29** 17,10; 65,3; 66,17 **2,2-4** Mi 4,1-3 **2,2-3** 45,22-24; 18,7; 25,6; Jer 3,17; Ps 96,7-10 S; Sach 2,15 **2,3** (Berg des Herrn) 11,9; 24,23; 31,9; Ps 76,3 S; (Haus) Ps 122,1 **2,4** 9,4-6; Ps 46,10-11 S; Hos 2,20 S **2,5** 60,1-2 **2,6** 3,3; Lev 19,26 S **2,7** 31,1 **2,11-21** (Tag) Joël 3,3-4; 4,14-16 S; Am 5,18-20 S; Mk 13,24-27 par; Apg 17,31 **2,11-12** (überheblich) 10,12-14; 16,6; Hos 5,5 S; Am 6,8; Spr 29,23; Ez 31,10 S

lichkeit der Menschen zu Ende ist und ihr Stolz gebrochen wird. Dann wird der HERR allein groß sein.

12 Der Tag kommt, an dem der HERR, der Herrscher der Welt,[a] Gericht halten wird über alles, was groß und stolz und überheblich ist; er wird es erniedrigen. 13 Er wird die mächtigen Zedern auf dem Libanon und die Eichen im Baschan* vernichten. 14 Er wird alle hohen Berge und Hügel einebnen, 15 jeden großen Turm und jede feste Mauer einreißen; 16 alle großen Schiffe, die weit über die Meere fahren,[b] und alle Prunkboote wird er zerstören. 17 Mit dem Hochmut der Menschen wird es aus sein, und ihr Stolz wird erniedrigt. An diesem Tag wird der HERR allein groß sein, 18 und alle falschen Götter werden verschwinden.

19 Die Menschen müssen sich in Felshöhlen und Erdlöchern verkriechen aus Angst vor dem HERRN und seiner Macht und Hoheit, wenn er aufsteht und die Erde in Schrecken versetzt! 20 An dem Tag wird jeder seine silbernen und goldenen Götterbilder, die er sich gemacht hat, den Fledermäusen und Ratten hinwerfen. 21 Die Menschen werden sich in Höhlen und Felsspalten verkriechen aus Angst vor dem HERRN und seiner Macht und Hoheit, wenn er aufsteht und die Erde in Schrecken versetzt.

22 Zählt doch nicht auf Menschen! Sie sind nichts als ein Hauch, und mehr sind sie auch nicht wert.

In Juda bricht jede Ordnung zusammen

3 Der HERR, der Herrscher über die ganze Welt,[c] nimmt den Bewohnern von Jerusalem und Juda alles weg, worauf sie sich stützen und ihr Vertrauen setzen. Er nimmt ihnen jeden Vorrat an Brot und Wasser weg, 2 er nimmt ihnen Vorkämpfer und Krieger, Richter, Propheten und Wahrsager, Sippenoberhäupter, 3 Offiziere, Hofleute und Berater, Zauberer und Beschwörer.

4 Er gibt ihnen unreife Burschen als Herrscher, die mit Willkür regieren. 5 Dann fällt einer über den anderen her, jeder übervorteilt jeden. Junge rebellieren gegen die Alten, Nichtsnutze gegen geachtete Männer.

6 Alle Männer in einer Sippe werden sich an einen einzigen klammern und sagen: »Du hast noch etwas anzuziehen. Sei du unser Anführer, bring Ordnung in dieses Chaos!« 7 Doch der wird sich wehren und sagen: »Ich bin doch kein Wunderdoktor! In meinem Haus ist nichts, weder Nahrung noch Kleidung. Ich lasse mich nicht zum Anführer machen!«

8 Ja, Jerusalem stürzt ins Chaos, und Juda bricht zusammen; denn mit Wort und Tat beleidigen sie den HERRN, sie widersetzen sich öffentlich dem mächtigen Gott. 9 Ihr eigenes Verhalten klagt sie an: Sie sind parteiisch und bringen die Schutzlosen um ihr Recht. Wie die Leute von Sodom erzählen sie ohne jede Hemmung von ihren Verbrechen. Das Unglück, das sie nun trifft, haben sie sich selber zuzuschreiben!

10 Denkt daran: Denen, die Gott gehorchen, geht es gut; sie dürfen den Ertrag ihrer Arbeit genießen. 11 Doch wehe denen, die Gott mißachten: Ihre Taten fallen auf sie selbst zurück!

12 »Du mein armes Volk«, sagt der HERR, »Ausbeuter herrschen über dich, Wucherer[d] saugen dich aus. Deine Führer verführen dich, sie zeigen dir den falschen Weg.«

13 Der HERR steht auf, um Gericht zu halten und seinem Volk[e] Recht zu verschaffen. 14 Er macht den Ratgebern und Führern seines Volkes den Prozeß. »Ihr habt meinen Weinberg geplündert«, klagt er sie an. »Eure Häuser habt ihr vollgestopft mit dem, was ihr den Armen weggenommen habt. 15 Mit welchem Recht unterdrückt ihr mein Volk und nutzt die Wehrlosen aus?« Das sagt der HERR, der Herrscher über die ganze Welt.

Schande statt Schönheit

16 Der HERR sagt: »Seht doch, wie hochnäsig sie sind, die Frauen Jerusalems! Sie recken ihre geschmückten Hälse, werfen aufreizende Blicke nach allen Seiten und trippeln mit zierlichen Schritten, damit ihre Fußspangen klirren. 17 Deshalb werde ich ihnen den Kopf entblößen und sie öffentlich der Schande preisgeben.«

18 Der Tag kommt, an dem der HERR ihnen allen Schmuck wegnehmen wird: die Fußspangen, die Sonnen und Halbmonde, die sie um den Hals tragen, 19 Ohrgehänge, Armbänder und Schleier, 20 Kopfputz, Fußkettchen und Brustbänder, Parfümfläschchen und Amulette, 21 Fingerringe und Nasenringe, 22 Festkleider, Mäntel, Umschlagtücher, Täschchen 23 und Spiegel, feinste Leinenhemden, Kopftücher und Halstücher.

a Wörtlich *der HERR Zebaot**. b Wörtlich *alle Tarschisch-Schiffe;* siehe Sacherklärung »Tarschisch«.
c Wörtlich *Der Herr, der HERR Zebaot*;* entsprechend in Vers 15.
d *Wucherer:* mit alten Übersetzungen; H *Frauen.* e *seinem Volk:* mit G; H *den Völkern.*

2,20 31,7 **2,22** 31,3; Ps 56,5 S; 39,5-7 S **3,1** Lev 26,26 **3,4** Koh 10,16 **3,9** Dtn 1,17 S; Gen 18,20 S **3,10-11** Spr 3,33 S **3,12** 1,17 S **3,14** 5,7 **3,16** Am 4,1

24 Dann bekommen sie statt des Wohlgeruchs
den Gestank von Fäulnis, statt des Gürtels einen
Strick, statt kunstvoll geflochtener Haarpracht
eine Glatze, statt des Festkleids einen zerlump-
ten Sack, statt der Schönheit die Schande eines
Brandmals.
25 Jerusalem, deine Männer, sogar die stärk-
sten und besten, werden im Krieg erschlagen.
26 Deine Tore werden widerhallen von Toten-
klagen*; du wirst einer Frau gleichen, die ihre
Kinder verloren hat und einsam am Boden
sitzt.

4 Dann werden sieben Frauen sich an einen
Mann klammern und zu ihm sagen: »Wir
können selbst für unser Essen sorgen, auch für
unsere Kleidung; wir wollen nur als deine
Frauen gelten. Heirate uns und nimm die
Schande von uns, Witwen und auch noch kin-
derlos zu sein!«

Hoffnung für die Übriggebliebenen

2 Es kommt eine Zeit, da wird der HERR das Land
wieder fruchtbar machen. Alles wird wieder
sprießen und wachsen, und die Übriggebliebe-
nen Israels können stolz darauf sein. So wird
ihre Ehre und ihr Ruhm wiederhergestellt.
3 Die Überlebenden von Jerusalem, alle, die
dann noch auf dem Zionsberg* übrig sind, wer-
den Gottes heiliges* Volk genannt werden; Gott
selbst hat ihre Namen aufgeschrieben und sie
zum Leben bestimmt. 4 Denn durch sein Strafge-
richt hat er die Bewohner Jerusalems von allem
Schmutz gereinigt und die schwere Schuld aus
der Stadt weggeschafft.
5 Über dem Zionsberg und allen, die sich dort
versammeln, läßt dann der HERR das Zeichen
seiner Gegenwart erscheinen: tagsüber eine
Wolke, nachts dichten Rauch und flammendes
Feuer. Seine Herrlichkeit breitet er aus über der
ganzen Stadt, 6 wie ein Schutzdach gegen die
Hitze der Sonne, wie eine Zuflucht bei Regen
und Sturm.

Gottes Volk – ein unfruchtbarer Weinberg

5 Hört mir zu! Ich singe euch das Lied meines
Freundes[a] von seinem Weinberg:

Auf fruchtbarem Hügel,
da liegt mein Stück Land,
2 dort hackt ich den Boden
mit eigener Hand,
ich mühte mich ab
und las Felsbrocken auf,
baute Wachtturm und Kelter,
setzte Reben darauf.
Und süße Trauben
erhofft ich zu Recht,
doch was dann im Herbst wuchs,
war sauer und schlecht.

3 Jerusalems Bürger,
ihr Leute von Juda,
was sagt ihr zum Weinberg,
was tätet denn ihr da?
4 Die Trauben sind sauer –
entscheidet doch ihr:
War die Pflege zu schlecht?
Liegt die Schuld denn bei mir?

5 Ich sage euch, Leute,
das tue ich jetzt:
Weg reiß ich die Hecke,
als Schutz einst gesetzt;
zum Weiden solln Schafe
und Rinder hinein!
Und die Mauer ringsum –
die reiße ich ein!
Zertrampelnden Füßen
geb ich ihn preis,
schlecht lohnte mein Weinberg
mir Arbeit und Schweiß!
6 Ich will nicht mehr hacken,
das Unkraut soll sprießen!
Der Himmel soll ihm
den Regen verschließen!

7 Der Weinberg des HERRN
seid ihr Israeliten!
Sein Lieblingsgarten,
Juda, seid ihr!
Er hoffte auf Rechtsspruch –
und erntete Rechtsbruch,
statt Liebe und Treue
nur Hilfeschreie!

Gott straft seine Verächter

8 Weh denen, die sich ein Haus nach dem ande-
ren hinstellen und ein Feld nach dem anderen
kaufen, bis kein Grundstück mehr übrig ist und
sie das ganze Land besitzen! 9 Ich habe gehört,

a Der Prophet tritt hier als »Freund des Bräutigams« (Joh 3,29) auf, der in dessen Namen die Braut wegen ihrer Untreue anklagt. Der *Weinberg* ist Bild für die Braut und steht auch sonst häufig für Israel (siehe die Vergleichsstellen zu 5,1-7).

4,3 6,13; 10,21; 14,32 S; Mal 3,14 S **4,4** Jer 50,20 **4,5** Ex 19,9 S **5,1-7** 27,2-5; Ps 80,9-14; Jer 2,21 S; Mk 12,1-12 par **5,7** 1,17 S **5,8** Lev 25,23-28; Mi 2,2

wie der HERR, der Herrscher der Welt,[a] geschwo-
ren hat: »Die vielen Gebäude sollen verwüstet
werden, die großen und schönen Häuser leer-
stehen! 10 Ein Weinberg von zehn Morgen bringt
nur noch einen Eimer Wein, und zehn Zentner
Aussaat bringen nur einen Zentner Ertrag.«
11 Weh denen, die schon am Morgen hinter
Bier her sind und noch spät am Abend beim
Wein in Hitze geraten! 12 Laute und Harfe, Pauke
und Flöte erklingen bei ihren Gelagen, aber auf
das Tun des HERRN achten sie nicht, sie sehen
nicht, daß er hinter allem Geschehen steht.
13 Deshalb sagt der HERR: »Mein Volk muß in
die Verbannung, weil es nicht begreifen will. Die
Angesehenen müssen Hunger leiden, und das
ganze Volk wird vor Durst verschmachten.«
14 Die Totenwelt* sperrt ihren Rachen weit
auf, hinabfahren müssen Reichtum und Pracht
Jerusalems, der ganze lärmende, johlende Hau-
fen. 15 So werden sie alle erniedrigt und müssen
sich bücken. Die Hochmütigen müssen die
Augen zu Boden schlagen. 16 Der HERR, der Herr-
scher der Welt, erweist seine Hoheit, denn er
verschafft dem Recht wieder Geltung. Der hei-
lige Gott erweist sich als heilig, denn er hält ge-
rechtes Gericht. 17 Zwischen den Trümmern der
Stadt weiden die Schafe, und was die Reichen in
ihren Ruinen zurücklassen mußten, das essen
die umherziehenden Hirten auf.
18 Weh denen, die sich vor den Karren des Un-
rechts spannen und die Strafe für ihre Schuld
wie mit Wagenseilen hinter sich herziehen!
19 Sie sagen: »Er soll sich beeilen und tun, was er
vorhat, der heilige Gott Israels! Er will uns be-
strafen? Wir wollen endlich etwas davon sehen!«
20 Weh denen, die Böses gut und Gutes böse
nennen, die aus Schwarz Weiß und aus Weiß
Schwarz machen, aus Sauer Süß und aus Süß
Sauer!
21 Weh denen, die sich für weise und verstän-
dig halten! 22 Helden sind sie – im Weintrinken,
und tüchtige Männer – im Mischen von schar-
fen Getränken. 23 Als Richter lassen sie sich be-
stechen: Schuldige sprechen sie frei, und Un-
schuldige verurteilen sie.
24 Deshalb werden sie vergehen wie eine
Pflanze, deren Wurzeln verfaulen und deren Blü-
ten verwelken, wie dürres Gras oder Stoppeln
auf dem Feld, über das ein Feuer hinwegfegt. Sie
haben das Gesetz* verachtet, das der Herrscher
der Welt, der heilige Gott Israels, seinem Volk ge-
geben hat. Seine Warnungen haben sie in den
Wind geschlagen.

Das assyrische Heer bedroht Juda

25 Darum ist der HERR zornig auf sein Volk. Er
reckt seine Hand hoch und schlägt zu. Davon er-
zittern die Berge, und auf den Straßen und Plät-
zen liegen die Leichen wie Abfall. Trotzdem legt
sein Zorn sich nicht, noch ist seine Hand dro-
hend erhoben.
26 Er stellt ein Feldzeichen auf für ein Volk[b]
aus der Ferne. Er pfeift, und schon kommen sie
vom Ende der Erde, sie haben es eilig. 27 Keiner
der Krieger ist erschöpft, keiner schleppt die
Füße nach, keiner nickt ein, hellwach sind sie
alle. Die Gürtel sind festgeschnallt, kein Schuh-
riemen löst sich. 28 Die Pfeilspitzen sind geschlif-
fen, die Bogen straff gespannt. Die Hufe ihrer
Pferde sind hart wie Kiesel, die Räder ihrer
Streitwagen* drehen sich wie der Wirbelwind.
29 Ihr Kriegsgeschrei ist wie das Brüllen eines
Löwen, wie das rauhe Gebrüll eines jungen
Löwen; er knurrt, packt seine Beute und
schleppt sie weg. Und niemand wagt es, sie ihm
zu entreißen.
30 Der Tag kommt, an dem sie über das Land
herfallen mit Getöse wie das Donnern des Mee-
res. Wohin man auch blickt: überall erdrückende
Finsternis; schwarze Wolken verdunkeln das
Tageslicht.

Jesaja berichtet über seine Berufung zum Propheten

6 Es war in dem Jahr, als König Usija starb. Da
sah ich den Herrn; er saß auf einem sehr
hohen Thron. Der Saum seines Mantels füllte
den ganzen Tempel*. 2 Er war umgeben von
mächtigen Engeln.[c] Jeder von ihnen hatte sechs
Flügel; mit zweien bedeckte er sein Gesicht, mit
zweien den Leib, zwei hatte er zum Fliegen.
3 Die Engel riefen einander zu:

»Heilig, heilig, heilig ist der HERR,
der Herrscher der Welt,[d]
die ganze Erde bezeugt seine Macht!«

4 Von ihrem Rufen bebten die Fundamente des
Tempels, und das Haus füllte sich mit Rauch.
5 Vor Angst schrie ich auf: »Ich bin verloren! Ich

a Wörtlich *der HERR Zebaot*;* entsprechend in den Versen 16 und 24.
b *ein Volk:* vermutlicher Text; H *Völker.*
c Wörtlich *von Serafen;* siehe Sacherklärung »Seraf«.
d *der HERR ...:* wörtlich *der HERR Zebaot*;* entsprechend in Vers 5.

5,11-12 28,1.7; 56,12; Hos 4,18; Am 6,5-6; Spr 20,1 S **5,16** 2,11.17 **5,19** Jer 17,15; Ps 14,1 S **5,20** 32,5; Am 5,7.10; Mi 3,1-3 **5,21** Spr 3,7 **5,23** Spr 17,15 S **5,26** 7,18.20; 10,5-6; Jer 5,15 **6,1** 2 Kön 15,7 **6,2** 1 Kön 22,19 S **6,3** 8,2; 19,2; 57,12; Offb 4,8 **6,4** 4,5; 1 Kön 8,10-11; Offb 15,8 S **6,5** Ps 24,3-4; Lk 5,8; Ex 33,20 S

bin unwürdig, den HERRN zu preisen, und lebe
unter einem Volk, das genauso unwürdig ist.
Und ich habe den König gesehen, den Herrscher
der Welt!«
6 Da kam einer der mächtigen Engel zu mir
geflogen. Er hatte eine glühende Kohle, die er
mit der Zange vom Altar genommen hatte. 7 Da-
mit berührte er meinen Mund und sagte: »Die
Glut hat deine Lippen berührt. Jetzt bist du von
deiner Schuld befreit, deine Sünde ist dir ver-
geben.«
8 Dann hörte ich, wie der Herr sagte: »Wen
soll ich senden? Wer ist bereit, unser Bote zu
sein?«
Ich antwortete: »Ich bin bereit, sende mich!«
9 Da sagte er: »Geh und sag zu diesem Volk:
›Hört nur zu, ihr versteht doch nichts; seht hin,
soviel ihr wollt, ihr erkennt doch nichts!‹ 10 Rede
zu ihnen, damit ihre Herzen verstockt werden,
ihre Ohren verschlossen und ihre Augen ver-
klebt, so daß sie mit ihren Augen nicht sehen,
mit ihren Ohren nicht hören und mit ihrem Ver-
stand nicht erkennen. Ich will nicht, daß sie zu
mir umkehren und geheilt werden.«
11 »Wie lange soll das dauern, Herr?« fragte
ich.
Der HERR antwortete: »Bis die Städte zerstört
sind und die Häuser leerstehen und das ganze
Land zur Wüste geworden ist. 12 Ich werde
die Menschen fortschaffen, und das Land wird
leer und verlassen sein. 13 Und ist noch ein Zehn-
tel übrig, so wird es ihnen gehen wie den
Trieben, die aus dem Stumpf einer gefällten
Eiche oder Terebinthe wachsen: sie werden ab-
gefressen!«
Der Stumpf aber bleibt, und aus dem Stumpf
wird neues Leben sprossen zu Gottes Ehre.

Eine Glaubensprobe für Juda und Jerusalem

7 In Juda war Ahas, der Sohn von Jotam und
Enkel von Usija, König. Damals zogen Re-
zin, der König von Syrien*, und Pekach, der
Sohn von Remalja, der König von Israel, gegen
Jerusalem heran. Sie griffen die Stadt an, konn-
ten sie aber nicht einnehmen.
2 Im Königspalast wurde gemeldet, die syri-
schen Truppen stünden schon im Gebiet von
Efraïm.[a] Der König zitterte und mit ihm das
ganze Volk, wie Bäume, die vom Sturm geschüt-
telt werden.
3 Da gab der HERR dem Propheten Jesaja den
Auftrag: »Nimm deinen Sohn Schear-Jaschub*
mit und geh zu König Ahas hinaus, ans Ende
der Wasserleitung beim oberen Teich*, auf die
Straße, die zum Tuchmacherfeld führt!
4 Sag zu Ahas: ›Bleib ruhig, hab keine Angst!
Werde nicht weich vor dem Zorn Rezins und Pe-
kachs; sie sind nur qualmende Brennholzstum-
mel. 5 Die Syrer unter Rezin und die Efraïmiten
unter dem Sohn Remaljas planen zwar Böses ge-
gen dich. Sie sagen: 6 Wir wollen nach Juda hin-
aufziehen, den Leuten dort Angst einjagen, das
Land an uns bringen und als neuen König den
Sohn Tabeals einsetzen!
7 Aber der HERR, der mächtige Gott, sagt: Das
wird ihnen nicht gelingen! 8 Syrien ist nicht stär-
ker als Damaskus und Damaskus nicht stärker
als Rezin. Und das Reich der Leute von Efraïm?
In 65 Jahren wird es am Ende sein, und das Volk
wird nicht mehr bestehen. 9 Denn Efraïm ist
nicht stärker als Samaria und Samaria nicht stär-
ker als der Sohn Remaljas. Vertraut auf den
HERRN! Wenn ihr nicht bei ihm bleibt, dann
bleibt ihr überhaupt nicht!‹«[b]

Trotz des Unglaubens steht Gott zu seiner Zusage

10 Weiter ließ der HERR dem König sagen: 11 »For-
dere doch als Bestätigung ein Zeichen vom
HERRN, deinem Gott, ganz gleich, ob aus der
Totenwelt* oder aus dem Himmel!«
12 Ahas antwortete: »Ich verlange kein Zei-
chen, ich will den HERRN nicht auf die Probe stel-
len.«
13 Da sagte Jesaja: »Hört, ihr vom Königshaus!
Es reicht euch wohl nicht, daß ihr den Men-
schen zur Last werdet! Müßt ihr auch noch die
Geduld meines Gottes auf die Probe stellen?
14 Deshalb wird der Herr euch von sich aus ein
Zeichen geben: Die junge Frau[c] wird schwanger
werden und einen Sohn zur Welt bringen, den
wird sie Immanuël (Gott steht uns bei) nennen.
15 Er wird Butter und Honig essen, bis er Gutes
und Böses unterscheiden kann. 16 Noch bevor er
alt genug ist, zwischen Gut und Böse zu unter-
scheiden, wird das Land der beiden Könige ver-
wüstet sein, vor denen du jetzt Angst hast.

a *Efraïm* steht hier, wie oft im Alten Testament, für das Nordreich Israel*. Zum ganzen Abschnitt siehe Sacherklärung »Syrisch-Efraïmitischer Krieg«.

b *Vertraut auf ...:* Das hebräische Zeitwort hat die Doppelbedeutung »glauben/vertrauen« und »Bestand haben«. Die Übersetzung sucht das Wortspiel nachzuahmen.

c Die griechische Übersetzung hat hier das Wort für »Jungfrau«; in dieser Fassung wird der Vers in Mt 1,23 zitiert.

6,8 1 Kön 22,20 **6,9-10** Ez 3,6-7; Mt 13,14-15 S **7,1** 2 Kön 16,5-9 **7,3** 36,2 **7,9** 28,16; 30,15; 37,6; Ex 14,14 **7,11** Ri 6,17 S; 1 Kön 13,3-5; Jer 44,29-30; Mk 8,11-13 par **7,14** Mt 1,23 **7,15.22** Ex 3,8 S **7,16** 8,4 S

17 Aber der HERR wird für dich, dein Volk und deine Familie eine Unglückszeit kommen lassen, wie man sie seit der Trennung Israels von Juda nicht erlebt hat. Das wird durch den König von Assyrien* geschehen.«

Eine dunkle Zukunft

18 Der Tag kommt, an dem der HERR die Feinde herbeiholen wird. Er pfeift dem Fliegenschwarm an den Mündungen des Nils und dem Bienenschwarm in Assyrien*, 19 und sie werden kommen und sich niederlassen in den Talschluchten und Felsspalten, in allen Dornenhecken, an allen Tränkstellen. 20 Wenn es soweit ist, wird der Herr den König von Assyrien in Dienst nehmen, von jenseits des Eufrats holt er ihn herbei. Er wird ihn als Schermesser benutzen, um euch das Kopfhaar abzuscheren, auch die Schamhaare und den Bart.

21 Wenn diese Zeit kommt, wird jeder nur noch eine Kuh und zwei Ziegen haben. 22 Aber die werden soviel Milch geben, daß die ganze Familie Butter essen kann. Wer dann noch im Land übriggeblieben ist, wird sich mit Butter und Honig ernähren.

23 Wenn diese Zeit kommt, wird man die Weinberge ungepflegt lassen müssen, sogar solche, die tausend Weinstöcke tragen, jeder ein Silberstück wert. Sie werden von Dornen und Disteln überwuchert. 24 Das ganze Land wird voller Dornen und Disteln sein, man wird höchstens noch mit Pfeil und Bogen dorthin gehen, um zu jagen. 25 Auch die Hügel, die jetzt noch mit der Hacke bestellt werden, wird niemand mehr betreten aus Angst vor den Dornen und Disteln. Rinder wird man dort weiden lassen, und Schafe werden den Boden zertreten.

Eilebeute-Raubebald

8 Der HERR sagte zu mir: »Nimm dir eine große Tafel und schreib darauf in deutlich lesbarer Schrift: *Eilebeute-Raubebald.*«

2 Ich zeigte die Tafel zwei zuverlässigen Zeugen, dem Priester Urija und Secharja, dem Sohn von Jeberechja. 3 Als ich dann mit meiner Frau, der Prophetin*, schlief, wurde sie schwanger und brachte einen Sohn zur Welt. Da befahl mir der HERR: »Nenne ihn Eilebeute-Raubebald! 4 Denn bevor er Vater und Mutter sagen kann, werden die Reichtümer von Damaskus und die Schätze von Samaria dem König von Assyrien* zur Beute fallen.«

5 Weiter sagte der HERR zu mir: 6 »Dieses Volk verachtet das ruhig fließende Wasser des Schiloachkanals* und zieht Rezin und den Sohn von Remalja seinem eigenen König vor.[a] 7 Darum lasse ich den König von Assyrien auf sie los. Mit seiner ganzen Heeresmacht wird er kommen, wie der breite, reißende Eufratstrom, der immer höher steigt und über alle Ufer tritt. 8 Dieser Strom wird in Juda eindringen und es überfluten, bis das Wasser den Bewohnern an den Hals reicht.«

Er wird seine Arme ausbreiten und dein Land in seiner ganzen Weite bedecken, Immanuël.[b]

Vergebliche Pläne fremder Völker

9 Sammelt euch nur zum Angriff, ihr Völker! Ruft zum Kampf auf, daß man es hört bis in die entlegensten Winkel der Erde! Rüstet euch zum Krieg, nehmt die Waffen zur Hand! Trotzdem wird der Schrecken über euch kommen, panische Angst wird euch überfallen! 10 Schmiedet nur eure Pläne – sie werden vereitelt! Beratet euch, soviel ihr wollt – es kommt nichts dabei heraus; denn Gott steht uns bei!

Der Prophet wird gewarnt

11 Der HERR legte seine starke Hand auf mich und warnte mich, dem Beispiel dieses Volkes zu folgen. Er sagte: 12 »Du und alle, die auf dich hören, ihr müßt nicht alles für eine Verschwörung halten, was dieses Volk eine Verschwörung nennt! Wovor sie Angst haben, davor müßt ihr euch nicht fürchten!

13 Ich, der Herrscher der Welt,[c] ich allein bin heilig! Vor mir und keinem anderen sollt ihr erschrecken und euch fürchten! 14 Ich bin der heilige Zufluchtsort, aber ich bin auch der Stein, an dem man sich stößt; ich bin der Fels, der die beiden Reiche Israels zu Fall bringt; ich bin auch das Netz und die Schlinge, in denen die Leute von Jerusalem sich verstricken. 15 Viele werden stolpern und stürzen und sich die Knochen brechen; viele werden in die Falle rennen und gefangen darin hängen bleiben.«

Schweigen und warten

16 Ich will Gottes Warnungen und Weisungen denen anvertrauen, die auf mich hören, damit

a Offenbar gab es in Jerusalem eine (vielleicht starke) Gruppe, die statt des Königs Ahas den mit Rezin und Pekach (dem »Sohn Remaljas«) sympathisierenden »Sohn Tabeals« (7,6) auf den Thron bringen wollte.
b *Immanuël:* vgl. 7,14. c Wörtlich *der HERR Zebaot**; entsprechend in Vers 18.

7,18 5,26 S **8,1** 30,8; Hab 2,2 **8,2** Dtn 19,15 S **8,4** 7,16; 2 Kön 16,9; 17,3-6 **8,9** Sach 14,2 S **8,10** 7,7; Ps 33,10 **8,13** Mt 10,28 par **8,14-15** 28,13.16; Röm 9,33 S

sie aufbewahrt bleiben wie Geld in einem ver-
schnürten Beutel. 17 Der HERR hat sich vor den
Nachkommen Jakobs verborgen; aber ich will
auf ihn warten und die Hoffnung nicht auf-
geben. 18 Ich selbst und die Kinder, die der
HERR mir geschenkt hat, laufen als lebende Zei-
chen in Israel umher, als Ankündigungen des
Herrschers der Welt, der auf dem Zionsberg*
wohnt.
19 Die Leute werden euch auffordern: »Befragt
doch die Geister der Verstorbenen, die Wahr-
sagegeister, die euch flüsternd und murmelnd
Auskunft geben! Ein Volk kann sich doch Rat
holen bei seinen Göttern, die Lebenden können
sich doch von den Toten helfen lassen!«
20 Haltet euch an die Weisungen des HERRN
und an meine Warnungen! Das ist die einzig gül-
tige Antwort. Gegen Gottes Ankündigungen
richten Beschwörungen nichts aus!

Hoffnung für die Verzweifelten

21 Mutlos und hungrig streifen sie[a] durchs Land.
Der Hunger bringt sie in rasende Wut, sie verflu-
chen ihren König und ihren Gott. Sie blicken
nach oben, 22 sie starren auf die Erde; aber da ist
nichts als erdrückendes Dunkel, Verzweiflung
und Finsternis, in lichtlose Nacht sind sie hinein-
gestoßen. 23 Wer in solcher Nacht gefangen ist,
der kann ihr nicht entrinnen.[b]
Früher hat Gott Schande über das Land der
Stämme Sebulon und Naftali kommen lassen, in
Zukunft aber wird er diesen Landstrich am See
zu Ehren bringen, auch das Ostjordanland und
das Gebiet, wo die Fremden wohnen.
9 Das Volk, das im Dunkeln lebt, sieht ein
großes Licht; für alle, die im Land der Fin-
sternis wohnen, leuchtet ein Licht auf. 2 HERR, du
vermehrst sie und schenkst ihnen große Freude.
Sie freuen sich vor dir wie bei der Ernte und wie
beim Verteilen der Kriegsbeute. 3 Wie damals, als
du das Volk von den Midianitern* befreit hast,
zerbrichst du das Joch* der Fremdherrschaft, das
auf ihnen lastet, und den Stock, mit dem sie zur
Zwangsarbeit angetrieben werden. 4 Die Solda-
tenstiefel, deren dröhnenden Marschtritt sie
noch im Ohr haben, und die blutbefleckten Sol-
datenmäntel werden ins Feuer geworfen und
verbrannt.
5 Denn ein Kind ist geboren, der künftige
König ist uns geschenkt! Und das sind die Ehren-
namen, die ihm gegeben werden: umsichtiger
Herrscher, mächtiger Held, ewiger Vater, Frie-
densfürst. 6 Seine Macht wird weit reichen, und
dauerhafter Frieden wird einkehren. Er wird auf
dem Thron Davids regieren, und seine Herr-
schaft wird für immer Bestand haben, weil er
sich an die Rechtsordnungen Gottes hält. Der
HERR, der Herrscher der Welt,[c] hat es so be-
schlossen und wird es tun.

Gottes drohend erhobene Hand

7 Der Herr hat sein Urteil über das Reich Israel*
gefällt, mit ganzer Härte hat es die Nachkom-
men Jakobs getroffen. 8 Die ganze Bevölkerung
von Efraïm und alle Bewohner von Samaria
haben es zu spüren bekommen. Und trotzdem
blieben sie selbstherrlich und sagten in ihrem
Übermut: 9 »Die Häuser aus Ziegelsteinen sind
eingestürzt – was macht's, wir bauen sie mit
Quadersteinen wieder auf! Die Balken aus dem
Holz der Maulbeerfeigenbäume sind zerbrochen
worden – was macht's, an ihrer Stelle setzen wir
Zedernbalken ein!«
10 Aber der HERR ließ ihre Gegner[d] hochkom-
men, er stachelte ihre Feinde gegen sie auf: 11 im
Osten die Syrer* und im Westen die Philister*.
Sie fielen gierig über Israel her und rissen große
Stücke aus ihm heraus.
Trotzdem legte Gottes Zorn sich nicht, seine
Hand blieb drohend erhoben.
12 Die Leute von Israel änderten sich nicht.
Obwohl der HERR, der Herrscher der Welt, sie so
geschlagen hatte, fragten sie nicht nach seinem
Willen. 13-14 Darum nahm der HERR ihnen an
einem einzigen Tag ihre Sippenoberhäupter, ihre
führenden Männer und die Lügenpropheten
weg, so wie jemand einem Fisch Kopf und
Schwanz abschneidet oder beim Riedgras Blätter
und Kolben entfernt. 15 Die Führer dieses Volkes
sind Verführer, und die Geführten haben jede
Richtung verloren. 16 Darum hat der Herr kein
Erbarmen[e] mit ihren jungen Männern, er hat
kein Mitleid mit den Witwen und Waisen, die sie
hinterlassen. Denn sie alle miteinander sind ab-
trünnig und böse, sie reden wie Menschen, die
Gott nicht ernst nehmen.

a Der Prophet blickt hier auf das Nordreich Israel, und zwar auf dessen nördliche und östliche Gebiete, die dem Assyrerreich als Provinzen eingegliedert wurden (siehe Sacherklärung »Syrisch-Efraïmitischer Krieg«).
b Die Verse 20-23a sind nicht sicher zu deuten.
c Wörtlich *Der HERR Zebaot*;* entsprechend in den Versen 12 und 18.
d *ihre Gegner:* vermutlicher Text; H *die Gegner Rezins.*
e *kein Erbarmen:* mit einer wichtigen Handschrift; H *keine Freude.*

8,18 8,3; 20,1-3 **8,19-20** Lev 19,31 S **8,23b–9,1** Mt 4,12-16 **9,1** 60,1-2 **9,3** Ri 7,1-25 **9,5-6** 11,1-5; Ps 2,1-12; 110,1-2; Jer 23,5 S; Sach 9,9-10 **9,5** 7,14 **9,6** 2 Sam 7,12-13 S **9,15** 3,12

Trotz alledem legt sein Zorn sich nicht, noch ist seine Hand drohend erhoben.

17 Ihre Verkehrtheit greift um sich wie ein loderndes Feuer, das Dornen und Disteln verzehrt, das Dickicht des Waldes in Brand setzt und dicke Rauchwolken zum Himmel aufsteigen läßt. 18 Der Zorn des HERRN, des Herrschers der Welt, ist wie ein Feuer: Das Land verbrennt, und das Volk wird ein Raub der Flammen. Keiner verschont den anderen. 19 Sie schnappen zu, ohne hinzusehen, und fressen, was sie können. Aber der Hunger bleibt, niemand wird satt. Jeder vernichtet den, der ihm beistehen könnte. 20 Manasse stürzt sich auf Efraïm, Efraïm auf Manasse, und zusammen fallen sie über Juda her.

Trotzdem legt Gottes Zorn sich nicht, noch ist seine Hand drohend erhoben.

Anklage gegen die Unterdrücker

10 Weh denen, die ihre Macht mißbrauchen, um Verordnungen zu erlassen, die Menschen ins Unglück stürzen! 2 Sie bringen die Armen und Schwachen in meinem Volk um ihr Recht und plündern die Witwen und Waisen aus. 3 Der Tag des Gerichts kommt gewiß, und das Unwetter aus der Ferne wird euch mit Sicherheit erreichen. Was wollt ihr dann tun? Zu wem wollt ihr fliehen? Wo wollt ihr dann eure Reichtümer lassen? 4 Ihr habt nur die Wahl, ob ihr tot oder gefangen sein wollt!

Trotzdem legt Gottes Zorn sich nicht, noch ist seine Hand drohend erhoben.

Assyrien geht zu weit!

5 Der HERR sagt: »Jetzt bekommt es Assyrien* mit mir zu tun! Ich habe es benutzt, um mein Strafgericht zu vollziehen. Assyrien war der Stock, mit dem ich meinen Zorn zu fühlen gab. 6 Ich habe es gesandt, um ein Volk zu bestrafen, das sich von mir losgesagt und meinen Zorn herausgefordert hat. Ich habe Assyrien erlaubt, dieses Volk zu berauben und auszuplündern und es zu zertreten wie Straßendreck.

7 Aber der König von Assyrien wollte mehr, er schmiedete seine eigenen Pläne. Vernichten wollte er, ganze Völker ausrotten, so viele wie möglich. 8 Er sagte sich: ›Alle Befehlshaber meiner Truppen sind so mächtig wie Könige. 9 Eine Stadt nach der anderen habe ich erobert: Kalne und Karkemisch, Hamat und Arpad, Samaria und Damaskus. 10 Mit meiner Macht habe ich Königreiche unterworfen, die mehr Götter und Götterbilder haben als Jerusalem und Samaria. 11 Ich habe Samaria und seine Götter vernichtet. Und ausgerechnet Jerusalem und seine Götterbilder sollten diesem Schicksal entgehen?‹«

12 Aber der Herr sagt: »Erst will ich zu Ende führen, was ich gegen Jerusalem und den Zionsberg* im Sinn habe. Dann werde ich mit dem König von Assyrien abrechnen, mit seiner überheblichen Selbstherrlichkeit und dem Hochmut, mit dem er auf andere herabsieht. 13 Dieser König hat es gewagt zu sagen: ›Aus eigener Kraft habe ich das alles getan, durch meine Klugheit habe ich es fertiggebracht. Die Grenzen zwischen den Völkern habe ich beseitigt, ihre Vorräte geplündert und ihre Könige vom Thron gestoßen wie ein Stier.[a] 14 Wie jemand ein Vogelnest ausnimmt, so habe ich die Schätze der Völker genommen. Wie jemand die Eier einsammelt, die der Vogel verlassen hat, so habe ich alle Länder eingesammelt. Da war keiner, der mit den Flügeln nach mir schlug, keiner, der den Schnabel öffnete und einen Piep von sich gab.‹«

15 Aber der HERR sagt: »Kann die Axt etwa angeben gegenüber dem, der sie gebraucht? Oder kann die Säge sich für wichtiger halten als den Zimmermann? Das wäre ja, als ob der Stock den schwänge, der ihn erhebt, als ob das tote Stück Holz den Mann bewegte!«

16 Darum wird der HERR, der Herrscher über die ganze Welt,[b] das reiche, satte Assyrien zum Hungerland machen. Unter seiner Pracht schwelt ein Brand, der alles in Flammen aufgehen läßt. 17 Der heilige Gott, das Licht Israels, wird zum Feuer, das die Dornen und Disteln ergreift und an einem einzigen Tag verzehrt. 18 Die prächtigen Wälder und Obstgärten vernichtet es mit Stumpf und Stiel. Assyrien wird dahinsiechen wie ein Sterbenskranker. 19 Von seinen Wäldern werden nur ein paar Bäume übrigbleiben, so wenige, daß ein Kind sie zählen kann.

Nur wenige bleiben übrig

20 Es kommt eine Zeit, da wird der Rest Israels, die Überlebenden der Nachkommen Jakobs, sich nicht mehr auf Assyrien stützen, den Stock, der sie geschlagen hat. Auf den HERRN werden sie

a *und ihre Könige ...:* Deutung unsicher.
b Wörtlich *der Herr, der HERR Zebaot*;* entsprechend in den Versen 23, 24 und 33.

10,2 1,17S **10,5-19** (gegen Assyrien) 10,24-27; 14,24-27; 30,27-33; 37,22-35; Mi 7,11-13; Nah 1,1–3,19; Zef 2,13-15 **10,5-6** 5,26; 7,20; Hab 1,12-13 **10,12-14** 2,12; 13,11 **10,20** 10,5; Hos 5,13

sich stützen, an den heiligen Gott Israels werden sie sich halten und ihm treu bleiben. 21 Ein Rest wird zurückkehren; was übriggeblieben ist von den Nachkommen Jakobs, kehrt um zum starken Gott.

22 Israel, selbst wenn dein Volk so zahlreich wäre wie der Sand am Meer, nur ein kleiner Rest wird zurückkehren. Dein Untergang ist beschlossene Sache; er kommt wie eine Flut und verschafft dem Recht Geltung. 23 Der HERR, der Herrscher über die ganze Welt, ist fest entschlossen, dich zu vernichten vor den Augen aller Völker.

Keine Angst vor Assyrien!

24 Der HERR, der Herrscher über die ganze Welt, sagt zu seinem Volk, das auf dem Zionsberg* wohnt: »Habt keine Angst vor Assyrien*, auch wenn es den Stock über euch schwingt und euch schlägt, wie es früher die Ägypter taten. 25 Nur noch einen ganz kleinen Augenblick, dann kehrt sich mein Zorn von euch ab und wendet sich gegen Assyrien. 26 Dann werde ich, der Herrscher der Welt,[a] strafend die Geißel über die Assyrer schwingen, so wie ich damals am Rabenfelsen auf die Midianiter* eingeschlagen habe. Ich werde meinen Stock über das Meer ausstrecken, wie ich es gegen die Ägypter getan habe. 27 Wenn die Zeit gekommen ist, dann wird die Last Assyriens von euren Schultern gleiten und sein Joch* von eurem Nacken gerissen.[b]

Der Feind rückt auf Jerusalem zu

28 Die Assyrer* überfallen Aja, sie ziehen durch Migron, lassen ihren Troß in Michmas, 29 marschieren durch die Talschlucht, um in Geba zu übernachten. Rama zittert vor Angst, Gibea, die Stadt Sauls, ergreift die Flucht. 30 Schrei gellend, Gallim! Lausche, Lajescha! Antworte,[c] Anatot! 31 Madmena flieht, die Bewohner von Gebim laufen um ihr Leben. 32 Schon steht der Feind in Nob und streckt seine Hand aus nach Jerusalem und dem Zionsberg*!

33 Seht doch, wie der HERR, der Herrscher über die ganze Welt, mit erschreckender Gewalt die Äste von den Bäumen schlägt! Die größten Bäume werden gefällt, die hochragenden niedrig gemacht. 34 Das Dickicht des Waldes wird mit der Axt gelichtet, die Pracht des Libanons sinkt zu Boden.

Der Friedenskönig und sein Reich

11 Ein Sproß wächst aus dem Baumstumpf Isai*,
ein neuer Trieb schießt hervor[d] aus seinen Wurzeln.
2 Ihn wird der HERR mit seinem Geist* erfüllen,
dem Geist, der Weisheit* und Einsicht gibt,
der sich zeigt in kluger Planung und in Stärke,
in Erkenntnis und Ehrfurcht vor dem HERRN.
3 Gott zu gehorchen ist ihm eine Freude.
Er urteilt nicht nach dem Augenschein
und verläßt sich nicht aufs Hörensagen.
4 Den Entrechteten verhilft er zum Recht,
für die Armen im Land setzt er sich ein.
Seine Befehle halten das Land in Zucht,
sein Urteilsspruch tötet die Schuldigen.
5 Gerechtigkeit und Treue umgeben ihn
wie der Gürtel, der seine Hüften umschließt.[e]

6 Dann wird der Wolf beim Lamm zu Gast sein,
der Panther neben dem Ziegenböckchen liegen;
gemeinsam wachsen Kalb und Löwenjunges auf,[f]
ein kleiner Junge kann sie hüten.
7 Die Kuh wird neben dem Bären weiden,
und ihre Jungen werden beieinander liegen;
der Löwe frißt dann Häcksel wie das Rind.
8 Der Säugling spielt beim Schlupfloch der Schlange,
das Kleinkind steckt die Hand in die Höhle der Otter.
9 Niemand wird Böses tun und Unheil stiften
auf dem Zion*, Gottes heiligem Berg.
So wie das Meer voll Wasser ist,
wird das Land erfüllt sein von Erkenntnis des HERRN.
10 Wenn jene Zeit gekommen ist,
dann wird der Sproß aus der Wurzel Isais
als Zeichen dastehen, sichtbar für die Völker;
dann kommen sie und suchen bei ihm Rat.
Von dem Ort, den er zum Wohnsitz nimmt,
strahlt Gottes Herrlichkeit* hinaus in alle Welt.

a Wörtlich *der HERR Zebaot**.
b Es folgt noch die im Zusammenhang unverständliche Aussage *ein Joch angesichts von Öl/Fett.*
c *Antworte:* mit einer alten Übersetzung; H *unglückliches.*
d *schießt hervor:* mit alten Übersetzungen; H *wird fruchtbar sein.*
e Gemeint ist der Lendenschurz* als Unterkleidung.
f *gemeinsam …:* mit alten Übersetzungen; H *gemeinsam Kalb und Löwenjunges und Mastvieh.*

10,21 4,3-4; 7,3; Dtn 4,29-31 S **10,22-23** Röm 9,27-28 **10,22** Gen 22,17; (Rest) Jes 11,11; 37,32; Zef 3,12-13; Dtn 4,27 **10,26** Ri 7,25; Ex 14,16.26 **10,27** Jer 30,8 S **11,1** Mi 5,1; Jer 23,5 S; Offb 22,16 **11,2-5** 1 Kön 3,9-12.28; Ps 72,1-4.12-14 **11,2** 42,1; 61,1; 1 Sam 16,13; 2 Sam 23,2; Joh 1,32-34 **11,6-9** 65,25; Hos 2,20; Ez 34,25 **11,8** Gen 3,14-15 **11,9** 60,18; Jer 31,34 S **11,10** 2,2-4; Röm 15,12

Die Heimkehr der Weggeführten

11 Wenn jene Zeit gekommen ist, wird der Herr
noch einmal die Hand erheben: Dann wird
er den Rest seines Volkes befreien. Er wird
alle zurückholen, die übriggeblieben sind in
Assyrien* und in Ägypten, in Äthiopien*, Elam*,
Babylonien* und im syrischen Hamat und bis
hin zu den fernsten Küsten. 12 Er stellt ein Feld-
zeichen auf, um diesen Völkern anzuzeigen,
was er tun will. Er sammelt die Versprengten
Israels, die Verstreuten Judas holt er zusammen.
Aus allen Himmelsrichtungen bringt er sie zu-
rück, Männer und Frauen.[a]

13 Dann ist Schluß mit Efraïms[b] Neid, und die
Feindseligkeit Judas hat ein Ende. Efraïm wird
nicht mehr neidisch sein auf Juda, und Juda wird
Efraïm nicht mehr befeinden. 14 Gemeinsam
stürmen sie nach Westen, die Hänge hinab auf
die Philister*, und im Osten plündern sie die
Wüstenstämme aus. Edom* und Moab* nehmen
sie in Besitz, und die Ammoniter* unterwerfen
sich ihnen.

15 Der HERR wird die Meereszunge östlich von
Ägypten für immer zum Verschwinden bringen.
Dem Eufrat droht er mit erhobener Hand; durch
seinen glühenden Atem zerreißt er ihn in sieben
kleine Rinnsale, so daß man zu Fuß hindurch-
gehen kann. 16 Dann wird es eine Straße geben
für den Rest seines Volkes, der in Assyrien über-
lebt hat,[c] genauso wie es damals eine Straße
gab, als Israel Ägypten verließ.

Ein Danklied

12 Am Tag deiner Rettung wirst du sagen:
»HERR, ich preise dich!
Du bist zornig auf mich gewesen;
doch nun hat sich dein Zorn gelegt,
und ich darf wieder aufatmen!«
2 Dann wirst du bekennen:
»Gott ist mein Helfer,
ich bin voll Vertrauen und habe keine Angst!
Den HERRN will ich rühmen mit meinem Lied,
denn er hat mich gerettet.«

3 Voller Freude werdet ihr Wasser schöpfen
an Gottes reichen Quellen,
aus denen euch seine Hilfe strömt.
4 Und ihr werdet sagen an jenem Tag:
»Preist den HERRN!
Macht seinen Namen* überall bekannt!
Verkündet allen Völkern, was er getan hat;
sagt ihnen, wie unvergleichlich groß er ist.
5 Singt und spielt zur Ehre des HERRN!
Denn er hat gewaltige Taten vollbracht;
das soll die ganze Welt erfahren.
6 Freu dich und juble, du Zionsstadt*!
Denn er wohnt in deiner Mitte,
er, der große, heilige Gott Israels!«

DAS GERICHT GOTTES ÜBER DIE VÖLKER (Kapitel 13–23)

Babylons Tage sind gezählt

13 Folgende Botschaft über Babylon* bekam
Jesaja, der Sohn von Amoz, in einer
Vision:

2 Der HERR sagt: »Stellt ein Feldzeichen auf,
oben auf einer kahlen Höhe! Ruft die Freiwilli-
gen auf, winkt sie herbei, sie sollen sich bei den
Stadttoren melden! 3 Ich rufe alle zum Kampf,
die sich mir zur Verfügung gestellt haben. Meine
tapferen Krieger sollen kommen und mein Urteil
vollstrecken, sie alle, die mich mit ihren Jubel-
rufen ehren!«

4 Hört das dröhnende Getöse auf den Bergen!
Unzählbar die Menge der Menschen; aus vielen
Königreichen sind sie zusammengeströmt, ganze
Völker haben sich versammelt. Der HERR, der
Herrscher der Welt,[d] mustert sein Heer! 5 Aus
einem fernen Land rücken sie heran, von dort,
wo der Himmel die Erde berührt: der HERR und
seine Heeresmacht, die sein Urteil vollstreckt
und das große Weltreich verwüstet.

6 Schreit vor Entsetzen, denn der Gerichtstag
des HERRN naht heran! Er kommt mit vernich-
tender Gewalt vom gewaltigen Gott. 7 Da wer-
den alle Hände kraftlos, alle Herzen werden
mutlos; 8 vor Schrecken sind die Menschen wie
gelähmt. Von Krämpfen und Schmerzen über-
wältigt, winden sie sich wie eine gebärende
Frau. Hilflos starren sie einander an, ihre Gesich-
ter glühen.

9 Jetzt bricht er an, der Gerichtstag des HERRN,
der unerbittlich grausame Tag, mit wilder Wut

a Durch den Zusatz *Männer und Frauen* bringt die Übersetzung zum Ausdruck, daß *die Versprengten* Wiedergabe einer männlichen, *die Verstreuten* einer weiblichen Mehrzahlform ist.
b Zu *Efraïm* vgl. Anmerkung zu 7,2.
c Vgl. Sacherklärung »Exil«.
d Wörtlich *der HERR Zebaot**; entsprechend in Vers 13.

11,11-12 43,5-6 S; Jer 3,18 S; 23,3 S; Ez 28,25 S **11,11** 10,22 S **11,12** 49,22 **11,13** 9,20; 1 Kön 12,19; Jer 3,18 **11,15** Ex 14,21 **11,16** 40,3-4 S **12,2** Ex 15,2 **12,3** 55,1 **12,6** 14,32 S **13,1-22** (gegen Babylon) 14,4-23; 21,1-10; 47,1-15; Jer 50,1–51,64; Hab 1,1–3,19; Offb 17,1–18,24 **13,3** 5,26; Ri 5,2.9

und glühendem Zorn. Er wird die Erde in eine Wüste verwandeln und alle Schuldigen ausrotten. [10] Die Sterne am Himmel funkeln nicht mehr, die Sternbilder sind nicht mehr zu sehen; die Sonne wird dunkel, kaum daß sie aufgegangen ist, und der Mond hört auf zu scheinen.

[11] »Ich strafe die ganze Erde, weil sie voll von Bosheit ist«, sagt der HERR. »Ich bestrafe die Verbrecher für ihre Vergehen. Den Hochmut der Frechen zerbreche ich, dem Übermut der Gewaltherrscher setze ich ein Ende. [12] Von den Menschen lasse ich so wenige übrig, daß sie seltener werden als Gold, seltener noch als Gold aus Ofir*.«

[13] Wenn der Tag kommt, an dem der HERR, der Herrscher der Welt, seinem Zorn freien Lauf läßt, dann zittert der Himmel, die Erde bebt und löst sich von ihren Fundamenten. [14] Wie aufgescheuchte Gazellen, wie eine Herde, die kein Hirt zusammenhält, so fliehen alle Fremden davon, jeder zu seinem Volk und in sein Heimatland. [15] Wer auf der Flucht entdeckt wird, wird niedergestochen; wen man aufgreift, erschlägt man mit dem Schwert. [16] Sie müssen mit ansehen, wie man ihre Kinder zerschmettert, ihre Häuser plündert und ihren Frauen Gewalt antut.

[17] Der HERR sagt: »Ich lasse die Meder* auf sie los, die sich nicht mit Silber bestechen und nicht mit Gold umstimmen lassen. [18] Ihre Pfeile strecken die jungen Männer nieder, mit Kindern und Säuglingen haben sie kein Mitleid, niemand wird verschont.«

[19] Babylon, das Juwel der Königreiche, das Schmuckstück der stolzen Chaldäer*, wird dasselbe Schicksal erleiden wie die Städte Sodom* und Gomorra, die Gott vernichtet hat. [20] Nie wieder wird sich dort jemand ansiedeln, es bleibt unbewohnt für alle Zeiten. Kein Nomade schlägt dort seine Zelte auf, kein Hirt läßt seine Herde rasten. [21] Nur Wüstentiere halten sich dort auf, die Häuser werden voll sein von Eulen. Der Ort wird ein Wohnplatz der Strauße und ein Tanzplatz der Böcke. [22] Hyänen werden in den verlassenen Palästen heulen und Schakale in den Ruinen der Lustschlösser. Babylons Tage sind gezählt, bald schlägt seine letzte Stunde!

Der Sturz des Tyrannen

14 Der HERR wird sich über die Nachkommen Jakobs erbarmen; er wird Israel noch einmal erwählen und es in sein Land zurückbringen. Fremde werden Anschluß beim Volk Israel suchen und finden. [2] Andere Völker werden die verschleppten Israeliten abholen und in ihr Land zurückbringen. Dort im Land des HERRN werden sie den Leuten von Israel als Sklaven und Sklavinnen dienen. Die Israeliten werden die gefangennehmen, die sie in Gefangenschaft weggeführt haben; sie werden über ihre früheren Unterdrücker herrschen.

[3] Israel, der HERR wird deiner Sklaverei ein Ende machen! Nach allen Leiden und Unruhen sollst du wieder aufatmen können. Wenn das geschieht, [4] wirst du über den König von Babylonien* ein Spottlied singen:

»Der Unterdrücker nahm ein böses Ende,
mit seiner Schreckensherrschaft[a] ist es aus!
[5] Der HERR zerbrach die Macht der Unheilstifter,
den Stock, den der Tyrann geschwungen hatte.
[6] In blinder Wut schlug er damit die Völker,
versetzte ihnen grausam Schlag auf Schlag.
Er unterdrückte sie in wildem Zorn
und ließ sie alle rücksichtslos verfolgen.
[7] Doch nun herrscht wieder Ruhe auf der Erde,
und alle brechen laut in Jubel aus.
[8] Selbst die Zypressen freuen sich darüber,
die Zedern jauchzen auf dem Libanon:
›Seit du gefallen bist und unten liegst,
kommt niemand mehr herauf, um uns zu fällen!‹

[9] Die ganze Totenwelt* ist in Bewegung,
bereit, um dich gebührend zu empfangen.
Die Schatten stört man deinetwegen auf,
sie, die einst Herrscher auf der Erde waren.
Man schreckt die Könige der Völker hoch,
sie alle springen auf von ihren Thronen.
[10] Da stehen sie und heißen dich willkommen,
der Chor der Schatten ruft dir spöttisch zu:
›Sieh da, nun bist auch du für immer hier,
ganz ohne Macht, genauso schwach wie wir!‹
[11] Dahin ist nun die Pracht, die dich umgab,
dahin die rauschende Musik der Harfen,
hinunter in die dunkle Totenwelt.
Das Bett, auf dem du liegen darfst, sind Maden,
und Würmer sind die Decke über dir.

[12] Du Morgenstern, wie konnte es geschehen,
daß du vom hohen Himmel niederstürztest?
Du hast so viele Völker unterworfen,
jetzt liegst du selbst zerschmettert auf der Erde!
[13] In deinem Herzen hattest du beschlossen:
›Ich steige immer höher, bis zum Himmel.

a *Schreckensherrschaft:* mit einer wichtigen Handschrift und alten Übersetzungen; H *Haufen von Gold.*

13,10 Joël 2,10 S **13,11** Gen 6,5-7; Jes 10,12-14 S **13,17** 21,2; Jer 51,11 **13,19** Gen 19,24-25 S **14,1** Sach 2,15; 8,20-23 **14,2** 49,22-26; 61,5; Sach 2,13 **14,4-23** 13,1-22 S **14,13** Ps 48,3 S

Dort oben will ich meinen Thron errichten,
ich will noch höher sein als Gottes Sterne.
Ich setze mich im Rat der Götter nieder,
im fernsten Norden, auf dem Götterberg*.
14 Ich steige höher als die Wolken reichen,
dann endlich gleiche ich dem Allerhöchsten!‹
15 Doch in den Abgrund wurdest du geworfen,
bis auf den tiefsten Grund der Totenwelt!

16 Wer dich so liegen sieht, der starrt dich an,
noch glaubt er seinen Augen nicht zu trauen:
›Ist das der Mann, vor dem die Erde bebte,
der Königreiche aus den Angeln hob?
17 War er es, der die Welt zur Wüste machte,
der ganze Städte einfach ausradierte
und nie Gefangenen die Freiheit gab?‹
18 Die andern Herrscher setzt man prachtvoll
bei,
in Ehren ruhen sie in ihrer Gruft.
19 Doch du liegst ohne Grab auf freiem Feld,
dort hingeworfen wie ein dürrer Zweig,
wie ein Kadaver, der zertreten wird,
bedeckt mit Kriegern, die das Schwert
durchbohrte.
Mit denen, die in ihrer Steingruft liegen,
20 mit deinen Vätern, wirst du nie vereint!
Dein eigenes Land hast du zugrunde gehen,
dein eigenes Volk im Krieg verbluten lassen.
Darum soll deine Sippe von Verbrechern
in alle Ewigkeit vergessen sein!
21 Die Söhne dieses Königs müssen sterben;
sie sollen sühnen für die Schuld der Väter!
Laßt sie nicht noch einmal die Welt erobern
und auf der ganzen Erde Städte bauen!
Macht euch bereit und bringt sie alle um!«

22 Der HERR, der Herrscher der Welt,[a] sagt: »Ich
werde ihnen entgegentreten und Babylon mit
Stumpf und Stiel ausrotten, ich will ihnen weder
Söhne noch Erben lassen. 23 Ich mache Babylon
zu einem großen Sumpf, den die Reiher[b] in
Besitz nehmen. Ich kehre es aus mit eisernem
Besen, so daß nichts mehr von ihnen übrigbleibt.
Das sage ich, der Herrscher der Welt!«

Assyriens Macht wird zerbrochen

24 Der HERR, der Herrscher der Welt, hat ge-
schworen: »Es bleibt dabei: Was ich geplant
habe, trifft ein; was ich beschlossen habe, wird
ausgeführt! 25 Ich zerbreche die Macht Assy-
riens* in meinem Land, auf meinen Bergen trete
ich sie in den Staub. Dann wird das Joch* der
Assyrer vom Nacken meines Volkes verschwin-
den, und ihre Last wird von seinen Schultern
gleiten.«

26 Gottes Beschluß gilt der ganzen Erde, seine
Hand ist ausgestreckt gegen alle Völker. 27 Wenn
der HERR, der Herrscher der Welt, sich etwas vor-
genommen hat, wer kann es dann verhindern?
Wenn er seine Hand ausgestreckt hat, wer kann
sie dann wieder abwenden?

Drohung gegen die Philister

28 In dem Jahr, als König Ahas starb, verkündete
der Prophet folgende Botschaft:
29 »Freut euch nicht zu früh, ihr Philister*!
Zwar ist der Stock, der euch geschlagen hat, zer-
brochen;[c] aber aus der toten Schlange geht eine
Viper hervor und aus der Viper ein Drache. 30 Die
Ärmsten in Israel werden genug zu essen
haben; die vom Unglück Verfolgten werden end-
lich in Ruhe und Sicherheit leben. Euch aber
wird Gott vor Hunger umkommen lassen, und
was von euch noch übrigbleibt, das wird der
Drache umbringen.
31 Schreit Zeter und Mord, ihr Wächter an den
Toren! Ruft Ach und Weh, ihr Bewohner der
Städte! Laßt alle Hoffnung fahren, ihr Philister
alle miteinander! Aus dem Norden naht sich
eine Rauchwolke, ein geschlossenes Heer, von
dem keiner zurückbleibt.[d]
32 Was soll man den Boten der Philister sagen?
Dies ist unsere Antwort: ›Der HERR selbst hat
den Zionsberg* gegründet. Dort finden die
Armen seines Volkes sicheren Schutz!‹«

Moabs Untergang

15 Botschaft über Moab*:
Ar-Moab ist zerstört, vernichtet in einer
Nacht! Auch Kir-Moab ist zerstört, vernichtet in
einer Nacht! 2 Die Bewohner von Dibon gehen
zu ihrem Tempel hinauf und weinen an den
Opferstätten. Auf dem Nebo und in Medeba
stimmt Moab das Klagegeschrei an. Alle Köpfe
sind kahlgeschoren, alle Bärte abgeschnitten.
3 Auf den Straßen laufen alle im Sack* umher, auf
den Dächern und Plätzen klagen sie und lassen

a Wörtlich *Der HERR Zebaot*;* entsprechend in den Versen 23, 24 und 27.
b *Reiher:* unsicher; wörtlich *der sich einrollt.*
c Wahrscheinlich ist mit dem *Stock* der assyrische König Tiglat-Pileser III. gemeint, der 729 v. Chr. starb.
d *ein geschlossenes Heer ...:* Deutung unsicher.

14,24-27 10,5-19 S **14,25** 9,3; Jer 30,8 **14,27** 8,10; 43,13 **14,28-32** (gegen Philister) Jer 47,1-7; Ez 25,15-17; Joël 4,4-7; Am 1,6-8; Zef 2,4-7; Sach 9,5-7 **14,28** 2 Kön 16,20 **14,32** 12,6; 28,16; 31,4-5; 24,23 S; Ps 20,3; 76,3 S **15,1–16,14** (gegen Moab) 25,10-12; Jer 48,1-47; Ez 25,8-11; Am 2,1-3; Zef 2,8-10

ihren Tränen freien Lauf. 4 In Heschbon und Elale schreien die Leute um Hilfe, bis nach Jahaz ist es zu hören. Darum schreien auch die Krieger Moabs, aller Mut hat sie verlassen.

5 Ich bin zutiefst erschüttert und schreie um Hilfe für Moab. Bis nach Zoar fliehen die Menschen, bis nach Eglat-Schelischija. Andere schleppen sich unter lautem Weinen den Aufstieg von Luhit hoch. Auf dem Weg nach Horonajim schallt das Geschrei über den Untergang. 6 Die Oase von Nimrim ist zur Wüste geworden, das Gras ist verdorrt, die Pflanzen verwelkt, alles Grün ist verschwunden. 7 Darum tragen alle ihre Habseligkeiten, die wenigen, die sie noch retten konnten, über den Pappelbach hinüber.

8 Das Klagegeschrei macht die Runde überall in Moab, bis nach Eglajim und Beer-Elim ist es zu hören. 9 Der Fluß von Dimon ist rot von Blut; aber der Herr[a] will noch mehr Unglück über Dimon bringen: Auf die Überlebenden von Moab, die Letzten, die noch im Land sind, läßt er die Löwen los.

16 Schickt vom Felsennest Moab[b] aus Boten mit Schafböcken durch die Wüste zum Herrscher des Landes, auf den Zionsberg![c] 2 Sie sollen zu ihm sagen:[d] »Die Frauen von Moab gleichen Vögeln, die man aus dem Nest gescheucht hat. An den Übergängen des Arnonflusses rennen sie ziellos hin und her. 3 Gib uns doch einen Rat, triff eine Entscheidung! Schütze die Gejagten, verbirg die Flüchtlinge! Breite deinen Schutz über sie in der Hitze des Mittags, so wie die Nacht ihr Dunkel über alles ausbreitet. 4 Gib den Flüchtlingen aus Moab Gastrecht bei dir, versteck sie vor ihren Verfolgern!«

Die Unterdrückung wird einmal aufhören, die Zerstörung ein Ende nehmen, und die Verwüster werden aus dem Land verschwinden. 5 Dann wird ein Thron errichtet werden, dessen Fundament die Treue ist. Und auf diesem Thron am Wohnsitz Davids wird beständig einer regieren, der das Recht kennt und ihm Geltung verschafft.

Trauer um Moab

6 Wir haben gehört, wie hochmütig Moab* ist, wie überheblich, eingebildet und vermessen. Doch seine ganze Prahlerei ist leeres Geschwätz. 7 Darum muß Moab sein Schicksal beklagen; alle trauern den Preßkuchen aus Rosinen nach, die sie in Kir-Heres bekamen; völlig niedergeschlagen sind sie und jammern.

8 Die Gärten von Heschbon sind verwelkt, verdorrt sind die Weinstöcke von Sibma, deren Wein die Starken der Völker schwach machte. Bis nach Jaser reichten ihre Ranken, bis in die Wüste verliefen sie sich, sie wucherten bis zum Toten Meer. 9 Zusammen mit den Bewohnern von Jaser beweine ich die Weinstöcke von Sibma. Mit meinen Tränen tränke ich euch, Heschbon und Elale, denn über eure Obsternte und Weinlese sind die Feinde mit Kriegsgeschrei hereingebrochen. 10 Gesang und Freude sind aus den Obstgärten verschwunden, in den Weinbergen ist kein Jubeln und Jauchzen mehr zu hören, in den Keltern preßt niemand mehr Trauben aus, die fröhlichen Rufe sind verstummt.[e]

11 Darum zittert mein Innerstes um Moab, mein Herz klagt um Kir-Heres. 12 Selbst wenn sich Moab noch so abmüht, Opfer* bringt und in seinem Heiligtum betet, es wird ihm nichts helfen.

13 Das sind die Worte, die der HERR vor langer Zeit über Moab gesprochen hat. 14 Jetzt aber sagt er: »Noch drei Jahre, keinen Tag mehr und keinen weniger, dann wird man über Moabs Ruhm nur noch verächtlich lachen. Von seinen zahlreichen Bewohnern wird nur ein winziger Rest überleben, und der zählt nicht mehr.«

Mit Syrien und dem Nordreich Israel geht es bergab

17 Botschaft über Damaskus:
Bald ist Damaskus keine Stadt mehr, nur noch ein Haufen von Schutt und Trümmern! 2 Verlassen sind dann die Städte um Aroër;[f] in aller Ruhe können die Herden dort lagern, denn niemand wird sie stören. 3 Damaskus verliert sein Königtum und Israel[g] seinen Schutz. Von Syrien* wird nicht mehr übrigbleiben als von Israel. Das sagt der HERR, der Herrscher der Welt.[h]

4 Zu der Zeit wird Jakob[i] so viel an Gewicht verlieren, daß von ihm nur noch Haut und Knochen bleiben. 5 Zu der Zeit wird es zugehen wie

a Wörtlich *ich.*
b Wörtlich *vom Felsen,* hebräisch *Sela,* das hier wohl nicht als Ortsname gebraucht ist wie in 2 Kön 14,7.
c *Zionsberg:* wörtlich *Berg der Tochter Zion*.* d Verdeutlichender Zusatz.
e *sind verstummt:* mit G; H *habe ich zu Ende gebracht.*
f Keine der drei Städte dieses Namens liegt in der näheren oder ferneren Umgebung von Damaskus. Vielleicht gehört der Vers zu Kapitel 16. g *Israel:* H *Efraïm* (vgl. Anmerkung zu 7,2). h Wörtlich *der HERR Zebaot*.*
i *Jakob,* der Stammvater Israels, steht hier für das Nordreich Israel*.

16,1 2 Kön 3,4 **16,5** 9,5-6; 11,1-5 **16,6** Ez 31,10 S **16,14** 21,16-17 **17,1-3** (gegen Damaskus) Jer 49,23-27; Am 1,3-5 **17,3** 7,8-9; 2 Kön 16,9 **17,5** Lev 19,9-10 S

bei der Kornernte: Der Schnitter rafft mit dem
Arm die Ähren zusammen und schneidet sie mit
der Sichel ab. Dann kommen die Armen aus der
Stadt und lesen die letzten Ähren auf wie in der
Ebene Rafaïm vor Jerusalem. 6 So wenig wird
von Israel übrigbleiben. Es wird einem Ölbaum
gleichen, von dem man die Früchte mit dem
Stock abgeschlagen hat: noch zwei, drei Oliven
oben in der Spitze des Baumes, vier oder fünf an
den unteren Zweigen. Das sagt der HERR, der
Gott Israels.
7 Zu der Zeit werden die Menschen wieder
den Blick auf ihren Schöpfer richten und nach
dem heiligen Gott Israels ausschauen. 8 Dann
werden sie nicht mehr auf die Götzenbilder, ihre
eigenen Machwerke, achten; ihre Altäre, geweihten
Pfähle* und Räucheraltäre* werden sie
nicht mehr ansehen.
9 Zu der Zeit werden die befestigten Städte
Israels so verlassen sein wie die Wälder und
Berggipfel damals bei der Ankunft der Israeliten,
leergefegt wie eine Wüste.
10 Israel, du hast deinen Gott vergessen, der
dich retten und schützen kann wie eine Felsenburg;
du denkst nicht mehr an ihn. Darum legst
du Gärtchen an für die fremden Götter und füllst
sie mit fremden Rankengewächsen zu ihrer
Ehre. 11 Schon am Tag, an dem du die Pflanzen
setzt, schießen sie hoch; was du morgens gesät
hast, sprießt noch am selben Tag.[a] Aber es wird
dir nur Schmerz und Krankheit bringen, gegen
die nichts helfen kann.

Vergeblicher Ansturm der Völker

12 Hört! Völkermassen brausen heran,
sie tosen wie das rauschende Meer!
Nationen sind in Aufruhr,
sie toben wie das aufgewühlte Meer!
13 Sie brausen heran wie wütende Wogen.
Doch Gott bedroht sie, und sie weichen zurück
wie Spreu, die der Wind auf den Bergen
davonbläst,
wie trockene, ausgerissene Disteln,
die der Sturm übers Land wirbelt.
14 Am Abend noch herrscht helles Entsetzen –
bevor der Morgen graut, ist alles vorbei!
So geht es denen, die uns berauben wollen;
das ist das Schicksal aller, die zum Plündern
kommen!

Böse Nachricht für Äthiopien

18 Weh dem Land der schnellen Boote,[b]
Äthiopien* an den Quellflüssen des Nils!
2 Dieses Land schickt seine Abgesandten den
Strom hinab, in Papyrusbooten gleiten sie über
das Wasser.
Geht heim, ihr schnellen Botschafter! Geht
zurück zu eurem Volk, zu den hochgewachsenen
Menschen mit glänzender Haut, die weit
und breit gefürchtet sind, zurück zu dem starken
und gewalttätigen Volk, dessen Land von Strömen
durchschnitten wird!
3 Paßt auf, ihr Bewohner der ganzen Erde, die
ihr die Länder bevölkert! Wenn ein Feldzeichen
auf den Bergen errichtet wird, blickt hin! Und
wenn das Signalhorn ertönt, horcht auf!
4 Denn der HERR hat zu mir gesagt: »Von meiner
Wohnstätte aus schaue ich zu und warte ab,
ruhig und unbewegt wie die glühende Mittagshitze,
wie eine Dunstwolke an einem heißen
Sommertag. 5 Aber wenn der Weinstock aufgehört
hat zu blühen, wenn die Blüten zu Trauben
werden, dann wird das fruchtlose Holz mit dem
Messer abgeschnitten, die wilden Triebe werden
abgerissen und weggeworfen. 6 So werden die
Äthiopier weggeworfen; sie bleiben liegen als
Fraß für die Geier und Hyänen. Im Sommer und
auch noch im Winter haben die daran zu fressen.«
7 Es kommt eine Zeit, da werden die hochgewachsenen
Menschen mit glänzender Haut,
die weit und breit gefürchtet sind, da wird das
starke und gewalttätige Volk, dessen Land von
Strömen durchschnitten wird, dem HERRN, dem
Herrscher der Welt,[c] mit Geschenken huldigen.
Sie werden zu der Stätte kommen, wo sein
Name wohnt,[d] zum Zionsberg*.

Verwirrung in Ägypten

19 Botschaft über Ägypten:
Auf einer schnellen Wolke kommt der
HERR nach Ägypten gefahren! Die Götzen Ägyptens
zittern vor ihm, die Ägypter vergehen vor
Angst. 2 Der HERR sagt: »Ich will sie gegeneinander
aufstacheln, bis einer den anderen angreift.
Eine Stadt soll gegen die andere kämpfen, ein
Teil des Reiches gegen den anderen Krieg führen.
3 Die Ägypter werden den Kopf verlieren,
ich bringe ihre Pläne durcheinander. Sie werden

a Siehe Sacherklärung »Tammus«.
b *der schnellen Boote:* Deutung unsicher; andere verstehen: *des Geschwirrs von (Insekten-)Flügeln.*
c Wörtlich *dem HERRN Zebaot*.* d *sein Name wohnt:* siehe Anmerkung zu Dtn 12,5.

17,10 8,14; 1,29 S **17,12-13** Mi 4,11-13; Ps 46,4; 65,8 **17,14** 37,36; Ps 46,6 **18,4** Ps 33,13-14 **18,7** Ps 68,30-32; Zef 3,10; Apg 8,27-28 **19,1-15** (gegen Ägypten) Jer 46,2-26; Ez 29,1–32,32 **19,1** Ps 104,3

bei ihren Götzen Rat suchen und zu den Wahrsagern und Zauberern laufen, zu denen, die die Geister der Toten befragen. 4 Ich will Ägypten in die Gewalt eines Tyrannen geben, ein grausamer König soll dort regieren!« Das sagt der HERR, der Herrscher über die ganze Welt.[a]

5 Das Wasser im Nil nimmt ab, der Strom versiegt und trocknet aus. 6 Seine Arme fangen an zu stinken, die Kanäle Ägyptens werden leer. Schilf und Riedgras werden schwarz, 7 auch die Binsen an der Mündung des Nils. Das Saatland an seinen Ufern trocknet aus, der Wind weht es fort, nichts bleibt übrig. 8 Die Fischer jammern und klagen. Alle, die sonst ihre Angeln oder Netze im Nil auswerfen, stehen ratlos da. 9 Verzweifelt sind alle, die Flachs verarbeiten, die Weber sind bleich vor Sorge.[b] 10 Sie[c] sind völlig niedergeschlagen, und die Lohnarbeiter sind verzweifelt.

11 Die Fürsten von Zoan – Dummköpfe sind sie! Und die klugen Ratgeber des Pharaos – ihre Ratschläge zeugen nicht gerade von Einsicht! Sie sagen zum Pharao: »Seit Generationen kennen wir uns aus; wir stammen von den alten Königen ab.« Mit welchem Recht behaupten sie das? 12 Pharao, wo sind sie denn, deine Ratgeber? Sie sollen dir doch sagen, was der HERR, der Herrscher der Welt,[d] über Ägypten beschlossen hat – wenn sie es wissen!

13 Aber die Fürsten von Zoan haben keine Ahnung, und die von Memfis geben sich Täuschungen hin. Sie, die Führer der Provinzen, führen Ägypten in die Irre. 14 Der HERR hat ihr Denken so verwirrt, als wären sie im Taumel eines Rausches. Dadurch bringen sie Ägypten in Verwirrung bei allem, was es unternimmt. Es taumelt wie ein Betrunkener, der in seinem Erbrochenen herumtappt. 15 In Ägypten wird niemand mehr etwas Rechtes zustande bringen, weder Reiche noch Arme, weder Hohe noch Niedrige.

Hoffnung für Ägypten

16 Es kommt eine Zeit, da werden die Ägypter erschrecken wie Frauen; sie werden zittern vor dem HERRN, dem Herrscher der Welt, der seine Hand nach ihnen ausstreckt. 17 Das Land Juda wird für sie zu einer schrecklichen Erinnerung. Jedesmal, wenn jemand den Namen Judas erwähnt, fahren sie zusammen, sie zittern beim Gedanken an das, was der HERR, der Herrscher der Welt, gegen sie beschlossen hat.

18 Zu der Zeit wird es in Ägypten fünf Städte geben, in denen die Leute Hebräisch sprechen und dem HERRN, dem Herrscher der Welt, Treue schwören. Eine von ihnen wird »Sonnenstadt«[e] heißen.

19 Zu der Zeit wird mitten in Ägypten ein Altar stehen, der dem HERRN geweiht ist, und an der Grenze ein Steinmal ihm zu Ehren. 20 Das Steinmal soll das Land an den HERRN, den Herrscher der Welt, erinnern. Wenn die Ägypter unterdrückt werden und zu ihm um Hilfe schreien, wird er ihnen einen Retter senden, der für sie kämpft und sie befreit. 21 So wird der HERR sich den Ägyptern zu erkennen geben, und sie werden erkennen, wer er ist. Sie werden dann *ihn* mit Mahlopfern* und Speiseopfern* ehren und die Gelübde* halten, die sie ihm geben. 22 Der HERR wird die Ägypter empfindlich strafen, um sie dadurch zurechtzubringen. Sie werden sich zu ihm hinwenden, und er wird ihre Gebete erhören und ihnen wieder aufhelfen.

23 Zu der Zeit wird eine Straße Ägypten mit Assyrien* verbinden. Die Assyrer und die Ägypter werden sich gegenseitig besuchen, und gemeinsam werden sie den HERRN verehren. 24 Dann wird Israel der Dritte im Bunde sein, zusammen mit Ägypten und Assyrien – ein Segen für die ganze Erde. 25 Der HERR, der Herrscher der Welt, wird sie segnen mit den Worten: »Gesegnet ist Ägypten, mein Volk! Gesegnet ist Assyrien, das ich geschaffen habe! Gesegnet ist Israel, mein Eigentum!«

Keine Hilfe von Ägypten und Äthiopien

20 1-2 Auf Befehl des Königs Sargon von Assyrien* rückte sein oberster Feldherr gegen die Stadt Aschdod vor, belagerte sie und nahm sie ein. Drei Jahre zuvor hatte der HERR zu Jesaja, dem Sohn von Amoz, gesagt: »Leg dein Gewand[f] ab, und zieh deine Sandalen aus!« Das

a Wörtlich *der Herr, der HERR Zebaot**.
b *sind bleich vor Sorge:* mit einer wichtigen Handschrift; H *von weißen Stoffen.*
c Wörtlich *Die ihn verweben.* So mit veränderten Vokalen; H *Ihre Fundamente.*
d Wörtlich *der HERR Zebaot*;* entsprechend in den Versen 16, 17, 18, 20 und 25.
e *Sonnenstadt* (griechisch: Heliopolis): mit einigen Handschriften. Durch Änderung eines Buchstabens ist in H die abwertende Bezeichnung *Stadt der Zerstörung* entstanden.
f *Gewand:* wörtlich *Sack**. Vielleicht trug der Prophet, um auf den Ernst der Lage hinzuweisen, die Trauerkleidung.

19,5 Jer 51,36 19,11-12 1 Kön 5,10; Gen 41,8 19,14 1 Kön 22,20-22 19,19-25 Ez 29,13-16 19,20 Ri 2,16-18 20,1-4 (Zeichen) 8,18; Jer 13,1-11 S; Ez 4,1-5,4 S

hatte Jesaja getan und war im Hemd[a] und bar-
fuß umhergelaufen.
In dem Jahr, als Aschdod erobert wurde, 3 ließ
der HERR durch Jesaja verkünden: »Seit drei Jah-
ren läuft mein Diener Jesaja im Hemd und bar-
fuß umher als ein lebendes Zeichen und eine
Ankündigung für das, was mit Ägypten und
Äthiopien* geschehen wird. 4 Denn der König
von Assyrien wird die Ägypter und die Äthio-
pier, Junge und Alte, gefangen wegführen, im
Hemd und barfuß, ja sogar mit bloßem Gesäß –
welche Schande für die Ägypter! 5 Dann werden
alle enttäuscht und entmutigt sein, die von
Äthiopien Hilfe erwarteten und so große Stücke
auf Ägypten hielten.«
6 Wenn das geschieht, werden die Philister*
und die Leute von Juda sagen: »Sie sind unsere
Hoffnung gewesen, zu ihnen sind wir um
Schutz und Hilfe gelaufen, sie sollten uns vor
dem König von Assyrien retten. Und was ist nun
aus ihnen geworden! Wie sollte es da für uns
noch Rettung geben?«

Eine Vision vom Untergang Babylons

21 Botschaft über Babylonien*, die »Wüste
am Strom«:
Wie ein Wirbelwind, der über das Südland
fegt, so kommt es heran aus der Wüste, aus dem
furchterregenden Land! 2 Es ist grausig, was Gott
mich sehen und hören ließ: »Elamiter*, zum An-
griff! Meder*, schließt die Stadt ein! Die Räuber
müssen rauben, die Verwüster müssen ver-
wüsten! Dem Seufzen der Völker über Babylon
will ich ein Ende machen!«
3 Ich bin ganz verstört von dem, was ich höre;
was ich sehen muß, erschüttert mich. Mein Leib
ist von Krämpfen geschüttelt, Schmerzen über-
fallen mich wie die Wehen eine gebärende Frau.
4 Mir dreht sich's im Kopf, die Angst läßt mich
schaudern. Die Abenddämmerung, auf deren er-
frischende Kühle ich mich sonst immer freue,
hat mir nichts als Schrecken gebracht.
5 Ich sehe: In Babylon deckt man den Tisch
zum Festmahl, man breitet die Polster aus,[b] man
ißt und trinkt – plötzlich ein Schrei: »Aufstehen!
Alle Offiziere zu den Waffen!«
6 Der Herr hat zu mir gesagt: »Stell einen
Wachtposten auf! Er soll melden, was er sieht!
7 Wenn er Streitwagen* sieht, mit Pferden be-
spannt, eine Karawane[c] von Eseln und Kame-
len, dann soll er aufpassen, ganz scharf aufpas-
sen!«
8 Da rief der Wächter:[d] »Den ganzen Tag bin
ich auf meinem Posten, Herr, jede Nacht halte
ich Wache. 9 Achtung! Da kommen Truppen,
Streitwagen* mit Pferdegespannen!« Und je-
mand verkündete: »Gefallen! Babylon ist gefal-
len! Alle seine Götzenbilder liegen zertrümmert
am Boden!«
10 Du mein Volk, das geschlagen wurde wie
Korn auf dem Dreschplatz, ich habe dir verkün-
det, was ich vom Herrscher der Welt,[e] dem Gott
Israels, gehört habe.

Wann ist die Nacht vorüber?

11 Botschaft über Duma:[f]
Aus Seïr höre ich rufen: »Wächter, wie lange
noch dauert die Nacht? Wann ist die Nacht vor-
über?« 12 Und der Wächter antwortet: »Der Mor-
gen kommt bestimmt, aber noch ist es Nacht!
Wenn ihr noch einmal fragen wollt, dann kommt
wieder!«

Unheil über Dedan und Kedar

13 Botschaft über Arabien:
Ihr Männer von Dedan*, ihr müßt mit euren
Karawanen in der Steppe übernachten, zieht
euch ins Gestrüpp zurück!
14 Ihr Bewohner von Tema, sucht die Flücht-
linge aus Dedan auf, gebt ihnen zu essen! Bringt
ihnen Wasser, sie kommen um vor Durst! 15 Sie
sind auf der Flucht vor dem Ansturm des Krie-
ges, vor dem gezückten Schwert und dem ge-
spannten Bogen.
16 Der Herr hat zu mir gesagt: »In einem
Jahr, keinen Tag mehr und keinen weniger, ist
es mit dem Ruhm Kedars* vorbei. 17 Von seinen
berühmten Bogenschützen werden nur ganz
wenige übrigbleiben. Das sage ich, der HERR, der
Gott Israels.«

Kein Grund zum Jubeln für Jerusalem

22 Botschaft über das Hinnom-Tal:[g]
Was ist euch in den Kopf gestiegen, ihr
Bewohner von Jerusalem? Warum seid ihr alle
auf die Dächer geklettert? 2 Was soll dieser Lärm

a *im Hemd:* wörtlich *nackt,* d. h. im Lendenschurz*.
b *man breitet die Polster aus:* Deutung unsicher; andere mögliche Übersetzung: *die Wächter wachen.*
c *Karawane:* mit einer wichtigen Handschrift und alten Übersetzungen; H *Streitwagen (mit ...).*
d *rief der Wächter:* mit einer wichtigen Handschrift; H *schrie der Löwe.*
e Wörtlich *vom HERRN Zebaot*.*
f *Duma:* Lage unsicher. Es gibt eine Oase dieses Namens im nördlichen Arabien, östlich des Berglandes Seïr (Edom).
g *Hinnom-Tal:* Wiedergabe des verhüllenden Ausdrucks *Tal der Vision* (ebenso in Vers 5). Zur Lage siehe Sacherklärung.

20,5 18,1-2; 30,3 21,1-10 13,1-22 S 21,2 13,17 21,9 46,1-2 S; Jer 51,8; Offb 18,2 S 21,13-17 Jer 49,28-33 21,16-17 16,14

in der Stadt, dieses ausgelassene Feiern, der
Jubel über die Befreiung? Ist etwa ein einziger
eurer Krieger im offenen Kampf erschlagen wor-
den? 3 Nein, eure Truppenführer haben sich aus
dem Staub gemacht; aber sie wurden eingefan-
gen, einer wie der andere, ohne daß auch nur
ein Pfeil abgeschossen worden wäre. So weit sie
auch geflohen waren, alle wurden gefangen-
genommen.

4 Darum sage ich: »Laßt mich allein mit mei-
nem Schmerz und meinen Tränen! Laßt mich
weinen und klagen über die verzweifelte Lage
meines Volkes! Gebt es auf, mich trösten zu wol-
len! 5 Denn der HERR, der Herrscher über die
ganze Welt,[a] hat Schrecken und Entsetzen und
Zerbrechen über uns gebracht. Das Hinnom-Tal
hallte wider vom Kriegslärm, und Hilfeschreie
schallten zum Zionsberg* hinauf. 6 Die Elami-
ter*, auf Streitwagen* mit Pferdegespannen,
hielten ihre Köcher in der Hand, die Männer aus
Kir nahmen ihre Schilde aus der Hülle. 7 Jerusa-
lems prächtige Täler waren voll von Pferden und
Wagen, die Feinde bezogen ihre Posten vor den
Toren, 8 Judas letzter Schutz lag schutzlos vor
ihnen.«

An jenem Tag habt ihr im Waldhaus[b] nach
euren Waffenvorräten geschaut. 9 In der Mauer
der Davidsstadt* entdecktet ihr viele Risse! Im
Unteren Teich stautet ihr das Wasser. 10 Ihr erfaß-
tet alle Gebäude von Jerusalem in Listen. Einige
Häuser mußtet ihr abreißen, um die Stadtmauer
zu befestigen. 11 Ihr legtet auch ein Sammel-
becken an zwischen den beiden Mauern und
leitetet das Wasser aus dem Alten Teich[c] hinein.
Aber daß Gott seine Hand im Spiel haben
könnte, habt ihr nicht bedacht; ihr hattet keinen
Blick für ihn, der das Unglück seit langem vorbe-
reitet hatte und geschehen ließ.

12 An jenem Tag rief der HERR, der Herrscher
über die ganze Welt, euch zum Weinen und Kla-
gen auf, ihr solltet euch den Kopf kahlscheren
und den Sack* anziehen. 13 Statt dessen jubelt
ihr und feiert, ihr schlachtet Rinder und Schafe,
ihr schmaust und bechert. »Laßt uns essen und
trinken«, sagt ihr, »morgen sind wir tot!« 14 Der
HERR, der Herrscher über die ganze Welt, hat zu
mir gesprochen; er hat geschworen: »Diese
Schuld vergebe ich ihnen nicht, sie werden sie
ihr ganzes Leben lang nicht los!«

Worte über Schebna und Eljakim

15 Der HERR, der Herrscher über die ganze Welt,
sagte zu mir: »Geh zu diesem Verwalter da,
zu diesem Schebna, dem Palastvorsteher des
Königs, und sage zu ihm: 16 ›Für wen hältst du
dich eigentlich? Wer oder was gibt dir die Be-
rechtigung, dir hier oben eine Grabkammer aus-
hauen zu lassen und deine letzte Wohnung aus
dem Felsen herauszumeißeln? 17 Du hältst dich
für einen starken Mann, aber der HERR wird dich
mit einem Schlag niederstrecken. Er wird dich
packen 18 und zusammenrollen wie Garn zu
einem Knäuel und dich wie einen Ball weg-
schleudern in ein Land mit großen, weiten Ebe-
nen. Dort wirst du sterben, dort ist auch die End-
station für deine Prunkwagen. Du bist eine
Schande für das Königshaus! 19 Darum wird der
König dich aus dem Amt jagen, er wird dich von
deinem hohen Posten herunterholen.‹«

20 »Dann berufe ich meinen Diener Eljakim,
den Sohn Hilkijas«, sagt der HERR. 21 »Ich ziehe
ihm dein Amtsgewand an und lege ihm deinen
Gürtel um; ich statte ihn mit allen Vollmachten
aus, die du jetzt hast. Für die Bewohner von
Jerusalem und das Volk von Juda wird er wie ein
Vater sein. 22 Ich werde ihm den Schlüssel zum
Palast der Nachkommen Davids übergeben.
Wenn er die Türen öffnet, kann keiner sie zu-
schließen; wenn er zuschließt, kann keiner
mehr öffnen. 23 Ich werde ihn in seiner Stellung
festigen wie einen Pflock, der in die Wand einge-
schlagen wird. Seine ganze Sippe wird an seiner
Ehre teilhaben.

24 Aber diese Sippe mit allen Sprößlingen und
Nebenzweigen wird sich mit ihrem vollen Ge-
wicht an ihn hängen. Dann wird es ihm ergehen
wie einem Pflock, an dem man das ganze Tonge-
schirr samt Schüsseln und Krügen aufhängt.
25 Der Pflock, der so fest in der Wand sitzt, wird
unter dieser Last abbrechen, und alles, was an
ihm hängt, wird zu Bruch gehen. Das sagt der
HERR.«

Die Zerstörung von Tyrus und Sidon

23 Botschaft über Tyrus:
Heult und klagt, ihr großen Seeschif-
fe![d] Tyrus ist zerstört, ihr habt keinen Hafen
mehr! Bei der Heimfahrt von Zypern erreicht

[a] Wörtlich *der Herr, der HERR Zebaot*;* entsprechend in den Versen 12, 14 und 15.
[b] *Waldhaus:* wahrscheinlich die »Libanonwald« genannte Halle beim königlichen Palast (vgl. 1 Kön 7,2).
[c] Zu den beiden Teichen siehe Sacherklärung »Schiloach«.
[d] Wörtlich *ihr Tarschisch-Schiffe;* ebenso in Vers 14; siehe Sacherklärung »Tarschisch«.

22,4 Jer 8,23 S **22,9.11** 7,3; 2 Kön 25,4 **22,12** Am 8,10 **22,13** 56,12; 1 Kor 15,32 **22,15.20** 36,3 **22,22** Mt 16,19; Offb 3,7
23,1-16 (gegen Tyrus) Jer 25,22; Ez 26,1–28,19; 32,30; Joël 4,4-8; Am 1,9-10; Sach 9,1-4; Mt 11,21-22 par

euch diese Nachricht. [2] Werdet stumm vor Ent-
setzen, ihr Bewohner der Küste, ihr Händler aus
Sidon! Eure Aufkäufer überquerten das Meer;[a]
[3] sie führten Korn aus Ägypten ein. Was am Nil
gesät und geerntet wurde, brachte Sidon Ge-
winn; es wurde zum Marktplatz der Völker.

[4] Vergeh vor Schmach und Schande, Sidon,
und auch du, Tyrus, du Felsenfestung am Meer!
Das Meer sagt zu euch: »Ich habe keine Kinder
mehr, es ist, als hätte ich euch nie geboren. Ihr
wart doch meine Söhne und Töchter, ich zog
euch groß.«

[5] Auch die Ägypter fangen an zu zittern,
wenn sie erfahren, daß Tyrus zerstört ist.

[6] Heult und klagt, ihr Bewohner der Küste,
flieht doch hinüber nach Tarschisch in Spanien!
[7] Was ist aus eurer Stadt geworden, die früher
erfüllt war von brausendem Leben, Tyrus, in ur-
alter Zeit gegründet, Ausgangsort so vieler Händ-
ler, die sich in fernen Ländern niederließen!
[8] Früher hat Tyrus Königskronen ausgeteilt,
seine Händler waren Fürsten, seine Kaufherren
zählten zu den Großen der Erde. Wer hat seinen
Untergang beschlossen? [9] Der HERR war es, der
Herrscher der Welt![b] Er wollte die ganze stolze
Pracht zerschlagen und alle Großen der Erde
klein machen.

[10] Ihr Bewohner von Tarschisch,[c] bewässert
euer Land wie die Bauern am Nil und baut Korn
an; denn in Tyrus werden keine Schiffe mehr ge-
baut! [11] Der HERR hat seine Hand über das Meer
ausgestreckt und Königreiche erschüttert. Er hat
befohlen, die Burgen der Phönizier* zu zertrüm-
mern. [12] Zur Stadt Sidon hat er gesagt: »Es gibt
nichts mehr zu feiern, du geschändete Jungfrau!
Flieht doch hinüber nach Zypern, ihr Bewohner
von Sidon; aber auch dort seid ihr eures Lebens
nicht sicher.«

[13] Denkt an Babylonien*! Das Volk, das dort
lebte, existiert nicht mehr. Die Assyrer* haben
Belagerungstürme errichtet, die Burgen in Trüm-
mer gelegt und das Land den Wüstentieren über-
lassen.[d]

[14] Heult und klagt, ihr großen Seeschiffe!
Tyrus ist zerstört, ihr habt keinen Hafen mehr!

[15] Die Zeit kommt, da wird man Tyrus verges-
sen, siebzig Jahre lang, die ganze Lebenszeit
eines Königs. Wenn diese siebzig Jahre vorüber
sind, wird es Tyrus ergehen wie der Hure in
dem bekannten Lied:

[16] Auf, nimm deine Laute und zieh
durch die Stadt,
spiel doch und sing deine Lieder!
Vielleicht, du vergessenes Hurenweib,
kommt deine Kundschaft dann wieder.

[17] Nach siebzig Jahren wird der HERR sich um
die Stadt Tyrus kümmern. Dann kann sie ihr
altes Geschäft wieder aufnehmen und sich an
alle Königreiche der Welt verkaufen. [18] Aber was
sie damit verdient und gewinnt, wird dem
HERRN gehören. Es wird nicht angehäuft und im
Kasten eingeschlossen, sondern wird denen zu-
gute kommen, die beim Heiligtum des HERRN
wohnen. Sie sollen sich davon reichlich zu essen
kaufen und prächtige Kleider.

DAS GERICHT ÜBER DIE GANZE ERDE UND ISRAELS ERLÖSUNG
(Kapitel 24–27)

Die Ankündigung des Gerichts über Erde und Menschen

24 Der HERR verwüstet die Erde und fegt sie
leer, er entstellt ihr Gesicht und zerstreut
ihre Bewohner. [2] Alle trifft das gleiche Los: Prie-
ster* und Volk, Herrn und Diener, Herrin und
Magd, Käufer und Verkäufer, Gläubiger und
Schuldner, den, der ausleiht, und den, der borgt.
[3] Völlig verwüstet wird die Erde, vollständig leer-
geplündert. Der HERR selbst hat dieses Urteil ge-
fällt.

[4] Alles auf der Erde verwelkt und verdorrt, die
Erde selbst vergeht und zerfällt, und mit der Erde
vergeht auch der Himmel.[e] [5] Die Menschen
haben die Erde entweiht, sie haben Gottes Ge-
bote übertreten, sein Gesetz mißachtet und den
Bund* gebrochen, den er für immer mit ihnen
geschlossen hatte. [6] Darum vernichtet sein Fluch
die Erde, und die Menschen müssen büßen für
ihre Schuld. Sie schwinden dahin, nur ganz
wenige bleiben übrig.

[7] Der Weinstock verdorrt, mit dem Wein ist es
aus, die lustigen Zecher seufzen. [8] Verstummt ist
der fröhliche Klang der Trommeln, zu Ende das
Lärmen der feiernden Menge, verklungen das
jubelnde Spiel der Harfen. [9] Man trinkt keinen
Wein mehr unter fröhlichem Gesang, das Bier

a *ihr Händler aus …:* mit einer wichtigen Handschrift; H *Händler aus Sidon, das Meer überquerend, füllten dich.*
b Wörtlich *Der HERR Zebaot* war es.* c *Ihr Bewohner …:* wörtlich *Du Tochter Tarschisch*.*
d Der Vers ist nicht sicher zu deuten.
e *mit der Erde …:* mit Veränderung eines Vokals; H *die Höhen des Volkes der Erde vergehen.*
23,15 Jer 25,11 23,17 Offb 17,2 24,4 51,6; 2 Petr 3,10; Offb 20,11; Mk 13,31 par

wird bitter im Mund der Zecher. 10 Die Stadt liegt
in Trümmern, überall herrscht Chaos. Die Häu-
ser sind verschlossen, die Zugänge verschüttet.
11 In den Gassen schreit man nach Wein, von
dem kein Tropfen mehr zu finden ist. Die Freude
ist untergegangen, der Jubel von der Erde weg-
gezogen. 12 Von der Stadt sind nur Ruinen ge-
blieben, das Tor ist zerschlagen, ein Haufen
Schutt.

13 Auf der Erde, unter den Völkern, wird es
dann so aussehen wie nach der Olivenernte, wie
bei der Nachlese im Weinberg, wenn die Ernte-
freude vorüber ist.

Vorschneller Jubel

14 Alle, die es überlebt haben, jubeln vor Freude
und besingen die Hoheit des HERRN. Über das
Meer im Westen jauchzen sie ihm zu; 15 sie
ehren seinen Namen im Osten, wo die Sonne
aufgeht. An den fernsten Küsten preisen sie ihn,
den Gott Israels. 16 Vom Ende der Erde her hören
wir sie singen: »Gebt ihm die Ehre, er hat für
Recht gesorgt!«

Ich aber rufe: »Was soll ich nur tun? Mir ist so
elend, ich kann nicht mehr!« Treulose kennen
keine Treue, Treubruch ist an der Tagesordnung!
17 Schrecken, Fallgrube und Fangnetz erwarten
die Bewohner der Erde. 18 Wer vor den Schrek-
kensschreien flieht, fällt in die Grube. Und wer
sich aus der Grube retten kann, verstrickt sich
im Netz.

Die Schleusen des Himmels öffnen sich, die
Fundamente der Erde beben. 19 Die Erde wankt
und schwankt, sie birst und reißt, sie bricht aus-
einander. 20 Sie taumelt wie ein Betrunkener, sie
schaukelt wie eine Nachthütte im Feld. Unter
der Last ihrer Schuld bricht sie zusammen und
steht nie wieder auf.

21 Zu der Zeit wird der HERR abrechnen mit
den Mächten des Himmels und den Königen der
Erde. 22 Sie werden zusammengetrieben wie Ge-
fangene und in einer Grube eingesperrt, im Ker-
ker hinter Schloß und Riegel gehalten. Nach lan-
ger Zeit bekommen sie dann ihre Strafe. 23 Der
bleiche Mond wird rot vor Scham und die
glühende Sonne bleich vor Schande, denn der
HERR, der Herrscher der Welt,[a] wird auf dem
Zionsberg* und in Jerusalem als König herr-
schen. Und die Ältesten* des Volkes werden
seine Macht und Hoheit sehen.

Ein Danklied für Gottes Eingreifen

25 HERR, du bist mein Gott!
Dich will ich preisen und deinen
Namen rühmen;
denn du hast Wunder vollbracht,
die du seit langem beschlossen hattest.
Was du planst, das führst du auch aus;
auf dich ist immer Verlaß!

2 Die Stadt der Fremden, die dich nicht kannten,
hast du zu einem Haufen Schutt gemacht,
die starke Festung liegt in Trümmern,
ihre Paläste sind Ruinen geworden;
die Stadt wird niemals wieder aufgebaut.
3 Das Volk dieser Stadt, das so mächtig war
und andere Nationen unterdrückte,
muß deine Macht nun anerkennen
und dich mit Furcht und Zittern ehren.[b]

4 Für alle, die arm und hilflos sind,
bist du eine Zuflucht in Zeiten der Not,
ein Schutzdach bei kalten Regengüssen,
ein Schatten bei heißer Sonnenglut.
Die Wut der Tyrannen zerstörte das Land
wie harte Regengüsse eine Mauer,
5 wie Sonnenglut den ausgedörrten Boden.
Du aber brachtest ihr Toben zum Schweigen.
Wie die Hitze gedämpft wird durch eine Wolke,
so dämpftest du ihr Siegesgeschrei.

Wenn Gott sein Werk vollendet

6 Hier auf dem Zionsberg[c] wird es geschehen:
Der HERR, der Herrscher der Welt,[d]
wird für alle Völker ein Festmahl geben
mit feinsten Speisen und besten Weinen,
mit kräftigen, köstlichen Speisen
und alten, geläuterten Weinen.
7 Hier wird er den Trauerflor zerreißen,
der allen Völkern das Gesicht verhüllt;
er wird das Leichentuch entfernen,
das über den Nationen liegt.
8 Den Tod wird er für immer vernichten
und von jedem Gesicht die Tränen abwischen.
Dann nimmt er die Schande von seinem Volk,
unter der es überall gelitten hat.
Der HERR, der mächtige Gott, hat es
versprochen!
9 An jenem Tag wird man sagen:
»Er, der HERR, ist unser Gott!
Auf ihn hatten wir unsere Hoffnung gesetzt,

a Wörtlich *der HERR Zebaot**. b Der Vers ist nicht sicher zu deuten.
c Wörtlich *Auf diesem Berg*. Das verweist auf den Schluß von Kap 24, der hier seine Fortsetzung findet.
d Wörtlich *Der HERR Zebaot**.

24,17-18 Jer 48,43-44; Am 5,19 **24,18** Gen 7,11 **24,23** 60,19; 14,32 S; Ps 99,1-2; Ex 24,9-11 **25,4** 4,5-6 **25,6** 2,3 S; Sach 14,16; Mt 8,11 par; Offb 19,9 **25,8** 26,19 S; Offb 7,17 S

und er hat uns die Rettung gebracht;
wir haben nicht vergeblich gehofft.
Nun können wir voll Freude singen,
weil er unser Retter ist!«

Das Ende Moabs

10 Die Hand des HERRN liegt schützend auf dem
Zionsberg.[a] Moab* aber wird im eigenen Land
zertreten wie Stroh in der Jauche. 11 Es rudert
darin mit den Armen wie ein Ertrinkender, der
zu schwimmen versucht. Doch der HERR ernied-
rigt das hochmütige Moab, auch wenn es sich
noch so geschickt wehrt. 12 Moabs hohe Mauern
reißt er nieder; die Burg, die niemand bezwin-
gen kann, macht er dem Erdboden gleich.

Die starke Stadt

26 Zu der Zeit wird man im Land Juda dieses Lied singen:

»Fest und stark ist unsre Stadt!
Ihren Wall und ihre Mauer
hat der HERR zum Schutz errichtet.
2 Macht die Tore auf für alle,
die dem HERRN gehorsam folgen,
die in Treue zu ihm halten,
3 sich durch nichts beirren lassen.
Heil und Frieden gibt er ihnen,
weil sie sich auf ihn verlassen.

4 Setzt für immer das Vertrauen
auf den HERRN, der unser Gott ist,
unser Fels für alle Zeiten!
5 Tief erniedrigt hat er alle,
die in stolzer Höhe wohnten.
Ihre Stadt, sonst unbezwingbar,
hat er bis zum Grund zerschlagen
und sie in den Staub geworfen.
6 Arme und geringe Leute
dürfen nun die Stadt zertreten,
Menschen ohne eigene Macht.«

Gebet in der letzten Zeit

7 Allen, die auf dich hören, HERR,
bahnst du einen geraden Weg;
der Pfad, auf dem sie gehen,
führt geradeaus zum Ziel.
8 Auch dann, wenn du uns strafen mußt,
warten wir voller Hoffnung auf dich.
Zu dir zu rufen, HERR, an dich zu denken,
das ist unser größtes Verlangen.
9 Bei Nacht sehnt sich mein Herz nach dir,
mit tiefer Sehnsucht schau ich nach dir aus.
Wenn du deine Urteile auf der Erde vollstreckst,
dann lernen die Menschen, das Recht zu achten.

10 Doch alle, die nicht auf dich hören wollen,
werden niemals lernen, was Recht ist,
wenn du sie straffrei ausgehen läßt.
Sogar in diesem Land, wo dein Recht gilt,
verdrehen sie es und tun weiter Unrecht;
sie sehen dich nicht in deiner Hoheit.
11 HERR, deine Hand ist drohend erhoben,
doch deine Feinde sehen es nicht.
Laß sie zu ihrer Beschämung erkennen,
wie leidenschaftlich du dein Volk verteidigst!
Das Feuer soll sie alle vernichten!

12 HERR, du wirst uns Frieden schenken;
denn auch alles, was wir bisher erreichten,
hast du selbst für uns getan.
13 HERR, unser Gott,
andere Herren haben über uns geherrscht,
doch du bist der einzige, den wir rühmen!
14 Ihre Toten werden nicht wieder leben,
die Schatten stehen nie wieder auf.
Sie, die früher über uns herrschten,
hast du bestraft und ausgerottet
samt allem, was an sie erinnert.
15 Dein Volk aber hast du groß gemacht
und alle seine Grenzen ausgeweitet;
so erweist du deine Macht und Hoheit.

16 HERR, in der Bedrängnis suchen die Deinen
bei dir Hilfe;
wenn du strafst, kommen sie klagend zu dir.[b]
17 Wir liegen vor dir und schreien
wie eine Frau, die gebären soll,
wir krümmen und winden uns vor Schmerzen.
18 Wir liegen in Wehen wie eine Frau,
doch was wir gebären, ist nichts als Wind.
Befreiung können wir dem Land nicht bringen
und der Erde keine neue Hoffnung geben.

19 HERR, deine Toten werden wieder leben,
die Leichen meines Volkes werden auferstehen!
Ihr alle, die ihr in der Erde liegt,
wacht auf und jubelt vor Freude!

Du, HERR, bist wie der belebende Tau;
darum gibt die Erde die Toten heraus.

a *Zionsberg:* verdeutlichende Wiedergabe; siehe Anmerkung zu Vers 6. b *wenn …:* Deutung ganz unsicher.

25,10-12 15,1–16,14 S **26,1** Ps 48,13-15 **26,2** Ps 118,19-20 **26,4** 8,14; Ps 18,3 S **26,5** 25,2.12 **26,9** Ps 119,55 S **26,13** Neh 9,36-37 **26,14** 26,19 **26,16** Hos 5,15 **26,19** Ez 37,1-14; Mk 12,26; Röm 14,8; Dan 12,2 S

Das Strafgericht über Erde und Meer

20 Ihr Leute meines Volkes, geht in eure Häuser und schließt die Türen hinter euch zu! Haltet euch für kurze Zeit verborgen, bis das Strafgericht vorüber ist! 21 Der HERR tritt schon aus seiner Wohnung hervor, um die Bewohner der Erde für ihre Vergehen zu bestrafen. Die Erde deckt das Blut wieder auf, das sie getrunken hat, sie verbirgt die Ermordeten nicht länger.

27 Zu der Zeit wird der HERR abrechnen mit dem Ungeheuer Leviatan*, der schnellen, gewundenen Schlange, dem Drachen im Meer.[a] Mit seinem scharfen, schweren, gewaltigen Schwert bringt er das Ungeheuer um.

Das neue Lied vom Weinberg Gottes

2 An jenem Tage sagt der HERR zu euch:
»Ich habe einen wundervollen Weinberg;
singt alle, singt ein Lied zu seinem Ruhm!
3 Ich selber bin sein Wächter, ich, der HERR,
und alle Augenblicke tränk' ich ihn.
Bei Tag und Nacht bewache ich den Weinberg,
damit ihm nichts und niemand schaden kann.
4 Mein heißer Zorn auf ihn ist abgekühlt.
Doch wenn ich Dornen oder Disteln finde,
dann gibt es einen schonungslosen Krieg,
sie werden ausgerissen und verbrannt.
5 So geht es allen Feinden meines Weinbergs,
wenn sie nicht bei mir Zuflucht suchen
und Frieden mit mir schließen wollen.
Ja, Frieden schließen sollten sie mit mir!«

Verbannung und Vergebung für die Nachkommen Jakobs

6 Es kommt eine Zeit, da werden die Nachkommen Jakobs aufs neue Wurzeln schlagen. Israel wird wieder blühen und gedeihen und die ganze Erde mit seinen Früchten bedecken. 7 Ist Gott mit den Leuten von Israel so hart verfahren wie mit denen, die hart zu ihnen waren? Hat er von ihnen so viele getötet wie von ihren Mördern? 8 Nein, nur die verdiente Strafe hat er ihnen zugemessen, als er sie in die Verbannung schickte. Sein heftiger Atem trieb sie fort, blies sie davon wie der heiße, stürmische Ostwind.

9 Die Leute von Israel sollen ihre Götzenaltäre zu Pulver zermahlen wie Kalksteine, die geweihten Pfähle* und die Räucheraltäre* sollen sie nie wieder errichten. Daran wird sich zeigen, daß ihre Verfehlungen gesühnt sind, und so werden sie Vergebung finden für ihre Schuld. 10 Die starke, befestigte Stadt ist ein verlassener Ort geworden, einsam und menschenleer wie die Steppe, ein Weideplatz für das Rindvieh. Dort lagern die Herden und fressen das Gestrüpp kahl. 11 Die kahlgefressenen Zweige verdorren, und Frauen, die Brennholz suchen, brechen sie ab.

Wahrhaftig, dieses Volk hat nichts verstanden! Darum hat sein Schöpfer, der es ins Leben rief, kein Erbarmen mit ihm und gewährt ihm keine Gnade.

12 Aber es kommt eine Zeit, da wird der HERR das Volk Israel zusammenbringen. Vom Eufrat bis zur Grenze* Ägyptens sammelt er einen nach dem andern ein wie ein Bauer, der seine Ähren ausklopft und die Körner aufliest, damit keines verlorengeht. 13 Die große Posaune* wird ertönen, und alle werden kommen: die nach Assyrien Verbannten[b] und die nach Ägypten Versprengten. Nach Jerusalem werden sie kommen, auf den heiligen Berg, und werden sich niederwerfen vor dem HERRN.

WORTE ÜBER ISRAEL UND JUDA AUS JESAJAS SPÄTERER ZEIT

(Kapitel 28–35)

Unwetter über Samaria

28 Weh euch, betrunkene, vom Wein überwältigte Leute von Efraïm![c] Eure Stadt ist euer ganzer Stolz; wie eine glänzende Krone liegt sie auf der Anhöhe über dem fruchtbaren Tal, prächtig wie die Blumenkränze auf euren Köpfen. Aber wie die welkenden Blumen wird sie fallen! 2 Denn der Herr schickt einen Starken und Mächtigen; der wird kommen wie ein Hagelgewitter, wie ein zerstörender Sturm, wie ein Wolkenbruch, dessen Wassermassen alles überfluten. Mit einer Handbewegung reißt er alles zu Boden.

3 Dann wird sie von Füßen zertreten, die glänzende Krone der betrunkenen Leute von Efraïm, 4 der prächtige Kranz auf der Anhöhe über dem fruchtbaren Tal. Sie wird fallen wie die welkenden Blumen. Es wird ihr ergehen wie einer frühen Feige, die schon vor Beginn der Erntezeit reif geworden ist: Der erste, der sie entdeckt, pflückt sie und ißt sie auf.

5 Der Tag kommt, an dem der HERR, der Herr-

a Der *Drache* (siehe Sacherklärung »Meer«) steht hier für das gottfeindliche Weltreich; vgl. 30,7.
b Siehe Sacherklärung »Exil«. c Siehe Anmerkung zu 7,2.

26,21 Mi 1,2-3; Ijob 16,18 S **27,1** Ijob 26,12-13; Ps 74,14; Offb 13,1-2; 20,2 **27,2-5** 5,1-7 S **27,7-8** Sach 1,15 **27,9** 17,8; 30,22 **27,12** 1 Kön 8,65; Jes 28,27 **27,13** 11,11-12; Hos 11,11 **28,1** 1 Kön 16,24 **28,2** 2 Kön 17,5-6

scher der Welt,[a] für die Überlebenden seines
Volkes eine prachtvolle Krone sein wird und ein
schmückender Kranz. 6 Denen, die Recht zu
sprechen haben, wird er den richtigen Sinn für
das Recht eingeben. Und denen, die den Feind
aus der Stadt vertreiben sollen, wird er Mut und
Kraft verleihen.

Wer nicht hören will …

7 Sogar die Priester* und die Propheten* sind
betrunken und taumeln! Sie haben so viel Bier
und Wein getrunken, daß sie nicht mehr gerade
stehen können. Die Propheten taumeln, wenn
sie eine Vision haben; und die Priester schwan-
ken, wenn sie ein Gerichtsurteil aussprechen
sollen. 8 Die Tische, an denen sie ihre Gelage
halten,[b] sind voll von dem, was sie erbrochen
haben; kein Platz ist sauber geblieben.

9 Sie ärgern sich über mich und sagen:[c] »Der
will uns belehren? Er will uns beibringen, was
Gottes Wille ist? Für wen hält er uns? Sind wir
vielleicht kleine Kinder, die eben von der Mut-
terbrust entwöhnt worden sind? 10 Was soll die-
ses ewige ›La, la – la, la. Ma, ma – ma, ma. Du
da, paß auf‹?«[d]

11 Weil ihr nicht auf mich hören wollt,[e] wird
der HERR Ausländer zu euch schicken, deren
Sprache in euren Ohren wie dieses »La-la« klin-
gen wird. Durch sie wird er euch eine Lektion
erteilen. 12 Er hat zu euch gesagt: »Folgt meinem
Rat, dann bekommt ihr Ruhe vor euren Feinden!
Schont doch das erschöpfte Volk, daß es sich er-
holen kann. Ich biete euch Sicherheit!«

Aber ihr wolltet nicht auf ihn hören. 13 Darum
wird der HERR euch nichts anderes mehr hören
lassen als: »La, la – la, la. Ma, ma – ma, ma. Du
da, paß auf!« Bei jedem Schritt werdet ihr stol-
pern, bis ihr hinfallt und euch die Knochen
brecht. Ihr werdet in die Falle laufen und in die
Gefangenschaft abgeführt werden.

Gegen die falsche Sicherheit

14 Ihr Selbstsicheren, die ihr hier in Jerusalem
über das Volk herrscht, hört, was der HERR euch
sagen läßt! 15 Ihr bildet euch ein, daß euch nichts
geschehen kann, weil ihr mit dem Tod und der
Totenwelt* einen Pakt geschlossen habt. Ihr
meint, die Katastrophe werde an euch vorüber-
gehen, weil ihr euch mit Lügen und Betrüge-
reien abgesichert habt.

16 Darum sagt der HERR, der mächtige Gott:
»Auf dem Zionsberg* habe ich ein festes Funda-
ment gelegt, einen harten und kostbaren Eck-
stein, der allen Anstürmen standhält. Auf ihm
steht: ›Wer dem HERRN vertraut, weicht nicht
von der Stelle.‹[f] 17 Meine Meßschnur ist das
Recht und mein Senkblei die Gerechtigkeit.«

Aber eure Lügenburg wird der Hagel zer-
trümmern und das Wasser euer Versteck fort-
schwemmen. 18 Euer Pakt mit dem Tod und der
Totenwelt ist dann null und nichtig. Wenn die
Katastrophe wie eine reißende Flut über euch
kommt, gibt es für euch keine Rettung mehr.
19 Morgen für Morgen braust sie von neuem
heran, und auch in der Nacht habt ihr keine
Ruhe. Jedes Prophetenwort wird eine neue
Schreckensnachricht sein.

20 Es wird euch ergehen wie in dem Sprich-
wort: »Das Bett ist zu kurz, um sich darin zu
strecken; die Decke zu schmal, um sich darin
einzuwickeln.« 21 Wie damals am Berg Perazim
und im Tal von Gibeon wird der HERR eingrei-
fen.[g] Was er dann tut, wird euch fremd und
unverständlich erscheinen. 22 Hört auf, so hoch-
mütig meine Warnung zu verlachen! Sonst wer-
den eure Fesseln nur noch enger. Der HERR, der
Herrscher über die ganze Welt,[h] hat mich wis-
sen lassen, daß er entschlossen ist, das Land völ-
lig zu vernichten.

Gottes überlegenes Wissen

23 Hört mir gut zu, achtet auf das, was ich euch
sage! 24 Wenn ein Bauer die Aussaat vorbereitet,
pflügt er dann jeden Tag seinen Acker? Zieht er
immer wieder dieselben Furchen und hört nicht
auf, die Schollen zu ebnen? 25 Nicht wahr, wenn
er sie geebnet hat, streut er Schwarzkümmel
und Kreuzkümmel aus, sät Weizen, Hirse und
Gerste auf sein Feld und Dinkel an die Ränder.
26 Sein Wissen hat er von Gott, der ihn unterwie-
sen hat, wie er vorgehen soll.

27 Den Schwarzkümmel drischt er nicht mit
dem Dreschschlitten* aus, er fährt auch nicht
mit einem Wagenrad über den Kreuzkümmel.

a Wörtlich *der HERR Zebaot**.
b *an denen …:* verdeutlichender Zusatz. c Verdeutlichender Zusatz.
d Deutung unsicher. Wahrscheinlich wird der Unterricht in einer Kleinkinderschule nachgeäfft.
e Verdeutlichender Zusatz.
f *weicht nicht …:* Deutung unsicher; andere Übersetzung *wird ebenso standhalten.*
g Zu den beiden erwähnten Schlachten vgl. 2 Sam 5,20 und Jos 10,10. Damals stand Gott auf der Seite seines Volkes – jetzt wird es umgekehrt sein!
h Wörtlich *Der Herr, der HERR Zebaot**.

28,7 5,11-12 S **28,11** 33,19; Jer 5,15 S **28,12** 7,9 S **28,16** 7,9 S; 14,32 S; Röm 9,33 S **28,22** 10,22-23

Nein, beide klopft er mit dem Stock aus. 28 Das Brotgetreide drischt er nicht endlos, sonst wird es ja zerquetscht. Wenn er den Erntewagen mit den Zugtieren in Bewegung setzt, gibt er acht, daß das Korn nicht plattgequetscht wird. 29 Auch dieses Wissen hat er vom HERRN, dem Herrscher der Welt.[a] Gottes Pläne sind zum Staunen, und er weiß genau, wie er sie zum Ziel führt.

Bedrohung und plötzliche Hilfe für Jerusalem

29 Der HERR sagt: »Weh dir, du Stadt, in der mein Opferherd[b] steht, du Stadt, vor der einst David sein Kriegslager aufschlug! Macht nur Jahr für Jahr so weiter, laßt den Kreis eurer Feste immer wieder ablaufen! 2 Ich werde euch so zusetzen, daß ihr nur noch wimmert und jammert. Dann soll eure Stadt wirklich zu meinem Opferherd werden! 3 Ich selbst werde rings um die Stadt mein Lager aufschlagen, sie mit Gräben und Wällen einschließen. 4 Dann liegt ihr erniedrigt am Boden, eure Stimme klingt dumpf, als käme sie tief unten aus der Erde; wie eine Geisterstimme aus der Totenwelt* werdet ihr aus dem Staub heraus wispern.

5 Doch wie Staub im Wind wird die Menge der fremden Belagerer sein, wie davonwirbelnde Spreu das Heer der mächtigen Angreifer. Denn ganz plötzlich, ehe man sich's versieht, 6 greife ich für euch ein, ich, der Herrscher der Welt,[c] mit Donnerschlägen und dröhnendem Getöse, mit Wirbelsturm und Gewitter und wütendem Feuer. 7 Wie ein böser Traum, wie eine nächtliche Erscheinung wird die Horde der Völker sein, die gegen die Stadt meines Opferherdes ausgezogen ist, sie belagert und bestürmt.

8 Ein Hungriger träumt davon, daß er sich satt ißt, und wenn er aufwacht, knurrt ihm der Magen. Ein Durstiger träumt von Wasser, und wenn er aufwacht, hat er eine trockene Kehle und ist völlig erschöpft. So wird es dieser Völkerhorde ergehen, die über den Zionsberg* herfallen will.«

Heuchelei und Verblendung

9 Entsetzt euch und werdet vor Entsetzen starr! Seid verblendet und werdet in Verblendung blind! Ihr seid betrunken, aber nicht von Wein! Ihr schwankt hin und her, und das ohne Bier! 10 Der HERR hat einen Geist über euch kommen lassen, der euch in tiefsten Schlaf versetzt hat. Eure Augen – die Propheten* – hat er zugedrückt, und eure Köpfe – die Seher* – hat er verhüllt.

11 Was der Prophet geschaut und verkündet hat, ist für euch wie ein versiegeltes Buch.[d] Gibt man es einem Menschen, der lesen kann, und sagt zu ihm: »Hier, lies das!«, so antwortet er: »Ich kann nicht, es ist versiegelt.« 12 Und gibt man es einem Ungebildeten, so antwortet er: »Ich kann nicht lesen.«

13 Der Herr hat gesagt: »Dieses Volk da behauptet, mich zu ehren. Aber sie ehren mich nur mit Worten, mit dem Herzen sind sie weit weg von mir. Ihr ganzer Gottesdienst ist sinnlos, denn er besteht nur in der Befolgung von Vorschriften, die Menschen sich ausgedacht haben. 14 Deshalb will ich auch weiterhin fremdartig und unverständlich an diesem Volk handeln. Dann wird die Weisheit seiner Weisen vergehen, und von der Klugheit seiner Klugen wird nichts mehr übrigbleiben.«

15 Weh denen, die ihre Geheimpläne machen, ohne mit dem HERRN zu rechnen, die ihr Spiel im Dunkeln treiben und denken: »Wer sieht uns denn? Wer merkt schon etwas davon?« 16 Sie bilden sich ein, sie könnten die Rollen vertauschen! Der Ton kann doch nicht so tun, als wäre er der Töpfer! Oder kann das Werk von seinem Schöpfer sagen: »Er hat mich nicht gemacht«? Kann das Tongefäß vom Töpfer sagen: »Er versteht nichts davon«?

Die Umkehrung der Verhältnisse

17 Nur noch ganz kurze Zeit, dann verwandelt sich der abgeholzte Libanon in einen Obstgarten, und der Obstgarten wird zu einem wahren Wald. 18 Dann werden selbst Taube hören, was aus dem Buch vorgelesen wird, und die Blinden kommen aus ihrer Nacht hervor und können sehen. 19 Für die Geringen wird der HERR eine Quelle ständig wachsender Freude sein, und die stets Benachteiligten werden jubeln über den heiligen Gott Israels.

20 Dann ist es aus mit den Unterdrückern und den frechen Spöttern. Ausgerottet werden alle, die Böses im Schilde führen, 21 alle, die andere zu

a Wörtlich *vom HERRN Zebaot**.
b Wörtlich *Weh dir, Ariël, Ariël.* Die Bedeutung von *Ariël* ist unsicher. Nach Ez 43,15 ist es am wahrscheinlichsten, daß es sich um den oberen Teil des Brandopferaltars* handelt, den Herd, auf dem die Opfer verbrannt wurden. Jerusalem ist dann als Zentrum des Gottesdienstes angesprochen.
c Wörtlich *der HERR Zebaot**. d Wörtlich *eine versiegelte Buchrolle**.

29,1 Ez 43,15; 2 Sam 5,6-8 29,3 Ez 4,1-3 29,7 17,14 29,9-10 6,9-10 29,13 Mk 7,6-7 par 29,14 28,21; 5,21; Jer 8,8-9; 1 Kor 1,19 29,15 30,1-2; Ps 14,1 S 29,16 45,9 S 29,17 32,15 29,18 35,5 S 29,21 5,23

Unrecht beschuldigen, die einen Richter daran
hindern, Recht zu sprechen, und den, der Recht
sucht, mit haltlosen Begründungen abweisen.
22 Darum sagt der HERR, der Abraham gerettet
hat, zu den Nachkommen Jakobs: »Israel soll
nicht länger enttäuscht werden und sich schä-
men müssen. 23 Wenn ihr seht, was ich in eurer
Mitte tun werde, dann werdet ihr mich ehren,
mich, den heiligen Gott Jakobs; ihr werdet alles
tun, um mir, dem Gott Israels, nicht zu mißfal-
len. 24 Dann kommen die, die ihren klaren Kopf
verloren haben, wieder zur Einsicht, und die
Aufsässigen nehmen Vernunft an.«

Von Ägypten ist keine Hilfe zu erwarten

30 Der HERR sagt: »Weh euch, meine eigen-
sinnigen Kinder! Ihr führt Pläne aus, mit
denen ich nichts zu tun habe. Ihr schließt Bünd-
nisse gegen meinen erklärten Willen. Damit
häuft ihr Schuld auf Schuld. 2 Ohne mich um Rat
zu fragen, lauft ihr nach Ägypten, um beim Pha-
rao Schutz zu suchen und euch im Schatten
Ägyptens unterzustellen.
3 Doch ihr werdet eine große Enttäuschung
erleben und gedemütigt wieder heimziehen,
denn der Pharao kann euch nicht beschützen
und Ägypten euch keine Zuflucht bieten. 4 Eure
führenden Männer sind nach Zoan gegangen,
und eure Abgesandten sind bis nach Hanes ge-
kommen. 5 Aber sie werden enttäuscht, denn
das Volk dort kann niemand nützen; es kann
weder Hilfe noch Vorteil bieten, nur Schimpf
und Schande kann es euch bringen!«
6 Der HERR sagt: »Schwerbeladen ziehen Last-
tiere durch das Südland, eine Gegend voll von
Gefahren und Schrecken, von knurrenden
Löwen, giftigen Schlangen und fliegenden Dra-
chen. Auf den Rücken der Esel und den Höckern
der Kamele bringen eure Führer und Abgesand-
ten Schätze und Geschenke zu einem Volk, das
niemand nützen kann. 7 Die Hilfe Ägyptens ist
nichts wert. Darum nenne ich es ›das unbeweg-
liche Ungeheuer‹.«

Ein Volk, das nur hören will, was ihm gefällt

8 Der HERR befahl mir: »Nimm eine Schreibtafel
und schreib darauf vor den Augen dieser Leute
mein Urteil über sie. Ritze es als Inschrift für alle
Zeiten ein, es soll für immer erhalten bleiben.
9 Sie sind ein eigensinniges Volk. Meine Kinder
wollen sie sein, aber sie sind Lügner; denn
sie wollen nicht hören, was ich, der HERR, von
ihnen verlange. 10 Zu den Sehern* sagen sie: ›Ihr
sollt nichts sehen!‹ und zu den Propheten*: ›Ihr
sollt keine Offenbarungen* haben! Sagt uns
nicht, was recht ist, sondern was uns gefällt!
Laßt uns doch unsere Illusionen! 11 Weicht von
der Wahrheit ab und laßt uns in Ruhe mit eurem
heiligen Gott Israels!‹
12 Deshalb sage ich, der heilige Gott Israels:
›Ihr wollt nicht hören, was ich euch sage, und
verlaßt euch auf Gewalt und Betrug. 13 Diese
Schuld bleibt nicht ohne Folgen: Ihr gleicht einer
hohen Mauer, die einen Riß bekommen hat. Er
läuft immer tiefer und wird immer breiter, und
plötzlich stürzt die ganze Mauer ein. 14 Es wird
euch ergehen wie einem Tontopf, der so gründ-
lich zerschmettert wird, daß sich unter seinen
Scherben kein Stück mehr findet, mit dem man
Glut aus dem Ofen nehmen oder Wasser aus
einer Pfütze schöpfen könnte.‹«
15 Der HERR, der heilige Gott Israels, hat zu
euch gesagt: »Wenn ihr zu mir umkehrt und still-
haltet, dann werdet ihr gerettet. Wenn ihr gelas-
sen abwartet und mir vertraut, dann seid ihr
stark.«
Aber ihr wollt ja nicht. 16 Ihr sagt: »Nein, auf
Pferden wollen wir dahinfliegen!« Aber ihr wer-
det nicht fliegen, sondern fliehen. Ihr sagt: »Auf
schnellen Rennern wollen wir reiten!« Aber
eure Verfolger werden schneller rennen als ihr.
17 Tausend von euch werden fliehen, wenn
sie einen einzigen Feind sehen; und wenn fünf
euch bedrohen, werdet ihr alle davonlaufen. Von
eurem stolzen Heer wird nichts übrigbleiben
als eine leere Fahnenstange auf einem kahlen
Hügel.

Gott will sich über sein Volk erbarmen

18 Trotzdem wartet der HERR sehnlich auf den
Augenblick, an dem er sich euch wieder zuwen-
den kann. Er will seine Macht zeigen und sich
über euch erbarmen, denn er ist ein Gott, der
dem Recht Geltung verschafft. Wie glücklich
sind alle, die ihre Hoffnung auf ihn setzen!
19 Ihr Bewohner Jerusalems, die ihr auf dem
Zionsberg* wohnt, ihr müßt nicht länger wei-
nen! Wenn ihr zum HERRN um Hilfe ruft, wird er
euch sein Erbarmen zuwenden; sobald er euer
Schreien vernimmt, gibt er euch Antwort. 20 Er
wird euch reichlich Brot und Wasser geben,
nicht so spärlich wie in der Zeit der Not und

29,22 Gen 12,12; 20,11; Jes 45,17; 54,4 30,1-7 20,1-6; 31,1-3; 36,6; Jer 2,18 S 30,1 1,2 30,3 36,6 30,7 Ez 29,3 30,9 1,2.4
30,10 Jer 11,21-22 S; Hos 9,7b-8; Am 2,12 S; Mi 2,6 30,14 Jer 19,1.10-11 30,15 7,9 S; Ps 62,2-3 30,16 31,1.3 30,17 Dtn 32,30
30,18 Hos 11,8 S 30,19 65,24 S

Bedrängnis. Er wird sich nicht länger vor euch
verbergen; mit eigenen Augen werdet ihr ihn
sehen, ihn, euren Lehrer.
21 Wenn ihr nach rechts oder links abbiegen
wollt, werdet ihr hinter euch eine Stimme hören,
die zu euch sagt: »Dies hier ist der Weg, dem ihr
folgen sollt!« 22 Dann werdet ihr eure geschnitz-
ten und gegossenen Götzenbilder samt ihrem
silbernen oder goldenen Überzug als etwas Un-
reines* betrachten. »Weg damit!« werdet ihr
rufen und sie wie Abfall hinauswerfen.
23 Für die Saat auf euren Feldern wird der
HERR euch Regen geben, und der Ackerboden
wird Korn hervorbringen, das euch reiche und
kräftige Nahrung gibt. Zu der Zeit wird euer Vieh
auf weiten Wiesengründen weiden. 24 Die Rin-
der und Esel, mit denen ihr die Felder pflügt,
werden würziges Futter fressen, das man mit
Worfschaufel* und Gabel gemischt und vor
ihnen ausgebreitet hat.
25 Am Tag der großen Abrechnung, wenn die
feindlichen Türme stürzen, werden auf allen
Bergen und Hügeln Bäche voller Wasser fließen.
26 Dann wird der Mond so hell sein wie die
Sonne, und die Sonne wird siebenmal so hell
scheinen – wie das Licht einer ganzen Woche an
einem einzigen Tag. An diesem Tag wird der
HERR die Wunden, die er seinem Volk geschlagen
hat, verbinden und heilen.

Gott rechnet mit Assyrien ab

27 Der HERR kommt von ferne her, er selbst
kommt! Feuer und dichter Rauch zeigen, wie
zornig er ist. Unheil strömt von seinen Lippen,
seine Zunge ist eine lodernde Flamme. 28 Sein
Atem tobt wie ein reißender Bach, dessen Was-
ser bis zum Hals reicht. Er schüttelt die Völker in
seinem Sieb und wirft sie fort wie wertlose
Spreu. Er legt ihnen einen Zaum ins Maul und
leitet sie damit in die Irre.
29 Ihr aber werdet Lieder singen wie in der
Nacht, in der ihr das Fest feiert.[a] Ihr werdet voll
Freude sein wie die Festpilger, die unter Flöten-
spiel hinaufziehen zum Berg des HERRN, zu ihm,
dem Felsen Israels.
30 Der HERR läßt seine gewaltige Stimme
hören, er zeigt seinen starken Arm, wie er zu-
schlägt. Voller Zorn greift er ein, mit verzehren-
dem Feuer, mit Wolkenbruch und Unwetter und
Hagelschlag. 31 Schrecken kommt über Assy-
rien*, wenn es seine Stimme hört und seinen
Stock zu fühlen bekommt. 32 Bei jedem Stock-
hieb, den der HERR als Strafe über Assyrien ver-
hängt hat, werden die Pauken und Zithern er-
klingen. Der HERR selbst hebt seine Hand zum
Kampf gegen Assyrien.[b]
33 Seit langem schon ist der Verbrennungs-
platz für den König bereit. Tief und breit ist
die Feuerstelle, und Holz ist massenhaft aufge-
schichtet. Der Atem des HERRN setzt es in Flam-
men wie ein Strom von brennendem Schwefel.

Ägypter und Assyrer sind nur Menschen

31 Weh denen, die nach Ägypten gehen, um
Hilfe zu holen! Sie verlassen sich auf die
vielen Pferde und die zahlreichen Streitwagen*.
Aber mit dem heiligen Gott Israels rechnen sie
nicht. Sie befragen den HERRN nicht, ob er ein-
verstanden ist.
2 Sie meinen, klug zu handeln;[c] aber auch er
weiß, was er tut. Er läßt das Unglück hereinbre-
chen und nimmt seine Drohung nicht zurück. Er
wendet sich gegen die ganze Bande von Unheil-
stiftern und gegen alle, die ihr helfen sollten.
3 Die Ägypter sind Menschen[d] und nicht
Gott. Und ihre Pferde – Geschöpfe sind sie, nicht
aber lebenschaffender Geist*. Wenn der HERR
seine Hand ausstreckt, dann stürzt der Beschüt-
zer, und der Beschützte mit ihm; alle beide
gehen zugrunde.
4 Der HERR hat zu mir gesagt: »Ein Löwe, ob
alt oder jung, verteidigt knurrend seine Beute
gegen einen ganzen Trupp von Hirten, die man
zusammengeholt hat, um ihn zu verjagen. Er
läßt sich von ihrem Geschrei nicht erschrecken
und von ihrem Lärm nicht einschüchtern. Ge-
nauso komme ich auf den Zionsberg* herab und
verteidige ihn gegen alle Angreifer, ich, der Herr-
scher der Welt.[e] 5 Wie ein Vogel über seinem
Nest schwebt, um über seine Jungen zu wachen,
so werde ich Jerusalem beschützen. Ich werde
es schützen und befreien, verschonen und
retten.«
6 Kommt zurück zum HERRN, ihr Leute von
Israel! Ihr habt euch so weit von ihm entfernt.
7 Ihr habt euch silberne und goldene Götzenbil-
der gemacht, das ist eine schwere Sünde. Aber
der Tag kommt, an dem ihr euch mit Abscheu
von euren Machwerken abwenden werdet.
8 »Assyrien* wird fallen«, sagt der HERR, »das
Schwert wird es vernichten; aber nicht das
Schwert eines Menschen. Vor diesem Schwert

a Vermutlich handelt es sich um das Laubhüttenfest*.
b Der Vers ist nicht sicher zu deuten.
c Verdeutlichender Zusatz.
d *Menschen:* wörtlich *Fleisch**.
e Wörtlich *der HERR Zebaot**.

30,27 Ri 5,4-5 S **30,29** 8,14; Ps 18,3 S **30,30** 33,3; Ps 29,3-9 **31,1-3** 30,1-7 S **31,1** (Vertrauen nicht auf Waffen) 30,15-17; 7,9 S; Dtn 17,16; Jos 24,12b; Ps 20,8 S; Hos 1,7 S **31,3** Sach 4,6 **31,4** 14,32 S **31,5** 49,16 S **31,7** 2,20 **31,8-9** 10,24-26; 30,30-33

werden die Assyrer fliehen, und ihre jungen
Krieger werden zur Fronarbeit* gezwungen.
9 Ihre starken Helden[a] lähmt der Schreck, ihre
Heerführer lassen die Fahne im Stich.«

Das sagt der HERR, der Heim und Herd in Jerusalem hat, dessen Feuer auf dem Zionsberg brennt.

Eine gute Regierung und was sie bewirkt

32 Bald wird ein König kommen, der gerecht regiert, und seine Minister werden
dem Recht Geltung verschaffen. 2 Jeder von
ihnen wird dem Volk wohltun wie ein windgeschützter Ort bei Stürmen, wie ein Schutzdach bei prasselndem Regen, wie ein Wasserlauf in einer ausgedörrten Gegend, wie der Schatten eines großen Felsen in der Wüste.
3 Dann werden alle Augen wieder klar sehen
und alle Ohren wieder aufmerksam hören. 4 Die
Herzen der Unbesonnenen kommen zur Einsicht, und die Zungen der Stotternden können
flink und deutlich reden. 5 Dann nennt man
schändliche Dummköpfe nicht mehr vornehm und Schurken nicht mehr ehrlich.
6 Aus dem Mund eines unverbesserlichen Narren kommt nur Unsinn und aus seinem Herzen nichts als Unheil. Sein Tun ist schändlich, und sein Reden beleidigt den HERRN. Den Hungernden gibt er nichts zu essen und den Durstigen nichts zu trinken. 7 Ein Schurke benutzt nie-
derträchtige Mittel, um seine hinterlistigen Pläne auszuführen. Mit Lügen bringt er die Armen vor Gericht zu Fall, auch dann, wenn sie im Recht
sind. 8 Doch ein redlicher Mensch macht red-
liche Pläne, und nur für Redliches setzt er sich ein.

Warnung an die Frauen Jerusalems

9 Hört zu, ihr sorglosen Frauen und unbekümmerten Mädchen, hört, was ich euch zu sagen
habe! 10 Noch gut ein Jahr, dann werdet ihr Un-
bekümmerten vor Angst zittern; denn die Weinlese kommt nicht, und eine Ernte gibt es nicht.
11 Zittert, ihr Sorglosen! Bekümmert euch, ihr Unbekümmerten! Zieht eure Kleider aus, legt
den Sack* an! 12 Schlagt euch vor Verzweiflung
auf die Brüste! Trauert über die schönen Felder
und fruchtbaren Weinstöcke! 13 Trauert um das
Ackerland meines Volkes, das von Dornen und Disteln überwuchert wird. Trauert, weil die Freude aus den Häusern und die Fröhlichkeit aus der Stadt verschwindet!
14 Der Palast wird leer und verlassen dastehen, und die lärmende Stadt wird totenstill. Burghügel und Wachtturm werden für immer zum Ruinenfeld, wo die wilden Esel sich wohl fühlen und die Herden grasen.

Veränderung durch Gottes Geist

15 So wird es bleiben, bis Gott seinen Geist* über
uns ausgießt. Dann wird die Wüste zu einem Obstgarten, und der Obstgarten wird zu einem
wahren Wald. 16 Dann wird die Rechtsordnung
Gottes überall gelten, in der Wüste und im Obstgarten; im ganzen Land werden Liebe und Treue zu Hause sein.
17 Wo aber Liebe und Treue herrschen, da bewirken sie Frieden und Wohlstand, Ruhe und
Sicherheit. 18 Am Ort des Friedens wird mein
Volk leben, in sicheren Wohnungen, an ruhigen, sorgenfreien Plätzen.
19 Den Wald der Feinde wird der Hagel niederschlagen,[b] und ihre Stadt wird untergehen.
20 Ihr aber, ihr könnt überall säen, es gibt reichlich Wasser; eure Rinder und Esel könnt ihr frei umherlaufen lassen. Wie glücklich ihr seid!

Sichere Zeiten für den Zionsberg

33 Weh dir, Verwüster, der du noch nie verwüstet worden bist, du Hinterlistiger, den noch niemand hintergangen hat! Wenn du alles verwüstet hast, wirst du selber verwüstet. Wenn du jeden hintergangen hast, wirst du selbst ein Opfer der Hinterlist.

2 HERR, wende uns dein Erbarmen zu!
Wir setzen unsere Hoffnung auf dich!
Sei jeden Morgen unser Schutz,
komm uns zu Hilfe in Zeiten der Not!

3 Wenn die Völker deine Stimme hören, HERR,
dann ergreifen sie die Flucht. Wenn du aufstehst,
zerstieben sie in alle Winde. 4 Dann stürzen wir
uns auf die Beute, wir fallen darüber her wie ein Schwarm von Heuschrecken über alles Grün.
5 Der HERR ist mächtig und erhaben, denn er wohnt hoch oben im Himmel. Er sorgt dafür, daß auf dem Zionsberg* Recht und Treue zu fin-
den sind. 6 Dann werdet ihr in Sicherheit leben,
ihr Leute von Jerusalem. Die ganze Fülle von Rettung, Weisheit, Erkenntnis werdet ihr haben, und die Ehrfurcht vor dem HERRN wird euer größter Reichtum sein.

a *Ihre starken Helden:* wörtlich *Ihren Fels;* die Deutung ist unsicher.
b *Den Wald ...:* Deutung unsicher.

32,1 11,1-5; Jer 23,5 32,9 Am 6,1 32,15 29,17; 44,3; (Geist) Joël 3,1 33,1 Hab 2,7-8 33,3 30,3 33,5 1,21; 5,7

Gott greift ein

7 Die Bewohner Jerusalems[a] laufen schreiend
durch die Straßen. Die Boten, die schon Frieden
angekündigt haben, weinen verzweifelt. 8 Die
Landstraßen sind leer, kein Reisender wagt sich
hinaus. Der feindliche Herrscher hat den Vertrag
gebrochen und die Urkunden[b] mißachtet. Men-
schenleben zählen nicht für ihn. 9 Auch das Land
trauert und verdorrt, der Libanon verwelkt vor
Scham, die fruchtbare Scharon-Ebene sieht aus
wie eine Wüste, im Baschan* und auf dem Kar-
mel verlieren die Bäume ihr Laub.

10 »Jetzt stehe ich auf«, sagt der HERR, »jetzt
greife ich ein und zeige mich in meiner ganzen
Macht! 11 Was ihr euch ausdenkt, ist Heu, und
was dabei herauskommt, ist Stroh. Und euer zor-
niges Schnauben ist ein Feuer, das euch verbren-
nen wird. 12 Die Völker werden zu Pulver ver-
brannt, ins Feuer geworfen wie abgehauenes
Dornengestrüpp. 13 Ihr Völker alle, fern und nah,
hört, was ich tue, erkennt meine Macht!«

14 Auf dem Zionsberg* erschrecken die Sün-
der; Zittern befällt alle, die Gott vergessen
haben. »Wer kann denn neben einem lodernden
Feuer wohnen?« fragen sie. »Wer hält es aus bei
dieser Glut, die nicht aufhört?«

15 Nur wer in allem tut, was recht ist, wer
stets die Wahrheit spricht, wer sich nicht durch
Unterdrückung anderer bereichert, wer sich
nicht durch Geschenke kaufen läßt, wer nicht
zuhört und mitmacht, wo man Mordpläne aus-
heckt, wer nicht beifällig zusieht, wo Unrecht
geschieht.

16 Alle, die sich an diese Regel halten, werden
auf sicheren Höhen wohnen und in Bergfestun-
gen Zuflucht finden. Ausreichende Nahrung ist
ihnen sicher, und auch an Wasser wird es ihnen
nie fehlen.

»Der HERR ist unser König«

17 Einst werdet ihr Gott als König sehen
in seiner ganzen Pracht und Schönheit;
eure Augen erblicken ein weites Land.
18 Nur noch Erinnerung ist dann,
was euch früher in Schrecken versetzte:
Wo sind sie denn, die Unterdrücker,
die Steuern und Tribut eintrieben
und eure Befestigungen kontrollierten?
19 Ihr müßt dieses anmaßende Volk
nicht mehr sehen,
diese Leute von unverständlicher Sprache
mit gestammelten Worten, die keiner begreift.

20 Richtet den Blick auf die Zionsstadt*,
in der wir unsere Feste feiern!
Seht Jerusalem, diesen sicheren Ort:
ein Zelt, das an seiner Stelle bleibt,
dessen Pflöcke niemand mehr ausreißt,
dessen Seile niemand mehr löst.
21–22 Dort wird der HERR seine Größe zeigen.
Der HERR selbst ist unser Herrscher,
er ist es, der uns führt.
Der HERR selbst ist unser König,
er ist es, der uns hilft.

Dann liegt die Zionsstadt an einem Strom
mit mächtigen, breiten Armen.
Doch Rudergaleeren gibt es dort nicht,
kein feindliches Schiff darf darauf segeln.
23 Wenn sich trotzdem eines dort sehen läßt,
dann hängen die Taue schlaff herab;
sie können den Mast nicht aufrecht halten,
das Segel können sie nicht mehr spannen.
Seine Ladung fällt den Bewohnern zur Beute;
selbst Blinde und Lahme bekommen
reichlich davon ab.[c]
24 Kein Mensch im Land wird noch klagen,
er sei von Krankheit und Schwäche geplagt;
denn die Schuld des Volkes ist vergeben.

Der Untergang Edoms

34 Kommt herbei, ihr Völker! Versammelt
euch und hört zu! Alle Welt soll zu-
hören, die ganze Erde und alles, was auf ihr lebt!
2 Der HERR ist zornig auf alle Völker, sein Zorn
wendet sich gegen die ganze Heeresmacht sei-
ner Feinde. Er hat sie alle unter den Bann* ge-
stellt; sie sollen abgeschlachtet und vernichtet
werden. 3 Die Getöteten bleiben unbegraben lie-
gen, sie verwesen und stinken; von ihrem Blut
zergehen die Berge. 4 Die Gestirne zerfallen, und
der Himmel rollt sich ein wie eine Buchrolle. Die
Sterne fallen herab wie welkes Laub vom Wein-
stock, wie nicht ausgereifte, verkümmerte Fei-
gen.

5 Im Himmel ist das Schwert des HERRN bereit
zum Kampf. Da, es fährt nieder auf Edom*, auf

a *Bewohner Jerusalems* (wörtlich *Ariëliter;* vgl. Anmerkung zu 29,1): mit einigen Handschriften; H ist unverständlich.
b *Urkunden* (wörtlich *Zeugen*): mit einer wichtigen Handschrift; H *Städte.*
c *Dann liegt die Zionsstadt an einem Strom …:* Der Abschnitt ist nicht sicher zu deuten. *Blinde und:* vermutlicher Text.

33,10 Ps 12,6 **33,14** Dtn 4,24S **33,15-16** Ps 15,1-5S **33,19** 28,11 **33,20** Ps 48 **33,21-22** Ps 47,6-10S; 46,5 **33,24** 35,5-6; Jer 31,34 **34,4** Mk 13,25par; Offb 6,13-14 **34,5-17** (gegen Edom) 63,1-6; Jer 49,7-22; Ez 25,12-14; 35,1-15; Am 1,11-12; Obd 1-14; Mal 1,2-5

das Volk, das der HERR vernichten will. 6 Es trieft
von Blut, es ist bedeckt mit Fett, wie beim
Schlachten von Lämmern und Böcken, wie vom
Fett an den Nieren der Widder. Denn der HERR
hält ein Opferfest in Bozra, eine Massenschlach-
tung im ganzen Land Edom. 7 Da fallen auch die
Büffel, die Rinder und die starken Stiere. Der
Boden ist von Blut durchtränkt, die Erde von Fett
durchweicht. 8 Das ist der Vergeltungstag des
HERRN, ein Jahr der Abrechnung mit den Fein-
den der Zionsstadt*.

9 Das Wasser der Bäche verwandelt sich in
Pech, und der Erdboden wird zu Schwefel. So
wird das Edomiterland zu brennendem Pech,
10 das Tag und Nacht in Flammen steht und nicht
gelöscht wird; unaufhörlich steigt der schwarze
Qualm zum Himmel. Für alle Zeiten bleibt das
Land verwüstet, niemand zieht mehr dort hin-
durch. 11 Uhus und Käuze nehmen es in Besitz,
Eulen und Raben nisten dort. Der HERR mißt das
Land mit der Meßschnur aus und grenzt es ab,
damit es für immer wüst und unbewohnbar
bleibt.

12 Unter den Vornehmen ist keiner mehr, den
man zum König ausrufen könnte; von den
führenden Männern ist keiner mehr da. 13 Dor-
nenranken überwuchern die Paläste, Nesseln
und Disteln wachsen in den Burgen. Schakale
und Strauße bevölkern das Land. 14 Wildkatzen
und Hyänen treffen sich dort, Bocksgeister* be-
gegnen einander; selbst die Nachtgespenster fin-
den sich dort ein und ruhen sich aus. 15 Die Pfeil-
schlange* hat dort ihr Nest, sie legt ihre Eier und
brütet sie aus. Auch die Geier kommen und ver-
sammeln sich in Scharen.

16 Was ihr hier im Buch des HERRN lest, läßt
sich nachprüfen: Keins von ihnen fehlt, sie alle
sind beisammen. So hat es der HERR befohlen,[a]
sein Geist hat sie zusammengeführt. 17 Er hat
das Land unter sie durchs Los verteilt und jedem
sein Gebiet mit der Meßschnur abgegrenzt. Für
immer ist es ihr Besitz, für alle Zeiten sollen sie
dort wohnen.

Die Heimkehr der Befreiten zum Zionsberg

35 Die Steppe soll sich freuen,
das dürre Land glücklich sein,
die Wüste jubeln und blühen!
2 Mit Blumen soll sie sich bedecken,
jauchzen und vor Freude schreien!
Herrlich wie der Libanon soll sie werden,
prächtig wie der Berg Karmel
und wie die Ebene Scharon.
Dann sieht das Volk die Herrlichkeit*
des HERRN,
die Pracht und Hoheit unseres Gottes.

3 Macht die erschlafften Hände wieder stark,
die zitternden Knie wieder fest!
4 Ruft den verzagten Herzen zu:
»Faßt wieder Mut! Habt keine Angst!
Dort kommt euer Gott!
Er selber kommt, er will euch befreien;
er übt Vergeltung an euren Feinden.«

5 Dann können die Blinden wieder sehen,
und die Tauben wieder hören.
6 Dann springt der Gelähmte wie ein Hirsch,
und der Stumme jubelt vor Freude.
In der Wüste brechen Quellen auf,
und Bäche ergießen sich durch die Steppe.
7 Der glühende Sand verwandelt sich zum Teich,
und im dürren Land sprudeln Wasserquellen.
Wo jetzt Schakale ihr Lager haben,
werden dann Schilf und Riedgras wachsen.

8 Eine feste Straße wird dort sein,
den ›heiligen Weg‹ wird man sie nennen.
Wer unrein* ist, darf sie nicht betreten,
nur für das Volk des HERRN ist sie bestimmt.
Selbst Unkundige finden den Weg,
sie werden dort nicht irregehen.
9 Auf dieser Straße gibt es keine Löwen,
kein Raubtier ist auf ihr zu finden;
nur die geretteten Menschen gehen dort.
10 Sie, die der HERR befreit hat, kehren heim;
voll Jubel kommen sie zum Zionsberg*.
Aus ihren Augen strahlt grenzenloses Glück.
Freude und Wonne bleiben bei ihnen,
Sorgen und Seufzen sind für immer vorbei.

BELAGERUNG UND RETTUNG JERUSALEMS (Kapitel 36–39)

Die Assyrer ziehen vor Jerusalem

(2 Kön 18,13-25)

36 Im 14. Regierungsjahr Hiskijas fiel der
assyrische König Sanherib mit seinen
Truppen in das Land Juda ein und eroberte alle
befestigten Städte. 2 Von Lachisch aus schickte er
den Obermundschenk zu König Hiskija nach

a So mit einigen Handschriften *(der HERR:* wörtlich *sein Mund);* H *Mein Mund, er hat befohlen.*

34,10 Offb 19,3 S 35,1-2 32,15; 41,19; 51,3; 55,12-13 35,2 40,5 35,3 Hebr 12,12 35,4 40,9 35,5 Mt 11,5 S 35,6-7 41,17-19 35,8-10 40,3-4 S 35,10 51,11; 65,18-19; Offb 21,4 36,2 7,3

Jerusalem und gab ihm ein starkes Heer mit. Vor
der Stadt machte der Obermundschenk halt an
der Wasserleitung beim oberen Teich*, auf der
Straße, die vom Tuchmacherfeld kommt. 3 Der
Palastvorsteher Eljakim, der Sohn von Hilkija,
ging zu ihm hinaus und mit ihm der Staats-
schreiber Schebna und der Kanzler Joach, der
Sohn von Asaf.

4 Der Obermundschenk sagte zu ihnen:

»Meldet Hiskija, was der große König, der
König von Assyrien*, ihm sagen läßt: ›Worauf
vertraust du eigentlich, daß du dich so sicher
fühlst? 5 Meinst du etwa, daß du mit leeren Wor-
ten gegen meine Kriegsmacht und Kriegserfah-
rung antreten kannst?

Auf wen hoffst du, daß du es wagst, dich
gegen mich aufzulehnen? 6 Erwartest du etwa
Hilfe von Ägypten? Du kannst dich genausogut
auf ein Schilfrohr stützen – es zersplittert und
durchbohrt dir die Hand. Der König von Ägypten
hat noch jeden im Stich gelassen, der sich auf
ihn verlassen hat.

7 Oder willst du behaupten, daß ihr euch auf
den HERRN, euren Gott, verlassen könnt? Dann
sag mir doch: Ist er nicht eben der Gott, dessen
Opferstätten und Altäre du, Hiskija, beseitigt
hast? Hast du nicht den Leuten von Juda und
Jerusalem befohlen, daß sie nur noch auf dem
Altar in Jerusalem Opfer darbringen sollen?‹

8 Mein Herr, der König von Assyrien, bietet
dir folgende Wette an: Er gibt dir zweitausend
Pferde, wenn du die Reiter dafür zusammen-
bringst. 9 Du kannst es ja nicht einmal mit dem
unbedeutendsten Truppenführer meines Herrn
aufnehmen. Du hoffst nur auf Ägypten und
seine Streitwagenmacht.

10 Im übrigen läßt der König von Assyrien dir
sagen: ›Glaub nur nicht, ich sei gegen den Willen
des HERRN in dieses Land gekommen, um es in
Schutt und Asche zu legen! Der HERR selbst hat
mir befohlen: Greif dieses Land an und verwüste
es!‹«

Jerusalem wird zur Übergabe aufgefordert

(2 Kön 18,26-37; 19,1-8)

11 Da unterbrachen Eljakim, Schebna und Joach
den Obermundschenk und baten ihn: »Sprich
doch bitte aramäisch mit uns, wir verstehen es.
Sprich nicht hebräisch, die Leute auf der Stadt-
mauer hören uns zu!«

12 Aber der Obermundschenk erwiderte: »Hat
mich etwa mein Herr nur zu deinem Herrn und
zu dir gesandt? Nein, meine Botschaft gilt allen,
die dort oben auf der Stadtmauer sitzen und die
bald zusammen mit euch den eigenen Kot fres-
sen und den eigenen Harn saufen werden!«

13 Darauf trat der Obermundschenk noch ein
Stück weiter vor und rief laut auf hebräisch:

»Hört, was der große König, der König von
Assyrien*, euch ausrichten läßt! So spricht der
König: 14 ›Laßt euch von Hiskija nicht täuschen!
Er kann euch nicht retten. 15 Laßt euch auch
nicht dazu überreden, auf den HERRN zu ver-
trauen! Glaubt Hiskija nicht, wenn er sagt: Der
HERR wird uns bestimmt retten und diese Stadt
nicht in die Hand des Assyrerkönigs fallen las-
sen!

16 Hört nicht auf Hiskija, hört auf mich! So
spricht der König von Assyrien: Kommt heraus
und ergebt euch! Jeder darf von seinem Wein-
stock und seinem Feigenbaum essen und Was-
ser aus seiner Zisterne trinken, 17 bis ich euch in
ein Land bringe, das ebenso gut ist wie das eure.
Dort gibt es Korn und Brot, Most und Wein in
Fülle.

18 Laßt euch von Hiskija nichts vormachen!
Laßt euch nicht einreden: Der HERR wird uns ret-
ten! Haben etwa die Götter der anderen Völker
ihre Länder vor mir retten können? 19 Wo sind
jetzt die Götter von Hamat und Arpad? Wo sind
die Götter von Sefarwajim? Haben die Götter
von Samaria es vor mir beschützt? 20 Wer von
allen Göttern hat sein Land vor mir retten kön-
nen? Und da soll ausgerechnet der HERR, euer
Gott, Jerusalem vor mir beschützen?‹«

21 Die Männer auf der Mauer blieben still und
antworteten nichts; so hatte König Hiskija es an-
geordnet. 22 Eljakim, Schebna und Joach zerris-
sen ihr Gewand, gingen zu Hiskija und berichte-
ten ihm, was der Obermundschenk gesagt hatte.

37 Als König Hiskija das hörte, zerriß auch
er sein Gewand, legte den Sack* an
und ging in den Tempel des HERRN. 2 Zugleich
schickte er den Palastvorsteher Eljakim, den
Staatsschreiber Schebna und die angesehensten
Priester mit dem Sack* bekleidet zum Propheten
Jesaja, dem Sohn von Amoz. 3 Sie sollten ihm im
Namen des Königs sagen:

»Heute straft uns Gott für unsere Sünden; wir
sind in Not und Schande geraten. Es geht uns
wie Kindern, die im Mutterschoß steckenge-
blieben sind, weil die Mutter keine Kraft mehr
zum Gebären hat. 4 Der Assyrerkönig hat seinen
Obermundschenk hierhergeschickt, um den
lebendigen Gott zu verhöhnen. Wenn doch
der HERR, dein Gott, hören wollte, wie dieser

36,3 22,15.20   36,6 29,1-5; 30,1-7 S   36,7 2 Kön 18,4

Fremde ihn lästert! Wenn er ihn doch strafen wollte für die Schmach, die er ihm angetan hat! Bete zum HERRN für die, die von seinem Volk übriggeblieben sind!«

[5] Die Männer kamen zu Jesaja und überbrachten ihm diese Botschaft. [6] Jesaja antwortete ihnen: »Sagt dem König: ›So spricht der HERR: Hab keine Angst! Laß dich nicht einschüchtern, wenn die Boten des Assyrerkönigs mich lästern und behaupten, ich könnte euch nicht retten. [7] Ich werde dafür sorgen, daß er seinen Plan aufgibt. Er wird eine Nachricht erhalten und schleunigst nach Hause zurückkehren. Dort werde ich ihn umbringen lassen.‹«

[8] Sanherib, der König von Assyrien, stand inzwischen nicht mehr vor Lachisch, sondern kämpfte schon gegen die Festung Libna. Dorthin kehrte der Obermundschenk zurück.

Sanherib prahlt – Hiskija betet

(2 Kön 19,9-19)

[9] Der Assyrerkönig erfuhr, daß ein Heer unter der Führung des äthiopischen* Königs Tirhaka gegen ihn heranrückte. Da schickte er Gesandte zu König Hiskija [10] und ließ ihm sagen:

»Verlaß dich nicht zu sehr auf deinen Gott! Laß dir nicht von ihm einreden, daß Jerusalem niemals in meine Hand fallen wird. [11] Du weißt doch, was die Könige von Assyrien* mit den anderen Ländern gemacht haben. Sie haben sie alle verwüstet, und da willst ausgerechnet du dem Untergang entrinnen? [12] Denk doch an Gosan, an Haran und Rezef und an die Leute von Eden, die in Telassar wohnten. Haben ihre Götter meine Vorgänger daran hindern können, alle diese Städte dem Erdboden gleichzumachen? [13] Und wo sind die Könige, die in Hamat und Arpad, Sefarwajim, Hena und Awa regierten?«

[14] Die Abgesandten übergaben ihre Botschaft in einem Brief. Als Hiskija ihn gelesen hatte, ging er in den Tempel*, breitete ihn vor dem HERRN aus [15] und betete:

[16] »Herrscher der Welt,[a] du Gott Israels, der über den Keruben* thronst! Du allein bist der Herr über alle Reiche der Welt. Du hast Himmel und Erde geschaffen. [17] Sieh doch, wie es uns ergeht! Höre doch, wie dieser Sanherib dich, den lebendigen Gott, verhöhnt!

[18] Es ist wahr, HERR: Die Könige von Assyrien haben alle diese Länder vernichtet[b] [19] und ihre Götter ins Feuer geworfen. Aber es waren ja keine Götter, sondern nur Bilder aus Holz und Stein, von Menschen angefertigt. Deshalb wurden sie auch vernichtet.

[20] HERR, unser Gott, rette uns vor diesem Assyrerkönig! Alle Königreiche der Welt sollen erkennen, daß du allein Gott bist!«

Gott spottet über den Assyrerkönig

(2 Kön 19,20-37)

[21] Da ließ Jesaja, der Sohn von Amoz, dem König Hiskija ausrichten: »So spricht der HERR, der Gott Israels: ›Du hast zu mir um Hilfe gerufen gegen den Assyrerkönig Sanherib. [22–23] Ich will dir sagen, was ich mit ihm tun werde! So spreche ich zu ihm:

Die unbesiegte Zionsstadt*
nur Spott und Verachtung für dich hat!
Die Jungfrau Zion lacht dich aus,
die Zunge streckt sie dir heraus.[c]
Mit wem hast du dich eingelassen,
gegen wen, du Narr, dich aufgeblasen?
Mich, den heiligen Gott Israels, kennst du nicht,
und doch schmähst du und höhnst du
mir ins Gesicht!
[24] Wahrhaftig, du warst schlecht beraten,
als du so prahltest mit deinen Taten.
Durch Boten ließest du überall sagen:
Ich bin der Herr! Ich bestieg meinen Wagen,
hoch auf den Libanon fuhr ich im Trab,
die Tannen und Zedern dort holzte ich ab,
all seine Schlupfwinkel spürte ich auf,
und nie kam ins Stocken mein Siegeslauf!
[25] Ich grub mir Brunnen mit eigener Hand,
so schafft' ich mir Wasser im Feindesland.
Ich trockne sie aus, die ägyptischen Flüsse,
sie müssen versiegen vom Tritt meiner Füße!

[26] So prahlst du. Hör zu jetzt
und laß es dir sagen:
Ich hab's so beschlossen seit uralten Tagen;
ich hab es geplant, was jetzt ist geschehen,
drum mußten die Städte zugrunde gehen.
Nichts ist davon übrig als Trümmer nur,
von ihren Bewohnern blieb keine Spur.
[27] Der Mut, sich zu wehren, war ihnen
entfallen,
verschwunden die Kraft, drum erging's
ihnen allen
wie Gras an einem trocknen Ort;
es sprießt – und schon ist es verdorrt.

a Wörtlich *HERR Zebaot**.
b So mit einer wichtigen Handschrift und G; H hat noch: *und ihre Länder verwüstet.*
c Wörtlich *sie schüttelt (höhnisch) den Kopf hinter dir her.*
37,6 7,9 S 37,16 Ex 25,22 S

28 Ich hab auch dich ganz fest in der Hand,
was immer du tust, ist mir vorher bekannt,
ob du stehst, liegst, kommst, gehst –
alles sehe ich,
ich weiß genau, wie du tobst gegen mich.
29 Weil mir dein Geschwätz in die Ohren dringt,
schmück ich dir die Nase mit einem
eisernen Ring,
ich lege dir meinen Zaum in das Maul,
und zwing dich wie einen störrischen Gaul.
Den Weg, den du Prahlhans gekommen bist,
den bring ich zurück dich in kürzester Frist!

30 Dir, Hiskija, aber sage ich, was weiter ge-
schehen wird: In diesem Jahr und im folgenden
werdet ihr essen, was sich von selbst ausgesät
hat; aber im dritten Jahr könnt ihr wieder säen
und ernten, Weinberge anlegen und ihre Trau-
ben essen. Daran wirst du erkennen, daß man
sich auf meine Zusage verlassen kann und daß
die assyrische Bedrohung vorbei ist. 31 Die Be-
wohner von Juda, die mit dem Leben davonge-
kommen sind, werden gedeihen wie Pflanzen,
die tiefe Wurzeln schlagen und reiche Frucht
bringen. 32 Denn ein Rest wird übrigbleiben auf
dem Zionsberg in Jerusalem und das Land von
neuem besiedeln. Ich, der Herrscher der Welt,[a]
sorge dafür in meiner leidenschaftlichen Liebe
zu meinem Volk.

33 Ich sage dir noch einmal, wie es dem As-
syrerkönig ergehen wird: Er wird nicht in diese
Stadt eindringen, ja, nicht einen einzigen Pfeil
hineinschießen. Er wird nicht dazu kommen,
eine Rampe gegen ihre Mauer vorzutreiben und
seine Männer im Schutz der Schilde zum Angriff
aufzustellen. 34 Auf demselben Weg, auf dem er
gekommen ist, wird er wieder heimkehren. Er
wird ganz bestimmt nicht in die Stadt eindrin-
gen. Ich bin der HERR, ich sage es! 35 Um meiner
Ehre willen und meinem Diener David zuliebe
werde ich dieser Stadt beistehen und sie
retten!«

36 Darauf kam der Engel* des HERRN in das
Lager der Assyrer und tötete dort 185 000 Mann.
Als der Morgen anbrach, lag alles voller Leichen.
37 Da ließ König Sanherib zum Aufbruch blasen
und zog ab. Er kehrte in seine Heimat zurück
und blieb in Ninive. 38 Dort betete er eines Tages
im Tempel seines Gottes Nisroch. Da erschlugen
ihn seine Söhne Adrammelech und Sarezer mit
dem Schwert. Sie mußten in das Land Ararat flie-
hen. Sanheribs Sohn Asarhaddon wurde sein
Nachfolger auf dem Thron.

a Wörtlich *Der HERR Zebaot* (sorgt dafür ...).*

37,32 6,13; 10,22 S 38,10 Ps 102,25 38,12 Ijob 4,21; 2 Kor 5,1

Gott erhört Hiskijas Gebet

(2 Kön 20,1-11)

38 Damals wurde Hiskija todkrank. Der
Prophet Jesaja, der Sohn von Amoz, kam
zu ihm und sagte: »Der HERR schickt mich zu dir
und läßt dir sagen: ›Bereite dich auf dein Ende
vor! Du wirst von diesem Krankenlager nicht
wieder aufstehen.‹«

2 Hiskija drehte sich zur Wand und betete:
3 »Ach, HERR, denk doch daran, daß ich dir immer
treu war! Ich habe dir mit ganzem Herzen ge-
horcht und stets getan, was dir gefällt.«

Hiskija brach in Tränen aus und weinte laut.

4 Da erging das Wort des HERRN an Jesaja, und
er erhielt den Befehl: 5 »Kehr um und sag zu His-
kija: ›Der HERR, der Gott deines Ahnherrn David,
läßt dir sagen: Ich habe dein Gebet gehört und
deine Tränen gesehen. Ich gebe dir noch fünf-
zehn Jahre dazu 6 und werde dich und diese
Stadt vor dem Assyrerkönig retten; ich werde
Jerusalem beschützen. 7 Ich will dir ein Zeichen
geben, an dem du erkennen kannst, daß ich
meine Zusage wahrmache: 8 Ich lasse den Schat-
ten auf der Treppe, die König Ahas gebaut hat,
um zehn Stufen zurückgehen.‹«

Und der Schatten ging um zehn Stufen zu-
rück.

Das Gebet Hiskijas

9 Als König Hiskija von seiner Krankheit genesen
war, schrieb er folgendes Gebet nieder:

10 »Ich sagte in meiner Not:
›Jetzt, im allerbesten Alter,
stehe ich am Tor der Totenwelt*
und darf mein Leben nicht zu Ende leben!
11 Hier, in der Welt der Lebenden,
darf ich den HERRN nicht länger sehen;
dort, wo alles zu Ende ist,
erblicke ich keinen Menschen mehr.
12 Das Haus, in dem ich lebe, wird abgebrochen
und weggetragen wie ein Hirtenzelt.
Wie ein Weber, der sein Tuch einrollt,
so habe ich mein Leben ausgewebt;
nun wird es vom Webstuhl abgeschnitten.
Tag und Nacht fühle ich mein Ende nahen.
13 Morgens bin ich wie zerschlagen und denke:
Er zermalmt meine Knochen wie ein Löwe.
Ja, Tag und Nacht fühle ich mein Ende nahen.
14 Wie eine Schwalbe piepst meine Stimme,
mein Klagen tönt wie das Gurren der Taube.
Mit müden Augen starre ich zum Himmel.

Ich kann nicht mehr, Herr! Tritt du für mich ein!
15 Doch was richte ich mit Worten bei ihm aus?
Er hat getan, was er mir angekündigt hat.
In bitterem Leid verbring ich meine Jahre
und schleppe mich Schritt für Schritt dahin.
16 Ach, Herr,[a] erhalte mich am Leben!‹

17 Mein bitterer Schmerz hat sich in Glück
verwandelt!
In herzlicher Liebe hast du mich umfangen
und mein Leben vor dem Grab bewahrt;
denn alle meine Schuld hast du genommen
und sie weit hinter dich geworfen.
18 Dort unten bei den Toten preist dich
niemand;
wer tot ist, dankt dir nicht mit Liedern.
Wer schon ins Grab gesunken ist,
hofft nicht mehr auf deine Treue.
19 Allein die Lebenden danken dir,
so wie ich dir heute danke.
Die Väter sagen es ihren Kindern:
Auf dich ist Verlaß.
20 Der HERR ließ sich erbitten und half mir!
Darum laßt uns singen
und ihn preisen vor seinem Tempel*,
solange wir leben.«[b]

Gott ist mit Hiskijas Politik nicht einverstanden

(2 Kön 20,12-19)

39 Als der babylonische* König Merodach-Baladan, der Sohn Baladans, davon hörte, daß Hiskija krank gewesen und wieder gesund geworden war, schickte er ihm ein Glückwunschschreiben und ließ ihm Geschenke überbringen. 2 Hiskija freute sich über die Gesandten und zeigte ihnen alles, was er besaß: Silber, Gold, Gewürze und kostbare Öle, seine Waffen, Rüstungen und Lebensmittelvorräte. Alle Schatzkammern, Geräte- und Vorratshäuser in seinem Palast und in seinem ganzen Reich ließ er sie sehen.

3 Da kam der Prophet Jesaja zu König Hiskija und fragte ihn: »Was wollten diese Männer von dir? Woher kamen sie?«

»Sie sind von weither zu mir gekommen, aus Babylon«, antwortete Hiskija.

4 »Was haben sie in deinem Palast gesehen?« fragte Jesaja.

»Ich habe ihnen alle meine Vorräte und Schätze gezeigt«, sagte Hiskija. »Ich habe nichts vor ihnen geheimgehalten.«

5 Da sagte Jesaja: »Höre, was der HERR, der Herrscher der Welt,[c] dir sagen läßt: 6 ›Alle Schätze in deinem Palast, die deine Vorfahren zusammengetragen haben, werden eines Tages nach Babylon weggeschafft werden, nichts davon bleibt zurück. 7 Auch von den Söhnen, die dir noch geboren werden, wird man einige nach Babylon verschleppen. Sie werden dort den König in seinem Palast bedienen müssen.‹«

8 Hiskija sagte: »Ich beuge mich unter die Entscheidung des HERRN.« Und er fügte hinzu: »Wenn nur wenigstens zu meinen Lebzeiten noch Frieden und Sicherheit herrschen!«

TROSTWORTE FÜR DIE VERBANNTEN IN BABYLONIEN (Kapitel 40–55)

Gott bringt sein Volk zurück

40 »Tröstet, tröstet mein Volk!« sagt euer Gott. 2 »Sprecht den Leuten aus Jerusalem Mut zu, sagt zu ihnen: ›Eure Gefangenschaft ist zu Ende! Eure Schuld ist abgebüßt! Ihr habt vom HERRN die volle Strafe für eure Vergehen empfangen; jetzt ist alles beglichen!‹«[d]

3 Hört, jemand ruft: »Bahnt für den HERRN einen Weg durch die Wüste, baut eine Straße für unseren Gott! 4 Füllt die Täler auf, ebnet Berge und Hügel ein, räumt alle Hindernisse aus dem Weg! 5 Der HERR wird kommen in seiner ganzen Herrlichkeit, und alle Menschen werden es sehen. Der HERR selbst hat das gesagt.«

6 Ich hörte eine Stimme sagen: »Rede zu deinem Volk!«

»Was soll ich denn sagen?« fragte ich. »Alle Menschen sind vergänglich wie das Gras. Auch wenn sie noch so gerecht und treu sind, es ergeht ihnen nicht anders als den Blumen auf der

a Die Übersetzung übergeht hier einige hebräische Wörter, die keinen Sinn ergeben.
b Hier folgt noch: 21 *Jesaja sagte, man solle einen Verband aus gepreßten Feigen auf die entzündete Stelle legen, damit der König wieder gesund werde.* 22 *Hiskija fragte: »Woran kann ich erkennen, daß ich in den Tempel des HERRN gehen werde?«* Dem Zusammenhang nach müßte diese Aussage nach Vers 6 stehen (an der entsprechenden Stelle findet sie sich im Parallelbericht in 2 Kön 20,6-11). Eine wichtige hebräische Handschrift läßt die beiden Verse aus.
c Wörtlich *der HERR Zebaot**.
d *jetzt ist …:* verdeutlichender Zusatz; *die volle Strafe:* wörtlich *das Doppelte.* Das ist nach israelitischem Recht die übliche Schadenersatzforderung; vgl. Ex 22,3.6.8.

38,17 Ps 103,3-4; Mi 7,18-19 **38,18** Ps 6,6 S **38,19** Dtn 4,9; Ps 22,31-32 **39,6** 2 Kön 24,13 **39,7** Dan 1,3 **40,1** 61,1-2; 66,13 **40,2** 44,22; Jer 16,18 **40,3-4** 11,16; 35,8-9; 43,19; 49,11; 57,14; Mk 1,3 par **40,5** 35,2; 66,18 **40,6-8** 40,15; 51,12; Ps 90,5-6 S; 1 Petr 1,24-25

Wiese. 7 Das Gras verdorrt, die Blumen verwel-
ken, wenn der HERR seinen glühenden Atem
darüberwehen läßt. Ja, wie Gras ist das Volk!«
8 Da sagte die Stimme: »Das Gras verdorrt,
die Blumen verwelken; aber das Wort unseres
Gottes bleibt für immer in Kraft.«

Die Freudenbotschaft

9 Steig auf einen hohen Berg, du Freudenbotin
Jerusalem! Ruf mit lauter Stimme deine Bot-
schaft aus, du Zionsstadt*! Tu es unbesorgt, hab
keine Angst! Sag den Städten Judas: »Euer Gott
kommt! 10 Der HERR, der mächtige Gott, kommt
als Sieger und herrscht mit starker Hand. Die Sie-
gesbeute, sein Volk, das er befreit hat, zieht vor
ihm her. 11 Er führt sein Volk wie ein guter Hirt,
der die Lämmer auf seinen Arm nimmt und an
seiner Brust trägt und der die Mutterschafe be-
hutsam leitet.«

Der Schöpfer der Welt als Herr der Geschichte

12 Wer kann mit der hohlen Hand das Wasser des
Meeres abmessen, mit der Spanne seiner Hand
den Umfang des Himmels bestimmen? Wer
kann den Boden, der die Erde bedeckt, in Eimer
abfüllen oder die Berge und Hügel auf der Waage
abwiegen? 13 Und wer kann die Gedanken des
HERRN abmessen? Wer wird von ihm in seine
Pläne eingeweiht? 14 Braucht der Schöpfer der
Welt jemand, der ihm Ratschläge gibt und ihm
auf die Sprünge hilft, der ihn über Recht und Ge-
rechtigkeit belehrt und ihm den richtigen Weg
zeigt?
15 Begreift doch: Für den HERRN sind die Völ-
ker wie ein Tropfen am Eimer oder ein Stäub-
chen auf der Waagschale; der ganze Erdkreis
wiegt[a] für ihn nicht mehr als ein Sandkorn.
16 Alles Wild auf dem Libanon reicht nicht aus
und alle seine Bäume geben nicht genug Brenn-
holz für ein Opfer*, das ihm angemessen wäre.
17 Alle Völker sind vor ihm wie nichts, mit all
ihrer Macht zählen sie für ihn nicht.
18 Mit wem wollt ihr Gott vergleichen? Gibt
es irgend etwas, das einen Vergleich mit ihm
aushält? 19 Da machen sie Götterbilder: Der
Gießer fertigt eine Bronzefigur an, und der Gold-
schmied beschlägt sie mit Goldblech und Silber-
streifen. 20 Der Auftraggeber[b] wählt als Sockel
ein Stück Holz, das nicht fault, und sucht sich
einen geschickten Handwerker, der das Bild dar-
auf befestigt, so daß es nicht wackelt.
21 Begreift ihr denn nicht? Könnt ihr nicht
hören? Wird es euch nicht seit Urzeiten verkün-
det? Sagen es euch nicht die Fundamente der
Erde? 22 Gott thront hoch über dem Erdkreis, so
daß die Menschen für ihn so klein wie Heu-
schrecken sind. Wie ein Tuch hat er den Himmel
ausgespannt, wie ein Zeltdach, unter dem die
Menschen wohnen. 23 Die Großen und Mächti-
gen der Erde sind vor ihm nichts und werden
vernichtet. 24 Eben erst sind sie hochgekommen,
und schon ist es mit ihnen zu Ende; es ergeht
ihnen wie dem Keimling oder Setzling, der ge-
rade Wurzel schlägt: Der Gluthauch des HERRN
bläst sie an, und sie verdorren; der Sturm trägt
sie fort wie Spreu.
25 »Mit wem also wollt ihr mich vergleichen?
Wer kann es mit mir aufnehmen?« fragt der hei-
lige Gott. 26 Seht doch nur in die Höhe! Wer hat
die Sterne da oben geschaffen? Er läßt sie alle
aufmarschieren, das ganze unermeßliche Heer.
Jeden Stern ruft er einzeln mit Namen, und kei-
ner bleibt fern, wenn er, der Mächtige und Ge-
waltige, ruft.

Gott gibt Kraft zum Durchhalten

27 Ihr Leute von Israel, ihr Nachkommen Jakobs,
warum klagt ihr: »Der HERR kümmert sich nicht
um uns; unser Gott läßt es zu, daß uns Unrecht
geschieht«?
28 Habt ihr denn nicht gehört? Habt ihr nicht
begriffen? Der HERR ist Gott von Ewigkeit zu
Ewigkeit, seine Macht reicht über die ganze
Erde; er hat sie geschaffen! Er wird nicht müde,
seine Kraft läßt nicht nach; seine Weisheit ist tief
und unerschöpflich. 29 Er gibt den Müden Kraft,
und die Schwachen macht er stark. 30 Selbst
junge Leute werden kraftlos, die Stärksten erlah-
men. 31 Aber alle, die auf den HERRN vertrauen,
bekommen immer wieder neue Kraft, es wach-
sen ihnen Flügel wie dem Adler. Sie gehen und
werden nicht müde, sie laufen und brechen
nicht zusammen.

Der Gott Israels fordert die Götter heraus

41 Der HERR sagt: »Hört mir zu, laßt mich
reden, ihr Völker, bis hin zu den Enden
der Erde! Nehmt eure ganze Kraft zusammen!

a *wiegt:* vermutlicher Text; H ist nicht sicher zu deuten. b Das hebräische Wort ist nicht sicher zu deuten.

40,8 55,11; Ps 119,89; Mk 13,31 par **40,10** 42,16; 43,1-7; 48,20-21; 51,11-16; 62,11 **40,11** 46,3-4; 49,9; Ez 34,11-16 S **40,12-14** Ijob 38,1–40,2 **40,13** 1 Kor 2,16 **40,18-26** Ps 96,5; Jer 51,15-19 **40,18-20** 46,1-8; 41,21-29 S; 44,9-20 S **40,22** 42,5; 44,24; 45,12; Sach 12,1; Ps 104,2-3 **40,23** 2,11-12 S; Lk 1,51-52 **40,26** 45,12; Gen 1,14-19; Ps 147,4 **40,27** 49,14; 50,1 **40,31** Ps 103,5; 2 Kor 12,9 **41,1** 41,21-29

Die Götter sollen vortreten und mir antworten.
Ich habe einen Rechtsstreit mit ihnen; wir wol-
len ihn vor euch austragen.
2 Wer war es, der den Mann aus dem Osten[a]
auftreten ließ, ihn, der überall siegt, wo er hin-
kommt? Er unterwirft sich die Völker und ent-
thront ihre Könige, mit seinen Heeren treibt er
sie vor sich her wie der Wind den Staub oder die
Spreu. 3 Er jagt ihnen nach, seine Füße scheinen
den Boden kaum zu berühren. Niemand kann
ihm etwas anhaben.
4 Wer war es, der dies in Gang gesetzt hat?
Der, der von Anfang an die Menschen ins Da-
sein ruft und die Geschicke der Völker lenkt! Ich
war es, der HERR; ich bin der Erste, und bis
zuletzt bin ich der Herr der Geschichte!«[b]

Die Völker suchen Schutz

5 Die Bewohner der fernsten Länder sahen, was
da geschah, und zitterten vor Angst; sie machten
sich auf und kamen zusammen. 6 Sie helfen ein-
ander und sprechen sich gegenseitig Mut zu.
7 Sie machen ihr Götterbild fertig: Der Gießer
glättet es mit dem Hammer, dann sagt er zum
Goldschmied: »Nur zu!« Der Goldschmied häm-
mert den Belag auf und sagt: »Das hält!« Und zu-
letzt befestigt einer das Standbild mit Nägeln auf
dem Podest, damit es nicht wackelt.

Gott steht zu seinem erwählten Volk

8 Der HERR sagt: »Israel, du Volk Jakobs, das ich
erwählt habe, damit es mir dient, du Nachkom-
menschaft meines Freundes Abraham! 9 Du
weißt: Aus dem fernsten Winkel der Erde habe
ich dich gerufen und herbeigeholt, ich habe zu
dir gesagt: ›Du stehst in meinem Dienst!‹ Ich
habe dich erwählt, und ich habe dich auch jetzt
nicht verstoßen.
10 Fürchte dich nicht, ich stehe dir bei! Hab
keine Angst, ich bin dein Gott! Ich mache dich
stark, ich helfe dir, ich schütze dich mit meiner
siegreichen Hand!
11 Alle, die gegen dich wüten, werden in
Schimpf und Schande dastehen; alle, die dir dein
Lebensrecht streitig machen, werden zugrunde
gehen. 12 Du wirst dich nach ihnen umsehen,
aber sie nicht mehr finden; alle deine Feinde ver-
schwinden und werden zu nichts. 13 Denn ich
bin der HERR, dein Gott, ich fasse dich bei der
Hand und sage zu dir: Fürchte dich nicht! Ich
selbst, ich helfe dir!
14 Fürchte dich nicht, Israel, du Nachkom-
menschaft Jakobs! Auch wenn du so schwach
und hilflos bist wie ein Wurm, den man zertritt –
ich, der HERR, helfe dir; darauf gebe ich dir mein
Wort. Ich, der heilige Gott Israels, bin dein Be-
freier*. 15 Ich mache dich zu einem Dreschschlit-
ten* mit neuen, scharfen Zähnen. Berge und
Hügel wirst du dreschen und zu Staub zermah-
len; 16 mit der Worfschaufel* wirfst du sie in die
Luft, so daß der Sturm sie wie Spreu davonträgt.
Dann wirst du jubeln über das, was ich getan
habe; du wirst den heiligen Gott Israels preisen,
der dir geholfen hat.«

Gott führt sein Volk durch die Wüste

17 Der HERR sagt: »Mein Volk ist am Verdursten,
sie suchen nach Wasser und finden keins; ihre
Zunge klebt schon am Gaumen. Aber ich, der
HERR, höre ihren Hilferuf; ich, der Gott Israels,
lasse sie nicht im Stich! 18 Auf den steinigen
Höhen lasse ich Wasser hervorbrechen und im
Wüstensand Quellen entspringen. In der Steppe
sollen sich Teiche bilden, aus dem ausgedörrten
Boden soll Wasser hervorsprudeln. 19 Mitten in
der Wüste lasse ich schattenspendende Bäume
aufwachsen: Zedern, Akazien, Myrten und
Ölbäume, Wacholder, Pinien und Zypressen.
20 Wenn sie das sehen, werden sie begreifen, daß
ich, der HERR, eingegriffen habe, und sie werden
erkennen: Der heilige Gott Israels hat dies alles
geschaffen.«

Die Götter sollen ihre Macht beweisen

21 Der HERR, der König Israels, sagt zu den Göt-
tern der Völker: »Stellt euch auf zum Prozeß!
Bringt eure Beweise vor! 22 Laßt uns hören, was
ihr vollbracht habt! Erzählt es uns, wir lassen
uns gerne belehren. Oder sagt uns voraus, was
ihr in Zukunft vollbringen wollt! Dann werden
wir euch glauben, wenn es eintrifft. 23 Sagt doch
irgend etwas voraus, etwas Gutes oder etwas
Schlimmes, dann werden wir alle erkennen, daß
ihr Götter seid, und werden Respekt vor euch
haben! 24 Aber ihr seid ja nichts und könnt auch
nichts. Wer euch liebt, ist mir verhaßt.
25 Ich erweckte den Mann aus dem Osten,[c]
und er machte sich auf; ich rief ihn beim Namen,

a Gemeint ist der Perserkönig Kyrus; vgl. 44,28; 45,1.
b *und bis zuletzt …:* wörtlich *und bei den Letzten bin es noch ich.*
c *Osten:* wörtlich *Norden**, dafür in der Fortsetzung *rief … aus dem Osten* (vgl. Vers 2); *ich rief ihn beim Namen:* mit einer wichtigen Handschrift; H *den, der meinen Namen anruft.*

41,2 45,1-5 S **41,4** 44,6 S **41,7** 44,9-20 S **41,8-13** Jer 30,10-11 S **41,8** Ps 135,4; 2 Chr 20,7 S **41,10** 41,13-14; 43,1.5; 44,8; 51,7; 54,4 **41,14** 41,10 S; (Befreier) 43,14; 44,6.24; 48,17; 49,7.26; 54,5; 59,20; 60,16; 63,16 **41,18** 35,7; 43,19 **41,19** 35,1-2 S **41,21-29** 41,1-4; 43,9; 44,7; 48,3-5; 40,18-20 S **41,24** (nichts) 1 Sam 12,21; Ps 115,4-7 **41,25** 45,1-5 S

und er kam. Er tritt die Mächtigen in den Staub, er verfährt mit ihnen wie der Töpfer, der den Ton mit den Füßen stampft. 26 Wer hat das im voraus angekündigt, so daß wir sagen müßten: ›Er hat recht gehabt‹? Keiner von euch hat es angekündigt, keiner hat es vorausgesagt, kein Wörtchen hat man von euch gehört. 27 Ich allein, ich habe das den Leuten von Jerusalem angekündigt und der Zionsstadt* den Freudenboten mit dieser Nachricht geschickt.

28 Ich sehe mich um, da sind die Götter alle verschwunden, und aus dem Kreis der Völker nimmt sie keiner in Schutz. Niemand antwortet auf meine Fragen. 29 Sie sind alle nichts,[a] die Götter, sie haben nichts vorzuweisen. Und ihre Bilder haben schon gar nichts zu bedeuten.«

Der Bevollmächtigte Gottes bringt Freiheit und Frieden

42 Der HERR hat gesagt: »Hier ist mein Bevollmächtigter*, hinter dem ich stehe. Ihn habe ich erwählt, ihm gilt meine Liebe, ihm gebe ich meinen Geist*. Er wird die Völker regieren und ihnen das Recht bringen. 2 Er schreit keine Befehle und läßt keine Verordnungen auf der Straße ausrufen. 3 Das geknickte Schilfrohr zerbricht er nicht, den glimmenden Docht löscht er nicht aus. Er bringt dem geschlagenen Volk das Recht, damit Gottes Treue ans Licht kommt. 4 Er selbst zerbricht nicht und wird nicht ausgelöscht. Er führt meinen Auftrag aus und richtet unter den Völkern meine Rechtsordnung auf. Noch an den fernsten Küsten warten sie auf seine Weisung.«

Der Gott Israels rief den Perserkönig

5 Der HERR, der wahre und einzige Gott, hat den Himmel geschaffen, wie ein Zelt hat er ihn ausgespannt; er hat die Erde ausgebreitet und Pflanzen und Tiere auf ihr entstehen lassen; er hat den Menschen auf der Erde Leben und Geist gegeben. Er ist es auch, der gesagt hat:

6 »Ich, der HERR, habe dich berufen, damit du meinen Auftrag ausführst. Ich stehe dir zur Seite und rüste dich aus. Ich mache dich zum Friedensbringer für die Menschen und zu einem Licht für alle Völker. 7 Die Gefangenen sollst du aus dem Dunkel des Kerkers holen und den blind gewordenen Augen das Licht wiedergeben.«

8 Euch Israeliten aber sagt er: »Ich bin der HERR, der mächtige und helfende Gott![b] Diese meine Ehre lasse ich mir von niemand nehmen, meinen Ruhm überlasse ich nicht den Götzen! 9 Was ich früher vorausgesagt habe, ist eingetroffen. Nun kündige ich Neues an. Ich sage es euch im voraus, noch ehe es eintrifft.«

Die ganze Erde wird Gottes Sieg feiern

10 Singt alle dem HERRN ein neues Lied! Noch am äußersten Ende der Erde preist seinen Sieg! Rühmt ihn alle, die auf dem Meer fahren, und alles, was darin lebt! Rühmt ihn, ihr Menschen der ganzen Erde! 11 Die Nomaden in der Steppe, die Leute von Kedar*, sollen ihn mit Freudenrufen begrüßen, die Gebirgsbewohner von den Gipfeln ihrer Berge ihm zujubeln. 12 Sie alle sollen dem HERRN die Ehre geben; auf der ganzen weiten Erde sollen sie ihn als Sieger preisen.

13 Denn der HERR zieht aus wie ein Held, er führt seine Scharen zum Kampf und feuert sie an. Er erhebt das Kriegsgeschrei und wirft seine Feinde zu Boden.

Gott kann nicht länger an sich halten

14 Der HERR sagt: »Lange habe ich geschwiegen, ich habe an mich gehalten und nicht eingegriffen. Aber jetzt stöhne ich wie eine Frau bei der Geburt, ich keuche und ringe nach Luft. 15 Mit meinem glühendheißen Atem dörre ich das Dickicht auf Bergen und Hügeln hinweg; Ströme lasse ich versiegen, und Seen lege ich trocken.

16 Und dann nehme ich mein blindes Volk, das Volk, das keinen Weg mehr sieht, an die Hand und führe es. Das Dunkel, das vor ihm liegt, mache ich hell und räume alle Hindernisse beiseite. Das werde ich ganz sicher tun und mich nicht davon abbringen lassen.

17 Aber alle, die sich auf Götzenbilder verlassen und zu ihnen sagen: ›Ihr seid unsere Götter‹, sehen sich dann im Stich gelassen und müssen die Flucht ergreifen.«

Das Volk hat nichts gelernt …

18 Macht eure Ohren auf, ihr Schwerhörigen! Macht eure Augen auf, ihr Blinden, damit ihr etwas seht! 19 Ihr meint, der HERR sieht und hört nichts;[c] aber wenn hier einer blind und taub ist, dann seid ihr es, das Volk, das er zu seinem

a *nichts:* mit einer wichtigen Handschrift und alten Übersetzungen; H *Unheil/Unrecht.*
b *der mächtige …:* wörtlich *das ist mein Name.* Über die in Ex 3,14-15 gegebene Deutung hinaus (»Ich-bin-da«) schließt der *Name* Gottes für den Propheten die Überlegenheit des Gottes Israels über alle Mächte und Götter ein.
c *Ihr meint …:* verdeutlichender Zusatz.

41,27 52,7 **42,1-4** 49,1-6 S; Mt 12,18-21 **42,1** 51,4; Mt 3,17 S; (Geist) 1 Sam 16,13 S **42,5** 40,22 S **42,6-7** 45,1-5 S **42,6** Lk 2,32 S **42,9** 48,3-11 **42,10-12** Ps 96,1 S; Jes 44,23 S **42,13** 40,10; 45,1-2; Ex 15,3 **42,14** Hos 11,8 **42,16** 40,10 S **42,18** 43,8 **42,19** 41,8-9; 43,10

Diener erwählt und zu seinem Boten bestimmt
hat!
20 Ihr habt Augen zum Sehen und seht nichts,
ihr habt Ohren zum Hören und hört nichts.
21 Der Herr hat euch in diese Lage gebracht, weil
er über seiner Rechtsordnung wacht; eure Bestrafung erweist die Größe und Herrlichkeit
seines Gesetzes*.
22 Nur deshalb seid ihr jetzt beraubt und ausgeplündert, sitzt gefangen in Kerkern und Erdlöchern; die Feinde haben euch als
Beute weggeschleppt, und niemand befreit euch,
niemand holt euch zurück!
23 Hat das keinen von euch zum Nachdenken
gebracht? Nimmt sich das niemand zu Herzen
und zieht eine Lehre daraus?
24 Wer hat denn das Volk Israel, die Nachkommen Jakobs, an Räuber und Plünderer ausgeliefert? Der Herr hat es getan, weil wir ihm ungehorsam gewesen sind! Die Israeliten wollten
nicht nach seinen Weisungen leben und achteten nicht auf sein Gesetz.
25 Da strafte er sie in
seinem Zorn und ließ sie die Schrecken des Krieges erfahren. Sein lodernder Zorn schloß sie
ringsum ein und versengte sie; aber sie kamen
nicht zur Besinnung, sie haben nichts begriffen.

… aber trotzdem gibt Gott sein Volk nicht preis

43 Jetzt aber sagt der Herr, der dich ins
Leben gerufen hat, Volk Israel, du Nachkommenschaft Jakobs:
»Fürchte dich nicht, ich befreie dich! Ich habe
dich bei deinem Namen gerufen, du gehörst mir!
2 Mußt du durchs Wasser gehen, so bin ich bei
dir; auch in reißenden Strömen wirst du nicht ertrinken. Mußt du durchs Feuer gehen, so bleibst
du unversehrt; keine Flamme wird dir etwas anhaben können.
3 Denn ich bin der Herr, dein
Gott; ich, der heilige Gott Israels, bin dein Retter.
Ich gebe Ägypten für dich als Lösegeld, den
Sudan und Äthiopien[a] noch dazu.
4 Völker gebe
ich für dich hin, ja die ganze Welt, weil du mir so
viel wert bist und ich dich liebe.
5 Fürchte dich nicht, denn ich bin bei dir! Von
dort, wo die Sonne aufgeht, hole ich dich zurück;
von dort, wo sie untergeht, bringe ich die Zerstreuten meines Volkes zusammen.
6 Zum Norden sage ich: ›Gib sie heraus!‹ und zum Süden:
›Halte sie nicht zurück!‹ Zu den Enden der Erde
sage ich: ›Laßt meine Söhne und Töchter aus der
Fremde heimkehren!
7 Alle sollen zurückkehren,
die ich zu meiner Ehre geschaffen und ins Leben
gerufen, die ich zu meinem Eigentum erklärt
habe!‹«[b]

Zeugen, die selbst nichts begriffen haben

8 Der Herr sagt: »Mein Volk soll vortreten –
diese Leute, die Augen haben, aber nicht sehen,
die Ohren haben, aber nicht hören!
9 Alle Völker
sind zur Gerichtsverhandlung versammelt. Wer
von ihren Göttern hat angekündigt, was jetzt geschieht? Oder hat vielleicht einer von ihnen
früher einmal etwas angekündigt, das eingetroffen ist? Sie sollen ihre Zeugen beibringen, die es
bestätigen können!«
10 »Meine Zeugen seid ihr«, sagt der Herr, »die
Leute von Israel, das Volk, das ich erwählt und in
meinen Dienst gestellt habe. Ihr werdet zu Zeugen meines Tuns, damit ihr mich kennenlernt
und mir vertraut, damit ihr einseht, daß ich der
eine und einzige Gott bin.
Vor mir hat es keinen anderen Gott gegeben,
und auch nach mir wird keiner kommen.
11 Ich
allein bin Gott, ich, der Herr; außer mir gibt es
keinen Retter!
12 Ich habe angekündigt, daß ich euch retten
will, und ihr alle habt es gehört. Ihr sollt bezeugen können, daß ich wahrhaftig Gott bin.
Ich habe euch schon früher gerettet,
13 und das
werde ich auch in Zukunft tun. Ich bleibe derselbe. Keine Macht der Welt kann mir etwas aus
der Hand reißen. Was ich tun will, kann niemand verhindern.«

Gott bereitet die Heimkehr seines Volkes vor

14 Der Herr, der heilige Gott Israels, euer Befreier*, sagt: »Euretwegen schicke ich den Eroberer gegen Babylon*. Die Bewohner der Stadt
werden sich auf die Schiffe flüchten, auf denen
sie jetzt noch ihre rauschenden Feste feiern; sie
werden sich den Fluß hinabtreiben lassen.[c]
15 Ich bin der Herr, euer heiliger Gott, der Schöpfer Israels, euer König.«
16 Der Herr sagt: »Einst habe ich für mein
Volk einen Weg durchs Meer gebahnt, mitten
durch gewaltige Wassermassen.
17 Das mächtige
Heer der Verfolger mit seinen Pferden und Streitwagen* habe ich in den Untergang geführt. Sie
sanken zu Boden und standen nicht mehr auf;

a *Äthiopien:* Hier Wiedergabe von *Seba* = Äthiopien/Eritrea; vgl. Gen 10,7; Ps 72,10.
b *die ich zu meinem …:* wörtlich *die mit meinem Namen gerufen sind,* d.h. über denen der Name des Herrn (zum Zeichen der Besitzergreifung) ausgerufen ist.
c Die zweite Vershälfte ist nicht sicher zu deuten.

42,20 6,10 **43,1a** Ex 1,1-7 **43,1b** 41,10 S **43,2** Ex 14,21; Dan 3,24-27; Ps 66,12 **43,3** (Retter) 43,11; 45,15.21; 47,4; 49,26; 60,16; Lk 1,47 **43,5-6** 41,10 S; 60,4 S; 11,11-12 S **43,7** 42,8; 48,11 **43,8** 42,18 **43,9** 41,21-29 S **43,10** 41,8-9; 44,8 **43,11** 43,3 S **43,14** 41,14 S; 45,1-5 S **43,16-17** Ex 14,21-28

wie ein Docht verglimmt, so wurden sie aus-
gelöscht.
18 Daran denkt ihr, daran klammert ihr euch.
Aber blickt doch nicht immer zurück! 19 Ich
schaffe jetzt etwas Neues! Es kündigt sich schon
an, merkt ihr das nicht? Ich werde eine Straße
durch die Wüste legen und lasse dort Ströme
fließen, 20 damit mein erwähltes Volk unterwegs
zu trinken hat.

Die Tiere der Steppe werden mich ehren,
Schakale und Strauße mich preisen, weil ich
Wasser durch das ausgedörrte Land fließen lasse.
21 Und auch das Volk, das ich mir erschaffen
habe, wird mich rühmen und wird weitersagen,
was ich getan habe.«

Gott antwortet auf die Vorwürfe seines Volkes

22 Der HERR sagt zu Israel, der Nachkommen-
schaft Jakobs: »Berufe dich nicht darauf, du hät-
test mich zu Gast geladen und dir Mühe ge-
geben, mich zu ehren. 23-24 Du hättest mir die
Lämmer deiner Brandopfer dargebracht und
mich mit deinen Opfermählern geehrt. Du hät-
test für mich die kostbaren Zutaten zum Salböl
gekauft und mich mit dem Fett deiner Opfer*
erfreut. Behaupte nur nicht, ich hätte dir eine
schwere Last aufgeladen mit den Speiseopfern
und dich geplagt mit den Räucheropfern, die ich
von dir verlangt habe.

Im Gegenteil, du hast *mir* eine Last aufgela-
den mit deinen Sünden und hast *mich* geplagt
mit deinen verbrecherischen Taten! 25 Ich bin dir
zu nichts verpflichtet. Und trotzdem vergebe ich
deine Schuld und denke nicht mehr an deine
Verfehlungen – weil ich es so will!

26 Laß uns miteinander vor Gericht gehen!
Klage mich an! Trag deine Sache vor und be-
weise, daß du im Recht bist! 27 Schon dein
Stammvater Jakob hat gesündigt, aber deine
führenden Männer haben sich regelrecht gegen
mich aufgelehnt. 28 Darum habe ich die Priester
meines Heiligtums in den Schmutz getreten,
ich habe die Nachkommen Jakobs in Acht und
Bann getan und habe Schimpf und Schande über
Israel kommen lassen.«

Gott gibt seinem Volk eine Zukunft

44 »Höre, mein Diener Jakob! Höre, Israel,
den ich erwählt habe![a] 2 Ich, der HERR,
dein Schöpfer, der dich im Mutterleib gebildet
hat und dir seitdem beisteht, ich sage dir: Hab
keine Angst, Jakob, mein Diener, Jeschurun*,
mein Erwählter! 3 Wie ich strömenden Regen
über das verdurstende Land ausgieße, so gieße
ich meinen Lebensgeist aus über deine Nach-
kommen, so daß sie sich mehren durch mei-
nen Segen. 4 Dann werden sie aufschießen wie
Gras nach dem Regen, wie Pappeln an Wasser-
gräben.«

5 Viele Menschen werden dann kommen und
sich dem Volk des HERRN anschließen.[b] »Ich
gehöre dem HERRN«, wird der eine sagen, und
der andere schreibt es sich sogar auf die Hand.
»Auch ich zähle jetzt zu den Nachkommen Ja-
kobs«, sagt ein dritter, und der vierte legt sich
den Ehrennamen ›Israel‹ bei.[c]

Israel kann auf seinen Gott vertrauen

6 Der HERR, Israels König und sein Befreier*, der
Herrscher der Welt,[d] sagt: »Ich bin der Erste und
ich bin der Letzte; außer mir gibt es keinen Gott.
7 Wer ruft wie ich immer Neues ins Dasein? Er
soll den Beweis antreten und mir alles der Reihe
nach aufzählen, angefangen bei der Urzeit, als
ich die Menschen schuf! Und was künftig ge-
schehen wird, das soll er einmal vor allen hier
erzählen!

8 Habt keine Angst, ihr Leute von Israel, laßt
euch nicht verwirren! Habe ich nicht im voraus
angekündigt, was jetzt geschieht? Ihr habt es
gehört, ihr seid meine Zeugen. Gibt es einen
Gott außer mir? Gibt es außer mir einen, auf den
man sich felsenfest verlassen kann? Ich kenne
keinen.«

Die Blindheit der Götzenverehrer

9 Ohnmächtige Menschen sind alle, die Götzen-
bilder herstellen, und auch die schönen Bilder
sind ohnmächtig. Fragt man ihre Verehrer, was
die Götzen denn vollbracht haben, so müssen
sie beschämt verstummen; denn von Taten

a Das Volk in der Verbannung wird hier mit seinem Stammvater *Jakob,* der den Namen *Israel** erhielt, in eins gesehen. Das gilt auch für andere Stellen in Jes 40–49, an denen »Jakob« zur Verdeutlichung mit »Nachkommenschaft Jakobs« übersetzt ist; vgl. z. B. 40,27; 43,1; 49,5.
b Der Satz ist verdeutlichender Zusatz.
c *Auch ich zähle ...:* mit veränderten Vokalen; H *Der wird den Namen Jakobs ausrufen, und der wird den Namen Israel ehrend nennen.*
d *der Herrscher der Welt:* wörtlich *der HERR Zebaot**.

43,18-21 Jer 23,7-8 **43,19** 40,3-4 S; 41,18; 65,17 S **43,22-25** 1,10-20 S **43,25** 48,11; 44,22 **43,27** Hos 12,4 S **44,2** 41,10 S **44,3** 32,15 S **44,5** 14,1; 55,5; Ps 87,4-7 **44,6** 41,4; 48,12; Offb 1,8 S **44,7** 41,21-29 S **44,8** 43,10; Ps 18,32 **44,9-20** 40,19-20; 41,7; Jer 10,3-5; Hab 2,18-19; Weish 13,1–15,17 S

haben sie nie etwas zu sehen und zu hören
bekommen.

[10] Wie kann jemand so töricht sein und sich
einen Gott machen, sich ein Götterbild gießen
lassen – ein Bild, das doch nicht helfen kann!
[11] Die Handwerker, die es herstellen, sind ja
auch nur Menschen. Deshalb werden alle, die
von den Götzenbildern Hilfe erwarten, ent-
täuscht. Sie sollen doch einmal kommen und das
Gegenteil beweisen! Sie werden mit Schrecken
feststellen, daß sie verlassen sind, und werden
beschämt abziehen müssen.

[12] Der Schmied nimmt ein Stück Eisen und
bearbeitet es in der Glut. Mit großen und klei-
nen Hämmern gibt er ihm die gewünschte
Form. Er wendet seine ganze Kraft auf, und weil
er darüber Essen und Trinken vergißt, ist er am
Ende ganz erschöpft. [13] Der Holzschnitzer mißt
einen Block ab, zeichnet die Umrisse der Gestalt
darauf und arbeitet sie mit dem Stecheisen her-
aus. Schließlich glättet er noch die Oberfläche.
So schafft er ein Bild, das aussieht wie ein
Mensch, wie ein Prachtstück von einem Mann.
Das Bild wird in ein Haus gestellt, und da bleibt
es und rührt sich nicht.

[14] Man wählt dafür eine Zeder oder eine be-
sonders kräftige Eiche im Wald, oder man zieht
Lorbeerbäume, die der Regen groß und kräftig
werden läßt. [15] Mit dem Holz dieser Bäume
macht sich der Mensch ein Feuer, er wärmt sich
daran oder backt Brot damit – und aus demsel-
ben Holz macht er sich ein Götterbild, vor dem
er sich zu Boden wirft. [16] Den einen Teil des Hol-
zes verbrennt er; auf dem Feuer brät er sich
Fleisch und ißt sich an dem Braten satt. Er sitzt
am Feuer und sagt: »Ah, das wärmt! Was für ein
schönes Feuer!« [17] Aus dem anderen Teil macht
er sich einen Gott und wirft sich davor nieder. Er
betet zu dem Holz und sagt: »Rette mich! Du bist
doch mein Gott.«

[18] Die Götzenverehrer haben keinen Ver-
stand. Ihre Augen sind verklebt, so daß sie
nichts sehen; ihr Herz ist verschlossen, so daß
sie nichts begreifen. [19] Wer sich ein Götzenbild
macht, denkt nicht darüber nach, was er tut;
sonst würde er zur Einsicht kommen und sagen:
»Die Hälfte des Holzes habe ich verbrannt, über
dem Feuer habe ich Fleisch gebraten und in
der Glut mein Brot gebacken. Und da sollte ich
aus der anderen Hälfte einen Götzen machen,
mich vor einem Holzklotz niederwerfen?« [20] Ge-
nausogut könnte er die Asche anbeten. Sein
törichtes Herz hat ihn in die Irre geführt. Auf die-
sem Weg kann er sein Leben nicht retten. Er
müßte zur Einsicht kommen und sagen: »Das
ist doch Lug und Trug, was ich da in der Hand
halte!«

Gott hat schon eingegriffen

[21] Der HERR sagt: »Ihr Leute von Israel, ihr Nach-
kommen Jakobs, denkt daran: Ihr steht unter
meinem Schutz. Ich habe euch geschaffen, ihr
seid meine Schützlinge.[a] Und ich vergesse euch
nicht! [22] Ich habe eure ganze Schuld vergeben;
sie ist verschwunden wie der Nebel vor der
Sonne. Wendet euch mir zu, denn ich werde
euch befreien.«

[23] Der Himmel soll jauchzen und die ganze
Erde jubeln. Die Berge sollen in ein Freuden-
geschrei ausbrechen, der Wald und alle seine
Bäume sollen darin einstimmen. Denn der HERR
hat die Nachkommen Jakobs befreit, an Israel
zeigt er seine Macht und Herrlichkeit.

Der Schöpfer der Welt als Herr der Geschichte

[24] Höre, Israel, was dein Befreier* verkündet, er,
der dich im Mutterleib geschaffen hat:

»Ich bin der HERR, der alles schafft und wirkt.
Ich ganz allein habe den Himmel ausgespannt
wie ein Zelt, ich habe die Erde ausgebreitet mit
eigener Kraft. [25] Ich strafe die Voraussagen der
Zeichendeuter Lügen und stelle die Wahrsager
als Narren bloß. Ich mache die Weisen ratlos
und zeige, daß ihr Wissen nichts wert ist. [26] Aber
was meine Beauftragten voraussagen, das lasse
ich eintreffen, und was meine Boten als meinen
Plan verkünden, das führe ich aus.

Jetzt sage ich zu Jerusalem: ›Sei wieder be-
wohnt!‹; ich lasse es wiedererstehen aus seinen
Trümmern. Und zu den Städten Judas sage ich:
›Ihr werdet wieder aufgebaut!‹

[27] Jetzt sage ich zum gefahrdrohenden Meer:[b]
›Trockne aus! Deine Fluten sollen versiegen!‹

[28] Und jetzt sage ich zu Kyrus: ›Ich mache
dich zum Hirten meines Volkes.‹ Er wird alles
ausführen, was ich will. Er wird befehlen: ›Jeru-
salem wird wieder aufgebaut, und der Tempel
wird von neuem errichtet.‹«

a *Schutz, Schützlinge:* Der Text spricht zweimal von Israel als Gottes *Knecht,* womit hier nicht das Dienst-, sondern das Schutzverhältnis gemeint ist.

b *Meer:* Gemeint ist wahrscheinlich die Weltmacht Babylonien. Sie wird mit dem »Urmeer« verglichen, das als Chaos der Schöpfung vorangeht und sie ständig bedroht (Ijob 38,8-11); siehe Sacherklärung »Meer«.

44,11 42,17 **44,22** 43,25 **44,23** 42,10-12; 49,13; 55,12; 35,1-2; Ps 96,11-13 **44,24** 41,14 S; 40,22 S **44,25** 29,14 S **44,26b** (Jerusalem) Sach 1,16 S **44,27** Jos 4,23 **44,28** 45,1-5 S

Der Perserkönig Kyrus als Werkzeug Gottes

45 Der Herr sagt zu Kyrus, den er gesalbt* und zum König eingesetzt hat:

»Ich habe dich bei der Hand genommen und stehe dir zur Seite. Ich unterwerfe dir die Völker und nehme ihren Königen die Macht; ich öffne dir Türen und Tore. 2 Ich selbst gehe vor dir her und beseitige alles, was dir im Weg steht. Die bronzenen Türen schlage ich in Stücke und zerbreche die eisernen Riegel. 3 Ich liefere dir die verborgenen Schätze und die versteckten Vorräte aus.

Daran sollst du erkennen, daß ich der wahre Gott bin, daß der Herr, der Gott Israels, dich beim Namen gerufen und in seinen Dienst gestellt hat. 4 Obwohl du mich nicht kennst, habe ich dich berufen und verleihe dir einen Ehrennamen; denn durch dich will ich meinem Diener und Schützling Israel helfen, der Nachkommenschaft Jakobs, die ich erwählt habe. 5 Ich bin der Herr, ich bin der einzige, außer mir gibt es keinen Gott. Ich gebe dir die Macht, obwohl du nichts von mir weißt.

6 Überall auf der ganzen Erde sollen sie erkennen, daß ich allein Gott bin, ich, der Herr, und sonst keiner. 7 Ich mache das Licht und ich mache die Dunkelheit; Glück wie Unglück kommen von mir. Ich, der Herr, bin es, der dies alles vollbringt.

8 Öffne dich, Himmel! Sende Rettung auf die Erde herab wie Regen! Die Erde lasse Heil und Frieden aufsprießen! Dies bewirke ich, der Herr, der Schöpfer.«

Gott ist den Völkern keine Rechenschaft schuldig

9 Weh dem Menschen, der seinen Schöpfer zur Rechenschaft zieht! Aus Erde ist er gemacht; vor dem, der ihn geformt hat, ist er nicht mehr als eine Tonscherbe! Sagt vielleicht der Ton zum Töpfer: »Was machst du da«? Hält er ihm vor: »Was du formst, ist mißlungen«? 10 Wer hat das Recht, zu einem Vater zu sagen: »Warum hast du gezeugt«? Oder zu einer Frau: »Warum hast du in Geburtswehen gelegen«?

11 Der Herr, der heilige Gott Israels und sein Schöpfer, sagt: »Ihr Völker wollt mich zur Rechenschaft ziehen? Ihr wollt mir vorhalten, daß ich mein eigenes Volk bevorzuge?[a] Ihr wollt mir vorschreiben, wie ich mit ihm, dem Werk meiner Hände, zu verfahren habe?

12 Ich habe die Erde gemacht und die Menschen, die darauf leben. Ich habe den Himmel ausgespannt mit eigener Hand, ich bestimme den Sternen ihre Bahn. 13 Ich bin es auch, der Kyrus erweckt hat und ihm den Sieg gibt. Ich ebne ihm die Wege und breche jeden Widerstand. Er wird meine Stadt Jerusalem wieder aufbauen und mein verbanntes Volk heimkehren lassen – und er bekommt dafür keine Bezahlung und keine Geschenke!« Das sagt der Herr, der Herrscher der Welt.[b]

Gott hilft seinem Volk

14 Der Herr sagt zur Zionsstadt*: »Die Leute aus Ägypten und dem Sudan kommen zu dir und bringen dir ihre Schätze; die hochgewachsenen Äthiopier[c] werden deine Sklaven, in Fesseln kommen sie herbei. Sie werfen sich vor dir nieder, beten zu deinem Gott und bekennen: ›Nur bei dir ist Gott! Es gibt sonst keinen, absolut keinen!‹«

15 Wahrhaftig, du bist ein Gott, der sich verbirgt, du Gott Israels, der Retter!

16 Alle, die sich Götzenbilder machen, werden enttäuscht und gehen in Schmach und Schande zugrunde. 17 Euch aber, den Leuten von Israel, hilft der Herr, er bringt euch die endgültige Rettung. Nie und nimmer werdet ihr enttäuscht werden und untergehen.

Einladung an alle Völker

18 Der Herr, der einzige Gott, hat Himmel und Erde gemacht. Er hat die Erde fest gegründet; und er hat sie nicht geschaffen, damit sie leer und öde sein soll, sondern damit seine Geschöpfe auf ihr wohnen können. Und dieser Gott sagt:

»Ich bin der Herr, es gibt keinen anderen Gott! 19 Ich habe mich nicht vor euch verborgen und mich nicht in Dunkel gehüllt, ich habe geredet! Und ich habe zu den Nachkommen Jakobs nicht gesagt: ›Sucht mich vergeblich!‹ Ich, der Herr, rede zu euch von Hilfe und Rettung, und was ich ankündige, das geschieht.

20 Kommt alle her, die ihr übriggeblieben seid, als eure Völker untergingen! Kommt zur Gerichtsversammlung! Wer Götterbilder aus Holz mit sich herumträgt, hat keinen Verstand; er be-

a *Ihr Völker ... ziehen:* verdeutlichender Zusatz. *Ihr wollt mir vorhalten ...:* mit einer kleinen Textänderung, die der Zusammenhang nahelegt; wörtlich *Das Künftige fragt mich wegen meiner Söhne.*
b Wörtlich *der Herr Zebaot**. c Im Hebräischen steht hier *Leute von Seba;* siehe Anmerkung zu 43,3.

45,1-5 41,2.5; 42,6-7; 43,14; 44,28; 45,13; 46,11; 48,14-15; Esra 1,1-4 **45,7** Am 3,6 S; 5,8 **45,9** 29,16; 64,7; Jer 18,6 S; Röm 9,20-21 **45,12** 40,22 S; 40,26 S **45,13** 45,1-5 S; 52,3 S **45,14** 60,6 **45,15** 43,3 S **45,16** 44,9-11 **45,18** (leer und öde) Gen 1,2 **45,19** 48,16; Jer 29,12-14; Mt 7,7 par **45,20-21** 41,21-29 S; 43,11

tet zu einem Gott, der nicht helfen kann. [21] Beratet miteinander, was ihr zu eurer Verteidigung vorbringen könnt! Wer hat seit langem angekündigt, was nun geschehen ist? War nicht ich es, der HERR? Es gibt keinen Gott außer mir, keinen, der Hilfe und Rettung bringen kann.

[22] Kommt zu mir und laßt euch helfen, ihr Menschen der ganzen Erde! Denn nur ich bin Gott und sonst keiner. [23] Ich schwöre bei mir selbst, und was ich sage, das geschieht auch: Alle werden vor mir auf die Knie fallen und feierlich bekennen: [24] ›Nur beim HERRN gibt es Rettung und sicheren Schutz.‹«[a]

Beschämt werden alle zum HERRN kommen, die sich ihm widersetzt haben. [25] Alle Nachkommen Jakobs aber finden bei ihm Rettung und werden ihn voller Freude und Stolz dafür preisen.

Die hilflosen Götter und der helfende Gott

46 Gott Bel geht in die Knie,
Gott Nebo sinkt um;[b]
ihre Bilder werden weggeschleppt
auf dem Rücken des Lastviehs.
Ihr Leute von Babylon*,[c]
eure Götter sind aufgeladen,
das Vieh schleppt sich müde daran!
[2] Die Götter sind umgesunken,
sind in die Knie gegangen;
sie können die eigene Last nicht retten,
müssen selber in die Gefangenschaft!

[3] »Hört, Volk Israel, der ganze Rest, der von den Nachkommen Jakobs übriggeblieben ist«, sagt der HERR. »Ich habe euch getragen, seit es euch gibt; ihr seid mir aufgeladen, seit ihr aus dem Mutterleib kamt. [4] Und ich bleibe derselbe in alle Zukunft! Bis ihr alt und grau werdet, bin ich es, der euch schleppt. Ich habe es bisher getan, und ich werde es auch künftig tun. Ich bin es, der euch trägt und schleppt und rettet!

[5] Mit wem wollt ihr mich vergleichen? Gibt es irgend jemand, den ihr mit mir auf eine Stufe stellen könnt? [6] Da schütten sie Gold und Silber aus ihrem Beutel, sie wiegen es ab und beauftragen den Goldschmied, daß er ihnen einen Gott daraus macht. Vor dem werfen sie sich nieder, [7] sie heben ihn auf ihre Schultern, sie tragen ihn feierlich umher, sie setzen ihn wieder auf seinen Platz – und da steht er dann und rührt sich nicht. Wenn jemand um Hilfe zu ihm ruft, antwortet er nicht; er rettet keinen aus der Not. [8] Macht euch das einmal klar, und nehmt es euch zu Herzen! Kommt endlich zur Besinnung!«

Die Hilfe ist nahe

[9] »Denkt an das, was ich früher getan habe!« sagt der HERR. »Ich allein bin Gott und sonst keiner, niemand ist mir gleich. [10] Ich kündige an, was geschehen wird, lange bevor es eintrifft. Und das sage ich euch: Wenn ich etwas plane, dann wird es auch ausgeführt. Alles, was ich mir vornehme, das tue ich auch. [11] Ich rufe jetzt den Adler aus dem Osten, den Mann aus fernem Land, der meinen Plan ausführen wird. Ich habe es angekündigt, und es wird eintreffen; es ist schon im Gang, ich führe es herbei.

[12] Hört her, ihr Starrsinnigen! Ihr habt alle Hoffnung aufgegeben, weil ihr weit und breit keine Hilfe seht. [13] Aber von mir kommt eure Rettung, sie ist ganz nahe; meine Hilfe läßt nicht auf sich warten. Auf dem Zionsberg* gebe ich euch einen neuen Anfang, und Israel mache ich zu meinem Schmuckstück!«

Der Prophet kündet den Sturz Babylons an

47 Der HERR sagt:
»Steig von deinem Thron herunter,
Babylon*, du stolze Jungfrau!
In den Staub mußt du dich setzen,
niemand wird dich fortan nennen
›die verwöhnte zarte Dame‹.
[2] Sklavenarbeit wird dein Los sein:
Bück dich nieder, dreh den Mühlstein*.
Weg den Schleier, weg die Schleppe!
Raff das Kleid hoch, geh durch Pfützen!
[3] Jeder sehe deine Blöße,
offenbar sei deine Schande.
Ich, der HERR, will jetzt vergelten,
niemand soll mich daran hindern.«

[4] Ja, der HERR ist unser Retter,
ihm gehorchen alle Mächte,[d]
er ist unser heiliger Gott.

[5] »Hör, was ich, der HERR, dir sage:

a Nach *beim HERRN* folgt noch *sagt man über mich.*
b *Bel* (= Marduk) und *Nebo* waren die babylonischen Hauptgötter (siehe die Sacherklärungen).
c *Ihr Leute ...:* verdeutlichender Zusatz.
d *Ja, der HERR ...:* wörtlich *Unser Befreier*, der HERR Zebaot* ist sein Name.*

45,23-24 Röm 14,11; Phil 2,10-11 **46,1-2** 21,9 S; Jer 50,2 **46,3-4** Dtn 1,31; Hos 11,3; Ps 71,17-18 **46,5-8** 40,18-21; 44,9-20 S **46,9** 43,16-17; 44,6 S **46,10** 41,21-29 S; Ps 115,3 **46,11** 45,1-5 S **46,12** 40,27 **47,1-15** 13,1-22 S

Babylon, du mußt ins Dunkel,
einsam in der Stille sitzen,
niemand wird dich künftig nennen
›Herrin vieler Königreiche‹.
6 Auf mein Volk war ich sehr zornig,
gab mein Land dem Feinde preis,
lieferte mein Volk dir aus.
Doch du hattest kein Erbarmen;
auch die hochbetagten Alten
hast du mitleidlos geschunden.
7 Und du sagtest: ›Ewig leb ich,
ewig bleibe ich die Herrin!‹
Dachtest nicht, was deine Taten
dir am Ende bringen würden.

8 Üppig lebst du, Wohlstand liebst du,
wiegst dich stets in Sicherheit.
Ja, du sagst: ›Ich bin die Größte!
Neben mir kommt keiner auf.
Niemals werd ich Witwe sein,
ohne Zahl sind meine Kinder!‹
9 Doch an einem Tag verlierst du,
was bis jetzt dein Ruhm und Stolz ist:
du verlierst den Mann, die Kinder,
einsam, schutzlos stehst du da.
Nichts kann dich davor bewahren,
Zaubersprüche helfen nicht.
10 Doch du denkst noch: ›Ungestraft
bleiben meine bösen Taten;
es gibt keinen, der sie sieht.‹

Durch dein Wissen, deine Weisheit
ließt du dich zum Stolz verleiten,
sagtest: ›Ja, ich bin die Größte!
Neben mir kommt keiner auf!‹
11 Doch schon naht sich dir das Unglück!
Eh du dessen dich versiehst,
stürzt du plötzlich ins Verderben.
Du hast es nicht kommen sehen,
und du kannst ihm nicht entrinnen,
nicht durch Zauber, nicht durch Opfer.
12 Stell dich hin, brauch deine Künste,
mit Beschwörungen versuch es!
Darin bist du ja geübt,
schon seit deiner Jugendzeit!
Sieh, ob sie dir helfen können,
um das Unheil abzuwenden!

13 Hast du dich nicht stets bemüht,
von den Sternen Rat zu holen?
Ruf doch deine Himmelsdeuter,
die dir Horoskope stellen!
Ob sie dich wohl retten können?
14 Wie den Stoppeln geht es ihnen,
die im Nu das Feuer frißt:
Keiner kann sein Leben retten,
wenn der Feuersturm hereinbricht.
Das ist dann kein Lagerfeuer,
dran man sich die Hände wärmt,
nichts für eine traute Runde!

15 Wahrlich, schöne Stützen sind sie,
dieses ganze Händlervolk!
Seit der frühen Jugendzeit
hast du viel für sie getan.
Aber jetzt stehst du allein da:
Einer wie der andere taumelt
seines Weges – fort, nach Hause!
Da ist niemand, der dir hilft.«

Gott kündigt Israel Neues an

48 Hört, ihr Leute vom Volk Jakobs, ihr
Nachkommen Judas! Ihr tragt den
Ehrennamen Israel*, ihr schwört beim Namen*
des Herrn, ihr bekennt euch zum Gott Israels –
aber rechnet ihr vielleicht ernsthaft mit ihm?
2 Gewiß, ihr habt euch die Bewohner der Heili-
gen Stadt genannt und im Gott Israels euren Hel-
fer gesehen, und das ist er auch; sein Name ist:
»der Herr, der Herrscher der Welt«.[a] Hört also,
was er euch sagt:
3 »Von jeher hatte ich euch angekündigt, was
geschehen würde; den Propheten hatte ich mein
Wort in den Mund gelegt, und ihr konntet es
hören. Dann habe ich ganz plötzlich gehandelt,
und alles traf ein. 4 Ich wußte, daß ihr starrsinnig
seid; euer Nacken ist unbeugsam wie Eisen und
eure Stirn so hart wie Stahl. 5 Deshalb habe ich
euch das alles im voraus angekündigt, damit ihr
nicht sagen könnt: ›Das hat hat mein Götze ge-
tan; mein Götzenbild aus Holz und Metall hat
das angeordnet.‹ 6 Ihr habt alles gehört, und ihr
seht: Es ist eingetroffen. Wollt ihr das nicht zuge-
ben und öffentlich verkünden?
Aber von jetzt an kündige ich etwas Neues
an; bisher war es verborgen, und ihr habt nichts
davon gewußt. 7 Es war nicht schon immer da,
eben erst habe ich es geschaffen und in Gang ge-
setzt. Bis zum heutigen Tag habt ihr nichts da-
von gehört – sonst würdet ihr sagen: ›Wir haben
es ja schon lange gewußt!‹ 8 Nein, ihr habt nichts

a Wörtlich *der Herr Zebaot**.

47,6 Sach 1,15 **47,7** 37,24-25 **47,8-9** Zef 2,15; Offb 18,7-8 **47,10** Ps 14,1 S; (Stolz) Jer 9,22-23; Ez 28,3-5 **47,13** Dan 2,1-3 **47,15** Ez 27,36; Nah 3,16; Offb 18,15 **48,1** 65,9; Gen 49,1.8-12; 32,29 **48,2** Jer 7,4 **48,3-5** 41,21-29 S **48,4** Dtn 31,27; Ez 3,7 **48,6** 43,19-21 **48,8** 48,4 S

davon gewußt, ihr habt nie etwas davon zu hören bekommen. Ich kannte euch doch und wußte: Ihr seid durch und durch treulos. Man nennt euch nicht umsonst ›Rebell vom Mutterleib an‹.

9 Aber weil ich mich mit euch verbunden habe und die Ehre meines Namens auf dem Spiel steht, bezwinge ich meinen Zorn und vernichte euch nicht. 10 Im Schmelzofen des Leidens habe ich euch geprüft, aber es kam kein Silber dabei heraus![a] 11 Nicht euretwegen, sondern einzig und allein meinetwegen schaffe ich euch Rettung. Soll ich mich noch länger von den Völkern verhöhnen lassen? Meine Ehre lasse ich mir von niemand nehmen!«

Gott hat den Perserkönig beauftragt

12 Der HERR sagt: »Höre, Israel, du Volk der Nachkommen Jakobs, das ich in meinen Dienst gestellt habe! Ich bin der eine und einzige Gott, der Erste und auch der Letzte. 13 Ich habe die Erde auf festen Grund gestellt, ich habe den Himmel ausgespannt; nur ein Wort von mir, und sie standen da.

14 Kommt alle herbei, ihr Leute von Israel, und hört! Wer außer mir hat angekündigt, was jetzt geschieht? Der Mann, den ich liebe, vollstreckt meinen Willen an Babylon* und läßt die Chaldäer* meine Macht spüren. 15 Ich allein habe es vorhergesagt, ich habe ihn auch gerufen. Ich habe ihn hergeholt und lasse sein Vorhaben gelingen.

16 Kommt her zu mir, hört, was ich euch sage! Von Anfang an habe ich dies öffentlich angekündigt, und seit es in Gang gekommen ist, habe ich meine Hand im Spiel.«

Und jetzt hat der HERR, der mächtige Gott, mich beauftragt und mir seinen Geist* gegeben.[b]

Steht eurem Glück nicht im Weg!

17 Der HERR, der heilige Gott Israels, euer Befreier*, sagt: »Ich, der HERR, euer Gott, sage euch, was ihr tun und wie ihr leben sollt. Meine Weisungen dienen zu eurem Besten. 18 Hättet ihr doch auf meine Gebote geachtet! Dann würdet ihr jetzt Frieden haben, und es würde euch an nichts fehlen; euer Wohlstand würde anschwellen wie ein Strom, er würde sich ausbreiten wie die Wogen des Meeres. 19 Eure Nachkommen würden so unzählbar sein wie der Sand, und ich würde mich niemals von ihnen abwenden und sie dem Untergang preisgeben!«

Vorblick auf den Auszug des Volkes Israel aus Babylonien

20 Brecht auf aus Babylon*! Verlaßt das Land der Chaldäer*, so schnell ihr könnt! Freut euch und jubelt, macht überall bis ans Ende der Erde bekannt: »Der HERR hat sein Volk, die Nachkommen Jakobs, befreit!« 21 Er führt sie durch Wüsten, aber sie leiden keinen Durst; denn er gibt ihnen zu trinken: Er spaltet Felsen, und es strömt Wasser heraus.

22 »Wer sich gegen mich auflehnt«, sagt der HERR, »findet keinen Frieden*, sondern stürzt sich ins Unglück.«

Eine neue Aufgabe für den Bevollmächtigten Gottes

49 Hört her, ihr Menschen am Rand der Erde, ihr Völker in der Ferne! Schon als ich noch im Leib meiner Mutter war, hat der HERR mich in seinen Dienst gerufen und meinen Namen bekanntgemacht. 2 Er hat mir eine Zunge gegeben, die scharf ist wie ein Schwert, und er hält seine schützende Hand über mich. Er hat mich zu einem sicher treffenden Pfeil gemacht und verwahrt mich in seinem Köcher. 3 Er hat zu mir gesagt: »Du bist mein Bevollmächtigter*, Israel,[c] an dir will ich meine Herrlichkeit sichtbar machen.«

4 Ich aber dachte: »Ich habe mich vergeblich abgemüht. Ich habe meine ganze Kraft erschöpft und nichts erreicht. Doch der HERR wird mir zu meinem Recht verhelfen und meine Mühe belohnen.«

5 Und nun hat der HERR zu mir gesprochen, er, der mich schon im Mutterleib dazu bestimmt hat, ihm zu dienen und die Nachkommen Jakobs, das Volk Israel, zu sammeln und zu ihm zurückzuführen. Bei ihm bin ich angesehen, er gibt mir Kraft. 6 Er hat zu mir gesagt: »Es ist zu wenig, daß du als mein Bevollmächtigter nur die Stämme Israels wieder zu Ansehen bringst und alle zurückführst, die von den Nachkommen Jakobs übriggeblieben sind. Ich mache dich auch

a Siehe Sacherklärung »Schlacke«.
b Wahrscheinlich gehört dieser Satz in den Zusammenhang von 49,1-6 (vgl. auch 61,1).
c Nach dem Zusammenhang handelt es sich bei dem Angeredeten um eine Einzelperson, die nach Vers 5 eine Aufgabe *an* Israel hat.

48,10 Jer 9,6; Sach 13,9; Mal 3,2-3; Jes 1,25 S; Spr 17,3 S; 1 Petr 1,7 **48,11** 48,9; 42,8; 43,25; Ps 115,1-2 S; Ez 36,20-23 S **48,12** 44,6 S **48,13** Ps 33,9 **48,14-15** 45,1-5 S **48,16** 45,19 **48,17** 41,14 S **48,18** Dtn 5,29 **48,19** Gen 22,17 **48,20** 40,10 S; 52,11-12; Jer 51,45 S **48,21** 41,17-20; Ex 17,6 **48,22** 57,21 **49,1-6** (Gottes Bevollmächtigter) 42,1-4; 50,4-11; 52,13–53,12 **49,1** Jer 1,5 **49,2** Offb 1,16 S **49,6** 42,6; Lk 2,32 S

zum Licht für die anderen Völker, damit alle
Menschen auf der Erde durch dich meine ret-
tende Hilfe erfahren.«

Wiederholte Zusage der Befreiung

7 Der HERR, der Befreier* Israels und sein heiliger
Gott, sagt zu dem Volk, das verachtet und von
allen verabscheut wird,[a] das den Tyrannen die-
nen muß: »Könige werden mit ansehen, wie du
befreit wirst, und sie werden vor dir aufstehen.
Fürsten werden sich vor dir niederwerfen.«

Das wird geschehen, weil der HERR sein Wort
hält, weil der heilige Gott Israels dich erwählt
hat.

Gott rettet seinen Bevollmächtigten und sein Volk

8 Der HERR sagt zu seinem Bevollmächtigten:[b]
»Wenn die Zeit kommt, daß ich mich über dich
erbarme, erhöre ich dich; wenn der Tag deiner
Rettung da ist, helfe ich dir. Ich bewahre dich vor
dem Untergang und mache dich zum Friedens-
bringer für mein Volk. Du sollst das verödete
Land wieder bewohnbar machen und als blei-
benden Besitz neu verteilen. 9 Zu den Gefange-
nen wirst du sagen: ›Ihr seid frei!‹ und zu denen,
die im Dunkeln leben: ›Kommt ans Licht!‹

Es wird ihnen unterwegs an nichts fehlen,
wie den Schafen, die noch auf den kahlsten
Höhen Weide finden. 10 Sie werden weder Hun-
ger noch Durst leiden, die Glut der Sonne und
der heiße Wüstenwind werden sie nicht quälen;
denn ich führe sie und bringe sie zu erfri-
schenden Quellen, weil ich es gut mit ihnen
meine. 11 Alle Berge, die ihnen im Wege sind,
ebne ich ein; feste Straßen schütte ich für sie auf.
12 Seht doch, mein Volk kommt von weit her: aus
dem Norden, aus dem Westen und aus dem süd-
lichsten Ägypten!«[c]

Gott liebt sein Volk wie eine Mutter

13 Freut euch, Himmel und Erde; jubelt, ihr
Berge! Denn der HERR hilft seinem Volk, er hat
Erbarmen mit den Unterdrückten.

14 Die Zionsstadt* klagt: »Der HERR hat mich
verlassen, mein Gott hat mich vergessen!«

15 Doch der HERR sagt: »Bringt eine Mutter es
fertig, ihren Säugling zu vergessen? Hat sie nicht
Mitleid mit dem Kind, das sie in ihrem Leib ge-
tragen hat? Und selbst wenn sie es vergessen
könnte, ich vergesse euch nicht!

16 Jerusalem, ich habe dich unauslöschlich in
meine Hände eingezeichnet; deine Mauern sind
mir stets vor Augen. 17 Die Leute, die dich wie-
deraufbauen werden,[d] sind schon unterwegs;
die Feinde, die dich zerstört und verwüstet
haben, müssen abziehen.

18 Sieh doch, was rings um dich her geschieht!
Schon versammeln sich die Menschen, die in dir
wohnen werden, sie kommen zu dir. So gewiß
ich, der HERR, lebe: Du wirst dich über sie freuen
und stolz auf sie sein, du wirst dich mit ihnen
schmücken wie eine Braut mit dem Hochzeits-
schmuck.

19 In Trümmern lagst du, und dein Land rings-
um war verwüstet und menschenleer; aber bald
werden so viele kommen, daß du sie nicht mehr
fassen kannst. Von denen, die dich zerstört
haben, wird man weit und breit nichts mehr
sehen. 20 Du warst wie eine kinderlose Frau;
aber bald werden deine Kinder zu dir sagen:
›Uns ist es zu eng hier; schaff uns mehr Platz, da-
mit wir wohnen können!‹

21 Dann wirst du fragen: ›Wer hat alle diese
Kinder für mich geboren? Meine eigenen hat
man mir geraubt, neue konnte ich nicht mehr ge-
bären; ich war verbannt und verstoßen. Wer hat
diese alle für mich großgezogen? Ich war doch
ganz allein übriggeblieben. Wo kommen sie
her?‹«

22 Der HERR, der mächtige Gott, sagt: »Sieh her,
ich hebe die Hand und stelle mein Feldzeichen
auf, so daß die Völker es sehen. Dann werden
sie deine Söhne und Töchter auf ihre Arme und
Schultern heben und herbeibringen. 23 Könige
werden dich hüten, Fürstinnen werden dich wie
Ammen versorgen. Mit dem Gesicht auf der
Erde müssen sie dich ehren und dir den Staub
von den Füßen küssen. Dann wirst du sehen,
daß ich, der HERR, für dich da bin und daß nie-
mand enttäuscht wird, der mir vertraut.«

24 »Kann man einem Starken seine Beute
wegnehmen?« fragst du. »Kann man die Opfer
eines Tyrannen[e] aus dem Kerker befreien?«

a *und von allen ...:* mit alten Übersetzungen; H *und das alle (Völker) verabscheut.*
b *zu seinem ...:* verdeutlichender Zusatz; vgl. 42,1-7.
c *aus dem südlichsten Ägypten:* wörtlich *aus dem Gebiet von Syene* = Assuan (*Syene* mit einer wichtigen Handschrift; H *Sinim*).
d So mit einer wichtigen Handschrift und alten Übersetzungen (wörtlich *Deine Erbauer*); H *Deine Söhne.*
e *eines Tyrannen:* mit einer wichtigen Handschrift und alten Übersetzungen; H *eines Gerechten.*

49,7 49,23; 60,10 **49,8** 2 Kor 6,2 **49,9a** 42,7 **49,9b-10** 40,11 S **49,11** 40,3-4 S **49,13** 44,23 S **49,14** 40,27 S **49,15** 66,13; Jer 31,20 S; Ps 27,10 **49,16** 31,5.9; 54,1-17 S; Sach 1,14 S **49,18** 60,4-5 **49,19-20** 54,1-3; 60,22; Jer 31,38-40; Sach 2,5-9; 10,10 **49,21** 66,7-8 **49,22** 11,12; 60,4 S **49,23** 60,16

25 Der HERR sagt: »Genau das wird gesche-
hen: Die Gefangenen des Tyrannen werden be-
freit, und dem Starken wird seine Beute entris-
sen. Ich selbst kämpfe gegen deine Feinde, ich
selbst werde deine Kinder befreien. 26 Deine
Unterdrücker sollen sich gegenseitig umbringen
und in einem Blutrausch sich selbst vernichten.
Dann werden alle Menschen erkennen: Ich, der
HERR, der starke Gott Jakobs, bin dein Retter und
dein Befreier*.«

Gott antwortet auf Klagen seines Volkes

50 Der HERR sagt: »Ihr behauptet, ich hätte
Israel, eure Mutter, verstoßen. Zeigt mir
doch die Scheidungsurkunde*! Ihr behauptet,
ich hätte euch, meine Kinder, als Sklaven ver-
kauft, wie man es tut, um seine Schulden zu til-
gen. Zeigt mir doch den, dem ich etwas schuldig
war! Nein, wegen eurer Schuld habe ich euch
weggegeben, wegen eurer Verbrechen habe ich
eure Mutter Israel weggeschickt!

2 Warum stellt sich mir keiner? Warum ant-
wortet ihr nicht?

Ihr denkt, ich sei zu schwach, um euch zu
helfen, mein Arm sei zu kurz, um euch zu be-
freien. Und doch brauche ich nur ein Wort zu
sprechen, dann trocknet das Meer aus und die
Ströme versiegen, so daß die Fische elend um-
kommen. 3 Ich kann den Himmel schwarz wer-
den lassen, als trüge er ein Trauerkleid.«

Der Bevollmächtigte Gottes wird angefeindet

4 Gott, der HERR, hat meine Zunge in seinen
Dienst genommen, er zeigt mir immer neu, was
ich sagen soll, um die Müden zu ermutigen.
Jeden Morgen läßt er mich aufwachen mit dem
Verlangen, ihn zu hören. Begierig horche ich auf
das, was er mir zu sagen hat. 5 Er hat mir das Ohr
geöffnet und mich bereit gemacht, auf ihn zu
hören.

Ich habe mich nicht gesträubt und bin vor kei-
nem Auftrag zurückgescheut. 6 Ich habe meinen
Rücken hingehalten, wenn sie mich schlugen,
und mein Kinn, wenn sie mir die Barthaare aus-
rissen. Ich habe mich von ihnen beschimpfen
lassen und mein Gesicht nicht bedeckt, wenn
sie mich anspuckten.

Sie meinen, ich hätte damit mein Unrecht
eingestanden;[a] 7 aber der HERR, der mächtige
Gott, steht auf meiner Seite. Deshalb mache ich
mein Gesicht hart wie einen Kieselstein und
halte alles aus. Ich weiß, daß ich nicht unterlie-
gen werde. 8 Ich habe einen Helfer, der meine
Unschuld beweisen wird; er ist schon unter-
wegs. Wer wagt es, mich anzuklagen? Er soll mit
mir vor den Richter treten! Wer will etwas gegen
mich vorbringen? Er soll kommen! 9 Der HERR,
der mächtige Gott, tritt für mich ein. Wer will
mich da verurteilen? Alle, die mich beschuldi-
gen, müssen umkommen; sie zerfallen wie ein
Kleid, das von Motten zerfressen ist.

10 Wer von euch fragt nach dem HERRN, wer
hört auf seinen Bevollmächtigten*? Er darf wis-
sen: Auch wenn sein Weg durchs Dunkel führt
und er nirgends ein Licht sieht – auf den HERRN
kann er sich verlassen, sein Gott hält und führt
ihn. 11 Zu euch aber, die ihr das Feuer schürt und
Brandpfeile anzündet, sagt der HERR: »Ihr lauft in
euer eigenes Feuer und werdet selbst von den
Pfeilen getroffen, die ihr angezündet habt. Ihr
bekommt meine Macht zu spüren; ich sorge
dafür, daß ihr in Qualen endet.«

Das Gottesvolk wird wieder wachsen

51 Der HERR sagt: »Hört auf mich, alle, die ihr
euch bemüht, das Rechte zu tun, und
nach mir fragt! Seht doch auf den Felsen, aus
dem ihr gehauen seid, und auf den Brunnen-
schacht, aus dem ihr gegraben seid! 2 Seht auf
euren Stammvater Abraham und auf eure
Stammutter Sara! Sie waren nur ein einzelnes
Menschenpaar, als ich sie rief; aber ich habe sie
gesegnet und ihre Nachkommen zu einem
großen Volk gemacht.«

3 Seid gewiß: Der HERR tröstet die Zionsstadt*,
aus den Trümmern läßt er sie neu erstehen. Das
verwüstete Land macht er zu einem Paradies; es
wird blühen und fruchtbar sein wie der Garten
Eden*. Freude und Jubel werden dort erschallen,
und ihr werdet eurem Gott Danklieder singen.

Gott bringt seinem Volk immerwährenden Frieden

4 Der HERR sagt: »Höre auf mich, mein Volk,
achte auf das, was ich sage! Ich lasse meine Wei-
sung ergehen, meine Rechtsordnung richte ich
auf als Licht für die Völker. 5 Ich bringe die Ret-
tung, sie ist ganz nahe; meine Hilfe ist schon un-
terwegs. Mein starker Arm wird den Streit der
Völker schlichten. Die fernsten Länder setzen
ihre Hoffnung auf mich und warten, daß ich ein-

a *Sie meinen ...:* verdeutlichender Zusatz.

49,25 Mk 3,27 par **49,26** Ri 7,22; Jes 41,14 S; 43,3 S **50,1** 54,6-8; Dtn 24,1; Jes 43,24b-25 **50,2** 59,1; Jos 4,23 **50,4-11** 49,1-6 S **50,6** Mk 14,65 par **50,7** Ez 3,8-9 S **50,8-9** Röm 8,31-34 **51,1** 48,1; Dtn 32,18 **51,2** Gen 12,1-2; 17,15-19 **51,3** Gen 2,8-9; Jes 35,1-2 S **51,4-5** 42,1-4.6; 49,6; 2,4 S **51,5** 60,9

greife. 6 Blickt zum Himmel empor: Er wird sich auflösen wie Rauch. Blickt auf die Erde unter euren Füßen: Sie wird zerfallen wie ein altes Kleid, und ihre Bewohner werden dahinsterben wie Fliegen.[a] Aber die Rettung, die ich bringe, schafft immerwährenden Frieden; nichts wird ihn erschüttern.

7 Hört her, ihr Menschen in meinem Volk! Ihr kennt meine Treue und tragt meine Gebote in eurem Herzen. Habt keine Angst, wenn man euch verhöhnt; laßt euch nicht einschüchtern, wenn man euch mit Spott überschüttet! 8 Eure Feinde werden untergehen, wie ein Wollkleid zerfällt, wenn es die Motten zerfressen. Aber der Frieden, den ich bringe, besteht für immer; mein rettendes Eingreifen bleibt wirksam für alle kommenden Generationen.«

Gott antwortet auf die Klage seines Volkes

9 »Wach auf, HERR«, so ruft ihr, »wach auf! Zeig deine Macht! Gebrauche sie wie in alten Zeiten! Du warst es doch, der den Drachen Rahab* durchbohrt und zerteilt hat. 10 Du warst es, der in der Urzeit die Fluten des Meeres zurückgetrieben hat, so daß das trockene Land herauskam. Und du warst es, der mitten im tiefsten Meer einen Weg bahnte, damit dein befreites Volk hindurchziehen konnte.«

11 Ja, die Seinen, die der HERR befreit hat, kehren heim; voll Jubel kommen sie zum Zionsberg*. Aus ihren Augen strahlt grenzenloses Glück. Freude und Wonne bleiben bei ihnen, Sorgen und Seufzen sind für immer vorbei.

12 »Ich bin es«, sagt der HERR, »ich bin es, der eurem Leiden ein Ende macht! Wie kommt ihr dazu, euch vor Menschen zu fürchten, die doch sterben müssen, die vergänglich sind wie Gras? 13 Habt ihr euren Schöpfer vergessen, der euch erschaffen hat? Es ist derselbe, der den Himmel ausgespannt und die Erde auf festen Grund gestellt hat! Warum zittert ihr dann immerzu vor dem Zorn eurer Unterdrücker? Laßt sie wüten, soviel sie wollen – was können sie euch anhaben? 14 In Kürze werden die Gefangenen befreit, sie sollen nicht im Kerker umkommen, sie sollen nicht verhungern. 15 Denn ich bin der HERR, euer Gott; mein Name ist: ›der HERR, der Herrscher der Welt‹.[b] Ich wühle das Meer auf, daß seine Wogen brausen. 16 Ich spanne den Himmel aus und stelle die Erde auf festen Grund. Und ich sage den Bewohnern der Zionsstadt*: ›Ihr seid mein Volk! Ihr sollt meine Weisungen verkünden, und ich halte meine schützende Hand über euch.‹«

17 Raff dich auf, Jerusalem; raff dich auf, steh auf! Der HERR hat dich aus dem Becher seines Zorns trinken lassen; du hast ihn bis zur Neige geleert und bist dem Untergang entgegengetaumelt. 18 Keins von den Kindern, die du geboren und großgezogen hattest, stand dir bei, keins nahm dich bei der Hand und stützte dich. 19 Ein doppeltes Unglück hat dich getroffen, aber niemand hat Mitgefühl mit dir, niemand tröstet dich:[c] Stadt und Land sind verwüstet, und das Volk ist dahingerafft durch Hunger und Schwert! 20 Erschöpft brachen deine Kinder auf den Straßen zusammen, an allen Straßenecken lagen sie und konnten nicht weiter wie das Wild, das sich im Netz verfangen hat. So schrecklich traf sie der grimmige Zorn deines Gottes!

21 Doch nun höre, du Zionsstadt, die du taumelst wie eine Betrunkene, aber nicht von Wein! 22 Höre, was der HERR, dein Gott, dir sagt, dein Beschützer, der für sein Volk eintritt: »Ich nehme dir den Becher aus der Hand, du mußt nicht länger den Wein meines Zornes trinken. 23 Ich gebe ihn statt dessen deinen Unterdrückern, die zu dir sagten: ›Wirf dich nieder, damit wir über dich weggehen können!‹ Du mußtest dich vor ihnen niederlegen, und sie gingen über deinen Rücken wie über eine Straße.«

52 Wach auf, Jerusalem, wach auf! Raff dich auf! Zieh deine prächtigsten Kleider an, du Heilige Stadt! Künftig darf niemand mehr dich betreten, der unbeschnitten* oder unrein* ist. 2 Schüttle den Staub deiner Schande von dir ab, und setze dich wieder auf deinen Thron! Der Strick um deinen Hals ist gelöst, du bist keine Gefangene mehr! 3 Denn der HERR sagt: »Als ich euch in die Sklaverei verkaufte, habe ich kein Geld dafür genommen. Darum sollt ihr nun auch ohne Lösegeld befreit werden.«

Gott befreit sein Volk aus Babylon

4 Der HERR, der mächtige Gott, sagt: »Am Anfang zog mein Volk nach Ägypten und mußte dort in der Fremde leben. Später kamen die Assyrer* und haben es ohne Grund unterjocht. 5 Und wie steht es jetzt? Man hat sie wie Sklaven weg-

a *wie Fliegen:* mit einer wichtigen Handschrift (wörtlich *wie Heuschrecken*); H *wie dies.*
b Wörtlich *der HERR Zebaot**.
c *niemand tröstet dich:* mit einer wichtigen Handschrift und alten Übersetzungen; H *Wer bin ich, dich zu trösten?*

51,6 24,4 S; Ps 102,26-28; Jes 40,7-8 **51,9** Ps 74,12-14; 89,10-11 **51,10** Ex 14,21-22 **51,11** 35,10 S **51,12** 40,6-8 S; Ps 56,5 S **51,15-16** Jer 31,35-36 **51,17** Jer 25,15 S **52,1** Offb 21,2.27; Ez 44,9 **52,3** 45,13; 50,1; 52,5 **52,4** Gen 46,5-6; 2 Kön 17,6 **52,5-6** 48,11 S **52,5** 2 Kön 25,11

geführt und nichts dafür bezahlt. Ihre Unter-
drücker brüsten sich damit, ununterbrochen
schmähen sie mich und ziehen meinen Namen
in den Schmutz. 6 Deshalb werde ich eingreifen,
und mein Volk wird erkennen, wer ich bin. Sie
werden erfahren, daß ich zur Stelle bin!«

Gott kehrt mit seinem Volk zurück

7 Was für eine Freude! Über die Berge kommt
der Siegesbote herbeigeeilt! Er bringt gute Nach-
richt, er verkündet Frieden und Rettung, er sagt
zur Zionsstadt*: »Dein Gott ist König der ganzen
Welt!«

8 Horch, die Wächter der Stadt rufen laut, sie
jubeln vor Freude; denn sie sehen mit eigenen
Augen, wie der HERR auf den Berg Zion zurück-
kehrt.

9 Jubelt vor Freude, ihr Trümmer Jerusalems;
denn der HERR hat Erbarmen mit seinem Volk, er
befreit Jerusalem. 10 Er greift ein, er hat seinen
heiligen Arm vor den Augen aller Völker er-
hoben. Bis in den letzten Winkel der Erde sehen
sie, wie unser Gott uns rettet.

11 Fort! Fort! Zieht weg von hier! Trennt euch
von allem, was unrein ist! Zieht weg aus dem
fremden Land, verlaßt Babylon*! Macht euch
rein*, denn ihr tragt die Geräte für den Tempel
des HERRN. 12 Diesmal sollt ihr nicht in Hast und
Eile ausziehen, als müßtet ihr fliehen. Der HERR,
der Gott Israels, geht vor euch her, und er selbst
beschließt euren Zug.

Er trug unsere Schuld

13 Der HERR sagt: »Gebt acht: Meinem Bevoll-
mächtigten* wird gelingen, wozu ich ihn bestellt
habe; er wird zu großem Ansehen und höchsten
Ehren gelangen. 14 Viele haben sich entsetzt von
ihm abgewandt, so entstellt war er. Er hatte
keine Ähnlichkeit mehr mit einem Menschen.
15 Doch nun werden viele Völker über ihn stau-
nen,[a] sogar ihren Königen wird es die Sprache
verschlagen. Was niemals zuvor geschehen ist,
das erleben sie jetzt; wovon sie noch nie etwas
gehört haben, das sehen sie mit eigenen Augen.«

53 Wer hätte geglaubt, was uns da berichtet
wurde? Wer hätte es für möglich gehal-
ten, daß die Macht des HERRN sich auf solche
Weise offenbaren würde? 2 Denn sein Bevoll-
mächtigter wuchs auf wie ein kümmerlicher
Sproß aus dürrem Boden. So wollte es der HERR.
Er war weder schön noch stattlich, wir fanden
nichts Anziehendes an ihm. 3 Alle verachteten
und mieden ihn; denn er war von Schmerzen
und Krankheit gezeichnet. Voller Abscheu wand-
ten wir uns von ihm ab. Wir rechneten nicht
mehr mit ihm.

4 In Wahrheit aber hat er die Krankheiten auf
sich genommen, die für uns bestimmt waren,
und die Schmerzen erlitten, die wir verdient hat-
ten. Wir meinten, Gott habe ihn gestraft und ge-
schlagen; 5 doch wegen unserer Schuld wurde er
gequält und wegen unseres Ungehorsams ge-
schlagen. Die Strafe für unsere Schuld traf ihn,
und wir sind gerettet. Er wurde verwundet, und
wir sind heil geworden. 6 Wir alle waren wie
Schafe, die sich verlaufen haben; jeder ging sei-
nen eigenen Weg. Ihm aber hat der HERR unsere
ganze Schuld aufgeladen.

7 Er wurde mißhandelt, aber er trug es, ohne
zu klagen. Wie ein Lamm, wenn es zum
Schlachten geführt wird, wie ein Schaf, wenn es
geschoren wird, duldete er alles schweigend,
ohne zu klagen. 8 Mitten in der Zeit seiner Haft
und seines Gerichtsverfahrens ereilte ihn der
Tod. Weil sein Volk so große Schuld auf sich ge-
laden hatte, wurde sein Leben ausgelöscht. Wer
von den Menschen dieser Generation macht
sich darüber Gedanken? 9 Sie begruben ihn zwi-
schen Verbrechern, mitten unter den Ausge-
stoßenen,[b] obwohl er kein Unrecht getan hatte
und nie ein unwahres Wort aus seinem Mund
gekommen war.

10 Aber der HERR wollte ihn leiden lassen und
zerschlagen. Weil er sein Leben als Opfer für die
Schuld der anderen dahingab, wird er wieder
zum Leben erweckt und wird Nachkommen
haben. Durch ihn wird der HERR das Werk voll-
bringen, an dem er Freude hat. 11 Nachdem er
so viel gelitten hat, wird er wieder das Licht[c]
sehen und sich an dessen Anblick sättigen. Von
ihm sagt der HERR:[d]

»Mein Bevollmächtigter hat eine Erkenntnis
gewonnen, durch die er, der Gerechte, vielen
Heil und Gerechtigkeit* bringt. Alle ihre Ver-

a *werden viele …:* mit G; H *wird er viele Völker besprengen.*
b *mitten unter den Ausgestoßenen:* Dies ist im Zusammenhang der wahrscheinlichste Sinn; es kann aber auch übersetzt werden: *bei einem Reichen* bzw. *bei Reichen* (vgl. Mt 27,57-60).
c *das Licht:* mit einer wichtigen Handschrift und G; fehlt in H.
d *Von ihm …:* verdeutlichender Zusatz.

52,7 40,9-10; 41,27; Nah 2,1; Röm 10,15; Eph 6,15; (Gott ist König) Ps 47,6-10 S **52,8** 40,3-5; Ez 43,1-9 **52,10** Ps 98,1-3 **52,11** 48,20 S; 2 Kor 6,17; (Geräte) 2 Kön 25,14-15 **52,12** Ex 12,11; 13,21 **52,13–53,12** 49,1-6 S **52,15** Röm 15,21 **53,1** Joh 12,38; Röm 10,16 **53,3** Ps 22,7 **53,4** Mt 8,17 **53,5-6** 1 Petr 2,24-25 **53,6** 2 Kor 5,21 **53,7-8** Apg 8,32-33 **53,7** Mk 14,65 par; Joh 1,29; Offb 5,6 **53,9** 1 Petr 2,22 **53,10** Mk 10,45 par; Gal 1,4; 1 Joh 2,2 **53,11b** Apg 3,14 S; Röm 5,18-19; 1 Kor 1,30

gehen nimmt er auf sich. 12 Ich will ihn zu den Großen rechnen, und mit den Mächtigen soll er sich die Beute teilen. Denn er ging in den Tod und ließ sich unter die Verbrecher zählen. So trug er die Strafe für viele und trat für die Schuldigen ein.«

Gott verwandelt die Schande Jerusalems in Ehre

54 »Freu dich, du Unfruchtbare, die keine Kinder zur Welt gebracht hat! Juble laut, obwohl du nie in Wehen gelegen hast! Denn die verlassene Frau wird mehr Kinder haben als die, die mit dem Mann zusammenlebt.« Das sagt der HERR zur Zionsstadt*.

2 Mach dein Zelt größer! Spanne deine Zeltdecken aus, ohne zu sparen! Verlängere die Seile und schlag die Zeltpflöcke fest ein! 3 Denn nach Süden und Norden wirst du dich ausbreiten. Deine Kinder werden das Gebiet fremder Völker in Besitz nehmen und die verwüsteten Städte besiedeln.

4 Hab keine Angst! Du wirst nicht wieder enttäuscht, du brauchst dich nicht mehr zu schämen. An die Schande deiner Jugendzeit und die Schmach deiner Witwenschaft wirst du bald nicht mehr denken. 5 Denn dein Schöpfer ist ja dein Ehemann – er heißt ›der HERR, der Herrscher der Welt‹.[a] Der heilige Gott Israels ist dein Befreier* – der Gott, dem die ganze Erde gehört!

6 Jerusalem, du bist wie eine Frau, die von ihrem Mann verlassen wurde und tief bekümmert ist; aber jetzt ruft er dich zurück.

»Kann denn jemand seine Jugendliebe verstoßen?« sagt der HERR. 7 »Für eine kleine Weile habe ich dich verlassen, aber weil ich dich von Herzen liebe, hole ich dich wieder heim. 8 Als der Zorn in mir aufstieg, habe ich mich für einen Augenblick von dir abgewandt. Aber nun will ich dir für immer gut sein. Das sage ich, der HERR, der dich befreit.

9 Zur Zeit Noachs schwor ich: ›Nie mehr soll das Wasser die Erde überfluten!‹ So schwöre ich jetzt: ›Nie mehr werde ich zornig auf dich sein und nie mehr dir drohen! 10 Berge mögen von ihrer Stelle weichen und Hügel wanken, aber meine Liebe zu dir kann durch nichts erschüttert werden, und meine Friedenszusage wird niemals hinfällig.‹ Das sage ich, der HERR, der dich liebt.«

Gott macht Jerusalem herrlich und unbesiegbar

11 »Du heimgesuchte, verwüstete, preisgegebene Stadt! Ich gründe deine Mauern auf ein Fundament aus Lapislazuli,[b] ich bette ihre Steine in kostbaren, unzerstörbaren Mörtel. 12 Deine Mauerzinnen mache ich aus Rubin, deine Tore aus Karfunkelstein, und die Mauern schmücke ich mit kostbaren Edelsteinen.

13 Alle deine Bewohner werden meinen Willen kennen, ich selbst habe sie gelehrt, und sie werden in Glück und ungestörtem Frieden leben. 14 Mein Beistand wird dein Schutz sein. Du brauchst keine Not zu fürchten, Angst und Schrecken dürfen sich dir nicht nahen. 15 Wenn dich jemand angreifen will, kann er nicht auf meine Hilfe zählen; du wirst ihm den Untergang bereiten.

16 Der Schmied, der das Feuer anfacht, um eine Waffe zu schmieden, ist mein Geschöpf, und genauso der Krieger, der mit dieser Waffe Tod und Verderben bringt. 17 Deshalb werden keine Waffen etwas gegen dich ausrichten können, und jede Anklage, die gegen dich erhoben wird, kannst du entkräften. Dies garantiere ich dem Volk, das mir dient; dies ist das Vorrecht, das ich euch gewähre für alle Zeit.«

Das sagt der HERR.

Der Bund mit David ist nicht hinfällig

55 »Her, wer Durst hat! Hier gibt es Wasser! Auch wer kein Geld hat, kann kommen! Kauft euch zu essen! Es kostet nichts! Kommt, Leute, kauft Wein und Milch! Zahlen braucht ihr nicht! 2 Warum gebt ihr euer Geld aus für Brot, das nichts taugt, und euren sauer verdienten Lohn für Nahrung, die nicht satt macht? Hört doch auf mich, dann habt ihr es gut und könnt euch an den erlesensten Speisen satt essen! 3 Hört doch, kommt zu mir! Hört auf mich, dann werdet ihr leben!

Ich will mit euch einen unauflöslichen Bund* schließen. Die Zusagen, die ich David gegeben habe, sind nicht ungültig geworden: an euch werde ich sie erfüllen. 4 Ihn habe ich einst zum Herrscher über viele Völker gemacht, damit sie durch ihn meine Macht erkennen. 5 Auch durch euch sollen jetzt fremde Völker mich kennenlernen: Ihr werdet Völker rufen, die ihr nicht

a Wörtlich *der HERR Zebaot**. b Lasurstein, ultramarinblaues Mineral.

53,12 Mk 15,27 par; Lk 22,37 **54,1-17** (Wende für Jerusalem) 62,1-12; 66,7-14; Joël 4,17; Sach 1,13-17; 2,5-9; 8,1-8; Jes 49,16 S; 60,1-22 S **54,1-3** 49,20-21 **54,1** Gal 4,27 **54,5** Hos 2,21; Jes 41,14 S **54,6** 50,1 **54,7-8** 60,10; Ps 30,6; Klgl 3,31-32 **54,9** Gen 9,8-17 **54,10** Ez 34,25 S **54,11-12** Tob 13,17; Offb 21,18-21 **54,13** Jer 31,34 S **55,1** 12,3; Joh 7,37 S **55,3b** 61,8; 2 Sam 7,8-16; Ps 89,31-38; Apg 13,34 **55,5** 43,10-13; 44,5; 45,14-17; 49,7.22-23; 52,10

kennt; und Völker, die euch nicht kennen, wer-
den begierig zu euch kommen, wenn sie sehen,
was ich an euch tue. Denn ich, der heilige Gott
Israels, euer Gott, bringe euch zu hohen Ehren.«

Kann Gott seine Zusage wahrmachen?

6 Sucht den HERRN, jetzt ist er zu finden! Ruft ihn,
jetzt ist er nahe! 7 Wer seine eigenen Wege ge-
gangen ist und sich gegen den HERRN aufgelehnt
hat, der lasse von seinen bösen Gedanken und
kehre um zum HERRN, damit er ihm vergibt!
Denn unser Gott ist reich an Güte und Er-
barmen.
8 »Meine Gedanken – sagt der HERR – sind
nicht zu messen an euren Gedanken, und meine
Möglichkeiten nicht an euren Möglichkeiten.
9 So hoch der Himmel über der Erde ist, so weit
reichen meine Gedanken hinaus über alles, was
ihr euch ausdenkt, und so weit übertreffen
meine Möglichkeiten alles, was ihr für möglich
haltet.
10 Wenn Regen oder Schnee vom Himmel
fällt, kehrt er nicht wieder dorthin zurück, ohne
daß er etwas bewirkt: Er durchfeuchtet die Erde
und macht sie fruchtbar, so daß sie Korn für das
tägliche Brot hervorbringt und Saatgut für eine
neue Ernte. 11 Genauso ist es mit dem Wort, das
ich spreche: Es kehrt nicht unverrichteter Dinge
zu mir zurück, sondern bewirkt, was ich will,
und führt aus, was ich ihm auftrage.«

Der Jubel des befreiten Volkes

12 Unter Jubel werdet ihr den Weg in die Freiheit
antreten, mit sicherem Geleit werdet ihr heim-
kehren. Berge und Hügel werden in ein Freu-
dengeschrei ausbrechen, wenn sie euch sehen,
und die Bäume der Steppe werden in die Hände
klatschen. 13 Wo ihr durchzieht, wachsen statt
Dornbüschen Zypressen und statt Brennesseln
Myrten. Dies alles geschieht, damit der HERR
gerühmt und gepriesen wird. Er setzt sich damit
ein Denkmal, das alle Zeiten überdauert.

AUSBLICK AUF DIE KOMMENDE HEILSZEIT (Kapitel 56–66)

Gott nimmt sich der Ausgeschlossenen an

56 Der HERR sagt: »Tut, was recht ist, und
haltet euch an meine Ordnungen! Dann
kann ich euch bald die Hilfe bringen, die ich
euch zugesagt habe. 2 Glück und Frieden wer-
den alle erleben, die meine Gebote befolgen.
Freuen darf sich, wer den Sabbat* nicht durch
Arbeit entweiht und seine Hand von allem Un-
recht zurückhält!«
3 Der Ausländer, der sich dem Volk des HERRN
angeschlossen hat, soll nicht sagen: »Der HERR
wird mich wieder aus seinem Volk ausstoßen!«
Der Eunuch*, der zeugungsunfähig gemacht
worden ist, soll nicht sagen: »Ich bin ein abge-
storbener Baum!«
4 Der HERR sagt: »Wenn ein Kastrierter meinen
heiligen Tag, den Sabbat*, beachtet und mein
Gesetz* befolgt, 5 dann bekommt er in meinem
Haus einen Gedenkstein, auf dem sein Name
steht. Das wird die Erinnerung an ihn besser be-
wahren als Söhne und Töchter. So sorge ich
dafür, daß sein Name niemals in Vergessenheit
gerät.
6 Und wenn Ausländer sich meinem Volk
anschließen, wenn sie mich lieben und mir ge-
horchen, den Sabbat nicht entweihen und das
Gesetz des Bundes* befolgen, den ich mit Israel
geschlossen habe, 7 dann dürfen sie in mein Hei-
ligtum auf dem Zionsberg* kommen und die
Festfreude meines Volkes teilen. Sie dürfen
Brandopfer und Mahlopfer auf meinem Altar
darbringen, und ich werde an ihren Opfern*
Freude haben. Mein Tempel soll eine Stätte sein,
an der alle Völker zu mir beten können.«
8 Der HERR, der mächtige Gott, der die zer-
streuten Israeliten in ihr Land zurückgebracht
hat, sagt: »Ich will noch mehr Menschen herbei-
bringen und mit euch vereinen!«

Gegen die gewissenlosen Führer des Volkes

9 Der HERR sagt: »Ihr Völker, kommt und stürzt
euch auf mein Volk wie Raubtiere auf ihre Beute!
10 Seine Führer haben versagt; sie sehen nicht
die Gefahr, die ihm droht. Sie sind wie blinde
Wächter, die nichts merken, wie stumme Wach-
hunde, die nicht bellen können. Sie liegen da
und dösen; ihre Ruhe geht ihnen über alles.
11 Aber gierig sind sie wie Hunde, die nie satt
werden. Das sind die rechten Hirten für meine
Herde! Vom Aufpassen halten sie nichts. Sie sor-
gen nur für sich selbst und suchen ihren eigenen
Vorteil. 12 Sie grölen:

›Kommt und trinkt, vergeßt die Sorgen!
Auf, schafft Bier und Wein ins Haus!
Schwingt die Becher heut und morgen,
gießt sie voll und trinkt sie aus!‹«

55,6 Jer 29,13-14 S 55,11 40,8; 44,26; 48,13; Ps 33,4.9 55,12 44,23 S 55,13 35,1-2 S 56,2 58,13-14; Jer 17,21-22 S 56,3 14,1; Apg 8,27-28 56,4-5 Weish 3,14 56,7 1 Kön 8,41-43; Mk 11,17 par 56,8 66,18b-19 56,11 Ez 34,2 56,12 5,11-12 S

Gegen den Götzendienst der Israeliten

57 Der HERR sagt: »Die wenigen, die noch
das Recht achten und mir die Treue hal-
ten, gehen zugrunde, und niemand macht sich
etwas daraus; sie kommen um, und keiner küm-
mert sich darum. Aber ich nehme sie hinweg,
damit sie nicht länger unter der Gewalt des Un-
rechts leiden müssen. Sie gehen ein in meinen
Frieden, 2 die ewige Ruhe wird ihnen zuteil. Das
ist der Lohn ihrer Treue.

3 Ihr aber, ihr Götzendiener, empfangt euer
Urteil! Ihr beleidigt mich mit eurer Zauberei und
Hurerei*! 4 Und dann spottet ihr noch über mich,
reißt euer großes Maul auf und streckt mir die
Zunge heraus! Wißt ihr nicht, wen ihr da heraus-
fordert, ihr Lügenbrut? 5 Unter jedem großen
Baum hurt ihr zu Ehren eurer Götzen, und drun-
ten in den Tälern, unter überhängenden Felsen,
schlachtet ihr ihnen die eigenen Kinder! 6 Den
Steinen im Bachbett opfert ihr Speise- und Trank-
opfer*; dafür werdet ihr jetzt unter ihnen begra-
ben. Oder meint ihr im Ernst, daß ich mir das
alles gefallen lasse?

7 Israel, du Hure! Auf jedem Berggipfel
schlägst du dein Hurenlager auf und feierst deine
Opfermähler*. 8 An der Innenseite deiner Türen
und Türpfosten bringst du magische Zeichen an.
Mich verläßt du und besteigst im Dienst fremder
Götter deine Hurenlager; du liebst dieses scham-
lose Treiben und läßt dich dafür bezahlen.[a]
9 Dem Götzen Melech[b] opferst du kostbares
duftendes Öl. Bis in die Totenwelt* schickst du
deine Boten. 10 Alles versuchst du, um Rat und
Hilfe zu finden. Du willst nicht einsehen, daß es
vergebliche Mühe ist. Immer wieder schöpfst du
neue Hoffnung.

11 Vor wem hast du denn solche Angst, daß
du meinst, mich betrügen zu müssen? Nach mir
fragst du nicht, um mich kümmerst du dich
nicht. Ich habe lange Zeit schweigend zuge-
sehen. Deshalb hast du gedacht, mit mir brauch-
test du nicht mehr zu rechnen. 12 Aber ich werde
aufdecken, was deine Taten wert sind. Alle
deine Vorkehrungen werden dich nicht retten.
13 Schrei doch zu deinen Götzen, damit sie dir
helfen! Ein Windhauch genügt, um sie wegzu-
blasen.

Die aber, die von mir allein Hilfe erwarten,
werden das Land Israel besitzen; sie werden auf
meinem heiligen Berg wohnen.«

Gottes Hilfe für die Zerschlagenen

14 Der HERR sagt: »Ebnet den Weg! Bahnt die
Straße! Schafft vor meinem Volk alle Hindernisse
beiseite!«

15 Er, der hohe und erhabene Gott, der Hei-
lige, dessen Thron ewig steht, sagt: »Ich wohne
in der Höhe, in unnahbarer Heiligkeit. Aber ich
wohne auch bei den Gedemütigten und Verzag-
ten, ich gebe ihnen Hoffnung und neuen Mut!
16 Ich klage nicht länger an, ich lasse meinem
Zorn nicht unbegrenzt freien Lauf. Sonst würde
mein Volk, das ich doch geschaffen habe, völlig
zugrunde gehen.

17 Ich war zornig und bestrafte sie, weil sie in
ihrer Habgier schwere Schuld auf sich geladen
hatten. Ich wandte mich von ihnen ab und ließ
Unheil über sie hereinbrechen, das sie selbst
verschuldet hatten. 18 Denn ich habe genau ge-
sehen, wie sie es trieben.

Aber jetzt richte ich sie wieder auf und führe
sie. Als Entschädigung für das, was sie erlitten
haben, gebe ich ihnen Freude und Trost. 19 Ich
sorge dafür, daß sie mich mit Lobliedern preisen
können. Allen schenke ich Glück und Frieden:
denen, die in der Nähe leben, und denen, die
noch in der Ferne zerstreut sind. Ich mache alles
wieder gut. Ich, der HERR, sage es.

20 Die Menschen aber, die sich gegen mich
auflehnen, sind wie die unruhigen Meeres-
wogen, die Schlamm und Schmutz aufwühlen.
21 Wer nichts von mir wissen will, findet keinen
Frieden*, sondern stürzt sich ins Unglück.«

Das sagt mein Gott.

Hat unser Gottesdienst denn einen Sinn?

58 Der HERR sagt: »Rufe, so laut du kannst!
Laß deine Stimme erschallen wie eine
Posaune! Halte meinem Volk, den Nachkommen
Jakobs, ihr Unrecht und ihre Vergehen vor! 2 Sie
fragen mich Tag für Tag, warum ich sie solche
Wege führe. Wie ein Volk, das sich an das Recht
hält und meine Gebote befolgt, fordern sie von
mir, daß ich zu ihrer Rettung eingreife, und wün-
schen sich, daß ich ihnen nahe bin. 3 ›Was für
einen Sinn hat es,‹ jammern sie, ›daß wir Fast-
tage* abhalten und deinetwegen Entbehrungen
auf uns nehmen? Du beachtest es ja gar nicht!‹

Darauf sage ich, der HERR: Seht doch, was ihr
an euren Fasttagen tut! Ihr geht euren Geschäf-

a Oder mit einer kleinen Textänderung: *und bezahlst noch dafür* (vgl. Ez 16,30-34).
b *Melech* = »König«, ein kanaanitischer Gott.

57,1-2 Weish 3,1-3; Dan 12,13 **57,3-8** Jer 2,20 S; Ez 16,16-21 **57,9** 1 Sam 28,6-7 **57,11** Ps 14,1 S **57,13b** Ps 37,9-11 **57,14** 40,3-4 S; 62,10 **57,15** 66,1-2; 61,1; Ps 113,5-9 **57,16** Jer 3,12 S **57,19** Eph 2,17 **57,21** 48,22

ten nach und beutet eure Arbeiter aus. 4 Ihr fastet zwar, aber ihr seid zugleich streitsüchtig und schlagt sofort mit der Faust drein. Darum kann euer Gebet nicht zu mir gelangen. 5 Ist das vielleicht ein Fasttag, wie ich ihn liebe, wenn ihr auf Essen und Trinken verzichtet, euren Kopf hängen laßt und euch im Sack* in die Asche setzt? Nennt ihr das ein Fasten, das mir gefällt?

6 Nein, ein Fasten, wie ich es haben will, sieht anders aus! Löst die Fesseln der Gefangenen, nehmt das drückende Joch* von ihrem Hals, gebt den Mißhandelten die Freiheit, und macht jeder Unterdrückung ein Ende! 7 Ladet die Hungernden an euren Tisch, nehmt die Obdachlosen in euer Haus auf, gebt denen, die in Lumpen herumlaufen,[a] etwas zum Anziehen, und helft allen in eurem Volk, die Hilfe brauchen!

8 Dann strahlt euer Glück auf wie die Sonne am Morgen, und eure Wunden heilen schnell; eure guten Taten gehen euch voran, und meine Herrlichkeit* folgt euch als starker Schutz. 9 Dann werdet ihr zu mir rufen, und ich werde euch antworten; wenn ihr um Hilfe schreit, werde ich sagen: ›Hier bin ich!‹

Wenn ihr aufhört, andere zu unterdrücken, mit dem Finger spöttisch auf sie zu zeigen und schlecht über sie zu reden, 10 wenn ihr den Hungernden zu essen gebt und euch den Notleidenden zuwendet, dann wird eure Dunkelheit hell werden, rings um euch her wird das Licht strahlen wie am Mittag. 11 Ich, der HERR, werde euch immer und überall führen, auch im dürren Land werde ich euch satt machen und euch meine Kraft geben. Ihr werdet wie ein Garten sein, der immer genug Wasser hat, und wie eine Quelle, die niemals versiegt. 12 Was seit langer Zeit in Trümmern liegt, werdet ihr wieder aufbauen; auf den alten Fundamenten werdet ihr alles von neuem errichten. Man wird euch das Volk nennen, das die Lücken in den Stadtmauern schließt und die Stadt wieder bewohnbar macht.«

Der Segen der Sabbatheiligung

13 Der HERR sagt: »Achtet den Sabbat* als einen heiligen Tag, der mir gehört! Entehrt ihn nicht dadurch, daß ihr euren Beschäftigungen nachgeht. Entweiht ihn nicht durch Reisen oder durch Arbeit oder irgendwelche Geschäfte. Betrachtet ihn nicht als eine Last, sondern als einen Anlaß zur Freude!

14 Dann werde ich selbst die Quelle eurer Freude sein. Über alle Hindernisse lasse ich euch triumphieren, und ihr könnt den Ertrag des Landes genießen, das ich eurem Stammvater Jakob gegeben habe.«

Der HERR hat das gesagt.

Der Prophet erhebt Anklage gegen sein Volk

59 Meint ihr, der Arm des HERRN sei zu kurz, um euch zu helfen, oder der HERR sei taub und könne euren Hilferuf nicht hören? 2 Nein, sondern wie eine Mauer steht eure Schuld zwischen euch und eurem Gott; wegen eurer Vergehen hat er sich von euch abgewandt und hört euch nicht! 3 An euren Händen klebt Blut, Unrecht befleckt eure Finger, und wenn ihr den Mund aufmacht, kommt Lüge und Betrug heraus.

4 Vor Gericht seid ihr nicht ehrlich; keiner fragt danach, ob wirklich Recht gesprochen wird. Ihr stützt eure Anklagen auf Lug und Trug. Ihr schmiedet Pläne, um andere ins Verderben zu stürzen. 5 Eure Anschläge sind so tödlich wie die Eier giftiger Schlangen: Wer davon ißt, muß sterben, und wenn man eins zerdrückt, schlüpft eine Otter heraus. Was ihr tut, gleicht dem Gewebe der Spinnen: 6 Kleider und Decken kann man daraus nicht machen; aber lebende Beute wird darin gefangen und umgebracht.

7 Immerzu plant ihr Böses und brennt darauf, es auszuführen. Ihr habt keine Hemmungen, das Blut unschuldiger Menschen zu vergießen. Wo ihr geht, hinterlaßt ihr Zerstörung und Verwüstung. 8 Um Glück und Frieden für andere kümmert ihr euch nicht; alle eure Taten sind Unrecht.

Wer krumme Wege geht, findet keinen Frieden*, sondern stürzt sich ins Unglück.

Schuldbekenntnis des Volkes

9 »Jetzt wissen wir, warum Gott uns nicht gegen unsere Feinde beisteht, weshalb wir von seiner Treue nichts merken. Wir hoffen auf Licht, aber rings um uns ist es dunkel. Wir warten darauf, daß es hell wird, aber da ist nichts als finstere Nacht. 10 Wie Blinde tasten wir uns an der Wand entlang. Am hellen Mittag stolpern wir, als hätte uns die Dunkelheit überfallen; in der Blüte unseres Lebens sind wir wie Tote. 11 Wir alle brummen wie aufgeschreckte Bären und gurren wie klagende Tauben. Wir warten sehnlichst darauf,

a *in Lumpen:* wörtlich *nackt;* vgl. Anmerkung zu 20,1-2.

58,5 (Fasttag) 2 Sam 12,16-17; Esra 10,6; Neh 1,4; 9,1; Est 4,3.16; Dan 9,3; 10,2-3; Joël 1,13-14; 2,15-17; Jona 3,5; Jdt 9,1 **58,6** Neh 5,1-13 **58,7** Dtn 15,7-8; Ez 18,7; Mt 25,35-36 **58,8** 52,12 **58,9** 65,24 S **58,11** Jer 31,12 **58,12** 61,4; Neh 2,16-17 **58,13** 56,2 S **58,14** Ps 37,4 **59,1** 50,2 **59,3** 1,15 **59,4-8** Spr 1,10-19 **59,7-8** Röm 3,15-17 **59,9-15** Dan 9,4-19 S **59,10** Dtn 28,29 **59,11** 38,14

daß Gott eingreift und uns von unseren Unterdrückern befreit; aber nichts geschieht.

12 HERR, wir haben uns vielfach gegen dich vergangen! Unsere Verfehlungen klagen uns an, wir kennen unsere Schuld. 13 Wir waren dir untreu und sind dir abtrünnig geworden, wir haben dir den Gehorsam verweigert. Wir haben unsere Mitmenschen erpreßt und verleumdet. Wir haben gelogen und betrogen. 14 Von Recht und Gerechtigkeit ist nichts mehr bei uns zu finden. Ehrlichkeit und Redlichkeit sind auf dem Marktplatz nicht mehr gefragt. 15a Zuverlässigkeit gibt es nicht mehr. Wer sich vom Unrecht fernhält, dem spielen die anderen übel mit.«

Gott greift ein

15b Der HERR hat dies alles gesehen, und es mißfällt ihm, daß es kein Recht mehr gibt. 16 Er wundert sich, daß niemand da ist, der dagegen einschreitet. Darum greift er mit eigener Hand ein und verschafft seinem Willen Geltung.

17 Er zieht die Gerechtigkeit als Panzer an, und die rettende Macht ist sein Helm. Als Mantel trägt er den festen Entschluß und das brennende Verlangen, alles Unrecht zu bestrafen. 18 Seine Feinde bekommen seinen vollen Zorn zu spüren, selbst wenn sie am Ende der Erde wohnen. Er läßt ihre Taten auf sie selbst zurückfallen. 19 Überall in Ost und West wird man seinen Namen ehren und seine Macht anerkennen. Denn er kommt wie eine reißende Flut, die der Sturm herantreibt. 20 Doch für die Gemeinde auf dem Zionsberg* kommt er als Befreier*, für alle Nachkommen Jakobs, die umkehren und sich nicht länger gegen ihn auflehnen.

21 »Ich schließe mit ihnen einen Bund*«, sagt der HERR, »und gebe ihnen die feste Zusage: Mein Geist*, den ich dir, meinem Propheten*, gegeben habe, und die Worte, die ich dir anvertraut habe, werden bei deinen Nachkommen lebendig bleiben und bei den Nachkommen deiner Nachkommen, von einer Generation zur andern. Ich, der HERR, sage es.«

Die künftige Herrlichkeit Jerusalems

60 Der HERR sagt: »Steh auf, du trauernde Zionsstadt![a] Laß dein Gesicht hell strahlen, denn dein Licht kommt: Die Herrlichkeit* des HERRN geht über dir auf wie die Sonne! 2 Auf der ganzen Erde liegt Finsternis, die Völker tappen im Dunkel; doch über dir strahlt dein Gott auf, der Glanz seiner Herrlichkeit geht über dir auf. 3 Alle Völker machen sich auf zu dem Licht, das sich über dich ergießt, und ihre Könige wollen den Glanz sehen, in dem du strahlst.

4 Sieh, was rings um dich her geschieht! Sieh, wie sie sich versammeln und zu dir strömen! Deine Söhne kommen aus der Ferne, und deine Töchter werden auf den Armen herbeigetragen. 5 Du wirst es sehen und dich freuen, vor Glück wird dir das Herz klopfen. Die Schätze der Völker werden zu dir gebracht, ihre Reichtümer weit über das Meer herbeigeschafft.

6 Karawanen von hochbeladenen Kamelen kommen aus Midian* und Efa. Die Leute aus Saba kommen mit Gold und Weihrauch und rühmen meine mächtigen Taten. 7 Alle Schafe von Kedar* und die prächtigen Schafböcke von Nebajot werden zu dir getrieben und stehen dir zur Verfügung. Als Opfer*, an denen ich Gefallen habe, kommen sie auf meinen Altar, und ich werde meinen Tempel prächtig ausschmücken.

8 Was kommt da wie Wolken übers Meer geflogen, wie Tauben, die zu ihren Schlägen zurückkehren? Schiffe mit leuchtenden Segeln![b] 9 Die Völker an den fernsten Küsten setzen ihre Hoffnung auf mich, ihre Schiffe[c] bringen deine Kinder herbei, und ihr Gold und Silber mit ihnen. Das alles geschieht, um den HERRN, deinen Gott, zu ehren, und weil ich, der heilige Gott Israels, dich zu Ehren bringen will.

10 Ausländer bauen deine Mauern wieder auf, ihre Könige stehen dir zu Diensten. In meinem Zorn habe ich dich gestraft, aber nun habe ich wieder Erbarmen mit dir und lasse dich meine Liebe spüren. 11 Deine Tore werden nicht mehr geschlossen, bei Tag und Nacht werden sie offenstehen, damit die Völker ihre Reichtümer zu dir bringen können; ihre Könige ziehen ihnen voran.[d] 12 Aber die Völker und Reiche, die dir nicht dienen wollen, werden vollständig vernichtet.

13 Die prächtigen Bäume des Libanongebirges werden zu dir gebracht, Stämme von Wacholderbäumen, Pinien und Zypressen, um mein Heiligtum, den Schemel meiner Füße, herrlich auszustatten. 14 Die Söhne deiner Unterdrücker und alle, die dich verspottet haben, beugen sich tief

a *du trauernde Zionsstadt*:* verdeutlichender Zusatz. b *Schiffe …:* verdeutlichender Zusatz.
c Wörtlich *die Tarschisch-Schiffe:* siehe Sacherklärung »Tarschisch«.
d *ihre Könige …:* mit veränderten Vokalen; H *und ihre hergetriebenen Könige.*

59,17 Eph 6,11-17 S **59,20** 41,14 S; Röm 11,26 **59,21** Dtn 18,15.18 **60,1-22** (Herrlichkeit Jerusalems) 65,16b-25; Sach 14,1-11; Offb 21,9–22,5; Jes 49,16 S; 54,1-17 S **60,1-2** 9,1; Ps 27,1 S; Offb 21,23 **60,3** 2,2.5; Offb 21,24 **60,4** 49,18.22; 62,10; 66,20; Bar 5,6 **60,5** 60,13; 66,12; Offb 21,26 **60,6** 1 Kön 10,1-2; Ps 72,10.15 **60,7** Ez 27,21; Hag 2,7 **60,9** 51,5 **60,10** 61,5; 54,8 **60,11** Offb 21,25-26 **60,13** Hag 2,7.9; (Schemel) Klgl 2,1 S **60,14** 14,2; Ez 48,35

und werfen sich vor dir nieder. Sie nennen dich:
›Zion, die Stadt, die dem HERRN, dem heiligen
Gott Israels, gehört.‹

[15] Du sollst nicht länger die verlassene und
verhaßte Stadt sein, die von allen gemieden
wird; denn ich mache dich wieder groß und
prächtig, zum Ort der Freude für alle kommen-
den Generationen. [16] Du wirst umhegt werden
wie ein Säugling; du wirst die Milch der Völker
saugen, und Könige werden dich an ihrer Brust
nähren. Dann wirst du erkennen, daß ich, der
HERR, der starke Gott Jakobs, dein Retter und Be-
freier bin.

[17] Statt Bronze bringe ich dir Gold, statt Eisen
Silber, statt Holz Bronze und statt Steinen Eisen.
Du wirst nicht mehr unterdrückt und aus-
gebeutet, sondern Gerechtigkeit und Frieden
werden regieren. [18] In deinem Land wird es
keine Verbrechen mehr geben, keine Zerstörung
und Verwüstung. Deine Mauern geben dir
Schutz, und deine Tore bringen dir Ruhm.

[19] In Zukunft brauchst du nicht mehr die
Sonne als Licht für den Tag noch den Mond als
Licht für die Nacht; denn ich, der HERR, dein
Gott, werde für immer dein Licht sein und dir
mit meinem herrlichen Glanz leuchten. [20] Dar-
um wird dein Licht niemals untergehen wie
die Sonne oder abnehmen wie der Mond. Ich
leuchte dir in alle Ewigkeit, und deine Trauer
wird für immer ein Ende haben.

[21] Dein Volk wird sich nach meinen Geboten
richten, und nie wieder wird es aus dem Land
vertrieben. Es wird gedeihen wie ein Garten,
den ich selbst gepflanzt habe; ich zeige an ihm
meine Schöpfermacht, damit meine Herrlichkeit
allen Völkern sichtbar wird. [22] Es wird wachsen
und stark werden; noch die kleinste Sippe wird
tausend Glieder zählen. Wenn die Zeit gekom-
men ist, werde ich dies unversehens her-
beiführen, ich, der HERR.«

Auftrag und Botschaft des Propheten

61 Der Geist* des HERRN hat von mir Besitz
ergriffen. Denn der HERR hat mich ge-
salbt* und dadurch bevollmächtigt, den Armen
gute Nachricht zu bringen. Er hat mich gesandt,
den Verzweifelten neuen Mut zu machen, den
Gefangenen zu verkünden: »Ihr seid frei! Eure
Fesseln werden gelöst!« [2] Er hat mich gesandt,
um das Jahr auszurufen, in dem der HERR sich
seinem Volk gnädig zuwendet, um den Tag an-
zusagen, an dem unser Gott mit unseren Fein-
den abrechnen wird.

Die Weinenden soll ich trösten [3] und allen
Freude bringen, die in der Zionsstadt* traurig
sind. Sie sollen sich nicht mehr Erde auf den
Kopf streuen und im Sack* umhergehen, son-
dern sich für das Freudenfest schmücken und
mit duftendem Öl salben; sie sollen nicht mehr
verzweifeln, sondern Jubellieder singen. Die
Leute werden sie mit prächtigen Bäumen ver-
gleichen, mit einem Garten, den der HERR ge-
pflanzt hat, um seine Herrlichkeit zu zeigen.

[4] Ja, ihr werdet die zerstörten Städte wieder
aufbauen, die über Generationen in Trümmern
lagen. [5] Fremde werden euch die Arbeit abneh-
men, Ausländer werden eure Herden weiden,
euer Land bestellen und eure Weinberge pfle-
gen. [6] Ihr werdet Priester* des HERRN sein, und
man wird euch »Diener unseres Gottes« nen-
nen. Der Reichtum der Völker wird euch zur
Verfügung stehen; alles wird euch gehören.

[7] Anstelle doppelter Schande und Schmach,
die eure Feinde euch zugefügt haben, werdet ihr
von deren Land einen doppelten Anteil bekom-
men, und eure Freude wird kein Ende haben.

[8] Denn der HERR sagt: »Ich liebe Gerechtigkeit
und hasse gemeinen Raub.[a] Ich halte meinem
Volk die Treue und belohne es für seine Leiden;
ich schließe mit ihm einen unauflöslichen Bund*
und sage ihm für alle Zeiten meinen Schutz zu.
[9] Ihre Nachkommen werden bei allen Völkern
bekannt und geachtet sein. Alle, die sie sehen,
werden erkennen: Sie sind das Volk, das ich ge-
segnet habe.«

Danklied der Gemeinde

[10] »Wir freuen uns und jubeln über den HERRN,
unseren Gott! Er umgibt uns mit seiner Hilfe wie
mit einem Kleid, hüllt uns in seinen Schutz wie
in einen Mantel. Wir sind fröhlich wie ein Bräu-
tigam, der seinen Turban umbindet, wie eine
Braut, die ihren Hochzeitsschmuck anlegt.
[11] Denn wie aus dem Boden die Saat keimt und
wächst, so läßt der HERR, der mächtige Gott,
unser Glück wachsen und mehrt unseren Ruhm
bei allen Völkern.«

Erinnert Gott an Jerusalem!

62 Wenn ich dich, Jerusalem, sehe, raubt
es mir die Ruhe, ich kann nicht schwei-
gen. Ich muß so lange zu Gott rufen, bis er dir

a *gemeinen Raub:* mit einigen Handschriften und alten Übersetzungen; H *Raub mit einem Brandopfer.*

60,16 49,23; 43,3 S; 41,14 S **60,17** 1 Kön 10,21.27; 14,26-27 **60,18** 11,9 **60,19-20** Sach 14,6-7; Offb 21,23; 22,5 **60,22** 49,19-20; Jer 30,19 S **61,1-2** Lk 4,18-19 **61,1** 42,1 S; 57,15 S **61,2** 63,4; 34,8 **61,3** 60,21; Ps 30,12 **61,4** 58,12 **61,5** 60,10 **61,6** Ex 19,6; Offb 1,6 S; Jes 60,5 S **61,8** Ps 37,28; Hab 2,4; Jes 55,3 S **62,1** Ps 137,5-6

hilft, bis neues Glück für dich aufstrahlt wie die Morgensonne oder wie Fackelschein in der Nacht.

2 Alle Völker werden erfahren, wie der HERR für dich alles zum Guten wendet; alle Könige werden deine Pracht sehen. Der HERR wird dir einen neuen Namen geben, mit dem sie dich von da an nennen. 3 Du wirst zur prächtigen Krone in der Hand deines Gottes.

4 Du wirst nicht länger »die Verstoßene« genannt oder dein Land »die verlassene Frau«. Nein, du wirst »Gottes Liebling« heißen und dein Land »die glücklich Vermählte«! Denn der HERR wendet dir seine Liebe wieder zu und vermählt sich mit deinem Land. 5 Wie ein junger Mann sich mit seinem Mädchen verbindet, so wird sich dein Schöpfer[a] für immer mit dir verbinden. Wie ein Bräutigam sich an seiner Braut freut, so wird dein Gott Freude an dir haben.

6 Ich habe Wächter auf deine Mauern gestellt, Jerusalem! Weder bei Tag noch bei Nacht soll ihr Ruf verstummen. Ihr Wächter seid dazu bestimmt, den HERRN an Jerusalem zu erinnern! Ihr dürft euch keine Ruhe gönnen, 7 und ihr dürft Gott keine Ruhe lassen, bis er Jerusalem wiederhergestellt und so herrlich gemacht hat, daß alle Welt es rühmt.

8 Der HERR hat geschworen, und er hat die Macht, es auszuführen: »Euer Korn sollen nicht mehr Feinde essen, und euren Wein nicht mehr Fremde trinken, die nicht dafür gearbeitet haben. 9 Wer die Ernte einbringt, soll auch das Brot essen, und wer die Trauben liest, soll auch den Wein trinken. Ihr werdet davon im Vorhof* meines Tempels essen und trinken und mich dabei preisen.«

10 Ihr Bewohner Jerusalems, zieht hinaus durch die Tore eurer Stadt! Bahnt einen Weg für das heimkehrende Volk! Baut eine Straße, räumt die Steine aus dem Weg! Richtet ein Zeichen auf, daß die Völker es sehen!

11 Auf der ganzen Erde läßt der HERR ausrufen: »Sagt der Zionsstadt*: ›Deine Hilfe ist nahe! Der HERR kommt, und er bringt das Volk mit, das er befreit hat.‹« 12 Es wird »Gottes heiliges Volk« genannt werden, »das Volk, das der HERR gerettet hat«. Du selbst aber heißt dann »die Stadt, die Gott liebt«, »die Stadt, die er wieder angenommen hat«.

Das Gericht über Edom und alle Völker

63 »Wer kommt da vom Edomiterland*, in grell gefärbter Kleidung aus der Stadt Bozra? Wer bist du, der so stolz einherschreitet in seinem Gewand, erfüllt von unbändiger Kraft?«

»Ich bin's, der Recht schafft und helfen kann!«

2 »Warum ist dein Gewand so rot gefleckt wie bei einem, der in der Kelter* die Trauben zertritt?«

3 »Ganz allein trat ich die Kelter, und niemand aus den Völkern hat mir dabei geholfen. Ich habe sie alle in meinem Zorn zerstampft wie Trauben, ihr Blut ist auf mein Gewand gespritzt. 4 Ich sah, daß die Zeit gekommen war, mein Volk zu befreien und alle seine Feinde zu bestrafen. 5 Ich dachte, es würde mir jemand helfen; aber als ich mich umsah, war keiner bereit. Da habe ich mir selber geholfen; mein Zorn gab mir die Kraft. 6 Ich trat die Völker nieder und zerstampfte sie[b] in meinem Zorn, ihr Blut ließ ich in die Erde fließen.«

Gebet des Volkes um Gottes Eingreifen

7 Ich denke an die Taten des HERRN,
die seinen Ruhm verkünden,
an die Beweise seiner Güte,
die er Israel gegeben hat,
damals in alten Zeiten![c]
Unermeßlich reich ist der HERR
an Liebe und Erbarmen.
8 Er sagte zu sich: »Mein Volk sind sie,
meine Kinder, die mich nicht enttäuschen
werden.«
Darum ist er uns zu Hilfe gekommen.
9 Er hat uns seinen Engel* gesandt
und unserer Not ein Ende gemacht;
denn unsere Bedrängnis machte ihm
selber Not.
Er war voll Liebe und Erbarmen zu uns
und hat uns immer wieder gerettet –
wie ein Vater hat er für uns gesorgt
in so vielen Generationen.

10 Wir aber lehnten uns gegen ihn auf
und kränkten seinen Heiligen Geist*.
So machten wir ihn zu unserem Feind,

a *dein Schöpfer:* vermutlicher Text; H *deine Kinder.*
b *zerstampfte sie:* mit zahlreichen Handschriften; H *machte sie betrunken.*
c *damals ...:* verdeutlichender Zusatz; vgl. Vers 11.

62,2 62,12; 60,14 S; Offb 2,17 **62,4** 54,6; 60,15; Hos 2,21-22 **62,6** 52,8 **62,8-9** 65,21-22 **62,9** Dtn 12,7.17-18 **62,10** 40,3-4 S; 49,22 S **62,11** 40,10 S **63,1-6** 34,5-8; Joël 4,13; Offb 14,19-20; 19,13.15 **63,4** 61,2 S **63,7** Ps 77,12-13 **63,8** Ex 6,7 **63,9** Ex 3,2.10; 14,19; Jes 63,16

er selbst kämpfte gegen sein Volk.
11 Da dachten wir voll Sehnsucht
an die alte Zeit,
als noch Mose in unserer Mitte war.
»Wo ist der Gott«, so klagten wir,
»der einst den großen Hirten seiner Herde
aus dem Wasser des Nilstroms gerettet hat?[a]
Wo ist der Gott, der Mose ausgerüstet hat,
der seinen Heiligen Geist auf ihn gelegt hat
12 und ihm beistand mit seinem
mächtigen Arm?
Der Gott, der das Meer zerteilte
vor seinem Volk,
damit sein großer Name gepriesen wird
in alle Ewigkeit?
13 Der sie über den Meeresgrund führte,
ungefährdet, ohne zu stolpern,
so sicher, wie Pferde die Steppe durchqueren?
14 Wie ein Hirt seine Rinderherde führt,
sie zum Rastplatz bringt im geschützten Tal,
so führte der HERR durch seinen
mächtigen Geist
sein Volk aus der Gefahr
und gab ihm Ruhe und Sicherheit.«

Ja, HERR, so hast du dein Volk geleitet,
damit dein herrlicher Name gepriesen wird!

15 HERR, sieh herab von deinem Himmel,
wo du in Heiligkeit und Hoheit thronst!
Wo ist deine brennende Liebe zu uns?
Wo ist deine unvergleichliche Macht?
Hast du kein Erbarmen mehr mit uns?
Wir spüren nichts davon, daß du uns liebst!
16 HERR, du bist doch unser Vater!
Abraham weiß nichts von uns,
auch Jakob[b] kennt uns nicht;
unsere Stammväter können uns nicht helfen.
Aber du, HERR, bist unser wahrer Vater!
»Unser Befreier* seit Urzeiten« –
das ist dein Name.

17 Warum hast du zugelassen,
daß wir von deinem Weg abwichen?
Warum hast du uns so starrsinnig gemacht,
daß wir dir nicht mehr gehorchten?
Wende dich uns wieder zu!
Wir sind doch deine Diener,
wir sind doch das Volk, das dir gehört!
18 Es war nur für eine kurze Zeit,
daß wir das Land besitzen durften;
nun ist dein Heiligtum von den Feinden
entweiht.
19 Es ist, als wärst du nie unser Herrscher
gewesen,
und als wären wir nicht das Volk,
das du zu deinem Eigentum erklärt hast.[c]

Reiß doch den Himmel auf und komm herab,
daß die Berge vor dir erbeben!
64 Komm plötzlich,
komm mit großer Macht,
wie die Flammen trockenes Reisig ergreifen
und das Wasser im Kessel zum Sieden bringen!
Deine Feinde sollen erfahren, wer du bist;
die Völker sollen vor Angst vergehen.
2 Vollbringe Taten, die uns staunen lassen
und noch unsere kühnste Erwartung
übertreffen!
Komm herab, daß die Berge vor dir erbeben!
3 Noch nie hat man von einem Gott gehört,
der mit dir zu vergleichen wäre;
noch nie hat jemand einen Gott gesehen,
der so gewaltige Dinge tut
für alle, die auf ihn hoffen.

4 Du bist gut zu denen, die gern das Rechte tun,
die an deine Gebote denken und danach
handeln.
Uns aber hat dein Zorn getroffen,
weil wir dir nicht gehorsam waren.
Hilf uns, rette uns!
5 Wir alle sind von Unrecht befleckt;
selbst unsere allerbesten Taten
sind unrein* wie ein schmutziges Kleid.
Wir sind wie verdorrtes Laub,
das der Sturmwind packt und fortwirbelt –
das ist die Strafe für unsere Schuld.
6 Niemand hat dich beim Namen gerufen
und bei dir Hilfe gesucht,
niemand kam zur Besinnung
und hielt sich an dich.
Denn du selbst hattest dich von uns abgewandt,
du gabst uns die Folgen unserer Sünden
am eigenen Leibe zu spüren.

7 Dennoch, HERR: Du bist unser Vater!
Wir sind der Ton, du bist der Töpfer;
wir alle sind von deiner Hand geschaffen.
8 Darum sei nicht so zornig auf uns;

a *der einst ...:* mit einer wichtigen Handschrift und alten Übersetzungen; H *der sie aus dem Meer gerettet hat samt den Hirten seiner Herde.* b Wörtlich *Israel*.*
c Wörtlich *über dem dein Name ausgerufen ist.*

63,11 Ex 2,1-10; Num 11,17 63,12-13 Ex 14,21-29 S 63,15 57,15; Hos 11,8 S 63,16 Ex 4,22 S; Jes 41,14 S; Jer 3,4 S 63,17 6,9-10 63,18 Ps 79,1 S 64,6 Ps 34,22 S 64,7 63,9.16; 45,9 S 64,8 63,8

trag es uns nicht für immer nach,
daß wir uns so schwer vergangen haben.
Wir alle sind dein Volk!
Sieh uns doch freundlich an!
9 Die Städte, die dir gehörten, sind verwüstet;
ein verlassener Trümmerhaufen
ist Jerusalem mit dem Zionsberg*.
10 Unser Tempel wurde ein Raub der Flammen,
die heilige und herrliche Stätte,
an der unsere Vorfahren dich priesen.
Zerstört ist alles, was uns lieb und wert war!

11 Kannst du das alles mit ansehen, HERR?
Rührt es dich gar nicht? Schweigst du dazu?
Läßt du uns vollends zugrunde gehen?

Belohnung der Treuen, Bestrafung der Treulosen

65 Der Herr sagt: »Ich war bereit, diesen
Leuten zu helfen, aber niemand hat
mich um Hilfe gebeten. Ich war für dieses Volk
immer zu finden, aber niemand hat mich ge-
sucht.[a] Obwohl keiner von ihnen meinen Na-
men rief,[b] sagte ich immerzu: ›Ja, ich höre!‹
2 Die ganze Zeit über streckte ich einladend die
Hände aus; aber dieses widerspenstige Volk will
nichts von mir wissen.

Sie folgen ihren eigenen Gedanken und
gehen beharrlich ihre eigenen verkehrten Wege.
3 Fortwährend beleidigen sie mich und reizen
mich zum Zorn. In ihren heiligen Hainen opfern*
sie den Götzen und verbrennen Weihrauch* auf
Ziegelsteinen, 4 sie hocken in Gräbern und über-
nachten in Höhlen,[c] um die Toten zu befragen
und sich von den Geistern Auskunft zu holen.
Sie essen das Fleisch von Schweinen und ande-
ren unreinen* Tieren. 5 Sie sagen zu jedem, der
ihnen begegnet: ›Halt, komm mir nicht zu nah!
Ich bin mit heiligen* Dingen in Berührung ge-
kommen und bringe dich in Gefahr!‹

Diese Leute haben meinen Zorn herausgefor-
dert; er brennt wie ein Feuer, das nicht erlischt.
6 Ihre Vergehen werden nicht vergessen; sie sind
sämtlich bei mir aufgeschrieben. Ich ruhe nicht,
bis ich ihnen alles heimgezahlt habe, 7 ihre eige-
nen Verfehlungen und die ihrer Vorfahren dazu.
Alle, die auf den Bergen und Hügeln Opfer dar-
gebracht und mich damit beleidigt haben, werde
ich bestrafen, wie es ihre Taten verdienen. Ich,
der HERR, sage es.«

8 Weiter sagt der HERR: »Wenn jemand eine
kümmerliche Weintraube findet, sagt man zu
ihm: ›Wirf sie nicht weg, es ist noch etwas Gutes
daran!‹ So will auch ich mein Volk nicht ganz
vernichten; denn es gibt noch Menschen darin,
die mir treu geblieben sind. 9 Es soll auch künftig
Nachkommen Jakobs und Judas geben, denen
das Land als Erbbesitz* zusteht. Die Menschen,
die ich erwählt habe und die mir dienen, sollen
auf meinen Bergen wohnen. 10 In der Scharon-
Ebene werden sie ihre Schafe weiden und im
Achor-Tal ihre Rinder. Das ganze Land gebe
ich meinem Volk, den Menschen, die nach mir
fragen.

11 Ihr anderen aber habt mir den Rücken ge-
kehrt und kommt nicht zu meinem heiligen
Berg. Statt dessen deckt ihr den Schicksalsgöt-
tern Gad und Meni* einen reichen Opfertisch
und füllt ihnen die Krüge mit Wein. 12 Dafür wird
euch euer Schicksal ereilen: Ich gebe euch den
Feinden preis, die euch wie Opfertiere ab-
schlachten werden. Ich habe gerufen, aber ihr
habt nicht geantwortet; ich habe euch gewarnt,
aber ihr habt nicht darauf gehört. Ihr habt es vor-
gezogen, mich zu beleidigen und zu tun, was
mir mißfällt.

13 Darum hört, was ich, der HERR, euch ankün-
dige: Meine Diener, die mir treu geblieben sind,
bekommen zu essen und zu trinken, ihr aber
müßt Hunger und Durst leiden. Sie werden stolz
und glücklich sein, ihr aber werdet in Schande
gestürzt. 14 Sie werden jubeln vor Freude, aber
ihr müßt schreien vor Qual und heulen vor Ver-
zweiflung. 15 Ich werde euch töten, und die
Menschen, die ich erwählt habe und die mir die-
nen, werden eure Namen als Fluchwort* ver-
wenden. Ihnen aber gebe ich neue ehrenvolle
Namen. 16a Wenn dann die Leute sich gegensei-
tig grüßen im Land, grüßen sie sich nur noch ›bei
dem treuen Gott‹, und wenn sie schwören,
schwören sie ›bei Gott, der Treue hält‹.«

a *Ich war für dieses Volk ...:* wörtlich *Ich ließ mich finden von denen, die mich nicht suchten.* Paulus sieht nach Röm 10,20 in dieser paradoxen Aussage über das Verhalten Israels einen Hinweis auf die Bekehrung der übrigen Völker. Das ist möglich, weil er *Ich ließ mich finden* nicht als »Ich wäre zu finden gewesen«, sondern als »Ich wurde gefunden« deutet. Dieselbe Auffassung spricht aus dem folgenden Satz, so wie H ihn versteht (siehe die nächste Anmerkung).

b So mit der Deutung des hebräischen Konsonantentextes durch die alten Übersetzungen; H *Zu einem Volk, das nicht nach meinem Namen genannt war.*

c *in Höhlen:* vermutlicher Text; H *an geheimen Plätzen.* Der Rest des Satzes ist in der Übersetzung zur Verdeutlichung hinzugefügt.

64,11 63,15; Ps 74,10-11 **65,1-2** Röm 10,20-21 **65,3** 1,29S **65,4** Lev 19,31S; 11,7 **65,5a** Ez 44,19; 2Sam 6,6-7 **65,8** Gen 18,26-33 **65,9** 48,1 **65,12** 66,4; Jer 7,13S **65,15** Jer 24,9S; Offb 2,17 **65,16a** Jer 4,2

Das erneuerte Jerusalem – die erneuerte Schöpfung

16b Der HERR sagt:
»Alle Not wird vergessen sein,
ich bereite ihr ein Ende.
17 Alles mache ich jetzt neu:
Einen neuen Himmel schaffe ich
und eine neue Erde.
Dann sehnt sich niemand nach dem zurück,
was früher einmal gewesen ist;
kein Mensch wird mehr daran denken.

18 Freut euch und jubelt ohne Ende
über das, was ich nun schaffe!
Ich mache Jerusalem zur Stadt der Freude,
und seine Bewohner erfülle ich mit Glück.
19 Ich selbst will an Jerusalem wieder
Freude haben
und über mein Volk glücklich sein.

Niemand wird mehr weinen und klagen.
20 Es gibt keine Kinder mehr,
die nur ein paar Tage leben,
und niemand, der erwachsen ist,
wird mitten aus dem Leben gerissen.
Wenn jemand mit hundert Jahren stirbt,
wird man sagen: ›Er war noch so jung!‹
Selbst der Schwächste und Gebrechlichste
wird ein solch hohes Alter erreichen.

21 Sie werden sich Häuser bauen
und auch darin wohnen können.
Sie werden Weinberge pflanzen
und selbst den Ertrag genießen.
22 Sie sollen nicht bauen und pflanzen
und sich lebenslang mühen,
nur damit andere den Gewinn davon haben.
Alt wie Bäume sollen sie werden,
die Menschen in meinem Volk,
und den Lohn ihrer Arbeit selbst genießen!

23 Sie werden sich nicht vergeblich abmühen.
Die Frauen gebären ihre Kinder nicht länger
für eine Zukunft voller Schrecken.
Sie sind mein Volk, ich segne sie;
darum werden sie mit ihren Kindern leben.
24 Noch ehe sie zu mir um Hilfe rufen,
habe ich ihnen schon geholfen.
Bevor sie ihre Bitte ausgesprochen haben,
habe ich sie schon erfüllt.
25 Wolf und Lamm werden dann
gemeinsam weiden,
der Löwe frißt Häcksel wie das Rind,
und die Schlange nährt sich vom Staub
der Erde.
Auf dem Zion*, meinem heiligen Berg,
wird keiner mehr Böses tun und Unheil stiften.
Ich, der HERR, sage es.«

Gott ist nicht irgendein Götze

66 Der HERR sagt: »Der Himmel ist mein
Thron, die Erde mein Fußschemel. Was
für ein Haus wollt ihr da für mich bauen? Wo ist
die Wohnung, in der ich Raum finden könnte?
2 Ich, der HERR, habe mit eigener Hand Himmel
und Erde geschaffen, durch mich ist alles ent-
standen, was es gibt. Aber ich blicke freundlich
auf die Verzagten, die sich vor mir beugen, auf
alle, die mit Furcht und Zittern auf mein Wort
achten.
3 Doch da schlachten sie für mich Rinder –
und zugleich bringen sie Menschenopfer dar.
Sie schlachten für mich Schafe – und zugleich
opfern sie Hunde. Sie bringen mir Speiseopfer* –
und zugleich versprengen sie Schweineblut. Sie
verbrennen für mich Weihrauch* – und zugleich
opfern sie den Götzen. Sie gehen ihre eigenen
Wege und sind begierig auf alles, was mir ein
Greuel ist. 4 Deshalb bin ich begierig, sie ins
Unglück zu stürzen und alles über sie zu brin-
gen, wovor sie zittern. Ich habe gerufen, aber
keiner hat mir geantwortet; ich habe gewarnt,
aber niemand hat darauf gehört. Statt dessen
haben sie mich beleidigt und getan, was mir
mißfällt.«

Trost für Jerusalem

5 Hört, was der HERR euch sagt, ihr alle, die ihr
mit Furcht und Zittern auf sein Wort achtet:
»Weil ihr zu mir haltet, werdet ihr von Leuten
aus eurem eigenen Volk gehaßt und wie Ausge-
stoßene behandelt. Sie spotten: ›Der HERR soll
doch seine Zusagen wahr machen! Wir möchten
gerne erleben, wie ihr euch freut!‹ Aber sie täu-
schen sich!
6 Horcht, von der Stadt her schallt Kampf-
getümmel, vom Tempel* her Kriegslärm! Der
HERR vollstreckt das Strafgericht an seinen Fein-
den!
7–8 Hat man es schon erlebt, daß ein Kind ge-
boren wurde, bevor die Mutter in Wehen kam?

65,16b-25 60,1-22 S **65,17** 43,18-19; 46,8; 66,22; Offb 21,1 S **65,18-19** 35,10 S **65,20** Sach 8,4-5 **65,21-22** 62,8-9; Dtn 28,30; Ps 128,2 **65,24** 30,19; 58,9 **65,25** 11,6-9 S; Gen 3,14 **66,1-2** 57,15 S **66,3** 57,5; 65,4 **66,4** 65,12 S **66,7-8** 49,20-21; 60,22

Hat man erlebt, daß ein Volk auf *einen* Schlag geboren, daß ein menschenleeres Land an *einem* Tag bevölkert wurde? Genau das wird geschehen: Die Mutter Zion* wird Kinder bekommen, noch ehe sie etwas davon merkt. 9 Meint ihr, ich, der HERR, werde etwas anfangen und nicht zu Ende führen? Werde ich die Geburt einleiten und das Kind dann stecken lassen, ich, euer Gott?

10 Freut euch mit der Zionsstadt, jubelt über ihr Glück, ihr alle, die ihr sie liebt und denen ihr Leid zu Herzen geht! 11 Sie wird euch teilgeben an der Fülle ihrer Herrlichkeit; ihr werdet an ihrer Mutterbrust saugen und mit Glück gesättigt werden. 12 Ich, der HERR, verspreche: Ich schenke der Zionsstadt Frieden und Wohlstand; der Reichtum der Völker wird ihr zufließen wie ein nie versiegender Strom. Ihr werdet an ihren Brüsten saugen, ihr werdet euch fühlen wie Kinder, die auf dem Arm getragen und auf den Knien gewiegt werden.

13 Ich werde euch trösten, wie eine Mutter tröstet. Das Glück Jerusalems wird euch glücklich machen. 14 Wenn ihr das erlebt, werdet ihr voll Freude sein; neuer Lebensmut wird in euch erwachen, so wie im Frühling das frische Grün sproßt.«

Ja, der HERR zeigt seine rettende Macht an denen, die ihm treu sind; aber seine Feinde bekommen seinen Zorn zu spüren. 15 Denn der HERR kommt und läßt Feuer auf sie herabfallen; sturmgepeitschte Wolken sind seine Streitwagen*, feurige Blitze schleudert er in seinem glühenden Zorn. 16 Mit dem flammenden Schwert vollzieht er sein Strafgericht auf der ganzen Erde; viele liegen erschlagen. 17 »Alle, die sich um eine Götzenpriesterin scharen und an den Opferfeiern in den heiligen Hainen teilnehmen – sagt der HERR –, werden vernichtet, sie alle, die Schweine, Mäuse und andere unreine* Tiere essen. 18a Ich weiß genau, was sie da treiben!«

Alle Völker ehren den Gott Israels

18b Der HERR sagt: »Die Zeit kommt, daß ich die Menschen aller Völker und Sprachen versammle. Sie alle werden zu mir kommen und meine Herrlichkeit* sehen. 19 Ich werde ein Zeichen unter ihnen aufrichten und Boten zu ihnen senden – Menschen aus allen Völkern, die sich mir angeschlossen haben. Zu den fernsten Küsten sende ich meine Boten, nach Tarschisch, Put und Lud, nach Meschech, Tubal und Jawan.[a] Unter den Völkern, die noch nichts von mir gehört und meine herrlichen Taten nicht gesehen haben, sollen sie meinen Ruhm bekanntmachen.

20 Wenn sie zurückkehren, werden sie alle eure Brüder und Schwestern[b] mitbringen, die noch unter den Völkern zerstreut sind. Auf Pferden, Maultieren und Dromedaren, in Wagen und Sänften werden dann aus aller Welt die Zerstreuten meines Volkes zu meinem heiligen Berg nach Jerusalem gebracht werden, als eine Opfergabe der Völker für mich, den HERRN – so wie ihr Israeliten eure Speiseopfer* in reinen* Gefäßen zu meinem Tempel* bringt. 21 Selbst aus den anderen Völkern werde ich Menschen als Priester* und Leviten* zum Dienst an meinem Heiligtum bestimmen.

22 Wie der neue Himmel und die neue Erde, die ich schaffe, durch meine Schöpfermacht für immer bestehen bleiben, so werdet auch ihr als Volk niemals untergehen. Ich, der HERR, sage es euch zu.

23 Jeden Neumond* und Sabbat* werden die Bewohner der ganzen Erde zu meinem Heiligtum kommen und sich vor mir, dem HERRN, niederwerfen. 24 Danach werden sie vor die Stadt hinausgehen und voller Abscheu die Leichen der Menschen betrachten, die sich gegen mich aufgelehnt hatten. Deren Qual nimmt kein Ende, sie brennen in ewigem Feuer.«

a *Jawan* ist Jonien (= das von Griechen besiedelte Kleinasien mit den ägäischen Inseln); zu den übrigen Namen siehe die Sacherklärungen. *Put und Meschech* nach G; H *Pul und die den Bogen spannen.*
b Wörtlich *Brüder**.

66,10 Ps 122,6 **66,12** 60,5 S **66,13** 49,15 **66,15** Ps 50,3 S **66,16** Jer 25,30-31; Offb 19,15 **66,17** 1,29 S; Lev 11,1-23 **66,18b-19** 2,2-3 S; 55,5 S; Sach 2,15; Jes 56,8 **66,20** 60,4 S **66,22** 65,17 S **66,23** Ps 96,7-10 S **66,24** Jdt 16,17

DER PROPHET JEREMIA

Inhaltsübersicht

Das Buch Jeremia

1 In diesem Buch ist aufgeschrieben, was Jeremia verkündet und erlebt hat. Er war der Sohn von Hilkija und gehörte zur Priesterschaft von Anatot, einem Dorf im Gebiet des Stammes Benjamin. 2 Das Wort des HERRN erging zum erstenmal an ihn im 13. Regierungsjahr des Königs Joschija von Juda, des Sohnes Amons, 3 und es erging an ihn weiterhin während der Regierungszeit von Joschijas Sohn Jojakim und dann bis zum Ende der Regierungszeit von Joschijas Sohn Zidkija, als im 5. Monat von dessen elftem Regierungsjahr die Bevölkerung Jerusalems in die Verbannung* geführt wurde.

DAS GERICHT GOTTES ÜBER JERUSALEM UND JUDA (1,4–25,14)

Jeremia wird zum Propheten berufen

4 Das Wort des HERRN erging an mich, er sagte zu mir: 5 »Noch bevor ich dich im Leib deiner Mutter entstehen ließ, hatte ich schon meinen Plan mit dir. Noch ehe du aus dem Mutterschoß kamst, hatte ich bereits die Hand auf dich gelegt. Denn zum Propheten* für die Völker habe ich dich bestimmt.«

6 Ich wehrte ab: »Ach, Herr, du mein Gott! Ich kann doch nicht reden, ich bin noch zu jung!«

7 Aber der HERR antwortete mir: »Sag nicht: ›Ich bin zu jung!‹ Geh, wohin ich dich sende, und verkünde, was ich dir auftrage! 8 Hab keine Angst vor Menschen, denn ich bin bei dir und schütze dich. Das sage ich, der HERR.«

9 Dann streckte der HERR seine Hand aus, berührte meine Lippen und sagte: »Ich lege meine Worte in deinen Mund. 10 Von heute an hast du Macht über Völker und Königreiche. Reiße aus und zerstöre, vernichte und verheere, baue auf und pflanze an!«

11 Wieder erging das Wort des HERRN an mich, und er sagte: »Was siehst du, Jeremia?«

Ich antwortete: »Einen *Wacholderzweig*!«[a]

12 »Du hast richtig gesehen«, sagte der HERR, »ich *wache* darüber, daß geschieht, was ich dir sage.«

13 Und noch einmal erging das Wort des HERRN an mich, er sagte: »Was siehst du?«

Ich antwortete: »Einen dampfenden Kessel, dessen Rand sich von Norden her gegen mich neigt.«

14 »Du hast richtig gesehen«, sagte der HERR, »so ergießt sich von Norden* her Unheil über alle Bewohner dieses Landes. 15 Hör, was ich dir sage: Ich rufe alle Völker des Nordens! Ihre Könige sollen kommen und ihre Throne rings um die Mauern Jerusalems und um die Mauern aller anderen Städte in Juda aufstellen. 16 Dann will ich mein Urteil über die Leute von Juda sprechen und sie strafen für alles Böse, das sie getan haben. Denn sie haben mich verlassen und haben anderen Göttern geopfert; sie haben sich Götzenbilder gemacht und sie angebetet.

17 Du aber fasse Mut, tritt vor sie hin und verkünde ihnen alles, was ich dir auftrage! Erschrick nicht vor ihnen, sonst sorge ich dafür, daß du wirklich vor ihnen erschrecken mußt! 18 Ich gebe dir Kraft, damit du dastehst wie eine Festung, wie eine eiserne Säule, wie eine stahlharte Mauer. Das ganze Land wirst du gegen dich haben, die Könige, die Beamten, die Prie-

a Im Hebräischen liegt in Vers 11-12 ein Wortspiel zwischen *schaked* (Mandelbaum) und *schoked* (wachend sein) vor. Der Mandelbaum blüht im Frühjahr als erster und scheint im Winter sozusagen gar nicht »geschlafen« zu haben. Die Übersetzung versucht, das Wortspiel wiederzugeben.

1,1 11,21-22 **1,2** 2 Kön 22,1–23,30 **1,3** 2 Kön 23,36–25,21 **1,5** Jes 49,1 **1,6-7** Ex 4,10-12; Ri 6,15-16 **1,8** 15,20; 30,11; 42,11 **1,9** Jes 6,7; Ez 2,8–3,3; Dan 10,16 **1,10** 1,5; 25,15-38; 46,1–51,64; Jes 42,1; (ausreißen–anpflanzen) Jer 18,7.9; 24,6; 31,28; 42,10; Am 9,15; Ez 36,36; Sir 49,7 **1,11** 24,3; Am 7,8; 8,2; Sach 4,2; 5,2 **1,14** (Norden) 4,6; 6,1.22; 10,22; 25,9; 46,20.24; 47,2; 50,3.41; Ez 38,15 S **1,16** 2,13 S **1,18-19** 15,20

ster* und die Männer von Juda. 19 Sie werden
gegen dich kämpfen, aber sie werden dich nicht
bezwingen, denn ich bin bei dir und schütze
dich. Das sage ich, der HERR.«

Israel, das treulose Volk

2 Das Wort des HERRN erging an mich, er
sagte: 2 »Geh und verkünde vor allen Leuten
in Jerusalem: ›So spricht der HERR: Ich erinnere
mich, Israel, wie vertrauensvoll du mir zugetan
warst in deiner Jugend, wie du mich liebtest
in deiner Brautzeit. Du bist mir gefolgt in der
Wüste, im Land, wo nichts wächst. 3 Damals
hast du mir allein gehört, wie die erste Frucht*
des Ackers. Wer sich an dir vergriff, machte sich
schuldig und wurde bestraft!‹«

4 Hört das Wort des HERRN, ihr Nachkommen
Jakobs, all ihr Sippen Israels! 5 So spricht der
HERR: »Was hatten eure Vorfahren an mir aus-
zusetzen, daß sie sich von mir abwandten, nich-
tigen Götzen nachliefen und so selbst zunichte
wurden? 6 Sie fragten nicht: ›Wo ist der HERR
zu finden? Er hat uns doch aus Ägypten heraus-
geführt und hat uns in der Wüste sicher den
Weg gewiesen, in dürren Steppen und finsteren
Schluchten, in einem Land, das niemand be-
wohnt und niemand durchwandert.‹

7 Ja, ich war es, ich brachte euch in ein frucht-
bares Land, um euch mit all den Köstlichkeiten
zu speisen, die es hervorbringt. Aber kaum wart
ihr dort, habt ihr mein Land verdorben und mir
mein Eigentum zum Abscheu gemacht.

8 Eure Priester* fragten nicht nach mir; die
Leute, die Weisungen gaben, kannten mich
nicht. Die Führer des Volkes lehnten sich gegen
mich auf, und die Propheten* redeten im Namen
Baals*. Alle beteten zu Göttern, die nicht helfen
können. 9 Darum muß ich, der HERR, euch an-
klagen, und auch gegen eure Kinder und Enkel
werde ich Klage erheben.

10 Fahrt doch übers Meer zu den Inseln im
Westen und seht euch dort um! Oder schickt
eure Abgesandten zu den Völkern des Ostens[a]
und erkundigt euch, ob irgendwo etwas Ähn-
liches geschehen ist! 11 Hat je ein Volk seine Göt-
ter ausgewechselt? Und die sind nicht einmal
Götter! Mein Volk aber hat mich ausgetauscht
gegen Götter, die ihm nicht helfen können; und
dabei hatte es doch meine ganze Herrlichkeit
gesehen.

12 Himmel, erschrick darüber«, sagt der HERR,
»schaudere, bebe vor Entsetzen! 13 Mein Volk
hat doppeltes Unrecht verübt: Mich, die Quelle
frischen Wassers, hat es verlassen, und statt des-
sen gräbt es sich Löcher für Regenwasser, die
auch noch rissig sind und das Wasser nicht
halten.«

Selbstverschuldeter Sturz

14 Der HERR sagt: »Israel, du bist doch kein
Sklave. Und schon gar nicht ein geborener
Sklave, für den es keine Befreiung gibt! Wie
konnte es dann so weit kommen? Warum haben
deine Feinde dich niedergeworfen? 15 Brüllend
wie hungrige Löwen fielen sie über dich her.
Dein Land ist verwüstet, deine Städte sind ver-
brannt und menschenleer. 16 Und nun werden
auch noch die Ägypter, die Männer von Memfis
und Tachpanhes, kommen und dir den Kopf
kahlscheren!

17 Das hast du dir selbst zuzuschreiben, Volk
Israel! Ich, der HERR, dein Gott, ging dir voraus
und wollte dich führen, doch du hast dich von
mir abgewandt. 18 Was nützt es dir jetzt, nach
Ägypten zu laufen, um das Wasser des Nils zu
trinken? Was nützt es dir jetzt, nach Assyrien*
zu laufen, um das Wasser des Eufrats zu trinken?
19 Dich trifft die Strafe für deine eigene Bosheit;
es rächt sich, daß du mir den Rücken gekehrt
hast. Sieh doch ein, wieviel Leid und Unglück es
bringt, dem HERRN, deinem Gott, davonzulaufen
und ihn nicht mehr ernst zu nehmen!« Das sagt
der HERR, der Herrscher über die ganze Welt.[b]

Juda ist dem Baals-Dienst verfallen

20 Der HERR sagt: »Von jeher wolltest du mir nicht
dienen; es war dir eine Plage und lästige Pflicht.
›Ich will endlich frei sein‹, sagtest du – und leg-
test dich hin wie eine Hure auf jeder Anhöhe,
unter jedem grünen Baum.

21 Ich hatte dich als edle Rebe gepflanzt; du
warst ein gutes, erlesenes Gewächs. Aber was
ist nun aus dir geworden? Ich sehe nur noch die
wuchernden Ranken eines verwilderten Wein-
stocks, den ich nicht mehr wiedererkenne.

22 Du kannst dich waschen, soviel du willst,
selbst mit der schärfsten Lauge – der Schmutz

a *zu den Inseln im Westen ... zu den Völkern des Ostens:* wörtlich *zu den Inseln der Kittäer* ... nach Kedar** (vgl. Jes 42,11; Ez 27,21).
b Wörtlich *der Herr, der HERR Zebaot**.

2,2 Dtn 2,7; Hos 2,17; 13,5 **2,3** Ex 23,19 S **2,8** 5,31; 18,18; Klgl 4,13 **2,11** Röm 1,23 S **2,13** 1,16; 2,17.19; 5,7.19; 16,11; 17,13 **2,15** 4,7 **2,18** 2,36-37; 17,5; Jes 30,1-7 S; Ez 29,6-7; Hos 5,13 S **2,20** (Hurerei = Götzendienst) 2,23-25; 3,1-2.6.9.13; 13,27; Jes 1,21; 57,5-8; Ez 16,23; Hos 1,2 S **2,21** (Weinstock) 5,10; 6,9; 12,10; Ps 80,9 S; Ez 15,1-8 S; Hos 10,1 **2,22** 17,1 S

deiner Schuld bleibt mir immer vor Augen«, sagt
Gott, der Herr.
23 »Wie kannst du behaupten: ›Ich bin doch
nicht schmutzig; mit den Baalen* hatte ich
nichts zu schaffen!‹ Sieh doch dein Treiben im
Tal; mach dir klar, was du getan hast! Wie eine
flinke junge Kamelstute in der Brunstzeit läufst
du hierhin und dorthin. 24 Du bist wie eine Wild-
eselin, die alle Fährten in der Wüste kennt; vor
lauter Gier schnappt sie nach Luft und ist von
niemand festzuhalten. Die Hengste brauchen
nicht lange nach ihr zu suchen; zur Brunstzeit
läßt sie sich gerne von ihnen finden.
25 Israel, gib acht, du läufst dir noch die Schuh-
sohlen durch, und vom vielen Umherrennen
trocknet dir die Kehle aus! Aber du sagst: ›Halt
mich nicht auf, es hat keinen Zweck! Ich liebe
die Fremden und muß ihnen nach!‹«

Der Gott Israels ist kein Lückenbüßer

26 Der HERR sagt: »Wie ein ertappter Dieb sich
schämen muß und von allen verachtet wird, so
ergeht es jetzt euch Leuten von Israel samt
euren Königen und hohen Beamten, Priestern*
und Propheten*! 27 Von mir habt ihr euch völlig
abgewandt; aber zu Holzfiguren sagt ihr: ›Du
bist mein Vater‹, zu Bildern aus Stein: ›Du bist
die Mutter, die mich geboren hat‹.
Wenn euch jetzt das Unglück trifft, schreit ihr:
›HERR, komm und rette uns!‹ 28 Wo sind denn
eure Götter, die ihr euch zurechtgemacht habt?
Sie sollen kommen und zusehen, ob sie euch
retten können! Sie sind ja so zahlreich; es gibt
davon ebenso viele wie Städte in Juda!
29 Warum – sagt der HERR – klagt ihr *mich* an?
Ihr wolltet doch von mir nichts mehr wissen!
30 Vergeblich habe ich euch geschlagen; ihr habt
keine Lehre angenommen. Euer Schwert wütete
unter den Propheten, die ich zu euch schickte,
als wäre es ein hungriger Löwe!«

Juda hat seinen Gott vergessen

31 Der HERR sagt: »Volk Israel, achte auf das, was
ich dir sage! Bin ich für dich denn eine Wüste ge-
wesen oder ein Land, in dem es nie Tag wird?
Warum sagst du: ›Wir wollen mit dir nichts mehr
zu tun haben, wir kommen nicht wieder zu dir
zurück‹?
32 Kann ein Mädchen seinen Schmuck verges-
sen oder die Braut den prächtigen Gürtel ihres
Hochzeitskleides? Aber du hast mich vergessen,
schon seit vielen, vielen Jahren!«

Baals-Dienst und verwilderte Rechtspflege

33 Der HERR sagt: »In der Jagd nach Liebhabern
bist du unübertrefflich. Deshalb merkst du es gar
nicht mehr, wenn du Verbrechen begehst. 34 So-
gar das Blut unschuldiger Menschen klebt am
Saum deiner Kleider, das Blut armer Leute – und
du kannst dich nicht damit herausreden, daß du
sie beim Einbruch ertappt hast!
Der Fluch all dieser Taten wird dich treffen!
35 Und da wagst du noch zu sagen: ›Ich bin frei
von Schuld; der HERR ist ja gar nicht mehr zornig
auf mich!‹ Darum mache ich dir den Prozeß!«

Kein Bündnis kann Juda retten

36 Warum hast du es so eilig, den Bündnispartner
zu wechseln? Ägypten hilft dir so wenig wie
Assyrien*! 37 Auch von dort kommst du ent-
täuscht und ratlos zurück! Denn der HERR hat die
Mächte verworfen, auf die du deine Hoffnung
setzt. Du wirst mit ihnen kein Glück haben!

Juda begreift nicht die Schwere seines Vergehens

3 Der HERR sagt: »Wenn ein Mann seine Frau
verstoßen hat und sie ist die Frau eines
anderen geworden, dann darf er sie später nicht
wieder als seine Frau annehmen. Das Land, in
dem so etwas geschieht, würde dadurch ent-
weiht. Du aber hast dich mit zahllosen Lieb-
habern abgegeben und willst zu mir zurück?
2 Auf welchem der Berge ringsum hast du nicht
schon mit Männern gelegen? An den Wegen
hast du gesessen und auf sie gewartet, wie die
Araber an den Wüstenstraßen auf Beute lauern.
Du hast das Land entweiht durch deine Hure-
rei*. 3 Darum fiel auch kein Regen*, im Herbst
nicht und auch nicht im Frühjahr. Aber wie eine
richtige Hure hast du dich geweigert, deine
Schande einzugestehen. 4 Ja, du wagtest es so-
gar, mir zu sagen: ›Du bist mein Vater; solange
ich lebe, liebst du mich schon; 5 du wirst mir
doch nicht für immer böse sein?‹
Das sagtest du und bliebst bei deinem ver-
kommenen Treiben und brachtest es darin zur
Meisterschaft.«

Die beiden ehebrecherischen Schwestern

6 Während der Zeit, als König Joschija regierte,
sagte der HERR zu mir: »Hast du gesehen, was
Israel,[a] diese treulose Frau, getan hat? Sie hat
sich von mir abgewandt, ist auf jede Anhöhe ge-

a Mit *Israel* ist hier und in den Versen 10 und 11 das Nordreich gemeint.

2,23 7,31 **2,27** 3,4 S; 3,9 **2,28** 11,12-13; Dtn 32,37-38 **2,30** 5,3 S **2,34** Ex 22,1 **2,36-37** 2,18 S **3,1-2** 2,20 S **3,1** Dtn 24,1-4 **3,2** 3,9; 2,7; Jes 24,5 **3,3** 5,24-25; 14,4; Dtn 28,23-24 **3,4** 2,27; 3,19; 31,9; Jes 63,16 **3,6** 1,2 S; 2,20 S

stiegen und hat sich unter jeden grünen Baum gelegt, um Unzucht* zu treiben. 7 Da dachte ich: ›Wenn sie genug davon hat, kehrt sie bestimmt wieder zu mir zurück.‹ Aber sie kehrte nicht zurück.

Ihre treulose Schwester Juda sah das mit an, 8 und sie sah[a] auch, wie ich ihrer Schwester Israel als Strafe für ihr ehebrecherisches Treiben die Scheidungsurkunde* gab und sie wegschickte. Aber das schreckte sie nicht ab. Im Gegenteil, sie fing selber an, Unzucht zu treiben. 9 Durch ihre schamlose Hurerei hat sie das Land entweiht. Steine und Holz hat sie angebetet und so Ehebruch getrieben.

10 Und nach all dem ist Juda, die treulose Schwester Israels, nicht wieder zu mir zurückgekehrt – mit dem Herzen nicht, nur mit leeren Worten.« Das sagt der HERR.

Für die Verbannten aus dem Reich Israel steht die Rückkehr offen

11 Der HERR sagte zu mir: »Das abtrünnige Israel[b] kann noch eher vor mir bestehen als das treulose Juda.«

12 Deshalb befahl er mir, in Richtung Norden zu rufen: »Der HERR sagt: ›Kehre wieder zurück, Israel, ich will nicht mehr zornig auf dich sein! Denn ich bin gütig und trage nicht ewig nach. 13 Doch sieh ein, daß du dich schuldig gemacht hast. Du bist mir untreu geworden, mir dem HERRN, deinem Gott, und bist den fremden Göttern nachgelaufen; unter jedem grünen Baum hast du dich ihnen hingegeben. Aber auf mich hast du nicht mehr gehört.‹«

Hoffnung für Juda über die Katastrophe hinaus

14 Der HERR sagt: »Kommt zurück, ihr davongelaufenen Kinder, denn nach wie vor gehört ihr mir! Aus jeder eurer Städte und Sippen werde ich einen oder zwei nehmen und sie zum Zionsberg* bringen. 15 Da werde ich euch Hirten geben, wie ich sie haben will, die euch mit Einsicht und Verstand regieren.«

16 Und weiter sagt der HERR: »Wenn ihr euch dann wieder vermehrt und das ganze Land besiedelt, wird kein Mensch mehr fragen: ›Wo ist die Bundeslade* des HERRN?‹ Keinem kommt sie mehr in den Sinn. Niemand denkt mehr an sie, niemand vermißt sie, und niemand macht eine neue. 17 Denn ganz Jerusalem ist dann mein Thron. Alle Völker kommen und versammeln sich dort bei mir. Sie werden nicht mehr tun, was ihr eigensinniges und böses Herz ihnen eingibt.

18 Ihr Leute von Juda werdet euch dann den Leuten von Israel anschließen und zusammen mit ihnen aus dem Land im Norden* zurückkehren in das Land, das ich euren Vorfahren als bleibenden Besitz gegeben habe.«

Judas Undank und Untreue

19 Der HERR sagte: »Ich war entschlossen, dir eine Ehrenstellung unter den Völkern zu geben. Ein herrliches Land, das herrlichste, das die Völker kennen, sollte für immer dir gehören. Und ich dachte, du würdest mich Vater nennen und dich nie von mir abwenden. 20 Aber wie eine Frau, die einen Liebhaber findet und ihrem Mann untreu wird, so hast du, Israel, mir die Treue gebrochen.«

Klage Judas und Aufruf Gottes zur Umkehr

21 Auf den kahlen Höhen der Berge hört man klagende Stimmen. Die Leute von Israel weinen und flehen um Erbarmen. Sie haben den HERRN, ihren Gott, vergessen und sind vom rechten Weg abgeirrt. 22 Der HERR aber sagt: »Kommt zu mir zurück, ihr davongelaufenen Kinder, ich bringe alles zwischen euch und mir wieder in Ordnung!«

Ja, HERR, wir kommen zu dir zurück, denn du bist unser Gott! 23 Das Rufen und Schreien zu den Götzen auf den Bergen und Hügeln kann uns nicht helfen; nur du, unser Gott, bringst Israel Hilfe. 24 Der schändliche Baal* hat alles gefressen, was unsere Vorfahren erworben hatten. So weit wir zurückdenken können, frißt er unsere Schafe und Rinder und unsere Söhne und Töchter. 25 In Schande liegen wir da, und Schmach bedeckt uns. Wir haben uns gegen dich, unseren Gott, vergangen. So war es von jeher, und so ist es bis heute geblieben. Wir haben nicht auf dich gehört.

4 »Wenn du umkehrst, Israel, dann darfst du zu mir zurückkommen; wenn du deine abscheulichen Götzen wegschaffst, dann sollst du bei mir wieder Geborgenheit finden. 2 Wenn du

a *sie sah:* vermutlicher Text; H *ich sah.*

b Gemeint ist das damals schon untergegangene Nordreich Israel*, dessen Oberschicht nach Assyrien (Vers 12: *in Richtung Norden*) ins Exil* geführt worden war.

3,8 2 Kön 17,5-6; Dtn 24,1 **3,9** 2,27 S **3,11** 23,13-14 **3,12** Ps 103,9 S; Klgl 3,31-32 **3,13** 2,20 S; 17,2-3; 1 Kön 14,23; 2 Kön 16,4; 17,10; Ez 6,13 **3,15** 10,21 S **3,16** 2 Makk 2,5-7 **3,17** (Thron) 14,21; 17,12; Ez 43,7; Offb 22,3; (Völker) Jer 12,16; Jes 2,2-3 S **3,18** 16,15; 50,4; Jes 11,11-12 S; Ez 37,15-28; Sach 10,6 **3,19** 3,4 S; Ez 20,6 **3,23** 14,8; Jes 43,3 S **3,24** 7,31 **3,25** Esra 9,6-7 **4,2** 5,2; 12,16; 44,26

beim Schwören sagst: ›So gewiß der HERR lebt‹,
und dabei ehrlich und rechtschaffen bist und zu
deinem Wort stehst, dann werden auch die an-
deren Völker von mir Glück und Segen erwarten
und werden stolz sein, mich zu kennen.«
3 Ja, dies sagt der HERR dem Volk von Juda und
den Bewohnern Jerusalems: »Pflügt den Acker
völlig um, statt unter die Dornen zu säen! 4 Be-
schneidet* euch so, wie es mir gefällt, nämlich
an euren Herzen. Schafft weg, was euch von mir
trennt. Sonst kommt mein Zorn über euch und
brennt wie ein Feuer. Dann hilft kein Löschen
mehr; ihr habt zuviel Böses getan!«

Jeremia sieht schon den Feind heranziehen

5 Blast überall im Land das Signalhorn, ruft
aus vollem Hals, sagt zu den Leuten von Juda
und Jerusalem: »Sammelt euch! Bringt euch in
Sicherheit! Auf, los! Hinein in die befestigten
Städte! 6 Stellt Wegweiser auf: ›Nach Zion*!‹ Vor-
wärts! Bleibt nicht stehen!« Denn der HERR sagt:
»Ich bringe Tod und Verderben über euch, ich
führe den Feind aus dem Norden* herbei!«
7 Der Völkerwürger hat sich aufgemacht. Wie
ein Löwe hat er sich von seinem Lager erhoben,
er ist unterwegs, eure Heimat zu einem Trüm-
merfeld zu machen, eure Städte zu zerstören
und zu entvölkern. 8 Darum zieht den Sack* an,
klagt und heult: »Der HERR ist immer noch zor-
nig auf uns!«
9 »Der Tag kommt«, sagt der HERR, »da vergeht
dem König und seinen Beratern der Mut. Die
Priester* sind entsetzt und die Propheten* ver-
stört. 10 Sie werden[a] klagen: ›Herr, unser Gott,
du hast dieses Volk und Jerusalem schwer be-
trogen! Du hast Frieden angekündigt, aber jetzt
haben wir das Schwert im Nacken.‹
11 Dann werde ich zu diesem Volk und zu
Jerusalem sagen: ›Ein Glutwind stürzt sich von
den Bergen der Wüste auf euch herab, kein
Wind, mit dessen Hilfe ihr nach dem Dreschen
die Spreu vom Getreide trennen könnt;[b] 12 dazu
ist er zu heftig! Ein Sturm ist es, und er kommt
auf meinen Befehl; denn ich will jetzt das Ge-
richtsurteil über euch sprechen.‹«

Gibt es noch Rettung?

13 Seht doch: Wie Wetterwolken kommen die
Feinde heran! Ihre Streitwagen* gleichen einem
heranbrausenden Sturm, ihre Pferde sind
schneller als Adler. Es ist aus mit uns, wir sind
verloren!
14 Jerusalem, wasche deine Bosheit von dei-
nem Herzen ab, damit du gerettet wirst! Wie
lange willst du dich noch mit bösen Gedanken
abgeben?
15 Hört doch: Boten bringen schlechte Nach-
richten aus Dan und dem Bergland von Efraïm!
16 Sie warnen die Völker ringsum. Sie sagen zu
Jerusalem: »Feinde aus einem fernen Land sind
im Anmarsch und erheben gegen die Städte
von Juda ihr Kriegsgeschrei.«
17 Die Feinde umstellen Juda und Jerusalem
wie Männer, die ein Feld bewachen. Der HERR
schickt sie, weil dieses Volk sich gegen ihn auf-
gelehnt hat. 18 Euer Tun und Treiben hat euch
dies eingebracht, ihr Leute von Juda! Eure Bos-
heit hat euch in dieses bittere Leid gestürzt. Sie
ist das Schwert, das euch das Herz durchbohrt.

Jeremia muß Vernichtung ankündigen

19 Diese Qual in meinen Eingeweiden! Ich winde
mich vor Schmerzen. Mein Herz klopft, daß es
fast zerspringt. Ich kann nicht mehr schweigen!
Ich höre Kriegshörner* und Schlachtrufe. 20 Von
überall her meldet man Niederlagen und Zer-
störungen, das ganze Land wird verwüstet.
Plötzlich sind unsere Zelte umgestürzt, die Zelt-
decken zerfetzt. 21 Wie lange muß ich noch die
Feldzeichen der Feinde sehen und das Dröhnen
ihrer Kriegshörner hören?
22 Der HERR sagt: »Mein Volk ist dumm und
verbohrt. Sie kennen mich nicht, unverständig
wie Kinder sind sie, ohne Einsicht. Sie wissen
genau, wie man Böses tut, aber wie man Gutes
tut, geht über ihren Verstand.«
23 Ich sah die Erde an – ein wüstes Chaos! Ich
blickte zum Himmel hinauf – da leuchtete kein
Stern mehr! 24 Ich sah hinüber zu den Bergen –
sie wankten, und alle Hügel bebten. 25 Ich sah
nach den Menschen – da war keiner mehr; auch
die Vögel waren fortgeflogen. 26 Ich sah nach
dem fruchtbaren Land – es war zur Wüste ge-
worden, alle Städte lagen in Trümmern, zerstört
durch den glühenden Zorn des HERRN.
27 Denn der HERR sagt: »Das ganze Land soll
zur Wüste werden – aber völlig vernichten will
ich es nicht.« 28 Auch wenn die Erde darüber
klagt und der Himmel sich vor Trauer verfinstert:
Der HERR hat es gesagt und nimmt es nicht

a *Sie werden:* mit einer wichtigen Handschrift und alten Übersetzungen; H *Ich werde.*
b *mit dessen Hilfe …:* wörtlich *zum Worfeln*.

4,3 Hos 10,12 **4,4** Dtn 10,16 **4,5** 4,19.21; 6,1; 51,27; Hos 5,8 **4,6** 1,14 S **4,7** 2,15; 5,6; 25,38; 49,19; 50,44 **4,10** 14,13 **4,14** Jes 1,16 **4,19** 4,5 S **4,27** 5,10.18; 30,11; 46,28

zurück; er hat seinen Beschluß gefaßt, und dabei
bleibt es.
29 Vor dem Lärm der Reiter und Bogenschüt-
zen sind alle Bewohner des Landes geflohen, sie
haben sich in Höhlen verkrochen,[a] im Dickicht
versteckt, sind auf Felsen geklettert. Alle Städte
sind verlassen, kein Mensch wohnt mehr darin.
30 Und was machst du, Jerusalem? Du bist
schon dem Untergang geweiht und putzt dich
noch mit leuchtend roten Kleidern heraus,
behängst dich mit Goldschmuck und bemalst dir
die Augenränder? Das wird dir nichts mehr nüt-
zen. Deine Liebhaber haben dich satt; sie wollen
dir jetzt ans Leben!
31 Ich höre einen Schrei wie von einer Frau,
die zum ersten Mal in Wehen liegt. Es ist die
Stimme der Zionsstadt*. Sie ringt nach Atem und
schreit, verzweifelt streckt sie die Hände aus:
»Hilfe! Sie bringen mich um!«

Zwiegespräch zwischen Gott und dem Propheten

5 Der Herr sagt: »Geht doch durch die
Straßen Jerusalems und macht eure Augen
auf; seht euch auf allen Plätzen um! Wenn ihr
dort nur einen einzigen findet, der das Rechte
tut und auf den man sich verlassen kann, dann
werde ich die Schuld der ganzen Stadt vergeben.
2 Aber wenn in Jerusalem jemand bei meinem
Namen schwört, dann ist es bestimmt ein Mein-
eid!«
3 Doch dir, Herr, kommt es auf Treue und Zu-
verlässigkeit an! Du hast dieses Volk geschlagen,
aber es hat sich nichts daraus gemacht. Du hast
es fast vernichtet, aber es wollte nicht daraus ler-
nen. Sie blieben bei ihrem Starrsinn und weiger-
ten sich, zu dir umzukehren.
4 Ich hatte gedacht: Gewiß sind nur die ein-
fachen Leute so; die handeln verkehrt, weil sie
nicht wissen, was der Herr von ihnen erwartet
und was in seinen Augen recht ist. 5 Ich muß die
Gebildeten ansprechen, sie werden es bestimmt
wissen. Aber gerade sie haben Gott den Gehor-
sam aufgekündigt und sich von ihm losgerissen,
als wären seine Gebote nur eine lästige Fessel.
6 Der Herr sagt: »Darum wird dieses Volk von
seinen Feinden vernichtet! Sie fallen über es her
wie der Löwe aus dem Dickicht, sie packen es
wie der Wolf aus der Steppe. Wie der Leopard
lauern sie vor seinen Städten; jeder, der heraus-
kommt, wird zerrissen. Denn zahllos sind die
Vergehen dieses Volkes, es zeigt mir nur noch
den Rücken.«

Vergebung ist nicht mehr möglich

7 Der Herr sagt: »Warum sollte ich euch ver-
geben? Ihr habt mich verlassen und bei Göttern
geschworen, die gar keine Götter sind. Ich habe
euch satt gemacht, aber ihr habt mir die Treue
gebrochen und eure Zeit im Hurenhaus zuge-
bracht.[b] 8 Wie feiste, geile Hengste seid ihr ge-
worden: Jeder wiehert nach der Frau des ande-
ren.
9 Sollte ich das hingehen lassen«, sagt der
Herr, »sollte ich an einem solchen Volk nicht
Vergeltung üben? 10 Also hinauf in den Wein-
berg! Verwüstet ihn! – Aber vernichtet ihn nicht
ganz! – Reißt die Ranken ab; mir gehören sie
nicht! 11 Denn die Leute von Israel und von Juda
haben sich völlig von mir abgewandt.« Das sagt
der Herr.

Selbstsicherheit fordert das Gericht heraus

12 Die Leute von Juda nehmen den Herrn nicht
ernst. »Mit ihm braucht niemand zu rechnen«,
sagen sie. »Krieg und Hungersnot wird es nicht
geben; die ganze Katastrophe findet nicht statt.
13 Was die Propheten* verkündet haben, wird
sich als Wind erweisen. Was sie angedroht
haben, soll sie selbst treffen; denn Gott hat gar
nicht zu ihnen gesprochen.«
14 Aber der Herr, der Gott der ganzen Welt,[c]
hat zu mir gesagt: »Weil die Leute von Juda so
reden, sorge ich dafür, daß die Worte, die ich dir
auftrage, zu einem Feuersturm werden, und die-
ses Volk mache ich zum Brennholz; der Feuer-
sturm soll es fressen!
15 Sag zu ihnen: ›Ich führe von fern her ein
Volk gegen euch heran. Ihr kennt seine Sprache
nicht und versteht nicht, was diese Leute sagen.
Niemand kann es besiegen. Es ist ein uraltes
Volk von unerschöpflicher Kraft. 16 Aus den
Köchern seiner Krieger kommen Tod und Verder-
ben; sie alle sind im Kampf erprobt. 17 Dieses
Volk wird alles fressen: eure Ernte und eure
Vorräte, eure Söhne und Töchter, eure Schafe
und Rinder, eure Weinstöcke und Feigenbäume.
Es wird die befestigten Städte, auf die ihr ver-
traut, zerstören und ihre Bewohner mit dem
Schwert erschlagen.‹«

a *in Höhlen verkrochen:* mit G; in H offenbar ausgefallen.
b *eure Zeit zugebracht:* mit einigen Handschriften; H *euch Schnittwunden beigebracht.*
c Wörtlich *der Herr, Gott Zebaot*.*

4,30 30,14; Ez 23,22 **5,1** Gen 18,20-32; Ps 14,2-3; Ez 22,30 **5,2** 4,2 **5,3** 2,30; 7,28; 8,5; 15,7; Am 4,6-11; Zef 3,2; Sach 7,11 **5,5** Mi 3,1 **5,6** 4,7S **5,7** 2,13S **5,9** 5,29; 9,8 **5,10** 2,21S; 4,27S **5,12** Ps 14,1S **5,14** 20,9; 23,29 **5,15** 6,22; Dtn 28,49; Jes 28,11

Die Strafe entspricht dem Vergehen

[18]»Aber auch dann will ich mein Volk nicht völlig vernichten«, sagte der HERR zu mir. [19]»Und wenn sie dich fragen: ›Weshalb hat der HERR uns all das angetan?‹, so antworte ihnen: ›In eurem eigenen Land habt ihr den HERRN, euren Gott, verlassen und fremden Göttern gedient, deshalb dient nun auch fremden Menschen in einem Land, das nicht euch gehört.‹«

Ein unbelehrbares Volk

[20]Der HERR sagte zu mir: »Verkünde den Nachkommen Jakobs, dem Volk von Juda: [21]›Hört, was der HERR sagt, ihr Leute ohne Einsicht und Verstand, mit Augen, die nicht sehen, mit Ohren, die nicht hören! [22]Wollt ihr mich nicht endlich ernst nehmen? Wollt ihr nicht zittern und beben vor mir?

Ich habe dem Meer eine Grenze gesetzt, die es nie überschreiten kann. Einen Sandwall habe ich darum gelegt, und alles Toben und Schäumen hilft ihm nichts; es kommt nicht darüber hinaus.

[23]Doch ihr wollt nicht begreifen, ihr sperrt euch gegen jede Einsicht. Ihr habt euch von mir abgewandt und seid davongelaufen. [24]Ihr dachtet nicht daran, zu sagen: Wir wollen den HERRN, unseren Gott, ehren, er schickt uns ja den Regen*, im Herbst wie im Frühjahr, und sorgt dafür, daß das Korn auf den Feldern zu seiner Zeit reif wird.

[25]Um diesen Segen habt ihr euch durch eure Vergehen gebracht; Dürre und Mißernte sind die Folgen eurer Schuld!‹«

Skrupellose Jagd nach Bereicherung

[26]Der HERR sagt: »In meinem Volk gibt es skrupellose Leute. Wie Vogelfänger sich ducken und darauf lauern, daß ihnen Vögel in die Netze gehen, so haben sie Fallen gestellt, um Menschen zu fangen. [27]Wie der Käfig des Vogelfängers voll ist von gefangenen Vögeln, so sind ihre Häuser voll von unrecht erworbenem Gut.

Auf diese Weise sind sie groß und reich geworden, [28]dick und fett sind sie. Ihre Rücksichtslosigkeit kennt keine Grenzen. Das Recht ist bei ihnen in schlechten Händen: Sie setzen sich nicht für die Waisen ein und verhelfen den Armen nicht zu dem, was ihnen zusteht. [29]Und all das sollte ich hingehen lassen? Muß ich an einem solchen Volk nicht Vergeltung üben?«

Die Schuld der Propheten und Priester

[30]Der HERR sagt: »Was in diesem Land geschieht, ist unglaublich und empörend: [31]Die Propheten* reden Lug und Trug, die Priester* suchen nur den eigenen Vorteil,[a] und mein Volk hat es gerne so. Was aber wollt ihr machen, wenn das Ende da ist?«

Jerusalem am Rand der Katastrophe

6 Flieht aus Jerusalem, ihr Leute von Benjamin! In Tekoa blast das Signalhorn, gebt Rauchzeichen auf dem Berg von Bet-Kerem! Denn von Norden* her naht Verderben und Untergang!

[2]Jerusalem, du schöne, wohlbehütete Stadt, jetzt ist dein Ende da! [3]Völkerhirten kommen zu dir mit ihren Herden, sie schlagen rings um dich ihre Zelte auf. Jeder weidet seinen Teil ab, und dann heißt es: [4]»Auf jetzt zum Kampf gegen die Stadt! Noch am Mittag schlagen wir los!« – »Zu spät! Die Zeit reicht nicht aus, es wird ja bald dunkel!« – [5]»Dann greifen wir eben bei Nacht an. Wir zerstören die Paläste Jerusalems!«

[6]Der HERR, der Herrscher der Welt,[b] hat den Feinden befohlen: »Fällt die Bäume rings um die Stadt und treibt eine Angriffsrampe* gegen sie vor; denn in ihr gibt es nichts als brutale Unterdrückung. Sie hat ihre Strafe verdient. [7]Wie aus einem Brunnen immer neues Wasser quillt, so bringt sie stets neue Bosheit hervor. Überall hört man nur von Gewalt und Mißhandlung. Vor meinen Augen wird pausenlos geschlagen und gequält.

[8]Jerusalem, laß dich doch warnen, sonst kehre ich dir den Rücken! Ich mache dich zur Wüste, zu einem Land, in dem niemand mehr wohnt!«

Das Maß ist voll

[9]Der HERR, der Herrscher der Welt, sagte zu mir: »Wie man am Weinstock Nachlese hält, so soll auch an dem, was von Israel übriggeblieben ist, noch eine Nachlese gehalten werden. Wie die Hand des Winzers noch einmal alle Reben durchgeht, so wende auch du dich noch einmal diesem Volk zu!«

a Andere Übersetzung: *herrschen nach ihrer* (der Propheten oder ihrer eigenen) *Weisung.*
b Wörtlich *Der HERR Zebaot*;* ebenso in Vers 9.

5,18 4,27 S **5,19** 16,10; 22,8; Dtn 29,23 **5,21** 4,22; Jes 6,9-10 S; Mk 8,18 **5,22b** Ijob 38,8-11 S **5,24-25** 3,3 S; 14,22; Dtn 11,14; Sach 10,1 **5,26** Ps 10,9; Spr 1,11 **5,28** Ps 73,7 **5,29** 5,9 S **5,30** 18,13; 23,14 **5,31** 2,8 S **6,1** 4,5 S; 1,14 S **6,3** 4,17; 12,10; 25,34-36 **6,9** 2,21-22 S

10 Ich aber sagte: »Wen soll ich denn noch an-
sprechen, wem ins Gewissen reden? Wer hört
denn? Ihre Ohren sind zugewachsen,[a] sie kön-
nen gar nicht hören! Was du mich ihnen sagen
läßt, empfinden sie als Beschimpfung und ärgern
sich darüber. 11 Dein Zorn ist auf mich über-
gesprungen; ich schaffe es nicht länger, ihn
zurückzuhalten!«

Da sagte der HERR zu mir: »Dann gieß meinen
Zorn über sie aus, sogar über die Kinder auf der
Straße und die Heranwachsenden! Sag ihnen:
Alle wandern in die Verbannung, Männer wie
Frauen, auch die Alten und Hochbetagten!
12 Ihre Häuser und Äcker nehmen andere in Be-
sitz; ihre Frauen werden eine Beute der Frem-
den. Denn ich erhebe meine Hand zum Schlag
gegen die Bewohner dieses Landes«, sagt der
HERR.

13 »Vornehme wie Geringe sind darauf aus,
sich zu bereichern. Propheten* wie Priester*
täuschen das Volk: 14 Sie tun so, als wären die
Wunden meines Volkes nur leichte Schram-
men. ›Alles steht gut‹, sagen sie, ›alles ist in Ord-
nung‹.

Aber nichts steht gut, nichts ist in Ordnung!
15 Sie müßten sich schämen wegen ihres schänd-
lichen Treibens. Aber sie denken nicht daran;
sie wissen gar nicht, was Schämen ist. Deshalb
werden sie untergehen, zusammen mit allen
anderen in Israel. Wenn ich komme und sie
bestrafe, ist es aus mit ihnen.« Das sagt der
HERR.

Die Folge der Halsstarrigkeit

16 Der HERR sagt: »Ich habe mein Volk gemahnt:
›Haltet an auf dem Weg, den ihr geht; seht euch
um und fragt, wie es euren Vorfahren ergangen
ist! Dann wählt den richtigen Weg und folgt ihm,
so wird euer Leben Erfüllung finden!‹ Aber sie
sagten: ›Wir wollen nicht.‹

17 Ich gab ihnen immer wieder Wächter, ich
sagte zu ihnen: ›Achtet darauf, wenn sie das
Alarmhorn* blasen!‹ Aber sie sagten: ›Das tun
wir nicht.‹

18 Darum hört, ihr Völker, und gebt gut acht,[b]
was jetzt mit ihnen geschieht! 19 Die ganze Welt
soll es hören: Ich bringe Unglück über dieses
Volk; es ist die Folge ihrer eigenen Pläne. Meine
Weisungen und Warnungen haben sie in den
Wind geschlagen. 20 Was soll ich mit dem Weih-
rauch* aus Saba und den teuren Gewürzen
aus irgendeinem fernen Land? Ich halte nichts
von ihren Brandopfern*; mit ihren Mahlopfern*
machen sie mir keine Freude! 21 Darum sage ich,
der HERR: Ich lege diesem Volk jetzt Hindernisse
in den Weg, es soll darüber stolpern und stürzen.
Alle werden umkommen: Väter und Söhne,
Nachbarn und Freunde.«

Der Feind aus dem Norden

22 Der HERR sagt: »Gebt acht, ein großes Volk
kommt aus seinem Land im fernen Norden, vom
Ende der Erde macht es sich auf. 23 Seine Krieger
kämpfen mit Bogen und Krummschwert, sie
sind grausam und kennen kein Erbarmen. Auf
Pferden reiten sie heran; es dröhnt wie das
Tosen der Meeresbrandung. Sie sind bereit zum
Angriff – zum Angriff auf dich, du Zionsstadt*!«

24 Die Bewohner Jerusalems sagen: »Wir
haben gehört, was uns droht, und die Hände
sind uns herabgesunken. Angst hat uns gepackt;
es geht uns wie einer Frau, die von den Wehen
überfallen wird.«

25 »Geht ja nicht aufs Feld!« rufen sie einander
zu. »Nur weg von der Straße! Die Feinde bringen
euch um! Schrecken überall!«

26 Du, mein Volk,[c] zieh den Sack* an und
wälze dich in Asche! Stimm die Totenklage* an,
so verzweifelt wie beim Tod des einzigen Soh-
nes; denn plötzlich ist der Feind da, der alles ver-
wüstet!

Hartes Eisen und wertloses Silber

27 Der HERR sagte zu mir: »Ich gab dir den Auf-
trag, mein Volk unnachgiebig[d] zu prüfen und
über sein Tun und Treiben ein Urteil zu fällen.
Du solltest die Menschen prüfen, so wie Metalle
geprüft werden.«

28 Das tat ich auch, und ich bin zu dem Urteil
gekommen:[e] Dieses Volk ist hart wie Bronze
und Eisen. Alle sind sie Rebellen, Verleumder
und Verbrecher!

29 Der Blasebalg fauchte, aber nichts kam aus
dem Ofen heraus. Alle Mühe war vergeblich:
Das Blei ließ sich nicht ausscheiden; reines Sil-
ber war nicht zu gewinnen.[f] 30 »Wertloses Sil-
ber« werden sie das Volk Israel nun nennen,
denn der HERR hat es als wertlos weggeworfen.

a *zugewachsen:* wörtlich *unbeschnitten;* vgl. 9,25.
b *und gebt gut acht:* vermutlicher Text; H *und erkenne, Gemeinde.* c Wörtlich *Du Tochter mein Volk.*
d *unnachgiebig:* wörtlich *(wie) eine Festung.* e *Das tat ich ...:* verdeutlichender Zusatz.
f Siehe Sacherklärung »Schlacke«.

6,12-15 8,10-12 **6,14** 23,17; Ez 13,10; Mi 2,11 **6,16** 18,15; Ps 25,4 S; Mt 11,29 **6,17** Ez 3,17-21; 33,1-9 **6,19** 2,19 **6,20** 7,21-23; 14,12; Jes 1,10-20 S **6,22-24** 50,41-43 **6,22** 1,14 S; 5,15 S **6,25** 20,3.10; 46,5; 49,29 **6,26** Am 8,10; Sach 12,10 **6,27-30** Ez 22,17-22 **6,28** 7,26 **6,29** Jes 1,25 S; Jer 17,1 S

Gegen das falsche Vertrauen auf den Tempel

7 Das Wort des HERRN erging an Jeremia; er
sagte zu ihm: 2 »Geh, stell dich an den Ein-
gang des Tempels* und rufe: ›Hört zu, ihr Leute
von Juda! Hört alle her, die ihr durch diese Tore
in den Tempel geht, um den HERRN anzubeten!
3 So spricht der Gott Israels, der Herrscher der
Welt:[a] Ändert euer Leben und Tun! Dann dürft
ihr hier wohnen bleiben.[b] 4 Glaubt nicht, daß es
euch etwas hilft, wenn ihr ständig wiederholt:
Dies ist der Tempel des HERRN, dies ist der Tem-
pel des HERRN, hier wohnt der HERR! Damit be-
trügt ihr euch selbst!

5 Nein, ihr müßt euer Leben und Tun gründ-
lich ändern! Geht gerecht miteinander um;
6 nutzt nicht Fremde, Waisen und Witwen aus;
vergießt nicht das Blut unschuldiger Menschen!
Lauft nicht den fremden Göttern nach, die euch
ins Unglück bringen! 7 Nur dann könnt ihr hier
wohnen bleiben, in dem Land, das ich euren
Vorfahren als Erbbesitz* gegeben habe.

8 Seht doch ein, daß ihr euch selbst betrügt!
9 Ihr stehlt und mordet, brecht die Ehe, schwört
Meineide, bringt dem Baal* eure Opfergaben*
und verehrt fremde Götter, die euch nichts an-
gehen. 10 Und dann kommt ihr und stellt euch
hier in meinem Haus vor mich hin und sagt: Uns
kann nichts geschehen! Dabei tut ihr weiterhin
alles, was ich verabscheue. 11 Ist denn dieses
Haus, das doch mein Eigentum ist, in euren
Augen ein Versteck für Räuber geworden? Gut,
dann werde auch ich es so ansehen. Das sage
ich, der HERR.

12 Geht doch nach Schilo*, wo ich früher
meinen Tempel hatte, die Wohnstätte meines
Namens![c] Seht euch an, wie ich ihn verwüstet
habe, weil die Leute von Israel so viel Böses
taten. 13 Ihr selbst treibt es genauso schlimm.
Dafür ziehe ich euch jetzt zur Rechenschaft, ich,
der HERR. Sooft ich auch zu euch sprach – ihr
habt nicht hingehört; wenn ich rief, habt ihr
nicht geantwortet.

14 Darum will ich jetzt mit dem Haus, das
mein Eigentum ist und auf das ihr euer Ver-
trauen setzt, verfahren wie mit Schilo. Ich werde
diesen Tempel, in dem ich euch und euren Vor-
fahren nahe sein wollte, genauso dem Erdboden
gleichmachen. 15 Und euch will ich nicht mehr
sehen; darum verstoße ich euch, wie ich euer
Brudervolk, die Leute von Efraïm*, verstoßen
habe.‹«

Jeremia darf nicht für sein Volk beten

16 »Du aber, Jeremia, hör auf, für dieses Volk zu
beten! Versuche nicht, bei mir für sie einzu-
treten, dringe nicht in mich! Ich werde nicht auf
dich hören. 17 Sieh doch selbst, wie sie es in den
Städten in Juda und auf den Straßen Jerusalems
treiben! 18 Die Kinder sammeln Brennholz, die
Männer zünden Feuer an, und die Frauen kne-
ten Teig und backen Kuchen als Opfer für die
Himmelskönigin*. Außerdem bringen sie ande-
ren Göttern Wein als Trankopfer* dar. Das alles
tun sie mir zum Trotz.

19 Aber bilden sie sich denn ein«, sagte der
HERR, »daß sie *mir* damit etwas antun? Sie scha-
den ja nur sich selbst! Sie werden es noch er-
leben, wie Unglück und Schande über sie kom-
men.«

20 Der HERR, der mächtige Gott, hat sein Urteil
gefällt, er sagt: »Ich gieße meinen Zorn über die-
sen Tempel* aus. Er trifft die Menschen und die
Tiere, die Bäume und die Ernte auf dem Feld. Er
brennt wie ein Feuer, das niemand löschen
kann.«

Ein Volk, das nicht hört

21 Der HERR, der Herrscher der Welt,[d] der Gott
Israels, sagt: »Warum verbrennt ihr mir Tiere als
Brandopfer*? Tut sie zu den anderen dazu, die
ihr für das Opfermahl* schlachtet, eßt das
Fleisch doch auf! 22 Als ich eure Vorfahren aus
Ägypten herausführte, habe ich ihnen nicht be-
fohlen, mir Brand- oder Mahlopfer darzubrin-
gen. 23 Aber das habe ich zu ihnen gesagt: ›Ge-
horcht mir und lebt nach den Geboten, die ich
euch gebe. Dann wird es euch gutgehen: Ich will
euer Gott sein, und ihr sollt mein Volk sein.‹

24 Aber sie hörten nicht auf mich, sondern
taten, was ihr böses und eigensinniges Herz
ihnen eingab. Sie wandten sich von mir ab und
kehrten mir den Rücken. 25 So war es schon da-

a *der Herrscher der Welt:* wörtlich *der HERR Zebaot**.
b Eine griechische Übersetzung und die lateinische Vulgata verstehen H im Sinn von *Dann werde ich hier bei euch wohnen bleiben.*
c *Wohnstätte …:* siehe Anmerkung zu Dtn 12,5.
d Wörtlich *Der HERR Zebaot**.

7,3 18,11 S; 26,13 **7,4** Ps 76,3 S **7,5-7** 22,3.17; Ex 22,20 S; 22,21 S; Dtn 19,10 **7,9** Hos 4,2; Ex 20,13-17; Jer 25,6 S **7,11** Mk 11,17 par **7,12** 26,9; Jos 18,1 S **7,13** 6,10; 7,25-26; 11,8; 13,10; 25,3; 26,5; 29,19; 35,14; 37,2 **7,15** 2 Kön 17,7-18 **7,16** 11,14; 14,11; 15,1 S; 18,20; 37,3-5; Gen 18,16-33; 20,7; 1 Kön 13,6; 2 Kön 19,4; Am 7,2.5 **7,17-18** 19,13; 44,17-19; Dtn 4,19 S **7,21-23** 6,20 S **7,22** Am 5,25 **7,23** 30,22 S; Ex 19,5; Lev 26,12; Dtn 26,17; Ez 11,20 S; Hos 2,25 S; Lev 18,5 S; Dtn 6,3 **7,24** 9,13; 11,8; 16,12; 18,12 **7,25-26** 7,13 S; 25,4 S

mals, als ich eure Vorfahren aus Ägypten führte,
und so ist es geblieben bis auf den heutigen Tag.
Immer von neuem schickte ich euch meine Die-
ner, die Propheten*; 26 aber niemand von euch
kümmerte sich darum, niemand hörte auf mich.
Ihr seid starrsinnig geblieben und habt es noch
schlimmer getrieben als eure Vorfahren.

27 Und du, Jeremia, wirst ihnen dies alles vor-
halten, aber sie werden nicht auf dich hören; du
wirst sie rufen und keine Antwort bekommen.
28 Dann sollst du ihnen sagen: ›Ihr seid das Volk,
das auf den HERRN, seinen Gott, nicht gehört hat.
Von Treue ist bei euch keine Rede mehr, gestor-
ben ist sie!‹«

Tal des Mordens, Tal der Toten

29 Ihr Leute von Jerusalem, schneidet euer Haar
ab und werft es weg! Stimmt Trauerlieder an auf
den kahlen Höhen! Der HERR empfindet für euch
nur noch Zorn. Er hat euch fallenlassen und will
von euch nichts mehr wissen.

30 »So ist es«, sagt der HERR, »die Leute von
Juda haben getan, was mich beleidigt. Sie haben
ihre abscheulichen Götzenbilder im Tempel*
aufgestellt und dadurch das Haus geschändet,
das mein Eigentum ist. 31 Im Hinnom-Tal bauten
sie die Opferstätte Tofet*, um dort ihre Söhne
und Töchter als Opfer zu verbrennen. Das habe
ich nicht befohlen; es ist mir auch nie in den
Sinn gekommen, so etwas von ihnen zu verlan-
gen.

32 Deshalb ist der Tag nicht fern, an dem die-
ser Ort nicht mehr Tofet genannt wird oder Hin-
nomtal, sondern Mordtal. Sie werden dort die
Toten begraben, weil es sonst nirgends mehr
Platz dafür gibt. 33 Geier und Schakale werden
sich über die Leichen dieses Volkes hermachen,
und niemand wird sie verscheuchen.

34 Ich mache allem Jubel und aller Freude in
den Städten von Juda und auf den Straßen Jeru-
salems ein Ende; den Jubelruf von Bräutigam
und Braut wird man dort nicht mehr hören,
denn das Land wird ein einziges Trümmerfeld
sein.«

Die Gräber Jerusalems werden geschändet

8 »Wenn das geschieht«, sagt der HERR, »wird
der Feind die Gebeine der Könige von Juda
und ihrer hohen Beamten, die Gebeine der
Priester* und der Propheten* und aller Bewoh-
ner Jerusalems aus ihren Gräbern holen. 2 Sie
werden zerstreut umherliegen vor der Sonne,
dem Mond und dem Sternenheer, vor den Göt-
tern, die sie liebten und anbeteten, denen sie
Opfer* darbrachten, bei denen sie Weisung
suchten und nach denen sie ihr Leben ausrich-
teten. Niemand wird die Gebeine sammeln, um
sie wieder ins Grab zu legen. Sie werden zerfal-
len und zum Dünger für die Äcker werden.«

Sterben ist besser als Überleben

3 Der HERR, der Herrscher der Welt,[a] sagt: »Die
Menschen, die ich übriglasse von dieser bösen
Generation, werde ich überallhin vertreiben,
und an jedem Ort werden sie lieber sterben
wollen als leben.«

Beispiellose Halsstarrigkeit

4 »Sag zu ihnen: ›So spricht der HERR: Wenn
jemand hinfällt, steht er dann nicht schnell wie-
der auf? Wenn jemand vom Weg abkommt,
kehrt er nicht gleich wieder um? 5 Warum bleibt
Jerusalem bei seinen falschen Göttern und wei-
gert sich, zu mir zurückzukehren?

6 Ich habe genau gehört, was sie reden. Sie
haben ihren Irrtum nicht erkannt. Niemand be-
reut seine Schlechtigkeit, niemand fragt sich:
Was habe ich getan? Alle rennen auf ihrem Irr-
weg weiter wie Pferde, die sich in die Schlacht
stürzen.

7 Alle Zugvögel kennen ihre Ordnung und
gehen und kommen zu der Zeit, die ich ihnen
bestimmt habe: der Storch, die Taube, die
Schwalbe, die Drossel. Nur mein Volk hält sich
nicht an die Ordnungen, die ich ihm gegeben
habe.‹«

Warnung an das verführte Volk und an seine Verführer

8 Der HERR sagt: »Wie könnt ihr behaupten: ›Wir
wissen Bescheid, wir haben doch das Gesetz*
des HERRN‹?

Gewiß, ihr habt es, aber es ist durch seine
Ausleger völlig verfälscht worden! 9 Diese Leute,
die sich für weise halten, werden bestürzt und
sprachlos dastehen, wenn das Unheil sie trifft
und sie gefangen weggeführt werden. Sie haben
mein Wort verachtet, und da wollen sie auf Weis-
heit* Anspruch erheben?

10 Ihre Frauen und ihre Äcker nehme ich
ihnen weg und gebe sie anderen. Denn Vor-
nehme wie Geringe sind darauf aus, sich zu be-
reichern. Propheten* wie Priester* täuschen das
Volk: 11 Sie tun so, als wären die Wunden meines

a Wörtlich *Der HERR Zebaot**.

7,26 7,13 S; 17,23; 19,15 **7,28** 5,3 S **7,30** 32,34; Ez 8,5.10 **7,31** 3,24; 19,5-6; Lev 18,21 S **7,34** 16,9; 25,10; 33,10-11; Bar 2,23; Offb 18,23 **8,1-2** Bar 2,24-25 **8,2** 19,13; Dtn 4,19 S **8,5** 5,3 S **8,10-12** 6,12-15

Volkes nur leichte Schrammen. ›Alles steht gut‹, sagen sie, ›alles ist in Ordnung‹.

Aber nichts steht gut, nichts ist in Ordnung! 12 Sie müßten sich schämen wegen ihres schändlichen Treibens. Aber sie denken nicht daran; sie wissen gar nicht, was Schämen ist. Deshalb werden sie untergehen, zusammen mit allen anderen in Israel. Wenn ich komme und sie bestrafe, ist es aus mit ihnen.« Das sagt der HERR.

Keine falschen Hoffnungen!

13 »Will ich bei meinem Volk ernten«,[a] sagt der HERR, »so ist keine Traube und keine Feige zu finden, und das Laub ist verwelkt. Darum habe ich dieses Volk aufgegeben; sollen die Fremden es doch zertreten!«

14 Die Leute in Juda sagen: »Was sitzen wir hier noch herum? Auf, los! Hinein in die befestigten Städte – auch wenn wir unser Leben dadurch nicht retten! Denn der HERR, unser Gott, hat unseren Tod beschlossen; er gibt uns vergiftetes Wasser zu trinken, weil wir vor ihm schuldig geworden sind. 15 Wir warteten darauf, daß sich alles noch zum Guten wenden würde, aber es kam nichts Gutes. Wir hofften auf eine Zeit, in der alle Wunden verheilen würden, aber nichts als Entsetzen ist gekommen: 16 Die Feinde stehen schon bei der Stadt Dan. Das Schnauben ihrer Pferde dringt bis zu uns herüber, von ihrem Wiehern zittert das Land. Sie kommen und werden alles vernichten: das offene Land und was darauf wächst, die Städte und ihre Bewohner.«

17 »Ja«, sagt der HERR, »ich lasse Giftschlangen auf euch los, gegen die keine Beschwörung hilft, und sie werden euch beißen!«

Jeremia leidet mit seinem Volk

18 Mein heiteres Gesicht verbirgt meinen Kummer. Er lastet auf mir und macht mich krank. 19 Aus dem ganzen Land höre ich mein Volk verzweifelt schreien: »Ist denn der HERR nicht mehr auf dem Zionsberg*? Wohnt unser König nicht mehr dort?«

Doch der HERR antwortet: »Warum haben sie mich mit ihren Götterbildern erzürnt, den fremden Götzen, die ihnen nichts helfen?«

20 Das Volk klagt: »Die Ernte ist vorüber, der Herbst vorbei, und es ist keine Hilfe gekommen.«

21 Weil mein Volk zusammengebrochen ist, ist mein Herz zerbrochen. Trauer und Verzweiflung drücken mich nieder. 22 Gibt es denn in Gilead[b] keine Salbe mehr, und ist dort kein Arzt zu finden? Gibt es für mein Volk[c] keine Heilung? Die Wunde will sich nicht schließen. 23 Wäre doch mein Kopf ein Brunnen, wären meine Augen Tränenquellen! Dann könnte ich Tag und Nacht weinen über die vielen aus meinem Volk, die erschlagen wurden!

Ein Volk, das Gott bestrafen muß

9 Wüßte ich nur einen Platz in der Wüste, eine Herberge für durchreisende Karawanen! Dann würde ich wegziehen von meinem Volk, ich würde es verlassen. Denn es ist eine Bande von Abtrünnigen; alle haben dem HERRN die Treue gebrochen.

2 »Ihre Zunge ist wie ein schußbereiter Bogen«, sagt der HERR. »Lüge ist Trumpf, die Wahrheit unterliegt. Sie begehen Verbrechen über Verbrechen; von mir wollen sie nichts wissen.

3 Darum seid auf der Hut vor euren Freunden, und traut selbst eurem Bruder nicht! Denn der Bruder ist auch nicht besser als Jakob und betrügt euch bestimmt,[d] und die Freunde reden nur schlecht über euch. 4 Jeder betrügt jeden, niemand sagt die Wahrheit. Sie sind Meister im Lügen und so ins Böse verstrickt, daß sie sich nicht mehr daraus lösen können. 5 Unterdrückung folgt auf Unterdrückung, Betrug auf Betrug.[e] Sie wollen mich nicht kennen.«

6 Deshalb sagt der HERR, der Herrscher der Welt:[f] »Wie Metall im Feuer geschmolzen und gereinigt wird, so werde ich mein Volk durch das Feuer des Gerichts schicken. Es bleibt mir nichts anderes übrig. 7 Ihre Worte sind wie tödliche Pfeile. Hinterhältig reden sie miteinander, täuschen Freundschaft und Wohlwollen vor, aber insgeheim stellen sie sich gegenseitig Fallen. 8 Sollte ich ein solches Volk nicht bestrafen«, sagt der HERR, »sollte ich an ihm nicht Vergeltung üben?«

a Deutung unsicher.
b Das ostjordanische Bergland Gilead* war offenbar bekannt für seine Heilkräuter und seine pharmazeutisch-ärztliche Kunst; vgl. 46,11.
c *mein Volk:* wörtlich *die Tochter mein Volk.*
d Wortspiel zwischen *Jakob* und *betrügen* (vgl. Anmerkung zu Gen 25,26).
e *und so ins Böse verstrickt ...:* mit alten Übersetzungen; H *und verkehrt zu handeln sind sie müde.* [5]*Dein Wohnen ist inmitten von Betrug.*
f Wörtlich *der HERR Zebaot*;* entsprechend in den Versen 14 und 16.

8,13 Mk 11,12-14 par **8,14** 4,5; 9,14; 23,15 **8,15** 14,19 **8,17** Num 21,6 **8,22** 10,19 S; 30,17; 33,6; 46,11 **8,23** 13,17; 14,17; 2 Kön 8,11-12; Jes 22,4; Klgl 3,48; Lk 19,41 **9,3** 12,6; Mi 7,5-6; Gen 25,26 S; 27,36 **9,6** Jes 48,10 S **9,7** Ps 12,3; 57,5 **9,8** 5,9

Totenklage über Juda und Jerusalem

9 Ich will weinen über das Bergland, die Toten-
klage* singen über die Weideplätze in der
Steppe; denn alles ist verbrannt und verwüstet.
Kein Mensch ist mehr unterwegs, das Blöken
der Herden ist verstummt, selbst die Vögel und
wilden Tiere sind geflohen und lassen sich nicht
mehr sehen. 10 Der HERR sagt: »Jerusalem mache
ich zum Trümmerhaufen, in dem die Schakale
hausen. Die Städte in Juda mache ich zu Wüsten,
in denen niemand mehr wohnt.«

11 Warum ist es soweit gekommen? Warum
wird das Land verbrannt und verwüstet, so daß
kein Mensch mehr hindurchzieht? Gibt es einen
Weisen*, der das erklären kann, einen Prophe-
ten*, dem der HERR es offenbart hat und der es
uns sagen kann?

12 Der HERR selbst gibt darauf die Antwort:
»Sie halten sich nicht an meine Weisung, sie
hören nicht auf das, was ich sage. 13 Vielmehr
tun sie, was ihr böses und eigensinniges Herz
ihnen eingibt: Sie laufen den Baalen* nach, wie
sie es von ihren Vorfahren gelernt haben.

14 Darum sage ich, der Herrscher der Welt, der
Gott Israels: ›Ich werde diesem Volk bittere Kost
zu essen geben und Gift zu trinken. 15 Ich treibe
sie fort zu fremden Völkern, von denen weder
sie noch ihre Vorfahren etwas wußten; ich lasse
Kriege gegen sie wüten, bis nichts mehr von
ihnen übrig ist.‹

16 Darum sage ich, der Herrscher der Welt:
›Begreift, was die Stunde geschlagen hat: Ruft
die Klagefrauen! Holt die Frauen herbei, die sich
aufs Weinen und Klagen verstehen!‹«[a]

17 Ja, schnellstens sollen sie kommen und
über uns das Klagelied anstimmen, damit unsere
Augen von Tränen überfließen! 18 Horcht, vom
Zionsberg* hört man schon die Klage:

»Ach, wir können es nicht fassen!
Schmach und Schande stürzte auf uns ein.
Alle unsere Häuser riß man ein.
Unser Land – wir mußten es verlassen!«

19 Auf denn, ihr Frauen, begreift, was der HERR
gesagt hat! Singt euren Töchtern das Klagelied
vor, eine Frau soll es der anderen beibringen:

20 »Durch die Fenster kam der Tod herein,
keins der Häuser hat er ausgelassen.
Unsere Kinder holt er auf den Straßen,
Burschen sammelt er vom Marktplatz ein.«

21 Auch das noch hat der HERR gesagt und hat mir
befohlen, es weiterzusagen: »Menschenleichen
werden wie Dünger auf den Äckern liegen. Wie
Getreidehalme unter der Sichel des Schnitters,
so werden die Menschen fallen, aber niemand
wird dasein, um sie aufzuheben.«

Worauf ein Mensch stolz sein darf

22 Der HERR sagt: »Der Weise soll sich nicht
wegen seiner Weisheit* rühmen, der Starke
nicht wegen seiner Stärke und der Reiche nicht
wegen seines Reichtums. 23 Grund sich zu rüh-
men hat nur, wer mich erkennt und begreift,
was ich will. Denn ich bin der HERR, der Liebe,
Recht und Treue auf der Erde schafft! An Men-
schen, die sich danach richten, habe ich Freude.«

Gegen das Bündnis der Beschnittenen

24 »Der Tag kommt«, sagt der HERR, »an dem ich
mit allen Beschnittenen* abrechne: 25 mit den
Ägyptern und den Leuten von Juda, mit den
Edomitern*, den Ammonitern*, den Moabitern*
und mit den Stämmen in der Wüste, die sich ihre
Schläfen kahlrasieren. Denn alle diese Völker –
auch die Leute von Israel – sind für mich unbe-
schnitten, weil sie ihr Herz nicht beschnitten
haben!«

Der Gott Israels und die Götter der Völker

10 Volk Israel, höre, was der HERR zu dir
sagt! 2 So spricht der Herr: »Folge nicht
dem Beispiel der anderen Völker! Sie mögen
vor ungewöhnlichen Himmelserscheinungen er-
schrecken, du sollst das nicht! 3 Ihre Vorstellun-
gen und Bräuche sind unsinnig: Da holt einer
Holz aus dem Wald, der Schnitzer macht einen
Gott daraus. 4 Der wird mit Silber und Gold
verziert und auf einem Sockel befestigt, damit
er nicht umfällt. 5 Solche Götter stehen da wie
Vogelscheuchen im Gurkenfeld. Sie bringen
kein Wort heraus und müssen herumgetragen
werden, weil sie von allein nicht laufen können.
Habt keine Angst vor ihnen: Sie können euch
nichts Böses tun! Und etwas Gutes zu bewirken,
sind sie erst recht nicht imstande!«

6 HERR, niemand ist dir gleich! Du bist mächtig
und bekannt für deine Stärke. 7 Wer wollte dich
nicht fürchten und ehren, du König aller Völker?
Darauf hast du ein Recht, denn unter allen Wei-

a *die Frauen, die ...:* wörtlich *die weisen* Frauen.*

9,10 26,18 9,13 7,24 S 9,14 8,14 S 9,21 14,16; 16,4; 25,33; Am 8,3 9,22-23 Spr 21,30; Sir 10,22; 1 Kor 1,31 S 9,25 4,4 10,3-5 Jes 44,9-20 S 10,5 Ps 115,5 10,6-7 49,19; Ps 86,8-10; Jes 40,18

sen und Königen der Welt kann niemand es mit
dir aufnehmen.
8 Allesamt sind sie dumm und unverständig,
denn bei ihren Göttern gibt es nichts zu lernen;
die sind ja selber nur Holz. 9 Der Holzschnitzer
hat sie gemacht. Mit Silberblech aus Tarschisch*
und Gold aus Ufas hat der Goldschmied sie über-
zogen. Dann bekamen sie auch noch Kleider aus
blauem und rotem Purpurstoff. Alle diese Götter
sind das Werk kunstfertiger Menschen. 10 Aber
der HERR ist wirklich Gott, ein Gott, der lebt,
König von jeher und für alle kommenden Zeiten!
Wenn er zornig wird, bebt die Erde; seinem Un-
mut hält kein Volk stand.
11 Angesichts der fremden Götter sollt ihr
Leute von Israel sagen: »Die Götter, die weder
Himmel noch Erde geschaffen haben, haben
unter diesem Himmel auch nichts zu suchen
und sollen von der Erde verschwinden!«
12 Der HERR hat die Erde geschaffen und da-
durch seine Macht gezeigt: Das feste Land ist ein
Werk seiner Weisheit, der Himmel darüber ein
Beweis für sein überlegenes Können. 13 Wenn er
es befiehlt, sammelt sich mit Donnergetöse das
Wasser am Himmel, Wolken steigen am Hori-
zont auf, Blitze öffnen dem Regen die Bahn, und
der Wind bricht aus seinen Kammern hervor.
14 Kein Mensch kann das begreifen, sprachlos
vor Staunen steht jeder davor. Und alle, die Göt-
terbilder gemacht haben, müssen sich ihrer
Machwerke schämen; denn diese Bilder sind Be-
trug, kein Hauch von Leben ist in ihnen. 15 Wert-
lose Figuren sind sie, über die man spottet.
Wenn der HERR Gericht hält, ist es aus mit ihnen.
16 Wie anders ist der Gott Israels![a] Er hat das
Weltall geschaffen und das Volk Israel für immer
zu seinem Eigentum gemacht. Sein Name ist
»der HERR, der Herrscher der Welt«.[b]

Auf Jerusalems Bewohner wartet die Verbannung

17 Jerusalem, du belagerte Stadt, deine Bewohner
sollen ihre Habseligkeiten zusammenpacken!
18 Denn so spricht der HERR: »Es ist soweit! Dies-
mal treibe ich die Menschen dieses Landes weg
in die Verbannung. Sie sollen in eine Bedrängnis
geraten, aus der es keinen Ausweg mehr gibt.«[c]
19 Jerusalem klagt: »Ich unglückliche Stadt, ich
bin zu Tode getroffen, meine Wunde wird nicht
mehr heilen. Ich hatte mir eingebildet, mein Lei-
den sei nicht so schlimm, es ließe sich ertragen.
20 Doch jetzt ist mein Zelt verwüstet, alle Zelt-
stricke sind durchgeschnitten. Meine Kinder
sehe ich nicht mehr; sie sind weggegangen. Nie-
mand ist da, der mein Zelt wieder aufbaut und
die Zeltdecken darüberspannt.«
21 So rächt sich der Unverstand der Hirten des
Volkes. Sie haben sich nicht um den HERRN
gekümmert, deshalb handelten sie ohne Ein-
sicht, und ihre Herde ging zugrunde.
22 Horcht! Lärm ist zu hören! Er kommt
näher! Ein Tosen und Dröhnen aus dem Land im
Norden*! Die feindlichen Heere rücken an! Sie
machen die Städte in Juda zu öden Steinwüsten,
zu einem Tummelplatz für Schakale!

Jeremia betet für sein Volk

23 HERR, ich sehe, daß der Mensch sein Geschick
nicht selbst in der Hand hat. Nicht er ist's, der
seinen Lebensweg bestimmt. 24 Strafe uns, HERR,
aber bleibe gerecht; laß nicht deinem Zorn freien
Lauf, denn das wäre unser Ende.
25 Dein Zorn soll die Völker treffen, die von dir
nichts wissen wollen. Denn wie Raubtiere ihre
Beute fressen, so haben sie dein Volk gefressen,
bis nichts mehr übrig war, und sein Land haben
sie zur Wüste gemacht.

Das Volk hat den Bund mit Gott gebrochen

11 Das Wort des HERRN erging an Jeremia; er
sagte zu ihm: 2 »Sprich[d] zu den Leuten von
Juda und den Bewohnern Jerusalems! Sag ihnen:
›Erfüllt die Verpflichtungen, die ich euch gegeben
habe!‹
3 Sag zu ihnen: ›So spricht der HERR, der Gott
Israels: Fluch über jeden Menschen, der sich
nicht an die Bestimmungen meines Bundes*
hält! 4 Ich habe ihn mit euren Vorfahren ge-
schlossen, als ich sie aus Ägypten herausholte
wie aus dem Feuer eines Schmelzofens. Damals
sagte ich zu ihnen: Hört auf mich und haltet
euch an die Verpflichtungen, die ich euch auf-
erlege; dann seid ihr mein Volk, und ich bin euer
Gott. 5 Nur dann kann ich den Eid halten, den
ich euren Vorfahren geschworen habe! Ich hatte
ja versprochen, ihnen ein Land zu geben, das
von Milch und Honig überfließt – das Land, in
dem ihr heute lebt. Doch wenn ihr nicht hört,
trifft euch der Fluch.‹«[e]
Ich antwortete: »Amen*, HERR!«

a *der Gott Israels:* wörtlich *Jakobs Anteil.* b Wörtlich *der HERR Zebaot**.
c *aus der es keinen …:* mit alten Übersetzungen; H *damit sie finden.* d *Sprich* mit alten Übersetzungen; H *Sprecht.*
e *Doch wenn …:* verdeutlichender Zusatz in Wiederaufnahme von Vers 3.

10,10 Ps 18,8 S; Ps 47,6-10 S; Jer 4,26 **10,12** 27,5; 32,17; Ps 121,2; Jes 40,22 S **10,13** Ijob 38,22 S **10,14** Jes 45,16 **10,16** Gen 1,1; Ex 19,5-6; Jer 50,34; Am 4,13 **10,19** 8,22 S; 14,19; 15,18; 30,12.15 **10,21** 3,15; 23,1-4; 50,6; Ez 34,1-31; Sach 11,16-17; Mk 6,34 **10,22** 1,14 S **10,23** Spr 16,1.9 **10,24** 30,11 **10,25** 12,14; 30,16; Ps 79,6-7 **11,3** Dtn 27,26 **11,4** 7,23 S **11,5** Gen 12,7 S; Ex 3,8 S

[6] Darauf sagte der HERR zu mir: »Verkünde in den Städten von Juda und auf den Straßen Jerusalems: ›Nehmt die Verpflichtungen ernst, die ich euch auferlegt habe, und erfüllt sie! [7] Denkt an eure Vorfahren: Als ich sie aus Ägypten herausführte, habe ich sie eindringlich ermahnt, auf mich zu hören, so wie ich mein Volk bis heute immer wieder ermahnte. [8] Aber sie dachten gar nicht daran; sondern sie alle taten, was ihr eigensinniges und böses Herz ihnen eingab. So mußte ich alles wahr machen, was ich ihnen angedroht hatte für den Fall, daß sie meinen Bund brechen und sich nicht an seine Verpflichtungen halten!‹«

[9] Und weiter sagte der HERR zu mir: »Die Leute von Juda und die Bewohner Jerusalems haben sich gegen mich verschworen: [10] Sie sind zu den Verfehlungen ihrer Vorfahren zurückgekehrt, die mir nicht gehorchen wollten; sie verehren fremde Götter. Die Leute von Israel und von Juda haben den Bund gebrochen, den ich mit ihren Vorfahren geschlossen habe.«

[11] Deshalb sagt der HERR: »Jetzt bringe ich ein Unglück über sie, dem sie nicht entrinnen können! Sie werden zu mir um Hilfe schreien, aber ich werde sie nicht hören. [12–13] Dann werden sie in den Städten von Juda und in Jerusalem zu den Göttern schreien, denen sie Opfer* dargebracht haben. Jede Stadt in Juda hat ja ihren eigenen Gott, und in Jerusalem stehen an allen Ecken Altäre, auf denen sie dem schändlichen Baal* Weihrauch opfern. Doch alle diese Götter werden sie nicht aus ihrer Not retten.

[14] Du, Jeremia, sollst nicht mehr bei mir für dieses Volk eintreten; unterlaß alle Klage und Fürbitte! Denn ich werde nicht mehr hören, wenn sie in ihrem Unglück zu mir schreien!«

Israel, Gottes Ölbaum

[15] »Das Volk, das ich liebe«, sagt der HERR, »treibt ein böses Spiel. Was hat es in meinem Tempel* zu suchen? Meint es, mit Opfern* das kommende Unheil abwenden und bald schon wieder jubeln zu können?«[a]

[16] Einen üppig grünenden Ölbaum mit den besten Früchten hat der HERR dich früher genannt. Doch bald wird dich Schlachtlärm umgeben; dann legt der HERR Feuer an dich, und alle deine Äste verbrennen. [17] Der HERR, der Herrscher der Welt,[b] der dich gepflanzt hat, hat deinen Untergang beschlossen. Das ist die Folge deines Tuns, Volk von Israel und von Juda! Du hast dem Baal* Opfer dargebracht und damit den Zorn des HERRN herausgefordert!

Jeremia von seinen Mitbürgern bedroht

[18] Der HERR hat es mir gesagt, deshalb weiß ich jetzt über ihre Absichten Bescheid. [19] Ich war wie ein zahmes, junges Lamm, das sich ohne Widerstand zum Schlachten wegführen läßt; ich ahnte nicht, daß sie etwas gegen mich planten. Sie sagten zueinander: »Wir hauen den Baum um mitten in der Blüte! Wir machen seinem Leben ein Ende, dann wird bald niemand mehr an ihn denken!«

[20] Aber du, HERR, du Herrscher der Welt, kennst die geheimsten Gedanken und Wünsche der Menschen, und du bist ein gerechter Richter. Dir habe ich meinen Fall übergeben und bin voll Zuversicht: Ich werde noch erleben, wie du an ihnen Vergeltung übst!

[21–22] Die Leute von Anatot wollen mich töten. »Hör auf, dich als Prophet* aufzuspielen und im Namen des HERRN zu reden«, sagen sie, »sonst bringen wir dich um!«

Doch der HERR, der Herrscher der Welt, antwortet: »Ich werde die Leute von Anatot zur Rechenschaft ziehen! Ihre jungen Männer werden durch das Schwert umkommen und ihre Kinder durch Hunger. [23] Das Volk dieser Stadt geht restlos unter, wenn die Zeit der Abrechnung da ist und ich das Unglück hereinbrechen lasse.«

Jeremia fragt – Gott antwortet

12 HERR, du bist gerecht; wie könnte ich gegen dich eine Anklage erheben! Aber ich muß dich fragen, wie ich deine Gerechtigkeit erkennen soll. Warum haben Menschen, die dein Gesetz* mißachten, immer Erfolg? Warum dürfen diese Abtrünnigen in Ruhe und Sicherheit leben? [2] Du hast sie gepflanzt, und sie haben Wurzeln geschlagen; sie wachsen und gedeihen und tragen Frucht. Ihr Mund redet dauernd von dir, aber ihr Herz ist weit von dir entfernt.

[3] HERR, du siehst mich, du kennst mich, du weißt, daß ich immer mit ungeteiltem Herzen auf deiner Seite gestanden habe. Darum hole sie doch weg wie Schafe und stelle sie für den Schlachttag bereit!

[4] Wie lange soll das Land noch trauern und alles Grün auf den Feldern verdorren? Wegen

a Vers 15 mit G; H unklar. *b* Wörtlich *Der HERR Zebaot*;* entsprechend in den Versen 20-22.

11,8 7,24 S **11,11** 19,3 **11,12-13** 2,28 **11,14** 7,16 S **11,19** Jes 53,7 **11,20** 17,10 S; 20,12; Ps 139,1 S; Weish 1,6-9 **11,21-22** (töten) 18,18.23; 20,1-2; 26,7-11.24; 32,2-3; 37,11–38,13; Jes 30,10 S; Mt 23,37 par **12,1** 15,18; 20,18; Hab 1,13; Ijob 12,6 S **12,2** Jes 29,13 **12,3** Ps 139,1.19

der Schlechtigkeit seiner Bewohner gehen Tiere
und Vögel zugrunde. Diese Leute sagen von mir:
»Was der da behauptet, trifft niemals ein.«
5 Der HERR antwortete mir: »Wenn es dir
schon zuviel ist, mit Fußgängern Schritt zu hal-
ten, wie willst du dann den Wettlauf mit Pferden
bestehen? Und wenn du dich nur im bewohn-
ten Land sicher fühlst, was willst du dann im
Dickicht am Jordan machen?
6 Denn auch deine Brüder, alle deine Ver-
wandten, haben dich fallenlassen und haben
voll eingestimmt in das Geschrei gegen dich. Sei
vorsichtig, wenn sie dir freundlich kommen!«

Zorn und bittere Trauer

7 Der HERR sagt: »Ich habe Israel aufgegeben.
Mein eigenes Volk habe ich verstoßen. Das Volk,
das ich von ganzem Herzen liebte, habe ich an
seine Feinde ausgeliefert. 8 Es ist mir fremd ge-
worden, unheimlich wie ein Löwe im Dickicht;
genauso wie ein Löwe brüllt es mich feindselig
an. Darum ist es mir zuwider.
9 Ist das Land meines Volkes denn eine Hyä-
nenhöhle[a] geworden, über der die Geier krei-
sen? Auf, bringt die wilden Tiere herbei, hier gibt
es zu fressen! 10 Fremde Hirten in großer Zahl
sind mit ihren Herden gekommen und haben
meinen Weinberg zugrunde gerichtet und meine
Felder zertrampelt; die herrlichen Felder haben
sie in eine trostlose Wüste verwandelt. 11 Traurig
und öde liegt das Land vor mir, weil niemand
meine Warnungen ernst genommen hat.«
12 Über alle kahlen Höhen der Steppe kamen
Verwüster ins Land. Ein Krieg, den der HERR
selber entfacht hat, verwüstet es vom einen
Ende bis zum andern; niemand bleibt da ver-
schont. 13 Das Volk hat Weizen gesät, aber Dor-
nen mußte es ernten. Es hat sich abgeplagt, aber
nichts erreicht; nun steht es enttäuscht vor sei-
nen Erträgen: Der glühende Zorn des HERRN hat
alles vernichtet.

Juda und seine Nachbarvölker

14 Der HERR sagt: »Die unverschämten Nachbar-
völker, die mein Eigentum angetastet haben, das
Land, das ich meinem Volk Israel[b] als bleiben-
den Besitz gab – sie alle werde ich aus ihren
Ländern vertreiben. Aber ebenso treibe ich auch
das Volk von Juda fort! 15 Danach werde ich mit
allen diesen Völkern wieder Erbarmen haben:
Jedes wird in sein Land und zu seinem Besitz
zurückkehren.
16 Wenn die Nachbarn meines Volkes sich
dann von ganzem Herzen seinem Glauben
anschließen, wenn sie von ihm lernen, beim
Schwören mich als Zeugen anzurufen, so wie sie
früher mein Volk dazu verführt haben, sich auf
Baal* zu berufen – wenn sie also beim Schwö-
ren aus Überzeugung sagen: ›So gewiß der HERR
lebt!‹, dann werde ich ihnen von neuem Glück
und Gedeihen schenken und sie mitten unter
meinem Volk wohnen lassen. 17 Wenn eins die-
ser Nachbarvölker sich jedoch weigert, auf mich
zu hören, werde ich es endgültig vertreiben, und
es wird unweigerlich zugrunde gehen.« Das sagt
der HERR.

Jeremias Lendenschurz: ein prophetisches Zeichen

13 Der HERR sagte zu mir: »Geh, kaufe dir
einen neuen Lendenschurz*, einen aus
Leinen, und trage ihn, aber sorge dafür, daß er
niemals mit Wasser in Berührung kommt!«
2 Ich kaufte den Lendenschurz und trug ihn,
wie der HERR es mir befohlen hatte.
3 Nach einiger Zeit erging das Wort des HERRN
ein zweites Mal an mich, er sagte: 4 »Geh mit
dem Lendenschurz zum Bach Fara[c] und ver-
stecke ihn dort in einem Felsspalt!«
5 Ich ging hin und tat es.
6 Lange Zeit danach sagte der HERR zu mir:
»Geh jetzt und hole den Lendenschurz wieder,
den du am Bach Fara versteckt hast!«
7 Ich ging hin und holte den Lendenschurz
aus dem Versteck. Er war verrottet und zu nichts
mehr zu gebrauchen.
8 Da erging das Wort des HERRN an mich, er
sagte: 9 »Genauso will ich die ganze Pracht ver-
rotten lassen, auf die Juda und Jerusalem so stolz
sind! Das sage ich, der HERR. 10 Dieses böse Volk
weigert sich, auf mich zu hören. In seinem
Starrsinn läuft es fremden Göttern nach, bringt
ihnen Opfer* und betet sie an. Darum soll es wie
dieser Lendenschurz werden, der zu nichts
mehr taugt!
11 So eng, wie ein Lendenschurz den Körper
eines Mannes umschließt, wollte ich Israel und
Juda um mich haben. Sie sollten das Volk sein,
das mir Ehre bringt und meinen Ruhm verkün-
det, aber sie haben mir nicht gehorcht.«

a *Hyänenhöhle* mit G; H *buntgefärbter Raubvogel.*
b Mit *Israel* ist hier das Nordreich gemeint; vgl. Sacherklärung »Israel«.
c Ein Zufluß des Jordans, eine Stunde nördlich von Anatot. So mit der griechischen Übersetzung des Aquila; H *Eufrat.*

12,6 9,3 S 12,9 7,33; 16,4; Dtn 28,26; Jes 56,9 12,10 6,3 S; 2,21 S 12,14 10,25 S 12,15 46,26 S 12,16 3,17 S; 4,2 S 13,1-11 (Zeichenhandlung) 19,1-13; 27,1-15; 32,1-15; 43,8-13; 51,59-64; Jes 20,1-5; Ez 4,1–5,4 S; Hos 1,2-9; 3,1-5 13,10 7,13 S; 25,6 S 13,11 33,9

Ein Scherzwort wird zum Gerichtswort[a]

12 Der HERR befahl mir: »Verkünde diesem Volk: ›So spricht der HERR, der Gott Israels: Weinkrüge sind dafür da, daß man sie füllt!‹ Wenn sie dir darauf entgegnen: ›Das ist nichts Neues, natürlich füllt man Weinkrüge mit Wein!‹, 13 dann gib ihnen zur Antwort:

›So spricht der HERR: Ich werde die Menschen in diesem Land bis zur Betrunkenheit füllen, die Könige, die auf dem Thron Davids sitzen, die Priester* und die Propheten* und alle Bewohner Jerusalems! 14 Wie Weinkrüge werde ich sie gegeneinanderschlagen, so daß einer am andern zerbricht, einer am andern und die Eltern an ihren Kindern. Schonungslos, ohne Mitleid und Erbarmen, werde ich sie vernichten.‹«

Letzte dringliche Mahnung

15 Der HERR hat zu euch gesprochen; darum macht die Ohren auf und seid nicht so überheblich! 16 Gebt dem HERRN, eurem Gott, die Ehre, bevor die Nacht über euch hereinbricht und eure Füße in der Dunkelheit auf den Bergen stolpern! Ihr erwartet das Licht eines neuen Tages, aber der HERR verwandelt es in Finsternis, er bringt dunkle Nacht über euch!

17 Wenn ihr auf diese Warnung nicht hört, kann ich mich nur noch in einen Winkel verkriechen und eure Überheblichkeit beweinen. Meine Tränen werden unaufhörlich fließen, weil das Volk des HERRN in die Gefangenschaft abgeführt wird!

Ein Wort an König Jojachin

18 Der HERR sagte zu mir: »Befiehl dem König und seiner Mutter:[b] ›Kommt herunter von eurem Thron und setzt euch auf die Erde, denn eure stolze Krone ist euch vom Kopf gefallen! 19 Die Städte im Süden von Juda sind für euch verloren, und keiner bringt sie euch wieder. Ganz Juda wird weggeführt in die Verbannung!‹«

Jerusalem, die geschändete Frau

20 Jerusalem, sieh, was geschieht: Deine Feinde rücken von Norden* heran! Was soll nun aus den Städten in Juda werden? Sie waren dir anvertraut wie eine Herde prächtiger Schafe, und du warst so stolz auf sie! 21 Was wirst du sagen, wenn der HERR deine Feinde als Herren über dich einsetzt, sie, die du immer als deine Freunde betrachtet hast? Vor Schmerz wirst du schreien wie eine Frau, die in Wehen liegt!

22 Und wenn du fragst: »Warum trifft mich dieses Unglück?«, dann laß dir sagen: Deine vielen Vergehen sind der Grund dafür, daß man dir jetzt das Kleid hochhebt und dich vergewaltigt!

23 Der HERR sagt: »Kann ein Schwarzer seine Hautfarbe wechseln oder ein Leopard sein geflecktes Fell? Genausowenig seid ihr fähig, das Gute zu tun; ihr habt euch viel zu sehr an das Böse gewöhnt! 24 Ich werde euch zerstreuen wie die Spreu, die der Wüstenwind davonträgt!

25 So wird es dir ergehen, Jerusalem«, sagt der HERR. »Ich selbst habe diese Strafe über dich verhängt, weil du mich vergessen und auf falsche Götter vertraut hast! 26 Ja, ich selber hebe dir das Kleid hoch, hinauf bis über dein Gesicht! Sollen doch alle deine Nacktheit sehen!

27 Ich habe genug von deinem ehebrecherischen Treiben, von deinem geilen Lachen, von der schamlosen Frechheit, mit der du mich hintergehst. Ich kenne deine widerlichen Götzenbilder auf den Hügeln draußen im Land! Wie lange noch soll das so weitergehen, Jerusalem? Du wirst es büßen müssen, daß du das alles nicht aufgeben willst!«

Eine Dürrekatastrophe (14,1–15,4)

14 Das Wort des HERRN erging an Jeremia, als Antwort auf die Klagen wegen der Dürrekatastrophe.[c]

2 Ganz Juda trauert, die Städte sterben, ihre Bewohner hocken klagend auf dem Boden! Jerusalem schreit um Hilfe. 3 Die Reichen schicken ihre Diener zum Wasserholen, doch die finden keinen Tropfen mehr in den Zisternen. Mit leeren Krügen kommen sie zurück; enttäuscht und mutlos verhüllen sie ihr Gesicht.

4 Auch die Bauern sind verzweifelt und verhüllen ihr Gesicht. Der Ackerboden ist ausgedörrt, weil kein Regen fällt. 5 Selbst die Hirschkuh läßt ihr Neugeborenes im Stich, weil sie kein Grün mehr findet. 6 Die Wildesel stehen auf kahlen Bergen und schnappen nach Luft wie Schakale. Ihr Blick ist erloschen, denn es gibt nichts mehr zu fressen.

7 »HERR, unsere Vergehen klagen uns an, aber hilf uns doch um deiner Ehre willen! Oft haben

a Die Drohung knüpft wahrscheinlich an ein derb-zweideutiges Scherzwort an: Trinker vergleichen sich mit Weinkrügen, die dazu da sind, mit Wein gefüllt zu werden. Die Situation ist vielleicht ähnlich der von Jes 28,7-8; vgl. ferner Jer 25,15-18.

b *Mutter:* siehe Sacherklärung »Königsmutter«.

c Dieser Satz ist Überschrift zu 14,2–15,4, hat aber speziell Gottes Antwort in den Versen 14,10-12.14-16; 15,1-4 im Auge.

13,13 25,15 S; Ps 60,5; Jes 29,9-10; Ez 23,31-34 **13,16** Jes 5,30; 8,22; Am 8,9; Joh 12,35 **13,17** 4,19; 8,23 S **13,18** 2 Kön 24,8-17 **13,20** 1,14 S **13,21** 2 Kön 16,7; 20,13 **13,27** 2,20 S **14,3-4** 2 Sam 15,30 **14,4** 3,3 S **14,7** 14,21 S

wir uns von dir abgewandt und gegen dich ge-
sündigt. 8 Aber du bist Israels einzige Hoffnung,
du allein kannst uns retten, wenn wir in Not
sind! Warum tust du, als sei dir unser Land
gleichgültig – als wärst du ein Reisender, der nur
für eine Nacht absteigt? 9 Warum tust du, als
könntest du nicht helfen – als wärst du ein
Kriegsheld, den die Überraschung entwaffnet
hat? Du bist doch mitten unter uns, HERR! Wir
sind dein Volk, du hast uns zu deinem Eigentum
erklärt![a] Verlaß uns nicht!«

Jeremia darf nicht für sein Volk beten

10 Aber der HERR sagte zu mir über dieses Volk:
»Sie laufen von einem zum andern, wie es ihnen
gerade paßt; das ist so ihre Art. Ich habe keine
Freude mehr an ihnen. Ich sehe über ihre Ver-
gehen nicht mehr hinweg, sondern ziehe sie
jetzt zur Rechenschaft.«

11 Weiter sagte der HERR zu mir: »Bete nicht
für dieses Volk! Bitte mich nicht darum, daß ich
der Not ein Ende mache! 12 Sie können fasten
und beten, soviel sie wollen, ich höre sie nicht;
auch mit Brandopfern* und Speiseopfern* kön-
nen sie mich nicht umstimmen. Ich bin ent-
schlossen, sie durch Krieg, Hunger und Pest zu
vernichten.«

13 »Ach, Gott, du mein Herr«, erwiderte ich,
»die Propheten* sind schuld! Die reden ihnen
ein: ›Es gibt keinen Krieg und keine Hungersnot!
Der HERR hat versprochen, daß er diese Stadt
immer schützen will.‹«

14 Aber der HERR antwortete mir: »Diese Pro-
pheten erzählen Lügen! Es ist nicht wahr, daß
sie in meinem Auftrag reden. Ich habe sie nicht
geschickt, ich habe kein Wort zu ihnen ge-
sagt! Sie haben sich ihre Prophezeiungen und
Visionen selbst ausgedacht und geben es dann
für mein Wort aus.

15 Ich werde dir sagen, was ich mit diesen
Lügenpropheten tue, die euch einreden, daß das
Land von Krieg und Hungersnot verschont
bleibt: Sie selber werden durch Krieg und Hun-
ger umkommen! 16 Und genauso wird es den
Leuten gehen, die sich diese Prophezeiungen an-
hören. Ihre Leichen werden auf den Straßen
Jerusalems herumliegen, und die Leichen ihrer
Frauen und Kinder dazu. Niemand wird sie be-
graben. So bestrafe ich sie für ihren Ungehor-
sam.«

Jeremia bekennt sich zur Schuld seines Volkes

17 Weiter sagte der HERR zu mir: »Laß sie wissen,
wie betroffen du bist! Sag zu ihnen: ›Ich weine
Tag und Nacht und kann nicht aufhören, denn
über mein geliebtes Volk[b] ist furchtbares Un-
glück hereingebrochen, es ist unheilbar verwun-
det. 18 Gehe ich aufs Feld hinaus, sehe ich die
Leichen der Männer, die im Kampf umkamen;
kehre ich in die Stadt zurück, finde ich Men-
schen, die dem Hungertod nahe sind. Priester*
und Propheten* laufen im Land umher und wis-
sen keinen Rat.‹«

19 »HERR«, erwiderte ich, »hast du denn Juda
ganz fallenlassen, willst du vom Zionsberg*
nichts mehr wissen? Warum hast du uns so
geschlagen, daß es für uns keine Heilung mehr
gibt? Wir warteten darauf, daß alles wieder gut
würde, aber es kam nichts Gutes. Wir hofften
auf Genesung, aber es wurde immer schlimmer.

20 Wir wissen es, HERR, und geben es zu: Wir
sind vor dir schuldig geworden, wir und unsere
Väter. 21 Aber jetzt geht es um die Ehre deines
Namens*, es geht um den Thron deiner gött-
lichen Herrlichkeit*, der in dieser Stadt steht!
Denk an den Bund*, den du mit uns geschlossen
hast, kündige ihn nicht auf! 22 Unter den Göttern
der anderen Völker gibt es keinen, der es regnen
lassen kann; und auch der Himmel macht nicht
den Regen! Du, HERR, unser Gott, hast alles ge-
schaffen, du allein bist unsere Hoffnung!«

Das Urteil ist gesprochen

15 Aber der HERR gab mir zur Antwort:
»Selbst wenn Mose und Samuel vor mir
stehen und mich darum bitten würden, ich
würde mich diesem Volk nicht mehr zuwenden.
Jag es fort; es soll mir aus den Augen gehen!
2 Und wenn sie dich fragen: ›Wohin sollen wir
gehen?‹, dann antworte ihnen: ›So spricht der
HERR: Wer für die Pest bestimmt ist, bekomme
die Pest! Wer zum Tod durch das Schwert be-
stimmt ist, laufe ins Schwert! Wer zum Hunger-
tod bestimmt ist, sterbe an Hunger! Wer zur Ver-
bannung bestimmt ist, ziehe in die Verbannung!‹

3 Vier Schrecken lasse ich gegen dieses Volk
los«, sagt der HERR: »das Schwert, das die Men-
schen umbringt, die Hunde, die die Leichen weg-
schleifen, die Hyänen, die sie zerfleischen, und

a Siehe Anmerkung zu Jes 43,7. b Wörtlich *über die jungfräuliche Tochter meines Volkes* (vgl. 31,21-22).

14,8 3,23 S; 17,13 **14,11** 7,16 S **14,12** 6,20 S; 24,10 S **14,13-15** (Lügenpropheten) 6,14; 23,9-40; 27,9-10.14-18; 28,1–29,32; Klgl 2,14; Ez 13,1-16; 22,28 **14,16** 9,21 S **14,17** 8,23 S **14,19** 8,15; 10,19 S **14,20** Dan 9,4-19 **14,21** 3,17 S; (Gottes Ehre) 14,7; Ps 25,11; Jes 48,11 S; Ez 20,9 S; Dan 9,19 **14,22** 5,24-25 S **15,1** 7,16 S; (Mose und Samuel) Ps 99,6; Ex 32,11-14 S; 34,9; Num 11,2; Dtn 9,18-19; 1 Sam 7,8-9; 12,19.23; Sir 46,16-18 **15,2** 24,10 S; Offb 13,10 **15,3** Ez 14,21

die Geier, die den Rest auffressen, bis nichts mehr übrig ist! 4 Alle Völker der Erde werden entsetzt sein, wenn sie es sehen. Es ist die Strafe für das, was König Manasse, der Sohn von Hiskija, in Jerusalem getan hat!«

Kein Mitleid mehr mit Jerusalem

5 »Jerusalem, wer wird noch Mitleid haben mit dir und dich bedauern«, sagt der HERR, »wer wird deinetwegen einen Umweg machen, um zu fragen, wie es dir geht? 6 Du hast nichts mehr von mir wissen wollen und mir nur noch den Rücken gekehrt. Deshalb erhob ich die Hand gegen dich und schlug dich nieder. Ich war es müde, Erbarmen mit dir zu haben.

7 Mit den Leuten von Juda verfuhr ich wie einer, der mit der Worfschaufel* das gedroschene Getreide in die Luft wirft, so daß der Wind die Spreu davonträgt. Weil mein Volk sich nicht ändern wollte, ließ ich es zugrunde gehen. 8 Ich ließ mehr Frauen zu Witwen werden, als es Sandkörner am Meeresstrand gibt. Mütter traf am hellen Mittag die Schreckensnachricht vom Tod ihrer Söhne. Von einem Augenblick zum andern kamen Angst und Entsetzen über sie. 9 Der Frau, die sieben Söhnen das Leben schenkte, ist nicht einer geblieben. Sie ist am Ende, ihr stockt der Atem. Ihre Sonne ging unter mitten am Tag. In Schande und völlig gebrochen steht sie nun da. Aber auch alle, die bis jetzt noch übriggeblieben sind vom Volk, werde ich dem Schwert ihrer Feinde preisgeben.« Das sagt der HERR.

Jeremias Klage und Gottes Antwort

10 Ich klagte: »Ich Unglücklicher, warum hat meine Mutter mich geboren? Wohin ich auch komme, überall feinden sie mich an und setzen mir zu. Ich habe von niemand Geld geborgt und auch niemand etwas geliehen, und trotzdem verwünschen sie mich alle.«

11 Darauf sagte der HERR: »Ich habe doch deine Fesseln gelöst[a] und deine Last erleichtert. Ich habe dafür gesorgt, daß dein Feind dich anfleht in Zeiten der Not und Verzweiflung.«

12 Weiter sagte der HERR: »Kann man denn Eisen zerbrechen, Eisen aus dem Norden, oder Bronze?[b] 13 Ihr Leute von Juda, euren ganzen Besitz gebe ich zur Plünderung frei. Das ist der Lohn[c] für all das Böse, das ihr überall in eurem Land begangen habt! 14 Ich mache euch zu Sklaven eurer Feinde,[d] ihr müßt ihnen dienen in einem fernen, unbekannten Land. Denn mein Zorn ist aufgelodert wie ein Feuer, und dieses Feuer wird euch verbrennen!«

15 Ich gab zur Antwort: »Du weißt alles, HERR; denk an mich und hilf mir! Leg meinen Verfolgern das Handwerk! Hab nicht so lange Geduld mit ihnen, sonst gehe ich noch zugrunde! Du weißt doch, daß sie mich deinetwegen beschimpfen.

16 Wenn du zu mir sprachst, habe ich jedes Wort verschlungen. Deine Worte haben mein Herz mit Glück und Freude erfüllt, denn ich bin doch dein Eigentum, HERR, du Gott der ganzen Welt![e]

17 Ich kann nicht mit anderen Leuten fröhlich zusammensitzen und mit ihnen lachen. Denn du hast deine Hand auf mich gelegt und mich einsam gemacht; dein Zorn über dieses Volk hat von mir Besitz ergriffen. 18 Warum nimmt mein Leiden kein Ende? Warum will meine Wunde nicht heilen? Ich setze meine ganze Hoffnung auf dich; aber du läßt mich im Stich wie ein Bach, der im Sommer versiegt!«

19 Da sagte der HERR zu mir: »Wenn du zu mir umkehrst, nehme ich dich wieder an, und du sollst wieder mein Diener sein. Wenn du nicht mehr solchen Unsinn redest, sondern deine Worte abwägst, dann darfst du mein Mund sein. Hör nicht auf die anderen, sondern sieh zu, daß sie auf dich hören!

20 Du wirst diesem Volk wie eine Mauer gegenüberstehen. Sie werden gegen dich anrennen, aber sie können dich nicht bezwingen. Denn ich stehe dir zur Seite, ich schütze dich, ich, der HERR. 21 Ich befreie dich aus der Hand deiner Feinde, ich reiße dich aus der Faust dieser Gewalttätigen!«

Jeremia kündet durch sein Verhalten das nahe Gericht an

16 Das Wort des HERRN erging an mich, er sagte zu mir: 2 »Du sollst nicht heiraten und keine Söhne und Töchter haben in diesem

a *deine Fesseln gelöst:* oder *dich gestärkt.* Der Vers ist insgesamt nicht sicher zu deuten.
b Es ist nicht deutlich, ob Vers 12 vom »Feind aus dem Norden« (vgl. 1,14-16; 6,22-23) oder von der Widerstandskraft des Propheten (vgl. 1,18-19; 15,20) oder von der Härte seiner Gegner (vgl. Vers 10-11) spricht.
c *Das ist der Lohn:* mit alten Übersetzungen (vgl. 17,3); H *ohne Lohn/Gegenleistung.*
d So mit einigen Handschriften und alten Übersetzungen (vgl. 17,4); H *Ich lasse deine Feinde kommen.*
e Wörtlich *du Gott Zebaot*.*

15,4 2 Kön 21,1-16; 24,3-4 **15,7** 5,3 S **15,10** 11,21-22 S; 20,14 S **15,11** 7,16 S **15,12** 1,14 S **15,14** 17,4; Dtn 4,24 S **15,16** Ps 19,9; 119,111.131 **15,17** 16,8 **15,18** 12,1; Ijob 6,15-20 **15,19** 1,9 **15,20** 1,18-19; 1,8 S **15,21** 26,24; 36,26; 38,9.13 **16,1-4** Ez 24,15-24; Mt 19,12; 1 Kor 7,26

Land! 3 Denn ich, der HERR, sage dir, was mit den Söhnen und Töchtern geschehen wird, die hier geboren werden, und ebenso den Müttern, die sie gebären, und den Vätern, die sie zeugen: 4 Sie werden an qualvollen Seuchen sterben, und niemand wird dasein, der für sie die Totenklage* hält, niemand, der sie begräbt; ihre Leichen werden zum Dünger für die Äcker werden. Durch Krieg und Hunger werden sie umkommen, Geier und Schakale werden sie fressen!«

5 Weiter sagte der HERR zu mir: »Du sollst kein Trauerhaus betreten und jeder Trauerfeier fernbleiben! Sprich auch niemand dein Beileid aus! Denn ich, der HERR, habe diesem Volk meine Freundschaft entzogen, meine Liebe und mein Erbarmen. 6 Reiche und Arme in diesem Land werden sterben. Niemand wird sie begraben, niemand wird sie betrauern, niemand wird sich zum Zeichen der Trauer die Haut blutig ritzen oder den Kopf kahlscheren. 7 Und es wird niemand mehr dasein, der den Hinterbliebenen das Trauerbrot* spenden könnte, der denen den Trostbecher reichen könnte, die Vater oder Mutter verloren haben!

8 Auch ein Haus, in dem ein Fest gefeiert wird, sollst du nicht betreten! Setz dich nicht mit den Gästen zu Tisch, um mitzuessen und mitzutrinken! 9 Denn das sage ich, der Herrscher der Welt,[a] der Gott Israels: Ich mache allem Jubel und aller Freude in Juda ein Ende, den Jubelruf von Bräutigam und Braut wird man nicht mehr hören. Ihr werdet es selbst erleben und mit eigenen Augen sehen!

10 Wenn du all dies dem Volk ankündigst, werden sie dich fragen: ›Warum droht der HERR uns so großes Unheil an? Was haben wir denn Böses getan? Worin haben wir uns gegen den HERRN, unseren Gott, vergangen?‹

11 Dann sollst du ihnen antworten: ›Schon eure Vorfahren haben mich verlassen, sagt der HERR; sie sind fremden Göttern nachgelaufen, haben ihnen gedient und sie angebetet. Sie haben sich nicht um mich gekümmert und haben nicht auf meine Weisungen geachtet.

12 Ihr aber habt es noch weit schlimmer getrieben als sie. Ihr alle tut nur das, was euer eigensinniges und böses Herz euch eingibt, niemand hört auf mich.

13 Deshalb werde ich euch aus diesem Land forttreiben in ein Land, das ihr vorher nicht kanntet, ihr nicht und auch eure Vorfahren nicht. Dort werdet ihr fremden Göttern dienen müssen bei Tag und Nacht, und ich werde kein Erbarmen mit euch haben!‹«

Ausblick auf die Rückkehr aller Verschleppten

14 Der HERR sagt: »Die Zeit wird kommen, wo sie in meinem Volk beim Schwören nicht mehr sagen: ›So gewiß der HERR lebt, der das Volk Israel herausgeführt hat aus Ägypten‹, 15 sondern: ›So gewiß der HERR lebt, der die Leute von Israel herausgeführt hat aus dem Land im Norden* und aus all den anderen Ländern, in die er sie vertrieben hatte.‹

Ja, ich werde sie zurückkehren lassen in das Land, das ich ihren Vorfahren gegeben habe.«

Kein Schuldiger wird entkommen

16 »Ich rufe viele Fischer herbei«, sagt der HERR, »die sollen die Leute von Juda wie Fische fangen. Und danach rufe ich viele Jäger, die Treibjagd auf sie machen und sie herunterholen von jedem Berg und jedem Hügel und sie hervorholen aus jedem Felsspalt.

17 Denn ich sehe genau, was sie treiben. Sie können sich nicht vor mir verstecken; ihre Schuld steht mir vor Augen. 18 Für diese Schuld werden sie mir voll und ganz[b] büßen; ich erlasse ihnen nichts. Sie haben mein Land entweiht mit ihren abscheulichen Götzen, die unrein* sind wie Leichen; überall haben sie ihre widerwärtigen Götterbilder hingestellt.«

Alle Völker erkennen den wahren Gott

19 Ich sagte: »HERR, du gibst mir Kraft, du beschützt mich, zu dir kann ich fliehen in Gefahr. Von den Enden der Erde werden die Völker zu dir kommen und werden sagen: ›Die Götter unserer Vorfahren sind nichts als Betrug; Luft sind sie, nicht einer von ihnen kann helfen. 20 Kein Mensch kann sich seine Götter selbst machen; was dabei herauskommt, sind keine Götter.‹«

21 »Ja«, antwortete der HERR, »diesmal lasse ich die Völker meine gewaltige Macht erfahren, und sie werden erkennen, daß ich der HERR bin!«

Tiefsitzende Schuld, unabwendbare Strafe

17 Der HERR sagt: »Volk von Juda, deine Schuld ist in dein Herz geschrieben und auf die Hörner* deiner Altäre, so unauslöschlich

a Wörtlich *so spricht der HERR Zebaot**.
b *voll und ganz:* wörtlich *doppelt;* vgl. Jes 40,2 und die Anmerkung dort.

16,4 9,21 S **16,6** 22,18; 47,5; 48,37; Lev 19,27-28; Ez 24,16-17.22-23 **16,7** Tob 4,17 S **16,8** 15,17 **16,9** 7,34 S **16,10** 5,19 S **16,11** 2,13 S **16,12** 7,24 S **16,14-15** 23,7-8; Jes 43,16-21 **16,15** 3,18 S; 12,15; 24,6 **16,16** Ez 12,13; 17,20; Am 4,2; Hab 1,14-15 **16,17** 32,19; Ps 90,8; Ijob 34,21 **16,18** Lev 18,24-28; Ez 36,18; Jer 2,7 **16,19** 3,17; 10,8 **17,1** 2,22; 6,29; 13,23

wie eine Inschrift, die mit einem Meißel mit Diamantspitze in eine Steintafel gehauen wird.

2–3 Du kümmerst dich um deine Götzenaltäre und um deine geweihten Pfähle* unter den grünen Bäumen auf den Bergen und Hügeln im Land, als wären es deine eigenen Kinder. Du Volk von Berg- und Hügelpilgern![a] Ich gebe deinen ganzen Besitz und alle deine Opferstätten zur Plünderung frei. Das ist die Strafe für das Unrecht, das du überall in deinem Gebiet begangen hast.

4 Das Land, das ich dir als Erbbesitz* gegeben habe, wirst du verlassen müssen; das hast du dir selbst zuzuschreiben. Ich mache dich zum Sklaven deiner Feinde in einem fernen, unbekannten Land. Denn du hast meinen Zorn wie ein Feuer angefacht, und dieses Feuer hört nie mehr auf zu brennen!«

Falsche und wahre Sicherheit

5 Der HERR sagt: »Fluch über alle, die sich von mir abwenden und statt dessen auf die Hilfe vergänglicher Menschen vertrauen! 6 Sie sind wie kümmerliche Sträucher in der Steppe, in steiniger Wüste, in ödem, unbewohnbarem Land. Sie werden niemals Glück erleben.

7 Doch Segen soll über alle kommen, die allein auf mich, den HERRN, ihr Vertrauen setzen! 8 Sie sind wie Bäume, die am Wasser stehen und ihre Wurzeln zum Bach hin ausstrecken. Sie fürchten nicht die glühende Hitze; ihr Laub bleibt grün und frisch. Selbst wenn der Regen ausbleibt, leiden sie keine Not. Nie hören sie auf, Frucht zu tragen.

9 Nichts ist so abgründig wie das menschliche Herz. Voll Unheil ist es; wer kann es durchschauen? 10 Ich, der HERR, sehe bis auf seinen Grund, ich kenne die geheimsten Wünsche der Menschen. Ich gebe jedem, was er aufgrund seiner Taten verdient hat.

11 Allen, die auf unrechtmäßige Weise zu Reichtum gekommen sind, geht es wie einem Vogel, der fremde Eier ausgebrütet hat und zusehen muß, wie die Jungen ihm davonlaufen: In den besten Jahren müssen sie alles hergeben, und am Ende stehen sie mit leeren Händen da.«

Israels einzige Hoffnung

12 Ein herrlicher Thron, der von jeher alle Welt überragt, das ist unser Tempel*! 13 HERR, du bist die einzige Hoffnung Israels! Alle, die dich verlassen, werden vor Schande vergehen; sie werden verschwinden wie Namen, die man in den Staub schrieb. Denn sie haben dich, die Quelle frischen Wassers, verlassen!

Jeremias Hilferuf

14 Heile du mich, HERR, dann werde ich wieder gesund! Hilf mir, dann ist mir wirklich geholfen! Du hast mir doch immer Grund gegeben, dich zu preisen.

15 Sie sagen zu mir: »Wo bleibt denn das Unglück, das der HERR angedroht hat? Es soll doch kommen!«

16 HERR, du weißt, ich habe mich nie geweigert, deine Aufträge auszuführen. Und eine Katastrophe habe ich schon gar nicht herbeigewünscht. Alles, was ich gesagt habe, weißt du genau. 17 Willst du mir jetzt Angst einjagen? Du bist doch meine Zuflucht, wenn das Unglück kommt!

18 Bring Schande über alle, die mir nachstellen – aber nicht über mich! Ihnen soll der Schreck in die Glieder fahren – aber nicht mir! Bring den Unglückstag über sie und gib ihnen die volle Strafe, so wie sie es verdienen!

Der Sabbat gehört Gott

19 Der HERR befahl mir: »Stell dich an das Haupttor der Stadt,[b] durch das die Könige von Juda ein- und ausziehen, und auch an alle die anderen Tore, 20 und ruf dort aus: ›Hört, was der HERR euch zu sagen hat, ihr Könige von Juda und ihr alle, die ihr durch diese Tore ein- und ausgeht, Leute von Juda und Bewohner Jerusalems!

21 So spricht der HERR: Wenn euch euer Leben lieb ist, dann hütet euch, am Sabbat* irgendeine Ware aufzuladen und mit ihr durch irgendeines dieser Tore zu kommen! 22 Nicht einmal aus eurem Haus sollt ihr etwas hinaustragen an diesem Tag. Am Sabbat muß jede Arbeit ruhen. Ihr sollt ihn als einen heiligen* Tag begehen, der ausschließlich mir gehört. So habe ich es schon euren Vorfahren befohlen, 23 aber sie haben nicht auf mich gehört und sich nicht darum gekümmert. Hartnäckig haben sie sich geweigert, mein Gebot zu beachten.

24 Folgt nicht ihrem schlechten Beispiel! Hört auf mich, unterlaßt es, am Sabbat mit euren Waren bepackt durch die Tore dieser Stadt zu

a Wörtlich *Du Gebirgler im freien Feld.*

b Wörtlich *das Tor des Volkes.* Ein Tor dieses Namens ist sonst nicht erwähnt.

17,2-3 3,13 S **17,4** 15,14 S **17,5-8** Ps 1,1-6; 146,3-5; Spr 4,18-19 **17,7-8** Sir 34,14-20 **17,9** 7,24 S **17,10** (kenne) 11,20 S; (verdient) 21,14; 25,14; 32,19; Ijob 34,11; Ps 62,13; Ez 18,30; Hos 12,3; Sir 35,24 **17,12** 3,17 S **17,13** 2,13 S; 14,8; Ps 36,9-10 **17,14** Ps 6,3 **17,15** Jes 5,19; 2 Petr 3,3-4 **17,18** 11,18-20; 15,10; 18,18; 20,2.7-8.10; 26,8-9; 37,11-16; 38,4-6; Klgl 3,52 **17,21-22** Ex 20,8-10 S **17,23** 7,26 **17,24** Gen 2,3

kommen, und begeht den Sabbat als einen heiligen Tag, der mir gehört und an dem alle Arbeit ruht!

25 Dann werden auch künftig Könige aus der Familie Davids auf Pferden und Wagen ein- und ausziehen durch diese Tore, ebenso ihre hohen Beamten, das Volk von Juda und die Bewohner Jerusalems. Für immer wird dann diese Stadt bewohnt bleiben. 26 Und auch künftig werden die Leute aus den Städten in Juda, aus den Dörfern rings um Jerusalem, aus dem Land Benjamin, aus dem Hügelland, dem Gebirge und dem Steppengebiet im Süden hierher zum Tempel* kommen, um ihre Opfergaben* zu bringen: Brandopfer und Mahlopfer, Speiseopfer und Weihrauch* und Dankopfer.

27 Wenn ihr aber nicht auf mich hört, wenn ihr den Sabbat behandelt wie jeden anderen Tag, an dem ihr mit Lasten beladen durch die Tore Jerusalems kommt, dann werde ich Feuer an diese Tore legen, das wird die Paläste Jerusalems fressen, und niemand kann es löschen!‹«

Das Bild vom Töpfer: Gott gibt noch eine Chance

18 Das Wort des Herrn erging an mich, an Jeremia; er sagte zu mir: 2 »Geh hinunter zum Haus des Töpfers! Dort wirst du hören, was ich dir zu sagen habe.«

3 Ich ging hin und fand den Töpfer bei seiner Arbeit an der Töpferscheibe. 4 Wenn ihm ein Gefäß unter den Händen mißlang, dann machte er aus dem Ton ein anderes, ganz wie er es für richtig hielt.

5 Da erging das Wort des Herrn an mich, und er sagte: 6 »Kann ich es mit euch Leuten von Israel nicht genauso machen? Wie der Ton in der Hand des Töpfers, so seid ihr in meiner Hand.

7 Einmal sage ich zu einem Volk oder Königreich, daß ich es ausreißen oder zerstören will. 8 Wenn dann aber dieses Volk sich ändert und sein böses Treiben läßt, tut es mir leid, und ich führe nicht aus, was ich ihm angedroht habe. 9 Ein anderes Mal sage ich zu einem Volk oder Königreich, daß ich es aufbauen und fest einpflanzen will. 10 Wenn dann aber dieses Volk tut, was mir mißfällt, und mir nicht gehorcht, dann lasse ich nichts von all dem Guten kommen, das ich ihm versprochen hatte.

11 Sag also zu den Leuten von Juda und den Bewohnern Jerusalems: ›So spricht der Herr: Ich mache einen Plan gegen euch und bereite das Unglück vor, das ich über euch bringen will. Kommt doch zurück von eurem verkehrten Weg! Ändert euer Leben und Tun!‹

12 Aber sie werden antworten: ›Daraus wird nichts! Wir werden unsere eigenen Pläne ausführen und so böse und starrsinnig sein, wie es uns gefällt!‹«

Unbegreifliche Abkehr von Gott

13 Deshalb sagt der Herr: »Erkundigt euch bei allen Völkern! Wo hat man je dergleichen gehört? Was das Volk Israel[a] getan hat, ist unglaublich und empörend. 14 Kommt es jemals vor, daß der Schnee auf den Gipfeln des Libanons schmilzt oder große Ströme versiegen?[b] 15 Mein Volk aber hat mich vergessen; es opfert* Göttern, die keine sind.

Von ihnen verführt, begann es, auf seinem Weg zu stolpern, ja, seinen Weg zu verlassen und in die Irre zu gehen. 16 Deshalb wird das Land so verwüstet, daß alle, die vorbeikommen, sich entsetzen und sich vor Furcht und Grauen schütteln. 17 Ich lasse Feinde über mein Volk kommen, die es wegtreiben, wie ein heftiger Ostwind den Staub davonweht. An dem Tag, an dem das Unglück hereinbricht, kehre ich diesem Volk den Rücken; ich helfe ihm nicht!«

Todfeindschaft gegen Jeremia

18 Da gibt es Leute, die sagen: »Los, wir müssen gegen Jeremia etwas unternehmen! Er lügt! Nie wird unseren Priestern* die Weisung ausgehen, unseren erfahrenen Leuten guter Rat, unseren Propheten* das Wort, das von Gott kommt! Wir drehen ihm einen Strick aus seinen eigenen Worten, aber im übrigen geben wir nicht mehr acht auf das, was er sagt!«

19 Gib du auf mich acht, Herr! Hör doch, was meine Gegner reden! 20 Soll denn Gutes mit Bösem vergolten werden? Sie wollen mich in ihre Gewalt bekommen. Dabei bin ich für sie eingetreten bei dir, um deinen Zorn von ihnen abzuwenden; du weißt es, Herr!

21 Deshalb laß ihre Kinder den Hungertod sterben! Laß sie selber durch Feindeshand umkommen, so daß ihre Frauen als kinderlose Witwen übrigbleiben! Die alten Männer soll die Pest holen, und die jungen sollen im Kampf fallen! 22 Aus ihren Häusern soll man Hilfeschreie hören, wenn plötzlich plündernde Soldaten ein-

a *das Volk Israel:* wörtlich *die Jungfrau Israel.* b Der Vers ist nicht sicher zu deuten.

17,25 22,4 **17,27** 39,8 **18,6** Ijob 10,8-9; Jes 45,9 S; Sir 33,13 **18,7.9** 1,10 S **18,8** 26,3; 42,10; Joël 2,14 S **18,11** 7,3; 36,3; 2 Kön 17,13; Sach 1,4 **18,12** 7,24 S; 22,21 **18,13** 5,30 **18,15** 2,32; 6,16 S **18,16** 19,8; 25,9; 29,18; 49,17; 50,13; 51,37 **18,18** 2,8 S; 17,18 S **18,20** 7,16 S **18,22** 17,18 S; Ps 57,7

dringen! Denn diese Leute haben es auf mich abgesehen; eine Grube haben sie für mich gegraben und Fangnetze ausgelegt.

[23] Du, HERR, kennst ihre Pläne; sie haben es darauf abgesehen, mich zu töten. Dieses Verbrechen verzeih ihnen nicht; diese Schuld vergiß ihnen nie! Laß sie vor dir zusammenbrechen! Wenn du kommst, um Gericht zu halten, dann rechne mit ihnen ab!

Der zerschlagene Krug

19 Der HERR befahl Jeremia: »Kauf dir einen Wasserkrug, wähle einige von den Ältesten* des Volkes und von den angesehensten Priestern* als Zeugen aus [2] und geh mit ihnen durchs Scherbentor hinaus ins Hinnom-Tal*. Dort kündige ihnen an, was ich dir sagen werde.

[3] Das aber sollst du zu ihnen sagen: ›Ihr Könige von Juda und ihr Bewohner Jerusalems, hört das Wort, das der HERR euch ausrichten läßt! So spricht der HERR, der Herrscher der Welt,[a] der Gott Israels: Ich werde Unglück über diesen Ort bringen; es wird so schrecklich sein, daß jedem, der die Nachricht davon hört, die Ohren weh tun werden. [4] Denn mein Volk hat mich verlassen. Sie haben diesen Ort verdorben und entweiht durch die Opfer*, die sie anderen Göttern dargebracht haben. Von diesen Göttern haben sie früher nichts gewußt, auch ihre Vorfahren und die Könige von Juda nicht. Sie haben an diesem Ort das Blut unschuldiger Menschen vergossen. [5] Sie haben auch einen Altar für den Baal* gebaut, um darauf ihre Kinder als Opfer zu verbrennen. Das habe ich nie befohlen; es ist mir niemals in den Sinn gekommen, so etwas von ihnen zu verlangen.

[6] Deshalb wird eine Zeit kommen, da wird man diesen Ort nicht mehr Tofet* oder Hinnom-Tal nennen, sondern Mordtal. [7] An diesem Ort will ich alle Pläne der Leute von Juda und Jerusalem vereiteln. Sie sollen durch das Schwert ihrer mordgierigen Feinde umkommen, und ihre Leichen werde ich den Vögeln und wilden Tieren zum Fraß vorwerfen. [8] Ich werde diese Stadt so völlig zerstören, daß jeder Mensch, der vorübergeht, erschrickt und sich entsetzt abwendet. [9] Erbarmungslose Feinde werden die Stadt einschließen und belagern, und die Belagerung wird so hart werden, daß die Leute in der Stadt sich gegenseitig aufessen. Sogar ihre eigenen Kinder werden sie dann essen.‹

[10] Wenn du das gesagt hast, dann zerschlage den Krug vor den Augen deiner Begleiter! [11] Sag zu ihnen: ›So spricht der HERR, der Herrscher der Welt: Ich zerschlage dieses Volk und diese Stadt, wie man Tongeschirr in Scherben schlägt, so daß es sich nicht mehr zusammenkitten läßt. Sogar im Tofet werden die Toten begraben, weil es sonst nirgendwo mehr Platz dafür gibt. [12] Ich will diese Stadt und ihre Bewohner dem Tofet gleichmachen. Das sage ich, der HERR.

[13] Die Häuser in Jerusalem, die Häuser der Könige von Juda, alle Häuser, auf deren Dächern ihr zu Ehren des Sternenheeres Weihrauch* verbrannt und für andere Götter Trankopfer* ausgegossen habt, alle diese Häuser sollen unrein* werden wie der Platz Tofet.‹«

Jeremia wird mißhandelt

[14] Als Jeremia vom Tofet zurückkehrte, wo er im Auftrag des HERRN geredet hatte, begab er sich in den Vorhof* des Tempels und verkündete allen Leuten: [15] »So spricht der HERR, der Herrscher der Welt, der Gott Israels: ›Ich bringe über die Stadt Jerusalem und die Städte in Juda all das Unglück, das ich ihnen angedroht habe; denn sie haben sich hartnäckig geweigert, auf meine Worte zu hören.‹«

20 Der Priester Paschhur, der Sohn Immers, war damals Oberaufseher am Tempel. Als er den Propheten Jeremia so reden hörte, [2] gab er Befehl, ihn festzunehmen, zu schlagen und in den Block* einzuschließen, der sich am oberen Benjamintor im Tempelbezirk befand.

[3] Am folgenden Morgen kam Paschhur zu Jeremia und löste ihn aus dem Block. Da sagte Jeremia zu ihm: »Der HERR nennt dich nicht mehr Paschhur, sondern ›Schrecken überall‹.

[4] Höre, was er dir sagen läßt: ›Ich mache dich zum Schrecken für dich selbst und alle deine Freunde. Du mußt mit eigenen Augen ansehen, wie sie durch das Schwert ihrer Feinde fallen.

Ich liefere die Bewohner von ganz Juda an den König von Babylonien* aus. Er wird einen Teil von ihnen nach Babylonien wegführen und die anderen mit dem Schwert töten. [5] Den ganzen Reichtum dieser Stadt gebe ich den Feinden, allen Besitz und alle Kostbarkeiten, auch die Schätze der Könige von Juda. Sie werden geraubt und nach Babylonien weggeschafft.

[6] Auch du, Paschhur, wirst mit deiner ganzen Familie nach Babylonien verschleppt. Dort wirst du sterben und begraben werden, zusammen

a Wörtlich der HERR Zebaot*; entsprechend in den Versen 11 und 15.

19,1-13 13,1-11 S **19,3** 11,11; 25,18; 2 Kön 21,12 **19,5** 7,31 S **19,8** 18,16 S **19,9** Lev 26,29 S **19,13** 8,2 S; 32,28-29 **19,15** 7,26 S **20,2** 29,26 **20,3** 6,25 S **20,5** Jes 39,6

mit deinen Freunden, die du mit deinen falschen
Weisungen ins Verderben geführt hast.«

Jeremia klagt Gott sein Leid

7 Du hast mich verführt, HERR, und ich habe
mich verführen lassen; du hast mich gepackt
und mir Gewalt angetan. Nun spotten sie im-
merzu über mich, alle lachen mich aus. 8 Denn
sooft ich in deinem Auftrag rede, muß ich Un-
recht anprangern. »Verbrechen!« muß ich rufen,
»Unterdrückung!« Und das bringt mir nichts als
Spott und Hohn ein, Tag für Tag.
9 Aber wenn ich mir sage: »Ich will nicht
mehr an Gott denken und nicht mehr in seinem
Auftrag reden«, dann brennt dein Wort in mei-
nem Innern wie ein Feuer. Ich nehme meine
ganze Kraft zusammen, um es zurückzuhalten –
ich kann es nicht.
10 Viele höre ich tuscheln, sie nennen mich
schon »Schrecken überall«. Die einen fordern:
»Verklagt ihn!« Die anderen sagen: »Ja, wir wol-
len ihn anzeigen!« Sogar meine besten Freunde
warten darauf, daß ich mir eine Blöße gebe.
»Vielleicht bringen wir ihn dazu, daß er etwas
Unvorsichtiges sagt«, flüstern sie, »dann können
wir uns an ihm rächen!«
11 Doch du, HERR, stehst mir bei, du bist mein
mächtiger Beschützer! Deshalb kommen meine
Verfolger zu Fall, sie richten nichts aus. Ihre
Pläne mißlingen, und sie müssen sich auslachen
lassen. Diese Schande bleibt für immer an ihnen
hängen.
12 HERR, du Herrscher der Welt,[a] du kennst
alle, die dir die Treue halten! Du prüfst sie auf
Herz und Nieren. Laß mich sehen, wie du es
meinen Feinden heimzahlst; denn dir habe ich
meine Sache anvertraut. 13 Singt dem HERRN und
lobt ihn! Denn er rettet den Armen aus der Ge-
walt seiner Feinde.
14 Verflucht sei der Tag, an dem ich geboren
wurde, ausgelöscht der Tag, an dem meine Mut-
ter mich zur Welt brachte! 15 Verflucht sei der
Mann, der meinen Vater mit der Nachricht er-
freute: »Ein Junge ist's, du hast einen Sohn be-
kommen!« 16 Ausgelöscht soll jener Tag sein wie
die Städte, die der HERR ohne Erbarmen zer-
störte. Am Morgen sei er voll Klagen, am Mittag
voll Kriegslärm, 17 weil er mich nicht sterben ließ
im Mutterleib. Meine Mutter wäre mir dann
zum Grab geworden, sie wäre für immer
schwanger geblieben.
18 Warum mußte ich den Mutterschoß verlas-
sen, um nichts als Elend und Kummer zu er-
leben und in Schande zu enden!

Keine Rettung für Zidkija und Jerusalem

21 Das Wort des HERRN erging an Jeremia,
damals, als König Zidkija zwei Männer
zu ihm schickte – Paschur, den Sohn von Mal-
kija, und den Priester* Zefanja, den Sohn von
Maaseja – und ihm sagen ließ: 2 »Du weißt, daß
Nebukadnezzar, der König von Babylonien*, den
Kampf gegen uns eröffnet hat. Frage doch den
HERRN, was geschehen wird, ob er vielleicht ein
Wunder tut wie in alten Zeiten und Nebukad-
nezzar zum Abzug zwingt.«
3 Jeremia gab dem König durch die beiden
Abgesandten den Bescheid: 4 »So spricht der
HERR, der Gott Israels: ›Das Heer des Königs von
Babylonien hat euch eingeschlossen. Noch ver-
suchen eure Truppen, den Angreifern außerhalb
der Mauern Widerstand zu leisten. Aber ich
werde dafür sorgen, daß sie sich in das Innere
der Stadt zurückziehen müssen.
5 Denn ich selbst kämpfe gegen euch mit star-
ker Hand und drohend erhobenem Arm, und ihr
sollt die ganze Glut meines Zorns zu spüren
bekommen! 6 Alles, was in dieser Stadt lebt –
Menschen und Vieh –, wird von einer verhee-
renden Pest heimgesucht werden. 7 Danach
gebe ich Zidkija, den König von Juda, und seine
hohen Beamten in die Gewalt Nebukadnezzars,
des Königs von Babylonien, und dazu alle Be-
wohner der Stadt, die bis dahin noch nicht durch
Pest, Krieg und Hunger umgekommen sind. Das
sage ich, der HERR. Ich gebe euch in die Gewalt
eurer Feinde, die euch töten wollen. Nebukad-
nezzar wird euch alle mit dem Schwert umbrin-
gen, schonungslos, ohne Mitleid und Erbar-
men.‹«
8 Den Leuten von Jerusalem aber mußte Jere-
mia ausrichten: »So spricht der HERR: ›Ich stelle
euch vor die Wahl zwischen Leben und Tod:
9 Wer in dieser Stadt bleibt, wird durch Hunger
oder Pest umkommen oder von den Feinden
erschlagen werden; wer aber die Stadt verläßt
und sich den Babyloniern ergibt, wird mit dem
Leben davonkommen.

a Wörtlich *HERR Zebaot**.

20,9 5,14; 6,11; Ijob 32,18-20; Am 3,7-8; Jona 1,3 **20,10** 6,25 S; Mk 3,2 **20,12** 11,20 S **20,13** Ps 9,13 S **20,14** 15,10; Ijob 3,3 S **20,18** 12,1 S; Ijob 3,20 **21,1** (Zidkija) 1,3 S; (Zefanja) 29,25; 37,3; 52,24; 2 Kön 25,18; Sach 6,10 **21,2** (Nebukadnezzar) 25,9; 27,6; 29,1; 34,1; 37,1; 39,1; 43,10; (frage den Herrn) 1 Kön 22,5 S; (Wunder) 2 Kön 19,32-36 **21,4-7** 2 Kön 25,1-12 **21,5** Dtn 4,34 **21,7** 24,10 S; 32,5; 34,4-5; 13,14 **21,8-9** 38,2

10 Denn ich bin entschlossen, Unglück über
diese Stadt zu bringen und ihr nicht zu helfen‹,
sagt der HERR. ›Sie wird in die Hand des Königs
von Babylonien fallen, und er wird sie in Schutt
und Asche legen!‹«

Mahn- und Gerichtsworte an das Königshaus von Juda

11 Jeremia bekam den Auftrag, dem Königshaus
von Juda auszurichten:[a]
»Hört das Wort, das der HERR euch sagen läßt,
12 ihr Nachkommen Davids! So spricht der HERR:
›Beginnt euren Tag damit, daß ihr gerechtes
Urteil sprecht und die Beraubten aus der Hand
ihrer Unterdrücker befreit! Sonst kommt mein
Zorn über euch und brennt wie ein Feuer, das
niemand löschen kann. Ihr habt zuviel Böses
getan!
13 Paßt auf‹, sagt der HERR, ›jetzt komme ich
über euch, die ihr dort unten auf eurem Felsen
wohnt![b] Ihr behauptet, kein Feind könne bis zu
euch hinabsteigen und bis in eure Gemächer vor-
dringen. 14 Aber ich, ich selber, werde kommen
und euch zur Rechenschaft ziehen für all das,
was ihr getan habt‹, sagt der HERR. ›An den Wald
von Zedernsäulen in euren Palästen werde ich
Feuer legen, das wird alles ringsum vernichten!‹«
22 Der HERR gab Jeremia den Auftrag, in
den Palast des Königs von Juda hinunter-
zugehen und zu rufen: 2 »Höre, was der HERR dir
zu sagen hat, du König von Juda, der auf dem
Thron seines Vorfahren David sitzt; auch deine
hohen Beamten und das Volk, das dich in dei-
nem Palast aufsucht, sollen es hören!
3 So spricht der HERR: ›Sorgt für Gerechtigkeit
und befreit die Beraubten aus der Hand ihrer
Unterdrücker! Ihr sollt die Fremden, die bei euch
wohnen, nicht ausbeuten und die Schutzlosig-
keit der Waisen oder Witwen nicht ausnutzen!
Hört auf, in diesem Land das Blut unschuldiger
Menschen zu vergießen!
4 Nur unter dieser Bedingung werden auch
künftig Könige, die auf Davids Thron sitzen,
durch die Tore dieses Palastes ein- und auszie-
hen, auf Pferden und Wagen, sie und ihre hohen
Beamten, und auch das Volk wird weiterhin die-
sen Palast aufsuchen.
5 Wenn ihr aber nicht auf meine Weisungen
hört, dann wird dieser Palast zum Trümmerhau-
fen werden; das schwöre ich, der HERR, bei mir
selbst!‹«
6 Ja, der HERR sagt über den Palast des Königs
von Juda: »Wenn ich auch so viel Freude an dir
habe wie an den Eichen in Gilead* und an den
Zedern auf dem Libanon, trotzdem mache ich
aus dir eine Wüste, einen Trümmerhaufen, in
dem niemand mehr wohnt. 7 Ich schicke Män-
ner zu dir, die dich zerstören werden. Sie wer-
den mit ihren Äxten kommen und deine herr-
lichen Zedernsäulen umhauen und ins Feuer
werfen.
8 Menschen aus vielen Völkern werden an
den Trümmern Jerusalems vorüberziehen und
einander fragen: ›Warum hat der HERR dieser
großen Stadt das alles angetan?‹ 9 Und dann wird
man ihnen antworten: ›Ihre Bewohner haben
sich nicht an die Verpflichtungen gehalten, die
der Bund* mit dem HERRN, ihrem Gott, ihnen
auferlegt; sie haben fremde Götter verehrt und
ihnen gedient.‹«

Aufruf zur Trauer über König Schallum[c]

10 Volk von Juda, trauere nicht um den König, der
gefallen ist; weine nicht wegen Joschija! Weine
vielmehr um den anderen, den sie weggeführt
haben, denn er wird dieses Land nicht wieder-
sehen, in dem er geboren wurde!
11 Der HERR sagt über Schallum, den König
von Juda, der seinem Vater Joschija auf dem
Thron folgte und der diese Stadt verlassen muß-
te: »Schallum wird nicht hierher zurückkehren.
12 Er wird sterben an dem Ort, an den sie ihn
verschleppt haben; dieses Land wird er nicht
wiedersehen!«

Gerichtswort gegen König Jojakim

13 Weh dir! Du baust deinen Palast auf Unrecht
und stockst ihn auf, ohne dich um Gerechtigkeit
zu kümmern. Du läßt die Leute für dich arbeiten
und gibst ihnen keinen Lohn. 14 Du sagst: »Ich
baue mir einen großen Palast mit geräumigen
Zimmern im Obergeschoß!«
Du setzt Fenster ein, täfelst das Haus mit Ze-
dernholz, malst es rot an. 15 Meinst du, du mußt
dich dadurch als König erweisen, daß du Pracht-
bauten aus Zedernholz errichtest wie andere
Könige?
Hat dein Vater nicht auch gut gegessen und
getrunken und es sich wohl sein lassen? Aber er
regierte gerecht, weil er sich an die Weisungen
Gottes hielt, und deshalb ging es ihm gut. 16 Den
Schwachen und Armen verhalf er zum Recht,

a Der Anfang von Vers 11 ist eine Überschrift, die sich auf Jer 21,11–23,8 bezieht.
b Der Königspalast lag südlich unterhalb des Tempels (vgl. 22,1; 26,10; 36,12).
c *Schallum* ist ein anderer Name für Joahas; vgl. 2 Kön 23,30-34.

21,14 17,10 S **22,3** 7,5-7 S; 21,12 **22,4** 17,25 **22,5** 49,13 S **22,8** 5,19 S **22,13** Lev 19,13 **22,15** Sir 49,1-3

deshalb stand alles gut. »Wer so handelt, zeigt, daß er mich kennt«, sagt der HERR.

17 Aber du siehst nur deinen eigenen Vorteil und denkst an nichts anderes. Du vergießt das Blut unschuldiger Menschen und unterdrückst dein Volk mit harter Gewalt.

18 Darum sagt der HERR über König Jojakim, den Sohn von Joschija: »Es wird für ihn keine Totenklage* geben. Niemand wird rufen: ›Ach, Brüder, ach, Schwestern, warum mußte er sterben!‹ Sie werden auch nicht klagen: ›Ach, unser Herrscher! Ach, seine Majestät!‹ 19 Er bekommt kein Begräbnis, er wird beseitigt wie ein toter Esel: Sie schleifen ihn weg und werfen ihn draußen vor den Toren Jerusalems hin.«

Jerusalems Ende ist abzusehen

20 Der HERR sagt: »Steig auf den Gipfel des Libanons, du Volk von Jerusalem, und stimme das Klagegeschrei an! Klage laut auf der Hochebene von Baschan* und vom Abarim-Gebirge herab, denn alle deine Verbündeten wurden vernichtend geschlagen!

21 Ich hatte dich gewarnt, als dir noch keine Gefahr drohte. Aber du sagtest: ›Laß mich in Ruhe!‹ Das war deine Art; schon von Jugend an wolltest du nicht auf mich hören.

22 Wie deine Verbündeten, so werden auch deine eigenen Führer in die Gefangenschaft geführt; sie werden alle weggefegt wie von einem Sturm. So erntest du Schmach und Schande für all das Unrecht, das du getan hast. 23 Noch thronst du hoch wie auf dem Libanon und wohnst in Palästen aus Zedernholz. Wie wirst du stöhnen, wenn das Unglück über dich kommt; stöhnen und schreien wirst du wie eine Frau, die in Wehen liegt!«

Gottes Urteil über König Jojachin

24 Jeremia bekam den Auftrag, dem neuen König zu verkünden:[a] »So gewiß ich lebe, sagt der HERR, selbst wenn du, Konja,[b] Sohn Jojakims, ein Siegelring an meiner rechten Hand wärst, ich würde dich wegreißen. 25 Ich liefere dich an deine Feinde aus, die dir nach dem Leben stehen und vor denen du Angst hast, an Nebukadnezzar, den König von Babylonien*, und an seine Kriegsleute. 26 Ich werde dich und deine Mutter gewaltsam in ein fremdes Land schaffen. Dort müßt ihr beide sterben. 27 Eure Heimat werdet ihr nie wiedersehen, sosehr ihr euch danach sehnen werdet.«

28 Ist dieser Konja wirklich so wertlos wie ein zerbrochener Krug, den niemand mehr haben will? Warum werden er und seine Kinder weggenommen und fortgeschleudert in ein Land, das sie nicht kennen?

29–30 Land, Land, Land! Höre das Wort, das der HERR sagt: »In der Liste der Könige schreibt unter den Namen dieses Mannes: ›Kinderlos. Hatte sein Leben lang nur Mißerfolg.‹ Denn keinem seiner Nachkommen wird es gelingen, sich auf den Thron Davids zu setzen und wieder über Juda zu herrschen.«

Gott sammelt sein Volk und gibt ihm den rechten König

23 »Weh den führenden Männern meines Volkes, den Hirten, die meine Herde zugrunde gerichtet und auseinandergetrieben haben! Ich, der HERR, der Gott Israels, sage zu euch, den Hirten meines Volkes: ›Versprengt und auseinandergetrieben habt ihr meine Schafe und habt euch nicht um sie gekümmert. Jetzt werde *ich* mich um *euch* kümmern: Ich werde euch zur Rechenschaft ziehen für eure bösen Taten!‹

3 Ich selbst werde den Rest meiner Schafe sammeln aus allen Ländern, in die ich sie versprengt habe. Ich werde sie zurückbringen an ihren Weideplatz; dort werden sie gedeihen und sich wieder vermehren. 4 Und ich werde ihnen Hirten geben, die wirklich für sie sorgen. Dann brauchen sie nichts mehr zu fürchten und vor nichts mehr zu erschrecken. Kein einziges Schaf geht dann noch verloren.« Das sagt der HERR.

5 »Der Tag kommt«, sagt der HERR, »an dem ich aus der Nachkommenschaft Davids einen Mann berufe, der dem Namen Davids wieder Ehre macht. Er wird als König verständig und gerecht regieren, weil er sich an die Weisungen Gottes hält. 6 Dann wird das Volk von Juda vor Feinden sicher sein, und auch das Volk von Israel wird in Frieden leben. Dieser König wird den Namen tragen: ›Der HERR ist unsere Rettung!‹[c]

7 Ja, der Tag kommt«, sagt der HERR, »an dem sie beim Schwören nicht mehr sagen werden: ›So gewiß der HERR lebt, der das Volk Israel herausgeführt hat aus Ägypten‹, 8 sondern: ›So ge-

a Der Satz ist verdeutlichender Zusatz. *b* *Konja:* Kurzform von Jechonja = Jojachin; vgl. 2 Kön 24,6-12.
c Bezugnahme auf den damals regierenden König aus der Nachkommenschaft Davids, der seinem Namen Zidkija (Meine Rettung ist der HERR) nicht gerecht wurde.

22,17 7,6; 26,23 **22,18** 16,6 S **22,19** 36,30 **22,21** 2,25; 18,12 **22,24-27** 13,18 S **22,29-30** 1 Chr 3,17-24; Jer 36,30 **23,1-4** 10,21 S **23,3** (zurückbringen) 24,6; 29,14; 30,3; 31,7-8; 32,37; 50,19-20; Dtn 30,3-5; Jes 11,11-12 S **23,5** 30,9; 33,15.17; Jes 9,5-6 S; Ez 34,23-24; 37,24; Mi 5,1; Sach 6,12 **23,6** 31,27-28; 33,7.14; 3,18 S **23,7-8** 16,14-15 S

wiß der HERR lebt, der die Leute von Israel herausgeführt hat aus dem Land im Norden* und aus all den anderen Ländern, in die er sie fortgetrieben hatte, und der sie zurückgebracht hat in ihr Land, damit sie dort wieder wohnen!‹«

Die Propheten sind nicht besser als alle anderen

9 Es folgen Worte Jeremias an die Propheten:[a]

Ich bin verstört und zittere am ganzen Leib, wie ein Betrunkener bin ich, wie vom Wein betäubt von dem, was der HERR, der heilige Gott, zu mir gesagt hat. 10 Das Land ist voll von Ehebrechern, darum liegt ein Fluch auf ihm, und es ist in Trauer versunken; die Weideplätze in der Steppe liegen vertrocknet da. Alle haben nur Böses im Sinn, im Unrechttun sind sie groß.

11 »Auch die Propheten* und die Priester* sind Schurken alle miteinander«, sagt der HERR; »sogar in meinem Tempel* stoße ich auf ihr schlimmes Treiben. 12 Deshalb werden sie auf ihrem Weg ausgleiten. In der Dunkelheit wird einer den andern mitreißen, bis sie alle am Boden liegen. Ich bringe Unheil über sie; die Zeit der Abrechnung kommt!« Das sagt der HERR.

Die Propheten Jerusalems sind schlimmer als die von Samaria

13 »Was ich mit den Propheten* Samarias erleben mußte, war schon erschreckend genug!« sagt der HERR. »Sie redeten im Namen des Götzen Baal* und führten mein Volk Israel in die Irre.

14 Aber was ich jetzt bei den Propheten Jerusalems sehe, ist unerhört: Sie begehen Ehebruch, sie lügen und betrügen. Sie bestärken gewissenlose Leute noch in ihrem Treiben, so daß niemand daran denkt, sein Leben zu ändern. Diese Propheten sind in meinen Augen genauso verkommen wie die Leute von Sodom*, und die Bewohner Jerusalems wie die Leute von Gomorra!

15 Deshalb sage ich, der Herrscher der Welt,[b] über die Propheten Jerusalems: Ich werde ihnen bittere Kost zu essen geben und Gift zu trinken, denn sie sind zu einem Seuchenherd geworden für das ganze Land!«

Die Propheten Jerusalems lügen

16 Der HERR, der Herrscher der Welt, sagt: »Hört nicht auf das, was die Propheten* euch sagen! Sie halten euch zum Narren. Was sie euch versprechen, stammt nicht von mir, sondern aus ihrer eigenen Phantasie!

17 Denen, die meine Warnungen nicht ernst nehmen, wagen sie zu verkünden: ›Der HERR sagt: Es wird euch blendend gehen‹, und selbst denen, die ihrem eigensinnigen und bösen Herzen folgen, sagen sie: ›Ihr habt nichts Schlimmes zu befürchten‹.

18 Keiner dieser Propheten hat je in meiner Ratsversammlung gestanden und von meinen Plänen gehört; keiner hat erfaßt, was ich will!«

19 Wie ein verheerender Sturm wird der Zorn des HERRN losbrechen und alle Schuldigen treffen. 20 Er wird nicht aufhören zu wüten, bis alles ausgeführt ist, was der HERR sich vorgenommen hat. Erst wenn es zu spät ist, werdet ihr zur Einsicht kommen und alles begreifen.

21 »Ich habe diese Propheten nicht geschickt«, sagt der HERR, »und doch sind sie losgelaufen; ich habe nicht zu ihnen gesprochen, und doch reden sie und berufen sich dabei auf mich. 22 Wenn sie in meiner Ratsversammlung gestanden hätten, dann müßten sie meinem Volk doch verkünden, was ich gesagt habe; sie müßten es dazu anhalten, sein Leben und Tun zu ändern!«

23 Der HERR sagt: »Ich bin nicht der nahe Gott, über den ihr verfügen könnt, ich bin der ferne Gott, der über euch verfügt.[c] 24 Niemand kann sich so gut verstecken, daß ich ihn nicht doch entdecken würde. Es gibt keinen Ort im Himmel und auf der Erde, an dem ich nicht wäre!«

Weizen und Spreu unterscheiden!

25 Der HERR sagt: »Ich habe das Gefasel dieser Propheten* gehört. ›Ich hatte einen Traum, ich hatte einen Traum!‹ sagen sie und wollen damit das Volk glauben machen, daß sie in meinem Auftrag reden. Aber alles, was sie vorbringen, ist Lug und Trug.

26 Wie lange soll das noch so weitergehen? Was haben diese Propheten damit im Sinn, daß sie Lügen verbreiten, ihre eigenen Hirngespinste? 27 Mit ihren Träumen, mit denen einer vor dem andern großtut, verfolgen sie nur *ein* Ziel: Mein Volk soll mich vergessen, genauso wie ihre Vorfahren mich vergaßen und sich dem Götzen Baal* zuwandten!

28 Der Prophet, der einen Traum hatte, kann auch nur seinen Traum erzählen; aber der, zu dem *ich* gesprochen habe, der wird zuverlässig

a Überschrift, die sich auf den ganzen Rest des Kapitels bis Vers 40 bezieht.
b Wörtlich *spricht der HERR Zebaot*;* entsprechend in Vers 16.
c *über den ihr verfügen könnt* und *der über euch verfügt* sind verdeutlichende Zusätze.

23,9 14,13-15 S **23,13** 3,11; Ez 16,44-52 **23,14** 5,30; Gen 18,20 S; Jes 1,10 **23,15** 8,14 **23,17** 6,14; 7,24 S **23,18** Ijob 1,6 S; 15,8; Am 3,7-8 **23,19** 30,23-24 **23,21** 14,14; 23,32 **23,22** 18,11 S **23,24** Ps 139,7-12 S

mein Wort ausrichten. Man wird doch noch Weizen und Spreu unterscheiden können«, sagt der HERR. 29 »Mein Wort brennt wie Feuer. Es ist wie ein Hammer, der Felsen zerschlägt!

30 Darum paßt auf«, sagt der HERR, »jetzt gehe ich vor gegen diese Propheten, gegen diese Leute, die einander die Worte aus dem Mund stehlen und noch behaupten, sie stammten von mir! 31 Jetzt gehe ich vor gegen die, die ihr eigenes Gerede für mein Wort ausgeben, 32 die sich auf Träume berufen und ihre Träume weitererzählen und mit solchem Unfug mein Volk irreleiten! Von mir haben sie keinen Auftrag bekommen; ich habe sie nicht geschickt! Sie bringen diesem Volk nichts als Schaden! Das sage ich, der HERR.«

Die »Last« des HERRN

33 Der HERR sagte zu mir: »Wenn ein Prophet* oder ein Priester* oder Leute aus dem Volk dich fragen: ›Was hat der HERR uns schon wieder als Last auferlegt?‹,[a] dann antworte ihnen: Der HERR sagt: ›Ihr seid eine Last, die *mir* auferlegt ist. Aber ich bin schon dabei, euch abzuwerfen!‹ 34 Jeden Propheten und Priester und jeden Mann aus dem Volk, der künftig noch fragt: ›Was hat der HERR uns auferlegt?‹, den werde ich zur Rechenschaft ziehen, ihn selbst und seine ganze Familie!«

35 Der HERR will, daß ihr statt dessen einander fragt: »Was hat der HERR *geantwortet*?« oder »Was hat er *gesagt*?« 36 Die Frage »Was hat er uns auferlegt?« soll es bei euch nicht mehr geben. Wer künftig noch so fragt, legt sich damit selbst eine Last auf, denn er verkehrt den Sinn dessen, was der lebendige Gott, der Herrscher der Welt,[b] unser Gott, sagen will.

37 Fragt also den Propheten: »Was hat dir der HERR *geantwortet*?« oder »Was hat er *gesagt*?« 38 Für den Fall aber, daß ihr weiter nach der Last fragt, die der HERR euch auferlegt, sagt der HERR: 39 »Ich werde euch wie etwas Lästiges wegwerfen,[c] weit weg von mir, euch und die Stadt, die ich euren Vorfahren und euch gegeben habe. 40 Ich bringe Schande über euch, die für immer an euch hängen bleibt; niemals mehr wird man aufhören, euch zu verhöhnen!«

Die Verbannten sind besser als die im Land Verbliebenen

24 Der HERR zeigte mir in einer Vision zwei Körbe voll Feigen, die vor dem Tempel* standen. Es war in der Zeit, nachdem der Babylonierkönig Nebukadnezzar König Jojachin von Juda, den Sohn Jojakims, samt den hohen Beamten und den Bau- und Metallhandwerkern aus Jerusalem weggeführt und nach Babylonien* gebracht hatte.

2 Die Feigen in dem einen Korb waren sehr gut, wie die ersten reifen Feigen des Jahres; die in dem andern aber waren so schlecht, daß man sie nicht essen konnte.

3 Der HERR fragte mich: »Was siehst du, Jeremia?«

Ich antwortete: »Feigen! Die einen sind sehr gut, die andern schlecht und ungenießbar.«

4 Da erging an mich das Wort des HERRN; er sagte zu mir: 5 »Wie die Menschen Freude haben beim Anblick der guten Feigen, so habe ich, der Gott Israels, Freude beim Anblick der Leute aus Juda, die ich nach Babylonien fortgetrieben habe. 6 Ich werde mich ihnen wieder zuwenden und sie in dieses Land zurückholen; ich werde sie aufbauen und nicht niederreißen, sie sollen neu eingepflanzt und nicht mehr ausgerissen werden. 7 Ich gebe ihnen ein verständiges Herz, damit sie mich erkennen und begreifen, daß ich der HERR bin. Mit ganzem Herzen werden sie zu mir umkehren. Sie werden mein Volk sein, und ich werde ihr Gott sein.

8 Aber mit König Zidkija von Juda und seinen hohen Beamten und den restlichen Leuten Jerusalems – ob sie nun im Land geblieben sind oder sich in Ägypten niedergelassen haben – werde ich tun, was man mit Feigen macht, die zum Essen zu schlecht sind, ich, der HERR! 9 Alle Völker der Erde werden entsetzt sein, wenn sie das sehen. Überall, wohin ich diese Leute zerstreue, werden sie mit Hohn und Spott überschüttet werden; ihr Unglück wird sprichwörtlich werden, und wer jemand verfluchen will, wird sagen: ›Es soll dir gehen wie den Leuten von Jerusalem!‹[d] 10 Ich lasse Krieg und Hunger und Pest gegen sie wüten, bis sie ganz verschwunden sind aus dem Land, das ich

a Wörtlich: *Was ist die Last/das Wort des HERRN?* Der hebräische Ausdruck bedeutet sowohl »Wort« als auch »Last«. Er wurde vielleicht Jeremia gegenüber bevorzugt gebraucht, weil seine Unheilsbotschaft als Last empfunden wurde.
b Wörtlich *der HERR Zebaot**.
c So mit einigen Handschriften und alten Übersetzungen; H *Ich vergesse euch ganz und werfe euch …*
d *ihr Unglück …:* wörtlich *(ich mache sie) zum Unglück, zum Sprichwort und Fluchwort**.

23,29 5,14 S; Hebr 4,12 **23,32** 23,21 S **24,1** Am 8,2; Jer 21,2 S; 22,24-27 **24,3** 1,11 S **24,4-6** 29,11 S **24,6** 1,10 S; 23,3 S **24,7** 32,39; 31,34; Ez 36,26-27; Jer 30,22 S **24,9** 25,18; 26,6; 29,18.22; 49,13; Jes 65,15 **24,10** 14,12; 15,2; 21,7; 27,8; 29,17; Ez 6,11-12 S

ihren Vorfahren und ihnen selbst gegeben
hatte.«

Nach dreiundzwanzig Jahren erfolglosen Wirkens

25 Jojakim, der Sohn von Joschija, war das
vierte Jahr König von Juda und Nebukad-
nezzar das erste Jahr König von Babylonien*, da
erging das Wort des HERRN an Jeremia, ein Wort
für das ganze Volk. 2 Der Prophet verkündete es
dem Volk von Juda und allen Bewohnern Jerusa-
lems und sagte zu ihnen:

3 »Seit dem 13. Regierungsjahr von Joschija,
dem Sohn Amons, dem König von Juda, bis
heute, also seit nunmehr 23 Jahren, spricht der
HERR zu mir. Und ebensolange höre ich nicht
auf, euch immer und immer wieder zu verkün-
den, was er sagt; aber ihr hört nicht hin.

4 Immer wieder hat der HERR seine Diener,
die Propheten*, zu euch gesandt, aber ihr habt
sie nicht ernst genommen. 5 Der HERR befahl mir,
zu euch zu sagen: ›Kehrt um von euren verkehr-
ten Wegen, macht Schluß mit eurem bösen Tun,
dann könnt ihr in dem Land wohnen bleiben,
das ich euren Vorfahren und euch für alle Zeiten
gegeben habe. 6 Lauft nicht den fremden Göttern
nach, dient ihnen nicht und betet sie nicht an!
Reizt mich nicht zum Zorn mit euren Götzenbil-
dern,[a] sonst bringe ich Unglück über euch!‹

7 ›Aber ihr habt nicht auf mich gehört‹, sagt
jetzt der HERR. ›Im Gegenteil: Mit euren Götzen
habt ihr meinen Zorn herausgefordert und euch
damit selbst ins Unglück gestürzt.‹

8 Deshalb sagt der HERR, der Herrscher der
Welt:[b] ›Weil ihr nicht auf mein Wort gehört habt,
9 lasse ich nun alle Völker des Nordens* kom-
men, an ihrer Spitze meinen Bevollmächtigten*
Nebukadnezzar, den König von Babylonien. Sie
sollen über euch und euer Land herfallen, auch
über eure Nachbarn und ihre Länder. Ich gebe
euch alle der Vernichtung preis, und eure Länder
sollen für immer zum Trümmerfeld werden. Wer
es sieht, wird aufschreien und sich mit Entset-
zen abwenden.

10 Ich mache allem Jubel und aller Freude bei
euch ein Ende; der Jubelruf von Bräutigam und
Braut wird nie mehr zu hören sein. Das
Geräusch der Handmühle am Morgen wird ver-
stummen und abends in den Häusern keine
Lampe mehr brennen. 11 Alles wird in Trüm-
mern liegen. Siebzig Jahre lang werdet ihr und
eure Nachbarvölker dem König von Babylonien
unterworfen sein.

12 Wenn aber die siebzig Jahre um sind‹, sagt
der HERR, ›werde ich den König von Babylonien
und sein Volk zur Rechenschaft ziehen für das,
was *sie* an Schuld auf sich geladen haben. Dann
soll *ihr* Land für immer zu einem Trümmerfeld
werden.

13 Ich lasse an ihnen in Erfüllung gehen, was
ich ihnen angedroht habe. Es ist aufgeschrieben
in der Buchrolle*, in der steht, was Jeremia in
meinem Auftrag jedem einzelnen Volk angekün-
digt hat. 14 Ja, auch die Babylonier werden einst
großen Völkern und mächtigen Königen unter-
worfen sein. Ich zahle ihnen die Verbrechen
heim, die sie begangen haben!‹«

DAS GERICHT ÜBER DIE VÖLKER
(25,15-38; fortgesetzt in 46,1)

Vision vom Gericht Gottes über die Völker

15 Der HERR, der Gott Israels, hat zu mir gesagt:
»Nimm diesen Weinbecher aus meiner Hand. Er
ist gefüllt mit meinem Zorn. Gib ihn allen Völ-
kern zu trinken, zu denen ich dich sende! 16 Sie
sollen ihn austrinken! Betrunken sollen sie in
das Schwert hineintaumeln, das ich unter ihnen
wüten lasse.«

17 Da nahm ich den Becher und gab ihn allen
Völkern zu trinken, zu denen mich der HERR
schickte. 18 Zuerst mußten Jerusalem und die
Städte in Juda – samt ihren Königen und führen-
den Männern – trinken, damit sie zu Trümmer-
feldern würden, zu Stätten des Grauens, von
denen man sich mit Entsetzen abwendet und
deren Namen als Fluchwort* dienen, wie es bis
heute der Fall ist.

19 Dann kamen die anderen Völker an die
Reihe und mußten aus dem Becher trinken: der
Pharao, der König Ägyptens, mit seinem ganzen
Hof und seinen Fürsten, mit all seinem Volk
20 und den Fremden, die in Ägypten leben; alle
Könige des Landes Uz; alle Könige der Philister-
städte* Aschkelon, Gaza, Ekron und des Restes
von Aschdod; 21 alle Edomiter*, Moabiter* und
Ammoniter*; 22 alle Könige von Tyrus und Sidon

a *mit euren Götzenbildern:* wörtlich *mit dem Werk eurer Hände;* so auch in Vers 7-8 *(Mit euren Götzen).*
b Wörtlich *der HERR Zebaot**.

25,1-2 1,3 S; 36,1; 45,1; 46,2 **25,3** 1,2 S; 7,13 S **25,4** 7,25-26; 11,7; 26,5; 29,19; 44,4 **25,5** 18,11 S **25,6** 7,9; 11,10; 13,10; Ex 20,2-3 S **25,9** 1,14 S; 21,2 S; 18,16 **25,10** 7,34 S **25,11** 29,10; 2 Chr 36,21; Dan 9,1-2; Sach 1,12; 7,5 **25,13** 46,1–51,64 **25,14** 17,10 S; 27,7; 50,15; 51,6.24.56 **25,15** (Zornbecher) 13,13 S; 49,12; 51,39; Ps 75,9; Klgl 4,21; Jes 51,17; Obd 16; Nah 3,11; Hab 2,15-16; Mk 10,38 par **25,18** 24,9 S **25,19** 46,2-26 **25,20** (Philister) 47,1-7 S **25,21** (Edomiter) Jes 34,5-17 S; (Moabiter) 48,1-47 S; (Ammoniter) 49,1-6 S **25,22** Jes 23,1-16 S

und von den Ländern jenseits des Meeres; [23] die Leute von Dedan*, Tema und Bus und alle mit kahlgeschorenen Schläfen; [24] alle Könige Arabiens und alle Könige der Wüstenstämme; [25] alle Könige von Simri, Elam* und Medien*; [26] alle Könige des Nordens, die nahen und die fernen, einer nach dem andern. Ja, alle Reiche der Erde mußten davon trinken. Als letzter wird der König von Babylonien[a] davon trinken.

[27] Dann gab der HERR mir den Auftrag, den Völkern auszurichten: »So spricht der HERR, der Herrscher der Welt,[b] der Gott Israels: ›Trinkt, berauscht und erbrecht euch, bis ihr hinstürzt und nicht mehr aufstehen könnt! Taumelt in das Schwert, das ich unter euch wüten lasse!‹«

[28] »Wenn sie sich aber weigern«, sagte er zu mir, »den Becher aus deiner Hand anzunehmen und zu trinken, dann sag ihnen: ›Der HERR, der Herrscher der Welt, befiehlt euch: Ihr müßt trinken, ob ihr wollt oder nicht! [29] Ich fange mit der Strafe an bei der Stadt, die mein Eigentum ist. Meint ihr vielleicht, ihr bleibt ungestraft? Nein, auch euch trifft die Strafe! Ich rufe das Schwert gegen alle Bewohner der Erde herbei. Das sage ich, der Herrscher der Welt.‹«

[30] »Weiter sollst du den Völkern ausrichten: ›Wie Gebrüll eines Löwen kommt die Stimme des HERRN aus der Höhe, wie Donner dröhnt sie von seiner heiligen Wohnung her. Sie schallt über das Land wie der Ruf der Keltertreter* und dringt zu allen Völkern, [31] bis an den Rand der Erde! Denn allen Völkern macht der HERR den Prozeß; alles, was Mensch heißt, zieht er vor Gericht, und die Schuldigen übergibt er dem Schwert.‹«

[32] Der HERR, der Herrscher der Welt, sagt: »Ein Sturm erhebt sich von den Enden der Erde; ein Volk um das andere wird vom Unglück ereilt.«

[33] Überall auf der Erde werden die Leichen der Menschen liegen, die der HERR erschlagen hat. Und es wird niemand mehr dasein, der um sie trauert, der sie zusammenträgt und bestattet. Sie werden zum Dünger für die Äcker.

[34] Heult, ihr Völkerhirten, schreit und wälzt euch im Staub, ihr Mächtigen; denn jetzt seid ihr an der Reihe, geschlachtet zu werden! Ihr werdet zerstreut! Ihr werdet hinfallen und zerbrechen wie ein kostbares Gefäß! [35] Für die Hirten der Völker gibt es kein Entkommen. [36] Ich höre schon ihren Hilfeschrei und ihr Jammern, denn der HERR vernichtet ihre Herden. [37] Der Gluthauch seines Zornes senkt sich auf die saftigen Weiden und deckt sie zu mit dem Schweigen des Todes.[c]

[38] Ja, der HERR hat sich aufgemacht wie ein Löwe, der sein Dickicht verläßt. Alles Land ist zur Wüste geworden durch das furchtbare Schwert, durch den glühenden Zorn des HERRN.

GEGEN FALSCHE PROPHETEN

(Kapitel 26–29)

Jeremia wird vor Gericht gestellt und freigesprochen

26 Jojakim, der Sohn von Joschija, war erst kurze Zeit König über Juda, da erging das Wort des HERRN an Jeremia. Der HERR sagte zu dem Propheten: [2] »Stell dich in den Vorhof* des Tempels und verkünde allen, die aus den Städten in Juda dorthin zum Gottesdienst kommen, was ich dir jetzt auftrage. Laß nichts aus! [3] Vielleicht werden sie darauf hören und von ihren verkehrten Wegen umkehren. Dann wird es mir leid tun, und ich werde das Unglück nicht über sie bringen, das ich ihnen wegen ihrer bösen Taten angedroht habe.

[4] Sag also zu ihnen: ›Der HERR warnt euch! Hört auf mich, sagt er, und haltet euch an die Weisungen, die ich euch gegeben habe! [5] Achtet auf das, was euch meine Propheten* verkünden! Ich habe immer neue zu euch gesandt; aber bisher habt ihr sie nie ernst genommen. [6] Wenn ihr nicht auf mich hört, verfahre ich mit diesem Tempel wie mit dem von Schilo*. Und eure Stadt werde ich so verwüsten, daß alle Völker der Erde ihren Namen als Fluchwort* benutzen werden!‹«

[7] Die Priester*, die Propheten und das ganze Volk hörten, was Jeremia im Vorhof des Tempels sagte. [8] Als er zu Ende geredet hatte, packten sie ihn und schrien: »Dafür mußt du sterben! [9] Du wagst zu behaupten: ›Diesem Tempel wird es ergehen wie Schilo, und diese Stadt wird völlig zerstört; niemand wird mehr hier leben!‹ Das sagst du nicht im Auftrag des HERRN!«

Und das ganze Volk rottete sich im Vorhof des Tempels gegen Jeremia zusammen.

[10] Als die führenden Männer von Juda hörten, was dort vorging, kamen sie vom Königspalast

a *Babylonien:* wörtlich *Scheschak*, ein Geheimname für Babylon*.
b Wörtlich *der HERR Zebaot*;* entsprechend in den Versen 28, 29 und 32.
c *und deckt sie …:* verdeutlichender Zusatz.

25,23 49,32 S **25,24** 49,28-33 **25,25** 49,34-39 **25,26** 50,1–51,64 **25,29** 25,18; Ez 9,6; 1 Petr 4,17 **25,30** Am 1,2 S **25,33** 9,21 S **25,34-36** 6,3 **25,38** 4,7 S **26,1** 1,3 S **26,3** 18,8 S; 18,11 S **26,5** 25,4 S **26,6** 7,12.14; 24,9 S

zum Tempel herauf und nahmen am Eingang
des Neuen Tores zur Gerichtsverhandlung Platz.
11 Die Priester und Propheten erhoben vor ihnen
und vor dem ganzen Volk Anklage gegen Jere-
mia und sagten: »Dieser Mann hat den Tod ver-
dient, denn er hat sich angemaßt, als Prophet
gegen unsere Stadt zu reden. Ihr habt es mit
eigenen Ohren gehört.«

12 Jeremia verteidigte sich und sagte zu den
Richtern und dem versammelten Volk: »Der
HERR hat mich gesandt, um gegen diesen Tempel
und diese Stadt all das zu sagen, was ihr gehört
habt. 13 Ändert jetzt euer Leben und Tun und
hört auf den HERRN, euren Gott! Dann wird es
ihm leid tun, und er wird das Unglück nicht über
euch bringen, das er euch angedroht hat.

14 Ich bin in eurer Hand; macht mit mir, was
euch gut und recht erscheint. 15 Doch das sollt
ihr wissen: Wenn ihr mich tötet, vergießt ihr das
Blut eines Unschuldigen. Ihr ladet Blutschuld auf
euch und auf diese ganze Stadt und ihre Bewoh-
ner. Denn es ist wirklich der HERR, der mich zu
euch gesandt hat, um euch diese Warnung zu
überbringen.«

16 Da sagten die Richter und das ganze Volk
zu den Priestern und Propheten: »Dieser Mann
hat nichts getan, was den Tod verdient, denn er
hat wirklich im Namen des HERRN, unseres Got-
tes, zu uns gesprochen.«

17 Zuvor waren einige von den Ältesten* des
Landes aufgestanden und hatten zur versammel-
ten Menge gesagt: 18 »Zur Zeit, als König Hiskija
über Juda regierte, wirkte hier der Prophet
Micha aus Moreschet. Er sagte zum ganzen Volk
von Juda: ›So spricht der HERR, der Herrscher
der Welt:[a] Der Berg Zion* wird umgepflügt wie
ein Acker, Jerusalem wird zu einem Trümmer-
haufen, der Tempelberg zu einem bewaldeten
Hügel!‹

19 Haben etwa damals der König und das Volk
von Juda den Propheten getötet? Haben sie nicht
vielmehr dem HERRN gehorcht und versucht,
seine Gunst wiederzugewinnen? Deshalb tat es
dem HERRN leid, und er hat das Unglück nicht
über sie gebracht, das er ihnen angedroht hatte.
Wir aber sind drauf und dran, durch großes
Unrecht unser Leben in Gefahr zu bringen.«

Wie es Jeremia fast ergangen wäre

20 Es gab damals noch einen anderen Propheten,
der im Auftrag des HERRN gegen Jerusalem und
das Land Juda auftrat – ganz ähnlich wie Jere-
mia. Er hieß Urija, war ein Sohn von Schemaja
und stammte aus Kirjat-Jearim. 21 Als König Joja-
kim und seine Heerführer und Minister hörten,
was Urija sagte, wollte der König ihn umbringen
lassen. Urija erfuhr davon, bekam Angst und
floh nach Ägypten.

22 König Jojakim aber schickte Elnatan, den
Sohn Achbors, mit einigen Männern dorthin.
23 Sie holten ihn aus Ägypten zurück und brach-
ten ihn vor den König. Der ließ ihn mit dem
Schwert hinrichten und seine Leiche auf dem
Armenfriedhof verscharren.

24 Jeremia jedoch entging der Hinrichtung –
aber nur, weil Ahikam, der Sohn Schafans, ihn
beschützte und nicht zuließ, daß er der wüten-
den Menge ausgeliefert wurde.

Beugt euch unter das babylonische Joch!

27 Zidkija,[b] der Sohn von Joschija, war noch
nicht lange König von Juda, da erging an
mich, Jeremia, das Wort des HERRN, und er sagte
zu mir: 2 »Mach dir aus Hölzern und Stricken
Joche* und leg sie dir auf den Nacken. 3 Dann
schicke sie den Königen von Edom*, Moab*,
Ammon*, Tyrus und Sidon. Sag ihren Gesand-
ten, die zu König Zidkija nach Jerusalem gekom-
men sind:

4 ›Der Gott Israels, der Herrscher der Welt,[c]
befiehlt euch, euren Königen auszurichten: 5 Ich
bin es, der durch seine gewaltige Kraft und
Macht die Erde geschaffen hat mit allen Men-
schen und Tieren, die darauf leben. Ich kann sie
geben, wem ich will. 6 Jetzt gebe ich alle eure
Länder in die Hand meines Bevollmächtigten*,
des Königs Nebukadnezzar von Babylonien*;
selbst die wilden Tiere habe ich zu seinen Unter-
tanen gemacht. 7 Alle Völker sollen ihm dienen,
ihm, seinem Sohn und seinem Enkel, bis auch
für sein eigenes Land die Zeit kommt, daß es
großen Völkern und mächtigen Königen unter-
worfen wird.

8 Will aber ein Volk oder Reich König Nebu-
kadnezzar nicht dienen und den Nacken nicht
unter sein Joch beugen, so werde ich den König
von Babylonien gegen dieses Volk schicken, bis
ich es durch Schwert, Hunger und Pest völlig
vernichtet habe. Das sage ich, der HERR.

9 Hört nicht auf eure Propheten* und auf alle,
die mit Hilfe von Träumen, Totenbeschwörun-
gen oder Zauberei die Zukunft voraussagen wol-

a Wörtlich *der HERR Zebaot**. b *Zidkija:* mit einigen Handschriften und alten Übersetzungen; H *Jojakim.*
c *der Herrscher ...:* wörtlich *der HERR Zebaot**.

26,13 18,8 S; 18,11 S **26,18** Mi 3,12 **26,19** 18,8 S **26,22** (Elnatan) 36,12.25; (Achbor) 2 Kön 22,12 **26,23** 22,17 **26,24** 15,21 S
27,1 2 Kön 24,17-18 **27,5** 10,12 S; Dan 4,14 **27,6** 21,2 S; 28,14; Jdt 11,7 **27,8** 24,10 S **27,9-10** 14,13-15 S

len. Sie reden euch ein, daß ihr euch dem König
von Babylonien nicht unterwerfen müßt. 10 Aber
sie lügen! Wenn ihr auf sie hört, werdet ihr aus
eurer Heimat vertrieben; ich muß euch ver-
stoßen, und ihr werdet zugrunde gehen.

11 Wenn aber ein Volk seinen Nacken unter
das Joch des Königs von Babylonien beugt und
sich ihm unterwirft, lasse ich es ungestört auf
seinem heimatlichen Boden; es kann ihn be-
bauen und dort wohnen bleiben. Das sage ich,
der HERR.«

12 Dasselbe sagte Jeremia[a] auch zu Zidkija,
dem König von Juda: »Beugt euren Nacken unter
das Joch des Königs von Babylonien; unterwerft
euch ihm und seinem Volk. Dann bleibt ihr am
Leben. 13 Oder willst du mit deinem Volk um-
kommen durch Schwert, Hunger oder Pest? Ein
solches Ende hat der HERR jedem Volk ange-
droht, das sich dem König von Babylonien nicht
unterwerfen will.

14 Hört nicht auf die Propheten, die zu euch
sagen: ›Unterwerft euch doch nicht dem König
von Babylonien!‹ Sie führen euch ins Unglück.
15 Der HERR sagt: ›Ich habe sie nicht gesandt. Sie
lügen, wenn sie behaupten, in meinem Auftrag
zu reden. Wenn ihr auf sie hört, muß ich euch
verstoßen. Ihr werdet zugrunde gehen, ihr und
die Propheten, die euch belügen!‹«

16 Zu den Priestern* und dem ganzen Volk
sagte Jeremia: »So spricht der HERR: ›Hört nicht
auf eure Propheten, die euch einreden wollen,
daß die heiligen Geräte des Tempels* bald aus
Babylon zurückgebracht werden. Sie lügen euch
an! 17 Hört nicht auf sie! Unterwerft euch dem
König von Babylonien, dann bleibt ihr am Leben.
Warum soll diese Stadt ein Trümmerfeld wer-
den?

18 Wären diese Leute wirklich Propheten, bei
denen das Wort des HERRN zu finden ist, dann
würden sie etwas anderes tun: Sie würden den
HERRN, den Herrscher der Welt,[b] bestürmen, daß
er die wenigen Schätze, die noch im Tempel,
im Königspalast und in der Stadt geblieben
sind, nicht auch noch nach Babylon wegbringen
läßt!‹

19–21 Noch sind sie hier: die beiden bronzenen
Säulen, das große Bronzebecken, die Kessel-
wagen und ein Rest der anderen Geräte; Nebu-
kadnezzar, der König von Babylonien, hat sie
nicht mitgenommen, als er Jojachin, den Sohn
Jojakims, den König von Juda, mit allen ein-
flußreichen Leuten aus Juda und Jerusalem nach
Babylonien weggeführt hat. Aber der HERR, der
Herrscher der Welt, der Gott Israels, sagt: ›Die
Schätze, die im Tempel, im Königspalast und in
der Stadt übriggeblieben sind, 22 werden auch
noch nach Babylon gebracht; und dort werden
sie bleiben, bis ich selbst dafür sorge, daß sie
hierher zurückkommen.‹«

Prophet steht gegen Prophet

28 Im fünften Monat desselben Jahres – es
war das vierte Regierungsjahr von Zid-
kija – trat der Prophet Hananja, der Sohn Asurs
aus Gibeon, Jeremia im Tempel* entgegen. Er
sagte zu ihm in Gegenwart der Priester und des
Volkes: 2 »So spricht der Gott Israels, der Herr-
scher der Welt: ›Ich zerbreche das Joch* des
Königs von Babylonien*! 3 Noch genau zwei
Jahre, dann bringe ich alle heiligen Geräte des
Tempels*, die Nebukadnezzar von hier nach
Babylonien geschafft hat, an diesen Ort zurück.
4 Auch König Jojachin von Juda und alle anderen,
die aus Juda nach Babylonien verschleppt wor-
den sind, bringe ich zurück. Denn ich will das
Joch des Königs von Babylonien zerbrechen.‹
Das sagt der HERR.«

5 Da antwortete der Prophet Jeremia dem Pro-
pheten Hananja vor den Priestern und dem
ganzen Volk, das im Tempel versammelt war:
6 »Amen*! Ich wünschte, der HERR würde es
tun! Er lasse deine Worte in Erfüllung gehen
und bringe die Geräte des Tempels und alle
Verschleppten aus Babylonien hierher zurück!
7 Aber jetzt höre, was ich dir und dem ganzen
Volk zu sagen habe:

8 Auch die Propheten, die lange vor mir und
dir gelebt haben, sagten vielen Ländern und
großen Reichen nichts als Krieg, Unglück und
Pest voraus. 9 Sagt aber ein Prophet Glück und
Sieg voraus, so bleibt abzuwarten, ob sein Wort
in Erfüllung geht. Erst daran erweist sich, daß er
wirklich im Auftrag des HERRN gesprochen hat.«

10 Da nahm Hananja das Joch vom Nacken
Jeremias und zerbrach es. 11 Dann erklärte er
vor allen Leuten: »So spricht der HERR: ›Ebenso
nehme ich in zwei Jahren, genau auf den Tag,
das Joch, das König Nebukadnezzar allen Völ-
kern auferlegt hat, und zerbreche es.‹«

Jeremia ging weg. 12 Aber einige Zeit danach
erging das Wort des HERRN an Jeremia, er sagte
zu ihm: 13 »Geh und richte Hananja aus: So
spricht der HERR: ›Das Joch aus Holz hast du zer-
brochen, aber dafür kommt jetzt ein Joch aus

a *Jeremia:* wörtlich *ich.* b Wörtlich *den HERRN Zebaot*;* entsprechend in den Versen 19-21 und in 28,2.14.

27,13 24,10 S **27,14-18** 14,13-15 S **27,16** 2 Chr 36,7.10 **27,19-21** (Geräte) 1 Kön 7,15-50; 2 Chr 36,18 **27,22** Esra 1,7-11 **28,1** 51,59-60 **28,3** 27,16 S **28,4** 22,24-27 **28,8** 26,18; Jes 13,1–23,18; Am 1,3–2,16 **28,9** Dtn 18,22 **28,12** 42,7

Eisen. 14 Denn der Gott Israels, der Herrscher der Welt, hat gesagt: Ein eisernes Joch lege ich auf den Nacken aller Völker; sie müssen sich Nebukadnezzar, dem König von Babylonien, unterwerfen. Selbst die wilden Tiere werden ihm untertan sein.‹«

15 Weiter sagte Jeremia zu ihm: »Hör gut zu, Hananja! Der HERR hat dich nicht gesandt. Du hast das Volk dazu verführt, auf Lügen zu vertrauen. 16 Deshalb sagt der HERR: ›Für dich ist kein Platz mehr auf der Erde. Noch in diesem Jahr wirst du sterben, denn du hast Auflehnung gegen den HERRN gepredigt.‹«

17 Und der Prophet Hananja starb im siebten Monat desselben Jahres.

Jeremia schreibt an die Verschleppten und warnt vor falschen Hoffnungen

29 Der Prophet Jeremia schickte einen Brief von Jerusalem nach Babylonien* an die Ältesten* der Gemeinde, die noch übriggeblieben waren, und an die Priester*, die Propheten* und alle anderen, die Nebukadnezzar dorthin verschleppt hatte. 2 Denn der Babylonierkönig hatte den König Jojachin, seine Mutter,[a] die Hofbeamten und die führenden Männer von Juda und Jerusalem sowie die Bau- und Metallhandwerker aus Jerusalem weggeführt.

3 Jeremia schickte den Brief durch Elasa, den Sohn von Schafan, und Gemarja, den Sohn von Hilkija, die von König Zidkija zu Nebukadnezzar nach Babylon gesandt worden waren. Der Brief hatte folgenden Wortlaut:

4 Der Gott Israels, der Herrscher der Welt,[b] sagt zu allen, die er aus Jerusalem nach Babylonien wegführen ließ:

5 »Baut euch Häuser und richtet euch darin ein! Legt euch Gärten an, denn ihr werdet noch lange genug dort bleiben,[c] um zu essen, was darin wächst! 6 Heiratet und zeugt Kinder! Verheiratet eure Söhne und Töchter, damit auch sie Kinder bekommen! Eure Zahl soll zunehmen und nicht abnehmen. 7 Seid um das Wohl der Städte besorgt, in die ich euch verbannt habe, und betet für sie! Denn wenn es ihnen gutgeht, dann geht es auch euch gut.«

8 Der Gott Israels, der Herrscher der Welt, sagt: »Laßt euch nicht täuschen von den Propheten und Wahrsagern, die unter euch sind. Verlaßt euch nicht auf diese Träumer, die das für euch träumen, was ihr euch wünscht! 9 Sie behaupten, in meinem Auftrag zu reden. Aber sie lügen euch an; ich habe sie nicht gesandt.

10 Ich sage euch: Die Zeit des Babylonischen Reiches ist noch nicht abgelaufen. Es besteht noch siebzig Jahre. Erst wenn die vorüber sind, werde ich euch helfen. Dann werde ich mein Versprechen erfüllen und euch heimführen; 11 denn mein Plan mit euch steht fest: Ich will euer Glück und nicht euer Unglück. Ich habe im Sinn, euch eine Zukunft zu schenken, wie ihr sie erhofft. Das sage ich, der HERR.

12 Ihr werdet kommen und zu mir beten, ihr werdet rufen, und ich werde euch erhören. 13 Ihr werdet mich suchen und werdet mich finden. Denn wenn ihr mich von ganzem Herzen sucht, 14 werde ich mich von euch finden lassen. Das sage ich, der HERR.

Ich werde alles wieder zum Guten wenden und euch sammeln aus allen Völkern und Ländern, wohin ich euch versprengt habe; ich bringe euch an den Ort zurück, von dem ich euch weggeführt habe. Das sage ich, der HERR.«

15 Ihr beruft euch darauf, daß der HERR euch auch in Babylonien Propheten gegeben hat. 16 Doch laßt euch von ihnen nicht irreführen! Denn von dem Nachkommen Davids, der jetzt in Jerusalem herrscht, und von dem ganzen Volk dort, euren Brüdern, die nicht in die Verbannung geführt wurden, 17 sagt Gott, der Herrscher der Welt:

»Ich bringe Krieg und Hunger und Pest über sie und verfahre mit ihnen wie mit schlechten, ungenießbaren Feigen. 18 Ja, mit Schwert, Hunger und Pest werde ich ihnen nachstellen und sie unter alle Königreiche der Erde versprengen. Ich mache sie zum abschreckenden Beispiel, alle werden sich mit Entsetzen von ihnen abwenden, sie mit Hohn überschütten und ihren Namen als Fluchwort* verwenden. 19 So bestrafe ich sie dafür, daß sie nicht auf mich, den HERRN, gehört haben. Immer und immer wieder habe ich meine Diener, die Propheten, zu ihnen gesandt, aber sie haben[d] nicht gehört.

20 Ihr nun, die ich von Jerusalem weg in die Verbannung nach Babylonien geschickt habe, hört, was ich, der HERR, euch sage!«

a *Mutter:* siehe Sacherklärung »Königsmutter«.
b Wörtlich *der HERR Zebaot*;* entsprechend in den Versen 8, 17, 21 und 25.
c *denn ihr werdet …:* verdeutlichender Zusatz. d *sie haben:* mit alten Übersetzungen; H *ihr habt.*

28,14 Dtn 28,48; 27,6 S **28,16** 29,32; Dtn 13,16 **29,1-2** 2 Kön 24,14-16; Jer 22,24-27 **29,3** 26,24; 2 Kön 22,4-20 **29,6** 30,19 S **29,7** Esra 6,10 S **29,8-9** 14,13-15 S **29,10** 25,11 S **29,11** 24,4-6; 31,17; 32,40 **29,12** Ps 50,15 **29,13-14** (suchen–finden) Dtn 4,29; 2 Chr 15,2; Jes 55,6; Hos 5,15 **29,14** (Wende) 30,3.18; 32,44; 33,7.26; 23,3 S **29,16-18** 24,3-10 **29,17-18** 24,10 S; 18,16 S; 24,9 S **29,19** 7,13 S; 25,4 S

21 Über die beiden Propheten, Ahab, den Sohn von Kolaja, und Zidkija, den Sohn von Maaseja, die sich auf den HERRN berufen, euch aber Lügen verkünden, sagt der Gott Israels, der Herrscher der Welt:
»Ich liefere sie an den König Nebukadnezzar von Babylonien aus. Er wird sie vor euren Augen töten. 22 Wenn dann jemand von euch, den nach Babylonien Weggeführten, einen andern verfluchen will, wird er sagen: ›Der HERR soll es dir ergehen lassen wie Ahab und Zidkija, die der König von Babylonien lebendig geröstet hat.‹ 23 Denn sie haben getan, was in Israel als Schande gilt: Sie haben mit den Frauen ihrer Landsleute die Ehe gebrochen und unter Berufung auf mich Lügen geredet, die ich ihnen nicht in den Mund gelegt habe. Ich, der HERR, weiß, was sie getan haben, und trete als Zeuge gegen sie auf.«

Ein Prophet aus Babylon reagiert auf Jeremias Brief

24 Der HERR befahl Jeremia, dem Propheten Schemaja aus Nehelam mitzuteilen: 25 »Der Gott Israels, der Herrscher der Welt, läßt dir sagen: Du hast im eigenen Namen, ohne einen Auftrag der Gemeinde, einen Brief nach Jerusalem geschrieben, an den Priester Zefanja, den Sohn von Maaseja, und an alle Priester* und das ganze Volk. So hast du geschrieben:

26 »Der HERR hat dich, Zefanja, zum Nachfolger des Priesters Jojada gemacht. Du hast die Aufgabe, dafür zu sorgen, daß jeder Verrückte, der zum Tempel* kommt und sich als Prophet* ausgibt, in Block* und Halseisen gelegt wird. 27 Warum bist du noch nicht gegen Jeremia aus Anatot eingeschritten, der sich bei euch als Prophet aufspielt? 28 Er hat sich sogar angemaßt, uns nach Babylonien zu schreiben: ›Ihr müßt noch lange dortbleiben. Baut euch also Häuser und richtet euch darin ein! Legt euch Gärten an und eßt, was darin wächst!‹«

29 Der Priester Zefanja hatte diesen Brief Jeremia vorgelesen. 30 Darauf erging das Wort des HERRN an Jeremia mit der Weisung: 31 »Sende eine Botschaft an alle Verschleppten und teile ihnen mit, was ich über Schemaja aus Nehelam beschlossen habe: ›Schemaja hat sich bei euch als Prophet ausgegeben, obwohl ich ihn nicht gesandt habe. Er hat euch dazu verleitet, auf Lügen zu vertrauen. 32 Darum will ich ihn und seine Familie bestrafen. Weder er noch irgend jemand von seinen Nachkommen wird erleben, wie ich mein Volk in die Heimat zurückführe. Das sage ich, der HERR. Denn er hat Auflehnung gegen mich gepredigt.‹«

KÜNFTIGES HEIL UND NEUER BUND
(Kapitel 30–33)

»Jeremias Trostbüchlein« (Kapitel 30–31)

30 Das Wort des HERRN erging an Jeremia; 2 der HERR, der Gott Israels, gab ihm den Auftrag: »Schreib alles, was ich dir gesagt habe, in ein Buch;[a] 3 denn die Zeit kommt, in der ich für mein Volk, die Leute aus Israel und aus Juda, alles wieder zum Guten wende. Ich werde sie zurückbringen in das Land, das ich ihren Vorfahren gegeben habe; sie sollen es wieder in Besitz nehmen.«

4 Folgendes hat der HERR über Israel[b] und über Juda gesagt; 5a so hat er gesprochen:

Durch Katastrophen hindurch zur Befreiung

5b Wir hören Angstschreie, Grauen befällt uns. 6 Fragt doch nach, seht euch um: Können Männer Kinder gebären? Warum pressen sie dann die Hände auf den Leib wie Frauen, die in Wehen liegen? Warum sind ihre Gesichter so leichenblaß? 7 Ja, das wird ein furchtbarer Tag sein, keinem anderen gleich, eine Zeit der Not für die Nachkommen Jakobs – doch sie werden aus dieser Not gerettet werden!

8 »Denn es wird zugleich auch der Tag sein«, sagt der HERR, der Herrscher der Welt,[c] »an dem ich das Joch* von den Schultern der Nachkommen Jakobs nehmen und zerbrechen werde, ihre Fesseln werde ich zerreißen. Sie sollen nicht mehr Sklaven fremder Herren sein, 9 sondern *mir* dienen, dem HERRN, ihrem Gott, und dem Mann aus der Nachkommenschaft Davids, den ich als König über sie einsetzen werde.

10 Ihr Nachkommen Jakobs, habt keine Angst!« sagt der HERR. »Ihr steht unter meinem

a Das *Buch* hat die Form einer Buchrolle*. Gedacht ist bei *alles* vermutlich an die Zusagen Gottes, die in Kapitel 30–31 gesammelt sind. Die Sammlung stellte ursprünglich eine eigene kleine »Trostschrift« dar.
b Mit *Israel** ist in den Kapiteln 30, 31 und 33 das Nordreich gemeint, dessen Bewohner hundert Jahre vor dem Wirken Jeremias nach Assyrien deportiert worden waren.
c Wörtlich *der HERR Zebaot**.

29,22 24,9 S **29,23** 23,9-40; 2 Sam 13,12 S; Jer 42,5 **29,25** 21,1 S **29,26** 20,2 **29,31** 14,13-15 S **30,2** 36,2.28; 51,59-60 **30,3** 23,3 S **30,7-8** Dan 12,1 **30,7** Am 5,18-20 S **30,8** 27,12; 28,10-14; Lev 26,13; Jes 10,27; 14,25; Ez 34,27 **30,9** Ex 19,6; Jer 23,5 S; Hos 3,5 **30,10-11** 42,11; 46,27-28; Jes 41,8-13

Schutz! Ihr Leute von Israel, verliert nicht den Mut! Ich hole euch und eure Kinder heraus aus dem fernen Land, in dem man euch gefangenhält. Ihr werdet zurückkehren in euer Land und dort in Frieden leben, sicher und ungestört. 11 Ich, der HERR, bin bei euch, ich helfe euch! Alle Völker, unter die ich euch zerstreut habe, werde ich vernichten, aber niemals euch! Euch strafe ich nur, wie ihr es verdient habt, denn ungestraft kann ich euch nicht lassen!«

Gott selbst wird die Wunden heilen

12 Der HERR sagt zur Zionsstadt*: »Du bist furchtbar zugerichtet, deine Wunden sind tödlich; 13 und niemand tut etwas für dich. Gegen deine eiternden Wunden richtet keine Arznei etwas aus; sie sind nicht mehr zu heilen. 14 Alle deine Liebhaber haben dich vergessen und kümmern sich nicht mehr um dich. Denn ich schlug auf dich ein, als wäre ich dein Feind. So hart habe ich dich bestraft wegen deiner zahllosen Vergehen.

15 Warum beklagst du dich darüber, daß du so zugerichtet wurdest? Wegen deiner großen Schuld, wegen deiner zahllosen Vergehen mußte ich dich so bestrafen! 16 Doch alle, die dich gefressen haben wie Raubtiere ihre Beute, werden selbst gefressen werden. Alle deine Feinde werden in die Gefangenschaft geführt, und alle, die dich ausgeraubt und ausgeplündert haben, werden selbst ausgeraubt und ausgeplündert. 17 Sie sagen, ich hätte dich verstoßen: ›Das ist Jerusalem, die Stadt, nach der niemand mehr fragt.‹ Darum werde ich dich wiederherstellen!« sagt der HERR. »Ich werde deine Wunden heilen!«

Wiederaufbau und Erneuerung des Königtums

18 Der HERR sagt: »Ich werde mit den Nachkommen Jakobs Erbarmen haben und alles wieder zum Guten wenden. Über den Bergen von Schutt sollen ihre Städte neu erstehen, die Paläste an der alten Stelle wieder aufgebaut werden. 19 Mein Volk soll sich wieder freuen können und Danklieder singen. Ich lasse es wieder wachsen an Zahl und nicht mehr abnehmen.

Ich bringe sie so zu Ehren, daß niemand sie mehr verachtet. 20 Es wird mit ihnen wieder wie früher sein: Unter meinem Schutz leben sie in Sicherheit; wer sie angreift, den ziehe ich zur Rechenschaft. 21 Ihr Herrscher wird wieder einer aus ihrer Mitte sein, einer aus ihrem eigenen Volk. Ich werde ihm erlauben, in meine Nähe zu kommen. Denn wer wollte das tun ohne meine Erlaubnis? Er würde damit sein Leben aufs Spiel setzen!« Das sagt der HERR.

Die Zusage Gottes gilt

22 Der HERR sagt: »Ihr sollt von neuem mein Volk sein, und ich will euer Gott sein!«

23 Wie ein verheerender Sturm bricht der Zorn des HERRN los und wird alle Schuldigen treffen. 24 Er wird nicht aufhören zu wüten, bis alles ausgeführt ist, was der HERR sich vorgenommen hat. Hinterher werdet ihr einsehen, warum alles so kommen mußte.

31 »Dann«, sagt der HERR, »werde ich wieder der Gott aller Stämme Israels sein, und sie werden mein Volk sein.«

Die Verschleppten aus dem Nordreich dürfen heimkehren

2 Der HERR sagt: »Mein Erbarmen erweise ich allen, die dem Schwert entronnen sind und in der Fremde[a] leben. Israel[b] kehrt wieder in sein Land zurück, dort wird es Ruhe finden!«

3 Von weit her ist der HERR seinem Volk erschienen; er sagt: »Ich habe nie aufgehört, dich zu lieben. Ich bin dir treu wie am ersten Tag, 4 Israel, meine Geliebte![c] Ich gebe dir einen neuen Anfang, deine Städte baue ich wieder auf. Leg die Trauer ab, nimm wieder deine Tamburine und tanze im Festreigen mit! 5 Pflanzt Reben auf den Bergen von Samaria! Fürchtet nicht, daß Fremde die Früchte genießen! 6 Der Tag ist nicht fern, da wird man auf den Bergen Efraïms rufen: ›Zieht hinauf zum Berg Zion*, zu dem HERRN, unserem Gott!‹«

7 Der HERR sagt: »Singt und jubelt! Freut euch mit Israel, dem ersten aller Völker! Preist und dankt, sagt es überall weiter: ›Der HERR hat geholfen![d] Alle, die von seinem Volk übriggeblieben sind, hat er befreit.‹

8 Ja, ich, der HERR, hole sie heim aus den Ländern des Nordens*, ich sammle sie von den Enden der Erde. Blinde und Gelähmte bleiben nicht zurück, auch die Schwangeren und Wöchnerinnen bringe ich mit. Alle kehren zurück, eine mächtige Schar. 9 Weinend kommen sie herbei, sie vertrauen sich meiner Leitung an. Ich

a *Fremde:* wörtlich *Wüste.* b Siehe Anmerkung zu 30,4. c Wörtlich *Jungfrau Israel!*
d So mit G; H *HERR, rette dein Volk!*

30,11 4,27 S; 10,24 **30,12** 10,19 S **30,14** 4,30 **30,16** 10,25; Jes 33,1 **30,17** 8,22 S **30,18** 29,13-14 **30,19** 29,6; Lev 26,9; Jes 60,22; Ez 36,10-11.37-38; 37,26 **30,21** Dtn 17,15; Sach 10,4; Ex 29,37 S **30,22** 7,23 S; 32,38 **30,23-24** 23,19-20 **31,1** 7,23 S **31,2-4** Hos 2,16-17 S **31,3** Dtn 33,2 S; Mal 1,2 S **31,6** 33,10-11; 50,4-5; 51,10; Ps 122,1 **31,7-8** 23,3 S **31,9** Ps 23,2-3; Jes 49,9-11; Jer 3,4 S; 31,20

führe sie auf gebahnten Wegen, so daß niemand
fällt, ich bringe sie in wasserreiche Täler. Ich bin
und bleibe Israels Vater, und Efraïm* ist mein
erstgeborener Sohn!«
10 Ihr Völker, hört, was der HERR euch sagt;
macht es bis an die Enden der Erde bekannt:
»Ich war es, der Israel in alle Winde zerstreut
hat; jetzt sammle ich es wieder. Ich beschütze
mein Volk wie ein Hirt seine Herde. 11 Ich, der
HERR, rette die Nachkommen Jakobs, ich befreie
sie aus der Gewalt des mächtigsten aller Völker.
12 Sie kommen zum Berg Zion und stimmen Ju-
bellieder an. Sie freuen sich über meine Gaben,
über Korn, Wein und Öl, über Schafe und Rinder.
Sie blühen und gedeihen wie ein bewässerter
Garten, nie mehr werden sie zugrunde gehen.
13 Die Mädchen freuen sich und tanzen, jung
und alt sind fröhlich. Ich werde sie trösten; ich
verwandle ihre Trauer in Jubel, ihren Kummer in
Freude. 14 Meinen Priestern* gebe ich wieder die
besten Stücke von den Opfern*, und mein Volk
mache ich satt mit meinen Gaben. Das sage ich,
der HERR.«

Rahels Kinder kehren zurück

15 Der HERR sagt:[a] In Rama hört man Klagerufe
und bitteres Weinen: Rahel weint um ihre Kin-
der und will sich nicht trösten lassen; denn sie
sind nicht mehr da.[b]
16 Doch der HERR sagt zu ihr: »Hör auf zu kla-
gen, laß das Weinen! Du sollst deine Kinder nicht
umsonst großgezogen haben; sie kehren aus
dem Land der Feinde zurück. 17 Es gibt Hoffnung
für sie!« sagt der HERR. »Deine Kinder kehren in
die Heimat zurück!«

Die Heimkehr des verlorenen Sohnes

18 Der HERR sagt: »Ich habe wohl gehört, wie die
Leute von Efraïm* klagen: ›Du hast uns geschla-
gen, HERR, und wir mußten geschlagen werden
wie ein störrischer junger Stier. Doch jetzt laß
uns zu dir zurückkehren, denn du, HERR, bist
unser Gott! 19 Wir haben uns dir wieder zuge-
wandt und bereuen, was wir getan haben. Wir
sind zur Einsicht gekommen und raufen uns die
Haare. Wir schämen uns bis ins Innerste wegen
der Schuld, die wir leichtfertig auf uns luden und
für die wir nun zu büßen haben.‹
20 Ist Efraïm denn nicht mein Lieblingssohn,
das Kind, das ich über alles liebe?« sagt der HERR.
»Sooft ich seinen Namen erwähne, kommen
meine Gedanken nicht mehr von ihm los. Und
nun ist mein Innerstes völlig aufgewühlt: Ich
muß mich über ihn erbarmen!«

Aufbruch in eine wunderbare Zukunft

21 Jungfrau Israel, überleg dir genau, wie der Weg
verlief, auf dem du weggeführt worden bist! Stell
Wegweiser auf und markiere die Straßen; denn
auf ihnen sollst du jetzt heimkehren! Ja, kehre
wieder heim in deine Städte! 22 Wie lange willst
du noch zögern und dich sträuben, du wider-
spenstige Tochter? Der HERR schafft etwas völlig
Neues auf der Erde: Sein Volk wird ihm in Treue
zugetan sein.[c]

Auch das Geschick Judas wird sich wenden

23 Der HERR, der Herrscher der Welt,[d] der Gott
Israels, sagte zu mir: »Auch für Juda wende ich
alles wieder zum Guten. In den Städten und
überall im Land wird es wieder heißen: ›Der
HERR segne dich, du Land, dem Gott Heil und
Frieden schenkt! Seid gesegnet, ihr Berge, die
der HERR zu seinem Eigentum gemacht hat!‹
24 Dann werden die Städte in Juda wieder be-
völkert sein; es wird wieder Bauern geben und
Hirten, die mit ihren Herden durchs Land zie-
hen. 25 Allen, die vor Durst erschöpft sind, gebe
ich zu trinken, allen, die von Hunger gequält
sind, gebe ich reichlich zu essen!«
26 Darüber erwachte ich und fühlte mich
frisch und gestärkt.

Israel und Juda werden wiederhergestellt

27 »Die Zeit kommt«, sagt der HERR, »da werde ich
in Israel und in Juda wieder Menschen und Tiere
leben lassen. 28 Wie ich darüber gewacht habe,
daß man diese Reiche ausriß und zerstörte, ver-
nichtete und verheerte, so werde ich jetzt dar-
über wachen, daß sie wieder angepflanzt und
aufgebaut werden.«
29 Dann werden sie auch aufhören zu sagen:
»Die Väter haben unreife Trauben gegessen, und
die Söhne haben davon stumpfe Zähne bekom-
men.« 30 Nur wer ein Verbrechen begeht, wird
dafür sterben müssen, er ganz allein; nur wer

a Dieser Satz bezieht sich auf den gesamten Textabschnitt, zunächst redet der Prophet.
b Rahel, die Mutter Josefs und Benjamins und damit Ahnfrau der Hauptstämme des Nordreichs, war nach älterer Auffassung in der Nähe von Rama bestattet; siehe Sacherklärung »Rahelgrab«.
c Wörtlich *Die Frau wird den Mann umgeben.* d Wörtlich *Der HERR Zebaot*;* entsprechend in Vers 35.

31,10 23,3 S; Ez 34,11-16 S **31,11** Jes 43,3 S **31,12-13** Jes 35,10 **31,15** Mt 2,18 **31,17** 29,11 S **31,18** Klgl 5,21 **31,20** 31,3.9; Jes 49,15; 63,9; Klgl 3,31-32; Hos 11,1.8 **31,22** 33,3-9; Jes 48,6 **31,23** 29,13-14 S **31,27** 23,6 S; 4,25 **31,28** 1,10 S; 1,12; 32,42 **31,29** 18,2; Ex 20,5-6 **31,30** Dtn 24,16 S

die sauren Trauben ißt, bekommt stumpfe Zähne
davon, sonst niemand!

Gottes neuer Bund mit Israel

31 »Gebt acht!« sagt der HERR. »Die Zeit kommt,
da werde ich mit dem Volk von Israel und dem
Volk von Juda einen neuen Bund* schließen.
32 Er wird nicht dem Bund gleichen, den ich mit
ihren Vorfahren geschlossen habe, als ich sie bei
der Hand nahm und aus Ägypten herausführte.
Diesen Bund haben sie gebrochen, obwohl ich
ihnen doch ein guter Herr gewesen war.
33 Der neue Bund, den ich dann mit dem Volk
Israel schließen will, wird völlig anders sein: Ich
werde ihnen mein Gesetz* nicht auf Steintafeln,
sondern[a] in Herz und Gewissen schreiben. Ich
werde ihr Gott sein, und sie werden mein Volk
sein«, sagt der HERR.
34 Niemand muß dann noch seinen Nachbarn
belehren oder zu seinem Bruder sagen: ›Lerne
den HERRN kennen!‹ Denn alle werden dann
wissen, wer ich bin, von den Geringsten bis zu
den Vornehmsten. Das sage ich, der HERR. Ich
will ihnen ihren Ungehorsam vergeben und nie
mehr an ihre Schuld denken.«

Israel bleibt für immer das Volk Gottes

35 Der HERR hat die Sonne als Licht für den Tag
bestimmt und den Mond und die Sterne als Lich-
ter für die Nacht; er wühlt das Meer auf, daß
seine Wellen toben – »der HERR, der Herrscher
der Welt« ist sein Name. Er sagt: 36 »So gewiß ich
dafür sorge, daß diese Ordnungen niemals um-
gestoßen werden, so gewiß sorge ich dafür, daß
Israel für alle Zukunft mein Volk bleibt und Be-
stand haben wird.«
37 Der HERR sagt: »Sowenig ein Mensch die
Weite des Himmels messen oder die Fundamen-
te der Erde ergründen kann, sowenig kann ich
das Volk Israel verstoßen – trotz allem, was es
getan hat.«

Jerusalem wird wieder aufgebaut

38 »Die Zeit kommt«, sagt der HERR, »da wird Jeru-
salem zu meiner Ehre wieder aufgebaut. Seine
Mauer verläuft zunächst wie früher vom Turm
Hananel im Nordosten zum Ecktor im Nordwe-
sten. 39 Doch von dort läuft sie geradeaus weiter
bis hin zum Gareb-Hügel; erst dann biegt sie
nach Süden ab in Richtung Goa. 40 Im Süden
wird das ganze Tal einbezogen, in dem man die
Toten begraben und die Opferasche ausgeschüt-
tet hat. Selbst dieses unreine* Gebiet und weiter
die ganzen Hänge diesseits des Kidronbachs bis
hinauf zum Pferdetor im Osten werden dann
mir geweiht und mein Eigentum sein. Und die-
ses Jerusalem wird nie mehr niedergerissen und
vernichtet werden!«

Jeremias Ackerkauf als ermutigendes Zeichen

32 Im zehnten Regierungsjahr von Zidkija,
dem König von Juda – es war das acht-
zehnte Regierungsjahr Nebukadnezzars –, er-
ging das Wort des HERRN an Jeremia. 2 Das Heer
Nebukadnezzars belagerte damals Jerusalem,
der Prophet aber befand sich als Gefangener im
Wachthof am Königspalast.
3 Der König hielt ihn dort gefangen, weil Jere-
mia verkündet hatte: »So spricht der HERR: ›Ich
gebe diese Stadt in die Gewalt des Königs von
Babylonien*; er wird sie erobern. 4 König Zidkija
wird nicht entkommen, sondern unweigerlich in
die Hände des Babylonierkönigs fallen. Er wird
ihm Auge in Auge gegenübertreten und ihm
Rede und Antwort stehen müssen. 5 Nebukad-
nezzar wird ihn nach Babylon mitnehmen, und
dort wird er bleiben, bis zu seinem Tod.[b] Das
sage ich, der HERR. Euer Kampf gegen die Babylo-
nier ist sinnlos!‹«
6 Dort im Wachthof also erging das Wort des
HERRN an Jeremia. Er selbst berichtet darüber:
7 Der HERR sagte zu mir: »Hanamel, der Sohn
deines Onkels Schallum, wird zu dir kommen
und dich bitten: ›Kauf mir doch meinen Acker in
Anatot ab! Ich bin in Schwierigkeiten, und nach
der gesetzlichen Vorschrift zur Erhaltung des
Sippenbesitzes[c] hast du die Pflicht, ihn zu er-
werben.‹«
8 Und wirklich, mein Vetter Hanamel kam zu
mir in den Wachthof, wie der HERR es angekün-
digt hatte, und sagte: »Kauf mir doch meinen
Acker in Anatot im Gebiet von Benjamin ab! Dir
als meinem nächsten Verwandten steht das Be-
sitzrecht zu, und nach dem Gesetz mußt du
dafür sorgen, daß er im Besitz der Sippe bleibt.[d]
Bitte, kauf ihn!«
Ich begriff, daß dies ein Befehl des HERRN

a *nicht auf …:* verdeutlichender Zusatz. b *bis zu seinem Tod:* wörtlich *bis ich mich seiner annehme.*
c Wörtlich *nach dem Recht der Auslösung;* siehe Sacherklärung »Löser«.
d *Dir als meinem …:* wörtlich *Du hast das Besitzrecht und die Auslösung(spflicht);* siehe die vorige Anmerkung.

31,31-34 Hebr 8,8-12 **31,31** Lk 22,20 S **31,32** 11,10 **31,33-34** Hebr 10,16-17 **31,33** 32,40; Jes 51,7; Ez 36,26-27 S; Spr 7,3; Ex 24,12 S **31,34** (kennen) 24,7 S; Jes 11,9; Joh 6,45; (vergeben) 33,8; 50,20; Jes 33,24 **31,35-36** 33,20-21 **31,35** Gen 1,16-18 **31,37** Spr 30,4 S; Jes 40,12; 49,15 **31,38-40** Sach 14,10-11 **31,40** 7,31-32 **32,1** 1,3 S; 52,1.29 **32,2** 2 Kön 25,1-2; Jer 37,21; 38,28 **32,3-5** 34,2-5; 2 Kön 25,3-7 **32,5** 21,7 S **32,7-8** Lev 25,25

war. 9 Ich kaufte den Acker und gab meinem Vetter das Geld: siebzehn Silberstücke*. 10 Der Kaufvertrag* wurde ausgefertigt. Vor Zeugen wurde das Original versiegelt und das Silber abgewogen.

11 Den Kaufvertrag – und zwar das vorschriftsmäßig versiegelte Original zusammen mit der Abschrift – 12 gab ich Baruch, dem Sohn von Nerija und Enkel von Machseja. Ich tat das in Gegenwart meines Vetters und der Zeugen, die den Vertrag unterschrieben hatten, und vor den Augen aller Männer aus Juda, die sich im Wachthof aufhielten.

13 Dann sagte ich zu Baruch vor ihnen allen: 14 »So spricht der HERR, der Herrscher der Welt,[a] der Gott Israels: ›Nimm diesen Kaufvertrag, das versiegelte Original zusammen mit der Abschrift, und leg ihn in ein Tongefäß, damit er lange unversehrt erhalten bleibt. 15 Denn – so sagt der HERR, der Herrscher der Welt, der Gott Israels: Eines Tages wird man wieder Häuser und Äcker und Weinberge kaufen in diesem Land.‹«

16 Nachdem ich Baruch den Kaufvertrag übergeben hatte, betete ich zum HERRN: 17 »Ach, Herr, mein Gott, durch deine gewaltige Kraft und Macht hast du Himmel und Erde geschaffen. Nichts ist dir unmöglich. 18 Du erweist den Menschen Liebe und Treue über tausend Generationen hin, doch wenn sie Schuld auf sich geladen haben, bestrafst du auch ihre Kinder dafür.

Du großer, starker Gott – ›der HERR, der Herrscher der Welt‹ ist dein Name: 19 Groß sind deine Pläne und machtvoll deine Taten. Du achtest genau auf das, was die Menschen treiben, und gibst jedem, was er aufgrund seiner Taten verdient hat.

20 Damals in Ägypten und noch bis heute hast du staunenswerte Wunder getan, an uns wie an anderen Völkern, so daß dein großer Name in aller Welt bekannt geworden ist. 21 Unter staunenerregenden Wundern hast du mit starker Hand und ausgestrecktem Arm dein Volk Israel aus Ägypten herausgeführt; deine Feinde vergingen vor Angst und Schrecken.

22 Du hast den Leuten von Israel dieses Land gegeben, das du ihren Vorfahren mit einem Eid zugesagt hattest, dieses Land, das von Milch und Honig überfließt. 23 Als sie aber das Land in Besitz genommen hatten, da hörten sie nicht mehr auf dich und kümmerten sich nicht um deine Weisungen. Alles, was du ihnen zu tun befohlen hattest – sie taten es nicht. Da hast du schließlich all dieses Unheil über sie hereinbrechen lassen.

24 Die Angriffsrampen*, über die die Babylonier die Stadt erstürmen wollen, sind schon bis an die Stadtmauern vorgetrieben. Bald wird Jerusalem fallen; die Waffen der Feinde zusammen mit Hunger und Pest sorgen dafür. Es ist eingetroffen, was du angedroht hast; du siehst es selbst. 25 Und doch, Herr, mein Gott, hast du mir befohlen: ›Kauf dir den Acker! Tu es im Beisein von Zeugen!‹ Dabei ist Jerusalem schon so gut wie in der Hand der Babylonier!«

26 Da erging an mich das Wort des HERRN, und er sagte: 27 »Ich bin der HERR, der Gott aller Menschen. Sollte mir etwas unmöglich sein? 28 Ich gebe jetzt diese Stadt in die Hand der Babylonier und ihres Königs Nebukadnezzar. 29 Seine Truppen werden in die Stadt eindringen und sie in Brand stecken. Jerusalem wird in Schutt und Asche sinken mit all den Häusern, auf deren Dächern man zu Ehren Baals* Weihrauch verbrannt und für fremde Götter Trankopfer* ausgegossen hat, um mich zu beleidigen.

30 Die Leute von Israel und von Juda haben von jeher nur das getan, was mir mißfällt und was mich beleidigt. 31 Diese Stadt Jerusalem hat mich vom Tag ihrer Gründung an bis heute derart zum Zorn gereizt, daß ich sie aus meinen Augen wegschaffen muß. 32 Ich muß es tun wegen all des Bösen, das die Leute von Israel und von Juda, besonders aber ihre Könige und hohen Beamten, ihre Priester* und Propheten* und die Bewohner Jerusalems verübt haben.

33 Sie wandten sich völlig von mir ab. Wieder und wieder sagte ich ihnen, was sie tun sollten; sie hörten nicht darauf, sie nahmen keine Belehrung an. 34 Sie haben sogar im Tempel* ihre abscheulichen Götzenbilder aufgestellt und dadurch das Haus geschändet, das mein Eigentum ist. 35 Im Hinnom-Tal* bauten sie die Opferstätte für Baal*, um dort ihre Söhne und Töchter als Opfer zu verbrennen.[b] Das habe ich nicht befohlen; es ist mir nie in den Sinn gekommen, so etwas von ihnen zu verlangen. Mit diesem abscheulichen Treiben haben sie ganz Juda zum Götzendienst verführt.

a Wörtlich *der HERR Zebaot*;* ebenso in den Versen 15 und 18.

b *als Opfer zu verbrennen:* Dies ist höchstwahrscheinlich der ursprüngliche Sinn des hebräischen Konsonantentextes (vgl. 19,5); von H gedeutet als *dem Moloch* zu opfern.*

32,12 36,4-32; 43,3; 45,1 **32,17** 10,12 S; Ijob 42,2 S **32,18** Ex 20,5-6 S **32,19** 16,17; 17,10 S **32,20** Ps 78,43-52 S **32,22** Gen 12,7 S; Ex 3,8 S **32,27** 32,17 S **32,29** 19,13 S; 2 Kön 25,1-11 **32,33** 5,3 S **32,34** 7,30 S **32,35** 7,31 S

36 Deshalb ist es nun soweit, daß ihr sagt:
Diese Stadt fällt in die Hand Nebukadnezzars,
dafür wird seine Heeresmacht sorgen zusammen mit Hunger und Pest. Und trotzdem – von
eben dieser Stadt sage *ich*, der HERR, der Gott
Israels: 37 Ich werde ihre Bewohner wieder sammeln aus all den Ländern, wohin ich sie in meinem glühenden Zorn versprenge. Ich führe sie
zurück und lasse sie in Frieden und Sicherheit
hier leben. 38 Sie sollen wieder mein Volk sein,
und ich will ihr Gott sein. 39 Ich werde ihr Denken und Tun auf ein einziges Ziel ausrichten:
mich jederzeit ernst zu nehmen, damit es ihnen
und ihren Nachkommen gutgeht.

40 Mehr noch, für alle kommenden Zeiten
schließe ich einen Bund* mit ihnen und verpflichte mich: Ich werde nicht mehr aufhören,
ihnen Gutes zu tun, und ich werde die Ehrfurcht
vor mir in ihr Herz legen, so daß sie sich nicht
mehr von mir abwenden. 41 Dann wird es mir
eine Freude sein, ihnen Gutes zu tun; ich werde
sie endgültig in dieses Land einpflanzen, mit
ganzem Herzen und mit aller Kraft werde ich
das tun. 42 Denn wie ich all dieses Unglück über
das Volk von Juda gebracht habe, so will ich ihm
auch das Gute bringen, das ich ihm versprochen
habe. Das sage ich, der HERR.

43 In diesem Land, von dem du und die anderen sagen: ›Es ist den Babyloniern ausgeliefert
und wird zu einer Wüste werden, in der kein
Mensch und kein Stück Vieh mehr lebt‹, in diesem Land werden wieder Äcker gekauft werden. 44 Man wird Kaufverträge ausstellen und
versiegeln und Zeugen hinzurufen. Überall hier
im Land! Im Gebiet von Benjamin, in Jerusalem
und Umgebung und in allen Städten von Juda, ob
sie oben im Gebirge liegen oder im Hügelland
oder in der Steppe im Süden! Denn ich werde für
mein Volk alles wieder zum Guten wenden. Das
sage ich, der HERR!«

Dem Ende wird ein neuer Anfang folgen

33 Als Jeremia im Wachthof gefangengehalten wurde, erging das Wort des HERRN
noch ein zweites Mal an ihn. Er sagte zu ihm:
2 »Ich, der HERR, bewirke alles, was geschieht;
was ich will, das wird Wirklichkeit. Mein Name
ist ›DER HERR*‹. 3 Wende dich an mich, und ich
werde dir antworten! Ich werde dir große Dinge
zeigen, von denen du nichts weißt und auch
nichts wissen kannst.

4–5 Häuser wurden abgebrochen, sogar die
Paläste der Könige von Juda, um die Mauern
zu verstärken gegen die Angriffsrampen* der
Babylonier und um ihren Angriffen besser standhalten zu können. Die anderen Häuser aber
wurden mit den Leichen der Menschen gefüllt,
die ich in meinem glühenden Zorn erschlagen
hatte. Denn ich hatte mich von Jerusalem abgewandt, weil seine Bewohner so viel Böses getan
haben.

Doch jetzt sage ich, der HERR, der Gott Israels:
6 ›Ich werde die Wunden Jerusalems verbinden
und heilen. Ich stelle es wieder her und schenke
ihm echten, dauerhaften Frieden. 7 Ja, ich werde
für Juda und Israel[a] alles wieder zum Guten
wenden und sie wieder zu dem machen, was sie
einmal waren. 8 Ich werde den Leuten von Juda
und den Leuten von Israel die Schuld vergeben,
die sie auf sich geladen haben, ihren Ungehorsam, ihre Vergehen und ihre Auflehnung gegen
mich! 9 Und Jerusalem wird für mich wieder ein
Grund zur Freude sein, eine Stadt, die mir bei
allen Völkern der Welt Ruhm und Ehre einbringt.
Die Völker werden sprachlos sein vor Staunen,
wenn sie hören, wieviel Glück und Wohlstand
ich dieser Stadt schenke.‹«

10–11 Weiter sagte der HERR: »Ihr meint: ›Bald
wird hier niemand mehr wohnen, in Jerusalem
und in allen Städten von Juda; das ganze Land
wird zur Wüste werden, in der kein Mensch
und kein Stück Vieh mehr lebt.‹ Aber seid gewiß: Jubel und Freude kehren zurück! Der Jubelruf von Bräutigam und Braut wird wieder zu
hören sein. Das Volk wird wieder Dankopfer* zu
meinem Tempel* bringen und dabei singen:
›Dankt dem HERRN, dem Herrscher der Welt,[b]
denn er ist gut zu uns! Seine Liebe hört niemals
auf!‹ Denn ich werde für dieses Land alles wieder zum Guten wenden; ich mache es wieder zu
dem, was es früher war.«

12 Weiter sagte der HERR, der Herrscher der
Welt: »Dieses Land wird jetzt zu einer Wüste,
in der kein Mensch und kein Stück Vieh mehr
lebt. Doch danach werden alle Städte in Juda
wieder ihr Weideland haben, auf dem Hirten
mit ihren Herden lagern – 13 die Städte im
Gebirge, im Hügelland und in der Steppe im
Süden, im Gebiet von Benjamin und im Umkreis
von Jerusalem. Überall wird es wieder Hirten
geben, die ihre Schafe zählen. Das sage ich, der
HERR.«

a Siehe Anmerkung zu 30,4.
b Wörtlich *dem HERRN Zebaot*;* entsprechend in Vers 12.

32,37 23,3 S **32,38** 7,23 S **32,39** 24,7 S **32,40** 29,11 S; 31,33 S **32,41** Zef 3,17; Jer 1,10 S **32,44** 29,13-14 S **33,1** 32,2 S **33,3** 29,12; 31,22 S **33,6** 8,22 S **33,7** 23,6 S; 29,13-14 S **33,8** 31,34 S **33,9** 13,11 **33,10-11** 7,34 S; 29,13-14 S; 31,6 S; 1 Chr 16,34 S

Gott hält, was er versprochen hat

[14]»Die Zeit kommt«, sagt der HERR, »da lasse
ich in Erfüllung gehen, was ich den Leuten
von Israel und von Juda versprochen habe:
[15]Ich werde aus der Nachkommenschaft Davids
einen Mann berufen, der dem Namen Davids
wieder Ehre macht. Er wird das Land gerecht
regieren, weil er sich an meine Weisungen hält.
[16]Dann wird das Volk von Juda vor Feinden
sicher sein, und auch die Bewohner Jerusalems
werden in Frieden leben. Jerusalem wird dann
den Namen tragen: ›Der HERR ist unsere Ret-
tung!‹«

[17]Ja, so spricht der HERR: »Stets wird einer
von Davids Nachkommen König über Israel sein,
[18]und stets wird es Priester* aus dem Stamm
Levi geben, die mir im Tempel Brandopfer* und
Speiseopfer* darbringen und die Tiere für die
Mahlopfer* schlachten!«

[19]Und das Wort des HERRN erging an Jeremia:
[20]»Ich habe mit dem Tag und der Nacht einen
Bund* geschlossen: Sie kommen und gehen zur
festgesetzten Zeit. Sowenig ein Mensch diesen
Bund außer Kraft setzen kann, [21]sowenig werde
ich den Bund außer Kraft setzen, den ich mit
David, meinem vertrauten Diener, geschlossen
habe. Ihm habe ich zugesagt, daß stets einer sei-
ner Nachkommen über sein Reich herrschen
wird. Und auch mein Bund mit den Priestern
aus dem Stamm Levi wird nicht außer Kraft ge-
setzt. [22]So unzählbar wie die Sterne am Himmel
und so unmeßbar wie den Sand am Meer werde
ich die Nachkommen meines Dieners David
machen und auch die Nachkommen Levis, die
mir als Priester dienen.«

[23]Weiter sagte der HERR zu Jeremia: [24]»Hast
du gehört, was gewisse Leute reden? Sie be-
haupten: ›Der HERR hat Juda und Israel ver-
stoßen, die er sich doch selbst erwählt hatte.‹ So
verachten sie mein Volk; in ihren Augen hat es
aufgehört, ein Volk zu sein.

[25]Doch ich sage dir: Ich habe mit dem Tag
und der Nacht einen Bund geschlossen; ich habe
dem Himmel und der Erde feste Ordnungen ge-
geben. [26]So gewiß ich dies getan habe und dazu
stehe, so gewiß werde ich die Nachkommen
Jakobs und die Nachkommen meines Dieners
David nie verstoßen, und so gewiß werden im-
mer Männer aus der Nachkommenschaft Davids
über die Nachkommen Abrahams, Isaaks und
Jakobs herrschen. Denn ich werde Erbarmen
haben mit meinem Volk und alles wieder zum
Guten wenden!«

WARNUNGEN AN KÖNIGE UND VOLK VON JUDA

(Kapitel 34–36)

Ein kleiner Lichtblick mitten im Untergang

34 Nebukadnezzar, der König von Babylo-
nien*, hatte den Kampf gegen Jerusalem
und die anderen Städte in Juda eröffnet. Er hatte
nicht nur das ganze babylonische Heer aufgebo-
ten, sondern auch noch die Truppen all der Völ-
ker und Reiche, die er sich unterworfen hatte.

Da erging das Wort des HERRN an Jeremia, er
sagte zu ihm: [2]»Ich, der HERR, der Gott Israels,
befehle dir: Geh zu Zidkija, dem König von Juda,
und sage ihm: ›So spricht der HERR: Ich gebe
diese Stadt in die Gewalt des Königs von Babylo-
nien; er wird sie in Brand stecken. [3]Auch du
selbst wirst ihm nicht entkommen. Seine Leute
werden dich gefangennehmen, und dann wer-
den sie dich nach Babylon schaffen.

[4]Doch höre das Wort des HERRN, Zidkija,
König von Juda! So spricht der HERR zu dir: Sie
werden dich nicht umbringen! [5]Nein, in Frieden
sollst du sterben. Und wie man beim Tod deiner
Vorfahren, der früheren Könige von Juda, Feuer
entzündet und Weihrauch verbrannt hat, so soll
man es auch zu deiner Ehre tun. Das Volk soll dir
die Totenklage* halten und rufen: Ach, unser
Herrscher! Das sage ich, der HERR.‹«

[6]Der Prophet Jeremia überbrachte diese Bot-
schaft Zidkija, dem König von Juda, in Jerusalem,
[7]als das Heer des Babylonierkönigs den Kampf
gegen Jerusalem und gegen Lachisch und Aseka
eröffnet hatte. Lachisch und Aseka waren da-
mals die einzigen befestigten Städte in Juda, die
noch nicht gefallen waren.

Jerusalem nimmt Gott nicht ernst

[8]Wieder erging das Wort des HERRN an Jeremia,
und dies war der Anlaß:

König Zidkija hatte mit den Einwohnern Jeru-
salems ein feierliches Abkommen getroffen, daß
alle hebräischen* Sklaven und Sklavinnen frei-
zulassen seien. [9]Niemand sollte mehr einen
Mann oder eine Frau aus Juda, ein Mitglied des
eigenen Volkes, als Sklaven* oder als Sklavin für
sich arbeiten lassen. [10]Alle, die dem Abkommen
zugestimmt hatten, die führenden Männer Jeru-

33,15 23,5 S **33,16** Jes 1,26; Sach 8,3; Bar 5,4; Jer 23,6 **33,17** 23,5 S; 2 Sam 7,12-13 S **33,18** Dtn 10,8 S **33,20-21** 31,35-36; Ps 89,35-38 **33,22** Gen 15,5; 22,17 **33,26** 29,13-14 S **34,1** 2 Kön 25,1-2 **34,2-3** 32,3-5 **34,5** 2 Chr 16,14; 21,19; Jer 22,18 S **34,8-9** 2 Kön 4,1; Neh 5,5.8

salems und alle anderen, die es betraf, hatten
sich zunächst auch daran gehalten und die he-
bräischen Sklaven und Sklavinnen freigelassen.
11 Schon bald aber holten sie diese wieder zum
Sklavendienst zurück.
12 Da erging das Wort des HERRN an Jeremia.
Er erhielt den Auftrag, den Bewohnern Jerusa-
lems folgendes auszurichten:
13 »So spricht der HERR, der Gott Israels: ›Als
ich eure Vorfahren aus Ägypten herausführte,
wo sie als Sklaven gelebt hatten, da habe ich mit
ihnen einen Bund* geschlossen und verfügt:
14 Alle sieben Jahre sollt ihr die Israeliten, die
sich als Sklaven verkaufen mußten, wieder frei-
geben. Sechs Jahre sollen sie eure Sklaven sein,
dann müßt ihr sie wieder freilassen. Doch eure
Vorfahren haben nicht auf mich gehört und sich
nicht daran gehalten.
15 Ihr nun hattet euch
anders besonnen und getan, was ich für recht
und gut erklärt habe. Ihr hattet die Freilassung
eurer Brüder und Schwestern verfügt und euch
vor mir im Tempel*, in meinem eigenen Haus,
durch ein feierliches Abkommen dazu verpflich-
tet.
16 Jetzt aber habt ihr euch wieder anders be-
sonnen: Die Menschen, die gerade in die Frei-
heit entlassen waren, habt ihr zurückgeholt und
laßt sie erneut als eure Sklaven arbeiten. Damit
habt ihr meine Ehre angetastet.
17 Darum sage ich euch: Weil ihr nicht auf
mich gehört und die Freilassung eurer Brüder
und Schwestern nicht durchgeführt habt, werde
ich, der HERR, jetzt an *euch* eine Freilassung
durchführen: Ich gebe euch frei für das Schwert,
für die Pest und den Hunger! Alle Völker der
Erde werden entsetzt sein, wenn sie sehen, was
mit euch geschieht.
18-19 Die führenden Männer von Juda und
Jerusalem, die Hofbeamten und Priester und alle
anderen, die es betrifft, haben das Abkommen
mit mir geschlossen, alle waren dabei, als der
Stier in zwei Hälften zerteilt wurde, alle sind
zwischen den Hälften hindurchgegangen. Aber
sie haben sich nicht an das Abkommen gehalten
und sind den Verpflichtungen nicht nachgekom-
men, die sie vor mir übernommen hatten. Dar-
um soll es ihnen nun ergehen wie jenem Stier.
20 Ich gebe sie in die Gewalt ihrer mordgierigen
Feinde, und Geier und Schakale werden ihre
Leichen fressen.
21 Auch König Zidkija und seine Minister lie-
fere ich den Kriegsleuten des Königs von Babylo-
nien* aus, die nur darauf warten, sie umzubrin-
gen. Das Heer des Babylonierkönigs ist zwar
jetzt von euch abgezogen;
22 aber ich, der HERR,
befehle ihm, zu dieser Stadt zurückzukehren. Es
soll Jerusalem belagern und erobern und in
Schutt und Asche legen! Und die Städte in Juda
mache ich zu einer Wüste, in der niemand mehr
wohnt.‹«

Das Vorbild der Sippe Rechab

35 Während der Zeit, als in Juda König Joja-
kim, der Sohn von Joschija, regierte, er-
ging das Wort des HERRN an Jeremia. Der HERR
gab ihm den Auftrag:
2 »Geh zu den Männern
der Sippe Rechab und lade sie ein, mit dir in
einen der Versammlungsräume am Tempel* zu
kommen. Dort setze ihnen Wein vor und fordere
sie zum Trinken auf!«
3 Jeremia ging zu Jaasanja, dem Sohn von
Jirmeja und Enkel von Habazzinja, und holte
ihn mit seinen Brüdern und Söhnen und allen
Mitgliedern der Sippe Rechab
4 zum Tempel. Er
führte sie in den Raum, in dem sich die Schüler
des Propheten* Hanan, des Sohnes von Jigdalja,
versammelten. Der Raum liegt neben dem Raum
der hohen Beamten und oberhalb vom Raum
des Torhüters* Maaseja, des Sohnes Schallums.
5 Dort ließ Jeremia den Leuten der Sippe Rechab
volle Weinkrüge vorsetzen und Becher geben
und lud sie ein zu trinken.
6 Aber die Männer der Sippe Rechab sagten:
»Wir trinken keinen Wein! Unser Ahnherr Jona-
dab, der Sohn Rechabs, hat uns und unseren
Nachkommen für alle Zeit befohlen: ›Trinkt kei-
nen Wein!
7 Ihr dürft auch keine Häuser bauen,
keine Felder bestellen und keine Weinberge an-
legen und besitzen! Ihr sollt für immer in Zelten
wohnen bleiben; dann werdet ihr lange leben in
diesem Land!‹
8 Wir haben die Weisung unseres Ahnherrn
zu jeder Zeit und in allen Einzelheiten befolgt.
Wir trinken also keinen Wein, auch unsere
Frauen, unsere Söhne und unsere Töchter nicht.
9-10 Wir bauen uns auch keine Häuser, sondern
wohnen in Zelten. Wir haben keine Weinberge,
keine Felder, kein Saatgut. In allem halten wir
uns genau an das, was unser Ahnherr Jonadab
uns befohlen hat.
11 Als Nebukadnezzar in das Land einfiel, be-
schlossen wir jedoch, nach Jerusalem zu ziehen,
um uns vor dem Heer der Babylonier* und
Syrer* in Sicherheit zu bringen. Nur deshalb
sind wir jetzt hier in Jerusalem.«
12 Da erging das Wort des HERRN an Jeremia,
er sagte zu ihm:
13 »Ich, der Herrscher der Welt,[a]

a Wörtlich *der HERR Zebaot**; entsprechend in den Versen 17-19.

34,14 Ex 21,2-4 S; Jer 7,13 S **34,21-22** 32,2.24; 37,3-10 **35,6** 2 Kön 10,15-16 **35,11** 4,5; 8,14

der Gott Israels, befehle dir: Geh und verkünde
den Leuten von Juda und Jerusalem: ›Der Herr
sagt: Wollt ihr euch nicht endlich dazu bewegen
lassen, auf mich zu hören? 14 Was Jonadab, der
Sohn Rechabs, seinen Söhnen befohlen hat, das
haben sie eingehalten: Er hat ihnen befohlen,
keinen Wein zu trinken, und sie trinken keinen
Wein bis auf den heutigen Tag. Sie haben die
Anordnung ihres Ahnherrn befolgt.

Ich aber habe euch wieder und wieder ge-
sagt, was ihr tun sollt; und ihr habt nicht auf
mich gehört. 15 Immer von neuem habe ich
meine Diener, die Propheten, zu euch gesandt
und euch mahnen lassen: Kehrt doch um von
euren verkehrten Wegen, hört auf, Böses zu tun,
lauft nicht den fremden Göttern nach und bringt
ihnen keine Opfergaben*, dann könnt ihr in
dem Land wohnen bleiben, das ich euch und
euren Vorfahren gegeben habe! Aber ihr wolltet
nicht auf mich hören.

16 Die Nachkommen Jonadabs haben die
Anordnung ihres Ahnherrn befolgt, aber ihr, das
Volk von Juda, habt auf mich nicht gehört. 17 Dar-
um bringe ich jetzt über euch, die Leute von Juda
und die Bewohner Jerusalems, all das Unglück,
das ich euch angedroht habe. Das sage ich, der
Herrscher der Welt, der Gott Israels. Ich hatte
euch befohlen, was ihr tun sollt; aber ihr habt
nicht darauf gehört. Ich hatte euch gerufen, aber
ihr habt nicht geantwortet.‹«

18 Dann sagte Jeremia zu den Männern der
Sippe Rechab: »So spricht der Herrscher der
Welt, der Gott Israels: ›Ihr habt die Anordnung
eures Ahnherrn Jonadab befolgt; alles, was er
euch befohlen hat, habt ihr getan. 19 Deshalb
wird es Jonadab, dem Sohn Rechabs, nie an
Nachkommen fehlen, die der Weisung ihres
Ahnherrn treu bleiben und mir auf ihre Weise
dienen!‹ Das sagt der Herr, der Herrscher der
Welt, der Gott Israels!«

Die Aufzeichnung der Worte Jeremias

36 Jojakim, der Sohn von Joschija, war das
vierte Jahr König über Juda, da erging
das Wort des Herrn an Jeremia. Der Herr sagte
zu ihm: 2 »Nimm eine Buchrolle* und schreib
alles hinein was ich dir über Israel[a] und Juda
und alle anderen Völker gesagt habe, von der
Zeit des Königs Joschija bis zum heutigen Tag.
3 Vielleicht werden die Leute von Juda umkeh-
ren, wenn sie hören, welches Unheil ich über sie
bringen will. Vielleicht geben sie ihr verkehrtes
Leben auf, und ich kann ihnen ihre Schuld ver-
geben.«

4 Jeremia rief Baruch, den Sohn von Nerija. Er
diktierte ihm alles, was er während dieser
ganzen Zeit im Auftrag des Herrn verkündet
hatte, und Baruch schrieb es in die Buchrolle.

5 Dann sagte Jeremia zu ihm: »Ich darf den
Tempel* nicht mehr betreten. 6 Deshalb geh du
am nächsten Fasttag* hin und lies die Buchrolle
allen Leuten vor, die im Tempel zusammenkom-
men. Nicht nur die Bürger von Jerusalem sollen
es hören, sondern auch die Leute aus den Städ-
ten in Juda. 7 Vielleicht werden sie sich dann von
ihrem verkehrten Weg abwenden und den
Herrn um Gnade anflehen; denn er ist voller
Zorn auf dieses Volk und hat ihm furchtbare
Strafen angedroht.«

Baruch liest die Worte Jeremias öffentlich vor

8 Baruch tat, was ihm Jeremia befohlen hatte,
und las die Worte des Herrn im Tempel* vor. 9 Es
war im fünften Regierungsjahr des Königs Joja-
kim, im neunten Monat. Alle Leute aus Jeru-
salem und aus den nahegelegenen Städten von
Juda waren damals zu einem Fasttag* im Tempel
zusammengerufen worden. 10 Baruch las der ver-
sammelten Menge die Worte Jeremias im obe-
ren Tempelhof vor. Er stand dabei in der Nähe
des Neuen Tores, vor dem Raum, der Gemarja,
dem Sohn des ehemaligen Staatsschreibers
Schafan, gehörte.

11 Gemarjas Sohn Micha hörte alles, was Ba-
ruch aus der Buchrolle* vorlas, alle Worte, die
der Herr durch Jeremia gesagt hatte. 12 Schnell
ging er zum Königspalast hinab. Im Zimmer des
Staatsschreibers waren gerade sämtliche Mini-
ster zu einer Sitzung versammelt. Außer dem
Staatsschreiber Elischama waren dort Delaja, der
Sohn von Schemaja, Elnatan, der Sohn Achbors,
Gemarja, der Sohn Schafans, Zidkija, der Sohn
von Hananja, und weitere hohe Beamte.

13 Micha berichtete ihnen, was Baruch dem
Volk aus der Buchrolle vorgelesen hatte. 14 Die
Minister schickten daraufhin Jehudi, um Baruch
zu holen. – Jehudi war ein Sohn von Netanja,
sein Großvater hieß Schelemja und sein Urgroß-
vater Kuschi. – Jehudi befahl Baruch: »Bring das
Buch, aus dem du dem Volk vorgelesen hast, zu
den Ministern!«

Baruch nahm die Buchrolle und ging hin.

15 Die Minister sagten zu Baruch: »Setz dich

a Siehe Anmerkung zu 30,4.

35,14 7,13 S **35,15** 25,4 S **36,1** 25,1-2 S **36,2** 1,2; 30,1-2 S **36,3** 18,11 S **36,4** 32,12 S **36,5** 20,1-6; 26,7-8 **36,10** 26,24 **36,12** (Elnatan) 26,22

und lies uns das Buch vor!« Baruch setzte sich
und las. 16 Als sie alles gehört hatten, schauten
sie einander erschrocken an und sagten zu ihm:
»Das müssen wir unbedingt dem König mel-
den!«

17 Dann sagten sie zu Baruch: »Woher hast
du alle diese Worte, die du da aufgeschrieben
hast?«[a]

18 Er antwortete ihnen: »Jeremia hat es mir
Satz für Satz diktiert, und ich habe nichts ande-
res getan, als seine Worte mit Tinte in diese
Buchrolle geschrieben.«

19 Da gaben ihm die Minister den Rat: »Du
und Jeremia, ihr müßt euch schnell verstecken!
Niemand darf wissen, wo ihr seid!«

König Jojakim vernichtet die Rolle

20 Die Minister ließen die Buchrolle* im Zimmer
des Staatsschreibers Elischama zurück und be-
gaben sich zum König in den Palasthof. Sie be-
richteten ihm alles. 21 Der König schickte Jehudi,
um die Rolle zu holen. Er holte sie aus dem
Zimmer des Staatsschreibers Elischama und be-
gann, sie vor dem König und den führenden
Männern, die bei ihm versammelt waren, vor-
zulesen.

22 Der König wohnte damals im Winterhaus,
denn es war der neunte Monat.[b] In einem Koh-
lenbecken vor ihm brannte ein Feuer. 23 Er hatte
ein Messer zur Hand genommen, wie es die
Schreiber zum Anspitzen der Federkiele benut-
zen, und immer, wenn Jehudi drei oder vier
Spalten gelesen hatte, schnitt der König sie mit
dem Messer von der Buchrolle ab und warf sie
in die Flammen, bis schließlich die ganze Rolle
vernichtet war.

24 Keiner von den Zuhörern erschrak und zer-
riß seine Kleider, weder der König noch irgend-
einer seiner Leute. 25 Dabei hatten Elnatan, Dela-
ja und Gemarja den König dringend gebeten, die
Rolle nicht zu verbrennen. Aber er kümmerte
sich nicht um ihre Bitte. 26 Im Gegenteil, er gab
seinem Sohn Jerachmeël sowie Seraja, dem
Sohn Asriëls, und Schelemja, dem Sohn Ab-
deels, den Befehl, den Propheten Jeremia und
seinen Sekretär Baruch zu verhaften. Der HERR
aber hatte dafür gesorgt, daß man sie nirgends
fand.

Jeremia diktiert seine Worte noch einmal

27 Nachdem König Jojakim die Buchrolle* ver-
brannt hatte, erging das Wort des HERRN an
Jeremia: 28 »Nimm eine neue Rolle und laß
alles darauf schreiben, was in der ersten Rolle
stand!

29 Über Jojakim aber sollst du aufschreiben
lassen: ›So spricht der HERR: Du hast die erste
Rolle verbrannt und hast Jeremia vorgehalten:
Wie kannst du schreiben lassen, der König von
Babylonien* werde bestimmt kommen und die-
ses Land verwüsten und Menschen und Vieh
daraus vertreiben?

30 Darum sage ich über dich, Jojakim, König
von Juda: Keiner deiner Nachkommen wird dir
auf dem Thron Davids folgen! Deinen Leichnam
wird man draußen hinwerfen, wo er schutzlos
der Hitze des Tages und der Kälte der Nacht aus-
gesetzt ist. 31 Ich strafe dich, deine Nachkommen
und alle deine Komplizen für eure Schuld. Über
euch und über die Bewohner Jerusalems und
alle Leute von Juda bringe ich all das Unglück,
das ich ihnen angedroht habe; denn niemand
von euch wollte auf mich hören.‹«

32 Da nahm Jeremia eine neue Buchrolle und
gab sie seinem Schreiber Baruch. Dieser schrieb
nach Jeremias Diktat noch einmal alles auf, was
schon in der Rolle stand, die König Jojakim ins
Feuer geworfen hatte. Doch fügte Jeremia noch
viele ähnliche Worte hinzu.

DIE LEIDEN DES PROPHETEN JEREMIA

(Kapitel 37–45)

Jeremia warnt König Zidkija vor falschen Hoffnungen

37 Der Babylonierkönig Nebukadnezzar
hatte König Jojachin,[c] den Sohn Jojakims,
abgesetzt und an seiner Stelle Zidkija, einen Bru-
der von Jojakim und[d] Sohn von Joschija, als
König über das Land Juda eingesetzt. 2 Aber
weder König Zidkija noch seine Hofleute, noch
die Bewohner des Landes nahmen ernst, was
der HERR ihnen durch Jeremia sagen ließ.

3 König Zidkija sandte Juchal, den Sohn von
Schelemja, und den Priester* Zefanja, den Sohn
von Maaseja, zum Propheten Jeremia mit dem
Auftrag: »Bete doch für uns zum HERRN, unse-
rem Gott!« 4–5 Die babylonischen Belagerer
waren nämlich von Jerusalem abgezogen, denn
sie hatten erfahren, daß ein Heer des Pharaos
aus Ägypten gegen sie anrückte.

Jeremia konnte sich damals noch frei be-

a So mit G; H *aus seinem (Jeremias) Mund aufgeschrieben hast.* b Mitte November bis Mitte Dezember.
c *Jojachin:* wörtlich *Konja;* vgl. 22,24. d *einen Bruder …:* verdeutlichender Zusatz; vgl. 2 Kön 23,34.
36,24 2 Kön 22,11 **36,26** 15,21 S **36,28** 30,1-2 S **36,30** 22,19.30; 9,21 S **36,31** 7,13 S **37,1** 2 Kön 24,17 **37,3** 21,1 S; 7,16 S

wegen; sie hatten ihn noch nicht ins Gefängnis
geworfen.
6 Da erging das Wort des HERRN an Jeremia.
7 Der HERR, der Gott Israels, sagte zu den Prophe-
ten: »Die beiden sollen dem König von Juda, der
sie hergesandt hat, melden: ›Das Heer des Pha-
raos, das ausgezogen ist, um euch zu helfen, ist
schon wieder auf dem Heimweg nach Ägypten.
8 Die Babylonier* kommen zurück. Sie werden
diese Stadt angreifen, sie erobern und nieder-
brennen.
9 Ich, der HERR, warne euch: Redet euch nicht
ein, die Babylonier seien endgültig abgezogen.
10 Selbst wenn ihr das ganze babylonische Heer
in die Flucht schlagen könntet und nur ein paar
Verwundete in ihren Zelten zurückblieben, sie
würden aufstehen und diese Stadt niederbren-
nen!‹«

Jeremia kommt ins Gefängnis

11 Als das Heer der Belagerer von Jerusalem abge-
zogen und den Ägyptern entgegengezogen war,
12 wollte Jeremia die Stadt verlassen und ins Ge-
biet des Stammes Benjamin gehen, um mit sei-
nen Verwandten eine Erbschaft zu teilen.
13 Am Benjamintor hielt der wachhabende
Offizier ihn an. Es war Jirija, der Sohn von Sche-
lemja und Enkel von Hananja. Er rief Jeremia
zu: »Halt, du willst zu den Babyloniern* über-
laufen!«
14 Jeremia entgegnete: »Das ist nicht wahr, ich
bin kein Überläufer!«
Doch Jirija glaubte ihm nicht. Er nahm ihn
fest und führte ihn vor die Minister. 15 Diese
waren wütend auf Jeremia. Sie ließen ihn schla-
gen und in das Haus des Staatsschreibers Jona-
tan bringen, das man zum Gefängnis gemacht
hatte. 16 Jeremia kam in einen gewölbten Keller,
der vorher als Zisterne gedient hatte. Dort blieb
er lange Zeit.

Jeremia bekommt Hafterleichterung

17 Eines Tages ließ König Zidkija den Propheten
heimlich in seinen Palast holen und fragte
ihn: »Hast du für mich eine Botschaft vom
HERRN?«
Jeremia antwortete: »Ja, sie lautet: ›Du wirst
an den König von Babylonien* ausgeliefert.‹«
18 Dann fragte Jeremia den König: »Welches
Verbrechen habe ich an dir oder an deinen Hof-
leuten oder an diesem Volk begangen, daß ihr
mich ins Gefängnis geworfen habt? 19 Wo sind
denn jetzt eure Propheten*, die euch vorausge-
sagt haben, der König von Babylonien werde
euch und dieses Land nicht überfallen?«
20 Und er fügte hinzu: »Mein Herr und König,
gewähre mir doch, worum ich dich jetzt bitte:
Laß mich nicht in das Haus Jonatans zurückbrin-
gen. Das wäre mein sicherer Tod!«
21 Da gab König Zidkija den Befehl, sie sollten
Jeremia im Wachthof gefangenhalten. Dort be-
kam er als Tagesration einen kleinen Brotlaib aus
der Bäckergasse, bis das Brot in der Stadt ganz
ausging.

Jeremia soll zum Schweigen gebracht werden

38 Einige Beamte des Königs hörten, was
Jeremia zu allen Kriegsleuten im Wacht-
hof sagte. Es waren Schefatja, der Sohn Mattans,
und Gedalja, der Sohn Paschhurs, sowie Juchal,
der Sohn von Schelemja, und Paschhur, der
Sohn von Malkija.
2 Jeremia hatte nämlich zu allen Männern ge-
sagt: »So spricht der HERR: ›Wer in dieser Stadt
bleibt, kommt um durch Schwert, Hunger oder
Pest. Wer aber jetzt hinausgeht und sich den
Babyloniern* ergibt, kommt mit dem Leben
davon. 3 Macht euch nichts vor: Diese Stadt wird
dem Heer des Königs von Babylonien in die
Hände fallen; Nebukadnezzar wird sie erobern.‹
Das sagt der HERR.«
4 Die Beamten meldeten dies dem König und
sagten: »Diesen Mann muß man töten! Wenn er
so weiterredet, verlieren die Kriegsleute, die uns
noch geblieben sind, und all die anderen Men-
schen in der Stadt den letzten Mut. Er sucht
nicht das Wohl des Volkes, sondern seinen Un-
tergang!«
5 »Macht mit ihm, was ihr wollt«, sagte der
König. »Ich kann euch nicht daran hindern.«
6 Da führten sie Jeremia zur Zisterne des Prin-
zen Malkija, die sich im Wachthof befand. Man
ließ ihn an Stricken hinunter. In der Zisterne war
kein Wasser, sondern nur Schlamm, in den Jere-
mia einsank.

Ein Ausländer rettet Jeremia

7-8 Im Königspalast gab es einen äthiopischen
Eunuchen* namens Ebed-Melech. Als er hörte,
daß sie Jeremia in die Zisterne geworfen hatten,
verließ er sofort den Palast und suchte den König
auf, der sich gerade am Benjamintor aufhielt.
Ebed-Melech sagte zu ihm: 9 »Mein König, was
diese Männer mit dem Propheten Jeremia ge-
macht haben, ist ein schweres Unrecht. Sie

37,12 32,7-8 37,19 14,13-15 S 38,2 24,10 S 38,3 (Paschhur, Sohn Malkijas) 21,1

haben ihn in die Zisterne geworfen und lassen
ihn dort unten elend verhungern. Es gibt ja
ohnehin kaum noch Brot in der Stadt.«
10 Da befahl der König: »Nimm dreißig Män-
ner mit und zieh ihn aus der Zisterne, bevor er
stirbt!«
11 Ebed-Melech ging mit den Männern in den
Königspalast und holte aus der Kleiderkammer
des Vorratshauses abgetragene und zerrissene
Kleider. Er ließ sie an Stricken zu Jeremia in die
Zisterne hinunter 12 und rief ihm zu: »Lege die
Lumpen unter deine Achseln, damit dir die
Stricke nicht ins Fleisch schneiden.«[a]
Jeremia tat es. 13 Nun zogen sie ihn mit den
Seilen hoch und holten ihn aus der Zisterne her-
aus. Von da an blieb Jeremia wieder im Wacht-
hof.

Der König läßt den Propheten heimlich zu sich rufen

14 Eines Tages bestellte König Zidkija den Prophe-
ten Jeremia zum dritten Tempeltor. Dort sagte er
zu ihm: »Ich möchte wissen, was der HERR dir
gesagt hat. Verschweige mir nichts!«
15 Jeremia antwortete: »Wenn ich dir die
Wahrheit sage, läßt du mich umbringen; und
wenn ich dir einen Rat gebe, hörst du doch nicht
darauf.«
16 Da versicherte ihm der König unter vier
Augen mit einem Eid: »So gewiß der HERR lebt,
der uns das Leben gegeben hat, ich lasse dich
nicht töten und liefere dich nicht den Männern
aus, die dich umbringen wollen.«
17 Darauf sagte Jeremia zu Zidkija: »So spricht
der Gott Israels, der Herrscher der Welt:[b] ›Wenn
du aus der Stadt hinausgehst und dich den Heer-
führern des Königs von Babylonien* ergibst,
dann wirst du gerettet, und diese Stadt wird
nicht in Brand gesteckt. Du bleibst am Leben mit
deiner ganzen Familie. 18 Wenn du aber nicht
hinausgehst, wird diese Stadt an die Babylonier
ausgeliefert und niedergebrannt. Auch du wirst
ihnen dann nicht entkommen.‹«
19 Der König antwortete: »Ich habe Angst vor
unseren Leuten aus Juda, die zu den Babyloniern
übergelaufen sind. Die Babylonier könnten mich
an sie ausliefern, und sie würden mir bestimmt
übel mitspielen.«
20 Jeremia versicherte: »Nein, man wird dich
nicht an sie ausliefern! Hör doch auf das, was der
HERR dir sagen läßt; dann geschieht dir nichts,
und du rettest dein Leben. 21 Weigerst du dich
aber hinauszugehen, so wird geschehen, was
mir der HERR gezeigt hat: 22 Ich sah, wie man alle
Frauen, die im Palast des Königs von Juda
zurückgeblieben waren, zu den Heerführern der
Babylonier hinausbrachte. Und ich hörte sie kla-
gen und über dich sagen: ›Verführt und betrogen
haben sie ihn, seine guten Freunde! Jetzt, wo
ihm das Wasser bis zum Hals geht, lassen sie ihn
im Stich!‹«
23 Und Jeremia schloß: »Ja, alle deine Frauen
und Kinder wird man zu den Babyloniern hin-
ausführen, auch du selbst wirst ihnen nicht ent-
rinnen. Sie werden dich gefangennehmen und
ihrem König übergeben. Diese Stadt aber wird
niedergebrannt.«[c]
24 Da sagte Zidkija zu Jeremia: »Niemand darf
erfahren, was wir hier miteinander gesprochen
haben, sonst mußt du sterben. 25 Wenn meine
Minister von unserer Unterredung hören, wer-
den sie zu dir kommen und dich ausfragen: ›Was
hast du zum König gesagt, und was hat er dir ge-
antwortet? Verheimliche uns nichts, sonst brin-
gen wir dich um!‹ 26 Dann sag ihnen nichts wei-
ter als: ›Ich habe den König dringend gebeten,
mich nicht in das Haus Jonatans zurückzu-
schicken, weil ich dort sterben müßte.‹«
27 Tatsächlich kamen alle Hofleute zu Jeremia
und fragten ihn aus. Er antwortete ihnen genau,
wie der König es von ihm verlangt hatte. Da lie-
ßen sie ihn in Ruhe; denn von der Unterredung
war sonst nichts bekanntgeworden. 28 So blieb
Jeremia im Wachthof bis zu dem Tag, an dem
Jerusalem fiel.

Der Untergang Jerusalems

(52,4-11)

39 Im neunten Regierungsjahr von Zidkija,
dem König von Juda, im zehnten Monat,
erschien Nebukadnezzar, der König von Babylo-
nien*, mit seinem ganzen Heer vor Jerusalem
und begann mit der Belagerung der Stadt. 2 Im
elften Jahr Zidkijas, am 9. Tag des 4. Monats,
schlugen die Babylonier eine Bresche in die
Stadtmauer.
3 Die babylonischen Heerführer hielten Ein-
zug in Jerusalem und richteten beim Mitteltor
ihr Hauptquartier ein. Bei ihnen befanden sich
auch Nergal-Sarezer, Samgar-Nebu, der Palast-
vorsteher Sar-Sechim und noch ein anderer Ner-
gal-Sarezer, der oberste königliche Berater.
4 Als König Zidkija und seine Kriegsleute das
sahen, verließen sie bei Nacht die Stadt durch

a *damit dir ...:* verdeutlichender Zusatz. b *der Herrscher der Welt:* wörtlich *der HERR Zebaot**.
c So mit G; H *Du wirst diese Stadt niederbrennen.*
38,13 15,21 S 38,17 21,9 38,26 37,15 38,28 37,21 39,1-10 52,4-16

den Torweg zwischen den beiden Mauern am
königlichen Garten und flohen in östlicher Rich-
tung zur Jordanebene. 5 Sofort nahmen babylo-
nische Truppen die Verfolgung auf und holten
Zidkija in der Ebene bei Jericho ein. Er wurde ge-
fangengenommen und zu Nebukadnezzar nach
Ribla in der Provinz Hamat gebracht.

Dort sprach ihm Nebukadnezzar selbst das
Urteil. 6 Zidkija mußte mit ansehen, wie man
seine Söhne abschlachtete. Auch alle führenden
Männer von Juda wurden dort hingerichtet.
7 Danach wurden Zidkija die Augen ausgesto-
chen. Mit Ketten gefesselt wurde er nach Baby-
lon gebracht.

8 In Jerusalem steckten die Babylonier den
königlichen Palast und alle anderen Häuser in
Brand und rissen die Stadtmauern ein. 9 Den
Rest der Stadtbevölkerung, auch alle, die zu
den Babyloniern übergelaufen waren, führte
Nebusaradan, der Befehlshaber der Leibwache
Nebukadnezzars, in die Verbannung* nach Baby-
lonien. 10 Nur von der ärmsten Schicht der Bevöl-
kerung ließ er einen Rest in Juda zurück, Leute,
die gar keinen Besitz hatten. Ihnen gab Nebu-
saradan Äcker und Weinberge.

Jeremias Befreiung

11 Für die Behandlung Jeremias hatte Nebu-
kadnezzar dem Befehlshaber der Leibwache,
Nebusaradan, folgende Anweisung mitgegeben:
12 »Sieh zu, daß du den Mann findest! Nimm ihn
in deine persönliche Obhut und achte darauf,
daß niemand ihm etwas antut! Wenn er Wün-
sche äußert, erfülle sie ihm!«

13 14 Darum gaben die führenden Männer des
babylonischen Heeres den Befehl, Jeremia aus
dem Wachthof zu holen – es waren der Ober-
befehlshaber Nebusaradan, der Palastvorsteher
Nebuschasban, der oberste königliche Berater
Nergal-Sarezer und die übrigen babylonischen
Befehlshaber. Sie übergaben Jeremia an Gedalja,
den Sohn Ahikams und Enkel Schafans, damit er
ihn sicher nach Hause geleite. So blieb Jeremia
mitten unter dem Volk.

Verheißung an den Ausländer Ebed-Melech

15 Als Jeremia noch im Wachthof gefangengehal-
ten wurde, hatte der HERR ihm den Auftrag ge-
geben: 16 »Geh zu dem Äthiopier* Ebed-Melech
und sage ihm: ›So spricht der HERR, der Herr-
scher der Welt,[a] der Gott Israels: Jetzt lasse ich in
Erfüllung gehen, was ich dieser Stadt angekün-
digt habe: Sie wird untergehen. Du selbst wirst
das miterleben, 17 aber dich werde ich retten,
wenn es soweit ist. Du wirst nicht den Leuten in
die Hände fallen, vor denen du dich fürchtest.
18 Ich sorge dafür, daß niemand dich umbringt.
Du sollst mit dem Leben davonkommen, weil du
auf mich, den HERRN, vertraut hast!‹«

Jeremia bleibt in Juda

40 Der HERR sprach wieder zu Jeremia,[b]
nachdem dieser von Nebusaradan, dem
Befehlshaber der Leibwache, in Rama erkannt
und freigelassen worden war.

Jeremia befand sich dort mit gefesselten Hän-
den unter all den Leuten aus Jerusalem und Juda,
die als Gefangene nach Babylonien* gebracht
werden sollten. 2 Doch der Befehlshaber der
Leibwache entdeckte ihn, ließ ihn zu sich brin-
gen und sagte zu ihm: »Der HERR, dein Gott, hat
diesem Land das Unheil im voraus angedroht,
3 das jetzt eingetroffen ist. Er hat seine Drohung
wahr gemacht. Weil ihr euch gegen ihn verfehlt
und nicht auf ihn gehört habt, mußte es so kom-
men. 4 Aber dir nehme ich jetzt die Fesseln ab;
du sollst frei sein. Wenn du mit mir nach Babylo-
nien gehen willst, dann komm mit; ich werde
mich um dich kümmern. Willst du nicht mit-
kommen, ist es auch gut. Das ganze Land hier
steht dir offen; du kannst gehen, wohin du
willst.«

5 Als Jeremia sich nicht sogleich entscheiden
konnte, sagte Nebusaradan zu ihm: »Kehr doch
zurück zu Gedalja, dem Sohn Ahikams und
Enkel Schafans, den der König von Babylonien
als Statthalter über die Städte von Juda einge-
setzt hat. Du kannst bei ihm wohnen und so mit-
ten unter deinem Volk bleiben. Du mußt es aber
nicht; du kannst gehen, wohin du willst!«

Nebusaradan machte Jeremia noch ein Ge-
schenk und gab ihm Verpflegung mit auf den
Weg. 6 Jeremia ging daraufhin zu Gedalja nach
Mizpa und lebte mitten unter den Leuten, die im
Land zurückgeblieben waren.

Das Volk sammelt sich um Gedalja

7 Einige Truppenführer aus Juda waren mit ihren
Leuten noch im offenen Land verstreut. Sie hör-

a Wörtlich *der HERR Zebaot**.
b Wörtlich *Das Wort, das vom HERRN an Jeremia erging.* Ein spezielles »Wort des HERRN« wird im folgenden jedoch nicht mitgeteilt. Vielleicht soll mit der Formel an Jer 1,2-3 angeknüpft und nur allgemein der Beginn eines weiteren Zeitraums prophetischer Tätigkeit Jeremias gekennzeichnet werden.

39,11-14 40,1-5 39,16 38,7-13 39,18 45,5 40,1-5 39,11-14 40,6 Ri 20,1S 40,7-9 2 Kön 25,22-24

ten, daß der König von Babylonien* Gedalja, den
Sohn Ahikams, zum Statthalter über Juda einge-
setzt und ihm den ärmeren Teil der Bevölkerung
unterstellt hatte, der nicht nach Babylonien weg-
geführt worden war, Männer, Frauen und Kin-
der. 8 Es waren Jischmaël, der Sohn von Netanja,
Johanan und Jonatan, die Söhne Kareachs, Sera-
ja, der Sohn Tanhumets, ferner die Söhne von
Efai aus Netofa und Jaasanja aus Maacha. Sie alle
kamen daraufhin zu Gedalja nach Mizpa.

9 Gedalja sagte zu ihnen: »Ich gebe euch mein
Wort: Ihr habt nichts zu befürchten, wenn ihr
euch den Babyloniern unterwerft! Bleibt im
Land, dient dem Babylonierkönig, und es wird
euch gutgehen! 10 Ich selbst bleibe hier in Mizpa,
um unsere Anliegen den Babyloniern gegenüber
zu vertreten. Geht in die Städte ringsum und laßt
euch dort nieder! Kümmert euch um die Wein-
und Obst- und Olivenernte, und legt davon
Vorräte an!«

11 Viele Leute aus Juda waren zu den Moabi-
tern*, Ammonitern*, Edomitern* oder in andere
Länder geflüchtet. Als sie erfuhren, daß der
Babylonierkönig einen Rest der Bevölkerung in
Juda zurückgelassen und Gedalja zum Statthal-
ter ernannt hatte, 12 kamen auch sie nach Juda
zurück und meldeten sich bei Gedalja in Mizpa.
Sie ernteten Wein und Obst in großer Menge.

Gedalja wird von Jischmaël ermordet

13 Eines Tages kamen Johanan, der Sohn Ka-
reachs, und die anderen Truppenführer, die im
Land geblieben waren, zu Gedalja nach Mizpa
14 und sagten zu ihm: »Weißt du schon: Der
Ammoniterkönig* Baalis hat Jischmaël, den Sohn
von Netanja, losgeschickt, um dich zu ermor-
den!« Aber Gedalja glaubte ihnen nicht.

15 Johanan machte Gedalja sogar heimlich ein
Angebot; er sagte: »Ich werde Jischmaël umbrin-
gen, und niemand wird erfahren, wer das getan
hat! Wir dürfen nicht dulden, daß er dich tötet.
Das hätte nur zur Folge, daß alle, die sich um
dich gesammelt haben, wieder zerstreut werden
und so auch noch der letzte Rest von Juda zu-
grunde geht!«

16 Aber Gedalja antwortete: »Was du über
Jischmaël sagst, ist nicht wahr. Du wirst ihm
nichts zuleide tun!«

41 Im siebten Monat desselben Jahres kam
Jischmaël, der Sohn von Netanja und
Enkel von Elischama, in Begleitung von zehn
anderen Männern zu Gedalja nach Mizpa.
Jischmaël gehörte zur königlichen Familie und
war einer der höchsten Offiziere des Königs
gewesen. Während sie alle miteinander aßen,
2 standen Jischmaël und seine Begleiter auf,
zogen ihre Schwerter und töteten Gedalja, den
der Babylonierkönig zum Statthalter für das
Land eingesetzt hatte.

3 Jischmaël brachte auch die anderen Männer
aus Juda um, die bei Gedalja in Mizpa waren,
und ebenso die babylonischen Kriegsleute, die er
dort fand.

Jischmaël ermordet Pilger aus Samarien

4 Am folgenden Tag – noch hatte niemand erfah-
ren, daß Gedalja von Jischmaël ermordet wor-
den war – 5 näherten sich Mizpa achtzig Män-
ner. Zum Zeichen der Trauer waren ihre Bärte
abgeschnitten, ihre Kleider zerrissen, ihre Haut
blutig geritzt. Sie kamen aus Sichem, Schilo und
Samaria und wollten nach Jerusalem, um Weih-
rauch* und andere Opfergaben zum Tempel*
des HERRN zu bringen.

6 Jischmaël ging weinend aus Mizpa hinaus
ihnen entgegen und lud sie ein: »Kommt zu Ge-
dalja, dem Sohn Ahikams!« 7 Als die Männer
aber in der Stadt waren, wurden sie von Jisch-
maël und seinen Leuten niedergemetzelt und
ihre Leichen in eine Zisterne geworfen.

8 Nur zehn von ihnen wurden verschont.
Sie hatten zu Jischmaël gesagt: »Töte uns nicht!
Wir zeigen dir, wo wir auf dem Feld Vorräte
versteckt haben: Weizen und Gerste, Öl und
Honig.«

9 Die Zisterne, in die Jischmaël die Leichen
der Ermordeten werfen ließ, war dieselbe
große[a] Zisterne, die König Asa von Juda hatte
aushauen lassen, als er gegen Bascha, den König
von Israel, Krieg führte. Jetzt füllte Jischmaël, der
Sohn von Netanja, sie ganz mit Leichen.

Die Mitgeschleppten werden befreit

10 Den Rest der Bevölkerung von Mizpa und
auch die Töchter des Königs von Juda, alle, die
Nebusaradan, der Befehlshaber der Leibwache,
in die Obhut Gedaljas gegeben hatte, nahm
Jischmaël gefangen und zog ab, um mit ihnen
auf ammonitisches Gebiet hinüberzugelangen.

11 Als Johanan, der Sohn Kareachs, und die an-
deren Truppenführer hörten, was Jischmaël ge-
tan hatte, 12 verfolgten sie ihn mit allen ihren
Männern und holten ihn beim großen Teich
von Gibeon ein. 13 Die Leute, die Jischmaël aus
Mizpa mitgeschleppt hatte, freuten sich, als sie
Johanan und die anderen Truppenführer kom-

a *war dieselbe große:* mit G; H *durch die Hand Gedaljas, war dieselbe.*

41,1-3 2 Kön 25,25 41,9 1 Kön 15,16 41,12 2 Sam 2,13

men sahen. 14 Sie kehrten Jischmaël den Rücken
und liefen zu Johanan, dem Sohn Kareachs,
über. 15 Jischmaël entkam mit acht seiner Män-
ner und ging zu den Ammonitern*.

Aufbruch nach Ägypten

16 Johanan, der Sohn Kareachs, und die anderen
Truppenführer übernahmen nun die Verantwor-
tung für die Leute, die Jischmaël nach dem Mord
an Gedalja aus Mizpa weggeführt hatte und die
sie ihm bei Gibeon abgejagt hatten. Es waren
Männer, Frauen und Kinder, und unter den
Männern auch Hofbeamte und Kriegsleute.
17 Sie alle flohen nach Süden bis zur Herberge
Kimhams bei Betlehem. Dort machten sie vor-
läufig halt, um dann weiter nach Ägypten zu zie-
hen. 18 Sie hatten Angst vor den Babyloniern*,
denn Jischmaël hatte Gedalja ermordet, den der
Babylonierkönig zum Statthalter für Juda einge-
setzt hatte.

Warnung vor der Auswanderung nach Ägypten

42 Vor dem Aufbruch kamen alle Truppen-
führer, an ihrer Spitze Johanan, der
Sohn von Kareach, und Asarja, der Sohn von
Hoschaja, und ebenso alle Flüchtlinge von den
Vornehmsten bis zu den Geringsten zum Pro-
pheten Jeremia. 2 Sie sagten zu ihm: »Erfülle
doch unseren Wunsch und bete für uns zum
HERRN, deinem Gott! Wir waren einmal viele;
aber du siehst: Nur wenige sind von uns übrig-
geblieben. 3 Bete für uns zum HERRN, deinem
Gott, daß er uns sagt, wohin wir gehen und was
wir tun sollen!«
4 Jeremia antwortete ihnen: »Gut, ich will
eure Bitte erfüllen und zum HERRN, eurem Gott,
beten. Ich werde euch alles sagen, was er mir
antwortet; ich werde euch nichts verschwei-
gen.«
5 Sie versicherten ihm: »Der HERR soll als un-
bestechlicher Zeuge gegen uns auftreten, wenn
wir nicht genau das tun, was er uns durch dich
befiehlt! 6 Ob sein Befehl uns gefällt oder nicht,
wir werden unserem Gott, den wir durch dich
befragen, gehorchen. Denn dann wird es uns
gutgehen.«
7 Es dauerte zehn Tage, bis das Wort des
HERRN an Jeremia erging. 8 Der Prophet rief
Johanan, die Truppenführer und das ganze Volk
zusammen, von den Vornehmsten bis zu den
Geringsten, 9 und sagte zu ihnen: »Ihr habt mich
gebeten, dem HERRN, dem Gott Israels, euer An-
liegen vorzutragen. Hört, was er euch darauf ant-
wortet:
10 ›Wenn ihr ruhig in diesem Land wohnen
bleibt, werde ich euch einpflanzen und nicht
ausreißen; ich werde euch aufbauen und nicht
niederreißen. Denn es tut mir leid, daß ich Un-
glück über euch bringen mußte. 11 Ihr habt jetzt
Angst vor dem König von Babylonien*. Aber ich,
der HERR, sage euch: Ihr braucht keine Angst vor
ihm zu haben; denn ich bin bei euch, ich werde
euch aus seiner Hand retten. 12 Ich bringe ihn
dazu, daß er Erbarmen mit euch hat und euch in
eure Häuser zurückkehren läßt.‹
13 Aber ihr müßt dem HERRN, eurem Gott, ge-
horchen und dürft dieses Land nicht verlassen.
14 Ihr dürft nicht sagen: ›Wir wollen nach Ägyp-
ten ziehen, wo wir keine Kriegshörner* mehr
hören, keine Kämpfe mehr miterleben und auch
nicht mehr hungern müssen; dort wollen wir
bleiben!‹ 15 Für diesen Fall läßt euch der HERR,
der Herrscher der Welt,[a] der Gott Israels, sagen:
›Ihr Leute von Juda, die ihr noch übriggeblieben
seid! Wenn ihr auf eurem Plan besteht und nach
Ägypten auswandert, 16 dann wird der Krieg,
dem ihr entgehen wollt, euch dort erreichen,
und der Hunger, der euch Angst macht, euch
dorthin verfolgen; ihr werdet in Ägypten um-
kommen. 17 Alle, die sich entschließen, nach
Ägypten auszuwandern, werden dort durch
Krieg, Hunger und Pest sterben. Keiner wird ent-
kommen, niemand wird dem Unheil entrinnen,
das ich über euch bringen werde.‹
18 Denn so spricht der HERR, der Herrscher der
Welt, der Gott Israels: ›Wenn ihr nach Ägypten
flieht, wird euch mein Zorn genauso treffen,
wie er die Bewohner Jerusalems getroffen hat.
Wer euch dann sieht, wird vor euch entsetzt
sein. Alle werden über euch spotten und euren
Namen als Fluchwort* verwenden. Dieses Land
aber werdet ihr nie wiedersehen.‹«[b]

Die Warnung wird in den Wind geschlagen

43 Als Jeremia den Versammelten alles ge-
sagt hatte, was der HERR ihm aufgetra-
gen hatte, 2 sagten Asarja, Johanan und alle an-
deren, die ebenso anmaßend waren wie sie: »Du

a Wörtlich *der HERR Zebaot*;* ebenso in Vers 18.
b Der Rest von Kapitel 42 ist zwischen Vers 3 und Vers 4 von Kapitel 43 eingefügt worden, weil es so der wahrscheinlich ursprünglichen Reihenfolge entspricht.

41,18 42,11 **42,1** 40,7-8.13 **42,2-4** 7,16 S **42,2** Dtn 28,62 **42,5** 29,23 **42,7** 28,12 **42,10** 1,10 S; 18,8 S **42,11** 41,17-18; 1,8 S **42,14** 4,5 S; Num 14,3-4 **42,17** 24,10 S; 44,14 **42,18** 24,9 S **43,2** 42,1

lügst! Durch dich spricht nicht der HERR, unser
Gott, wenn du sagst, daß wir nicht nach Ägyp-
ten auswandern sollen. 3 Dein Schreiber Baruch
hetzt dich gegen uns auf! Er will, daß wir den
Babyloniern* in die Hände fallen, damit sie uns
umbringen oder in ihr Land verschleppen.«
42 19 Da erwiderte Jeremia:[a] »Nein, der
HERR ist es, der zu euch, dem Rest von
Juda, gesagt hat: ›Geht nicht nach Ägypten!‹
Macht euch also nichts vor! Ich habe euch ge-
warnt. 20 Ihr setzt euer Leben aufs Spiel! Erst
schickt ihr mich zum HERRN und sagt: ›Bete für
uns zum HERRN, unserem Gott! Dann teile uns
alles mit, was er dir sagt; wir werden uns danach
richten.‹ 21 Nun aber wollt ihr nicht auf den
HERRN hören und wollt nicht tun, was ich euch
heute in seinem Auftrag gesagt habe. 22 Laßt es
euch gesagt sein: In dem Land, wohin ihr
auswandern wollt, werdet ihr durch Krieg, Hun-
ger und Pest umkommen!«
43 4 Aber Johanan, die Truppenführer und
das ganze Volk hörten nicht auf den Be-
fehl des HERRN, im Land Juda zu bleiben. 5 Unter
der Führung Johanans und der anderen Offiziere
zogen sie nach Ägypten: die Leute aus Juda, die
zuerst in die Nachbarländer geflohen und dann
zurückgekehrt waren, 6 Männer, Frauen und
Kinder, außerdem die Töchter des Königs und
alle übrigen Leute, die Nebusaradan, der Be-
fehlshaber der Leibwache Nebukadnezzars, bei
Gedalja in Mizpa zurückgelassen hatte.

Auch Jeremia und Baruch zwangen sie mitzu-
gehen. 7 Gegen den Befehl des HERRN brachen
sie auf und kamen nach Tachpanhes an der
ägyptischen Grenze.

Auch Ägypten bietet keine Zuflucht vor Nebukadnezzar

8 In Tachpanhes erging das Wort des HERRN an
Jeremia, er sagte zu ihm: 9 »Nimm große Steine
und lasse sie am Eingang des Regierungsgebäu-
des in den Lehmboden ein! Einige Männer aus
Juda sollen als Zeugen dabei sein. 10 Zu ihnen
sagst du: ›So spricht der HERR, der Herrscher der
Welt,[b] der Gott Israels: Ich hole meinen Diener
Nebukadnezzar, den König von Babylonien*,
herbei. Ich werde auf diesen Steinen hier sei-
nen Thron errichten, und er wird darüber sein
Prunkzelt aufspannen. 11 Er wird in Ägypten ein-
fallen und es besiegen. Die Ägypter werden
durch Schwert oder Pest umkommen oder in die
Verbannung geführt werden, jeder, wie es für
ihn bestimmt ist.

12 Ich werde Feuer an die Tempel der ägypti-
schen Götter legen; ihre Bilder wird Nebukad-
nezzar verbrennen und wegführen. Wie ein Hirt
die Läuse aus seinen Kleidern entfernt, so wird
er die Götterbilder aus Ägypten beseitigen. Dann
wird er es wieder verlassen, ohne daß ihm je-
mand in den Weg tritt. 13 Er wird die Obelisken
von Heliopolis zertrümmern und die Tempel der
ägyptischen Götter niederbrennen.‹«

Die Entronnenen haben nichts gelernt

44 Das Worrt des HERRN erging an Jeremia;
der HERR gab ihm eine Botschaft an alle
Leute aus Juda, die in Ägypten wohnten, in
Migdol, Tachpanhes, Memfis und im südlichen
Teil des Landes. Jeremia mußte ihnen ausrich-
ten:

2 »So spricht der HERR, der Herrscher der
Welt,[c] der Gott Israels: ›Ihr habt das Unglück
miterlebt, das ich über Jerusalem und alle Städte
in Juda gebracht habe. Heute sind sie nur noch
verlassene Trümmerfelder. 3 Das haben ihre Be-
wohner durch ihr schlimmes Treiben verschul-
det; denn sie haben fremde Götter verehrt, die
niemand von euch früher gekannt hat, auch eure
Vorfahren nicht. Sie haben ihnen Opfer* darge-
bracht und mich damit zum Zorn gereizt.

4 Immer wieder habe ich meine Diener, die
Propheten*, zu euch geschickt mit der Mah-
nung: Tut doch nicht so etwas Abscheuliches,
ich hasse es! 5 Aber ihr habt nicht darauf gehört
und euch nicht von eurem bösen Tun abge-
wandt. Nein, ihr habt darauf beharrt, diesen Göt-
tern Opfer darzubringen. 6 Darum habe ich mei-
nem Zorn freien Lauf gelassen. Er wütete in den
Städten von Juda und in den Straßen Jerusalems,
so daß sie zu Trümmerfeldern und zu Schutt-
haufen wurden, wie sie es heute noch sind.‹

7-8 Deshalb fragt euch heute der HERR, der
Herrscher der Welt, der Gott Israels: ›Habt ihr
daraus nichts gelernt? Auch hier in Ägypten
opfert ihr fremden Göttern und reizt mich damit
zum Zorn! Wollt ihr euch selbst ins Unglück stür-
zen und das Volk von Juda, Männer, Frauen, Kin-
der und Säuglinge, vollends bis auf den letzten
Rest ausrotten? Mit eurem Tun bereitet ihr euch
selbst den Untergang! Unter allen Völkern wird
man über euch spotten und euren Namen als
Fluchwort* verwenden.

a Zur Umstellung siehe Anmerkung zu 42,18. b Wörtlich *der HERR Zebaot**.
c Wörtlich *der HERR Zebaot**; ebenso in den Versen 7-8, 11 und 25.

43,3 32,12 S **43,5-7** 2 Kön 25,26 **43,8-13** 13,1-11 S **43,10** 21,2 S **43,11-12** 46,13.25-26; Ez 29,19-20 S **44,3** 25,6 S **44,4** 25,4 S **44,7-8** 24,9 S

9 Habt ihr denn alles vergessen, womit ihr
mich in Juda und in den Straßen Jerusalems
beleidigt habt, ihr und eure Vorfahren, eure
Frauen, eure Könige und deren Frauen? 10 Bis
auf den heutigen Tag seid ihr unverbesserlich
geblieben. Ihr fürchtet euch nicht vor mir und
haltet euch nicht an das Gesetz* und die Gebote,
die ich euch und euren Vorfahren gegeben
habe.‹

11 Deshalb sagt der HERR, der Herrscher der
Welt, der Gott Israels: ›Ich bin entschlossen,
Unglück über euch zu bringen und das Volk von
Juda vollends zu vernichten. 12 Auch die Über-
lebenden, die darauf bestanden haben, nach
Ägypten auszuwandern, bringe ich jetzt um.
Sie alle, Vornehme wie Geringe, werden durch
Krieg und Hunger sterben. Die Menschen wer-
den es mit Entsetzen sehen, sie werden über
euch spotten und euren Namen als Fluchwort
verwenden. 13 Wie ich Jerusalem bestraft habe,
so strafe ich jetzt die Leute aus Juda, die in Ägyp-
ten wohnen – mit Krieg, Hunger und Pest.
14 Niemand wird entrinnen oder überleben.
Niemand wird nach Juda zurückkehren, obwohl
sie sich danach sehnen, wieder dort zu wohnen.
Nur einige wenige werden entkommen und
dorthin zurückkehren.‹«

Gott behält das letzte Wort

15 Alle Männer, die wußten, daß ihre Frauen
fremden Göttern Opfer darbrachten, und alle
Frauen, die dabeistanden – es waren sehr
viele –, und auch die Leute von Israel, die im
südlichen Landesteil wohnten, sagten darauf
zu Jeremia: 16 »Was du da als Botschaft des
HERRN zu uns gesagt hast, wollen wir nicht
hören! 17 Wir werden weiterhin treu die Ge-
lübde* erfüllen, die wir der Himmelskönigin*
gemacht haben. Wir werden ihr Räucheropfer*
und Trankopfer* darbringen, so wie wir es frü-
her in Jerusalem und in den Städten Judas getan
haben, wir und unsere Vorfahren, auch die
Könige und führenden Männer.

Damals ging es uns gut, wir hatten Brot genug
und litten keine Not. 18 Aber seit wir aufgehört
haben, der Himmelskönigin Opfer darzubringen,
fehlt es uns an allem, und wir kommen durch
Krieg und Hunger um.« 19 Und die Frauen fügten
hinzu: »Unsere Männer sind ganz damit ein-
verstanden, daß wir der Himmelskönigin Räu-
cheropfer und Trankopfer darbringen und ihr die
Opferkuchen backen, die nach ihrem Bild ge-
formt sind.«

20 Jeremia antwortete dem ganzen Volk, den
Männern und Frauen: 21 »Eben diese Opfer
haben euch ins Unglück gestürzt, die ihr in
den Städten von Juda und in den Gassen Jeru-
salems dargebracht habt, ihr selbst, eure Vor-
fahren, eure Könige und führenden Männer
und das ganze Volk! Dafür hat der HERR euch
bestraft. 22 Er konnte euer abscheuliches Tun
nicht mehr ertragen, deshalb wurde euer Land
ein Trümmerfeld, menschenleer, ein Bild des
Grauens, und sein Name muß als Fluchwort*
dienen.

23 Das kommt davon, daß ihr der Himmels-
königin Opfer dargebracht habt. Ihr habt gegen
den HERRN gesündigt und ihm nicht gehorcht;
ihr habt euch nicht an sein Gesetz, seine Gebote
und Mahnungen gehalten. Deshalb hat er euch
in das Unglück gestürzt, das euch bis heute ver-
folgt.«

24 Dann sagte Jeremia zu dem ganzen Volk,
besonders zu den Frauen: »Ihr Leute aus Juda,
hört nun, was der HERR euch ankündigt. 25 So
spricht der HERR, der Herrscher der Welt, der
Gott Israels: ›Ihr seid Leute, die tun, was sie
versprechen! Ihr sagt: Wir haben das Gelübde
getan, der Himmelskönigin Räucheropfer und
Trankopfer darzubringen, und wir wollen uns
genau daran halten. Nun gut, haltet eure Ver-
sprechen und erfüllt eure Gelübde! 26 Aber hört
auch, was ich, der HERR, euch sage, allen Leuten
aus Juda, die jetzt in Ägypten leben! Ich schwöre
bei meinem großen Namen: Keiner von euch
soll mehr meinen Namen in den Mund neh-
men und sagen: So gewiß Gott, der HERR, lebt!
27 Denn ich werde jetzt nicht mehr für euer
Wohlergehen sorgen, sondern nur noch für
euren Untergang. Alle Leute aus Juda, die in
Ägypten leben, werden durch Krieg oder Hun-
ger umkommen. 28 Nur wenige werden dem
Schwert entrinnen und aus Ägypten in das Land
Juda zurückkehren. Die werden dann einsehen,
wessen Wort in Erfüllung geht, meins oder das
eure!

29 Ich will euch auch ein Zeichen geben, an
dem ihr erkennen könnt, daß ich euch hier in
diesem Land strafe und meine Drohungen gegen
euch wahr mache: 30 Ich werde den ägyptischen
König Hofra an seine Todfeinde ausliefern, so
wie ich damals Zidkija, den König von Juda, an
seinen Todfeind Nebukadnezzar, den König von
Babylonien, ausgeliefert habe. Das sage ich, der
HERR.‹«

44,12 24,9 S **44,14** 42,17 **44,17-19** 7,17-18 S **44,18** 1 Makk 1,11 **44,21** 11,12-13 **44,22** 15,6 **44,23** 24,10 **44,26** 4,2 S; 49,13 S **44,30** 46,26; 39,5

Ein Trostwort für Baruch

45 Jojakim, der Sohn von Joschija, war das
vierte Jahr König über Juda. Damals sagte
Jeremia zu Baruch, dem Sohn von Nerija, der die
Worte des Propheten nach dessen Diktat in die
Buchrolle* geschrieben hatte:
2 »Der HERR, der Gott Israels, redet zu dir,
Baruch, und sagt: 3 ›Du klagst: Ich Unglücklicher!
Angst und Sorge drücken mich nieder, und der
HERR fügt immer neue Drohungen hinzu.[a] Ich
bin erschöpft von Stöhnen und finde keine Ruhe
mehr!‹
4 Im Auftrag des HERRN sage ich dir: ›So
spricht der HERR: Sieh her, auf der ganzen Erde
lege ich in Trümmer, was ich aufgebaut habe,
und reiße aus, was ich eingepflanzt habe. 5 Und
da willst du für dich ein Leben in Wohlstand und
Sicherheit?[b] Verlange es nicht! Ich bringe Unglück über alle Menschen; dir aber gebe ich dein
Leben als Beutestück, wohin du auch kommst.
Das sage ich, der HERR.‹«

DAS GERICHT GOTTES ÜBER DIE VÖLKER

(Kapitel 46–51)

46 Hier ist aufgeschrieben, was der HERR
den Propheten Jeremia als Gerichtsbotschaft gegen die Völker verkünden ließ.

Ägypten unterliegt in der Schlacht bei Karkemisch

2 Worte über Ägypten:
Als das Heer des Pharaos Necho, des Königs
von Ägypten, bei Karkemisch am Eufrat stand
und dort von Nebukadnezzar, dem König von
Babylonien*, besiegt wurde – es war im vierten
Jahr Jojakims, des Königs von Juda –, verkündete
Jeremia in Jerusalem:
3–4 »Ich höre die Kommandorufe der Ägypter:[c] ›Schilde aufnehmen! – Pferde anschirren! –
Aufsitzen! – Helm auf! In Schlachtordnung antreten! – Lanzen bereitmachen! – Panzer anlegen! – Zum Kampf vorrücken!‹
5 Aber was muß ich sehen? Wie konnte es
dazu kommen? Die Kriegsleute verläßt der Mut;
sie weichen zurück! Selbst die Tapfersten können nicht standhalten; jeder flieht, so schnell er
kann, ohne sich umzusehen! ›Schrecken überall‹, sagt der HERR. 6 Auch der Schnellste kann
nicht mehr entkommen, auch der Stärkste sich
nicht mehr retten. Im Norden, am Ufer des
Eufrats, stürzen sie hin und bleiben tot liegen.
7 Wer braust da heran wie das Wasser eines
reißenden Stromes, wie der Nil, der das Land
überflutet? 8 Das ist Ägypten. Es sagt: ›Ich will
nach Norden ziehen und das ganze Land überfluten. Ich will die Städte vernichten samt allen
ihren Bewohnern. 9 Auf, ihr Pferde! Ihr Streitwagen*, rast los! Die besten Truppen voran, die
Schildträger aus Kusch und Put und die Bogenschützen aus Lud!‹[d]
10 Aber dem HERRN gehört die Erde, und am
Tag der Schlacht nimmt er Rache an den Ägyptern, seinen Feinden! Da frißt sein Schwert, bis
es satt ist, und betrinkt sich an ihrem Blut! Der
HERR, der Herrscher über die ganze Welt,[e] will
ein Schlachtfest halten im Land des Nordens, am
Ufer des Eufrats!
11 Armes Ägypten,[f] lauf ruhig hinauf bis ins
Bergland von Gilead und hol dir dort Salbe! Aber
alle Arzneien können dir nichts helfen; deine
Wunde heilt nicht mehr zu. 12 Die Völker haben
erfahren, wie sehr du gedemütigt wurdest; alle
Welt hat dich schreien hören. Deine Kriegsleute
stürzten einer über den andern, und keiner kam
mit dem Leben davon.«

Die Babylonier dringen in Ägypten ein

13 Als Nebukadnezzar, der König von Babylonien*, anrückte, um Ägypten zu erobern, sprach
der HERR zum Propheten Jeremia und befahl
ihm, diese Botschaft zu verkünden:
14 »Sagt den Ägyptern, was auf sie zukommt;
die Leute in Migdol und Memfis und Tachpanhes
sollen es wissen! Sagt ihnen: ›Macht euch zum
Kampf bereit; nehmt eure Waffen zur Hand!
Denn all eure Nachbarn fraß schon das Schwert!‹
15 Aber was sehe ich? Auch der mächtige Pharao liegt schon am Boden? Ja, er hat nicht standhalten können, denn der HERR war es, der ihm
den Stoß versetzte! 16 Der HERR ließ die Söldner
des Pharaos stolpern und stürzen, einer fiel über
den andern! Da riefen sie sich zu: ›Los, gehen
wir nach Hause, zurück in die Länder, aus denen

a *Angst und Sorge …:* wörtlich *Der HERR fügt Kummer zu meinem Leid.* Offenbar ist dabei an den Inhalt der aufgeschriebenen Worte gedacht. b *ein Leben …:* wörtlich *Großes/große Dinge.*
c *Ich höre …:* verdeutlichender Zusatz. d Zu den Völkernamen siehe die Sacherklärungen.
e Wörtlich *Der Herr, der HERR Zebaot*.*
f Wörtlich *Jungfräuliche Tochter Ägypten.* Zur Fortsetzung vgl. Anmerkung zu 8,22.

45,1 25,1-2 S; 32,12 S **45,4** 1,10 S **45,5** 39,18; 43,6 **46,1** 1,10 **46,2** Jes 19,1-15 S; Jer 25,19; 25,1-2 S; 2 Kön 23,29 **46,5** 6,25 S **46,10** 47,6; Ez 21,19-21 **46,11** 8,22 S **46,13** 43,11 S

wir stammen, nur weg aus diesem mörderi-
schen Kampf! 17 Gebt dem Pharao einen neuen
Namen; nennt ihn:[a] Großmaul, dessen Stunde
vorüber ist!‹

18 ›So gewiß ich lebe‹, sagt der HERR, der König
der ganzen Welt, ›wie der Berg Tabor die umlie-
genden Hügel überragt, wie der Karmel heraus-
ragt aus dem Meer, so überragend an Macht ist
der, der gegen dich, Pharao, anrückt! 19 Packt
eure Habseligkeiten, ihr Ägypter, ihr müßt in die
Verbannung! Denn Memfis wird zur Wüste wer-
den, zu einem Trümmerfeld, in dem niemand
mehr wohnt!‹

20 Wie eine prächtige junge Kuh ist Ägypten.
Die Stechfliege aus dem Norden* fällt über es
her. 21 Da laufen auch die Söldner davon, die in
Ägypten gemästet wurden wie die Kälber. Kein
einziger von ihnen hält stand, wenn der HERR
abrechnet und Verderben über sie bringt.

22 Ägyptens Heer weicht zurück wie eine
zischende Schlange, sobald die Feinde mit
Macht anrücken und ihre Äxte schwingen wie
Holzfäller. 23 Sie schlagen ganz Ägypten kahl,
wie man ein Dickicht abholzt. Zahlreicher sind
sie als Heuschrecken; niemand kann sie zählen.
24 Ägypten[b] ist mit Schande bedeckt, preisgege-
ben dem Volk aus dem Norden.

25 Der Herrscher der Welt,[c] der Gott Israels,
sagt: ›Jetzt rechne ich ab mit Amon, dem Gott
von Theben, mit Ägypten und all seinen Göttern
und Königen, mit dem Pharao und allen, die sich
auf ihn verlassen! 26 Ich liefere sie ihren Todfein-
den aus: dem König Nebukadnezzar von Babylo-
nien* und seinem Heer!

Doch später soll Ägypten wieder bewohnt
sein wie in alten Zeiten.‹ Das sagt der HERR.«

Trostwort an Israel

27 »Aber ihr Nachkommen Jakobs, meines ver-
trauten Dieners, habt keine Angst!« sagt der
HERR. »Ihr steht unter meinem Schutz. Ihr Leute
von Israel, verliert nicht den Mut! Ich hole euch
und eure Kinder heraus aus dem fernen Land, in
dem man euch gefangenhält. Ihr werdet zurück-
kehren in euer Land und dort in Frieden leben,
sicher und ungestört.

28 Fürchtet euch nicht, ihr Nachkommen mei-
nes Dieners Jakob«, sagt der HERR, »ihr steht un-
ter meinem Schutz. Ich bin bei euch! Alle Völ-
ker, unter die ich euch zerstreut habe, werde ich
vernichten, aber niemals euch! Euch strafe ich
nur, wie ihr es verdient habt, denn ganz unge-
straft kann ich euch nicht lassen.«

Über die Philister

47 Noch bevor der Pharao die Stadt Gaza er-
oberte, sprach der HERR zum Propheten
Jeremia und befahl ihm, folgendes über die Phili-
ster* zu verkünden:

2 »So spricht der HERR: ›Wasser bricht von
Norden* herein. Es wird zu einem reißenden
Strom, der alles überflutet: das offene Land und
was dort wächst, die Städte und ihre Bewohner.
Die Menschen klagen und schreien, 3 denn sie
hören das Stampfen der Pferde, das Rasseln der
Streitwagen*, das Rollen der Räder. Da küm-
mern selbst Eltern sich nicht mehr darum, wo
ihre Kinder bleiben; so sehr hat die Angst sie ge-
packt. 4 Denn der Tag ist gekommen, der allen
Philistern den Untergang bringt. Niemand wird
übrigbleiben, der Tyrus und Sidon künftig noch
zu Hilfe kommen könnte. Ich selbst, der HERR,
bin es, der die Philister vernichtet, den Rest die-
ser Leute, die einst von der Insel Kreta kamen.‹«

5 Die Einwohner von Gaza trauern; sie haben
sich den Kopf kahlgeschoren. In Aschkelon ist
jeder Freudenlaut verstummt. Ihr Nachkommen
der Anakiter,[d] wie lange werdet ihr noch trau-
ern müssen und euch die Haut blutig ritzen?
6 Ach, Schwert des HERRN, willst du denn keine
Ruhe geben? Kehr zurück in deine Scheide! Hör
auf zu wüten, halt ein!

7 Aber wie könnte es Ruhe geben? Der HERR
selbst gab ihm den Befehl, Aschkelon und das
Gebiet an der Küste zu schlagen.

Moabs Ende ist gekommen (48,1-47)

48 Worte über Moab*:
So spricht der Herrscher der Welt,[e] der
Gott Israels: »Wehe den Bewohnern von Nebo;
ihre Stadt wird verwüstet. Schande kommt über
Kirjatajim; es wird erobert. Moab, die sichere
Festung, wird eingenommen und geschleift;
2 mit seinem Ruhm ist es vorbei. In Heschbon
haben die Feinde den Plan gefaßt, der Moab den
Untergang bringt. ›Kommt‹, sagten sie, ›dieses
Volk lassen wir von der Erde verschwinden!‹
Auch in deinen Mauern, Madmen, wird bald
Totenstille herrschen; die Heere, die dich ver-
nichten, sind schon unterwegs!«

a *Gebt dem Pharao ...:* mit alten Übersetzungen; H *Sie riefen dort: Pharao.*
b Wörtlich *Die Tochter Ägypten.* c Wörtlich *Der HERR Zebaot*.*
d So mit G (vgl. Sacherklärung); H *Der Rest ihrer Talebene.* e Wörtlich *der HERR Zebaot*.*

46,17 Jes 30,7 **46,20.24** 1,14 S **46,25-26** 43,12 S; 44,30 **46,26** (wieder) 12,15; 48,47; 49,6.39; Jes 19,19-25 S **46,27-28** 30,10-11 **47,1-7** 25,20; Jes 14,28-32 S **47,2** 1,14 S **47,4** Dtn 2,23; Am 9,7; Zef 2,5 **47,5** 16,6 S **47,6** 46,10 S **48,1-47** 25,21; Jes 15,1–16,14 S **48,2** Num 21,26

3 Horcht! Hilfegeschrei von Horonajim her!
Alles wird verwüstet, alles sinkt in Trümmer.
4 Mit Moab ist es zu Ende. Seine kleinen Kinder
schreien laut. 5 Weinend ziehen die Überleben-
den den Aufstieg nach Luhit hinauf. Am Abstieg
von Horonajim hört man Menschen schreien in
ihrer Not. 6 »Weg von hier!« rufen sie, »bringt
euch in Sicherheit! Lauft in die Steppe und fristet
dort euer Leben wie der Wacholderstrauch!«[a]

7 Moab, du hast dich auf deine Festungen und
auf deine Vorräte verlassen, gerade deshalb
wirst du erobert! Dein Gott Kemosch wird in die
Verbannung geführt, er und alle seine Priester
und die führenden Männer! 8 Der Feind, der
alles vernichtet, kommt über jede Stadt; keine
entgeht ihrem Schicksal. Unten am Jordan und
oben auf der Hochebene wird alles in Trümmer
sinken. So hat der HERR es befohlen. 9 Setzt
Moab einen Grabstein, denn mit ihm ist es aus![b]
Seine Städte werden zu Wüsten, in denen keiner
mehr wohnt.

10 Fluch über alle, die nur halbherzig aus-
führen, was der HERR will! Fluch über jeden, der
sein Schwert zurückhält vom Blutvergießen!

Mit Moabs Ruhe ist es vorbei

11 Nie wurde Moab* von Feinden angegriffen,
nie mußte sein Volk in Verbannung gehen. Es
ist wie ein Wein, der ungestört lagern durfte,
der nie umgefüllt wurde von einem Gefäß ins
andere und der so seinen Geschmack und sei-
nen Duft voll entfalten konnte.

12 »Deshalb ist jetzt der Tag nicht mehr fern«,
sagt der HERR, »an dem ich Küfer nach Moab
schicke, damit sie den Wein umfüllen. Sie leeren
alle Krüge aus und schlagen sie in Stücke!
13 Moab wird von seinem Gott Kemosch genau-
so im Stich gelassen wie Israel im Stich gelassen
wurde von dem Stierbild in Bet-El, auf das es
seine Hoffnung setzte!«

14 Ihr Leute von Moab, wie könnt ihr sagen:
»Wir sind tapfere Kriegsleute, Männer wie ge-
boren zum Kampf«? 15 Die Feinde, die euer Land
verwüsten und seine Städte erstürmen werden,
sind schon im Anmarsch. Die besten eurer jun-
gen Männer ziehen ihnen nur entgegen, um ab-
geschlachtet zu werden! Das sagt der König –
»der HERR, der Herrscher der Welt«[c] ist sein
Name.

16 Der Untergang Moabs steht nahe bevor;
ganz schnell geht es mit ihm zu Ende. 17 Auf, ihr
Nachbarn und alle seine Bekannten, stimmt die
Totenklage an und sagt: »Unfaßbar! Dieses
mächtige Reich ist zerbrochen, dieses mächtige,
ruhmvolle Reich!«

Die Botschaft der Flüchtlinge

18 Stadt Dibon,[d] steig herab von deiner stolzen
Höhe und setz dich in den Staub! Denn die
Feinde, die ganz Moab* verwüsten, ziehen zu
dir hinauf und zerstören deine Befestigungen.
19 Ihr Leute von Aroër, stellt euch an die Straße
und schaut, was da kommt! Fragt die flüchten-
den Männer und Frauen: »Was ist geschehen?«
20 Sie werden euch sagen: »Mit Moab ist es aus;
es ist schmählich zusammengebrochen! Heult!
Schreit! Laßt es auch die Leute am Arnon wis-
sen: Moab ist vernichtet!«

21 Das Strafgericht brach herein über das
Hochland nördlich des Arnontals: über Holon,
Jahaz und Mefaat, 22 über Dibon, Nebo und Bet-
Diblatajim, 23 über Kirjatajim, Bet-Gamul und
Bet-Meon, 24 über Kerijot und Bozra und alle
übrigen Städte der Moabiter.

25 »Der stolzen Macht Moabs mache ich ein
Ende!« sagt der HERR.

Moab – Gegenstand verdienten Spottes

26-27 Gebt Moab* Wein zu trinken, bis es betrun-
ken ist und sich erbrechen muß! Gegen den
HERRN hat es sich groß aufgespielt; verspottet
habt ihr Moabiter sein Volk Israel. Sooft ihr von
ihm spracht, habt ihr höhnisch den Kopf ge-
schüttelt, als handle es sich um Leute, die beim
Diebstahl ertappt worden sind. Darum sollt ihr
nun selbst zum Gespött werden!

28 Volk von Moab, verlaß deine Städte und
richte dich zwischen Felsen ein! Du mußt wie
die Wildtauben leben, die an den Wänden gäh-
nender Schluchten ihre Nester bauen!

Trauer um Moab

29 Wir kennen Moabs* maßlosen Hochmut; wie
überheblich und vermessen ist dieses Volk, wie
eingebildet auf seine Macht!

30 »Auch mir ist bekannt«, sagt der HERR, »wie
sehr es von sich eingenommen ist. Ständig führt
es das große Wort, aber seine Taten zeigen, daß
nichts dahintersteckt.«

31 Über Moab stimme ich ein Klagelied an; ich
schreie um Hilfe für dieses Volk, mich jammern
die Leute von Kir-Heres. 32 Volk von Sibma, um

a *wie der Wacholderstrauch:* vermutlicher Text; H *wie Aroër.*
b So mit G. Der Sinn von H ist unsicher; vielleicht: *Gebt Moab Flügel, denn fliegend wird es wegziehen.*
c Wörtlich *der HERR Zebaot*.* d Wörtlich *Tochter Dibon.*

48,7 Ri 11,24; Jer 49,3-4 **48,13** 50,2 S; 1 Kön 12,28-29 **48,26-27** 25,15 S; (aufgespielt) 48,42; 50,29; 51,5

dich weine ich noch mehr als um das Volk von Jaser. Du bist wie ein Weinstock, dessen Ranken hinüberreichen bis ans Tote Meer und hinauf bis nach Jaser.[a] Doch zur Zeit der Obsternte und der Weinlese kommen die Feinde über dich und verwüsten alles. 33 Dann ist es vorbei mit der Freude und dem Jubel in den Obst- und Weingärten Moabs. Kein Traubensaft fließt in die Bottiche, denn niemand tritt mehr die Kelter*, und statt der fröhlichen Rufe ist nur lautes Wehgeschrei zu hören.

34 Die Leute von Heschbon schreien um Hilfe; ihr Schreien dringt bis nach Elale und Jahaz; von Zoar bis nach Horonajim und Eglat-Schelischija ist es zu hören. Selbst die Oase von Nimrim wird zur Wüste.

35 »Bald wird es in Moab niemand mehr geben, der auf den Altar* hinaufsteigt, um seinen Göttern zu opfern«, sagt der HERR, »ich mache dem ein Ende!«

36 Darum singe ich mein Klagelied über Moab, über die Leute von Kir-Heres. Es klingt traurig wie die Flöten, die man zum Begräbnis spielt. Denn alle Schätze, die Moab sich gesammelt hatte, sind verloren. 37 Zum Zeichen der Trauer ist jeder Kopf kahlgeschoren, jeder Bart abrasiert, alle Hände sind voll blutiger Einschnitte, alle haben den Sack* angezogen. 38 Auf den flachen Dächern der Häuser und auf den Plätzen der Städte gibt es nur noch Klagen und Weinen.

Der HERR sagt: »Ich habe Moab zerbrochen wie einen Krug, den niemand haben will.«

39 Heult und schreit es hinaus: »Mit Moab ist es zu Ende! In seiner Schmach kehrt es allen den Rücken.« Alle Nachbarvölker werden es verspotten und sich entsetzt von ihm abwenden.

Das abschließende Urteil

40 So spricht der HERR: »Wie Adler kommen die Feinde herangeschossen und stürzen sich auf Moab*!«

41 Die Städte und Burgen werden erobert. An jenem Tag werden die tapfersten Männer Moabs Angst haben wie eine Frau, die in Wehen liegt. 42 Das Volk von Moab wird ausgelöscht, es wird von der Erde verschwinden, weil es sich gegen den HERRN groß aufgespielt hat.

43 »Schrecken, Fallgrube und Fangnetz warten auf euch, ihr Bewohner von Moab«, sagt der HERR. 44 »Wem es gelingt, dem Schrecken zu entfliehen, der fällt in die Grube; wer es schafft, aus der Grube herauszukommen, verfängt sich im Netz. Das ist das Schicksal, das ich euch bereite, wenn ich mit euch abrechne!«

45 Flüchtlinge kommen nach Heschbon und suchen Schutz. Aber die Stadt ist verbrannt. Von dem Palast König Sihons ging das Feuer aus, das ganz Moab verwüstet hat vom Rand her bis in die Mitte, dieses Land voller Maulhelden. 46 Weh dir, Moab, du Volk des Gottes Kemosch, dein Ende ist da! Deine Männer und Frauen werden in die Gefangenschaft weggeführt.

47 »Doch später werde ich für die Moabiter alles wieder zum Guten wenden«, sagt der HERR.

Hier enden die Gerichtsworte über Moab.

Über die Ammoniter

49 Worte über die Ammoniter*:
So spricht der HERR: »Warum hat Milkom,[b] der Gott der Ammoniter, sich das Gebiet des Stammes Gad angeeignet? Warum hat sein Volk die Städte dort in Besitz genommen? Als ob Israel keine Söhne und rechtmäßigen Erben mehr hätte! 2 Aber wartet«, sagt der HERR, »der Tag kommt, an dem ich gegen Rabba, die Hauptstadt der Ammoniter, Feinde heranführe! Rabba wird zum Schutthaufen werden, und die umliegenden Orte wird das Feuer vernichten! Dann wird Israel die beerben, die ihm seinen Erbbesitz* raubten!«

3 Ihr Leute von Heschbon, weint und klagt, denn die Stadt Ai[c] ist zur Wüste geworden! Schreit, ihr Bewohner der Städte, die zu Rabba gehören, legt den Sack* an, rennt klagend umher auf euren Feldern, denn euer Gott Milkom geht in die Verbannung samt seinen Priestern und allen führenden Männern! 4 Rabba, du Stadt, die sich gegen den HERRN und sein Volk vergangen hat, was prahlst du mit deinen fruchtbaren Tälern? Du vertraust auf deine Vorräte und sagst: »Wer kommt schon gegen mich an?« 5 Der HERR, der Herrscher über die ganze Welt,[d] sagt: »Warte, von allen Seiten bringe ich Schrecken über dich. Deine Bewohner sollen in alle Richtungen zerstieben, und niemand wird dasein, der sie noch einmal sammelt!

6 Doch später werde ich für die Ammoniter alles wieder zum Guten wenden«, sagt der HERR.

a *nach Jaser:* mit zwei Handschriften (vgl. Jes 16,8); H *zum Meer von Jaser.*
b *Milkom* mit alten Übersetzungen; H *ihr König* (vgl. 2 Sam 12,30); ebenso in Vers 3.
c Vielleicht ist *Ar* zu lesen (vgl. Num 21,15); ein *Ai* im Ostjordanland ist sonst nicht bekannt.
d Wörtlich *Der Herr, der HERR Zebaot*.*

48,37 16,6 S **48,38** (Krug) 22,28 **48,40** 49,22 **48,42** 48,26-27 S **48,43-44** Jes 24,17-18 S **48,45-46** 48,2; Num 21,26-29 **48,47** 46,26 S **49,1-6** 25,21; Ez 21,33-34; 25,1-7; Am 1,13-15; Zef 2,8-10 **49,1** Jos 13,24-28 **49,3-4** 48,2.7 **49,6** 46,26 S

Edom ist mit seiner Weisheit am Ende (49,7-22)

7 Worte über Edom*:
So spricht der HERR, der Herrscher der Welt:[a]
»Wo ist die Weisheit* von Teman[b] geblieben?
Fällt den klugen Köpfen dort nichts mehr ein? Ist
ihr Verstand eingerostet? 8 Ihr Kaufleute aus
Dedan*, macht kehrt und flieht! Versteckt euch
in Höhlen, denn ich bringe Verderben über die
Nachkommen Esaus; jetzt rechne ich mit ihnen
ab! 9 Winzer werden über sie kommen, die für
eine Nachlese nichts mehr übriglassen; Diebe
werden nachts bei ihnen eindringen und nach
Herzenslust rauben und plündern.
10 Ich selber liefere die Nachkommen Esaus
an ihre Feinde aus. Ich gebe ihre Schlupfwinkel
preis; es hilft ihnen nichts, wenn sie sich ver-
stecken. Alle Edomiter finden den Tod. Es wird
keine Brüder oder Nachbarn mehr geben, die
sagen könnten: 11 ›Laß deine Kinder bei mir, ich
werde für sie sorgen; deine Frau kann sich auf
meine Hilfe verlassen!‹«
12 »Hört gut zu, ihr Edomiter!« sagt der HERR.
»Aus dem Becher, der gefüllt ist mit meinem
Zorn, müssen selbst Leute trinken, die gar nicht
dazu verurteilt waren. Und ausgerechnet ihr
solltet davon verschont bleiben? Ihr kommt
nicht ungestraft davon; ihr werdet ihn trinken!
13 Ich, der HERR, habe bei mir selbst geschwo-
ren: Eure Hauptstadt Bozra wird zum Bild des
Grauens werden, zu einem Gegenstand des
Spottes, zum Inbegriff der Verwüstung; ihr
Name wird als Fluchwort* dienen. Auch die
übrigen Städte Edoms sollen für immer zu Trüm-
merhaufen werden!«

Gott ruft die Völker zum Kampf gegen Edom

14 Der HERR hat mir gesagt, daß er einen Boten
zu den Völkern gesandt hat mit dem Befehl:
»Sammelt eure Heere zum Kampf gegen Edom*!
Greift es an!«
15-16 Zu Edom aber sagt der HERR: »Du wohnst
in Felsklüften und auf hohen Bergen; aller Welt
jagst du Angst und Schrecken ein und hältst dich
für den Größten. Dafür mache ich dich jetzt zum
kleinsten der Völker; alle Welt wird dich verach-
ten! Du kannst dein Nest so hoch bauen wie ein
Adler, ich hole dich von dort herunter!« Das sagt
der HERR.

Edom wird verwüstet

17 Der HERR sagt: »Edom* wird so verwüstet, daß
jeder, der vorübergeht, erschrickt und sich ent-
setzt abwendet. 18 Wie Sodom* und Gomorra
mit ihren Nachbarstädten wird es Edom er-
gehen: Es wird so völlig zerstört, daß niemand
dort wohnen bleibt und kein Mensch sich dort
aufhalten mag.
19 Wie ein Löwe aus dem Dickicht am Jordan
heraufsteigt ins Weideland, so werde ich kom-
men, und augenblicklich werden alle Edomiter
die Flucht ergreifen. Dann werde ich den Mann,
den ich dazu bestimmt habe, als Herrscher über
Edom einsetzen. Wer ist mir gleich, wer will
Rechenschaft von mir fordern? Wo ist der Herr-
scher, der mir Widerstand leisten könnte?«
20 Hört also, was der HERR über Edom be-
schlossen hat, was mit den Leuten von Teman
geschehen wird: Wie eine Viehherde wird man
sie forttreiben, selbst die Kinder und Schwa-
chen! Ihr eigenes Land wird sich entsetzen,
wenn es das sieht. 21 Edom wird fallen! Von
der Wucht seines Falls wird die Erde beben, und
das Klagegeschrei der Edomiter wird bis zum
Roten Meer zu hören sein. 22 Wie Adler steigen
die Feinde auf, kommen herangeschossen und
stürzen sich auf Bozra. Da bekommen die tapfer-
sten Männer Angst wie eine Frau, die in Wehen
liegt.

Über Damaskus

23 Worte über Damaskus:[c]
Die Leute von Hamat und Arpad sind be-
stürzt; sie vergehen vor Angst wegen der Un-
glücksnachricht, die sie erhielten. Auch an der
Küste herrscht tiefe Besorgnis; niemand kommt
mehr zur Ruhe. 24 Denn Damaskus hat den Mut
verloren. Schon wendet sich sein Heer zur
Flucht. Schmerz und Angst haben die Stadt er-
griffen wie eine gebärende Frau. 25 Damaskus,
die berühmte Stadt, die meine Freude war –
man hätte sie einfach verlassen sollen!
26 »Nun aber werden ihre jungen Männer auf
den Plätzen der Stadt tot niedersinken«, sagt der
HERR, der Herrscher der Welt.[d] »An jenem Tag
wird keiner der Verteidiger mit dem Leben da-
vonkommen. 27 Ich werde Feuer an die Mauern
von Damaskus legen, das wird die Paläste Ben-
Hadads vernichten!«

a Wörtlich *der HERR Zebaot**. b Stadt in Edom, berühmt wegen der Weisheit ihrer Bewohner (vgl. Bar 3,22-23).
c *Damaskus* war die Hauptstadt des Reiches der Syrer*. d Wörtlich *der HERR Zebaot**; entsprechend in Vers 35.

49,7-22 25,21; Jes 34,5-17 S **49,12** 25,15 S **49,13** (geschworen) 22,5; 44,26; 51,14; Am 4,2; 8,7; (Grauen) Jer 24,9 S **49,17** 18,16 S **49,18** 50,40; Gen 19,24-25 **49,19** 4,7 S **49,22** 48,40 **49,23** 2 Kön 19,13; Jes 10,9 **49,24-27** Jes 17,1-3 S

Über verschiedene arabische Stämme

28 Worte über den Nomadenstamm Kedar* und
die seßhaften Stämme von Hazor, die König
Nebukadnezzar von Babylonien* inzwischen
besiegt hat:[a]

Der HERR gab den Babyloniern den Befehl:
»Auf zum Kampf gegen Kedar! Überwältigt die
Stämme des Steppenlandes im Osten!« 29 Ihre
Zelte und ihre Herden wird man ihnen wegneh-
men, ihre Zeltdecken, ihren ganzen Hausrat und
ihre Kamele, und dazu rufen: »Schrecken über-
all!«

30 Den Leuten von Hazor ließ der HERR sagen:
»Flieht! Bringt euch schnellstens in Sicherheit!
Haltet euch in Höhlen versteckt! Nebukadnezzar
hat es auf euch abgesehen; sein Plan gegen euch
steht fest! 31 Ich selbst, der HERR, habe den Baby-
loniern befohlen: ›Auf zum Kampf gegen dieses
sorglose, unbekümmerte Volk! Einsam lebt es
für sich und hat darum keine Städte, deren Tore
man verriegeln kann. 32 Holt euch ihre Kamele,
holt euch ihre riesigen Herden!‹

Ja, ich, der HERR, werde die Leute mit den
kahlgeschorenen Schläfen in alle Winde zer-
streuen; von allen Seiten lasse ich Unheil über
sie kommen! 33 Hazor wird für immer zur Wüste,
zu einem Tummelplatz für Schakale. Niemand
wird dort wohnen bleiben, kein Mensch sich
dort aufhalten wollen.«

Über Elam

34 Zu Beginn der Regierungszeit von Zidkija, dem
König von Juda, sprach der HERR zum Propheten
Jeremia und befahl ihm, über die Elamiter* fol-
gende Botschaft zu verkünden:

35 »Der HERR, der Herrscher der Welt sagt: ›Die
Stärke der Elamiter sind ihre Bogenschützen,
aber ich werde ihnen die Bogen zerbrechen!
36 Ich lasse Stürme gegen sie los aus allen vier
Windrichtungen zugleich, und in alle Winde
werden sie zerstreut! Dann wird es kein ein-
ziges Volk mehr geben, bei dem man nicht auf
versprengte Elamiter stößt. 37 Ich werde dafür
sorgen, daß sie vor ihren mordgierigen Feinden
den Mut verlieren. Ich bringe Unheil über sie;
sie sollen die Glut meines Zorns zu spüren be-
kommen! Krieg lasse ich gegen sie wüten, bis
nichts mehr von ihnen übrig ist. 38 Den König
von Elam und seine Minister werde ich ver-
nichten und meinen eigenen Thron dort errich-
ten!‹

39 Doch später werde ich für die Elamiter alles
wieder zum Guten wenden«, sagt der HERR.

Über Babylonien (50,1–51,58)

50 Der HERR sprach zum Propheten Jeremia
und befahl ihm, über Babylonien* und
seine Hauptstadt Babylon folgendes zu verkün-
den:

Babyloniens Ende – Israels Heimkehr

2 Ruft es unter den Völkern aus, alle sollen es
hören! Schlagt es in allen Ortschaften an, macht
es überall bekannt! Verschweigt es nicht, damit
alle es erfahren: Babylon* ist gefallen! Sein Herr
und Beschützer hat versagt: Der Gott Marduk
liegt am Boden; die abscheulichen Götzenbilder
sind zertrümmert! 3 Von Norden* her rückt ein
Volk heran, das Babylonien zur Wüste macht.
Niemand mehr kann dort leben; Menschen und
Tiere ergreifen die Flucht und verschwinden aus
dem Land!

4 »Wenn es soweit ist«, sagt der HERR, »werden
die Leute aus Israel[b] und die Leute aus Juda ge-
meinsam in ihr Land heimkehren. Weinend wer-
den sie kommen und meine Nähe suchen, die
Nähe ihres Gottes. 5 Nach dem Weg zum Berg
Zion* werden sie fragen; dort liegt ihr Ziel. Sie
werden zueinander sagen: ›Kommt, wir kehren
wieder zum HERRN zurück und wollen den
Bund* mit ihm nie mehr vergessen!‹

6 Wie eine verlorene Herde war mein Volk.
Seine Hirten leiteten es in die Irre; sie führten es
auf Berge, auf denen es der Verführung erlag,
mir den Rücken zu kehren.[c] Von einem Berg
zum andern zog es und vergaß darüber seinen
Lagerplatz. 7 Jeder, der es fand, fiel über es her.
›Wir machen uns damit nicht schuldig‹, sagten
seine Feinde, ›denn diese Leute haben sich
gegen den HERRN vergangen, der sie doch treu
mit allem versorgte, was sie zum Leben brauch-
ten, und auf den ihre Vorfahren alle Hoffnung
setzten!‹«

Bestrafung Babyloniens – Vergebung für Israels Rest

8 Der HERR sagt: »Ihr Ausländer alle, flieht aus
Babylon* und verlaßt das Land, so schnell ihr
könnt! Drängt euch durch wie die Böcke in der

a Die Stämme der syrisch-arabischen Wüste wurden 599/98 v. Chr. von Nebukadnezzar ausgeplündert.
b Siehe Anmerkung zu 30,4. *c* Anspielung auf den Götzendienst; vgl. 2,20 und die Vergleichsstellen dort.

49,28-33 25,24; Jes 21,13-17 **49,29** 6,25 S **49,32** 9,25; 25,23 **49,34-38** 25,25; Ez 32,24-25 **49,39** 46,26 S **50,1–51,64** 25,26; Jes 13,1-22 S **50,2** 48,13; 51,44; Jes 21,9 S **50,3** 1,14 S **50,4** 3,18 S; 31,9 **50,5** 31,6 S **50,6** 10,21 S; 50,17; Sach 10,2 **50,8** 50,16; 51,45 S

Herde, daß ihr noch rechtzeitig wegkommt! 9 Denn ich biete die Heeresmacht großer Völker gegen Babylon auf; aus dem Land im Norden* werden sie heranrücken und die Stadt erobern. Sie verstehen ihr Handwerk: keiner ihrer Pfeile verfehlt sein Ziel! 10 Ganz Babylonien fällt in ihre Hand, und sie werden es nach Herzenslust ausplündern!

11 Freut euch nur und jubelt, ihr Babylonier! Ihr habt mein Volk und mein Land ausgeplündert. Springt nur wie die Kälber und wiehert wie übermütige Hengste! 12 Bald wird Babylon, eure Mutter, die euch geboren hat, ganz erbärmlich dastehen. Ihr werdet das letzte der Völker sein, und euer Land wird zur ausgedörrten Wüste. 13 Mein Zorn wird es völlig unbewohnbar machen, alles wird zur Wüste! Und eure Hauptstadt Babylon wird so zerstört, daß jeder, der vorbeikommt, vor Entsetzen aufschreit!«

14 Ihr Bogenschützen, geht rings um Babylon in Stellung! Schießt und spart nicht mit Pfeilen, denn diese Stadt hat sich gegen den HERRN vergangen! 15 Erhebt lautes Kriegsgeschrei von allen Seiten und greift an!

Seht! Babylon ergibt sich! Seine Türme stürzen ein! Seine Mauern fallen! Der HERR selbst will an dieser Stadt Vergeltung üben, darum gebt es ihr, und verfahrt mit ihr, wie sie mit anderen verfuhr! 16 Laßt niemand am Leben, der noch einmal ein Feld bestellen oder die Ernte einbringen könnte! Alle aber, die nicht in diesem Land zu Hause sind, sollen vor dem Wüten des Schwertes fliehen und zu ihrem Volk und in ihre Heimat zurückkehren!

17 Israel war ein versprengtes Schaf, auf das die Löwen Jagd machten: Zuerst packte es der König von Assyrien* und machte sich über es her. Dann kam Nebukadnezzar, der König von Babylonien, nahm den Rest und zermalmte auch noch die Knochen.

18 Darum sagt der HERR, der Herrscher der Welt,[a] der Gott Israels: »Jetzt ziehe ich den König von Babylonien und sein ganzes Land zur Rechenschaft, genauso wie ich den König von Assyrien zur Rechenschaft gezogen habe. 19 Israel aber bringe ich zurück an seinen Weideplatz. Es soll wieder weiden auf dem Karmel und auf der Hochebene von Baschan*, im Bergland von Efraïm und von Gilead*, und es wird ihm an nichts mehr fehlen. 20 Dann wird man vergeblich nach der Schuld Israels und nach den Sünden Judas suchen – sie sind nicht mehr da; denn ich habe denen die Schuld vergeben, die ich aus meinem Volk übriglasse.«

Vergeltung für die Zerstörung des Tempels

21 Der HERR hat den Befehl gegeben: »Auf zum Kampf gegen das Land Meratajim, gegen die Bewohner von Pekod![b] Vollstreckt den Bann* an den Menschen und ihrem ganzen Besitz! Haltet euch genau an diesen Befehl!«

22 Schon ist das Land voll Kriegslärm, schon sinkt alles in Trümmer. 23 Babylon*, du Hammer, der die ganze Welt in Stücke schlug, jetzt liegst du selber zerschmettert am Boden, ein Bild des Grauens für alle Völker!

24 »Babylon, ich selbst habe dir eine Falle gestellt«, sagt der HERR, »und prompt bist du hineingelaufen. Ich habe dich gefangen, und jetzt rechne ich mit dir ab; denn mit mir, dem HERRN, hast du dich angelegt!«

25 Wie einer Waffen aus der Rüstkammer holt, so holt der HERR in seinem Zorn die Völker herbei. Er, der Herrscher über die ganze Welt,[c] hat Arbeit für sie im Land der Babylonier. 26 Er befiehlt ihnen: »Fallt über sie her von allen Seiten! Brecht ihre Vorratshäuser auf! Werft alles, was ihr findet, auf einen Haufen und vollstreckt daran den Bann; nichts darf übrigbleiben! 27 Bringt die jungen Männer um, führt sie ab wie junge Stiere zur Schlachtung! Weh über sie, der Tag der Abrechnung ist da!«

28 Horcht! Flüchtlinge aus Babylonien sind gekommen! Sie berichten auf dem Berg Zion*, wie der HERR, unser Gott, den Babyloniern vergilt, was sie mit seinem Tempel gemacht haben!

Die Vermessenheit Babylons wird bestraft

29 Bietet alle Bogenschützen auf gegen Babylon* und schließt den Belagerungsring! Niemand darf aus der Stadt entkommen! Zahlt ihr die Verbrechen heim, die sie begangen hat; verfahrt mit ihr genauso, wie sie mit anderen verfahren ist! Sie hat sich groß aufgespielt gegen den heiligen Gott Israels!

30 »Ja«, sagt der HERR, »die jungen Männer von Babylon werden auf den Plätzen der Stadt tot niedersinken; keiner der Verteidiger kommt mit dem Leben davon!

a Wörtlich *der HERR Zebaot**.
b *Meratajim* und *Pekod* sind Landschaften in Babylonien, die hier für das Land als ganzes stehen. Ihre Namen erinnern an die hebräischen Wörter für »Empörung/Widerspenstigkeit« und »bestrafen«.
c *Er, der Herrscher ...:* wörtlich *Der Herr, der HERR Zebaot*;* entsprechend in Vers 31.

50,13 18,16 S **50,15** 25,14 S **50,17** 50,6 S **50,18** Jes 10,12 **50,19** 23,3 S; Ez 34,11-16 S **50,20** 31,34 S; Jes 4,4 **50,21** 51,3 S **50,23** 51,20; Jes 10,5 **50,26-27** 51,3 S **50,28** 51,11 **50,29** 25,14 S; 48,26-27 S; Offb 18,6

31 Babylon, du hochmütige Stadt«, sagt der
HERR, der Herrscher über die ganze Welt, »der
Tag ist gekommen, daß ich mit dir abrechne!
32 Du wirst stürzen, und niemand hilft dir wieder
auf. Ich lege Feuer an die Städte, die zu dir
gehören; das wird das ganze Land ringsum vernichten!«

Gott erzwingt die Freilassung seines Volkes

33 So spricht der HERR, der Herrscher der Welt:[a]
»Die Leute aus Israel und aus Juda werden unterdrückt. Das Volk, das sie gefangen weggeführt
hat, will sie nicht wieder gehen lassen. 34 Doch
an mir haben sie einen starken Anwalt – ›der
HERR, der Herrscher der Welt‹ ist sein Name. Ich
werde ihnen zum Recht verhelfen und der Erde
wieder Ruhe verschaffen. Doch die Bewohner
Babylons* will ich das Zittern lehren!«

35 »Tod den Babyloniern!« sagt der HERR. »Tod
ihren mächtigen Führern und weisen Ratgebern,
allen Bewohnern der Hauptstadt Babylon! 36 Tod
ihren Wahrsagern; was für Narren sind sie! Tod
ihren Elitetruppen; sie sind vor Schrecken starr!
37 Tod ihren Pferden und Streitwagen*! Tod ihren
fremden Söldnertruppen; sie vergehen vor
Angst wie Frauen! Weg mit ihren Schätzen und
Vorräten; sie werden alle geplündert! 38 Weg mit
ihren Bewässerungskanälen; das ganze Land
soll versteppen und verdorren!

Es ist ein Land voller Götzenbilder; ihre
scheußlichen Fratzen haben den Babyloniern
den Verstand geraubt! 39 Darum sollen jetzt
Wildkatzen, Schakale und Strauße sich in ihrem
Land tummeln, aber Menschen werden dort
niemals mehr wohnen! 40 Wie es Sodom* und
Gomorra und ihren Nachbarstädten erging, so
wird es Babylonien ergehen«, sagt der HERR, »es
wird so völlig zerstört, daß niemand dort wohnen bleibt und kein Mensch sich dort aufhalten
mag!«

Der Feind aus dem Norden

41 Ein großes Volk kommt von Norden* her,
mächtige Könige machen sich auf vom Ende der
Erde. 42 Ihre Krieger kämpfen mit Bogen und
Krummschwert, sie sind grausam und kennen
kein Erbarmen. Auf Pferden reiten sie heran; es
dröhnt wie das Tosen der Meeresbrandung. Sie
sind bereit zum Angriff; zum Angriff auf dich,
Babylon*! 43 Als dein König die Nachricht davon
erhielt, sind ihm die Hände herabgesunken!
Angst hat ihn befallen, Schmerzen wie die
Wehen einer gebärenden Frau!

44 »Wie ein Löwe aus dem Dickicht am Jordan
heraufsteigt ins Weideland, so werde ich selber
kommen«, sagt der HERR, »und augenblicklich
werden alle Babylonier die Flucht ergreifen.
Dann werde ich den Mann, den ich dazu bestimmt habe, als Herrscher über Babylonien einsetzen. Wer ist mir gleich, wer will Rechenschaft
von mir fordern? Wo ist der Herrscher, der mir
Widerstand leisten könnte?«

45 Hört also, was der HERR über Babylon beschlossen hat, was mit den Bewohnern Babyloniens geschehen wird: Wie eine Viehherde wird
man sie forttreiben, selbst die Kinder und
Schwachen! Ihr eigenes Land wird sich entsetzen, wenn es das sieht! 46 Von dem Ruf: »Babylon ist gefallen!« wird die Erde erzittern, und das
Klagegeschrei der Besiegten wird zu allen Völkern durchdringen!

Das Gericht Gottes über Babylon

51 So spricht der HERR: »Ich lasse einen verheerenden Sturm losbrechen gegen die
Stadt Babylon* und gegen alle, die in diesem
Zentrum des Aufruhrs gegen mich wohnen!
2 Ich schicke Fremde, die sollen das Volk von
Babylon davonjagen, so wie der Wind die Spreu
fortweht; sie sollen das ganze Land ausplündern. Wenn für Babylonien die Stunde geschlagen hat, wird es von allen Seiten zugleich angegriffen! 3 Ich gebe seinen Feinden den Befehl:
›Schießt die Bogenschützen nieder und all die
stolzen gepanzerten Krieger! Habt kein Mitleid
mit den jungen Männern von Babylon, vollstreckt den Bann* an seinem ganzen Heer!‹«

4 Dann wird Babylon übersät sein von Toten,
und auf allen Straßen werden Verwundete liegen. 5 Ja, Israel und Juda sind nicht im Stich gelassen von ihrem Gott, dem Herrscher der Welt![b]
Babylonien hat sich schwer gegen ihn, den heiligen Gott Israels, vergangen! 6 Flieht aus Babylonien, ihr Leute von Israel und Juda, rettet euer
Leben! Ihr sollt nicht mit umkommen, wenn dieses Land jetzt für seine Schuld bestraft wird!
Denn die Zeit der Vergeltung ist da; jetzt zahlt
der HERR den Babyloniern alles heim, was sie getan haben!

7 Babylon war ein goldener Becher in der
Hand des HERRN. Mit seinem Wein machte es die
ganze Welt betrunken; alle Völker verloren davon den Verstand. 8 Plötzlich fällt der Becher zu

a *Wörtlich der HERR Zebaot*;* ebenso in Vers 34. b Wörtlich *dem HERRN Zebaot*.*

50,34 10,16 S; 51,36 **50,39** Zef 2,14 S; Offb 18,2 S **50,40** 49,18 S **50,41-43** 6,22-24 **50,41** 1,14 S **50,44** 4,7 S; (Mann) Jes 41,2.25; 45,1-5 S **51,2** 15,7 **51,3** 50,21.26-27; Dtn 7,1-4 S **51,5** 50,29 S **51,6** 25,14 S; 51,45 S **51,8** 8,22 S

Boden und zerbricht. Ihr Völker, haltet die Toten-
klage* für Babylon! Schafft Salbe herbei für seine
Wunden, vielleicht heilen sie! 9 Aber die Abge-
sandten der Völker entgegnen: »Wir haben Baby-
lon zu helfen versucht, doch ihm ist nicht mehr
zu helfen! Überlaßt es seinem Schicksal, wir
kehren in unsere Heimat zurück. Dieses Strafge-
richt überschreitet jedes irdische Maß!«[a]
10 Die Leute aus Israel und Juda aber werden
sagen: »Der HERR hat unser Recht wiederherge-
stellt! Kommt, wir wollen zum Berg Zion* gehen
und dort erzählen, was der HERR, unser Gott, ge-
tan hat!«

Die Meder vollstrecken das Gericht Gottes

11 Der HERR hat den Königen von Medien* in
den Sinn gegeben, gegen Babylonien* Krieg zu
führen. Sie sollen das Land vernichten. So vergilt
er den Babyloniern, was sie mit seinem Tempel*
gemacht haben. Ich höre schon die Kommando-
rufe der Meder:[b] »Pfeile bereitmachen! – Schilde
aufnehmen! 12 Gebt das Zeichen zum Angriff auf
die Mauern von Babylon! – Verstärkt den Bela-
gerungsring! – Stellt überall Posten auf! – Legt
Truppen in den Hinterhalt!«

Ja, der HERR führt durch, was er sich vorge-
nommen und den Babyloniern angedroht hat!
13 Volk von Babylon, du wohnst an den Ufern
großer Ströme und bist unermeßlich reich. Doch
deine Zeit ist abgelaufen, du hast genug zu-
sammengeraubt! 14 Der HERR, der Herrscher der
Welt,[c] hat bei sich selbst geschworen: »Die
Feinde werden in dein Land einfallen wie Heu-
schreckenschwärme und ihr Triumphgeschrei
über dich erheben!«
15 Der HERR hat die Erde geschaffen und da-
durch seine Macht gezeigt: Das feste Land ist ein
Werk seiner Weisheit, der Himmel darüber ein
Beweis seines überlegenen Könnens. 16 Wenn er
es befiehlt, sammelt sich mit Donnergetöse das
Wasser am Himmel, Wolken steigen am Hori-
zont auf, Blitze öffnen dem Regen die Bahn, und
der Wind bricht aus seinen Kammern hervor.
17 Kein Mensch kann das begreifen, sprachlos
vor Staunen steht jeder davor. Und alle, die Göt-
terbilder gemacht haben, müssen sich ihrer
Machwerke schämen; denn diese Bilder sind Be-
trug, kein Hauch von Leben ist in ihnen. 18 Wert-
lose Figuren sind sie, über die man spottet.
Wenn der HERR Gericht hält, ist es aus mit ihnen.
19 Wie anders ist der Gott Israels! Er hat das
Weltall geschaffen und das Volk Israel für immer
zu seinem Eigentum gemacht. »Der HERR, der
Herrscher der Welt«, ist sein Name.

Größe und Grenze der Macht Babyloniens

20 Der HERR sagt: »Die Babylonier* sind mein
Hammer, meine Kriegswaffe, mit ihnen zer-
schlage ich Völker und Königreiche. 21 Mit ihnen
zerschlage ich Pferde und Reiter, Wagen und
Lenker, 22 Männer und Frauen, Greise, junge
Leute und Kinder. 23 Mit ihnen zerschlage ich
die Hirten samt ihren Herden, die Bauern samt
ihren Zugtieren. Statthalter und Befehlshaber
zerschlage ich mit ihnen.
24 Aber jetzt sollt ihr Leute von Israel mit eige-
nen Augen sehen, wie ich ihnen das Böse heim-
zahle, das sie an Jerusalem verübt haben!
25 Babylon, du Berg der Vernichtung, von dem
Vernichtung ausgeht in alle Welt, paß auf, jetzt
komme ich über dich!« sagt der HERR. »Ich packe
dich und stürze dich in die Tiefe! Ich mache aus
dir einen Berg von Schutt und Asche! 26 Man soll
keinen Stein mehr in dir finden, der noch ein-
mal für eine Grundmauer oder als Eckstein* zu
verwenden wäre; für alle Zeiten wirst du ein
Schutthaufen sein!«

Babylons Ende ist gekommen

27 Gebt das Zeichen zum Kampf gegen Babylon*,
bei allen Völkern stoßt ins Kriegshorn*! Ruft
die Völker auf zum heiligen Krieg! Bietet die
Königreiche von Ararat, Minni und Aschkenas
zum Kampf auf! Bestellt die Offiziere, die die
Truppen ausheben! Laßt Reiterscharen anrük-
ken, zahlreich und grausam wie Heuschrecken-
schwärme! 28 Ruft die Völker auf zum heiligen
Krieg! Die Könige von Medien* sollen sich
rüsten, ihre Statthalter und Befehlshaber und die
Völker, über die sie gebieten!
29 Da zittert und bebt die Erde, denn der Plan
des HERRN geht jetzt in Erfüllung: Die Stadt
Babylon und das ganze Land werden zu einer
Wüste, in der kein Mensch mehr wohnt.
30 Die Verteidiger Babylons haben den Kampf
schon aufgegeben. Die stärksten Krieger hocken
in den Festungstürmen, haben keine Kraft mehr
und vergehen vor Angst wie Frauen. Schon sind
die Tore der Stadt erobert, viele Häuser stehen in
Flammen. 31 Ein Bote nach dem andern kommt,
um dem König von Babylon zu melden: »Die
Feinde dringen von allen Seiten in die Stadt ein!

a *Dieses Strafgericht …:* wörtlich *Sein (Babylons) Gericht reicht bis an den Himmel und erhebt sich bis zu den Wolken.*
b *Ich höre …:* verdeutlichender Zusatz.
c Wörtlich *Der HERR Zebaot*;* ebenso in Vers 19.

51,10 31,6 S **51,11** Jes 13,17; Jer 50,28 **51,13** Offb 17,1 **51,14** 49,13 S **51,15-19** 10,12-16 **51,20** 50,23 **51,24** 25,14 S **51,26** Jes 28,16 **51,27** 4,5 S

– 32 Sie haben die Flußübergänge besetzt und die Verteidigungsanlagen in Brand gesteckt! – Unter unseren Männern ist Panik ausgebrochen!«

33 So spricht der HERR, der Herrscher der Welt,[a] der Gott Israels: »Wenn der Dreschplatz festgestampft wird, ist die Zeit des Dreschens nicht mehr fern. Das eine geschieht schon mit Babylon, das andere wird dann nicht lange auf sich warten lassen!«

Gott verhilft Jerusalem zu seinem Recht

34 Ich höre die Zionsstadt* klagen:[b] »Nebukadnezzar, der König von Babylonien*, hat mich vernichtet! Er hat mich leergefressen und wie eine leere Schüssel stehenlassen. Er hat sich den Bauch mit meinen Leckerbissen vollgeschlagen und mich dann von sich gestoßen. Wie ein Drache hat er mich verschlungen!«

35 Darum soll Jerusalem sagen: »Was sie mir angetan haben, soll der Stadt Babylon heimgezahlt werden! Für mein Blut, das geflossen ist, soll ganz Babylonien zur Rechenschaft gezogen werden!«

36 So spricht der HERR zur Zionsstadt: »Ich werde dir zum Recht verhelfen und den Babyloniern heimzahlen, was sie dir angetan haben. Den Eufrat lasse ich austrocknen, ich lasse seine Quellen versiegen. 37 Die Stadt Babylon soll zum Trümmerhaufen werden, zu einem Tummelplatz der Schakale, zum Bild des Grauens. Wer das sieht, wird sich mit Entsetzen abwenden. Kein Mensch soll dort mehr wohnen.

38 Laß die Babylonier nur brüllen wie die Löwen und knurren wie Löwenjunge. 39 Für ihren Heißhunger bereite ich ihnen ein Festmahl und mache sie dabei betrunken! Sie sollen lustig werden und dann einschlafen – für immer! Das sage ich, der HERR. 40 Wie Lämmer, wie Schafund Ziegenböcke führe ich sie zur Schlachtung!«

Spott über den Sturz Babylons

41 Wie war das möglich? Babylon[c] ist gefallen, diese weltberühmte Stadt! Wie konnte es dahin kommen? Alle Völker sind entsetzt. 42 Das Meer ist nach Babylon vorgedrungen und hat die Stadt unter seinen donnernden Fluten begraben. 43 Auch die anderen Städte sind alle vernichtet! Babylonien ist zur Wüste geworden, zu einer dürren Steppe, zu einem Land, das niemand mehr bewohnt und niemand durchwandert!

Bel und die berühmte Mauer werden fallen

44 Der HERR sagt: »Jetzt rechne ich ab mit Bel*, dem Gott von Babylon*! Ich zwinge ihn, alles, was er geraubt und verschlungen hat, wieder auszubrechen. Die Völker werden nicht mehr zu ihm strömen, um ihm Opfer* zu bringen! Auch die Mauer von Babylon wird fallen!

45 Ihr, die ihr zu meinem Volk gehört, verlaßt diese Stadt! Bringt euer Leben in Sicherheit, denn mein glühender Zorn wird sich über ihr entladen!«

Zuspruch für das verzagte Volk

46 Ihr Leute von Israel, verliert nicht den Mut! Fürchtet euch nicht wegen der schlimmen Nachrichten, die im Land umlaufen! Wenn ihr heute die eine Schreckensmeldung hört und morgen die nächste, wenn überall brutale Gewalt herrscht und ein Machthaber den andern verjagt, 47 dann haltet euch an das, was ich, der HERR, sage:

»Der Tag kommt, an dem ich mit den Götzen Babylons abrechne! Babylonien* wird mit Schimpf und Schande untergehen; überall werden Tote liegen! 48 Himmel und Erde und alles, was auf Erden lebt, wird in Jubel ausbrechen, wenn von Norden* her die Feinde anrücken und Babylonien vernichten!«

Gottes Beschluß steht fest

49 Babylons wegen sind Menschen in aller Welt gefallen, aber wegen der Gefallenen aus Israel[d] wird nun Babylon* fallen! 50 Ihr aber aus dem Volk Israel, die ihr mit dem Leben davongekommen seid, verlaßt Babylonien; verliert keine Zeit! Denkt in der Ferne an den HERRN; vergeßt Jerusalem nicht!

51 Ihr sagt zwar: »Der HERR hat uns enttäuscht! Alle Völker haben uns verspottet und verhöhnt; wir müssen uns schämen, daß Fremde in den heiligen Tempel* des HERRN eindringen konnten.«

52 Doch der HERR antwortet: »Der Tag kommt, an dem ich mit den Götzen Babylons abrechne; dann wird ganz Babylonien voll sein vom Stöhnen tödlich Verwundeter! 53 Und wenn Babylon auch bis in den Himmel aufstiege, sich in unzu-

a *Wörtlich der HERR Zebaot*;* entsprechend in den Versen 57 und 58. b Verdeutlichender Zusatz.
c Wörtlich *Scheschak* (siehe Anmerkung zu 25,26).
d *aber wegen der Gefallenen ...:* vermutlicher Text; H *ihr Gefallenen aus Israel.*

51,36 50,34 **51,37** 18,16S **51,39** 25,15S **51,44** 50,2S **51,45** 51,6.50; Jes 48,20; Sach 2,10; Offb 18,4; Jer 50,8.16 **51,48** Offb 18,20; Jer 50,3 **51,50** 51,45S; Ps 137,5-6 **51,51** Ps 79,1-4; Klgl 1,10; Jes 40,27S **51,53** Jes 14,13-15; Ijob 20,4-7

gänglicher Höhe verschanzte, die Feinde, die ich herbeirufe, würden es dennoch zerstören!«

Kriegslärm und Todesschweigen beenden das Lärmen der Weltstadt Babylon

54 Horcht! Hilfegeschrei von Babylon* her; das ganze Land sinkt in Trümmer! 55 Der HERR vernichtet Babylon, er macht seinem lärmenden Treiben ein Ende. Wie tobende, brüllende Meereswogen 56 sind die Feinde über die Stadt gekommen und verwüsten alles. Babylons Soldaten werden gefangengenommen, ihre Bogen zerbrochen. Ein Gott der Vergeltung ist der HERR; er rechnet gründlich ab!

57 »Ich mache die mächtigen und klugen Führer Babylons betrunken«, sagt der HERR, »alle seine Statthalter und Befehlshaber und seine Kriegsleute! Sie sollen in einen Schlaf versinken, aus dem sie nicht mehr erwachen!« Das sagt der König, der den Namen trägt »Der HERR, der Herrscher der Welt«.

Noch einmal über Babylons Mauer

58 Der HERR, der Herrscher der Welt, sagt: »Die gewaltige Mauer von Babylon wird bis auf den Grund zerstört, und seine stolzen Tore werden verbrannt!«

Ganze Völker haben sich vergeblich für dich geplagt, es ist alles dem Untergang geweiht.

Der Auftrag Jeremias an Seraja

59-60 Alle diese Unheilsankündigungen gegen Babylon* hatte Jeremia auf eine Buchrolle* geschrieben. Als Zidkija, der König von Juda, in seinem vierten Regierungsjahr nach Babylon reiste, begleitet vom Oberquartiermeister Seraja, einem Sohn von Nerija und Enkel von Machseja, gab Jeremia die Rolle Seraja mit und erteilte ihm folgenden Auftrag:

61 »Wenn du in Babylon angekommen bist, dann verliest du alles, was in dieser Rolle steht, 62 und anschließend sagst du: ›HERR, damit hast du selbst dieser Stadt das Todesurteil gesprochen; kein Mensch und kein Stück Vieh sollen mehr in ihr wohnen, sie soll für immer zu einer Wüste werden.‹

63 Danach bindest du einen Stein an die Rolle und wirfst sie in den Eufrat. 64 Dabei rufst du: ›So wie diese Rolle wird die Stadt Babylon versinken und nicht wieder hochkommen wegen des Unheils, das der HERR über sie bringt! Mit Babylon ist es aus!‹«

Hier enden die Worte Jeremias.

Das Ende von König Zidkija

(39,1-7; 2 Kön 24,18–25,7)

52 Zidkija war 21 Jahre alt, als er König wurde, und er regierte elf Jahre in Jerusalem. Seine Mutter hieß Hamutal; sie war eine Tochter von Jirmeja und stammte aus Libna. 2 Zidkija tat, was dem HERRN mißfiel, genauso wie sein Bruder Jojakim. 3 Nun aber war das Maß voll. Der HERR war so zornig über die Bewohner von Jerusalem und Juda, daß er sie aus seinen Augen wegschaffen ließ.

Zidkija lehnte sich gegen Nebukadnezzar, den König von Babylonien*, auf. 4 Da erschien dieser im neunten Regierungsjahr von Zidkija mit allen seinen Truppen vor Jerusalem. Rings um die Stadt ließ er einen Belagerungswall aufschütten. Am 10. Tag des 10. Monats begann die Belagerung, 5 und sie dauerte bis ins elfte Regierungsjahr von Zidkija. 6 Zuletzt waren die Nahrungsmittel in der Stadt völlig aufgebraucht.

Am 9. Tag des 4. Monats im elften Jahr Zidkijas 7 schlugen die Babylonier eine Bresche in die Stadtmauer. Im Schutz der Dunkelheit gelang es König Zidkija und seinen Kriegsleuten, durch den Torweg zwischen den beiden Mauern am königlichen Garten die Stadt zu verlassen und den Belagerungsring zu durchbrechen. Sie flohen in östlicher Richtung zur Jordanebene.

8 Sofort nahmen babylonische Truppen die Verfolgung auf und holten Zidkija in der Ebene bei Jericho ein. Von seinen Kriegsleuten im Stich gelassen, 9 wurde er gefangengenommen und nach Ribla in der Provinz Hamat vor den König von Babylonien gebracht.

Nebukadnezzar selbst sprach ihm das Urteil. 10 Zidkija mußte mit ansehen, wie man seine Söhne abschlachtete. Auch alle führenden Männer von Juda wurden dort hingerichtet. 11 Danach wurden Zidkija die Augen ausgestochen. Mit Ketten gefesselt nahm Nebukadnezzar ihn mit nach Babylon und warf ihn ins Gefängnis. Dort blieb er bis zu seinem Tod.

Die Zerstörung Jerusalems und das Schicksal der Bevölkerung

(39,8-10; 2 Kön 25,8-21)

12 Im 19. Regierungsjahr Nebukadnezzars, am 10. Tag des 5. Monats, traf Nebusaradan, der Befehlshaber der königlichen Leibwache, einer der engsten Vertrauten des Babylonierkönigs, in Jerusalem ein. 13 Er ließ den Tempel* des HERRN, den Königspalast und alle vornehmen Häuser

51,56 25,14 S **51,57** 25,15 S **51,58** Hab 2,13; Sir 14,19 **51,59-60** 28,1; 30,1-2 S **51,61-64** 13,1-11 S **51,63-64** Offb 18,21 **52,3** 32,31 **52,4-11** 39,1-7 **52,11** 32,5 **52,12-16** 39,8-10

Jerusalems niederbrennen. Auch alle anderen Häuser gingen in Flammen auf. 14 Seine Leute rissen die Mauern der Stadt ringsum nieder.

15 Nebusaradan ließ die restliche Stadtbevölkerung,[a] auch alle, die zu den Babyloniern übergelaufen waren, sowie den Rest der Handwerker gefangen wegführen. 16 Nur aus der ärmsten Schicht der Landbevölkerung ließ er eine Anzahl zurück, damit sie die Weinberge und Äcker bestellten.

17 Die Babylonier zertrümmerten die bronzenen Säulen, die vor dem Tempel des Herrn aufgestellt waren, und ebenso die Kesselwagen und das große Bronzebecken und schafften das ganze Metall nach Babylon. 18 Sie nahmen aus dem Tempel die Töpfe, Schaufeln und Messer mit, die Schalen zum Auffangen des Blutes und die Pfannen, alle Bronzegeräte, die für den Tempeldienst gebraucht worden waren. 19 Auch alle goldenen und silbernen Geräte des Tempels nahm Nebusaradan mit: die Schüsseln, Feuerbecken, Schalen und Töpfe, die Leuchter und die Schalen und die Kannen für das Trankopfer*.

20 Für die beiden Säulen, das große Becken, die zwölf Rinder, auf denen es ruhte, und die Kesselwagen[b] hatte König Salomo eine ungeheure Menge Bronze verarbeitet. 21 Die beiden Säulen waren neun Meter hoch. Ihr Umfang betrug sechs Meter. Sie waren innen hohl, der Metallmantel war acht Zentimeter dick. 22 Jede trug ein bronzenes Kapitell von zweieinhalb Meter Höhe. Die Kapitelle waren ringsum mit Bandgeflecht und Granatäpfeln aus Bronze verziert. 23 Hundert Granatäpfel waren an jedem Kapitell, sechsundneunzig davon waren von unten zu sehen.

24 Nebusaradan, der Befehlshaber der Leibwache, ließ den Obersten Priester* Seraja, seinen Stellvertreter Zefanja und die drei Torhüter* festnehmen. 25 In der Stadt fanden sich außerdem noch ein hoher Offizier, sieben Männer aus der nächsten Umgebung des Königs, der Beamte, der für die Musterung des Heeres verantwortlich war, und sechzig angesehene Männer aus dem Gebiet von Juda. Auch sie ließ Nebusaradan verhaften 26 und brachte sie zum babylonischen König nach Ribla in der Provinz Hamat. 27 Dort ließ Nebukadnezzar sie hinrichten.

So wurde das Volk von Juda aus seinem Land in die Verbannung* weggeführt.

28 Hier ist die Zahl der Weggeführten: In seinem siebten Regierungsjahr[c] führte Nebukadnezzar 3023 Männer aus Juda in die Gefangenschaft, 29 in seinem achtzehnten Regierungsjahr[d] 832 Einwohner von Jerusalem. 30 Im dreiundzwanzigsten Regierungsjahr[e] Nebukadnezzars brachte Nebusaradan, der Befehlshaber der Leibwache, nochmals 745 Männer aus Juda nach Babylonien. Insgesamt waren es 4600 Männer, die in die Verbannung nach Babylonien weggeführt wurden.

Grund für neue Hoffnung?

(2 Kön 25,27-30)

31 Als Ewil-Merodach König von Babylonien* wurde, begnadigte er noch im selben Jahr König Jojachin von Juda und holte ihn aus dem Gefängnis. Das geschah im 37. Jahr der Gefangenschaft Jojachins, am 25. Tag des 12. Monats.

32 Der neue König behandelte Jojachin freundlich und gab ihm eine Ehrenstellung unter den fremden Königen, die wie Jojachin nach Babylon gebracht worden waren. 33 Jojachin durfte seine Gefängniskleidung ablegen und zeitlebens an der königlichen Tafel speisen. 34 Auf Anordnung des Königs von Babylonien wurde ihm bis zu seinem Tod täglich alles geliefert, was er zu seinem Unterhalt brauchte.

a Es folgt noch: *eine Anzahl aus der ärmsten Schicht der Bevölkerung und,* was wohl versehentlich aus Vers 16 hierher geraten ist (vgl. 2 Kön 25,11).
b *Rinder, auf denen …:* mit alten Übersetzungen; H *Rinder unter den Kesselwagen.*
c 598 v. Chr.; nach 2 Kön 24,12 war dies das achte Regierungsjahr Nebukadnezzars.
d 587 v. Chr.; nach 2 Kön 25,8; Jer 52,12 war dies das neunzehnte Regierungsjahr Nebukadnezzars.
e 582 v. Chr.

52,17-23 27,19-22; 1 Kön 7,15-50 **52,24** (Zefanja) 21,1 S **52,28** 29,2 **52,29** 32,1 **52,31-34** 22,24-30

DIE KLAGELIEDER

Jerusalem, eine einsame Witwe

1 Ach, wie einsam ist die Stadt geworden,
die früher voller Menschen war!
Einst war sie bei allen Völkern geachtet,
jetzt gleicht sie einer schutzlosen Witwe.
Sie, die Herrin über viele Länder,
muß nun als Sklavin Frondienst* leisten.

2 Sie weint und klagt die ganze Nacht,
Tränen laufen ihr über die Wangen.
Von den Liebhabern, die sie einst begehrten,
kommt nicht einer, um sie zu trösten.
Alle Freunde sind ihr untreu geworden
und haben sich gegen sie gewandt.

3 Nach langer Zeit der Not und Bedrängnis
wurden die Leute von Juda weggeführt.
Die Verfolger trieben sie in die Enge
und setzten ihnen grausam zu.
Unter fremden Völkern müssen sie wohnen
und können nirgendwo Ruhe finden.

4 Die Wege zum Zionsberg* liegen verlassen;
sie trauern, weil niemand zum Fest kommt.
Die Tore der Stadt sind trostlose Trümmer,
die Priester des Tempels* seufzen vor Gram,
bedrückt sind die Mädchen, die früher
dort sangen,
Jerusalem selbst leidet tödliche Qualen.

5 Die Feinde sind auf dem Gipfel des Glücks;
sie haben endlich erreicht, was sie wollten.
Der HERR hat der Stadt dieses Leid geschickt
als Strafe für ihre vielen Vergehen.
Ihre Kinder hat der Feind geraubt
und als Gefangene vor sich hergetrieben.

6 Die Zionsstadt hat all ihren Glanz verloren:
Ihre Führer sind wie hungernde Hirsche,
die nirgendwo ihre Weide finden
und kraftlos immer weiter fliehen,
weil der Jäger ihnen auf den Fersen bleibt.

7 Die Zionsstadt denkt zurück an die Tage,
als sie in höchste Bedrängnis geriet.
Sie denkt traurig an die verlorenen Schätze,
die sie seit uralter Zeit besaß.

Als ihr Volk in die Hand des Feindes fiel,
gab es weit und breit niemand, der ihr half.
Ihre Gegner schauten schadenfroh zu
und lachten, als sie unterging.

8 Sie hatte schwere Schuld auf sich geladen
und sich selbst zum Gespött gemacht.
Wer sie früher verehrte, verachtet sie nun,
weil er sie nackt und schutzlos liegen sah.
Sie aber seufzt und stöhnt vor Scham
und wendet ihr Gesicht von ihnen ab.

9 Bei ihrem schlimmen Treiben bedachte
sie nicht,
daß sie ihre Unreinheit* nicht verbergen kann.
Entsetzlich tief ist sie gefallen,
und niemand ist da, der sie trösten will.
Nun schreit sie: »Sieh doch mein Elend, HERR!
Höre doch, wie die Feinde prahlen!«

10 Die Hand des Feindes hat zugegriffen
und alle ihre Schätze geraubt.
Hilflos mußte sie es mit ansehen,
wie die Fremden ins Heiligtum eindrangen,
Fremde, denen der HERR doch verboten hatte,
mit seinem Volk dort vor ihn zu treten.

11 Alle Bewohner der Zionsstadt stöhnen,
verzweifelt suchen sie nach Nahrung.
Sie geben ihren Schmuck für ein Stück Brot,
damit sie sich am Leben erhalten.
Laut klagt die Stadt: »HERR, sieh mich doch an!
Sieh doch, wie sehr man mich verachtet!«

12 Allen, die vorübergehen, ruft sie zu:
»Nichts dergleichen möge euch treffen!
Schaut her, wo gibt es solche Qualen,
wie ich sie jetzt erleiden muß?
Der HERR hat sie mir auferlegt
am Tag, an dem sein Zorn mich traf.
13 Von oben her schickte er Feuer auf mich,
das in mir wütete und mich bezwang.
Er spannte sein Netz aus, um mich zu fangen;

1,1 Jer 44,2; Jes 49,21 1,2 Jer 30,14 1,7 2,16; 3,46 1,8 1,18 S 1,10 Jer 52,17-23; 51,51

ich lief hinein und stürzte zu Boden.
Er hat mich völlig zugrunde gerichtet
und mich für alle Zukunft krank gemacht.
14 Alle meine Sünden hat er genommen;
ein Joch* hat er daraus gemacht,
das hat er mir auf den Nacken gelegt,
und ich bin darunter zusammengebrochen.
Er hat mich den Feinden preisgegeben,
vor denen ich nicht standhalten konnte.
15 Meine Krieger, die ich bei mir hatte,
schob er mit einer Handbewegung fort.
Er rief die Feinde gegen mich zusammen,
um meine jungen Männer zu vernichten.
Wie man Trauben in der Kelter* zertritt,
so ließ er das Volk von Juda von ihnen
zertreten.
16 Darum fließen meine Tränen unaufhörlich,
ich weine mir die Augen aus dem Kopf.
Ich habe niemand, um mich zu trösten,
niemand, der mir Erleichterung bringt.
Meine Kinder haben keine Zukunft mehr,
die Übermacht der Feinde war zu groß.«

17 Die Zionsstadt streckt die Hände aus,
doch niemand ist da, der sie tröstet.
Der HERR hat die Nachbarvölker gerufen,
um sein Volk in die Enge zu treiben.
Jerusalem ist für sie eine Stadt,
auf die sie voller Abscheu blicken.

18 »Der HERR ist im Recht, wenn er mich straft;
denn ich habe mich seinem Wort widersetzt.
Ihr Völker alle, hört meine Klage!
Seht, welche Qualen ich erdulden muß:
Meine Mädchen und meine jungen Männer,
sie mußten fort in die Gefangenschaft!
19 Ich rief die Liebhaber, die mich einst
begehrten,
doch sie ließen mich alle im Stich.
Meine Priester und die führenden Männer,
elend sind sie umgekommen in der Stadt,
weil sie nirgends etwas zu essen fanden,
um sich am Leben zu erhalten.
20 HERR, sieh doch, wie verzweifelt ich bin,
wie es brennt in meinen Eingeweiden!
Das Herz dreht sich mir im Leibe um!
Wie konnte ich so widerspenstig sein?
Draußen raubte mir das Schwert die Kinder,
drinnen raffte sie die Seuche hin.
21 Meine Feinde haben mich stöhnen gehört:
›Niemand ist da, um mich zu trösten!‹
Sie haben von meinem Unglück gehört
und sich gefreut, daß du mir das angetan hast.
Du hast dein Strafgericht über mich gebracht,
das du mir seit langem angekündigt hattest;
aber auch ihnen soll es ergehen wie mir!
22 Ihre Verbrechen sollen vor dein Gericht
kommen;
zieh sie dafür zur Rechenschaft,
so wie du es mit mir getan hast
wegen meiner vielen Vergehen!
Ach, mein Stöhnen nimmt kein Ende,
mein Herz ist schon ganz krank davon.«

Gott hat wie ein Feind gehandelt

2 Ach, der Zorn des Herrn liegt auf der
Zionsstadt[a]
wie eine schwere, dunkle Wolke.
Jerusalem, die Zierde Israels,
hat er vom Himmel auf die Erde gestürzt.
An seinem Gerichtstag nahm er keine
Rücksicht darauf,
daß Zion der Fußschemel seines Thrones war.
2 Die Dörfer und Felder Israels
hat er schonungslos vernichtet.
Alle befestigten Städte in Juda
hat er zornig niedergerissen.
Dem Königreich und seinen Fürsten
hat er ein schändliches Ende bereitet.
3 In seinem Zorn hat er alles zerschlagen,
wodurch Israel stark und mächtig war.
Im Augenblick, als die Feinde kamen,
zog er die schützende Hand von uns zurück.
Er setzte Israel in Flammen
wie ein Feuer, das nach allen Seiten frißt.
4 Wie ein Feind hielt er den Bogen gespannt,
seine rechte Hand bereit zum Schuß;
so tötete er unsere blühende Jugend,
die ganze Freude unserer Augen.
Er goß seinen Zorn wie einen Feuerstrom
über das Heiligtum der Zionsgemeinde.

5 Der HERR hat uns behandelt wie ein Feind,
er hat Israel ganz vernichtet;
die schönen Paläste hat er zerstört,
die starken Burgen in Trümmer gelegt.
Nur noch seufzen und stöhnen kann
das Volk von Juda.
6 Er zertrat sein eigenes Land,
den blühenden Garten,
seine Stadt, in der er wohnen wollte,
die Stätte, an der wir zu ihm kamen;
sein Volk ließ er Festtag und Sabbat* vergessen.

a *Zionsstadt:* wörtlich *Tochter Zion**; ebenso statt *Jerusalem, Zionsgemeinde, Zionsstadt* in den Versen 4.8.10.13.18.
1,18 3,42; 5,16; Esra 9,7; Dan 9,4-14 **1,22** Jer 11,20 **2,1** 1 Chr 28,2; Jes 60,13; 66,1; Ez 43,7 **2,4-5** Jes 63,10; Jer 21,5 **2,6** Ps 76,3 S; Hos 2,13

In seinem schrecklichen, glühenden Zorn
verstieß er den König und die Priester*.
7 Von seinem Altar* wollte er nichts wissen,
sein Heiligtum sah er mit Abscheu.
Die Mauern und Türme der Zionsstadt
übergab er in die Gewalt der Feinde.
In seinem Tempel jubelten die Fremden,
so wie wir es früher taten bei unseren Festen.

8 Es war die erklärte Absicht des HERRN,
die Mauern Jerusalems niederzureißen.
Er wollte sie bis auf den Grund zertrümmern
und hörte nicht auf, bis alles zerstört war.
Wall und Mauer läßt er trauern,
denn beide sind zu Schutt geworden.
9 Die Tore sind in die Erde versunken,
ihre festen Riegel schlug er in Stücke.
König und Fürsten sind in der Fremde,
von den Priestern kommt keine Weisung mehr;
auch die Propheten haben nichts zu sagen,
weil der HERR ihnen keine Botschaft mehr gibt.
10 Die erfahrenen Männer der Zionsstadt
sitzen trauernd am Boden und schweigen;
sie haben sich Erde auf den Kopf gestreut
und den Sack* um die Hüften gelegt.
Die jungen Mädchen von Jerusalem
lassen bekümmert die Köpfe hängen.

11 Von Tränen sind meine Augen ganz blind,
es brennt und tobt in meinen Eingeweiden,
Schmerz und Verzweiflung brechen aus mir
heraus;
denn ich sah, wie mein Volk zugrunde ging.
Kinder und Säuglinge sah ich verschmachten,
draußen auf den Straßen der Stadt.
12 Gequält von Hunger und Durst
schrien sie laut nach ihren Müttern.
Wie Verwundete brachen sie zusammen,
draußen auf den Straßen der Stadt,
und in den Armen ihrer Mütter
taten sie den letzten Atemzug.

13 Jerusalem, du geliebte Stadt,
ich weiß nicht, was ich dir sagen soll!
Mit welchem Schicksal soll ich deins
vergleichen,
um dich zu trösten, du Jungfrau Zion!
Dein Schaden ist unermeßlich wie das Meer!
Kann dich noch jemand heilen?

14 Was deine Propheten dir als Zukunft
ankündigten,
waren nur schöne, bunte Träume.
Deine Schuld haben sie nicht aufgedeckt,
sonst hätten sie noch alles zum Guten
wenden können.
Mit ihren leeren Prophetensprüchen
haben sie dich betrogen und verführt.

15 Alle, die an dir vorüberkommen,
klatschen schadenfroh in die Hände.
Sie spotten und schütteln ihre Köpfe
über die Trümmer Jerusalems:
»Ist das die Stadt, die vielgerühmte,
die Krone der Schönheit, die Freude der Welt?«

16 Deine Feinde überschütteten dich mit Hohn,
weit rissen sie ihre Mäuler auf,
sie zischten und zeigten dir drohend die Zähne.
»Die haben wir erledigt!« sagten sie.
»Endlich ist der Tag gekommen,
auf den wir so lange gewartet haben!«

17 Der HERR hat seine Pläne ausgeführt,
er hat seine Drohungen wahr gemacht.
Seit langem hatte er es angekündigt,
nun hat er dich schonungslos zertrümmert.
Er ließ die Macht der Feinde triumphieren,
sie durften sich über dein Unglück freuen.

18 Jerusalem, laß deine Mauern schreien,
sie sollen zum Herrn um Erbarmen rufen![a]
Laß deine Tränen fließen wie Bäche,
unaufhörlich, bei Tag und bei Nacht!
Gönne dir keine Ruhepause,
laß deine Augen nicht trocken werden!
19 Steh immer wieder auf in der Nacht
und bring deine Klage vor den Herrn!
Geh und suche seine Nähe,
schütte dein ganzes Herz bei ihm aus!
Streck ihm deine Hände entgegen;
flehe ihn an für deine Kinder,
die vor Hunger zusammenbrechen,
draußen an allen Straßenecken!

20 »Sieh doch, HERR, schau her zu mir!
Bedenke, wem du das alles antust!
Sollten Mütter ihre Kinder essen,
die Kleinen, die sie auf Händen trugen?
Durfte man Priester und Propheten töten,
sogar in deinem Heiligtum?
21 Hingestreckt in den Staub der Gassen
liegen Kinder und alte Leute;
meine Mädchen und jungen Männer
sind dem Schwert zum Opfer gefallen.
Am Tag, an dem dein Zorn mich traf,

a *Jerusalem, laß ...:* vermutlicher Text; H *Ihre Herzen schrien zum Herrn, Mauer Jerusalems.*

2,9 Ps 74,9; Ez 7,26 2,14 Jer 14,13-15 S 2,15 Jer 18,16 S; Ps 48,3; 50,2 2,16 1,7 S 2,17 Sach 1,6 S 2,20 Lev 26,29 S

hast du sie mitleidslos hingeschlachtet.
22 Alle Schrecken, die mich überfielen,
riefst du wie zu einem Fest zusammen.
An jenem Tag, HERR, als dein Zorn losbrach,
blieb niemand verschont, ist keiner
entkommen.
Die Kinder, die ich aufzog und umsorgte –
der Feind hat sie alle ausgelöscht.«

Hoffnung trotz tiefster Not

3 Ich bin der Mann, der viel gelitten hat
unter den zornigen Schlägen des HERRN.
2 Ich bin es, den er vor sich hertrieb,
immer tiefer in die dunkelste Nacht.
3 Immer nur mich traf seine Faust,
Tag für Tag, ohne einzuhalten.

4 Er läßt meine Haut und mein Fleisch zerfallen
und zerbricht mir alle meine Knochen.
5 Von allen Seiten schließt er mich ein,
er umstellt mich mit Bitterkeit und Qual.
6 In Finsternis läßt er mich wohnen
wie die, die schon seit langem tot sind.
7 Er hat mich ummauert und in Ketten gelegt,
aus diesem Gefängnis gibt es keinen Ausweg.

8 Ich kann um Hilfe schreien, soviel ich will –
mein Rufen dringt nicht durch bis an sein Ohr.
9 Er hat mir den Weg mit Steinen versperrt,
so daß ich ständig in die Irre gehe.
10 Wie ein Bär hat er mir aufgelauert,
wie ein Löwe in seinem Hinterhalt.

11 Er hat mich vom Weg heruntergezerrt,[a]
dann hat er mich zusammengeschlagen.
12 Er hat den Bogen auf mich angelegt
und mich als Ziel für seine Pfeile benutzt.
13 Pfeil auf Pfeil hat er abgeschossen
und mir den Rücken damit durchbohrt.
14 Die Leute meines Volkes lachen mich aus,
täglich singen sie ihr Spottlied über mich.

15 Er gab mir die bitterste Kost zu essen
und ließ mich bitteren Wermut trinken.
16 Er hat mich in den Staub gedrückt
und mich gezwungen, Kies zu kauen.
17 Das ruhige Leben hat er mir genommen;
ich weiß nicht mehr, was Glück bedeutet.
18 Ich habe keine Zukunft mehr,
vom HERRN ist nichts mehr zu erhoffen!
19 An all dieses rastlose Elend zu denken
ist Gift für mich und macht mich bitter.
20 Doch immer wieder muß ich daran denken
und bin erfüllt von Verzweiflung
und Schwermut.
21 Ich will mich an etwas anderes erinnern,
damit meine Hoffnung wiederkommt:
22 Von Gottes Güte kommt es,
daß wir noch leben.
Sein Erbarmen ist noch nicht zu Ende,
23 seine Liebe ist jeden Morgen neu
und seine Treue unfaßbar groß.
24 Ich sage: Der HERR ist mein ein und alles;
darum setze ich meine Hoffnung auf ihn.
25 Der HERR ist gut zu denen,
die nach ihm fragen,
zu allen, die seine Nähe suchen.
26 Darum ist es das beste, zu schweigen
und auf die Hilfe des HERRN zu warten.

27 Für jeden Menschen ist es gut,
wenn er schon früh gelernt hat, Last zu tragen.
28 Wenn der HERR ihm etwas auferlegt,
soll er für sich allein bleiben und schweigen.
29 Er soll seinen Mund auf den Boden pressen –
vielleicht ist doch noch Hoffnung auf Hilfe!
30 Dem, der ihn schlägt, soll er die Backe
hinhalten
und alle Schmach und Schande auf sich
nehmen.
31 Der Herr verstößt uns nicht für immer.
32 Auch wenn er uns Leiden schickt,
erbarmt er sich doch wieder über uns,
weil seine Liebe so reich und groß ist.
33 Es macht ihm selbst keine Freude,
seinen Kindern Schmerz und Kummer
zu bereiten.

34 Alle Gefangenen in unserem Land
wurden getreten und mißhandelt;
35 unter den Augen des höchsten Gottes
wurden sie um ihr Recht gebracht;
36 Unschuldige wurden verurteilt –
und das soll der Herr nicht gesehen haben?
37 Wer sonst spricht ein Wort, und es geschieht?
Geschieht nicht alles auf seinen Befehl?
38 Wenn Glück oder Unglück über uns kommt,
hat nicht der Höchste es angeordnet?

39 Mit welchem Recht beklagt sich der Mensch
bei Gott?
Gegen seine Sünde soll er Klage erheben!

a Deutung unsicher.

3,6 Ps 88,12-13 **3,7** Ijob 19,8 S **3,8** Ps 22,3 **3,10** Hos 13,7-8 **3,12-13** Ijob 6,4 S **3,14** Ijob 30,9; Jer 20,7 **3,15** Jer 8,14 S **3,22** Neh 9,31 **3,26** Ps 62,2 **3,30** Jes 50,6; Mt 5,39 par **3,31-32** Jer 3,12 S **3,37** Ps 33,9 **3,38** Am 3,6 S

[40] Laßt uns unser Leben überprüfen
und wieder umkehren zu dem HERRN!
[41] Laßt uns die Hände zum Himmel strecken
und Herz und Sinn zum HERRN hinwenden!
[42] Wir haben gesündigt und dir, HERR, getrotzt,
und du hast uns die Schuld noch nicht
vergeben.

[43] Du hast dich ganz in deinen Zorn gehüllt,
uns schonungslos gejagt und getötet.
[44] In einer Wolke hast du dich versteckt,
damit kein Gebet dich erreichen konnte.
[45] Wie Dreck hast du uns zusammengekehrt,
wie Abfall mitten unter den Völkern.
[46] Alle unsere Feinde spotten über uns,
höhnisch reißen sie ihre Mäuler auf.
[47] Schrecken und Entsetzen wurden unser Los,
Zusammenbruch und Untergang.

[48] Meine Augen zerfließen in Tränen,
weil mein Volk zugrunde gegangen ist.
[49] Wie ein Bach, der nie zur Ruhe kommt,
strömen meine Tränen, ohne zu versiegen,
[50] bis der HERR sich vom Himmel herabneigt
und seinen Blick wieder auf uns richtet.
[51] Es tut mir weh, wenn ich sehen muß,
wie es den Frauen in der Stadt ergeht.

[52] Sie haben mir nachgestellt wie einem Vogel,
obwohl ich niemandem Anlaß gab,
mein Feind zu sein.
[53] Sie haben mich lebend in die Grube gestürzt
und einen Stein auf die Öffnung gewälzt.
[54] Das Wasser stieg mir bis an die Kehle,
ich dachte schon, es sei aus mit mir.
[55] Da rief ich zu dir, HERR, um Hilfe;
aus der Tiefe der Grube schrie ich zu dir:
[56] »Verschließ dein Ohr nicht! Hör mein Flehen!«
Und du hast meinen Hilferuf gehört!
[57] Als ich zu dir schrie, bist du gekommen
und hast zu mir gesagt: »Hab keine Angst!«
[58] Du hast mich verteidigt und mir Recht
verschafft;
das Leben hast du mir gerettet.

[59] Du weißt, was sie mir angetan haben.
Stell mein Recht doch völlig wieder her!
[60] Du hast ihren ganzen Haß gesehen
und ihre finsteren Pläne gegen mich.
[61] Du hast gehört, wie sie mich schmähten
und ihre Pläne gegen mich berieten.
[62] Alles, was sie reden und denken,
ist gegen mich gerichtet, Tag für Tag.
[63] Behalte ihr Tun und Lassen fest im Auge!
Noch immer singen sie ihr Spottlied auf mich.
[64] Alles, was sie mir angetan haben,
HERR, zahl es ihnen heim, vergilt es ihnen!
[65] Verblende sie, verwirre ihren Sinn,
schleudere deinen Fluch gegen sie!
[66] Verfolge sie mit deinem ganzen Zorn,
und fege sie von der Erde weg!

Jerusalem nach dem Fall

4 Ach, wie dunkel ist das Gold geworden,
das reine Gold hat seinen Glanz verloren,
die Edelsteine liegen auf der Straße:
[2] Die wertvollen Söhne der Zionsstadt*,
die man in Gold hätte aufwiegen müssen,
man behandelt sie wie wertlose Krüge,
wie Tongeschirr aus der Töpferwerkstatt!
[3] Selbst Schakalmütter folgen ihrem Instinkt
und geben ihren Jungen zu trinken;
doch die Frauen meines Volkes sind grausam,
gleichgültig wie Strauße in der Steppe.
[4] Die Säuglinge leiden so großen Durst,
daß ihnen die Zunge am Gaumen klebt.
Die Kinder betteln um ein Stück Brot,
doch niemand ist da, ihren Hunger zu stillen.
[5] Sie, die früher nur Leckerbissen aßen,
verschmachten jetzt auf den Straßen der Stadt.
Früher legte man sie auf Purpurkissen,
jetzt wälzen sie sich in den Abfallhaufen.

[6] Die Schuld meines Volkes ist übergroß,
größer als die der Bewohner von Sodom,
deren Stadt ganz plötzlich unterging,
ohne daß eine Hand sich bewegte.
[7] Unsere Fürsten glänzten heller als der Schnee,
ihr Gesicht war reiner und weißer als Milch,
ihr Körper gesund und rot wie Korallen,
ihre Adern schimmerten blau wie Saphir.
[8] Jetzt sind sie schwärzer als Ruß geworden,
auf der Straße erkennt sie niemand mehr;
ihre Haut ist faltig und trocken wie Holz,
und alle ihre Knochen kann man zählen.

[9] Die im Krieg Erschlagenen hatten es besser
als die anderen, die vor Hunger starben.
Vor Entkräftung brachen sie zusammen,
weil von den Feldern nichts mehr in die Stadt
hereinkam.
[10] Frauen, die sonst voll Zärtlichkeit waren,
kochten ihre eigenen Kinder
und hielten ihre grauenvolle Mahlzeit
mitten im Untergang meines Volkes.

3,42 1,18 S **3,46** 1,7 S **3,48** Jer 8,23 S **3,50** Ps 102,20-21 **3,52** Jer 17,18 S **3,53** Jer 38,6 **3,54** Ps 69,2; Jona 2,6 **3,64** 1,21; Ps 137,8; 1 Petr 2,23 S **4,1** Ps 79,1 **4,6** Gen 18,20 S; Ez 16,48 **4,10** Lev 26,29 S

11 Der HERR entfesselte seinen ganzen Zorn,
und er ließ ihm freien Lauf.
Er zündete in der Zionsstadt ein Feuer an,
das alles niederbrannte bis auf den Grund.
12 Keiner von den Königen der Erde,
kein Mensch in der Welt hätte je geglaubt,
daß eines Tages ein feindliches Heer
durch die Tore Jerusalems einziehen würde.
13 Das Unheil kam durch die Schuld
der Propheten*,
durch das Unrecht, das die Priester* begingen:
Sie sprachen das Todesurteil über Menschen,
die Gott gehorchten und schuldlos waren.

14 Elend mußten sie[a] durch die Straßen irren,
schwankend und mit Blut besudelt;
niemand durfte sie berühren,
weil ihre Gewänder so blutig waren.
15 »Vorsicht! Er ist unrein*!« schrie man
ihretwegen.
»Geht ihm aus dem Weg! Berührt ihn nicht!«
So flohen sie und wußten nicht wohin.
Darum sagte man bei den fremden Völkern:
»Für sie ist kein Platz mehr unter uns!«
16 Der HERR selber hat sie weggetrieben,
weil er sie nicht mehr sehen wollte.
Auf die Priester nahm man keine Rücksicht,
nicht einmal Greise wurden verschont.

17 Unsere Augen spähten nach Rettung aus –
vergeblich, denn keine Rettung kam.
Wir warteten auf Hilfe von einem Volk,
das uns gar nicht helfen konnte.
18 Die Feinde bewachten uns
auf Schritt und Tritt,
wir konnten uns nicht mehr
nach draußen wagen.
Das Ende nahte, unsere Zeit war um –
ja, unser Ende war gekommen!
19 Die Verfolger jagten hinter uns her,
sie waren schneller als die Adler.
Auf den Bergen jagten sie uns nach,
in der Steppe lauerten sie uns auf.
20 Wir hatten gedacht, im Schutz
unseres Königs
könnten wir unter den Völkern leben.
Doch er, von dem unser Leben abhing,
der Erwählte des HERRN, ist nun gefangen.

21 Freut euch darüber, solange ihr könnt,
ihr Bewohner von Edom* und von Uz!
Auch ihr müßt den Becher des Zornes trinken,
ihr werdet taumeln und euch entblößen!
22 Dann ist deine Strafe vorbei, du Zionsstadt*;
noch einmal wird der HERR dich nicht
wegführen.
Aber Edom zieht er dann zur Rechenschaft
und bestraft es für alle seine Verbrechen.

Bring uns wieder zu dir zurück!

5 HERR, vergiß nicht, was uns zugestoßen ist!
Sieh doch, wie sie uns schmähen
und beschimpfen!
2 Das Land, das du uns gabst, ist in fremder
Hand,
Ausländer wohnen in unseren Häusern.
3 Unsere Väter sind im Krieg gefallen,
und unsere Mütter sind Witwen geworden.
4 Unser Wasser bekommen wir nur für Geld,
auch Brennholz müssen wir teuer bezahlen.
5 Der Feind sitzt uns ständig im Nacken;
wir sind erschöpft, doch wir dürfen nicht
rasten.

6 Nach Ägypten streckten wir die Hand
zum Bündnis,
nach Assyrien, um uns satt zu essen.
7 Unsere Väter sündigten – sie leben
nicht mehr;
wir aber müssen nun die Folgen tragen.
8 Sklaven sind Herren über uns geworden,
und niemand befreit uns aus ihrer Gewalt.

9 Die Ernte zu holen, ist lebensgefährlich,
weil Räuberbanden in der Steppe lauern.
10 Der Hunger quält uns und läßt uns fiebern,
unsere Körper glühen wie ein Ofen.
11 In Jerusalem und den Städten Judas
haben sie Frauen und Mädchen geschändet.
12 Führende Männer hat man aufgehängt
und den Alten keine Achtung erwiesen.
13 Junge Männer müssen die Handmühle*
drehen
und Knaben schwere Holzlasten schleppen.
14 Die Alten beraten nicht mehr im Stadttor,
die Jungen spielen nicht mehr auf der Laute.
15 Von Lebensfreude ist nichts mehr zu spüren,
statt froher Tänze gibt es nur noch Trauer.

16 Mit unserem Glanz ist es aus und vorbei:
Unsere Schuld hat uns ins Unglück gestürzt!

a Die Deutung der Verse 14 und 15 ist unsicher; es ist unklar, auf wen sich *sie* bezieht.

4,12 2 Sam 5,6 **4,13** 2,14; Jer 2,8 S **4,15** Lev 13,45 **4,16** 2,20; 5,12 **4,19** 2 Kön 25,4-5 **4,20** 2 Kön 25,6-7 **4,21** Jer 25,15; 49,12 **4,22** Jes 40,2; Ez 35,14-15 **5,6** Jes 30,2; Jer 2,18 S; 37,3-8; 2 Kön 16,7; Hos 7,11 S **5,7** Ex 20,5; Jer 31,29 **5,12** 2 Kön 25,19-21 **5,16** 1,18 S

17 Unsere Herzen sind schwach und krank
geworden
und unsere Augen von Tränen trüb;
18 denn der Zionsberg* ist ein Trümmerfeld,
ein Ort, an dem die Schakale hausen.

19 Du aber, HERR, bleibst König für immer,
dein Thron steht für alle Zeiten fest!
20 Willst du uns wirklich für immer vergessen
und fern von uns bleiben, solange wir leben?
21 HERR, bring uns wieder zurück zu dir,
damit wir uns wieder zu dir hinkehren!
Laß es uns ergehen wie in früheren Zeiten,
und gib uns neues Leben!
22 Oder hast du uns ganz verstoßen?
Soll dein Zorn nie ein Ende nehmen?

DER PROPHET EZECHIËL (HESEKIËL)

Inhaltsübersicht

EZECHIËLS BERUFUNG ZUM PROPHETEN (Kapitel 1–3)

Ezechiël schaut Gottes Herrlichkeit

1 1-3 Im dreißigsten Jahr, am 5. Tag des 4. Monats, das ist im fünften Jahr, nachdem man König Jojachin in die Verbannung* geführt hatte, erging das Wort des HERRN zum erstenmal an Ezechiël, den Sohn des Priesters* Busi.[a] Dies geschah in Babylonien* am Fluß Kebar. Damals legte der HERR seine Hand auf Ezechiël und nahm ihn in seinen Dienst. Ezechiël berichtet:

Ich lebte unter den Verbannten aus Juda am Fluß Kebar. An jenem Tag öffnete sich der Himmel, und ich hatte eine Vision.

4 Ich sah, wie der Sturm eine mächtige Wolke von Norden herantrieb; sie war von einem hellen Schein umgeben, und Blitze zuckten aus ihr. Die Wolke brach auf, und aus ihrem Inneren leuchtete ein helles Licht, wie der Glanz von gleißendem Gold.

5 In dem Licht sah ich vier Gestalten, die wie Menschen aussahen, 6-12 doch hatte jede von ihnen vier Flügel. Sie hatten Menschenbeine mit Hufen wie Stiere, und ihr ganzer Körper funkelte wie blankes Metall. Unter den Flügeln sah ich vier Menschenarme, je einen Arm unter einem Flügel. Mit zwei von ihren Flügeln bedeckten sie ihren Leib, die beiden anderen hatten sie ausgespannt, und mit den Enden der ausgespannten Flügel berührten sie sich gegenseitig.

Jede der geflügelten Gestalten hatte vier Gesichter: vorne das Gesicht eines Menschen, rechts das Gesicht eines Löwen, links das Gesicht eines Stiers und hinten das Gesicht eines Adlers. Sie konnten sich in alle vier Richtungen bewegen, ohne sich umzuwenden. Sie gingen, wohin der Geist* Gottes sie trieb.

13 Zwischen den[b] geflügelten Gestalten war etwas, das wie ein Kohlenfeuer aussah, und etwas wie Fackeln zuckte zwischen den Gestalten hin und her. Das Feuer leuchtete hell, und aus dem Feuer kamen Blitze. 14 Die Gestalten liefen hin und her, daß es aussah wie Blitze.[c]

15 Als ich genauer hinsah, erblickte ich neben jeder der vier Gestalten ein Rad, das den Boden berührte. 16 Alle Räder waren gleich groß und funkelten wie Edelsteine. In jedes Rad war ein zweites Rad im rechten Winkel eingefügt, 17 so daß es nach allen vier Richtungen laufen konnte, ohne vorher gedreht zu werden. 18 Die Räder waren riesengroß, und ihre Felgen waren ringsum mit funkelnden Augen bedeckt – ein furchterregender Anblick.

19 Wenn sich die geflügelten Gestalten fortbewegten, dann bewegten sich auch die Räder mit ihnen, und wenn sich die Gestalten von der Erde erhoben, hoben sich auch die Räder von der Erde. 20-21 *Ein* Geist und *ein* Wille beherrschte alle vier. Wohin sie auch gingen, die Räder gingen mit, denn sie wurden von den Gestalten gelenkt. Ganz gleich, ob die geflügelten Gestalten

a Oder *an den Sohn Busis, den Priester.*
b *Zwischen den:* mit G und der Parallele in 10,2.6-7; H *Das Aussehen der.*
c Die Aussage dieses Verses ist rätselhaft und schwer in das übrige Bild einzuordnen.

5,18 Mi 3,12; Jer 7,14; 26,6 **5,19** Ps 102,13-15; 146,10 **5,21** Jer 31,18-19 **1,1-3** 2 Kön 24,10-16 **1,4** Ijob 38,1 S

sich bewegten oder stillstanden oder sich von
der Erde erhoben – die Räder taten dasselbe.
22 Über den Köpfen der vier Gestalten sah
ich etwas wie eine feste Platte, von der ein
schreckenerregender Glanz ausging wie von
einem Kristall. Sie ruhte auf den Köpfen der Ge-
stalten. 23 Unter der Platte hielten die Gestalten
je zwei ihrer Flügel ausgespannt, mit deren
Enden sie sich gegenseitig berührten; mit den
beiden anderen Flügeln bedeckten sie ihren
Leib.
24–25 Ich hörte das Rauschen der Flügel: es
dröhnte wie die Brandung des Meeres, wie ein
Heerlager, wie die Donnerstimme des allmächti-
gen Gottes. Wenn sie stillstanden und ihre Flü-
gel sinken ließen, hörte es nicht auf zu dröhnen,
denn auch über der Platte rauschte es laut.
26 Auf der Platte aber stand etwas, das aussah
wie ein Thron aus blauem Edelstein, und darauf
war eine Gestalt zu erkennen, die einem Men-
schen glich. 27 Oberhalb der Stelle, wo beim
Menschen die Hüften sind, sah ich etwas, das
wie helles Gold aussah, umgeben von Feuer-
flammen, und unterhalb etwas wie loderndes
Feuer. Die ganze Gestalt war von einem Licht-
kranz umgeben, 28a der wie ein Regenbogen
aussah, der nach dem Regen in den Wolken er-
scheint.

So zeigte sich mir der Herr in seiner strahlen-
den Herrlichkeit*.

Ezechiël wird zum Propheten berufen

28b Als ich diese Erscheinung sah, stürzte ich zu
2 Boden. Darauf hörte ich jemand reden, 1 der
sagte zu mir: »Du Mensch, steh auf! Ich
habe dir etwas zu sagen.«
2 Da kam Geist in mich[a] und stellte mich auf
die Füße. Dann hörte ich ihn zu mir sagen: 3 »Du
Mensch, ich sende dich zu den Leuten von
Israel. Sie sind ein widerspenstiges Volk, das
sich gegen mich auflehnt. So haben es schon
ihre Vorfahren getan, und sie selbst sind nicht
besser. Auch zu den anderen Völkern sende ich
dich, 4 aber vor allem zu diesem frechen und
trotzigen Volk. Du sollst zu ihnen sagen: ›So
spricht der Herr, der mächtige Gott …‹. 5 Auch
wenn sie widerspenstig bleiben und nicht auf
dich hören – sie sollen wenigstens wissen, daß
es einen Propheten* bei ihnen gibt.
6 Du Mensch, hab keine Angst vor ihnen und
ihren Spottreden! Du wirst unter ihnen leben
wie unter Skorpionen, wie mitten im Dorngе-
strüpp. Aber du brauchst dich nicht vor ihnen zu
fürchten. 7 Sag ihnen die Worte, die ich dir auf-
trage, ganz gleich, ob sie auf dich hören oder
nicht. Du weißt ja, sie sind ein widerspenstiges
Volk.
8 Du selbst aber, du Mensch, höre, was ich
dir zu sagen habe: Sei nicht trotzig wie dieses
widerspenstige Volk! Mach deinen Mund auf
und iß, was ich dir gebe!«
9 Ich schaute auf und sah vor mir eine ausge-
streckte Hand, die eine Buchrolle* hielt. 10 Als
die Rolle geöffnet wurde, sah ich, daß sie auf bei-
den Seiten mit Klagen, Seufzern und Verzweif-
lungsschreien vollgeschrieben war.
3 Er sagte zu mir: »Du Mensch, nimm diese
Buchrolle und iß sie auf! Dann geh und
sprich zu den Leuten von Israel!«
2 Ich öffnete den Mund, und er gab mir die
Rolle zu essen. 3 Er sagte: »Du Mensch, verspeise
diese Buchrolle, die ich dir gebe! Fülle deinen
Magen damit!« Da aß ich die Rolle; in meinem
Mund war sie süß wie Honig.
4 Weiter sagte er zu mir: »Du Mensch, geh
nun zu den Leuten von Israel und verkünde
ihnen die Worte, die ich dir sage. 5 Ich sende dich
nicht zu einem fremden Volk mit einer unver-
ständlichen Sprache, sondern zu deinem eige-
nen, dem Volk Israel. 6 Wenn ich dich zu frem-
den Völkern schicken würde, deren Sprache
du nicht verstehst – sie würden auf dich
hören. 7 Aber die Leute von Israel werden nicht
auf dich hören, denn sie wollen nicht auf *mich*
hören!

Sie alle haben eine eiserne Stirn und ein stei-
nernes Herz. 8 Aber ich mache dich ebenso hart
wie sie! Ich mache deine Stirn so eisern wie die
ihre, 9 noch härter als Feuerstein, so hart wie
Diamant. Sie sind ein widerspenstiges Volk, aber
erschrick nicht vor ihnen, laß dir von ihnen
keine Angst einjagen!«
10 Weiter sagte er zu mir: »Du Mensch, hör
gut zu und merke dir alle Worte, die ich dir sage.
11 Dann geh zu den Verbannten aus deinem Volk
und sag zu ihnen: ›So spricht der Herr, der
mächtige Gott …‹ Kümmere dich nicht darum,
ob sie darauf hören oder sich abwenden.«
12 Dann nahm der Geist* des Herrn mich
weg. Hinter mir hörte ich den donnernden Ruf:
»Gepriesen sei die Herrlichkeit* des Herrn in
ihrer himmlischen Wohnung!« 13 Der Ruf war
begleitet von einem mächtigen Getöse: dem
Rauschen der ausgespannten Flügel der vier Ge-

a Ob der Geist* Gottes oder der menschliche Lebensgeist gemeint ist oder beides miteinander, ist nicht zu entscheiden.

1,26 Ex 24,10; Offb 4,2-3 **1,28b** 3,23; Dan 8,17 S; Apg 9,4 **2,2** 3,24 **2,3-5** 3,7.9.26-27; 12,2-3; 17,12; 20,8; 44,6 **2,5** 33,33 **2,6** Jer 1,8.17 **2,7** 3,11.27 **3,1-3** Offb 10,9-10; Jer 15,16; Ps 119,103 **3,7** 2,3-5 S **3,8-9** Jes 50,7; Jer 1,18; 15,20

stalten und dem Dröhnen der rollenden Räder.
14 Der Geist führte mich weg, und ich ging mei-
nen Weg verstört und sehr erregt; die Hand des
HERRN lag schwer auf mir.
15 So kam ich zurück zu den Verbannten, die
in Tel Abib am Fluß Kebar lebten. Sieben Tage
lang saß ich dort starr und regungslos.

Der Prophet hat Israel zu warnen

(33,1-9)

16 Als die sieben Tage vergangen waren, erging
das Wort des HERRN an mich, und er sagte: 17 »Du
Mensch, ich bestelle dich zum Wächter, der die
Leute von Israel vor drohender Gefahr zu war-
nen hat. Wenn du eine Botschaft von mir ver-
nimmst, mußt du sie ihnen weitersagen, damit
sie wissen, was auf sie zukommt.
18 Wenn ich dir ankündige, daß ein bestimm-
ter Mensch wegen seiner schlimmen Taten ster-
ben muß, dann bist du dafür verantwortlich, daß
er es erfährt und die Gelegenheit bekommt, sich
zu bessern und sein Leben zu retten. Warnst du
ihn nicht, so wird er zwar sterben, wie er es ver-
dient; aber dich ziehe ich dafür zur Rechenschaft
wie für einen Mord. 19 Warnst du ihn und er hört
nicht darauf, so wird er ebenfalls sterben, du
aber hast dein eigenes Leben gerettet.
20 Auch wenn ein Mensch, der bisher stets
das Rechte getan hat, von mir auf die Probe ge-
stellt wird, den rechten Weg verläßt und Un-
recht zu tun beginnt, muß er sterben. Alles
Gute, was er vorher getan hat, zählt dann nicht
mehr. Hast du ihn nicht gewarnt, so werde ich
dich für seinen Tod zur Rechenschaft ziehen wie
für einen Mord. 21 Hast du ihn aber gewarnt und
er hat es sich zu Herzen genommen, so lasse
ich ihn leben, und auch du hast dein Leben ge-
rettet.«

Ezechiël soll die Belagerung Jerusalems ankündigen

22 Ich spürte, wie der HERR seine Hand auf mich
legte. Er befahl mir: »Steh auf und geh hinaus in
die Ebene! Dort will ich dir etwas sagen.«
23 Ich stand auf und ging. Als ich in die Ebene
kam, sah ich dort die Herrlichkeit* des HERRN.
Sie sah genauso aus, wie sie sich mir das erste
Mal am Fluß Kebar gezeigt hatte.
Ich stürzte zu Boden, 24 aber dann kam Geist
in mich[a] und stellte mich auf die Füße.
Dann sprach der HERR zu mir und sagte: »Du
Mensch, geh in dein Haus und schließ dich ein!
25 Dort wirst du wie mit Stricken gefesselt, so
daß du nicht mehr aus dem Haus gehen kannst.
26 Ich lasse dir die Zunge am Gaumen kleben
und mache dich stumm. Du sollst die Leute von
Israel nicht mehr zurechtweisen können, dieses
widerspenstige Volk.
27 Sobald ich aber mit dir rede, werde ich
deine Zunge lösen, damit du zu ihnen sagen
kannst: ›So spricht der HERR ...‹ Wer es hören
will, soll es hören; wer es nicht hören will, muß
die Folgen tragen. Sie sind ein widerspenstiges
Volk!«

DAS GERICHT GOTTES ÜBER JERUSALEM (Kapitel 4–24)

Jerusalem wird belagert werden

4 Weiter sagte der HERR: »Du Mensch! Nimm
eine Tontafel, lege sie vor dich hin und ritze
den Grundriß der Stadt Jerusalem darauf ein.
2 Dann fang an, die Stadt zu belagern: Schütte
einen Wall auf, treibe Angriffsrampen gegen die
Mauern vor, lege befestigte Truppenlager an,
und setze von allen Seiten her Rammböcke* an
die Mauern.
3 Nimm eine Herdplatte und stelle sie als
eiserne Mauer der Stadt gegenüber auf. Blicke
die Stadt feindlich an und belagere sie! So sollst
du den Leuten von Israel deutlich machen, was
bevorsteht.«
4-5 Dann sagte der HERR: »Leg dich auf die
linke Seite, und nimm die Schuld des Reiches
Israel auf dich! 390 Tage mußt du so am Boden
liegen, denn so viele Jahre hat Israel Schuld auf
sich geladen. 6 Dann lege dich 40 Tage lang auf
die rechte Seite, damit ich dir die Schuld des Rei-
ches Juda auflade, für jedes Jahr einen Tag.[b]
7 Laß dabei das belagerte Jerusalem nicht aus
den Augen! Drohe der Stadt mit der Faust und
kündige ihr in meinem Namen den Untergang
an. 8 Ich fessele dich mit Stricken, so daß du dich
nicht von einer Seite auf die andere wälzen
kannst, bis du diese schweren Tage überstanden
hast.«

a Siehe Anmerkung zu 2,2.

b Die 390 Jahre führen in die Regierungszeit Davids bzw. Salomos. Demnach wäre an die Schuld Gesamtisraels, nicht des *Reiches Israel** (= Nordreiches) allein gedacht, und entsprechend wären die 40 Jahre für das Südreich Juda nicht als Zeit der Schuld, sondern der bevorstehenden Strafe zu verstehen (vgl. 29,11-13). Die Summe von 430 Jahren entspricht der Zeit, die Israel vor seiner Befreiung in Ägypten zugebracht hat (Ex 12,40-41).

3,17 2 Kön 9,17; Hebr 13,17 **3,18** Gen 9,5 **3,20** 18,24 **3,22** 1,1-3; 3,14; 8,1; 33,22; 37,1; 40,1 **3,23** 1,1-28 **3,24a** 2,2 **3,26-27** 2,3-5 S; 7,3-4 S **4,1–5,4** (Zeichenhandlungen) 12,1-20; 21,23-29; 24,15-27; Jes 20,1-4 S **4,2** 17,17; 21,27; 26,8-9

Die Not in der belagerten Stadt

[9] Weiter sagte der HERR: »Nimm Weizen, Gerste,
Bohnen, Linsen, Hirse und Dinkel, mische alles
zusammen und backe daraus Brot! Das ist deine
Speise für die 390 Tage, in denen du auf der lin-
ken Seite liegst. [10-11] Deine Tagesration beträgt
230 Gramm Brot und drei Becher Wasser.[a] Teile
sie dir ein, und iß und trink zu festgesetzten
Zeiten.«

[12] Dann sagte der HERR zu mir: »Backe das
Brot wie Gerstenfladen*, und nimm als Brenn-
material vor aller Augen Menschenkot. [13] Denn
die Leute von Israel werden Speisen essen müs-
sen, die ich als unrein* verboten habe, wenn ich
sie unter die Völker verstreue.«

[14] Ich aber sagte: »Ach HERR, du mächtiger
Gott, ich habe von meiner Kindheit an bis heute
nichts gegessen, was unrein macht. Nie habe ich
von einem Tier gegessen, das verendet oder von
Raubtieren geschlagen worden ist, und nie habe
ich verdorbenes Fleisch angerührt.«

[15] Da sagte er zu mir: »Gut, dann kannst du
Kuhmist statt Menschenkot nehmen.«

[16] Und er fuhr fort: »Du Mensch, ich lasse das
Brot in Jerusalem knapp werden. Sie werden es
abwiegen und auch das Wasser genau abmessen
und beständig in Sorge sein. [17] Die Bewohner
Jerusalems werden Mangel an Brot und Wasser
haben und werden einer nach dem anderen
elend zugrunde gehen. Das ist die Strafe für ihre
Schuld.«

Das Strafgericht über Jerusalem

5 Dann sagte der HERR: »Du Mensch, nimm
ein scharfes Schwert! Schere dir damit den
Kopf kahl, und schneide dir den Bart ab.

Teile die Haare auf der Waage in drei Teile.
[2] Und wenn die belagerte Stadt sturmreif ist,
dann verbrenne das erste Drittel mitten in der
Stadt, zerhaue das zweite Drittel mit dem
Schwert draußen vor ihren Toren, und das letzte
Drittel streue in den Wind. Denn so werde ich
ihre Bewohner mit gezogenem Schwert wegtrei-
ben.

[3] Nur ganz wenige Haare sollst du retten und
in den Saum deines Gewandes einbinden. [4] Aber
auch von ihnen sollst du noch einmal einen Teil
nehmen und ins Feuer werfen. Das Feuer wird
sich ausbreiten und das ganze Volk Israel ver-
nichten.

[5] Sag zu den Leuten von Israel: ›So spricht der
HERR, der mächtige Gott: Diese belagerte Stadt
ist Jerusalem! Ich habe sie zum Mittelpunkt aller
Länder gemacht, [6] aber sie lehnte sich gegen
mich auf und gehorchte mir nicht. Ihre Bewoh-
ner trieben es schlimmer als alle Völker ringsum.
Sie mißachteten meine Gebote und traten mein
Gesetz* mit Füßen.

[7] Ihr Leute von Jerusalem, hört, was ich, der
mächtige Gott, euch sage! Von meiner Rechts-
ordnung wolltet ihr nichts wissen, aber hättet
ihr euch doch wenigstens nach den Gesetzen
gerichtet, die bei euren Nachbarvölkern gelten!
Weil ihr noch widerspenstiger seid als sie, [8] sehe
ich nun nicht länger zu. Ich, der mächtige Gott,
vollziehe an euch mein Strafgericht vor den
Augen der fremden Völker.

[9] Weil ihr euch mit den abscheulichen Götzen
abgegeben habt, strafe ich euch so furchtbar,
wie ich es noch nie getan habe und in aller Zu-
kunft nicht schlimmer tun kann. [10] Die Not wird
so groß sein, daß der Vater seinen Sohn aufißt
und der Sohn seinen Vater. Ich vollziehe mein
Gericht an euch, und den Rest, der die Katastro-
phe überlebt, zerstreue ich in alle Winde.

[11] Ihr habt meinen heiligen Tempel mit eurem
abscheulichen Götzendienst entweiht, deshalb
habe ich keine Nachsicht, kein Erbarmen mit
euch. Ich werde Jerusalem kahlscheren! [12] Ein
Drittel von euch soll in der Stadt durch Pest und
Hunger umkommen, ein weiteres Drittel vor der
Stadt mit dem Schwert erschlagen werden, den
Rest aber zerstreue ich in alle Winde; mit ge-
zogenem Schwert treibe ich sie vor mir her.

[13] Ihr sollt meinen ganzen Zorn zu spüren be-
kommen; ich will meine Wut an euch stillen und
euch alle Untaten heimzahlen, damit ihr er-
kennt, daß es mir ernst war mit meinen War-
nungen.

[14-15] Ich mache dich, Jerusalem, zu einem
Trümmerhaufen, so daß alle Völker ringsum
über dich spotten; jeder Fremde, der vorbeigeht,
wird dich verhöhnen. Die Nachbarvölker wer-
den sich entsetzen und es sich zur Warnung die-
nen lassen, wenn sie sehen, wie hart ich dich in
meinem Zorn bestrafe. Ich habe es gesagt, der
HERR, der mächtige Gott.

[16-17] Ich schieße meine tödlichen Pfeile[b]
gegen euch ab, um euch zu vernichten, und ich
sende euch Hunger und wilde Tiere, denen eure
Kinder zum Opfer fallen; Seuche und Schwert

a Hebräische Maßangaben: *20 Schekel** und *1/6 Hin**.
b Es folgt noch *des Hungers*, doch sind die Pfeile offensichtlich Bild für die Pest.

4,13 Hos 9,3-4 **4,14** Lev 17,15 S; Apg 10,12-14 **4,16** Lev 26,26 **5,5** 38,12 S **5,9** 7,20 S **5,10** Lev 26,29 S **5,11** 8,7-18 **5,12** 5,2; Lev 26,33 **5,13** 6,10 S **5,14-15** 22,4-5; Dtn 28,37; Jer 24,9 S **5,16-17** 6,11-12 S; Dtn 32,23-25

lasse ich unter euch wüten. Ich habe es gesagt, der HERR, der mächtige Gott.‹«

Die Strafe für den Götzendienst Israels

6 Das Wort des HERRN erging an mich, er sagte: 2 »Du Mensch, schau in die Richtung, in der die Berge Israels liegen, und kündige ihnen mein Strafgericht an! 3 Sag zu ihnen: ›Ihr Berge Israels, hört das Wort, das der HERR, der mächtige Gott, zu euch sagt, zu euch Bergen und Hügeln mit euren Tälern und Schluchten:

Ich, der mächtige Gott, lasse das Schwert gegen euch los und zerstöre eure Götzenheiligtümer! 4–5 Eure Brandopferaltäre* werden abgerissen, eure Räucheraltäre* in Stücke geschlagen. Die Leichen der Erschlagenen werfe ich ihren Götzen vor die Füße und verstreue ihre Gebeine rings um die Götzenaltäre.

6 In ganz Israel liegen dann die Städte in Trümmern, die Heiligtümer sind zerstört, die Altäre abgerissen und entweiht, die selbstgemachten Götzenbilder zerschlagen. 7 Überall werden die Erschlagenen unbestattet herumliegen, und die Leute von Israel werden erkennen, daß ich der HERR bin.

8 Einen Rest des Volkes aber werde ich am Leben lassen und werde sie unter fremde Völker zerstreuen. 9 Dort werden sie an mich denken und begreifen, daß ich sie bestrafen mußte, weil sie mir die Treue gebrochen und sich mit den Götzen eingelassen hatten. Sie werden sich vor sich selber ekeln, wenn sie daran denken, was für abscheuliche Dinge sie getrieben haben. 10 Dann werden sie erkennen, daß ich, der HERR, keine leeren Worte gemacht habe, als ich ihnen eine solche Strafe androhte.‹«

11 Weiter sagte der HERR, der mächtige Gott, zu mir: »Schlage zornig die Hände zusammen und stampfe mit dem Fuß auf den Boden! Rufe: ›Wehe den Leuten von Israel, denn ihr Treiben ist abscheulich!‹ Ich lasse sie durch Schwert, Hunger und Pest umkommen. 12 Wer nicht durch das Schwert der Feinde fällt, stirbt an der Pest; und wer der Pest entrinnt, geht am Hunger zugrunde. Ich bestrafe Jerusalem in meinem Zorn, 13 damit die Verbannten aus Juda erkennen, daß ich der HERR bin. Die Erschlagenen werden rings um die Altäre und zwischen den Götzenbildern liegen, genau dort, wo sie den Opferrauch zu ihren Götzen aufsteigen ließen, auf allen Bergen und Hügeln und unter jedem dichtbelaubten Baum. 14 Ich selbst wende mich gegen sie und verwüste ihr ganzes Land von der Steppe im Süden bis hinauf nach Ribla.[a] Sie sollen erkennen, daß ich der HERR bin!«

Das selbstverschuldete Ende ist da

7 Das Wort des HERRN erging an mich, er sagte: 2 »Du Mensch, höre, was ich, der HERR, den Bewohnern des Landes Israel zu sagen habe: ›Das Ende ist da! Über das ganze Land bricht das Ende herein! 3 Ich lasse jetzt meinen Zorn gegen euch wüten, und es ist mit euch zu Ende. Ich bestrafe euch für eure Vergehen; die Folgen eures schändlichen Treibens sollen euch ereilen. 4 Ich werde weder Nachsicht noch Erbarmen mit euch haben. Euer Tun soll auf euch selbst zurückfallen; das Verderben soll sich auswirken, das ihr mit eurem Götzendienst heraufbeschworen habt. Ihr sollt erkennen, daß ich der HERR bin!

5 Das sage ich euch, der HERR, der mächtige Gott: Ich bringe Unheil über euch, so furchtbar, wie man es noch nie erlebt hat! Es kommt unaufhaltsam! 6–7 Das Ende kommt, das Ende! Es bricht über euch herein, ihr Bewohner des Landes! Es läßt nicht auf sich warten. Wehklagen und nicht Jubel hört man dann auf den Bergen. 8 In Kürze werde ich meinen ganzen Zorn über euch ausschütten; ich bestrafe euch für eure Vergehen; die Folgen eures schändlichen Treibens sollen euch ereilen. 9 Ich werde weder Nachsicht noch Erbarmen mit euch haben; ihr werdet ernten, was ihr gesät habt. Dann werdet ihr erkennen, daß ich es bin, der HERR, der dies alles über euch hereinbrechen läßt.‹«[b]

Der Gerichtstag Gottes

10 Der Tag des Gerichts ist da! Unaufhaltsam bricht das Verderben herein. Denn Übermut und Gewalt haben überhandgenommen, 11 Unrecht bringt immer neues Unrecht hervor. Aber von denen, die auf Gewalt und Unrecht setzen, wird nichts übrigbleiben, mögen sie noch so zahlreich sein und sich noch so aufspielen; mit ihrer Macht und Pracht hat es ein Ende.

12 Die Frist ist abgelaufen, der Tag des Gerichts ist da! Wer jetzt noch etwas kauft, soll sich nicht darüber freuen; und wer etwas verkaufen muß, soll ihm nicht nachtrauern. Denn der Zorn des HERRN kommt über diese ganze lärmende Menge. 13 Wer etwas verkaufen muß, braucht

a *Ribla:* vermutlicher Text; H *Dibla.* b *daß ich es bin …:* mit G; H *daß ich, der HERR, zuschlage.*

6,2 36,1 **6,4-6** Lev 26,30-31; Ez 7,20 S **6,8** Jes 10,21-22 **6,9** 20,43 S **6,10** 5,13; 17,21; 24,24; 33,33; 37,14; Jes 55,11 S **6,11-12** (Schwert, Hunger, Pest) 5,12.16-17; 7,15; 12,16; 14,21; Jer 24,10 S **6,13** Jer 3,13 S; Hos 4,13 **7,3-4** (Folgen) 3,27; 7,8.16; 9,10; 11,21; 16,43.58; 22,31; 23,35.49; 33,10; 36,29; Hos 8,7 S **7,10-27** (Gerichtstag) Am 5,18-20 S **7,12-13** Lev 27,24; 1 Kor 7,29-31

sich nicht nach dem Erlaßjahr* zu sehnen, in dem es wieder an ihn zurückfällt; denn das erlebt er nicht mehr.[a] Die Schuld ist zu groß, niemand wird sein Leben retten können.

14 Man bläst Alarm, alles greift zu den Waffen, aber in die Schlacht zieht keiner; so schnell kommt der Zorn des HERRN über sie alle. 15 Schwert, Hunger und Pest werden unter ihnen wüten: Wer auf dem freien Feld ist, fällt durch das Schwert der Feinde, wer in der Stadt ist, wird von Hunger und Pest dahingerafft. 16 Wenn ein paar Versprengte auf die Berge entkommen, werden sie dort wie verängstigte Tauben sein; sie werden jammern über die schlimmen Folgen ihrer Schuld.

17 Von Schrecken gelähmt lassen alle die Hände sinken; vor Angst können sie das Wasser nicht mehr halten. 18 Sie ziehen den Sack* an und scheren sich den Kopf kahl. Sie zittern an allen Gliedern; ihre Gesichter sind verstört, weil solche Schande über sie hereinbricht. 19 Ihr Silber und Gold werfen sie auf die Straße wie Kehricht; es kann sie nicht retten am Gerichtstag des HERRN. Es ist wertlos geworden, sie können ihren quälenden Hunger nicht damit stillen.

Das ist die Strafe dafür, daß sie sich durch ihr Silber und Gold zur Auflehnung gegen den HERRN verführen ließen. 20 In ihrem Übermut haben sie daraus ihre abscheulichen Götzenbilder gemacht. Darum müssen sie es jetzt voll Ekel wegwerfen.

21 »Ich gebe ihre Schätze den Fremden zum Raub«, sagt der HERR, »den Feinden zur Beute. Die werden ihre Götzenbilder entweihen. 22 Ich wende mich von meinem Volk ab und lasse sogar mein eigenes Heiligtum entweihen. Räuber werden in den Tempel* eindringen, ihn schänden 23 und ein Blutbad anrichten.[b] Denn das Land ist voll Mord und Totschlag, und in Jerusalem regiert Gewalt. 24 Deshalb rufe ich die erbarmungslosesten Völker herbei, damit sie die prächtigen Häuser in Besitz nehmen. Ich mache ein Ende mit der Überheblichkeit ihrer Bewohner, und alles, was ihnen heilig ist, wird entweiht.

25 Angst und Panik erfaßt sie; jeder sucht sich zu retten, aber es gibt keine Rettung. 26 Unglück türmt sich auf Unglück, eine Schreckensnachricht jagt die andere. Vergeblich suchen sie ein Gotteswort beim Propheten; der Priester* hat keine Antwort, die Ältesten* wissen keinen Rat. 27 Der König wird von Entsetzen gepackt, er stimmt die Totenklage* an, und die Männer des Landes sind gelähmt vor Schrecken.

Ich ziehe sie alle zur Rechenschaft für ihr schlimmes Treiben; ich verurteile sie so unbarmherzig, wie sie andere verurteilt haben. Sie sollen erkennen, daß ich der HERR bin!«

Ezechiël sieht den Götzendienst im Jerusalemer Tempel

8 Es war im sechsten Jahr unserer Verbannung*, am 5. Tag des 6. Monats. Die führenden Männer der aus Juda Weggeführten saßen bei mir in meinem Haus. Da spürte ich, wie der HERR, der mächtige Gott, seine Hand auf mich legte.

2 Als ich aufblickte, sah ich eine Gestalt, die aussah wie ein Mann.[c] Von der Stelle, wo die Hüften sind, nach unten sah sie aus wie Feuer, nach oben aber strahlend wie helles Gold. 3 Sie streckte etwas wie eine Hand nach mir aus und packte mich an den Haaren. So hob mich der Geist* in meiner Vision weit über die Erde empor und trug mich nach Jerusalem, zum Eingang des nördlichen Stadttors.[d] Bei diesem Tor stand das Götzenbild, das den Zorn des HERRN erregt.

4 Da sah ich den Gott Israels in seiner strahlenden Herrlichkeit*, genau wie ich ihn in der Ebene am Fluß Kebar gesehen hatte. 5 Er sagte zu mir: »Du Mensch, sieh nach Norden!«

Ich blickte nach Norden und sah außerhalb des Tores einen Altar; am Toreingang stand ein Götzenbild.

6 »Du Mensch«, sagte der HERR, »siehst du, was sie da treiben? Die Leute von Israel kümmern sich nicht um meinen Tempel*; statt dessen verüben sie diesen abscheulichen Götzendienst. Aber du wirst noch Schlimmeres sehen.«

7 Er führte mich zum Eingangstor des äußeren Tempelvorhofs; dort sah ich ein Loch in der Mauer.

8 »Du Mensch«, befahl er mir, »durchbrich die Mauer!« Ich tat es und stand vor einer Tür.

9 »Geh hinein«, sagte er, »und sieh, was sie dort Abscheuliches treiben!«

10 Ich ging hinein und sah, daß man überall an den Wänden die Bilder von unreinen* Tieren eingemeißelt hatte, die dem HERRN ein Greuel

a Deutung unsicher. b *und ein Blutbad …:* mit G; H ist nicht sicher zu deuten, vielleicht *Fertige eine Kette an.*
c *wie ein Mann:* mit G; H *wie Feuer.* d So mit G; H *zum Eingang des Tores des Innern.*

7,15 6,11-12 S **7,16** 7,3-4 S **7,17** Jes 13,7 **7,18** Jer 16,6 S; Am 8,10 **7,19** Spr 11,4; Zef 1,18 **7,20** (Götzenbilder) 6,6; 8,3.12.17; 16,17; 20,7-8; Jes 2,8; Jer 8,19; Hos 8,4 **7,22** 2 Kön 25,9.13-15 **7,24** Jes 2,11.17-18 **7,26** 1 Sam 28,6; Am 8,11-12; Klgl 2,9 **8,1** 14,1; 20,1; 3,22 S **8,3** DanZ C,36; Offb 1,10 S **8,4** 1,1-28 **8,10** Lev 11,1-47; Jer 7,30; Röm 1,23

sind. Das waren die Götzen des Volkes Israel.
11 Vor diesen Bildern standen siebzig Männer
mit Räucherpfannen in der Hand, von denen
Weihrauchwolken aufstiegen. Die siebzig gehör-
ten zu den Ältesten* Israels, auch Jaasanja, der
Sohn Schafans, war unter ihnen.

12 Der HERR fragte mich: »Du Mensch, siehst
du, was die führenden Männer Israels im Ver-
borgenen treiben? So machen sie es auch zu
Hause, jeder vor seinem Götzenschrein. Sie den-
ken: ›Der HERR sieht es nicht; er kümmert sich
nicht mehr um unser Land.‹ 13 Aber du wirst
sehen, daß sie noch Schlimmeres tun.«

14 Darauf führte er mich zum Nordtor des
inneren Tempelvorhofs. Dort saßen Frauen und
weinten über den Tod des Gottes Tammus*.
15 Der HERR sagte zu mir: »Du Mensch, siehst du
das? Du wirst noch Schlimmeres sehen.«

16 Er führte mich in den inneren Vorhof* des
Tempels. Vor dem Eingang zum Tempelhaus,
zwischen dem Brandopferaltar* und der Vor-
halle, standen etwa fünfundzwanzig Männer.
Sie blickten nach Osten, mit dem Rücken zum
Tempel des HERRN, und warfen sich nieder, um
die Sonne anzubeten.

17 Der HERR sagte zu mir: »Du Mensch, siehst
du das? Reicht es nicht, daß die Leute von Juda
überall im Land Götzen verehren und Unrecht
tun? Müssen sie mich auch noch damit reizen,
daß sie es hier in meinem Tempel tun? 18 Jetzt
kenne ich keine Rücksicht mehr. Erbarmungslos
und ohne Schonung werde ich gegen sie vor-
gehen. Auch wenn sie noch so sehr um Gnade
flehen – ich höre sie nicht mehr.«

Das Gericht über Jerusalem

9 Dann rief der HERR vor meinen Ohren mit
lauter Stimme: »Kommt herbei, die ihr das
Strafgericht an Jerusalem vollstrecken sollt!
Bringt euer Mordinstrument mit!«

2 Da kamen sechs Männer durch das nörd-
liche Tempeltor; jeder hatte ein Schwert in der
Hand, und mit ihnen kam ein siebter, der hatte
ein leinenes Priestergewand an. An seinem Gür-
tel hing eine Schreibtafel. Sie kamen näher und
blieben bei dem bronzenen Altar stehen.

3 Die strahlende Herrlichkeit* Gottes, nämlich
der Gott Israels in der Gestalt, wie er sich mir ge-
zeigt hatte, erhob sich von den geflügelten Ge-
stalten, den Keruben*, und trat an den Eingang
des Tempels*. Er rief dem Mann im Leinenge-
wand mit dem Schreibzeug zu: 4 »In Jerusalem
gibt es noch Menschen, die sich an dem ab-
scheulichen Treiben nicht beteiligt haben und
die darüber Schmerz und Trauer empfinden.
Geh durch die Stadt und mach ihnen ein Zei-
chen an die Stirn!«

5 Ich hörte auch, wie er zu den sechs anderen
sagte: »Geht hinter ihm her durch die Stadt, und
bringt ohne Schonung alle um: 6 alte Männer
und junge, Mädchen, Kinder und Frauen. Rührt
aber niemand an, der das Zeichen an der Stirn
trägt! Beginnt hier beim Tempel!«

Sie taten es und machten den Anfang mit den
Ältesten*, die vor dem Tempel standen. 7 Und
der HERR sagte: »Füllt die Tempelhöfe mit Lei-
chen; scheut euch nicht, den Tempel zu schän-
den! Dann geht in die Stadt und schlagt dort zu!«

8 Die Männer erschlugen alle, die im Tempel-
bezirk waren – nur mich verschonten sie. Ich
warf mich nieder und schrie: »Ach Herr, du
mächtiger Gott, willst du in deinem Zorn über
Jerusalem den ganzen Rest deines Volkes aus-
rotten?«

9 Er antwortete: »Die Leute von Israel und von
Juda haben schwere Schuld auf sich geladen; in
Stadt und Land haben sie gemordet und das
Recht mit Füßen getreten. Sie denken: ›Der HERR
kümmert sich nicht um unser Land, er sieht uns
ja nicht!‹ 10 Darum schone ich sie nicht und habe
kein Erbarmen mit ihnen. Jetzt trifft sie die ver-
diente Strafe.«

11 Da kam der Mann mit dem Leinengewand
und dem Schreibzeug aus der Stadt zurück und
meldete: »Ich habe deinen Befehl ausgeführt.«

Feuer verzehrt Jerusalem

10 Ich blickte auf die Stelle über den Köpfen
der geflügelten Gestalten, der Keruben*.
Da sah ich auf der festen Platte etwas, das aussah
wie ein Thron aus blauem Edelstein. 2 Die Ge-
stalt auf dem Thron befahl dem Mann in dem lei-
nenen Priestergewand: »Nimm aus dem Feuer-
becken zwischen den Keruben zwei Hände voll
glühender Kohlen, und streue sie über die Stadt
aus!«

Der Mann ging vor meinen Augen in den
Raum zwischen den Rädern der vier Keruben.
3 Diese standen vom Tempelhaus gesehen auf
der rechten Seite, nach Süden zu. Der innere
Vorhof* des Tempels war ganz angefüllt von der
Wolke der göttlichen Gegenwart.

4 Da erhob sich die Herrlichkeit* des HERRN
von ihrem Thron und trat auf die Schwelle des

8,11 Ex 24,1; Num 11,16 **8,12** Ps 14,1 S **8,14** Dan 11,37 **8,16** Dtn 4,19 S; 2 Kön 23,5.11 **8,17** 7,20 S **8,18** 7,4; Jes 1,15 **9,3** 1,28; 8,4 **9,4** Offb 7,2-4 **9,8** 11,13; Am 7,2.5 **9,9** Ps 14,1 S **9,10** 5,11; 7,3-4 S **10,1** 9,3; 1,22.26 **10,2** Offb 8,5 **10,4** (Wolke) Ex 40,34-35 S; Jes 6,4

Tempelhauses. Die Wolke erfüllte das ganze Haus, und der Vorhof leuchtete im Glanz der Herrlichkeit des HERRN. 5 Das Rauschen der Kerubenflügel klang wie die Donnerstimme Gottes, des Gewaltigen*; es erfüllte auch den äußeren Vorhof des Tempels.

6 Als der Mann in dem leinenen Gewand auf Befehl des HERRN in den Raum zwischen den Keruben trat, 7 streckte einer von ihnen die Hand nach dem Feuerbecken aus, das in der Mitte stand, und legte die Glut in die Hände des Mannes. Der Mann verließ damit den Tempel, um die glühenden Kohlen über die Stadt auszustreuen.

Gott zieht aus seinem Tempel aus

8 Unter den Flügeln der Keruben* sah ich etwas, das aussah wie Menschenarme. 9–10 Ich sah auch vier Räder, neben jedem Kerub eines. Sie waren alle gleich groß und funkelten wie Edelsteine. In jedes Rad war ein zweites im rechten Winkel eingefügt, 11 so daß es nach allen vier Richtungen laufen konnte, ohne vorher gedreht zu werden. Die Räder rollten immer in der Richtung, die das jeweils vorderste einschlug.

12–13 Es waren dieselben Räder, die ich in meiner ersten •Vision gesehen hatte. Sie wurden vor meinen Ohren Galgal[a] genannt. Sie waren ringsum mit Augen bedeckt, ebenso der Leib, die Arme und die Flügel der Keruben. 14 Jeder Kerub hatte vier verschiedene Gesichter. Beim ersten sah das Stiergesicht nach vorn, beim zweiten das Menschengesicht, beim dritten das Löwengesicht und beim vierten das Adlergesicht.

15 Jetzt begannen die Keruben sich zu erheben. Es waren dieselben Gestalten, die ich am Fluß Kebar geschaut hatte. 16–17 Wenn sie sich fortbewegten, bewegten sich die Räder mit ihnen, und wenn sie sich mit ihren Flügeln von der Erde erhoben, hoben sich die Räder mit. Wenn sie anhielten, blieben auch die Räder stehen. In allem wurden die Räder von den Keruben gelenkt.

18 Die Herrlichkeit* des HERRN ging von der Schwelle des Tempelhauses weg und nahm den Platz über den Keruben ein. 19 Die Keruben breiteten ihre Flügel aus und erhoben sich vor meinen Augen ein Stück über den Boden, und die Räder erhoben sich mit. Dann verließ die Herrlichkeit des Gottes Israels den Tempelbezirk, über den Keruben thronend, durch das östliche Tor.

20 Ich erkannte deutlich die vier mächtigen Gestalten wieder, die am Fluß Kebar vor meinen Augen den Thron des Gottes Israels getragen hatten. 21 Jede von ihnen hatte vier Gesichter und vier Flügel, und unter den Flügeln konnte ich ihre Menschenarme erkennen. 22 Auch ihre Gesichter waren dieselben, die ich am Fluß Kebar gesehen hatte. Wohin sie auch gingen, immer blickte eins von ihren vier Gesichtern geradeaus.

Die Überheblichkeit der in Jerusalem Zurückgebliebenen

11 Der Geist* nahm mich und brachte mich zum östlichen Tor des Tempelbezirks. Vor dem Tor waren fünfundzwanzig Männer versammelt. Ich erkannte darunter zwei der führenden Männer der Stadt, Jaasanja, den Sohn Assurs, und Pelatja, den Sohn von Benaja.

2 Der HERR sagte zu mir: »Du Mensch, das sind die Männer, die in dieser Stadt schlimme Anschläge und verderbliche Pläne aushecken! 3 Sie sagen: ›In nächster Zeit brauchen wir keine Häuser zu bauen! Die Stadt ist der Topf, und wir sind das Fleisch!‹[b] 4 Darum mußt du ihnen das Strafgericht ankündigen.«

5 Der Geist des HERRN nahm von mir Besitz, und der HERR befahl mir, den Leuten von Israel anzukündigen: »So spricht der HERR: ›Ich weiß, wie ihr redet und was eure Pläne sind! 6 Ihr habt es auf dem Gewissen, daß die Straßen dieser Stadt von Erschlagenen bedeckt sind. 7 Deshalb sage ich, der HERR: Die Erschlagenen auf euren Straßen sind das Fleisch im Topf der Stadt; die Toten haben es besser als die Lebenden![c] Euch aber hole ich heraus 8 und lasse euch hinrichten. Ihr fürchtet das Schwert, und durch das Schwert sollt ihr sterben. Das sage ich, der mächtige Gott.

9 Ich hole euch aus eurer Stadt heraus und gebe euch in die Gewalt von Fremden. Durch sie vollziehe ich an euch mein Strafgericht. 10 An der Grenze Israels lasse ich euch mit dem Schwert hinrichten. Ihr sollt erkennen, daß ich der HERR bin.

11 Ihr werdet nicht in dieser Stadt bleiben wie das Fleisch im Topf. An der Grenze Israels werde ich mein Gericht an euch vollziehen. 12 Ihr sollt erkennen, daß ich der HERR bin. Denn ihr habt

a D. h. *Rundes* oder *Rollendes*.

b In den Topf kommen die Fleischstücke, nicht die ungenießbaren Teile eines geschlachteten Tieres. Die bei der ersten Wegführung 597 v. Chr. in Jerusalem Zurückgebliebenen drücken mit dem Sprichwort ihr Überlegenheitsgefühl gegenüber den Verschleppten aus.

c *die Toten …:* verdeutlichender Zusatz.

10,5 Ps 29,3-9 S **10,8-17** 1,5-21 **10,12-13** Offb 4,8 **10,18-19** 9,3; 11,22-23; 43,1-7 **11,3-12** 24,1-14 **11,10** 2 Kön 25,20-21 **11,12** 5,7-8

meine Weisungen nicht befolgt und euch nicht
nach meinen Geboten gerichtet, sondern habt
nach den Gesetzen eurer Nachbarvölker ge-
lebt.‹«
13 Während ich diese Ankündigung aus-
sprach, starb Pelatja, der Sohn von Benaja. Ich
warf mich zu Boden und rief laut: »Ach Herr,
du mächtiger Gott! Willst du den Rest Israels
vollends vernichten?«

Trost für die Verschleppten

14 Da erging das Wort des HERRN an mich, er
sagte: 15 »Du Mensch, die Bewohner Jerusalems
sagen über deine Brüder und Verwandten und
über alle Leute von Israel, die in die Verbannung
geführt worden sind: ›Sie sollen bleiben, wo sie
sind, weit weg vom HERRN! Das Land gehört jetzt
uns!‹
16 Deshalb sollst du verkünden: ›So spricht
der HERR, der mächtige Gott: Es stimmt, ich habe
sie in fremde Länder gebracht und unter die Völ-
ker zerstreut, und sie können mich dort nur
noch aus der Ferne in bescheidenen Gottesdien-
sten verehren. 17 Aber ich, der mächtige Gott,
werde sie aus den Völkern, unter die sie zer-
streut sind, sammeln und ihnen das Land Israel
zum Besitz geben. 18 Wenn sie dorthin zurück-
kehren, werden sie das Land von allem Götzen-
dienst reinigen.
19 Ich werde ihnen ein neues Herz[a] und einen
neuen Geist geben. Ich nehme das versteinerte
Herz aus ihrer Brust und schenke ihnen ein
Herz, das lebt. 20 Dann werden sie nach meinen
Weisungen leben, auf meine Gebote achten und
sie befolgen. Sie werden mein Volk sein, und ich
werde ihr Gott sein. 21 Aber die verdiente Strafe
wird alle treffen, die ihr Herz an die Götzen
gehängt haben und ihnen auf die abscheuliche
Weise dienen, die diesen Götzen gefällt. Das
sage ich, der HERR, der mächtige Gott.‹«

Gott verläßt Jerusalem

22 Die Keruben*, über denen die strahlende Herr-
lichkeit* des Gottes Israels zu sehen war, be-
wegten ihre Flügel, und zusammen mit ihnen er-
hoben sich die Räder vom Boden. 23 So verließ
die Herrlichkeit des HERRN die Stadt in Richtung
auf den Berg im Osten Jerusalems.
24 Mich aber nahm der Geist* und brachte
mich in meiner Vision zurück nach Babylonien*.
Dann verschwand die Vision, 25 und ich berich-
tete den Verbannten alles, was der HERR mir
gezeigt hatte.

Den Verbannten wird die Wegführung der Zurückgebliebenen angekündigt

12 Das Wort des HERRN erging an mich, er
sagte: 2 »Du Mensch, du lebst mitten
unter einem widerspenstigen Volk! Diese Leute
haben Augen und sehen nicht, sie haben Ohren
und hören nicht. 3 Deshalb schnüre dir ein Bün-
del, wie es Verschleppte mit sich tragen, und geh
damit vor aller Augen von deinem Wohnort weg
zu einem anderen Ort. Vielleicht gehen ihnen
die Augen auf, so widerspenstig sie auch sind.
4 Bring dein Bündel am hellen Tag aus dem
Haus, so daß alle es sehen, und gegen Abend,
wenn die Hitze nachläßt, zieh vor ihren Augen
weg, wie jemand, der in die Verbannung geführt
wird. 5 Brich vor ihren Augen von innen ein
Loch in die Wand deines Hauses, und zwänge
dich dadurch hinaus. 6 Nimm dein Bündel auf
die Schulter, und geh in der Dunkelheit fort.
Verhülle dein Gesicht, damit du das Land nicht
siehst, das du verlassen mußt.
So mache ich dich für die Leute von Israel zu
einem Zeichen, an dem sie sehen, was ihnen be-
vorsteht.«
7 Ich machte genau, was der HERR mir befoh-
len hatte. Ich schnürte mir ein Bündel, wie es
Verschleppte mit sich tragen, und brachte es am
hellen Tag aus dem Haus. Am Abend brach ich
von innen ein Loch in die Wand und zwängte
mich durch das Loch hinaus. Vor aller Augen
hob ich das Bündel auf die Schulter.
8 Am anderen Morgen erging an mich das
Wort des HERRN, er sagte: 9 »Du Mensch, die
Leute von Israel, dieses widerspenstige Volk,
haben dich doch gefragt: ›Was machst du da?‹
10 Gib ihnen die Erklärung! Sag zu ihnen:
›Der HERR, der mächtige Gott, hat zu mir ge-
sprochen! Was er mir aufgetragen hat, betrifft
den König in Jerusalem und alle Leute von Israel,
die dort leben. 11 Ich bin für euch ein Zeichen. So
wie ich es vorgemacht habe, wird es den Leuten
von Jerusalem ergehen. Alle müssen in die Ver-
bannung*.
12 Ihr König aber wird in tiefster Dunkelheit
sein Bündel auf die Schulter nehmen und die
Stadt verlassen. Seine Männer werden die
Mauer durchbrechen, um ihre Habseligkeiten
hinauszubringen. Er wird sein Gesicht verhül-

a So mit G; H *ein einziges Herz.*

11,13 9,8 **11,15** 33,24 **11,17** 28,25 S **11,19** 36,26-27 S **11,20** (mein Volk – ihr Gott) 14,11; 34,30; 36,28; 37,23.27; Jer 7,23 S; Sach 8,8; 13,9 **11,21** 7,3-4 S; 7,20 S **11,22-23** 10,18-19 S; Dtn 31,17 **11,24** 8,3 **12,2** 2,3-5 S; Jes 6,9-10; Jer 5,21 **12,6** 24,24 **12,9** 2,3-5 S **12,12-13** 17,20; 2 Kön 25,4-7

len, denn das Land Israels wird er nie wieder-
sehen.
13 Ich werde mein Fangnetz ausspannen, ihn
einfangen und nach Babylonien bringen; aber er
wird das Land nicht sehen können. Dort wird er
sterben. 14 Sein Gefolge und seine Kriegsleute
werde ich in alle Winde zerstreuen, mit gezoge-
nem Schwert werde ich sie auseinandertreiben.
15 Ich zerstreue sie in fremde Länder und unter
fremde Völker, damit sie erkennen, daß ich der
HERR bin.
16 Nur wenige von ihnen sollen dem Schwert,
dem Hunger und der Pest entrinnen, damit sie
unter den Völkern erzählen können, mit was für
abscheulichen Taten sie sich dieses Schicksal
verdient haben. Sie sollen erkennen, daß ich der
HERR bin!«

Die Leute in Jerusalem werden zittern

17 Das Wort des HERRN erging an mich, er sagte:
18 »Du Mensch, iß dein Brot und trink dein Was-
ser mit Zittern und Beben! 19 Und dann sag zu
deinen verschleppten Landsleuten: ›So spricht
der HERR, der mächtige Gott: Mit Zittern und Ent-
setzen werden die Leute, die in Jerusalem im
Land Israel geblieben sind, ihr Brot essen und ihr
Wasser trinken. Zur Strafe dafür, daß überall
Unrecht und Gewalt herrschen, kommt die Ver-
nichtung über das Land. 20 Die Städte veröden,
die fruchtbaren Felder werden zur Wüste. Ihr
sollt erkennen, daß ich der HERR bin!‹«

Gott macht keine leeren Worte

21 Das Wort des HERRN erging an mich, er sagte:
22 »Du Mensch, was reden die Leute bei euch
im Land Israel? Sie sagen: ›Die Zeit kommt
und geht, und die Prophezeiungen treffen nie
ein!‹
23 Ich werde dafür sorgen, daß dieses Gerede
in Israel ein Ende hat. Sag zu ihnen: ›So spricht
Gott, der HERR: Die Zeit ist gekommen, daß alles
eintrifft, was meine Propheten euch angedroht
haben. 24 Künftig wird es im Volk Israel keine
falschen Propheten mehr geben, die leere
Träume erzählen und den Menschen nach dem
Mund reden.
25 Ich, der HERR, rede; und was ich ankündige,
das trifft ein. Es läßt nicht lange auf sich warten.
Ich sage ein Wort, und ich setze es in die Tat um,
beides zu euren Lebzeiten, ihr widerspenstigen
Leute! Das sage ich, der mächtige Gott.‹«
26 Noch einmal erging das Wort des HERRN an
mich: 27 »Du Mensch, die Leute von Israel sagen
über dich: ›Die Offenbarungen*, die er empfan-
gen hat, betreffen nicht unsere Gegenwart, son-
dern eine ferne Zukunft.‹
28 Darum antworte ihnen: ›So spricht Gott,
der Herr: Alles, was ich angekündigt habe,
wird in Kürze geschehen. Wenn ich ein Wort
sage, dann geschieht es auch. Das sage ich, der
Herr.‹«

Das Ende der falschen Propheten

13 Das Wort des HERRN erging an mich, er
sagte: 2 »Du Mensch, kündige den Prophe-
ten Israels, die nach ihrem eigenen Gutdünken
prophezeien, mein Strafgericht an! Sag zu ihnen:
›Hört das Wort des HERRN! 3 Das sagt Gott, der
Herr, zu euch:
Weh euch falschen Propheten, die nicht nach
mir fragen, sondern ihren eigenen Einfällen fol-
gen, die prophezeien, was ihnen nicht offenbart
worden ist!
4 Ihr Propheten seid zu Israels Totengräbern
geworden![a] 5 Ihr seid nicht in die Bresche ge-
sprungen, ihr habt nicht die Lücken in der
Schutzmauer um mein Volk Israel aufgefüllt,
damit es an meinem Gerichtstag bestehen
kann.
6–7 Eure eigenen Hirngespinste schaut ihr,
Lügen verkündet ihr! Ihr sagt: ›So spricht der
HERR‹, wo ich euch doch gar nicht beauftragt und
nicht zu euch gesprochen habe. Und da erwartet
ihr auch noch, daß ich eure leeren Versprechen
einlöse!
8 Darum sage ich, der mächtige Gott: Weil ihr
Hirngespinste schaut und Lügen verkündet, sollt
ihr mich kennenlernen, mich, den HERRN! 9 Ich
werde gegen euch Lügenpropheten vorgehen. In
der Versammlung meines Volkes habt ihr nichts
mehr zu suchen, eure Namen werden aus den
Listen der Sippen Israels getilgt, ihr werdet nie
mehr ins Land Israel zurückkehren. Ihr sollt er-
kennen, daß ich der HERR bin!
10 Ihr habt mein Volk in die Irre geführt, ihr
habt verkündet: Alles steht gut!, während es in
Wirklichkeit gar nicht gut stand. Da baut sich
mein Volk eine Mauer aus losen Steinen, und ihr
streicht Tünche darüber! 11–12 Wenn nun ein
Platzregen kommt, wenn Hagelwetter nieder-
geht und der Sturm wütet, so daß die Mauer ein-
fällt, wird man dann nicht über euch spotten:
Wo ist der schöne Anstrich geblieben?
13 Darum sage ich, der mächtige Gott: Ich

a *zu Israels Totengräbern:* wörtlich *wie Füchse in den Trümmern.* Das Bild ist vielleicht im Sinn von Neh 3,35 zu deuten.

12,16 6,11-12 S; 14,22-23 **12,19** 4,16; 7,10-11 **12,22** 2 Petr 3,4; Hab 2,3 **12,24** 13,1-16 **13,2** 12,24; 22,28; Jer 14,13-15 S **13,5** 22,30 S **13,9** 14,9 **13,10** Jer 6,14 S

werde in meinem Zorn ein Unwetter schicken,
Sturm, Hagel und Platzregen; 14 die Mauer, die
ihr mit Tünche überstrichen habt, lasse ich ein-
stürzen, so daß kein Stein auf dem andern bleibt
und ihr selbst unter den Trümmern begraben
werdet. Ihr sollt erkennen, daß ich der HERR
bin!

15 Ich werde an der Mauer und an denen, die
sie angestrichen haben, meinen ganzen Zorn
auslassen. Dann werden sie[a] über euch spotten:
Die Mauer ist hin, und von denen, die sie ange-
strichen haben, ist auch keiner mehr da! 16 Ja,
keiner bleibt übrig von den Propheten, die Jeru-
salem eine herrliche Zukunft vor Augen gemalt
haben, als es dicht vor dem Untergang stand.
Das sage ich, der HERR, der mächtige Gott.‹«

Das Ende der magischen Praktiken

17 Weiter sagte der HERR: »Du Mensch, wende
dich gegen die Frauen deines Volkes, die nach
ihrem eigenen Gutdünken prophezeien, und
kündige ihnen mein Strafgericht an! 18 Sag zu
ihnen: ›Das sagt der HERR, der mächtige Gott, zu
euch:

Weh euch Seelenfängerinnen, die ihr für
jedes Handgelenk die passenden Zauberbänder
näht und magische Schleier für jede Kopf- und
Körpergröße! Ihr spielt mit dem Leben der Men-
schen in meinem Volk. Und da meint ihr, ihr
könntet euer eigenes Leben retten?

19 Bei euren Praktiken mißbraucht ihr meinen
Namen; für den Lohn von ein paar Handvoll
Gerste oder ein wenig Brot liefert ihr schuldlose
Menschen dem Tod aus und erhaltet solche am
Leben, die ihn verdient hätten. Meinem Volk,
das so gern auf Lügen hört, gaukelt ihr eine gol-
dene Zukunft vor.

20–21 Darum werde ich, der mächtige Gott,
euch die Zauberbänder vom Arm reißen und
eure Zauberschleier zerfetzen. Ich jage euch
eure Beute ab und rette die Menschenleben, die
ihr verderben wollt. Ich befreie mein Volk aus
eurer Gewalt, niemand soll euch mehr zum
Opfer fallen. Ihr sollt erkennen, daß ich der HERR
bin!

22 Ihr macht unschuldigen Leuten Angst, die
von mir gar nichts zu befürchten haben; aber die
Verbrecher ermutigt ihr und verhindert damit,
daß sie ihr böses Treiben aufgeben und ihr
Leben retten. 23 Deshalb soll es mit eurer ver-
logenen Wahrsagerei ein Ende haben. Ich werde
mein Volk aus eurer Gewalt befreien. Ihr sollt er-
kennen, daß ich der HERR bin!‹«

Abrechnung mit den Götzendienern

14 Einige von den Ältesten* Israels kamen
zu mir und wollten einen Bescheid von
Gott haben. Sie setzten sich vor mich hin und
warteten.

2 Da erging das Wort des HERRN an mich, er
sagte: 3 »Du Mensch, diese Männer öffnen ihr
Herz noch immer den Götzen und haben Gefal-
len an dem, was sie in Schuld verstrickt. Und da
soll ich ihnen eine Auskunft erteilen?

4 Antworte ihnen: ›So spricht der HERR, der
mächtige Gott: Wenn jemand aus dem Volk
Israel das Herz den Götzen öffnet und Gefallen
hat an dem, was ihn in Schuld verstrickt, und
wenn er dann noch zu meinem Propheten
kommt und einen Bescheid von mir erbittet,
dann bekommt er die Antwort, die er verdient
hat – von mir, dem HERRN! 5 Dem ganzen Volk
Israel, das sich von mir abgewandt und den Göt-
zen zugewandt hat, werde ich damit eine Lehre
erteilen.‹

6 Zu den Leuten von Israel aber sollst du
sagen: ›So spricht der HERR, der mächtige Gott:
Kehrt um und wendet euch ab von euren Göt-
zen und von eurem abscheulichen götzendiene-
rischen Treiben! 7 Wenn jemand aus dem Volk
Israel oder von den Fremden, die bei euch leben,
mir den Rücken kehrt, sein Herz den Götzen öff-
net und Gefallen hat an dem, was ihn in Schuld
verstrickt, und wenn er dann noch zu meinem
Propheten kommt, um einen Bescheid von mir
zu erbitten, dann bekommt er von mir persön-
lich eine Antwort, von mir, dem HERRN! 8 Ich
wende mich gegen einen solchen Menschen,
ich handle so an ihm, daß es eine Warnung
für alle ist und man noch lange davon reden
wird: Ich rotte ihn aus meinem Volk aus. Ihr sollt
erkennen, daß ich der HERR bin!

9 Wenn aber der Prophet sich so weit verirrt,
daß er in meinem Namen einen Bescheid erteilt,
dann werde *ich* ihn in die Irre führen: Ich werde
die Hand gegen ihn erheben und ihn aus mei-
nem Volk Israel ausstoßen und vernichten.
10 Alle beide müssen die Folgen ihrer Schuld tra-
gen: der Götzendiener, der fragt, und der Pro-
phet, der antwortet. 11 Das soll den Leuten von
Israel eine Warnung sein, daß sie nicht von mir
weglaufen und sich nicht mehr unrein* machen
durch ihre Verfehlungen. Sie sollen mein Volk
sein, und ich will ihr Gott sein. Das sage ich, der
HERR, der mächtige Gott!‹«

a *werden sie:* vermutlicher Text; H *werde ich.*

13,18 Lev 19,26 S 13,22 33,8; Jer 23,14 14,1 8,1; 20,1 14,9 13,9 14,11 11,20 S

Das Strafgericht über Jerusalem ist unabwendbar

12 Das Wort des HERRN erging an mich, er sagte:
13 »Du Mensch, angenommen, ein Volk vergeht
sich gegen mich und bricht mir die Treue, und
ich schicke zur Strafe eine Hungersnot ins Land
und Menschen und Tiere sterben daran.
14 Wenn dann die drei großen Männer Noach,
Daniel[a] und Ijob unter diesem Volk lebten, so
würden nur sie aufgrund ihrer Rechtschaffen-
heit ihr Leben retten. Das sage ich, der HERR, der
mächtige Gott.

15 Oder angenommen, ich lasse zur Strafe
Raubtiere in ein Land einfallen, die seine Bewoh-
ner töten, und das Land wird menschenleer wie
eine Wüste, weil wegen der Lebensgefahr nie-
mand mehr durchzuziehen wagt. 16 Wenn dann
diese drei Männer dort lebten, könnten sie nicht
einmal ihre Söhne und Töchter retten, sondern
allein sich selbst – so gewiß ich, der Herr, lebe!
Das ganze Land würde restlos entvölkert wer-
den.

17 Oder angenommen, ich schicke zur Strafe
Feinde in ein Land, die Menschen und Tiere nie-
dermachen, 18 und diese drei Männer wären in
diesem Land: Sie könnten nicht einmal ihre
Söhne und Töchter retten, sondern allein sich
selbst – so gewiß ich lebe, ich, der HERR!

19 Oder aber ich schicke zur Strafe die Pest in
ein Land und vernichte in meinem glühenden
Zorn Menschen und Tiere. 20 Wären dann die
drei großen Männer Noach, Daniel und Ijob in
diesem Land, sie könnten weder Söhne noch
Töchter retten, so gewiß ich lebe, ich, der HERR!
Nur ihr eigenes Leben könnten sie aufgrund
ihrer Rechtschaffenheit retten.

21 Und nun sage ich, der HERR, der mächtige
Gott: ›Wenn ich meine vier Geißeln – Hunger,
Raubtiere, Krieg und Pest – auf Jerusalem los-
lasse, um Menschen und Tiere darin zu vernich-
ten, meint ihr, daß dann jemand mit dem Leben
davonkommt? 22 Doch, ich lasse einige übrig,
Männer und Frauen, die werden aus der Stadt
weggeführt und kommen zu euch. Ihr werdet
sehen, was das für Leute sind und wie schlimm
sie es treiben. Das wird euch trösten, wenn ihr
über den Untergang Jerusalems trauert, über
alles, was ich der Stadt angetan habe. 23 Diese
Leute werden euch ein Trost sein, wenn ihr seht,
wie gründlich verdorben sie sind! Denn ihr wer-
det daran erkennen, daß ich an Jerusalem nur
die gerechte Strafe vollzogen habe. Das sage ich,
der HERR, der mächtige Gott.‹«

Jerusalem als nutzloses Rebholz

15 Das Wort des HERRN erging an mich, er
sagte: 2 »Du Mensch, was hat der Wein-
stock vor den wildwachsenden Rankengewäch-
sen voraus? 3 Läßt sich aus seinem Holz irgend
etwas Brauchbares herstellen? Kann man auch
nur einen Pflock für die Wand daraus schnitzen,
um etwas daran aufzuhängen?

4 Nun ist die Weinranke auch noch ins Feuer
geworfen worden; die Enden sind schon ver-
kohlt, und die Mitte ist angesengt: Wozu kann
man sie jetzt noch verwenden? 5 Schon als sie
noch unversehrt war, war ihr Holz zu nichts zu
gebrauchen; was läßt sich dann jetzt noch damit
anfangen?

6 Darum sage ich, der HERR, der mächtige
Gott: Der Weinstock Jerusalem ist für mich nicht
mehr wert als ein gewöhnliches Rankenge-
wächs. Das Holz des Weinstocks ist zum Ver-
brennen bestimmt, und genauso gebe ich die Be-
wohner Jerusalems der Vernichtung preis. 7 Mit
knapper Not sind sie dem Feuer entronnen, aber
das Feuer wird sie vollends verzehren. Dann
werdet ihr erkennen, daß ich der HERR bin. Ich
selbst wende mich gegen sie 8 und mache ihr
Land zu einer Wüste, weil sie mir untreu gewor-
den sind. Das sage ich, der HERR, der mächtige
Gott.«

Jerusalem, die treulose Frau (16,1-63)

16 Das Wort des HERRN erging an mich, er
sagte: 2 »Du Mensch, mache der Stadt
Jerusalem klar, was für abscheuliche Dinge sie
tut! 3 Halte ihr vor: ›So spricht der HERR, der
mächtige Gott: Du bist eine Kanaaniterin*; hier
im Land wurdest du geboren. Dein Vater war
ein Amoriter*, deine Mutter eine Hetiterin*.

4 Und so erging es dir bei deiner Geburt:
Deine Nabelschnur wurde nicht ordentlich ab-
geschnitten, du wurdest nicht gebadet und mit
Salz abgerieben, du wurdest nicht in Windeln
gewickelt. 5 Niemand kümmerte sich um dich,
niemand hatte Mitleid mit dir und versorgte
dich. Du wurdest aufs freie Feld geworfen, weil
niemand dich haben wollte. So erging es dir, als
du geboren wurdest.

6 Da kam ich vorüber und sah dich in deinem

a Mit Daniel ist vermutlich nicht der Visionär gemeint, von dem das biblische Buch dieses Namens berichtet; siehe Sacherklärung »Daniel«.

14,14 Gen 6,9; Ijob 1,1; Jer 15,1 **14,21** 6,11-12 S; Jer 15,3 **14,22-23** 12,16 **15,1-8** (Weinstock) Jer 2,21 S; Ez 17,5-10; 19,10-14 **15,7** Am 4,11 **16,1-63** 23,1-49 **16,3** 16,45; Jos 15,63; Ri 19,10-13

Blut liegen und zappeln. Ich sagte zu dir: Du
sollst leben! Du sollst leben 7 und gedeihen![a] Ich
ließ dich aufblühen wie eine Blume. So wuchst
du heran und wurdest groß und überaus schön.
Die Brüste wurden rund, und das Schamhaar
sproßte. Aber noch immer warst du nackt und
bloß.

8 Wieder kam ich an dir vorüber, und ich sah,
daß du zur Liebe reif warst. Da nahm ich dich
zur Frau. Ich breitete meinen Gewandsaum über
dich zum Zeichen, daß du mir gehören und nicht
mehr nackt und bloß sein solltest. Ich schwor dir
Treue und schloß den Bund fürs Leben mit dir,
ich, der Herr. So wurdest du mein.

9 Ich badete dich und wusch dir das Blut ab,
salbte dich mit Öl 10 und gab dir ein buntes Kleid
und Sandalen aus weichem Leder, ein Kopftuch
aus feinstem Leinen und einen schön gewebten
Mantel. 11 Ich legte dir Schmuck an: Armspan-
gen, Halskette, 12 Nasenring, Ohrringe und einen
kostbaren Stirnreif.

13 So warst du nun mit Gold und Silber ge-
schmückt und trugst Kleider aus den schönsten
und erlesensten Stoffen. Du hattest Gebäck aus
feinstem Mehl zu essen, das mit Honig und Öl
bereitet war. Du warst unaussprechlich schön
und wurdest zur Königin. 14 Alle Welt rühmte
deine Schönheit, die durch meinen Schmuck
erst vollkommen wurde‹, sagt der HERR, der
mächtige Gott!

Die Untreue Jerusalems: Götzendienst

15 ›Aber du vergaßt, daß du deine Schönheit und
deinen Ruhm mir verdanktest. Du wurdest über-
mütig und locktest mit deinen Reizen jeden an,
der vorbeikam. Jedem botest du dich an. 16 An
den Plätzen, wo man die Götzen verehrt, breite-
test du deine bunten Kleider aus und hurtest her-
um. Dazu hätte es niemals kommen dürfen.

17 Aus dem Silber und Gold, das ich dir ge-
schenkt hatte, machtest du dir Götzen und be-
trogst mich mit ihnen. 18 Du zogst ihnen deine
bunten Gewänder an und opfertest ihnen den
Weihrauch und das Öl, das du von mir bekom-
men hattest. 19 Die Leckerbissen, die ich dir ge-
geben hatte, das feine Honiggebäck, brachtest du
zu ihnen, um sie damit zu erfreuen. Soweit kam
es‹, sagt der HERR, der mächtige Gott.

20 ›Aber du hast noch Schlimmeres getan! Du
hast nicht nur mit den Götzen gehurt, sondern
ihnen auch noch die Söhne und Töchter zum
Fraß vorgeworfen, die du mir geboren hattest.
21 Du hast meine Kinder geschlachtet und als
Opfer für deine Götzen verbrannt. 22 So hast du
es getrieben und hast ganz vergessen, was ich
für dich getan hatte, als du noch nackt und zap-
pelnd in deinem Blut auf der Erde lagst.‹

Die Untreue Jerusalems: Bündnispolitik

23 ›Deine Schandtaten mußt du büßen. Dafür
stehe ich ein, ich, der mächtige Gott. 24-25 Du
hast auf jedem freien Platz und an jeder Stra-
ßenecke dein Hurenlager aufgeschlagen und
hast deine Schönheit in den Schmutz gezogen.
Du warst unersättlich und hast vor jedem, der
vorüberging, die Beine gespreizt. 26 Deine Nach-
barn, die Ägypter mit dem großen Glied, waren
deine besten Freunde; mit ihnen hast du gehurt,
um mich zu kränken. 27 Da strafte ich dich und
nahm dir einen Teil von dem, was ich dir ge-
schenkt hatte. Ich gab dich der Gier der Philiste-
rinnen* preis, die dich haßten, die aber von
deinem schamlosen Treiben selber angewidert
waren.

28 Doch du hattest noch nicht genug und
gingst zu den Assyrern*, um mit ihnen zu huren,
und auch das reichte dir noch nicht. 29 Darum
triebst du es mit den Babyloniern*, diesem
Händlervolk; doch auch da bekamst du nicht
genug. 30 Du branntest darauf, dich hinzugeben;
an Schamlosigkeit warst du nicht mehr zu über-
treffen‹, sagt der HERR, der mächtige Gott.

31 ›An jeder Straßenecke und an jedem freien
Platz hast du dein Hurenlager aufgeschlagen.
Aber du hast dich nicht wie eine Hure für Geld
hingegeben. 32 Du hast deinen Ehemann mit
fremden Männern betrogen, 33 und während
man eine Hure bezahlt, hast du deine Liebhaber
noch mit Geschenken angelockt, damit sie von
überallher zu dir kamen. 34 Anderen Frauen läuft
man nach und gibt ihnen Geld, aber dir läuft nie-
mand nach, und du zahlst auch noch dafür. So
sehr bist du aus der Art geschlagen.‹

Die verdiente Strafe

35 ›Jerusalem, du Hure! Höre das Wort des HERRN!
So spricht der HERR, der mächtige Gott: 36 Weil
du dich vor deinen Liebhabern und deinen ekel-
haften Götzenbildern nackt ausgezogen und den
Götzen deine Kinder geopfert hast, 37 rechne ich
jetzt mit dir ab. Ich rufe deine ganze Kundschaft
zusammen, die Männer, mit denen du gehurt
hast, und auch die anderen, die du nicht moch-

a *und gedeihen:* mit G; H *eine große Menge.*

16,8 Rut 3,9 **16,15-19** 7,20 S; Jer 2,20 S **16,17** Hos 8,4 **16,18** Hos 2,10 **16,20-21** 20,26; 23,37; Lev 18,21 S **16,26** 23,20; Jes 30,1-7 S **16,28-29** 23,12-18 **16,37** Hos 2,12

test. Wenn sie von überallher zusammenge-
laufen sind, dann hebe ich vor ihren Augen
deine Kleider hoch und gebe dich der Schande
preis.
38 Ich verfahre mit dir, wie es das Gesetz für
eine Ehebrecherin und Mörderin vorschreibt.
Weil du meinen Zorn gereizt und meine Eifer-
sucht geweckt hast, verurteile ich dich zum Tod.
39 Ich liefere dich ihnen aus, daß sie deine
Hurenbude und deine Götzenaltäre einreißen,
dir deinen Schmuck nehmen, dir die Kleider
vom Leib reißen und dich nackt und bloß liegen-
lassen.
40 Dann werden sie eine Gerichtsversamm-
lung einberufen. Sie werden dich steinigen* und
deine Leiche mit dem Schwert in Stücke hauen.
41 Alle Frauen werden sehen, wie man das Urteil
an dir vollstreckt und deine Häuser nieder-
brennt. Aus ist es dann mit deiner Hurerei, du
kannst dir keine Liebhaber mehr kaufen!
42 Dann ist endlich mein Zorn und meine
Eifersucht gestillt; ich habe wieder Ruhe und
muß mich nicht mehr von dir kränken lassen.
43 Du warst undankbar und vergaßest, was ich
seit deiner Kindheit für dich getan hatte. Durch
dein schamloses Treiben hast du mich herausge-
fordert. Jetzt mußt du die Folgen tragen. Das
sage ich, der HERR, der mächtige Gott.‹

›Du treibst es schlimmer als Sodom und Samaria!‹

44 ›Jerusalem, man wird dich verspotten mit dem
Sprichwort: Wie die Mutter, so die Tochter! 45 Du
bist um kein Haar besser als deine Mutter und
deine Schwestern – auch die scherten sich nicht
um Mann und Kinder.
Wie deine Schwestern, zwischen denen du
wohnst, hast du eine Hetiterin* zur Mutter und
einen Amoriter* zum Vater. 46 Deine größere
Schwester ist die Stadt Samaria im Norden mit
ihren Tochterstädten, und deine kleinere Schwe-
ster die Stadt Sodom* im Süden mit ihren Toch-
terstädten. 47 Alle Schändlichkeiten hast du den
beiden nachgemacht und sie darin in kurzer Zeit
übertroffen.
48 So gewiß ich, der HERR, lebe: Deine Schwe-
ster Sodom mit ihren Töchtern hat sich nicht so
schändlich benommen wie du und deine Töch-
ter! 49 Sie war eingebildet und lebte mit ihren
Töchtern sorglos und im Überfluß; um Arme
und Unterdrückte kümmerte sie sich nicht. 50 Sie
war überheblich und beging abscheuliche Ver-
brechen. Als ich das sah, schaffte ich sie weg.
51 Auch Samaria hat nicht die Hälfte deiner ab-
scheulichen Taten begangen. Du hast viel mehr
gesündigt als sie beide. Du hast es so schlimm
getrieben, daß deine beiden Schwestern neben
dir geradezu unschuldig dastehen. 52 Weil du viel
schlimmer warst als deine Schwestern und sie
durch dein schmutziges Treiben reingewaschen
hast, mußt du dich schämen und deine ganze
Schande tragen.‹

›Ich beschäme dich durch meine Treue!‹

53 ›Doch dann wende ich für Sodom und Samaria
alles wieder zum Guten, und auch für dich, Jeru-
salem, die du so tief gefallen bist wie sie! 54 Das
tue ich, damit du einsiehst, wie schändlich du
gehandelt hast. Du sollst dich schämen, daß du
sogar noch verdorbener warst als deine Schwe-
stern und sie damit entlastet hast. 55 Ihr alle drei
samt euren Tochterstädten werdet wieder aufge-
baut werden und blühen wie früher.
56 In deinem Hochmut hast du über deine
Schwester Sodom die Nase gerümpft, 57 aber
jetzt wissen alle, daß du nicht besser bist als sie.
Wie du deine Schwester Sodom verachtet hast,
so verachten dich jetzt alle deine Nachbarinnen,
die Edomiterinnen[a] und die Philisterinnen. 58 Du
mußt nun die Folgen deines schamlosen Trei-
bens und deiner abscheulichen Verbrechen
tragen. Das sage ich, der HERR, der mächtige
Gott.‹«
59-60 Weiter sagt der HERR, der mächtige Gott:
»Wie du mir, so ich dir! Du hast mir Treue ge-
schworen und sie nicht gehalten. Aber obwohl
du den Bund* gebrochen hast, den ich mit dir in
deiner Jugend geschlossen hatte, will ich zu mei-
nem Wort stehen und mit dir einen Bund für alle
Zeiten schließen. 61 Du wirst darüber beschämt
sein, wie schändlich du gehandelt hast, wenn
ich dich über deine beiden Schwestern stellen
und sie dir als Töchter geben werde. Das ist noch
mehr, als ich dir einst zugesagt hatte, als ich den
Bund mit dir schloß.[b]
62 Wenn ich so handle, wirst du erkennen,
daß ich der HERR bin. 63 Ich nehme deine ganze
Schuld von dir, damit du in dich gehst und vor
Scham verstummst. Das sage ich, der HERR, der
mächtige Gott.«

a *Edomiterinnen*:* mit einigen Handschriften und der syrischen Übersetzung (vgl. 35,1-15), H *Syrerinnen;* vgl. Anmerkung zu 2 Sam 8,12.
b *Das ist noch mehr ...:* Deutung unsicher.

16,38-40 23,45-47; Lev 20,1-2.10 **16,41** 2 Kön 25,9 **16,43** 7,3-4 S **16,45b** 16,3 S **16,48** Mt 10,15 **16,50** Gen 18,20 S **16,51-52** Jer 3,11 **16,58** 7,3-4 S **16,59-60** 16,8; 37,26 S; Jer 31,33 S **16,61-63** 16,54; 20,43 S

Das Gleichnis vom Weinstock und den Adlern

17 Das Wort des HERRN erging an mich, er
sagte: 2 »Du Mensch, mache den Leuten
von Israel durch ein Gleichnis* deutlich, 3 was
ich, der HERR, der mächtige Gott, ihnen zu sagen
habe:

Ein großer Adler mit mächtigen Flügeln und
dichten bunten Federn kam zum Libanon und
brach den Wipfel einer Zeder ab. 4 Er brachte ihn
ins Krämerland in eine Händlerstadt.

5 Dann nahm er aus dem Boden Israels einen
Steckling und pflanzte ihn in ein wohlbewässer-
tes Feld neben einem Wassergraben. 6 Der Adler
wollte, daß daraus ein üppig wuchernder, aber
niedrig bleibender Weinstock werden sollte.
Seine Wurzeln sollten unter den Flügeln des
Adlers verbleiben und seine Ranken sich ihm
zuwenden. Und aus dem Steckling wurde tat-
sächlich ein Weinstock mit kräftigen Ranken.

7 Aber da war noch ein anderer Adler mit
großen Flügeln und dichten Federn. Ihm
streckte der Weinstock seine Ranken entgegen
und ließ seine Wurzeln zu dessen Land hin-
wachsen, damit er ihm Wasser gäbe – weg von
dem Land, in das er gepflanzt worden war. 8 Da-
bei war er doch in gutes, wasserreiches Land ge-
pflanzt und hatte dort alles, was er brauchte, um
Ranken zu treiben und Frucht zu bringen und
ein prächtiger Weinstock zu werden.

9 Erzähl den Leuten von Israel dieses Gleich-
nis*, und dann sag zu ihnen: ›So spricht der
HERR, der mächtige Gott: Meint ihr, daß das gut-
geht? Wird nicht der erste Adler die Trauben des
Weinstocks zerfetzen und seine Wurzeln aus-
reißen, so daß alle seine Blätter verdorren? Es
wird keine große Kraft brauchen, um ihn aus
dem Boden zu reißen. 10 Es wird bestimmt nicht
gutgehen! Wenn der glühend heiße Ostwind
kommt, wird der Weinstock auf dem Feld, in das
er gepflanzt worden ist, verdorren. Völlig verdor-
ren wird er.‹«

Die Deutung des Gleichnisses: König Zidkijas Untreue

11 Darauf erging an mich das Wort des HERRN,
und er sagte: 12 »Sag zu diesem widerspenstigen
Volk: ›Habt ihr begriffen, was dieses Gleichnis*
bedeutet? Ich will es euch erklären:

Der König von Babylonien* kam nach Jerusa-
lem und nahm den König und seine Minister mit
sich nach Babylon. 13 Er setzte an dessen Stelle
einen anderen aus der königlichen Familie als
König ein, schloß einen Vertrag mit ihm und ließ
ihn Treue schwören. Die führenden Männer
nahm er mit, 14 um zu verhindern, daß der neue
König seine Befugnisse überschreite und sich
über den Vertrag hinwegsetze und ihn breche.
15 Trotzdem brach der König den Vertrag und
schickte Gesandte zum König von Ägypten, da-
mit er ihn mit Pferden und Streitwagen* und
einem starken Heer unterstütze.

Wird das gutgehen? Kann einer, der Verträge
bricht, Erfolg haben? Wird er seiner Strafe ent-
gehen?

16 So gewiß ich, der HERR, lebe: In Babylon
wird er sterben, in der Stadt des Königs, der
ihn eingesetzt und dem er einen Eid geschworen
hat – und dann hat er trotzdem den Vertrag ge-
brochen! 17 Der Pharao kommt ihm nicht mit
seiner Heeresmacht zu Hilfe, wenn er belagert
wird und die Angreifer einen Wall um die Stadt
aufschütten und Angriffsrampen* gegen die
Mauern vortreiben und viele Menschen den Tod
finden. 18 Er hat den Eid mißachtet und den Ver-
trag gebrochen; er gab sein Wort und hat es
nicht gehalten. Für ihn gibt es keine Rettung.‹

19 Der HERR, der mächtige Gott, sagt: ›So ge-
wiß ich lebe, das wird er mir büßen! Bei meinem
Namen* hat er geschworen und es nicht gehal-
ten, *meinen* Vertrag hat er gebrochen! 20 Deshalb
spanne ich mein Netz aus und fange ihn ein, ich
bringe ihn nach Babylon und stelle ihn dort vor
mein Gericht, denn *mir* ist er untreu geworden.
21 Seine Kriegsleute werden davonlaufen und
mit dem Schwert niedergemacht werden; ihr
Rest wird in alle Winde zerstreut. Dann werdet
ihr erkennen, daß ich geredet habe, ich, der
Herr!‹

Der künftige Herrscher auf dem Zionsberg

22 Der HERR, der mächtige Gott, sagt: ›Ich werde
einen zarten Sproß aus dem Wipfel der hohen
Zeder brechen und ihn auf einem hochragenden
Berg einpflanzen. 23 Auf dem Berg in der Mitte
Israels werde ich ihn einpflanzen, und er wird
Zweige treiben und Frucht tragen und zur präch-
tigen Zeder werden. In ihren Zweigen werden
alle Arten von Vögeln wohnen. 24 Dann werden
alle Bäume auf dem Feld erkennen, daß ich, der
HERR, den hohen Baum erniedrigt und den nied-
rigen Baum erhöht habe, den Baum mit saftigem
Grün verdorren und den verdorrten Baum von
neuem grünen ließ. Ich, der HERR, sage das und
tue es auch.‹«

17,4 16,29 **17,5-10** 15,1-8 S **17,12a** 2,3-5 S **17,12b** 2 Kön 24,10-12.15-16 **17,13** 2 Kön 24,17 **17,15** 2 Chr 36,13 **17,16** 12,13; 2 Kön 25,7 **17,17** 4,2 S **17,20-21** 12,13-14 **17,22** Jes 11,1 **17,23** 20,40 **17,24** 21,30-31; 31,10 S; 1 Sam 2,7-8

Niemand soll für die Schuld seiner Vorfahren büßen (18,1-32)

18 Das Wort des HERRN erging an mich, er
sagte: [2] »Was habt ihr da für ein Sprich-
wort im Land Israel? Ihr sagt: ›Die Väter essen
unreife Trauben, und die Söhne bekommen da-
von stumpfe Zähne.‹ [3] So gewiß ich, der HERR,
lebe: Niemand von euch, niemand in Israel wird
dieses Wort noch einmal wiederholen! [4] Ich
habe das Leben jedes einzelnen in der Hand, das
Leben des Sohnes so gut wie das Leben des
Vaters. Alle beide sind mein Eigentum. Nur wer
sich schuldig macht, muß sterben.

[5] Nehmt den Fall eines Menschen, der stets
das Rechte tut und sich nichts zuschulden
kommen läßt: [6] Er betet nicht zu den Götzen der
Leute von Israel und hält für sie auf den Bergen
keine Opfermähler. Er rührt keine fremde Frau
an und keine Frau, die gerade ihre Blutung hat.
[7] Er beutet andere nicht aus und gibt dem armen
Schuldner sein Pfand zurück. Er nimmt niemand
etwas weg, sondern gibt den Hungernden zu
essen und den Frierenden[a] etwas anzuziehen.
[8] Er nimmt keinen Zins, wenn er Geld ausleiht.
Er unterstützt vor Gericht nicht die ungerechte
Sache, sondern fällt stets ein unparteiisches Ur-
teil. [9] Mit einem Wort: Er gehorcht meinen Ge-
boten und tut, was recht ist. Ein solcher Mensch
hat keine Schuld, er soll am Leben bleiben. Das
sage ich, der HERR, der mächtige Gott.

[10] Nun kann es sein, daß dieser rechtschaf-
fene Mann einen mißratenen Sohn hat, der Blut
vergießt oder sonst etwas von alldem tut, [11] was
sein Vater gemieden hat: auf den Bergen Opfer-
mähler hält, mit fremden Frauen schläft, [12] die
Schutzlosen unterdrückt und ausraubt, das
Pfand nicht zurückgibt, sich mit den Götzen ein-
läßt und zu ihnen betet [13] oder Geld gegen Zins
leiht. Soll ein solcher Mensch am Leben bleiben?
Nein! Wer solche Verbrechen begeht, muß ge-
tötet werden. Ihn trifft die gerechte Strafe.

[14] Dieser verbrecherische Mensch hat viel-
leicht wieder einen Sohn, der die Untaten seines
Vaters sieht und sich durch sein schlimmes Bei-
spiel warnen läßt. [15] Er betet nicht zu den Göt-
zen der Leute von Israel und hält für sie auf
den Bergen keine Opfermähler; er rührt keine
fremde Frau an; [16] er beutet niemand aus; er
fordert kein Pfand, wenn er etwas ausleiht; er
nimmt niemand etwas weg, sondern gibt den
Hungernden zu essen und den Frierenden Klei-
dung; [17] er begeht kein Unrecht an den Schutz-
losen und nimmt keinen Zins – mit einem Wort:
er gehorcht meinen Geboten und tut, was recht
ist. Ein solcher Mensch muß nicht für die Schuld
seines Vaters büßen; er soll am Leben bleiben.
[18] Nur sein Vater, der andere erpreßt und be-
raubt und seiner Familie ein schlechtes Vorbild
gegeben hat, muß sterben.«

Jeder Mensch bereitet sich selbst sein Schicksal

[19] »Ihr fragt, warum der Sohn nicht mit dem
Vater bestraft wird? Weil er das Rechte getan
und meine Gebote befolgt hat! Deshalb bleibt
er am Leben. [20] Nur wer sich schuldig macht,
muß sterben. Der Sohn soll nicht für den Vater
büßen und der Vater nicht für den Sohn. Am
Rechtschaffenen wird sich seine Rechtschaffen-
heit auswirken und am Verbrecher sein Verbre-
chen.

[21] Wenn aber der Verbrecher umkehrt und
das Böse läßt, das er getan hat, wenn er alle
meine Gebote befolgt und das Rechte tut, bleibt
auch er am Leben und muß nicht sterben. [22] All
das Böse, das er früher getan hat, wird ihm nicht
angerechnet. Weil er danach das Rechte getan
hat, bleibt er am Leben. [23] Meint ihr, ich hätte
Freude daran, wenn ein Mensch wegen seiner
Vergehen sterben muß?« sagt Gott, der Herr.
»Nein, ich freue mich, wenn er von seinem fal-
schen Weg umkehrt und am Leben bleibt!

[24] Wenn aber der Rechtschaffene sich vom
rechten Weg abwendet und Böses zu tun be-
ginnt, dieselben Abscheulichkeiten wie der Ver-
brecher, soll er dann am Leben bleiben? Nein!
All das Gute, das er früher getan hat, wird ihm
nicht angerechnet. Weil er mir untreu geworden
ist und Böses getan hat, muß er sterben.«

Gott gibt jedem noch eine Chance

[25] »Nun behauptet ihr Israeliten: ›Der Herr tut
uns Unrecht!‹ Hört her, ihr Leute von Israel: Bin
ich es, der Unrecht tut? Seid es nicht vielmehr
ihr?

[26] Wenn ein Mensch, der immer das Rechte
getan hat, sich davon abkehrt und Unrecht tut
und daraufhin stirbt, dann stirbt er wegen des
Unrechts, das er getan hat. [27] Und wenn ein
Mensch, der immer Böses getan hat, sich davon
abkehrt und das Rechte tut, dann rettet er da-
durch sein Leben. [28] Wenn er zur Besinnung
kommt und umkehrt, wenn er mit allem Un-

a Wörtlich *den Nackten,* d. h. denen, die nur einen Lendenschurz*, aber kein Obergewand* haben.

18,2-4 Jer 31,29-30; Dtn 24,16 S 18,6 7,20 S; 22,9; Jes 57,7; Lev 18,19.20 18,7 Ex 22,25-26; Jes 58,7 18,8 Ex 22,24 S; 23,6-8 18,9 Lev 18,5 S 18,19 Ex 20,5 18,20 Dtn 24,16 S 18,21-32 33,10-20 18,21-24 Jer 18,7-10 18,24 3,20

recht Schluß macht, dann soll er am Leben blei-
ben und nicht sterben.
[29] Und da sagen die Leute von Israel: ›Der
Herr tut uns Unrecht!‹ Tue *ich* Unrecht, ihr Leute
von Israel, oder tut es *ihr?* [30] Jeder einzelne
von euch bekommt das Urteil, das er mit seinen
Taten verdient hat. Das sage ich, der HERR, der
mächtige Gott!

Kehrt also um und macht Schluß mit allem
Unrecht! Sonst verstrickt ihr euch immer tiefer
in Schuld. [31] Trennt euch von allen Verfehlun-
gen! Schafft euch ein neues Herz und eine neue
Gesinnung! Warum wollt ihr unbedingt sterben,
ihr Leute von Israel?

[32] Ich habe keine Freude daran, wenn ein
Mensch wegen seiner Vergehen sterben muß.
Das sage ich, der HERR, der mächtige Gott. Also
kehrt um, damit ihr am Leben bleibt!«

Klage über den Untergang der Könige von Juda

19 Der HERR befahl mir, ein Klagelied* über
den Tod der Könige Israels anzustimmen:

[2] »Ach, eure Mutter war wie eine Löwin,
im Kreis der andern Löwen hochgeachtet,
umgeben von den Jungen, die sie großzog.
[3] Ihr Liebling unter ihnen wurde mächtig,
ein junger Löwe, der auf Raub ausging,
und viele Menschen wurden seine Beute.
[4] Die Völker zogen aus, als sie es hörten,
sie fingen ihn in einer tiefen Grube
und schleppten ihn mit Haken nach Ägypten.

[5] Die Löwenmutter setzte ihre Hoffnung
auf einen andern ihrer jungen Löwen.
[6] Auch dieser wurde mächtig, ging auf Raub aus,
und viele Menschen wurden seine Beute.
[7] Er drang in Städte und Paläste ein,[a]
verlassen lagen sie, verwüstet ganz.
Voll Schrecken hörte jeder sein Gebrüll.
[8] Da rief man alle Völker rings zusammen;
sie spannten ihre Jägernetze aus
und fingen ihn in einer tiefen Grube.
[9] Sie zogen ihm den Haken durch die Nase,
sie spannten seinen Hals in einen Block
und brachten ihn nach Babylon* zum König.
Dort sperrten sie ihn ein in einem Zwinger.
Nun wird man auf den Höhen Israels
sein mächtiges Gebrüll nie wieder hören.

[10] Ach, eure Mutter war wie eine Rebe,
ein Weinstock, dem es nicht an Wasser fehlte,
der Ranken trieb und reiche Früchte trug.
[11] Die Ranken aber wurden stark und kräftig,
zu Holz, aus dem man Herrscherstäbe schnitzt.
Besonders eine wuchs zu stolzer Höhe,
sie streckte sich hinauf bis zu den Wolken.
Durch ihre vielen dichtbelaubten Zweige
und ihre Größe fiel sie allen auf.
[12] Doch eine harte Hand griff nach dem
Weinstock,
sie riß ihn aus dem Boden, warf ihn hin;
der heiße Ostwind ließ ihn bald verdorren.
Auch seine Früchte wurden abgerissen;
der hochgewachsene Trieb vertrocknete,
am Ende wurde er ein Raub der Flammen.
[13] Nun ist der Weinstock wieder eingepflanzt
und steht in einer wasserlosen Wüste.
[14] Das Feuer kam von jenem hohen Trieb,
verzehrte alle Zweige und die Frucht.
Kein Zweig an ihm wird jemals stark genug,
um noch zu einem Herrscherstab zu taugen.«

Dies ist ein Klagelied – es bleibt nur noch die
Klage.

Die Geschichte der Untreue Israels

20 Im siebten Jahr unserer Verbannung*,
am 10. Tag des 5. Monats, kamen einige
von den Ältesten* Israels zu mir und wollten
einen Bescheid von Gott haben. Sie setzten sich
vor mich hin und warteten.
[2] Da erging das Wort des HERRN an mich,
er sagte: [3] »Du Mensch, antworte den Ältesten
Israels: ›So spricht der HERR, der mächtige Gott:
Ihr wollt einen Bescheid von mir haben? So
gewiß ich lebe, von euch lasse ich mich nicht
befragen, ich nicht!‹«
[4] Und er befahl mir: »Du Mensch, du sollst sie
statt dessen zur Rechenschaft ziehen; hast du
verstanden! Halte ihnen vor, wie schändlich ihre
Vorfahren mir die Treue gebrochen haben. [5] Sag
zu ihnen:

›So spricht der HERR, der mächtige Gott: Als
die Israeliten in Ägypten waren, habe ich sie er-
wählt und zu meinem Volk gemacht. Ich habe
mich ihnen zu erkennen gegeben und mich
durch einen Eid mit ihnen verbunden. Ich habe
ihnen zugesagt: Ich bin der HERR, euer Gott!
[6] Und ich habe ihnen geschworen, sie aus Ägyp-
ten in ein Land zu führen, das ich selbst für sie

a *drang ein in:* nach G (wörtlich *zerstörte*); H *erkannte.*

18,30a Jer 17,10 S **18,31** 36,26 S **19,3-4** 2 Kön 23,31-34 **19,5-9** 2 Kön 24,8-15 **19,10** 15,1-8 S **20,1** 8,1; 14,1 **20,3-4** 14,3-4 **20,4** 16,2; 22,2; 23,36 **20,5-6** Ex 6,2-8; 3,8 S

ausgesucht hatte, ein Land, das von Milch und Honig überfließt und das an Herrlichkeit alle anderen Länder übertrifft. 7 Gleichzeitig befahl ich ihnen: Jeder von euch muß seine Götzenbilder fortwerfen! Ihr habt mit den abscheulichen Göttern Ägyptens nichts zu schaffen! Ich bin der HERR, euer Gott!

8 Sie aber waren widerspenstig und gehorchten mir nicht. Keiner warf seine Götzenbilder fort; sie wollten sich nicht von den Göttern Ägyptens trennen. Da hätte ich sie in meinem Zorn beinahe noch in Ägypten vernichtet. 9 Aber ich verschonte sie um meiner selbst willen. Ich wollte nicht, daß mein Name bei den Völkern, unter denen sie lebten, in Verruf geriet. Denn ich hatte ja vor aller Welt meinen Entschluß kundgegeben, mein Volk aus Ägypten wegzuführen. 10 So führte ich die Israeliten aus Ägypten und brachte sie in die Wüste.

11 Dort gab ich ihnen meine Gebote und Ordnungen, durch die der Mensch, wenn er sie befolgt, sein Leben bewahrt. 12 Ich gab ihnen auch meinen Ruhetag, den Sabbat*. Die Einhaltung der Sabbatruhe sollte das sichtbare Zeichen sein für den Bund* zwischen mir und meinem Volk. Alle sollten daran erkennen, daß ich, der HERR, die Israeliten als mein heiliges Volk für mich ausgesondert habe.

13 Aber auch in der Wüste gehorchten sie mir nicht. Sie hielten sich nicht an meine Gebote und Ordnungen, durch deren Befolgung der Mensch sein Leben bewahrt; sie schändeten den Sabbat auf die schlimmste Weise. Da hätte ich sie in meinem Zorn beinahe in der Wüste vernichtet. 14 Aber ich verschonte sie um meiner selbst willen. Ich wollte nicht, daß mein Name bei den Völkern, vor deren Augen ich sie aus Ägypten herausgeführt hatte, in Verruf geriet. 15 Allerdings schwor ich ihnen, daß ich sie nicht in das Land bringen würde, das ich ihnen zugedacht hatte, dieses Land, das an Herrlichkeit alle anderen übertrifft und das von Milch und Honig überfließt. 16 Das sollte die Strafe dafür sein, daß sie immer noch an ihren Götzen hingen und deshalb meine Gebote nicht befolgt und meinen Ruhetag entweiht hatten. 17 Doch verschonte ich sie und sah davon ab, sie in der Wüste bis auf den letzten Mann zu vernichten.

18 Zu ihren Söhnen aber sagte ich in der Wüste: Folgt nicht den Geboten, nach denen eure Väter gelebt haben, und habt nichts zu schaffen mit ihren Götzen! 19 Ich bin der HERR, euer Gott! Nach *meinen* Geboten und Ordnungen sollt ihr leben! 20 Und ihr sollt den Sabbat beachten als den Tag, der mir heilig ist. Die Einhaltung der Sabbatruhe soll das Zeichen sein für den Bund zwischen mir und euch. Alle sollen daran erkennen, daß ich, der HERR, euer Gott bin.

21 Aber auch die Söhne gehorchten mir nicht. Sie kümmerten sich nicht um meine Gebote und Ordnungen, durch deren Befolgung der Mensch sein Leben bewahrt, und sie entweihten meinen Ruhetag. Da hätte ich sie in meinem Zorn beinahe in der Wüste vernichtet. 22 Aber ich hielt mich zurück und verschonte sie um meiner selbst willen. Ich wollte nicht, daß mein Name bei den Völkern, vor deren Augen ich sie aus Ägypten herausgeführt hatte, in Verruf geriet.

23 Aber ich schwor ihnen schon damals in der Wüste, daß ich sie unter fremde Völker und in ferne Länder zerstreuen würde, 24 zur Strafe dafür, daß sie meine Gebote nicht befolgt und meinen Ruhetag entweiht hatten und immer noch an den Götzen ihrer Väter hingen. 25 Außerdem gab ich ihnen schlimme Gebote, deren Befolgung nicht zum Leben, sondern zum Tod führen sollte. 26 Durch ihre Opfergaben wurden sie unrein*, wenn sie mir alle Erstgeburten* als Brandopfer darbrachten. Das befahl ich, damit sie sich entsetzen sollten. Sie sollten erkennen, daß ich der HERR bin.«

27 Dann sagte der HERR: »Du Mensch, rede noch weiter zu den Leuten von Israel; sag zu ihnen: ›So spricht der HERR, der mächtige Gott: Noch mit etwas anderem haben eure Vorfahren mich beleidigt und mir die Treue gebrochen. 28 Als ich sie in das Land brachte, das ich ihnen mit einem Eid zugesagt hatte, reizten sie mich zum Zorn mit den Opfern*, die sie auf jedem Berg und unter jedem grünen Baum darbrachten, ihren Mahlopfern, Räucheropfern und Trankopfern.

29 Ich fragte sie: Was habt ihr da auf der Höhe zu suchen? – Deshalb nennt man bis heute diese Opferstätten Höhen.‹[a]

30 Darum sollst du zu den Leuten von Israel sagen: ›Hier ist die Antwort des HERRN: Ihr seid noch genauso treulos wie eure Vorfahren und lauft den abscheulichen Götzen nach. 31 Bis heute bringt ihr ihnen eure Opfergaben und macht euch damit unrein, sogar eure Kinder

a Der hebräische Name für die von den Landesbewohnern übernommenen Opferstätten (siehe Sacherklärung) wird hier durch ein Wortspiel erklärt, das im Deutschen nicht wiederzugeben ist.

20,8 7,20 S; Ex 20,2-5 **20,9** 20,14.22.44; 36,20-23 S **20,11** Lev 18,5 S **20,12** 20,20; Ex 20,8-10 S **20,13** 22,8 S **20,14** 20,9 S; Num 14,12-16 **20,15** Num 14,28-30 **20,23** Lev 26,33; Dtn 28,63-64 **20,26** 16,20-21 S **20,28** 6,13 S; Dtn 12,2

opfert ihr ihnen als Brandopfer. Und da soll ich euch Auskunft geben, ihr Leute von Israel? So gewiß ich lebe, ich, der HERR: Von euch lasse ich mich nicht befragen!«

Gott macht einen neuen Anfang

32 »Aber das darf niemals wahr werden, was da als Gedanke in euch aufgestiegen ist!« sagt der HERR. »Ihr sagt: ›Es bleibt uns nichts übrig, als zu werden wie die anderen Völker und Göttern aus Holz und Stein zu dienen!‹

33 So gewiß ich lebe, ich, der HERR: Mit starker Hand und hoch erhobenem Arm und mit mächtigem Zorn werde ich mich als euer König erweisen! 34 Ich werde euch aus den Ländern der Völker, unter die ihr zerstreut worden seid, herausholen – mit starker Hand und hoch erhobenem Arm und mächtigem Zorn. Ich werde euch sammeln 35 und euch in die Wüste zwischen den Völkern führen. Dort werde ich euch vor mein Gericht stellen, Auge in Auge. 36 Ich werde euch zur Rechenschaft ziehen, so wie ich eure Vorfahren in der Wüste Ägyptens zur Rechenschaft zog. Das sage ich, der HERR, der mächtige Gott.

37 Wie der Hirt seine Herde unter dem Hirtenstab durchziehen läßt, so nehme ich mir euch vor, damit ihr wieder zu dem Volk werdet, das nach den Ordnungen meines Bundes* lebt. 38 Alle, die mir ungehorsam waren und sich gegen mich aufgelehnt haben, scheide ich aus meinem Volk aus. Ich hole sie zwar aus den Ländern, in die sie verschleppt worden sind, heraus; aber ins Land Israel werden sie nicht kommen. Ihr sollt erkennen, daß ich der HERR bin!«

39 Hört, ihr Leute von Israel, was der HERR, der mächtige Gott, zu euch sagt: »Tut, was ihr wollt; dient euren Götzen! Ihr werdet schon sehen, wie es euch dann ergeht. Zuletzt aber werdet ihr wieder auf mich hören und meinen heiligen Namen nicht mehr durch Opfergaben* entweihen, die von eurem Götzendienst verunreinigt sind. 40 Auf meinem heiligen Berg, auf dem hohen Berg mitten im Land Israel, wird das ganze Volk Israel mir dienen. Dort werde ich die vorgeschriebenen Opfergaben und Ernteabgaben gerne von euch annehmen.

41 Dann werden die Opfer, die ihr auf meinem Altar verbrennt, mir Freude machen, und ich werde euch meine Liebe zuwenden. So wird es sein, wenn ich euch aus den Ländern, in die ihr zerstreut worden seid, herausgeholt habe. Denn vor den Augen aller Völker werde ich euch wegführen und mich so als der heilige Gott erweisen.

42 Ich bringe euch wieder in das Land, das ich euren Vorfahren mit einem Eid zugesagt habe. Dann werdet ihr erkennen, daß ich der HERR bin. 43 Ihr werdet Ekel vor euch selbst empfinden, wenn ihr daran denkt, wie schändlich ihr euch aufgeführt und wie abscheulich ihr euch durch euer böses Tun verunreinigt habt. 44 Ihr werdet erkennen, daß ich der HERR bin, wenn ich so an euch handle, wie ich es euch mit meinem Namen* verbürgt habe – und nicht, wie ihr es mit eurer Auflehnung und euren bösen Taten verdient hättet, ihr Leute von Israel! Das sage ich, der HERR, der mächtige Gott.«

Feuer und Schwert über Jerusalem

21 Das Wort des HERRN erging an mich, er sagte: 2 »Du Mensch, blicke drohend auf den Wald im Süden und kündige ihm mein Strafgericht an! 3 Sag zu ihm: ›So spricht der HERR, der mächtige Gott: Ich werde ein Feuer in dir anzünden, das alle deine Bäume verzehrt, die grünen so gut wie die dürren. Niemand kann es löschen, und alle, die in dem Wald leben, vom Süden bis zum Norden, werden von den Flammen versengt. 4 Alle Welt soll erkennen, daß ich, der mächtige Gott, diesen Brand gelegt habe. Er wird nicht erlöschen, bis alles niedergebrannt ist.‹«

5 Ich erwiderte: »Ach Herr, mein Gott, sie werden mir vorhalten, daß ich wieder einmal in Rätseln rede!«

6 Da erging an mich das Wort des HERRN: 7 »Du Mensch, blicke drohend in Richtung Jerusalem und kündige dem Tempel* und dem ganzen Land mein Strafgericht an! 8–9 Sag zum Land Israel: ›So spricht der HERR: Ich sehe nicht länger zu! Ich ziehe mein Schwert und vernichte alle deine Bewohner, die Guten genauso wie die Bösen, vom Süden bis zum Norden. 10 Alle Welt soll erkennen, daß ich, der HERR, mein Schwert gezogen habe. Es wird nicht in seine Scheide zurückkehren, bis alle Bewohner des Landes vernichtet sind.‹

11 Du, Mensch, aber stöhne! Du sollst vor aller Augen zusammenbrechen und vor Schmerz unaufhörlich stöhnen. 12 Und wenn sie dich fragen: ›Was stöhnst du so?‹, dann antworte: ›Weil ich das Unheil kommen sehe! Alle werden entsetzt und verzagt sein; wie gelähmt lassen sie die Hände sinken und können das Wasser nicht mehr halten. Der HERR, der mächtige Gott, hat gesagt: Es wird mit Sicherheit eintreffen!‹«

20,33 Dtn 4,34; Jes 33,21-22 **20,36** Num 14,22-38 **20,37** Lev 27,32-33 **20,40** Ps 48,3; Ez 45,17–46,15; 44,30 **20,41** 28,25 S **20,43** 6,9; 16,61-63; 36,31-32; 39,26-27; 43,10 **20,44** 20,9 S **21,8-10** 21,14-16.19-21; 5,1-2 **21,11-12** 12,9; 24,18-19; Jer 4,19

Ein Lied vom strafenden Schwert

13 Das Wort des HERRN erging an mich, er sagte:
14 »Du Mensch, kündige den Leuten von Israel
mein Strafgericht an! Sag zu ihnen: ›So spricht
der HERR:

Das Schwert kommt über euch, das Schwert,
es ist bereit, die Klinge blitzt!
15-16 Zum Schlachten hat man es gewetzt,
es funkelt hell, es glänzt und blitzt.
Der Waffenschmied hat es geschärft,
dem Schlächter gebt es in die Hand!

Sagt nicht: Wir haben Grund, uns zu freuen;
denn unser König verlacht alle anderen Herr-
scher! 17-18 Ich habe ihn geprüft: Dieser König
wird keinen anderen mehr verlachen!‹[a]
Du Mensch, schreie und heule laut! Schlag dir
auf die Hüften! Denn das Schwert richtet sich ge-
gen mein Volk und alle seine Führer. Alle ohne
Ausnahme fallen ihm zum Opfer. 19-20 Schlag
zornig die Hände zusammen, du Mensch, und
kündige mein Strafgericht an:

›Das Schwert verdoppelt seine Wucht,
es wirbelt, kreist, die Schläge prasseln;
in allen Städten wütet es.
Die Leichen türmen sich empor,
den Tapfersten entfällt der Mut.
Der HERR hat dieses Schwert geschickt;
er hielt es lange wohl verwahrt,
für diesen Tag ist es bereit,
nun soll es treffen wie der Blitz.
21 Auf, Schwert, schlag drein, nach links,
nach rechts!
Gehorche, wie die Hand dich führt!

22 Auch ich werde die Hände zusammenschlagen
und meinem Zorn freien Lauf lassen. Das sage
ich, der HERR.‹«

Das Los fiel auf Jerusalem

23 Das Wort des HERRN erging an mich, er sagte:
24 »Du Mensch, zeichne die beiden Wege auf,
die der König von Babylonien* mit seinem Heer
einschlagen kann. Sie gehen beide vom selben
Punkt aus. An der Gabelung sollst du zwei
Wegweiser aufstellen, 25 einen nach Rabba, der
Hauptstadt der Ammoniter*, den anderen nach
Juda mit der als uneinnehmbar geltenden Stadt
Jerusalem.
26 Schon steht der babylonische König an der
Wegscheide und befragt das Orakel. Er schüttelt
die Pfeile, die ihm als Lose dienen, und beschaut
die Leber der Opfertiere. 27 Jetzt hat er das Los
›Jerusalem‹ gezogen, mit der rechten Hand hält
er es hoch. Er ist entschlossen, mit seinem Heer
gegen die Stadt zu ziehen. Er wird das Kriegs-
geschrei gegen sie anstimmen, einen Wall um
sie aufschütten, Angriffsrampen* gegen ihre
Mauern vortreiben und die Tore mit Ramm-
böcken* berennen.
28 Die Leute von Juda bilden sich ein, es sei
ein Lügenorakel, das ihm fälschlich Erfolg ver-
heißt. Denn man hat ihnen heilige Eide ge-
schworen, daß dies nicht geschehen werde.
Aber das Orakel spricht die Wahrheit; es hat ihre
Vergehen an den Tag gebracht, damit sie endlich
bestraft werden.
29 Darum sage ich, der HERR, der mächtige
Gott, zu den Leuten von Juda: ›Ihr seid über-
führt: Eure Schuld ist aufgedeckt, euer Ungehor-
sam und eure Auflehnung liegen offen zutage.
Jetzt werdet ihr mit harter Hand gepackt!‹
30-31 Zu dir aber, dem Herrscher Israels, dem
eidbrüchigen Schurken, sagt der HERR, der mäch-
tige Gott: ›Der Tag der Abrechnung ist da! Her-
unter mit Turban und Kronreif! Deine Herrschaft
hat ein Ende! Der Mächtige wird gestürzt, der
Machtlose erhöht! 32 In Trümmer lege ich Jerusa-
lem, in Trümmer, in Trümmer! Nie zuvor hat
man so etwas erlebt. Der Mann ist schon unter-
wegs, der in meinem Auftrag das Strafgericht
vollzieht.‹«
33 Weiter befahl mir der HERR: »Du Mensch,
kündige den Ammonitern mein Strafgericht an;
denn mich, den mächtigen Gott, haben sie ver-
höhnt! Sag ihnen in meinem Auftrag:

›Das Schwert kommt über euch, das Schwert,
es funkelt hell, es glänzt und blitzt,
zum Schlachten ist es ausgesandt!

34 Während eure Lügenorakel euch noch Rettung
verheißen, ist das Schwert schon an eure Hälse
gesetzt, ihr schändlichen Verbrecher! Der Tag
der Abrechnung ist gekommen!
35 Doch dann zurück in deine Scheide,
Schwert! Auch mit dir, meinem Strafwerkzeug,
will ich abrechnen, im Land deiner Herkunft, an
dem Ort, an dem ich dich geschaffen habe.[b]
36 Ihr sollt meinen ganzen Zorn zu spüren be-
kommen, wie ein verzehrendes Feuer wird er

a *Sagt nicht ...:* Der Text ist nicht sicher zu deuten.
b Das Wort bezieht sich offenbar auf die Babylonier als das Strafwerkzeug (»Schwert«) Gottes.
21,27 2 Kön 25,1; Ez 4,2 S 21,30-31 17,24 S 21,33-34 Jer 49,1-6 S 21,35-37 Jes 13,1-22 S

euch treffen. Ich gebe euch in die Hand roher Männer, die sich aufs Morden verstehen. 37 Das Feuer soll euch verzehren; euer eigenes Land soll euer Blut trinken. Euer Andenken soll völlig ausgelöscht werden. Ich habe es gesagt, ich, der HERR.«

Jerusalem, die Stadt der Verbrecher

22 Das Wort des HERRN erging an mich, er sagte: 2 »Du Mensch, mach dich bereit, die Stadt der Mörder anzuklagen! Halte ihr vor, was für abscheuliche Verbrechen sie begangen hat. 3 Sag zu ihr:

›So spricht der HERR, der mächtige Gott: Du Stadt, die in ihren Mauern das Blut Unschuldiger vergießt und damit ihr Ende heraufbeschwört, die sich unrein* macht durch ihre Götzenbilder! 4 Dein Untergang ist nahe, du hast ihn selbst herbeigeführt! Durch dein Blutvergießen hast du schwere Schuld auf dich geladen, durch deine Götzenbilder bist du mir zum Abscheu geworden!

Darum gebe ich dich der Schande preis, alle Völker werden über dich spotten, 5 alle nah und fern werden sich über dich lustig machen. Berühmt bist du durch deine Unreinheit, groß durch deine Verbrechen!

6 Deine führenden Männer mißbrauchen ihre Macht dazu, unschuldige Menschen umzubringen. 7 Deine Bewohner verachten Vater und Mutter, sie unterdrücken die Fremden, die bei ihnen Schutz gesucht haben, sie verweigern den Waisen und Witwen ihr Recht. 8 Sie mißachten mein Heiligtum und schänden den Sabbat*. 9 Verleumder liefern unschuldige Menschen dem Tod aus. Auf den Bergen werden Opfermähler für die Götzen gefeiert.

Die schlimmsten Untaten werden in deiner Mitte verübt. 10 Da schläft man mit einer Frau des eigenen Vaters und verkehrt mit Frauen während der Zeit ihrer monatlichen Blutung. 11 Man treibt Ehebruch mit der Frau des anderen, man macht sich nichts daraus, mit der Schwiegertochter oder der Halbschwester, der Tochter des eigenen Vaters, zu schlafen. 12 Bestechliche Richter verurteilen Unschuldige zum Tod. Geld wird gegen Zinsen verliehen, und die Notlage der Armen wird schamlos zum eigenen Vorteil ausgenutzt. Mich aber habt ihr vergessen, den HERRN, den mächtigen Gott!

13 Aber warte nur, du Verbrecherstadt, wenn ich mit dir abrechne, voll Zorn über das Morden und Betrügen in deiner Mitte! 14 Bildest du dir ein, du könntest vor mir bestehen? Meinst du, du könntest auch nur die Hand heben, wenn ich gegen dich vorgehe? Ich, der HERR, habe gesprochen, und was ich angekündigt habe, das werde ich tun. 15 Ich zerstreue deine Bewohner weit und breit in fremde Länder und setze deinen Verbrechen ein Ende. 16 Mag auch mein Ansehen unter den Völkern deswegen leiden:[a] Du sollst erkennen, daß ich der HERR bin!‹«

Israel als wertlose Schlacke

17 Das Wort des HERRN erging an mich, er sagte: 18 »Du Mensch, die Leute von Israel sind für mich wie die Schlacken geworden, die beim Ausschmelzen des Silbers anfallen, das wertlose Gemisch aus Kupfer, Zinn, Eisen und Blei. Schlacken sind sie, aber kein Silber![b]

19–20 Darum sage ich, der HERR, der mächtige Gott: ›Weil ihr wertlose Schlacken geworden seid, werde ich entsprechend mit euch verfahren. Wie man in einem Schmelzofen silberhaltiges Blei, Kupfer, Eisen und Zinn zusammenwirft und das Feuer darunter anfacht, so bringe ich euch in Jerusalem zusammen und lasse euch die Glut meines Zornes spüren. Jerusalem soll für euch zum Schmelzofen werden! 21 Ich entfache gegen euch das Feuer meines Zorns, darin sollt ihr geschmolzen werden! 22 Wie das Metallgemisch im Ofen sollt ihr geschmolzen werden! Ihr sollt erkennen, daß ich, der HERR, meinen glühenden Zorn über euch ausgegossen habe.‹«

Die führenden Schichten sind schuld am Untergang Judas

23 Das Wort des HERRN erging an mich, er sagte: 24 »Du Mensch, sag zum Land Israel: ›Du bist so unrein* geworden, daß ich in meinem Zorn keinen Regen mehr schicke. 25 Deine Herrscher[c] haben sich aufgeführt wie beutegierige Löwen: Sie raubten Schätze zusammen und mordeten. Wie viele Frauen haben sie zu Witwen gemacht!

a So mit G (wörtlich *Ich lasse mich durch dich entweihen vor den Völkern*); H *Du wirst durch dich entweiht …*
b Siehe Sacherklärung »Schlacke«.
c So mit G; H *Die Rotte deiner Propheten.*

22,2-4 (Blutvergießen) 9,9; 24,6-7; 36,18; 7,20 S; Jes 1,15-16; 2 Kön 21,1-9.16; Nah 3,1 **22,6-7** Ex 20,13.12; 22,20-21; Jes 1,17 S **22,8** 20,13; 22,26; 23,38-39; 44,24; Lev 19,30 **22,9** Lev 19,16; Ez 6,13; 18,6 **22,10** Lev 18,8.19 **22,11** Lev 18,20.15.11 **22,12** Ex 23,7-8; 22,24 S **22,16** 36,20 **22,18-21** Jes 1,25 S; Jer 6,29-30 **22,24** Dtn 11,16-17; Jer 14,2-4 **22,25-28** Zef 3,3-4 **22,25** 2 Kön 21,16

[26] Deine Priester* haben meine Gebote will-
kürlich ausgelegt und die Opfer*, die sie mir
darbrachten, entweiht. Sie machten keinen
Unterschied zwischen heiligen* und unheiligen
Dingen, belehrten das Volk nicht über das, was
unrein macht, und kümmerten sich nicht darum,
wenn der Sabbat* geschändet wurde. So kam es
dazu, daß die Leute von Israel mir ohne jede
Ehrerbietung begegneten.

[27] Deine Richter benahmen sich wie beute-
hungrige Wölfe; sie machten sich nichts daraus,
Menschen umzubringen, um sich zu berei-
chern.

[28] Deine Propheten aber deckten all dieses
Unrecht mit beschwichtigenden Worten zu. Sie
verkündeten trügerische Hirngespinste und sag-
ten: So spricht der HERR, der mächtige Gott – wo
ich doch gar nicht zu ihnen gesprochen hatte.

[29] Deine angesehenen Leute verlegten sich
auf Raub und Erpressung. Sie nutzten die Armen
und Schutzlosen aus und verweigerten den
Fremden ihr Recht.

[30] Ich suchte überall nach einem, der in die
Bresche springen und die Mauer um mein Volk
vor dem Einsturz bewahren würde, damit ich es
nicht vernichten müßte; aber ich fand keinen.
[31] Da schüttete ich die Glut meines Zorns über
sie aus und gab sie dem Untergang preis. Ihr
eigenes Tun ließ ich auf sie zurückfallen.‹«

Das sagt der HERR, der mächtige Gott.

Die beiden Schwestern Samaria und Jerusalem (23,1-49)

23 Das Wort des HERRN erging an mich, er
sagte: [2] »Du Mensch, da waren zwei
Frauen, Töchter derselben Mutter. [3] Schon in
ihrer Jugend, als sie noch in Ägypten waren,
gaben sie sich Männern hin und ließen ihre
jugendlichen Brüste drücken. [4] Die ältere Schwe-
ster hieß Ohola und die jüngere Oholiba.[a] Ohola
ist Samaria und Oholiba Jerusalem. Sie wurden
meine Frauen und gebaren mir Söhne und Töch-
ter.

[5] Ohola aber wurde mir untreu und ließ sich
mit Liebhabern ein, den assyrischen Kriegern.
[6] Sie warf ihr Auge auf die in Purpur gekleideten
Statthalter und Offiziere, allesamt schöne junge
Männer hoch zu Roß. [7] Ihnen gab sie sich hin,
der Elite Assyriens*, und verunreinigte sich mit
ihren Götzen. [8] Auch von den Ägyptern ließ sie
nicht; die hatten es ja schon in ihrer Jugend mit
ihr getrieben, sie hatten bei ihr gelegen und ihre
jugendlichen Brüste gedrückt.

[9] Deshalb gab ich sie in die Gewalt ihrer Lieb-
haber, der Assyrer, auf die sie so versessen war.
[10] Die zogen sie nackt aus, nahmen ihr die Söhne
und Töchter weg und erschlugen sie dann mit
dem Schwert. So vollzogen sie das Strafgericht
an ihr, als warnendes Beispiel für alle Frauen.

[11] Obwohl Oholiba das Ende ihrer Schwester
mit angesehen hatte, trieb sie es selber noch
schlimmer. [12] Auch sie warf ihr Auge auf die as-
syrischen Krieger, diese prächtig gekleideten
Statthalter und Offiziere, die schönen jungen
Männer hoch zu Roß. [13] Ich sah, wie sie sich mit
ihnen verunreinigte; darin waren sich die bei-
den Schwestern völlig gleich.

[14] Aber das war ihr nicht genug. Sie sah näm-
lich Wandbilder von Babyloniern*, eingeritzt
und mit roter Farbe nachgezogen: [15] Bilder von
Männern aus Chaldäa*, die prächtige Gürtel tru-
gen und eine Binde um den Kopf, unter der ihr
langes Haar hervorquoll, lauter Offizierstypen.
[16] Als sie ihre Bilder sah, war sie sofort für sie
entbrannt und schickte Boten zu ihnen nach
Chaldäa.

[17] Da kamen die Babylonier, schliefen mit ihr
und machten sie dadurch unrein*. Aber als sie
sich mit ihnen verunreinigt hatte, wandte sie
sich sogleich wieder von ihnen ab.

[18] Da wandte *ich* mich von *ihr* ab, wie ich
mich schon von ihrer Schwester abgewandt
hatte; denn sie hatte sich in aller Öffentlichkeit
diesen Männern hingegeben.

[19] Sie aber trieb es immer so weiter. Sie dachte
an ihre Jugendzeit, wo sie sich den Ägyptern
hingegeben hatte, [20] und bekam Sehnsucht nach
ihren Freunden von damals, den Männern,
deren Glied so groß wird wie das eines Esels
und deren Samenerguß so mächtig ist wie der
eines Hengstes. [21] Sie wollte es wieder mit ihnen
treiben wie in ihrer Jugend, als man in Ägypten
ihre Brüste gedrückt hatte.«

Das Strafgericht über die jüngere Schwester

[22] »Weil du es so getrieben hast, Oholiba, sage
ich, der HERR, der mächtige Gott: Ich hetze deine
früheren Liebhaber, von denen du dich abge-
wandt hast, gegen dich auf. Von allen Seiten sol-
len sie über dich herfallen, [23] die Männer aus
Babylon* und alle Chaldäer*, die Männer aus

a In beiden Namen steckt das hebräische Wort für »Zelt«, was an die nomadische Herkunft der Israeliten erinnert.

22,26 Lev 10,10 S; Ez 22,8 S **22,28** Jer 14,13-15 **22,30** 13,5; Ps 106,23 **22,31** 7,3-4 S **23,1-49** 16,1-63; Jer 3,6-10 **23,3** 20,8 **23,8** 2 Kön 17,4 **23,9-10** 2 Kön 17,5-6 **23,12-13** 2 Kön 16,7-18 **23,14-18** 2 Kön 20,12-18 **23,19-21** 2 Kön 24,1.20b; Ez 17,15 **23,20** 16,26 **23,23-25** 2 Kön 25,1-12

Pekod, Schoa und Koa und dazu die Assyrer*, lauter schöne junge Leute hoch zu Roß, Statthalter und Befehlshaber, Offiziere und Edelleute.

24 Mit ihrer Streitwagenmacht und einem riesigen, wohlbewaffneten Heer werden sie gegen dich anrücken; auf allen Seiten wirst du von einem Meer von Helmen, Rund- und Langschilden umgeben sein. Ich liefere dich an sie aus, damit sie dich nach ihrem Recht bestrafen.

25 Du hast mich zur Eifersucht gereizt, deshalb lasse ich ein schweres Strafgericht an dir vollziehen. Nase und Ohren werden sie dir abschneiden und deine Kinder mit dem Schwert umbringen. Alle deine Söhne und Töchter werden sie aus der Stadt herausführen und die Stadt in Flammen aufgehen lassen. 26 Sie werden dir die Kleider ausziehen und dir deinen Schmuck wegnehmen.

27 Ich setze dem schändlichen Treiben ein Ende, das du schon in Ägypten angefangen hast. Du sollst nicht mehr nach Männern Ausschau halten und dich nicht mehr nach den Ägyptern sehnen.

28 Denn das sage ich, der HERR, der mächtige Gott: Ich gebe dich in die Gewalt deiner früheren Liebhaber, von denen du dich abgewandt hast und die du jetzt verabscheust. 29 Du wirst ihre Rache zu spüren bekommen: Sie rauben dich völlig aus und lassen dich nackt und bloß liegen. Deine Scham wird entblößt, dein ganzes schändliches Treiben kommt an den Tag. 30 So wirst du dafür bestraft, daß du mit den Völkern herumgehurt und dich mit ihren Götzen verunreinigt hast.

31 Du bist dem schlimmen Beispiel deiner Schwester gefolgt, darum mußt du denselben Becher austrinken wie sie. 32 Das sage ich, der HERR, der mächtige Gott: Den Becher deiner Schwester mußt du leeren, den Riesenbecher; verspotten und verhöhnen wird man dich. 33 Vor Gram und Verzweiflung wirst du wie betrunken taumeln. Einen Becher voll Grauen und Entsetzen mußt du leeren wie deine Schwester Samaria. 34 Bis auf den letzten Tropfen mußt du ihn ausschlürfen und dir mit seinen Scherben die Brüste zerkratzen. Ich habe es gesagt, der HERR, der mächtige Gott.

35 Weil du mich vergessen und mir den Rücken gekehrt hast, mußt du nun die Folgen deiner Untreue und deines schamlosen Treibens tragen. Das sage ich, der HERR, der mächtige Gott.«

Die beiden Schwestern als warnendes Beispiel

36 Der HERR sagte zu mir: »Du Mensch, mach dich bereit, Ohola und Oholiba zur Rechenschaft zu ziehen! Halte ihnen ihr schändliches Treiben vor! 37 Ehebruch haben sie begangen, Blut klebt an ihren Händen: Sie haben mich mit ihren Götzen betrogen und haben ihnen auch noch die Kinder, die sie mir geboren hatten, zum Fraß hingeworfen. 38-39 Und was der Gipfel ist: Noch am selben Tag, an dem sie den Götzen ihre Kinder geschlachtet hatten, kamen sie in mein Heiligtum. Mein Haus haben sie entweiht, und auch meinen Ruhetag, den Sabbat*, haben sie geschändet.

40 Außerdem haben sie Boten zu fremden Männern geschickt, damit sie von weither zu ihnen kämen; sie haben sich für sie fein gemacht, sich gebadet, ihre Augen geschminkt und ihren Schmuck angelegt. 41 Dann haben sie sich auf einem weichen Ruhebett niedergelassen, vor dem ein gedeckter Tisch stand, und auf den Tisch haben sie Weihrauch und duftendes Öl gestellt – die Gaben, die ich ihnen geschenkt hatte.

42 Ringsum war alles erfüllt vom festlichen Stimmengewirr der Menge, die man aus der Wüste herbeigeholt hatte. Die Männer legten den beiden Schwestern Armspangen an und setzten ihnen kostbare Kronen auf. 43 Ich aber dachte: Ihre Schönheit ist verwelkt, und sie haben immer noch nicht genug von ihrer Hurerei![a] 44 Die Männer verkehrten mit ihnen, wie man mit Huren verkehrt; so schamlos trieben es Ohola und Oholiba.

45 Aber unbescholtene Männer werden über die beiden zu Gericht sitzen und sie verurteilen, wie man Ehebrecherinnen und Mörderinnen verurteilt; denn das sind sie. 46 Ich, der HERR, der mächtige Gott, befehle: ›Das Volk soll sich versammeln, und dann werden die beiden der Menge zur Mißhandlung und Ausplünderung preisgegeben. 47 Die ganze Versammlung soll sie durch Steinigung* hinrichten, und ihre Leichen soll man noch mit dem Schwert zerstückeln. Ihre Söhne und Töchter soll man töten und ihre Häuser niederbrennen.‹

48 So mache ich, der Herr, eurem schändlichen Treiben ein Ende, und zugleich gebe ich allen Frauen im Land eine Warnung, eurem schlimmen Beispiel nicht zu folgen. 49 Euch trifft die verdiente Strafe für eure Treulosigkeit; ihr müßt die Folgen eures Götzendienstes tragen.

a Die Verse 42a und 43 sind nur vermutungsweise wiederzugeben.

23,31-34 Jer 13,13 S **23,33** Jes 51,17 **23,35** 7,3-4 S **23,37** (Kinder) 16,20-21 S **23,38-39** 22,8 S **23,45-47** 16,38-40 S **23,49** 7,3-4 S

Ihr sollt erkennen, daß ich der HERR bin, der mächtige Gott.«

Jerusalem, der Topf auf dem Feuer

24 Im neunten Jahr unserer Verbannung*, am 10. Tag des 10. Monats, erging das Wort des HERRN an mich, er sagte: 2 »Du Mensch, schreib dir das Datum des heutigen Tages auf! Heute hat der König von Babylon* die Stadt Jerusalem eingeschlossen. 3 Deinen verbannten Landsleuten aber, diesem widerspenstigen Volk, sollst du ein Gleichnis* vortragen, sag zu ihnen: ›So spricht der HERR, der mächtige Gott:

Den Topf aufs Feuer!
Wasser hinein!
4 Das Fleisch zerlegen!
Die Stücke in den Topf,
lauter gute Stücke
von Lende und Schulter!
Dazu Knochenstücke voller Mark!
5 Alles nur von ausgesuchten Schafen!
Unter dem Topf das Holz[a] aufschichten!
Tüchtig sieden lassen!
Die Knochen gut auskochen!‹

6 So spricht der HERR, der mächtige Gott: ›Weh der blutbefleckten Stadt! Weh dem rostigen Topf, dessen Rost nicht mehr zu entfernen ist! Ein Stück ums andere fischt man aus ihm heraus, ohne das Los zu werfen – wie es gerade kommt![b]

7 Du Stadt, in der unschuldige Menschen ermordet wurden! Auf dem nackten Felsen hat man Blut vergossen und es nicht einmal mit Erde bedeckt. 8 Es soll auch nicht zugedeckt werden, damit es nach Rache schreit. Es soll das Strafgericht über dich herbeirufen!‹

9–10 So spricht der HERR, der mächtige Gott: ›Weh der blutbefleckten Stadt! Ich schichte jetzt den Holzstoß auf, zünde das Feuer an und koche das Fleisch so lange, bis die Brühe ganz verkocht ist und die Knochen verkohlen.

11 Ich lasse den leeren Topf in der Glut, bis er selber glüht, damit der ganze Rost, alles, was ihn verunreinigt, ausgebrannt wird. 12 Aber das ist vergebliche Mühe: Er ist so über und über mit Rost bedeckt, daß auch die Feuersglut ihn nicht reinigen kann. 13 Ich wollte dich reinigen, Jerusalem, aber du warst nicht rein zu bekommen. Nun sollst du unrein* bleiben, damit ich meinen ganzen Zorn an dir stillen kann.

14 Ich sehe nicht mehr über deine Verbrechen hinweg; ich habe kein Mitleid mit dir, ich lasse mich nicht umstimmen. Dich trifft die verdiente Strafe für dein böses Tun.

Das sagt der HERR, der mächtige Gott.‹«

Ein Trauerfall als Zeichen für den Fall Jerusalems

15 Das Wort des HERRN erging an mich, er sagte: 16 »Du Mensch, ich nehme dir dein Liebstes, die Freude deiner Augen, durch einen jähen Tod. Aber du darfst keine Totenklage* halten und keine Tränen vergießen. 17 Sitze starr und reglos und stöhne; aber unterlaß alle Trauerbräuche*: Behalte den Turban auf und lege die Schuhe nicht ab, verhülle nicht das Gesicht und iß nichts von dem Brot, das die Nachbarn dir bringen.«

18–19 Am selben Abend starb meine Frau, und am anderen Morgen verhielt ich mich so, wie der HERR es mir befohlen hatte. Die Leute fragten mich: »Warum machst du das? Was hat das zu bedeuten?« Und ich erklärte es ihnen.

20 Ich sagte zu ihnen: »Das Wort des HERRN ist an mich ergangen, er hat zu mir gesagt: 21 ›Sag zu den Leuten von Israel: So spricht der HERR, der mächtige Gott: Gebt acht! Ich entweihe mein Heiligtum, auf das ihr so stolz seid, auf das ihr euer ganzes Vertrauen setzt, die Freude eurer Augen und das Ziel eurer Sehnsucht. Ich gebe es der Schändung und Vernichtung preis.[c] Eure Söhne und Töchter aber, die ihr in Jerusalem zurückgelassen habt, werden durchs Schwert umkommen.

22 Dann werdet ihr genauso handeln wie Ezechiël jetzt: Ihr werdet euer Gesicht nicht verhüllen und kein Trauerbrot* von den Nachbarn annehmen. 23 Ihr werdet den Turban auf dem Kopf behalten und die Schuhe an den Füßen. Ihr werdet keine Totenklage halten und keine Tränen vergießen. Nur wortlos stöhnen werdet ihr, einer wie der andere; unter den Folgen eurer Verfehlungen werdet ihr dahinsiechen.

24 Mein Prophet Ezechiël ist ein Zeichen für euch: Genauso wie er werdet ihr euch verhalten. Wenn es eintrifft, werdet ihr erkennen, daß ich der HERR bin, der mächtige Gott.‹«

25 Weiter sagte der HERR zu mir: »Du Mensch, an dem Tag, an dem ich den Leuten von Israel ihre Zuflucht, ihre Freude, das Ziel ihrer Sehn-

a *das Holz:* vermutlicher Text; H *die Knochen.* b Die zweite Vershälfte ist nicht sicher zu deuten.
c *Ich gebe es ...:* verdeutlichender Zusatz.

24,2 2 Kön 25,1 **24,3-5** 11,3-11 **24,6-7** 22,2-5 S **24,8** Ijob 16,18 S **24,14** 7,3-4 S **24,17** Jer 16,6 S **24,18-19** 21,11-12 S **24,22-23** Jer 16,6 S; 7,3-4 S **24,24** 12,6; 6,10 S

sucht nehme und ihre Söhne und Töchter dazu,
26 an jenem Tag wird ein Flüchtling zu dir kommen und dir darüber berichten.

27 Dann wird deine Zunge gelöst werden, du
wirst mit ihm reden können und nicht länger stumm sein. So mache ich dich für die Leute von Israel zu einem Zeichen, an dem sie erkennen, daß ich der HERR bin.«

DAS GERICHT GOTTES ÜBER DIE VÖLKER (Kapitel 25–32)

Das Strafgericht über die Ammoniter

25 Das Wort des HERRN erging an mich, er
sagte: 2 »Du Mensch, wende dich gegen
die Ammoniter* und kündige ihnen mein Strafgericht an! 3 Sag zu ihnen:

›Hört das Wort, das der HERR sagt! So spricht der HERR, der mächtige Gott: Ihr höhnt und spottet über mein Heiligtum, weil es entweiht ist, über das Land Israel, weil es verwüstet ist, und über das Volk von Juda, weil es weggeschleppt
ist. 4 Deshalb gebe ich euer Land den Beduinen, die aus der Wüste im Osten kommen. Sie werden ihre Zelte und Pferche bei euch aufschlagen; sie werden die Früchte des Landes ernten und
die Milch seiner Herden trinken. 5 Eure Hauptstadt Rabba mache ich zu einer Weide für Kamele und eure Städte und Dörfer zum Lagerplatz für Schafe und Ziegen. Ihr sollt erkennen, daß ich der HERR bin.

6 So spricht der HERR, der mächtige Gott:
Mit hämischer Schadenfreude habt ihr Ammoniter zugesehen, wie das Land Israel verwüstet wurde; triumphierend habt ihr in die Hände geklatscht und mit den Füßen aufgestampft. 7 Des-
halb gehe ich jetzt gegen euch vor und liefere euch an fremde Völker aus; ich vernichte euch vollständig. Ihr sollt erkennen, daß ich der HERR bin!‹«

Das Strafgericht über die Moabiter

8 So spricht der HERR, der mächtige Gott: »Die
Moabiter[a] spotten und sagen: ›Dem Volk von Juda ist es nicht besser ergangen als den anderen
Völkern!‹ 9 Deshalb gebe ich seinen Stolz, die befestigten Städte auf den Bergen Moabs, in die Hand der Feinde – Bet-Jeschimot, Baal-Meon
und Kirjatajim. 10 Ich gebe das ganze Land den Beduinen, die aus der Wüste im Osten kommen, genauso wie das Land der Ammoniter*. An die Ammoniter wird sich niemand mehr erinnern,
11 und auch an den Moabitern vollstrecke ich mein Strafgericht. Sie sollen erkennen, daß ich der HERR bin.«

Das Strafgericht über die Edomiter

12 So spricht der HERR, der mächtige Gott: »Die
Edomiter* haben an den Leuten von Juda grausam Rache genommen und dabei schwere
Schuld auf sich geladen. 13 Deshalb gehe ich jetzt
gegen sie vor, ich, der Herr; ich töte Menschen und Tiere und verwüste das ganze Land. Alle seine Bewohner werden durch das Schwert umkommen, in seinem ganzen Gebiet von Teman
bis Dedan*. 14 Dieses Strafgericht vollstrecke ich
an ihnen durch mein Volk Israel. Sie sollen durch die Leute von Israel meinen ganzen Zorn zu spüren bekommen. Sie sollen erkennen, daß ich an ihnen Rache nehme!«

Das sagt der HERR, der mächtige Gott.

Das Strafgericht über die Philister

15 So spricht der HERR, der mächtige Gott: »Die
Philister* haben an Juda grausam Rache genommen. Voll Haß und aus uralter Feindschaft wollten sie es völlig vernichten. 16 Deshalb gehe ich
jetzt gegen sie vor, ich, der Herr. Ich vernichte die Bewohner der Küstenebene, diese Leute aus
Kreta, bis auf den letzten Rest. 17 Ich nehme
Rache an ihnen und vollziehe an ihnen ein schweres Strafgericht. Sie sollen erkennen, daß ich der HERR bin, wenn ich ihnen vergelte, was sie meinem Volk angetan haben.«

Das Strafgericht über die mächtige Handelsstadt Tyrus

26 Im elften Jahr unserer Verbannung*, am
ersten Tag des Monats,[b] erging das Wort
des HERRN an mich, er sagte: 2 »Du Mensch, die
Leute von Tyrus jubeln vor Freude über den Fall Jerusalems und rufen: ›Erobert ist die Stadt, die man das Tor der Völker nennt! Uns wird jetzt ihr Reichtum zufallen! Sie ist nur noch ein Trümmerhaufen.‹

3 Deshalb sage ich, der HERR, der mächtige
Gott, zu Tyrus: ›Du bekommst es jetzt mit mir zu tun! Wie das Meer gegen deine Klippen brandet, so lasse ich viele Völker gegen dich anstürmen.
4 Sie werden deine Mauern schleifen und deine
Türme niederreißen. Ich schwemme alle deine

a *Moabiter*:* mit alten Übersetzungen; H hat noch *und Seïr* (d. h. die Edomiter); vgl. Vers 12.
b Der Name des Monats ist nicht überliefert.

24,26 33,21 **25,1-7** Jer 49,1-6 S **25,3** 25,8; 35,12; 36,1-3; Klgl 2,15-16 **25,8-11** Jes 15,1–16,14 S **25,12-14** Jes 34,5-17 S **25,12** 35,5-6 S **25,15-17** Jes 14,28-32 S **26,1–28,19** Jes 23,1-16 S **26,2** 25,3 S

Erde weg, so daß nur noch der nackte Fels aus
dem Meer ragt. 5 Darauf werden die Fischer ihre
Netze zum Trocknen auslegen. Ich habe es ge-
sagt, ich, der Herr. Die Völker werden dich aus-
plündern 6 und auch deine Tochterstädte auf
dem Festland zerstören. Ihr sollt erkennen, daß
ich der HERR bin.‹

7 Weiter sagt der HERR, der mächtige Gott, zu
Tyrus: ›Ich führe Nebukadnezzar, den König von
Babylonien*, den mächtigsten aller Könige, von
Norden gegen dich heran. Er kommt mit Pferden
und Streitwagen* und mit einem riesigen Heer.
8 Er wird deine Tochterstädte erobern und zer-
stören. Dann wird er einen Wall gegen dich auf-
schütten, Angriffsrampen* zu deinen Mauern
vortreiben und Schutzdächer für die angreifen-
den Truppen aufstellen. 9 Er wird deine Mauern
mit Rammböcken* erschüttern und deine Türme
mit eisernen Haken einreißen.

10 Eine Staubwolke wird dich bedecken,
wenn er mit seiner riesigen Streitwagenmacht
gegen dich heranrollt; wenn er durch die aufge-
brochenen Tore einfährt, werden vom Lärm der
Hufe und Räder die Mauern zittern. 11 Die Hufe
seiner Pferde werden das Pflaster deiner Straßen
aufreißen; seine Männer werden deine Bewoh-
ner mit dem Schwert erschlagen. Die prächtigen
Säulen, auf die du so stolz bist, werden bersten
und in Trümmer sinken.

12 Die Feinde werden dich ausplündern und
dir alle deine Schätze rauben; sie werden deine
Mauern niederreißen, deine prächtigen Paläste
zerstören und Steine, Balken und Schutt ins
Meer werfen. 13 Ich lasse deine festlichen Lieder
verstummen, kein Harfenklang wird mehr in dir
zu hören sein. 14 Ich mache dich zu einem nack-
ten Felsen, auf dem die Fischer ihre Netze zum
Trocknen auslegen; du wirst nicht wieder aufge-
baut werden. Ich habe es gesagt, der HERR, der
mächtige Gott.‹«

Tyrus muß hinab ins Totenreich

15 So sagt der HERR, der mächtige Gott, zu Tyrus:
»Die Inseln im Meer werden beben, wenn du
mit Donnergetöse fällst. Ihre Bewohner werden
zittern, wenn sie das Wutgeschrei der Mörder
hören und die Todesschreie ihrer Opfer. 16 Alle
Könige der Völker am Meer werden von ihren
Thronen steigen und ihre prächtigen Gewänder
ablegen. Gelähmt vor Entsetzen werden sie sich
auf die nackte Erde setzen 17 und die Totenklage*
über dich anstimmen. Sie werden sagen:

›Ach, du ruhmvolle Stadt,
Festung mitten im Meer,
brausend von Leben erfüllt,
nun ist dein Untergang da!
Schrecken flößtest du ein
allen Bewohnern am Meer.
18 Jetzt sind die Inseln entsetzt,
Zittern befällt sie und Angst
bei deinem schrecklichen Sturz.‹

19 Höre, Tyrus, was ich, der mächtige Gott, dir
sage: Ich mache dich zur verwüsteten, men-
schenleeren Stadt, ich führe die große Flut gegen
dich heran, daß du darin untergehst. 20 In die
Totenwelt* mußt du hinunter, zu den längst Ver-
storbenen, in die tiefste Tiefe zu den früher ver-
wüsteten Städten; bei den Schatten mußt du
hausen. Du wirst nie mehr bewohnt werden,
nie mehr wiedererstehen im Land der Leben-
den.[a] 21 Zum abschreckenden Beispiel mache ich
dich. Man wird dich suchen, aber nicht mehr
finden; dein Ende ist unwiderruflich für alle Zei-
ten. Das sage ich, der HERR, der mächtige Gott.«

Klage über den Untergang des Prachtschiffs Tyrus

27 Das Wort des HERRN erging an mich, er
sagte: 2 »Du Mensch, stimme ein Klage-
lied* an über Tyrus, 3 die Stadt, die den Zugang
zum Meer beherrscht und mit vielen Völkern
über das Meer hin Handel treibt. Sag zu ihr: ›So
spricht der HERR, der mächtige Gott:

Tyrus, du warst so stolz auf deine Schönheit.
4 Ein Schiff warst du, ringsum vom Meer
umgeben;
die Meister, die dich bauten, waren Künstler,
die dich zu einem wahren Schmuckstück
machten.
5 Vom Hermon holten sie Zypressenholz,
um deinen Rumpf aus Planken wohl zu fügen.
Ein Zedernstamm vom hohen Libanon
war dir als Mastbaum aufrecht eingepflanzt.
6 Aus Baschan-Eichen machten sie die Ruder,
aus Zypern kam das Buchsbaumholz fürs Deck.
7 Als Segel diente Leinen aus Ägypten;
von weither sah man darauf deine Farben.
Ein Sonnendach aus violettem Purpur,
das brachten deine Händler aus Elischa*.
8–9 Sidon und Arwad stellten Ruderknechte.
Die Ältesten* von Byblos sahen nach,
daß nirgends Wasser eindrang durch ein Leck.
Aus Tyrus kamen Männer voll Erfahrung

a *nie mehr wiedererstehen:* mit G; H *ich gebe Schmuck.*
26,7-14 29,17-20 26,7 Jer 1,14S 26,8 4,2S 26,16 28,19S 26,20 32,18; Jes 14,9-11 27,3b 28,17

als deine Steuermänner und Matrosen.
Aus aller Herren Länder kamen Schiffe,
um ihre Waren bei dir einzutauschen.
10 Aus Put und Lud und Paras[a] kamen Krieger,
um dir zu helfen gegen deine Feinde.
Von deiner Reling blitzten Helm und Schild,
die hängten sie als Zierde daran auf.

11 Männer aus Arwad verstärkten die Kriegs-
leute auf deinen Mauern, Männer aus Gammad
verteidigten deine Türme. Ihre runden Schilde
hängten sie ringsum an deine Mauerzinnen und
machten deine Schönheit damit vollkommen.
12 Reiche Handelsgüter hattest du anzubieten.
Die Stadt Tarschisch* kaufte deine Waren und
lieferte dir dafür Silber, Eisen, Zinn und Blei.
13 Die Griechen und die Leute von Tubal und
Meschech* brachten dir als Tauschgüter Sklaven
und Kupferwaren. 14 Die Bewohner von Bet-
Togarma schickten dir Zug- und Reitpferde und
Maultiere. 15 Die Leute von Rhodos[b] und die Be-
wohner vieler Küsten trieben Handel mit dir, sie
brachten dir Elfenbein und Ebenholz.
16 Die Edomiter[c] kauften aus deinem reichen
Angebot und lieferten dir dafür Edelsteine, Koral-
len, bunte Stoffe und feines Leinen. 17 Juda und
Israel brachten dir als Tauschgüter Weizen, Hirse,
Honig, Öl und duftendes Harz. 18 Die Händler
von Damaskus kauften aus deinem überreichen
Warenangebot und lieferten dir dafür Wein aus
Helbon und Wolle aus Zahar. 19 Die Leute von
Wedan und Jawan im Gebiet von Usal[d] brachten
dir als Tauschgüter Eisenwaren, Zimt und andere
Gewürze.
20 Die Leute von Dedan* verkauften dir Stoffe
für Satteldecken. 21 Die Scheiche von Arabien
und von Kedar* trieben Handel mit dir, sie liefer-
ten Schafe und Ziegen. 22 Die Händler von Saba*
und Ragma waren für dich tätig und gaben dir
für deine Waren die kostbarsten duftenden Öle,
alle Arten von Edelsteinen und Gold. 23-24 Die
Leute von Haran, Kanne und Eden,[e] von Assur
und Kilmad trieben Handel für dich und lieferten
dir prächtige Gewänder, Purpurmäntel, bunte
Stoffe und Seile.
25 Seetüchtige Handelsschiffe[f] bildeten deine
Karawanen; sie brachten dir diese ganze Fülle
von Gütern und Waren. Du wurdest reich und
mächtig auf deiner Insel. 27 [g]Aber du wirst unter-
gehen, und dann stürzt alles ins Meer, die Güter
und Waren, dein ganzer Reichtum und dazu
deine Seeleute und Schiffsbauleute, deine Händ-
ler und das ganze Aufgebot an Kriegsleuten, die
dich verteidigen sollten.

26 Als Prachtschiff fuhrst du, Tyrus, übers Meer,
von Rudern angetrieben auf den Wogen.
Da faßte dich der Sturm, brach dich in Stücke;
28 bis an die Küsten hört man mit Entsetzen,
wie die Ertrinkenden um Hilfe schreien.
29 Nun steigen die Matrosen von den Schiffen,
und alle Ruderbänke leeren sich;
an Land geht jeder, der das Meer befuhr.
30-31 Sie alle hüllen sich in einen Sack*,
sie scheren sich das Haar und streuen Erde
auf ihren Kopf, sie wälzen sich im Staub.
Voll Trauer und Entsetzen klagen sie,
sie schreien laut, sie weinen, jammern, heulen;
32 sie singen dir das Totenklagelied*:

Wer konnte je mit Tyrus sich vergleichen,
der starken Stadt, von Wogen rings umspült?
33 Der Wohlstand vieler Völker kam zu dir,
und mancher König wurde durch dich reich,
als noch dein Handel auf den Meeren blühte.
34 Nun aber ruhst du dort im tiefsten Meer,
zerschmettert bist du, tot sind deine Krieger,
dein Reichtum ist die Beute deiner Feinde.
35 Entsetzen packt die Völker an den Küsten,
und ihren Herrschern sträuben sich die Haare,
in den Gesichtern malt sich Furcht und Grauen;
36 die Händler wenden sich mit Schaudern ab:
Du bist ein Bild des Jammers und des
Schreckens,
für alle Zeiten ist's um dich geschehen!‹«

Gegen die Überheblichkeit des Königs von Tyrus

28 Das Wort des HERRN erging an mich, er
sagte: 2 »Du Mensch, sag zum Herrscher
von Tyrus: ›So spricht der HERR, der mächtige
Gott: Du bildest dir etwas ein auf deine große
Macht. Du behauptest: Ein Gott bin ich; wie ein
Gott throne ich auf meiner Insel mitten im Meer!
Du hast dich zum Gott erklärt, obwohl du doch
nur ein Mensch bist.
3 Du bist zwar weiser als der berühmte Da-

a *Paras:* wahrscheinlich Persien; zu *Put* und *Lud* siehe Sacherklärungen.
b *Rhodos* (hebräisch *Rodan*): mit G; H *Dedan;* vgl. Gen 10,4.
c *Edomiter*:* mit G; H *Syrer* (siehe Anmerkung zu 2 Sam 8,12).
d Die Angaben sind nicht sicher zu deuten.
e H wiederholt noch *die Händler von Saba* (vgl. Vers 22), wofür G *deine Händler* liest.
f Wörtlich *Tarschisch-Schiffe;* siehe Sacherklärung »Tarschisch«.
g Der Vers wurde umgestellt, da er als Beschreibung in breiter Prosa das mit Vers 26 beginnende Klagelied unterbricht.

27,17 1 Kön 5,24-25 **27,21-22** Jes 60,6-7 **27,25** 1 Kön 10,22 **27,35-36** 28,19 S **28,2** Jes 14,13-14; Gen 3,5 **28,3** 14,14

niel,[a] kein Geheimnis ist dir zu tief. 4-5 Durch deine Klugheit blühte dein Handel, du bist reich geworden und hast deine Schatzkammern mit Gold und Silber gefüllt. Aber dein Reichtum ist dir zu Kopf gestiegen; du überhebst dich 6 und stellst dich Gott gleich. Deshalb sage ich, der Herr:

7 Ich führe Feinde gegen dich heran, die erbarmungslosesten der Völker; dann hilft dir deine ganze Weisheit* nichts mehr, und deine Pracht wird in den Schmutz getreten. 8 Du selbst mußt hinunter zu den Toten; in deiner Festung mitten im Meer wirst du erschlagen.

9 Wenn deine Mörder auf dich eindringen, wirst du dann auch noch sagen: Ein Gott bin ich? Du wirst ihnen so hilflos ausgeliefert sein wie irgendein Mensch. 10 Fremde erschlagen dich, du erleidest einen schändlichen Tod. Ich habe es gesagt, der HERR, der mächtige Gott.«

Nachruf zu Lebzeiten auf den König von Tyrus

11 Das Wort des HERRN erging an mich, er sagte: 12 »Du Mensch, stimme die Totenklage* an über den König von Tyrus! Sag zu ihm:

›So spricht der HERR, der mächtige Gott: Du warst die Vollkommenheit selbst, voll Weisheit* und erlesener Schönheit. 13 In Eden*, dem Gottesgarten, lebtest du. Dein Gewand war mit Edelsteinen aller Art besetzt, mit Rubin, Topas, Jaspis, Chrysolith, Karneol, Onyx, Smaragd, Karfunkel und Lapislazuli. Mit Gold warst du geschmückt an dem Tag, an dem ich dich erschuf. 14 Ich gab dich dem Wächter des Gartens, dem Kerub* mit den ausgebreiteten Flügeln, zum Gefährten;[b] du wohntest auf dem heiligen Götterberg* mitten unter feurigen Steinen.

15 Vollkommen hatte ich dich geschaffen, und du bliebst es, bis du in Sünde fielst. 16 Deine ausgedehnten Handelsgeschäfte verführten dich zu Erpressung und Unterdrückung; so wurdest du schuldig. Da verstieß ich dich vom Götterberg, und der Wächter, der Kerub, schaffte dich aus der Mitte der feurigen Steine weg.[c] 17 Deine Schönheit hatte dich überheblich gemacht; aus lauter Eitelkeit hattest du deine Weisheit preisgegeben und warst zum Narren geworden. Deshalb stürzte ich dich auf die Erde hinunter und gab dich dem Spott der Könige preis.

18 Durch das Unrecht, das du bei deinen Handelsgeschäften begingst, bist du schuldig geworden und hast deine Tempel entweiht. Darum habe ich Feuer in deiner Stadt ausbrechen lassen und sie niedergebrannt; wer jetzt vorbeikommt, findet nur noch Schutt und Asche. 19 Alle Völker ringsum sind starr vor Entsetzen. Ein Bild des Schreckens bist du geworden, für alle Zeiten ist es um dich geschehen.‹«

Gegen die Stadt Sidon

20 Das Wort des HERRN erging an mich, er sagte: 21 »Du Mensch, wende dich gegen die Stadt Sidon und kündige ihr mein Strafgericht an! 22 Sag zu ihr: ›So spricht der HERR, der mächtige Gott: Ich gehe gegen dich vor, Sidon, ich werde an dir meine Macht zeigen! Deine Bewohner sollen erkennen, daß ich der HERR bin, wenn ich mein Strafgericht vollstrecke und mich an dir als der heilige Gott erweise. 23 Ich schicke die Pest in deine Mauern; deine Straßen werden mit Erschlagenen bedeckt sein, wenn die Feinde von allen Seiten in dich eindringen. Sie sollen erkennen, daß ich der HERR bin.‹«

Israel wird vor Feinden sicher sein

24 »Die Leute von Israel«, sagt der HERR, »werden künftig nicht mehr unter den Nachbarvölkern zu leiden haben, die jetzt wie Dornen und Disteln für sie sind und ihnen voll Verachtung begegnen. Mein Volk soll erkennen, daß ich der HERR bin.

25 Ich, der HERR, der mächtige Gott, sage: ›Ich werde mich vor aller Welt als der heilige Gott erweisen und mein Volk aus den Völkern, unter denen es zerstreut worden ist, sammeln. Die Leute von Israel werden wieder in dem Land wohnen, das ich meinem Diener Jakob gegeben habe. 26 Dort sollen sie in Frieden und Sicherheit leben; sie können ungestört Häuser bauen und Weinberge anlegen. An den Völkern aber, die ihnen mit Verachtung begegnet sind, werde ich mein Strafgericht vollstrecken. Dann werden die Leute von Israel erkennen: Ich bin der HERR, ihr Gott!‹«

Das befristete Strafgericht über Ägypten

29 Im zehnten Jahr unserer Verbannung*, am 12. Tag des 10. Monats, erging das Wort des HERRN an mich, er sagte: 2 »Du Mensch, wende dich gegen den Pharao, den

a Siehe Anmerkung zu 14,14.
b *Ich gab dich …:* mit veränderten Vokalen; H *Du schützender Kerub mit …, und ich hatte dich gemacht.*
c *und der Wächter …:* mit veränderten Vokalen; H *und ich schaffte dich, du schützender Kerub, aus … weg.*

28,4-5 28,12.17; 31,10 S **28,7** 30,11; 31,12; 32,12 **28,8** 26,20 **28,12** (Totenklage) 26,17; 27,2; 32,2; Am 5,1; (Vollkommenheit) Ez 28,3-5 **28,13** Gen 2,8 **28,14** Jes 14,13 **28,17** 27,3b **28,19** 26,16; 27,35-36; 32,10 **28,20-23** Jes 23,2-4.12; Joël 4,4; Mt 11,21-22 par **28,24** 34,30 **28,25** 11,17; 20,34-35.41; 34,12-13; 36,24; 37,21; 39,26-27; Jes 11,11-12 S **28,26** Jes 65,21-22 **29,1–32,32** Jes 19,1-15 S

König von Ägypten, und kündige ihm und seinem ganzen Land mein Strafgericht an. 3 Sag zu ihm:

›So spricht der HERR, der mächtige Gott: Du bekommst es mit mir zu tun, Pharao, du großes Krokodil, das in seinen Nilarmen liegt und sagt: Mir gehört der Nil, ich habe ihn geschaffen! 4 Ich fange dich ein mit Haken, die sich in deine Kinnlade bohren. Ich ziehe dich heraus aus deinen Nilarmen samt den Fischen, die sich in deinem Schuppenpanzer verfangen. 5 Ich schleudere dich in die Wüste samt allen deinen Fischen. Dort bleibst du liegen, und niemand begräbt dich; ich werfe dich den Schakalen und Aasgeiern zum Fraß hin. 6 Alle Bewohner Ägyptens sollen erkennen, daß ich der HERR bin.

Ägypten, du hast den Leuten von Israel falsche Hoffnungen gemacht! Wie ein Stab aus Schilfrohr bist du für sie gewesen: 7 Wenn man sich darauf stützen will, splittert er, so daß man hinfällt[a] und sich auch noch den Arm daran aufreißt.

8 Deshalb sage ich, der mächtige Gott: Ich gebe dich Feinden preis, die deine Menschen und dein Vieh umbringen, 9 deine Städte in Trümmer legen und das ganze Land verwüsten. Die Ägypter sollen erkennen, daß ich der HERR bin.

Du, Pharao, hast gesagt: Mir gehört der Nil, ich habe ihn geschaffen! 10 Deshalb gehe ich jetzt gegen dich vor und gegen deinen Nil und das ganze Land. Ich werde Ägypten zu einem Trümmerfeld machen, von Migdol an nilaufwärts bis nach Syene und weiter bis an die Grenze von Äthiopien. 11 In ganz Ägypten wird kein Mensch und kein Tier mehr leben; vierzig Jahre lang wird niemand dort wohnen. 12 Inmitten von Ländern, die selbst verwüstet sind, wird Ägypten diese ganze Zeit über eine Wüste sein, und seine Städte werden als Trümmerhaufen daliegen. Seine Bewohner werde ich in fremde Länder und unter fremde Völker zerstreuen.

13 Doch das sage ich, der mächtige Gott: Wenn die vierzig Jahre um sind, werde ich die Ägypter aus den Völkern herausholen, unter denen sie als Verbannte leben. 14 Ich werde für sie alles zum Guten wenden; ich werde sie ins Land Patros bringen, nach dem oberen Ägypten, wo sie ursprünglich zu Hause waren. Dort sollen sie ein kleines Königreich bilden, 15 kleiner und schwächer als alle anderen Königreiche. Sie sollen sich nicht mehr über andere erheben. Ich vermindere ihre Zahl, damit sie nicht mehr über andere Völker herrschen.

16 Dann können sie den Leuten von Israel keine falschen Hoffnungen mehr machen. Mein Volk wird sich nicht mehr dazu verführen lassen, sein Vertrauen auf sie zu setzen und dadurch schuldig zu werden. Die Ägypter sollen erkennen, daß ich der HERR bin!‹«

Ägypten als Lohn für Nebukadnezzar

17 Im 27. Jahr unserer Verbannung*, am 1. Tag des 1. Monats, erging das Wort des HERRN an mich, und er sagte: 18 »Du Mensch, König Nebukadnezzar von Babylon* hat sein Heer vor der Stadt Tyrus hart arbeiten lassen. Wie Fronarbeiter* haben seine Kriegsleute sich bei der Errichtung der Belagerungswerke blutig geschunden. Aber einen Lohn für ihre Mühe haben er und sein Heer von Tyrus nicht bekommen.

19 Deshalb sage ich, der mächtige Gott: ›Nebukadnezzar, der König von Babylon, bekommt dafür das Land Ägypten! Der ganze Reichtum der Ägypter soll ihm zufallen; seine Kriegsleute werden alles, was wertvoll ist, als Beute wegschleppen. 20 Nebukadnezzar hat in meinem Auftrag gehandelt, deshalb gebe ich ihm Ägypten als Lohn für seine Mühe.‹ Das sage ich, der HERR, der mächtige Gott.

21 Zur gleichen Zeit lasse ich auch Israel wieder stark und mächtig werden. Und dir, Ezechiël, gebe ich neuen Mut, als mein Prophet* zu den Leuten von Israel zu sprechen. Sie sollen erkennen, daß ich der HERR bin.«

Gottes Strafgericht über Ägypten

30 Das Wort des HERRN erging an mich, er sagte: 2 »Du Mensch, kündige mein Strafgericht an und sage: ›So spricht der HERR, der mächtige Gott: Schreit vor Entsetzen, ihr Ägypter; denn der Tag ist da, 3 der Tag der Abrechnung, an dem der HERR Gericht hält! Dunkel wie die Nacht ist dieser Tag, für viele Völker hat die Stunde geschlagen!

4 Das Schwert hält blutige Ernte in Ägypten, die Schätze des Landes werden weggeschleppt, seine Städte dem Erdboden gleichgemacht. Die Nachbarvölker im Süden sehen es und zittern vor Angst. 5 Zusammen mit den Ägyptern werden auch ihre Hilfstruppen niedergemacht, die Söldner aus Kusch*, Put*, Lud* und Kub und wo sie sonst noch herkommen, auch die Söldner

a *hinfällt* mit alten Übersetzungen; H *feststeht.*

29,3-5 32,2-6 **29,3** 31,10 S **29,6** (erkennen) 30,8 S **29,6b-7** 2 Kön 18,21 S **29,13-16** Jes 19,19-25; Jer 46,26 **29,19-20** 30,10.24; 32,11; Jer 43,11-12 S **30,2-3** Joël 4,14-16 S

aus den Reihen des Volkes, mit dem ich meinen Bund* geschlossen habe.‹

6 Denn der HERR, der mächtige Gott, sagt: ›Alle Helfer Ägyptens werden fallen, seine ganze stolze Armee; von einem Ende des Landes bis zum andern liegen die Erschlagenen. 7 Wie die umliegenden Länder, die dieses Schicksal trifft, wird auch Ägypten zur Wüste werden, und seine Städte liegen in Trümmern. 8 Die Ägypter werden erkennen, daß ich der HERR bin, wenn ich ihr Land niederbrenne und alle ihre Helfer vernichte.

9 An jenem Tag werde ich Boten auf Schiffen den Nil hinaufschicken, damit sie die Schreckensnachricht nach Äthiopien* bringen. Die Äthiopier werden zittern vor Angst. Der Untergang Ägyptens ist unabwendbar!‹

10 Der HERR, der mächtige Gott, sagt: ›So vernichte ich das stolze Heer der Ägypter durch mein Werkzeug, den Babylonierkönig* Nebukadnezzar. 11 Die erbarmungslosesten Völker führt er gegen Ägypten heran. Sie werden das Land verwüsten und es mit den Leichen der Ägypter und ihrer Söldner bedecken. 12 Ich werde den Nil trockenlegen und Ägypten in die Gewalt grausamer Menschen geben. Durch sie verwandle ich das blühende Land in eine Wüste. Ich habe es gesagt, der HERR, der mächtige Gott.‹

13 Der HERR, der mächtige Gott, sagt: ›Ich vernichte die Götzen Ägyptens; die falschen Götter schaffe ich aus Memfis fort. Es wird keinen Herrscher mehr in Ägypten geben, und die Bewohner des Landes werden vor Angst vergehen.

14 Ich verwüste das Land Patros im oberen Ägypten, ich brenne Zoan nieder, ich vollstrecke das Strafgericht an No.[a] 15 Mein Zorn trifft die Festung Sin,[b] ich verwüste die prächtigen Paläste von No. 16 Ich setze ganz Ägypten in Brand. Sin windet sich in Krämpfen, in die Mauern von No werden Breschen geschlagen, Memfis wird in ständiger Angst leben. 17 Die jungen Männer von On[c] und Pi-Beset[d] werden erschlagen und die übrigen Bewohner in die Fremde verschleppt.

18 In Tachpanhes wird der Tag zur Nacht, wenn ich dort die Joche* zerbreche, mit denen die Ägypter die Völker geknechtet haben; mit der stolzen Macht Ägyptens mache ich ein Ende. Eine dunkle Wolke wird das ganze Land bedecken, und seine Frauen werden in die Fremde verschleppt. 19 Ich vollziehe mein Strafgericht an Ägypten, und die Ägypter werden erkennen, daß ich der HERR bin.‹«

Die Macht des Pharaos wird gebrochen

20 Im elften Jahr unserer Verbannung*, am 7. Tag des 1. Monats, erging das Wort des HERRN an mich, und er sagte: 21 »Du Mensch, ich habe dem Pharao, dem König von Ägypten, den Arm gebrochen, und ich sorge dafür, daß er nicht wieder zusammenwächst. Der gebrochene Arm wird nicht geschient und verbunden; nie mehr wird der Pharao mit ihm das Schwert führen.«

22 Und weiter sagte der HERR, der mächtige Gott: »Der Pharao, der König von Ägypten, bekommt es mit mir zu tun! Ich breche ihm die Arme, auch den, der noch heil ist. Ich schlage ihm das Schwert aus der Hand 23 und zerstreue die Ägypter in die Länder fremder Völker.

24 Aber die Arme des Königs von Babylon mache ich stark; ihm gebe ich mein Schwert in die Hand. Mit gebrochenen Armen wird sich der Pharao vor ihm im Staub winden und stöhnen wie ein zu Tode Getroffener. 25 Ich mache die Arme des Königs von Babylon stark, aber der Pharao muß seine Arme kraftlos sinken lassen. Die Ägypter sollen erkennen, daß ich der HERR bin, wenn ich dem König von Babylon mein Schwert in die Hand gebe, damit er es gegen sie gebraucht. 26 Und ich werde die Ägypter in fremde Länder und unter fremde Völker zerstreuen. Sie sollen erkennen, daß ich der HERR bin.«

Ägypten, der gestürzte Weltenbaum

31 Im elften Jahr unserer Verbannung*, am 1. Tag des 3. Monats, erging das Wort des HERRN an mich, und er sagte: 2 »Du Mensch, sag zum Pharao, dem König von Ägypten, mit seinem ganzen stolzen Heer:

›Wie mächtig du bist! Womit kann ich dich vergleichen? 3 Du bist wie eine prächtige Zeder auf dem Libanon! Ihre mächtigen Zweige geben reichlich Schatten. Sie ist hoch gewachsen, ihr Wipfel reicht bis in die Wolken. 4 Das Wasser, das aus der Tiefe kommt, hat sie so groß gemacht; das Meer in der Tiefe der Erde speist die Quellen, die rings um sie aufbrechen und das Feld bewässern.

5 Darum wurde sie größer als alle anderen Bäume und breitete ihre mächtigen Äste weit aus. 6 Die Vögel bauten in den Zweigen ihre

a *No* = No-Amon (griechisch Theben). b Entweder Saïs oder (wahrscheinlicher) der Hafen Pelusium.
c Griechisch: Heliopolis (*On* mit veränderten Vokalen; H *Awen* = Unheil/Unrecht). d Griechisch: Bubastis.

30,8 30,19.25-26; 29,6.9.16; 32,15; Ex 14,4 **30,10** 29,19-20 S **30,11** 28,7 S **30,13** 29,19-20 S **30,14** Nah 3,8 **30,18** Jer 43,7-11 **30,21** 2 Kön 24,7 **30,24** 29,19-20 S **30,25-26** 30,8 S **31,2-18** Dan 4,7-24

Nester, und das Wild warf in ihrem Schutz seine Jungen. Ganze Völker wohnten in ihrem Schatten. 7 Schön war sie und stattlich mit ihrer breiten Krone; denn ihre Wurzeln hatten reichlich Wasser.

8 Keine andere Zeder war so prächtig wie sie, keine Zypresse und keine Platane hatte so mächtige Äste; nicht einmal die Bäume im Garten Gottes konnten es mit ihr aufnehmen. 9 Ich hatte sie so schön gemacht, daß alle Bäume im Paradies sie beneideten.

10 Doch nun sagt der HERR, der mächtige Gott: Weil ihre Größe ihr zu Kopf gestiegen und sie überheblich geworden ist, 11 rufe ich einen mächtigen König herbei. Er wird seine Grausamkeit an ihr auslassen; denn ich habe sie verstoßen. 12 Aus der Ferne kommt ein erbarmungsloses Volk und fällt sie. Da liegt sie dann auf den Bergen, und die abgeschlagenen Äste füllen die Täler und Schluchten. Die Völker, die in ihrem Schatten gewohnt haben, ergreifen die Flucht. 13 Die Vögel setzen sich achtlos auf den gefällten Stamm, und über die Äste läuft das Wild.

14 Kein Baum, und stehe er noch so nah am Wasser, soll mehr so groß und mächtig werden, seinen Wipfel in die Wolken strecken und sich stolz über andere erheben. Jeder hohe Baum wird gefällt und kommt in die Totenwelt*, genauso wie alle Menschen.

15 Der HERR, der mächtige Gott, sagt: An dem Tag, an dem ich die Riesenzeder in die Totenwelt stürze, trauert das Wasser in der Tiefe der Erde, die Flüsse fließen nicht mehr, und die Quellen versiegen. Auch der Libanon trauert, alle Bäume in Feld und Wald verdorren. 16 Wenn ich die Zeder mit gewaltigem Krachen in die Totenwelt hinabstürze, zittern alle Völker vor Angst. Drunten aber freuen sich die Prachtbäume, die Bäume des Libanons und alle mächtigen Bäume, die am Wasser standen, und trösten sich damit, daß auch die große Zeder ihr Schicksal teilt. 17 Auch alle ihre Helfer, die unter ihrem Schatten gewohnt haben, müssen mit ihr hinunter an den Ort, wo die Erschlagenen sind.

18 Du prächtige Zeder, wer kann sich an Größe und Herrlichkeit mit dir vergleichen? Und doch mußt du mit all den prächtigen Bäumen in die Totenwelt hinunter. Dort liegst du dann in der Tiefe, bei den Erschlagenen und Unbestatteten.[a] So ergeht es dem Pharao und seinem ganzen großen Volk.‹ Das sagt der HERR, der mächtige Gott.«

Der Pharao, der erlegte Drache

32 Im zwölften Jahr unserer Verbannung*, am 1. Tag des 12. Monats, erging das Wort des HERRN an mich, und er sagte: 2 »Du Mensch, stimme die Totenklage* an über den Pharao, den König von Ägypten! Sag zu ihm:

›Von allen Königen warst du der größte,
du Drachenungetüm im weiten Meer!
Aus deiner Nase schossen Wasserstrahlen,[b]
mit deinen Füßen wühltest du im Schlamm,
dein Toben machte jedes Wasser trüb.‹

3 Und dann fahre fort: ›So spricht der HERR, der mächtige Gott: Ich werde mein Fangnetz ausspannen! Die Heere vieler Völker werde ich gegen dich aufbieten, die werden dich in meinem Netz einfangen und aus dem Meer ziehen. 4 Dann schleudere ich dich auf das Land und werfe dich allen Raubvögeln und wilden Tieren der Erde zum Fraß hin. 5 Dein Leichnam wird die Berge bedecken und die Täler ausfüllen; 6 dein Blut wird das Land tränken, es wird von den Bergen herabströmen und die Bäche anschwellen lassen. 7 Während ich das Strafgericht an dir vollziehe, bedecke ich den Himmel mit düsteren Wolken, so daß Sonne, Mond und Sterne verschwinden. 8 Deinetwegen mache ich alle hellen Lichter am Himmel dunkel und breite Finsternis über dein Land. Das sage ich, der HERR, der mächtige Gott.

9 Viele Völker werden in Unruhe gestürzt werden, wenn die Nachricht von deinem Fall zu ihnen kommt – sogar Völker, von denen du noch nie gehört hast. 10 Das Strafgericht, das ich an dir vollziehe, wird sie mit Schauder erfüllen; ihre Könige werden von Entsetzen geschüttelt, wenn sie mich das Schwert schwingen sehen und deinen Untergang erleben.

11 Denn das sage ich, der mächtige Gott: Der König von Babylon wird mit seinem Heer gegen dich heranziehen. 12 Seinem Befehl gehorchen die erbarmungslosesten der Völker; durch sie vernichte ich deine ganze stolze Heeresmacht. 13 Auch alles Vieh im Land vernichte ich; kein Huf und kein Menschenfuß wird mehr an den Tränkstellen das Wasser trüben. 14 Ruhig und ungestört wird der Nil in seinem Bett dahinfließen, so glatt wie Öl. Das sage ich, der mächtige Gott. 15 Ich fege Ägypten leer und mache es zur Wüste, alle seine Bewohner erschlage ich. Dann werden sie erkennen, daß ich der HERR bin.‹

a Siehe Anmerkung zu 32,19. b Vermutlicher Text; H *Du sprudeltest mit deinen Strömen.*

31,8-9 Gen 2,8-9 **31,10** 28,2-6; 29,3; Jes 2,11-12 S; Jer 48,26-27 S; Dan 5,20 **31,12** 28,7 S **31,15-18** 32,17-32; Jes 14,9-11 **32,2-6** 29,3-5 **32,2** (Totenklage) 28,12 S **32,3** 12,13 **32,7** Joël 2,10 S **32,10** 28,19 S **32,11** 29,19-20 S **32,12** 28,7 S **32,15** 30,8 S

16 Diese Totenklage werden die Frauen aller
Völker anstimmen. Sie sollen Ägypten und sein
stolzes Heer wie einen Toten betrauern. Das
sage ich, der HERR, der mächtige Gott.«

Ägypten wird im Totenreich empfangen

17 Im zwölften Jahr unserer Verbannung*, am
15. Tag des Monats,[a] sagte der HERR zu mir:
18 »Du Mensch, singe im voraus das Lied vom
Untergang der stolzen ägyptischen Heeres-
macht! Schicke sie mit diesem Lied hinunter an
den Ort tief unter der Erde, wo schon die Kriegs-
leute vieler anderer Völker ein unrühmliches
Ende genommen haben![b] Sag zu Ägypten:
19 ›Meinst du, du wärst schöner als andere
und würdest bevorzugt behandelt? Hinunter mit
dir zu den Toten! In die tiefste Tiefe zu denen,
die kein ordentliches Begräbnis bekommen
haben![c] 20 Bei den Erschlagenen und Hingerich-
teten sollst du liegen mit deiner ganzen stolzen
Heeresmacht! 21 Die Helden, die schon drunten
bei den Toten sind, sagen über euch und eure
Helfer: Sie sind also auch hier unten angekom-
men! Da liegen sie nun, erschlagen und unbe-
stattet!
22–23 Da drunten erwartet dich Assur* mit sei-
nem ganzen Heer, lauter durchs Schwert er-
schlagene Männer. Als sie noch lebten, haben
sie die Völker der Erde in Furcht und Schrecken
versetzt; aber jetzt liegen sie in der tiefsten
Grube, der König in der Mitte und rings um ihn
seine Kriegsleute.
24–25 Da drunten erwartet dich Elam* mit sei-
nem ganzen stolzen Heer, lauter durchs Schwert
erschlagene Männer. Als sie noch lebten, haben
sie die Völker der Erde in Furcht und Schrecken
versetzt; nun liegen sie an dem Ort tief unter
der Erde bei den Erschlagenen, der König in der
Mitte und rings um ihn seine Kriegsleute. Nie-
mand hat sie ordentlich begraben, und so liegen
sie mitten unter den Erschlagenen und müssen
ihre Schande tragen zusammen mit allen, die ein
unrühmliches Ende genommen haben.
26 Da drunten erwartet dich Meschech-Tubal*
mit seinem ganzen stolzen Heer. Als sie noch
lebten, haben sie die Völker der Erde in Furcht
und Schrecken versetzt; nun liegen sie erschla-
gen ohne ein ordentliches Begräbnis bei den
Toten, der König in der Mitte und rings um ihn
seine Kriegsleute. 27 Sie haben keinen Ehren-
platz unter den Toten wie die Helden der Vor-
zeit,[d] die nach dem Tod in der Schlacht mit voller
Rüstung in die Totenwelt* gelangt sind; man be-
grub sie, das Schwert unter den Kopf gelegt und
vom Schild bedeckt.[e] Auch sie verbreiteten
Schrecken unter den Völkern.
28 Nun mußt auch du, Ägypten, hinunter zu
denen, die vom Schwert erschlagen wurden und
kein ordentliches Begräbnis bekommen haben!
29 Auch Edom* erwartet dich drunten mit sei-
nen Königen und Fürsten, lauter tapfere Kämp-
fer, aber in der Totenwelt liegen sie bei den
Erschlagenen und Hingerichteten, die kein or-
dentliches Begräbnis bekommen haben. 30 Auch
die Könige des Nordens und alle Phönizier* er-
warten dich. Sie haben als tapfere Kämpfer
Furcht und Schrecken verbreitet, aber sie muß-
ten hinunter zu den Erschlagenen und Hinge-
richteten und müssen ihre Schande tragen zu-
sammen mit denen, die ein unrühmliches Ende
genommen haben.‹
31 Sie alle wird der Pharao dort unten antref-
fen, und das wird ihn darüber trösten, daß sein
ganzes stolzes Heer verloren ist. Denn todge-
weiht ist er mit seiner ganzen Heeresmacht; das
sage ich, der HERR, der mächtige Gott.
32 Ich habe es zugelassen, daß er unter den
Völkern Furcht und Schrecken verbreitet hat;
jetzt aber ist sein Platz bei den Erschlagenen und
Hingerichteten, die kein ordentliches Begräbnis
bekommen haben. So ergeht es dem Pharao und
seinem ganzen stolzen Heer. Das sage ich, der
HERR, der mächtige Gott.«

Der Prophet als verantwortlicher Warner Israels

33 Das Wort des HERRN erging an mich, er
sagte: 2 »Du Mensch, sag zu den Leuten
aus deinem Volk: ›Der HERR sagt: Angenommen,
ich schicke Feinde gegen ein Land, und die Män-

a Der Name des Monats ist nicht überliefert.
b *wo schon die Kriegsleute …:* wörtlich *zu denen, die in die Grube gefahren sind.* Damit wird hier nicht das allgemeine Todesschicksal bezeichnet; vgl. die folgende Anmerkung.
c *In die tiefste …:* wörtlich *Werde zu den Unbeschnittenen gelegt!* Hier und im folgenden steht das Wort *unbeschnitten* (vgl. Sacherklärung »Beschneidung«) im weiteren Sinn für Menschen, die kein ordentliches Begräbnis erhalten. (In Israel kamen unbeschnittene Familienmitglieder nicht ins Familiengrab.) Dasselbe gilt für die *Ermordeten und Hingerichteten* und sogar für die im Kampf *(vom Schwert) Erschlagenen,* die unbestattet bleiben oder ins Massengrab geworfen werden (ab Vers 20-23).
d *der Vorzeit:* mit G; H *der Unbeschnittenen.*
e *vom Schild bedeckt:* vermutlicher Text; H *ihre Verfehlungen liegen auf ihren Gebeinen.*

32,17-32 31,15-18 S **32,22-23** Jes 10,5-19 S **32,24-25** Jer 49,34-38 S **32,26-27** 27,13; 38,1–39,22; Gen 10,2 **32,29** Jes 34,5-17 S **32,30** (Phönizier) Jes 23,1-16 S **33,1-9** 3,16-21

ner des Landes haben einen aus ihrer Mitte zum Wächter bestellt, der drohende Gefahren melden soll. 3 Wenn dieser Wächter die Feinde kommen sieht, hat er die Pflicht, das Alarmhorn* zu blasen und die anderen zu warnen.

4 Wenn jemand das Alarmsignal hört, sich aber nicht warnen läßt und deshalb umkommt, dann trägt die betreffende Person allein die Schuld. 5 Sie ist gewarnt worden, aber hat die Warnung in den Wind geschlagen. Hätte sie die Warnung ernst genommen, so wäre sie mit dem Leben davongekommen.

6 Anders ist es, wenn der Wächter es versäumt hat, Alarm zu blasen und die Leute zu warnen. Wenn dann jemand durch Feinde umgebracht wird, ereilt die betreffende Person damit zwar die Strafe für das Unrecht, das sie begangen hat; aber den unzuverlässigen Wächter ziehe ich zur Rechenschaft wie für einen Mord.‹

7 Du Mensch, dich habe ich als Wächter bestellt, der die Leute von Israel vor drohender Gefahr warnen soll. Wenn du eine Botschaft von mir vernimmst, mußt du sie ihnen weitersagen, damit sie wissen, was auf sie zukommt. 8 Wenn ich dir ankündige, daß ein bestimmter Mensch wegen seiner schlimmen Taten sterben muß, dann bist du dafür verantwortlich, daß er gewarnt wird. Versäumst du es, so wird er zwar sterben, wie er es verdient; aber dich ziehe ich dafür zur Rechenschaft wie für einen Mord. 9 Warnst du ihn, aber er hört nicht darauf, so wird er ebenfalls sterben, wie er es verdient hat; aber du hast dein Leben gerettet.

10 Du Mensch, sag zu den Leuten von Israel: ›Ihr habt allen Mut verloren und klagt: Unsere Schuld ist zu groß, an den Folgen unserer Verfehlungen gehen wir zugrunde, wir haben keine Zukunft mehr! 11 Aber der HERR, der mächtige Gott, sagt: So gewiß ich lebe, mir macht es keine Freude, wenn ein Mensch wegen seiner Vergehen sterben muß. Nein, ich freue mich, wenn er seinen falschen Weg aufgibt und am Leben bleibt. Darum kehrt um, kehrt schleunigst um! Warum wollt ihr in euer Verderben laufen, ihr Leute von Israel?‹

12 Du Mensch, sag auch das zu den Leuten aus deinem Volk: ›Wenn ein rechtschaffener Mensch anfängt, Unrecht zu tun, dann nützt ihm seine ganze frühere Rechtschaffenheit nichts – sie kann ihm nicht das Leben retten. Und wenn ein verbrecherischer Mensch anfängt, das Rechte zu tun, dann schaden ihm alle seine früheren Vergehen nichts – sie können ihn nicht das Leben kosten. 13 Wenn ich einem rechtschaffenen Menschen zusichere: Du wirst am Leben bleiben!, und er denkt: Nun bin ich sicher! und beginnt Unrecht zu tun, dann zählt sein ganzer vorbildlicher Lebenswandel nicht mehr; weil er Unrecht getan hat, muß er sterben. 14 Und wenn ich zu einem verbrecherischen Menschen sage: Du mußt sterben!, und er wendet sich vom Unrecht ab, 15 gibt dem armen Schuldner sein Pfand zurück, erstattet, was er widerrechtlich an sich gebracht hat, und hält sich an die Weisungen, die zum Leben führen, dann muß er nicht sterben. 16 Alles Unrecht, das er früher getan hat, zählt dann nicht mehr. Weil er jetzt das Rechte tut, soll er am Leben bleiben.

17 Ihr Leute von Israel behauptet: Der Herr tut uns Unrecht! Aber ihr selbst tut Unrecht! 18 Wenn ein Mensch, der früher vorbildlich gelebt hat, Unrecht zu tun beginnt, muß er dafür sterben. 19 Und wenn ein verbrecherischer Mensch sich von seinen Verbrechen abwendet und das Rechte tut, rettet er damit sein Leben. 20 Und da sagt ihr: Der Herr tut Unrecht! Nein, jeder bekommt von mir, was er mit seinen Taten verdient hat. Kommt zur Besinnung, ihr Leute von Israel!‹«

Ein Augenzeuge aus dem eroberten Jerusalem

21 Im zwölften Jahr unserer Verbannung*, am 5. Tag des 10. Monats, kam ein Mann aus Jerusalem zu mir, der den Untergang der Stadt überlebt hatte. Er brachte die Nachricht: »Die Stadt ist gefallen!«

22 Am Abend vorher hatte ich gespürt, wie sich die Hand des HERRN schwer auf mich legte. Als aber der Mann am Morgen bei mir eintrat, gab mir der HERR die Sprache wieder. Von da an war meine Zunge gelöst, und ich konnte wieder frei reden.

Die falsche Sicherheit der in Juda Zurückgebliebenen

23 Das Wort des HERRN erging an mich, er sagte: 24 »Du Mensch, die Leute, die in den zerstörten Städten im Land Israel geblieben sind, sagen: ›Abraham war nur einer, und Gott gab ihm dieses Land zum Besitz. Wir sind viele, also gehört es uns erst recht!‹

25 Darum sag zu ihnen: ›So spricht der HERR, der mächtige Gott: Ihr eßt das Fleisch mit dem Blut*, betet Götzen an und mordet, und ausgerechnet euch soll ich das Land überlassen?

33,10-20 18,1-32 **33,10** 7,3-4 S; 37,11 **33,11** Jes 55,7; Joël 2,12-13 **33,13-16** Jer 18,7-10 **33,21-22** 24,25-27 **33,21** 2 Kön 25,4 **33,22** 3,22 S **33,24** 11,15; Jes 51,2 S **33,25** Lev 17,10-14 S

26 Ihr übt Faustrecht, begeht Ehebruch und tut, was mir verhaßt ist, und euch soll das Land gehören?‹

27 Sag zu ihnen: ›So spricht der HERR, der mächtige Gott: Wer in den Ruinen haust, kommt durchs Schwert um; wer im offenen Land lebt, wird von wilden Tieren zerrissen; wer auf Berge und in Höhlen geflohen ist, stirbt an der Pest. 28 Ich mache das Land zur menschenleeren Einöde, ich verwüste seine ganze stolze Pracht. Ich mache die Berge Israels zu einer Wildnis, durch die niemand mehr durchzieht. 29 Ihr werdet erkennen, daß ich der HERR bin, wenn ich das Land zur Wüste mache wegen all der abscheulichen Taten, die ihr begangen habt!‹«

Der Prophet und seine Zuhörer

30 Der HERR sagte zu mir: »Du Mensch, die Leute aus deinem Volk reden über dich, wenn sie vor ihren Häusern beisammenstehen. Sie sagen zueinander: ›Wir wollen zum Propheten* gehen und hören, was der HERR zu ihm gesagt hat!‹ 31 Und dann kommen sie scharenweise zu dir, sitzen im Kreis um dich und hören, was du sagst; aber sie nehmen es nicht ernst.

Ihr Mund lobt dich überschwenglich, aber ihr Herz ist nur damit beschäftigt, wie sie sich skrupellos bereichern können. 32 Wie eingängige Musik klingen ihnen deine Worte, aber sie denken nicht daran, sie ernst zu nehmen. 33 Doch wenn dann deine Ankündigungen eintreffen – und das werden sie mit Sicherheit –, werden sie erkennen, daß ein Prophet unter ihnen gelebt hat.«

Gegen die schlechten Hirten Israels

34 Das Wort des HERRN erging an mich, er sagte: 2 »Du Mensch, kündige den führenden Männern in Israel das Strafgericht an. Sag zu ihnen:

›So spricht der HERR, der mächtige Gott: Weh euch! Ihr seid die Hirten meines Volkes; aber anstatt für die Herde zu sorgen, habt ihr nur an euch selbst gedacht. 3 Die Milch der Schafe habt ihr getrunken,[a] aus ihrer Wolle habt ihr euch Kleider gemacht, und die besten Tiere habt ihr geschlachtet. Aber für einen guten Weideplatz habt ihr nicht gesorgt.

4 War ein Tier schwach, so habt ihr ihm nicht geholfen; war eins krank, so habt ihr es nicht gepflegt. Wenn eins ein Bein gebrochen hatte, habt ihr ihm keinen Verband angelegt. Die Verstreuten habt ihr nicht zurückgeholt, die Verlorengegangenen nicht gesucht. Alle Tiere habt ihr mißhandelt und unterdrückt. 5 Weil meine Schafe keinen Hirten hatten, verliefen sie sich und fielen den Raubtieren zur Beute. 6 Sie irrten überall umher, auf Bergen und Hügeln, denn niemand war da, der sie suchte, niemand, der sich um sie kümmerte.

7 Darum, ihr Hirten, hört, was der HERR, sagt: 8 So gewiß ich lebe, der HERR, der mächtige Gott: Ich schaue nicht mehr länger zu! Meine Schafe wurden geraubt und von wilden Tieren gefressen, weil sie keinen Hirten hatten; denn meine Hirten haben nur für sich selbst gesorgt und nicht für meine Herde.

9 Darum hört, ihr Hirten, was der HERR sagt! 10 So spricht der HERR, der mächtige Gott:

Die Hirten meiner Schafe bekommen es mit mir zu tun, ich fordere meine Herde von ihnen zurück! Ich setze sie ab; sie können nicht länger meine Hirten sein; sie sollen nicht länger mein Volk ausbeuten! Ich reiße meine Schafe aus ihrem Rachen, sie sollen ihnen nicht länger zum Fraß dienen!‹

Der gute Hirt sorgt für seine Herde

11 ›Der HERR, der mächtige Gott, hat gesagt: Ich selbst will jetzt nach meinen Schafen sehen und mich um sie kümmern. 12 Wie ein Hirt seine Herde wieder zusammensucht, wenn sie auseinandergetrieben worden ist, so suche ich jetzt meine Schafe zusammen. Ich hole sie zurück von allen Orten, wohin sie an jenem unheilvollen Tag vertrieben wurden.

13 Aus fremden Ländern und Völkern hole ich sie heraus; ich sammle sie und bringe sie in ihre Heimat zurück. Die Berge und Täler Israels sollen wieder ihr Weideland sein. 14 Ich lasse sie dort auf saftigen Wiesen grasen; auf den hohen Bergen Israels sollen sie ihre Weide finden und sich lagern. 15 Ich will selber für meine Herde sorgen und sie zu ihren Ruheplätzen führen. Das sage ich, der HERR, der mächtige Gott.

16 Ich will die Verlorengegangenen suchen und die Versprengten zurückbringen. Ich will mich um die Verletzten und Kranken kümmern und die Fetten und Starken in Schranken halten.[b] Ich bin ihr Hirt und sorge für sie, wie es recht ist.

17 Ihr aber, meine Herde, sollt wissen: Ich

a *Die Milch …:* mit alten Übersetzungen; H *Ihr aßt das Fett.*
b *in Schranken halten:* mit alten Übersetzungen; H *ausrotten.*

33,33 2,5; 6,10 S 34,1-6 Jer 10,21 S 34,5-6 Num 27,17 S 34,10 Jer 23,2 34,11-16 Jes 40,11 S; 40,10 S; Ps 23,1-4 S 34,12-13 28,25 S; Jer 23,3 S 34,17-22 7,10-11; Jes 1,23; Ps 9,13 S

selbst, der HERR, der mächtige Gott, sorge jetzt
für Recht; ich nehme die schwachen Tiere vor
den starken in Schutz. Ihr Widder und Böcke,
[18] ist es euch nicht genug, das beste Gras zu
fressen? Warum zertrampelt ihr den Rest? Ist es
euch nicht genug, das klare Wasser zu trinken?
Warum wühlt ihr auch noch den Schlamm vom
Grund auf? [19] Meine Schafe müssen fressen,
was ihr zertrampelt habt, und trinken, was ihr
verschmutzt habt.

[20] Darum sage ich, der HERR, der mächtige
Gott: Jetzt werde ich selbst die schwächeren
Tiere vor euch starken in Schutz nehmen! [21] Ihr
habt sie mit Schulter und Hinterteil beiseite
gedrängt, mit euren Hörnern gestoßen und
weit von der Herde weggetrieben. [22] Aber jetzt
komme ich meinen Schafen zu Hilfe. Sie sollen
nicht länger eurer Willkür ausgeliefert sein. Ich
helfe den Schwachen gegen die Starken und ver-
schaffe ihnen ihr Recht.‹

Das Reich des Friedens

[23] ›Ich setze über meine Herde einen einzigen
Hirten ein. Er wird sie auf die Weide führen und
so für sie sorgen wie einst mein Diener David. Er
wird ihr Hirt sein, [24] und ich, der HERR, werde ihr
Gott sein. Der Mann, der meinem Diener David
gleicht, soll ihr Fürst[a] sein. Ich habe es gesagt,
der HERR, der mächtige Gott.

[25] Ich schließe mit ihnen einen Bund* und
verbürge mich für Frieden und Sicherheit. Ich
befreie das Land von wilden Tieren, so daß sie
sogar in der Wüste sicher sind und in den Wäl-
dern unbesorgt schlafen können.

[26] Ich mache das ganze Land rings um mei-
nen Berg fruchtbar. Ich schicke Regen zur rech-
ten Zeit, [27] so daß ihre Bäume und ihre Felder rei-
chen Ertrag bringen.

Sie werden in ihrem Land vor Feinden sicher
sein. Ich zerbreche ihr Sklavenjoch und entreiße
sie der Gewalt ihrer Unterdrücker. Dann werden
sie erkennen, daß ich der HERR bin.

[28] Weder fremden Völkern noch wilden Tie-
ren werden sie mehr zur Beute; ohne Angst und
Sorgen werden sie in ihrem Land wohnen. [29] Ich
mache ihr Land zu einem prächtigen Garten.
Niemand von ihnen wird mehr verhungern, und
die anderen Völker werden sie nicht mehr ver-
spotten. [30] Dann werden sie erkennen: Ich, der
HERR, ihr Gott, bin bei ihnen, und sie, die Leute
von Israel, sind mein Volk. Das sage ich, der
HERR, der mächtige Gott.

[31] Ihr seid meine Herde, für die ich sorge, und
ich bin euer Gott. Das sage ich, der HERR, der
mächtige Gott.‹«

Gottes Strafgericht über die Edomiter

35 Das Wort des HERRN erging an mich, er
sagte: [2] »Du Mensch, wende dich gegen
das Bergland Seïr und kündige ihm mein Straf-
gericht an! [3] Sag zu ihm:

›So spricht der HERR, der mächtige Gott: Du
bekommst es mit mir zu tun! Ich gehe jetzt
gegen dich vor, du Bergland von Edom![b] Ich
mache aus dir eine menschenleere Wildnis.
[4] Deine Städte lege ich in Trümmer und ver-
wüste das ganze Land. Du sollst erkennen, daß
ich der HERR bin!

[5] Schon immer haben deine Bewohner das
Volk Israel mit ihrem Haß verfolgt, und als mein
verheerendes Strafgericht über die Leute von
Juda hereinbrach, haben sie sie ohne Erbarmen
ans Messer geliefert. [6] Jetzt geht es ihnen selber
ans Leben, so gewiß ich lebe, ich, der HERR! Sie
haben hemmungslos Blut vergossen, jetzt wird
ihr eigenes Blut von ihnen gefordert.

[7] Und dich, Bergland von Edom, mache ich zu
einer Wildnis, die keines Menschen Fuß mehr
betritt. [8] Das ganze Land, Berge wie Täler, be-
decke ich mit Erschlagenen. [9] Für alle Zeiten
sollst du eine Wüste sein; niemand soll mehr in
deinen Städten wohnen. Ihr Edomiter sollt er-
kennen, daß ich der HERR bin.

[10] Ihr habt gesagt: Die beiden Länder Israel
und Juda gehören jetzt uns, wir wollen sie in Be-
sitz nehmen! Aber ihr vergeßt, daß es *mein* Land
ist! [11] So gewiß ich lebe, ich, der HERR: Ich lasse
alles, was ihr in eurem Zorn und eurem Haß den
Leuten von Juda angetan habt, auf euch zurück-
fallen. Ihr sollt mich kennenlernen, wenn ich
mein Strafgericht an euch vollstrecke. [12] Ihr sollt
zu spüren bekommen, daß ich genau gehört
habe, wie ihr euren Spott über das Bergland
Israels ausgegossen habt. Ihr habt gesagt: Die
Berge Israels sind verwüstet und entvölkert; das
ist ein gefundenes Fressen für uns! [13] So habt ihr
geprahlt und das Maul gegen mich aufgerissen.
Ich habe alles gehört.

[14-15] Deshalb sage ich, der HERR, der mächtige
Gott: Du Bergland von Edom, du warst voll Scha-

a Der Königstitel, durch das Verhalten der Könige Judas belastet, wird offenbar bewußt vermieden (vgl. 37,25; 45,7-17).
b *Edom*:* wörtlich *Seïr;* so auch im folgenden.

34,23-24 37,22.24-25; Jer 3,18 S; 23,5 S; Hos 2,2; Offb 7,10 **34,25** 37,26; Jes 54,10; Jer 23,6; Hos 2,20; Lev 26,6 **34,26-27a** Lev 26,4 **34,27b** Jer 30,8 S **34,29** 36,29-30 **34,30-31** 11,20 S **34,31** Ps 100,3 **35,1-15** Jes 34,5-17 S **35,5** Ps 137,7 **35,12** 25,3 S **35,14-15** 7,3-4 S

denfreude, weil der Erbbesitz* der Israeliten vom Feind verwüstet wurde. Dafür werde ich nun genauso mit dir verfahren: Verwüstet und entvölkert sollst du daliegen, du Bergland Seïr und das ganze Land Edom! Deine Bewohner sollen erkennen, daß ich der HERR bin.‹«

Die Rückkehr der Verbannten nach Israel

36 »Du Mensch«, sagte der HERR, »kündige den Bergen Israels an, was ich tun werde! Sag zu ihnen: ›Ihr Berge Israels, hört das Wort des HERRN! 2 So spricht der HERR, der mächtige Gott: Der Feind verhöhnt und verspottet euch und sagt: Die Berge, die den Israeliten als Besitz für alle Zeiten zugesprochen waren, gehören jetzt uns!‹

3 Darum sprich als Prophet* und sag zu den Bergen: ›Ihr seid verwüstet, von allen Seiten fallen sie über euch her; die Nachbarvölker haben euch unter sich aufgeteilt, und alle Welt spottet über euch.‹

4 Sag zu ihnen: ›Ihr Berge Israels, hört das Wort, das der HERR sagt!‹

Der HERR, der mächtige Gott, spricht zu den Bergen und Hügeln, zu den Schluchten und Tälern, zu den Städten, die von Menschen verlassen in Trümmern liegen – zu dem ganzen Land, das von den Nachbarvölkern verhöhnt und ausgeplündert wird; 5 er sagt: ›In meinem brennenden Eifer werde ich mit Edom und den übrigen Völkern abrechnen, weil sie mein Land in Besitz genommen und ausgeplündert haben, weil sie voll Schadenfreude und Verachtung sind!‹

6 Darum sprich als Prophet zum Land Israels, zu den Bergen und Hügeln, den Schluchten und Tälern! Sag ihnen, was ich in meinem Eifer für mein Land und in meinem Zorn über die Völker, die es verspotten, tun werde! 7 Denn das sage ich, der HERR, der mächtige Gott; ich erhebe meine Hand und schwöre: ›Was die Völker ringsum euch angetan haben, soll auf sie selbst zurückfallen. *Sie* müssen nun Spott und Schande tragen!

8 Ihr aber, ihr Berge Israels, werdet wieder grünen und Frucht tragen für mein Volk Israel, das nun bald zurückkommt. 9 Ich greife ein und wende mich euch zu; ihr sollt von neuem bepflanzt und besät werden. 10 Ich lasse die Menschen auf euch zahlreich werden. Das ganze Volk Israel kommt zurück, die Städte sollen aus den Trümmern wieder aufgebaut und bewohnt werden. 11 Ich lasse die Menschen und Tiere zahlreich werden, sie sollen fruchtbar sein und sich vermehren. Ich mache euch bewohnt wie in früheren Zeiten, und ich werde euch mehr Gutes erweisen als jemals zuvor.

Daran werdet ihr erkennen, daß ich der HERR bin. 12 Ich lasse wieder Menschen auf euch wohnen, mein Volk Israel. Sie werden euch in Besitz nehmen als Erbland für immer, und ihr werdet sie nie mehr ihrer Kinder berauben.‹

13 Der HERR, der mächtige Gott, sagt zum Land Israels: ›Sie verspotten dich als ein Land, das seine Bewohner verschlingt und ihm die Kinder raubt. 14 Darum sage ich, der mächtige Gott: In Zukunft wird das nicht mehr geschehen! 15 Die Völker sollen dich nicht mehr verhöhnen dürfen, du wirst ihren Spott nicht mehr ertragen müssen. Denn du wirst dein Volk nie mehr kinderlos machen.[a] Das sage ich, der HERR, der mächtige Gott.‹«

»Nicht euretwegen helfe ich euch!«

16 Das Wort des HERRN erging an mich, er sagte: 17 »Du Mensch, als die Leute von Israel noch in ihrem Land wohnten, haben sie es durch ihr Tun und Treiben unrein* gemacht. Durch ihr Verhalten haben sie sich vor mir genauso verunreinigt, wie ein Frau durch die die monatliche Blutung unrein wird. 18 Sie haben Unschuldige getötet und das Land mit ihren Götzen geschändet.

Deshalb schüttete ich meinen ganzen Zorn über sie aus 19 und zerstreute sie unter fremde Völker und in fremde Länder. Ich bestrafte sie, wie sie es mit ihrem Tun und Treiben verdient hatten.

20 Aber wohin sie auch kamen, überall brachten sie meinen heiligen Namen* in Verruf; denn die Leute dort sagten: ›Sie sind das Volk des HERRN; aber er hat nicht verhindern können, daß sie sein Land verlassen mußten.‹ 21 Überall, wohin mein Volk kam, reden die Leute so über mich. Das schmerzte mich, daß die Leute von Israel meinen heiligen Namen so in Verruf brachten.

22 Darum sollst du zu den Leuten von Israel sagen: ›So spricht der HERR, der mächtige Gott: Nicht euretwegen greife ich ein, ihr Leute von Israel, sondern wegen meines heiligen Namens, den ihr überall in Verruf gebracht habt, bei allen Völkern, zu denen ihr gekommen seid. 23 Ich werde meinem großen Namen, den ihr entehrt habt, wieder Ehre verschaffen. Alle Völker sol-

a *kinderlos machen:* mit einigen Handschriften; H *straucheln lassen.*

36,1-15 6,1-7 **36,2-3** 25,3 S; 35,10-15 **36,8** 28,25 S **36,10-11** Jer 30,19 S **36,11** Gen 1,28 S **36,13** Num 13,32 **36,17** Lev 18,24-25; 15,19 **36,18** 22,2-5 S; Jer 16,18 S **36,20-23** (Ehre des Namens) 20,9 S; 39,25; Jes 48,11 S; Jer 14,21 S **36,23** 38,23 S

len erkennen, daß ich der HERR bin, wenn ich
mich vor ihren Augen an euch als der heilige
Gott erweise. Das sage ich, der HERR, der mäch-
tige Gott.

24 Ich hole euch heraus aus den Völkern, ich
sammle euch aus allen Ländern und bringe euch
wieder in euer Land zurück. 25 Dort besprenge
ich euch mit reinem Wasser und wasche den
ganzen Schmutz ab, der durch den Umgang mit
euren Götzen an euch haftet.

26 Ich gebe euch ein neues Herz und einen
neuen Geist. Ich nehme das versteinerte Herz
aus eurer Brust und schenke euch ein Herz, das
lebt. 27 Ich erfülle euch mit meinem Geist* und
mache aus euch Menschen, die nach meinen
Ordnungen leben, die auf meine Gebote achten
und sie befolgen. 28 Dann dürft ihr für immer in
dem Land wohnen, das ich euren Vorfahren ge-
geben habe. Ihr werdet mein Volk sein, und ich
werde euer Gott sein.

29 Ich sorge dafür, daß ihr nicht mehr unter
den Folgen eurer unreinen Taten leiden müßt.
Ich werde keine Hungersnot mehr über euch
bringen. Ich rufe das Korn herbei und lasse
es wachsen und sich mehren, 30 ich lasse die
Früchte auf den Bäumen reichlich gedeihen und
alles, was auf den Feldern wächst. Die anderen
Völker sollen euch nicht mehr als Hungerleider
verspotten. 31 Wenn ihr dann an euer schändli-
ches Treiben von früher denkt, wird es euch vor
euch selber ekeln wegen der abscheulichen Un-
taten, die ihr begangen habt. 32 Denn das müßt
ihr wissen, ihr Leute von Israel: Ich tue das
nicht, weil ihr es verdient hättet. Ganz im Ge-
genteil, ihr habt allen Grund, euch zu schämen!
Das sage ich, der HERR, der mächtige Gott.‹

33 Und auch das, sagt der HERR, der mächtige
Gott: ›Wenn ich euch von eurer Schuld reinge-
waschen habe, werden auch eure Städte aus den
Trümmern wieder aufgebaut und von Men-
schen bewohnt werden. 34–35 Die Felder sollen
nicht länger verwüstet daliegen, sondern von
neuem bestellt werden. Wer bei euch durchreist,
wird sagen: Dieses Land war eine Wüste, jetzt
ist es wie der Garten Eden* geworden! Die
Städte lagen verlassen und in Trümmern, jetzt
sind sie bewohnt und gut befestigt!

36 Die Völker ringsum, die mein Strafgericht
überlebt haben, sollen erkennen, daß ich, der
HERR, das Eingerissene wieder aufbaue und das
Verwüstete neu anpflanze. Ich, der HERR, habe
das angekündigt, und ich führe es auch aus.‹

37 Auch das sagt der HERR, der mächtige Gott:
›Noch eine Bitte werde ich dann den Leuten von
Israel erfüllen: Ich will sie vermehren wie eine
Schafherde. 38 In den Städten, die jetzt noch in
Trümmern liegen, soll es von Menschen wim-
meln wie einst in Jerusalem von Opferschafen
während der großen Feste. Sie sollen erkennen,
daß ich der HERR bin!‹«

Gott erweckt das tote Israel zu neuem Leben

37 Ich spürte, wie der HERR seine Hand auf
mich legte. Er führte mich im Geist
durch die Luft und setzte mich mitten in der
Ebene nieder. Der ganze Boden war mit Totenge-
beinen bedeckt.

2 Der HERR führte mich überall herum und
zeigte mir die Gebeine. Es waren unzählige, und
sie waren völlig ausgetrocknet.

3 Dann fragte er mich: »Du Mensch, können
diese Knochen wieder zu lebenden Menschen
werden?«

Ich antwortete: »HERR, das weißt nur du!«

4 Und er fuhr fort: »Rede als Prophet* zu die-
sen Gebeinen! Ruf ihnen zu: ›Ihr vertrockneten
Knochen, hört das Wort des HERRN! 5 So spricht
der HERR, der mächtige Gott, zu euch: Gebt acht,
ich bringe Lebensgeist in euch, und ihr werdet
wieder lebendig! 6 Ich lasse Sehnen und Fleisch
auf euch wachsen und überziehe euch mit Haut.
Und dann hauche ich euch meinen Lebensgeist
ein, damit wieder Leben in euch kommt. Ihr sollt
erkennen, daß ich der HERR bin!‹«

7 Ich tat, was der HERR mir befohlen hatte.
Während ich noch redete, hörte ich es rauschen.
Die Knochen rückten zueinander, so wie sie
zusammengehörten. 8 Ich sah, wie Sehnen und
Fleisch darauf wuchsen und sich eine Haut bil-
dete. Aber es war noch kein Lebensgeist in
ihnen.

9 Da sagte der HERR zu mir: »Du Mensch,
sprich als Prophet zum Lebensgeist, sag zu
ihm: ›So spricht der HERR, der mächtige Gott:
Komm aus allen vier Himmelsrichtungen und
hauche diese Toten an, damit wieder Leben in
sie kommt!‹«

10 Ich tat, was der HERR mir befohlen hatte. Da
kam der Lebensgeist in sie, und sie wurden
lebendig und standen auf. Es war eine riesige
Menschenmenge.

11 Dann sagte der HERR zu mir: »Du Mensch,
diese Totengebeine sind das Volk Israel. Du hörst

36,24-27 11,17-20 **36,24** 28,25 S **36,25** Num 19,1-22; Sach 13,1; Hebr 10,22 **36,26-27** 11,19; 39,29; 18,31; Jer 31,33 S **36,27** Joël 3,1 S; Ez 37,24b **36,28** 11,20 S **36,29** 7,3-4 S **36,30** 34,26-29 **36,31** 20,43 S **36,36** 37,28; Jer 1,10 S **36,37-38** Jer 30,19 S **37,1** 3,22 S **37,9-10** Jes 26,19 S; (Lebensgeist) Gen 2,7; Ps 104,30 **37,11** 33,10

doch, wie sie sagen: ›Unsere Gebeine sind vertrocknet, unsere Hoffnung ist dahin; wir haben keine Zukunft mehr!‹

12 Darum rede als Prophet zu ihnen und sage: ›So spricht der HERR, der mächtige Gott: Gebt acht, ich öffne eure Gräber und hole euch, mein Volk, heraus; ich führe euch heim ins Land Israel. 13 Ihr werdet erkennen, daß ich der HERR bin, wenn ich das tue – wenn ich eure Gräber öffne und euch, mein Volk, aus ihnen heraushole. 14 Ich gebe meinen Geist* in euch, damit wieder Leben in euch kommt, und bringe euch in euer Land zurück. Ihr sollt erkennen, daß ich das angekündigt habe und daß ich tue, was ich sage, ich, der HERR.‹«

Israel und Juda werden wieder ein Reich

15 Das Wort des HERRN erging an mich, er sagte: 16 »Du Mensch, nimm einen Stab und schreibe darauf: ›Juda und die zu ihm gehörenden Leute von Israel‹. Nimm einen zweiten Stab und schreibe darauf: ›Josef und das ganze übrige Volk Israel‹. 17 Dann halte die beiden Stäbe so in der Hand, daß sie wie ein einziger Stab aussehen.

18 Wenn deine Landsleute dich fragen, was das bedeuten soll, 19 dann antworte ihnen: ›So spricht der HERR, der mächtige Gott: Gebt acht, ich nehme den Herrscherstab Josefs, der im Besitz des Stammes Efraïm ist, und füge ihn in meiner Hand mit dem Herrscherstab Judas zu einem einzigen Stab zusammen. Ich verbinde die Stämme Israels[a] wieder mit dem Stamm Juda.‹

20 Du sollst die beschriebenen Stäbe vor aller Augen in der Hand halten 21 und zu deinen Landsleuten sagen: ›So spricht der HERR, der mächtige Gott: Gebt acht, ich hole die Leute von Israel aus den Völkern, zu denen sie gehen mußten, heraus und bringe sie von überallher in ihre Heimat zurück. 22 Dort auf den Bergen Israels mache ich aus ihnen ein einziges Volk unter einem einzigen König. Sie sollen nicht mehr zwei getrennte Völker sein und auch nicht zwei getrennte Königreiche. 23 Sie werden sich nicht mehr durch ihren Götzendienst und ihre abscheulichen Untaten verunreinigen. Ich befreie sie von ihrer Schuld und mache sie wieder rein*; ich bringe sie von ihren Irrwegen zurück.[b] Sie sollen mein Volk sein, und ich will ihr Gott sein. 24 Ein einziger Hirt wird für sie sorgen: ein König, der meinem Diener David gleicht.

Sie werden nach meinen Weisungen leben und meine Gebote befolgen. 25 Sie werden wieder in dem Land leben, das ich meinem Diener Jakob gegeben habe und in dem ihre Vorfahren gelebt haben; für alle Zeiten werden sie dort leben, ihre Kinder und Enkel und alle kommenden Generationen. In alle Zukunft wird ein Fürst,[c] der meinem Diener David gleicht, über sie herrschen.

26 Ich schließe mit ihnen einen Bund* für alle Zeiten und verbürge ihnen Glück und Frieden. Sie sollen sich vermehren und zu einem großen Volk werden. Für immer wird mein Heiligtum in ihrer Mitte sein; 27 ich will bei ihnen wohnen und ihr Gott sein, und sie sollen mein Volk sein.

28 Wenn die Völker sehen, daß mein Heiligtum für alle Zeiten in ihrer Mitte ist, werden sie erkennen, daß ich der HERR bin, der Israel als sein heiliges Volk erwählt hat.‹«

Der zukünftige Feind des Gottesvolkes und seine Vernichtung (Kapitel 38–39)

38 Das Wort des HERRN erging an mich, er sagte: 2 »Du Mensch, wende dich an Gog aus dem Land Magog, den Großfürsten der Völker Meschech* und Tubal, und kündige ihm mein Strafgericht an. 3 Sag zu ihm:

›So spricht der HERR, der mächtige Gott: Du bekommst es mit mir zu tun, Gog, du Großfürst von Meschech und Tubal! 4 Ich lenke dich, ich ziehe dir Haken durch deine Kinnlade und hole dich herbei, und mit dir dein ganzes großes Heer, lauter gut gerüstete Reiter mit Langschilden, Rundschilden und Schwertern. 5-6 Die Kriegsleute vieler Völker folgen dir, Männer aus Gomer und Bet-Togarma im äußersten Norden, Männer aus Persien, Äthiopien* und Libyen, gerüstet mit Helm und Schild. 7 Halte dich bereit mit der ganzen Heeresmacht, die sich bei dir versammelt hat, und halte sie fest im Griff!

8 Es werden zwar noch viele Jahre vergehen, aber dann werde ich dich holen und in das Land Israel rufen. Der Krieg hatte es entvölkert, und lange Zeit lag es verwüstet und menschenleer; doch inzwischen habe ich seine Bewohner aus fremden Völkern wieder dorthin zurückgebracht. Während sie sorglos und in Frieden in ihrem Land leben, 9 wirst du wie ein Gewitter-

a Mit *Israel** wird hier das Nordreich bezeichnet, in Vers 21 das gesamte Volk.
b *ich bringe sie …:* mit zahlreichen Handschriften und mit alten Übersetzungen; H *ich rette sie aus ihren Wohnsitzen.*
c Siehe Anmerkung zu 34,24.

37,12 28,25 S **37,14** Joh 6,63 S; Ez 6,10 S **37,16** 1 Kön 12,19-21 **37,19** Gen 49,26.10 **37,21** 28,25 S **37,22** 34,23-24; Jes 11,12-13 **37,23** 36,25; 11,20 S **37,24a** 34,23-24 S **37,24b** 36,27 **37,25** (Jakob) Gen 35,12 **37,26-28** 43,7; 11,20 S; Lev 26,11-12; Offb 21,3 **37,26** 34,25 S; Jer 30,19 S **37,28** 39,7 **38,2** 32,26-27 S **38,4** 29,4; 39,1-2

sturm über sie hereinbrechen; dein Reiterheer
mit den Hilfstruppen aus vielen Völkern wird
das ganze Land überschwemmen.‹
10 Der HERR, der mächtige Gott, sagt: ›Zu jener
Zeit werden böse Gedanken aus deinem Herzen
aufsteigen, du wirst einen heimtückischen Plan
fassen 11 und sagen: Ich will in ein ungeschütz-
tes Land einfallen, wo die Menschen sorglos und
in Frieden leben; ihre Städte haben weder
Mauern noch Tore! 12 Weil dich die reiche Beute
lockt, wirst du über das Volk herfallen, das aus
fremden Völkern heimgekehrt ist und die zer-
störten Städte von neuem besiedelt hat. Es
wohnt in dem Land, das den Nabel* der Erde bil-
det, und hat wieder reichen Besitz an Herden
und wertvollen Dingen.
13 Die Händler aus Saba* und Dedan* und
aus der fernen Stadt Tarschisch* werden zu dir
sagen: Aha, du hast es auf Beute abgesehen!
Du hast dein Riesenheer aufgeboten, um Gold
und Silber und Vieh und alles, was Wert hat,
wegzuschleppen! Du wirst einen großen Fang
machen!‹

Von Gott gerufen – von Gott vernichtet

14 Darum rede als Prophet*, du Mensch, und sag
zu Gog: ›So spricht der HERR, der mächtige Gott:
Einst, wenn mein Volk Israel sorglos und in Frie-
den lebt, wirst du dich aufmachen[a] 15 und aus
dem Land im äußersten Norden herbeikommen,
gefolgt von deinen Reiterheeren aus vielen Völ-
kern, einer riesigen Heeresmacht. 16 Du wirst
mit ihr gegen mein Volk Israel heranziehen und
das ganze Land überschwemmen. In der letzten
Zeit wird das geschehen; dann lasse ich dich
gegen mein Land heranziehen. Und alle Völker
werden mich erkennen, wenn ich mich vor
ihren Augen an dir, Gog, als der heilige Gott er-
weise.‹
17 Der HERR, der mächtige Gott, sagt zu dir:
›Du bist der Mann, auf den ich durch meine
Knechte, die Propheten Israels, hingewiesen
habe. Durch sie habe ich schon lange ange-
kündigt, daß ich dich gegen Israel heranführen
werde.‹
18 Der HERR, der mächtige Gott, sagt: ›An dem
Tag, an dem Gog in das Land Israel einfällt, wird
mein Zorn mächtig auflodern. 19 Schon jetzt bin
ich von Zorn erfüllt und schwöre: An diesem Tag
soll das Land von einem schweren Erdbeben
heimgesucht werden. 20 Menschen und Tiere
werden vor mir zittern, selbst die Vögel in der
Luft und die Fische im Meer. Die Berge brechen
auseinander, die Felsen stürzen ins Tal, und alle
Mauern fallen ein.
21 Ich rufe gegen Gog alle Schrecken herbei,[b]
in seinem Heer wird jeder gegen jeden das
Schwert ziehen. Das sage ich, der HERR, der
mächtige Gott. 22 Ich richte unter seinen Truppen
ein Blutbad an, ich schicke die Pest unter sie, ich
kämpfe gegen sie mit Hagel und sintflutartigem
Regen, ich lasse Feuer und Schwefel auf sie fal-
len. 23 Vor den Augen vieler Völker will ich mich
an ihm als mächtig und heilig erweisen. Die Völ-
ker sollen mich kennenlernen, alle Welt soll er-
kennen, daß ich der HERR bin.‹

39 Du Mensch aber sollst Gog mein Straf-
gericht ankündigen und zu ihm sagen:
›So spricht der HERR, der mächtige Gott: Du be-
kommst es mit mir zu tun, Gog, du Großfürst der
Völker Meschech* und Tubal! 2 Ich lenke dich,
ich schreibe dir deinen Weg vor, ich führe dich
aus dem äußersten Norden auf die Berge Israels.
3 Dort schlage ich dir den Bogen aus der linken
Hand und lasse dir die Pfeile aus der rechten
Hand fallen. 4 Auf den Bergen Israels wirst du
den Tod finden, du und dein ganzes Heer aus vie-
len Völkern. Den Raubvögeln und wilden Tieren
werfe ich dich zum Fraß hin! 5 Auf freiem Feld
wirst du fallen. Ich habe es gesagt, der HERR, der
mächtige Gott!
6 Ich lege Feuer an die Städte des Landes
Magog und an die Städte am Meer, in denen die
Menschen sorglos dahinleben. Sie sollen erken-
nen, daß ich der HERR bin. 7 Ich erweise mich als
der heilige Gott inmitten meines Volkes Israel;
nie mehr sollen die Völker verächtlich über mei-
nen heiligen Namen* reden. Sie sollen erken-
nen, daß ich der HERR bin, der sich in Israel als
heilig erweist. 8 Gebt acht, es kommt, es ge-
schieht! Das ist der Tag, den ich schon lange an-
gekündigt habe.‹
Das sagt der HERR, der mächtige Gott.«

Das Schlachtfeld wird aufgeräumt

9 »Wenn das geschieht«, sagt der HERR, »werden
die Leute in den Städten Israels hinausgehen
und die Waffen der Feinde auflesen, um damit
Feuer zu machen. Rund- und Langschilde, Bogen
und Pfeile, Speere und Lanzen werden sie sam-
meln und einen Vorrat an Holz zusammenbrin-
gen, der für sieben Jahre ausreicht. 10 Sie werden

a *dich aufmachen:* mit alten Übersetzungen; H *erkennen.*
b *alle Schrecken herbei:* mit G; H *zugunsten meiner Berge das Schwert.*

38,12 5,5; Ri 9,37 **38,15** (Norden) 26,7; Jes 14,31; Jer 1,14 S; Joël 2,20 **38,16** 38,23 S **38,21** Ri 7,22; Sach 14,13 **38,23** Ex 14,4; Ez 20,41; 36,23; 38,16; 39,21 **39,2** 38,4 S **39,7** 36,23; 37,28 **39,8** 38,17 **39,9** Jes 9,4; Ps 46,10

nicht mehr in den Wald gehen und Holz sam-
meln oder Bäume fällen, sie werden die Aus-
rüstung des Feindes zum Feuermachen verwen-
den. So wird der Feind, der Israel ausplündern
wollte, nun selber ausgeplündert; der Räuber
wird zum Beraubten. Das sage ich, der mächtige
Gott.«

11 »An jenem Tag«, sagt der HERR, »bestimme
ich für Gog im Land Israel einen Begräbnisplatz:
das Karawanental östlich vom Toten Meer. Dort
wird man ihn und sein ganzes Heer begraben.
Der Grabhügel wird so groß sein, daß er das
ganze Tal versperrt und niemand mehr durch-
ziehen kann. Das Tal wird man ›Tal der Heeres-
macht Gogs‹ nennen. 12–13 Die Leute von Israel
werden alle Gefallenen dort begraben, damit das
Land wieder rein* wird. Alle Männer in Israel
werden sieben Monate lang damit zu tun haben.
Dadurch gebe ich ihnen teil an meinem Sieg,
und sie dürfen sich dessen rühmen. Das sage
ich, der mächtige Gott.

14 Nach Ablauf der sieben Monate wird man
Leute ausschicken, die das ganze Land nach un-
begrabenen Gebeinen absuchen, damit es voll-
ends rein wird. 15 Wenn einer von ihnen irgend-
wo einen Menschenknochen entdeckt, richtet er
daneben ein Zeichen auf, damit die Totengräber
kommen und ihn im ›Tal der Heeresmacht Gogs‹
begraben. – 16 Auch eine Stadt wird nach dem
Untergang der Heeresmacht Gogs benannt wer-
den.[a] – So werden sie das ganze Land von den
Überresten der toten Feinde reinigen.«

17 Auch das sagte der HERR, der mächtige Gott,
zu mir: »Du Mensch, sag zu den Raubvögeln
und wilden Tieren: ›Kommt von überallher und
versammelt euch auf den Bergen Israels! Ich lade
euch zum großen Opfermahl*! Ihr bekommt
Fleisch zu essen und Blut zu trinken, soviel ihr
wollt, 18 das Fleisch der tapfersten Krieger und
das Blut der edelsten Fürsten. Sie sind die wohl-
gemästeten Schafe, Böcke und Stiere, die ich für
mein Opfermahl schlachte. 19 Kommt zum Mahl,
das ich für euch bereitet habe! Freßt euch voll
mit Fett und berauscht euch am Blut! 20 Sättigt
euch an meinem Tisch mit Pferden, Reitern und
Kriegsleuten!‹ Das sage ich, der HERR, der mäch-
tige Gott.«

Die Zukunft Israels

21 Der HERR sagt: »Wenn ich an Gog und seinem
Heer mein Strafgericht vollstrecke, werden alle
Völker meine Macht und Herrlichkeit sehen.
22 Und alle im Volk Israel werden erkennen, daß
ich der HERR, ihr Gott, bin, und sie werden es nie
mehr vergessen in alle Zukunft.

23 Die anderen Völker aber werden begreifen,
daß mein Volk Israel aus eigener Schuld in die
Verbannung mußte. Es war mir untreu gewor-
den; deshalb hatte ich mich von ihm abgewandt
und es in die Gewalt seiner Feinde gegeben,
so daß alle seine Kriegsleute erschlagen wur-
den. 24 Weil die Leute von Israel sich durch ihre
bösen Taten verunreinigt hatten, habe ich mich
von ihnen abgewandt und sie dafür büßen
lassen.

25 Jetzt aber – sagt der HERR, der mächtige
Gott – will ich für die Nachkommen Jakobs alles
wieder zum Guten wenden und mit dem gan-
zen Volk Israel Erbarmen haben. Ich will nicht,
daß mein heiliger Name* noch länger entehrt
wird. 26–27 Ich werde sie aus den Ländern ihrer
Feinde holen und wieder in ihr eigenes Land
bringen. So erweise ich mich vor allen Völkern
als der heilige Gott. Wenn sie dann vor Feinden
sicher in ihrem Land leben, werden sie be-
schämt sein, wenn sie daran denken, wie treulos
sie gegen mich gewesen sind.

28 Ich habe sie aus ihrem Land weggeführt
und unter die Völker zerstreut; aber ich hole sie
wieder zusammen und lasse niemand zurück.
Daran werden sie erkennen, daß ich der HERR,
ihr Gott, bin. 29 Ich werde meinen Geist* über
das Volk Israel ausgießen, und dann werde ich
mich nie mehr von ihnen abwenden. Das sage
ich, der HERR, der mächtige Gott.«

ZUKUNFTSVISION VOM NEUEN TEMPEL IM ERNEUERTEN LAND

(Kapitel 40–48)

Der Prophet sieht die Tempelstadt

40 Im 25. Jahr unserer Verbannung*, am
Jahresanfang, am 10. Tag des Monats –
das war im 14. Jahr nach der Einnahme der Stadt
Jerusalem –, spürte ich, wie der HERR seine Hand
auf mich legte und mich genau dorthin brachte.
2 In einer Vision führte er mich ins Land Israel
und setzte mich auf einem sehr hohen Berg
nieder.

Auf der Südseite des Berges sah ich etwas,
das aussah wie eine Art Stadt. 3 Am Tor stand ein

a Der hebräische Text gibt der Stadt den Namen *Hamona,* was einen Anklang an *hamon* = »Menge, Heer« enthält. Das Tal heißt im Hebräischen entsprechend *Hamon-Gog.*

39,12-16 Num 19,11-16 **39,17-19** Offb 19,17-18; Jes 34,6 **39,21** 38,23 S **39,25** 36,20-23 S **39,26-27** 28,25 S; 20,43 S **39,29** Joël 3,1 S **40,1** 3,22 S **40,2** 8,3; Sach 14,10 **40,3** Sach 2,5; Offb 21,15

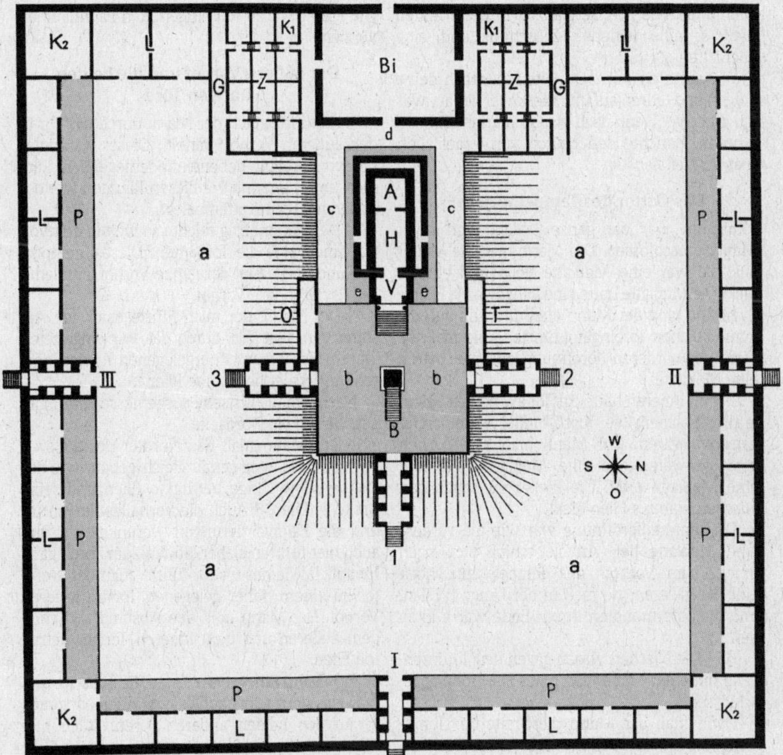

Vision des künftigen Tempels (Versuch einer Rekonstruktion)

I, II, III	Tore des äußeren Vorhofs	A	Allerheiligstes des Tempels (40,3-4)
1, 2, 3	Tore des inneren Vorhofs	Bi	Bau ohne Bestimmung (hebr. *Binjan* = Gebäude; 41,12)
a	Äußerer Vorhof (40,17-27)	Z	Räume für die Priester (»Zellen«; 42,1-14)
b	Innerer Vorhof (40,28-46)	G	Gang als Zugangsweg zum Priesterbau (42,4.7-8)
c, d	Freier Raum um das Tempelgebäude (41,8-12)	T	Räume für Priester im allgemeinen Tempeldienst (40,44-45)
e	Terrasse des Tempelgebäudes (41,8-11)	O	Räume für Priester im Opferdienst (40,44-46)
L	Räume für Tempelbesucher (»Laien«; 40,17)	K_1	Küchen für die Priester (46,19-20)
P	Pflaster vor den Hallen (40,17-18)	K_2	Küchen für Tempelbesucher (46,21-24)
B	Brandopferaltar (40,47; 43,13-17)		
V	Vorhalle des Tempelgebäudes (40,48-49)		
H	Hauptraum des Tempelgebäudes (»Heiligtum«; 41,1-2)		

Mann, der wie Bronze glänzte. In den Händen
hielt er eine leinene Meßschnur und eine
Meßlatte.
4 Er sagte zu mir: »Du Mensch, mach deine
Augen und Ohren auf und merke dir genau, was
ich dir zeige! Denn dazu bist du hierhergebracht
worden. Berichte den Leuten von Israel alles,
was du hier siehst.«

Das Osttor des Tempelbezirks[a]

5 Ringsum war die ganze Anlage von einer
Mauer umschlossen. Der Mann maß die Mauer
aus; sie war eine Meßlatte hoch und ebenso
dick. Die Meßlatte hatte eine Länge von 6 Ellen.[b]
6 Dann ging der Mann die Stufen hinauf, die
zum östlichen Toreingang führten, und maß die
Tiefe der vorderen Toröffnung aus: sie betrug
eine Meßlatte.
7-10 Im Inneren hatte das Tor auf beiden Seiten
je drei Nischen, die durch Pfeiler voneinander
getrennt waren. Der Mann maß die Nischen
aus; sie waren alle eine Meßlatte lang und
eine Meßlatte breit. Die Pfeiler zwischen den
Nischen waren 5 Ellen dick.
Die hintere Toröffnung war wie die vordere
eine Meßlatte tief. An sie schloß sich nach
innen, zum Vorhof* des Tempels hin, noch
eine Vorhalle an; sie maß in der Länge 8 Ellen,
und die Toröffnung an ihrem Ende war 2 Ellen
tief.
11-12 Die Nischen waren gegen den Tordurch-
gang mit einer Mauer von einer Elle Höhe abge-
schlossen.
Dann maß der Mann die Breite der Toröff-
nung: Sie betrug 13 Ellen, nach Abzug des Rau-
mes, den die Türangeln einnahmen, waren es
10 Ellen.
13 Die Entfernung von der Rückwand
der Nischen auf der linken Seite zur Rückwand
der Nischen auf der rechten Seite betrug 25 Ellen.
14 Die Vorhalle erstreckte sich in den äußeren
Vorhof hinein; sie war einschließlich der Türpfei-
ler 20 Ellen lang.[c]
15 Die Gesamtlänge des Tor-
durchgangs von der vorderen Toröffnung bis
zur Ausgangstür am Ende der Vorhalle betrug
50 Ellen.
16 In den Außenwänden der Nischen waren
Fensteröffnungen, durch die Licht in den Tor-
durchgang fiel. Auch die Vorhalle hatte Fenster.
Die Pfeiler waren mit eingeritzten Palmbäumen
verziert.

Der äußere Vorhof und die beiden übrigen Tore

17 Dann führte mich der Mann durch das Tor in
den äußeren Vorhof* hinein. Dieser war rings-
um von dreißig nebeneinanderliegenden Räu-
men umgeben, und vor diesen Räumen war der
Boden mit Steinplatten belegt.
18 Der Plattenbelag reichte so weit in den Vor-
hof hinein wie die Torbauten. Dieses Steinpfla-
ster und überhaupt der ganze Vorhof lag niedri-
ger als der innere Vorhof.
19 Der Mann, der mich führte, maß den Ab-
stand von dem Tor, durch das wir eingetreten
waren, bis zu dem höhergelegenen Tor des inne-
ren Vorhofs; er betrug 100 Ellen*.
Nachdem die Ostseite ausgemessen war, gin-
gen wir auf die Nordseite.
20 Der Mann maß das Nordtor des äußeren
Vorhofs.
21 Es war genau gleich gebaut wie das
Osttor; seine Länge betrug 50 Ellen und seine
Breite 25 Ellen.
22 Auch die Vorhalle, die Fenster
und die Palmverzierungen waren gleich, und
auch hier führten sieben Stufen zum Toreingang
hinauf.
23 Wie das Osttor führte auch das Nord-
tor zu einem höher gelegenen Tor im inneren
Vorhof. Der Mann maß den Abstand zwischen
dem äußeren und dem inneren Tor; er betrug
100 Ellen.
24-26 Dann führte er mich auf die Südseite und
maß das dort gelegene Tor aus. Alles entsprach
genau den beiden anderen Toren. Auch hier
führten sieben Stufen zum Toreingang, und die
Pfeiler waren mit eingeritzten Palmbäumen ver-
ziert, je ein Palmbaum auf jedem Pfeiler.
27 Auch
hier führte das Tor zu einem höher gelegenen Tor
im inneren Vorhof; die Entfernung zwischen
den beiden Toren betrug 100 Ellen.

Die Tore des inneren Vorhofs

28-30 Dann führte der Mann mich durch das süd-
liche Tor in den inneren Vorhof*. Das Tor war
gleich gebaut wie die anderen Tore, mit Nischen,
Pfeilern, Vorhalle und Fenstern. Der Mann maß
es aus, und auch in den Maßen stimmte das Tor
genau mit den anderen Toren überein. Es war

a In 40,5–42,20 ist der hebräische Text oft schwer zu verstehen, so daß die Übersetzung stellenweise nur ein Versuch sein kann. Manche Einzelheit der Tempelanlage ist ungeklärt.

b *6 Ellen:* wörtlich *6 Großellen von je 1 Elle und 1 Handbreite.* Die Großelle hat eine Länge von ca. 52 cm, die normale Elle von ca. 46 cm. In der Übersetzung der Kapitel 40–48 sind die Längenmaße nicht in Meter umgerechnet, da die Grundzahl 50, die den ganzen Abschnitt beherrscht, offenbar eine symbolische Bedeutung hat (vgl. Lev 25,10).

c So mit einem Teil der griechischen Überlieferung. In H lautet der Vers: *Er bestimmte die (Höhe der) Türpfeiler mit 60 Ellen, und bis an den Pfeiler (reichte) der Vorhof rings um das Tor.*

40,5–42,20 1 Kön 6,1-38

50 Ellen* lang und 25 Ellen breit.[a] 31 Die Vorhalle
lag hier jedoch nicht am Ausgang, sondern am
Eingang des Tores und war dem äußeren Vorhof
zugekehrt. Die Pfeiler waren mit eingeritzten
Palmbäumen verziert, und acht Stufen führten
zum Toreingang hinauf.

32–37 Dann führte der Mann mich auf die Ost-
seite und vermaß das dort gelegene Tor, und
anschließend vermaß er auch das Tor auf der
Nordseite. Die beiden Tore stimmten in allem ge-
nau mit dem Südtor überein; die Vorhalle war
dem äußeren Vorhof zugekehrt, und acht Stufen
führten zum Toreingang hinauf.

Einzelheiten des inneren Vorhofs

38 Neben dem nördlichen Tor lag ein Raum, der
durch eine Tür mit der Vorhalle verbunden war.
Dort werden die Eingeweide und Schenkel der
Tiere, die für das Brandopfer* geschlachtet wor-
den sind, abgespült. 39 In der Vorhalle selbst
standen auf jeder Seite zwei Tische. Auf ihnen
werden die Tiere für das Brand-, Schuld- und
Wiedergutmachungsopfer* geschlachtet. 40 Au-
ßerhalb der Vorhalle, vor der Mauer rechts und
links der Toröffnung, standen ebenfalls je zwei
Tische. 41 Auf ihnen werden die Tiere für das
Mahlopfer* geschlachtet.

Insgesamt waren es acht Tische, vier auf der
rechten und vier auf der linken Seite. 42–43 Die
Tische für die Brand-, Schuld- und Wiedergut-
machungsopfer waren aus behauenen Steinen
gebaut, eineinhalb Ellen lang und breit und eine
Elle hoch. Auf die Tische wird das Fleisch der
Opfertiere gelegt, ebenso die Messer, mit denen
die Opfertiere geschlachtet werden. Ringsum
waren in der Mauer Haken befestigt; ihre Länge
betrug eine Handbreite.

44 Neben dem Nordtor und neben dem Südtor
war je ein Raum,[b] der sich nach dem inneren
Vorhof* öffnete, der Raum am Nordtor nach
Süden und der am Südtor nach Norden.

45 Der Mann, der mich führte, erklärte mir:
»Der Raum, der nach Süden schaut, ist für die
Priester*, die im Tempel allgemeine Dienste ver-
richten, 46 und der gegenüberliegende Raum für
die Priester, die den Opferdienst am Altar ver-
sehen. Diese zweite Gruppe wird von den Nach-
kommen Zadoks gestellt; sie besteht aus dem
Teil der Nachkommen Levis, die als Priester vor
den HERRN treten dürfen.«

Das Tempelhaus

47 Der Mann, der mir dies alles zeigte, vermaß
den inneren Vorhof*: Er war 100 Ellen* lang und
100 Ellen breit. Vor dem Tempelhaus stand der
große Altar.

48 Dann führte der Mann mich in die Vorhalle
des Tempelhauses und maß sie aus. Das Eigangs-
tor war 14 Ellen breit, die Mauerstücke rechts
und links des Tores maßen je 3 Ellen;[c] ihre Dicke
betrug 5 Ellen. 49 Die Halle war 20 Ellen breit und
12 Ellen tief; zehn Stufen führten zu ihr hinauf.[d]
Vor den beiden Mauerstücken rechts und links
des Toreingangs stand je eine Säule.

41 1–2 Dann führte der Mann mich ins Innere
des Tempelhauses und maß es aus. Das
Eingangstor war 10 Ellen breit. Die Mauerstücke
rechts und links davon sprangen je 5 Ellen vor;
ihre Dicke betrug 6 Ellen. Das Innere des Tem-
pelhauses war 40 Ellen lang und 20 Ellen breit.

3 Dann ging der Mann allein weiter und ver-
maß den hintersten Raum des Tempels. Die
Türöffnung war 6 Ellen breit; die Mauern spran-
gen auf beiden Seiten der Tür je 7 Ellen vor und
waren 2 Ellen dick. 4 Der Raum selbst war 20 El-
len breit und 20 Ellen tief. Der Mann, der mich
hierhergeführt hatte, sagte zu mir: »Dies ist das
Allerheiligste*.«

Die Anbauten am Tempelhaus

5 Dann maß der Mann, der mich führte, die
Dicke der Tempelmauern; sie betrug 6 Ellen*.
Auf drei Seiten war das Tempelhaus mit einem
Anbau von 4 Ellen Breite umgeben. 6 Er bestand
aus drei Stockwerken mit je dreißig Kammern.
Die Stockwerke waren auf der Innenseite nicht
in der Tempelmauer verankert, sondern ruhten
auf nach oben zurückspringenden Mauerabsät-
zen. 7 So kam es, daß der Innenraum des Anbaus
sich von Stockwerk zu Stockwerk verbreiterte;
im untersten Stockwerk war er am schmalsten,
im obersten Stockwerk am breitesten.

8–11 Die Außenmauer des Anbaus war 5 Ellen
dick. Rings um den Anbau lief eine Terrasse von
6 Ellen Höhe; sie war 5 Ellen breit. Auf die Ter-
rasse öffneten sich die beiden Türen des An-
baus, eine im Norden und eine im Süden.

a So mit G; H hat als Vers 30 den oben nicht berücksichtigten Text, der vermutlich durch fehlerhafte Doppelschreibung entstanden ist: *Ringsum lagen Vorhallen, 25 Ellen lang und 5 Ellen breit.*
b *je ein Raum* (wörtlich *zwei Räume*): mit G; H *die Räume der Sänger.*
c Dabei ist die Dicke der Seitenmauern (siehe 41,5) nicht mitgerechnet. Der vollständige Text dieses Satzes wird nur von G überliefert; H *Die Breite des Tores betrug auf beiden Seiten 3 Ellen.*
d *12 Ellen* und *zehn Stufen* mit G; H *10 Ellen, und zwar an den Stufen, die zu ihr hinaufführten.*

40,46 44,15 **40,47** 43,13-17 **40,49** 1 Kön 7,15-22

An die Terrasse grenzte ringsum ein freier Raum von 20 Ellen Breite. [12] Westlich vom Tempelhaus lag angrenzend an diesen unbebauten Streifen ein Gebäude; es war innen 90 Ellen breit und 70 Ellen tief. Seine Mauern waren 5 Ellen dick.

[13–15a] Nun maß der Mann, der mich hergeführt hatte, den Gesamtumfang der Tempelanlage aus. Die Länge von Tempelhaus und Anbau betrug 100 Ellen, ihre Breite einschließlich des unbebauten Streifens zu beiden Seiten ebenfalls 100 Ellen. Der Bau im Westen des Tempelhauses war 100 Ellen breit und einschließlich des freien Platzes davor 100 Ellen lang. Ebenso lang waren auch die terrassenförmig gestuften Gebäude, die sich auf beiden Seiten neben jenem Bau erhoben.

Schmuck und Ausstattung des Tempels

[15b] Alles wurde gemessen: das Innere des Tempelhauses, die Vorhalle, [16] die vom Boden bis zu den Fenstern hinaufreichende Holzverkleidung, die Fenster mit ihrem dreifach gestaffelten Rahmen, [17] die Wand über dem Eingangstor und überhaupt das ganze Tempelhaus von außen und innen. Alles hatte sein genaues Maß.

[18] Geschnitzte Bilder von Keruben* und Palmbäumen schmückten die Wände; immer abwechselnd eine Palme und ein Kerub. Die Keruben hatten zwei Gesichter; [19–20] der Palme auf der einen Seite wandten sie ein Menschengesicht zu und der Palme auf der anderen ein Löwengesicht.

Die ganze Wand des Tempelinneren vom Fußboden bis über die Höhe der Türöffnung hinaus war ringsum mit diesen Schnitzereien bedeckt. [21] Die Eingangstür des Tempelhauses hatte einen vierfach abgestuften Türrahmen.

Vor dem Allerheiligsten* stand etwas, das aussah [22] wie ein Altar aus Holz, 3 Ellen* hoch und je 2 Ellen lang und breit.[a] An den vier Ecken hatte er Hörner*; auch seine Seitenwände und der Sockel[b] waren aus Holz. Der Mann, der mich führte, sagte zu mir: »Dies ist der Tisch, der vor dem HERRN steht.«

[23–24] Der Eingang des Tempelhauses und ebenso der Eingang zum Allerheiligsten* war mit einer Doppeltür verschließbar; rechts und links waren hintereinander je zwei drehbare Türflügel angebracht. [25] Die Türen waren genau wie die Wände mit geschnitzten Keruben und Palmen verziert. Außen über dem Eingang der Vorhalle war ein hölzernes Dach. [26] Die Seitenwände der Vorhalle waren von Fenstern durchbrochen und mit geschnitzten Palmbäumen verziert.[c]

Die Räume für die Priester

42 Der Mann führte mich in den äußeren Vorhof* hinaus, und zwar auf die Nordseite. Dort lag ein Gebäude mit einzelnen Räumen, rechts neben dem Bau hinter dem Tempel und dem freien Platz vor diesem Bau. [2] Es war 100 Ellen* lang und 50 Ellen breit; der Zugang befand sich auf der Langseite im Norden.

[3] Der Bau stieß auf der einen Seite an den freien Platz auf der Rückseite des Tempels und auf der anderen Seite an das Pflaster, das um den äußeren Vorhof führt. Er erhob sich in drei terrassenförmig gestuften Stockwerken.

[4] Auf der Nordseite des Baus lief ein 10 Ellen breiter Gang; auf dieser Seite waren auch die Eingänge. Zum inneren Vorhof führte ein Durchgang, eine Elle breit. [5–6] Weil der Bau terrassenförmig angelegt war, wurden die Räume von Stockwerk zu Stockwerk kleiner. Der Bau hatte keine Arkaden wie die Hallen, die rings um den äußeren Vorhof lagen. [7–8] Den Gang auf der Eingangsseite begrenzte gegen den äußeren Vorhof eine Mauer. Sie reichte 50 Ellen weit in den äußeren Vorhof hinein und setzte sich nach hinten in der Wand der Hallen am Rand dieses Vorhofs fort. Das Gebäude selbst war 100 Ellen lang. [9] Der mauergesäumte Gang war vom äußeren Vorhof aus zugänglich, und zwar von Osten.

[10] Auch auf der Südseite grenzte an die Mauer des äußeren Vorhofs ein Gebäude mit einzelnen Räumen, links neben dem Bau hinter dem Tempel und dem freien Platz vor diesem Bau, [11] und auch hier führte ein Gang an der Eingangsfront entlang. Das Gebäude glich in allem dem auf der gegenüberliegenden Seite, [12] auch der Zugang war entsprechend angelegt; ein von einer Mauer flankierter Gang führte aus dem äußeren Vorhof zu den Eingangstüren, ebenfalls im Osten.

[13] Der Mann sagte zu mir: »Die Räume dieser beiden Gebäude, die durch den freien Platz hinter dem Tempel getrennt werden, sind für die Priester* bestimmt, die im Tempel in nächster Nähe des HERRN ihren Dienst tun. Hier an diesem heiligen Ort essen sie von ihrem Anteil an den Opfergaben* die Teile, die besonders heilig* sind. Dorthin sollen sie von ihrem Anteil an den Opfergaben alles bringen, was besonders heilig

a So mit G; in H fehlt eine Angabe über die Breite. b *Sockel* mit G; H *seine Länge.*
c Der Rest des Verses ist nicht zu deuten.
42,7-8 40,17 42,13 Num 18,8-10 S

ist: ihren Anteil an den Speiseopfern, Schuld-
opfern und Wiedergutmachungsopfern; denn es
ist ein heiliger Ort.
14 Wenn die Priester ihren Dienst im Heilig-
tum verrichtet haben, dürfen sie anschließend
nicht sofort zum übrigen Volk in den äußeren
Vorhof gehen. Sie müssen zuvor in diesen Räu-
men die Kleidung ablegen, in der sie dem HERRN
genaht sind. Kein Unbefugter darf damit in
Berührung kommen. Sie dürfen erst unters Volk
gehen, nachdem sie sich umgezogen haben.«

Der Gesamtumfang des Tempelbezirks

15 Als der Mann, der mich führte, den Tempel
und seine Vorhöfe* vermessen hatte, ging er mit
mir durch das Osttor nach draußen und maß den
äußeren Umfang des Tempelbezirks. 16-20 Der
ganze Bezirk war ringsum von einer Mauer um-
geben. Der Mann maß mit seiner Meßlatte zu-
erst die Ostseite aus; sie war 500 Ellen* lang.
Dann maß er die drei übrigen Seiten; auch sie
waren je 500 Ellen. Die Mauer von 500 Ellen im
Geviert bildet eine Scheidewand zwischen der
heiligen Stätte und dem übrigen Land.

Gott kehrt in sein Heiligtum zurück

43 Dann führte der Mann mich zum östli-
chen Tempeltor. 2 Dort sah ich die Herr-
lichkeit* des Gottes Israels von Osten heran-
kommen. Ein Rauschen ging von ihr aus wie von
der Brandung des Meeres, und ihr Glanz tauchte
die ganze Umgebung in strahlendes Licht.
3 Es war dieselbe Erscheinung, die ich am
Fluß Kebar gesehen hatte und dann noch ein-
mal, als der HERR sich aufmachte, um Jerusalem
zu vernichten.
Ich warf mich zu Boden, 4 während die Herr-
lichkeit des HERRN durch das Osttor in den Tem-
pel einzog. 5 Da hob mich der Geist* von der
Erde auf und brachte mich in den inneren Vor-
hof* des Tempels. Ich sah, daß die Herrlichkeit
des HERRN das ganze Tempelhaus füllte. 6 Der
Mann, der mich geführt hatte, stand neben mir.
Aus dem Tempel aber hörte ich eine Stimme,
7 die sagte:
»Du Mensch, hier ist der Ort, an dem mein
Thron steht und der Schemel, auf den ich meine
Füße stelle! Hier will ich für alle Zeiten in der
Mitte des Volkes Israel wohnen! Die Leute von
Israel sollen meinen heiligen Namen* nie mehr
durch schändlichen Götzendienst entehren und
durch die Leichen ihrer Könige, die sie in meiner
Nähe bestatten.[a] 8 Ihre Könige sollen ihre Paläste
nicht mehr neben meinem Tempel bauen, nie
mehr Tür an Tür mit mir wohnen, so daß nur
eine Wand sie von mir trennt.
Die Abscheulichkeiten, die ihre Könige begin-
gen, haben meinen heiligen Namen geschändet.
Deshalb mußte ich sie in meinem Zorn vernich-
ten. 9 Aber wenn die Leute von Israel keine Göt-
zen mehr verehren und die Leichen ihrer Könige
von mir fernhalten, werde ich von nun an für
immer in ihrer Mitte wohnen.
10 Du aber, du Mensch, sollst den Leuten von
Israel den Tempel beschreiben, den du geschaut
hast. Wenn sie sich seine Ausmaße vergegen-
wärtigen, werden sie sich schämen, daß sie
mich früher so sehr mißachtet haben. 11 Und
wenn ihnen ihre Vergehen leid tun, sollst du
ihnen alles genau im einzelnen schildern: das
Aussehen des Tempelhauses, seine Einrichtung
und die Zugänge zu ihm. Zeichne vor ihren
Augen einen Plan, und sag ihnen alle Vorschrif-
ten und Anordnungen für den Tempeldienst, da-
mit sie sie künftig genau befolgen.
12 Die wichtigste Bestimmung aber ist: Der ge-
samte Tempelbezirk auf dem Gipfel des Berges
ist mir geweiht. Selbst die Vorhöfe des Tempels
sind im höchsten Grade heilig*, genauso heilig
wie das Innere des Tempelhauses. Dies ist das
grundlegende Gesetz des Tempels.«

Der Brandopferaltar* und seine Einweihung

13 Hier sind die Maße des großen Altars: Unten
läuft ringsherum ein Graben, eine Elle* breit und
eine Elle tief, eingefaßt von einem Mauerrand,
der eine halbe Elle breit ist. 14 Darüber erhebt
sich der Altar in Stufen. Die unterste Stufe ist
2 Ellen hoch; dann springt die Altarwand um
eine Elle zurück; die nächste Stufe ist 4 Ellen
hoch, und wieder springt die Wand eine Elle
zurück.
15 Dann erhebt sich der Altar noch einmal
4 Ellen hoch; dieser Teil ist der Opferherd, an
dessen Ecken die vier Hörner* aufgesetzt sind.
16 Der Opferherd ist viereckig, 12 Ellen lang und
12 Ellen breit, 17 die nächstuntere Stufe ist 14 El-
len lang und breit, ebenfalls viereckig. Der Gra-
ben ist eine Elle breit und der Mauerrand rings
um den Graben eine halbe Elle. An der Ostseite
führen Treppenstufen den Altar hinauf.
18 Der HERR, der mächtige Gott, sagte zu mir:
»Du Mensch, hier sind die Bestimmungen für

a *die sie ...*: wörtlich *(nämlich) ihre Grabhügel.*

42,14 44,19 S **43,2-4** 1,1-28a; 8,4; 10,18-19 S **43,5** Ex 40,34-35 S **43,7** 37,26-28 S; (Thron) Jer 3,17 S; (Schemel) Klgl 2,1 S **43,10** 20,43 S **43,13-17** 40,47 **43,15** (Opferherd) Jes 29,1

die Weihe des Altars: Wenn der Altar errichtet ist, auf dem die Brandopfer* dargebracht werden und an den das Blut der Opfertiere gesprengt wird, [19] sollst du den Priestern aus der Nachkommenschaft Zadoks, die den Opferdienst verrichten, einen Stier für das Sühneopfer* geben. [20] Mit dem Blut des Stieres sollst du die vier Hörner* des Altars, die vier Ecken seiner Stufen und den Mauerrand an seinem Fuß bestreichen, damit der Altar von jeder Befleckung durch Schuld gereinigt wird. [21] Danach soll der Stier an einem dafür bestimmten Platz außerhalb des Tempelbezirks verbrannt werden.

[22] Am folgenden Tag sollst du einen fehlerfreien Ziegenbock als Schuldopfer* darbringen, und sie sollen mit ihm genauso verfahren wie mit dem Stier am Tag zuvor, damit der Altar von jeder Befleckung durch Schuld gereinigt wird. [23-24] Anschließend sollst du einen Stier und einen Schafbock vor mich bringen, beides fehlerfreie Tiere. Die Priester sollen sie zerlegen und Salz auf die Stücke streuen und sie mir als Brandopfer darbringen.

[25] Dieselben Opfer sollst du auch an den folgenden Tagen darbringen lassen. [26] Insgesamt sieben Tage lang sollen die Priester den Altar von aller Befleckung durch Schuld reinigen und ihn weihen. [27] Vom achten Tag ab können sie dann eure regelmäßigen Brandopfer und Mahlopfer* auf dem Altar darbringen. Wenn ihr so verfahrt, werde ich eure Opfergaben freundlich annehmen.«

Das sagt der HERR, der mächtige Gott.

Das verschlossene Osttor

44 Der Mann brachte mich wieder zum östlichen Tor des äußeren Vorhofs*. Es war jetzt geschlossen. [2] Der HERR sagte zu mir: »Dieses Tor soll geschlossen bleiben. Niemand darf hindurchgehen, nachdem der HERR, der Gott Israels, auf diesem Weg in den Tempel eingezogen ist. Es muß für immer verschlossen bleiben. [3] Der regierende Fürst[a] darf im Torbau Platz nehmen, wenn er seinen Anteil am Opfermahl* verzehrt. Er betritt ihn vom inneren Vorhof her durch die Vorhalle und verläßt ihn wieder auf demselben Weg.«

Der Prophet erhält Anweisungen von Gott

[4] Nun führte mich der Mann durch das nördliche Tor in den inneren Vorhof* vor den Eingang des Tempels. Ich sah das ganze Tempelhaus von der Herrlichkeit* des HERRN erfüllt und warf mich zu Boden. [5] Der HERR sagte zu mir: »Du Mensch, mach deine Augen und Ohren auf und merke dir alles, was ich dir zu sagen habe. Du erfährst jetzt, was in meinem Tempel zu beachten ist, wer ihn betreten darf und wer nicht.«

Ausschluß von Fremden und Degradierung der Leviten

[6] »Sag zu den Leuten von Israel, diesem widerspenstigen Volk: ›So spricht der HERR, der mächtige Gott: Es muß ein Ende damit haben, daß ihr mein Heiligtum entweiht, ihr Leute von Israel! [7] Ihr habt Fremde in meinen Tempel gebracht, die nicht nur am Körper, sondern auch im Herzen unbeschnitten* waren. Sie standen dabei, während ihr mir das Fett und Blut der Opfertiere, meine Speise, dargebracht habt. Dadurch habt ihr gegen das Gesetz meines Bundes* verstoßen und mein Heiligtum geschändet. [8] Anstatt selbst die Dienste in meinem Heiligtum zu verrichten, habt ihr Fremde dazu angestellt und ihnen Dienste übertragen, die für mich getan werden!

[9] Darum sage ich, der HERR, der mächtige Gott: Von jetzt an darf nie mehr ein Fremder, der am Körper und im Herzen unbeschnitten ist, mein Heiligtum betreten, niemand von den Fremden, die mitten unter euch leben. [10-11] Die Dienste, die sie bisher verrichtet haben, sollen die Leviten* übernehmen. Sie müssen künftig an den Toren des Tempelbezirks Wache halten und alle niederen Dienste an meinem Heiligtum verrichten. Außerdem sollen sie für die übrigen Israeliten die Opfertiere für die Brand- und Mahlopfer schlachten und den Leuten, die ein Opfer* darbringen, in allem zur Verfügung stehen.

So bestrafe ich die Leviten dafür, daß sie mir untreu wurden, als die Leute von Israel sich von mir abwandten und den Götzen nachliefen. [12] Sie haben für das Volk Götzenopfer dargebracht und es so in schwere Schuld gestürzt. Deshalb habe ich meine Hand gegen sie erhoben und lasse sie ihre Vergehen büßen. Das sage ich, der HERR, der mächtige Gott

[13] Sie dürfen nicht mehr als Priester* vor mich treten; sie dürfen nicht mehr mit den besonders heiligen* Dingen in Berührung kommen. Sie müssen die Folgen ihrer abscheulichen Vergehen tragen [14] und alle niederen Dienste am Tempel verrichten.

a Vgl. Anmerkung zu 34,24.

43,21 Lev 16,27 **43,23-24** Lev 2,13 **43,26** Ex 29,35-37 **44,1-2** 43,4; Ps 24,7-10 **44,3** 46,2 **44,4** 43,5 S **44,5** Ps 15,1-5 S **44,6** 2,3-5 S **44,7** Jes 52,1; Jer 4,4 **44,12** 7,20 S **44,13** 1 Chr 23,13 **44,14** 1 Chr 23,28-32

15 Die Priester* aus der Nachkommenschaft Zadoks aber haben den Dienst an meinem Heiligtum treu versehen, als die Israeliten sich von mir abwandten. Deshalb sollen sie auch künftig meine Priester sein und mir das Fett und Blut der Opfertiere darbringen. Das sage ich, der HERR, der mächtige Gott. 16 Sie allein dürfen den Dienst am Altar verrichten, nur sie dürfen in das Innere meines Tempels gehen und als Priester vor mich treten.‹«

Anweisungen für die Priester

17–18 Weiter sagte der HERR: »Wenn die Priester* den inneren Vorhof* betreten, sollen sie leinene Kleider anziehen. Solange sie im inneren Bereich des Heiligtums Dienst tun, dürfen sie keine Kleidung aus Wolle auf dem Leib tragen, die Schweiß treibt. Sie sollen einen Turban aus Leinen und leinene Hosen anziehen, und auch die Oberkleider sollen aus Leinen sein.

19 Bevor sie dann zum Volk in den äußeren Vorhof zurückkehren, müssen sie die Kleider, in denen sie den Priesterdienst verrichtet haben, wieder ausziehen und in den heiligen Räumen der Priester ablegen. Wenn das übrige Volk mit diesen heiligen Kleidern in Berührung kommt, bringt es sich in Gefahr.

20 Die Priester sollen ihr Haar regelmäßig schneiden lassen; sie dürfen sich weder den Kopf kahlscheren noch die Haare frei wachsen lassen. 21 Wenn sie zum Dienst in den inneren Vorhof gehen, dürfen sie vorher keinen Wein trinken. 22 Sie dürfen weder eine Witwe noch eine geschiedene Frau heiraten, sondern nur ein unberührtes Mädchen aus dem Volk Israel. Auch die Witwe eines anderen Priesters dürfen sie heiraten.

23 Die Priester sollen das Volk unterweisen, damit es unterscheiden lernt zwischen gewöhnlichen Orten und meinem Heiligtum, zwischen reinen* Dingen und unreinen. 24 Sie sollen als Richter Streitfälle entscheiden und sich dabei an meine Gesetze halten. Sie haben dafür zu sorgen, daß meine Feste zur rechten Zeit und in der richtigen Ordnung gefeiert werden und daß der Sabbat* nicht entweiht wird.

25 Sie dürfen nicht mit Toten in Berührung kommen und sich dadurch verunreinigen. Nur wenn der Vater oder die Mutter, ein Sohn oder eine Tochter, ein Bruder oder eine unverheiratete Schwester sterben, ist dieses Verbot aufgehoben. 26 Sie müssen dann aber nicht nur die übliche Zeit warten, bis sie wieder rein sind, sondern noch sieben Tage dazuzählen. 27 Dann dürfen sie wieder den inneren Vorhof betreten; aber bevor sie dort Priesterdienst verrichten, müssen sie erst noch ein Sühneopfer* für sich darbringen. Das sage ich, der mächtige Gott.

28 Die Priester dürfen keinen Grundbesitz haben. Ich selbst, der HERR, bin ihr Besitz. Ihr dürft ihnen keinen Anteil am Land Israels zuweisen; denn ich selbst bin ihr Anteil. 29 Für ihren Unterhalt bekommen sie ihren Teil von den Opfergaben*, den Speiseopfern, Sühneopfern und Wiedergutmachungsopfern; dazu alles, was mir geweiht worden ist. 30 Weiter gehört ihnen der beste Teil der ersten Früchte* und aller anderen Abgaben, die die Israeliten ans Heiligtum abliefern, auch das erste Brot von der neuen Ernte. Wenn die Israeliten diese Gaben ordnungsgemäß abliefern, wird Segen auf dem Land liegen.

31 Die Priester dürfen kein Fleisch von einem verendeten oder gerissenen Tier essen, weder von einem Vogel noch einem Wild, noch einem Stück Vieh.«

Der Anteil Gottes und des Fürsten an Israels Land

45 »Wenn ihr das Land von neuem unter euch verlost, sollt ihr ein Stück von 25 000 Ellen* Länge und 20 000[a] Ellen Breite für mich aussondern. Dieses ganze Gebiet ist mir geweiht.

2–3 Davon sollt ihr nochmals die Hälfte, also ein Stück von 25 000 auf 10 000 Ellen, abtrennen. Dieses Stück Land ist heilig*; denn auf ihm befindet sich mein Heiligtum, diese hochheilige Stätte, ein umgrenzter Bezirk von je 500 Ellen Länge und Breite, der ringsum von einem 500 Ellen breiten Streifen Land umgeben ist. 4 Dieses heilige Gebiet von 25 000 auf 10 000 Ellen wird den Priestern* zur Nutzung überlassen, die in meinem Heiligtum, in meiner unmittelbaren Nähe, ihren Dienst verrichten. Sie dürfen darauf rings um mein Heiligtum ihre Häuser bauen.

5 Das verbleibende Stück Land von 25 000 auf 10 000 Ellen soll den Leviten*, die im Tempel die

a *20 000* mit G; H *10 000*. Zum Ellenmaß siehe Anmerkung zu 40,5.

44,15 40,46; 48,10-12 **44,17-18** Ex 28,39-43; Lev 16,4 **44,19** 42,14; Lev 6,3-4; 16,23; Ex 29,37 S **44,20** Lev 21,5 **44,21** Lev 10,9 **44,22** Lev 21,13-14 **44,23** 22,26 S **44,24** Dtn 17,8-9; Ez 45,18-25; 22,8 S **44,25** Lev 21,1-4 **44,26** Num 19,11 **44,28** Num 18,20 S **44,29-30** Num 18,8-10 S **44,29** (geweiht) Lev 27,28-29; Num 18,14 **44,30** Num 15,20-21 **44,31** Lev 22,8; Ex 22,30 **45,1-8** 48,1-29 **45,1** Jos 14,1-5 **45,5** 44,10-14

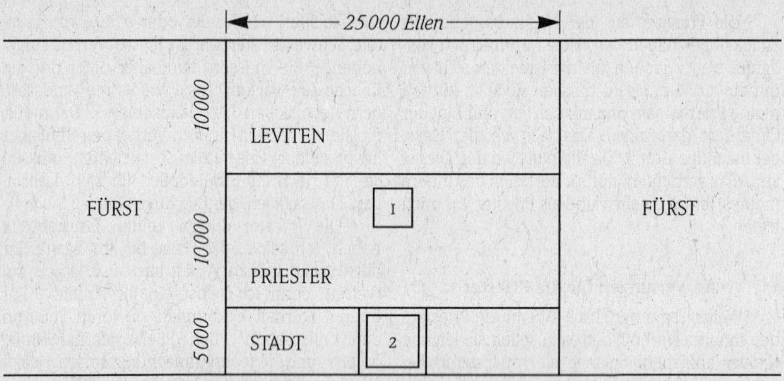

1 Tempelbereich 2 Stadt einschließlich umgebender Weidefläche

untergeordneten Dienste verrichten, als erbli-
cher Grundbesitz zugesprochen werden. Darauf
können sie ihre Siedlungen bauen.[a]
6 Die Stadt Jerusalem aber erhält neben dem
Landanteil, der für mich ausgesondert ist, ein Ge-
biet von 25 000 auf 5000 Ellen. Menschen aus
ganz Israel sollen hier ihren erblichen Grundbe-
sitz haben.
7 Auf beiden Seiten schließt sich an das Gebiet
der Stadt und das mir geweihte Gebiet der
Grundbesitz des regierenden Fürsten, und zwar
so weit nach Osten und Westen, wie auch der
Landbesitz der einzelnen Stämme reicht. 8 Die-
ses Stück Land und nicht mehr ist der Anteil des
Fürsten am Landbesitz Israels. Die Herrscher
meines Volkes sollen nicht länger mein Volk
unterdrücken und ausbeuten. Sie müssen das
Land dem Volk Israel mit seinen Stämmen über-
lassen.«

Mahnung an die Herrscher Israels und das Volk

9 Der HERR, der mächtige Gott, sagt: »Schluß jetzt
mit Gewalt und Unterdrückung, ihr Herrscher
Israels! Achtet das Recht und regiert mit Gerech-
tigkeit! Hört auf, Menschen meines Volkes von
Grund und Boden zu vertreiben! Das sage ich,
der Herr.
10 Gebraucht ungefälschte Maße und Ge-
wichte![b] 11 Bei den Hohlmaßen müssen das Efa
als Getreidemaß und das Bat als Flüssigkeitsmaß
genau gleich groß sein. Die Norm für alle Hohl-
maße ist das Homer. Es gilt: 1 Homer = 10 Efa =
10 Bat. 12 Bei den Gewichten gilt: 20 Gera =
1 Schekel; 60 Schekel = 1 Mine.
13 Als Abgaben sollt ihr an mein Heiligtum ab-
führen: von Weizen und Gerste den sechzigsten
Teil, 14 von Olivenöl den hundertsten Teil, 15 von
euren Schaf- und Ziegenherden ein Tier von
zweihundert. Aus dem ganzen Land müssen die
Leute von Israel diese Abgaben liefern, damit sie
mir als Speiseopfer, Brandopfer und Mahlopfer
dargebracht werden. Auf diese Weise wird alles
wieder ins reine gebracht, was zwischen mir
und dem Volk steht. Ich, der HERR, der mächtige
Gott, ordne das an.
16 Jede Familie im Land ist zu dieser Abgabe
verpflichtet. Der regierende Fürst soll die Gaben
entgegennehmen; 17 er ist verantwortlich dafür,
daß für das ganze Volk zu den vorgeschriebenen
Zeiten – an den Festtagen, am Sabbat* und am
Neumondstag* – die Opfer* dargebracht wer-
den, die Brand-, Speise-, Trank- und Sühneopfer.
Unter seiner Oberaufsicht bringen die Priester
zwischen mir und dem Volk Israel alles wieder
ins reine.«

Die großen Feste und ihre Opfer

18 Weiter sagte der HERR, der mächtige Gott: »Am
1. Tag des 1. Monats sollt ihr mir einen fehler-
freien Stier als Sühneopfer* darbringen, um das
Heiligtum von der Befleckung durch Verfehlun-
gen zu reinigen. 19 Mit dem Blut des Opfertieres
bestreicht ein Priester* die Türpfosten des Tem-
pelhauses, die vier Ecken des Altars und die Tür-
pfosten am Osttor des inneren Vorhofs*. 20 Diese

a *Darauf können sie ...:* mit G; H *zwanzig Gemächer.*
b Zu den folgenden Maßangaben siehe die Sacherklärungen »Efa« und »Schekel«.
45,8-9 46,18; Jer 21,11-12; 22,3-4; Mi 3,1-4 S **45,10** Lev 19,35-36 S **45,18-20** Lev 16,29-34 S

Handlung wird am 7. Tag desselben Monats wiederholt, um das Heiligtum von der Befleckung durch Verfehlungen zu reinigen, die unwissentlich und unbeabsichtigt begangen worden sind.

[21]Am 14. Tag des 1. Monats sollt ihr sieben Tage lang das Passafest* feiern. Während dieser Zeit darf nur solches Brot gegessen werden, das ohne Sauerteig* zubereitet ist.

[22]Zu Beginn des Festes soll der regierende Fürst einen Stier als Sühneopfer darbringen, um seine eigene Schuld und die Schuld des ganzen Volkes mir gegenüber ins reine zu bringen. [23]Außerdem soll er mir an jedem der Festtage ein Brandopfer* darbringen, täglich sieben Stiere und sieben Schafböcke, lauter fehlerfreie Tiere, und dazu als Sühneopfer jeden Tag einen Ziegenbock. [24]Als Speiseopfer* kommen auf jeden Stier und jeden Schafbock 1 Efa* (= 12 Kilo) Weizenmehl und 1 Hin* (= 3½ Liter) Olivenöl.

[25]Am 15. Tag des 7. Monats, dem Hauptfest des Jahres, und während der daran anschließenden Festwoche bringt der Fürst sieben Tage lang genau dieselben Opfer dar.«

Die regelmäßigen Opfer

46 Der HERR, der mächtige Gott, sagte: »Das östliche Tor des inneren Tempelvorhofs soll die Woche über geschlossen bleiben und nur am Sabbat* und am Neumondstag* geöffnet werden.

[2]An diesen Tagen betritt der regierende Fürst vom äußeren Vorhof* her das Tor, durchschreitet dessen Vorhalle und stellt sich an den Türpfosten des Torausgangs. Von dort aus verfolgt er die Opferhandlungen der Priester*, die in seinem Auftrag das Brandopfer* und das Mahlopfer* darbringen. Danach wirft er sich auf der Schwelle des Tores zur Anbetung nieder und geht auf demselben Weg wieder hinaus.

[3]Die Männer Israels werfen sich an diesen beiden Tagen draußen im äußeren Vorhof, am Eingang desselben Tores, zur Anbetung vor dem HERRN nieder.

[4]Das Brandopfer, das der Fürst darbringen läßt, umfaßt am Sabbat sechs Schafe und einen Schafbock, alles fehlerfreie Tiere. [5]Als Speiseopfer* kommt zu dem Schafbock 1 Efa* (= 12 Kilo) Weizenmehl und zu den Schafen, soviel der Fürst geben will, außerdem 1 Hin* (= 3½ Liter) Olivenöl auf jedes Efa. [6]Am Neumondstag besteht das Opfer aus einem Stier, sechs Schafen und einem Schafbock, alles fehlerfreie Tiere. [7]Als Speiseopfer kommen zu dem Stier und dem Schafbock je 1 Efa Mehl und zu den Schafen, soviel der Fürst geben will, außerdem 1 Hin Öl auf jedes Efa.

[8]Wenn der Fürst zum Tempel kommt, nimmt er den Weg zu seinem Platz im Osttor des inneren Vorhofs durch die Vorhalle des Tores und geht auf demselben Weg wieder hinaus. [9]Wenn dagegen die Männer des Landes an den großen Festen zum Tempel kommen, um sich im äußeren Vorhof zur Anbetung niederzuwerfen, dürfen sie den Tempelbezirk nicht durch dasselbe Tor betreten und wieder verlassen. Wer durch das Nordtor eingetreten ist, soll durch das Südtor hinausgehen, und wer durch das Südtor eingetreten ist, durch das Nordtor. [10]Der Fürst soll an diesen Festen mitten unter der Volksmenge den Tempelbezirk betreten und ihn ebenso wieder verlassen.

[11]Auch an den Festtagen kommt als Speiseopfer auf einen Stier oder einen Schafbock je 1 Efa Mehl und auf die Schafe, soviel der Fürst geben will, außerdem 1 Hin Öl auf jedes Efa.

[12]Will der Fürst irgendwann dem HERRN ein freiwilliges Opfer darbringen, ein Brand- oder Mahlopfer, dann soll man das Osttor des inneren Vorhofs für ihn öffnen. Nachdem die Priester wie am Sabbat das Opfer für ihn dargebracht haben, verläßt er das Tor, und es wird wieder geschlossen.

[13]Jeden Tag muß dem HERRN am Morgen ein fehlerfreies einjähriges Schaf als Brandopfer dargebracht werden, [14]und ebenso jeden Morgen als Speiseopfer ⅙ Efa (= 2 Kilo) Mehl und ⅓ Hin (= gut 1 Liter) Öl, das auf das Mehl gegossen wird. Diese Vorschrift über das Speiseopfer für den HERRN gilt für alle Zukunft. [15]Das Schaf, das Mehl und das Öl sind dem HERRN jeden Morgen, Tag für Tag, als regelmäßiges Brandopfer darzubringen.«

Über den Grundbesitz des Fürsten

[16]Der HERR, der mächtige Gott, sagte: »Wenn der Fürst seinen Söhnen etwas von seinem Grundbesitz schenkt, geht es für immer in deren Besitz über. [17]Schenkt er aber einem seiner Beamten etwas, so gehört es diesem nur bis zum nächsten Erlaßjahr*; dann fällt es an den Fürsten zurück. Nur bei seinen eigenen Söhnen begründet die Schenkung ein dauerndes Besitzrecht.

[18]Der Fürst darf nicht Leuten aus dem Volk mit Gewalt ihren erblichen Grundbesitz wegnehmen, um ihn seinen Söhnen zu geben. Die Söhne müssen aus seinem eigenen Grundbesitz

45,21-24 Lev 23,5-8; Num 28,16-25 **45,25** Lev 23,33-36; Num 29,12-38 **46,4-5** Num 28,9-10 **46,6-7** Num 28,11-13 **46,9** Ex 23,17 **46,13-15** Ex 29,38-42; Num 28,1-8 **46,17** Lev 25,10 **46,18** 45,8-9 S; 1 Kön 21,3

ihren Teil bekommen. Mein Volk soll nicht in alle Winde zerstreut werden. Niemand darf von seinem Grund und Boden vertrieben und um sein Eigentum gebracht werden.«

Die Tempelküchen

[19] Der Mann, der mich führte, brachte mich durch den Gang neben dem Nordtor des inneren Vorhofs* zu den auf der Nordseite gelegenen Priesterräumen. Ganz hinten, im Westen, war ein besonderer Raum. [20] Der Mann sagte zu mir: »Hier kochen die Priester* das Fleisch, das ihnen von den Sühne- und Wiedergutmachungsopfern zufällt, und hier backen sie auch das Brot aus dem Mehl der Speiseopfer. Sie dürfen nichts, was von einem Opfer* stammt, in den äußeren Vorhof hinausbringen, da sie sonst das Volk mit dem Heiligen* in Berührung bringen und es gefährden.«

[21] Dann führte mich der Mann in den äußeren Vorhof und zeigte mir die vier Ecken des Hofes. In jeder Ecke war ein kleinerer Hof, [22] 40 Ellen* lang und 30 Ellen breit. Alle vier waren genau gleich groß. [23] Rings um jeden dieser Höfe lief eine Steinmauer, an der auf der Innenseite Feuerstellen angelegt waren. [24] Der Mann sagte zu mir: »Hier sollen die Diener des Tempels das Fleisch für das Opfermahl des Volkes kochen.«

Der Strom, der vom Tempel ausgeht

47 Der Mann, der mich führte, brachte mich zur Eingangstür des Tempelhauses, die an der Ostseite angebracht ist. Dort sah ich unter der Türschwelle einen Wasserlauf entspringen; ein Stück weit floß er an der Eingangsseite des Tempels entlang nach Süden, dann bog er um und floß am Altar vor dem Tempel vorbei nach Osten.

[2] Der Mann brachte mich durch die beiden nördlichen Tore aus dem Tempelbezirk und dann im Bogen zum äußeren Osttor. Da sah ich, wie das Wasser auf der südlichen Seite des Tores hervorquoll.

[3] Mit seiner Meßschnur ging der Mann ostwärts und maß eine Strecke von 1000 Ellen* ab. Dann ließ er mich durch das Wasser waten; es reichte mir bis an die Knöchel. [4] Er maß weitere 1000 Ellen ab, da reichte das Wasser mir schon bis an die Knie. Nach weiteren 1000 Ellen ging es mir bis zu den Hüften. [5] Als er noch einmal 1000 Ellen abgemessen hatte, verlor ich den Grund unter den Füßen. Das Wasser war zu einem Fluß geworden, den man nur noch schwimmend durchqueren konnte.

[6] Der Mann sagte zu mir: »Du Mensch, hast du das gesehen?« Dann half er mir aus dem Wasser und führte mich ans Ufer. [7] Da sah ich auf beiden Seiten des Flusses eine große Zahl von Bäumen stehen.

[8] Der Mann erklärte mir: »Der Fluß fließt immer weiter nach Osten, bis er in die Jordanebene kommt; dann ergießt er sich in das Tote Meer und macht das Salzwasser süß.

[9] Der Fluß schenkt Leben: wo er hinkommt, gedeihen die Tiere, und das Tote Meer wimmelt von Fischen, weil sein Wasser gesund geworden ist. [10] Rings am Ufer des Meeres stehen Fischer; von En-Gedi bis En-Eglajim breiten sie ihre Netze zum Trocknen aus. Es gibt dort so viele Fische und Fischarten wie im Mittelmeer. [11] Nur in den Sümpfen und Teichen am Meer bleibt das Wasser salzig, damit daraus Salz gewonnen werden kann.

[12] Die Bäume, die an beiden Ufern des Flusses stehen, sind das ganze Jahr über grün und bringen immerfort Früchte, jeder nach seiner Art. Zwölfmal im Jahr lassen sich frische Früchte von ihnen ernten; denn die Bäume wachsen an dem Wasser, das aus dem Heiligtum des HERRN kommt. Die Früchte dienen als Nahrung und die Blätter als Heilmittel.«

Die Grenzen des neu zu verteilenden Landes

[13–14] Der HERR, der mächtige Gott, sagte: »Die zwölf Stämme Israels sollen das Land von neuem als ständigen Besitz unter sich verteilen. Jeder Stamm bekommt einen gleich großen Anteil; die Josefsstämme erhalten zwei Teile. Ich habe das Land euren Vorfahren mit einem Eid zugesagt; darum gebe ich es euch für immer zum Besitz.

[15] Die Nordgrenze des Landes verläuft vom Mittelmeer über die Orte Hetlon, Lebo-Hamat, Zedad,[a] [16] Berota und Sibrajim, das an der Grenze zwischen Damaskus und Hamat liegt, nach Hazar-Enan[b] an der Grenze des Hauran-gebiets. [17] Nördlich dieser Linie zwischen dem Mittelmeer und Hazar-Enan liegt das Gebiet von Hamat und von Damaskus.

[18] Die Ostgrenze beginnt dort, wo das Gebiet von Damaskus an den Hauran grenzt. Sie folgt dem Jordan, der das Land Israel von der Land-

a So mit G; H *Hetlon, Lebo, Zedad, Hamat.* b So mit G; H *Hazar-Tikon;* vgl. Vers 17.

46,20 42,13; 44,29.19 **47,1-12** Joël 4,18; Sach 14,8; Ps 46,5; Offb 22,1-2 **47,3** 40,3 **47,13-14** 45,1 S; Jos 17,17; (zugesagt) Gen 12,7 S **47,15-20** Num 34,1-12

schaft Gilead* trennt, bis zum Toten Meer und
endet bei Tamar an dessen Südende.[a]

19 Die Südgrenze verläuft von Tamar nach
Meribat-Kadesch und folgt dann dem Bachtal,
das die Grenze* Ägyptens bildet, bis zum Mittel-
meer. 20 Die Westgrenze ist die Mittelmeerküste,
von der ägyptischen Grenze bis hinauf nach
Lebo-Hamat.

21 Dieses ganze Land sollt ihr unter die zwölf
Stämme Israels aufteilen. 22 Jede israelitische
Familie bekommt durchs Los ihren Landanteil
zugewiesen, aber ebenso die Familien der Frem-
den, die bei euch leben. Die Fremden sollen
zusammen mit den Stämmen Israels an der
Landverteilung teilnehmen. Sie müssen den
Israeliten in allem gleichgestellt werden. 23 Im
Gebiet des Stammes, in dem sie leben, sollen sie
ihren Anteil an Grund und Boden zugeteilt be-
kommen. Das sage ich, der Herr.«

Die Aufteilung des Landes

48 Weiter bezeichnete der HERR den Land-
anteil jedes einzelnen Stammes. Er
sagte:

»Ganz im Norden des Landes liegt der Land-
anteil des Stammes Dan. Er erstreckt sich ent-
lang der Nordgrenze auf der ganzen Breite von
Westen nach Osten. 2–7 Darauf folgen in südli-
cher Richtung, jeweils als gleich große Streifen
Land von der Westgrenze bis zur Ostgrenze,
die Landanteile der Stämme Ascher, Naftali,
Manasse, Efraïm, Ruben und Juda.

8 An das Gebiet Judas schließt nach Süden auf
der vollen Breite von West nach Ost der Land-
streifen, den ihr für mich aussondern sollt. In
Nord-Süd-Richtung mißt er 25000 Ellen*. Mitten
darin liegt der Tempel.

9 Das mir im besonderen geweihte Stück mißt
in Ost-West-Richtung 25000 Ellen und in Nord-
Süd-Richtung 10000 Ellen. 10–12 Es soll den Prie-
stern* zugewiesen werden, den Nachkommen
Zadoks, die sich nicht wie die Leviten* von
mir abwandten, als das Volk Israel mir untreu
wurde. Ihnen gehört deshalb von dem Land, das
für mich ausgesondert wird, ein eigenes Stück
neben dem der Leviten; es ist in besonderem
Maße heilig*, denn in seiner Mitte steht mein
Heiligtum.

13 Die Leviten erhalten nördlich des Priester-
landes einen Streifen von derselben Größe,
25000 Ellen auf 10000 Ellen. 14 Sie dürfen nichts
davon verkaufen oder durch Tausch weggeben.
Es ist der Anteil des Landes, den die Leute von
Israel mir übergeben, so wie sie mir von jeder
Ernte die ersten Früchte* übergeben. Deshalb
darf nichts davon in andere Hände übergehen.

15 Der Streifen von 5000 Ellen, der nach dem
Land der Priester und der Leviten noch übrig-
bleibt – auch er in Ost-West-Richtung 25000 El-
len lang –, ist gewöhnliches, nicht heiliges Land.
Er gehört als Wohngebiet und Weideland der
Stadt Jerusalem, die in seiner Mitte liegt.

16 Die Stadt bildet ein Quadrat von 4500 Ellen
Seitenlänge, 17 das ringsum von einem 250 Ellen
breiten Streifen Weideland umgeben ist. 18 Dar-
an schließt sich nach Westen und nach Osten je
ein 10000 Ellen langes Stück Land an, das auf der
Nordseite an den mir geweihten Bezirk grenzt.
Von seinem Ertrag sollen die Menschen leben,
die in der Stadt wohnen und arbeiten, 19 Men-
schen aus allen Stämmen Israels. Sie sollen die-
ses Land bestellen.

20 Das Land der Priester und der Leviten bildet
zusammen mit dem Stadtgebiet und dem zur
Stadt gehörenden Land ein Quadrat von 25000
Ellen Seitenlänge. 21–22 Das Gebiet, das sich nach
beiden Seiten an dieses Mittelstück anschließt,
nach Osten bis zum Jordan und nach Westen bis
zum Meer, gehört dem regierenden Fürsten,
also der ganze Landstreifen zwischen dem Stam-
mesgebiet von Juda im Norden und dem von
Benjamin im Süden, ausgenommen das Gebiet
des Tempels, der Grundbesitz der Leviten und
der Besitz der Stadt.

23–28 Nach Süden schließen sich an diesen
Landstreifen auf der vollen Länge von Westen
nach Osten die Landanteile der Stämme Ben-
jamin, Simeon, Issachar, Sebulon und Gad an.
Die südliche Grenze des Stammesgebiets von
Gad fällt mit der Südgrenze des Landes zusam-
men.

29 Dieses Land gehört dem Volk Israel als blei-
bender Besitz, und nach diesen Angaben sollt
ihr es unter die Stämme Israels aufteilen. Das
sage ich, der HERR, der mächtige Gott.«

Die Tore Jerusalems und sein neuer Name

30–31 Weiter sagte der HERR: »Dies sind die Tore
der Stadt; sie sind nach den Stämmen Israels be-
nannt:

auf der Nordseite – sie mißt 4500 Ellen* –
sind es drei Tore: das Ruben-Tor, das Juda-Tor,
das Levi-Tor;

a *und endet ...:* mit alten Übersetzungen; H *ihr sollt messen.*

47,22-23 (Fremde) Lev 19,33-34; Dtn 23,8-9; Jes 14,1; 56,3.6-7 **48,8-19** 45,1-8 **48,10-12** 44,15-16 **48,14** (Früchte) Ex 23,19S **48,16** 48,30-35 **48,21-22** 45,7 **48,30-35** 37,26-28; 43,7; Jes 60,14; Offb 21,12-13

32 auf der Ostseite – sie mißt ebenfalls 4500 Ellen – sind es drei Tore: das Josef-Tor, das Benjamin-Tor, das Dan-Tor;

33 auf der Südseite – auch sie mißt 4500 Ellen – sind es drei Tore: das Simeon-Tor, das Issachar-Tor, das Sebulon-Tor;

34 und auf der Westseite – auch sie mißt 4500 Ellen – sind es drei Tore: das Gat-Tor, das Ascher-Tor und das Naftali-Tor.

35 Der Gesamtumfang der Stadt beträgt 18 000 Ellen. Ihr Name soll künftig nicht mehr Jerusalem lauten, sondern ›Der HERR ist da‹.«

DAS BUCH DANIEL

Inhaltsübersicht

BEWÄHRUNG DANIELS UND SEINER FREUNDE IN BABYLON
(Kapitel 1–6)

Daniel und seine Freunde am babylonischen Hof

1 Im dritten Regierungsjahr Jojakims, des Königs von Juda, zog der babylonische König Nebukadnezzar mit einem Heer vor Jerusalem und belagerte die Stadt. 2 Der Herr gab Jojakim in die Gewalt Nebukadnezzars, und auch ein Teil der heiligen Geräte fiel dem Babylonierkönig in die Hände. Er ließ die Geräte nach Babylonien[a] bringen und bewahrte sie in der Schatzkammer beim Tempel seines Gottes auf.

3 Nebukadnezzar befahl seinem Palastvorsteher Aschpenas, junge Israeliten aus der Verwandtschaft des Königs und aus den vornehmen Familien für ihn auszusuchen. 4 »Sie müssen gesund sein und gut aussehen«, sagte er. »Außerdem müssen sie klug und verständig sein und eine umfassende Bildung haben, damit sie zum Dienst in meinem Palast geeignet sind. Und dann sollen sie auch unsere Sprache und Schrift lernen.«

5 Drei Jahre lang sollten die jungen Leute ausgebildet werden, um dann in den Dienst des Königs zu treten. Der König ordnete an, daß sie jeden Tag Speisen und Wein von seiner eigenen Tafel bekamen.

6 Unter den ausgesuchten jungen Männern aus Juda waren auch Daniel, Hananja, Mischaël und Asarja. 7 Der Palastvorsteher gab ihnen babylonische Namen: Daniel nannte er Beltschazzar, Hananja Schadrach, Mischaël Meschach und Asarja Abed-Nego.

Daniels Treue wird belohnt

8 Daniel war fest entschlossen, kein Essen und Trinken von der Tafel des Königs anzurühren, um nicht unrein* zu werden. Deshalb bat er den Palastvorsteher, nicht von den Speisen des Königs essen zu müssen. 9 Gott half ihm, so daß der Palastvorsteher ihn wohlwollend anhörte. 10 Allerdings sagte er zu Daniel: »Ich habe Angst vor meinem Herrn, dem König. Er hat selbst bestimmt, was ihr essen und trinken sollt. Wenn er feststellt, daß du und deine drei Freunde schlechter aussehen als die anderen jungen Leute, läßt er mir den Kopf abschlagen.«

11 Daniel wandte sich an den Aufseher, den der Palastvorsteher für ihn und seine drei Freunde bestimmt hatte. 12 »Mach doch einmal zehn Tage lang einen Versuch mit uns«, bat er ihn. »Laß uns Gemüse essen und Wasser trinken! 13 Danach vergleichst du unser Aussehen mit dem der andern jungen Leute, die ihr Essen von der Tafel des Königs bekommen. Und dann entscheidest du, was weiter geschehen soll!«

14 Der Aufseher war einverstanden und ging auf den Versuch ein. 15 Nach Ablauf der zehn Tage zeigte es sich, daß Daniel und seine Freunde sogar besser und kräftiger aussahen als die andern jungen Leute, die ihr Essen von der königlichen Tafel erhielten. 16 Da ließ er ihnen weiterhin Gemüse geben; den Wein und die für sie bestimmten Speisen stellte er weg.

17 Gott aber gab den vier jungen Männern Klugheit und Verstand, so daß sie alles begriffen und sich bald in jedem Wissensgebiet auskannten. Daniel besaß darüber hinaus die Fähigkeit, Träume und Visionen zu verstehen und zu deuten.

a *nach Babylonien:* wörtlich *in das Land Schinar**. Durch die Wahl des Namens wird vermutlich wie in Sach 5,11 eine Wertung ausgedrückt; er erinnert an die Überheblichkeit der Menschen in der Turmbaugeschichte Gen 11,1-9.

1,1-2 2 Chr 36,5-7 1,3-4 2 Kön 20,18 1,8 Jdt 12,2; EstG C,28; (unrein) Lev 11,1-47 par; 17,10-12 1,9 Gen 39,21

18 Am Ende der Zeit, die König Nebukadnezzar festgesetzt hatte, sollten ihm alle jungen Leute zur Prüfung vorgeführt werden. Als der Palastvorsteher sie zu ihm brachte 19 und er sich mit ihnen unterhielt, zeigte es sich, daß Daniel, Hananja, Mischaël und Asarja allen anderen überlegen waren. Sie wurden in den königlichen Dienst aufgenommen, 20 und sooft der König in schwierigen Fragen ihren Rat suchte, merkte er, daß sie zehnmal klüger waren als alle Gelehrten und Magier in seinem ganzen Königreich.

21 Daniel blieb im königlichen Dienst bis ins erste Regierungsjahr des Königs Kyrus.

König Nebukadnezzar stellt seine Traumdeuter auf die Probe

2 In seinem zweiten Regierungsjahr hatte König Nebukadnezzar einen Traum, der ihn so beunruhigte, daß er nicht wieder einschlafen konnte. 2 Er ließ alle seine Gelehrten, Magier, Wahrsager und Sterndeuter rufen, damit sie ihm seinen Traum erklären sollten. Sie kamen und traten vor den König, 3 und er sagte zu ihnen: »Ich habe einen Traum gehabt, der mich sehr beunruhigt. Ich möchte wissen, was es mit dem Traum auf sich hat.«

4 Sie erwiderten:[a] »Der König möge ewig leben! Er erzähle uns seinen Traum, dann werden wir ihm die Deutung sagen.«

5 Der König erwiderte: »Nein, ihr müßt mir auch den Traum sagen, nicht nur die Deutung! Ich bestehe darauf, sonst lasse ich euch in Stücke hauen und eure Häuser in Trümmer legen. 6 Wenn ihr mir aber beides, den Traum und die Deutung, sagen könnt, beschenke ich euch reich und erweise euch hohe Ehren. Also los, sagt es mir!«

7 Die Ratgeber des Königs wiederholten: »Wenn der König seinen ergebenen Dienern den Traum erzählt, werden wir ihm sagen können, was er bedeutet.«

8 »Ihr macht nur Ausflüchte, um Zeit zu gewinnen!« fuhr der König sie an. »Ihr habt genau verstanden, daß es mir mit meiner Drohung ernst ist. 9 Ihr habt euch verabredet, mir eine lügenhafte Deutung aufzutischen.[b] Deshalb bleibt es dabei: Sagt mir den Traum, und beweist mir damit, daß ihr fähig seid, ihn auch zu deuten!«

10 Die Weisen Babyloniens antworteten: »Kein Mensch auf der ganzen Erde kann diese Forderung erfüllen. Und noch nie hat ein König, so groß und mächtig er auch war, etwas Derartiges von seinen Gelehrten, Wahrsagern und Sterndeutern verlangt. 11 Was der König fordert, ist unmöglich. Nur die Götter könnten dem König seinen Traum sagen; aber sie wohnen nicht unter uns Menschen.«

12 Da packte den König die Wut, und er befahl, alle Weisen Babyloniens umzubringen. 13 Auch Daniel und seine Freunde sollten getötet werden. 14 Als aber Arioch, der Befehlshaber der königlichen Leibwache, diesen Befehl ausführen wollte, sprach Daniel ruhig und überlegen mit ihm. 15 Er ließ sich von ihm den Grund für den strengen Befehl des Königs sagen, 16 ging zum König und bat sich eine Frist aus; dann wolle er ihm den Traum und seine Deutung sagen.

17 Darauf ging er in sein Haus und erzählte alles seinen drei Freunden. 18 Er forderte sie auf: »Fleht den Gott des Himmels um Erbarmen an! Bittet ihn, daß er mir das Geheimnis enthüllt, damit wir nicht mit den übrigen Weisen Babyloniens umgebracht werden!«

19 In einer nächtlichen Vision wurde Daniel der Traum enthüllt. Da rühmte er den Gott des Himmels 20 und sagte:

»Gepriesen sei der Name* Gottes in alle
Ewigkeit;
denn Gott verfügt über Macht und Weisheit.
21 Er verändert das Bestehende
und gibt allem seine Frist;
er setzt Könige ab und setzt Könige ein.
Er gibt den Weisen ihre Weisheit
und den Klugen ihren Verstand.
22 Er enthüllt, was tief verborgen ist,
er sieht, was im Dunkeln ist;
doch ihn selbst umstrahlt reinstes Licht.
23 Gott meiner Väter, dich rühme und preise ich!
Du hast mir Weisheit und Kraft verliehen.
Unser Gebet hast du erhört
und hast mir den Traum des Königs enthüllt.«

24 Darauf ging Daniel zu Arioch, der vom König den Befehl hatte, die Weisen Babyloniens zu töten. Er sagte zu ihm: »Bring die Weisen nicht um! Führe mich zum König, ich werde ihm seinen Traum deuten.«

25 Arioch brachte ihn sofort zum König und sagte: »Ich habe unter den Leuten aus Juda einen

a Es folgt noch *auf aramäisch* – möglicherweise ein Hinweis darauf, daß von hier ab (bis zum Ende von Kapitel 7) das Danielbuch nicht in hebräischer, sondern in aramäischer Sprache abgefaßt ist.
b Es folgt noch die schwer verständliche Aussage *bis die Zeit sich ändert.*

1,21 6,29; Esra 1,1 2,1-3 Gen 41,8 2,21 4,14.22.29; 1 Sam 2,7; Ijob 12,13-21; Spr 2,6

Mann gefunden, der dem König seinen Traum
deuten will.«

26 Der König fragte Daniel, der mit seinem ba-
bylonischen Namen Beltschazzar hieß: »Kannst
du mir wirklich meinen Traum sagen und ihn
deuten?«

27 Daniel erwiderte: »Kein Gelehrter, Magier,
Wahrsager oder Sterndeuter kann das vollbrin-
gen, was der König verlangt. 28 Aber es gibt einen
Gott des Himmels, der das Verborgene enthüllt,
und dieser Gott hat dir, König Nebukadnezzar,
gezeigt, was am Ende der Zeit geschehen wird.

Ich sage dir jetzt, was es mit deinem Traum
auf sich hat: 29 Du machtest dir auf deinem Lager
Gedanken über das, was künftig geschehen
wird, und der Gott, der alles weiß, hat dich im
Traum einen Blick in die Zukunft tun lassen.
30 Ich habe dieses Geheimnis nicht durch beson-
dere Weisheit entdeckt, die ich anderen Men-
schen voraus hätte, sondern Gott hat es mir
enthüllt, damit du, König, es erfährst und die
Gedanken deines Herzens verstehst.

31 Du sahst im Traum ein riesiges Standbild
vor dir stehen. Sein Anblick war zum Erschrek-
ken, und blendender Glanz ging von ihm aus.
32 Der Kopf war aus reinem Gold, Brust und
Arme waren aus Silber, der Leib bis zu den Hüf-
ten war aus Bronze, 33 die Beine waren aus Eisen
und die Füße zum Teil aus Eisen und zum Teil
aus Ton. 34 Du blicktest noch auf das Standbild,
da löste sich von einem Felsen ein Stein ohne
Zutun eines Menschen, der traf die Füße aus
Eisen und Ton und zerschmetterte sie. 35 Auf
einen Schlag zerfielen Ton, Eisen, Bronze, Silber
und Gold zu Staub und wurden wie Spreu vom
Wind davongeweht. Keine Spur blieb davon
übrig. Der Stein aber, der das Bild zermalmt
hatte, wurde zu einem großen Felsmassiv, das
die ganze Erde ausfüllte.

36 Das war der Traum, und nun will ich dem
König die Deutung geben: 37 Du, mein König, bist
der größte aller Könige. Der Gott des Himmels
hat dir Herrschaft, Macht und Ehre verliehen
38 und alles in deine Hand gegeben, was auf der
Erde lebt, die Menschen, die Tiere des Feldes
und die Vögel am Himmel. Über sie alle hat er
dich als Herrscher eingesetzt – du bist das Haupt
aus Gold.

39 Auf dein Reich wird ein anderes folgen, das
nicht ganz so mächtig sein wird, und danach ein
drittes, das bronzene, das über die ganze Erde
reicht. 40 Dann kommt ein viertes, das hart wie
Eisen ist und alles zerschmettert, was sich ihm
in den Weg stellt.

41–42 Aber es wird ein geteiltes Reich sein; des-
halb sind die Füße und Zehen teils aus Eisen,
teils aus Ton. Die eine Hälfte wird fest sein wie
Eisen, die andere zerbrechlich wie Ton. 43 Das
Nebeneinander von Eisen und Ton bedeutet: Die
beiden Teilreiche werden sich durch gegensei-
tige Heirat zu verbinden suchen; aber ihre Ver-
bindung hat keinen Bestand, so wie Eisen und
Ton sich nicht miteinander verbinden lassen.

44 Zur Zeit dieser beiden Königreiche aber
wird der Gott des Himmels sein Reich errichten,
das niemals untergehen wird; kein anderes Volk
wird danach noch zur Herrschaft kommen und
dieses Reich ablösen. Das Königreich Gottes be-
seitigt alle anderen Reiche, aber es selbst bleibt
für alle Zeiten bestehen. 45 Dies hast du geschaut
im Bild des Steines, der sich ohne menschliches
Zutun aus dem Felsen löste und das Standbild
aus Ton, Eisen, Bronze, Silber und Gold zer-
malmte. Ein mächtiger Gott hat den König wis-
sen lassen, was künftig geschehen wird. Der
Traum sagt die Wahrheit, und seine Deutung ist
zuverlässig.«

46 König Nebukadnezzar warf sich vor Daniel
zu Boden und befahl seinen Dienern, ihm
Speiseopfer* und Räucheropfer* darzubringen.
47 Er sagte zu Daniel: »Euer Gott ist wahrhaftig
der Herr über alle Götter und Könige! Er kennt
das Verborgene, sonst hättest du nicht dieses
Geheimnis enthüllen können.«

48 Der König beschenkte Daniel reich und
machte ihn zum Statthalter der Provinz Baby-
lon* und zum ersten der königlichen Ratgeber.
49 Auf Daniels Bitte betraute der König Scha-
drach, Meschach und Abed-Nego, die drei
Freunde Daniels, mit der Aufsicht über die Ver-
waltung der Provinz Babylon. Daniel selbst blieb
am Königshof.

Daniels Freunde verraten ihren Glauben nicht

3 König Nebukadnezzar ließ ein goldenes
Standbild anfertigen, dreißig Meter hoch
und drei Meter breit,[a] und ließ es in der Ebene
Dura in der Provinz Babylon* aufstellen.
2–3 Dann berief er sämtliche hohen Beamten sei-
nes Reiches zu einer Versammlung ein, die Pro-
vinzstatthalter, Militärbefehlshaber und Unter-
statthalter, die Ratgeber, Schatzmeister, Richter,
Polizeigewaltigen und alle hohen Beamten der

a Hebräische (bzw. aramäische) Maßangabe *60* bzw. *6 Ellen**.

2,28 Gen 41,16 2,37-38 Ez 26,7; Jer 28,14; Jdt 11,7 2,43 11,6.17 2,44 7,14.27; Lk 1,33; 1 Kor 15,24-28; Offb 11,15 2,46 Apg 14,13.18 2,47 Dtn 10,17; Ps 135,5

Provinzen. Sie sollten an der Einweihung des Standbildes teilnehmen, das er errichtet hatte. Sie alle kamen zu der Einweihung und stellten sich vor dem Standbild auf.

4 Ein Herold rief mit lauter Stimme: »Ihr Leute aus allen Nationen, Völkern und Sprachen, hört diesen Befehl: 5 Wenn ihr den Klang der Hörner, Flöten und Pfeifen, der Harfen, Lauten, Dudelsäcke und aller anderen Instrumente hört, müßt ihr euch niederwerfen und das goldene Standbild anbeten, das König Nebukadnezzar aufrichten ließ. 6 Wer es nicht tut, wird auf der Stelle in den glühenden Ofen geworfen.«

7 Als die Instrumente ertönten, die Hörner, Flöten und Pfeifen, die Harfen, Lauten, Dudelsäcke und alle anderen, warfen sich die Leute aus allen Völkern, Nationen und Sprachen nieder und beteten das goldene Standbild an.

8 Einige Babylonier aber ergriffen die Gelegenheit, die Juden anzuzeigen. 9 Sie sagten zu Nebukadnezzar: »Der König möge ewig leben! 10 Du, König, hast doch den Befehl erlassen: ›Jeder, der den Klang der Hörner, Flöten und Pfeifen, der Harfen, Lauten, Dudelsäcke und aller anderen Instrumente hört, soll sich niederwerfen und das goldene Standbild anbeten. 11 Wer es nicht tut, soll auf der Stelle in den glühenden Ofen geworfen werden.‹ 12 Da sind aber einige Juden, denen du die Verwaltung der Provinz Babylon anvertraut hast: Schadrach, Meschach und Abed-Nego. Diese Männer haben deinen Befehl mißachtet. Sie erweisen deinem Gott keine Ehre und beten das goldene Standbild, das du errichten ließest, nicht an.«

13 Nebukadnezzar tobte vor Wut und befahl, Schadrach, Meschach und Abed-Nego zu holen. Sie wurden ihm vorgeführt, 14 und er fuhr sie an: »Stimmt das, was ich da gehört habe? Ihr wollt meinem Gott nicht die Ehre geben und sein goldenes Standbild nicht anbeten? 15 Wir werden es ja sehen! Wenn jetzt die Hörner, Flöten und Pfeifen, die Harfen, Lauten, Dudelsäcke und alle anderen Instrumente ertönen und ihr euch augenblicklich niederwerft und das Standbild anbetet, das ich habe machen lassen, dann soll die Sache erledigt sein. Wenn ihr es aber nicht tut, werdet ihr sofort in den glühenden Ofen geworfen. Welcher Gott sollte euch dann vor mir schützen?«

16 Schadrach, Meschach und Abed-Nego erwiderten dem König: »Wir haben es nicht nötig, dir etwas darauf zu antworten. 17 Unser Gott, dem wir gehorchen, kann uns zwar aus dem glühenden Ofen und aus deiner Gewalt retten; 18 aber auch wenn er das nicht tut: Deinen Gott werden wir niemals verehren und das goldene Standbild, das du errichtet hast, werden wir nicht anbeten.«

19 Da geriet Nebukadnezzar noch mehr in Wut, und sein Gesicht verzerrte sich vor Zorn über Schadrach, Meschach und Abed-Nego. Er ließ den Ofen siebenmal so stark heizen wie sonst. 20 Dann befahl er seinen kräftigsten Kriegsleuten, die drei zu fesseln und in den glühenden Ofen zu werfen.

21 Der Befehl wurde auf der Stelle ausgeführt, und man warf sie mit allen ihren Kleidern, mit Hosen, Mänteln und Mützen, in den glühenden Ofen. 22 Weil der Ofen auf Befehl des Königs so stark geheizt worden war, wurden die Männer, die die drei hinaufbrachten, von den herausschlagenden Flammen getötet. 23 Schadrach, Meschach und Abed-Nego fielen gefesselt mitten in die Glut.[a]

Gott rettet die drei Freunde aus dem glühenden Ofen

24 König Nebukadnezzar aber erschrak, sprang auf und fragte seine Minister: »Haben wir nicht drei Männer gefesselt ins Feuer geworfen?«

»So ist es, König!« erwiderten sie.

25 »Aber ich sehe doch vier im Feuer umhergehen!« rief der König. »Sie sind frei von Fesseln, und die Flammen können ihnen nichts anhaben. Der vierte sieht aus wie ein Engel!«[b]

26 Nebukadnezzar trat an die Tür des glühenden Ofens und rief: »Schadrach, Meschach und Abed-Nego, ihr Diener des höchsten Gottes, kommt heraus!«

Da kamen die drei aus dem Ofen. 27 Die Provinzstatthalter, die Militärbefehlshaber, die Unterstatthalter und die Ratgeber des Königs liefen herbei und überzeugten sich davon, daß die Flammen ihnen nicht den geringsten Schaden zugefügt hatten. Das Haar auf ihrem Kopf war nicht versengt, ihre Kleidung war unversehrt, nicht einmal Brandgeruch war an ihnen wahrzunehmen.

a G fügt an dieser Stelle das Gebet Asarjas und den Gesang der drei Männer im Feuerofen ein, die in dieser Bibelübersetzung in Ausgaben mit den ›Spätschriften des Alten Testaments‹ unter den *Zusätzen zum Buch Daniel* zu finden sind (Kap A).

b Wörtlich *wie ein Sohn der Götter* (bzw. *Gottes*); vgl. die Sacherklärung »Gottessöhne«. In Vers 28 wird dafür das Wort *Engel* gebraucht.

3,6 Jer 29,22; Offb 13,15 **3,10** 6,13 **3,12** 2,49 **3,15** 2 Kön 18,34-35 **3,17** Dtn 4,20; Jes 43,2 **3,18** Ex 20,3-5 **3,25** Jes 43,2 **3,27** 6,24

28 Da rief Nebukadnezzar: »Gepriesen sei der
Gott Schadrachs, Meschachs und Abed-Negos!
Er hat seinen Engel gesandt, um diese Männer
zu retten, die ihm gehorcht und auf ihn vertraut
haben. Sie haben sich meinem Befehl wider-
setzt und ihr Leben gewagt, weil sie keinen an-
deren Gott verehren und anbeten wollten außer
dem ihren.

29 Darum erlasse ich den Befehl an alle Völ-
ker, an die Menschen aus allen Nationen und
Sprachen in meinem Reich: ›Wer den Gott Scha-
drachs, Meschachs und Abed-Negos schmäht,
wird in Stücke gehauen, und sein Haus wird in
einen Schutthaufen verwandelt. Denn es gibt
keinen anderen Gott, der aus solch einer Lage
retten kann.‹«

30 Der König sorgte dafür, daß Schadrach, Me-
schach und Abed-Nego eine noch höhere Stel-
lung in der Provinz Babylon* erhielten.

Ein weiterer Traum Nebukadnezzars

31 König Nebukadnezzar schrieb einen Brief an
die Menschen aller Nationen, Völker und Spra-
chen auf der ganzen Erde. Er lautete:

Glück und Frieden euch allen! 32 Mit diesem
Schreiben möchte ich überall bekanntmachen,
was für große Wunder der höchste Gott an
mir getan hat. 33 Seine Taten sind staunenswert,
seine Wunder unvergleichlich. Sein Reich bleibt
für immer bestehen, seine Herrschaft nimmt
kein Ende.

4 Ich, Nebukadnezzar, lebte glücklich und zu-
frieden in meinem Palast. 2 Eines Nachts lag
ich auf meinem Bett und hatte einen Traum, der
mir meine Ruhe raubte. Was meine Augen zu
sehen bekamen, stürzte mich in Angst und
Schrecken. 3 Ich ließ alle Weisen Babyloniens*
rufen, damit sie mir den Traum deuten sollten.
4 Sie alle kamen, die Gelehrten, Magier, Wahr-
sager und Sterndeuter, und ich erzählte ihnen
meinen Traum; aber keiner konnte mir die Deu-
tung sagen.

5 Ganz zuletzt trat Daniel vor mich, der nach
meinem Gott Bel* den Namen Beltschazzar er-
halten hatte und vom Geist der heiligen Götter
erfüllt ist. Ich sagte zu ihm: 6 »Beltschazzar, du
bist der oberste der königlichen Ratgeber. Ich
weiß, daß du vom Geist der heiligen Götter er-
füllt bist und es kein Geheimnis gibt, das du
nicht enträtseln könntest. Sag mir, was mein
Traum bedeutet!«

7 Dann erzählte ich Beltschazzar den Traum:
»Während ich schlief, sah ich in der Mitte der
Erde einen hohen Baum stehen. 8 Er wurde im-
mer größer und mächtiger, so daß er zuletzt bis
zum Himmel reichte und noch von den äußer-
sten Enden der Erde zu sehen war. 9 Er trug dich-
tes Laub und reiche Früchte. In seinem Schatten
ruhten die Tiere; Vögel nisteten in seinen Zwei-
gen; und alles, was lebte, bekam seine Nahrung
von ihm.

10 Immer noch auf meinem Bett liegend, sah
ich einen Engel[a] vom Himmel herabsteigen.
11 Der rief laut: ›Fällt den Baum und hackt seine
Äste ab! Streift das Laub von den Zweigen und
streut die Früchte überall umher! Die Tiere, die
unter seinem Schatten Schutz fanden, und die
Vögel in seinen Zweigen sollen fliehen. 12 Nur
den Stumpf laßt in der Erde, aber fesselt ihn mit
eisernen und bronzenen Ketten, damit er unten
am Boden bleibt zwischen Gras und Kräutern.
Der Tau soll auf ihn fallen; wie das Wild soll er
im Gras liegen. 13 Statt eines Menschenverstan-
des soll ihm der Verstand eines Tieres gegeben
werden. So sollen sieben Jahre über ihn hin-
gehen. 14 Dies ist im himmlischen Rat beschlos-
sen worden, damit alle Menschen erkennen:
Der höchste Gott ist Herr über die Reiche der
Welt; er gibt die Herrschaft, wem er will; den
Geringsten unter den Menschen kann er zum
Herrscher über alle erheben.‹

15 Dies habe ich, König Nebukadnezzar, ge-
träumt. Und nun, Beltschazzar, sag mir, was es
bedeutet! Alle Weisen meines Reiches konnten
es mir nicht sagen; aber du kannst es, weil du
vom Geist der heiligen Götter erfüllt bist.«

16 Daniel, der auch Beltschazzar heißt,
schwieg eine Zeitlang ganz betroffen; seine Ge-
danken erschreckten ihn. Ich sagte zu ihm:
»Beltschazzar, laß dir nicht angst machen von
meinem Traum!«

Er aber erwiderte: »Mein Herr und König,
was der Traum ankündigt, das möge deine
Feinde treffen! 17 Der Baum, den du gesehen
hast, dieser große und mächtige Baum, der bis
zum Himmel reichte, 18 der dichtes Laub hatte
und reiche Früchte trug, in dessen Schatten die
Tiere ruhten und in dessen Zweigen die Vögel
nisteten und der allem, was lebt, Nahrung bot –
19 dieser Baum bist du selbst, mein König!

Du wurdest groß und mächtig, deine Gewalt
reichte bis an den Himmel, und deine Herrschaft
erstreckte sich bis an die äußersten Enden der
Erde. 20 Dann aber sahst du den Engel[b] vom Him-
mel herabkommen, der befahl: ›Fällt den Baum,

a Wörtlich *einen Wachenden, einen Heiligen.* b Siehe Anmerkung zu Vers 10.

3,28 6,23 **3,29** 2,47; 6,27 **3,33** 4,31; 6,27; 7,14.27; Ps 145,13 **4,1-4** 2,1-3 **4,5** 2,24-26; 5,11-12 **4,7-11** Ez 31,3-14 **4,14** 2,21S

vernichtet ihn! Nur den Stumpf laßt übrig und
legt ihn in Ketten; er bleibe unten am Boden
zwischen Gras und Tieren und sei schutzlos
dem Tau preisgegeben, sieben Jahre lang!‹

21 Mein Herr und König, das bedeutet, daß der
höchste Gott sein Urteil über dich gesprochen
hat. 22 Du wirst aus der Gemeinschaft der Men-
schen ausgestoßen werden und unter den wil-
den Tieren leben müssen, du wirst Gras fressen
wie ein Rind und naß werden vom Tau, der vom
Himmel fällt. Sieben Jahre werden so über dich
hingehen, bis du erkennst: Der höchste Gott
allein ist Herr über alle Menschen, und er gibt
die Herrschaft, wem er will.

23 Daß aber der Befehl erging, den Stumpf in
der Erde zu lassen, das bedeutet: Die Herrschaft
wird dir zurückgegeben werden, wenn du Gott[a]
als den höchsten Herrn anerkennst. 24 Laß dir
deshalb raten, mein König: Kehre dich ab vom
Unrecht und halte dich an das Recht; mach
deine Verfehlungen wieder gut, indem du den
Armen Gutes tust. Sonst wird dein Glück nicht
von Dauer sein.«

25 Was Daniel mir angekündigt hatte, traf ein.
26 Ein Jahr später erging ich mich auf dem Dach
meines Palastes in Babylon* 27 und sagte zu mir
selbst: »Diese großartige Stadt habe ich als
meine Residenz erbaut! Mit meiner gewaltigen
Macht habe ich das fertiggebracht und habe da-
mit meiner Größe ein Denkmal gesetzt!«

28 Ich hatte noch nicht ausgeredet, da ertönte
eine Stimme vom Himmel herab: »König Nebu-
kadnezzar, hiermit wird dir die Herrschaft weg-
genommen! 29 Du wirst aus der Gemeinschaft
der Menschen ausgestoßen und mußt unter den
wilden Tieren leben, du wirst Gras fressen wie
ein Rind, und das sieben Jahre lang, bis du er-
kennst: Der höchste Gott allein ist Herr über alle
Menschen, und er gibt die Herrschaft, wem er
will.«

30 Sofort wurde dieses Urteil vollstreckt: Ich
wurde aus der Gemeinschaft der Menschen aus-
gestoßen, aß Gras wie ein Rind und schlief unbe-
deckt im Freien, so daß ich naß wurde vom Tau.
Im Lauf der Zeit wurden meine Haare so lang
wie Adlerfedern und meine Nägel wie Vogel-
krallen.

31 Nach Ablauf der sieben Jahre aber erhob
ich den Blick zum Himmel. Da kehrte mein
menschlicher Verstand wieder zurück, und ich
sagte:

»Du höchster Gott, du Gott, der ewig lebt:
Ich preise dich, lobe und rühme dich!
Dein Reich bleibt für immer bestehen,
deine Herrschaft nimmt kein Ende.
32 Alle Bewohner der Erde sind vor dir
wie nichts,
und mit den Göttern des Himmels[b]
verfährst du nach Belieben.
Es gibt keinen, der dich zur Rechenschaft
ziehen,
niemand, der dir vorhalten kann:
›Was tust du da?‹«

33 Im selben Augenblick bekam ich auch wieder
meine herrscherlichen Fähigkeiten, die den
Ruhm meines Königtums begründet hatten. Dar-
aufhin kamen meine Minister und die führen-
den Männer zu mir und setzten mich wieder als
König ein. Meine Macht wurde noch größer als
zuvor.

34 Ich, Nebukadnezzar, aber preise, rühme
und verherrliche nun den König, der im Himmel
regiert. Was er tut, ist gut und recht; er demütigt
alle, die sich überheben.

Die rätselhafte Schrift an der Wand

5 König Belschazzar[c] hatte die tausend mäch-
tigsten Männer seines Reiches zu einem
Gastmahl geladen. Er trank mit ihnen Wein,
2 und als er in Stimmung kam, befahl er, die gol-
denen und silbernen Gefäße herbeizubringen,
die sein Vater Nebukadnezzar aus dem Tempel*
in Jerusalem geraubt hatte. Er wollte mit den
geladenen Männern und seinen Frauen und
Nebenfrauen daraus trinken. 3 Die geraubten
Gefäße wurden gebracht, und alle tranken dar-
aus Wein. 4 Dabei priesen sie die Götter aus
Gold, Silber, Bronze, Eisen, Holz und Stein.

5 Plötzlich wurde eine Hand sichtbar, die
etwas auf die gekalkte Wand des Königspalastes
schrieb. Es war genau an der Stelle, auf die das
volle Licht des Leuchters fiel. Als der König
die schreibende Hand sah, 6 wurde er bleich,
und seine Gedanken erschreckten ihn so sehr,
daß ihn alle Kraft verließ[d] und seine Knie zitter-
ten.

7 Er rief laut, man solle die Weisen Babylons*,

a Wörtlich *den Himmel.* b Gemeint sind die Sterne, denen die babylonische Religion göttliche Macht zuschrieb.
c *Belschazzar* bedeutet »Bel* schütze den König« (in der Lutherbibel lautet der Name *Belsazar*). Daniels babylonischer Name Beltschazzar bedeutet dagegen: »Schütze sein Leben!« (Der angeredete Gott ist in diesem Fall nicht mit Namen genannt.)
d *ihn alle ...:* wörtlich *seine Hüftgelenke sich lösten.*

4,24 Spr 19,17; Sir 3,30-31 S **4,27-28** Spr 16,18; Ez 31,10 S **4,31** 3,33 S **4,32** Jes 40,17; Ijob 9,12 **4,34** Lk 1,51; 18,14 **5,2** 1,2; 2 Kön 25,13-15 **5,4** Bar 6,3; Offb 9,20 S **5,7-8** 2,2-3; 4,4; Gen 41,8

die Wahrsager, Magier und Sterndeuter holen. Als sie kamen, sagte er: »Wer die Schrift an der Wand lesen und erklären kann, was sie bedeutet, wird in Purpur gekleidet und bekommt eine goldene Ehrenkette um den Hals. Er wird der drittmächtigste Mann in meinem Reich!«

8 Alle Weisen des Königs traten vor, aber sie konnten das Geschriebene nicht lesen und erst recht nicht seinen Sinn deuten. 9 Da erschrak König Belschazzar noch mehr, und er wurde noch bleicher. Auch die geladenen Männer waren ratlos.

Daniel kündigt König Belschazzar den Untergang an

10 Die Mutter des Königs hatte von draußen alles mitgehört, was der König und seine Gäste gesagt hatten. Sie kam herein und sagte zu ihrem Sohn: »Der König möge ewig leben! Du brauchst nicht zu erschrecken, du mußt nicht so bleich werden! 11 Es gibt in deinem Reich einen Mann, der vom* Geist der heiligen Götter erfüllt ist. Zur Zeit deines Vaters Nebukadnezzar zeigte sich, daß in ihm soviel Erleuchtung und Einsicht und Weisheit sind, wie sie sonst nur die Götter haben. Dein Vater machte ihn zum ersten seiner Ratgeber, der Weisen, Wahrsager, Magier und Sterndeuter. 12 Er heißt Daniel, dein Vater gab ihm den Namen Beltschazzar. Er ist ungewöhnlich klug und kann Träume deuten, Rätsel lösen und die geheimnisvollsten Dinge erklären. Laß ihn rufen! Er wird dir sagen, was die Schrift bedeutet.«

13 Sofort wurde Daniel herbeigeholt, und der König sagte: »Du bist also Daniel, einer von den Leuten, die mein Vater aus Juda hierhergebracht hat? 14 Ich habe gehört, daß du vom Geist der Götter erfüllt und mit ungewöhnlicher Weisheit und Einsicht begabt bist. 15 Ich habe meine Weisen und Wahrsager holen lassen, damit sie diese Schrift lesen und mir ihren Sinn deuten; aber sie können es nicht. 16 Über dich aber habe ich gehört, daß du die schwierigsten Fragen lösen und die verborgensten Geheimnisse enthüllen kannst. Wenn das wahr ist und du mir diese Schrift vorlesen und deuten kannst, wirst du in Purpur gekleidet und bekommst eine goldene Ehrenkette. Ich mache dich zum drittmächtigsten Mann in meinem Reich.«

17 Daniel antwortete dem König: »Deine Geschenke kannst du behalten oder einem anderen geben. Aber ich werde dir die Schrift vorlesen und dir sagen, was sie bedeutet. 18 Mein König, der höchste Gott hatte deinen Vater Nebukadnezzar zu einem mächtigen Herrscher gemacht und ihm Ehre und Ruhm gegeben. 19 Deshalb zitterten die Menschen aller Nationen, Völker und Sprachen vor ihm. Er konnte töten und am Leben lassen, wen er wollte. Er gewährte und entzog seine Gunst, ganz wie es ihm gefiel. 20 Als er aber stolz und hochmütig wurde, kam er um Thron und Herrscherwürde. 21 Statt seines menschlichen Verstandes wurde ihm der Verstand eines Tieres gegeben, und er wurde aus der Gemeinschaft der Menschen ausgestoßen. Er mußte bei den Wildeseln leben und Gras fressen wie ein Rind. Er schlief unbedeckt im Freien, so daß er naß wurde vom Tau. Das dauerte so lange, bis er einsah: Der höchste Gott allein ist Herr über alle Menschen, und er gibt die Herrschaft, wem er will.

22 Du aber, sein Sohn Belschazzar, hast dies alles gewußt und hast dich trotzdem nicht vor Überheblichkeit gehütet. 23 Du hast den höchsten Herrn herausgefordert und dir die heiligen Gefäße seines Tempels* bringen lassen, du hast mit deinen führenden Männern, deinen Frauen und Nebenfrauen daraus Wein getrunken und die Götzen aus Gold, Silber, Bronze, Eisen, Holz und Stein gepriesen, die weder sehen noch hören können und auch keinen Verstand haben. Dem Gott aber, der dein Leben in der Hand hat und dein ganzes Schicksal bestimmt, hast du die Ehre verweigert.

24 Deshalb hat er diese Hand geschickt und die Schrift an die Wand schreiben lassen. 25 Was da geschrieben steht, lautet: ›Mene mene tekel u-parsin.‹ 26 Das bedeutet: *Gezählt* hat Gott die Tage deiner Herrschaft – und ihr ein Ende gemacht. 27 *Gewogen* hat er dich – und dich zu leicht gefunden. 28 *Zerteilt* hat er dein Reich und es den Medern und Persern gegeben.«[a]

29 Belschazzar befahl, Daniel in Purpur zu kleiden und ihm eine goldene Halskette umzulegen, und erklärte ihn zum drittmächtigsten Mann in seinem Reich. 30 Noch in derselben Nacht aber wurde Belschazzar, der König der

6 Babylonier, umgebracht, 1 und der Meder Darius übernahm die Herrschaft. Darius war damals 62 Jahre alt.

a *Mene mene tekel u-parsin* wird in den Versen 26-28 gedeutet als »Gezählt, gezählt, gewogen und geteilt«. Gleichzeitig bezeichnen die Wörter Geldeinheiten, und zwar mit absteigendem Wert, wie etwa Mark, Groschen, Pfennig oder Zehner, Fünfer, Einser, womit ebenfalls ein vernichtendes Urteil über den König ausgesprochen ist. Das Wort für »geteilt« erinnert zugleich an »Perser«.

5,11-12 2,48; 4,5-6; 1,7.17 **5,18** 2,37-38 **5,20-21** 4,25-30; Ez 31,10 S **5,29** 2,48; Gen 41,42-43 **6,1** 9,1-2; Jes 13,17

Daniels Rivalen stellen ihm eine Falle

2 Darius fand es zweckmäßig, das Reich in hun-
dertzwanzig Provinzen einzuteilen und an die
Spitze jeder Provinz einen Statthalter zu be-
rufen. 3 Außerdem ernannte er drei Bevollmäch-
tigte, denen die Statthalter Rechenschaft geben
mußten, damit dem König kein Schaden ent-
stand. Einer von den dreien war Daniel.

4 Es zeigte sich bald, daß Daniel den beiden
anderen Bevollmächtigten und allen Statthaltern
geistig weit überlegen war. Deshalb wollte der
König ihn zum obersten Bevollmächtigten für
das ganze Reich machen. 5 Da suchten die bei-
den anderen Bevollmächtigten und die Statt-
halter einen Vorwand, um Daniel anklagen zu
können. Sie fanden aber nichts, was sie ihm vor-
werfen konnten; denn er führte sein Amt treu
und gewissenhaft. Sie konnten nicht die gering-
ste Nachlässigkeit entdecken.

6 Da sagten sie: »Der einzige Punkt, wo wir
ihn fassen können, ist seine Treue zum Gesetz*
seines Gottes.«

7 So begaben sie sich alle miteinander eilig
zum König und sagten: »König Darius, mögest du
ewig leben! 8 Die Bevollmächtigten deines Rei-
ches, die Militärbefehlshaber, die Statthalter, die
Ratgeber und die Unterstatthalter sind überein-
gekommen, daß du folgenden Befehl erlassen
und für seine strikte Befolgung sorgen sollst:
›Wer in den nächsten dreißig Tagen ein Gebet
oder eine Bitte an irgendeinen Gott oder Men-
schen richtet außer an dich, unseren König, der
soll zu den Löwen in die Grube geworfen wer-
den.‹ 9 Gib diesem Verbot die Form eines offiziel-
len königlichen Erlasses, der nach dem Gesetz
der Meder und Perser von niemand widerrufen
werden kann.«

10 König Darius ließ den Befehl ausfertigen
und unterschrieb ihn.

11 Daniel hatte im Obergeschoß seines Hauses
Fenster in Richtung Jerusalem. Dreimal täglich
kniete er dort nieder, um Gott zu preisen und
seine Bitten vor ihn zu bringen. Als er von dem
königlichen Befehl erfuhr, ging er wie immer in
sein Haus und kniete zur gewohnten Zeit am
offenen Fenster nieder. 12 Seine Feinde kamen
eilfertig herbei und beobachteten, wie er zu sei-
nem Gott betete und ihn anflehte.

13 Darauf gingen sie zum König und sagten:
»Du hast doch einen schriftlichen Befehl erlas-
sen, daß jeder, der in den nächsten dreißig Tagen
von einem Gott oder Menschen etwas erbittet
außer von dir, zu den Löwen in die Grube ge-
worfen werden soll.«

»So ist es«, erwiderte der König, »und nach
dem Gesetz der Meder und Perser gilt es un-
widerruflich!«

14 Da berichteten sie dem König: »Daniel, der
zu den Verschleppten aus Juda gehört, kümmert
sich nicht um dich und dein Verbot, sondern
betet wie bisher dreimal täglich zu seinem Gott.«

Gott schützt Daniel in der Löwengrube

15 Was der König da hörte, bedrückte ihn sehr,
und er überlegte, wie er Daniel retten könnte.
Den ganzen Tag über suchte er nach einem Aus-
weg. 16 Aber bei Sonnenuntergang kamen die
Ankläger wieder zu ihm und hielten ihm vor:
»Du weißt, König: Es ist ein Gesetz der Meder
und Perser, daß kein Erlaß des Königs wider-
rufen werden kann.«

17 Nun mußte König Darius den Befehl geben,
Daniel herzubringen und in die Löwengrube zu
werfen. Er sagte zu ihm: »Möge dein Gott, den
du so treu verehrst, dich retten!«

18 Ein Stein wurde auf die Öffnung der Grube
gewälzt und mit dem Siegel des Königs und sei-
ner höchsten Beamten versiegelt, damit nie-
mand den Stein wegrücken und Daniel helfen
konnte.

19 Danach ging der König in seinen Palast. Er
rührte an diesem Abend kein Essen an und ver-
sagte sich jede Unterhaltung.[a] Er konnte die
ganze Nacht keinen Schlaf finden. 20 Beim ersten
Morgengrauen stand er auf, lief zur Löwengrube
21 und rief schon von ferne voller Angst: »Daniel,
du Diener des lebendigen Gottes, hat dich dein
Gott, den du so treu verehrst, vor den Löwen ret-
ten können?«

22 Daniel antwortete: »O König, mögest du
ewig leben! 23 Mein Gott sandte seinen Engel*
und verschloß den Löwen den Rachen, so daß
sie mir nichts antun konnten. Denn er hat keine
Schuld an mir gefunden, und auch gegen dich,
mein König, habe ich kein Unrecht begangen.«

24 Der König war überglücklich und befahl,
Daniel aus der Löwengrube zu holen. Daniel
wurde heraufgezogen. Er war völlig unverletzt
geblieben, weil er seinem Gott vertraut hatte.

25 Der König aber befahl, die Männer, die
Daniel angezeigt hatten, samt ihren Frauen und
Kindern zu den Löwen hinunterzuwerfen. Sie
hatten noch nicht den Boden berührt, da fielen

a *versagte sich …:* wörtlich *ließ sich kein(e) … bringen;* die Bedeutung des ausgelassenen Wortes ist unbekannt.

6,2 Est 1,1 **6,9** Est 1,19 S **6,11** 1 Kön 8,48; Tob 3,11; Ps 55,18 **6,13-14** 3,10-12 **6,16** Est 1,19 S **6,21** 3,17 **6,23** 3,28 **6,24** 3,27

schon die Löwen über sie her und zermalmten
ihnen alle Knochen.
26 Darauf schrieb König Darius an die Men-
schen aller Nationen, Völker und Sprachen auf
der ganzen Erde:

»Glück und Frieden euch allen! 27 Hiermit ordne
ich an: In meinem gesamten Reich soll man den
Gott Daniels fürchten und vor ihm zittern; denn
er ist der lebendige, ewige Gott. Sein Reich ist
unzerstörbar, und seine Herrschaft nimmt kein
Ende. 28 Er kann befreien und retten; am Him-
mel und auf der Erde sind die Zeichen seiner
Macht zu sehen. Er hat Daniel aus dem Rachen
der Löwen gerettet.«

29 Daniel aber wurde hoch geehrt während der
Herrschaft des Königs Darius und auch unter der
Herrschaft des Perserkönigs Kyrus.

DIE VISIONEN DANIELS (Kapitel 7–12)

Daniels erste Vision: Die Weltreiche und das Gottesreich

7 Im ersten Regierungsjahr des babyloni-
schen Königs Belschazzar hatte Daniel in
der Nacht im Traum eine Vision. Er schrieb auf,
was er geschaut hatte; 2 hier ist sein Bericht:
Ich sah in meiner nächtlichen Vision, wie aus
den vier Himmelsrichtungen die Winde bliesen
und das große Meer aufwühlten. 3 Vier große
Tiere stiegen aus dem Meer; jedes hatte eine
andere Gestalt.
4 Das erste Tier sah aus wie ein Löwe, hatte
aber Adlerflügel. Während ich es betrachtete,
wurden ihm die Flügel ausgerissen, es wurde
aufgerichtet, daß es auf zwei Füßen stand wie
ein Mensch, und es erhielt einen menschlichen
Verstand.
5 Das zweite Tier sah aus wie ein Bär. Es war
halb aufgerichtet und hatte zwischen seinen
Zähnen drei Rippenknochen. Es erhielt den Be-
fehl: »Steh auf! Friß dich voll mit Fleisch!«
6 Danach sah ich ein Tier, das aussah wie ein
Panther. Es hatte vier Vogelflügel auf dem
Rücken und vier Köpfe. Ihm wurde große Macht
gegeben.
7 Schließlich sah ich in meiner Vision ein vier-
tes Tier, das sah schreckenerregend aus und war
sehr stark. Es hatte große Zähne aus Eisen, mit
denen es alles zermalmte, und was es nicht
hinunterschlingen konnte, zertrat es mit den
Füßen. Es war völlig verschieden von den ande-
ren Tieren und hatte zehn Hörner.
8 Während ich die Hörner beobachtete, brach
ein weiteres Horn zwischen ihnen hervor. Drei
von den vorigen Hörnern wurden seinetwegen
ausgerissen. Das Horn hatte Menschenaugen
und ein Maul, das großmächtig prahlte.
9 Dann sah ich, wie Thronsessel aufgestellt
wurden. Jemand, der uralt war, setzte sich auf
einen von ihnen. Sein Gewand war weiß wie
Schnee und sein Haupthaar so weiß wie reine
Wolle. Sein Thron bestand aus lodernden Flam-
men und stand auf feurigen Rädern. 10 Ein Feuer-
strom ging von ihm aus. Abertausende standen
zu seinem Dienst bereit, und eine unzählbare
Menge stand vor ihm.
Richter setzten sich, und Bücher wurden auf-
geschlagen. 11 Ich sah, wie das Tier, dessen Horn
so prahlerisch dahergeredet hatte, getötet wurde.
Sein Körper wurde ins Feuer geworfen und völ-
lig vernichtet. 12 Schon zuvor war den anderen
Tieren ihre Macht genommen worden; auf Tag
und Stunde war die ihnen zugemessene Frist be-
stimmt.
13 Danach sah ich in meiner Vision einen, der
aussah wie ein Mensch.[a] Er kam mit den Wol-
ken heran und wurde vor den Thron des Uralten
geführt. 14 Der verlieh ihm Macht, Ehre und
Herrschaft, und die Menschen aller Nationen,
Völker und Sprachen unterwarfen sich ihm.
Seine Macht ist ewig und unvergänglich, seine
Herrschaft wird niemals aufhören.

Die Deutung der Vision

15 Ich war verwirrt und erschreckt von dem, was
ich sah. 16 Ich wandte mich an einen, der in der
Nähe stand, und bat ihn, mir zu erklären, was
das alles bedeutete. Er sagte zu mir: 17 »Die vier
großen Tiere sind vier Weltreiche, die nach-
einander auftreten werden; 18 aber zuletzt wird
das heilige Volk des höchsten Gottes die Herr-
schaft ergreifen und sie behalten bis in alle
Ewigkeit.«
19 Ich wollte Genaueres erfahren über das
vierte Tier, das ganz anders war als die anderen,
diese schreckliche Bestie mit Zähnen aus Eisen
und Krallen aus Bronze, die alles zermalmte und

a Wörtlich *wie der Sohn eines Menschen,* d. h. nach biblischem Sprachgebrauch: wie ein Wesen von der Gattung Mensch. Die so bezeichnete Gestalt erhält im Frühjudentum und im Neuen Testament den Titel »Menschensohn« (siehe dazu die Sacherklärung).

6,26 3,31 **6,27** 3,33 S **6,29** 1,21 **7,1** 5,1 **7,7** Offb 13,1 **7,8** 8,9; 11,36; Offb 13,5-6 **7,9** Ez 1,26.15-21; Ps 90,2; Offb 4,2 **7,10** Mal 3,16 S; Offb 5,11 **7,12** 2,21 **7,13** Mk 13,26 S; Offb 1,13 S **7,14** 2,44 S **7,18** Offb 20,4.6; 22,5

verschlang und den Rest mit den Füßen zertrat.
20 Vor allem wollte ich wissen, was die zehn Hörner auf seinem Kopf bedeuten sollten und das elfte Horn, das zuletzt hervorbrach und vor dem drei andere weichen mußten – Menschenaugen hatte es und ein Maul, das großmächtig prahlte, und es sah größer aus als die übrigen Hörner.
21 Ich hatte beobachtet, wie dieses Horn mit dem heiligen Volk Gottes Krieg führte und es unterwarf;
22 aber dann kam der Uralte, um Gericht zu halten, und die Herrschaft wurde seinem Volk, den Heiligen des höchsten Gottes, übergeben. –

23 Auf meine Frage bekam ich zur Antwort: »Das vierte Tier bedeutet ein viertes Reich, das anders ist als alle vorhergehenden. Es wird alle Völker der Erde zermalmen, verschlingen und zertreten.
24 Die Hörner bedeuten, daß zehn Könige in diesem Reich regieren werden, dann aber kommt ein elfter König an die Macht, der sich von allen seinen Vorgängern unterscheidet.

Drei Könige wird er vom Thron stoßen.
25 Er wird verächtlich über Gott, den Höchsten, reden und das heilige Volk des höchsten Gottes unterdrücken. Er wird versuchen, das Gesetz* Gottes und die heiligen Feste abzuschaffen.

Ein Jahr und zwei Jahre und ein halbes Jahr wird das Volk Gottes in seine Gewalt gegeben.
26 Dann aber tritt das himmlische Gericht zusammen und nimmt ihm seine Macht; er wird endgültig vernichtet.

27 Darauf wird der höchste Gott die Herrschaft über die Völker der ganzen Erde seinem heiligen Volk übertragen. Dessen Reich soll alle anderen Reiche ablösen und ihre Macht und Größe in sich vereinen. Gott aber behält die Herrschaft in alle Ewigkeit, alle Mächtigen der Erde werden ihm dienen und gehorchen müssen.«

28 Hier endete meine Vision. Ich, Daniel, war so erschrocken, daß alle Farbe aus meinem Gesicht wich; aber ich behielt im Gedächtnis, was ich geschaut hatte.

Eine zweite Vision: Der Zweikampf zwischen Widder und Ziegenbock

8 Im dritten Regierungsjahr des Königs Belschazzar hatte ich, Daniel, wieder eine Vision.
2 In der Vision sah ich mich in der Residenzstadt Susa in der Provinz Elam*, und zwar in der Nähe des Ulai-Kanals.

3 Als ich genauer hinsah, stand da am Wasser ein Widder mit zwei mächtigen Hörnern. Das eine Horn war größer als das andere, obwohl es erst nach dem anderen gewachsen war.
4 Ich sah, wie der Widder mit den Hörnern nach Westen, Norden und Süden stieß. Kein anderes Tier konnte sich gegen ihn behaupten, niemand konnte es mit ihm aufnehmen. Darum durfte er sich alles erlauben und wurde immer mächtiger.

5 Während ich den Widder beobachtete, kam plötzlich ein Ziegenbock von Westen. Er flog nur so über die Erde, ohne den Boden zu berühren; zwischen den Augen trug er ein einziges, starkes Horn.
6–7 Als er bei dem Widder am Wasser angekommen war, stürzte er sich wutentbrannt auf ihn. Der Zorn gab ihm solche Kraft, daß er dem Widder beide Hörner abbrach. Der Widder konnte ihm nicht standhalten; da ihm niemand zu Hilfe kam, warf der Bock ihn zu Boden und zertrampelte ihn.

8 Der Ziegenbock wurde immer mächtiger, aber auf dem Höhepunkt seiner Macht brach sein großes Horn ab. An seiner Stelle wuchsen vier kräftige Hörner, jedes nach einer anderen Himmelsrichtung.
9 Aus einem von ihnen kam ein weiteres Horn hervor, zunächst ganz klein, aber dann wuchs es gewaltig nach Osten und auch nach Süden zum Heiligen Land hin.[a]

10 Dann wuchs es bis zum Heer des Himmels hinauf, es warf einige von dem Heer und von den Sternen auf die Erde und zertrat sie.
11 Sogar bis zum Herrn des Himmelsheeres[b] drang es vor; es nahm ihm das tägliche Abend- und Morgenopfer* weg und entweihte sein Heiligtum.
12 Durch sein verbrecherisches Vorgehen bekam es Gewalt über das Himmelsheer und über die täglichen Opfer. Es zerstörte den wahren Gottesdienst, und alles, was es unternahm, gelang ihm.[c]

13 Da hörte ich zwei Engel miteinander reden. Der eine fragte: »Wie lange soll das dauern, was in der Vision zu sehen war, daß die täglichen Opfer unterbunden werden und das Heiligtum durch frevelhafte Entweihung verödet? Wie lange darf er ungestraft die Macht des Himmels herausfordern?«

14 Ich hörte den anderen Engel antworten:

a Wörtlich *zu (dem Land/Ort) der Zierde/Schönheit hin.*
b D. h. bis zu Gott, dem *Herrn* der Götter. Der Seleuzidenkönig Antiochus IV., auf den hier hingedeutet wird, hat durch seine Religionspolitik in den Kult zahlreicher antiker Götter eingegriffen; zum Ende des Verses vgl. 1 Makk 1 und die Sacherklärung »Scheusal, entsetzliches«.
c Die Übersetzung der Verse 12 und 13 ist teilweise unsicher.

7,25 11,31-36; 8,14 S **7,26** 11,45 **7,27** 7,18 S; 2,44 S **7,28** 8,27 **8,1** 7,1 S **8,2** Neh 1,1; Est 1,2 **8,9** 7,8; 1 Makk 1,10.17; 3,37 **8,10** 11,37 **8,11-12** 12,11 S **8,14** 7,25; 12,7.11

»Zweitausenddreihundertmal wird das Opfer
unterbunden sein; 1150 Tage lang wird kein
Abend- und Morgenopfer dargebracht.[a] Erst
dann wird die Ordnung des Heiligtums wieder-
hergestellt.«

Die Deutung der Vision vom Widder und vom Ziegenbock

15 Während ich über den Sinn dieser Vision
nachgrübelte, sah ich plötzlich jemand dastehen,
der wie ein Mann aussah. 16 Und ich hörte über
dem Ulai-Kanal eine Stimme, die ihm zurief:
»Gabriel*! Erkläre ihm, was er geschaut hat!«
17 Der Engel Gabriel trat auf mich zu, und
ich erschrak darüber so sehr, daß ich zu Boden
stürzte. Er sagte zu mir: »Du Mensch, du hast
geschaut, was in der letzten Zeit geschehen
wird.«
18 Während er das sagte, lag ich wie betäubt
am Boden, mit dem Gesicht zur Erde. Der Engel
faßte mich bei der Hand und richtete mich auf.
19 Dann sagte er: »Ich enthülle dir jetzt, was ge-
schehen wird, wenn das Strafgericht Gottes sei-
nen abschließenden Höhepunkt erreicht. Denn
es geht bei dem, was du geschaut hast, um die
Zeit, in der das Ende kommt.
20 Der Widder mit den beiden Hörnern ist das
Reich der Meder und Perser, 21 der zottige Zie-
genbock das Reich der Griechen. Das große
Horn zwischen den Augen des Ziegenbocks ist
der erste König des Griechenreiches. 22 Daß das
Horn abbricht und an seiner Stelle vier andere
Hörner nachwachsen, bedeutet: Aus dem einen
Reich werden vier Reiche entstehen, die jedoch
nicht so mächtig sind wie das eine.
23 Wenn die Zeit dieser Reiche zu Ende geht
und das Maß ihrer Untaten voll ist, wird ein an-
maßender und hinterlistiger König auftreten.
24 Seine Macht wird groß sein, aber nicht durch
eigene Kraft. Alles, was er unternimmt, wird
ihm gelingen. Mächtige Gegner wird er vernich-
ten, er wird aber auch gegen das heilige Volk
Gottes vorgehen und unerhörte Zerstörungen
anrichten.
25 Er wird dabei so geschickt vorgehen, daß er
mit seinen Täuschungen Erfolg hat. Er wird
überheblich werden und viele ahnungslose
Menschen umbringen. Aber weil er sich gegen
den höchsten Herrn erhebt, wird er ohne
menschliches Zutun vernichtet werden. 26 Auch
was du über die Abend- und Morgenopfer*
gehört hast, wird eintreffen.
Halte geheim, was du geschaut hast; denn es
betrifft eine ferne Zukunft.«
27 Ich, Daniel, war ganz zerschlagen und lag
tagelang krank. Als ich wieder aufstehen konn-
te, nahm ich meinen Dienst beim König wieder
auf; aber meine Vision ließ mir keine Ruhe, denn
ich konnte sie immer noch nicht begreifen.

Daniel bittet Gott um Erbarmen und Erleuchtung

9 1-2 Inzwischen war der Meder Darius, der
Sohn von Xerxes, König über das Babyloni-
sche Reich geworden. In seinem ersten Regie-
rungsjahr dachte ich darüber nach, was wohl die
siebzig Jahre bedeuten, von denen ich in den
Heiligen Schriften gelesen hatte. So lange näm-
lich sollte – nach einem Wort des HERRN an den
Propheten Jeremia – Jerusalem in Trümmern lie-
gen. 3 Ich fastete* und setzte mich im Sack* in
die Asche. Dann wandte ich mich im Gebet an
den HERRN, meinen Gott. 4 Vor ihm legte ich ein
Bekenntnis unserer gemeinsamen Schuld ab
und sagte:
»Ach Herr, du großer und ehrfurchtgebieten-
der Gott! Du stehst in unerschütterlicher Treue
zu deinem Bund* und zu denen, die dich lieben
und nach deinen Geboten leben. 5 Wir sind
schuldig geworden, wir haben dir die Treue ge-
brochen, wir haben uns gegen dich aufgelehnt
und deine Gebote und Weisungen nicht befolgt.
6 Wir haben nicht auf die Warnungen deiner Die-
ner, der Propheten*, gehört, die in deinem Auf-
trag unseren Königen und führenden Männern,
den Sippenoberhäuptern und dem ganzen Volk
ins Gewissen geredet haben.
7 Du, Herr, hast zu deinem Bund gestanden,
du bist im Recht, wenn du uns so hart gestraft
hast. Wir aber müssen beschämt vor dir stehen,
die Leute von Juda und Jerusalem und alle Israe-
liten nah und fern, die du wegen ihres Treu-
bruchs verstoßen und unter die Völker zerstreut
hast.
8 Ja, HERR, wir sind voller Scham, wir, unsere
Könige und führenden Männer und unsere Sip-
penoberhäupter; 9 du aber, Herr, unser Gott, bist
voll Erbarmen! Wir brauchen deine Vergebung,
denn wir sind dir ungehorsam gewesen! 10 Wir
haben nicht auf dich, den HERRN, unseren Gott,

a *Zweitausenddreihundertmal …:* wörtlich *(Es dauert) bis 2300 Abend Morgen.* Die Angabe wird von manchen auf 2300 Tage gedeutet.

8,16 (Gabriel) 9,21; Lk 1,19.26 **8,17** 10,8-9; Ez 1,28b S; Offb 1,17 **8,21-22** 11,3-4 **8,23-25** 8,9 S; 11,21-45 **8,26** 8,11; (geheim) 12,4 **8,27** 7,28 **9,1-2** Jer 25,11 S **9,3** Jes 58,5 S **9,4-19** Esra 9,5-15; Neh 9,6-37; Jes 59,9-15; Jer 14,7-9.19-22; Bar 1,15–3,8; Tob 3,2-5 **9,4b** Dtn 7,9 S **9,9** Ex 34,6 S

gehört, als du uns durch deine Diener, die Propheten, gewarnt und auf den rechten Weg zurückgerufen hast.
11 Ganz Israel hat sich gegen dich aufgelehnt und deine Gebote mißachtet. Deshalb traf uns der Fluch, mit dem im Gesetzbuch* deines Dieners Mose jeder bedroht wird, der dir nicht gehorcht.
12 Du hast Unheil über Jerusalem gebracht, das unter dem Himmel seinesgleichen sucht; aber du hast damit nur wahr gemacht, was du unseren Königen und führenden Männern für den Fall unseres Ungehorsams angedroht hattest.
13 Im Gesetzbuch Moses stand das geschrieben, und nun ist es alles eingetroffen; denn wir sind nicht umgekehrt von unseren falschen Wegen, um dich, den HERRN, unseren Gott, wieder freundlich zu stimmen, wir haben uns nicht nach deiner zuverlässigen Weisung gerichtet.
14 Deshalb hast du, HERR, das angedrohte Unheil über uns hereinbrechen lassen. Wir haben nicht auf dich gehört, darum bist du, unser Gott, im Recht mit allem, was du gegen uns getan hast.
15 Herr, wir sind schuldig, wir waren dir ungehorsam! Aber du, unser Gott, bist es doch, der sein Volk durch seine große Macht aus Ägypten herausgeführt hat! In aller Welt hast du dir dadurch einen Namen gemacht.
16 Immer von neuem hast du in der Vergangenheit deine Treue an uns erwiesen. Sei auch nun nicht länger zornig über deine Stadt Jerusalem und über den Zion*, deinen heiligen Berg!

Durch unsere Schuld und die Schuld unserer Vorfahren ist es so weit gekommen, daß alle Völker ringsum über deine Stadt Jerusalem und über dein Volk spotten.
17 Darum, unser Gott, höre mein Gebet, höre mein demütiges Bitten! Blicke wieder freundlich auf dein verwüstetes Heiligtum, tu es um deiner eigenen Ehre willen!
18 Mein Gott, wende dich mir zu und höre mich! Sieh doch, wie elend wir dran sind und wie es um die Stadt steht, die dein Eigentum ist.[a] Wir wissen, daß wir es nicht verdient haben. Wir vertrauen nicht auf unsere Leistungen, sondern allein auf dein großes Erbarmen.
19 Höre mich, Herr! Vergib uns! Sieh unser Elend und greif ein! Laß uns nicht länger warten! Tu es um deiner Ehre willen; denn du hast doch deine Stadt und dein Volk zu deinem Eigentum erklärt!«

Der Engel deutet Daniel das Geheimnis der siebzig Jahre

20 Während ich so vor dem HERRN meine Schuld und die Schuld meines Volkes bekannte und meinen Gott für seinen heiligen Berg, den Ort seines Heiligtums, anflehte,
21 kam schon der Engel Gabriel*, den ich vorher in meiner Vision gesehen hatte, in schnellem Flug auf mich zu. Es war um die Zeit des Abendopfers*.
22 Er öffnete mir das Verständnis für das Prophetenwort, über das ich nachgedacht hatte, und sagte zu mir: »Daniel, ich will dir helfen, den Sinn jenes Wortes zu verstehen.
23 Als du zu beten begannst, gab Gott mir eine Antwort für dich; denn er liebt dich. Ich bin hier, um sie dir mitzuteilen. Gib gut acht auf das, was ich dir zu sagen habe, damit du die Vision verstehst!
24 Nicht siebzig *Jahre,* sondern siebzig *Jahrwochen*[b] müssen nach Gottes Plan vergehen, bis er das Schicksal deines Volkes und der Heiligen Stadt wendet. Dann erst ist die Auflehnung gebüßt und die Schuld vergeben. Dann bringt Gott alles für immer in Ordnung. Dann läßt er das Prophetenwort in Erfüllung gehen, und der Tempel* wird von neuem geweiht.
25 Gib acht, damit du es verstehst: Von dem Zeitpunkt an, als der Prophet die Botschaft erhielt, daß die Verschleppten heimkehren dürfen und Jerusalem wiederaufgebaut wird, vergehen sieben Jahrwochen bis zu dem Zeitpunkt, an dem in Jerusalem von neuem ein Oberhaupt durch Salbung* eingesetzt wird. Dann wird Jerusalem 62 Jahrwochen lang als wiederaufgebaute und befestigte Stadt bestehen bleiben, auch wenn es schwere Zeiten erleben muß.
26 Nach Ablauf dieser Zeit wird ein gesalbtes Oberhaupt gestürzt werden;[c] die Stadt und der Tempel werden durch das Heer eines fremden Herrschers verwüstet, über das jedoch die Vernichtung wie eine Flut hereinbricht; und bis zum Ende wird es Krieg und Verwüstung geben, wie es in Gottes Plan vorgesehen ist.
27 Der fremde Herrscher wird eine Jahrwoche lang vielen die Treue zum Bund* mit Gott schwermachen. In der Mitte dieser Woche wird er den Opferdienst im Tempel unterbinden und den Altar eines fremden Götzen dort aufstellen, bis ihn selbst die Vernichtung trifft, die in Gottes Plan für ihn vorgesehen ist.«

a *die dein …:* wörtlich *über der dein Name ausgerufen ist;* entsprechend in Vers 19.
b *Nicht siebzig Jahre …:* wörtlich *Siebzig Wochen.* Eine Jahrwoche zählt sieben Jahre.
c Hier folgt noch *und er wird nicht haben;* was, wird nicht gesagt.

9,11.13 (Fluch) Lev 26,14-39; Dtn 28,15-68 **9,15** Ex 12,51; Jer 32,20-21 **9,17** Ez 36,20-23 S **9,18** Dtn 9,4-6; Röm 3,23-24 **9,19** Jer 14,21 S **9,21** 8,16 S; Num 28,3-8 **9,24** 9,1-2; 1 Makk 4,36-59 **9,25** Sach 3,1; 4,14 **9,26** 2 Makk 3,1; 4,7.33-35 **9,27** 12,11 S

Daniel wird auf eine abschließende Offenbarung vorbereitet

10 Im dritten Regierungsjahr des Perser-
königs Kyrus erhielt Daniel, der auch Belt-
schazzar heißt, eine Botschaft von Gott. Was
ihm darin offenbart wurde, ist wahr und betrifft
eine Zeit großer Not. Daniel suchte den Sinn
der Botschaft zu verstehen, und in einer Vision
wurde ihm das Verständnis eröffnet. Er berich-
tet:

2 Damals trauerte ich, Daniel, drei Wochen
lang über das Schicksal meines Volkes. 3 Ich aß
die ganze Zeit über kein Fleisch und keine
wohlschmeckenden Speisen, trank keinen Wein
und pflegte mein Gesicht und mein Haar nicht
mit Öl.

4 Am 24. Tag des 1. Monats stand ich am Ufer
des Tigris, 5 und als ich aufblickte, sah ich einen
Mann in einem leinenen Gewand mit goldenem
Gürtel. 6 Sein Leib funkelte wie ein Edelstein,
sein Gesicht leuchtete wie der Blitz, und seine
Augen brannten wie Flammen. Seine Arme und
Beine glänzten wie polierte Bronze, und seine
Stimme klang wie das Rufen einer vielstimmi-
gen Menschenmenge.

7 Nur ich allein sah diese Erscheinung; meine
Begleiter sahen nichts. Doch packte sie ein gro-
ßer Schrecken, sie liefen davon und versteckten
sich. 8 Ich blieb allein zurück. Beim Anblick der
gewaltigen Erscheinung verließ mich alle Kraft,
und das Blut wich aus meinem Gesicht. 9 Der
Mann begann zu sprechen, und kaum waren
die ersten Worte an mein Ohr gedrungen, da
stürzte ich ohnmächtig zu Boden und blieb mit
dem Gesicht zur Erde liegen. 10 Sogleich griff
eine Hand nach mir und zog mich hoch, so daß
ich mich auf die Knie aufrichten und mit den
Händen aufstützen konnte.

11 Der Mann sagte zu mir: »Gott liebt dich,
Daniel! Steh auf und gib acht auf das, was ich dir
zu sagen habe. Gott hat mich zu dir gesandt.«

Zitternd stand ich auf, 12 und er sagte zu mir:
»Hab keine Angst, Daniel! Du hast dich vor dei-
nem Gott gebeugt, um Einsicht in seinen verbor-
genen Plan zu erlangen; und schon am ersten
Tag, als du damit begannst, hat er dein Gebet
erhört. So lange bin ich schon unterwegs; 13 aber
der Engelfürst* des Perserreiches trat mir in den
Weg und hat mich 21 Tage lang aufgehalten.
Dann kam Michael*, einer der höchsten Engel-
fürsten, mir zu Hilfe, so daß ich mich dort los-
machen konnte. 14 Nun bin ich hier, um dir zu
sagen, wie es deinem Volk am Ende der Zeit er-
gehen wird. Denn auch diese Vision handelt von
einer fernen Zukunft.«

15 Als er das sagte, schlug ich die Augen zu
Boden und konnte kein Wort herausbringen.
16 Da berührte er, der aussah wie ein Mensch,
meine Lippen, und ich konnte wieder reden. Ich
sagte zu ihm: »Mein Herr! Als ich dich in mei-
ner Vision erblickte,[a] überfielen mich heftige
Schmerzen und nahmen mir alle Kraft. 17 Wie
kann ich kleiner Mensch mit einem so mächti-
gen Engel* sprechen? Der Atem stockt mir, und
alle Kraft hat mich verlassen.«

18 Da berührte er, der aussah wie ein Mensch,
mich noch einmal und stärkte mich. 19 Dann
sagte er zu mir: »Hab keine Angst! Gott liebt
dich. Frieden sei mit dir! Sei stark und mutig!«

Ich fühlte mich so gestärkt, daß ich sagte:
»Rede jetzt! Du hast mir die Kraft gegeben, dich
anzuhören.«

20-21 Er erwiderte: »Weißt du nun, warum ich
zu dir gekommen bin? Ich will dir offenbaren,
was im Buch der Wahrheit geschrieben steht.
Wenn ich dich verlasse, muß ich wieder mit dem
Engelfürsten des Perserreiches kämpfen; und
wenn ich den besiegt habe, muß ich gegen den
Engelfürsten der Griechen antreten. Niemand
steht mir gegen sie bei außer Michael*, dem
11 Engelfürsten eures Volkes, 1 so wie auch
ich ihm beistand, im ersten Regierungsjahr
des Mederkönigs Darius.

Prophetischer Gang durch die Geschichte: Alexander der Große und sein Ende

2 Der Engel sagte:[b] »Jetzt will ich dir mitteilen,
was mit Sicherheit künftig geschehen wird.
Noch drei Könige werden über Persien regieren;
danach kommt ein vierter, der reicher sein wird
als alle seine Vorgänger. Wenn er durch seinen
Reichtum zu großer Macht gelangt ist, wird er
sie gegen das Königreich der Griechen aufbieten.

3 Dann wird ein großer Held König von Grie-
chenland[c] werden. Er wird mit großer Macht
regieren und alle seine Pläne ausführen. 4 Aber
kaum hat er sein Ziel erreicht, so bricht sein

a Der Text kann auch so verstanden werden, daß es sich in Vers 16a und Vers 18 um eine zweite Gestalt neben der von Vers 4-6 und Vers 16b (und 19) handelt; dann ist – wörtlicher – zu übersetzen: *Da berührte einer, der aussah … Ich sagte zu dem, der mir gegenüberstand … Als ich die Vision sah …*

b Verdeutlichender Zusatz; ebenso in 12,1. Es spricht immer noch der *Mann* von 10,5-6.

c *von Griechenland:* verdeutlichender Zusatz.

10,1 1,7.21 **10,5** 8,15; 12,5-6; Ez 9,2 **10,7** Apg 9,7 **10,8-10** 8,17 S **10,13** (Michael) 10,20-21; 12,1; Jud 9; Offb 12,7 **10,14** 8,17 **10,16** Jer 1,9 S **10,18** 8,18 **10,19** (liebt dich) 9,23 **10,20-21** 10,13 S **11,1** 9,1-2 **11,3-4** 8,21-22; 1 Makk 1,1-6

Reich wieder auseinander und zerfällt in vier Teile, nach den vier Himmelsrichtungen. Keines der Teilreiche erreicht die Macht, die er in seiner Hand vereinigt hatte, und nicht seine Nachkommen herrschen dort, sondern das Erbe fällt anderen zu; sein Königshaus wird vollständig ausgelöscht.

Die Rivalität zwischen Ptolemäer- und Seleuzidenreich

5 Der König des südlichen Reiches wird mächtig sein; aber einer seiner Fürsten wird ihn an Macht übertreffen und im nördlichen Teil[a] ein eigenes großes Reich begründen.

6 Nach einiger Zeit werden die beiden Reiche sich verbünden, und zur Besiegelung des Bündnisses wird der König des Südens dem König des Nordens seine Tochter zur Frau geben. Aber sie wird ihren Einfluß verlieren, und das Bündnis wird keinen Bestand haben. Sie selbst wird sterben müssen, und ebenso die beiden, die diese Verbindung gestiftet haben, ihr Vater und ihr Mann.

7 Anstelle ihres Vaters wird einer ihrer Brüder[b] König werden. Er wird den König des Nordens angreifen, sein Heer besiegen und seine Hauptstadt erobern und ausplündern.
8 Die Götterbilder samt ihren kostbaren Geräten aus Silber und Gold wird er nach Ägypten mitnehmen, doch sonst nichts gegen den König des Nordens unternehmen. Nach einigen Jahren
9 wird der König des Nordens in das südliche Reich einfallen, aber dann wieder heimkehren.

10 Doch seine Söhne werden sich zum Krieg rüsten und große Truppenmassen zusammenbringen. Einer von ihnen wird mit seinem Heer wie eine Sturmflut über den Gegner hereinbrechen, und nachdem er seine Truppenmacht noch einmal verstärkt hat, wird er bis vor die befestigte Stadt kommen, die dem Südkönig gehört.
11 Da wird der König des Südens voller Wut gegen den König des Nordens in den Kampf ziehen und ihn trotz seiner Übermacht besiegen.
12 Von den feindlichen Kriegsleuten werden Zehntausende den Tod finden.

Dieser Sieg wird den König des Südens stolz und selbstsicher machen; aber er wird seine Überlegenheit nicht halten können.
13 Denn nach einigen Jahren wird der König des Nordens ein noch größeres Heer aufstellen und ihn angreifen.

14 Zu dieser Zeit werden sich viele gegen den König des Südens auflehnen. Sogar aus deinem eigenen Volk werden gewalttätige Leute sich gegen ihn erheben und damit eine Vision erfüllen; aber sie werden scheitern.
15 Der König des Nordens wird gegen eine stark befestigte Stadt anrücken, einen Wall aufschütten und sie belagern. Er wird sie einnehmen; das Heer des Südens wird nicht standhalten können, selbst die Elitetruppen sind nicht stark genug, um ihm zu widerstehen.
16 Der König des Nordens kann tun, was ihm gefällt, weil er nirgends mehr auf Widerstand trifft; er wird auch in das Heilige Land[c] eindringen und dort Verwüstungen anrichten.

17 Er wird den Plan fassen, sich mit dem Reich des Südens zu verbünden, um es in seine Gewalt zu bekommen. Zu diesem Zweck wird er dem König des Südens eine seiner Töchter zur Frau geben; aber er wird sein Ziel nicht erreichen.
18 Dann wird er sich den griechischen Inseln zuwenden und viele erobern; aber ein fremder Heerführer wird ihm entgegentreten und ihm seinen Übermut austreiben.
19 Darauf wird er die Städte seines eigenen Landes ausplündern müssen und dabei den Untergang finden.

20 Sein Nachfolger wird einen Steuereintreiber in das Heilige Land[d] schicken; aber nach kurzer Zeit wird er getötet werden, nicht im Krieg, sondern auf hinterhältige Weise.

Antiochus Epiphanes, der Feind des Gottesvolkes

21 Seinen Platz wird ein niederträchtiger Mensch einnehmen. Er hat keinen Anspruch auf das Königtum, aber er reißt es durch Intrigen an sich.
22 Alle Heere, die in sein Land einfallen wollen, vernichtet er.

Auch ein Oberhaupt des Gottesvolkes[e] findet durch ihn den Untergang.
23 Es hat seine Freundschaft gesucht, aber er hintergeht es, zieht gegen die Heilige Stadt und bringt sie in seine Gewalt, obwohl er nur eine kleine Truppe bei sich hat.

24 Unversehens fällt er in wohlhabende Landstriche ein, raubt sie aus und verteilt die Beute verschwenderisch unter seine Gefolgsleute. Keiner seiner Vorgänger hat je so etwas getan. Seine Pläne richten sich auch gegen die befestigten Städte. Aber das dauert nur eine Zeitlang.

a *im nördlichen Teil:* verdeutlichender Zusatz. b Wörtlich *ein Sproß aus ihren Wurzeln.*
c wörtlich *das Land der Zierde;* ebenso in Vers 41 (vgl. 8,9). d *in das ...:* wörtlich *in den Schmuck des Reiches.*
e *ein Oberhaupt ...:* wörtlich *ein Fürst des Bundes**.

11,6 2,43 11,16 8,9 S 11,17 2,43 11,20 2 Makk 3,7-40 11,21 7,24; 8,23; 2 Makk 4,7; 1 Makk 1,10 11,22b 9,26 S

25 Dann nimmt er alle seine Kraft zusammen und zieht mit einem großen Heer gegen den König des Südens, der ein noch größeres Heer gegen ihn aufgestellt hat. Der König des Südens hat kein Glück, denn es werden Intrigen gegen ihn gesponnen. 26 Seine eigenen Vertrauten stürzen ihn; sein Heer zerstreut sich, und viele finden den Tod.

27 Darauf verhandeln die beiden Könige miteinander, sie sitzen am selben Tisch, aber sie meinen es nicht ehrlich. Ihre Pläne gelingen nicht, weil die Zeit für das Ende noch nicht reif ist. 28 Der König des Nordens kehrt mit reicher Beute in sein Land zurück. Auf dem Weg dorthin aber führt er aus, was er sich gegen das Gottesvolk und seinen Glauben[a] vorgenommen hat.

29 Nach einer von Gott bestimmten Zeit zieht er von neuem mit einem Heer gegen das Reich des Südens; aber diesmal wird es nicht so enden wie beim ersten Mal. 30 Von Westen her treffen Schiffe ein und zwingen ihn durch Drohungen zur Umkehr. Darauf läßt er seinen Zorn am Gottesvolk und seinem Glauben aus.

Er verbündet sich mit denen im Volk, die ihrem Gott untreu geworden sind, 31 und schickt seine Truppen. Diese werden das Heiligtum[b] entweihen, die täglichen Opfer abschaffen und das entsetzliche Scheusal* dort aufstellen. 32 Er bringt die Menschen, die es mit dem Bund* Gottes und seinem Gesetz* nicht ernst nehmen, mit List und Tücke so weit, daß sie ihren Glauben preisgeben; aber die anderen, die ihrem Gott treu sind, bleiben fest und halten sich weiter an Gottes Gesetz.

33 Einsichtige Männer aus dem Volk werden viele auf den rechten Weg weisen. Dafür werden sie eine Zeitlang mit Feuer und Schwert verfolgt; man verhaftet sie und plündert ihren Besitz. 34 Während der Verfolgungszeit erfahren sie von gewisser Seite ein wenig Hilfe, aber viele andere schließen sich ihnen nur dem Schein nach an. 35 Auch von ihnen selbst kommen einige zu Fall; denn das Volk Gottes muß geprüft werden, damit es am Ende rein und geläutert dasteht. Und noch ist das Ende nicht da.

36 Der König aber wird schalten und walten, wie er will. Er wird sich einbilden, er sei mächtiger als alle Götter; sogar über den höchsten Gott wird er verächtlich reden. Aber das kann er nur, solange Gott es im Zorn über sein Volk zuläßt; denn es geschieht alles genau nach Gottes festem Plan.

37 Dieser König mißachtet selbst die Götter, die seine Vorfahren verehrten, auch den Tammus*, den Lieblingsgott der Frauen – jeden Gott ohne Ausnahme verachtet er, über jeden erhebt er sich. 38 Statt dessen verehrt er den Gott der Festungen, den seine Vorfahren noch nicht gekannt haben; er wird ihm Gold, Silber, Edelsteine und andere Kostbarkeiten zum Geschenk machen. 39 Mit Hilfe dieses fremden Gottes wird er starke Festungen zu Fall bringen. Wer seinen Gott verehrt, den überhäuft er mit Ehren und gibt ihm Land und Herrschaft über viele Menschen.

40 Dann aber, wenn das Ende kommt, wird der König des Südens ihn angreifen, und der König des Nordens wird zurückschlagen mit Streitwagen* und Reitern und zahlreichen Schiffen. Er wird nach Süden vordringen, unaufhaltsam wie die Flut. 41 Das Heilige Land bringt er in seine Gewalt, und von dessen Bewohnern werden Zehntausende[c] umkommen; aber die Edomiter* und Moabiter* und der Großteil der Ammoniter* werden verschont.

42–43 Auch Ägypten kann sich nicht vor seinem Zugriff retten; sein Gold und Silber und alle seine Schätze fallen ihm in die Hand. Selbst Libyen und Äthiopien* werden sich ihm unterwerfen. 44 Dann aber hört er, daß Feinde von Osten und Norden in sein Land eingefallen sind, und er wird wutentbrannt umkehren, um sie zu vernichten.

45 Aber wenn er gerade seine prächtigen Zelte zwischen dem Meer und dem Berg Zion[d] aufgeschlagen hat, wird ihn das Ende ereilen, und niemand kann ihn retten.«

Michaels Eingreifen und die Auferstehung der Toten

12 »Zu jener Zeit«, sagte der Engel, »wird der große Engelfürst Michael* eingreifen und für dein Volk kämpfen. Es wird eine Zeit der Not und Bedrängnis sein, wie es sie seit Menschengedenken nicht gegeben hat. Aber dein Volk wird gerettet werden, alle, deren Namen im Buch Gottes geschrieben stehen.

2 Viele, die in der Erde schlafen, werden er-

a *seinen Glauben:* wörtlich *den heiligen Bund*;* ebenso in Vers 30.
b Hier folgt noch *die Festung,* was keinen erkennbaren Sinn ergibt. (Zur späteren Befestigung des Tempelbezirks vgl. 1 Makk 4,60.)
c So mit einer alten Übersetzung; H *viele.*
d Wörtlich *Berg der heiligen Zierde.*

11,25-28 1 Makk 1,16-24 **11,29-35** 8,24-25; 1 Makk 1,29-64 **11,31** 12,11 S **11,33** 12,3; 2 Makk 6,18–7,41 **11,34** 1 Makk 2,1–4,61 **11,36** 7,8.25 **11,37** Ez 8,14 **11,45** 7,26 **12,1** 10,13 S; Mal 3,16 S; Mk 13,19 par **12,2** 12,13; Jes 26,19 S; 66,22-24; 2 Makk 7,9.14.36; 12,43-45; Weish 2,23–3,8; Mt 25,46 S

wachen, die einen zu ewigem Leben, die andern zu ewiger Schmach und Schande. 3 Die Einsichtigen werden leuchten wie der taghelle Himmel, und alle, die anderen den rechten Weg gezeigt haben, werden glänzen wie die Sterne für ewige Zeiten.«

4 Dann sagte er noch zu mir: »Halte geheim, was ich dir jetzt gesagt habe; schreibe es auf und versiegle das Buch, damit es in der letzten Zeit geöffnet wird! Viele werden ratlos umherirren; aber in diesem Buch wird Rat zu finden sein.«

Über den Zeitpunkt des Endes

5 In diesem Augenblick sah ich zwei weitere Männer, einen auf dieser, einen auf jener Seite des Tigrisstromes. 6 Der eine fragte den Mann in dem leinenen Gewand, der über dem Wasser des Stromes war: »Wie lange wird es dauern, bis diese erstaunlichen Ereignisse an ihr Ende gekommen sind?«

7 Der Mann über dem Wasser erhob beide Hände zum Himmel und schwor bei Gott, der ewig lebt: »Es dauert ein Jahr, zwei Jahre und ein halbes Jahr. Wenn die Leiden von Gottes heiligem Volk ein Ende haben,[a] dann wird dies alles vollendet werden.«

8 Ich hörte seine Worte, konnte sie aber nicht begreifen. Deshalb fragte ich: »Mein Herr, wie wird das Ende aussehen?«

9 Er sagte: »Geh jetzt, Daniel! Was ich dir gesagt habe, soll bis zur letzten Zeit geheim und versiegelt bleiben. 10 Viele werden von Gott geprüft werden, damit Gottes Volk am Ende rein und geläutert dasteht; und die Treulosen, die sich von Gott abgewandt haben, werden bis zuletzt auf ihrer Untreue beharren. Sie werden nicht verstehen können, was ich dir offenbart habe, aber die Einsichtigen werden es verstehen.

11 Von dem Zeitpunkt an, wenn die täglichen Opfer unterbunden werden und das entsetzliche Scheusal* aufgestellt wird, dauert es 1290 Tage. 12 Freuen dürfen sich alle, die geduldig ausharren, bis 1335 Tage vergangen sind!

13 Du aber geh jetzt und leg dich zur Ruhe! Am Ende der Zeit wirst du auferstehen. Dann wird dir das Leben zuteil, das Gott für alle bestimmt hat, die ihm treu geblieben sind.«[b]

DER PROPHET HOSEA

Inhaltsübersicht

Buchüberschrift

1 In diesem Buch steht, was Hosea, der Sohn von Beeri, im Auftrag des HERRN verkündet hat. Das Wort des HERRN erging an Hosea während der Zeit, als in Juda nacheinander die Könige Usija, Jotam, Ahas und Hiskija regierten, während in Israel Jerobeam, der Sohn von Joasch, König war.

ISRAEL HAT SEINEM GOTT DIE TREUE GEBROCHEN (1,2–3,5)

Hoseas Kinder als leibhaftige Gerichtspredigt

2 Als der HERR zum erstenmal zu Hosea sprach, sagte er: »Heirate eine Hure und zeuge mit ihr Hurenkinder![c] Denn das ganze Land ist mir untreu geworden und läuft wie eine Hure fremden Göttern nach.«

3 Hosea ging und heiratete Gomer, die Tochter Diblajims. Sie wurde schwanger und gebar ihm einen Sohn.

4 Da sagte der HERR zu Hosea: »Gib ihm den Namen Jesreel! Denn es dauert nicht mehr lange, bis ich das Blutbad, das König Jehu in Jesreel angerichtet hat, an seinen Nachkommen

a Wörtlich *Wenn die Zerstörung der Hand* (= der Macht oder des Gebietes?) *des heiligen Volkes ein Ende hat.*
b G überliefert im Zusammenhang mit dem Daniel-Buch noch die Erzählungen von Daniel und Susanna, Daniel und Bel, Daniel und dem Drachen. Sie finden sich in dieser Bibelübersetzung in Ausgaben mit den »Spätschriften des Alten Testaments« unter den *Zusätzen zum Buch Daniel* (Kap B–C).
c *Hurenkinder* charakterisiert die Abstammung, nicht die Wesensart der Kinder.

12,3 11,33; Mt 13,43 **12,4** 8,26; Offb 22,10 **12,5-6** 10,5-6 **12,6** 8,13; Mk 13,3 par **12,7** 8,14 S; Offb 11,2 S **12,10** 11,35; Offb 22,11 **12,11** 8,11-14; 9,27; 11,31; Mk 13,14 par **12,13** 12,2 S **1,1** Am 1,1 S **1,2** 2,4-10; 3,1; 4,11-14; 5,3-4.7; Jer 2,20 S **1,4** 2 Kön 9,14–10,17; 17,3-6

räche und dem Königtum in Israel[a] ein Ende mache. 5 Eben dort, in der Ebene Jesreel, werde ich an jenem Tag das Heer Israels völlig vernichten.«

6 Gomer wurde zum zweitenmal schwanger und gebar eine Tochter.

Da sagte der HERR zu Hosea: »Gib ihr den Namen ›Kein Erbarmen‹; denn ich habe jetzt kein Erbarmen mehr mit den Leuten von Israel; ich vergebe ihnen ihre Schuld nicht mehr. 7 Doch mit den Leuten von Juda werde ich Erbarmen haben und ihnen helfen, denn ich bin der HERR, ihr Gott; aber ich helfe ihnen nicht mit Kriegswaffen, Rossen und Reitern.«

8 Als Gomer ihre Tochter ›Kein Erbarmen‹ nicht mehr stillte, wurde sie zum drittenmal schwanger und gebar einen Sohn.

9 Der HERR sagte: »Gib ihm den Namen ›Nicht mein Volk‹! Denn ihr seid nicht mehr mein Volk, und ich bin nicht mehr für euch da.«[b]

Israels Wiederannahme nach dem Gericht

2 Die Israeliten werden einmal so zahlreich werden wie der Sand am Meer, der sich weder zählen noch mit dem Hohlmaß messen läßt. Sie, zu denen der HERR gesagt hatte: »Ihr seid nicht mein Volk«, werden dann ›Söhne des lebendigen Gottes‹ genannt werden.

2 Die Leute von Juda und die Leute von Israel werden aus dem ganzen Land zusammenkommen und sich ein gemeinsames Oberhaupt wählen. Sie werden das Land bedecken wie Gras, das aus dem Boden sprießt. Das wird ein großer Tag sein, wenn geschieht, was der Name Jesreel bedeutet: »Gott sät«.[c]

3 Sagt zu euren Brüdern »Mein Volk!« und zu euren Schwestern »Es gibt Erbarmen!«

Gott zieht das treulose Israel zur Rechenschaft

4 »Erhebt Anklage gegen eure Mutter Israel!« sagt der HERR. »Klagt sie an! Denn sie hat so gehandelt, daß sie nicht mehr meine Frau sein kann und ich nicht mehr ihr Mann. Sie soll die Zeichen ihrer Hurerei* aus ihrem Gesicht und von ihrer Brust entfernen,[d] alles, was daran erinnert, daß sie mir die Treue gebrochen hat. 5 Sonst werde ich ihr alle Kleider nehmen, so daß sie nackt und bloß ist wie am Tag ihrer Geburt. Ich mache sie zu einer Wüste, zum wasserlosen Land; ich lasse sie verdursten.

6 Mit ihren Kindern habe ich kein Erbarmen, weil sie Kinder einer Hure sind. 7 Ihre Mutter hat es mit anderen Männern getrieben und gesagt: ›Ich laufe meinen Liebhabern nach. Sie geben mir, was ich brauche: Brot und Wasser, Wolle und Flachs, Öl und Wein.‹

8 Darum versperre ich ihr den Weg mit Dorngestrüpp und verbaue ihn mit einer Mauer. 9 Wenn sie dann ihren Liebhabern nachläuft, kann sie sie nicht erreichen; sie sucht sie, aber kann sie nicht finden. Dann wird sie sagen: ›Ich will zu meinem ersten Mann zurückkehren. Bei ihm ging es mir besser!‹ 10 Sie wollte nicht wahrhaben, daß ich es gewesen bin, der ihr Korn, Wein und Öl gab. Mit Silber und Gold habe ich sie überhäuft – und sie hat es zu ihrem Baal* getragen!

11 Darum nehme ich mein Korn und meinen Wein wieder an mich, gerade dann, wenn sie die Ernte einbringen will. Ich nehme ihr meine Wolle und meinen Flachs, so daß sie nichts mehr anzuziehen hat. 12 Ich stelle sie nackt vor ihren Liebhabern an den Pranger, und keiner von ihnen kann sie aus meiner Hand befreien.

13 Ich mache all ihren Freudenfesten ein Ende, den Feiern am Neumond* und am Sabbat* und den großen Festen im Jahreslauf. 14 Ich vernichte ihre Weinstöcke und Feigenbäume, von denen sie sagte: ›Das ist der Lohn, den mir meine Liebhaber gegeben haben!‹ Die Pflanzungen lasse ich verwildern; was noch wächst, wird vom Wild abgefressen.

15 So bestrafe ich sie dafür, daß sie ihren Liebhabern, den Baalen, nachgelaufen ist, daß sie ihnen Opfer* dargebracht und sich für sie mit Ohrringen und Halsketten geschmückt hat – und mich hat sie vergessen! Das sage ich, der HERR.«

Gottes Treue überwindet Israels Untreue

16 »Dann aber will ich selbst sie umwerben. Ich werde sie in die Wüste bringen und ihr zu Herzen reden. 17 Dort wird sie meine Liebe erwidern wie damals, als sie jung war, als sie aus Ägypten kam. Danach werde ich sie zurückbrin-

a Im ganzen Buch Hosea ist mit *Israel* (siehe Sacherklärung) immer das Nordreich gemeint, das häufig nach dem größten Stamm auch *Efraïm* genannt wird.

b *ich bin ... für euch da:* Anspielung auf die Deutung des Gottesnamens in Ex 3,14.

c *Das wird ...:* wörtlich *Groß ist der Tag von Jesreel.*

d Wahrscheinlich handelt es sich um Amulette, die im Zusammenhang mit der Verehrung anderer Götter stehen.

1,7 (nicht mit Waffen) Jes 31,1 S; Mi 5,9; Sach 4,6; 2 Kön 19,32-37; Spr 21,31 **1,9** Ex 3,14; Jer 7,23 S; Hos 2,25 **2,1** Gen 12,2 S; Röm 9,26 **2,2** Jer 3,18 S; Hos 1,4; 2,23-24 **2,3** 1,9.6 **2,4** 1,2 S **2,5** Ez 16,4-5; 23,29 **2,7** Jer 44,17-18 **2,9** Lk 15,17-18 **2,10** Dtn 7,12-13; Ez 16,17.19 **2,12** Ez 16,36-37 **2,13** Am 8,10 **2,16-17** 11,1-3; 12,10; 13,4-5; Jer 31,2-4 **2,17** Jos 7,26 S

gen und ihr die Weinberge wiedergeben, und
das Achortal, das »Unglückstal«,[a] soll zu einem
Tor der Hoffnung werden.

18 Wenn das geschieht, wirst du mich deinen
Mann nennen – sagt der HERR zu Israel – und
nicht mehr deinen Baal.[b] 19 Ich werde dich dazu
bringen, daß du das Wort Baal nie mehr in den
Mund nimmst. 20 Und ich werde mit dem Wild,
den Vögeln und allen anderen Tieren eine Über-
einkunft treffen, daß sie dir keinen Schaden
mehr tun. Ich zerbreche alle Kriegswaffen und
entferne sie aus deinem Land, so daß du in Frie-
den und Sicherheit leben kannst. 21 Ich schließe
die Ehe mit dir für alle Zeiten; mein Brautge-
schenk für dich sind meine Hilfe und mein
Schutz, meine Liebe, mein Erbarmen 22 und
meine unwandelbare Treue. Du wirst erkennen,
wer ich bin – ich, der HERR.

23 Zu jener Zeit – sagt der HERR – werde ich
die Bitten des Himmels erhören und der Himmel
die Bitten der Erde. 24 Die Erde wird die Bitten
von Korn, Wein und Öl erhören und Korn, Wein
und Öl die Bitten von Jesreel.[c]

25 Ich will dich, Israel, wieder in dein Land
einsäen. War dein Name zuvor ›Kein Erbarmen‹,
so werde ich mich jetzt über dich erbarmen.
Warst du zuvor ›Nicht-mein-Volk‹, so sage ich
jetzt zu dir: ›Du bist mein Volk‹, und du antwor-
test: ›Du bist mein Gott!‹«

Hosea veranschaulicht Gottes Gericht über Israel

3 Der HERR befahl mir: »Nimm dir nochmals
eine Frau und liebe sie[d] – eine Frau,
die einen anderen Mann liebt und wegen Ehe-
bruch verstoßen ist! Denn genauso liebe ich
die Leute von Israel, obwohl sie sich anderen
Göttern zuwenden und Preßkuchen aus Rosinen
lieben.«[e]

2 Ich kaufte die Frau um fünfzehn Silber-
stücke* und sechs Zentner Gerste[f] 3 und sagte
zu ihr: »Für eine lange Zeit wirst du jetzt im
Haus bleiben und dich mit keinem Mann einlas-
sen, und auch ich werde nicht mit dir verkeh-
ren.«

4 Genauso wird es den Leuten von Israel er-
gehen: Sie werden lange Zeit keinen König und
keine führenden Männer haben, keine Opfer-
stätten, keine geweihten Steinmale* und keine
Orakel.[g] 5 Zuletzt aber werden sie umkehren,
sie werden sich dem HERRN, ihrem Gott, zuwen-
den und ihrem König aus der Nachkommen-
schaft Davids. Sie werden dem HERRN voll Ehr-
furcht dienen und alles Gute allein von ihm
erwarten. So geschieht es am Ende der Zeit.

GERICHTSWORTE GEGEN ISRAEL UND SEINE FÜHRER (Kapitel 4–10)

Die Priester als die Hauptschuldigen

4 Hört das Wort des HERRN, ihr Leute von
Israel! Der HERR erhebt Anklage gegen die
Bewohner des Landes, denn nirgends gibt es
noch Treue und Liebe, niemand kennt Gott und
seinen Willen. 2 Sie mißbrauchen den Gottes-
namen,[h] um andere zu verfluchen; sie verdre-
hen die Wahrheit, sie morden, stehlen, brechen
die Ehe; ein Verbrechen reiht sich ans andere.
3 Deshalb vertrocknet das Land und seine Be-
wohner verdursten, auch die Tiere des Feldes
und die Vögel; sogar die Fische verenden.

4 »Aber nicht das Volk soll man dafür zur
Rechenschaft ziehen«, sagt der HERR. »Dein Volk
hat allen Grund, die Priester* anzuklagen!

5 Ihr Priester werdet am hellichten Tag zu Fall
kommen, und die Propheten* werden mit euch
fallen bei Nacht; ich lasse euch mit eurer ganzen
Sippschaft zugrunde gehen.[i] 6 Denn mein Volk
rennt in den Untergang, weil es den rechten
Weg nicht kennt. Ihr habt euch geweigert,
meine Weisungen weiterzugeben; darum wei-
gere auch ich mich, euch noch länger als meine
Priester gelten zu lassen. Ihr habt mein Gesetz*
vergessen, darum werde ich eure Nachkommen
vergessen.

a Vgl. Jos 7 und Sacherklärung »Achortal«.
b Baal bedeutet »*Herr*, Besitzer«; es ist gleichzeitig Name des kanaanitischen Hauptgottes und die übliche Bezeichnung für »Ehemann«. Siehe weiter die Sacherklärung »Baal«.
c Der Name der Ebene *Jesreel* steht hier für das ähnlich klingende »Israel«; er klingt im folgenden Vers in *einsäen* an (vgl. 2,2).
d Wörtlich *Geh nochmals, liebe eine Frau.* Viele Ausleger sehen in der Frau die verstoßene Ehefrau des Propheten (vgl. 1,2).
e Der Genuß von getrockneten Weinbeeren, die zu »Kuchen« zusammengepreßt wurden, gehörte offenbar zum landesüblichen Baalskult.
f Hebräische Maßangabe *1 Homer und 1 Letech* (Letech = halbes Homer); 1 Homer = 10 Efa*.
g *keine Orakel:* wörtlich *weder Efod noch Terafim,* das sind Geräte, mit deren Hilfe in einer Art Losverfahren der Wille Gottes erfragt wurde (siehe Sacherklärung »Priesterschurz 2«).
h *Sie mißbrauchen …:* verdeutlichender Zusatz.
i *ich lasse euch …:* mit veränderten Vokalen; H *ich werde deine Mutter vernichten.*

2,20 Jes 11,6-9 S; 2,4 S **2,21** Jes 54,5-6 **2,22** Jer 31,34 **2,25** 1,3-9; Röm 9,25; 1 Petr 2,10 **3,1** 1,2 S **3,5** (König) Jer 23,5 S **4,2** Jer 7,9 **4,3** Jer 12,4 **4,4** Jer 5,4-5 **4,6** Mal 3,7-8; Jer 2,8 S; Ez 22,26

7 Je zahlreicher sie wurden, die Priester, desto mehr haben sie gegen mich gesündigt. Deshalb entziehe ich ihnen ihre Ehrenstellung und stürze sie in Schimpf und Schande. 8 Sie mästen sich von den Sühneopfern* meines Volkes, deshalb sind sie so gierig nach seinen Verfehlungen.[a]

9 Darum wird es den Priestern ergehen wie dem Volk: Ich bestrafe sie für ihren Ungehorsam und lasse ihre Taten auf sie selbst zurückfallen. 10 Sie essen und werden nicht satt. Sie treiben Hurerei*, aber haben keine Nachkommen. So ergeht es ihnen, weil sie mir, dem HERRN, die Treue gebrochen haben.«

Der Götzendienst der Israeliten

11 Der HERR sagt: »Hurerei* und neuer Wein rauben den Verstand! 12 Mein Volk holt sich Rat bei seinen Götzenbildern aus Holz, seine Orakelstäbe sollen ihm Weisung geben. Es läßt sich vom Geist der Hurerei verführen und in die Irre locken. Treulos wenden sich alle von mir ab, von ihrem Gott, dem sie doch gehören. 13 Sie verbrennen Opfergaben* und halten Opfermähler* auf den Bergen und Hügeln, unter den Eichen, Pappeln und Terebinthen. In deren Schatten ist es so angenehm!

Daher kommt es, daß eure Töchter zu Huren werden und eure Schwiegertöchter die Ehe brechen. 14 Aber nicht sie ziehe ich zur Rechenschaft! Die Priester selbst gehen mit den Huren beiseite und schlachten Opfertiere zusammen mit den geweihten* Frauen. Kein Wunder, daß das unwissende Volk es ihnen nachmacht!

15 Aber wenn es auch die Leute von Israel so treiben und mir untreu werden: Ihr Leute von Juda sollt nicht dieselbe Schuld auf euch laden! Geht nicht zu den Heiligtümern von Gilgal oder Bet-El[b] und schwört dort nicht: ›So gewiß der HERR lebt!‹«

16 Israel ist wie eine störrische Kuh. Wie könnte der HERR es auf freiem Feld weiden lassen wie die fügsamen Lämmer? 17 Die Leute von Efraïm* haben sich mit den Götzen verbündet; ihnen ist nicht zu helfen. 18 Im Saufen und Huren sind sie groß; am schlimmsten treiben es ihre Führer. Aber es nimmt mit ihnen ein böses Ende.[c] 19 Ein Sturmwind fegt sie hinweg. Dann helfen ihnen ihre Opfer nichts mehr.

Die Schuld der Verantwortlichen

5 Der HERR sagt: »Hört her, ihr Priester*; hört her, ihr Sippenoberhäupter in Israel[d] und das ganze Königshaus: Euch ziehe ich zur Rechenschaft! Ihr habt die Israeliten ins Verderben gelockt. Ihr wart für sie wie eine Falle in Mizpa, wie ein Fangnetz auf dem Tabor, 2 wie eine tiefe Fanggrube in Schittim.[e] Ihr alle werdet[f] dafür meine Strafe zu spüren bekommen.«

Israels Bestrafung ist unausweichlich

3 Der HERR sagt: »Ich kenne die Israeliten, die Leute von Efraïm*; was sie treiben, ist mir nicht verborgen. Sie haben sich beschmutzt durch Götzendienst und Hurerei*. 4 Sie haben sich so sehr darin verstrickt, daß sie nicht mehr fähig sind, zu mir, ihrem Gott, zurückzukehren. Sie sind vom Geist der Hurerei besessen. Mich, den HERRN, kennen sie nicht mehr.«

5 Der Hochmut der Leute von Israel zeugt gegen sie. Ihre eigene Schuld bringt ihnen den Untergang, und genauso ergeht es den Leuten von Juda. 6 Sie können noch so viele Schafe und Rinder zum HERRN bringen, sie können ihn suchen, soviel sie wollen; sie werden ihn nicht finden; denn er hat sich von ihnen zurückgezogen. 7 Sie haben ihm die Treue gebrochen und Hurenkinder herangezogen.[g] Ihre Opferfeiern am Neumondstag* bringen ihnen nicht Erntesegen, sondern Vernichtung, ihnen und ihren Feldern!

a Sie profitieren von den Sühneopfern, von denen ihnen ein Anteil zufällt (vgl. Lev 7,6-7).
b Wörtlich *Bet-Awen* (Haus des Unheils/Unrechts): bewußte Umdeutung von Bet-El (Haus Gottes) unter Verwendung des Namens eines Nachbarortes (vgl. 5,8).
c Die Deutung des Verses ist unsicher.
d *ihr Sippenoberhäupter ...:* wörtlich *Haus Israel*;* der Zusammenhang läßt erkennen, daß die Verantwortlichen gemeint sind.
e Die drei in den beiden Versen genannten Orte besaßen wahrscheinlich Baalsheiligtümer. *Fanggrube in Schittim* ist vermutlicher Text; H ergibt keinen Sinn.
f Vermutlicher Text; H *Sie alle werden.*
g Wörtlich *fremde Kinder gezeugt.* Gemeint ist wohl, daß in Israel eine neue Generation heranwächst, an die der Glaube der Vorfahren nicht mehr unverfälscht, sondern vermischt mit heidnischen Riten und Vorstellungen weitergegeben wird. Die Fortsetzung wörtlich *Nun wird sie Neumond fressen samt ihren Landanteilen* (vgl. 2,13).

4,8 Lev 7,6-7 **4,11** 1,2 S; 4,18 S **4,12** Jer 2,27 **4,13** Jer 3,13 S; Dtn 12,2-3 S **4,14** 9,1; 1 Kön 14,24 S **4,15** Am 4,4-5; 5,5 **4,18** (Saufen) Jes 5,11-12 S; Hos 4,11; 7,5 **5,1** 4,6 S **5,3** 1,2 S **5,4** Jer 13,23 **5,5** 7,10.16; Jes 2,11-12 S **5,6** Am 8,11-12 S

Die feindlichen Brüder trifft dasselbe Geschick[a]

8 Der HERR sagt: »Stoßt ins Horn in Gibea! Blast Alarm in Rama! Gebt Warnsignale in Bet-Awen! Bietet die Männer von Benjamin auf! 9 Für Efraïm* kommt jetzt die Strafe; es wird zur Wüste werden. Ich, der HERR, kündige den Stämmen Israels an, was mit Sicherheit eintreffen wird.

10 Die Führer von Juda handeln wie Leute, die Grenzsteine verrücken. Mein Zorn wird über sie niedergehen wie ein Platzregen.

11 Efraïm ist von Feinden bedrängt und das Recht wird mit Füßen getreten, weil sie dem Drecksgötzen Baal* nachgelaufen sind. 12 Ich, der HERR, bin für Efraïm wie ein Eitergeschwür und für Juda wie eine schwärende Wunde.

13 Als die beiden sahen, wie übel sie dran waren, wandten sich die Leute von Israel an den König von Assyrien*. Aber er kann euch nicht helfen, er kann eure Wunden nicht heilen! 14 Denn ich, der HERR, falle Efraïm und Juda an wie ein Löwe. Ich zerfleische sie und lasse sie liegen; wenn ich sie wegschleppe, kann niemand sie vor mir retten. 15 Ich ziehe mich von ihnen zurück, bis sie ihre Schuld eingestehen und sich mir wieder zuwenden. Die Not wird sie lehren, nach mir zu fragen.«

Ein Bußlied und Gottes Antwort darauf

6 »Kommt,
wir kehren um zum HERRN!
Hat er uns zerrissen,
wird er uns auch wieder heilen.
Hat er uns Wunden geschlagen,
wird er sie auch verbinden.
2 Zwei, drei Tage läßt er uns leiden,
dann gibt er uns neues Leben.
3 Kommt,
laßt uns alles daransetzen,
ihn und seine Wege zu erkennen!
So gewiß der Nacht ein Morgen folgt,
so gewiß zu seiner Zeit der Regen fällt,
der das ausgedörrte Land durchfeuchtet,
so gewiß kommt Er, um uns zu helfen!«

4 Der HERR antwortet: »Was soll ich nur mit dir tun, Efraïm*, und was mit dir, Juda? Eure Treue zu mir ist so flüchtig wie ein Morgennebel, sie vergeht so rasch wie der Tau vor der Sonne. 5 Darum habe ich wieder und wieder durch meine Propheten* zugeschlagen und euch durch meine Gerichtsworte den Tod gebracht.

Was ich von euch verlange, ist klar wie der helle Tag:[b] 6 Treue will ich von euch und nicht, daß ihr mir Tiere schlachtet! Ihr sollt mir nicht Brandopfer* bringen, sondern erkennen, wer ich bin und was mir gefällt.«

Das Verbrechen regiert im Land

7 Der HERR sagt: »Bei der Stadt Adam[c] haben sie meinen Bund* gebrochen; dort sind sie mir untreu geworden. 8 Gilead* ist eine Stadt voller Verbrecher, Blutspuren überall! 9 An der Straße nach Sichem liegen Priester* auf der Lauer wie eine Räuberbande; sie morden, sie begehen Verbrechen.

10 Entsetzliche Dinge sah ich in Israel: Die Leute von Efraïm* laufen fremden Göttern nach und beschmutzen sich damit. 11 Aber auch auf dich, Juda, wartet eine schreckliche Ernte, bevor[d] ich für mein Volk alles wieder zum Guten wende.

7 Wenn ich Israel heilen und zurechtbringen will, kommt nur die Schuld der Leute von Efraïm an den Tag. In Samaria gehen Diebe um, es herrscht Lug und Trug; draußen im Land plündern Räuberhorden. 2 Sie denken nicht daran, daß ich ihre Schandtaten im Gedächtnis behalte. Jetzt werden sie von ihren eigenen Taten eingekreist, die sie mir zum Trotz begangen haben.«

Königsmacher und Königsmörder

3 Der HERR sagt: »Hinterlistig laden sie den König und seine Minister zum Gelage und bringen sie in Feststimmung. 4 Treulos sind sie alle miteinander, ihre Leidenschaft glüht wie ein Ofen, den der Bäcker so kräftig geheizt hat, daß er nichts nachzulegen braucht, während er den Teig knetet und gehen läßt. 5 Am Krönungstag des Königs machen sie seine Minister betrunken, und er selbst stößt unwissend mit seinen Verrätern an. 6 Die brennen darauf zu handeln; aber die Nacht über halten sie sich zurück. Erst am Morgen schlagen sie los.[e] 7 Ihre Zerstörungswut brennt wie ein loderndes Feuer; König um König fällt

a Viele Ausleger vermuten als Hintergrund des folgenden Prophetenwortes die Ereignisse des »Syrisch-Efraïmitischen Krieges« (siehe die Sacherklärung).
b *Was ich ...:* mit G; H *Deine Gerichte ein Licht (das) hervorgeht.* c Vermutlicher Text; H *Wie Adam.*
d *bevor:* wörtlich *wenn.* e Die Verse 4-6 sind nicht sicher zu deuten.

5,8 Jer 4,5 S **5,10** Dtn 27,17 S **5,13** 2 Kön 15,19-20; 17,3-4; Hos 7,11; 8,9; 10,6; 12,2; 14,4 **5,14** 13,7-8 S **5,15** Jes 26,16; Jer 29,13-14 S **6,1-3** 1 Sam 2,6 S **6,1** 5,14 **6,4** 13,3 **6,5** 11,2; 12,11; Jer 25,4 S **6,6** 8,11-13; Jes 1,10-20 S; Mi 6,8; Mt 9,13; 12,7 **6,8** 12,12; 2 Kön 15,25 **6,10** 5,3-4 **7,5** 4,18 S **7,7** 2 Kön 15,10.14.25.30

ihnen zum Opfer. Aber niemand wendet sich an
mich.«

Israel sucht Hilfe bei den Falschen

8 Der HERR sagt: »Efraïm* wandte sich um Hilfe
an fremde Völker. Dabei ist es ihm ergangen wie
einem Fladen, den man nicht umdreht und der
deshalb verbrennt.[a] 9 Fremde saugen ihn aus,
aber er merkt es nicht; sein Haar wird grau, aber
er achtet nicht darauf. 10 Der Hochmut der Leute
von Israel zeugt gegen sie. Sie kehren nicht um
zu mir, dem HERRN, ihrem Gott; sie suchen nicht
meine Nähe.

11 Efraïm ist dumm wie eine Taube. Erst ruft
es die Ägypter zu Hilfe; dann wendet es sich an
die Assyrer*. 12 Wenn es so weitermacht, spanne
ich mein Netz aus und fange den Vogel. Ich be-
strafe die Leute von Efraïm, wie ich es ihnen in
der Volksversammlung angedroht habe.

13 Weh, sie müssen es büßen, daß sie von mir
weggeflohen sind! Es ist ihr Verderben, daß sie
sich gegen mich aufgelehnt haben! Ich würde
sie gerne retten, aber sie reden ja nur Lügen
über mich. 14 Sie schreien zu mir um Hilfe, aber
es kommt nicht von Herzen. Sie liegen da und
heulen und machen sich Einschnitte,[b] damit ich
ihre Bitten um Korn und Wein höre; aber sie
sind und bleiben aufsässig[c] gegen mich.

15 Ich hatte sie eingeübt und stark gemacht,
aber sie haben nur Böses gegen mich im Sinn.
16 Sie wenden sich um, doch nicht zu mir.[d] Wie
ein verzogener Bogen sind sie, mit dem man
das Ziel nicht trifft. Ihre führenden Männer wer-
den durch das Schwert des Feindes fallen, weil
sie mich in ihrer Überheblichkeit verspottet
haben. Dafür wird man in Ägypten über sie
spotten.«

Abrechnung mit Israel

8 Der HERR sagte zu mir: »Blase Alarm! Wie
ein Adler stürzt sich der Feind auf mein
Land.[e] Denn seine Bewohner haben meinen
Bund* gebrochen und sich gegen mein Gesetz*
aufgelehnt. 2 Sie schreien zwar: ›Mein Gott!‹
Und: ›Wir kennen dich doch! Wir sind doch dein
Volk Israel!‹ 3 Aber Israel hat sein Glück verwor-
fen, und so wird jetzt der Feind über sie herfal-
len!

4 Sie setzen Könige ein, ohne von mir ermäch-
tigt zu sein, und Minister, ohne mich zu fragen.
Ihr Silber und Gold legen sie in Götzenbildern
an – so ist es am sichersten verloren!

5 Ich verwerfe euren Stiergötzen,[f] ihr Leute
von Samaria! Der Zorn über euch hat mich ge-
packt. Wie lange noch seid ihr unfähig, euch von
diesem Schmutz zu reinigen? 6 Was hat so etwas
in Israel zu suchen?[g] Dieses Bild ist kein Gott,
ein Handwerker hat es gemacht, zu Kleinholz
wird es zerhackt, euer Kalb!

7 Wer Wind sät, wird Sturm ernten: wer sich
mit nichtigen Götzen abgibt, wird selbst vernich-
tet. Saat, die nicht Halme treibt, bringt keine
Ähren; was doch noch wächst, werden Fremde
verzehren.

8 Mit Israel ist es zu Ende. Seine Rolle unter
den Völkern ist ausgespielt; 9 denn seine Führer
haben bei den Assyrern* Hilfe gesucht. Ein
Wildesel wahrt seine Unabhängigkeit, aber die
Leute von Efraïm* suchen überall Freunde zu
kaufen.[h]

10 Doch so viele Geschenke sie den Völkern
auch anbieten, es hilft ihnen nichts. Ich werde
sie zusammentreiben und dafür sorgen, daß sie
dahinschwinden unter der Last, die der König
von Assyrien ihnen auflegen wird.

11 O ja, Efraïm hat seine Altäre vervielfacht;
aber sie dienen ihm nur dazu, neue Verfehlun-
gen auf sich zu laden; es sind Altäre zum Sündi-
gen! 12 Ich könnte ihnen die Weisungen meines
Gesetzes* tausendmal aufschreiben, sie würden
denken, es gehe sie nichts an. 13 Sie schlachten
Opfertiere – für ihren Bauch; sie stürzen sich
voll Gier auf das Fleisch des Opfermahls*. Solche
Opfer mag ich nicht! Ich vergesse nicht, was sie
Böses getan haben; ich werde sie jetzt bestrafen,
wie sie es verdienen: Sie müssen wieder in die
Sklaverei nach Ägypten zurückkehren!

14 Israel hat den Gott vergessen, dem es sein
Dasein verdankt; es hat prächtige Paläste gebaut,
und Juda immer neue Festungen. Aber ich, der
HERR, werfe Feuer in die Städte, daß es ihre
Paläste verzehrt.«

a *und der …:* verdeutlichender Zusatz.
b *machen sich Einschnitte:* mit einigen Handschriften und G; H *treiben sich herum.*
c *sie sind …:* mit geänderten Vokalen; *sie weichen ab.*
d *doch nicht zu mir:* Deutung unsicher.
e *auf mein Land:* wörtlich *auf das Haus des HERRN.* Mit »Haus« ist hier nicht der Tempel gemeint; vgl. auch 9,15.
f Gemeint ist das Stierbild* in Bet-El (siehe die Vergleichsstellen zu diesem Vers).
g So mit veränderten Vokalen; H *Denn aus Israel (ist) auch es.*
h *Wildesel* bildet im Hebräischen ein Wortspiel mit dem Namen *Efraïm.*

7,10 5,5 S; Jer 5,3 S **7,11** 5,13 S; 2 Kön 17,4; Jer 2,18 S **7,14** 1 Kön 18,28 **7,16** 5,5 S **8,1** Jer 4,5 S **8,2** 6,1-3 **8,4** 7,7 S; 2,10; 13,2 **8,5-6** 1 Kön 12,28-29; Hos 10,5; 13,2 **8,6** Jes 44,9-20 S **8,7** (ernten) 10,13; 12,15; 4,9; 7,2; Spr 22,8 S; Ez 7,3-4 S **8,9** 5,13 S **8,11-13** 6,6 S; 10,1-2; Am 4,4-5 **8,13** (Sklaverei in Ägypten) 9,6; Ex 20,2; Dtn 28,68 **8,14** Dtn 32,15; Am 2,5

Hoseas Auftritt am Erntefest

9 Ihr habt keinen Grund, euch so übermütig zu freuen, ihr Leute von Israel – keinen Grund, in Jubel auszubrechen wie die Fremden! Eurem Gott seid ihr untreu geworden, ihr habt euch auf allen Dreschplätzen* mit den fremden Göttern eingelassen. 2 Aber ihr werdet euren Ernteertrag nicht genießen können, das Korn, das Öl und den Wein!

3 Ihr müßt fort aus dem Land des HERRN! Die Leute von Efraïm* müssen nach Ägypten zurück oder in die Fremde nach Assyrien und müssen dort unreine Speisen essen. 4 Sie können dem HERRN dort nicht mehr Trankopfer* und Mahlopfer* darbringen, und die Nahrung, die sie dann zu sich nehmen, ist unrein* und macht jeden unrein, der davon ißt – wie das Brot, das sich in einem Trauerhaus befindet.[a] – Das ist so, weil sie die ganze Ernte selbst verzehren und nichts davon in den Tempel* des HERRN bringen. – 5 Wie wollt ihr dann Feste feiern wie das heutige, den großen Festtag des HERRN?

6 Die aber, die aus dem verwüsteten Land nach Ägypten flüchten, wird man dort mit offenen Armen aufnehmen – um sie zu begraben in Memfis.[b] Wo jetzt die silbernen Geräte glänzen, wird Unkraut wuchern, und Dorngestrüpp auf den Ruinen ihrer Häuser. 7 Die Zeit der Abrechnung ist gekommen; jetzt wird euch heimgezahlt! Ihr Leute von Israel werdet es am eigenen Leib zu spüren bekommen.

»Der Prophet* ist verrückt! Der Mann des Geistes ist von Geistern besessen!« So feindet ihr mich an in eurem Haß; aber euer Haß ist genauso groß wie eure Schuld. 8 Ihr Leute von Efraïm, ihr wendet euch gegen meinen Gott! Mir, seinem Propheten, stellt ihr Fallen, wo ich gehe und stehe; sogar im Haus meines Gottes bin ich nicht sicher. 9 Ihr seid so tief gesunken wie einst die Leute von Gibea. Der HERR wird nicht darüber hinweggehen, er wird euch für eure Schuld zur Rechenschaft ziehen!

Israel einst und jetzt

10 Der HERR sagt: »Wie Trauben in der Wüste waren für mich die Israeliten, als ich ihnen zuerst begegnet bin. Wie die köstliche Frühfeige waren eure Vorfahren für mich. Aber kaum waren sie nach Baal-Pegor gekommen, verbanden sie sich mit dem Schandgötzen und wurden so widerwärtig wie der, dem sie sich hingaben.

11 Efraïm* entflog mir wie ein Vogel, darum wird auch seine Macht und Herrlichkeit verfliegen: keine Geburt mehr, keine Schwangerschaft, nicht einmal eine Empfängnis! 12 Selbst wenn sie noch Kinder bekommen und großziehen, werde ich sie ihnen nehmen, bis keins mehr da ist. Und auch sie selbst sind dem Untergang geweiht, wenn ich mich von ihnen abwende. 13 Wie eine junge Palme, gepflanzt auf fruchtbarem Grund, so war einst Efraïm für mich, und dieses Efraïm muß nun seine Söhne dem Schlächter ausliefern!«

14 HERR, wenn es sein muß, dann strafe sie wenigstens nur mit unfruchtbarem Mutterschoß und versiegten Brüsten!

15 »Schon in Gilgal[c] zeigte sich ihre ganze Verruchtheit; dort begann ich, ihr Feind zu werden. Und wegen ihrer schlimmen Taten verjage ich sie jetzt aus meinem Land.[d] Ich kann sie nicht mehr lieben; denn ihre Führer sind allesamt Aufrührer. 16 Efraïm ist wie ein Baum, dessen Wurzel verdorrt ist: Er bringt keine Frucht mehr. Und wenn ihre Frauen noch Kinder bekämen, würde ich sie, ihre Lieblinge, unbarmherzig töten.«

17 Mein Gott soll sie verstoßen, denn sie hören nicht auf ihn! Als Flüchtlinge müssen sie umherirren unter den Völkern.

Reiche Opfer, aber falsches Herz

10 Israel war wie ein üppiger Weinstock, der reiche Frucht trägt. Je reicher die Leute von Israel wurden, desto reichere Opfer* brachten sie auf die Altäre. Je mehr der Wohlstand im Land wuchs, um so prächtiger schmückten sie die geweihten Steinmale*. 2 Aber sie waren nur mit halbem Herzen beim HERRN. Dafür trifft sie jetzt die Strafe: Der HERR selbst reißt ihre Altäre nieder und zertrümmert ihre Steinmale.

Nach der Katastrophe die Einsicht

3 Wenn es soweit ist, werden sie sagen: »Wir haben keinen König mehr, weil wir den HERRN nicht ernst genommen haben. Aber was kann ein König schon für uns tun?«

4 Das kann ich euch sagen: Reden halten, Meineide schwören und Bündnisse schließen … Und was sich Rechtsprechung nennt, ist so tödlich wie Giftkraut im Getreidefeld!

a Siehe Sacherklärung »Trauerbrot«. *b* Memfis war berühmt durch sein riesiges Gräberfeld.
c Wahrscheinlich Anspielung auf die Einführung des Königtums in Israel (1 Sam 11,14-15; vgl. 15,13-23), in dem Hosea eine Wurzel der Auflehnung gegen Gott sieht (vgl. Hos 13,9-11).
d *aus meinem Land:* wörtlich *aus meinem Haus;* vgl. Anmerkung zu 8,1.

9,1 1,2-3 S **9,2** 2,11 **9,3-4** Ez 4,8; Ex 23,19 **9,7b-8** Jes 30,10 S; Jer 29,26; 2 Kön 9,11; (besessen) Mk 3,21-22 **9,9** 10,9; Ri 19,22-30 **9,10** 2,17; Num 25,1-5 **9,17** 1 Sam 15,23; Gen 4,14 **10,1** Jer 2,21 S; Hos 8,11

Das Ende des Götzendienstes

5 Um den Stiergötzen von Bet-Awen[a] werden
die Bewohner Samarias zittern. Seine Verehrer
werden um ihn trauern, die Götzenpriester wer-
den in Klagegeheul ausbrechen. Denn seine
Pracht[b] wird ihm weggenommen, fortgeschafft
wird sie. 6 Auch den Stier selbst wird man nach
Assyrien* bringen, als Geschenk für den As-
syrerkönig.

Die Leute von Efraïm* werden den Spott
davon haben, sie müssen scheitern mit ihren
Plänen. 7 Die Stadt Samaria verschwindet, ihr
König treibt wie ein abgebrochener Zweig auf
dem Wasser fort. 8 Verwüstet werden die Opfer-
stätten, die Israel zum Götzendienst verführt
haben. Dornen und Disteln werden die Altäre
überwuchern. Dann werden sie zu den Bergen
sagen: »Stürzt auf uns!« und zu den Hügeln:
»Begrabt uns!«

9 Der HERR sagt: »Seit den Tagen von Gibea
hast du Schuld auf dich geladen, Israel! Seit da-
mals haben sich die Leute von Israel nicht ge-
ändert. Deshalb werden diese Empörer genau
dort in Gibea vom Krieg heimgesucht. 10 Ich bin
entschlossen, sie zu bestrafen. Völkerscharen
werde ich gegen sie aufbieten, weil sie doppelt
schuldig geworden sind.«

Israel hat seinen Gott enttäuscht

11 Der HERR sagt: »Efraïm* war eine junge Kuh,
die im Dreschen* geübt war, sie tat es gerne.
Als ich an ihr vorbeikam und ihren kräftigen
Nacken sah, wollte ich sie zu einer schwereren
Arbeit einspannen. Juda sollte pflügen, Jakob
eggen.

Ich sagte zu ihnen: 12 ›Sät nach dem Maß der
Gerechtigkeit, erntet nach dem Maß der Liebe!
Macht einen neuen Anfang wie der Bauer, der
ein neues, ausgeruhtes Stück Land unter den
Pflug nimmt![c] Es ist Zeit, daß ihr zu mir, dem
HERRN, kommt und fragt, was ich will. Dann
komme ich zu euch und werde Glück und
Segen[d] auf euch regnen lassen!‹ 13 Aber ihr habt
Unrecht untergepflügt und Verbrechen geerntet;
ihr habt die Frucht eurer Falschheit gegessen!

Weil ihr eurem eigenen Kopf folgen wolltet
und euch auf die Zahl eurer Krieger verlassen
habt, 14 wird euer Volk Kriegslärm hören müs-
sen, und alle eure Festungen werden zerstört. Es
ergeht euch wie der Stadt Bet-Arbel, die von
Schalman zerstört wurde; man zerschmetterte
die Kinder und die Mütter dazu. 15 Das alles hat
euch Bet-El eingebracht, wegen des schlimmen
Götzendienstes, den ihr dort getrieben habt!
Kaum, daß die Sonne aufgegangen ist am Tag der
Schlacht,[e] wird der König von Israel schon ver-
nichtet sein.«

ISRAELS SCHULD UND GOTTES ERBARMEN
(Kapitel 11–14)

Gottes Liebe siegt über seinen Zorn

11 Der HERR sagt: »Als Israel noch jung war,
gewann ich es lieb. Aus Ägypten rief ich es
wie ein Vater seinen Sohn. 2 Immer wieder rief
ich die Leute von Israel durch meine Propheten*,
aber sie liefen von mir weg. Sie schlachteten
Tiere für den Baal* und verbrannten Opfer* vor
seinen Bildern. 3 Dabei war doch ich es, der
Efraïm* die ersten Schritte gelehrt und es auf
den Armen getragen hatte. Aber sie erkannten
nicht, daß ich mich um sie kümmerte.

4 Ich war zu ihnen wie ein gütiger Bauer, der
sein Rind schonend am Strick zieht und es leitet;
mit Seilen der Liebe leitete ich sie. Ja, ich war für
sie wie der Bauer, der seinem Rind das Joch*
anhebt, damit es leichter fressen kann, der sich
sogar bückt, um ihm sein Futter hinzuhalten.

5 Deshalb hatten sie es nicht nötig, wieder
nach Ägypten zurückzukehren; aber zur Strafe
für ihren Undank werden nun die Assyrer* über
sie herrschen. 6 In ihren Städten wird das
Schwert wüten und alle Schwätzer vernichten,
die eigensinnige Pläne schmieden.[f] 7 Mein Volk
kehrt nicht um und hält an seiner Auflehnung
gegen mich fest. Sie rufen zum Baal*, aber der
kann ihnen nie und nimmer helfen![g]

8 Doch wie könnte ich dich aufgeben, Efraïm,
wie dich im Stich lassen? Ich kann dich doch
nicht vernichten, Israel, wie die Städte Adma
und Zebojim*! Mein Entschluß hat sich mir um-
gedreht, mit aller Macht ist die Reue in mir ent-
brannt. 9 Ich kann meinem glühenden Zorn

a *Bet-Awen* = Bet-El; vgl. Anmerkung zu 4,15. Zu Stiergötze vgl. Anmerkung zu 8,5.
b Wahrscheinlich ist an den Goldüberzug des Stierbildes gedacht.
c *Macht einen neuen ...:* wörtlich *Pflügt euch Neuland* (bzw. brachliegendes Land neu).
d *Glück und Segen:* wörtlich *Gerechtigkeit**. e *am Tag ...:* verdeutlichender Zusatz.
f Deutung unsicher. g *zum Baal, aber ...:* Deutung unsicher.

10,5 8,5-6 S **10,6** 5,13 S **10,8** 4,13 S; 2 Kön 23,15-16; Lk 23,13 **10,9** 9,9 S **10,10** Jer 2,13 **10,13** 8,7 S; (Krieger) 1,7 S **10,15** 10,5; 8,5-6 **11,1** Ex 4,22 S; Jer 31,20 S; Mt 2,15 **11,2** 2,15; 4,13; 6,5 S **11,3** Dtn 1,31; Hos 2,10 **11,8** 14,5; Jer 31,20; Jes 54,8; (Adma) Dtn 29,21-22

nicht freien Lauf lassen, ich kann Efraïm nicht
noch einmal preisgeben!

Denn ich bin Gott und nicht ein Mensch; ich,
der heilige Gott, komme, um dir zu helfen, und
nicht, um dich zu vernichten. 10 Die Verbannten
werden hinter mir herziehen. Wenn ich brülle
wie ein Löwe, kommen sie zitternd über das
Meer im Westen. 11 Willig, mir zu gehorchen,
kommen sie aus Ägypten und aus Assyrien*,
so wie eine Taube herbeigeflogen kommt. Ich
bringe sie wieder in ihre Heimat. Das sage ich,
der HERR.«

Israel schlägt seinem Stammvater nach

12 Der HERR sagt: »Die Leute von Israel set-
zen mir zu mit ihrem Lügen und Betrü-
gen, und auch die Leute von Juda suchen immer
noch etwas anderes neben mir, ihrem heiligen
Gott.«

2 Die Leute von Efraïm* handeln so töricht
wie jemand, der den Wind einfangen möchte, ja
wie einer, der auch noch dem glühendheißen
Ostwind nachjagt. Sie treiben es täglich schlim-
mer mit ihrem Lügen und Betrügen.[a] Sie schlie-
ßen mit den Assyrern* ein Bündnis gegen die
Ägypter, und gleichzeitig bringen sie den Ägyp-
tern das kostbarste Olivenöl als Geschenk. 3 Aber
auch die Leute von Juda zieht der HERR zur
Rechenschaft. Alle Nachkommen Jakobs muß er
bestrafen, wie sie es mit ihren bösen Taten ver-
dient haben.

4 Ihrem Stammvater schlagen sie nach, der
schon im Mutterleib seinen Bruder übervor-
teilte[b] und als Mann[c] mit Gott gekämpft hat.
5 Er kämpfte mit dem Engel Gottes und besiegte
ihn, weil er ihm mit Bitten und Tränen zusetzte.
In Bet-El erschien ihm Gott und sagte zu ihm:
6 »So gewiß ich der Gott bin, der alle Macht hat,[d]
so wahr ich der HERR heiße: 7 Du wirst mit mei-
ner Hilfe wieder hierher zurückkehren. Aber
halte dich an die Liebe und an das Recht, hüte
sie gut;[e] und setze deine Hoffnung immer auf
mich, deinen Gott!«

8 Der HERR sagt:[f] »Ein Händlervolk bist du ge-
worden, Efraïm, nach dem Vorbild der Kanaani-
ter*! Mit gefälschten Gewichtssteinen betrügst
du die Leute. 9 Du sagst: ›Ich bin reich geworden
und habe ein Vermögen verdient; daran ist doch
nichts Schlechtes. Niemand kann mir Betrug
vorwerfen!‹ 10 Aber ich bin der HERR, dein Gott,
der dich aus Ägypten geführt hat! Du wirst wie-
der in einfachen Zelten wohnen müssen, wie du
das jetzt nur noch während ein paar Festtagen
tust.«

11 Immer wieder redete ich zu den Prophe-
ten* und gab ihnen Offenbarungen; durch meine
Propheten kündigte ich warnend die kommen-
den Ereignisse an. 12 Aber sie wollten nicht
hören: Obwohl sie für den Götzendienst in
Gilead* so schwer bestraft worden waren, opfer-
ten sie in Gilgal Stiere! Darum werden ihre
Altäre zerstört; wie die Steinhaufen am Feld-
rand sollen sie werden.

13 Jakob aber floh ins Aramäerland*; Israel,
der Gotteskämpfer,[g] wurde zum Sklaven wegen
einer Frau; einer Frau zuliebe hütete er Schafe.[h]
14 Der HERR dagegen führte Israel durch einen
Propheten aus Ägypten; durch einen Propheten
hütete er sein Volk.

15 Schwer beleidigt hat das Volk von Efraïm*
seinen Herrn. Deshalb wird er es ihm heim-
zahlen; es muß die Folgen seiner unerhörten
Untaten tragen.

Letzte Abrechnung mit Israel

13 Der HERR sagt: »Wenn Efraïm* redete, zit-
terten alle; mächtig war dieser Stamm in
Israel. Aber dann ließ er sich mit dem Baal* ein
und verfiel dem Tod. 2 Trotzdem luden die Leute
von Efraïm auch weiterhin Schuld auf sich: Sie
machten aus ihrem Silber Götzenbilder, ein
Werk von Menschenhänden. Sie sagten: ›Wer
Gott Opfer* darbringen will, muß die Stiere küs-
sen!‹ 3 Darum werden sie so rasch und spurlos
untergehen, wie eine Morgenwolke sich auflöst,
wie der Tau verdunstet, die Spreu auf der Tenne
vom Wind davongeblasen wird oder der Rauch
aus der Luke zieht.

a *Betrügen* mit G; H *Gewalttat.*

b *übervorteilte:* Das hebräische Wort kann zugleich »betrügen« und »die Ferse halten« bedeuten. Der in Gen 25,26 erzählte Vorgang wird von Hosea als erster Betrugsversuch gedeutet (vgl. Jer 9,3).

c *als Mann:* Auch hier ist das Hebräische doppeldeutig; es kann sowohl *in seiner Manneskraft* bedeuten wie *in seiner Schlechtigkeit.* d *der Gott ...:* wörtlich *Gott Zebaot*.*

e Das Wort *hüten* wird in Vers 13-14 wieder aufgenommen.

f Die Verse 8-10 unterbrechen den Zusammenhang und stellen wohl ein ursprünglich selbständiges Prophetenwort dar.

g *der Gotteskämpfer:* verdeutlichender Zusatz (vgl. Vers 4 und die Namensdeutung in Gen 32,29).

h Jakobs Dienst für eine Frau wird hier zum Bild für die Untreue Israels gegenüber seinem Gott (für seine »Hurerei«; vgl. 2,4-15), vor der er es durch seine Propheten (vgl. Verse 11 und 14) vergeblich gewarnt hat.

11,10 5,14; 13,7-8; Am 1,2 S **11,11** Jes 11,11-12 S **12,2** 7,11 S **12,3** Jer 17,10 S **12,4** Gen 25,26; 27,36; Jer 9,3 **12,5** Gen 32,25-30; 28,10-19 **12,7** Mi 6,8 **12,8** Am 8,5 S **12,10** 13,4; Ex 20,2; Lev 23,42-43 **12,11** 6,5 S **12,12** 6,8 S; 9,15 **12,13** Gen 29,1-30 **12,14** Ex 3,1-10; Dtn 34,10-12 **12,15** 8,7 S **13,1** Lev 25,1-5 **13,2** 8,4; 8,5-6 S **13,3** 6,4

[4] Aber ich bin der HERR, euer Gott, der euch
aus Ägypten geführt hat! Für euch gibt es keinen
anderen Gott, und keiner kann euch helfen
außer mir. [5] Ich war es, der euch in der ausge-
dörrten Wüste am Leben erhalten hat.[a] [6] Doch
als es euch immer besser ging, wurdet ihr satt
und überheblich, und ihr vergaßt mich. [7-8] Dar-
um bin ich euer Feind geworden: Wie ein Löwe
oder Panther laure ich euch auf; ich falle euch an
wie eine Bärin, der man die Jungen geraubt hat;
ich zerfleische euch, ich reiße euch in Stücke, ich
verschlinge euch.

[9] Es ist dein Untergang, Israel, daß du dich
gegen mich, deinen Helfer, gewandt hast. [10] Wo
ist denn nun dein König, der dir helfen und deine
Städte schützen sollte? Wo sind deine führenden
Männer? Ihr habt gefordert: ›Gib uns einen
König und Männer, die uns regieren!‹ [11] Da gab
ich euch einen König im Zorn, und im Zorn
nahm ich ihn wieder weg.

[12] Ich vergesse die Schuld Efraïms nicht, sie ist
wohlverschnürt und gut aufbewahrt! [13] Wenn
dann der Tag der Entscheidung kommt, wird es
ihm ergehen wie dem Kind im Mutterleib, das
sich quergelegt hat und den Ausgang nicht fin-
det. [14] Ich denke nicht daran, euch vor dem Tod
zu bewahren oder aus der Totenwelt* loszukau-
fen. Tod, schicke deine Seuchen aus! Totenwelt,
zeige deine Macht! Ich kenne kein Mitleid mehr.

[15] Efraïm ist wie ein blühender Garten unter
seinen Bruderstämmen; aber die Feinde werden
darüber herfallen wie der sengende Ostwind aus
der Wüste, der alle Quellen versiegen läßt. Ich
selbst schicke sie. Sie werden euch ausplündern
und alle eure Schätze wegschaffen.

14 Samaria wird dafür bestraft, daß es sich
gegen seinen Gott aufgelehnt hat. Die
Männer fallen im Kampf, die Kinder werden am
Boden zerschmettert, und den schwangeren
Frauen schlitzt man den Leib auf.«

Gott wirbt um Israel

[2] Ihr Leute von Israel, kehrt um zum HERRN,
eurem Gott! Denn durch eure eigene Schuld seid
ihr ins Unglück gestürzt. [3] Wendet euch an den
HERRN, kommt zu ihm und sprecht: »Vergib uns
unsere Schuld! Nimm unsere Gabe an! Wir brin-
gen dir nicht Opfertiere, sondern unser Wort:
[4] ›Wir suchen nicht mehr Hilfe bei den As-
syrern*, wir vertrauen nicht mehr auf unsere
Pferde und Streitwagen*, wir wollen nicht mehr
das Machwerk unserer Hände als unseren Gott
anrufen! Denn du hast Erbarmen mit dem, der
keinen Beschützer hat.‹«

[5] »Ich überwinde ihre Auflehnung gegen
mich«, sagt der HERR. »Ich wende ihnen meine
Liebe zu, obwohl sie es nicht verdient haben; ich
will nicht länger zornig auf sie sein. [6] Ich will für
Israel wie der Tau sein. Es wird blühen wie eine
Lilie und seine Wurzeln tief einsenken wie eine
Zeder; [7] es wird sich reich verzweigen wie ein
prächtiger Ölbaum und duften wie die Zedern
auf dem Libanon. [8] Die Israeliten werden wieder
in meinem Schatten wohnen, sie werden Ge-
treide aussäen, sie werden blühen und gedeihen
wie die berühmten Weinstöcke am Abhang des
Libanons.

[9] Efraïm*, wozu brauchst du noch deine Göt-
zen?[b] Ich bin es, der eure Bitten hört und freund-
lich auf euch blickt![c] Ich bin wie ein üppig grü-
nender Baum; von meinen Früchten könnt ihr
leben.«

Ein Nachwort

[10] Wer klug und einsichtig ist, der achte auf das,
was in diesem Buch geschrieben steht! Die Ge-
bote des HERRN weisen den Weg zu einem erfüll
ten Leben. Wer sie befolgt, kommt ans Ziel; aber
wer sich gegen den HERRN auflehnt, kommt zu
Fall.

a *am Leben erhalten* mit G; H *erkannt.* b So mit G; H *Efraïm, was habe ich mit den Götzen zu schaffen?*
c Die beiden Zeitwörter enthalten im Hebräischen Anklänge an die Namen der Fruchtbarkeitsgöttinnen Anat und Aschera, so daß vielleicht zugleich die Aussage mitgehört werden soll: »Ich bin eure Anat und eure Aschera!«
13,4 12,10; Jes 45,21 **13,5-6** Dtn 8,11-20; 32,10.15 **13,7-8** 11,10 S; Jer 4,7 S **13,10-11** 1 Sam 8,5-9 **13,11** 10,3.15; 7,7 **13,14** 1 Kor 15,55 **14,1** 2 Kön 17,5-6; 15,16 **14,3** 6,6 **14,4** 5,13 S; 1,7 S; 8,5-6 S **14,5** 11,8 S **14,7-8** Ps 52,10 **14,9** 2,10.23-24 **14,10** Ps 1,1-6

DER PROPHET JOËL

Inhaltsübersicht

Buchüberschrift

1 In diesem Buch steht, was der HERR durch
Joël, den Sohn Petuëls, verkünden ließ.

Heuschrecken und Dürre suchen Juda heim

2 Hört her, ihr Alten und Erfahrenen, hört her,
alle Leute im Land! Ist so etwas Unerhörtes
schon einmal vorgekommen, zu euren Lebzei-
ten oder zur Zeit eurer Vorfahren? 3 Erzählt es
euren Kindern, damit sie es ihren eigenen Kin-
dern weitersagen, und diese wieder der folgen-
den Generation!

4 Heuschrecken sind über die Felder hergefal-
len, Schwarm auf Schwarm; alles haben sie
kahlgefressen. Was die einen übrigließen, haben
die nächsten verzehrt.[a] 5 Wacht auf, ihr Betrun-
kenen, und weint! Heult, ihr Zecher alle, denn es
wird keinen neuen Wein geben! 6 Ein Heer, das
unbesiegbar und nicht zu zählen ist, hat unser
Land überfallen. Sie haben Zähne wie Löwen.
7 Unsere Weinstöcke haben sie kahlgefressen
und die Feigenbäume entlaubt, sogar die Rinde
haben sie abgenagt und nur das nackte Holz
übriggelassen.

8 Weint und klagt wie eine Braut, die im Sack*
umhergeht, weil sie ihren Bräutigam verloren
hat! 9–10 Die Felder sind verwüstet und ausge-
dörrt. Die Ernte ist vernichtet; niemand bringt
mehr Korn, Öl und Wein als Speise- und Trank-
opfer* in den Tempel* des HERRN. Darum
trauern die Priester, die den Opferdienst für den
HERRN versehen.

11 Klagt über euer Unglück, ihr Bauern und
Weingärtner! Es gibt weder Weizen noch Gerste,
die ganze Ernte ist verloren. 12 Die Weinstöcke
sind verdorrt, die Feigen- und Dattelbäume, die
Granat- und Apfelbäume und alle wildwachsen-
den Bäume im Land sind entlaubt. Die ganze
Freude der Menschen welkt dahin.

13 Ihr Priester* am Altar* des HERRN, legt
den Sack* um die Hüften und klagt! Behaltet
ihn auch bei Nacht an! Es gibt keine Speise-
und Trankopfer mehr im Tempel eures Gottes.
14 Ruft einen Fasttag* aus! Ordnet einen Buß-
gottesdienst an! Die Ältesten* und das ganze
Volk sollen sich im Tempel des HERRN, eures
Gottes, versammeln und zu ihm um Hilfe
rufen!

Klage des Propheten

15 Wehe, was steht uns bevor! Der Tag, an dem
der HERR Gericht hält, ist nahe. Ein gewaltiges
Strafgericht kommt von Gott, dem Gewaltigen*!
16 Mit eigenen Augen mußten wir zusehen, wie
unsere Nahrung vernichtet wurde. Darum sind
Freude und Jubel im Haus unseres Gottes ver-
stummt. 17 Die Saatkörner liegen vertrocknet
unter den Erdschollen. Die Vorräte sind aufge-
braucht, die Speicher verfallen; denn es gibt kein
Korn mehr. 18 Brüllend irren die Rinder umher,
weil sie kein Futter finden, und sogar die Schaf-
herden leiden Not.

19 Zu dir, HERR, rufe ich um Hilfe! Die Glut-
hitze hat das Gras in der Steppe verzehrt und
die Bäume auf dem Feld versengt. 20 Auch
die wilden Tiere schreien zu dir; denn die
Wasserläufe sind versiegt und das Gras ist ver-
dorrt.

Steht Gottes Gerichtstag bevor?

2 Blast das Alarmhorn auf dem Zion*, gebt
Alarm auf dem heiligen Berg des HERRN! Zit-
tert, ihr Bewohner des Landes! Der Tag, an dem
der HERR Gericht hält, ist nahe! 2 Dunkel wie die
Nacht ist dieser Tag, verhangen mit düsteren
Wolken. So plötzlich, wie das frühe Morgenlicht
sich über die Berge ausbreitet, fällt ein gewalti-
ges Heer von Feinden ins Land ein, das nicht zu
zählen ist. Noch nie habt ihr so etwas erlebt, und
nie wieder wird es das geben in allen künftigen
Generationen.

3 Vor ihnen her wütet Feuer, und hinter ihnen
lodern die Flammen. Bevor sie kommen, ist das
Land blühend wie der Garten Eden*, und wenn

a Im Hebräischen stehen hier vier verschiedene Bezeichnungen für Arten oder Wachstumsstadien der Heuschrecke.

1,4 2,25; Am 4,9; 7,1-2; Ex 10,12-15; Dtn 28,38; Ps 105,34-35 **1,6** Offb 9,8 **1,11** Jer 14,4 **1,13** Jer 16,6 S; Am 8,10 **1,14** Jes 58,5 S **1,15** Am 5,18-20 S **1,16** Dtn 16,11; Ps 118,24 **1,20** Ps 104,27-28 S **2,1** Jer 4,5 S; Am 5,18-20 S **2,3** 1,19; Am 7,4

sie vorübergezogen sind, liegt es so trostlos da wie die Wüste. Nichts wird von ihnen verschont.

4 Sie sehen aus wie Pferde, sie rennen daher wie Rosse in der Schlacht. 5 Wenn sie über die Berggipfel springen, klingt es wie das Rasseln von Streitwagen*, wie das Prasseln der Flammen, die ein Stoppelfeld verzehren. Sie sind wie ein kampfbereites Heer.

6 Bei ihrem Anblick winden sich die Völker vor Angst, alle Gesichter werden bleich. 7 Wie Sturmtruppen greifen sie an und erklettern die Mauern. Unbeirrbar gehen sie ihren Weg; keiner weicht einen Schritt davon ab 8 oder kommt dem Nebenmann in die Quere. Keine Waffe kann ihren Vormarsch aufhalten. 9 Sie überfallen die Stadt, erstürmen die Mauern, klettern wie Diebe durch die Fenster in alle Häuser.

10 Die Erde bebt und der Himmel zittert vor ihnen, Sonne und Mond verfinstern sich, und die Sterne hören auf zu strahlen. 11 Der HERR selbst führt sie an, er gibt ihnen mit Donnerstimme Befehle. Das ganze riesengroße Heer vollstreckt seinen Willen. Schrecklich ist der Tag, an dem der HERR eingreift. Wer wird ihn überstehen?

Hoffnung auf Gottes Geduld

12 »Aber selbst jetzt noch könnt ihr zu mir umkehren«, sagt der HERR. »Wendet euch mir zu von ganzem Herzen, fastet*, weint und klagt! 13 Zerreißt eure Herzen und nicht eure Kleider!«

Ja, kehrt um zum HERRN, eurem Gott! Ihr wißt doch: »Er ist voll Liebe und Erbarmen. Er hat Geduld, seine Güte kennt keine Grenzen. Das Unheil, das er androht – wie oft tut es ihm leid!« 14 Vielleicht tut es ihm auch diesmal leid, und er läßt auf euren Feldern und Weinbergen wieder eine Ernte heranwachsen. Dann könnt ihr ihm, eurem Gott, wieder Korn und Wein als Opfer* darbringen.

Appell an Gottes Erbarmen

15 Blast das Horn auf dem Zionsberg*! Ruft einen Fasttag* aus, ordnet einen Bußgottesdienst an! 16 Versammelt das Volk und sorgt dafür, daß es rein* vor den HERRN tritt! Vom Säugling bis zum Greis sollen alle zusammenkommen. Selbst die Brautleute sollen aus der Hochzeitskammer kommen!

17 Die Priester*, die Diener des HERRN, sollen auf dem Platz zwischen Tempel* und Altar weinen und beten: »HERR, hab Erbarmen mit deinem Volk! Wir sind doch dein Eigentum! Tu uns nicht die Schande an, daß fremde Völker über uns herrschen. Laß nicht zu, daß Fremde über uns spotten und sagen: ›Wo ist nun ihr Gott?‹«

Gott antwortet

18 Da erwacht im HERRN die brennende Liebe für sein Land und das Erbarmen mit seinem Volk. 19 Er antwortet ihnen: »Verlaßt euch darauf: Ich gebe euch soviel Korn, Wein und Öl, daß ihr euch daran satt essen könnt. Ihr werdet den Völkern nicht mehr zum Spott dienen. 20 Denn ich rette euch vor dem Feind aus dem Norden*. Seine Vorhut treibe ich ins Tote Meer und seine Nachhut ins Mittelmeer; sein ganzes übriges Heer jage ich in die Wüste, wo es vernichtet wird. Die Leichen werden die Luft mit ihrem Gestank erfüllen. So bestrafe ich ihn für seine Prahlerei.«

21 Ihr Felder, habt keine Angst mehr, freut euch und jubelt! Der HERR hat Großes getan. 22 Ihr Tiere auf freiem Feld, habt keine Angst mehr! Die Weiden in der Steppe sind wieder grün. Auch die Bäume tragen wieder Frucht; Feigenbaum und Weinstock bringen reichen Ertrag.

23 Ihr Bewohner des Zionsberges*, freut euch und jubelt über den HERRN, euren Gott! Er erweist euch seine Güte und schickt euch Regen* wie zuvor, Frühregen im Herbst und Spätregen im Frühjahr. 24 Auf den Dreschplätzen häuft sich das Getreide, und in der Kelter laufen die Wannen über von Most und Öl.

25 Der HERR sagt: »Ich habe mein großes Heer gegen euch geschickt. Aber jetzt ersetze ich euch die Ernten, die die Heuschreckenschwärme[a] vernichtet haben. 26 Ihr werdet euch richtig satt essen können. Dann werdet ihr mich, euren Gott, preisen, weil ich solche Wunder für euch getan habe. Nie mehr werden die anderen Völker über mein Volk spotten. 27 Daran werdet ihr Leute von Israel erkennen, daß ich, der HERR, in eurer Mitte bin, daß ich euer Gott bin und sonst keiner. Nie mehr überlasse ich mein Volk der Schande.«

a Siehe Anmerkung zu 1,4.

2,4-5 Offb 9,7-9 **2,9** Ex 10,6 **2,10** 3,3-4; 4,15; Jes 13,10; Ez 32,7-8; Am 8,9; Mk 13,24 par; Offb 6,12 **2,11** Ps 29,3-9 S; Jes 10,5-6; Ez 38,4 **2,12** Dtn 4,29; Ez 18,23 **2,13** (Kleider) 1 Kön 21,27; 2 Kön 19,1; Esra 9,3; Jer 41,5; 4,4 S; (voll Liebe) Ex 34,6 S **2,14** (Vielleicht) Am 5,15; Jona 3,9; Zef 2,3; Tob 13,8 **2,15** Jes 58,5 S **2,17** Ps 115,1-2 S **2,18** Sach 1,14 S; Hos 11,8 S **2,20** Jer 1,14 S; Jes 2,11-12 S **2,23** Jer 5,24-25 S **2,25** 1,4 S **2,26** Dtn 8,10; Ez 36,13-15 **2,27** 4,17; Ez 34,30; Jes 12,6

Vorzeichen des Weltgerichts

3 Weiter sagt der HERR: »Es kommt die Zeit, da werde ich meinen Geist* ausgießen über alle Menschen. Eure Männer und Frauen werden dann zu Propheten*; Alte und Junge haben Träume und Visionen. 2 Sogar über die Knechte und Mägde werde ich zu jener Zeit meinen Geist ausgießen.

3–4 Dann ist der große und schreckliche Tag nahe, an dem ich Gericht halte. Am Himmel und auf der Erde werden seine Vorzeichen zu sehen sein: Menschen liegen erschlagen in ihrem Blut, Flammen und Rauchwolken steigen auf; die Sonne verfinstert sich, und der Mond wird blutrot. 5 Aber alle, die sich zu mir bekennen und meinen Namen* anrufen, werden gerettet.«[a]

Dann wird geschehen, was der HERR angekündigt hat: »Auf dem Zionsberg* in Jerusalem gibt es Rettung – und auch für alle, die unter die Völker zerstreut sind; denn ich rufe sie zurück.«

Bestrafung der Feinde des Gottesvolkes

4 Der HERR sagt: »Wenn die Zeit kommt, daß ich für Juda und Jerusalem alles wieder zum Guten wende, 2 werde ich alle Völker zusammenrufen und sie in das Tal führen, das den Namen trägt ›Der HERR richtet‹.[b] Dort ziehe ich sie zur Rechenschaft für das, was sie meinem Volk Israel angetan haben, diesem Volk, das mein Eigentum ist. Sie haben es unter die Völker zerstreut, haben mein Land aufgeteilt 3 und seine Bewohner durchs Los unter sich verteilt. Mit einem Jungen hat man da für die Nacht bei einer Prostituierten bezahlt, ein Mädchen hat man für den Wein eines Zechgelages verkauft.

4 Ihr Leute von Tyrus und Sidon und ihr Philister* alle, ihr wollt gegen mich vorgehen? Ihr wollt euch an mir rächen? Ich habe vielmehr Grund, mich an euch zu rächen! Im Handumdrehen lasse ich eure Untaten auf euch zurückfallen. 5 Ihr habt mein Silber und Gold weggenommen und meine kostbaren Schätze in eure Paläste gebracht. 6 Die jungen Männer aus Juda und Jerusalem habt ihr an die Griechen verkauft und weit weg von ihrer Heimat in die Fremde geschafft.

7 Aber ich rufe sie von dort zurück und lasse eure Untaten auf euch selbst zurückfallen. 8 Eure eigenen jungen Leute, die Männer und auch die Mädchen, werde ich dann den Leuten von Juda ausliefern, und die werden sie weit weg in die Fremde, an die Leute von Saba*, verkaufen. Ich habe es gesagt, ich, der HERR.

9 Ruft unter den Völkern aus: ›Rüstet euch zum Kampf! Stellt eure Truppen auf! Laßt alle eure wehrfähigen Männer antreten und marschieren! 10 Schmiedet aus euren Pflugscharen Schwerter, macht aus euren Winzermessern Speerspitzen! Noch der Schwächste soll erklären: Ich kämpfe wie ein Löwe! 11 Kommt her, ihr Völker, kommt von allen Seiten!‹«

Und wenn sie dort versammelt sind, dann laß, HERR, deine starken Engel* gegen sie antreten!

12 »So sollen die Völker aufgeboten werden und in das Tal mit dem Namen ›Der HERR richtet‹ ziehen. Dort werde ich auf dem Richterstuhl sitzen und sie zur Rechenschaft ziehen, alle die Völker ringsum. 13 Nehmt die Sichel, die Ernte ist reif! Tretet die Kelter*, sie ist bis zum Rand gefüllt! Das Maß ist voll; die Schuld der Völker ist riesengroß.«

Die künftige Herrlichkeit Judas und Jerusalems

14 Ich höre den Lärm riesiger Heere im Tal des Gerichts. Der Tag ist nahe, an dem der HERR dort mit den Völkern abrechnet. 15 Sonne und Mond verfinstern sich, und die Sterne hören auf zu strahlen.

16 Wie Löwengebrüll, wie Donnergrollen schallt vom Zionsberg* in Jerusalem die Stimme des HERRN und läßt Himmel und Erde erzittern. Doch für sein Volk Israel ist der HERR eine sichere Zuflucht und eine schützende Burg. 17 »Dann – sagt der HERR – werdet ihr erkennen, daß ich euer Gott bin. Auf dem Zion wohne ich, meinem heiligen Berg, und Jerusalem wird unantastbar sein; nie mehr werden Fremde dort eindringen.«

18 Der HERR sagt: »Zu jener Zeit werden die Berge von Wein triefen und die Hügel von Milch, und die Bäche Judas werden das ganze Jahr über Wasser führen. An meinem Tempel* wird eine Quelle entspringen, die auch noch das trockenste Tal[c] bewässert.

a *sich zu mir bekennen und:* verdeutlichender Zusatz. b Hebräisch *Joschafat.*
c Wörtlich *das Tal Schittim.* Die Lage ist unbekannt; der Name deutet auf Akazien hin, die in Steppe und Wüste wachsen.

3,1-5 Num 11,25-29; Apg 2,17-21 **3,1** Num 11,25-29; 12,6; Ez 39,29 **3,3-4** Jes 2,11-20 S; Joël 2,10 S **3,5** (Zionsberg) 4,17; Obd 17 S **4,1** Jer 29,13-14 S; Hos 7,1 **4,10** Jes 2,4 **4,12** Ps 96,13 **4,13** Mt 13,30.39; Offb 14,14-20; (Kelter) Jes 63,1-6 **4,14-16** Jes 13,6-13; Ez 30,2-3; Obd 15a-17; Mal 3,19-21; Jes 2,11-21 S **4,14** 4,2 **4,15** 2,10 S **4,16** Am 1,2 S; Joël 3,5 S **4,17** Ps 76,3 S; Jes 54,1-17 S **4,18** Am 9,13; Jes 30,23.25; Ez 47,1-12 S

19 Ägypten und Edom* aber werden zur Wüste werden als Strafe für die Verbrechen, die ihre Männer in Juda begangen haben. Sie haben dort unschuldige Menschen getötet. 20 Aber Juda soll für alle Zeiten bewohnt bleiben und Jerusalem für immer bestehen. 21 Ich erkläre ihre Bewohner für unschuldig, was ich früher nicht getan habe; niemand wird ungestraft bleiben, der ihr Leben antastet.[a] Denn auf dem Zionsberg wohne ich, der HERR!«

DER PROPHET AMOS

Inhaltsübersicht

Buchüberschrift

1 In diesem Buch steht, was Amos, einem Viehzüchter aus dem Dorf Tekoa, vom HERRN offenbart* worden ist. Er empfing die hier aufgeschriebenen Worte als Botschaft für das Reich Israel[b] zwei Jahre vor dem großen Erdbeben, als in Juda König Usija regierte und in Israel Jerobeam, der Sohn Joaschs.

2 Amos sagte:

Wie Löwengebrüll und Donnergrollen
schallt es vom Zionsberg* in Jerusalem her.
Dort wohnt der HERR,
im Zorn erhebt er die Stimme;
da vertrocknen die saftigen Weiden,
selbst der Wald auf dem Gipfel des Karmels
verdorrt.

ANKÜNDIGUNG DES GERICHTS ÜBER DAS NORDREICH ISRAEL (1,3–6,14)

Israels Nachbarvölker haben Gottes Strafgericht zu erwarten …

3 Hört, was der HERR sagt: »Die Leute von *Damaskus* haben Verbrechen auf Verbrechen gehäuft.[c] Sie haben Gilead* so grauenvoll verwüstet, als hätte man es mit eisernen Dreschschlitten* gedroschen. Darum verschone ich sie nicht. 4 Ich lege Feuer an die befestigten Paläste, die ihre Könige Hasaël und Ben-Hadad gebaut haben. 5 Ich zerbreche die Riegel an den Toren von Damaskus und gebe die Stadt ihren Feinden preis,[d] auch die Herrscher von Bikat-Awen (Unrechtstal) und Bet-Eden (Lusthausen) bringe ich um. Die Bevölkerung von ganz Syrien* wird nach Kir verschleppt. Das sage ich, der HERR.«

6 Hört, was der HERR sagt: »Die Leute von *Gaza* haben Verbrechen auf Verbrechen gehäuft. Sie haben ganze Dörfer entvölkert und ihre Bewohner an die Edomiter verkauft. Darum verschone ich sie nicht. 7 Ich lege Feuer an die Mauern von Gaza, damit es seine Prachtbauten verzehrt. 8 Auch die Herrscher von Aschdod und Aschkelon bringe ich um, die Stadt Ekron bekommt meine Hand zu spüren. Und der ganze Rest der Philister* wird auch umkommen. Das sage ich, der HERR.«

9 Hört, was der HERR sagt: »Die Leute von *Tyrus* haben Verbrechen auf Verbrechen gehäuft. Sie haben den Freundschaftsbund mit Israel gebrochen und die Bewohner ganzer Dörfer an die Edomiter verkauft. Darum verschone ich sie nicht. 10 Ich lege Feuer an die Mauern von Tyrus, damit es seine Prachtbauten verzehrt.«

11 Hört, was der HERR sagt: »Die Leute von *Edom** haben Verbrechen auf Verbrechen gehäuft. Den Israeliten, die doch ihr Brudervolk sind, haben sie erbarmungslos mit dem Schwert

a *niemand wird …:* verdeutlichender Zusatz.
b Hier und im ganzen Buch Amos bezeichnet *Israel** das Nordreich mit der Hauptstadt Samaria (3,9) und dem Reichsheiligtum Bet-El (7,10.13).
c Wörtlich *Wegen drei Verbrechen von Damaskus und wegen vier (verschone ich sie nicht).* Die Zahlen sind nicht wörtlich zu nehmen, sondern drücken eine anhaltende Steigerung des Unrechts aus; genannt wird jeweils nur das schlimmste. Dieselbe Formulierung auch in 1,6.9.11.13; 2,1.4.6.
d *und gebe …:* verdeutlichender Zusatz.

4,19 Am 1,11; Obd 10-11 **4,20-21** Jes 60,15; 65,18; Jer 17,25; Sach 14,10-11 **1,1** 7,14-15; 8,8; Sach 14,5; 7,9-11; 2 Kön 14,23-29; 15,1-7; Jes 1,1; Hos 1,1 **1,2** Joël 4,16; Jer 25,30-31; 4,7 S; Hos 11,10; Ps 29,3-9 S; 76,3 S **1,3-5** Jes 9,11; 17,1-3 S **1,3** 2 Kön 10,32-33 **1,4** 2 Kön 13,3 **1,5** 9,7; 2 Kön 16,9 **1,6-8** Jes 14,28-32 S **1,9-10** Jes 23,1-16 S **1,9** 1 Kön 5,26 **1,11-12** Jes 34,5-17 S; Gen 36,1.6-8

nachgestellt und den Haß immer aufs neue ge-
schürt. Darum verschone ich sie nicht. 12 Ich
schicke Feuer in ihr Land, damit es die Pracht-
bauten von Bozra verzehrt.«

13 Hört, was der HERR sagt: »Die Leute von
*Ammon** haben Verbrechen auf Verbrechen
gehäuft. Als sie ihr Gebiet zu erweitern such-
ten, haben sie in der Landschaft Gilead sogar
schwangeren Frauen den Leib aufgeschlitzt.
Darum verschone ich sie nicht. 14 Ich lege Feuer
an die Mauern ihrer Hauptstadt Rabba, damit es
die Prachtbauten verzehrt. Das Kriegsgeschrei
dröhnt, wie ein brausender Sturm tobt die
Schlacht, wenn das geschieht. 15 Der Ammoni-
terkönig muß mit allen führenden Männern in
die Verbannung. Das sage ich, der HERR.«

2 Hört, was der HERR sagt: »Die Leute von
*Moab** haben Verbrechen auf Verbrechen
gehäuft. Sie haben die Gebeine des Edomiter-
königs zu Asche verbrannt. Darum verschone
ich sie nicht. 2 Ich schicke Feuer in ihr Land, da-
mit es die Prachtbauten von Kerijot verzehrt.
Ihre Männer fallen in der tosenden Schlacht,
unter dem Kriegsgeschrei und dem Lärm der
Kriegshörner* ihrer Feinde. 3 Ihren Herrscher
und alle führenden Männer bringe ich um. Das
sage ich, der HERR.«

4 Hört, was der HERR sagt: »Die Leute von *Juda*
haben Verbrechen auf Verbrechen gehäuft. Sie
haben mein Gesetz* mißachtet, meine Gebote
übertreten und sich von falschen Göttern ver-
führen lassen, genau wie ihre Vorfahren. Darum
verschone ich sie nicht. 5 Ich schicke Feuer in
das Land, damit es die Prachtbauten Jerusalems
verzehrt.«

… aber Israel erst recht!

6 Hört, was der HERR sagt: »Auch ihr Leute von
Israel habt Verbrechen auf Verbrechen gehäuft!
Darum verschone ich euch nicht. Ihr verkauft
ehrliche Leute als Sklaven*, nur weil sie ihre
Schulden nicht bezahlen können, ja ihr verkauft
einen Armen schon, wenn er euch eine Kleinig-
keit wie ein Paar Sandalen schuldet. 7 Ihr giert
sogar nach der Asche auf dem Kopf der Verzwei-
felten und wendet jeden Trick an, um die Schwa-
chen um ihr Recht zu bringen. Vater und Sohn
mißbrauchen dasselbe Mädchen. Mit all dem
befleckt ihr meinen heiligen Namen*. 8 Neben
jedem Altar streckt ihr euch auf Kleidern aus, die
ihr den Armen als Pfand abgenommen habt; in
euren Heiligtümern trinkt ihr Wein, den ihr als
Ersatz für nicht bezahlte Schulden eingefordert
habt.

9 Dabei habe ich doch euretwegen die Amori-
ter* vernichtet. Sie waren so groß wie Zedern
und so stark wie Eichen, aber ich habe sie mit
Stumpf und Stiel ausgerottet. 10 Ich habe euch
aus Ägypten befreit und euch vierzig Jahre
lang durch die Wüste geführt, bis ihr das Land
der Amoriter in Besitz nehmen konntet. 11 Als
meine Zeugen habe ich aus eurer Mitte Prophe-
ten* berufen und Männer, die sich mir geweiht
haben. So ist es doch, ihr Leute von Israel!« sagt
der HERR. 12 »Aber meinen Geweihten* habt ihr
Wein zu trinken gegeben, und den Propheten
habt ihr verboten, in meinem Namen zu spre-
chen.

13 Ich werde euch bestrafen, daß ihr ächzt
und stöhnt wie ein überladener Erntewagen.[a]
14–15 Auch der Schnellste kann dann nicht mehr
entkommen, dem Stärksten nützt seine Kraft
und dem Mutigsten sein Mut nichts. Die Bogen-
schützen werden überrannt, bevor sie einen
Pfeil abschießen können, auch die Besatzung
der Streitwagen* kann sich nicht mehr retten.
16 Selbst der Tapferste der Tapferen wird an
jenem Tag alles wegwerfen und um sein Leben
laufen. Das sage ich, der HERR.«

Das bevorzugte Volk

3 Hört her, ihr Leute von Israel! Ihr seid das
Volk, das der HERR aus Ägypten herausge-
führt hat. Er läßt euch sagen: 2 »Von allen Völ-
kern der Erde habe ich euch allein ausgewählt.
Deshalb wiegt eure Schuld so schwer, und ich
muß euch dafür zur Rechenschaft ziehen.«

Der Prophet hat keine Wahl

3 Gehen zwei Männer miteinander
denselben Weg,
wenn sie sich nicht vorher getroffen haben?
4 Brüllt der Löwe im Wald,
wenn er kein Beutetier vor sich sieht?
Läßt der Junglöwe sein Knurren hören,
wenn er kein Opfer in den Krallen hat?
5 Geht der Vogel ins Netz,
wenn kein Köder ausgelegt ist?
Schnappt die Falle zu,
wenn sich nichts darin gefangen hat?
6 Bläst man Alarm in der Stadt,

a Deutung unsicher.

1,13-15 Jer 49,1-6 S **2,1-3** Jes 15,1–16,14 S **2,6** 5,11-12; 8,4-6; Jes 1,17 S; Mi 3,1-4 **2,8** Ex 22,25-26 **2,9** Num 13,27-33; 21,21-24 **2,10** Ex 20,2; Dtn 2,7; Hos 13,4-5 **2,11** Dtn 18,15; Hos 11,2 **2,12** 7,12-13; Jes 30,10 S; Num 6,2-3 **2,14-16** 9,1 **3,1-2** 9,7-8 **3,1** 2,10 **3,2** Ex 19,5-6 S **3,6** (geschickt) Jes 45,7; Klgl 3,37-38

und es fährt niemand zusammen?
Trifft ein Unglück die Stadt,
und der HERR hat es nicht geschickt?

7-8 Der Löwe brüllt –
wer fürchtet sich nicht?
Der HERR, der mächtige Gott, redet –
wer wird da nicht zum Propheten*?

Der HERR, der mächtige Gott, tut nichts, ohne
daß er es zuvor seine Diener, die Propheten, wis-
sen läßt.

Der Untergang Samarias

9 Der HERR sagt: »Laßt vor den Palästen in der
Philisterstadt* Aschdod und in Ägypten aus-
rufen: ›Kommt, versammelt euch auf den Ber-
gen rings um die Stadt Samaria und seid Zeugen
dafür, wie dort Unterdrückung und Gewalt an
der Tagesordnung sind!‹ 10 Ihre Bewohner treten
das Recht mit Füßen und häufen in ihren Häu-
sern Schätze auf, die sie mit Raub und Mord an
sich gebracht haben.
11 Deshalb kündige ich, der mächtige Gott,
den Leuten von Samaria an: Feinde werden euer
Land umzingeln, eure Befestigungen nieder-
reißen und alle eure Häuser ausplündern. 12 Von
den Israeliten, die in Samaria wohnen, wird ge-
nausoviel übrigbleiben wie von einem Lamm,
das ein Löwe verschlingt. So wie ein Hirt gerade
noch zwei Schenkelknochen oder einen Zipfel
vom Ohr als Beweisstück rettet, so werden die
feinen Leute ›gerettet‹, die sich in Samaria auf
ihren Luxusbetten räkeln.«[a]
13 Der HERR, der Gott und Herrscher der
ganzen Welt,[b] sagt: »Hört her und verkündet es
den Nachkommen Jakobs: 14 ›Der Tag kommt, an
dem ich die Leute von Israel für ihre Verbrechen
bestrafen werde. Dann zerstöre ich die Altäre
des Heiligtums in Bet-El, ihre Hörner werden ab-
gebrochen am Boden liegen.[c] 15 Ich lasse die
prächtigen Häuser in Trümmer sinken, die Som-
mervillen und die Winterpaläste; die elfenbein-
geschmückten und hochaufgestockten[d] Bauten
werden dem Erdboden gleichgemacht.‹ Das sage
ich, der HERR.«

Gegen die reichen Frauen von Samaria

4 Hört, ihr Frauen von Samaria, gutgenährt
und schön wie Baschans* Kühe! Ihr unter-
drückt die Schwachen und schindet die Armen.
Ihr sagt zu euren Männern: »Los, schafft uns zu
trinken herbei!«
2 Der HERR, der mächtige Gott, hat bei seinem
heiligen Namen* geschworen: »Die Zeit kommt,
daß man euch mit Fanghaken herausholen wird,
die letzten von euch mit Fischangeln. 3 Eine
nach der andern müßt ihr durch die nächste
Bresche in der Mauer hinaus, und sie werden
euch in Richtung Hermon[e] fortjagen. Das sage
ich, der HERR!«

Religion und Verbrechen blühen

4 »Kommt zum Heiligtum von Bet-El – und sün-
digt! Kommt zum Heiligtum von Gilgal – und
begeht Verbrechen! Feiert am ersten Festtag
eure Mahlopfer* und am Tag darauf die Abliefe-
rung eurer Zehnten*! 5 Laßt gesäuertes Brot als
Dankopfer* in Rauch aufgehen und kündigt frei-
willige Opfer an – so laut, daß alle es hören! So
liebt ihr es doch, ihr Leute von Israel!« Das sagt
der HERR, der mächtige Gott.

Israel ist unbelehrbar

6 Der HERR sagt: »Ich schickte euch eine Hun-
gersnot, so daß es in euren Städten und Dörfern
nichts mehr zu beißen gab. Das kam von mir!
Trotzdem seid ihr nicht zu mir umgekehrt.
7 Ich hielt den Regen zurück, als die Felder ihn
am nötigsten gebraucht hätten.[f] Über der einen
Stadt ließ ich es regnen, auf die andere fiel nicht
ein Tropfen. Das eine Feld stand prächtig, wäh-
rend auf dem andern alles verdorrte. 8 Von über
all her schleppten die Leute sich halbverdurstet
zu einer Stadt, die noch Wasser hatte; aber es
reichte nicht für so viele. Trotzdem seid ihr nicht
zu mir umgekehrt«, sagt der HERR.
9 »Ich schickte euch Mehltau und Kornbrand;
die meisten eurer Gärten und Weinberge, eurer
Feigenbäume und Ölbäume fraßen die Heu-
schrecken kahl. Trotzdem seid ihr nicht zu mir
umgekehrt«, sagt der HERR.

a *als Beweisstück:* verdeutlichender Zusatz (vgl. Ex 22,12); *die sich auf ihren Luxusbetten räkeln:* wörtlich *die am Kopfende einer Couch oder am Fußende einer Damaszenerliege sitzen* – Möbelstücke, die damals den Gipfel des Luxus darstellten.
b Wörtlich *Der Herr HERR, Gott Zebaot*.*
c Die abgebrochenen *Hörner** sind ein Bild dafür, daß Israel dem Untergang schutzlos preisgegeben ist: Die Hörner des Altars bieten dem Verfolgten, der sie ergreift, Schutz und werden mit dem sühnenden Opferblut bestrichen.
d Oder *zahlreichen.* e Vermutlicher Text; H *Harmon.*
f *als die Felder ...:* wörtlich *als noch drei Monate waren bis zur Ernte.*

3,7-8 Jer 20,7-9; 1 Kor 9,16; 1 Kön 22,16-23 **3,9-12** 4,1-3; 6,1-7 **3,12** Ex 22,12; Am 6,4 **3,14** 2 Kön 23,15 S **3,15** 5,11-12; 6,8.11; 1 Kön 22,39 **4,1** 5,11-12; Jes 56,12 **4,2** Jer 49,13 S **4,4-5** 5,4-5.21-24; Hos 4,15 **4,6-12** Lev 26,14-39; Jer 5,3 S **4,7-8** Jer 3,3 S **4,9** Joël 1,4 S

10 »Ich schickte euch die Pest wie einst den
Ägyptern. Ich ließ eure jungen Männer im
Kampf umkommen und gab eure Pferde den
Feinden zur Beute. In euren Lagern ließ ich euch
den Leichengestank in die Nase steigen. Trotz-
dem seid ihr nicht zu mir umgekehrt«, sagt der
HERR.
11 »Ich ließ ganze Städte untergehen wie einst
Sodom* und Gomorra, nur ein paar Menschen
überlebten die Katastrophe – so wie ein ange-
kohltes Holzscheit gerade noch aus dem Feuer
gerissen wird. Trotzdem seid ihr nicht zu mir
umgekehrt«, sagt der HERR.
12 »Jetzt aber komme ich selbst und ziehe
euch zur Rechenschaft. Macht euch bereit, mir
gegenüberzutreten, ihr Leute von Israel!«

Gott, der mächtige Schöpfer

13 Er hat die Berge geformt
und die Winde geschaffen.
Er verkündet den Menschen, was er vorhat.
Er läßt den Tag zur Nacht werden;
er schreitet über die höchsten Gipfel der Erde.
»Der HERR, der Gott der ganzen Welt«,[a] ist sein
Name!

Gibt es noch Rettung für Israel?[b]

5 (A) Hört die Totenklage*, die ich über euch
anstimme, ihr Leute von Israel:

2 Erschlagen liegt sie da,
die Jungfrau Israel,
und steht nie wieder auf!
Verlassen liegt sie da
in ihrem eignen Land,
und niemand hilft ihr mehr!

3 Denn der HERR, der mächtige Gott, sagt: »Wenn
aus einer Stadt tausend Männer in den Kampf
ziehen, kehren nur hundert zurück, und wenn
hundert ausziehen, nur zehn. So wird es überall
im ganzen Reich Israel sein.«
(B) 4 Der HERR läßt den Leuten von Israel
sagen: »Kommt zu mir, dann bleibt ihr am
Leben! 5 Geht nicht nach Bet-El; denn Bet-El
muß an den Bettelstab! Geht auch nicht nach
Gilgal; denn Gilgal muß an den Galgen! Und
geht erst recht nicht über die Grenze nach Beer-
scheba!«[c]
6 Kommt zum HERRN, dann werdet ihr leben!
Sonst wird er wie Feuer über die Nachkommen
Josefs herfallen. Dieser Brand wird auch das Hei-
ligtum von Bet-El fressen; niemand kann ihn
löschen.
(C) 7 Weh euch! Ihr tretet das Recht mit
Füßen; ihr verdreht es, daß es bitter wird wie
Galle!

(D) 8 Er hat das Siebengestirn und den Orion
geschaffen.
Er läßt aus Dunkelheit Licht werden
und aus Licht wieder Dunkelheit.
Er ruft das Wasser aus dem Meer
und läßt es auf die Erde herabregnen.
»HERR« ist sein Name*!
9 Er vernichtet die Mächtigen
und zerstört ihre Festungen.

(C) 10 Weh euch! Ihr haßt jeden, der in der Ge-
richtsversammlung die Wahrheit sagt und das
Unrecht anprangert! 13 [d]Deshalb handelt jeder
klug, der in solch einer bösen Zeit schweigt und
sich euch nicht ans Messer liefert.
11–12 Ich kenne eure Vergehen, eure zahllosen
Verbrechen! Ihr beutet die Armen aus und ver-
langt von ihnen hohe Abgaben an Korn. Ihr ver-
folgt ehrbare Bürger, nehmt Bestechungsgelder
an und verweigert den Schutzlosen ihr Recht.
Aber die Strafe läßt nicht auf sich warten:[e] Ihr
werdet eure neuen Häuser aus behauenen Stei-
nen nicht bewohnen und den Wein aus euren
neu angelegten Weinbergen nicht trinken.
(B) 14 Kommt zurück zum Guten, kehrt euch
ab vom Bösen! Dann werdet ihr am Leben blei-
ben. Dann wird der HERR, der Gott der ganzen
Welt,[f] wirklich bei euch sein, wie ihr behauptet.
15 Haßt das Böse, liebt das Gute! Sorgt vor Ge-
richt dafür, daß Recht Recht bleibt! Vielleicht

a Wörtlich *Der HERR, Gott Zebaot**.
b Die Verse 1-17 bestehen aus einer kunstvoll verschränkten Folge von Prophetenworten, die um das zentrale Stück Vers 8-9 symmetrisch (ABCDCBA) angeordnet sind – ohne Rücksicht darauf, daß der logische Zusammenhang dadurch mehrfach unterbrochen wird (vgl. die Anmerkung zu Vers 13). Die inhaltlich aufeinander bezogenen Abschnitte werden oben durch gleiche Buchstaben (A, B, C usw.) gekennzeichnet.
c An den drei Orten befanden sich alte Heiligtümer. *Beerscheba* lag im südlichen Teil von Juda. Das Wort über *Gilgal* ist im Hebräischen ein Wortspiel, das über *Bet-El* (Haus Gottes) spielt mit der Verballhornung zu Bet-Awen (Haus des Unheils/Unrechts), die sich mehrfach bei Hosea findet (Hos 4,15; 5,8; 10,5).
d Der Vers wird zur Verdeutlichung des Zusammenhangs umgestellt. Auch hier besteht eine symmetrische Beziehung: Vers 13 gehört über Vers 11-12 hinweg zu Vers 10, wie im Großen Vers 10-13 zu Vers 7 und Vers 14-15 zu Vers 4-6 usw.
e *Aber die Strafe ...:* verdeutlichender Zusatz.
f Wörtlich *der HERR, Gott Zebaot**; ebenso in Vers 15.

4,10 Ex 9,3; Dtn 28,21-22 **4,11** Gen 19,24-25 **4,13** 5,8-9; 9,5-6; 3,7-8; Mi 1,2-3 **5,1** Ez 28,12 S **5,3** 6,9; Dtn 28,62 **5,4-5** 4,4-5 S **5,6** 5,4.15 **5,7** 5,24; 6,12; 2,6 S **5,8-9** 4,13; 9,5-6 **5,8** Ijob 9,9 S; Jes 45,7 **5,11-12** 2,6 S; 3,15 S **5,14** Jer 7,1-11 **5,15** Ps 34,15; Joël 2,14 S; Jes 10,22 S

wird dann der HERR, der Gott der ganzen Welt,
denen gnädig sein, die von den Nachkommen
Josefs übrigbleiben.

(A) 16 Weil ihr das Recht mit Füßen tretet,
kündigt der HERR, der Gott und Herrscher der
ganzen Welt,[a] euch an:

»Auf allen Plätzen wird man Trauerlieder
hören, in allen Gassen Weherufe. Die Landleute
werden von den Feldern geholt, um die Toten zu
beweinen; alle, die sich darauf verstehen, wer-
den zur Totenklage* herbeigerufen. 17 Selbst die
Weinberge, in denen sonst Freude und Jubel
herrschten,[b] werden erfüllt sein von Klagege-
schrei. Denn ich werde unter euch blutige Ernte
halten. Das sage ich, der HERR!«

Israel wiegt sich in falscher Sicherheit

18 Weh euch, die ihr den Tag herbeisehnt, an
dem der HERR eingreift! Was erwartet ihr denn
von diesem Tag? Finsternis wird er euch bringen
und nicht Licht! 19 Es wird euch ergehen wie
dem Mann, der vor einem Löwen davonläuft
und auf einen Bären trifft, und wenn er glücklich
das Haus erreicht hat und sich an die Wand
lehnt, beißt ihn eine Schlange.

20 Der Tag des HERRN bringt Finsternis und
nicht Licht, ein schwarzer Tag ist er; auch nicht
einen Schimmer von Hoffnung läßt er euch.

Gottesdienst ersetzt nicht gerechtes Handeln

21 Der HERR sagt: »Ich hasse eure Feste und kann
eure Feiern nicht ausstehen. 22 Eure Brandopfer
und Speiseopfer* sind mir zuwider; das ge-
mästete Vieh, das ihr für das Opfermahl*
schlachtet, kann ich nicht mehr sehen. 23 Hört
auf mit dem Geplärr eurer Lieder! Euer Harfen-
geklimper ist mir lästig!

24 Sorgt lieber dafür, daß jeder zu seinem
Recht kommt! Recht und Gerechtigkeit sollen
das Land erfüllen wie ein Strom, der nie aus-
trocknet.

25 Habe ich von euch Israeliten während der
vierzig Wüstenjahre vielleicht Mahlopfer und
Speiseopfer verlangt? 26 Habt ihr damals schon
die Götzenbilder eures Himmelskönigs Sakkut
und eures Sterngottes Kewan herumgetragen,
wie ihr es jetzt tut?[c] 27 Ihr könnt euch darauf ver-
lassen: Ich werde euch in die Verbannung
führen, noch über Damaskus hinaus.«

Das sagt der HERR, der Gott der ganzen Welt.[d]

Die Schuld der führenden Kreise

6 Weh euch, ihr Sorglosen auf dem Berg
Zion*! Ihr Selbstsicheren auf dem Berg von
Samaria! Ihr Vornehmen Israels, des ersten aller
Völker, bei denen die Leute Rat und Hilfe
suchen! 2 Geht doch in die Stadt Kalne, geht in
die große Stadt Hamat und in die Philisterstadt
Gat! Seid ihr vielleicht besser gerüstet als diese
Königreiche? Oder ist euer Gebiet soviel kleiner
als das ihre, daß ihr denkt, die Assyrer* werden
sich nichts daraus machen?[e]

3 Ihr meint, das Unheil sei noch fern – dabei
habt ihr ein System der Unterdrückung und Aus-
beutung eingeführt! 4 Ihr räkelt euch auf euren
elfenbeinverzierten Polsterbetten und eßt das
zarte Fleisch von Lämmern und Mastkälbern.
5 Ihr grölt zur Harfe und bildet euch ein, ihr
könntet Lieder machen wie David.[f] 6 Ihr trinkt
den Wein kübelweise und verwendet die kost-
barsten Parfüme; aber daß euer Land[g] in den
Untergang treibt, läßt euch kalt.

7 Deshalb sagt der HERR, der Gott der ganzen
Welt:[h] »Ihr müßt als erste in die Verbannung
gehen, und eure Gelage nehmen ein jähes
Ende.«

Die Zerstörung Samarias

8 Der HERR, der Gott der ganzen Welt, sagt: »Der
Hochmut der Nachkommen Jakobs ist mir zu-
wider, ich hasse ihre prächtigen Paläste. Deshalb
gebe ich Samaria dem Untergang preis mit allen
seinen Bewohnern. Das habe ich, der mächtige
Gott, bei mir selbst geschworen.

9 Wenn irgendwo in einem Haus noch zehn
Menschen übriggeblieben sind – auch sie müs-
sen sterben. 10 Und wenn im hintersten Winkel
eines Hauses ein Überlebender sitzt, und es
kommt ein Verwandter, um die Toten zur Bestat-
tung aus dem Haus zu holen, und fragt ihn: ›Lebt
hier noch jemand außer dir?‹, und er antwortet:
›Niemand‹; dann wird der andere sagen: ›Pst! Er-

a Wörtlich *der HERR, Gott Zebaot*, der Herr.* b *in denen …:* verdeutlichender Zusatz.
c Deutung unsicher. Manche Ausleger verstehen den Satz als Strafankündigung: »Ihr werdet (in der Verbannung) die Bilder der assyrischen Götzen herumtragen« (vgl. Sacherklärung »Kewan«). d Wörtlich *der HERR, Gott Zebaot*.*
e *Oder ist euer Gebiet …:* wörtlich *Oder ist deren Gebiet etwa größer als das eure?* f Deutung unsicher.
g *euer Land:* wörtlich *Josef,* d. h. die Josefsstämme als Kern des Nordreiches.
h Wörtlich *der HERR, Gott Zebaot*;* ebenso in den Versen 8 und 14.

5,16-17 Jer 9,16-21 **5,18-20** (Tag des HERRN) Jer 30,7-8; Ez 7,10-27; Joël 1,15; 2,1-11; 4,14-16 S; Zef 2,1-18; Mal 3,2-5 **5,21-24** Jes 1,10-20 S **5,24** 5,7 **5,25** Jer 7,22 **5,26** Apg 7,42-43 **5,27** 6,7; 7,11.17; 9,4; Hos 9,3-4; 2 Kön 17,6 **6,4** 3,12 **6,5-6** Jes 5,11-12 S **6,6** 2,8; 4,1 **6,8** 3,15; Jes 2,11-12 S **6,9** Jes 6,13

wähne nur nicht den Namen des HERRN, sonst
merkt er, daß hier noch jemand lebt!«[a]
11 Der HERR wird einen Befehl geben, und
dann werden die Häuser und Paläste in Trümmer geschlagen, die großen wie die kleinen.

Die Strafe für Unrecht und Selbstüberhebung

12 Fährt man mit Roß und Wagen über Felsblöcke oder pflügt mit Rindern das Meer?[b] Ihr aber habt das Recht in tödliches Gift verwandelt; und was ihr Gerechtigkeit nennt, ist bitter wie Galle.

13 Ihr bildet euch etwas darauf ein, daß ihr die
Stadt Lo-Dabar erobert habt. Ihr prahlt: »Wir
haben Karnajim[c] eingenommen, das haben wir
aus eigener Kraft geschafft!« 14 Aber der HERR,
der Gott der ganzen Welt, sagt: »Ich werde gegen euch Israeliten ein Volk aufbieten, das wird euer Land in Besitz nehmen und euch unterdrücken von Lebo-Hamat im Norden bis zum Toten Meer.«

VISIONEN UND AUSWEISUNG DES PROPHETEN (Kapitel 7–9)

Drei Visionen: Die Strafe ist unabwendbar

7 Hört, was der HERR, der mächtige Gott, mich
schauen ließ: Ich sah, wie er einen Heuschreckenschwarm schuf. Es war nicht lange, nachdem das Gras für den König gemäht wor-
den war; die Sommersaat ging gerade auf. 2 Die
Heuschrecken machten sich daran, alles Grün aufzufressen.

Da sagte ich: »HERR, du mächtiger Gott, vergib doch deinem Volk![d] Wie kann es sonst überleben? Es ist ja so klein!«

3 Dem HERRN tat es leid, und er sagte: »Gut, es soll nicht geschehen.«

4 Dann ließ der HERR, der mächtige Gott, mich
etwas anderes sehen: Er rief eine Gluthitze herbei, die zehrte alles Wasser auf. Als sie anfing,
auch das Ackerland zu verzehren, 5 sagte ich:
»HERR, du mächtiger Gott, halt doch ein! Wie kann dein Volk sonst überleben? Es ist ja so klein!«

6 Dem HERRN tat es leid, und er sagte: »Gut, es soll nicht geschehen.«

7 Dann ließ der HERR mich wieder etwas
anderes sehen: Er selbst stand auf einer Mauer aus Zinn und hielt einen Klumpen Zinn in der
Hand.[e] 8 Er fragte mich: »Amos, was siehst du?«

»Einen Zinnklumpen«, antwortete ich.

Da sagte er: »Ja, ich werfe einen Zinnklumpen mitten in mein Volk Israel! Ich werde es jetzt
nicht mehr verschonen. 9 Die Opferstätten der
Nachkommen Isaaks und die Staatsheiligtümer Israels sollen verwüstet werden, und gegen das Königshaus Jerobeams werde ich mit dem Schwert vorgehen.«

Amos wird aus dem Reich Israel ausgewiesen

10 Amazja, der oberste Priester* in Bet-El, ließ Jerobeam, dem König des Reiches Israel,[f] melden: »Amos zettelt mitten in Israel eine Verschwörung gegen dich an! Was er redet, ist unerträg-
lich. 11 Er hat gesagt: ›Jerobeam wird durchs
Schwert umkommen, und das Volk Israel wird aus seinem Land in ein anderes verschleppt.‹«

12 Zu Amos aber sagte Amazja: »Du Prophet*,
fliehe von hier und geh nach Juda! Rede dort als Prophet; sie werden dir dort sicher zu essen
geben. 13 Hier in Bet-El darfst du nicht mehr auf-
treten; denn dies ist ein Reichsheiligtum, das dem König von Israel gehört.«

14 Amos erwiderte: »Ich bin kein berufsmäßiger Prophet und gehöre auch zu keiner Prophetengemeinschaft*. Ich bin unabhängig; ich be-
sitze Rinder und Maulbeerfeigenbäume*. 15 Aber
der HERR hat mich von meiner Herde weggeholt und gesagt: ›Geh und rede als Prophet zu meinem Volk Israel!‹

16 Du willst mir verbieten, den Israeliten, den
Nachkommen Isaaks, die Botschaft des HERRN zu verkünden. Deshalb höre, was der HERR dir
zu sagen hat: 17 Deine Frau wird hier in der Stadt
zur Hure gemacht, deine Söhne und Töchter

a *sonst merkt ...:* verdeutlichender Zusatz. b So mit veränderten Vokalen; H *oder pflügt sie mit Rindern um.*
c Die Namen der beiden Städte im nördlichen Ostjordanland klingen im Hebräischen wie »Nichts, Nichtigkeit« und »Hörner« (= Stärke, Kraft).
d *deinem Volk:* wörtlich *Jakob* (= Israel; vgl. Gen 32,29; 35,10); so auch in Vers 5.
e *Zinn* (und nicht Blei) ist durch neuere Forschungen eindeutig als Sinn des hebräischen Wortes erwiesen. Das Metall erinnert als Bestandteil der Bronzelegierung an Kriegswaffen und hat offenbar auch bei magischen Riten eine Rolle gespielt; es hat von daher die Bedeutung eines schlimmen Vorzeichens.
f Es handelt sich um Jerobeam II. (siehe Zeittafel im Anhang), nicht um den Begründer des Nordreiches Israel desselben Namens (vgl. 1 Kön 12).

6,12 5,7 **6,13** Dtn 8,17; 2 Kön 14,25 **6,14** 2 Kön 17,5-6 **7,1-2** Joël 1,4 S **7,2b.5** Ex 32,11-13; Jer 7,16 S **7,4** Joël 1,17-20 **7,8** (siehst) Jer 1,11 S **7,10** 1 Kön 12,28-32; 2 Kön 14,23-29; Jer 38,4 **7,11** 5,27 S **7,12** (zu esen) Num 22,7.17-18; 1 Sam 9,6-7; 1 Kön 14,3; 2 Kön 4,42; Mi 3,5.11 **7,15** 1,1; 3,3-8; 2 Sam 7,8 **7,16** 2,12 **7,17** 5,27 S

werden im Krieg umkommen, dein Grundbesitz wird verteilt, und du selbst wirst in der Fremde sterben, in einem unreinen* Land. Denn das Volk Israel muß sein Land verlassen und in die Verbannung gehen.«

Erneute Vision vom kommenden Strafgericht

8 Noch etwas ließ der HERR, der mächtige
Gott, mich sehen: einen Erntekorb voll
Obst. 2 Er fragte mich: »Amos, was siehst du?«
Ich antwortete: »Einen Korb mit reifem Obst.«
Da sagte der HERR: »Ja, reif ist mein Volk –
zum Gericht! Ohne Erbarmen will ich alles
abernten. 3 Dann werden die Sängerinnen im
Königspalast Klagelieder* anstimmen. An allen
Orten liegen Leichen herum, niemand begräbt
sie, überall Totenstille.«
Das sagt der HERR, der mächtige Gott.

Gegen Unrecht und Ausbeutung

4 Hört her, ihr Unterdrücker und Ausbeuter!
Euer ganzes Tun zielt darauf ab, die Armen im
Land zu ruinieren! 5 Ihr sagt: »Wann ist endlich
das Neumondfest* vorbei, wann ist endlich der
Sabbat* vorüber? Dann können wir unsere Speicher öffnen und Korn verkaufen, das Getreidemaß kleiner machen und das Gewicht, mit dem
wir das Silber zur Bezahlung abwiegen, größer,
die Waagbalken verstellen 6 und sogar noch den
Abfall mit Gewinn loswerden.«
Die Armen macht ihr zu euren Sklaven*,
auch wenn sie euch nur ein Paar Sandalen schulden. 7 Aber der HERR, auf den ihr Nachkommen
Jakobs so stolz seid, hat geschworen: »Nie werde
ich ihnen diese Untaten verzeihen!«
8 Wen wundert es da, daß die Erde bebt und
alle ihre Bewohner erschrecken? Sie hebt und
senkt sich wie der Nil in Ägypten.

Der Tag des Gerichts: Gott schweigt

9 »An jenem Tag geht die Sonne am Mittag unter,
und am hellichten Tag wird es finster«, sagt der
HERR, der mächtige Gott. 10 »Ich verwandle eure
Freudenfeste in Leichenfeiern; statt fröhliche
Lieder zu singen, werdet ihr weinen und klagen.
Ihr werdet euch die Köpfe kahlscheren und den
Sack* um die Hüften binden und so verzweifelt
klagen wie beim Tod des einzigen Sohnes. Das
Ende dieses Tages wird bitter und trostlos sein!«

11 Weiter sagt der HERR, der mächtige Gott: »Es
kommt die Zeit, da werde ich eine Not über das
Land kommen lassen, die schlimmer ist als Hunger und Durst: Die Leute werden nicht nach Brot
hungern oder nach Wasser lechzen, sondern
verzweifelt darauf warten, von mir das rettende
Wort zu hören. 12 Sie werden im Land umher-
irren, vom Toten Meer bis zum Mittelmeer und
vom Norden bis zum Osten. Überall werden sie
nach einem Wort des HERRN fragen, aber keines
zu hören bekommen.«
13 An jenem Tag werden selbst die blühenden
jungen Mädchen und die kräftigen jungen Männer verdurstet umsinken. 14 Sie werden fallen
und nicht mehr aufstehen – alle, die bei dem
abscheulichen Götzen von Samaria schwören
oder beim Pilgerweg nach Beerscheba, oder die
sagen: ›So gewiß dein Gott lebt, Dan!‹«

Eine letzte Vision: Niemand entrinnt dem Gericht

9 Ich sah den Herrn in Bet-El riesengroß am
Altar vor dem Tempel stehen. Er gab einem
Engel* den Befehl: »Schlag auf die Kapitelle der
Tempelsäulen, daß der ganze Bau bis in die
Fundamente erzittert! Zerschmettere die Säulen,
daß sie diesen Leuten auf den Kopf fallen! Und
wer das überlebt, soll durch das Schwert des
Feindes umkommen. Niemand wird sich retten
können, niemand mit dem Leben davonkommen.
2 Selbst wenn sie sich in der Totenwelt* vergraben, ich werde sie von dort zurückholen;
selbst wenn sie in den Himmel hinaufsteigen,
ich werde sie von dort herunterholen. 3 Ver-
stecken sie sich auf dem Berg Karmel, so werde
ich sie auch dort ausfindig machen; verbergen
sie sich auf dem Meeresboden, so befehle ich
der Seeschlange*, sie zu beißen. 4 Und wenn sie
von ihren Feinden in die Verbannung geführt
werden, lasse ich sie dort mit dem Schwert umbringen. Ich behalte sie im Auge, aber nicht, um
ihnen zu helfen, sondern um sie zu vernichten.«

Gott der Schöpfer und Richter

5 Der HERR, der Herrscher über die ganze Welt:[a]
berührt er die Erde, so bebt sie,
sie hebt und senkt sich wie der Nil in Ägypten,
und überall trauern ihre Bewohner
um die Opfer,

a Wörtlich *Der Herr, der HERR Zebaot* (berührt die Erde).*

8,1-3 7,1-9; 9,1-4 **8,2** Jer 1,11 S; 24,1; Joël 4,13 S **8,3** 5,16-17; 6,10; Jer 9,21 S **8,4-6** 2,6-8 **8,5** Lev 19,35-36; Hos 12,8; Mi 6,10-11 **8,6b** 2,6 **8,8** 1,1; 9,5 **8,9** 5,18; Joël 2,10 S **8,10** Tob 2,6; Hos 2,13; Jer 16,6 S; 6,26 S **8,11-12** 1 Sam 3,1; 28,6; Spr 1,28; Ps 74,9; Hos 5,6; Mi 3,6-7 **8,14** Hos 8,5-6 S; Am 5,5 **9,1** Jes 6,1; Am 2,14-16 **9,2** Ps 139,7-12 S **9,4** 5,27 S **9,5-6** 4,13; 5,8-9 **9,5** 8,8; Ps 104,32

die unter den Trümmern begraben sind.
6 Er hat über der Erde das Himmelsgewölbe* errichtet
und sich droben im Himmel seine Wohnung gebaut.
Er ruft das Wasser aus dem Meer
und läßt es auf die Erde herabregnen.
»HERR« ist sein Name!

Es gibt kein Sonderrecht für Israel

7 Der HERR sagt: »Meint ihr Israeliten, ihr wärt in meinen Augen etwas Besseres als die Leute von Kusch*, die am Ende der Welt wohnen?[a] Gewiß, ich habe euch aus Ägypten herausgeführt, aber ebenso die Philister* aus Kreta und die Syrer* aus Kir. 8 Ich, der HERR, der mächtige Gott, sehe genau, was man in Israel, diesem verdorbenen Königreich, treibt. Deshalb lasse ich es spurlos von der Erde verschwinden.

Aber ich werde die Nachkommen Jakobs nicht völlig ausrotten, das verspreche ich, der HERR. 9 Ich werde den Befehl geben, sie zu sichten. – Das wird geschehen, wenn sie unter alle Völker zerstreut werden. – Die Schuldigen werden ausgesiebt, so wie man verunreinigtes Korn im Sieb schüttelt, bis nur noch die Steine zurückbleiben. 10 Alle, die jetzt so selbstsicher sagen: ›Du, HERR, wirst kein Unglück an uns herankommen lassen‹, werden dann durch das Schwert des Feindes umkommen.«

Die Wiederherstellung Israels nach der Katastrophe

11 Der HERR sagt: »Es kommt der Tag, an dem ich die verfallene Hütte Davids[b] wieder aufrichten werde. Ich maure die Risse zu und ziehe die eingestürzten Mauern hoch, so daß das Haus Davids in alter Pracht wiederersteht. 12 Die Leute von Israel werden dann den Überrest von Edom* in Besitz nehmen und ebenso alle Nachbarländer, über denen einst mein Name ausgerufen wurde.[c] Ich, der HERR, sage das und werde es auch tun.

13 Es kommt eine Zeit – sagt der HERR –, da werden die Schnitter schon zur Ernte antreten, kaum daß der Pflüger seine Arbeit beendet hat, und an die Weinlese schließt sich sogleich die nächste Aussaat. Es wird so viele Trauben geben, daß ihr Saft die Berge und Hügel herabfließt. 14 Dann werde ich für mein Volk alles wieder zum Guten wenden. Die Leute von Israel werden die zerstörten Städte wieder aufbauen und auch darin wohnen, sie werden Weinberge anpflanzen und den Wein davon trinken, werden Gärten anlegen und essen, was darin wächst. 15 Ich werde mein Volk wieder in das Land einpflanzen, das ich ihm gegeben habe, so daß es niemand mehr herausreißen kann.«

Das sagt der HERR, euer Gott.

DER PROPHET OBADJA

Buchüberschrift

Hier ist aufgeschrieben, was der HERR dem Propheten Obadja offenbart* hat.

Gottes Strafgericht über die Edomiter*

1b Der HERR, der mächtige Gott, hat sein Wort gegen Edom* gesprochen, wir haben es gehört; durch einen Boten ließ er unter den Völkern verkünden: »Auf, wir ziehen gemeinsam gegen die Edomiter! Auf zum Kampf!«

2 Zu Edom aber sagte der HERR: »Ich mache dich zum letzten der Völker, alle werden dich verachten. 3 Du bildest dir ein, du seist unbesiegbar,[d] weil du in Felsklüften wohnst, auf unzugänglicher Höhe. Du denkst: ›Mich kann keiner hier herunterholen!‹ 4 Aber wenn du dein Nest auch so hoch anlegst wie der Adler, wenn du es selbst zwischen die Sterne am Himmel setzt – ich, der HERR, stürze dich in die Tiefe.

5 Diebe und Räuber werden im Schutz der Nacht bei dir eindringen und nach Herzenslust

a *die am Ende …:* verdeutlichender Zusatz.
b Das Bild von *Hütte* und *Haus* läßt an die Dynastie (das »Königshaus«) Davids denken, an sein Reich nur als Folge (Vers 12).
c *Ausgerufen* zum Zeichen der Besitzergreifung. G versteht *Edom* als *Adam* (= Mensch/Menschen; gleiche Konsonanten); so kommt es zu dem Wortlaut in Apg 15,17.
d *Du bildest …:* wörtlich *Der Übermut deines Herzens hat dich betrogen.*

9,6 Ps 104,3 **9,7** 3,1-2; 1,5; Jer 47,4 S **9,8** (nicht völlig) 5,15; Jer 4,27 S **9,10** 6,3; Jer 7,4.10; Mi 2,7; 3,11 **9,11-12** Apg 15,16-18 **9,13** Lev 26,5; Joël 4,18 **9,14-15** Ez 36,33-36 **9,14** Jer 29,13-14 S; 31,5; Jes 65,21-22; Hos 14,8 **9,15** Jer 24,6 **1-21** Jes 34,5-17 S **4** Jes 14,13

plündern, Winzer werden über dich kommen,
die für eine Nachlese nichts übriglassen. Was
wird dir dann bleiben? 6 Dein ganzes Land[a] wird
durchsucht, alle deine versteckten Schätze wer-
den aufgespürt. 7-8 Alle deine Verbündeten las-
sen dich im Stich, deine eigenen Freunde, die
dein Brot essen,[b] fallen dir in den Rücken, sie
stellen dir Fallen.

An jenem Tag – sagt der HERR – werde ich
den weisen Leuten in Edom den Garaus machen,
so daß es im Bergland Esaus niemand mehr gibt,
der Rat weiß; es gibt dann in Edom keinen Ver-
stand mehr. 9-10 Die tapferen Krieger aus Teman
werden von Angst gepackt, deshalb wird keiner
im Bergland Esaus mit dem Leben davonkom-
men. Weil ihr euch mit Mord und Gewalttat an
euren Brüdern, den Nachkommen Jakobs, ver-
gangen habt, werdet ihr Edomiter mit Schande
bedeckt und für immer ausgelöscht werden.«

11 Ihr habt dabeigestanden, als Fremde in
Jerusalem eindrangen und seine Bewohner
unter sich verlosten, als sie Menschen und Be-
sitz mit sich wegschleppten. Ihr habt mit ihnen
gemeinsame Sache gemacht!

12-13 Weidet euch nicht am Unglück eurer Brü-
der! Seht nicht schadenfroh ihrem Untergang
zu! Spottet nicht über ihre Qualen! Nutzt ihre
Niederlage nicht aus, dringt nicht auch noch in
die eroberte Stadt ein! Wenigstens ihr solltet
euch nicht an den Leiden der Leute von Juda er-
götzen, euch nicht an ihrem Eigentum vergrei-
fen, nachdem dieser entsetzliche Unglückstag
über sie hereingebrochen ist, ein Tag des Unter-
gangs und der Verzweiflung. 14 Aber ihr stellt
euch sogar an den Fluchtwegen auf, ihr erschlagt
die Entkommenen oder liefert sie an ihre Verfol-
ger aus.

15b [c]Das alles wird auf euch selbst zurück-
fallen. Was ihr euren Brüdern angetan habt,
wird euch selber angetan!

Die Rettung Israels

15a »Der Tag ist nahe, an dem ich über alle Völker
Gericht halte«, sagt der HERR. 16 »Wie ihr Leute
von Juda auf meinem heiligen Berg aus dem
Becher meines Zorns[d] trinken mußtet, so wer-
den dann die übrigen Völker ohne Ende daraus
trinken müssen. Sie sollen so spurlos verschwin-
den, als wären sie nie gewesen.

17 Aber für euch gibt es Rettung auf dem Berg
Zion*; dieser Berg wird ein heiliger Ort sein. Ihr
Nachkommen Jakobs werdet das Land der Völ-
ker in Besitz nehmen, die euch das eure geraubt
hatten.

18 Die Leute von Juda und Israel werden dann
wie Feuer sein und die Leute von Edom wie
Stroh,[e] das vom Feuer verzehrt wird. Von den
Nachkommen Esaus wird niemand sein Leben
retten. Ich habe es gesagt, ich, der HERR.«

19 Die Judäer aus der Steppe im Süden werden
dann das edomitische Bergland in Besitz neh-
men und die Judäer aus dem westlichen Hügel-
land das Gebiet der Philister*, die übrigen Judäer
aber das Gebiet von Efraïm mit der Stadt Samaria
und die Leute von Benjamin das Bergland Gi-
lead*. 20 Die Verschleppten aus dem Reich Israel
werden das Land der Kanaaniter* bis hinauf
nach Sarepta besetzen[f] und die Leute aus Jeru-
salem, die nach Sefarad[g] weggeführt worden
sind, die Städte im Süden Judas.

21 Alle, die auf dem Berg Zion Zuflucht gefun-
den haben, werden über das edomitische Berg-
land herrschen. So wird der HERR seine Herr-
schaft antreten.

a *Dein ganzes Land:* wörtlich *Esau;* vgl. Gen 36,1.
b *deine eigenen Freunde …:* wörtlich *deine Freunde dein Brot* (vgl. Ps 41,10).
c Umstellung mit Rücksicht auf den Zusammenhang.
d *aus dem Becher meines Zorns:* verdeutlichender Zusatz.
e *Die Leute von Juda und Israel …:* wörtlich *Das Haus Jakob und das Haus Josef werden … und das Haus Esau* (= Edom*) *wie Stroh.*
f Deutung unsicher.
g Sardes im westlichen Kleinasien (vgl. Offb 3,1).

9-11 Joël 4,19; Ps 137,7; Klgl 4,21-22 9-10 Am 1,11 11 Joël 4,3; Nah 3,10 12-13 Klgl 1,7 15a-17 Joël 4,14-16 S 16 Jer 25,15 S 17 (Rettung auf dem Zion) Joël 3,5; 4,17; Jes 14,32 S 18 Sach 12,6 21 Jes 24,23; Ps 99,1-2

DER PROPHET JONA

Der Prophet flieht vor seinem Auftrag

1 Das Wort des HERRN erging an Jona, den Sohn von Amittai, er sagte zu ihm: [2]»Geh nach Ninive*, der großen Stadt, und kündige ihr mein Strafgericht an! Ich kann nicht länger mit ansehen, wie böse die Leute dort sind.«

[3]Jona machte sich auf den Weg, aber in die entgegengesetzte Richtung. Er wollte nach Tarschisch* in Spanien fliehen, um dem HERRN zu entkommen. In der Hafenstadt Jafo fand er ein Schiff, das dorthin segeln sollte. Er bezahlte das Fahrgeld und stieg ein.

Der Hebräer wird von fremden Seeleuten beschämt

[4]Da schickte der HERR einen Sturm aufs Meer, der war so heftig, daß das Schiff auseinanderzubrechen drohte. [5]Die Seeleute hatten große Angst, und jeder schrie zu seinem Gott um Hilfe. Um die Gefahr für das Schiff zu verringern, warfen sie die Ladung ins Meer.

Jona war nach unten gegangen, hatte sich hingelegt und schlief fest. [6]Der Kapitän kam zu ihm herunter und sagte: »Wie kannst du schlafen? Steh auf, rufe zu deinem Gott! Vielleicht hilft er uns, und wir müssen nicht untergehen!«

[7]Die Seeleute wollten durch das Los herausfinden, wer an ihrem Unglück schuld sei. Da fiel das Los auf Jona. [8]Sie bestürmten ihn mit Fragen: »Sag uns: Warum sind wir in diese Gefahr geraten? Wer bist du eigentlich? Was für Geschäfte treibst du? Zu welchem Volk gehörst du, wo ist deine Heimat?«

[9]Jona antwortete: »Ich bin ein Hebräer* und verehre den HERRN, den Gott des Himmels, der Land und Meer geschaffen hat.«

[10]Er sagte ihnen auch, daß er auf der Flucht vor dem HERRN war. Da bekamen die Männer noch mehr Angst, und sie fragten ihn: »Wie konntest du das tun? [11]Was sollen wir jetzt mit dir machen, damit das Meer sich beruhigt und uns verschont?« Denn es war inzwischen noch stürmischer geworden.

[12]Jona sagte: »Werft mich ins Meer, dann wird es sich beruhigen. Ich weiß, daß dieser Sturm nur meinetwegen über euch gekommen ist.«

[13]Die Seeleute machten einen letzten Versuch, durch Rudern das Land zu erreichen; doch sie schafften es nicht, denn der Sturm tobte immer heftiger. [14]Da beteten sie zum HERRN: »HERR, strafe uns nicht, wenn wir diesen Mann jetzt opfern müssen! Rechne uns seinen Tod nicht als Mord an. Es war dein Wille, und alles, was du willst, geschieht.«

[15]Dann nahmen sie Jona und warfen ihn ins Meer. Sofort wurde es ruhig.

[16]Da packte sie alle große Furcht vor dem HERRN. Sie schlachteten ein Opfertier für ihn und machten ihm Versprechen für den Fall ihrer Rettung.

Ein Gebet in höchster Not

2 Der HERR aber ließ einen großen Fisch kommen, der verschlang Jona. Drei Tage und drei Nächte lang war Jona im Bauch des Fisches. [2]Dort betete er zum HERRN, seinem Gott:

[3]»In meiner Not rief ich zu dir, HERR,
und du hast mir geantwortet.
Aus der Tiefe der Totenwelt* schrie ich zu dir,
und du hast meinen Hilfeschrei vernommen.

[4]Du hattest mich mitten ins Meer geworfen,
die Fluten umgaben mich;
alle deine Wellen und Wogen
schlugen über mir zusammen.
[5]Ich dachte schon,
du hättest mich aus deiner Nähe verstoßen,
deinen heiligen Tempel* würde ich nie mehr
sehen.
[6]Das Wasser ging mir bis an die Kehle.
Ich versank im abgrundtiefen Meer,
Schlingpflanzen wanden sich mir um den Kopf.
[7]Ich sank hinunter bis zu den Fundamenten der
Berge,
und hinter mir schlossen sich die Riegel der
Totenwelt*.

1,1 2 Kön 14,25 **1,2** Nah 1,1 **1,3** Ps 139,7-10 **1,4** Ps 107,23-26 **1,5** Apg 27,18 **1,6** Mk 4,38par **1,7** Spr 16,33 **1,9** Gen 1,9-10 **1,12** 2 Sam 24,17 **2,1** Mt 12,40 **2,3** Ps 120,1; Klgl 3,55 **2,4** Ps 42,8S **2,5** Ps 31,23 **2,6** Ps 18,5; 69,2-3; Klgl 3,54 **2,7** Ps 40,3

Aber du, Herr, mein Gott,
hast mich lebendig aus der Grube gezogen.
8 Als mir die Sinne schwanden, dachte ich an dich,
und mein Gebet drang zu dir in deinen heiligen Tempel.
9 Wer sich auf nichtige Götzen verläßt,
bricht dir die Treue.
10 Ich aber will dir danken
und dir die Opfer* darbringen,
die ich dir versprochen habe;
denn du, Herr, bist mein Retter.«

11 Da befahl der Herr dem Fisch, ans Ufer zu
schwimmen und Jona wieder auszuspucken.

Die erfolgreiche Bußpredigt

3 Zum zweiten Mal erging das Wort des
Herrn an Jona, und er sagte zu ihm: 2 »Geh
nach Ninive*, der großen Stadt, und rufe dort
aus, was ich dir auftrage!«

3 Diesmal gehorchte Jona dem Herrn und
ging nach Ninive. Die Stadt war ungeheuer groß;
man brauchte drei Tage, um vom einen Ende
zum andern zu kommen. 4 Jona ging eine Tages-
reise weit in die Stadt hinein, dann stellte er sich
hin und rief: »Noch vierzig Tage, und Ninive ist
ein Trümmerhaufen!«

5 Die Leute von Ninive setzten ihre Hoffnung
auf Gott. Sie beschlossen zu fasten*; und alle,
Reiche wie Arme, legten zum Zeichen der Reue
den Sack* an.

6 Jonas Botschaft war nämlich dem König von
Ninive gemeldet worden. Der stieg von seinem
Thron, legte den Königsmantel ab, zog den Sack
an und setzte sich in die Asche. 7 Er ließ in
der ganzen Stadt ausrufen: »Hört den Befehl
des Königs und seiner Minister: ›Niemand darf
etwas essen oder trinken, weder Mensch noch
Rind noch Schaf! 8 Menschen und Vieh sollen
den Sack anlegen und laut zu Gott rufen. Alle
sollen von ihrem bösen Weg umkehren und auf-
hören, Unrecht zu tun. 9 Vielleicht läßt Gott sich
umstimmen. Vielleicht können wir seinen
schweren Zorn besänftigen, und er läßt uns am
Leben.‹«

10 Gott sah, daß sie sich von ihrem bösen Trei-
ben abwandten. Da tat es ihm leid, sie zu ver-
nichten, und er führte seine Drohung nicht aus.

Gottes Menschenliebe geht seinem Erwählten zu weit

4 Das gefiel Jona gar nicht, und er wurde zor-
nig. 2 Er sagte: »Ach Herr, genau das habe
ich vermutet, als ich noch zu Hause war! Darum
wollte ich ja auch nach Spanien fliehen. Ich
wußte es doch: Du bist voll Liebe und Erbarmen,
du hast Geduld, deine Güte kennt keine Gren-
zen. Das Unheil, das du androhst, tut dir hinter-
her leid. 3 Deshalb nimm mein Leben zurück,
Herr! Sterben will ich, das ist besser als weiter-
leben!«

4 Aber der Herr fragte ihn: »Hast du ein Recht
dazu, so zornig zu sein?«

Gott entlarvt die Selbstsucht seines Erwählten

5 Jona verließ die Stadt in Richtung Osten. In
einiger Entfernung hielt er an und machte sich
ein Laubdach. Er setzte sich darunter in den
Schatten, um zu sehen, was mit der Stadt ge-
schehen würde.

6 Da ließ Gott, der Herr, eine Rizinusstaude
über Jona emporwachsen, die sollte ihm Schat-
ten geben und seinen Ärger vertreiben. Jona
freute sich riesig über diese wunderbare Staude.
7 Aber früh am nächsten Morgen schickte Gott
einen Wurm. Der nagte den Rizinus an, so daß er
verdorrte. 8 Als dann die Sonne aufging, ließ Gott
einen heißen Ostwind kommen. Die Sonne
brannte Jona auf den Kopf, und ihm wurde ganz
elend. Er wünschte sich den Tod und sagte:
»Sterben will ich, das ist besser als weiter-
leben!«

9 Aber Gott fragte ihn: »Hast du ein Recht
dazu, wegen dieser Pflanze so zornig zu sein?«

»Doch«, sagte Jona, »mit vollem Recht bin ich
zornig und wünsche mir den Tod!«

10 Da sagte der Herr: »Schau her, du hast
diese Staude nicht großgezogen, du hast sie
nicht gehegt und gepflegt; sie ist in der einen
Nacht gewachsen und in der andern abge-
storben. Trotzdem tut sie dir leid. 11 Und mir
sollte nicht diese große Stadt Ninive* leid tun,
in der mehr als hundertzwanzigtausend Men-
schen leben, die rechts und links nicht unter-
scheiden können,[a] und dazu noch das viele
Vieh?«

a Damit sind kaum Kinder gemeint, sondern die gesamte Einwohnerschaft als Menschen, die zum eigenen Urteilen noch nicht fähig sind.

2,8 Ps 18,7 2,9 Ps 31,7 2,10 Ps 22,26 3,1-2 1,2 3,4-5 Lk 11,30.32 3,5 Jes 58,5 S 3,9 Joël 2,14 S 3,10 Jer 18,7-8 4,2 Ex 34,6 S 4,3 1 Kön 19,4 S 4,8-9 4,3-4 4,11 Weish 11,23-26

DER PROPHET MICHA

Inhaltsübersicht

Buchüberschrift

1 In diesem Buch steht, was der HERR dem Propheten Micha aus dem Dorf Moreschet über Samaria und Jerusalem offenbart* hat. Das Wort des HERRN erging an Micha zu der Zeit, als in Juda nacheinander die Könige Jotam, Ahas und Hiskija regierten.

Samaria wird für seinen Götzendienst bestraft

2-3 Hört, alle Völker! Gebt acht, ihr Bewohner der ganzen Erde! Der HERR, der mächtige Gott, tritt als Richter in eure Mitte. Er kommt aus seiner himmlischen Wohnung und schreitet über die höchsten Gipfel der Erde. 4 Unter seinen Füßen werden die Berge zu Tälern, sie schmelzen wie Wachs im Feuer, fließen weg wie Wasser, das den Abhang hinabschießt. 5 Das alles geschieht, weil die Leute von Israel gesündigt und dem HERRN nicht gehorcht haben.

Aber wer hat Israel zur Sünde verleitet? Samaria! Und wer Juda zum Götzendienst an den Opferstätten? Jerusalem!

6 »Ich werde Samaria zerstören und seine Trümmer ins Tal hinabstürzen«, sagt der HERR. »Ich mache es dem Erdboden gleich; dort, wo es stand, wird man Reben anpflanzen. 7 Alle seine Götzenbilder schlage ich in Stücke, alle Weihegaben der Götzen werden verbrannt. Alles, was es von den Fremden erworben hat, ist Lohn für seine Hurerei*, und als Hurenlohn wird es den plündernden Feinden dienen.«

Auch Jerusalem bleibt nicht verschont

8 Deswegen packt mich das Entsetzen! Zum Zeichen der Trauer gehe ich barfuß und halbnackt, ich heule wie ein Schakal und wimmere wie der Vogel Strauß. 9 Samaria wird sich nicht mehr von diesem Schlag erholen; er trifft auch Juda: Der Feind kommt bis nach Jerusalem, in die Stadt meines Volkes.

10 Sprecht nicht davon in Gat, weint dort nicht so laut![a] Wälzt euch voll Entsetzen im Staub von Afra! 11 Flieht, ihr Bewohner von Schafir, nackt und in Schande! Die Männer von Zaanan wagen es nicht, ihre Stadt zu verlassen. Bet-Ezel ist von Wehklagen erfüllt, seine Mauern bieten niemand mehr Schutz. 12 Die Bewohner von Marot zittern um ihr Hab und Gut. Denn der HERR bringt Unheil über Jerusalem und öffnet dem Feind den Zugang zu ganz Juda.

13 Spannt die Pferde vor die Streitwagen*, ihr Männer von Lachisch, und flieht! Bei euch nahm die Sünde der Zionsstadt* ihren Anfang; bei euch finden sich die sichtbaren Zeichen für den Ungehorsam Israels.[b]

14 Ihr Leute von Juda, Moreschet im Gebiet von Gat müßt ihr aufgeben; es ist ein Abschied für immer. Auf Geschirr aus den Töpfereien[c] von Achsib werden eure Könige nicht mehr zählen können. 15 Ihr Bewohner von Marescha, der HERR wird euch einen schicken, der euch beerben wird – das geschieht ja nicht zum erstenmal! In der Höhle von Adullam muß sich der König von Israel verstecken.[d]

16 Schere dir den Kopf kahl, Jerusalem, daß er dem kahlen Scheitel des Geiers gleicht! Traure über den Verlust deiner geliebten Kinder! Denn

a Weil es die Philister* jenseits der Grenze hören und in Schadenfreude ausbrechen könnten. Im Unterschied zu der Zeit von 2 Sam 1,20 ist Gat hier in judäischem Besitz (vgl. 2 Chr 26,6). Die Verse 10-15 enthalten im Hebräischen zahlreiche Wortspiele mit den verschiedenen Ortsnamen, die im Deutschen nicht wiederzugeben sind.
b Wahrscheinlich wird damit auf den Ausbau dieser Stadt zur Festung und die Stationierung einer Streitwagentruppe angespielt, womit nach der Auffassung des Propheten eine verhängnisvolle Politik eingeleitet wurde.
c *Geschirr aus …:* wörtlich *die Häuser.* In 1 Chr 4,22-23 wird die wahrscheinlich mit Achsib identische Stadt Koseba genannt, aus der das Töpfergeschirr für den königlichen Hof kam.
d *In der Höhle …:* wörtlich *Bis Adullam wird die Herrlichkeit Israels kommen;* vgl. 1 Sam 22,1; 2 Sam 23,13-14.

1,1 Jes 1,1; 2 Kön 15,32–20,21; Jer 26,18 **1,2-3** 1 Kön 22,28; Jes 26,21; Am 4,13 **1,4** Ps 97,5 **1,7** Hos 8,4; 13,2; 4,14 **1,8** Ijob 30,29 **1,13** 5,9; 2 Chr 9,25; Jes 2,7; 30,16; 31,1 **1,16** Jer 7,29

deine Bewohner müssen fort in die Gefangen-
schaft.

Der unbequeme Mahner

2 Weh denen, die nachts wachliegen und
Böses ausbrüten, um es früh am Morgen
auszuführen, weil sie die Macht haben! 2 Wol-
len sie ein Stück Land, so rauben sie es; gefällt
ihnen ein Haus, so nehmen sie es. Rücksichtslos
unterdrücken sie die Leute und nehmen ihnen
ihr Eigentum weg. 3 Darum sagt der HERR: »Auch
ich denke mir Böses aus gegen eure ganze
Sippschaft! Ich lege euch ein Joch* auf den
Nacken, damit ihr den Kopf nicht mehr so hoch
tragen könnt. Es warten schlimme Zeiten auf
euch!«

4 Dann werden sie euch verspotten und euer
Klagegeschrei nachäffen:

»Unser Ende ist gekommen,
Gott gab Fremden unser Land.
Alles haben sie genommen,
nichts mehr blieb in unserer Hand!«

5 Wenn das Land neu verteilt wird, werdet ihr
leer ausgehen. In der Gemeinde des HERRN wird
es niemand geben, der für euch noch einen
Acker ausmißt.

6 »Hör auf mit dem Gesabber«, so sabbern
diese Leute.[a] »So darf ein Prophet nicht reden!
Deine Beschimpfung trifft uns nicht! 7 So spricht
man nicht zu den Nachkommen Jakobs. Der
HERR verliert nicht die Geduld mit uns, das ist
nicht seine Art!«

Was wollt ihr denn? Ich verkünde doch
Gutes – für den, der krumme Wege meidet!

8 Der HERR sagt: »Erst gestern wieder sind die
führenden Kreise in meinem Volk als Feinde
gegen mich aufgetreten! So macht ihr es: Wenn
ein Schuldner nichtsahnend an euch vorüber-
geht und keinen Streit sucht, entreißt ihr ihm vor
aller Augen sein Letztes, das Obergewand*, und
stellt ihn damit bloß.[b] 9 Die Frauen treibt ihr
vom heimatlichen Herd und bringt ihre Kinder
um das väterliche Erbe.[c] 10 Fort mit euch, in die-
sem Land findet ihr keine Ruhe mehr! Denn ihr
habt es mit euren Verbrechen unrein* gemacht
und werdet einen schrecklichen Untergang er-
leben.«

11 Soll ich etwa den Mantel nach dem Wind
hängen, soll ich lügen, daß sich die Balken bie-
gen, soll ich prophezeien, daß es Wein und Bier
in Strömen regnet? Das wäre ein Prophet* nach
dem Geschmack dieses Volkes!

Zukünftige Rettung

12 Der HERR sagt: »Ich hole euch zusammen, ihr
Nachkommen Jakobs! Ich versammle alle Israeli-
ten wie ein Hirt, der seine Herde in den schüt-
zenden Pferch[d] oder auf die Weide treibt. Es
wird nur so wimmeln von Menschen.«

13 Ein starker Held wird sie anführen, mit
ihm an der Spitze brechen sie hervor. Der HERR
ist dieser Held, als ihr König zieht er ihnen
voran.

Gegen die führenden Kreise und die falschen Propheten

3 Micha sagte: »Hört her, ihr Anführer der
Nachkommen Jakobs, ihr Mächtigen Israels!
Ihr müßtet wahrhaftig das Recht kennen!
2-3 Aber ihr haßt das Gute und liebt das Böse. Ihr
behandelt die Menschen meines Volkes wie das
Schlachtvieh, dem man die Haut abzieht, das
Fleisch von den Knochen reißt, die Knochen zer-
schlägt und sie samt dem Fleisch in den Kessel
wirft. So beutet ihr das Volk aus! 4 Ihr werdet
noch zum HERRN um Hilfe schreien, doch er
wird euch nicht hören. Er wird sich von euch ab-
wenden, weil ihr eure Macht so mißbraucht
habt.

5 Auch für eure Propheten* habe ich eine Bot-
schaft des HERRN! Sie verkünden Glück und Er-
folg, wenn man ihnen zu essen gibt, und drohen
jedem den Untergang an, der ihnen keine Ge-
schenke macht. Weil sie mein Volk irreführen,
läßt der HERR ihnen sagen: 6 ›Ich lasse die Sonne
für euch untergehen und Nacht über euch her-
einbrechen, daß ihr im Dunkeln tappt. Ihr könnt
nicht mehr in die Zukunft sehen und wartet
vergeblich auf eine Offenbarung*. 7 Wenn ihr
mich fragt, bekommt ihr keine Antwort mehr.
Dann müßt ihr Propheten und Wahrsager euch
schämen und euch wie Trauernde den Bart
verhüllen.‹

8 Mich aber hat der HERR stark gemacht und
mit seinem Geist* erfüllt! Deshalb trete ich

a Anspielung auf den Speichelfluß als Begleiterscheinung ekstatischer Prophetenrede (siehe Sacherklärung »Prophet«).
b Deutung unsicher; wörtlich: *Gegenüber einem Obergewand entkleidet ihr der Ehre die, die im Gefühl der Sicherheit vorübergehen und vom Streit abgewandt sind.*
c *das väterliche Erbe:* Deutung unsicher: wörtlich *meine Zier für immer.*
d *wie ein Hirt …:* mit alten Übersetzungen; H *wie die Schafe von Bozra.*

2,1 Ps 36,5 2,2 Spr 24,15 2,6 Jes 30,10 S 2,8 Ex 22,25-26 2,9 2 Kön 4,1 2,11 Jer 6,14 S 2,12 Ez 34,15; 36,37-38 2,13 Jes 42,13 3,1-4 2,1-3.8-9; 3,9-11; 6,12; Ps 14,4; 58,2-3; Am 2,6 S 3,4 Spr 1,28 S 3,5 2,11; Am 7,12 S 3,6-7 Am 8,11-12 S 3,8 Jes 61,1; 58,1

mutig für das Recht ein, ich halte den Leuten von Israel, den Nachkommen Jakobs, alle ihre Verbrechen vor.

9 Hört her, ihr Anführer der Nachkommen Jakobs, ihr Mächtigen Israels! Ihr tretet das Recht mit Füßen und verkehrt es in Unrecht. 10 Ihr baut Jerusalem prächtig aus, aber eure Häuser sind auf Mord und Totschlag gegründet. 11 Die Anführer lassen sich bestechen; die Priester* geben zu allem den Segen, wenn sie dafür bezahlt werden; die Propheten wahrsagen für Geld. Und dann sagt ihr noch: ›Der HERR ist mitten unter uns, uns kann nichts passieren!‹ Glaubt ihr wirklich, daß er euch helfen wird?

12 Nein, der Berg Zion* wird umgepflügt wie ein Acker, Jerusalem wird zu einem Trümmerhaufen, und wo jetzt der Tempel* steht, wird Gestrüpp wuchern. Das ist die Strafe für eure Verbrechen!«

Frieden wird von Jerusalem ausgehen

4 Es kommt eine Zeit, da wird der Berg, auf dem der Tempel des HERRN steht, unerschütterlich fest stehen und alle anderen Berge überragen. Die Völker strömen zu ihm hin. 2 Überall werden die Leute sagen: »Kommt, wir gehen auf den Berg des HERRN, zu dem Haus, in dem der Gott Jakobs wohnt! Er soll uns lehren, was recht ist; was er sagt, wollen wir tun!«

Denn vom Zionsberg* in Jerusalem wird der HERR sein Wort ausgehen lassen. 3 Er weist mächtige Völker zurecht und schlichtet ihren Streit, bis hin in die fernsten Länder. Dann schmieden sie aus ihren Schwertern Pflugscharen und aus ihren Speerspitzen Winzermesser. Kein Volk wird mehr das andere angreifen, und niemand lernt mehr das Kriegshandwerk. 4 Jeder wird in Frieden bei seinen Feigenbäumen und Weinstöcken wohnen, niemand braucht sich mehr zu fürchten. Der HERR, der Herrscher der Welt,[a] hat es gesagt.

5 Jetzt allerdings lebt noch jedes Volk im Vertrauen auf seinen eigenen Gott und nach dessen Weisungen. Wir aber vom Volk Israel gehen unseren Weg im Vertrauen auf den HERRN, unseren Gott; ihm und seinen Weisungen folgen wir. Und so bleibt es in alle Zukunft.

6 Der HERR sagt: »Der Tag wird kommen, an dem ich die verirrten und hinkenden Schafe meiner Herde von überall her zusammenhole. Ich habe Unglück über sie gebracht, 7 aber ich mache sie von neuem zu einem großen Volk. Ich, der HERR, werde dann für alle Zukunft auf dem Zionsberg ihr König sein. 8 Du Wachtturm für meine Herde, Berg Zion, du wirst das Königtum in seinem alten Glanz zurückkehren sehen! Jerusalem wird wieder Königsstadt sein!«

Kein schneller Trost für Jerusalem

9 Nun, Jerusalem: Warum schreist du so? Hast du keinen König, oder ist dein Ratgeber umgekommen, daß du dich krümmst wie eine gebärende Frau in den Wehen? 10 Krümme dich nur, du Zionsstadt*, und stöhne wie eine Frau in Wehen! Du mußt jetzt aus deinen Mauern ausziehen und auf dem freien Feld wohnen; bis nach Babylon* wirst du zuletzt kommen. Aber dort wirst du gerettet, dort befreit dich der HERR aus der Gewalt deiner Feinde!

Schlimme Bedrängnis und künftige Rettung

11 Nun, Jerusalem: Viele Völker sind gegen dich herangezogen, die dein Heiligtum schänden und sich an deinem Untergang weiden wollen. 12 Aber sie wissen nicht, was der HERR mit ihnen vorhat; sie merken nicht, daß er sie hier versammelt hat wie Garben, die man zum Dreschen auf der Tenne ausbreitet. 13 »Steh auf und drisch, du Zionsstadt*!« sagt der HERR. »Ich mache dich stark; mit eisernen Hufen wirst du die vielen Völker zermalmen! Ihre Schätze wirst du erbeuten, um sie mir zu weihen, dem Herrn der ganzen Erde.«

14 Nun, du belagerte Stadt: Traure, ritze dir die Haut blutig! Feindliche Truppen haben uns eingeschlossen. Sie werden dem Herrscher Israels mit dem Stock ins Gesicht schlagen!

5 Doch dir, Betlehem im Gebiet der Sippe Efrat, läßt der HERR sagen: »So klein du bist unter den Städten in Juda, aus dir wird der künftige Herrscher über mein Volk Israel kommen. Sein Ursprung liegt in ferner Vergangenheit, in den Tagen der Urzeit.«

2 Der HERR gibt sein Volk den Feinden preis, bis eine Frau den erwarteten Sohn zur Welt bringt. Dann werden die Verschleppten, die noch am Leben sind, zu den anderen Israeliten zurückkehren. 3 Im höchsten Auftrag des HERRN,

a Wörtlich *Der HERR Zebaot**.

3,10 Am 5,11-12 **3,11** 2,6-7; Jer 7,4.10; Am 9,10; 7,12 S **3,12** Jer 26,18 **4,1-3** Jes 2,2-4 **4,4** 1 Kön 5,5; 2 Kön 18,31; Sach 3,10 **4,6** Ez 34,12-16 **4,7** Jer 30,19 S; Ps 76,3 S; 99,1-2 **4,8** Jes 1,8 **4,9** Jes 33,21-22 **4,10** 2 Kön 24,15-16; 25,11 **4,11-13** Jes 17,12-14 **4,14** 2 Kön 18,17 **5,1** 1 Sam 16,1; Jes 11,1 S; Mt 2,4-6; Joh 7,42 **5,2** Jes 7,14

seines Gottes, und mit der Kraft, die der HERR ihm gibt, wird er die Leute von Israel schützen und leiten. Sie werden in Sicherheit leben können, weil alle Völker der Erde seine Macht anerkennen. 4-5 Er wird Frieden bringen und uns vor den Assyrern* retten, wenn sie herkommen und in unser Land einfallen.

Wenn die Assyrer in unser Land einfallen und unsere befestigten Städte in Besitz nehmen wollen, haben wir viele mächtige Bundesgenossen,[a] die wir gegen sie aufbieten. Sie werden Assyrien, das Land der Nachfahren Nimrods, erobern und alle seine Städte verwüsten.

Israels Rest unter den Völkern

6 Die Überlebenden aus den Nachkommen Jakobs sind inmitten der Völker wie der Tau, den der HERR schickt, wie der Regen, der auf die Pflanzen fällt. Sie warten nicht auf Menschenhilfe und setzen ihre Hoffnung nicht auf Menschen.

7 Die Überlebenden aus den Nachkommen Jakobs sind inmitten der Völker wie der Löwe unter den Tieren des Waldes, wie ein junger Löwe mitten in einer Schafherde. Er wirft zu Boden und zerfleischt, was in seine Fänge kommt, und niemand kann ihm etwas entreißen.

8 Ja, HERR, erhebe deine Hand gegen deine Feinde und vernichte sie!

9 Der HERR sagt: »Der Tag wird kommen, da nehme ich eure Rosse weg und vernichte eure Streitwagen*, 10 ich zerstöre eure Städte und schleife eure Festungen, 11 ich nehme euch die Zaubermittel und Wahrsager. 12 Ich zerschlage eure Götzenbilder und eure heiligen Steine*, damit ihr nicht mehr Dinge anbeten könnt, die ihr selbst geschaffen habt. 13 Ich reiße eure geweihten Pfähle* aus und zerstöre eure Städte. 14 Aber auch die anderen Völker, die nicht auf mich hören wollen, werden meinen schrecklichen Zorn zu spüren bekommen.«

Was Gott von seinem Volk erwartet

6 Hört, was der HERR mir befohlen hat: »Vertritt meine Sache gegen mein Volk! Berge und Hügel sollen die Zeugen sein.«

2 Ihr uralten Berge, ihr Fundamente, auf denen die Erde ruht: Hört, was der HERR seinem Volk zu sagen hat! Denn er zieht Israel zur Rechenschaft.

3 »Habe ich dir irgend etwas angetan, mein Volk?« fragt der HERR. »Habe ich etwa zuviel von dir verlangt? Bring deine Klage vor! 4 Ich habe dich aus der Sklaverei in Ägypten befreit. Ich habe dir Mose, Aaron und Mirjam als Führer gegeben. 5 Denk daran, mein Volk, was der Moabiterkönig Balak gegen dich im Schilde führte und was ihm der Seher Bileam antworten mußte! Denk an den Jordanübergang zwischen Schittim und Gilgal! Dann wirst du erkennen, wieviel Gutes ich für dich getan habe!«

6 Ihr fragt: »Womit soll ich vor den HERRN treten, diesen großen und erhabenen Gott? Was soll ich ihm bringen, wenn ich mich vor ihm niederwerfe? Soll ich einjährige Rinder als Opfer* auf seinem Altar verbrennen? 7 Kann ich ihn damit erfreuen, daß ich ihm Tausende von Schafböcken und Ströme von Olivenöl bringe? Soll ich meinen erstgeborenen Sohn opfern, damit er mir meine Schuld vergibt?«

8 Der HERR hat dich wissen lassen, Mensch, was gut ist und was er von dir erwartet: Halte dich an das Recht, sei menschlich zu deinen Mitmenschen, und lebe in steter Verbindung mit deinem Gott!

Strafe für das Unrecht in Jerusalem

9 Hört, was der HERR der Stadt zuruft![b] Laßt euch warnen durch den Stock, der euch schlägt, und durch den, der euch die Schläge geschickt hat!

10 »Wie lange noch häufen Verbrecher in dieser Stadt Schätze in ihren Häusern auf, die sie durch Betrug an sich gebracht haben?« sagt der HERR. »Wie lange beleidigen sie mich noch mit ihren gefälschten Meßgefäßen, die unter meinem Fluch stehen? 11 Ich muß diese Stadt schuldig sprechen,[c] weil ihre Händler falsche Gewichtssteine im Beutel haben, 12 weil ihre Reichen brutale Ausbeuter sind, weil alle ihre Bewohner lügen und betrügen!

13 Aber jetzt gehe ich daran,[d] euch zu schlagen, ich richte euch zugrunde wegen eurer schlimmen Taten. 14 Ihr werdet nicht genug zu essen haben und ständig von Hunger gequält sein. Was ihr in Sicherheit zu bringen sucht, werdet ihr nicht retten können; und was ihr ret-

a *viele mächtige ...:* wörtlich *sieben Hirten und acht Menschenfürsten.*
b Es folgen noch die schwer deutbaren Worte *Gelingen/Umsicht ist, wer deinen Namen sieht/respektiert.*
c So mit veränderten Vokalen; H *Kann ich rein sein?*
d *gehe ich daran:* mit alten Übersetzungen; H *habe ich krank gemacht* (ohne stimmige Fortsetzung).

5,4-5 (Nimrod) Gen 10,8-12 **5,6** Hos 14,6; Jes 7,9 S **5,9-13** Jes 2,6-8 **5,9** 1,13; Jes 31,1 S; Sach 9,10 **6,1-8** Ps 50,4-15 **6,4** Ex 20,2; 4,13-16; 15,20-21 **6,5** Num 22,17-18; 23,7-8; 24,10; Jos 3,15-16; 4,19 **6,6-8** Ps 15,1-5 S; Jes 1,10-20 S **6,7** Ex 22,28; Ez 20,25-26 **6,8** Dtn 10,12; Hos 12,7 **6,10-11** Am 8,5 S **6,12** 3,1-4

tet, gebe ich dem Schwert eurer Feinde preis.
15 Ihr werdet säen, aber keine Ernte einbringen;
ihr werdet Oliven auspressen, aber euch mit
dem Öl nicht salben; ihr werdet Wein keltern,
aber ihn nicht trinken.
16 Voll Eifer seid ihr dem schlimmen Beispiel
der Könige Omri und Ahab und der ganzen
Ahabsfamilie gefolgt; alles habt ihr ihnen getreu-
lich nachgemacht. Darum bringe ich Unglück
über euch, über die Stadt und alle ihre Bewoh-
ner. Die anderen Völker werden mit Fingern auf
euch zeigen und sich entsetzt von euch abwen-
den. Ihr als mein Volk werdet für sie zum Ge-
spött.«

Klage des Propheten

7 Weh mir! Es ist mir ergangen wie einem
Hungernden, der im Spätherbst Weinstöcke
und Feigenbäume absucht: Keine Traube mehr
zu finden, keine Spur mehr von den köstlichen
Feigen! 2 Im ganzen Land gibt es keinen red-
lichen Menschen mehr, niemand, der Gott die
Treue hält.

Sie schrecken nicht vor Mord und Totschlag
zurück und stellen sich gegenseitig Fallen. 3 Sie
sind voll Eifer, wenn es gilt, Böses zu tun; darauf
verstehen sie sich. Die Beamten schrauben die
Abgaben in die Höhe; die Richter geben dem
recht, der ihnen am meisten zahlt; die Mächti-
gen schalten nach ihrer Willkür. So drehen sie
gemeinsam dem Volk einen Strick.[a] 4 Noch der
Beste und Anständigste von ihnen ist schlimmer
als eine Dornenhecke.

Aber der Tag der Abrechnung ist da, eure
Warner haben ihn vorausgesagt. Dann werdet
ihr nicht mehr aus noch ein wissen.
5 Traut niemand, nicht dem Nachbarn, nicht
dem besten Freund! Hütet eure Zunge, selbst
vor der Frau, die ihr liebt! 6 Es ist so weit gekom-
men, daß der Sohn verächtlich auf den Vater
herabsieht, die Tochter sich der Mutter wider-
setzt und die Schwiegertochter der Schwieger-
mutter. Ein Mann hat seine Feinde jetzt im
eigenen Haus.
7 Ich aber schaue aus nach dem HERRN, ich
warte auf den Gott, der mir hilft. Mein Gott wird
mein Rufen erhören.

Trost für das geschlagene Volk

8 Jerusalem sagt:[b] »Sei nicht so schadenfroh, du
Feindin meines Volkes! Ich liege am Boden, aber
ich stehe wieder auf; ich sitze im Dunkeln, aber
der HERR ist mein Licht. 9 Ich hatte gegen ihn ge-
sündigt, deshalb bekam ich seinen Zorn zu
spüren. Aber er wird mir auch wieder beistehen
und mir zu meinem Recht verhelfen. Er wird
mich aus dem Dunkel ins Licht führen; ich
werde es erleben, daß er mich rettet. 10 Meine
Feindin wird es mit ansehen müssen, und ihr
Triumph wird zuschanden. Sie hat gehöhnt: ›Wo
ist denn der HERR, dein Gott?‹ Aber nun werde
ich mich an ihrem Unglück weiden. Sie wird
zertreten wie Kot auf der Straße.«
11 Ja, Jerusalem,[c] der Tag kommt, an dem
deine Mauern wieder aufgebaut und deine
Grenzen ausgeweitet werden. 12 Dann werden
sie von überall her zu dir kommen: von As-
syrien* bis zu den Städten Ägyptens und von
Ägypten bis zum Eufrat, von einem Meer bis
zum andern und von einem Gebirge bis zum
andern. 13 Die Erde aber wird eine Wüste; das
ist die Folge der schlimmen Taten, die ihre Be-
wohner begangen haben.

Gebet um die Wiederherstellung Israels

14 Sorge für dein Volk, HERR, wie der Hirt für
seine Herde! Wir sind doch dein Eigentum! Wir
leben auf engem Raum und auf kargem Boden,
und ringsum ist gutes Land. Führe uns, deine
Herde, auf die fetten Weiden von Baschan* und
Gilead* wie in alten Zeiten!
15 Vollbringe[d] Wundertaten wie damals, als
du mit deinem Volk aus Ägypten zogst! 16 Ohn-
mächtig sollen die Völker zuschauen müssen
trotz all ihrer Macht, es soll ihnen die Sprache
verschlagen, Hören und Sehen sollen ihnen ver-
gehen, 17 sie sollen sich auf dem Boden winden
und Staub fressen wie die Schlange. Zitternd sol-
len sie aus ihren Schlupfwinkeln hervorkrie-
chen und sich dir, HERR, unser Gott, voll Furcht
und Schrecken unterwerfen.
18 HERR, wo sonst gibt es einen Gott wie dich?
Allen, die von deinem Volk übriggeblieben sind,
vergibst du ihre Schuld und gehst über ihre Ver-
fehlungen hinweg. Du hältst nicht für immer an

a *So drehen …:* Deutung unsicher; wörtlich *So haben sie es verflochten.*
b Verdeutlichender Zusatz. Die Verse 8-10 sind ein Vertrauenslied, das der Stadt in den Mund gelegt wird. Mit *Feindin* sind die umliegenden Völker gemeint.
c Verdeutlichender Zusatz. d Vermutlicher Text; H *Ich werde vollbringen.*

6,15 Am 5,11-12; Zef 1,13 **6,16** 1 Kön 16,23-33; 21,1-16; 2 Kön 8,26-27; Zef 2,15 **7,2-3** 3,9-11; Jes 59,7-8 **7,2** Ps 14,3; Jer 5,1 **7,4b** (Warner) Ez 3,16-19 **7,5-6** Jer 9,3-4; Mk 13,12 par; Mt 10,35-36 par **7,7** Jes 8,17; Hab 2,1 **7,8** Obd 12-13; Ps 27,1 S **7,10** Ps 115,1-2 S **7,11-13** 5,4-5; Jes 10,5-19 S **7,14** Ps 23,1 S; Jer 50,19 **7,15** Ex 14,10-30 **7,17** Gen 3,14; Jes 2,19.21 **7,18** Jer 50,20; Ps 103,8-12; Ex 34,6 S

deinem Zorn fest; denn Güte und Liebe zu er-
weisen macht dir Freude. 19 Du wirst mit uns
Erbarmen haben und alle unsere Schuld weg-
schaffen; du wirst sie in das Meer werfen, dort,
wo es am tiefsten ist. 20 Den Nachkommen Abra-
hams und Jakobs wirst du mit Liebe und Treue
begegnen, wie du es einst unseren Vorfahren
mit einem Eid zugesagt hast.

DER PROPHET NAHUM

Buchüberschrift

1 Dieses Buch enthält Prophetenworte gegen
Ninive*, die Hauptstadt des Assyrerreiches.[a]
Es ist darin aufgeschrieben, was der HERR dem
Propheten Nahum aus dem Dorf Elkosch offen-
bart* hat.

Vertrauen auf Gottes rettende Macht

2 Der HERR ist ein Gott, der leidenschaftlich
über seine Ehre wacht.
Wer sich gegen ihn empört,
bekommt seinen ganzen Zorn zu spüren.
Wer sich ihm als Feind entgegenstellt,
den trifft sein harter, vergeltender Schlag.
3 Der HERR hat Geduld und wartet zu,
doch er übersieht kein Unrecht;
an Macht zum Strafen fehlt es ihm nicht!

Im Toben des Sturmes schreitet er dahin;
die Wolken sind der Staub,
den seine Füße aufgewirbelt haben.
4 Er herrscht das Meer an, und es trocknet aus,
die Ströme bringt er zum Versiegen,
die üppigen Weiden in Baschan* verdorren,
die Bäume auf dem Karmel sterben ab,
und auf dem Libanon verwelkt die Blütenpracht.

5 Die Berge zittern vor ihm, und die Hügel
beben,
die Erde hebt sich bei seinem Anblick
und mit ihr alle, die darauf wohnen.
6 Wer kann bestehen, wenn er Gericht hält?
Wer kann seinen glühenden Zorn ertragen?
Der ergießt sich wie ein Feuerstrom
und sprengt die mächtigsten Felsen.

7 Doch für die Seinen ist der HERR voll Güte,
eine sichere Zuflucht in Zeiten der Not.
Er kennt alle, die bei ihm Schutz suchen.
8 Durch eine gewaltige, reißende Flut
fegt er die überhebliche Stadt[b] von ihrem Platz,
und seine Feinde treibt er fort,
hinunter ins Dunkel der Totenwelt*.[c]

9 Was macht ihr Pläne und rechnet nicht mit
dem HERRN? Er wird die Feinde so vernichtend
schlagen, daß sie nicht noch einmal aufstehen
und euch bedrängen. 10 Sie können sich zusam-
menballen wie Dornen, die sich ineinander ver-
flechten, sie können sich Mut antrinken, soviel
sie wollen: Das Feuer wird sie fressen wie dür-
res Stroh.

Die Macht der Assyrer wird endgültig gebrochen

11 Aus Ninive* stammt der Mann, der sich gegen
den HERRN auflehnte und Böses plante! 12 Aber
der HERR sagt zu seinem Volk: »Wenn eure
Feinde auch noch so zahlreich und gut gerüstet
sind, es wird nichts von ihnen übrigbleiben. Ich
habe euch in Not und Verzweiflung gestürzt,
aber ich werde es nicht wieder tun. 13 Ich werde
euch von der Fremdherrschaft befreien und die
Last, unter der ihr stöhnt, von euch nehmen.«
14 Über den feindlichen König aber hat der
HERR das Urteil gesprochen und gesagt: »Dein
Grab ist schon geschaufelt; für mich existierst du
nicht mehr. Deine Familie lasse ich aussterben;
die Götterbilder in deinem Tempel zerschlage
ich.«

Vision vom Untergang Ninives

2 Seht, da kommt schon über die Berge der
Siegesbote geeilt, der den Frieden ausruft!
Feiert wieder eure Feste, ihr Leute von Juda, löst
die Versprechen ein, die ihr dem HERRN in der

a *die Hauptstadt …:* verdeutlichender Zusatz. b *die überhebliche Stadt:* wörtlich *sie* (d. h. Ninive*).
c *und seine Feinde …:* wörtlich *und seine Feinde, Finsternis wird sie verfolgen.*

7,19 Jes 38,17 **7,20** Gen 22,16-18; 28,13-15; Lk 1,55.73-74 **1,1** Jona 1,1-2; Jes 10,5-19 S **1,2-3a** Ex 20,5-6 **1,3a** Ex 34,6 S **1,3b** (Sturm) Ijob 38,1 S **1,4** Jes 50,2; 51,10; Am 1,2 **1,5** Ps 18,8 **1,6** Offb 6,17 S **1,7** Ps 18,3 S; 1,6 **1,11** 2 Kön 19,35 **1,13** Jes 9,3 **2,1** Jes 52,7 S

Not gegeben habt! Nie mehr wird der grausame Feind in euer Land einfallen, er ist völlig vernichtet. 2-3 Die Feinde haben das Land verwüstet und die Weinstöcke abgehauen; aber der HERR wird Juda und Israel[a] in ihrer alten Herrlichkeit wiederherstellen.

Schon zieht er heran, der dich zerschlagen wird, Ninive*! Rüste dich nur! »Alle Mann auf Posten! Die Schwerter umschnallen! Die Straße beobachten!« 4 Da kommt der Feind: Rot bemalt sind Schilde und Kleidung der Kämpfer, blitzend wie Feuer die Streitwagen* und die Lanzen, die sie schwingen. 5 Auf den Straßen und Plätzen rasen die Streitwagen daher und überholen einander – ein Anblick wie Fackeln, wie zuckende Blitze.

6 In der Stadt bietet der König seine Getreuen auf, sie rennen los, stürzen zur Mauer; schon errichtet der Feind die Schutzdächer für seine Sturmtruppen. 7 Die Tore zum Fluß springen auf; Panik ergreift die Bewohner des Königspalastes. 8 Der König wird an den Pranger gestellt,[b] der Königin reißt man die Kleider vom Leib, sie wird abgeführt; ihre Dienerinnen schluchzen wie gurrende Tauben und schlagen verzweifelt an ihre Brust.

9 Alle fliehen aus Ninive, wie das Wasser aus einem Teich entweicht, wenn er abgelassen wird.[c] »Bleibt doch, bleibt!« ruft man ihnen nach, aber keiner dreht sich um.

10 Plündert, greift zu, ihr Eroberer! Nehmt Silber und Gold! Die Stadt ist voll von herrlichen Dingen, von kostbaren Schätzen. 11 Wo man hinsieht, Verheerung und Verwüstung, verzagte Herzen und schlotternde Knie, schmerzgekrümmte Leiber und aschfahle Gesichter.

12-13 Ninive, du warst wie eine Löwenhöhle, wie das Versteck, in das sich der Löwe zurückzieht und in dem er seine Jungen füttert, die dort ungestört aufwachsen. Der Löwe ging auf Raub, schleppte Beute heran für seine Jungen, Beute für seine Löwinnen. Er füllte alle Winkel seiner Höhle mit Beutegut. Wo ist nun das Löwennest geblieben?

14 »Jetzt bekommst du es mit mir zu tun, du Löwe!« sagt der HERR, der Herrscher der Welt.[d] »Ich werde dich mit all deiner Pracht[e] in Flammen aufgehen lassen, und deine Jungen wird das Schwert niedermähen. Dein Beutegut wird aus deinem Land weggeschafft, und nie mehr wirst du Boten aussenden, die von deiner Macht und Größe künden.«

Die Strafe für das schuldbeladene Ninive

3 Weh der Stadt, die soviel Blut vergossen hat, die Meister ist in Lüge und Verstellung! Vollgestopft ist sie mit Raub und kann doch das Rauben nicht lassen. 2 Ihr Untergang naht mit Peitschenknall und Rädergerassel, galoppierenden Pferden, rasenden Wagen 3 und daherjagenden Reitern. Schwerter wie Flammen und blitzende Speere! Haufen von Gefallenen, man stolpert über die Leichen, sie sind nicht zu zählen! 4 Es geht an Ninive*, die Hure, die mit ihren Reizen und Zauberkünsten die Völker versklavt hat.

5 »Jetzt rechne ich mit dir ab«, sagt der HERR, der Herrscher der Welt. »Ich hebe dir das Kleid hoch bis übers Gesicht, daß du nackt dastehst vor den Völkern und alle Königreiche deine Schande sehen. 6 Ich bewerfe dich mit Kot und stelle dich an den Pranger. 7 Alle, die dich sehen, werden sich von dir abwenden und sagen: ›Ninive ist verwüstet! Wer wird darüber trauern?‹ Niemand wird sich finden, der bereit ist, dich zu trösten.«

Ninives Schicksal ist besiegelt

8 Meinst du, es wird dir besser ergehen als der Stadt Theben,[f] die am Nilstrom lag und rings von Wasser geschützt war? 9 Unzählige Ägypter und Äthiopier* hatten sie verteidigt, dazu als Hilfstruppen die Leute von Put* und Lud*. 10 Trotzdem wurden ihre Bewohner in die Verbannung geführt. Ihre führenden Männer wurden gefesselt und durchs Los unter die Sieger verteilt, ihre Kinder an allen Straßenecken zerschmettert. 11 Auch du wirst den Zornbecher des HERRN leeren müssen und nicht mehr aus noch ein wissen; du wirst vergeblich Schutz suchen vor dem Feind.

12 Deine Grenzfestungen sind wie Feigenbäume und ihre Besatzungen wie die Früchte darauf: Schüttelt man den Baum, so fallen einem die Feigen in den Mund. 13 Die starken Männer sind zu Memmen geworden, dein Land ist dem Feind schutzlos preisgegeben, deine Festungen werden ein Raub der Flammen.

14 Auf, schöpfe Wasser als Vorrat für die Zeit der Belagerung! Verstärke deine Mauern! Stampfe den Lehm und forme Ziegelsteine! 15 Es

a Wörtlich *Jakob und Israel;* unsicher ist, welcher Name welches der beiden Reiche bezeichnet.
b Wörtlich *Er ist hingestellt.* c Deutung unsicher. d Wörtlich *der HERR Zebaot*;* ebenso in 3,5.
e *mit all deiner Pracht:* mit G; H *mit deiner Menge.* f Im hebräischen Text steht der ägyptische Name *No-Amon.*

2,2-3 2 Kön 18,13.17 **3,1** Ez 22,2 **3,4** Offb 17,1-2 **3,5** Jes 47,3 **3,8** Jer 46,25-26; Ez 30,14-16 **3,9** Ez 30,5 **3,10** Joël 4,3; Hos 10,14 **3,11** Jer 25,15 S **3,13** Jer 51,30 **3,15** Joël 1,4 S

wird dir nichts nützen, denn das Feuer verzehrt dich; deine Bewohner fallen durchs Schwert. Es bleibt genauso wenig von dir übrig wie von einem Saatfeld, in das ein Heuschreckenschwarm einfällt. Ihr könnt selber so zahlreich werden wie die Heuschrecken, es hilft euch nichts!

16 Deine Händler sind zahlreicher als die Sterne am Himmel, aber sie werden plötzlich verschwunden sein wie eine Heuschrecke, die soeben aus der Puppe geschlüpft ist – weg ist sie! 17 Deine Aufsichtsbeamten und Schreiber werden sich davonmachen wie ein Heuschreckenschwarm, der sich an einem kalten Tag auf einer Mauer niedergelassen hat: Sobald ihn der erste Sonnenstrahl wärmt, fliegt er fort; niemand weiß, wohin. Ja, wo sind sie geblieben?

18 Du König von Assyrien*, deine Minister schlafen den Todesschlaf, deine Generäle liegen erschlagen, deine Krieger haben sich zerstreut wie eine hirtenlose Herde auf den Bergen. 19 Dir kann niemand mehr helfen, von diesem Schlag erholst du dich nie! Wer von deinem Unglück hört, klatscht vor Freude in die Hände; denn es gibt niemand, der nicht deine Grausamkeit zu spüren bekam.

DER PROPHET HABAKUK

Buchüberschrift

1 Dieses Buch enthält die Worte, die der HERR dem Propheten Habakuk offenbart* hat.

Klage des Propheten über das Unrecht im Land

2 Schon so lange, HERR, rufe ich zu dir um Hilfe, und du hörst mich nicht! Ich schreie: »Gewalt regiert!«, und du greifst nicht ein! 3 Warum läßt du mich solches Unrecht erleben? Warum siehst du untätig zu, wie die Menschen geschunden werden? Wo ich hinsehe, herrschen Gewalt und Unterdrückung, Entzweiung und Streit. 4 Weil du nicht eingreifst, ist dein Gesetz* machtlos geworden, und das Recht kann sich nicht mehr durchsetzen. Verbrecher umzingeln den Unschuldigen, und das Recht wird verdreht.

Gottes Antwort: Die Babylonier kommen

5 Der HERR antwortet:[a] »Seht euch einmal um unter den Völkern! Ihr werdet staunen! Es tut sich etwas, ihr werdet es erleben. Wenn es euch jemand erzählen würde, ihr würdet ihm nicht glauben.

6 Ich rufe die Babylonier*, dieses wilde, erbarmungslose Volk. Sie ziehen über die Erde hin, um Länder in Besitz zu nehmen, die ihnen nicht gehören. 7 Furcht und Schrecken verbreiten sie; sie nehmen sich heraus zu bestimmen, was Recht ist.

8 Ihre Pferde sind schneller als Panther und wilder als hungrige Wölfe. Ihre Reiterei sprengt daher, kommt herangejagt aus weiter Ferne. Wie der Geier sich auf den Fraß stürzt, 9 so stürzen sie sich in die Schlacht. Keiner blickt zurück, sie sammeln Gefangene ein wie Sand. 10 Mit Königen treiben sie ihr Spiel, sie spotten über die hohen Würdenträger. Festungen sind für sie kein Hindernis: Sie schütten einen Belagerungswall auf und nehmen sie in Besitz.

11 Dann ziehen sie weiter; sie fegen dahin wie der Sturm und machen sich schuldig. Die eigene Kraft ist ihr Gott.«

Klage über die Schreckensherrschaft der Babylonier

12 HERR, bist du nicht unser Gott von jeher, ein heiliger Gott? Laß uns nicht sterben! Du, unser starker Schutz, hast die Babylonier* gerufen, um dein Strafgericht zu vollstrecken. 13 Aber deine Augen sind zu rein, als daß du Böses mit ansehen könntest. Du kannst doch nicht zusehen, wie Menschen gequält und mißhandelt werden!

Warum läßt du diese Räuber gewähren? Warum greifst du nicht ein, wenn diese Verbrecher andere verschlingen, die rechtschaffener sind als sie? 14 Warum läßt du zu, daß Menschen behandelt werden, als wären sie Fische und andere Meerestiere, die keinen König haben, der sie beschützt?

15 Mit Angeln holen sie alle heraus und schleppen sie mit Netzen davon. Wie Fischer über ihren Fang, so jubeln sie über ihre Men-

a Verdeutlichender Zusatz.

3,16 Jes 47,15 S 3,18 1 Kön 22,17 1,4 Am 5,7 1,6 2 Kön 24,1-2.10; 25,1; Jes 13,1-22 S 1,11 Jes 10,13 1,12 Jes 10,5-6

schenbeute. 16 Und dann bringen sie ihrem
Fangnetz Opfergaben* und verbrennen vor ihm
Weihrauch* wie für einen Gott, zum Dank dafür,
daß es ihnen so reiche Beute und einen gedeck-
ten Tisch beschert.
17 Dürfen sie denn immerfort mit dem
Schwert[a] wüten und ganze Völker erbarmungs-
los hinmorden?

Gottes Antwort: Das Recht bleibt der unverrückbare Maßstab

2 Ich sagte: »Ich stelle mich auf meinen
Posten und halte dort aus. Ich warte ange-
spannt darauf, was der HERR mir sagen wird; ich
warte begierig, was er auf meine Fragen und An-
klagen antworten wird.«
2 Und der HERR antwortete mir und sagte:
»Was ich dir jetzt enthülle, sollst du öffentlich auf
Tafeln schreiben, in deutlicher Schrift, damit alle
es lesen können! 3 Was ich da ankündige, wird
erst zur vorbestimmten Zeit eintreffen. Die Bot-
schaft spricht vom Ende und täuscht nicht.
Wenn das Angekündigte sich verzögert, dann
warte darauf; es wird bestimmt eintreffen und
nicht ausbleiben. Schreibe also:
4 ›Wer falsch und unredlich ist, geht zu-
grunde; aber wer mir die Treue hält und das
Rechte tut, rettet sein Leben.[b] 5 Deshalb wird
der prahlerische Räuber,[c] der anmaßende Kraft-
protz, sein Ziel nicht erreichen – mag er seinen
Rachen aufreißen wie die Totenwelt* und so
unersättlich sein wie der Tod, mag er auch ein
Volk nach dem andern verschlingen.‹«

Drohworte gegen den Unterdrücker der Völker

6 Alle diese Völker werden ein Spottlied über den
Unterdrücker anstimmen und ihn mit spitzen
Worten verhöhnen; sie werden sagen:
»Tod und Verderben über dich, weil du frem-
des Eigentum bei dir aufhäufst! Wie lange willst
du es noch so treiben? Völker behandelst du, als
wären sie deine Schuldner! 7 Aber ganz plötzlich
werden die Ausgebeuteten aufstehen und dir
mit gleicher Münze heimzahlen; der Räuber
wird ausgeraubt! 8 Wie du die Völker ausgeplün-
dert hast, so werden die Völker dann dich aus-
plündern, und du wirst bestraft für die Blut- und
Schreckensherrschaft, die du in allen Städten
und Ländern ausgeübt hast.
9 Tod und Verderben über dich, weil du mit
unredlichen Mitteln deinen Besitz vermehrst!
Das bringt dir und deinen Nachkommen kein
Glück. Du legst dir ein unzugängliches Nest
an wie der Adler und meinst, du seist sicher
vor jedem Zugriff. 10 Aber deine Pläne bringen
nichts als Schande über dein Königshaus. Du
hast beschlossen, viele Völker zu vernichten; da-
mit hast du dein Leben verwirkt! 11 Sogar die
Steine in der Mauer schreien dein Unrecht her-
aus, und die Sparren im Gebälk stimmen mit
ein.
12 Tod und Verderben über dich, weil du
Städte mit Blut baust und auf Unrecht gründest!
13 Hat nicht der HERR, der Herrscher der Welt,[d]
von dir gesagt: »Ganze Völker haben sich ver-
geblich für dich geplagt, es ist alles dem Unter-
gang geweiht«? 14 Wie das Meer voll Wasser ist,
so wird die ganze Erde erfüllt werden von Er-
kenntnis der Herrlichkeit* des HERRN.
15 Tod und Verderben über dich, weil du dei-
nen Nachbarvölkern den Wein deines Zorns ein-
geschenkt und dich an ihrer Ohnmacht und
Schande geweidet hast! 16 Meinst du vielleicht,
das bringt dir Ehre? Dir selbst wird nun einge-
schenkt: Der HERR gibt dir den Becher seines
Zorns zu trinken und stürzt dich vor aller Augen
in die tiefste Schande. 17 Du hast den Libanon ab-
geholzt und sein Wild ausgerottet; das mußt du
jetzt büßen. Du wirst bestraft für die Blut- und
Schreckensherrschaft, die du in allen Städten
und Ländern ausgeübt hast.«

Die Ohnmacht der Götter Babylons

18 Was nützen Götterbilder aus Holz oder Metall,
angefertigt von Menschenhand? Sie sind nichts
als Lug und Trug. Wie kann jemand auf stumme
Götzen vertrauen, die er selbst hergestellt hat?
19 Tod und Verderben über den, der zu einem
Stück Holz sagt: »Wach auf!« und zu einem toten
Stein: »Werde lebendig!« Prächtig sind sie mit Sil-
ber und Gold überzogen, aber es ist kein Leben
in ihnen, und Rat wissen sie nicht.
20 Der HERR aber ist in seinem heiligen Tem-
pel*. Werdet still, erweist ihm Ehre, ihr Men-
schen der ganzen Erde!

a *Schwert:* mit einer Handschrift; H *Netz.*
b *wer mir die Treue …:* wörtlich *der Rechtschaffene wird durch seine Treue am Leben bleiben.* Paulus deutet die Aussage in Röm 1,17; Gal 3,11 mit anderer Beziehung der Satzglieder: »Wer durch Vertrauen vor Gott als gerecht gilt, wird leben.«
c *Deshalb …:* vermutlicher Text; H *Um so mehr ist der Wein trügerisch.*
d Wörtlich *der HERR Zebaot*.*

2,1 Mi 7,7 **2,2** Jes 8,1 S **2,3** 2 Petr 3,9 **2,4** Am 5,14; Ez 18,5-9; Röm 1,17; Gal 3,11; Hebr 10,38 **2,6-17** Jes 13,1-22 S **2,7-8** Jes 33,1; Sach 2,13 **2,9** Obd 4 **2,12** Jer 22,13; Mi 3,10 **2,13** *zit* Jer 51,58 **2,14** Jes 11,9 **2,15-16** Jer 25,15 S **2,17** Jes 14,8; 37,24 **2,18-19** Jes 44,9-20 S **2,20** Ps 11,4; Sach 2,17; Zef 1,7

Habakuk schaut Gottes Eingreifen

3 Ein Gebet des Propheten Habakuk.[a]

2 HERR, von deinen Ruhmestaten habe ich gehört,
sie erfüllen mich mit Schrecken und Staunen.
Erneuere sie doch, jetzt, in unserer Zeit!
Laß uns noch sehen, wie du eingreifst!
Auch wenn du zornig bist – hab mit uns Erbarmen!

3 Gott kommt von Teman her,
der heilige Gott kommt vom Gebirge Paran.[b]
Seine Majestät überstrahlt den Himmel,
sein Glanz erfüllt die ganze Erde.
4 Rings um ihn leuchtet es wie Sonnenlicht,
nach allen Seiten strahlt es von ihm aus –
darin verbirgt sich seine große Macht.
5 Die Pest geht vor ihm her,
und hinter ihm folgt die Seuche.
6 Setzt er den Fuß auf die Erde, so bebt sie;
blickt er die Heere der Völker an,
so erschrecken sie und stieben auseinander.
Die ewigen Berge zerbersten,
die uralten Hügel sinken zusammen;
so schreitet er seit grauer Vorzeit über die Erde.

7 Niedergeduckt vor drohendem Unheil
sehe ich die Zelte der Kuschiter,[c]
die Zeltdecken der Midianiter* zittern.
8 HERR, gegen wen ist dein Zorn gerichtet?
Gilt er den Fluten des Meeres, der Macht der Tiefe?
Wenn du ausziehst mit deinen Rossen,
dann bringen deine Wagen den Sieg.
9 Du ziehst deinen Bogen aus seiner Hülle,
mit Drohworten begleitest du die Pfeile.
Du spaltest die Erde, und Ströme brechen hervor.
10 Die Berge sehen dich und erbeben
wie eine Frau, die in Wehen liegt.
Regengüsse prasseln hernieder,
die Wellen des Meeres tosen
und türmen sich auf.
11 Sonne und Mond verstecken sich,
sie ziehen sich in ihr Haus zurück,
weil deine leuchtenden Pfeile schwirren
und dein blitzender Speer die Nacht erhellt.

12 Du schreitest über die Erde,
in deinem Zorn trittst du die Völker nieder.
13 Du bist ausgezogen, um deinem Volk zu helfen,
ihm und dem König, den du gesalbt* hast.
Das Dach hast du abgerissen vom Palast deines Feindes,
daß nur noch kahle Mauern zum Himmel ragen.
14 Seine Heerführer wollten uns jagen,
sie stürmten heran wie ein Wirbelwind;
sie freuten sich schon bei dem Gedanken,
uns Arme in ihr Versteck zu schleppen,
uns zu verschlingen wie der Löwe seine Beute.[d]
Du aber durchbohrtest sie mit ihren eigenen Pfeilen.
15 Mit deinen Rossen bahntest du dir den Weg
durch die schäumenden Wogen des Meeres.

16 Als ich die Kunde davon vernahm,
fuhr mir der Schreck in die Glieder,
meine Lippen fingen an zu zittern;
meine Knie wurden weich und gaben nach,
ich war am ganzen Leib wie zerschlagen.
Noch muß ich warten auf den Tag,
der dem Volk, das uns angreift, den Untergang bringt.
17 Noch gibt es keine Feigen oder Trauben,
noch sind keine Oliven zu ernten;
noch wächst kein Korn auf unseren Feldern,
und die Schafhürden und Viehställe stehen leer –
18 und doch kann ich jubeln, weil der HERR mir hilft;
was er zugesagt hat, erfüllt mich mit Freude.
19 Der HERR, der mächtige Gott, gibt mir Kraft!
Er macht mich leichtfüßig wie die Gazelle
und läßt mich sicher über die Berge schreiten.

Dieses Lied ist auf Saiteninstrumenten zu begleiten.

a Es folgt noch eine musikalisch-technische Angabe, die nicht zu deuten ist. Sie verweist wie das dreimalige »Sela« (Verse 3, 9, 13) darauf, daß das Gebet später im Gottesdienst verwendet wurde.
b D.h. aus der Richtung des Berges Sinai* (vgl. Dtn 33,2; Ri 5,4).
c Vgl. Anmerkung zu Num 12,1. *d* *wie der Löwe ...:* verdeutlichender Zusatz.

3,2 2,3 **3,3-6** Ri 5,4-5 S **3,5** 2 Sam 24,13-15 **3,6** Ps 68,8-9; 104,32; Jes 17,12-14 **3,8-11** Ps 18,8-16; 77,17-20 **3,8** Ijob 38,8-11; Ps 68,18 **3,13** Ps 2,6; 110,1-2 **3,16** Jes 21,3-4; Hab 2,3 **3,18** Jes 61,10 **3,19a** Ps 18,34

DER PROPHET ZEFANJA

Buchüberschrift

1 In diesem Buch steht, was Zefanja im Auftrag des HERRN verkündet hat. Zefanja war ein Sohn von Kuschi und Enkel von Gedalja, seine weiteren Vorfahren waren Amarja und Hiskija. Das Wort des HERRN erging an ihn zu der Zeit, als in Juda König Joschija, der Sohn Amons, regierte.

Der Tag des Gerichts

2 »Ausrotten, völlig ausrotten werde ich alles, was auf der Erde lebt«, sagt der HERR. 3 »Ich rotte die Menschen aus und die Tiere, auch die Vögel unter dem Himmel und die Fische im Meer, alles, was die Menschen zum Götzendienst verführt hat. Ja, ich werde alle Menschen vom Erdboden vertilgen.

4 Auch gegen Juda und Jerusalem strecke ich meine Hand aus! Den Götzendienst, der dort getrieben wird, rotte ich aus, so daß keine Spur mehr davon bleibt; an die Baalspriester und die Priester* überhaupt wird nichts mehr erinnern. 5 Ich vernichte alle, die nachts auf den Dächern ihrer Häuser das Sternenheer am Himmel anbeten, ich vernichte auch die, die sich vor mir niederwerfen, aber zugleich bei dem Götzen Milkom[a] schwören. 6 Ich vernichte alle, die mir den Rücken kehren, die nicht nach meinen Weisungen fragen und nichts von mir wissen wollen.«

7 Werdet still vor dem HERRN, dem mächtigen Gott! Sein Gerichtstag naht. Der HERR bereitet ein Opfermahl* vor, die Feinde Judas sind schon als Gäste geladen.[b]

8 »An jenem Tag«, sagt der HERR, »rechne ich ab mit den führenden Männern des Landes und den Mitgliedern des Königshauses, ich rechne ab mit allen, die ausländische Kleidung tragen. 9 Nach dem Brauch der Fremden vermeiden sie es peinlichst, beim Betreten des Königspalastes auf die Schwelle zu treten,[c] aber sie machen sich kein Gewissen daraus, Schätze dorthin zu schleppen, die sie durch Gewalt und Betrug an sich gebracht haben.

10 An jenem Tag – sagt der HERR – wird man Kampfgeschrei hören vom Fischtor her, Angstschreie aus der Neustadt und Schlachtlärm von den Hügeln. 11 Klagt und jammert, ihr Händler im Krämerviertel, denn für euch alle hat die letzte Stunde geschlagen!

12 Dann werde ich, der HERR, in alle Winkel Jerusalems mit der Lampe hineinleuchten und die selbstzufriedenen Leute aufspüren, die sorglos ihren Wohlstand genießen und denken: ›Der HERR tut ja doch nichts, weder Gutes noch Böses!‹ 13 Ihr Besitz wird geplündert, ihre Häuser werden dem Erdboden gleichgemacht. Die neuen Häuser, die sie sich gebaut haben, werden sie nicht bewohnen, und aus den neuen Weinbergen, die sie angelegt haben, werden sie nicht einen Tropfen trinken.«

14 Der große Tag des HERRN ist nahe, schnell rückt er heran. Hört ihr nicht die Schreckensrufe? Selbst die Tapfersten schreien um Hilfe!

15 Ein Tag des Gerichts ist dieser Tag, ein Tag voll Angst und Not, voll Sturm und Verwüstung, voll drohender schwarzer Wolken, ein finsterer Tag, 16 ein Tag, an dem sich Kampfgeschrei erhebt, an dem zum Sturm geblasen wird auf die befestigten Städte und hohen Türme. 17 Die Menschen werden vor Angst vergehen und wie Blinde umhertappen. Ihr Blut tränkt den Staub, ihre Eingeweide[d] liegen im Straßenkot.

Das alles bricht über sie herein, weil sie sich gegen den HERRN aufgelehnt haben. 18 Ihr Silber und Gold kann sie nicht retten, wenn der HERR Gericht hält. Wie ein Feuersturm wird sein Zorn das Land verwüsten und alle seine Bewohner unversehens vertilgen.

a *Milkom:* mit alten Übersetzungen; siehe Anmerkung zu 2 Sam 12,30.
b *die Feinde …:* wörtlich *er hat seine Geladenen geheiligt,* d. h. rein* gemacht für die Teilnahme an einer Opferhandlung.
c *Nach dem Brauch …:* wörtlich *Ich rechne ab mit allen, die über die Schwelle springen.* Der Sinn dieses Brauches ist unsicher.
d Das hebräische Wort ist nicht sicher zu deuten. Wörtlich *Ihr Blut wird ausgeschüttet wie Staub und ihr … wie Kot.*

1,1 2 Kön 22,1; Jer 1,2 **1,2-3** Gen 6,5-7 **1,4** 2 Kön 23,4-7 **1,5** Jer 19,13; 49,1; 2 Kön 23,13 **1,7** Hab 2,20 S **1,8** Am 5,18-20 S **1,12** Ps 14,1 S **1,13** Am 5,11-12 **1,14-18** Am 5,18-20 S **1,18** 3,8; Ez 7,19

Vielleicht gibt es noch Rettung

2 Geht in euch, beugt euch vor dem HERRN, ihr alle, die ihr so selbstsicher seid![a] 2 Beugt euch rechtzeitig, bevor beim HERRN der Entschluß gereift ist. Bedenkt, die Tage fliegen dahin wie Spreu vor dem Wind. Kehrt um, bevor der Tag da ist, an dem der HERR Gericht hält, der Tag, an dem er seinen glühenden Zorn über euch ausschüttet!

3 Euch aber, die ihr euch vor dem HERRN gebeugt und nach seinen Geboten gelebt habt, sage ich: Wendet euch ganz dem HERRN zu, tut weiterhin, was vor ihm recht ist, und bleibt demütig! Vielleicht werdet ihr dann verschont an dem Tag, an dem der HERR sein Zorngericht vollstreckt.

Das Gericht über die Feinde Israels

4 Gaza wird entvölkert, Aschkelon verwüstet, schon um die Mittagszeit werden die Bewohner von Aschdod weggeführt; Ekron wird dem Erdboden gleichgemacht.

5 Euer Untergang naht, ihr Bewohner des Küstenlandes, ihr Eindringlinge aus Kreta! Denn der HERR sagt über das ganze Philisterland:[b] »Ich werde dich verwüsten, so daß niemand mehr in dir wohnt! 6-7 Das Küstenland wird zum Weidegebiet; Hirten werden dort mit ihren Herden umherziehen und sich nachts in den Häusern von Aschkelon lagern. Das ganze Land der Philister* wird den Überlebenden von Juda gehören.« Denn der HERR, ihr Gott, wird Erbarmen mit ihnen haben und alles für sie wieder zum Guten wenden.

8 Der HERR sagt: »Ich habe gehört, wie die Moabiter* und Ammoniter* mein Volk verhöhnt und wie sie prahlerisch verkündet haben, sie würden ihm sein Land wegnehmen.[c] 9 Darum sage ich, der HERR, der Herrscher der Welt,[d] der Gott Israels:

›So gewiß ich lebe, Moab und Ammon soll es ergehen wie Sodom* und Gomorra: Ihr Gebiet soll für immer zu einer Wüste voller Salzgruben werden, zwischen denen nur Disteln wuchern. Die Überlebenden meines Volkes werden die Moabiter und Ammoniter ausplündern und ihr Land in Besitz nehmen. 10 Das ist die Strafe dafür, daß sie in ihrem Hochmut mein Volk verhöhnt, daß sie sich prahlerisch über das Volk des HERRN, des Herrschers der Welt, erhoben haben.‹«

11 In seiner schreckenerregenden Majestät wird der HERR gegen sie aufstehen. Er wird die Götter aller Völker der Erde vernichten. Dann wird jedes Volk, auch noch das fernste, in seinem Land dem HERRN die Ehre geben und ihn anbeten.

12 »Auch ihr Äthiopier* werdet von meinem Schwert dahingerafft«, sagt der HERR.

13 Der HERR wird seine Hand auch nach Norden ausstrecken, er wird Assyrien* verwüsten und seine Hauptstadt Ninive in Trümmer legen. Die Stadt wird zur menschenleeren Steppe werden, 14 Herden werden dort lagern, Igel und Pelikan[e] zwischen den umgestürzten Säulen Unterschlupf suchen. In den leeren Fensterhöhlen kreischen Vögel, die Türschwellen sind mit Trümmern bedeckt, das Getäfel aus Zedernholz ist heruntergerissen. 15 So ergeht es der stolzen Stadt, die sich für uneinnehmbar hält und sich einbildet: »Mit mir nimmt es niemand auf!« Zur Wüste wird sie, zum Lagerplatz wilder Tiere. Jeder, der vorbeigeht, verspottet sie und wendet sich entsetzt von ihr ab.

Das Gericht über Jerusalem

3 In den Untergang stürzt die Stadt, die sich gegen den HERRN aufgelehnt hat, in der Unrecht und Gewalt herrschen! 2 Auf keine Warnung hat sie gehört, keine Mahnung ernst genommen. Sie suchte keine Hilfe bei ihrem Gott; sie hatte kein Vertrauen zum HERRN.

3 Ihre führenden Männer sind beutegierige Löwen, ihre Richter hungrige Wölfe, die von ihrem Raub nicht einen Knochen bis zum anderen Morgen übriglassen. 4 Ihre Propheten* sind Schwätzer und Schwindler, ihre Priester* entweihen das Heiligtum und unterwerfen Gottes Gesetz* der eigenen Willkür.

5 Und all das treiben sie, obwohl der HERR mitten unter ihnen wohnt! Er tut kein Unrecht, seine Rechtsordnung bleibt in Geltung. Tag für Tag bestätigt er sie, so sicher jeden Morgen die Sonne aufgeht. Aber diese Leute schämen sich nicht, immer neues Unrecht zu begehen.

6 »Ich habe ganze Völker vernichtet«, sagt der HERR, »habe ihre Festungen zerstört, die Straßen veröden lassen und die Städte verwüstet, so daß niemand mehr darin wohnt. 7 Ich dachte, ihr

a Die Deutung des Verses ist unsicher. b Wörtlich *über Kanaan, das Land der Philister.*
c *prahlerisch verkündet …:* wörtlich *gegen sein Gebiet großgetan haben.*
d Wörtlich *der HERR Zebaot*;* entsprechend in Vers 10. e *Igel und Pelikan:* Identifizierung unsicher.

2,3 Joël 2,14 S **2,4-7** Jes 14,28-32 S **2,5** Jer 47,4 S **2,8-10** Jes 15,1–16,14 S; Jer 49,1-6 S **2,9b** Gen 19,24-25 **2,10** Jer 48,26-27 S **2,12** Jes 18,1-6; Ez 30,9 **2,13-15** Nah 1,1 S **2,14** Jes 13,21-22; 34,11; Jer 50,39 **2,15** Jes 47,8; Jer 18,16 S **3,1** Jes 1,21-23; Ez 22,2-12 **3,2** Jes 7,9 S; Jer 5,3 S **3,3-4** Ez 22,25-28 **3,4** Jer 2,8 S **3,5** Ps 76,3 S; Jer 7,4

würdet eine Lehre daraus ziehen! Dann würde
eure Stadt nicht verwüstet werden wegen all
der Untaten, für die ich euch zur Verantwortung
ziehen muß. Aber ihr hattet nichts Eiligeres zu
tun, als nun erst recht lauter Untaten zu be-
gehen.
8 Deshalb macht euch darauf gefaßt, daß ich
eingreife«, sagt der HERR. »Wartet auf den Tag,
an dem ich aufstehe und ein Ende mache! So
sieht mein Strafgericht aus: Ich biete Völker und
Reiche gegen euch auf – aber ich tue es, um
dann über *sie* meinen ganzen glühenden Zorn
auszugießen. Von der Leidenschaft, mit der ich
um meine Ehre kämpfe, wird die ganze Erde
verbrannt.«

Der gereinigte Rest Israels

9 »Dann aber – sagt der HERR – werde ich den
Völkern neue, reine Lippen geben, so daß sie
nicht mehr die Namen ihrer Götzen in den
Mund nehmen, sondern[a] meinen Namen* im
Gebet anrufen und ohne Ausnahme mir dienen.
10 Selbst noch aus dem fernen Äthiopien* wer-
den sie – nämlich meine Anbeter, mein zer-
streutes Volk – mir Opfergaben bringen.
11 An jenem Tag braucht ihr euch nicht mehr
zu schämen, weil ihr euch gegen mich aufge-
lehnt und soviel Böses getan habt. Denn ich
werde die Prahler und Angeber aus eurer Mitte
entfernen, so daß es keine Überheblichkeit mehr
gibt auf meinem heiligen Berg. 12–13 Nur ein Volk
aus armen und demütigen Leuten lasse ich dort
als Überrest Israels wohnen, Menschen, die auf
mich ihre ganze Hoffnung setzen. Sie werden
kein Unrecht tun und weder lügen noch betrü-
gen. Sie werden in Glück und Frieden leben,
kein Feind wird sie aufschrecken.«
14 Freu dich, Israel! Jubelt, ihr Leute auf dem
Zionsberg*! Singt und jauchzt aus vollem Her-
zen, ihr Bewohner Jerusalems! 15 Der HERR straft
euch nicht länger, eure Feinde hat er weggejagt.
Er selbst ist als Israels König mitten unter euch,
deshalb braucht ihr nichts mehr zu fürchten.
16 An jenem Tag wird man Jerusalem Mut
zusprechen und sagen: »Hab keine Angst, Stadt
auf dem Zionsberg, laß die Hände nicht mutlos
sinken! 17 Der HERR, dein Gott, ist in deinen
Mauern, er ist mächtig und hilft dir. Er hat
Freude an dir, er droht dir nicht mehr, denn er
liebt dich; er jubelt laut, wenn er dich sieht.«

Die Heimkehr des zerstreuten Volkes

18 Der HERR sagt: »Ich nehme die Last der
Schande von Jerusalem. Ich bringe alle zurück,
die darüber trauern, daß sie in der Fremde leben
müssen und nicht mehr an meinen Festen teil-
nehmen können.
19 Dann rechne ich ab mit den Peinigern, die
euch gequält haben. Ich sammle die Zerstreuten
und sorge dafür, daß auch noch die Schwächsten
wohlbehalten ans Ziel kommen. Ich verwandle
ihre Schande in Ehre, auf der ganzen Erde wird
man sie rühmen.
20 Zu jener Zeit werde ich euch sammeln und
hierherbringen; ich mache euch hoch ange-
sehen bei allen Völkern der Erde. Ich werde für
euch alles wieder zum Guten wenden – ihr wer-
det es erleben! Das sage ich, der HERR.«

DER PROPHET HAGGAI

Aufforderung zum Wiederaufbau des Tempels

1 Im zweiten Regierungsjahr des Königs Da-
rius, am 1. Tag des 6. Monats,[b] gab der HERR
dem Propheten Haggai eine Botschaft für Serub-
babel, den Sohn Schealtiëls, den königlichen Be-
vollmächtigten in Juda, und für den Obersten
Priester* Jeschua, den Sohn Jozadaks. 2–3 Haggai
verkündete im Auftrag des HERRN:
»So spricht der HERR, der Herrscher der Welt:[c]
›Dieses Volk behauptet, es sei noch zu früh, mei-
nen Tempel* wieder aufzubauen. 4 Aber es ist
offenbar nicht zu früh, daß sie selbst in prächti-
gen Häusern wohnen, während mein Haus noch
in Trümmern liegt!
5 Achtet doch einmal darauf, wie es euch er-
geht! 6 Ihr habt reichlich Samen ausgesät und
doch nur eine kümmerliche Ernte eingebracht.
Das Korn reicht nicht zum Sattwerden und der

a *nicht mehr ...:* verdeutlichender Zusatz. b Ende August 520 v. Chr.
c Wörtlich *der HERR Zebaot*;* entsprechend in den Versen 7, 14 und 15.

3,8 1,18; Sach 14,2 **3,9** Jes 45,22-24 **3,10** Jes 18,7; Ps 68,32 **3,11** Jes 11,9 **3,14-15** Sach 2,14 S **3,16-17** Jes 49,16; 60,16; 62,4.12; 65,19; Jer 32,41 **3,18** Ps 137,1 **3,19** Jes 11,11-12 S; Ez 34,12-16 **3,20** Jes 60,3; Jer 29,13-14 S **1,1** Sach 1,1; Esra 5,1; (Serubbabel) Hag 1,12; 2,2.21; Esra 2,2a S; Sir 49,11; Mt 1,12; (Jeschua) Hag 1,12; 2,2; Esra 2,2a S; Sir 49,12 **1,4** 2 Sam 7,2

Wein nicht für einen ordentlichen Schluck. Ihr müßt frieren, weil ihr nicht genug anzuziehen habt. Und das Geld, das einer für seine Arbeit bekommt, zerrinnt ihm zwischen den Fingern.‹

7 Deshalb sagt der HERR, der Herrscher der Welt: ›Merkt ihr denn nicht, weshalb es euch so schlecht geht? 8 Geht ins Gebirge, schlagt Holz und baut meinen Tempel! Daran habe ich Freude; damit ehrt ihr mich!

9 Ihr habt viel erhofft und wenig erreicht. Wenn ihr den Ertrag eurer Arbeit in eure Häuser brachtet, blies ich ihn fort.

Warum das alles? Ihr laßt mein Haus in Trümmern liegen, und jeder denkt nur daran, wie er sein eigenes Haus baut! 10 Deshalb kommt vom Himmel weder Tau noch Regen für euch, und die Erde läßt nichts mehr wachsen. 11 Deshalb habe ich diese Dürre über euer Land kommen lassen, über die Berge, die Kornfelder, die Weingärten und Olivenhaine, so daß nichts mehr gedeiht. Menschen und Tiere müssen darunter leiden, und was ihr unternehmt, will euch nicht mehr gelingen.‹«

Gott sagt den Bauwilligen seinen Beistand zu

12 Serubbabel, der Oberste Priester* Jeschua und das ganze Volk[a] nahmen sich zu Herzen, was der HERR, ihr Gott, ihnen durch Haggai sagen ließ. Sie erkannten, daß Gott den Propheten zu ihnen geschickt hatte, und erschraken darüber, daß sie den HERRN nicht gebührend geehrt hatten.

13 Da ließ der HERR ihnen durch seinen Boten Haggai sagen: »Ich stehe euch bei! Ich, der HERR, sage es.«

14–15a So machte der HERR den königlichen Bevollmächtigten Serubbabel, den Obersten Priester Jeschua und das ganze Volk bereit, den Tempel* des HERRN, des Herrschers der Welt, ihres Gottes, wieder aufzubauen. Sie begannen mit der Arbeit am 24. Tag des 6. Monats.[b]

Die künftige Herrlichkeit des Tempels

15b Im zweiten Regierungsjahr des Königs Da-
2 rius, 1 am 21. Tag des 7. Monats,[c] gab der HERR dem Propheten Haggai wieder eine Botschaft 2 für den königlichen Bevollmächtigten Serubbabel, den Obersten Priester* Jeschua und das ganze Volk. Der Prophet sagte zu ihnen:

3 »Wer von euch hat den Tempel* noch gesehen, bevor er zerstört wurde? Wie prächtig war er damals! Und wie kümmerlich ist das, was ihr jetzt entstehen seht! Es ist nichts, verglichen mit dem, was früher hier stand.

4 Aber der HERR sagt: ›Laßt euch nicht entmutigen! Ans Werk, Serubbabel, ans Werk, Jeschua, Sohn Jozadaks, du Oberster Priester! Ans Werk, ihr Leute von Juda! Ich stehe euch bei. Das sage ich, der HERR, der Herrscher der Welt.[d] 5 Ich habe euch meine Hilfe zugesagt, als ihr aus Ägypten gezogen seid, und diese Zusage gilt auch jetzt noch. Mein Geist* ist mitten unter euch, habt keine Angst!

6 Ich, der Herrscher der Welt, sage euch: Es dauert nicht mehr lange, dann werde ich die Welt in ihren Fundamenten erschüttern, Himmel und Erde, Land und Meer. 7 Ich werde alle Völker in Bewegung setzen, so daß sie ihre ganzen Schätze hierherbringen. So sorge ich dafür, daß mein Haus prächtig geschmückt wird. 8 Denn mir, dem HERRN, gehört alles Silber und alles Gold. 9 Der neue Tempel wird den alten an Pracht weit übertreffen. Von dieser Stätte aus werde ich meinem Volk Frieden und Wohlstand schenken. Das sage ich, der HERR, der Herrscher der Welt.‹«

Dürfen die Leute von Samarien* am Tempel mitbauen?

10 Im zweiten Regierungsjahr des Königs Darius, am 24. Tag des 9. Monats,[e] erging das Wort des HERRN an den Propheten Haggai, er sagte: 11 »Ich, der HERR, der Herrscher der Welt, befehle dir: Geh zu den Priestern* und laß dir eine Auskunft geben! Frage sie:

12 ›Wenn jemand Fleisch in seinem Gewandzipfel trägt, das mir geweiht ist und nur von den Priestern gegessen werden darf,[f] und er berührt mit dem Zipfel ein Stück Brot oder etwas Gekochtes oder Wein oder Öl oder irgendein anderes Nahrungsmittel: Wird das Berührte dadurch ebenfalls zu etwas Geweihtem?‹«

Haggai legte die Frage den Priestern vor und bekam die Antwort: »Nein.«

13 Dann fragte er die Priester im Auftrag des HERRN: »Wenn jemand, der einen Toten berührt hat und deshalb unrein* ist, etwas von diesen Dingen berührt: Wird das Berührte dadurch ebenfalls unrein?«

a Wörtlich *der Überrest des Volkes;* so auch in 1,14; 2,2. Mit dem Ausdruck sind alle aus dem Exil* Heimgekehrten gemeint.
b Mitte September 520 v. Chr. (vgl. 1,1). c Mitte Oktober 520 v. Chr.
d Wörtlich *der HERR Zebaot*;* entsprechend in den Versen 6, 9, 11, 21, 23. e Mitte Dezember 520 v. Chr.
f *und nur …:* verdeutlichender Zusatz.

1,13 Jes 41,10 1,14-15a Sach 4,6-10a 2,2 1,1 S 2,3 Esra 3,12 2,4-5 Sach 4,6 2,7 Jes 60,6-7.13 2,8 Ijob 41,3 2,9 Sach 1,17 2,10 1,1; 2,1; Sach 1,1.7 2,12 Num 18,8-10 S 2,13 Num 19,11.22

Die Priester antworteten: »Ja.«
[14] Darauf erklärte Haggai: »Der HERR sagt:
›Dieses fremde Volk ist in meinen Augen unrein.
Deshalb ist auch alles, was sie tun, unrein, und
jeder Ort, an dem sie Opfer* darbringen, wird
unrein.‹«

Der Gehorsam der Gemeinde wird Früchte tragen

[15] Weiter sagte der HERR: »Schaut doch einmal
von heute aus zurück auf die Zeit, bevor ihr anfingt, die Mauern meines Tempels* wieder aufzubauen!
[16] Damals gab es von einem Feld statt
der erwarteten zwanzig Sack Korn nur zehn und
von einem Weinberg statt der erwarteten fünfzig
Krug Wein nur zwanzig.
[17] Ich schickte euch
Hagel, Mehltau und Getreidebrand und machte
alle eure Arbeit zunichte. Trotzdem wolltet ihr
euch mir nicht zuwenden.
[18] So ist es geblieben bis heute, bis zum
24. Tag des 9. Monats,[a] dem Tag, an dem das
Fundament für meinen Tempel vollendet wurde.
[19] Die Speicher sind leer, und die Weinstöcke,
Feigen-, Granatapfel- und Ölbäume tragen immer noch keine Frucht.

Aber von heute ab werde ich euer Land segnen und alles gedeihen lassen!«

Serubbabel als der künftige Heilskönig

[20] Noch ein zweites Mal erging das Wort des
HERRN am 24. Tag des Monats an Haggai.
[21] Der
HERR befahl ihm, Serubbabel, dem königlichen
Bevollmächtigten für Juda, auszurichten:
»Ich, der HERR, der Herrscher der Welt, werde
Himmel und Erde in ihren Fundamenten erschüttern.
[22] Ich stoße die Königsthrone um und
mache der Herrschaft der Völker ein Ende; ich
stürze die Streitwagen* samt ihren Fahrern um
und werfe die Pferde zu Boden, so daß die Reiter
mit dem Schwert übereinander herfallen.
[23] An jenem Tag setze ich dich, Serubbabel,
den Sohn Schealtiëls, zu meinem Bevollmächtigten* ein und mache dich zu meinem Siegelring;
denn ich habe dich erwählt.«

Das sagt der HERR, der Herrscher der Welt.

DER PROPHET SACHARJA

Inhaltsübersicht

Aufruf zur Umkehr

[1] Im zweiten Regierungsjahr des Königs Darius, im 8. Monat, erging das Wort des HERRN
an Sacharja, den Sohn von Berechja und Enkel
von Iddo, den Propheten*:
[2] »Ich, der HERR, bin sehr zornig gewesen
über eure Vorfahren.
[3] Jetzt aber sollst du zu der
gegenwärtigen Generation sagen: So spricht der
HERR, der Herrscher der Welt:[b] Kehrt um und
wendet euch mir wieder zu, denn ich will umkehren und mich euch wieder zuwenden – sagt
der HERR, der Herrscher der Welt.
[4] Folgt nicht
dem schlechten Beispiel eurer Vorfahren! Ihnen
ließ ich durch die früheren Propheten verkünden: ›So spricht der HERR, der Herrscher der
Welt: Kehrt um von euren verkehrten Wegen,
macht Schluß mit eurem bösen Tun!‹ Aber sie
beachteten es nicht und hörten nicht auf mich.
[5] Und wo sind eure Vorfahren geblieben?
Auch die Propheten leben nicht ewig;
[6] aber
meine Ankündigungen und meine Weisungen,
die ich meine Diener, die Propheten, verkünden
ließ – haben die sich nicht an euren Vorfahren
ausgewirkt? Kehrten sie nicht um und mußten
bestätigen: ›Der HERR, der Herrscher der Welt,
hat ausgeführt, was er ins Auge gefaßt hatte; er
ist mit uns so verfahren, wie es unseren verkehrten Wegen und unserem bösen Tun entsprach‹?«

DIE VISIONEN SACHARJAS (1,7–6,8)

[7] Im zweiten Regierungsjahr des Königs Darius,
am 24. Tag des 11. Monats – das ist der Monat

a Siehe Anmerkung zu 2,10 und vgl. 1,14-15.
b Wörtlich *der HERR Zebaot*;* entsprechend in der Fortsetzung und weiter in den Versen 12, 16 und 17.

2,14 Esra 4,1-3 **2,15-19** 1,5-11; Sach 8,9-13 **2,17** Am 4,9 **2,18** Esra 3,10 **2,21** 1,1 S; 2,6; Hebr 12,26 **2,22** Ex 15,1; Ri 7,21-22 **2,23** Jer 22,24 **1,1** Hag 1,1; Esra 5,1 **1,3** Mal 3,7 **1,4** *zit* Jer 25,5; 5,3 S; 7,13 S; 25,4 S; Zef 2,1-3 **1,6** Jer 23,20; Klgl 1,18; 2,17 **1,7** 1,1; Hag 2,10

Schebat* –, erging das Wort des HERRN an
Sacharja, den Sohn von Berechja und Enkel von
Iddo, den Propheten*. Er berichtet selbst:

Erste Vision: Neue Zukunft für Jerusalem

8 In der Nacht hatte ich eine Vision. Ich sah
einen Mann auf einem rotbraunen Pferd. Er hielt
bei den Myrtenbäumen im Tal, hinter ihm sah
ich andere Reiter auf rotbraunen, fuchsroten und
weißen Pferden.
9 Ich fragte den Engel*, der mit mir sprach
und mir meine Visionen erklärte:[a] »HERR, was
sind das für Reiter?« Er antwortete: »Du wirst
es sogleich erfahren.« 10 Da sagte der Mann bei
den Myrtenbäumen: »Wir sind die Reiter, die
der HERR ausgesandt hat, um die Erde zu er-
kunden.«
11 Plötzlich sah ich den Engel des HERRN[b] zwi-
schen den Myrtenbäumen stehen. Die Reiter
meldeten ihm: »Wir haben die ganze Erde durch-
zogen. Überall herrscht Ruhe.« 12 Da wandte er
sich an den HERRN und sagte: »HERR, du Herr-
scher der ganzen Welt, schon siebzig Jahre läßt
du nun Jerusalem und die Städte von Juda dei-
nen Zorn spüren. Wann hast du endlich Erbar-
men mit ihnen?«
13 Der HERR gab dem Engel, der mit mir
redete, eine freundliche, tröstliche Antwort.
14 Daraufhin sagte der Engel zu mir: »Du sollst
verkünden: ›So spricht der HERR, der Herrscher
der Welt: Ich bin voll brennender Liebe zu Jeru-
salem und zum Berg Zion*; 15 aber den selbst-
herrlichen Völkern gilt mein glühender Zorn.
Ich wollte meinem Volk durch sie nur eine
Lehre erteilen, aber sie haben es ins Unglück
gestürzt.
16 Darum soll Jerusalem jetzt von neuem
meine Liebe zu spüren bekommen. Mein Tem-
pel* dort soll wiedererrichtet werden, die ganze
Stadt wird neu aufgebaut.‹ Das sagt der HERR, der
Herrscher der Welt.
17 Und weiter sollst du verkünden: ›So spricht
der HERR, der Herrscher der Welt: Es soll wieder
Wohlstand und Überfluß herrschen in den Städ-
ten meines Volkes. Ich helfe der Gemeinde auf
dem Zionsberg* wieder auf, und Jerusalem soll
wieder meine Stadt sein.‹«

Zweite Vision: Bestrafung der feindlichen Völker

2 Ich blickte auf und sah: Da waren vier Hör-
ner*. 2 Ich fragte den Engel*, der mir alles
erklärte: »Was bedeuten diese Hörner?« Er ant-
wortete: »Es sind die Mächte, die Juda, Israel und
Jerusalem niedergeworfen und ihre Bewohner
in alle Welt zerstreut haben.«
3 Darauf ließ mich der HERR vier Männer mit
Schmiedehämmern schauen, 4 und ich fragte:
»Wozu sind die gekommen?« Der Engel antwor-
tete mir: »Sie sollen die Hörner abschlagen, die
Juda zu Boden geworfen und sein Volk zerstreut
haben. Sie sollen den Völkern, die sich gegen
Juda erhoben haben, Furcht und Schrecken ein-
jagen und ihre Macht zerschlagen.«

Dritte Vision: Jerusalem braucht keine Mauern mehr

5 Ich blickte auf und sah: Da war ein Mann mit
einer Meßschnur in der Hand. 6 Ich fragte ihn:
»Wohin gehst du?«, und er antwortete: »Nach
Jerusalem! Ich will ausmessen, wie groß es wer-
den muß und wo seine Mauern verlaufen sol-
len.«[c]
7 Jetzt kam der Engel* dazu, der mir alles er-
klärte. Er gab einem anderen Engel, der ihm ent-
gegenkam, 8 den Befehl: ›Jerusalem soll nicht
durch Mauern eingeengt werden, sonst ist kein
Platz darin für die vielen Menschen und Tiere!
9 Der HERR sagt: Ich selbst werde für die Stadt
eine Mauer aus Feuer sein, und ich will in mei-
ner strahlenden Herrlichkeit* darin wohnen.‹«

Aufruf zur Heimkehr und Trost für Jerusalem

10 »Auf, auf! Flieht aus dem Land im Norden!«
sagt der HERR. »Denn wie die vier Winde habe
ich euch überallhin zerstreut. 11 Auf, rettet euch
zum Zionsberg*, alle, die ihr noch in Babylo-
nien* seid!«
12 Der HERR, der Herscher der Welt,[d] will
einen reichen Schatz einsammeln. Deshalb hat
er mich zu den fremden Völkern gesandt, die
euch ausgeplündert haben.[e] Er sagt zu euch:
»Wer euch antastet, tastet meinen Augapfel an!«
13 Und er sagt: »Ich erhebe die Hand gegen diese

a *und mir …:* verdeutlichender Zusatz.
b Dies ist bei Sacharja der Engel, der für Israel vor Gott eintritt (vgl. 3,1-7), im Unterschied zu dem Engel, der dem Propheten seine Visionen deutet (Vers 9). Für das übrige Alte Testament vgl. die Sacherklärung »Engel«.
c *wie groß …:* wörtlich *wie breit und wie lang es sein wird.*
d Wörtlich *Der HERR Zebaot*;* entsprechend in den Versen 13 und 15.
e Deutung unsicher.

1,12 Jer 25,11 S **1,14** 3,2; 8,2; Jes 49,16 S; 54,6-8; Joël 2,18; Zef 3,16-17 S **1,15** Jes 47,6; 10,5-7 **1,16** 4,7; 8,3.9; 2,5-9; Hag 1,14-15; Jes 44,26; Jer 31,38 **1,17** Hag 2,9 **2,5** Ez 40,3 **2,6** 1,16 S **2,9** 9,8; Jes 60,19; Offb 21,3 **2,10** Jer 51,45 S **2,11** Obd 17 S **2,13** Hab 2,7-8; Jes 14,2

Völker, und dann werden sie von denen ausgeplündert, die bisher ihre Sklaven waren!«

Wenn das geschieht, werdet ihr erkennen, daß der HERR, der Herrscher der Welt, mich zu euch gesandt hat.

14 »Freut euch und jubelt, ihr Bewohner der Zionsstadt!« sagt der HERR. »Ich komme und wohne mitten unter euch. 15 Viele Völker werden sich dann zu mir bekennen und mein Volk werden; ihr aber werdet die sein, in deren Mitte ich selber wohne.«

Wenn das geschieht, werdet ihr erkennen, daß der HERR, der Herrscher der Welt, mich zu euch gesandt hat. 16 In seinem heiligen Land wird Juda zu seinem besonderen Eigentum werden, und Jerusalem wird er wieder zu seiner Stadt erwählen.

17 Alle Welt werde still vor dem HERRN, denn er kommt aus seiner heiligen Wohnung.

Vierte Vision: Der Oberste Priester Jeschua von Gott bestätigt

3 Darauf ließ der HERR mich den Obersten Priester* Jeschua sehen. Er stand vor dem Engel* des HERRN, und rechts von ihm stand der Satan* und wollte ihn anklagen.

2 Doch der HERR sagte zu ihm: »Schweig, Satan! Ich verbiete dir, deine Anklage vorzubringen; denn ich liebe Jerusalem. Ich habe doch diesen Jeschua wie ein brennendes Holzscheit aus dem Feuer gerettet!«

3 Jeschua stand da vor dem Engel in beschmutzten Kleidern. 4 »Zieht ihm die schmutzigen Kleider aus!« sagte der HERR zu den dienenden Engeln, die vor ihm standen, und zu Jeschua sagte er: »Ich nehme die Schuld von dir und lasse dich in Festgewänder kleiden.« 5 Ich bat: »Setzt ihm auch einen reinen Turban auf!« Sie taten es und kleideten Jeschua neu ein, während der Engel des HERRN dabeistand.

6 Dann gab der Engel des HERRN Jeschua die feierliche Zusage: 7 »So spricht der HERR, der Herrscher der Welt:[a] ›Wenn du meine Gebote befolgst und meinen Dienst recht versiehst, wenn du in meinem Haus und in meinen Vorhöfen* über der Ordnung wachst, dann gebe ich dir das Recht, zusammen mit denen, die hier vor meinem Thron stehen, an der himmlischen Ratsversammlung teilzunehmen.‹«

Zusage für die Zukunft

8 Weiter sagte der HERR: »Höre, Jeschua, du Oberster Priester*, und auch deine Mitpriester, die vor dir sitzen: Ihr seid die lebendige Bürgschaft dafür, daß ich meinen Bevollmächtigten*, den ›Sproß* Davids‹ senden werde. 9 Seht den Stein, den ich vor Jeschua niedergelegt habe: Ein einziger Stein, und darauf sieben Augen! Jetzt werde ich selbst die Inschrift darauf anbringen, ich, der Herrscher der Welt. Ich werde die Schuld des Landes an einem einzigen Tag wegnehmen. 10 An jenem Tag – sagt der HERR, der Herrscher der Welt – werdet ihr euch gegenseitig einladen und in Frieden und Sicherheit die Früchte eurer Weinstöcke und Feigenbäume miteinander genießen.«

Fünfte Vision: Priester und König in der Heilszeit

(4,6-10a findet sich im folgenden Abschnitt)

4 Wieder kam der Engel*, der jeweils mit mir sprach. Er rüttelte mich auf, wie man jemand aus dem Schlaf weckt, 2 und fragte mich: »Was siehst du?«

Ich antwortete: »Einen Leuchter aus Gold. Er trägt oben ein Ölbecken, an dessen Rand ringsum sieben Lichtschalen* angebracht sind. Und jede Schale hat sieben Schnäbel für die Dochte. 3 Links und rechts ragt über dem Leuchter je ein Ölbaum auf. 4 Was hat das zu bedeuten, Herr?«

5 »Verstehst du es nicht?« fragte der Engel, und als ich verneinte, sagte er: 10b »Die sieben Lichtschalen sind die Augen des HERRN, die alles sehen, was auf der Erde geschieht.«[b]

11–12 Ich fragte weiter: »Und was bedeuten die beiden Ölbäume rechts und links von dem Leuchter, die ihr Öl durch die beiden Goldröhren herabfließen lassen?«

13 »Verstehst du es nicht?« fragte er, und als ich verneinte, 14 antwortete er mir: »Das sind die beiden Männer, die der Herr der ganzen Erde mit Öl gesalbt* und in seinen Dienst gestellt hat.«

Ermutigung für Serubbabel

6 Der HERR befahl mir, zu Serubbabel zu sagen: »Nicht durch menschliche Macht und Gewalt wird es dir gelingen, sondern durch meinen Geist*! Das sage ich, der HERR, der Herrscher der

a Wörtlich *der HERR Zebaot**; entsprechend in den Versen 9 und 10.
b Vers 5 findet seine Fortsetzung offensichtlich in Vers 10b. Der dazwischen eingeschobene Abschnitt wird zum besseren Verständnis hinter Vers 14 abgedruckt.

2,14 9,9; Jes 12,6; Ez 37,28; Zef 3,14 **2,15** 8,20-23; Jes 2,2-3 S **2,17** Hab 2,20 S **3,1** Hag 1,1 S; Ijob 1,6 S **3,2** 1,14 S **3,4** Jes 6,7 **3,5** Ex 28,39 **3,7** Ps 99,6; Sir 35,20-21; Hebr 9,24 **3,8** 6,12; Jes 11,1 S **3,9** 4,10b; Offb 5,6 **3,10** Mi 4,4 S **4,2** Jer 1,11 S; Ex 25,31-40 **4,10b** 2 Chr 16,9 **4,14** 6,13; Ex 29,7; 1 Sam 16,12-13 **4,6-7** Hag 2,4-5 **4,6** Hag 1,1 S

Welt.[a] 7 Wie ein Berg türmen sich die Wider-
stände vor dir auf; aber ich werde sie wegschaf-
fen. Du wirst den Schlußstein in den wiederauf-
gebauten Tempel* einsetzen, und alle werden in
Jubel ausbrechen.«

8 Weiter erging an mich das Wort des HERRN:
9–10a »Serubbabel hat den Grund für diesen Tem-
pel gelegt, und er wird ihn auch vollenden. Wer
blickt hier verächtlich auf den kümmerlichen Be-
ginn? Er wird sich noch mitfreuen, wenn er den
Schlußstein in der Hand Serubbabels sieht!«

Wenn das geschieht, werdet ihr[b] erkennen,
daß der HERR, der Herrscher der Welt,[c] mich zu
euch gesandt hat.

Sechste Vision: Bestrafung unentdeckten Unrechts

5 Als ich wieder aufblickte, sah ich: Da flog
eine Buchrolle* durch die Luft; sie war ganz
entrollt. 2 Der Engel* fragte mich: »Was siehst
du?«, und ich antwortete: »Eine fliegende Buch-
rolle, zehn Meter lang und fünf Meter breit.«[d]

3 Da sagte er zu mir: »Das ist der Fluch, der
in das ganze Land ausgeht. Auf der Rolle steht
er geschrieben und wird alle ereilen, die gestoh-
len oder einen Meineid geschworen haben. Zu
lange schon sind diese Vergehen unbestraft ge-
blieben. 4 Der HERR, der Herrscher der Welt, sagt:
›Ich sende diesen Fluch in das Haus jedes Diebes
und in das Haus eines jeden, der unter Anrufung
meines Namens* einen Meineid schwört. Der
Fluch setzt sich dort fest und zerstört das ganze
Haus, die Balken samt den Steinen.‹«

Siebte Vision: Die Frau im Faß

5 Der Engel*, der mit mir redete, trat vor und
sagte: »Blick auf und sieh, was da erscheint!«

6 »Was ist denn das?« fragte ich, und er ant-
wortete: »Es ist ein Faß. Darin steckt das, worauf
das ganze Land versessen ist.«[e] 7 Das Faß war
mit einem Deckel aus Blei verschlossen; als er
aufging, kam eine Frau zum Vorschein. 8 Der
Engel sagte: »Das ist die Auflehnung gegen
Gott«, stieß die Frau wieder hinein und schlug
den bleiernen Deckel zu.

9 Dann sah ich, wie der Wind zwei Frauen mit
Storchenflügeln dahertrug; die nahmen das Faß
und flogen mit ihm davon. 10 Ich fragte den
Engel: »Wohin bringen sie die Frau?« 11 Er ant-
wortete: »Ins Land Schinar*. Dort baut man ihr
einen Tempel und stellt sie auf ein Podest.«

Achte Vision: Wagen zur Heimkehr für die in alle Welt Zerstreuten

6 Als ich noch einmal aufblickte, da sah ich:
Zwischen den beiden bronzenen Bergen
am Himmelseingang[f] kamen vier Wagen her-
vor. 2 Der erste wurde von rotbraunen Pferden
gezogen, der zweite von schwarzen, 3 der dritte
von weißen und der vierte von gescheckten, lau-
ter kräftigen Tieren.

4 Ich fragte den Engel*, der mit mir sprach:
»Was bedeutet das, Herr?« 5 Er antwortete:
»Diese Gespanne sind die vier Winde des Him-
mels. Sie kommen eben vom Herrn der ganzen
Erde, vor dem sie gestanden haben. 6 Das
schwarze Gespann wird in das Land im Norden
ziehen, das weiße hinter ihm her und das
gescheckte in das Land im Süden.«

7 Die starken Pferde drängten ungeduldig
vorwärts. Da sagte der Engel des HERRN: »Los!
Durchzieht die Erde!« Und sie stürmten davon.

8 Mir aber rief er zu: »Achte auf die, die nach
Norden ziehen! Sie bringen meinen Geist* nach
Babylonien*, damit er dort wirken kann.«[g]

Die stellvertretende Krönung des Priesters Jeschua

9 Der HERR sagte zu mir: 10 »Geh in das Haus von
Joschija, dem Sohn von Zefanja! Dort findest du
Heldai, Tobija und Jedaja, die soeben aus Babylo-
nien* angekommen sind. Sie haben dir etwas
mitgebracht. 11 Nimm das Silber und Gold und
mach daraus eine Krone! Setze sie dem Ober-
sten Priester* Jeschua, dem Sohn Jozadaks, auf
12 und sage zu ihm:

›So spricht der HERR, der Herrscher der Welt:[h]
Der Sproß* Davids kommt, und unter ihm wird
es sprießen! Er wird meinen Tempel* bauen.
13 Ja, er wird ihn wieder aufbauen, und voller
Hoheit wird er von seinem Thron aus herrschen.
Ein Priester* wird seinen Thron mit ihm teilen,

a *Das sage ich ...:* wörtlich *Das sagt der HERR Zebaot*.* b Wörtlich *wirst du* (Serubbabel?).
c Wörtlich *der HERR Zebaot*;* entsprechend in 5,4. d Hebräische Maßangabe *20* bzw. *10 Ellen*.*
e Wörtlich *Das ist ihr Auge* (andere Überlieferung: *ihre Sünde*) *im ganzen Land.*
f *am Himmelseingang:* verdeutlichender Zusatz.
g Deutung unsicher; wörtlich *Sie lassen meinen Geist nieder* (oder *ruhen*) *im Land des Nordens.* Da Gottes *Geist* seine wirkende Macht ist, ist anzunehmen, daß er dort *wirken* will, vermutlich unter den in Babylonien lebenden Judäern (z.B. um sie zur Heimkehr bereit zu machen).
h Wörtlich *der HERR Zebaot*;* ebenso in Vers 15.

4,9-10a Esra 3,8-13; 6,14-16 5,2 Jer 1,11 S 5,3 Dtn 27,14-26 6,1-3 1,8 6,10 Jer 21,1 S 6,11 3,1-7 6,12-13 3,8; 4,6-10a; Hag 2,20-23 6,12 Jer 23,5 S

und beide werden gute Freunde sein. 14 Die
Krone soll zur Erinnerung an Heldai,[a] Tobija und
Jedaja und an die Gastfreundschaft von Joschija
in meinem Tempel aufbewahrt werden. 15 Aus
weiter Ferne werden Menschen kommen, um
an meinem Tempel mitzubauen.«

Wenn das geschieht, werdet ihr erkennen,
daß der HERR, der Herrscher der Welt, mich zu
euch gesandt hat. Es wird mit Sicherheit eintreffen,
wenn ihr auf den HERRN, euren Gott, hört
und ihm gehorcht.

ÜBER FASTEN UND TEMPELBAU
(Kapitel 7–8)

Ist der Tag von Jerusalems Fall weiterhin als Trauertag zu begehen?

7 Es war im vierten Regierungsjahr des
Königs Darius, am 4. Tag des 9. Monats, das
ist der Monat Kislew*. Da erging das Wort des
HERRN an den Propheten Sacharja. 2 Damals war
eine Abordnung aus Bet-El nach Jerusalem gekommen;
sie bestand aus Sar-Ezer und Regem-Melech
und dessen Leuten. Sie hatten Opfergaben
mitgebracht, um den HERRN gnädig zu
stimmen, 3 und legten den Priestern* am Tempel
des HERRN, des Herrschers der Welt,[b] und den
Propheten* dort die Frage vor: »Sollen wir auch
künftig den Fast- und Trauertag im 5. Monat begehen,
wie wir es schon so viele Jahre tun?«

4 Da erging an mich das Wort des HERRN, des
Herrschers der Welt, er sagte: 5 »Richte dem Volk
von Juda und den Priestern meine Antwort aus:

›Siebzig Jahre lang haltet ihr nun schon die
Fast- und Trauertage im 5. und 7. Monat.[c] Meint
ihr, ihr hättet da für *mich* gefastet? 6 Wenn ihr
eßt und trinkt, tut ihr es doch auch für euch
selbst!

7 Wißt ihr nicht, was ich durch die früheren
Propheten verkünden ließ, als Jerusalem noch
nicht zerstört war und als die Städte Judas, die
Steppe im Süden und das Hügelland im Westen
noch bewohnt waren? 8–10 Damals ließ ich euren
Vorfahren sagen:

So spricht der HERR, der Herrscher der Welt:
Richtet gerecht und erweist einander Liebe und
Erbarmen; unterdrückt nicht Witwen und Waisen,
Fremde und Arme, und heckt nicht immer
neue Pläne aus, um einander zu schaden! Ihr
seid doch alle Brüder und Schwestern![d]

11 Aber sie wollten nicht darauf hören, sie
stellten sich taub und waren unwillig wie ein
störrischer Esel. 12 Sie machten ihre Herzen so
hart wie Diamant und weigerten sich, auf die
Worte und Weisungen zu hören, die ich, der
Herrscher der Welt, ihnen durch meinen Geist*
– durch den Mund der früheren Propheten –
sagen ließ. Deshalb traf sie mein Zorn mit voller
Wucht. 13 Es kam, wie es kommen mußte: Sie
hörten nicht, als ich rief, darum hörte auch ich
nicht, als sie in der Not zu mir riefen. 14 Ich zerstreute
sie unter ferne Völker, von denen sie vorher
nichts wußten, und ließ das Land hinter
ihnen öde und menschenleer liegen. Sie selbst
sind es, die das schöne Land zu einer Wüste
gemacht haben!‹«

Jerusalems künftiges Glück

8 Der HERR, der Herrscher der Welt,[e] ließ sein
Wort ergehen, er sagte zu Sacharja:

2 So spricht der HERR, der Herrscher der Welt:
»Ich bin voll brennender Liebe zur Zionsstadt*,
ich setze mich für sie ein und lasse ihre Feinde
meinen Zorn spüren.«

3 So spricht der HERR: »Ich kehre zum Berg
Zion zurück und werde mitten in Jerusalem
wohnen. Jerusalem wird dann ›Stadt der Treue‹
heißen und der Berg, auf dem ich als Herrscher
der Welt wohne, der ›Heilige Berg‹«.

4 So spricht der HERR, der Herrscher der Welt:
»Es werden wieder alte Menschen auf den Plätzen
der Stadt sitzen, Männer und Frauen, den
Stock in der Hand, auf den sie sich beim Gehen
stützen müssen – ein so hohes Alter werden sie
erreichen. 5 Und auf den Straßen wird es von
spielenden Kindern, Jungen und Mädchen, wimmeln.«

6 So spricht der HERR, der Herrscher der Welt:
»Wenn all das dem Überrest meines Volkes unmöglich
erscheint, soll es dann auch für mich,
den Herrscher der Welt, unmöglich sein?«

7 So spricht der HERR, der Herrscher der Welt:
»Ja, ich befreie die Menschen meines Volkes
aus dem Land im Osten und aus dem Land im
Westen, 8 ich bringe sie heim und lasse sie in

a So mit einer alten Übersetzung; H *Helem*.
b Wörtlich *des HERRN Zebaot**; entsprechend in den Versen 4, 8-10 und 12.
c Im 5. Monat zur Erinnerung an die Zerstörung Jerusalems und des Tempels (2 Kön 25,8), im 7. Monat zur Erinnerung an die Ermordung von Gedalja (2 Kön 25,25).
d Wörtlich *Brüder**.
e Wörtlich *Der HERR Zebaot**; entsprechend in den Versen 3, 6, 9-11, 14, 18 und 20-22.

6,14 4,11-14 **6,15a** Jes 60,10 **7,1** 1,1.7 **7,3** 8,19; Jes 58,5 S; Jer 52,12-13 **7,5** Jer 25,11 S **7,8-10** Jes 1,17 S; Jer 7,5-7 **7,11** Jer 5,3 S; Ez 2,3-5 S **7,12** Jes 48,4 **7,13** Jes 1,15; Jer 11,11 **8,2** 1,14 S **8,3** Jes 2,3 S; 1,26 **8,4** Jes 65,20 **8,6** Ijob 42,2 S **8,7** Jes 11,11-12 S **8,8** Jer 24,7 S; Ez 11,20 S

Jerusalem wohnen. Sie sollen mein Volk sein, und ich will ihr Gott sein in unwandelbarer Treue.«

Rückblick und Ermutigung

9 So spricht der HERR, der Herrscher der Welt:
»Laßt nicht nach und packt zu! Denkt an die
Worte, die ich euch durch meine Propheten*
sagen ließ an dem Tag, als der Grundstein für
den Wiederaufbau meines Tempels* gelegt wur-
de: 10–11 ›Bis jetzt war all eure Mühe vergeblich:
Eure Arbeit brachte euch nichts ein und euer
Vieh ebensowenig. Es gab keinen Frieden im
Land: Wer die Stadt verließ, war vor Feinden
nicht sicher, und auch unter euch selbst stiftete
ich Streit. Aber von jetzt an zeige ich mich dem
Überrest meines Volkes von einer anderen Seite.
Das sage ich, der HERR, der Herrscher der Welt.
12 Denn die Saat des Friedens wird aufgehen!
Der Weinstock wird seine Frucht geben, der
Boden seinen Ertrag, der Himmel Tau und
Regen – und ich gebe das alles dem Rest meines
Volkes zu eigen. 13 Und wie ihr, die Leute von
Juda und die Leute von Israel, für die anderen
Völker zum Inbegriff eines Volkes geworden
seid, das vom Fluch getroffen ist, so werdet ihr
durch das, was ich an euch tue, zum Inbegriff
des Segens werden.‹

Ja, so wird es geschehen. Habt also keine Angst, packt zu!«

14 Ja, so spricht der HERR, der Herrscher der
Welt: »Als eure Vorfahren mich zum Zorn reiz-
ten, war ich entschlossen, euch ins Unglück zu
stürzen, und ich ließ mich durch nichts davon
abbringen. 15 Genauso unverrückbar ist mein
Entschluß, die Leute von Jerusalem und Juda
jetzt mit Gutem zu überschütten. Habt also
keine Angst! 16 Aber tut auch, was ich von euch
erwarte! Lügt eure Mitmenschen nicht an, fällt
im Gericht gerechtes Urteil zum Wohl aller,
17 sucht nicht einander zu schaden und schwört
keine Meineide. Denn all dies ist mir verhaßt.«

Das sagt der HERR.

Ende der Trauer und Zustrom der Völker

18 Das Wort des HERRN, des Herrschers der Welt,
erging an mich. 19 So spricht der HERR, der Herr-
scher der Welt: »Die Fast- und Trauertage im
vierten, fünften, siebten und zehnten Monat[a]
werden für die Leute von Juda zu Freudenfesten
werden, die Klage wird sich in Jubel verwan-
deln. Aber haltet mir die Treue und behaltet das
Wohl aller im Auge!«
20 So spricht der HERR, der Herrscher der Welt:
»Viele Völker und die Bewohner großer Städte
werden sich aufmachen, 21 sie werden sich ge-
genseitig aufsuchen und sagen: ›Kommt, wir
wollen zum HERRN gehen, dem Herrscher der
Welt, ihn anbeten und ihn mit Opfergaben*
ehren! Ich jedenfalls werde hingehen.‹ 22 Und
so werden große und starke Völker nach Jerusa-
lem kommen, um den HERRN, den Herrscher
der Welt, anzubeten und ihm Opfergaben zu
bringen.
23 So spricht der HERR, der Herrscher der Welt:
»Zu jener Zeit wird man es erleben, daß zehn Männer aus Völkern mit ganz verschiedenen Sprachen sich an einen Juden hängen, seinen Gewandzipfel ergreifen und sagen: ›Laßt uns mit euch nach Jerusalem ziehen! Wir haben gehört, daß Gott auf eurer Seite steht.‹«

DAS KÜNFTIGE HEIL JERUSALEMS
(Kapitel 9–14)

Erweiterung Israels über die Grenzen des Davidsreiches hinaus

9 Prophetische Botschaft:
Das Wort des HERRN hat das Land Ha-
drach erreicht, es wohnt in Damaskus; denn auf
den HERRN richten sich die Blicke aller Men-
schen und der Stämme Israels. 2 Es ist ins an-
grenzende Hamat gelangt, und es kommt bis
nach Tyrus und Sidon, wo die Leute so über-
aus klug sind. 3 Tyrus hat sich mit mächtigen
Mauern umgeben, es hat Berge von Gold und
Silber aufgehäuft; 4 aber der Herr wird ihm seine
Schätze wegnehmen und seine Mauern ins
Meer stürzen;[b] die Stadt wird zum Opfer der
Flammen.
5 Die Philister* in den Städten Aschkelon,
Gaza und Ekron werden davon hören und vor
Angst vergehen, weil sie nun keinen Beschützer
mehr haben. Der König wird aus Gaza ver-
schwinden, Aschkelon wird entvölkert, 6 in
Aschdod werden Fremde angesiedelt. »Ich
mache ein Ende mit der Überheblichkeit der Phi-
lister«, sagt der HERR. 7 Er reißt ihnen die blutigen
Fleischstücke aus den Zähnen und das Fleisch

a Im 4. Monat war 587 v.Chr. die erste Bresche in die Mauer Jerusalems geschlagen worden (2 Kön 25,3-4), in den 10. Monat fiel der Beginn der Belagerung (2 Kön 25,1); weiter siehe Anmerkung zu 7,3.

b und seine Mauern …: andere mögliche Übersetzung *und seine Macht/Streitmacht* (d.h. Flotte) *auf dem Meer zerschlagen.*

8,9 Esra 3,10 **8,10-13** Hag 2,15-19 **8,13** Gen 22,18 **8,16-17** 7,8-10 S **8,19** 7,3.5 **8,20-22** 2,15; Ps 96,7-10 S **9,2-4** Jes 23,1-16 S; Ez 28,3-5 **9,5-7** Jes 14,28-32 S **9,7** Lev 17,10-14; 11,1-47 par; Jos 15,63

der Tiere, die er verabscheut. Dann zählt der
Überrest der Philister zum Volk unseres Gottes,
sie werden zu einer Sippe in Juda, und die Leute
von Ekron werden so unter ihnen wohnen wie
die Jebusiter in Jerusalem.
8 »Ich selbst«, sagt der HERR, »stelle mich als
Wache vor mein Haus und meine Stadt, so daß
kein fremder Herrscher mit seinem Heer mehr
dort einfällt. Ich selbst kümmere mich jetzt um
mein Volk.«

Der Friedenskönig zieht in Jerusalem ein

9 Freu dich, du Zionsstadt*!
Jubelt laut, ihr Bewohner Jerusalems!
Seht, euer König kommt zu euch!
Er bringt Gerechtigkeit,
Gott steht ihm zur Seite.[a]
Demütig ist er vor seinem Gott.
Er reitet auf einem Esel,
auf einem starken Eselshengst.[b]
10 Er schafft die Pferde und Streitwagen* ab
in Jerusalem und ganz Israel,
auch die Kriegsbogen werden zerbrochen.
Er stiftet Frieden unter den Völkern.
Von Meer zu Meer reicht seine Herrschaft,
vom Eufratstrom bis zu den Enden der Erde.

Was dem Einzug des Friedenskönigs vorangeht

11 »Hört«, sagt der HERR, »ich werde eure Gefan-
genen aus dem Kerker holen, aus der wasser-
losen Grube,[c] so gewiß ich mit euch meinen
Bund* geschlossen und mit Opferblut besiegelt
habe. 12 Kehrt zurück zur befestigten Stadt, ihr
Gefangenen, eure Hoffnung wird nicht ent-
täuscht! Die Zusage gilt noch immer: ›Ich werde
euch voll[d] entschädigen.‹
13 Ich selbst werde gegen das Heer der Grie-
chen antreten: Die Männer von Juda sind mein
Bogen, die Männer von Efraïm meine Pfeile und
die von Jerusalem mein Schwert, das ich gegen
die Feinde schwinge.«
14 Ja, der HERR wird über dem ausziehenden
Heer seines Volkes erscheinen: Sein Pfeil fährt
dahin wie der Blitz; donnernd stößt er ins Horn;
er fegt einher im Sturm aus dem Süden. 15 Der
HERR, der Herrscher der Welt,[e] wird sein Volk
beschützen. Seine Krieger werden die Schleu-
dersteine auffangen[f] und zu Boden treten,
sie werden von Blut betrunken sein wie von
Wein, sie werden von Feindesblut überströmt
sein wie Opferschalen, wie die Ecken des
Opferaltars.
16 An jenem Tag wird der HERR, der Gott
Israels, die Seinen retten, denn sie sind seine
Herde. Wie funkelnde Edelsteine werden sie das
Land zieren. 17 Wie herrlich wird das sein! Die
Kinder werden zu blühenden jungen Leuten
heranwachsen, weil das Land soviel Korn und
Wein hervorbringt.

Nur Gott schenkt Regen

10 Bittet den HERRN, daß er zur rechten Zeit[g]
den ersehnten Regen sendet! Denn der
HERR ist es, der die Wetterwolken zusammen-
ballt; er gibt Regen und läßt für alle etwas wach-
sen. 2 Befragt nicht die Orakel, sie spenden euch
falschen Trost; geht nicht zu den Wahrsagern,
sie erzählen euch lügnerische Träume! Weil ihr
das tut, seid ihr wie Schafe, die umherirren und
umkommen, weil sie keinen Hirten haben.

Befreiung Judas und Heimkehr aller Israeliten

3 Der HERR sagt: »Ich bin voll Zorn auf die frem-
den Hirten, die meine Herde unterdrücken, und
auch gegen die gewalttätigen Böcke in der Herde
werde ich vorgehen. Ich, der HERR, der Herr-
scher der Welt, will mich um meine Herde, das
Volk von Juda, kümmern. Ich mache es zu mei-
nem Kriegsroß, wenn ich jetzt zum Kampf an-
trete. 4 Aus meinem Volk selbst kommen dann
die Männer, die für es ›Eckstein‹ sind und ›Zelt-
pflock‹ und ›Kriegsbogen‹,[h] und die fremden

a *Gott steht …:* wörtlich *Er ist einer, dem geholfen wird;* die Wiedergabe im Neuen Testament (Mt 21,5) entspricht den alten Übersetzungen: *Er ist ein Helfer.*

b *auf einem starken …:* wörtlich *auf einem Hengst, dem Sohn einer Eselin.* Die alten Übersetzungen und Mt 21,5 haben *Hengst* als *Fohlen* gedeutet; *Sohn* bezeichnet im Hebräischen nicht das jugendliche Alter, sondern die Abstammung.

c Wasserlose Zisternen wurden oft als zeitweiliges Gefängnis benutzt; vgl. Gen 37,20-24; Jer 37,7-9.

d *voll:* wörtlich *doppelt.* Das ist nach israelitischem Recht die übliche Entschädigung; vgl. Ex 22,3.6.8.

e Wörtlich *Der HERR Zebaot*;* entsprechend in 10,3.

f *auffangen:* wörtlich *fressen.* Deutung unsicher.

g Wörtlich *zur Zeit des Spätregens.* Gemeint ist die wichtige Regenzeit im Frühjahr, kurz vor der Ernte (siehe Sacherklärung »Regen«).

h *Eckstein* und *Zeltpflock* sind tragende bzw. haltende Elemente für Haus und Zelt. Der Text läßt nicht erkennen, ob an eine einzige Person oder an drei gedacht ist; wörtlich *Von ihm kommt der Eckstein, von ihm der Pflock, von ihm der Kriegsbogen.*

9,8 2,9; Ez 34,25.27-28 **9,9** 2,14; Zef 3,14; Mt 21,5 **9,10** Mi 5,9 S **9,11** Jes 61,1; Ex 24,8 **9,12** 10,8-9; Jes 40,2; 61,7 **9,13** 1 Makk 1,1-9; Dan 8,21-22 S **9,14** Ps 18,15 **9,16** Ps 74,1 S **9,17** Ps 144,12-13 **10,1** Jer 5,24-25 S **10,3** Jer 6,3; 23,1-4; Ez 34,2 **10,4** Jer 30,21

Unterdrücker müssen aus ihm verschwinden.
5 Die Leute von Juda werden kämpfen wie Hel-
den und den Feind wie Straßendreck zertreten,
denn ich, der HERR, stehe ihnen bei. Die feind-
liche Reiterei wird an ihnen zuschanden.

6 Ich helfe nicht nur den Leuten von Juda,
ich helfe auch den Nachkommen Josefs, den
Leuten von Israel*. Ich habe Erbarmen mit
ihnen und lasse sie in ihr Land zurückkehren;
es soll alles wieder wie früher sein, als ob ich
sie nie verstoßen hätte. Denn ich, der HERR,
bin ihr Gott und höre ihren Hilferuf. 7 Dann
werden die Männer Efraïms stark sein wie
Helden und voller Kampfeslust wie einer, der
Wein getrunken hat. Ihre Kinder werden jubeln,
wenn sie es sehen, und werden mich voll
Freude preisen.

8 Ich werde allen Verbannten das Signal zur
Heimkehr geben; denn ich will sie befreien.
Mein Volk soll wieder so zahlreich sein wie
einst. 9 Wenn sie sich mir wieder zuwenden,
dort bei den Völkern, unter die ich sie zerstreut
habe, dann werden sie es erleben, daß sie zu-
sammen mit ihren Kindern zurückkehren dür-
fen. 10 Ich lasse sie heimkehren aus Ägypten und
Assyrien und bringe sie in die Landschaft Gi-
lead* und in den Libanon; aber nicht einmal dort
werden sie genug Raum haben.

11 Ich werde ihnen aus der Not helfen, ich
werde die Wogen des Meeres zurücktreiben und
die Nilarme versiegen lassen. Ich werde das
stolze Assyrien[a] niederwerfen und die Macht
Ägyptens brechen. 12 Durch mich, den HERRN,
wird mein Volk stark sein; es wird im Vertrauen
auf mich und nach meinen Weisungen leben
und bestehen. Das sage ich, der HERR.«

Die Entmachtung der Völker und ihrer Herrscher

11 Öffne deine Tore, Libanon, damit das Feuer
bei dir eindringen und deine Zedern ver-
zehren kann! 2 Heult, ihr Zypressen, weil die
Zedern gestürzt, weil die mächtigsten der Bäume
dahin sind! Heult, ihr Eichen von Baschan*, weil
der Sturm den dichten Wald niedergelegt hat!
3 Hört, wie die Völkerhirten klagen, weil ihre
herrlichen Weiden vernichtet sind! Hört, wie der
Löwe brüllt, weil sein Versteck, der Buschwald
am Jordan, verwüstet ist!

Eine Zukunftsvision: Der gute Hirt wird abgelehnt

4 Der HERR, mein Gott, sagte zu mir: »Weide die
Schafe, die zum Schlachten bestimmt sind! 5 Ihre
Besitzer töten sie und machen sich kein Gewis-
sen daraus; sie verkaufen sie und sagen: ›Geprie-
sen sei der HERR! Wir haben ein gutes Geschäft
gemacht!‹ Und auch ihre Hirten gehen scho-
nungslos mit der Herde um.«

6 Der HERR sagt: »Auch ich werde die Bewoh-
ner der Erde nicht mehr verschonen. Ich liefere
jeden der Hand seiner Mitmenschen und seines
Königs aus. Mögen diese die ganze Erde ver-
wüsten, ich werde niemand aus ihrer Hand ret-
ten.«

7 Ich folgte dem Befehl des HERRN und wei-
dete die Schafe, die von den Viehhändlern zum
Schlachten bestimmt waren.[b] Ich nahm mir
zwei Hirtenstöcke, den einen nannte ich
»Freundschaft«, den andern »Bruderschaft«, und
damit weidete ich die Schafe.

8 Ich entfernte die drei schlechten Hirten in
einem einzigen Monat. Aber ich verlor die Ge-
duld mit den Schafen, denn sie wollten nichts
von mir wissen. 9 Ich sagte: »Ich will nicht mehr
euer Hirte sein! Wer unbedingt sterben will, soll
eben sterben; wer in die Irre gehen will, soll in
die Irre gehen; und der Rest mag sich gegenseitig
auffressen.«

10 Darauf zerbrach ich den Stock mit Namen
»Freundschaft« und hob damit den Waffenstill-
stand auf, den ich zugunsten Israels mit allen
Völkern ringsum geschlossen hatte. 11 Die Wir-
kung war sofort zu spüren, und die Viehhänd-
ler,[c] die gesehen hatten, wie ich den Stab zer-
brach, erkannten, daß ich im Auftrag des HERRN
gehandelt hatte.

12 Ich sagte zu ihnen: »Wenn ihr wollt, gebt
mir jetzt meinen Lohn, wenn nicht, verzichte ich
darauf.« Da zählten sie mir 30 Silberstücke ab[d]
und gaben sie mir. 13 Darauf sagte der HERR zu
mir: »Diese stolze Summe bin ich ihnen also
wert! Wirf das Silber dem Schmelzer hin!« Ich
nahm die 30 Silberstücke und warf sie im Tem-
pel* dem Mann hin, der das Gold und das Silber
einschmilzt.

14 Dann zerbrach ich meinen zweiten Stock
mit Namen »Bruderschaft« und hob damit den
Bruderbund zwischen Juda und Israel auf.

a *Assyrien* steht hier für die Nachfolgereiche des alten Assyrischen Reiches in Mesopotamien.
b So mit G; H *die Schafe, die zum Schlachten bestimmt waren, deshalb die ärmsten der Herde.*
c So mit G; H *die Ärmsten der Herde* (vgl. Vers 7 und Anmerkung).
d Wörtlich *wogen mir 30 Schekel* Silber ab* (etwa 350 g).

10,6 Jer 3,18 S; 31,2-20 **10,8** Jes 11,11-12 S **10,10** Jes 49,19-20 S **10,11** Ex 14,21-22; Jes 11,15; 50,2 **11,3** Jer 23,1-2; 25,34-36 **11,12** Ex 21,32; Mt 26,15; 27,9 **11,14** Ez 37,15-24

15 Weiter sagte der Herr zu mir: »Rüste dich
noch einmal als ein Hirt aus, aber spiele jetzt
einen schlechten Hirten! 16 Denn ich werde
einen Völkerhirten im Land auftreten lassen, der
das Gegenteil eines guten Hirten ist: Die Verirrten sucht er nicht; auf die kläglichen Schreie der Bedrängten hört er nicht; hat ein Tier das Bein gebrochen, so schient er es nicht; er kümmert sich nicht darum, ob die Tiere Weide und Wasser haben. Die besten Tiere der Herde schlachtet er für sich selbst und reißt ihnen in seiner Gier sogar die Klauen auf.

17 Weh dem Hirten, der keiner ist, der die Herde im Stich läßt! Der rechte Arm soll ihm abgehackt, das rechte Auge ihm ausgestochen werden! Sein Arm sei verkrüppelt, sein Auge sei erblindet!«

Die Klage um den Durchbohrten

12 Prophetische Botschaft, Wort des Herrn über Israel, Ausspruch des Herrn, der den Himmel ausgespannt und die Erde fest verankert hat, der den Lebensgeist im Innern der Menschen geformt hat:

2 »So kommt es: Ich mache Jerusalem für alle Völker ringsum zu einer Taumelschale. Wenn sie sich an ihm vergreifen wollen, beginnen sie zu taumeln wie jemand, der starken Wein getrunken hat.[a] – Auch Juda wird mit betroffen sein,
wenn sie Jerusalem belagern. – 3 Ja, ich mache
Jerusalem an jenem Tag zu einem Hebestein für alle Völker: Wenn sie ihn anzuheben versuchen, werden sie sich daran die Hände wund reißen. Alle Völker der Erde werden sich gegen Jerusalem zusammentun; 4 aber ich lasse ihre Pferde
scheuen und lasse panische Angst über ihre Reiter kommen. Ja, ich werde die Pferde aller Völker blind machen, so daß sie den Weg nicht mehr finden. Ich wache darüber, daß den Leuten von Juda kein Leid geschieht.

5 Die führenden Männer von Juda werden nach Jerusalem blicken und sagen: »Die Leute von Jerusalem sind stark, denn sie vertrauen fest auf den Herrn, den Herrscher der Welt,[b] ihren
Gott.« 6 Ich werde den Anführern von Juda beistehen; für die feindlichen Heere ringsum werden sie wie eine Schale mit glühenden Kohlen mitten in einem Holzstoß sein oder wie eine Fackel im Garbenhaufen. Jerusalem aber wird für immer bestehen bleiben.

7 Der Herr wird die Leute von Juda *vor* denen von Jerusalem aus der Hand der Feinde retten, damit die Nachkommen Davids und die Bewohner Jerusalems nicht zu stolz werden und auf
Juda herabsehen. 8 Danach wird der Herr auch
Jerusalem seine Hilfe zuwenden und dessen Bewohner stärken. Der Schwächste von ihnen wird so stark sein wie David, und die Nachkommen Davids an ihrer Spitze sind dann so stark wie Engel*, ja wie der Engel des Herrn.

9 »Zu jener Zeit«, sagt der Herr, »da werde ich alle Völker vernichten, die gegen Jerusalem an-
gerückt sind. 10 Die Nachkommen Davids und
die Bewohner Jerusalems aber werde ich mit einem reumütigen Geist erfüllen, der sie dazu treibt, mich um Erbarmen anzuflehen. Sie werden schuldbewußt zu mir aufblicken wegen des Mannes, den sie durchbohrt haben. Sie werden um ihn trauern, wie man um den einzigen Sohn trauert, sie werden weinen und klagen wie um einen Erstgeborenen.

11 Die Klage Jerusalems um ihn wird so groß sein wie die Klage um Hadad-Rimmon in der
Ebene von Megiddo.[c] 12–13 Alle Sippen im Land
werden an dieser Totenklage* teilnehmen, jede für sich, Männer und Frauen getrennt: die Sippe David, die Sippe Natan, die Sippe Levi, die Sippe
Schimi 14 und alle übrigen Sippen im Land.

13 Zu jener Zeit wird in Jerusalem eine Quelle entspringen, die die Nachkommen Davids und die Bewohner der Stadt von der Befleckung durch Schuld und Ungehorsam reinigt.«

Reinigung des Landes von Götzen und falschen Propheten

2 Der Herr, der Herrscher der Welt,[d] sagt: »Zu jener Zeit werde ich jede Spur von Götzendienst aus dem Land entfernen, nicht einmal an die Namen der fremden Götter wird man sich noch erinnern.

Auch die Propheten, die von einem fremden Geist getrieben werden, müssen aus dem Land
verschwinden. 3 Wenn noch einer als Prophet*
auftritt, werden sein Vater und seine Mutter zu ihm sagen: ›Du hast dein Leben verwirkt, weil du unter Berufung auf den Herrn Lügen verkün-

a *Wenn sie sich ...:* verdeutlichender Zusatz. b Wörtlich *den Herrn Zebaot*.*

c *Hadad-Rimmon* ist vielleicht der Ort, bei dem der letzte bedeutende König von Juda, Joschija, 609 v. Chr. gefallen ist (2 Kön 23,29), so daß man zu verstehen hätte: Klage um die Katastrophe von Hadad-Rimmon. Nach 2 Chr 25,20-25 ist die Klage um Joschija in Juda zum festen Brauch geworden.

d Wörtlich *Der Herr Zebaot*;* entsprechend in Vers 7.

11,15-16 Ez 34,2-4 **12,1** Jes 40,22 S **12,2** 14,2; Jer 25,15 S **12,3** 14,3; Joël 4,9-13 **12,6** Obd 18 **12,9** Offb 20,9 **12,10** Joh 19,37 S; Jer 6,26 S **12,11** 2 Kön 5,18 **13,1** 14,8 S; Jes 12,3 **13,2b-3** Jer 14,13-15 S

det hast.‹ Und seine eigenen Eltern werden ihn mit dem Schwert durchbohren, bloß weil er als Prophet aufgetreten ist.

4 Zu jener Zeit werden sich die Propheten hüten, ihre Visionen öffentlich zu erzählen; sie werden nicht mehr im Prophetenmantel aus Ziegenhaar auftreten, um ihre trügerischen Botschaften zu verkünden. 5 Stellt man einen von ihnen zur Rede, so wird er sagen: ›Ich bin kein Prophet, ich bin ein Bauer! Schon in meiner Jugend hat mich jemand als Sklaven* erworben.‹ 6 Und wenn man ihn auf die Striemen an seinem Leib hinweist, wird er sagen: ›Das ist von einer Schlägerei mit meinen Zechbrüdern!‹«

Das Volk – eine hirtenlose Herde

7 »Schwert, stürze dich auf meinen Hirten, auf den Mann, der mir nahesteht!« sagt der HERR, der Herrscher der Welt. »Töte den Hirten, so daß die Schafe auseinanderlaufen! Sogar die Schwachen in der Herde werde ich nicht verschonen.

8 Das ganze Land wird getroffen werden«, sagt der HERR. »Zwei Drittel seiner Bewohner werden umkommen, nur ein Drittel wird überleben. 9 Aber auch dieser Rest muß durchs Feuer hindurch. Ich werde die Überlebenden reinigen, wie man Silber im Schmelzofen von Schlacken* reinigt; ich werde sie prüfen, wie man Gold im Feuer auf seine Echtheit prüft. Dann werden sie zu mir rufen, und ich werde ihr Rufen hören. Ich werde zu ihnen sagen: ›Ihr seid mein Volk‹, und sie werden sagen: ›Du, HERR, bist unser Gott.‹«

Gott regiert die erneuerte Welt von Jerusalem aus

14 Der HERR sagt: »Mein Gerichtstag, der Tag des HERRN, kommt, da werden eure Feinde vor euren Augen die Beute verteilen, die sie euch abgenommen haben. 2 Alle Völker werde ich zum Kampf gegen Jerusalem versammeln. Sie werden die Stadt erobern, die Häuser plündern und die Frauen schänden. Von den Leuten in der Stadt wird die Hälfte in die Gefangenschaft geführt; nur der Rest darf in der Stadt bleiben.«

3 Dann aber, an jenem Tag, wird der HERR selbst gegen diese Völker in den Kampf ziehen, wie er in früheren Zeiten für sein Volk gekämpft hat. 4 Er stellt sich auf den Ölberg*, der östlich von Jerusalem liegt, und der Berg wird sich von Osten nach Westen in zwei Teile spalten. Die eine Hälfte weicht nach Norden aus, die andere nach Süden, so daß ein breites Tal entsteht. 5 In dieses Tal zwischen meinen beiden Bergen werdet ihr fliehen, und das Tal wird sich bis nach Azal[a] erstrecken; ihr werdet fliehen, wie eure Vorfahren zur Zeit des Königs Usija vor dem Erdbeben geflohen sind. Dann wird der HERR, unser Gott, in Jerusalem einziehen, begleitet von allen seinen heiligen Engeln*.

6 Von diesem Tag an wird es keine Dunkelheit[b] mehr geben und auch nicht Kälte und Frost. 7 Es wird ununterbrochen Tag sein, nicht abwechselnd Tag und Nacht; ja, auch am Abend bleibt es hell. Nur der HERR weiß, wann das eintrifft.

8 An jenem Tag wird in Jerusalem eine Quelle mit lebenspendendem Wasser entspringen; die eine Hälfte fließt in das Meer, das im Osten liegt, die andere in das Meer im Westen. Das Wasser wird im Winter wie im Sommer fließen und nie versiegen.

9 Dann wird der HERR über alle Völker der Erde König sein. Er allein wird Gott sein an jenem Tag, zu ihm allein werden die Völker beten. 10 Das ganze Land von Geba bis Rimmon südlich von Jerusalem verwandelt sich in eine Ebene, Jerusalem selbst aber bleibt erhöht und überragt das übrige Land. Die Stadt erstreckt sich dann vom Benjamintor über das zugemauerte Tor bis zum Ecktor und vom Turm Hananel bis zu den königlichen Weinkeltern. 11 Ihre Bewohner werden in Sicherheit leben, und keine Vernichtung wird sie mehr bedrohen.

12 Die Völker aber, die gegen Jerusalem herangezogen sind, wird der HERR mit einer schrecklichen Krankheit schlagen. Ihr Fleisch verfault, während sie noch auf ihren Füßen stehen; die Augen in ihren Höhlen und die Zunge im Mund werden plötzlich verwesen. 13 An jenem Tag wird der HERR sie so sehr erschrecken, daß sie völlig verwirrt sind und einer über den andern herfällt – 14 auch Juda über Jerusalem. Dann werden die Schätze im Lager der feindlichen Völker eingesammelt: eine große Menge Gold, Silber und kostbare Gewänder. 15 Die Pferde, Maultiere, Kamele, Esel und alle anderen Tiere im Lager wird der HERR mit derselben Krankheit schlagen wie die Menschen.

a *Azal* oder Jasol: ein Tal, das südwestlich von Jerusalem ins Kidrontal mündet.
b Vermutlicher Sinn; wörtlich *kein Licht*.

13,7 Mk 14,27 par **13,9** Jes 48,10 S; Ez 11,20 S; Hos 2,25 **14,2** 12,3 S **14,3** 12,4; Ex 14,14; 23,27-28; Dtn 1,30-31; Ri 5,4-5; 7,7; Jes 42,13 **14,5** Am 1,1 **14,6-7** Jes 60,19-20 S **14,8** 13,1; Ez 47,1-12 S **14,9** Ps 96,7-10 S **14,10-11** Jer 31,38-40 **14,11** Jer 33,16 **14,12** 2 Kön 19,34-35 **14,13** Ez 38,21 S

Die Wallfahrt der Völker zum Berg Zion

16 Die Überlebenden aus den Völkern, die gegen Jerusalem herangezogen sind, werden von da an jedes Jahr nach Jerusalem pilgern, um das Laubhüttenfest* zu feiern und den HERRN, den Herrscher der Welt,[a] als ihren König zu verehren. 17 Wenn ein Volk sich weigert, zu kommen und dem HERRN, dem König der Welt, Ehre zu erweisen, wird auf sein Land kein Regen fallen. 18-19 Wenn es aber die Ägypter sind, wird der HERR sie auf entsprechende Weise strafen.[b] Es wird sie der gleiche Schlag treffen, mit dem der HERR die Völker bestrafen wird, die nicht nach Jerusalem zum Laubhüttenfest ziehen.

20 Auf den Schellen der Pferde wird dann eingeritzt sein: »Dem HERRN geweiht«. Die Kochtöpfe im Tempel* des HERRN werden so heilig* sein wie die Schalen mit dem Opferblut vor dem Altar. 21 Alle Kochtöpfe in Jerusalem und Juda werden dem HERRN geweiht sein; die Menschen, die zum Tempel strömen, können sie nehmen und das Opferfleisch darin kochen. Im Tempel des HERRN, des Herrschers der Welt, wird es dann keinen Händler mehr geben.

DER PROPHET MALEACHI

Buchüberschrift

1 Dieses Buch enthält die prophetische Botschaft, die der HERR dem Volk Israel durch Maleachi sagen ließ.

Gott liebt sein Volk

2 »Ich liebe euch, ihr Leute von Israel«, hat der HERR gesagt; aber ihr entgegnet: »Lieben? Davon merken wir nichts!«

Darauf antwortet der HERR: »Sind nicht Esau und Jakob Brüder? Trotzdem liebe ich Jakob, 3 Esau aber hasse ich. Ich habe das Erbland der Nachkommen Esaus, das Bergland von Edom*, zur Wüste gemacht und es den Schakalen überlassen.

4 Die Leute von Edom erklären zwar: ›Unsere Städte sind zerstört, doch wir bauen sie wieder auf!‹ Aber ich, der HERR, der Herrscher der Welt,[c] sage: Sie sollen nur bauen, ich werde es wieder einreißen! Ihr Gebiet wird das gottverlassene Land heißen und sie selbst das Volk, das in alle Zukunft meinen Zorn zu spüren bekommt. 5 Mit eigenen Augen werdet ihr es noch sehen und werdet dann sagen: ›Groß erweist sich der HERR über dem Gebiet Israels!‹«

Die Nachlässigkeit beim Opferdienst beleidigt Gott

6 »Ein Sohn ehrt seinen Vater und ein Diener seinen Herrn. Ihr nennt mich euren Vater, aber ihr ehrt mich nicht! Ihr nennt mich euren Herrn, aber ihr gehorcht mir nicht!« Das hat der HERR, der Herrscher der Welt, zu euch Priestern* gesagt, weil ihr ihm seine Ehre nehmt und ihn verächtlich behandelt.

Aber ihr entgegnet dem HERRN: »Womit haben wir dich denn verächtlich behandelt?«

7 Darauf antwortet er: »Ihr habt auf meinem Altar unreine* Gaben dargebracht, und da fragt ihr noch: ›Womit haben wir dich verunreinigt?‹ Damit, daß ihr sagt: ›Beim Tisch des HERRN kommt es nicht so darauf an!‹ So macht ihr mich verächtlich.[d]

8 Ihr bringt mir als Opfer* ein blindes Tier und denkt: ›Das ist doch nicht schlimm!‹ Ihr bringt mir ein lahmes oder krankes Tier und denkt: ›Das ist doch nicht schlimm!‹ Versucht das doch einmal beim Statthalter! Meint ihr, daß ihr damit seine Gunst gewinnen könnt?« sagt der HERR, der Herrscher der Welt.

9 Und nun kommt ihr mit so etwas zu Gott und bittet ihn, daß er uns seine Gnade erweist!

a Wörtlich *den HERRN Zebaot*;* entsprechend in Vers 21.
b *wird der HERR ...:* verdeutlichender Zusatz. Der hebräische Text ist offenbar lückenhaft überliefert; die Ägypter müßten entsprechend durch das Ausbleiben der Nilüberschwemmung gestraft werden.
c Wörtlich *der HERR Zebaot*;* entsprechend in den Versen 6, 8, 9-11, 13, 14.
d *Beim Tisch ...:* wörtlich *Der Tisch des HERRN, er ist verächtlich.*

14,16 Ps 96,7-10 S; Ex 23,16 S 14,20 Ex 28,36; (Blutschalen) 1 Kön 7,40-45 14,21 (Kochtöpfe) Ez 46,24; (Händler) Mk 11,15 par; Offb 21,26-27 1,2 Dtn 7,7-8; Hos 11,1; Sach 1,14 S; (Esau) Gen 25,23-26 1,3 Gen 36,9; Jes 34,5-17 S 1,6 Ex 20,12; Dtn 32,6 1,8 Lev 22,19-20 S

So unsinnig handelt ihr. Bildet ihr euch ein, daß
der Herrscher der Welt sich das gefallen läßt?
10 »Wenn doch nur jemand die Zugänge zu
meinem Tempel* verschließen würde, damit ihr
nicht solche sinnlosen Opfer auf meinem Altar
darbringt! Ich kann euch nicht ausstehen – sagt
der HERR, der Herrscher der Welt –, ich nehme
von euch keine Opfer an!
11 Auf der ganzen Erde – von dort, wo die
Sonne aufgeht, bis dort, wo sie niedersinkt –
wird mein Name* unter den Völkern geehrt. An
unzähligen Orten werden mir würdige Opfer-
gaben dargebracht. Ja, mein Name steht in
Ehren unter den Völkern – sagt der HERR, der
Herrscher der Welt.
12 Ihr aber nehmt mir meine Ehre, denn ihr
sagt: ›Den Tisch des HERRN kann man ruhig
verunreinigen; da kommt es nicht so darauf an,
was als Gabe daraufgelegt wird!‹ 13 Und dann
stöhnt ihr noch über euren Dienst! Damit reizt
ihr mich zum Zorn,[a] mich, den Herrscher der
Welt. Außer den lahmen und kranken Tieren
laßt ihr auch noch gestohlene Tiere zum Opfer
zu. Und das soll ich von euch annehmen, ich,
der HERR?
14 Wer ein Gelübde* ablegt und mir ein voll-
wertiges männliches Tier aus seiner Herde ver-
spricht, mich aber hinterher darum betrügt und
mir ein minderwertiges opfert, den trifft mein
Fluch. Denn ich bin der höchste König, und alle
Völker ehren meinen Namen.«

Das sagt der HERR, der Herrscher der Welt.

Wahres und falsches Priestertum

2 »Deshalb spreche ich jetzt mein Urteil über
euch Priester*«, sagt der HERR, der Herr-
scher der Welt.[b] 2 »Wenn ihr nicht meine War-
nung zu Herzen nehmt und meinem Namen*
die Ehre gebt, werde ich den Fluch* gegen euch
schleudern und euch Unglück schicken. Den
Segen, den ihr euren Kindern zusprecht, werde
ich zum Fluch machen – ja, ich mache das be-
stimmt, weil ihr meine Warnungen ja doch nicht
zu Herzen nehmt. 3 Ich stürze eure Nachkom-
men ins Unglück. Ich schleudere euch den Kot
eurer Opfertiere ins Gesicht, und ihr werdet auf
den Abfallhaufen geworfen, der sich von euren
Opferfesten angesammelt hat.
4 Dann werdet ihr erkennen: Ich, der HERR,
der Herrscher der Welt, habe dieses Urteil an
euch vollstreckt, damit mein Bund* mit den
Nachkommen von Levi weiterbestehen kann.
5 Darin besteht mein Bund mit ihnen: Ich gab
ihnen Leben und Wohlergehen, und sie erwie-
sen mir Ehre. Meine Nähe erfüllte sie mit Furcht
und Zittern. 6 Sie verkündeten dem Volk meine
Weisungen unverfälscht und gaben zuverlässig
Auskunft; sie versahen ihren Dienst in ganzer
Treue und in engster Verbindung mit mir. So be-
wahrten sie viele Menschen davor, Schuld auf
sich zu laden.
7 Denn das ist der Auftrag der Priester*: Sie
sollen mein Gesetz* verkünden, und wer Rat
sucht, soll bei ihnen Rat finden; sie sind Bot-
schafter des HERRN, des Herrschers der Welt.
8 Ihr aber seid von meinem Weg abgewichen
und habt viele in die Irre geführt mit euren
falschen Weisungen. So habt ihr den Bund ge-
brochen, den ich mit den Nachkommen von
Levi geschlossen habe. Darum sage ich, der
Herrscher der Welt: 9 Weil ihr mein Gesetz
mißachtet und euch bei euren Weisungen nach
Rang und Stand der Menschen richtet, die zu
euch kommen, darum strafe auch ich euch mit
Verachtung; ihr sollt in Schande dastehen vor
dem ganzen Volk.«

Unerlaubte Ehen und Ehescheidungen

10 Haben wir nicht alle denselben Vater? Hat
nicht der eine Gott uns alle geschaffen? Warum
handeln wir dann treulos aneinander und ent-
weihen so den Bund*, den Gott mit unseren Vor-
fahren geschlossen hat?
11 In Jerusalem und im ganzen Land ist Ab-
scheuliches geschehen: Männer von Juda haben
Gott die Treue gebrochen, sie haben Frauen ge-
heiratet, die fremde Götter verehren, und haben
damit den Tempel* des HERRN entweiht, den er
liebt. 12 Wer so etwas tut, dessen Nachkommen
sollen aus dem Volk Jakobs ausgerottet werden;
er soll keine Söhne haben, die ihm beistehen
und für ihn eintreten und dem HERRN, dem Herr-
scher der Welt, Opfer* darbringen.
13 Aber noch etwas Zweites muß ich euch vor-
halten:

Ihr überschwemmt den Altar des HERRN mit
Tränen, ihr weint und schluchzt, weil der HERR
eure Opfer nicht annimmt und euch nicht hilft.
14 Und dann fragt ihr: »Warum das?«

Weil der HERR als Zeuge und Richter gegen

a *Damit reizt ...:* mit dem mutmaßlich ursprünglichen Text; H *Und ihr entfacht ihn* (den Altar?) oder *mißachtet ihn* (meinen Namen).
b Wörtlich *der HERR Zebaot*;* entsprechend in den Versen 4, 7, 8, 12, 16.

1,10 Jes 1,10-20 S 1,13 Jes 43,22-24 1,14 Lev 22,17-25 2,2-6 Dtn 33,8-11 2,4 Num 25,12-13 2,5 Dtn 18,1-8 2,7 Hos 4,4-6 2,10 1,6; Ijob 31,15; Eph 4,6 2,11 Esra 9,1-2 S

euch auftritt! Ihr habt eurer ersten Frau die Treue gebrochen, obwohl sie zu eurem eigenen Volk gehört, dem Volk, mit dem der HERR seinen Bund geschlossen hat. 15 Das tut keiner, in dem noch etwas von der Gesinnung dieses Bundes lebt. Denn solch einem Menschen liegt alles daran, Nachkommen hervorzubringen, die zum Volk Gottes gehören.[a] Darum hütet euch vor eigensüchtiger Gesinnung und verstoßt nicht eure erste Frau!

16 Der HERR, der Gott Israels, der Herrscher der Welt, sagt: »Ich hasse es, wenn einer seine Frau verstößt. Wer so etwas tut, begeht ein Verbrechen.«[b] Laßt euch also warnen! Keiner verstoße seine Frau!

Gott sorgt bestimmt für Recht!

17 Hört, ihr werdet dem HERRN lästig mit eurem Gerede! Ihr fragt: »Mit was für einem Gerede?« Nun, ihr sagt: »Dem HERRN gefällt es offenbar, wenn einer Unrecht tut. Wo bleibt denn sein Eingreifen? Warum sorgt er nicht für Recht?«

3 Dazu sagt der HERR, der Herrscher der Welt:[c] »Gebt acht! Ich sende meinen Boten, der mir den Weg bahnen soll. Der Engel* meines Bundes, nach dem ihr ausschaut, ist schon unterwegs. Dann werde ich, der Herr, auf den ihr wartet, ganz plötzlich in meinem Tempel* Einzug halten.«

2 Doch wer wird den Tag überleben, an dem der HERR kommt? Wer kann vor dem HERRN bestehen, wenn er erscheint? Er ist wie das Feuer im Schmelzofen und wie die Lauge im Waschtrog. 3 Er macht es wie einer, der Silber erhitzt, um Verunreinigungen auszuschmelzen. Er reinigt die Nachkommen von Levi, wie Gold oder Silber durchs Feuer gereinigt wird, damit sie seinen Opferdienst recht versehen. 4 Dann werden die Opfer, die in Juda und Jerusalem dargebracht werden, dem HERRN Freude machen wie einst in alten Zeiten.

5 Der HERR, der Herrscher der Welt, sagt: »Ich komme zum Gericht und werde kurzen Prozeß machen mit allen, die mich nicht ehren: mit Zauberern, Ehebrechern und Meineidigen, mit denen, die ihren Arbeitern den Lohn vorenthalten, Witwen und Waisen übervorteilen und den Fremden, die bei euch leben, ihr Recht verweigern.«

Gott die Ehre geben macht nicht arm

6 »Nein, ich habe mich nicht geändert«, sagt der HERR, »aber ihr habt euch auch nicht geändert. Ihr seid immer noch die echten Söhne eures Stammvaters Jakob![d] 7 Wie alle eure Vorfahren habt ihr mir nicht gehorcht und meine Gebote nicht befolgt. Kehrt um zu mir, dann will auch ich zu euch umkehren und euch helfen, ich, der HERR, der Herrscher der Welt.

Ihr fragt: ›Wovon sollen wir denn umkehren?‹ 8 Nun, ist es in Ordnung, daß der Mensch Gott beraubt? Ihr aber beraubt mich und fragt auch noch: ›Wo haben wir dich beraubt?‹ Ihr habt mir den Zehnten* von euren Ernteerträgen und den Priesteranteil der Opfer* nicht ordnungsgemäß übergeben. 9 Ein Fluch liegt auf euch, weil das ganze Volk mich betrügt.

10 Bringt den zehnten Teil eurer Erträge unverkürzt zu meinem Tempel*, damit meine Priester nicht Hunger leiden. Habt keine Sorge, daß ihr dann selber in Not kommt! Stellt mich auf die Probe«, sagt der HERR, der Herrscher der Welt, »macht den Versuch, ob ich dann nicht die Fenster des Himmels öffne und euch mit Segen überschütte! 11 Ich werde auch die Schädlinge von euren Feldern und Weinbergen fernhalten, damit sie die Ernte nicht verderben. Das sage ich, der Herrscher der Welt! 12 Dann werden euch alle Völker glücklich preisen, weil ihr in einem so fruchtbaren Land wohnt.«

Treue findet zuletzt ihren Lohn

13 Der HERR sagt: »Was ihr da über mich redet, geht zu weit! Ihr fragt: ›Was sagen wir denn über dich?‹ 14 Ihr sagt doch: ›Es ist ganz vergeblich, daß wir Gott die Treue halten. Was haben wir davon, daß wir seine Gebote genau befolgen und uns in Demut vor ihm, dem Herrscher der Welt, beugen? 15 Wir preisen die Menschen glücklich, die sich frech und stolz gegen den HERRN erheben! So böse sie sind, immer geht es ihnen gut. Sie fordern Gott heraus, aber sie müssen es nicht büßen.‹«

16 Der HERR hat aufmerksam zugehört, als die Menschen, die ihm treu geblieben waren, so untereinander redeten. Er hat die Namen aller, die ihn ernst nehmen und ehren, in ein Buch schreiben lassen, damit sie vor ihm in Erinnerung blei-

a *Das tut keiner …:* Deutung unsicher. b Wörtlich *bedeckt sein Gewand mit Gewalt.*
c Wörtlich *der HERR Zebaot*;* entsprechend in den Versen 5, 7, 10, 11, 14, 17, 19, 21.
d *Zu Jakob* vgl. Hos 12,4-7.13-14 und Vergleichsstellen zu Hos 12,4.
2,16 Dtn 24,1; Mk 10,2-12 par **2,17** 3,13-14; Jes 40,27 **3,1** Mk 1,2 par; Lk 1,17.76 **3,2** 3,23-24 **3,3** Jes 48,10 S **3,5** Lev 19,13 S **3,6** Sach 1,2-3 **3,8** Num 18,8-10 S; 18,21 S; Neh 13,10 **3,9-11** Hag 1,5-8 **3,12** Jes 61,9 **3,14-15** 2,17; Ps 73,1-28 S **3,16** Ex 32,32 S; Jes 4,3; Dan 7,10; 12,1

ben. [17] Und er, der Herrscher der Welt, hat gesagt:

»An dem Tag, an dem ich eingreife, wird es sich erweisen, daß sie mein persönliches Eigentum sind. Ich werde sie verschonen wie ein Vater seinen gehorsamen Sohn. [18] Dann werdet ihr wieder den Unterschied sehen zwischen Bösen und Guten, und ihr werdet erleben, was es ausmacht, ob jemand Gott gehorcht oder nicht. [19] Denn es kommt der Tag, an dem mein Zorn wie loderndes Feuer brennt. Dann werden alle Bösen, die mich voll Übermut verachten, dahingerafft wie Stroh, das vom Feuer verzehrt wird. Nichts bleibt von ihnen übrig, weder Wurzeln noch Zweige. Das sage ich, der HERR, der Herrscher der Welt.

[20] Für euch aber, die ihr mir treu gewesen seid, wird an diesem Tag die Sonne aufgehen. Sie wird euer Recht an den Tag bringen und alle Wunden heilen.[a] Ihr werdet Freudensprünge machen wie Kälber, die aus dem engen Stall auf die Weide gelassen werden. [21] Dann werdet ihr alle zertreten, die sich gegen mich aufgelehnt haben. So mächtig sie jetzt sind, sie werden wie Staub unter euren Füßen sein an dem Tag, den ich herbeiführe.«

Das sagt der HERR, der Herrscher der Welt.

Gesetz und Propheten – eine Einheit

[22] Der HERR sagt: »Denkt an das Gesetz* Moses, meines Bevollmächtigten*! Befolgt die Gebote und Ordnungen, die ich ihm am Berg Sinai* für das ganze Volk Israel gegeben habe!

[23] Ich sende euch den Propheten* Elija, bevor der große und schreckliche Tag kommt, an dem ich, der HERR, Gericht halte. [24] Er wird das Herz der Eltern den Kindern zuwenden und das Herz der Kinder den Eltern. Er wird beide miteinander versöhnen,[b] damit ich nicht das ganze Volk vernichten muß, wenn ich komme.«

a *wird an diesem Tag …:* wörtlich *wird die Sonne der Gerechtigkeit aufgehen und Heilung an ihren Flügeln.*
b *Er wird beide …:* verdeutlichender Zusatz.

3,17 Ps 103,13; Ex 4,22 S **3,18** Ps 1,1-6 S **3,19-21** Joël 4,14-16 S **3,20** Jes 60,1; Ps 36,10 **3,22** Dtn 4,10-14 **3,23-24** Sir 48,10-11 **3,23** Jes 2,11-21 S **3,24** Lk 1,17

DAS NEUE TESTAMENT

DIE GUTE NACHRICHT NACH MATTHÄUS
(Matthäus-Evangelium)

Inhaltsübersicht

HERKUNFT, GEBURT UND VORGESCHICHTE DES AUFTRETENS VON JESUS (1,1–4,22)

Jesus – Ziel und Erfüllung der Geschichte Israels
(Lk 3,23-38)

1 Dieses Buch berichtet über die Herkunft und Geschichte von Jesus Christus, dem Nachkommen Davids und Nachkommen Abrahams.[a]

2 Abraham zeugte Isaak.
Isaak zeugte Jakob.
Jakob zeugte Juda und seine Brüder.
3 Juda zeugte Perez und Serach;
die Mutter war Tamar.
Perez zeugte Hezron.
Hezron zeugte Ram.
4 Ram zeugte Amminadab.
Amminadab zeugte Nachschon.
Nachschon zeugte Salmon.
5 Salmon zeugte Boas;
die Mutter war Rahab.
Boas zeugte Obed;
die Mutter war Rut.
Obed zeugte Isai.
6 Isai zeugte den König David.

David zeugte Salomo;
die Mutter war die Frau Urijas.
7 Salomo zeugte Rehabeam.
Rehabeam zeugte Abija.
Abija zeugte Asa.
8 Asa zeugte Joschafat.
Joschafat zeugte Joram.
Joram zeugte Usija.
9 Usija zeugte Jotam.
Jotam zeugte Ahas.
Ahas zeugte Hiskija.
10 Hiskija zeugte Manasse.
Manasse zeugte Amon.
Amon zeugte Joschija.
11 Joschija zeugte Jojachin und seine Brüder.
Das war zu der Zeit, als die Bevölkerung von Jerusalem und Juda nach Babylonien in die Verbannung* weggeführt wurde.

12 Nach der Wegführung zeugte Jojachin Schealtiël.
Schealtiël zeugte Serubbabel.
13 Serubbabel zeugte Abihud.
Abihud zeugte Eljakim.
Eljakim zeugte Azor.
14 Azor zeugte Zadok.
Zadok zeugte Achim.
Achim zeugte Eliud.
15 Eliud zeugte Eleasar.
Eleasar zeugte Mattan.
Mattan zeugte Jakob.
16 Jakob zeugte Josef, den Mann von Maria.
Sie wurde die Mutter von Jesus, der Christus* genannt wird.

17 Zusammengerechnet sind es vierzehn Generationen von Abraham bis David, vierzehn weitere von David bis zur Wegführung nach Babylo-

a Wörtlich *Buch der Entstehung/Abstammung von Jesus Christus, dem Sohn Davids*, dem Sohn Abrahams.* Vers 1 bezieht sich zunächst auf den Abschnitt 1,2-25, dient aber zugleich als Überschrift für das ganze Buch »Die Gute Nachricht nach Matthäus«.

1,1 Apg 13,23; Röm 1,3-4; 2 Tim 2,8; Mt 20,30-31 S **1,2** Gen 21,2-3; 25,26; 29,32–30,24 **1,3-6a** Rut 4,18-22 **1,3** Gen 38,29-30 **1,6b** 2 Sam 12,24 **1,7-12** 1 Chr 3,10-19 **1,11** 2 Kön 24,8-16 **1,12** Hag 1,1 S **1,16** Lk 1,27

nien und noch einmal vierzehn von dieser Zeit bis zu Christus.[a]

Jesus – Gottessohn und Davidssohn

18 Mit der Zeugung von Jesus Christus verhielt es sich so: Seine Mutter Maria war mit Josef schon rechtsgültig verheiratet,[b] aber sie hatten die Ehe noch nicht vollzogen. Da stellte sich heraus, daß Maria ein Kind erwartete – durch die Wirkung des Heiligen Geistes*. 19 Josef, ihr Mann, war großmütig[c] und wollte sie nicht vor Gericht bringen. Deshalb hatte er vor, sich stillschweigend von ihr zu trennen.

20 Während er noch hin und her überlegte, erschien ihm im Traum der Engel* des Herrn und sagte zu ihm: »Josef, du Nachkomme Davids*, scheue dich nicht, Maria, deine Frau, zu dir zu nehmen! Denn das Kind, das sie erwartet, kommt vom Geist Gottes. 21 Sie wird einen Sohn zur Welt bringen; den sollst du Jesus nennen. Denn er wird sein Volk von aller Schuld befreien.«[d]

22 Dies alles geschah, damit in Erfüllung ging, was der Herr durch den Propheten* angekündigt hatte: 23 »Die Jungfrau wird schwanger werden und einen Sohn zur Welt bringen, den werden sie Immanuël nennen.« Der Name bedeutet: »Gott steht uns bei«.

24 Als Josef erwachte, tat er, was der Engel des Herrn ihm befohlen hatte, und nahm seine Frau zu sich. 25 Er hatte aber keinen ehelichen Verkehr mit ihr, bis sie ihren Sohn geboren hatte. Und er gab ihm den Namen Jesus.

Jesus – von den Völkern erwartet und als König begrüßt

2 Jesus wurde in Betlehem in Judäa* geboren, zur Zeit, als König Herodes[e] das Land regierte. Bald nach seiner Geburt kamen Sterndeuter* aus dem Osten nach Jerusalem 2 und fragten: »Wo finden wir den neugeborenen König der Juden? Wir haben seinen Stern aufgehen sehen und sind gekommen, um ihm zu huldigen.«

3 Als König Herodes das hörte, erschrak er und mit ihm ganz Jerusalem. 4 Er ließ alle führenden Priester* und Gesetzeslehrer* im Volk Gottes zu sich kommen und fragte sie: »Wo soll der versprochene Retter[f] geboren werden?«

5 Sie antworteten: »In Betlehem in Judäa. Denn so hat der Prophet* geschrieben: 6 ›Du Betlehem im Land Juda! Du bist keineswegs die unbedeutendste unter den führenden Städten in Juda, denn aus dir wird der Herrscher kommen, der mein Volk Israel schützen und leiten soll.‹«

7 Daraufhin rief Herodes die Sterndeuter heimlich zu sich und fragte sie aus, wann sie den Stern zum erstenmal gesehen hätten. 8 Dann schickte er sie nach Betlehem und sagte: »Geht und erkundigt euch genau nach dem Kind, und wenn ihr es gefunden habt, gebt mir Nachricht! Dann will ich auch hingehen und ihm huldigen.«

9 Nachdem sie vom König diesen Bescheid erhalten hatten, machten sich die Sterndeuter auf den Weg. Und der Stern, den sie schon bei seinem Aufgehen beobachtet hatten, ging ihnen voraus. Genau über der Stelle, wo das Kind war, blieb er stehen.

10 Als sie den Stern sahen, kam eine große Freude über sie. 11 Sie gingen in das Haus und fanden das Kind mit seiner Mutter Maria. Da warfen sie sich vor ihm zu Boden und huldigten ihm. Dann holten sie die Schätze hervor, die sie mitgebracht hatten, und legten sie vor ihm nieder: Gold, Weihrauch* und Myrrhe*.

12 In einem Traum befahl ihnen Gott, nicht wieder zu Herodes zu gehen. So zogen sie auf einem anderen Weg in ihr Land zurück.

Jesus – wie einst das Volk Israel Flüchtling in Ägypten

13 Nachdem die Sterndeuter* wieder gegangen waren, erschien dem Josef im Traum der Engel* des Herrn und sagte: »Steh auf, nimm das Kind und seine Mutter und flieh nach Ägypten! Bleib dort, bis ich dir sage, daß du wieder zurückkommen kannst. Herodes wird nämlich das Kind suchen, weil er es umbringen will.«

14 Da stand Josef auf, mitten in der Nacht, nahm das Kind und seine Mutter und floh mit ihnen nach Ägypten. 15 Dort lebten sie bis zum Tod von Herodes.

a Dem Aufbau der Abstammungsliste liegt eine Zahlensymbolik zugrunde: Im Hebräischen hat jeder Buchstabe einen Zahlenwert. Zählt man die Zahlenwerte der Buchstaben zusammen, die den Namen David ausmachen, so erhält man die Zahl 14. Abmessung und Gliederung der Abstammungsliste (dreimal 14) sollen verkünden: In Jesus ist der verheißene Nachkomme Davids, der versprochene Retter Israels, erschienen.
b *rechtsgültig verheiratet:* wörtlich *verlobt**.
c Wörtlich *gerecht.* Der Begriff schließt Verantwortung für den Mitmenschen, Liebe und Barmherzigkeit ein; siehe Sacherklärung »Gerechtigkeit«. *d* Zur Bedeutung des Namens *Jesus* siehe die Sacherklärung.
e Siehe Sacherklärung »Herodes (1)«. *f* Wörtlich *der Christus**.

1,18 Lk 1,35 1,21 Lk 1,31 S; Apg 4,12; Ps 130,8 1,23 *nach* Jes 7,14 2,1 Lk 2,4-7 2,2 27,11 S 2,6 *nach* Mi 5,1 *und* 2 Sam 5,2; Joh 7,42 2,11 Ps 72,10.15; Jes 60,6 2,13 Ex 2,15 2,15 *nach* Hos 11,1

So sollte in Erfüllung gehen, was der Herr
durch den Propheten* angekündigt hatte: »Aus
Ägypten habe ich meinen Sohn gerufen.«

Jesus – wie Mose dem Kindermord entkommen[a]

16 Als Herodes merkte, daß die Sterndeuter* ihn
hintergangen hatten, wurde er sehr zornig. Er
befahl, in Betlehem und Umgebung alle kleinen
Jungen bis zu zwei Jahren zu töten. Das ent-
sprach der Zeitspanne, die er aus den Angaben
der Sterndeuter entnommen hatte.
17 So sollte in Erfüllung gehen, was Gott durch
den Propheten Jeremia angekündigt hatte: 18 »In
Rama hört man Klagerufe und bitteres Weinen:
Rahel weint um ihre Kinder und will sich nicht
trösten lassen; denn sie sind nicht mehr da.«[b]

Jesus – der Nazoräer*

19 Als Herodes gestorben war, erschien dem Josef
in Ägypten der Engel* des Herrn im Traum
20 und sagte: »Steh auf, nimm das Kind und seine
Mutter und kehre in das Land Israel zurück;
denn alle, die das Kind umbringen wollten, sind
gestorben.«
21 Da stand Josef auf, nahm das Kind und
seine Mutter und kehrte nach Israel zurück.
22 Unterwegs erfuhr Josef, daß in Judäa* Ar-
chelaus als Nachfolger seines Vaters Herodes Kö-
nig geworden war.[c] Da bekam er Angst, dorthin
zu ziehen. Im Traum erhielt er eine neue Wei-
sung und zog daraufhin nach Galiläa*. 23 Er kam
in die Stadt Nazaret und ließ sich dort nieder.
So sollte in Erfüllung gehen, was Gott durch
die Propheten angekündigt hatte: Der verspro-
chene Retter wird Nazoräer genannt werden.[d]

Johannes der Täufer tritt auf

(Mk 1,2-6; Lk 3,1-6; Joh 1,19-23)

3 Damals trat der Täufer* Johannes in der
Wüste von Judäa* auf und verkündete: 2 »Än-
dert euer Leben![e] Gott wird jetzt seine Herr-
schaft aufrichten und sein Werk vollenden!«[f]
3 Diesen Johannes hatte Gott schon durch
den Propheten Jesaja angekündigt, der gesagt
hat: »In der Wüste ruft einer: ›Macht den Weg
bereit, auf dem der Herr kommt! Ebnet ihm die
Straßen!‹«
4 Johannes trug ein Gewand aus Kamelhaaren
und um die Hüften einen Ledergurt. Seine Nah-
rung bestand aus Heuschrecken und Honig von
wilden Bienen. 5 Die Leute aus Jerusalem, aus
ganz Judäa und der ganzen Jordangegend kamen
zu ihm, 6 bekannten öffentlich ihre Sünden und
ließen sich von ihm im Jordan taufen.

Der Täufer fordert zur Umkehr auf

(Lk 3,7-9)

7 Auch viele Pharisäer* und Sadduzäer* kamen,
um sich von Johannes taufen zu lassen. Zu ihnen
sagte er: »Ihr Schlangenbrut, wer hat euch ge-
sagt, daß ihr dem bevorstehenden Gericht Got-
tes entgeht? 8 Zeigt durch euer Leben, daß ihr
euch wirklich ändern wollt![g]
9 Ihr bildet euch ein, daß euch nichts ge-
schehen kann, weil Abraham* euer Stammvater
ist. Aber das sage ich euch: Gott kann Abraham
aus diesen Steinen hier neue Nachkommen
schaffen!
10 Die Axt ist schon angelegt, um die Bäume
an der Wurzel abzuschlagen. Jeder Baum, der
keine guten Früchte bringt, wird umgehauen
und ins Feuer geworfen.«

Der Täufer weist auf Christus hin

(Mk 1,7-8; Lk 3,15-18; Joh 1,24-28)

11 Johannes sagte auch: »Ich taufe euch mit Was-
ser, damit ihr euer Leben ändert.[h] Aber der, der
nach mir kommt, ist mächtiger als ich. Ich bin
nicht einmal gut genug, ihm die Schuhe auszu-
ziehen. Er wird euch mit dem Heiligen Geist*
und mit dem Feuer des Gerichts taufen.
12 Er hat die Worfschaufel* in seiner Hand. Er
wird die Spreu vom Weizen scheiden und sei-
nen Weizen in die Scheune bringen. Die Spreu
wird er in einem Feuer verbrennen, das nie
mehr ausgeht.«

Jesus läßt sich von Johannes taufen

(Mk 1,9-11; Lk 3,21-22; Joh 1,32-34)

13 Um diese Zeit kam Jesus von Galiläa* her an
den Jordan, um sich von Johannes taufen zu las-

a Vgl. Ex 1,22–2,10. *b* Siehe Sacherklärung »Rahelgrab«.
c *Archelaus* führte nicht den Königstitel; das Reich von Herodes war unter seine Söhne aufgeteilt worden; siehe Sacherklärung »Herodes (2) bis (4)«.
d Ein Prophetenwort mit diesem Wortlaut ist nicht bekannt, siehe jedoch Sacherklärung »Nazoräer«.
e Siehe Sacherklärung »Umkehr«.
f *Gott wird jetzt …:* wörtlich *Die Königsherrschaft* der Himmel ist nahe herbeigekommen.*
g *ändern:* siehe Sacherklärung »Umkehr«.
h *euer Leben ändert:* siehe Sacherklärung »Umkehr«.

2,16 Ex 1,15-22 **2,18** *zit* Jer 31,15-16 **2,20** Ex 4,19 **3,2** 4,17 S; Lk 3,3 **3,3** *nach* Jes 40,3 **3,4** 2 Kön 1,8 **3,7** 12,34; 23,33 **3,9** (Abraham) Lk 1,54-55 S; Joh 8,33.39; Röm 2,28-29 S; 4,12; 9,7 **3,10** 7,19 **3,11-12** 11,3; Dan 7,13-14 **3,11** Lk 3,16 S; Ps 51,9.12-14 S

sen. 14 Johannes versuchte, ihn davon abzubrin-
gen, und sagte: »Ich müßte von *dir* getauft wer-
den, und du kommst zu mir?«
15 Aber Jesus antwortete: »Zögere nicht, mich
zu taufen! Das ist es, was wir jetzt tun müssen.
So eröffnen wir den Weg, auf dem der Wille Got-
tes ohne Abstriche erfüllt wird.«[a]
Da gab Johannes nach.
16 Sobald Jesus getauft war, stieg er aus dem
Wasser. Da öffnete sich der Himmel, und er sah
den Geist* Gottes wie eine Taube auf sich herab-
kommen. 17 Und eine Stimme aus dem Himmel
sagte: »Dies ist mein Sohn*, ihm gilt meine
Liebe, ihn habe ich erwählt.«

Jesus wird auf die Probe gestellt

(Mk 1,12-13; Lk 4,1-13)

4 Danach führte der Geist* Gottes Jesus in die
Wüste, wo er vom Teufel auf die Probe ge-
stellt werden sollte.
2 Nachdem er vierzig Tage und Nächte ge-
fastet* hatte, war er hungrig. 3 Da trat der Ver-
sucher an ihn heran und sagte: »Wenn du Gottes
Sohn* bist, dann befiehl doch, daß die Steine
hier zu Brot werden!«
4 Jesus antwortete: »In den Heiligen Schrif-
ten* steht: ›Der Mensch lebt nicht nur von Brot;
er lebt von jedem Wort, das Gott spricht.‹«
5 Darauf führte der Teufel ihn in die heilige
Stadt Jerusalem, stellte ihn auf den höchsten
Punkt des Tempels* 6 und sagte: »Wenn du Got-
tes Sohn bist, dann spring doch hinunter; denn
in den Heiligen Schriften steht: ›Deinetwegen
wird Gott seine Engel* schicken, und sie werden
dich auf Händen tragen, damit du dich an kei-
nem Stein stößt.‹«
7 Jesus antwortete: »In den Heiligen Schriften
heißt es auch: ›Du sollst den Herrn, deinen Gott,
nicht herausfordern.‹«
8 Zuletzt führte der Teufel Jesus auf einen sehr
hohen Berg, zeigte ihm alle Reiche der Welt in
ihrer Größe und Pracht 9 und sagte: »Dies alles
will ich dir geben, wenn du dich vor mir nieder-
wirfst und mich anbetest.«
10 Da sagte Jesus: »Weg mit dir, Satan*! In den
Heiligen Schriften heißt es: ›Vor dem Herrn, dei-
nem Gott, wirf dich nieder, ihn sollst du anbeten
und niemand sonst.‹«
11 Darauf ließ der Teufel von Jesus ab, und
Engel kamen und versorgten ihn.

Jesus beginnt sein Wirken in Galiläa

(Mk 1,14-15; Lk 4,14-15)

12 Als Jesus hörte, daß man Johannes ins Gefäng-
nis geworfen hatte,[b] zog er sich nach Galiläa*
zurück. 13 Er blieb aber nicht in Nazaret, sondern
nahm seinen Wohnsitz in Kafarnaum, einer
Stadt am See Gennesaret*, im Gebiet der Stäm-
me Sebulon und Naftali.
14 Das geschah, damit in Erfüllung ging, was
Gott durch den Propheten Jesaja angekündigt
hatte: 15 »Du Land von Sebulon und Naftali, am
See gelegen und jenseits des Jordans, Galiläa der
gottfernen Völker! 16 Das Volk, das im Dunkeln
lebt, sieht ein großes Licht. Und für alle, die im
finsteren Land des Todes wohnen, leuchtet ein
Licht auf!«
17 Von da an verkündete Jesus seine Bot-
schaft: »Ändert euer Leben![c] Gott wird jetzt
seine Herrschaft aufrichten und sein Werk voll-
enden!«[d]

Jesus beruft vier Fischer zu Jüngern

(Mk 1,16-20; Lk 5,1-11)

18 Als Jesus am See von Galiläa* entlangging,
sah er zwei Brüder: Simon – bekannt unter
dem Namen Petrus* – und Andreas. Sie war-
fen gerade ihr Netz aus, denn sie waren
Fischer. 19 Jesus sagte zu ihnen: »Kommt, folgt
mir! Ich mache euch zu Menschenfischern.«
20 Sofort ließen sie ihre Netze liegen und folg-
ten ihm.
21 Als Jesus von dort weiterging, sah er zwei
andere Brüder: Jakobus, den Sohn von Zebe-
däus, und seinen Bruder Johannes. Sie waren
mit ihrem Vater im Boot und richteten die Netze
her. Jesus rief sie, 22 und sofort verließen sie das
Boot und ihren Vater und folgten ihm.

a *Zögere nicht ...*: wörtlich *Laß es sofort geschehen; denn so ist es geziemend für uns, alle Gerechtigkeit zu erfüllen.* Vgl. Sacherklärung »Taufe (2)«.
b Wörtlich *daß Johannes ausgeliefert worden war.* Durch das Wort *ausliefern* will Matthäus andeuten: Auch in dem Geschick, das der Täufer erleidet, ist er der Vorläufer von Jesus (vgl. 17,22; 20,18; 26,45 und 1 Kor 11,23) und von dessen Jüngern (vgl. 10,17.19.21; 24,9).
c Siehe Sacherklärung »Umkehr«.
d *Gott wird jetzt ...*: wörtlich *Die Königsherrschaft* der Himmel ist nahe herbeigekommen.*

3,15 5,17 S; 28,19 S **3,16** (Himmel geöffnet) Jes 63,19; Ez 1,1-3; Joh 1,51; Apg 7,56; 10,11; Offb 4,1; 19,11 **3,17** Jes 42,1; Ps 2,7; Mt 12,18; 17,5 par; 21,37 par **4,1** Hebr 2,18; 4,15 **4,2** Ex 34,28; 1 Kön 19,8; Mt 6,16-17 S **4,4** *nach* Dtn 8,3; Joh 4,34 **4,6** *nach* Ps 91,11-12 **4,7** *nach* Dtn 6,16 **4,10** *nach* Dtn 6,13; 5,9 **4,12** 14,3 **4,13** Joh 2,12 **4,15-16** *nach* Jes 8,23–9,1 **4,16** Lk 1,79 **4,17** 3,2; 4,23; 6,10; 10,7 **4,20.22** 8,21-22 S

JESUS LEHRT: DIE BERGPREDIGT
(4,23–7,29)

Jesus lehrt und heilt, um ihn sammelt sich das Volk
(Mk 3,7-12; Lk 6,17-19)

23 Jesus zog durch ganz Galiläa*. Er lehrte in den
Synagogen* und verkündete die Gute Nach-
richt*, daß Gott jetzt seine Herrschaft aufrich-
ten und sein Werk vollenden wird.[a] Er heilte
alle Krankheiten und Leiden im Volk.
24 Die Kunde von ihm verbreitete sich sogar in ganz
Syrien.
Die Leute brachten alle zu Jesus, die an
irgendwelchen Krankheiten oder Beschwerden
litten, auch Besessene*, Epileptiker* und Ge-
lähmte, und er machte sie gesund.
25 Große Menschenmengen aus Galiläa*, aus
dem Gebiet der Zehn Städte*, aus Jerusalem und
Judäa* und von der anderen Seite des Jordans
zogen mit ihm.

5 Als Jesus die Menschenmenge sah, stieg er
auf einen Berg[b] und setzte sich. Seine Jün-
ger* traten zu ihm.
2 Dann begann er zu reden
und lehrte sie, was Gott jetzt von seinem Volk
verlangt.[c]

Wer sich freuen darf … (Die Seligpreisungen)
(Lk 6,20-23)

Er sagte:

3 »Freuen dürfen sich alle,
die nur noch von Gott etwas erwarten[d] –
mit Gott werden sie leben in seiner
neuen Welt.[e]

4 Freuen dürfen sich alle,
die unter dieser heillosen Welt leiden[f] –
Gott wird ihrem Leid für immer
ein Ende machen.

5 Freuen dürfen sich alle,
die auf Gewalt verzichten –
Gott wird ihnen die Erde zum Besitz geben.

6 Freuen dürfen sich alle,
die danach hungern und dürsten,
daß sich auf der Erde Gottes gerechter Wille
durchsetzt –
Gott wird ihren Hunger stillen.

7 Freuen dürfen sich alle,
die barmherzig sind –
Gott wird auch mit ihnen barmherzig sein.

8 Freuen dürfen sich alle,
die im Herzen rein* sind –
sie werden Gott sehen.

9 Freuen dürfen sich alle,
die Frieden stiften –
Gott wird sie seine Söhne und Töchter[g] nennen.

10 Freuen dürfen sich alle,
die verfolgt werden, weil sie tun,
was Gott will[h] –
mit Gott werden sie leben in seiner neuen Welt.

11 Freuen dürft ihr euch, wenn sie euch be-
schimpfen und verfolgen und verleumden, weil
ihr zu mir gehört.
12 Freut euch und jubelt, denn
Gott wird euch reich belohnen. So haben sie die
Propheten* vor euch auch schon behandelt.«

Die Aufgabe der Jünger
(Lk 14,34-35; 11,33)

13 »Ihr seid das Salz für die Welt. Wenn aber das
Salz seine Kraft verliert, wodurch kann es sie
wiederbekommen? Es ist zu nichts mehr zu ge-
brauchen. Es wird weggeworfen, und die Men-
schen zertreten es.
14 Ihr seid das Licht für die Welt. Eine Stadt,
die auf einem Berg liegt, kann nicht verborgen
bleiben.
15 Auch zündet niemand eine Lampe*
an, um sie dann unter einen Topf zu stellen. Im
Gegenteil, man stellt sie auf den Lampenständer,
damit sie allen im Haus Licht gibt.
16 Genauso
muß auch euer Licht vor den Menschen leuch-
ten: Sie sollen eure guten Taten sehen und euren
Vater im Himmel preisen.«

Den Willen Gottes im Gesetz ganz ernst nehmen …
(Lk 16,17)

17 »Denkt nicht, ich sei gekommen, um das Ge-
setz* und die Weisungen der Propheten* außer

a *die Gute Nachricht, daß Gott …:* wörtlich *die Gute Nachricht von der Königsherrschaft**.
b Wörtlich *auf den Berg;* siehe Sacherklärung »Berg«. c *was Gott jetzt …:* verdeutlichender Zusatz.
d *die nur noch …:* wörtlich *die Armen in bezug auf den Geist;* siehe Sacherklärung »Seligpreisungen«.
e *Mit Gott …:* wörtlich *Ihrer ist die Herrschaft* der Himmel;* ebenso in Vers 10.
f *die unter …:* wörtlich *die Trauernden;* siehe Sacherklärung »Seligpreisungen«.
g Wörtlich *Söhne;* siehe die Sacherklärung. h *weil sie tun …:* wörtlich *um der Gerechtigkeit* willen.*

4,23 9,35; 4,17 S **5,1** 14,23; 15,29; 17,1; 28,16 **5,3** Jes 57,15; 61,1 **5,4** Ps 126,5 **5,5** Ps 37,11 **5,7** 18,33; 25,35-46; Jak 2,13 **5,8** Ps 24,3-5 **5,9** Hebr 12,14 **5,10** 1 Petr 3,14 **5,11** Lk 6,22 S **5,12** 2 Chr 36,16; Mt 23,30-31; Lk 11,47-49; 13,34; Apg 7,52; 1 Thess 2,15; Jak 5,10 **5,13** Mk 9,50 **5,14** Joh 8,12 S **5,15** Mk 4,21 par **5,16** Eph 5,8-9; Phil 2,15; 1 Petr 2,12 **5,17** 3,15; 7,12; 22,40; Röm 3,31

Kraft zu setzen. Ich bin nicht gekommen, um sie außer Kraft zu setzen, sondern um ihnen volle Geltung zu verschaffen.

18 Ich versichere euch: Solange Himmel und Erde bestehen, wird kein i-Punkt und kein Komma im Gesetz gestrichen. Das ganze Gesetz muß erfüllt werden. 19 Wer also ein noch so unbedeutendes Gebot für ungültig erklärt und die Menschen in diesem Sinne lehrt, wird in der neuen Welt Gottes[a] den letzten Platz einnehmen. Wer es aber befolgt und andere dazu anhält, wird in der neuen Welt Gottes hochgeachtet sein.

20 Ich sage euch: Ihr werdet niemals in Gottes neue Welt kommen, wenn ihr seinen Willen nicht besser erfüllt als die Gesetzeslehrer* und Pharisäer*.«

... beim Gebot, nicht zu morden

21 »Ihr wißt, daß unseren Vorfahren gesagt worden ist: ›Du sollst nicht morden! Wer einen Mord begeht, soll vor Gericht gestellt werden.‹

22 Ich aber sage euch: Schon wer auf seinen Bruder oder seine Schwester[b] zornig ist, gehört vor Gericht. Wer zu seinem Bruder oder seiner Schwester sagt: ›Du Idiot‹, gehört vor das oberste Gericht. Und wer zu seinem Bruder oder seiner Schwester sagt: ›Geh zum Teufel‹, gehört ins Feuer der Hölle*.

23 Wenn du zum Altar gehst, um Gott deine Gabe zu bringen, und dort fällt dir ein, daß dein Bruder oder deine Schwester etwas gegen dich hat, 24 dann laß deine Gabe vor dem Altar liegen, geh zuerst hin und söhne dich aus. Danach komm und bring Gott dein Opfer*.

25 Einige dich mit deinem Gläubiger rechtzeitig, solange du noch mit ihm auf dem Weg zum Gericht bist. Sonst wird er dich dem Richter ausliefern, und der wird dich dem Gerichtsdiener übergeben, damit er dich ins Gefängnis steckt. 26 Ich versichere dir: Dort kommst du erst wieder heraus, wenn du deine Schuld bis auf den letzten Pfennig bezahlt hast.«

... beim Gebot, die Ehe nicht zu brechen

(Lk 16,18)

27 »Ihr wißt, daß es heißt: ›Du sollst nicht die Ehe brechen!‹[c] 28 Ich aber sage euch: Wer die Frau eines anderen begehrlich ansieht, hat in seinem Herzen schon die Ehe mit ihr gebrochen.

29 Wenn dich dein rechtes Auge verführen will, dann reiß es aus und wirf es weg! Es ist besser für dich, du verlierst eines deiner Glieder, als daß du ganz in die Hölle* geworfen wirst. 30 Und wenn dich deine rechte Hand verführen will, dann hau sie ab und wirf sie weg! Es ist besser für dich, du verlierst eines deiner Glieder, als daß du ganz in die Hölle kommst.

31 Bisher hieß es: ›Wer sich von seiner Frau trennen will, muß ihr eine Scheidungsurkunde* ausstellen.‹

32 Ich aber sage euch: Wer sich von seiner Frau trennt, außer sie hat ihrerseits die Ehe gebrochen,[d] der treibt sie in den Ehebruch. Und wer eine Geschiedene heiratet, wird zum Ehebrecher.«

... beim Gebot, keinen Meineid zu schwören

33 »Ihr wißt auch, daß unseren Vorfahren gesagt worden ist: ›Ihr sollt keinen Meineid schwören und sollt halten, was ihr Gott mit einem Eid versprochen habt.‹

34 Ich aber sage euch: Ihr sollt überhaupt nicht schwören! Nehmt weder den Himmel zum Zeugen, denn er ist Gottes Thron, 35 noch die Erde, denn sie ist sein Fußschemel, und auch nicht Jerusalem, denn es ist die Stadt des himmlischen Königs. 36 Nicht einmal mit eurem eigenen Kopf sollt ihr euch für etwas verbürgen; denn es steht nicht in eurer Macht, daß auch nur ein einziges Haar darauf schwarz oder weiß wächst.

37 Sagt einfach Ja oder Nein; jedes weitere Wort stammt vom Teufel.«

... beim Gebot, nur maßvoll zu vergelten

(Lk 6,29-30)

38 »Ihr wißt, daß es heißt: ›Auge um Auge, Zahn um Zahn.‹

39 Ich aber sage euch: Verzichtet auf Gegenwehr, wenn euch jemand Böses tut!

Mehr noch: Wenn dich jemand auf die rechte Backe schlägt, dann halte auch die linke hin. 40 Wenn jemand mit dir um dein Hemd prozessieren will, dann gib ihm den Mantel* dazu.

a Wörtlich *in der Königsherrschaft* der Himmel;* entsprechend in Vers 20.
b *seinen Bruder oder seine Schwester:* In diesem und im folgenden Vers ist wörtlich jeweils nur von *Bruder* die Rede; siehe Sacherklärung »Bruder«.
c Siehe Sacherklärung »Ehebruch«.
d *außer sie hat ...:* wörtlich *abgesehen von einer Unzuchtssache;* siehe Sacherklärung »Unzuchtsklausel«.

5,18-19 Jak 2,10 **5,21** *zit* Ex 20,13; *nach* Lev 24,17 **5,22** 1 Joh 3,15 **5,24** 6,14-15 S **5,25-26** Lk 12,58-59 **5,26** 18,34 **5,27** *zit* Ex 20,14 **5,28** Ijob 31,1; 2 Petr 2,14 **5,29-30** Mk 9,43-47 par **5,31** *nach* Dtn 24,1; Jes 50,1; Mt 19,7 par **5,32** 19,9 par; 1 Kor 7,10-11 **5,33-37** 23,16-22; Jak 5,12 **5,33** *nach* Lev 9,12 *und* Num 30,3 **5,34-35** Jes 66,1; Apg 7,49 **5,35** Ps 76,3 S **5,37** 2 Kor 1,17-19 **5,38** *zit* Ex 21,24 **5,39a** Röm 12,17 S **5,40** 1 Kor 6,7; Hebr 10,34

41 Und wenn jemand dich zwingt, *eine* Meile*
mit ihm zu gehen, dann geh mit ihm zwei.
42 Wenn jemand dich um etwas bittet, gib es
ihm; wenn jemand etwas von dir borgen
möchte, sag nicht nein.«

… beim Gebot, den Mitmenschen zu lieben

(Lk 6,27-28.32-36)

43 »Ihr wißt, daß es heißt: ›Liebe deinen Mitmen-
schen; hasse deinen Feind.‹[a]

44 Ich aber sage euch: Liebt eure Feinde und
betet für alle, die euch verfolgen. 45 So erweist
ihr euch als Kinder eures Vaters im Himmel.
Denn er läßt seine Sonne scheinen auf böse
Menschen wie auf gute, und er läßt es regnen
auf alle, ob sie ihn ehren oder verachten.

46 Wie könnt ihr von Gott eine Belohnung er-
warten, wenn ihr nur die liebt, die euch eben-
falls lieben? Das tun auch die Betrüger![b] 47 Was
ist denn schon Besonderes daran, wenn ihr nur
zu euresgleichen freundlich seid? Das tun auch
die, die Gott nicht kennen![c]

48 Nein, wie die Liebe eures Vaters im Him-
mel, so soll auch eure Liebe sein: vollkommen
und ungeteilt.«[d]

Falsche und wahre Frömmigkeit …

6 »Hütet euch, eure Frömmigkeit vor den
Menschen zur Schau zu stellen! Denn dann
habt ihr keinen Lohn mehr von eurem Vater im
Himmel zu erwarten.«

… beim Spenden für Bedürftige

2 »Wenn du also einem Bedürftigen etwas spen-
dest, dann häng es nicht an die große Glocke!
Benimm dich nicht wie die Scheinheiligen in
den Synagogen* und auf den Straßen. Sie wollen
nur von den Menschen geehrt werden. Ich ver-
sichere euch: Sie haben ihren Lohn schon kas-
siert.

3 Wenn du also etwas spendest, dann tu es
so unauffällig, daß deine linke Hand nicht
weiß, was die rechte tut. 4 Dein Vater, der auch
das Verborgene sieht, wird dich dafür beloh-
nen.«

… beim Beten

(Lk 11,2-4; Mk 11,25-26)

5 »Wenn ihr betet, dann tut es nicht wie die
Scheinheiligen! Sie beten gern öffentlich in den
Synagogen* und an den Straßenecken, damit sie
von allen gesehen werden. Ich versichere euch:
Sie haben ihren Lohn schon kassiert.

6 Wenn du beten willst, dann geh in dein Zim-
mer, schließ die Tür zu und bete zu deinem
Vater, der im Verborgenen ist. Dein Vater, der
auch das Verborgene sieht, wird dich dafür be-
lohnen.

7 Wenn ihr betet, dann leiert nicht Gebets-
worte herunter wie die Heiden*. Sie meinen, sie
könnten bei Gott etwas erreichen, wenn sie
viele Worte machen. 8 Ihr sollt es anders halten.
Euer Vater weiß, was ihr braucht, bevor ihr ihn
bittet. 9 So sollt ihr beten:

Unser Vater im Himmel!
Mach deinen Namen* groß in der Welt.
10 Komm und richte deine Herrschaft* auf.
Verschaff deinem Willen Geltung,
auf der Erde genauso wie im Himmel.
11 Gib uns, was wir heute zum Leben brauchen.
12 Vergib uns unsere Schuld,
wie auch wir allen vergeben haben,
die an uns schuldig geworden sind.
13 Laß uns nicht in die Gefahr kommen,
dir untreu zu werden,
sondern rette uns aus der Gewalt des Bösen.[e]

14 Wenn ihr den andern vergebt, was sie euch
angetan haben, dann wird euer Vater im Him-
mel euch auch vergeben. 15 Wenn ihr aber den

a Nur die erste Hälfte des Zitats findet sich im Alten Testament (Lev 19,18). Zur zweiten Hälfte siehe Sacherklärung »Bergpredigt (2)«.

b Wörtlich *die Zolleinnehmer**. *c* Wörtlich *die Menschen der nichtjüdischen Völker;* siehe Sacherklärung »Heiden«.

d *Nein, wie die Liebe …:* wörtlich *Ihr nun sollt vollkommen sein, wie euer himmlischer Vater vollkommen ist;* siehe Sacherklärung »Bergpredigt (3)«.

e Spätere Handschriften fügen noch einen abschließenden Lobspruch hinzu, der in Anlehnung an 1 Chr 29,10-11 gestaltet ist: *Dir gehört die Herrschaft und Macht und Ehre in Ewigkeit. Amen.* Im Gottesdienst ist heute für das Gebet des Herrn folgende ökumenische Fassung gebräuchlich:
Vater unser im Himmel,
geheiligt werde dein Name. Dein Reich komme. Dein Wille geschehe, wie im Himmel, so auf Erden.
Unser tägliches Brot gib uns heute. Und vergib uns unsere Schuld, wie auch wir vergeben unsern Schuldigern.
Und führe uns nicht in Versuchung, sondern erlöse uns von dem Bösen.
(Denn dein ist das Reich und die Kraft und die Herrlichkeit in Ewigkeit. Amen.)

5,43 *nach* Lev 19,18; Mk 12,31 S **5,44** Ex 23,4-5; Röm 12,20; 1 Petr 2,20-23; (betet) Apg 7,60 S **5,45** Eph 5,1 **5,48** Lev 19,2b **6,1** 23,5 S **6,8** 6,32 par **6,9** Ez 36,23 **6,10** (Herrschaft) 4,17 S; (Wille) 7,21 S; 12,50 par; 18,14; 21,31; 26,39.42; Joh 6,38 S; Apg 21,14 **6,11** 6,24-34 par **6,12** Sir 28,2 **6,13** (Gefahr) 10,16-25; 24,3-28 par; (retten) Joh 17,15 S; 2 Tim 4,18; 2 Petr 2,9 **6,14-15** 5,24; Mk 11,25; Lk 6,37 **6,14** Sir 28,2; Eph 4,32 S **6,15** 18,35 S

andern nicht vergebt, dann wird euer Vater euch eure Verfehlungen auch nicht vergeben.«

… beim Fasten

16 »Wenn ihr fastet,* dann setzt keine Leidensmiene auf wie die Scheinheiligen. Sie machen ein saures Gesicht, damit alle Welt merkt, daß sie fasten. Ich versichere euch: Sie haben ihren Lohn schon kassiert.

17 Wenn du fasten willst, dann wasche dein Gesicht und kämme dich, 18 damit niemand es merkt als nur dein Vater, der im Verborgenen ist. Dein Vater, der auch das Verborgene sieht, wird dich dafür belohnen.«

Das Verhältnis zum Besitz

(Lk 12,33-34; 11,34-36)

19 »Sammelt keine Schätze hier auf der Erde! Denn ihr müßt damit rechnen, daß Motten und Rost sie zerfressen oder Einbrecher sie stehlen. 20 Sammelt lieber Schätze bei Gott. Dort werden sie nicht von Motten und Rost zerfressen und können auch nicht von Einbrechern gestohlen werden. 21 Denn euer Herz wird immer dort sein, wo ihr eure Schätze habt.

22 Aus dem Auge leuchtet das Innere des Menschen: Wenn dein Auge klar blickt, ist deine ganze Erscheinung hell; 23 wenn dein Auge durch Neid oder Habgier getrübt ist,[a] ist deine ganze Erscheinung finster. – Wie groß muß diese Finsternis sein, wenn statt des Lichtes in dir nur Dunkelheit ist!«

Ungeteilter Dienst

(Lk 16,13; 12,22-31)

24 »Niemand kann zwei Herren zugleich dienen. Er wird den einen vernachlässigen und den andern bevorzugen. Er wird dem einen treu sein und den andern hintergehen. Ihr könnt nicht beiden zugleich dienen: Gott und dem Geld.[b]

25 Darum sage ich euch: Macht euch keine Sorgen um euer Leben, ob ihr etwas zu essen oder zu trinken habt, und um euren Leib, ob ihr etwas anzuziehen habt! Das Leben ist mehr als Essen und Trinken, und der Leib ist mehr als die Kleidung!

26 Seht euch die Vögel an! Sie säen nicht, sie ernten nicht, sie sammeln keine Vorräte – aber euer Vater im Himmel sorgt für sie. Und ihr seid ihm doch viel mehr wert als Vögel!

27 Wer von euch kann durch Sorgen sein Leben auch nur um einen Tag verlängern?

28 Und warum macht ihr euch Sorgen um das, was ihr anziehen sollt? Seht, wie die Blumen auf den Feldern wachsen! Sie arbeiten nicht und machen sich keine Kleider, 29 doch ich sage euch: Nicht einmal Salomo bei all seinem Reichtum war so prächtig gekleidet wie irgendeine von ihnen. 30 Wenn Gott sogar die Feldblumen so ausstattet, die heute blühen und morgen verbrannt werden, wird er sich dann nicht erst recht um euch kümmern? Habt ihr so wenig Vertrauen?

31 Also macht euch keine Sorgen! Fragt nicht: ›Was sollen wir essen?‹ ›Was sollen wir trinken?‹ ›Was sollen wir anziehen?‹ 32 Mit all dem plagen sich Menschen, die Gott nicht kennen.[c] Euer Vater im Himmel weiß, daß ihr all das braucht. 33 Sorgt euch zuerst darum, daß ihr euch seiner Herrschaft* unterstellt und tut, was er verlangt, dann wird er euch schon mit all dem anderen versorgen.

34 Quält euch also nicht mit Gedanken an morgen; der morgige Tag wird für sich selber sorgen. Es genügt, daß jeder Tag seine eigene Last hat.«

Nicht verurteilen

(Lk 6,37-38.41-42)

7 »Verurteilt nicht andere, damit Gott nicht euch verurteilt! 2 Denn euer Urteil wird auf euch zurückfallen, und ihr werdet mit demselben Maß gemessen werden, das ihr bei anderen anlegt.

3 Warum kümmerst du dich um den Splitter im Auge deines Bruders oder deiner Schwester[d] und bemerkst nicht den Balken in deinem eigenen? 4 Wie kannst du zu deinem Bruder oder deiner Schwester sagen: ›Komm her, ich will dir den Splitter aus dem Auge ziehen‹, wenn du selbst einen ganzen Balken im Auge hast? 5 Scheinheilig bist du! Zieh doch erst den Balken aus deinem eigenen Auge, dann kannst du dich um den Splitter in einem anderen Auge kümmern!«

a Wörtlich *wenn aber dein Auge böse ist;* siehe Sacherklärung »Bergpredigt (4)«.
b *Geld:* Im griechischen Text steht *Mamon;* siehe Sacherklärung »Mam(m)on«.
c *Menschen, die …:* wörtlich *die Menschen der nichtjüdischen Völker;* herkömmliche Übersetzung *Heiden**.
d Wörtlich *deines Bruders;* ebenso in Vers 4. Siehe Sacherklärung »Bruder«.

6,16-17 (fasten) 4,2 par; 9,14-15 par; 17,21; Lk 2,37; 18,12; Apg 13,2-3; 14,23; 2 Kor 6,5; Jes 58,5 S **6,19** Jak 5,2-3 **6,20** Lk 12,33 S **6,24-34** 6,11 **6,25** Phil 4,6 S **6,26** 10,29-31 par **6,29** 1 Kön 10,1-25 **6,30** 14,31 S **6,32** 6,8 **6,33** 1 Kön 3,11-14 **6,34** Ex 16,4.19-20 **7,1** Jak 4,11-12; 1 Kor 4,5 **7,2** Mk 4,24; Röm 2,1; 14,10-12

Vorsicht ist erlaubt und geboten

6 »Gebt heilige Dinge nicht den Hunden! Und eure Perlen werft nicht den Schweinen vor! Die trampeln doch nur darauf herum, und dann wenden sie sich gegen euch und reißen euch in Stücke.«

Voll Vertrauen zu Gott beten

(Lk 11,9-13)

7 »Bittet, und ihr werdet bekommen! Sucht, und ihr werdet finden! Klopft an, und es wird euch geöffnet! 8 Denn wer bittet, der bekommt; wer sucht, der findet; und wer anklopft, dem wird geöffnet.

9 Wer von euch würde seinem Kind einen Stein geben, wenn es um Brot bittet? 10 Oder eine Schlange, wenn es um Fisch bittet? 11 So schlecht ihr auch seid, ihr wißt doch, was euren Kindern guttut, und gebt es ihnen. Wieviel mehr wird euer Vater im Himmel denen Gutes geben, die ihn darum bitten.«

Eine einfache Grundregel

(Lk 6,31)

12 »Behandelt die Menschen so, wie ihr selbst von ihnen behandelt werden wollt – das ist es, was das Gesetz* und die Propheten* fordern.«

Abschließende Mahnung

(Lk 13,24)

13 »Geht durch das enge Tor! Denn das Tor zum Verderben ist breit und ebenso die Straße, die dorthin führt. Viele sind auf ihr unterwegs. 14 Aber das Tor, das zum Leben führt, ist eng und der Weg dorthin schmal. Nur wenige finden ihn.«

Warnung vor falschen Propheten

(Lk 6,43-44)

15 »Hütet euch vor den falschen Propheten![a] Sie sehen zwar aus wie Schafe, die zur Herde gehören, in Wirklichkeit sind sie Wölfe, die auf Raub aus sind.

16 An ihren Taten sind sie zu erkennen. Von Dornengestrüpp lassen sich keine Weintrauben pflücken und von Disteln keine Feigen. 17 Ein gesunder Baum trägt gute Früchte und ein kranker Baum schlechte. 18 Unmöglich kann ein gesunder Baum schlechte Früchte tragen und ein kranker gute. 19 Jeder Baum, der keine guten Früchte trägt, wird umgehauen und verbrannt werden.

20 An ihren Taten also könnt ihr die falschen Propheten erkennen.«

Warnung vor Selbsttäuschung

(Lk 6,46; 13,26-27)

21 »Nicht alle, die zu mir sagen ›Herr, Herr‹, werden in Gottes neue Welt[b] kommen, sondern nur die, die auch tun, was mein Vater im Himmel will.

22 Am Tag des Gerichts werden viele zu mir sagen: ›Herr, Herr! In deinem Namen haben wir prophetische Weisungen* verkündet, in deinem Namen haben wir böse Geister* ausgetrieben und viele Wunder getan.‹ 23 Und trotzdem werde ich das Urteil sprechen: ›Ich habe euch nie gekannt. Ihr habt versäumt, nach Gottes Willen zu leben; geht mir aus den Augen!‹«

Das Gleichnis vom Hausbau

(Lk 6,47-49)

24 »Wer diese meine Worte hört und sich nach ihnen richtet, wird am Ende dastehen wie ein kluger Mann, der sein Haus auf felsigen Grund baute. 25 Als dann die Regenflut kam, die Flüsse über die Ufer traten und der Sturm tobte und an dem Haus rüttelte, stürzte es nicht ein, weil es auf Fels gebaut war.

26 Wer dagegen diese meine Worte hört und sich nicht nach ihnen richtet, wird am Ende wie ein Dummkopf dastehen, der sein Haus auf Sand baute. 27 Als dann die Regenflut kam, die Flüsse über die Ufer traten, der Sturm tobte und an dem Haus rüttelte, fiel es in sich zusammen, und alles lag in Trümmern.«

Die Wirkung der Bergpredigt

28 Als Jesus seine Rede beendet hatte, waren alle von seinen Worten tief beeindruckt. 29 Denn er lehrte wie einer, der Vollmacht von Gott hat – ganz anders als ihre Gesetzeslehrer*.

a Ihr Auftreten wird für die Zukunft angekündigt (siehe die Vergleichsstellen). In den frühen christlichen Gemeinden hat der *Prophet* eine wichtige Aufgabe; siehe Sacherklärung »Prophet (3)«.
b Wörtlich *in die Königsherrschaft* der Himmel.*

7,7 Jer 29,13-14 S; Mt 18,19; 21,22 par; Jak 1,5; Joh 15,16 S **7,11** Jak 1,17 **7,12** 5,17 S; Röm 13,8-10; Gal 5,14 **7,13-14** Lk 13,24 S **7,14** Apg 14,22 **7,15** (falsche Propheten) Dtn 13,2-4; Jer 14,13-15 S; Mt 24,11.24 par; Apg 20,29; 2 Kor 11,13-15; 2 Petr 2,1; 1 Joh 4,1 **7,16-18** 12,33 par **7,16** Jak 3,12 **7,17** Gal 5,19-23 **7,19** 3,10 par; Joh 15,2.6 **7,21** 6,10 S; (nur die) 7,24-27 par; 21,28-31; Röm 2,13; Jak 1,22-25; 2,14-26 **7,23** 25,12; 2 Tim 2,19 **7,24-27** 7,21 S **7,28-29** Mk 1,22 par

JESUS VOLLBRINGT WUNDER
(8,1–9,34)

Jesus heilt einen Aussätzigen
(Mk 1,40-45; Lk 5,12-16)

8 Jesus stieg vom Berg herab und zog weiter.
Eine große Menschenmenge folgte ihm.
2 Da kam ein Aussätziger* zu ihm, warf sich vor
ihm nieder und sagte: »Herr, wenn du willst,
kannst du mich gesund[a] machen!«
3 Jesus streckte die Hand aus und berührte
ihn. »Ich will«, sagte er, »sei gesund!« Im selben
Augenblick war der Kranke von seinem Aussatz
geheilt.
4 Jesus befahl ihm: »Sieh zu, daß du niemand
etwas sagst, sondern geh zum Priester, laß dir
von ihm deine Heilung bestätigen und bring das
Opfer*, das Mose vorgeschrieben hat. Die Verantwortlichen sollen wissen, daß ich das Gesetz* ernst nehme.«[b]

Der Hauptmann von Kafarnaum
(Lk 7,1-10; 13,28-29; Joh 4,46-53)

5 Jesus kam nach Kafarnaum. Da trat ein Hauptmann*, ein Nichtjude,[c] an ihn heran und bat ihn
um Hilfe: 6 »Herr«, sagte er, »mein Diener liegt
gelähmt bei mir zu Hause und hat furchtbare
Schmerzen!«
7 Jesus fragte ihn: »Soll ich etwa kommen und
ihn gesund machen?«
8 Der Hauptmann erwiderte: »Herr, ich weiß,
daß ich dir, einem Juden, nicht zumuten kann,
mein Haus zu betreten. Aber sag nur ein Wort,
und mein Diener wird gesund. 9 Auch ich unter-
stehe höherem Befehl und kann meinen Soldaten Befehle erteilen. Wenn ich zu einem
sage: ›Geh!‹, dann geht er; wenn ich zu einem
andern sage: ›Komm!‹, dann kommt er; und
wenn ich meinem Diener befehle: ›Tu das!‹,
dann tut er's.«
10 Als Jesus das hörte, staunte er und sagte
zu den Leuten, die ihm folgten: »Wahrhaftig,
solch ein Vertrauen habe ich in Israel nirgends
gefunden! 11 Doch ich sage euch: Viele wer-
den kommen, aus Ost und West, und zusammen mit Abraham, Isaak und Jakob in Gottes
neuer Welt[d] zu Tisch sitzen. 12 Aber die Men-
schen, die bis jetzt das Anrecht darauf hatten, werden in die Dunkelheit hinausgestoßen.
Dort gibt es nur noch Jammern und Zähneknirschen.«
13 Dann sagte Jesus zu dem Hauptmann: »Geh
nach Hause! Wie du es im Vertrauen von mir erwartet hast, soll es geschehen.«
Zur selben Stunde wurde sein Diener gesund.

Jesus heilt die Schwiegermutter von Petrus und viele andere Kranke
(Mk 1,29-34; Lk 4,38-41)

14 Jesus ging in das Haus von Petrus und fand
dort dessen Schwiegermutter mit Fieber im Bett.
15 Er berührte ihre Hand; da verließ sie das Fieber, und sie stand auf und bewirtete ihn.[e]
16 Am Abend brachten die Leute viele Besessene* zu Jesus. Mit seinem Wort trieb er die
bösen Geister aus und heilte alle Kranken.
17 Damit ging in Erfüllung, was Gott durch
den Propheten Jesaja angekündigt hatte: »Er hat
unsere Leiden von uns genommen und unsere
Krankheiten weggeschafft.«[f]

Jüngerschaft ohne Wenn und Aber
(Lk 9,57-62)

18 Als Jesus die vielen Menschen sah, die ihn umdrängten, befahl er seinen Jüngern*, mit ihm auf
die andere Seite des Sees hinüberzufahren.
19 Da kam ein Gesetzeslehrer* zu ihm und
sagte: »Lehrer*, ich bin bereit, dir zu folgen, ganz
gleich, wohin du gehst!«
20 Jesus antwortete ihm: »Die Füchse haben
ihren Bau und die Vögel ihr Nest; aber der Menschensohn* hat keinen Platz, wo er sich hinlegen und ausruhen kann.«
21 Ein anderer, einer von den Jüngern, sagte
zu Jesus: »Herr, erlaube mir, daß ich erst noch
hingehe und meinen Vater begrabe.«
22 Aber Jesus sagte zu ihm: »Komm, folge
mir! Überlaß es den Toten, ihre Toten zu begraben!«

Im Sturm auf die Probe gestellt
(Mk 4,35-41; Lk 8,22-25)

23 Jesus stieg in das Boot, und seine Jünger folg-
ten ihm. 24 Als sie auf dem See waren, kam ein

a Wörtlich *rein**; ebenso in Vers 3 (auch für *geheilt*).
b *Die Verantwortlichen ...:* wörtlich *ihnen zur Bezeugung;* siehe Anmerkung zu Mk 1,44.
c *ein Nichtjude:* verdeutlichender Zusatz; ebenso *einem Juden* in Vers 8.
d Wörtlich *in der Königsherrschaft* der Himmel.*
e Wörtlich *diente ihm;* siehe Anmerkung zu Mk 1,31.
f Matthäus gibt dem Prophetenwort von Jes 53,4 eine überraschende Deutung.

8,4 Lev 14,2-32; Mk 5,43 S; Lk 17,14 **8,11** Jes 25,6 **8,12** 13,42.50; 22,13; 24,51; 25,30 **8,13** 9,29; 15,28; 9,22 par; Lk 7,50 S **8,14** 1 Kor 9,5 **8,20** 2 Kor 8,9 **8,21-22** (folge mir) 4,20 par; 4,22 par; 9,9 par; 19,21 par; Lk 5,11; Joh 1,43; 21,19-22

schwerer Sturm auf,[a] und die Wellen drohten
das Boot unter sich zu begraben. Aber Jesus
schlief.
25 Die Jünger gingen zu ihm, weckten ihn und
riefen: »Rette uns, Herr, wir gehen unter!«
26 Jesus sagte zu ihnen: »Warum habt ihr
solche Angst? Ihr habt zuwenig Vertrauen!«
Dann stand er auf und sprach ein Machtwort
zu dem Wind und den Wellen. Da wurde es
ganz still.
27 Die Leute aber fragten voller Staunen: »Was
muß das für einer sein, daß ihm sogar Wind und
Wellen gehorchen!«

Die beiden Besessenen von Gadara

(Mk 5,1-20; Lk 8,26-39)

28 Auf der anderen Seite des Sees kam Jesus in
das Gebiet von Gadara. Dort liefen ihm zwei
Männer aus den Grabhöhlen entgegen. Sie
waren von bösen Geistern* besessen und so ge-
fährlich, daß niemand es wagte, jenen Weg zu
benutzen.
29 Sie fingen an zu schreien: »Was hast du bei
uns zu suchen, du Sohn* Gottes? Bist du her-
gekommen, um uns schon vor der Zeit[b] zu
quälen?«
30 In der Ferne weidete eine große Schweine-
herde. 31 Die bösen Geister in den beiden
Männern baten Jesus: »Wenn du uns schon aus-
treibst, dann schick uns doch in die Schweine-
herde!«
32 »Geht!« sagte Jesus; und die bösen Geister
kamen aus den beiden heraus und fuhren in die
Schweine. Da raste die ganze Herde das steile
Ufer hinab in den See, und alle ertranken im
Wasser.
33 Die Schweinehirten liefen davon und er-
zählten in der Stadt, was sie erlebt hatten und
daß die beiden Besessenen aus der Gewalt der
bösen Geister befreit seien. 34 Da zogen alle
Leute hinaus, um Jesus zu begrüßen. Doch als
sie ihn sahen, baten sie ihn, ihr Gebiet zu ver-
lassen.

Jesus heilt einen Gelähmten

(Mk 2,1-12; Lk 5,17-26)

9 Jesus stieg wieder ins Boot, fuhr über den
See zurück und ging in seine Stadt. 2 Da
brachten einige Männer einen Gelähmten auf
einer Tragbahre zu ihm.
Als Jesus sah, wie groß ihr Vertrauen war,
sagte er zu dem Gelähmten: »Mein Sohn, fasse
Mut! Deine Schuld ist dir vergeben.«
3 Da dachten einige Gesetzeslehrer*: »Er
lästert Gott!«
4 Jesus wußte, was in ihnen vorging, und
sagte: »Warum habt ihr so böswillige Gedanken?
5 Was ist leichter – zu sagen: ›Deine Schuld ist dir
vergeben‹, oder: ›Steh auf und geh‹? 6 Aber ihr
sollt sehen, daß der Menschensohn* Vollmacht
hat, hier auf der Erde Schuld zu vergeben!«
Und er sagte zu dem Gelähmten: »Steh auf,
nimm deine Bahre und geh nach Hause!« 7 Da
stand er auf und ging nach Hause.
8 Als die Leute das sahen, erschraken sie, und
sie priesen Gott, daß er den Menschen solche
Vollmacht gegeben hat.

Jesus beruft Matthäus und ißt mit den Zolleinnehmern

(Mk 2,13-17; Lk 5,27-32)

9 Jesus ging weiter und sah einen Zolleinneh-
mer* an der Zollstelle sitzen. Er hieß Matthäus.
Jesus sagte zu ihm: »Komm, folge mir!« Und Mat-
thäus stand auf und folgte ihm.
10 Als Jesus dann zu Hause[c] zu Tisch saß,
kamen viele Zolleinnehmer und andere, die
einen ebenso schlechten Ruf hatten, um mit ihm
und seinen Jüngern* zu essen. 11 Die Pharisäer*
sahen es und fragten die Jünger: »Wie kann euer
Lehrer sich mit Zolleinnehmern und ähnlichem
Volk an einen Tisch setzen?«
12 Jesus hörte es und antwortete: »Nicht die
Gesunden brauchen den Arzt, sondern die Kran-
ken! 13 Überlegt doch einmal, was es bedeutet,
wenn Gott sagt: ›Ich fordere von euch nicht, daß
ihr mir irgendwelche Opfer[d] darbringt, sondern
daß ihr barmherzig seid.‹

a Wörtlich *entstand ein gewaltiges Beben im Meer.* Matthäus verwendet hier dasselbe Wort *(Erd-)Beben* wie in 24,7; 27,51.54; 28,2 (vgl. ferner Offb 6,12; 16,18 usw.). Er deutet die Bedrohung der Jünger als ein endzeitliches Geschehen, in dem ihr Vertrauen zu Gott und zu Jesus sich bewähren muß.

b D. h. noch ehe Gott endgültig seine Herrschaft aufrichtet und alle dämonischen Mächte vernichtet (vgl. 12,28).

c Matthäus denkt wahrscheinlich an das Haus, das Jesus in Kafarnaum, »seiner Stadt« (9,1), als Standquartier diente; vgl. 4,13; 9,28; 13,1.36; 17,25.

d In dem angeführten Wort aus Hos 6,6 geht es um Brand- und Mahlopfer*, hier jedoch eher um Opfer im übertragenen Sinn: um die Einhaltung der Reinheitsvorschriften*, wie sie von den Pharisäern ausgelegt und praktiziert wurden.

8,26 Ps 89,10 S; Mt 14,30-32; 14,31 S **8,29** Mk 3,11 S; 1 Kor 15,24 **9,2** (vergeben) Mk 2,5 S; Ps 103,3 **9,6** Joh 5,36 **9,9** 8,21-22 S **9,10** 11,19 par; Lk 15,1-2; 19,7 **9,13** *nach* Hos 6,6; Mt 12,7

Ich bin nicht gekommen, solche Menschen in Gottes neue Welt einzuladen,[a] bei denen alles in Ordnung ist, sondern solche, die Gott den Rücken gekehrt haben.«

Die Hochzeit hat begonnen

(Mk 2,18-22; Lk 5,33-39)

14 Danach kamen die Jünger* des Täufers Johannes zu Jesus und fragten: »Wie kommt es, daß wir und die Pharisäer* regelmäßig fasten*, aber deine Jünger nicht?«

15 Jesus antwortete: »Können die Hochzeitsgäste mit Trauermienen herumsitzen, solange der Bräutigam unter ihnen ist? Die Zeit kommt früh genug, daß der Bräutigam ihnen entrissen wird; dann werden sie fasten.

16 Niemand flickt ein altes Kleid mit einem neuen Stück Stoff, sonst reißt das neue Stück wieder aus und macht das Loch nur noch größer. 17 Auch füllt niemand neuen Wein, der noch gärt, in alte Schläuche; sonst platzen die Schläuche, der Wein fließt aus, und auch die Schläuche sind hin. Nein, neuen Wein füllt man in neue Schläuche, dann bleibt beides erhalten.«

Jesus heilt eine kranke Frau und erweckt ein Mädchen vom Tod

(Mk 5,21-43; Lk 8,40-56)

18 Während Jesus ihnen das erklärte, kam einer der Gemeindevorsteher zu ihm, warf sich vor ihm nieder und sagte: »Meine Tochter ist gerade gestorben. Aber komm und leg ihr deine Hand auf, dann wird sie wieder leben!«

19 Jesus stand auf und folgte ihm. Auch seine Jünger* gingen mit.

20 Unterwegs trat eine Frau von hinten an Jesus heran und berührte eine Quaste* seines Gewandes. Sie litt seit zwölf Jahren an Blutungen 21 und sagte sich: »Wenn ich nur sein Gewand berühre, werde ich gesund.«

22 Jesus drehte sich um, sah die Frau und sagte: »Nur Mut, meine Tochter! Dein Vertrauen hat dir geholfen.« Im selben Augenblick war die Frau geheilt.

23 Jesus kam in das Trauerhaus. Als er die Flötenspieler für das Begräbnis und all die aufgeregten Menschen sah, 24 sagte er: »Hinaus mit euch! Das Mädchen ist nicht tot, es schläft nur.« Da lachten sie ihn aus.

25 Er ließ die Leute hinauswerfen, ging in den Raum, in dem das Mädchen lag, und nahm es bei der Hand; da stand es auf.

26 Die Nachricht davon verbreitete sich in der ganzen Gegend.

Jesus heilt zwei Blinde

27 Als Jesus von dort weiterging, liefen zwei Blinde hinter ihm her und riefen: »Du Sohn Davids*, hab Erbarmen mit uns!«

28 Als er ins Haus ging, folgten sie ihm, und er fragte sie: »Traut ihr mir zu, daß ich euch helfen kann?«

»Ja, Herr!« antworteten sie.

29 Da berührte Jesus ihre Augen und sagte: »Was ihr in eurem Vertrauen von mir erwartet, soll geschehen.« 30 Da konnten sie sehen.

Jesus befahl ihnen streng: »Seht zu, daß es niemand erfährt!« 31 Sie aber gingen hinaus und erzählten von Jesus in der ganzen Gegend.

Jesus heilt einen Stummen. Unterschiedliche Reaktionen

32 Als die beiden gegangen waren, wurde ein Mann zu Jesus gebracht, der war stumm, weil ihn ein böser Geist* in seiner Gewalt hatte. 33 Kaum war der böse Geist ausgetrieben, fing der Stumme an zu reden, und alle riefen erstaunt: »So etwas hat es in Israel noch nie gegeben!«

34 Aber die Pharisäer* erklärten: »Er kann nur deshalb die bösen Geister austreiben, weil der oberste aller bösen Geister ihm die Macht dazu gibt.«

DIE AUSSENDUNG DER JÜNGER: ISRAEL MUSS SICH ENTSCHEIDEN

(9,35–12,50)

Die Aussendung der Jünger

(Mk 6,34.7; 3,13-19; Lk 10,2; 9,1; 6,12-16)

35 Jesus zog durch alle Städte und Dörfer. Er lehrte in den Synagogen* und verkündete die Gute Nachricht, daß Gott jetzt seine Herrschaft aufrichtet und sein Werk vollendet.[b] Er heilte alle Krankheiten und Leiden.

36 Als er die vielen Menschen sah, ergriff ihn das Mitleid, denn sie waren so hilflos und erschöpft wie Schafe, die keinen Hirten haben. 37 Darum sagte er zu seinen Jüngern*: »Hier war-

a *in Gottes neue …:* wörtlich *zu rufen.*
b *die Gute Nachricht, daß …:* wörtlich *die Gute Nachricht* von der Königsherrschaft*.*

9,14 6,16-17 S; 11,18-19 par **9,15** 22,2; 25,10; Joh 2,1-12; 3,29; Offb 19,7 **9,20** Lev 15,25-27; Mt 14,36 par; Lk 6,19 **9,22** Lk 7,50 S; Mt 8,13 S **9,24** Joh 11,11-13 **9,25** Mk 5,41 S **9,27-30** 20,29-34 par **9,27** 20,30-31 S **9,29** 8,13 S **9,30** Mk 5,43 S **9,31** Mk 7,36 S **9,32-34** 12,22-24 par **9,34** 10,25; 12,24.27 par; Joh 8,48 S **9,35** 4,23 S **9,36** Mk 8,2 S; Sach 10,2

tet eine reiche Ernte, aber es gibt nicht genug
Menschen, die helfen, sie einzubringen. 38 Bittet
den Herrn, dem diese Ernte gehört, daß er die
nötigen Leute schickt!«

10 Und er rief seine zwölf Jünger zu sich und
gab ihnen die Vollmacht, böse Geister*
auszutreiben und alle Krankheiten und Leiden
zu heilen.

2 Hier sind die Namen dieser zwölf Apostel*:

Der erste von ihnen Simon, bekannt unter dem
Namen Petrus*;
dann Andreas, der Bruder Simons;
Jakobus, der Sohn von Zebedäus, und sein Bruder Johannes;
3 Philippus und Bartholomäus;
Thomas und der Zolleinnehmer* Matthäus;
Jakobus, der Sohn von Alphäus, und Thaddäus;
4 Simon, der zur Partei der Zeloten gehört hatte,[a]
und Judas Iskariot, der Jesus später verriet.

Der Auftrag der Jünger

(Mk 6,7-13; Lk 9,2-6)

5 Diese zwölf sandte Jesus aus mit dem Auftrag:
»Meidet die Orte, wo Nichtjuden wohnen, und
geht auch nicht in die Städte Samariens*, 6 sondern geht zum Volk Israel, dieser Herde von verlorenen Schafen. 7 Verkündet ihnen: ›Jetzt wird
Gott seine Herrschaft aufrichten und sein Werk
vollenden!‹[b] 8 Heilt die Kranken, weckt die Toten
auf, macht die Aussätzigen* rein und treibt die
bösen Geister* aus!

Umsonst habt ihr alles bekommen, umsonst
sollt ihr es weitergeben. 9 Beschafft euch kein
Reisegeld, weder Goldstücke noch Silber- oder
Kupfergeld! 10 Besorgt euch auch keine Vorratstasche, kein zweites Hemd, keine Schuhe und
keinen Wanderstock! Denn wer arbeitet, hat ein
Anrecht auf Unterhalt.

11 Wenn ihr in eine Stadt oder in ein Dorf
kommt, dann findet heraus, wer es wert ist, euch
in sein Haus aufzunehmen. Bleibt dort, bis ihr
weiterzieht. 12 Wenn ihr das Haus betretet, dann
wünscht allen, die darin wohnen, Frieden*!
13 Wenn sie es wert sind, wird euer Friedenswunsch in Erfüllung gehen. Andernfalls bleibt er
wirkungslos.

14 Wo sie euch nicht aufnehmen und nicht
anhören wollen, da geht aus dem Haus oder der
Stadt weg und schüttelt den Staub* von den
Füßen. 15 Ich versichere euch: Am Tag des Gerichts wird Gott mit den Leuten von Sodom*
und Gomorra mehr Nachsicht haben als mit den
Bewohnern einer solchen Stadt.«

Drohende Verfolgungen

16 »Das muß euch klar sein: Ich sende euch wie
Schafe mitten unter Wölfe. Seid klug wie die
Schlangen und doch ohne Hinterlist wie die Tauben. 17 Nehmt euch in acht vor den Menschen!
Sie werden euch an die Gerichte ausliefern und
in ihren Synagogen auspeitschen*. 18 Auch vor
Statthalter und Könige werdet ihr um meinetwillen gestellt werden, um auch vor ihnen, den Vertretern der nichtjüdischen Völker,[c] als Zeugen
für mich auszusagen.

19 Wenn sie euch an die Gerichte ausliefern,
dann macht euch keine Sorgen, was ihr sagen
sollt oder wie ihr es sagen sollt. Es wird euch im
entscheidenden Augenblick schon eingegeben
werden. 20 Nicht ihr werdet dann reden, sondern der Geist* eures Vaters wird aus euch sprechen.

21 Ein Bruder wird den andern dem Henker
ausliefern und ein Vater seine Kinder. Kinder
werden sich gegen ihre Eltern stellen und sie in
den Tod schicken. 22 Alle werden euch hassen,
weil ihr euch zu mir bekennt. Aber wer bis zum
Ende standhaft bleibt, wird gerettet.

23 Wenn sie euch in der einen Stadt verfolgen,
dann flieht in eine andere. Ich versichere euch:
Ihr werdet mit eurem Auftrag in den Städten
Israels nicht fertig werden, bis der Menschensohn* kommt.

24 Kein Schüler steht über seinem Lehrer und
kein Sklave über seinem Herrn. 25 Der Schüler
kann froh sein, wenn es ihm ergeht wie seinem
Lehrer, und der Sklave, wenn es ihm ergeht wie
seinem Herrn. Wenn sie schon den Hausherrn
Oberteufel[d] nennen, dann werden sie seine
Leute erst recht so beschimpfen.«

Wen man fürchten muß

(Lk 12,2-9)

26 »Fürchtet euch nicht vor diesen Menschen!
Was verhüllt ist, wird offenbar werden, und was

a Wörtlich *Simon, der Kananäer;* siehe Sacherklärung »Zeloten«.
b *Jetzt wird Gott …:* wörtlich *Nahe herbeigekommen ist die Königsherrschaft* der Himmel.*
c Wörtlich *vor ihnen und (damit) den Heiden*.*
d Wörtlich *Beelzebul*.*

10,2-4 Apg 1,13; Joh 1,40-44 **10,2** Lk 6,13 S **10,5-15** Lk 10,4-12 **10,5** Lk 10,33 S **10,6** Jer 50,6; Mt 15,24; Apg 13,46 **10,7** 4,17 S **10,10** 1 Kor 9,14; 1 Tim 5,18 **10,13** Lk 2,14 S **10,14** Apg 13,51 S **10,15** Gen 18,20; 19,1-29; Mt 11,24; Lk 10,12 **10,16** Lk 10,3 **10,17-22** 24,9-14 par; Joh 16,1-4 **10,17** Apg 5,40; 2 Kor 11,24 **10,18** Apg 24,1–26,32 **10,19-20** Lk 12,11-12 S **10,21** Mt 10,35 par S **10,22** Lk 6,22 S; Joh 15,18-19 S **10,23** Apg 8,1; Mt 16,28 par **10,24-25** Joh 13,16 S **10,25** 9,34 S **10,26** Mk 4,22 par

niemand weiß, wird allen bekannt werden.
27 Was ich euch in der Dunkelheit anvertraue, das sagt am hellen Tag weiter, und was ich euch ins Ohr flüstere, das ruft laut in der Öffentlichkeit aus.

28 Fürchtet euch nicht vor denen, die nur den Leib, aber nicht die Seele* töten können. Fürchtet euch vor Gott, der Leib und Seele ins ewige Verderben schicken kann.

29 Kauft man nicht zwei Spatzen für einen Groschen? Und doch fällt nicht einmal ein Spatz auf die Erde, ohne daß euer Vater es weiß.
30 Bei euch aber ist sogar jedes Haar auf dem Kopf gezählt.
31 Habt also keine Angst: Ihr seid Gott mehr wert als ein ganzer Schwarm Spatzen!

32 Wer sich vor den Menschen zu mir bekennt, zu dem werde auch ich mich bekennen am Gerichtstag vor meinem Vater im Himmel.
33 Wer mich aber vor den Menschen nicht kennen will, den werde auch ich am Gerichtstag vor meinem Vater im Himmel nicht kennen.«

Kein fauler Frieden

(Lk 12,51-53; 14,26-27; 17,33)

34 »Denkt nicht, daß ich gekommen bin, Frieden in die Welt zu bringen. Nein, ich bin nicht gekommen, Frieden zu bringen, sondern Streit.
35 Ich bin gekommen, um die Söhne mit ihren Vätern zu entzweien, die Töchter mit ihren Müttern und die Schwiegertöchter mit ihren Schwiegermüttern.
36 Die nächsten Verwandten werden einander zu Feinden werden.

37 Wer Vater oder Mutter mehr liebt als mich, ist es nicht wert, zu mir zu gehören. Wer Sohn oder Tochter mehr liebt als mich, ist es nicht wert, zu mir zu gehören.
38 Wer nicht sein Kreuz* auf sich nimmt und mir auf meinem Weg folgt, ist es nicht wert, zu mir zu gehören.

39 Wer sein Leben festhalten will, wird es verlieren. Wer es aber um meinetwillen verliert, wird es gewinnen.«

Die Würde der Jünger

(Lk 10,16; Mk 9,41)

40 »Wer euch aufnimmt, nimmt mich auf; und wer mich aufnimmt, nimmt den auf, der mich gesandt hat.

41 Wer einen Propheten[a] aufnimmt, weil er ein Prophet ist, wird auch wie ein Prophet belohnt. Wer einen Gerechten* aufnimmt, weil er ein Gerechter ist, wird auch wie ein Gerechter belohnt.
42 Und wer einem ganz unbedeutenden Menschen auch nur einen Schluck kaltes Wasser zu trinken gibt – einfach weil er mein Jünger ist –, ich versichere euch, wer das tut, wird ganz gewiß nicht leer ausgehen.«

Abschluß der Jüngerunterweisung

11 Diese Anweisungen gab Jesus seinen zwölf Jüngern*. Als er die Rede beendet hatte, zog er weiter, um in den Städten des Landes zu lehren, was Gott jetzt von seinem Volk verlangt, und die Gute Nachricht* zu verkünden.[b]

Die Anfrage des Täufers Johannes

(Lk 7,18-23)

2 Der Täufer* Johannes hatte im Gefängnis von den Taten gehört, die Jesus als den versprochenen Retter auswiesen;[c] darum schickte er einige seiner Jünger* zu ihm.
3 »Bist du wirklich der, der kommen soll«, ließ er fragen, »oder müssen wir auf einen anderen warten?«

4 Jesus antwortete ihnen: »Geht zu Johannes und berichtet ihm, was ihr hört und seht:
5 Blinde sehen, Gelähmte gehen, Aussätzige* werden gesund,[d] Taube hören, Tote stehen auf, und den Armen wird die Gute Nachricht* verkündet.
6 Freuen darf sich, wer nicht an mir irre wird!«

Jesus spricht über Johannes

(Lk 7,24-35; 16,16)

7 Als die Abgesandten des Täufers* wieder weggegangen waren, fing Jesus an, zu der Menge über Johannes zu sprechen:

»Als ihr in die Wüste zu ihm hinausgezogen seid, was habt ihr da erwartet? Etwa ein Schilfrohr, das jedem Wind nachgibt?
8 Oder was sonst wolltet ihr sehen? Einen Menschen in vornehmer Kleidung? Solche Leute wohnen in Palästen!

9 Also, was habt ihr erwartet? Einen Propheten*? Ich versichere euch: Ihr habt mehr gesehen als einen Propheten!
10 Johannes ist der, von dem es in den Heiligen Schriften* heißt: ›Ich sende meinen Boten vor dir her, sagt Gott, damit er den Weg für dich bahnt.‹

11 Ich versichere euch: Der Täufer Johannes ist der Bedeutendste unter allen, die je von einer

a Siehe Anmerkung zu 7,15. b Wörtlich *zu lehren und zu verkünden.*
c Wörtlich *von den Werken des Christus*.* d *gesund:* wörtlich *rein*.*

10,28 Ps 56,5 S; Hebr 10,31 **10,30** Lk 21,18 **10,33** Mk 8,38 par; 2 Tim 2,12 **10,34** Lk 2,14 S **10,35** Mi 7,6; Mt 10,21; 24,10; Mk 13,12 par; Lk 12,52-53 **10,37** Dtn 13,7-10; 33,9; Mt 19,29 par **10,38-39** 16,24-25 par; Lk 17,33; Joh 12,25-26 **10,40** 18,5 par; Joh 13,20; Gal 4,14 **11,2** 14,3; (Taten) 8,1–9,34; 11,19 **11,3** 3,11-12; Joh 1,15.27; 3,31; 11,27 **11,5** Jes 35,5-6; 29,18; 26,19; 61,1; Lk 4,18 **11,10** *nach* Mal 3,1 *und* Ex 23,20; Lk 1,76 S

Frau geboren wurden. Aber der Geringste, der
zu Gottes neuer Welt[a] gehört, ist größer als er.
[12] Als der Täufer Johannes auftrat, hat Gott an-
gefangen, seine Herrschaft* aufzurichten; aber
bis heute stellen sich ihr Feinde in den Weg. Sie
hindern andere mit Gewalt daran, sich dieser
Herrschaft zu unterstellen. [13] Das Gesetz* und
alle Propheten bis hin zu Johannes haben an-
gekündigt, was jetzt geschieht. [14] Und ob ihr es
wahrhaben wollt oder nicht: Johannes ist tat-
sächlich der Prophet Elija*, dessen Kommen vor-
ausgesagt war. [15] Wer Ohren hat, soll gut zu-
hören!
[16] Mit wem soll ich die Menschen von heute
vergleichen? Sie sind wie die Kinder, die auf dem
Marktplatz spielen. Die einen werfen den an-
dern vor: [17] ›Wir haben euch Hochzeitslieder ge-
spielt, aber ihr habt nicht getanzt!‹ ›Wir haben
euch Trauerlieder gesungen, aber ihr habt nicht
geweint.‹[b]
[18] Johannes ist gekommen, aß nicht und trank
nicht, und die Leute sagen: ›Er ist von einem
bösen Geist* besessen.‹ [19] Der Menschensohn*
ist gekommen, ißt und trinkt, und sie sagen:
›Seht ihn euch an, diesen Vielfraß und Säufer,
diesen Kumpan der Zolleinnehmer* und Sün-
der!‹
Aber die Weisheit* Gottes wird bestätigt
durch die Taten, die sie vollbringt.«

Wer nicht hören will ...

(Lk 10,13-15)

[20] Dann begann Jesus mit harten Worten über
die Orte zu sprechen, in denen er die meisten
Wunder getan hatte, und die Menschen hatten
sich doch nicht geändert:[c]
[21] »Weh dir, Chorazin! Weh dir, Betsaida!
Wenn in Tyrus und Sidon die Wunder gesche-
hen wären, die bei euch geschehen sind, die
Leute dort hätten schon längst den Sack* umge-
bunden, sich Asche auf den Kopf gestreut und
ihr Leben geändert. [22] Ich versichere euch: Am
Tag des Gerichts wird es den Bewohnern von
Tyrus und Sidon besser ergehen als euch!
[23] Und du, Kafarnaum, meinst du, du wirst in
den Himmel erhoben werden? In den tiefsten
Abgrund* wirst du gestürzt! Wenn in Sodom*
die Wunder geschehen wären, die bei dir ge-
schehen sind, dann würde es heute noch ste-
hen. [24] Ich versichere dir: Am Tag des Gerichts
wird es Sodom besser ergehen als dir!«

Jesus und der Vater. Einladung zu erfülltem Leben

(Lk 10,21-22)

[25] Danach rief Jesus: »Vater, Herr über Himmel
und Erde, du hast angefangen, deine Herrschaft*
aufzurichten.[d] Das hast du den Klugen und Ge-
lehrten verborgen, aber den Unwissenden hast
du es offenbar gemacht. Dafür preise ich dich!
[26] Ja, Vater, so wolltest du es haben!
[27] Mein Vater hat mir alle Macht übergeben.
Niemand kennt den Sohn*, nur der Vater, und
niemand den Vater, nur der Sohn – und die,
denen der Sohn ihn offenbaren will.
[28] Ihr plagt euch mit den Geboten, die die Ge-
setzeslehrer* euch auferlegt haben. Kommt alle
zu mir; ich will euch die Last abnehmen![e] [29] Ich
quäle euch nicht und sehe auf niemand herab.
Stellt euch unter meine Leitung und lernt bei
mir; dann findet euer Leben Erfüllung. [30] Was *ich*
anordne, ist gut für euch, und was *ich* euch zu
tragen gebe, ist keine Last.«

Jesus und der Sabbat

(Mk 2,23-28; Lk 6,1-5)

12 Damals ging Jesus an einem Sabbat*
durch die Felder. Seine Jünger* hatten
Hunger; darum fingen sie an, Ähren abzureißen
und die Körner zu essen.
[2] Als die Pharisäer* das sahen, sagten sie zu
Jesus: »Da sieh dir an, was deine Jünger tun! Das
ist nach dem Gesetz* am Sabbat verboten!«
[3] Jesus antwortete ihnen: »Habt ihr nicht ge-
lesen, was David tat, als er und seine Männer
hungrig waren? [4] Er ging in das Haus Gottes und
aß mit ihnen von den geweihten Broten*, ob-
wohl das verboten war – denn nur Priester dür-
fen davon essen.
[5] Oder habt ihr nicht im Gesetz gelesen, daß
die Priester auch am Sabbat im Tempel* arbei-
ten? Dadurch übertreten sie die Sabbatvorschrif-

a Wörtlich *der Geringste in der Königsherrschaft* der Himmel.*
b *nicht geweint:* wörtlich *euch nicht (auf die Brüste) geschlagen;* siehe Sacherklärung »Trauerbräuche«.
c *geändert:* siehe Sacherklärung »Umkehr«; ebenso zu Vers 21.
d *du hast angefangen ...:* verdeutlichender Zusatz.
e *Ihr plagt euch ...:* wörtlich *Auf zu mir, alle, die ihr euch plagt und schwere Lasten zu tragen habt, und ich werde euch Ruhe verschaffen.* Der Vers ist vor dem Hintergrund von 23,4 zu verstehen; vgl. auch Apg 15,10.

11,14 1 Kön 17,1 S; Mt 17,12-13 par; Lk 1,17; Joh 1,21 **11,18-19** 9,14 par; 6,16-17 S **11,19a** 9,10 S **11,19b** 11,2 S **11,21** Jes 23,1-16 S **11,23** 4,13; 9,1; Jes 14,13-15 **11,24** 10,15 S **11,25** Jes 29,14; 1 Kor 1,18-29 **11,27** Joh 3,35 S; 1,18; 10,15 **11,28** 23,4 par; Sir 24,19-22 **11,29** Jes 28,12; Jer 6,16 **11,30** 1 Joh 5,3 **12,1-8** Mk 2,27-28 S **12,1** Dtn 23,25-26 **12,2** Ex 20,8-10 S **12,3-4** 1 Sam 21,2-7; Lev 24,5-9 **12,5** Num 28,9-10

ten; trotzdem werden sie nicht schuldig. 6 Und ich sage euch: Hier ist mehr als der Tempel!

7 Wenn ihr verstanden hättet, was mit dem Wort gemeint ist: ›Ich fordere von euch nicht, daß ihr mir irgendwelche Opfer[a] darbringt, sondern daß ihr barmherzig seid‹, dann würdet ihr nicht Unschuldige verurteilen.

8 Der Menschensohn* ist Herr über den Sabbat; er hat zu bestimmen, was an diesem Tag getan werden darf.«

Jesus heilt am Sabbat

(Mk 3,1-6; Lk 6,6-11)

9 Jesus ging weiter und kam in ihre Synagoge*.
10 Dort war ein Mann mit einer abgestorbenen Hand. Die Pharisäer* hätten Jesus gerne angezeigt und fragten ihn deshalb: »Ist es erlaubt, am Sabbat* zu heilen?«

11 Jesus antwortete: »Stellt euch vor, einer von euch hat nur ein einziges Schaf, und das fällt an einem Sabbat in eine Grube. Packt er dann nicht
zu und holt es heraus? 12 Ein Mensch ist doch viel mehr wert als ein Schaf! Also ist es erlaubt, einem Menschen am Sabbat Gutes zu tun.«

13 Dann sagte er zu dem Mann: »Streck deine Hand aus!« Er streckte sie aus, und sie wurde so gesund wie die andere.

14 Da gingen die Pharisäer hinaus und beschlossen, daß Jesus sterben müsse.

Die erfüllte Zusage

(Mk 3,7-12; Lk 6,17-19)

15 Als Jesus davon hörte, zog er sich von dort zurück. Viele Menschen folgten ihm. Er heilte
alle Kranken, 16 verbot ihnen aber nachdrücklich, öffentlich von ihm zu reden.

17 Damit sollte in Erfüllung gehen, was der Prophet Jesaja angekündigt hatte:

18 »Hier ist mein Bevollmächtigter*!
Ihn habe ich erwählt,
ihm gilt meine Liebe,
an ihm habe ich Freude.
Ihm gebe ich meinen Geist*.
Er wird den Völkern der Welt meine Rechtsordnung verkünden.
19 Er streitet nicht und macht keinen Lärm,
er hält keine lauten Reden auf den Straßen.
20 Das geknickte Schilfrohr zerbricht er nicht,
den glimmenden Docht löscht er nicht aus.
So handelt er, bis er meiner Rechtsordnung zum Sieg verholfen hat.
21 Auf ihn werden die Völker ihre Hoffnung setzen.«

Steht Jesus mit dem Teufel im Bund?

(Lk 11,14-23; 12,10; Mk 3,22-30)

22 Damals brachten sie einen Mann zu Jesus, der war blind und stumm, weil er von einem bösen Geist* besessen war. Jesus heilte ihn, und er konnte wieder sprechen und sehen. 23 Darüber
geriet die Menge in große Erregung, und alle fragten sich: »Ist er vielleicht der versprochene Sohn Davids*?«

24 Als die Pharisäer das hörten, widersprachen sie: »Er kann die bösen Geister nur austreiben, weil Beelzebul*, der oberste aller bösen Geister, ihm die Macht dazu gibt!«

25 Jesus wußte, was sie dachten, und sagte zu ihnen: »Jeder Staat, dessen Machthaber einander befehden, muß untergehen, und keine Stadt oder Familie, in der die Leute miteinander im
Streit liegen, kann bestehen. 26 Würde der Satan*
sich selbst austreiben, dann wäre er mit sich selbst zerstritten. Wie könnte da seine Herrschaft bestehen?

27 Wenn ich die bösen Geister austreibe, weil ich mit Beelzebul im Bund stehe, wer gibt dann *euren* Anhängern die Macht, sie auszutreiben? Eure eigenen Leute werden es sein, die euch das Urteil sprechen!

28 Nein, ich treibe die bösen Geister mit Hilfe von Gottes Geist* aus, und daran könnt ihr erkennen, daß Gott schon angefangen hat, mitten unter euch seine Herrschaft* aufzurichten.

29 Oder wie kann einer in das Haus eines Starken eindringen und ihm seine Beute rauben, wenn er den Starken nicht zuvor gefesselt hat? Dann erst kann er sein Haus ausrauben!

30 Wer nicht für mich ist, der ist gegen mich, und wer mir nicht sammeln hilft, der zerstreut.
31 Deshalb sage ich euch: Jede Sünde und jede Gotteslästerung kann den Menschen vergeben werden; aber wenn jemand den Geist Gottes beleidigt, gibt es keine Vergebung. 32 Sogar wer den
Menschensohn* beschimpft, kann Vergebung finden. Wer aber den Heiligen Geist beleidigt, wird niemals Vergebung finden, weder in dieser Welt noch in der kommenden.«

a Zu dem angeführten Wort aus Hos 6,6 vgl. Anmerkung zu 9,13; hier ist mit *Opfer* an die Einhaltung des Sabbatgebotes gedacht, wie es von den Pharisäern ausgelegt und praktiziert wurde.

12,7 9,13 S **12,9-14** Mk 2,27-28 S **12,11-12** Lk 13,15-16 **12,11** Lk 14,5 S **12,14** Mk 11,18 S; Joh 7,1 S **12,16** Mk 5,43 S **12,17-21** *nach* Jes 42,1-4 **12,18** 3,17 S; 28,19 **12,21** Röm 15,12 **12,22-24** 9,32-34 **12,23** 20,30-31 S **12,24** 9,34 S **12,28** Lk 17,21 **12,29** Jes 49,24-25 **12,30** Mk 9,40 par **12,31-32** 12,24 par

Worte offenbaren den Menschen – und werden gewogen

(Lk 6,43-45)

33 »Wenn ihr einen gesunden Baum habt, habt ihr gute Früchte von ihm zu erwarten. Wenn ihr einen kranken Baum habt, habt ihr schlechte Früchte von ihm zu erwarten. An den Früchten ist zu erkennen, was der Baum wert ist.

34 Ihr Schlangenbrut! Wie könnt ihr Gutes reden, wo ihr doch böse seid! Denn wovon das Herz voll ist, davon redet der Mund. 35 Ein guter Mensch bringt Gutes hervor, weil er im Innersten gut ist. Ein schlechter Mensch kann nur Böses hervorbringen, weil er von Grund auf böse ist.

36 Aber das sage ich euch: Am Tag des Gerichts werden die Menschen sich verantworten müssen für jedes unnütze Wort, das sie gesprochen haben. 37 Aufgrund deiner eigenen Worte wirst du dann freigesprochen oder verurteilt werden.«

Die Gegner fordern von Jesus einen Beweis

(Lk 11,16.29-32)

38 Darauf antworteten einige der Gesetzeslehrer* und Pharisäer* und forderten: »Lehrer*, wir wollen von dir ein Wunder sehen, das eindeutig beweist, daß du von Gott beauftragt bist!«[a]

39 Jesus erwiderte: »Diese böse Generation, die von Gott nichts wissen will,[b] verlangt einen Beweis, aber es wird ihr keiner gegeben werden – ausgenommen das Wunder, das am Propheten Jona* geschah: Den Beweis werden sie bekommen! 40 So wie Jona drei Tage und drei Nächte im Bauch des Seeungeheuers war, so wird auch der Menschensohn* drei Tage und drei Nächte in der Tiefe der Erde verborgen sein.

41 Am Tag des Gerichts werden die Bewohner von Ninive* aufstehen und diese Generation schuldig sprechen; denn als Jona sie warnte, haben sie ihr Leben geändert.[c] Und hier steht ein Größerer als Jona!

42 Am Tag des Gerichts wird die Königin aus dem Süden aufstehen und diese Generation schuldig sprechen; denn sie kam vom Ende der Welt, um die weisen Lehren Salomos zu hören. Und hier steht ein Größerer als Salomo!«

Warnung vor den Folgen eines Rückfalls

(Lk 11,24-26)

43 »Wenn ein böser Geist* einen Menschen verläßt, irrt er durch Wüsten und sucht nach einer Bleibe und findet keine. 44 Dann sagt er sich: ›Ich gehe lieber wieder in meine alte Behausung!‹ Er kehrt zurück und findet alles leer, sauber und aufgeräumt.

45 Darauf geht er hin und sucht sich sieben andere böse Geister, die noch schlimmer sind als er selbst, und sie kommen und wohnen dort. So ist dieser Mensch am Ende schlimmer dran als am Anfang.

Genauso wird es auch dieser bösen Generation ergehen.«

Die wahre Familie von Jesus

(Mk 3,31-35; Lk 8,19-21)

46 Während Jesus noch zu der Menschenmenge sprach, kamen seine Mutter und seine Brüder dazu. Sie standen vor dem Haus und wollten ihn sprechen.

47 Einer aus der Menge sagte zu Jesus: »Deine Mutter und deine Brüder stehen draußen und wollen dich sprechen!«

48 Jesus antwortete ihm: »Wer ist meine Mutter? Wer sind meine Brüder?«

49 Dann streckte er seine Hand über seine Jünger* aus und sagte: »Das hier sind meine Mutter und meine Brüder! 50 Denn wer tut, was mein Vater im Himmel will, der ist mein Bruder, meine Schwester und meine Mutter.«

JESUS SPRICHT IN GLEICHNISSEN

(13,1-52)

Jesus muß ins Boot steigen

(Mk 4,1-2; Lk 8,4)

13 Am selben Tag verließ Jesus das Haus und setzte sich ans Seeufer. 2 Es kamen so viele Menschen zusammen, daß er in ein Boot steigen und darin Platz nehmen mußte. Die Menge blieb am Ufer stehen, 3a und er sagte ihnen vieles in Form von Gleichnissen*.

a Wörtlich *wir wollen von dir ein Zeichen sehen.*
b Wörtlich *Eine böse und ehebrecherische Generation.* Das Wort *ehebrecherisch* ist hier im übertragenen Sinn zu verstehen; siehe Sacherklärung »Hurerei«.
c *ihr Leben geändert:* siehe Sacherklärung »Umkehr«.

12,33 7,16-18 **12,34** 3,7 S **12,36-37** Jak 3,6-10 **12,38-39** 16,1-4 par **12,38** Joh 6,30 S **12,40** Jona 2,1; Mt 27,63; 16,21 par **12,41** Jona 3,5 **12,42** 1 Kön 10,1-10 **12,45** 2 Petr 2,20 **12,50** 6,10 S

Das Gleichnis von der Aussaat

(Mk 4,2-9; Lk 8,5-8)

3b Er sagte: »Ein Bauer ging aufs Feld, um zu
säen. 4 Als er die Körner ausstreute, fiel ein Teil
von ihnen auf den Weg. Die Vögel kamen und
pickten sie auf.
5 Andere Körner fielen auf felsigen Grund, der
nur mit einer dünnen Erdschicht bedeckt war.
Sie gingen rasch auf, weil sie sich nicht in der
Erde verwurzeln konnten; 6 als aber die Sonne
hochstieg, vertrockneten die jungen Pflanzen,
und weil sie keine Wurzeln hatten, verdorrten
sie.
7 Wieder andere Körner fielen in Dornenge-
strüpp, das bald das Getreide überwucherte und
erstickte.
8 Andere Körner schließlich fielen auf guten
Boden und brachten Frucht. Manche brachten
hundert Körner, andere sechzig und wieder
andere dreißig.«
9 Und Jesus sagte: »Wer Ohren hat, soll gut
zuhören!«

Warum Jesus Gleichnisse gebraucht

(Mk 4,10-12.25; Lk 8,9-10.18; 10,23-24)

10 Die Jünger* kamen zu Jesus und fragten: »War-
um sprichst du in Gleichnissen*, wenn du zu
den Leuten redest?«
11 Jesus antwortete: »Euch hat Gott die Ge-
heimnisse seines Planes erkennen lassen, nach
dem er schon begonnen hat, seine Herrschaft in
der Welt aufzurichten;[a] den anderen hat er diese
Erkenntnis nicht gegeben. 12 Denn wer viel hat,
dem wird noch mehr gegeben werden, so daß
er übergenug haben wird. Wer aber wenig hat,
dem wird auch noch das wenige genommen
werden, das er hat.
13 Aus diesem Grund rede ich in Gleichnissen,
wenn ich zu ihnen spreche. Denn sie sehen
zwar, aber erkennen nichts; sie hören zwar,
aber verstehen nichts. 14 An ihnen erfüllt sich die
Voraussage des Propheten Jesaja:
›Hört nur zu, ihr versteht doch nichts; seht
hin, soviel ihr wollt, ihr erkennt doch nichts!
15 Denn dieses Volk ist im Innersten verstockt.
Sie halten sich die Ohren zu und schließen die
Augen, damit sie nur ja nicht sehen, hören und
begreifen, sagt Gott. Sonst würden sie zu mir
umkehren, und ich könnte sie heilen.‹
16 Ihr dagegen dürft euch freuen; denn eure
Augen sehen und eure Ohren hören. 17 Ich ver-
sichere euch: Viele Propheten* und Gerechte*
wollten sehen, was ihr jetzt seht, aber sie haben
es nicht gesehen. Sie wollten hören, was ihr jetzt
hört, aber sie haben es nicht gehört.«

Jesus erklärt das Gleichnis von der Aussaat

(Mk 4,13-20; Lk 8,11-15)

18 »Euch will ich also sagen, was das Gleichnis*
vom Bauern und der Saat bedeutet.
19 Es gibt Menschen, die die Botschaft hören,
daß Gott seine Herrschaft* aufrichten will; aber
sie verstehen sie nicht. Dann kommt der Feind
Gottes und nimmt weg, was in ihr Herz gesät
worden ist. Bei ihnen ist es wie bei dem Samen,
der auf den Weg fällt.
20 Bei anderen ist es wie bei dem Samen, der
auf felsigen Grund fällt. Sie hören die Botschaft
und nehmen sie sogleich mit Freuden an; 21 aber
sie kann in ihnen keine Wurzeln schlagen, weil
sie unbeständig sind. Wenn sie dieser Botschaft
wegen in Schwierigkeiten geraten oder verfolgt
werden, werden sie gleich an ihr irre.
22 Wieder bei anderen ist es wie bei dem
Samen, der in das Dornengestrüpp fällt. Sie
hören zwar die Botschaft; aber sie hat bei ihnen
keine Wirkung, weil sie sich in ihren Alltagssor-
gen verlieren und sich vom Reichtum verführen
lassen. Dadurch wird die Botschaft erstickt.
23 Bei anderen schließlich ist es wie bei dem
Samen, der auf guten Boden fällt. Sie hören und
verstehen die Botschaft, und sie bringen dann
auch Frucht: manche hundertfach, andere sech-
zigfach und wieder andere dreißigfach.«

Das Unkraut im Weizen

24 Dann erzählte Jesus der Volksmenge ein ande-
res Gleichnis*:
»Mit der neuen Welt Gottes[b] ist es wie mit
dem Mann, der guten Samen auf seinen Acker
gesät hatte: 25 Eines Nachts, als alles schlief, kam
sein Feind, säte Unkraut zwischen den Weizen
und verschwand. 26 Als nun der Weizen wuchs
und Ähren ansetzte, schoß auch das Unkraut
auf.
27 Da kamen die Arbeiter zum Gutsherrn und
fragten: ›Herr, du hast doch guten Samen auf dei-
nen Acker gesät, woher kommt das ganze Un-
kraut?‹
28 Der Gutsherr antwortete ihnen: ›Das hat
einer getan, der mir schaden will.‹

a *Euch hat Gott ...:* wörtlich *Euch ist es gegeben, zu erkennen die Geheimnisse der Königsherrschaft der Himmel.* Bei den *Geheimnissen* ist hier an all das zu denken, was Jesus in den Gleichnissen über die Herrschaft* Gottes lehrt.
b *der neuen Welt Gottes:* wörtlich *der Königsherrschaft* der Himmel.*

13,11 11,25 13,12 25,29 S 13,14-15 *nach* Jes 6,9-10; Mk 4,12 S 13,17 1 Petr 1,10-12 13,22 1 Tim 6,9-10

Die Arbeiter fragten: ›Sollen wir hingehen
und das Unkraut ausreißen?‹
29 ›Nein‹, sagte der Gutsherr, ›wenn ihr es
ausreißt, könntet ihr zugleich den Weizen mit
ausreißen. 30 Laßt beides wachsen bis zur Ernte!
Wenn es soweit ist, will ich den Erntearbeitern
sagen: Sammelt zuerst das Unkraut ein und bün-
delt es, damit es verbrannt wird. Aber den Wei-
zen schafft in meine Scheune.‹«

Senfkorn und Sauerteig: Der entscheidende Anfang ist gemacht

(Lk 13,18-21; Mk 4,30-32)

31 Jesus erzählte ihnen noch ein anderes Gleich-
nis*:
»Wenn Gott jetzt seine Herrschaft* aufrichtet,
geht es ähnlich zu wie bei einem Senfkorn, das
jemand auf seinen Acker gesät hat. 32 Es gibt kei-
nen kleineren Samen; aber was daraus wächst,
wird größer als alle anderen Gartenpflanzen.
Es wird ein richtiger Baum, so daß die Vögel
kommen und in seinen Zweigen ihre Nester
bauen.«[a]
33 Noch ein Gleichnis erzählte er ihnen:
»Wenn Gott jetzt seine Herrschaft aufrich-
tet, ist es wie mit dem Sauerteig*: Eine Frau
mengte eine Handvoll davon unter eine riesige
Menge Mehl,[b] und er machte den ganzen Teig
sauer.«

Noch einmal: Warum Gleichnisse?

(Mk 4,33-34)

34 Das alles erzählte Jesus der Menschenmenge
in Form von Gleichnissen*; er sagte ihnen
nichts, ohne Gleichnisse zu gebrauchen.
35 Damit sollte in Erfüllung gehen, was Gott
durch den Propheten* angekündigt hatte: »Ich
will in Gleichnissen reden, nur in Gleichnissen
will ich von dem sprechen, was seit der Erschaf-
fung der Welt verborgen ist.«

Jesus erklärt das Gleichnis vom Unkraut

36 Dann schickte Jesus die Menschenmenge weg
und ging ins Haus. Seine Jünger* traten zu ihm
und baten: »Erkläre uns doch das Gleichnis*
vom Unkraut auf dem Acker!«
37 Jesus antwortete: »Der Mann, der den
guten Samen aussät, ist der Menschensohn*,
38 und der Acker ist die Welt. Der gute Same sind
die Menschen, die sich der Herrschaft* Gottes
unterstellen. Das Unkraut sind die Menschen,
die dem Bösen folgen. 39 Der Feind, der das Un-
kraut gesät hat, ist der Teufel. Die Ernte ist das
Ende der Welt, und die Erntearbeiter sind die
Engel*.
40 Wie das Unkraut eingesammelt und ver-
brannt wird, so wird es auch am Ende der Welt
zugehen: 41 Der Menschensohn wird seine
Engel aussenden, und sie werden aus seinem
Herrschaftsgebiet alle einsammeln, die Gott un-
gehorsam waren und andere zum Ungehorsam
verleitet haben. 42 Sie werden sie in den glühen-
den Ofen werfen; dort gibt es nur noch Jammern
und Zähneknirschen.
43 Dann werden alle, die Gott gehorcht haben,
in der neuen Welt Gottes, ihres Vaters,[c] so hell
strahlen wie die Sonne.
Wer Ohren hat, soll gut zuhören!«

Der versteckte Schatz und die Perle

44 »Die neue Welt Gottes[d] ist mit einem Schatz
zu vergleichen, der in einem Acker vergraben
war: Ein Mensch fand ihn und deckte ihn
schnell wieder zu. In seiner Freude verkaufte er
alles, was er hatte, und kaufte dafür den Acker
mit dem Schatz.
45 Wer die Einladung in Gottes neue Welt hört
und ihr folgt, handelt wie der Kaufmann,[e] der
schöne Perlen suchte: 46 Als er eine entdeckte,
die besonders wertvoll war, verkaufte er alles,
was er hatte, und kaufte sie.«

Das Gleichnis vom Netz

47 »Wenn Gott sein Werk vollendet, wird es sein
wie bei dem Netz,[f] das im See ausgeworfen
wurde und Fische aller Art einfing: 48 Als es voll
war, zogen es die Fischer an Land, setzten sich
hin und sortierten den Fang. Die guten Fische
kamen in Körbe, die unbrauchbaren wurden
weggeworfen.
49 So wird es auch am Ende der Welt sein. Die
Engel* Gottes werden kommen und die Men-
schen, die Böses getan haben, von denen tren-
nen, die getan haben, was Gott will. 50 Sie wer-
den die Ungehorsamen in den glühenden Ofen
werfen; dort gibt es nur noch Jammern und
Zähneknirschen.«

a Zum Bild vom *Baum* siehe Anmerkung zu Mk 4,32. b 20 kg; griechische Maßangabe *3 Sata* (1 Saton = ca. 13 l).
c Wörtlich *in der Königsherrschaft* ihres Vaters.* d Wörtlich *Die Königsherrschaft* der Himmel.*
e Wörtlich *Die Königsherrschaft* der Himmel ist gleich einem Kaufmann.*
f Wörtlich *Die Königsherrschaft* der Himmel ist gleich einem Netz.*

13,30 3,12 par; Offb 14,14-15 **13,31** 17,20; Lk 17,6 **13,32** Ez 17,23 **13,33** 1 Kor 5,6; Gal 5,9 **13,34-35** 13,2-3.10-15 **13,35** *nach* Ps 78,2 **13,40** 7,19 S **13,41** 24,31 par **13,42** 8,12 S; Dan 3,6 S **13,43** Dan 12,3; Ri 5,31 **13,44** 19,29 par; Phil 3,7-14 **13,50** 8,12 S; Dan 3,6 S

Neue Gesetzeslehrer

51 »Habt ihr das alles verstanden?« fragte Jesus
seine Jünger*, und sie antworteten: »Ja!«
52 Da sagte er zu ihnen: »So wird es denn
künftig neue Gesetzeslehrer* geben, solche, die
gelernt haben, was es mit der Herrschaft* Gottes
auf sich hat. Diese Gesetzeslehrer sind zu ver-
gleichen mit einem Hausherrn, der aus seiner
Vorratskammer Neues und Altes herausholt.«
53 Als Jesus diese Reihe von Gleichnissen* be-
endet hatte, verließ er die Gegend am See.[a]

MACHTTATEN UND MAHNWORTE
(13,54–16,12)

Jesus in Nazaret
(Mk 6,1-6; Lk 4,16-30)

54 Jesus kam in seine Heimatstadt und lehrte in
der Synagoge*, und die Leute, die ihn hörten,
waren sehr verwundert.
»Woher hat er diese Weisheit«, fragten sie ein-
ander, »und woher die Kraft, solche Wunder zu
tun? 55 Ist er nicht der Sohn des Zimmermanns*?
Ist nicht Maria seine Mutter, und sind nicht
Jakob, Josef, Simon und Judas seine Brüder?
56 Leben nicht auch seine Schwestern alle hier
bei uns? Woher hat er dann das alles?«
57 Darum wollten sie nichts von ihm wissen.
Aber Jesus sagte zu ihnen: »Ein Prophet* gilt
nirgends so wenig wie in seiner Heimat und in
seiner Familie.«
58 Weil sie ihm das Vertrauen verweigerten,
tat er dort nur wenige Wunder.

Was Herodes von Jesus denkt
(Mk 6,14-16; Lk 9,7-9)

14 Zu dieser Zeit hörte Herodes Antipas,[b] der
Fürst in jenem Teil des Landes, was sich
die Leute von Jesus erzählten. 2 »Das ist der Täu-
fer* Johannes«, sagte er zu seinem Gefolge. »Er
ist vom Tod auferweckt worden, darum wirken
solche Kräfte in ihm.«

Vom Tod des Täufers Johannes
(Mk 6,17-29)

3 Herodes hatte nämlich Johannes festnehmen
und gefesselt ins Gefängnis werfen lassen. Der
Grund dafür war: Herodes hatte seinem Bruder
Philippus die Frau, Herodias*, weggenommen
und sie geheiratet. 4 Johannes hatte ihm darauf-
hin vorgehalten: »Das Gesetz* Gottes erlaubt dir
nicht, sie zu heiraten.«
5 Herodes hätte ihn deshalb gerne getötet;
aber er hatte Angst vor dem Volk, das Johannes
für einen Propheten* hielt.
6 Als nun Herodes Geburtstag hatte, tanzte
die Tochter von Herodias vor den Gästen. Das ge-
fiel Herodes so gut, 7 daß er einen Eid schwor
und ihr versprach, ihr alles zu geben, was sie
sich wünschte.
8 Auf Anraten ihrer Mutter bat das Mädchen:
»Gib mir jetzt sofort auf einem Teller den Kopf
des Täufers Johannes!«
9 Da wurde Herodes traurig, aber weil er vor
allen Gästen einen Schwur geleistet hatte, befahl
er, ihr den Wunsch zu erfüllen. 10 Er schickte den
Henker ins Gefängnis; der enthauptete Johan-
nes. 11 Sein Kopf wurde auf einem Teller herge-
bracht und dem Mädchen überreicht. Das gab
ihn weiter an seine Mutter.
12 Die Jünger* von Johannes holten den Toten
und begruben ihn. Danach gingen sie zu Jesus
und berichteten ihm, was geschehen war.

Jesus gibt fünftausend Menschen zu essen
(Mk 6,30-44; Lk 9,10-17; Joh 6,1-13)

13 Als Jesus das hörte, ging er von dort weg und
fuhr mit dem Boot an eine einsame Stelle. Aber
die Leute in den umliegenden Orten erfuhren es
und folgten ihm auf dem Landweg.
14 Als Jesus aus dem Boot stieg, sah er eine
große Menschenmenge vor sich. Da ergriff ihn
das Mitleid, und er heilte ihre Kranken.
15 Darüber wurde es Abend. Seine Jünger*
kamen zu ihm und sagten: »Es ist schon spät,
und die Gegend hier ist einsam. Schick doch die
Leute weg! Sie sollen in die Dörfer gehen und
sich etwas zu essen kaufen!«
16 Jesus antwortete ihnen: »Warum sollen sie
weggehen? Gebt doch *ihr* ihnen zu essen!«
17 Die Jünger hielten ihm entgegen: »Wir
haben nur fünf Brote und zwei Fische hier.«
18 »Bringt sie mir her!« sagte Jesus.
19 Er forderte die Leute auf, sich ins Gras zu
setzen. Dann nahm er die fünf Brote und die
zwei Fische, sah zum Himmel auf und sprach
das Segensgebet darüber. Er brach die Brote in
Stücke und gab sie den Jüngern, und die verteil-
ten sie an die Menge.
20 Alle aßen und wurden satt, und sie füllten

a *am See:* verdeutlichender Zusatz; vgl. die Verse 1 und 54.
b Wörtlich *Herodes;* siehe Sacherklärung »Herodes (3)«.

13,52 Sir 39,1-3 **13,54** Joh 7,15 **13,55** Joh 6,42 **13,57** Joh 4,44 **14,2** 16,14 S **14,3-4** Lk 3,19-20 **14,4** Ex 20,14; Lev 18,16; 20,21 **14,5** Joh 7,1 S; Mt 21,26 par **14,13-21** 15,32-39 par **14,14** Mk 8,2 S

sogar noch zwölf Körbe mit dem Brot, das übrigblieb.

21 Etwa fünftausend Männer hatten an der Mahlzeit teilgenommen, dazu noch Frauen und Kinder.

Jesus geht auf dem Wasser

(Mk 6,45-52; Joh 6,15-21)

22 Gleich darauf drängte Jesus die Jünger*, ins Boot zu steigen und ans andere Seeufer vorauszufahren. Er selbst wollte erst noch die Menschenmenge verabschieden. 23 Als er damit fertig war, stieg er allein auf einen Berg,[a] um zu beten. Als es dunkel wurde, war er immer noch dort.

24 Das Boot mit den Jüngern war inzwischen weit draußen auf dem See. Der Wind trieb ihnen die Wellen entgegen und machte ihnen schwer zu schaffen.

25 Im letzten Viertel der Nacht kam Jesus auf dem Wasser zu ihnen. 26 Als die Jünger ihn auf dem Wasser gehen sahen, erschraken sie und sagten: »Ein Gespenst!« und schrien vor Angst.

27 Sofort sprach Jesus sie an: »Faßt Mut! *Ich* bin's,[b] fürchtet euch nicht!«

28 Da sagte Petrus: »Herr, wenn du es bist, dann befiehl mir, auf dem Wasser zu dir zu kommen!«

29 »Komm!« sagte Jesus.

Petrus stieg aus dem Boot, ging über das Wasser und kam zu Jesus. 30 Als er dann aber die hohen Wellen sah, bekam er Angst. Er begann zu sinken und schrie: »Hilf mir, Herr!«

31 Sofort streckte Jesus seine Hand aus, faßte Petrus und sagte: »Du hast zuwenig Vertrauen! Warum hast du gezweifelt?« 32 Dann stiegen beide ins Boot, und der Wind legte sich.

33 Die Jünger im Boot warfen sich vor Jesus nieder und riefen: »Du bist wirklich Gottes Sohn*!«

Jesus heilt Kranke in Gennesaret

(Mk 6,53-56)

34 Sie überquerten den See und landeten bei Gennesaret*. 35 Die Bewohner des Ortes erkannten Jesus und verbreiteten die Nachricht von seiner Ankunft in der ganzen Umgebung. Daraufhin brachte man alle Kranken zu ihm 36 und bat ihn, ob sie nicht wenigstens eine Quaste* seines Gewandes berühren dürften. Und alle, die es taten, wurden gesund.

Falscher Gottesdienst

(Mk 7,1-13)

15 Damals kamen Pharisäer* und Gesetzeslehrer* aus Jerusalem zu Jesus und fragten ihn: 2 »Warum übertreten deine Jünger die Vorschriften, die von den früheren Gesetzeslehrern aufgestellt und dann weiterüberliefert worden sind? Warum waschen sie sich nicht die Hände vor dem Essen?«[c]

3 Jesus antwortete ihnen: »Und warum übertretet ihr das Gebot Gottes euren überlieferten Vorschriften zuliebe? 4 Gott hat gesagt: ›Ehre deinen Vater und deine Mutter!‹ und: ›Wer zu seinem Vater oder seiner Mutter etwas Schändliches sagt, wird mit dem Tod bestraft.‹ 5 Ihr dagegen behauptet: ›Wenn jemand zu seinem Vater oder seiner Mutter sagt: Was ihr von mir bekommen müßtet, ist für Gott bestimmt[d] 6 – dann darf er seine Eltern nicht mehr damit ehren.‹ So habt ihr das Wort Gottes außer Kraft gesetzt mit euren Überlieferungen.

7 Ihr Scheinheiligen, treffend hat der Prophet Jesaja euch im voraus beschrieben: 8 ›Dieses Volk ehrt mich nur mit Worten, sagt Gott, aber mit dem Herzen ist es weit weg von mir. 9 Ihr ganzer Gottesdienst ist sinnlos, denn sie lehren nur Gebote, die sich Menschen ausgedacht haben.‹«

Was unrein macht

(Mk 7,14-23)

10 Jesus rief die Menge hinzu und sagte: »Hört zu und versteht! 11 Nicht das macht den Menschen unrein*, was er durch den Mund in sich aufnimmt, sondern das, was aus seinem Mund herauskommt!«

12 Hinterher traten seine Jünger* zu ihm und sagten: »Weißt du, daß die Pharisäer* empört waren, weil du das gesagt hast?«

13 Jesus antwortete: »Alles, was mein Vater im Himmel nicht selbst gepflanzt hat, wird ausgerissen werden. 14 Laßt sie reden! Sie wollen Blinde führen und sind selbst blind. Wenn ein Blinder den andern führt, fallen beide in die Grube.«

15 Da sagte Petrus: »Erkläre uns doch, was du mit dem Wort von der Unreinheit gemeint hast!«

16 »Habt ihr auch noch nichts verstanden?« erwiderte Jesus. 17 »Begreift ihr nicht, daß alles,

a Wörtlich *auf den Berg;* siehe Sacherklärung »Berg«. b *Ich bin's:* siehe Anmerkung zu Joh 8,24.
c Es geht nicht um Hygiene, sondern um die kultische Reinheit; siehe Sacherklärung »Pharisäer«.
d Wörtlich *ist Weihegabe;* siehe Sacherklärung »Korban«.

14,23 5,1 S; Lk 5,16 S **14,25** Ijob 9,8 **14,26** Lk 24,37 **14,31** 6,30 par; 8,26 par; 16,8; 17,20 par **14,33** 16,16 par; 27,54; Mk 15,39 S; Joh 1,34 S **14,36** 9,20 S **15,2** 23,25; Lk 11,38-39 **15,4** *zit* Ex 20,12; *nach* Ex 21,17 **15,7-9** *nach* Jes 29,13 **15,11** Mk 7,15 S **15,14** 23,16.24; Lk 6,39; Röm 2,19

was durch den Mund aufgenommen wird, in
den Magen gelangt und dann vom Körper wie-
der ausgeschieden wird? 18 Was aber aus dem
Mund herauskommt, kommt aus dem Herzen,
und das macht den Menschen unrein. 19 Denn
aus dem Herzen kommen die bösen Gedanken
und mit ihnen Mord, Ehebruch, Unzucht, Dieb-
stahl, falsche Zeugenaussagen und Beleidigun-
gen. 20 Das ist es, was den Menschen unrein
macht, aber nicht, daß er es unterläßt, sich vor
dem Essen die Hände zu waschen.«

Das Vertrauen einer nichtjüdischen Frau

(Mk 7,24-30)

21 Jesus verließ die Gegend und zog sich in das
Gebiet von Tyrus und Sidon zurück. 22 Eine
kanaanitische[a] Frau, die dort wohnte, kam zu
ihm und rief: »Herr, du Sohn Davids*, hab Erbar-
men mit mir! Meine Tochter wird von einem
bösen Geist* sehr geplagt.«

23 Aber Jesus gab ihr keine Antwort. Schließ-
lich drängten ihn die Jünger: »Sieh zu, daß du sie
los wirst;[b] sie schreit ja hinter uns her!«

24 Aber Jesus sagte: »Ich bin nur zum Volk
Israel, dieser Herde von verlorenen Schafen, ge-
sandt worden.«

25 Da warf die Frau sich vor Jesus nieder und
sagte: »Hilf mir doch, Herr!«

26 Er antwortete: »Es ist nicht recht, den Kin-
dern das Brot wegzunehmen und es den Hun-
den vorzuwerfen.«

27 »Gewiß, Herr«, sagte sie; »aber die Hunde
bekommen doch wenigstens die Brocken, die
vom Tisch ihrer Herren herunterfallen.«

28 Da sagte Jesus zu ihr: »Du hast ein großes
Vertrauen, Frau! Was du willst, soll geschehen.«
Im selben Augenblick wurde ihre Tochter ge-
sund.

Jesus heilt und speist die Menschen

(Mk 7,31–8,10)

29 Jesus ging von dort weg und kam an den See
von Galiläa*. Er stieg auf einen Berg[c] und setzte
sich. 30 Eine große Menschenmenge kam zu ihm
mit Gelähmten, Verkrüppelten, Blinden, Stum-
men und vielen anderen Kranken. Die Leute leg-
ten sie vor seinen Füßen nieder, und er heilte
sie.

31 Alle staunten, als sie sahen, daß die Stum-
men sprachen, die Verkrüppelten wiederherge-
stellt wurden, die Gelähmten umherliefen und
die Blinden sehen konnten. Laut priesen sie den
Gott Israels.

32 Danach rief Jesus seine Jünger* zu sich und
sagte: »Die Menschen tun mir leid. Seit drei
Tagen sind sie hier bei mir und haben nichts zu
essen. Ich will sie jetzt nicht hungrig nach Hause
schicken, sie könnten sonst unterwegs zusam-
menbrechen.«

33 Aber die Jünger sagten: »Wo sollen wir hier
in dieser unbewohnten Gegend genug Brot be-
kommen, um so viele satt zu machen?«

34 »Wie viele Brote habt ihr?« fragte Jesus, und
sie antworteten: »Sieben, und noch ein paar
kleine Fische.« 35 Da forderte er die Leute auf,
sich auf die Erde zu setzen.

36 Er nahm die sieben Brote und die Fische
und sprach darüber das Dankgebet. Dann brach
er die Brote in Stücke und gab sie seinen Jün-
gern; und die Jünger verteilten sie an die Menge.

37 Alle aßen und wurden satt, und sie füllten
sogar noch sieben Körbe mit dem Brot, das
übrigblieb. 38 Viertausend Männer hatten an der
Mahlzeit teilgenommen, dazu noch Frauen und
Kinder.

39 Dann schickte Jesus die Leute nach Hause,
stieg in ein Boot und fuhr in das Gebiet von
Magadan.

Die Gegner fordern erneut einen Beweis

(Mk 8,11-13; Lk 12,54-56)

16 Die Pharisäer* und Sadduzäer* kamen zu
Jesus, um ihn auf die Probe zu stellen. Sie
verlangten von ihm ein Zeichen vom Himmel als
Beweis dafür, daß er wirklich von Gott beauf-
tragt sei.[d]

2 Aber Jesus antwortete ihnen:[e] »Wenn der
Abendhimmel rot ist, dann sagt ihr: ›Morgen
gibt es schönes Wetter.‹ 3 Und wenn der Mor-
genhimmel rot und trübe ist, sagt ihr: ›Heute
gibt es Sturm.‹ Ihr könnt also das Aussehen
des Himmels beurteilen und schließt daraus,
wie das Wetter wird. Warum versteht ihr dann
nicht auch, was die Ereignisse dieser Zeit ankün-
digen?

4 Diese böse Generation, die von Gott nichts

a Die Bezeichnung unterstreicht, daß die Frau nicht zum Gottesvolk Israel gehört; vgl. z. B. Esra 9,1.
b Möglich ist auch die Übersetzung: *Tu ihr den Gefallen, und dann laß sie gehen!*
c Wörtlich *auf den Berg;* siehe Sacherklärung »Berg«.
d Wörtlich *Sie verlangten, er solle ihnen ein Zeichen vom Himmel vorzeigen.*
e Die Verse 2b *(Wenn der Abendhimmel …)* und 3 fehlen in vielen wichtigen Handschriften; vgl. jedoch Lk 12,54-56.

15,19 Gal 5,19-21 S **15,22** 20,30-31 S **15,24** 10,6 S; Röm 15,8 **15,28** 8,13 S **15,29** 5,1 S **15,32-39** 14,13-21 par **15,32** Mk 8,2 S
16,1-4 Joh 6,30 S

wissen will,[a] verlangt einen Beweis; aber es
wird ihr keiner gegeben werden – ausgenom-
men das Wunder, das am Propheten Jona* ge-
schah: Den Beweis werden sie bekommen!«
Damit ließ er sie stehen und ging weg.

Unverständige Jünger

(Mk 8,14-21)

5 Als die Jünger* am anderen Seeufer ankamen,
hatten sie vergessen, Brot mitzunehmen. 6 Jesus
sagte zu ihnen: »Nehmt euch in acht vor dem
Sauerteig* der Pharisäer* und Sadduzäer*!«
7 Da sagten die Jünger zueinander: »Wir
haben kein Brot mitgenommen!«
8 Jesus hörte es und sagte: »Was macht ihr
euch Gedanken darüber, daß ihr kein Brot habt?
Habt ihr so wenig Vertrauen? 9 Habt ihr immer
noch nichts begriffen? Habt ihr vergessen, wie
ich die fünf Brote unter fünftausend Menschen
ausgeteilt habe? Und wieviel Körbe mit Resten
ihr da eingesammelt habt? 10 Und dann die sie-
ben Brote unter die viertausend – wieviel Körbe
mit Resten waren es da? 11 Ihr müßtet doch
merken, daß ich nicht von Broten spreche. Ich
spreche vom Sauerteig der Pharisäer und Saddu-
zäer; davor nehmt euch in acht!«
12 Da endlich verstanden sie, daß er nicht den
Sauerteig gemeint hatte, der zum Brotbacken
verwendet wird, sondern die Lehre der Pha-
risäer und Sadduzäer.

JESUS AUF DEM WEG NACH JERUSALEM (16,13–20,34)

Du bist Christus! – Du bist Petrus!

(Mk 8,27-30; Lk 9,18-21)

13 Als Jesus in die Gegend der Stadt Cäsarea Phi-
lippi kam, fragte er seine Jünger*: »Für wen hal-
ten die Leute den Menschensohn*?«
14 Die Jünger gaben zur Antwort: »Die einen
halten dich für den wiederauferstandenen Täu-
fer* Johannes, andere halten dich für den wie-
dergekommenen Elija*, und wieder andere mei-
nen, du seist Jeremia oder sonst einer von den
alten Propheten.«
15 »Und ihr«, wollte Jesus wissen, »für wen
haltet ihr mich?«
16 Da sagte Simon Petrus: »Du bist Christus,
der versprochene Retter,[b] der Sohn* des leben-
digen Gottes!«
17 Darauf sagte Jesus zu ihm: »Du darfst dich
freuen, Simon, Sohn von Johannes,[c] denn diese
Erkenntnis hast du nicht aus dir selbst; mein
Vater im Himmel hat sie dir gegeben.
18 Darum sage ich dir: Du bist Petrus*; und auf
diesem Felsen werde ich meine Gemeinde
bauen! Nicht einmal die Macht des Todes[d] wird
sie vernichten können. 19 Ich werde dir die
Schlüssel zu Gottes neuer Welt[e] geben. Was
du hier auf der Erde für verbindlich erklären
wirst, das wird auch vor Gott verbindlich sein;
und was du hier für nicht verbindlich erklären
wirst, das wird auch vor Gott nicht verbindlich
sein.«[f]
20 Dann schärfte Jesus den Jüngern ein: »Sagt
niemand, daß ich der versprochene Retter[g]
bin!«

Jesus kündigt zum erstenmal seinen Tod an

(Mk 8,31-33; Lk 9,22)

21 Von da an begann Jesus seinen Jüngern* zu
eröffnen, was Gott mit ihm vorhatte: daß er
nach Jerusalem gehen mußte, daß er dort von
den Ratsältesten*, den führenden Priestern* und
den Gesetzeslehrern* vieles erleiden mußte,
daß er getötet werden und am dritten Tag auf-
erweckt werden mußte.
22 Da nahm Petrus ihn beiseite, fuhr ihn an
und sagte: »Das möge Gott verhüten, Herr; nie
darf dir so etwas zustoßen!«
23 Aber Jesus wandte sich von ihm ab und
sagte: »Geh weg! Hinter mich, an deinen Platz,[h]
du Satan*! Du willst mich von meinem Weg ab-
bringen! Deine Gedanken stammen nicht von
Gott, sie sind typisch menschlich.«

a Wörtlich *Eine böse und ehebrecherische Generation.* Das Wort *ehebrecherisch* ist hier im übertragenen Sinn zu verstehen; siehe Sacherklärung »Hurerei«.
b Wörtlich *Du bist der Christus*.*
c *Sohn von Johannes:* So die wahrscheinlichste Deutung von *Barjona* (vgl. Joh 1,42); für eine andere Deutung siehe Sacherklärung »Zeloten«.
d Wörtlich *die Tore der Totenwelt*.* e Wörtlich *die Schlüssel der Königsherrschaft* der Himmel.*
f *für verbindlich erklären/für nicht verbindlich erklären:* wörtlich *binden/lösen.* Es geht um die Auslegung und Anwendung des Gotteswillens, wie er von Jesus verkündet worden ist (vgl. 7,24-27). Eingeschlossen ist die Vollmacht, aus der Gemeinde auszuschließen oder wieder in sie aufzunehmen (siehe 18,18 im dortigen Zusammenhang).
g Wörtlich *der Christus*.* h Siehe Anmerkung zu Mk 8,33.

16,6 Lk 12,1 **16,7-9** Mk 6,52 **16,8** 14,31 S **16,9** 14,20 **16,10** 15,37 **16,14** 14,2; 17,10-11 S; 17,12-13 S; 21,11 S **16,16** 14,33 S **16,18** Lk 22,32; Joh 1,42; 21,15-17; Eph 2,20 **16,19** Lk 11,52 par; Mt 18,18; Joh 20,23 **16,20** Mk 9,9 S **16,21** Mk 8,31 S; Mt 28,6 S

Jesus folgen heißt: ihm das Kreuz nachtragen

(Mk 8,34–9,1; Lk 9,23-27)

24 Dann sagte Jesus zu seinen Jüngern*: »Wer mir
folgen will, muß sich und seine Wünsche auf-
geben, sein Kreuz* auf sich nehmen und auf
meinem Weg hinter mir hergehen.
25 Denn wer sein Leben retten will, wird es
verlieren. Aber wer sein Leben um meinetwil-
len verliert, wird es gewinnen.
26 Was hat ein Mensch davon, wenn er die
ganze Welt gewinnt, aber zuletzt sein Leben ver-
liert? Womit will er es dann zurückkaufen?
27 Denn der Menschensohn* wird in der
Herrlichkeit* seines Vaters mit seinen Engeln*
kommen. Dann wird er allen vergelten nach
ihrem Tun.
28 Ich versichere euch: Einige von euch, die
jetzt hier stehen, werden noch zu ihren Lebzei-
ten sehen, wie der Menschensohn seine Herr-
schaft antritt.«

Drei Jünger sehen Jesus in Herrlichkeit (Die »Verklärung«)

(Mk 9,2-10; Lk 9,28-36)

17 Sechs Tage später nahm Jesus die drei
Jünger* Petrus, Jakobus und Johannes,
den Bruder von Jakobus, mit sich und führte sie
auf einen hohen Berg. Sonst war niemand bei
ihnen.
2 Vor den Augen der Jünger ging mit Jesus
eine Verwandlung vor sich: Sein Gesicht leuch-
tete wie die Sonne, und seine Kleider wurden
strahlend weiß. 3 Und dann sahen sie auf einmal
Mose und Elija bei Jesus stehen und mit ihm
reden.
4 Da sagte Petrus zu Jesus: »Wie gut, daß wir
hier sind, Herr! Wenn du willst, schlage ich hier
drei Zelte auf, eins für dich, eins für Mose und
eins für Elija.«
5 Während er noch redete, erschien eine
leuchtende Wolke über ihnen, und eine Stimme
aus der Wolke sagte: »Dies ist mein Sohn*, ihm
gilt meine Liebe, ihn habe ich erwählt. Auf ihn
sollt ihr hören!«
6 Als die Jünger diese Worte hörten, warfen
sie sich voller Angst nieder, das Gesicht zur
Erde. 7 Aber Jesus trat zu ihnen, berührte sie und
sagte: »Steht auf, habt keine Angst!« 8 Als sie auf-
blickten, sahen sie nur noch Jesus allein.
9 Während sie den Berg hinunterstiegen, be-
fahl er ihnen: »Sprecht zu niemand über das,
was ihr gesehen habt, bis der Menschensohn*
vom Tod auferweckt ist.«

Elija und der Täufer Johannes

(Mk 9,11-13)

10 Die drei Jünger* fragten Jesus: »Warum be-
haupten die Gesetzeslehrer*, daß vor dem Ende
erst noch Elija* wiederkommen muß?«
11 Jesus sagte: »Gewiß, Elija kommt und wird
das ganze Volk Gottes wiederherstellen. 12 Aber
ich sage euch: Elija *ist* schon gekommen; doch
niemand hat ihn erkannt, sondern sie haben
mit ihm gemacht, was sie wollten. So wird
auch der Menschensohn* durch sie zu leiden
haben.«
13 Da verstanden die Jünger, daß er vom Täu-
fer* Johannes sprach.

Mangelndes Vertrauen

(Mk 9,14-29; Lk 7,37-43)

14 Als sie zu der Volksmenge zurückkehrten,
kam ein Mann zu Jesus, warf sich vor ihm auf
die Knie 15 und sagte: »Herr, hab Erbarmen mit
meinem Sohn! Er leidet an Epilepsie* und hat so
furchtbare Anfälle, daß er oft ins Feuer oder auch
ins Wasser fällt. 16 Ich habe ihn zu deinen Jün-
gern* gebracht, aber sie konnten ihn nicht hei-
len.«
17 Da sagte Jesus: »Was seid ihr doch für eine
verkehrte Generation, die Gott nichts zutraut!
Wie lange soll ich noch bei euch aushalten und
euch ertragen? Bringt den Jungen her!«
18 Jesus sprach ein Machtwort zu dem bösen
Geist*, der den Jungen in seiner Gewalt hatte,
und er verließ ihn. Der Junge war von da an ge-
sund.
19 Später kamen die Jünger allein zu Jesus und
fragten ihn: »Warum konnten wir den bösen
Geist nicht austreiben?«
20 »Weil ihr Gott nicht genug vertraut«, sagte
Jesus. »Ich versichere euch: Wenn euer Ver-
trauen auch nur so groß ist wie ein Senfkorn,
dann könnt ihr zu dem Berg da sagen: ›Geh von
hier nach dort‹, und er wird es tun. Dann wird
euch nichts mehr unmöglich sein.«[a]

a Einige Handschriften fügen hinzu (Vers 21): *Doch diese Art von bösen Geistern kann nur durch Gebet und Fasten ausgetrieben werden* (vgl. Mk 9,29).

16,24-25 10,38-39 S **16,24** 1 Petr 2,21 **16,27** Mt 25,31 S; (vergelten) Jer 17,10 S; Mt 13,41-42; 25,31-46; Joh 5,29; Röm 2,6 S; Offb 22,12 S **16,28** Mk 9,1 S **17,1** 26,37 par; Mk 5,37 par; 13,3 **17,2-8** 2 Petr 1,16-18; Offb 1,16 **17,5** 3,17 S; Dtn 18,15 **17,9** Mk 9,9 S **17,10-11** Mal 3,23-24; Sir 48,10; Mt 16,14 S **17,12-13** 11,14 S **17,17** Mk 9,19 S **17,20** 21,21 par; 13,31 S; 14,31 S

Jesus kündigt zum zweitenmal seinen Tod an

(Mk 9,30-32; Lk 9,43-45)

22 Als Jesus und die Jünger* wieder alle in Ga-
liläa* beisammen waren, sagte er zu ihnen:
»Bald wird der Menschensohn* nach dem Wil-
len Gottes an die Menschen ausgeliefert. 23 Sie
werden ihn töten, doch am dritten Tag wird er
auferweckt werden.«
Da wurden sie sehr traurig.

Über die Tempelsteuer

24 Als sie nach Kafarnaum zurückgekehrt waren,
kamen die Kassierer der Tempelsteuer* zu Petrus
und fragten ihn: »Zahlt euer Lehrer nicht das
Doppel-Silberstück als Tempelsteuer?«
25 »Doch!« sagte Petrus.
Als er dann ins Haus hineinging, fragte ihn
Jesus, noch bevor Petrus etwas von dem Vorfall
erzählen konnte: »Was meinst du, Simon? Von
wem nehmen die Könige der Erde Zölle oder
Steuern? Von ihren eigenen Söhnen oder von
ihren Untertanen?«
26 »Von den Untertanen«, antwortete Petrus.
Jesus sagte: »Das heißt also, daß die Söhne
nichts zu zahlen brauchen! 27 Aber wir wollen
sie nicht unnötig verärgern. Geh an den See und
wirf die Angel aus. Nimm den ersten Fisch, den
du fängst, und öffne ihm das Maul. Du wirst
darin ein Vierfach-Silberstück finden. Nimm es
und bezahle damit die Steuer für mich und für
dich!«

Anweisungen für das Gemeindeleben (18,1-35)

Gegen die Geltungssucht

(Mk 9,33-37; Lk 9,46-48)

18 Um diese Zeit kamen die Jünger* zu Jesus
und fragten ihn: »Wer ist in der neuen
Welt Gottes[a] der Größte?«
2 Da rief Jesus ein Kind herbei, stellte es in
ihre Mitte 3 und sagte: »Ich versichere euch:
Wenn ihr euch nicht ändert und den Kindern
gleich werdet, dann könnt ihr in Gottes neue
Welt überhaupt nicht hineinkommen. 4 Wer es
auf sich nimmt, vor den Menschen so klein und
unbedeutend dazustehen wie dieses Kind, der
ist in der neuen Welt Gottes der Größte. 5 Und
wer einen solchen Menschen[b] in meinem
Namen aufnimmt, der nimmt mich auf.«

Verführer und Verführungen

(Mk 9,42-48; Lk 17,1-3 a)

6 »Wer dagegen einen dieser kleinen, unbedeu-
tenden Menschen, die mir vertrauen, an Gott
irre werden läßt, käme noch gut weg, wenn er
mit einem Mühlstein* um den Hals im Meer ver-
senkt würde, dort, wo es am tiefsten ist.
7 Wehe dieser Welt*, weil sie so ist, daß Men-
schen in ihr an Gott irre werden. Das muß zwar
so kommen; aber wehe dem Menschen, der
daran mitschuldig wird!
8 Wenn deine Hand oder dein Fuß dich zum
Bösen verführen, dann hau sie ab und wirf sie
weg. Es ist besser für dich, mit nur einer Hand
oder einem Fuß ewig bei Gott zu leben, als mit
beiden Händen und Füßen ins ewige Feuer ge-
worfen zu werden.
9 Und wenn dich dein Auge zum Bösen ver-
führt, dann reiß es aus und wirf es weg. Es ist
besser für dich, mit nur einem Auge ewig bei
Gott zu leben, als mit beiden Augen in das Feuer
der Hölle* geworfen zu werden.«

Sorge um die Verlorengehenden

(Lk 15,3-7)

10 »Hütet euch davor, einen dieser kleinen, unbe-
deutenden Menschen überheblich zu behan-
deln. Denn ich versichere euch: Ihre Engel*
haben immer Zugang zu meinem Vater im Him-
mel![c]
12 Was meint ihr: Was wird ein Mann tun, der
hundert Schafe hat, und eines davon hat sich
verlaufen? Wird er nicht die neunundneunzig
allein im Bergland weitergrasen lassen und wird
losziehen und das verirrte suchen? 13 Und wenn
er es dann findet – ich versichere euch: Er wird
sich über das eine Schaf mehr freuen als über
die neunundneunzig, die sich nicht verlaufen
haben.
14 Genauso ist es mit eurem Vater im Himmel:
Er will nicht, daß einer dieser kleinen, unbedeu-
tenden Menschen verlorengeht.«

a Wörtlich *in der Königsherrschaft* der Himmel;* entsprechend in den Versen 3 und 4.
b Wörtlich *ein solches Kind.* Gemeint sind die »unbedeutenden« Jesusjünger von Vers 4 (vgl. Vers 6; 10,42).
c Einige Handschriften fügen hinzu (Vers 11): *Denn der Menschensohn* ist gekommen, um die Verlorenen zu retten* (vgl. Lk 19,10).

17,22-23 Mk 8,31 S; Mt 28,6 S **17,24** Ex 30,13-14 **18,1** Lk 22,24 **18,3** 19,14 par **18,4** 23,12 **18,5** 10,40 par S **18,8-9** 5,29-30 **18,10-14** Joh 10,11-15 **18,14** 6,10 S; Sir 18,13

Regelung bei Verstößen gegen Gottes Gebot

(Lk 17,3b)

15 »Wenn dein Bruder – und das gilt entsprechend für die Schwester[a] – ein Unrecht begangen hat,[b] dann geh hin und stell ihn unter vier Augen zur Rede. Wenn er mit sich reden läßt, hast du ihn zurückgewonnen.

16 Wenn er aber nicht auf dich hört, dann geh wieder hin, diesmal mit ein oder zwei anderen; denn jede Sache soll ja aufgrund der Aussagen von zwei oder drei Zeugen entschieden werden.

17 Wenn er immer noch nicht hören will, dann bring die Angelegenheit vor die Gemeinde. Wenn er nicht einmal auf die Gemeinde hört, dann behandle ihn wie einen Ungläubigen oder Betrüger.[c]

18 Ich versichere euch: Was ihr hier auf der Erde für verbindlich erklären werdet, das wird auch vor Gott verbindlich sein; und was ihr hier für nicht verbindlich erklären werdet, das wird auch vor Gott nicht verbindlich sein.[d]

19 Aber auch das versichere ich euch: Wenn zwei von euch auf der Erde gemeinsam um irgend etwas bitten, wird es ihnen von meinem Vater im Himmel gegeben werden. 20 Denn wo zwei oder drei in meinem Namen zusammenkommen, da bin ich selbst in ihrer Mitte.«

Unbegrenzte Bereitschaft zur Vergebung

(Lk 17,4)

21 Da wandte sich Petrus an Jesus und fragte ihn: »Herr, wenn mein Bruder oder meine Schwester[e] an mir schuldig wird, wie oft muß ich ihnen verzeihen? Siebenmal?«

22 Jesus antwortete: »Nein, nicht siebenmal, sondern siebzigmal siebenmal!«

Das Gleichnis vom hartherzigen Schuldner

23 Jesus fuhr fort: »Macht euch klar, was es bedeutet, daß Gott angefangen hat, seine Herrschaft aufzurichten! Er handelt dabei wie jener König,[f] der mit den Verwaltern seiner Güter abrechnen wollte.

24 Gleich zu Beginn brachte man ihm einen Mann, der ihm einen Millionenbetrag schuldete. 25 Da er nicht zahlen konnte, befahl der Herr, ihn zu verkaufen, auch seine Frau und seine Kinder und seinen ganzen Besitz, und den Erlös für die Tilgung der Schulden zu verwenden. 26 Aber der Schuldner warf sich vor ihm nieder und bat: ›Hab doch Geduld mit mir! Ich will dir ja alles zurückzahlen.‹ 27 Da bekam der Herr Mitleid; er gab ihn frei und erließ ihm auch noch die ganze Schuld.

28 Kaum draußen, traf dieser Mann auf einen Kollegen, der ihm einen geringen Betrag schuldete. Den packte er an der Kehle, würgte ihn und sagte: ›Gib zurück, was du mir schuldest!‹ 29 Der Schuldner fiel auf die Knie und bettelte: ›Hab Geduld mit mir! Ich will es dir ja zurückgeben!‹ 30 Aber sein Gläubiger wollte nichts davon hören, sondern ließ ihn ins Gefängnis werfen, bis er die Schuld beglichen hätte.

31 Als das seine anderen Kollegen sahen, konnten sie es nicht fassen. Sie liefen zu ihrem Herrn und erzählten ihm, was geschehen war. 32 Er ließ den Mann kommen und sagte: ›Was bist du für ein böser Mensch! Ich habe dir die ganze Schuld erlassen, weil du mich darum gebeten hast. 33 Hättest du nicht auch Erbarmen haben können mit deinem Kollegen, so wie ich es mit dir gehabt habe?‹ 34 Dann übergab er ihn voller Zorn den Folterknechten zur Bestrafung, bis er die ganze Schuld zurückgezahlt haben würde.

35 So wird euch mein Vater im Himmel auch behandeln, wenn ihr eurem Bruder oder eurer Schwester nicht von Herzen verzeiht.«

Jesus bricht auf nach Judäa

(Mk 10,1)

19 Als Jesus diese Rede beendet hatte, ging er von Galiläa* weg und kam in das judäische Gebiet auf der anderen Seite des Jordans. 2 Sehr viele Menschen folgten ihm dorthin, und er heilte sie.

Über Ehescheidung und Ehelosigkeit

(Mk 10,2-12)

3 Da kamen einige Pharisäer* zu ihm und versuchten, ihm eine Falle zu stellen. Sie fragten ihn: »Ist es erlaubt, daß ein Mann seine Frau aus jedem beliebigen Grund wegschickt?«

4 Jesus antwortete: »Habt ihr nicht gelesen,

a *und das gilt …:* verdeutlichender Zusatz; siehe Sacherklärung »Bruder«.
b Viele Handschriften fügen nach *Unrecht* ein: *gegen dich,* wahrscheinlich unter dem Einfluß von Mt 18,21 und Lk 17,4.
c Wörtlich *wie einen Heiden* oder Zolleinnehmer*.* d Vgl. Anmerkung zu 16,19.
e Wörtlich *mein Bruder;* entsprechend in Vers 35. Vgl. dazu Sacherklärung »Bruder«.
f *»Macht euch klar …:* wörtlich *Deshalb ist die Königsherrschaft* der Himmel einem König gleichgeworden.*

18,15 Lev 19,17; Sir 19,13-17; Gal 6,1 **18,16** (Zeugen) Dtn 19,15 S; Joh 8,17; 2 Kor 13,1; 1 Tim 5,19; Hebr 10,28 **18,17** Tit 3,10 **18,18** 16,19 S **18,19** 7,7 S **18,20** 28,20 **18,22** Gen 4,24 **18,23** 25,19 **18,27** Lk 7,42 **18,33** 5,7 S **18,34** 5,26 **18,35** 6,12.15; Jak 2,13; Eph 4,32; Kol 3,13 **19,4** Gen 1,27

was in den Heiligen Schriften* steht? Dort heißt es, daß Gott am Anfang den Menschen als Mann und Frau geschaffen hat. 5 Und er hat gesagt: ›Deshalb verläßt ein Mann Vater und Mutter, um mit seiner Frau zu leben. Die zwei sind dann eins, mit Leib und Seele.‹ 6 Sie sind also nicht mehr zwei, sondern eins. Und was Gott zusammengefügt hat, sollen Menschen nicht scheiden.«

7 Die Pharisäer fragten: »Wie kann Mose dann vorschreiben: Der Mann soll der Frau eine Scheidungsurkunde* ausstellen und sie wegschicken?«

8 Jesus antwortete: »Mose hat euch die Ehescheidung nur zugestanden, weil ihr euer Herz gegen Gott verhärtet habt – und damit eure Hartherzigkeit ans Licht kommt.[a] Aber das war ursprünglich nicht so. 9 Darum sage ich euch: Wer sich von seiner Frau trennt und eine andere heiratet, begeht Ehebruch – ausgenommen den Fall, daß sie ihrerseits die Ehe gebrochen hat.[b]

10 Da sagten seine Jünger* zu ihm: »Wenn es zwischen Mann und Frau so steht, sollte man lieber gar nicht heiraten.«

11 Aber Jesus antwortete: »Was ich jetzt sage, können nicht alle verstehen, sondern nur die, denen Gott das Verständnis gegeben hat. 12 Es gibt verschiedene Gründe, warum jemand nicht heiratet. Manche Menschen sind von Geburt an eheunfähig, manche – wie die Eunuchen – sind es durch einen späteren Eingriff geworden. Noch andere verzichten von sich aus auf die Ehe, weil sie ganz davon in Anspruch genommen sind, daß Gott jetzt seine Herrschaft* aufrichtet. Das sage ich für die, die es verstehen können.«

Jesus und die Kinder

(Mk 10,13-16; Lk 18,15-17)

13 Damals wollten einige Leute ihre Kinder zu Jesus bringen, damit er ihnen die Hände auflege und für sie bete; aber die Jünger* fuhren sie an und wollten sie wegschicken.

14 Da sagte Jesus: »Laßt doch die Kinder! Hindert sie nicht, zu mir zu kommen; denn für Menschen wie sie steht Gottes neue Welt[c] offen.«

15 Dann legte er den Kindern segnend die Hände auf und zog von dort weiter.

Die Gefahr des Reichtums

(Mk 10,17-27; Lk 18,18-27)

16 Da kam ein Mann zu Jesus und fragte ihn: »Lehrer*, was muß ich Gutes tun, um das ewige Leben zu bekommen?«

17 Jesus antwortete: »Warum fragst du mich, was gut ist? Es gibt nur Einen, der gut ist! Wenn du bei ihm leben willst, dann befolge seine Gebote.«

18 »Welche Gebote?« fragte der Mann.

Jesus antwortete: »Du sollst nicht morden, nicht die Ehe brechen, nicht stehlen, nichts Unwahres über deinen Mitmenschen sagen; 19 ehre deinen Vater und deine Mutter, und liebe deinen Mitmenschen wie dich selbst!«

20 »Ich habe alle diese Gebote befolgt«, erwiderte der junge Mann. »Was muß ich sonst noch tun?«

21 Jesus sagte zu ihm: »Wenn du in der Liebe zu deinen Mitmenschen vollkommen und ungeteilt sein willst,[d] dann geh, verkaufe alles, was du besitzt, und gib das Geld den Armen, so wirst du bei Gott einen unverlierbaren Besitz haben. Und dann komm und folge mir!«

22 Als der junge Mann das hörte, ging er traurig weg; denn er hatte großen Grundbesitz.

23 Da sagte Jesus zu seinen Jüngern*: »Ich versichere euch: Ein Reicher wird nur schwer in die neue Welt Gottes[e] kommen. 24 Ich sage es noch einmal: Eher kommt ein Kamel durch ein Nadelöhr, als ein Reicher in Gottes neue Welt.«

25 Als die Jünger das hörten, waren sie entsetzt und fragten: »Wer kann dann überhaupt gerettet werden?«

26 Jesus sah sie an und sagte: »Wenn es auf die Menschen ankommt, ist es unmöglich, aber für Gott ist alles möglich.«

Der Lohn für die, die alles aufgegeben haben

(Mk 10,28-31; Lk 18,28-30)

27 Darauf sagte Petrus zu Jesus: »Du weißt, wir haben alles stehen- und liegenlassen und sind dir gefolgt. Was haben wir davon?«

---

a *weil ihr euer Herz ...:* wörtlich *auf eure Hartherzigkeit hin.* Zu *Hartherzigkeit* siehe Sacherklärung »Scheidungsurkunde«.
b Wörtlich *außer wegen Unzucht;* siehe Sacherklärung »Unzuchtsklausel«.
c Wörtlich *die Königsherrschaft* der Himmel.*
d Wörtlich *Wenn du vollkommen sein willst.* Die »Vollkommenheit« bezieht sich wie in 5,48 auf die radikale Verwirklichung des Liebesgebots, das in Vers 19 an letzter Stelle als Inbegriff aller zu erfüllenden Gebote genannt wurde. Vgl. Sacherklärung »Bergpredigt (3)«.
e Wörtlich *in die Königsherrschaft* der Himmel;* in Vers 24 wörtlich *in die Königsherrschaft Gottes.*

19,5 *zit* Gen 2,24; Eph 5,31 **19,7** 5,31 S **19,9** 5,32 par **19,14** 18,3 **19,18-19** *zit* Ex 20,12-16 *und* Lev 19,18 **19,19** (liebe) Mk 12,31 S **19,21** Lk 12,33 S; Mt 8,21-22 S **19,22** Ps 62,11 **19,26** Ijob 42,2 S

28 Jesus antwortete: »Ich versichere euch: Wenn Gott die Welt erneuert und der Menschensohn* auf seinem Herrscherthron Platz nimmt, dann werdet auch ihr, die ihr mir gefolgt seid, auf zwölf Thronen sitzen und über die zwölf Stämme Israels Gericht halten. 29 Wer auch immer um meinetwillen Häuser oder Brüder oder Schwestern oder Vater oder Mutter oder Kinder oder Felder zurückläßt, wird das alles hundertfach wiederbekommen und dazu das ewige Leben.

30 Aber viele, die jetzt vorn sind, werden dann am Schluß stehen, und viele, die jetzt die Letzten sind, werden schließlich die Ersten sein.«

Die Arbeiter im Weinberg

20 »Wenn Gott sein Werk vollendet, wird es sein wie bei dem Weinbergbesitzer,[a] der früh am Morgen auf den Marktplatz ging, um Leute zu finden und für die Arbeit in seinem Weinberg anzustellen. 2 Er einigte sich mit ihnen auf den üblichen Tageslohn von einem Silberstück*, dann schickte er sie in den Weinberg.

3 Um neun Uhr ging er wieder auf den Marktplatz und sah dort noch ein paar Männer arbeitslos herumstehen. 4 Er sagte auch zu ihnen: ›Ihr könnt in meinem Weinberg arbeiten, ich will euch angemessen bezahlen.‹ 5 Und sie gingen hin.

Genauso machte er es mittags und gegen drei Uhr. 6 Selbst als er um fünf Uhr das letzte Mal zum Marktplatz ging, fand er noch einige herumstehen und sagte zu ihnen: ›Warum tut ihr den ganzen Tag nichts?‹

7 Sie antworteten: ›Weil uns niemand eingestellt hat.‹

Da sagte er: ›Geht auch ihr noch hin und arbeitet in meinem Weinberg!‹

8 Am Abend sagte der Weinbergbesitzer zu seinem Verwalter: ›Ruf die Leute zusammen und zahl allen ihren Lohn! Fang bei denen an, die zuletzt gekommen sind, und höre bei den ersten auf.‹

9 Die Männer, die erst um fünf Uhr angefangen hatten, traten vor, und jeder bekam ein Silberstück.

10 Als nun die an der Reihe waren, die ganz früh angefangen hatten, dachten sie, sie würden entsprechend besser bezahlt, aber auch sie bekamen jeder ein Silberstück.

11 Da murrten sie über den Weinbergbesitzer 12 und sagten: ›Diese da, die zuletzt gekommen sind, haben nur eine Stunde lang gearbeitet, und du behandelst sie genauso wie uns? Dabei haben wir den ganzen Tag über in der Hitze geschuftet!‹

13 Da sagte der Weinbergbesitzer zu einem von ihnen: ›Mein Lieber, ich tue dir kein Unrecht. Hatten wir uns nicht auf ein Silberstück geeinigt? 14 Das hast du bekommen, und nun geh! Ich will nun einmal dem letzten hier genausoviel geben wie dir! 15 Ist es nicht meine Sache, was ich mit meinem Eigentum mache? Oder bist du neidisch, weil ich großzügig bin?‹«

16 Jesus schloß: »So werden die Letzten die Ersten sein, und die Ersten die Letzten.«

Jesus kündigt zum drittenmal seinen Tod an

(Mk 10,32-34; Lk 18,31-34)

17 Jesus war auf dem Weg nach Jerusalem. Da rief er einmal die zwölf Jünger* allein zu sich und sagte zu ihnen: 18 »Hört zu! Wir gehen nach Jerusalem. Dort wird der Menschensohn* nach dem Willen Gottes an die führenden Priester* und die Gesetzeslehrer* ausgeliefert werden. Sie werden ihn zum Tod verurteilen 19 und den Fremden übergeben, die Gott nicht kennen,[b] damit sie ihren Spott mit ihm treiben, ihn auspeitschen und ans Kreuz* nageln. Doch am dritten Tag wird er vom Tod auferweckt werden.«

Nicht herrschen, sondern dienen

(Mk 10,35-45; Lk 22,24-27)

20 Damals ging die Mutter der beiden Söhne von Zebedäus zusammen mit ihren Söhnen zu Jesus hin und warf sich vor ihm nieder, weil sie ihn um etwas bitten wollte.

21 »Was möchtest du denn?« fragte Jesus.

Sie sagte: »Ordne doch an, daß meine beiden Söhne rechts und links neben dir sitzen, wenn du deine Herrschaft angetreten hast!«

22 Jesus sagte zu den beiden Söhnen: »Ihr wißt nicht, was ihr da verlangt. Könnt ihr den Kelch trinken, den ich trinken werde?«[c]

»Das können wir!« antworteten sie.

23 Jesus erwiderte: »Ihr werdet tatsächlich den gleichen Kelch trinken wie ich, aber ich kann nicht darüber verfügen, wer rechts und links neben mir sitzen wird. Auf diesen Plätzen werden die sitzen, die mein Vater dafür bestimmt hat.«

a Wörtlich *Die Königsherrschaft* der Himmel ist gleich einem Hausherrn.*
b *den Fremden …:* siehe Anmerkung zu Mk 10,33. c Zu *Kelch* vgl. 26,39 und die Anmerkung zu Mk 14,36.

19,28 25,31 S; (auch ihr) Lk 22,30; 1 Kor 6,2; Offb 3,21 **19,29** 10,37 par **19,30** 20,16 S **20,8** Lev 19,13; Dtn 24,15 **20,16** 19,30 par; Lk 13,30 **20,17-19** Mk 8,31 S **20,19** 27,26-31; 28,6 S **20,21** 19,28 **20,22** 26,39 par; Joh 18,11 **20,23** Apg 12,2

24 Die anderen zehn Jünger* hatten das Gespräch mit angehört und ärgerten sich über die beiden Brüder. 25 Darum rief Jesus alle zwölf zu sich her und sagte: »Ihr wißt: Die Herrscher der Völker, die Großen in der Welt, unterdrücken ihre Leute und lassen sie ihre Macht spüren. 26 Bei euch muß es anders sein! Wer von euch etwas Besonderes sein will, soll den anderen dienen, 27 und wer von euch an der Spitze stehen will, soll sich allen unterordnen.

28 Auch der Menschensohn* ist nicht gekommen, um sich bedienen zu lassen, sondern um zu dienen und sein Leben als Lösegeld für alle Menschen hinzugeben.«

Jesus heilt zwei Blinde

(Mk 10,46-52; Lk 18,35-43)

29 Als Jesus mit seinen Jüngern* Jericho verließ, folgte ihm eine große Menschenmenge. 30 Am Straßenrand saßen zwei Blinde. Sie hörten, daß Jesus vorbeikam, und riefen laut: »Herr, du Sohn Davids*, hab Erbarmen mit uns!«

31 Die Leute fuhren die beiden an, sie sollten still sein; aber die schrien nur noch lauter: »Herr, du Sohn Davids, hab Erbarmen mit uns!«

32 Jesus blieb stehen, rief die beiden zu sich und fragte sie: »Was wollt ihr? Was soll ich für euch tun?«

33 »Herr«, sagten sie, »wir möchten sehen können.«

34 Jesus hatte Erbarmen mit ihnen und berührte ihre Augen. Sofort konnten sie sehen und folgten ihm.

AUSEINANDERSETZUNGEN IN JERUSALEM (Kapitel 21–23)

Jesus zieht in Jerusalem ein

(Mk 11,1-11; Lk 19,28-40; Joh 12,12-19)

21 Kurz vor Jerusalem kamen sie zu der Ortschaft Betfage am Ölberg*. Dort schickte Jesus zwei Jünger* fort 2 mit dem Auftrag: »Geht in das Dorf da drüben! Gleich am Ortseingang findet ihr eine Eselin und ihr Junges angebunden. Bindet beide los und bringt sie zu mir! 3 Und wenn jemand etwas sagt, dann antwortet: ›Der Herr braucht sie.‹ Dann wird man sie euch sofort geben.«

4 Damit sollte in Erfüllung gehen, was der Prophet* angekündigt hatte:

5 »Sagt der Stadt Jerusalem:
Dein König kommt jetzt zu dir!
Er verzichtet auf Gewalt.
Er reitet auf einem Esel
und auf einem Eselsfohlen,
dem Jungen eines Lasttiers.«

6 Die beiden Jünger gingen hin und taten, was Jesus ihnen befohlen hatte. 7 Sie brachten die Eselin und ihr Junges und legten ihre Kleider darüber, und Jesus setzte sich darauf. 8 Viele Menschen aus der Menge breiteten ihre Kleider als Teppich auf die Straße, andere rissen Zweige von den Bäumen und legten sie auf den Weg.

9 Die Menschenmenge, die Jesus vorauslief und ihm folgte, rief immer wieder: »Gepriesen sei der Sohn Davids*! Heil dem, der im Auftrag des Herrn kommt! Gepriesen sei Gott in der Höhe!«

10 Als Jesus in Jerusalem einzog, geriet alles in große Aufregung. »Wer ist dieser Mann?« fragten die Leute in der Stadt.

11 Die Menge, die Jesus begleitete, rief: »Das ist der Prophet* Jesus aus Nazaret in Galiläa*!«

Jesus im Tempel

(Mk 11,15-19; Lk 19,45-48; Joh 2,13-17)

12 Jesus ging in den Tempel* und trieb alle Händler und Käufer hinaus. Er stieß die Tische der Geldwechsler* und die Stände der Taubenverkäufer um.

13 Dazu sagte er ihnen: »In den Heiligen Schriften* steht, daß Gott erklärt hat: ›Mein Tempel soll eine Stätte sein, an der die Menschen zu mir beten können!‹ Ihr aber macht eine Räuberhöhle daraus!«

14 Dann kamen dort im Tempel Blinde und Gelähmte zu ihm, und er machte sie gesund.

15 Die führenden Priester* und die Gesetzeslehrer* sahen die Wunder, die Jesus tat, und sie hörten, wie die Kinder im Tempel laut riefen: »Gepriesen sei der Sohn Davids*!« Da wurden sie wütend 16 und fragten Jesus: »Hörst du, was die da rufen?«

Jesus sagte zu ihnen: »Gewiß! Habt ihr denn nie gelesen, was in den Heiligen Schriften* steht: ›Du, Gott, sorgst dafür, daß die Unmündigen und die kleinen Kinder dich preisen‹?«

17 Damit ließ er sie stehen, ging aus der Stadt hinaus und übernachtete in Betanien.

20,26-27 23,11 S **20,28** Mk 10,45 S **20,29-34** 9,27-30 **20,30-31** (Sohn Davids) 1,1 S; 9,27; 12,23; 15,22; 21,9.15; 22,41-46 par; Mk 11,10; Lk 1,32.69; 2,11; Joh 7,42; Offb 5,5 **21,5** *nach* Jes 62,11 *und* Sach 9,9; Mt 5,5 **21,7-11** 1 Kön 1,38-40 **21,8** 2 Kön 9,13 **21,9** Ps 118,26; 148,1; Mt 20,30-31 S **21,11** 16,14 par; 21,46; 26,68 par; Lk 7,16 S **21,13** *nach* Jes 56,7; Jer 7,11 **21,14** 11,5-6; 15,29-31; 2 Sam 5,8 **21,15-16** 11,25 S **21,15** 20,30-31 S **21,16** *nach* Ps 8,3

Der Feigenbaum: Vorzeichen des Gerichts über Israel. Aufruf zum Vertrauen

(Mk 11,12-14.20-25)

18 Früh am nächsten Morgen kehrte Jesus nach
Jerusalem zurück. Unterwegs bekam er Hunger.
19 Als er einen Feigenbaum am Straßenrand sah,
ging er hin; aber er fand nichts als Blätter daran.
Da sagte er zu dem Baum: »Du sollst niemals
mehr Frucht tragen!« Und sofort verdorrte der
Baum.

20 Voller Staunen sahen es die Jünger* und
fragten: »Wie konnte der Baum so plötzlich ver-
dorren?«

21 Jesus antwortete ihnen: »Ich versichere
euch: Wenn ihr Vertrauen zu Gott habt und
nicht zweifelt, könnt ihr nicht nur tun, was ich
mit diesem Feigenbaum getan habe. Ihr könnt
dann sogar zu diesem Berg sagen: ›Auf, stürze
dich ins Meer!‹, und es wird geschehen. 22 Wenn
ihr nur Vertrauen habt, werdet ihr alles bekom-
men, worum ihr Gott bittet.«

Woher hat Jesus die Vollmacht?

(Mk 11,27-33; Lk 20,1-8)

23 Jesus ging wieder in den Tempel. Während er
dort die Menschen lehrte, traten die führenden
Priester* und die Ältesten* des Volkes an ihn
heran und fragten: »Woher nimmst du das Recht,
hier so aufzutreten? Wer hat dir die Vollmacht
dazu gegeben?«

24 Jesus antwortete: »Auch ich will euch eine
Frage stellen. Wenn ihr sie mir beantwortet,
werde ich euch sagen, mit welchem Recht ich so
handle. 25 Sagt mir: Woher hatte der Täufer*
Johannes den Auftrag, zu taufen? Von Gott oder
von Menschen?«

Sie überlegten: »Wenn wir sagen ›Von Gott‹,
wird er uns fragen: Warum habt ihr dann Johan-
nes nicht geglaubt? 26 Wenn wir aber sagen ›Von
Menschen‹, dann haben wir die Menge gegen
uns, weil alle überzeugt sind, daß Johannes ein
Prophet* war.« 27 So sagten sie zu Jesus: »Wir
wissen es nicht.«

»Gut«, erwiderte Jesus, »dann sage ich euch
auch nicht, wer mich bevollmächtigt hat.«

Das Gleichnis von den beiden Söhnen

28 Dann sagte Jesus: »Was meint ihr zu folgen-
der Geschichte? Ein Mann hatte zwei Söhne.
Er sagte zu dem einen: ›Mein Sohn, geh und
arbeite heute im Weinberg!‹ 29 ›Ich will nicht‹,
erwiderte der Sohn; später aber überlegte er es
sich und ging doch. 30 Dasselbe sagte der Vater
auch zu seinem anderen Sohn. ›Ja, Herr‹, ant-
wortete der, ging aber nicht. 31 Wer von den
beiden hat nun nach dem Willen des Vaters ge-
handelt?«

»Der erste«, antworteten sie.

Da sagte Jesus: »Ich versichere euch: Die Zoll-
einnehmer* und die Prostituierten werden eher
in die neue Welt Gottes [a] kommen als ihr.

32 Der Täufer Johannes ist gekommen und
zeigte euch, was ihr jetzt tun müßt, um Gottes
Willen zu erfüllen; [b] aber ihr habt ihm nicht ge-
glaubt. Die Zolleinnehmer und die Prostituierten
haben ihm geglaubt! Aber ihr – nicht einmal als
ihr das saht, habt ihr euch besonnen und ihm
Glauben geschenkt.«

Das Gleichnis von den bösen Weinbergspächtern

(Mk 12,1-12; Lk 20,9-19)

33 »Hört ein anderes Gleichnis*:
Ein Grundbesitzer legte einen Weinberg an,
machte einen Zaun darum, baute eine Wein-
presse und errichtete einen Wachtturm. Dann
verpachtete er den Weinberg und verreiste.

34 Zur Zeit der Weinlese schickte er seine
Boten zu den Pächtern, um den Ertrag abholen
zu lassen. 35 Die Pächter aber packten die Boten,
verprügelten den einen, schlugen einen anderen
tot, und wieder einen anderen steinigten sie.
36 Noch einmal schickte der Besitzer Boten,
mehr als beim ersten Mal; doch mit denen
machten sie es genauso.

37 Schließlich schickte er seinen Sohn, weil er
dachte: ›Vor meinem Sohn werden sie Respekt
haben.‹ 38 Aber als die Pächter den Sohn kom-
men sahen, sagten sie zueinander: ›Das ist der
Erbe! Wir bringen ihn um und nehmen seine
Erbschaft, den Weinberg, in Besitz.‹ 39 So pack-
ten sie ihn, stießen ihn aus dem Weinberg hin-
aus und töteten ihn.

40 Was wird nun der Besitzer des Weinbergs
mit den Pächtern machen, wenn er selbst
kommt?« fragte Jesus.

41 Sie sagten: »Er wird diesen Verbrechern ein
schreckliches Ende bereiten und den Weinberg
anderen anvertrauen, die ihm zur Erntezeit sei-
nen Ertrag pünktlich abliefern!«

a Wörtlich *in die Königsherrschaft* Gottes*.
b *ist gekommen und zeigte …:* wörtlich *kam auf dem Weg der Gerechtigkeit*.

21,19 Lk 13,6 21,21 17,20; Lk 17,6 21,22 7,7 S 21,26 14,5 21,28-31 7,21 S 21,28 Lk 15,11 21,32 Lk 7,29-30 21,33 Jes 5,1-7 S
21,35 22,6 21,39 Hebr 13,12 21,41 22,7

42 Jesus sagte zu ihnen: »Ihr habt ja wohl ge-
lesen, was in den Heiligen Schriften* steht:

›Der Stein, den die Bauleute als wertlos
weggeworfen haben,
ist zum Eckstein* geworden.
Der Herr hat dieses Wunder vollbracht,
und wir haben es gesehen.‹

43 Darum sage ich euch: Das Vorrecht, Gottes
Volk unter Gottes Herrschaft zu sein, wird euch
entzogen. Es wird einem Volk gegeben, das tut,
was dieser Berufung entspricht.[a]
44 Wer auf diesen Stein stürzt, wird zer-
schmettert, und auf wen er fällt, den zermalmt
er.«
45 Die führenden Priester* und die Pharisäer*
merkten, daß die beiden Gleichnisse auf sie
gemünzt waren. 46 Sie hätten Jesus gerne festge-
nommen, wagten es aber nicht, weil die Menge
ihn für einen Propheten* hielt.

Das Gleichnis vom Hochzeitsfest. Das hochzeitliche Kleid

(Lk 14,16-24)

22 Darauf erzählte ihnen Jesus noch ein
weiteres Gleichnis*:
2 »Gott hat angefangen, seine Herrschaft auf-
zurichten, und er handelt wie jener König,[b] der
seinem Sohn die Hochzeit ausrichtete:
3 Er schickte seine Diener aus, um die gelade-
nen Gäste zum Fest zu bitten; aber sie wollten
nicht kommen.
4 Darauf schickte er noch einmal andere Die-
ner zu den Geladenen und ließ ihnen sagen:
›Hört! Ich habe mein Festessen vorbereitet,
meine Ochsen und meine Mastkälber sind ge-
schlachtet, alles steht bereit. Kommt zur Hoch-
zeitsfeier!‹
5 Sie aber kümmerten sich nicht darum, son-
dern gingen ihren Geschäften nach. Einer ging
auf seine Felder, ein anderer in seinen Laden.
6 Manche packten sogar die Diener des Königs,
trieben ihren Spott mit ihnen und töteten sie.
7 Da wurde der König zornig und schickte
seine Heere. Er ließ die Mörder umbringen und
ihre Stadt niederbrennen.
8 Dann sagte er zu seinen Dienern: ›Die Vor-
bereitungen zum Fest sind getroffen, aber die ge-
ladenen Gäste waren es nicht wert, daran teilzu-
nehmen. 9 Geht jetzt hinaus auf die Landstraßen
und ladet alle zur Hochzeit ein, die euch begeg-
nen!‹
10 Die Diener gingen hinaus auf die Straßen
und brachten alle mit, die sie fanden – schlechte
und gute Leute. So wurde der Hochzeitssaal
voll.
11 Als nun der König kam, um sich die Gäste
anzusehen, entdeckte er einen, der nicht hoch-
zeitlich gekleidet war. 12 Er sprach ihn an: ›Wie
bist denn du hier hereingekommen? Du bist ja
gar nicht hochzeitlich angezogen.‹ Der Mann
hatte keine Entschuldigung. 13 Da befahl der
König seinen Dienern: ›Bindet ihm Hände und
Füße und werft ihn hinaus in die Finsternis!
Dort gibt es nur noch Jammern und Zähneknir-
schen.‹
14 Denn viele sind berufen«, schloß Jesus,
»aber nur wenige von ihnen sind erwählt.«

Die Frage nach der Steuer für den Kaiser

(Mk 12,13-17; Lk 20,20-26)

15 Daraufhin beschlossen die Pharisäer*, Jesus
mit einer verfänglichen Frage in die Falle zu
locken.
16 Sie schickten ihre Jünger* zu Jesus und
auch einige Parteigänger von Herodes; die sag-
ten zu ihm: »Lehrer, wir wissen, daß es dir nur
um die Wahrheit geht. Du lehrst klar und deut-
lich, wie wir nach Gottes Willen leben sollen.
Denn du läßt dich nicht von Menschen beein-
flussen, auch wenn sie noch so mächtig sind.
17 Nun sag uns deine Meinung: Ist es nach dem
Gesetz* Gottes erlaubt, dem römischen Kaiser
Steuer zu zahlen, oder nicht?«
18 Jesus erkannte ihre böse Absicht und sagte:
»Ihr Scheinheiligen, ihr wollt mir doch nur eine
Falle stellen! 19 Zeigt mir eins von den Geld-
stücken, mit denen ihr die Steuer bezahlt.«
Sie gaben ihm eine Silbermünze*, 20 und er
fragte: »Wessen Bild und wessen Name sind
denn hier aufgeprägt?«
21 »Das Bild und der Name des Kaisers«, ant-
worteten sie.
Da sagte Jesus: »Dann gebt dem Kaiser, was
dem Kaiser gehört, – aber gebt Gott, was Gott
gehört!«
22 Solch eine Antwort hatten sie nicht er-
wartet. Sie ließen Jesus in Ruhe und gingen
weg.

a *Das Vorrecht …:* wörtlich *Die Königsherrschaft* Gottes wird von euch weggenommen und einem Volk gegeben werden, das ihre* (der Königsherrschaft) *Früchte bringt.*
b Wörtlich *Die Königsherrschaft* der Himmel ist gleich geworden einem König.*

21,42 *zit* Ps 118,22-23 **21,44** Jes 8,14-15; Dan 2,34-35.44-45 **21,46** 21,11 S; 26,4-5 **22,2** 9,15 S **22,6** 21,35 par; 23,37 par **22,7** 21,41 par **22,9** 28,18-20 **22,13** 8,12 S **22,21** Röm 13,7

Werden die Toten auferstehen?

(Mk 12,18-27; Lk 20,27-40)

23 Noch am selben Tag kamen Sadduzäer* zu
Jesus. Die Sadduzäer bestreiten, daß die Toten
auferstehen werden. 24 »Lehrer*«, sagten sie,
»Mose hat angeordnet: ›Wenn ein verheirateter
Mann kinderlos stirbt, dann muß sein Bruder die
Witwe heiraten und dem Verstorbenen Nach-
kommen verschaffen.‹

25 Nun gab es hier einmal sieben Brüder. Der
älteste heiratete und starb kinderlos. 26 Darauf
heiratete der zweite die Witwe, starb aber auch
kinderlos; und dem dritten erging es nicht an-
ders. So war es bei allen sieben. 27 Zuletzt starb
auch die Frau.

28 Wie ist das nun bei der Auferstehung der
Toten: Wem von den sieben soll die Frau dann
gehören? Sie war ja mit allen verheiratet!«

29 »Ihr denkt ganz falsch«, antwortete Jesus.
»Ihr kennt weder die Heiligen Schriften*, noch
wißt ihr, was Gott in seiner Macht tun kann.
30 Wenn die Toten auferstehen, werden sie nicht
mehr heiraten, sondern sie werden leben wie
die Engel* im Himmel.

31 Was aber die Auferstehung der Toten über-
haupt betrifft: Habt ihr nicht gelesen, was Gott
euch in den Heiligen Schriften gesagt hat? Er
sagt dort: 32 ›Ich bin der Gott Abrahams, der
Gott Isaaks und der Gott Jakobs.‹ Und er ist doch
nicht ein Gott von Toten, sondern von Leben-
den!«

33 Die ganze Menschenmenge, die zugehört
hatte, war tief beeindruckt von dem, was Jesus
da lehrte.

Das wichtigste Gebot

(Mk 12,28-31; Lk 10,25-28)

34 Als die Pharisäer* erfuhren, daß Jesus die Sad-
duzäer zum Schweigen gebracht hatte, kamen
sie bei Jesus zusammen. 35 Einer von ihnen, ein
Gesetzeslehrer*, stellte Jesus eine Falle. Er fragte
ihn: 36 »Lehrer, welches ist das wichtigste Gebot
des Gesetzes*?«

37 Jesus antwortete: »›Liebe den Herrn, deinen
Gott, von ganzem Herzen, mit ganzem Willen
und mit deinem ganzen Verstand!‹ 38 Dies ist das
größte und wichtigste Gebot. 39 Aber gleich
wichtig ist ein zweites: ›Liebe deinen Mitmen-
schen wie dich selbst!‹

40 In diesen beiden Geboten ist alles zusam-
mengefaßt, was das Gesetz und die Propheten*
fordern.«

Davids Sohn oder Davids Herr?

(Mk 12,35-37; Lk 20,41-44)

41 Da die Pharisäer* nun einmal versammelt
waren, stellte Jesus auch ihnen eine Frage. 42 Er
sagte zu ihnen: »Was denkt ihr über den verspro-
chenen Retter?[a] Wessen Sohn ist er?«

Sie antworteten: »Der Sohn Davids*.«

43 Da sagte Jesus: »Wie kann David ihn dann,
vom Geist* Gottes erleuchtet, ›Herr‹ nennen?
Denn David sagt ja:

44 ›Gott, der Herr, sagte zu meinem Herrn:
Setze dich an meine rechte Seite!
Ich will dir deine Feinde unterwerfen,
sie als Schemel unter deine Füße legen.‹

45 Wenn also David ihn ›Herr‹ nennt, wie kann er
dann sein Sohn sein?«

46 Keiner konnte ihm darauf eine Antwort
geben. Und von dem Tag an wagte es auch
niemand mehr, ihm noch irgendeine Frage zu
stellen.

Rede über die Ausleger des Gesetzes (Kapitel 23)

Der Unterschied zwischen Lehre und Vorbild

(Mk 12,38-39; Lk 20,45-46; 11,43.46)

23 Darauf wandte sich Jesus an die Men-
schenmenge und an seine Jünger* 2 und
sagte:

»Die Gesetzeslehrer* und die Pharisäer* sind
die berufenen Ausleger des Gesetzes*, das Mose
euch gegeben hat.[b] 3 Ihr müßt ihnen also gehor-
chen und tun, was sie sagen. Aber nach ihrem
Verhalten dürft ihr euch nicht richten; denn sie
selber tun gar nicht, was sie lehren. 4 Sie
schnüren schwere, kaum tragbare Lasten zu-
sammen und laden sie den Menschen auf die
Schultern, aber sie selbst machen keinen Finger
krumm, um sie zu tragen.

5 Alles, was sie tun, tun sie nur, um von den
Leuten gesehen zu werden. Sie tragen auffällig
breite Gebetsriemen* und besonders lange
Quasten* an ihren Kleidern. 6 Bei Festmählern

a Wörtlich *über den Christus**.
b *Die Gesetzeslehrer …:* wörtlich *Auf dem Lehrstuhl Moses sitzen die Gesetzeslehrer und die Pharisäer.*

22,23 Lk 20,27 S **22,24** *nach* Dtn 25,5-6 *und* Gen 38,8 **22,32** *zit* Ex 3,6 **22,37** *nach* Dtn 6,4-5 **22,39** *zit* Lev 19,18; Mk 12,31 S **22,40** Mt 7,12 S **22,41-46** 20,30-31 S **22,44** *nach* Ps 110,1; Mk 12,36 S **22,46** Mk 12,34; Lk 20,40 **23,3** Röm 2,21-23 **23,5** 6,1; Ex 13,9; Dtn 6,8; 22,12 S **23,6** Lk 14,7

sitzen sie auf den Ehrenplätzen und beim Gottesdienst in der vordersten Reihe. 7 Sie haben es gern, wenn die Leute sie auf der Straße respektvoll grüßen und sie als ›ehrwürdiger Lehrer‹[a] anreden.

8 Aber ihr sollt euch nicht ›ehrwürdiger Lehrer‹ nennen lassen; denn ihr seid untereinander alle Brüder und Schwestern,[b] und nur *einer* ist euer Lehrer.

9 Auch sollt ihr hier auf der Erde keinen von euch ›Vater‹ nennen; denn nur einer ist euer Vater: der im Himmel.

10 Ihr sollt euch auch nicht ›Lehrmeister‹* nennen lassen, denn auch Lehrmeister ist bei euch nur einer: Christus*, der versprochene Retter.

11 Der Größte unter euch soll euer Diener sein. 12 Wenn ihr euch selbst groß macht, wird Gott euch demütigen. Wenn ihr euch selbst geringachtet, wird Gott euch zu Ehren bringen.«

Sieben Weherufe über die Gesetzeslehrer und Pharisäer

(Lk 11,39-42.44.47-48.52)

13 »Weh euch Gesetzeslehrern* und Pharisäern*! Ihr Scheinheiligen! Ihr versperrt den Zugang zur neuen Welt Gottes[c] vor den Menschen. Ihr selbst geht nicht hinein, und ihr hindert alle, die hineinwollen.[d]

15 Weh euch Gesetzeslehrern und Pharisäern! Ihr Scheinheiligen! Ihr reist um die halbe Welt, um auch nur einen einzigen Anhänger zu gewinnen, und wenn ihr einen gefunden habt, dann macht ihr ihn zu einem Anwärter der Hölle*, der doppelt so schlimm ist wie ihr.

16 Weh euch! Ihr wollt andere führen und seid selbst blind. Ihr sagt: ›Wer beim Tempel* schwört, ist nicht an den Schwur gebunden; nur wer beim Gold im Tempel schwört, muß seinen Schwur halten.‹ 17 Töricht und blind seid ihr! Was ist denn wichtiger: das Gold oder der Tempel, durch den das Gold erst heilig wird? 18 Ihr sagt auch: ›Wenn einer beim Altar schwört, braucht er seinen Schwur nicht zu halten, nur wenn er beim Opfer* auf dem Altar schwört.‹ 19 Ihr Verblendeten! Was ist wichtiger: die Opfergabe oder der Altar, der das Opfer erst heilig macht? 20 Wer beim Altar schwört, der schwört doch zugleich bei allem, was darauf liegt, 21 und wer beim Tempel schwört, der schwört damit auch bei Gott, der dort wohnt. 22 Und wenn einer beim Himmel schwört, dann schwört er beim Thron Gottes und bei Gott, der darauf sitzt.

23 Weh euch Gesetzeslehrern und Pharisäern! Ihr Scheinheiligen! Ihr gebt Gott den zehnten* Teil von allem, sogar noch von Gewürzen wie Minze, Dill und Kümmel; aber um das Wichtigste an seinem Gesetz*, um Gerechtigkeit, Barmherzigkeit und Treue, darum kümmert ihr euch nicht. Dies solltet ihr tun, ohne das andere zu lassen! 24 Ihr wollt die Menschen führen und seid selbst blind. Die winzigste Mücke fischt ihr aus dem Becher, aber Kamele schluckt ihr unbesehen hinunter.

25 Weh euch Gesetzeslehrern und Pharisäern! Ihr Scheinheiligen! Ihr reinigt sogar noch das Äußere von Becher und Schüssel.[e] Aber was darin ist, habt ihr euch in eurer Gier zusammengestohlen. 26 Ihr blinden Pharisäer! Sorgt zuerst dafür, daß es mit dem Inhalt des Bechers seine Richtigkeit hat, dann wird auch sein Äußeres rein*.

27 Weh euch Gesetzeslehrern und Pharisäern! Ihr Scheinheiligen! Ihr seid wie weiß angestrichene Gräber, die äußerlich schön aussehen; aber drinnen sind Totengebeine und alles mögliche Ungeziefer, das unrein macht. 28 So seid ihr: Von außen hält man euch für fromm, innerlich aber steckt ihr voller Heuchelei und Ungehorsam gegen Gott.

29 Weh euch Gesetzeslehrern und Pharisäern! Ihr Scheinheiligen! Ihr baut den Propheten* wunderschöne Grabmäler und schmückt die Gräber der Gerechten*. 30 Und ihr sagt: ›Hätten wir zur Zeit unserer Vorfahren gelebt, wir hätten uns nicht daran beteiligt, die Propheten umzubringen!‹ 31 Damit gebt ihr selbst zu, daß ihr von Prophetenmördern abstammt. 32 Macht nur das Maß eurer Väter voll! 33 Ihr Nattern, ihr Schlangenbrut! Wie wollt ihr der Höllenstrafe* entgehen?«

a *ehrwürdiger Lehrer:* wörtlich *Rabbi*;* ebenso in Vers 8.
b Wörtlich *Brüder;* siehe Sacherklärung »Bruder«.
c Wörtlich *zur Königsherrschaft* der Himmel.*
d Einige Handschriften fügen hinzu (Vers 14): *Weh euch Gesetzeslehrern und Pharisäern! Ihr Scheinheiligen! Ihr sprecht lange Gebete, um einen guten Eindruck zu machen. In Wahrheit aber seid ihr Betrüger, die hilflose Witwen um ihren Besitz bringen. Ihr werdet einmal besonders streng bestraft werden* (vgl. Mk 12,40; Lk 20,47).
e Damals war es unter den Gesetzeslehrern strittig, ob ein Gefäß, das von innen *gereinigt* worden war, auch noch von außen gereinigt werden mußte.

23,8 Joh 13,13 **23,11** 20,26-27 par; Mk 9,35 par; Lk 9,48 **23,12** Ps 75,8 S; Mt 18,4; Lk 14,11; 18,14; 1,52 S **23,16-22** 5,33-37 S **23,16** 15,14 S **23,21** 1 Kön 8,13 **23,23** Lev 27,30; Lk 18,12; Mi 6,8; Sach 7,8-10; Mt 9,13; 12,7; 22,34-40 **23,24** 15,14 S **23,25** Mk 7,4 **23,26** Joh 9,40 **23,28** Lk 16,15 **23,30** 5,12 S **23,33** 3,7 S

Die Strafe wird kommen

(Lk 11,49-51)

34 »Hört gut zu! Ich werde euch Propheten,[a]
weise Männer und echte Gesetzeslehrer* schik-
ken. Ihr werdet einige von ihnen töten, andere
ans Kreuz bringen, wieder andere in euren Syn-
agogen auspeitschen* und von Stadt zu Stadt
verfolgen. 35 So stellt ihr euch in eine Reihe mit
euren Vorfahren und werdet zur Rechenschaft
gezogen werden für die Ermordung aller Ge-
rechten*, von Abel* an bis hin zu Secharja, dem
Sohn von Berechja, den ihr zwischen Tempel-
haus und Brandopferaltar* umgebracht habt.[b]
36 Ich versichere euch: Diese Generation wird die
Strafe für alle diese Schandtaten bekommen.«

Klage über Jerusalem

(Lk 13,34-35)

37 »Jerusalem, Jerusalem, du tötest die Propheten
und steinigst* die Boten, die Gott zu dir schickt.
Wie oft wollte ich deine Bewohner um mich
scharen, wie eine Henne ihre Küken unter die
Flügel nimmt! Aber ihr habt nicht gewollt.
38 Deshalb wird Gott euren Tempel* verlassen,
und er wird verwüstet daliegen. 39 Ich sage euch,
ihr werdet mich erst wiedersehen, wenn ihr
rufen werdet: ›Heil dem, der im Auftrag des
Herrn kommt!‹«

REDE ÜBER ENDZEIT UND WELTGERICHT (Kapitel 24–25)

Ankündigung der Zerstörung des Tempels

(Mk 13,1-2; Lk 21,5-6)

24 Jesus verließ den Tempel* und wollte
weggehen. Da kamen seine Jünger* zu
ihm und wiesen ihn auf die Prachtbauten der
Tempelanlage hin. 2 Aber Jesus sagte: »Ihr be-
wundert das alles? Ich sage euch, hier wird kein
Stein auf dem andern bleiben. Alles wird bis auf
den Grund zerstört werden.«

Der Anfang vom Ende

(Mk 13,3-8; Lk 21,7-11)

3 Dann ging Jesus auf den Ölberg* und setzte
sich dort nieder. Nur seine Jünger* waren bei
ihm. Sie traten zu ihm und fragten ihn: »Sag uns,
wann wird das geschehen, und woran können
wir erkennen, daß du wiederkommst und das
Ende der Welt da ist?«
4 Jesus sagte zu ihnen: »Seid auf der Hut und
laßt euch von niemand täuschen! 5 Viele werden
unter meinem Namen auftreten und von sich
behaupten: ›Ich bin der wiedergekommene
Christus*!‹ Damit werden sie viele irreführen.
6 Erschreckt nicht, wenn nah und fern Kriege
ausbrechen! Es muß so kommen, aber das ist
noch nicht das Ende. 7 Ein Volk wird gegen das
andere kämpfen, ein Staat den andern angreifen.
In vielen Ländern wird es Hungersnöte und Erd-
beben geben. 8 Das alles ist erst der Anfang vom
Ende – der Beginn der Geburtswehen.«

Die Verfolgung der Jünger

(Mk 13,9-13; Lk 21,12-19)

9 »Dann werden sie euch an die Gerichte auslie-
fern, euch mißhandeln und töten. Die ganze
Welt wird euch hassen, weil ihr euch zu mir
bekennt. 10 Wenn es soweit ist, werden viele
vom Glauben abfallen und sich gegenseitig ver-
raten und einander hassen. 11 Zahlreiche falsche
Propheten[c] werden auftreten und viele von
euch irreführen. 12 Und weil der Ungehorsam
gegen Gottes Gesetz überhand nimmt, wird die
Liebe bei den meisten von euch erkalten. 13 Wer
aber bis zum Ende standhaft bleibt, wird ge-
rettet.
14 Aber die Gute Nachricht*, daß Gott schon
angefangen hat, seine Herrschaft* aufzurichten,
wird in der ganzen Welt verkündet werden. Alle
Völker sollen sie hören. Danach erst kommt das
Ende.«

Die letzte Schreckenszeit

(Mk 13,14-23; Lk 21,20-24; 17,23-24.37)

15 »Im Buch des Propheten Daniel ist die Rede
von einem ›entsetzlichen Scheusal‹* – wer das
liest, überlege sich, was es bedeutet! Wenn ihr
das ›entsetzliche Scheusal‹ im Heiligtum stehen
seht, 16 dann sollen die Bewohner Judäas* in die
Berge fliehen. 17 Wer gerade auf dem Dach ist,
soll keine Zeit damit verlieren, erst noch seine
Sachen aus dem Haus zu holen.[d] 18 Wer gerade
zur Arbeit auf dem Feld ist, soll nicht zurück-

a Siehe Anmerkung zu 7,15.
b Vers 35 wörtlich: *So kommt auf euch das gerechte Blut, das auf der Erde ausgeschüttet wurde: vom Blut des gerechten Abel bis zum Blut Secharjas …* Secharja war nach 2 Chr 24,20-22 ein Sohn des Priesters Jojada. Ein *Sohn von Berechja* war der bekannte Prophet Sacharja; doch wird von ihm nicht berichtet, daß er ein solches Ende nahm.
c Siehe Anmerkung zu 7,15. *d* Siehe Anmerkung zu Mk 13,15.

23,34 13,52; 1 Thess 2,15 S **23,35** Gen 4,8-10; 2 Chr 24,21 **23,37** 22,6 S; 5,12 S **23,38** 1 Kön 9,7-8; Ez 10,18-19 S **23,39** *zit* Ps 118,26 **24,2** Lk 19,44 **24,5** 24,24 par; 2 Thess 2,9-10; 1 Joh 2,18 **24,9-14** 10,17-22; Joh 16,1-4 **24,9** Lk 6,22 S **24,10** 1 Tim 4,1; Mt 10,35 par S **24,11** 7,15 S **24,12** 2 Tim 3,1-5 **24,13** Offb 14,12 S **24,14** 28,19 S **24,15** Dan 12,11 S **24,17-18** Lk 17,31

gehen, um noch sein Obergewand* mitzuneh-
men, das er am Wegrand abgelegt hat.[a]
19 Besonders hart wird es die Frauen treffen,
die gerade ein Kind erwarten oder einen Säug-
ling stillen. 20 Bittet Gott, daß ihr nicht im Winter
oder an einem Sabbat* fliehen müßt. 21 Denn
was dann geschieht, wird furchtbarer sein als
alles, was jemals seit Beginn der Welt geschehen
ist oder in Zukunft noch geschehen wird.
22 Wenn Gott diese Schreckenszeit nicht abkür-
zen würde, dann würde kein Mensch gerettet
werden. Er wird sie aber denen zuliebe abkür-
zen, die er erwählt hat.
23 Wenn dann jemand zu euch sagt: ›Seht her,
hier ist Christus*, der versprochene Retter!‹
oder: ›Dort ist er!‹ – glaubt ihm nicht. 24 Denn es
werden so manche mit dem Anspruch auftreten,
der versprochene Retter oder ein Prophet zu
sein. Sie werden sich durch große Wundertaten
ausweisen und würden damit sogar die von Gott
Erwählten irreführen, wenn das möglich wäre.
25 Denkt daran, daß ich es euch vorausgesagt
habe! 26 Wenn also die Leute zu euch sagen:
›Draußen in der Wüste ist er‹, dann geht nicht
hinaus! Oder wenn sie sagen: ›Er ist hier und
hält sich in einem Haus verborgen‹, dann glaubt
ihnen nicht! 27 Denn der Menschensohn* wird
für alle sichtbar kommen, wie ein Blitz, der von
Ost nach West über den Himmel zuckt. 28 Er
wird so sicher zu sehen sein wie die Geier, die
hoch über einem verendenden Tier kreisen.«[b]

Der Weltrichter kommt

(Mk 13,24-27; Lk 21,25-28)

29 »Doch sofort nach dieser Schreckenszeit wird
sich die Sonne verfinstern, und der Mond wird
nicht mehr scheinen, die Sterne werden vom
Himmel fallen, und die Ordnung des Himmels
wird zusammenbrechen.
30 Dann wird der Menschensohn* für alle
sichtbar am Himmel erscheinen. Dies ist das Zei-
chen, daß das Ende da ist.[c] Die Völker der gan-
zen Welt werden jammern und klagen, wenn sie
den Menschensohn auf den Wolken des Him-
mels mit göttlicher Macht und Herrlichkeit*
kommen sehen.
31 Dann wird die Posaune* ertönen, und der
Menschensohn wird seine Engel* in alle Him-
melsrichtungen ausschicken, damit sie von über-
all her die Menschen zusammenbringen, die er
erwählt hat.«

Das Gleichnis vom Feigenbaum

(Mk 13,28-31; Lk 21,29-33)

32 »Laßt euch vom Feigenbaum eine Lehre
geben: Wenn der Saft in die Zweige schießt und
der Baum Blätter treibt, dann wißt ihr, daß der
Sommer bald da ist. 33 So ist es auch, wenn ihr
dies alles geschehen seht:[d] Dann wißt ihr, daß
das Ende unmittelbar bevorsteht. 34 Ich ver-
sichere euch: Diese Generation wird das alles
noch erleben.
35 Himmel und Erde werden vergehen, aber
meine Worte vergehen nicht; sie bleiben gültig
für immer und ewig.«

Das Ende kommt überraschend

(Mk 13,32; Lk 17,26-27.30.34-35; 12,39-40)

36 »Doch den Tag und die Stunde, wann das Ende
da ist, kennt niemand, auch nicht die Engel* im
Himmel – nicht einmal der Sohn*. Nur der Vater
kennt sie.
37 Wenn der Menschensohn* kommt, wird es
sein wie zur Zeit Noachs*. 38 Damals vor der
großen Flut aßen die Menschen und tranken
und heirateten, wie sie es gewohnt waren – bis
zu dem Tag, an dem Noach in die Arche* ging.
39 Sie begriffen nicht, was ihnen drohte, bis
dann die Flut hereinbrach und sie alle weg-
schwemmte.
So wird es auch sein, wenn der Menschen-
sohn kommt. 40 Von zwei Männern, die dann
zusammen auf dem Feld arbeiten, wird der eine
angenommen, der andere zurückgelassen.
41 Von zwei Frauen, die dann zusammen Korn
mahlen, wird die eine angenommen, die andere
zurückgelassen. 42 Darum seid wachsam! Denn
ihr wißt nicht, an welchem Tag euer Herr kom-
men wird.
43 Macht euch doch das eine klar: Wenn ein
Hausherr im voraus wüßte, zu welcher Nacht-
stunde der Dieb kommt, würde er aufbleiben
und den Einbruch verhindern. 44 Darum seid
jederzeit bereit; denn der Menschensohn wird
zu einer Stunde kommen, wenn ihr es nicht er-
wartet.«

a Siehe Anmerkung zu Mk 13,16.
b Hier wird ein Sprichwort zitiert, das wörtlich lautet: *Wo das Aas liegt, da sammeln sich die Geier;* vgl. Lk 17,37.
c *Dann wird ...:* wörtlich *Und dann wird das Zeichen des Menschensohnes am Himmel erscheinen.*
d Gemeint sind wahrscheinlich die in den Versen 15-28 genannten Ereignisse.

24,21 Dan 12,1; Offb 7,14 **24,24** 24,5 S; 7,15 S; Apg 5,36-37; 21,38; Offb 13,13-14 **24,27** Mk 13,26 S; Lk 17,24; 1 Thess 5,1-2; Jak 5,7-8; 2 Petr 3,4; Mt 25,31 S **24,28** Ijob 39,30; Offb 19,17-18 **24,29** Joël 2,10 S; Jes 34,4 S; Hag 2,6.21; 2 Petr 3,10.12 **24,30** Sach 12,10-14; Mk 13,26 S **24,31** 13,41; 1 Kor 15,52; 1 Thess 4,16 **24,34** 16,28 par **24,36** Apg 1,7 **24,37-39** Gen 6,11-13; 7,7-13; 2 Petr 3,6 **24,42.44** 25,13 S **24,43** 1 Thess 5,2; 2 Petr 3,10; Offb 3,3; 16,15

Der verantwortungsbewußte Diener

(Lk 12,42-46)

[45] »Wer von euch ist nun der treue und kluge Die-
ner, dem sein Herr den Auftrag gegeben hat,
die übrige Dienerschaft zu beaufsichtigen und
jedem pünktlich seine Tagesration auszuteilen?
[46] Ein solcher Diener darf sich freuen, wenn der
Herr zurückkehrt und ihn bei seiner Arbeit fin-
det. [47] Ich versichere euch: Der Herr wird ihm
die Verantwortung für alle seine Güter übertra-
gen.

[48] Wenn er aber ein schlechter Mensch ist
und sich sagt: ›So bald kommt mein Herr nicht
zurück‹ [49] und anfängt, die ihm unterstellten
Diener zu schlagen und mit Säufern Gelage zu
halten, [50] dann wird sein Herr an einem Tag und
zu einer Stunde zurückkehren, wenn der Diener
überhaupt nicht damit rechnet. [51] Er wird diesen
Diener in Stücke hauen und dorthin bringen las-
sen, wo die Scheinheiligen ihre Strafe verbüßen.
Dort gibt es nur noch Jammern und Zähneknir-
schen.«

Das Gleichnis von den Brautjungfern

25 »Wenn Gott sein Werk vollendet, wird
es zugehen wie in der folgenden Ge-
schichte:

Zehn Brautjungfern[a] gingen mit ihren Lam-
pen* hinaus, dem Bräutigam entgegen, um ihn
zu empfangen. [2] Fünf von ihnen handelten klug,
die anderen fünf gedankenlos. [3] Die Gedanken-
losen nahmen nur ihre gefüllten Lampen mit,
[4] während die Klugen auch noch Öl zum Nach-
füllen mitnahmen.

[5] Weil der Bräutigam sich verspätete, wurden
sie alle müde und schliefen ein. [6] Mitten in der
Nacht ertönte der Ruf: ›Der Bräutigam kommt,
geht ihm entgegen!‹ [7] Die zehn Brautjungfern
standen auf und brachten ihre Lampen in Ord-
nung.

[8] Da baten die Gedankenlosen die anderen:
›Gebt uns von eurem Öl etwas ab, denn unsere
Lampen gehen aus.‹ [9] Aber die Klugen sagten:
›Ausgeschlossen, dann reicht es weder für uns
noch für euch. Geht doch zum Kaufmann und
holt euch welches!‹ [10] So machten sich die fünf
auf den Weg, um Öl zu kaufen.

Inzwischen kam der Bräutigam. Die fünf Klu-
gen, die darauf vorbereitet waren, gingen mit
ihm hinein zum Hochzeitsfest, und die Türen
wurden geschlossen.

[11] Schließlich kamen die anderen nach und
riefen: ›Herr, Herr, mach uns auf!‹ [12] Aber der
Bräutigam wies sie ab und sagte: ›Ich versichere
euch, ich kenne euch nicht!‹

[13] Darum seid wachsam, denn ihr wißt weder
Tag noch Stunde im voraus!«

Das Gleichnis vom anvertrauten Geld

(Lk 19,12-27)

[14] »Es ist wie bei einem Mann, der verreisen
wollte. Er rief vorher seine Diener zusammen
und vertraute ihnen sein Vermögen an. [15] Dem
einen gab er fünf Zentner* Silbergeld, dem ande-
ren zwei Zentner und dem dritten einen, je nach
ihren Fähigkeiten. Dann reiste er ab.

[16] Der erste, der die fünf Zentner bekommen
hatte, steckte sofort das ganze Geld in Geschäfte
und konnte die Summe verdoppeln. [17] Ebenso
machte es der zweite: Zu seinen zwei Zentnern
gewann er noch zwei hinzu. [18] Der aber, der nur
einen Zentner bekommen hatte, vergrub das
Geld seines Herrn in der Erde.

[19] Nach langer Zeit kam der Herr zurück und
wollte mit seinen Dienern abrechnen. [20] Der
erste, der die fünf Zentner erhalten hatte, trat vor
und sagte: ›Du hast mir fünf Zentner anvertraut,
Herr, und ich habe noch weitere fünf dazuver-
dient; hier sind sie!‹

[21] ›Sehr gut‹, sagte sein Herr, ›du bist ein tüch-
tiger und treuer Diener. Du hast dich in kleinen
Dingen als zuverlässig erwiesen, darum werde
ich dir auch Größeres anvertrauen. Komm zum
Freudenfest deines Herrn!‹

[22] Dann kam der mit den zwei Zentnern und
sagte: ›Du hast mir zwei Zentner gegeben, Herr,
und ich habe noch einmal zwei Zentner dazu-
verdient.‹

[23] ›Sehr gut‹, sagte der Herr, ›du bist ein tüchti-
ger und treuer Diener. Du hast dich in kleinen
Dingen als zuverlässig erwiesen, darum werde
ich dir auch Größeres anvertrauen. Komm zum
Freudenfest deines Herrn!‹

[24] Zuletzt kam der mit dem einen Zentner und
sagte: ›Herr, ich wußte, daß du ein harter Mann
bist. Du erntest, wo du nicht gesät hast, und
sammelst ein, wo du nichts ausgeteilt hast.
[25] Deshalb hatte ich Angst und habe dein Geld
vergraben. Hier hast du zurück, was dir gehört.‹

a *Wenn Gott sein Werk vollendet …:* wörtlich *Dann wird die Königsherrschaft* der Himmel zehn Jungfrauen gleichen, die gingen …*

24,45-47 25,21-23 **24,48** 2 Petr 3,4 **24,50** 25,13 S **24,51** 8,12 S **25,1** Lk 12,35-36 **25,10** 9,15 S **25,11-12** Lk 13,25 **25,12** 7,23 **25,13** 24,42.44 par.50 par; Mk 13,33.35; Lk 21,36 **25,14-15** Mk 13,34 **25,15** Röm 12,6 **25,19** 18,23 **25,21-23** 24,45-47 par; Lk 16,10

26 Da sagte der Herr zu ihm: ›Du unzuverlässiger und fauler Diener! Du wußtest also, daß ich ernte, wo ich nicht gesät habe, und sammle, wo ich nichts ausgeteilt habe? 27 Dann hättest du mein Geld wenigstens auf die Bank bringen sollen, und ich hätte es mit Zinsen zurückbekommen!

28 Nehmt ihm sein Teil weg und gebt es dem, der die zehn Zentner hat! 29 Denn wer viel hat, soll noch mehr bekommen, bis er mehr als genug hat. Wer aber wenig hat, dem wird auch noch das Letzte weggenommen werden. 30 Und diesen Taugenichts werft hinaus in die Dunkelheit draußen! Dort gibt es nur noch Jammern und Zähneknirschen.«

Wonach der Weltrichter urteilt

31 »Wenn der Menschensohn* in seiner Herrlichkeit kommt, begleitet von allen Engeln*, dann wird er auf seinem Herrscherthron Platz nehmen. 32 Alle Völker der Erde werden vor ihm versammelt werden, und er wird die Menschen in zwei Gruppen teilen, so wie ein Hirt die Schafe von den Böcken trennt. 33 Die Schafe wird er auf seine rechte Seite stellen und die Böcke auf seine linke Seite.

34 Dann wird der König zu denen auf seiner rechten Seite sagen: ›Kommt her! Euch hat mein Vater gesegnet. Nehmt Gottes neue Welt[a] in Besitz, die er euch von allem Anfang an zugedacht hat. 35 Denn ich war hungrig, und ihr habt mir zu essen gegeben; ich war durstig, und ihr habt mir zu trinken gegeben; ich war fremd, und ihr habt mich bei euch aufgenommen; 36 ich war nackt, und ihr habt mir etwas anzuziehen gegeben; ich war krank, und ihr habt mich versorgt; ich war im Gefängnis, und ihr habt mich besucht.‹

37 Dann werden die, die den Willen Gottes getan haben, fragen: ›Herr, wann sahen wir dich jemals hungrig und gaben dir zu essen? Oder durstig und gaben dir zu trinken? 38 Wann kamst du als Fremder zu uns, und wir nahmen dich auf, oder nackt, und wir gaben dir etwas anzuziehen? 39 Wann warst du krank oder im Gefängnis, und wir besuchten dich?‹

40 Dann wird der König antworten: ›Ich versichere euch: Was ihr für einen meiner geringsten Brüder oder für eine meiner geringsten Schwestern[b] getan habt, das habt ihr für mich getan.‹

41 Dann wird der König zu denen auf seiner linken Seite sagen: ›Geht mir aus den Augen, Gott hat euch verflucht! Fort mit euch in das ewige Feuer, das für den Teufel und seine Engel vorbereitet ist! 42 Denn ich war hungrig, aber ihr habt mir nichts zu essen gegeben; ich war durstig, aber ihr habt mir nichts zu trinken gegeben; 43 ich war fremd, aber ihr habt mich nicht aufgenommen; ich war nackt, aber ihr habt mir nichts anzuziehen gegeben; ich war krank und im Gefängnis, aber ihr habt euch nicht um mich gekümmert.‹

44 Dann werden auch sie ihn fragen: ›Herr, wann sahen wir dich jemals hungrig oder durstig, wann kamst du als Fremder, wann warst du nackt oder krank oder im Gefängnis – und wir hätten uns nicht um dich gekümmert?‹

45 Aber er wird ihnen antworten: ›Ich versichere euch: Was ihr an einem von meinen geringsten Brüdern oder an einer von meinen geringsten Schwestern[c] zu tun versäumt habt, das habt ihr an mir versäumt.‹

46 Auf diese also wartet die ewige Strafe. Die anderen aber, die den Willen Gottes getan haben, empfangen das ewige Leben.«

LEIDEN, TOD UND AUFERSTEHUNG VON JESUS (Kapitel 26–28)

Der Beschluß, Jesus zu töten

(Mk 14,1-2; Lk 22,1-2; Joh 11,45-53)

26 Als Jesus diese seine letzte Rede beendet hatte, sagte er zu seinen Jüngern: 2 »Wie ihr wißt, ist übermorgen das Passafest*. Dann wird der Menschensohn* ausgeliefert und ans Kreuz genagelt werden.«

3 Da kamen die führenden Priester* und die Ältesten* des Volkes im Palast des Obersten Priesters Kajaphas zusammen. 4 Sie faßten den Beschluß, Jesus heimlich zu verhaften und umzubringen.

5 »Aber auf keinen Fall darf es während des Festes geschehen«, sagten sie, »sonst gibt es einen Aufruhr im Volk.«

a Wörtlich *die Königsherrschaft**.
b Wörtlich *für einen von diesen meinen geringsten Brüdern;* siehe Sacherklärung »Bruder«.
c Wörtlich *Was ihr an einem dieser Geringsten;* vgl. Vers 40 und die Anmerkung dort.

25,29 13,12; Mk 4,25 par **25,30** 8,12 S **25,31-46** 16,27 S **25,31** Dtn 33,2; Sach 14,5; Mt 16,27 par; 19,18; 24,27 S; Joh 5,22 S; 1 Thess 3,13; 2 Thess 1,7; Jud 14 **25,35-36** Jes 58,7 **25,40.45** Spr 14,21 S; Mt 10,40.42 **25,41** Offb 19,20 S; (Engel des Teufels) Offb 12,7.9 **25,46** Dan 12,2; Joh 5,29; Röm 2,8; Jak 2,13 **26,2** Mk 8,31 S **26,3** Lk 3,2; Joh 11,49; 18,13.24; Apg 4,6 **26,4-5** 21,46 par

Eine Frau ehrt Jesus vor seinem Sterben

(Mk 14,3-9; Joh 12,1-8)

6 Jesus war in Betanien bei Simon, dem Aussätzi-
gen*, zu Gast. 7 Während des Essens trat eine
Frau an Jesus heran. Sie hatte ein Fläschchen mit
sehr wertvollem Salböl; das goß sie Jesus über
den Kopf.
8 Die Jünger* sahen es und waren empört.
»Was soll diese Verschwendung?« sagten sie.
9 »Dieses Öl hätte man teuer verkaufen und das
Geld den Armen geben können!«
10 Jesus hörte das und sagte: »Warum bringt
ihr die Frau in Verlegenheit? Sie hat eine gute Tat
an mir getan. 11 Arme wird es immer bei euch
geben; aber mich habt ihr nicht mehr lange bei
euch.
12 Sie hat dieses Salböl auf meinen Körper ge-
gossen, und hat ihn damit für das Begräbnis vor-
bereitet. 13 Ich versichere euch: Überall in der
Welt, wo in Zukunft die Gute Nachricht* ver-
kündet wird, wird auch berichtet werden, was
sie getan hat. Ihr Andenken wird immer leben-
dig bleiben.«

Judas wird zum Verräter

(Mk 14,10-11; Lk 22,3-6)

14 Darauf ging Judas Iskariot, einer aus dem Kreis
der Zwölf*, zu den führenden Priestern* 15 und
sagte: »Was gebt ihr mir, wenn ich ihn euch in
die Hände spiele?«
Sie zahlten ihm dreißig Silberstücke*.
16 Von da an suchte Judas eine günstige Gele-
genheit, Jesus zu verraten.

Vorbereitungen zum Passamahl

(Mk 14,12-16; Lk 22,7-13)

17 Am ersten Tag der Festwoche, während der
ungesäuertes Brot* gegessen wird, kamen die
Jünger* zu Jesus und fragten: »Wo sollen wir für
dich das Passamahl* vorbereiten?«
18 Er antwortete: »Geht zu einem Mann in der
Stadt – er nannte ihnen den Namen – und rich-
tet ihm aus: ›Unser Lehrer* sagt: Die Stunde
meines Todes ist nah. Bei dir will ich mit meinen
Jüngern das Passamahl feiern.‹«
19 Die Jünger taten, was Jesus ihnen aufge-
tragen hatte, und bereiteten das Passamahl vor.

Jesus feiert mit den Zwölf das Abschiedsmahl

(Mk 14,17-26; Lk 22,14-23)

20 Als es Abend geworden war, setzte sich Jesus
mit den Zwölf* zu Tisch. 21 Während der Mahl-
zeit sagte er: »Ich versichere euch: Einer von
euch wird mich verraten.«
22 Die Jünger* waren bestürzt, und einer nach
dem andern fragte ihn: »Du meinst doch nicht
mich, Herr?«
23 Jesus antwortete: »Der soeben mit mir das
Brot in die Schüssel getaucht hat, der ist es, der
wird mich verraten. 24 Der Menschensohn* muß
zwar sterben, wie es in den Heiligen Schriften*
angekündigt ist. Aber wehe dem Menschen, der
den Menschensohn verrät! Er wäre besser nie
geboren worden!«
25 Da fragte Judas, der ihn verraten wollte:
»Du meinst doch nicht etwa mich, Rabbi*?«
»Doch«, antwortete Jesus, »dich!«
26 Während der Mahlzeit nahm Jesus ein Brot,
sprach das Segensgebet darüber, brach es in
Stücke und gab es seinen Jüngern mit den Wor-
ten: »Nehmt und eßt, das ist mein Leib!«
27 Dann nahm er den Becher, sprach darüber
das Dankgebet, gab ihn den Jüngern und sagte:
»Trinkt alle daraus; 28 das ist mein Blut, das für
alle Menschen vergossen wird zur Vergebung
ihrer Schuld. Mit ihm wird der Bund* in Kraft ge-
setzt, den Gott jetzt mit den Menschen schließt.
29 Ich sage euch: Von jetzt an werde ich kei-
nen Wein mehr trinken, bis ich ihn neu mit euch
trinken werde, wenn mein Vater sein Werk voll-
endet hat!«[a]
30 Dann sangen sie die Dankpsalmen[b] und
gingen hinaus zum Ölberg*.

Jesus sagt das Versagen von Petrus voraus

(Mk 14,27-31)

31 Unterwegs sagte Jesus zu ihnen: »Heute nacht
werdet ihr alle an mir irre werden, denn es
heißt: ›Ich werde den Hirten töten, und die
Schafe der Herde werden auseinanderlaufen.‹
32 Aber wenn ich vom Tod auferweckt worden
bin, werde ich euch vorausgehen nach Galiläa*.«
33 Petrus widersprach ihm: »Selbst wenn
alle andern an dir irre werden – ich niemals!«
34 Jesus antwortete: »Ich versichere dir: In dieser
Nacht, bevor der Hahn kräht, wirst du mich drei-

a *wenn mein Vater ...:* wörtlich *in der Königsherrschaft* meines Vaters.*
b Nach dem Passamahl werden die Psalmen 114 bis 118 gesungen.

26,6-7 Lk 7,37-38 **26,11** Dtn 15,11 **26,14-16** Joh 11,57; 13,2 **26,15b** Sach 11,12; Ex 21,32 **26,20-25** Joh 13,2.21-30 **26,23** Ps 41,10 **26,24** Jes 53,8-9; Lk 24,26-27; Mt 18,7 par **26,26-28** 1 Kor 10,16; 11,23-26 **26,28** Mk 14,24 S **26,30** Lk 22,39 S **26,31** *nach* Sach 13,7; Mt 26,56 par; Joh 16,32 **26,32** 28,7.10.16 **26,34-35** Lk 22,34-35; Joh 13,36-38

mal verleugnen und behaupten, daß du mich
nicht kennst.«
35 Da sagte Petrus: »Und wenn ich mit dir ster-
ben müßte, ich werde dich ganz bestimmt nicht
verleugnen!«
Das gleiche sagten auch alle anderen Jünger*.

Jesus betet im Garten Getsemani

(Mk 14,32-42; Lk 22,39-46)

36 Dann kam Jesus mit seinen Jüngern* zu einem
Grundstück, das Getsemani* hieß. Er sagte zu
ihnen: »Setzt euch hier! Ich gehe dort hinüber,
um zu beten.«
37 Petrus und die beiden Söhne von Zebedäus
nahm er mit. Angst und tiefe Traurigkeit befielen
ihn, 38 und er sagte zu ihnen: »Ich bin so be-
drückt, ich bin mit meiner Kraft am Ende. Bleibt
hier und wacht mit mir!«
39 Dann ging er noch ein paar Schritte weiter,
warf sich nieder, das Gesicht zur Erde, und be-
tete: »Mein Vater, wenn es möglich ist, erspare
es mir, diesen Kelch trinken zu müssen![a] Aber
es soll geschehen, was *du* willst, nicht was ich
will.«
40 Dann kehrte er zu den Jüngern zurück und
sah, daß sie eingeschlafen waren. Da sagte er zu
Petrus: »Konntet ihr nicht eine einzige Stunde
mit mir wach bleiben? 41 Bleibt wach und betet,
damit ihr in der kommenden Prüfung nicht ver-
sagt. Der Geist in euch ist willig, aber eure
menschliche Natur ist schwach.«[b]
42 Noch einmal ging Jesus weg und betete:
»Mein Vater, wenn es nicht anders sein kann
und ich diesen Kelch trinken muß, dann ge-
schehe dein Wille!«
43 Als er zurückkam, schliefen sie wieder; die
Augen waren ihnen zugefallen.
44 Zum drittenmal ging Jesus ein Stück weit
weg und betete noch einmal mit den gleichen
Worten. 45 Als er dann zu den Jüngern zurück-
kam, sagte er: »Schlaft ihr denn immer noch und
ruht euch aus? Die Stunde ist da; jetzt wird der
Menschensohn* an die Menschen, die Sünder,
ausgeliefert. 46 Steht auf, wir wollen gehen. Er ist
schon da, der mich verrät!«

Jesus wird verhaftet

(Mk 14,43-50; Lk 22,47-53; Joh 18,3-12)

47 Noch während Jesus das sagte, kam Judas,
einer der Zwölf*, mit einem großen Trupp von
Männern, die mit Schwertern und Knüppeln be-
waffnet waren. Sie waren von den führenden
Priestern* und den Ältesten* des Volkes ge-
schickt worden.
48 Der Verräter hatte mit ihnen ein Erken-
nungszeichen ausgemacht: »Wem ich einen Be-
grüßungskuß gebe, der ist es. Den nehmt fest!«
49 Judas ging sogleich auf Jesus zu und sagte:
»Sei gegrüßt, Rabbi*!«, und er küßte ihn so, daß
alle es sehen konnten.
50 Jesus sagte zu ihm: »Freund, komm zur
Sache!« Darauf traten die Bewaffneten heran,
packten Jesus und nahmen ihn fest.
51 Einer von den Jüngern* zog sein Schwert,
hieb auf den Bevollmächtigten des Obersten
Priesters* ein und schlug ihm ein Ohr ab. 52 Aber
Jesus befahl ihm: »Steck dein Schwert weg;
denn alle, die zum Schwert greifen, werden
durch das Schwert umkommen. 53 Weißt du
nicht, daß ich nur meinen Vater um Hilfe zu bit-
ten brauche, und er schickt mir sofort mehr als
zwölf Legionen* Engel? 54 Aber wie soll sich
dann erfüllen, was in den Heiligen Schriften* an-
gekündigt ist? Es *muß* doch so kommen!«
55 In jener Stunde sagte Jesus zu denen, die
ihn festgenommen hatten: »Warum rückt ihr
hier mit Schwertern und Knüppeln an, um mich
gefangenzunehmen? Bin ich denn ein Verbre-
cher? Täglich saß ich im Tempel* und lehrte die
Menschen; da habt ihr mich nicht festgenom-
men. 56 Aber das alles ist so gekommen, damit in
Erfüllung geht, was die Propheten* in ihren
Schriften angekündigt haben.«
Da verließen ihn alle seine Jünger und flohen.

Jesus vor dem jüdischen Rat

(Mk 14,53-65; Lk 22,54-55.63-71; Joh 18,12-14.19-24)

57 Die Männer, die Jesus verhaftet hatten, brach-
ten ihn zum Obersten Priester* Kajaphas, wo
schon die Gesetzeslehrer* und Ratsältesten* ver-
sammelt waren. 58 Petrus folgte Jesus in weitem
Abstand und kam bis in den Innenhof des Pa-
lastes. Dort setzte er sich zu den Dienern, um zu
sehen, wie die Sache ausgehen würde.
59 Die führenden Priester* und der ganze Rat*
versuchten, Jesus durch falsche Zeugenaussagen
zu belasten, damit sie ihn zum Tod verurteilen
könnten. 60 Aber das gelang nicht, obwohl eine
ganze Reihe von Zeugen auftrat. Schließlich
kamen zwei 61 und sagten: »Dieser Mann hat

a *erspare es mir …:* wörtlich *dann gehe dieser Kelch an mir vorüber.* Zu *Kelch* siehe Anmerkung zu Mk 10,38.
b *eure menschliche Natur:* wörtlich *das Fleisch*.

26,36-46 Lk 5,16 S; Hebr 5,7-8 **26,39** 20,22 par; Joh 18,11; Hebr 10,9; Mt 6,10 S **26,41** Eph 6,18; 1 Petr 5,8; Mt 6,13 **26,42** Mt 6,10 S **26,44** 2 Kor 12,8 **26,45** Joh 12,23; 13,1; 17,1 **26,52** Gen 9,5-6 **26,56** (angekündigt) Lk 24,44 S; (verließen) Mt 26,31 S **26,61** Joh 2,19 S

behauptet: ›Ich kann den Tempel* Gottes nie-
derreißen und ihn in drei Tagen wieder auf-
bauen!‹«
62 Da stand der Oberste Priester auf und fragte
Jesus: »Hast du nichts zu sagen zu dem, was
diese beiden gegen dich vorbringen?«
63 Aber Jesus schwieg.
Der Oberste Priester sagte: »Ich nehme von
dir einen Eid bei dem lebendigen Gott und for-
dere dich auf, uns zu sagen: Bist du Christus, der
versprochene Retter,[a] der Sohn* Gottes?«
64 Jesus antwortete: »Ja! Aber ich sage euch,
von jetzt an gilt: Ihr werdet den Menschensohn*
sehen, wie er an der rechten Seite des Allmächti-
gen sitzt und auf den Wolken des Himmels
kommt!«
65 Da zerriß der Oberste Priester sein Gewand
und sagte: »Das ist eine Gotteslästerung! Was
brauchen wir noch Zeugen? Ihr habt es selbst
gehört, wie er Gott beleidigt hat.
66 Wie lautet
euer Urteil?«
»Er hat den Tod verdient!« riefen sie.
67 Dann spuckten sie ihm ins Gesicht und
schlugen ihn mit Fäusten. Andere gaben ihm
Ohrfeigen
68 und höhnten: »He, Christus, du ver-
sprochener Retter, du bist doch ein Prophet! Sag
uns: Wie heißt der, der dich gerade schlug?«

Petrus verleugnet Jesus

(Mk 14,66-72; Lk 22,56-62; Joh 18,15-18.25-27)

69 Petrus saß noch immer draußen im Hof, als
eine Dienerin auf ihn zukam und sagte: »Du
warst doch auch mit Jesus aus Galiläa* zusam-
men!«
70 Petrus stritt es vor allen Leuten ab und
sagte: »Ich weiß nicht, wovon du redest!«
71 Dann ging er in die Torhalle hinaus. Dort
sah ihn eine andere Dienerin und sagte zu
denen, die herumstanden: »Der da war mit Jesus
aus Nazaret[b] zusammen!«
72 Und wieder stritt Petrus es ab und schwor:
»Ich kenne den Mann überhaupt nicht!«
73 Kurz darauf traten die Umstehenden zu
Petrus und sagten: »Natürlich gehörst du zu
denen. Das merkt man doch schon an deiner
Aussprache!«
74 Petrus aber schwor: »Gott soll mich strafen,
wenn ich lüge! Ich kenne den Mann nicht!«
In diesem Augenblick krähte ein Hahn,
75 und
Petrus erinnerte sich daran, daß Jesus zu ihm ge-
sagt hatte: »Bevor der Hahn kräht, wirst du mich
dreimal verleugnen und behaupten, daß du mich
nicht kennst.«
Da ging er hinaus und begann, bitter zu wei-
nen.

Jesus wird an Pilatus ausgeliefert

(Mk 15,1; Lk 23,1; Joh 18,28)

27 Früh am Morgen schließlich faßten die
führenden Priester* und die Ältesten*
des Volkes einmütig den Beschluß, Jesus hinrich-
ten zu lassen.
2 Sie ließen ihn fesseln; dann nah-
men sie ihn mit und übergaben ihn dem römi-
schen Statthalter* Pilatus.

Judas bereut seinen Verrat und erhängt sich

(Apg 1,16-20)

3 Als der Verräter Judas erfuhr, daß Jesus hinge-
richtet werden sollte, packte ihn die Reue, und
er brachte die dreißig Silberstücke* zu den füh-
renden Priestern* und den Ratsältesten* zu-
rück.
4 Er sagte zu ihnen: »Ich habe eine schwere
Schuld auf mich geladen; ein Unschuldiger wird
getötet, und ich habe ihn verraten.«
»Was geht das uns an?« antworteten sie. »Das
ist deine Angelegenheit!«
5 Da warf Judas das Geld in den Tempel*, lief
fort und erhängte sich.
6 Die führenden Priester nahmen das Geld an
sich und sagten: »An diesem Geld klebt Blut; es
ist nach dem Gesetz* verboten, solches Geld in
den Tempelschatz zu tun.«
7 Sie berieten sich
und beschlossen, davon den Töpferacker zu kau-
fen und als Friedhof für Ausländer zu benutzen.
8 Noch heute heißt darum dieses Stück Land
›Blutacker‹.
9 So ging in Erfüllung, was der Prophet Jere-
mia angekündigt hatte: »Sie nahmen die drei-
ßig Silberstücke, die Summe, die er den Leuten
von Israel wert war,
10 und kauften davon den
Töpferacker, so wie es der Herr mir gesagt
hatte.«

Jesus vor Pilatus

(Mk 15,2-5; Lk 23,2-5; Joh 18,29-38)

11 Jesus stand vor dem Statthalter*. Der fragte
ihn: »Bist du der König der Juden?«
»Du sagst es!« gab Jesus zur Antwort.
12 Aber

a Wörtlich *Bist du der Christus*;* entsprechend in Vers 68.

b Wörtlich *mit Jesus, dem Nazoräer**.

26,63 Mk 14,61 S; 15,39 S **26,64** Mk 12,36 S; 13,26 S **26,65** (zerriß) Joël 2,13 S; (Gotteslästerung) Lev 24,16; Joh 10,33; 19,7 **26,67** Jes 50,6; 53,5; Mt 27,30 **26,68** 21,11 S **26,75** 26,34 par **27,3** 26,15 **27,6** Dtn 23,19 **27,9-10** *nach* Sach 11,12-13 *und* Jer 32,8-9 **27,9** Lk 23,47; Apg 3,14 S **27,11** (König der Juden) 2,2; 27,29 par; 27,37 par; 27,42 par; Mk 15,9.12; Joh 1,49; 12,13; 18,33.39; 19,15.19.21 **27,12-14** Mk 14,61 S

als die führenden Priester* und die Ratsältesten*
ihn beschuldigten, schwieg er.
13 Darum fragte Pilatus ihn: »Hörst du nicht,
was sie alles gegen dich vorbringen?«
14 Aber Jesus gab ihm auf keine einzige Frage
mehr eine Antwort. Darüber war der Statthalter
sehr erstaunt.

Das Todesurteil

(Mk 15,6-15; Lk 23,13-25; Joh 18,39–19,16)

15 Es war üblich, daß der römische Statthalter*
zum Passafest* einen Gefangenen begnadigte,
den das Volk bestimmen durfte. 16 Damals gab
es einen berüchtigten Gefangenen, der Jesus
Barabbas hieß. 17 Als nun die Volksmenge ver-
sammelt war, fragte Pilatus: »Wen soll ich euch
freigeben: Jesus Barabbas oder Jesus, den an-
geblichen Retter?«[a] 18 Denn er wußte genau,
daß man ihm Jesus nur aus Neid ausgeliefert
hatte.
19 Während Pilatus auf dem Richterstuhl saß,
ließ seine Frau ihm ausrichten: »Laß die Hände
von diesem Gerechten*! Seinetwegen hatte ich
letzte Nacht einen schrecklichen Traum.«
20 Inzwischen hatten die führenden Priester*
und die Ratsältesten* das Volk überredet, es
solle für Barabbas die Freilassung und für Jesus
den Tod verlangen.
21 Der Statthalter fragte noch einmal: »Wen
von den beiden soll ich euch herausgeben?«
»Barabbas!« schrien sie.
22 »Und was soll ich mit Jesus machen, eurem
sogenannten Retter?« fragte Pilatus weiter.
»Kreuzigen*!« riefen alle.
23 »Was hat er denn verbrochen?« fragte Pila-
tus.
Aber sie schrien noch lauter: »Kreuzigen!«
24 Als Pilatus merkte, daß seine Worte nichts
ausrichteten und die Erregung der Menge nur
noch größer wurde, nahm er Wasser und wusch
sich vor allen Leuten die Hände. Dabei sagte er:
»Ich habe keine Schuld am Tod dieses Mannes.
Das habt ihr zu verantworten!«
25 Das ganze Volk schrie: »Wenn er unschul-
dig ist, dann komme die Strafe für seinen Tod auf
uns und unsere Kinder!«[b]
26 Da ließ Pilatus ihnen Barabbas frei und gab
den Befehl, Jesus mit der Geißel* auszupeit-
schen* und zu kreuzigen.

Die Soldaten verspotten Jesus

(Mk 15,16-20; Joh 19,2-3)

27 Die Soldaten des Statthalters* brachten Jesus
in den Palast[c] und versammelten die ganze
Mannschaft um ihn. 28 Sie zogen ihm seine Klei-
der aus und hängten ihm einen roten Soldaten-
mantel um, 29 flochten eine Krone aus Dornen-
zweigen und drückten sie ihm auf den Kopf. Sie
gaben ihm einen Stock in seine rechte Hand,
warfen sich vor ihm auf die Knie und machten
sich über ihn lustig. »Hoch lebe der König der
Juden!« riefen sie. 30 Dann spuckten sie ihn an,
nahmen ihm den Stock wieder weg und schlu-
gen ihn damit auf den Kopf.
31 Nachdem sie so ihren Spott mit ihm getrie-
ben hatten, nahmen sie ihm den Soldatenmantel
ab, zogen ihm seine eigenen Kleider wieder an
und führten ihn hinaus, um ihn ans Kreuz* zu
nageln.

Jesus am Kreuz

(Mk 15,21-32; Lk 23,26-43; Joh 19,17-27)

32 Unterwegs trafen sie einen Mann aus Zyrene
namens Simon. Den zwangen sie, für Jesus das
Kreuz* zu tragen.
33 So kamen sie an die Stelle, die Golgota
heißt, das bedeutet »Schädelplatz«. 34 Dort gaben
sie Jesus Wein mit einem Zusatz, der bitter war
wie Galle; aber als er davon gekostet hatte,
wollte er ihn nicht trinken.
35 Sie nagelten ihn ans Kreuz und losten
dann untereinander seine Kleider aus. 36 Danach
setzten sie sich hin und bewachten ihn. 37 Über
seinem Kopf hatten sie ein Schild angebracht,
auf dem der Grund für seine Hinrichtung ge-
schrieben stand: »Dies ist Jesus, der König der
Juden!«
38 Mit Jesus zusammen wurden zwei Verbre-
cher gekreuzigt, einer rechts und einer links von
ihm. 39 Die Leute, die vorbeikamen, schüttelten
den Kopf und verhöhnten Jesus: 40 »Du wolltest
den Tempel niederreißen und in drei Tagen wie-
der aufbauen! Wenn du Gottes Sohn* bist, dann
befrei dich doch und komm herunter vom
Kreuz!«
41 Genauso machten sich die führenden Prie-
ster* und die Gesetzeslehrer* und Ratsältesten*
über Jesus lustig. 42 »Anderen hat er geholfen«,
spotteten sie, »aber sich selbst kann er nicht hel-

a *den angeblichen Retter:* wörtlich *der Christus* genannt wird.* So auch in Vers 22 *(eurem sogenannten Retter).*
b *Wenn er …:* wörtlich *Sein Blut komme auf uns …;* siehe Anmerkung zu Lev 20,9. c Wörtlich *in das Prätorium*.*
27,19 Lk 23,47 S **27,24** Dtn 21,6-8 S **27,25** Jer 26,15; Apg 5,28; Mt 21,37-41; 22,7 **27,26-31** 20,19 **27,28** Lk 23,11 **27,29** 27,11 S **27,30** 26,67 S **27,34** Ps 69,22 **27,35** Ps 22,19 **27,37** 27,11 S **27,38** Jes 53,12 **27,39** Ps 22,8; 109,25 **27,40** Joh 2,19 S; Mk 15,39 S **27,42** 27,11 S

fen! Wenn er der König von Israel ist, soll er vom Kreuz herunterkommen, dann werden wir ihm glauben. 43 Er hat doch auf Gott vertraut; der soll ihm jetzt helfen, wenn ihm etwas an ihm liegt. Er hat ja behauptet: ›Ich bin Gottes Sohn.‹«

44 Genauso beschimpften ihn auch die beiden Verbrecher, die zusammen mit ihm gekreuzigt worden waren.

Jesus stirbt

(Mk 15,33-41; Lk 23,44-49; Joh 19,28-30)

45 Um zwölf Uhr mittags verfinsterte sich der Himmel über dem ganzen Land. Das dauerte bis um drei Uhr. 46 Gegen drei Uhr schrie Jesus: »Eli, eli, lema sabachtani?« – das heißt: »Mein Gott, mein Gott, warum hast du mich verlassen?«

47 Einige von denen, die dabeistanden und es hörten, sagten: »Der ruft nach Elija!« 48 Einer lief schnell nach einem Schwamm, tauchte ihn in Essig*, steckte ihn auf eine Stange und wollte Jesus trinken lassen. 49 Aber die anderen riefen: »Laß das! Wir wollen sehen, ob Elija kommt und ihm hilft.«

50 Doch Jesus schrie noch einmal laut auf und starb.

51 Da zerriß der Vorhang* vor dem Allerheiligsten im Tempel von oben bis unten. Die Erde bebte, Felsen spalteten sich, 52 und Gräber brachen auf. Viele Tote aus dem Volk Gottes[a] wurden auferweckt 53 und verließen ihre Gräber. Später, als Jesus vom Tod auferweckt worden war, kamen sie in die Heilige Stadt und wurden dort von vielen Leuten gesehen.

54 Als der römische Hauptmann und die Soldaten, die Jesus bewachten, das Erdbeben und alles andere miterlebten, erschraken sie sehr und sagten: »Er war wirklich Gottes Sohn*!«

55 Es waren auch viele Frauen da, die alles aus der Ferne beobachteten. Sie waren Jesus seit der Zeit seines Wirkens in Galiläa* gefolgt und hatten für ihn gesorgt; 56 darunter waren Maria aus Magdala, Maria, die Mutter von Jakobus und Josef, sowie die Mutter der beiden Söhne von Zebedäus.

Jesus wird ins Grab gelegt

(Mk 15,42-47; Lk 23,50-56; Joh 19,38-42)

57 Am Abend kam ein reicher Mann aus Arimathäa; er hieß Josef und war gleichfalls ein Jünger* von Jesus geworden. 58 Er ging zu Pilatus und bat ihn, den Leichnam von Jesus freizugeben. Da befahl Pilatus, ihn auszuliefern.

59 Josef nahm den Toten, wickelte ihn in ein neues Leinentuch 60 und legte ihn in sein eigenes Grab, das in einen Felsen gehauen und noch unbenutzt war. Dann rollte er einen schweren Stein vor den Grabeingang und ging fort.

61 Maria aus Magdala und die andere Maria blieben dort und setzten sich dem Grab gegenüber nieder.

Die Grabwache

62 Am nächsten Tag – es war der Sabbat* – kamen die führenden Priester* und die Pharisäer* miteinander zu Pilatus 63 und sagten: »Herr, uns ist eingefallen, daß dieser Schwindler, als er noch lebte, behauptet hat: ›Nach drei Tagen werde ich vom Tod auferweckt werden.‹ 64 Gib deshalb Anweisung, das Grab bis zum dritten Tag zu bewachen! Sonst könnten seine Jünger* kommen, die Leiche stehlen und dann dem Volk erzählen: ›Er ist vom Tod auferweckt worden.‹ Dieser letzte Betrug wäre dann noch schlimmer als alles andere vorher.«

65 »Da habt ihr eine Wache«, sagte Pilatus. »Geht und sichert das Grab, so gut ihr könnt.«

66 Sie gingen also zum Grab und versiegelten den Stein, der den Eingang zur Grabkammer verschloß. Die Wache half ihnen dabei und blieb am Grab zurück.

Die Frauen am leeren Grab

(Mk 16,1-8; Lk 24,1-12; Joh 20,1-18)

28 Am Abend, als der Sabbat vorüber und der Sonntag* eben angebrochen war,[b] kamen Maria aus Magdala und die andere Maria, um nach dem Grab zu sehen. 2 Da bebte plötzlich die Erde, denn der Engel* des Herrn kam vom Himmel herab, trat an das Grab, rollte den Stein weg und setzte sich darauf. 3 Er leuchtete wie ein Blitz, und sein Gewand war schneeweiß. 4 Als die Wächter ihn sahen, zitterten sie vor Angst und fielen wie tot zu Boden.

5 Der Engel sagte zu den Frauen: »*Ihr* braucht keine Angst zu haben! Ich weiß, ihr sucht Jesus, der ans Kreuz* genagelt wurde. 6 Er ist nicht hier, er ist auferweckt worden, so wie er es angekündigt hat. Kommt her und seht die Stelle, wo er gelegen hat! 7 Und jetzt geht schnell zu seinen Jüngern* und sagt ihnen: ›Gott hat ihn

a Wörtlich *Viele Leiber der entschlafenen Heiligen**.

b Nach jüdischer Auffassung ist jeweils mit Sonnenuntergang der alte Tag beendet, und es beginnt der neue Tag.

27,43 Ps 22,9; Weish 2,16-20; Mk 15,39 S **27,45** Am 8,9 **27,46** *zit* Ps 22,1 **27,48** Ps 69,22 **27,51** Ex 26,31-33; 2 Chr 3,14; Hebr 10,19-20 **27,54** 14,33 S; 26,63; Mk 15,39 S **27,55-56** Lk 8,2-3 S **27,57-58** Dtn 21,22-23 **27,63** 12,40 **27,64** 28,13 **27,66** Dan 6,18 **28,6** (angekündigt) 12,40; 16,21 par; 17,23 par; 20,19 par **28,7** 26,32 S; Mk 14,28

vom Tod auferweckt! Er geht euch voraus nach
Galiläa*, dort werdet ihr ihn sehen.‹ Ihr könnt
euch auf mein Wort verlassen.«
8 Erschrocken und doch voller Freude liefen
die Frauen vom Grab weg. Sie gingen schnell zu
den Jüngern, um ihnen die Botschaft des Engels
zu überbringen.
9 Da stand plötzlich Jesus selbst vor ihnen und
sagte: »Seid gegrüßt!«
Die Frauen warfen sich vor ihm nieder und
umfaßten seine Füße.
10 »Habt keine Angst!« sagte Jesus zu ihnen.
»Geht und sagt meinen Brüdern,[a] sie sollen nach
Galiläa gehen. Dort werden sie mich sehen.«

Der Bericht der Wache

11 Während die Frauen noch auf dem Weg
waren, liefen einige von den Wächtern in die
Stadt und meldeten den führenden Priestern*,
was geschehen war. 12 Diese faßten zusammen
mit den Ratsältesten* einen Beschluß: Sie gaben
den Soldaten viel Geld 13 und schärften ihnen
ein: »Erzählt allen: ›In der Nacht, während wir
schliefen, sind seine Jünger* gekommen und
haben den Toten gestohlen.‹ 14 Wenn der Statt-
halter* von der Geschichte erfährt, werden wir
mit ihm sprechen. Ihr habt nichts zu befürch-
ten!«
15 Die Wächter nahmen das Geld und taten,
wie man sie gelehrt hatte. So kam diese Ge-
schichte auf und wird bei den Juden bis heute
weitererzählt.

Jesus zeigt sich seinen Jüngern

16 Die elf Jünger* gingen nach Galiläa* auf den
Berg, zu dem Jesus sie bestellt hatte. 17 Als sie
ihn sahen, warfen sie sich vor ihm nieder, doch
einige hatten auch Zweifel.
18 Jesus trat auf sie zu und sagte: »Gott hat mir
unbeschränkte Vollmacht im Himmel und auf
der Erde gegeben.
19 Darum geht nun zu allen Völkern der Welt
und macht die Menschen zu meinen Jüngern
und Jüngerinnen![b]
Tauft* sie im Namen des Vaters und des Soh-
nes* und des Heiligen Geistes*, 20 und lehrt sie,
alles zu befolgen, was ich euch aufgetragen
habe.
Und das sollt ihr wissen: Ich bin immer bei
euch, jeden Tag, bis zum Ende der Welt.«

a Mit den *Brüdern* sind an dieser Stelle die Jünger gemeint.
b *macht zu Jüngern und Jüngerinnen:* Im Griechischen steht ein Tätigkeitswort *in die Schule nehmen/belehren.* Es ist von dem Hauptwort *Schüler/Jünger** abgeleitet, hier aber sicher nicht nur auf männliche »Schüler/Jünger« zu beziehen.

28,10 12,50 par; Joh 20,17 S **28,13** 27,64 **28,16** 5,1 S; 26,32 S **28,17** 14,31 S **28,18** Dan 7,13-14; Joh 3,35 S **28,19** (alle Völker) 10,5-6; 21,41.43; 24,14; Mk 16,15; Lk 24,47; (Taufe) Mt 3,15; Mk 16,16; Apg 2,38; 8,36; 1 Kor 1,13-16; Eph 4,5; Röm 6,3-4 S; (Vater, Sohn, Geist) 2 Kor 13,13 **28,20a** 5,2–7,27; 11,28-30 **28,20b** 1,23; 18,20

DIE GUTE NACHRICHT NACH MARKUS
(Markus-Evangelium)

Inhaltsübersicht

DER ANFANG DER GUTEN NACHRICHT (1,1-13)

Wie es anfing

1 In diesem Buch ist aufgeschrieben, wie die Gute Nachricht von Jesus Christus*, dem Sohn* Gottes, ihren Anfang nahm.[a]

Johannes der Täufer tritt auf und kündigt Christus an

(Mt 3,1-12; Lk 3,1-18; Joh 1,19-28)

[2] Es begann, wie es im Buch des Propheten Jesaja angekündigt wurde:

»›Ich sende meinen Boten vor dir her‹, sagt Gott,
›damit er den Weg für dich bahnt.‹
[3] In der Wüste ruft einer:
›Macht den Weg bereit, auf dem der Herr kommt!
Ebnet ihm die Straßen!‹«

[4] Dies traf ein, als der Täufer* Johannes in der Wüste auftrat und den Menschen verkündete: »Kehrt um und laßt euch taufen, denn Gott will euch eure Schuld vergeben!«[b]

[5] Aus dem ganzen Gebiet von Judäa* und aus Jerusalem strömten die Leute in Scharen zu ihm hinaus, bekannten öffentlich ihre Sünden und ließen sich von ihm im Jordan taufen.

[6] Johannes trug ein Gewand aus Kamelhaaren und um die Hüften einen Ledergurt; er lebte von Heuschrecken und dem Honig wilder Bienen.

[7] Er kündigte an: »Nach mir kommt der, der
mächtiger ist als ich. Ich bin nicht einmal gut
genug, mich zu bücken und ihm die Schuhe
aufzubinden. [8] Ich habe euch mit Wasser ge-
tauft; er wird euch mit dem Heiligen Geist*
taufen.«

Jesus läßt sich taufen und wird auf die Probe gestellt

(Mt 3,13–4,11; Lk 3,21-22; 4,1-13; Joh 1,32-34)

[9] Zu dieser Zeit geschah es: Jesus kam aus Naza-
ret in Galiläa* zu Johannes und ließ sich von ihm
im Jordan taufen*. [10] Als er aus dem Wasser stieg,
sah er, wie der Himmel aufriß und der Geist*
Gottes wie eine Taube auf ihn herabkam. [11] Und
eine Stimme aus dem Himmel sagte zu ihm: »Du
bist mein Sohn*, dir gilt meine Liebe, dich habe
ich erwählt.«

[12] Gleich danach trieb der Geist Gottes Jesus
in die Wüste. [13] Dort blieb er vierzig Tage und
wurde vom Satan* auf die Probe gestellt. Er lebte
mit den wilden Tieren zusammen, und die
Engel* Gottes versorgten ihn.[c]

JESUS WIRKT IN GALILÄA (1,14–8,26)

Jesus beginnt sein Wirken

(Mt 4,12-17; Lk 4,14-15)

[14] Nachdem man Johannes ins Gefängnis gewor-
fen hatte,[d] kam Jesus nach Galiläa* zurück und
verkündete im Auftrag Gottes: [15] »Es ist soweit:
Jetzt wird Gott seine Herrschaft aufrichten und

a Vers 1 wörtlich: *Anfang der Guten Nachricht* von Jesus Christus, dem Sohn Gottes* (*dem Sohn Gottes* fehlt in einigen alten Handschriften).
b *den Menschen verkündete …:* wörtlich *verkündete die Taufe der Umkehr* zur Vergebung der Sünden.*
c *Er lebte …:* Jesus ist der neue Adam (vgl. Gen 3), der die Versuchung besteht und das verlorene Paradies zurückbringt.
d Wörtlich *Nachdem Johannes ausgeliefert worden war.* Durch das Wort *ausliefern* will Markus andeuten: Auch in dem Geschick, das der Täufer erleidet, ist er der Vorläufer von Jesus (vgl. 9,31; 10,33; 14,41; 1 Kor 11,23) und von dessen Jüngern (vgl. 13,9.11.12).

1,1 3,11; 14,61; 15,39; (Anfang) Hebr 2,3; Apg 10,37-40 **1,2** *nach* Mal 3,1 *und* Ex 23,20; Lk 1,76 S **1,3** *nach* Jes 40,3 **1,6** 2 Kön 1,8 **1,8** Ps 51,9.12-14 S **1,11** Ps 2,7; Jes 42,1; Mk 9,7 par; 12,6 par; 2 Petr 1,17 **1,13** (Tiere) Jes 11,6-8 S; (Engel) 1 Kön 19,5; Ps 91,11-13 **1,14** 6,17-18

sein Werk vollenden.[a] Ändert euer Leben[b] und
glaubt dieser guten Nachricht!«

Jesus beruft vier Fischer zu Jüngern

(Mt 4,18-22; Lk 5,1-11)

16 Als Jesus am See von Galiläa* entlangging,
sah er Simon und seinen Bruder Andreas, wie
sie gerade ihr Netz auswarfen; sie waren
Fischer. 17 Jesus sagte zu ihnen: »Kommt, folgt
mir! Ich mache euch zu Menschenfischern.«
18 Sofort ließen sie ihre Netze liegen und folgten
ihm.

19 Als Jesus ein kleines Stück weiterging, sah
er Jakobus, den Sohn von Zebedäus, und seinen
Bruder Johannes. Sie saßen gerade im Boot und
besserten die Netze aus. 20 Jesus rief sie, und sie
ließen ihren Vater Zebedäus mit den Gehilfen im
Boot zurück und folgten ihm.

Jesus zeigt seine Macht

(Lk 4,31-37)

21 Sie gingen weiter und kamen miteinander
nach Kafarnaum, und gleich am Sabbat* ging
Jesus in die Synagoge*. Dort sprach er zu den
Versammelten. 22 Sie waren von seinen Worten
tief beeindruckt; denn er lehrte wie einer, der
Vollmacht von Gott hat – ganz anders als die Ge-
setzeslehrer*.

23 In ihrer Synagoge war ein Mann, der von
einem bösen Geist* besessen war. Er schrie:
24 »Was haben wir mit dir zu schaffen, Jesus
von Nazaret? Du bist doch nur gekommen, um
uns zu vernichten! Ich weiß genau, wer du
bist: Du bist der, der an Gottes Heiligkeit teil-
hat!«[c]

25 Drohend sagte Jesus zu dem bösen Geist:
»Schweig und fahr aus von diesem Menschen!«
26 Da zerrte der Geist den Mann hin und her und
fuhr aus mit lautem Geschrei.

27 Die Leute erschraken alle und fragten ein-
ander: »Was hat das zu bedeuten? Er hat eine
ganz neue Art zu lehren – wie einer, dem Gott
Vollmacht gegeben hat! Er befiehlt sogar den
bösen Geistern, und sie gehorchen ihm.«

28 Wie ein Lauffeuer verbreitete sich die
Kunde von Jesus ringsum in Galiläa*.

Jesus heilt die Schwiegermutter von Petrus und viele andere Menschen

(Mt 8,14-17; Lk 4,38-41)

29 Sie verließen die Synagoge* und gingen in das
Haus von Simon und Andreas. Auch Jakobus
und Johannes kamen mit.

30 Die Schwiegermutter Simons lag mit Fieber
im Bett, und gleich, als sie ins Haus kamen, sag-
ten sie es Jesus. 31 Er ging zu ihr, nahm sie bei
der Hand und richtete sie auf. Das Fieber verließ
sie, und sie bereitete für alle das Essen.[d]

32 Am Abend, nach Sonnenuntergang, brach-
ten die Leute alle Kranken und alle Besessenen*
zu Jesus. 33 Die ganze Stadt hatte sich vor dem
Haus versammelt. 34 Jesus heilte viele Menschen
von allen möglichen Krankheiten und trieb viele
böse Geister aus. Er ließ die bösen Geister nicht
zu Wort kommen; denn sie wußten genau, wer
er war.

Jesus zieht durch Galiläa

(Lk 4,42-44)

35 Am nächsten Morgen verließ Jesus lange vor
Sonnenaufgang die Stadt und zog sich an eine
abgelegene Stelle zurück. Dort betete er.

36 Simon und seine Gefährten zogen ihm nach
37 und fanden ihn. »Alle suchen dich«, sagten sie.

38 Jesus antwortete: »Wir wollen jetzt weiter-
gehen, in die umliegenden Dörfer. Ich muß auch
dort die Gute Nachricht* verkünden, denn dazu
bin ich gekommen.«

39 So zog Jesus durch ganz Galiläa*, verkün-
dete in den Synagogen* die Gute Nachricht und
trieb die bösen Geister* aus.

Jesus heilt einen Aussätzigen

(Mt 8,1-4; Lk 5,12-16)

40 Einmal kam ein Aussätziger* zu Jesus, warf
sich vor ihm auf die Knie und bat ihn um Hilfe.
»Wenn du willst«, sagte er, »kannst du mich ge-
sund[e] machen.«

41 Jesus hatte Mitleid mit ihm, streckte die
Hand aus und berührte ihn. »Ich will«, sagte er,
»sei gesund!« 42 Im selben Augenblick ver-
schwand der Aussatz, und der Mann war ge-
heilt.

43 Sofort schickte Jesus ihn weg und befahl
ihm streng: 44 »Sag ja niemand ein Wort davon,

a *Es ist soweit ...:* wörtlich *Erfüllt ist die Zeit, und nahe herbeigekommen ist die Königsherrschaft* Gottes.*
b Siehe Sacherklärung »Umkehr«.
c *der, der an Gottes ...:* wörtlich *der Heilige Gottes;* siehe Sacherklärung »Heiliger«.
d Wörtlich *und sie diente ihnen.* Das griechische Wort bezeichnet oft den Tischdienst; vgl. Lk 10,40; Joh 2,7; Apg 6,2.
e *gesund:* wörtlich *rein*;* entsprechend in den Versen 41 *(gesund)* und 42 *(geheilt).*

1,18.20 Mt 8,21-22 S **1,22** Mt 7,28-29; Joh 7,46 **1,24** 3,11 S **1,31** 5,41 S **1,35** Lk 5,16 S **1,39** Mt 4,23 **1,44** 5,43 S; Lev 14,2-32; Lk 17,14

sondern geh zum Priester, laß dir deine Heilung bestätigen und bring die Opfer*, die Mose zur Wiederherstellung der Reinheit vorgeschrieben hat. Die Verantwortlichen sollen wissen, daß ich das Gesetz* ernst nehme.«[a]

45 Aber der Mann ging weg und fing überall an, von Jesus und seiner Botschaft zu erzählen und davon, wie er geheilt worden war. Jesus konnte sich bald in keiner Ortschaft mehr sehen lassen. Er hielt sich draußen in unbewohnten Gegenden auf; doch die Leute kamen von überall her zu ihm.

Jesus heilt einen Gelähmten

(Mt 9,1-8; Lk 5,17-26)

2 Einige Tage später kam Jesus nach Kafarnaum zurück, und bald wußte jeder, daß er wieder zu Hause[b] war. 2 Die Menschen strömten so zahlreich zusammen, daß kein Platz mehr blieb, nicht einmal draußen vor der Tür. Jesus verkündete ihnen die Botschaft Gottes.

3 Da brachten vier Männer einen Gelähmten herbei, 4 aber sie kamen wegen der Menschenmenge nicht bis zu Jesus durch. Darum stiegen sie auf das flache Dach, gruben die Lehmdecke auf und beseitigten das Holzgeflecht, genau über der Stelle, wo Jesus war. Dann ließen sie den Gelähmten auf seiner Matte durch das Loch hinunter.

5 Als Jesus sah, wie groß ihr Vertrauen war, sagte er zu dem Gelähmten: »Mein Sohn, deine Schuld ist dir vergeben!«

6 Da saßen aber einige Gesetzeslehrer*, die dachten bei sich: 7 »Was nimmt der sich heraus! Das ist eine Gotteslästerung! Nur Gott kann den Menschen ihre Schuld vergeben, sonst niemand!«

8 Jesus erkannte sofort, daß sie das dachten, und fragte sie: »Was macht ihr euch da für Gedanken? 9 Was ist leichter – diesem Gelähmten zu sagen: ›Deine Schuld ist dir vergeben‹, oder: ›Steh auf, nimm deine Matte und geh umher‹? 10 Aber ihr sollt sehen, daß der Menschensohn* die Vollmacht hat, hier auf der Erde Schuld zu vergeben!«

Und er sagte zu dem Gelähmten: 11 »Ich befehle dir: Steh auf, nimm deine Matte und geh nach Hause!« 12 Der Mann stand auf, nahm seine Matte und ging vor aller Augen weg.

Da waren sie alle außer sich; sie priesen Gott und sagten: »So etwas haben wir noch nie erlebt!«

Jesus beruft Levi und ißt mit den Zolleinnehmern

(Mt 9,9-13; Lk 5,27-32)

13 Dann ging Jesus wieder hinaus an den See. Alle kamen zu ihm, und er sprach zu ihnen. 14 Als er weiterging, sah er einen Zolleinnehmer* an der Zollstelle sitzen: Levi, den Sohn von Alphäus. Jesus sagte zu ihm: »Komm, folge mir!« Und Levi stand auf und folgte ihm.

15 Als Jesus dann in seinem Haus[c] zu Tisch saß, waren auch viele Zolleinnehmer dabei und andere, die einen ebenso schlechten Ruf hatten. Sie alle aßen zusammen mit Jesus und seinen Jüngern*. – Was die Zahl der Jünger betrifft: Es waren inzwischen viele, die sich Jesus angeschlossen hatten.

16 Die Gesetzeslehrer* von der Partei der Pharisäer* sahen, wie Jesus mit solchen Leuten zusammen aß. Sie fragten seine Jünger: »Wie kann er sich mit Zolleinnehmern und ähnlichem Volk an einen Tisch setzen?«

17 Jesus hörte es, und er antwortete ihnen: »Nicht die Gesunden brauchen den Arzt, sondern die Kranken. Ich bin nicht gekommen, solche Menschen in Gottes neue Welt einzuladen,[d] bei denen alles in Ordnung ist, sondern solche, die Gott den Rücken gekehrt haben.«

Die Hochzeit hat begonnen

(Mt 9,14-17; Lk 5,33-39)

18 An einem Tag, an dem die Jünger* des Täufers Johannes und die Pharisäer* fasteten, kamen Leute zu Jesus und fragten ihn: »Wie kommt es, daß die Jünger des Täufers und die Jünger der Pharisäer regelmäßig fasten*, aber deine Jünger nicht?«

19 Jesus antwortete: »Können die Hochzeitsgäste fasten, während der Bräutigam unter ihnen ist? Unmöglich können sie das, solange er

a Die Verantwortlichen …: wörtlich *ihnen zur Bezeugung.* Wer von Aussatz genesen war, mußte dies zunächst vom Priester *bestätigen* lassen (so verdeutlicht die Übersetzung; wörtlich nur *sondern geh hin, zeige dich dem Priester*). »Rein« wurde die geheilte Person erst danach durch die verschiedenen Riten und Opfer, die in Lev 14,1-32 beschrieben sind.

b Wörtlich *im Haus.* Gedacht ist wahrscheinlich an das Haus von Simon und Andreas (1,29); es dürfte Jesus in Kafarnaum als Standquartier gedient haben (vgl. 9,33).

c Es ist nicht zu entscheiden, wessen *Haus* gemeint ist: das von Levi oder das von Simon und Andreas, das Jesus in Kafarnaum als Standquartier diente (vgl. 2,1 und die Anmerkung dort).

d in Gottes neue Welt einzuladen: wörtlich *zu rufen.*

1,45 7,36 S **2,5** Lk 5,20; 7,48 **2,10** Joh 5,36 **2,14** Mt 8,21-22 S **2,15** Mt 9,10 S **2,17** Lk 19,10 S **2,18** Mt 6,16-17 S; Mt 11,18-19 par **2,19** Mt 9,15 S

bei ihnen ist! 20 Die Zeit kommt früh genug, daß der Bräutigam ihnen entrissen wird; dann werden sie fasten, immer an jenem Tag.[a]

21 Niemand flickt ein altes Kleid mit einem neuen Stück Stoff; sonst reißt das neue Stück wieder aus und macht das Loch nur noch größer.

22 Auch füllt niemand neuen Wein, der noch gärt, in alte Schläuche; sonst sprengt der Wein die Schläuche, der Wein ist hin und die Schläuche auch. Nein, neuer Wein gehört in neue Schläuche!«

Jesus und der Sabbat

(Mt 12,1-8; Lk 6,1-5)

23 An einem Sabbat* ging Jesus durch die Felder. Seine Jünger* fingen unterwegs an, Ähren abzureißen und die Körner zu essen.

24 Die Pharisäer* sagten zu Jesus: »Da sieh dir an, was sie tun! Das ist nach dem Gesetz* am Sabbat verboten!«

25 Jesus antwortete ihnen: »Habt ihr nie gelesen, was David tat, als er und seine Männer hungrig waren und etwas zu essen brauchten? 26 Er ging in das Haus Gottes und aß von den geweihten Broten*, damals, als Abjatar Oberster Priester* war. Nach dem Gesetz dürfen doch nur die Priester dieses Brot essen – und trotzdem aß David davon und gab es auch seinen Begleitern!«

27 Jesus fügte hinzu: »Gott hat den Sabbat für den Menschen geschaffen, nicht den Menschen für den Sabbat. 28 Also ist der Menschensohn* Herr auch über den Sabbat; er hat zu bestimmen, was an diesem Tag getan werden darf.«

Jesus heilt am Sabbat

(Mt 12,9-14; Lk 6,6-11)

3 Wieder einmal ging Jesus in eine Synagoge*. Dort war ein Mann mit einer abgestorbenen Hand. 2 Die Pharisäer* hätten Jesus gerne angezeigt; darum beobachteten sie genau, ob er es wagen würde, ihn am Sabbat* zu heilen.

3 Jesus sagte zu dem Mann mit der abgestorbenen Hand: »Steh auf und stell dich in die Mitte!«

4 Darauf fragte er die anderen: »Was darf man nach dem Gesetz* am Sabbat tun? Gutes oder Böses? Einem Menschen das Leben retten oder ihn umkommen lassen?« Er bekam keine Antwort. 5 Da sah er sie zornig der Reihe nach an. Zugleich war er traurig, weil sie so engstirnig und hartherzig waren.

Dann sagte er zu dem Mann: »Streck deine Hand aus!« Er streckte sie aus, und sie wurde wieder gesund.

6 Da gingen die Pharisäer hinaus. Sie trafen sich sogleich mit den Parteigängern von Herodes und sie beschlossen miteinander, daß Jesus sterben müsse.

Zustrom zu Jesus am See von Galiläa

(Mt 4,23-25; 12,15-21; Lk 6,17-19)

7 Jesus zog sich mit seinen Jüngern* an den See zurück. Viele Menschen aus Galiläa* folgten ihm. Auch aus Judäa* 8 und aus Jerusalem, aus Idumäa und dem Gebiet auf der anderen Seite des Jordans und aus der Gegend der Städte Tyrus und Sidon kamen viele zu Jesus. Sie hatten von seinen Taten gehört und wollten ihn sehen.

9 Jesus wies seine Jünger an, ein Boot für ihn bereitzuhalten; denn die Menge war so groß, daß sie ihn fast erdrückte. 10 Weil er schon so viele geheilt hatte, stürzten sich alle Kranken auf ihn und wollten ihn berühren. 11 Menschen, die von bösen Geistern* besessen waren, warfen sich vor ihm nieder, sobald sie ihn sahen, und schrien: »Du bist der Sohn* Gottes!« 12 Aber Jesus verbot ihnen nachdrücklich, ihn bekannt zu machen.

Jesus beruft den Kreis der Zwölf

(Mt 10,1-4; Lk 6,12-16)

13 Dann stieg Jesus auf einen Berg[b] und rief von seinen Jüngern* die zu sich, die er für eine besondere Aufgabe vorgesehen hatte. Sie kamen zu ihm, 14 und er setzte sie ein als die Zwölf.[c] Sie sollten ständig bei ihm sein. Sie sollten dann auch von ihm ausgesandt werden, um die Gute Nachricht* zu verkünden, 15 und sollten die Vollmacht bekommen, die bösen Geister* auszutreiben.

16 Die zwölf, die Jesus dafür bestimmte, waren:

Simon, dem er den Namen Petrus* gab;
17 Jakobus und sein Bruder Johannes,
die er Donnersöhne[d] nannte;
18 dazu Andreas,
Philippus,

a *immer* ist verdeutlichender Zusatz. Gedacht ist wahrscheinlich an ein regelmäßiges Fasten am Karfreitag oder wöchentlich jeweils am Freitag als dem Todestag von Jesus.
b Wörtlich *auf den Berg;* siehe Sacherklärung »Berg«.
c *Zwölf:* siehe Sacherklärung. Viele Handschriften fügen hinzu: *die er auch Apostel* nannte* (vgl. Lk 6,13; Mt 10,2).
d Wörtlich *er gab ihnen den Beinamen Boanerges, das bedeutet Donnersöhne.*

2,23-28 2,27-28 S **2,23** Dtn 23,25-26 **2,24** Ex 20,8-10 **2,25-26** 1 Sam 21,2-7; Lev 24,5-9 **2,27-28** (Sabbatkonflikt) Mt 12,1-8 par; 12,9-14 par; Lk 13,10-17; 14,1-6; Joh 5,1-18; 7,21-24; 9,1-16 **2,27** Dtn 5,14 **3,1-6** 2,27-28 S **3,6** Joh 7,1 S **3,11** 1,1 S; 1,24 par; 5,7 par; Lk 4,41 **3,12** 1,34 par **3,15** 6,12-13 par; 16,17 **3,16-19** Apg 1,13; Joh 1,40-44

Bartholomäus,
Matthäus,
Thomas,
Jakobus, der Sohn von Alphäus,
Thaddäus,
Simon, der zur Partei der Zeloten gehört hatte,[a]
19 und Judas Iskariot, der Jesus später verriet.

Steht Jesus mit dem Teufel im Bund?

(Mt 12,22-32; Lk 11,14-23; 12,10)

20 Dann ging Jesus nach Hause.[b] Wieder strömte
eine so große Menge zusammen, daß er und
seine Jünger* nicht einmal zum Essen kamen.
21 Als das seine Angehörigen erfuhren, machten
sie sich auf den Weg, um ihn mit Gewalt wegzu-
holen, denn sie sagten sich: »Er muß verrückt ge-
worden sein.«

22 Einige Gesetzeslehrer*, die aus Jerusalem
gekommen waren, sagten: »Er ist von Beelze-
bul* besessen! Der oberste aller bösen Geister
gibt ihm die Macht, die Geister auszutreiben.«

23 Da rief Jesus die Gesetzeslehrer zu sich und
erklärte ihnen die Sache durch Bilder: »Wie kann
der Satan* sich selbst austreiben? 24 Ein Staat
muß doch untergehen, wenn seine Machthaber
einander befehden. 25 Eine Familie muß zerfal-
len, wenn ihre Glieder miteinander im Streit
liegen. 26 Würde also der Satan gegen sich selbst
aufstehen und mit sich selbst im Streit liegen,
dann müßte er ja untergehen; er würde sich
selbst das Ende bereiten!

27 Hier gilt eine ganz andere Regel, als ihr
meint:[c] Niemand kann in das Haus eines Star-
ken eindringen und ihm seine Beute rauben,
wenn er den Starken nicht zuvor gefesselt hat.
Dann erst kann er sein Haus ausrauben!

28 Das versichere ich euch: Alles kann den
Menschen vergeben werden, jede Sünde, auch
jede Gotteslästerung, wie schlimm sie auch sei.
29 Wer aber den Heiligen Geist* beleidigt, für den
gibt es keine Vergebung; er ist auf ewig schuldig
geworden.«

30 Das sagte Jesus, weil sie behauptet hatten:
»Er ist von einem bösen Geist besessen.«

Die Angehörigen von Jesus

(Mt 12,46-50; Lk 8,19-21)

31 Inzwischen waren die Mutter und die Ge-
schwister[d] von Jesus angekommen. Sie standen
vor dem Haus und schickten jemand, um ihn
herauszurufen.

32 Rings um Jesus saßen die Menschen dicht
gedrängt. Sie gaben die Nachricht an ihn wei-
ter: »Deine Mutter und deine Brüder und
Schwestern stehen draußen und fragen nach
dir!«

33 Jesus antwortete: »Wer sind meine Mutter
und meine Geschwister?« 34 Er sah auf die Leute,
die um ihn herumsaßen, und sagte: »Das hier
sind meine Mutter und meine Geschwister!
35 Wer tut, was Gott will, der ist mein Bruder,
meine Schwester und meine Mutter!«

Jesus spricht zum Volk in Gleichnissen

(Mt 13,1-3; Lk 8,4)

4 Wieder einmal war Jesus am See und wollte
zu den Menschen sprechen. Es hatte sich
aber eine so große Menge versammelt, daß er
sich in ein Boot setzen und ein Stück vom Ufer
abstoßen mußte.

Die Menge blieb am Ufer, 2a und Jesus er-
klärte ihnen vieles von seiner Botschaft mit Hilfe
von Gleichnissen*.

Das Gleichnis von der Aussaat

(Mt 13,3-9; Lk 8,5-8)

2b Unter anderem sagte er: 3 »Hört zu! Ein Bauer
ging aufs Feld, um zu säen. 4 Als er die Körner
ausstreute, fiel ein Teil von ihnen auf den Weg.
Da kamen die Vögel und pickten sie auf.

5 Andere Körner fielen auf felsigen Grund, der
nur mit einer dünnen Erdschicht bedeckt war.
Sie gingen rasch auf, weil sie sich nicht in der
Erde verwurzeln konnten; 6 aber als die Sonne
hochstieg, vertrockneten die jungen Pflanzen,
und weil sie keine Wurzeln hatten, verdorrten
sie.

7 Wieder andere Körner fielen in Dornenge-
strüpp, das bald die Pflanzen überwucherte und
erstickte, so daß sie keine Frucht brachten.

8 Andere Körner schließlich fielen auf guten
Boden; sie gingen auf, wuchsen und brachten
Frucht. Manche brachten dreißig Körner, andere
sechzig, wieder andere hundert.«

9 Und Jesus sagte: »Wer Ohren hat, soll gut
zuhören!«

a Wörtlich *Simon, der Kananäer;* siehe Sacherklärung »Zeloten«.
b Siehe Anmerkung zu 2,1. c Wörtlich *Sondern.*
d Wörtlich *und die Brüder.* Da in Vers 32 ausdrücklich von *Brüdern* und *Schwestern* die Rede ist, dürfte »Brüder« hier die Bedeutung von »Geschwister« haben. Das gilt auch für die Verse 33 und 34. Vgl. die Sacherklärung »Bruder«.

3,21 Joh 7,5; 8,48 **3,22** Mt 9,34 S; Joh 8,48 S **3,27** Jes 49,24-25 **3,31** 3,21 **3,35** Mt 6,10 S **4,1** 3,9

Warum Jesus Gleichnisse gebraucht

(Mt 13,10-17; Lk 8,9-10)

10 Als Jesus mit dem Kreis der Zwölf* und den anderen Jüngern* allein war, wollten sie wissen, warum er in Gleichnissen* sprach.

11 Jesus sagte: »Euch hat Gott seinen geheimnisvollen Plan erkennen lassen, nach dem er schon begonnen hat, seine Herrschaft in der Welt aufzurichten;[a] aber die Außenstehenden erfahren von alledem nur in Gleichnissen.

12 Es heißt ja: ›Sie sollen hinsehen, soviel sie wollen, und doch nichts erkennen; sie sollen zuhören, soviel sie wollen, und doch nichts verstehen, damit sie nicht zu Gott umkehren und er ihnen ihre Schuld vergibt!‹«

Jesus erklärt das Gleichnis von der Aussaat

(Mt 13,18-23; Lk 8,11-15)

13 Jesus fragte die Zwölf* und die anderen Jünger*:[b] »Versteht ihr dieses Gleichnis* denn nicht? Wie wollt ihr dann all die anderen Gleichnisse verstehen?

14 Der Bauer, der die Samenkörner ausstreut, sät die Botschaft Gottes aus. 15 Manchmal fallen die Worte auf den Weg. So ist es bei den Menschen, die die Botschaft zwar hören, aber dann kommt sofort der Satan* und nimmt weg, was in ihr Herz gesät wurde.

16 Bei anderen ist es wie bei dem Samen, der auf felsigen Grund fällt. Sie hören die Botschaft und nehmen sie sogleich mit Freuden an; 17 aber sie kann in ihnen keine Wurzeln schlagen, weil diese Leute unbeständig sind. Wenn sie wegen der Botschaft in Schwierigkeiten geraten oder verfolgt werden, werden sie gleich an ihr irre.

18 Wieder bei anderen ist es wie bei dem Samen, der in das Dornengestrüpp fällt. Sie hören zwar die Botschaft, 19 aber sie verlieren sich in ihren Alltagssorgen, lassen sich vom Reichtum verführen und leben nur für ihre Wünsche. Dadurch wird die Botschaft erstickt und bleibt wirkungslos.

20 Bei anderen schließlich ist es wie bei dem Samen, der auf guten Boden fällt. Sie hören die Botschaft, nehmen sie an und bringen Frucht, manche dreißigfach, andere sechzigfach, wieder andere hundertfach.«

Vom Verstehen der Guten Nachricht

(Lk 8,16-18)

21 Jesus fuhr fort: »Ist die Lampe* etwa dazu da, um sie unter einen Topf oder unters Bett zu stellen? Nein, sie wird auf den Lampenständer gestellt! 22 So soll alles, was jetzt noch an Gottes Botschaft verborgen ist, ans Licht kommen, und was jetzt noch an ihr unverständlich ist, soll verstanden werden.[c] 23 Wer Ohren hat, soll gut zuhören!«

24 Er fügte hinzu: »Achtet auf das, was ich euch sage! Nach dem Maß eures Zuhörens wird Gott euch Verständnis geben, ja noch über das Maß eures Zuhörens hinaus! 25 Denn wer viel hat, dem wird noch mehr gegeben werden, aber wer wenig hat, dem wird auch noch das wenige genommen werden, das er hat.«

Das Gleichnis von der selbstwachsenden Saat

26 Zu den versammelten Menschen[d] sagte Jesus:

»Mit der neuen Welt Gottes[e] ist es wie mit dem Bauern und seiner Saat: Hat er gesät, 27 so geht er nach Hause, legt sich nachts schlafen, steht morgens wieder auf – und das viele Tage lang.

Inzwischen geht die Saat auf und wächst; der Bauer weiß nicht wie. 28 Ganz von selbst läßt der Boden die Pflanzen wachsen und Frucht bringen. Zuerst kommen die Halme, dann bilden sich die Ähren, und schließlich füllen sie sich mit Körnern.

29 Sobald das Korn reif ist, schickt der Bauer die Schnitter, denn es ist Zeit zum Ernten.«

Das Gleichnis vom Senfkorn: Der entscheidende Anfang ist gemacht

(Mt 13,31-32.34-35; Lk 13,18-19)

30 »Wie geht es zu, wenn Gott seine Herrschaft* aufrichtet?« fragte Jesus. »Womit können wir das vergleichen? 31 Es ist wie beim Senfkorn: Wenn es in die Erde gesät wird, ist es der kleinste Same, den es gibt. 32 Aber ist es einmal gesät,

a *Euch hat Gott …:* wörtlich *Euch ist das Geheimnis der Königsherrschaft Gottes gegeben.* Das *Geheimnis* – so läßt Markus erkennen – besteht darin, daß die Herrschaft* Gottes in den Worten und Taten von Jesus schon hereinbricht (vgl. 1,27; 2,5-7), daß sie sich trotz äußerlicher Schwäche und Unscheinbarkeit durchsetzt (vgl. 4,1-9.26-32) und gerade das Leiden und Sterben von Jesus dabei die entscheidende Rolle spielt (vgl. 8,31; 9,2.7; 15,39).
b *Jesus fragte …:* wörtlich *Und er sagt(e) zu ihnen;* vgl. Vers 10.
c *an Gottes Botschaft* und *an ihr:* verdeutlichende Zusätze.
d Verdeutlichender Zusatz. Aus Vers 33 darf geschlossen werden, daß die Gleichnisse in den Versen 26-32 wieder (wie das Gleichnis in den Versen 3-9) an die versammelte Menschenmenge gerichtet sind.
e Wörtlich *Mit der Königsherrschaft* Gottes.*

4,11 Mt 11,25 **4,12** *nach* Jes 6,9-10; Joh 12,40; Apg 28,26-27 **4,19** 1 Tim 6,9-10 **4,21** Mt 5,15 par **4,22** Mt 10,26 par **4,24** Mt 7,2 par **4,25** Mt 25,29 S **4,27** Jak 5,7 **4,29** Joël 4,13; Offb 14,14-15 **4,32** Ez 17,23

so geht es auf und wird größer als alle anderen Gartenpflanzen. Es treibt so große Zweige, daß die Vögel in seinem Schatten ihre Nester bauen.«[a]

33 Jesus erzählte den Leuten noch viele ähnliche Gleichnisse*, damit sie ihn besser verstehen konnten, und verkündete ihnen so die Botschaft Gottes. 34 Nie sprach er zu ihnen, ohne Gleichnisse zu gebrauchen. Aber wenn er mit seinen Jüngern* allein war, erklärte er ihnen alles.

Im Sturm auf die Probe gestellt

(Mt 8,18.23-27; Lk 8,22-25)

35 Am Abend jenes Tages sagte Jesus zu seinen Jüngern*: »Kommt, wir fahren zum anderen Ufer hinüber!« 36 Die Jünger verabschiedeten die Leute; dann stiegen sie ins Boot, in dem Jesus noch saß, und fuhren los. Auch andere Boote fuhren mit.

37 Da kam ein schwerer Sturm auf, so daß die Wellen ins Boot schlugen. Das Boot füllte sich schon mit Wasser, 38 Jesus aber lag hinten im Boot auf dem Sitzkissen und schlief. Die Jünger weckten ihn und riefen: »Lehrer*, kümmert es dich nicht, daß wir untergehen?«

39 Jesus stand auf, sprach ein Machtwort zu dem Sturm und befahl dem tobenden See: »Schweig! Sei still!« Da legte sich der Wind, und es wurde ganz still.

40 »Warum habt ihr solche Angst?« fragte Jesus. »Habt ihr denn immer noch kein Vertrauen?«

41 Da befiel sie große Furcht, und sie fragten sich: »Wer ist das nur, daß ihm sogar Wind und Wellen gehorchen!«

Der Besessene von Gerasa

(Mt 8,28-34; Lk 8,26-39)

5 Auf der anderen Seite des Sees kamen sie in das Gebiet von Gerasa.

2 Als Jesus aus dem Boot stieg, lief ihm aus den Grabhöhlen ein Mann entgegen, der von einem bösen Geist* besessen war. 3 Er hauste dort in den Grabhöhlen, und niemand konnte ihn bändigen, nicht einmal mit Ketten. 4 Schon oft hatte man ihn an Händen und Füßen gefesselt, aber jedesmal hatte er die Ketten zerrissen. Kein Mensch wurde mit ihm fertig. 5 Er war Tag und Nacht in den Grabhöhlen oder auf den Bergen und schrie und schlug mit Steinen auf sich ein.

6 Schon von weitem sah er Jesus, rannte auf ihn zu, warf sich vor ihm nieder 7 und schrie: »Jesus, du Sohn* des höchsten Gottes, was habe ich mit dir zu schaffen? Ich beschwöre dich bei Gott, quäle mich nicht!« 8 Denn Jesus hatte dem bösen Geist* befohlen, aus dem Mann auszufahren.

9 Nun fragte Jesus ihn: »Wie heißt du?«

Er antwortete: »Legion*. Wir sind nämlich viele!« 10 Und er flehte Jesus an: »Vertreib uns nicht aus dieser Gegend!«

11 In der Nähe weidete eine große Schweineherde am Berghang. 12 Die bösen Geister baten: »Schick uns doch in die Schweine!«

13 Jesus erlaubte es ihnen. Da kamen sie heraus aus dem Mann und fuhren in die Schweine, und die Herde raste das steile Ufer hinab in den See und ertrank. Es waren etwa zweitausend Tiere.

14 Die Schweinehirten liefen davon und erzählten in der Stadt und in den Dörfern, was geschehen war. Die Leute wollten es mit eigenen Augen sehen. 15 Sie kamen zu Jesus und sahen den Mann, der von einer ganzen Legion böser Geister besessen gewesen war: Er saß da, ordentlich angezogen und bei klarem Verstand. Da befiel sie große Furcht. 16 Die Augenzeugen berichteten ihnen ausführlich, was an dem Besessenen geschehen war, und sie erzählten auch die Geschichte mit den Schweinen. 17 Darauf forderten die Leute Jesus auf, ihr Gebiet zu verlassen.

18 Als Jesus ins Boot stieg, bat ihn der Geheilte: »Ich möchte bei dir bleiben!«

19 Aber Jesus erlaubte es ihm nicht, sondern sagte: »Geh zurück zu deinen Angehörigen und erzähl ihnen, was Gott an dir getan und wie er mit dir Erbarmen gehabt hat.«

20 Der Mann gehorchte und ging. Er zog durch das Gebiet der Zehn Städte* und verkündete überall, was Jesus an ihm getan hatte. Und alle staunten.

Jesus heilt eine kranke Frau und erweckt ein Mädchen vom Tod

(Mt 9,18-26; Lk 8,40-56)

21 Jesus fuhr wieder ans andere Seeufer zurück. Bald hatte sich eine große Menschenmenge um ihn versammelt.

Noch während Jesus am See war, 22 kam ein Synagogenvorsteher* namens Jaïrus, sah ihn, warf sich vor ihm nieder 23 und bat ihn dring-

a Mit dem Bild vom *Baum* und seinen *Vögeln* wird auf die bildhafte Ankündigung der Herrschaft Gottes bei den Propheten angespielt; vgl. Dan 4,9.17-18; Ez 17,23. Bei den *Vögeln* ist wohl speziell an die nichtjüdischen Völker zu denken.

4,39 Ps 89,10 S; Mk 6,51 5,7 3,11 S

lich: »Meine kleine Tochter ist todkrank. Komm
doch und leg ihr die Hände auf, damit sie gerettet
wird und am Leben bleibt!«
[24] Da ging Jesus mit ihm.
Eine große Menschenmenge folgte Jesus und
umdrängte ihn. [25] Es war auch eine Frau dabei,
die seit zwölf Jahren an Blutungen litt. [26] Sie war
schon bei den verschiedensten Ärzten gewesen
und hatte viele Behandlungen über sich ergehen
lassen. Ihr ganzes Vermögen hatte sie dabei
ausgegeben, aber es hatte nichts genützt; im
Gegenteil, ihr Leiden war nur schlimmer geworden.
[27] Diese Frau hatte von Jesus gehört; sie
drängte sich in der Menge von hinten an ihn
heran und berührte sein Gewand. [28] Denn sie
sagte sich: »Wenn ich nur sein Gewand anfasse,
werde ich gesund.« [29] Im selben Augenblick
hörte die Blutung auf, und sie spürte, daß sie ihre
Plage los war.
[30] Jesus bemerkte, daß heilende Kraft von ihm
ausgegangen war, und sofort drehte er sich in
der Menge um und fragte: »Wer hat mein Gewand berührt?«
[31] Die Jünger* sagten: »Du siehst, wie die
Leute sich um dich drängen, da fragst du noch:
›Wer hat mich berührt?‹«
[32] Aber Jesus blickte umher, um zu sehen,
wer es gewesen war. [33] Die Frau zitterte vor
Angst; sie wußte ja, was mit ihr vorgegangen
war. Darum trat sie vor, warf sich vor Jesus nieder und erzählte ihm alles.
[34] Jesus sagte zu ihr: »Meine Tochter, dein
Vertrauen hat dir geholfen. Geh in Frieden* und
sei frei von deinem Leiden!«
[35] Während Jesus noch sprach, kamen Boten
aus dem Haus des Synagogenvorstehers und
sagten zu Jaïrus: »Deine Tochter ist gestorben.
Du brauchst den Lehrer nicht weiter zu bemühen.«
[36] Jesus hörte mit an, was sie redeten, und
sagte zu dem Synagogenvorsteher: »Erschrick
nicht, hab nur Vertrauen!« [37] Er ließ niemand
weiter mitkommen außer Petrus, Jakobus und
dessen Bruder Johannes.
[38] Als sie zum Haus des Synagogenvorstehers
kamen, sah Jesus schon die aufgeregten Menschen und hörte das laute Klagegeschrei. [39] Er
ging ins Haus und sagte: »Was soll der Lärm?
Warum weint ihr? Das Kind ist nicht tot – es
schläft nur.«
[40] Da lachten sie ihn aus. Er aber warf sie alle
hinaus, nahm nur den Vater des Kindes und die
Mutter und die drei Jünger mit sich und ging in
den Raum, in dem das Kind lag. [41] Er nahm es bei
der Hand und sagte: »Talita kum!« Das heißt
übersetzt: »Steh auf, Mädchen!«
[42] Das Mädchen stand sofort auf und ging umher. Es war zwölf Jahre alt.
Alle waren vor Entsetzen außer sich. [43] Aber
Jesus verbot ihnen nachdrücklich, es anderen
weiterzuerzählen.
Dann sagte er: »Gebt dem Kind etwas zu
essen!«

Jesus in Nazaret

(Mt 13,53-58; Lk 4,16-30)

6 Von dort ging Jesus in seine Heimatstadt.
Seine Jünger* begleiteten ihn.
[2] Am Sabbat* sprach er in der Synagoge*, und
viele, die ihn hörten, waren sehr verwundert.
»Wo hat er das her?« fragten sie einander. »Was
ist das für eine Weisheit, die ihm gegeben ist?
Und erst die Wunder, die durch ihn geschehen!
[3] Ist er nicht der Zimmermann*, der Sohn von
Maria, der Bruder von Jakobus, Joses, Judas und
Simon? Und leben nicht auch seine Schwestern
hier bei uns?«
Darum wollten sie nichts von ihm wissen.
[4] Aber Jesus sagte zu ihnen: »Ein Prophet* gilt
nirgends so wenig wie in seiner Heimat, bei seinen Verwandten und in seiner Familie.«
[5] Deshalb konnte er dort auch keine Wunder
tun; nur einigen Kranken legte er die Hände
auf und heilte sie. [6a] Er wunderte sich, daß die
Leute von Nazaret ihm das Vertrauen verweigerten.

Die Aussendung der Zwölf

(Mt 10,1.5-14; Lk 9,1-6)

[6b] Jesus ging in die umliegenden Dörfer und
sprach dort zu den Menschen. [7] Dann rief er die
Zwölf* zu sich; er gab ihnen die Vollmacht, die
bösen Geister* auszutreiben, und sandte sie zu
zweien aus. [8] Er befahl ihnen, nichts mit auf den
Weg zu nehmen außer einem Wanderstock; kein
Brot, keine Vorratstasche und auch kein Geld.
[9] »Sandalen dürft ihr anziehen«, sagte er, »aber
nicht zwei Hemden übereinander!« [a]
[10] Weiter sagte er: »Wenn jemand euch aufnimmt, dann bleibt in seinem Haus, bis ihr von
dem Ort weiterzieht. [11] Wenn ihr in einen Ort
kommt, wo die Leute euch nicht aufnehmen und
euch auch nicht anhören wollen, dann zieht so-

a Dies war bei wohlhabenden Leuten üblich.

5,25 Lev 15,25-27 **5,27** Mt 9,20 S **5,34** Lk 7,50 S **5,39** Joh 11,11-13 **5,41** 1,31 par; 9,27; Apg 9,41 **5,43** 1,44 par; 3,12 par; 7,36; Mt 9,30; Lk 8,56; Mk 9,9 S **6,2** Joh 7,15 **6,3** Joh 6,42 **6,4** Joh 4,44

gleich weiter und schüttelt den Staub von den
Füßen, damit sie gewarnt sind.«[a]
12 Die Zwölf machten sich auf den Weg und
forderten die Menschen auf, ihr Leben zu än-
dern.[b] 13 Sie trieben viele böse Geister aus und
salbten viele Kranke mit Öl und heilten sie.

Was das Volk und Herodes von Jesus denken

(Mt 14,1-2; Lk 9,7-9)

14 Inzwischen hatte auch König Herodes[c] von
Jesus gehört; denn überall redete man von ihm.
Die einen sagten: »Der Täufer* Johannes ist vom
Tod auferweckt worden, darum wirken solche
Kräfte in ihm.« 15 Andere meinten: »Er ist der
wiedergekommene Elija*«; wieder andere: »Er
ist ein Prophet wie die Propheten* der alten
Zeit.«
16 Herodes aber war überzeugt, daß er der
Täufer Johannes sei. »Es ist der, dem ich den
Kopf abschlagen ließ«, sagte er, »und jetzt ist er
vom Tod auferweckt worden.«

Vom Tod des Täufers Johannes

(Mt 14,3-12)

17 Herodes hatte nämlich Johannes festnehmen
und gefesselt ins Gefängnis werfen lassen. Der
Grund dafür war: Herodes hatte seinem Bruder
Philippus die Frau, Herodias*, weggenommen
und sie geheiratet. 18 Johannes hatte ihm darauf-
hin vorgehalten: »Das Gesetz* Gottes erlaubt dir
nicht, die Frau deines Bruders zu heiraten.«
19 Herodias war wütend auf Johannes und
wollte ihn töten, konnte sich aber nicht durch-
setzen. 20 Denn Herodes wußte, daß Johannes
ein frommer und heiliger Mann war; darum
wagte er nicht, ihn anzutasten. Er hielt ihn zwar
in Haft, ließ sich aber gerne etwas von ihm
sagen, auch wenn er beim Zuhören jedesmal in
große Verlegenheit geriet.
21 Aber dann kam für Herodias die günstige
Gelegenheit. Herodes hatte Geburtstag und ver-
anstaltete ein Festessen für seine hohen Regie-
rungsbeamten, die Offiziere und die angesehen-
sten Bürger von Galiläa*. 22 Dabei trat die Tochter
von Herodias[d] als Tänzerin auf. Das gefiel Hero-
des und den Gästen so gut, daß der König zu
dem Mädchen sagte: »Wünsche dir, was du
willst; du wirst es bekommen.« 23 Er schwor
sogar: »Ich werde dir alles geben, was du willst,
und wenn es mein halbes Königreich wäre!«
24 Da ging das Mädchen hinaus zu seiner
Mutter und fragte: »Was soll ich mir wünschen?«
Die Mutter sagte: »Den Kopf des Täufers
Johannes.«
25 Schnell ging das Mädchen wieder hinein
zum König und trug ihm die Bitte vor: »Ich will,
daß du mir jetzt sofort auf einem Teller den Kopf
des Täufers Johannes überreichst!«
26 Der König wurde sehr traurig; aber weil er
vor allen Gästen einen Schwur geleistet hatte,
wollte er die Bitte nicht abschlagen. 27 Er schick-
te den Henker und befahl ihm, den Kopf von
Johannes zu bringen.
Der Henker ging ins Gefängnis und enthaup-
tete Johannes. 28 Dann brachte er den Kopf auf
einem Teller herein und überreichte ihn dem
Mädchen, das ihn an seine Mutter weitergab.
29 Als die Jünger* des Täufers erfuhren, was
geschehen war, holten sie den Toten und legten
ihn in ein Grab.

Jesus gibt fünftausend Menschen zu essen

(Mt 14,13-21; Lk 9,10-17; Joh 6,1-13)

30 Die Apostel* kehrten zu Jesus zurück und be-
richteten ihm, was sie alles in seinem Auftrag
getan und den Menschen verkündet hatten.
31 Jesus sagte zu ihnen: »Kommt jetzt mit, ihr
allein! Wir suchen einen ruhigen Platz, damit ihr
euch ausruhen könnt.« Denn es war ein ständi-
ges Kommen und Gehen, so daß sie nicht einmal
Zeit zum Essen hatten.
32 So stiegen sie in ein Boot und fuhren an
eine einsame Stelle. 33 Aber die Leute sahen sie
abfahren und erzählten es weiter. So kam es,
daß Menschen aus allen Orten zusammenliefen
und noch früher dort waren als Jesus und die
Zwölf*.
34 Als Jesus aus dem Boot stieg, sah er die vie-
len Menschen. Da ergriff ihn das Mitleid, denn
sie waren wie Schafe, die keinen Hirten haben.
Darum sprach er lange zu ihnen.
35 Als es Abend wurde, kamen die Jünger* zu
Jesus und sagten: »Es ist schon spät, und die
Gegend hier ist einsam. Schick doch die Leute
weg! 36 Sie sollen in die Höfe und Dörfer ringsum
gehen und sich etwas zu essen kaufen!«

a *damit sie ...:* wörtlich *ihnen zur Bezeugung;* siehe Sacherklärung »Staub«.
b *ihr Leben zu ändern:* siehe Sacherklärung »Umkehr«.
c Herodes Antipas; siehe Sacherklärung »Herodes (3)«.
d In den wichtigsten Handschriften steht *seine Tochter Herodias.* Doch der Zusammenhang erfordert zwingend die Deutung: *seine Tochter, die der Herodias.*

6,13 Jak 5,14 **6,14-15** 8,28 S **6,15** Lk 7,16 S **6,17-18** Lk 3,19-20 **6,18** Ex 20,14; Lev 18,16; 20,21 **6,23** Est 5,3 S **6,30** Lk 10,17 **6,32-44** 8,1-10 par **6,34** 8,2 S

37 Jesus erwiderte: »Gebt doch *ihr* ihnen zu essen!«

Aber die Jünger sagten: »Meinst du wirklich, wir sollen losgehen und für zweihundert Silberstücke* Brot kaufen und ihnen zu essen geben?«

38 Jesus frage sie: »Wie viele Brote habt ihr denn bei euch? Geht, seht nach!«

Sie sahen nach und sagten: »Fünf, und zwei Fische.«

39 Da ließ er die Jünger dafür sorgen, daß sich alle in Tischgemeinschaften im grünen Gras niedersetzten. 40 So lagerten sich die Leute in Gruppen zu hundert und zu fünfzig.

41 Dann nahm Jesus die fünf Brote und die zwei Fische, sah zum Himmel auf und sprach das Segensgebet darüber. Er brach die Brote in Stücke und gab die Stücke den Jüngern, damit sie sie an die Leute verteilten. Auch die zwei Fische ließ er an alle austeilen.

42 Und sie aßen alle und wurden satt. 43 Sie füllten sogar noch zwölf Körbe mit dem, was von den Broten übrigblieb. Auch von den Fischen wurden noch Reste eingesammelt. 44 Fünftausend Männer hatten an der Mahlzeit teilgenommen.

Jesus geht über das Wasser

(Mt 14,22-33; Joh 6,16-21)

45 Gleich darauf drängte Jesus seine Jünger*, ins Boot zu steigen und nach Betsaida ans andere Seeufer vorauszufahren. Er selbst wollte erst noch die Menschenmenge verabschieden. 46 Als er damit fertig war, ging er auf einen Berg,[a] um zu beten.

47 Bei Einbruch der Dunkelheit war Jesus allein an Land und das Boot mitten auf dem See. 48 Jesus sah, daß seine Jünger beim Rudern nur mühsam vorwärtskamen, weil sie gegen den Wind ankämpfen mußten. Deshalb kam er im letzten Viertel der Nacht zu ihnen. Er ging über das Wasser und wollte an ihnen vorübergehen.

49 Als die Jünger ihn auf dem Wasser gehen sahen, meinten sie, es sei ein Gespenst, und schrien auf. 50 Denn sie sahen ihn alle und waren ganz verstört. Sofort sprach er sie an: »Faßt Mut! *Ich* bin's,[b] fürchtet euch nicht!« 51 Dann stieg er zu ihnen ins Boot, und der Wind legte sich.

Da gerieten sie vor Entsetzen ganz außer sich. 52 Denn sie waren durch das Wunder mit den Broten nicht zur Einsicht gekommen; sie waren im Innersten verstockt.

Jesus heilt Kranke in Gennesaret

(Mt 14,34-36)

53 Sie überquerten den See und landeten bei Gennesaret*. 54 Als sie aus dem Boot stiegen, erkannten die Leute Jesus sofort. 55 Sie liefen in die ganze Gegend und brachten die Kranken auf ihren Matten immer an den Ort, von dem sie hörten, daß Jesus dort sei. 56 Wohin er auch kam, in Städte, Dörfer oder Höfe, überall legte man die Kranken hinaus auf die Plätze und bat ihn, daß sie nur die Quaste* seines Gewandes berühren dürften. Und alle, die es taten, wurden gesund.

Gottes Gebot und menschliche Überlieferung

(Mt 15,1-9)

7 Eines Tages versammelten sich die Pharisäer* bei Jesus, und dazu noch eine Anzahl Gesetzeslehrer*, die von Jerusalem gekommen waren. 2 Sie sahen, daß einige seiner Jünger* mit unreinen* Händen aßen, das heißt, daß sie die Hände vor dem Essen nicht nach der religiösen Vorschrift gewaschen hatten.

3 Denn die Pharisäer und auch alle anderen Juden richten sich nach den Vorschriften, die von den früheren Gesetzeslehrern aufgestellt und dann weiterüberliefert worden sind: Sie essen nichts, wenn sie sich nicht vorher mit einer Handvoll Wasser die Hände gewaschen haben. 4 Wenn sie vom Markt kommen, essen sie nicht, bevor sie sich nicht ganz im Wasser untergetaucht haben. So befolgen sie noch eine Reihe von anderen überlieferten Vorschriften: über die Reinigung von Bechern, Töpfen, Kupfergeschirren und Sitzpolstern.

5 Daher fragten die Pharisäer und Gesetzeslehrer Jesus: »Warum richten sich deine Jünger nicht nach den Vorschriften, die von den früheren Gesetzeslehrern aufgestellt und uns überliefert worden sind? Warum essen sie mit unreinen Händen?«

6 Jesus antwortete ihnen: »Euch Scheinheilige hat der Prophet Jesaja treffend im voraus beschrieben! In seinem Buch heißt es ja: ›Dieses Volk ehrt mich nur mit Worten, sagt Gott, aber mit dem Herzen ist es weit weg von mir. 7 Ihr ganzer Gottesdienst ist sinnlos, denn sie lehren nur Gebote, die sich Menschen ausgedacht haben.‹ 8 Das Gebot Gottes schiebt ihr zur Seite und haltet euch statt dessen an Vorschriften, die von Menschen stammen.«

a Wörtlich *auf den Berg;* siehe Sacherklärung »Berg«. b Siehe Anmerkung zu Joh 8,24.

6,46 Lk 5,16 S **6,48** Ijob 9,8; Lk 24,28; (vorübergehen) Ex 33,19; 34,6; 1 Kön 19,11; (Zeitpunkt) Ex 14,24; Ps 46,6; Jes 17,14 **6,49** Lk 24,37 **6,51** 4,39 par **6,52** 8,16-21 par **6,56** Mt 9,20 S **7,2-4** Mt 23,25; Lk 11,38-39; Kol 2,21-22 **7,6-7** *nach* Jes 29,13

[9] Jesus fuhrt fort: »Sehr geschickt bringt ihr es
fertig, das Gebot Gottes außer Kraft zu setzen,
um eure überlieferte Vorschrift zur Geltung zu
bringen!

[10] Mose hat bekanntlich gesagt: ›Ehre deinen
Vater und deine Mutter!‹ und: ›Wer zu seinem
Vater oder seiner Mutter etwas Schändliches
sagt, wird mit dem Tod bestraft.‹

[11] Ihr dagegen behauptet: Wenn jemand zu
seinem Vater oder seiner Mutter sagt: Korban* –
das heißt: Was ihr von mir bekommen müßtet,
ist für Gott bestimmt –, [12] dann braucht er für
seine Eltern nichts mehr zu tun. Ja, ihr erlaubt es
ihm dann nicht einmal mehr.

[13] So setzt ihr das Wort Gottes außer Kraft und
ersetzt es durch eure Überlieferungen. Dafür
gibt es noch viele andere Beispiele.«

Was unrein macht

(Mt 15,10-20)

[14] Dann rief Jesus die Menge wieder zu sich und
sagte: »Hört mir alle zu und begreift! [15] Nichts,
was der Mensch von außen in sich aufnimmt,
kann ihn unrein* machen. Nur das, was aus ihm
herauskommt, macht ihn unrein!«[a]

[17] Als Jesus sich von der Menge in ein Haus
zurückgezogen hatte, fragten ihn seine Jünger*,
wie er das gemeint habe. [18] Er antwortete: »Seid
ihr denn auch so unverständig? Begreift ihr das
nicht? Alles, was der Mensch von außen in sich
aufnimmt, kann ihn nicht unrein machen,
[19] weil es nicht in sein Herz, sondern nur in den
Magen gelangt und dann vom Körper wieder
ausgeschieden wird.« Damit erklärte Jesus alle
Speisen für rein.

[20] »Aber das«, fuhr er fort, »was aus dem Men-
schen selbst herauskommt, das macht in unrein!
[21] Denn aus ihm selbst, aus seinem Herzen,
kommen die bösen Gedanken, und mit ihnen
Unzucht, Diebstahl und Mord; [22] Ehebruch, Hab-
sucht und Niedertracht; Betrug, Ausschweifung
und Neid; Verleumdung, Überheblichkeit und
Unvernunft. [23] All das kommt aus dem Inneren
des Menschen und macht ihn unrein.«

Das Vertrauen einer nichtjüdischen Frau

(Mt 15,21-28)

[24] Jesus ging von dort weg in das Gebiet von
Tyrus. Er zog sich in ein Haus zurück und wollte,
daß niemand von ihm erfuhr. Aber er konnte
nicht verborgen bleiben.

[25] Schon hatte eine Frau von ihm gehört,
deren Tochter von einem bösen Geist* besessen
war. Sie kam und warf sich Jesus zu Füßen. [26] Sie
war keine Jüdin, sondern war in dieser Gegend
zu Hause.[b] Sie bat ihn, den bösen Geist aus ihrer
Tochter auszutreiben.

[27] Aber Jesus sagte zu ihr: »Zuerst müssen die
Kinder satt werden. Es ist nicht recht, ihnen das
Brot wegzunehmen und es den Hunden vorzu-
werfen.«

[28] »Herr«, entgegnete sie, »aber auch die
Hunde bekommen ja die Brocken, die die Kinder
unter den Tisch fallen lassen.«

[29] Jesus sagte zur ihr: »Das war eine Antwort!
Geh nach Hause; der böse Geist ist aus deiner
Tochter ausgefahren.«

[30] Die Frau ging nach Hause und fand ihr Kind
aufs Bett geworfen; der böse Geist war ausge-
fahren.

Jesus heilt einen Taubstummen

(Mt 15,29-31)

[31] Jesus verließ wieder das Gebiet von Tyrus und
zog über Sidon zum See von Galiläa*, mitten ins
Gebiet der Zehn Städte.* [32] Dort brachten sie
einen Taubstummen zu ihm mit der Bitte, ihm
die Hände aufzulegen.

[33] Jesus führte ihn ein Stück von der Menge
fort und legte seine Finger in die Ohren des
Kranken; dann berührte er dessen Zunge mit
Speichel. [34] Er blickte zum Himmel empor,
stöhnte und sagte zu dem Mann: »Effata!« Das
heißt: »Öffne dich!«

[35] Im selben Augenblick konnte der Mann
hören; auch seine Zunge löste sich, und er
konnte richtig sprechen.

[36] Jesus verbot den Anwesenden, es irgend
jemand weiterzusagen; aber je mehr er es ihnen
verbot, desto mehr machten sie es bekannt.
[37] Die Leute waren ganz außer sich und sagten:
»Wie gut ist alles, was er gemacht hat: Den
Gehörlosen gibt er das Gehör und den Stummen
die Sprache!«

Jesus gibt viertausend Menschen zu essen

(Mt 15,32-39)

8 Damals waren wieder einmal viele Men-
schen bei Jesus versammelt, und sie hatten
nichts zu essen. Da rief Jesus die Jünger* zu sich
und sagte: [2] »Die Leute tun mir leid. Seit drei
Tagen sind sie hier bei mir und haben nichts zu

a Einige Handschriften fügen hinzu (Vers 16): *Wer Ohren hat, soll gut zuhören!*
b Wörtlich *Die Frau war eine Griechin, Syrophönizierin der Abstammung nach.*

7,10 *zit* Ex 20,12; *nach* Ex 21,17 7,15 Apg 10,15; 1 Tim 4,4; Tit 1,15 7,21-22 Gal 5,19-21 S 7,33 8,23 7,36 (Verbot) 5,43 S; (Weitersagen trotz Verbot) 1,45 par; Mt 9,31 7,37 Sir 39,16; Jes 35,5-6 8,1-10 6,32-44 par 8,2 6,34 par; Mt 9,36; Num 27,17 S

essen. 3 Wenn ich sie jetzt hungrig nach Hause
schicke, werden sie unterwegs zusammenbre-
chen; denn sie sind zum Teil von weither ge-
kommen.«
4 Die Jünger gaben zu bedenken: »Wo soll je-
mand hier in dieser unbewohnten Gegend das
Brot hernehmen, um all diese Menschen satt zu
machen?«
5 »Wie viele Brote habt ihr?« fragte Jesus, und
sie sagten: »Sieben!« 6 Da forderte er die Leute
auf, sich auf die Erde zu setzen.
Dann nahm er die sieben Brote, sprach dar-
über das Dankgebet, brach sie in Stücke und gab
sie seinen Jüngern zum Austeilen. Die Jünger
verteilten sie an die Menge.
7 Außerdem hatten sie ein paar kleine Fische.
Jesus segnete sie und ließ sie ebenfalls austeilen.
8 Die Leute aßen und wurden satt und füllten
sogar noch sieben Körbe mit dem Brot, das
übrigblieb. 9 Es waren etwa viertausend Men-
schen.
Dann schickte Jesus sie nach Hause, 10 stieg
mit seinen Jüngern in ein Boot und fuhr in die
Gegend von Dalmanuta.

Die Pharisäer fordern einen Beweis

(Mt 16,1-4)

11 Jetzt kamen die Pharisäer* zu Jesus und be-
gannen, mit ihm zu streiten. Sie wollten ihn auf
die Probe stellen und verlangten von ihm ein
Zeichen vom Himmel als Beweis dafür, daß er
wirklich von Gott beauftragt sei.[a]
12 Jesus stöhnte und sagte: »Wieso verlangt
diese Generation einen Beweis? Ich versichere
euch: Diese Generation bekommt nie und nim-
mer einen Beweis!«
13 Damit ließ er sie stehen, stieg wieder ins
Boot und fuhr ans andere Seeufer.

Unverständige Jünger

(Mt 16,5-12)

14 Die Jünger* hatten vergessen, Brot zu besor-
gen; nur ein einziges hatten sie bei sich im Boot.
15 Jesus warnte sie: »Nehmt euch in acht vor
dem Sauerteig* der Pharisäer und vor dem
Sauerteig von Herodes!«
16 Da sagten sie zueinander: »Wir haben kein
Brot!«
17 Jesus hörte es und sagte zu ihnen: »Was
macht ihr euch Sorgen darüber, daß ihr kein Brot
habt? Versteht ihr immer noch nichts? Begreift
ihr denn gar nichts? Seid ihr genauso verstockt
wie die anderen? 18 Ihr habt doch Augen, warum
seht ihr nicht? Ihr habt doch Ohren, warum hört
ihr nicht?
Erinnert ihr euch nicht daran, 19 wie ich die
fünf Brote unter fünftausend Menschen ausge-
teilt habe? Wie viele Körbe mit Resten habt ihr
da eingesammelt?«
»Zwölf«, sagten sie.
20 »Und als ich die sieben Brote unter viertau-
send Menschen ausgeteilt habe, wie viele Körbe
mit Resten waren es da?«
»Sieben«, antworteten sie; 21 und Jesus sagte:
»Begreift ihr denn immer noch nichts?«

Jesus heilt einen Blinden

22 Als sie nach Betsaida kamen, brachten die
Leute einen Blinden und baten Jesus, den Mann
zu berühren.
23 Jesus nahm ihn bei der Hand und führte ihn
aus dem Ort hinaus. Er spuckte ihm in die
Augen,[b] legte ihm die Hände auf und fragte:
»Kannst du etwas erkennen?«
24 Der Blinde blickte auf und sagte: »Ja, ich
sehe die Menschen; sie sehen aus wie wan-
delnde Bäume.«
25 Noch einmal legte ihm Jesus die Hände auf
die Augen. Danach blickte der Mann wieder auf
– und war geheilt. Er konnte jetzt alles ganz
deutlich erkennen.
26 Jesus befahl ihm: »Geh nicht erst nach Bet-
saida hinein, sondern geh gleich nach Hause!«

JESUS AUF DEM WEG NACH JERUSALEM (8,27–10,52)

Petrus spricht aus, wer Jesus ist

(Mt 16,13-20; Lk 9,18-21)

27 Jesus zog mit seinen Jüngern* weiter in die
Dörfer bei Cäsarea Philippi. Unterwegs fragte er
sie: »Für wen halten mich eigentlich die Leute?«
28 Die Jünger gaben zur Antwort: »Einige hal-
ten dich für den wiederauferstandenen Täufer*
Johannes, andere halten dich für den wiederge-
kommenen Elija*, und noch andere meinen, du
seist einer von den alten Propheten.«
29 »Und ihr«, wollte Jesus wissen, »für wen
haltet ihr mich?«
Da sagte Petrus: »Du bist Christus*, der ver-
sprochene Retter!«

a Wörtlich *verlangten von ihm ein Zeichen vom Himmel.*
b Dem Speichel wurde Heilkraft zugeschrieben, besonders bei Augenkrankheiten.

8,11-12 Mt 12,38-40 par **8,11** Joh 6,30 S **8,15** Lk 12,1 **8,16-18** 6,52 **8,18** Jer 5,21 **8,19** 6,43 par **8,20** 8,8 par **8,23** 7,33; Joh 9,6 **8,28** 6,14-15 par; 9,11-12 par; Lk 7,16 S **8,29** Mt 14,33 S; Joh 1,49; 10,24-25; 11,27

30 Aber Jesus schärfte ihnen ein, mit niemand
darüber zu reden.

Jesus kündigt zum erstenmal seinen Tod an

(Mt 16,21-23; Lk 9,22)

31 Danach begann Jesus den Jüngern* klarzu-
machen, was Gott mit ihm vorhatte: daß der
Menschensohn* vieles erleiden und von den
Ratsältesten*, den führenden Priestern* und den
Gesetzeslehrern* verworfen[a] werden müsse,
daß er getötet werden und nach drei Tagen auf-
erstehen müsse. 32 Jesus sagte ihnen das ganz
offen.
Da nahm Petrus ihn beiseite, fuhr ihn an und
wollte ihm das ausreden. 33 Aber Jesus wandte
sich um, sah die anderen Jünger und wies Petrus
scharf zurecht. »Geh weg!« sagte er. »Hinter
mich, an deinen Platz, du Satan*!«[b] Deine
Gedanken stammen nicht von Gott, sie sind
typisch menschlich.«

Jesus folgen heißt: ihm das Kreuz nachtragen

(Mt 16,24-28; Lk 9,23-27)

34 Dann rief Jesus die ganze Menschenmenge
hinzu und sagte: »Wer mir folgen will, muß sich
und seine Wünsche aufgeben, sein Kreuz* auf
sich nehmen und auf meinem Weg hinter mir
hergehen.
35 Denn wer sein Leben retten will, wird es
verlieren. Aber wer sein Leben wegen mir und
wegen der Guten Nachricht* verliert, wird es
retten.
36 Was hat ein Mensch davon, wenn er die
ganze Welt gewinnt, aber zuletzt sein Leben ver-
liert? 37 Womit will er es dann zurückkaufen?
38 Die Menschen dieser schuldbeladenen Ge-
neration wollen von Gott nichts wissen. Wenn
jemand nicht den Mut hat, sich vor ihnen[c] zu
mir und meiner Botschaft zu bekennen, dann
wird auch der Menschensohn* keinen Mut
haben, sich zu ihm zu bekennen, wenn er in der
Herrlichkeit seines Vaters mit den heiligen
Engeln* kommt!«
9 Und er fügte hinzu: »Ich versichere euch:
Einige von euch, die jetzt hier stehen, wer-
den noch zu ihren Lebzeiten sehen, wie Gottes
Herrschaft* machtvoll aufgerichtet wird.«

Drei Jünger sehen Jesus in Herrlichkeit (Die »Verklärung«)

(Mt 17,1-9; Lk 9,28-36)

2 Sechs Tage später nahm Jesus die drei Jünger*
Petrus, Jakobus und Johannes mit sich und
führte sie auf einen hohen Berg. Sonst war nie-
mand bei ihnen.
Vor den Augen der Jünger ging mit Jesus eine
Verwandlung vor sich: 3 Seine Kleider strahlten
in einem Weiß, wie es niemand durch Waschen
oder Bleichen hervorbringen kann. 4 Und dann
sahen sie auf einmal Elija und dazu Mose bei
Jesus stehen und mit ihm reden.
5 Da sagte Petrus zu Jesus: »Wie gut, daß wir
hier sind, Rabbi*! Wir wollen drei Zelte aufschla-
gen, eins für dich, eins für Mose und eins für
Elija.« 6 Er wußte nämlich nicht, was er sagen
sollte, denn er und die beiden andern waren vor
Schreck ganz verstört.
7 Da kam eine Wolke und warf ihren Schatten
über sie, und eine Stimme aus der Wolke sagte:
»Dies ist mein Sohn*, ihm gilt meine Liebe; auf
ihn sollt ihr hören!« 8 Dann aber, als sie um sich
blickten, sahen sie niemand mehr, nur Jesus
allein war noch bei ihnen.
9 Während sie den Berg hinunterstiegen,
befahl ihnen Jesus, mit niemand über das zu
sprechen, was sie gesehen hatten, bevor nicht
der Menschensohn* vom Tod auferstanden
wäre.
10 Dieses Wort griffen sie auf und diskutierten
darüber, was denn das heiße, vom Tod auferste-
hen.

Vom Kommen des Propheten Elija

(Mt 17,10-13)

11 Die drei Jünger* fragten Jesus: »Warum be-
haupten die Gesetzeslehrer*, daß vor dem Ende
erst noch Elija wiederkommen muß?«
12 Jesus sagte: »Gewiß, Elija kommt zuerst,
um das ganze Volk Gottes wiederherzustellen.
Aber warum heißt es dann noch in den Heiligen
Schriften*, daß der Menschensohn* vieles erlei-
den muß und verachtet sein wird? 13 Doch ich
sage euch: Elija* ist schon gekommen, und auch
mit ihm haben sie gemacht, was sie wollten. So
ist es ja auch über ihn geschrieben.«

a Gemeint ist: *als unbrauchbar verworfen* im Sinn von Ps 118,22.
b *Hinter mich* gibt das griechische Wort wieder, das in 1,17.20; 8,34 (vgl. Mt 4,19; 10,38; 16,24) die vom Jünger geforderte Gefolgschaft ausdrückt (dort mit *folgen* übersetzt); *an deinen Platz* ist verdeutlichender Zusatz.
c *Die Menschen …:* wörtlich *Wenn jemand sich scheut, sich vor dieser ehebrecherischen und sündigen Generation (zu mir … zu bekennen).* Das Wort *ehebrecherisch* ist hier im übertragenen Sinn zu verstehen; siehe Sacherklärung »Hurerei«.

8,30 9,9 par S **8,31** 9,30-32 par; 10,32-34 par; Mt 12,40 **8,34** Mt 10,38 par; 1 Petr 2,21 **8,35** Mt 10,39 par; Joh 12,25 **8,38** Mt 10,33 par **9,1** 13,30 par; Mt 10,23; Joh 21,23 **9,7** 1,11 S; Dtn 18,15 **9,9** 8,30 par; 5,43 S **9,11-12** 8,28 S **9,13** Mt 11,14 S; Lk 1,17 S; (geschrieben) 1 Kön 19,2.10

Jesus heilt ein besessenes Kind und mahnt Vertrauen an

(Mt 17,14-20; Lk 9,37-43)

14 Als sie zu den anderen Jüngern* zurückka-
men, fanden sie diese im Streit mit einigen Ge-
setzeslehrern* und umringt von einer großen
Menschenmenge. 15 Sobald die Menschen Jesus
sahen, gerieten sie in Aufregung; sie liefen zu
ihm hin und begrüßten ihn.

16 Jesus fragte sie: »Was streitet ihr mit meinen
Jüngern?«

17 Ein Mann aus der Menge gab ihm zur Ant-
wort: »Lehrer, ich habe meinen Sohn zu dir ge-
bracht; er ist von einem bösen Geist* besessen,
darum kann er nicht sprechen. 18 Immer, wenn
dieser Geist ihn packt, wirft er ihn zu Boden.
Schaum steht dann vor seinem Mund, er
knirscht mit den Zähnen, und sein ganzer Kör-
per wird steif. Ich habe deine Jünger gebeten,
den bösen Geist auszutreiben, aber sie konnten
es nicht.«

19 Da sagte Jesus zu allen, wie sie dastanden:
»Was ist das für eine Generation, die Gott nichts
zutraut! Wie lang soll ich noch bei euch aus-
halten und euch ertragen? Bringt den Jungen
her!«

20 Sie brachten ihn zu Jesus. Sobald der böse
Geist Jesus erblickte, zerrte er das Kind hin und
her; es fiel hin und wälzte sich mit Schaum vor
dem Mund auf der Erde.

21 »Wie lange hat er das schon?« frage Jesus.

»Von klein auf«, sagte der Vater, 22 »und oft hat
der böse Geist ihn auch schon ins Feuer oder ins
Wasser geworfen, um ihn umzubringen. Hab
doch Erbarmen mit uns und hilf uns, wenn du
kannst!«

23 »Was heißt hier: ›Wenn du kannst‹?« sagte
Jesus. »Wer Gott vertraut, dem ist alles möglich.«

24 Da rief der Vater: »Ich vertraue ihm ja – und
kann es doch nicht! Hilf mir vertrauen!«

25 Jesus sah, daß immer mehr Leute zusam-
menliefen; da sagte er drohend zu dem bösen
Geist: »Du stummer und tauber Geist, ich be-
fehle dir: Fahr aus aus diesem Kind und komm
nie wieder zurück!«

26 Der Geist schrie anhaltend und zerrte den
Jungen wie wild hin und her, dann fuhr er aus
ihm aus. Der Junge lag wie leblos am Boden, so
daß die Leute schon sagten: »Er ist tot.« 27 Aber
Jesus nahm ihn bei der Hand und richtete ihn
auf, und er stand auf.

28 Als Jesus später im Haus war, fragten ihn
seine Jünger: »Warum konnten wir den bösen
Geist nicht austreiben?«

29 Er gab ihnen zur Antwort: »Nur durch Ge-
bet[a] können solche Geister ausgetrieben wer-
den.«

Jesus kündigt zum zweitenmal seinen Tod an

(Mt 17,22-23; Lk 9,43-45)

30 Sie gingen von dort weiter und zogen durch
Galiläa*. Jesus wollte nicht, daß es bekannt
wurde, 31 denn ihm lag daran, seinen Jüngern*
zu erklären, was ihm bevorstand.

Er sagte zu ihnen: »Der Menschensohn* wird
nach dem Willen Gottes an die Menschen aus-
geliefert werden, und sie werden ihn töten.
Doch drei Tage nach seinem Tod wird er auf-
erstehen.«

32 Die Jünger wußten mit dem, was Jesus da
sagte, nichts anzufangen; aber sie scheuten sich,
ihn zu fragen.

Wer ist der Größte?

(Mt 18,1-5; Lk 9,46-48)

33 Sie kamen nach Kafarnaum. Im Haus ange-
langt,[b] fragte Jesus seine Jünger*: »Worüber habt
ihr euch unterwegs gestritten?«

34 Sie schwiegen, denn sie hatten sich gestrit-
ten, wer von ihnen wohl der Größte wäre.

35 Da setzte Jesus sich hin, rief die Zwölf* zu
sich und sagte zu ihnen: »Wer der Erste sein will,
der muß der Letzte von allen werden und allen
anderen dienen!«

36 Und er winkte ein Kind heran, stellte es in
ihre Mitte, nahm es in seine Arme und sagte zu
ihnen: 37 »Wer in meinem Namen solch ein Kind
aufnimmt, nimmt mich auf. Und wer mich auf-
nimmt, nimmt nicht nur mich auf, sondern
gleichzeitig den, der mich gesandt hat.«

Wer nicht gegen uns ist, ist für uns

(Lk 9,49-50; Mt 10,42)

38 Johannes sagte zu Jesus: »Lehrer*, wir haben
da einen Mann gesehen, der hat deinen Namen
dazu benutzt, böse Geister* auszutreiben. Wir
haben versucht, ihn daran zu hindern, weil er
nicht zu uns gehört.«

39 »Laß ihn doch!« sagte Jesus. »Wer meinen
Namen gebraucht, um Wunder zu tun, kann
nicht im nächsten Augenblick schlecht von mir
reden. 40 Wer nicht gegen uns ist, ist für uns!

a Viele Handschriften fügen ein: *und Fasten.* *b* Vgl. 2,1 und die Anmerkung dort.

9,19 Num 14,27; Dtn 32,5.20; Jes 65,2 **9,23** Ijob 42,2 S **9,27** 5,41 S **9,30-32** 8,31 S **9,33-34** Lk 22,24 **9,35** 10,43-44 par **9,37** Mt 10,40 par; Joh 13,20 **9,40** Mt 12,30 par

41 Wer euch nur einen Schluck Wasser zu trin-
ken gibt, weil ihr zu Christus* gehört – ich ver-
sichere euch, ein solcher Mensch wird ganz ge-
wiß seinen Lohn erhalten!«

Warnung vor jeder Art von Verführung

(Mt 18,6-9; Lk 17,1-2)

42 »Wer einen dieser kleinen, unbedeutenden
Menschen, die mir vertrauen, an mir irre wer-
den läßt, der käme noch gut weg, wenn er mit
einem Mühlstein* um den Hals ins Meer gewor-
fen würde.

43 Wenn deine Hand dich zum Bösen ver-
führt, dann hau sie ab! Es ist besser für dich, mit
nur einer Hand ewig bei Gott zu leben, als mit
beiden Händen in die Hölle* zu kommen, in das
Feuer, das nie ausgeht.[a]

45 Und wenn dein Fuß dich zum Bösen ver-
führt, dann hau ihn ab! Es ist besser für dich,
mit nur einem Fuß ewig bei Gott zu leben, als
mit beiden Füßen in die Hölle geworfen zu wer-
den.[a]

47 Und wenn dein Auge dich verführt, dann
reiß es aus! Es ist besser für dich, mit nur einem
Auge in die neue Welt Gottes[b] zu kommen, als
mit beiden Augen in die Hölle geworfen zu wer-
den, 48 wo die Qual nicht aufhört und das Feuer
nicht ausgeht.«

Ein ernstes Wort an die Jünger

(Mt 5,13; Lk 14,34-35)

49 »Zu jeder Opfergabe gehört das Salz und zu
jedem von euch das Feuer des Leidens, das euch
reinigt und bewahrt.[c]

50 Salz ist etwas Gutes; wenn es aber seine
Kraft verliert, wodurch wollt ihr sie ihm wieder-
geben? Zeigt, daß ihr die Kraft des Salzes in euch
habt: Haltet untereinander Frieden!«

Jesus bricht auf nach Judäa

(Mt 19,1-2)

10 Dann brach Jesus von dort auf und zog
nach Judäa* und in das Gebiet auf der
anderen Seite des Jordans. Auch dort versam-
melten sich viele Menschen bei ihm, und wie
immer sprach er zu ihnen.

Über die Ehescheidung

(Mt 19,3-12)

2 Da kamen einige Pharisäer* und versuchten,
ihm eine Falle zu stellen. Sie fragten ihn: »Ist
es einem Mann erlaubt, seine Frau wegzu-
schicken?«

3 Jesus antwortete mit der Gegenfrage: »Was
hat Mose euch denn für eine Vorschrift ge-
geben?«

4 Sie erwiderten: »Mose hat erlaubt, daß ein
Mann seiner Frau eine Scheidungsurkunde*
ausstellen und sie dann wegschicken kann.«

5 Da sagte Jesus: »Mose hat euch diese Vor-
schrift nur gegeben, weil ihr euer Herz gegen
Gott verhärtet habt – und damit eure Hartherzig-
keit ans Licht kommt.[d]

6 Gott hat am Anfang den Menschen als
Mann und Frau geschaffen. 7 Deshalb verläßt
ein Mann Vater und Mutter, um mit seiner Frau
zu leben. 8 Die zwei sind dann eins, mit Leib und
Seele. Sie sind also nicht mehr zwei, sondern
eins. 9 Und was Gott zusammengefügt hat, das
sollen Menschen nicht scheiden.«

10 Als sie dann im Haus waren, baten die Jün-
ger* Jesus wieder um eine Erklärung, 11 und er
sagte zu ihnen: »Wer sich von seiner Frau trennt
und eine andere heiratet, begeht Ehebruch ge-
genüber seiner ersten Frau. 12 Und auch umge-
kehrt: Eine Frau, die sich von ihrem Mann
trennt und einen andern heiratet, begeht Ehe-
bruch.«

Jesus und die Kinder

(Mt 19,13-15; Lk 18,15-17)

13 Einige Leute wollten ihre Kinder zu Jesus brin-
gen, damit er sie berühre; aber seine Jünger*
fuhren sie an und wollten sie wegschicken.

14 Als Jesus es bemerkte, wurde er zornig und
sagte zu den Jüngern: »Laßt die Kinder doch zu
mir kommen und hindert sie nicht daran; denn
für Menschen wie sie steht Gottes neue Welt[e]
offen. 15 Ich versichere euch: Wer sich Gottes
neue Welt nicht schenken läßt wie ein Kind,
wird niemals hineinkommen.«

16 Dann nahm er die Kinder in die Arme, legte
ihnen die Hände auf und segnete sie.

a Einige Handschriften fügen hinzu (Vers 44 bzw. 46): *wo die Qual nicht aufhört und das Feuer nicht ausgeht* (vgl. Vers 48).
b Wörtlich *in die Königsherrschaft* Gottes.*
c Wörtlich *Jeder wird mit Feuer gesalzen werden.* Die Deutung ist unsicher; die meisten Ausleger sehen das Wort im Zusammenhang mit Lev 2,13; Ez 43,24. Zu *Feuer* vgl. Lk 12,49-53 und 1 Petr 1,6-7.
d *weil ihr ...:* wörtlich *auf eure Hartherzigkeit hin.* Zu *Hartherzigkeit* siehe Sacherklärung »Scheidungsurkunde«.
e *Gottes neue Welt:* wörtlich *die Königsherrschaft* Gottes;* ebenso in Vers 15.

9,43 Mt 5,30 **9,47** Mt 5,29 **9,48** Jes 66,24 S **9,49** Lev 2,13 S **9,50** (Frieden) Lk 2,14 S; 1 Thess 5,13; 1 Kor 7,15 S **10,3-4** Dtn 24,1 S **10,6** Gen 1,27 **10,7-8** *zit* Gen 2,24 **10,11-12** Mt 5,32 S **10,15** Mt 18,3

Die Gefahr des Reichtums

(Mt 19,16-26; Lk 18,18-27)

17 Als Jesus weitergehen wollte, kam ein Mann
zu ihm gelaufen, warf sich vor ihm auf die Knie
und fragte: »Guter Lehrer*, was muß ich tun, um
das ewige Leben zu bekommen?«
18 Jesus antwortete: »Warum nennst du mich
gut? Nur einer ist gut: Gott! 19 Und seine Gebote
kennst du doch: Du sollst nicht morden, nicht
die Ehe brechen, nicht stehlen, nichts Unwahres
über deinen Mitmenschen sagen, niemand be-
rauben; ehre deinen Vater und deine Mutter!«
20 »Lehrer«, erwiderte der Mann, »diese Ge-
bote habe ich von Jugend an alle befolgt.«
21 Jesus sah ihn an; er gewann ihn lieb[a] und
sagte zu ihm: »Eines fehlt dir: Geh, verkauf alles,
was du hast, und gib das Geld den Armen, so
wirst du bei Gott einen unverlierbaren Besitz
haben. Und dann komm und folge mir!«
22 Der Mann war enttäuscht über das, was
Jesus ihm sagte, und ging traurig weg; denn er
hatte großen Grundbesitz.
23 Jesus sah seine Jünger* der Reihe nach an
und sagte: »Wie schwer haben es doch die Besit-
zenden, in die neue Welt Gottes[b] zu kommen!«
24 Die Jünger erschraken über seine Worte,
aber Jesus sagte noch einmal: »Ja, Kinder, es ist
sehr schwer, dort hineinzukommen! 25 Eher
kommt ein Kamel durch ein Nadelöhr als ein
Reicher in Gottes neue Welt.«
26 Da gerieten die Jünger völlig außer sich.
»Wer kann dann überhaupt gerettet werden?«
fragten sie einander.
27 Jesus sah sie an und sagte: »Wenn es auf die
Menschen ankommt, ist es unmöglich, aber
nicht, wenn es auf Gott ankommt. Für Gott ist
alles möglich.«

Der Lohn für die, die alles aufgegeben haben

(Mt 19,27-30; Lk 18,28-30)

28 Da sagte Petrus zu Jesus: »Du weißt, wir haben
alles stehen- und liegenlassen und sind dir ge-
folgt.«
29 Jesus antwortete: »Ich versichere euch: Nie-
mand bleibt unbelohnt, der um meinetwillen
und um die Gute Nachricht* weiterzusagen,
etwas aufgibt. Wer dafür irgend etwas zurück-
läßt – Haus oder Brüder oder Schwestern oder
Mutter oder Vater oder Kinder oder Felder –,
30 wird das Zurückgelassene hundertfach neu be-
kommen: zunächst noch in dieser Welt* Häuser
und Brüder und Schwestern und Mütter und
Kinder und Felder, wenn auch mitten in Verfol-
gungen, und in der kommenden Welt das ewige
Leben.
31 Aber viele, die jetzt vorn sind, werden dann
am Schluß stehen, und viele, die jetzt die Letzten
sind, werden schließlich die Ersten sein.«

Jesus kündigt zum drittenmal seinen Tod an

(Mt 20,17-19; Lk 18,31-34)

32 Sie waren unterwegs nach Jerusalem; Jesus
ging ihnen voran. Alle, die dabei waren, wun-
derten sich; die Jünger* aber hatten Angst.
Wieder nahm Jesus die Zwölf* beiseite und
machte ihnen klar, was bald mit ihm geschehen
werde. 33 »Hört zu!« sagte er. »Wir gehen jetzt
nach Jerusalem. Dort wird der Menschensohn*
nach dem Willen Gottes den führenden Prie-
stern* und den Gesetzeslehrern* ausgeliefert
werden. Sie werden ihn zum Tod verurteilen
und den Fremden übergeben, die Gott nicht
kennen.[c] 34 Die werden ihren Spott mit ihm trei-
ben, ihn anspucken, auspeitschen und töten;
doch nach drei Tagen wird er vom Tod auferste-
hen.«

Nicht herrschen, sondern dienen

(Mt 20,20-28; Lk 22,24-27)

35 Da gingen Jakobus und Johannes, die Söhne
von Zebedäus, zu Jesus hin und sagten zu ihm:
»Lehrer, wir möchten, daß du uns eine Bitte er-
füllst!«
36 »Was möchtet ihr denn?« fragte sie Jesus.
»Was soll ich für euch tun?«
37 Sie sagten: »Wir möchten, daß du uns
rechts und links neben dir sitzen läßt, wenn du
deine Herrschaft angetreten hast!«
38 Jesus sagte zu ihnen: »Ihr wißt nicht, was
ihr da verlangt! Könnt ihr den Kelch trinken, den
ich trinke? Könnt ihr die Taufe auf euch nehmen,
mit der ich getauft werde?«[d]

a *gewann ihn lieb:* Das griechische Wort kann hier auch eine konkrete Äußerung der Liebe bedeuten: *er umarmte/küßte/liebkoste ihn.*

b Wörtlich *in die Königsherrschaft* Gottes;* ebenso in Vers 25.

c *den Fremden, die Gott nicht kennen:* wörtlich *den Nichtjuden;* herkömmliche Übersetzung *Heiden*.*

d *Kelch* und *Taufe* sind Bilder für das Todesleiden, das Jesus auf sich nehmen muß; zu *Kelch* vgl. Anmerkung zu 14,36.

10,19 Ex 20,12-16 **10,21** Mt 19,21 S **10,22** Ps 62,11 **10,27** Ijob 42,2 S **10,29** Mt 10,37 par **10,31** Mt 20,16 S **10,32-34** 8,31 S **10,34** 15,15-20 par **10,38** Lk 12,50; Mk 14,36 par; Joh 18,11

39 »Das können wir!« sagten sie.
Jesus erwiderte: »Ihr werdet tatsächlich den
gleichen Kelch trinken wie ich und mit der Taufe
getauft werden, die mir bevorsteht. 40 Aber ich
kann nicht darüber verfügen, wer rechts und
links neben mir sitzen wird. Auf diesen Plät-
zen werden die sitzen, die Gott dafür bestimmt
hat.«
41 Die anderen zehn hatten das Gespräch mit
angehört und ärgerten sich über Jakobus und
Johannes. 42 Da rief Jesus alle zwölf zu sich her
und sagte: »Ihr wißt: Die Herrscher der Völker,
ihre Großen, unterdrücken ihre Leute und las-
sen sie ihre Macht spüren. 43 Bei euch muß es
anders sein! Wer von euch etwas Besonderes
sein will, soll den anderen dienen, 44 und wer
von euch an der Spitze stehen will, soll sich allen
unterordnen.
45 Auch der Menschensohn* ist nicht gekom-
men, um sich bedienen zu lassen, sondern um
zu dienen und sein Leben als Lösegeld für alle
Menschen hinzugeben.«

Jesus heilt einen Blinden

(Mt 20,29-34; Lk 18,35-43)

46 Sie kamen nach Jericho. Als Jesus die Stadt
wieder verließ, gefolgt von seinen Jüngern* und
einer großen Menschenmenge, saß da am
Straßenrand ein Blinder und bettelte. Es war Bar-
timäus, der Sohn von Timäus.
47 Als er hörte, daß es Jesus von Nazaret war,
der da vorbeikam, fing er an, laut zu rufen:
»Jesus, Sohn Davids*! Hab Erbarmen mit mir!«
48 Viele fuhren ihn an, er solle still sein; aber
er schrie nur noch lauter: »Sohn Davids, hab Er-
barmen mit mir!«
49 Da blieb Jesus stehen und sagte: »Ruft ihn
her!«
Einige liefen zu dem Blinden hin und sagten
zu ihm: »Fasse Mut, steh auf! Jesus ruft dich!«
50 Da warf der Blinde seinen Mantel ab,
sprang auf und kam zu Jesus.
51 »Was willst du?« fragte Jesus. »Was soll ich
für dich tun?«
Der Blinde sagte: »Rabbuni*, ich möchte wie-
der sehen können!«
52 Jesus antwortete: »Geh nur, dein Vertrauen
hat dir geholfen!«
Im gleichen Augenblick konnte er sehen und
folgte Jesus auf seinem Weg.

AUSEINANDERSETZUNGEN IN JERUSALEM (Kapitel 11–12)

Jesus zieht in Jerusalem ein

(Mt 21,1-11; Lk 19,28-40; Joh 12,12-19)

11 Kurz vor Jerusalem kamen sie zu den Ort-
schaften Betfage und Betanien am Öl-
berg*. Dort schickte Jesus zwei seiner Jünger*
fort 2 mit dem Auftrag: »Geht in das Dorf da drü-
ben! Gleich am Ortseingang werdet ihr einen
jungen Esel angebunden finden, auf dem noch
nie ein Mensch geritten ist. Bindet ihn los und
bringt ihn her! 3 Und wenn jemand fragt: ›War-
um macht ihr das?‹, dann antwortet: ›Der Herr
braucht ihn und wird ihn gleich wieder zurück-
schicken.‹«
4 Die beiden gingen hin und fanden tatsäch-
lich den jungen Esel draußen auf der Straße an
einem Hoftor angebunden. Als sie ihn losmach-
ten, 5 sagten ein paar Leute, die dort standen:
»Was tut ihr da? Warum bindet ihr den Esel los?«
6 Da sagten sie, was Jesus ihnen aufgetragen
hatte, und die Leute ließen sie machen.
7 Die beiden Jünger brachten den Esel zu
Jesus und legten ihre Kleider über das Tier, und
Jesus setzte sich darauf. 8 Viele Menschen brei-
teten ihre Kleider als Teppich auf die Straße.
Andere rissen Zweige von den Büschen auf den
Feldern und legten sie auf den Weg.
9 Die Menschen, die Jesus vorausliefen und
die ihm folgten, riefen immer wieder: »Geprie-
sen sei Gott! Heil dem, der in seinem Auftrag
kommt! 10 Heil der Herrschaft unseres Vaters
David, die jetzt anbricht! Gepriesen sei Gott in
der Höhe!«
11 So zog Jesus nach Jerusalem hinein und
ging in den Tempel*. Dort sah er sich alles an.
Doch weil es schon spät geworden war, verließ
er die Stadt wieder und ging nach Betanien, zu-
sammen mit dem Kreis der Zwölf*.

Israel – ein Feigenbaum ohne Früchte

(Mt 21,18-19)

12 Als sie Betanien am nächsten Morgen wieder
verließen, bekam Jesus Hunger. 13 Da sah er in
einiger Entfernung einen Feigenbaum, der schon
Blätter trug. Er ging hin, um zu sehen, ob nicht
Früchte an ihm wären. Aber er fand nichts als
Blätter, denn es war nicht die Jahreszeit für
Feigen.
14 Da sagte Jesus zu dem Feigenbaum: »Von

10,39 Apg 12,2 10,43-44 Mt 23,11 S 10,45 Jes 53,12; 1 Kor 6,20; 7,23; Gal 1,4 S; 1 Petr 1,18-19 10,47-48 Mt 20,30-31 S 10,52 Lk 7,50 S 11,8 2 Kön 9,13 11,9 Ps 118,26 S 11,10 Ps 148,1; Mt 20,30-31 S 11,13 Lk 13,6

dir soll nie mehr jemand Feigen essen!« Seine Jünger konnten es hören.

Jesus im Tempel

(Mt 21,12-17; Lk 19,45-48; Joh 2,13-17)

[15] In Jerusalem ging Jesus wieder in den Tempel*. Dort begann er, die Händler und Käufer hinauszujagen. Er stieß die Tische der Geldwechsler* und die Stände der Taubenverkäufer um [16] und ließ nicht zu, daß jemand irgend etwas durch den Vorhof des Tempels trug.

[17] Dazu sagte er ihnen: »Steht nicht in den Heiligen Schriften*, daß Gott erklärt hat: ›Mein Tempel soll eine Stätte sein, an der alle Völker zu mir beten können‹? Ihr aber habt eine Räuberhöhle daraus gemacht!«

[18] Als das die führenden Priester* und die Gesetzeslehrer* hörten, suchten sie nach einer Möglichkeit, Jesus umzubringen. Sie fürchteten seinen Einfluß, denn die Volksmenge war tief beeindruckt von dem, was er sagte.

[19] Am Abend verließ Jesus mit seinen Jüngern* wieder die Stadt.

Vorzeichen des Gerichts über Israel. Grundlagen der Jüngerexistenz

(Mt 21,20-22; 6,14)

[20] Früh am nächsten Morgen kamen sie wieder an dem Feigenbaum vorbei. Er war bis in die Wurzel abgestorben. [21] Da erinnerte sich Petrus und sagte zu Jesus: »Rabbi*, sieh, der Feigenbaum, den du verflucht hast, ist verdorrt!«

[22] Jesus antwortete: »Habt Vertrauen zu Gott! [23] Ich versichere euch: Wenn jemand zu diesem Berg sagt: ›Auf, stürze dich ins Meer!‹ und hat keinerlei Zweifel, sondern vertraut fest darauf, daß es geschieht, dann geschieht es auch.

[24] Deshalb sage ich euch: Wenn ihr Gott um irgend etwas bittet, müßt ihr nur darauf vertrauen, daß er eure Bitte schon erfüllt hat,[a] dann *wird* sie auch erfüllt.

[25] Aber wenn ihr betet, sollt ihr euren Mitmenschen vergeben, falls ihr etwas gegen sie habt, damit euer Vater im Himmel auch euch die Verfehlungen vergibt.«[b]

Woher hat Jesus die Vollmacht?

(Mt 21,23-27; Lk 20,1-8)

[27] Dann gingen sie wieder nach Jerusalem hinein. Als Jesus dort im Tempel* umherging, kamen die führenden Priester*, die Gesetzeslehrer* und die Ratsältesten* zu ihm [28] und sagten: »Woher nimmst du das Recht, hier so aufzutreten? Wer hat dir die Vollmacht dazu gegeben?«

[29] Jesus erwiderte: »Ich habe nur *eine* Frage an euch. Die beantwortet mir, dann werde ich euch sagen, mit welchem Recht ich so handle. [30] Sagt mir: Woher hatte der Täufer* Johannes den Auftrag, zu taufen? Von Gott oder von Menschen?«

[31] Sie überlegten: »Wenn wir sagen ›Von Gott‹, wird er fragen: ›Warum habt ihr dann Johannes nicht geglaubt?‹ [32] Aber können wir etwa sagen ›Von Menschen‹?« Dafür hatten sie zuviel Angst vor der Menge; denn alle waren überzeugt, daß Johannes wirklich ein Prophet* war. [33] So sagten sie zu Jesus: »Wir wissen es nicht.«

»Gut«, erwiderte Jesus, »dann sage ich euch auch nicht, wer mich bevollmächtigt hat.«

Das Gleichnis von den bösen Weinbergspächtern

(Mt 21,33-46; Lk 20,9-19)

12 Dann wandte sich Jesus mit einem Gleichnis* an sie. Er sagte:

»Ein Mann legte einen Weinberg an, machte einen Zaun darum, baute eine Weinpresse und errichtete einen Wachtturm. Dann verpachtete er den Weinberg und verreiste.

[2] Zur gegebenen Zeit schickte er einen Boten zu den Pächtern, um seinen Anteil am Ertrag des Weinbergs abholen zu lassen. [3] Die Pächter aber verprügelten den Boten und ließen ihn unverrichteter Dinge abziehen.

[4] Der Besitzer schickte einen zweiten, dem schlugen sie den Kopf blutig und behandelten ihn auf die schimpflichste Weise.

[5] Da schickte er einen weiteren Boten. Den brachten sie sogar um. Und so machten sie es noch mit vielen anderen, die er schickte: Die einen wurden mißhandelt, die anderen umgebracht.

[6] Schließlich blieb ihm nur noch sein eigener Sohn, dem seine ganze Liebe galt. Den schickte er zu den Pächtern, weil er sich sagte: ›Vor meinem Sohn werden sie Respekt haben.‹

[7] Aber die Pächter sagten zueinander: ›Das ist der Erbe! Wir bringen ihn um, dann gehört seine Erbschaft, der Weinberg, uns!‹ [8] So töteten sie

a Möglich ist ebenso die Übersetzung: *daß er eure Bitte erfüllen wird.*
b Einige Handschriften fügen hinzu (Vers 26): *Wenn ihr anderen nicht vergebt, wird euer Vater im Himmel euch eure Verfehlungen auch nicht vergeben* (vgl. Mt 6,15).

11,17 *zit* Jes 56,7 *und* Jer 7,11 **11,18** 12,12 par; 14,1-2 par **11,23** Lk 17,6 par **11,24** Mt 7,7 S **11,25** Mt 7,1 par **11,32** Mt 14,5 **12,1** Jes 5,1-7 S **12,6** 1,11 S

ihn und warfen die Leiche aus dem Weinberg
hinaus.
9 Was wird nun der Besitzer des Weinbergs
tun? Er wird selbst kommen, die Pächter töten
und den Weinberg anderen anvertrauen. 10 Ihr
kennt ja wohl die Stelle in den Heiligen Schrif-
ten*, wo es heißt:

›Der Stein, den die Bauleute als wertlos
weggeworfen haben,
ist zum Eckstein* geworden.
11 Der Herr hat dieses Wunder vollbracht,
und wir haben es gesehen.‹«

12 Die führenden Priester*, die Gesetzeslehrer*
und die Ratsältesten* hätten Jesus gerne festge-
nommen; denn sie merkten, daß das Gleichnis
auf sie gemünzt war. Aber sie hatten Angst vor
der Menge. So ließen sie ihn unbehelligt und
gingen weg.

Die Frage nach der Steuer für den Kaiser

(Mt 22,15-22; Lk 20,20-26)

13 Einige Pharisäer* und dazu einige Parteigänger
von Herodes wurden nun zu Jesus geschickt, um
ihm eine verfängliche Frage zu stellen.
14 Sie kamen zu ihm und sagten: »Lehrer*,
wir wissen, daß es dir nur um die Wahrheit geht.
Du läßt dich nicht von Menschen beeinflussen,
auch wenn sie noch so mächtig sind, sondern
sagst uns klar und deutlich, wie wir nach Gottes
Willen leben sollen. Ist es nach dem Gesetz*
Gottes erlaubt, dem römischen Kaiser Steuer zu
zahlen, oder nicht? Sollen wir es tun oder nicht?«
15 Jesus erkannte ihre Scheinheiligkeit und
sagte: »Ihr wollt mir doch nur eine Falle stellen!
Gebt mir eine Silbermünze*; ich will sie mir an-
sehen.«
16 Sie gaben ihm eine, und er fragte: »Wessen
Bild und wessen Name sind denn hier aufge-
prägt?«
»Das Bild und der Name des Kaisers«, antwor-
teten sie.
17 Da sagte Jesus: »Dann gebt dem Kaiser, was
dem Kaiser gehört – aber gebt Gott, was Gott
gehört!«
Solch eine Antwort hatten sie nicht von ihm
erwartet.

Werden die Toten auferstehen?

(Mt 22,23-33; Lk 20,27-40)

18 Dann kamen Sadduzäer* zu Jesus. Die Saddu-
zäer bestreiten, daß die Toten auferstehen wer-
den.
19 »Lehrer*«, sagten sie, »Mose hat uns die
Vorschrift gegeben: ›Wenn ein Mann stirbt und
eine Frau hinterläßt, aber kein Kind, dann muß
sein Bruder die Witwe heiraten und dem Ver-
storbenen Nachkommen verschaffen.‹
20 Nun gab es einmal sieben Brüder. Der älte-
ste heiratete und starb kinderlos. 21 Darauf hei-
ratete der zweite die Witwe, starb aber auch
kinderlos. Beim dritten war es genauso. 22 Alle
sieben heirateten sie und starben ohne Nach-
kommen. Zuletzt starb auch die Frau.
23 Wie ist das nun bei der Auferstehung der
Toten – wenn es eine gibt? Wem von den Män-
nern soll die Frau dann gehören? Sie war ja mit
allen sieben verheiratet!«
24 Jesus erwiderte: »Liegt euer Fehler nicht
darin, daß ihr weder die Heiligen Schriften*
kennt noch wißt, was Gott in seiner Macht tun
kann? 25 Wenn die Toten auferstehen, werden
sie nicht mehr heiraten, sondern sie werden
leben wie die Engel* im Himmel.
26 Was aber die Sache mit den Toten über-
haupt betrifft, daß sie nämlich auferweckt wer-
den: Habt ihr nie im Buch Moses die Geschichte
vom brennenden Dornbusch gelesen und wie
Gott dort zu Mose sagt: ›Ich bin der Gott Abra-
hams, der Gott Isaaks und der Gott Jakobs‹?
27 Gott ist doch nicht ein Gott von Toten, sondern
von Lebenden! Ihr seid also ganz und gar im Irr-
tum.«

Das wichtigste Gebot

(Mt 22,34-40; Lk 10,25-28)

28 Ein Gesetzeslehrer* hatte dieser Auseinander-
setzung zugehört. Er war davon beeindruckt,
wie Jesus den Sadduzäern* geantwortet hatte,
und so fragte er ihn: »Welches ist das wichtigste
von allen Geboten des Gesetzes*?«
29 Jesus sagte: »Das wichtigste Gebot ist die-
ses: ›Höre, Israel! Der Herr ist unser Gott, der
Herr und sonst keiner. 30 Darum liebt ihn von
ganzem Herzen und mit ganzem Willen, mit
ganzem Verstand und mit aller Kraft.‹ 31 Das
zweite ist: ›Liebe deinen Mitmenschen wie dich
selbst!‹ Es gibt kein Gebot, das wichtiger ist als
diese beiden.«
32 Da sagte der Gesetzeslehrer zu Jesus: »Du
hast vollkommen recht, Lehrer*! Es ist so, wie
du sagst: Nur einer ist Gott, und es gibt keinen
Gott außer ihm. 33 Ihn zu lieben von ganzem
Herzen, mit ganzem Verstand und mit aller Kraft
und unsere Mitmenschen zu lieben wie uns
selbst, das ist viel wichtiger, als alle die Brand-

12,10-11 *zit* Ps 118,22-23 **12,12** 11,18 S **12,17** Röm 13,7 **12,18** Lk 20,27 S **12,19** *nach* Dtn 25,5-6 *und* Gen 38,8 **12,26** *zit* Ex 3,6 **12,29-30** *zit* Dtn 6,4-5 **12,31** *zit* Lev 19,18; Mt 5,43; 19,19; Röm 13,9; Gal 5,14; Jak 2,8 **12,32** Lk 20,39 **12,33** Jes 1,10-20 S

opfer und anderen Opfer*, die wir ihm darbrin-
gen.«
34 Jesus fand, daß der Gesetzeslehrer vernünf-
tig geantwortet hatte, und sagte zu ihm: »Du bist
nicht weit weg von der neuen Welt Gottes.«[a]
Von da an wagte es niemand mehr, ihn noch
etwas zu fragen.

Davids Sohn oder Davids Herr?

(Mt 22,41-46; Lk 20,41-44)

35 Nach diesen Auseinandersetzungen im Tem-
pel stellte Jesus zuletzt selbst eine Frage an alle.[b]
Er sagte: »Wie können die Gesetzeslehrer* be-
haupten, daß der versprochene Retter[c] ein Sohn
Davids* ist? 36 David selbst sagte doch, erleuchtet
vom Heiligen Geist*:

›Gott, der Herr, sagte zu meinem Herrn:
Setze dich an meine rechte Seite!
Ich will dir deine Feinde unterwerfen,
sie als Schemel unter deine Füße legen.‹

37a David selbst nennt ihn also ›Herr‹ – wie kann
er dann sein Sohn sein?«

Jesus warnt vor den Gesetzeslehrern

(Mt 23,1.6-7.14; Lk 20,45-47)

37b Die Menschenmenge hörte Jesus gerne zu.
38 Als er zu ihnen redete, warnte er sie:
»Nehmt euch in acht vor den Gesetzesleh-
rern*! Sie zeigen sich gern in ihren Talaren und
lassen sich auf der Straße respektvoll grüßen.
39 Beim Gottesdienst sitzen sie in der vordersten
Reihe, und bei Festmählern nehmen sie die
Ehrenplätze ein. 40 Sie sprechen lange Gebete,
um einen guten Eindruck zu machen; in Wahr-
heit aber sind sie Betrüger, die hilflose Witwen
um ihren Besitz bringen. Sie werden einmal be-
sonders streng bestraft werden.«

Das Opfer der Witwe

(Lk 21,1-4)

41 Dann setzte sich Jesus im Tempel* in der Nähe
des Schatzhauses hin und beobachtete, wie
die Besucher des Tempels Geld in die Opfer-
kästen warfen. Viele wohlhabende Leute gaben
großzügig. 42 Dann kam eine arme Witwe und
steckte nur zwei kleine Kupfermünzen hinein –
zusammen soviel wie ein Groschen.[d]
43 Da rief Jesus seine Jünger* zu sich heran
und sagte zu ihnen: »Ich versichere euch: Diese
Witwe hat mehr gegeben als alle anderen. 44 Die
haben alle nur etwas von ihrem Überfluß abge-
geben. Aber diese arme Witwe hat alles herge-
geben, was sie selbst dringend zum Leben ge-
braucht hätte.«

DIE REDE ÜBER DAS ENDE DER WELT (Kapitel 13)

Ankündigung der Zerstörung des Tempels

(Mt 24,1-2; Lk 21,5-6)

13 Als Jesus danach den Tempel* verließ,
sagte einer seiner Jünger* zu ihm: »Leh-
rer, sieh doch nur diese gewaltigen Steine und
diese prachtvollen Gebäude!«
2 Da sagte Jesus: »Du bewunderst diese mäch-
tigen Bauten? Hier wird kein Stein auf dem
andern bleiben. Alles wird bis auf den Grund
zerstört werden!«

Der Anfang vom Ende

(Mt 24,3-8; Lk 21,7-11)

3 Dann ging Jesus auf den Ölberg*. Dort setzte er
sich dem Tempel gegenüber nieder. Petrus, Jako-
bus, Johannes und Andreas waren bei ihm. Sie
fragten ihn: 4 »Sag uns, wann wird das gesche-
hen? Und woran können wir erkennen, daß das
Ende von allem bevorsteht?«
5 Jesus sagte zu ihnen: »Seid auf der Hut und
laßt euch von niemand täuschen! 6 Viele werden
unter meinem Namen auftreten und von sich
behaupten: ›*Ich* bin es!‹[e] Damit werden sie viele
irreführen.
7 Erschreckt nicht, wenn nah und fern Kriege
ausbrechen. Es muß so kommen, aber das ist
noch nicht das Ende. 8 Ein Volk wird gegen das
andere kämpfen, ein Staat den andern angreifen.
In vielen Ländern wird es Erdbeben und Hun-
gersnöte geben. Das ist aber erst der Anfang
vom Ende – der Beginn der Geburtswehen.«

Die Verfolgung der Jünger

(Mt 24,9-14; Lk 21,12-19)

9 »Was euch angeht, so seid darauf gefaßt, daß
sie euch an die Gerichte ausliefern und in den
Synagogen* auspeitschen werden. Auch vor
Statthaltern und Königen werdet ihr stehen um

a Wörtlich *von der Königsherrschaft* Gottes.*
b *Nach diesen …:* wörtlich *Jesus antwortete, lehrend im Tempel*.* c Wörtlich *daß der Christus*.*
d *ein Groschen:* wörtlich *zwei Lepta, das ist ein Quadrans.* Lepton ist die griechische Bezeichnung für die kleinste jüdische Kupfermünze; Quadrans drückt den Geldwert in römischer Währung aus (= 1/4 As).
e Siehe Anmerkung zu Joh 8,24.

12,34 Mt 22,46; Lk 20,40 **12,35-37** Mt 20,30-31 S **12,36** *nach* Ps 110,1; Dan 7,13-14; Apg 2,33 S; 2,34-35; 1 Kor 15,24.27; Hebr 8,1 S **12,38-39** Lk 11,43 **12,41** 2 Kön 12,10 **12,44** 2 Kor 8,12 **13,2** Lk 19,44 **13,8** Jes 19,2 **13,9-13** Mt 10,17-22 S

meinetwillen, um auch vor ihnen als Zeugen für
mich auszusagen; 10 denn nach Gottes Plan muß
die Gute Nachricht* allen Völkern verkündet
werden, bevor das Ende kommt.

11 Wenn sie euch verhaften und an die Gerichte ausliefern, dann macht euch keine Sorgen, wie ihr euch verteidigen sollt. Sagt, was euch in dem Augenblick eingegeben wird. Denn nicht ihr werdet dann reden, sondern der Heilige Geist* wird aus euch sprechen.

12 Ein Bruder wird den andern dem Henker
ausliefern und ein Vater seine Kinder. Kinder
werden sich gegen ihre Eltern stellen und sie in
den Tod schicken. 13 Alle Menschen werden
euch hassen, weil ihr euch zu mir bekennt. Aber
wer bis zum Ende standhaft bleibt, wird gerettet
werden.«

Die letzte Schreckenszeit

(Mt 24,15-28; Lk 21,20-24; 17,23)

14 »In den Heiligen Schriften* ist die Rede von
einem ›entsetzlichen Scheusal*‹ – wer das liest,
überlege sich, was es bedeutet! Wenn ihr dieses
›entsetzliche Scheusal‹ dort stehen seht, wo es
nicht stehen darf,[a] dann sollen die Bewohner
Judäas* in die Berge fliehen. 15 Wer gerade auf
dem Dach ist, soll keine Zeit damit verlieren, erst
noch etwas aus dem Haus zu holen.[b] 16 Wer
gerade zur Arbeit auf dem Feld ist, soll nicht
zurückgehen, um noch sein Obergewand* mitzunehmen, das er am Wegrand abgelegt hat.[c]

17 Besonders hart wird es die Frauen treffen,
die gerade ein Kind erwarten oder einen Säugling stillen. 18 Bittet Gott, daß es dann nicht
gerade Winter ist! 19 Denn was in jenen Tagen
geschieht, wird furchtbarer sein als alles, was jemals geschah, seit Gott die Welt erschuf, und als
alles, was bis dahin noch geschehen wird.
20 Wenn der Herr diese Schreckenszeit nicht abkürzen würde, dann würde kein Mensch gerettet werden. Er wird sie aber abkürzen – denen
zuliebe, die er erwählt hat.

21 Wenn dann jemand zu euch sagt: ›Seht her,
hier ist Christus*, der versprochene Retter!‹
oder: ›Dort ist er!‹ – glaubt ihm nicht! 22 Denn es
werden so manche mit dem Anspruch auftreten,
der versprochene Retter oder ein Prophet zu
sein. Sie werden sich durch Wundertaten ausweisen und würden damit sogar die von Gott Erwählten irreführen, wenn das möglich wäre.

23 Darum seid auf der Hut! Ich habe euch alles vorausgesagt.«

Der Weltrichter kommt

(Mt 24,29-31; Lk 21,25-28)

24 »Aber dann, nach dieser Schreckenszeit, wird
sich die Sonne verfinstern, und der Mond wird
nicht mehr scheinen, 25 die Sterne werden vom
Himmel fallen, und die Ordnung des Himmels
wird zusammenbrechen.

26 Dann kommt der Menschensohn* auf den
Wolken mit göttlicher Macht und Herrlichkeit*,
und alle werden ihn sehen. 27 Er wird die Engel*
in alle Himmelsrichtungen ausschicken, um von
überall her die Menschen zusammenzubringen,
die er erwählt hat.«

Das Gleichnis vom Feigenbaum

(Mt 24,32-35; Lk 21,29-33)

28 »Laßt euch vom Feigenbaum eine Lehre geben: Wenn der Saft in die Zweige schießt und der Baum Blätter treibt, dann wißt ihr, daß der Som-
mer bald da ist. 29 So ist es auch, wenn ihr dies
alles geschehen seht:[d] Dann wißt ihr, daß das
Ende unmittelbar bevorsteht. 30 Ich versichere
euch: Diese Generation wird das alles noch erleben.

31 Himmel und Erde werden vergehen, aber meine Worte vergehen nicht; sie bleiben gültig für immer und ewig.«

Das Ende kommt überraschend

(Mt 24,36; 25,13-15; 24,42.44; Lk 19,12-13; 12,38-40)

32 »Doch den Tag oder die Stunde, wann das Ende da ist, kennt niemand, auch nicht die Engel* im Himmel – nicht einmal der Sohn*. Nur der Vater kennt sie.

33 Seht zu, daß ihr wach bleibt! Denn ihr wißt
nicht, wann der Zeitpunkt da ist. 34 Es ist wie bei
einem Mann, der verreist. Er verläßt sein Haus und überträgt seinen Dienern die Verantwortung. Jedem weist er seine Aufgabe zu, und dem Türhüter befiehlt er, wachsam zu sein.

35 So sollt auch ihr wach bleiben, weil ihr

a *In den Heiligen Schriften …:* wörtlich *Wenn ihr das »Scheusal«, das Verwüstung/Verödung hervorruft, dort stehen seht, wo es nicht darf – der Lesende merke auf.*

b Das flache *Dach* mit einem eventuell darauf gebauten Obergemach ist durch eine Treppe außen an der Mauer zu erreichen.

c *zur Arbeit* und *das er am Wegrand abgelegt hat:* verdeutlichende Zusätze.

d Gemeint sind wahrscheinlich die in den Versen 14-23 genannten Ereignisse.

13,11 Lk 12,11-12 S **13,12** Mt 10,35 par S **13,13** Joh 15,21; Offb 14,2 S **13,14** Dan 12,11 S **13,15-16** Lk 17,31 **13,19** Dan 12,1; Offb 7,14 **13,22** Mt 24,24 S; Joh 6,30 S **13,24-25** Mt 24,29 S **13,26** Dan 7,13; Mt 24,27 S; 26,64 par; 1 Kor 15,23; 1 Thess 4,15-16; 2 Thess 2,1; Offb 1,7 **13,27** Mt 13,41 **13,30** 9,1 S **13,32** Apg 1,7 **13,33.35** Mt 25,13 S **13,34** Mt 25,14-15 par

nicht wißt, wann der Hausherr kommen wird: am Abend, um Mitternacht, beim ersten Hahnenschrei oder wenn die Sonne aufgeht. 36 Wenn er kommt, soll er euch nicht im Schlaf überraschen! 37 Was ich euch vier Jüngern* hier sage, das gilt für alle: Bleibt wach!«

LEIDEN, TOD UND AUFERSTEHUNG VON JESUS (Kapitel 14–16)

Pläne gegen Jesus

(Mt 26,1-5; Lk 22,1-2; Joh 11,45-53)

14 Es waren noch zwei Tage bis zum Passafest* und dem Fest der Ungesäuerten Brote. Die führenden Priester* und die Gesetzeslehrer* suchten nach einer Möglichkeit, Jesus heimlich zu verhaften und umzubringen.

2 »Auf keinen Fall darf es während des Festes geschehen«, sagten sie, »sonst gibt es einen Aufruhr im Volk.«

Eine Frau ehrt Jesus vor seinem Sterben

(Mt 26,6-13; Joh 12,1-8)

3 Jesus war in Betanien bei Simon, dem Aussätzigen*, zu Gast. Während des Essens kam eine Frau herein. Sie hatte ein Fläschchen mit reinem, kostbarem Nardenöl*. Das öffnete sie und goß Jesus das Öl über den Kopf.

4 Einige der Anwesenden waren empört darüber. »Was soll diese Verschwendung?« sagten sie zueinander. 5 »Dieses Öl hätte man für mehr als dreihundert Silberstücke* verkaufen und das Geld den Armen geben können!« Sie machten der Frau heftige Vorwürfe.

6 Aber Jesus sagte: »Laßt sie in Ruhe! Warum bringt ihr sie in Verlegenheit? Sie hat eine gute Tat an mir getan. 7 Arme wird es immer bei euch geben, und ihr könnt ihnen helfen, sooft ihr wollt. Aber mich habt ihr nicht mehr lange bei euch.

8 Sie hat getan, was sie jetzt noch tun konnte: Sie hat meinen Körper im voraus für das Begräbnis gesalbt. 9 Ich versichere euch: Überall in der Welt, wo in Zukunft die Gute Nachricht* verkündet wird, wird auch berichtet werden, was sie getan hat. Ihr Andenken wird immer lebendig bleiben.«

Judas wird zum Verräter

(Mt 26,14-16; Lk 22,3-6)

10 Darauf ging Judas Iskariot, einer aus dem Kreis der Zwölf*, zu den führenden Priestern*, um ihnen Jesus in die Hände zu spielen. 11 Sie freuten sich darüber und versprachen ihm Geld.

Von da an suchte Judas eine günstige Gelegenheit, Jesus zu verraten.

Vorbereitungen zum Passamahl

(Mt 26,17-19; Lk 22,7-13)

12 Es kam der erste Tag der Festwoche, während der ungesäuertes Brot* gegessen wird, der Tag, an dem die Passalämmer geschlachtet werden. Da fragten die Jünger* Jesus: »Wo sollen wir für dich das Passamahl* vorbereiten?«

13 Jesus schickte zwei von ihnen mit dem Auftrag weg: »Geht in die Stadt! Dort werdet ihr einen Mann treffen, der einen Wasserkrug trägt. Folgt ihm, 14 bis er in ein Haus hineingeht, und sagt dem Hausherrn dort: ›Unser Lehrer* läßt fragen: Welchen Raum kannst du mir zur Verfügung stellen, daß ich dort mit meinen Jüngern das Passamahl feiere?‹ 15 Dann wird er euch ein großes Zimmer im Obergeschoß zeigen, das mit Polstern ausgestattet und schon zur Feier hergerichtet ist. Dort bereitet alles für uns vor.«

16 Die beiden gingen in die Stadt. Sie fanden alles so, wie Jesus es ihnen gesagt hatte, und bereiteten das Passamahl vor.

Jesus feiert mit den Zwölf das Abschiedsmahl

(Mt 26,20-30; Lk 22,14-23)

17 Als es Abend geworden war, kam Jesus mit den Zwölf* dorthin. 18 Während der Mahlzeit sagte er: »Ich versichere euch: Einer von euch wird mich verraten – einer, der jetzt mit mir ißt.«

19 Die Jünger* waren bestürzt, und einer nach dem andern fragte ihn: »Du meinst doch nicht mich?«

20 Jesus antwortete: »Einer von euch zwölf wird es tun; einer, der sein Brot mit mir in dieselbe Schüssel taucht. 21 Der Menschensohn* muß zwar sterben, wie es in den Heiligen Schriften* angekündigt ist. Aber wehe dem Menschen, der den Menschensohn verrät! Er wäre besser nie geboren worden!«

22 Während der Mahlzeit nahm Jesus ein Brot, sprach das Segensgebet darüber, brach es in Stücke und gab es seinen Jüngern mit den Worten: »Nehmt, das ist mein Leib!«

23 Dann nahm er den Becher, sprach darüber das Dankgebet, gab ihnen auch den, und alle tranken daraus. 24 Dabei sagte er zu ihnen: »Das ist mein Blut, das für alle Menschen vergossen

14,1-2 11,18 S **14,3** Lk 7,37-38 **14,7** Dtn 15,11 **14,10** 3,19 par; Joh 12,4 S **14,12** Ex 12,15-20 S; 12,1-14 S **14,17-21** Joh 13,2.21-30 **14,18** Ps 41,10 **14,23-24** 1 Kor 10,16; 11,23-25 **14,24** Ex 24,8; Jer 31,31; Hebr 7,22; 9,15-20

wird. Mit ihm wird der Bund* in Kraft gesetzt,
den Gott jetzt mit den Menschen schließt.
25 Ich sage euch: Ich werde keinen Wein
mehr trinken, bis ich ihn neu trinken werde an
dem Tag, an dem Gott sein Werk vollendet hat!«[a]
26 Dann sangen sie die Dankpsalmen[b] und
gingen hinaus zum Ölberg*.

Jesus sagt das Versagen von Petrus voraus

(Mt 26,31-35)

27 Unterwegs sagte Jesus zu ihnen: »Ihr werdet
alle an mir irre werden, denn es heißt: ›Ich
werde den Hirten töten, und die Schafe werden
auseinanderlaufen.‹ 28 Aber wenn ich vom Tod
auferweckt worden bin, werde ich euch voraus-
gehen nach Galiläa*.«
29 Petrus widersprach ihm: »Selbst wenn alle
andern an dir irre werden – ich nicht!«
30 Jesus antwortete: »Ich versichere dir:
Heute, in dieser Nacht, bevor der Hahn zweimal
kräht, wirst du mich dreimal verleugnen und be-
haupten, daß du mich nicht kennst.«
31 Da sagte Petrus noch bestimmter: »Und
wenn ich mit dir sterben müßte, ich werde dich
ganz bestimmt nicht verleugnen!«
Das gleiche sagten auch alle andern.

Jesus betet im Garten Getsemani

(Mt 26,36-46; Lk 22,39-46)

32 Sie kamen zu einem Grundstück, das Get-
semani* hieß. Jesus sagte zu seinen Jüngern*:
»Bleibt hier sitzen, während ich beten gehe!«
33 Petrus, Jakobus und Johannes nahm er mit.
Angst und Schrecken befielen ihn, 34 und er
sagte zu ihnen: »Ich bin so bedrückt, ich bin
mit meiner Kraft am Ende. Bleibt hier und
wacht!«
35 Dann ging er noch ein paar Schritte weiter
und warf sich auf die Erde. Er betete zu Gott, daß
er ihm, wenn es möglich wäre, diese schwere
Stunde erspare. 36 »Abba* – lieber Vater«, sagte
er, »alles ist dir möglich! Erspare es mir, diesen
Kelch trinken zu müssen![c] Aber es soll gesche-
hen, was *du* willst, nicht was ich will.«
37 Dann kehrte er zu den Jüngern zurück und
sah, daß sie eingeschlafen waren. Da sagte er zu
Petrus: »Simon, du schläfst? Konntest du nicht
eine einzige Stunde wach bleiben?«
38 Dann sagte er zu ihnen allen: »Bleibt wach
und betet, damit ihr in der kommenden Prüfung
nicht versagt. Der Geist in euch ist willig, aber
eure menschliche Natur ist schwach.«[d]
39 Noch einmal ging Jesus weg und betete mit
den gleichen Worten wie vorher. 40 Als er zu-
rückkam, schliefen sie wieder. Die Augen waren
ihnen zugefallen, und sie wußten nicht, was sie
ihm antworten sollten.
41 Als Jesus das dritte Mal zurückkam, sagte er
zu ihnen: »Schlaft ihr denn immer noch und ruht
euch aus? Genug jetzt, die Stunde ist da! Jetzt
wird der Menschensohn* an die Menschen, die
Sünder, ausgeliefert. 42 Steht auf, wir wollen
gehen; er ist schon da, der mich verrät.«

Jesus wird verhaftet

(Mt 26,47-56; Lk 22,47-53; Joh 18,3-12)

43 Noch während Jesus das sagte, kam Judas,
einer der Zwölf*, mit einem Trupp von Männern,
die mit Schwertern und Knüppeln bewaffnet
waren. Sie waren von den führenden Priestern*,
den Gesetzeslehrern* und den Ratsältesten* ge-
schickt worden.
44 Der Verräter hatte mit ihnen ein Erken-
nungszeichen ausgemacht: »Wem ich einen Be-
grüßungskuß gebe, der ist es. Den nehmt fest
und führt ihn unter Bewachung ab!«
45 Judas ging sogleich auf Jesus zu, begrüßte
ihn mit »Rabbi*!« und küßte ihn so, daß alle es
sehen konnten. 46 Da packten sie Jesus und nah-
men ihn fest. 47 Aber einer von denen, die da-
beistanden, zog sein Schwert, hieb auf den Be-
vollmächtigten des Obersten Priesters* ein und
schlug ihm ein Ohr ab.
48 Jesus sagte zu den Männern: »Warum rückt
ihr hier mit Schwertern und Knüppeln an, um
mich gefangenzunehmen? Bin ich denn ein Ver-
brecher? 49 Täglich war ich bei euch im Tempel
und lehrte die Menschen, da habt ihr mich nicht
festgenommen. Aber was in den Heiligen Schrif-
ten* angekündigt wurde, muß in Erfüllung ge-
hen.«
50 Da verließen ihn alle seine Jünger* und
flohen.

a *an dem Tag …:* wörtlich *in der Königsherrschaft* Gottes.*
b Nach dem Passamahl werden die Psalmen 114 bis 118 gesungen.
c Wörtlich *Nimm diesen Kelch von mir.* Jesus trinkt ihn anstelle der schuldbeladenen Menschen, die ihn eigentlich trinken müßten (vgl. Ps 75,9; Jes 51,17.21-22; Jer 25,15; Offb 14,9-10). Auch das im Frühjudentum bekannte Bild vom Becher des Märtyrertodes (»Leidenskelch«) klingt an.
d *eure menschliche Natur:* wörtlich *das Fleisch*.*

14,26 Lk 22,39 S **14,27** *nach* Sach 13,7; Mk 14,50-52; Joh 16,32 **14,28** 16,7 par **14,30-31** Lk 22,33-34; Joh 13,36-38 **14,32-42** Lk 5,16 S; Hebr 5,7-8 **14,35** Joh 12,27 **14,36** 10,38 S; Röm 8,15 S; Mt 6,10 S; Hebr 10,9 **14,38** Mt 25,13 S; Eph 6,18; Hebr 2,18 **14,49** Lk 24,46 S **14,50** 14,27

[51] Ein junger Mann folgte Jesus; er war nur mit einem leichten Überwurf bekleidet. Ihn wollten sie auch festnehmen; [52] aber er riß sich los, ließ sein Kleidungsstück zurück und rannte nackt davon.

Jesus vor dem jüdischen Rat

(Mt 26,57-68; Lk 22,54-55.63-71; Joh 18,12-14.19-24)

[53] Sie brachten Jesus zum Obersten Priester*. Dort versammelten sich alle führenden Priester und alle Ratsältesten und Gesetzeslehrer. [54] Petrus folgte Jesus in weitem Abstand und kam bis in den Innenhof des Palastes. Dort saß er bei den Dienern und wärmte sich am Feuer.

[55] Die führenden Priester und der ganze Rat* versuchten, Jesus durch Zeugenaussagen zu belasten, damit sie ihn zum Tod verurteilen könnten; aber es gelang ihnen nicht. [56] Es sagten zwar viele falsche Zeugen gegen Jesus aus, aber ihre Aussagen stimmten nicht überein.

[57] Dann traten einige auf und behaupteten: [58] »Wir haben ihn sagen hören: ›Ich werde diesen Tempel*, der von Menschen erbaut wurde, niederreißen und werde in drei Tagen einen anderen bauen, der nicht von Menschen gemacht ist.‹« [59] Aber auch ihre Aussagen widersprachen einander.

[60] Da stand der Oberste Priester auf, trat in die Mitte und fragte Jesus: »Hast du nichts zu sagen zu dem, was diese beiden gegen dich vorbringen?«

[61] Aber Jesus schwieg und sagte kein Wort.

Darauf fragte der Oberste Priester ihn: »Bist du Christus, der versprochene Retter, der Sohn* Gottes?«[a]

[62] »Ich bin es«, sagte Jesus, »und ihr werdet den Menschensohn* sehen, wie er an der rechten Seite des Allmächtigen sitzt und mit den Wolken des Himmels kommt!«

[63] Da zerriß der Oberste Priester sein Gewand und sagte: »Was brauchen wir noch Zeugen? [64] Ihr habt es selbst gehört, wie er Gott beleidigt hat. Wie lautet euer Urteil?«

Einstimmig erklärten sie, er habe den Tod verdient.

[65] Einige begannen, Jesus anzuspucken. Sie warfen ihm ein Tuch über den Kopf, so daß er nichts sehen konnte; dann schlugen sie ihn mit Fäusten und sagten: »Wer war es? Du bist doch ein Prophet*!« Dann nahmen ihn die Gerichtspolizisten* vor und gaben ihm Ohrfeigen.

Petrus verleugnet Jesus

(Mt 26,69-75; Lk 22,56-62; Joh 18,15-18.25-27)

[66] Petrus war noch immer unten im Hof. Eine Dienerin des Obersten Priesters* kam vorbei. [67] Als sie Petrus am Feuer bemerkte, sah sie ihn genauer an und meinte: »Du warst doch auch mit dem Jesus aus Nazaret zusammen!«

[68] Petrus stritt es ab: »Ich habe keine Ahnung; ich weiß überhaupt nicht, wovon du redest!« Dann ging er hinaus in die Vorhalle. In dem Augenblick krähte ein Hahn.

[69] Die Dienerin entdeckte Petrus dort wieder und sagte zu den Umstehenden: »Der gehört auch zu ihnen!« [70] Aber er stritt es wieder ab.

Kurz darauf fingen die Umstehenden noch einmal an: »Natürlich gehörst du zu denen, du bist doch auch aus Galiläa*!«

[71] Aber Petrus schwor: »Gott soll mich strafen, wenn ich lüge! Ich kenne den Mann nicht, von dem ihr redet.«

[72] In diesem Augenblick krähte der Hahn zum zweitenmal, und Petrus erinnerte sich daran, daß Jesus zu ihm gesagt hatte: »Bevor der Hahn zweimal kräht, wirst du mich dreimal verleugnen und behaupten, daß du mich nicht kennst.«

Da fing er an zu weinen.

Jesus vor Pilatus

(Mt 27,1-2.11-14; Lk 23,1-5; Joh 18,28-38)

15 Früh am Morgen schließlich trafen die führenden Priester zusammen mit den Ratsältesten und Gesetzeslehrern – also der ganze jüdische Rat* – die Entscheidung: Sie ließen Jesus fesseln, führten ihn ab und übergaben ihn dem Statthalter* Pilatus.

[2] Pilatus fragte Jesus: »Bist du der König der Juden?«

»Du sagst es«, gab Jesus zur Antwort.

[3] Die führenden Priester brachten viele Beschuldigungen gegen ihn vor. [4] Pilatus fragte ihn: »Willst du dich nicht verteidigen? Du hast ja gehört, was sie dir alles vorwerfen.«

[5] Aber Jesus sagte kein einziges Wort. Darüber war Pilatus erstaunt.

Das Todesurteil

(Mt 27,15-26; Lk 23,13-25; Joh 18,39–19,16)

[6] Es war üblich, daß Pilatus zum Passafest* einen Gefangenen begnadigte, den das Volk bestimmen durfte.

[7] Damals war gerade ein gewisser Barabbas

a Wörtlich *Bist du Christus*, der Sohn des Gepriesenen.*

14,56 Dtn 19,15 S; Ps 35,11 14,58 Joh 2,19 S 14,61 (schwieg) Jes 53,7; Mk 15,3-5 par; Joh 19,9; (Sohn Gottes) 15,39 S 14,62 12,36 S; 13,26 S 14,63-64 Mt 26,65 S 14,65 Jes 50,6; 53,5; Lk 7,16 S 14,72 14,30 par 15,2 Mt 27,11 S 15,3-5 14,61 S

im Gefängnis, zusammen mit anderen, die
während eines Aufruhrs einen Mord begangen
hatten. 8 Die Volksmenge zog also zu Pilatus und
bat für Barabbas um die übliche Begnadigung.
9 Pilatus erwiderte: »Soll ich euch nicht
den König der Juden freigeben?« 10 Ihm wurde
nämlich immer klarer, daß die führenden Prie-
ster* Jesus nur aus Neid an ihn ausgeliefert
hatten.
11 Doch die führenden Priester redeten auf die
Leute ein, sie sollten fordern, daß er ihnen lieber
Barabbas freigebe.
12 Da versuchte es Pilatus noch einmal und
fragte sie: »Was soll ich dann mit dem anderen
machen, den ihr den König der Juden nennt?
Was wollt ihr?«
13 »Kreuzigen*!« schrien sie.
14 »Was hat er denn verbrochen?« fragte
Pilatus.
Aber sie schrien noch lauter: »Kreuzigen!«
15 Um die Menge zufriedenzustellen, ließ Pila-
tus ihnen Barabbas frei und gab den Befehl,
Jesus mit der Geißel* auszupeitschen und zu
kreuzigen.

Die Soldaten verspotten Jesus

(Mt 27,27-31; Joh 19,2-3)

16 Die Soldaten brachten Jesus in den Innenhof
des Palastes, der dem Statthalter* als Amtssitz
diente,[a] und riefen die ganze Mannschaft zu-
sammen. 17 Sie hängten ihm einen purpurfarbe-
nen Mantel um, flochten eine Krone aus Dor-
nenzweigen und setzten sie ihm auf.
18 Dann fingen sie an, ihn zu grüßen: »Hoch
lebe der König der Juden!« 19 Sie schlugen ihn mit
einem Stock auf den Kopf, spuckten ihn an, knie-
ten vor ihm nieder und huldigten ihm wie einem
König.
20 Nachdem sie so ihren Spott mit ihm getrie-
ben hatten, nahmen sie ihm den Mantel wieder
ab, zogen ihm seine eigenen Kleider wieder an
und führten ihn hinaus, um ihn ans Kreuz* zu
nageln.

Jesus am Kreuz

(Mt 27,32-44; Lk 23,26-43; Joh 19,17-27)

21 Sie zwangen einen Mann, der gerade vorbei-
ging, für Jesus das Kreuz* zu tragen. Es war
Simon aus Zyrene, der Vater von Alexander und
Rufus, der gerade vom Feld in die Stadt zurück-
kam.
22 Sie brachten Jesus an die Stelle, die Golgota
heißt, das bedeutet übersetzt »Schädelplatz«.
23 Dort wollten sie ihm Wein mit einem betäu-
benden Zusatz zu trinken geben; aber Jesus
nahm nichts davon.
24 Sie nagelten ihn ans Kreuz und verteilten
dann untereinander seine Kleider. Durch das Los
bestimmten sie, was jeder bekommen sollte.
25 Es war neun Uhr morgens, als sie ihn kreuzig-
ten. 26 Als Grund für seine Hinrichtung hatte
man auf ein Schild geschrieben: »Der König der
Juden!«
27 Zugleich mit Jesus kreuzigten sie zwei Ver-
brecher, einen links und einen rechts von ihm.[b]
29 Die Leute, die vorbeikamen, schüttelten
den Kopf und verhöhnten Jesus: »Ha! Du woll-
test den Tempel niederreißen und in drei Tagen
einen neuen bauen! 30 Dann befreie dich doch
und komm herunter vom Kreuz!«
31 Genauso machten sich die führenden Prie-
ster* und die Gesetzeslehrer* über ihn lustig.
»Anderen hat er geholfen«, spotteten sie, »aber
sich selbst kann er nicht helfen! 32 Wenn er der
versprochene Retter[c] ist, der König von Israel,
dann soll er doch jetzt vom Kreuz herunterkom-
men! Wenn wir das sehen, werden wir ihm
glauben.«
Auch die beiden, die mit ihm gekreuzigt
waren, beschimpften ihn.

Jesus stirbt

(Mt 27,45-56; Lk 23,44-49; Joh 19,28-30)

33 Um zwölf Uhr mittags verfinsterte sich der
Himmel über dem ganzen Land. Das dauerte bis
um drei Uhr. 34 Gegen drei Uhr schrie Jesus:
»Eloï, eloï, lema sabachtani?« – das heißt über-
setzt: »Mein Gott, mein Gott, warum hast du
mich verlassen?«
35 Einige von denen, die dabeistanden und es
hörten, sagten: »Der ruft nach Elija!« 36 Einer
holte schnell einen Schwamm, tauchte ihn in
Essig*, steckte ihn auf eine Stange und wollte
Jesus trinken lassen. Dabei sagte er: »Laßt mich
machen! Wir wollen doch sehen, ob Elija kommt
und ihn herunterholt.«
37 Aber Jesus schrie laut auf und starb.
38 Da zerriß der Vorhang* vor dem Allerheilig-

a Wörtlich *in den Hof, das ist das Prätorium**.
b Einige Handschriften fügen hinzu (Vers 28): *So ging in Erfüllung, was in den Heiligen Schriften* vorausgesagt war: »Er wurde unter die Verbrecher gezählt«* (vgl. Lk 22,37 und Jes 53,12).
c Wörtlich *der Christus**.

15,9 Mt 27,11 S **15,17** Lk 23,11 **15,18** Mt 27,11 S **15,19** 14,65 S **15,21** Röm 16,13 **15,24** Ps 22,19 **15,26** Mt 27,11 S **15,27** Jes 53,12 **15,29-32** Ps 22,8; 109,25 **15,29** Joh 2,19 S **15,33** Am 8,9 **15,34** *zit* Ps 22,2 **15,36** Ps 69,22 **15,38** Ex 26,31-33; 2 Chr 3,14; Hebr 10,19-20

sten im Tempel von oben bis unten. 39 Der
römische Hauptmann aber, der dem Kreuz*
gegenüberstand und miterlebte, wie Jesus auf-
schrie und starb, sagte: »Dieser Mann war wirk-
lich Gottes Sohn*!«

40 Auch einige Frauen waren da, die alles aus
der Ferne beobachteten, unter ihnen Maria aus
Magdala und Maria, die Mutter von Jakobus
dem Jüngeren und von Joses, sowie Salome.
41 Schon während seines Wirkens in Galiläa*
waren sie Jesus gefolgt und hatten für ihn ge-
sorgt. Außer ihnen waren noch viele andere
Frauen da, die mit Jesus nach Jerusalem gekom-
men waren.

Jesus wird ins Grab gelegt

(Mt 27,57-61; Lk 23,50-56; Joh 19,38-42)

42 Weil es ein Freitag war, der Vorbereitungstag
für den Sabbat*, und weil es schon Abend
wurde, 43 wagte Josef von Arimathäa, zu Pilatus
zu gehen und ihn um den Leichnam von Jesus
zu bitten. Josef war ein hochgeachtetes Ratsmit-
glied* und einer von denen, die auch darauf war-
teten, daß Gott seine Herrschaft* aufrichte.

44 Pilatus war erstaunt zu hören, daß Jesus
schon gestorben sei. Er ließ sich daher von dem
Hauptmann Bericht erstatten und fragte ihn, ob
es sich so verhalte. 45 Als der Hauptmann es ihm
bestätigte, überließ er Josef den Leichnam.

46 Josef kaufte ein Leinentuch, nahm Jesus
vom Kreuz und wickelte ihn in das Tuch. Dann
legte er ihn in ein Grab, das in einen Felsen ge-
hauen war, und rollte einen Stein vor den Grab-
eingang.

47 Maria aus Magdala und Maria, die Mutter
von Joses, sahen sich genau an, wo Jesus bestat-
tet worden war.

Die Frauen am leeren Grab

(Mt 28,1-8; Lk 24,1-12; Joh 20,1-13)

16 Am Abend, als der Sabbat* vorbei war,
kauften Maria aus Magdala und Maria,
die Mutter von Jakobus, und Salome wohlrie-
chende Öle, um den Toten damit zu salben.
2 Ganz früh am Sonntagmorgen*, als die Sonne
gerade aufging, kamen sie zum Grab.
3 Unterwegs hatten sie noch zueinander ge-
sagt: »Wer wird uns den Stein vom Grabeingang
wegrollen?« 4 Denn der Stein war sehr groß.
Aber als sie hinsahen, bemerkten sie, daß er
schon weggerollt worden war.

5 Sie gingen in die Grabkammer hinein und
sahen dort auf der rechten Seite einen jungen
Mann in einem weißen Gewand sitzen.[a]

Sie erschraken sehr. 6 Er aber sagte zu ihnen:
»Habt keine Angst! Ihr sucht Jesus aus Nazaret,
der ans Kreuz* genagelt wurde. Er ist nicht hier;
Gott hat ihn vom Tod auferweckt! Hier seht ihr
die Stelle, wo sie ihn hingelegt hatten. 7 Und nun
geht und sagt seinen Jüngern*, vor allem Petrus:
›Er geht euch nach Galiläa* voraus. Dort werdet
ihr ihn sehen, genau, wie er es euch gesagt hat.‹«

8 Da verließen die Frauen die Grabkammer
und flohen. Sie zitterten vor Entsetzen und sag-
ten niemand ein Wort. Solche Angst hatten sie.

Die Erscheinungen des Auferstandenen[b]

9 Nachdem Jesus früh am Sonntag* auferstanden
war, zeigte er sich zuerst Maria aus Magdala, die
er von sieben bösen Geistern* befreit hatte.
10 Sie ging und berichtete es denen, die früher
mit Jesus zusammengewesen waren und die
jetzt trauerten und weinten. 11 Als sie hörten,
daß Jesus lebe und Maria ihn gesehen habe,
glaubten sie es nicht.

12 Danach zeigte sich Jesus in fremder Gestalt
zwei von ihnen, die zu einem Ort auf dem Land
unterwegs waren. 13 Sie kehrten um und erzähl-
ten es den anderen, aber die glaubten ihnen
auch nicht.

14 Schließlich zeigte sich Jesus den elf Jün-
gern*, während sie beim Essen waren. Er
machte ihnen Vorwürfe, weil sie gezweifelt hat-
ten und denen nicht glauben wollten, die ihn
nach seiner Auferstehung gesehen hatten.

15 Dann sagte er zu ihnen: »Geht in die ganze
Welt und verkündet die Gute Nachricht* allen
Menschen![c] 16 Wer zum Glauben* kommt und
sich taufen* läßt, wird gerettet. Wer nicht glaubt,
den wird Gott verurteilen.

17 Die Glaubenden aber werden an folgenden
Zeichen zu erkennen sein: In meinem Namen

a Nach jüdischer Ausdrucksweise handelt es sich um einen Engel; vgl. Tob 5,4-5; 2 Makk 3,26.33; Apg 1,10; 10,30.
b Der Abschnitt Verse 9-20 fehlt in den ältesten und wichtigsten Handschriften. In einigen anderen Handschriften findet sich vor ihm oder an seiner Stelle folgender Text, der den Bericht Mk 16,1-8 zu Ende führt:
Alles, was ihnen aufgetragen worden war, verkündeten die Frauen unverzüglich Petrus und den anderen Jüngern um ihn. Danach sandte Jesus selbst durch Petrus und die anderen die heilige und für immer gültige Botschaft von der ewigen Rettung in die ganze Welt hinaus, von dort, wo die Sonne aufgeht, bis dorthin, wo sie versinkt. Amen.
c *allen Menschen:* wörtlich *jedem Geschöpf* oder *der ganzen Schöpfung.* Nach jüdischem Sprachgebrauch ist damit die Menschenwelt gemeint. Dafür spricht auch der folgende Vers.

15,39 1,1 S; 1,11 S; Mt 27,11 S **15,40-41** Lk 8,2-3 S **16,6** 8,31 S **16,7** 14,28 par **16,9-10** Joh 20,14-18 **16,10-11** Lk 24,9-11 **16,12-13** Lk 24,13-35 **16,14-16** Lk 24,36-49; Joh 20,19-23 **16,15-16** Mt 28,19 **16,16** Apg 2,38 **16,17** (böse Geister) Apg 8,7; 16,18; (Sprachen) Apg 2,4; 10,46; 19,6; 1 Kor 12,10; 14,1-40

werden sie böse Geister* austreiben und in un-
bekannten Sprachen* reden. 18 Wenn sie Schlan-
gen anfassen oder Gift trinken, wird ihnen das
nicht schaden, und Kranke, denen sie die Hände
auflegen, werden gesund.«
19 Nachdem Jesus, der Herr, ihnen dies gesagt
hatte, wurde er in den Himmel aufgenommen
und setzte sich an die rechte Seite Gottes. 20 Die
Jünger aber gingen und verkündeten überall die
Gute Nachricht. Der Herr half ihnen dabei und
bekräftigte die Botschaft durch die Wunder, die
er geschehen ließ.

16,18 (Schlangen) Lk 10,19; Apg 28,5; Ps 91,13; (Kranke) Apg 4,30; 5,16; 8,7; Jak 5,14-15 **16,19** Lk 24,50-51; Apg 1,9; Mk 12,36 S **16,20** Hebr 2,4

DIE GUTE NACHRICHT NACH LUKAS
(Lukas-Evangelium)

Inhaltsübersicht

VORWORT (1,1-4)

Lukas schreibt an Theophilus

1 Schon viele haben versucht, die Ereignisse
zusammenhängend darzustellen, die Gott
unter uns geschehen ließ und mit denen er seine
Zusagen eingelöst hat.
2 Diese Ereignisse sind uns überliefert in den
Berichten der Augenzeugen, die von Anfang an
alles miterlebt hatten und die den Auftrag erhiel-
ten, die Botschaft Gottes weiterzugeben.
3 So habe auch ich mich dazu entschlossen,
all diesen Überlieferungen bis hin zu den ersten
Anfängen sorgfältig nachzugehen und sie für
dich, verehrter Theophilus, in der rechten Ord-
nung und Abfolge niederzuschreiben.
4 Du sollst dadurch die Zuverlässigkeit der
Lehre erkennen, in der du unterwiesen wurdest.

GEBURT UND KINDHEIT VON JOHANNES DEM TÄUFER UND JESUS (1,5–2,52)

Die Geburt des Täufers Johannes wird angekündigt

5 Zu der Zeit, als König Herodes* über das jüdi-
sche Land herrschte, lebte ein Priester* namens
Zacharias, der zur Priestergruppe Abija gehörte.
Auch seine Frau stammte aus einer Priesterfami-
lie; sie hieß Elisabet. 6 Beide führten ein Leben,
das Gott gefiel; sie richteten sich in allem nach
den Geboten und Anweisungen des Herrn. 7 Sie
waren aber kinderlos, denn Elisabet konnte
keine Kinder bekommen; sie waren auch schon
sehr alt.
8 Einmal hatte Zacharias wieder Dienst am
Tempel* in Jerusalem, weil die Priestergruppe,
zu der er gehörte, gerade an der Reihe war. 9 Es
war unter den Priestern üblich, die einzelnen
Dienste durch das Los zu verteilen. An einem
bestimmten Tag fiel Zacharias die Aufgabe zu,
das Räucheropfer* darzubringen. So ging er in
das Innere des Tempels, 10 während das ganze
versammelte Volk draußen betete.
11 Da erschien ihm plötzlich der Engel* des
Herrn. Der Engel stand an der rechten Seite des
Altars, auf dem der Weihrauch verbrannt wurde.
12 Als Zacharias ihn sah, erschrak er und bekam
große Angst. 13 Aber der Engel sagte zu ihm:
»Hab keine Angst, Zacharias! Gott hat dein
Gebet erhört. Deine Frau Elisabet wird dir einen
Sohn gebären, den sollst du Johannes nennen.
14 Dann wirst du voll Freude und Jubel sein,
und noch viele andere werden sich freuen über
seine Geburt. 15 Denn er ist vom Herrn zu gro-
ßen Taten berufen.
Er wird weder Wein noch Bier trinken. Schon
im Mutterleib wird der Geist* Gottes ihn erfül-
len, 16 und er wird viele aus dem Volk Israel zum
Herrn, ihrem Gott, zurückführen.
17 Er wird dem Herrn als Bote vorausgehen,
im gleichen Geist und mit der gleichen Kraft wie
der Prophet Elija. Seine Aufgabe wird es sein,
das Herz der Eltern den Kindern zuzuwenden
und alle Ungehorsamen auf den rechten Weg
zurückzubringen. So wird er dem Herrn ein Volk
zuführen, das auf sein Kommen vorbereitet ist.«
18 Zacharias sagte zu dem Engel: »Woran soll
ich erkennen, daß es wirklich so kommen wird?
Ich bin doch ein alter Mann, und meine Frau ist
auch schon in vorgeschrittenen Jahren.«
19 Der Engel antwortete: »Ich bin Gabriel*, der

1,3 Apg 1,1 **1,5** 1 Chr 24,7-18 Nr. 8 **1,7** Gen 25,21 S **1,8** 1 Chr 24,19 **1,9** Ex 30,7-8 **1,11-17** Ri 13,3-5 **1,12** 1,29; 2,9; Ri 6,22; 13,22; Dan 8,17 S **1,13** 1,30; 2,10; Ri 6,23; Dan 10,12.19 **1,15** Num 6,3-4 S; Lk 7,33; 1,35 **1,17** Mal 3,1.23-24; Mt 17,10-11 S; 11,14 S **1,18** Gen 17,17; 18,11-12; Lk 1,34 **1,19** Dan 8,16 S

vor Gottes Thron steht.[a] Gott hat mich zu dir ge-
sandt, um dir diese gute Nachricht zu bringen.
[20] Was ich gesagt habe, wird zur gegebenen Zeit
eintreffen. Aber weil du mir nicht geglaubt hast,
wirst du so lange stumm sein und nicht mehr
sprechen können, bis es eingetroffen ist.«

[21] Das Volk wartete draußen auf Zacharias
und wunderte sich, daß er so lange im Tempel
blieb. [22] Als er schließlich herauskam, konnte er
nicht zu ihnen sprechen. Da merkten sie, daß
er im Tempel eine Erscheinung gehabt hatte. Er
gab ihnen Zeichen mit der Hand und blieb auch
weiterhin stumm.

[23] Als seine Dienstwoche im Tempel beendet
war, ging Zacharias nach Hause. [24] Bald darauf
wurde seine Frau Elisabet schwanger und zog
sich fünf Monate lang völlig zurück. Sie sagte:
[25] »Gott hat meinen Kummer gesehen und die
Schande der Kinderlosigkeit von mir genom-
men.«

Die Geburt des Retters Jesus wird angekündigt

[26] Als Elisabet im sechsten Monat war, sandte
Gott den Engel Gabriel* nach Nazaret in Galiläa*
[27] zu einem jungen Mädchen mit Namen Maria.
Sie war noch unberührt[b] und war verlobt* mit
einem Mann namens Josef, einem Nachkom-
men Davids.

[28] Der Engel kam zu ihr und sagte: »Sei ge-
grüßt, Maria, der Herr ist mit dir; er hat dich zu
Großem ausersehen!«

[29] Maria erschrak über diesen Gruß und über-
legte, was er bedeuten sollte.

[30] Da sagte der Engel zu ihr: »Hab keine
Angst, du hast Gnade bei Gott gefunden! [31] Du
wirst schwanger werden und einen Sohn ge-
bären. Dem sollst du den Namen Jesus* geben.
[32] Er wird groß sein und wird ›Sohn des Höch-
sten‹ genannt werden. Gott, der Herr, wird ihn
auf den Thron seines Vorfahren David erheben,
[33] und er wird für immer über die Nachkommen
Jakobs regieren. Seine Herrschaft wird nie zu
Ende gehen.«

[34] Maria fragte den Engel: »Wie soll das zu-
gehen? Ich bin doch mit keinem Mann zusam-
men!«

[35] Er antwortete: »Gottes Geist* wird über
dich kommen, seine Kraft wird das Wunder voll-
bringen. Deshalb wird auch das Kind, das du zur
Welt bringst, heilig und Sohn* Gottes genannt
werden.

[36] Auch Elisabet, deine Verwandte, bekommt
einen Sohn – trotz ihres Alters. Sie ist bereits im
sechsten Monat, und es hieß doch von ihr, sie
könne keine Kinder bekommen. [37] Für Gott ist
nichts unmöglich.«

[38] Da sagte Maria: »Ich gehöre dem Herrn, ich
stehe ihm ganz zur Verfügung.[c] Es soll an mir
geschehen, was du gesagt hast.«

Darauf verließ sie der Engel.

Maria besucht Elisabet

[39] Bald danach machte sich Maria auf den Weg
und eilte zu einer Stadt im Bergland von Judäa.
[40] Dort ging sie in das Haus von Zacharias und
begrüßte Elisabet.

[41] Als Elisabet ihren Gruß hörte, hüpfte das
Kind in ihrem Leib. Da wurde sie vom Geist*
Gottes erfüllt [42] und rief laut:

»Gesegnet bist du von Gott, auserwählt unter
allen Frauen, und gesegnet ist die Frucht deines
Leibes! [43] Wie komme ich zu der Ehre, daß die
Mutter meines Herrn mich besucht? [44] Ja, das
bist du; denn[d] in dem Augenblick, als dein Gruß
an mein Ohr drang, machte das Kind einen Freu-
densprung in meinem Leib. [45] Du darfst dich
freuen, denn du hast geglaubt, daß sich erfüllen
wird, was der Herr dir ankündigen ließ.«

Maria preist Gott (Der Lobgesang Marias: Magnificat)

[46] Maria aber sprach:

»Mein Herz preist den Herrn,
[47] alles in mir jubelt vor Freude
über Gott, meinen Retter!
[48] Ich bin nur seine geringste Dienerin,
und doch hat er sich mir zugewandt.
Jetzt werden die Menschen mich glücklich
preisen
in allen kommenden Generationen;
[49] denn Gott hat Großes an mir getan,

a Er ist einer der sieben »Thronengel«; vgl. Tob 12,15; Offb 8,2.
b Wörtlich *zu einer Jungfrau (die war verlobt);* ebenso steht *Jungfrau* für *junges Mädchen* am Versende. Hier wird schon angespielt auf Jes 7,14 in der Fassung der griechischen Übersetzung, also auf das Prophetenwort, das hinter Vers 31 steht (vgl. Mt 1,22-23). c Wörtlich *Siehe (ich bin) die Sklavin des Herrn.*
d *Ja, das ...:* verdeutlichender Zusatz.

1,24 Gen 21,1-2; Ri 13,24; 1 Sam 1,19-20 **1,25** Gen 21,6-7; 30,23 **1,26** Dan 8,16 S **1,27** Mt 1,16 **1,28** Ri 6,12; Rut 2,4 **1,29** 1,12 S **1,30** 1,13 S **1,31** Gen 16,11; 17,19; Ri 13,3; Jes 7,14; Mt 1,21 S; Lk 2,21; 1,59 **1,32** Jes 9,6; 2 Sam 7,16; Mt 20,30-31 S **1,33** Dan 2,44 S **1,34** 1,18 S **1,35** Mt 1,18; Lk 4,18 S **1,37** Ijob 42,2 S **1,45** Gen 15,6 **1,46-55** 1 Sam 2,1-10 **1,47** Hab 3,18; Jes 43,3 S

er, der mächtig und heilig ist.
50 Sein Erbarmen hört niemals auf;
er schenkt es allen, die ihn ehren,
von einer Generation zur andern.

51 Jetzt hebt er seinen gewaltigen Arm
und fegt die Stolzen weg samt ihren Plänen.
52 Jetzt stürzt er die Mächtigen vom Thron
und richtet die Unterdrückten auf.
53 Den Hungernden gibt er reichlich zu essen
und schickt die Reichen mit leeren Händen fort.
54 Er hat an seinen Diener Israel gedacht
und sich über sein Volk erbarmt.
55 Wie er es unsern Vorfahren versprochen
hatte,
Abraham* und seinen Nachkommen
für alle Zeiten.«

56 Maria blieb etwa drei Monate bei Elisabet und
kehrte dann wieder nach Hause zurück.

Der Täufer Johannes wird geboren

57 Als für Elisabet die Zeit der Entbindung gekom-
men war, gebar sie einen Sohn. 58 Die Nachbarn
und Nachbarinnen und die Verwandten hörten
es und freuten sich mit, daß Gott ihr einen so
großen Beweis seiner Güte gegeben hatte.
59 Als das Kind acht Tage alt war und beschnit-
ten* werden sollte, kamen sie alle dazu. Sie woll-
ten es nach seinem Vater Zacharias nennen.
60 Aber die Mutter sagte: »Nein, er soll Johan-
nes heißen!«
61 Sie wandten ein: »Warum denn? In deiner
ganzen Verwandtschaft gibt es keinen, der so
heißt.«
62 Sie fragten den Vater durch Zeichen, wie
der Sohn heißen solle. 63 Zacharias ließ sich eine
Schreibtafel geben und schrieb: »Er heißt Johan-
nes.« Und sie wunderten sich alle. 64 Im selben
Augenblick konnte Zacharias wieder sprechen,
und sofort fing er an, Gott zu preisen.
65 Da ergriff alle Nachbarn ehrfürchtiges Stau-
nen, und im ganzen Bergland von Judäa* spra-
chen die Leute über das, was geschehen war.
66 Alle, die davon hörten, dachten darüber nach
und fragten sich: »Was wird aus dem Kind ein-
mal werden?« Denn es war offensichtlich, daß
der Herr etwas Besonderes mit Johannes vor-
hatte.

Dank für die bevorstehende Rettung. Vorblick auf den Auftrag von Johannes (Der Lobgesang von Zacharias: Benedictus)

67 Erfüllt vom Geist* Gottes sprach der Vater des
Kindes prophetische Worte:

68 »Gepriesen sei der Herr, der Gott Israels;
denn er ist uns zu Hilfe gekommen
und hat sein Volk befreit!
69 Einen starken Retter hat er uns gesandt,
einen Nachkommen seines Dieners David*!

70 So hatte er es schon vor langer Zeit
durch seine heiligen Propheten* angekündigt:
71 Er wollte uns retten vor unseren Feinden,
aus der Gewalt all derer, die uns hassen.
72 Unseren Vorfahren wollte er die Güte
erweisen,
nie seinen heiligen Bund* zu vergessen,
den er mit ihnen geschlossen hatte.
73 Schon unserem Ahnherrn Abraham*
hat er mit einem Eid versprochen,
74–75 uns aus der Macht der Feinde zu befreien,
damit wir keine Furcht mehr haben müssen
und unser Leben lang ihm dienen können
als Menschen, die ganz ihrem Gott gehören
und tun, was er von ihnen verlangt.

76 Und du, mein Kind –
ein Prophet des Höchsten wirst du sein;
du wirst dem Herrn vorausgehen,
um den Weg für ihn zu bahnen.
77 Du wirst dem Volk des Herrn verkünden,
daß nun die versprochene Rettung kommt,
weil Gott ihnen ihre Schuld vergeben will.

78 Unser Gott ist voll Liebe und Erbarmen;
er schickt uns den Retter,
das Licht, das von oben kommt.
79 Dieses Licht leuchtet allen,
die im Dunkeln sind,
die im finsteren Land des Todes leben;
es wird uns führen und leiten,
daß wir den Weg des Friedens* finden.«

Das Leben des Täufers Johannes bis zu seinem Auftreten

80 Johannes wuchs heran und nahm zu an Ver-
stand. Später zog er sich in die Wüste zurück bis
zu dem Tag, an dem er unter dem Volk Israel
offen mit seinem Auftrag hervortreten sollte.

1,50 Ps 103,8.17 **1,51** Dtn 5,15; 26,8 **1,52** Ps 75,8 S; Mt 23,12 S; Jak 4,6.10 **1,53** Ps 107,9; 34,11; Lk 6,21 **1,54-55** Mi 7,20 S; Ps 98,3; Gen 17,7 **1,59** Gen 17,12-13 **1,60.63** 1,13 **1,64** 1,20 **1,68** Ps 41,14; 72,18; 111,9; Lk 4,18-21; 7,16; 19,44 **1,69** Ps 132,17; Mt 20,30-31 S **1,70** Röm 1,2; Jes 9,1-6; Mi 5,1-3 **1,71** Ps 106,10 **1,72** Ps 106,45; 105,8-9; Lev 26,42 **1,73** Gen 22,16-18; Mi 7,20 **1,74-75** Tit 2,12.14 **1,76** Mal 3,1; Mt 11,10 par; Mk 1,2 par **1,77** Jer 31,34 S **1,78** Ex 34,6 S; Mal 3,20 S **1,79** Jes 9,1.5; 42,6-7; Mt 4,16; (Frieden) Lk 2,14 S **1,80** Ri 13,24-25; 1 Sam 2,26; Lk 2,40.52

Jesus, der Retter, wird geboren

2 Zu jener Zeit ordnete Kaiser Augustus* an, daß alle Menschen in seinem Reich gezählt und für die Steuer erfaßt werden sollten. [2] Diese Zählung war die erste und wurde durchgeführt, als Quirinius* Statthalter der Provinz Syrien war. [3] Und alle gingen hin, um sich einschreiben zu lassen, jeder in die Heimatstadt seiner Vorfahren.

[4] Auch Josef machte sich auf den Weg. Aus Galiläa*, aus der Stadt Nazaret, ging er nach Judäa* in die Stadt Davids, nach Betlehem. Denn er stammte aus der Familie von König David.

[5] Dorthin ging er, um sich einschreiben zu lassen, zusammen mit Maria, seiner Verlobten*; die war schwanger.

[6] Während sie dort waren, geschah es, daß für Maria die Zeit der Entbindung kam. [7] Sie gebar ihren Sohn, den Erstgeborenen, wickelte ihn in Windeln und legte ihn in eine Futterkrippe im Stall. Denn in der Herberge hatten sie keinen Platz gefunden.

[8] In jener Gegend waren Hirten auf freiem Feld, die hielten Wache bei ihren Herden in der Nacht. [9] Da trat der Engel* des Herrn zu ihnen, und die Herrlichkeit* des Herrn umstrahlte sie, und sie fürchteten sich sehr.

[10] Aber der Engel sagte zu ihnen: »Habt keine Angst! Ich habe eine große Freudenbotschaft für euch und für das ganze Volk. [11] Heute ist euch der Retter geboren worden, in der Stadt Davids: Christus*, der Herr! [12] Und dies ist das Zeichen, an dem ihr ihn erkennt: Ihr werdet ein neugeborenes Kind finden, das liegt in Windeln gewickelt in einer Futterkrippe.«

[13] Und plötzlich war bei dem Engel ein ganzes Heer von Engeln, all die vielen, die im Himmel Gott dienen; die priesen Gott und riefen:

[14] »Groß ist von jetzt an Gottes Herrlichkeit
im Himmel;
denn sein Frieden* ist herabgekommen
auf die Erde zu den Menschen,
die er erwählt hat und liebt!«[a]

[15] Als die Engel in den Himmel zurückgekehrt waren, sagten die Hirten zueinander: »Kommt, wir gehen nach Betlehem und sehen uns an, was da geschehen ist, was Gott uns bekanntgemacht hat!«

[16] Sie liefen hin, kamen zum Stall und fanden Maria und Josef und bei ihnen das Kind in der Futterkrippe. [17] Als sie es sahen, berichteten sie, was ihnen der Engel von diesem Kind gesagt hatte. [18] Und alle, die dabei waren, staunten über das, was ihnen die Hirten erzählten. [19] Maria aber bewahrte all das Gehörte in ihrem Herzen und dachte immer wieder darüber nach.

[20] Die Hirten kehrten zu ihren Herden zurück und priesen Gott und dankten ihm für das, was sie gehört und gesehen hatten. Es war alles genauso gewesen, wie der Engel es ihnen verkündet hatte.

Jesus erhält seinen Namen und wird im Tempel Gott geweiht

[21] Nach acht Tagen war es Zeit, das Kind beschneiden* zu lassen. Es bekam den Namen Jesus* – so wie es der Engel des Herrn angeordnet hatte, noch ehe Maria das Kind empfing.

[22] Vierzig Tage nach der Geburt war die Zeit der Unreinheit* für Mutter und Kind vorüber, die im Gesetz* Moses festgelegt ist. Da brachten die Eltern das Kind in den Tempel nach Jerusalem, um es Gott zu weihen*. [23] Denn im Gesetz des Herrn heißt es: »Wenn das erste Kind, das eine Frau zur Welt bringt, ein Sohn ist, soll es Gott gehören.«

[24] Zugleich brachten sie das Reinigungsopfer*, wie es im Gesetz des Herrn vorgeschrieben ist: ein Paar Turteltauben oder zwei junge Tauben.

Simeon und Hanna erkennen den Retter und machen ihn bekannt (Der Lobgesang Simeons: Nunc dimittis)

[25] Damals lebte in Jerusalem ein Mann namens Simeon. Er war fromm, hielt sich treu an Gottes Gesetz* und wartete auf die Rettung Israels. Er war vom Geist* Gottes erfüllt, [26] und der hatte ihm die Gewißheit gegeben, er werde nicht sterben, bevor er den von Gott versprochenen Retter[b] mit eigenen Augen gesehen habe.

[27] Simeon folgte einer Eingebung des Heiligen Geistes und ging in den Tempel*. Als die Eltern das Kind Jesus dorthin brachten und es Gott weihen wollten, wie es nach dem Gesetz üblich

a *denn sein Frieden ...*: wörtlich *auf der Erde Frieden den Menschen des Wohlgefallens.* Die Ausleger sind sich einig, daß hier das Wohlgefallen Gottes gemeint ist, d. h. seine erwählende Liebe. Die lateinische Bibel (Vulgata) bietet die sklavisch-genaue, jedoch mißverständliche und oft mißverstandene Übersetzung *den Menschen des guten Willens.* – Luther übersetzte nach anderer griechischer Überlieferung *(und) den Menschen ein Wohlgefallen.*

b Wörtlich *den Christus* des Herrn.*

2,4-7 Mt 2,1; Joh 7,42 **2,9** 1,12 S **2,10** 1,13 S **2,11** (Davids) Mt 20,30-31 S; (Retter) Lk 22,67 S; Apg 5,31; 13,23; Joh 4,42; 1 Joh 4,14; 2 Petr 1,11 S **2,14** (jetzt) Offb 11,17; 12,10; 19,6; (Frieden) Jes 57,19; Lk 1,79; 10,5-6 par; 12,51 par; 19,38.42; 24,36; Apg 10,36 S; Mk 9,50 S; Joh 14,27 S **2,19** 2,51 **2,21** 1,31 S **2,22-24** Lev 12,1-4.7-8 **2,23** *nach* Ex 13,2 **2,25** 1,6 **2,26** 2,11 S

war, 28 nahm Simeon das Kind auf die Arme, pries Gott und sagte:

29 »Herr, nun kann ich in Frieden sterben,
denn du hast dein Versprechen eingelöst!
30–31 Mit eigenen Augen habe ich es gesehen:
Du hast dein rettendes Werk begonnen,
und alle Welt wird es erfahren.
32 Allen Völkern sendest du das Licht,
und dein Volk Israel bringst du zu Ehren.«

33 Der Vater von Jesus und seine Mutter wunderten sich über das, was Simeon von dem Kind sagte. 34–35 Simeon segnete sie und sagte zur Mutter Maria: »Dieses Kind ist von Gott dazu bestimmt, viele in Israel zu Fall zu bringen und viele aufzurichten. Es wird ein Zeichen Gottes sein, gegen das sich viele auflehnen werden, damit so ihre innersten Gedanken an den Tag kommen. Dich aber wird der Kummer um dein Kind wie ein scharfes Schwert durchbohren.«

36 In Jerusalem lebte auch eine Prophetin* namens Hanna, eine Tochter Penuëls aus dem Stamm Ascher. Sie war schon sehr alt. Sieben Jahre war sie verheiratet gewesen, 37 und seit vierundachtzig Jahren war sie Witwe. Sie verließ den Tempel nicht mehr und diente Gott Tag und Nacht mit Fasten und Beten. 38 Auch sie kam jetzt hinzu und pries Gott. Sie sprach über das Kind zu allen, die auf die Rettung Jerusalems warteten.

Die Rückkehr nach Nazaret

39 Als Maria und Josef alles getan hatten, was das Gesetz* des Herrn vorschreibt, kehrten sie mit Jesus nach Galiläa* in ihre Heimatstadt Nazaret zurück. 40 Das Kind wuchs heran und wurde kräftig. Es hatte ein ungewöhnliches Verständnis für den Willen Gottes, und Gottes Liebe ruhte sichtbar auf ihm.

Gottes Sohn, der kommende Lehrer Israels (Der zwölfjährige Jesus im Tempel)

41 Die Eltern von Jesus gingen jedes Jahr zum Passafest* nach Jerusalem. 42 Als Jesus zwölf Jahre alt war, nahmen sie ihn zum erstenmal mit.

43 Nach den Festtagen machten die Eltern sich wieder auf den Heimweg, während der junge Jesus in Jerusalem blieb. Seine Eltern wußten aber nichts davon. 44 Sie dachten, er sei irgendwo unter den Pilgern. Sie wanderten den ganzen Tag und suchten ihn dann abends unter ihren Verwandten und Bekannten. 45 Als sie ihn nicht fanden, kehrten sie am folgenden Tag nach Jerusalem zurück und suchten ihn dort.

46 Endlich am dritten Tag entdeckten sie ihn im Tempel*. Er saß mitten unter den Gesetzeslehrern*, hörte ihnen zu und diskutierte mit ihnen. 47 Alle, die dabei waren, staunten über sein Verständnis und seine Antworten.

48 Seine Eltern waren ganz außer sich, als sie ihn hier fanden. Die Mutter sagte zu ihm: »Kind, warum machst du uns solchen Kummer? Dein Vater und ich haben dich überall gesucht und große Angst um dich ausgestanden.«

49 Jesus antwortete: »Warum habt ihr mich denn gesucht? Habt ihr nicht gewußt, daß ich im Haus meines Vaters[a] sein muß?«

50 Aber sie verstanden nicht, was er damit meinte.

51 Jesus kehrte mit seinen Eltern nach Nazaret zurück und gehorchte ihnen willig. Seine Mutter aber bewahrte das alles in ihrem Herzen.

52 Jesus nahm weiter zu an Jahren wie an Verständnis, und Gott und die Menschen hatten ihre Freude an ihm.

VORBEREITUNGEN FÜR DAS AUFTRETEN VON JESUS (3,1–4,13)

Johannes der Täufer* tritt auf

(Mt 3,1-6; Mk 1,2-6; Joh 1,19-23)

3 Es war im fünfzehnten Regierungsjahr des Kaisers Tiberius. Pontius Pilatus war Statthalter* von Judäa, Herodes Antipas[b] regierte in Galiläa, sein Bruder Philippus[c] in Ituräa und Trachonitis, Lysanias regierte in Abilene. 2 Die Obersten Priester* waren Hannas und Kajaphas.

Johannes, der Sohn von Zacharias, hielt sich noch in der Wüste auf. Dort erging an ihn der Ruf Gottes. 3 Da machte er sich auf, durchzog die ganze Gegend am Jordan und verkündete: »Kehrt um[d] und laßt euch taufen*, denn Gott will euch eure Schuld vergeben!«

4 Schon im Buch des Propheten Jesaja steht: »In der Wüste ruft einer: ›Macht den Weg bereit, auf dem der Herr kommt! Ebnet ihm die Straßen!

a Wörtlich *in dem (, was) meines Vaters (ist).* b Wörtlich *Herodes;* siehe Sacherklärung »Herodes (3)«.
c Siehe Sacherklärung »Herodes (4)«. d Siehe Sacherklärung »Umkehr«.

2,30-31 Jes 52,10; Lk 10,23-24 **2,32** Jes 49,6 S; 46,13 **2,33** Jes 8,14-15; 28,16; 1 Petr 2,8 **2,34** Röm 9,33 S **2,35** Joh 19,25 **2,37** 1 Tim 5,5; Mt 6,16-17 S **2,38** 2,25; 23,51; 24,21 **2,40** 1,80 S **2,41** Ex 12,1-14 S; 12,15-20 S **2,49** Joh 2,16 **2,51** Phil 2,6-8; Hebr 5,8; Eph 6,1; Kol 3,20; Lk 2,19 **2,52** 1,80 S **3,2** 1,80 **3,3** Apg 13,24; 19,4; Lk 24,47 **3,4-6** *nach* Jes 40,3-5

[5] Füllt alle Täler auf, tragt Berge und Hügel ab,
beseitigt die Windungen, und räumt die Hinder-
nisse aus dem Weg! [6] Dann wird alle Welt sehen,
wie Gott die Rettung bringt.‹«

Der Täufer fordert radikale Umkehr

(Mt 3,7-10)

[7] Die Menschen kamen in Scharen zu Johannes,
um sich von ihm taufen* zu lassen. Er hielt
ihnen vor: »Ihr Schlangenbrut, wer hat euch ge-
sagt, daß ihr dem bevorstehenden Gericht Got-
tes entgeht? [8] Zeigt durch eure Taten, daß ihr es
mit der Umkehr* ernst meint!

Ihr bildet euch ein, daß euch nichts geschehen kann, weil Abraham* euer Stammvater ist. Aber das sage ich euch: Gott kann Abraham aus diesen Steinen hier neue Nachkommen schaffen!

[9] Die Axt ist auch schon angelegt, um die
Bäume an der Wurzel abzuschlagen. Jeder
Baum, der keine guten Früchte bringt, wird um-
gehauen und ins Feuer geworfen.«

[10] Die Menschen fragten Johannes: »Was sol-
len wir denn tun?« [11] Seine Antwort war: »Wer
zwei Hemden hat, soll dem eins geben, der kei-
nes hat. Und wer etwas zu essen hat, soll es mit
jemand teilen, der hungert.«

[12] Auch Zolleinnehmer* kamen und wollten
sich taufen lassen; sie fragten ihn: »Lehrer, was
sollen wir tun?« [13] Seine Antwort war: »Verlangt
nicht mehr, als festgesetzt ist!«

[14] Auch Soldaten fragten ihn: »Was sollen
denn *wir* tun?« Die Antwort war: »Beraubt und
erpreßt niemand, sondern gebt euch mit eurem
Sold zufrieden!«

Der Täufer weist auf Christus hin

(Mt 3,11-12; Mk 1,7-8; Joh 1,25-28)

[15] Das Volk war voll Erwartung und fragte sich,
ob Johannes vielleicht der versprochene Retter[a]
sei. [16] Da erklärte er allen:

»Ich taufe euch mit Wasser. Es kommt aber der, der mächtiger ist als ich. Ich bin nicht einmal gut genug, ihm die Schuhe aufzubinden. Er wird euch mit dem Heiligen Geist* und mit dem Feuer des Gerichts taufen.

[17] Er hat die Worfschaufel* in seiner Hand,
um die Spreu vom Weizen zu scheiden und den
Weizen in seine Scheune zu bringen. Die Spreu
wird er in einem Feuer verbrennen, das nie
mehr ausgeht.«

[18] Mit diesen und vielen anderen Worten rüt-
telte Johannes das Volk auf und verkündete ihm
die Gute Nachricht* vom Kommen des verspro-
chenen Retters.

Das Wirken des Täufers geht zu Ende

(Mt 14,3-4; Mk 6,17-18)

[19] Johannes tadelte auch den Fürsten Herodes,[b]
weil er Herodias, die Frau seines Bruders, gehei-
ratet und auch sonst viel Unrecht getan hatte.
[20] Deswegen ließ Herodes ihn ins Gefängnis
werfen und lud zu allem anderen auch noch
diese Schuld auf sich.

Jesus läßt sich taufen

(Mt 3,13-17; Mk 1,9-11; Joh 1,32-34)

[21] Zusammen mit dem ganzen Volk hatte auch
Jesus sich taufen* lassen. Gleich darauf, wäh-
rend er betete, öffnete sich der Himmel. [22] Der
Heilige Geist* kam sichtbar auf ihn herab, anzu-
sehen wie eine Taube. Und eine Stimme sagte
vom Himmel her: »Du bist mein Sohn*, dir gilt
meine Liebe, dich habe ich erwählt.«

Jesus – Ziel und Erfüllung der Geschichte Israels und der Menschheit

[23] Als Jesus sein Werk begann, war er etwa
dreißig Jahre alt. Er galt als Sohn Josefs.

Josef war ein Sohn Elis; [24] seine weiteren
Vorfahren waren: Mattat, Levi, Melchi,
Jannai, Josef,
[25] Mattitja, Amos, Nahum, Hesli, Naggai,
[26] Mahat, Mattitja,
Schimi, Josech, Joda, [27] Johanan, Resa,
Serubbabel, Schealtiël,
Neri, [28] Melchi, Addi, Kosam, Elmadam, Er,
[29] Joschua,
Eliëser, Jorim, Mattat, Levi, [30] Simeon, Juda,
Josef,
Jonam, Eljakim, [31] Melea, Menna, Mattata,
Natan, David,
[32] Isai, Obed, Boas, Salmon, Nachschon,
[33] Amminadab, Admin,
Arni, Hezron, Perez, Juda, [34] Jakob, Isaak,
Abraham,
Terach, Nahor, [35] Serug, Regu, Peleg, Eber,
Schelach,
[36] Kenan, Arpachschad, Sem, Noach, Lamech,
[37] Metuschelach, Henoch,

a Wörtlich *der Christus**. *b* Siehe Sacherklärung »Herodes (3)«.

3,7 Mt 3,7 S; Lk 21,5-36 **3,8** Mt 3,9 S **3,9** Mt 7,19 **3,16** (Geist) Ps 51,9.12-14 S; Apg 1,5; 11,16; 19,2-4; 13,25; Lk 4,18 S **3,19-20** Mk 6,17-18 par **3,21** 5,16 S; Mt 3,16 S **3,22** 4,18 S; Mt 3,17 S **3,23** Gen 41,46; 2 Sam 5,4; Num 4,3 **3,27** 1 Chr 3,17; Esra 3,2 **3,31-33** Rut 4,18-22; 1 Chr 2,1-14 **3,31** (Natan) 2 Sam 5,14 **3,33-38** Gen 29,35; 25,19-26; 11,10-20; 5,1-32

Jered, Mahalalel, Kenan, 38 Enosch, Set, Adam –
und Adam stammte von Gott.[a]

Jesus wird auf die Probe gestellt

(Mt 4,1-11; Mk 1,12-13)

4 1-2 Vom Heiligen Geist* erfüllt, ging Jesus
vom Jordan weg. Vierzig Tage lang wurde er
vom Geist in der Wüste umhergetrieben und
vom Teufel auf die Probe gestellt. Die ganze Zeit
hindurch aß er nichts, so daß er schließlich sehr
hungrig war.

3 Da sagte der Teufel zu ihm: »Wenn du Gottes
Sohn* bist, dann befiehl doch diesem Stein hier,
daß er zu Brot wird!«

4 Jesus antwortete: »In den Heiligen Schrif-
ten* steht: ›Der Mensch lebt nicht nur von Brot.‹«

5 Darauf führte ihn der Teufel hinauf und
zeigte ihm auf einen Blick alle Reiche der Welt
6 und sagte: »Ich will dir die Macht über alle
diese Reiche in ihrer ganzen Größe und Pracht
geben. Sie ist mir übertragen worden, und ich
kann sie weitergeben, an wen ich will. 7 Alles
soll dir gehören, wenn du dich vor mir nieder-
wirfst und mich anbetest.«

8 Aber Jesus sagte: »In den Heiligen Schriften
heißt es: ›Vor dem Herrn, deinem Gott, wirf dich
nieder, ihn sollst du anbeten und niemand
sonst!‹«

9 Dann führte ihn der Teufel nach Jerusalem,
stellte ihn auf den höchsten Punkt des Tempels*
und sagte: »Wenn du Gottes Sohn bist, dann
spring doch hinunter; 10 denn in den Heiligen
Schriften steht: ›Deinetwegen wird Gott seine
Engel* schicken, daß sie dich beschützen.‹
11 Und: ›Sie werden dich auf Händen tragen, da-
mit du dich an keinem Stein stößt.‹«

12 Jesus antwortete ihm: »Es heißt in den Hei-
ligen Schriften auch: ›Du sollst den Herrn, dei-
nen Gott, nicht herausfordern.‹«

13 Als der Teufel mit all dem Jesus nicht zu Fall
bringen konnte, ließ er ihn vorläufig in Ruhe.

JESUS IN GALILÄA (4,14–9,50)

Jesus beginnt sein Wirken in Galiläa

(Mt 4,12-17; Mk 1,14-15)

14 Erfüllt mit der Kraft des Heiligen Geistes*
kehrte Jesus nach Galiläa* zurück. Die Kunde
von ihm verbreitete sich in der ganzen Gegend.
15 Er lehrte in den Synagogen*, und alle spra-
chen mit höchster Achtung von ihm.

Jesus wird in Nazaret abgelehnt

(Mt 13,53-58; Mk 6,1-6)

16 So kam Jesus auch nach Nazaret, wo er aufge-
wachsen war. Am Sabbat* ging er wie immer in
die Synagoge*. Er stand auf, um aus den Heiligen
Schriften* vorzulesen, 17 und der Synagogendie-
ner reichte ihm die Buchrolle* mit den Worten
des Propheten Jesaja. Jesus rollte sie auf und
wählte die Stelle aus, an der es heißt:

18 »Der Geist* des Herrn hat von mir Besitz er-
griffen, weil der Herr mich gesalbt* und bevoll-
mächtigt hat. Er hat mich gesandt, den Armen
gute Nachricht* zu bringen, den Gefangenen zu
verkünden, daß sie frei sein sollen, und den Blin-
den, daß sie sehen werden. Den Mißhandelten
soll ich die Freiheit bringen, 19 und das Jahr aus-
rufen, in dem der Herr sich seinem Volk gnädig
zuwendet.«

20 Jesus rollte das Buch wieder zusammen, gab
es dem Synagogendiener zurück und setzte sich.
Alle in der Synagoge blickten gespannt auf ihn.

21 Er begann und sagte: »Heute, da ihr dieses
Prophetenwort aus meinem Mund hört, ist es
unter euch in Erfüllung gegangen.«

22 Alle spendeten seiner Rede Beifall und
staunten über die Botschaft von Gottes rettender
Gnade. Aber sie wunderten sich, so etwas aus
seinem Mund zu hören, und sagten zueinander:
»Ist das nicht der Sohn Josefs?«

23 Da sagte Jesus zu ihnen: »Sicher werdet ihr
mir jetzt mit dem Sprichwort kommen: ›Arzt,
hilf dir selbst! Wenn du in Kafarnaum so große
Dinge getan hast, wie wir gehört haben, dann tu
sie auch hier in deiner Vaterstadt!‹ 24 Aber ich
versichere euch: Kein Prophet* gilt etwas in sei-
ner Heimat.

25 Ja, ich muß euch noch mehr sagen: Zur
Zeit des Propheten Elija lebten viele Witwen in
Israel, damals, als es dreieinhalb Jahre lang nicht
regnete und im ganzen Land große Hungersnot
herrschte. 26 Trotzdem wurde Elija zu keiner von
ihnen geschickt, sondern zu einer Witwe in
Sarepta im Gebiet von Sidon. 27 Und zur Zeit des
Propheten Elischa gab es viele Aussätzige* in

a Dem Aufbau des Stammbaums liegt eine Zahlensymbolik zugrunde, die auf der Bedeutung der Zahlen 7 und 12 beruht: Die Geschichte Israels und der Menschheit wird in 11 × 7 Generationsfolgen (entsprechend die Absatzgliederung der Übersetzung) bis auf ihren Ursprung in Gott zurückverfolgt. So erscheint Jesus als Anfang einer neuen, der 12. »Generationsfolge«: In ihm erfüllt sich die Menschheitsgeschichte.

4,1-2 Hebr 4,15; Lk 4,18 S **4,4** *zit* Dtn 8,3 **4,6** Mt 28,18 **4,8** *nach* Dtn 6,13; 5,9 **4,10-11** *nach* Ps 91,11-12 **4,12** *nach* Dtn 6,16 **4,14** 4,18 S **4,18-19** *nach* Jes 61,1-2 *und* 58,6; Lk 7,22 par **4,18** (Geist) 1,35; 3,16 par; 3,22 par; 4,1 par; 4,14; 10,21; 24,49; Apg 1,2.5.8; 2,4.17.18.33.38 **4,19** Lev 25,10 **4,22** Joh 6,42 **4,24** Joh 4,44 **4,25-26** 1 Kön 17,1.8-16 **4,27** 2 Kön 5,1-14

Israel; aber keiner von ihnen wurde geheilt, nur der Syrer Naaman.«

28 Als die Menschen in der Synagoge das hörten, wurden sie wütend. 29 Sie sprangen auf und trieben Jesus aus der Stadt hinaus, bis an den Rand des Berges, auf dem Nazaret liegt. Dort wollten sie ihn hinunterstürzen.

30 Aber Jesus ging mitten durch die Menge hindurch und zog weiter.

Jesus zeigt seine Macht

(Mk 1,21-28)

31 Jesus ging hinunter nach Kafarnaum, einer Stadt in Galiläa*. Dort sprach er jeweils am Sabbat* in der Synagoge*, 32 und die Menschen waren sehr beeindruckt; denn er redete wie einer, den Gott dazu ermächtigt hat.

33 In der Synagoge war ein Mann, der von einem bösen Geist* besessen war. Der schrie laut: 34 »Laß uns in Ruhe, Jesus von Nazaret! Was hast du bei uns zu suchen? Du bist doch nur gekommen, um uns zu vernichten! Ich weiß genau, wer du bist: Du bist der, der an Gottes Heiligkeit teilhat!«[a]

35 Drohend sagte Jesus zu dem bösen Geist: »Schweig und fahr aus von diesem Menschen!« Da schleuderte der Geist den Mann in die Mitte der Synagoge und fuhr aus, ohne ihm einen Schaden zuzufügen.

36 Die Leute erschraken alle und sagten zueinander: »Was für eine Wortgewalt! Mit Vollmacht und Kraft gibt er den bösen Geistern einen Befehl, und sie fahren aus!«

37 So kam es, daß man bald in der ganzen Gegend von Jesus sprach.

Jesus heilt die Schwiegermutter von Petrus und viele andere Menschen

(Mt 8,14-17; Mk 1,29-34)

38 Jesus verließ die Synagoge* und ging in das Haus Simons. Dessen Schwiegermutter lag mit hohem Fieber im Bett, und die Leute im Haus baten Jesus, ihr zu helfen. 39 Jesus trat zu ihr hin, bedrohte das Fieber, und es verschwand. Sofort stand sie auf und bereitete für alle das Essen.[b]

40 Als die Sonne unterging, brachten alle Leute ihre Kranken zu Jesus, Männer und Frauen mit den verschiedensten Leiden. Jedem einzelnen legte Jesus die Hände auf und heilte sie. 41 Von vielen Besessenen* fuhren böse Geister aus, die schrien: »Du bist der Sohn* Gottes!« Aber Jesus drohte ihnen und ließ sie nicht weiterreden; denn sie wußten, daß er der versprochene Retter[c] war.

Jesus verkündet die Botschaft überall im jüdischen Land

(Mk 1,35-39)

42 Am nächsten Morgen verließ Jesus die Stadt und zog sich an eine abgelegene Stelle zurück. Aber die Leute suchten nach ihm, bis sie ihn fanden; sie wollten ihn festhalten und nicht weggehen lassen.

43 Doch er sagte zu ihnen: »Ich muß auch den anderen Städten die Gute Nachricht* verkünden, daß Gott seine Herrschaft* aufrichtet; denn dazu hat Gott mich gesandt.«

44 Von da an verkündete Jesus die Gute Nachricht überall in den Synagogen* des jüdischen Landes.

Die ersten Jünger

(Mt 4,18-22; Mk 1,16-20)

5 Eines Tages stand Jesus am Ufer des Sees von Gennesaret*. Die Menschen drängten sich um ihn und wollten Gottes Botschaft hören. 2 Da sah er zwei Boote am Ufer liegen. Die Fischer waren ausgestiegen und reinigten ihre Netze. 3 Er stieg in das eine, das Simon gehörte, und bat ihn, ein Stück vom Ufer abzustoßen. Dann setzte er sich und sprach vom Boot aus zu der Menschenmenge.

4 Als er seine Rede beendet hatte, sagte er zu Simon: »Fahr hinaus auf den See und wirf mit deinen Leuten die Netze zum Fang aus!«

5 Simon erwiderte: »Herr, wir haben uns die ganze Nacht abgemüht und nichts gefangen. Aber weil du es sagst, will ich die Netze noch einmal auswerfen.«

6 Sie taten es und fingen so viele Fische, daß die Netze zu reißen begannen. 7 Sie mußten die Fischer im anderen Boot zur Hilfe herbeiwinken. Schließlich waren beide Boote so überladen, daß sie fast untergingen.

8 Als Simon Petrus* das sah, warf er sich vor Jesus nieder und bat: »Herr, geh fort von mir! Ich bin ein sündiger Mensch!«

9 Denn ihn und alle anderen, die bei ihm im Boot waren, hatte die Furcht gepackt, weil sie einen so gewaltigen Fang gemacht hatten. 10 So ging es auch denen aus dem anderen Boot, Jako-

a *der, der an Gottes …:* wörtlich *der Heilige Gottes;* siehe Sacherklärung »Heiliger«.
b Siehe Anmerkung zu Mk 1,31. c Wörtlich *der Christus**.

4,30 13,32-33; Joh 7,30 **4,31** Mt 4,13 **4,32** Mt 7,28-29 **4,34** Mk 3,11 S **4,40** Mk 5,41 S **4,41** Mk 3,11 S **4,43** 11,2 S; Mt 4,17 S **5,8** 18,13

bus und Johannes, den Söhnen von Zebedäus, die mit Simon zusammenarbeiteten.

Jesus aber sagte zu Simon: »Hab keine Angst! Von jetzt an wirst du Menschen fischen!«

11 Da zogen sie die Boote an Land, ließen alles zurück und folgten Jesus.

Jesus heilt einen Aussätzigen

(Mt 8,1-4; Mk 1,40-45)

12 In einer der Ortschaften traf Jesus einen Mann, der am ganzen Körper den Aussatz* hatte. Als er Jesus sah, warf er sich vor ihm nieder, das Gesicht zur Erde, und flehte ihn an: »Herr, wenn du willst, kannst du mich gesund[a] machen!«

13 Jesus streckte die Hand aus und berührte ihn. »Ich will«, sagte er, »sei gesund!« Im selben Augenblick verschwand der Aussatz.

14 Jesus befahl ihm, niemand etwas zu sagen. »Sondern geh zum Priester«, sagte er, »laß dir von ihm deine Heilung bestätigen und bring die Opfer*, die Mose zur Wiederherstellung der Reinheit vorgeschrieben hat. So sollen alle erfahren, daß du geheilt worden bist.«[b]

15 Darauf verbreitete sich die Nachricht von Jesus noch mehr. Scharenweise kamen die Menschen, um ihn zu hören und sich von ihren Krankheiten heilen zu lassen. 16 Aber Jesus zog sich zurück und hielt sich in einsamen Gegenden auf, um zu beten.

Jesus heilt einen Gelähmten

(Mt 9,1-8; Mk 2,1-12)

17 Während dieser Zeit geschah einmal folgendes: Jesus sprach gerade zu den Menschen, und vor ihm saßen Pharisäer* und Gesetzeslehrer*, die aus allen Ortschaften Galiläas* und Judäas* und sogar aus Jerusalem gekommen waren. In Jesus war Gottes Kraft am Werk und trieb ihn dazu, Kranke zu heilen.

18 Da brachten einige Männer einen Gelähmten auf einer Tragbahre herbei. Sie wollten ihn in das Haus hineintragen und vor Jesus niederlegen. 19 Aber wegen der Menschenmenge konnten sie nicht bis zu Jesus durchkommen. So stiegen sie auf das Dach, deckten einige Ziegel ab und ließen die Bahre mit dem Kranken mitten in der Menge genau vor Jesus nieder.

20 Als Jesus sah, wie groß ihr Vertrauen war, sagte er zu dem Kranken: »Du Mensch, deine Schuld ist dir vergeben!«

21 Die Gesetzeslehrer und Pharisäer dachten: »Was maßt der sich an, daß er eine solche Gotteslästerung auszusprechen wagt! Nur Gott kann den Menschen ihre Schuld vergeben, sonst niemand!«

22 Aber Jesus wußte, was sie dachten, und fragte sie: »Was macht ihr euch da für Gedanken? 23 Was ist leichter – zu sagen: ›Deine Schuld ist dir vergeben‹, oder: ›Steh auf und geh umher‹? 24 Aber ihr sollt sehen, daß der Menschensohn* die Vollmacht hat, hier auf der Erde Schuld zu vergeben!«

Und er sagte zu dem Gelähmten: »Ich befehle dir: Steh auf, nimm deine Tragbahre und geh nach Hause!«

25 Sofort stand der Mann vor aller Augen auf, nahm die Bahre, auf der er gelegen hatte, und ging nach Hause. Dabei pries er Gott.

26 Eine große Erregung erfaßte alle, die versammelt waren, und auch sie priesen Gott. Von Furcht erfüllt, sagten sie: »Unglaubliche Dinge haben wir heute erlebt!«

Jesus beruft Levi und ißt mit den Zolleinnehmern

(Mt 9,9-13; Mk 2,13-17)

27 Als Jesus danach die Stadt verließ, sah er einen Zolleinnehmer* an der Zollstelle sitzen. Er hieß Levi. Jesus sagte zu ihm: »Komm, folge mir!« 28 Und Levi ließ alles zurück, stand auf und folgte Jesus.

29 Später gab Levi für Jesus ein großes Festessen in seinem Haus. Daran nahmen viele seiner bisherigen Kollegen und andere Bekannte teil. 30 Die Pharisäer*, besonders die Gesetzeslehrer* unter ihnen, murrten darüber und sagten zu den Jüngern*: »Warum eßt und trinkt ihr mit den Zolleinnehmern und ähnlichem Volk?«

31 Aber Jesus antwortete ihnen: »Nicht die Gesunden brauchen den Arzt, sondern die Kranken. 32 Ich bin nicht gekommen, solche Menschen in Gottes neue Welt einzuladen, bei denen alles in Ordnung ist, sondern solche, die Gott den Rücken gekehrt haben. Sie soll ich dazu aufrufen, ihr Leben zu ändern.«[c]

a Wörtlich *rein*;* ebenso in Vers 13.

b *So sollen alle ...:* wörtlich *ihnen zur Bezeugung.* Lukas versteht diese Wendung offenbar anders als Markus und Matthäus: Das Wirken von Jesus soll in Israel amtlich anerkannt und allgemein bekannt werden. Zu den übrigen Aussagen vgl. Anmerkung zu Mk 1,44.

c *solche Menschen ...:* wörtlich *Gerechte zu rufen, sondern Sünder zur Umkehr*.*

5,11 Mt 8,21-22 S **5,14** Mk 5,43 S; Lev 14,2-32; Lk 17,14 **5,15** Mk 7,36 S **5,16** (beten) 3,21; 6,12; 9,18.28-29; 11,1; 22,39-46 par; Mk 1,35; 6,46 par; Apg 12,5 S **5,20** Mk 2,5 S **5,21** Ps 130,4 **5,24** Joh 5,36 **5,28** Mt 8,21-22 S **5,29** Mt 9,10 S **5,32** 19,10 S

Die Hochzeit hat begonnen

(Mt 9,14-17; Mk 2,18-22)

33 Darauf hielten die Pharisäer* und ihre Gesetzeslehrer* Jesus vor: »Die Jünger des Täufers* Johannes fasten* oft und verrichten Gebete, so wie es auch unsere Jünger tun. Aber deine Jünger essen und trinken!«

34 Jesus antwortete: »Ihr könnt doch nicht verlangen, daß die Hochzeitsgäste fasten, solange der Bräutigam da ist! 35 Die Zeit kommt früh genug, daß der Bräutigam ihnen entrissen wird; dann werden sie fasten.«

36 Jesus erklärte ihnen das Verhalten seiner Jünger noch weiter in Bildern; er sagte:[a] »Niemand schneidet ein Stück von einem neuen Kleid ab, um damit ein altes zu flicken. Sonst hat er das neue Kleid zerschnitten, und zu dem alten paßt der Flicken von dem neuen gar nicht.

37 Auch füllt niemand neuen Wein, der noch gärt, in alte Schläuche. Sonst sprengt der neue Wein die alten Schläuche; der Wein fließt aus, und auch die Schläuche sind hin. 38 Nein, neuer Wein gehört in neue Schläuche!

39 Aber niemand, der alten Wein getrunken hat, wird danach neuen haben wollen. Denn er wird sagen: ›Der alte ist besser.‹«

Jesus und der Sabbat

(Mt 12,1-8; Mk 2,23-28)

6 An einem Sabbat* ging Jesus durch die Felder. Seine Jünger* rissen Ähren ab, zerrieben sie in der Hand und aßen die Körner.

2 Da sagten einige von den Pharisäern*: »Warum tut ihr da etwas, was nach dem Gesetz* am Sabbat verboten ist?«

3 Jesus antwortete ihnen: »Habt ihr denn nicht gelesen, was David tat, als er und seine Männer hungrig waren? 4 Er ging in das Haus Gottes, nahm die geweihten Brote*, aß davon und gab auch seinen Begleitern zu essen, obwohl nach dem Gesetz nur Priester davon essen dürfen.«

5 Und Jesus fügte hinzu: »Der Menschensohn* ist Herr über den Sabbat; er hat zu bestimmen, was an diesem Tag getan werden darf.«

Jesus heilt am Sabbat

(Mt 12,9-14; Mk 3,1-6)

6 An einem anderen Sabbat* ging Jesus in die Synagoge* und sprach zu den Menschen. Dort war ein Mann, dessen rechte Hand war abgestorben. 7 Die Gesetzeslehrer* und die Pharisäer* suchten einen Anlaß, Jesus anzuzeigen; sie beobachteten deshalb genau, ob er am Sabbat heilen würde.

8 Aber Jesus kannte ihre Gedanken. Er sagte zu dem Mann mit der abgestorbenen Hand: »Steh auf und stell dich in die Mitte!« Der Mann stand auf und trat vor.

9 Dann sagte Jesus zu den Gesetzeslehrern und den Pharisäern: »Ich frage euch, was darf man nach dem Gesetz* am Sabbat tun? Gutes oder Böses? Einem Menschen das Leben retten oder ihn umkommen lassen?«

10 Er schaute sie alle der Reihe nach an und sagte zu dem Mann: »Streck deine Hand aus!« Er tat es, und sie wurde wieder gesund.

11 Die Gesetzeslehrer und die Pharisäer packte eine unsinnige Wut, und sie berieten miteinander, was sie gegen Jesus unternehmen könnten.

Jesus wählt die zwölf Apostel aus

(Mt 10,1-4; Mk 3,13-19)

12 Damals geschah folgendes: Jesus ging auf einen Berg,[b] um zu beten. Die ganze Nacht hindurch sprach er im Gebet mit Gott.

13 Als es Tag wurde, rief er seine Jünger* zu sich und wählte aus ihnen zwölf aus, die er auch Apostel* nannte. 14–16 Es waren:

Simon, dem er den Namen Petrus* gab,
und dessen Bruder Andreas;
dazu Jakobus,
Johannes,
Philippus,
Bartholomäus,
Matthäus,
Thomas,
Jakobus, der Sohn von Alphäus,
Simon, genannt der Zelot*,
Judas, der Sohn von Jakobus,
und Judas Iskariot, der Jesus später verriet.

DIE PREDIGT AM BERG (6,17-49)

Die Schar der Zuhörenden: die Apostel, die Jünger und das Volk

(Mt 4,23-25; 12,15-16; Mk 3,7-12)

17 Jesus stieg mit den Aposteln* den Berg hinunter. Auf einem ebenen Platz hatte sich eine

a *Jesus erklärte ...:* wörtlich *Er sagte zu ihnen aber auch ein Gleichnis**.
b Wörtlich *auf den Berg;* siehe Sacherklärung »Berg«.

5,33 Mt 6,16-17 S; 11,18-19 par 5,34 Mt 9,15 S 6,1 Dtn 23,25-26 6,2 Ex 20,8-10 6,3-4 1 Sam 21,2-7; Lev 24,5-9 6,6-11 Mk 2,27-28 S 6,11 Joh 7,1 S 6,12 5,16 S 6,13 9,10 par; 11,49; 17,5; 22,14; 24,10; Apg 1,2.21-22.26; 2,42 6,14-16 Apg 1,13; Joh 1,40-44

große Menge seiner Jünger versammelt, Männer
und Frauen,[a] und dazu noch viele Menschen
aus dem ganzen jüdischen Land und aus Jerusalem und aus dem Küstengebiet von Tyrus und
Sidon.

18 Sie wollten ihn hören und sich von ihren
Krankheiten heilen lassen. Menschen, die von
bösen Geistern* besessen waren, wurden von
ihnen befreit. 19 Alle wollten Jesus berühren,
denn es ging heilende Kraft von ihm aus und
machte sie alle gesund.

Wer sich freuen darf …
Seligpreisungen und Weherufe

(Mt 5,1-12)

20 Jesus blickte auf die große Schar seiner Jünger*, die Männer und Frauen, und sagte:

»Freut euch, ihr Armen!
Ihr werdet mit Gott leben in seiner neuen Welt.[b]
21 Freut euch, die ihr jetzt Hunger habt!
Gott wird euch satt machen.
Freut euch, die ihr jetzt weint!
Bald werdet ihr lachen.

22 Freuen dürft ihr euch, wenn euch die Leute
hassen, ja, wenn sie euch aus ihrer Gemeinschaft ausstoßen und beschimpfen und verleumden,[c] weil ihr euch zum Menschensohn* bekennt!
23 Freut euch und springt vor Freude,
wenn das geschieht; denn Gott wird euch reich
belohnen. Mit den Propheten* haben es die Vorfahren dieser Leute auch so gemacht.

24 Aber weh euch, ihr Reichen!
Ihr habt euren Anteil schon kassiert.
25 Weh euch, die ihr jetzt satt seid!
Ihr werdet hungern.
Weh euch, die ihr jetzt lacht!
Ihr werdet weinen und klagen.

26 Weh euch, wenn euch alle Leute loben; denn
genauso haben es ihre Vorfahren mit den
falschen Propheten gemacht.«

Die Feinde lieben

(Mt 5,38-47; 7,12)

27 »Euch, die ihr mir zuhört, sage ich: Liebt eure
Feinde; tut denen Gutes, die euch hassen;
28 segnet die, die euch verfluchen, und betet für alle,
die euch schlecht behandeln.

29 Wenn dich jemand auf die Backe schlägt,
dann halte ihm auch die andere Backe hin.
Wenn dir jemand den Mantel* wegnimmt, dann
gib ihm noch das Hemd dazu.

30 Wenn jemand dich um etwas bittet, dann
gib es ihm; und wenn jemand dir etwas wegnimmt, dann fordere es nicht zurück.

31 Behandelt die Menschen so, wie ihr selbst
von ihnen behandelt sein wollt.

32 Warum erwartet ihr von Gott eine Belohnung, wenn ihr nur die liebt, die euch auch lieben? Das tun sogar die Menschen, die nicht
nach dem Willen Gottes fragen.[d]
33 Warum erwartet ihr von Gott eine Belohnung, wenn ihr
nur die gut behandelt, die euch auch gut behandeln? Das tun auch die hartgesottensten Sünder.
34 Warum erwartet ihr von Gott eine Belohnung,
wenn ihr nur denen etwas leiht, von denen ihr
wißt, daß sie es euch zurückgeben werden? Ausleihen, um es auf Heller und Pfennig zurückzubekommen, das tun auch die Sünder gegenüber
ihresgleichen!

35 Nein, eure Feinde sollt ihr lieben! Tut Gutes
und leiht, ohne etwas zurückzuerwarten! Dann
bekommt ihr reichen Lohn: Ihr werdet zu Kindern des Höchsten. Denn auch er ist gut zu den
undankbaren und schlechten Menschen.«

Niemand verurteilen

(Mt 5,48; 7,1-2; Mk 4,24)

36 »Werdet barmherzig, so wie euer Vater barmherzig ist!

37 Verurteilt nicht andere, dann wird Gott
auch euch nicht verurteilen. Sitzt über niemand
zu Gericht, dann wird Gott auch über euch nicht
zu Gericht sitzen.

a *Männer und Frauen* ist verdeutlichender Zusatz; ebenso in Vers 20. Das Lukas-Evangelium unterscheidet deutlicher als die übrigen Evangelien zwischen dem engen Jüngerkreis der Zwölf* oder *Apostel** und einem weiteren Kreis von Jüngern, zu dem auch Frauen gehören (vgl. 8,1-3 und Sacherklärung »Jünger«). Auch auf dem Weg nach Jerusalem ab 9,51 wird Jesus von Frauen begleitet (vgl. 23,49). Wenn Lukas in diesem Teil seines Evangeliums von *Jüngern* spricht, sind sie in der Regel mitgemeint. Die Übersetzung erinnert daran von Fall zu Fall durch den Zusatz *Männer und Frauen*, trägt aber auch der Tatsache Rechnung, daß bestimmte Aussagen sich ausschließlich an einen männlichen Adressatenkreis richten (z. B. 14,26; 18,29). Sie vermeidet den Begriff »Jüngerin«, weil Lukas selbst ihn im Evangelium nie gebraucht (vgl. dagegen Apg 9,36).

b Wörtlich *Euch gehört die Königsherrschaft* Gottes.*

c *ausstoßen …:* Die im Griechischen verwendeten Ausdrücke lassen an den Ausschluß aus der Synagogengemeinschaft denken.

d *die Menschen, die …:* wörtlich *die Sünder.*

6,19 Mt 9,20 S **6,20** Jak 2,5 **6,21** Offb 7,16-17; Jer 31,25; Ps 126,5; Jes 61,3 **6,22** Mt 5,11; 10,22; 24,9 par; Joh 15,18-19 S; 16,2; Apg 5,41; 1 Petr 4,14 **6,23** Mt 5,12 S **6,24** Mt 19,23-24 par; Jak 5,1 **6,25** 1 Kor 4,8 **6,26** Jak 4,4; Jer 5,31 **6,27-28** Mt 5,44 S **6,29** Röm 12,17 S **6,32-34** 14,12-13 S **6,35** Lev 25,35-37 **6,37** Mt 6,14-15 S

Verzeiht, dann wird Gott euch verzeihen.
38 Schenkt, dann wird Gott euch schenken; ja,
er wird euch so überreich beschenken, daß
ihr gar nicht alles fassen könnt. Darum ge-
braucht anderen gegenüber ein reichliches
Maß;[a] denn Gott wird bei euch dasselbe Maß
verwenden.«

Gegen blinde und überhebliche Besserwisserei

(Mt 7,3-5; 15,14; 10,24-25)

39 Jesus machte ihnen auch in Bildern deutlich,
wovor sie sich hüten sollen; er sagte:[b]
»Kein Blinder kann einen Blinden führen,
sonst fallen beide in die Grube. 40 Kein Schüler
steht *über* seinem Lehrer. Und wenn er ausge-
lernt hat, soll er *wie* sein Lehrer sein.
41 Warum kümmerst du dich um den Splitter
im Auge deines Bruders oder deiner Schwester[c]
und bemerkst nicht den Balken in deinem eige-
nen? 42 Wie kannst du zu deinem Bruder oder
deiner Schwester sagen: ›Komm her, Bruder;
komm her, Schwester; ich will dir den Splitter
aus dem Auge ziehen‹, und merkst gar nicht, daß
du selbst einen ganzen Balken im Auge hast?
Scheinheilig bist du! Zieh doch erst den Balken
aus deinem eigenen Auge, dann kannst du dich
um den Splitter in einem anderen Auge küm-
mern!«

Der Baum und die Früchte

(Mt 7,16-20; 12,33-35)

43 »Ein gesunder Baum trägt keine schlechten
Früchte, und ein kranker Baum trägt keine
guten. 44 An den Früchten ist zu erkennen, was
jeder Baum wert ist. Von Disteln kann man ja
auch keine Feigen pflücken und von Dornenge-
strüpp keine Weintrauben ernten.
45 Ein guter Mensch bringt Gutes hervor, weil
er im Herzen gut ist. Aber ein schlechter
Mensch kann nur Böses hervorbringen, weil er
von Grund auf böse ist. Denn wovon das Herz
voll ist, davon redet der Mund!«

Das Gleichnis vom Hausbau

(Mt 7,21.24-27)

46 »Was nennt ihr mich immerzu ›Herr‹, wenn ihr
doch nicht tut, was ich sage?
47 Wer zu mir kommt und meine Worte hört
und sich nach ihnen richtet – ich werde euch
zeigen, wem er gleicht: 48 Er gleicht einem Men-
schen, der ein Haus baute und dabei tief grub
und die Fundamente auf Felsgrund legte. Als das
Hochwasser kam, prallten die Fluten gegen das
Haus, aber es blieb stehen, weil es so fest gebaut
war.
49 Wer dagegen meine Worte hört und sich
nicht nach ihnen richtet, ist wie ein Mensch, der
sein Haus einfach auf das Erdreich stellte, ohne
ein Fundament. Als die Fluten dagegen prallten,
fiel es sofort in sich zusammen, und alles lag in
Trümmern.«

Der Hauptmann von Kafarnaum

(Mt 8,5-13; Joh 4,46-53)

7 Nachdem Jesus das alles vor den Ohren des
versammelten Volkes gesagt und seine Rede
beendet hatte, ging er nach Kafarnaum. 2 Dort
lebte ein Hauptmann*, ein Nichtjude.[d] Er hatte
einen Diener, den er sehr schätzte; der war
schwer krank und lag im Sterben.
3 Als der Hauptmann von Jesus hörte, schickte
er einige von den jüdischen Ortsvorstehern zu
ihm. Sie sollten ihn bitten, zu kommen und sei-
nem Diener das Leben zu retten.
4 Die Männer kamen zu Jesus und baten ihn
dringend: »Der Mann ist es wert, daß du ihm
hilfst. 5 Er liebt unser Volk. Er hat uns sogar die
Synagoge* gebaut.«
6 Jesus ging mit ihnen. Als er nicht mehr weit
vom Haus entfernt war, schickte der Hauptmann
ihm Freunde entgegen und ließ ihm ausrichten:
»Herr, bemühe dich doch nicht! Ich weiß, daß
ich dir, einem Juden, nicht zumuten kann, mein
Haus zu betreten. 7 Deshalb hielt ich mich auch
nicht für würdig, selbst zu dir zu kommen. Sag
nur ein Wort, und mein Diener wird gesund!
8 Auch ich unterstehe höherem Befehl und kann
meinen Soldaten Befehle erteilen. Wenn ich zu
einem sage: ›Geh!‹, dann geht er; wenn ich zu
einem andern sage: ›Komm!‹, dann kommt er;
und wenn ich meinem Diener befehle: ›Tu das!‹,
dann tut er's.«
9 Als Jesus das hörte, wunderte er sich über
ihn. Er drehte sich um und sagte zu der Menge,
die ihm folgte: »Wahrhaftig, solch ein Vertrauen
habe ich nicht einmal in Israel gefunden!«
10 Als die Boten des Hauptmanns in das Haus
zurückkamen, war der Diener gesund.

a Verdeutlichender Zusatz im Blick auf den Zusammenhang.
b *Jesus machte …:* wörtlich *Er sagte aber auch ein Gleichnis* zu ihnen.*
c Wörtlich *deines Bruders;* ebenso in Vers 42. Siehe Sacherklärung »Bruder«.
d *ein Nichtjude:* verdeutlichender Zusatz. Ebenso *einem Juden* in Vers 6.

6,38 Mk 4,24 6,39 Mt 15,14 S 6,40 Mt 23,8-10; Joh 13,13-16 6,46-49 Mt 7,21 S 6,46 Mal 1,6

Jesus macht einen Toten lebendig

11 Bald darauf ging Jesus nach Naïn. Seine Jün-
ger, die Männer und Frauen[a], und noch viele
Leute folgten ihm. 12 Als sie in die Nähe des
Stadttores kamen, wurde gerade ein Toter zur
Bestattung hinausgetragen. Es war der Sohn
einer Witwe, ihr einziger. Zahlreiche Bewohner
der Stadt begleiteten die Mutter.

13 Als der Herr die Witwe sah, ergriff ihn das
Mitleid, und er sagte zu ihr: »Weine nicht!«

14 Dann trat er näher und berührte die Bahre;
die Träger blieben stehen. Er sagte zu dem Toten:
»Du junger Mann, ich befehle dir: Steh auf!«

15 Da richtete der Tote sich auf und fing an
zu reden, und Jesus gab ihn seiner Mutter zu-
rück.

16 Alle wurden von Furcht gepackt; sie prie-
sen Gott und riefen: »Ein großer Prophet* ist
unter uns aufgetreten! Gott selbst ist seinem
Volk zu Hilfe gekommen!«

17 Die Kunde von dem, was Jesus getan hatte,
verbreitete sich im ganzen jüdischen Land und
in allen angrenzenden Gebieten.

Die Anfrage des Täufers Johannes

(Mt 11,2-6)

18 Johannes hörte durch seine Jünger* von all
diesen Ereignissen. Er rief zwei von ihnen zu
sich 19 und schickte sie zum Herrn mit der Frage:
»Bist du wirklich der, der kommen soll, oder
müssen wir auf einen anderen warten?«

20 Die beiden kamen zu Jesus und sagten zu
ihm: »Der Täufer* Johannes hat uns zu dir ge-
schickt, um dich zu fragen: ›Bist du wirklich der,
der kommen soll, oder müssen wir auf einen an-
deren warten?‹«

21 Jesus heilte damals gerade viele Leute von
Krankheiten und schlimmen Leiden; er befreite
Menschen von bösen Geistern* und gab vielen
Blinden das Augenlicht.

22 Er antwortete den Boten: »Geht zurück zu
Johannes und berichtet ihm, was ihr hier ge-
sehen und gehört habt: Blinde sehen, Gelähmte
gehen, Aussätzige* werden gesund,[b] Taube
hören, Tote stehen auf, und den Armen wird die
Gute Nachricht* verkündet. 23 Freuen darf sich,
wer an mir nicht irre wird!«

Jesus spricht über den Täufer

(Mt 11,7-19)

24 Als die Boten des Täufers* wieder weggegan-
gen waren, fing Jesus an, zu der Menge über
Johannes zu sprechen:

»Als ihr zu ihm in die Wüste hinausgezogen
seid, was habt ihr da erwartet? Etwa ein Schilf-
rohr, das jedem Windzug nachgibt? 25 Oder
was sonst wolltet ihr sehen? Einen Menschen
in vornehmer Kleidung? Leute mit prächtigen
Kleidern, die im Luxus leben, wohnen in Palä-
sten!

26 Also, was habt ihr erwartet? Einen Prophe-
ten*? Ich versichere euch: Ihr habt mehr ge-
sehen als einen Propheten! 27 Johannes ist der,
von dem es in den Heiligen Schriften* heißt: ›Ich
sende meinen Boten vor dir her, sagt Gott, damit
er den Weg für dich bahnt.‹

28 Ich versichere euch: Johannes ist der Be-
deutendste unter allen, die je von einer Frau ge-
boren wurden. Aber der Geringste, der miter-
lebt, wie Gott jetzt seine Herrschaft* aufrichtet,
ist größer als er.

29 Das ganze Volk, das Johannes zuhörte,
sogar die Zolleinnehmer*, unterwarfen sich dem
Urteil Gottes und ließen sich von Johannes tau-
fen. 30 Nur die Pharisäer* und die Gesetzes-
lehrer* mißachteten die Rettung, die Gott ihnen
zugedacht hatte, und lehnten es ab, sich von
Johannes taufen zu lassen.

31 Mit wem soll ich die Menschen von heute
vergleichen? Was für ein Bild paßt auf sie? 32 Sie
sind wie die Kinder, die auf dem Marktplatz
herumsitzen und sich gegenseitig vorwerfen:
›Wir haben euch Hochzeitslieder gespielt, aber
ihr habt nicht getanzt!‹ – ›Wir haben euch
Trauerlieder gesungen, aber ihr habt nicht ge-
weint!‹

33 Der Täufer Johannes ist gekommen, aß kein
Brot und trank keinen Wein, und ihr sagt: ›Er ist
von einem bösen Geist* besessen.‹ 34 Der Men-
schensohn* ist gekommen, ißt und trinkt, und
ihr sagt: ›Seht ihn euch an, diesen Vielfraß und
Säufer, diesen Kumpan der Zolleinnehmer und
Sünder!‹

35 Aber die Weisheit Gottes wird bestätigt
durch alle, die für sie offen sind.«[c]

a *die Männer und Frauen:* verdeutlichender Zusatz; siehe Anmerkung zu 6,17.
b *gesund:* wörtlich *rein**.
c *durch alle …:* wörtlich *von seiten aller ihrer Kinder.*

7,12 1Kön 17,17 **7,15** 1Kön 17,22-23 **7,16** (Prophet) Mt 21,11S; Mk 6,15par; Lk 7,39; 24,19; Joh 6,14S; Lk 1,68S **7,22** Mt 11,5S **7,27** *nach* Mal 3,1 *und* Ex 23,20; Lk 1,76S **7,29-30** Mt 21,32 **7,29** 3,7.12 **7,33-34** Mt 9,14par **7,33** 1,15 **7,34** Mt 9,10S

Jesus, der Pharisäer und die Prostituierte

36 Ein Pharisäer* hatte Jesus zum Essen einge-
laden. Jesus ging in sein Haus und legte* sich zu
Tisch.
37 In derselben Stadt lebte eine Frau, die als
Prostituierte bekannt war.[a] Als sie hörte, daß
Jesus bei dem Pharisäer eingeladen war, kam sie
mit einem Fläschchen voll kostbarem Salböl.
38 Weinend trat sie an das Fußende des Polsters,
auf dem Jesus lag, und ihre Tränen fielen auf
seine Füße. Mit ihren Haaren trocknete sie ihm
die Füße ab, bedeckte sie mit Küssen und salbte
sie mit dem Öl.
39 Als der Pharisäer, der Jesus eingeladen
hatte, das sah, sagte er sich: »Wenn dieser Mann
wirklich ein Prophet* wäre, wüßte er, was für
eine das ist, von der er sich da anfassen läßt! Er
müßte wissen, daß sie eine Hure ist.«
40 Da sprach Jesus ihn an: »Simon, ich muß dir
etwas sagen!«
Simon sagte: »Lehrer, bitte sprich!«
41 Jesus begann: »Zwei Männer hatten Schul-
den bei einem Geldverleiher, der eine schuldete
ihm fünfhundert Silberstücke, der andere fünf-
zig. 42 Weil keiner von ihnen zahlen konnte, er-
ließ er beiden ihre Schulden. Welcher von ihnen
wird wohl dankbarer sein?«
43 Simon antwortete: »Ich nehme an: Der, der
ihm mehr geschuldet hat.«
»Du hast recht«, sagte Jesus.
44 Dann wies er auf die Frau und sagte zu
Simon: »Sieh diese Frau an! Ich kam in dein
Haus, und du hast mir kein Wasser für die Füße
gereicht; sie aber hat mir die Füße mit Tränen ge-
waschen und mit ihren Haaren abgetrocknet.
45 Du gabst mir keinen Kuß zur Begrüßung, sie
aber hat nicht aufgehört, mir die Füße zu küssen,
seit ich hier bin. 46 Du hast meinen Kopf nicht
mit Öl gesalbt, sie aber hat mir die Füße mit kost-
barem Öl eingerieben.
47 Darum sage ich dir: Ihre große Schuld ist
ihr vergeben worden. Eben deshalb hat sie mir
soviel Liebe erwiesen.[b] Wem wenig vergeben
wird, der zeigt auch nur wenig Liebe.«
48 Dann sagte Jesus zu der Frau: »Deine
Schuld ist dir vergeben!«
49 Die anderen Gäste fragten einander: »Was
ist das für ein Mensch, daß er sogar Sünden ver-
gibt?«
50 Jesus aber sagte zu der Frau: »Dein Ver-
trauen hat dich gerettet. Geh in Frieden*!«

Verkündigung in ganz Galiläa. Jesus und seine ständige Begleitung

8 In der nun folgenden Zeit zog Jesus von
Stadt zu Stadt und von Dorf zu Dorf. Überall
verkündete er die Gute Nachricht*, daß Gott
jetzt seine Herrschaft aufrichten und sein Werk
vollenden werde.[c]
Dabei begleiteten ihn ständig die Zwölf* 2 und
einige Frauen, die er von bösen Geistern* befreit
und von anderen Leiden geheilt hatte. Es waren
Maria aus Magdala, aus der er sieben böse Gei-
ster ausgetrieben hatte, 3 Johanna, die Frau von
Chuzas, einem Beamten in der Verwaltung des
Fürsten Herodes,[d] sowie Susanna; dazu kamen
noch viele andere Frauen. Sie alle sorgten aus
ihren eigenen Mitteln für Jesus und den Kreis
der Zwölf.

Das Gleichnis von der Aussaat

(Mt 13,1-9; Mk 4,1-9)

4 Eine große Menschenmenge sammelte sich um
Jesus, aus allen Orten strömten die Leute zu
ihm. Da erzählte er ihnen ein Gleichnis*:
5 »Ein Bauer ging aufs Feld, um seinen Samen
zu säen. Als er die Körner ausstreute, fiel ein Teil
von ihnen auf den Weg. Dort wurden sie zertre-
ten und von den Vögeln aufgepickt. 6 Andere
Körner fielen auf felsigen Boden. Sie gingen auf,
vertrockneten dann aber, weil sie nicht genug
Feuchtigkeit hatten. 7 Wieder andere Körner fie-
len mitten in Dornengestrüpp, das wuchs mit
auf und erstickte das Korn. 8 Andere Körner
schließlich fielen auf guten Boden, gingen auf
und brachten hundertfache Frucht.«
Darauf rief Jesus: »Wer Ohren hat, soll gut
zuhören!«

Jesus erklärt das Gleichnis von der Aussaat

(Mt 13,10-23; Mk 4,10-20)

9 Die Jünger* fragten Jesus, was dieses Gleich-
nis* bedeute. 10 Jesus antwortete: »Euch hat Gott
die Geheimnisse seines Planes erkennen lassen,
nach dem er schon begonnen hat, seine Herr-

a *als Prostituierte bekannt:* wörtlich *eine Sünderin;* ebenso in Vers 39 für *Hure.*
b *Eben deshalb ...:* wörtlich *weil sie viel Liebe erwiesen hat.* Die Liebe ist Ausdruck, nicht Ursache der Vergebung: »Du siehst, daß ihr vergeben ist, weil (= daran, daß) sie so viel Liebe erweist.« Die offenbar schon früher von Jesus zugesprochene Vergebung wird jetzt (Vers 48) noch einmal in aller Öffentlichkeit bestätigt.
c *Überall verkündete ...:* wörtlich *ausrufend und als Gute Nachricht verkündigend die Königsherrschaft* Gottes.*
d Siehe Sacherklärung »Herodes (2)«.

7,36 11,37; 14,1 **7,37-38** Mk 14,3 par **7,39** 7,16 S **7,42** Mt 18,27 **7,44** Gen 18,4; 1 Tim 5,10 **7,48** Mk 2,5 S **7,50** 8,48 par; 17,19; 18,42 par; Apg 3,16; Mt 8,13 S **8,2-3** 23,49 par; 23,55-56 par; 24,10; Mk 16,1 par; Joh 19,25; Apg 1,14 **8,10** Mk 4,12 S

schaft in der Welt aufzurichten;[a] die anderen bekommen davon nur in Gleichnissen zu hören. Sie sollen sehen und doch nichts erkennen, sie sollen hören und doch nichts verstehen.

11 Das Gleichnis will folgendes sagen:

Der Samen ist die Botschaft Gottes. 12 Bei manchen, die sie hören, geht es wie bei dem Samen, der auf den Weg fällt. Der Teufel kommt und nimmt weg, was in ihr Herz gesät worden ist. Er will nicht, daß sie die Botschaft annehmen und gerettet werden.

13 Bei anderen ist es wie bei dem Samen, der auf felsigen Boden fällt. Sie hören die Botschaft und nehmen sie mit Freuden an. Aber sie sind Menschen ohne Wurzel: Eine Zeitlang halten sie sich an die Botschaft; aber wenn sie auf die Probe gestellt werden, fallen sie ab.

14 Wieder bei anderen ist es wie bei dem Samen, der in das Dornengestrüpp fällt. Sie hören zwar die Botschaft, aber dann gehen sie davon und ersticken in ihren Alltagssorgen, in Reichtum und Vergnügungen und bringen keine Frucht.

15 Bei anderen schließlich ist es wie bei dem Samen, der auf guten Boden fällt. Sie nehmen die Botschaft mit gutem und willigem Herzen an, bewahren sie und bringen durch Standhaftigkeit Frucht.«

Zuhören und weitersagen

(Mk 4,21-25)

16 »Niemand zündet eine Lampe* an und deckt sie dann mit einem Topf zu oder stellt sie unters Bett. Im Gegenteil, sie wird auf einen Lampenständer gestellt, damit alle, die das Haus betreten, das Licht sehen können.

17 So verhält es sich auch mit der Botschaft Gottes:[b] Es gibt nichts Verborgenes an ihr, das nicht ans Licht kommen wird; nichts Geheimes, das nicht bekannt und öffentlich verkündet werden wird.

18 Gebt also acht, daß ihr richtig zuhört! Denn wer viel hat, dem wird noch mehr gegeben werden, und wer wenig hat, dem wird auch noch das wenige genommen werden, das er zu haben meint.«

Die Angehörigen von Jesus

(Mt 12,46-50; Mk 3,31-35)

19 Die Mutter und die Brüder von Jesus wollten ihn besuchen, konnten aber wegen der Menge nicht bis zu ihm durchkommen. 20 Es wurde ihm ausgerichtet: »Deine Mutter und deine Brüder stehen da hinten und wollen dich besuchen.«

21 Aber Jesus sagte: »Meine Mutter und meine Brüder sind die, die Gottes Botschaft hören und danach handeln.«

Im Sturm auf die Probe gestellt

(Mt 8,18.23-27; Mk 4,35-41)

22 Während dieser Zeit geschah es einmal, daß Jesus mit seinen Jüngern* in ein Boot stieg und zu ihnen sagte: »Wir fahren ans andere Ufer!« So fuhren sie ab.

23 Unterwegs schlief Jesus ein. Plötzlich kam ein Sturm auf, ein Fallwind von den Bergen.[c] Das Wasser schlug ins Boot, und sie waren in großer Gefahr.

24 Die Jünger gingen zu Jesus, weckten ihn und riefen: »Herr, Herr, wir gehen unter!«

Jesus stand auf und sprach ein Machtwort zu dem Wind und den Wellen. Da hörten sie auf zu toben, und es wurde ganz still.

25 Zu den Jüngern aber sagte er: »Wo ist euer Vertrauen?«

Sie waren erschrocken und sehr erstaunt und sagten zueinander: »Wer ist das nur, daß er sogar dem Wind und den Wellen befiehlt, und sie gehorchen ihm!«

Der Besessene von Gerasa

(Mt 8,28-34; Mk 5,1-20)

26 Sie fuhren weiter und erreichten das Gebiet von Gerasa, das Galiläa* gegenüber am anderen Seeufer liegt. 27 Als Jesus aus dem Boot stieg, lief ihm ein Mann aus jener Stadt entgegen. Er war von bösen Geistern* besessen. Kleider trug er schon lange nicht mehr; er war auch nicht im Haus festzuhalten, sondern lebte in den Grabhöhlen.

28 Als er Jesus sah, schrie er auf, warf sich vor ihm zu Boden und rief: »Was hast du bei mir zu

a *Euch hat Gott …:* wörtlich *Euch ist es gegeben, zu erkennen die Geheimnisse der Königsherrschaft Gottes.* Als die *Geheimnisse* (Mehrzahl!) lassen sich im Zusammenhang der »Guten Nachricht nach Lukas« erkennen: daß die Herrschaft* Gottes in den Worten und Taten von Jesus schon in unsere Welt hereinbricht (10,23-24; 11,20; 17,20-21), die Identität von Jesus als »Christus« (9,20; 10,21-22) und nicht zuletzt der Leidensweg, den er nach dem Willen Gottes gehen »muß« (9,22.30-31).

b Verdeutlichender Zusatz, ebenso im folgenden Satz *an ihr.*

c Winde, die von Westen, vom Mittelmeer her, durch die Berge Galiläas auf eine Höhe von 600–1000 m hochgedrückt werden, »fallen« dann auf den See hinab, der 209 m unter dem Meeresspiegel liegt.

8,14 1 Tim 6,9-10 **8,16** 11,33 par **8,17** 12,2 par **8,18** Mt 25,29 S **8,21** 11,28 **8,24** Ps 89,10 S **8,25** Mt 14,31 S **8,28** Mk 3,11 S

suchen, Jesus, du Sohn* des höchsten Gottes?
Bitte, quäle mich nicht!«
29 Jesus hatte nämlich dem bösen Geist befoh-
len, aus dem Besessenen auszufahren. Dieser
Geist hatte den Mann schon lange in seiner Ge-
walt. Man hatte den Besessenen zwar immer
wieder wie einen Gefangenen an Händen und
Füßen gefesselt, aber jedesmal hatte er die Ket-
ten zerrissen und war von dem bösen Geist in
die Wildnis getrieben worden.
30 Jesus fragte ihn: »Wie heißt du?«
Er antwortete: »Legion*.« Es waren nämlich
viele böse Geister in den Mann gefahren. 31 Die
baten Jesus, er solle sie nicht in den Abgrund*
verbannen.
32 In der Nähe weidete eine große Schweine-
herde auf dem Berg, und die bösen Geister baten
ihn, in die Schweine fahren zu dürfen. Jesus er-
laubte es ihnen. 33 Da kamen sie heraus aus dem
Mann und fuhren in die Schweine, und die
Herde raste das steile Ufer hinab in den See und
ertrank.
34 Als die Schweinehirten das sahen, liefen sie
davon und erzählten in der Stadt und in den Dör-
fern, was geschehen war. 35 Die Leute wollten es
selbst sehen. Sie kamen zu Jesus und fanden den
Mann, aus dem die bösen Geister ausgefahren
waren, zu seinen Füßen sitzen. Er war ordent-
lich angezogen und bei klarem Verstand. Da be-
fiel sie große Furcht.
36 Die Augenzeugen erzählten ihnen, wie der
Besessene geheilt worden war. 37 Darauf bat die
gesamte Bevölkerung von Gerasa und Umge-
bung, Jesus möge ihr Gebiet verlassen; so sehr
fürchteten sie sich. Da stieg er ins Boot, um
zurückzufahren.
38 Der Mann, aus dem die bösen Geister aus-
gefahren waren, bat Jesus, mit ihm gehen zu
dürfen. Aber Jesus schickte ihn weg und sagte:
39 »Geh nach Hause und erzähl, was Gott für
dich getan hat!« Der Mann zog durch die ganze
Stadt und machte überall bekannt, was Jesus für
ihn getan hatte.

Jesus heilt eine kranke Frau und erweckt ein Mädchen vom Tod

(Mt 9,18-26; Mk 5,21-43)

40 Als Jesus ans andere Seeufer zurückkam, emp-
fing ihn die Volksmenge voll Freude; alle hatten
auf ihn gewartet. 41 Da trat ein Mann namens
Jaïrus auf ihn zu. Er war der Synagogenvorste-
her* am Ort. Er warf sich vor Jesus nieder und
bat ihn, doch in sein Haus zu kommen; 42 seine
etwa zwölfjährige Tochter, sein einziges Kind,
lag nämlich im Sterben.
Unterwegs umdrängten die Leute Jesus so,
daß sie ihn fast erdrückten. 43 Es war auch eine
Frau dabei, die seit zwölf Jahren an Blutungen
litt. Niemand hatte ihr bisher helfen können, ob-
wohl sie ihr ganzes Vermögen an Ärzte ausgege-
ben hatte. 44 Sie drängte sich von hinten an Jesus
heran und berührte eine Quaste* seines Gewan-
des. Sofort hörte die Blutung auf.
45 Jesus fragte: »Wer hat mich berührt?«
Niemand wollte es gewesen sein, und Petrus
sagte: »Herr, die Leute umringen dich so und
erdrücken dich fast!«
46 Aber Jesus erwiderte: »Jemand hat mich
berührt. Ich spürte, wie heilende Kraft von mir
ausging.«
47 Als die Frau merkte, daß ihr Tun nicht ver-
borgen geblieben war, trat sie zitternd vor und
warf sich vor Jesus nieder. Vor dem ganzen Volk
erklärte sie, warum sie ihn angefaßt hatte und
daß sie im selben Augenblick geheilt worden
war.
48 Jesus sagte zu ihr: »Meine Tochter, dein
Vertrauen hat dir geholfen. Geh in Frieden*!«
49 Während Jesus noch sprach, kam ein Bote
aus dem Haus des Synagogenvorstehers und
sagte zu Jaïrus: »Deine Tochter ist gestorben.
Bemühe den Lehrer nicht weiter!«
50 Jesus hörte es und sagte zu Jaïrus: »Hab
keine Angst! Faß nur Vertrauen, dann wird sie
gerettet!«
51 Als er zum Haus kam, ließ er nur Petrus,
Johannes und Jakobus mit hineingehen und
dazu den Vater des Kindes und die Mutter.
52 Drinnen weinten alle und trauerten um das
Mädchen. Jesus sagte: »Weint nicht! Es ist nicht
tot, es schläft nur.« 53 Da lachten sie ihn aus,
denn sie wußten, es war tot.
54 Aber Jesus nahm es bei der Hand und
rief: »Mädchen, steh auf!« 55 Da kehrte wieder
Leben in das Mädchen zurück und es stand
sofort auf; und Jesus ließ ihm etwas zu essen
geben.
56 Die Eltern waren fassungslos. Jesus aber
befahl ihnen, es niemand weiterzusagen.

Die Aussendung der Zwölf

(Mt 10,1.5-15; Mk 6,7-13)

9 Jesus rief die Zwölf* zusammen und gab
ihnen Kraft und Vollmacht, alle bösen Gei-
ster* auszutreiben und Krankheiten zu heilen.
2 Er sandte sie aus mit dem Auftrag, das Kommen

8,43-44 Mt 9,20 S **8,46** 6,19 **8,48** 7,50 S **8,52** Joh 11,11-13 **8,54** Mk 5,41 S **8,56** Mk 5,43 S **9,1-6** 10,1-12 **9,2** 11,2 S

der Herrschaft* Gottes zu verkünden und die Kranken gesund zu machen.

3 Er sagte zu ihnen: »Nehmt nichts auf den Weg mit, keinen Wanderstock, keine Vorratstasche, kein Brot, kein Geld und auch kein zweites Hemd! 4 Wenn jemand euch aufnimmt, dann bleibt in seinem Haus, bis ihr von dort weiterzieht. 5 Wo sie euch nicht aufnehmen wollen, da verlaßt den Ort und schüttelt den Staub* von den Füßen, damit die Bewohner gewarnt sind.«[a]

6 Die Zwölf machten sich auf den Weg und wanderten durch die Dörfer. Sie verkündeten überall die Gute Nachricht* und heilten die Kranken.

Herodes ist ratlos

(Mt 14,1-2; Mk 6,14-16)

7 Herodes Antipas,[b] der Fürst in jenem Teil des Landes, hörte von all diesen Vorgängen. Er wußte nicht, was er davon halten sollte. Denn manche Leute sagten: »Der Täufer* Johannes ist vom Tod auferweckt worden.« 8 Andere meinten, Elija* sei aus dem Himmel zurückgekommen, und wieder andere, einer der alten Propheten* sei auferstanden.

9 Herodes aber sagte: »Johannes habe ich doch selber den Kopf abschlagen lassen. Wer ist dann der, von dem ich solche Dinge höre?«

Darum wollte Herodes Jesus kennenlernen.

Jesus gibt fünftausend Menschen zu essen

(Mt 14,13-21; Mk 6,30-44; Joh 6,1-13)

10 Die Apostel* kamen zurück und berichteten Jesus, was sie getan hatten. Darauf zog er sich mit ihnen in Richtung Betsaida zurück. 11 Sobald die Leute das merkten, folgten sie ihm. Jesus wies sie nicht ab, sondern sprach zu ihnen über das Kommen der Herrschaft* Gottes und heilte alle, die Hilfe brauchten.

12 Darüber wurde es Abend, und die Zwölf* kamen und sagten zu ihm: »Schick doch die Leute weg! Sie sollen in die Dörfer und Höfe ringsum gehen, damit sie dort übernachten können und etwas zu essen bekommen. Hier sind wir ja in einer ganz einsamen Gegend.«

13 Aber Jesus sagte zu ihnen: »Gebt doch ihr ihnen zu essen!«

Sie antworteten: »Wir haben nur fünf Brote und zwei Fische; wir müßten erst losgehen und für dieses ganze Volk zu essen kaufen!« 14 Es waren nämlich an die fünftausend Männer versammelt.

Jesus sagte zu seinen Jüngern*: »Sorgt dafür, daß die Leute sich hinsetzen, in Tischgemeinschaften von je etwa fünfzig.« 15 Die Jünger taten es, und alle setzten sich.

16 Dann nahm Jesus die fünf Brote und die zwei Fische, sah zum Himmel auf und sprach das Segensgebet darüber. Er brach die Brote in Stücke, zerteilte auch die Fische und gab alles den Jüngern, damit sie es an die Menge austeilten.

17 Und die Leute aßen und wurden alle satt. Was sie an Brotstücken übrigließen, wurde eingesammelt: Es waren zwölf volle Körbe.

Petrus spricht aus, wer Jesus ist, und Jesus kündigt zum erstenmal seinen Tod an

(Mt 16,13-23; Mk 8,27-33)

18 Einmal hatte sich Jesus zum Gebet zurückgezogen, und nur seine Jünger* waren bei ihm. Da fragte er sie: »Für wen halten mich eigentlich die Leute?«

19 Die Jünger gaben zur Antwort: »Einige halten dich für den wieder auferstandenen Täufer* Johannes, andere für den wiedergekommenen Elija*, und wieder andere meinen, einer der alten Propheten* sei auferstanden.«

20 »Und ihr«, wollte Jesus wissen, »für wen haltet ihr mich?«

Petrus antwortete: »Für Christus*, den von Gott versprochenen Retter!« 21 Da verbot er ihnen streng, es irgend jemand zu sagen, 22 und fügte hinzu: »Der Menschensohn* muß vieles erleiden und muß von den Ratsältesten*, den führenden Priestern* und den Gesetzeslehrern* verworfen werden,[c] er muß getötet und am dritten Tag auferweckt werden.«

Jesus folgen heißt ihm das Kreuz nachtragen

(Mt 16,24-28; Mk 8,34-9,1)

23 Dann wandte sich Jesus an alle und sagte: »Wer mir folgen will, muß sich und seine Wünsche aufgeben, muß Tag für Tag sein Kreuz* auf sich nehmen und auf meinem Weg hinter mir hergehen.

24 Denn wer sein Leben retten will, wird es verlieren. Wer aber sein Leben um meinetwillen

a Siehe Anmerkung zu Mk 6,11. b Wörtlich *Herodes;* siehe Sacherklärung »Herodes (3)«.
c Gemeint ist *als unbrauchbar verworfen* im Sinn von Ps 118,22.

9,3 22,35 **9,5** Apg 13,51 S **9,7-8** Mk 8,28 S **9,8** Mt 16,14 S **9,9** 23,8 **9,10-17** 15,32-39 par **9,10** 6,13 S; 10,17 **9,13-14** Num 11,21-22 **9,18** 5,16 S **9,19** Mk 8,28 S **9,20** Mk 8,29 S; Lk 22,67 **9,21** Mk 9,9 S **9,21-22** Mk 8,31 S; Lk 17,25; 24,6-7 **9,23-24** Mt 10,38-39 S; Lk 14,27 **9,23** 1 Petr 2,21

verliert, gerade der wird es retten. 25 Was hat ein Mensch davon, wenn er die ganze Welt gewinnt, aber zuletzt sich selbst verliert oder sich doch schweren Schaden zufügt?

26 Wenn jemand nicht den Mut hat, sich zu mir und meiner Botschaft zu bekennen, dann wird auch der Menschensohn* keinen Mut haben, sich zu ihm zu bekennen, wenn er in seiner Herrlichkeit kommt und in der Herrlichkeit des Vaters und der heiligen Engel*.

27 Doch ich versichere euch: Einige von euch, die jetzt hier stehen, werden noch zu ihren Lebzeiten sehen, wie Gottes Herrschaft* sich durchsetzt!«

Drei Jünger sehen Jesus in Herrlichkeit (Die »Verklärung«)

(Mt 17,1-9; Mk 9,2-10)

28 Etwa acht Tage, nachdem Jesus das gesagt hatte, nahm er Petrus, Johannes und Jakobus mit sich und stieg auf einen Berg,[a] um zu beten.

29 Während er betete, veränderte sich sein Gesicht, und seine Kleider wurden leuchtend weiß. 30 Und dann standen auf einmal zwei Männer neben ihm und redeten mit ihm. Es waren Mose und Elija. 31 Sie erschienen in himmlischem Glanz und sprachen mit ihm über das Ende, das er nach Gottes Plan in Jerusalem nehmen sollte.

32 Petrus und die zwei anderen Jünger waren in tiefen Schlaf gefallen. Als sie aufwachten, sahen sie Jesus in seinem himmlischen Glanz und die zwei Männer, die bei ihm standen. 33 Als die beiden von Jesus weggehen wollten, sagte Petrus zu Jesus: »Wie gut, daß wir hier sind, Herr! Wir wollen drei Zelte aufschlagen, eins für dich, eins für Mose und eins für Elija. – Er wußte nicht, was er da redete.

34 Noch während Petrus das sagte, kam eine Wolke und warf ihren Schatten auf Jesus und auf Mose und Elija. Die drei wurden ganz eingehüllt von der Wolke,[b] und die Jünger bekamen Angst. 35 Eine Stimme aus der Wolke sagte: »Dies ist mein Sohn*, ihn habe ich erwählt; auf ihn sollt ihr hören!«

36 Nachdem die Stimme das gesagt hatte, war nur noch Jesus allein zu sehen.

Die drei Jünger behielten dies alles für sich und erzählten damals niemand, was sie gesehen hatten.

Jesus heilt ein besessenes Kind. Die Hilflosigkeit der Jünger

(Mt 17,14-18; Mk 9,14-27)

37 Als Jesus mit den drei Jüngern* am nächsten Tag den Berg hinunterstieg, kamen ihm viele Menschen entgegen. 38 Aus der Menge rief ein Mann ihm zu: »Lehrer*, ich bitte dich, sieh nach meinem Sohn! Er ist mein einziges Kind. 39 Ein böser Geist* packt ihn, läßt ihn plötzlich aufschreien, zerrt ihn hin und her, bis ihm der Schaum vor dem Mund steht, und läßt ihn kaum wieder los; er richtet ihn noch zugrunde. 40 Ich habe deine Jünger gebeten, den bösen Geist auszutreiben, aber sie konnten es nicht.«

41 Jesus antwortete: »Was seid ihr doch für eine verkehrte Generation, die Gott nichts zutraut! Wie lange soll ich noch bei euch aushalten und euch ertragen? Bring deinen Sohn hierher!«

42 Als der Junge kam, riß ihn der böse Geist zu Boden und zerrte ihn hin und her. Jesus sprach ein Machtwort zu dem bösen Geist, machte den Jungen gesund und gab ihn seinem Vater zurück. 43a Da erschraken alle sehr über die Macht und Größe Gottes.

Jesus kündigt zum zweitenmal seinen Tod an

(Mt 17,22-23; Mk 9,30-32)

43b Während die Menge staunte über all das, was Jesus tat, sagte er zu seinen Jüngern*: 44 »Merkt euch gut, was ich sage: Bald wird der Menschensohn* den Menschen ausgeliefert werden.«

45 Aber sie verstanden nicht, was er damit sagen wollte. Gott hatte es ihnen verborgen; sie sollten es noch nicht begreifen. Doch sie fürchteten sich auch, Jesus danach zu fragen.

Wer ist der Größte?

(Mt 18,1-5; Mk 9,13-17)

46 Unter den Jüngern* kam die Frage auf, wer von ihnen der Größte sei.

47 Jesus kannte ihre Gedanken. Er nahm ein Kind, stellte es neben sich 48 und sagte zu ihnen: »Wer dieses Kind in meinem Namen aufnimmt, nimmt mich auf. Und wer mich aufnimmt, nimmt den auf, der mich gesandt hat. Also: Wer unter euch den geringsten Platz einnimmt, ist wirklich groß.«

a Wörtlich *auf den Berg;* siehe Sacherklärung »Berg«.
b Nach anderem Verständnis des nicht eindeutigen Textes hüllt die Wolke auch die Jünger ein.

9,26 12,9 par; 2 Tim 1,8; 2,12 **9,27** Mk 9,1 S **9,28-29** 5,16 S **9,29-36** 2 Petr 1,16-18 **9,31** 24,25-27.44-46; Apg 26,22-23 **9,32** Joh 1,14 **9,35** Mt 3,17 S; (hören) Dtn 18,15 S **9,36** 9,21 par **9,43b-45** 9,21-22 S **9,45** 18,34 **9,46-48** 22,24-26 **9,48** Mt 10,40 S; 22,26 par

Wer nicht gegen euch ist, ist für euch

(Mk 9,38-40)

49 Darauf sagte Johannes zu Jesus: »Herr, wir haben einen Mann gesehen, der hat deinen Namen dazu benutzt, böse Geister* auszutreiben. Wir haben versucht, ihn daran zu hindern, weil er sich dir nicht anschließt so wie wir.«

50 »Laßt ihn doch!« sagte Jesus. »Wer nicht gegen euch ist, der ist für euch.«

JESUS AUF DEM WEG NACH JERUSALEM

(9,51–19,27)

Jesus macht sich auf den Weg und wird abgewiesen

51 Als die von Gott bestimmte Zeit da war und der Tag näher kam, an dem Jesus in den Himmel aufgenommen werden sollte, machte er sich stark[a] und faßte den Entschluß, nach Jerusalem zu gehen.

52 Jesus schickte Boten vor sich her. Die kamen in ein Dorf in Samarien* und wollten eine Unterkunft für ihn bereitmachen. 53 Aber die Dorfbewohner weigerten sich, Jesus aufzunehmen, weil er auf dem Weg nach Jerusalem war.

54 Als seine Jünger* Jakobus und Johannes das hörten, sagten sie zu Jesus: »Herr, sollen wir befehlen, daß Feuer vom Himmel fällt und sie vernichtet?«

55 Jesus wandte sich nach ihnen um und wies sie zurecht.[b] 56 So zogen sie in ein anderes Dorf.

Jüngerschaft ohne Wenn und Aber

(Mt 8,19-22)

57 Unterwegs sagte jemand zu Jesus: »Ich bin bereit, dir zu folgen, ganz gleich, wohin du gehst!« 58 Jesus antwortete ihm: »Die Füchse haben ihren Bau und die Vögel ihr Nest; aber der Menschensohn* hat keinen Platz, wo er sich hinlegen und ausruhen kann.«

59 Zu einem anderen sagte Jesus: »Komm, folge mir!« Er aber antwortete: »Herr, erlaube mir, daß ich erst noch hingehe und meinen Vater begrabe.« 60 Jesus sagte zu ihm: »Überlaß es den Toten, ihre Toten zu begraben! Du aber geh hin und verkünde, daß Gott jetzt seine Herrschaft* aufrichten will!«

61 Ein anderer sagte: »Herr, ich will ja gerne mit dir gehen, aber laß mich erst noch von meiner Familie Abschied nehmen!« 62 Jesus sagte zu ihm: »Wer seine Hand an den Pflug legt und zurückschaut, den kann Gott nicht gebrauchen, wenn er jetzt seine Herrschaft aufrichten will.«

Die Aussendung der Siebzig

(Mt 9,37-38; 10,16.5-15)

10 Danach bestimmte der Herr weitere siebzig Boten[c] und sandte sie zu zweien aus. Sie sollten vor ihm her in alle Städte und Ortschaften gehen, durch die er kommen würde.

2 Er sagte zu ihnen: »Hier wartet eine reiche Ernte, aber es gibt nicht genug Menschen, die helfen, sie einzubringen. Bittet den Herrn, dem diese Ernte gehört, daß er die nötigen Leute schickt!«

3 Und nun geht! Ich sende euch wie Lämmer mitten unter Wölfe. 4 Nehmt keinen Geldbeutel mit, keine Vorratstasche und keine Schuhe. Und bleibt unterwegs nicht stehen, um jemand zu begrüßen.

5 Wenn ihr in ein Haus kommt, sagt zuerst: ›Frieden* sei mit diesem Haus!‹ 6 Wenn dort jemand wohnt, der für diesen Frieden bereit ist, wird euer Wunsch an ihm in Erfüllung gehen; andernfalls bleibt er wirkungslos. 7 Bleibt in diesem Haus und eßt und trinkt, was euch angeboten wird; denn wer arbeitet, hat ein Anrecht auf Lohn. Geht nicht von einem Haus zum andern.

8 Wenn ihr in eine Stadt kommt und sie euch aufnehmen, dann eßt, was euch angeboten wird. 9 Heilt die Kranken in der Stadt und sagt den Leuten: ›Gott richtet jetzt seine Herrschaft* bei euch auf!‹

10 Aber wenn ihr in eine Stadt kommt und niemand euch aufnehmen will, dann geht hinaus auf die Straßen der Stadt und ruft: 11 ›Sogar den Staub* eurer Stadt, der sich an unsere Füße

a Anspielung auf Jes 50,7; wörtlich *machte er sein Gesicht hart/fest.*

b Einige Handschriften fügen hinzu: *Er sagte: »Ihr wißt nicht, was für ein Geist da aus euch spricht! 56 Der Menschensohn* ist nicht gekommen, um Menschenleben zu vernichten, sondern um sie zu retten!«*

c Im Unterschied zu den Zwölf in 9,1-6. Statt *siebzig* haben viele Handschriften hier und in Vers 17 *zweiundsiebzig.* Diese Zahl entspricht der Anzahl aller Völker der Erde nach der griechischen Übersetzung von Gen 10 (H *siebzig*). Aber wenn an eine Sendung an die Völker gedacht wäre, kämen immer zwei Völker auf ein Botenpaar. Die Zahl *siebzig* entspricht dagegen der Anzahl der Ältesten Israels in Ex 24,1.9; Num 11,16.24. Dies paßt dazu, daß die Boten von Jesus hier nur zum Volk Israel gesandt werden.

9,50 11,23 par **9,51** Mk 10,1; Lk 9,31; (Himmel) 24,50-51; Apg 9,1.22 **9,52** 10,33 S **9,54** 2 Kön 1,10.12 **9,59-60** Mt 8,21-22 S **9,61** 1 Kön 19,20-21 **9,62** 11,2 S; Phil 3,13 **10,1-12** 9,1-6 par **10,4** 22,35; 2 Kön 4,29 **10,5-6** 2,14 S **10,7** 1 Tim 5,18; 1 Kor 9,6-14 **10,9.11** 11,2 S **10,11** Apg 13,51 S

geheftet hat, wischen wir ab und lassen ihn euch da. Aber das sollt ihr wissen: Gott richtet jetzt seine Herrschaft auf!«

12 Ich sage euch: Am Tag des Gerichts wird es den Menschen von Sodom* besser ergehen als den Leuten einer solchen Stadt.«

Wer nicht hören will …

(Mt 11,20-24; 10,40)

13 »Weh dir, Chorazin! Weh dir, Betsaida! Wenn in Tyrus und Sidon die Wunder geschehen wären, die bei euch geschehen sind, die Leute dort hätten schon längst den Sack* angelegt, sich Asche auf den Kopf gestreut und ihr Leben geändert.[a] 14 Am Tag des Gerichts wird es den Bewohnern von Tyrus und Sidon besser ergehen als euch!

15 Und du, Kafarnaum, meinst du, du wirst in den Himmel erhoben werden? In den tiefsten Abgrund* wirst du gestürzt!

16 Wer auf euch hört, hört auf mich. Wer euch abweist, weist mich ab. Wer aber mich abweist, weist den ab, der mich gesandt hat.«

Die Rückkehr der Siebzig

17 Die Siebzig[b] kamen zurück und berichteten voller Freude: »Herr, sogar die bösen Geister* gehorchen uns, wenn wir uns auf deinen Namen berufen!«

18 Jesus sagte zu ihnen: »Ich sah den Satan* wie einen Blitz vom Himmel fallen. 19 Ja, es ist wahr:[c] Ich habe euch Vollmacht gegeben, auf Schlangen und Skorpione zu treten und die ganze Macht des Feindes zunichte zu machen. Er wird euch nicht das Geringste antun können. 20 Aber nicht darüber sollt ihr euch freuen, daß euch die bösen Geister gehorchen. Freut euch lieber darüber, daß eure Namen bei Gott aufgeschrieben sind!«

Grund zu Freude und Jubel

(Mt 11,25-27; 13,16-17)

21 Damals wurde Jesus vom Geist* Gottes mit jubelnder Freude erfüllt und rief: »Vater, Herr über Himmel und Erde, du hast angefangen, deine Herrschaft* aufzurichten.[d] Das hast du den Klugen und Gelehrten verborgen, aber den Unwissenden hast du es offenbar gemacht. Dafür preise ich dich! Ja, Vater, so wolltest du es haben!

22 Mein Vater hat mir alle Macht übergeben. Niemand kennt den Sohn*, nur der Vater, und niemand den Vater, nur der Sohn – und die, denen der Sohn ihn offenbaren will.«

23 Dann wandte sich Jesus zu seinen Jüngern, den Männern und Frauen,[e] und sagte: »Ihr dürft euch freuen, daß Gott euch die Augen gab, zu sehen und zu verstehen, was hier geschieht.[f] 24 Ich sage euch: Viele Propheten* und Könige wollten sehen, was ihr jetzt seht, aber sie haben es nicht gesehen. Sie wollten hören, was ihr jetzt hört, aber sie haben es nicht gehört.«

Das wichtigste Gebot

(Mt 22,34-40; Mk 12,28-31)

25 Da kam ein Gesetzeslehrer* und wollte Jesus auf die Probe stellen; er fragte ihn: »Lehrer*, was muß ich tun, um das ewige Leben zu bekommen?«

26 Jesus antwortete: »Was steht denn im Gesetz*? Was liest du dort?«

27 Der Gesetzeslehrer antwortete: »Liebe den Herrn, deinen Gott, von ganzem Herzen, mit ganzem Willen und mit aller deiner Kraft und deinem ganzen Verstand! Und: Liebe deinen Mitmenschen wie dich selbst!«

28 »Du hast richtig geantwortet«, sagte Jesus. »Handle so, dann wirst du leben.«

Das Beispiel des barmherzigen Samariters*

29 Aber dem Gesetzeslehrer* war das zu einfach,[g] und er fragte weiter: »Wer ist denn mein Mitmensch?«

30 Jesus nahm die Frage auf und erzählte die folgende Geschichte:

»Ein Mann ging von Jerusalem nach Jericho hinab. Unterwegs überfielen ihn Räuber. Sie nahmen ihm alles weg, schlugen ihn zusammen und ließen ihn halbtot liegen.

31 Nun kam zufällig ein Priester denselben Weg. Er sah den Mann liegen und ging vor-

a *ihr Leben geändert:* siehe Sacherklärung »Umkehr«.
b Siehe Anmerkung zu Vers 1.
c Wörtlich *Siehe.* In Vers 19 wird etwas nachgetragen, was in Vers 9 nicht ausdrücklich zur Sprache kam; vgl. 9,1.
d *Du hast angefangen …:* verdeutlichender Zusatz.
e *den Männern und Frauen* ist verdeutlichender Zusatz; siehe Anmerkung zu 6,17.
f *Ihr dürft euch …:* wörtlich *Selig die Augen, die sehen, was ihr seht.* Das Wort ist im Licht der vorausgehenden Stellen 8,10 und 10,21-22 zu lesen.
g Wörtlich *er wollte sich* (d.h. seine Frage) *rechtfertigen.*

10,12 Mt 10,15 S **10,13-14** (Tyrus und Sidon) Jes 23,1-16 S **10,15** Jes 14,13-15 **10,16** Mt 10,40 S **10,17** 9,10 par **10,18** Jes 14,12; Joh 12,31; Offb 12,9 **10,19** Mk 16,18 S; Dtn 8,15 **10,20** Offb 3,5 S **10,21** 4,18 S **10,22** Mt 11,27 S **10,24** 2,30-31; 1 Petr 1,10-12 **10,25** 18,18 par **10,27** *nach* Dtn 6,5 *und* Lev 19,18; Mk 12,31 S **10,28** Lev 18,5; Röm 10,5; Gal 3,12; Mt 19,17; Joh 13,17

bei. 32 Genauso machte es ein Levit*, als er
an die Stelle kam: Er sah ihn liegen und ging
vorbei.

33 Schließlich kam ein Reisender aus Samarien*. Als er den Überfallenen sah, ergriff ihn
das Mitleid. 34 Er ging zu ihm hin, behandelte
seine Wunden mit Öl und Wein und verband sie.
Dann setzte er ihn auf sein eigenes Reittier und
brachte ihn in das nächste Gasthaus, wo er sich
weiter um ihn kümmerte.

35 Am anderen Tag zog er seinen Geldbeutel heraus, gab dem Wirt zwei Silberstücke* und sagte: ›Pflege ihn! Wenn du noch mehr brauchst, will ich es dir bezahlen, wenn ich zurückkomme.‹«

36 »Was meinst du?« fragte Jesus. »Wer von den dreien hat an dem Überfallenen als Mitmensch gehandelt?«

37 Der Gesetzeslehrer antwortete: »Der ihm geholfen hat!«

Jesus erwiderte: »Dann geh und mach du es ebenso!«

Jesus bei Maria und Marta

38 Als Jesus mit seinen Jüngern* weiterzog, kam er in ein Dorf, in dem er von einer Frau namens Marta gastlich aufgenommen wurde.

39 Marta hatte eine Schwester mit Namen
Maria, die setzte sich zu Füßen des Herrn nieder
und hörte ihm zu. 40 Marta dagegen war überbeschäftigt mit der Vorbereitung des Essens.

Schließlich trat Marta vor Jesus hin und sagte: »Herr, kümmert es dich nicht, daß mich meine Schwester die ganze Arbeit allein tun läßt? Sag ihr doch, daß sie mir helfen soll!«

41 Der Herr antwortete ihr: »Marta, Marta, du
machst dir so viele Sorgen und verlierst dich an
vielerlei, 42 aber nur eines ist notwendig. Maria
hat die gute Wahl getroffen; sie hat sich für das unverlierbar Gute entschieden, das ihr nicht genommen werden kann.«

Über das Beten

(Mt 6,9-13; 7,7-11)

11 Einmal hatte sich Jesus zum Gebet zurückgezogen. Als er es beendet hatte, bat ihn einer der Jünger*: »Herr, sag uns doch, wie wir beten sollen! Johannes hat es seine Jünger auch gelehrt.«

2 Jesus antwortete: »Das soll euer Gebet sein:
Vater!
Mach deinen Namen* groß in der Welt!
Komm und richte deine Herrschaft* auf!
3 Gib uns jeden Tag, was wir zum Leben
brauchen.
4 Vergib uns unsere Verfehlungen,
denn auch wir vergeben allen, die an uns
schuldig geworden sind.
Und laß uns nicht in die Gefahr kommen, dir
untreu zu werden.«

5 Dann sagte Jesus zu seinen Jüngern: »Stellt
euch vor, einer von euch geht mitten in der
Nacht zu seinem Freund und bittet ihn: ›Lieber
Freund, leih mir doch drei Brote! 6 Ich habe
gerade Besuch von auswärts bekommen und kann ihm nichts anbieten.‹

7 Würde da der Freund im Haus wohl rufen: ›Laß mich in Ruhe! Die Tür ist schon zugeschlossen, und meine Kinder liegen bei mir im Bett. Ich kann nicht aufstehen und dir etwas geben‹?

8 Ich sage euch, wenn er auch nicht gerade aus Freundschaft aufsteht und es ihm gibt, so wird er es doch wegen der Unverschämtheit jenes Menschen tun und ihm alles geben, was er braucht.

9 Deshalb sage ich euch: Bittet, und ihr wer-
det bekommen! Sucht, und ihr werdet finden!
Klopft an, und es wird euch geöffnet! 10 Denn
wer bittet, der bekommt; wer sucht, der findet; und wer anklopft, dem wird geöffnet.

11 Ist unter euch ein Vater, der seinem Kind
eine Schlange geben würde, wenn es um einen
Fisch bittet? 12 Oder einen Skorpion, wenn es um
ein Ei bittet? 13 So schlecht ihr auch seid, ihr wißt
doch, was euren Kindern guttut, und gebt es ihnen. Wieviel mehr wird der Vater im Himmel denen den Heiligen Geist* geben, die ihn darum bitten.«

Steht Jesus mit dem Teufel im Bund?

(Mt 12,22-30; Mk 3,22-27)

14 Jesus heilte einen Stummen, der von einem
bösen Geist* besessen war. Als der böse Geist
von ihm ausgefahren war, konnte der Mann
wieder sprechen. Die Menge staunte, 15 aber
einige sagten: »Er kann die bösen Geister nur austreiben, weil Beelzebul*, der oberste aller bösen Geister, ihm die Macht dazu gibt.«

16 Andere wollten Jesus auf die Probe stellen und verlangten von ihm ein Zeichen vom Him-

10,33 (Samarien) 9,52; 17,11.16; Mt 10,5; Joh 4,9.39-40; Apg 1,8; 8,1.5.14-17.28; 9,31 **10,38** Joh 11,1-2; 12,1-3 **10,39-42** Apg 6,1-4 **10,39-40** 8,14.18; 12,22.29-31 **10,39** 8,21; 11,28; Apg 16,14 **10,42** Ps 119,57 **11,1** 5,16 S **11,2** (Herrschaft Gottes) 4,43; 9,2.62; 10,9 par.11; 11,20 par; 17,21; 19,11; Apg 1,6-8; 28,23 S **11,3** 12,22-32 par **11,4** Mt 6,14-15 S; Mt 6,13 S **11,7-8** 18,5 **11,9** Mt 7,7 S **11,14-15** Mt 9,32-34 **11,15** Mt 9,34 S **11,16** Joh 6,30 S

mel als Beweis dafür, daß er wirklich von Gott beauftragt sei.[a]

17 Jesus wußte, was sie dachten, und sagte zu ihnen: »Jeder Staat, dessen Machthaber einander befehden, muß untergehen, und alle Häuser sinken in Trümmer. 18 Wenn nun der Satan* mit sich im Streit läge – und das behauptet ihr ja, wenn ihr sagt, ich würde die bösen Geister mit Hilfe von Beelzebul austreiben –, wie könnte da seine Herrschaft bestehen?

19 Und wenn ich die bösen Geister austreibe, weil ich mit Beelzebul im Bund stehe, wer gibt dann *euren* Leuten die Macht, sie auszutreiben? Eure eigenen Leute werden es sein, die euch das Urteil sprechen!

20 Nein, ich treibe die bösen Geister mit dem Finger Gottes[b] aus, und daran könnt ihr sehen, daß Gott schon angefangen hat, mitten unter euch seine Herrschaft* aufzurichten.

21 Solange ein Starker, mit Waffen gut ausgerüstet, seinen Palast bewacht, ist sein Besitz in Sicherheit. 22 Sobald aber ein Stärkerer kommt, der ihn besiegt, nimmt der ihm alle Waffen weg, auf die er sich verließ, und verteilt die Beute, die er bei sich aufgehäuft hat.

23 Wer nicht für mich ist, der ist gegen mich, und wer mir nicht sammeln hilft, der zerstreut.«

Warnung vor den Folgen eines Rückfalls

(Mt 12,43-45)

24 »Wenn ein böser Geist* einen Menschen verläßt, irrt er durch Wüsten und sucht nach einer Bleibe. Wenn er keine findet, sagt er sich: ›Ich gehe lieber wieder in meine alte Behausung!‹ 25 Er kehrt zurück und findet alles sauber und aufgeräumt.

26 Darauf geht er hin und sucht sich sieben andere böse Geister, die noch schlimmer sind als er selbst, und sie kommen und wohnen dort. So ist dieser Mensch am Ende schlimmer dran als am Anfang.«

Wer sich freuen darf …

27 Als Jesus das sagte, rief eine Frau aus der Menge: »Die Frau darf sich freuen, die dich geboren und aufgezogen hat!«

28 Aber Jesus erwiderte: »Mehr noch dürfen die sich freuen, die Gottes Wort hören und danach leben!«

Jesus verweigert den gewünschten Beweis

(Mt 12,38-42)

29 Als immer mehr Menschen bei Jesus zusammenströmten, sagte er: »Diese Generation ist eine böse Generation. Sie verlangt einen Beweis,[c] aber es wird ihr keiner gegeben werden. Ausgenommen das Wunder, das an Jona* geschah – den Beweis wird sie bekommen! 30 Wie nämlich Jona für die Leute von Ninive* zu einem ›Beweis‹ wurde, so wird es der Menschensohn* für diese Generation werden.

31 Am Tag des Gerichts wird die Königin aus dem Süden aufstehen und die Menschen dieser Generation schuldig sprechen; denn sie kam vom Ende der Welt, um die weisen Lehren Salomos zu hören. Und hier steht ein Größerer als Salomo!

32 Am Tag des Gerichts werden die Bewohner von Ninive aufstehen und diese Generation schuldig sprechen; denn als Jona sie warnte, haben sie ihr Leben geändert.[d] Und hier steht ein Größerer als Jona!«

Jesus als das Licht sehen, empfangen und festhalten

(Mt 5,15; 6,22-23)

33 »Niemand zündet eine Lampe* an, um sie dann zu verstecken oder unter einen Topf zu stellen. Im Gegenteil, sie kommt auf den Lampenständer, damit alle, die das Haus betreten, das Licht sehen können.[e]

34 Dein Auge vermittelt dir das Licht. Ist dein Auge gut, so bist du ganz von Licht durchdrungen; ist es schlecht, so bist du voller Finsternis. 35 Gib also acht, daß das Licht in dir nicht Finsternis ist!

36 Wenn du nun ganz vom Licht durchdrungen bist und nichts mehr an dir finster ist, dann wirst du ganz und gar im Licht sein – so wie du es bist, wenn der Lichtstrahl der Lampe dich trifft.«

a *als Beweis …:* verdeutlichender Zusatz.
b Anspielung auf den Sieg Moses über die ägyptischen Zauberer, die im wunderwirkenden Stock Moses den *Finger Gottes* erkannten; vgl. Ex 8,15.
c Vgl. Vers 16. d *ihr Leben geändert:* siehe Sacherklärung »Umkehr«.
e Das Bildwort von der Lampe auf dem Lampenständer erscheint in verschiedenen Zusammenhängen und verschiedenen Deutungen (vgl. 8,16; Mt 5,15; Mk 4,21). Hier ist es von den Versen 29-32 her gesehen und auf Jesus und seine Verkündigung bezogen (vgl. 10,23). Entsprechend spricht Vers 34 von einem Sehvermögen, das sich auf das so verstandene *Licht* bezieht, und von dessen Folgen für den inneren Menschen.

11,20 11,2 **11,21** Jes 49,24 **11,23** 9,50 par **11,26** 2 Petr 2,20 **11,27-28** 8,19-21 par **11,29-30** Joh 6,30 S **11,30** Jona 2,1.11; 1,2 **11,31** 1 Kön 10,1-10 **11,32** Jona 3,5 **11,33** 8,16 par **11,34** Apg 26,18; 2 Kor 4,6 **11,35** 2 Kor 6,14; Eph 5,8.14; 1 Thess 5,5

Weherufe über die Pharisäer und die Gesetzeslehrer

(Mt 23,1-36)

37 Jesus hatte gerade aufgehört zu sprechen, da lud ihn ein Pharisäer* zum Essen ein. Jesus ging zu ihm ins Haus und setzte sich zu Tisch.

38 Der Pharisäer war überrascht, als er sah, daß Jesus sich vor dem Essen die Hände nicht wusch.[a]

39 Da sagte der Herr zu ihm: »So seid ihr Pharisäer! Ihr reinigt sogar noch das Äußere von Becher und Schüssel.[b] Aber ihr selbst seid in eurem Innern voll von Raub und Schlechtigkeit. 40 Was seid ihr doch unverständig! Hat Gott, der das Äußere gemacht hat, nicht auch das Innere gemacht? 41 Gebt den Armen, was in den Schüsseln ist, und alles ist euch rein*!

42 Weh euch Pharisäern! Ihr gebt Gott den zehnten* Teil von allem, sogar noch von Gewürzen wie Minze und Raute und von jedem Gartenkraut. Aber ihr kümmert euch nicht um das Recht eurer Mitmenschen und die Liebe zu Gott. Dies solltet ihr tun, ohne das andere zu vernachlässigen!

43 Weh euch Pharisäern! Ihr liebt die Ehrenplätze im Gottesdienst und laßt euch auf der Straße gern respektvoll grüßen.

44 Weh euch! Ihr seid wie unkenntlich gewordene Gräber, über die die Menschen nichtsahnend hinweggehen und dadurch unrein* werden.«[c]

45 Einer der Gesetzeslehrer* sagte: »Lehrer*, damit beleidigst du auch uns!«

46 Jesus antwortete: »Weh auch euch Gesetzeslehrern! Ihr ladet den Menschen kaum tragbare Lasten auf, macht aber selbst keinen Finger krumm, um sie zu tragen.

47 Weh euch! Ihr baut wunderschöne Grabmäler für die Propheten*, die von euren Vorfahren umgebracht worden sind. 48 Damit bezeugt ihr öffentlich, daß ihr mit den Taten eurer Vorfahren einverstanden seid: Sie haben die Propheten umgebracht, und ihr baut die Grabmäler.

49 Deshalb hat die Weisheit* Gottes ja auch über euch gesagt:[d] ›Ich werde ihnen Propheten und Apostel* senden; sie aber werden einige von ihnen töten und die anderen verfolgen. 50 So kommt es dahin, daß diese Generation zur Rechenschaft gezogen wird für die Ermordung aller Propheten seit der Erschaffung der Welt, 51 von Abel* bis hin zu Secharja,[e] der zwischen Brandopferaltar* und Tempelhaus umgebracht worden ist.‹

Ich versichere euch: Diese Generation wird für das alles zur Rechenschaft gezogen werden.

52 Weh euch, ihr Gesetzeslehrer! Ihr habt den Schlüssel weggenommen, der die Tür zur Erkenntnis öffnet. Ihr selbst seid nicht hineingegangen, und ihr habt alle gehindert, die hineinwollten.«

53 Nachdem Jesus das Haus verlassen hatte, ließen die Gesetzeslehrer und die Pharisäer ihn nicht mehr aus den Augen und achteten genau auf alles, was er sagte. 54 Sie lauerten darauf, eine verfängliche Äußerung aus seinem Mund zu hören.

Warnung vor Scheinheiligkeit

(Mt 10,26-27)

12 Inzwischen waren Tausende von Menschen zusammengekommen, so viele, daß sie einander auf die Füße traten. Jesus wandte sich zuerst seinen Jüngern zu, den Männern und Frauen;[f] er sagte zu ihnen: »Nehmt euch in acht vor dem Sauerteig* der Pharisäer* – ich meine: Laßt euch nicht von ihrer Scheinheiligkeit anstecken!

2 Was verhüllt ist, wird offenbar werden, und was niemand weiß, wird allen bekannt werden. 3 Deshalb laßt auch ihr euch warnen: Was ihr in der Dunkelheit gesagt habt, werden alle am hellen Tag zu hören bekommen. Was ihr jemand hinter verschlossener Tür ins Ohr geflüstert habt, wird laut in der Öffentlichkeit ausgerufen werden.«

Aufforderung zu furchtlosem Bekennen

(Mt 10,28-33; 12,32)

4 »Euch, meinen Freunden, den Männern und Frauen, sage ich: Fürchtet euch nicht vor Menschen! Sie können nur den Leib töten, aber darüber hinaus können sie euch nichts anhaben. 5 Ich will euch sagen, wen ihr fürchten sollt:

a Es geht nicht um Hygiene, sondern um die kultische Reinheit* (vgl. Mk 7,2-3). b Siehe Anmerkung zu Mt 23,25.

c *und dadurch unrein werden:* verdeutlichender Zusatz; vgl. Num 19,16.

d *über euch* ist verdeutlichender Zusatz. Jesus spricht etwas aus, was so in keiner der biblischen Weisheitsschriften überliefert ist. Zur Weisheit als redender Person vgl. Spr 1,20-33; 8,1-34; Sir 24,1-22; Weish 7,27; Lk 7,35. Zu den *Propheten* im folgenden Satz siehe Sacherklärung »Prophet (3)«.

e Zu *Secharja* siehe Anmerkung zu Mt 23,35.

f *den Männern und Frauen:* verdeutlichender Zusatz; ebenso in Vers 4 (siehe Anmerkung zu 6,17).

11,37 7,36S **11,38-39** Mk 7,2-4S **11,41** 12,33S **11,42** Mt 23,23S **11,43** 20,46par **11,46** Apg 15,10-11 **11,47-48** Mt 5,12S **11,51** Gen 4,8-10; 2 Chr 24,21 **11,52** Mt 16,19 **11,54** 20,20par **12,1** Mk 8,15par **12,2** 8,17 **12,5** Hebr 10,31

Fürchtet den, der nicht nur töten kann, sondern auch noch die Macht hat, euch ins ewige Verderben zu schicken. Ja, ich sage euch, den sollt ihr fürchten!

6 Kauft man nicht fünf Spatzen für zwei Groschen? Und doch kümmert sich Gott um jeden einzelnen von ihnen. 7 Doch bei euch ist sogar jedes Haar auf dem Kopf gezählt. Habt keine Angst: Ihr seid Gott mehr wert als ein ganzer Schwarm Spatzen!

8 Ich sage euch: Wer sich vor den Menschen zu mir bekennt, zu dem wird sich auch der Menschensohn* am Gerichtstag bekennen vor den Engeln* Gottes. 9 Wer mich aber vor den Menschen nicht kennen will, den wird auch der Menschensohn nicht kennen am Gerichtstag vor den Engeln Gottes.

10 Wer den Menschensohn beschimpft, kann Vergebung finden. Wer aber den Heiligen Geist* beleidigt, wird keine Vergebung finden.[a]

11 Wenn sie euch vor die Synagogengerichte* schleppen und vor andere Richter und Machthaber, dann macht euch keine Sorgen darüber, wie ihr euch verteidigen oder was ihr sagen sollt. 12 Denn der Heilige Geist wird euch in dem Augenblick eingeben, was ihr sagen müßt.«

Gegen die Sorge um Reichtum und Lebenssicherung

13 Ein Mann in der Menge wandte sich an Jesus: »Lehrer*, sag doch meinem Bruder, er soll mit mir das Erbe teilen, das unser Vater uns hinterlassen hat!«[b]

14 Jesus antwortete ihm: »Freund, ich bin nicht zum Richter für eure Erbstreitigkeiten bestellt!«

15 Dann sagte er zu allen: »Gebt acht! Hütet euch vor jeder Art von Habgier! Denn der Mensch gewinnt sein Leben nicht aus seinem Besitz, auch wenn der noch so groß ist.«

16 Jesus erzählte ihnen dazu eine Geschichte:

»Ein reicher Grundbesitzer hatte eine besonders gute Ernte gehabt. 17 ›Was soll ich jetzt tun?‹ überlegte er. ›Ich weiß gar nicht, wo ich das alles unterbringen soll! 18 Ich hab's‹, sagte er, ›ich reiße meine Scheunen ab und baue größere! Dann kann ich das ganze Getreide und alle meine Vorräte dort unterbringen 19 und kann zu mir selbst sagen: Gut gemacht! Jetzt bist du auf viele Jahre versorgt. Gönne dir Ruhe, iß und trink nach Herzenslust und genieße das Leben!‹

20 Aber Gott sagte zu ihm: ›Du Narr, noch in dieser Nacht werde ich dein Leben von dir zurückfordern! Wem gehört dann dein Besitz?‹«

21 Und Jesus schloß: »So steht es mit allen, die für sich selber Besitz aufhäufen, aber bei Gott nichts besitzen.«

Die vielen Sorgen und die einzige Sorge

(Mt 6,25-34)

22 Dann sagte Jesus zu seinen Jüngern, den Männern und Frauen:[c] »Darum sage ich euch: Macht euch keine Sorgen um euer Leben, ob ihr etwas zu essen habt, und um euren Leib, ob ihr etwas anzuziehen habt! 23 Das Leben ist mehr als Essen und Trinken, und der Leib ist mehr als die Kleidung!

24 Seht euch die Raben an! Sie säen nicht und ernten nicht, sie haben weder Scheune noch Vorratskammer. Aber Gott sorgt für sie. Und ihr seid ihm doch viel mehr wert als die Vögel!

25 Wer von euch kann durch Sorgen sein Leben auch nur um einen Tag verlängern? 26 Wenn ihr nicht einmal so eine Kleinigkeit zustande bringt, warum quält ihr euch dann mit Sorgen um all die anderen Dinge?

27 Seht euch die Blumen auf den Feldern an, wie sie wachsen! Sie arbeiten nicht und machen sich keine Kleider, doch ich sage euch: Nicht einmal Salomo bei all seinem Reichtum war so prächtig gekleidet wie irgendeine von ihnen. 28 Wenn Gott sogar die Feldblumen so ausstattet, die heute blühen und morgen verbrannt werden, dann wird er sich erst recht um euch kümmern. Habt doch mehr Vertrauen!

29 Zerbrecht euch also nicht den Kopf darüber, was ihr essen und trinken werdet. 30 Mit all dem plagen sich Menschen, die Gott nicht kennen.[d] Euer Vater weiß, was ihr braucht. 31 Sorgt euch nur darum, daß ihr euch seiner Herrschaft* unterstellt, dann wird er euch schon mit dem anderen versorgen.

a Das Wort richtet sich eher an Außenstehende (vgl. Mt 12,32). Vorausgeblickt wird auf die Zeit nach Pfingsten: Der auf Erden lebende Jesus – auch wenn ihm die Vollmacht des *Menschensohnes* eigen ist – mag von ihnen noch verkannt und gelästert werden, doch das Kommen des *Geistes* wird ihn von Gott her bestätigen in einer Eindeutigkeit, die jede weitere Lästerung unverzeihlich macht.

b das unser Vater …: verdeutlichender Zusatz.

c den Männern und Frauen: verdeutlichender Zusatz; siehe Anmerkung zu 6,17.

d Menschen, die …: wörtlich *die Völker der Welt;* siehe Sacherklärung »Heiden«.

12,7 21,18 **12,9** 9,26 par **12,10** Mk 3,28-29 par **12,11-12** 21,14-15 par; Mt 10,19-20; Mk 13,11; Apg 4,8 **12,15** 18,22-25 par; 1 Tim 6,9-10 **12,19-20** Ps 49,21; Sir 11,19 **12,20** Weish 15,8 **12,21** 12,33 **12,22-32** 11,3 **12,24** Ps 147,9 **12,27** (Salomo) 1 Kön 10,1-29 **12,28** Mt 14,31 S

32 Sei ohne Angst, du kleine Herde! Euer Vater ist entschlossen, euch seine neue Welt[a] zu schenken!«

Reichtum bei Gott

(Mt 6,19-21)

33 »Verkauft euren Besitz und schenkt das Geld den Armen! Verschafft euch Geldbeutel, die kein Loch bekommen, und sammelt Reichtümer bei Gott, die euch nicht zwischen den Fingern zerrinnen und nicht von Dieben gestohlen und von Motten zerfressen werden. 34 Denn euer Herz wird immer dort sein, wo ihr eure Schätze habt.«

Bereit für Gottes neue Welt und das Kommen des Menschensohnes

(Mt 24,43-51)

35 »Haltet euch bereit,[b] und laßt eure Lampen nicht verlöschen! 36 Seid wie Diener und Dienerinnen,[c] die auf ihren Herrn warten, der auf einer Hochzeit ist. Wenn er dann spät zurückkommt und an die Tür klopft, können sie ihm sofort aufmachen.

37 Sie dürfen sich freuen, wenn der Herr sie bei seiner Ankunft wach und dienstbereit findet. Ich versichere euch: Er wird sich die Schürze umbinden, sie zu Tisch bitten und sie selber bedienen.

38 Vielleicht kommt er erst um Mitternacht oder sogar noch später. Freude ohne Ende ist ihnen gewiß, wenn er sie dann wachend antrifft!

39 Macht euch das eine klar: Wenn ein Hausherr im voraus wüßte, zu welcher Stunde der Dieb kommt, würde er den Einbruch verhindern. 40 So müßt auch ihr jederzeit bereit sein; denn der Menschensohn* wird zu einer Stunde kommen, wenn ihr es nicht erwartet.«

Die besondere Verantwortung der Apostel

41 Petrus fragte: »Herr, bezieht sich der Vergleich mit dem Hausherrn auf alle oder nur auf uns Apostel*?«[d]

42 Der Herr antwortete: »Wer ist denn wohl der treue und kluge Verwalter, dem sein Herr den Auftrag geben wird, die Dienerschaft zu beaufsichtigen und jedem pünktlich die Tagesration auszuteilen? 43 Er darf sich freuen, wenn sein Herr zurückkehrt und ihn bei seiner Arbeit findet. 44 Ich versichere euch: Sein Herr wird ihm die Verantwortung für alle seine Güter übertragen.

45 Wenn er sich aber sagt: ›So bald kommt mein Herr nicht zurück‹ und anfängt, die Diener und Dienerinnen zu schlagen, üppig zu essen und sich zu betrinken, 46 dann wird sein Herr an einem Tag und zu einer Stunde zurückkehren, wenn er überhaupt nicht damit rechnet. Er wird ihn in Stücke hauen und ihn dorthin bringen lassen, wo die Treulosen ihre Strafe verbüßen.

47 Der Diener, der die Anweisungen seines Herrn kennt und sie nicht bereitwillig befolgt, wird hart bestraft. 48 Ein Diener, der den Willen seines Herrn *nicht* kennt und etwas tut, wofür er Strafe verdient hätte, wird besser davonkommen. Wem viel gegeben worden ist, von dem wird auch viel verlangt. Je mehr einem Menschen anvertraut wird, desto mehr wird von ihm gefordert.«

Zeit der Entscheidung, Zeit der Entzweiung

(Mt 10,34-36)

49 »Ich bin gekommen, um auf der Erde ein Feuer zu entzünden, und ich wollte, es stünde schon in hellen Flammen. 50 Aber ich muß noch eine Taufe auf mich nehmen[e] – hätte ich sie doch schon hinter mir!

51 Meint ihr, ich sei gekommen, um Frieden in die Welt zu bringen? Nein, nicht Frieden, sage ich euch, sondern Entzweiung. 52 Denn so wird es von nun an zugehen: Wenn fünf Menschen in einer Familie zusammenleben, werden drei gegen zwei stehen und zwei gegen drei. 53 Der Vater wird gegen den Sohn sein und der Sohn gegen den Vater. Die Mutter wird gegen die Tochter sein und die Tochter gegen die Mutter. Die Schwiegermutter wird gegen die Schwiegertochter sein und die Schwiegertochter gegen die Schwiegermutter.«

a *seine neue Welt:* wörtlich *die Königsherrschaft**.

b Wörtlich *Eure Hüften seien gegürtet.* So lautet bei wörtlicher Übersetzung die Anweisung für die Nacht vor dem Auszug aus Ägypten in Ex 12,11!

c Wörtlich *wie Menschen.*

d *Apostel:* verdeutlichender Zusatz. Dabei ist zugleich an diejenigen zu denken, die später in der Nachfolge der Apostel die Gemeinden leiten.

e Siehe Anmerkung zu Mk 10,38.

12,32 Jes 41,14; Luk 22,29 **12,33** 11,41; 18,22 par; Apg 2,45; 4,32-37 **12,35-36** Mt 25,1 **12,36** Offb 3,20 **12,39-40** Mt 24,43 S; 25,13 S **12,42-44** 19,17-19 par; 16,10 **12,46** Offb 21,8 **12,47** Jak 4,17 **12,50** Mk 10,38 S **12,51** 2,14 S **12,52-53** 14,26 par; 21,16 par **12,53** Mi 7,6

Letzte Gelegenheit, sein Leben in Ordnung zu bringen

(Mt 16,2-3; 5,25-26)

[54] Jesus wandte sich wieder der Volksmenge zu und sagte: »Wenn ihr eine Wolke im Westen aufsteigen seht, sagt ihr gleich: ›Es wird regnen‹, und dann regnet es auch. [55] Wenn ihr merkt, daß Südwind weht, sagt ihr: ›Es wird heiß werden‹, und so geschieht es auch.

[56] Ihr Scheinheiligen! Das Aussehen von Himmel und Erde könnt ihr beurteilen und schließt daraus, wie das Wetter wird. Warum versteht ihr dann nicht, was die Ereignisse dieser Zeit ankündigen?

[57] Könnt ihr denn nicht von selbst erkennen, worauf es jetzt ankommt? [58] Es ist, wie wenn du von deinem Gläubiger vor Gericht geschleppt wirst. Dann gibst du dir doch auch Mühe, die Sache mit ihm in Ordnung zu bringen, solange du noch mit ihm auf dem Weg bist. Wenn du erst einmal vor Gericht stehst, wird dich der Richter dem Gefängniswärter übergeben, und der bringt dich ins Gefängnis. [59] Ich sage dir: Dort kommst du erst wieder heraus, wenn du deine Schuld bis auf den letzten Pfennig bezahlt hast!«

Wenn ihr euch nicht ändert …

13 Um diese Zeit kamen einige Leute zu Jesus und erzählten ihm von den Männern aus Galiläa*, die Pilatus töten ließ, als sie gerade im Tempel Opfer* darbrachten; ihr Blut vermischte sich mit dem Blut ihrer Opfertiere.

[2] Jesus sagte zu ihnen: »Meint ihr etwa, daß sie einen so schrecklichen Tod fanden, weil sie schlimmere Sünder waren als die anderen Leute in Galiläa? [3] Nein, ich sage euch: Wenn ihr euch nicht ändert,[a] werdet ihr alle genauso umkommen!

[4] Oder denkt an die achtzehn, die der Turm am Teich Schiloach* unter sich begrub! Meint ihr, daß sie schlechter waren als die übrigen Einwohner Jerusalems? [5] Nein, ich sage euch: Ihr werdet alle genauso umkommen, wenn ihr euch nicht ändert!«

Der unfruchtbare Feigenbaum

[6] Dann erzählte ihnen Jesus folgendes Gleichnis*:

»Ein Mann hatte in seinem Weinberg einen Feigenbaum gepflanzt. Er kam und suchte Früchte an ihm und fand keine. [7] Da sagte er zu seinem Weingärtner: ›Hör zu: Drei Jahre sind es nun schon, daß ich herkomme und an diesem Feigenbaum nach Früchten suche und keine finde. Also hau ihn um, was soll er für nichts und wieder nichts den Boden aussaugen!‹

[8] Aber der Weingärtner sagte: ›Herr, laß ihn doch dieses Jahr noch stehen! Ich will den Boden rundherum gut auflockern und düngen. [9] Vielleicht trägt der Baum dann im nächsten Jahr Früchte. Wenn nicht, dann laß ihn umhauen!‹«

Jesus heilt eine Frau am Sabbat

[10] Einmal sprach Jesus am Sabbat* in einer Synagoge*. [11] Nun war dort eine Frau, die schon achtzehn Jahre lang von einem bösen Geist* geplagt wurde, der sie krank machte. Sie war verkrümmt und konnte sich nicht mehr aufrichten.

[12] Als Jesus sie sah, rief er sie zu sich und sagte zu ihr: »Frau, du sollst deine Krankheit los sein!« [13] Und er legte ihr die Hände auf. Sofort richtete sie sich auf und pries Gott.

[14] Da griff der Synagogenvorsteher* ein. Er ärgerte sich, daß Jesus die Frau ausgerechnet am Sabbat geheilt hatte, und sagte zu der Menge: »Die Woche hat sechs Tage zum Arbeiten. Also kommt an einem Werktag, um euch heilen zu lassen, aber nicht am Sabbat.«

[15] Der Herr erwiderte ihm: »Ihr Scheinheiligen! Jeder von euch bindet doch am Sabbat seinen Ochsen oder Esel von der Futterkrippe los und führt ihn zur Tränke. [16] Aber diese Frau hier, die eine Tochter Abrahams* ist – achtzehn Jahre lang hielt sie der Satan* gebunden, und sie sollte nicht an einem Sabbat von dieser Fessel befreit werden dürfen?«

[17] Als Jesus das sagte, mußten alle seine Gegner sich geschlagen geben. Aber die ganze große Menge freute sich über all die wunderbaren Taten, die Jesus vollbrachte.

Senfkorn und Sauerteig: Der entscheidende Anfang ist gemacht

(Mt 13,31-33; Mk 4,30-32)

[18] Dann sagte Jesus: »Wie geht es zu, wenn Gott seine Herrschaft* aufrichtet? Womit kann ich das vergleichen?

[19] Es ist wie bei dem Senfkorn, das jemand in seinem Garten in die Erde steckte. Es ging auf und wuchs und wurde zu einem Baum, und die Vögel bauten ihre Nester in seinen Zweigen.«[b]

a *ändert:* siehe Sacherklärung »Umkehr«; ebenso zu Vers 5.
b Zum Bild vom *Baum* siehe Anmerkung zu Mk 4,32.

12,58 Mt 18,34 **13,3** Ps 7,13 **13,6** Mk 11,13 par **13,8-9** 2 Petr 3,9.15 **13,10-17** Mk 2,27-28 S **13,14** Ex 20,9-10 **13,15-16** 14,5 S **13,16** (Tochter Abrahams) 19,9; 1,54-55; 3,8; Mt 3,9 S **13,17** Ex 34,10 **13,18** 11,2 S **13,19** Mt 13,31 S; Ez 17,23

20 Noch einmal fragte Jesus: »Womit kann ich
das vergleichen, wenn Gott seine Herrschaft auf-
richtet?
21 Es ist wie mit dem Sauerteig*: Eine Frau
mengte eine Handvoll davon unter eine riesige
Menge Mehl,[a] und er machte den ganzen Teig
sauer.«

Die enge Tür – die verschlossene Tür: Aufruf zu rechtzeitigem Handeln

(Mt 7,13-14.22-23; 8,11-12)

22 Jesus zog weiter auf dem Weg nach Jerusalem.
Unterwegs sprach er in Städten und Dörfern.
23 Einmal fragte ihn jemand: »Herr, werden
nur wenige gerettet?«
Jesus antwortete: 24 »Die Tür zu Gottes neuer
Welt ist eng; kämpft darum, daß ihr Einlaß fin-
det! Denn viele, sage ich euch, werden sich am
Ende darum bemühen, aber es nicht mehr schaf-
fen.[b]
25 Wenn der Hausherr aufsteht und die Tür ab-
schließt, werdet ihr draußen stehen und klopfen
und rufen: ›Herr, mach uns auf!‹ Doch er wird
euch antworten: ›Ich weiß nicht, wo ihr her-
kommt!‹
26 Dann werdet ihr sagen: ›Wir haben doch
mit dir zusammen gegessen und getrunken, und
du hast auf den Straßen unserer Stadt gelehrt.‹
27 Aber er wird euch antworten: ›Ich weiß
nicht, wo ihr herkommt. Ihr habt es allesamt ver-
säumt, das Rechte zu tun, geht mir aus den
Augen!‹
28 Da werdet ihr dann jammern und mit den
Zähnen knirschen, wenn ihr Abraham, Isaak,
Jakob und alle Propheten in Gottes neuer Welt[c]
seht, doch ihr selbst seid ausgeschlossen. 29 Aus
Ost und West, aus Nord und Süd werden die
Menschen kommen und in Gottes neuer Welt
zu Tisch sitzen.
30 Seid darauf gefaßt: Es gibt solche, die jetzt
noch zu den Letzten zählen; die werden dann
die Ersten sein. Und andere zählen jetzt zu den
Ersten, die werden dann die Letzten sein.«

Jesus muß bis nach Jerusalem kommen

31 Da kamen einige Pharisäer* zu Jesus und
warnten ihn: »Verlaß diese Gegend und geh an-
derswo hin; Herodes[d] will dich töten!«
32 Jesus antwortete: »Geht und sagt diesem
Fuchs: ›Ich treibe böse Geister* aus und heile
Kranke heute und morgen; erst am dritten Tag
werde ich am Ziel sein.[e] 33 Aber heute und mor-
gen und auch am Tag danach muß ich meinen
Weg noch fortsetzen; denn es ist undenkbar, daß
ein Prophet* außerhalb von Jerusalem umge-
bracht wird.‹«

Klage über Jerusalem

(Mt 23,37-39)

34 »Jerusalem, Jerusalem, du tötest die Prophe-
ten* und steinigst* die Boten, die Gott zu dir
schickt! Wie oft wollte ich deine Bewohner um
mich scharen, wie eine Henne ihre Küken unter
die Flügel nimmt! Aber ihr habt nicht gewollt.
35 Deshalb wird Gott euren Tempel* verlas-
sen. Ich sage euch, ihr werdet mich erst wieder-
sehen, wenn ihr rufen werdet: ›Heil dem, der im
Auftrag des Herrn kommt!‹«

Jesus zu Tisch mit Pharisäern (14,1-24)

Kritik an ihrer Gesetzesauslegung: Heilung am Sabbat

14 An einem Sabbat* ging Jesus zum Essen
in das Haus eines der führenden Pha-
risäer*, und die dort versammelten Männer be-
obachteten ihn genau.
2 Auf einmal stand vor Jesus ein Mann, der an
Wassersucht litt. 3 Jesus fragte die Gesetzesleh-
rer* und Pharisäer: »Ist es nach dem Gesetz*
Gottes erlaubt, am Sabbat Kranke zu heilen oder
nicht?«
4 Sie gaben ihm keine Antwort. Da berührte
Jesus den Kranken, machte ihn gesund und ließ
ihn gehen. 5 Dann sagte er zu den Anwesenden:
»Wenn einem von euch ein Kind in den Brunnen
fällt oder auch nur ein Rind, holt er es dann nicht
auf der Stelle heraus, auch wenn es gerade Sab-
bat ist?«
6 Sie wußten nicht, was sie dagegen vorbrin-
gen sollten.

Kritik an ihrer Selbsteinschätzung: Wer bekommt die Ehrenplätze?

7 Jesus hatte beobachtet, wie die zum Essen Ge-
ladenen die Ehrenplätze für sich aussuchten.
Das nahm er zum Anlaß, sie in einem Bild dar-

a Siehe Anmerkung zu Mt 13,33.
b *zu Gottes neuer Welt; am Ende; mehr:* zur Verdeutlichung hinzugefügt.
c Wörtlich *in der Königsherrschaft* Gottes;* ebenso im folgenden Vers.
d Siehe Sacherklärung »Herodes (3)«.
e Oder *vollendet sein* (vgl. Hebr 2,10; 5,9). Die unbestimmte Zeitangabe *am dritten Tag* enthält einen verschlüsselten Hinweis auf die Auferstehung von Jesus (vgl. 9,22; 18,33; 24,7.46).

13,22 9,51 **13,24** 1 Kor 9,25; Kol 1,29; 1 Tim 6,12 **13,25** Mt 25,11-12 **13,27** 2 Tim 2,19 **13,30** Mt 20,16 S **13,35** Ez 10,18-19 S; *zit* Ps 118,26 **14,1-6** Mk 2,27-28 S **14,1** 7,36 S **14,5** 13,15-16; Mt 12,11 **14,7** 20,46 par

auf hinzuweisen, welche Regeln an Gottes Tisch gelten.[a]

[8] »Wenn dich jemand zu einem Hochzeitsmahl einlädt, dann setz dich nicht gleich auf den Ehrenplatz. Es könnte ja sein, daß eine noch vornehmere Person eingeladen ist. [9] Der Gastgeber, der euch beide geladen hat, müßte dann kommen und dich auffordern, den Ehrenplatz abzutreten. Dann müßtest du beschämt auf dem untersten Platz sitzen.

[10] Setz dich lieber auf den letzten Platz, wenn du eingeladen bist. Wenn dann der Gastgeber kommt, wird er zu dir sagen: ›Lieber Freund, komm, nimm weiter oben Platz!‹ So wirst du vor allen geehrt, die mit dir eingeladen sind.

[11] Wenn du dich selbst groß machst, wird Gott dich demütigen. Wenn du dich selbst geringachtest, wird Gott dich zu Ehren bringen.«

Kritik an ihrem berechnenden Wesen: Wer ist einzuladen?

[12] Dann wandte sich Jesus an den Gastgeber: »Wenn du ein Essen gibst, am Mittag oder am Abend, dann lade nicht deine Freunde ein, deine Brüder und Verwandten oder die reichen Nachbarn. Sie laden dich dann nur wieder ein, und du hast deinen Lohn gehabt.

[13] Nein, wenn du ein Essen gibst, dann lade Arme, Verkrüppelte, Gelähmte und Blinde ein! [14] Dann darfst du dich freuen, weil sie es dir nicht vergelten können; denn Gott selbst wird es dir vergelten, wenn er die vom Tod erweckt, die getan haben, was ihm gefällt.«

Warnung, Gottes Einladung auszuschlagen: Gleichnis vom großen Festmahl

(Mt 22,1-10)

[15] Einer von den Gästen griff dieses Wort auf und sagte zu Jesus: »Ja, freuen dürfen sich alle, die mit zu Tisch sitzen werden in Gottes neuer Welt!«[b]

[16] Doch Jesus antwortete ihm mit einem Gleichnis*; er sagte:

»Ein Mann hatte viele Leute zu einem großen Essen eingeladen. [17] Als die Stunde für das Mahl da war, schickte er seinen Diener, um die Gäste zu bitten: ›Kommt! Alles ist hergerichtet!‹ [18] Aber einer nach dem andern begann, sich zu entschuldigen.

Der erste erklärte: ›Ich habe ein Stück Land gekauft, das muß ich mir jetzt unbedingt ansehen; bitte, entschuldige mich.‹

[19] Ein anderer sagte: ›Ich habe fünf Ochsengespanne gekauft und will gerade sehen, ob sie etwas taugen; bitte, entschuldige mich.‹

[20] Ein dritter sagte: ›Ich habe eben erst geheiratet, darum kann ich nicht kommen.‹

[21] Der Diener kam zurück und berichtete alles seinem Herrn. Da wurde der Herr zornig und befahl ihm: ›Lauf schnell auf die Straßen und Gassen der Stadt und hol die Armen, Verkrüppelten, Blinden und Gelähmten her!‹

[22] Der Diener kam zurück und meldete: ›Herr, ich habe deinen Befehl ausgeführt, aber es ist immer noch Platz da.‹

[23] Der Herr sagte zu ihm: ›Dann geh auf die Landstraßen und an die Zäune draußen vor der Stadt, wo die Landstreicher sich treffen,[c] und dränge die Leute hereinzukommen, damit mein Haus voll wird!‹«

[24] Jesus schloß: »Das sollt ihr wissen: Von den zuerst geladenen Gästen kommt mir niemand an meinen Tisch!«

Was Jesus von denen verlangt, die ihm folgen wollen

(Mt 10,37-38)

[25] Als Jesus wieder unterwegs war, zog eine große Menge Menschen hinter ihm her. Er wandte sich nach ihnen um und sagte: [26] »Wer sich mir anschließen will, muß bereit sein, mit Vater und Mutter zu brechen, ebenso mit Frau und Kindern, mit Brüdern und Schwestern; er muß bereit sein, sogar das eigene Leben aufzugeben. Sonst kann er nicht mein Jünger* sein. [27] Wer nicht sein Kreuz* trägt und mir auf meinem Weg folgt, kann nicht mein Jünger sein.

[28] Wenn jemand von euch ein Haus bauen will, setzt er sich doch auch zuerst hin und überschlägt die Kosten. Er muß ja sehen, ob sein Geld dafür reicht. [29] Sonst hat er vielleicht das Fundament gelegt und kann nicht mehr weiterbauen. Alle, die das sehen, werden ihn dann auslachen und werden sagen: [30] ›Dieser Mensch wollte ein Haus bauen, aber er kann es nicht vollenden.‹

[31] Oder wenn ein König gegen einen anderen König Krieg führen will, wird er sich auch zuerst überlegen, ob er mit zehntausend Mann stark genug ist, sich den zwanzigtausend des anderen entgegenzustellen. [32] Wenn nicht, tut er besser

a *Das nahm er ...:* wörtlich *Er sagte zu ihnen ein Gleichnis**.
b Wörtlich *in der Königsherrschaft* Gottes*.
c *draußen vor der Stadt ...:* verdeutlichender Zusatz.

14,8-10 Spr 25,7 14,11 Mt 23,12 S 14,12-13 6,32-34 par; Dtn 14,29; Spr 14,21 S 14,15 13,29 par 14,21 14,13 14,24 22,30 14,26 12,51-53; 18,29 par; Mt 10,37 S 14,27 Mt 10,38-39 S

daran, dem Gegner Unterhändler entgegenzu-
schicken, solange er noch weit weg ist, und die
Friedensbedingungen zu erkunden.«
33 Jesus schloß: »Niemand von euch kann
mein Jünger sein, wenn er nicht zuvor alles auf-
gibt, was er hat.«

Ein ernstes Wort an die Jünger

(Mt 5,13; Mk 9,50)

34 »Salz ist etwas Gutes; wenn es aber seine Kraft
verliert, wie kann es sie wiederbekommen?
35 Selbst für den Acker oder den Misthaufen
taugt es nicht mehr und wird weggeworfen. Wer
Ohren hat, soll gut zuhören!«

Das verlorene Schaf

(Mt 18,12-14)

15 Eines Tages waren wieder einmal alle
Zolleinnehmer* und all die anderen, die
einen ebenso schlechten Ruf hatten, bei Jesus
versammelt und wollten ihn hören. 2 Die Pha-
risäer* und die Gesetzeslehrer* murrten und
sagten: »Er läßt das Gesindel zu sich! Er ißt sogar
mit ihnen!« 3 Da erzählte ihnen Jesus folgendes
Gleichnis*:
4 »Stellt euch vor, einer von euch hat hundert
Schafe, und eines davon verläuft sich. Läßt er
dann nicht die neunundneunzig allein in der
Steppe weitergrasen und sucht das verlorene
so lange, bis er es findet? 5 Und wenn er es ge-
funden hat, dann freut er sich, nimmt es auf die
Schultern 6 und trägt es nach Hause. Dort ruft er
seine Freunde und Nachbarn zusammen und
sagt zu ihnen: ›Freut euch mit mir, ich habe
mein verlorenes Schaf wiedergefunden!‹
7 Ich sage euch: Genauso ist bei Gott im Him-
mel mehr Freude über einen Sünder, der ein
neues Leben anfängt,[a] als über neunundneunzig
andere, die das nicht nötig haben.«

Das verlorene Geldstück

8 »Oder stellt euch vor, eine Frau hat zehn Silber-
stücke* und verliert eins davon. Zündet sie da
nicht eine Lampe* an, fegt das ganze Haus und
sucht in allen Ecken, bis sie das Geldstück gefun-
den hat? 9 Und wenn sie es gefunden hat, ruft sie
ihre Freundinnen und Nachbarinnen zusam-
men und sagt zu ihnen: ›Freut euch mit mir, ich
habe mein verlorenes Silberstück wiedergefun-
den!‹
10 Ich sage euch: Genauso freuen sich die
Engel* Gottes über einen einzigen Sünder, der
ein neues Leben anfängt.«

Der Vater und seine zwei Söhne

11 Jesus erzählte weiter:
»Ein Mann hatte zwei Söhne. 12 Der jüngere
sagte: ›Vater, gib mir den Teil der Erbschaft, der
mir zusteht!‹ Da teilte der Vater seinen Besitz
unter die beiden auf.
13 Nach ein paar Tagen machte der jüngere
Sohn seinen ganzen Anteil zu Geld und zog weit
weg in die Fremde. Dort lebte er in Saus und
Braus und verjubelte alles.
14 Als er nichts mehr hatte, brach in jenem
Land eine große Hungersnot aus; da ging es
ihm schlecht. 15 Er hängte sich an einen Bürger
des Landes, der schickte ihn aufs Feld zum
Schweinehüten. 16 Er war so hungrig, daß er
auch mit dem Schweinefutter zufrieden ge-
wesen wäre; aber er bekam nichts davon.
17 Endlich ging er in sich und sagte: ›Mein
Vater hat so viele Arbeiter, die bekommen alle
mehr, als sie essen können, und ich komme hier
um vor Hunger. 18 Ich will zu meinem Vater
gehen und zu ihm sagen: Vater, ich bin vor Gott
und vor dir schuldig geworden; 19 ich bin es
nicht mehr wert, dein Sohn zu sein. Nimm mich
als einen deiner Arbeiter in Dienst!‹
20 So machte er sich auf den Weg zu seinem
Vater.

Er war noch ein gutes Stück vom Haus ent-
fernt, da sah ihn schon sein Vater kommen, und
das Mitleid ergriff ihn. Er lief ihm entgegen, fiel
ihm um den Hals und überhäufte ihn mit Küs-
sen.
21 ›Vater‹, sagte der Sohn, ›ich bin vor Gott
und vor dir schuldig geworden, ich bin es nicht
mehr wert, dein Sohn zu sein!‹
22 Aber der Vater rief seinen Dienern zu:
›Schnell, holt das beste Kleid für ihn, steckt
ihm einen Ring an den Finger und bringt ihm
Schuhe! 23 Holt das Mastkalb und schlachtet es!
Wir wollen ein Fest feiern und uns freuen!
24 Denn mein Sohn hier war tot, jetzt lebt er wie-
der. Er war verloren, jetzt ist er wiedergefun-
den.‹ Und sie begannen zu feiern.
25 Der ältere Sohn war noch auf dem Feld. Als
er zurückkam und sich dem Haus näherte, hörte
er das Singen und Tanzen. 26 Er rief einen der
Diener herbei und fragte ihn, was denn da los
sei. 27 Der sagte: ›Dein Bruder ist zurückgekom-
men, und dein Vater hat das Mastkalb schlach-
ten lassen, weil er ihn gesund wiederhat.‹
28 Der ältere Sohn wurde zornig und wollte
nicht ins Haus gehen. Da kam der Vater heraus

a *ein neues Leben anfängt:* siehe Sacherklärung »Umkehr«; ebenso zu Vers 10.

14,33 9,62 15,1-2 Mt 9,10 S 15,3-7 Joh 10,11-15 15,4 Ez 34,11.16 15,11 Mt 21,28 15,13 Spr 29,3 15,24 Eph 2,5

und redete ihm gut zu. [29]Aber der Sohn sagte zu ihm: ›Du weißt doch: All die Jahre habe ich wie ein Sklave für dich geschuftet, nie war ich dir ungehorsam. Was habe ich dafür bekommen? Mir hast du nie auch nur einen Ziegenbock gegeben, damit ich mit meinen Freunden feiern konnte. [30]Aber der da, dein Sohn, hat dein Geld mit Huren durchgebracht; und jetzt kommt er nach Hause, da schlachtest du gleich das Mastkalb für ihn.‹

[31]›Mein Sohn‹, sagte der Vater, ›du bist immer bei mir, und dir gehört alles, was ich habe. [32]Wir konnten doch gar nicht anders als feiern und uns freuen! Denn dein Bruder war tot, jetzt ist er wieder am Leben. Er war verloren, und jetzt ist er wiedergefunden.‹«

Vom Umgang mit Geld: Die Geschichte vom untreuen Verwalter

16 Dann wandte sich Jesus seinen Jüngern zu, den Männern und Frauen,[a] und erzählte ihnen folgende Geschichte:

»Ein reicher Mann hatte einen Verwalter, der ihn betrog. Als sein Herr davon erfuhr, [2]ließ er ihn rufen und stellte ihn zur Rede: ›Was muß ich von dir hören? Leg die Abrechnung vor, du kannst nicht länger mein Verwalter sein!‹

[3]Da sagte sich der Mann: ›Was soll ich machen, wenn mein Herr mir die Stelle wegnimmt? Für schwere Arbeiten bin ich zu schwach, und zu betteln schäme ich mich. [4]Ich weiß, was ich tun werde: Ich muß mir Freunde verschaffen, die mich aufnehmen,[b] wenn ich hier entlassen werde.‹

[5]So rief er nacheinander alle zu sich, die bei seinem Herrn Schulden hatten. Er fragte den ersten: ›Wieviel schuldest du meinem Herrn?‹

[6]›Hundert Fässer Olivenöl‹, war die Antwort.

›Hier ist dein Schuldschein‹, sagte der Verwalter; ›setz dich hin und schreib fünfzig!‹

[7]Einen anderen fragte er: ›Wie steht es bei dir, wieviel Schulden hast du?‹

›Hundert Sack Weizen‹, war die Antwort.

›Hier ist dein Schuldschein, schreib achtzig!‹«

[8]Jesus, der Herr, lobte den betrügerischen Verwalter wegen seines klugen Vorgehens. Denn in der Tat: Die Menschen dieser Welt* sind, wenn es ums Überleben geht,[c] viel klüger als die Menschen des Lichtes.

[9]»Ich sage euch«, forderte Jesus seine Jünger auf, »nutzt das leidige Geld[d] dazu, durch Wohltaten Freunde zu gewinnen. Wenn es mit euch und eurem Geld zu Ende geht, werden sie euch dafür eine Wohnung bei Gott verschaffen.«

Vom Umgang mit Geld: Zuverlässigkeit, wie Jesus sie versteht

(Mt 6,24)

[10]Jesus fuhr fort: »Wer in kleinen Dingen zuverlässig ist, wird es auch in großen sein, und wer in kleinen unzuverlässig ist, ist es auch in großen.

[11]Wenn ihr also im Umgang mit dem leidigen Geld nicht zuverlässig seid, wird euch niemand das wirklich Wertvolle anvertrauen. [12]Wenn ihr mit dem nicht umgehen könnt, was euch gar nicht gehört, wie soll Gott euch dann schenken, was er euch als Eigentum zugedacht hat?[e]

[13]Kein Diener kann zwei Herren zugleich dienen. Er wird den einen vernachlässigen und den anderen bevorzugen. Er wird dem einen treu sein und den anderen hintergehen. Ihr könnt nicht beiden zugleich dienen: Gott und dem Geld.«[f]

Vom Umgang mit Geld: Der Spott der Pharisäer

[14]Das alles hatten die Pharisäer* mit angehört. Weil sie geldgierig waren, lachten sie über Jesus. [15]Er aber sagte zu ihnen: »Vor den Menschen stellt ihr euch so hin, als führtet ihr ein Leben, das Gott gefällt; aber Gott sieht euch ins Herz. Was bei den Menschen Eindruck macht, das verabscheut Gott.«

Das Gesetz Moses und die neue Zeit. Am Beispiel der Ehe …

(Mt 11,12-13; 5,18.32)

[16]»Bisher gab es nur das Gesetz* und die Weisungen der Propheten*. Diese Zeit ist mit dem Täufer* Johannes abgeschlossen. Seitdem wird die Gute Nachricht* verkündet, daß Gott seine

a *den Männern und Frauen:* verdeutlichender Zusatz; siehe Anmerkung zu 6,17.
b *was ich tun …:* wörtlich *was ich tun werde, damit sie mich in ihre Häuser aufnehmen.*
c *wenn es ums Überleben geht:* wörtlich *gegenüber ihrer Generation/unter ihresgleichen,* d. h. so wie man dort sein Überleben zu sichern sucht. Was das für die *Menschen des Lichts* bedeutet, zeigt Vers 9.
d Wörtlich *den ungerechten Mamon;* ebenso in Vers 11. Siehe Sacherklärung »Mam(m)on«.
e Jesus will sagen, daß das *Geld* den Notleidenden zusteht *(gehört);* vgl. Vers 9. Das zugedachte *Eigentum* ist das ewige Leben; bei dem *wirklich Wertvollen* könnte zudem an den Dienst der Verkündigung der Guten Nachricht* gedacht sein (vgl. 2 Tim 2,15).
f *Geld:* im griechischen Text steht *Mamon* (vgl. Vers 9).

16,8 Eph 5,8 **16,9** 12,33 par **16,10** 19,17-19 par **16,11** 12,42.48 **16,15** Mt 23,28

Herrschaft* aufrichtet, und alle drängen herbei
und wollen in die neue Welt Gottes eingelassen
werden.[a]
17 Doch eher werden Himmel und Erde ver-
gehen, als daß auch nur ein Komma im Gesetz
ungültig wird. 18 Das bedeutet zum Beispiel:[b]
Wer sich von seiner Frau trennt und eine andere
heiratet, begeht Ehebruch. Und wer eine Ge-
schiedene heiratet, wird zum Ehebrecher.«

... und am Beispiel des Besitzes (Der reiche Mann und der arme Lazarus)

19 »Es war einmal ein reicher Mann, der immer
die teuerste Kleidung trug und Tag für Tag im
Luxus lebte.
20 Vor seinem Haustor lag ein Armer, der hieß
Lazarus. Sein Körper war ganz mit Geschwüren
bedeckt. 21 Er wartete darauf, daß von den Mahl-
zeiten des Reichen ein paar kümmerliche Reste
für ihn abfielen. Er konnte sich nicht einmal
gegen die Hunde wehren, die seine Wunden be-
leckten.
22 Der Arme starb, und die Engel* trugen ihn
an den Ort, wo das ewige Freudenmahl gefeiert
wird; dort erhielt er den Ehrenplatz an der Seite
Abrahams.[c]
Auch der Reiche starb und wurde begraben.
23 In der Totenwelt* litt er große Qualen. Als er
aufblickte, sah er in weiter Ferne Abraham, und
Lazarus auf dem Platz neben ihm. 24 Da rief er
laut: ›Vater Abraham, hab Erbarmen mit mir!
Schick mir doch Lazarus! Er soll seine Finger-
spitze ins Wasser tauchen und meine Zunge ein
wenig kühlen, denn das Feuer hier brennt ent-
setzlich.‹
25 Aber Abraham sagte: ›Mein Sohn, denk
daran, daß du schon zu Lebzeiten das dir zuge-
messene Glück erhalten hast, Lazarus aber nur
Unglück. Dafür kann er sich nun hier freuen,
während du Qualen leidest. 26 Außerdem liegt
zwischen uns und euch ein riesiger Graben.
Selbst wenn jemand wollte, könnte er nicht zu
euch kommen, genauso wie keiner von dort zu
uns gelangen kann.‹
27 Da bat der reiche Mann: ›Vater Abraham,
dann schick Lazarus doch wenigstens in mein
Elternhaus! 28 Ich habe noch fünf Brüder. Er soll
sie warnen, damit sie nicht auch an diesen
schrecklichen Ort kommen!‹
29 Doch Abraham sagte: ›Deine Brüder haben
das Gesetz* Moses und die Weisungen der Pro-
pheten*. Sie brauchen nur darauf zu hören.‹
30 Der Reiche erwiderte: ›Vater Abraham, das
genügt nicht! Aber wenn einer von den Toten
zu ihnen käme, dann würden sie ihr Leben
ändern.[d]
31 Abraham sagte: ›Wenn sie auf Mose und die
Propheten nicht hören, dann lassen sie sich auch
nicht überzeugen, wenn jemand vom Tod auf-
ersteht.‹«

Vom gegenseitigen Verhalten in der Jüngergemeinschaft

(Mt 18,6-7.15.21-22; Mk 9,42)

17 Jesus wandte sich wieder seinen Jüngern
zu, den Männern und Frauen;[e] er sagte
zu ihnen:
»Es ist unvermeidlich, daß Dinge geschehen,
durch die Menschen an Gott irre werden. Aber
wehe dem Menschen, der daran mitschuldig
wird! 2 Es wäre besser für ihn, er würde mit
einem Mühlstein* um den Hals ins Meer gewor-
fen, als daß er auch nur einen dieser kleinen, un-
bedeutenden Menschen, die mir vertrauen,[f] an
Gott irre werden läßt. 3 Seid wachsam gegen
euch selbst!
Wenn dein Bruder – und das gilt entspre-
chend für die Schwester[g] – ein Unrecht began-
gen hat, dann stell ihn zur Rede, und wenn er
es bereut, dann verzeih ihm. 4 Selbst wenn er
siebenmal am Tag an dir schuldig wird, sollst du
ihm verzeihen, wenn er kommt und sagt: ›Es tut
mir leid!‹«

Von der Macht des Gottvertrauens

(Mt 17,20)

5 Die Apostel* sagten zum Herrn: »Stärke doch
unser Vertrauen zu Gott!«
6 Der Herr antwortete: »Wenn euer Vertrauen
auch nur so groß wäre wie ein Senfkorn, dann
könntet ihr zu dem Maulbeerbaum dort sagen:
›Zieh deine Wurzeln aus der Erde und ver-

a Vers 16 wörtlich: *Das Gesetz und die Propheten (reichen) bis Johannes. Von da an wird die Königsherrschaft Gottes verkündet, und jeder dringt (gewalttätig) in sie ein.*
b Verdeutlichender Zusatz.
c *trugen ihn ...:* wörtlich *trugen ihn fort an die Brust Abrahams*;* siehe Sacherklärung »liegen«.
d *ihr Leben ändern:* siehe Sacherklärung »Umkehr«.
e *den Männern und Frauen:* verdeutlichender Zusatz; siehe Anmerkung zu 6,17.
f *dieser kleinen ...:* wörtlich *dieser Kleinen;* vgl. Mt 18,6; Mk 9,42.
g *und das gilt entsprechend ...:* verdeutlichender Zusatz; siehe Sacherklärung »Bruder«.

16,18 Mk 10,11 par; 1 Kor 7,10-11 16,25 6,20-21.24-25; 1,51-53 16,29 2 Tim 3,16 17,5 6,13 S; Mt 14,31 S 17,6 Mk 11,23 par; 4,31 par

pflanze dich ins Meer!‹, und er würde euch ge-
horchen.«

Kein Anspruch auf besondere Anerkennung

7 »Stellt euch vor, jemand von euch hat einen
Sklaven* und der kommt vom Pflügen oder
Schafehüten nach Hause. Wird er wohl gleich
als erstes zu ihm sagen: ›Bitte, komm und setz
dich zu Tisch‹?
8 Gewiß nicht! Er wird ihm sagen: ›Mach mir
das Essen fertig, binde dir die Schürze um, und
bediene mich bei Tisch! Wenn ich fertig bin,
kannst du auch essen und trinken.‹
9 Wird er sich etwa bei dem Sklaven bedan-
ken, weil der getan hat, was ihm befohlen war?
10 So ist es auch mit euch. Wenn ihr alles ge-
tan habt, was Gott euch befohlen hat, dann sagt:
›Wir sind Diener, weiter nichts; wir haben nur
getan, was uns aufgetragen war.‹«

Der dankbare Samariter

11 Auf dem Weg nach Jerusalem zog Jesus durch
das Grenzgebiet von Samarien und Galiläa.[a]
12 Als er in ein Dorf ging, kamen ihm zehn Aus-
sätzige* entgegen. Sie blieben in gehörigem Ab-
stand stehen 13 und riefen laut: »Jesus! Herr! Hab
Erbarmen mit uns!«
14 Jesus sah sie und befahl ihnen: »Geht zu
den Priestern und laßt euch eure Heilung bestäti-
gen!«[b]
Und als sie unterwegs waren, wurden sie
tatsächlich gesund.
15 Einer aus der Gruppe kam zurück, als er es
merkte. Laut pries er Gott, 16 warf sich vor Jesus
nieder, das Gesicht zur Erde, und dankte ihm.
Und das war ein Samariter*.
17 Jesus sagte: »Sind nicht alle zehn gesund[c]
geworden? Wo sind dann die anderen neun?
18 Ist keiner zurückgekommen, um Gott die Ehre
zu erweisen, nur dieser Fremde hier?«
19 Dann sagte er zu dem Mann: »Steh auf und
geh nach Hause, dein Vertrauen hat dich ge-
rettet.«

Wann richtet Gott seine Herrschaft auf?

20 Einige Pharisäer* fragten Jesus, wann die Herr-
schaft* Gottes anbrechen werde.
Jesus antwortete: »Ihr dürft nicht nach Vor-
zeichen ausschauen 21 und an allen möglichen
Orten nach ihr suchen! Denn schon jetzt, mitten
unter euch, richtet Gott seine Herrschaft auf!«

Vom Kommen des Menschensohnes

(Mt 24,26-27.37-41; 10,39; 24,28)

22 Dann sagte Jesus zu den Jüngern, den Män-
nern und Frauen:[d] »Es wird die Zeit kommen,
wo ihr euch danach sehnt, auch nur einen Tag
unter der Herrschaft des Menschensohnes* zu
erleben. Aber es wird euch nicht vergönnt sein.
23 Sie werden zu euch sagen: ›Schaut doch
hierher!‹ oder: ›Schaut dorthin!‹ Aber geht nicht
hin und gebt nichts darauf. 24 Wenn sein Tag da
ist, wird der Menschensohn kommen wie ein
Blitz, der mit einem Schlag den ganzen Horizont
ringsum erhellt.
25 Aber zuvor muß er noch vieles erleiden und
von den Menschen dieser Generation verwor-
fen[e] werden.
26 Wenn der Menschensohn kommt, wird es
genauso sein wie zur Zeit Noachs*: 27 Die Men-
schen aßen und tranken und heirateten, wie sie
es gewohnt waren – bis zu dem Tag, an dem
Noach in die Arche* ging. Dann kam die Flut
und vernichtete sie alle.
28 Und es wird auch genauso sein wie in den
Tagen Lots*: Sie aßen und tranken, sie kauften
und verkauften, bestellten das Land und bauten
Häuser, wie sie es gewohnt waren. 29 An dem
Tag aber, an dem Lot die Stadt Sodom* verließ,
fiel Feuer und Schwefel vom Himmel und
vernichtete sie alle. 30 Ganz genauso wird es an
dem Tag sein, an dem der Menschensohn er-
scheint.
31 Wer an jenem Tag gerade auf dem Dach ist
und seine Sachen unten im Haus liegen hat, soll
keine Zeit damit verlieren, erst noch hineinzu-
gehen, um sie zu holen.[f] Und wer gerade auf
dem Feld ist, soll nicht einmal mehr zurück-
schauen, um sein Haus noch einmal zu sehen.[g]
32 Denkt an Lots Frau! 33 Wer sein Leben retten
will, wird es verlieren, und wer es verliert, wird
es retten.
34 Ich sage euch: Von zwei Männern, die in
jener Nacht auf einem Bett schlafen, wird der
eine angenommen, der andere zurückgelassen.

a So der wahrscheinliche Sinn. Wörtlich *mitten durch Samarien* und Galiläa**.
b Wörtlich *zeigt euch den Priestern;* vgl. Lev 14,1-32.
c Wörtlich *rein**.
d *den Männern und Frauen:* verdeutlichender Zusatz; siehe Anmerkung zu 6,17.
e Gemeint ist: als unbrauchbar *verworfen* im Sinn von Psalm 118,22.
f Siehe Anmerkung zu Mk 13,15.
g Wörtlich *soll nicht zurückschauen.*

17,10 1 Kor 9,16-17 **17,11** 13,22 S **17,12** Lev 13,45-46 **17,14** 5,14 S **17,16** 10,33 S **17,19** 7,50 S **17,21** 11,2 S; 10,17-18; 16,16 **17,23** Mk 13,21 par **17,24** Mt 24,27 S **17,25** 9,21-22 S **17,28-29** Gen 19,24-25 **17,31** Mk 13,15-16 par **17,32** Gen 19,26 **17,33** Mt 10,38-39 S

35 Von zwei Frauen, die zusammen Korn mahlen, wird die eine angenommen, die andere zurückgelassen.«[a]

37 Die Jünger fragten: »Wo wird das geschehen, Herr?«

Jesus antwortete ihnen: »Wo Aas liegt, da sammeln sich die Geier.«

Das Gleichnis vom Richter und der Witwe

18 Mit einem Gleichnis* zeigte Jesus seinen Jüngern, den Männern und Frauen,[b] daß sie immer beten müssen und darin nicht nachlassen dürfen. Er erzählte:

2 »In einer Stadt lebte ein Richter, der nicht nach Gott fragte und alle Menschen verachtete. 3 In der gleichen Stadt lebte auch eine Witwe. Sie kam immer wieder zu ihm gelaufen und bat ihn: ›Verhilf mir zu meinem Recht!‹

4 Lange Zeit wollte der Richter nicht, doch schließlich sagte er sich: ›Es ist mir zwar völlig gleichgültig, was Gott und Menschen von mir halten; 5 aber weil die Frau mir lästig wird, will ich dafür sorgen, daß sie ihr Recht bekommt. Sonst kratzt sie mir noch die Augen aus.‹«

6 Und der Herr fuhr fort: »Habt ihr gehört, was dieser korrupte Richter sagt? 7 Wird dann nicht Gott erst recht seinen Erwählten zu ihrem Recht verhelfen, wenn sie Tag und Nacht zu ihm schreien? Wird er sie etwa lange warten lassen? 8 Ich sage euch: Er wird ihnen sehr schnell ihr Recht verschaffen.

Aber wird der Menschensohn*, wenn er kommt, auf der Erde überhaupt noch Menschen finden, die in Treue auf ihn warten?«

Die Beispielgeschichte von dem Pharisäer und dem Zolleinnehmer

9 Dann wandte sich Jesus einigen Leuten zu, die voller Selbstvertrauen meinten, in Gottes Augen untadelig dazustehen, und deshalb für alle anderen nur Verachtung übrig hatten. Er erzählte ihnen folgende Geschichte:

10 »Zwei Männer gingen hinauf in den Tempel*, um zu beten, ein Pharisäer* und ein Zolleinnehmer*.

11 Der Pharisäer stellte sich vorne hin und betete leise bei sich: ›Gott, ich danke dir, daß ich nicht so bin wie die anderen Menschen, alle diese Räuber, Betrüger und Ehebrecher, oder auch wie dieser Zolleinnehmer hier! 12 Ich faste* zwei Tage in der Woche und gebe dir den vorgeschriebenen Zehnten* sogar noch von dem, was ich bei anderen einkaufe!‹[c]

13 Der Zolleinnehmer aber stand ganz hinten und getraute sich nicht einmal, zum Himmel aufzublicken. Er schlug sich zerknirscht an die Brust und sagte: ›Gott, hab Erbarmen mit mir, ich bin ein sündiger Mensch!‹«

14 Jesus schloß: »Ich sage euch, der Zolleinnehmer ging aus dem Tempel in sein Haus hinunter als einer, den Gott für gerecht* erklärt hatte – ganz im Unterschied zu dem Pharisäer. Denn wenn ihr euch selbst groß macht, wird Gott euch demütigen. Und wenn ihr euch selbst geringachtet, wird Gott euch zu Ehren bringen.«

Jesus und die Kinder

(Mt 19,13-15; Mk 10,13-16)

15 Einige Leute wollten auch ihre kleinen Kinder zu Jesus bringen, damit er sie berühre. Als die Jünger* es sahen, fuhren sie die Leute an und wollten sie wegschicken.

16 Doch Jesus rief die Kinder zu sich und sagte: »Laßt die Kinder zu mir kommen und hindert sie nicht, denn für Menschen wie sie steht Gottes neue Welt[d] offen. 17 Ich versichere euch: Wer sich Gottes neue Welt nicht schenken läßt wie ein Kind, wird niemals hineinkommen.«

Die Gefahr des Reichtums

(Mt 19,16-22; Mk 10,17-22)

18 Ein einflußreicher Mann fragte Jesus: »Guter Lehrer*, was muß ich tun, um das ewige Leben zu bekommen?«

19 Jesus antwortete: »Warum nennst du mich gut? Nur einer ist gut, Gott! 20 Und seine Gebote kennst du doch: Du sollst nicht die Ehe brechen, nicht morden, nicht stehlen, nichts Unwahres über deinen Mitmenschen sagen; ehre deinen Vater und deine Mutter!«

21 »Diese Gebote habe ich von Jugend an alle befolgt«, erwiderte der Mann.

22 Als Jesus das hörte, sagte er zu ihm: »Eines fehlt dir noch: Verkauf alles, was du hast, und

a Einige Handschriften fügen hinzu (Vers 36): *Von zwei Männern, die auf dem Feld arbeiten, wird der eine angenommen, der andere zurückgelassen.*
b *den Männern und Frauen:* verdeutlichender Zusatz; siehe Anmerkung zu 6,17.
c Aus Vorsicht für den Fall, daß der Verkäufer die Abgabe des Zehnten versäumt hat.
d Wörtlich *die Königsherrschaft* Gottes;* ebenso im folgenden Vers.

17,37 Ijob 39,30 **18,1** Röm 12,12; Eph 6,18; Phil 4,6; Kol 4,2; 1 Thess 5,17 **18,5** 11,7-8 **18,8** Mt 24,27 S **18,12** Mt 6,16-17; Lk 11,42 par **18,13** 5,8; Ps 51,3.5 **18,14** Ps 51,19; Mt 23,12 S **18,17** Mt 18,3 **18,18** 10,25 par **18,20** Ex 20,12-16 **18,22** 12,33 S; Mt 8,21-22 S

verteil das Geld an die Armen, so wirst du bei Gott einen unverlierbaren Besitz haben. Und dann komm und folge mir!«

23 Als der Mann das hörte, wurde er sehr traurig, denn er war überaus reich.

24 Jesus sah ihn so dastehen und sagte: »Wie schwer haben es doch die Besitzenden, in die neue Welt Gottes[a] zu kommen! 25 Eher kommt ein Kamel durch ein Nadelöhr als ein Reicher in Gottes neue Welt.«

26 Als die Leute das hörten, fragten sie Jesus: »Wer kann dann überhaupt gerettet werden?«

27 Er antwortete: »Was für die Menschen unmöglich ist, das ist für Gott möglich.«

Der Lohn für die, die alles aufgegeben haben

(Mt 19,23-30; Mk 10,23-31)

28 Da sagte Petrus: »Du weißt, wir haben unser Eigentum aufgegeben und sind dir gefolgt.«

29 Jesus wandte sich seinen Jüngern* zu und sagte: »Ich versichere euch: Niemand bleibt unbelohnt, der irgendetwas aufgibt, um die Gute Nachricht* verkünden zu können, daß Gott jetzt seine Herrschaft* aufrichtet. Wer dafür etwas zurückläßt – Haus, Frau, Geschwister oder Eltern oder Kinder –, 30 wird schon in dieser Welt* ein Vielfaches davon wiederbekommen und in der kommenden Welt das ewige Leben.«

Jesus kündigt zum drittenmal seinen Tod an

(Mt 20,17-19; Mk 10,32-34)

31 Jesus nahm die Zwölf* beiseite und sagte zu ihnen: »Hört zu! Wir gehen nach Jerusalem. Dort wird alles in Erfüllung gehen, was die Propheten* über den Menschensohn* geschrieben haben: 32 Er wird den Fremden ausgeliefert werden, die Gott nicht kennen.[b] Er wird verspottet und beleidigt und angespuckt werden. 33 Sie werden ihn auspeitschen und töten, doch am dritten Tag wird er auferstehen.«

34 Die Zwölf verstanden kein Wort. Was Jesus sagte, blieb ihnen verborgen; sie wußten nicht, wovon er sprach.

Jesus heilt einen Blinden

(Mt 20,29-34; Mk 10,46-52)

35 Als Jesus in die Nähe von Jericho kam, saß dort ein Blinder am Straßenrand und bettelte. 36 Er hörte die Menge vorbeiziehen und fragte, was da los sei. 37 Er erfuhr, daß Jesus aus Nazaret[c] vorbeikomme. 38 Da rief er laut: »Jesus, Sohn Davids*! Hab Erbarmen mit mir!«

39 Die Leute, die Jesus vorausgingen, fuhren ihn an, er solle still sein; aber er schrie nur noch lauter: »Sohn Davids, hab Erbarmen mit mir!«

40 Jesus blieb stehen und ließ ihn zu sich holen. Als er herangekommen war, fragte ihn Jesus: 41 »Was soll ich für dich tun?«

Er antwortete: »Herr, ich möchte wieder sehen können!«

42 Jesus sagte: »Du sollst sehen können! Dein Vertrauen hat dich gerettet.«

43 Sofort konnte der Blinde sehen. Er pries Gott und folgte Jesus. Und das ganze Volk, das dabei war, rühmte Gott.

Jesus und Zachäus

19 Jesus ging nach Jericho hinein und zog durch die Stadt.

2 In Jericho lebte ein Mann namens Zachäus. Er war der oberste Zolleinnehmer* in der Stadt und war sehr reich. 3 Er wollte unbedingt sehen, wer dieser Jesus sei. Aber er war klein, und die Menschenmenge versperrte ihm die Sicht. 4 So lief er voraus und kletterte auf einen Maulbeerfeigenbaum*, um Jesus sehen zu können; denn dort mußte er vorbeikommen.

5 Als Jesus an die Stelle kam, schaute er hinauf und redete ihn an: »Zachäus, komm schnell herunter, ich muß heute dein Gast sein!«

6 Zachäus stieg schnell vom Baum und nahm Jesus voller Freude bei sich auf.

7 Alle sahen es und murrten; sie sagten: »Bei einem ausgemachten Sünder ist er eingekehrt!«

8 Aber Zachäus wandte sich an den Herrn und sagte zu ihm: »Herr, ich verspreche dir, ich werde die Hälfte meines Besitzes den Armen geben. Und wenn ich jemand zuviel abgenommen habe, will ich es ihm vierfach zurückgeben.«

9 Darauf sagte Jesus zu ihm: »Heute ist dir und deiner ganzen Hausgemeinschaft die Rettung zuteil geworden! Auch du bist ja ein Sohn Abrahams*. 10 Der Menschensohn* ist gekommen, um die Verlorenen zu suchen und zu retten.«

a Wörtlich *in die Königsherrschaft* Gottes;* ebenso im folgenden Vers.
b *den Fremden …:* siehe Anmerkung zu Mk 10,33. c Wörtlich *Jesus, der Nazoräer*.*

18,27 Ijob 42,2 S **18,29** 14,26 S; 9,59-62 **18,31-34** 9,21-22 S **18,31** 9,51 **18,34** 9,45; 24,45 **18,38-39** Mt 20,30-31 S **18,42** 7,50 S **19,7** Mt 9,10 S **19,8** Ex 21,37; Ez 33,14-16 **19,9** 13,16 S; Apg 16,31 **19,10** Ez 34,16; Lk 5,32 par; 1 Tim 1,15

Jesus kündigt seinen Weggang und seine Wiederkunft an (Das Gleichnis vom anvertrauten Geld)

(Mt 25,14-30)

11 Alle Leute hatten gehört, was Jesus zu Zachäus
sagte. Deshalb, und weil Jesus nun auch schon
nahe bei Jerusalem war, meinten sie, die neue
Welt Gottes[a] werde in allernächster Zukunft an-
brechen. Darum fügte Jesus noch ein Gleichnis*
hinzu. 12 Er sagte:

»Ein Mann von königlicher Herkunft reiste in
ein fernes Land. Dort wollte er sich zum König
über sein eigenes Volk und Land einsetzen las-
sen und danach zurückkehren.[b]

13 Bevor er abreiste, rief er zehn seiner Diener,
gab jedem ein Pfund Silberstücke[c] und sagte zu
ihnen: ›Treibt Handel damit und macht etwas
daraus, bis ich komme!‹

14 Aber seine Landsleute konnten ihn nicht
leiden. Deshalb schickten sie Boten hinter ihm
her, die erklären sollten: ›Wir wollen diesen
Mann nicht als König haben!‹

15 Als er nun König geworden war, kam er
zurück und ließ die Diener rufen, denen er das
Geld anvertraut hatte. Er wollte sehen, was sie
damit erwirtschaftet hatten.

16 Der erste kam und berichtete: ›Herr, dein
Pfund Silberstücke hat zehn weitere Pfund ein-
gebracht.‹

17 ›Sehr gut‹, sagte sein Herr, ›du bist ein tüch-
tiger Diener. Weil du in so kleinen Dingen zuver-
lässig warst, mache ich dich zum Herrn über
zehn Städte.‹

18 Der zweite kam und berichtete: ›Herr, dein
Pfund Silberstücke hat fünf weitere Pfund ein-
gebracht.‹

19 Der Herr sagte zu ihm: ›Dich mache ich
zum Herrn über fünf Städte.‹

20 Ein dritter aber kam und sagte: ›Herr, hier
hast du dein Pfund Silberstücke zurück. Ich habe
es im Tuch verwahrt und immer bei mir getra-
gen.[d] 21 Ich hatte Angst vor dir, weil du ein stren-
ger Mann bist. Du hebst Geld ab, das du nicht
eingezahlt hast,[e] und du erntest, was du nicht
gesät hast.‹

22 Zu ihm sagte der Herr: ›Du Nichtsnutz, du
hast dir selbst das Urteil gesprochen. Du wußtest
also, daß ich ein strenger Mann bin, daß ich ab-
hebe, was ich nicht eingezahlt habe, und ernte,
was ich nicht gesät habe. 23 Warum hast du dann
mein Geld nicht wenigstens auf die Bank ge-
bracht? Dort hätte ich es bei meiner Rückkehr
mit Zinsen wiederbekommen.‹

24 Dann sagte er zu den Umstehenden:
›Nehmt ihm sein Pfund ab und gebt es dem, der
die zehn erwirtschaftet hat.‹

25 Sie wandten ein: ›Herr, der hat doch schon
zehn!‹

26 Aber der König erwiderte: ›Ich sage euch,
wer viel hat, soll noch mehr bekommen. Wer
aber wenig hat, dem wird auch noch das Letzte
weggenommen werden.

27 Nun aber zu meinen Feinden, die mich
nicht als König haben wollten! Bringt sie her und
macht sie vor meinen Augen nieder!‹«

AUSEINANDERSETZUNGEN IN JERUSALEM (19,28–21,4)

Jesus kommt nach Jerusalem

(Mt 21,1-11; Mk 11,1-11; Joh 12,12-19)

28 Nachdem Jesus dieses Gleichnis* erzählt
hatte, zog er weiter, hinauf nach Jerusalem.

29 In der Nähe der Ortschaften Betfage und
Betanien am Ölberg* schickte er zwei seiner
Jünger* fort 30 mit dem Auftrag: »Geht in das
Dorf da drüben! Am Ortseingang werdet ihr
einen jungen Esel angebunden finden, auf dem
noch nie ein Mensch geritten ist. Bindet ihn los
und bringt ihn her! 31 Und wenn euch jemand
fragt: ›Warum bindet ihr den Esel los?‹, dann
antwortet: ›Der Herr braucht ihn.‹«

32 Die beiden gingen hin und fanden alles so,
wie Jesus es ihnen gesagt hatte. 33 Als sie den
Esel losbanden, fragten die Besitzer: »Warum
bindet ihr den Esel los?«

34 »Der Herr braucht ihn«, antworteten sie
35 und brachten ihn zu Jesus. Sie legten ihre
Kleider über das Tier und ließen Jesus auf-
steigen. 36 Während er einherritt, breiteten die

a Wörtlich *die Königsherrschaft* Gottes.*

b Anspielung auf damalige Verhältnisse: Die landeseigenen Könige konnten ihre Herrschaft nur antreten, wenn sie von Rom ermächtigt bzw. in Rom dazu eingesetzt wurden.

c Wörtlich *gab ihnen zehn Minen.* Jeder bekam also eine Mine. Damit ist nicht ein Geldstück, sondern eine (abgewogene) Geldmenge gemeint, die etwa einem Gewicht von 600 g entspricht.

d Wörtlich *habe es im Schweißtuch aufbewahrt,* d. h. im Nackentuch, das gegen die Sonne schützte und in dem man, darin eingebunden, sein Geld bei sich trug.

e *Du hebst ...:* eine sprichwörtliche Wendung für »(hohe) Zinsgewinne machen«.

19,11 24,21; 11,2 S **19,12-13** Mk 13,34; Apg 1,11; 2,33-36 **19,14** Apg 4,17; 5,28; 13,44-46; 28,25-28 **19,17-19** 12,42-44 par; 16,10 **19,26** Mt 25,29 S **19,30** 23,53 **19,35-38** 1 Kön 1,38-40 **19,36** 2 Kön 9,13

anderen Jünger ihre Kleider als Teppich auf die Straße.

[37]Als Jesus dann an die Stelle kam, wo der Weg den Ölberg hinunterführt nach Jerusalem, brach die ganze Menge der Jünger, die Männer und Frauen,[a] in lauten Jubel aus. Sie priesen Gott für all die Wunder, die sie miterlebt hatten. [38]Sie riefen:

»Heil dem König, der im Auftrag des Herrn kommt! Gott hat Frieden* bereitet im Himmel! Ihm in der Höhe gehört alle Ehre!«[b]

[39]Ein paar Pharisäer* riefen aus der Menge: »Lehrer, bring doch deine Jünger zur Vernunft!«

[40]Jesus antwortete: »Ich sage euch, wenn sie schweigen, dann werden die Steine schreien!«

Jesus weint über Jerusalem

[41]Als Jesus sich der Stadt näherte und sie vor sich liegen sah, weinte er [42]und sagte: »Wenn doch auch du heute erkannt hättest, was dir Frieden* bringt! Aber Gott hat dich blind dafür gemacht.[c]

[43]Darum kommt jetzt über dich eine Zeit, da werden deine Feinde einen Wall rings um dich aufwerfen, dich belagern und von allen Seiten einschließen. [44]Sie werden dich und deine Bewohner völlig vernichten und keinen Stein auf dem andern lassen. Denn du hast den Tag nicht erkannt, an dem Gott dir zu Hilfe kommen wollte.«

Jesus im Tempel

(Mt 21,12-17; Mk 11,15-19; Joh 2,13-17)

[45]Jesus ging in den Tempel* und fing an, die Händler hinauszujagen. [46]Dazu sagte er ihnen: »In den Heiligen Schriften* steht, daß Gott erklärt hat: ›Mein Tempel soll eine Stätte sein, an der die Menschen zu mir beten können!‹ Ihr aber habt eine Räuberhöhle daraus gemacht!«

[47]Jesus lehrte jeden Tag im Tempel. Die führenden Priester*, die Gesetzeslehrer* und auch die Ältesten* des Volkes suchten nach einer Möglichkeit, ihn zu töten; [48]aber sie wußten nicht, wie sie es anfangen sollten. Denn das Volk war dauernd um ihn und wollte sich keines seiner Worte entgehen lassen.

Die Frage nach dem Auftraggeber

(Mt 21,23-27; Mk 11,27-33)

20 Eines Tages lehrte Jesus wieder im Tempel und verkündete dem Volk die Gute Nachricht*. Da kamen die führenden Priester*, die Gesetzeslehrer* und auch die Ratsältesten* [2]und fragten: »Sag uns, woher nimmst du das Recht, hier so aufzutreten? Wer hat dir die Vollmacht dazu gegeben?«

[3]Jesus antwortete ihnen: »Auch ich will euch eine Frage stellen. Sagt mir: [4]Woher hatte der Täufer* Johannes den Auftrag zu taufen? Von Gott oder von Menschen?«

[5]Sie überlegten: »Wenn wir sagen ›Von Gott‹, dann wird er fragen: Warum habt ihr dann Johannes nicht geglaubt? [6]Wenn wir aber sagen ›Von Menschen‹, dann wird uns das Volk steinigen*, denn alle sind überzeugt, daß Johannes ein Prophet* war.«

[7]So sagten sie zu Jesus, daß sie es nicht wüßten. [8]»Gut«, erwiderte Jesus, »dann sage ich euch auch nicht, wer mich bevollmächtigt hat.«

Das Gleichnis von den bösen Weinbergspächtern

(Mt 21,33-46; Mk 12,1-12)

[9]Darauf wandte sich Jesus wieder dem Volk zu und erzählte ihm dieses Gleichnis*:

»Ein Mann legte einen Weinberg an. Den verpachtete er und verreiste dann für längere Zeit.

[10]Zum gegebenen Zeitpunkt schickte er einen Boten zu den Pächtern, um seinen Anteil am Ertrag des Weinbergs abholen zu lassen. Aber die Pächter verprügelten den Boten und ließen ihn unverrichteter Dinge abziehen.

[11]Der Besitzer schickte einen zweiten, aber auch den verprügelten sie, behandelten ihn auf die schimpflichste Weise und schickten ihn mit leeren Händen weg.

[12]Er sandte auch noch einen dritten. Den schlugen die Pächter blutig und jagten ihn ebenfalls davon.

a *die Männer und Frauen:* verdeutlichender Zusatz; siehe Anmerkung zu 6,17.

b Wörtlich *Im Himmel Frieden, und Ehre in den Höhen.* Der Ruf ist ein Gegenstück zu dem Ruf der Engel in 2,14. In prophetischer Vorausschau verkündet er als schon vollzogen, was unmittelbar bevorsteht: Gott bereitet Israel und der Welt das Heil *(Frieden*)*, indem er Jesus durch Tod und Auferstehung hindurch zum König an seiner rechten Seite einsetzt (vgl. 9,51; 19,12.15; 24,46-47; Apg 2,36-39).

c *Gott hat dich …:* wörtlich *es wurde verborgen vor deinen Augen.* Die unpersönliche, passivische Redeweise dient der ehrfürchtig scheuen Umschreibung von Gottes Handeln. Mit *auch* am Versanfang wird auf die Jüngerschar hingewiesen (vgl. Verse 37-38).

19,37 2,20; 24,52-53 **19,38** *zit* Ps 118,26; Lk 2,14 S **19,40** Hab 2,11; Lk 19,44; 21,5-6.20-24 **19,41-44** 21,20-24 **19,41** Jer 8,23 S **19,42** Dtn 32,28-29; Lk 2,14 S; (blind) Apg 28,26-27; Röm 11,8.10 **19,44** 21,6 par; (Hilfe) 1,68 S **19,46** *nach* Jes 56,7; Jer 7,11; Lk 5,16 **19,47** 21,37; Mt 26,55 par; Joh 18,20; 7,1 S; Mk 11,18 S **19,48** 20,19 par; 21,38; 22,2 par **20,6** Mt 14,5 **20,9** Jes 5,1-7 S **20,10-12** 2 Chr 36,15-16

13 Da sagte der Besitzer des Weinbergs: ›Was soll ich tun? Ich werde meinen Sohn schicken, dem meine ganze Liebe gilt; vor dem werden sie wohl Respekt haben.‹

14 Aber als die Pächter ihn kommen sahen, sagten sie zueinander: ›Das ist der Erbe! Wir bringen ihn um, dann gehört seine Erbschaft, der Weinberg, uns.‹ 15 So stießen sie ihn aus dem Weinberg hinaus und töteten ihn.

Was wird nun der Besitzer des Weinbergs mit ihnen machen? 16 Er wird kommen und diese bösen Pächter töten und wird den Weinberg anderen anvertrauen.«

Als die Leute das hörten, sagten sie: »Das darf nicht geschehen!«

17 Jesus schaute sie an und sagte: »Was bedeutet denn dieses Wort in den Heiligen Schriften*:

›Der Stein, den die Bauleute als wertlos
weggeworfen haben,
ist zum Eckstein* geworden‹?

18 Wer auf diesen Stein stürzt, wird zerschmettert, und auf wen er fällt, den zermalmt er!«

19 Die Gesetzeslehrer* und die führenden Priester* hätten Jesus am liebsten auf der Stelle festgenommen; denn sie merkten, daß das Gleichnis* auf sie gemünzt war. Aber sie hatten Angst vor dem Volk.

Die Frage nach der Steuer für den Kaiser

(Mt 22,15-22; Mk 12,13-17)

20 Die Gesetzeslehrer* und die führenden Priester* ließen Jesus jetzt nicht mehr aus den Augen. Sie schickten Spitzel zu ihm, die so tun sollten, als ob es ihnen nur um die gewissenhafte Befolgung des Gesetzes* ginge. Die sollten Jesus bei einem verfänglichen Wort ertappen, damit sie ihn an den römischen Statthalter* ausliefern könnten.

21 Diese Leute legten Jesus die Frage vor: »Lehrer, wir wissen, daß du die richtige Lehre hast. Du läßt dich auch nicht von Menschen beeinflussen, selbst wenn sie noch so mächtig sind, sondern sagst uns klar und deutlich, wie wir nach Gottes Willen leben sollen. 22 Sag uns: Ist es uns nach dem Gesetz* Gottes erlaubt, dem römischen Kaiser Steuer zu zahlen, oder nicht?«

23 Jesus durchschaute ihre Hinterlist und sagte zu ihnen: 24 »Zeigt mir eine Silbermünze* her! Wessen Bild und Name ist denn hier aufgeprägt?«

»Das Bild und der Name des Kaisers«, antworteten sie.

25 Da sagte Jesus: »Dann gebt dem Kaiser, was dem Kaiser gehört – aber gebt Gott, was Gott gehört!«

26 So konnten sie ihn vor dem Volk nicht zu einer verfänglichen Aussage verleiten. Sie waren von seiner Antwort so überrascht, daß sie nichts mehr zu sagen wußten.

Werden die Toten auferstehen?

(Mt 22,23-33; Mk 12,18-27)

27 Dann kamen einige Sadduzäer* zu Jesus. Die Sadduzäer bestreiten, daß die Toten auferstehen werden.

28 »Lehrer*«, sagten sie, »Mose hat uns die Vorschrift gegeben: ›Wenn ein Mann stirbt und er hat eine Frau, ist aber kinderlos, dann muß sein Bruder die Witwe heiraten und dem Verstorbenen Nachkommen verschaffen.‹

29 Nun gab es einmal sieben Brüder. Der älteste heiratete und starb kinderlos. 30 Darauf heiratete der zweite die Witwe, 31 darauf der dritte. Und so alle sieben: Sie heirateten die Frau, hinterließen keine Kinder und starben.

32 Zuletzt starb auch die Frau.

33 Wie ist das nun mit dieser Frau bei der Auferstehung der Toten? Wem von den Männern soll sie dann gehören? Sie war ja mit allen sieben verheiratet!«

34 Jesus antwortete: »Heiraten ist eine Sache für diese gegenwärtige Welt. 35 Die Menschen aber, die Gott auferstehen läßt und die in seiner kommenden Welt leben dürfen, werden nicht mehr heiraten. 36 Sie können dann ja auch nicht mehr sterben und brauchen nicht mehr für Nachkommen zu sorgen.[a] Weil sie vom Tod auferstanden sind, sind sie wie die Engel: Sie sind Söhne und Töchter Gottes![b]

37 Daß Gott aber wirklich die Toten auferwecken wird, das hat Mose schon bei der Begegnung am Dornbusch deutlich zu verstehen gegeben, als er den Herrn dort den ›Gott Abrahams, den Gott Isaaks und den Gott Jakobs‹ nannte. 38 Gott ist doch kein Gott von Toten, sondern von Lebenden! Für ihn sind alle lebendig.«

a *und brauchen ...:* verdeutlichender Zusatz.
b Wörtlich *Sie sind Söhne Gottes;* siehe Sacherklärung »Engel«. Die *Töchter* sind sinngemäß hinzugefügt (vgl. Vers 33).

20,13 3,22 S **20,17** *zit* Ps 118,22 **20,18** Dan 2,34-35.44-45; 1 Petr 2,8 S **20,19** 19,48 S **20,20** 11,53-54 **20,25** Röm 13,7 **20,27** Mt 3,7; 16,1.6.11-12; 22,23 par; Apg 4,1-2; 5,17; 23,6-8 **20,28** *nach* Dtn 25,5-6 *und* Gen 38,8 **20,36** Weish 5,5; 1 Joh 3,1-2 **20,37** Ex 3,2.6

39 Einige Gesetzeslehrer* sagten dazu: »Leh-
rer, das war eine gute Antwort.« 40 Die Saddu-
zäer wagten es nämlich nicht mehr, ihm noch
irgendeine weitere Frage zu stellen.

Davids Sohn oder Davids Herr?

(Mt 22,41-46; Mk 12,35-37)

41 Nun wandte Jesus sich an sie alle und fragte:
»Wie läßt sich behaupten, der versprochene Ret-
ter[a] müsse ein Sohn Davids* sein? 42 David
selbst sagt doch im Buch der Psalmen:

›Gott, der Herr, sagte zu meinem Herrn:
Setze dich an meine rechte Seite!
43 Ich will dir deine Feinde unterwerfen,
sie als Schemel unter deine Füße legen.‹

44 David nennt ihn also ›Herr‹ – wie kann er
dann sein Sohn sein?«

Jesus warnt vor den Gesetzeslehrern

(Mk 12,37-40; Mt 23,1.6-7.14)

45 Vor dem ganzen versammelten Volk warnte
Jesus seine Jünger, die Männer und Frauen:[b]
46 »Nehmt euch in acht vor den Gesetzesleh-
rern*! Sie zeigen sich gern in ihren Talaren und
fühlen sich geschmeichelt, wenn sie auf der
Straße respektvoll gegrüßt werden. Beim Gottes-
dienst sitzen sie in der vordersten Reihe, und bei
Festmählern nehmen sie die Ehrenplätze ein.
47 Sie sprechen lange Gebete, um einen guten
Eindruck zu machen; in Wahrheit aber sind sie
Betrüger, die hilflose Witwen um ihren Besitz
bringen. Sie werden einmal besonders streng
bestraft werden.«

Das Opfer der Witwe

(Mk 12,41-44)

21 Jesus blickte auf und sah, wie reiche Leute
ihre Geldspenden in den Opferkasten
warfen. 2 Er sah auch eine arme Witwe, die
steckte nur zwei kleine Kupfermünzen hinein.
3 Da sagte er: »Ich versichere euch: Diese
Witwe hat mehr gegeben als alle anderen. 4 Die
haben alle nur etwas von ihrem Überfluß abge-
geben. Aber diese arme Witwe hat alles herge-
geben, was sie selbst dringend zum Leben ge-
braucht hätte.«

ÜBER DEN UNTERGANG JERUSALEMS UND DAS ENDE DER WELT (21,5-38)

Ankündigung der Zerstörung des Tempels

(Mt 24,1-2; Mk 13,1-2)

5 Einige Leute dort im Tempel* unterhielten sich
über den Bau – über die herrlichen Steine und
die Ausstattung mit kostbaren Weihegeschen-
ken. 6 Da sagte Jesus: »Alles, was ihr da seht,
wird bis auf den Grund zerstört werden. Es
kommt die Zeit, daß kein Stein auf dem andern
bleiben wird.«

Die Zerstörung des Tempels bedeutet noch nicht das Ende der Welt

(Mt 24,3-6; Mk 13,3-7)

7 Da fragten sie ihn: »Lehrer*, wann wird das ge-
schehen, und woran können wir erkennen, daß
es soweit ist?«
8 Jesus antwortete: »Seid auf der Hut und laßt
euch nicht täuschen! Viele werden unter mei-
nem Namen auftreten und von sich behaupten:
›*Ich* bin es![c] Jetzt ist es soweit!‹ Lauft ihnen nicht
nach! 9 Erschreckt auch nicht, wenn ihr von
Krieg und Aufruhr hört. Das muß so kommen,
aber dann kommt noch nicht sofort das Ende.«

Vorzeichen des Weltendes

(Mt 24,7-8; Mk 13,8)

10 Dann sagte er zu ihnen: »Ein Volk wird gegen
das andere kämpfen, ein Staat den andern an-
greifen. 11 Schwere Erdbeben wird es geben und
in vielen Ländern Hungersnöte und Seuchen.
Noch Schrecklicheres wird geschehen, und am
Himmel werden gewaltige Zeichen zu sehen
sein.«

Ein Wort an die Jüngergemeinschaft

(Mt 24,9-14; Mk 13,9-13)

12 »Aber bevor dies alles geschieht, werden sie
euch verfolgen und festnehmen. Weil ihr zu mir
gehört, werdet ihr an die Synagogengerichte*
ausgeliefert und ins Gefängnis geworfen wer-
den. Vor Könige und Statthalter werden sie euch
stellen.
13 Das wird euch Gelegenheit bieten, als
Zeugen für mich auszusagen. 14 Verzichtet aber
bewußt darauf, im voraus festzulegen, wie ihr

a Wörtlich *der Christus**. b *die Männer und Frauen:* verdeutlichender Zusatz; siehe Anmerkung zu 6,17.
c Vgl. Anmerkung zu Joh 8,24.

20,39 Mk 12,32 **20,40** Mt 22,46 S **20,41-44** Mt 20,30-31 S **20,42-43** *nach* Ps 110,1; Mk 12,36 S **20,46** 11,43 par; 14,7 **21,1** 2 Kön 12,10 **21,4** 2 Kor 8,12 **21,6** 19,44 **21,7-24** 17,22-24 **21,10** Mk 13,8 S **21,12-19** Mt 10,17-22 S **21,12** (vor Könige) Apg 12,1-4; 18,12-17; 24,1–26,29 **21,14-15** 12,11-12 S; Apg 6,10

eure Sache vertreten wollt! 15 Ich selbst werde euch Worte eingeben, die keiner von euren Gegnern zu widerlegen weiß; ich werde euch eine Weisheit schenken, der niemand widerstehen kann.

16 Sogar eure Eltern werden euch ausliefern, eure Geschwister, Verwandten und Freunde. Einige von euch werden getötet werden. 17 Alle Menschen werden euch hassen, weil ihr euch zu mir bekennt. 18 Aber nicht ein Haar von eurem Kopf wird verlorengehen. 19 Haltet durch, dann werdet ihr das wahre Leben gewinnen!«

Über die Zerstörung Jerusalems

(Mt 24,15-22; Mk 13,14-20)

20 »Wenn ihr Jerusalem von feindlichen Heeren eingeschlossen seht, dann seid gewiß: Seine Zerstörung steht bevor. 21 Dann sollen die Bewohner Judäas* in die Berge fliehen! Wer in der Stadt ist, soll sie schnell verlassen, und die Leute vom Land sollen nicht in die Stadt gehen! 22 Denn dann kommen die Tage der Vergeltung, an denen alles in Erfüllung geht, was in den Heiligen Schriften* vorausgesagt ist.

23 Weh den Frauen, die dann gerade ein Kind erwarten oder einen Säugling stillen. Denn das ganze Land wird in schreckliche Not kommen, weil Gott über dieses Volk Gericht hält. 24 Die Menschen werden mit dem Schwert erschlagen oder als Gefangene in die ganze Welt verschleppt werden. Jerusalem wird von den Völkern, die Gott nicht kennen,[a] verwüstet werden und wird in Trümmern liegen, bis auch deren Zeit abgelaufen ist.«

Der Weltrichter kommt

(Mt 24,29-32; Mk 13,24-27)

25 »Unheilkündende Zeichen werden zu sehen sein an der Sonne, am Mond und an den Sternen, und auf der Erde werden die Völker zittern und nicht mehr aus und ein wissen vor dem tobenden Meer und seinen Wellen. 26 Die Menschen werden halbtot vor Angst darauf warten, was für Katastrophen die Erde noch heimsuchen werden. Denn die ganze Ordnung des Himmels wird zusammenbrechen.

27 Dann kommt der Menschensohn* auf einer Wolke mit göttlicher Macht und Herrlichkeit, und alle werden ihn sehen.

28 Wenn ihr die ersten Anzeichen von alldem bemerkt, dann richtet euch auf und erhebt freudig den Kopf: Bald werdet ihr gerettet!«

Das Gleichnis vom Feigenbaum

(Mt 24,33-35; Mk 13,28-31)

29 Jesus gebrauchte einen Vergleich; er sagte: »Seht den Feigenbaum an oder die anderen Bäume! 30 Wenn die ersten Blätter herauskommen, dann erkennt ihr daran, daß der Sommer bald da ist. 31 So ist es auch, wenn ihr diese Anzeichen seht. Dann wißt ihr, daß die neue Welt Gottes[b] anbricht.

32 Ich versichere euch: Diese Generation wird das alles noch erleben. 33 Himmel und Erde werden vergehen, aber meine Worte vergehen nicht; sie bleiben gültig für immer und ewig.«

Wach bleiben!

34 »Seht euch vor! Laßt euch nicht vom Rausch umnebeln oder von den Alltagssorgen gefangennehmen! Sonst werdet ihr von jenem Tag unvorbereitet überrascht wie von einer Falle, die zuschlägt. 35 Denn er kommt plötzlich über alle, die auf der Erde leben.

36 Bleibt wach und hört nicht auf zu beten, damit ihr alles, was noch kommen wird, durchstehen und zuversichtlich vor den Menschensohn* treten könnt!«

Jesus, der Lehrer des Volkes

37 Jeden Tag lehrte Jesus im Tempel*. Am Abend ging er dann auf den Ölberg* und blieb die Nacht über dort. 38 Früh am Morgen war schon wieder das ganze Volk im Tempel versammelt und wollte ihn hören.

LEIDEN, TOD UND AUFERSTEHUNG VON JESUS (Kapitel 22–24)

Pläne gegen Jesus

(Mt 26,1-5; Mk 14,1-2; Joh 11,45-53)

22 Es war kurz vor dem Fest der Ungesäuerten Brote*, dem Passafest*. 2 Die führenden Priester* und die Gesetzeslehrer* suchten nach einer Möglichkeit, Jesus zu beseitigen, aber so, daß es kein Aufsehen erregte; denn sie hatten Angst vor dem Volk.

a Herkömmliche Übersetzung *von den Heiden**. b Wörtlich *die Königsherrschaft* Gottes*.

21,16 Mt 10,35 S **21,18** 1 Sam 14,45; Lk 12,7 par **21,19** 17,33; Offb 13,10 **21,20-24** 19,41-44 **21,22** Dtn 32,35; Jer 5,29; Ez 9,1; Dan 9,26; Hos 9,7; Mi 3,12; Lk 11,49-51 par **21,24** Jer 25,11-14 **21,25** Mt 24,29 S; Ps 46,3-4; Weish 5,22 **21,27** Mk 13,26 S **21,32** Mk 9,1 S **21,34-35** 17,26-30 par; 1 Thess 5,1-3 **21,36** Mt 25,13 S; Offb 6,17 **21,37** 19,47; (Ölberg) 22,39 S **22,1** Ex 12,15-20 S; 12,1-14 S **22,2** 19,47-48; Mk 11,18 S

Judas wird zum Verräter

(Mt 26,14-16; Mk 14,10-11)

3 Da fuhr der Satan* in Judas, der auch Iskariot genannt wird. Judas war einer aus dem Kreis der Zwölf*. 4 Er ging zu den führenden Priestern* und den Hauptleuten der Tempelwache* und besprach mit ihnen, wie er ihnen Jesus in die Hände spielen könnte.

5 Sie freuten sich und boten ihm eine Geldsumme an. 6 Judas war einverstanden. Er suchte von da an eine günstige Gelegenheit, Jesus zu verraten, ohne daß das Volk etwas merkte.

Vorbereitungen zum Passamahl

(Mt 26,17-19; Mk 14,12-16)

7 Es kam nun der Tag, von dem an ungesäuertes Brot* gegessen wurde und an dem die Passalämmer geschlachtet werden mußten. 8 Jesus gab Petrus und Johannes den Auftrag: »Geht und bereitet das Passamahl* für uns vor!«

9 »Wo willst du es vorbereitet haben?« fragten sie.

10 Er sagte: »Hört zu! Wenn ihr in die Stadt kommt, werdet ihr einen Mann treffen, der einen Wasserkrug trägt. Folgt ihm in das Haus, in das er geht, 11 und sagt zum Hausherrn dort: ›Unser Lehrer* läßt dich fragen: Welchen Raum kannst du zur Verfügung stellen, daß ich dort mit meinen Jüngern* das Passamahl feiere?‹ 12 Er wird euch ein großes Zimmer im Obergeschoß zeigen, das mit Polstern ausgestattet ist. Dort bereitet alles vor.«

13 Die beiden gingen und fanden alles so, wie Jesus es ihnen gesagt hatte, und sie bereiteten das Passamahl vor.

Jesus feiert mit den Aposteln das Abschiedsmahl

(Mt 26,20-29; Mk 14,17-25; 1 Kor 11,23-25)

14 Als die Stunde gekommen war, setzte sich Jesus zu Tisch und die Apostel* mit ihm. 15 Er sagte: »Ich habe mich sehr danach gesehnt, dieses Passamahl* mit euch zu feiern, bevor ich leiden muß. 16 Denn ich sage euch: Ich werde es erst wieder feiern, wenn das, worauf jedes Passamahl hinweist, in der neuen Welt Gottes[a] zur Erfüllung gekommen ist.«

17 Dann nahm er den Becher mit Wein, sprach darüber das Dankgebet und sagte: »Nehmt diesen Becher und teilt ihn unter euch! 18 Denn ich sage euch: Ich werde erst wieder Wein trinken, wenn die neue Welt Gottes da ist.«

19 Dann nahm Jesus ein Brot, sprach darüber das Dankgebet, brach es in Stücke und gab es ihnen mit den Worten: »Das ist mein Leib, der für euch geopfert wird. Tut das immer wieder, damit unter euch gegenwärtig ist, was ich für euch getan habe!«[b]

20 Ebenso nahm er nach dem Essen den Becher mit Wein und sagte: »Dieser Becher ist Gottes neuer Bund*, der in Kraft gesetzt wird durch mein Blut, das für euch vergossen wird.

21 Aber ihr müßt wissen: Der Verräter sitzt hier mit mir am gleichen Tisch. 22 Der Menschensohn* muß zwar den Weg gehen, der ihm bestimmt ist; aber wehe dem Menschen, der ihn verrät.«

23 Da fingen sie an, einander zu fragen, wer von ihnen es wohl sei, der so etwas tun würde.

Wer ist der Größte?

(Mt 20,25-28; 19,28; Mk 10,42-45)

24 Es kam unter ihnen auch ein Streit darüber auf, wer von ihnen als der Größte zu gelten habe.

25 Da sagte Jesus zu ihnen: »Die Könige der Welt unterdrücken ihre Völker, und die Tyrannen lassen sich ›Wohltäter des Volkes‹ nennen. 26 Bei euch muß es anders sein! Der Größte unter euch muß wie der Geringste werden und der Führende wie einer, der dient. 27 Wer ist denn größer: wer am Tisch sitzt oder wer bedient? Natürlich der am Tisch! Aber ich bin unter euch wie der Diener.

28 Ihr habt mit mir durchgehalten in allen Prüfungen, die ich zu bestehen hatte. 29 Dafür werde ich euch an der Herrschaft beteiligen, die mein Vater mir übertragen hat. 30 Wenn ich meine Herrschaft angetreten habe, werdet ihr an meinem Tisch essen und trinken und über die zwölf Stämme Israels herrschen.«

Jesus und Simon Petrus

(Joh 13,36-38)

31 »Simon, Simon! Paß gut auf! Gott hat dem Satan* erlaubt, euch auf die Probe zu stellen und die Spreu vom Weizen zu scheiden. 32 Aber ich habe für dich gebetet, daß dein Glaube an mich nicht aufhört. Wenn du dann wieder zu mir

a Wörtlich *in der Königsherrschaft* Gottes;* ebenso in Vers 18.
b Wörtlich *Tut das zu meinem Gedenken.* In der Sprache der Bibel bedeutet »Gedenken« nicht ein bloßes Erinnern, sondern zugleich das Gegenwärtigwerden des Erinnerten.

22,3 4,13; 10,18; 22,31.53; Joh 12,4 S **22,7** Ex 12,6 **22,14** 6,13 S **22,20** (neuer Bund) Jer 31,31-34; Ex 24,6-8; Röm 11,27; 1 Kor 11,25; 2 Kor 3,6; Gal 4,24; Hebr 8,6 S **22,21-23** Joh 13,2.21-30 **22,24-26** 9,46-48 par **22,26** Mt 23,11 S **22,27** Joh 13,4-5.12-17 **22,29** 12,32 **22,30** Mt 19,28 S **22,31** 22,3 S; Ijob 1,6-12; 2,1-6 **22,32** Mt 16,18 S; Lk 22,62; 24,34

zurückgefunden hast, mußt du deine Brüder und
Schwestern[a] im Glauben an mich stärken!«
33 Petrus antwortete: »Herr, ich bin bereit, mit
dir ins Gefängnis zu gehen, ja mit dir zu sterben!«
34 Jesus antwortete: »Ich sage dir, Petrus, noch
ehe heute der Hahn kräht, wirst du mich dreimal
verleugnen und behaupten, daß du mich nicht
kennst.«

Von jetzt ab wird für die Jünger alles anders

35 Dann fragte Jesus die Apostel*: »Als ich euch
ohne Geldbeutel, Vorratstasche und Schuhe auf
den Weg schickte, habt ihr da an irgend etwas
Mangel gehabt?«
»Nein, an nichts«, sagten sie.
36 Jesus erwiderte: »Von jetzt ab gilt etwas an-
deres: Wer einen Geldbeutel hat, soll ihn mit-
nehmen, und wer eine Vorratstasche hat, eben-
so! Wer nichts hat als sein Obergewand*, soll es
verkaufen und sich ein Schwert dafür beschaf-
fen. 37 Denn ich sage euch, es muß an mir in Er-
füllung gehen, was in den Heiligen Schriften*
steht: ›Er wurde unter die Verbrecher gezählt.‹
Mit mir geht es jetzt zu Ende.«
38 Die Apostel sagten: »Herr, da haben wir
zwei Schwerter!«
Jesus antwortete: »Ihr versteht mich nicht.«[b]

Jesus betet im Garten Getsemani

(Mt 26,36-46; Mk 14,32-42)

39 Jesus ging wie gewohnt zum Ölberg*, und
seine Jünger* folgten ihm. 40 Als er dort war,
sagte er zu ihnen: »Betet darum, daß ihr in der
kommenden Prüfung nicht versagt.«
41 Dann ging er allein weiter. Einen Steinwurf
von ihnen entfernt kniete er nieder und betete:
42 »Vater, wenn es dein Wille ist, dann erspare es
mir, diesen Kelch trinken zu müssen.[c] Aber dein
Wille soll geschehen, nicht der meine!«
43 Da erschien ihm ein Engel* vom Himmel
und gab ihm Kraft. 44 In seiner Todesangst betete
Jesus noch angespannter, und sein Schweiß
tropfte wie Blut auf den Boden.[d]
45 Als er sich vom Gebet erhob und wieder
zu den Jüngern kam, schliefen sie; so erschöpft
waren sie vor Kummer. 46 »Wie könnt ihr schla-
fen?« sagte er zu ihnen. »Steht auf und betet,
damit ihr in der kommenden Prüfung nicht ver-
sagt!«

Jesus wird verhaftet

(Mt 26,47-56; Mk 14,43-50; Joh 18,3-11)

47 Noch während Jesus das sagte, kam ein Trupp
von Männern, voran Judas, einer von den
Zwölf*. Er ging auf Jesus zu und wollte ihm den
Begrüßungskuß geben. 48 Aber Jesus sagte zu
ihm: »Judas, mit einem Kuß willst du den Men-
schensohn* verraten?«
49 Da merkten auch die Jünger*, was bevor-
stand, und fragten: »Herr, sollen wir mit dem
Schwert zuschlagen?« 50 Und einer von ihnen
hieb auf den Bevollmächtigten des Obersten
Priesters* ein und schlug ihm das rechte Ohr ab.
51 Aber Jesus sagte: »Halt! Hört auf!« Er be-
rührte das Ohr und heilte den Mann.
52 Dann wandte er sich an die führenden Prie-
ster*, die Hauptleute der Tempelwache* und
die Ratsältesten*, die ihn festnehmen wollten:
»Warum rückt ihr hier mit Schwertern und
Knüppeln an; bin ich denn ein Verbrecher?
53 Täglich war ich bei euch im Tempel*, und ihr
seid nicht gegen mich vorgegangen. Aber jetzt
ist eure Stunde gekommen. Jetzt haben die
dunklen Mächte Gewalt über mich.«

Petrus verleugnet Jesus

(Mt 26,57-58.69-75; Mk 14,53-54.66-72; Joh 18,12-18.25-27)

54 Sie nahmen Jesus fest, führten ihn ab und
brachten ihn in das Haus des Obersten Prie-
sters*. Petrus folgte ihnen in weitem Abstand.
55 Im Hof war ein Feuer angezündet. Viele saßen
darum herum, und Petrus setzte sich mitten
unter sie.
56 Eine Dienerin bemerkte ihn im Schein des
Feuers, sah ihn genauer an und sagte: »Der da
war auch mit ihm zusammen!«
57 Aber Petrus stritt es ab: »Frau, ich kenne ihn
überhaupt nicht!«
58 Bald darauf wurde ein Mann auf ihn auf-
merksam und sagte: »Du gehörst doch auch zu
denen!«
Aber Petrus widersprach: »Mensch, ich habe
nichts mit ihnen zu tun!«
59 Etwa eine Stunde später bestand ein ande-
rer darauf und sagte: »Kein Zweifel, der war auch

a Wörtlich *deine Brüder;* vgl. Anmerkung zu 6,17.
b Wörtlich *Es ist genug.* Dies bezieht sich nicht auf die Anzahl der *Schwerter;* Jesus bricht damit das Gespräch ab und weist die Antwort der Apostel zurück.
c *erspare es mir ...:* wörtlich *nimm diesen Kelch von mir.* Zu *Kelch* siehe Anmerkung zu Mk 14,36.
d Die Verse 43-44 fehlen in wichtigen Handschriften und gehören vermutlich nicht zum ursprünglichen Text.

22,33-34 Mk 14,30-31 par **22,34** 22,61 par **22,35** 9,3 par; 10,4 **22,36** Mt 10,34 **22,37** *nach* Jes 53,12 **22,39-46** 5,16 S **22,39** 21,37; Mt 26,30 par; Joh 18,1-2 **22,42** Mk 10,38 S; Mt 6,10 S; Joh 12,27-28 **22,53** 19,47 S; 22,3 S

mit ihm zusammen, er ist doch auch aus Ga-
liläa*.«
[60] Aber Petrus stritt es ab: »Mensch, ich weiß
überhaupt nicht, wovon du sprichst!«
Und sofort, während er noch redete, krähte
ein Hahn.
[61] Der Herr drehte sich um und sah Petrus an.
Da fiel Petrus ein, was er zu ihm gesagt hatte:
»Bevor heute der Hahn kräht, wirst du mich drei-
mal verleugnen und behaupten, daß du mich
nicht kennst.«
[62] Und er ging hinaus und begann, bitter zu
weinen.

Jesus wird verspottet und geschlagen

(Mt 26,67-68; Mk 14,65)

[63] Die Männer, die Jesus bewachten, trieben
ihren Spott mit ihm. [64] Sie warfen ihm ein Tuch
über den Kopf, so daß er nichts sehen konnte;
dann schlugen sie ihn und riefen: »Du bist doch
ein Prophet! Sag uns: Wer war es, der dich
gerade schlug?« [65] Und noch viele andere
Schmähungen mußte er sich gefallen lassen.

Jesus vor dem jüdischen Rat

(Mt 27,1; 26,57.63-65; Mk 15,1; 14,53.61-64; Joh 18,19-24)

[66] Als es Tag wurde, versammelten sich die Älte-
sten* des Volkes, dazu die führenden Priester*
und die Gesetzeslehrer*, und ließen Jesus vor
ihre Ratsversammlung bringen. [67] Sie forderten
ihn auf: »Wenn du Christus* bist, der verspro-
chene Retter, dann sag es uns!«
Jesus antwortete: »Wenn ich es euch sage,
werdet ihr mir nicht glauben, [68] und wenn ich
euch etwas frage, werdet ihr keine Antwort
geben. [69] Aber von nun an wird der Menschen-
sohn* an der rechten Seite des allmächtigen Got-
tes sitzen!«
[70] Da riefen sie alle: »Dann bist du also der
Sohn* Gottes?«
Er antwortete: »Ihr sagt es: Ich bin's.«
[71] Darauf erklärten sie: »Was brauchen wir
noch eine Zeugenaussage? Wir haben es selbst
aus seinem Mund gehört!«

Jesus vor Pilatus

(Mt 27,2.11-14; Mk 15,1-5; Joh 18,28-38)

23 Alle standen auf und brachten Jesus zu
Pilatus. [2] Dort erhoben sie Anklage ge-
gen ihn; sie sagten: »Wir haben festgestellt, daß
dieser Mann unser Volk aufhetzt! Er sagt, wir
sollen keine Steuern mehr an den Kaiser zahlen,
und er sei Christus, der König, den Gott uns als
Retter zu schicken versprach.«[a]
[3] Pilatus fragte ihn: »Bist du der König der
Juden?«
»Du sagst es«, gab Jesus zur Antwort.
[4] Pilatus aber erklärte den führenden Prie-
stern* und der versammelten Volksmenge: »Ich
sehe keinen Grund, diesen Menschen zu ver-
urteilen.«
[5] Aber sie drängten weiter: »Mit seiner Lehre
wiegelt er das Volk auf im ganzen jüdischen
Land. Angefangen hat er in Galiläa*, und jetzt ist
er bis hierher gekommen.«

Jesus vor Herodes Antipas

[6] Als Pilatus das Wort »Galiläa« hörte, fragte er, ob
der Mann aus Galiläa* sei. [7] Es wurde ihm be-
stätigt, daß Jesus aus dem Herrschaftsbereich
von Herodes[b] stamme. Da ließ Pilatus ihn zu
Herodes bringen, der zu dieser Zeit ebenfalls in
Jerusalem war.
[8] Herodes freute sich sehr, als er Jesus sah;
denn er wollte ihn schon lange einmal kennen-
lernen. Er hatte viel von ihm gehört und hoffte
nun, selbst eines seiner Wunder mitzuerleben.
[9] Er stellte ihm viele Fragen, aber Jesus gab keine
Antwort.
[10] Die führenden Priester* und die Gesetzes-
lehrer* stellten sich hin und brachten schwere
Beschuldigungen gegen Jesus vor. [11] Aber Hero-
des und seine Soldaten hatten nur Spott für ihn
übrig. Zum Hohn ließ Herodes ihm ein Prachtge-
wand anziehen und schickte ihn in diesem Auf-
zug zu Pilatus zurück.
[12] Herodes und Pilatus hatten sich früher ge-
haßt, aber an diesem Tag wurden sie Freunde.

Pilatus erklärt Jesus für unschuldig

[13] Pilatus ließ die führenden Priester, die anderen
Mitglieder des jüdischen Rates* und das Volk zu-
sammenrufen [14] und erklärte vor ihnen allen:
»Ihr habt mir diesen Menschen gebracht und be-
hauptet, er wiegle das Volk auf. Nun, ich habe
ihn in eurem Beisein verhört und von den An-
klagen, die ihr gegen ihn vorgebracht habt, keine
einzige bestätigt gefunden. [15] Aber auch Herodes
hat nichts herausgefunden; er hat ihn ja zu uns
zurückgeschickt. Ich stelle also fest: Dieser
Mensch hat nichts getan, worauf die Todesstrafe

a *den Gott uns ...:* verdeutlichender Zusatz; siehe Sacherklärung »Christus«.
b Gemeint ist Herodes Antipas; siehe Sacherklärung »Herodes (3)«.

22,61 22,34; Mk 14,30 par **22,64** 7,16 S **22,67** 9,20; Mk 8,29 S; Joh 4,25 S; Apg 5,42 S; Jer 38,15 **22,69** Mk 12,36 S **22,70** Mt 14,33 S, Lk 1,32.35 **23,2** 20,20-26 par **23,3** Mt 27,11 S **23,7** 3,1 **23,8** 9,9; 13,31-33 **23,11** Mk 15,17 par **23,12** Ps 2,1-2

steht. 16 Deshalb lasse ich ihn jetzt auspeitschen* und gebe ihn frei.«[a]

Das Todesurteil

(Mt 27,15-26; Mk 15,6-15; Joh 18,39–19,16)

18 Aber sie alle miteinander schrien laut: »Weg mit ihm! Gib uns Barabbas frei!«

19 Barabbas hatte sich an einem Aufruhr in der Stadt beteiligt und einen Mord begangen; deshalb saß er im Gefängnis.

20 Pilatus wollte dagegen Jesus freilassen und redete auf die Leute ein. 21 Doch alle schrien: »Ans Kreuz* mit ihm, ans Kreuz!«

22 Pilatus versuchte es ein drittes Mal und sagte zu ihnen: »Was hat er denn verbrochen? Ich habe bei ihm kein Vergehen entdeckt, auf dem die Todesstrafe steht. Deshalb lasse ich ihn jetzt auspeitschen* und gebe ihn frei.«

23 Sie aber setzten ihm weiter zu und forderten mit lautem Geschrei, daß Jesus gekreuzigt werden müsse.

Und ihr Geschrei zeigte Wirkung. 24 Pilatus entschied, daß sie ihren Willen haben sollten. 25 Den, der wegen Aufruhr und Mord im Gefängnis saß und um den sie gebeten hatten, ließ er frei, Jesus aber gab er ihrem Willen preis.

Jesus auf dem Weg zur Hinrichtung

(Mt 27,32; Mk 15,21; Joh 19,17)

26 Sie führten Jesus zur Hinrichtung. Unterwegs hielten die Soldaten einen Mann aus Zyrene mit Namen Simon an, der gerade vom Feld in die Stadt zurückkam. Ihm luden sie das Kreuz* auf, damit er es hinter Jesus hertrage.

27 Eine große Volksmenge folgte Jesus, darunter auch viele Frauen, die sich auf die Brüste schlugen[b] und laut weinten.

28 Aber er drehte sich zu ihnen um und sagte: »Ihr Frauen von Jerusalem! Klagt nicht um mich! Klagt um euch selbst und um eure Kinder! 29 Denn bald kommt die Zeit, daß die Menschen sagen werden: ›Glücklich die Frauen, die keine Kinder bekommen können! Glücklich der Schoß, der nie geboren hat, und die Brüste, die nie gestillt haben!‹ 30 Die Leute werden dann zu den Bergen sagen: ›Stürzt auf uns!‹ und zu den Hügeln: ›Begrabt uns!‹ 31 Denn wenn schon das grüne Holz vom Feuer erfaßt wird, wie wird es dann erst dem dürren ergehen?«

32 Zusammen mit Jesus wurden auch zwei Verbrecher zur Hinrichtung geführt.

Jesus am Kreuz

(Mt 27,33-44; Mk 15,22-32; Joh 19,17-27)

33 Als sie zu der Stelle kamen, die »Schädel« genannt wird, nagelten die Soldaten Jesus ans Kreuz*, und mit ihm die beiden Verbrecher, den einen links von Jesus, den anderen rechts.

34 Jesus sagte: »Vater, vergib ihnen! Sie wissen nicht, was sie tun.«[c]

Dann losten die Soldaten untereinander seine Kleider aus. 35 Das Volk stand dabei und sah bei der Hinrichtung zu.

Die Ratsmitglieder* verhöhnten Jesus: »Anderen hat er geholfen; jetzt soll er sich selbst helfen, wenn er wirklich der ist, den Gott uns zum Retter bestimmt hat!«[d]

36 Auch die Soldaten machten sich lustig über ihn. Sie gingen zu ihm hin, reichten ihm Essig* 37 und sagten: »Hilf dir selbst, wenn du wirklich der König der Juden bist!« 38 Über seinem Kopf hatten sie eine Aufschrift angebracht: »Dies ist der König der Juden.«

39 Einer der Verbrecher, die mit ihm gekreuzigt worden waren, beschimpfte ihn: »Bist du denn nicht der versprochene Retter?[e] Dann hilf dir selbst und uns!«

40 Aber der andere wies ihn zurecht und sagte: »Nimmst du Gott immer noch nicht ernst? Du bist doch genauso zum Tod verurteilt wie er, 41 aber du bist es mit Recht. Wir beide leiden hier die Strafe, die wir verdient haben. Aber der da hat nichts Unrechtes getan!«

42 Und zu Jesus sagte er: »Denk an mich, Jesus, wenn du deine Herrschaft antrittst!«

43 Jesus antwortete ihm: »Ich versichere dir, du wirst noch heute mit mir im Paradies* sein.«

Jesus stirbt

(Mt 27,45-56; Mk 15,33-41; Joh 19,28-30)

44–45 Es war schon etwa zwölf Uhr mittags, da verfinsterte sich die Sonne, und es wurde dunkel im ganzen Land bis um drei Uhr. Dann riß der Vorhang* vor dem Allerheiligsten im Tempel

a Einige Handschriften fügen hinzu (Vers 17): *Weil es so üblich war, mußte Pilatus ihnen an jedem Passafest* einen Gefangenen freigeben.*
b *auf die Brüste:* verdeutlichender Zusatz; siehe Sacherklärung »Trauerbräuche«.
c *Jesus sagte …:* Dieser Versteil fehlt in einigen wichtigen Handschriften.
d *wenn er …:* wörtlich *wenn er der Christus* Gottes ist, der Erwählte.*
e Wörtlich *der Christus*.*

23,18-25 Apg 3,13-14 **23,28** 19,41-44 **23,29** 21,23 par; Jer 16,1-4 **23,30** Hos 10,8; Offb 6,16 **23,31** 1 Petr 4,17 **23,33** Jes 53,12 **23,34** Apg 7,60 S; Ps 22,19 **23,35.36.39** Ps 22,8; 109,35; Lk 2,11 S **23,36** Ps 69,22 **23,37-38** Mt 27,11 S **23,42** Mk 10,37 par **23,44-45** Mt 24,29 S; 27,51 S

mitten durch, [46] und Jesus rief laut: »Vater, ich
gebe mein Leben in deine Hände!« Mit diesen
Worten starb er.

[47] Als der römische Hauptmann, der die Auf-
sicht hatte,[a] dies alles geschehen sah, pries er
Gott und sagte: »Wahrhaftig, dieser Mensch war
unschuldig, er war ein Gerechter!«

[48] Auch all die Leute, die nur aus Schaulust
zusammengelaufen waren, schlugen sich an
die Brust und kehrten betroffen in die Stadt zu-
rück, nachdem sie gesehen hatten, was da ge-
schah.

[49] Alle Freunde von Jesus aber standen weit
entfernt,[b] auch die Frauen, die seit der Zeit
seines Wirkens in Galiläa* mit Jesus gezogen
waren. Die Frauen sahen dies alles mit an.

Jesus wird ins Grab gelegt

(Mt 27,57-61; Mk 15,42-47; Joh 19,38-42)

[50] Es war auch ein Mann da namens Josef.
Obwohl Mitglied des jüdischen Rates*, war er
ein vorbildlicher und gerechter Mensch; [51] er
hatte den Beschlüssen und dem Vorgehen der
anderen Ratsmitglieder nicht zugestimmt. Er
stammte aus der jüdischen Stadt Arimathäa und
lebte in der Erwartung, daß Gott seine Herr-
schaft aufrichten und sein Werk vollenden
werde.[c]

[52] Dieser Mann nun ging zu Pilatus und bat
ihn um den Leichnam von Jesus. [53] Dann nahm
er den Toten vom Kreuz, hüllte ihn in ein Lei-
nentuch und legte ihn in ein Grab, das in einen
Felsen gehauen war. Noch nie war jemand darin
bestattet worden. [54] Das geschah am Freitag, un-
mittelbar vor Beginn des Sabbats*.

[55] Die Frauen, die zusammen mit Jesus aus
Galiläa* gekommen waren, folgten Josef. Sie
sahen das Grab und waren dabei, als der Leich-
nam von Jesus hineingelegt wurde. [56] Dann
kehrten sie in die Stadt zurück und beschafften
sich wohlriechende Salböle. Doch den Sabbat
verbrachten sie in Ruhe, wie das Gesetz* es vor-
schreibt.

Die Frauen am leeren Grab

(Mt 28,1-8; Mk 16,1-8; Joh 20,1-2.11-13)

24 Am Sonntagmorgen* dann, in aller
Frühe, nahmen die Frauen die wohl-
riechenden Öle, die sie sich beschafft hatten,
und gingen zum Grab. [2] Da sahen sie, daß der
Stein vom Grabeingang weggerollt war. [3] Sie
gingen hinein, doch der Leichnam von Jesus,
dem Herrn, war nicht mehr da.

[4] Während sie noch ratlos dastanden, traten
plötzlich zwei Männer in strahlend hellem Ge-
wand zu ihnen.[d] [5] Die Frauen fürchteten sich
und wagten sie nicht anzusehen; sie blickten zu
Boden.

Die beiden sagten zu ihnen: »Was sucht ihr
den Lebenden bei den Toten? [6] Er ist nicht hier;
Gott hat ihn vom Tod auferweckt! Erinnert euch
an das, was er euch schon in Galiläa* gesagt hat:
[7] ›Der Menschensohn* muß den Menschen, den
Sündern, ausgeliefert und ans Kreuz* genagelt
werden und am dritten Tag vom Tod auferste-
hen.‹«

[8] Da erinnerten sich die Frauen an seine
Worte. [9] Sie verließen das Grab und gingen zu
den Elf und allen übrigen, die bei ihnen waren,
und berichteten ihnen alles. [10a] Es waren Maria
aus Magdala und Johanna und Maria, die Mutter
von Jakobus, sowie die anderen Frauen, die mit
ihnen am Grab gewesen waren.

Petrus am leeren Grab

(Joh 20,3-10)

[10b] Als die Frauen den Aposteln* sagten, was sie
erlebt hatten, [11] hielten die es für leeres Gerede
und wollten ihnen nicht glauben. [12] Nur Petrus
stand auf und lief zum Grab. Er schaute hinein
und sah dort nichts als die Leinenbinden liegen.
Darauf ging er wieder zurück und fragte sich ver-
wundert, was da wohl geschehen war.

Jesus begleitet zwei Jünger auf dem Weg nach Emmaus

[13] Am selben Tag gingen zwei, die zu den Jün-
gern* von Jesus gehört hatten, nach dem Dorf
Emmaus*, das zwölf Kilometer von Jerusalem
entfernt lag.[e] [14] Unterwegs unterhielten sie sich
über alles, was geschehen war.

[15] Als sie so miteinander sprachen und alles
hin und her überlegten, kam Jesus selbst hinzu
und ging mit ihnen. [16] Aber sie erkannten ihn
nicht; sie waren wie mit Blindheit geschlagen.

[17] Jesus fragte sie: »Worüber redet ihr denn so
erregt unterwegs?«

Da blieben sie stehen und blickten ganz
traurig drein, [18] und der eine – er hieß Kleopas –
sagte: »Du bist wohl der einzige in Jerusalem,

a *der die Aufsicht hatte:* verdeutlichender Zusatz. b Die Formulierung spielt offenbar auf Ps 38,12; 88,9 an.
c *und lebte …:* wörtlich *er wartete immerzu auf die Königsherrschaft* Gottes.*
d Gemeint sind Engel; siehe Anmerkung zu Mk 16,5. e Griechische Maßangabe *60 Stadien**.

23,46 *nach* Ps 31,6; Apg 7,59 **23,47** Apg 3,14 S **23,49** 8,2-3 S; Ps 38,12; 88,9.19 **23,50-51** 2,25 **23,53** 19,30 par **23,55** 8,2-3 S **23,56** Ex 20,8-10 **24,4-6** Apg 1,10-11 **24,6-7** 9,21-22 S **24,9-11** Mk 16,10-11 **24,10a** 8,2-3 S; 6,13 S **24,13-35** Mk 16,12-13 **24,16** Joh 20,14-15; 21,4

der nicht weiß, was dort in diesen Tagen ge-
schehen ist?«
19 »Was denn?« fragte Jesus.
»Das mit Jesus von Nazaret«, sagten sie. »Er
war ein Prophet*; in Worten und Taten hat er vor
Gott und dem ganzen Volk seine Macht er-
wiesen. 20 Unsere führenden Priester* und die
anderen Ratsmitglieder* haben ihn zum Tod ver-
urteilt und ihn ans Kreuz* nageln lassen. 21 Und
wir hatten doch gehofft, er sei der erwartete Ret-
ter, der Israel befreien soll!
Aber zu alledem ist heute auch schon der
dritte Tag, seitdem dies geschehen ist![a] 22 Und
dann haben uns auch noch einige Frauen, die zu
uns gehören, in Schrecken versetzt. Sie waren
heute früh zu seinem Grab gegangen 23 und
fanden seinen Leichnam nicht mehr dort. Sie
kamen zurück und erzählten, sie hätten Engel*
gesehen, die hätten ihnen gesagt, daß er lebt.
24 Einige von uns sind gleich zum Grab gelau-
fen und haben alles so gefunden, wie es die
Frauen erzählten. Nur ihn selbst sahen sie
nicht.«
25 Da sagte Jesus zu ihnen: »Was seid ihr doch
schwer von Begriff! Warum rafft ihr euch nicht
endlich auf zu glauben, was die Propheten ge-
sagt haben? 26 *Mußte* der versprochene Retter[b]
nicht dies alles erleiden und auf diesem Weg zu
seiner Herrschaft gelangen?«
27 Und Jesus erklärte ihnen die Worte, die sich
auf ihn bezogen, von den Büchern Moses und
der Propheten angefangen durch die ganzen Hei-
ligen Schriften*.

Jesus gibt sich den beiden Jüngern zu erkennen

28 Inzwischen waren sie in die Nähe von Em-
maus gekommen. Jesus tat so, als wollte er wei-
tergehen. 29 Aber sie ließen es nicht zu und sag-
ten: »Bleib doch bei uns! Es geht schon auf den
Abend zu, gleich wird es dunkel!« Da folgte er
ihrer Einladung und blieb bei ihnen.
30 Als er dann mit ihnen zu Tisch saß, nahm er
das Brot, sprach das Segensgebet darüber, brach
es in Stücke und gab es ihnen. 31 Da gingen
ihnen die Augen auf, und sie erkannten ihn.
Aber im selben Augenblick verschwand er vor
ihnen.
32 Sie sagten zueinander: »Brannte es nicht
wie ein Feuer in unserem Herzen, als er unter-
wegs mit uns sprach und uns den Sinn der Hei-
ligen Schriften* aufschloß?« 33 Und sie machten
sich sofort auf den Rückweg nach Jerusalem.
Als sie dort ankamen, waren die Elf mit allen
übrigen versammelt 34 und riefen ihnen zu: »Der
Herr ist wirklich auferweckt worden! Er hat sich
Simon gezeigt!«
35 Da erzählten sie ihnen, was sie selbst unter-
wegs erlebt hatten und wie sie den Herrn er-
kannten, als er das Brot brach und an sie aus-
teilte.

Jesus zeigt sich dem ganzen Jüngerkreis in Jerusalem

(Joh 20,19-29)

36 Während die beiden noch erzählten, stand
plötzlich der Herr selbst mitten unter ihnen. Er
grüßte sie: »Frieden* sei mit euch!«
37 Sie erschraken und fürchteten sich; denn
sie meinten, einen Geist zu sehen.
38 Aber er sagte: »Warum seid ihr so er-
schrocken? Warum kommen euch solche Ge-
danken? 39 Schaut mich doch an, meine Hände,
meine Füße, dann erkennt ihr, daß ich es wirk-
lich bin! Faßt mich an und überzeugt euch; ein
Geist hat doch nicht Fleisch und Knochen wie
ich!«
40 Während er das sagte, zeigte er ihnen seine
Hände und seine Füße.
41 Als sie es in ihrer Freude und Verwunde-
rung noch immer nicht fassen konnten, fragte
er: »Habt ihr etwas zu essen hier?« 42 Da gaben
sie ihm ein Stück gebratenen Fisch, 43 und er
nahm es und aß es vor ihren Augen.

Die letzten Worte von Jesus

44 Dann sagte er zu ihnen: »Als ich noch mit
euch zusammen war, habe ich euch gesagt:
›Alles, was im Gesetz*, in den Schriften der Pro-
pheten* und in den Psalmen über mich steht,
muß in Erfüllung gehen.‹« 45 Und er half
ihnen, die Heiligen Schriften* richtig zu ver-
stehen.
46 »Hier steht es geschrieben«, erklärte er
ihnen: »Der versprochene Retter[c] muß leiden
und sterben und am dritten Tag vom Tod auf-

a Dahinter steht die volkstümliche Vorstellung, daß der Lebensgeist eines Verstorbenen noch bis zu drei Tagen den Leichnam umschwebt und eventuell in ihn zurückkehren kann.
b Wörtlich *der Christus**. *c* Wörtlich *Der Christus**.

24,19 7,16 S; Apg 2,22 **24,21** 1,68; 2,38 S; 19,11 **24,24** 24,12; Joh 20,3-10 **24,26** Apg 14,22 **24,27** 24,44 S **24,28** Mk 6,48; Offb 3,20 **24,30** 9,16; 22,19 **24,34** 1 Kor 15,5 **24,36-39** Mk 16,14-16 **24,36** 1 Kor 15,5; Lk 2,14 S **24,37** Mk 6,49 par **24,40** Joh 20,20 **24,41-43** 24,30-31; Joh 21,5.10; Apg 10,41 **24,44** 24,27; (Gesetz) Joh 5,46 S; (Propheten) Jes 52,13–53,12; (Psalmen) Ps 22,2.8-9.16.19; 69,5.10.22 **24,45** 24,27.32 **24,46** 22,67 S; (geschrieben) Mk 14,49 par; 1 Kor 15,3-4; Apg 3,18; 17,2-3; 28,23

erstehen. 47 Und den Menschen aller Völker
muß verkündet werden, daß ihnen um seinetwillen Umkehr* zu Gott und Vergebung der Schuld angeboten wird. In Jerusalem muß der
Anfang gemacht werden. 48 Ihr seid Zeugen geworden von allem, was geschehen ist, und sollt es überall bezeugen!

49 Ich aber werde den Geist*, den mein Vater versprochen hat, zu euch senden. Wartet hier in der Stadt, bis das eintritt und ihr mit der Kraft von oben gestärkt werdet.«

Jesus nimmt Abschied

50 Darauf führte Jesus sie aus der Stadt hinaus nach Betanien. Dort erhob er die Hände, um sie
zu segnen. 51 Und während er sie segnete, entfernte er sich von ihnen und wurde zum Himmel emporgehoben.

52 Sie aber warfen sich vor ihm nieder. Dann kehrten sie voller Freude nach Jerusalem
zurück. 53 Sie verbrachten ihre ganze Zeit im Tempel* und priesen Gott.

24,47 Apg 2,38; 5,31; 11,18; 17,30-31; 20,21; (Anfang) Apg 1,8; Röm 15,19 **24,48-49** Apg 5,32; Joh 15,26-27 **24,48** Apg 1,8 S **24,49** 4,18 S **24,50** Sir 50,20-21 **24,51** Apg 1,9; 3,21; Mk 16,19; Lk 9,51 **24,52** Apg 1,12 **24,53** Apg 2,46; 5,12

sehen. Nur der Eine, der selbst Gott ist[a] und mit
dem Vater in engster Gemeinschaft steht, hat
uns gesagt und gezeigt, wer Gott ist.

Die Zeugenaussage des Täufers

(Mt 3,1-12; Mk 1,1-8; Lk 3,1-18)

19 Die führenden Männer[b] aus Jerusalem schick-
ten Priester und Leviten* zu Johannes. Die soll-
ten ihn fragen: »Wer bist du?«
Da machte Johannes seine Zeugenaussage;
20 er wich der Antwort nicht aus, sondern be-
zeugte mit aller Deutlichkeit: »Ich bin nicht der
versprochene Retter[c].«
21 »Wer bist du dann?« fragten sie ihn. »Bist du
Elija?«
»Nein, der bin ich auch nicht.«
»Bist du der erwartete Prophet*?«
»Nein.«
22 »Sag uns, wer du bist«, forderten sie. »Die
Männer, die uns geschickt haben, verlangen
eine Antwort von uns. Was sagst du selbst von
dir?«
23 Johannes antwortete: »Der Prophet Jesaja
hat von mir gesprochen. Ich bin die Stimme, die
in der Wüste ruft: ›Macht den Weg bereit, auf
dem der Herr kommt!‹«
24 Unter den Abgesandten waren auch Pha-
risäer*. 25 Sie fragten Johannes: »Wenn du weder
der versprochene Retter bist noch Elija und auch
nicht der Prophet, warum taufst* du dann die
Leute?«
26 Johannes antwortete: »Ich taufe nur mit
Wasser. Aber mitten unter euch steht schon der,
den ihr nicht kennt: 27 er, der nach mir kommt.
Ich bin nicht gut genug, ihm die Schuhe aufzu-
binden.«
28 Das ereignete sich in Betanien auf der ande-
ren Seite des Jordans, wo Johannes taufte.

Das Gotteslamm

29 Als Johannes am nächsten Tag Jesus auf sich
zukommen sah, sagte er: »Seht dort das Opfer-
lamm* Gottes, das die Schuld der ganzen Welt
wegnimmt. 30 Von ihm habe ich gesprochen, als
ich sagte: ›Nach mir kommt einer, der über mir
steht; denn bevor ich geboren wurde, war er
schon da.‹ 31 Auch ich kannte ihn vorher nicht.
Aber eben deshalb bin ich gekommen und habe
mit Wasser getauft*, damit er in Israel bekannt
wird.«
32 Johannes machte dazu folgende Zeugen-
aussage: »Ich sah, daß der Geist* Gottes wie
eine Taube vom Himmel auf ihn kam und bei
ihm blieb. 33 Vorher wußte ich nicht, daß er es
war. Aber Gott, der mir den Auftrag gab, mit
Wasser zu taufen, hatte zu mir gesagt: ›Wenn du
einen siehst, auf den sich der Geist niederläßt
und bei dem er bleibt, dann weißt du: Das ist
der, der mit dem Heiligen Geist tauft.‹ 34 Das
habe ich gesehen«, sagte Johannes, »und ich
verbürge mich dafür, daß dieser der Sohn* Got-
tes ist.«

Die ersten Jünger

35 Am nächsten Tag stand Johannes an derselben
Stelle, und zwei von seinen Jüngern* waren bei
ihm. 36 Als er Jesus vorbeigehen sah, sagte er:
»Seht dort das Opferlamm* Gottes.« 37 Die bei-
den hörten es und gingen Jesus nach.
38 Jesus drehte sich um, sah, daß sie ihm folg-
ten, und fragte: »Was sucht ihr?«
Sie antworteten: »Wo wohnst du, Rabbi*?« –
Rabbi bedeutet Lehrer.
39 »Kommt, dann werdet ihr es sehen!« ant-
wortete er. Sie gingen mit ihm, sahen, wo er
wohnte, und verbrachten den Rest des Tages mit
ihm. Es war ungefähr vier Uhr nachmittags.
40 Der eine von den beiden, die Johannes
reden gehört hatten und Jesus gefolgt waren,
war Andreas, der Bruder von Simon Petrus.
41 Als er bald darauf seinen Bruder Simon traf,
sagte er zu ihm: »Wir haben den Messias ge-
funden, den versprochenen Retter.«[d] 42 Dann
brachte er ihn zu Jesus.
Jesus sah ihn an und sagte: »Du bist Simon,
der Sohn von Johannes. Du wirst einmal Kephas
genannt werden.« Kephas ist das hebräische*
Wort für Petrus (Fels).

Philippus und Natanaël

43 Am Tag darauf wollte Jesus nach Galiläa* auf-
brechen. Er traf Philippus und forderte ihn auf:

a *Nur der Eine …:* wörtlich *Der einzig-artige Gott.* Das griechische Wort für »einzig-artig« wird auch im Sinn von »einzig-geboren« verwendet, was aber im Zusammenhang mit »Gott« nicht paßt. Deshalb haben viele Handschriften statt »Gott« das Wort »Sohn« verwendet (vgl. 3,18; siehe auch Sacherklärung »eingeboren«).
b *die führenden Männer:* wörtlich *die Juden.* Bei Johannes wird diese Bezeichnung mit verschiedenen Bedeutungen verwendet. Die Übersetzung verdeutlicht, wer im jeweiligen Zusammenhang damit gemeint ist. Johannes wählt jedoch die umfassende Bezeichnung, weil die ablehnende Haltung »der Juden« bei ihm beispielhaft für den Widerstand der gottfeindlichen »Welt« gegen Jesus steht (siehe eingehender Sacherklärung »Juden«).
c Wörtlich *der Christus*.* d Wörtlich *den Messias, das heißt übersetzt Christus*.*

1,21 (Elija) Mt 11,14 S; (Prophet) Joh 6,14 S **1,23** *nach* Jes 40,3 **1,28** 10,40 **1,29** (Opferlamm) 1,36; 1 Joh 2,2; Jes 53,6-7; 1 Petr 1,19; Offb 5,6 **1,30** 1,15 **1,32** Mk 1,10 par **1,34** (Sohn Gottes) 1,49; 5,19-23; 10,36; 11,27; 20,31; 5,18 S; Mt 3,17 S; 27,54 S; Apg 9,20 **1,36** 1,29 S **1,40-42** Mk 1,16-18 par **1,41** 4,25 S **1,42** Mt 10,2; 16,18 S

DIE GUTE NACHRICHT NACH JOHANNES
(Johannes-Evangelium)

Inhaltsübersicht

JESUS, DAS EWIGE WORT; DER TÄUFER UND DIE ERSTEN JÜNGER (Kapitel 1)

Jesus Christus – Gottes Wort von Ewigkeit her

1 Am Anfang[a] war das Wort*.
Das Wort war bei Gott,
und in allem war es Gott gleich.
2 Von Anfang an war es bei Gott.
3 Alles wurde durch das Wort geschaffen;
und ohne das Wort ist nichts entstanden.[b]
4 In ihm war das Leben,
und dieses Leben war das Licht
für die Menschen.
5 Das Licht strahlt in der Dunkelheit,
aber die Dunkelheit hat sich ihm verschlossen.

6 Es trat einer auf, den Gott gesandt hatte; er hieß
Johannes. 7 Er sollte Zeuge sein für das Licht und
alle darauf hinweisen, damit sie es erkennen
und annehmen.[c] 8 Er selbst war nicht das Licht;
er sollte nur auf das Licht hinweisen. 9 Das
wahre Licht, das in die Welt gekommen ist und
nun allen Menschen leuchtet, ist Er, der das
Wort ist.[d]

10 Er, das Wort, war schon immer in der Welt,
die Welt ist durch ihn geschaffen worden,
und doch erkannte sie ihn nicht.
11 Er kam in seine eigene Schöpfung,
doch seine Geschöpfe, die Menschen,
wiesen ihn ab.[e]
12 Aber allen, die ihn aufnahmen
und ihm Glauben* schenkten,
verlieh er das Recht,
Kinder Gottes zu werden.
13 – Das werden sie nicht durch natürliche Ge-
burt oder menschliches Wollen und Machen,
sondern weil Gott ihnen ein neues Leben gibt. –

14 Er, das Wort, wurde ein Mensch,
ein wirklicher Mensch von Fleisch und Blut.[f]
Er lebte unter uns,
und wir sahen seine Macht und Hoheit,
die göttliche Hoheit,
die ihm der Vater gegeben hat,
ihm, seinem einzigen Sohn*.
Gottes ganze Güte und Treue
ist uns in ihm begegnet.

15 Johannes trat als Zeuge für ihn auf und rief:
»Das ist der, von dem ich sagte: ›Nach mir
kommt einer, der über mir steht; denn bevor ich
geboren wurde, war er schon da.‹«

16 Aus seinem Reichtum
hat er uns beschenkt,
uns alle mit grenzenloser Güte überschüttet.

17 Durch Mose gab Gott uns das Gesetz*, in
Jesus Christus aber ist uns seine Güte und Treue
begegnet. 18 Kein Mensch hat Gott jemals ge-

a Anspielung auf Gen 1,1.
b Wörtlich *und ohne es entstand auch nicht eines, was entstanden ist.* Aufgrund einer anderen Satzeinteilung, die von den frühen Kirchenvätern bevorzugt wurde, ergibt sich die Übersetzung *… auch nicht eines. Was entstanden ist – [4] in ihm war das Leben (dafür).* Doch meint *Leben* in der »Guten Nachricht nach Johannes« immer »Leben in voller Gemeinschaft mit Gott«, »ewiges Leben« und nicht das naturhaft-biologische Leben.
c Wörtlich *damit alle durch ihn zum Glauben* kommen.*
d *der das Wort ist:* verdeutlichender Zusatz. Im Griechischen ist *Wort* grammatisch nicht ein Neutrum, sondern männlich: *der Logos.* Das *Wort* ist deshalb von Anfang an als Person kenntlich.
e Andere Deutung: *Er kam in sein eigenes Land, doch sein eigenes Volk wies ihn ab;* vgl. Sir 24,7-11.
f *Er, das Wort …:* wörtlich *Das Wort wurde Fleisch** (vgl. Sacherklärung »Gnosis«).

1,1-2 17,5; 1 Joh 1,1-2; Gen 1,1–2,4a; Phil 2,6 **1,3** 1,10; 1 Kor 8,6; Kol 1,16-17; Weish 9,1; Hebr 1,2 **1,4** 5,26; 8,12 S **1,6** Mk 1,4 par **1,8** 1,20 **1,9** 8,12 S **1,10** 17,25 **1,12** 1 Joh 3,1 S; Gal 3,26; 4,5; Eph 1,5 **1,13** 3,5-6; 1 Petr 1,23 **1,14** Gal 4,4; Phil 2,7; 1 Tim 3,16; Hebr 2,14; 1 Joh 4,2; Bar 3,38; Sir 24,7-22; (sahen) 1 Joh 1,1-3; (Güte) Ex 34,6 S **1,15** 1,30 **1,17** 7,19; Ex 31,18 **1,18** 6,46; 14,8-9; 1 Joh 4,12; 1 Tim 6,16; Ex 33,20 S; Mt 11,27

der nicht weiß, was dort in diesen Tagen ge-
schehen ist?«
19 »Was denn?« fragte Jesus.
»Das mit Jesus von Nazaret«, sagten sie. »Er
war ein Prophet*; in Worten und Taten hat er vor
Gott und dem ganzen Volk seine Macht er-
wiesen. 20 Unsere führenden Priester* und die
anderen Ratsmitglieder* haben ihn zum Tod ver-
urteilt und ihn ans Kreuz* nageln lassen. 21 Und
wir hatten doch gehofft, er sei der erwartete Ret-
ter, der Israel befreien soll!
Aber zu alledem ist heute auch schon der
dritte Tag, seitdem dies geschehen ist![a] 22 Und
dann haben uns auch noch einige Frauen, die zu
uns gehören, in Schrecken versetzt. Sie waren
heute früh zu seinem Grab gegangen 23 und
fanden seinen Leichnam nicht mehr dort. Sie
kamen zurück und erzählten, sie hätten Engel*
gesehen, die hätten ihnen gesagt, daß er lebt.
24 Einige von uns sind gleich zum Grab gelau-
fen und haben alles so gefunden, wie es die
Frauen erzählten. Nur ihn selbst sahen sie
nicht.«
25 Da sagte Jesus zu ihnen: »Was seid ihr doch
schwer von Begriff! Warum rafft ihr euch nicht
endlich auf zu glauben, was die Propheten ge-
sagt haben? 26 *Mußte* der versprochene Retter[b]
nicht dies alles erleiden und auf diesem Weg zu
seiner Herrschaft gelangen?«
27 Und Jesus erklärte ihnen die Worte, die sich
auf ihn bezogen, von den Büchern Moses und
der Propheten angefangen durch die ganzen Hei-
ligen Schriften*.

Jesus gibt sich den beiden Jüngern zu erkennen

28 Inzwischen waren sie in die Nähe von Em-
maus gekommen. Jesus tat so, als wollte er wei-
tergehen. 29 Aber sie ließen es nicht zu und sag-
ten: »Bleib doch bei uns! Es geht schon auf den
Abend zu, gleich wird es dunkel!« Da folgte er
ihrer Einladung und blieb bei ihnen.
30 Als er dann mit ihnen zu Tisch saß, nahm er
das Brot, sprach das Segensgebet darüber, brach
es in Stücke und gab es ihnen. 31 Da gingen
ihnen die Augen auf, und sie erkannten ihn.
Aber im selben Augenblick verschwand er vor
ihnen.
32 Sie sagten zueinander: »Brannte es nicht
wie ein Feuer in unserem Herzen, als er unter-
wegs mit uns sprach und uns den Sinn der Hei-
ligen Schriften* aufschloß?« 33 Und sie machten
sich sofort auf den Rückweg nach Jerusalem.
Als sie dort ankamen, waren die Elf mit allen
übrigen versammelt 34 und riefen ihnen zu: »Der
Herr ist wirklich auferweckt worden! Er hat sich
Simon gezeigt!«
35 Da erzählten sie ihnen, was sie selbst unter-
wegs erlebt hatten und wie sie den Herrn er-
kannten, als er das Brot brach und an sie aus-
teilte.

Jesus zeigt sich dem ganzen Jüngerkreis in Jerusalem

(Joh 20,19-29)

36 Während die beiden noch erzählten, stand
plötzlich der Herr selbst mitten unter ihnen. Er
grüßte sie: »Frieden* sei mit euch!«
37 Sie erschraken und fürchteten sich; denn
sie meinten, einen Geist zu sehen.
38 Aber er sagte: »Warum seid ihr so er-
schrocken? Warum kommen euch solche Ge-
danken? 39 Schaut mich doch an, meine Hände,
meine Füße, dann erkennt ihr, daß ich es wirk-
lich bin! Faßt mich an und überzeugt euch; ein
Geist hat doch nicht Fleisch und Knochen wie
ich!«
40 Während er das sagte, zeigte er ihnen seine
Hände und seine Füße.
41 Als sie es in ihrer Freude und Verwunde-
rung noch immer nicht fassen konnten, fragte
er: »Habt ihr etwas zu essen hier?« 42 Da gaben
sie ihm ein Stück gebratenen Fisch, 43 und er
nahm es und aß es vor ihren Augen.

Die letzten Worte von Jesus

44 Dann sagte er zu ihnen: »Als ich noch mit
euch zusammen war, habe ich euch gesagt:
›Alles, was im Gesetz*, in den Schriften der Pro-
pheten* und in den Psalmen über mich steht,
muß in Erfüllung gehen.‹« 45 Und er half
ihnen, die Heiligen Schriften* richtig zu ver-
stehen.
46 »Hier steht es geschrieben«, erklärte er
ihnen: »Der versprochene Retter[c] muß leiden
und sterben und am dritten Tag vom Tod auf-

a Dahinter steht die volkstümliche Vorstellung, daß der Lebensgeist eines Verstorbenen noch bis zu drei Tagen den Leichnam umschwebt und eventuell in ihn zurückkehren kann.
b Wörtlich *der Christus**. *c* Wörtlich *Der Christus**.

24,19 7,16 S; Apg 2,22 **24,21** 1,68; 2,38 S; 19,11 **24,24** 24,12; Joh 20,3-10 **24,26** Apg 14,22 **24,27** 24,44 S **24,28** Mk 6,48; Offb 3,20 **24,30** 9,16; 22,19 **24,34** 1 Kor 15,5 **24,36-39** Mk 16,14-16 **24,36** 1 Kor 15,5; Lk 2,14 S **24,37** Mk 6,49 par **24,40** Joh 20,20 **24,41-43** 24,30-31; Joh 21,5.10; Apg 10,41 **24,44** 24,27; (Gesetz) Joh 5,46 S; (Propheten) Jes 52,13–53,12; (Psalmen) Ps 22,2.8-9.16.19; 69,5.10.22 **24,45** 24,27.32 **24,46** 22,67 S; (geschrieben) Mk 14,49 par; 1 Kor 15,3-4; Apg 3,18; 17,2-3; 28,23

erstehen. 47 Und den Menschen aller Völker
muß verkündet werden, daß ihnen um seinet-
willen Umkehr* zu Gott und Vergebung der
Schuld angeboten wird. In Jerusalem muß der
Anfang gemacht werden. 48 Ihr seid Zeugen ge-
worden von allem, was geschehen ist, und sollt
es überall bezeugen!

49 Ich aber werde den Geist*, den mein Vater
versprochen hat, zu euch senden. Wartet hier in
der Stadt, bis das eintritt und ihr mit der Kraft
von oben gestärkt werdet.«

Jesus nimmt Abschied

50 Darauf führte Jesus sie aus der Stadt hinaus
nach Betanien. Dort erhob er die Hände, um sie
zu segnen. 51 Und während er sie segnete, ent-
fernte er sich von ihnen und wurde zum Him-
mel emporgehoben.

52 Sie aber warfen sich vor ihm nieder. Dann
kehrten sie voller Freude nach Jerusalem
zurück. 53 Sie verbrachten ihre ganze Zeit im
Tempel* und priesen Gott.

24,47 Apg 2,38; 5,31; 11,18; 17,30-31; 20,21; (Anfang) Apg 1,8; Röm 15,19 **24,48-49** Apg 5,32; Joh 15,26-27 **24,48** Apg 1,8 S **24,49** 4,18 S **24,50** Sir 50,20-21 **24,51** Apg 1,9; 3,21; Mk 16,19; Lk 9,51 **24,52** Apg 1,12 **24,53** Apg 2,46; 5,12

»Komm, folge mir!« 44 Philippus stammte wie
Andreas und Petrus aus Betsaida.
45 Philippus wiederum traf Natanaël und
sagte zu ihm: »Wir haben den gefunden, über
den Mose im Gesetz* geschrieben hat und den
die Propheten* angekündigt haben. Es ist Jesus
aus Nazaret, der Sohn Josefs.«
46 »Kann aus Nazaret etwas Gutes kommen?«
fragte Natanaël.
Philippus antwortete: »Komm mit und überzeuge dich selbst!«
47 Als Jesus Natanaël kommen sah, sagte er:
»Da kommt ein wahrer Israelit, ein Mann ohne
Falschheit.«
48 Natanaël fragte ihn: »Woher kennst du
mich?«
Jesus antwortete: »Bevor Philippus dich rief,
habe ich dich unter dem Feigenbaum gesehen.«
49 Da sagte Natanaël: »Rabbi*, du bist der
Sohn* Gottes! Du bist der König von Israel!«
50 Jesus sagte: »Glaubst du das jetzt, weil ich
dir sagte, daß ich dich unter dem Feigenbaum
sah? Du wirst noch viel größere Dinge erleben.«
51 Und er fuhr fort: »Amen*, ich versichere
euch: Ihr werdet den Himmel offen sehen und
erleben, wie die Engel Gottes zum Menschensohn* herab- und von ihm zum Himmel hinaufsteigen!«[a]

DAS ÖFFENTLICHE WIRKEN VON JESUS (Kapitel 2–12)

Die Hochzeit in Kana

2 Am dritten Tag[b] wurde in Kana in Galiläa*
eine Hochzeit gefeiert. Die Mutter von Jesus
war dabei, 2 und auch Jesus war mit seinen Jüngern* dazu eingeladen.
3 Als der Weinvorrat zu Ende war, sagte seine
Mutter zu ihm: »Sie haben keinen Wein mehr!«
4 Jesus erwiderte ihr: »Frau,[c] das ist meine
Sache, nicht deine! Meine Stunde ist noch nicht
gekommen.«
5 Da wandte sich seine Mutter an die Diener
und sagte: »Tut alles, was er euch befiehlt!«
6 Im Haus standen sechs Wasserkrüge aus
Stein, von denen jeder etwa hundert Liter[d] faßte.
Man brauchte sie wegen der Reinigung*, die das
Gesetz* vorschreibt.
7 Jesus sagte zu den Dienern: »Füllt diese
Krüge mit Wasser!« Sie füllten sie bis an den
Rand. 8 Dann befahl er ihnen: »Jetzt nehmt eine
Probe davon und bringt sie dem Mann, der für
das Festessen verantwortlich ist.«
Sie brachten ihm eine Probe, 9 und er kostete
das Wasser, das zu Wein geworden war. Er
wußte nicht, woher dieser Wein kam; nur die
Diener, die das Wasser geschöpft hatten, wußten
es. Er rief den Bräutigam zu sich 10 und sagte:
»Jeder bringt doch zuerst den guten Wein auf
den Tisch, und wenn die Gäste schon reichlich
getrunken haben, folgt der schlechtere. Aber du
hast den guten Wein bis zuletzt aufgehoben!«
11 So vollbrachte Jesus in Kana in Galiläa sein
erstes Wunderzeichen* und offenbarte seine
Herrlichkeit*. Und seine Jünger kamen zum
Glauben* an ihn. 12 Danach ging er mit seiner
Mutter, seinen Brüdern und seinen Jüngern
nach Kafarnaum hinunter und blieb einige Tage
dort.

Jesus im Tempel

(Mt 21,12-13; Mk 11,15-17; Lk 19,45-46)

13 Als das Passafest* näherkam, ging Jesus hinauf
nach Jerusalem. 14 Im Vorhof des Tempels* sah
er die Händler, die dort Rinder, Schafe und Tauben verkauften; auch die Geldwechsler* saßen
dort an ihren Tischen.
15 Da machte er sich aus Stricken eine Peitsche und trieb sie alle aus dem Tempelbezirk,
mitsamt ihren Rindern und Schafen. Er fegte
das Geld der Wechsler zu Boden und warf ihre
Tische um. 16 Den Taubenverkäufern befahl er:
»Schafft das hier weg! Macht aus dem Haus meines Vaters keine Markthalle!«
17 Seinen Jüngern* kam das Wort aus den Heiligen Schriften* in den Sinn: »Die Liebe zu deinem Haus wird mich noch umbringen.«[e]
18 Die führenden Männer[f] fragten ihn: »Woran können wir erkennen, daß du so etwas tun
darfst? Gib uns ein Wunderzeichen als Beweis!«
19 Jesus antwortete ihnen: »Reißt diesen Tem-

a Dieser Vers ist eine Anspielung auf die Erzählung in Gen 28,10-17.
b Gerechnet von der ersten Begegnung der Jünger mit Jesus (vgl. 1,35.43).
c Die Anrede *Frau* ist nicht respektlos (vgl. 4,21; 8,10; 20,13.15), aber der Mutter gegenüber doch ungewöhnlich (auch in 19,26): Sie läßt erkennen, wie radikal sich Jesus an den Willen seines Vaters im Himmel gebunden weiß, so daß selbst die engsten familiären Beziehungen zurücktreten müssen (vgl. auch Mk 3,31-35; Lk 11,27-28).
d Griechische Maßangabe *2 bis 3 Metreten* (= je ca. 40 l).
e Wörtlich *wird mich verzehren/fressen* (nach Ps 69,10).
f Wörtlich *Die Juden;* vgl. Anmerkung zu 1,19.

1,45 (Gesetz) Dtn 18,15; (Propheten) Jes 9,5; 42,1-4; Ez 34,23; Mi 5,1-3 **1,49** 1,34 S; 12,13 **1,51** Mt 3,16 S **2,4** (Stunde) 7,6.30; 8,20; 12,23; 13,1; 17,1 **2,6** Mk 7,3-4 **2,11** (Wunderzeichen) 2,23; 3,2; 4,54; 6,26; 11,47-48; 20,30; Apg 2,22 S; Röm 15,19 **2,12** Mt 4,13 **2,13** (Passafest) 6,4; 11,55; 12,1.12; Ex 12,1-14 S **2,16** Lk 2,49 **2,19** Mk 14,58 par; 15,29 par; Apg 6,14

pel nieder, und in drei Tagen werde ich ihn wie-
der aufbauen!«
20 Sie hielten ihm entgegen: »Für den Bau die-
ses Tempels wurden sechsundvierzig Jahre ge-
braucht! Und du willst ihn in drei Tagen wieder
aufbauen?«
21 Mit dem Tempel meinte Jesus aber seinen
Leib. 22 Als er vom Tod auferstanden war, erin-
nerten sich seine Jünger an dieses Wort. Da
glaubten sie den Heiligen Schriften und dem,
was Jesus damals gesagt hatte.

Jesus kennt die Menschen

23 Während sich Jesus am Passafest* in Jerusa-
lem aufhielt, kamen viele zum Glauben* an ihn,
weil sie die Wunder sahen, die er tat. 24 Aber
Jesus traute ihnen nicht und hielt sich ihnen
gegenüber zurück, weil er sie alle durchschaute.
25 Über die Menschen brauchte ihm niemand
etwas zu sagen, denn er kannte das menschliche
Herz bis auf den Grund.

Jesus und Nikodemus

3 Einer von den Pharisäern* war Nikodemus,
ein Mitglied des jüdischen Rates*. 2 Eines
Nachts kam er zu Jesus und sagte zu ihm: »Rab-
bi*, wir wissen, daß Gott dich gesandt und dich
als Lehrer bestätigt hat. Nur mit Gottes Hilfe
kann jemand solche Wunder vollbringen, wie du
sie tust.«
3 Jesus antwortete: »Amen*, ich versichere
dir: Nur wer von oben her[a] geboren wird, kann
Gottes neue Welt zu sehen bekommen.«
4 »Wie kann ein Mensch geboren werden, der
schon ein Greis ist?« fragte Nikodemus. »Er kann
doch nicht noch einmal in den Mutterschoß
zurückkehren und ein zweites Mal auf die Welt
kommen!«
5 Jesus sagte: »Amen, ich versichere dir: Nur
wer von Wasser und Geist* geboren wird, kann
in Gottes neue Welt hineinkommen.[b] 6 Was
Menschen zur Welt bringen, ist und bleibt von
menschlicher Art. Von geistlicher Art kann nur
sein, was vom Geist Gottes geboren wird.
7 Wundere dich also nicht, daß ich zu dir sagte:
›Ihr müßt alle von oben her geboren werden.‹
8 Der Wind weht, wo es ihm gefällt. Du hörst ihn
nur rauschen, aber du weißt nicht, woher er
kommt und wohin er geht. So geheimnisvoll ist
es auch, wenn ein Mensch vom Geist geboren
wird.«
9 »Wie ist so etwas möglich?« fragte Nikode-
mus.
10 Jesus antwortete: »Du bist ein anerkannter
Lehrer Israels und weißt das nicht? 11 Amen, ich
versichere dir: Wir sprechen über Dinge, die wir
kennen, und bezeugen das, was wir gesehen
haben. Aber keiner von euch ist bereit, auf
unsere Aussage zu hören. 12 Wenn ich zu euch
über die irdischen Dinge rede und ihr mir nicht
glaubt, wie werdet ihr mir dann glauben, wenn
ich über die himmlischen Dinge mit euch
rede?«[c]

Ohne Glauben an Jesus kein Leben

13 Niemand ist in den Himmel hinaufgestiegen
als nur der eine, der vom Himmel herabgekom-
men ist, der Menschensohn*. 14 Mose richtete in
der Wüste den Pfahl mit der bronzenen Schlange
auf. Genauso muß auch der Menschensohn er-
höht[d] werden, 15 damit alle, die sich im Glauben
ihm zuwenden,[e] durch ihn ewiges Leben be-
kommen.
16 Gott hat die Menschen so sehr geliebt, daß
er seinen einzigen Sohn[f] hergab. Nun werden
alle, die sich auf den Sohn Gottes verlassen,
nicht zugrunde gehen, sondern ewig leben.
17 Gott sandte den Sohn nicht in die Welt, um
die Menschen zu verurteilen, sondern um sie zu
retten. 18 Wer sich an den Sohn Gottes hält, wird
nicht verurteilt. Wer sich aber nicht an ihn hält,
ist schon verurteilt, weil er Gottes einzigen Sohn
nicht angenommen hat.
19 So geschieht die Verurteilung: Das Licht ist
in die Welt gekommen, aber die Menschen lieb-
ten die Dunkelheit mehr als das Licht; denn ihre

a *von oben her:* So die wahrscheinlichere Deutung, weil diese Geburt durch den Heiligen Geist (Vers 8) bewirkt wird. Andere übersetzen *von neuem.*

b Das *Wasser* weist auf die christliche Taufe hin, die nach biblischem Verständnis mit dem Empfang des Heiligen Geistes verbunden ist (siehe Sacherklärung »Taufe«).

c Mit den *irdischen Dingen* ist die Situation des Menschen und die Notwendigkeit der »Geburt von oben her« gemeint. Mit den himmlischen Dingen deutet Jesus an, was er über den Weg in die himmlische Herrlichkeit sagen wird (vgl. 8,12; 12,32; 14,2-3.6; 17,24).

d Vgl. Vers 13 und die Anmerkung zu 12,32.

e *die sich ...:* wörtlich *die an ihn glauben**. Wegen der Mißverständlichkeit dieses Ausdrucks wird »glauben an« auch in den Versen 16 und 18 umschrieben mit *sich verlassen auf, sich halten an, annehmen.*

f Siehe Sacherklärung »eingeboren(er Sohn)«.

2,22 12,16; 14,26; Lk 24,6-8.27 **2,23** 2,11 S; (Glauben) 4,41-53; 7,31; 8,30; 10,42; 11,45; 12,11.42 **3,1** (Nikodemus) 7,50; 19,39 **3,2** Mk 12,14 par; (Wunder) 2,11 S **3,3** 1,13 **3,6** 6,63 **3,11** 3,32; 8,26 **3,12** 14,1-5; Weish 9,16-17 **3,13** Spr 30,4 **3,14** Num 21,9; (erhöht) Joh 12,32-34 S **3,15** 20,31 **3,16** 3,36; 5,24 S; 1 Joh 4,9-10; Röm 8,32 **3,17** 12,47 **3,18** 5,22 S **3,19** 8,12 S

Taten waren schlecht. 20 Jeder, der Böses tut,
haßt das Licht und bleibt im Dunkeln, damit
seine schlechten Taten nicht offenbar werden.
21 Aber wer der Wahrheit* gehorcht, kommt zum
Licht; denn das Licht macht offenbar, daß er mit
seinen Taten Gott gehorsam war.

Jesus und der Täufer

22 Danach ging Jesus mit seinen Jüngern* in das
Gebiet von Judäa*. Dort verbrachte er einige Zeit
mit ihnen und taufte*. 23 Auch Johannes taufte in
Änon, nicht weit von Salim, denn dort gab es
reichlich Wasser. Immer noch kamen Leute zu
ihm, und er taufte sie; 24 denn er war zu jener
Zeit noch nicht im Gefängnis.

25 Einmal stritten sich einige Jünger von Jo-
hannes mit einem anderen Juden darüber, wel-
che Taufe den höheren Rang habe.[a] 26 Sie kamen
deshalb zu Johannes und sagten zu ihm: »Rab-
bi*, der Mann, der dich am anderen Jordanufer
aufsuchte und auf den du als Zeuge hingewie-
sen hast, der tauft jetzt auch, und alle gehen zu
ihm!«

27 Johannes antwortete: »Kein Mensch kann
sich etwas nehmen, auch nicht das Geringste,
wenn Gott es ihm nicht gegeben hat. 28 Ihr
könnt selbst bestätigen, daß ich sagte: ›Ich bin
nicht der versprochene Retter,[b] sondern ich bin
nur vor ihm hergesandt worden.‹ 29 Wer die
Braut bekommt, ist der Bräutigam. Der Freund
des Bräutigams steht dabei, und wenn er den
Bräutigam jubeln hört, ist er voller Freude. Ge-
nauso geht es jetzt mir: An meiner Freude fehlt
nichts mehr. 30 Sein Einfluß muß wachsen, mei-
ner muß abnehmen.«

Gottes Sohn bringt das Leben

31 Er, der von oben kommt, steht über allen. Wer
von der Erde stammt, gehört zur Erde und redet
aus irdischer Sicht. Er aber, der vom Himmel
kommt, 32 bezeugt das, was er dort gesehen und
gehört hat. Doch keiner hört auf ihn.

33 Wer auf ihn hört, bestätigt damit, daß Gott
die Wahrheit sagt. 34 Der von Gott Gesandte
spricht ja die Worte Gottes, denn Gott gibt ihm
seinen Geist* in grenzenloser Fülle.

35 Der Vater liebt den Sohn* und hat alles in
seine Hand gegeben. 36 Wer sich an den Sohn
hält,[c] hat das ewige Leben. Wer nicht auf den
Sohn hört, wird niemals das Leben finden; er
wird dem Zorngericht Gottes nicht entgehen.

Jesus und die Frau aus Samarien

4 Jesus erfuhr, daß die Pharisäer* auf ihn auf-
merksam wurden, weil er mehr Anhänger
gewann und taufte als Johannes. – 2 Er selbst
taufte übrigens nicht; das taten seine Jünger*. –
3 Deshalb verließ Jesus Judäa* und ging zurück
nach Galiläa*.

4 Dabei mußte er durch Samarien* ziehen.
5 Unterwegs kam er in die Nähe des Dorfes
Sychar, das nicht weit von dem Feld entfernt
liegt, das Jakob einst seinem Sohn Josef vererbt
hatte. 6 Dort befand sich der Jakobsbrunnen.
Jesus war von dem langen Weg müde geworden
und setzte sich an den Brunnen. Es war gegen
Mittag.

7 Da kam eine samaritische Frau zum Wasser-
holen. Jesus sagte zu ihr: »Gib mir einen Schluck
Wasser!« 8 – Seine Jünger waren ins Dorf ge-
gangen, um etwas zu essen zu kaufen.

9 Die Frau antwortete: »Du bist ein Jude, und
ich bin eine Samariterin. Wie kannst du mich
da um etwas zu trinken bitten?« – Die Juden
vermeiden nämlich jeden Umgang mit Samari-
tern*.

10 Jesus antwortete: »Wenn du wüßtest, was
Gott den Menschen schenken will und wer es
ist, der dich jetzt um Wasser bittet, dann hättest
du *ihn* um Wasser gebeten, und er hätte dir
lebendiges Wasser gegeben.«[d]

11 »Herr, du hast doch keinen Eimer«, sagte
die Frau, »und der Brunnen ist tief. Woher willst
du dann das lebendige Wasser haben? 12 Unser
Stammvater Jakob hat uns diesen Brunnen hin-
terlassen. Er selbst, seine Söhne und seine ganze
Herde tranken daraus. Du willst doch nicht
sagen, daß du mehr bist als Jakob?«

13 Jesus antwortete: »Wer dieses Wasser trinkt,
wird wieder durstig. 14 Wer aber von dem Was-
ser trinkt, das ich ihm geben werde, wird in
Ewigkeit keinen Durst mehr haben. Ich gebe
ihm Wasser, das in ihm zu einer Quelle wird, die
bis ins ewige Leben weitersprudelt.«

15 »Herr, gib mir von diesem Wasser«, bat die
Frau, »dann werde ich keinen Durst mehr haben
und muß nicht mehr hierher kommen, um Was-
ser zu schöpfen.«

a *welche Taufe …:* wörtlich *über die Reinigung**; vgl. auch Sacherklärung »Täufer«.
b Wörtlich *der Christus**. c Wörtlich *Wer an den Sohn glaubt**.
d *Lebendiges Wasser* ist ursprünglich Quellwasser im Unterschied zu Wasser aus einer Zisterne; hier geht es um »Wasser, das Leben gibt.« In der »Guten Nachricht nach Johannes« ist dies ein Bild für den Heiligen Geist*; vgl. 7,39.

3,20 Eph 5,11-13 **3,24** Mk 1,14 par; 6,17 par **3,26** 1,29-34 **3,28** 1,20 **3,29** Mk 2,19 par; Mt 9,15 S **3,31** 8,23; 1Joh 4,5 **3,32** 3,11 **3,35** 5,20; 10,17; 13,3; 14,10; 17,2; Mt 11,27; 28,18 **3,36** 3,16 S **4,1-2** 3,22 **4,5** Gen 33,14; 48,22 **4,9** Lk 10,33 S **4,10** 7,37 **4,12** 8,53 **4,13-14** 7,37; 6,35 **4,15** 6,34

16 Jesus sagte zu ihr: »Geh und bring deinen
Mann her!«

17 »Ich habe keinen Mann«, sagte die Frau.

Jesus erwiderte: »Es stimmt, wenn du sagst:
›Ich habe keinen Mann.‹ 18 Fünfmal warst du
verheiratet, und der, mit dem du jetzt zusam-
menlebst, ist nicht dein Mann. Da hast du die
Wahrheit gesagt.«

19 »Herr, ich sehe, du bist ein Prophet*«, sagte
die Frau. 20 »Unsere Vorfahren verehrten Gott
auf diesem Berg. Ihr Juden dagegen behauptet,
daß Jerusalem der Ort ist, an dem Gott verehrt
werden will.«

21 Jesus sagte zu ihr: »Glaube mir, Frau, es
kommt die Zeit, in der ihr den Vater weder auf
diesem Berg noch in Jerusalem anbeten werdet.
22 Ihr Samariter betet zu Gott, aber ihr kennt ihn
nicht; doch wir kennen ihn, denn die Rettung für
alle Menschen kommt von den Juden. 23-24 Aber
die Stunde kommt, ja sie ist schon gekommen,[a]
da wird der Heilige Geist*, der Gottes Wahrheit*
enthüllt, Menschen befähigen, den Vater an
jedem Ort anzubeten. Gott ist ganz anders als
diese Welt*, er ist machtvoller Geist, und die ihn
anbeten wollen, müssen vom Geist der Wahr-
heit erfüllt sein. Von solchen Menschen will der
Vater angebetet werden.«

25 Die Frau sagte zu ihm: »Ich weiß, daß der
Messias kommen wird, der versprochene Ret-
ter.[b] Wenn er kommt, wird er uns alles sagen.«

26 Jesus antwortete: »Er spricht mit dir; *ich* bin
es.«[c]

27 In diesem Augenblick kehrten seine Jünger
zurück. Sie wunderten sich, ihn im Gespräch
mit einer Frau anzutreffen.[d] Aber keiner fragte
ihn: »Was willst du von ihr?« oder: »Worüber
redest du mit ihr?«

28 Die Frau ließ ihren Wasserkrug stehen, ging
ins Dorf und sagte zu den Leuten: 29 »Da ist
einer, der mir alles gesagt hat, was ich getan
habe. Kommt mit und seht ihn euch an! Ist er
vielleicht der versprochene Retter?«[e] 30 Da gin-
gen sie alle hinaus zu Jesus.

31 Inzwischen forderten die Jünger ihn auf:
»Rabbi*, iß doch etwas!«

32 Aber er antwortete: »Ich lebe von einer
Nahrung, die ihr nicht kennt.«

33 Da fragten sie einander: »Hat ihm vielleicht
jemand etwas zu essen gebracht?«

34 Jesus sagte zu ihnen: »Meine Nahrung ist,
daß ich dem gehorche, der mich gesandt hat,
und sein Werk vollende. 35 Ihr denkt, wie es im
Sprichwort heißt: ›Zwischen Saat und Ernte lie-
gen vier Monate!‹ Aber ich sage euch: Macht die
Augen auf und seht euch die Felder an! Das Korn
ist schon reif für die Ernte. 36 Er, der sie einbringt,
erhält schon jetzt seinen Lohn und sammelt
Frucht für das ewige Leben. Er freut sich zur
gleichen Zeit wie der, der gesät hat.

37 Aber das andere Sprichwort, das trifft zu:
›Einer sät und ein anderer erntet.‹ 38 Denn ich
habe euch zum Ernten auf ein Feld geschickt, auf
dem ihr nicht gearbeitet habt. Andere haben
sich vor euch dort abgemüht, ihr braucht ihre
Arbeit nur weiterzuführen.«

39 Viele Samariter in jenem Ort kamen zum
Glauben* an Jesus, weil die Frau bezeugt hatte:
»Er hat mir alles gesagt, was ich getan habe.«
40 Als sie nun bei Jesus eintrafen, baten sie ihn zu
bleiben, und er verbrachte zwei Tage bei ihnen.

41 Da kamen noch viel mehr von ihnen zum
Glauben aufgrund seiner Worte. 42 Sie erklärten
der Frau: »Jetzt glauben wir nicht länger wegen
deiner Erzählung, sondern weil wir ihn selbst
gehört haben. Wir wissen jetzt, daß er wirklich
der Retter der Welt ist.«

Jesus heilt den Sohn eines königlichen Beamten

43 Nachdem Jesus zwei Tage dortgeblieben war,
verließ er die Gegend und ging weiter nach
Galiläa*. 44 Er selbst hatte gesagt: »Kein Prophet*
gilt etwas in seiner Heimat.« 45 Als er nun nach
Galiläa kam, nahmen ihn die Leute freundlich
auf. Sie waren nämlich beim Passafest* in Jeru-
salem gewesen und hatten alles gesehen, was er
dort während der Feiertage getan hatte.

46 In Galiläa kam Jesus auch wieder nach
Kana, wo er das Wasser zu Wein gemacht hatte.
Damals lebte in Kafarnaum ein königlicher

a Die Verse 23-24 von hier ab wörtlich: *daß die wahren Anbeter den Vater in Geist und Wahrheit anbeten; denn solche sucht auch der Vater als seine Anbeter. Gott ist Geist, und die, die ihn anbeten wollen, müssen ihn in Geist und Wahrheit anbeten.* Die wörtliche Wiedergabe ist jedoch mißverständlich, weil die beiden wichtigsten Begriffe (*Geist* und *Wahrheit*; vgl. die Sacherklärungen) bei Johannes Bedeutungen haben, die im heutigen Deutsch ungebräuchlich sind. Die Übersetzung entfaltet den beabsichtigten Sinn.

b Wörtlich *der Messias kommen wird, der Christus* genannt wird.*

c Vgl. Anmerkung zu 8,24.

d Für einen Juden, besonders einen Rabbi, war es nicht üblich, sich mit einer Frau zu unterhalten.

e Wörtlich *der Christus*?*

4,19 9,17; Mt 21,46 **4,20** Dtn 12,5-14 **4,22** Jes 2,3; Obd 17; Röm 9,4 **4,23-24** 3,3-8; 2 Kor 3,17; Phil 3,3 **4,25** 1,41; 7,26.31; 10,24; 11,27; Lk 22,67 S **4,26** 9,37 **4,34** 6,38; 8,28; 10,18; 12,49-50; 14,31; 15,10; 17,4 **4,35** Mt 9,37 **4,37** Mi 6,15 **4,41** 2,23 S **4,42** Lk 2,11 S **4,44** Mk 6,4 par **4,46-53** Mt 8,5-13 par **4,46** 2,1-11

Beamter, dessen Sohn war krank. 47 Als er hörte,
daß Jesus von Judäa* nach Galiläa gekommen
war, ging er zu ihm und bat ihn: »Komm doch
nach Kafarnaum und mach meinen Sohn ge-
sund; er liegt im Sterben.«

48 Jesus sagte zu ihm: »Ihr alle glaubt mir
nur, wenn ihr Wunder und gewaltige Taten
seht.«

49 Der Beamte bat ihn: »Herr, komm doch mit
mir, bevor mein Kind stirbt!«

50 »Geh ruhig heim«, sagte Jesus zu ihm, »dein
Sohn lebt!«

Er glaubte dem Wort, das Jesus zu ihm gesagt
hatte, und ging. 51 Schon unterwegs kamen ihm
seine Diener entgegen und berichteten: »Dein
Sohn lebt!« 52 Er fragte sie, seit wann es ihm bes-
ser gehe, und sie antworteten: »Gestern mittag
um ein Uhr hat das Fieber aufgehört.«

53 Da erkannte der Vater, daß es genau zu der
Stunde geschehen war, als Jesus zu ihm sagte:
»Dein Sohn lebt!« Er kam zum Glauben* an
Jesus, er und seine ganze Hausgemeinschaft.

54 Dieses zweite Wunderzeichen* vollbrachte
Jesus, als er von Judäa wieder nach Galiläa ge-
kommen war.

Die Heilung am Teich Betesda

5 Bald darauf war ein jüdisches Fest, und
Jesus ging hinauf nach Jerusalem. 2 Am
Schaftor in Jerusalem befindet sich ein Teich mit
fünf offenen Hallen. Auf hebräisch* wird er
Betesda genannt. 3 Eine große Anzahl von Kran-
ken lag ständig in den Hallen: Blinde, Gelähmte
und Menschen mit erstorbenen Gliedern.[a]

5 Unter ihnen war auch ein Mann, der seit
achtunddreißig Jahren krank war. 6 Jesus sah ihn
dort liegen. Er erkannte, daß der Mann schon
lange unter seiner Krankheit litt, und fragte ihn:
»Willst du gesund werden?«

7 Der Kranke antwortete: »Herr, ich habe kei-
nen, der mir in den Teich hilft, wenn das Wasser
sich bewegt. Wenn ich es allein versuche, ist
immer schon jemand vor mir da.«

8 Jesus sagte zu ihm: »Steh auf, nimm deine
Matte und geh!« 9 Im selben Augenblick wurde
der Mann gesund. Er nahm seine Matte und
konnte wieder gehen.

Der Tag, an dem dies geschah, war ein Sab-
bat*. 10 Einige von den führenden Männern[b]
sagten deshalb zu dem Geheilten: »Heute ist
Sabbat, da darfst du deine Matte nicht tragen!«

11 Er antwortete: »Der Mann, der mich geheilt
hat, sagte zu mir: ›Nimm deine Matte und geh!‹«

12 Da fragten sie ihn: »Wer ist es, der dir so
etwas befohlen hat?« 13 Aber er konnte keine
Auskunft darüber geben; denn Jesus hatte den
Ort wegen der vielen Menschen schon wieder
verlassen.

14 Später traf Jesus ihn im Tempel und sagte:
»Hör zu! Du bist jetzt gesund. Tu nichts Unrech-
tes mehr, sonst wird es dir noch schlimmer er-
gehen.«

15 Der Geheilte ging fort und berichtete den
führenden Männern, daß es Jesus war, der ihn
gesund gemacht hatte. 16 Da begannen sie, Jesus
zu verfolgen, weil er an einem Sabbat geheilt
hatte.

17 Jesus aber sagte zu ihnen: »Mein Vater
ist ständig am Werk, und deshalb bin ich es
auch.«

18 Daraufhin waren sie noch fester entschlos-
sen, ihn zu töten. Denn Jesus setzte nicht nur die
Sabbatvorschriften außer Kraft, er behauptete
sogar, daß Gott sein Vater[c] sei, und stellte sich so
mit Gott auf eine Stufe.

Die Vollmacht des Sohnes

19 Jesus erwiderte auf ihre Vorwürfe: »Amen*,
ich versichere euch: Der Sohn* kann nichts von
sich aus tun; er kann nur tun, was er den Vater
tun sieht. Was der Vater tut, genau das tut auch
der Sohn.

20 Der Vater liebt den Sohn und zeigt ihm
alles, was er selber tut. Er wird ihm noch grö-
ßere Taten zeigen, so daß ihr staunen werdet.
21 Denn wie der Vater die Toten auferweckt und
ihnen das Leben gibt, so gibt auch der Sohn das
Leben, wem er will.

22 Auch seine ganze richterliche Macht hat
der Vater dem Sohn übergeben; er selbst spricht
über niemand das Urteil. 23 Denn alle sollen den
Sohn ebenso ehren wie den Vater. Wer den
Sohn nicht ehrt, ehrt auch den Vater nicht, der
ihn gesandt hat.

a Viele spätere Handschriften fügen hinzu: *Sie warteten darauf, daß das Wasser Wellen schlug; 4 denn von Zeit zu Zeit kam ein Engel Gottes und brachte das Wasser in Bewegung. Wer als erster in das bewegte Wasser hineinging, wurde gesund, ganz gleich, welche Krankheit er hatte.*

b Wörtlich *Die Juden,* ebenso in Vers 15; vgl. Anmerkung zu 1,19.

c Wörtlich *sein eigener Vater;* d. h. Vater in der herausgehobenen Bedeutung von 1,18.

4,48 6,30 S **4,53** 2,23 S **4,54** 2,11 S **5,8-9** Mk 2,10-11 par **5,9** (Sabbat) 5,16.18; 7,21-22; 9,14; Mk 2,27-28 S **5,10** Ex 20,8-10 S; Jer 17,21-22 **5,13** 6,15; 11,54; 12,36b; Mt 8,18; 13,36 **5,14** 8,11; Mt 12,45 par; Jak 5,16 **5,18** 7,1 S; (Gott sein Vater) 3,35; 8,16.19; 10,17-18.29-38; 14,8-11.20.28; 15,9-10; 16,27-28; 17,1-26; 1,34 S **5,19** 1,34 S **5,20** 3,35 S **5,21** 11,25 **5,22** (Jesus als Richter) 3,18; 5,27.30; 9,39; 12,47-48; 1 Joh 2,28; Apg 10,42 S; Jud 14-15 **5,23** Phil 2,10-11

24 Amen, ich versichere euch: Alle, die auf mein Wort hören und dem glauben, der mich gesandt hat, haben das ewige Leben. Sie kommen nicht mehr vor Gottes Gericht; sie haben den Tod schon hinter sich gelassen und das unvergängliche Leben erreicht.

25 Amen, ich versichere euch: Die Stunde kommt – ja, sie ist schon da –, daß die Toten die Stimme des Gottessohnes hören werden, und wer sie hört, wird leben. 26 Wie der Vater der Geber des Lebens ist, so hat er auch dem Sohn Macht verliehen, Leben zu geben. 27 Und er hat dem Sohn die Macht verliehen, Gericht zu halten, weil er der Menschensohn* ist.

28 Wundert euch nicht darüber! Die Stunde kommt, da werden alle Toten in den Gräbern seine Stimme hören 29 und ihre Gräber verlassen. Alle, die Gutes getan haben, werden auferstehen, um das Leben zu empfangen, und die Böses getan haben, um verurteilt zu werden.

30 Ich kann nichts von mir aus tun, sondern entscheide als Richter so, wie ich den Vater entscheiden höre. Meine Entscheidung ist gerecht, denn ich setze nicht meinen eigenen Willen durch, sondern den Willen dessen, der mich gesandt hat.«

Zeugen für Jesus

31 »Wenn ich für mich selbst als Zeuge auftreten wollte, hätte meine Aussage keine Beweiskraft. 32 Es gibt einen anderen Zeugen, der für mich aussagt, und ich weiß, daß er die Wahrheit über mich sagt.

33 Ich meine damit nicht Johannes.[a] Ihr habt Boten zu ihm geschickt, und er ist als Zeuge für die Wahrheit eingetreten. 34 Ich brauche aber keinen Menschen als Zeugen; auf Johannes verweise ich nur, weil ich möchte, daß ihr gerettet werdet. 35 Johannes war wie eine brennende Lampe, ihr aber wolltet nichts weiter, als eine Zeitlang an seinem Licht eure Freude haben.

36 Ich habe ein Zeugnis auf meiner Seite, das die Aussage von Johannes weit übertrifft: die Taten meines Vaters, die ich in seinem Auftrag vollenden soll. Sie sprechen für mich und bestätigen, daß mein Vater mich gesandt hat.

37 Der Vater selbst, der mich gesandt hat, hat mit diesen Taten für mich ausgesagt. Ihr habt seine Stimme niemals gehört und seine Gestalt nie gesehen. 38 Auch sein Wort in den Heiligen Schriften nützt euch nichts mehr – weil ihr dem, den er gesandt hat, keinen Glauben schenkt. 39 Ihr forscht doch in den Heiligen Schriften* und seid überzeugt, in ihnen das ewige Leben zu finden – und gerade sie weisen auf mich hin. 40 Aber ihr seid nicht bereit, zu mir zu kommen und so das ewige Leben zu haben.

41 Ich bin nicht darauf aus, von Menschen geehrt zu werden. 42 Außerdem kenne ich euch; ich weiß, daß in euren Herzen keine Liebe zu Gott ist. 43 Ich bin im Auftrag meines Vaters gekommen, doch ihr weist mich ab. Wenn aber jemand in seinem eigenen Auftrag kommt, werdet ihr ihn aufnehmen. 44 Wie könntet ihr denn auch zum Glauben* an mich kommen? Ihr legt ja nur Wert darauf, einer vom andern bestätigt zu werden. Aber die Anerkennung bei Gott, dem Einen, zu dem ihr euch bekennt,[b] die sucht ihr nicht.

45 Ihr braucht aber nicht zu denken, daß ich euch bei meinem Vater verklagen werde. Mose klagt euch an, derselbe Mose, auf dessen Fürsprache ihr hofft. 46 Wenn ihr Mose wirklich glaubtet, dann würdet ihr auch mir glauben; denn er hat über mich geschrieben. 47 Da ihr aber seinen geschriebenen Worten nicht glaubt, wie könnt ihr dann meinen gesprochenen glauben?«

Jesus gibt fünftausend Menschen zu essen

(Mt 14,13-21; Mk 6,30-44; Lk 9,10-17)

6 Danach fuhr Jesus über den See von Galiläa*, der auch See von Tiberias heißt. 2 Eine große Menge Menschen folgten ihm, weil sie seine Wunder an den Kranken gesehen hatten. 3 Jesus stieg auf einen Berg[c] und setzte sich mit seinen Jüngern*. 4 Es war kurz vor dem jüdischen Passafest*.

5 Jesus blickte auf und sah die Menschenmenge auf sich zukommen. Er wandte sich an Philippus: »Wo können wir Brot kaufen, damit alle diese Leute zu essen bekommen?«

6 Das sagte er, um Philippus auf die Probe zu stellen; er selbst wußte schon, was er tun würde.

7 Philippus antwortete: »Wir müßten für über zweihundert Silberstücke* Brot kaufen, wenn jeder auch nur eine Kleinigkeit bekommen sollte.«

8 Andreas, ein anderer Jünger, der Bruder von

a *Ich meine ...:* verdeutlichender Zusatz. b Wörtlich *bei dem alleinigen Gott;* vgl. Dtn 6,4.
c Wörtlich *auf den Berg**.

5,24 (ewiges Leben) 3,16 S; 8,51; 10,28; 11,25-26; 14,6; 17,2; 20,31; 1 Joh 2,25; 3,14; 5,11; (Gericht) 5,22 S **5,26** 1,4 **5,30** 4,34 S **5,33-34** 1,19.15.34 **5,36** 4,34; 10,25.38; 14,10-11; 15,24 **5,37** Ex 20,19; Dtn 4,12 **5,38** 16,9 S **5,39** 2 Tim 3,15-16; Lk 24,27.44; 1 Petr 1,10-11 **5,41** 7,18 S **5,44** 12,43 **5,46** Dtn 18,15.18; Lk 24,27.44; Apg 3,22; 7,37 **5,47** Lk 16,31 **6,2** 2,23 S **6,3** Mt 5,1 S **6,4** 2,13 S **6,8** (Andreas) 1,40; 12,22; Mk 1,16 par; 13,3

Simon Petrus, sagte: 9 »Hier ist ein Junge, der hat
fünf Gerstenbrote und zwei Fische. Aber was
hilft das bei so vielen Menschen?«

10 »Sorgt dafür, daß die Leute sich setzen«,
sagte Jesus. Es gab viel Gras an dem Ort. Sie
setzten sich; allein an Männern waren es unge-
fähr fünftausend. 11 Jesus nahm die Brote, sprach
darüber das Dankgebet und verteilte sie an die
Menge. Mit den Fischen tat er dasselbe, und alle
hatten reichlich zu essen.

12 Als sie satt waren, sagte er zu seinen Jün-
gern: »Sammelt die Brotreste auf, damit nichts
verdirbt.« 13 Sie taten es und füllten zwölf Körbe
mit den Resten. Soviel war von den fünf Ger-
stenbroten übriggeblieben.

14 Als die Leute das Wunder sahen, das Jesus
vollbracht hatte, sagten sie: »Das ist wirklich der
Prophet*, der in die Welt kommen soll!«

15 Jesus merkte, daß sie drauf und dran waren,
ihn mit Gewalt zu ihrem König zu machen. Des-
halb zog er sich wieder auf den Berg zurück,
ganz für sich allein.

Jesus geht über das Wasser

(Mt 14,22-33; Mk 6,45-52)

16 Als es Abend geworden war, gingen seine Jün-
ger* zum See hinunter. 17 Sie stiegen in ein Boot,
um über den See nach Kafarnaum zurückzufah-
ren. Es wurde Nacht, und Jesus war immer noch
nicht zu ihnen gekommen. 18 Das Wetter war
sehr stürmisch, und das Wasser schlug hohe
Wellen.

19 Die Jünger hatten eine Strecke von etwa
fünf Kilometern[a] zurückgelegt, da sahen sie
plötzlich Jesus, wie er über das Wasser ging und
sich ihrem Boot näherte. Die Angst packte sie.

20 Aber Jesus sagte: »Habt keine Angst, *ich
bin's*!«[b]

21 Sie wollten ihn zu sich ins Boot nehmen.
Aber da waren sie auch schon am Ufer, dort, wo
sie hinwollten.

Jesus ist das Brot, das Leben gibt

22 Die Volksmenge, die am anderen Ufer geblie-
ben war, erinnerte sich am nächsten Tag, daß
nur ein einziges Boot am Ufer gelegen hatte. Die
Leute wußten, daß Jesus nicht ins Boot gestiegen
war und seine Jünger* ohne ihn abgefahren
waren.

23 Es legten aber andere Boote, die von
Tiberias kamen, nahe bei dem Ort an, wo der
Herr das Dankgebet gesprochen und die Menge
das Brot gegessen hatte. 24 Als die Leute nun
sahen, daß Jesus nicht mehr da war und seine
Jünger auch nicht, stiegen sie in diese Boote. Sie
fuhren nach Kafarnaum und wollten Jesus dort
suchen.

25 Sie fanden ihn tatsächlich auf der anderen
Seite des Sees und fragten ihn: »Rabbi*, wann
bist du hierhergekommen?«

26 Jesus antwortete: »Amen*, ich versichere
euch: Ihr sucht mich nicht, weil ihr meine Wun-
der als Zeichen verstanden habt, sondern weil
ihr von dem Brot gegessen habt und satt gewor-
den seid. 27 Bemüht euch nicht um vergängliche
Nahrung, sondern um wirkliche Nahrung, die
für das ewige Leben vorhält. Diese Nahrung
wird euch der Menschensohn* geben, denn ihn
hat Gott, der Vater, als seinen Gesandten be-
stätigt.«

28 Da fragten sie ihn: »Was müssen wir denn
tun, um Gottes Willen zu erfüllen?«

29 Jesus antwortete: »Gott verlangt nur eins
von euch: Ihr sollt den anerkennen,[c] den er ge-
sandt hat.«

30 Sie erwiderten: »Gib uns einen Beweis für
deine Bevollmächtigung! Laß uns ein eindeuti-
ges Wunderzeichen* sehen, damit wir dir glau-
ben. 31 Unsere Vorfahren aßen das Manna* in
der Wüste. In den Heiligen Schriften* heißt es
von Mose:[d] ›Er gab ihnen Brot *vom Himmel* zu
essen.‹«

32 Jesus entgegnete: »Amen, ich versichere
euch: Nicht Mose hat euch das Brot vom Him-
mel gegeben, sondern mein Vater gibt euch das
wahre Brot vom Himmel. 33 Das wahre Brot Got-
tes ist das, das vom Himmel herabsteigt und der
Welt das Leben gibt.«

34 »Herr«, sagten sie, »gib uns immer von die-
sem Brot!«

35 »*Ich* bin das Brot, das Leben schenkt«,[e]
sagte Jesus zu ihnen. »Wer zu mir kommt, wird
nie mehr hungrig sein. Wer sich an mich hält,[f]
wird keinen Durst mehr haben.

36 Aber ich habe es euch bereits gesagt: Ob-
wohl ihr meine Taten gesehen habt, schenkt ihr
mir keinen Glauben. 37 Alle, die mein Vater mir
gibt, werden zu mir kommen, und niemand, der

a Griechische Maßangabe *25 bis 30 Stadien**. b Vgl. Anmerkung zu 8,24. c Wörtlich *an den glauben**.
d *von Mose* ist im Blick auf Vers 32 hinzugefügt. Die Heiligen Schriften selbst kennen nur Gott als Geber des Manna, doch spielt in der jüdischen Auslegung Mose als Vermittler eine wichtige Rolle.
e *Ich bin:* siehe Sacherklärung »Ich-bin-Worte«; ebenso zu den Versen 48 und 51. f Wörtlich *Wer an mich glaubt**.

6,11 21,9.13 **6,14** (Prophet) Dtn 18,15.18; Lk 7,16 S; Joh 1,21; 4,19; 7,40; 9,17 **6,15** 5,13 S **6,23** 6,11 **6,26** 2,11 S **6,30** 4,48; Mt 12,38 par; Mk 8,11 par; 13,22 par; 1 Kor 1,22 **6,31** *nach* Ps 78,24 **6,34** 4,15 **6,35** 4,13-14; 6,48-58; 7,37 **6,36** 20,29; 16,9 S **6,37** 17,2.24

zu mir kommt, wird von mir abgewiesen. 38 Ich bin vom Himmel gekommen, nicht um zu tun, was *ich* will, sondern um zu tun, was der will, der mich gesandt hat. 39 Und er will von mir, daß ich niemand von denen verliere, die er mir gegeben hat. Vielmehr soll ich sie alle am letzten Tag zum Leben erwecken. 40 Mein Vater will, daß alle, die den Sohn* sehen und sich an ihn halten,[a] ewig leben. Ich werde sie am letzten Tag vom Tod auferwecken.«

41 Die Zuhörenden[b] murrten, weil er gesagt hatte: »Ich bin das Brot, das vom Himmel gekommen ist.« 42 Sie sagten: »Wir kennen doch seinen Vater und seine Mutter! Er ist doch Jesus, der Sohn Josefs! Wie kann er behaupten: ›Ich komme vom Himmel‹«?

43 Jesus sagte zu ihnen: »Was murrt ihr? 44 Nur die können zu mir kommen, die der Vater, der mich gesandt hat, zu mir führt. Und ich werde alle, die zu mir kommen, am letzten Tag vom Tod auferwecken. 45 In den Schriften der Propheten* heißt es: ›Alle werden von Gott unterwiesen sein.‹ Wer den Vater hört und von ihm lernt, kommt zu mir. 46 Nicht, daß je ein Mensch den Vater gesehen hätte. Nur der Eine, der von Gott gekommen ist, hat den Vater gesehen.

47 Amen, ich versichere euch: Wer sich an mich hält,[c] hat das ewige Leben. 48 *Ich* bin das Brot, das Leben schenkt. 49 Eure Vorfahren aßen das Manna in der Wüste und sind trotzdem gestorben. 50 Hier aber ist das Brot, das vom Himmel herabkommt, damit, wer davon ißt, *nicht* stirbt. 51 *Ich* bin das lebendige Brot, das vom Himmel gekommen ist. Wer von diesem Brot ißt, wird ewig leben. Das Brot, das ich geben werde, ist mein Leib.[d] Ich gebe ihn hin, damit die Menschen zum Leben gelangen können.«

52 Das löste unter den Zuhörern einen heftigen Streit aus. »Wie kann dieser Mensch uns seinen Leib, sein Fleisch, zu essen geben?« fragten sie.

53 Jesus sagte zu ihnen: »Amen, ich versichere euch: Ihr habt keinen Anteil am Leben, wenn ihr das Fleisch des Menschensohns nicht eßt und sein Blut nicht trinkt. 54 Wer mein Fleisch ißt und mein Blut trinkt, hat das ewige Leben, und ich werde ihn am letzten Tag vom Tod erwecken. 55 Denn mein Fleisch ist die wahre Nahrung, und mein Blut ist der wahre Trank. 56 Wer mein Fleisch ißt und mein Blut trinkt, bleibt mit mir verbunden und ich mit ihm. 57 Der Vater, von dem das Leben kommt, hat mich gesandt, und ich lebe durch ihn. Genauso wird jeder, der mich ißt, durch mich leben.

58 Das also ist das Brot, das vom Himmel herabgekommen ist. Es ist etwas ganz anderes als das Brot, das eure Vorfahren gegessen haben. Sie sind gestorben, wer aber dieses Brot ißt, wird ewig leben.«

59 Dies sagte Jesus in der Synagoge* von Kafarnaum, so lehrte er dort die Menschen.

Worte, die zum ewigen Leben führen

60 Als sie das hörten, sagten viele, die sich Jesus angeschlossen hatten: »Was er da redet, geht zu weit! So etwas kann man nicht mit anhören!«

61 Jesus wußte schon von sich aus, daß sie murrten, und sagte zu ihnen: »Daran nehmt ihr Anstoß? 62 Wartet doch, bis ihr den Menschensohn* dorthin zurückkehren seht, wo er vorher war! 63 Gottes Geist* allein macht lebendig; alle menschlichen Möglichkeiten richten nichts aus.[e] Die Worte, die ich zu euch gesprochen habe, sind von diesem Geist erfüllt und bringen das Leben. 64 Doch einige von euch haben keinen Glauben*.«

Jesus kannte nämlich von Anfang an die, die ihn nicht annehmen würden, und wußte auch, wer ihn verraten würde. 65 Und er fügte hinzu: »Aus diesem Grund habe ich zu euch gesagt: Nur die können zu mir kommen, die der Vater dazu fähig macht.«

66 Als sie das hörten, wandten sich viele seiner Anhänger von ihm ab und wollten nicht länger mit ihm gehen.

67 Da fragte Jesus die Zwölf*: »Und ihr, was habt ihr vor? Wollt ihr mich auch verlassen?«

68 Simon Petrus antwortete ihm: »Herr, zu wem sonst sollten wir gehen? Deine Worte bringen das ewige Leben. 69 Wir glauben und wissen, daß du der bist, in dem Gott uns begegnet.«[f]

70 Jesus antwortete ihm: »Euch zwölf habe ich doch selber ausgewählt. Trotzdem ist einer von

a Wörtlich *an ihn glauben*;* ebenso in Vers 47.
b Wörtlich *Juden,* ebenso in Vers 52; vgl. Anmerkung zu 1,19.
c Wörtlich *Wer glaubt*.*
d Wörtlich *mein Fleisch;* die Doppeldeutigkeit dieses Wortes gibt den Anstoß zu dem folgenden Wortwechsel.
e *Alle menschlichen ...:* wörtlich *das Fleisch* ist zu nichts zu gebrauchen.* Das gilt auch für den Menschensohn, solange er »im Fleisch« ist (1,14), deshalb die Aufforderung in Vers 62 (vgl. dazu 16,7 im Zusammenhang mit 14,25-26).
f Wörtlich *daß du der Heilige* Gottes bist;* »heilig« bezeichnet hier die engste Beziehung zu Gott.

6,38 4,34 S; Mk 14,36 par **6,39** 10,28; 17,12; 18,9 **6,40** 5,24 S **6,42** Mk 6,3 par **6,45** *nach* Jes 54,13 **6,46** 1,18 S **6,48** 6,35 **6,53-58** Mk 14,22-24 par; 1 Kor 10,16 **6,56** 15,4-5 S **6,63** 3,5-8; 1 Kor 15,45; 2 Kor 3,6 **6,64** 13,11; 16,9 S **6,65** 6,44 **6,67-69** Mk 8,27-30 par **6,69** Mk 1,24 par

euch ein Teufel!« 71 Er meinte Judas, den Sohn von Simon Iskariot. Judas war es, der Jesus später verriet – einer aus dem Kreis der Zwölf.

Jesus und seine Brüder

7 Danach zog Jesus in Galiläa* umher. Er hielt sich von Judäa* fern, weil die führenden Männer[a] dort ihn töten wollten.

2 Das jüdische Laubhüttenfest* stand vor der Tür. 3 Da sagten seine Brüder zu ihm: »Du solltest nicht hier bleiben, sondern nach Judäa gehen, damit deine Anhänger dort die großen Taten zu sehen bekommen, die du tust. 4 Wenn jemand bekannt werden möchte, versteckt er sich nicht. Wenn du schon solche Taten vollbringst, dann sorge auch dafür, daß alle Welt davon erfährt!« 5 Denn nicht einmal seine Brüder schenkten ihm Glauben.

6 Jesus sagte zu ihnen: »Meine Zeit ist noch nicht da. Für euch dagegen paßt jede Zeit. 7 Euch kann die Welt* nicht hassen; aber mich haßt sie, weil ich als Zeuge gegen sie bestätige, daß ihr Tun böse ist. 8 Zieht doch ihr zu diesem Fest hinauf! Ich gehe nicht zum Fest, weil meine Zeit noch nicht da ist.«

9 Das sagte er zu ihnen und blieb in Galiläa.

Jesus in Jerusalem

10 Nachdem seine Brüder zum Fest nach Jerusalem hinaufgegangen waren, kam Jesus nach; aber er zeigte sich nicht in der Öffentlichkeit.

11 Die führenden Männer[b] suchten ihn unter den Festbesuchern. »Wo ist er?« fragten sie. 12 In der Volksmenge wurde viel über ihn geflüstert. »Der Mann ist gut«, meinten einige. Andere entgegneten: »Nein, er ist ein Volksverführer.« 13 Aber niemand sprach offen über ihn, weil sie Angst vor ihren führenden Männern hatten.

14 Die Hälfte der Festwoche war schon vorüber, da ging Jesus hinauf in den Tempel und lehrte das Volk. 15 Die Leute waren sehr erstaunt und sagten: »Er hat doch keinen Lehrer gehabt. Wie kommt es, daß er die Heiligen Schriften* so gut kennt?«

16 Jesus ging darauf ein und sagte: »Meine Lehre habe ich nicht selbst ausgedacht. Ich habe sie von Gott, der mich gesandt hat. 17 Wer bereit ist, Gott zu gehorchen, wird merken, ob meine Lehre von Gott ist oder ob ich meine eigenen Gedanken vortrage. 18 Wer seine eigenen Gedanken vorträgt, dem geht es um die eigene Ehre. Wer aber die Ehre dessen sucht, der ihn gesandt hat, ist vertrauenswürdig. Man kann ihm keinen Betrug vorwerfen. 19 Mose hat euch doch das Gesetz* gegeben. Aber niemand von euch hält sich daran. Ihr wollt mich sogar töten!«

20 Die Menge antwortete: »Du bist wohl von einem bösen Geist* besessen! Wer will dich töten?«

21 Jesus antwortete: »Ich habe hier in Jerusalem eine einzige Tat vollbracht, und ihr nehmt alle Anstoß daran.[c] 22 Ihr beschneidet* eure Söhne, wenn es sein muß, auch am Sabbat*, weil Mose angeordnet hat, daß eure Kinder am achten Tag beschnitten werden sollen.[d] – Aber eigentlich haben schon die Stammväter die Beschneidung eingeführt und nicht erst Mose. – 23 Ein Junge wird also auch am Sabbat an einem Teil seines Körpers beschnitten, damit die Vorschriften Moses nicht verletzt werden. Wie könnt ihr euch dann über mich aufregen, weil ich am Sabbat einen ganzen Menschen gesund gemacht habe? 24 Urteilt nicht nach dem äußeren Eindruck, sondern wie es wirklich dem Gesetz entspricht!«

Ist er der versprochene Retter?

25 Einige Leute in Jerusalem sagten: »Seht euch das an! Ist das nicht der, den sie töten wollten? 26 Er redet in aller Öffentlichkeit, und keiner verbietet es ihm! Sollten die Ratsmitglieder* zu der Überzeugung gekommen sein, daß er der versprochene Retter[e] ist? 27 Aber wenn der Retter eines Tages auftritt, wird keiner wissen, woher er kommt. Und die Herkunft dieses Menschen kennen wir doch alle!«

28 Jesus aber, der gerade im Tempel* lehrte, rief mit lauter Stimme: »Wißt ihr wirklich, wer ich bin und woher ich komme? Ich bin nicht im eigenen Auftrag gekommen. Aber der, der mich gesandt hat, ist glaubwürdig. Und den kennt ihr nicht. 29 Ich kenne ihn; denn ich komme von ihm, und er hat mich gesandt.«

30 Da wollten sie ihn festnehmen. Aber keiner konnte Hand an ihn legen, denn seine Stunde war noch nicht gekommen. 31 Viele in

a Wörtlich *die Juden;* vgl. Anmerkung zu 1,19.
b Wörtlich *Die Juden,* ebenso in den Versen 13 und 15 *(Leute);* vgl. Anmerkung zu 1,19.
c Es handelt sich um die Heilung des Kranken am Teich Betesda (vgl. 5,5-9).
d *wenn es sein muß* und *am achten Tag …:* verdeutlichende Zusätze; vgl. Lev 12,3.
e Wörtlich *der Christus*;* ebenso in Vers 31.

6,71 12,4 S **7,1** 5,18; 7,19-20.25; 8,37.40; 11,53; Mk 3,6 par; 6,19 par **7,2** Ex 23,16 S **7,5** 16,9 S **7,6** 2,4 S **7,7** 15,18-19 S **7,11** 11,56 **7,13** 9,22 S **7,15** Mk 6,2 par; Lk 2,47 **7,16** 12,49; 14,10 **7,18** 8,50; 5,41; 12,43 **7,19** 1,17; Röm 2,17-24 **7,20** 8,48 S **7,22** Lev 12,3; Gen 17,9-14 S **7,25** 7,1 S **7,26** 4,25 S **7,27** 9,29 **7,28-29** 8,14.55; 17,8.25 **7,30** 7,44; 2,4 S **7,31** 2,23 S; 4,25 S

der Menge kamen zum Glauben* an ihn und
sagten: »Kann der versprochene Retter, wenn er
kommt, mehr Wunderzeichen* tun, als dieser
Mann getan hat?«

Jesus kündigt seinen Weggang an

32 Die Pharisäer* hörten, daß die Leute so über
Jesus redeten. Auf ihre Veranlassung schickten
die führenden Priester* einige Gerichtspolizi-
sten* aus, die ihn verhaften sollten.

33 Jesus sagte: »Nur noch kurze Zeit bin ich
bei euch, dann kehre ich zu dem zurück, der
mich gesandt hat. 34 Ihr werdet mich suchen,
aber nicht finden; denn wo ich dann bin, dorthin
könnt ihr nicht kommen.«

35 Die Leute[a] sagten unter sich: »Wohin wird
er gehen, daß wir ihn nicht finden können? Will
er ins Ausland reisen und dort den Nichtjuden
seine Lehre vortragen? 36 Was soll das heißen,
wenn er sagt: ›Ihr werdet mich suchen, aber
nicht finden‹? Und: ›Wo ich dann bin, dorthin
könnt ihr nicht kommen‹?«

Lebendiges Wasser im Überfluß

37 Am letzten Festtag,[b] dem Höhepunkt des
ganzen Festes, trat Jesus vor die Menge und rief:
»Wer durstig ist, soll zu mir kommen und trinken
– 38 jeder, der mir vertraut! Denn in den Heiligen
Schriften* heißt es: ›Aus seinem Innern wird
lebendiges Wasser strömen.‹«[c]

39 Jesus meinte damit den Geist* Gottes, den
die erhalten sollten, die ihn im Glauben* anneh-
men. Damals war der Geist noch nicht gekom-
men, weil Jesus noch nicht in Gottes Herrlich-
keit aufgenommen war.

Meinungsverschiedenheiten

40 Als die Leute in der Menge dieses Wort von
Jesus hörten, sagten einige: »Er ist wirklich der
Prophet*, der kommen soll!« 41 Andere meinten:
»Er ist der versprochene Retter!«[d] Wieder an-
dere sagten: »Der Retter kommt doch nicht aus
Galiläa*! 42 In den Heiligen Schriften* steht, daß
er von David abstammt und aus Betlehem
kommt, dem Dorf, in dem David lebte.«

43 Die Menge war also geteilter Meinung über
ihn. 44 Einige hätten ihn am liebsten festgenom-
men; aber niemand konnte Hand an ihn legen.

Der Unglaube der Verantwortlichen

45 Die Gerichtspolizisten* kehrten wieder zu-
rück. Die führenden Priester* und die Pharisäer*
fragten sie: »Warum habt ihr ihn nicht mitge-
bracht?«

46 Die Männer antworteten: »So wie dieser
Mensch hat noch keiner gesprochen.«

47 »Ihr habt euch also auch von ihm hinters
Licht führen lassen!« sagten die Pharisäer.
48 »Gibt es denn unter den Mitgliedern des
Rates* oder den Pharisäern einen einzigen, der
seinen Anspruch ernst nimmt?[e] 49 Die Menge
tut es. Sie kennt Gottes Gesetz* nicht und steht
deshalb unter seinem Fluch.«

50 Da sagte Nikodemus, der selbst Pharisäer
und Ratsmitglied war und der Jesus früher ein-
mal aufgesucht hatte: 51 »Ist es nach unserem
Gesetz möglich, einen Menschen zu verurteilen,
ohne daß wir ihn verhört haben? Erst muß doch
festgestellt werden, ob er sich strafbar gemacht
hat.«

52 »Du kommst anscheinend auch aus Ga-
liläa*«, erwiderten sie. »Lies die Heiligen Schrif-
ten* genauer, dann wirst du sehen, daß der er-
wartete Prophet[f] nicht aus Galiläa kommt.«

Jesus und die Ehebrecherin[g]

8 7,53 Dann gingen sie alle nach Hause. 1 Jesus
aber ging zum Ölberg*. 2 Am nächsten Mor-
gen kehrte er sehr früh zum Tempel* zurück.

Alle Leute dort versammelten sich um ihn. Er
setzte sich und sprach zu ihnen über den Willen
Gottes.

3 Da führten die Gesetzeslehrer* und Pha-
risäer* eine Frau herbei, die beim Ehebruch er-
tappt worden war. Sie stellten sie in die Mitte
4 und sagten zu Jesus: »Lehrer*, diese Frau
wurde ertappt, als sie gerade Ehebruch beging.
5 Im Gesetz* schreibt Mose uns vor, daß eine
solche Frau gesteinigt* werden muß. Was sagst
du dazu?«

6 Mit dieser Frage wollten sie ihm eine Falle
stellen, um ihn anklagen zu können. Aber Jesus

a Wörtlich *die Juden;* vgl. Anmerkung zu 1,19. *b* Siehe Sacherklärung »Laubhüttenfest«, auch zu 8,12.
c Im Alten Testament findet sich keine Stelle mit diesem Wortlaut, wohl aber eine Reihe von Stellen, die inhaltliche Grundlage sein können (Jes 12,3; 43,19; 44,3; 58,11; Sach 14,8).
d Wörtlich *der Christus*.* *e* Wörtlich *der an ihn glaubt*.*
f *der erwartete Prophet*:* wörtlich *der Prophet.* Viele Handschriften haben *ein Prophet;* doch dagegen spricht die Herkunft des Propheten Jona aus Galiläa (2 Kön 14,25). Vgl. außerdem Joh 1,21; 6,14; 7,40.
g Der Abschnitt 7,53–8,11 ist sehr alt, hat aber ursprünglich nicht zur »Guten Nachricht nach Johannes« gehört. In vielen Handschriften fehlt er ganz, in anderen ist er an unterschiedlichen Stellen eingeordnet.

7,33 13,33 **7,34** 8,21; 13,36 **7,37** Lev 23,36; Joh 4,10.14; Offb 22,17 **7,39** 14,16 S **7,40** 6,14 S **7,42** Jes 11,1; Mi 5,1; Mt 20,30-31 S **7,44** 7,30 **7,50** 3,1 S **7,51** Dtn 1,16-17; 17,6 **8,5** Dtn 22,22-24; Lev 20,10 **8,6** Mk 12,13 par

bückte sich nur und schrieb mit dem Finger auf
die Erde. 7 Als sie nicht aufhörten zu fragen, rich-
tete er sich auf und sagte zu ihnen: »Wer von
euch noch nie eine Sünde begangen hat, soll den
ersten Stein auf sie werfen!« 8 Dann bückte er
sich wieder und schrieb auf die Erde.
9 Als sie das hörten, zog sich einer nach dem
andern zurück; die Älteren gingen zuerst. Zu-
letzt war Jesus allein mit der Frau, die immer
noch dort stand.
10 Er richtete sich wieder auf und fragte sie:
»Frau, wo sind sie geblieben? Ist keiner mehr da,
um dich zu verurteilen?«
11 »Keiner, Herr«, antwortete sie.
Da sagte Jesus: »Ich verurteile dich auch
nicht. Du kannst gehen; aber tu diese Sünde
nicht mehr!«

Jesus ist das Licht der Welt

12 Jesus sprach weiter zu den Leuten: »*Ich* bin
das Licht für die Welt.[a] Wer mir folgt, tappt nicht
mehr im Dunkeln, sondern hat das Licht und mit
ihm das Leben.«
13 Die Pharisäer* sagten zu ihm: »Jetzt trittst
du als Zeuge in eigener Sache auf. Was du sagst,
hat keine Beweiskraft!«
14 »Was ich sage, ist wahr«, entgegnete Jesus,
»selbst wenn ich mein eigener Zeuge bin. Ich
weiß nämlich, woher ich gekommen bin und
wohin ich gehe. Ihr aber wißt nicht, woher ich
komme und wohin ich gehe. 15 Ihr urteilt und
*ver*urteilt nach menschlichen Maßstäben; *ich*
verurteile niemand.
16 *Wenn* ich aber ein Urteil fälle, dann ist es
auf die Wahrheit gegründet und gültig; denn
ich stehe damit nicht allein da. Es ist mein Urteil
und das meines Vaters, der mich gesandt hat.
17 In eurem Gesetz* heißt es, daß die überein-
stimmende Aussage von zwei Zeugen gültig
ist. 18 Ich bin mein eigener Zeuge, und auch der
Vater, der mich gesandt hat, tritt für mich als
Zeuge auf.«
19 »Wo ist denn dein Vater?« fragten sie ihn.
Jesus antwortete: »Ihr kennt weder mich
noch meinen Vater. Wenn ihr mich kennen wür-
det, würdet ihr auch meinen Vater kennen.«
20 Das alles sagte Jesus, als er im Tempel*
lehrte. Es geschah in der Halle, wo die Kästen für
die Geldspenden aufgestellt waren. Und keiner
konnte ihn festnehmen; denn seine Stunde war
noch nicht gekommen.

Wo ich hingehe, dorthin könnt ihr nicht kommen

21 Jesus sagte noch einmal zu ihnen: »Ich werde
fortgehen. Dann werdet ihr vergeblich nach mir
suchen und in eurem Unglauben[b] zugrunde
gehen. Wo ich hingehe, dorthin könnt ihr nicht
kommen.«
22 Die Leute[c] meinten: »Wenn er sagt: ›Wo ich
hingehe, dorthin könnt ihr nicht kommen‹ –
heißt das, daß er Selbstmord begehen will?«
23 Jesus antwortete: »Ihr seid von hier unten,
aber ich komme von oben. Ihr gehört zu dieser
Welt*, aber ich bin nicht von dieser Welt. 24 Ich
habe es euch ja gesagt, daß ihr in eurem Unglau-
ben zugrunde gehen werdet. *Ich* bin der, an dem
sich alles entscheidet.[d] Wenn ihr das nicht glau-
ben wollt, werdet ihr in eurem Unglauben zu-
grunde gehen.«
25 »Du? Wer bist du denn?« fragten sie ihn.
Jesus antwortete: »Was rede ich überhaupt
noch zu euch?[e] 26 Ich hätte zwar vieles *über*
euch zu sagen und allen Grund, euch zu verur-
teilen; aber der, der mich gesandt hat, steht zu
seinen Zusagen; und ich sage der Welt nur das,
was ich bei ihm gehört habe.«
27 Sie verstanden nicht, daß Jesus vom Vater
sprach. 28 Deshalb sagte er zu ihnen: »Wenn ihr
den Menschensohn* erhöht[f] habt, werdet ihr
es begreifen: *Ich* bin der, an dem sich alles ent-
scheidet. Dann werdet ihr auch erkennen, daß
ich nichts von mir aus tue, sondern nur das sage,
was der Vater mich gelehrt hat. 29 Er, der mich
gesandt hat, steht mir zur Seite und läßt mich
nicht allein; denn ich tue stets, was ihm gefällt.«
30 Als Jesus das sagte, kamen viele zum Glau-
ben* an ihn.

Freiheit oder Sklaverei

31 Jesus sagte zu den Juden, die zum Glauben
an ihn gekommen waren: »Wenn ihr bei dem

a Ich bin: siehe Sacherklärung »Ich-bin-Worte«. *b eurem Unglauben:* wörtlich *eurer Sünde.*
c Wörtlich *die Juden;* vgl. Anmerkung zu 1,19.
d Wörtlich *Ich bin;* ebenso in Vers 28. Jesus verwendet hier die Formel, mit der im Alten Testament Gott von sich selbst spricht und sich seinem Volk gegenüber als den Retter und Herrn der Welt bezeichnet (Jes 41,4; 43,10 u. a.).
e überhaupt gibt eine griechische Wendung wieder, die wörtlich lautet *(was) den Anfang / das Prinzip (betrifft).* Der ganze Satz kann als Frage oder als Ausruf verstanden werden.
f Jesus spricht von seiner Kreuzigung; vgl. Anmerkung zu 12,32.

8,7 Dtn 17,7; 13,10 **8,11** 5,14 **8,12** (Licht) 1,5.9-10; 3,19; 9,5; 12,46; 1 Joh 2,8; Jes 49,6; (Licht–Dunkel) 1,5; 9,4; 11,9-10; 12,35-36.46; 1 Joh 1,5-7; Eph 5,8-14 **8,13** 5,31-32 **8,14** 7,28-29 **8,17** Dtn 19,15 S; Mt 18,16 S **8,18** 5,36-37; 1 Joh 5,9 **8,19** 5,18 S **8,20** 2,4 S **8,21** 7,33-34 **8,23** 3,31 **8,24** 13,19 **8,26** 3,17; 8,15; 12,47 **8,28** 12,32-34 S; 4,34 S **8,30** 2,23 S **8,31** 15,8; 14,15

bleibt, was ich euch gesagt habe, und euer Leben darauf gründet,[a] seid ihr wirklich meine Jünger*. [32] Dann werdet ihr die Wahrheit* erkennen, und die Wahrheit wird euch frei machen.«

[33] »Wir stammen von Abraham* ab«, antworteten sie ihm, »und wir haben nie jemand als Sklaven gedient. Was meinst du, wenn du sagst: ›Ihr werdet frei werden‹?«

[34] Jesus sagte zu ihnen: »Amen*, ich versichere euch: Wer sündigt, ist ein Sklave der Sünde. [35] Ein Sklave gehört nicht für immer zur Familie. Nur der Sohn gehört für immer dazu. [36] Wenn der Sohn* euch frei macht, dann seid ihr wirklich frei.

[37] Ich weiß wohl, daß ihr von Abraham abstammt. Trotzdem versucht ihr, mich zu töten, weil ihr mein Wort nicht in euch wohnen und wirken laßt. [38] Ich rede von dem, was mein Vater mir gezeigt hat. Ihr aber tut, was *euer* Vater euch gesagt hat.«

[39] Sie wandten ein: »Unser Vater ist Abraham!«

Jesus erwiderte: »Wenn ihr wirklich Abrahams Kinder wärt, würdet ihr in seinem Sinne handeln. [40] Alles, was ich getan habe, war, euch die Wahrheit weiterzugeben, wie ich sie von Gott gehört habe. Ihr aber versucht, mich zu töten. So etwas hat Abraham nicht getan. [41] Ihr handelt wie euer wirklicher Vater!«

»Wir sind nicht im Ehebruch[b] gezeugt«, erwiderten sie. »Wir haben nur den einen Vater: Gott.«

[42] Jesus sagte zu ihnen: »Wäre Gott wirklich euer Vater, dann würdet ihr mich lieben. Denn ich bin von Gott zu euch gekommen. Ich kam nicht in eigenem Auftrag, sondern er hat mich gesandt.

[43] Warum versteht ihr denn nicht, was ich sage? Weil ihr unfähig seid, mein Wort aufzunehmen. [44] Ihr seid Kinder des Teufels, der ist euer Vater, und ihr wollt nur ausführen, wonach ihm der Sinn steht. Er ist von Anfang an ein Mörder gewesen und hat niemals etwas mit der Wahrheit zu tun gehabt, weil es in ihm keine Wahrheit gibt. Wenn er lügt, so entspricht das seinem Wesen; denn er ist ein Lügner, und alle Lüge stammt von ihm. [45] Gerade weil ich die Wahrheit sage, glaubt ihr mir nicht.

[46] Wer von euch kann mir eine Sünde nachweisen? Wenn ich die Wahrheit sage, warum glaubt ihr mir dann nicht? [47] Wer Gott zum Vater hat, hört, was Gott sagt. Aber ihr hört es nicht, weil ihr ihn nicht zum Vater habt.«

Jesus und Abraham

[48] Die Juden erwiderten: »Wir haben doch recht! Du bist ein Samariter* und bist von einem bösen Geist* besessen.«

[49] »Ich bin nicht besessen«, sagte Jesus, »ich erweise nur meinem Vater Ehre; aber ihr verachtet mich. [50] Ich selbst suche keine Ehre für mich. Ein anderer sucht sie, und er ist der Richter. [51] Amen*, ich versichere euch: Wer sich nach meinem Wort richtet, wird in Ewigkeit nicht sterben.«

[52] Da sagten sie: »Jetzt sind wir sicher, daß ein böser Geist aus dir spricht. Abraham* ist gestorben, die Propheten* sind gestorben, und du sagst: ›Wer sich nach meinem Wort richtet, wird in Ewigkeit nicht sterben.‹ [53] Unser Vater Abraham ist tot. Du willst doch nicht etwa behaupten, daß du mehr bist als Abraham? Auch die Propheten sind gestorben. Für wen hältst du dich eigentlich?«

[54] Jesus antwortete: »Wenn ich mich selbst ehren wollte, hätte diese Ehre keinen Wert. Mein Vater ehrt mich, von dem ihr sagt, er sei euer Gott. [55] Ihr habt ihn nie wirklich erkannt, ich aber kenne ihn. Ich wäre ein Lügner wie ihr, wenn ich behauptete, ihn nicht zu kennen. Ich kenne ihn und gehorche seinem Wort. [56] Euer Vater Abraham jubelte darüber, daß er mein Kommen erleben sollte.[c] Er erlebte es und war glücklich!«

[57] Da sagten sie zu ihm: »Du bist noch keine fünfzig Jahre alt und willst Abraham gesehen haben?«

[58] Jesus erwiderte: »Amen, ich versichere euch: *Ich* bin – bevor Abraham überhaupt geboren wurde«.[d]

[59] Da hoben sie Steine auf und wollten ihn töten. Aber Jesus brachte sich in Sicherheit und verließ den Tempel.

a *Wenn ihr bei dem ...:* wörtlich *Wenn ihr in meinem Wort bleibt.*
b Zum bildhaften Sinn vgl. Sacherklärung »Hurerei«.
c Die jüdische Auslegung fand diesen Gedanken im Lachen Abrahams über die Verheißung eines Sohnes (Gen 17,16-17).
d Die Antwort von Jesus enthält eine Anspielung auf Ex 3,14; vgl. außerdem die Anmerkung zu Vers 24.

8,33 Mt 3,9 S **8,34** Röm 6,16.20; 2 Petr 2,19 **8,35** Ex 21,2 **8,36** 2 Kor 3,17 S **8,37.40** 7,1 S **8,41** (einen Vater) Dtn 32,6; Jes 63,16 S **8,42** 1 Joh 5,1 **8,44** 1 Joh 3,2; 2,4; Weish 2,24; Gen 3,1-5 **8,46** 2 Kor 5,21; 1 Joh 3,5 S **8,47** 10,27; 18,37 **8,48** 4,9; (böser Geist) 7,20; 10,20; Mk 3,21-22 par **8,50** 7,18 S **8,51** 5,24 S **8,53** 4,12 **8,55** 7,28-29; 4,34 S **8,58** 1,1-2; 17,5 **8,59** 11,8 S

Jesus heilt einen Blindgeborenen

9 Im Vorbeigehen sah Jesus einen Mann, der von Geburt blind war. 2 Die Jünger* fragten Jesus: »Rabbi*, wer ist schuld, daß er blind geboren wurde? Wer hat hier gesündigt, er selbst oder seine Eltern?«[a]

3 Jesus antwortete: »Weder er ist schuld noch seine Eltern. Er ist blind, damit Gottes Macht an ihm sichtbar wird. 4 Solange es Tag ist, müssen wir die Taten Gottes vollbringen, der mich gesandt hat. Es kommt eine Nacht, in der niemand mehr wirken kann. 5 Solange ich in der Welt bin, bin ich das Licht der Welt.«

6 Als Jesus dies gesagt hatte, spuckte er auf den Boden und rührte einen Brei mit seinem Speichel an. Er strich den Brei auf die Augen des Mannes 7 und befahl ihm: »Geh zum Teich Schiloach* und wasche dir das Gesicht.«

Schiloach bedeutet: der Gesandte. Der Mann ging dorthin und wusch sein Gesicht. Als er zurückkam, konnte er sehen.

8 Da sagten seine Nachbarn und die Leute, die ihn vorher als Bettler gekannt hatten: »Ist das nicht der Mann, der immer an der Straße saß und bettelte?« 9 Einige meinten: »Das ist er.« Andere sagten: »Nein, er ist es nicht; er sieht ihm nur ähnlich.«

Der Mann selbst bestätigte: »Ich bin es!«

10 »Wieso kannst du auf einmal sehen?« fragten sie ihn.

11 Er antwortete: »Der Mann, der Jesus heißt, machte einen Brei, strich ihn auf meine Augen und sagte: ›Geh zum Teich Schiloach und wasche dein Gesicht.‹ Ich ging hin, und als ich mich gewaschen hatte, konnte ich sehen.«

12 »Wo ist er?« fragten sie ihn.

Er antwortete: »Ich weiß es nicht.«

Die Pharisäer verhören den Geheilten

13 Sie brachten den Mann, der blind gewesen war, vor die Pharisäer*. 14 Der Tag, an dem Jesus den Brei gemacht und den Blinden geheilt hatte, war ein Sabbat*. 15 Auch die Pharisäer fragten ihn, wie er sehend geworden sei.

Er erzählte ihnen: »Der Mann strich einen Brei auf meine Augen, ich wusch mein Gesicht, und jetzt kann ich sehen.«

16 Einige von den Pharisäern sagten: »Wenn er das getan hat, kann er nicht von Gott kommen, weil er die Sabbatvorschriften nicht einhält.« Andere aber sagten: »Wie kann jemand ein Sünder sein, der solche Wunder vollbringt?« Die Meinungen waren geteilt.

17 Da befragten sie den Geheilten noch einmal: »Was hältst denn *du* von ihm? Du bist doch der, den er sehend gemacht hat.«

»Er ist ein Prophet*!«, antwortete der Mann.

18 Die Pharisäer[b] wollten ihm aber nicht glauben, daß er blind gewesen war und nun sehen konnte. Sie riefen seine Eltern 19 und verhörten sie: »Ist das euer Sohn? Besteht ihr darauf, daß er blind geboren wurde? Wie ist es dann möglich, daß er jetzt sehen kann?«

20 Die Eltern antworteten: »Wir wissen, daß er unser Sohn ist und blind geboren wurde. 21 Aber wir haben keine Ahnung, auf welche Weise er sehend wurde oder wer ihn sehend gemacht hat. Fragt ihn selbst! Er ist alt genug, um selbst zu antworten.«

22 Sie sagten das, weil sie vor den führenden Männern Angst hatten. Diese hatten nämlich beschlossen, alle aus der Synagogengemeinde* auszuschließen, die sich zu Jesus als dem versprochenen Retter[c] bekennen würden. 23 Aus diesem Grund sagten seine Eltern: »Er ist alt genug. Fragt ihn selbst!«

24 Die Pharisäer ließen den Blindgeborenen ein zweites Mal rufen und forderten ihn auf: »Gib Gott die Ehre! Wir wissen, daß dieser Mensch ein Sünder ist!«

25 »Ob er ein Sünder ist oder nicht, das weiß ich nicht«, entgegnete der Mann, »aber eins weiß ich: Ich war blind, und jetzt kann ich sehen.«

26 »Was hat er mit dir gemacht?« fragten sie. »Wie hat er dich sehend gemacht?«

27 »Das habe ich euch schon erzählt«, sagte er, »aber ihr habt ja nicht zugehört. Warum wollt ihr es noch einmal hören? Möchtet ihr vielleicht auch seine Jünger* werden?«

28 Da beschimpften sie ihn und sagten: »*Du* bist ein Jünger dieses Menschen! Wir aber sind Jünger von Mose. 29 Wir wissen, daß Gott zu Mose gesprochen hat. Aber von diesem Menschen wissen wir nicht einmal, woher er kommt.«

30 Der Geheilte antwortete: »Das ist wirklich seltsam! Ihr wißt nicht, woher er kommt, und mich hat er sehend gemacht! 31 Wir wissen doch

a Zu dem vorausgesetzten Zusammenhang von Sünde und Krankheit siehe Sacherklärung »Krankheit«.
b Wörtlich *Die Juden,* ebenso in Vers 22 *(führende Männer);* vgl. Anmerkung zu 1,19.
c Wörtlich *als dem Christus**.

9,2 Ex 20,5; Ez 18,20; Lk 13,2.4 **9,3** 11,4 **9,4** 5,17 **9,5** 8,12 S **9,6** Mk 8,23 S **9,8** Apg 3,10 **9,14** 5,9 S **9,16** 7,43; 10,19 **9,17** 6,14 S **9,22** 7,13; 12,42; 19,38; 20,19; 16,2 **9,29** 7,27 **9,31** Ps 66,18; Spr 15,29; Jes 1,15

alle, daß Gott das Gebet von Sündern nicht hört. Er hört nur auf die, die ihn ehren und seinen Willen befolgen. 32 Seit die Welt besteht, hat noch niemand von einem Menschen berichtet, der einen Blindgeborenen sehend gemacht hat. 33 Käme dieser Mann nicht von Gott, so wäre er dazu nicht fähig gewesen.«

34 Sie erwiderten: »Du bist ja schon von deiner Geburt her ein ausgemachter Sünder,[a] und dann willst du uns belehren?«

Und sie warfen ihn hinaus.

Die Blindheit der Pharisäer

35 Als Jesus hörte, daß sie ihn aus der Synagogengemeinde* ausgeschlossen hatten, suchte er ihn auf und fragte ihn: »Willst du ganz zum Menschensohn* gehören?«[b]

36 Der Mann antwortete: »Herr, wenn du mir sagst, wer es ist, will ich es tun.«

37 Jesus sagte: »Er steht vor dir und spricht mit dir.«

38 »Herr, ich will dir allein gehören!«[c] sagte der Mann und warf sich vor Jesus nieder.

39 Jesus sagte: »Ich bin in diese Welt* gekommen, damit die Blinden sehend und die Sehenden blind werden. Darin vollzieht sich das Gericht.«

40 Einige Pharisäer*, die in der Nähe standen, hörten das und sagten: »Soll das etwa heißen, daß wir auch blind sind?«

41 Jesus antwortete: »Wenn ihr blind wärt, würde euch keine Schuld angerechnet. Weil ihr aber sagt: ›Wir können sehen‹, bleibt eure Schuld bestehen.«

Vom Hirten und seinen Schafen

10 Jesus sagte: »Amen*, ich versichere euch: Wer den Schafstall nicht durch die Tür betritt, sondern auf einem anderen Weg eindringt, ist ein Räuber und ein Dieb.

2 Der Schafhirt geht durch die Tür hinein; 3 der Wächter am Eingang öffnet ihm. Die Schafe erkennen seine Stimme; er ruft die, die ihm gehören, einzeln beim Namen und führt sie ins Freie. 4 Wenn sie alle draußen sind, geht er vor ihnen her, und sie folgen ihm, weil sie seine Stimme kennen. 5 Einem anderen Menschen werden sie niemals folgen. Im Gegenteil: sie werden vor ihm davonlaufen, weil sie seine Stimme nicht kennen.«

6 Dieses Gleichnis* erzählte Jesus, aber seine Zuhörer verstanden nicht, was er ihnen damit sagen wollte.

Jesus – die Tür

7 Darum begann Jesus noch einmal: »Amen*, ich versichere euch: *Ich* bin die Tür zu den Schafen.[d] 8 Alle, die vor mir gekommen sind, sind Räuber und Diebe, doch die Schafe haben nicht auf sie gehört.

9 *Ich* bin die Tür für die Schafe. Wer durch mich hineingeht, wird gerettet. Er wird ein- und ausgehen und Weideland finden. 10 Der Dieb kommt nur, um die Schafe zu stehlen, zu schlachten und ins Verderben zu stürzen. Ich aber bin gekommen, um ihnen das Leben zu geben, Leben im Überfluß.«

Jesus – der gute Hirt

11 »*Ich* bin der gute Hirt.[d] Ein guter Hirt ist bereit, für seine Schafe zu sterben.

12 Einer, dem die Schafe nicht selbst gehören, ist kein richtiger Hirt. Darum läßt er sie im Stich, wenn er den Wolf kommen sieht, und läuft davon. Dann stürzt sich der Wolf auf die Schafe und jagt die Herde auseinander. 13 Wer die Schafe nur gegen Lohn hütet, läuft davon; denn die Schafe sind ihm gleichgültig.

14 *Ich* bin der gute Hirt. Ich kenne meine Schafe, und sie kennen mich, 15 so wie der Vater mich kennt und ich ihn kenne. Ich bin bereit, für sie zu sterben.

16 Ich habe noch andere Schafe, die nicht zu diesem Schafstall gehören; auch die muß ich herbeibringen. Sie werden auf meine Stimme hören, und alle werden in *einer* Herde unter *einem* Hirten vereint sein.

17 Der Vater liebt mich, weil ich bereit bin, mein Leben zu opfern, um es aufs neue zu erhalten. 18 Niemand kann mir das Leben nehmen. Ich gebe es aus freiem Entschluß. Es steht in meiner Macht, es zu geben, und auch in meiner Macht, es wieder an mich zu nehmen. Damit erfülle ich den Auftrag meines Vaters.«

19 Wegen dieser Rede waren die Leute[e] wieder geteilter Meinung über Jesus. 20 Viele von ihnen sagten: »Er ist von einem bösen Geist* besessen. Er ist verrückt! Warum hört ihr ihm überhaupt zu?« 21 Aber andere meinten: »So redet

a *Sünder:* vgl. Anmerkung zu Vers 2. b Wörtlich *Glaubst* du an den Menschensohn?*
c Wörtlich *Herr, ich glaube*.* d *Ich bin …:* siehe Sacherklärung »Ich-bin-Worte«; ebenso zu den folgenden Versen.
e Wörtlich *die Juden,* ebenso in den Versen 24 und 31; vgl. Anmerkung zu 1,19.

9,33 3,2 **9,37** 4,26 **9,39** 5,22 S **9,40** Mt 15,14 S **9,41** 15,22 **10,4** 10,27; Offb 14,4 **10,6** 16,25 **10,8** Jer 23,1-2 **10,9** 14,6; Ps 23,2; Ez 34,14 **10,11** (Hirt) Ps 23,1 S; Mt 18,12-14; Hebr 13,20; Offb 7,17; (sterben) Joh 15,13 S **10,14** 10,27; 2 Tim 2,19 **10,16** 11,52; Jes 56,8; 66,18b-19; Ez 34,23-24; 1 Petr 2,25 **10,17** 3,35 S; 5,18 S **10,18** 4,34 S **10,19** 9,16 **10,20** 8,48 S

kein Besessener!« Kann ein böser Geist etwa blinde Menschen sehend machen?«

Jesus wird abgelehnt

22 Es war im Winter, als in Jerusalem das Fest zur Erinnerung an die Wiedereinweihung des Tempels[a] gefeiert wurde. 23 Jesus ging im Tempel in der Salomohalle* umher. 24 Da umringten ihn die Leute und fragten: »Wie lange willst du uns noch hinhalten? Sag es uns frei heraus: Bist du der versprochene Retter?«[b]

25 Jesus antwortete: »Ich habe es euch schon gesagt,[c] aber ihr wollt mir nicht glauben. Die Taten, die ich im Auftrag meines Vaters vollbringe, sprechen für mich. 26 Aber ihr gehört nicht zu meinen Schafen, darum glaubt ihr mir nicht.

27 Meine Schafe hören auf mich. Ich kenne sie, und sie folgen mir. 28 Ich gebe ihnen das ewige Leben, und sie werden niemals umkommen. Niemand kann sie mir aus den Händen reißen, 29 weil niemand sie aus den Händen meines Vaters reißen kann. Er schützt die, die er mir gegeben hat; denn er ist mächtiger als alle.[d] 30 Der Vater und ich sind untrennbar eins.«

31 Da hoben die Leute wieder Steine auf, um ihn zu töten. 32 Jesus aber sagte zu ihnen: »Viele gute Taten habe ich vor euren Augen getan, die meine Verbundenheit mit dem Vater bezeugen. Für welche davon wollt ihr mich steinigen*?«

33 Sie gaben ihm zur Antwort: »Wir steinigen dich nicht wegen einer guten Tat, sondern weil du ein Gotteslästerer bist. Du bist nur ein Mensch und gibst dich als Gott aus.«

34 Jesus antwortete: »In eurem eigenen Gesetz* heißt es doch: ›Ich habe zu euch gesagt: Ihr seid Götter.‹ 35 Und was in den Heiligen Schriften* steht, ist unumstößlich, das wissen wir.

Gott nannte also die, an die er sein Wort richtete, Götter. 36 Mich aber hat der Vater bevollmächtigt und in die Welt gesandt. Wie könnt ihr da behaupten, ich lästere Gott, wenn ich sage, daß ich sein Sohn* bin?

37 Wenn das, was ich tue, nicht die Taten meines Vaters sind, braucht ihr mir nicht zu glauben. 38 Sind sie es aber, dann solltet ihr wenigstens diesen Taten glauben, wenn ihr mir selbst schon nicht glauben wollt. An ihnen müßte euch doch aufgehen, daß der Vater in mir lebt und ich im Vater lebe.«

39 Von neuem versuchten sie, Jesus festzunehmen, aber er entkam ihnen. 40 Er überquerte den Jordan und ging an die Stelle zurück, wo Johannes früher getauft hatte. Er blieb dort, 41 und viele kamen zu ihm und sagten: »Johannes hat keine Wunder getan; aber alles, was er über diesen Menschen gesagt hat, entspricht der Wahrheit.«

42 Viele von denen, die dort waren, kamen zum Glauben an ihn.

Lazarus stirbt

11 Lazarus aus Betanien war krank geworden – aus dem Dorf, in dem Maria und ihre Schwester Marta wohnten. 2 Maria war es, die später die Füße des Herrn mit dem kostbaren Öl übergossen und dann mit ihrem Haar getrocknet hat; deren Bruder war der erkrankte Lazarus.

3 Da ließen die Schwestern Jesus mitteilen: »Herr, dein Freund ist krank.«

4 Als Jesus das hörte, sagte er: »Diese Krankheit führt nicht zum Tod. Sie dient dazu, die Herrlichkeit* Gottes offenbar zu machen; denn durch sie wird der Sohn* Gottes zu seiner Herrlichkeit gelangen.«[e]

5 Jesus liebte Marta und ihre Schwester und Lazarus. 6 Aber als er die Nachricht erhielt, daß Lazarus krank sei, blieb er noch zwei Tage an demselben Ort. 7 Erst dann sagte er zu seinen Jüngern*: »Wir gehen nach Judäa* zurück!«

8 Sie antworteten: »Rabbi*, kürzlich erst hät-

a Es handelt sich um die Wiedereinweihung des Tempels* im Jahr 165 v. Chr. nach seiner Entweihung durch Antiochus IV. Epiphanes (siehe Vergleichsstellen zu diesem Vers).
b Wörtlich *der Christus**.
c Direkt sagt Jesus es bei Johannes nirgendwo, doch indirekt erhebt er den Anspruch auf vielfache und unüberhörbare Weise; siehe Vergleichsstellen.
d *Er schützt ...:* wörtlich *Mein Vater ist, was die betrifft, die er mir gab, größer als alle.* Die Textüberlieferung ist unsicher; nach anderen Handschriften wäre (wörtlich) zu übersetzen: *Mein Vater – was er mir gab, ist größer als alles;* nach wieder anderen: *Mein Vater, der sie mir gegeben hat, ist größer als alle.*
e *denn durch sie ...:* wörtlich *damit durch sie der Sohn Gottes verherrlicht wird.* Die Aussage hat einen doppelten Sinn: Die Verherrlichung geschieht in der Auferweckung von Lazarus (vgl. Verse 25-26), diese aber wird zum Anlaß für die weitergehende Verherrlichung von Jesus, die in seinem Tod und in seiner Auferweckung geschieht (vgl. Verse 46-53; 13,31-32; 17,1.2.5).

10,22 2 Makk 1,9 S **10,23** Apg 3,11 S **10,24** 4,25 S **10,25** 5,36 S **10,26** 16,9 S **10,27** 10,3.14; 8,47 **10,28** 5,24 S; 6,39 S **10,30** 5,18 S; 17,21 **10,31** 11,8 S **10,33** Lev 24,16; Mk 14,64 par **10,34** *zit* Ps 82,6 **10,36** 1,34 S **10,39** 7,30; 8,20 **10,40** 1,28 **10,41** 1,29-34; 3,27-28 **10,42** 2,23 S **11,1-2** 12,1-3; Lk 10,38-39 **11,4** 9,3; 17,1 S **11,8** 8,59; 10,31

ten dich die Leute dort[a] beinahe gesteinigt*.
Und nun willst du zu ihnen zurückkehren?«
9 Jesus sagte: »Der Tag hat zwölf Stunden.
Wenn jemand am hellen Tag wandert, stolpert er
nicht, weil er das Tageslicht sieht. 10 Lauft ihr
aber in der Nacht umher, so stolpert ihr, weil das
Licht nicht mehr bei euch ist.«[b]
11 Danach sagte Jesus zu seinen Jüngern:
»Unser Freund Lazarus ist eingeschlafen. Aber
ich werde hingehen und ihn aufwecken.«
12 Sie antworteten: »Herr, wenn er schläft,
dann geht's ihm bald besser.«
13 Jesus hatte jedoch von seinem Tod gespro-
chen; sie aber meinten, er rede nur vom Schlaf.
14 Da sagte Jesus ihnen ganz offen: »Lazarus ist
tot. 15 Und euretwegen bin ich froh, daß ich nicht
bei ihm war. So wird euer Glaube gefestigt. Aber
gehen wir jetzt zu ihm!«
16 Thomas, der auch Zwilling genannt wird,
sagte zu den anderen Jüngern: »Auf, gehen wir
mit Jesus und sterben mit ihm!«

Jesus ist das Leben. Lazarus wird vom Tod auferweckt

17 Als Jesus nach Betanien kam, lag Lazarus
schon vier Tage im Grab.
18 Das Dorf war keine drei Kilometer[c] von
Jerusalem entfernt, 19 und viele Leute aus der
Stadt[d] hatten Marta und Maria aufgesucht, um
sie zu trösten.
20 Als Marta hörte, daß Jesus kam, ging sie
ihm entgegen vor das Dorf, aber Maria blieb im
Haus. 21 Marta sagte zu Jesus: »Herr, wenn du
hier gewesen wärst, hätte mein Bruder nicht
sterben müssen. 22 Aber ich weiß, daß Gott dir
auch jetzt keine Bitte abschlägt.«
23 »Dein Bruder wird auferstehen«, sagte Jesus
zu Marta.
24 »Ich weiß«, erwiderte sie, »er wird auferste-
hen, wenn alle Toten lebendig werden, am letz-
ten Tag.«
25 Jesus sagte zu ihr: »*Ich* bin die Auferste-
hung und das Leben.[e] Wer mich annimmt, wird
leben, auch wenn er stirbt, 26 und wer lebt und
sich auf mich verläßt, wird niemals sterben.[f]
Glaubst du mir das?«
27 Sie antwortete: »Ja, Herr, ich glaube, daß du
der versprochene Retter[g] bist, der Sohn* Gottes,
der in die Welt kommen soll.«
28 Nach diesen Worten ging Marta zu ihrer
Schwester zurück, nahm sie beiseite und sagte
zu ihr: »Unser Lehrer* ist hier und will dich
sehen!« 29 Als Maria das hörte, stand sie schnell
auf und lief zu ihm hinaus.
30 Jesus selbst war noch nicht in das Dorf hin-
eingegangen. Er war immer noch an der Stelle,
wo Marta ihn getroffen hatte. 31 Die Leute aus
Jerusalem,[h] die bei Maria im Haus waren, um
sie zu trösten, sahen, wie sie aufsprang und
hinauseilte. Sie meinten, Maria wolle zum Grab
gehen, um dort zu weinen, und folgten ihr.
32 Als Maria zu Jesus kam und ihn sah, warf
sie sich vor ihm nieder. »Herr, wenn du hier ge-
wesen wärst, hätte mein Bruder nicht sterben
müssen«, sagte sie zu ihm.
33 Jesus sah sie weinen; auch die Leute, die
mit ihr gekommen waren, weinten. Da wurde er
zornig und war sehr erregt. 34 »Wo habt ihr ihn
hingelegt?« fragte er.
»Komm und sieh es selbst, Herr!« sagten sie.
35 Jesus fing an zu weinen. 36 Da sagten die
Leute: »Er muß ihn sehr geliebt haben!« 37 Aber
einige meinten: »Den Blinden hat er sehend ge-
macht. Hätte er nicht verhindern können, daß
Lazarus stirbt?«
38 Aufs neue wurde Jesus zornig. Er ging zum
Grab. Es bestand aus einer Höhle, deren Zugang
mit einem Stein verschlossen war.
39 »Nehmt den Stein weg!« befahl er.
Marta, die Schwester des Toten, wandte ein:
»Herr, der Geruch! Er liegt doch schon vier Tage
im Grab.«
40 Jesus sagte zu ihr: »Ich habe dir doch ge-
sagt, daß du die Herrlichkeit* Gottes sehen
wirst, wenn du nur Glauben hast.« 41 Da nah-
men sie den Stein weg.
Jesus blickte zum Himmel auf und sagte:
»Vater, ich danke dir, daß du meine Bitte erfüllst.
42 Ich weiß, daß du mich immer erhörst. Aber
wegen der Menschenmenge, die hier steht,
spreche ich es aus – damit sie glauben, daß du
mich gesandt hast.«
43 Nach diesen Worten rief er laut: »Lazarus,
komm heraus!« 44 Der Tote kam heraus; seine

a *die Leute dort:* wörtlich *die Juden;* vgl. Anmerkung zu 1,19.
b In Vers 9 spricht Jesus von sich: Sein Tag ist noch nicht abgelaufen. In Vers 10 warnt er die Jünger vor innerem Schaden, wenn sie sich jetzt von ihm, dem *Licht,* trennen sollten.
c Griechische Maßangabe *15 Stadien**.
d Wörtlich *viele von den Juden;* vgl. Anmerkung zu 1,19.
e *Ich bin ...:* siehe Sacherklärung »Ich-bin-Worte«.
f *Wer mich annimmt* und *(wer) sich auf mich verläßt:* wörtlich *Wer/wer an mich glaubt**.
g Wörtlich *der Christus**.
h Wörtlich *die Juden,* ebenso in den Versen 33 und 36; vgl. Anmerkung zu 1,19.

11,9-10 12,35-36; 8,12 S **11,9** 9,4 **11,11** Mk 5,39 par **11,16** Mk 14,31 par; (Thomas) Joh 20,24 S **11,24** 5,29; Dan 12,2 S **11,25** 5,21.24 S; 8,51 **11,27** 4,25 S; 1,34 S **11,37** 9,6-7 **11,38** 20,1; Mk 15,46 par **11,42** 12,30 **11,44** 20,6-7

Hände und Füße waren mit Binden umwickelt,
und sein Gesicht war mit einem Tuch verhüllt.
Jesus sagte: »Nehmt ihm das alles ab und laßt
ihn nach Hause gehen!«

Einer soll für das Volk sterben

45 Viele Leute aus der Stadt,[a] die zu Maria ge-
kommen waren und alles miterlebt hatten,
kamen zum Glauben* an Jesus. 46 Aber einige
von ihnen gingen zu den Pharisäern* und be-
richteten ihnen, was er getan hatte.
47 Da beriefen die führenden Priester mit den
Pharisäern eine Sitzung des Rates* ein und sag-
ten: »Was sollen wir machen? Dieser Mann tut
viele Wunder. 48 Wenn wir ihn so weitermachen
lassen, werden sich ihm noch alle anschließen.[b]
Dann werden die Römer einschreiten und uns
auch noch den Rest an Verfügungsgewalt über
Tempel und Volk entziehen.«
49 Kajaphas, einer von ihnen, der in jenem
Jahr der Oberste Priester* war, sagte: »Ihr be-
greift rein gar nichts! 50 Seht ihr nicht, daß es
euer Vorteil ist, wenn einer für alle stirbt und
nicht das ganze Volk vernichtet wird?«
51 Das sagte er aber nicht aus sich selbst, son-
dern als der Oberste Priester in jenem Jahr
sprach er aus prophetischer Eingebung, und
so sagte er voraus, daß Jesus für das jüdische
Volk sterben werde – 52 und nicht nur für dieses
Volk, sondern auch, um die in aller Welt ver-
streut lebenden Kinder Gottes zusammenzu-
führen.
53 Von diesem Tag an waren die führenden
Männer fest entschlossen, Jesus zu töten. 54 Er
zeigte sich deshalb nicht mehr in der Öffentlich-
keit,[c] sondern ging von dort weg in die Gegend
am Rand der Wüste, in eine Ortschaft namens
Efraïm. Dort blieb er mit seinen Jüngern*.
55 Es war kurz vor dem jüdischen Passafest*,
und viele Bewohner aus dem ganzen Land
zogen nach Jerusalem hinauf. Sie wollten sich
vor dem Fest nach den vorgeschriebenen Regeln
reinigen*. 56 Sie suchten Jesus überall, und als sie
im Tempel beisammenstanden, fragten sie ein-
ander: »Was meint ihr? Zum Fest wird er doch
sicher kommen!«
57 Die führenden Priester und Pharisäer hat-
ten aber angeordnet: »Jeder, der seinen Aufent-
haltsort kennt, soll es melden!« Denn sie wollten
ihn verhaften.

Eine Frau ehrt Jesus vor seinem Sterben

(Mt 26,6-13; Mk 14,3-9)

12 Sechs Tage vor dem Passafest* kam Jesus
wieder nach Betanien, dem Ort, wo La-
zarus wohnte, den er vom Tod auferweckt hatte.
2 Die Geschwister hatten Jesus zu Ehren ein
Festessen vorbereitet. Marta trug auf, während
Lazarus mit Jesus und den anderen zu Tisch lag*.
3 Maria aber nahm eine Flasche[d] mit reinem,
kostbarem Nardenöl, goß es Jesus über die Füße
und trocknete diese mit ihrem Haar. Das ganze
Haus duftete nach dem Öl.
4 Judas Iskariot, einer von den Jüngern*, der
Jesus später verriet, sagte: 5 »Warum wurde die-
ses Öl nicht für dreihundert Silberstücke* ver-
kauft und das Geld an die Armen verteilt?« 6 Er
sagte das nicht etwa, weil er ein Herz für die
Armen hatte, sondern weil er ein Dieb war. Er
verwaltete die gemeinsame Kasse und griff oft
zur eigenen Verwendung hinein.
7 Jesus sagte: »Laß sie in Ruhe! Nach Gottes
Willen hat sie dieses Öl für den Tag meines Be-
gräbnisses aufbewahrt.« 8 Und an alle Jünger ge-
wandt, fügte er hinzu: »Arme wird es immer bei
euch geben, aber mich habt ihr nicht mehr lange
bei euch.«

Lazarus in Gefahr

9 Die große Menge der Leute in Jerusalem[e] hatte
inzwischen gehört, daß Jesus in Betanien sei,
und sie gingen dorthin. Sie kamen nicht nur
seinetwegen, sondern auch weil sie Lazarus
sehen wollten, den Jesus vom Tod auferweckt
hatte.
10 Da beschlossen die führenden Priester*,
auch Lazarus zu töten; 11 denn seinetwegen
gingen viele Juden dorthin und kamen zum
Glauben* an Jesus.

Jesus zieht in Jerusalem ein

(Mt 21,1-11; Mk 11,1-11; Lk 19,28-40)

12 Am nächsten Tag hörte die große Menge, die
zum Passafest* gekommen war, Jesus sei auf
dem Weg nach Jerusalem. 13 Da nahmen sie
Palmzweige, zogen ihm entgegen vor die Stadt
und riefen laut: »Gepriesen sei Gott! Heil dem,
der in seinem Auftrag kommt! Heil dem König
Israels!«
14 Jesus aber fand einen jungen Esel und

a Wörtlich *viele Juden;* vgl. Anmerkung zu 1,19. b Wörtlich *werden noch alle an ihn glauben**.
c Wörtlich *öffentlich unter den Juden;* vgl. Anmerkung zu 1,19. d *eine Flasche:* wörtlich *1 Litra* (= ca. 325 g).
e Wörtlich *Die große Menge der Juden;* vgl. Anmerkung zu 1,19.

11,45 2,23 S **11,47-48** 2,11 S; Mk 14,1-2 par; Apg 4,16 **11,49-50** 18,14 **11,52** 10,16 S **11,53** 7,1 S **11,54** 5,13 S **11,55** 2,13 S; 2 Chr 30,17-18 **11,56** 7,11 **12,1-3** 11,1-2 **12,2** Lk 10,40 **12,3** Lk 7,37-38 **12,4** (Judas) 6,71; 13,2.27; 18,2 **12,7** 19,40 **12,8** Dtn 15,11 **12,9.11** 11,43.45; 2,23 S **12,13** *zit* Ps 118,26; (König) Joh 1,49 S; 6,15; Mt 27,11 S

setzte sich darauf, so wie es schon in den Heiligen Schriften* heißt:

15 »Fürchte dich nicht, du Zionsstadt*!
Sieh, dein König kommt!
Er reitet auf einem jungen Esel.«

16 Damals verstanden seine Jünger* dies alles noch nicht; aber als Jesus in Gottes Herrlichkeit aufgenommen war, wurde ihnen bewußt, daß dieses Schriftwort sich auf ihn bezog und daß die Volksmenge ihn dementsprechend empfangen hatte.

17 Als Jesus Lazarus aus dem Grab gerufen und vom Tod auferweckt hatte, waren viele dabeigewesen und hatten es als Zeugen weitererzählt.
18 Aus diesem Grund kam ihm jetzt eine so große Menschenmenge entgegen. Sie alle hatten von dem Wunder gehört, das er vollbracht hatte.

19 Die Pharisäer* aber sagten zueinander: »Da seht ihr doch, daß wir so nicht weiterkommen! Alle Welt läuft ihm nach!«

Vertreter der nichtjüdischen Welt suchen Jesus

20 Unter denen, die zum Fest nach Jerusalem gekommen waren, um Gott anzubeten, befanden sich auch einige Nichtjuden.[a]
21 Sie gingen zu Philippus, der aus Betsaida in Galiläa* stammte, und sagten zu ihm: »Herr, wir möchten gerne Jesus kennenlernen.«

22 Philippus sagte es Andreas, und die beiden gingen zu Jesus.

23 Er antwortete ihnen: »Die Stunde ist gekommen! Jetzt wird die Herrlichkeit des Menschensohns* sichtbar werden.

24 Amen*, ich versichere euch: Das Weizenkorn muß in die Erde fallen und sterben, sonst bleibt es allein. Aber wenn es stirbt, bringt es viel Frucht.

25 Wer sein Leben liebt, wird es verlieren. Wer aber sein Leben in dieser Welt geringachtet, wird es für das ewige Leben bewahren.
26 Wer mir dienen will, muß mir auf meinem Weg folgen, und wo ich bin, werden dann auch die sein, die mir gedient haben. Sie alle werden von meinem Vater geehrt werden.«

Jesus spricht von seinem Tod

27 »Mir ist jetzt sehr bange. Was soll ich tun? Soll ich sagen: ›Vater, laß diese Stunde an mir vorbeigehen‹? Aber ich bin ja in diese Stunde gekommen, um sie durchzustehen.
28 Vater, bring du deinen Namen jetzt zu Ehren!«

Da sagte eine Stimme vom Himmel: »Das habe ich bisher getan, ich werde es auch jetzt tun.«

29 Die Menge, die dort stand, hörte die Stimme, und einige sagten: »Es hat gedonnert!« Andere meinten: »Ein Engel hat mit ihm gesprochen.«

30 Aber Jesus sagte zu ihnen: »Diese Stimme wollte nicht mir etwas sagen, sondern euch.
31 Jetzt wird Gericht gehalten über diese Welt*. Jetzt wird der Herrscher* dieser Welt gestürzt.
32 Ich aber werde von der Erde erhöht werden,[b] und dann werde ich alle zu mir ziehen.
33 Mit diesem Wort deutete er an, welche Todesart er erleiden würde.

34 Die Menge wandte ein: »Das Gesetz* sagt uns, daß der versprochene Retter[c] für immer bleibt. Wie kannst du dann sagen, daß der Menschensohn* erhöht werden muß? Wer ist überhaupt dieser Menschensohn?«

35 Jesus antwortete: »Das Licht wird noch kurze Zeit unter euch sein. Geht euren Weg, solange es hell ist, damit die Dunkelheit euch nicht überfällt! Wer im Dunkeln geht, weiß nicht, wohin der Weg führt.
36a Haltet euch an[d] das Licht, solange ihr es habt! Dann werdet ihr Menschen, die ganz vom Licht erfüllt sind.«[e]

Die Menge lehnt Jesus ab

36b Nachdem Jesus das gesagt hatte, ging er fort und verbarg sich vor ihnen.
37 Obwohl er sich durch so große Wunderzeichen* vor ihnen ausgewiesen hatte, schenkten sie ihm keinen Glauben.

38 Aber es sollte so kommen, wie es der Prophet Jesaja vorausgesagt hatte: »Herr, wer hat unserer Botschaft geglaubt? Wem ist die Macht des Herrn sichtbar geworden?«
39 Sie konnten nicht glauben, weil Jesaja auch das vorausgesagt hat:
40 »Gott hat ihre Augen geblendet und ihre

a Wörtlich *Griechen;* damit sind Menschen aus nichtjüdischen Völkern gemeint, die den einen Gott Israels verehrten und sich untereinander auf Griechisch verständigten.
b *erhöht:* In der »Guten Nachricht nach Johannes« spricht Jesus von seiner bevorstehenden Kreuzigung so, daß deutlich wird: In ihr vollzieht sich seine Aufnahme in die Herrlichkeit Gottes (vgl. 12,23; 13,31), in die Machtstellung bei Gott, aus der heraus er der Welt das Leben Gottes schenken kann (3,14-15; vgl. 17,1-2). Siehe auch Sacherklärung »Erhöhung«.
c Wörtlich *der Christus**. *d* Wörtlich *Glaubt* an …* *e* *Menschen, die …:* wörtlich *Söhne des Lichtes.*

12,15 *zit* Sach 9,9 **12,16** 2,22; 17,1 S **12,19** 11,48 **12,21** 1,44 **12,23** 2,4 S **12,24** 1 Kor 15,36 **12,25** Mt 10,38-39 S **12,26** 14,3; 17,24; Mt 10,24-25; Mk 10,44-45 par **12,27** 12,23; Mk 14,34-36 par **12,28** 17,1 S; (Stimme) Mk 1,11 par; 9,7 par **12,30** 11,42 **12,31** 14,30; 16,11 **12,32-34** (erhöht) 3,14; 8,28; 18,32 **12,34** Ps 89,37; 110,4; Ez 37,25 **12,35-36a** 7,33; 8,12 S **12,36b** 5,13 S **12,37** 16,9 S **12,38** *nach* Jes 53,1; Röm 10,16 **12,40** *nach* Jes 6,10; Mk 4,12 S

Herzen verschlossen. So kommt es, daß sie mit
ihren Augen nicht sehen und mit ihrem Ver-
stand nichts begreifen und nicht zu mir, dem
Herrn, kommen, damit ich sie heile.« 41 Jesaja
sprach hier von Jesus. Er konnte das sagen, weil
er dessen Herrlichkeit* geschaut hatte.[a]

42 Es gab sogar unter den Ratsmitgliedern*
viele, die zum Glauben an Jesus gekommen
waren, aber wegen der Pharisäer* bekannten sie
sich nicht öffentlich dazu; denn sie wollten nicht
aus der Synagogengemeinde* ausgeschlossen
werden. 43 Der Beifall von Menschen war ihnen
wichtiger als die Anerkennung von Gott.

Jesus ruft zur Entscheidung auf

44 Jesus rief laut: »Wer mich annimmt,[b] nimmt
nicht mich an, sondern den, der mich gesandt
hat. 45 Wer mich sieht, sieht den, der mich ge-
sandt hat. 46 Ich bin als Licht in die Welt gekom-
men, damit alle, die mich annehmen, nicht im
Dunkeln bleiben.

47 Wer hört, was ich sage, und sich nicht da-
nach richtet, den verurteile ich nicht; denn ich
bin nicht als Richter in die Welt gekommen, son-
dern als Retter. 48 Wer mich ablehnt und nicht
annimmt, was ich sage, hat seinen Richter schon
gefunden: die Worte, die ich gesprochen habe,
werden ihn am letzten Tag verurteilen.

49 Was ich euch gesagt habe, stammt nicht
von mir; der Vater, der mich gesandt hat, hat mir
aufgetragen, was ich zu sagen und zu reden
habe. 50 Und ich weiß, daß das, was er mir aufge-
tragen hat, euch ewiges Leben bringt. Für alle
meine Worte gilt also: Ich sage euch genau das,
was der Vater mir gesagt hat.«

DIE ABSCHIEDSREDEN AN DIE JÜNGER (Kapitel 13–17)

Jesus wäscht seinen Jüngern die Füße

13 Das Passafest* stand bevor. Jesus wußte,
daß für ihn die Stunde gekommen war,
diese Welt zu verlassen und zum Vater zu
gehen. Er hatte die Menschen, die in der Welt
zu ihm gehörten, immer geliebt. Jetzt gab er
ihnen einen letzten und äußersten Beweis sei-
ner Liebe.

2 Jesus aß mit seinen Jüngern* zu Abend. Der
Teufel hatte Judas, dem Sohn von Simon Iskariot,
schon den Gedanken eingegeben, Jesus zu ver-
raten. 3 Jesus wußte, daß der Vater ihm alles in
die Hand gegeben hatte. Er wußte, daß er von
Gott gekommen war und bald wieder zu Gott
zurückkehren würde. 4 Da stand er vom Tisch
auf, legte sein Obergewand* ab, band sich ein
Tuch um 5 und goß Wasser in eine Schüssel.
Dann fing er an, seinen Jüngern die Füße zu
waschen und sie mit dem Tuch abzutrocknen.

6 Als er zu Simon Petrus kam, sagte der: »Du,
Herr, willst *mir* die Füße waschen?«

7 Jesus antwortete ihm: »Was ich tue, kannst
du jetzt noch nicht verstehen, aber später wirst
du es begreifen.«

8 Petrus widersetzte sich: »Niemals sollst *du
mir* die Füße waschen!«

Jesus antwortete: »Wenn ich dir nicht die
Füße wasche, hast du keinen Anteil an mir und
an dem, was ich bringe.«

9 Da sagte Simon Petrus: »Herr, dann nicht
nur die Füße, sondern auch die Hände und den
Kopf!«

10 Jesus erwiderte: »Wer vorher gebadet hat,
ist am ganzen Körper rein und braucht sich nur
noch die Füße zu waschen.[c] Ihr seid alle rein –
bis auf einen.« 11 Jesus wußte, wer ihn verraten
würde. Deshalb sagte er: »Ihr seid alle rein, bis
auf einen.«

12 Nachdem Jesus ihnen die Füße gewaschen
hatte, zog er sein Oberkleid wieder an und
kehrte zu seinem Platz am Tisch zurück.

»Begreift ihr, was ich eben getan habe?«
fragte er sie. 13 »Ihr nennt mich Lehrer* und
Herr. Ihr habt recht, das bin ich. 14 Ich bin euer
Herr und Lehrer, und doch habe ich euch so-
eben die Füße gewaschen. So sollt auch ihr euch
gegenseitig die Füße waschen. 15 Ich habe euch
ein Beispiel gegeben, damit auch ihr so handelt,
wie ich an euch gehandelt habe.

16 Amen*, ich versichere euch: Ein Diener ist
nicht größer als sein Herr und ein Bote nicht
größer als sein Auftraggeber. 17 Das wißt ihr
jetzt; Freude ohne Ende ist euch gewiß, wenn
ihr auch danach handelt!

18 Ich meine nicht euch alle. Ich weiß, wen
ich erwählt habe; aber was die Heiligen Schrif-
ten* vorausgesagt haben, muß eintreffen: ›Einer,
der mein Brot ißt, tritt nach mir.‹ 19 Ich sage euch

a Vorausgesetzt ist hier, daß der Prophet in Jes 6,1-4 zugleich mit der Herrlichkeit* Gottes auch die des ewigen Wortes Gottes gesehen hat (vgl. 1,14; 17,5) und in Jes 6,9-10 auch schon von Jesus und seinem Auftrag spricht.
b mich annimmt: wörtlich *an mich glaubt*;* entsprechend in Vers 46. *c* Siehe Sacherklärung »Fußwaschung«.

12,41 Jes 6,1-3 **12,42** 2,23 S; 9,22 S **12,43** 7,18 S **12,45** 14,9 **12,46** 8,12 S **12,47** 3,17; 5,22 S **12,49** 7,16-17 **12,50** 4,34 S **13,1** 2,4 S **13,2** 12,4 S; Lk 22,3 **13,3** 3,35 S **13,4-5** Lk 12,37 **13,10** 15,3 **13,11** 6,64.70-71 **13,12-14** Mt 23,8-12; Mk 10,41-45 par; Lk 22,27; 1 Tim 5,10 **13,15** Phil 2,5 S **13,16** 15,20; Mt 10,24-25; Lk 6,40 **13,18** *nach* Ps 41,10; Joh 17,12 **13,19** 14,29; 16,4; 8,24

dies jetzt, bevor es eintrifft, damit ihr nicht an
mir irre werdet, wenn es dann so kommt, son-
dern im Glauben daran festhaltet: *Ich* bin der, an
dem sich alles entscheidet.[a]
20 Amen, ich versichere euch: Wer einen
Menschen aufnimmt, den ich gesandt habe,
nimmt mich auf. Und wer mich aufnimmt,
nimmt den auf, der mich gesandt hat.«

Jesus und sein Verräter

(Mt 26,20-25; Mk 14,17-21; Lk 22,21-23)

21 Als Jesus das gesagt hatte, wurde er sehr trau-
rig und sagte ihnen ganz offen: »Amen*, ich ver-
sichere euch: Einer von euch wird mich ver-
raten.«
22 Seine Jünger* sahen sich ratlos an und frag-
ten sich, wen er meinte. 23 Der Jünger, den Jesus
besonders liebhatte, saß neben ihm.[b] 24 Simon
Petrus gab ihm durch ein Zeichen zu verstehen:
»Frag du ihn, von wem er spricht!« 25 Da rückte
er näher an Jesus heran und fragte: »Herr, wer ist
es?«
26 Jesus sagte zu ihm: »Ich werde ein Stück
Brot in die Schüssel tauchen, und wem ich es
gebe, der ist es.« Er nahm ein Stück Brot, tauchte
es ein und gab es Judas, dem Sohn von Simon
Iskariot.
27 Sobald Judas das Brot genommen hatte,
nahm der Satan* ihn in Besitz. Jesus sagte zu
ihm: »Beeile dich und tu, was du tun mußt!«
28 Keiner von den übrigen am Tisch begriff,
was Jesus ihm da gesagt hatte. 29 Weil Judas das
Geld verwaltete, dachten manche, Jesus habe
ihn beauftragt, die nötigen Einkäufe für das Fest
zu machen, oder er habe ihn angewiesen, den
Armen etwas zu geben.
30 Nachdem Judas das Stück Brot gegessen
hatte, ging er sofort hinaus. Es war Nacht.

Das neue Gebot

31 Als Judas gegangen war, sagte Jesus: »Jetzt ge-
langt der Menschensohn* zu seiner Herrlichkeit,
und durch ihn wird die Herrlichkeit* Gottes
offenbar. 32 Wenn aber der Menschensohn die
Herrlichkeit Gottes sichtbar gemacht hat, dann
wird Gott ihm dafür auch seine eigene Herrlich-
keit schenken. Und das wird bald geschehen.
33 Ich bin nicht mehr lange bei euch, meine Kin-
der. Ihr werdet mich suchen; aber ich muß euch
jetzt dasselbe sagen, was ich früher schon den
anderen[c] gesagt habe: Wo ich hingehe, dorthin
könnt ihr nicht kommen.
34 Ich gebe euch jetzt ein neues Gebot: Ihr
sollt einander lieben! Genauso wie ich euch ge-
liebt habe, sollt ihr einander lieben! 35 An eurer
Liebe zueinander werden alle erkennen, daß ihr
meine Jünger* seid.«

Jesus und Petrus

(Mt 26,31-35; Mk 14,27-31; Lk 22,31-34)

36 »Herr, wohin willst du gehen?« fragte ihn
Simon Petrus.
Jesus antwortete: »Wo ich hingehe, dorthin
kannst du mir jetzt nicht folgen, aber später
wirst du nachkommen.«
37 »Herr, warum kann ich jetzt nicht mitkom-
men?« fragte Petrus. »Ich bin bereit, für dich zu
sterben!«
38 »Für mich sterben?« erwiderte Jesus.
»Amen*, ich versichere dir: Bevor der Hahn
kräht, wirst du mich dreimal verleugnen und be-
haupten, daß du mich nicht kennst.«

Jesus ist der Weg zum Vater

14 Dann sagte Jesus zu allen:[d] »Erschreckt
nicht, habt keine Angst! Vertraut auf Gott,
und vertraut auch auf mich![e]
2 Im Haus meines Vaters gibt es viele Woh-
nungen, und ich gehe jetzt hin, um dort einen
Platz für euch bereitzumachen. Sonst hätte ich
euch doch nicht mit der Ankündigung beunru-
higt, daß ich weggehe.[f] 3 Und wenn ich gegan-
gen bin und euch den Platz bereitet habe, dann
werde ich zurückkommen und euch zu mir neh-
men, damit auch ihr seid, wo ich bin.
4 Den Weg zu dem Ort, an den ich gehe, den
kennt ihr ja.«
5 Thomas sagte zu ihm: »Herr, wir wissen
nicht einmal, wohin du gehst! Wie sollen wir
dann den Weg dorthin kennen?«
6 Jesus antwortete: »*Ich* bin der Weg, denn ich
bin die Wahrheit und das Leben.[g] Einen ande-
ren Weg zum Vater gibt es nicht. 7 Wenn ihr
mich kennt, werdet ihr auch meinen Vater ken-

a Wörtlich *Ich bin;* vgl. Anmerkung zu 8,24.
b Wörtlich *lag an der Brust Jesu;* siehe Sacherklärung »liegen«.
c Wörtlich *den Juden;* vgl. 7,33-35 und Anmerkung zu 1,19.
d Der Satz ist verdeutlichender Zusatz.
e *Vertraut auf* (beide Male): wörtlich *Glaubt* an.*
f *und ich gehe jetzt hin ...:* wörtlich *wenn es nicht so wäre, hätte ich euch dann gesagt, daß ich hingehe, um euch einen Platz zu bereiten?*
g *denn ich bin ...:* wörtlich *und die Wahrheit* und das Leben.* Siehe Sacherklärung »Ich-bin-Worte«.

13,20 Mk 9,37S **13,23** 19,26; 20,2; 21,7.20 **13,27** 12,4S **13,29** 12,6 **13,31-32** 17,1S **13,33** 7,33-36 **13,34** (neues Gebot) 15,12.17; 1Joh 2,7-8; 3,11.23; 4,11.21; 2Joh 5-6 **13,35** 1Joh 3,14 **13,36** 8,14; 21,19 **13,38** 18,27 **14,3** 12,26S **14,5** (Thomas) 20,24S **14,6** 10,9; Hebr 10,20

nen. Schon jetzt kennt ihr ihn und habt ihn ge-
sehen.«
[8] Philippus sagte zu ihm: »Herr, zeige uns den
Vater! Mehr brauchen wir nicht.«
[9] Jesus antwortete: »Nun bin ich so lange mit
euch zusammengewesen, Philippus, und du
kennst mich immer noch nicht? Wer mich ge-
sehen hat, hat den Vater gesehen. Wie kannst du
dann sagen: ›Zeige uns den Vater‹? [10] Glaubst du
nicht, daß du in mir dem Vater begegnest?
Was ich zu euch gesprochen habe, das
stammt nicht von mir. Der Vater, der immer in
mir ist, vollbringt durch mich seine Taten.
[11] Glaubt mir: Ich lebe im Vater und der Vater in
mir. Wenn ihr mir nicht auf mein Wort hin
glaubt, dann glaubt mir wegen dieser Taten.
[12] Amen*, ich versichere euch: Wer im Glau-
ben mit mir verbunden bleibt, wird die gleichen
Taten vollbringen, die ich tue. Ja, er wird noch
größere Taten vollbringen, denn ich gehe zum
Vater.
[13] Wenn ihr dann in meinem Namen, unter
Berufung auf mich, um irgend etwas bittet,
werde ich es tun. So wird durch den Sohn die
Herrlichkeit* des Vaters offenbar werden. [14] Ja,
wenn ihr mich um etwas bittet und euch dabei
auf mich beruft, werde ich eure Bitte erfüllen.«

Jesus verspricht den Heiligen Geist

[15] »Wenn ihr mich liebt, werdet ihr meine Ge-
bote befolgen. [16] Und ich werde den Vater bitten,
daß er euch an meiner Stelle einen anderen Hel-
fer* gibt, der für immer bei euch bleibt, [17] den
Geist der Wahrheit*. Die Welt* kann ihn nicht
bekommen, weil sie ihn nicht sehen kann und
nichts von ihm versteht. Aber ihr kennt ihn,
denn er wird bei euch bleiben und in euch
leben.
[18] Ich lasse euch nicht wie Waisenkinder
allein; ich komme wieder zu euch. [19] Es dauert
noch eine kurze Zeit, dann wird die Welt mich
nicht mehr sehen. Aber ihr werdet mich dann
sehen, und ihr werdet leben, weil ich lebe.
[20] Wenn dieser Tag kommt, werdet ihr erken-
nen, daß ich in meinem Vater lebe und daß ihr in
mir lebt und ich in euch. [21] Wer meine Gebote
annimmt und sie befolgt, der liebt mich wirklich.
Und wer mich liebt, den wird mein Vater lieben.
Auch ich werde ihn lieben und ihm meine Herr-
lichkeit offenbaren.«

[22] Judas – nicht der Judas Iskariot – sagte:
»Warum willst du deine Herrlichkeit nur uns zei-
gen und nicht der Welt?«
[23] Jesus antwortete ihm: »Wer mich liebt, wird
sich nach meinem Wort richten; dann wird ihn
mein Vater lieben, und wir werden zu ihm kom-
men und bei ihm wohnen. [24] Wer mich nicht
liebt, richtet sich nicht nach meinen Worten –
und dabei kommen doch die Worte, die ihr
gehört habt, nicht von mir, sondern von meinem
Vater, der mich gesandt hat.
[25] Ich habe euch dies gesagt, solange ich noch
bei euch bin. [26] Der Vater wird euch in meinem
Namen den Helfer senden, der an meine Stelle
tritt, den Heiligen Geist*. Der wird euch alles
weitere lehren und euch an alles erinnern, was
ich selbst schon gesagt habe.
[27] Zum Abschied gebe ich euch den Frieden*,
meinen Frieden, nicht den Frieden, den die Welt
gibt. Erschreckt nicht, habt keine Angst! [28] Ihr
habt gehört, wie ich zu euch sagte: ›Ich verlasse
euch und werde wieder zu euch kommen.‹
Wenn ihr mich wirklich liebtet, würdet ihr euch
freuen, daß ich zum Vater gehe; denn er ist
größer als ich.
[29] Ich habe euch das alles im voraus gesagt,
damit euer Glaube fest bleibt, wenn es dann ein-
trifft. [30] Ich werde nicht mehr viel mit euch
reden, weil der Herrscher* dieser Welt schon auf
dem Weg ist. Er hat keine Macht über mich,
[31] aber die Welt soll erkennen, daß ich den Vater
liebe. Darum handle ich so, wie es mir mein
Vater aufgetragen hat.
Und nun steht auf! Wir wollen gehen!«

Jesus ist der wahre Weinstock

15 »*Ich* bin der wahre Weinstock,[a] und mein
Vater ist der Weinbauer. [2] Er entfernt jede
Rebe an mir, die keine Frucht bringt; aber die
fruchttragenden Reben reinigt er, damit sie noch
mehr Frucht bringen. [3] Ihr seid schon rein ge-
worden durch das Wort, das ich euch verkündet
habe. [4] Bleibt mit mir vereint, dann werde auch
ich mit euch vereint bleiben. Nur wenn ihr mit
mir vereint bleibt, könnt ihr Frucht bringen, ge-
nauso wie eine Rebe nur Frucht bringen kann,
wenn sie am Weinstock bleibt.
[5] *Ich* bin der Weinstock, und ihr seid die
Reben. Wer mit mir verbunden bleibt, so wie ich
mit ihm, bringt reiche Frucht. Denn ohne mich

a *Ich bin …:* siehe Sacherklärung »Ich-bin-Worte«.

14,9 12,45; 1,18 S **14,10** 3,35 S **14,11** 5,18 S; 5,36 S **14,13** 15,16 S; 17,1 S **14,15** (Gebote) 14,21.23; 15,10; 1 Joh 5,3; 2 Joh 6 **14,16** 7,39; 14,26; 15,26; 16,7.13; 20,22; 1 Joh 3,24; 4,13; Apg 1,4; 2,4 **14,17** 1 Kor 2,10-16 **14,19** 16,16 **14,20** 5,18 S **14,23** Offb 3,20 **14,24** 7,16 **14,26** 14,16 S **14,27** 16,33; 20,19.21; Lk 2,14 S **14,29** 13,19 **14,30** 12,31 S **14,31** 4,34 S **15,1** Ps 80,9-12 **15,2** Mt 3,10 par **15,3** 13,10 **15,4-5** (vereint) 15,7.10; 6,56; 1 Joh 2,6.28; 3,6.24 **15,5** 2 Kor 3,5; 4,7

könnt ihr nichts ausrichten. 6 Wer nicht mit mir vereint bleibt, wird wie eine abgeschnittene Rebe fortgeworfen und vertrocknet. Solche Reben werden gesammelt und ins Feuer geworfen, wo sie verbrennen.

7 Wenn ihr mit mir vereint bleibt und meine Worte in euch lebendig sind, könnt ihr den Vater um alles bitten, was ihr wollt, und ihr werdet es bekommen. 8 Die Herrlichkeit* meines Vaters wird ja dadurch sichtbar, daß ihr reiche Frucht bringt und euch so als meine Jünger* erweist.

9 So wie der Vater mich liebt, habe ich euch meine Liebe erwiesen. Bleibt in dieser Liebe! 10 Wenn ihr meine Gebote befolgt, dann bleibt ihr in meiner Liebe, so wie ich die Gebote meines Vaters befolgt habe und in seiner Liebe bleibe. 11 Ich habe euch dies gesagt, damit meine Freude euch erfüllt und an eurer Freude nichts mehr fehlt.

12 Dies ist mein Gebot: Ihr sollt einander so lieben, wie ich euch geliebt habe. 13 Niemand liebt mehr als einer, der sein Leben für seine Freunde opfert. 14 Ihr seid meine Freunde, wenn ihr mein Gebot befolgt.

15 Ich nenne euch nicht mehr Diener; denn ein Diener weiß nicht, was sein Herr tut. Vielmehr nenne ich euch Freunde; denn ich habe euch alles gesagt, was ich von meinem Vater gehört habe. 16 Nicht ihr habt mich erwählt, sondern ich habe euch erwählt. Ich habe euch dazu bestimmt, reiche Frucht zu bringen, Frucht, die Bestand hat. Darum gilt auch: Alles, was ihr vom Vater in meinem Namen, unter Berufung auf mich, erbittet, wird er euch geben.

17 Dieses eine Gebot gebe ich euch: Ihr sollt einander lieben!«

Der Haß der Welt

18 »Wenn die Welt* euch haßt, dann denkt daran, daß sie mich zuerst gehaßt hat. 19 Die Welt würde euch als ihre Kinder lieben, wenn ihr zu ihr gehören würdet. Aber ich habe euch aus der Welt herausgerufen, und ihr gehört nicht zu ihr. Aus diesem Grund haßt euch die Welt.

20 Denkt an das, was ich euch gesagt habe: Kein Diener ist größer als sein Herr. Wie sie mich verfolgt haben, werden sie auch euch verfolgen. Und soviel oder sowenig sie sich nach meinem Wort gerichtet haben, werden sie sich auch nach dem euren richten.

21 Das alles werden sie euch antun, weil ihr euch zu mir bekennt. Sie kennen nämlich den nicht, der mich gesandt hat. 22 Sie hätten keine Schuld, wenn ich nicht gekommen wäre und zu ihnen gesprochen hätte. So aber haben sie keine Entschuldigung mehr. 23 Wer mich haßt, der haßt auch meinen Vater. 24 Sie hätten keine Schuld, wenn ich nicht Taten unter ihnen vollbracht hätte, die noch kein Mensch getan hat. Doch sie haben diese Taten gesehen und hassen mich trotzdem, mich und meinen Vater. 25 Aber das muß so sein, damit in Erfüllung geht, was in ihrem Gesetz* steht: ›Ohne jeden Grund haben sie mich gehaßt.‹

26 Der Helfer* wird kommen, der an meine Stelle tritt. Es ist der Geist der Wahrheit*, der vom Vater kommt. Ich werde ihn zu euch senden, wenn ich beim Vater bin, und er wird als Zeuge über mich aussagen. 27 Und auch ihr werdet meine Zeugen sein, denn ihr seid von Anfang an bei mir gewesen.

16 Ich habe euch dies gesagt, damit ihr nicht an mir irre werdet. 2 Sie werden euch aus den Synagogengemeinden* ausschließen. Es wird sogar soweit kommen, daß alle, die euch töten, es als einen Opferdienst zur Ehre Gottes verstehen. 3 Das alles werden sie euch antun, weil sie weder mich noch den Vater erkannt haben. 4a Aber ich habe es euch gesagt. Wenn es eintrifft, werdet ihr an meine Worte denken.«

Die Aufgabe des Heiligen Geistes

4b »Ich habe euch dies alles zu Anfang nicht gesagt, weil ich ja bei euch war. 5 Jetzt gehe ich zu dem, der mich gesandt hat. Doch niemand von euch fragt mich, wohin ich gehe. 6 Ihr seid nur traurig, weil ich euch dies alles gesagt habe. 7 Aber glaubt mir, es ist gut für euch, daß ich fortgehe; denn sonst wird der Helfer* nicht zu euch kommen. Wenn ich aber fortgehe, dann werde ich ihn zu euch senden, und er wird meine Stelle einnehmen.

8 Wenn er kommt, wird er gegen die Welt* auftreten. Er wird den Menschen zeigen, was Sünde ist und was Gerechtigkeit und was Gericht. 9 Die Sünde besteht darin, daß sie mich ablehnen.[a] 10 Die Gerechtigkeit besteht darin, daß Gott mir recht gibt; denn ich gehe zum Vater, und ihr werdet mich nicht mehr sehen. 11 Das

a Wörtlich: *daß sie nicht an mich glauben**.

15,6 Mt 7,19 **15,7** 15,16 S **15,8** 17,1 S **15,9** 5,18 S **15,10** 14,15 S; 4,34 S **15,11** 16,22.24; 17,13; 20,20; 1 Joh 1,4 **15,12** 13,34 S **15,13** 10,11; 1 Joh 3,16; Röm 5,8 **15,16** (Bitte) 14,13; 15,7; 16,23-24; (Erhörung) 1 Joh 3,22; 5,14-15; Mt 7,7 S **15,17** 13,34 S **15,18-19** 7,7; 16,32-33; 17,14; 1 Joh 3,13 **15,20** 13,16 S **15,21** 16,3 **15,22** 9,41 **15,23** 5,23; Lk 10,16 **15,24** 5,36 S **15,25** *nach* Ps 69,5; 35,19 **15,26** 14,16 S **15,27** 1,14; 1 Joh 1,2; 4,14; Apg 1,8 S **16,2** 9,22; Apg 26,9-11 **16,3** 15,21 **16,4a** 13,19 S **16,7** 14,16 S **16,8** Apg 24,25 **16,9** 5,38; 6,36.64; 7,5; 10,26; 12,37 **16,11** 12,31 S

Gericht aber besteht darin, daß der Herrscher*
dieser Welt schon verurteilt ist.
12 Ich hätte euch noch vieles zu sagen, doch
das würde euch jetzt überfordern. 13 Aber wenn
der Helfer kommt, der Geist der Wahrheit*, wird
er euch anleiten, in der vollen Wahrheit zu
leben.[a]

Was er euch sagen wird, hat er nicht von sich
selbst, sondern er wird euch nur sagen, was er
hört. Er wird euch jeweils vorbereiten auf das,
was auf euch zukommt.[b] 14 Er wird meine Herr-
lichkeit* sichtbar machen; denn was er an euch
weitergibt, hat er von mir. 15 Alles, was der Vater
hat, gehört auch mir. Darum habe ich gesagt: Was
der Geist an euch weitergibt, hat er von mir.«

Abschied und Wiedersehen

16 »Es dauert noch eine kurze Zeit, und ihr wer-
det mich nicht mehr sehen. Dann wird wieder
eine kurze Zeit vergehen, und ihr werdet mich
wiedersehen.«
17 Unter seinen Jüngern* erhob sich die Frage:
»Wie sollen wir das verstehen – und das andere
Wort: ›Ich gehe zum Vater‹? 18 Was bedeutet
›eine kurze Zeit‹? Wir verstehen nicht, was er
sagt.«
19 Jesus wußte schon, daß sie ihn fragen woll-
ten. Darum sagte er zu ihnen: »Ich habe gesagt:
›Es dauert noch eine kurze Zeit, und ihr werdet
mich nicht mehr sehen. Dann wird wieder eine
kurze Zeit vergehen, und ihr werdet mich wie-
dersehen.‹ Darüber macht ihr euch nun Gedan-
ken?
20 Amen*, ich versichere euch: Ihr werdet
jammern und weinen, und die Welt wird sich
freuen. Ihr werdet traurig sein; doch ich sage
euch: Eure Trauer wird sich in Freude verwan-
deln. 21 Wenn eine Frau ein Kind zur Welt bringt,
leidet sie Angst und Schmerzen; aber wenn das
Kind geboren ist, denkt sie nicht mehr daran,
was sie ausgestanden hat, und ist nur noch
glücklich, daß ein Mensch zur Welt gekommen
ist. 22 So wird es auch mit euch sein: Jetzt seid ihr
voll Angst und Trauer. Aber ich werde euch wie-
dersehen. Dann wird euer Herz voll Freude sein,
und diese Freude kann euch niemand nehmen.
23 Wenn dieser Tag kommt, werdet ihr mich
nichts mehr fragen. Amen, ich versichere euch:
Der Vater wird euch dann alles geben, worum
ihr ihn bittet, weil ihr es in meinem Namen tut
und euch auf mich beruft. 24 Bisher habt ihr
nichts in meinem Namen erbeten. Bittet, und ihr
werdet es bekommen, damit eure Freude voll-
kommen und ungetrübt ist.«

Der Sieg über die Welt

25 »Ich habe euch dies alles in Andeutungen ge-
sagt, die euch rätselhaft erscheinen müssen. Die
Stunde kommt, daß ich nicht mehr in Rätseln zu
euch rede, sondern offen und unverhüllt zu
euch über den Vater spreche. 26 Dann werdet ihr
ihn unter Berufung auf mich bitten. Ich sage aber
nicht, daß *ich* dann den Vater für euch bitten
werde; 27 denn der Vater liebt euch. Er liebt
euch, weil ihr mich liebt und nicht daran zwei-
felt,[c] daß ich von Gott gekommen bin. 28 Ich bin
vom Vater in die Welt gekommen. Jetzt verlasse
ich die Welt wieder und gehe zum Vater.«
29 Da sagten seine Jünger* zu ihm: »Nun
sprichst du offen zu uns, nicht mehr in Rätseln.
30 Jetzt haben wir verstanden, daß du alles
weißt. Du weißt schon vorher, was man dich fra-
gen möchte. Darum glauben wir, daß du von
Gott gekommen bist.«
31 Jesus erwiderte: »Ihr meint, ihr glaubt? Jetzt
schon? 32 Die Stunde kommt, ja, sie ist schon da,
daß man euch auseinandertreiben wird. Jeder
wird nur noch an sich denken, und mich werdet
ihr allein lassen. Trotzdem bin ich nicht allein,
weil mein Vater bei mir ist.
33 Dies alles habe ich euch gesagt, damit ihr in
meinem Frieden* geborgen seid. In der Welt*
wird man euch hart zusetzen, aber verliert nicht
den Mut: Ich habe die Welt besiegt!«

Jesus betet für seine Jünger

17 Als Jesus diese Rede beendet hatte,
blickte er zum Himmel auf und sagte:
»Vater, die Stunde ist gekommen! Setze dei-
nen Sohn* in seine Herrlichkeit ein, damit der
Sohn deine Herrlichkeit* offenbar machen kann.
2 Du hast ihm ja die Macht über alle Menschen
gegeben, damit er denen, die du ihm anvertraut
hast, ewiges Leben schenkt. 3 Und das ewige
Leben besteht darin, dich zu erkennen, den ein-
zig wahren Gott, und den, den du gesandt hast,
Jesus Christus.
4 Ich habe deine Herrlichkeit auf der Erde
sichtbar gemacht; denn ich habe die Aufgabe
erfüllt, die du mir übertragen hast. 5 Vater, gib

a Wörtlich *wird er euch (an)leiten in der ganzen Wahrheit.* Viele Handschriften haben *wird er euch (hineinge)leiten in die ganze Wahrheit.*
b Wörtlich *Er wird euch die kommenden (Dinge) verkünden.* c *und nicht …:* wörtlich *und glaubt*.*

16,13 14,16 S; 1 Joh 2,27 **16,14** 17,1 S **16,15** 17,10 **16,16** 14,19 **16,22** 15,11 S **16,23** 15,16 S **16,24** 15,11 S **16,25** Mt 13,34 **16,27** 14,21 **16,32** Mk 14,27 par; 14,50 par; Sach 13,7 **16,33** 14,27; 1 Joh 5,4 **17,1** 2,4 S; (Herrlichkeit) 11,4; 12,16.23.41; 13,31-32; 14,13; 15,8; 16,14; 17,10.22.24 **17,2** 3,35 S; 5,24 S; Mt 28,18 **17,3** 1 Joh 5,20; Weish 15,3 **17,4** 4,34 S **17,5** 1,1-2; 8,58; 17,24

mir nun wieder die Herrlichkeit, die ich schon
bei dir hatte, bevor die Welt geschaffen wurde!
6 Ich habe dich[a] den Menschen bekanntge-
macht, die du aus der Welt* ausgesondert und
mir anvertraut hast. Dir haben sie schon immer
gehört, und du hast sie mir gegeben. Sie haben
sich nach deinem Wort gerichtet 7 und wissen
jetzt, daß alles, was du mir gegeben hast, von dir
stammt. 8 Ich habe ihnen die Worte weiterge-
sagt, die du mir gegeben hast, und sie haben sie
aufgenommen. Sie haben erkannt, daß ich wirk-
lich von dir komme, und sind zum Glauben ge-
kommen, daß du mich gesandt hast.
9 Für sie bete ich. Ich bete nicht für die Welt*,
sondern für die Menschen, die du mir gegeben
hast; denn sie gehören dir. 10 Alles, was mir
gehört, gehört auch dir, und dein Eigentum ist
auch mein Eigentum. Durch sie wird meine
Herrlichkeit sichtbar. 11 Ich bin jetzt auf dem
Weg zu dir. Ich bleibe nicht länger in der Welt,
aber sie bleiben in der Welt.
Heiliger* Vater, bewahre sie in deiner gött-
lichen Gegenwart, die ich ihnen vermitteln
durfte,[b] damit sie eins sind, so wie du und ich
eins sind. 12 Solange ich bei ihnen war, habe *ich*
sie in deiner göttlichen Gegenwart beschützt
und bewahrt. Keiner von ihnen ist verlorenge-
gangen, nur der eine, der verlorengehen mußte,
damit die Voraussage der Heiligen Schriften* in
Erfüllung ging.
13 Und jetzt bin ich auf dem Weg zu dir. Ich
sage dies alles, solange ich noch bei ihnen in der
Welt bin, damit meine Freude ihnen in ganzer
Fülle zuteil wird. 14 Ich habe ihnen dein Wort
weitergesagt. Deshalb haßt sie die Welt, denn sie
gehören nicht zu ihr, ebenso wie ich nicht zu ihr
gehöre.
15 Ich bitte dich nicht, sie aus der Welt wegzu-
nehmen, aber sie vor dem Bösen in Schutz zu
nehmen. 16 Sie gehören nicht zu dieser Welt, so
wie ich nicht zu ihr gehöre. 17 Laß sie in deiner
göttlichen Wirklichkeit leben und weihe sie da-
durch zum Dienst. Dein Wort erschließt diese
Wirklichkeit.[c] 18 Ich sende sie in die Welt, wie du
mich in die Welt gesandt hast. 19 Ich weihe mein
Leben für sie zum Opfer, damit sie in deiner gött-
lichen Wirklichkeit leben und zum Dienst ge-
weiht sind.
20 Ich bete nicht nur für sie, sondern auch für
alle, die durch ihr Wort von mir hören und zum
Glauben* an mich kommen werden. 21 Ich bete
darum, daß sie alle eins seien, so wie du in mir
bist, Vater, und ich in dir. So wie wir sollen auch
sie in uns eins sein, damit die Welt glaubt, daß du
mich gesandt hast. 22 Ich habe ihnen die gleiche
Herrlichkeit gegeben, die du mir gegeben hast,
damit sie eins sind, so wie du und ich. 23 Ich lebe
in ihnen, und du lebst in mir; so sollen auch sie
vollkommen eins sein, damit die Welt erkennt,
daß du mich gesandt hast und daß du sie, die zu
mir gehören, ebenso liebst wie mich.
24 Vater, du hast sie mir gegeben, und ich will,
daß sie mit mir dort sind, wo ich bin. Sie sollen
meine Herrlichkeit sehen, die du mir gegeben
hast, weil du mich schon liebtest, bevor die Welt
geschaffen wurde.
25 Vater, du bist gerecht. Die Welt hat dich
nicht erkannt; aber ich kenne dich, und diese
hier haben erkannt, daß du mich gesandt hast.
26 Ich habe ihnen gezeigt, wer du bist,[d] und
werde es weiter tun. So wird die Liebe, die du zu
mir hast, auch sie erfüllen, und ich werde in
ihnen leben.«

LEIDEN, TOD UND AUFERSTEHUNG VON JESUS (Kapitel 18–20)

Jesus wird verhaftet

(Mt 26,47-56; Mk 14,43-50; Lk 22,47-53)

18 Nachdem Jesus dies gesagt hatte, brach
er mit seinen Jüngern* auf. Sie überquer-
ten den Kidronbach. Auf der anderen Seite be-
fand sich ein Garten, und Jesus ging mit seinen
Jüngern hinein. 2 Der Verräter Judas kannte die-
sen Ort gut, denn Jesus war dort oft mit seinen
Jüngern zusammengewesen. 3 Er nahm also die
Soldaten der römischen Besatzung[e] und einige
Gerichtspolizisten*, die von den führenden Prie-
stern* und den Pharisäern* mitgeschickt wur-
den, und kam dorthin. Die Männer waren be-
waffnet und trugen Fackeln und Laternen.

a Wörtlich *deinen Namen;* vgl. Vers 11 und die Anmerkung dazu.
b Wörtlich *bewahre sie in deinem Namen*, den du mir gegeben hast;* so auch im folgenden Vers.
c Wörtlich *Heilige sie in deiner Wahrheit, dein Wort ist die Wahrheit;* siehe Sacherklärung »Wahrheit«.
d *gezeigt, wer du bist:* wörtlich *deinen Namen bekanntgemacht* (siehe Anmerkung zu Vers 11).
e *die Soldaten …:* wörtlich *die Kohorte.* Damit ist offenbar die Truppe gemeint, die ständig auf der Burg Antonia stationiert war und die nach dem Rang ihres Kommandanten (siehe Vers 12 und Sacherklärung »Hauptmann«) genau diese Stärke besaß.

17,10 16,15 **17,11** 10,30; 17,21-23; Gal 3,28 **17,12** 6,39 S; 13,18 **17,13** 15,11 S **17,14** 15,18 S **17,15** Mt 6,13 S; 1 Joh 5,18; 2 Thess 3,3 **17,18** 20,21 **17,19** Hebr 10,10 **17,21-23** 17,11 S; 5,18 S **17,24** 12,26; 17,5 **17,25** 8,55; Mt 11,25-27 **18,1-2** Mk 14,32 par; Lk 22,39 S **18,2** 12,4 S

4 Im vollen Wissen um alles, was nun mit ihm
geschehen würde, ging Jesus hinaus aus dem
Garten, ihnen entgegen, und fragte sie: »Wen
sucht ihr?«
5 »Jesus von Nazaret!« [a] antworteten sie.
»*Ich* bin es!« [b] sagte Jesus. Der Verräter Judas
stand bei ihnen.
6 Als Jesus zu ihnen sagte: »*Ich* bin es«, wichen
sie zurück und fielen zu Boden. 7 Jesus fragte sie
noch einmal: »Wen sucht ihr?«
»Jesus von Nazaret!« antworteten sie.
8 »Ich habe euch gesagt, *ich* bin es«, sagte
Jesus. »Wenn ihr also mich sucht, dann laßt diese
hier gehen.« 9 So bestätigte sich, was Jesus früher
gesagt hatte: »Von denen, die du mir gegeben
hast, Vater, habe ich keinen verloren.«
10 Simon Petrus hatte ein Schwert. Er zog es,
holte gegen den Bevollmächtigten des Obersten
Priesters* aus und schlug ihm das rechte Ohr ab.
Der Bevollmächtigte hieß Malchus.
11 Jesus sagte zu Petrus: »Steck dein Schwert
weg! Diesen Kelch [c] hat mein Vater für mich bestimmt.
Muß ich ihn dann nicht trinken?«

Jesus wird Hannas vorgeführt

(Mt 26,57-58; Mk 14,53-54; Lk 22,54)

12 Die römischen Soldaten mit ihrem Kommandanten
und die Gerichtspolizisten* verhafteten
Jesus, fesselten ihn 13 und brachten ihn zuerst zu
Hannas. Hannas war der Schwiegervater von
Kajaphas, der in jenem Jahr das Amt des Obersten
Priesters* ausübte. 14 Kajaphas war es, der
den Ratsmitgliedern [d] klargemacht hatte, daß es
von Vorteil sei, wenn ein einziger für das ganze
Volk sterbe.

Petrus verleugnet Jesus

(Mt 26,69-70; Mk 14,66-68; Lk 22,55-57)

15 Simon Petrus und ein anderer Jünger* folgten
Jesus. Der andere Jünger war mit dem Obersten
Priester* gut bekannt, deshalb konnte er mit
Jesus bis in den Innenhof des Hauses gehen.
16 Petrus blieb draußen am Tor stehen. Der
andere Jünger, der Bekannte des Obersten
Priesters, kam wieder zurück, verhandelte mit
der Pförtnerin und nahm dann Petrus mit hinein.
17 Die Pförtnerin fragte Petrus: »Bist du nicht
auch ein Jünger von diesem Menschen?«
»Nein, das bin ich nicht«, antwortete Petrus.
18 Es war kalt. Die Diener des Obersten Priesters
und die Gerichtspolizisten* hatten deshalb
einen Stoß Holzkohlen angezündet, standen um
das Feuer herum und wärmten sich.
Petrus ging hin, stellte sich zu ihnen und
wärmte sich auch.

Hannas verhört Jesus

19 Der Oberste Priester* fragte Jesus nach seinen
Jüngern* und nach seiner Lehre.
20 Jesus antwortete: »Ich habe immer offen
vor aller Welt gesprochen. Ich habe in den Synagogen*
und im Tempel* gelehrt, wo sich alle
Juden treffen, und habe niemals etwas im geheimen
gesagt. 21 Warum fragst du dann *mich*? Frag
doch die Leute, die meine Worte gehört haben!
Sie wissen es.«
22 Als Jesus das sagte, schlug ihn einer der
Gerichtspolizisten* ins Gesicht und sagte: »Wie
kannst du es wagen, so mit dem Obersten Priester
zu sprechen?«
23 Jesus erwiderte ihm: »Wenn ich etwas Unrechtes
gesagt habe, dann weise es mir nach!
Bin ich aber im Recht, warum schlägst du mich?«
24 Hannas schickte darauf Jesus in Fesseln
zum Obersten Priester Kajaphas.

Petrus verleugnet Jesus noch einmal

(Mt 26,71-75; Mk 14,69-72; Lk 22,58-62)

25 Simon Petrus stand noch immer beim Feuer
und wärmte sich. Da sagten die anderen zu
ihm: »Bist du nicht auch einer von seinen Jüngern*?«
Petrus erwiderte: »Nein, ich bin es nicht!«
26 Ein Diener des Obersten Priesters*, ein Verwandter
des Mannes, dem Petrus das Ohr abgeschlagen
hatte, sagte: »Ich habe dich doch mit
eigenen Augen bei ihm in dem Garten gesehen!«
27 Wieder stritt Petrus es ab, und in diesem
Augenblick krähte ein Hahn.

Jesus vor Pilatus

(Mt 27,1-2.11-14; Mk 15,1-5; Lk 23,1-5)

28 Die führenden Priester [e] brachten Jesus am
frühen Morgen von Kajaphas zum Palast des
römischen Statthalters*. [f] Sie selbst gingen nicht
in den Palast hinein, weil sie nicht unrein* werden
wollten. Sonst hätten sie nicht am Passamahl*
teilnehmen können.
29 Pilatus kam zu ihnen heraus und fragte:

a *von Nazaret:* wörtlich *den Nazoräer*;* ebenso in Vers 7. b *Ich bin es:* siehe Anmerkung zu 8,24.
c Siehe Anmerkung zu Mk 14,36. d Wörtlich *den Juden;* vgl. Anmerkung zu 1,19.
e Wörtlich *Sie;* vgl. 18,3; 19,6. f *Palast ...:* wörtlich *Prätorium*;* ebenso in Vers 33.

18,9 6,39 S **18,10** Lk 22,36.38 **18,11** 12,27; Mk 10,38 par; 14,36 par **18,13** 18,24; Lk 3,2 **18,14** 11,49-50 **18,15-16** Mk 14,54 par **18,20** 7,26.14; 6,59; Mt 4,23 par; Mk 14,49 par; Apg 26,26 **18,22** 19,3; Apg 23,2 **18,26** 18,10

»Welche Anklage erhebt ihr gegen diesen Mann?«

30 Sie antworteten: »Wenn er kein Verbrecher wäre, hätten wir ihn dir nicht übergeben.«

31 »Nehmt *ihr* ihn doch«, sagte Pilatus, »und verurteilt ihn nach eurem eigenen Gesetz*!«

»Wir dürfen ja niemand hinrichten!« erwiderten sie. 32 So ging in Erfüllung, was Jesus gesagt hatte, als er von der Art seines Todes sprach.

33 Pilatus ging in den Palast zurück und ließ Jesus vorführen. »Bist du der König der Juden?« fragte er ihn.

34 Jesus antwortete: »Bist du selbst auf diese Frage gekommen, oder haben dir andere von mir erzählt?«

35 Pilatus erwiderte: »Bin ich etwa ein Jude? Dein eigenes Volk und die führenden Priester[a] haben dich mir übergeben. Was hast du getan?«

36 Jesus sagte: »Mein Königtum stammt nicht von dieser Welt*. Sonst hätten meine Leute dafür gekämpft, daß ich den Juden nicht in die Hände falle. Nein, mein Königtum ist von ganz anderer Art!«

37 Da fragte Pilatus ihn: »Du bist also doch ein König?«

Jesus antwortete: »Ja, ich bin ein König. Ich wurde geboren und bin in die Welt gekommen, um die Wahrheit* offenbar zu machen und als Zeuge für sie einzutreten. Wem es um die Wahrheit geht, der hört auf mich.«

38a »Wahrheit«, meinte Pilatus, »was ist das?«

Das Todesurteil

(Mt 27,15-31; Mk 15,6-20; Lk 23,13-25)

38b Pilatus ging wieder zu den führenden Priestern* hinaus und sagte zu ihnen: »Ich sehe keinen Grund, ihn zu verurteilen. 39 Es ist aber üblich, daß ich euch jedes Jahr zum Passafest* einen Gefangenen freilasse. Soll ich euch den König der Juden freigeben?«

40 Sie schrien: »Nein, den nicht! Wir wollen Barabbas!« Barabbas aber war ein Straßenräuber.

19 Da ließ Pilatus Jesus abführen und auspeitschen*. 2 Die Soldaten flochten aus Dornenzweigen eine Krone und setzten sie Jesus auf. Sie hängten ihm einen purpurfarbenen Mantel um, 3 traten vor ihn hin und riefen: »Hoch lebe der König der Juden!« Dabei schlugen sie ihm ins Gesicht.

4 Darauf ging Pilatus noch einmal zu ihnen hinaus und sagte: »Ich bringe ihn euch hier heraus, damit ihr seht, daß ich keinen Grund zu seiner Verurteilung finden kann.«

5 Als Jesus herauskam, trug er die Dornenkrone und den purpurfarbenen Mantel. Pilatus sagte zu ihnen: »Da, seht ihn euch an, den Menschen!«

6 Als die führenden Priester* und die Gerichtspolizisten* ihn sahen, schrien sie im Chor: »Kreuzigen*! Kreuzigen!«

Pilatus sagte zu ihnen: »Nehmt ihn doch und kreuzigt ihn selbst! Ich finde keinen Grund, ihn zu verurteilen.«

7 Sie hielten ihm entgegen: »Wir haben ein Gesetz, und nach diesem Gesetz muß er sterben, denn er hat sich zu Gottes Sohn* erklärt.«

8 Als Pilatus das hörte, bekam er noch mehr Angst. 9 Er ging in den Palast[b] zurück und fragte Jesus: »Woher kommst du?«

Aber Jesus antwortete ihm nicht.

10 Pilatus sagte zu ihm: »Willst du nicht mit mir reden? Vergiß nicht, daß ich die Macht habe, dich freizugeben, aber auch die Macht, dich ans Kreuz zu bringen!«

11 Jesus antwortete: »Du hättest keine Macht über mich, wenn Gott es nicht zugelassen hätte. Darum liegt die größere Schuld bei denen, die mich dir ausgeliefert haben.«

12 Wegen dieser Worte versuchte Pilatus noch einmal, ihn freizulassen. Aber die Wortführer der Juden schrien: »Wenn du ihn freiläßt, bist du kein Freund* des Kaisers! Wer sich als König ausgibt, stellt sich gegen den Kaiser!«

13 Als Pilatus das hörte, ließ er Jesus herausführen. Er setzte sich auf den Richterstuhl an der Stelle, die Steinpflaster heißt, auf hebräisch*: Gabbata. 14 Es war der Tag vor dem Passafest, etwa zwölf Uhr mittags.

Pilatus sagte zu den anwesenden Juden: »Da habt ihr euren König!«

15 Sie schrien: »Weg mit ihm! Ans Kreuz!«

Pilatus fragte sie: »Euren König soll ich kreuzigen lassen?«

Die führenden Priester antworteten: »Unser einziger König ist der Kaiser in Rom!« 16a Da

a Mit dem *Volk* sind dessen Vertreter im Rat, die Ratsältesten*, gemeint. Sie werden im folgenden nicht mehr erwähnt, während die *führenden Priester** als Verhandlungspartner mit Pilatus mehrfach genannt sind (19,6.15b.21). Darüber hinaus bleiben die jeweiligen Sprecher unbestimmt; die Übersetzung setzt für »sie« oder »die Juden« (so wörtlich in 18,38b; 19,7.12.14) die im Zusammenhang wahrscheinlichsten Akteure ein. Zu diesem Verfahren und zum Hintergrund der Darstellung der Ereignisse bei Johannes siehe Sacherklärung »Juden«.
b Wörtlich *ins Prätorium**.

18,32 12,32-33 S; Mt 20,19 **18,36** 6,15 **18,37** 19,12 S; 8,47; 3,32-33; 1 Joh 4,6; 1 Tim 6,13 **19,4** 18,38; Lk 23,4 **19,6** 18,31 **19,7** 5,18; Mk 14,61-64 par; Lev 24,16 **19,9** Mk 14,60-61 par; 15,5 par **19,12** 18,37; Lk 23,2; Apg 17,7

lieferte Pilatus ihnen Jesus aus und gab ihn frei
zur Kreuzigung.

Jesus am Kreuz

(Mt 27,32-44; Mk 15,21-32; Lk 23,26-43)

16b Die Soldaten übernahmen Jesus. 17 Er trug
selber sein Kreuz* aus der Stadt hinaus, bis zum
sogenannten Schädelplatz – auf hebräisch* heißt
er Golgota. 18 Dort nagelten sie Jesus ans Kreuz
und mit ihm noch zwei andere, den einen links,
den anderen rechts und Jesus in der Mitte.

19 Pilatus ließ ein Schild am Kreuz anbringen;
darauf stand: »Jesus von Nazaret,[a] der König
der Juden«. 20 Der Ort, wo Jesus gekreuzigt
wurde, war nicht weit von der Stadt entfernt,
deshalb lasen viele Juden diese Aufschrift. Sie
war in hebräischer, lateinischer und griechischer
Sprache abgefaßt.

21 Die führenden Priester* sagten zu Pilatus:
»Schreib nicht: ›Der König der Juden‹, sondern
daß dieser Mann behauptet hat: ›Ich bin der
König der Juden.‹«

22 Pilatus sagte: »Was ich geschrieben habe,
habe ich geschrieben.«

23 Nachdem die Soldaten Jesus ans Kreuz ge-
nagelt hatten, nahmen sie seine Kleider und teil-
ten sie in vier Teile. Jeder erhielt einen Teil. Das
Untergewand aber war in einem Stück gewebt
und hatte keine Naht. 24 Die Soldaten sagten zu-
einander: »Wir wollen es nicht zerreißen; das
Los soll entscheiden, wer es bekommt.« So traf
ein, was in den Heiligen Schriften* vorausgesagt
war: »Sie haben meine Kleider unter sich ver-
teilt. Mein Gewand haben sie verlost.« Genau
das taten die Soldaten.

25 Nahe bei dem Kreuz, an dem Jesus hing,
standen seine Mutter und deren Schwester so-
wie Maria, die Frau von Klopas, und Maria aus
Magdala. 26 Jesus sah seine Mutter dort stehen
und neben ihr den Jünger*, den er besonders
liebhatte. Da sagte er zu seiner Mutter: »Frau,[b]
er ist jetzt dein Sohn!« 27 Und zu dem Jünger
sagte er: »Sie ist jetzt deine Mutter!« Von da an
nahm der Jünger sie bei sich auf.

Jesus stirbt

(Mt 27,45-56; Mk 15,33-41; Lk 23,44-49)

28 Jesus wußte, daß nun alles zu Ende gebracht
war. Aber damit die Voraussagen der Heiligen
Schriften* vollends ganz in Erfüllung gingen,
sagte er: »Ich habe Durst!«

29 In der Nähe stand ein Gefäß mit Essig*. Die
Soldaten tauchten einen Schwamm hinein,
steckten ihn auf einen Ysopstengel* und hielten
ihn Jesus an die Lippen.

30 Jesus nahm davon und sagte: »Jetzt ist alles
vollendet.« Dann ließ er den Kopf sinken und
gab sein Leben in die Hände des Vaters zurück.[c]

Jesus wird die Seite durchstochen

31 Es war Freitag, der Vorbereitungstag für den
Sabbat*. Die führenden Priester[d] wollten nicht,
daß die Gekreuzigten den Sabbat über am
Kreuz* hängen blieben. Darum baten sie Pilatus,
ihnen die Beine brechen und die Toten dann
wegschaffen zu lassen. Der kommende Sabbat
war außerdem ein ganz besonders hoher Feier-
tag.

32 Die Soldaten gingen hin und brachen die
Beine der beiden Männer, die mit Jesus zusam-
men gekreuzigt worden waren. 33 Als sie zu
Jesus kamen, merkten sie, daß er schon tot
war. Darum brachen sie seine Beine nicht.
34 Aber einer der Soldaten stach ihm mit seinem
Speer in die Seite. Da kam Blut und Wasser her-
aus.[e]

35 Der Jünger*, der dies gesehen hat, hat es
bezeugt. Was er sagt, ist wahr, und er weiß, daß
er die Wahrheit sagt. Deshalb könnt auch ihr
euren Glauben darauf gründen. 36 Das geschah,
damit eintraf, was in den Heiligen Schriften* vor-
ausgesagt war: »Sie werden ihm keinen Kno-
chen brechen.« 37 Und an einer anderen Stelle
heißt es: »Sie werden auf den blicken, den sie
durchbohrt haben.«

Jesus wird ins Grab gelegt

(Mt 27,57-61; Mk 15,42-47; Lk 23,50-56)

38 Als das geschehen war, bat Josef aus Arima-
thäa Pilatus um die Erlaubnis, den Leichnam
vom Kreuz* abnehmen zu dürfen. Josef war ein
Jünger* von Jesus, aber nur heimlich, weil er vor
den führenden Männern[f] Angst hatte. Pilatus
überließ ihm den Toten, und Josef ging und
nahm ihn vom Kreuz ab.

39 Auch Nikodemus, der Jesus anfangs einmal
bei Nacht aufgesucht hatte, kam dazu; er brachte
ungefähr hundert Pfund[g] Myrrhenharz* mit

a *von Nazaret:* wörtlich *der Nazoräer**. b Zu dieser Anrede vgl. 2,4 und die Anmerkung dazu.
c *gab sein Leben …:* wörtlich *übergab den Geist.* d Wörtlich *Die Juden;* vgl. Anmerkung zu 18,35.
e *Blut* steht für die erlösende Kraft des Todes Jesu, *Wasser* für den Geist und das Leben, die der Erhöhte schenkt (vgl. auch Sacherklärung »Gnosis«). f Wörtlich *vor den Juden;* vgl. Anmerkung zu 1,19 bzw. 18,35.
g Wörtlich *100 Litra* (1 Litra = ca. 325 g).

19,24 *nach* Ps 22,19 **19,25** Mk 15,40-41 par; Lk 8,2-3 S **19,26** 13,23 S **19,28** *nach* Ps 22,16 **19,29** Ps 69,22 **19,31** Dtn 21,22-23
19,34 1 Joh 5,6 **19,35** 21,24 **19,36** *nach* Ps 34,20-21; Ex 12,46 **19,37** *nach* Sach 12,10; Offb 1,7 **19,38** 9,22 S **19,39** 3,1 S

Aloë*. [40] Die beiden nahmen den Leichnam von Jesus und wickelten ihn mit den Duftstoffen in Leinenbinden, wie es der jüdischen Begräbnissitte entspricht.

[41] Nahe bei der Stelle, wo Jesus gekreuzigt worden war, befand sich ein Garten. Darin war eine neue Grabkammer, in der noch niemand gelegen hatte. [42] Dort hinein legten sie Jesus, weil es für die Juden der Vorbereitungstag auf den Sabbat* war und das Grab in der Nähe lag.

Das leere Grab

(Mt 28,1-8; Mk 16,1-8; Lk 24,1-12)

20 Am Tag nach dem Sabbat[a] kam Maria aus Magdala in aller Frühe zum Grab, als es noch dunkel war. Sie sah, daß der Stein vom Eingang des Grabes entfernt war. [2] Da lief sie zu Simon Petrus und zu dem Jünger*, den Jesus besonders liebhatte, und berichtete ihnen: »Sie haben den Herrn aus dem Grab genommen, und wir wissen nicht, wohin sie ihn gelegt haben!«

[3] Petrus und der andere Jünger machten sich auf den Weg zum Grab. [4] Sie liefen miteinander los, aber der andere Jünger lief schneller als Petrus und war als erster am Grab. [5] Er beugte sich vor und sah die Leinenbinden liegen, aber er ging nicht hinein.

[6] Als Simon Petrus nachkam, ging er sofort in die Grabkammer. Er sah die Leinenbinden [7] und das Tuch, mit dem sie Jesus das Gesicht bedeckt hatten. Dieses Tuch lag nicht bei den Binden, sondern war getrennt davon zusammengelegt.

[8] Nun ging auch der andere Jünger hinein, der zuerst am Grab angekommen war. Er sah alles und kam zum Glauben. [9] Denn sie hatten die Heiligen Schriften* noch nicht verstanden, in denen doch steht, daß Jesus vom Tod auferstehen muß.

[10] Danach gingen die beiden Jünger nach Hause zurück.

Jesus zeigt sich Maria aus Magdala

(Mt 28,9-10; Mk 16,9-11)

[11] Maria stand noch draußen vor dem Grab und weinte. Dabei beugte sie sich vor und schaute hinein. [12] Da sah sie zwei weißgekleidete Engel*. Sie saßen an der Stelle, wo Jesus gelegen hatte, einer am Kopfende und einer am Fußende.

[13] »Frau, warum weinst du?« fragten die Engel.

Maria antwortete: »Sie haben meinen Herrn fortgetragen, und ich weiß nicht, wo sie ihn hingelegt haben!«

[14] Als sie sich umdrehte, sah sie Jesus dastehen. Aber sie wußte nicht, daß es Jesus war. [15] Er fragte sie: »Frau, warum weinst du? Wen suchst du?«

Sie dachte, er sei der Gärtner, und sagte zu ihm: »Herr, wenn du ihn fortgenommen hast, dann sag mir, wo du ihn hingelegt hast. Ich will hingehen und ihn holen.«

[16] »Maria!« sagte Jesus zu ihr.

Sie wandte sich ihm zu und sagte: »Rabbuni*!« Das ist hebräisch* und heißt: Mein Lehrer!

[17] Jesus sagte zu ihr: »Halte mich nicht fest![b] Ich bin noch nicht zum Vater zurückgekehrt. Aber geh zu meinen Brüdern[c] und sag ihnen von mir: ›Ich kehre zurück zu meinem Vater und eurem Vater, zu meinem Gott und eurem Gott.‹«

[18] Maria aus Magdala ging zu den Jüngern* und verkündete: »Ich habe den Herrn gesehen!« Und sie richtete ihnen aus, was er ihr aufgetragen hatte.

Jesus zeigt sich seinen Jüngern

(Mk 16,14-18; Lk 24,36-49)

[19] Es war Abend geworden an jenem Sonntag*. Die Jünger* waren beisammen und hatten aus Angst vor den führenden Juden[d] die Türen abgeschlossen. Da kam Jesus, trat in ihre Mitte und sagte: »Frieden* sei mit euch!«

[20] Dann zeigte er ihnen seine Hände und seine Seite. Als die Jünger den Herrn sahen, kam große Freude über sie.

[21] Noch einmal sagte Jesus zu ihnen: »Frieden sei mit euch! Wie der Vater mich gesandt hat, so sende ich nun euch.«

[22] Dann hauchte er sie an und sagte: »Empfangt den Heiligen Geist*! [23] Wenn ihr jemand die Vergebung seiner Schuld zusprecht, ist die Schuld auch von Gott vergeben. Wenn ihr die Vergebung verweigert, bleibt die Schuld bestehen.«

a Siehe Sacherklärung »Sonntag«.
b Weniger wahrscheinlich ist die Übersetzung *Berühre mich nicht!* Vorausgesetzt ist vermutlich eine Begrüßungsgeste wie die in Mt 28,9. *c* Damit sind hier die Jünger gemeint.
d Wörtlich *vor den Juden;* vgl. Anmerkung zu 1,19.

19,40 11,44 **20,2** 13,23 S **20,6-7** 19,40; 11,44 **20,9** 1 Kor 15,4 S **20,14** 21,4; Lk 24,16 **20,17** (Brüder) Röm 8,29; Hebr 2,11-12 **20,19** 9,22 S; 14,27 S **20,20** 15,11 S **20,21** 17,18 **20,22** 14,16 S **20,23** Mt 16,19 S

Jesus zeigt sich Thomas

24 Als Jesus kam, war Thomas, genannt der Zwil-
ling, einer aus dem Kreis der Zwölf, nicht dabei-
gewesen. 25 Die anderen Jünger* erzählten ihm:
»Wir haben den Herrn gesehen!«

Thomas sagte zu ihnen: »Niemals werde ich
das glauben! Da müßte ich erst die Spuren von
den Nägeln an seinen Händen sehen und sie mit
meinem Finger fühlen und meine Hand in seine
Seitenwunde legen – sonst nicht!«

26 Eine Woche später waren die Jünger wieder
im Haus versammelt, und Thomas war bei
ihnen. Die Türen waren abgeschlossen. Jesus
kam, trat in ihre Mitte und sagte: »Frieden* sei
mit euch!«

27 Dann wandte er sich an Thomas und sagte:
»Leg deinen Finger hierher und sieh dir meine
Hände an! Streck deine Hand aus und lege sie in
meine Seitenwunde! Hör auf zu zweifeln und
glaube*!«

28 Da antwortete Thomas: »Mein Herr und
mein Gott!«

29 Jesus sagte zu ihm: »Du glaubst, weil du
mich gesehen hast. Freuen dürfen sich alle, die
mich nicht sehen und trotzdem glauben!«

Der Zweck dieses Buches

30 Jesus tat vor den Augen seiner Jünger* noch
viele andere Wunderzeichen*, die nicht in die-
sem Buch stehen. 31 Was aber in diesem Buch
steht, wurde aufgeschrieben, damit ihr festbleibt
in dem Glauben,[a] daß Jesus der versprochene
Retter[b] ist, der Sohn Gottes. Wenn ihr das tut,[c]
habt ihr durch ihn das Leben.

EIN NACHTRAG: PETRUS UND DER LIEBLINGSJÜNGER (Kapitel 21)

Jesus zeigt sich sieben Jüngern am See von Tiberias

21 Später zeigte sich Jesus seinen Jüngern*
noch einmal am See von Tiberias. Das
geschah so:

2 Einige von ihnen waren dort am See beisam-
men – Simon Petrus, Thomas, der auch Zwilling
genannt wurde, Natanaël aus Kana in Galiläa*,
die Söhne von Zebedäus und zwei andere
Jünger.

3 Simon Petrus sagte zu den anderen: »Ich
gehe fischen!«

»Wir kommen mit«, sagten sie. Gemeinsam
gingen sie zum See und stiegen ins Boot; aber
während der ganzen Nacht fingen sie nichts.

4 Es wurde schon Morgen, da stand Jesus am
Ufer. Die Jünger wußten aber nicht, daß es Jesus
war. 5 Er redete sie an: »Kinder, habt ihr nicht ein
paar Fische?«

»Nein, keinen einzigen!« antworteten sie.

6 Er sagte zu ihnen: »Werft euer Netz an der
rechten Bootsseite aus! Dort werdet ihr welche
finden.«

Sie warfen das Netz aus und fingen so viele
Fische, daß sie das Netz nicht ins Boot ziehen
konnten.

7 Der Jünger, den Jesus besonders liebhatte,
sagte zu Petrus: »Es ist der Herr!«

Als Simon Petrus das hörte, warf er sich das
Obergewand* über, band es hoch und sprang
ins Wasser. Er hatte es nämlich zum Arbeiten
abgelegt. 8 Die anderen Jünger ruderten das Boot
an Land – es waren noch etwa hundert Meter[d]
– und zogen das Netz mit den Fischen hinter
sich her.

9 Als sie an Land gingen, sahen sie ein Holz-
kohlenfeuer mit Fischen darauf, auch Brot lag da-
bei. 10 Jesus sagte zu ihnen: »Bringt ein paar von
den Fischen, die ihr gerade gefangen habt!«

11 Simon Petrus ging zum Boot und zog das
Netz an Land. Es war voll von großen Fischen,
genau hundertdreiundfünfzig. Aber das Netz riß
nicht, obwohl es so viele waren.

12 Jesus sagte zu ihnen: »Kommt her und eßt!«

Keiner von den Jüngern wagte zu fragen:
»Wer bist du?« Sie wußten, daß es der Herr war.

13 Jesus trat zu ihnen, nahm das Brot und ver-
teilte es unter sie, ebenso die Fische.

14 Dies war das dritte Mal, daß sich Jesus sei-
nen Jüngern zeigte, seit er vom Tod auferstanden
war.

Jesus und Petrus

15 Nachdem sie gegessen hatten, sagte Jesus zu
Simon Petrus: »Simon, Sohn von Johannes, liebst
du mich mehr, als die hier mich lieben?«

Petrus antwortete: »Ja, Herr, du weißt, daß ich
dich liebe.«

Jesus sagte zu ihm: »Sorge für meine Läm-
mer!«

a Wörtlich *damit ihr glaubt**; nach anderen Handschriften *damit ihr zum Glauben* kommt.*
b Wörtlich *der Christus**. c Wörtlich *Wenn ihr das glaubt**. d Griechische Maßangabe *200 Ellen**.

20,24 (Thomas) 11,16; 14,5; 20,26-28; 21,2 **20,29** 1 Petr 1,8 **20,30** 2,11 S; 1,14 **20,31** 1,34 S; 3,15 S; 1 Joh 5,13 **21,2** 1,41-42; 20,24 S; 1,45-46; Mk 1,19-20 **21,4** 20,14; Lk 24,16 **21,6** Lk 5,4-7 **21,7** 13,23 S; Mt 14,29 **21,11** Lk 5,6 **21,13** 6,11; Mk 6,41 par; 8,6 par **21,15-17** (meine Schafe) 10,14-16; Apg 20,28; 1 Petr 5,2

[16] Ein zweites Mal sagte Jesus zu ihm: »Simon, Sohn von Johannes, liebst du mich?«

»Ja, Herr, du weißt, daß ich dich liebe«, antwortete er.

Jesus sagte zu ihm: »Leite meine Schafe!«

[17] Ein drittes Mal fragte Jesus: »Simon, Sohn von Johannes, liebst du mich?«

Petrus wurde traurig, weil er ihn ein drittes Mal fragte: »Liebst du mich?« Er sagte zu ihm: »Herr, du weißt alles, du weißt auch, daß ich dich liebe.«

Jesus sagte zu ihm: »Sorge für meine Schafe!
[18] Amen*, ich versichere dir: Als du jung warst, hast du deinen Gürtel selbst umgebunden und bist gegangen, wohin du wolltest; aber wenn du einmal alt bist, wirst du deine Hände ausstrecken, und ein anderer wird dich binden und dich dorthin bringen, wohin du *nicht* willst.«

[19] Mit diesen Worten deutete Jesus an, mit welchem Tod Petrus einst Gott ehren werde. Dann sagte Jesus zu ihm: »Komm, folge mir!«

Petrus und der andere Jünger

[20] Petrus drehte sich um und sah hinter sich den Jünger*, den Jesus besonders liebhatte. Es war derselbe, der während des letzten Mahles neben Jesus gesessen und ihn gefragt hatte: »Herr, wer wird dich verraten?«

[21] Als Petrus ihn sah, fragte er Jesus: »Herr, was geschieht denn mit dem?«

[22] Jesus antwortete ihm: »Wenn ich will, daß er so lange lebt, bis ich wiederkomme, was geht das *dich* an? Zu dir sage ich: ›Folge mir!‹«

[23] Deswegen verbreitete sich in der Gemeinde[a] das Gerücht, daß der andere Jünger nicht sterben werde. Aber Jesus hatte nicht gesagt, daß er nicht sterben werde, sondern: »Wenn ich will, daß er so lange lebt, bis ich wiederkomme, was geht *dich* das an?«

Schlußwort zum gesamten Buch

[24] Dieser Jünger* ist es, der alles bezeugt, was in diesem Buch steht. Er selbst hat es niedergeschrieben, und wir wissen, daß er die Wahrheit sagt.

[25] Es gibt noch vieles andere, was Jesus getan hat. Wenn alles einzeln aufgeschrieben würde – ich denke, die ganze Welt könnte die Bücher nicht fassen, die dann geschrieben werden müßten.

a Wörtlich *unter den Brüdern.*

21,18 2 Petr 1,14 **21,19** 13,36 **21,20** 13,23 S **21,24** 19,35 **21,25** 20,30

DIE GESCHICHTE DER APOSTEL
(Apostelgeschichte)

Inhaltsübersicht

VOM LUKAS-EVANGELIUM ZUR APOSTELGESCHICHTE
(Kapitel 1)

Lukas schreibt die Fortsetzung

1 Verehrter Theophilus, in meiner ersten
Schrift[a] habe ich alles berichtet, was Jesus tat
und lehrte, von Anfang an 2 bis zu dem Tag, an
dem er in den Himmel aufgenommen wurde.
Zuvor gab er den Aposteln* Anweisungen für
die Zukunft. Er hatte sie früher mit dem Beistand
des Heiligen Geistes* ausgewählt. 3 Nach sei-
nem Leiden und Sterben hatte er sich ihnen
wiederholt gezeigt und ihnen die Gewißheit ge-
geben, daß er lebte. Während vierzig Tagen kam
er damals zu ihnen und sprach mit ihnen dar-
über, wie Gott seine Herrschaft aufrichten und
sein Werk vollenden werde.[b]

Jesus nimmt Abschied von seinen Jüngern
(Lk 24,47-52)

4 Als Jesus wieder einmal bei ihnen war und mit
ihnen aß, schärfte er ihnen ein: »Bleibt in Jerusa-
lem und wartet auf den Geist*, den mein Vater
versprochen hat. Ich habe euch sein Kommen
angekündigt, als ich euch sagte: 5 ›Johannes hat
mit Wasser getauft*, aber ihr werdet schon bald
mit dem Geist Gottes getauft werden.‹«
6 Die Versammelten fragten Jesus: »Herr*,
wirst du dann die Herrschaft* Gottes in Israel
wieder aufrichten?«
7 Jesus antwortete: »Mein Vater hat festgelegt,
welche Zeiten bis dahin noch verstreichen müs-
sen und wann es soweit ist. Ihr braucht das nicht
zu wissen. 8 Aber ihr werdet mit dem Heiligen
Geist erfüllt werden, und dieser Geist wird euch
die Kraft geben, überall als meine Zeugen aufzu-
treten: in Jerusalem, in ganz Judäa* und Sama-
rien* und bis ans äußerste Ende der Erde.«
9 Während er das sagte, wurde er vor ihren
Augen emporgehoben. Eine Wolke nahm ihn
auf, so daß sie ihn nicht mehr sehen konnten.
10 Als sie noch wie gebannt nach oben starr-
ten und hinter ihm hersahen, standen plötzlich
zwei weißgekleidete Männer[c] neben ihnen.
11 »Ihr Galiläer*«, sagten sie, »warum steht ihr
hier und schaut nach oben? Dieser Jesus, der von
euch weg in den Himmel aufgenommen wurde,
wird auf dieselbe Weise wiederkommen, wie ihr
ihn habt weggehen sehen!«

Die Lücke im Apostelkreis wird geschlossen

12 Darauf kehrten sie vom Ölberg nach Jerusa-
lem zurück. Das ist ein Weg von etwa einer
halben Stunde.[d] 13 Dort gingen sie in das Ober-
gemach des Hauses, wo sie von nun an beisam-
menblieben.

a Gemeint ist »Die Gute Nachricht nach Lukas« (Lukas-Evangelium), die in der Anordnung der biblischen Schriften durch »Die Gute Nachricht nach Johannes« von der Apostelgeschichte als ihrer Fortsetzung getrennt ist.
b Wörtlich *sprach über das, was mit der Königsherrschaft* Gottes zusammenhängt.*
c Vgl. Lk 24,4 und Anmerkung zu Mk 16,5.
d Wörtlich *ein Sabbatweg*, d. h. die Strecke, die man am Sabbat* gehen darf.

1,1 Lk 1,1-4 **1,2** Lk 24,50-53; (ausgewählt) Lk 6,13 S; (Geist) Lk 4,18 S **1,3** Lk 24,13-52; (vierzig Tage) Ex 24,18 S; (Herrschaft) Apg 28,23 S **1,4** 11,16; Joh 14,16 S **1,5** Lk 3,16 par **1,6** Lk 11,2 S; 24,21 **1,7** Mk 13,32 par **1,8** 1,21-22; 2,32; 3,15; 4,33; 5,32; 10,39; 13,31; Lk 24,48; Joh 15,27 S **1,9** Lk 24,51; Mk 16,19; 1 Petr 3,22 **1,11** Lk 21,27; Offb 1,7 **1,12** Lk 6,13 S; 24,52 **1,13** Lk 6,14-16

Es waren: Petrus, Johannes, Jakobus und
Andreas, Philippus und Thomas, Bartholomäus
und Matthäus, Jakobus, der Sohn von Alphäus,
und Simon, der zur Partei der Zeloten* gehört
hatte, und schließlich Judas, der Sohn von Jako-
bus. 14 Auch die Frauen waren dabei und Maria,
die Mutter von Jesus, sowie seine Brüder.

Sie alle waren einmütig beieinander und be-
teten beharrlich um das Kommen des Heiligen
Geistes*.[a]

15 Einmal während dieser Zeit stand Petrus
auf und ergriff das Wort – es waren etwa hun-
dertundzwanzig Menschen versammelt.

16 »Liebe Brüder«,[b] sagte er, »was in den Hei-
ligen Schriften* über Judas vorausgesagt wor-
den ist, mußte eintreffen. Dort hat der Geist
Gottes durch David von dem Verräter gespro-
chen, der den Männern den Weg wies, die
Jesus verhaften sollten. 17 Der Verräter gehörte
zu uns Aposteln* und hatte denselben Auftrag
empfangen wie wir. 18 Mit dem Geld, das er als
Belohnung für seine böse Tat erhielt, kaufte
er sich ein Landgut. Dort stürzte er so schlimm,
daß sein Leib aufplatzte und die Eingeweide her-
austraten. 19 Alle Bewohner von Jerusalem hör-
ten davon, und sie nannten das Grundstück in
ihrer Sprache Hakeldamach, das bedeutet ›Blut-
acker‹.

20 Im Buch der Psalmen steht es geschrieben:
›Sein Gehöft soll leer stehen; niemand soll es be-
wohnen.‹ Dort wird aber auch gesagt: ›Sein Amt
soll ein anderer übernehmen.‹ 21 Wir brauchen
also einen Ersatz für ihn. Es muß einer von den
Männern sein, die mit uns Aposteln zusammen
waren während der ganzen Zeit, in der Jesus,
der Herr*, unter uns gelebt und gewirkt hat –
22 angefangen von seiner Taufe* durch Johannes
bis zu dem Tag, an dem er in den Himmel auf-
genommen wurde. Einer von denen, die das
alles miterlebt haben, soll mit uns zusammen
Zeuge dafür sein, daß Jesus vom Tod auferstan-
den ist.«

23 Die Versammelten schlugen zwei Männer
vor: Josef, der auch Barsabbas genannt wurde
und den Beinamen Justus trug,[c] und Matthias.
24 Dann beteten sie: »Herr, du kennst die Men-
schen durch und durch. Zeige uns, welchen von
diesen beiden du ausgewählt hast! 25 Judas hat
uns verlassen, um dorthin zu gehen, wohin er
gehört. Wer von ihnen soll an seiner Stelle das
Apostelamt übernehmen?«

26 Sie ließen das Los zwischen den beiden
entscheiden, und es fiel auf Matthias. Darauf
wurde er als zwölfter in den Kreis der Apostel
aufgenommen.

DIE ANFANGSZEIT DER KIRCHE IN JERUSALEM: URGEMEINDE (Kapitel 2–5)

An Pfingsten kommt der Heilige Geist

2 Als das Pfingstfest* kam, waren wieder alle,
die zu Jesus hielten,[d] versammelt. 2 Plötzlich
gab es ein mächtiges Rauschen, wie wenn ein
Sturm vom Himmel herabweht. Das Rauschen
erfüllte das ganze Haus, in dem sie waren.
3 Dann sahen sie etwas wie Feuer, das sich zer-
teilte, und auf jeden ließ sich eine Flammen-
zunge nieder. 4 Alle wurden vom Geist* Gottes
erfüllt und begannen in anderen Sprachen[e] zu
reden, jeder und jede, wie es ihnen der Geist
Gottes eingab.

5 Nun lebten in Jerusalem fromme Juden[f] aus
aller Welt, die sich hier niedergelassen hatten.
6 Als sie das mächtige Rauschen hörten, strömten
sie alle zusammen. Sie waren ganz verwirrt,
denn jeder hörte die Versammelten, die Apostel*
und die anderen, in seiner eigenen Sprache
reden.

7 Außer sich vor Staunen riefen sie: »Die
Leute, die da reden, sind doch alle aus Galiläa*!
8 Wie kommt es, daß jeder von uns sie in seiner
Muttersprache reden hört? 9 Wir kommen aus
Persien, Medien* und Elam*, aus Mesopota-
mien, aus Judäa* und Kappadozien, aus Pontus
und aus der Provinz Asien*, 10 aus Phrygien und
Pamphylien, aus Ägypten, aus der Gegend von
Zyrene in Libyen und sogar aus Rom. 11 Wir sind
geborene Juden und Fremde, die sich der jüdi-
schen Gemeinde angeschlossen haben,[g] Insel-
und Wüstenbewohner.[h] Und wir alle hören sie
in unserer eigenen Sprache die großen Taten
Gottes verkünden!«

12 Erstaunt und ratlos fragten sie einander,
was das bedeuten solle. 13 Andere machten sich

a *beteten beharrlich ...:* wörtlich *harrten einmütig aus im Gebet.* Zum Inhalt des Gebets vgl. Vers 8 sowie Lk 3,21-22; 11,13.
b Wörtlich *Männer, Brüder.*
c Barsabbas bedeutet vermutlich »Sohn von Sabbas«; Justus = lateinisch »der Gerechte«.
d Wörtlich *alle.*
e Siehe Sacherklärung »Sprachen, unbekannte«.
f *fromme Juden:* wörtlich *Juden, fromme Männer.*
g *Fremde, die sich ...:* wörtlich *Proselyten**.
h Wörtlich *Kreter und Araber.*

1,14 Lk 8,2-3 S **1,16** Ps 41,10 **1,18-19** Mt 27,3-8; 2 Chr 21,15 **1,20** *nach* Ps 69,26; *zit* Ps 109,8 **1,21-22** Lk 1,2; 3,21; 24,51; Joh 15,27 **1,26** Lk 1,9; Spr 16,33 **2,1** Ex 23,16 S **2,3-4** Lk 3,16 **2,4** (Geist Gottes) 4,31; 6,3.5; 7,55; 8,17; 10,44; 11,15.24; 15,8; 19,2.6; (andere Sprachen) 4,31; 10,45-46; 19,6; 1 Kor 12,10; 14,2-12 **2,12-13** 1 Kor 14,23 **2,13** 26,24-26

darüber lustig und meinten: »Die Leute sind
doch betrunken!«

Die Pfingstpredigt des Apostels Petrus

14 Da stand Petrus auf, und die elf anderen Apo-
stel* mit ihm, und er rief laut: »Ihr Juden[a] aus
aller Welt und alle Bewohner Jerusalems! Laßt
euch erklären, was hier vorgeht; hört mich an!
15 Die Leute hier sind nicht betrunken, wie ihr
meint; es ist ja erst neun Uhr früh. 16 Nein, hier
geschieht, was Gott durch den Propheten Joël
angekündigt hat:

17 ›Wenn die letzte Zeit anbricht, sagt Gott, dann
gieße ich über alle Menschen meinen Geist*
aus. Männer und Frauen in Israel werden dann
zu Propheten*. Junge Leute haben Visionen und
die Alten prophetische Träume. 18 Über alle, die
mir dienen, Männer und Frauen, gieße ich zu
jener Zeit meinen Geist aus, und sie werden als
Propheten reden.

19 Danach lasse ich erschreckende Zeichen er-
scheinen, unten auf der Erde und droben am
Himmel: Menschen liegen erschlagen in ihrem
Blut, Flammen und Rauchwolken steigen auf;
20 die Sonne verfinstert sich, und der Mond wird
blutrot. So kündigt sich der große Tag des Herrn
an, dem niemand entrinnen kann. 21 Wer sich
dann zum Herrn* bekennt und seinen Namen
anruft, wird gerettet.‹

22 Ihr Männer von Israel, hört, was ich euch zu
sagen habe! Jesus von Nazaret[b] wurde von Gott
bestätigt durch die machtvollen und staunens-
werten Wundertaten, die Gott durch ihn unter
euch vollbracht hat; ihr wißt es selbst. 23 Den
habt ihr durch Menschen, die das Gesetz* Got-
tes nicht kennen, ans Kreuz* schlagen und töten
lassen. So hatte Gott es nach seinem Plan im vor-
aus bestimmt. 24 Und genau den hat Gott aus
der Gewalt des Todes befreit und zum Leben
erweckt; denn der Tod konnte ihn unmöglich
gefangenhalten.

25 Schon David hat von ihm gesprochen und
ihn sagen lassen:

›Ich hatte den Herrn immer vor Augen.
Er stand mir zur Seite,
darum fühlte ich mich sicher.
26 Das erfüllte mein Herz mit Freude
und ließ mich jubelnd singen.
Selbst im Grab ruht mein Leib voll Hoffnung.
27 Ich bin gewiß:
Du, Herr, läßt mich nicht bei den Toten;
du gibst deinen treuen Diener nicht der
Verwesung preis.
28 Du hast mir den Weg zum Leben gezeigt;
in deiner Nähe werde ich froh
und glücklich sein.‹

29 Liebe Brüder,[c] ich darf ganz offen zu euch
über unseren großen Vater David sprechen: Er
starb und wurde begraben, und sein Grab ist
noch heute bei uns zu sehen. 30 Aber er war ein
Prophet, und Gott hatte ihm feierlich zugesagt,
einer seiner Nachkommen werde auf Gottes
Thron sitzen. 31 David sah also voraus, was Gott
vorhatte, und seine Worte beziehen sich auf die
Auferstehung des versprochenen Retters.[d] Von
diesem gilt, daß Gott ihn nicht bei den Toten ließ
und sein Körper nicht der Verwesung anheim-
fiel.

32 Diesen Jesus also hat Gott vom Tod auf-
erweckt; wir alle sind dafür Zeugen. 33 Er wurde
zu dem Ehrenplatz an Gottes rechter Seite er-
hoben und erhielt von seinem Vater die verspro-
chene Gabe, den Heiligen Geist*, damit er ihn
über uns ausgießt. Was ihr hier seht und hört,
sind die Wirkungen dieses Geistes!

34 Nicht David ist ja in den Himmel aufgenom-
men worden; vielmehr sagt er selbst:

›Gott, der Herr, sagte *zu meinem Herrn*:
35 Setze dich an meine rechte Seite!
Ich will dir deine Feinde unterwerfen,
sie als Schemel unter deine Füße legen.‹

36 Alle Menschen in Israel sollen also an dem,
was sie hier sehen und hören,[e] mit Gewißheit
erkennen: Gott hat diesen Jesus, den ihr gekreu-
zigt habt,[f] zum Herrn* und Christus* gemacht.«

Die Wirkung der Predigt

37 Dieses Wort traf die Zuhörer mitten ins Herz,
und sie fragten Petrus und die anderen Apostel*:
»Brüder, was sollen wir tun?«

a Wörtlich *Männer, Juden.* b Wörtlich *Jesus, der Nazoräer*.* c Wörtlich *Männer, Brüder.*
d Wörtlich *des Christus*.* e *an dem, was …:* verdeutlichender Zusatz. f *ihr:* vgl. 3,13-15.

2,17-21 *zit* Joël 3,1-5 **2,19-20** Lk 21,10-11.25-26 **2,21** 2,36; 9,14.21; 22,16; Röm 10,13; Phil 2,11 **2,22** Lk 24,19; Joh 2,11 S **2,23** 4,28 **2,24** Lk 24,5-6; Apg 4,2 S **2,25-28** *zit* Ps 16,8-11 **2,29** 1 Kön 2,10; Apg 13,36 **2,30** *nach* 2 Sam 7,16; 7,12-13 S **2,31** Lk 22,67 S; Ps 16,10 **2,32** 1,8 S **2,33** (rechte Seite) 5,31-32; 7,55-56; Mk 12,36 S; 14,62 par; 16,19; Röm 8,34; Eph 1,20; Kol 3,1; (ausgießt) Apg 2,17-18; 10,45; Röm 5,5; Tit 3,6 **2,34-35** *zit* Ps 110,1 **2,37** 16,30; Lk 3,10.12.14

38 Petrus antwortete: »Kehrt jetzt um[a] und
laßt euch taufen auf Jesus Christus; laßt seinen
Namen über euch ausrufen und bekennt euch
zu ihm – jeder und jede im Volk![b] Dann wird
Gott euch eure Schuld vergeben und euch
seinen Heiligen Geist* schenken. 39 Denn was
Gott versprochen hat, ist für euch und eure Kin-
der bestimmt und für alle, die jetzt noch fern
sind und die der Herr, unser Gott, hinzurufen
wird.«

40 Noch mit vielen anderen Worten beschwor
und ermahnte sie Petrus. Und er sagte zu ihnen:
»Laßt euch retten vor dem Strafgericht, das über
diese verdorbene Generation hereinbrechen
wird!«

41 Viele nahmen seine Botschaft an und
ließen sich taufen. Etwa dreitausend Menschen
wurden an diesem Tag zur Gemeinde hinzuge-
fügt.

Das Leben der Gemeinde

42 Sie alle widmeten sich eifrig dem, was für
sie als Gemeinde wichtig war: Sie ließen sich
von den Aposteln* unterweisen, sie hielten
in gegenseitiger Liebe zusammen, sie feierten
das Mahl des Herrn,[c] und sie beteten gemein-
sam.

43 Durch die Apostel geschahen viele stau-
nenswerte Wundertaten, und alle in Jerusalem
spürten, daß hier wirklich Gott am Werk war.

44 Alle, die zum Glauben gekommen waren,
bildeten eine enge Gemeinschaft und taten
ihren ganzen Besitz zusammen. 45 Von Fall zu
Fall verkauften sie Grundstücke und Wertgegen-
stände und verteilten den Erlös unter die Bedürf-
tigen in der Gemeinde.

46 Tag für Tag versammelten sie sich einmütig
im Tempel*, und in ihren Häusern hielten sie
das Mahl des Herrn und aßen gemeinsam, mit
jubelnder Freude und reinem Herzen. 47 Sie
priesen Gott und wurden vom ganzen Volk ge-
achtet.

Der Herr aber führte ihnen jeden Tag weitere
Menschen zu, die gerettet werden sollten.

Ein Gelähmter wird geheilt

3 Einmal gingen Petrus und Johannes in den
Tempel*. Es war drei Uhr, die Zeit für das
Nachmittagsgebet. 2 Am Schönen Tor des Tem-
pelvorhofs saß ein Mann, der von Geburt an
gelähmt war. Jeden Tag ließ er sich dorthin tra-
gen und bettelte die Leute an, die in den Tempel
gingen.

3 Als er Petrus und Johannes sah, wie sie
gerade durch das Tor gehen wollten, bat er sie
um eine Gabe. 4 Die beiden blickten ihn fest an,
und Petrus sagte: »Sieh uns an!«

5 Der Gelähmte tat es und erwartete, daß sie
ihm etwas geben würden. 6 Aber Petrus sagte:
»Gold und Silber habe ich nicht; doch was ich
habe, will ich dir geben. Im Namen von Jesus
Christus aus Nazaret:[d] Steh auf und geh um-
her!« 7 Und er faßte den Gelähmten bei der rech-
ten Hand und half ihm auf.

Im gleichen Augenblick erstarkten seine Füße
und Knöchel; 8 mit einem Sprung war er auf den
Beinen und ging umher. Er folgte Petrus und
Johannes in den Vorhof des Tempels, lief umher,
sprang vor Freude und dankte Gott mit lauter
Stimme.

9 Das ganze Volk dort sah, wie er umherging
und Gott dankte. 10 Sie erkannten in ihm den
Bettler, der sonst immer am Schönen Tor geses-
sen hatte. Und sie staunten und waren ganz
außer sich über das, was mit ihm geschehen war.

Petrus spricht im Tempel

11 Das ganze Volk im Tempel* beobachtete, wie
der Geheilte sich eng an Petrus und Johannes
hielt, und alle folgten ihnen voll Staunen in die
Salomohalle*.

12 Petrus aber sagte zu dem Volk, das dort zu-
sammengeströmt war:

»Ihr Männer von Israel, warum staunt ihr?
Was starrt ihr uns so an? Denkt nur nicht, wir
hätten aus eigener Kraft oder durch unsere
Frömmigkeit erreicht, daß der Mann hier gehen
kann! 13 Nein, der Gott unserer Vorfahren, der

a Siehe Sacherklärung »Umkehr«.

b *laßt euch taufen ...:* wörtlich *Und es lasse sich jeder von euch taufen auf den Namen von Jesus Christus* (vgl. Sacherklärung »Taufe«). Der griechische Text enthält eine Anspielung auf Vers 21 *(bekennen)* und eine Beziehung zu Jak 2,7 *(Namen ausrufen)*. – Angeredet sind die anwesenden Männer (Verse 22.29), doch ist hier zweifellos das ganze *Volk* im Blick.

c Für das *Mahl* des Herrn* wird hier und in Vers 46 der Ausdruck *Brotbrechen* verwendet. Es handelt sich um eine der ältesten Bezeichnungen für die Feier des Abendmahls bzw. Eucharistischen Mahls in der Gemeinde. Die eröffnende Handlung des Brotbrechens (vgl. Mk 14,22 par) steht hier für das ganze Mahl.

d *aus Nazaret:* wörtlich *dem Nazoräer**.

2,38 3,19; Lk 3,3; Mt 28,19 S **2,39** Jes 57,19; Eph 2,17 **2,40** 2,21; Dtn 32,5 **2,41** (Gemeinde wächst) 2,47; 4,4; 5,14; 6,7; 11,21.24; 12,24; 14,1; 16,5; 21,20 **2,44-45** Lk 12,33 S **2,46** Lk 24,53 S **3,1** (Petrus und Johannes) 4,1-23; 8,14; Lk 22,8; Gal 2,9; (Zeit) 10,3.30 **3,2** 14,8 **3,6** (im Namen) 3,16; 4,7.10; 8,12; 16,18; 19,13 **3,8** 14,10; Joh 5,9 **3,11** 5,12; Joh 10,23 **3,13** 7,32; Ex 3,15 S; (verherrlicht) Joh 17,1 S; (ausgeliefert) Lk 23,1-5.13-25

Gott Abrahams, Isaaks und Jakobs, hat Jesus, seinen Bevollmächtigten*, durch dieses Wunder verherrlicht[a] – denselben Jesus, den ihr an Pilatus ausgeliefert und vor seinem Richterstuhl preisgegeben habt, obwohl Pilatus ihn freilassen wollte. 14 Den Heiligen und Gerechten habt ihr abgelehnt und lieber die Freigabe eines Mörders verlangt. 15 So habt ihr den, der euch das Leben bringen sollte,[b] getötet. Doch Gott hat ihn vom Tod auferweckt; dafür sind wir Zeugen. 16 Das Vertrauen auf diesen Jesus hat dem Mann, der hier steht und den ihr alle kennt, Kraft gegeben. Der Name* von Jesus hat in ihm Glauben geweckt und ihm die volle Gesundheit geschenkt, die ihr an ihm seht.

17 Ich weiß wohl, meine Brüder: Ihr habt so gehandelt, ihr und eure Führer, weil ihr es nicht besser gewußt habt. 18 Aber Gott selbst hat gewollt, daß der versprochene Retter[c] leiden sollte. Durch alle Propheten* hat er es im voraus angekündigt, und auf diese Weise ließ er es jetzt in Erfüllung gehen. 19 Geht also in euch und kehrt um, damit Gott eure Schuld auslöscht! 20 Auch für euch will er die Heilszeit anbrechen lassen und den Retter senden, den er im voraus für euch bestimmt hat. Jesus ist dieser Retter, 21 doch muß er den Platz im Himmel einnehmen, bis wirklich auch *alles* eingetroffen ist, was Gott schon vor langer Zeit durch seine heiligen Propheten angekündigt hat.[d]

22 Mose hat nämlich gesagt: ›Einen Propheten wie mich wird der Herr, euer Gott, aus euren Brüdern berufen. Auf ihn sollt ihr hören und alles befolgen, was er euch sagt. 23 Wer nicht auf diesen Propheten hört, wird aus dem Volk Gottes ausgestoßen.‹ 24 Und auch alle Propheten – angefangen mit Samuel und dann der Reihe nach alle, die ihm folgten – haben von all dem gesprochen, was in unserer Zeit in Erfüllung gehen soll.

25 Euch als den Nachkommen der Propheten gilt, was sie angekündigt haben; euch gilt auch der Bund*, den Gott mit euren Vorfahren geschlossen hat, als er zu Abraham sagte: ›Durch deinen Nachkommen[e] werde ich alle Völker der Erde segnen.‹ 26 Euch zuerst hat Gott nun seinen Bevollmächtigten* gesandt, nachdem er ihn vom Tod auferweckt hat. Durch ihn sollt ihr gesegnet werden, wenn ihr euch von euren bösen Taten abkehrt – jeder und jede im Volk!«

Petrus und Johannes vor dem jüdischen Rat

4 Während Petrus und Johannes noch zum Volk sprachen, traten ihnen die Priester* mit dem Befehlshaber der Tempelwache* und die Sadduzäer* entgegen. 2 Sie waren aufgebracht, weil die Apostel* sich herausnahmen, das Volk zu lehren und am Beispiel von Jesus die Auferstehung* der Toten zu verkünden. 3 Darum nahmen sie die beiden fest und brachten sie bis zum nächsten Tag ins Gefängnis; es war nämlich schon Abend.

4 Aber viele, die die Apostel gehört hatten, kamen zum Glauben, und die Gemeinde wuchs so stark an, daß allein die Zahl der Männer bei fünftausend lag.

5 Am nächsten Tag kamen in Jerusalem die führenden Priester*, die Ratsältesten* und die Gesetzeslehrer* zusammen, 6 dazu der Oberste Priester* Hannas mit Kajaphas, Johannes, Alexander und all den anderen, die zur Familie des Obersten Priesters gehörten.

7 Sie ließen die Apostel vorführen und fragten sie: »Woher hattet ihr die Kraft, diesen Mann zu heilen? In wessen Namen habt ihr es getan?«

8 Petrus antwortete ihnen, erfüllt vom Heiligen Geist*: »Führer des Volkes und seine Ältesten! 9 Wir werden hier vor Gericht gestellt, weil wir einem Kranken geholfen haben, und wir sollen Rechenschaft geben, wodurch er geheilt worden ist. 10 Nun, ihr und das ganze Volk Israel sollt es wissen: Es geschah im Namen von Jesus Christus aus Nazaret,[f] eben dem, den ihr gekreuzigt habt[g] und den Gott vom Tod auferweckt hat! Durch die Kraft seines Namens* steht der Mann hier gesund vor euch. 11 Auf diesen Jesus bezieht sich das Wort in den Heiligen Schriften*: ›Der Stein, den die Bauleute als wertlos weggeworfen haben, ist zum Eckstein* geworden.‹ 12 Jesus Christus und sonst niemand

a *durch dieses Wunder:* verdeutlichender Zusatz. Es könnte auch an die »Verherrlichung« von Jesus durch seine Erhöhung zu Gott gedacht sein (vgl. 2,36; Lk 24,26), die in jedem Fall die grundlegende Voraussetzung für das geschehene Heilungswunder darstellt.

b Wörtlich *den Anführer des Lebens.* c Wörtlich *der Christus*;* entsprechend in Vers 20.

d Aus der Fortsetzung geht hervor, was gemeint ist: Ganz Israel muß mit Jesus Christus bekannt gemacht und zur Entscheidung ihm gegenüber aufgerufen werden (Verse 22-24 und 26); aber auch zu allen nichtjüdischen Völkern muß die Botschaft hinausgetragen werden (Vers 25). e Vgl. Gal 3,16 und Anmerkung dort.

f *aus Nazaret:* wörtlich *dem Nazoräer*.* g Vgl. 3,13-15.

3,14 (Heiliger) Lk 1,35; (Gerechter) Apg 7,52; 22,14; Lk 23,47; Mt 27,19; 1 Petr 3,18; 1 Joh 2,1; Jes 53,11b **3,15** 1,8 S **3,16** Lk 7,50 S **3,17** Lk 23,34; 1 Tim 1,13 **3,18** Lk 22,67 S; 24,44 S **3,19** 2,38 **3,21** 1 Kor 15,25 **3,22-23** *nach* Dtn 18,15.19 **3,25** *nach* Gen 12,3; Gal 3,8 **4,1-2** (Sadduzäer) Lk 20,27 S **4,2** 23,6-9; (Auferstehung) 3,15.26; 2,24; 4,33; 13,30-31; 17,18; 23,8; 26,8.23 **4,4** 2,41 S; Lk 9,14 **4,7** Lk 20,2 **4,8** 2,4 S **4,10** 3,6 S **4,11** *zit* Ps 118,22; Lk 20,17 par; 1 Petr 2,4-7 **4,12** Mt 1,21; 1 Kor 3,11

kann die Rettung bringen. Auf der ganzen Welt hat Gott keinen anderen Namen bekanntgemacht, durch den wir gerettet werden könnten.«

13 Die Mitglieder des jüdischen Rates* waren überrascht, mit welcher Sicherheit Petrus und Johannes sich verteidigten, obwohl sie offenkundig keine Gelehrten waren, sondern einfache Leute. Es war ihnen schnell klar, daß die beiden zur Gefolgschaft von Jesus gehörten, 14 und den Mann, der geheilt worden war, sahen sie bei ihnen stehen. So konnten sie nichts gegen ihre Aussagen vorbringen.

15 Sie schickten Petrus und Johannes aus dem Sitzungssaal, berieten sich 16 und sagten zueinander: »Was sollen wir mit ihnen machen? Daß ein eindeutiges Wunder durch sie geschehen ist, können wir nicht leugnen. Ganz Jerusalem hat davon gehört. 17 Aber damit nicht noch mehr Leute im Volk davon erfahren – das war ihr Beschluß –, wollen wir ihnen mit Nachdruck verbieten, zu irgendeinem Menschen unter Berufung auf diesen Namen zu sprechen.«

18 Sie riefen also die beiden wieder herein und verboten ihnen streng, die Botschaft von Jesus noch weiter in der Öffentlichkeit zu verbreiten und unter Berufung auf seinen Namen vor dem Volk als Lehrer aufzutreten.

19 Aber Petrus und Johannes erwiderten ihnen: »Entscheidet selbst, ob es vor Gott recht ist, euch mehr zu gehorchen als ihm! 20 Wir können nicht verschweigen, was wir gesehen und gehört haben!«

21 Da drohten sie ihnen noch einmal und ließen sie dann gehen. Mit Rücksicht auf das Volk wagten sie nicht, sie zu bestrafen; denn alle priesen Gott für das, was geschehen war. 22 Der Mann, der auf so wunderbare Weise geheilt wurde, war nämlich von Geburt an über vierzig Jahre lang gelähmt gewesen.

Die Gemeinde betet um Kraft

23 Nach ihrer Freilassung gingen Petrus und Johannes zu der versammelten Gemeinde und erzählten dort, was die führenden Priester* und Ratsältesten* zu ihnen gesagt hatten. 24 Darauf beteten alle miteinander einmütig zu Gott:

»Herr, du hast Himmel, Erde und Meer geschaffen und alles, was lebt. 25 Durch den Heiligen Geist* hast du unseren Vater David, deinen Diener, sagen lassen:

›Was soll das Toben der Völker?
Wozu schmieden die Menschen im Land
vergebliche Pläne?
26 Die Könige der Erde haben sich aufgelehnt,
die Machthaber haben sich verbündet
gegen den Herrn und seinen Christus*.‹

27 Tatsächlich haben sie sich hier in Jerusalem verbündet gegen Jesus, deinen heiligen Bevollmächtigten*, den du zum Retter bestimmt hast:[a] Herodes[b] und Pontius Pilatus, Menschen aus den fremden Völkern und Menschen aus dem Volk Israel. 28 Aber sie konnten nur vollziehen, was du in deiner Macht schon längst geplant und vorherbestimmt hattest.

29 Höre nun, Herr, wie sie uns drohen! Gib uns, deinen Dienern und Dienerinnen,[c] die Kraft, deine Botschaft mutig und offen zu verkünden! 30 Hilf uns dabei und zeige deine Macht! Laß Heilungen und andere Wundertaten geschehen durch den Namen* deines heiligen Bevollmächtigten Jesus!«

31 Als sie geendet hatten, bebte die Erde an ihrem Versammlungsort. Alle wurden vom Heiligen Geist erfüllt und verkündeten die Botschaft Gottes ohne Furcht.

Brüderliches Teilen in der Gemeinde

32 All die vielen Menschen, die zum Glauben an Jesus gefunden hatten, waren ein Herz und eine Seele. Niemand von ihnen betrachtete etwas von seinem Besitz als persönliches Eigentum; alles, was sie besaßen, gehörte ihnen gemeinsam.

33 Mit großer Kraft und bestätigt durch Wundertaten[d] bezeugten die Apostel* Jesus als den auferstandenen Herrn*, und für alle sichtbar lag großer Segen auf der ganzen Gemeinde.

34 Es gab unter ihnen niemand, der Not leiden mußte. Denn die in der Gemeinde, die Grundstücke oder Häuser besaßen, verkauften sie, wenn es an etwas fehlte,[e] brachten den Erlös herbei 35 und legten ihn vor den Füßen der Apostel nieder. Das wurde dann unter die Bedürftigen verteilt.

36 So machte es auch Josef, ein Levit* aus

a Wörtlich *den du gesalbt hast;* siehe Sacherklärung »Christus«. b Siehe Sacherklärung »Herodes (3)«.
c Wörtlich *deinen Dienern;* doch vgl. die Verse 23-24 und 31 sowie 2,3-4.11.17-18.
d Wörtlich *Mit großer Kraft.* Das schließt das Zeugnis durch Taten ein; vgl. Vers 10; 3,12-16.
e *wenn es an etwas fehlte:* verdeutlichender Zusatz. Daß der Verkauf jeweils von Fall zu Fall, bei bestehenden Notlagen, erfolgte, geht aus 2,44-45 und auch aus der Nennung der Einzelfälle in 4,36-37 und 5,1-11 hervor.

4,13 Lk 21,15 **4,15** 5,34-35 **4,16** Joh 11,47 **4,24** Ps 146,6 **4,25** *zit* Ps 2,1-2 **4,27** Lk 23,6-12 **4,28** 2,23 **4,31** 2,4 S **4,32-37** Lk 12,33 S; 14,33 **4,33** 1,8 S **4,34** Dtn 15,4 **4,36-37** 9,27 S

Zypern, den die Apostel Barnabas nannten, das heißt »der Mann, der anderen Mut macht«. 37 Er verkaufte seinen Acker, brachte das Geld und legte es den Aposteln zu Füßen.

Hananias und Saphira belügen den Heiligen Geist

5 Auch ein Mann namens Hananias und seine Frau Saphira verkauften ein Stück Land. 2 Hananias behielt mit Wissen seiner Frau einen Teil des Geldes zurück; das übrige brachte er und legte es den Aposteln* zu Füßen.

3 Doch Petrus sagte zu ihm: »Hananias, warum hast du dein Herz dem Satan* geöffnet? Warum belügst du den Heiligen Geist* und behältst einen Teil vom Erlös deines Feldes für dich? 4 Du hättest ja das Land behalten können, und nachdem du es verkauft hattest, auch das Geld. Warum hast du dich auf dieses falsche Spiel eingelassen? Du hast nicht Menschen, sondern Gott belogen!«

5 Als Hananias diese Worte hörte, brach er zusammen und starb. Ein gewaltiger Schrecken packte alle, die davon erfuhren. 6 Ein paar junge Leute standen auf, wickelten den Toten in ein Tuch, trugen ihn hinaus und begruben ihn.

7 Etwa drei Stunden später kam seine Frau. Sie wußte noch nicht, was geschehen war. 8 Petrus fragte sie: »Sag mir, habt ihr das Feld zu diesem Preis verkauft?«

»Ja«, antwortete sie, »zu diesem Preis.«

9 Da sagte Petrus: »Warum habt ihr euch verabredet, den Geist des Herrn herauszufordern? Ich sage dir: Vor der Tür stehen schon die Leute, die deinen Mann begraben haben. Sie werden auch dich hinaustragen!«

10 Im selben Augenblick fiel sie vor seinen Füßen zu Boden und starb. Die jungen Leute kamen herein, sahen sie tot daliegen, trugen sie hinaus und begruben sie neben ihrem Mann.

11 Ein gewaltiger Schrecken packte die ganze Gemeinde und alle, die davon hörten.

Das Ansehen der Gemeinde wächst

12 Durch die Apostel* geschahen viele staunenswerte Wundertaten unter dem Volk. Die ganze Gemeinde war Tag für Tag einmütig in der Salomohalle* beisammen. 13 Das Volk sprach voller Lob von ihnen, doch eine heilige Scheu hielt die Außenstehenden davon ab, sich zu ihnen zu gesellen. 14 Um so mehr führte der Herr selbst ihnen Menschen zu, die zum Glauben gekommen waren, eine große Zahl von Männern und Frauen.

15 Die Leute trugen die Kranken auf die Straße und legten sie dort auf Betten und Matten. Wenn Petrus vorbeiging, sollte wenigstens sein Schatten auf einige von ihnen fallen. 16 Auch aus der Umgebung von Jerusalem brachten die Leute Kranke und solche, die von bösen Geistern* besessen waren, und alle wurden gesund.

Die Apostel werden verhaftet und vor den Rat gestellt

17 Der Oberste Priester* und sein ganzer Anhang, die Partei der Sadduzäer*, wurden neidisch und beschlossen einzugreifen. 18 Sie ließen die Apostel* verhaften und ins öffentliche Gefängnis werfen.

19 Doch in der Nacht öffnete der Engel* des Herrn die Gefängnistore, führte die Apostel heraus und sagte zu ihnen: 20 »Geht in den Tempel* und verkündet dem Volk die Botschaft von dem Leben, das Jesus gebracht hat!«

21 Die Apostel gehorchten, gingen früh am Morgen in den Tempel, stellten sich hin und lehrten das Volk.

Der Oberste Priester und sein Anhang hatten inzwischen den jüdischen Rat* samt allen Ältesten* des Volkes Israel zu einer Sitzung zusammengerufen. Sie schickten in das Gefängnis, um die Apostel vorführen zu lassen. 22 Aber die Gerichtspolizisten*, die sie hinschickten, konnten die Apostel dort nicht finden. Sie kamen zurück und berichteten: 23 »Wir fanden das Gefängnis ordnungsgemäß verschlossen, und vor allen Türen standen die Wachen. Aber als wir aufschlossen, war niemand darin.«

24 Der Befehlshaber der Tempelwache* und die führenden Priester* waren ratlos und konnten sich das nicht erklären. 25 Da kam einer und berichtete: »Die Männer, die ihr ins Gefängnis gesperrt habt, stehen im Tempel und lehren das Volk!« 26 Der Befehlshaber ging mit der Tempelwache hin, um sie zu holen. Sie vermieden es aber, Gewalt anzuwenden; denn sie hatten Angst, das Volk würde sie steinigen*.

27 Sie brachten die Apostel vor den jüdischen Rat, und der Oberste Priester verhörte sie. 28 Er sagte: »Wir haben euch deutlich genug befohlen, nicht mehr unter Berufung auf diesen Namen* vor dem Volk als Lehrer aufzutreten. Und was habt ihr getan? Ganz Jerusalem ist voll von dem, was ihr lehrt! Ihr macht uns für den Tod dieses

5,2 4,35 5,3 Joh 13,2 5,9 1 Kor 10,9 5,12 2,43; 3,11 S 5,14 2,41 S 5,15-16 19,11-12 5,17 Lk 20,27 S 5,19 12,7-10 5,22-24 12,18-19 5,26 Lk 20,19; 22,2 5,28-29 4,17-19 5,28 Mt 27,25

Menschen verantwortlich und wollt die Strafe Gottes über uns bringen!«[a]

29 Aber Petrus und die anderen Apostel antworteten: »Gott muß man mehr gehorchen als den Menschen. 30 Der Gott unserer Vorfahren hat Jesus vom Tod auferweckt, eben den, den ihr ans Kreuz* gebracht und damit zu einem von Gott Verfluchten erklärt habt.[b] 31 Und er hat ihn als Bringer des Lebens[c] und Retter der Menschen auf den Ehrenplatz an seiner rechten Seite erhoben. Damit gibt er dem Volk Israel die Gelegenheit umzukehren*, damit ihm seine Schuld vergeben wird. 32 Das alles haben wir zu bezeugen, und durch uns bezeugt es der Heilige Geist*, den Gott denen gegeben hat, die ihm gehorchen.«

Der Pharisäer Gamaliël rät zum Zuwarten

33 Als die Ratsmitglieder das hörten, wurden sie zornig und wollten die Apostel töten. 34 Da meldete sich im Rat ein Pharisäer namens Gamaliël* zu Wort, ein Gesetzeslehrer*, der beim ganzen Volk in hohem Ansehen stand. Er verlangte, daß die Angeklagten vorübergehend aus dem Saal gebracht werden, 35 und sagte dann zu dem versammelten Rat:

»Ihr Männer aus Israel, seid vorsichtig und überlegt euch gut, wie ihr mit diesen Leuten verfahren wollt. 36 Vor einiger Zeit trat Theudas* auf und behauptete, eine besondere Sendung zu haben. Etwa vierhundert Männer schlossen sich ihm an; aber dann fand er den Tod, seine Anhänger liefen auseinander, und alles war zu Ende. 37 Danach kam zur Zeit der Volkszählung der Galiläer Judas* und rief zum Aufstand auf. Er brachte eine stattliche Schar von Anhängern zusammen; aber auch er kam um, und alle, die ihm gefolgt waren, wurden auseinandergetrieben.

38 Darum rate ich euch: Geht nicht gegen diese Leute vor! Laßt sie laufen! Wenn das, was sie wollen und was sie da angefangen haben, nur von Menschen kommt, löst sich alles von selbst wieder auf. 39 Kommt es aber von Gott, dann könnt ihr nichts gegen sie machen. Wollt ihr am Ende als Leute dastehen, die gegen *Gott* kämpfen?«

Die Ratsmitglieder gaben Gamaliël recht. 40 Sie riefen die Apostel wieder herein, ließen sie auspeitschen* und verboten ihnen, weiterhin von Jesus zu sprechen und unter Berufung auf seinen Namen* öffentlich aufzutreten. Dann ließen sie sie frei.

41 Die Apostel gingen aus dem Rat weg und waren voller Freude, weil Gott sie für wert gehalten hatte, für den Namen* von Jesus zu leiden. 42 Unbeirrt lehrten sie Tag für Tag im Tempel* und in den Häusern und verkündeten die Gute Nachricht* von Jesus, dem versprochenen Retter.[d]

AUSBREITUNG DER GUTEN NACHRICHT IN JUDÄA UND SAMARIEN (6,1–9,31)

Sieben Helfer für die Apostel

6 Die Gemeinde wuchs, und die Zahl der Jünger und Jüngerinnen[e] wurde immer größer. Da kam es – um eben diese Zeit – zu einem Streit zwischen den griechischsprechenden Juden in der Gemeinde und denen mit hebräischer* Muttersprache.[f] Die griechische Gruppe beschwerte sich darüber, daß ihre Witwen bei der täglichen Verteilung von Lebensmitteln benachteiligt würden.

2 Da riefen die Zwölf* die ganze Gemeinde zusammen und sagten: »Es geht nicht an, daß wir die Verkündigung der Botschaft Gottes vernachlässigen und uns um die Verteilung der Lebensmittel kümmern. 3 Darum, liebe Brüder, wählt aus eurer Mitte sieben Männer aus, die einen guten Ruf haben und vom Geist* Gottes und von Weisheit erfüllt sind. Ihnen wollen wir diese Aufgabe übertragen. 4 Wir selbst werden uns auch weiterhin mit ganzer Kraft dem Gebet und der Verkündigung der Botschaft Gottes widmen.«

5 Alle waren mit dem Vorschlag einverstanden. Sie wählten Stephanus, einen Mann voll

a *Ihr macht uns …:* wörtlich *Ihr seid entschlossen, (die Strafe für) das (vergossene) Blut dieses Menschen über uns zu bringen* (vgl. Anmerkung zu Lev 20,9).

b *den ihr ans Kreuz …:* wörtlich *den ihr ermordet habt, indem ihr ihn ans Holz hängtet.* Damit wird auf das Verfluchtsein eines Gehängten nach Dtn 21,23 angespielt (vgl. auch Gal 3,13).

c Wörtlich *als Anführer;* vgl. 3,15.

d Wörtlich *dem Christus*.*

e Wörtlich ist nur von *Jüngern* die Rede. Lukas verwendet die Mehrzahl »Jünger« von dieser Stelle an wiederholt als Bezeichnung für die Christen insgesamt, die Gemeinde; dabei sind die Frauen mit gemeint bzw. Männer und Frauen gemeinsam im Blick (siehe Sacherklärung »Jünger«).

f *den griechischsprechenden …:* wörtlich *den Hellenisten und den Hebräern;* siehe Sacherklärung »Hellenisten«.

5,31 Lk 2,11 S; Apg 2,33 S **5,32** 1,8 S **5,34** 22,3 **5,36** 21,38 **5,37** Lk 2,2; 13,1-2 **5,39** 2 Makk 7,19; Weish 12,13-14 **5,40** 4,18; 5,28; Mt 10,17 **5,41** Lk 6,22-23; 1 Petr 4,13 **5,42** (Retter) Lk 22,67 S; Apg 2,31; 3,18; 8,5; 9,22; 17,3; 18,5.28; 26,23 **6,1** 2,45; 4,35 **6,3** 1 Tim 3,8-13

lebendigen Glaubens und erfüllt vom Heiligen Geist; außerdem Philippus, Prochorus, Nikanor, Timon, Parmenas und Nikolaus, einen Nichtjuden aus der Stadt Antiochia, der zum Judentum übergetreten war.[a] 6 Diese sieben brachten sie zu den Aposteln. Die beteten für sie und legten ihnen die Hände auf.

7 Die Botschaft Gottes aber breitete sich weiter aus. Die Zahl der Glaubenden[b] in Jerusalem stieg von Tag zu Tag. Auch viele Priester* folgten dem Aufruf zum Glauben.

Stephanus wird verhaftet

8 In der Kraft, die Gott ihm schenkte, vollbrachte Stephanus große und staunenswerte Wundertaten. 9 Da traten Leute aus verschiedenen jüdischen Gemeinden gegen ihn auf und verwickelten ihn in ein Streitgespräch. Es waren Männer aus der Synagoge* der Freigelassenen[c] und den Synagogen der Juden aus Zyrene und Alexandria sowie derer aus Zilizien und der Provinz Asien*. 10 Aber sie waren der Weisheit und dem Geist nicht gewachsen, die aus Stephanus sprachen.

11 Darauf stifteten sie eine Anzahl Männer dazu an, daß sie überall verbreiten sollten: »Wir haben ihn Dinge sagen hören! Er hat Mose und Gott gelästert!« 12 Damit brachten sie das Volk, die Ratsältesten* und die Gesetzeslehrer* gegen ihn auf. Dann ergriffen sie Stephanus und schleppten ihn vor den jüdischen Rat*.

13 In der Ratsversammlung ließen sie falsche Zeugen auftreten, die behaupteten: »Dieser Mann hält ununterbrochen Reden gegen diese heilige Stätte und gegen das Gesetz*. 14 Wir haben selbst gehört, wie er sagte: ›Jesus von Nazaret[d] wird diesen Tempel* niederreißen und die Ordnungen ändern, die Mose uns im Auftrag Gottes übergeben hat.‹«

15 Alle im Rat blickten gespannt auf Stephanus. Sie sahen, daß sein Gesicht leuchtete wie das eines Engels*.

Die Rede von Stephanus vor dem jüdischen Rat (7,1-53)

7 Der Oberste Priester* fragte: »Stimmt das, was diese Männer gegen dich vorbringen?«

2a Stephanus antwortete:

Erinnerung an den Bund Gottes mit Abraham

2b »Brüder und Väter, hört mich an! Gott im Glanz seiner Herrlichkeit* erschien unserem Ahnherrn Abraham*, als er noch in Mesopotamien lebte und noch nicht nach Haran gezogen war. 3 Er sagte zu ihm: ›Verlaß deine Heimat und deine Sippe und zieh in das Land, das ich dir zeigen werde!‹ 4 Da verließ Abraham das Land der Chaldäer* und zog nach Haran. Nachdem dann sein Vater gestorben war, brachte Gott ihn hierher in dieses Land, in dem ihr heute lebt. 5 Doch gab er ihm darin keinen Grundbesitz, nicht einen Fußbreit. Er versprach ihm nur, ihm das Land zum Besitz zu geben, ihm und seinen Nachkommen. Dabei war Abraham damals noch kinderlos!

6 Über Abrahams Nachkommen aber sagte Gott: ›Sie werden als Fremde in einem Land leben, das ihnen nicht gehört; vierhundert Jahre lang wird man sie hart behandeln und zu Sklavendiensten zwingen. 7 Aber ich – sagte Gott – werde das Volk, das sie unterdrückt, bestrafen, und dann werden sie von dort wegziehen und mir hier an diesem Ort Opfer* darbringen und mich anbeten.‹

8 Gott schloß mit Abraham einen Bund*, dessen Zeichen die Beschneidung* ist. Auf der Grundlage dieses Bundes zeugte Abraham seinen Sohn Isaak und beschnitt ihn am achten Tag nach der Geburt; und so zeugte und beschnitt auch Isaak seinen Sohn Jakob und Jakob seine zwölf Söhne, unsere Stammväter.«

Josef und die Übersiedlung nach Ägypten

9 »Jakobs Söhne, unsere Stammväter, waren jedoch eifersüchtig auf ihren Bruder Josef und verkauften ihn als Sklaven nach Ägypten. Aber Gott war mit Josef 10 und half ihm aus allen Schwierigkeiten. Er schenkte ihm Weisheit und verschaffte ihm Ansehen beim Pharao, dem König von Ägypten. So vertraute der Pharao ihm die Verwaltung ganz Ägyptens und die Aufsicht über die königlichen Güter an.

11 Da kam eine Hungersnot und brachte große Bedrängnis über ganz Ägypten und über das Land Kanaan*, und unsere Vorfahren hatten

a *einen Nichtjuden ...:* wörtlich *einen Proselyten* aus Antiochia.* b Wörtlich *der Jünger*.*
c Es handelt sich wahrscheinlich um freigelassene Nachkommen der Juden, die Pompeius 63 v. Chr. als Kriegsgefangene nach Rom mitgenommen hatte.
d *von Nazaret:* wörtlich *der Nazoräer*.*

6,6 (Hände auflegen) 9,17; 13,2-3; 14,23; 1 Tim 4,14; 5,22; 2 Tim 1,6 **6,7** 2,41 S **6,10** 6,3; Lk 21,15 **6,11-13** Mk 14,55-59 par; Apg 21,28 S **6,14** Joh 2,19 S **7,3** *zit* Gen 12,1; Hebr 11,8-10 **7,4** Gen 11,31; 12,4 **7,5** Gen 12,7 S **7,6-7** *zit* Gen 15,13-14 *u.* Ex 3,12 **7,8** Gen 17,9-14 S; 21,2-3; 25,26; 29,31–30,24; 35,16-18 **7,9** Gen 37,11.28; 39,2.21 **7,10** Gen 41,37-44 **7,11-12** Gen 41,54; 42,1-2.5

nichts mehr zu essen. [12] Als Jakob hörte, daß es in Ägypten noch Getreide gab, schickte er seine Söhne, unsere Stammväter, dorthin. [13] Als sie noch ein zweites Mal dorthin kamen, gab sich Josef seinen Brüdern zu erkennen, und der Pharao erfuhr, aus welcher Familie Josef stammte.

[14] Josef lud dann seinen Vater Jakob ein, mit der gesamten Familie, insgesamt 75 Personen,[a] nach Ägypten überzusiedeln. [15] So kam Jakob nach Ägypten. Dort starb er auch, er und seine Söhne, unsere Stammväter. [16] Nach ihrem Tod wurden sie nach Sichem überführt und dort in dem Familiengrab bestattet, das Abraham von der Sippe Hamors durch Kauf erworben hatte.«

Moses Rettung und sein Einsatz für das unterdrückte Volk

[17] »Dann kam die Zeit, daß Gott das Versprechen einlösen wollte, das er einst Abraham gegeben hatte. Die Nachkommen Jakobs waren inzwischen in Ägypten zu einem großen Volk geworden. [18] Da kam ein neuer König an die Macht, der von Josef nichts mehr wußte. [19] Nach einem heimtückischen Plan wollte er unser Volk ausrotten. Er zwang unsere Vorfahren, ihre neugeborenen Kinder auszusetzen; keines sollte am Leben bleiben. [20] In dieser Zeit wurde Mose geboren, ein Kind, an dem Gott Gefallen hatte. Drei Monate lang konnte er in seinem Elternhaus verborgen gehalten werden. [21] Als er dann ausgesetzt werden mußte, rettete ihn die Tochter des Pharaos und ließ ihn als ihren eigenen Sohn aufziehen. [22] Er studierte alle Wissenschaften der Ägypter und wurde ein wortmächtiger und tatkräftiger Mann.

[23] Als Mose vierzig Jahre alt war, faßte er den Entschluß, sich um seine Brüder, die Israeliten, zu kümmern. [24] Er wurde Zeuge, wie ein Israelit von einem Ägypter geschlagen wurde. Da griff er ein, zahlte es dem Ägypter heim und schlug ihn tot.

[25] Er dachte, seine Brüder, die Israeliten, würden begreifen, daß Gott sie durch ihn befreien wollte; aber sie begriffen es nicht. [26] Am nächsten Tag nämlich kam er gerade dazu, als zwei Israeliten miteinander stritten. Er wollte sie versöhnen und sagte: ›Hört her, ihr seid doch Brüder! Warum schlagt ihr einander?‹ [27] Aber der eine, der angefangen hatte, stieß Mose beiseite und fragte: ›Wer hat dich zum Aufseher und Richter über uns eingesetzt? [28] Willst du mich auch umbringen wie gestern den Ägypter?‹

[29] Als Mose das hörte, floh er aus Ägypten und lebte als Fremder im Land Midian*. Dort wurden ihm zwei Söhne geboren.«

Moses Berufung und Auszug Israels aus Ägypten. Hinweis auf Christus und Offenbarung des Gesetzes

[30] »Wieder waren vierzig Jahre vergangen, und Mose war eines Tages in der Wüste am Berg Sinai*. Da erschien ihm ein Engel* in einem brennenden Dornbusch. [31] Mose wunderte sich über den brennenden Busch; er wollte hingehen und ihn genauer ansehen. Doch da hörte er die Stimme des Herrn: [32] ›Ich bin der Gott deiner Vorfahren, der Gott Abrahams, Isaaks und Jakobs.‹ Mose zitterte vor Angst und wagte nicht hinzuschauen. [33] Der Herr aber sagte: ›Zieh deine Schuhe aus, denn du stehst auf heiligem Boden! [34] Ich habe genau gesehen, wie mein Volk in Ägypten mißhandelt wird, und habe sein Stöhnen gehört; ich bin gekommen, um es zu retten. Deshalb geh jetzt, ich schicke dich nach Ägypten!‹

[35] Eben den Mose, den die Israeliten abgelehnt und zu dem sie gesagt hatten: ›Wer hat dich zum Aufseher und Richter eingesetzt?‹, eben den schickte Gott ihnen als Anführer und Befreier – durch den Engel, der ihm im Dornbusch erschienen war. [36] Genau dieser Mose führte sie in die Freiheit. Er vollbrachte staunenswerte Wundertaten, zuerst in Ägypten, dann am Roten Meer und dann vierzig Jahre lang in der Wüste.

[37] Genau dieser Mose ist es auch, der zu den Israeliten sagte: ›Einen Propheten wie mich wird Gott aus euren Brüdern berufen.‹

[38] Er war es auch, der in der Wüste, als das Volk am Berg Sinai versammelt war, als Vermittler auftrat zwischen dem Engel, der auf dem Berg zu ihm sprach, und zwischen unseren Vorfahren. Er empfing Weisungen, die zum Leben führen, damit er sie an uns weitergebe.«

Ungehorsam des Volkes in der Wüste

[39] »Aber unsere Vorfahren wollten Mose nicht gehorchen, sondern lehnten sich gegen ihn auf. Sie waren mit ihrem Herzen schon wieder auf

a Die Zahl 75 findet sich in der griechischen Übersetzung von Gen 46,27; in G werden in der Liste von Gen 46 fünf zusätzliche Namen aufgeführt.

7,13 Gen 45,1.3.16 **7,14-15** Gen 45,9-10.18; 46,6-7.27 **7,16** (Grab) Gen 23,3-16; 33,19; 49,29-30; 50,13; Jos 24,32; Hebr 11,22 **7,17-18** Ex 1,7-8 **7,19** Ex 1,15-19.22 **7,20-21** Ex 2,2-10; Hebr 11,23 **7,23-29** Ex 2,11-15; Hebr 11,24-27 **7,29** Ex 2,15.21-22; 18,4 **7,30-34** Ex 3,1-10 **7,35** Ex 3,2; 2,14 **7,36** (Wundertaten) Ex 7,3; 14,21-29; 15,25; 16,1–17,13; Num 20,2-11; (vierzig) Num 14,33 **7,37** 3,22-23 S **7,38** Ex 19,1–20,17; Apg 7,53 S **7,39** Num 14,3-4; Neh 9,17

dem Weg zurück nach Ägypten, 40 als sie zu
Aaron sagten: ›Mach uns Götter, die uns voran-
ziehen! Denn was aus diesem Mose geworden
ist, der uns aus Ägypten herausgeführt hat –
niemand weiß es.‹ 41 So machten sie sich da-
mals ein Stierbild*, brachten ihm Opfer* und
feierten ein Fest zu Ehren ihres selbstgemachten
Götzen.

42 Da wandte sich Gott von ihnen ab und lie-
ferte sie noch anderen Götzen aus. Er ließ es zu,
daß sie die Sterne am Himmel anbeteten, wie
das im Buch der zwölf Propheten[a] nachzulesen
ist. Dort sagt Gott: ›Habt ihr Israeliten etwa *mir*
zu Ehren Opfertiere geschlachtet und andere
Opfer dargebracht die vierzig Jahre in der
Wüste? 43 Nein, das Zelt des Götzen Moloch*
habt ihr mitgeführt und den Stern eures Götzen
Räfan[b] – Bilder, die ihr euch gemacht hattet, um
sie anzubeten. Deshalb werde ich euch in die
Verbannung führen, noch über Babylon* hin-
aus!‹«

Der Irrtum des Tempelbaus

44 »Unsere Vorfahren hatten in der Wüste das
Heilige Zelt*; es war angefertigt aufgrund der
Weisung Gottes an Mose und nach dem Modell,
das Mose von Gott gezeigt worden war. 45 Die
folgende Generation brachte dieses Zelt mit, als
sie unter der Führung von Josua das Land in Be-
sitz nahm, aus dem Gott die früheren Bewohner
vor ihnen vertrieb. Jede neue Generation über-
nahm das Zelt von der vorhergehenden, bis zur
Zeit Davids.

46 David gewann Gottes Gunst und bat Gott
darum, ihn für das Zeltheiligtum der Nachkom-
men Jakobs einen festen Platz finden zu lassen.
47 Salomo aber maßte sich an, Gott ein *Haus* zu
bauen.

48 Der höchste Gott wohnt jedoch nicht in
Häusern, die von Menschen gemacht sind!
Durch den Propheten Jesaja hat er gesagt: 49 ›Der
Himmel ist mein Thron, die Erde mein Fuß-
schemel. Was für ein Haus wollt ihr da für mich
bauen? Wo ist die Wohnung, in der ich Raum fin-
den könnte? 50 Habe ich nicht mit eigener Hand
Himmel und Erde geschaffen?‹«

Anklage gegen die Ankläger

51 »Ihr widerspenstiges Volk, am Körper seid ihr
beschnitten*, aber euer Herz ist unbeschnitten,
und eure Ohren sind verschlossen für Gottes
Botschaft!

Ständig widersetzt ihr euch dem Geist* Got-
tes, ihr genauso wie damals eure Vorfahren!
52 Gibt es einen einzigen Propheten*, den sie
nicht verfolgt haben? Sie haben die Boten Gottes
umgebracht, die das Kommen des einzig Gerech-
ten* angekündigt hatten. Den habt ihr nun ver-
raten und ermordet!

53 Gott hat euch durch Vermittlung von
Engeln* sein Gesetz* gegeben; aber ihr habt es
nicht befolgt!«

Stephanus wird gesteinigt

54 Bei diesen Worten gerieten die Mitglieder des
jüdischen Rates* über Stephanus in solche Wut,
daß sie mit den Zähnen knirschten. 55 Stephanus
aber blickte zum Himmel empor, vom Heiligen
Geist* erfüllt; er sah Gott im Glanz seiner Herr-
lichkeit* und Jesus an seiner rechten Seite 56 und
rief: »Ich sehe den Himmel offen und den Men-
schensohn* an der rechten Seite Gottes stehen!«

57 Als sie das hörten, schrien sie laut auf
und hielten sich die Ohren zu. Alle miteinander
stürzten sich auf Stephanus 58 und schleppten
ihn vor die Stadt, um ihn zu steinigen*. Die Zeu-
gen legten ihre Oberkleider vor einem jungen
Mann namens Saulus* ab, damit er sie be-
wachte.

59 Während sie ihn steinigten, bekannte sich
Stephanus zu Jesus, dem Herrn*,[c] und rief: »Herr
Jesus, nimm meinen Geist auf!« 60 Dann fiel er
auf die Knie und rief laut: »Herr, strafe sie nicht
für diese Schuld!«

Mit diesen Worten starb er.

8 1a Saulus aber war völlig einverstanden mit
dieser Hinrichtung.

Die Gemeinde wird verfolgt

1b An diesem Tag begann für die Gemeinde in
Jerusalem eine harte Verfolgung. Alle, die zu
ihr gehörten, zerstreuten sich über Judäa* und

a Wörtlich *im Buch der Propheten.* Gemeint sind die zwölf sog. »kleinen Propheten« (Hosea bis Maleachi), die im hebräischen Text zu einem einzigen »Buch« zusammengefaßt sind. Das Zitat findet sich in Am 5,25-27.

b Das Prophetenwort aus Am 5,25-27 ist hier nach G zitiert, wo die Götzen mit anderen Namen erscheinen als in H. *Räfan* ist fehlerhafte Wiedergabe des hebräischen *Kewan**.

c *bekannte sich zu Jesus:* wörtlich *rief Jesus an,* im Griechischen eine Anspielung auf 2,21; siehe auch Vergleichsstellen dort.

7,40-41 Ex 32,1-8 **7,44** Ex 25,9 S **7,45** Jos 3,14-17; 18,1; 2 Chr 1,3; 5,5 **7,46** 2 Sam 7,1-2; Ps 132,1-5 **7,47** 2 Sam 7,5-7; 1 Kön 6,1-38 **7,48** 17,24 S **7,49-50** *zit* Jes 66,1-2 **7,51** Ex 32,9; 33,5; Jer 4,4 S; Röm 2,28-29; Ez 2,2-5 S **7,52** Mt 5,12 S; (Gerechter) Apg 3,14 S **7,53** (durch Engel) 7,38; Gal 3,19; Hebr 2,2 **7,55-56** Mt 3,16 S; Lk 12,8-9 **7,58** 22,20 **7,59** Lk 23,46; Ps 31,6 **7,60** Lk 23,34; 6,28 par **8,1b** 8,4-5; 11,19

Samarien*; nur die Apostel* blieben in Jerusalem zurück. 2 Ein paar fromme Männer begruben Stephanus und hielten eine große Totenklage* für ihn.

3 Saulus aber wollte die Gemeinde vernichten. Er durchsuchte die Häuser und ließ Männer und Frauen ins Gefängnis werfen.

Die Botschaft kommt nach Samarien

4 Die über das Land zerstreuten Christen zogen umher und verkündeten die Botschaft Gottes. 5 Unter ihnen war auch Philippus. Er kam nach Samaria, der Hauptstadt von Samarien, und verkündete, daß in Jesus der versprochene Retter gekommen sei.[a]

6 Die Menge schenkte dem, was Philippus sagte, durchweg die größte Aufmerksamkeit; denn alle hörten von den Wundern, die er vollbrachte, und wurden auch selbst Augenzeugen davon. 7 Mit lautem Geschrei fuhren aus vielen Besessenen böse Geister* aus, und viele Gelähmte und Verkrüppelte wurden geheilt. 8 In der ganzen Stadt herrschte große Freude.

9 Nun lebte dort in der Stadt seit einiger Zeit ein Mann namens Simon, der sich mit Magie befaßte und mit dem Anspruch auftrat, ein ganz Großer zu sein. Das ganze Volk von Samaria war von ihm hellauf begeistert. 10 Bis jetzt war *er* es gewesen, der alle Aufmerksamkeit auf sich gezogen hatte, und alle Leute, von den einfachsten bis zu den gebildetsten, sagten von ihm: »Er ist die Kraft Gottes, die die Große genannt wird!« 11 Daß er so im Mittelpunkt der Aufmerksamkeit stand, hatte seinen Grund; denn durch seine Zauberkünste hatte er die Menschen im Lauf der Zeit regelrecht um den Verstand gebracht.

12 Als nun Philippus die Botschaft von der anbrechenden Herrschaft* Gottes verkündete und von Jesus Christus und der Macht seines Namens*, glaubten die Leute ihm und ließen sich taufen*, Männer wie Frauen. 13 Auch Simon kam zum Glauben. Nach seiner Taufe schloß er sich eng an Philippus an und konnte nicht genug staunen über die großen, machtvollen Wunder, die durch ihn geschahen.

Die Getauften empfangen den Heiligen Geist

14 Die Apostel* in Jerusalem hörten, daß die Leute in Samarien* die Botschaft Gottes angenommen hatten. Deshalb schickten sie Petrus und Johannes dorthin.

15 Die beiden kamen in die Stadt Samaria und beteten zu Gott, daß er den Getauften seinen Geist* schenke. 16 Denn die Menschen waren zwar im Namen von Jesus, dem Herrn, getauft* worden, aber der Heilige Geist* war noch auf keinen von ihnen herabgekommen.

17 Nach dem Gebet legten Petrus und Johannes den Getauften die Hände auf, und sie wurden vom Heiligen Geist erfüllt.

Der Magier Simon wird zurechtgewiesen

18 Als Simon sah, daß die Menschen den Heiligen Geist* empfingen, wenn die Apostel* ihnen die Hände auflegten, bot er Petrus und Johannes Geld an 19 und sagte: »Verleiht doch auch mir diese Fähigkeit! Ich möchte, daß jeder, dem ich die Hände auflege, den Heiligen Geist empfängt!«

20 Aber Petrus sagte zu ihm: »Zur Hölle mit dir und deinem Geld! Meinst du vielleicht, du könntest kaufen, was Gott schenkt? 21 Du gehörst nicht mehr zu uns, für dich ist kein Platz in der Gemeinde, weil du dich Gott nicht aufrichtig zuwendest. 22 Kehr um und gib deine Falschheit auf! Bete zum Herrn, daß er dir vielleicht deine bösen Absichten verzeiht! 23 Ich sehe, du bist voller Verkehrtheit und ganz ins Böse verstrickt!«

24 Da bat Simon die Apostel: »Betet *ihr* für mich zum Herrn, daß die Strafen nicht über mich kommen, die ihr mir angedroht habt!«

25 Petrus und Johannes blieben noch in Samaria, bezeugten Jesus als den Herrn* und sagten den Menschen die Botschaft Gottes; dann kehrten sie nach Jerusalem zurück. Unterwegs verkündeten sie in vielen Dörfern Samariens die Gute Nachricht*.

Philippus und der Eunuch aus Äthiopien

26 Der Engel* des Herrn aber sagte zu Philippus: »Mach dich auf den Weg und geh nach Süden, zu der Straße, die von Jerusalem nach Gaza hinabführt!« Diese Straße wird kaum von jemand benutzt.[b] 27 Philippus machte sich auf den Weg und ging dorthin.

Da kam in seinem Reisewagen ein Äthiopier*

a Wörtlich *und verkündete ihnen den Christus**.
b Wörtlich *Diese ist einsam.* Vielleicht soll damit auf das Unerwartete der sogleich zu schildernden Begegnung aufmerksam gemacht werden.

8,3 (Saulus als Verfolger) 9,1-2.13.21; 22,4-5; 26,9-11; 1 Kor 15,9; Gal 1,13; Phil 3,6; 1 Tim 1,13 **8,5** 6,5; 5,42 S **8,7** Lk 9,1 par; Mk 16,17 S **8,12** (Herrschaft) 28,23 S; (Name) 3,6 S **8,14** 3,1 S **8,16-17** 19,1-6 **8,18** 6,6 S **8,24** Ex 9,27-28 **8,27** Jes 18,7 S

gefahren. Es war ein hochgestellter Mann, der Finanzverwalter der äthiopischen Königin, die den Titel Kandake führt, ein Eunuch.[a] Er war in Jerusalem gewesen, um den Gott Israels anzubeten. 28 Jetzt befand er sich auf der Rückreise. Er saß in seinem Wagen und las im Buch des Propheten Jesaja.

29 Der Geist* Gottes sagte zu Philippus: »Lauf hin und folge diesem Wagen!« 30 Philippus lief hin und hörte, wie der Mann laut aus dem Buch des Propheten Jesaja las. Er fragte ihn: »Verstehst du denn, was du da liest?«

31 Der Äthiopier sagte: »Wie kann ich es verstehen, wenn mir niemand hilft!« Und er forderte Philippus auf, zu ihm in den Wagen zu steigen.

32 Die Stelle, die er gerade gelesen hatte, lautete:

»Wie ein Lamm, wenn es zum Schlachten geführt wird, wie ein Schaf, wenn es geschoren wird, so duldete er alles schweigend, ohne zu klagen. 33 Er wurde aufs tiefste erniedrigt; aber mitten in seiner Erniedrigung wurde das Urteil gegen ihn aufgehoben. Wer wird je seine Nachkommen zählen können? Denn von der Erde weg wurde sein Leben emporgehoben.«

34 Der Mann aus Äthiopien fragte: »Bitte, sag mir doch: Um wen geht es hier eigentlich? Meint der Prophet sich selbst oder einen anderen?«

35 Da ergriff Philippus die Gelegenheit und verkündete ihm, von dem Prophetenwort ausgehend, die Gute Nachricht* von Jesus.

36 Unterwegs kamen sie an einer Wasserstelle vorbei, und der Äthiopier sagte: »Hier gibt es Wasser! Spricht etwas dagegen, daß ich getauft werde?«[b] 38 Er ließ den Wagen anhalten. Die beiden stiegen ins Wasser hinab, Philippus und der Äthiopier, und Philippus taufte ihn.

39 Als sie aus dem Wasser herausstiegen, wurde Philippus vom Geist des Herrn gepackt und weggeführt, und der Äthiopier sah ihn nicht mehr. Von Freude erfüllt setzte er seine Reise fort.

40 Philippus tauchte danach in Aschdod auf. Von dort zog er nach Cäsarea und verkündete unterwegs in allen Städten, durch die er kam, die Gute Nachricht.

Die Bekehrung von Saulus*

9 Saulus verfolgte die Jünger und Jüngerinnen[c] des Herrn* weiterhin voller Wut und mit schweren Drohungen. Er ging zum Obersten Priester* 2 und ließ sich Briefe an die jüdischen Gemeinden in Damaskus geben. Darin wurde ihm die Vollmacht erteilt, auch dort nach Anhängern der neuen Lehre[d] zu suchen und sie gegebenenfalls – Männer wie Frauen – festzunehmen und nach Jerusalem zu schaffen.

3 Auf dem Weg nach Damaskus, kurz vor der Stadt, umstrahlte ihn plötzlich ein Licht vom Himmel. 4 Er stürzte zu Boden und hörte eine Stimme: »Saul, Saul, warum verfolgst du mich?«

5 »Wer bist du, Herr?« fragte Saulus.

Die Stimme sagte: »Ich bin Jesus, den du verfolgst! 6 Aber steh auf und geh in die Stadt! Dort wirst du erfahren, was du tun sollst.«

7 Den Männern, die Saulus begleiteten, verschlug es die Sprache. Sie hörten zwar die Stimme, aber sie sahen niemand. 8 Saulus stand von der Erde auf und öffnete die Augen – aber er konnte nichts mehr sehen. Da nahmen sie ihn an der Hand und führten ihn nach Damaskus. 9 Drei Tage lang war er blind und aß nichts und trank nichts.

10 In Damaskus lebte ein Jünger namens Hananias. Dem erschien der Herr und sagte: »Hananias!«

»Ja, Herr«, antwortete er.

11 Der Herr sagte: »Steh auf, geh in die Gerade Straße in das Haus von Judas und frag nach Saulus aus Tarsus. Er ist dort und betet. 12 In einer Vision hat er gesehen, wie ein Mann namens Hananias zu ihm kommt und ihm die Hände auflegt, damit er wieder sehen kann.«

13 Hananias antwortete: »Herr, ich habe von vielen Seiten gehört, wieviel Böses dieser Mann in Jerusalem deiner Gemeinde[e] angetan hat. 14 Und jetzt ist er hier und hat von den führenden Priestern* die Vollmacht, alle zu verhaften, die sich zu deinem Namen* bekennen.«

a Im griechischen Text wird er auch in den Versen 34, 36, 38 und 39 *Eunuch* genannt (siehe Sacherklärung). Die Verse 36 und 38 berichten, wie ein Eunuch als Vollmitglied in die christliche Gemeinde aufgenommen wird, so wie später auch die »Heiden«* in Kap 10.

b Einige Handschriften fügen hinzu (Vers 37): *Philippus sagte: »Du kannst getauft werden, wenn du von ganzem Herzen glaubst.« »Ja«, antwortete er, »ich glaube, daß Jesus Christus der Sohn Gottes ist.«* (Siehe Sacherklärung »Taufe«.)

c Siehe Anmerkung zu 6,1.

d Wörtlich *nach solchen, die von dem Weg sind.* »Der Weg« ist eine der ältesten Kurzbezeichnungen für das, was im Namen von Jesus verkündet und von den Christen als Grundlage und Richtschnur ihres Lebens angenommen wurde. Sie findet sich auch in 18,25-26; 19,9.23; 22,4; 24,14.22.

e Wörtlich *deinen Heiligen**.

8,32-33 *nach* Jes 53,7-8 **8,35** Lk 24,27 **8,36** (Taufe) Mt 28,19 S **8,39** 1 Kön 18,12 **8,40** 21,8 **9,1-22** 22,5-16; 26,12-28; Gal 1,15-16 **9,1** 8,3 S **9,3** (Licht) Hab 3,3-4; 1 Tim 6,18; 2 Kor 4,4.6 **9,4** Ez 1,28 S **9,5** 1 Kor 15,8 **9,8** 13,11 **9,12** Mk 8,23-25

15 Aber der Herr sagte: »Geh nur hin! Gerade ihn habe ich als mein Werkzeug ausgesucht. Er wird meinen Namen den nichtjüdischen Völkern und ihren Herrschern bekanntmachen, und auch dem Volk Israel. 16 Und ich will ihm zeigen, wieviel nun *er* für das Bekenntnis zu meinem Namen leiden muß.«

17 Da ging Hananias in jenes Haus. Er legte Saulus die Hände auf und sagte: »Bruder Saul, der Herr hat mich geschickt – Jesus, der dir unterwegs erschienen ist. Du sollst wieder sehen können und mit dem Heiligen Geist* erfüllt werden.«

18 Im selben Augenblick fiel es Saulus wie Schuppen von den Augen, und er konnte wieder sehen. Er stand auf und ließ sich taufen*. 19a Dann aß er etwas und kam wieder zu Kräften.

Saulus verkündet Jesus in Damaskus

19b Saulus war erst ein paar Tage bei den Jüngern und Jüngerinnen[a] in Damaskus, 20 da ging er auch schon in die Synagogen* und verkündete dort Jesus als den Sohn* Gottes. 21 Alle, die ihn hörten, waren außer sich und sagten: »Ist das nicht der, der in Jerusalem alle verfolgt hat, die sich zu Jesus bekannt haben? Er ist doch eigens hergekommen, um auch hier die Anhänger dieses Menschen festzunehmen und den führenden Priestern* auszuliefern!«

22 Aber Saulus trat nur um so entschiedener auf und brachte die Juden in Damaskus völlig aus der Fassung, indem er aus den Heiligen Schriften nachwies, daß Jesus der versprochene Retter[b] ist.

23 Nach einiger Zeit beschlossen die Juden, Saulus zu töten; 24 aber er erfuhr davon. Um ihn in die Hand zu bekommen und beseitigen zu können, stellten sie sogar bei Tag und Nacht Wachen an die Stadttore. 25 Da ließen ihn seine Jünger eines Nachts in einem Korb die Stadtmauer hinunter und verhalfen ihm so zur Flucht.

Saulus in Jerusalem. Seine Abreise nach Tarsus

26 Saulus kam nach Jerusalem und wollte sich dort den Jüngern und Jüngerinnen anschließen. Aber sie hatten noch immer Angst vor ihm; sie konnten es nicht glauben, daß er wirklich einer der Ihren geworden war.

27 Da nahm Barnabas die Sache in die Hand und brachte ihn zu den Aposteln*. Er erzählte ihnen, wie Saulus auf dem Weg nach Damaskus den Herrn* gesehen und der Herr zu ihm gesprochen hatte. Er schilderte ihnen auch, wie mutig Saulus dann in Damaskus im Namen von Jesus aufgetreten und für diesen Namen* eingetreten war. 28 Von da an ging Saulus bei den Aposteln in Jerusalem aus und ein. Mit ihnen zusammen trat er offen und mutig für Jesus und seinen Namen ein.

29 Vor allem sprach und diskutierte Saulus mit den griechischsprechenden Juden. Die aber wollten ihn umbringen. 30 Als seine Glaubensbrüder das erfuhren, brachten sie ihn in die Hafenstadt Cäsarea hinab, damit er von dort nach Tarsus fahren konnte.

Petrus besucht die Gemeinden und kommt nach Lydda und Joppe

31 Die Gemeinde in ganz Judäa*, Galiläa* und Samarien* erlebte nun eine friedliche Zeit. Sie festigte sich und machte Fortschritte in einem gottgefälligen Leben. Der Heilige Geist* stand ihr bei und ließ die Zahl der Glaubenden ständig zunehmen.

32 Petrus durchzog das ganze Land und besuchte die einzelnen Gemeinden. Dabei kam er auch zu den Christen[c] in Lydda.

33 Dort sah er einen Menschen – er hieß Äneas –, der seit acht Jahren das Bett nicht mehr verlassen konnte; er war gelähmt. 34 »Äneas«, sagte Petrus zu ihm, »Jesus Christus hat dich geheilt. Steh auf und mach dein Bett!«

Im selben Augenblick konnte Äneas aufstehen. 35 Alle Bewohner von Lydda und der ganzen Scharon-Ebene sahen ihn gesund umhergehen und nahmen Jesus als den Herrn* an.

36 In Joppe wohnte eine Jüngerin[d] mit Namen Tabita. Ihr griechischer Name war Dorkas; beides bedeutet »Gazelle«. Sie hatte viel Gutes getan und den Armen geholfen. 37 Nun aber war sie krank geworden und gestorben. Sie wurde gewaschen und im Obergemach aufgebahrt.

38 Von Joppe war es nicht weit nach Lydda, und als sie in Joppe erfuhren, daß Petrus gerade

a Siehe Anmerkung zu 6,1; ebenso zu Vers 26.
b Wörtlich *der Christus*; aus den Heiligen Schriften** ist verdeutlichender Zusatz.
c Wörtlich *den Heiligen*;* entsprechend in Vers 41 für *die ganze Gemeinde.*
d Lukas gebraucht hier das Wort zum einzigen Mal in seiner weiblichen Form; vgl. Anmerkung zu 6,1.

9,15 22,21; 23,11; 26,1; 27,24; Röm 1,5 S **9,16** 20,23; Lk 21,12; 2 Kor 11,23-28 **9,17** 6,6 S **9,20** 17,2 S; Lk 22,70 S **9,21** 8,1; 9,13-14 **9,22** 5,42 S **9,23-25** 2 Kor 11,32-33 **9,26-27** Gal 1,18 **9,27** (Barnabas) 4,36-37; 11,22-26.30; 12,25; 13,1-4.7.43-51; 14,12.20; 15,2-12.22.35-39; 1 Kor 9,6 S **9,29** 6,9 **9,30** 9,11; Gal 1,21

dort war, schickten sie zwei Männer zu ihm und ließen ihn bitten, so schnell wie möglich zu kommen.

39 Petrus ging sofort mit, und als er in Joppe ankam, führten sie ihn in das Obergemach. Die Witwen der Gemeinde drängten sich um ihn und zeigten ihm unter Tränen die vielen Kleider und Mäntel, die Dorkas für sie gemacht hatte, als sie noch unter ihnen lebte.

40 Petrus aber schickte sie alle aus dem Zimmer, kniete nieder und betete. Dann wandte er sich der Toten zu und sagte: »Tabita, steh auf!« Sie öffnete die Augen, und als sie Petrus erblickte, setzte sie sich auf. 41 Er reichte ihr die Hand und half ihr auf die Füße. Dann rief er die Witwen und die ganze Gemeinde herein und gab ihnen Dorkas lebendig zurück.

42 Die Nachricht verbreitete sich im ganzen Ort, und viele kamen zum Glauben an Jesus als den Herrn.

43 Petrus blieb längere Zeit in Joppe; er wohnte bei einem Gerber namens Simon.

DIE GUTE NACHRICHT KOMMT ZU DEN NICHTJUDEN (10,1–15,35)

Kornelius in Cäsarea hat eine Vision

10 In Cäsarea lebte Kornelius, ein Hauptmann*, der zum sogenannten Italischen Regiment gehörte. 2 Er glaubte an Gott und hielt sich mit seiner ganzen Hausgemeinschaft* zur jüdischen Gemeinde.[a] Er tat viel für notleidende Juden und betete regelmäßig.

3 An einem Nachmittag gegen drei Uhr hatte er eine Vision. Er sah deutlich, wie ein Engel* Gottes bei ihm eintrat, und hörte, wie er zu ihm sagte: »Kornelius!«

4 Erschrocken blickte er den Engel an und fragte: »Warum kommst du, Herr?«

Der Engel antwortete: »Gott hat genau bemerkt, wie treu du betest und wieviel Gutes du den Armen tust, und er will dich dafür belohnen. 5 Darum schicke jetzt Boten nach Joppe und laß einen gewissen Simon zu dir bitten, der den Beinamen Petrus* trägt. 6 Er ist zu Gast bei einem Gerber Simon, der sein Haus unten am Meer hat.«

7 Als der Engel wieder fortgegangen war, rief Kornelius zwei Diener und einen frommen Soldaten aus seinem persönlichen Gefolge. 8 Er erzählte ihnen, was er erlebt hatte, und schickte sie nach Joppe.

Petrus in Joppe hat eine Vision

9 Am nächsten Tag, als die Boten von Kornelius Joppe schon fast erreicht hatten, begab sich Petrus um die Mittagszeit auf das flache Dach des Hauses, um zu beten. 10 Da bekam er Hunger und wollte essen. Während das Essen zubereitet wurde, hatte er eine Vision.

11 Er sah den Himmel geöffnet, und es kam daraus etwas auf die Erde herab, das sah aus wie ein großes Tuch, das an vier Ecken gehalten wird. 12 Darin befanden sich alle Arten von vierfüßigen Tieren, Kriechtieren und Vögeln. 13 Eine Stimme rief: »Auf, Petrus, schlachte und iß!«

14 Aber Petrus antwortete: »Auf keinen Fall, Herr! Noch nie habe ich etwas Verbotenes oder Unreines gegessen.«

15 Doch die Stimme forderte ihn ein zweites Mal auf und sagte: »Was Gott für rein* erklärt hat, das erkläre du nicht für unrein!« 16 Und noch ein drittes Mal erging an Petrus dieselbe Aufforderung. Gleich danach wurde das Tuch samt Inhalt wieder in den Himmel hinaufgehoben.

Die Boten von Kornelius bei Petrus in Joppe

17 Während Petrus noch ratlos darüber nachdachte, was die Vision bedeuten sollte, hatten sich schon die Boten aus Cäsarea zu Simons Haus durchgefragt und standen unten vor dem Tor. 18 »Ist hier ein Simon mit dem Beinamen Petrus* zu Gast?« riefen sie.

19 Petrus grübelte noch über den Sinn seiner Vision, da sagte ihm der Geist* Gottes: »Drei Männer wollen zu dir! 20 Geh hinunter und folge ihnen ohne Bedenken; ich habe sie geschickt.«

21 Da ging er hinunter und sagte zu ihnen: »Ich bin der, den ihr sucht. Was führt euch zu mir?«

22 »Wir kommen vom Hauptmann* Kornelius«, sagten sie. »Er führt ein vorbildliches Leben und hält sich zur jüdischen Gemeinde; alle Juden bei uns reden nur das Beste über ihn. Ein heiliger Engel* hat ihm aufgetragen, dich in sein Haus einzuladen und zu hören, was du zu sagen hast.«

23a Darauf ließ Petrus die Männer herein, bewirtete sie und gab ihnen ein Nachtquartier.

a *hielt sich …:* wörtlich *fürchtete Gott,* d. h. er gehörte zu den sog. Gottesfürchtigen*; entsprechend in Vers 22.

9,40 Mk 5,40-41 par **9,43** 10,6.32 **10,1-2** 27,1.3 **10,3** 3,1 **10,6** 9,43 **10,11** Mt 3,16 S **10,12-14** Lev 11,1-47; Ez 4,14 **10,15** Mk 7,15 S **10,19** (sagte der Geist) 11,12; 13,2.4; 15,28; 16,6; 22,22-23; 21,4.11

Petrus bei Kornelius in Cäsarea

23b Am anderen Morgen machte sich Petrus mit ihnen auf den Weg; einige Brüder aus Joppe begleiteten ihn. 24 Am Tag darauf kamen sie in Cäsarea an. Kornelius hatte seine Verwandten und die engsten Freunde zusammengerufen und erwartete sie.

25 Als Petrus durchs Hoftor trat, kam ihm Kornelius entgegen und warf sich vor ihm nieder. 26 Doch Petrus zog ihn hoch und sagte: »Steh auf, ich bin auch nur ein Mensch!« 27 Er sprach noch weiter mit ihm und betrat dabei das Haus.

Als er die vielen Leute sah, 28 sagte er zu ihnen: »Ihr wißt, daß ein Jude nicht mit einem Nichtjuden verkehren und vollends nicht sein Haus betreten darf. Aber mir hat Gott gezeigt, daß ich keinen Menschen als unrein* oder unberührbar betrachten soll. 29 Deshalb bin ich eurer Einladung ohne Widerrede gefolgt. Aber jetzt möchte ich doch gern erfahren, warum ihr mich gerufen habt!«

30 Kornelius antwortete: »Es war vor drei Tagen, ungefähr zur selben Zeit wie jetzt. Ich betete hier im Haus zur Gebetszeit um drei Uhr nachmittags, als plötzlich ein Mann in leuchtendem Gewand vor mir stand 31 und sagte: ›Kornelius, Gott hat deine Gebete erhört, und er will dir das Gute vergelten, das du den Armen getan hast. 32 Schicke darum Boten nach Joppe und laß Simon mit dem Beinamen Petrus* zu dir bitten! Er ist zu Gast beim Gerber Simon unten am Meer!‹ 33 Da habe ich sofort zu dir geschickt, und ich freue mich, daß du gekommen bist. Nun sind wir alle hier vor Gott versammelt und bereit zu hören, was der Herr dir aufgetragen hat.«

Petrus predigt vor den Nichtjuden im Haus von Kornelius

34 Petrus begann zu sprechen:

»Wahrhaftig, jetzt begreife ich, daß Gott keine Unterschiede macht! 35 Er liebt alle Menschen, ganz gleich, zu welchem Volk sie gehören, wenn sie ihn nur ernst nehmen und tun, was vor ihm recht ist. 36 Seinem Volk Israel hat er die Botschaft verkünden lassen, daß er Frieden* gestiftet hat durch Jesus Christus – aber dieser Jesus Christus ist ja der Herr über *alle!*

37 Ihr habt sicherlich erfahren, was sich im jüdischen Land zugetragen hat, beginnend in Galiläa*, nachdem Johannes zur Taufe aufgerufen hatte. 38 Ihr wißt von Jesus aus Nazaret, den Gott zum Retter bestimmt und mit seinem Geist* und seiner Kraft erfüllt hat. Wo er hinkam, tat er Gutes und heilte alle, die der Teufel in seiner Gewalt hatte; denn Gott stand ihm bei. 39 Wir können alles bezeugen, was er im jüdischen Land und in Jerusalem getan hat.

Die Juden töteten ihn, sie hängten ihn ans Kreuz*, an das Fluchholz.[a] 40 Aber Gott hat ihn am dritten Tag vom Tod auferweckt und ihn sichtbar erscheinen lassen – 41 nicht vor dem ganzen Volk, sondern vor den Zeugen, die er im voraus dazu bestimmt hatte. Wir, die Apostel*, sind diese Zeugen; wir haben mit Jesus gegessen und getrunken, nachdem er von den Toten auferstanden war. 42 Und uns gab Jesus den Auftrag, dem Volk Israel zu verkünden und zu bezeugen, daß er von Gott zum Richter über die Lebenden und die Toten eingesetzt ist.

43 Alle Propheten* haben von ihm gesprochen; sie bezeugen, daß durch die Macht seines Namens* alle Menschen die Vergebung ihrer Schuld empfangen sollen, alle, die auf ihn vertrauen.«

Der Heilige Geist kommt noch vor der Taufe auf die Nichtjuden herab

44 Petrus hatte noch nicht zu Ende gesprochen, da kam der Heilige Geist* auf alle herab, die bei Kornelius versammelt waren und die Botschaft hörten.

45 Die Christen jüdischer Herkunft, die mit Petrus aus Joppe gekommen waren, gerieten außer sich vor Staunen, daß Gott nun auch über die Nichtjuden seinen Geist ausgegossen hatte. 46 Sie hörten nämlich, wie die Versammelten in unbekannten Sprachen* redeten und Gott priesen.

Darauf sagte Petrus zu seinen Begleitern: 47 »Diese Leute haben genau wie wir den Heiligen Geist empfangen. Wer kann ihnen da noch die Taufe* verweigern?« 48 Und er befahl, sie im Namen* von Jesus Christus zu taufen.

Danach baten sie ihn, noch ein paar Tage bei ihnen zu bleiben.

a Vgl. 5,30 und Anmerkung dort.

10,25-26 14,13-15; Offb 19,10 **10,28** 10,15; Gal 2,12 **10,30** 3,1; 1,10; Lk 24,4 **10,34** Röm 2,11 S **10,36** (Frieden) Röm 3,25-26; 5,1; 2 Kor 5,18-20; Eph 2,14-17; Kol 1,20; Lk 2,14 S **10,37** Lk 4,44 **10,38** Lk 4,18 S; 13,16; Joh 3,2 **10,39** 1,8 S **10,41** Lk 24,41-43 S **10,42** (Richter) 17,31; Joh 5,22 S; Röm 14,9; 2 Tim 4,1; 1 Petr 4,5; 2 Kor 5,10 S **10,43** Lk 24,44 S; (Vergebung) Jer 31,34 S; Apg 13,38; 26,18; Lk 1,77 **10,44-46** 2,4 S **10,45** (ausgegossen) 2,33 S **10,47** 8,36

Petrus rechtfertigt sich vor der Gemeinde in Jerusalem

11 Die Apostel* und die Brüder in Judäa* hör-
ten, daß auch die Nichtjuden die Botschaft
Gottes angenommen hatten. 2 Als nun Petrus
nach Jerusalem zurückkehrte, machten sie ihm
Vorwürfe: 3 »Du bist zu Leuten gegangen, die
nicht zu unserem Volk gehören! Du hast sogar
mit ihnen gegessen!«

4 Da erzählte ihnen Petrus ausführlich, was
geschehen war:

5 »Als ich eines Tages in Joppe betete, hatte
ich eine Vision. Ich sah etwas vom Himmel her-
abkommen, das sah aus wie ein großes Tuch, das
an den vier Ecken gehalten wird. Es kam bis zu
mir herunter. 6 Als ich genau hinschaute, sah ich
darin alle Arten von vierfüßigen und wilden Tie-
ren, von Kriechtieren und Vögeln. 7 Dann hörte
ich auch eine Stimme, die sagte: ›Auf, Petrus,
schlachte und iß!‹ 8 Aber ich sagte: ›Auf gar kei-
nen Fall, Herr! Ich habe noch nie in meinem
Leben etwas Verbotenes oder Unreines geges-
sen.‹ 9 Doch die Stimme von oben forderte mich
ein zweites Mal auf und sagte: ›Was Gott für
rein* erklärt, das erkläre du nicht für unrein!‹
10 Und noch ein drittes Mal erging an mich die-
selbe Aufforderung. Danach wurde alles wieder
in den Himmel hinaufgezogen.

11 In diesem Augenblick kamen drei Männer
vor dem Haus an, in dem wir waren, Boten,
die man aus Cäsarea zu mir geschickt hatte.
12 Der Geist* Gottes befahl mir, ihnen ohne
Widerrede zu folgen. So ging ich mit. Die sechs
Brüder, die ich hierher mitgebracht habe, beglei-
teten mich. Wir kamen nach Cäsarea und be-
traten das Haus des Mannes, der nach mir ge-
schickt hatte.

13 Er erzählte uns, er habe den Engel in sei-
nem Haus stehen gesehen, der ihm sagte:
›Schick jemand nach Joppe und laß Simon zu dir
bitten, den mit dem Beinamen Petrus*! 14 Was er
dir zu sagen hat, wird dir die Rettung bringen, dir
und deiner ganzen Hausgemeinschaft*.‹

15 Ich hatte aber noch kaum begonnen, zu
ihnen zu sprechen, da kam der Heilige Geist* auf
sie herab, genauso wie damals am Anfang auf
uns. 16 Mir fiel sofort das Wort ein, das der Herr*
gesagt hatte: ›Johannes hat mit Wasser getauft,
aber ihr werdet mit dem Geist Gottes getauft
werden.‹

17 Da war mir klar: Gott hatte ihnen das
gleiche Geschenk gegeben wie damals uns, als
wir zum Glauben an Jesus Christus, den Herrn,
gekommen waren. Wie hätte *ich* mich da Gott in
den Weg stellen können?«

18 Als die Apostel und die anderen das hörten,
gaben sie ihren Widerstand auf. Sie priesen Gott
und sagten: »Also hat Gott auch den Nichtjuden
den Weg eröffnet, zu ihm umzukehren und das
wahre Leben zu gewinnen.«

Die Gemeinde in Antiochia

19 Die von der Gemeinde, die in der Verfolgungs-
zeit nach der Ermordung von Stephanus aus
Jerusalem geflohen waren, kamen zum Teil bis
nach Phönizien*, Zypern und Antiochia. Sie ver-
kündeten die Botschaft Gottes zunächst nur
unter den Juden. 20 Aber einige von ihnen, die
aus Zypern und Zyrene stammten, kamen nach
Antiochia und verkündeten dort auch den Nicht-
juden die Gute Nachricht* von Jesus, dem
Herrn*. 21 Gott stand ihnen zur Seite, so daß
viele Menschen zum Glauben kamen und Jesus
als den Herrn annahmen.

22 Die Gemeinde in Jerusalem hörte davon,
und die Apostel* schickten Barnabas nach
Antiochia. 23 Als er hinkam und sah, was Gott
dort gewirkt hatte, freute er sich. Er machte allen
Mut und bestärkte sie in ihrem Vorsatz, dem
Herrn treu zu bleiben. 24 Denn Barnabas war ein
tüchtiger Mann, erfüllt mit dem Heiligen Geist*
und mit lebendigem Glauben.

Gott führte der Gemeinde immer mehr Men-
schen zu. 25 Barnabas aber ging nach Tarsus, um
Saulus* zu suchen; 26 und als er ihn gefunden
hatte, nahm er ihn mit nach Antiochia. Ein
ganzes Jahr lang wirkten beide gemeinsam in
der Gemeinde und unterwiesen viele Menschen
im Glauben.

Hier in Antiochia kam für die Jünger und Jün-
gerinnen[a] zum ersten Mal die Bezeichnung
»Christen« auf.[b]

Ihre Fürsorge für die Gemeinde in Jerusalem

27 Während dieser Zeit kamen Propheten* von
Jerusalem nach Antiochia. 28 Einer von ihnen,

a Wörtlich *für die Jünger;* siehe Anmerkung zu 6,1.

b *Christen* (wörtlich *Christianer*) ist zunächst Bezeichnung im Mund von Außenstehenden (vgl. 26,28), dann auch im Mund der Betroffenen selbst (1 Petr 4,16). Zur gängigen Selbstbezeichnung der Christen wurde es erst in nachneutestamentlicher Zeit.

11,3 10,28 S **11,14** 16,31 **11,15** 2,4 **11,16** Lk 3,16 S **11,18** (Nichtjuden) 13,48; 14,15.27; 15,4.12.22-29; 17,12; 18,5-11; 19,8-10; 20,21; 21,19; 26,20 **11,19** 8,1b-4 **11,21** 2,41 S **11,22** 9,27 S **11,23** (machte Mut) 13,43; 14,22; 15,32; 16,40; 18,23; 20,1.28-31 **11,25** 9,30 **11,27** (Propheten) 13,1; 15,32; 21,9-10

Agabus, trat vor die versammelte Gemeinde und sagte auf Eingebung des Heiligen Geistes* voraus, daß eine große Hungersnot über die ganze Erde kommen werde – wie sie dann auch tatsächlich unter der Regierung des Kaisers Klaudius eintraf.

29 Da beschloß die Gemeinde in Antiochia,[a] den Brüdern und Schwestern[b] in Judäa* nach Kräften zu helfen – entsprechend dem, was die einzelnen in der Gemeinde erübrigen konnten. 30 Sie schickten ihre Spende durch Barnabas und Saulus an die Gemeindeältesten* in Jerusalem.

Jakobus wird hingerichtet, Petrus gefangengenommen

12 Um diese Zeit ließ König Herodes[c] verschiedene Mitglieder der Gemeinde von Jerusalem festnehmen und schwer mißhandeln. 2 Jakobus, den Bruder von Johannes, ließ er enthaupten. 3 Als er merkte, daß dies den Juden gefiel, ging er noch einen Schritt weiter und ließ auch Petrus gefangennehmen – gerade in den Tagen des Passafestes*.

4 Petrus wurde ins Gefängnis gebracht; zu seiner Bewachung wurden vier Gruppen zu je vier Soldaten abgestellt, die einander ablösen sollten. Herodes wollte ihm nach dem Fest vor allem Volk den Prozeß machen.

5 So saß Petrus also streng bewacht im Gefängnis. Die Gemeinde aber betete Tag und Nacht inständig für ihn zu Gott.

Petrus wird aus dem Gefängnis befreit

6 In der Nacht, bevor Herodes ihn vor Gericht stellen wollte, schlief Petrus zwischen zwei der Wachsoldaten, mit Ketten an sie gefesselt. Vor der Tür der Zelle waren die zwei anderen als Wachtposten aufgestellt.

7 Plötzlich stand da der Engel* des Herrn, und die ganze Zelle war von strahlendem Licht erfüllt. Der Engel weckte Petrus durch einen Stoß in die Seite und sagte: »Schnell, steh auf!« Da fielen Petrus die Ketten von den Händen. 8 Der Engel sagte: »Leg den Gürtel um und zieh die Sandalen an!« Petrus tat es, und der Engel sagte: »Wirf dir den Mantel um und komm mit!«

9 Petrus folgte ihm nach draußen. Er wußte nicht, daß es Wirklichkeit war, was er da mit dem Engel erlebte; er meinte, er hätte eine Vision. 10 Sie kamen ungehindert am ersten der Wachtposten vorbei, ebenso am zweiten, und standen schließlich vor dem eisernen Tor, das in die Stadt führte. Das Tor öffnete sich von selbst. Sie traten hinaus und gingen die Straße entlang, doch als Petrus in die nächste einbog, war der Engel plötzlich verschwunden.

11 Als Petrus zu sich kam, sagte er: »Es ist also wirklich wahr! Der Herr hat seinen Engel geschickt, um mich vor Herodes zu retten und vor dem zu bewahren, was das jüdische Volk sich erhofft hat!«

12 Als ihm das klargeworden war, ging er zu dem Haus, das Maria gehörte, der Mutter von Johannes mit dem Beinamen Markus. Dort waren viele Christen versammelt und beteten immer noch für seine Freilassung. 13 Petrus klopfte an das Hoftor, und die Dienerin Rhode kam, um zu hören, wer draußen sei. 14 Als sie Petrus an der Stimme erkannte, vergaß sie vor Freude, das Tor zu öffnen; sie rannte ins Haus und meldete, Petrus stehe draußen. 15 »Du bist nicht ganz bei Verstand!« sagten die im Haus. Und als Rhode darauf bestand, meinten sie: »Das ist sein Schutzengel*!«

16 Petrus aber klopfte und klopfte, bis sie schließlich aufmachten. Als sie ihn sahen, gerieten sie außer sich. 17 Er bat mit einer Handbewegung um Ruhe und erklärte ihnen, wie ihn Gott aus dem Gefängnis befreit hatte. »Berichtet das Jakobus[d] und allen anderen Brüdern und Schwestern!«[e] sagte er. Dann verließ er Jerusalem.

18 Als es Tag wurde, gab es bei der Wachmannschaft eine große Aufregung, weil Petrus verschwunden war. 19 Herodes ließ überall nach ihm suchen, aber vergeblich. Darauf verhörte er die Soldaten. Er befand sie für schuldig und ließ sie hinrichten.

Danach begab sich Herodes von Jerusalem hinab nach Cäsarea in seine Hauptresidenz.

Der Tod von Herodes Agrippa I.

20 König Herodes lag im Streit mit den Bürgern von Tyrus und Sidon, und sein Zorn über sie war groß. Nun hatten sie eine Abordnung geschickt und um eine friedliche Beilegung des Konflikts gebeten. Den königlichen Palastverwalter Bla-

a Wörtlich *beschlossen die Jünger;* siehe Anmerkung zu 6,1. *b* Wörtlich *den Brüdern**.
c Agrippa I., genannt *Herodes,* ein Enkel von Herodes dem Großen; siehe Sacherklärung »Herodes (5)«.
d Gemeint ist Jakobus, der »Bruder des Herrn«, dem von jetzt an die führende Rolle in der Gemeinde von Jerusalem zufällt (vgl. 15,13; 21,18; Gal 1,19; 2,9.12).
e Wörtlich *den Brüdern**.

11,30 12,25; Röm 15,26 S **12,2** Mk 10,35-40 par **12,4** 4,3; 5,18 **12,5** 1,14; 2,42; 6,4; Jak 5,16 **12,7-10** 5,19 **12,12** (Markus) 12,25; 13,5.13; 15,37; Kol 4,10; 2 Tim 4,11; Phlm 24; 1 Petr 5,13 **12,18-19** 5,22-24

stus hatten sie dafür gewonnen, beim König ein
Wort für sie einzulegen. Die Bürger von Tyrus
und Sidon waren nämlich für ihre Lebensmittel-
versorgung auf Lieferungen aus dem Gebiet des
Königs angewiesen.
21 An dem Tag, an dem die Beilegung des
Streits feierlich verkündet werden sollte, nahm
Herodes in der Pracht seiner königlichen Ge-
wänder auf der Tribüne Platz und hielt in öffent-
licher Volksversammlung eine Rede an die Ab-
ordnung aus Tyrus und Sidon. 22 Das Volk von
Cäsarea aber rief laut: »So redet ein Gott, nicht
ein Mensch!«
23 Im selben Augenblick schlug ihn der Engel*
des Herrn – weil er sich als einen Gott feiern
ließ, anstatt dem wahren Gott die Ehre zu
geben. Der König wurde von Würmern zerfres-
sen und starb.
24 Die Botschaft Gottes aber breitete sich aus,
und die Zahl der Glaubenden nahm immer mehr
zu.

Die erste Missionsreise von Paulus (12,25–14,28)

Barnabas und Saulus von der Gemeinde in Antiochia ausgesandt

25 Nachdem Barnabas und Saulus die Geld-
spende in Jerusalem übergeben hatten, kehrten
sie nach Antiochia zurück. Sie brachten Johan-
nes mit dem Beinamen Markus aus Jerusalem
mit.
13 In der Gemeinde von Antiochia gab es
eine Reihe von Propheten* und Lehrern*;
es waren Barnabas, Simeon, genannt »der
Schwarze«, Luzius von Zyrene, Manaën, der zu-
sammen mit dem Fürsten Herodes[a] erzogen
worden war, und Saulus.
2 Als sie einmal für einige Zeit fasteten* und
sich ganz dem Gebet widmeten,[b] sagte ihnen
der Heilige Geist*: »Gebt mir Barnabas und Sau-
lus für die besondere Aufgabe frei, zu der ich sie
berufen habe!«
3 Nach einer weiteren Zeit des Fastens und
Betens legten sie den beiden die Hände auf und
ließen sie ziehen.

Barnabas und Saulus auf Zypern

4 So wurden Barnabas und Saulus vom Heiligen
Geist* ausgesandt und auf den Weg geschickt.
Sie gingen hinab nach Seleuzia und reisten von
dort mit dem Schiff zur Insel Zypern. 5 Als sie in
die Stadt Salamis kamen, verkündeten sie die
Botschaft Gottes in den jüdischen Synagogen*.
Als Helfer hatten sie noch Johannes Markus bei
sich.
6 Dann durchzogen sie die ganze Insel und
kamen nach Paphos. Dort trafen sie einen Juden
namens Barjesus, der war ein Magier* und
falscher Prophet. 7 Er gehörte zum Gefolge des
römischen Statthalters* der Insel, Sergius Pau-
lus, einem gebildeten Mann. Der Statthalter
hatte Barnabas und Saulus rufen lassen und
wollte die Botschaft Gottes hören. 8 Aber Elymas,
wie Barjesus sich auch nannte – das bedeutet
»Magier« –, trat ihnen entgegen und suchte mit
allen Mitteln zu verhindern, daß der Statthalter
der Botschaft glaubte.
9 Saulus – mit seinem römischen Namen
heißt er übrigens Paulus[c] – sah den Magier
scharf an; erfüllt vom Heiligen Geist, 10 sagte
er zu ihm: »Du Sohn des Teufels, du bist voll
List und Tücke und kämpfst gegen alles Gute.
Willst du nicht endlich aufhören, die klaren
Absichten Gottes zu durchkreuzen? 11 Der Herr
wird dich dafür bestrafen: Du sollst blind sein
und für einige Zeit das Sonnenlicht nicht mehr
sehen!«
Im selben Augenblick fand sich der Magier
in die tiefste Dunkelheit getaucht. Er tappte
umher und suchte einen, der ihn an der Hand
führte.
12 Als der Statthalter sah, was geschehen war,
kam er zum Glauben; denn er war tief beein-
druckt davon, wie mächtig sich die Lehre von
Jesus, dem Herrn*, erwiesen hatte.

Die Predigt in der Synagoge von Antiochia in Pisidien

13 Paulus und seine Begleiter bestiegen in Paphos
ein Schiff und fuhren nach Perge in Pamphylien.
Dort trennte sich Johannes Markus von ihnen
und kehrte nach Jerusalem zurück. 14 Die beiden
anderen zogen von Perge weiter nach Antiochia
in Pisidien.
Am Sabbat* gingen sie dort in die Synagoge*
und setzten sich unter die Zuhörer. 15 Nach der
Lesung aus dem Gesetz* und den Schriften
der Propheten* ließen die Synagogenvorsteher*
den Gästen sagen: »Brüder, wenn ihr dem Volk

a Herodes Antipas; siehe Sacherklärung »Herodes (3)«. *b* Wörtlich *dem Herrn (gottesdienstlich) dienten.*
c Wörtlich *Saulus, auch Paulus.* Von hier an wird in der Apostelgeschichte nur noch der Name Paulus verwendet; siehe Sacherklärung »Saulus«.

12,22 Ez 28,2 **12,23** 2 Makk 9,5-12 **12,24** 2,41 S **12,25** 9,27 S; 11,29-30; 12,12 S **13,1** 11,27 S **13,2** 10,19 S; 9,15 S; Gal 1,15-16 **13,3** Mt 6,16-17 S; Apg 6,6 S **13,4** 10,19 S **13,5** 17,2 S; 12,12 S **13,8** 2 Tim 3,8 **13,11** 9,8 **13,13** 12,12 S **13,15** 15,21

ein ermutigendes Wort zu sagen habt, dann sprecht!«

16 Da stand Paulus auf, bat mit einer Handbewegung um Ruhe und begann:

»Ihr Männer aus dem Volk Israel und ihr anderen, die ihr den Glauben Israels teilt,[a] hört mich an! 17 Der Gott unseres Volkes, der Gott Israels, hat unsere Vorfahren erwählt und hat sie zu einem großen Volk gemacht, während sie als Fremde in Ägypten lebten. Mit hoch erhobenem Arm führte er sie aus Ägypten heraus, 18 und vierzig Jahre lang ertrug er sie[b] in der Wüste. 19 Er vernichtete vor ihnen sieben Völker im Land Kanaan* und gab ihnen ihr Land zum Besitz. 20 Das war etwa 450 Jahre, nachdem unsere Vorfahren nach Ägypten gekommen waren.

Dann gab er ihnen Richter bis zur Zeit des Propheten Samuel. 21 Von da an wollten sie einen König haben, und Gott gab ihnen Saul, den Sohn von Kisch aus dem Stamm Benjamin. Nach vierzigjähriger Herrschaft aber 22 verstieß er Saul und erhob David zu ihrem König. Ihm stellte er das Zeugnis aus: ›David, den Sohn von Isai, habe ich erwählt, einen Mann, der mir gefällt. Er wird alles ausführen, was ich will.‹ 23 Und einen der Nachkommen von eben diesem David hat Gott nun seinem Volk Israel als Retter gesandt, wie er es versprochen hatte, nämlich Jesus.

24 Vor ihm her hatte Johannes alle im Volk Israel dazu aufgerufen, sie sollten umkehren* und sich taufen* lassen. 25 Als Johannes am Ende seines Wirkens stand, sagte er zu den Leuten: ›Ich bin nicht der, für den ihr mich haltet. Aber *nach* mir kommt der Erwartete; ich bin nicht einmal gut genug, ihm die Schuhe aufzubinden.‹

26 Liebe Brüder,[c] ihr Nachkommen Abrahams*, und ihr anderen hier, die ihr den Glauben Israels teilt: Jetzt hat Gott *uns,* die wir hier versammelt sind, die Botschaft von dieser Rettung gesandt! 27 Denn die Bewohner Jerusalems und ihre führenden Männer haben Jesus nicht erkannt. Sie haben ihn verurteilt, aber mit diesem Urteil haben sie nur die Ankündigungen der Propheten* in Erfüllung gehen lassen, die jeden Sabbat vorgelesen werden. 28 Sie forderten nämlich von Pilatus seine Hinrichtung, obwohl sie kein todeswürdiges Verbrechen an ihm gefunden hatten. 29 Und nachdem sie alles getan hatten, was in den Heiligen Schriften* über Jesus vorhergesagt ist, nahmen sie ihn vom Kreuz und legten ihn ins Grab. 30 Aber Gott hat ihn vom Tod auferweckt, 31 und als Auferstandener zeigte er sich während vielen Tagen den Männern, die mit ihm von Galiläa* nach Jerusalem gekommen waren. Diese sind heute seine Zeugen vor dem Volk Israel.

32 Und wir verkünden euch nun also die gute Nachricht, daß Gott seine Zusagen eingelöst hat! Was er unseren Vorfahren versprochen hatte, 33 das hat er für uns, die Nachkommen, in Erfüllung gehen lassen. Er hat Jesus vom Tod auferweckt, und damit ist eingetreten, was beispielsweise im zweiten Psalm geschrieben steht, wo Gott sagt: ›Du bist mein Sohn, heute habe ich dich dazu gemacht!‹

34 Daß er ihn mit der Auferweckung aber *für immer* dem Tod und der Verwesung entrissen hat – und mit ihm auch uns[d] –, das stellt er klar mit den Worten: ›Ich gebe euch die heiligen und unvergänglichen Gaben, die ich David versprochen habe.‹ 35 Darum sagt auch David in einem anderen Psalm: ›Du gibst deinen Heiligen nicht der Verwesung preis.‹

36 David selbst hatte nur eine Aufgabe an seiner eigenen Generation zu erfüllen. Dann ist er nach Gottes Willen gestorben, wurde neben seinen Vorfahren beigesetzt und fiel der Verwesung anheim. 37 Doch der, den Gott vom Tod auferweckt hat, der fiel nicht der Verwesung anheim.

38 Und durch diesen Jesus – das sollt ihr wissen, Brüder – wird euch die Vergebung eurer Schuld angeboten! Das Gesetz* Moses hatte nicht die Kraft, eure Schuld wegzunehmen; 39 aber wer von euch Jesus vertraut, wird vor Gott als gerecht* bestehen können.

40 Gebt also acht, daß nicht eintrifft, was im Buch der zwölf Propheten[e] gesagt wird: 41 ›Schaut her, ihr Verächter, wundert euch und

a Wörtlich *und ihr Gottesfürchtigen*;* ebenso in Vers 26.
b Nach anderen Handschriften *ernährte er sie.*
c Wörtlich *Männer, Brüder;* ebenso in Vers 38.
d *und mit ihm ...:* verdeutlichender Zusatz im Blick auf das *euch* im folgenden Zitat.
e Wörtlich *bei den Propheten;* vgl. Anmerkung zu 7,42. Das Zitat aus Hab 1,5 (nach G) deutet die Möglichkeit an, daß das jüdische Volk das in Jesus angebotene Heil abweisen könnte, während Menschen aus den anderen Völkern danach greifen; vgl. hier Verse 44-48 und 28,23-28.

13,17 Ex 1,7; Dtn 5,15 **13,18** Ex 16,35; Dtn 29,4 **13,19** Dtn 7,1; Jos 14,1 **13,20b** Ri 2,16; 1 Sam 3,20 **13,21** 1 Sam 8,5.19; 10,21-24; 11,15 **13,22** 1 Sam 16,1.12; *nach* 1 Sam 13,14 **13,23** Jer 23,5 S; Mt 1,1 S; Lk 2,11 S **13,24** Lk 3,3 **13,25** Lk 3,15-16.19-20 **13,27** 3,17-18 **13,28** Lk 23,4.14-15.21-23; 23,47 S **13,29** Lk 23,50-56 par; 24,44 S **13,30** 4,2 S **13,31** 1,8 S **13,33** *nach* Ps 2,7; Röm 1,3-4 **13,34** *nach* Jes 55,3 **13,35** *nach* Ps 16,10 **13,36** 2,29 **13,38** 10,43 **13,39** Röm 4,25; 10,4

geht zugrunde! Denn in euren Tagen werde ich
etwas tun – wenn es euch jemand erzählte, ihr
würdet es ihm nicht glauben!«
42 Als Paulus und Barnabas aus der Synagoge
gingen, wurden sie gebeten, am folgenden Sab-
bat weiter über diese Sache zu sprechen. 43 Doch
schon gleich nach dem Gottesdienst kamen viele
mit Paulus und Barnabas mit, Juden und Leute,
die zum Judentum übergetreten waren.[a] Die bei-
den sprachen zu ihnen und redeten ihnen zu,
die angebotene Gnade Gottes zu ergreifen und
an ihr festzuhalten.

Konflikt mit den Juden, Hinwendung zu den Nichtjuden

44 Am nächsten Sabbat* war fast die ganze
Stadt in der Synagoge* versammelt, um die Bot-
schaft Gottes zu hören. 45 Als die Juden den
großen Andrang sahen, wurden sie eifersüch-
tig.[b] Ständig widersprachen sie dem, was Pau-
lus sagte, und stießen Lästerungen gegen Jesus
aus.
46 Schließlich erklärten Paulus und Barnabas
frei und offen: »Euch mußte als ersten die Bot-
schaft Gottes verkündet werden. Aber weil ihr
nichts davon wissen wollt und euch damit als
unwürdig erweist, das ewige Leben zu empfan-
gen, wenden wir uns jetzt an die Nichtjuden.
47 Dazu haben wir vom Herrn den Auftrag erhal-
ten; denn er hat gesagt: ›Ich mache dich zum
Licht für die anderen Völker, damit alle bis ans
Ende der Erde durch dich meine rettende Hilfe
erfahren.‹«[c]
48 Als die Nichtjuden das hörten, brachen sie
in Jubel aus. Sie wollten gar nicht mehr auf-
hören, Gott für seine rettende Botschaft zu prei-
sen. Und alle, die für das ewige Leben bestimmt
waren, kamen zum Glauben.
49 Die Botschaft Gottes verbreitete sich in der
ganzen Gegend. 50 Aber die Juden hetzten vor-
nehme Frauen, die sich zur jüdischen Gemeinde
hielten,[d] und die führenden Männer der Stadt
gegen Paulus und Barnabas auf. Die beiden wur-
den festgenommen, aus der Stadt ausgewiesen
und mußten die Gegend verlassen.
51 Vor der Stadt schüttelten sie den Staub* von
ihren Füßen, ihnen zur Warnung, und gingen
nach Ikonion. 52 Die neugewonnenen Jünger
und Jüngerinnen[e] in Antiochia aber wurden von
Freude und vom Heiligen Geist* erfüllt.

Paulus und Barnabas in Ikonion

14 In Ikonion gingen Paulus und Barnabas
wieder genauso in die Synagoge*, und sie
sprachen dort auch so, wie sie es schon in Antio-
chia getan hatten. Eine große Zahl von Men-
schen kam daraufhin zum Glauben, Juden wie
Griechen.[f]
2 Aber die übrigen Juden, die sich nicht über-
zeugen lassen wollten, fingen an, die nichtjüdi-
sche Bevölkerung der Stadt gegen die Christen[g]
aufzuhetzen. 3 Trotzdem konnten Paulus und
Barnabas noch längere Zeit in der Stadt bleiben.
Im Vertrauen auf den Herrn verkündeten sie
die Botschaft von der rettenden Gnade frei und
offen, und der Herr bestätigte die Botschaft
durch die wunderbaren Taten, die er durch Pau-
lus und Barnabas geschehen ließ.
4 So kam es, daß die Stadt schließlich in zwei
Lager gespalten war: die einen hielten zu den
Juden, die andern zu den Aposteln*. 5 Die feind-
lich gesinnte Gruppe – Nichtjuden ebenso wie
Juden samt den beiderseitigen führenden Män-
nern – bereitete einen Anschlag gegen Paulus
und Barnabas vor. Sie wollten an den beiden
ihre Wut auslassen und sie steinigen*.
6 Aber Paulus und Barnabas merkten, was sie
vorhatten. Sie flohen nach Lystra und dann wei-
ter nach Derbe, zwei Städten in Lykaonien.
7 Dort und in der weiteren Umgebung verkünde-
ten sie die Gute Nachricht*.

Paulus und Barnabas in Lystra

8 In Lystra sahen Paulus und Barnabas einen
Mann sitzen, der seit seiner Geburt gelähmt
war. Seine Füße waren kraftlos; er hatte in sei-
nem ganzen Leben noch keinen Schritt getan.
9 Er hörte zu, wie Paulus die Gute Nachricht*
verkündete.

a *Leute, die ...:* wörtlich *gottesfürchtige Proselyten**. In Vers 26 war nur von *Gottesfürchtigen** die Rede; vielleicht sind jetzt beide Gruppen gemeint.
b Möglicherweise ist zu übersetzen *packte sie (heiliger) Eifer;* vgl. 21,20; 22,3; Gal 1,14.
c Das Wort aus Jes 49,6 gilt zunächst für Jesus (vgl. Lk 2,32), wird aber hier auf seine Boten, speziell auf Paulus bezogen (vgl. Apg 22,21; 26,17-18).
d Wörtlich *die gottesfürchtigen* (Frauen).*
e Wörtlich *Jünger;* siehe Anmerkung zu 6,1.
f *Griechen:* nämlich Gottesfürchtige* aus der griechischen Bevölkerung der Stadt (vgl. 13,16).
g Wörtlich *gegen die Brüder.*

13,43 2,41 S; 11,23 S **13,44** 17,2 S **13,46** (als ersten) 3,26; 18,6; Röm 1,16; 2,9 **13,48** 11,18 S **13,51** 18,6; Lk 9,5 par **14,5** 14,19; 2 Tim 3,11 **14,6** Mt 10,23 **14,8** 3,2

Paulus blickte ihn an, und als er merkte, daß
der Gelähmte das feste Vertrauen hatte, geheilt
zu werden, 10 sagte er laut: »Steh auf, stell dich
aufrecht auf deine Beine!« Da sprang der Mann
auf und ging umher.

11 Als die Volksmenge sah, was Paulus getan
hatte, riefen alle in ihrer lykaonischen Sprache:
»Die Götter haben Menschengestalt angenom-
men und sind zu uns herabgestiegen!« 12 Sie
nannten Barnabas Zeus*, und Paulus nannten
sie Hermes* – weil er das Wort geführt hatte.
13 Der Priester aus dem Zeus-Tempel vor der
Stadt brachte Stiere und Blumenkränze ans
Stadttor und wollte zusammen mit der Menge
den beiden Opfer* darbringen.

14 Als die Apostel* merkten, was da vor sich
ging, zerrissen sie ihre Kleider, stürzten sich in
die Menge und riefen: 15 »Ihr Männer, was
macht ihr da? Wir sind doch Menschen genauso
wie ihr! Mit unserer Botschaft wollen wir euch
ja gerade dazu aufrufen, daß ihr euch *abwendet*
von all diesen Göttern, die gar keine sind, und
euch dem lebendigen Gott zuwendet – dem
Gott, der Himmel, Erde, Meer und alles, was
lebt, geschaffen hat! 16 Bis jetzt hat er alle Völker
außer den Juden ihre eigenen Wege gehen las-
sen. 17 Und doch hat er sich auch ihnen schon
immer zu erkennen gegeben: *Er* ist es doch, der
euch Wohltaten erweist! *Er* gibt euch den Regen
und läßt die Ernte reifen! *Er* gibt euch zu essen
und macht euch froh und glücklich!«

18 Doch auch damit konnten sie die Leute
kaum davon abbringen, ihnen zu opfern.

19 Aber dann kamen Juden aus Antiochia
in Pisidien und aus Ikonion. Sie brachten die
Menge auf ihre Seite und bewarfen Paulus mit
Steinen. Darauf schleiften sie ihn aus der Stadt
hinaus; denn sie hielten ihn für tot. 20 Doch als
die Christen[a] sich um ihn drängten, kam er wie-
der zu sich, stand auf und ging ganz offen in die
Stadt zurück.

Am nächsten Tag machte er sich mit Barna-
bas auf den Weg nach Derbe.

Besuch der Gemeinden auf der Rückreise von Derbe aus

21 In Derbe verkündeten Paulus und Barnabas
die Gute Nachricht* und konnten viele Men-
schen als Jünger und Jüngerinnen für Jesus
gewinnen.[b] Dann traten sie die Rückreise an.
Sie kamen wieder nach Lystra und dann nach
Ikonion und schließlich nach dem pisidischen
Antiochia. 22 Überall machten sie den Christen
Mut und ermahnten sie, unbeirrt am Glauben
festzuhalten. »Der Weg in Gottes neue Welt«,[c]
sagten sie zu ihnen, »führt uns durch viel Not
und Verfolgung. So ist es der Wille Gottes.«

23 In jeder Gemeinde setzten sie Gemeinde-
älteste* ein und stellten sie und alle, die zum
Glauben an den Herrn* gekommen waren, mit
Gebet und Fasten* unter dessen Schutz.

24 Sie zogen dann weiter durch Pisidien nach
Pamphylien. 25 Sie verkündeten die Botschaft
Gottes in Perge und gingen hinunter ans Meer
nach Attalia. 26 Von dort kehrten sie mit dem
Schiff zum Ausgangspunkt ihrer Reise, nach
Antiochia in Syrien, zurück. Hier waren sie der
Gnade Gottes anbefohlen worden für das Werk,
das sie nun vollendet hatten.

27 Nach ihrer Ankunft riefen sie die ganze Ge-
meinde zusammen und berichteten, was Gott
alles durch sie getan hatte und daß er den Nicht-
juden die Tür zum Glauben geöffnet habe.

28 Paulus und Barnabas blieben nun für län-
gere Zeit bei den Brüdern und Schwestern in
Antiochia.[d]

Das »Apostelkonzil« und seine Beschlüsse (15,1-35)

Müssen die Nichtjuden auf das Gesetz verpflichtet werden?

15 Damals kamen einige Christen aus Judäa*
nach Antiochia und erklärten den Brü-
dern: »Ihr könnt nicht gerettet werden, wenn ihr
euch nicht beschneiden* laßt, wie es das Ge-
setz* Moses vorschreibt!«

2 Paulus und Barnabas bestritten das und hat-
ten eine heftige Auseinandersetzung mit ihnen.
Die Brüder beschlossen deshalb, Paulus und
Barnabas und einige andere aus der Gemeinde
nach Jerusalem zu senden. Sie sollten den Apo-
steln* und Gemeindeältesten* dort die Streit-
frage vorlegen.

3 Paulus und Barnabas wurden von der Ge-
meinde feierlich verabschiedet. Sie zogen durch
Phönizien* und Samarien* und erzählten überall
in den Gemeinden, wie die Nichtjuden Jesus als
den Herrn* angenommen hatten. Bei allen Brü-

a Wörtlich *die Jünger;* ebenso in Vers 22; siehe Anmerkung zu 6,1.
b Wörtlich *zu Jüngern machen;* siehe Anmerkung zu 6,1.
c Wörtlich *in die Königsherrschaft* Gottes.* d Wörtlich *bei den Jüngern;* siehe Anmerkung zu 6,1.

14,11 8,10; 12,21-22; 28,6 **14,13-15** 10,25-26; Dan 2,46 **14,15** Ps 96,5 S; 1 Kor 8,4-6 **14,16** 17,30 **14,17** Ps 147,8; Jer 5,24 **14,19** (Paulus verfolgt) 14,5; 13,50; 17,13; 2 Kor 11,25 **14,22** 11,23 S; 1 Thess 3,4 **14,26** 13,1-2 **14,27** 11,18 S **15,1-2** Gal 2,1-10; 5,2

dern und Schwestern[a] lösten sie damit große
Freude aus.
4 Als sie nach Jerusalem kamen, wurden sie
von der ganzen Gemeinde und den Aposteln
und Gemeindeältesten freundlich aufgenom-
men. Sie berichteten ihnen, was Gott alles durch
sie unter den Nichtjuden getan hatte.
5 Aber einige von der Richtung der Pharisäer*,
die Christen geworden waren, standen auf und
erklärten: »Man muß sie beschneiden und von
ihnen fordern, daß sie das Gesetz* Moses befol-
gen!«

Petrus: Gott hat schon entschieden!

6 Daraufhin fand eine weitere Versammlung
statt:[b] Die Apostel* und die Gemeindeältesten*
traten zusammen, um vor der gesamten Ge-
meinde die Frage zu erörtern. 7 Als die Diskus-
sion heftig wurde, stand Petrus auf und sagte:
»Liebe Brüder,[c] ihr wißt doch: Gott hat schon
seit langem unter euch seinen Willen kundge-
geben. Er hat entschieden, daß die Menschen
der anderen Völker durch mich die Gute Nach-
richt* hören und zum Glauben kommen sollten.
8 Und er, der ins Herz sieht, hat diesen Men-
schen ein gutes Zeugnis ausgestellt: Er hat ihnen
genauso wie uns den Heiligen Geist* geschenkt.
9 In keinem Punkt hat er einen Unterschied ge-
macht zwischen ihnen und uns. Sie sind rein*,
weil er sie durch den Glauben im Herzen rein
gemacht hat.
10 Warum also fordert ihr Gott heraus und
wollt diesen Menschen eine Last auferlegen, die
weder unsere Vorfahren noch wir selbst tragen
konnten? 11 Es ist doch allein die Gnade Gottes,
auf die wir unser Vertrauen setzen und von der
wir unsere Rettung erwarten – wir genauso wie
sie!«
12 Aus der ganzen Versammlung kam kein
Wort des Widerspruchs, und alle hörten auf-
merksam zu, als nun Paulus und Barnabas noch
eingehender berichteten, was für wunderbare
Taten Gott durch sie unter den Nichtjuden voll-
bracht hatte.

Jakobus macht sich zum Anwalt der nichtjüdischen Christen

13 Als die beiden geendet hatten, stand Jakobus[d]
auf und sagte:
»Hört mir zu, liebe Brüder! 14 Simon hat uns
gezeigt, wie Gott selbst von Anfang an darauf
bedacht war, aus den Nichtjuden Menschen zu
sammeln, die sein Volk sind und ihn ehren.
15 Das stimmt mit den Worten der Propheten*
überein, denn bei ihnen heißt es:
16 ›Danach werde ich mich euch zuwenden,
sagt der Herr, und die verfallene Hütte Davids
wieder aufbauen. Aus den Trümmern werde ich
sie von neuem errichten.[e] 17 Das werde ich tun,
damit auch die übrigen Menschen nach mir fra-
gen, alle Völker, die doch von jeher mein Eigen-
tum sind. Ich, der Herr, werde tun, 18 was ich seit
Urzeiten beschlossen habe.‹
19 Darum bin ich der Ansicht, wir sollten den
Menschen aus den anderen Völkern, die sich
Gott zuwenden, nicht eine unnötige Last auf-
erlegen. Wir sollten sie nicht dazu verpflichten,
das ganze jüdische Gesetz* zu befolgen, 20 son-
dern sie nur in einem Schreiben auffordern,
daß sie kein Fleisch von Tieren essen, die als
Opfer für die Götzen geschlachtet worden sind,
denn es ist unrein*; weiter sollen sie sich vor
Blutschande hüten, kein Fleisch von Tieren
essen, deren Blut* nicht vollständig ausgeflossen
ist, und kein Tierblut genießen. 21 Denn diese
Vorschriften Moses[f] sind seit alten Zeiten in
jeder Stadt bekannt; jeden Sabbat* wird ja über-
all in den Synagogen* aus dem Gesetz vorge-
lesen.«

Beschluß und Brief an die nichtjüdischen Christen

22 Darauf beschlossen die Apostel* und die Ge-
meindeältesten* zusammen mit der ganzen Ge-
meinde, Männer aus ihrer Mitte auszuwählen
und mit Paulus und Barnabas nach Antiochia zu
schicken. Sie bestimmten dafür Judas mit dem
Beinamen Barsabbas und Silas, zwei führende

a *Brüder und Schwestern* steht für ein einziges griechisches Wort, dessen Mehrzahlform nicht nur, wie herkömmlich übersetzt, die »Brüder« bezeichnet, sondern je nach Zusammenhang auch die Gesamtheit der Gemeinde aus Männern und Frauen (siehe Sacherklärung »Bruder«).
b Verdeutlichender Zusatz; ebenso im folgenden *vor der gesamten Gemeinde* (vgl. Verse 12 und 22).
c Wörtlich *Männer, Brüder;* entsprechend in Vers 13. *d* Zu *Jakobus* siehe Anmerkung zu 12,17.
e Wiederhergestellt wurde die *Hütte* (= Herrschaft) Davids in der Erhebung des Davidnachkommen Jesus auf Gottes Thron (vgl. 2,22-36); aber auch das Wirken der Apostel galt zunächst dem im Zustand des »Verfalls« – der Fremdherrschaft und Heilsferne – befindlichen Israel (vgl. 1,6-8; 2,39; 3,26; 5,31).
f Sie finden sich sämtlich in Lev 17,8–18,18 und werden dort auch für die »Fremden« – zunächst die in Israel lebenden – verbindlich gemacht (siehe Sacherklärung »Blutschande« und die Vergleichsstellen zu Vers 20).

15,7-8 10,44-45 **15,9** 10,34-35 **15,10** 15,19; Lk 11,46; Mt 11,28-30 **15,11** 13,38; Gal 2,16; 3,10-12; Eph 2,5-8 **15,16-17** *nach* Am 9,11-12 **15,18** *nach* Jes 45,21 **15,19** Gal 5,3 **15,20** 15,29; 21,25; (Opferfleisch) 1 Kor 8,1-13; 10,23-33; (Blutschande) Lev 18,6-18; (ausgeflossen) Lev 17,15 S; (Tierblut) Lev 17,10-14 S **15,21** 13,15 **15,22** (Silas/Silvanus) 15,40; 16,19; 17,4.10.14-15; 18,5; 1 Thess 1,1 S

Leute der Gemeinde, 23 und gaben ihnen folgen-
des Schreiben mit:

»Die Apostel und die Gemeindeältesten, eure
Brüder, grüßen ihre Brüder und Schwestern[a]
nichtjüdischer Abstammung in Antiochia, Syrien
und Zilizien.
24 Wir haben erfahren, daß einige aus unserer
Gemeinde mit ihren Äußerungen Verwirrung
und Niedergeschlagenheit unter euch verbreitet
haben. Sie hatten aber keinerlei Auftrag von
uns.
25 Nachdem wir nun in dieser Frage zu einer ein-
helligen Auffassung gekommen sind, haben wir
beschlossen, ausgewählte Männer unserer Ge-
meinde zu euch zu schicken. Sie kommen zu-
sammen mit unseren geliebten Brüdern Bar-
nabas und Paulus, 26 die im Dienst für Jesus
Christus, unseren Herrn*, ihr Leben aufs Spiel
gesetzt haben. 27 Unsere Abgesandten Judas und
Silas werden euch alles auch noch mündlich mit-
teilen und erläutern.
28 Vom Heiligen Geist* geleitet, haben wir
nämlich beschlossen,[b] euch keine weitere Last
aufzuladen außer den folgenden Einschrän-
kungen, die unbedingt von euch zu beachten
sind:
29 Eßt kein Fleisch von Tieren, die als Opfer für
die Götzen geschlachtet wurden; genießt kein
Blut; eßt kein Fleisch von Tieren, deren Blut
nicht vollständig ausgeflossen ist; und hütet
euch vor Blutschande.[c]
Wenn ihr euch vor diesen Dingen in acht nehmt,
tut ihr recht. Lebt wohl!«

30 Die beiden Abgesandten gingen mit Paulus
und Barnabas nach Antiochia. Vor der versam-
melten Gemeinde übergaben sie den Brief. 31 Als
er vorgelesen wurde, freuten sich alle über den
ermutigenden Bescheid. 32 Judas und Silas, die
selbst Propheten waren,[d] sprachen lange mit
den Brüdern und Schwestern, machten ihnen
weiter Mut und stärkten sie. 33 Sie blieben noch
einige Zeit dort; dann wurden sie von der Ge-
meinde herzlich verabschiedet, um nach Jerusa-
lem zurückzukehren.[e]
35 Paulus und Barnabas blieben in Antiochia.
Zusammen mit vielen anderen unterwiesen sie
die Gemeinde und verkündeten den Menschen
in der Stadt die Botschaft Gottes.

PAULUS MISSIONIERT IN KLEINASIEN UND GRIECHENLAND (15,36–19,20)

Die zweite Missionsreise von Paulus (15,36–18,22)

Aufbruch und Trennung von Barnabas

36 Nach einiger Zeit sagte Paulus zu Barnabas:
»Laß uns noch einmal alle die Orte besuchen,
in denen wir die Botschaft Gottes verkündet
haben! Wir wollen sehen, wie es den Brüdern
und Schwestern[f] geht!«
37 Barnabas wollte Johannes Markus mitneh-
men, 38 aber Paulus lehnte es ab, noch einmal
mit ihm zusammenzuarbeiten; denn er hatte sie
auf der vorhergehenden Reise in Pamphylien im
Stich gelassen und die Zusammenarbeit abgebro-
chen.
39 Es kam zu einer heftigen Auseinanderset-
zung, und Paulus und Barnabas trennten sich.
Barnabas fuhr mit Markus nach Zypern, 40 Pau-
lus aber wählte sich Silas als Begleiter.
Die Brüder und Schwestern beteten für Pau-
lus, daß Gottes Gnade ihn begleite, und er
machte sich auf den Weg. 41 Er zog durch Syrien
und Zilizien und stärkte die Gemeinden im Glau-
ben.

Paulus gewinnt Timotheus. Bekanntgabe des Beschlusses von Jerusalem

16 Paulus kam auch wieder nach Derbe und
nach Lystra. In Lystra lebte ein Jünger*
mit Namen Timotheus. Seine Mutter, selbst
Christin, war jüdischer Herkunft, der Vater da-
gegen Grieche.
2 Timotheus stand bei den Brüdern und
Schwestern in Lystra und Ikonion in gutem Ruf.
3 Paulus wollte ihn gern als seinen Begleiter auf
die Reise mitnehmen. Mit Rücksicht auf die
Juden in der Gegend beschnitt er ihn; denn sie
wußten alle, daß sein Vater ein Grieche war.[g]

a Siehe Anmerkung zu Vers 3; ebenso für Vers 32. *b* Wörtlich *Der Heilige Geist und wir haben beschlossen.*
c Zum Sinn der genannten Bestimmungen siehe Sacherklärung »Blutschande«.
d Wie die *Propheten** der Gemeinde in Antiochia; vgl. 13,1.
e Zahlreiche Handschriften fügen – wohl mit Rücksicht auf Vers 40 – hinzu (Vers 34): *Silas beschloß dazubleiben, und Judas kehrte allein zurück.*
f Siehe Anmerkung zu Vers 3; entsprechend für Vers 40 und 16,2.
g Zur Beschneidung* des Mitarbeiters siehe Sacherklärung »Timotheus«.

15,24 Gal 1,7 S **15,29** 15,20 S **15,32** 11,27 S; 11,23 S **15,37** 12,12 S **15,38** 13,13 **15,40** (Silas) 15,22 S; (Gnade) 14,26 **16,1** 14,6; (Timotheus) 17,14-15; 18,5; 19,22; 20,4; 1 Kor 4,17 S **16,2** Phil 2,20.22

4 In allen Städten, durch die sie kamen, über-
gaben sie den Gemeinden die Vorschriften, die
die Apostel* und Gemeindeältesten* in Jerusa-
lem erlassen hatten, und sie ermahnten sie, da-
nach zu leben. 5 So wurden die Gemeinden in
ihrem Glauben gefestigt, und täglich schlossen
sich ihnen weitere Menschen an.

Paulus in Troas: Der Ruf nach Europa

6 Danach zogen sie weiter durch Phrygien und
die Landschaft Galatien*; denn der Heilige
Geist* erlaubte ihnen nicht, in der Provinz
Asien* die Botschaft Gottes zu verkünden.

7 Als sie, westwärts ziehend, an die Grenze
von Mysien kamen, wollten sie von dort in
das nördlich gelegene Bithynien weiterziehen.
Aber auch das ließ der Geist, durch den Jesus
sie leitete, nicht zu. 8 So zogen sie an Mysien
vorbei und gingen ans Meer hinunter nach
Troas.[a]

9 Dort in Troas hatte Paulus in der Nacht eine
Vision: Er sah einen Mann aus Mazedonien vor
sich stehen, der bat ihn: »Komm zu uns herüber
nach Mazedonien und hilf uns!«

10 Darauf suchten wir sofort nach einem
Schiff, das uns nach Mazedonien mitnehmen
konnte. Denn wir waren sicher, daß Gott uns ge-
rufen hatte, den Menschen dort die Gute Nach-
richt* zu bringen.

Paulus in Philippi: Die Bekehrung von Lydia

11 Wir fuhren von Troas auf dem kürzesten Weg
zur Insel Samothrake, und am zweiten Tag er-
reichten wir Neapolis. 12 Von dort gingen wir
landeinwärts nach Philippi, einer Stadt im ersten
Bezirk Mazedoniens, einer Ansiedlung von rö-
mischen Bürgern.[b] Wir hielten uns einige Tage
dort auf 13 und warteten auf den Sabbat*.

Am Sabbat gingen wir vor das Tor an den
Fluß. Wir vermuteten dort eine jüdische Gebets-
stätte und fanden sie auch. Wir setzten uns und
sprachen zu den Frauen, die zusammengekom-
men waren.

14 Auch eine Frau namens Lydia war dar-
unter; sie stammte aus Thyatira und handelte
mit Purpurstoffen. Sie hielt sich zur jüdischen
Gemeinde.[c] Der Herr öffnete ihr das Herz, so
daß sie begierig aufnahm, was Paulus sagte.
15 Sie ließ sich mit ihrer ganzen Hausgemein-
schaft*, ihren Angehörigen und Dienstleuten,
taufen*.

Darauf lud sie uns ein und sagte: »Wenn ihr
überzeugt seid, daß ich treu zum Herrn* stehe,
dann kommt in mein Haus und nehmt dort
Quartier!« Sie drängte uns, die Einladung anzu-
nehmen.

Paulus treibt einen Wahrsagegeist aus …

16 Auf dem Weg zur Gebetsstätte der Juden trafen
wir eines Tages eine Sklavin*, aus der redete ein
Geist, der die Zukunft wußte. Mit ihren Prophe-
zeiungen brachte sie ihren Besitzern viel Geld
ein. 17 Die Frau lief hinter Paulus und uns ande-
ren her und rief: »Diese Leute sind Diener des
höchsten Gottes! Sie zeigen euch den Weg zur
Rettung.«

18 Das ging viele Tage so, bis Paulus es nicht
länger anhören konnte. Er drehte sich um und
sagte zu dem Geist: »Ich befehle dir im Namen
von Jesus Christus: Fahre von ihr aus!«

Im gleichen Augenblick fuhr der Wahrsage-
geist von ihr aus.

… und muß mit Silas ins Gefängnis

19 Die Besitzer der Sklavin sahen sofort, daß mit
dem Geist auch ihre Hoffnung auf Gewinn aus-
gefahren war. Sie packten Paulus und Silas und
schleppten sie zum Marktplatz vor das städti-
sche Gericht. 20 Sie stellten sie vor die beiden
Stadtobersten[d] und erklärten: »Diese Menschen
hier stiften Unruhe in unserer Stadt. Juden sind
sie; 21 sie wollen Sitten einführen, die gegen
unsere Ordnung sind und die wir als römische
Bürger nicht annehmen dürfen.« 22 Auch die
Volksmenge war aufgebracht und verlangte ihre
Bestrafung.

Die Stadtobersten ließen Paulus und Silas die
Kleider vom Leib reißen und gaben Befehl, sie
mit Stöcken zu prügeln. 23 Nachdem man ihnen
viele Schläge verabreicht hatte, brachte man sie
ins Gefängnis. Dem Gefängniswärter wurde ein-
geschärft, sie sicher zu verwahren. 24 Er sperrte
sie darauf in die hinterste Zelle und schloß ihre
Füße in den Block*.

Befreiung der Gefangenen und Bekehrung des Gefängniswärters

25 Um Mitternacht beteten Paulus und Silas und
priesen Gott in Lobgesängen. Die anderen Ge-

a Die ausgebauten Straßen führten im Norden (an der Küste entlang) und im Süden (über Pergamon) um Mysien herum. Die Route auf der beigegebenen Farbkarte »Reisen des Apostels Paulus« ist an diesem Punkt nicht ganz korrekt.
b Wörtlich *einer (römischen) Kolonie**. *c* Wörtlich *war eine Gottesfürchtige**. *d* Siehe Anmerkung zu 17,6.
16,4 15,20-29 **16,5** 2,41 S **16,6** 18,23; 10,19 S **16,14** 17,4 S **16,15** (taufen) 8,36; 16,33; 18,8; 19,5 **16,16** 19,24 **16,17** 19,15; Lk 4,34.41 **16,18** 3,6 S **16,20** 17,6 **16,22b-23** 1 Thess 2,2; 2 Kor 11,25 **16,25** Dan Z A,3

fangenen hörten zu. 26 Da gab es plötzlich ein gewaltiges Erdbeben. Die Mauern des Gefängnisses schwankten, alle Türen sprangen auf, und die Ketten fielen von den Gefangenen ab.

27 Der Gefängniswärter fuhr aus dem Schlaf. Als er die Türen offenstehen sah, zog er sein Schwert und wollte sich töten; denn er dachte, die Gefangenen seien geflohen.

28 Aber Paulus rief, so laut er konnte: »Tu dir nichts an! Wir sind alle noch hier.«

29 Der Wärter rief nach Licht, stürzte in die Zelle und warf sich zitternd vor Paulus und Silas nieder. 30 Dann führte er sie hinaus und fragte: »Ihr Herren, Götter oder Boten der Götter![a] Was muß ich tun, um gerettet zu werden?«

31 Sie antworteten: »*Jesus* ist der Herr*! Erkenne ihn als Herrn an und setze dein Vertrauen auf *ihn,* dann wirst du gerettet und die Deinen mit dir!« 32 Und sie verkündeten ihm und allen in seinem Haus die Botschaft Gottes.

33 Der Gefängniswärter nahm Paulus und Silas noch in derselben Nachtstunde mit sich und wusch ihre Wunden. Dann ließ er sich mit seiner ganzen Hausgemeinschaft*, seiner Familie und seinen Dienstleuten, taufen*. 34 Anschließend führte er die beiden hinauf ins Haus und lud sie zu Tisch. Er und alle die Seinen waren überglücklich, daß sie zum Glauben an Gott gefunden hatten.

Entschuldigung der Richter und Abschied von Philippi

35 Als es Tag geworden war, schickten die Stadtobersten die Amtsdiener zum Gefängniswärter mit der Weisung: »Laß die beiden Männer frei und sorge dafür, daß sie das Stadtgebiet verlassen!«[b]

36 Der Gefängniswärter berichtete es Paulus und sagte: »Die Stadtobersten haben mir befohlen, euch freizulassen und wegzuschicken. Verlaßt also das Gefängnis und die Stadt; geht im Frieden Gottes!«

37 Aber Paulus wandte sich an die Amtsdiener und sagte: »Die Stadtobersten haben uns öffentlich prügeln lassen, ohne Prozeß und richterliches Urteil. Dabei besitzen wir das römische Bürgerrecht*! Auch noch ins Gefängnis haben sie uns gesteckt. Und jetzt wollen sie uns heimlich abschieben? Das kommt nicht in Frage! Sie sollen persönlich herkommen und uns freilassen.«

38 Die Amtsboten meldeten das den Stadtobersten. Als diese hörten, daß Paulus und Silas römische Bürger seien, erschraken sie. 39 Sie kamen selbst und entschuldigten sich. Dann führten sie die beiden aus dem Gefängnis und baten sie, die Stadt zu verlassen.

40 Vom Gefängnis aus gingen Paulus und Silas zu Lydia. Dort trafen sie die Brüder und Schwestern[c] und machten ihnen Mut. Danach verließen sie die Stadt.

Der Konflikt in Thessalonich

17 Über Amphipolis und Appollonia kamen Paulus und Silas nach Thessalonich.

Dort gab es eine jüdische Gemeinde, 2 und nach seiner Gewohnheit ging Paulus in ihre Synagoge*. An drei aufeinanderfolgenden Sabbaten* sprach er zu den Versammelten. Er ging von den Heiligen Schriften* aus, 3 half ihnen, sie zu verstehen, und wies ihnen daraus nach, daß der versprochene Retter[d] leiden und sterben und danach vom Tod auferstehen mußte. »Und dieser versprochene Retter«, sagte Paulus, »ist Jesus. Den verkündige ich euch.«

4 Von den Juden ließen sich nur wenige überzeugen; aber von den Griechen, die sich zur jüdischen Gemeinde hielten,[e] schloß sich eine große Anzahl Paulus und Silas an, darunter auch viele einflußreiche Frauen.

5 Da wurden die Juden von Eifersucht gepackt.[f] Sie holten sich ein paar Männer, die auf dem Markt herumlungerten und zu allem fähig waren, brachten mit ihrer Hilfe einen Volksauflauf zustande und versetzten die ganze Stadt in Aufregung. Mit der Volksmenge zogen sie vor das Haus Jasons und wollten Paulus und Silas herausholen, um sie vor die Volksversammlung zu stellen.

6 Als sie die beiden dort nicht fanden, schleppten sie Jason und einige andere Brüder vor die Stadtobersten[g] und riefen: »Die Leute, die in der

a Wörtlich *Ihr Herren.* Das verwendete Wort meint im Zusammenhang göttliche »Herren« (vgl. 1 Kor 8,5); die Reaktion des Gefängniswärters entspricht dem Verhalten der Volksmenge in Lystra (vgl. 14,11-13).
b *und sorge dafür …:* verdeutlichender Zusatz im Blick auf Vers 37; entsprechend im folgenden Vers.
c Siehe Anmerkung zu 15,3.
d Wörtlich *der Christus*;* ebenso im folgenden Satz.
e Wörtlich *von den gottesfürchtigen* Griechen.*
f Siehe Anmerkung zu 13,45.
g Lukas verwendet hier ein anderes griechisches Wort als in 16,20.35. Im Unterschied zu der römischen Kolonie* Philippi handelt es sich in Thessalonich nicht um römische Beamte (die sog. Duumviri, ein Zweimännerkollegium, Präsidenten des Senats und oberste Stadtrichter), sondern um eine entsprechende einheimische Behörde.

16,27 12,18-19 **16,30-31** 2,37; 11,14; Joh 6,28-29 **16,33** 16,15 S **16,37** 22,25-29; 23,27 **16,40** 11,23 S **17,1-9** 1 Thess 2,1-2 **17,2** (Synagoge) 9,20; 13,5.14.44; 14,1; 16,13; 17,10.17; 18,5.26; 19,8-9; 28,17 **17,3** 5,42 S; Lk 24,44 S **17,4** (zur jüd. Gemeinde) 13,50; 16,14; 17,17 **17,5** Röm 16,21 **17,6** 16,20

ganzen Welt Unruhe stiften, sind in unsere Stadt
gekommen! 7 Jason hat sie in sein Haus aufge-
nommen. Allesamt verletzen sie die Gesetze des
Kaisers und behaupten, ein anderer sei König,
nämlich Jesus.«
8 Mit diesen Worten versetzten sie die Volks-
menge und die Stadtobersten in große Aufre-
gung. 9 Jason und die anderen Christen mußten
eine Kaution stellen, bevor man sie wieder frei-
ließ.

Kurzer Aufenthalt in Beröa

10 Noch in der Nacht brachten die Brüder Paulus
und Silas auf den Weg nach Beröa. Auch dort
gingen die beiden bei der ersten Gelegenheit in
die Synagoge*.
11 Die Juden in Beröa waren aufgeschlossener
als die in Thessalonich. Sie nahmen die Botschaft
mit großer Bereitwilligkeit auf und studierten
täglich die Heiligen Schriften*, um zu sehen, ob
das, was Paulus sagte, auch zutraf. 12 Viele von
ihnen kamen zum Glauben, auch viele ein-
flußreiche Griechen, Frauen wie Männer.
13 Als die Juden von Thessalonich erfuhren,
daß Paulus auch in Beröa die Botschaft Gottes
verkündete, kamen sie und brachten mit ihren
Hetzreden auch hier die Volksmenge gegen ihn
auf. 14 Deshalb schickten die Brüder Paulus
schnell weiter, hinunter zur Küste. Silas und
Timotheus blieben in Beröa.
15 Die Brüder, die Paulus das Geleit gaben,
brachten ihn bis nach Athen, dann kehrten sie
zurück. Für Silas und Timotheus gab Paulus
ihnen die Anweisung mit, sie sollten so bald wie
möglich nachkommen.

Paulus in Athen

16 Während Paulus in Athen auf die beiden war-
tete, war er im Innersten empört, weil die Stadt
voll von Götzenbildern war. 17 Er redete in der
Synagoge* zu den Juden und zu denen, die sich
zur jüdischen Gemeinde hielten,[a] und er sprach
jeden Tag mit den Leuten, die er auf dem Markt-
platz antraf.
18 Darunter waren auch Philosophen der epi-
kureischen und stoischen Richtung, die mit ihm
diskutierten. Einige von ihnen meinten: »Was
will dieser Schwätzer eigentlich?« Andere sag-
ten: »Er scheint irgendwelche fremden Götter zu
verkünden.« Paulus hatte ihnen nämlich die
Gute Nachricht* von Jesus und der Auferste-
hung[b] gesagt.
19 Sie nahmen ihn mit sich zum Areopag*
und wollten Näheres erfahren. »Uns interessiert
deine Lehre«, sagten sie. 20 »Manches klingt sehr
fremdartig, und wir würden gerne genauer
wissen, was es damit auf sich hat.« 21 Denn die
Athener und die Fremden in Athen kennen kei-
nen besseren Zeitvertreib, als stets das Aller-
neueste in Erfahrung zu bringen und es weiter-
zuerzählen.

Paulus spricht auf dem Areopag

22 Paulus trat in die Mitte des Areopags* und
sagte:
»Ihr Männer von Athen! Ich sehe, daß es
euch mit der Religion sehr ernst ist. 23 Ich bin
durch eure Stadt gegangen und habe mir eure
heiligen Stätten angesehen. Dabei habe ich auch
einen Altar entdeckt mit der Inschrift: ›Für einen
unbekannten Gott‹. Was ihr da verehrt, ohne es
zu kennen, das mache *ich* euch bekannt.
24 Es ist der Gott, der die Welt geschaffen hat
und alles, was darin lebt. Als Herr über Himmel
und Erde wohnt er nicht in Tempeln, die ihm die
Menschen gebaut haben. 25 Er ist auch nicht dar-
auf angewiesen, von den Menschen versorgt zu
werden; denn er selbst gibt ihnen das Leben und
alles, was sie zum Leben brauchen.
26 Er hat aus einem einzigen Menschen die
ganze Menschheit hervorgehen lassen, damit
sie die Erde bewohnt. Für jedes Volk hat er im
voraus bestimmt, wie lange es bestehen und in
welchen Grenzen es leben soll.
27 Und er hat gewollt, daß die Menschen ihn
suchen, damit sie ihn vielleicht ertasten und fin-
den könnten. Denn er ist ja jedem von uns ganz
nahe. 28 Durch ihn leben wir doch, regen wir uns,
sind wir! Oder wie es einige eurer Dichter aus-
gedrückt haben: ›Wir sind sogar von seiner Art.‹
29 Wenn wir Menschen aber von Gottes Art
sind, dann dürfen wir nicht meinen, die Gottheit
gleiche den Bildern aus Gold, Silber und Stein,
die von Menschen mit ihrer Erfindungskraft und
Kunstfertigkeit geschaffen wurden!
30 Nun, Gott ist bereit, mit Nachsicht über das
hinwegzusehen, was ihr bisher aus reiner Un-
wissenheit getan habt. Jetzt aber fordert er alle
Menschen überall auf, umzudenken und einen
neuen Anfang zu machen.[c] 31 Denn er hat einen

a Wörtlich *und den Gottesfürchtigen**.
b *Auferstehung:* griechisch *anastasis.* Die Zuhörer halten Jesus und die »Anastasis« für ein Götterpaar.
c *umzudenken und …:* wörtlich etwa »umzusinnen«; vgl. Sacherklärung »Umkehr«.

17,7 Lk 23,2; Joh 19,12 **17,11** Joh 5,39 **17,12** 11,18 S **17,13** 14,5.19; 1 Thess 2,14-16 **17,17** 17,2 S; 17,4 S **17,18** 1 Kor 1,22; Apg 4,2 S **17,24** 7,48; 1 Kön 8,27 S **17,25** Ps 50,9-13 **17,26** Dtn 32,8; Ijob 12,23 **17,27** Jer 29,13-14 S; Weish 13,6-9 **17,29** 19,26; Jes 44,9-20 S; Weish 13,10-19 S **17,30** 14,16; Weish 11,23 S; Röm 2,4 S **17,31** 10,42 S

Tag festgesetzt, an dem er über die ganze
Menschheit ein gerechtes Gericht halten will,
und zwar durch den Mann, den er dazu be-
stimmt hat. Ihn hat er vor aller Welt dadurch aus-
gewiesen, daß er ihn vom Tod auferweckt hat.«

Geteiltes Echo auf die Rede

32 Als sie Paulus von der Auferstehung reden
hörten, lachten ihn einige aus; andere sagten:
»Darüber mußt du uns ein andermal mehr er-
zählen.«
33 Als Paulus darauf die Versammlung verließ,
34 schlossen sich ihm ein paar Männer an und
kamen zum Glauben, darunter Dionysius, der
dem Areopag* angehörte, außerdem eine Frau
namens Damaris.

Paulus in Korinth

18 Danach verließ Paulus Athen und ging
nach Korinth. 2 Dort traf er einen Christen
jüdischer Abkunft[a] aus Pontus. Er hieß Aquila
und war mit seiner Frau Priszilla vor kurzem aus
Italien angekommen; denn Kaiser Klaudius hatte
alle Juden aus Rom ausweisen lassen.
Paulus fand Aufnahme bei den beiden, 3 und
weil er dasselbe Handwerk ausübte wie sie,
blieb er bei ihnen und arbeitete dort. Sie waren
nämlich Zeltmacher*.
4 An jedem Sabbat* sprach Paulus in der Syn-
agoge* und versuchte, Juden und Griechen zu
überzeugen. 5 Als Silas und Timotheus aus Ma-
zedonien nachkamen, konnte Paulus sich ganz
seiner eigentlichen Aufgabe widmen.[b] Er be-
zeugte den Juden, daß Jesus der versprochene
Retter[c] ist.
6 Als sie ihm aber widersprachen und Läste-
rungen gegen Jesus ausstießen, schüttelte er den
Staub* aus seinen Kleidern und sagte: »Ihr habt
es euch selbst zuzuschreiben, wenn ihr ver-
lorengeht.[d] Mich trifft keine Schuld. Von jetzt ab
werde ich mich an die Nichtjuden wenden.«
7 Er verließ die Synagoge und sprach von nun
an im Haus von Titius Justus, einem Griechen,
der sich zur jüdischen Gemeinde hielt;[e] das
Haus lag direkt neben der Synagoge.
8 Der Synagogenvorsteher* Krispus kam zum
Glauben an Jesus als den Herrn* und mit
ihm seine ganze Hausgemeinschaft*. Viele in
Korinth, die davon erfuhren, kamen ebenfalls
zum Glauben und ließen sich taufen*.
9 Der Herr sagte in einer nächtlichen Vision
zu Paulus: »Hab keine Angst, sondern verkünde
unbeirrt die Gute Nachricht*! 10 Ich bin bei dir!
Niemand kann dir etwas anhaben; denn mir
gehört ein großes Volk in dieser Stadt.«
11 So blieb Paulus eineinhalb Jahre in Korinth,
verkündete die Botschaft Gottes und sagte den
Menschen, wie sie dieser Botschaft gemäß leben
sollten.[f]

Paulus vor dem Statthalter Gallio

12 Damals war Gallio Statthalter* der römischen
Provinz Achaia*. Die Juden rotteten sich zusam-
men und schleppten Paulus vor seinen Richter-
stuhl. 13 »Dieser Mann«, sagten sie, »überredet
die Leute, Gott auf eine Weise zu verehren, die
gegen das Gesetz verstößt.«
14 Paulus wollte gerade mit seiner Verteidi-
gung beginnen, da erklärte Gallio: »Wenn es sich
um ein Verbrechen oder einen heimtückischen
Anschlag handeln würde, wäre es meine Pflicht,
euch Juden anzuhören. 15 Aber weil es hier um
Streitfragen über religiöse Lehren und Autoritä-
ten und um euer eigenes Gesetz* geht, müßt ihr
die Angelegenheit schon unter euch abmachen.
Ich mag in solchen Fragen nicht den Richter
spielen.« 16 Und er trieb sie von seinem Richter-
stuhl weg.
17 Das Volk aus Korinth aber, das dabeistand,[g]
packte den Synagogenvorsteher Sosthenes und
verprügelte ihn unter Gallios Augen; doch der
kümmerte sich überhaupt nicht darum.

Die dritte Missionsreise von Paulus (18,23–21,16)

Reise nach Jerusalem, Antiochia und wieder nach Kleinasien

18 Paulus blieb noch eine Zeitlang bei den Brü-
dern und Schwestern[h] in Korinth, dann verab-
schiedete er sich, um nach Syrien zu fahren.
Priszilla und Aquila fuhren mit. Bevor sie in

a Wörtlich *einen Juden.* Daß Aquila und Priszilla Christen sind, geht aus den Versen 18 und 26 hervor (siehe weiter die Vergleichsstellen zu Vers 2). Es gibt keinen Hinweis darauf, daß erst Paulus sie für den Glauben gewonnen hätte.
b Die beiden hatten offenbar aus den mazedonischen Gemeinden eine finanzielle Unterstützung für Paulus mitgebracht (vgl. 2 Kor 11,8-9).
c Wörtlich *der Christus*.* d *Ihr habt es …:* wörtlich *Euer Blut auf euren Kopf;* vgl. 2 Sam 1,16 und Anmerkung dort.
e *einem Griechen …:* wörtlich *einem Gottesfürchtigen*.*
f *verkündete …:* wörtlich *lehrte unter ihnen die Botschaft Gottes;* vgl. Sacherklärung »Lehrer«.
g Wörtlich *Alle aber (packten).* h Siehe Anmerkung zu 15,3.

18,2 (Aquila) 18,18.26; Röm 16,3; 1 Kor 16,19; 2 Tim 4,19 **18,3** (arbeitete) 20,33-34; 1 Kor 4,12; 9,12-18; 1 Thess 2,9; 2 Thess 3,7-9 **18,5** 5,42 S **18,6** 13,51 S; 13,46 S; 20,26 **18,8** 16,15 S **18,9-10** 1 Kor 2,3-4; Jes 41,10 S; Jer 1,8 S **18,13** 21,28 S **18,14-15** 23,29; 25,18-20; Joh 18,31

Kenchreä an Bord gingen, ließ sich Paulus
wegen eines Gelübdes das Haar abschneiden.[a]
19 Sie kamen nach Ephesus; dort ließ Paulus
Priszilla und Aquila zurück. Er selbst ging in die
Synagoge* und sprach zu den Juden. 20 Sie baten
ihn, doch länger zu bleiben, aber er ging nicht
darauf ein. 21 »Wenn Gott es will, werde ich zu
euch zurückkommen«, sagte er und nahm Ab-
schied.
22 Er fuhr mit dem Schiff bis Cäsarea und ging
von dort zu Fuß nach Jerusalem hinauf. Nach
einem kurzen Besuch bei der Gemeinde reiste er
weiter nach Antiochia.
23 Auch hier blieb er nicht lange. Er zog durch
Galatien* und Phrygien und stärkte alle Jünger
und Jüngerinnen[b] in ihrem Glauben.

Apollos in Ephesus und Korinth

24 Inzwischen kam nach Ephesus ein Jude, der
Apollos hieß und aus Alexandria stammte. Er
war ein gebildeter, wortgewandter Mann und
kannte sich bestens in den Heiligen Schriften*
aus. 25 Er war auch in der christlichen Lehre[c]
unterrichtet worden, sprach von Jesus mit gro-
ßer innerer Begeisterung und unterrichtete zu-
verlässig über sein Leben und seine Lehre; er
kannte jedoch nur die Taufe, wie sie Johannes
geübt hatte.[d]
26 Dieser Apollos nun trat in der Synagoge*
von Ephesus auf und sprach dort frei und offen
von Jesus. Priszilla und Aquila hörten ihn, luden
ihn zu sich ein und erklärten ihm die christliche
Lehre noch genauer.
27 Als Apollos dann nach Achaia* gehen woll-
te, bestärkten ihn die Christen in Ephesus[e] in
diesem Vorsatz und gaben ihm einen Empfeh-
lungsbrief mit. Darin baten sie die Brüder und
Schwestern in Korinth,[f] sie möchten ihn freund-
lich aufnehmen.
Tatsächlich konnte er den Glaubenden dort
mit seiner besonderen Gabe viel helfen. 28 In
öffentlichen Streitgesprächen widerlegte er die
Juden mit schlagenden Argumenten und bewies
ihnen aus den Heiligen Schriften*, daß Jesus der
versprochene Retter[g] ist.

Paulus in Ephesus. Begegnung mit Johannesjüngern

19 Während Apollos in Korinth war, kam
Paulus auf dem Weg über das kleinasiati-
sche Hochland nach Ephesus. Er traf dort einige
Jünger* 2 und fragte sie: »Habt ihr den Heiligen
Geist* empfangen, als ihr zum Glauben gekom-
men seid?«
Sie antworteten: »Nein. Wir haben noch
nicht einmal gehört, daß es so etwas wie einen
Heiligen Geist gibt.«
3 »Was für eine Taufe* habt ihr denn empfan-
gen?«
»Die Taufe, die auf Johannes zurückgeht«, sag-
ten sie.
4 Daraufhin erklärte ihnen Paulus: »Johannes
hat das Volk zur Umkehr aufgefordert; seine
Taufe war das Siegel auf die Bereitschaft, ein
neues Leben anzufangen.[h] Doch sagte er allen,
sie müßten, um gerettet zu werden, ihr Ver-
trauen auf den setzen, der nach ihm komme: auf
Jesus.«
5 Als sie das hörten, ließen sie sich im
Namen von Jesus, dem Herrn, taufen*, zur Über-
eignung an ihn. 6 Dann legte Paulus ihnen die
Hände auf, und der Heilige Geist* kam auf sie
herab. Sie redeten in unbekannten Sprachen*
und mit prophetischen Worten.
7 Es waren etwa zwölf Männer.

Paulus wirkt über zwei Jahre lang in Ephesus

8 In den nächsten drei Monaten ging Paulus
regelmäßig in die Synagoge*. Dort verkündete er
frei und offen, daß Gott schon angefangen hat,
durch Jesus seine Herrschaft aufzurichten.[i] Er
setzte sich mit Einwänden auseinander und
suchte die Zuhörenden zu überzeugen.
9 Aber einige verschlossen sich der Botschaft
und wollten nichts von ihr wissen. Als sie die
neue Lehre[j] vor der ganzen Versammlung ver-
spotteten, kehrte Paulus ihnen den Rücken und
löste die Jünger und Jüngerinnen[k] aus der Syn-
agogengemeinde.

a Das Abschneiden des Haares erfolgte in der Regel am Ende der Zeitspanne, für die sich jemand verpflichtet hatte, als Nasiräer* zu leben. Über Anlaß und Art des Gelübdes, das Paulus übernommen hatte, erfahren wir nichts Näheres.
b Wörtlich *alle Jünger;* siehe Anmerkung zu 6,1.
c Wörtlich *im Weg des Herrn;* entsprechend in Vers 26 *Weg Gottes.* Siehe Anmerkung zu 9,2.
d Also nicht die Taufe »im bzw. auf den Namen von Jesus«; siehe Sacherklärungen »Täufer« und »Taufe«.
e Wörtlich *die Brüder.* *f* Wörtlich *die Jünger;* siehe Anmerkung zu 6,1. *g* Wörtlich *der Christus**.
h Wörtlich *Johannes taufte eine Taufe der Umkehr* für das Volk.* Im nächsten Satz ist *um gerettet zu werden* verdeutlichender Zusatz.
i *daß Gott schon ...:* wörtlich *das über die Königsherrschaft* Gottes.*
j Wörtlich *den Weg;* siehe Anmerkung zu 9,2. *k* Wörtlich *die Jünger;* siehe Anmerkung zu 6,1.

18,21 Jak 4,15 S **18,23** 11,23 S **18,24** (Apollos) 19,1; 1 Kor 1,12; 3,4-6; 4,6; 16,12; Tit 3,13 **18,25** 19,3-4 **18,26** 17,2 S; 18,2 S **18,28** 5,42 S **19,2a** 8,16; 2,38 **19,3-4** 18,25; Lk 3,3-4.16-17 **19,6** 2,4 S; 2,17-18 **19,8** 28,23 S **19,9** 9,2 S

Von nun an sprach er täglich im Lehrsaal eines Griechen namens Tyrannus. 10 Er tat dies zwei Jahre lang, so daß alle in der Provinz Asien*, Juden und Griechen, die Botschaft Gottes hörten.

Überwindung von religiösen Scharlatanen, Befreiung aus magischen Bindungen

11 Gott ließ durch Paulus ganz ungewöhnliche Dinge geschehen. 12 Die Leute nahmen sogar seine noch schweißfeuchten Kopf- und Taschentücher und legten sie den Kranken auf. Dann verschwanden die Krankheiten, und die bösen Geister* fuhren von den Besessenen aus.

13 Auch manche Juden, die als Dämonenbeschwörer durchs Land zogen, gebrauchten bei ihren Beschwörungen den Namen von Jesus, dem Herrn*. Sie sagten zu den bösen Geistern: »Ich beschwöre euch bei dem Jesus, den Paulus verkündet!« 14 Das versuchten einmal auch die sieben Söhne eines gewissen Skevas, eines führenden jüdischen Priesters.[a] 15 Aber der böse Geist in dem Kranken erwiderte: »Ich kenne Jesus und ich kenne auch Paulus. Aber wer seid ihr?« 16 Der Besessene fiel über sie her und schlug sie allesamt zu Boden. Blutend und halbnackt mußten sie aus dem Haus fliehen. 17 Die Geschichte wurde in ganz Ephesus bekannt. Juden wie Nichtjuden erschraken, und sie ehrten und priesen den Namen von Jesus, dem Herrn.

18 Viele von denen, die zum Glauben gekommen waren, kamen jetzt und gaben offen zu, daß auch sie früher Zauberkünste getrieben hatten. 19 Eine beträchtliche Anzahl von ihnen brachte ihre Zauberbücher und verbrannte sie öffentlich. Man schätzte, daß die verbrannten Bücher 50 000 Silberstücke* wert waren.

20 So erwies die Botschaft Gottes ihre Macht und breitete sich immer weiter aus.

PAULUS BEZEUGT DIE GUTE NACHRICHT IN JERUSALEM UND ROM (19,21–28,31)

Der Entschluß zur Reise

21 Nach all diesen Ereignissen entschloß sich Paulus, über Mazedonien und Griechenland nach Jerusalem zu reisen. »Danach«, sagte er, »muß ich auch Rom besuchen.«

22 Zwei seiner Helfer, Timotheus und Erastus, schickte er nach Mazedonien voraus. Er selbst blieb noch eine Weile in der Provinz Asien*.

Gefährliche Unruhen in Ephesus

23 In dieser Zeit kam es wegen der neuen Lehre[b] zu schweren Unruhen in Ephesus. 24 Es gab dort nämlich einen Silberschmied namens Demetrius, der silberne Nachbildungen vom Tempel der Göttin Artemis* verkaufte; das brachte ihm und den Handwerkern, die er beschäftigte, einen schönen Gewinn.

25 Dieser Demetrius rief alle, die in diesem Gewerbe tätig waren, zusammen und sagte: »Männer, ihr wißt: Unser ganzer Wohlstand hängt davon ab, daß wir diese Nachbildungen herstellen. 26 Und ihr werdet erfahren haben, daß dieser Paulus den Leuten einredet: ›Götter, die man mit Händen macht, sind gar keine Götter.‹ Er hat mit seinen Reden nicht nur hier in Ephesus Erfolg, sondern fast überall in der Provinz Asien*.

27 Es besteht aber nicht nur die Gefahr, daß er unseren Geschäftszweig in Verruf bringt, nein, auch die Achtung vor dem Tempel der großen Göttin Artemis wird schwinden! Es wird noch dahin kommen, daß die Göttin ihr Ansehen vollständig einbüßt – sie, die heute in der ganzen Provinz Asien und überall in der Welt verehrt wird!«

28 Als die Männer das hörten, wurden sie wütend und riefen: »Groß ist die Artemis von Ephesus!«

29 Die ganze Stadt geriet in Aufruhr, und die Leute stürmten ins Theater. Gaius und Aristarch, Reisegefährten von Paulus aus Mazedonien, wurden von der Menge gepackt und mit dorthin geschleppt. 30 Paulus selbst wollte sich der Menge stellen, aber die Jünger* ließen ihn nicht aus dem Haus. 31 Auch einige hohe Beamte der Provinz, die ihm freundlich gesinnt waren, warnten ihn durch Boten davor, sich im Theater sehen zu lassen.

32 Unter den dort Zusammengeströmten herrschte die größte Verwirrung. Alle schrien durcheinander, und die meisten wußten nicht einmal, worum es ging. 33 Die Juden schickten Alexander nach vorn, und einige aus der Menge erklärten ihm den Anlaß. Alexander winkte mit der Hand und wollte vor dem Volk eine Verteidungsrede für die Juden halten. 34 Aber als die Leute merkten, daß er Jude war, schrien sie ihn

a Magier und Geisterbeschwörer jüdischer Herkunft standen in der damaligen Welt in hohem Ansehen (vgl. 13,6-7).
b Wörtlich *wegen des Weges;* siehe Anmerkung zu 9,2.

19,12 5,15; Lk 6,19 **19,13** 3,6 S; Lk 9,49-50 **19,15** 16,17 **19,20** 2,41 S **19,21** (Rom) 23,11 S; Röm 1,10-11.13; 15,22-24 **19,22** 2 Tim 4,20 S **19,23** 2 Kor 1,8 S **19,24** 16,16 **19,26** 17,29 S **19,29** (Aristarch) 20,4; 27,2; Kol 4,10; Phlm 24

nieder und riefen zwei Stunden lang im Chor:
»Groß ist die Artemis von Ephesus!«
35 Schließlich gelang es dem Verwaltungs-
direktor der Stadt,[a] die Menge zu beruhigen.
»Männer von Ephesus«, rief er, »in der ganzen
Welt weiß man doch, daß unsere Stadt den Tem-
pel und das vom Himmel gefallene Standbild der
großen Artemis hütet. 36 Das wird kein Mensch
bestreiten! Beruhigt euch also und laßt euch zu
nichts hinreißen! 37 Ihr habt diese Männer her-
geschleppt, obwohl sie weder den Tempel be-
raubt noch unsere Göttin beleidigt haben.
38 Wenn Demetrius und seine Handwerker An-
klage wegen Geschäftsschädigung gegen jemand
erheben wollen, dann gibt es dafür Gerichte und
Behörden. Dort können sie ihre Sache vorbrin-
gen. 39 Wenn ihr aber irgendwelche anderen For-
derungen habt, muß das auf einer ordentlich ein-
berufenen Volksversammlung geklärt werden.
40 Was heute geschehen ist, kann uns leicht als
Rebellion ausgelegt werden. Es gibt keinen
Grund für diesen Aufruhr; wir können ihn
durch nichts rechtfertigen.«

Mit diesen Worten löste er die Versammlung
auf.

Reise durch Mazedonien und Griechenland und Rückkehr nach Troas

20 Als der Tumult sich gelegt hatte, rief Pau-
lus die Gemeinde zusammen. Er machte
den Jüngern und Jüngerinnen[b] noch einmal Mut
und verabschiedete sich von ihnen, um nach
Mazedonien zu reisen. 2 Dort besuchte er über-
all die Gemeinden und stärkte sie durch seine
Worte.

Schließlich kam er nach Griechenland 3 und
blieb drei Monate dort. Dann wollte er mit
einem Schiff nach Syrien fahren. Weil aber die
Juden während der Schiffsreise einen Anschlag
auf ihn machen wollten,[c] entschloß er sich, wie-
der den Landweg über Mazedonien zu nehmen.

4 Auf dieser Reise begleiteten ihn sieben Ver-
treter der Gemeinden: Sopater, der Sohn von
Pyrrhus, aus Beröa, Aristarch und Sekundus aus
Thessalonich, Gaius aus Derbe sowie Timo-
theus, und schließlich aus der Provinz Asien*
Tychikus und Trophimus.

5 Diese beiden fuhren nach Troas voraus und
erwarteten uns dort. 6 Wir anderen bestiegen
nach dem Passafest* in Philippi ein Schiff und
stießen nach fünftägiger Fahrt in Troas zu ihnen.
Wir blieben dort eine Woche.

Sonntagsfeier in Troas

7 Am Sonntagabend* kamen wir zum Mahl des
Herrn[d] zusammen. Paulus sprach zu den Ver-
sammelten, und weil er zum letztenmal mit
ihnen zusammen war – denn er wollte am näch-
sten Tag weiterreisen –, dehnte er seine Rede bis
Mitternacht aus.

8 In unserem Versammlungsraum im ober-
sten Stock brannten zahlreiche Lampen. 9 Auf
der Fensterbank saß ein junger Mann mit
Namen Eutychus. Als Paulus so lange sprach,
schlief er ein und fiel drei Stockwerke tief aus
dem Fenster. Als sie ihn aufhoben, war er tot.

10 Paulus aber ging hinunter, legte sich auf
ihn, umfaßte ihn und sagte: »Macht euch keine
Sorgen, er lebt!« 11 Dann ging er wieder hinauf.
Er brach das Brot, teilte es aus und aß es mit
ihnen. Danach sprach er noch lange mit ihnen
und verabschiedete sich erst, als die Sonne auf-
ging.

12 Den jungen Mann aber brachten sie gesund
nach Hause, und alle waren von großer Freude
erfüllt.

Von Troas nach Milet

13 Wir alle außer Paulus bestiegen ein Schiff und
fuhren nach Assos. Dort sollten wir Paulus an
Bord nehmen. Er hatte es so angeordnet, weil
er die Strecke zu Fuß gehen wollte. 14 Als er in
Assos zu uns stieß, fuhren wir gemeinsam nach
Mitylene. 15 Von da aus ging es am nächsten Tag
weiter bis in die Nähe von Chios. Am Tag darauf
legten wir in Samos an, und noch einen Tag spä-
ter erreichten wir Milet.

Abschiedsrede an die Ältesten der Gemeinde von Ephesus

16 Paulus hatte beschlossen, an Ephesus vorbei-
zufahren, um nicht zuviel Zeit zu verlieren. Er
wollte so schnell wie möglich weiterkommen,
um bis Pfingsten* in Jerusalem zu sein.

17 Von Milet aus schickte er jedoch den Älte-
sten* der Gemeinde in Ephesus eine Nachricht
und ließ sie bitten, zu ihm zu kommen. 18 Als sie
eingetroffen waren, sagte Paulus zu ihnen:

a Seine Aufgabe war es unter anderem, die Volksversammlung der Stadt einzuberufen.
b Wörtlich *den Jüngern;* siehe Anmerkung zu 6,1.
c *während der Schiffsreise:* verdeutlichender Zusatz. Vielleicht handelt es sich um ein Schiff mit jüdischen Pilgern, die zum Passafest (vgl. Vers 6) nach Jerusalem wollten.
d Wörtlich *um das Brot zu brechen* (vgl. Vers 11); siehe Anmerkung zu 2,42.

20,1 11,23 S **20,4** (Gaius und Aristarch) 19,29 S; (Timotheus) 16,1 S; (Tychikus) Eph 6,21 S; (Trophimus) Apg 21,29 S **20,7** 2,42.46 **20,10** 1 Kön 17,21 **20,17** 18,21 **20,18b** 18,19-20; 19,10

»Ihr wißt, wie ich von dem Tag an, als ich die Provinz Asien* betrat, bei euch gelebt habe. [19] Mit selbstloser Hingabe habe ich mich für den Herrn* eingesetzt und ihm gedient, manchmal unter Tränen und unter schweren Prüfungen, die ich zu bestehen hatte, wenn die Juden mich verfolgten. [20] Ich habe euch nichts verschwiegen, was für euch wichtig ist, wenn ich in der Öffentlichkeit oder in euren Hausgemeinden sprach. [21] Juden wie Nichtjuden habe ich beschworen, zu Gott umzukehren und ihr Vertrauen auf Jesus, unseren Herrn, zu setzen.

[22] Seht, ich gehe jetzt nach Jerusalem – gefesselt vom Heiligen Geist* und als sein Gefangener. Ich weiß nicht, wie es mir dort ergehen wird; [23] aber das weiß ich: In jeder Stadt, in die ich komme, kündigt der Heilige Geist mir an, daß in Jerusalem Verfolgung und Fesselung auf mich warten. [24] Doch was liegt schon an meinem Leben! Wichtig ist nur, daß ich bis zum Schluß den Auftrag erfülle, den mir Jesus, der Herr, übertragen hat: die Gute Nachricht* zu verkünden, daß Gott sich über die Menschen erbarmt hat.

[25] Seht, ich weiß, daß ich jetzt zum letztenmal unter euch bin. Ihr und alle, denen ich die Botschaft von der anbrechenden Herrschaft* Gottes gebracht habe, ihr werdet mich nicht wiedersehen. [26] Deshalb erkläre ich heute feierlich vor euch: Mich trifft keine Schuld, wenn einer von euch verloren geht. [27] Ich habe euch nichts vorenthalten, sondern euch die Heilsabsicht Gottes unverkürzt verkündet.

[28] Gebt acht auf euch selbst und auf die ganze Herde, die der Heilige Geist eurer Aufsicht und Leitung anvertraut hat! Seid treue Hirten der Gemeinde, die Gott durch das Blut* seines eigenen Sohnes* für sich erworben hat! [29] Denn ich weiß, wenn ich nicht mehr unter euch bin, werden gefährliche Wölfe bei euch eindringen und unter der Herde wüten. [30] Aus euren eigenen Reihen werden Männer auftreten und mit ihren verkehrten Lehren die Jünger und Jüngerinnen[a] zu verführen suchen, so daß sie nicht mehr dem Herrn, sondern *ihnen* folgen. [31] Darum gebt acht und denkt daran, daß ich mich drei Jahre lang bei Tag und Nacht, oft unter Tränen, um jeden und jede in der Gemeinde bemüht habe.

[32] Nun stelle ich euch unter den Schutz Gottes und unter die Botschaft seiner rettenden Gnade. Durch sie wird er eure Gemeinde im Glauben reifen lassen und ihr das ewige Erbe schenken, gemeinsam mit allen anderen, die er zu seinem heiligen* Volk gemacht hat.

[33-34] Noch etwas: Ihr wißt, daß ich nie Unterstützung angenommen habe. Weder Geld noch Kleider habe ich je von jemand erbeten. Mit diesen meinen Händen habe ich erarbeitet, was ich und meine Begleiter zum Leben brauchten. [35] Überhaupt habe ich euch mit meiner Lebensführung gezeigt, daß wir hart arbeiten müssen, um auch den Bedürftigen etwas abgeben zu können. Wir sollen uns immer an das erinnern, was Jesus, der Herr, darüber gesagt hat. Von ihm stammt das Wort: ›Auf dem Geben liegt mehr Segen als auf dem Nehmen.‹«

[36] Nachdem Paulus geendet hatte, kniete er zusammen mit allen nieder und betete. [37] Als es an den Abschied ging, brachen alle in lautes Weinen aus, umarmten und küßten ihn. [38] Am meisten bedrückten sie seine Worte: »Ihr werdet mich nicht wiedersehen.« Dann begleiteten sie ihn zum Schiff.

Von Milet nach Tyrus. Paulus wird gewarnt

21 Nachdem wir uns von ihnen losgerissen hatten, fuhren wir ab, kamen auf direktem Weg nach Kos, erreichten am nächsten Tag Rhodos und dann Patara. [2] Dort fanden wir ein Schiff, das nach Phönizien* fuhr, und gingen an Bord. [3] Als Zypern in Sicht kam, steuerten wir südlich an der Insel vorbei mit Kurs auf Syrien. In Tyrus mußte das Schiff die Ladung löschen, und wir gingen an Land.

[4] Wir suchten die Jünger* am Ort auf und blieben eine Woche bei ihnen. Vom Heiligen Geist* getrieben, warnten sie Paulus vor der Reise nach Jerusalem. [5] Als unser vorgesehener Aufenthalt zu Ende ging, begleiteten sie uns mit ihren Frauen und Kindern bis vor die Stadt. Am Strand knieten wir mit ihnen nieder und beteten. [6] Dann verabschiedeten wir uns und bestiegen das Schiff, während sie nach Hause zurückkehrten.

Von Tyrus nach Cäsarea. Warnung durch den Propheten Agabus

[7] Von Tyrus fuhren wir nach Ptolemaïs; dort war unsere Schiffsreise zu Ende. Wir besuchten die Brüder und Schwestern[b] am Ort und blieben einen Tag bei ihnen.

a Wörtlich *die Jünger;* siehe Anmerkung zu 6,1. *b* Siehe Anmerkung zu 15,3.

20,21 11,18 S; 16,31; 26,18; 1 Thess 1,9-10 **20,22-23** 10,19 S **20,23** 21,4.11; 9,16 **20,24** 21,13; Phil 1,21; 2 Tim 4,7 **20,25** 28,23 S **20,26** 18,6 **20,28-31** 11,23 S **20,28** 1 Petr 2,25; 5,2 **20,29** Mt 7,15 S; Joh 10,12 **20,30** 1 Joh 2,19; Gal 4,17 **20,31** 19,8.10; 1 Thess 2,11-12; 2 Kor 11,28 **20,32** 26,18; 1 Thess 5,23-24; 2 Thess 1,11-12 **20,33-34** 18,3 S **20,35** Mt 10,8; Sir 4,31 **20,38** 20,25 **21,4** 20,23; 21,11 **21,5** 20,36

8 Am anderen Morgen gingen wir zu Fuß wei-
ter und erreichten Cäsarea. Dort kehrten wir im
Haus des Evangelisten* Philippus ein. Er war
einer aus dem Kreis der Sieben[a] 9 und hatte vier
Töchter, die ehelos geblieben waren und die
Gabe hatten, prophetische Weisungen* zu ver-
künden.

10 Nach einigen Tagen kam aus Judäa* ein Pro-
phet* namens Agabus. 11 Er trat in unsere Mitte,
nahm Paulus den Gürtel ab, fesselte sich damit
die Hände und die Füße und sagte: »So spricht
der Heilige Geist*: ›Den Mann, dem dieser Gür-
tel gehört, werden die Juden in Jerusalem ge-
nauso fesseln und ihn den Fremden ausliefern,
die Gott nicht kennen.‹«[b]

12 Als wir das hörten, flehten wir und ebenso
die Brüder und Schwestern am Ort[c] Paulus an,
nicht nach Jerusalem zu gehen. 13 Er aber sagte:
»Warum weint ihr und macht mir das Herz
schwer? Ich bin bereit, mich in Jerusalem nicht
nur fesseln zu lassen, sondern auch für Jesus,
den Herrn*, zu sterben.«

14 Da Paulus sich nicht umstimmen ließ, gaben
wir nach und sagten: »Wie der Herr es will, so
soll es geschehen!«

Empfang in Jerusalem. Rücksicht auf das Mißtrauen der gesetzestreuen Christen

15 Nach diesen Tagen in Cäsarea machten wir
uns wieder reisefertig und zogen hinauf nach
Jerusalem. 16 Einige Jünger* aus Cäsarea beglei-
teten uns. Sie brachten uns zu einem Mann
namens Mnason aus Zypern, bei dem wir unter-
wegs ein Nachtquartier fanden;[d] er war ein Jün-
ger aus der Anfangszeit.

17 Bei der Ankunft in Jerusalem wurden wir
von den Brüdern und Schwestern[e] herzlich auf-
genommen. 18 Am nächsten Tag ging Paulus mit
uns zu Jakobus. Auch alle Ältesten* der Ge-
meinde waren versammelt. 19 Paulus begrüßte
sie und gab einen ausführlichen Bericht über
das, was Gott durch seinen Dienst als Verkünder
der Guten Nachricht* bei den Nichtjuden voll-
bracht hatte.

20 Als sie das hörten, priesen sie Gott. Doch
dann sagten sie zu Paulus: »Du siehst, lieber Bru-
der, wie es hier steht. Wir haben Tausende von
Juden, die Jesus als den Herrn* angenommen
haben, und sie alle halten sich weiterhin streng
an das Gesetz* Moses. 21 Man hat ihnen erzählt,
du würdest allen Juden, die unter den fremden
Völkern leben, den Abfall von Mose predigen.
Du würdest sie auffordern, ihre Kinder nicht
mehr zu beschneiden* und nicht länger nach
den Vorschriften des Gesetzes zu leben.

22 Was sollen wir machen? Sie werden sicher
erfahren, daß du hier bist. 23 Deshalb solltest du
unserem Rat folgen. Wir haben hier vier Män-
ner, die das Gelübde auf sich genommen haben,
eine Zeitlang keinen Wein zu trinken und sich
das Haar nicht schneiden zu lassen.[f] 24 Die Zeit
ihres Gelübdes läuft in diesen Tagen aus. Küm-
mere dich um diese Männer, bereite dich mit
ihnen zusammen auf die abschließende gottes-
dienstliche Feier im Tempel* vor, und übernimm
die anfallenden Kosten.[g] Dann werden alle er-
kennen, daß die Berichte über dich falsch sind
und daß auch du sehr wohl nach dem Gesetz
Moses lebst.

25 Was die Nichtjuden angeht, die Christen
geworden sind, so haben wir ja schon eine
Entscheidung getroffen. Wir haben ihnen ge-
schrieben, sie sollen weder Fleisch vom Götzen-
opfer* essen noch Blut genießen, kein Fleisch
von Tieren essen, deren Blut nicht vollständig
ausgeflossen ist, und sich vor Blutschande
hüten.«[h]

26 Paulus folgte dem Rat, den Jakobus und die
Ältesten ihm gegeben hatten. Er kümmerte sich
um die vier Männer, begann gleich am nächsten
Tag mit den Vorbereitungen und ging zu den
Priestern und meldete ihnen, daß die Zeit ihres
Gelübdes abgelaufen sei. Nach der üblichen
Frist von sieben Tagen sollte dann für jeden von
ihnen das vorgeschriebene Opfer dargebracht
werden.

Paulus wird im Tempel verhaftet

27 Die sieben Tage waren fast vorüber, da sahen
Juden aus der Provinz Asien* Paulus im Tem-
pel*. Sie hetzten das Volk auf, packten Paulus
28 und schrien: »Männer von Israel, zu Hilfe! Das

a Gemeint ist der in 6,3-6 erwähnte Kreis (vgl. Sacherklärung »Hellenisten«).
b *den Fremden ...:* herkömmliche Übersetzung *den Heiden**. *c* Wörtlich *die Einheimischen.*
d Oder *bei dem wir* (in Jerusalem) *wohnen sollten.* *e* Siehe Anmerkung zu 15,3.
f *die das Gelübde ...:* wörtlich *die ein Gelübde auf sich genommen haben.* Aus dem Zusammenhang geht hervor, daß es sich um das Nasiräatsgelübde gehandelt haben muß; siehe Sacherklärung »Nasiräer«.
g Wörtlich *und übernimm die Kosten für sie, damit sie sich den Kopf scheren lassen können.* Siehe dazu Sacherklärung »Nasiräer«.
h Vgl. 15,28-29 und Sacherklärung »Blutschande«.

21,8 6,5; 8,5-13.26-40 **21,9** 2,17; 11,27 S **21,10** 11,28 **21,11** 10,19 S; 20,23; 21,33; Röm 15,31 **21,13** 20,24 **21,14** Mt 6,10 S **21,18** (Jakobus) 12,17; 15,13; Gal 1,19; Jak 1,1 S **21,19** 11,18 S **21,21** (beschneiden) 16,3; Gal 3,25.28; 5,2 **21,23-24** (Gelübde) Num 6,1-21 **21,25** 15,20 S **21,26** 1 Kor 9,19-23 **21,28** 6,13; 18,13; 24,6

ist der Verräter, der überall unter allen Menschen Lehren verbreitet, die gegen unser Volk und gegen das Gesetz* und gegen diesen Tempel gerichtet sind! Jetzt hat er sogar Griechen in den Tempel mitgebracht und diesen heiligen Ort entweiht!«

29 Sie hatten nämlich Paulus vorher in der Stadt mit Trophimus aus Ephesus zusammen gesehen und dachten, er hätte ihn auch in den Tempel mitgenommen.

30 In Windeseile sprach es sich in der Stadt herum, und das Volk lief zusammen. Sie packten Paulus, zerrten ihn aus dem Heiligtum, aus dem inneren Vorhof, hinaus, und sofort wurden die Tore hinter ihm geschlossen.

31 Die Menge stürzte sich auf Paulus und wollte ihn schon umbringen, da wurde dem Kommandanten der römischen Garnison gemeldet: »Ganz Jerusalem ist in Aufruhr!« 32 Sofort nahm er seine Soldaten samt ihren Hauptleuten* und eilte zu der Volksmenge. Als die Leute den Kommandanten und die Soldaten kommen sahen, ließen sie davon ab, auf Paulus einzuschlagen.

33 Der Kommandant ging auf Paulus zu, nahm ihn fest und ließ in mit zwei Ketten fesseln. Dann wollte er von den Umstehenden wissen, wer der Mann sei und was er getan habe. 34 Aber in der Menge schrien die einen dies, die andern jenes. Weil der Kommandant bei dem Tumult nichts Sicheres herausbekommen konnte, befahl er, Paulus in die Kaserne zu bringen.

35 Am Aufgang zur Kaserne kam die Menge Paulus gefährlich nahe, so daß die Soldaten ihn tragen mußten. 36 Denn das ganze Volk lief hinterher und schrie: »Weg mit ihm!«

Paulus darf zum Volk sprechen

37 Bevor Paulus in die Kaserne geführt wurde, sagte er zu dem Kommandanten: »Darf ich ein Wort mit dir reden?«

»Du sprichst griechisch?« erwiderte der Kommandant. 38 »Dann bist du also nicht der Ägypter, der vor einiger Zeit den Aufstand angezettelt und die viertausend bewaffneten Terroristen in die Wüste hinausgeführt hat?«

39 Paulus antwortete: »Ich bin ein Jude aus Zilizien, ein Bürger der bekannten Stadt Tarsus. Ich habe eine Bitte an dich: Erlaube mir, zum Volk zu sprechen.«

40 Der Kommandant war einverstanden. Paulus stand auf der Freitreppe und bat die Menge mit einer Handbewegung um Ruhe. Es wurde sehr still, und er begann auf hebräisch* zu reden.

Paulus schildert seine Vergangenheit als Christenverfolger

22 »Liebe Brüder und Väter, hört, was ich euch zu meiner Verteidigung zu sagen habe!«

2 Als sie hörten, daß er auf hebräisch* zu ihnen sprach, wurden sie noch stiller, und Paulus konnte weiterreden:

3 »Ich bin ein Jude aus Tarsus in Zilizien, aber aufgewachsen bin ich hier in Jerusalem. Mein Lehrer war Gamaliël*. Bei ihm erhielt ich eine sorgfältige Ausbildung im Gesetz* unserer Vorfahren, und ich trat ebenso leidenschaftlich für den Gott Israels ein, wie ihr alle es heute tut.

4 Ich bekämpfte die Lehre der Christen[a] bis aufs Blut. Männer und Frauen nahm ich fest und ließ sie ins Gefängnis werfen. 5 Der Oberste Priester* und der ganze jüdische Rat* können das bestätigen.

Ich ließ mir von ihnen sogar Briefe an die jüdischen Brüder in den Synagogen* von Damaskus geben. Darin wurde mir die Vollmacht erteilt, auch dort die Menschen, die zu Jesus hielten, festzunehmen und sie in Ketten nach Jerusalem zu bringen, damit sie dort bestraft würden.«

Paulus schildert seine Berufung durch Christus und seine Sendung zu den nichtjüdischen Völkern

6 »Doch dann geschah es: Auf dem Weg nach Damaskus, kurz vor der Stadt, umstrahlte mich plötzlich gegen Mittag ein blendend helles Licht vom Himmel. 7 Ich stürzte zu Boden und hörte eine Stimme zu mir sagen: ›Saul, Saul, warum verfolgst du mich?‹

8 ›Wer bist du, Herr?‹ fragte ich, und die Stimme sagte: ›Ich bin Jesus von Nazaret,[b] den du verfolgst!‹ 9 Meine Begleiter sahen wohl das Licht, hörten aber nicht die Stimme, die mit mir redete.

10 Ich fragte: ›Herr, was soll ich tun?‹

Der Herr* sagte: ›Steh auf und geh nach Damaskus! Dort wirst du alles erfahren, was Gott dir zu tun bestimmt hat.‹

11 Von dem hellen Lichtstrahl war ich blind geworden und mußte mich von meinen Begleitern nach Damaskus führen lassen.

a *die Lehre der Christen:* wörtlich *diesen Weg;* siehe Anmerkung zu 9,2. b Wörtlich *Jesus, der Nazoräer**.

21,29 (Trophimus) 20,4; 2 Tim 4,20 **21,36** 22,22; Lk 23,18; Joh 19,15 **21,38** 5,36-37 **22,3** 21,39; 5,34 **22,4-5** 8,3 S **22,6-16** 9,1-22; 26,12-18 **22,6-7** 9,3 S

12 Dort lebte ein frommer Mann, Hananias,
der sich streng an das Gesetz* hielt und bei allen
Juden in der Stadt in gutem Ruf stand. 13 Er
suchte mich auf, trat zu mir und sagte: ›Bruder
Saul, du sollst wieder sehen!‹ Im gleichen
Augenblick wurden meine Augen geöffnet, und
ich sah ihn vor mir stehen.

14 Er sagte: ›Der Gott unserer Vorfahren hat
dich dazu erwählt, seinen Heilsplan kennenzu-
lernen und den einzig Gerechten zu sehen und
aus seinem Mund das Wort zu hören, das dich
auf den Weg weist.[a] 15 Denn du sollst vor allen
Menschen für ihn eintreten und allen bezeugen,
was du gesehen und gehört hast. 16 Was zögerst
du noch? Steh auf und laß dich taufen*! Bekenne
dich zum Namen* von Jesus, und laß dir deine
Sünden abwaschen!‹

17 Als ich dann wieder nach Jerusalem zurück-
gekehrt war und hier im Tempel* betete, hatte
ich eine Vision. 18 Ich sah den Herrn, der sagte
zu mir: ›Verlaß Jerusalem auf dem schnellsten
Weg, denn die Leute hier werden dir nicht glau-
ben, wenn du für mich eintrittst.‹

19 ›Herr‹, sagte ich, ›aber gerade sie müßten
mir doch glauben; denn sie wissen ja, wie ich
früher in den Synagogen* deine Anhänger fest-
nehmen und auspeitschen* ließ. 20 Auch als dein
Zeuge Stephanus gesteinigt* wurde, war ich
dabei; ich war mit allem einverstanden und be-
wachte die Kleider seiner Mörder.‹

21 Doch der Herr sagte: ›Geh, ich will dich
weit hinaus zu fremden Völkern senden!‹«

Paulus löst einen Tumult aus und stellt sich unter den Schutz des römischen Bürgerrechts

22 Bis dahin hatte die Menge Paulus ruhig zu-
gehört. Aber jetzt, bei diesem letzten Satz, fin-
gen sie alle an zu schreien: »Weg mit ihm! So
einer muß von der Erde verschwinden! Es
gehört sich nicht, daß er lebt!« 23 Sie tobten, ris-
sen sich die Kleider vom Leib und warfen Staub
in die Luft.

24 Der Kommandant befahl, Paulus in die
Kaserne zu bringen. Er wollte ihn unter Peit-
schenhieben verhören lassen, um herauszubrin-
gen, warum die Juden so wütend auf ihn waren.
25 Als die Soldaten ihn schon festbinden wollten,
sagte Paulus zu dem Hauptmann*, der die Aus-
führung überwachte: »Dürft ihr denn einen
römischen Bürger auspeitschen*, noch dazu
ohne ein ordentliches Gerichtsverfahren?«

26 Der Hauptmann lief zum Kommandanten
und sagte: »Weißt du, was du da tust? Der Mann
hat das römische Bürgerrecht*!«

27 Der Kommandant ging selbst zu Paulus
und fragte ihn: »Bist du wirklich römischer Bür-
ger?«

Paulus bestätigte es, 28 und der Kommandant
sagte zu ihm: »Ich mußte für mein Bürgerrecht
viel Geld bezahlen.«

Paulus erwiderte: »Ich besitze es von Geburt
an!«

29 Die Männer, die ihn verhören sollten, lie-
ßen sofort von ihm ab, und der Kommandant
bekam es mit der Angst zu tun, weil er einen
römischen Bürger hatte fesseln lassen.

Paulus vor dem jüdischen Rat

30 Am folgenden Tag machte der Kommandant
einen weiteren Versuch herauszubringen, was
die Juden so gegen Paulus aufgebracht hatte. Er
ließ ihm die Ketten abnehmen, gab Befehl, die
führenden Priester* und den ganzen jüdischen
Rat* zusammenzurufen und stellte Paulus vor
die Versammlung.

23 Paulus richtete den Blick fest auf die Ver-
sammelten und erklärte: »Brüder, ich
habe immer so gehandelt, daß ich mir vor Gott
nicht das mindeste vorzuwerfen habe, und das
bis zum heutigen Tag!«

2 Der Oberste Priester* Hananias befahl den
dabeistehenden Dienern, Paulus auf den Mund
zu schlagen. 3 Da sagte Paulus zu ihm: »Dich
wird *Gott* schlagen, du übertünchte Wand![b] Du
willst nach dem Gesetz über mich richten und
läßt mich *gegen* alles Gesetz schlagen?«

4 Die Diener sagten: »Wie, du wagst den Ober-
sten Priester Gottes zu beleidigen?«

5 Paulus entschuldigte sich und sagte: »Ich
habe nicht gewußt, Brüder, daß er der Oberste
Priester ist. Ich weiß wohl, daß in den Heiligen
Schriften* steht: ›Ihr sollt ein Oberhaupt eures
Volkes nicht verfluchen.‹«

6 Da Paulus wußte, daß die Anwesenden teils
Sadduzäer*, teils Pharisäer* waren, rief er in die
Versammlung hinein: »Brüder, ich bin ein Pha-
risäer und komme aus einer Pharisäerfamilie. Ich
stehe hier vor Gericht, nur weil ich daran glaube,
daß die Toten auferstehen!«

a das Wort ...: wörtlich *eine Stimme zu hören.* Da Paulus Jesus bisher nicht gesehen hat, ist an die im folgenden (Verse 17-21) geschilderte Vision und Beauftragung zu denken.

b Ein Bild für Scheinheiligkeit; vgl. Mt 23,27.

22,14 (Gerechter) 3,14 S **22,16** 2,21 **22,17** 9,26 **22,20** 7,58; 8,1 **22,21** 9,15 S **22,22** 21,36 S **21,25** 16,37 S **23,1** 24,16 S **23,2-3** Mt 23,27-28; Joh 18,22-23; Lev 19,15 **23,5** *zit* Ex 22,27 **23,6** (Pharisäerfamilie) 26,5; Phil 3,5; Gal 1,14; Apg 24,21

7 Damit spaltete er den Rat in zwei Lager,
denn Sadduzäer und Pharisäer fingen sofort an,
miteinander zu streiten. 8 Die Sadduzäer leugnen
nämlich die Auferstehung* der Toten, und sie
bestreiten auch, daß es Engel* und andere un-
sichtbare Wesen gibt. Die Pharisäer dagegen be-
kennen sich zum Glauben an beides. 9 So kam es
zu einer lautstarken Auseinandersetzung.

Schließlich traten einige Gesetzeslehrer* aus
der Gruppe der Pharisäer vor und erklärten: »Wir
können dem Mann nichts vorwerfen. Vielleicht
hat ja tatsächlich ein Geist zu ihm gesprochen
oder ein Engel!«

10 Der Tumult wurde am Ende so heftig, daß
der Kommandant fürchtete, sie könnten Paulus
in Stücke reißen. So ließ er aus der Kaserne eine
Abteilung Soldaten kommen, die ihn heraus-
holten und wieder dorthin zurückbrachten.

11 In der folgenden Nacht aber trat der Herr*
zu Paulus und sagte zu ihm: »Nur Mut! Wie du
hier in Jerusalem für mich eingetreten bist, so
mußt du es auch in Rom tun.«

Eine Verschwörung gegen Paulus

12 Am nächsten Morgen taten sich eine Anzahl
Juden zu einen Anschlag gegen Paulus zusam-
men. Sie schworen, nichts zu essen und zu trin-
ken, bis sie ihn umgebracht hätten. 13 Mehr als
vierzig Männer beteiligten sich an dieser Ver-
schwörung.

14 Sie gingen zu den führenden Priestern*
und den Ratsältesten* und weihten sie ein: »Wir
haben feierlich geschworen, nichts zu essen und
zu trinken, bis wir Paulus getötet haben. 15 Geht
also jetzt im Namen des ganzen jüdischen
Rates* zum Kommandanten und fordert ihn auf,
euch Paulus noch einmal vorzuführen; ihr woll-
tet seinen Fall noch genauer untersuchen. Wir
halten uns dann bereit und bringen ihn um,
noch bevor er hier eintrifft.«

16 Aber ein Neffe von Paulus, der Sohn seiner
Schwester, hörte von dem geplanten Anschlag.
Er ging in die Kaserne und erzählte Paulus da-
von. 17 Der rief einen von den Hauptleuten* und
sagte zu ihm: »Bring diesen jungen Mann zum
Kommandanten! Er hat eine wichtige Nachricht
für ihn.«

18 Der Hauptmann brachte ihn zum Komman-
danten und sagte: »Der Gefangene Paulus hat
mich rufen lassen und mich gebeten, diesen jun-
gen Mann zu dir zu führen. Er soll eine wichtige
Nachricht für dich haben.«

19 Der Kommandant nahm den jungen Mann
beiseite und fragte ihn: »Was hast du mir zu be-
richten?«

20 Da erzählte er: »Die Juden wollen dich bit-
ten, Paulus morgen noch einmal vor ihren Rat*
zu bringen, damit sie ihn noch genauer verhören
können. 21 Aber du darfst ihnen nicht glauben,
denn mehr als vierzig Männer planen einen An-
schlag. Sie alle haben geschworen, erst wieder
zu essen und zu trinken, wenn sie Paulus getötet
haben. Sie halten sich bereit und warten nur
darauf, daß du ihn herausführen läßt.«

22 Der Kommandant sagte: »Verrate keinem,
daß du mir davon erzählt hast!« Dann ließ er den
jungen Mann gehen.

Paulus wird zum Statthalter nach Cäsarea gebracht

23 Der Kommandant rief zwei Hauptleute* und
befahl ihnen: »Sorgt dafür, daß zweihundert Sol-
daten sich für heute abend um neun Uhr zum
Abmarsch nach Cäsarea bereit machen, dazu
siebzig Reiter und noch zweihundert Leichtbe-
waffnete. 24 Besorgt ein paar Reittiere für Paulus
und bringt ihn sicher zum Statthalter* Felix!«

25 Dann schrieb er folgenden Brief:

26 »Klaudius Lysias grüßt den hochverehrten
Statthalter Felix.

27 Den Mann, den ich dir sende, hatten die Juden
ergriffen und wollten ihn töten. Als ich erfuhr,
daß er römischer Bürger* ist, ließ ich ihn durch
meine Soldaten in Sicherheit bringen. 28 Weil ich
herausbekommen wollte, weshalb sie ihn verfol-
gen, brachte ich ihn vor ihren Rat*. 29 Aber es
stellte sich heraus, daß er nichts getan hat, wor-
auf Todesstrafe oder Gefängnis steht. Ihre Vor-
würfe beziehen sich nur auf strittige Fragen des
jüdischen Gesetzes*.

30 Nun wurde mir gemeldet, daß ein Anschlag
gegen ihn geplant ist, deshalb schicke ich ihn
umgehend zu dir. Ich habe auch die Kläger an-
gewiesen, ihre Sache gegen ihn bei dir vorzu-
tragen.«

31 Die Soldaten übernahmen Paulus und brach-
ten ihn befehlsgemäß noch in der Nacht bis
nach Antipatris. 32 Am nächsten Tag kehrten die
Fußtruppen nach Jerusalem in die Kaserne zu-
rück, während die Reiter Paulus weitergeleite-
ten. 33 Sie brachten ihn nach Cäsarea und über-
gaben den Brief und den Gefangenen dem
Statthalter Felix.

34 Der Statthalter las den Brief und fragte Pau-

23,8 Lk 20,27 S; Apg 4,2 S **23,11** 18,9; (Rom) 19,21; 27,24; 28,23 **23,12** 9,23 **23,27** 21,30-36; 16,37 S **23,28** 22,30 **23,29** 18,14-15; 26,31; 28,18

lus, aus welcher Provinz er stamme. »Aus Zilizien«, sagte Paulus.

35 Felix erklärte: »Ich werde dich verhören, sobald deine Ankläger auch hier sind.« Dann befahl er, Paulus an seinem Amtssitz, in dem von Herodes erbauten Palast,[a] gefangenzuhalten.

Die führenden Juden klagen Paulus an

24 Nach fünf Tagen kam der Oberste Priester* Hananias mit einigen Ratsältesten* und dem Anwalt Tertullus nach Cäsarea. Sie erhoben beim Statthalter* Felix Anklage gegen Paulus. 2 3 Als man Paulus gerufen hatte, begann Tertullus seine Anklagerede:

»Hochverehrter Felix! Dein Verdienst ist es, daß wir schon so lange in Frieden leben. Deiner Umsicht verdanken wir auch eine ganze Reihe von wichtigen Reformen in unserem Land. Das erkennen wir in tiefer Dankbarkeit an, wo und wann immer sich die Gelegenheit bietet. 4 Ich will aber jetzt deine kostbare Zeit nicht unnötig in Anspruch nehmen und bitte dich, uns für einen Augenblick freundlich anzuhören.

5 Wir haben festgestellt, daß dieser Paulus so gefährlich ist wie die Pest. Als Haupträdelsführer der Nazarener-Sekte[b] stiftet er die Juden in der ganzen Welt zum Aufruhr an. 6a Er hat auch versucht, den Tempel* zu entweihen. Dabei haben wir ihn festgenommen.[c] 8b Wenn du ihn verhörst, wird er dir gegenüber alles zugeben müssen, was wir ihm vorwerfen.«

9 Die anderen Juden schlossen sich der Anklage an und bestätigten alles.

Paulus verteidigt sich vor dem Statthalter

10 Mit einem Zeichen forderte der Statthalter* Paulus zum Reden auf, und der begann:

»Weil ich weiß, daß du seit vielen Jahren in diesem Land der oberste Richter bist, gehe ich voll Zuversicht daran, mich zu verteidigen. 11 Wie du leicht nachprüfen kannst, bin ich erst vor zwölf Tagen nach Jerusalem gekommen, um dort im Tempel* anzubeten. 12 Niemand hat gesehen, daß ich diskutiert oder die Leute aufgehetzt hätte, weder im Tempel noch in den Synagogen*, noch sonstwo in der Stadt. 13 Für das, was mir hier vorgeworfen wird, gibt es keinerlei Beweise.

14 Das allerdings bekenne ich offen vor dir: Ich diene dem Gott unserer Vorfahren in der Weise, wie es jener neuen Richtung entspricht,[d] die sie als Sekte bezeichnen. Doch genau auf diese Weise diene ich ihm wirklich! Ich erkenne alles an, was im Gesetz* Moses und in den Prophetenbüchern steht. 15 Ich habe die gleiche feste Hoffnung auf Gott wie sie, nämlich daß er die Toten auferwecken wird, die Guten wie die Bösen. 16 Und aus diesem Grund bemühe auch ich mich, immer ein reines Gewissen zu haben vor Gott und den Menschen.

17 Nach vielen Jahren im Ausland war ich nun nach Jerusalem zurückgekommen. Ich wollte Geldspenden für mein Volk übergeben und Gott Opfer* darbringen. 18-19 Da sahen mich einige Juden aus der Provinz Asien* im Tempel, als ich mich gerade auf ein Opfer vorbereitete; ich hatte keine Anhänger um mich gesammelt, es gab auch keinen Aufruhr. Diese Leute sollten jetzt eigentlich hier sein und ihre Klage vorbringen, wenn sie mir etwas vorzuwerfen haben!

20 Du kannst aber auch diese Männer hier fragen, was für ein Vergehen sie mir im Verhör vor dem Rat* der Juden denn nachweisen konnten. 21 Es könnte höchstens der eine Satz sein, den ich dem versammelten Rat zurief: ›Ich stehe heute vor eurem Gericht, weil ich glaube, daß die Toten auferstehen.‹«

22 Felix, der über die christliche Lehre[e] ziemlich genau Bescheid wußte, ließ die Verhandlung abbrechen und sagte: »Der Fall wird entschieden, sobald der Kommandant Lysias aus Jerusalem eintrifft.«

23 Er ließ Paulus wieder abführen, befahl aber dem Hauptmann*, dem Gefangenen einige Erleichterungen zu gewähren. Seine Freunde sollten die Erlaubnis haben, ihn zu versorgen.

Felix und Drusilla bei Paulus. Verschleppung des Prozesses

24 Einige Tage später erschien Felix zusammen mit seiner Frau Drusilla, einer Jüdin, in seinem Amtssitz und ließ Paulus aus dem Gefängnis zu sich bringen; denn er wollte noch mehr über den Glauben an Jesus Christus erfahren. 25 Als aber Paulus zuletzt von einem Leben nach Gottes Geboten, von der Zügelung der Leiden-

a *an seinem Amtssitz …:* wörtlich *im Prätorium* des Herodes.* b Wörtlich *der Sekte der Nazoräer*.*
c Einige Handschriften fügen hinzu: 6b *Wir wollten ihn nach unserem eigenen Gesetz* aburteilen,* 7 *aber der Kommandant Lysias hat ihn uns mit Gewalt entrissen* 8a *und hat befohlen, wer eine Anklage gegen den Mann vorzubringen habe, solle damit zu dir gehen.*
d *in der Weise …:* wörtlich *entsprechend dem Weg;* siehe Anmerkung zu 9,2.
e Wörtlich *über den Weg;* siehe Anmerkung zu 9,2.

24,1 23,2 **24,5** 17,6 **24,6a** 21,28 S **24,14** (Richtung) 9,2 S **24,15** Dan 12,2 S; Apg 4,2 S; 23,6 **24,16** 23,1; 2 Kor 1,12; 1 Kor 4,4; 2 Tim 1,3 **24,17** 11,29-30 **24,18-19** 24,27-28 **24,21** 24,15 S **24,22** 23,26 **24,23** 27,3; 28,16.30 **24,24** 9,15 S **24,25** 17,32

schaften und vom kommenden Gericht Gottes sprach, wurde es Felix unbehaglich, und er sagte: »Für diesmal ist es genug, du kannst jetzt gehen! Wenn ich wieder Zeit habe, lasse ich dich holen.«

26 Er hoffte auch im stillen, von Paulus Bestechungsgelder zu bekommen. Darum ließ er ihn von Zeit zu Zeit rufen und unterhielt sich mit ihm.

27 Als Felix zwei Jahre später durch Porzius Festus abgelöst wurde, wollte er den Juden noch einen Gefallen tun und ließ Paulus im Gefängnis.

Wiederaufnahme des Verfahrens unter Festus. Paulus appelliert an den Kaiser in Rom

25 Drei Tage nach seinem Amtsantritt zog Festus von Cäsarea nach Jerusalem hinauf. 2 Die führenden Priester* und die angesehensten Männer des jüdischen Volkes erneuerten bei ihm ihre Anklage gegen Paulus, und sie erbaten sich von ihm 3 als besonderes Zeichen seiner Gunst, daß er den Gefangenen wieder nach Jerusalem verlegen lasse. Sie planten nämlich einen Anschlag und wollten ihn unterwegs töten.

4 Doch Festus erklärte, Paulus werde in Cäsarea bleiben. Er selbst kehre bald wieder dorthin zurück. 5 »Eure Bevollmächtigten«, sagte er, »können ja mitkommen und ihre Anklage vorbringen, wenn der Mann wirklich das Recht verletzt hat.«

6 Festus blieb noch eine gute Woche in Jerusalem und reiste dann nach Cäsarea zurück. Gleich am nächsten Tag eröffnete er die Gerichtsverhandlung und ließ Paulus vorführen. 7 Als er erschien, umstellten ihn die Juden aus Jerusalem und brachten viele schwere Anklagen gegen ihn vor, konnten sie aber nicht belegen.

8 Paulus verteidigte sich: »Ich habe mich weder gegen das Gesetz* der Juden noch gegen den Tempel*, noch gegen den Kaiser vergangen.«

9 Festus wollte den Juden nun doch den Gefallen tun und fragte Paulus: »Willst du nicht nach Jerusalem gehen, damit dort in meinem Beisein über diese Punkte verhandelt und entschieden werden kann?«

10 Aber Paulus erwiderte: »Ich stehe hier vor dem kaiserlichen Gericht, und vor ihm muß mein Fall entschieden werden.[a] Ich habe mich gegen die Juden in keiner Weise vergangen, wie du selbst genau weißt. 11 Wäre ich im Unrecht und hätte etwas getan, worauf die Todesstrafe steht, so wäre ich sofort bereit zu sterben. Da aber feststeht, daß ihre Anklagen falsch sind, kann mich niemand bloß aus Gefälligkeit an sie ausliefern. Ich verlange, daß mein Fall vor den Kaiser kommt!«

12 Festus besprach sich mit seinen Beratern und entschied dann: »Du hast an den Kaiser appelliert, darum sollst du vor den Kaiser gebracht werden.«

Festus informiert König Agrippa über den Fall Paulus

13 Einige Zeit später kamen König Agrippa[b] und seine Schwester Berenike nach Cäsarea, um Festus zu besuchen. 14 Nach einigen Tagen brachte Festus den Fall Paulus zur Sprache:

»Mein Vorgänger Felix hat mir hier einen Gefangenen hinterlassen. 15 Als ich nach Jerusalem kam, erhoben die führenden Priester* und die jüdischen Ratsältesten* Anklage gegen ihn und drängten mich, ihn zu verurteilen. 16 Aber ich machte ihnen klar, daß es bei uns Römern nicht üblich ist, einen Angeklagten – nur um jemand einen Gefallen zu tun – abzuurteilen, bevor er sich nicht persönlich gegenüber seinen Anklägern verteidigen konnte.

17 Als sie dann hierher kamen, habe ich sofort eine Verhandlung angesetzt und den Mann vorführen lassen. 18 Aber die Anklagen, die seine Gegner vorbrachten, gingen gar nicht auf irgendeinen Rechtsbruch, wie ich bis dahin vermuten mußte. 19 Alles drehte sich vielmehr um religiöse Streitfragen und um einen Toten namens Jesus, von dem Paulus behauptet, er lebe.

20 Da ich mich auf solche Fragen nicht genügend verstehe, fragte ich ihn, ob er nicht lieber nach Jerusalem gehen wolle, damit dort über diese Punkte verhandelt und entschieden wird. 21 Aber Paulus legte dagegen Beschwerde ein: Er wolle vor den Kaiser gebracht werden und bis dahin in Haft bleiben. Also gab ich Befehl, ihn weiter in Haft zu halten, bis ich ihn zum Kaiser schicken kann.«

22 Agrippa sagte zu Festus: »Ich würde den Mann gern einmal kennenlernen.«

»Morgen sollst du dazu Gelegenheit haben«, sagte Festus.

a Das *muß* deutet an, daß es so dem Willen Gottes entspricht – weil Paulus nach Rom kommen soll; vgl. 19,21; 23,11.
b Herodes Agrippa II.; siehe Sacherklärung »Herodes (6)«.

24,27 25,9 **25,2** 24,1 **25,3** 23,12-15 **25,7** 24,5-6.13 **25,9** 24,27 **25,11-12** (Kaiser) 23,11; 25,21.25; 28,19 **25,14** 24,27 **25,18-19** 18,14-15 S **25,22-23** Lk 23,8; 21,12 S

Paulus wird König Agrippa vorgeführt

23 Agrippa und Berenike erschienen also am
nächsten Tag in ihrer ganzen fürstlichen Pracht
und betraten, begleitet von hohen römischen
Offizieren und den maßgebenden Persönlichkeiten der Stadt, den Audienzsaal. Festus gab den
Befehl, und Paulus wurde hereingeführt. 24 Dar-
auf sagte Festus:
»König Agrippa! Meine verehrten Gäste! Hier seht ihr den Mann, dessentwegen mich alle Juden sowohl in Jerusalem als auch hier in dieser Stadt bestürmt haben. Sie schrien, er dürfe nicht
länger am Leben bleiben. 25 Ich mußte jedoch
feststellen, daß er nichts getan hat, worauf die Todesstrafe steht. Da er selbst an den Kaiser appelliert hat, habe ich beschlossen, ihn nach Rom zu schicken.
26 Ich habe allerdings kaum etwas Stichhaltiges, was ich meinem Herrn, dem Kaiser, schreiben könnte. Deshalb stelle ich euch den Mann vor, besonders dir, König Agrippa, damit ich durch ein neues Verhör einige Anhaltspunkte
für meinen Brief bekomme. 27 Denn es erscheint
mir unsinnig, einen Gefangenen nach Rom zu schicken, ohne eine Aufstellung der Anklagepunkte mitzugeben.«

Die Rede von Paulus vor König Agrippa

26 Agrippa sagte zu Paulus: »Du hast die Gelegenheit, in eigener Sache zu sprechen.«
Paulus machte eine Handbewegung und begann seine Verteidigungsrede:
2 »König Agrippa! Ich freue mich, daß ich
mich heute vor dir gegen die Angriffe der Juden
verteidigen kann, 3 vor allem, weil du dich in
ihren Gebräuchen und religiösen Streitfragen auskennst. Bitte, hör mich geduldig an!
4 Mein Leben, wie ich es seit meiner Jugend
unter meinem Volk und in Jerusalem geführt habe, ist allen Juden von Anfang an bekannt.
5 Sie kennen mich von früher her und können,
wenn sie wollen, bezeugen, daß ich nach der strengsten Richtung unserer Religion gelebt
habe. Ich war nämlich Pharisäer*. 6 Und wenn
ich jetzt vor Gericht stehe, dann nur deshalb, weil ich fest auf die Zusage vertraue, die Gott unseren Vorfahren gegeben hat.
7 Unser Zwölfstämmevolk Israel dient Gott
unablässig bei Tag und Nacht in der Hoffnung, endlich die Erfüllung dieser Zusage zu erleben. Und ich, König Agrippa, werde um derselben Hoffnung willen ausgerechnet von Juden ange-
klagt! 8 Warum wollt ihr Juden es denn nicht
glauben, daß Gott tatsächlich einen Toten auferweckt hat?
9 Anfangs allerdings hatte auch ich gemeint,
ich müßte dem Bekenntnis zu Jesus von Naza-
ret[a] mit allen Mitteln entgegentreten. 10 Das
habe ich in Jerusalem auch getan. Ausgestattet mit einer Vollmacht der führenden Priester* brachte ich viele Christen[b] ins Gefängnis und gab meine Stimme gegen sie ab, wenn sie zum
Tod verurteilt wurden. 11 In allen Synagogen*
habe ich immer wieder versucht, sie durch Auspeitschen* dahin zu bringen, daß sie ihrem Glauben abschwören. Mein Haß war so groß, daß ich sie sogar noch über die Grenzen des Landes hinaus verfolgen wollte.
12 In dieser Absicht reiste ich im Auftrag der
führenden Priester und mit ihrer Vollmacht nach
Damaskus. 13 Auf dem Weg dorthin, mein König,
umstrahlte mich und meine Begleiter mitten am Tag ein Licht vom Himmel, heller als die Sonne.
14 Wir stürzten alle zu Boden, und ich hörte eine
Stimme auf hebräisch* rufen: ›Saul, Saul, warum verfolgst du mich? Es ist sinnlos, daß du gegen mich ankämpfst!‹[c]
15 ›Wer bist du, Herr?‹ fragte ich, und der
Herr* sagte: ›Ich bin Jesus, den du verfolgst.
16 Doch steh auf, denn ich bin dir erschienen, um
dich in meinen Dienst zu stellen. Du sollst bezeugen, was du heute gesehen hast und was ich
dir noch zeigen werde. 17 Ich werde dich be-
schützen vor den Juden und auch vor den Nicht-
juden, zu denen ich dich sende. 18 Gerade ihnen
sollst du die Augen öffnen, damit sie aus der Finsternis ins Licht kommen, aus der Gewalt des Satans* zu Gott. Denn wenn sie auf mich vertrauen, wird ihnen ihre Schuld vergeben, und sie erhalten ihren Platz unter denen, die Gott zu seinem heiligen* Volk gemacht hat.‹
19 Ich habe mich, König Agrippa, dem nicht
widersetzt, was diese Erscheinung vom Himmel
mir befohlen hatte. 20 Zuerst in Damaskus und
Jerusalem und später in ganz Judäa und bei den nichtjüdischen Völkern rief ich die Menschen dazu auf umzukehren*, sich Gott zuzuwenden und durch ihre Lebensführung zu zeigen, daß es

a *zu Jesus …:* wörtlich *zum Namen* von Jesus, dem Nazoräer*.* b Wörtlich *viele der Heiligen*.*
c Wörtlich *Es ist schwer für dich, gegen den Stachel auszuschlagen.* Zu diesem Vergleich mit einem störrischen Zugtier siehe Sacherklärung »Ochsenstachel«.
26,5 23,6 S **26,6-8** 4,2 S; 24,15; 28,20 **26,9-11** 8,3 S **28,12-18** 9,1-22; 22,5-16 **26,18** (Licht) 1 Thess 5,4-5; 2 Kor 4,6; Kol 1,13; Eph 5,8; 1 Petr 2,9; Jes 42,7.16; (zu Gott) Apg 14,15; (Schuld) 10,43 S; (Volk) 1 Kor 1,2; 6,11 **26,20** 9,19-20.28-29; 11,18 S

ihnen mit der Umkehr ernst ist. 21 Einzig deswegen haben mich die Juden im Tempel* ergriffen und zu töten versucht.

22 Aber bis heute hat Gott mir geholfen, und so stehe ich als sein Zeuge vor den Menschen, den hochgestellten wie den ganz einfachen. Ich verkünde nichts anderes, als was die Propheten* und Mose angekündigt haben: 23 Der versprochene Retter,[a] sagten sie, muß leiden und sterben und wird als der erste unter allen Toten auferstehen, um dem jüdischen Volk und allen Völkern der Welt das rettende Licht zu bringen.«

Die Reaktion von Festus und Agrippa auf die Rede

24 Als Paulus sich auf diese Weise verteidigte, rief Festus ihm zu: »Du bist verrückt geworden, Paulus! Das viele Studieren hat dich um den Verstand gebracht!«

25 Paulus aber antwortete: »Hochverehrter Festus, ich bin nicht verrückt. Was ich sage, ist wahr und vernünftig. 26 Der König weiß, wovon ich rede, und mit ihm kann ich frei und offen darüber sprechen. Ich bin überzeugt, daß ich ihm auch gar nichts Neues sage; denn die Sache hat sich ja nicht irgendwo im Winkel abgespielt. 27 König Agrippa, glaubst du den Ankündigungen der Propheten*? Ich weiß, du glaubst ihnen!«

28 Agrippa erwiderte: »Es dauert nicht mehr lange, und du überredest mich noch dazu, daß ich selber Christ werde!«

29 »Ob es nun kurz oder lang dauert«, sagte Paulus, »ich bete zu Gott, daß nicht nur du, sondern alle, die mich hier hören, mir gleich werden – die Fesseln natürlich ausgenommen.«

30 Darauf standen der König, der Statthalter*, Berenike und die anderen auf 31 und gingen hinaus. »Der Mann verdient weder den Tod noch das Gefängnis«, war das einmütige Urteil.

32 Und Agrippa sagte zu Festus: »Der Mann könnte freigelassen werden, wenn er nicht an den Kaiser appelliert hätte.«

Paulus als Gefangener auf dem Weg nach Rom

27 Als unsere Abreise nach Italien beschlossen war, übergab man Paulus und einige andere Gefangene einem Hauptmann* namens Julius aus einem syrischen Regiment, das den Ehrennamen ›Kaiserliches Regiment‹ trug.[b]

2 Wir gingen an Bord eines Schiffes aus Adramyttion, das die Häfen an der Küste der Provinz Asien* anlaufen sollte, und fuhren ab. Der Mazedonier Aristarch aus Thessalonich begleitete uns.

3 Am nächsten Tag erreichten wir Sidon. Julius war Paulus gegenüber sehr entgegenkommend und erlaubte ihm, seine Glaubensgenossen[c] dort zu besuchen und sich bei ihnen zu erholen.

4 Als wir von dort weiterfuhren, hatten wir Gegenwind; darum segelten wir auf der Ostseite um Zypern herum. 5 Zilizien und Pamphylien ließen wir rechts liegen und erreichten schließlich Myra in Lyzien.

6 Dort fand der Hauptmann ein Schiff aus Alexandria, das nach Italien fuhr, und brachte uns an Bord. 7 Viele Tage lang machten wir nur wenig Fahrt und kamen mit Mühe bis auf die Höhe von Knidos. Dann zwang uns der Wind, den Kurs zu ändern. Wir hielten auf die Insel Kreta zu, umsegelten Kap Salmone 8 und erreichten mit knapper Not einen Ort, der Kaloi Limenes (Guthäfen) heißt, nicht weit von der Stadt Lasäa.

Paulus im Seesturm

9 Wir hatten inzwischen viel Zeit verloren. Das Herbstfasten[d] war vorbei, und die Schiffahrt wurde gefährlich. Deshalb warnte Paulus seine Bewacher. 10 »Ich sehe voraus«, sagte er, »daß eine Weiterfahrt zu großen Schwierigkeiten führen wird. Sie bringt nicht nur Ladung und Schiff in Gefahr, sondern auch das Leben der Menschen an Bord.«

11 Aber der Hauptmann* hörte mehr auf den Steuermann und den Kapitän als auf das, was Paulus sagte. 12 Außerdem war der Hafen zum Überwintern nicht sehr geeignet. So waren die meisten dafür, wieder in See zu stechen und zu versuchen, noch bis nach Phönix zu kommen. Dieser ebenfalls auf Kreta gelegene Hafen ist nach Westen hin offen, und man konnte dort den Winter zubringen.

13 Als ein leichter Südwind einsetzte, nahmen die Seeleute es für ein günstiges Zeichen.

a Wörtlich *Der Christus**.
b *aus einem syrischen ...:* wörtlich *von der Kaiserlichen Kohorte.* Hilfstruppen, bestehend aus Soldaten der jeweiligen Region, wurden öfter mit dem Ehrentitel »Kaiserliche« ausgezeichnet.
c Wörtlich (aus der Sicht des Römers gesprochen) *seine Freunde.*
d Gemeint ist der »Versöhnungstag« Ende September/Anfang Oktober; siehe Sacherklärung.

26,22 Lk 24,44S **26,23** 5,42S; 1Kor 15,23; Jes 49,6; Apg 11,18S **26,26** Joh 18,20S **26,28** 11,26 **26,31** 23,29S **26,32** 25,11-12S **27,2** 19,29S **27,3** 24,23S **27,9-10** 1Kor 11,26

Die Anker wurden gelichtet, und das Schiff
segelte so dicht wie möglich an der Küste Kretas
entlang. 14 Aber bald brach aus der Richtung
der Insel ein Sturm los, der gefürchtete Nord-
ost, 15 und riß das Schiff mit. Da es unmöglich
war, Kurs zu halten, ließen wir uns einfach trei-
ben.

16 Im Schutz der kleinen Insel Kauda war der
Sturm etwas weniger heftig, und wir konnten
mit einiger Mühe das Beiboot einholen. 17 Da-
nach legten die Seeleute zur Sicherung ein paar
Taue fest um das ganze Schiff. Um nicht in die
Große Syrte verschlagen zu werden, brachten
sie den Treibanker[a] aus und ließen das Schiff da-
hintreiben.

18 Der Sturm setzte dem Schiff stark zu, des-
halb warf man am nächsten Tag einen Teil der
Ladung ins Meer. 19 Am Tag darauf warfen die
Seeleute eigenhändig die Schiffsausrüstung über
Bord.

20 Tagelang zeigten sich weder Sonne noch
Sterne am Himmel. Der Sturm ließ nicht nach,
und so verloren wir am Ende jede Hoffnung
auf Rettung. 21 Niemand wollte mehr etwas
essen.

Da erhob sich Paulus und sagte: »Ihr hättet
auf meine Warnung hören und im Hafen bleiben
sollen. Dann wäre uns dies erspart geblieben.
22 Doch jetzt bitte ich euch: Laßt den Mut nicht
sinken! Alle werden am Leben bleiben, nur das
Schiff geht verloren. 23 In der vergangenen
Nacht erschien mir nämlich ein Engel* des Got-
tes, dem ich gehöre und dem ich diene, 24 und
sagte zu mir: ›Hab keine Angst, Paulus! Du mußt
vor den Kaiser treten, und auch alle anderen, die
mit dir auf dem Schiff sind, wird Gott deinet-
wegen retten.‹ 25 Also seid mutig, Männer! Ich
vertraue Gott, daß alles so kommen wird, wie er
es zu mir gesagt hat. 26 Wir werden an einer
Insel stranden.«

27 Wir trieben nun schon die vierzehnte
Nacht im Sturm auf dem Mittelmeer. Gegen Mit-
ternacht vermuteten die Seeleute Land in der
Nähe. 28 Sie warfen ein Lot aus und kamen auf
37 Meter Wassertiefe. Etwas später waren es nur
noch 28 Meter.[b] 29 Sie fürchteten, auf ein Küsten-
riff aufzulaufen, darum warfen sie vom Heck
vier Anker aus und wünschten sehnlichst den
Tag herbei.

30 Aber noch in der Dunkelheit versuchten
die Seeleute, das Schiff zu verlassen. Unter
dem Vorwand, auch vom Bug aus Anker aus-
werfen zu wollen, brachten sie das Beiboot
zu Wasser. 31 Doch Paulus warnte den Haupt-
mann* und die Soldaten: »Wenn die Seeleute
das Schiff verlassen, habt ihr keine Aussicht
auf Rettung mehr.« 32 Da hieben die Soldaten
die Taue durch und ließen das Beiboot davon-
treiben.

33 Noch bevor der Tag anbrach, forderte Pau-
lus alle auf, doch etwas zu essen. »Ihr wartet
nun schon vierzehn Tage auf Rettung«, sagte er,
»und habt die ganze Zeit über nichts gegessen.
34 Ich bitte euch deshalb, eßt etwas; das habt ihr
nötig, wenn ihr überleben wollt. Niemand von
euch wird auch nur ein Haar von seinem Kopf
verlieren.«

35 Dann nahm Paulus ein Brot, sprach darüber
vor allen ein Dankgebet, brach das Brot in
Stücke und fing an zu essen. 36 Da bekamen sie
alle wieder Mut und aßen ebenfalls. 37 Wir
waren insgesamt 276 Leute auf dem Schiff.

38 Als alle satt waren, warfen sie die Getreide-
ladung über Bord, um das Schiff zu erleichtern.

Schiffbruch

39 Bei Tagesanbruch sahen die Seeleute eine
Küste, die ihnen unbekannt war. Doch ent-
deckten sie eine Bucht mit einem flachen Strand
und wollten versuchen, das Schiff dort auf
Grund zu setzen. 40 Sie kappten die Ankertaue,
ließen die Anker im Meer zurück und mach-
ten zugleich die Steuerruder klar. Dann hißten
sie das Vordersegel, und als das Schiff im Wind
wieder Fahrt machte, hielten sie auf die Küste
zu.

41 Sie liefen jedoch auf eine Sandbank auf. Der
Bug rammte sich so fest ein, daß das Schiff nicht
wieder flottzumachen war, und das Hinterdeck
zerbrach unter der Wucht der Wellen.

42 Da beschlossen die Soldaten, alle Gefange-
nen zu töten, damit keiner durch Schwimmen
entkommen könne. 43 Aber der Hauptmann*
wollte Paulus retten und verhinderte es. Er
befahl den Schwimmern, sie sollten als erste
über Bord springen und das Land zu erreichen
suchen; 44 die übrigen sollten sich Planken und
anderen Wrackteilen anvertrauen. So kamen alle
unversehrt an Land.

a Eine große Holzplanke, die durch Gewichte unten und eine leere Tonne oben senkrecht im Wasser gehalten wurde und die Fahrtgeschwindigkeit des Schiffes abbremste. Andere Deutung: *holten das Hauptsegel ein,* wofür es allerdings reichlich spät gewesen wäre.

b Griechische Maßangabe *20* bzw. *15 Armspannen* (= je 1,85 m).

27,18 Jona 1,5 **27,24** 23,11 S **27,26** 28,1 **27,34** Lk 12,7 **27,35** Lk 22,19

Auf der Insel Malta

28 Nach unserer Rettung erfuhren wir, daß die Insel Malta hieß. 2 Die Eingeborenen – keine Griechen[a] – waren überaus freundlich zu uns. Sie machten ein offenes Feuer und holten uns alle dorthin; denn es hatte angefangen zu regnen, und es war kalt.

3 Paulus raffte ein Bündel Reisig zusammen und warf es in die Flammen. Da schoß eine Schlange heraus und biß sich an seiner Hand fest; die Hitze hatte sie aufgescheucht.

4 Die Eingeborenen sahen die Schlange an seiner Hand und sagten: »Der Mann muß ein Mörder sein: Aus dem Meer hat er sich gerettet, aber jetzt fordert die Rachegöttin sein Leben.« 5 Doch Paulus schüttelte die Schlange ins Feuer, und es geschah ihm nichts.

6 Die Leute warteten darauf, daß er langsam anschwellen oder plötzlich tot umfallen würde. Nachdem sie ihn aber eine Zeitlang beobachtet hatten und nichts dergleichen geschah, änderten sie ihre Meinung und sagten, er sei ein Gott.

7 In der Nähe der Stelle, an der wir uns befanden, hatte der Angesehenste unter den Leuten der Insel, Publius, seine Besitzungen. Er nahm uns freundlich auf, und wir waren für drei Tage seine Gäste.

8 Sein Vater hatte die Ruhr und lag mit Fieber im Bett. Paulus ging zu ihm ins Zimmer, betete über ihm, legte ihm die Hände auf und machte ihn gesund. 9 Darauf kamen auch alle anderen Kranken der Insel und ließen sich heilen. 10 Sie überschütteten uns mit ehrenvollen Geschenken, und bei der Abfahrt brachten sie uns alles, was wir für die Reise brauchten.

Von Malta nach Rom

11 Nach drei Monaten fuhren wir mit einem Schiff weiter, das in einem Hafen von Malta überwintert hatte. Es kam aus Alexandria und trug an seinem Bug als Schiffszeichen das Bild der Dioskuren.[b]

12 Wir kamen nach Syrakus, wo wir drei Tage blieben. 13 Von dort ging es weiter nach Rhegion. Am Tag darauf kam Südwind auf, und wir brauchten nur zwei Tage bis Puteoli. 14 In der Stadt fanden wir Christen,[c] die uns einluden, eine Woche bei ihnen zu bleiben.

Und dann kamen wir nach Rom. 15 Die Christen dort hatten von unserer Ankunft in Puteoli gehört und kamen uns bis Tres Tabernae (Drei Tavernen) entgegen, einige sogar bis Forum Appii (Appiusmarkt). Als Paulus sie sah, dankte er Gott und wurde voller Zuversicht.

Paulus in Rom. Begegnung mit den Juden der Stadt

16 In Rom bekam Paulus die Erlaubnis, sich eine Privatunterkunft zu suchen. Er hatte nur einen Soldaten als Wache.

17 Nach drei Tagen lud er die führenden Juden der Stadt ein. Als sie alle versammelt waren, sagte er: »Liebe Brüder! Obwohl ich nichts gegen unser Volk oder das Gesetz* unserer Vorfahren getan habe, wurde ich in Jerusalem festgenommen und an die Römer ausgeliefert. 18 Die Römer haben mich verhört und wollten mich freilassen, weil sie keinen Grund fanden, mich zum Tod zu verurteilen. 19 Doch weil die Juden dagegen protestierten, blieb mir nur der Ausweg, an den Kaiser zu appellieren. Ich hatte dabei aber nicht die Absicht, mein Volk anzuklagen. 20 Das wollte ich euch sagen, und darum habe ich euch hergebeten. Ich bin gefangen, weil ich das verkünde, worauf ganz Israel hofft.«

21 Sie antworteten ihm: »Uns hat niemand aus Judäa* über dich geschrieben; es ist auch kein Bruder gekommen, der uns offiziell oder privat etwas Belastendes über dich mitgeteilt hätte. 22 Wir würden aber gern deine Ansichten hören, denn wir haben erfahren, daß die Glaubensrichtung, zu der du gehörst, überall auf Widerspruch stößt.« 23 So verabredeten sie sich für ein andermal.

Am festgesetzten Tag kamen noch mehr von ihnen zu Paulus in seine Unterkunft. Er erklärte und bezeugte ihnen, daß Gott angefangen hat, seine Herrschaft* aufzurichten. Er wies sie auf die Ankündigungen im Gesetz Moses und in den Schriften der Propheten* hin, um sie für Jesus zu gewinnen – den ganzen Tag über, vom Morgen bis zum Abend. 24 Die einen ließen sich von seinen Worten überzeugen, die andern schenkten ihm keinen Glauben. 25 Sie konnten sich darüber nicht einig werden, und so gingen sie weg.

Paulus sagte noch zu ihnen: »Ich sehe, es

a *Die Eingeborenen …:* wörtlich *Die Barbaren,* was ursprünglich nur das Nichtgriechische, dann aber auch den Bildungsstand bezeichnet.

b *trug an seinem Bug …:* wörtlich *gekennzeichnet mit Dioskuren.* Die Dioskuren (= Zeus-Söhne) Kastor und Pollux galten als Beschützer der Schiffahrt.

c Wörtlich *Brüder;* ebenso im folgenden Vers.

28,2 2 Kor 11,27 **28,5** Mk 16,18 S **28,6** 14,11 **28,16** 24,23 S **28,18** 23,29 S **28,19** 25,11-12 S **28,20** (Israel hofft) 23,6; 24,15; 26,6-8 **28,22** 24,14 **28,23** (Herrschaft) 28,31; 1,3; 8,12; 19,8; 20,25; Lk 11,2 S

ist wahr, was der Heilige Geist* durch den Propheten Jesaja zu euren Vorfahren gesagt hat:
26 ›Geh zu diesem Volk und sage: Hört nur zu, ihr versteht doch nichts; seht hin, soviel ihr wollt, ihr erkennt doch nichts! 27 Denn dieses
Volk ist im Innersten verstockt. Sie halten sich die Ohren zu und schließen die Augen, damit sie nur ja nicht sehen, hören und begreifen, sagt Gott. Sonst würden sie zu mir umkehren, und ich könnte sie heilen.‹«
28 Paulus fügte hinzu: »Ich muß euch sagen,
Gott hat dieses Heil jetzt den anderen Völkern[a] angeboten. Und die werden hören!«[b]

Paulus verkündet die Botschaft Gottes ungehindert in der Hauptstadt der Welt

30 Volle zwei Jahre lang blieb Paulus in seiner Mietwohnung und konnte dort alle empfangen, die ihn aufsuchen wollten. 31 Ihnen allen verkündete er, wie Gott jetzt seine Herrschaft* aufrichtet, und lehrte sie alles über Jesus Christus, den Herrn* – frei und offen und völlig ungehindert.

a Herkömmliche Übersetzung *den Heiden**.
b Zahlreiche Handschriften fügen hinzu (Vers 29): *Als Paulus das gesagt hatte, gingen die Juden weg und stritten heftig miteinander.*
28,26-27 *nach* Jes 6,9-10; Mk 4,12 S **28,28** Lk 3,6; Apg 13,46 S **28,31** 28,23 S

DER BRIEF DES APOSTELS PAULUS AN DIE GEMEINDE IN ROM
(Römerbrief)

Inhaltsübersicht

BRIEFEINGANG UND BRIEFTHEMA
(1,1-17)

Paulus im Dienst der Guten Nachricht

1 Diesen Brief schreibt Paulus, der Jesus Christus dient, zum Apostel* berufen und dazu erwählt, Gottes Gute Nachricht* bekanntzumachen.

2 Diese Gute Nachricht hat Gott durch seine
Propheten* in den Heiligen Schriften* schon
lange angekündigt. 3-4 Es ist die Botschaft von
seinem Sohn*, Jesus Christus, unserem Herrn*.

Als Mensch geboren, ist er ein Nachkomme des Königs David*.
Durch die Kraft des Heiligen Geistes* als erster vom Tod erweckt, ist ihm die Macht übertragen, die ihm als Sohn Gottes zusteht.

5 Er hat mich bevollmächtigt, sein Apostel zu
sein. Mein Auftrag ist es, zur Ehre seines
Namens Menschen aus allen Völkern[a] dafür zu
gewinnen, daß sie sich Gott im Gehorsam unterstellen und ihm vertrauen. 6 Zu ihnen gehört
auch ihr. Denn Gott hat euch in die Gemeinschaft mit Jesus Christus berufen.
7 Dieser Brief ist für alle in Rom, die Gott liebt
und dazu berufen hat, ihm als sein heiliges* Volk
zu gehören.[b] Gnade und Frieden* sei mit euch
von Gott, unserem Vater, und von Jesus Christus, dem Herrn!

Paulus möchte nach Rom kommen

8 Als erstes danke ich meinem Gott durch Jesus
Christus für euch alle; denn in der ganzen Welt
erzählen sie von eurem Glauben. 9 Gott selbst,
dem ich durch die Verbreitung der Guten Nachricht* von seinem Sohn* mit ganzer Hingabe
diene, kann mir bezeugen: In meinen Gebeten
denke ich unablässig an euch 10 und bitte Gott
ständig darum, daß er es mir doch endlich einmal erlaubt, euch zu besuchen. 11 Ich sehne
mich danach, bei euch zu sein und euch etwas
von dem weiterzugeben, was mir der Geist*
Gottes geschenkt hat. Ich möchte euch damit
in eurem Glauben stärken. 12 Oder besser gesagt: Ich möchte in eurer Mitte zusammen
mit euch ermutigt werden durch den gegenseitigen Austausch über unseren gemeinsamen
Glauben.
13 Ich kann euch versichern, liebe Brüder und
Schwestern:[c] Ich hatte schon oft einen Besuch
bei euch geplant, nur bin ich bis jetzt immer
daran gehindert worden. Wie bei den anderen
Völkern wollte ich auch bei euch Menschen für
Christus gewinnen. 14 Ich bin die Botschaft von
Christus allen Menschen schuldig: solchen aus
hochkultivierten wie aus unzivilisierten Völkern, Gebildeten wie Unwissenden. 15 Darum
war ich schon immer bereit, auch euch in Rom
die Gute Nachricht zu verkünden.

Die Gute Nachricht bringt allen Rettung

16 Zur Guten Nachricht* bekenne ich mich offen
und ohne Scheu. In ihr ist die Kraft Gottes am
Werk und rettet alle, die der Botschaft glauben und sie im Vertrauen annehmen – an
erster Stelle die Glaubenden aus dem jüdischen

a Das griechische Wort bezeichnet speziell die nichtjüdischen Völker; vgl. Sacherklärung »Heiden«.
b *und dazu berufen ...:* wörtlich *den berufenen Heiligen**.
c *Brüder und Schwestern* steht für ein einziges griechisches Wort, das als Mehrzahlform nicht nur, wie herkömmlich übersetzt, die »Brüder« bezeichnet, sondern auch je nach Zusammenhang die gesamte Gemeinde aus Männern und Frauen (siehe dazu Sacherklärung »Bruder«).

1,1 Apg 9,3-15; 26,16; Gal 1,15-16 **1,2** 3,21; 1 Petr 1,10-12 **1,3-4** Apg 13,33; (Nachkomme Davids) Mt 1,1 S **1,5** Apg 9,15 S; Röm 11,13; 15,15-19; Gal 2,7.9; Eph 3,2; 1 Tim 2,7 **1,8** 16,19; 1 Thess 1,8 **1,10** 15,23.32; Apg 19,21 **1,13** 15,22 **1,16** 2 Tim 1,8; 1 Kor 1,18.24; (an erster Stelle) Apg 13,46 S

Volk und dann auch die aus den anderen Völkern.[a]

17 In der Guten Nachricht macht Gott seine Gerechtigkeit* offenbar: seine rettende Treue, die selbst für das aufkommt, was er vom Menschen fordert. Nur auf den vertrauenden Glauben* kommt es an, und alle sind zu solchem Glauben aufgerufen.[b] So steht es ja in den Heiligen Schriften*: »Wer durch vertrauenden Glauben vor Gott als gerecht gilt, wird leben.«

DIE GANZE MENSCHHEIT IST SCHULDIG (1,18–3,20)

Die Menschen haben Gottes Strafgericht verdient

18 Alle Menschen sind nämlich dem Gericht Gottes verfallen, und dieses Gericht beginnt schon offenbar zu werden. Es wird[c] vom Himmel herab alle treffen, die Gott nicht ehren und seinen Willen mißachten. Mit ihrem verkehrten Tun verdunkeln sie die offenkundige Wahrheit Gottes. 19 Denn was Menschen von Gott wissen können, ist ihnen bekannt. Gott selbst hat ihnen dieses Wissen zugänglich gemacht. 20 Weil Gott die Welt geschaffen hat, können die Menschen sein unsichtbares Wesen, seine ewige Macht und göttliche Majestät mit ihrem Verstand an seinen Schöpfungswerken wahrnehmen.

Sie haben also keine Entschuldigung. 21 Obwohl sie Gott kannten, ehrten sie ihn nicht als Gott und dankten ihm nicht. Ihre Gedanken liefen ins Leere, und in ihren unverständigen Herzen wurde es finster. 22 Sie gaben sich für besonders gescheit aus und wurden dabei zu Narren: 23 An die Stelle des ewigen Gottes in seiner Herrlichkeit* setzten sie Bilder von sterblichen Menschen und von Vögeln und vierfüßigen und kriechenden Tieren. 24 Darum lieferte Gott sie ihren Begierden aus und gab sie der Ausschweifung preis, so daß sie ihre eigenen Körper schänden.

25 Sie tauschten den wahren Gott gegen ein Lügengespinst ein, sie haben die Geschöpfe geehrt und angebetet anstatt den Schöpfer – gepriesen sei er für immer und ewig, Amen! 26 Darum lieferte er sie schändlichen Leidenschaften aus. Ihre Frauen vertauschten den natürlichen Geschlechtsverkehr mit dem widernatürlichen. 27 Ebenso gaben die Männer den natürlichen Verkehr mit Frauen auf und entbrannten in Begierde zueinander. Männer treiben es schamlos mit Männern. So empfangen sie am eigenen Leib den gebührenden Lohn für die Verirrung ihres Denkens.

28 Weil sie es verwarfen, Gott zu erkennen, überließ er sie ihrem untauglichen Verstand, so daß sie alles Verwerfliche tun. 29 Es findet sich bei ihnen jede Art von Unrecht, Niedertracht, Gier, Gemeinheit. Sie sind voll Neid, sie morden, streiten, betrügen und stellen einander Fallen. Sie reden gehässig über andere 30 und verleumden sie. Sie verachten Gott, sind gewalttätig, überheblich und prahlerisch. Sie sind erfinderisch im Bösen. Sie wollen sich ihren Eltern nicht unterordnen. 31 Unverständig sind sie und unzuverlässig, lieblos und ohne Erbarmen. 32 Dabei kennen sie genau den Willen Gottes und wissen, daß alle, die so etwas tun, vor seinem Gericht den Tod verdient haben. Trotzdem tun sie es und ermuntern mit ihrem Beifall auch noch andere, die so handeln.

Für alle gilt der gleiche Maßstab

2 Aber auch ihr, die ihr dieses Treiben mißbilligt, habt keine Entschuldigung. Wenn ihr solche Leute verurteilt, sprecht ihr damit euch selbst das Urteil; denn ihr handelt genauso wie sie. 2 Wir wissen: Über die Menschen, die all dies Böse tun, wird Gott ein unbestechliches Gericht halten. 3 Wie wollt ihr da der Strafe entgehen, wo ihr doch genau das tut, was ihr an den anderen verurteilt? 4 Mißachtet ihr die große Güte, Nachsicht und Geduld, die Gott euch bis jetzt erwiesen hat? Seht ihr nicht, daß er euch durch seine Güte zur Umkehr bewegen will? 5 Aber ihr kommt nicht zur Einsicht und wollt euch nicht ändern. Damit häuft ihr ständig noch mehr Schuld auf und bereitet euch selbst das Verderben, das am Tag der Abrechnung über euch hereinbricht – an dem Tag, an dem Gott sich als Richter offenbart und gerechtes Gericht hält.

6 Dann wird Gott alle Menschen belohnen oder bestrafen, wie sie es mit ihren Taten verdient haben. 7 Den einen gibt er unvergängliches

a *die aus den anderen Völkern:* herkömmliche Übersetzung *die Heiden**; ebenso in 3,29.
b *In der Guten Nachricht …:* wörtlich *In ihr wird die Gerechtigkeit Gottes offenbart aufgrund des Glaubens und für den Glauben.*
c *Alle Menschen …:* wörtlich *Denn der Zorn Gottes wird offenbart. Er wird …*

1,17 3,21-30; 4,1-25; 10,4-13; Gal 3,9-12; Phil 3,9; (Schriften) *nach* Hab 2,4; Gal 3,11; Hebr 10,38 **1,18** 2,5.8; Eph 5,6 S **1,19-20** Apg 17,27-28; 1 Kor 1,21; Ijob 12,7-10; Ps 19,2-5; Weish 13,1-9 **1,21** Eph 4,17-19 **1,22** 1 Kor 1,19-20 **1,23** Dtn 4,16-18; Ps 106,20; Jer 2,11; Weish 11,15 S **1,24-32** Weish 14,22-26 **1,27** 1 Kor 6,9 **1,29** Gal 5,19-21 S **2,1** Mt 7,2 **2,4** Apg 17,30 S; 2 Petr 3,9.15 **2,6** Mt 16,27 S; 2 Kor 5,10 S; Eph 6,8

Leben in Ehre und Herrlichkeit – es sind die, die
sich auf das ewige Ziel hin ausrichten und uner-
müdlich das Gute tun. 8 Die anderen trifft sein
vernichtendes Gericht – es sind die, die nur an
sich selbst denken, sich den Ordnungen Gottes
widersetzen und dem Unrecht folgen. 9–10 Über
alle, die Böses tun, läßt Gott Not und Verzweif-
lung hereinbrechen. Denen aber, die das Gute
tun, wird Gott ewige Herrlichkeit, Ehre und Frie-
den* schenken. Dies beides gilt in erster Linie
für die Juden, aber ebenso auch für die Men-
schen aus den anderen Völkern. 11 Denn Gott ist
ein unparteiischer Richter.

12 Da sind die einen, die das Gesetz* Gottes
nicht kennen: Wenn sie Unrecht tun, werden sie
auch ohne dieses Gesetz verlorengehen. Und da
sind die anderen, denen Gott sein Gesetz schrift-
lich gegeben hat: Wenn sie Unrecht tun, werden
sie aufgrund eben dieses Gesetzes verurteilt
werden. 13 Denn es genügt nicht, das Gesetz zu
hören, um vor Gott als gerecht bestehen zu kön-
nen. Nur wer auch *tut*, was das Gesetz verlangt,
wird bei Gott Anerkennung finden.

14 Auch wenn die anderen Völker das Gesetz
Gottes nicht haben, gibt es unter ihnen doch
Menschen, die aus natürlichem Empfinden her-
aus tun, was das Gesetz verlangt. Ohne das Ge-
setz zu kennen, tragen sie es also in sich selbst.
15 Ihr Verhalten beweist, daß ihnen die Forde-
rungen des Gesetzes ins Herz geschrieben sind,
und das zeigt sich auch an der Stimme ihres Ge-
wissens und an den Gedanken, die sich gegen-
seitig anklagen oder auch verteidigen. 16 Dies
alles kommt ans Licht, wenn Gott durch Jesus
Christus Gericht halten und das Innerste der
Menschen aufdecken wird. So bezeugt es die
Gute Nachricht, die mir anvertraut ist.

Das jüdische Volk macht keine Ausnahme

17 Wie steht es denn mit euch Juden? Ihr führt
euren Namen als Ehrennamen, ihr gründet euer
Vertrauen auf das Gesetz*, und ihr seid stolz auf
eure besondere Beziehung zu Gott. 18 Aus dem
Gesetz kennt ihr seinen Willen und könnt beur-
teilen, was in jeder Lage das Rechte ist. 19 Ihr
wißt euch berufen, die Blinden zu führen und
denen, die im Dunkeln sind, das Licht zu brin-
gen, 20 die Unverständigen zu erziehen und die
Unwissenden zu belehren; denn mit dem Ge-
setz habt ihr in vollendeter Form alles, was der
Mensch über Gott und seinen Willen wissen
muß.

21 Ihr belehrt also andere – aber euch selbst
belehrt ihr nicht. Ihr predigt: »Stehlt nicht« – und
stehlt selbst. 22 Ihr sagt: »Brecht nicht die Ehe« –
und tut es selbst. Ihr verabscheut die Götzen-
bilder – und bereichert euch am Handel mit
ihnen.[a] 23 Ihr seid stolz auf das Gesetz; aber ihr
lebt nicht danach und macht Gott Schande. 24 So
steht es in den Heiligen Schriften*: »Durch euch
kommt der Name Gottes bei den Völkern in Ver-
ruf.«

25 Auch die Beschneidung* nützt euch nur,
wenn ihr das Gesetz befolgt. Wenn ihr es über-
tretet, steht ihr in Wahrheit den Unbeschnitte-
nen gleich. 26 Wenn aber nun Unbeschnittene
nach den Vorschriften des Gesetzes leben – wer-
den sie dann nicht von Gott den Beschnittenen
gleichgestellt? 27 So kommt es dahin, daß Unbe-
schnittene einst über euch Juden das Urteil spre-
chen werden. Solche nämlich, die das Gesetz
Gottes befolgen, während ihr es übertretet, ob-
wohl ihr es schriftlich habt und beschnitten seid.

28 Beim Judesein geht es nicht um äußerliche
Merkmale und bei der Beschneidung nicht um
den äußeren, körperlichen Vollzug. 29 Die wah-
ren Juden sind die, die es innerlich sind, und die
wahre Beschneidung ist die Beschneidung des
Herzens, die nicht nach dem Buchstaben des
Gesetzes erfolgt, sondern durch den Geist* Got-
tes. Juden in diesem Sinn suchen nicht den Bei-
fall der Menschen, aber sie werden bei Gott An-
erkennung finden.

Auseinandersetzung mit Einwendungen

3 Was hat dann das jüdische Volk den ande-
ren Völkern voraus? Bedeutet es überhaupt
noch etwas, zum Volk der Beschneidung* zu
gehören?

2 Doch, in jeder Hinsicht eine ganze Menge!
Erstens hat Gott ihnen sein Wort[b] anvertraut.
3 Es stimmt zwar, daß einige dieses Vertrauen
enttäuscht haben. Aber kann das Gottes Treue
aufheben? 4 Auf keinen Fall! Vielmehr wird sich
am Ende herausstellen, daß Gott zuverlässig ist,
die Menschen aber samt und sonders versagt
haben. So steht es in den Heiligen Schriften*:
»Es wird sich erweisen, Herr, daß deine Worte
zuverlässig sind; du wirst recht behalten, wenn
dich jemand zur Rechenschaft ziehen will.«

a Deutung unsicher; wörtlich *und begeht Tempelraub.*

b Wörtlich *seine Worte*, d.h. seine Gebote und Zusagen in den Heiligen Schriften. Dies wird entfaltet (und damit das *Erstens* fortgeführt) in 9,4-5.

2,11 Apg 10,34; Eph 6,9; Kol 3,25; 1 Petr 1,17; Jak 2,1 S **2,13** Mt 7,21 S **2,16** 1 Kor 4,5 **2,17** 9,4; Jes 48,1 **2,19** Mt 15,14 S **2,21** Mt 23,3-4; Joh 7,19 **2,24** *nach* Jes 52,5 **2,25** 1 Kor 7,19; Gal 5,3 **2,29** 9,6; Phil 3,2-3; Kol 2,11; Jer 4,4 S **3,2** 9,4; Ps 147,19-20 **3,3-4** 9,6; 11,29; 2 Tim 2,13; Num 23,19 **3,4** *nach* Ps 51,6

5 Wenn aber unsere Untreue die Treue Gottes
erst richtig ins Licht setzt, was dann? Ist Gott
dann nicht ungerecht, wenn er uns vor sein Ge-
richt stellt? Ich rede eben, wie Menschen reden.
6 Aber das kann nicht sein! Wie könnte er sonst
die ganze Welt richten? 7 Du sagst: »Wenn durch
mein Versagen die Zuverlässigkeit Gottes erst
voll zur Geltung kommt und sein Ruhm vergrö-
ßert wird, dann darf er mich doch nicht als Sün-
der verurteilen!« 8 Nun, dann könnten wir auch
gleich sagen: »Tun wir doch Böses, damit Gutes
dabei herauskommt!« Einige verleumden mich
und unterstellen mir solche Grundsätze. Sie wer-
den der verdienten Strafe nicht entgehen!

Das Ergebnis: Kein Mensch kann vor Gott bestehen

9 Also wie steht es nun mit den Juden? Drücke
ich mich um eine klare Auskunft?[a] Durchaus
nicht! Ich habe eindeutig klargestellt, daß die
Menschen aus dem jüdischen Volk genauso wie
die aus den anderen Völkern in der Gewalt der
Sünde sind. 10 So heißt es auch in den Heiligen
Schriften*:

»Kein Mensch kann vor Gott als gerecht
bestehen;
11 kein Mensch hat Einsicht und fragt nach
Gottes Willen.
12 Alle haben den rechten Weg verlassen;
verdorben sind sie alle, ausnahmslos.
Niemand ist da, der Gutes tut, nicht einer.
13 Ihre Worte bringen Tod und Verderben,
von ihren Lippen kommen böse Lügen,
tödlich wie Natterngift sind ihre Reden.
14 Nur Fluch und Drohung quillt aus ihrem
Mund.
15 Rücksichtslos opfern sie Menschenleben.
16 Wo sie gehen, hinterlassen sie Trümmer
und Elend.
17 Was zum Frieden* führt, ist ihnen unbekannt.
18 Sie wissen nichts von Gottesfurcht.«

19 So steht es im Buch des Gesetzes*. Wir wissen
aber: Was das Gesetz sagt, das gilt für die, denen
das Gesetz gegeben ist. Niemand kann sich also
herausreden. Die ganze Menschheit ist vor Gott
schuldig. 20 Denn das steht fest: Mit Taten, wie
sie das Gesetz verlangt, kann kein Mensch vor
Gott als gerecht* bestehen. Durch das Gesetz
lernen wir erst die ganze Macht der Sünde ken-
nen.

GOTTES WEG ZUR RETTUNG: VERTRAUENDER GLAUBE (3,21–4,25)

Gott selbst hat eingegriffen

21 Jetzt aber ist die Gerechtigkeit* Gottes, näm-
lich seine rettende Treue, offenbar geworden: Er
hat einen Weg zum Leben eröffnet, der nicht
über das Gesetz* führt[b] und doch in Überein-
stimmung steht mit dem, was das Gesetz und
die Propheten bezeugen. 22 Dieser Weg besteht
im Glauben*, das heißt im Vertrauen auf das,
was Gott durch Jesus Christus getan hat.

Alle erfahren Gottes rettende Treue, die in
diesem Glauben stehen.[c] Es macht keinen
Unterschied, ob jemand zum jüdischen Volk
oder zu den anderen Völkern gehört. 23 Alle sind
schuldig geworden und haben den Anteil an
Gottes Herrlichkeit* verloren. 24 Ganz unver-
dient, aus reiner Gnade, läßt Gott sie vor seinem
Urteil als gerecht bestehen, aufgrund der Er-
lösung, die durch Jesus Christus geschehen ist.

25–26 Ihn hat Gott vor aller Welt als Sühne-
zeichen aufgerichtet. Durch sein Blut*, das am
Kreuz* vergossen wurde, ist die Schuld getilgt.
Das wird wirksam für alle, die es im Glauben
annehmen. So erweist sich Gott als treu und ge-
recht und vergibt den Menschen in seiner
großen Nachsicht die Verfehlungen, die sie bis-
her begangen haben.

Ja, in unserer gegenwärtigen Zeit erweist Gott
seine Gerechtigkeit, nämlich seine Treue zu sich
selbst und zu den Menschen: Er verschafft sei-
nem Rechtsanspruch Geltung und schafft selber
die von den Menschen schuldig gebliebene Ge-
rechtigkeit, und das für alle, die einzig und allein
auf das vertrauen, was er durch Jesus getan hat.[d]

a Wörtlich *Schützen wir etwas vor?* Die verbreitete Übersetzung »Haben wir (Juden) einen Vorzug?« ist vom griechischen Sprachgebrauch her nicht zu begründen.

b Wörtlich *Jetzt aber ist unabhängig vom Gesetz Gottes Gerechtigkeit offenbar geworden* (vgl. Anmerkung zu 1,17).

c *Dieser Weg besteht ...:* wörtlich *nämlich die Gerechtigkeit Gottes durch den Glauben, der sich auf Jesus Christus gründet, für alle, die glauben.* Mit »Jesus Christus« ist hier nicht die Person gemeint, auf die sich der Glaube richtet; es handelt sich um einen abkürzenden Ausdruck für das mit dieser Person verbundene Heilshandeln Gottes. Ebenso am Ende der Versgruppe 25-26 (vgl. die folgende Anmerkung).

d *Er verschafft ...:* wörtlich *so daß er selbst gerecht ist und gerecht macht den, der aus dem Glauben/aufgrund des Glaubens an Jesus (lebt).*

3,10-12 *zit* Ps 14,1-3 **3,13** *zit* Ps 5,10 *und* 140,4 **3,14** *nach* Ps 10,7 **3,15-17** *zit* Jes 59,7-8 **3,18** *nach* Ps 36,2 **3,20** Gal 2,16; 3,22; Ps 130,3; Ijob 4,17 S; (Macht der Sünde) Röm 4,15 S **3,21-22** 1,17 S **3,23** Weish 2,23 **3,24** Eph 2,8; Tit 3,4-7 **3,25-26** (Blut) Mk 14,24 par; Eph 1,7 S; 1 Joh 1,7 S; Hebr 9,12 S

27 Gibt es da noch irgendeinen Grund, sich
mit etwas zu rühmen? Nein, alles Rühmen ist
ausgeschlossen! Durch welches Gesetz? Etwa
durch das Gesetz der Werke, das vom Menschen
Leistungen fordert? Nein, sondern durch das Ge-
setz des Glaubens, das den Menschen zum Ver-
trauen einlädt![a]

28 Denn für mich steht fest: Allein aufgrund
des Glaubens nimmt Gott Menschen an und läßt
sie vor seinem Urteil als gerecht bestehen. Er
fragt dabei nicht nach Leistungen, wie das Ge-
setz sie fordert.

29 Oder ist Gott nur ein Gott für Juden? Ist er
nicht auch für Menschen aus den anderen Völ-
kern da? Ganz gewiß ist er das! 30 Gott ist doch
der Eine und Einzige, darum gilt auch: Beschnit-
tene* wie Unbeschnittene nimmt er aufgrund
des Glaubens an.

31 Setze ich etwa durch den Glauben das Ge-
setz außer Kraft? Im Gegenteil: Gerade so bringe
ich es zur Geltung!

Das Beispiel Abrahams

4 Wie war es denn bei unserem leiblichen
Ahnvater Abraham*? Wird von ihm nicht
gesagt, daß er »Gnade gefunden« hat?[b] 2 Wenn
er, wie man sagt, aufgrund seiner Gehorsams-
leistungen als gerecht anerkannt wurde, hat er
Grund, sich zu rühmen* – aber nicht vor Gott!
3 Wie heißt es denn in den Heiligen Schriften*?
»Abraham vertraute Gott und glaubte seiner Zu-
sage, und dies rechnete Gott ihm als Gerechtig-
keit* an.«

4 Nun, einem Arbeiter, der Leistungen er-
bracht hat, wird sein Lohn nicht als etwas
Unverdientes angerechnet, sondern als etwas,
worauf er Anspruch hat. 5 Wenn dagegen ein
Mensch vor Gott keine Leistungen vorzuweisen
hat, aber er vertraut auf den, der die Gottlosen
annimmt, dann wird ihm sein Glaube* als Ge-
rechtigkeit angerechnet.

6 Im gleichen Sinn preist David die Menschen
glücklich, denen Gott Gerechtigkeit anrechnet,
obwohl sie keine guten Werke vorzuweisen
haben:

7 »Freuen dürfen sich alle,
denen der Herr ihr Unrecht vergeben
und ihre Verfehlungen zugedeckt hat!
8 Freuen dürfen sich alle,
denen der Herr die Schuld nicht anrechnet!«

9 Gilt das nur für Beschnittene oder auch für Un-
beschnittene? Ich habe schon gesagt: Abrahams
Glaube wurde ihm von Gott als Gerechtigkeit
angerechnet. 10 Unter welchen Umständen ge-
schah dies? War er damals schon beschnitten,
oder war er es noch nicht? Er war es noch nicht!
11 Die Beschneidung* erhielt Abraham erst als
Bestätigung. Durch sie wurde besiegelt, daß Gott
ihn schon vor seiner Beschneidung um seines
Glaubens willen angenommen hatte.

So ist Abraham der Vater aller geworden, die
Gott vertrauen, ohne beschnitten zu sein – und
denen dieses Vertrauen als Gerechtigkeit ange-
rechnet wird. 12 Er ist aber genauso der Vater der
Beschnittenen, sofern sie nicht nur wie Abra-
ham beschnitten sind, sondern auch in dessen
Spuren gehen und Gott so vertrauen wie unser
Vater Abraham, als er noch nicht beschnitten
war.

Es kommt nur auf den vertrauensvollen Glauben an

13 Dasselbe gilt für die Zusage, die Gott Abraham
und seinen Nachkommen gab: sie sollten die
ganze Erde zum Besitz erhalten.[c] Diese Zusage
erfolgte nicht auf der Grundlage des Gesetzes*,
sondern auf der Grundlage der Gerechtigkeit*,
die dem Glauben* angerechnet wird. 14 Wenn
die Erde denen als Besitz zugesprochen wäre,
die das Gesetz befolgen, wäre der Glaube ent-
wertet, und die Zusage hätte ihren Sinn ver-
loren. 15 Das Gesetz führt aber in Wirklichkeit zu
Gottes Strafgericht; denn nur wo kein Gesetz ist,
gibt es auch keine Übertretungen.

16 Deshalb hat Gott alles auf den Glauben ge-
stellt, damit alles auf Gnade beruht. Auf diese
Weise gilt die Zusage unverbrüchlich für alle
Nachkommen Abrahams, nicht nur für die, die
nach den Ordnungen des Gesetzes leben, son-
dern auch für alle, die wie Abraham der Zusage

a Entweder gebraucht Paulus das Wort *Gesetz* hier in dem formalen Sinn von »Gesetzmäßigkeit/Regel«, oder er denkt daran, daß der Glaube als Vertrauen im Alten Testament schon vor und neben dem Leistungs-Gesetz seine Stelle hat (vgl. Kap 4!) und daß sich beides, Leistungs-Gesetz und Glaubens-Gesetz, innerhalb der »Gesetz« genannten Bücher des Alten Testaments (Mose-Bücher; hebräisch Tora) findet. Im zweiten Fall wäre zu übersetzen: *durch das Gesetz, sofern es Leistungen fordert/zum Vertrauen einlädt.*

b Paulus denkt an Gen 18,3. Von *unserem (Ahnvater)* spricht er im Blick auf die Gemeindeglieder jüdischer Abstammung.

c Weil im Hebräischen das Wort für Land auch *Erde* bedeuten kann, wurde die Landzusage von Gen 12,7 im Frühjudentum in diesem Sinne verstanden.

3,27 8,2 **3,28** Gal 2,16 **3,30** Dtn 6,4; Gal 3,20 **3,31** Mt 5,17 **4,2** Jak 2,21 **4,3** *zit* Gen 15,6; Gal 3,6; Jak 2,23 **4,6-8** *zit* Ps 32,1-2 **4,11** Gen 17,9-14; Gal 3,7; Röm 2,28-29 S **4,12** Mt 3,9 S **4,13** Gen 12,7; 22,17; Sir 44,21 **4,14** Gal 3,18 **4,15** 3,20; 5,13.20; 7,7-13; Gal 3,19

Gottes glauben. So ist Abraham der Vater von uns allen. 17 Denn Gott hat zu ihm gesagt: »Ich habe dich zum Vater vieler Völker gemacht.«

Abraham hatte Gott vor Augen und glaubte ihm, der die Toten lebendig macht und das Nichtseiende ins Dasein ruft. 18 Obwohl nichts mehr zu hoffen war, hielt er an der Hoffnung fest und vertraute darauf, daß Gott ihn zum Vater vieler Völker machen werde. Denn Gott hatte zu ihm gesagt: »Deine Nachkommen werden so zahlreich sein wie die Sterne.«

19 Abraham, fast hundertjährig, wußte genau, daß seine Lebenskraft aufgezehrt und der Mutterschoß Saras erstorben war. Trotzdem wurde er nicht schwach im Glauben 20 und zweifelte nicht an der Zusage Gottes, vielmehr wurde sein Glaube nur um so fester. Er gab Gott die Ehre 21 und war felsenfest davon überzeugt: Was Gott zusagt, das kann er auch tun. 22 Darum wurde ihm sein Glaube als Gerechtigkeit angerechnet.

23 Daß er angerechnet wurde, ist aber nicht nur wegen Abraham gesagt, 24 sondern auch wegen uns. Auch uns wird Gott einst den Glauben als Gerechtigkeit anrechnen, so gewiß wir auf Ihn vertrauen, der Jesus, unseren Herrn*, aus dem Tod auferweckt hat. 25 Er gab ihn dahin, um unsere Vergehen zu sühnen, und hat ihn zum Leben erweckt, damit wir vor ihm als gerecht bestehen können.

ÜBERWINDUNG VON SÜNDE UND GESETZ. NEUES LEBEN AUS DEM GEIST (Kapitel 5–8)

Gottes Liebe als Grund unserer Hoffnung

5 Nachdem wir nun aufgrund des Glaubens* bei Gott angenommen sind, haben wir Frieden* mit Gott. Das verdanken wir Jesus Christus, unserem Herrn*. 2 Er öffnete uns den Weg des Vertrauens und damit den Zugang zur Gnade Gottes, in der wir jetzt festen Stand gewonnen haben. Nun haben wir Grund, uns zu rühmen*, weil wir die gewisse Hoffnung haben, daß Gott uns an seiner Herrlichkeit* teilnehmen läßt.

3 Mehr noch: Wir rühmen uns sogar der Leiden, die wir für Christus auf uns nehmen müssen. Denn wir wissen: Durch Leiden lernen wir Geduld, 4 durch Geduld kommt es zur Bewährung, durch Bewährung festigt sich die Hoffnung. 5 Unsere Hoffnung aber wird uns nicht enttäuschen. Denn daß Gott uns liebt, ist uns unumstößlich gewiß.[a] Seine Liebe ist ja in unsere Herzen ausgegossen durch den Heiligen Geist*, den er uns geschenkt hat.

6 Diese Liebe zeigt sich darin, daß Christus sein Leben für uns hingegeben hat. Zur rechten Zeit, als wir noch in der Gewalt der Sünde waren, ist er für uns gottlose Menschen gestorben. 7 Nun wird sich kaum jemand finden, der für einen Gerechten stirbt; allenfalls opfert sich jemand für eine gute Sache.[b] 8 Wie sehr Gott uns liebt, beweist er uns damit, daß Christus für uns starb, als wir noch Sünder waren.

9 Wenn wir aber jetzt bei Gott angenommen sind, weil Christus sein Leben für uns gab, dann werden wir durch ihn erst recht aus dem kommenden Strafgericht gerettet werden. 10 Als wir Gott noch als Feinde gegenüberstanden, hat er uns durch den *Tod* seines Sohnes mit sich versöhnt. Dann werden wir als mit Gott Versöhnte nun erst recht durch das *Leben* seines Sohnes vor dem Verderben gerettet werden. 11 Darauf hoffen wir – ja noch mehr: Wir rühmen uns damit, daß wir Gott auf unserer Seite haben. Das verdanken wir Jesus Christus, unserem Herrn, der uns die Versöhnung mit Gott gebracht hat.

Christus überwindet die Sünde Adams und ihre Folgen

12 Deshalb gilt: Wie die Sünde durch einen einzigen Menschen in die Welt kam, so auch die Überwindung der Sünde.[c] Die Sünde dieses einen brachte den Tod mit sich, und alle verfielen dem Tod, weil sie auch alle selbst sündigten. 13 Die Sünde war schon in der Welt, bevor das Gesetz* durch Mose verkündet wurde; aber solange es kein Gesetz gibt, wird Sünde nicht als Übertretung angerechnet. 14 Trotzdem herrschte der Tod schon in der Zeit von Adam bis Mose über die Menschen, auch wenn sie nicht wie Adam gegen einen ausdrücklichen Befehl Gottes verstoßen hatten. Mit seinem Ungehorsam ist Adam das genaue Gegenbild zu dem anderen, der kommen sollte.

15 Doch die Begnadigung ist nicht einfach das

a *Denn daß Gott …:* Zusatz, der den folgenden Satz verdeutlicht.
b Es kann auch übersetzt werden *für einen (besonders) guten Menschen.*
c *so auch …:* verdeutlichender Zusatz. Paulus greift den abgebrochenen Satz erst in Vers 18 wieder auf.

4,17 *zit* Gen 17,5; 2 Kor 1,9 S **4,18** *zit* Gen 15,5 **4,19-20** Gen 17,1-6; Hebr 11,11 **4,21** Gen 18,14; Lk 1,37 **4,22** 4,3 S **4,25** Jes 53,4-5.10; Röm 8,32-34; 1 Kor 15,17 **5,1** 8,32-34; (Frieden) Apg 10,36 S **5,2** (Gnade) 6,14; 2 Kor 6,1; 12,9; Eph 2,5-8; (Herrlichkeit) Röm 8,17-18; 1 Kor 2,7; 2 Kor 3,18; 4,17; Kol 1,27; 3,4; 1 Thess 2,12; 2 Tim 2,10; 1 Petr 1,7; 4,13-14; 5,10 **5,3-5** Jak 1,2-3.12; 1 Petr 1,5-7 **5,5** Hebr 6,18-19; Röm 8,39 S; (ausgegossen) Apg 2,33 S **5,6-7** 1 Petr 3,18 **5,6** 1 Kor 15,3 **5,8** Joh 3,16 S **5,11** 5,1 S **5,12** Gen 2,17; 3,19; Röm 7,9-10 **5,13** 4,15 S **5,14** 1 Kor 15,21-22.45-49

Gegenstück der Verfehlung. Die Sünde des *einen*
Menschen hat allen übrigen den Tod gebracht.
Das wird mehr als aufgewogen durch die Gnade
Gottes und das Geschenk, das allen durch die
Liebestat des *einen* Menschen Jesus Christus zu-
teil wird. 16 Dieses Gnadengeschenk und das Ge-
richt über die Schuld des *einen* sind überhaupt
nicht vergleichbar. Das Gericht hat es mit der
Verfehlung eines einzigen zu tun und führt zur
Verurteilung. Die Gnade hat es mit einer Unzahl
von Verfehlungen zu tun und führt zur Gerecht-
sprechung. 17 Durch die Verfehlung des *einen*
kam – dieses *einen* wegen – der Tod zur Herr-
schaft über die Menschen. Um so mehr werden
durch den *einen* Jesus Christus alle die im ewi-
gen Leben zur Herrschaft gelangen, die die über-
reiche Gnade Gottes und das Geschenk der Ge-
rechtsprechung empfangen!

18 Also: Durch die Gebotsübertretung des
einen Menschen kam es dazu, daß alle verurteilt
wurden. Ebenso bewirkt die Gehorsamstat des
einen, daß alle für gerecht erklärt werden und
leben. 19 Weil ein einziger ungehorsam war, sind
alle zu Sündern geworden. Ebenso werden alle
vor Gott zu Gerechten, weil der *eine* gehorsam
war.

20 Das Gesetz ist nachträglich hinzugekom-
men, damit die Macht der Sünde sich in Geset-
zesübertretungen entfalten sollte. Wo aber die
Sünde ihr volles Maß erreicht hatte, da wuchs
die Gnade über alles Maß hinaus. 21 Wie die
Sünde ihre Macht ausübte, indem sie den Tod
brachte, so wird die Gnade ihre Macht ausüben,
indem sie uns vor Gott bestehen läßt und zum
ewigen Leben führt. Das verdanken wir Jesus
Christus, unserem Herrn*.

Durch Christus befreit zu einem neuen Leben

6 Was folgt nun daraus? Sollen wir ruhig wei-
tersündigen, damit die Gnade sich noch
mächtiger entfalten kann? 2 Unmöglich! Die
Sünde hat kein Anrecht mehr an uns, für sie
sind wir tot[a] – wie könnten wir dann noch wei-
ter in der Sünde leben? 3 Ihr müßt euch doch dar-
über im klaren sein, was bei der Taufe mit euch
geschehen ist. Wir alle, die »in Jesus Christus
hinein«[b] getauft wurden, sind damit in seinen
Tod hineingetauft, ja hineinge*taucht*[c] worden.
4 Durch diese Taufe wurden wir auch zusammen
mit ihm begraben. Und wie Christus durch die
Lebensmacht Gottes, des Vaters, vom Tod auf-
erweckt wurde, so ist uns ein neues Leben
geschenkt worden, in dem wir nun auch *leben*
sollen.

5 Denn wenn wir mit seinem Tod verbunden
wurden, dann werden wir auch mit seiner Auf-
erstehung verbunden sein. 6 Das gilt es also zu
begreifen: Der alte Mensch, der wir früher
waren, ist mit Christus am Kreuz gestorben.
Unser von der Sünde beherrschtes Ich ist damit
tot, und wir müssen nicht länger Sklaven der
Sünde sein. 7 Denn wer gestorben ist, kann nicht
mehr sündigen; er ist von der Herrschaft der
Sünde befreit.

8 Wenn wir nun mit Christus gestorben sind,
werden wir auch zusammen mit ihm leben; das
ist unser Glaube. 9 Wir wissen ja, daß Christus
vom Tod auferweckt wurde und nie mehr stirbt.
Der Tod hat keine Macht mehr über ihn. 10 Mit
seinem Tod hat Christus der Sünde ein für alle-
mal gegeben, was sie zu fordern hat; mit seinem
Leben aber gehört er Gott. 11 Genauso müßt ihr
von euch selbst denken: Ihr seid tot für die
Sünde, aber weil ihr mit Jesus Christus verbun-
den seid, lebt ihr für Gott.

12 Laßt also nicht zu, daß euer sterblicher Leib
von der Sünde beherrscht wird. Gehorcht nicht
seinen Begierden! 13 Stellt eure Glieder und alle
eure Fähigkeiten nicht länger in den Dienst der
Sünde, die sie als Waffen gegen das Gute be-
nutzt. Stellt euch vielmehr in den Dienst Gottes
als Menschen, die gewissermaßen schon von
den Toten auferstanden sind, damit Gott eure
Glieder und Fähigkeiten als Waffen im Kampf für
das Gute gebrauchen kann. 14 Die Sünde *wird*
nicht Herr werden über euch! Denn ihr lebt
nicht mehr unter dem Gesetz*, sondern unter
der Gnade.

Entweder versklavt an die Sünde oder frei zum Tun des Guten

15 Wie steht es nun also? Können wir ruhig sün-
digen, weil das Gesetz* uns nicht mehr verur-
teilt, sondern die Gnade Gottes uns von unserer
Schuld freispricht? Auf keinen Fall! 16 Ihr wißt
doch: Wem ihr euch als Sklaven unterstellt, dem
müßt ihr dienen. Entweder ihr wählt die Sünde;
dann werdet ihr sterben. Oder ihr wählt den Ge-
horsam; dann werdet ihr vor dem Gericht Gottes

a *Die Sünde hat ...:* wörtlich *Wir sind der Sünde gestorben.* b Zu dieser Formel vgl. Sacherklärung »Taufe«.
c *ja hineingetaucht:* verdeutlichender Zusatz; die Taufe erfolgte durch Untertauchen.

5,17 (zur Herrschaft) Dan 7,27; Weish 3,8; Mt 19,28; 1 Kor 4,8; 6,2-3; 2 Tim 2,12; Offb 1,6 S **5,20** 4,15 S **5,21** 6,23 **6,1** 3,5-8.31 **6,2** 6,6; 7,4 **6,3-4** Gal 3,27; Kol 2,12; Tit 3,5; 1 Petr 3,21 **6,4** 2 Kor 5,14-15.17; Gal 6,15; Kol 3,1-5.10 **6,5** Phil 3,10-11 **6,6** Gal 5,24 S **6,10** Hebr 9,27 S **6,11** Gal 2,19; 1 Petr 2,24 **6,13** 12,1 S **6,14** Gal 5,18; 1 Joh 3,6; Röm 5,2 S **6,16** Joh 8,34 S

bestehen können. 17 Gott sei gedankt! Früher
wart ihr Sklaven der Sünde; aber jetzt gehorcht
ihr von Herzen der Lehre, die für euch verbind-
lich geworden ist.[a] 18 Ihr seid vom Sklavendienst
der Sünde befreit und als Sklaven in den Dienst
der Gerechtigkeit gestellt, das heißt in den
Dienst des Guten, das Gott will.

19 Wenn ich vom *Sklaven*dienst der Gerechtig-
keit rede, überziehe ich den Vergleich; aber ich
will, daß ihr mit eurem begrenzten mensch-
lichen Verstand erfassen könnt, worauf es an-
kommt. Früher hattet ihr eure Glieder und alle
eure Fähigkeiten in den Dienst der Ausschwei-
fung und Zügellosigkeit gestellt. Ihr führtet ein
Leben, das Gott nicht gefallen konnte. So stellt
jetzt umgekehrt eure Glieder und Fähigkeiten in
den Dienst des Guten, und führt euer Leben als
Menschen, die Gott gehören.[b]

20 Solange ihr Sklaven der Sünde wart, wart
ihr dem Guten gegenüber frei. 21 Was kam dabei
heraus? Ihr schämt euch jetzt, wenn ihr daran
denkt; denn was ihr damals getan habt, führt am
Ende zum Tod. 22 Aber jetzt seid ihr vom Dienst
der Sünde frei geworden und dient Gott. Was
dabei herauskommt, ist eine Lebensführung,
durch die ihr euch als Gottes heiliges* Volk er-
weist, und am Ende erwartet euch ewiges Leben.

23 Der Lohn, den die Sünde zahlt, ist der Tod.
Gott aber schenkt uns unverdient, aus reiner
Gnade, ewiges Leben durch Jesus Christus,
unseren Herrn*.

Freiheit vom Gesetz

7 Brüder und Schwestern,[c] ihr kennt doch
das Gesetz* und wißt: Es hat für einen
Menschen nur Geltung, solange er lebt. 2 Eine
verheiratete Frau zum Beispiel ist durch das Ge-
setz an ihren Mann gebunden, solange er lebt.
Wenn der Mann stirbt, gilt für sie das Gesetz
nicht mehr, das sie an ihn bindet. 3 Wenn sie sich
also zu Lebzeiten ihres Mannes mit einem ande-
ren einläßt, nennt man sie zu recht eine Ehebre-
cherin. Stirbt aber der Mann, so ist sie frei von
dem Gesetz, das sie an ihren Mann bindet. Sie
begeht keinen Ehebruch, wenn sie sich einem
anderen hingibt.

4 So steht es auch mit euch, meine Brüder und
Schwestern! Weil ihr mit Christus gestorben
seid,[d] seid ihr dem Gesetz gegenüber tot. Ihr
gehört jetzt nicht mehr dem Gesetz, sondern
Christus, der vom Tod erweckt worden ist.
Darum können wir nun so leben, daß unser Tun
für Gott Frucht bringt.

5 Als wir noch unserer selbstsüchtigen Natur
folgten,[e] war unser ganzes Verhalten beherrscht
von den sündigen Leidenschaften, die durch das
Gesetz in uns geweckt wurden. Wir lebten so,
daß unser Tun nur dem Tod Gewinn brachte.
6 Aber jetzt stehen wir nicht mehr unter dem
Gesetz; wir sind tot für das Gesetz, das uns frü-
her gefangenhielt. So dienen wir Gott in einem
neuen Leben, das sein Geist* in uns schafft, und
nicht mehr auf die alte Weise nach dem Buchsta-
ben des Gesetzes.

Die Sünde mißbraucht das Gesetz

7 Behaupte ich damit, daß Gesetz* und Sünde
dasselbe sind? Das ganz gewiß nicht! Aber ohne
das Gesetz hätten wir Menschen[f] die Sünde nie
kennengelernt. Die Begehrlichkeit wäre nicht
in uns erwacht, wenn das Gesetz nicht gesagt
hätte: »Du sollst nicht begehren!« 8 Die Sünde
machte sich das Gebot zunutze und stachelte
mit seiner Hilfe alle Begierden in uns an. Ohne
das Gesetz ist die Sünde tot. 9 Einst kannten wir
das Gesetz noch nicht. Damals *lebten* wir; aber
als das Gebot kam, lebte die Sünde auf, 10 und
wir mußten sterben. Das Gebot, das uns das
Leben erhalten sollte, brachte uns den Tod.
11 Denn die Sünde benutzte es für ihre Zwecke:
sie täuschte uns Leben vor und tötete uns – eben
durch das von ihr mißbrauchte Gebot. 12 Es
bleibt also dabei: Das Gesetz ist der heilige Wille
Gottes, und die Gebote sind heilig, gerecht und
gut.

13 Hat dann etwa das Gute, das Gesetz, unse-
ren Tod bewirkt? Auf keinen Fall! Die Sünde war
schuld; sie hat das gute Gesetz benutzt, um uns

a Paulus denkt wahrscheinlich an die Unterweisung, die im Zusammenhang mit der Taufe gegeben wurde; vgl. Sacherklärung »Lehrer«.

b *und führt …:* wörtlich *zur Heiligung.* Auch in Vers 22 *(Lebensführung …)* spricht der Text wörtlich von »Heiligung«; siehe Sacherklärung »heilig«. *c* Siehe Anmerkung zu 1,13; ebenso für Vers 4.

d Wörtlich *Durch den* (am Kreuz hingegebenen) *Leib von Christus.*

e Wörtlich *noch im Fleisch* waren.*

f Wörtlich *hätte ich.* Paulus spricht in den Versen 7-25 in der 1. Person, redet aber nicht nur von sich persönlich, sondern beschreibt die Situation des Menschen ohne Christus. In den Versen 9-11 bezieht er sich auf die Geschichte vom »Sündenfall« in Gen 3, die sich in gewisser Weise in jedem Menschenleben wiederholt.

6,17 Joh 8,32 **6,18** 1 Petr 2,24 **6,21** 7,5; 8,6.13; Gal 6,8; Jak 1,14-15; Weish 1,12 **6,23** 5,21 **7,2** 1 Kor 7,39 **7,4** 6,4; Gal 2,19 **7,5** 6,21 S **7,6** 8,2-4; 2 Kor 3,6 **7,7-13** 4,15 S **7,7** *nach* Dtn 5,21; Gen 2,16-17; 3,6 **7,8** 1 Kor 15,56 **7,10** Lev 18,5 S **7,12** 1 Tim 1,8

den Tod zu bringen. So sollte sie ihr wahres Gesicht zeigen und sich durch den Mißbrauch des Gesetzes in ihrer ganzen Verworfenheit enthüllen.

Die Ohnmacht des guten Willens

14 Es steht außer Frage: Das Gesetz* ist »geistlich«, es kommt von Gott. Wir aber sind »fleischlich«, das heißt schwache Menschen, der Macht der Sünde ausgeliefert. 15 Wir sind uns nicht im klaren darüber, was wir anrichten. Wir tun nämlich nicht, was wir eigentlich wollen, sondern das, was wir verabscheuen. 16 Wenn wir aber das Böse, das wir tun, gar nicht tun wollen, dann beweist das, daß wir dem Gesetz zustimmen und seine Forderungen als berechtigt anerkennen. 17 Nicht wir sind es also, die das Böse tun, vielmehr tut es die Sünde, die sich in uns eingenistet hat.

18 Wir wissen genau: In uns selbst, so wie wir der Sünde ausgeliefert sind,[a] lebt nicht die Kraft zum Guten. Wir bringen es zwar fertig, uns das Gute vorzunehmen; aber wir sind zu schwach, es auszuführen. 19 Wir tun nicht das Gute, das wir wollen, sondern gerade das Böse, das wir nicht wollen. 20 Wenn wir aber tun, was wir gar nicht wollen, dann verfügen nicht wir selbst über uns, sondern die Sünde, die sich in uns eingenistet hat.

21 Wir finden demnach unser Leben von folgender Gesetzmäßigkeit bestimmt: Ich will das Gute tun, bringe aber nur Böses zustande. 22 In meinem Innern stimme ich dem Gesetz Gottes freudig zu. 23 Aber in meinen Gliedern, in meinem ganzen Verhalten, sehe ich ein anderes Gesetz am Werk. Dieses Gesetz liegt im Streit mit dem Gesetz, das ich innerlich bejahe, und macht mich zu seinem Gefangenen. Es ist das Gesetz der Sünde, das in meinen Gliedern regiert und mir mein Verhalten diktiert.

24 Ich unglückseliger Mensch! Wer rettet mich aus dieser tödlichen Verstrickung?[b]

25 Gott sei gedankt durch Jesus Christus, unseren Herrn*: Er hat es getan!

Nun diene also ich, ein und derselbe Mensch, mit meinem bewußten Streben dem Gesetz Gottes, aber mit meinen Gliedern dem Gesetz der Sünde.[c]

Der Geist Gottes überwindet die Sünde

8 Vor dem Gericht Gottes gibt es also keine Verurteilung mehr für die, die mit Jesus Christus verbunden sind. 2 Denn dort, wo Jesus Christus ist, gilt: Du bist befreit von dem Gesetz*, das von der Sünde mißbraucht wird und zum Tod führt. Denn du stehst jetzt unter dem Gesetz, in dem der Geist* Gottes wirkt, der zum Leben führt.[d]

3 Das Gesetz konnte uns Menschen kein Leben bringen, weil es gegen unsere selbstsüchtige Natur[e] nicht ankam. Deshalb sandte Gott seinen Sohn* in der leiblichen Gestalt von uns selbstsüchtigen, der Sünde verfallenen Menschen[f] und ließ ihn sterben als Opfer für die Sündenschuld. So machte er der Sünde den Prozeß eben dort, wo sie ihre Macht entfaltet hatte: in der menschlichen Natur.[g] 4 Als Folge davon kann jetzt die Forderung des Gesetzes von uns erfüllt werden, so gewiß unser Leben nicht mehr von unserer selbstsüchtigen Natur bestimmt wird, sondern vom Geist Gottes.

5 Wenn wir von unserer selbstsüchtigen Natur bestimmt werden, liegt uns an dem, was unsere Natur will; wenn wir vom Geist Gottes bestimmt werden, liegt uns an dem, was der Geist Gottes will. 6 Was unsere selbstsüchtige Natur will, führt zum Tod. Was der Geist Gottes will, führt zum Leben, zu Heil und Frieden*. 7 Denn unser selbstsüchtiger Wille lehnt sich gegen Gott auf. Er gehorcht seinen Geboten nicht; er kann es gar nicht. 8 An denen, die Gefangene ihrer selbstsüchtigen Natur sind, kann Gott unmöglich Gefallen finden.

9 Ihr aber seid nicht mehr von eurer eigenen

a *so wie wir ...:* wörtlich *das heißt in unserem* (bzw. meinem) *Fleisch**.
b Wörtlich *Wer wird mich aus diesem Leib des Todes retten?* Wie Kap 8 zeigt, geht es nicht um Befreiung vom Leib, sondern von einer Grundverfassung des menschlichen Lebens, in der der Leib zum Werkzeug der Sünde geworden ist.
c Diese Aussage ist mit dem Vorangehenden schwer vereinbar. Manche Ausleger halten sie für einen späteren Zusatz, andere stellen sie vor Vers 24.
d Nach Paulus handelt es sich um dasselbe Gesetz, das jetzt unter einem neuen Vorzeichen steht. Vers 2 wörtlich *Denn das Gesetz des Geistes des Lebens in Christus Jesus hat dich befreit von dem Gesetz der Sünde und des Todes.* Viele Ausleger verstehen allerdings *Gesetz* beim ersten Vorkommen *(Gesetz des Geistes)* im Sinn von *Regel/Ordnung;* vgl. Anmerkung zu 3,27.
e Wörtlich *gegen das Fleisch**. Entsprechend wird auch in den Versen 4-13 das Wort *Fleisch* durch *unsere (selbstsüchtige) Natur* wiedergegeben.
f *in der leiblichen ...:* wörtlich *in der Gestalt des Fleisches* der Sünde.*
g *eben dort, wo ...:* wörtlich *im Fleisch**.

7,15 Gal 5,17 **7,18** Gen 8,21; Phil 2,13 **7,23** Gal 5,17 **7,24** 1 Kor 15,57 **8,1** 1,18; 5,1.9 **8,2** 7,7-11; 3,27 **8,3** Gal 4,4; Phil 2,7-8; 2 Kor 5,21 **8,4** 6,22; 7,4; Gal 5,16.25 **8,6** 6,21 S **8,9** 1 Kor 3,16 S; 2,16

Natur bestimmt, sondern vom Geist. Es will doch etwas besagen, daß der Geist Gottes in euch Wohnung genommen hat! Wer diesen Geist – den Geist von Christus – nicht hat, gehört auch nicht zu ihm.

10 Wenn nun also Christus durch den Geist in euch lebt, dann bedeutet das: Euer Leib ist zwar wegen der Sünde dem Tod verfallen, aber der Geist erfüllt euch mit Leben, weil Christus die Sünde besiegt hat und ihr deshalb bei Gott angenommen seid.[a] 11 Mehr noch: Der Geist, der in euch lebt, ist ja der Geist dessen, der Jesus vom Tod auferweckt hat. Dann wird derselbe Gott, der Jesus Christus vom Tod auferweckt hat, auch euren todverfallenen Leib lebendig machen. Das bewirkt er durch seinen Geist, der schon jetzt in euch lebt.

Nicht mehr Sklaven, sondern Kinder

12 Brüder und Schwestern![b] Wir stehen also nicht mehr unter dem Zwang, unserer selbstsüchtigen Natur zu folgen. 13 Wenn ihr nach eurer eigenen Natur lebt, werdet ihr sterben. Wenn ihr aber in der Kraft des Geistes euren selbstsüchtigen Willen tötet, werdet ihr leben.[c]

14 Alle, die sich in dieser Weise vom Geist Gottes führen lassen, die sind Gottes Söhne und Töchter.[d] 15 Der Geist, den Gott euch gegeben hat, ist ja nicht ein Sklavengeist, so daß ihr wie früher in Angst leben müßtet. Es ist der Geist, den ihr als seine Söhne und Töchter habt. Von diesem Geist erfüllt rufen wir zu Gott: »Abba*! Vater!« 16 So macht sein Geist uns im Innersten gewiß, daß wir Kinder Gottes sind. 17 Wenn wir aber Kinder sind, dann sind wir auch Erben, und das heißt: wir bekommen teil am unvergänglichen Leben des Vaters, genauso wie Christus und zusammen mit ihm. Wie wir mit Christus leiden, sollen wir auch seine Herrlichkeit mit ihm teilen.

Die ganze Schöpfung wartet auf unsere endgültige Befreiung

18 Ich bin überzeugt: Was wir in der gegenwärtigen Zeit noch leiden müssen, fällt überhaupt nicht ins Gewicht im Vergleich mit der Herrlichkeit, die Gott uns zugedacht hat und die er in der Zukunft offenbar machen wird. 19 Die ganze Schöpfung wartet sehnsüchtig auf den Tag, an dem die Kinder Gottes vor aller Augen in dieser Herrlichkeit offenbar werden. 20 Denn alles Geschaffene ist der Sinnlosigkeit ausgeliefert, versklavt an die Vergänglichkeit,[e] und das nicht durch eigene Schuld, sondern weil Gott es so verfügt hat. Er gab aber seinen Geschöpfen die Hoffnung, 21 daß auch sie eines Tages von der Versklavung an die Vergänglichkeit befreit werden und teilhaben an der unvergänglichen Herrlichkeit, die Gott seinen Kindern schenkt.

22 Wir wissen, daß die ganze Schöpfung bis jetzt noch stöhnt und in Wehen liegt wie eine Frau bei der Geburt. 23 Aber auch wir selbst, die doch schon als Anfang des neuen Lebens – gleichsam als Anzahlung – den Heiligen Geist* bekommen haben, stöhnen ebenso in unserem Innern. Denn wir warten sehnsüchtig auf die volle Verwirklichung dessen, was Gott uns als seinen Kindern zugedacht hat: daß unser Leib von der Vergänglichkeit erlöst wird.

24 Wir sind gerettet, aber noch ist alles Hoffnung. Eine Hoffnung, die sich schon sichtbar erfüllt hat, ist keine Hoffnung. Ich kann nicht erhoffen, was ich vor Augen habe. 25 Wenn wir aber auf etwas hoffen, das wir noch nicht sehen können, dann heißt das, daß wir beharrlich danach Ausschau halten.

Der Beistand des Geistes und die Gewißheit unserer Rettung

26 Aber ebenso wie wir seufzt und stöhnt auch der Geist* Gottes, der uns zu Hilfe kommt. Wir sind schwache Menschen und unfähig, unsere Bitten in der rechten Weise vor Gott zu bringen. Deshalb tritt sein Geist für uns ein mit einem Stöhnen, das sich nicht in Worte fassen läßt. 27 Und Gott, vor dem unser Innerstes offenliegt, weiß, was sein Geist in unserem Innern ihm sagen will. Denn so, wie es vor Gott angemessen ist, legt er Fürsprache ein für die, die Gott als sein Eigentum ausgesondert hat.[f]

28 Was auch geschieht,[g] das eine wissen wir: Für die, die Gott lieben, muß alles zu ihrem Heil dienen. Es sind die Menschen, die er nach seinem freien Entschluß berufen hat. 29 Sie alle, die

a *weil Christus …:* wörtlich *wegen der Gerechtigkeit*;* vgl. 3,21-24.
b Siehe Anmerkung zu 1,13.
c *Wenn ihr aber …:* wörtlich *Wenn ihr durch den Geist die Taten den Leibes tötet.* Paulus spricht vom Leib, wie er unter der Herrschaft der Sünde steht, also in dem Sinn, in dem er sonst von »Fleisch« spricht.
d Paulus spricht in den Versen 14 und 15 von *Söhnen,* in 16-17 von *Kindern.* Vgl. Sacherklärung »Söhne«.
e *versklavt an …:* verdeutlichende Vorwegnahme aus Vers 21.
f *für die …:* wörtlich *für die Heiligen*.*
g Zusatz, der den Rückbezug auf die Verse 18-23 verdeutlicht.

8,10 Gal 2,20; 1 Joh 3,24 **8,11** 2 Kor 4,14 **8,12** 6,18 **8,13** Gal 6,8; Eph 4,22-24 **8,14** 1 Joh 3,1 S **8,15** Gal 4,5-7; Mk 14,36 **8,17** Gal 4,7; Röm 5,2 S **8,18** 2 Kor 4,17; Weish 3,4-6 **8,19** Kol 3,4; 1 Joh 3,2 **8,20** Gen 3,17-19 **8,23** 2 Kor 1,22 S **8,24** 2 Kor 5,7; Hebr 11,1 **8,25** 2 Kor 4,18 **8,29** Kol 1,18

Gott im voraus ausgewählt hat, die hat er auch dazu bestimmt, seinem Sohn* gleich zu werden. Nach dessen Bild sollen sie alle gestaltet werden, damit er der Erstgeborene unter vielen Brüdern und Schwestern[a] ist. 30 Und wenn Gott sie dazu bestimmt hat, dann hat er sie auch berufen, und wenn er sie berufen hat, dann hat er sie auch für gerecht* erklärt, und wenn er sie für gerecht erklärt hat, dann steht auch fest, daß sie an seiner Herrlichkeit teilhaben.

Nichts kann uns trennen von der Liebe Gottes

31 Was bleibt zu alldem noch zu sagen? Gott selbst ist *für* uns, wer will sich dann *gegen* uns stellen? 32 Er hat seinen eigenen Sohn* nicht verschont, sondern hat ihn für uns alle in den Tod gegeben. Wenn er uns aber den Sohn geschenkt hat, wird er uns dann noch irgend etwas vorenthalten? 33 Wer kann die Menschen anklagen, die Gott erwählt hat? Gott selbst spricht sie frei. 34 Wer kann sie verurteilen? Christus ist für sie gestorben, ja noch mehr: Er ist vom Tod erweckt worden. Er hat seinen Platz an Gottes rechter Seite. Dort tritt er für uns ein.

35 Kann uns noch irgend etwas von Christus und seiner Liebe trennen? Etwa Leiden, Angst und Verfolgung, Hunger oder Kälte, Gefahren für Leib und Leben oder gar die Hinrichtung? 36 Es ergeht uns wirklich so, wie es in den Heiligen Schriften* steht: »Weil wir zu dir, Herr, gehören, sind wir ständig in Todesgefahr. Wir werden angesehen wie Schafe, die zum Schlachten bestimmt sind.«

37 Aber mitten in all dem triumphieren wir als Sieger mit Hilfe dessen, der uns so sehr geliebt hat. 38 Ich bin ganz sicher, daß nichts uns von seiner Liebe trennen kann: weder Tod noch Leben, weder Engel noch Dämonen,[b] noch andere gottfeindliche Mächte, weder Gegenwärtiges noch Zukünftiges, 39 weder Himmel noch Hölle.[c] Nichts in der ganzen Welt[d] kann uns jemals trennen von der Liebe Gottes, die uns verbürgt ist in Jesus Christus, unserem Herrn*.

GOTTES WEG MIT SEINEM VOLK ISRAEL

(Kapitel 9–11)

Sind die Zusagen Gottes an sein Volk Israel ungültig geworden?

9 Für das, was ich jetzt sage, rufe ich Christus als Zeugen an. Es ist die Wahrheit; ich lüge nicht. Auch mein Gewissen bezeugt es, das vom Heiligen Geist* bestätigt wird: 2 Ich bin tieftraurig, und es quält mich unablässig, 3 wenn ich an meine Brüder und Schwestern[e] denke, die Menschen aus meinem Volk. Wenn es möglich wäre, würde ich es auf mich nehmen, selbst an ihrer Stelle verflucht und für immer von Christus getrennt zu sein. 4 Sie sind doch Israel, das von Gott erwählte Volk.[f] Ihnen gehört das Vorrecht, Kinder Gottes zu sein. Ihnen offenbarte er seine Herrlichkeit*. Mit ihnen hat er wiederholt seinen Bund* geschlossen. Ihnen hat er sein Gesetz* gegeben und die Ordnungen für den Opferdienst zu seiner Verehrung. Ihnen hat er das künftige Heil versprochen. 5 Sie sind die Nachkommen der von Gott erwählten Väter,[g] und zu ihnen zählt nach seiner menschlichen Herkunft auch Christus, der versprochene Retter.[h] Dafür sei Gott, der Herr über alles, für immer und ewig gepriesen![i] Amen.

Gott trifft eine Auswahl

6 Es kann keine Rede davon sein, daß dies alles nicht mehr gilt und also das Wort Gottes ungültig geworden ist. Aber nicht alle Israeliten gehören wirklich zu Israel, 7 und nicht alle leiblichen Nachkommen Abrahams* sind als solche schon Abrahams Kinder. Gott sagte zu Abraham: »Durch *Isaak* gebe ich dir die Nachkommen, die ich dir versprochen habe.« 8 Das heißt: Nicht die

a Siehe Anmerkung zu 1,13.
b Wörtlich *Gewalthaber;* auch mit den *Engeln* sind hier wahrscheinlich gottfeindliche Engelmächte gemeint; siehe Sacherklärung »Engel«.
c Wörtlich *weder Höhe noch Tiefe.* Wahrscheinlich sind kosmische Mächte gemeint, die man mit den Gestirnen bzw. Planeten verbunden sah.
d Wörtlich *Kein anderes Geschaffenes.* *e* Siehe Anmerkung zu 1,13.
f *Israel, das ...:* wörtlich *Israeliten.* Im Gegensatz zu anderen Bezeichnungen ist der Name »Israel« mit der grundlegenden Erwählungszusage verbunden; vgl. Gen 32,29; Dtn 6,4.
g Gemeint sind die Vorfahren (vor allem Abraham, Isaak, Jakob), denen Gott seine Heilszusagen gegeben hatte; vgl. Kap 4; 15,8; Ex 3,15. *h* Wörtlich *auch der Christus**.
i Möglich ist auch die Übersetzung *Er* (Christus) *ist Gott über alle, für immer und ewig gepriesen.*

8,30 2 Thess 2,13-14 **8,31-34** Jes 50,8-9 **8,32** 5,8; Joh 3,16 S **8,34** 4,25; Apg 2,33 S; (tritt ein) Hebr 7,25 S **8,36** *zit* Ps 44,23; 1 Kor 15,30-31; 2 Kor 4,11 **8,37** 1 Joh 5,4-5 **8,38** (Mächte) Eph 1,21 S; 1 Kor 3,22; 15,24; 1 Petr 3,22 **8,39** 5,5; Eph 1,4; 2,4; 2 Thess 2,16 S; Joh 3,16 S **9,3** Ex 32,32 **9,4** (Kinder Gottes) Ex 4,22 S; (Herrlichkeit) Ex 16,7 S; (Bund) Gen 17,9-10; Ex 24,8; Dtn 28,69 S; (Gesetz) Ex 20,1–24,18; (Opferdienst) Lev 1,1–9,24; (künftiges Heil) Jes 9,5-6 S; Jer 31,34 S **9,5** (Christus) Mt 1,1 S **9,6** 3,3-4 S; 2,28-29 **9,7** Mt 3,9 S; *zit* Gen 21,12 **9,8** Gal 4,23; 3,7

natürliche Abstammung von Abraham, sondern erst die göttliche Zusage macht zu echten Abrahamskindern und damit zu Kindern Gottes. 9 Denn es war eine göttliche Zusage, mit der die Geburt Isaaks angekündigt wurde: »Nächstes Jahr um diese Zeit komme ich wieder, dann hat Sara einen Sohn.«

10 Das wird bestätigt durch ein zweites Beispiel: Rebekka war von unserem Vorfahren Isaak mit Zwillingen schwanger, mit Esau und Jakob. 11-12 Die beiden Kinder waren noch nicht geboren, und keines von beiden hatte irgend etwas Gutes oder Böses getan. Da sagte Gott zu ihrer Mutter Rebekka: »Der Ältere muß dem Jüngeren dienen.« Damit stellte er klar, daß es allein von seinem freien Entschluß abhängt, wenn er einen Menschen erwählt. Es kommt dabei nicht auf menschliche Leistungen, sondern nur auf den göttlichen Ruf an. 13 Dasselbe geht aus der anderen Stelle hervor, wo Gott sagt: »Jakob habe ich meine Liebe zugewandt, Esau aber hat meinen Haß zu spüren bekommen.«

Gott verteilt sein Erbarmen nach freiem Ermessen

14 Folgt daraus, daß Gott ungerecht ist? Keineswegs! 15 Er sagte ja zu Mose: »Es liegt in meiner freien Entscheidung, wem ich meine Gnade erweise; es ist allein meine Sache, wem ich mein Erbarmen schenke.« 16 Es kommt also nicht auf den Willen und die Anstrengung des Menschen an, sondern einzig auf Gott und sein Erbarmen. 17 So verfährt er auch mit dem Pharao, dem er seine Gunst entzieht, indem er zu ihm sagt:[a] »Nur deshalb habe ich dich als König eingesetzt, um an dir meine Überlegenheit zu beweisen und meinen Namen in der ganzen Welt bekanntzumachen.« 18 Gott verfährt also ganz nach seinem freien Willen: Mit den einen hat er Erbarmen, die andern macht er starrsinnig, so daß sie ins Verderben laufen.

19 Vielleicht wird mir jemand entgegenhalten: »Warum zieht uns dann Gott für unser Tun zur Rechenschaft? Wenn er bestimmt, dann kann doch niemand dagegen ankommen!« 20 Du Mensch, vergiß nicht, wer du bist! Du kannst dir doch nicht herausnehmen, Gott zu kritisieren! Sagt vielleicht ein Gebilde aus Ton zu seinem Bildner: »Warum hast du mich so gemacht?« 21 Und hat ein Töpfer nicht das Recht, aus einem Tonklumpen zwei ganz verschiedene Gefäße zu machen: eines, das auf der Festtafel zu Ehren kommt, und ein anderes als Behälter für den Abfall?

22 Du kannst also Gott nicht anklagen, wenn er an den Gefäßen seines Zorns sein Gericht vollstrecken und seine Macht erweisen will; aber selbst sie, die zum Untergang bestimmt waren, hat er mit großer Geduld ertragen. 23 So handelt er, damit er an den Gefäßen seines Erbarmens zeigen kann, wie unerschöpflich reich seine Herrlichkeit* ist – an ihnen, die er im voraus zum Leben in seiner Herrlichkeit bestimmt hat. 24 Das sind wir, die er berufen hat – nicht nur aus dem jüdischen Volk, sondern auch aus den anderen Völkern.[b]

25 Das ist schon beim Propheten Hosea angekündigt, durch den Gott im Blick auf die anderen Völker sagt: »Ich werde die, die nicht mein Volk sind, ›mein Volk‹ nennen, und die Ungeliebten ›Geliebte‹. 26 Und dieselben Leute, zu denen ich gesagt hatte: ›Ihr seid nicht mein Volk‹, werden dann ›Kinder des lebendigen Gottes‹ genannt werden.«

27 Über das Volk Israel aber sagt Jesaja das prophetische Wort: »Selbst wenn die Israeliten so zahlreich wären wie der Sand am Meer, nur ein kleiner Rest wird gerettet. 28 Der Herr wird sein Rettungswerk auf der Erde endgültig und doch mit Einschränkung ausführen.« 29 Es ist so, wie Jesaja es vorausgesagt hat: »Hätte der Herr, der Herrscher der Welt, nicht einen kleinen Rest von uns Israeliten übriggelassen, so wäre es uns wie Sodom* und Gomorra ergangen.«

An Jesus Christus scheiden sich die Wege

30 Was folgt daraus? Es ist offenbar so: Menschen aus den anderen Völkern, die sich gar nicht darum bemüht hatten, haben das Ziel erreicht, vor Gott als gerecht* zu bestehen. Sie haben es dadurch erreicht, daß sie in vertrauendem Glauben* angenommen haben, was Gott für sie getan hat.[c] 31 Das Volk Israel aber, das mit aller Kraft danach strebt, auf dem Weg der Gesetzeserfüllung vor Gott als gerecht zu bestehen, hat das vom Gesetz* in Aussicht gestellte Ziel nicht erreicht. 32 Warum nicht? Weil sie den Weg des Glaubens abwiesen und meinten, ihre Gehor-

a *So verfährt …:* wörtlich *Denn die Schrift sagt zum Pharao.*
b *anderen Völkern:* herkömmliche Übersetzung *Heiden*;* ebenso im folgenden.
c *die sich gar nicht darum bemüht …:* wörtlich *die nicht der Gerechtigkeit* nachjagen, haben die Gerechtigkeit erlangt, nämlich die Gerechtigkeit aufgrund des Glaubens.*

9,9 *zit* Gen 18,10.14 **9,10-12** Gen 25,21-23; Röm 11,6 **9,13** *zit* Mal 1,2-3 **9,15** *zit* Ex 33,19 **9,16** Eph 2,8 **9,17** *nach* Ex 9,16 **9,18** Ex 4,21; 1 Petr 2,8 **9,20** Jes 45,9 S **9,21** Jer 18,4-6; Weish 15,7; 2 Tim 2,20 **9,22** 2 Makk 6,14-15; Weish 12,2-18 **9,24** 10,12 **9,25** *nach* Hos 2,25; 1 Petr 2,10 **9,26** *zit* Hos 2,1 **9,27-28** *nach* Jes 10,22-23 **9,29** *zit* Jes 1,9

samsleistungen müßten sie ans Ziel bringen. Sie kamen zu Fall an dem ›Stein des Anstoßes‹, 33 von dem Gott sagt: »Auf dem Zionsberg lege ich ein festes Fundament, einen Stein, an dem sie sich stoßen, einen Felsblock, an dem sie zu Fall kommen. Aber wer auf ihn vertraut, wird nicht zugrunde gehen.«

Der Glaube als Weg zur Rettung für alle

10 Liebe Brüder und Schwestern,[a] mein Herzenswunsch und meine Bitte an Gott ist, daß die Angehörigen meines Volkes gerettet werden. 2 Ich kann ihnen bezeugen, daß sie sich mit brennendem Eifer für die Sache Gottes einsetzen. Aber ihr Eifer beruht nicht auf der richtigen Einsicht. 3 Sie begreifen nicht, daß Gott selbst eingegriffen hat, damit Menschen vor ihm als gerecht bestehen können. Deshalb suchen sie durch eigene Anstrengungen Gerechtigkeit zu erringen, anstatt sich Gott zu unterwerfen, der in *seiner* Gerechtigkeit*, nämlich seiner heilschaffenden Treue, für sie gehandelt hat. 4 Denn seit Christus ist das Gesetz nicht mehr der Weg zum Heil.[b] Vielmehr gilt jetzt: Alle, die im Glauben* auf Christus vertrauen, werden vor dem Gericht Gottes als gerecht anerkannt werden.

5 Wenn es darum geht, auf der Grundlage des Gesetzes vor Gott als gerecht zu bestehen, gilt, was Mose schreibt: »Wer die Gebote befolgt, gewinnt dadurch das Leben.« 6 Ganz anders spricht die Stimme, die dazu aufruft, auf der Grundlage vertrauenden Glaubens vor Gott als gerecht zu bestehen; sie sagt: »Ihr braucht nicht zu fragen: ›Wer steigt in den Himmel hinauf?‹« – als müßte man Christus erst von dort herabholen. 7 »Auch nicht: ›Wer steigt in die Totenwelt* hinab?‹« – als müßte man Christus aus dem Tod zurückholen. 8 Nein, die Stimme sagt: »Das Wort, das von Gott kommt, ist euch ganz nahe; es ist in eurem Mund und in eurem Herzen.« Das ist das Wort vom Glauben, das wir verkünden.

9 Wenn ihr also mit dem Mund bekennt: »Jesus ist der Herr*«, und im Herzen glaubt, daß Gott ihn vom Tod auferweckt hat, werdet ihr gerettet. 10 Wer mit dem Herzen glaubt, wird von Gott als gerecht anerkannt; und wer mit dem Mund bekennt, wird im letzten Gericht gerettet. 11 So steht es ja in den Heiligen Schriften*: »Wer ihm glaubt und auf ihn vertraut, wird nicht zugrunde gehen.« 12 Das gilt ohne Unterschied für Juden und Nichtjuden. Sie alle haben ein und denselben Herrn: Jesus Christus.[c] Aus seinem Reichtum schenkt er allen, die sich zu ihm als ihrem Herrn bekennen, ewiges Leben. 13 Es heißt ja auch: »Alle, die sich zum Herrn bekennen und seinen Namen anrufen, werden gerettet.«

Israel hat die Botschaft gehört und abgelehnt

14 Sie können sich aber nur zu ihm bekennen, wenn sie vorher zum Glauben* gekommen sind. Und sie können nur zum Glauben kommen, wenn sie die Botschaft gehört haben. Die Botschaft aber können sie nur hören, wenn sie ihnen verkündet worden ist. 15 Und sie kann ihnen nur verkündet werden, wenn Boten mit der Botschaft ausgesandt worden sind.

Aber genau das ist geschehen! Es ist eingetroffen, was vorausgesagt war: »Welche Freude ist es, wenn die Boten kommen und die Gute Nachricht* bringen!« 16 Doch nicht alle sind dem Ruf der Guten Nachricht gefolgt. Schon der Prophet Jesaja sagt: »Herr, wer hat schon unserer Botschaft Glauben geschenkt?«

17 Der Glaube kommt also aus dem Hören der Botschaft; die Botschaft aber gründet in dem Auftrag, den Christus gegeben hat. 18 Haben sie vielleicht die Botschaft nicht gehört? Aber natürlich haben sie die Botschaft gehört; in den Heiligen Schriften* heißt es ja: »Ihr Ruf ging über die ganze Erde, bis hin zu ihren äußersten Grenzen war er zu hören.«

19 Ich frage weiter: Hat vielleicht das Volk Israel die Botschaft nicht verstanden? O doch! Der erste Zeuge dafür ist Mose, wenn er sagt: »Ich will euch Israeliten eifersüchtig machen auf ein Un-Volk, sagt Gott. Ich reize euch zum Zorn über ein Volk ohne Einsicht.«[d] 20 Jesaja aber wagt sogar zu sagen: »Ich ließ mich finden von denen, die mich nicht suchten, sagt Gott. Ich

a Siehe Anmerkung zu 1,13.
b Wörtlich *Denn Christus ist das Ende des Gesetzes.* Die sprachlich ebenfalls mögliche Übersetzung *Ziel des Gesetzes* ist im Zusammenhang nicht naheliegend.
c *Jesus Christus* ist zur Verdeutlichung hinzugefügt. Im gesamten Zusammenhang, auch in dem Zitat in Vers 13, ist »Herr« als Hoheitstitel für Jesus gebraucht.
d Die Eifersucht auf die von Gott angenommenen Nichtjuden (vgl. 11,11.14) beweist für Paulus, daß Israel sehr wohl begriffen hat, worum es bei der Guten Nachricht geht.

9,33 *nach* Jes 8,14 *und* 28,16; 1 Petr 2,6-8; Lk 2,34 **10,1** 9,1-3 **10,3** 1,17 **10,4** Gal 3,24-25 **10,5** *zit* Lev 18,5; Lk 10,28 S **10,6-8** *nach* Dtn 30,12-14 **10,9** 1 Kor 12,3 S **10,11** *zit* Jes 28,16; Röm 9,33 **10,12** 3,22.30 **10,13** *nach* Joël 3,5 **10,15b** *zit* Jes 52,7 **10,16** *nach* Jes 53,1; Joh 12,38 **10,17** Joh 17,20 **10,18** *zit* Ps 19,5 **10,19** *zit* Dtn 32,21; Röm 11,11 **10,20** *nach* Jes 65,1; Röm 9,30

habe mich denen gezeigt, die nicht nach mir
fragten.« [21] Über Israel dagegen heißt es an der-
selben Stelle: »Tag für Tag habe ich einladend die
Hände ausgestreckt nach einem Volk, das mir
nicht gehorcht und mir ständig widerspricht.«

Nur ein Rest hat die Botschaft angenommen

11 Ich frage nun: Hat Gott sein eigenes Volk
verstoßen? Das kann nicht sein! Ich selbst
bin ja ein Israelit, ein Nachkomme Abrahams
aus dem Stamm Benjamin. [2] Gott hat das Volk,
das er von Anfang an erwählt hatte, nicht ver-
stoßen. Ihr wißt doch, was in den Heiligen
Schriften* von Elija berichtet wird, der sich bei
Gott über dieses Volk beklagte. [3] »Herr!« sagte
er, »sie haben deine Propheten umgebracht und
deine Altäre niedergerissen. Ich allein bin übrig-
geblieben, und nun wollen sie mich auch noch
töten!«

[4] Was gab Gott ihm zur Antwort? »Siebentau-
send Männer habe ich mir übrigbehalten, die
alle den Götzen Baal nicht angebetet haben.«
[5] So ist es auch jetzt: Aus Gnade hat Gott einen
Rest ausgewählt. [6] Wenn aber aus Gnade, dann
gibt nicht mehr das menschliche Tun den Aus-
schlag. Sonst wäre die Gnade nicht wirklich
Gnade.

[7] Wie steht es also? Das jüdische Volk als
ganzes hat nicht erreicht, worum es sich so sehr
abmüht: die Anerkennung bei Gott. Nur die
haben dieses Ziel erreicht, die Gott aus seinem
Volk ausgewählt hat. Die übrigen hat er starrsin-
nig gemacht, [8] wie es in den Heiligen Schriften*
vorhergesagt ist: »Gott hat ihren Geist verdun-
kelt, so daß sie mit ihren Augen nicht sehen und
mit ihren Ohren nicht hören, bis zum heutigen
Tag.« [9] Und David sagt: »Ihre Opfer[a] sollen ihnen
zur Schlinge und zum Fallstrick werden, zum
Verderben und zum Strafgericht. [10] Laß sie blind
werden, damit sie nichts mehr sehen. Beuge
ihren Rücken für immer unter das Sklavenjoch!«

Juden und Nichtjuden sollen gemeinsam zum Ziel kommen

[11] Ich frage nun: Haben die Juden sich an Chri-
stus gestoßen, um für immer zu Fall zu kom-
men? Gewiß nicht! Es ist vielmehr so: Weil sie
Gottes Rettungsangebot ablehnten, wurde es
den anderen Völkern gebracht, und das soll dazu
führen, daß die Juden auf die anderen eifer-
süchtig werden und es ihnen gleichtun wollen.
[12] Schon ihr Nein brachte der Welt reichen Ge-
winn, und daß sie bis auf den kleinen Rest aus-
gefallen sind, wurde für die anderen Völker eine
Quelle des Segens. Wie groß wird dann erst der
Segen für die Welt sein, wenn das Volk Israel in
seiner Gesamtheit zu Gottes Rettungstat ja sagt!

[13] Den Nichtjuden unter euch aber sage ich:
Es stimmt, daß mein Auftrag als Apostel* den
nichtjüdischen Völkern gilt, und ich danke Gott
dafür, daß es so ist. [14] Denn vielleicht kann ich
durch meine Missionsarbeit die Angehörigen
meines eigenen Volkes eifersüchtig machen und
so wenigstens einige von ihnen retten. [15] Schon
ihre Verstoßung hat der übrigen Welt die Versöh-
nung* mit Gott gebracht, was wird dann erst
ihre Wiederannahme bringen? Nicht weniger
als die Auferstehung der Toten!

Das Bild vom Ölbaum: Warnung an die Nichtjuden

[16] Wenn das erste Brot von der neuen Ernte Gott
geweiht worden ist, gilt alles Brot von dieser
Ernte als geweiht. Wenn die Wurzeln des Bau-
mes Gott geweiht sind, sind es auch die Zweige.

[17] Nun sind einige Zweige an dem edlen Öl-
baum ausgebrochen worden, und unter die übri-
gen wurdet ihr als neue Zweige eingepfropft.
Obwohl ihr von einem wilden Ölbaum stammt,
habt ihr jetzt Anteil an den guten Säften des
edlen Ölbaums. [18] Darum überhebt euch nicht
über die Zweige, die ausgebrochen wurden. Ihr
habt keinen Grund, euch etwas einzubilden!
Nicht ihr tragt die Wurzel, sondern die Wurzel
trägt euch.

[19] Ihr werdet vielleicht sagen: »Die Zweige
sind ausgebrochen worden, um uns Platz zu
machen!« [20] Gewiß, aber sie wurden ausgebro-
chen, weil sie nicht glaubten. Und ihr gehört nur
dazu, weil ihr glaubt – und wenn ihr im Glau-
ben* beharrt. Seid also nicht überheblich, son-
dern bedenkt, mit wem ihr es zu tun habt!
[21] Wenn Gott schon die Juden nicht verschont
hat, obwohl sie die natürlichen Zweige sind,
dann wird er euch bestimmt nicht verschonen.

[22] Ihr seht hier die Güte und zugleich die
Strenge Gottes. Streng ist er zu denen, die sich
von ihm abwenden. Gütig ist er zu euch – wenn
ihr euch nur bewußt bleibt, daß ihr allein von

a Wörtlich *Ihr Tisch.* Paulus denkt möglicherweise an die Opfer im Tempel (*Tisch* = Opfertisch, Altar), die durch den Opfertod von Jesus ihren Sinn verloren haben.

10,21 *zit* Jes 65,2 **11,1** Phil 3,5; 2 Kor 11,22; Gal 1,13-14; Apg 22,3 **11,2** 11,29; Ps 94,14; Jer 31,37 **11,3-4** *zit* 1 Kön 19,10.14.18 **11,5** 9,27 **11,6** 4,5; Gal 3,18 **11,7** 9,31 **11,8** *nach* Jes 29,10 *und* Dtn 29,3; Mk 4,12 S **11,9-10** *nach* Ps 69,23-24 *und* 35,8 **11,11** 9,32; 10,19; Apg 13,46 **11,13** 1,5 S **11,16** Num 15,19-21 **11,17** Eph 2,11-13 **11,18** Joh 4,22 **11,20** 1 Kor 10,12

seiner Güte lebt; sonst werdet ihr auch ausge-
hauen. 23 Aber auch die Juden werden wieder
eingepfropft, wenn sie die Einladung zum Glau-
ben nicht länger abweisen. Gott hat sehr wohl
die Macht dazu. 24 Er hat euch als Zweige eines
wilden Ölbaums ganz gegen die natürliche Ord-
nung in den edlen Ölbaum eingepfropft. Dann
kann er erst recht die Juden als die natürlichen
Zweige wieder in ihren eigenen Baum einpfrop-
fen.

Zuletzt wird ganz Israel gerettet

25 Meine Brüder und Schwestern,[a] ich muß euch
jetzt mit Gottes geheimnisvollem Plan bekannt
machen. Wenn ihr euch auf eure eigene Klugheit
verlaßt, könnt ihr leicht zu falschen Schlüssen
kommen. Gott hat verfügt, daß ein Großteil des
jüdischen Volkes sich gegen die Einladung zum
Glauben* verhärtet. Aber das gilt nur so lange,
bis alle, die er aus den anderen Völkern[b] er-
wählt hat, den Weg zum Heil gefunden haben.
26 Wenn das geschehen ist, dann wird das ganze
Volk Israel gerettet werden, wie es in den Heili-
gen Schriften* vorhergesagt ist: »Vom Zionsberg
wird der Retter kommen und alle Auflehnung
gegen Gott von den Nachkommen Jakobs neh-
men. 27 Dann werde ich ihnen ihre Verfehlun-
gen vergeben, sagt Gott; und so erfüllt sich der
Bund*, den ich mit ihnen geschlossen habe.«

28 Im Blick auf die Gute Nachricht* gilt: Sie
sind Gottes Feinde geworden, damit die Bot-
schaft zu euch kommen konnte. Im Blick auf
ihre Erwählung gilt: Sie bleiben die von Gott Ge
liebten, weil sie die Nachkommen der erwählten
Väter sind. 29 Denn Gott nimmt seine Gnaden-
geschenke nicht zurück, und eine einmal ausge-
sprochene Berufung widerruft er nicht. 30 Ihr aus
den anderen Völkern habt Gott *früher* nicht ge-
horcht; aber weil *sie* ungehorsam waren, hat
Gott jetzt *euch* sein Erbarmen geschenkt. 31 Ge-
nau entsprechend gehorchen sie Gott *jetzt* nicht,
weil er *euch* sein Erbarmen schenken wollte;
und so werden künftig auch *sie* Erbarmen fin-
den. 32 Gott hat alle ohne Ausnahme dem Unge-
horsam ausgeliefert, weil er sich über alle erbar-
men will.

Lobpreis der wunderbaren Weisheit Gottes

33 Wie unergründlich tief ist Gottes Reichtum,
wie tief seine Weisheit und seine Voraussicht!
Wie unerforschlich sind seine Gerichtsurteile,
wie unbegreiflich seine Führungen!
34 Denn wer hat die Gedanken des Herrn
erkannt,
oder wer ist sein Ratgeber gewesen?
35 Wer hat ihm je ein Geschenk gemacht,
so daß er etwas dafür fordern könnte?
36 *Von* Gott kommt alles,
durch Gott lebt alles,
zu Gott geht alles.
Ihm sei Ehre, für immer und ewig! Amen.

FOLGERUNGEN AUS DEM GESCHENK DER GNADE FÜR DAS LEBEN DER CHRISTEN (12,1–15,13)

Unser Leben als Gottesdienst

12 Brüder und Schwestern,[c] weil Gott soviel
Erbarmen mit euch gehabt hat, bitte und
ermahne ich euch: Stellt euer ganzes Leben Gott
zur Verfügung! Bringt euch Gott als lebendiges
Opfer dar, ein Opfer völliger Hingabe, an dem er
Freude hat. Das ist für euch der »vernunft-
gemäße«[d] Gottesdienst. 2 Paßt euch nicht den
Maßstäben dieser Welt* an. Laßt euch vielmehr
von Gott umwandeln, damit euer ganzes Den-
ken erneuert wird. Dann könnt ihr euch ein
sicheres Urteil bilden, welches Verhalten dem
Willen Gottes entspricht, und wißt in jedem ein-
zelnen Fall, was gut und gottgefällig und voll-
kommen ist.

Gaben und Dienste in der Gemeinde

3 In der Vollmacht, die Gott mir als Apostel* ge-
geben hat,[e] wende ich mich an jeden einzelnen
von euch. Niemand soll sich über andere er-
heben und höher von sich denken, als es ange-
messen ist. Bleibt bescheiden und sucht das
rechte Maß! Durch den Glauben* hat jeder von
euch seinen besonderen Anteil an den Gnaden-

a Siehe Anmerkung zu 1,13.
b *anderen Völkern:* herkömmliche Übersetzung *Heiden**.
c Siehe Anmerkung zu 1,13.
d Paulus greift die zu seiner Zeit verbreitete Kritik am »äußerlichen« Opfergottesdienst mit seinen Tieropfern auf. Er stellt ihm aber nicht eine rein geistige Gottesverehrung entgegen, wie sie damals in bestimmten Kreisen unter diesem Schlagwort (wörtlich »logos-gemäß«) propagiert wurde, sondern den Gottesdienst des tätigen Lebens – womit er andere Formen des Gottesdienstes natürlich nicht ausschließen will.
e Wörtlich *Durch die Gnade* (= Gnadengabe des Apostelamtes), *die mir gegeben wurde.*

11,25 Mt 24,14; Joh 10,16 **11,26-27** *nach* Jes 59,20-21; 27,9; Jer 31,33-35 **11,29** 11,2; 15,8; 3,3-4 S **11,32** 3,22-24; Gal 3,22 **11,33** Ijob 11,7; Ps 139,17 **11,34** Ijob 15,8; Jes 40,13 **11,35** Ijob 41,3 **11,36** 1 Kor 8,6 **12,1** 6,13; 1 Petr 2,5 **12,2** Eph 4,22-24; 1 Thess 5,21 **12,3** Mk 10,43 par; 1 Kor 12,11.28; Eph 4,7

gaben bekommen. Daran hat jeder den Maßstab, nach dem er sich einschätzen soll.[a]

4 Denkt an den menschlichen Leib: Er bildet ein lebendiges Ganzes und hat doch viele Teile, und jeder Teil hat seine besondere Funktion. 5 So ist es auch mit uns: Als Menschen, die zu Christus gehören, bilden wir alle ein unteilbares Ganzes; aber als einzelne stehen wir zueinander wie Teile mit ihrer besonderen Funktion.

6 Wir haben ganz verschiedene Gaben, so wie Gott sie uns in seiner Gnade zugeteilt hat. Einige sind befähigt, Weisungen* für die Gemeinde von Gott zu empfangen; was sie sagen, muß dem gemeinsamen Bekenntnis entsprechen. 7 Andere sind befähigt, praktische Aufgaben in der Gemeinde zu übernehmen; sie sollen sich treu diesen Aufgaben widmen. Wer die Gabe hat, als Lehrer* die Gemeinde zu unterweisen, gebrauche sie. 8 Wer die Gabe hat, andere zu ermahnen und zu ermutigen, nutze sie. Wer Bedürftige unterstützt, soll sich dabei nicht in Szene setzen. Wer in der Gemeinde eine Verantwortung übernimmt, soll mit Hingabe bei der Sache sein. Wer sich um Notleidende kümmert, soll es nicht mit saurer Miene tun.

Weisungen für ein Leben aus der Liebe

9 Die Liebe darf nicht geheuchelt sein. Verabscheut das Böse, tut mit ganzer Kraft das Gute! 10 Liebt einander von Herzen als Brüder und Schwestern,[b] und ehrt euch gegenseitig in zuvorkommender Weise. 11 Werdet im Eifer nicht nachlässig, sondern laßt euch vom Geist* Gottes entflammen. Dient in allem Christus, dem Herrn*. 12 Seid fröhlich als Menschen der Hoffnung, bleibt standhaft in aller Bedrängnis, laßt nicht nach im Gebet. 13 Sorgt für alle in der Gemeinde,[c] die Not leiden, und wetteifert in der Gastfreundschaft.

14 Wünscht denen, die euch verfolgen, Gutes. Segnet sie, anstatt sie zu verfluchen. 15 Freut euch mit den Fröhlichen, und weint mit den Traurigen. 16 Seid alle miteinander auf Einigkeit bedacht. Strebt nicht hoch hinaus, sondern gebt euch für die undankbaren Aufgaben her.[d] Verlaßt euch nicht auf eure eigene Klugheit.

17 Wenn euch jemand Unrecht tut, dann zahlt es niemals mit gleicher Münze heim. Seid darauf bedacht, vor den Augen aller Menschen bestehen zu können. 18 Soweit es möglich ist und auf euch ankommt, lebt mit allen in Frieden. 19 Nehmt keine Rache, holt euch nicht selbst euer Recht, meine Lieben, sondern überlaßt das Gericht Gott. Er sagt ja in den Heiligen Schriften*: »Ich bin der Rächer, ich habe mir das Gericht vorbehalten, ich selbst werde vergelten.« 20 Handelt vielmehr nach dem Wort: »Wenn dein Feind hungrig ist, dann gib ihm zu essen, und wenn er Durst hat, gib ihm zu trinken. Dann wird es ihm bald leid tun, dein Feind zu sein.«[e] 21 Laß dich nicht vom Bösen besiegen, sondern überwinde es durch das Gute!

Weisungen für das Verhalten gegenüber staatlichen Organen

13 Alle ohne Ausnahme müssen sich den Trägern der Staatsgewalt unterordnen. Denn es gibt keine staatliche Macht, die nicht von Gott kommt. Die jeweiligen Amtsträger sind von ihm eingesetzt. 2 Wer sich also gegen die staatliche Ordnung auflehnt, widersetzt sich der Anordnung Gottes, und wer das tut, zieht sich damit die Verurteilung im Gericht Gottes zu.

3 Vor den staatlichen Machthabern müssen sich nicht die fürchten, die Gutes tun, sondern nur die, die Böses tun. Wenn du also ohne Angst vor der Staatsgewalt leben willst, dann tu, was recht ist, und sie wird dich dafür loben. 4 Denn die staatliche Macht steht im Dienst Gottes, um dich zum Tun des Guten anzuspornen. Wenn du aber Böses tust, mußt du dich vor ihr fürchten. Ihre Vertreter tragen nicht umsonst das Schwert. Sie stehen im Dienst Gottes und vollstrecken sein Urteil an denen, die Böses tun. 5 Darum müßt ihr euch der Staatsgewalt unterordnen, nicht nur aus Furcht vor dem Gericht Gottes, sondern auch, weil euer Gewissen euch dazu anhält.

6 Deshalb zahlt ihr ja auch Steuern. Denn die Staatsbeamten handeln als Beamte Gottes, wenn sie beharrlich darauf bestehen. 7 Gebt also jedem, was ihr ihm schuldig seid! Wem Steuern

a *Durch den Glauben …:* wörtlich *jeder, wie Gott (ihm) das Maß des Glaubens zugemessen hat.*
b Wörtlich *In der Bruderliebe* (bzw. *Geschwisterliebe*) *zueinander seid herzlich;* vgl. Sacherklärung »Bruder«.
c *alle in der Gemeinde:* wörtlich *die Heiligen**.
d Andere mögliche Übersetzung *sondern wendet euch den Niedrigen/Verachteten zu.*
e Vgl. Anmerkung zu Spr 25,22.

12,4-5 1 Kor 12,27 S **12,6-8** 1 Kor 12,4-11; 14,12; 1 Petr 4,10 **12,9** 2 Kor 6,6; 8,24; 1 Tim 1,5; 1 Petr 1,22 S; 1 Kor 13,4-7 **12,10** Gal 5,13; 6,3; Eph 4,2; Phil 2,3; Joh 13,14-15 **12,12** Lk 18,1 S **12,13** Hebr 13,2 S **12,14** Mt 5,44 S **12,15** Ijob 30,25; 1 Kor 12,26; 2 Kor 11,29 **12,16** 1 Kor 1,10-11 S; 8,1 **12,17** Spr 20,22 S; 1 Kor 6,7; 1 Thess 5,15; 1 Petr 3,9 **12,18** Mk 9,50 S **12,19** *nach* Dtn 32,35 (Anmerkung); Mt 5,39 **12,20** *zit* Spr 25,21-22; Mt 5,44 par **13,1-7** Tit 3,1; 1 Petr 2,13-17; Apg 5,29 **13,1** Spr 8,15-16 **13,3** 1 Petr 2,14; 3,13 **13,7** Mk 12,17 par

zustehen, dem zahlt Steuern, wem Zoll zusteht,
dem zahlt Zoll. Wem Respekt[a] zusteht, dem er-
weist Respekt, und wem Ehre zusteht, dem er-
weist Ehre.

Das Liebesgebot als Summe der Gebote Gottes

8 Bleibt niemand etwas schuldig – außer der
Schuld, die ihr niemals abtragen könnt: der
Liebe, die ihr einander erweisen sollt. Wer
den Mitmenschen liebt, hat alles getan, was das
Gesetz* fordert. 9 Ihr kennt die Gebote: »Brich
nicht die Ehe, morde nicht, beraube niemand,
blicke nicht begehrlich auf das, was anderen
gehört.« Diese Gebote und alle anderen sind
in dem *einen* Satz zusammengefaßt: »Liebe
deinen Mitmenschen wie dich selbst.« 10 Wer
liebt, fügt seinem Mitmenschen nichts Böses zu.
Also wird durch die Liebe das ganze Gesetz er-
füllt.

Leben im Licht des kommenden Tages

11 Macht ernst damit – und das erst recht, weil
ihr wißt, was die Stunde geschlagen hat! Es ist
Zeit für euch, aus dem Schlaf aufzuwachen.
Denn unsere endgültige Rettung ist nahe; sie ist
uns jetzt näher als damals, als wir zum Glauben
kamen. 12 Die Nacht geht zu Ende, bald ist es
Tag. Deshalb wollen wir alles ablegen, was zur
Finsternis gehört, und wollen uns mit den Waf-
fen des Lichtes rüsten. 13 Wir wollen so leben,
wie es zum hellen Tag paßt. Keine Sauf- und
Freßgelage, keine sexuellen Ausschweifungen,
keine Streitigkeiten und Rivalitäten! 14 Laßt Jesus
Christus, den Herrn, euer ganzes Leben bestim-
men,[b] und hätschelt nicht eure alte selbstsüch-
tige Natur,[c] damit die Begierden keine Macht
über euch gewinnen.

Die »Starken« und die »Schwachen« dienen demselben Herrn

14 Haltet Gemeinschaft mit denen, die einen
schwachen Glauben haben! Streitet nicht
mit ihnen über unterschiedliche Auffassungen!
2 Die einen sind überzeugt, daß ihr Glaube ihnen
erlaubt, *alles* zu essen. Die anderen haben
Angst, sich zu versündigen, und essen lieber nur
Pflanzenkost.[d] 3 Wer Fleisch ißt, soll die anderen
nicht verachten; aber wer kein Fleisch ißt, soll
die anderen auch nicht verurteilen, denn Gott
hat sie ja in seine Gemeinschaft aufgenommen.
4 Wie kommst du dazu, den Sklaven oder die
Sklavin eines anderen zur Rechenschaft zu zie-
hen? Es geht nur ihren Herrn etwas an, ob sie
stehen oder fallen. Sie werden aber stehen blei-
ben; denn ihr Herr hat die Macht, sie aufrecht zu
halten.

5 Die einen beachten an bestimmten Tagen
besondere Regeln;[e] für die anderen sind alle
Tage gleich. Es kommt nur darauf an, daß jeder
nach seiner festen Überzeugung handelt. 6 Wer
besondere Regeln beachtet, tut es für den
Herrn*, für Christus. Auch wer alles ißt, tut es
für den Herrn; denn er dankt ja Gott für das, was
er ißt. Und auch wer nur Pflanzenkost ißt, tut es
für den Herrn und dankt Gott dafür.

7 Niemand von uns lebt für sich selbst, und
niemand stirbt für sich selbst. 8 Wenn wir leben,
leben wir für den Herrn, und wenn wir sterben,
sterben wir für den Herrn. Wir gehören dem
Herrn im Leben und im Tod. 9 Denn Christus ist
gestorben und wieder lebendig geworden, um
Herr zu sein über alle, Tote wie Lebende.

10 Warum verurteilst du dann deinen Bruder
oder deine Schwester?[f] Und du, warum verach-
test du sie? Wir werden alle einmal vor Gott
stehen und von ihm gerichtet werden. 11 In den
Heiligen Schriften* heißt es ja: »So gewiß ich,
der Herr, lebe: Alle werden vor mir auf die Knie
fallen, alle werden Gott die Ehre geben.« 12 So
wird also jeder einzelne von uns sich für sein
eigenes Tun verantworten müssen.

Rücksicht der »Starken« auf die »Schwachen«

13 Hören wir also auf, uns gegenseitig zu verur-
teilen! Seid vielmehr kritisch gegen euch selbst,
wenn ihr euch im Glauben stark fühlt, und ver-
meidet alles, was einem Bruder oder einer
Schwester[g] Anstoß bereiten oder sie zu Fall
bringen kann. 14 Gewiß, ich bin davon überzeugt
und kann mich dafür auf Jesus, den Herrn*, be-
rufen: Es gibt nichts, was aus sich heraus un-
rein* ist und deshalb nicht gegessen werden

a Wörtlich *Furcht.* An dieser Stelle ist wohl kaum an die Gott geschuldete Furcht gedacht, wie dies in 1 Petr 2,17 der Fall ist.
b Wörtlich *Zieht den Herrn* Jesus Christus an;* vgl. Gal 3,27; Eph 4,24; Kol 3,9-10.
c Wörtlich *und sorgt nicht für das Fleisch*.*
d Aus Rücksicht auf die Nahrungsvorschriften (siehe Sacherklärung) des jüdischen Gesetzes.
e Gedacht ist offenbar an den Sabbat* und an jüdische Fasttage*.
f Wörtlich *deinen Bruder*.* *g* Wörtlich *dem Bruder*;* entsprechend zweimal in Vers 15.

13,8-10 1 Kor 13,1-13; 16,14 S **13,9** *zit* Dtn 5,17-21; *zit* Lev 19,18; Mk 12,31 S **13,10** Mt 7,12 S **13,11-12** 1 Thess 5,5-8; 1 Joh 2,8; Eph 5,14-16; 6,11.13; 1 Kor 15,34 **13,13** Eph 5,18; Lk 21,34 **14,5** Gal 4,10 **14,6** 1 Tim 4,3-5 **14,7-9** 2 Kor 5,14-15; Gal 2,19-20 **14,10** 2,6 S **14,11** *nach* Jes 49,18 *und* 45,23; Phil 2,10-11 **14,12** Gal 6,5 **14,13** 1 Kor 10,32 **14,14** Mk 7,15 S

darf.[a] Aber wenn jemand etwas für unrein hält,
dann ist es für die betreffende Person tatsächlich
unrein. 15 Wenn du also deinen Bruder oder
deine Schwester bloß wegen einer Speise in
Verwirrung stürzt und im Glauben irremachst,
dann lebst du nicht mehr in der Liebe. Bring
nicht durch dein Essen den Bruder oder die
Schwester ins Verderben, für die Christus ge-
storben ist!

16 Bringt das Gute, was Gott euch geschenkt
hat, nicht in Verruf. 17 Denn wo Gott seine Herr-
schaft aufrichtet, geht es nicht um Essen und
Trinken, sondern um ein Leben unter der retten-
den Treue Gottes und in Frieden* und Freude,[b]
wie es der Heilige Geist* schenkt. 18 Wer Chri-
stus mit einem solchen Leben dient, gefällt Gott
und wird von den Menschen geachtet.

19 Wir wollen also alles daransetzen, daß wir
in Frieden miteinander leben und einander in
unserem Glauben fördern. 20 Ihr als Gemeinde
seid Gottes Werk – zerstört es nicht wegen einer
Essensfrage! Gewiß, alles ist rein*; aber es ist
schlimm, wenn jemand etwas mit schlechtem
Gewissen ißt und dadurch zu Fall kommt.
21 Deshalb tust du gut daran, kein Fleisch zu
essen und keinen Wein zu trinken und auch
sonst alles zu unterlassen, was deinen Bruder
oder deine Schwester[c] zu Fall bringen könnte.

22 Wenn du einen starken Glauben hast, dann
habe ihn für dich selbst, als eine Sache zwischen
dir und Gott. Freuen darf sich, wer sich so ent-
scheidet, daß er sich nicht selbst verurteilen
muß. 23 Wer aber beim Essen ein schlechtes
Gewissen hat, *ist* schon verurteilt. Denn er
handelt nicht so, wie es dem glaubenden Ver-
trauen* auf Jesus Christus entspricht. Und alles
Tun, das nicht aus diesem Vertrauen kommt, ist
Sünde.

Dem Beispiel folgen, das Christus gegeben hat

15 Wenn wir einen starken Glauben haben,
ist es unsere Pflicht, die anderen in ihren
Schwächen mitzutragen, anstatt selbstgefällig
nur an uns zu denken. 2 Jeder von uns soll sei-
nem Mitmenschen zu Gefallen leben, natürlich
im guten Sinn, und das heißt so, daß damit die
Gemeinschaft gefördert und die Gemeinde auf-
gebaut wird. 3 Auch Christus hat ja nicht sich
selbst zu Gefallen gelebt, sondern so, wie es
in den Heiligen Schriften* vorhergesagt war:
»Die Schmähungen, mit denen man dich, Gott,
lästert, sind auf mich gefallen.«

4 Was in den Heiligen Schriften steht, wurde
im voraus aufgeschrieben, damit wir den Nut-
zen davon haben.[d] Es soll uns zum geduldigen
Ertragen anleiten und uns Mut machen, an
der gewissen Hoffnung auf die endgültige Er-
lösung festzuhalten. 5 Gott, der Geduld und
Mut schenkt, gebe euch, daß ihr alle in der glei-
chen Gesinnung miteinander verbunden seid, so
wie es Jesus Christus gemäß ist. 6 Dann werdet
ihr alle einmütig und wie aus einem Mund den
Gott und Vater unseres Herrn Jesus Christus
preisen.

Alle werden gemeinsam Gott preisen

7 Laßt einander also gelten und nehmt euch
gegenseitig an, so wie Christus euch angenom-
men hat. Das dient zum Ruhm und zur Ehre
Gottes.

8 Denn das sage ich: Christus ist ein Diener
der Juden geworden, um Gottes *Treue*[e] zu be-
zeugen. Durch ihn hat Gott die Zusagen einge-
löst, die er ihren Vorfahren gegeben hatte. 9 Die
anderen Völker aber haben Grund, Gott für sein
Erbarmen[e] zu rühmen, wie es schon in den
Heiligen Schriften* heißt: »Dafür will ich dich,
Herr, preisen unter den Völkern und deinen
Ruhm besingen.«

10 Es heißt dort auch: »Jubelt, ihr Völker, zu-
sammen mit Gottes erwähltem Volk!« 11 Und
weiter: »Preist den Herrn, alle Völker; alle Natio-
nen sollen ihn rühmen!« 12 Und der Prophet
Jesaja sagt: »Es kommt der Sproß aus der Wurzel
Isais, er steht auf, um über die Völker zu herr-
schen. Auf ihn werden Menschen aller Völker
ihre Hoffnung setzen.«

13 Ich bitte Gott, auf den sich unsere Hoff-
nung gründet, daß er euch in eurem Glauben
mit aller Freude und allem Frieden* erfüllt, da-
mit eure Hoffnung durch die Kraft des Heiligen

a *und deshalb ...:* verdeutlichender Zusatz.
b Wörtlich *Die Königsherrschaft* Gottes ist nicht Essen und Trinken, sondern Gerechtigkeit* und Frieden und Freude.*
c Wörtlich *deinen Bruder*.* d Wörtlich *zu unserer Belehrung;* vgl. Sacherklärung »Lehrer«.
e *Treue* und *Erbarmen* bilden im Alten Testament ein festes Begriffspaar, mit dem häufig das heilschaffende Handeln Gottes zusammenfassend beschrieben wird (wobei die Reihenfolge meist umgekehrt ist und die Übersetzung statt *Erbarmen* in der Regel »Güte« oder »Liebe« verwendet, also: *Güte/Liebe und Treue* (vgl. Ex 34,6; Ps 98,3; Mi 7,20; für das Neue Testament vgl. Joh 1,14.17).

14,15 1 Kor 8,11-13 **14,17** Gal 5,22-24 **14,21** 1 Kor 8,13 **15,1** 14,1-2; 1 Kor 10,23-24; Gal 6,2 **15,2** 1 Kor 8,1b S **15,3** *nach* Ps 69,10 **15,4** 1 Kor 10,11; 2 Tim 3,16 **15,5** Phil 2,2-5 **15,8** Mt 15,24; Apg 3,25-26 **15,9** 11,30; *zit* Ps 18,50 **15,10** *nach* Dtn 32,43 **15,11** *zit* Ps 117,1 **15,12** *nach* Jes 11,10 (vgl. 11,1)

Geistes* immer stärker und unerschütterlicher wird.

REISEPLÄNE DES APOSTELS UND BRIEFSCHLUSS (15,14–16,27)

Warum Paulus so offen schreibt

14 Liebe Brüder und Schwestern,[a] ich bin ganz sicher: Ihr seid von allem guten Willen erfüllt und seid euch voll bewußt, was Gott für euch getan hat. Darum könnt ihr euch auch selbst gegenseitig ermahnen.

15 Ich habe in diesem Brief zum Teil sehr deutliche Worte gebraucht; aber ich habe den ganzen Brief nur geschrieben, um euch in Erinnerung zu rufen, was die Grundlagen unseres Glaubens sind.[b] Und dazu bin ich bevollmächtigt durch den Auftrag, den Gott mir gegeben hat. 16 Denn er hat mich dazu berufen, Jesus Christus zu dienen und ihn unter den nichtjüdischen Völkern zu verkünden. Gleichsam als Priester im Dienst der Guten Nachricht* arbeite ich darauf hin, daß die Menschen dieser Völker eine Opfergabe für Gott werden – eine Gabe, die Gott Freude macht, weil sie durch den Heiligen Geist* selbst heilig* gemacht worden ist.

17 Wenn ich darauf vor Gott stolz sein kann, dann nur, weil Jesus Christus mich in seinen Dienst genommen hat. 18 Ich nehme mir nicht heraus, die Botschaft auf eigene Verantwortung zu verkünden. Christus selbst hat durch mich, durch mein Reden und Tun, bewirkt, daß Menschen aus allen Völkern sich Gott im Gehorsam unterstellt haben. 19 Er selbst erwies hier seine Macht, in staunenswerten Wunderzeichen, durch das Wirken des Heiligen Geistes*.

So war es mir möglich, von Jerusalem aus in weitem Bogen bis nach Illyrien die Gute Nachricht von Christus zu verbreiten. 20 Dabei war es mir stets eine Ehrensache, die Botschaft nur dort zu verkünden, wo man noch nichts von Christus gehört hatte. Ich wollte nicht auf einem Fundament aufbauen, das ein anderer gelegt hat. 21 Vielmehr richtete ich mich nach dem Wort in den Heiligen Schriften*: »Gerade die sollen ihn kennenlernen, denen noch nichts von ihm gesagt worden ist. Eben die sollen zur Einsicht kommen, die noch nie etwas davon gehört haben.«

Paulus will nach Rom kommen

22 Weil mich diese Aufgabe ganz ausgefüllt hat, war ich bisher immer verhindert, zu euch zu kommen. 23 Jetzt finde ich in diesen Gegenden kein neues Missionsfeld mehr; es ist aber seit vielen Jahren mein Wunsch, euch zu besuchen, 24 wenn ich nach Spanien reise. So hoffe ich nun, daß ich euch auf dem Weg dorthin sehen kann und von euch für die Weiterreise mit allem Nötigen ausgestattet werde. Doch vorher möchte ich mich eine Weile an eurer Gemeinschaft stärken.

25 Zunächst gehe ich jetzt nach Jerusalem, um der Gemeinde dort[c] Hilfe zu bringen. 26 Die Christen in Mazedonien und Achaia haben nämlich beschlossen, für die Armen der dortigen Gemeinde Geld zu sammeln. 27 Sie haben sich freiwillig dazu entschlossen, und sie stehen ja auch in deren Schuld. Als Angehörige der anderen Völker haben sie am geistlichen Reichtum der Christen in Jerusalem Anteil bekommen; dafür müssen sie ihnen nun auch mit irdischen Gütern aushelfen.

28 Wenn ich diese Angelegenheit zum Abschluß gebracht und ihnen den Ertrag der Sammlung ordnungsgemäß übergeben habe, möchte ich auf dem Weg über euch nach Spanien reisen. 29 Ich weiß, wenn ich zu euch komme, werde ich euch die ganze Fülle des Segens mitbringen, den Christus schenkt.

30 Brüder und Schwestern,[d] im Namen unseres Herrn* Jesus Christus und bei der Liebe, die der Heilige Geist* schenkt, bitte ich euch inständig: Betet für mich zu Gott! Setzt euch in euren Gebeten zusammen mit mir dafür ein, 31 daß ich vor den Nachstellungen der Ungläubigen in Judäa gerettet werde und daß meine Hilfe für Jerusalem von den Gläubigen dort gut aufgenommen wird. 32 Dann kann ich, wenn Gott es will, voll Freude zu euch kommen und mich bei euch von den Mühen erholen.

33 Gott, der Frieden* schenkt, sei mit euch allen! Amen*.

a Siehe Anmerkung zu 1,13.
b *aber ich habe …:* wörtlich *wie um euch zu erinnern.* Das griechische Wort für »erinnern« bezieht sich auf die Wiederholung bekannter Überlieferungen; Paulus denkt hier also nicht nur an die vorstehenden Ermahnungen, sondern an den Inhalt des gesamten Briefes.
c *der Gemeinde dort:* wörtlich *den Heiligen*;* entsprechend in Vers 26 und für *Gläubigen* in Vers 31.
d Siehe Anmerkung zu 1,13.

15,15-16 1,5 S **15,16** Phil 2,17 S **15,18** 2 Kor 3,5 **15,19** 2 Kor 12,12 S; Mk 16,17-18 **15,20** 2 Kor 10,15-16; 1 Kor 3,10-12 **15,21** *nach* Jes 52,15 **15,22-24** 1,9-13 **15,25** Apg 19,21; 20,22; 24,17 **15,26** Apg 11,30; 1 Kor 16,1; 2 Kor 8,4; 9,1-2.12; Gal 2,10 **15,27** 1 Kor 9,4.11.14; Gal 6,6 **15,30** 2 Kor 1,11; Eph 6,19; Kol 4,3-4; 1 Thess 5,25; 2 Thess 3,1-2 **15,31** Apg 21,11; 1 Thess 2,14-15

Persönliche Grüße

16 Ich empfehle euch unsere Schwester Phöbe; sie ist Diakonin* der Gemeinde in Kenchreä. 2 Nehmt sie auf im Namen des Herrn*, wie es sich für Christen[a] gehört. Gebt ihr jede Hilfe, die sie braucht. Sie selbst hat vielen geholfen, auch mir.

3 Grüßt Priska und ihren Mann Aquila, meine Mitarbeiter im Dienst für Jesus Christus. 4 Unter Einsatz ihres Lebens haben sie mich vor dem Tod gerettet. Nicht nur ich schulde ihnen dafür Dank, sondern auch alle nichtjüdischen Gemeinden. 5 Grüßt auch die Gemeinde, die sich in ihrem Haus versammelt.

Grüßt meinen lieben Epänetus. Er war der erste, der in der Provinz Asien* zum Glauben kam.[b] 6 Grüßt Maria, die sich soviel für euch abgemüht hat. 7 Grüßt Andronikus und Junia,[c] meine jüdischen Landsleute, die mit mir gefangen waren. Sie nehmen unter den Aposteln* einen hervorragenden Platz ein und sind schon vor mir Christen geworden.

8 Grüßt meinen lieben Ampliatus, mit dem ich durch den Herrn* verbunden bin. 9 Grüßt Urbanus, unseren Mitarbeiter im Missionsdienst, und meinen lieben Stachys. 10 Grüßt Apelles, der sich als Christ bewährt hat. Grüßt die Leute im Haus von Aristobul. 11 Grüßt meinen Landsmann Herodion und die Christen im Haus von Narzissus. 12 Grüßt Tryphäna und Tryphosa, die sich tatkräftig für die Gemeinde einsetzen, und die liebe Persis, die sich im Dienst des Herrn soviel abgemüht hat.

13 Grüßt Rufus, den erwählten Christen, und seine Mutter, die auch für mich zu einer Mutter geworden ist. 14 Grüßt Asynkritus, Phlegon, Hermes, Patrobas, Hermas und die Brüder und Schwestern[d] bei ihnen. 15 Grüßt Philologus und Julia, Nereus und seine Schwester sowie Olympas und alle Christen,[e] die sich bei ihnen versammeln.

16 Grüßt euch gegenseitig mit dem Friedenskuß*! Alle Gemeinden, die sich zu Christus bekennen, lassen euch grüßen.

Letzte Anweisungen

17 Ich bitte euch sehr, meine Brüder und Schwestern: Nehmt euch in acht vor denen, die Spaltungen hervorrufen und etwas anderes lehren, als was ihr gelernt habt. Sie wollen euch von eurem Glauben abbringen. Geht ihnen aus dem Weg! 18 Solche Menschen dienen nicht Christus, unserem Herrn*, sondern nur ihren rein menschlichen Neigungen.[f] Mit schönen Worten und einschmeichelnden Reden führen sie arglose Menschen in die Irre.

19 Von euch hört man überall, daß ihr euch im Gehorsam Gott unterstellt habt. Deshalb freue ich mich über euch. Ich möchte aber, daß ihr mit Klugheit das Gute wählt und mit Entschiedenheit euch vom Bösen abwendet. 20 Es dauert nicht mehr lange, bis Gott, der uns Frieden* schenkt, euch den endgültigen Sieg über den Satan* geben wird.

Die Gnade unseres Herrn Jesus Christus sei mit euch!

Grüße aus der Umgebung von Paulus

21 Mein Mitarbeiter Timotheus läßt euch grüßen, ebenso grüßen euch meine Landsleute Luzius, Jason und Sosipater.

22 Ich, Tertius, der diesen Brief nach Diktat niedergeschrieben hat, grüße euch als einer, der mit euch durch den Herrn* verbunden ist.

23 Es grüßt euch Gaius, mein Gastgeber und der Gastgeber der ganzen Christenheit.[g] Es grüßen euch Erastus, der Stadtkämmerer, und der Bruder Quartus.[h]

Abschließendes Lobgebet

25 Preis und Dank sei Gott!
Er hat die Macht,
  euch in eurem Glaubensstand zu festigen.
So bezeugt es die Gute Nachricht*,
  die ich verkünde,
  die Botschaft von Jesus Christus.
Sie offenbart den geheimen Plan,

a Wörtlich *für die Heiligen**.
b Wörtlich *Er ist die Erstlingsgabe der Provinz Asien für Christus;* siehe Sacherklärung »Erstling«.
c Es handelt sich mit großer Wahrscheinlichkeit um einen Frauennamen; siehe Sacherklärung »Junia«.
d Siehe Anmerkung zu 1,13; ebenso für Vers 17.
e Wörtlich *alle Heiligen**.
f Wörtlich *sondern ihrem Bauch;* vgl. Anmerkung zu Phil 3,19.
g Er hat ein offenes Haus für alle durchreisenden Christen.
h Vers 24 lautet: *Die Gnade von Jesus Christus, unserem Herrn, sei mit euch allen! Amen.* Der Vers fehlt in den ältesten und besten Handschriften, in anderen steht er hinter Vers 27. Viele Ausleger vermuten, daß die Verse 25-27, die in einigen Handschriften fehlen, erst später als volltönender Abschluß des Briefes hinzugefügt worden sind.

16,1 Apg 18,18 **16,3** Apg 18,2 S **16,5** (Hausgemeinde) 1 Kor 16,19; Kol 4,15; Phlm 2; (der erste) 1 Kor 16,15 **16,13** Mk 15,21 **16,16** (Friedenskuß) 1 Kor 16,20; 2 Kor 13,12; 1 Thess 5,26; 1 Petr 5,14 **16,17** 2 Thess 3,6; Tit 3,9-10; Mt 7,15 S; 2 Joh 10 **16,18** Phil 3,19; Kol 2,4 **16,19** 1,8 **16,21** 1 Kor 4,17 S **16,23** 2 Tim 4,20 S **16,25** Eph 1,9; 3,4-5; Kol 1,26

der seit Urzeiten verborgen gehalten,
26 jetzt aber enthüllt worden ist.
Auf Befehl des ewigen Gottes
ist er in prophetischen Schriften[a]
bekanntgemacht worden,
damit alle Völker sich Gott im Gehorsam
unterstellen und ihm vertrauen.
27 Ihm, dem allein weisen Gott,
gehört alle Ehre durch Jesus Christus
für immer und ewig! Amen.

DER ERSTE BRIEF DES APOSTELS PAULUS AN DIE GEMEINDE IN KORINTH
(1. Korintherbrief)

Inhaltsübersicht

BRIEFEINGANG (1,1-9)

Eingangsgruß

1 Paulus, nach dem Willen Gottes zum Apo-
stel* von Jesus Christus berufen, und der Bru-
der Sosthenes schreiben diesen Brief 2 an die
Gemeinde Gottes in Korinth, an alle, die durch
die Verbindung mit Jesus Christus für Gott aus-
gesondert und zu seinem heiligen Volk berufen[b]
sind. Darüber hinaus gilt unser Brief allen, die
sich zu Jesus Christus, unserem gemeinsamen
Herrn*, bekennen und seinen Namen* anrufen,
wo sie auch sind:
3 Gnade und Frieden* sei mit euch von Gott,
unserem Vater, und von Jesus Christus, dem
Herrn!

Dank für das Wirken des Geistes in der Gemeinde

4 Ich danke meinem Gott ständig dafür, daß er
euch durch Jesus Christus seine Gnade ge-
schenkt hat. 5 Durch sie seid ihr reich geworden
an allem, was aus der Gemeinschaft mit Jesus
Christus erwächst, an jeder Art von geistgewirk-
tem Wort und von geistlicher Erkenntnis.
6 Weil die Botschaft von Christus zum festen
Grund eures Glaubens geworden ist, 7 fehlt euch
keine von den Gaben, die der Geist* Gottes
schenkt. Und so wartet ihr voll Zuversicht dar-
auf, daß Jesus Christus, unser Herr*, kommt und
vor aller Welt offenbar wird.
8 Er wird euch auch helfen, bis zum Ende fest
auf diesem Grund zu stehen, so daß euch an sei-
nem Gerichtstag niemand anklagen kann. 9 Gott
selbst hat euch dazu berufen, für immer mit
seinem Sohn* Jesus Christus, unserem Herrn,
verbunden zu sein, und er ist treu: Er steht zu
seinem Wort.

SPALTUNGEN IN DER GEMEINDE (1,10–4,21)

Spaltungen in der Gemeinde durch Personenkult

10 Brüder und Schwestern,[c] im Namen von Jesus
Christus, unserem Herrn*, rufe ich euch auf:

a Falls die abschließenden Verse nachträglich hinzugefügt wurden, wird hier vermutlich schon auf Schriften des in Entstehung befindlichen Neuen Testaments hingewiesen; »prophetisch« sind sie, sofern sie die Erfüllung der prophetischen Voraussagen in Jesus Christus bezeugen.

b *zu seinem heiligen ...:* wörtlich *berufene Heilige**.

c *Brüder und Schwestern* steht für ein einziges griechisches Wort, das als Mehrzahlform nicht nur, wie herkömmlich übersetzt, die »Brüder« bezeichnet, sondern auch je nach Zusammenhang die gesamte Gemeinde aus Männern und Frauen (siehe dazu Sacherklärung »Bruder«).

1,1 Apg 18,17 1,2 Apg 18,1-18 1,5 2 Kor 8,7 1,7 2 Thess 1,7; Tit 2,13 1,8 Phil 1,10 S; 1 Thess 5,23 S 1,9 1 Thess 5,24 1,10 Eph 4,2-6; Phil 2,2; Joh 17,21-23

Seid einig! Bildet keine Gruppen, die sich gegen-
seitig bekämpfen! Haltet in gleicher Gesinnung
und Überzeugung zusammen!
11 Durch Leute aus dem Haus von Chloë[a]
habe ich erfahren, daß es unter euch Auseinan-
dersetzungen gibt. 12 Ich meine damit, daß ihr
euch alle irgendeiner Gruppe zurechnet. Die
einen sagen: »Ich gehöre zu Paulus!« Die andern:
»Ich gehöre zu Apollos!« oder auch: »Ich gehöre
zu Petrus!« Und wieder andere erklären: »Ich
gehöre zu Christus!«
13 Christus läßt sich doch nicht zerteilen!
Ist vielleicht Paulus für euch am Kreuz* gestor-
ben? Oder wurdet ihr auf seinen Namen ge-
tauft*?
14 Ich danke Gott, daß ich außer Krispus und
Gaius niemand von euch getauft habe, 15 sonst
würdet ihr am Ende noch sagen, daß ihr auf *mei-
nen* Namen getauft worden seid!
16 Doch, ich habe auch noch Stephanas und
seine Hausgemeinschaft* getauft. Aber ich kann
mich nicht erinnern, daß ich sonst noch irgend
jemand getauft hätte. 17a Denn Christus hat mich
nicht beauftragt zu taufen, sondern die Gute
Nachricht* zu verkünden.

Der eine und einigende Grund: die Botschaft vom Kreuz

17b Die Gute Nachricht* darf ich aber nicht mit
Worten tiefsinniger Weisheit verkünden; denn
sonst verliert der Tod, den Christus am Kreuz*
gestorben ist, seinen ganzen Sinn.
18 Die Botschaft, daß für alle Menschen am
Kreuz die Rettung vollbracht ist,[b] muß denen,
die verlorengehen, als barer Unsinn erscheinen.
Wir aber, die gerettet werden, erfahren darin
Gottes Kraft. 19 Gott hat doch gesagt: »Ich will die
Weisheit der Weisen zunichte machen und die
Klugheit der Klugen verwerfen.«
20 Wo bleiben da die Weisen? Wo die Kenner
der Heiligen Schriften*? Wo die gewandten
Diskussionsredner dieser Welt*? Was für diese
Welt als größter Tiefsinn gilt, das hat Gott als rei-
nen Unsinn erwiesen. 21 Denn obwohl die Weis-
heit Gottes sich in der ganzen Schöpfung zeigt,
haben die Menschen mit ihrer Weisheit Gott
nicht erkannt. Darum beschloß er, durch die Bot-
schaft vom Kreuzestod, die der menschlichen
Weisheit als Torheit erscheint, alle zu retten, die
diese Botschaft annehmen.
22 Die Juden fordern von Gott sichtbare
Machterweise; die Griechen suchen in allen
Dingen einen Sinn, den die Vernunft begreift.[c]
23 Wir aber verkünden den gekreuzigten Chri-
stus als den von Gott versprochenen Retter.[d] Für
Juden ist das eine Gotteslästerung, für die ande-
ren barer Unsinn. 24 Aber alle, die von Gott be-
rufen sind, Juden wie Griechen, erfahren in dem
gekreuzigten Christus Gottes Kraft und erken-
nen in ihm Gottes Weisheit.
25 Gott erscheint töricht – und ist doch weiser
als Menschenweisheit. Gott erscheint schwach
– und ist doch stärker als Menschenkraft.

Nach welchem Maßstab Gott Menschen erwählt

26 Schaut doch euch selbst an, Brüder und
Schwestern![e] Wen hat Gott denn da berufen? Es
gibt ja nicht viele unter euch, die nach mensch-
lichen Maßstäben klug oder einflußreich sind
oder aus einer angesehenen Familie stammen.
27 Gott hat sich vielmehr in der Welt die Einfälti-
gen und Machtlosen ausgesucht, um die Klu-
gen und Mächtigen zu demütigen. 28 Er hat sich
die Geringen und Verachteten ausgesucht, die
nichts gelten, denn er wollte die zu nichts
machen, die in der Welt etwas ›sind‹. 29 Niemand
soll sich vor Gott rühmen* können.
30 Euch aber hat Gott zur Gemeinschaft mit
Jesus Christus berufen. Mit ihm hat er uns alles
geschenkt: Er ist unsere Weisheit – die wahre
Weisheit, die von Gott kommt. Durch ihn kön-
nen wir vor Gott als gerecht* bestehen. Durch
ihn hat Gott uns zu seinem heiligen* Volk ge-
macht und von unserer Schuld befreit. 31 Es
sollte so kommen, wie es in den Heiligen Schrif-
ten* steht: »Wer sich mit etwas rühmen will, soll
sich mit dem rühmen, was der Herr getan hat.«

Paulus erinnert an sein erstes Auftreten

2 Brüder und Schwestern,[e] als ich zu euch
kam und euch Gottes verborgenen Plan zur
Rettung der Menschen verkündete, habe ich
euch doch nicht mit tiefsinniger Weisheit und
geschliffener Redekunst zu beeindrucken ver-
sucht. 2 Ich hatte mir vorgenommen, unter euch

a Es ist nicht zu erkennen, ob es sich bei ihr um eine Christin handelt.
b Wörtlich *Denn das Wort vom Kreuz.*
c Wörtlich *Die Juden fordern Zeichen, die Griechen suchen Weisheit.*
d Wörtlich *verkündigen den gekreuzigten Christus*.* *e* Siehe Anmerkung zu 1,10.

1,11 3,3; 11,18; 2 Kor 12,20 **1,12** 3,4; (Apollos) Apg 18,24 S **1,14** (Krispus) Apg 18,8; (Gaius) Röm 16,23 **1,16** (Stephanas) 16,15.17 **1,18** 2 Kor 4,3; Röm 1,16 S **1,19-20** 3,18-20; Röm 1,22; Mt 11,25 **1,19** *nach* Jes 29,14 **1,21** Röm 1,19-20 **1,22** Joh 6,30 S; Apg 17,18.32 **1,23** Gal 3,1; 5,11 **1,25** 2 Kor 13,4 **1,27-28** Röm 12,16; Jak 2,5; Lk 1,51-53 **1,29** Eph 2,9 S **1,31** *nach* Jer 9,22-23; (rühmen) 1 Kor 1,29; 4,7; 2 Kor 1,12; 10,17; 11,30; 12,5; Eph 2,9 **2,2** Gal 6,14 S

nichts anderes zu kennen als Jesus Christus, und zwar Jesus Christus, den Gekreuzigten. [3]Als schwacher Mensch trat ich vor euch und zitterte innerlich vor Angst. [4]Mein Wort und meine Botschaft wirkten nicht durch Tiefsinn und Überredungskunst, sondern weil Gottes Geist* sich darin mächtig erwies. [5]Euer Glaube sollte sich nicht auf Menschenweisheit gründen, sondern auf die Kraft Gottes.

Die tiefe Weisheit in der Botschaft vom Kreuz

[6]Auch wir[a] verkünden tiefsinnige Weisheit – für alle, die dafür reif sind. Aber das ist nicht die Weisheit dieser Welt* und auch nicht die ihrer Machthaber, die zum Untergang bestimmt sind. [7]Vielmehr verkünden wir Gottes geheimnisvolle Weisheit, die bis jetzt verborgen war.

Schon bevor Gott die Welt erschuf, hatte er den Plan gefaßt, uns an seiner Herrlichkeit* Anteil zu geben. [8]Aber keiner von den Machthabern dieser Welt konnte Gottes weisheitsvollen Plan durchschauen. Sonst hätten sie den Herrn*, der die Herrlichkeit Gottes teilt, nicht ans Kreuz* gebracht.[b] [9]Es heißt ja in den Heiligen Schriften*: »Was kein Auge jemals gesehen und kein Ohr gehört hat, worauf kein Mensch jemals gekommen ist, das hält Gott bereit für die, die ihn lieben.«

[10]Uns hat Gott dieses Geheimnis enthüllt durch seinen Geist*, den er uns gegeben hat. Denn der Geist erforscht alles, auch die geheimsten Absichten Gottes. [11]Wie die Gedanken eines Menschen nur seinem eigenen Geist bekannt sind, so weiß auch nur der Geist Gottes, was in Gott vorgeht. [12]Wir haben aber nicht den Geist dieser Welt erhalten, sondern den Geist, der von Gott kommt. Darum können wir erkennen, was Gott uns geschenkt hat.

[13]Davon reden wir nicht in Worten, wie sie menschliche Weisheit lehrt, sondern in Worten, die der Geist Gottes eingibt. Von dem, was Gott uns durch seinen Geist offenbart, reden wir so, wie sein Geist es uns lehrt.[c]

[14]Menschen, die sich auf ihre natürlichen Fähigkeiten verlassen, lehnen ab, was der Geist Gottes enthüllt. Es kommt ihnen unsinnig vor. Sie können nichts damit anfangen, weil es nur mit Hilfe des Geistes beurteilt werden kann. [15]Wer dagegen den Geist hat, kann über alles urteilen, aber nicht von jemand beurteilt werden, der den Geist nicht hat.

[16]Es heißt ja in den Heiligen Schriften*: »Wer kennt den Geist des Herrn? Wer will sich herausnehmen, ihn zu belehren?« Und das ist der Geist, den wir empfangen haben: der Geist von Christus, dem Herrn.[d]

Der Personenkult beweist: Die Gemeinde ist noch nicht reif

3 Zu euch, Brüder und Schwestern,[e] konnte ich bisher nicht reden wie zu Menschen, die von Gottes Geist* erfüllt sind. Ich mußte euch behandeln wie Menschen, die sich von ihrer selbstsüchtigen Natur leiten lassen[f] und im Glauben noch Kinder sind. [2]Darum gab ich euch Milch, nicht feste Nahrung, weil ihr die noch nicht vertragen konntet.

Auch jetzt könnt ihr das noch nicht; [3]denn ihr steht immer noch im Bann eurer selbstsüchtigen Natur. Ihr rivalisiert miteinander und streitet euch. Das beweist doch, daß ihr nicht aus dem Geist Gottes lebt, sondern eurer selbstsüchtigen Natur folgt und so handelt wie alle anderen Menschen auch! [4]Wenn die einen sagen: »Ich gehöre zu Paulus«, und die andern: »Ich gehöre zu Apollos« – seid ihr da nicht immer noch die ›alten‹ Menschen?

Alle arbeiten am gleichen Werk

[5]Nun, was ist denn Apollos? Und was ist Paulus? Gottes Helfer sind sie, durch die ihr zum Glauben gekommen seid. Jeder von uns beiden hat von Gott seine besondere Aufgabe bekommen. [6]Ich habe gepflanzt, Apollos hat begossen; aber Gott hat es wachsen lassen. [7]Es zählt also nicht, wer pflanzt oder wer begießt; es kommt alles auf Gott an, der es wachsen läßt.

[8]Wir beide arbeiten an demselben Werk: der, der pflanzt, und der, der begießt; doch wird Gott

a *wir:* Paulus könnte an seine Mitarbeiter denken; vielleicht spricht er aber auch nur von sich selbst. Die Mehrzahl wurde gebraucht, um die Autorität des Sprechenden hervorzukehren, aber auch umgekehrt dazu, sie bescheiden zurückzunehmen.

b Bei den *Machthabern dieser Welt* hier und in Vers 6 denkt Paulus an dämonische Mächte, aber auch an die politischen Machthaber – jüdische wie römische –, die zu Werkzeugen in der Hand dieser Mächte wurden, als sie Jesus ans Kreuz brachten.

c Möglich ist auch die Übersetzung: *Wir deuten das Wirken des Geistes für Menschen, die vom Geist erfüllt sind.*

d *dem Herrn:* verdeutlichender Zusatz. Paulus bezieht den *Herrn* des Zitats (aus Jes 40,13) auf Christus. Zu Christus als geisterfülltem Vermittler des Geistes Gottes vgl. Röm 8,9.

e Siehe Anmerkung zu 1,10. f Wörtlich *wie Fleischliche;* entsprechend in Vers 3 (vgl. Sacherklärung »Fleisch«).

2,3 2 Kor 10,1.10 **2,4** 1 Thess 1,5 **2,7** (Plan) Röm 16,25 S; (Herrlichkeit) Röm 5,2 S **2,9** *nach* Jes 52,15 *und* 64,3 *und* Sir 1,10 **2,12** Röm 8,15 **2,16** Röm 11,34 **3,2** Hebr 5,12-13; 1 Petr 2,2 **3,3-4** 1,10-11 S; Gal 5,19-20 **3,6** Apg 18,4.11.24-28 **3,8** 4,5

jeden nach seinem persönlichen Einsatz beloh-
nen.

Die Gemeinde als Bau und die Verantwortung der Bauleute

9 Wir sind also Gottes Mitarbeiter,[a] ihr aber seid
Gottes Ackerland. Oder mit einem anderen Bild:
Ihr seid Gottes Bau. 10 Nach dem Auftrag, den
Gott mir gegeben hat, habe ich wie ein umsich-
tiger Bauleiter das Fundament gelegt. Andere
bauen nun darauf weiter. Aber jeder soll sehen,
wie er weiterbaut!
11 Das Fundament ist gelegt: Jesus Christus.
Niemand kann ein anderes legen. 12-13 Es wird
auch nicht verborgen bleiben, was jemand dar-
auf baut, ob Gold, Silber oder wertvolle Steine,
ob Holz, Schilf oder Stroh. Am Tag des Gerichts
wird sich erweisen, ob es Bestand hat. Dann
wird die Feuerprobe gemacht: Das Werk eines
jeden wird im Feuer auf seinen Wert geprüft.
14 Wenn das, was ein Mensch gebaut hat, die
Probe besteht, wird er belohnt. 15 Wenn es ver-
brennt, wird er bestraft. Er selbst wird zwar ge-
rettet, aber so, wie jemand gerade noch aus dem
Feuer gerissen wird.
16 Wißt ihr nicht, daß ihr als Gemeinde der
Tempel Gottes seid und daß der Geist* Gottes
in euch wohnt? 17 Wer den Tempel Gottes zu-
grunde richtet, wird dafür von Gott zugrunde
gerichtet. Denn der Tempel Gottes ist heilig, und
dieser Tempel seid ihr.

Es gibt keinen Grund zur Verherrlichung von Menschen

18 Niemand soll sich etwas vormachen! Wenn es
welche unter euch gibt, die sich nach den Maß-
stäben dieser Welt* für weise halten, müssen sie
erst töricht werden nach diesen Maßstäben, um
wirklich weise zu sein. 19 Was die Menschen für
Tiefsinn halten, ist in den Augen Gottes Unsinn.
In den Heiligen Schriften* heißt es: »Gott fängt
die Klugen im Netz ihrer eigenen Schlauheit.«
20 Und es heißt auch: »Der Herr kennt die Ge-
danken der Weisen und weiß, wie sinnlos sie
sind.«
21 Darum soll sich niemand etwas auf einen
Menschen einbilden und mit dem von ihm
bevorzugten Lehrer prahlen. Euch gehört doch
alles, 22 ob es nun Paulus ist oder Apollos oder
Petrus;[b] euch gehört die ganze Welt, das Leben
und der Tod, die Gegenwart und die Zukunft.
Alles gehört euch, 23 ihr aber gehört Christus,
und Christus gehört Gott.

Nur Christus steht ein Urteil über Paulus zu

4 Ihr seht also, wie ihr von uns denken müßt:
Wir sind Menschen, die im Dienst von Chri-
stus stehen und Gottes Geheimnisse zu verwal-
ten haben.
2 Von Verwaltern wird verlangt, daß sie zu-
verlässig sind. 3 Aber für mich zählt dabei nicht,
wie ich von euch oder von irgendeinem mensch-
lichen Gericht beurteilt werde. Auch ich selbst
maße mir kein Urteil an. 4 Mein Gewissen ist
zwar rein, aber damit bin ich noch nicht freige-
sprochen, denn mein Richter ist der Herr*.
5 Urteilt also nicht vorzeitig, bevor Christus
kommt, der das Verborgene ans Licht bringen
und die geheimsten Gedanken enthüllen wird.
Dann wird Gott das Lob austeilen, so wie jeder
und jede es verdient.

Was Paulus erleiden muß, soll die Gemeinde zur Besinnung bringen

6 Brüder und Schwestern,[c] ich habe von Apollos
und mir gesprochen. An unserem Beispiel wollte
ich euch zeigen, was der Grundsatz bedeutet:
»Nicht über das hinausgehen, was geschrieben
steht!« Niemand soll sich wichtig machen und
den von ihm bevorzugten Lehrer gegen den
eines anderen ausspielen.
7 Wer gibt dir denn das Recht, dir etwas einzu-
bilden? Kommt nicht alles, was du hast, von
Gott? Wie kannst du dann damit angeben, als
hättest du es von dir selbst?
8 Aber ihr seid ja schon satt. Ihr seid ja schon
reich. Ihr seid schon mit Christus zur Herrschaft
gelangt – ohne mich. Wenn es doch schon so-
weit wäre, dann könnte ich mit euch herrschen!
9 Es kommt mir so vor, als hätte Gott uns Apo-
steln* den allerletzten Platz angewiesen. Wir
stehen da wie die Verbrecher, die zum Tod in der
Arena verurteilt sind. Ein Schauspiel sind wir für
die ganze Welt, für Engel* und Menschen.
10 Wir sind die Einfältigen, weil wir uns zu
Christus halten, aber ihr seid durch Christus
klug. Wir sind schwach, aber ihr seid stark. Ihr
seid geehrt, und wir sind verachtet. 11 Bis zu die-
sem Augenblick leiden wir Hunger und Durst,

a Paulus denkt auch weiterhin an sich und Apollos, wie schon in den Versen 5-8 (vgl. 1,12).
b Wörtlich *Kephas**. c Siehe Anmerkung zu 1,10.

3,9 Mk 4,2-9 par; Eph 2,20-21; 1 Petr 2,4-6 **3,11** Jes 28,16; Apg 4,11-12 **3,13-15** 2 Kor 5,10 S **3,15** Jud 23 **3,16** 6,19; 2 Kor 6,16; 1 Petr 2,5 **3,18** 4,10 **3,19** *nach* Ijob 5,12-13; 1 Kor 1,20 **3,20** *zit* Ps 94,11 **3,22** Röm 8,38 **3,23** Röm 14,7-9; 1 Kor 15,28 **4,1** 2,7 **4,2** Lk 12,42 **4,4** Apg 24,16 S **4,5** 3,8; Röm 2,16 **4,7** Gal 6,3 **4,8** (Herrschaft) Röm 5,17 S **4,9** Röm 8,36; Hebr 10,33 **4,10-13** 2 Kor 11,23-29 S **4,10** 3,18

wir gehen in Lumpen und werden geschlagen,
heimatlos ziehen wir von Ort zu Ort. 12 Wir
arbeiten hart für unseren Unterhalt. Wir werden
verflucht, aber wir segnen. Wir werden verfolgt,
aber wir geben nicht auf. 13 Wir werden be-
schimpft, aber wir antworten freundlich. Wir
sind zum Abschaum der ganzen Welt geworden,
zum Auswurf der Menschheit – bis zu dieser
Stunde!

Paulus als Vater und Vorbild der Gemeinde

14 Ich sage das nicht, um euch zu beschämen.
Ich möchte euch nur auf den rechten Weg brin-
gen. Ihr seid doch meine geliebten Kinder!
15 Selbst wenn ihr in eurem Christenleben Tau-
sende von Erziehenden hättet, so habt ihr doch
nicht eine Vielzahl von Vätern. Als ich euch die
Gute Nachricht* brachte, habe ich euch gezeugt
als Menschen, die zu Jesus Christus* gehören,
und bin so euer Vater geworden.

16 Darum bitte ich euch: Folgt meinem Bei-
spiel! 17 Weil mir daran liegt, habe ich Timotheus
zu euch geschickt. Als Christ ist er mein gelieb-
tes Kind, und ich kann mich auf ihn verlassen. Er
wird euch daran erinnern, wie ich selbst lebe
und welche Weisungen ich euch für euer Leben
mit Christus gegeben habe. Es sind dieselben,
die ich überall den Gemeinden einpräge.

18 Einige von euch machen sich wichtig und
sagen: »Er selbst traut sich ja nicht her!« 19 Aber
ich werde sehr bald zu euch kommen, wenn der
Herr es zuläßt. Dann werde ich sehen, was an
den Worten dieser Wichtigtuer dran ist, ob auch
Kraft dahintersteht. 20 Denn wo Gott seine Herr-
schaft* aufrichtet, tut er das nicht durch Gerede,
sondern durch den Erweis seiner Kraft. 21 Was ist
euch lieber? Soll ich mit dem Stock zu euch kom-
men oder mit Liebe und Nachsicht?

SCHWERE MISSSTÄNDE IN DER GEMEINDE (Kapitel 5–6)

Ein beschämender Fall

5 Überhaupt hört man ganz schlimme Dinge
von euch! Es soll da einen Fall von Unzucht
geben, wie er nicht einmal unter den Menschen
vorkommt, die Gott nicht kennen:[a] daß näm-
lich einer mit seiner Stiefmutter zusammenlebt.
2 Und darauf seid ihr noch stolz und gebt es
als Zeichen eurer christlichen Freiheit aus![b] Ihr
solltet vielmehr traurig sein und den, der so
etwas getan hat, aus eurer Gemeinschaft aus-
stoßen!

3 Ich selbst bin zwar körperlich fern, aber im
Geist unter euch; und im Geist bei euch an-
wesend, habe ich schon das Urteil gesprochen
über den, der so etwas Schlimmes getan hat.
4–5 Wenn ihr zusammenkommt und ich im Geist
dabei bin und auch Jesus, unser Herr*, mit seiner
Kraft gegenwärtig ist, dann soll dieser Mensch
im Namen von Jesus, unserem Herrn, dem
Satan* übergeben werden. Der soll an seinem
Körper die verdiente Strafe vollziehen, damit er
als einer, der von Gott den Heiligen Geist* emp-
fangen hat,[c] am Gerichtstag des Herrn doch
noch gerettet wird.

6 Euer Rühmen* ist wahrhaftig unangebracht!
Ihr wißt, daß ein klein wenig Sauerteig* genügt,
um den ganzen Teig sauer zu machen. 7 Reinigt
euch also! Entfernt den alten Sauerteig, damit ihr
wieder ein frischer, ungesäuerter Teig seid!
Denn das seid ihr doch, seit Christus als unser
Passalamm* geopfert wurde. 8 Laßt uns darum
auch entsprechend feiern: nicht mit Brot aus
dem alten Sauerteig der Sünde und Schlechtig-
keit, sondern mit dem ungesäuerten Brot der
Reinheit und Rechtschaffenheit.

9 In meinem früheren Brief habe ich euch
geschrieben, ihr sollt nichts mit Menschen zu
tun haben, die Unzucht treiben. 10 Natürlich
dachte ich dabei nicht an Menschen, die außer-
halb der Gemeinde stehen, genausowenig,
wenn ich euch vor dem Umgang mit Geldgieri-
gen, Räubern und Götzenanbetern gewarnt
habe. Sonst müßtet ihr ja diese Welt* überhaupt
verlassen.

11 Ich schreibe euch darum jetzt ausdrück-
lich: Ihr sollt mit niemand Umgang haben, der
sich Bruder nennt und trotzdem Unzucht treibt
oder am Geld hängt oder Götzen verehrt, der
ein Verleumder, Trinker oder Räuber ist. Mit
solch einem sollt ihr auch nicht zusammen
essen.

12 Warum sollen wir über die Außenstehen-
den zu Gericht sitzen? Eure Aufgabe ist es, die
eigenen Leute zur Rechenschaft zu ziehen.
13 Über die draußen wird Gott Gericht halten.
Entfernt also den Bösen aus eurer Mitte!

a *Menschen, die Gott nicht kennen:* herkömmliche Übersetzung *Heiden**.
b So die wahrscheinlichste Deutung; wörtlich *Und da seid ihr aufgeblasen.* c Wörtlich *damit der Geist.*

4,12 Apg 18,3 S; Lk 6,28; Röm 12,14 **4,15** Gal 4,19 **4,16** 11,1; Phil 3,17; 4,9; 1 Thess 1,6; 2 Thess 3,7.9; 2 Tim 3,10; Tit 2,7; 1 Petr 5,3 **4,17** (Timotheus) 16,10; 2 Kor 1,1.19; Röm 16,21; Phil 2,19; 1 Thess 3,2.6; Hebr 13,23; Apg 16,1 S **4,19** Jak 4,15 S **4,21** 2 Kor 13,2 S **5,1** Lev 18,8 S **5,2** 6,12; 10,23 **5,3** Kol 2,5 **5,4-5** 3,15; 1 Tim 1,20 **5,6** Gal 5,9 **5,7** (Entfernt den Sauerteig) Ex 12,15; 13,7; (Passalamm) Joh 1,29 S **5,11** 6,9-10 S; 2 Thess 3,6; Tit 3,10; 2 Joh 10 **5,13** Dtn 13,6

Ebenso beschämend: Gerichtsverfahren unter Christen

6 Wenn jemand von euch mit einem Mit-
christen Streit hat, wie kann er da vor un-
gläubige Richter gehen, anstatt die Gemeinde[a]
entscheiden zu lassen? 2 Ihr wißt doch, daß die
Gemeinde Gottes einst die Welt richten wird.
Und da seid ihr nicht fähig, Bagatellfälle zu ent-
scheiden? 3 Wißt ihr nicht, daß wir sogar über
Engel* zu Gericht sitzen werden? Dann werden
wir doch auch Alltagsstreitigkeiten beurteilen
können! 4 Und ihr laßt solche Fälle von Außen-
stehenden entscheiden, die in der Gemeinde
nichts zu sagen haben!

5 Ich sage dies, damit ihr euch schämt. Hat
denn unter euch niemand soviel Verstand und
kann einen Streit zwischen Brüdern oder
Schwestern[b] schlichten? 6 Müßt ihr wirklich ge-
geneinander prozessieren, und das auch noch
vor Ungläubigen?

7 Es ist schon schlimm genug, daß ihr über-
haupt Prozesse gegeneinander führt. Warum
laßt ihr euch nicht lieber Unrecht tun? Warum
laßt ihr euch nicht lieber übervorteilen? 8 Statt
dessen tut ihr selbst Unrecht und übervorteilt
andere, und das unter Brüdern und Schwe-
stern![c]

9 Denkt daran: Für Menschen, die Unrecht
tun, ist kein Platz in Gottes neuer Welt![d] Täuscht
euch nicht: Menschen, die Unzucht treiben oder
Götzen anbeten, die die Ehe brechen oder als
Männer mit Knaben oder ihresgleichen verkeh-
ren, 10 Diebe, Wucherer, Trinker, Verleumder
und Räuber werden nicht in Gottes neue Welt
kommen.

11 Manche von euch gehörten früher dazu.
Aber ihr seid reingewaschen, und Gott hat
euch zu seinem heiligen* Volk gemacht, zu
Menschen, die vor seinem Urteil als gerecht*
bestehen können. Das ist geschehen, als ihr
Jesus Christus, dem Herrn*, übereignet worden
seid[e] und den Geist* unseres Gottes empfangen
habt.

Auch der Körper gehört Gott

12 Ihr sagt:[f] »Mir ist alles erlaubt!« Mag sein, aber
nicht alles ist gut für euch. Alles ist mir erlaubt;
aber das darf nicht dazu führen, daß ich meine
Freiheit an irgend etwas verliere.

13 Ihr sagt: »Die Nahrung ist für den Magen
und der Magen für die Nahrung. Gott wird ja
doch allen beiden ein Ende machen.« Aber unser
Körper ist deshalb noch lange nicht für die Un-
zucht da, sondern für den Herrn*, der auch der
Herr über unseren Körper ist. 14 Denn so wie
Gott Christus, den Herrn, vom Tod auferweckt
hat, so wird er durch seine Kraft auch uns vom
Tod auferwecken.

15 Wißt ihr nicht, daß ihr samt eurem Körper
Glieder am Leib* von Christus seid? Kann ich die
Glieder von Christus einfach zu Gliedern von
Prostituierten machen? Das darf nicht sein! 16 Ihr
müßt doch wissen, daß jemand, der sich mit
einer Prostituierten einläßt, mit ihr ein einziger
Leib wird. In den Heiligen Schriften* heißt es
ja: »Die zwei sind dann *ein* Leib.«[g] 17 Aber wer
sich mit dem Herrn verbindet, ist mit ihm *ein*
Geist.

18 Hütet euch vor der Unzucht! Alle anderen
Sünden, die ein Mensch begehen kann, betref-
fen nicht seinen Körper. Wer aber Unzucht
treibt, vergeht sich an seinem eigenen Leib.

19 Wißt ihr nicht, daß euer Leib ein Tempel des
Heiligen Geistes* ist, der in euch wohnt? Gott
hat euch seinen Geist gegeben, und ihr gehört
nicht mehr euch selbst. 20 Er hat euch freigekauft
und als sein Eigentum erworben. Macht ihm
also Ehre an eurem Leib!

ÜBER EHE UND EHELOSIGKEIT
(Kapitel 7)

Ehe, Ehelosigkeit und Ehescheidung

7 Nun aber zu dem, was ihr geschrieben
habt! Ihr sagt: »Das beste ist es, wenn ein
Mann überhaupt keine Frau berührt.«

a Wörtlich *die Heiligen**, ebenso bei *Gemeinde Gottes* in Vers 2.
b Wörtlich *zwischen dem Bruder* (hinzuzudenken *und seinem Bruder*). c Siehe Anmerkung zu 1,10.
d Wörtlich *Menschen, die ..., werden Gottes Königsherrschaft* nicht erben;* entsprechend in Vers 10.
e *Das ist geschehen, als ...:* wörtlich *durch den Namen des Herrn Jesus Christus.* Bei der Taufe (siehe Sacherklärung), an die auch das Wort *reingewaschen* erinnert, wurde dieser *Name* über dem Täufling ausgerufen (vgl. Apg 2,38; Jak 2,7).
f *Ihr sagt:* verdeutlichender Zusatz; ebenso in Vers 13. Im folgenden setzt sich Paulus mit einem Schlagwort auseinander, das in bestimmten Gruppen in Korinth eine große Rolle spielte (vgl. 10,23).
g An der angeführten Stelle aus Gen 2,24 bezeichnet *ein Leib* (wörtlich *ein Fleisch*) die leiblich-seelische Gemeinschaft im umfassenden Sinn. Im Fall der Unzucht verkümmert sie zu einer rein »fleischlichen« Verbindung, die aber nach Paulus gerade nicht bagatellisiert werden darf.

6,2 Röm 5,17 S **6,3** Jud 6 S **6,7** Röm 12,17 S; Mt 5,39-40 **6,9-10** 15,50; Gal 5,19-21 S **6,11** (früher) Tit 3,3-7; (reingewaschen) Hebr 9,14; 1 Joh 1,7; Eph 5,26 S **6,12** 10,23; 8,9; Gal 5,13 S **6,13** 1 Thess 4,3 **6,14** 2 Kor 4,14; Röm 8,11; 6,4; 1 Kor 15,15.20; Kol 1,18 **6,15** 12,27 **6,16** *zit* Gen 2,24 **6,17** Röm 8,9-11 **6,19** 3,16 S **6,20** 7,23; Röm 13,14; 1 Petr 1,18-19

2 Ich dagegen sage: Damit ihr nicht der Un-
zucht verfallt, soll jeder Mann seine Ehefrau
haben und jede Frau ihren Ehemann.
3 Der Mann soll der Frau die eheliche Pflicht
leisten und ebenso die Frau dem Mann. 4 Die
Frau verfügt nicht über ihren Körper, sondern
der Mann; ebenso verfügt der Mann nicht über
seinen Körper, sondern die Frau. 5 Entzieht euch
einander nicht – höchstens wenn ihr euch einig
werdet, eine Zeitlang auf den ehelichen Verkehr
zu verzichten, um euch dem Gebet zu widmen.
Aber danach sollt ihr wieder zusammenkom-
men; sonst verführt euch der Satan*, weil ihr ja
doch nicht enthaltsam leben könnt.
6 Was den zeitweisen Verzicht angeht,[a] so
sage ich das als Zugeständnis, nicht als bin-
dende Vorschrift. 7 Allerdings wäre es mir lieber,
wenn alle ehelos lebten wie ich. Aber Gott gibt
jedem Menschen seine besondere Gnaden-
gabe. Den einen gibt er diese, den andern eben
andere.
8 Den Unverheirateten und den Verwitweten
sage ich: Es ist am besten, wenn sie meinem
Vorbild folgen und allein bleiben. 9 Aber wenn
ihnen das zu schwer fällt, sollen sie heiraten.
Das ist besser, als wenn sie von unbefriedigtem
Verlangen verzehrt werden.
10 Für die Verheirateten dagegen habe ich
eine verbindliche Vorschrift. Sie stammt nicht
von mir, sondern von Christus, dem Herrn*:
Eine Frau darf sich von ihrem Mann nicht tren-
nen. 11 Hat sie sich von ihm getrennt, so soll sie
unverheiratet bleiben oder sich wieder mit
ihrem Mann aussöhnen. Ebensowenig darf ein
Mann seine Frau fortschicken.
12 Im übrigen sage ich, nicht der Herr: Wenn
ein Christ eine ungläubige Frau hat, die weiter-
hin bei ihm bleiben will, soll er sich nicht von ihr
trennen. 13 Dasselbe gilt für eine Christin, die
einen ungläubigen Mann hat: Wenn er bei ihr
bleiben will, soll sie sich nicht von ihm trennen.
14 Sie wird durch die Ehe mit ihm nicht befleckt,
denn der ungläubige Mann wird durch die Ver-
bindung mit ihr rein. Das entsprechende gilt für
einen christlichen Mann mit einer ungläubigen
Frau. Sonst müßtet ihr auch eure Kinder als be-
fleckt betrachten, aber in Wirklichkeit sind sie
doch rein.[b]
15 Wenn aber der ungläubige Teil auf der
Trennung besteht, dann gebt ihn frei. In die-
sem Fall ist der christliche Teil, Mann oder
Frau, nicht an die Ehe gebunden. Gott hat euch
zu einem Leben im Frieden* berufen. 16 Weißt
du denn, Frau, ob du deinen Mann zum Glau-
ben führen und dadurch retten kannst? Oder
weißt du, Mann, ob dir das bei deiner Frau ge-
lingt?

Nicht nach Veränderungen streben

17 Grundsätzlich sollen alle sich nach dem Maß
richten, das der Herr* ihnen zugeteilt hat; das
will sagen: Alle sollen an dem Platz bleiben, an
dem sie waren, als Gott sie berief. Diese Anwei-
sung gebe ich in allen Gemeinden.
18 Wenn einer beschnitten war, als er berufen
wurde, soll er nicht versuchen, die Beschnei-
dung* rückgängig zu machen. Wenn er unbe-
schnitten war, soll er sich nicht beschneiden las-
sen. 19 Es ist vor Gott völlig gleichgültig, ob einer
beschnitten ist oder nicht. Es kommt nur darauf
an, daß er nach Gottes Geboten lebt.
20 Alle sollen Gott an dem Platz dienen, an
dem sein Ruf sie erreicht hat. 21 Warst du Sklave*
oder Sklavin, als Gott dich rief, so mach dir
nichts daraus! Wenn dir allerdings die Freilas-
sung angeboten wird, dann nutze ruhig die Ge-
legenheit.[c] 22 Grundsätzlich gilt: Die, die bei
ihrer Berufung Sklaven oder Sklavinnen waren,
sind Freigelassene des Herrn*. Und entspre-
chend sind die, die bei ihrer Berufung Freie
waren, Sklaven und Sklavinnen des Herrn.
23 Christus hat für euch bezahlt und euch frei-
gekauft, so daß ihr jetzt ihm gehört. Darum
macht euch nicht zu Sklaven menschlicher Maß-
stäbe!
24 Ihr alle, Brüder und Schwestern,[d] sollt also
an dem Platz bleiben, an dem ihr wart, als Gott
euch berief, und ihr sollt diesen Platz so ausfül-
len, wie es Gott gefällt.

a Verdeutlichender Zusatz. Viele Ausleger beziehen das Wort *Zugeständnis* auf Vers 2, d. h. auf die Ehe selbst.
b Vers 14 wörtlich: *Denn der ungläubige Mann wird geheiligt durch die Frau und die ungläubige Frau durch den Bruder; sonst wären ja eure Kinder unrein, sie sind aber doch heilig.* Paulus sagt nicht, in welchem Sinn der ungläubige Teil bzw. die (ungetauften) Kinder *heilig* sind; im strengen Sinn, in dem die Christen als »Heilige« (siehe Sacherklärung) gelten, können sie es nicht sein. Offenbar wehrt er die Befürchtung ab, der christliche Partner werde durch den nichtchristlichen verunreinigt (siehe Sacherklärung »rein«).
c Paulus drückt sich sehr verkürzt aus. Je nach dem, was als (notwendige) Ergänzung hinzugedacht wird, ergibt sich die gegenteilige Deutung: *Auch wenn sich dir die Gelegenheit bietet, frei zu werden, bleibe lieber im Sklavenstand.*
d Siehe Anmerkung zu 1,10.

7,2 1 Thess 4,3-4 **7,3** Eph 5,21-29 **7,7** Mt 19,11-12; (Gnadengabe) 1 Kor 12,11 S **7,9** 1 Tim 5,14 **7,10-11** Mt 5,32 S **7,14** Röm 11,16 **7,15** (im Frieden) 14,33; Röm 12,18; 14,19; Hebr 12,14; Kol 1,20; 3,15; 2 Kor 13,11; Joh 14,27 S **7,16** 1 Petr 3,1 **7,18** 1 Makk 1,15; Gal 5,1 **7,19** Röm 2,25-29; Gal 5,6 **7,22** Phlm 16; Eph 6,6 **7,23** 6,20 S

Besser ist es, frei zu sein für den Herrn

25 Wie sollen sich nun aber die unverheirateten jungen Leute[a] verhalten? Ich habe dafür keine Anweisung des Herrn*, doch sage ich euch meine Meinung als einer, den der Herr in seinem Erbarmen als vertrauenswürdig erachtet und in seinen Dienst genommen hat.

26 Ich meine also, daß es wegen der bevorstehenden Notzeit das beste ist, wenn jemand unverheiratet bleibt. 27 Wenn du eine Frau hast, dann versuche nicht, dich von ihr zu trennen. Aber wenn du keine hast, so bemühe dich auch nicht darum, eine zu finden. 28 Heiratest du trotzdem, so ist das keine Sünde, und wenn die junge Frau[b] heiratet, sündigt sie nicht. Ich möchte euch nur die Belastungen ersparen, die jetzt in der Endzeit auf die Eheleute zukommen.

29 Denn ich mache euch darauf aufmerksam, Brüder und Schwestern:[c] Die Tage dieser Welt* sind gezählt. Darum gilt für die Zeit, die uns noch bleibt: Auch wer verheiratet ist, muß innerlich so frei sein, als wäre er unverheiratet. 30 Wer traurig ist, lasse sich nicht von seiner Trauer gefangennehmen, und wer fröhlich ist, nicht von seiner Freude. Kauft ein, als ob ihr das Gekaufte nicht behalten würdet, 31 und geht so mit der Welt um, daß ihr nicht darin aufgeht. Denn die gegenwärtige Welt wird nicht mehr lange bestehen.

32 Ich möchte, daß ihr frei seid von falschen Sorgen. Wenn einer unverheiratet ist, sorgt er sich, so zu leben, wie es dem Herrn gefällt. 33 Aber wenn einer verheiratet ist, sorgt er sich um die Dinge der Welt, nämlich wie er seiner Frau gefällt. 34 So zieht es ihn nach zwei Seiten. Ebenso ist es mit der Frau: Wenn sie unverheiratet ist, ist sie darum besorgt, mit ihrem ganzen Tun und Denken dem Herrn zu gehören. Wenn sie dagegen verheiratet ist, sorgt sie sich um die Dinge der Welt, nämlich wie sie ihrem Mann gefällt.

35 Ich sage das nicht, um euch zu bevormunden, sondern weil ich euch helfen will. Denn ich möchte, daß ihr ein anständiges Leben führt und beharrlich und ungeteilt dem Herrn dient.

Rat für Verlobte und Witwen

36 Wenn nun einer meint, er begehe ein Unrecht an seiner Verlobten, wenn er sie nicht heiratet, und wenn sein Verlangen nach ihr zu stark ist, dann sollen die beiden ruhig heiraten. Es ist keine Sünde. 37 Wer aber innerlich so fest ist, daß er nicht vom Verlangen bedrängt wird und sich ganz in der Gewalt hat, der soll sich nicht von dem Entschluß abbringen lassen, seine Verlobte nicht zu berühren. 38 Wer seine Verlobte heiratet, handelt gut; aber wer sie nicht heiratet, handelt noch besser.

39 Eine Frau ist gebunden, solange ihr Mann lebt. Wenn er stirbt, ist sie frei, und sie kann heiraten, wen sie will. Nur darf die neue Bindung ihrer Verbundenheit mit dem Herrn* nicht im Weg stehen.[d] 40 Sie wird jedoch glücklicher sein, wenn sie unverheiratet bleibt. Das ist kein Befehl, sondern nur ein Rat; aber ich glaube, daß auch ich den Geist* Gottes habe.

ÜBER DEN UMGANG MIT GÖTZENOPFERFLEISCH – GRENZEN CHRISTLICHER FREIHEIT
(8,1–11,1)

Liebe steht über Erkenntnis

8 Nun zur nächsten Frage! Was ist von dem Fleisch von Tieren zu halten, die als Opfer für die Götzen geschlachtet worden sind?

Grundsätzlich ist es schon richtig:[e] »Wir alle haben ›Erkenntnis‹.« Aber Erkenntnis allein macht überheblich. Nur Liebe baut die Gemeinde auf. 2 Wer meint, etwas ›erkannt‹ zu haben, hat noch lange nicht erkannt, worauf es bei der Erkenntnis ankommt. 3 Wer aber Gott liebt, ist von *ihm* erkannt, und *so* hat er die richtige Erkenntnis.[f]

4 Was also das Essen von Opferfleisch* betrifft: Es ist ganz richtig, was ihr sagt: »Es gibt

a Wörtlich *die Jungfrauen;* vgl. aber Vers 27 und 28.
b Wörtlich *die Jungfrau.* c Siehe Anmerkung zu 1,10. d *Nur darf …:* wörtlich *Nur (geschehe es) im Herrn.*
e Wörtlich *Wir wissen.* Im folgenden nimmt Paulus einen Satz auf, mit dem die angesprochenen Kreise in Korinth ihre überlegen-freizügige Haltung begründeten (dasselbe gilt für die Aussagen in Vers 4). *Erkenntnis* ist das Zauberwort dieser offenbar gnostisch infizierten Christen (siehe Sacherklärung »Gnosis«), das von Paulus im folgenden kritisch beleuchtet wird.
f *und so hat er …:* verdeutlichender Zusatz. Von Gott *erkannt* sein bedeutet nach biblischem Sprachgebrauch, von ihm erwählt und geliebt sein. Nur wer Gottes Liebe erfahren hat und darüber selbst zu einem Liebenden geworden ist, »erkennt« richtig.

7,25 1 Tim 1,12 **7,26** Jer 16,1-4; Apg 14,22; 1 Thess 3,3-4 **7,28** Lk 21,23 **7,29-31** Ez 7,12-13; Röm 13,11-13; 1 Petr 4,7; Phil 4,5 S **7,33** Lk 14,20 **7,39** Röm 7,2-3 **8,1b** 13,1-7; 16,14; Röm 15,1-2 **8,3** 12,13; Gal 4,9 **8,4** Dtn 6,4

überhaupt keine Götzen«, und: »Es gibt keinen
Gott außer dem Einen«. 5 Denn wenn es auch
sogenannte Götter gibt im Himmel und auf
der Erde – es gibt ja unzählige Götter, unzäh-
lige ›Herren‹ –, 6 so gilt doch für uns das Be-
kenntnis:

Einer ist Gott:
der Vater,
von dem alles kommt
und zu dem wir unterwegs sind.
Und *einer* ist der Herr*:
Jesus Christus,
durch den alles geschaffen ist
und durch den wir das neue Leben erhalten.

7 Aber nicht alle haben sich diese ›Erkenntnis‹
schon ganz zu eigen gemacht. Manche sind aus
Gewohnheit noch in ihren alten Vorstellungen
befangen. Wenn sie Opferfleisch essen, tun sie
es in der Meinung, daß sie damit tatsächlich den
Götzen anerkennen, dem das Opfer dargebracht
wurde. Darum belastet es ihr schwaches Gewis-
sen.

8 Nun liegt es auf keinen Fall an einem Nah-
rungsmittel, wie wir vor Gott dastehen. Wenn
wir Bedenken haben, davon zu essen, sind wir
vor Gott nicht weniger wert; und wenn wir da-
von essen, sind wir vor ihm nicht mehr wert.
9 Gebt aber acht, daß nicht die Freiheit, die euer
Verhalten bestimmt, die Schwachen in der Ge-
meinde zu Fall bringt.

10 Angenommen, du hast die ›Erkenntnis‹ und
nimmst im Tempel eines Götzen an einem
Opfermahl* teil. Dort sieht dich jemand, der sich
diese Erkenntnis noch nicht zu eigen gemacht
hat. Wird das diesen Schwachen nicht ermuti-
gen, gegen die Überzeugung seines Gewissens
vom Opferfleisch zu essen? 11 Der Schwache
geht also durch deine Erkenntnis zugrunde. Da-
bei ist er doch dein Bruder, für den Christus ge-
storben ist!

12 Ihr versündigt euch an Christus, wenn ihr
euch so an euren Brüdern und Schwestern[a] ver-
sündigt und ihr schwaches Gewissen mißhan-
delt. 13 Wenn ein Nahrungsmittel dazu führt, daß
jemand in der Gemeinde schuldig wird, will ich
lieber überhaupt kein Fleisch mehr essen. Denn
ich will nicht, daß mein Bruder oder meine
Schwester[b] verlorengeht!

Paulus als Vorbild: Verzicht um der Liebe willen

9 Nehmt euch ein Beispiel an mir! Bin ich
nicht frei? Bin ich nicht Apostel*? Habe ich
nicht Jesus, unseren Herrn*, gesehen? Seid nicht
ihr die Frucht meines Wirkens für den Herrn?
2 Auch wenn andere mich nicht als Apostel aner-
kennen – für euch bin ich es! Meine Beglaubi-
gung als Apostel seid ihr selbst, weil ihr zum
Glauben an den Herrn* gekommen seid.

3 Hier ist meine Antwort an die Leute, die Kri-
tik an mir üben: 4 Hätte ich nicht Anspruch dar-
auf, für meinen Dienst als Apostel Essen und
Trinken zu bekommen? 5 Hätte ich nicht das
Recht, eine Christin als Ehefrau auf meine Rei-
sen mitzunehmen, wie es die anderen Apostel
tun und die Brüder des Herrn und auch Petrus?[c]
6 Sind ich und Barnabas die einzigen, die mit
ihrer Hände Arbeit für ihren Unterhalt aufkom-
men müssen? 7 Wer zieht denn schon auf eigene
Kosten in den Krieg? Wer pflanzt einen Wein-
berg, ohne von seinen Trauben zu essen? Wer
hütet Schafe, ohne von ihrer Milch zu trinken?

8 Ich berufe mich nicht nur auf das, was all-
gemein üblich ist. Das Gesetz* Gottes sagt das-
selbe. 9 Im Gesetzbuch Moses steht geschrie-
ben: »Einem dreschenden Ochsen darfst du das
Maul nicht zubinden.« Geht es Gott vielleicht
um die Ochsen, 10 oder meint er nicht vielmehr
uns bei allem, was er sagt?

So ist es: Von uns ist hier die Rede, um unse-
retwillen steht es geschrieben. Wer pflügt und
erntet, muß damit rechnen können, selbst einen
Teil vom Ertrag zu bekommen. 11 Ich habe geist-
liche Gaben, den Samen der Botschaft Gottes,
unter euch ausgesät. Ist es zu viel verlangt,
wenn ich dafür natürliche Gaben ernte, nämlich
was ich zum Leben brauche?[d] 12 Andere neh-
men dieses Recht in Anspruch und lassen sich
von euch versorgen. Habe ich nicht einen viel
größeren Anspruch darauf?

Und doch habe ich von meinem Recht keinen
Gebrauch gemacht. Ich nehme alle Mühen und
Entbehrungen auf mich, um der Guten Nach-
richt* von Christus kein Hindernis in den Weg
zu legen. 13 Ihr wißt, daß die Priester, die im Tem-
pel* Dienst tun, ihren Lebensunterhalt von den
Einkünften des Tempels bekommen; und wer
am Altar den Opferdienst verrichtet, bekommt

a Siehe Anmerkung zu 1,10. b Wörtlich *mein Bruder.* c Wörtlich *Kephas**.
d Wörtlich *Wenn wir* (= ich) *Geistliches unter euch ausgesät haben, ist es da etwas Großes, wenn wir von euch Fleischliches ernten?*

8,5 10,19-20 **8,6** 12,5-6; Eph 4,5-6; Kol 1,16; Joh 1,3 **8,7-12** 10,23-33 **8,9** Gal 5,13 S **9,1-2** 15,8 S; 2 Kor 10,7-8; 11,5 S; Gal 1,1 **9,2** (Beglaubigung) 4,15; 2 Kor 3,1-3; 10,13 **9,4** Mt 10,10 par; 2 Thess 3,9 **9,6** (Barnabas) Apg 9,27 S; Gal 2,1.9.13; (Unterhalt) Apg 18,3 S **9,9** *zit* Dtn 25,4; 1 Tim 5,18 **9,11** Röm 15,27 S **9,12b** Apg 20,33-34; 2 Kor 11,9 **9,13** Num 18,8-10 S

einen Teil von den Opfergaben. 14 Genauso hat es Jesus, der Herr*, für uns angeordnet: Wer die Gute Nachricht verbreitet, soll davon leben können. 15 Aber ich habe von diesem Recht nie irgendwelchen Gebrauch gemacht.

Ich schreibe das auch nicht, damit ich künftig in den Genuß davon komme. Eher sterben als das! Meinen Ruhm soll mir niemand nehmen! 16 Denn wenn ich die Gute Nachricht verkünde, habe ich noch keinen Grund, mich zu rühmen*. Ich kann ja gar nicht anders – weh mir, wenn ich sie nicht weitergebe! 17 Nur wenn ich sie aus eigenem Antrieb verkünden würde, könnte ich dafür einen Lohn erwarten. Aber ich tue es nicht freiwillig, sondern weil ich mit einem Amt betraut bin.

18 Worin besteht also mein Lohn? Mein Lohn ist, daß ich die Gute Nachricht ohne Entgelt verbreite und auf das verzichte, was mir dafür zusteht.

Frei zum Dienst an allen

19 Obwohl ich also frei und von niemand abhängig bin, habe ich mich zum Sklaven aller gemacht, um möglichst viele für Christus zu gewinnen.

20 Wenn ich mit Juden zu tun hatte, lebte ich wie ein Jude, um sie für Christus zu gewinnen. Unter ihnen, die von der Befolgung des Gesetzes* das Heil erwarten, lebte auch ich nach den Vorschriften des Gesetzes, obwohl ich selbst das Heil nicht mehr vom Gesetz erwarte – und das nur, um sie für Christus zu gewinnen.

21 Wenn ich dagegen mit Menschen zu tun hatte, die nichts vom Gesetz wissen, lebte auch ich nicht nach dem Gesetz, obwohl ich doch vor Gott nicht gesetzlos lebe; ich stehe ja unter dem Gesetz, das Christus gegeben hat[a] – und auch das tat ich, um sie für Christus zu gewinnen.

22 Und wenn ich mit Menschen zu tun hatte, deren Glaube noch schwach war, wurde ich wie sie und machte von meiner Freiheit keinen Gebrauch – nur um sie für Christus zu gewinnen.

Ich stellte mich allen gleich, um überall wenigstens einige zu retten. 23 Das alles tue ich für die Gute Nachricht*, damit ich selbst Anteil bekomme an dem, was sie verspricht.

Verzicht für ein großes Ziel

24 Ihr wißt doch, daß an einem Wettlauf viele teilnehmen; aber nur einer bekommt den Preis, den Siegeskranz*. Darum lauft so, daß ihr den Kranz gewinnt! 25 Alle, die an einem Wettkampf teilnehmen wollen, nehmen harte Einschränkungen auf sich. Sie tun es für einen Siegeskranz, der vergeht. Aber auf uns wartet ein Siegeskranz, der unvergänglich ist.

26 Darum laufe ich wie einer, der das Ziel erreichen will. Darum kämpfe ich wie ein Faustkämpfer, der nicht danebenschlägt. 27 Ich treffe mit meinen Schlägen den eigenen Körper, so daß ich ihn ganz in die Gewalt bekomme. Ich will nicht anderen predigen und selbst versagen.

Warnung vor Selbstsicherheit: Taufe und Mahl des Herrn sind keine Garantie

10 Ich will, daß ihr euch klarmacht, Brüder und Schwestern,[b] 2 wie es unseren Vorfahren nach dem Auszug aus Ägypten ergangen ist. Sie waren alle unter der Wolke und gingen alle durch das Meer. Sie alle wurden durch die Wolke und das Wasser des Meeres auf Mose getauft. 3 Alle aßen auch dieselbe geistliche Speise 4 und tranken denselben geistlichen Trank. Sie tranken ja aus dem geistlichen Felsen, der mit ihnen ging, und dieser Felsen war Christus.[c] 5 Trotzdem verwarf Gott die meisten von ihnen und ließ sie in der Wüste sterben.

6 Alle diese Ereignisse sind uns als warnendes Beispiel gegeben. Wir sollen unser Verlangen nicht auf das Böse richten, so wie sie es taten, als sie ihren Gelüsten folgten. 7 Betet auch keine Götzen an, wie es ein Teil von ihnen getan hat – es heißt ja in den Heiligen Schriften*: »Sie setzten sich zum Essen und Trinken nieder, und danach tanzten sie vor dem goldenen Stier.« 8 Wir wollen auch nicht Unzucht treiben wie ein Teil von ihnen; damals starben an einem Tag dreiundzwanzigtausend. 9 Wir wollen Christus nicht herausfordern wie ein Teil von ihnen; sie kamen durch Schlangen um. 10 Murrt auch nicht wie ein Teil von ihnen, die Mose und Aaron Vorwürfe machten; der Todesengel vernichtete sie.

11 Dies alles geschah mit ihnen in vorausdeutender Weise. Es ist zu unserer Warnung aufge-

a Paulus versteht darunter das Liebesgebot; vgl. Gal 6,2 im dortigen Zusammenhang.
b Siehe Anmerkung zu 1,10. Die Fortsetzung lautet wörtlich *daß unsere Väter alle unter der Wolke waren …*
c Vgl. dazu Sacherklärung »geistlich«.

9,15 Apg 18,3 S **9,16** Jer 20,9 **9,19-22** 10,32-33; (gewinnen) 2 Kor 5,11 S **9,20** Apg 16,3; 21,20-26 **9,22** 2 Kor 11,29 **9,24-25** (Wettlauf) Phil 3,12-14; 2 Tim 2,5; 4,7; Hebr 12,1; (Siegeskranz) 2 Tim 4,8; Jak 1,12; 1 Petr 5,4; Offb 2,10; 3,11 **10,1** Ex 14,19-22; Weish 19,7 **10,3** Ex 16,13-21; 16,31 S **10,4** Ex 17,6 S **10,5** Num 14,29-30 **10,6** Num 11,4.34 **10,7** *zit* Ex 32,6 **10,8** Num 25,1-9 **10,9** Num 21,5-6 **10,10** Num 17,6-15; Ex 14,11-12 S; (Todesengel) Weish 18,20.22.25 **10,11** 7,31; Röm 15,4

schrieben worden; denn wir leben in der letzten
Zeit. 12 Du meinst sicher zu stehen? Gib acht, daß
du nicht fällst! 13 Die Proben, auf die euer Glaube
bisher gestellt worden ist, sind über das gewöhn-
liche Maß noch nicht hinausgegangen. Aber
Gott ist treu und wird nicht zulassen, daß die
Prüfung über eure Kraft geht. Wenn er euch auf
die Probe stellt, sorgt er auch dafür, daß ihr sie
bestehen könnt.

Teilnahme am Götzenopfer und am Mahl des Herrn sind unvereinbar

14 Meine Lieben, haltet euch also von Götzen-
dienst fern! 15 Ihr seid doch verständige Leute;
beurteilt selbst, was ich sage. 16 Denkt an den
Becher, über dem wir beim Mahl des Herrn* das
Dankgebet sprechen: Gibt er uns nicht teil an
dem Blut*, das Christus für uns vergossen hat?
Denkt an das Brot, das wir austeilen: Gibt es uns
nicht teil an seinem Leib? 17 Es ist nur ein einzi-
ges Brot. Darum bilden wir alle, auch wenn wir
viele sind, einen einzigen Leib*; denn wir essen
alle von dem einen Brot.

18 Seht doch, wie es bis heute beim Volk Israel
ist! Alle, die vom Fleisch der Opfertiere essen,
kommen in engste Verbindung mit Gott, dem
das Opfer* dargebracht wurde.[a] 19 Will ich damit
sagen, daß das Opferfleisch* etwas bedeutet?
Oder daß der Götze, dem das Opfer dargebracht
wurde, etwas bedeutet? 20 Nein! Aber was die
Götzenverehrer opfern, das opfern sie nicht
Gott, sondern den Dämonen*. Ich möchte aber
nicht, daß ihr euch mit Dämonen verbindet.

21 Ihr könnt nicht aus dem Becher des Herrn
trinken und zugleich aus dem Becher der Dämo-
nen. Ihr könnt nicht am Tisch des Herrn essen
und am Tisch der Dämonen. 22 Oder wollen wir
den Herrn herausfordern? Sind wir etwa stärker
als er?

Abschließende Stellungnahme: Liebe geht vor Freiheit

23 Ihr sagt: »Alles ist erlaubt!« Mag sein, aber
nicht alles ist deshalb auch schon gut. Alles ist
erlaubt, aber nicht alles fördert die Gemeinde.
24 Ihr sollt nicht an euch selbst denken, sondern
an die anderen.

25 Ihr könnt jedes Fleisch essen, das auf dem
Markt verkauft wird. Es ist nicht nötig, daß ihr
eine Gewissenssache daraus macht und nach-
forscht, woher das Fleisch kommt. 26 Denn es
heißt: »Dem Herrn gehört die ganze Erde mit
allem, was darauf lebt.«

27 Auch wenn Ungläubige euch zum Essen
einladen und ihr die Einladung annehmen wollt,
könnt ihr essen, was euch angeboten wird. Es ist
nicht nötig, daß ihr aus Gewissensgründen
nachforscht, woher das Fleisch kommt. 28 Nur
wenn euch dort jemand sagt: »Das Fleisch ist
von einem Opfer«, dann eßt nicht davon. Unter-
laßt es mit Rücksicht auf die Person, die euch
darauf hingewiesen hat, und mit Rücksicht auf
das Gewissen. 29 Ich meine nicht euer Gewis-
sen, sondern das ihre.

Ein fremdes Gewissen darf sich allerdings
nicht zum Richter über meine Freiheit machen.
30 Ich genieße das Opferfleisch mit Dank gegen
Gott. Niemand hat das Recht, mich zu tadeln,
wenn ich etwas esse, wofür ich Gott danke.[b]

31 Ich sage also: Ob ihr eßt oder trinkt oder
sonst etwas tut, so tut alles zur Ehre Gottes.
32 Lebt so, daß ihr für niemand ein Glaubenshin-
dernis seid, weder für Juden noch für Nicht-
juden, noch für die Gemeinde Gottes. 33 Macht
es so wie ich: Ich nehme in allem Rücksicht auf
alle. Ich suche nicht meinen eigenen Vorteil, son-
dern den Vorteil aller anderen, damit sie gerettet
werden.

11 Folgt meinem Beispiel, so wie ich dem Bei-
spiel folge, das Christus uns gegeben hat!

MISSSTÄNDE IM GOTTESDIENST
(11,2-34)

Vom Verhalten der Frauen beim Gottesdienst

2 Ich muß euch dafür loben, daß ihr immer an
mich denkt und die Anweisungen befolgt, die
ich euch weitergegeben habe. 3 Ich muß euch
aber auch noch dies sagen:

Jeder Mann ist unmittelbar Christus unter-
stellt, die Frau aber dem Mann; und Christus ist
Gott unterstellt.[c] 4 Ein Mann, der im öffentlichen

a Wörtlich *in engste Verbindung mit dem Altar.* »Altar« ist hier ehrfurchtsvolle Umschreibung für Gott.
b Die Verse 28.29a sprechen vom Gewissen des Nichtchristen, der das Essen nicht als Zeichen christlicher Freiheit, sondern als Beweis für die Vereinbarkeit von christlichem Gottesglauben und heidnischer Vielgötterei mißverstehen müßte. Die Verse 29b.30 scheinen dagegen vom Gewissen eines »schwachen« Christen zu sprechen, das sich nicht zum Richter über die Freiheit eines anderen machen darf. Die Sätze sind im Zusammenhang schwer einzuordnen; vgl. auch 8,7-13.
c Wörtlich *Christus ist das Haupt des Mannes, der Mann das Haupt der Frau und Gott das Haupt von Christus.*

10,12 Gal 6,1 **10,13** Jak 1,13-14; 1 Thess 5,24 **10,14** 1 Joh 5,21 **10,16** 11,24-25 **10,17** 12,27 S **10,18** Lev 19,5-8 **10,19** 8,4 **10,21** 2 Kor 6,15-16 **10,23** 6,12; 8,7-12 **10,24** 10,32; 13,5; Röm 15,1-2; Phil 2,4 **10,26** *zit* Ps 24,1; 89,12 **10,28** 8,7 **10,30** Röm 14,6; 1 Tim 4,3-4 **10,31** Kol 3,17; 1 Petr 4,11 **10,32** Röm 14,13 **10,33** 9,19-22 **11,1** 4,16 S **11,3** Eph 5,23; Gen 3,16

Gottesdienst betet oder Weisungen* Gottes ver-
kündet, entehrt sich selbst, wenn er dabei sei-
nen Kopf bedeckt. 5 Eine Frau, die im öffent-
lichen Gottesdienst betet oder Weisungen Gottes
verkündet, entehrt sich selbst, wenn sie dabei
ihren Kopf *nicht* bedeckt. Es ist genauso, als ob
sie kahlgeschoren wäre. 6 Wenn sie keine Kopf-
bedeckung trägt, kann sie sich gleich die Haare
abschneiden lassen. Es ist doch eine Schande für
eine Frau, sich die Haare abschneiden oder den
Kopf kahlscheren zu lassen. Dann soll sie auch
ihren Kopf verhüllen.

7 Der Mann dagegen soll seinen Kopf nicht
bedecken; denn der Mann ist das Abbild Gottes
und spiegelt die Herrlichkeit* Gottes wider. In
der Frau spiegelt sich die Herrlichkeit des Man-
nes. 8 Der Mann wurde nicht aus der Frau ge-
schaffen, sondern die Frau aus dem Mann. 9 Der
Mann wurde auch nicht für die Frau geschaffen,
wohl aber die Frau für den Mann. 10 Deshalb
muß die Frau ein Zeichen der Unterordnung und
zugleich der Bevollmächtigung auf dem Kopf tra-
gen. Damit genügt sie der Ordnung, über die die
Engel* wachen.[a]

11 Vor dem Herrn* gibt es jedoch die Frau
nicht ohne den Mann und den Mann nicht ohne
die Frau. 12 Zwar wurde die Frau aus dem Mann
geschaffen; aber der Mann wird von der Frau ge-
boren. Und beide kommen von Gott, der alles
geschaffen hat.

13 Urteilt selbst: Gehört es sich für eine Frau,
in einem öffentlichen Gottesdienst zu beten,
ohne daß sie eine Kopfbedeckung trägt? 14 Schon
die Natur lehrt euch, daß langes Haar für den
Mann eine Schande ist, 15 aber eine Ehre für die
Frau. Die Frau hat langes Haar erhalten, um sich
zu verhüllen.

16 Falls aber jemand mit mir darüber streiten
möchte, kann ich nur eines sagen: Weder ich
noch die Gemeinden Gottes kennen eine andere
Sitte im Gottesdienst.

Wie das Mahl des Herrn gefeiert werden soll

17 Wenn ich schon einmal Anweisungen gebe:
Ich kann es nicht loben, daß eure Gemeindever-
sammlungen den Aufbau der Gemeinde nicht
fördern, sondern beeinträchtigen. 18 Erstens[b]
wurde mir berichtet, daß es unter euch Spal-
tungen gibt, wenn ihr zusammenkommt. Ich
glaube, daß dies mindestens teilweise zutrifft.
19 Es *muß* ja auch zu Spaltungen unter euch
kommen, damit offenbar wird, wer sich bei euch
im Glauben bewährt.

20 Wenn ihr zusammenkommt, feiert ihr in
Wirklichkeit gar nicht das Mahl* des Herrn.
21 Denn bevor das gemeinsame Mahl beginnt,
fängt jeder schon an zu essen, was er mitge-
bracht hat; und wenn dann später die anderen
hungrig kommen, sind die einen schon betrun-
ken.[c] 22 Könnt ihr denn nicht zu Hause essen
und trinken? Oder verachtet ihr die Gemeinde
Gottes und wollt die unter euch beschämen, die
nichts haben? Was soll ich dazu sagen? Soll ich
euch loben? In diesem Punkt lobe ich euch
nicht!

23 Ich nämlich habe als Überlieferung, die
vom Herrn* kommt, empfangen, was ich euch
weitergegeben habe:

In der Nacht, in der Jesus, der Herr, ausgeliefert
wurde, nahm er Brot, 24 sprach darüber das
Dankgebet, brach es in Stücke und sagte: »Das
ist mein Leib, der für euch geopfert wird. Tut das
immer wieder, damit unter euch gegenwärtig ist,
was ich für euch getan habe!«[d]

25 Ebenso nahm er nach dem Essen den Be-
cher und sagte: »Dieser Becher ist Gottes neuer
Bund*, der durch mein Blut* in Kraft gesetzt
wird. Tut das, sooft ihr von ihm trinkt, damit un-
ter euch gegenwärtig ist, was ich für euch getan
habe!«

26 Jedesmal also, wenn ihr dieses Brot eßt und
von diesem Becher trinkt, verkündet ihr damit
die Rettung, die durch den Tod des Herrn gesche-
hen ist, bis er wiederkommt.

27 Wer daher auf unwürdige Weise[e] das Brot
des Herrn ißt und von seinem Becher trinkt,
macht sich am Leib und am Blut des Herrn
schuldig. 28 Darum sollt ihr euch prüfen, bevor
ihr das Brot eßt und von dem Becher trinkt.

a Wörtlich *Deshalb muß die Frau eine Vollmacht auf dem Kopf haben wegen der Engel**. Die Kopfbedeckung ist zunächst Zeichen der *Unterordnung* unter den Mann (Vers 3). Die Einhaltung dieser Ordnung ist die Voraussetzung *(Bevollmächtigung)* dafür, daß die Frau im Gottesdienst öffentlich auftreten darf.
b Der zweite Punkt sind offenbar die in Kap 12–14 angesprochenen Mißstände.
c *und wenn dann später ...:* wörtlich *und so ist der eine hungrig, der andere betrunken.* Die Übersetzung verdeutlicht im Blick auf Vers 33 (»wartet aufeinander«). Die Späterkommenden sind offenbar die Ärmeren, die noch arbeiten müssen und wenig mitzubringen haben.
d Wörtlich *Tut das zu meinem Gedenken* (ebenso in Vers 25). In der Sprache der Bibel bedeutet »Gedenken« nicht ein bloßes Erinnern, sondern zugleich das Gegenwärtigwerden des Erinnerten.
e Paulus meint mit *unwürdig* die in den Versen 20-22 beschriebenen Zustände.

11,7 Gen 1,26-27 **11,8-9** Gen 2,18-23; 1 Tim 2,13 **11,18** 1,10-11 S **11,22** Jak 2,5-6 **11,23-25** 10,16; Mk 14,22-24 par **11,25** Lk 22,20 S

29 Denn wenn ihr eßt und trinkt ohne Rücksicht
darauf, daß ihr es mit dem Leib des Herrn zu tun
habt,[a] zieht ihr euch durch euer Essen und Trin-
ken Gottes Strafgericht zu. 30 Das ist ja auch der
Grund, weshalb viele von euch schwach und
krank sind, und nicht wenige sind sogar gestor-
ben.

31 Wenn wir uns selbst prüfen würden, wür-
den wir nicht auf diese Weise bestraft. 32 Wenn
aber der Herr uns bestraft, dann tut er es zu
unserer Warnung, damit wir nicht im letzten
Gericht zusammen mit den anderen verurteilt
werden.

33 Meine Brüder und Schwestern,[b] wenn ihr
also zusammenkommt, um das Mahl des Herrn
zu feiern, dann wartet aufeinander. 34 Wer zu
großen Hunger hat, soll vorher zu Hause essen.
Sonst bringen eure Versammlungen euch nur
Bestrafung ein.

Alles weitere werde ich regeln, wenn ich
komme.

ÜBER DIE GABEN DES HEILIGEN GEISTES
(Kapitel 12–14)

Von den Fähigkeiten, die Gottes Geist schenkt

12 Brüder und Schwestern! Ich komme nun
zu den Fähigkeiten, die der Geist* Gottes
schenkt, und sage euch, was ihr darüber wissen
müßt.

2 Ihr erinnert euch: Als ihr noch Ungläubige
wart, seid ihr vor den stummen Götzen in
Ekstase geraten. 3 Darum muß ich euch vor
allem eines sagen: Wenn Gottes Geist von einem
Menschen Besitz ergriffen hat, kann dieser nicht
sagen: »Jesus sei verflucht!« Umgekehrt kann
niemand sagen: »Jesus ist der Herr*!«, wenn
nicht der Heilige Geist in ihm wirkt.

4 Es gibt verschiedene Gaben, doch ein und
derselbe Geist teilt sie zu. 5 Es gibt verschiedene
Dienste, doch ein und derselbe Herr macht dazu
fähig. 6 Es gibt verschiedene Wunderkräfte, doch
ein und derselbe Gott schenkt sie – er, der alles
in allen wirkt. 7 Doch an jedem und jeder in der
Gemeinde zeigt der Heilige Geist seine Wirkung
in der Weise und mit dem Ziel, daß alle etwas da-
von haben.

8 Die einen befähigt der Geist dazu, Gottes
weisheitsvolle Pläne zu enthüllen; andere läßt er
erkennen, was in einer schwierigen Lage getan
werden soll. 9 Derselbe Geist gibt den einen
besondere Glaubenskraft und den andern die
Kraft zu heilen. 10 Der Geist ermächtigt die
einen, Wunder zu tun; andere macht er fähig,
Weisungen* Gottes zu verkünden. Wieder an-
dere können unterscheiden, was aus dem Geist
Gottes kommt und was nicht. Die einen befähigt
der Geist, in unbekannten Sprachen* zu reden;
andern gibt er die Fähigkeit, das Gesagte zu
deuten.

11 Aber das alles bewirkt ein und derselbe
Geist. So wie er es will, teilt er jedem und jeder
in der Gemeinde die eigene Fähigkeit zu.

Das Bild vom Körper und seinen Teilen: Niemand hat seine Fähigkeiten für sich allein

12 Der Körper des Menschen ist einer und be-
steht doch aus vielen Teilen. Aber all die vielen
Teile gehören zusammen und bilden einen un-
teilbaren Organismus. So ist es auch mit Chri-
stus: mit der Gemeinde, die sein Leib* ist.[c]
13 Denn wir alle, Juden wie Griechen, Menschen
im Sklavenstand wie Freie, sind in der Taufe*
durch denselben Geist* in den einen Leib, in
Christus, eingegliedert und auch alle mit dem-
selben Geist erfüllt worden.

14 Ein Körper besteht nicht aus einem einzi-
gen Teil, sondern aus vielen Teilen. 15 Wenn der
Fuß erklärt: »Ich gehöre nicht zum Leib, weil ich
nicht die Hand bin« – hört er damit auf, ein Teil
des Körpers zu sein? 16 Oder wenn das Ohr er-
klärt: »Ich gehöre nicht zum Leib, weil ich nicht
das Auge bin« – hört es damit auf, ein Teil des
Körpers zu sein? 17 Wie könnte ein Mensch
hören, wenn er nur aus Augen bestünde? Wie
könnte er riechen, wenn er nur aus Ohren be-
stünde? 18 Nun aber hat Gott im Körper viele
Teile geschaffen und hat jedem Teil seinen Platz
zugewiesen, so wie er es gewollt hat. 19 Wenn
alles nur ein einzelner Teil wäre, wo bliebe da
der Leib? 20 Aber nun gibt es viele Teile, und alle
gehören zu dem einen Leib.

21 Das Auge kann nicht zur Hand sagen: »Ich
brauche dich nicht!« Und der Kopf kann nicht zu
den Füßen sagen: »Ich brauche euch nicht!«
22 Gerade die Teile des Körpers, die schwächer

a *ohne Rücksicht ...:* wörtlich *ohne den Leib richtig zu beurteilen.* Paulus denkt wohl im Blick auf Vers 22 zugleich an die Solidarität innerhalb der Gemeinde als dem »Leib des Herrn« (vgl. 12,12).
b Siehe Anmerkung zu 1,10; ebenso für 12,1. c Wörtlich *So ist auch Christus.*

12,2 Gal 4,8 **12,3** 1 Joh 4,2-3; Röm 10,9; Phil 2,11 **12,4-11** 12,27–14,40; Röm 12,6-8; Eph 4,4 **12,7** 14,26 S **12,10** Apg 2,4 S **12,11** 7,7; Röm 12,3; Eph 4,7; 1 Petr 4,10 **12,12** 12,27 S **12,13** Gal 3,27-28 S

scheinen, sind besonders wichtig. 23 Die Teile, die als unansehnlich gelten, kleiden wir mit besonderer Sorgfalt und die unanständigen mit besonderem Anstand. 24 Die edleren Teile haben das nicht nötig. Gott hat unseren Körper zu einem Ganzen zusammengefügt und hat dafür gesorgt, daß die geringeren Teile besonders geehrt werden. 25 Denn er wollte, daß es keine Uneinigkeit im Körper gibt, sondern jeder Teil sich um den anderen kümmert. 26 Wenn irgendein Teil des Körpers leidet, leiden alle anderen mit. Und wenn irgendein Teil geehrt wird, freuen sich alle anderen mit.

27 Ihr alle seid zusammen der Leib* von Christus, und als einzelne seid ihr Teile an diesem Leib. 28 So hat Gott in der Gemeinde allen ihre Aufgabe zugewiesen. Da gibt es erstens die Apostel*, zweitens die, die prophetische Weisungen* erteilen, drittens die, die zum Lehren befähigt sind.[a] Dann kommen die, die Wunder tun oder heilen können, die Dienste oder Leitungsaufgaben übernehmen oder in unbekannten Sprachen* reden. 29 Nicht alle sind Apostel, nicht alle erteilen prophetische Weisungen, nicht alle sind zum Lehren befähigt. Nicht alle können Wunder tun, 30 nicht alle Kranke heilen, nicht alle in unbekannten Sprachen reden, nicht alle diese Sprachen deuten. 31a Bemüht euch aber um die höheren Geistesgaben!

Nichts geht über die Liebe (Das »Hohelied der Liebe«)

31b Ich zeige euch jetzt etwas, das noch weit wichtiger ist als alle diese Fähigkeiten.

13 Wenn ich die Sprachen aller Menschen spreche
und sogar die Sprache der Engel*,
aber ich habe keine Liebe –
dann bin ich doch nur ein dröhnender Gong
oder eine lärmende Trommel.
2 Wenn ich prophetische Eingebungen* habe
und alle himmlischen Geheimnisse weiß
und alle Erkenntnis* besitze,
wenn ich einen so starken Glauben habe,
daß ich Berge versetzen kann,
aber ich habe keine Liebe –
dann bin ich nichts.
3 Und wenn ich all meinen Besitz verteile
und den Tod in den Flammen auf mich nehme,[b]
aber ich habe keine Liebe –
dann nützt es mir nichts.

4 Die Liebe ist geduldig und gütig.
Die Liebe eifert nicht für den eigenen Standpunkt,
sie prahlt nicht und spielt sich nicht auf.
5 Die Liebe nimmt sich keine Freiheiten heraus,
sie sucht nicht den eigenen Vorteil.
Sie läßt sich nicht zum Zorn reizen
und trägt das Böse nicht nach.
6 Sie ist nicht schadenfroh,
wenn anderen Unrecht geschieht,
sondern freut sich mit,
wenn jemand das Rechte tut.
7 Die Liebe gibt nie jemand auf,
in jeder Lage vertraut und hofft sie für andere;
alles erträgt sie mit großer Geduld.

8 Niemals wird die Liebe vergehen.
Prophetische Eingebungen hören einmal auf,
das Reden in Sprachen* des Geistes verstummt,
auch die Erkenntnis wird ein Ende nehmen.
9 Denn unser Erkennen ist Stückwerk,
und unser prophetisches Reden ist Stückwerk.
10 Wenn sich die ganze Wahrheit enthüllen wird,
ist es mit dem Stückwerk vorbei.

11 Einst, als ich noch ein Kind war,
da redete ich wie ein Kind,
ich fühlte und dachte wie ein Kind.
Als ich dann aber erwachsen war,
habe ich die kindlichen Vorstellungen abgelegt.
12 Jetzt sehen wir nur ein unklares Bild
wie in einem trüben Spiegel;
dann aber schauen wir Gott von Angesicht.
Jetzt kennen wir Gott nur unvollkommen;
dann aber werden wir Gott völlig kennen,
so wie er uns jetzt schon kennt.

13 Auch wenn alles einmal aufhört –
Glaube, Hoffnung und Liebe nicht.
Diese drei werden immer bleiben;
doch am höchsten steht die Liebe.

Zur Beurteilung des »Redens in unbekannten Sprachen« (Zungenreden)

14 Bemüht euch also darum, daß euch die Liebe geschenkt wird!

Von den Gaben des Geistes* wünscht euch besonders die Fähigkeit, prophetische Weisun-

a Siehe Sacherklärung »Lehrer«.
b *und den Tod ...:* Wichtige alte Textzeugen lesen (mit nur einem Buchstaben Unterschied) *und meinen Leib hingebe, um mich zu rühmen.*

12,26 Röm 12,15; 2 Kor 11,29 S **12,27** 6,15; 10,17; 12,12; Röm 12,4-5; Eph 1,23 S **12,28** 12,8-10; Eph 4,11-12 **12,31a** 14,1 **13,1-7** 8,1 S; Röm 13,8-10 **13,1** 2 Kor 12,3-4 **13,2** 12,8; Mt 7,22; 17,20 **13,3** Mk 10,21 par; Dan 3,19-20 **13,8** 14,1-5 **13,12** 2 Kor 5,7; Röm 8,24; 1 Joh 3,2 **13,13** 1 Thess 1,3; 1 Joh 4,16 **14,1b** (Weisungen) 12,10

gen* zu verkünden. 2 Wenn du in unbekannten Sprachen* redest, sprichst du nicht zu Menschen, sondern zu Gott. Niemand versteht dich. Durch die Wirkung des Geistes redest du geheimnisvolle Worte. 3 Wenn du aber prophetische Weisungen empfängst, kannst du sie an andere weitergeben. Du kannst damit die Gemeinde aufbauen, ermutigen und trösten. 4 Wenn jemand in unbekannten Sprachen spricht, hat niemand sonst etwas davon. Wer prophetische Weisungen gibt, dient der ganzen Gemeinde.

5 Ich wünschte, daß ihr alle in Sprachen des Geistes reden könntet; aber noch lieber wäre es mir, ihr alle könntet prophetische Weisungen verkünden. Das hat mehr Gewicht, als in unbekannten Sprachen zu reden, außer es gibt jemand gleich die Deutung dazu, damit die Gemeinde etwas davon hat.

6 Was nützt es euch, Brüder und Schwestern,[a] wenn ich zu euch komme und in unbekannten Sprachen rede? Ihr habt nur etwas davon, wenn ich euch göttliche Wahrheiten enthülle oder Erkenntnisse bringe oder Weisungen von Gott oder Lehren weitergebe.

7 Denkt an die Musikinstrumente, an die Flöte oder die Harfe. Wenn sich die einzelnen Töne nicht deutlich unterscheiden, ist keine Melodie zu erkennen. 8 Und wenn die Trompete kein klares Signal gibt, wird keiner zu den Waffen greifen. 9 Bei euch ist es genauso: Wenn ihr mit eurer Stimme undeutliche Laute von euch gebt, kann niemand verstehen, was ihr sagt. Ihr sprecht dann in den Wind.

10 Oder denkt an die vielen Sprachen in der Welt! Jedes Volk hat seine eigene. 11 Wenn ich nun die Sprache eines anderen Menschen nicht kenne, kann er sich nicht mit mir verständigen, und mir geht es genauso mit ihm.

12 Das gilt auch für euch. Wenn ihr schon so großen Wert auf die Gaben des Geistes legt, dann bemüht euch um die, die dem Aufbau der Gemeinde dienen. An solchen Gaben sollt ihr reich werden. 13 Wer also in unbekannten Sprachen spricht, soll um die Gabe bitten, das Gesprochene auch deuten zu können. 14 Wenn ich in solchen Sprachen rede, betet der Geist, der von mir Besitz ergriffen hat, aber mein Verstand ist untätig, und niemand hat etwas davon.

15 Was folgt daraus? Ich will beides tun: mit dem Geist beten und mit dem Verstand beten. Ich will mit dem Geist singen und auch mit dem Verstand. 16 Wenn du Gott nur in der Sprache des Geistes rühmst, wie können dann andere, die diese Sprache nicht verstehen, auf dein Gebet mit »Amen«* antworten? Sie wissen ja gar nicht, was du gesagt hast. 17 Die anderen werden nicht in ihrem Glauben gefördert, auch wenn du ein noch so schönes Gebet sprichst.

18 Ich danke Gott, daß ich mehr als ihr alle in Sprachen des Geistes rede. 19 Aber in der Gemeindeversammlung spreche ich lieber fünf verständliche Sätze, um die anderen im Glauben zu unterweisen, als zehntausend Wörter, die niemand versteht.

20 Brüder und Schwestern, seid nicht Kinder dem Verstand nach! In der Schlechtigkeit sollt ihr wie kleine Kinder sein, aber im Denken müßt ihr erwachsen sein. 21 Im Buch des Gesetzes* heißt es: »Ich werde zu diesem Volk in unbekannten Sprachen reden und in fremden Worten, sagt der Herr. Aber auch dann werden sie nicht auf mich hören.« 22 Das Reden in Sprachen des Geistes ist also gar nicht für die Glaubenden bestimmt, sondern für die Ungläubigen – es ist ein Zeichen des Gerichts über ihren Unglauben. Bei den prophetischen Botschaften ist es umgekehrt: Sie sind nicht für die Ungläubigen bestimmt, sondern für die Glaubenden oder die, die zum Glauben kommen sollen.[b]

23 Stellt euch vor, die ganze Gemeinde versammelt sich, und alle fangen an, in unbekannten Sprachen zu reden. Wenn nun Neulinge oder Ungläubige hereinkommen, werden sie euch bestimmt für verrückt erklären. 24 Nehmt dagegen an, ihr alle verkündet prophetische Weisungen. Wenn dann ein Neuling, der noch nicht glaubt, hereinkommt, wird ihn alles, was er hört, von seiner Schuld überzeugen. Er wird sich von allen zur Rechenschaft gezogen sehen. 25 Seine geheimen Gedanken kommen ans Licht. Er wird sich niederwerfen, wird Gott anbeten und bekennen: »Wahrhaftig, Gott ist mitten unter euch!«

Die Ordnung bei der Gemeindeversammlung

26 Was folgt daraus für euch, Brüder und Schwestern? Wenn ihr zum Gottesdienst zusammenkommt, kann jeder und jede etwas dazu beitragen: ein Lied vorsingen oder eine Lehre

a Siehe Anmerkung zu 1,10; ebenso für die Verse 20, 26 und 39.
b *oder die ...:* verdeutlichender Zusatz im Blick auf die Verse 24-25.

14,2 (Sprachen) Apg 2,4 S **14,4** 14,26 S **14,5** Num 11,29 **14,16** 2 Kor 1,20 **14,20** Eph 4,14 **14,21** *nach* Jes 28,11-12 **14,23** Apg 2,13 **14,25** Joh 4,17-19; Jes 45,14 **14,26** 12,8-10; (Aufbau der Gemeinde) 8,1; 12,7; 14,4.12; Eph 4,11-13

vortragen oder eine Offenbarung weitergeben oder in unbekannten Sprachen* reden oder die Deutung dazu geben. Aber alles muß dem Aufbau der Gemeinde dienen.

27 In unbekannten Sprachen sollen zwei oder höchstens drei sprechen, aber der Reihe nach, und jemand soll die Deutung geben. 28 Wenn niemand da ist, der es deuten kann, sollen die Betreffenden schweigen. Sie sollen dann für sich zu Hause reden, wo nur sie selbst und Gott es hören.

29 Auch von denen, die prophetische Weisungen* verkünden können, sollen nur zwei oder drei sprechen. Die andern, die diese Fähigkeit haben, sollen das Gesagte beurteilen. 30 Vielleicht erhält von diesen andern, die dabeisitzen, jemand eine Botschaft, während gerade einer spricht; dann soll der erste aufhören. 31 Ihr könnt doch alle der Reihe nach sprechen. Dann werden alle etwas lernen, und alle werden ermutigt werden. 32 Die prophetisch Begabten werden von ihren Eingebungen nicht überwältigt, sondern haben es selbst in der Hand, wann und wie sie sie weitergeben. 33 Gott liebt doch nicht die Unordnung, sondern er schafft Frieden*!

Wie es bei allen christlichen Gemeinden[a] üblich ist, 34 sollen die Frauen in euren Versammlungen schweigen. Sie dürfen nicht lehren, sondern sollen sich unterordnen, wie es auch das Gesetz* vorschreibt. 35 Wenn sie etwas wissen wollen, sollen sie zu Hause ihren Ehemann fragen. Denn es schickt sich nicht für eine Frau, daß sie in der Gemeindeversammlung spricht. 36 Ist denn die Botschaft Gottes von euch in die Welt ausgegangen? Oder ist sie nur zu euch gekommen?[b]

37 Wer von euch meint, die Prophetengabe zu besitzen oder vom Geist Gottes erfüllt zu sein, muß auch einsehen, daß meine Anweisungen vom Herrn kommen. 38 Wer das nicht anerkennt, wird auch von Gott nicht anerkannt.

39 Meine Brüder und Schwestern, bemüht euch also um die Gabe der prophetischen Rede, hindert aber auch niemand daran, in unbekannten Sprachen zu reden. 40 Nur soll alles anständig und geordnet zugehen.

ÜBER DIE AUFERSTEHUNG DER TOTEN (Kapitel 15)

Christus wurde vom Tod auferweckt …

15 Brüder und Schwestern,[c] ich erinnere euch an die Gute Nachricht*, die ich euch verkündet habe. Ihr habt sie angenommen; sie ist der Grund, auf dem ihr im Glauben steht. 2 Durch sie werdet ihr gerettet, wenn ihr sie unverfälscht festhaltet – und zwar dem Wortlaut entsprechend, in dem ich sie euch übermittelt habe. Anderenfalls wärt ihr vergeblich zum Glauben gekommen!

3 Ich habe an euch weitergegeben, was ich selbst als Überlieferung empfangen habe, nämlich als erstes und Grundlegendes:

Christus ist für unsere Sünden gestorben, wie es in den Heiligen Schriften* vorausgesagt war,
4 und wurde begraben.
Er ist am dritten Tag vom Tod auferweckt worden, wie es in den Heiligen Schriften vorausgesagt war, 5 und hat sich Petrus[d] gezeigt, danach dem ganzen Kreis der Zwölf*.
6 Später sahen ihn über fünfhundert Brüder auf einmal; einige sind inzwischen gestorben, aber die meisten leben noch.
7 Dann erschien er Jakobus und schließlich allen Aposteln*.

8 Ganz zuletzt ist er auch mir erschienen, der »Fehlgeburt«.[e] 9 Ich bin der geringste unter den Aposteln, ich verdiene es überhaupt nicht, Apostel zu sein; denn ich habe die Gemeinde Gottes verfolgt. 10 Aber durch Gottes Gnade bin ich es dennoch geworden, und sein gnädiges Eingreifen ist nicht vergeblich gewesen. Ich habe viel mehr für die Gute Nachricht gearbeitet als alle anderen Apostel. Doch nicht mir habe ich das zuzuschreiben – die Gnade Gottes hat durch mich gewirkt.

11 Mit den anderen Aposteln bin ich in dieser Sache völlig einig. Wir alle verkünden die Gute Nachricht genau so, wie ich es gerade angeführt habe, und genau so habt ihr sie auch angenommen.

a Wörtlich *bei allen Gemeinden der Heiligen**.
b Paulus setzt in 11,5 voraus, daß Frauen im Gottesdienst öffentlich auftreten. Das Verbot in den Versen 33b-36 steht jedoch in Einklang mit 1 Tim 2,11-12. Das deutet darauf hin, daß hier unter dem Eindruck der später gemachten Erfahrungen eine bewußte Korrektur vorgenommen wird.
c Siehe Anmerkung zu 1,10. d Wörtlich *Kephas**.
e Paulus spielt wohl darauf an, daß er zunächst seine Bestimmung (vgl. Gal 1,15) verfehlt hatte.
14,29 1 Thess 5,21 14,33 7,15 S 14,34-35 11,3; Eph 5,22; 1 Tim 2,11-12 14,34 Gen 3,16 15,2 15,17; 2 Kor 6,1; Gal 3,4; 1 Thess 3,5; Gal 2,2 S 15,3a 11,23 15,3b (vorausgesagt) Jes 53,5-12 15,4 Apg 2,24-31; Mt 12,40; Joh 20,9 15,5 Lk 24,34.36 par 15,7 Lk 24,50 15,8 9,1; Gal 1,15-16; Apg 9,3-6 15,9-10 Gal 1,13-14; Eph 3,8; 1 Tim 1,12-16 15,10 2 Kor 11,23 15,11 Gal 2,6-9

… deshalb werden auch wir auferweckt werden

12 Das also ist unsere Botschaft: Gott hat Christus
vom Tod auferweckt. Wie können dann einige
von euch behaupten, daß die Toten nicht auf-
erstehen werden?
13 Wenn es keine Auferstehung der Toten gibt,
dann ist auch Christus nicht auferweckt worden.
14 Und wenn Christus nicht auferweckt worden
ist, dann hat weder unsere Verkündigung einen
Sinn noch euer Glaube. 15 Wir wären dann als
falsche Zeugen für Gott entlarvt; denn wir hät-
ten gegen die Wahrheit bezeugt, daß er Christus
vom Tod auferweckt hat – den er doch gar nicht
auferweckt hat, wenn wirklich die Toten nicht
auferweckt werden.
16 Wenn die Toten nicht auferweckt werden,
ist auch Christus nicht auferweckt worden. 17 Ist
aber Christus nicht auferweckt worden, so ist
euer ganzer Glaube vergeblich. Eure Schuld ist
dann nicht von euch genommen, 18 und wer im
Vertrauen auf Christus gestorben ist, ist dann
verloren. 19 Wenn wir nur für das jetzige Leben
auf Christus hoffen, sind wir bedauernswerter
als irgend jemand sonst auf der Welt.
20 Nun aber *ist* Christus vom Tod auferweckt
worden, und als der erste Auferweckte gibt er
uns die Gewähr, daß auch die übrigen Toten auf-
erweckt werden.[a] 21 Durch einen Menschen
kam der Tod. So kommt auch durch einen
Menschen die Auferstehung vom Tod. 22 Alle
Menschen gehören zu Adam, darum müssen
sie sterben; aber durch die Verbindung mit Chri-
stus wird ihnen das neue Leben geschenkt wer-
den.

Die Vollendung steht noch aus

23 Doch das alles geschieht zu seiner Zeit und in
seiner vorbestimmten Ordnung: Als erster[b]
wurde Christus vom Tod auferweckt. Wenn er
wiederkommt, werden die auferweckt, die zu
ihm gehören. 24 Dann ist das Ende da: Christus
übergibt die Herrschaft Gott, dem Vater, nach-
dem er alles vernichtet hat, was sich gegen Gott
erhebt und was Macht und Herrschaft bean-
sprucht.
25 Denn Christus muß so lange herrschen, bis
er alle Feinde unter seinen Füßen hat. 26 Als letz-
ten Feind vernichtet er den Tod. 27 Denn es heißt
in den Heiligen Schriften*: »Alles hat Gott ihm
unterworfen.«
Wenn hier gesagt wird, daß *alles* ihm unter-
worfen ist, dann ist natürlich der nicht einge-
schlossen, der ihm alles unterworfen hat.
28 Wenn aber alles Christus unterworfen ist,
dann unterwirft auch er selbst, der Sohn*,
sich dem Vater, der ihm alles unterworfen hat.
Dann ist Gott allein der Herr – über alles und
in allem.

Aufruf zur Besinnung

29 Überlegt einmal: Was machen denn die unter
euch, die sich für ungetauft Verstorbene taufen*
lassen? Wenn die Toten gar nicht auferweckt
werden, welchen Sinn hat es dann, daß sie sich
für sie taufen lassen?
30 Und warum begebe ich mich stündlich in
Lebensgefahr? 31 Brüder und Schwestern,[c] täg-
lich sehe ich dem Tod ins Auge. Das ist die Wahr-
heit, so gewiß ihr durch Jesus Christus mein
Ruhm* seid vor Gott! 32 In Ephesus habe ich
mit wilden Tieren gekämpft.[d] Wenn ich keine
Hoffnung hätte, hätte ich mir das ersparen kön-
nen!
Wenn die Toten nicht auferweckt werden,
dann halten wir uns doch lieber an das Sprich-
wort: »Laßt uns essen und trinken, denn morgen
sind wir tot!«
33 Macht euch nichts vor! »Schlechter Um-
gang verdirbt gute Sitten.« 34 Werdet wieder
nüchtern und lebt, wie es Gott gefällt. Ich muß
zu eurer Schande sagen: Einige von euch ken-
nen Gott nicht.

Wie sollen wir uns die Auferstehung vorstellen?

35 Aber vielleicht fragt jemand: »Wie soll denn
das zugehen, wenn die Toten auferweckt wer-
den? Was für einen Körper werden sie dann
haben?«
36 Wie kannst du nur so fragen! Wenn du
einen Samen ausgesät hast, muß er zuerst ster-
ben, damit die Pflanze leben kann. 37 Du säst
nicht die ausgewachsene Pflanze, sondern nur
den Samen, ein Weizenkorn oder irgendein an-
deres Korn. 38 Gott aber gibt jedem Samen, wenn
er keimt, den Pflanzenkörper, den er für ihn be-
stimmt hat. Jede Samenart erhält ihre besondere

a Wörtlich *Nun aber ist Christus von den Toten auferweckt worden als Erstling* der Entschlafenen.*
b Wörtlich *Als Erstling*.* *c* Siehe Anmerkung zu 1,10.
d Wahrscheinlich nicht wörtlich gemeint, sondern Bild für eine extrem gefährliche Situation.

15,15 Apg 1,8S **15,17** 15,2S; Röm 4,25S **15,20** 6,14S **15,21-22** Gen 3,17-19; Röm 5,12-21 **15,23** 1 Thess 4,16-17 **15,24** Röm 8,38S **15,25** Ps 110,1; Mk 12,36S **15,26** Offb 1,18; 20,14; 21,4 **15,27** *zit* Ps 8,7 **15,28** Röm 11,36 **15,30-31** Röm 8,36S **15,32** *zit* Jes 22,13; 2 Kor 1,8S **15,34** Röm 13,11-12 **15,36-37** Joh 12,24

Gestalt. 39 Auch die Lebewesen haben ja nicht
alle ein und dieselbe Gestalt. Menschen haben
eine andere Gestalt als Tiere, Vögel eine andere
als Fische.

40 Außer den Körpern auf der Erde aber gibt es
auch noch solche am Himmel. Die Himmelskör-
per haben eine andere Schönheit als die Körper
auf der Erde, 41 und unter ihnen leuchtet die
Sonne anders als der Mond, der Mond wieder
anders als die Sterne. Auch die einzelnen Sterne
unterscheiden sich voneinander durch ihren
Glanz.

42 So könnt ihr euch auch ein Bild von der
Auferstehung der Toten machen. Was in die Erde
gelegt wird, ist vergänglich; aber was zum
neuen Leben erweckt wird, ist unvergänglich.
43 Was in die Erde gelegt wird, ist armselig; aber
was zum neuen Leben erweckt wird, ist voll
Herrlichkeit. Was in die Erde gelegt wird, ist hin-
fällig; aber was zum neuen Leben erweckt wird,
ist voll Kraft. 44 Was in die Erde gelegt wird, war
von natürlichem Leben beseelt; aber was zu
neuem Leben erwacht, wird ganz vom Geist*
Gottes beseelt sein.

Wenn es einen natürlichen Körper gibt, muß
es auch einen vom Geist beseelten Körper
geben. 45 Es heißt ja in den Heiligen Schriften*:
»Der erste Mensch Adam wurde von natür-
lichem Leben beseelt.«[a] Christus dagegen, der
letzte Adam, wurde zum Geist, der lebendig
macht.

46 Aber zuerst kommt die Natur, dann der
Geist, nicht umgekehrt. 47 Der erste Adam
wurde aus Erde gemacht; er ist Erde. Der zweite
Adam stammt vom Himmel.[b] 48 Die irdischen
Menschen sind wie der irdische Adam, die
himmlischen Menschen wie der himmlische
Adam. 49 So wie wir jetzt dem Menschen glei-
chen, der aus Erde gemacht wurde, so werden
wir künftig dem gleichen, der vom Himmel ge-
kommen ist.

Die Verwandlung der Lebenden und der letzte Sieg

50 Brüder und Schwestern,[c] das ist ganz sicher:
Menschen aus Fleisch und Blut können nicht in
Gottes neue Welt gelangen.[d] Ein vergänglicher
Körper kann nicht unsterblich werden.

51 Ich sage euch jetzt ein Geheimnis: Wir
werden nicht alle sterben, wir werden aber alle
verwandelt werden. 52 Das geschieht in einem
Augenblick, so schnell, wie jemand mit der
Wimper zuckt, sobald die Posaune* das Ende
ankündigt.

Die Posaune gibt das Signal, dann werden die
Verstorbenen zu unvergänglichem Leben er-
weckt, und wir, die dann noch am Leben sind,
bekommen den neuen Körper. 53 Unser vergäng-
licher Körper, der dem Tod verfallen ist, muß in
einen unvergänglichen Körper verwandelt wer-
den, über den der Tod keine Macht hat.

54 Wenn das geschieht, wenn das Vergäng-
liche mit Unvergänglichkeit überkleidet wird
und das Sterbliche mit Unsterblichkeit, dann
wird das Prophetenwort wahr:

»Der Tod ist vernichtet!
Der Sieg ist vollkommen!
55 Tod, wo ist dein Sieg?
Tod, wo ist deine Macht?«

56 Die Macht des Todes kommt von der Sünde.
Die Sünde aber hat ihre Kraft aus dem Gesetz*.
57 Dank sei Gott, daß er uns durch Jesus Christus,
unseren Herrn*, den Sieg schenkt!

58 Darum, meine lieben Brüder und Schwe-
stern, werdet fest und unerschütterlich in eurem
Glauben und tut stets euer Bestes für die Sache
des Herrn. Ihr wißt, daß der Herr euren Einsatz
belohnen wird.

SAMMLUNG FÜR JERUSALEM UND BRIEFSCHLUSS
(Kapitel 16)

Die Sammlung für die Urgemeinde

16 Ich komme jetzt zu der Geldsammlung für
die Gemeinde in Jerusalem.[e] Ihr müßt es
so halten, wie ich es auch den Gemeinden in
Galatien* gesagt habe: 2 Jeden Sonntag legt ihr

a Wörtlich lautet das Zitat aus Gen 2,7: *Der (erste) Mensch (Adam) wurde eine lebende Seele.* Demgemäß spricht Paulus in Vers 44 von einem *seelischen Körper* und einem *geistigen Körper.* Vers 46 lautet wörtlich *Aber nicht zuerst der geistige (Körper), sondern der seelische, danach (erst) der geistige.*

b *Adam:* im Unterschied zu Vers 45 steht hier beide Male im Griechischen wörtlich *Mensch* (vgl. Anmerkung zu Gen 3,20). In Vers 48 wörtlich nur *Die Irdischen/Himmlischen ... der Irdische/Himmlische.*

c Siehe Anmerkung zu 1,10; ebenso für Vers 58.

d Wörtlich *die Königsherrschaft* Gottes erben.*

e Wörtlich *für die Heiligen*.*

15,43 Phil 3,21 **15,45-49** 15,21-22 S **15,45** Joh 6,63; 2 Kor 3,6 **15,52** 1 Thess 4,15-17 **15,53** 2 Kor 5,4 **15,54** *nach* Jes 25,8 **15,55** *nach* Hos 13,14 **15,56** Röm 4,15 S; 6,23 **15,57** Röm 7,24 **15,58** 16,13 S; 2 Chr 15,7 **16,1** Röm 15,26 S

bei euch zu Hause etwas auf die Seite, soviel jeder oder jede entbehren kann. Bewahrt es auf; dann muß nicht erst gesammelt werden, wenn ich komme. 3 Nach meiner Ankunft werde ich die Brüder, die ihr aussucht, mit Empfehlungsschreiben nach Jerusalem schicken, damit sie eure Spende übergeben. 4 Wenn es sich empfiehlt, daß ich selbst mitkomme, werden wir gemeinsam reisen.

Die Pläne des Apostels

5 Ich komme über Mazedonien zu euch. Dort werde ich nur durchreisen, 6 bei euch dagegen möchte ich, wenn möglich, eine Zeitlang bleiben, vielleicht sogar den Winter über. Dann könnt ihr mich für die Weiterreise mit allem Nötigen ausstatten. 7 Ich möchte euch diesmal nicht nur flüchtig auf der Durchreise besuchen. Ich hoffe, daß ich einige Zeit bei euch verbringen kann, wenn der Herr* es erlaubt.

8 Ich habe vor, noch bis Pfingsten in Ephesus zu bleiben. 9 Hier steht mir die Tür weit offen für ein erfolgreiches Wirken, und ich muß mich mit vielen Gegnern auseinandersetzen.

10 Wenn Timotheus zu euch kommt, dann seht darauf, daß ihr ihn nicht entmutigt. Denn er arbeitet genau wie ich für den Herrn. 11 Niemand soll ihn verachten. Verabschiedet ihn in gutem Einvernehmen und gebt ihm, was er braucht, damit er zu mir zurückkommen kann. Ich erwarte ihn zusammen mit den Brüdern, die bei ihm sind.

12 Dem Bruder Apollos habe ich lange zugeredet, mit den Brüdern zusammen zu euch zu reisen, aber er wollte jetzt einfach nicht. Wenn es ihm besser paßt, wird er kommen.

Abschließende Ermahnungen und Grüße

13 Seid wachsam! Steht im Glauben fest! Seid mutig und stark! 14 Alles, was ihr tut, soll von der Liebe bestimmt sein.

15 Ihr wißt, Brüder und Schwestern:[a] Die Stephanas-Familie war die erste bei euch in Achaia*, die zum Glauben kam,[b] und sie hat sich ganz für den Dienst an der Gemeinde[c] zur Verfügung gestellt. Ich bitte euch: 16 Ordnet euch solchen Menschen unter! Begegnet allen mit Achtung, die in der Gemeinde mitarbeiten und Aufgaben übernehmen. 17 Ich freue mich, daß Stephanas, Fortunatus und Achaikus bei mir sind. Sie haben mich dafür entschädigt, daß ihr nicht alle hier sein könnt. 18 Sie haben mich aufgemuntert, so wie sie es auch mit euch getan haben. Solche Menschen sollt ihr achten.

19 Die Gemeinden der Provinz Asien* lassen euch grüßen. Das Ehepaar Aquila und Priska und die Gemeinde, die sich in ihrem Haus versammelt, grüßen vielmals euch alle, mit denen sie durch den Herrn* verbunden sind. 20 Alle Brüder und Schwestern lassen euch grüßen.

Grüßt euch gegenseitig mit dem Friedenskuß*!

Eigenhändiges Schlußwort

21 Zum Schluß mein persönlicher Gruß! Ich, Paulus, schreibe ihn mit eigener Hand.

22 Wer den Herrn* verachtet, soll verflucht sein, dem Gericht Gottes übergeben!

Maranata* – Unser Herr, komm!

23 Die Gnade des Herrn Jesus sei mit euch!

24 Meine Liebe gilt euch allen. Durch Jesus Christus sind wir miteinander verbunden.

a Siehe Anmerkung zu 1,10.
b Wörtlich *ist die Erstlingsgabe Achaias;* siehe Sacherklärung »Erstling«; zu *Familie* siehe Sacherklärung »Hausgemeinschaft«.
c Wörtlich *an den Heiligen*.*

16,5 Apg 19,21; 2 Kor 1,16 **16,6** Röm 15,24 **16,7** Jak 4,15 S **16,8-9** Apg 19,8-10 **16,10** 4,17 S **16,12** Apg 18,24 S **16,13** 15,58; Eph 6,10; Ps 31,25 **16,14** 8,1 S; Röm 12,9 S; 13,8-10; Joh 13,34 S **16,15** 1,16; Röm 16,5 **16,19** Apg 18,2 S; Röm 16,5 S **16,20** Röm 16,16 S **16,21** Gal 6,11; Kol 4,18; 2 Thess 3,17; Phlm 19 **16,22** Gal 1,8-9; (komm) Offb 22,20

DER ZWEITE BRIEF DES APOSTELS PAULUS AN DIE GEMEINDE IN KORINTH
(2. Korintherbrief)

Inhaltsübersicht

DER APOSTEL RECHTFERTIGT SEIN VERHALTEN (1,1–2,13)

Eingangsgruß

1 Paulus, Apostel* von Jesus Christus nach dem Willen Gottes, und der Bruder Timotheus schreiben diesen Brief an die Gemeinde Gottes in Korinth und zugleich an alle Christen[a] in der Provinz Achaia*:

2 Gnade und Frieden* sei mit euch von Gott, unserem Vater, und von Jesus Christus, dem Herrn*!

Paulus dankt Gott für Trost und Ermutigung

3 Gepriesen sei der Gott und Vater unseres
Herrn* Jesus Christus! Er ist ein Vater, dessen Er-
barmen unerschöpflich ist, und ein Gott, der uns
nie verzweifeln läßt. 4 Auch wenn ich viel durch-
stehen muß, gibt er mir immer wieder Mut. Dar-
um kann ich auch anderen Mut machen, die
ähnliches durchstehen müssen. Ich kann sie
trösten und ermutigen, so wie Gott mich selbst
getröstet und ermutigt hat.

5 Ich leide mit Christus und in seinem Dienst
in reichem Maß. Aber ebenso reich sind der
Trost und die Ermutigung, die mir durch ihn
geschenkt werden. 6 Wenn ich leide, so ge-
schieht es, damit ihr Mut bekommt und zur
Rettung gelangt. Und wenn ich getröstet werde,
so geschieht es, damit ihr den Mut bekommt,
die gleichen Leiden wie ich geduldig zu er-
tragen.

7 Ich bin voller Zuversicht, wenn ich an euch
denke; denn ich weiß: Wie ihr meine Leiden
teilt, so habt ihr auch teil an dem Trost und der
Ermutigung, die mir geschenkt werden.

8 Ihr sollt wissen, Brüder und Schwestern,[b]
daß ich in der Provinz Asien* in einer ausweg-
losen Lage war. Was ich zu ertragen hatte, war
so schwer, daß es über meine Kraft ging. Ich
hatte keine Hoffnung mehr, mit dem Leben
davonzukommen, 9 ja, ich war ganz sicher, daß
das Todesurteil über mich gesprochen war.

Aber das geschah, damit ich nicht auf mich
selbst vertraue, sondern mich allein auf Gott ver-
lasse, der die Toten lebendig macht. 10 Und er hat
mich ja auch vor dem sicheren Tod gerettet –
und wird es auch künftig tun. Ich setze die feste
Hoffnung auf ihn: Er wird mich auch in Zukunft
aus Todesgefahr retten.

11 Dazu helfen auch eure Gebete für mich,
und aus vielen Herzen wird dann der Dank für
meine gnädige Bewahrung vielstimmig zu Gott
aufsteigen.

Warum Paulus nicht nach Korinth kam

12 Wenn ich mich mit etwas rühme*, dann mit
dem, was mir auch mein Gewissen bezeugt:
Mein Verhalten überall in der Welt und beson-
ders bei euch war stets bestimmt von völliger
Ehrlichkeit und Selbstlosigkeit, wie es dem Wil-
len Gottes entspricht. Ich ließ mich nicht von
eigennütziger Klugheit leiten, sondern vom Wir-
ken der Gnade Gottes.

13 Auch was ich in meinen Briefen schreibe,
meine ich genau so, wie ihr es lesen und ver-
stehen könnt. Ich hoffe, daß ihr es vollends ganz
verstehen werdet. 14 Zum Teil habt ihr mich ja

a Wörtlich *an alle Heiligen**.

b *Brüder und Schwestern* steht für ein einziges griechisches Wort, das als Mehrzahlform nicht nur, wie herkömmlich übersetzt, die »Brüder« bezeichnet, sondern auch je nach Zusammenhang die gesamte Gemeinde aus Männern und Frauen (siehe dazu Sacherklärung »Bruder«).

1,1 1 Kor 4,17 S **1,3** Eph 1,3; 1 Petr 1,3 **1,5** 4,10 S; Ps 34,20 **1,6-7** 4,15.17 **1,8** 4,8; Apg 19,23; 1 Kor 15,32 **1,9b** Röm 4,17; Hebr 11,12.19 **1,10** 2 Tim 4,18 **1,11** Röm 15,30 S **1,12** (rühme) 1 Kor 1,31 S; (Gewissen) Apg 24,16 S; Hebr 13,18; (Verhalten) 2 Kor 2,17 S; (Klugheit) 1 Kor 1,17.19; 2,13 **1,14** Phil 2,16 S

schon verstanden, nämlich daß ihr auf mich
stolz sein dürft, so wie ich auf euch[a] – an dem
Tag, an dem Jesus, unser Herr*, kommt.
15 Im Vertrauen auf all das hatte ich den Plan
gefaßt, *zuerst* zu euch zu kommen,[b] damit ich
euch zweimal besuchen und euch zweimal die
Gnade Gottes bringen könnte. 16 Ich wollte über
euch nach Mazedonien reisen und von dort wie-
der zu euch zurückkehren, damit ihr mich für
die Reise nach Judäa mit allem Nötigen aus-
rüstet.
17 War ich leichtfertig, als ich mir das vorge-
nommen habe? Oder mache ich meine Pläne
nach Menschenart, so daß mein Ja auch ein
Nein sein kann? 18 Gott ist mein Zeuge: Kein
Wort, das ich euch sage, ist Ja und Nein zu-
gleich!
19 Denn Jesus Christus, der Sohn* Gottes,
den Silvanus, Timotheus und ich bei euch ver-
kündet haben, war nicht Ja und Nein zugleich.
In ihm ist das reine Ja Wirklichkeit geworden.
20 Mit ihm sagt Gott ja zu allen seinen Zu-
sagen. Von ihm gedrängt und ermächtigt spre-
chen wir darum auch das Amen* zur Ehre
Gottes.
21 Gott hat uns zusammen mit euch auf die-
sen festen Grund gestellt: auf Christus. Er hat
uns gesalbt 22 und uns sein Siegel aufgedrückt.[c]
Er hat seinen Geist* in unser Herz gegeben als
Anzahlung auf das ewige Leben, das er uns
schenken will.
23 Ich rufe Gott als Zeugen an; er soll mich zur
Rechenschaft ziehen, wenn ich nicht die Wahr-
heit sage! Nur um euch zu schonen, bin ich nicht
wieder[d] nach Korinth gekommen. 24 Denn ich
betrachte mich nicht als Richter über euren
Glauben. Meine Aufgabe ist es doch, zu eurer
Freude beizutragen! Im Glauben steht ihr ja
fest.

Der »Tränenbrief« und seine Absicht

2 Ich war fest entschlossen: Ich wollte nicht
noch einmal zu euch kommen und euch
nur wieder traurig machen. 2 Denn wenn ich
euch traurig mache, bleibt mir ja niemand, der
mich wieder froh machen kann. 3 Genau das
habe ich euch in meinem Brief geschrieben. Ich
wollte nicht kommen und erleben, daß die mich
traurig machen, die mir eigentlich Freude berei-
ten sollten. Denn ich bin ganz sicher: Euch allen
macht es Freude, wenn ihr mir Freude machen
könnt.
4 Ich war sehr bedrückt und niedergeschla-
gen und habe euch unter vielen Tränen geschrie-
ben. Aber ich wollte euch nicht betrüben. Ihr
solltet vielmehr sehen, wie sehr ich gerade euch
liebe.

Paulus bittet darum, dem Bestraften zu verzeihen

5 Wenn einer von euch jemand Kummer bereitet
hat, so hat er ihn nicht mir bereitet, sondern
euch allen. Oder doch einem großen Teil von
euch, damit ich nicht übertreibe. 6 Er ist genug
gestraft mit dem, was die Mehrheit von euch
über ihn verhängt hat. 7 Jetzt ist es an der Zeit,
daß ihr ihm verzeiht und ihn ermutigt, damit er
nicht in Verzweiflung getrieben wird.
8 Ich bitte euch also: Beschließt, ihn wieder in
Liebe anzunehmen! 9 Mit meinem Brief wollte
ich eure Treue erproben und sehen, ob ihr
meinen Anweisungen in allem Folge leistet.
10 Wem ihr verzeiht, dem verzeihe ich auch.
Wenn ich hier überhaupt etwas zu verzeihen
hatte, so habe ich es um euretwillen vor Chri-
stus getan. 11 Der Satan* soll uns nicht über-
listen. Wir wissen doch genau, was für Absich-
ten er verfolgt!

Paulus wartete sehnlichst auf Nachricht

12 Ich war bis nach Troas gekommen und ver-
kündete dort die Gute Nachricht* von Christus.
Der Herr hatte mir die Tür geöffnet für ein erfolg-
reiches Wirken; 13 aber ich war unruhig, weil
mein Mitarbeiter Titus nicht eintraf. Darum
nahm ich Abschied und reiste nach Mazedo-
nien.[e]

a Wörtlich *daß ich euer Ruhm bin, so wie auch ihr der meine;* vgl. Sacherklärung »rühmen«.
b *zuerst* im Unterschied zu dem früheren Plan (1 Kor 16,5). Die Fortsetzung lautet wörtlich *damit ihr eine zweite Gnade empfangt.*
c Salbung* (vgl. 1 Joh 2,20.27 und Anmerkungen) und Versiegelung sind Bilder für die Taufe und weisen insbesondere auf den mit ihr verbundenen Empfang des Heiligen Geistes hin (siehe Sacherklärung »Taufe«).
d Wörtlich *nicht mehr.* Paulus war demnach inzwischen schon in Korinth gewesen. Es ist nicht zu erkennen, ob es sich dabei um den geplanten ersten Besuch von Vers 15-16 handelt oder um einen ungeplanten Zwischenbesuch wegen alarmierender Nachrichten.
e Der abgebrochene Bericht wird in 7,5 wieder aufgenommen.

1,16 1 Kor 16,5-6 **1,17** 1 Kor 4,18-19 **1,19** Apg 18,5 **1,20** 1 Kor 14,16; Offb 3,14 **1,22** 5,5; Röm 8,11.23; Eph 1,13-14; 4,30 **1,23** 13,2 S **1,24** 4,5; 1 Petr 5,3 **2,1** 1 Kor 4,21; 2 Kor 12,21 **2,3** 13,10 **2,4** 7,8 **2,6** 7,11 **2,7** Kol 3,13 **2,9** 7,12.15 **2,11** 1 Petr 5,8 **2,13** (Titus) 7,6.13-14; 8,6.16-18.22-23; 12,18; Gal 2,1.3; 2 Tim 4,10; Tit 1,4

DER GROSSARTIGE AUFTRAG DES APOSTELS (2,14–7,16)

Paulus als Apostel im Dienst von Christus

14 Ich danke Gott, daß er mich immer im
Triumphzug[a] von Christus mitführt und seine
rettende Botschaft durch mich an allen Orten be-
kanntmacht, wie einen Wohlgeruch, der sich
ausbreitet.[b] 15 Von mir geht der Wohlgeruch der
Botschaft von Christus aus, und das zur Ehre
Gottes. Er erreicht die, die gerettet werden, und
die, die verlorengehen. 16 Für die Verlorengehen-
den ist es ein tödlicher Duft, an dem sie sterben.
Für die, die gerettet werden, ist es ein Duft, der
sie zum Leben führt.

Wer ist einer solchen Aufgabe gewachsen?
17 Viele verbreiten die Botschaft Gottes, wie man
ein Geschäft betreibt. Ich dagegen verkünde sie
völlig uneigennützig. Ich rede als einer, der Chri-
stus dient. Was ich sage, kommt von Gott, dem
ich mich verantwortlich weiß.

Die Gemeinde als Empfehlungsbrief für Paulus

3 Fange ich schon wieder an, mich selbst
anzupreisen? Oder brauche ich vielleicht
Empfehlungsschreiben an euch oder von euch,
wie gewisse Leute sie nötig haben? 2 Ihr selbst
seid mein Empfehlungsbrief! Er ist in mein Herz
geschrieben, und alle können ihn sehen und
lesen. 3 Für alle ist sichtbar: Ihr seid ein Brief von
Christus, ausgefertigt und überbracht durch mei-
nen Dienst als Apostel*.

Dieser Brief ist nicht mit Tinte geschrieben,
sondern mit dem Geist* des lebendigen Gottes.
Er steht nicht auf Steintafeln, sondern in den
Herzen von Menschen.

Paulus als Diener des neuen Bundes

4 Soviel Selbstvertrauen habe ich vor Gott, weil
Christus mich in seinen Dienst gestellt hat. 5 Ich
meine nicht, daß ich einem solchen Auftrag aus
eigener Kraft gewachsen bin und mir irgend
etwas selbst zuschreiben kann. Gott ist es, der
mir die Fähigkeit dazu geschenkt hat.

6 Er hat mich fähig gemacht, ihm zu dienen
durch die Bekanntmachung seinen neuen Bun-
des*. Dieser Bund unterscheidet sich dadurch
von dem früheren Bund, daß Gott jetzt nicht ein
geschriebenes Gesetz* gibt, sondern seinen
Geist*. Der Buchstabe des Gesetzes führt zum
Tod; der Geist aber führt zum Leben.

Der neue Bund führt zum Leben

7 Der Dienst, der Mose übertragen wurde, galt
dem Gesetz*, das mit Buchstaben in steinerne
Tafeln eingegraben war. Obwohl dieser Dienst
den Menschen den Tod brachte, war der Glanz
auf dem Gesicht Moses so stark, daß die Israe-
liten ihn nicht ertragen konnten. Und das war
doch nur ein vergänglicher Glanz!

Wenn also schon der Dienst, der den Men-
schen den Tod brachte, mit soviel Herrlichkeit
ausgestattet gewesen ist, 8 wie herrlich muß
dann erst der Dienst sein, der sie durch den
Geist* zum Leben führt! 9 Wenn schon der
Dienst, der den Menschen die Verurteilung
brachte, Gottes Herrlichkeit* ausstrahlte, wieviel
mehr wird dann der Dienst die Herrlichkeit Got-
tes ausstrahlen, der ihnen den Freispruch bringt!

10 Verglichen mit diesem überwältigenden
Glanz ist jener andere Glanz gar nichts. 11 Schon
das, was vergehen muß, hat Gottes Herrlichkeit
ausgestrahlt. Wieviel mehr wird dann die Herr-
lichkeit Gottes von dem ausstrahlen, was für
immer besteht!

Der neue Bund führt zur Freiheit

12 Weil ich eine so große Hoffnung habe, kann
ich frei und offen auftreten. 13 Ich brauche es
nicht wie Mose zu machen, der sein Gesicht
jedesmal mit einem Tuch bedeckte. Denn die
Israeliten sollten nicht sehen, daß der Glanz wie-
der verschwand.

14 Aber sie wurden ja auch mit Blindheit ge-
schlagen. Wenn sie die Schriften des Alten Bun-
des lesen, liegt für sie bis heute immer noch die-
selbe Decke über deren Worten, und es wird
ihnen nicht klar, daß dieser Bund durch Christus
an sein Ende gekommen ist. 15 Auch über ihrem
Verstand liegt bis heute eine Decke, wenn sie
die Schriften Moses lesen. 16 Aber was für Mose
galt, gilt auch für sie alle: »Wenn er sich dem
Herrn zuwendet, wird die Verhüllung wegge-
nommen.«

a Im alten Rom wurde der siegreiche Feldherr dadurch geehrt, daß er, gefolgt von seinen Truppen, auf dem Triumphwagen durch die Stadt geführt wurde, ihm voraus Kriegsgefangene und Beutestücke – vielleicht sieht Paulus sich als überwundenen ehemaligen Gegner (vgl. 1 Kor 15,9-10; Apg 9,4-6.15-16). An den Brauch, dabei wohlriechende Essenzen zu versprühen, knüpft möglicherweise die Fortsetzung an.

b *seine rettende ...*: wörtlich *den Wohlgeruch seiner Erkenntnis ... offenbar macht.* Zu *Erkenntnis* vgl. 4,6.

2,15 1 Kor 1,18 **2,17** 4,2; Phil 1,15-17; 1 Thess 2,3.5.10 **3,1** 5,12; 10,12; Apg 18,27 **3,2** 1 Kor 9,1-2 S **3,3b** Jer 31,33 S **3,5** Röm 15,18 **3,6** Lk 22,20 S; Röm 7,6 S; Joh 6,63 **3,7** Ex 34,29-30 **3,9** Gal 3,10; Röm 8,2.33 **3,13** Ex 34,33-35 **3,14-15** Röm 10,4; 11,7-8; Eph 2,15 **3,14** Jes 6,10; Röm 11,25 **3,16** *nach* Ex 34,34

17 Der Herr aber, von dem dieses Wort spricht,
nämlich Jesus Christus,[a] wirkt durch seinen
Geist*. Und wo der Geist des Herrn ist, da ist
Freiheit. 18 Wir alle sehen mit unverhülltem Ge-
sicht die Herrlichkeit* des Herrn wie in einem
Spiegel. Dabei werden wir selbst in sein Bild ver-
wandelt und bekommen mehr und mehr Anteil
an seiner Herrlichkeit. Das bewirkt der Herr
durch seinen Geist.

Der Apostel hat nichts zu verbergen

4 Gott hat sich über mich erbarmt und mir
diesen Dienst übertragen. Darum verliere
ich nicht den Mut. 2 Ich meide alle dunklen
Machenschaften. Ich handle nicht hinterhältig
und verdrehe nicht das Wort Gottes. Vielmehr
verkünde ich offen die unverfälschte Wahrheit
der Guten Nachricht* in Verantwortung vor
Gott. Das ist meine ›Empfehlung‹, und das wer-
den alle erkennen, die ihr Gewissen prüfen.

3 Wenn die Gute Nachricht, die ich verkünde,
glanzlos und verhüllt erscheint, so ist sie das
nur für die Menschen, die verlorengehen. 4 Der
Satan, der Herrscher dieser Welt,[b] hat sie mit
Blindheit geschlagen, so daß sie der Guten Nach-
richt nicht glauben. Und so können sie auch
deren hellen Glanz nicht sehen – den Glanz, in
dem Christus aufleuchtet, der das Bild Gottes ist.

5 Denn ich verkünde nicht mich selbst, son-
dern Jesus Christus als den Herrn*. Ich selbst
komme nur als euer Diener in Betracht, und das
bin ich, weil ich Christus diene. 6 Gott hat einst
gesagt: »Licht strahle auf aus der Dunkelheit!« So
hat er auch sein Licht in meinem Herzen auf-
leuchten lassen und mich zur Erkenntnis seiner
Herrlichkeit* geführt, der Herrlichkeit Gottes,
wie sie aufgestrahlt ist in Jesus Christus.

Der Dienst des Apostels in Schwachheit und Leiden

7 Ich trage diesen Schatz in einem ganz gewöhn-
lichen, zerbrechlichen Gefäß.[c] Denn es soll deut-
lich sichtbar sein, daß das Übermaß an Kraft, mit
dem ich wirke, von Gott kommt und nicht aus
mir selbst.

8 Ich bin von allen Seiten bedrängt, aber ich
werde nicht erdrückt. Ich weiß oft nicht mehr
weiter, aber ich verzweifle nicht. 9 Ich werde
verfolgt, aber Gott läßt mich nicht im Stich. Ich
werde niedergeworfen, aber ich komme wieder
auf.

10 Ich erleide fortwährend das Sterben, das
Jesus durchlitten hat, an meinem eigenen Leib.
Aber das geschieht, damit auch das Leben, zu
dem Jesus auferweckt worden ist, an mir sicht-
bar wird. 11 Denn als Lebender bin ich ständig
für Jesus dem Tod ausgeliefert, damit auch das
Leben, das Jesus hat, an meinem todverfallenen
Körper offenkundig wird. 12 So wirkt nun also
der Tod in mir, das Leben aber in euch.

13 Ich bin erfüllt vom Geist des Vertrauens,
von dem in den Heiligen Schriften* gesagt wird:
»Ich vertraute auf Gott, darum redete ich.« Ge-
nauso vertraue auch ich auf Gott, und darum
rede ich auch und verkünde die Gute Nach-
richt.[d] 14 Gott hat Jesus, den Herrn*, vom Tod
auferweckt, und ich weiß, daß er mich genauso
wie Jesus auferwecken und zusammen mit euch
vor seinen Thron stellen wird.

15 Ich tue ja das alles für euch! Die Botschaft
von Gottes Gnade soll immer mehr Menschen
erreichen, und der Dank dafür soll überströmen
zur Ehre Gottes.

Die Hoffnung des Apostels auf die künftige Herrlichkeit

16 Darum verliere ich nicht den Mut. Die Lebens-
kräfte, die ich von Natur aus habe, werden auf-
gerieben; aber das Leben, das Gott mir schenkt,
erneuert sich jeden Tag. 17 Die Leiden, die ich
jetzt ertragen muß, wiegen nicht schwer und
gehen vorüber. Sie werden mir eine Herrlichkeit
bringen, die alle Vorstellungen übersteigt und
kein Ende hat. 18 Ich baue nicht auf das Sicht-
bare, sondern auf das, was jetzt noch niemand
sehen kann. Denn was wir jetzt sehen, besteht
nur eine gewisse Zeit. Das Unsichtbare aber
bleibt ewig bestehen.

5 Wir wissen ja: Wenn das irdische Zelt, in
dem wir jetzt leben, nämlich unser Körper,
abgebrochen wird, hat Gott eine andere Behau-
sung für uns bereit: ein Haus im Himmel, das
nicht von Menschen gebaut ist und das in Ewig-
keit bestehen bleibt.

2 Weil wir das wissen, stöhnen wir und seh-
nen uns danach, mit dieser himmlischen Behau-

a *von dem ...:* verdeutlichender Zusatz; zur Deutung der alttestamentlichen Aussage auf Jesus Christus vgl. Sacherklärung »Herr«. b *Der Satan ...:* wörtlich *Der Gott dieser Welt*;* siehe Sacherklärung »Satan«.
c Wörtlich *in einem Tongefäß.*
d *und verkünde ...:* verdeutlichender Zusatz.

3,17 Röm 8,2; Gal 5,1.13.18; Joh 8,32.36 **3,18** 4,6; Röm 5,2 S **4,1** 3,4.6 **4,2** 2,17 S; 3,1; 6,4 **4,3** 1 Kor 1,18 **4,4** (Satan) 1 Kor 2,6; Eph 2,2; Joh 12,31 S; (Bild Gottes) Kol 1,15; Hebr 1,3 **4,5** 1,24 **4,6** Gen 1,3; 2 Kor 3,18; 1 Petr 2,9 **4,8** 1,8; 7,5; 11,23-29 S **4,10** 1,5; Gal 6,17; Röm 6,8; Phil 3,10-11; Kol 1,24; 1 Petr 4,13 **4,11** Röm 8,36 S **4,12** Kol 1,24 **4,13** *nach* Ps 116,10 **4,14** 1 Kor 6,14 S **4,17** Röm 5,2 S **4,18** Hebr 11,1 S **5,1** 2 Petr 1,14 **5,2** Röm 8,22-23.26

sung umkleidet zu werden. 3 Sonst würden wir
ja nackt dastehen, wenn wir den irdischen Kör-
per ablegen müssen. 4 Ja, wir sind bedrückt und
stöhnen, solange wir noch in diesem Körper
leben, denn wir wollen ja nicht von unserem
sterblichen Körper befreit werden, um dann
nackt dazustehen;[a] wir wollen in den unver-
gänglichen Körper hineinschlüpfen. Was an uns
vergänglich ist, soll vom Leben verschlungen
werden.

5 Wir werden auch an dieses Ziel gelangen,
denn Gott selbst hat in uns die Voraussetzung
dafür geschaffen:[b] Er hat uns ja schon als An-
zahlung auf das ewige Leben seinen Geist* ge-
geben.

6 Deshalb bin ich in jeder Lage zuversichtlich.
Ich weiß zwar: Solange ich in diesem Körper
lebe, bin ich vom Herrn* getrennt. 7 Wir leben ja
noch in der Zeit des Glaubens, noch nicht in der
Zeit des Schauens. 8 Ich bin aber voller Zuver-
sicht und würde am liebsten sogleich von mei-
nem Körper getrennt und beim Herrn zu Hause
sein.

9 Weil ich mich danach sehne, setze ich aber
auch alles daran, zu tun, was ihm gefällt, ob ich
nun in diesem Körper lebe oder zu Hause bin
beim Herrn. 10 Denn wir alle müssen vor Chri-
stus erscheinen, wenn er Gericht hält. Dann
wird jeder Mensch bekommen, was er verdient,
je nachdem, ob er in seinem irdischen Leben
Gutes getan hat oder Schlechtes.

Gottes Friedensangebot in Christus

11 Im Bewußtsein, daß ich dem Herrn* Rechen-
schaft schuldig bin, suche ich Menschen zu ge-
winnen.[c] Vor Gott habe ich nichts zu verbergen.
Ich hoffe, daß auch ihr zu dieser Einsicht kommt,
wenn ihr euer Gewissen befragt.

12 Ich preise mich nicht schon wieder selbst
an. Vielmehr möchte ich euch zeigen, daß ihr
Grund habt, auf mich stolz zu sein.[d] Dann wißt
ihr auch, wie ihr die zum Schweigen bringen
könnt, die auf äußere Vorzüge stolz sind, aber
im Innern haben sie nichts vorzuweisen.

13 Wenn mich der Geist* ergreift und in ekstа-
tische Zustände versetzt – das gibt es auch bei
mir[e] –, dann geht das nur Gott etwas an. Wenn
ich dagegen bei klarem Verstand bin, dann geht
das *euch* an, und ich bin es *euch* zugute!

14 Denn die Liebe, die Christus uns erwiesen
hat, bestimmt mein ganzes Handeln. Ich halte
mir stets vor Augen: Einer ist für alle in den Tod
gegangen, also sind sie alle gestorben. 15 Weil er
für sie gestorben ist, gehört ihr Leben nicht mehr
ihnen selbst, sondern dem, der für sie gestorben
und zum Leben erweckt worden ist.

16 Darum beurteile ich von jetzt an niemand
mehr nach menschlichen Maßstäben. Auch
Christus nicht, den ich einst so beurteilt habe.
17 Wenn also ein Mensch zu Christus gehört, ist
er schon »neue Schöpfung«. Was er früher war,
ist vorbei; etwas ganz Neues hat begonnen.

18 Das alles aber kommt von Gott. Obwohl ich
sein Feind war, hat er sich durch Christus mit
mir ausgesöhnt und mir den Auftrag gegeben,
seine Versöhnungsbotschaft zu verbreiten. 19 So
lautet diese Botschaft: In Christus hat Gott selbst
gehandelt und hat die Menschen mit sich ver-
söhnt. Er hat ihnen ihre Verfehlungen vergeben
und rechnet sie nicht an. Diese Versöhnungs-
botschaft läßt er unter uns verkünden.

20 Uns Aposteln* hat Christus den Auftrag
und die Vollmacht gegeben, diese Botschaft
überall bekanntzumachen. Ja, Gott selbst ist es,
der durch uns die Menschen ruft. So bitten wir
im Auftrag von Christus: »Bleibt nicht Gottes
Feinde! Nehmt die Versöhnung an, die Gott euch
anbietet!«[f]

21 Gott hat Christus, der ohne Sünde war, an
unserer Stelle als Sünder verurteilt, damit wir
durch ihn vor Gott als gerecht* bestehen kön-
nen.

6 Als Gottes Mitarbeiter rufe ich euch also
auf: Verspielt nicht die Gnade Gottes, die ihr
empfangen habt! 2 Gott sagt: »Wenn die Zeit
kommt, daß ich mich über euch erbarme, erhöre
ich euch; wenn der Tag eurer Rettung da ist,
helfe ich euch.« Gebt acht: *Jetzt* ist die Zeit der
Gnade! *Jetzt* ist der Tag der Rettung!

Der Apostel im Dienst der Versöhnungsbotschaft

3 Ich sehe darauf, daß mein Verhalten in jeder
Hinsicht einwandfrei ist; denn ich möchte nicht,

a *um dann ...:* verdeutlichender Zusatz. b *Wir werden ...:* wörtlich *Der uns aber dazu vorbereitet hat, ist Gott.*
c Wörtlich *zu beschwatzen.* Offenbar wurde Paulus dieser Vorwurf gemacht; vgl. Gal 1,10.
d Wörtlich *euch meiner zu rühmen*;* entsprechend im nächsten Satz.
e *das gibt es ...:* verdeutlichender Zusatz. Paulus hat mit Gegnern zu tun, die sich auf entsprechende Erlebnisse berufen.
f *Bleibt nicht ...:* wörtlich *Laßt euch versöhnen mit Gott.*

5,4 1 Kor 15,53-54 **5,5** 1,22 S **5,7** 1 Kor 13,12 S **5,8** Phil 1,23 **5,10** 1 Kor 3,13-15; 4,5; 2 Kor 11,15; Röm 2,6 S; 2 Thess 1,7-10; Apg 10,42 S **5,11** 1 Kor 4,1-5; (gewinnen) 2 Kor 4,2; 6,4; 1 Kor 9,22; Röm 1,13 **5,12** 3,1; Phil 2,16 S **5,13** 1 Kor 14,18-19 **5,14** Eph 3,19 **5,15** Röm 6,3-4; 7,4; 14,7-9 **5,17** (Neues) Röm 6,4 S; Eph 4,24; Offb 21,5 **5,18** Röm 5,10; Eph 2,16 **5,19** Röm 3,24-26; Kol 1,20 **5,21** Joh 8,46 S; Hebr 4,15 S; Röm 8,3 S **6,2** *zit* Jes 49,8; Lk 4,19-21

daß der Dienst, der mir aufgetragen ist, in Verruf
kommt.
4 Meine »Empfehlung« ist es, daß ich mich in
allem als Diener Gottes erweise:
Mit großer Geduld ertrage ich Sorgen, Nöte
und Schwierigkeiten. 5 Ich werde geschlagen,
ich werde eingesperrt, sie hetzen das Volk gegen
mich auf. Ich arbeite mich ab, ich verzichte auf
Schlaf und Nahrung.
6 Ich empfehle mich weiter durch ein ein-
wandfreies Leben, durch Erkenntnis, durch Ge-
duld und durch Freundlichkeit, durch Wirkun-
gen des Heiligen Geistes* und durch aufrichtige
Liebe, 7 durch das Verkünden der Wahrheit und
durch die Kraft, die von Gott kommt. Meine
Waffe für Angriff und Verteidigung ist, daß
ich tue, was vor Gott und vor Menschen recht
ist.
8 Es macht mir nichts aus, ob ich geehrt oder
beleidigt werde, ob man Gutes über mich redet
oder Schlechtes. Ich werde als Betrüger verdäch-
tigt und bin doch ehrlich. 9 Ich werde verkannt
und bin doch anerkannt. Ich bin ein Sterbender,
und doch lebe ich. Ich werde mißhandelt, und
doch komme ich nicht um. 10 Ich erlebe Kummer
und bin doch immer fröhlich. Ich bin arm wie
ein Bettler und mache doch viele reich. Ich be-
sitze nichts und habe doch alles.

Paulus wirbt um die Gemeinde

11 Meine Lieben in Korinth, ich habe kein Blatt
vor den Mund genommen! Ich habe euch mein
Herz weit geöffnet. 12 Es stimmt nicht, daß ihr
keinen Platz darin habt. Ihr habt nur euer eige-
nes Herz zugemacht. 13 Ich spreche zu euch als
zu meinen Kindern. Begegnet mir so, wie ich
euch begegne! Öffnet auch ihr eure Herzen
weit!

Warnung vor schädlichen Einflüssen

14 Macht keine gemeinsame Sache mit Ungläu-
bigen![a] Wie passen denn Gerechtigkeit und
Ungerechtigkeit zusammen? Was hat das Licht
mit der Finsternis zu tun? 15 Ist Christus in Ein-
klang zu bringen mit dem Teufel?[b] Haben Glau-
bende etwas mit Ungläubigen gemeinsam?
16 Haben Götzenbilder etwas im Tempel Gottes
zu suchen?
Und das sind wir doch: der Tempel des leben-
digen Gottes! Denn Gott hat gesagt: »Ich will bei
ihnen wohnen und mitten unter ihnen leben.
Ich will ihr Gott sein, und sie sollen mein Volk
sein.« 17 Deshalb sagt er auch: »Zieht weg von
hier, trennt euch von ihnen! Berührt nichts Un-
reines! Dann werde ich euch meine Liebe zu-
wenden. 18 Ich will euer Vater sein, und ihr sollt
meine Söhne und Töchter sein. Das sagt der
Herr, der Herrscher der ganzen Welt.«

7 Uns, meine Lieben, gelten diese Zusagen!
Wir wollen uns darum von allem reinigen,
was Körper und Geist beschmutzt. Wir wollen
Gott ernst nehmen und uns bemühen, vollends
ganz sein heiliges* Volk zu werden.

Weiteres Werben um die Gemeinde

2 Gebt mir Raum in euren Herzen! Ich habe doch
keinem von euch Unrecht getan! Ich habe nie-
mand zugrunde gerichtet oder ausgebeutet!
3 Ich sage das nicht, um euch zu verurteilen.
Ich habe euch ja schon gesagt, daß ich euch in
meinem Herzen trage und ihr in Zeit und Ewig-
keit mit mir verbunden seid.[c] 4 Ich habe volles
Vertrauen zu euch, ich bin sogar stolz auf euch.
Trotz aller Not bin ich zuversichtlich und voll
überschwenglicher Freude.

Titus ist gekommen: Ende der Sorgen für Paulus

5 Auch[d] als ich nach Mazedonien kam, fand
ich keine Ruhe. Von allen Seiten stürmte es auf
mich ein: von außen Feinde, von innen Sorgen.
6 Doch Gott, der die Niedergeschlagenen er-
mutigt, gab mir durch die Ankunft von Titus
neuen Mut.
7 Es war aber nicht nur seine Ankunft – noch
viel mehr bedeutet es für mich, daß ihr Titus so
ermutigt habt. Er hat mir erzählt, wie gern ihr
mich sehen wollt, wie sehr ihr das Vorgefallene
bedauert und wie rückhaltlos ihr bereit seid,
euch auf meine Seite zu stellen. Das hat mich
noch glücklicher gemacht.

Heilsamer Schmerz durch den »Tränenbrief«

8 Ich habe euch durch meinen Brief weh getan;
aber ich bedaure es nicht, daß ich ihn ge-

a Wörtlich *Zieht nicht mit Ungläubigen zusammen am fremden Joch**.
b *Teufel:* wörtlich *Beliar* (von hebräisch *belijaal* = Bosheit, Verderben). Die Bezeichnung findet sich sonst nicht in der Bibel, war aber im Frühjudentum verbreitet.
c *daß ich euch …* wörtlich *daß ihr in meinem Herzen seid zum Mitsterben und Mitleben.*
d Hier wird der Gedankengang von 2,13 wieder aufgenommen.

6,4 4,2 S **6,5-10** 11,23-29 S **6,6** Röm 12,9 S **6,7** 10,4-5 S **6,9** 4,10-11 **6,10** (reich) Phil 4,12-13 **6,13** 1 Kor 4,14 **6,16b** 1 Kor 3,16 S; *nach* Lev 26,12; Ez 37,26-28 S **6,17** *nach* Jes 52,11 **6,18** *nach* 2 Sam 7,14 *und* Jes 43,6 **7,2** 6,13; 12,17 **7,3** 6,11; Phil 1,7 **7,5** 2,13; 4,8 **7,6** 1,3-4; 2,13 S **7,8** 2,4

schrieben habe. Als ich hörte, wie hart er
euch zuerst getroffen hat, tat es mir zwar leid,
9 aber jetzt freue ich mich darüber. Natürlich
nicht deshalb, weil mein Brief euch Schmerz be-
reitet hat, sondern weil dieser Schmerz euch zur
Besinnung gebracht hat. Es war ein Schmerz,
wie Gott ihn haben will. Deshalb war es nicht
zu eurem Schaden, daß ich euch so geschrieben
habe.

10 Denn der Schmerz, wie Gott ihn haben
will, ruft eine Reue hervor, die niemand je be-
reut; denn sie führt zur ewigen Rettung. Der
Schmerz, wie ihn die Menschen dieser Welt*
empfinden, führt dagegen zum ewigen Tod.
11 Meine Worte haben euch einen Schmerz be-
reitet, wie Gott ihn haben will. Seht doch, wel-
chen Gewinn euch das gebracht hat!

Wieviel guten Willen zeigt ihr jetzt! Wie eifrig
seid ihr bemüht, eure Unschuld zu beweisen!
Der Unwille über den Schuldigen, die Furcht vor
meinem Zorn, die Sehnsucht nach meiner Ge-
genwart und der Eifer, den Schuldigen zu bestra-
fen – das alles ist daraus erwachsen. Damit habt
ihr gezeigt, daß ihr in dieser Sache unschuldig
seid.

12 Es ging mir also bei meinem Brief nicht um
den, der Unrecht getan hat, oder um den, dem
Unrecht geschehen ist. Ihr solltet Gelegenheit
bekommen, vor Gott zu beweisen, daß ihr voll
zu mir steht. 13a So ist es geschehen, und das hat
mir wieder Mut gegeben.

Paulus freut sich für und mit Titus

13b Aber noch viel mehr als über diese Ermuti-
gung habe ich mich gefreut über die Freude, mit
der Titus von euch zurückkam. Er war ganz
glücklich, weil ihr alle so freundlich zu ihm ge-
wesen seid. 14 Ich hatte euch vor ihm gerühmt,
und ihr habt mich nicht enttäuscht. So wie ich
euch gegenüber immer die Wahrheit gesagt
habe, so hat sich nun auch das, was ich Titus
gegenüber von euch gerühmt habe, als Wahrheit
erwiesen.

15 Jetzt liebt er euch noch mehr als zuvor.
Er hat ja erlebt, wie ihr ihn mit Angst und Ban-
gen aufnahmt und wie bereitwillig ihr euch
meinen Anordnungen gefügt habt. 16 Ich bin
froh, daß ich mich in allem auf euch verlassen
kann.

DIE SAMMLUNG FÜR DIE GEMEINDE IN JERUSALEM

(Kapitel 8–9)

Erinnerung und Ermunterung

8 Ich will euch berichten, Brüder und Schwe-
stern,[a] was Gottes Gnade in den Gemein-
den in Mazedonien bewirkt hat. 2 Sie hatten viel
zu leiden und haben es nicht nur standhaft er-
tragen; vielmehr wurde ihre Freude im Glauben
nur um so stärker und führte trotz ihrer großen
Armut zu einer erstaunlichen Hilfsbereitschaft.

3 Ihr könnt es mir glauben: Sie spendeten,
soviel sie konnten, ja noch mehr, und sie taten
es ohne Aufforderung. 4 Sie haben sich mir
geradezu aufgedrängt und darum gebeten, sich
an diesem Werk der Gnade Gottes beteiligen zu
dürfen – an dieser Hilfeleistung, in der die Ver-
bundenheit mit der Gemeinde in Jerusalem[b]
zum Ausdruck kommt. 5 Sie taten dabei noch
mehr, als ich gehofft hatte: Sie schenkten sich
selbst, zuerst dem Herrn* und dann, dem Willen
Gottes gemäß, auch mir.

6 Deshalb habe ich Titus zugeredet, daß er
sich bei euch um diese Sache kümmert. Er hat ja
schon früher bei euch damit angefangen. Nun
soll er euch helfen, dieses Werk der Gnade auch
zu Ende zu bringen. 7 Ihr habt alles im Überfluß:
Glauben, kraftvolles Wort, Erkenntnis, guten
Willen und die gegenseitige Liebe, die ich euch
vorgelebt und unter euch geweckt habe. Ich
möchte, daß euer Beitrag zu diesem Gnaden-
werk ebenso reich wird.

8 Ich gebe euch keinen Befehl. Ich sage euch
nur, wie hilfsbereit andere sind, um euch da-
durch anzuspornen. Ich möchte erproben, wie
ernst es euch mit eurer Liebe ist. 9 Ihr wißt ja,
was Jesus Christus, unser Herr*, in seiner Liebe
für euch getan hat. Er war reich und wurde für
euch arm; denn er wollte euch durch seine
Armut reich machen.

10 Ich gebe euch nur meinen Rat. Ich meine,
es ist zu eurem eigenen Besten, daß ihr euch an
der Sammlung beteiligt. Ihr habt euch ja schon
im vorigen Jahr dazu entschlossen und habt
auch schon damit angefangen. 11 Bringt das Be-
gonnene jetzt zum guten Ende, damit die Aus-
führung nicht hinter dem Vorsatz zurückbleibt.

Natürlich immer entsprechend dem, was ihr
habt! 12 Wenn der gute Wille da ist, ist er will-
kommen mit dem, was jemand hat, nicht mit

a Siehe Anmerkung zu 1,8. b Wörtlich *mit den Heiligen**.

7,12 2,9 **7,14** 8,24 **7,15** (gefügt) 2,9 **8,1-5** Röm 15,26 S **8,6** 2,13 S **8,7** 1 Kor 1,5; 2 Kor 9,11 **8,9** Phil 2,6-7; Mt 8,20 par
8,10 (Rat) 1 Kor 7,25 **8,12** Mk 12,43 par

dem, was jemand nicht hat. 13 Ihr sollt nicht
selbst Mangel leiden, damit andern geholfen
wird. Vielmehr soll es zu einem Ausgleich kom-
men. 14 Im Augenblick habt ihr mehr als die an-
dern. Darum ist es nur recht, daß ihr denen helft,
die in Not sind. Wenn dann einmal ihr in Not
seid und sie mehr haben als ihr, sollen sie euch
helfen. So kommt es zu einem Ausgleich zwi-
schen euch.
15 In den Heiligen Schriften* heißt es: »Wer
viel gesammelt hatte, hatte nicht zuviel, und wer
wenig gesammelt hatte, hatte nicht zuwenig.«

Die Helfer bei der Sammlung

16 Ich danke Gott dafür, daß er Titus den gleichen
Eifer für euch ins Herz gegeben hat, den ich für
euch habe. 17 Titus hat nicht nur meinen Vor-
schlag angenommen; er war noch viel eifriger
und hatte schon von sich aus beschlossen, zu
euch zu reisen.
18 Mit ihm schicke ich den Bruder, der wegen
seines Wirkens für die Gute Nachricht* bei allen
Gemeinden in hohem Ansehen steht. 19 Und
nicht nur das: Die Gemeinden haben ihn auch
dazu bestimmt, mich zu begleiten, wenn ich
diese Liebesgabe überbringe – die Gabe, die ich
jetzt einsammle zur Ehre Gottes und zum Zei-
chen meines guten Willens.[a] 20 So soll vermie-
den werden, daß man mich verdächtigt, wenn
ich eine so große Summe allein verwalte. 21 Es
liegt mir daran, daß alles einwandfrei zugeht,
nicht nur vor dem Herrn, sondern auch vor den
Menschen.
22 Ich schicke noch einen anderen Bruder mit
ihnen. Ich habe ihn oft erprobt, und jedesmal
war er sehr eifrig. Jetzt ist er noch viel eifriger
als sonst, eine so hohe Meinung hat er von
euch. 23 Titus ist mein Gefährte und mein Mitar-
beiter im Dienst an euch. Die anderen Brüder
kommen im Auftrag der Gemeinden und sind
Menschen, die Christus Ehre machen. 24 Zeigt
ihnen, daß eure Liebe echt ist, und beweist den
anderen Gemeinden, daß ich euch zu Recht
gelobt habe.
9 Ich brauche euch über den Liebesdienst für
die Gemeinde in Jerusalem[b] ja nicht mehr
ausführlich zu schreiben. 2 Ich weiß, daß ihr hel-
fen wollt. Ich habe euch schon bei den Mazedo-
niern gelobt: »Die Brüder und Schwestern[c] in
Korinth und Umgebung sammeln seit dem vori-
gen Jahr!« Euer Eifer hat die meisten von ihnen
angesteckt.
3 Ich schicke jetzt die Brüder zu euch; denn
ich will nicht enttäuscht werden, weil ich euch
gelobt und erklärt habe: »Sie haben schon ge-
sammelt.« 4 Wie stehe ich da, wenn dann Leute
von Mazedonien mit mir kommen und feststel-
len, daß es gar nicht so ist! Wie werde ich mich
schämen müssen – und erst ihr selbst!
5 Darum hielt ich es für nötig, die Brüder zu
bitten, daß sie mir vorausreisen und die an-
gekündigte Spende einsammeln, damit sie dann
wirklich bereitliegt. Sie soll eine echte Spende[d]
sein: eine Gabe des Dankes und nicht eine Gabe
des Geizes.

Gott gibt, damit wir geben können

6 Denkt daran: Wer spärlich sät, wird nur wenig
ernten. Aber wer mit vollen Händen sät, auf den
wartet eine reiche Ernte. 7 Jeder soll so viel ge-
ben, wie er sich in seinem Herzen vorgenom-
men hat. Es soll ihm nicht leid tun, und er soll es
auch nicht nur geben, weil er sich dazu gezwun-
gen fühlt. Gott liebt fröhliche Geber!
8 Er hat die Macht, euch so reich zu beschen-
ken, daß ihr nicht nur jederzeit genug habt für
euch selbst, sondern auch noch anderen reich-
lich Gutes tun könnt. 9 Dann gilt von euch, was
in den Heiligen Schriften* steht: »Großzügig gibt
er den Bedürftigen; seine Wohltätigkeit wird in
Ewigkeit nicht vergessen werden.«[e]
10 Gott, der dem Sämann Saatgut und Brot
gibt, wird auch euch Samen geben und ihn
wachsen lassen, damit eure Wohltätigkeit eine
reiche Ernte bringt. 11 Er wird euch so reich
machen, daß ihr jederzeit freigebig sein könnt.
Dann werden viele Menschen Gott wegen der
Gaben danken, die wir ihnen von euch über-
geben.
12 Dieser Liebesdienst soll ja nicht nur die Not
der Gemeinde in Jerusalem lindern, sondern dar-
über hinaus viele Menschen zum Dank gegen
Gott bewegen. 13 Wenn ihr euch in dieser Sache
bewährt, werden die Brüder und Schwestern in

a Paulus löst mit der Sammlung sein Versprechen von Gal 2,10 ein.
b Wörtlich *für die Heiligen*;* ebenso in Vers 12. c Siehe Anmerkung zu 1,8.
d *Spende* (nur an dieser Stelle) und *Gabe des Dankes* gleich danach geben dasselbe griechische Wort wieder, das »Segen, Segens-, Dankesgabe, reichliche Gabe« bedeutet.
e *seine Wohltätigkeit ...:* wörtlich *seine Gerechtigkeit bleibt in Ewigkeit.* »Gerechtigkeit« hat in neutestamentlicher Zeit unter anderem den Sinn von »Mildtätigkeit« angenommen. Der zitierte Psalm (112,9) spricht ursprünglich allgemeiner von der Treue zu Gott und seinen Weisungen.

8,15 *zit* Ex 16,18 **8,23** 2,13 S **8,24** Röm 12,9 S; 2 Kor 7,14 **9,1** 8,4 **9,3** 8,22; 8,24 S **9,6** Spr 11,24; 19,17; 28,27 **9,7** (fröhliche Geber) Sir 35,11 **9,9** *nach* Ps 112,9 **9,11** 8,7

Jerusalem Gott dafür preisen. Sie werden ihm danken, daß ihr so treu zur Guten Nachricht* von Christus steht und so selbstverständlich mit ihnen und mit allen teilt. 14 Und weil sie sehen, daß Gott euch in so überreichem Maß seine Gnade erwiesen hat, werden sie für euch beten und sich nach euch sehnen.

15 Laßt uns Gott danken für sein unsagbar großes Geschenk!

DER APOSTEL WIRBT UM DIE GEMEINDE (Kapitel 10–13)

Paulus verteidigt sich gegen Angriffe

10 Ich, Paulus, muß jetzt von mir selbst reden.[a] Ich bin angeblich kleinlaut, wenn ich bei euch bin, aber aus der Ferne spiele ich den starken Mann. Ich bitte euch bei der Güte und Freundlichkeit, die Christus uns erwiesen hat: 2 Zwingt mich nicht, meine Stärke zu zeigen, wenn ich komme!

Ich habe keine Angst vor denen, die mir menschliche Schwächen und mangelnde geistliche Vollmacht vorwerfen.[b] 3 Ich bin zwar nur ein Mensch, aber ich kämpfe nicht nach Menschenart. 4 Meine Waffen in diesem Kampf sind nicht die eines schwachen Menschen, sondern die mächtigen Waffen Gottes. Mit ihnen zerstöre ich feindliche Festungen: Ich bringe falsche Gedankengebäude zum Einsturz 5 und reiße den Hochmut nieder, der sich der wahren Gotteserkenntnis entgegenstellt. Jeden Gedanken, der sich gegen Gott auflehnt, nehme ich gefangen und unterstelle ihn dem Befehl von Christus. 6 Ich stehe bereit, alle Widersetzlichen zu bestrafen, sobald ihr als Gemeinde zum vollen Gehorsam gefunden habt.

7 Seht doch den Tatsachen ins Auge! Wenn jemand von euch den Anspruch erhebt, Christus zu gehören, darf er nicht übersehen: Ich gehöre Christus ebenso wie er. 8 Ich könnte sogar noch mehr für mich in Anspruch nehmen und die Vollmacht ausspielen, die der Herr* mir gegeben hat. Damit würde ich mich bestimmt nicht übernehmen.

Aber ich erhielt meinen Auftrag, um euch als Gemeinde aufzubauen, und nicht, um euch zugrunde zu richten. 9 Es soll nicht so aussehen, als ob ich euch mit meinen Briefen einschüchtern wollte. 10 Sie sagen ja schon: »Die Briefe, die er schreibt, sind gewichtig und kraftvoll; aber wenn er persönlich bei uns ist, macht er eine erbärmliche Figur, und was er sagt, hat keine Kraft.«

11 Wer so denkt, dem sage ich: Genau so, wie meine Briefe auf euch wirken, werde ich handeln, wenn ich zu euch komme.

Gegen den Selbstruhm der eingedrungenen Missionare

12 Ich wage allerdings nicht, mich mit denen in eine Reihe zu stellen, die sich selbst anpreisen. Ich kann mich selbstverständlich nicht mit ihnen messen. Sie sind so unverständig, daß sie ihre eigenen Maßstäbe aufrichten und sich an sich selbst messen.

13 Ich dagegen rühme* mich nicht ohne Maß. Gott hat mich mit der Guten Nachricht* bis zu euch gelangen lassen. Das ist der Maßstab, nach dem ich mich beurteile. 14 Ich brauche meine Leistung nicht zu übertreiben, denn ich bin ja tatsächlich mit der Guten Nachricht von Christus auch bis zu euch gekommen!

15 Ich verliere also nicht das Maß und prahle nicht mit der Arbeit, die andere getan haben. Ich hoffe vielmehr, daß euer Glaube wächst und ich dann noch weit mehr Ruhm ernten werde – und zwar nach dem Maßstab, der für *mich* gilt. 16 Statt nach einem fremden Maßstab mit einer Arbeit zu prahlen, die andere schon vor mir getan haben, werde ich dann die Gute Nachricht noch weit über Korinth hinaus verkünden.

17 In den Heiligen Schriften* heißt es: »Wer sich mit etwas rühmen will, soll sich mit dem rühmen, was der Herr getan hat.« 18 Als bewährt gilt, wer vom Herrn gelobt wird, und nicht, wer sich selbst anpreist.

Paulus und die falschen Apostel

11 Wenn ihr mir doch erlauben würdet, einmal den Verrückten zu spielen – aber das erlaubt ihr ja gern – und mich selbst anzupreisen! 2 Wache ich doch ebenso eifersüchtig über euch wie Gott selbst. Ihr seid für mich wie eine Tochter, die ich für *einen* Mann bestimmt und mit ihm verlobt habe, um sie ihm unberührt zuzuführen, nämlich Christus.

3 Eva wurde durch die klugen Lügen der

a *muß jetzt ...:* verdeutlichender Zusatz.
b *die mir menschliche ...:* wörtlich *die meinen, wir lebten nach dem Fleisch**. Gedacht ist an Vorwürfe, wie sie aus 4,2 und 10,10 hervorgehen.

10,2 13,10 **10,4** (Waffen Gottes) 6,7; Röm 13,12; Eph 6,13-17; 1 Thess 5,8 **10,5** Jes 2,12-17 **10,6** 2,9 **10,8b** 13,10 **10,11** 13,1-2 **10,12** 3,1 S **10,13** Röm 12,3; Gal 2,7 **10,15-16** Röm 15,20 **10,17** *nach* Jer 9,22-23; 1 Kor 1,31 S **10,18** 1 Kor 4,4-5 **11,1** 11,19 **11,2** Eph 5,25-27 **11,3** Gen 3,1-5.13

Schlange verführt. Ich fürchte, daß eure Gedan-
ken genauso verwirrt werden und ihr Christus
nicht mehr rein und ungeteilt liebt. 4 Ihr laßt es
euch gefallen, wenn jemand kommt und euch
einen anderen Jesus verkündet als den, den ich
euch gebracht habe. Ihr laßt euch gerne einen
anderen Geist* geben als den, den ihr zuerst
empfangen habt, und nehmt eine andere Gute
Nachricht* an als die, die ihr von mir gehört
habt.

5 Ich bin überzeugt, daß ich euren Über-
aposteln* in nichts nachstehe. 6 Vielleicht bin ich
kein Meister im Reden, aber in der Erkenntnis
nehme ich es mit jedem auf. Das habe ich euch
gegenüber zu jeder Zeit und in jeder Lage be-
wiesen.

7 Oder war es vielleicht unrecht von mir, daß
ich euch die Gute Nachricht ohne jede Gegenlei-
stung verkündete? Ich habe mich selbst ernied-
rigt, um euch zu erhöhen! 8 Für meinen Dienst
an euch habe ich mich von anderen Gemeinden
bezahlen lassen; ich habe sie um euretwillen be-
raubt. 9 Solange ich bei euch war, bin ich nie-
mand zur Last gefallen, wenn ich in Not war.
Denn die Brüder, die aus Mazedonien kamen,
brachten mir, was ich brauchte. Ich habe nichts
von euch in Anspruch genommen.

So werde ich es auch in Zukunft halten. 10 Ich
verspreche euch bei Christus, der die Wahrheit
ist und der in mir lebt: Meinen Ruhm in diesem
Punkt wird mir niemand in der ganzen Provinz
Achaia* nehmen! 11 Warum bestehe ich darauf?
Etwa weil ich euch nicht liebe? Gott weiß, wie
es damit steht!

12 Wenn ich auch in Zukunft nichts von euch
annehme, so hat das einen anderen Grund: Den
Gefallen tue ich euren Überaposteln nicht! Sie
warten nur auf die Gelegenheit, mich zu sich
herabzuziehen und sich noch ungehinderter an-
preisen zu können.[a]

13 In Wirklichkeit sind sie falsche Apostel*; sie
sind Betrüger, die sich nur für Apostel von Chri-
stus ausgeben. 14 Das braucht euch nicht zu
wundern. Sogar der Satan* verstellt sich und
gibt sich für einen Engel[b] aus! 15 Es ist also nichts
Besonderes, wenn auch seine Helfer sich verstel-
len und sich als Diener Gottes ausgeben. Aber
am Ende ergeht es ihnen, wie sie es mit ihren
Taten verdient haben.

Was Paulus vorzuweisen hat

16 Ich wiederhole: Niemand soll glauben, ich sei
nicht ganz bei Verstand! Aber wer es meint, soll
mich dann eben so nehmen, damit ich mich
auch ein klein wenig anpreisen kann. 17 Was ich
jetzt sage, ist nicht im Sinne des Herrn* gesagt.
Ich spreche wie ein Unzurechnungsfähiger,
wenn ich mich darauf einlasse, mich zu rüh-
men*. 18 Aber weil so viele sich auf ihre Vorzüge
berufen, will ich es auch einmal tun.

19 Ihr seid ja so vernünftig, daß ihr die Ver-
rückten gerne ertragt. 20 Ihr duldet es, wenn
euch jemand unterdrückt, euch ausbeutet und
einfängt, euch verachtet und ins Gesicht schlägt.
21 Ich muß zu meiner Schande gestehen: Dazu
war ich zu schwach!

Ich rede jetzt wirklich wie ein Verrückter:
Womit andere prahlen, damit kann ich auch
prahlen. 22 Sie sind echte Hebräer*? Das bin ich
auch. Sie sind Israeliten? Das bin ich auch. Sie
sind Nachkommen Abrahams*? Das bin ich
auch. 23 Sie dienen Christus? Ich rede im Wahn-
sinn: Ich diene ihm noch viel mehr!

Ich habe härter für Christus gearbeitet. Ich
bin öfter im Gefängnis gewesen, öfter geschla-
gen worden. Häufig war ich in Todesgefahr.
24 Fünfmal habe ich von den Juden die neunund-
dreißig Schläge bekommen. 25 Dreimal wurde
ich von den Römern mit Stöcken geprügelt, ein-
mal wurde ich gesteinigt*. Ich habe drei Schiff-
brüche erlebt; das eine Mal trieb ich eine Nacht
und einen Tag auf dem Meer.

26 Auf meinen vielen Reisen haben mich
Hochwasser und Räuber bedroht. Juden und
Nichtjuden haben mir nachgestellt. Es gab Ge-
fahren in Städten und in Einöden, Gefahren auf
hoher See und Gefahren bei falschen Brüdern.
27 Ich hatte Mühe und Not und oftmals schlaf-
lose Nächte. Ich war hungrig und durstig, oft
hatte ich tagelang nichts zu essen. Ich fror und
hatte nichts Warmes anzuziehen.

28 Ich könnte noch vieles aufzählen; aber ich
will nur noch eins nennen: die Sorge um alle Ge-
meinden, die mir täglich zu schaffen macht.
29 Wenn irgendwo jemand schwach ist, bin ich
es mit ihm. Und wenn jemand an Gott irre wird,
brennt es mich wie Feuer.

30 Wenn schon geprahlt werden muß, will ich

a *Sie warten nur …:* wörtlich *Sie suchen einen Anlaß, damit sie in dem, worin/womit sie sich rühmen, so wie wir* (= ich) *gefunden werden.*

b Wörtlich *für einen Engel* des Lichts.* Paulus kennt auch böse Engel; vgl. 12,7.

11,4 Gal 1,6-9 **11,5** 12,11; 1 Kor 15,10; Gal 2,6.9 **11,6** 1 Kor 2,6-16 **11,7** 12,13; 1 Kor 9,12-18 **11,8-9** Phil 4,15-18 **11,10** 1 Kor 9,15-18 **11,12** 11,5; 12,11 **11,13** Phil 3,2; Offb 2,2 **11,15** Röm 2,6 S **11,22** Röm 11,1 S **11,23-29** (Leiden des Apostels) 1 Kor 4,11-13; 2 Kor 4,8-12; 6,5-10; 2 Tim 3,11 **11,23b** 1 Kor 15,10; (Gefängnis) Apg 16,23; Eph 3,1 S; 2 Kor 6,5 **11,24** Dtn 25,3; Mt 10,17 **11,25** Apg 16,22; 14,19 S **11,26** (nachgestellt) Apg 9,23-25; 14,5 **11,27** 6,5 **11,29** 1 Kor 9,22; Gal 6,2 **11,30** 1 Kor 1,31 S

mit meiner Schwäche prahlen. 31 Der Gott und Vater unseres Herrn* Jesus weiß, daß ich nicht lüge. Gepriesen sei er für alle Zeiten!

32 Als ich in Damaskus war, stellte der Bevollmächtigte des Königs Aretas* Wachen an die Stadttore, um mich zu verhaften. 33 Aber durch das Fenster eines an die Stadtmauer gebauten Hauses wurde ich in einem Korb hinuntergelassen und entkam.

Was wirklich zählt

12 Ihr zwingt mich dazu, daß ich mein Selbstlob noch weiter treibe. Zwar hat niemand einen Nutzen davon; trotzdem will ich jetzt von den Visionen und Offenbarungen sprechen, die vom Herrn* kommen.

2 Ich kenne einen mit Christus verbundenen Menschen, der vor vierzehn Jahren in den dritten Himmel* versetzt wurde. Ich bin nicht sicher, ob er körperlich dort war oder nur im Geist; das weiß nur Gott. 3–4 Jedenfalls weiß ich, daß diese Person ins Paradies* versetzt wurde, ob körperlich oder nur im Geist, das weiß nur Gott. Dort hörte sie geheimnisvolle Worte, die kein Mensch aussprechen kann.

5 Im Blick auf diese Person will ich prahlen.[a] Im Blick auf mich selbst prahle ich nur mit meiner Schwäche. 6 Wollte ich aber für mich selbst damit prahlen, so wäre das kein Anzeichen, daß ich den Verstand verloren hätte; ich würde ja die reine Wahrheit sagen. Trotzdem verzichte ich darauf; denn jeder soll mich nach dem beurteilen, was er an mir sieht und mich reden hört, und nicht höher von mir denken.

7 Ich habe unbeschreibliche Dinge geschaut. Aber damit ich mir nichts darauf einbilde, hat Gott mir einen »Stachel ins Fleisch« gegeben: Ein Engel des Satans[b] darf mich mit Fäusten schlagen, damit ich nicht überheblich werde.

8 Dreimal habe ich zum Herrn gebetet, daß der Satansengel von mir abläßt. 9 Aber der Herr hat zu mir gesagt: »Du brauchst nicht mehr als meine Gnade. Je schwächer du bist, desto stärker erweist sich an dir meine Kraft.«

Jetzt trage ich meine Schwäche gern, ja, ich bin stolz darauf, weil dann Christus seine Kraft an mir erweisen kann. 10 Darum freue ich mich über meine Schwächen, über Mißhandlungen, Notlagen, Verfolgungen und Schwierigkeiten. Denn gerade wenn ich schwach bin, dann bin ich stark.

Paulus sorgt sich um die Korinther

11 Jetzt habe ich mich wirklich wie ein Unzurechnungsfähiger aufgeführt! Aber ihr habt mich ja dazu gezwungen. Es wäre doch eigentlich *eure* Sache gewesen, meine Vorzüge herauszustreichen! Auch wenn ich nichts bin – euren Überaposteln* stehe ich in keiner Weise nach. 12 In aller Geduld habe ich mich bei euch als Apostel* ausgewiesen, durch staunenswerte Wunderzeichen und machtvolle Taten.

13 Habe ich euch in irgendeinem Punkt schlechter behandelt als die übrigen Gemeinden? Ich weiß nur, daß ich euch nicht mit der Forderung nach Unterhalt zur Last gefallen bin. Verzeiht mir dieses Unrecht!

14 Jetzt will ich zum drittenmal zu euch kommen, und auch diesmal werde ich keine Ansprüche erheben. Euch selbst möchte ich, nicht euer Geld! Schließlich sollen nicht die Kinder für ihre Eltern sorgen, sondern die Eltern für ihre Kinder. 15 Euch zugute würde ich gerne alles hergeben, auch mein eigenes Leben. Es kann doch nicht sein, daß ihr mich um so weniger liebt, je mehr ich euch liebe!

16 Nun gut, das gebt ihr zu, daß ich euch nicht zur Last gefallen bin. Aber vielleicht war ich listig und hinterhältig? 17 Vielleicht habe ich euch durch einen meiner Boten ausgebeutet? 18 Ich schickte euch Titus und den anderen Bruder. Wollt ihr behaupten, daß Titus euch ausgebeutet hat? Handelten wir nicht beide im gleichen Geist? Gingen wir nicht in denselben Spuren?

19 Ihr denkt vielleicht schon lange, daß ich mich wie ein Angeklagter vor euch verteidige. Aber ich rede vor Gott als einer, der Christus gehört. Ich tue das alles zu eurem Besten, meine Lieben!

20 Denn ich habe Angst, daß ich euch bei meiner Ankunft nicht so antreffe, wie ich euch haben möchte – und daß dann auch ihr mich anders findet, als ihr mich haben wollt. Ich befürchte, daß ich Streit und Rivalität vorfinde, Wutausbrüche, Intrigen, Beleidigungen, Verleumdungen, Überheblichkeit und Unordnung.

21 Ich möchte nicht, daß mich Gott nochmals vor euch demütigt, wenn ich jetzt zu euch komme. Ich möchte nicht traurig sein müssen über die vielen, die früher gesündigt haben und die sich immer noch nicht abgekehrt haben von

a Wörtlich *mich rühmen**. *b* Siehe Anmerkung zu 11,14.

11,31 1,23 **11,32-33** Apg 9,24-25 **12,5-6** 11,16.30 **12,7** Gal 4,13-14; Ijob 2,6-7; Num 33,55 **12,9** Phil 4,13; Jes 40,29-31; (Gnade) Röm 5,2 S **12,11** 11,5 S **12,12** (Wunderzeichen) Röm 15,19; Apg 13,6-12; 14,8-10; 16,16-18; 19,11-16; 20,7-12; 28,3-6 **12,13** 11,7-9 **12,15** Phil 2,17 **12,17** 7,2 **12,18** 2,13 S **12,20** 1,23; 10,2; 1 Kor 1,10-11 S **12,21** 13,2

ihrem schmutzigen, unzüchtigen, ausschweifenden Leben.

Letzte Warnungen und Grüße

13 Ich besuche euch jetzt zum drittenmal.
Denkt an den Grundsatz: »Aufgrund von
zwei oder drei Zeugenaussagen wird der Schuldspruch gefällt.« 2 Für die von euch, die früher gesündigt haben, und für alle anderen wiederhole
ich jetzt aus der Ferne, was ich schon während
meines zweiten Besuches angekündigt habe:
Wenn ich das nächste Mal komme, gibt es keine
Schonung!

3 Da habt ihr dann den gewünschten Beweis
dafür, daß Christus durch mich spricht. Christus
ist euch gegenüber nicht schwach, sondern erweist unter euch seine Kraft. 4 Als er am Kreuz*
starb, war er schwach. Aber jetzt lebt er durch
Gottes Kraft. Auch ich bin mit Christus schwach.
Aber ich werde mit ihm leben und mich stark erweisen euch gegenüber aus Gottes Kraft.

5 Anstatt *mich* zu prüfen, prüft lieber euch
selbst, ob ihr überhaupt noch im Glauben steht!
Tretet *ihr* den Beweis an, daß ihr euch bewährt
habt, statt von mir einen zu verlangen![a] Ihr
müßt ja doch an euch selbst erkennen können,
ob Jesus Christus noch in eurer Mitte ist. Wenn
er es nicht ist, dann habt *ihr* versagt! 6 Ich hoffe
nur, ihr werdet noch einsehen, daß *ich* jedenfalls
nicht versagt habe.

7 Ich bete zu Gott, daß ihr keinerlei Böses und
Verwerfliches tut. Nicht, damit ich dann dastehe
als der, der recht behalten und sich durchgesetzt
hat! Nein, wenn nur ihr das Gute tut, will ich
gern auch weiterhin wie ein Schwächling und
Versager dastehen. 8 Denn ich kann ja nichts
gegen die Wahrheit der Guten Nachricht* ausrichten, sondern nur *für* sie. 9 Deshalb freue ich
mich, wenn ich schwach bin und ihr stark seid.
Genau darum bete ich zu Gott: Ich bitte ihn, daß
er euch wieder zurechtbringt.

10 Dies alles schreibe ich euch, solange ich
noch fern von euch bin. Ich möchte nicht streng
mit euch umgehen müssen, wenn ich komme.
Die Vollmacht, die der Herr* mir gab, habe ich
nicht bekommen, um die Gemeinde zu zerstören, sondern um sie aufzubauen.

11 Ich komme zum Schluß, Brüder und
Schwestern![b] Freut euch! Nehmt meine Worte
zu Herzen und laßt euch wieder auf den rechten
Weg bringen. Seid einer Meinung und lebt in
Frieden miteinander. Dann wird Gott, der uns
seine Liebe und seinen Frieden* schenkt, bei
euch sein.

12 Grüßt einander mit dem Friedenskuß*! Die
ganze Gemeinde hier[c] läßt euch grüßen.

13 Die Gnade unseres Herrn Jesus Christus
und die Liebe Gottes und die gemeinschaftstiftende Kraft des Heiligen Geistes[d] sei mit euch
allen!

a *statt von mir …:* verdeutlichender Zusatz, ebenso zu Beginn des Verses *Anstatt mich zu prüfen* und *lieber.*
b Siehe Anmerkung zu 1,8. c Wörtlich *Alle Heiligen* (lassen).*
d Wörtlich *die Gemeinschaft des Heiligen Geistes**, womit sowohl die Verbindung *mit* dem Geist wie die vom Geist gestiftete Verbindung *untereinander* angesprochen ist.

13,1 Mt 18,16 S **13,2** 1,23; 10,11; 12,20; 13,10; 1 Kor 4,21 **13,4** 1 Kor 1,25; 2 Kor 12,9-10 **13,5** Röm 8,9-13 **13,7-9** 4,5 **13,10** 13,2 S; 10,8 **13,11** 1 Kor 7,15 S; Joh 14,27 S **13,12** Röm 16,16 S **13,13** Mt 28,19

DER BRIEF DES APOSTELS PAULUS AN DIE GEMEINDEN IN GALATIEN
(Galaterbrief)

Inhaltsübersicht

AUTORITÄT UND VERKÜNDIGUNG DES APOSTELS (Kapitel 1–2)

Ein ungewöhnlicher Briefeingang

1 Diesen Brief schreibt Paulus, der Apostel*. Ich schreibe ihn als einer, der seinen Auftrag nicht von Menschen erhalten hat, auch nicht durch menschliche Vermittlung, sondern von Jesus Christus und von Gott, dem Vater, der Jesus vom Tod auferweckt hat. 2 Zusammen mit allen Brüdern und Schwestern,[a] die bei mir sind, grüße ich die Gemeinden in Galatien*:

3 Gnade und Frieden* sei mit euch von Gott, unserem Vater, und von Jesus Christus, dem Herrn*, 4 der sein Leben für unsere Sünden hingegeben hat. Das tat er, um uns aus der gegenwärtigen Welt* zu befreien, die vom Bösen beherrscht wird. So war es der Wille Gottes, unseres Vaters – 5 er sei in alle Ewigkeit gepriesen! Amen*.

Es gibt nur die eine Gute Nachricht

6 Ich wundere mich über euch! Gott hat euch durch die Gute Nachricht* dazu berufen, daß ihr unter der Gnade steht, die Christus gebracht hat. Und nun kehrt ihr ihm so schnell den Rücken und wendet euch einer *anderen* Guten Nachricht zu! 7 Es gibt in Wirklichkeit gar keine andere; es gibt nur gewisse Leute, die unter euch Verwirrung stiften. Sie wollen die Gute Nachricht von Christus in ihr Gegenteil verkehren.

8 Aber nicht einmal ich selbst oder ein Engel* vom Himmel darf euch eine Gute Nachricht bringen, die der widerspricht, die ich euch gebracht habe. Wer es tut, soll verflucht sein, dem Gericht Gottes übergeben! 9 Ich habe es euch schon früher eingeschärft und wiederhole es jetzt: Wer euch eine andere Gute Nachricht bringt als die, die ihr angenommen habt, soll verflucht sein, dem Gericht Gottes übergeben!

10 Will ich jetzt wieder Menschen beschwatzen – oder gar Gott selbst?[b] Oder rede ich etwa Menschen nach dem Mund? Ich gehöre Christus und diene ihm – wie kann ich da noch den Beifall der Menschen suchen!

Die von Paulus verkündete Gute Nachricht kommt direkt von Christus

11 Das müßt ihr wissen, Brüder und Schwestern:[c] Die Gute Nachricht*, die ich verkünde, ist kein Menschenwort. 12 Ich habe sie nicht von irgendeinem Menschen übernommen und bin auch von keinem Menschen darüber belehrt worden. Ich habe sie dadurch empfangen, daß Gott mich Jesus als den von ihm bestätigten Retter schauen ließ.[d]

13 Ihr habt doch gehört, wie entschieden ich früher für die jüdische Religion eingetreten bin. Über alles Maß hinaus verfolgte ich die Gemeinde Gottes und tat alles, um sie zu vernichten. 14 In meiner Treue zum Gesetz* übertraf ich viele meiner Altersgenossen in meinem Volk. Leidenschaftlicher als die anderen setzte ich mich für die Befolgung der strengen Vorschriften ein, die die früheren Gesetzeslehrer* aufgestellt haben.

a *Brüder und Schwestern* steht für ein einziges griechisches Wort, das als Mehrzahlform nicht nur, wie herkömmlich übersetzt, die »Brüder« bezeichnet, sondern auch je nach Zusammenhang die gesamte Gemeinde aus Männern und Frauen (siehe dazu Sacherklärung »Bruder«).

b Die Gegner werfen Paulus vor, er verkünde die Freiheit vom Gesetz (vgl. Kap 3) nur, um den Menschen einen bequemen Weg zu weisen, und so *beschwatze* er sie dazu, seine Botschaft anzunehmen. Er wolle vielleicht Gott selbst *beschwatzen*, das von ihm gegebene Gesetz* nicht mehr so ernst zu nehmen!

c Siehe Anmerkung zu 1,2.

d Wörtlich *Ich habe sie empfangen durch Offenbarung des Jesus Christus,* d.h. dadurch, daß Gott mir Jesus (als den) Christus geoffenbart hat; vgl. Sacherklärung »Christus«.

1,1 1 Kor 9,1-2 S 1,4 (Leben gegeben) 2,20; 2 Kor 5,21; Eph 5,2; 1 Tim 2,6; Tit 2,14; Hebr 9,28 S; Mk 10,45 S; Joh 1,29 S; (vom Bösen) 1 Joh 5,19 1,7 5,8.10; 2,4; Apg 15,1.24 1,8-9 (verflucht) 1 Kor 5,2-5; 16,22 1,10 1 Thess 2,4-6 1,13 Apg 8,3 S 1,14 Apg 23,6 S

15 Aber dann kam es ganz anders.[a] Gott hatte mich ja schon vom Mutterleib an ausgesondert und in seiner Gnade berufen. Und so gefiel es ihm jetzt, 16 mir seinen Sohn* zu zeigen, damit ich ihn unter den nichtjüdischen Völkern bekanntmache. Als mir diese Offenbarung zuteil wurde, fragte ich nicht erst Menschen um Rat. 17 Ich ging auch nicht nach Jerusalem zu denen, die schon vor mir Apostel* waren, sondern begab mich nach Arabien[b] und kehrte dann wieder nach Damaskus zurück.

18 Erst drei Jahre später ging ich nach Jerusalem, um Petrus[c] kennenzulernen. Ich blieb zwei Wochen bei ihm. 19 Von den anderen Aposteln sah ich damals keinen, nur Jakobus, den Bruder des Herrn*. 20 Was ich euch hier schreibe, ist die reine Wahrheit; Gott weiß es.

21 Dann ging ich nach Syrien und Zilizien. 22 Den christlichen Gemeinden in Judäa blieb ich persönlich unbekannt. 23 Sie hatten nur gehört: »Der Mann, der uns verfolgte, verkündet jetzt den Glauben, den er früher ausrotten wollte!« 24 Und sie dankten Gott dafür, daß er dies an mir bewirkt hatte.

Die maßgebenden Leute in der Urgemeinde erkennen Paulus an

2 Erst vierzehn Jahre später ging ich wieder nach Jerusalem, diesmal mit Barnabas; auch Titus nahm ich mit. 2 Ich ging aufgrund einer göttlichen Weisung und trug dort vor, was ich als Gute Nachricht* bei den nichtjüdischen Völkern verkünde.

Das tat ich vor der versammelten Gemeinde und auch noch in besonderen Zusammenkünften vor ihren maßgebenden Leuten. Denn ich war in Sorge, meine Missionsarbeit könnte nicht anerkannt werden und meine ganze Mühe vergeblich sein, die künftige wie die bisherige.[d] 3 Aber nicht einmal mein Begleiter Titus, ein Grieche, wurde gezwungen, sich beschneiden zu lassen.

4 Es waren allerdings falsche Brüder eingedrungen, wie sie sich damals auch anderswo in den Gemeinden eingeschlichen hatten.[e] Sie wollten sich zu Richtern über die Freiheit machen, die wir durch Jesus Christus haben, und uns wieder unter das Gesetz* zwingen. 5 Aber ich habe ihnen nicht einen Augenblick nachgegeben. Die Gute Nachricht sollte euch unverfälscht erhalten bleiben!

6 Dagegen machten mir die maßgebenden Leute in der Gemeinde keinerlei Auflagen. – Was sie früher einmal waren, interessiert mich im übrigen nicht; bei Gott gibt es keine Rangunterschiede.[f] – 7 Ganz im Gegenteil: Sie erkannten, daß Gott mich beauftragt hat, die Gute Nachricht den nichtjüdischen Völkern[g] zu bringen, so wie er Petrus beauftragt hat, sie den Juden zu bringen. 8 Denn Gott wirkte durch Petrus bei seiner Missionsarbeit unter den Juden und hat ihn so als Apostel* für die Juden bestätigt. Und er wirkte auch durch mich in meiner Missionsarbeit unter den Nichtjuden und hat mich so als Apostel für die anderen Völker bestätigt.

9 Die maßgebenden Leute, die als »die Säulen*« gelten, Jakobus, Petrus und Johannes, erkannten, daß Gott mir diesen Auftrag anvertraut hat. So gaben sie mir und Barnabas die Hand zum Zeichen der Gemeinschaft. Wir einigten uns, daß Barnabas und ich unter den anderen Völkern die Gute Nachricht verkünden sollten und sie unter den Juden. 10 Sie machten nur zur Bedingung, daß wir die verarmte Gemeinde in Jerusalem[h] unterstützten. Darum habe ich mich auch wirklich bemüht.

Eine notwendige Klarstellung

11 Als Petrus später in Antiochia war, stellte ich ihn öffentlich zur Rede, weil sein Verhalten unentschuldbar war. 12 Zuerst nämlich nahm er zusammen mit den nichtjüdischen Brüdern und Schwestern[i] an den gemeinsamen Mahlzeiten teil. Aber dann kamen Leute aus dem Kreis um Jakobus, die das jüdische Gesetz* streng befol-

a Wörtlich *Aber.*
b Gemeint ist wahrscheinlich das Gebiet der Nabatäer* südlich von Damaskus.
c Paulus gebraucht hier (und in 2,9.11.14) die Namensform *Kephas**.
d *meine Missionsarbeit …:* wörtlich *daß ich ins Leere laufe oder gelaufen bin.*
e *wie sie sich damals …:* wörtlich *die sich eingeschlichen hatten.* Paulus faßt hier ihr damaliges Auftreten in Jerusalem und ihr früheres in anderen Gemeinden zusammen (vgl. Apg 15,1.24).
f *bei Gott gibt es …:* wörtlich *Gott schaut nicht auf die Person.* Die christlichen Autoritäten in Jerusalem waren *früher* Jünger des irdischen Jesus bzw. Mitglieder seiner Familie; siehe Vers 9 und Sacherklärung »Säulen«.
g Herkömmliche Übersetzung *den Heiden*;* entsprechend in Vers 9.
h Wörtlich *die Armen.*
i Wörtlich *mit den Nichtjuden* (herkömmliche Übersetzung *Heiden**); entsprechend in den Versen 14 und 15.

1,15 Jes 49,1 S **1,16** Apg 9,3-5; 9,15 S; 1 Kor 15,10 **1,18** Apg 9,26-28 **1,19** 1 Kor 15,7 **1,21** Apg 9,30 **2,1-10** Apg 15,1-29 **2,1** (Barnabas) 1 Kor 9,6 S; (Titus) 2 Kor 2,13 S **2,2** (vergeblich) 1 Kor 15,2 S; Gal 4,11; Phil 2,16 **2,4** 1,7 S; (Freiheit) Gal 5,1.13; 1 Kor 9,21 **2,6** Jak 2,1 S **2,7** Röm 1,5 S **2,10** Röm 15,26 S **2,12** Apg 11,3

gen. Da zog sich Petrus von den gemeinsamen Mahlzeiten zurück und aß aus Furcht vor ihnen nicht mehr mit den Nichtjuden.

13 Auch die anderen Juden in der Gemeinde blieben gegen ihre Überzeugung den gemeinsamen Mahlzeiten fern, so daß sogar Barnabas angesteckt wurde und genau wie sie seine Überzeugung verleugnete.

14 Als ich sah, daß sie damit die Wahrheit der Guten Nachricht* preisgaben, sagte ich zu Petrus vor der ganzen Gemeinde:

»Obwohl du ein Jude bist, hast du bisher die Vorschriften des jüdischen Gesetzes nicht beachtet und hast wie ein Nichtjude gelebt. Warum zwingst du dann jetzt durch dein Verhalten die nichtjüdischen Brüder und Schwestern, so wie Juden nach den Vorschriften des Gesetzes zu leben?«[a]

15 Es stimmt, wir sind von Geburt Juden und nicht Sünder wie die Angehörigen der anderen Völker. 16 Aber wir wissen, daß kein Mensch deshalb vor Gott als gerecht* bestehen kann, weil er das Gesetz befolgt. Nur die finden bei Gott Anerkennung, die in vertrauendem Glauben* annehmen, was Gott durch Jesus Christus für uns getan hat.[b] Deshalb haben auch wir unser Vertrauen auf Jesus Christus gesetzt, um durch das Vertrauen auf ihn bei Gott Anerkennung zu finden und nicht durch Erfüllung des Gesetzes; denn mit Taten, wie sie das Gesetz verlangt, kann kein Mensch vor Gott als gerecht bestehen.

Gesetz und Gnade

17 Auch wir als Juden suchen also durch Christus vor Gott als gerecht* zu bestehen, und damit geben wir zu, daß wir genauso Sünder sind wie die Menschen der anderen Völker. Soll das heißen, daß es nicht mehr auf gut und böse ankommt und demnach Christus der Sünde Vorschub leistet?[c] Auf keinen Fall! 18 Vielmehr mache ich mich selbst zum Sünder, nämlich zum Übertreter des Gesetzes*, wenn ich durch mein Verhalten das Gesetz zuerst für ungültig erkläre und dann doch wieder in Geltung setze.

19 In Wirklichkeit hat das Gesetz von mir nichts mehr zu fordern: Ich bin tot für das Gesetz, das Gesetz selbst hat mich dahin gebracht,[d] und jetzt lebe ich für Gott. Ich bin mit Christus am Kreuz* gestorben. 20 Darum lebe nun nicht mehr ich, sondern Christus lebt in mir. Das Leben, das ich jetzt noch in diesem vergänglichen Körper lebe, lebe ich im Vertrauen auf den Sohn* Gottes, der mir seine Liebe erwiesen und sein Leben für mich gegeben hat.

21 Ich weise die Gnade Gottes nicht zurück. Wenn wir vor Gott damit bestehen könnten, daß wir das Gesetz erfüllen, dann wäre ja Christus vergeblich gestorben!

GLAUBE ALS FREIHEIT VOM GESETZ
(3,1–5,12)

Der unbegreifliche Rückfall der Gemeinde

3 Ihr unvernünftigen Galater! Welcher Dämon hat euch um den Verstand gebracht? Habe ich euch denn nicht Jesus Christus, den Gekreuzigten, in aller Deutlichkeit vor Augen gestellt?

2 Ich möchte euch nur eines fragen: Hat Gott euch seinen Geist* gegeben, weil ihr das Gesetz* befolgt habt oder weil ihr die Botschaft gehört und angenommen habt, daß es vor Gott allein auf den vertrauenden Glauben* ankommt?[e]

3 Warum begreift ihr denn nicht? Was der Geist Gottes in euch angefangen hat, das wollt ihr jetzt aus eigener Kraft zu Ende führen? 4 Ihr habt so große Dinge erlebt – war das alles vergeblich? Es kann nicht vergeblich gewesen sein! 5 Gott gibt euch seinen Geist und läßt Wunder bei euch geschehen – tut er das, weil ihr das Gesetz befolgt oder weil ihr die Botschaft vom Glauben gehört und angenommen habt?

a Dazu wären sie gezwungen, wenn sie weiterhin mit den jüdischen Christen Gemeinschaft halten wollten. Es geht hier um die Reinheits-, speziell Nahrungsvorschriften des Gesetzes, von deren Beachtung für gesetzestreue Juden die Möglichkeit der Tischgemeinschaft abhängt (vgl. Sacherklärungen »rein« und »Blut«).

b *Nur die finden …:* wörtlich *sondern nur durch den Glauben, der sich auf Jesus Christus richtet.* Gemeint ist hier und im folgenden Satz nicht die persönliche Beziehung zu Jesus, sondern (wie in Röm 3,22.26) in Kurzform das mit seinem Namen verbundene Heilshandeln Gottes.

c *daß es nicht mehr …:* wörtlich *daß Christus ein Diener der Sünde ist?*

d Nämlich weil es den Sündern den Tod bringt (vgl. Röm 6,23; 1 Kor 15,56), der aber für die »mit Christus« Gestorbenen die Tür zum Leben ist (vgl. Röm 6,3-11 und die umittelbare Fortsetzung hier). *In Wirklichkeit … dahin gebracht:* wörtlich *Ich bin durch das Gesetz dem Gesetz gestorben.*

e *oder weil ihr die Botschaft …:* wörtlich *oder (habt ihr ihn) aus der Botschaft vom Glauben (empfangen)?*

2,16 3,10-12; Röm 3,20 S; 3,21-30 **2,19** 6,14; Röm 7,6; 6,2-4.11 **2,20** Röm 8,10-11; Gal 1,4 S **3,2-5** 4,6; Röm 8,9-16; 2 Kor 3,6.17

Die Gute Nachricht gründet in der Zusage an Abraham

6 Von Abraham* heißt es doch in den Heiligen Schriften*: »Er vertraute Gott und glaubte seiner Zusage, und dies rechnete Gott ihm als Gerechtigkeit* an.« 7 Ihr seht also, wer die echten Nachkommen Abrahams sind: Es sind die Menschen, die der Zusage Gottes glauben. 8 In den Heiligen Schriften ist auch vorausgesehen, daß Gott die nichtjüdischen Völker aufgrund des Glaubens* annehmen werde. Deshalb wird dort Abraham im voraus die Gute Nachricht* verkündet: »Durch dich werden alle Völker der Erde gesegnet werden.« 9 Daraus geht hervor, daß alle, die Gott glauben und ihm vertrauen, zusammen mit dem glaubenden Abraham gesegnet werden.

Das Gesetz führt nicht zum Leben

10 Die anderen dagegen, die durch Erfüllung des Gesetzes* vor Gott als gerecht* bestehen wollen, leben unter einem Fluch. Denn es heißt in den Heiligen Schriften*: »Fluch über jeden, der nicht alle Bestimmungen im Buch des Gesetzes genau befolgt!«

11 Es ist offenkundig: Wo das Gesetz regiert, kann niemand vor Gott als gerecht bestehen. Denn es heißt ja auch: »Nur wer durch vertrauenden Glauben* vor Gott als gerecht gilt, wird leben.« 12 Beim Gesetz jedoch geht es nicht um Glauben und Vertrauen; vom Gesetz gilt: »Wer *seine Vorschriften befolgt,* wird dadurch leben.«

13 Christus hat uns von dem Fluch losgekauft, unter den uns das Gesetz gestellt hatte. Denn er hat an unserer Stelle den Fluch auf sich genommen. Es heißt ja in den Heiligen Schriften: »Wer am Holz hängt, ist von Gott verflucht.« 14 So sollte durch Jesus Christus der Segen, der Abraham zugesagt wurde, zu allen Völkern[a] kommen, damit wir alle durch vertrauenden Glauben den Geist* erhalten, den Gott versprochen hat.

Gottes Zusage ist älter als das Gesetz

15 Brüder und Schwestern,[b] ich nehme einen Vergleich aus dem täglichen Leben. Wenn ein Mensch ein Testament[c] aufgesetzt hat und es rechtsgültig geworden ist, kann niemand sonst es für ungültig erklären oder etwas hinzufügen. 16 So ist es auch mit den Zusagen, die Gott Abraham und seinem Nachkommen gemacht hat. Er sagt übrigens nicht: »und dein*en* Nachkommen«, als ob viele gemeint wären, sondern er sagt ausdrücklich: »dein*em* Nachkommen«,[d] und er meint damit Christus.

17 Ich will damit folgendes sagen: Das Testament, das Gott rechtskräftig ausgefertigt hat, kann nicht außer Kraft gesetzt werden durch das Gesetz*, das erst 430 Jahre später erlassen wurde. Es kann die Zusage nicht aufheben. 18 Gott hat ein großartiges Erbe ausgesetzt. Wenn sein Empfang von der Befolgung des Gesetzes abhinge, dann wäre es nicht mehr ein Geschenk der freien Zusage. Gott aber hat Abraham aus reiner Gnade diese Zusage gemacht.

Die Herrschaft des Gesetzes ist befristet

19 Was für einen Sinn hat dann das Gesetz*? Es ist hinzugefügt worden, damit die Macht der Sünde in den Gesetzesübertretungen sichtbar wird. Es sollte auch nur so lange gelten, bis der Nachkomme Abrahams da wäre, an dem die Zusage in Erfüllung geht. Im übrigen ist das Gesetz durch Engel gegeben und von einem Vermittler überbracht.[e] 20 Es braucht aber keinen Vermittler, wenn eine einzige Person handelt; und Gott ist doch Einer.

21 Steht dann das Gesetz in Widerspruch zu den göttlichen Zusagen? Keineswegs! Es wurde ja nicht ein Gesetz erlassen, das zum Leben führen kann. Nur dann könnten die Menschen durch Erfüllung des Gesetzes vor Gott als gerecht* bestehen. 22 In den Heiligen Schriften* heißt es aber, daß die gesamte Menschheit in der Gewalt der Sünde ist. Was Gott zugesagt hat, sollten die Menschen geschenkt bekommen aufgrund des Glaubens*, nämlich des Vertrauens

a Wörtlich *zu den (nichtjüdischen) Völkern;* herkömmliche Übersetzung *Heiden**.
b Siehe Anmerkung zu 1,2.
c Das griechische Wort bedeutet zugleich *Bund**.
d Das griechische Hauptwort steht der grammatischen Form nach in der Einzahl: »Same« = Nachkommenschaft. Paulus spielt auf die Landverheißung von Gen 12,7 an und deutet sie wie in Röm 4,13 als Zusage eines viel umfassenderen »Erbes«. Im ganzen weiteren Zusammenhang steht diese Stelle aus der Abrahamsgeschichte im Hintergrund; vgl. das Stichwort »Erbe« in 3,18-19; 4,1-7.
e Der *Vermittler* Mose erscheint hier als Unterhändler, der die Gruppe der *Engel* (vgl. Sacherklärung) gegenüber dem Volk vertritt. Die Zusage ist dem Gesetz darin überlegen, daß sie direkt von dem *einen* Gott an Abraham ergeht.

3,6 *zit* Gen 15,6; Röm 4,3 **3,7** Röm 4,11-12 **3,8** *nach* Gen 12,3 **3,10** *zit* Dtn 27,26; Jak 2,10 S **3,11** Röm 3,20 S; *nach* Hab 2,4; Röm 1,17 S **3,12** *zit* Lev 18,5; Lk 10,28 S **3,13** 2 Kor 5,21 S; *zit* Dtn 21,23 **3,14** 2 Kor 1,22 S **3,16** *nach* Gen 12,7; 17,7-8 **3,17** Ex 12,40 **3,18** Röm 4,14; 11,6 **3,19** Röm 4,15 S; (Engel) Apg 7,53 S **3,21** Röm 7,13; 8,2 **3,22** Röm 3,9-30; 11,32

auf das, was Gott durch Jesus Christus getan hat.[a] Alle, die darauf vertrauen, sollen es bekommen.

23 Bevor uns Gott diesen Weg des Glaubens geöffnet hat, waren wir unter der Aufsicht des Gesetzes in das Gefängnis der Sünde eingeschlossen. Das sollte so lange dauern, bis Gott den vertrauenden Glauben als Weg in die Freiheit bekanntmachen würde, 24 und das heißt: bis Christus kam. So lange war das Gesetz unser Aufseher; es war für uns wie der Sklave, der die Kinder mit dem Stock zur Ordnung anhält. Denn nicht durch das Gesetz, sondern einzig und allein durch vertrauenden Glauben sollten wir vor Gott als gerecht bestehen.

25 Jetzt ist der Weg des Glaubens geöffnet; darum sind wir nicht mehr unter dem Aufseher mit dem Stock.

Statt Sklaven des Gesetzes Kinder Gottes

26 Ihr alle seid jetzt mündige Söhne und Töchter[b] Gottes – durch den Glauben* und weil ihr in engster Gemeinschaft mit Jesus Christus verbunden seid. 27 Denn als ihr in der Taufe* Christus übereignet wurdet, habt ihr Christus angezogen wie ein Gewand.[c] 28 Es hat darum auch nichts mehr zu sagen, ob ein Mensch Jude ist oder Nichtjude, ob im Sklavenstand oder frei, ob Mann oder Frau. Durch eure Verbindung mit Jesus Christus seid ihr alle *ein* neuer Mensch geworden.[d]

29 Wenn ihr aber zu Christus gehört, seid ihr auch Abrahams* Nachkommen und bekommt das Erbe, das Gott Abraham versprochen hat.

4 Nun sage ich: Solange der rechtmäßige Erbe minderjährig ist, unterscheidet er sich in nichts von einem Sklaven*, auch wenn ihm in Wirklichkeit alles gehört. 2 Bis zu dem Zeitpunkt, den der Vater im Testament festgelegt hat, ist er von Vormündern und Vermögensverwaltern abhängig.

3 So standen auch wir früher als Unmündige unter der Herrschaft der Mächte dieser Welt.[e] 4 Als aber die Zeit gekommen war, sandte Gott seinen Sohn*. Der wurde als Mensch geboren[f] und dem Gesetz* unterstellt, 5 um alle zu befreien, die unter der Herrschaft des Gesetzes standen. Durch ihn wollte Gott uns als seine mündigen Söhne und Töchter annehmen.

6 Weil ihr nun Gottes Söhne und Töchter seid, gab Gott euch den Geist* seines Sohnes ins Herz. Der ruft aus uns: »Abba*! Vater!« 7 Du bist also nicht länger Sklave, sondern mündiger Sohn und mündige Tochter, und wenn du das bist, dann bist du nach Gottes Willen auch Erbe: Du bekommst, was Gott Abraham versprochen hat.[g]

Paulus sorgt sich um die Gemeinde

8 Ganz anders war es damals, als ihr Gott noch nicht gekannt habt: Wie Sklaven dientet ihr Göttern, die gar keine sind. 9 Jetzt habt ihr Gott erkannt, besser gesagt: Gott hat *euch* erkannt, und das heißt: euch erwählt.[h] Wie könnt ihr dann wieder zu diesen schwachen und armseligen Mächten zurückkehren? Wollt ihr von neuem ihre Sklaven sein? 10 Ihr meint, ihr müßt auf bestimmte Tage, Monate, Festzeiten, Jahre achten und euch danach richten. 11 Ihr macht mir Sorgen! Soll meine ganze Arbeit an euch vergeblich gewesen sein?

12 Ich bitte euch, liebe Brüder und Schwestern:[i] Werdet wie ich, weil ich ja auch wie ihr geworden bin – nämlich frei vom Gesetz*.[j] Ihr habt mir nie eine Kränkung zugefügt. 13 Ihr wißt doch noch, wie ich zum erstenmal bei euch war und euch die Gute Nachricht* brachte. Ich war krank, 14 und mein Zustand stellte euch auf eine

a *aufgrund des Glaubens …:* wörtlich *aufgrund des Glaubens, der sich auf Jesus Christus richtet;* vgl. Anmerkung zu 2,16.
b *mündige Söhne und Töchter:* wörtlich *Söhne;* entsprechend in 4,5-7. Paulus schließt die Frauen ein (siehe Sacherklärung »Bruder«), spricht aber von »Söhnen« wegen der Parallele zu Christus als dem »Sohn« und weil Töchter nur in Ausnahmefällen erbberechtigt waren.
c Das Bild vom *Gewand* bezeichnet hier nicht eine äußerliche Veränderung, sondern ein neues Sein: Der Mensch ist, was er trägt (vgl. die Bedeutung der Einkleidung bei Königskrönung und Priesterweihe).
d Vgl. das Bild von der Gemeinde als dem Leib* von Christus (1 Kor 12,13; Röm 12,4-5) und als dem *einen* neuen Menschen (Kol 3,10-11; Eph 2,15-16).
e Wörtlich *der Elemente* (= Grundkräfte) *der Welt.* Gedacht ist an die Abhängigkeit von Schicksalsmächten wie den Gestirnen (vgl. Vers 10), also religiös überhöhten naturhaften Ordnungen, die wie das Mosegesetz vom Menschen, der Lebensglück sucht, die sklavische Befolgung bestimmter Regeln verlangen (vgl. 3,12).
f Wörtlich *wurde von einer Frau geboren.* Paulus gebraucht die hebräische Wendung »Frauggeborener« (vgl. Mt 11,11), um das volle Menschsein von Jesus Christus zu unterstreichen.
g *Du bekommst …:* verdeutlichender Zusatz in Anlehnung an 3,29.
h *und das heißt …:* verdeutlichender Zusatz; vgl. 1 Kor 8,2-3.
i Siehe Anmerkung zu 1,2.
j *nämlich frei …:* verdeutlichender Zusatz.

3,24-25 Röm 10,4 **3,26** Joh 1,12 S **3,27-28** Röm 6,3; (keine Unterschiede) Röm 10,12; 1 Kor 12,13; Kol 3,11 **4,3** Eph 1,21 S **4,4** Joh 1,14 S **4,6** Röm 8,15 S **4,7** Röm 8,17 **4,8** 1 Kor 8,4-6; 12,2 **4,9** Kol 2,20 **4,10** Kol 2,16 S **4,11** 2,2; Phil 2,16 **4,12** 1 Kor 9,19-21 **4,13** Apg 16,6

harte Probe. Trotzdem habt ihr mich nicht verachtet oder verabscheut. Im Gegenteil, ihr habt mich wie einen Engel* Gottes aufgenommen, ja wie Jesus Christus selbst.

[15] Damals habt ihr euch glücklich gepriesen.
Wo ist das nun geblieben? Ich kann euch bezeugen: Wenn es möglich gewesen wäre, hättet ihr euch sogar die Augen ausgerissen[a] und sie mir
gegeben. [16] Bin ich jetzt euer Feind geworden,
weil ich euch die Gute Nachricht unverfälscht bewahren will?

[17] Ihr werdet von Leuten umworben, die es nicht gut mit euch meinen. Sie wollen euch nur von mir und von Christus trennen,[b] damit ihr
sie umwerbt. [18] Dagegen ist es gut, wenn ihr im
guten Sinne *mich* umwerbt, und das nicht nur, wenn ich bei euch bin.

[19] Meine Kinder, ich leide noch einmal Geburtswehen um euch, bis Christus in eurer Mitte
Gestalt angenommen hat! [20] Könnte ich nur bei
euch sein und so zu euch reden, daß es euch ins Herz dringt! Ich bin ratlos, was ich mit euch machen soll.

Die beiden Söhne Abrahams

[21] Ihr wollt euch dem Gesetz* unterwerfen. Ich frage euch: Hört ihr nicht, was das Gesetz sagt?
[22] Im Buch des Gesetzes steht: Abraham hatte zwei Söhne, einen von der Sklavin* Hagar und
einen von der freien Frau Sara. [23] Der Sohn der
Sklavin verdankte sein Leben den menschlichen Kräften,[c] der Sohn der Freien verdankte es der Zusage Gottes.

[24] Diese Erzählung hat einen tieferen Sinn: Die beiden Mütter bedeuten zwei verschiedene Ordnungen Gottes. Die eine Ordnung, für die Hagar steht, wurde am Berg Sinai* erlassen und
bringt Sklaven hervor. [25] Das Wort Hagar be-
zeichnet nämlich den Berg Sinai in Arabien. Er entspricht dem jetzigen Jerusalem; denn dies lebt mit seinen Kindern in der Sklaverei.

[26] Das Jerusalem dagegen, das im Himmel be-
reitsteht, ist frei. Das ist unsere Mutter! [27] Von
ihr heißt es: »Freu dich, du Unfruchtbare, obwohl du keine Kinder zur Welt bringst! Juble laut, obwohl du nicht in Wehen kommst! Denn die verlassene Frau hat viele Kinder, mehr als die, die den Mann hat.«

[28] Brüder und Schwestern,[d] ihr verdankt wie
Isaak euer Leben der Zusage Gottes. [29] Aber
schon damals verfolgte der Sohn, der aus menschlichen Kräften geboren wurde, den andern, der sein Leben vom Geist* Gottes hatte.
So ist es auch jetzt. [30] Aber was steht in den Hei-
ligen Schriften*? »Jage die Sklavin und ihren Sohn fort; denn der Sohn der Sklavin darf nicht mit dem Sohn der Freien zusammen erben.«

[31] Begreift doch, Brüder und Schwestern: Wir sind nicht Kinder der Sklavin, sondern der Freien!

Laßt euch eure Freiheit nicht nehmen!

5 Christus hat uns befreit; er will, daß wir jetzt auch frei *bleiben.* Steht also fest und laßt euch nicht wieder ins Sklavenjoch einspannen!

[2] Ich, Paulus, sage euch mit aller Deutlichkeit:
Wenn ihr euch beschneiden* laßt, dann wird Christus und alles, was er gebracht hat, für euch
nutzlos sein. [3] Ich sage noch einmal mit Nach-
druck jedem, der sich beschneiden läßt: Er verpflichtet sich damit, das ganze Gesetz* zu befol-
gen. [4] Wenn ihr wirklich vor Gott als gerecht*
bestehen wollt, indem ihr das Gesetz befolgt, habt ihr euch von Christus losgesagt und die Gnade vertan.

[5] Wir dagegen leben aus der Kraft des Heili-
gen Geistes* und setzen alles auf Glauben* und Vertrauen, und so erwarten wir das Ziel, auf das wir hoffen dürfen: daß wir vor Gott als gerecht
bestehen und das Heil erlangen werden. [6] Wo
Menschen mit Jesus Christus verbunden sind, zählt nicht, ob jemand beschnitten ist oder nicht. Es zählt nur der vertrauende Glaube, der sich in tätiger Liebe auswirkt.

[7] Ihr kamt so gut voran! Wer hat euch aufge-
halten, daß ihr der Wahrheit nicht mehr folgen
wollt? [8] Das, was man euch da einreden will,
kommt nicht von Gott, der euch berufen hat.
[9] Denkt daran: »Ein klein wenig Sauerteig*
macht den ganzen Teig sauer.« [10] Weil ich mit
Christus, dem Herrn*, rechne, bin ich zuversichtlich, daß ihr zur gleichen Überzeugung kommen werdet. Die, die euch irremachen, werden ihr Urteil empfangen, ganz gleich, wer sie sind.

[11] Meine Brüder und Schwestern,[e] wenn ich
selbst fordern würde, daß Christen sich be-

a Der Ausdruck ist bildlich und besagt nicht, daß Paulus eine Augenkrankheit hatte.
b Wörtlich *Sie wollen euch ausschließen.* *c* *verdankte ...:* wörtlich *wurde nach Art des Fleisches* gezeugt.*
d Siehe Anmerkung zu 1,2; ebenso für Vers 31. *e* Siehe Anmerkung zu 1,2; ebenso für Vers 13.

4,17 1,7 S **4,19** 1 Thess 2,11 S **4,22** Gen 16,15; 21,3 **4,23** Röm 9,7-9; 4,17-21; Gen 17,18-19 **4,24** Ex 19,3–24,18; Gal 3,23; 4,1; 5,1; (Hagar) Gen 16,1 **4,26** Hebr 12,22; Offb 21,2 **4,27** *zit* Jes 54,1 **4,29** Gen 21,9 **4,30** *zit* Gen 21,10 **5,1** 2,4; 4,5.9; 5,3.13 **5,3** 3,10-12; Röm 2,25; Jak 2,10 S **5,5** 2,16 S; Röm 8,4 **5,6** 3,28; 6,15; 1 Kor 7,19 **5,8** 1,6-7 **5,9** 1 Kor 5,6 **5,10** 1,7 S **5,11** 6,12; 1 Kor 1,23

schneiden lassen müssen, wie manche mir unterstellen:[a] Warum werde ich dann noch verfolgt? Dann wäre ja der Stein des Anstoßes beseitigt, daß wir allein durch das gerettet werden, was am Kreuz* für uns geschehen ist. 12 Wenn die Leute, die euch aufhetzen, schon so viel Wert aufs Beschneiden legen, dann sollen sie sich doch gleich kastrieren lassen!

BEFREIT ZUR LIEBE (5,13–6,10)

Leben in Liebe aus der Kraft des Geistes

13 Gott hat euch zur Freiheit berufen, meine Brüder und Schwestern! Aber mißbraucht eure Freiheit nicht als Freibrief zur Befriedigung eurer selbstsüchtigen Wünsche, sondern dient einander in Liebe. 14 Das ganze Gesetz* ist erfüllt, wenn dieses eine Gebot befolgt wird: »Liebe deinen Mitmenschen wie dich selbst.« 15 Wenn ihr einander wie wilde Tiere kratzt und beißt, dann paßt nur auf, daß ihr euch nicht gegenseitig verschlingt!

16 Ich will damit sagen: Lebt aus der Kraft, die der Geist* Gottes gibt; dann müßt ihr nicht euren selbstsüchtigen Wünschen folgen. 17 Die menschliche Selbstsucht kämpft gegen den Geist Gottes und der Geist Gottes gegen die menschliche Selbstsucht: Die beiden liegen im Streit miteinander, so daß ihr von euch aus das Gute nicht tun könnt, das ihr doch eigentlich wollt. 18 Wenn ihr euch aber vom Geist Gottes führen laßt, dann steht ihr nicht mehr unter dem Gesetz, das euch diesem Widerspruch ausliefert.[b]

19 Was die menschliche Selbstsucht hervorbringt, ist offenkundig, nämlich: Unzucht, Verdorbenheit und Ausschweifung, 20 Götzenanbetung und magische Praktiken, Feindschaft, Streit und Rivalität, Wutausbrüche, Intrigen, Uneinigkeit und Spaltungen, 21 Neid, Trunk- und Freßsucht und noch vieles dergleichen. Ich warne euch, wie ich es schon früher getan habe: Menschen, die solche Dinge tun, werden nicht erben, was Gott versprochen hat; für sie ist kein Platz in Gottes neuer Welt.[c]

22 Der Geist Gottes dagegen läßt als Frucht eine Fülle von Gutem wachsen, nämlich: Liebe, Freude und Frieden, Geduld, Freundlichkeit und Güte, Treue, 23 Bescheidenheit und Selbstbeherrschung. Gegen all dies hat das Gesetz nichts einzuwenden. 24 Menschen, die zu Jesus Christus gehören, haben ja doch ihre selbstsüchtige Natur[d] mit allen Leidenschaften und Begierden ans Kreuz* genagelt.

Die Last teilen

25 Wenn wir nun durch Gottes Geist* ein neues Leben haben, dann wollen wir auch aus diesem Geist unser Leben führen. 26 Wir wollen nicht mit unseren vermeintlichen Vorzügen voreinander großtun, uns damit gegenseitig herausfordern oder einander beneiden.

6 Brüder und Schwestern,[e] auch wenn jemand unter euch in Sünde fällt, müßt ihr zeigen, daß der Geist Gottes euch leitet. Bringt einen solchen Menschen mit Nachsicht wieder auf den rechten Weg. Paßt aber auf, daß ihr dabei nicht selbst zu Fall kommt!

2 Helft einander, eure Lasten zu tragen. So erfüllt ihr das Gesetz, das Christus uns gibt.[f] 3 Wer sich dagegen einbildet, besser zu sein als andere, und es doch gar nicht ist, betrügt sich selbst. 4 Jeder und jede von euch sollen das eigene Tun überprüfen, ob es vor Gott bestehen kann. Ob sie etwas an sich zu rühmen* haben, das lesen sie dann an sich selber ab und nicht an anderen, über die sie sich erheben. 5 Jeder wird genug an dem zu tragen haben, was er selbst vor Gott verantworten muß.

6 Wer im christlichen Glauben unterwiesen wird, soll dafür seinem Lehrer von allem etwas abgeben, was zum Leben nötig ist.

7 Macht euch nichts vor! Gott läßt keinen Spott mit sich treiben. Jeder Mensch wird ernten, was er gesät hat. 8 Wer auf den Boden der menschlichen Selbstsucht[g] sät, wird von ihr den Tod ernten. Wer auf den Boden von Gottes Geist sät, wird von ihm unvergängliches Leben ernten.

9 Wir wollen nicht müde werden zu tun, was gut und recht ist. Denn wenn die Zeit da ist, wer-

a *wie manche mir ...:* verdeutlichender Zusatz. Vielleicht mißdeuten die Gegner des Apostels böswillig eine Handlungsweise wie die in Apg 16,3 berichtete.

b *das euch diesem ...:* verdeutlichender Zusatz. Den Zusammenhang zwischen Gesetz und »Fleisch« (so wörtlich in den Versen 13, 16, 17, 19 für *selbstsüchtige Wünsche/menschliche Selbstsucht*) erörtert Paulus ausführlich in Röm 7,7-25.

c *werden nicht ...:* wörtlich *werden die Königsherrschaft* Gottes nicht erben.*

d Wörtlich *ihr Fleisch*.* e Siehe Anmerkung zu 1,2. f Wörtlich *das Gesetz von Christus;* vgl. 5,14.

g Wörtlich *auf das Fleisch*.*

5,13 1 Kor 6,12; 10,23-24; 1 Petr 2,16 **5,14** *zit* Lev 19,18; Mk 12,31 S **5,16** 5,25; Röm 8,2-13 **5,17** Röm 7,13-23 **5,18** Röm 6,14; 7,4 **5,19-21** Mk 7,21-22; 1 Kor 6,9-10; Röm 1,28-32; Eph 5,3-5; Kol 3,5-8; 1 Tim 1,9-10; 2 Tim 3,2-4; 1 Petr 4,3 **5,22** Eph 5,9 **5,24** 2,19; 6,14; Röm 6,6; Kol 3,5; 1 Joh 3,6 **5,25** 5,16; Röm 8,4; 1 Kor 6,19 **5,26** Phil 2,3; Röm 12,10 S **6,1** Mt 18,15; Jak 5,19; 1 Kor 10,12 **6,2** 2 Kor 11,29 **6,3** 1 Kor 4,7 **6,5** Röm 14,12 **6,6** Röm 15,27 S **6,7** Ijob 4,8 S **6,8** Röm 8,6.13 **6,9** 2 Thess 3,13

den wir auch die Ernte einbringen; wir dürfen nur nicht aufgeben. 10 Solange wir also noch Zeit haben, wollen wir allen Menschen Gutes tun, besonders denen, die mit uns durch den Glauben verbunden sind.

EIGENHÄNDIGER SCHLUSS (6,11-18)

Letzte Mahnung: Das Kreuz als Maßstab

11 Ihr seht die großen Buchstaben, mit denen ich euch jetzt eigenhändig schreibe!

12 Diese Leute drängen euch zur Beschneidung*, weil sie damit vor Menschen gut dastehen wollen. Sie tun es nämlich nur, damit sie für ihr Bekenntnis zum gekreuzigten Christus* nicht von den Juden[a] verfolgt werden. 13 Sie treten zwar für die Beschneidung* ein und sind auch beschnitten, aber nicht einmal sie selbst befolgen das Gesetz* in vollem Umfang.[b] Ihr sollt euch nur deshalb beschneiden lassen, damit sie das vorweisen und sich damit rühmen* können.

14 Ich aber will sonst nichts vorweisen als allein das Kreuz* unseres Herrn* Jesus Christus und mich mit nichts anderem rühmen. Weil er am Kreuz gestorben ist, ist für mich die Welt* gekreuzigt, und ich bin gekreuzigt für die Welt. 15 Darum hat es keine Bedeutung mehr, beschnitten zu sein, und auch keine, unbeschnitten zu sein. Was allein zählt, ist: durch Christus neu geschaffen sein.

16 Allen bei euch, die sich an diesen Grundsatz halten, schenke Gott seinen Frieden* und sein Erbarmen, ihnen und dem ganzen Israel Gottes.[c]

17 Künftig soll mir niemand mehr in dieser Sache das Leben schwermachen! Durch die Wundnarben an meinem Körper bin ich als Eigentum von Jesus ausgewiesen.

18 Die Gnade unseres Herrn Jesus Christus sei mit euch.[d]

DER BRIEF DES APOSTELS PAULUS AN DIE GEMEINDE IN EPHESUS (Epheserbrief)

Inhaltsübersicht

DIE FÜLLE DER GNADE UND WEISHEIT IN CHRISTUS (Kapitel 1–3)

Eingangsgruß

1 Paulus, Apostel* von Jesus Christus durch den Willen Gottes, schreibt diesen Brief an alle in Ephesus,[e] die Gott für sich ausgesondert hat[f] und die durch Jesus Christus zum Glauben an ihn gekommen sind:

2 Gnade und Frieden* sei mit euch von Gott, unserem Vater, und von Jesus Christus, dem Herrn*!

Gottes Liebe in Christus

3 Preis und Dank sei unserem Gott –
dem Gott und Vater unseres Herrn*
Jesus Christus!
Denn durch Christus hat er uns Anteil gegeben
an der Fülle der Gaben seines Geistes*
in der himmlischen Welt.
4 Schon bevor er die Welt erschuf,
hat er uns vor Augen gehabt
als Menschen, die zu Christus gehören;
in Christus hat er uns schon damals erwählt,[g]
daß wir heilig* und fehlerlos vor ihm stehen.
5 Aus Liebe hat er uns dazu bestimmt,
seine Söhne und Töchter zu werden[h] –

a *von den Juden:* verdeutlichender Zusatz. b *in vollem Umfang:* verdeutlichender Zusatz.
c Wahrscheinlich denkt Paulus hier an die Christen allgemein. Zu ihrer Bezeichnung als *Israel Gottes* vgl. 3,29; 4,28-29; Phil 3,3.
d Wörtlich *sei mit eurem Geist.* Wahrscheinlich liegt eine hebräische Ausdrucksweise zugrunde, die mit »Geist« den ganzen Menschen bezeichnet.
e *in Ephesus:* Die Angabe fehlt in einigen wichtigen Handschriften. Möglicherweise handelt es sich bei dem Brief ursprünglich um ein Rundschreiben an mehrere Gemeinden.
f Wörtlich *an die Heiligen* in Ephesus.* g *hat er uns vor Augen …:* wörtlich *hat er uns in ihm* (Christus) *erwählt.*
h *hat er uns dazu …:* wörtlich *hat er uns im voraus zur Sohnschaft bestimmt;* vgl. Anmerkung zu Gal 3,26.

6,10 (allen) 1 Thess 3,12; 2 Petr 1,7; (besonders) Gal 5,6.13-14; Röm 12,10; 14,15; 1 Kor 8,1 S; 2 Kor 8,7-8; 1 Thess 4,9; Joh 13,34 S; 1 Petr 1,22 S **6,11** 1 Kor 16,21 S **6,12** 5,2.11 **6,14** 1 Kor 1,23.29.31; 2,2; Gal 2,19 **6,15** 5,6 S; (neu geschaffen) 2 Kor 5,17 S **6,17** 2 Kor 4,10 S; 11,24-25 **1,1** (Ephesus) Apg 18,19-21; 19,1 **1,3** 2,6 **1,4** (fehlerlos) 5,27 S **1,5** Joh 1,12 S

durch Jesus Christus und im Blick auf ihn.
So war es sein eigener gnädiger Wille,
6 damit wir seine große Güte preisen,
die Gnade, die er uns erwiesen hat
durch Jesus Christus, seinen geliebten Sohn*.

7 Durch dessen Blut* sind wir erlöst,
unsere ganze Schuld ist uns vergeben.
So zeigte Gott uns den Reichtum seiner Gnade.
8 In seiner überströmenden Güte
schenkte er uns Einsicht
und ließ uns seine Wege erkennen.
9 Er hielt sein Geheimnis vor allen verborgen;
niemand erfuhr etwas von seinem Plan,
den er durch Christus ausführen wollte.
Uns aber hat er bekanntgemacht,
10 wie er nach seiner Absicht
die Zeiten zur Erfüllung bringt:
Alles im Himmel und auf der Erde
wollte er zur Einheit zusammenführen
unter Christus als dem Haupt.

11 Durch Christus
haben wir Anteil bekommen am künftigen Heil.
Dazu hat Gott uns von Anfang an bestimmt
nach seinem Plan und Willen –
er, der alle Dinge bewirkt.
12 Denn ein Lobpreis seiner Herrlichkeit
sollen wir sein – wir alle,
die wir durch Christus von Hoffnung
erfüllt sind!

13 Durch Christus
habt auch ihr das Wort der Wahrheit* gehört,
die Gute Nachricht*, die euch Rettung bringt,
und ihr habt es im Glauben* angenommen.
Durch Christus hat Gott euch den Heiligen
Geist gegeben,
den er den Seinen versprochen hatte;
damit hat er euch sein Siegel aufgedrückt.
14 Dieser Geist ist das Angeld dafür,
daß wir auch alles andere erhalten,
alles, was Gott uns versprochen hat.
Gott will uns die Erlösung schenken,
das endgültige, volle Heil –
und das alles wird geschehen
zum Lobpreis seiner Herrlichkeit.

Dank und Bitte

15 Weil das so ist und weil ich von eurem Glau-
ben und eurer Liebe gehört habe – dem Glauben
an Gott, der durch Jesus, den Herrn*, in euch
lebt, und der Liebe zu allen Christen[a] –, 16 dar-
um danke ich Gott unermüdlich für euch, wenn
ich in meinen Gebeten an euch denke. 17 Und
ich bitte den Gott unseres Herrn Jesus Christus,
den Vater, dem alle Macht und Herrlichkeit
gehört, euch durch seinen Geist* Weisheit zu
geben, so daß ihr ihn und seine Heilsabsicht er-
kennen könnt. 18 Er öffne euch das innere Auge,
damit ihr seht, zu welch großartigem Ziel er
euch berufen hat. Er lasse euch erkennen, wie
reich er euch beschenken will und zu welcher
Herrlichkeit er euch in der Gemeinschaft der
Engel* bestimmt hat. 19 Ihr sollt begreifen, wie
überwältigend groß die Kraft ist, mit der er an
uns, den Glaubenden, wirkt.

Es ist dieselbe gewaltige Kraft, 20 mit der er an
Christus gewirkt hat, als er ihn vom Tod auf-
erweckte und in der himmlischen Welt an seine
rechte Seite setzte. 21 Dort thront jetzt Christus
über allen unsichtbaren Mächten und Gewal-
ten,[b] über allem, was irgend Rang und Namen
hat, in dieser Welt und auch in der kommenden.

22 Alles hat Gott ihm unterworfen; ihn aber,
den Herrn über alles, gab er der Gemeinde zum
Haupt. 23 Die Gemeinde ist sein Leib*: Er, der
alles zur Vollendung führen wird, lebt in ihr mit
seiner ganzen Fülle.

Vom Tod zum Leben

2 Auch ihr habt an diesem Leben teil. In
der Vergangenheit wart ihr tot;[c] denn ihr
wart Gott ungehorsam und habt gesündigt. 2 Ihr
habt nach der Art dieser Welt* gelebt und euch
jener Geistesmacht unterworfen, die ihr Reich
zwischen Himmel und Erde hat und von dort
her ihre Herrschaft über diese Welt ausübt.[d]

a Wörtlich *zu allen Heiligen**.
b *über allen unsichtbaren ...:* wörtlich *über jeder Macht und Gewalt und Kraft und Herrschaft.*
c *Auch ihr habt ...:* wörtlich *Auch euch, die ihr tot wart.* Der Satz bricht hier ab; der Gedanke wird in Vers 5 fortgesetzt: *hat Gott lebendig gemacht.*
d *und euch jener Geistesmacht ...:* wörtlich *(gelebt) gemäß dem Herrscher, der seine Macht im Luftbereich ausübt.* Die Macht des Bösen wirkt nach der hier zugrundeliegenden Anschauung nicht von unten (»Hölle«) her, sondern aus dem Zwischenbereich von Himmel und Erde. Von dort her nimmt sie Einfluß auf die Menschen, indem sie den »Zeitgeist« negativ bestimmt, sozusagen die geistige »Luft« vergiftet, die die Menschen einatmen. – Erst über diesem Zwischenreich sind die (guten) »Mächte« zu suchen, die zur himmlischen Welt gehören, aber ebenfalls Christus unterworfen werden (vgl. 1,21; 3,10).

1,6 Mt 3,17 S **1,7** (Blut) 2,13; Kol 1,20; 1 Kor 10,16; Röm 3,25-26 S **1,10** 1,22; Kol 1,16.20 **1,13-14** 2 Kor 1,22 S **1,20** (rechte Seite) Apg 2,33 S **1,21** (über allen Mächten) 6,12; Kol 1,13.20; 2,9-10.15.20; Röm 8,38 S; Gal 4,8-9 **1,22** (Haupt) 1,10; 4,15; 5,23; Kol 1,18; 2,19 **1,23** (Leib) 2,16; 4,4-16.25; 5,30; Kol 1,18; 2,19; 3,15; 1 Kor 12,27 S **2,1** Röm 5,12; Kol 2,13 **2,2** 6,12 S; 2 Kor 4,4 S

Sie wirkt noch jetzt als Geist der Verführung
in den Menschen, die sich Gott nicht unter-
stellen. 3 So wie sie haben wir alle früher gelebt.
Wir haben uns von unseren selbstsüchtigen
Wünschen leiten lassen und getan, was unsere
Triebe und Sinne verlangten.[a] Darum waren
wir wie alle anderen Menschen nach unserer
ganzen Wesensart dem Strafgericht Gottes ver-
fallen.

4 Aber Gott ist reich an Erbarmen. Er hat uns
seine ganze Liebe geschenkt. 5 Durch unseren
Ungehorsam waren wir tot; aber er hat uns mit
Christus zusammen lebendig gemacht. – Be-
denkt: Aus reiner Gnade hat er euch gerettet! –
6 Er hat uns mit Jesus Christus vom Tod auf-
erweckt und zusammen mit ihm in die himm-
lische Herrschaft eingesetzt. 7 In den kommen-
den Zeiten soll das enthüllt werden. Dann soll
der unendliche Reichtum seiner Gnade sichtbar
werden: die Liebe, die Gott uns durch Jesus
Christus erwiesen hat.

8 Eure Rettung ist wirklich reine Gnade, und
ihr empfangt sie allein durch den Glauben*. Ihr
selbst habt nichts dazu getan, sie ist Gottes Ge-
schenk. 9 Ihr habt sie nicht durch irgendein Tun
verdient; denn niemand soll sich mit irgend
etwas rühmen* können. 10 Wir sind ganz und
gar Gottes Werk. Durch Jesus Christus hat er uns
so geschaffen, daß wir nun Gutes tun können. Er
hat sogar unsere guten Taten im voraus geschaf-
fen, damit sie nun in unserem Leben Wirklich-
keit werden.

Durch Christus geeint

11 Denkt daran, was ihr früher gewesen seid!
Ihr gehörtet ja zu den Völkern, die von den
Juden die »Unbeschnittenen« genannt werden –
dabei haben sie selbst doch nur die Beschnei-
dung*, die von Menschen vollzogen wird.
12 Jedenfalls wart ihr damals von Christus ge-
trennt. Ihr wart Fremde und gehörtet nicht zur
Gemeinde Israels. Die Zusagen, die Gott bei sei-
nen Bundschließungen gemacht hatte, galten für
euch nicht. Ohne Hoffnung und ohne Gott lebtet
ihr in der Welt. 13 Damals wart ihr dem wahren
Leben fern, jetzt aber seid ihr ihm nahe durch
die Verbindung mit Jesus Christus, durch das
Blut*, das er vergossen hat.

14 Christus ist es, der uns allen den Frieden*
gebracht und Juden und Nichtjuden zu einem
einzigen Volk verbunden hat. Er hat die Mauer
eingerissen, die die beiden trennte und zu Fein-
den machte. Denn durch sein Sterben 15 hat er
das jüdische Gesetz* mit seinen zur Trennung
führenden Vorschriften beseitigt.

So hat er Frieden gestiftet. Er hat die getrenn-
ten Teile der Menschheit mit sich verbunden
und daraus den einen neuen Menschen geschaf-
fen. 16 Durch seinen Tod am Kreuz* hat er die
beiden – als in *einem* Leib*, der Gemeinde, ver-
einigte – zur Aussöhnung mit Gott gebracht. In
seiner Person, durch seinen Tod, hat er alle
Feindschaft für immer getötet.

17 Und dann kam er und hat diesen Frieden
allen verkündet,[b] euch, die ihr fern wart, und
ebenso denen, die nahe waren. 18 Durch ihn dür-
fen wir beide, Juden und Nichtjuden, in *einem*
Geist vor Gott, den Vater, treten.

19 Ihr Menschen aus den anderen Völkern
seid also nicht länger Fremde und Gäste. Ihr
habt Bürgerrecht im Himmel zusammen mit den
Engeln*, ihr seid Gottes Hausgenossen.

20 Denn ihr seid ja in den Bau eingefügt, des-
sen Fundament die Apostel* und Propheten*
bilden, und der Eckstein* im Fundament ist
Jesus Christus. 21 Durch ihn wird der ganze Bau
zusammengehalten, durch ihn, den Herrn*,
wächst er auf zu einem heiligen Tempel.

22 Weil ihr zu Christus gehört, seid auch ihr als
Bausteine in diesen Tempel eingefügt, in dem
Gott durch seinen Geist* wohnt.

Der besondere Auftrag des Apostels

3 Deshalb bete ich, Paulus, für euch zu Gott.[c]
Ich bin im Gefängnis, weil ich Jesus Chri-
stus diene. Für euch, die Menschen aus den
anderen Völkern,[d] leide ich dies alles. 2 Ihr habt
gehört, wie Gott mich für seinen Plan in Dienst
genommen und mir den Auftrag gegeben hat,
die Gute Nachricht* euch, den Nichtjuden, zu

a *haben uns von unseren ...:* wörtlich *(haben gelebt) in den Begierden unseres Fleisches*, ausführend die Strebungen des Fleisches und der lüsternen Gedanken.*

b Nämlich durch die Apostel*, in deren Verkündigung der gekreuzigte und auferstandene Christus selbst gegenwärtig ist (vgl. Apg 3,26; 2 Kor 5,20; Mt 28,18-20).

c Wörtlich *Deshalb ich Paulus.* Der Satz wird in Vers 14 wieder aufgenommen.

d *die Menschen ...:* traditionelle Übersetzung *die Heiden*;* entsprechend in Vers 8 und für *nichtjüdische Völker* in Vers 6 (*den Nichtjuden* in Vers 2 ist verdeutlichender Zusatz).

2,3 Kol 3,7 S; 5,6 S **2,4** Röm 8,39 S **2,5** Kol 2,13; Röm 3,24 **2,6** 1,3; Kol 2,12; 3,3-4 **2,8** Gal 2,16 S **2,9** Röm 3,28; 2 Tim 1,9; Tit 3,5; 1 Kor 1,31 S **2,11-13** Röm 11,17 **2,11** Röm 2,28-29 S; Gal 5,6 S **2,12** Röm 9,4; 1 Thess 4,13 S **2,13** 1,7 S **2,14** (Frieden) 2,16; 4,3; Apg 10,36 S; (ein Volk) Eph 4,1-6; 1 Kor 12,13; Gal 3,28 **2,15a** Kol 2,14 **2,15b** (neuen Menschen) 2 Kor 5,17 S **2,16** 1,23 S; 2 Kor 5,18 S **2,17** Jes 57,19; Apg 2,39 **2,19** 3,6 S **2,20** Offb 21,14; Mt 16,18; 1 Kor 3,10-11 **2,21** 1 Kor 3,16 S **2,22** 1 Petr 2,5; 1 Kor 3,17 **3,1** (Gefängnis) 4,1; 6,20; Phil 1,7.12; Kol 4,18; Phlm 1.9; 2 Kor 11,23 S **3,2** Röm 1,5 S

verkünden. 3 Durch Offenbarung[a] hat er mir das
Geheimnis enthüllt, von dem ich soeben schon
in Kürze gesprochen habe.
4 Wenn dieser Brief bei euch vorgelesen wird,
könnt ihr aus ihm entnehmen, welch tiefe Ein-
sicht Gott mir geschenkt hat – Einsicht in den
geheimnisvollen Plan, den er mit Christus ver-
folgt. 5 Frühere Generationen kannten dieses Ge-
heimnis noch nicht; aber jetzt hat Gott es seinen
Aposteln* und Propheten* durch seinen Geist*
enthüllt. 6 Dies ist das Geheimnis: Durch Jesus
Christus bekommen die nichtjüdischen Völker
Anteil am Heil, sind ein Teil am Leib* von Chri-
stus, sind mitgemeint bei den Zusagen, die sei-
ner Gemeinde gelten.

Dies wird öffentlich bekanntgemacht durch
die Gute Nachricht*, 7 in deren Dienst ich stehe.
In seiner Gnade hat Gott mir meinen Auftrag ge-
geben und damit an mir seine Macht gezeigt.
8 Gerade mir, dem geringsten von allen, die er in
sein heiliges Volk berief,[b] hat er diesen Auftrag
anvertraut, den anderen Völkern die Gute Nach-
richt von dem unergründlichen Reichtum zu
bringen, der uns durch Christus geschenkt wird.
9 Ich sollte für alle ans Licht bringen,[c] wie
Gott seinen verborgenen Plan verwirklicht. Er,
der alles geschaffen hat, hat diesen Plan vor aller
Zeit gefaßt und als sein Geheimnis bewahrt.
10 Jetzt macht er ihn den Mächten und Gewalten
in der himmlischen Welt[d] durch seine Ge-
meinde bekannt: An ihr und durch sie sollen sie
seine Weisheit in ihrem ganzen Reichtum erken-
nen. 11 So entspricht es Gottes ewigem Plan, den
er in Gemeinschaft mit Jesus Christus, unserem
Herrn*, vor aller Zeit[e] gefaßt hatte.
12 Weil wir uns auf diesen Herrn verlassen,
dürfen wir zuversichtlich und vertrauensvoll vor
Gott treten. 13 Darum bitte ich euch: Laßt euch
nicht irremachen durch das, was ich leiden muß.
Es geschieht zu eurem Besten, damit ihr an der
Herrlichkeit Anteil bekommt, die für euch be-
stimmt ist.

Paulus betet für die Gemeinde

14 Deshalb knie ich vor Gott nieder und bete zu
ihm. Er ist der Vater, 15 der alle Wesen[f] in der
himmlischen und in der irdischen Welt beim
Namen gerufen hat und am Leben erhält. 16 Ich
bitte ihn, daß er euch aus dem Reichtum seiner
Herrlichkeit* beschenkt und euch durch seinen
Geist* innerlich stark macht. 17 Ich bitte ihn, daß
Christus durch den Glauben* in euch lebt und
ihr fest in seiner Liebe wurzelt und auf sie ge-
gründet seid. 18 Ich bitte ihn, daß ihr zusammen
mit der ganzen Gemeinschaft der Glaubenden[g]
begreifen lernt, wie unermeßlich reich euch
Gott beschenkt.[h] 19 Ihr sollt erkennen, was alle
Erkenntnis übersteigt, nämlich die unermeß-
liche Liebe, die Christus zu uns hat. Dann wird
die göttliche Lebensmacht mit ihrer ganzen Fülle
euch immer mehr erfüllen.
20 Gott kann unendlich viel mehr an uns tun,
als wir jemals von ihm erbitten oder uns aus-
denken können. So mächtig ist die Kraft, mit der
er in uns wirkt. 21 Ihm gehört die Ehre in der
Gemeinde und durch Jesus Christus in allen
Generationen, für Zeit und Ewigkeit! Amen*.

DAS NEUE LEBEN AUS DER GNADE
(Kapitel 4–6)

Die Einheit der Kirche

4 Nun bitte ich euch als einer, der für den
Herrn* im Gefängnis ist: Lebt so, wie es
sich für Menschen gehört, die Gott in seine Ge-
meinde berufen hat. 2 Erhebt euch nicht über
andere, sondern seid immer freundlich. Habt Ge-
duld und sucht in Liebe miteinander auszukom-
men. 3 Bemüht euch darum, die Einheit zu be-
wahren, die der Geist* Gottes euch geschenkt
hat. Der Frieden*, der von Gott kommt, soll euch
alle miteinander verbinden!
4 Ihr alle seid ja *ein* Leib*, in euch allen lebt
ein Geist, ihr alle habt die *eine* Hoffnung, die
Gott euch gegeben hat, als er euch in seine Ge-
meinde berief. 5 Es gibt für euch nur *einen*
Herrn, nur *einen* Glauben und nur *eine* Taufe*.
6 Und ihr kennt nur den *einen* Gott, den Vater
von allem, was lebt. Er steht über allen. Er wirkt
durch alle und in allen.
7 Jeder und jede von uns hat einen eigenen

a Gedacht ist an die Christuserscheinung; vgl. Gal 1,15-16. b Wörtlich *dem geringsten von allen Heiligen**.
c Zahlreiche Handschriften haben *Ich sollte allen darüber Licht bringen.*
d Vgl. Anmerkung zu 2,2. e *in Gemeinschaft …:* wörtlich *in Jesus Christus, unserem Herrn;* vgl. 1,4-5.
f Wörtlich *jede Vaterschaft,* was eine zusammengehörige Gruppe von *Wesen* wie Sippe, Volk bzw. entsprechende Gruppierungen bei den Engeln* bezeichnet.
g Wörtlich *zusammen mit allen Heiligen**.
h *wie unermeßlich …:* wörtlich *was die Länge und die Breite und die Höhe und die Tiefe ist.* Damit wird bildhaft die Fülle des geschenkten Heils umschrieben.

3,3 Gal 1,12 **3,6** (Geheimnis) 2,14-18-19; Kol 1,26-27; Röm 16,25-26 **3,7-8** (dem geringsten) 1 Kor 15,9-10 S **3,12** Hebr 10,19 S **3,13** Kol 1,24 **3,17** Kol 2,7; Eph 5,2 S **3,18-19** Kol 2,2 **3,19** 5,2 S; 2 Kor 5,14 **4,1** 3,1 S **4,2** Kol 3,12-13 **4,3** 2,14-16; Kol 3,14-15 **4,4** (Leib) 1,23 S; (Geist) 2,18 **4,5** (ein Herr) 1 Kor 8,6; Joh 10,16 **4,6** 1 Kor 12,6; Apg 17,28 **4,7** 1 Kor 12,11 S

Anteil an den Gaben erhalten, die Christus in seiner Gnade ausgeteilt hat. 8 Von ihm heißt es in den Heiligen Schriften*:

»Er ist in den Himmel hinaufgestiegen
und hat Gefangene mit sich geführt.
Er hat den Menschen Gaben ausgeteilt.«

9 Wenn es heißt: »Er ist hinaufgestiegen«, dann setzt das voraus, daß er zuerst herabgekommen ist. 10 Er ist auf die Erde herabgekommen und dann wieder hinaufgestiegen. Dabei hat er alle Himmel* unter sich gelassen und durchdringt jetzt das ganze All samt allem, was darin lebt, mit seiner göttlichen Macht.

11 Und auch die versprochenen Gaben hat er ausgeteilt: Er hat die einen zu Aposteln* gemacht, andere zu Propheten*, andere zu Evangelisten*, wieder andere zu Hirten und Lehrern* der Gemeinde. 12 Deren Aufgabe ist es, die Glaubenden[a] zum Dienst bereitzumachen, damit die Gemeinde, der Leib* von Christus, aufgebaut wird.

13 So soll es dahin kommen, daß wir alle die einende Kraft des *einen* Glaubens und der *einen* Erkenntnis des Sohnes* Gottes an uns zur Wirkung kommen lassen und darin eins werden – daß wir alle zusammen den vollkommenen Menschen bilden, der Christus ist, und hineinwachsen in die ganze Fülle, die Christus in sich umfaßt.

14 Wir sind dann nicht mehr wie unmündige Kinder, die kein festes Urteil haben und auf dem Meer der Meinungen umhergetrieben werden wie ein Schiff von den Winden. Wir fallen nicht auf das falsche Spiel herein, mit dem betrügerische Menschen andere zum Irrtum verführen.

15 Vielmehr stehen wir fest zu der Wahrheit, die Gott uns bekanntgemacht hat, und halten in Liebe zusammen. So wachsen wir in allem zu Christus empor, der unser Haupt ist. 16 Von ihm her wird der ganze Leib zu einer Einheit zusammengefügt und durch verbindende Glieder zusammengehalten und versorgt. Jeder einzelne Teil erfüllt seine Aufgabe, und so wächst der ganze Leib und baut sich durch die Liebe auf.

Das neue Leben der Christen

17 Das aber sage ich euch im Auftrag des Herrn* mit allem Nachdruck: Ihr dürft nicht mehr wie die Menschen leben, die Gott nicht kennen und deshalb[b] von ihrem verkehrten Denken in die Irre geführt werden. 18 Ihr Verstand ist verdunkelt, und sie haben keinen Zugang mehr zum wahren Leben, zu Gott. Das kommt von ihrer Unwissenheit und ihrem verhärteten Herzen. 19 Aus ihrer inneren Leere heraus überlassen sie sich dem Laster. Sie treiben jede Art von Unzucht und sind von unersättlicher Habgier.

20 Ihr wißt, daß sich ein solches Leben nicht mit dem verträgt, was ihr über Christus gelernt habt. 21 Ihr habt doch von ihm gehört, ihr seid über ihn unterrichtet worden und habt an Jesus den Maßstab für euer eigenes Leben.

22 Legt also eure frühere Lebensweise ab! Ja, legt den ganzen alten Menschen ab, der seinen Begierden folgt! Die betrügen ihn nur und führen ihn ins Verderben. 23 Laßt euch in eurem Denken erneuern durch den Geist*, der euch geschenkt ist. 24 Zieht den neuen Menschen an, den Gott nach seinem Bild geschaffen hat und der gerecht und heilig* lebt aus der Wahrheit Gottes, an der nichts trügerisch ist.

25 Was bedeutet das im einzelnen?[c]

Legt das Lügen ab und sagt zueinander die Wahrheit; denn wir alle sind Glieder am Leib* von Christus.

26 Versündigt euch nicht, wenn ihr in Zorn geratet! Versöhnt euch wieder und laßt die Sonne nicht über eurem Zorn untergehen. 27 Gebt dem Versucher keine Chance!

28 Wer vom Diebstahl gelebt hat, muß jetzt damit aufhören. Er soll seinen Lebensunterhalt durch eigene Arbeit verdienen und zusehen, daß er auch noch etwas für die Armen übrig hat.

29 Laßt ja kein giftiges Wort über eure Lippen kommen! Seht lieber zu, daß ihr für die anderen, wo es nötig ist, ein gutes Wort habt, das weiterhilft und denen wohltut, die es hören.

30 Beleidigt nicht durch euer Verhalten den Heiligen Geist*! Er ist wie ein Siegel, das Gott euch aufgedrückt hat, und er verbürgt euch die endgültige Erlösung. 31 Weg also mit aller Verbitterung, mit Aufbrausen, Zorn und jeder Art von Beleidigung! Schreit einander nicht an! Legt jede feindselige Gesinnung ab! 32 Seid freundlich und hilfsbereit zueinander und vergebt euch gegenseitig, was ihr einander angetan habt, so wie Gott euch durch Christus vergeben hat, was ihr *ihm* angetan habt.

a Wörtlich *die Heiligen**. b Wörtlich *wie die Nichtjuden* (die sog. *Heiden**) *leben, die.*
c Der Satz ist zur Verdeutlichung des Übergangs hinzugefügt.

4,8 *nach* Ps 68,19 **4,9** Joh 3,13 **4,11** 1 Kor 12,28 **4,12** 1 Kor 14,26 S **4,13** Kol 1,28 **4,14** 1 Kor 14,20 **4,15** 1,22 S **4,16** (Einheit) 2,21-22; 4,13; Kol 2,19 **4,17-18** Röm 1,21; 1 Petr 1,14 **4,22** Kol 3,9; Röm 8,13 **4,23** Röm 12,2 **4,24** Kol 3,10; 2 Kor 5,17 S; Gen 1,26-27 **4,25** 1,23 S **4,28** 1 Thess 4,11 S **4,29** 5,4; Kol 4,6; Jak 3,10 **4,30** 2 Kor 1,22 S; Jes 63,10 **4,32** Mt 6,14-15 S; 18,22-35; Kol 3,13

Leben im Licht

5 Nehmt also Gott zum Vorbild! Ihr seid doch
seine geliebten Kinder! 2 Euer ganzes Leben
soll von der Liebe bestimmt sein. Denkt daran, wie Christus uns geliebt und sein Leben für uns gegeben hat, als eine Opfergabe, an der Gott Gefallen hatte.

3 Weil ihr Gottes heiliges Volk seid,[a] schickt es sich nicht, daß bei euch von Unzucht, Ausschweifung und Habgier auch nur gesprochen
wird. 4 Es paßt auch nicht zu euch, gemeine, dumme oder schlüpfrige Reden zu führen. Benutzt eure Zunge lieber, um Gott zu danken!
5 Ihr müßt wissen: Wer Unzucht treibt, ein ausschweifendes Leben führt oder von Habgier erfüllt ist – und Habgier ist eine Form von Götzendienst –, für den ist kein Platz in der neuen Welt, in der Christus zusammen mit Gott herrschen wird.[b]

6 Laßt euch nicht durch leeres Geschwätz verführen! Genau diese Dinge sind es, mit denen die Menschen, die Gott nicht gehorchen wollen,
sich sein Strafgericht zuziehen. 7 Mit solchen
Leuten dürft ihr nichts zu tun haben!

8 Auch ihr gehörtet einst zur Finsternis, ja, ihr wart selbst Finsternis, aber jetzt seid ihr Licht, weil ihr mit dem Herrn* verbunden seid. Lebt
nun auch als Menschen des Lichts! 9 Aus dem
Licht erwächst als Frucht jede Art von Güte,
Rechtschaffenheit und Treue. 10 Fragt immer,
was dem Herrn gefällt! 11 Beteiligt euch nicht an
dem finsteren Treiben, das keine Frucht hervor-
bringt. Im Gegenteil, deckt es auf! 12 Man muß
sich schämen, auch nur zu nennen, was manche
heimlich tun. 13 Wenn es aber vom Licht, das ihr
ausstrahlt,[c] aufgedeckt wird, kommt es ans
Licht. 14 Und was ans Licht kommt, wird selbst
Licht. Darum singen wir:

»Wach auf, du Schläfer!
Steh auf vom Tod!
Und Christus, deine Sonne,
geht für dich auf.«

15 Darum achtet genau auf eure Lebensweise! Lebt nicht wie Unwissende, sondern wie Menschen, die wissen, worauf es ankommt. 16 Nutzt
die Zeit; denn wir leben in einer bösen Welt*.
17 Seid also nicht uneinsichtig, sondern begreift,
was der Herr von euch erwartet.

18 Betrinkt euch nicht; denn zuviel Wein verführt zu einem liederlichen Lebenswandel. Laßt
euch lieber vom Geist* Gottes erfüllen! 19 Er-
muntert einander mit Psalmen und Lobliedern, wie der Geist sie euch eingibt. Singt und spielt
dem Herrn von ganzem Herzen. 20 Dankt Gott,
dem Vater, zu jeder Zeit für alles im Namen unseres Herrn Jesus Christus.

Gegenseitige Unterordnung: Männer und Frauen

21 Ordnet euch einander unter, wie es die Ehrfurcht vor Christus verlangt.

22 Ihr Frauen, ordnet euch euren Männern
unter, so wie ihr euch dem Herrn* unterordnet.
23 Denn der Mann steht über der Frau, so wie Christus über der Gemeinde steht. Christus als dem Haupt verdankt die Gemeinde, die sein
Leib* ist, ihre Rettung. 24 Wie nun die Gemeinde
Christus untergeordnet ist, so müssen auch die Frauen sich ihren Männern in allem unterordnen.

25 Ihr Männer, liebt eure Frauen so, wie Christus die Gemeinde geliebt hat! Er hat sein Leben
für sie gegeben, 26 um sie rein und heilig* zu
machen im Wasser der Taufe und durch das
dabei gesprochene Wort.[d] 27 Denn er wollte sie
als seine Braut in makelloser Schönheit vor sich stellen, ohne Flecken und Falten oder einen anderen Fehler, heilig und vollkommen.

28 So müssen auch die Männer ihre Frauen lieben wie ihren eigenen Körper. Denn ein
Mann, der seine Frau liebt, liebt sich selbst.
29 Niemand haßt doch seinen Körper; im Gegenteil, er ernährt und pflegt ihn. So tut es auch
Christus mit der Gemeinde. 30 Wir alle sind ja zu-
sammen sein Leib*.

31 Ihr kennt das Wort: »Deshalb verläßt ein Mann Vater und Mutter, um mit seiner Frau zu leben. Die zwei sind dann eins, mit Leib und
Seele.« 32 In diesem Wort liegt ein tiefes Geheim-

a Wörtlich *Für Heilige**. b Wörtlich *in der Königsherrschaft* von Christus und Gott.*
c *das ihr ausstrahlt:* verdeutlichender Zusatz nach der wahrscheinlichsten Deutung. Durch das Beispiel eines »Lebens aus dem Licht« kommen die in der Finsternis Lebenden zum Bewußtsein ihres Tuns und wenden sich möglicherweise selber dem Licht zu (Vers 14).
d Wörtlich *um sie heilig zu machen, sie reinigend im Bad des Wassers durch das Wort;* vgl. die Sacherklärung »Taufe«.

5,1 Mt 5,45.48; Joh 1,12 S **5,2** (Liebe) 3,17-19; 4,15-16; Phil 2,2; Kol 2,2; 3,14; Gal 6,10 S; (Leben gegeben) Gal 1,4 S **5,3-5** Gal 5,19-21 S **5,4** 4,29 S **5,6** 2,3; Kol 3,6; Röm 1,18 S **5,8** Kol 3,7 S; Apg 26,18; Joh 8,12 S **5,9** Gal 5,22-23 **5,14** Röm 13,11-12 S; Jes 60,1 **5,15-16** Kol 4,5 **5,18** Röm 13,13 **5,19-20** Kol 3,16-17 **5,21** 1 Petr 5,5 **5,22-24** Kol 3,18; 1 Petr 3,1-6; Tit 2,3-5 **5,23** 1,22-23; 1 Kor 11,3 **5,25-33** Kol 3,19; 1 Petr 3,7; Tit 2,6 **5,25** Gal 1,4 S **5,26** Tit 3,5; 1 Kor 6,11 S; Hebr 10,22; 1 Petr 3,21 **5,27** 1,4; Kol 1,22; Phil 1,10; 2 Kor 11,2 **5,30** 1,23 S **5,31** *zit* Gen 2,24 **5,32** Offb 19,7

nis. Ich beziehe die Aussage auf Christus und die
Gemeinde. 33 Es gilt aber auch für euch: Jeder
von euch muß seine Frau so lieben wie sich
selbst. Die Frau aber soll ihren Mann achten.

Kinder und Eltern

6 Ihr Kinder, gehorcht euren Eltern! So ist es
recht vor dem Herrn.[a] 2 »Du sollst deinen
Vater und deine Mutter ehren« ist das erste Ge-
bot, dem eine Zusage folgt: 3 »Dann wird es dir
gutgehen, und du wirst lange leben auf dieser
Erde.«

4 Ihr Väter,[b] behandelt eure Kinder nicht so,
daß sie widerspenstig werden! Erzieht sie mit
Wort und Tat so, wie es dem Herrn gemäß ist.

Sklaven und Herren

5 Ihr Sklaven* und Sklavinnen, gehorcht euren
irdischen Herren und Herrinnen![c] Ehrt und
fürchtet sie. Dient ihnen so aufrichtig, als dientet
ihr Christus. 6 Tut es nicht nur äußerlich, um
euch bei ihnen einzuschmeicheln. Betrachtet
euch vielmehr als Sklaven von Christus, die den
Willen Gottes gerne tun. 7 Tut eure Arbeit mit
Lust und Liebe, als Leute, die nicht Menschen
dienen, sondern dem Herrn*. 8 Denkt daran: Der
Herr wird jeden für seine guten Taten belohnen,
gleichgültig ob jemand Sklave ist oder frei.

9 Ihr Herren und Herrinnen, behandelt eure
Sklaven und Sklavinnen im gleichen Geist! Laßt
das Schelten und Drohen! Denkt daran, daß sie
einen Herrn im Himmel haben, der auch euer
Herr ist. Und der ist ein unparteiischer Richter.

Die Waffen Gottes

10 Noch ein letztes Wort: Werdet stark durch die
Verbindung mit dem Herrn*! Laßt euch stärken
von seiner Kraft! 11 Legt die Waffen an, die Gott
euch gibt, dann können euch die Schliche des
Teufels nichts anhaben. 12 Denn wir kämpfen
nicht gegen Menschen. Wir kämpfen gegen
unsichtbare Mächte und Gewalten, gegen die
bösen Geister,[d] die diese finstere Welt* beherr-
schen. 13 Darum greift zu den Waffen Gottes!
Wenn dann der schlimme Tag kommt, könnt ihr
Widerstand leisten, jeden Feind niederkämpfen
und siegreich das Feld behaupten.

14 Seid also bereit! Legt die Wahrheit als Gür-
tel um und die Gerechtigkeit als Panzer an. 15 Be-
kleidet euch an den Füßen mit der Bereitschaft,
die Gute Nachricht* vom Frieden mit Gott zu
verkünden. 16 Haltet das Vertrauen auf Gott als
den Schild vor euch, mit dem ihr alle Brandpfeile
des Satans* abfangen könnt. 17 Die Gewißheit
eurer Rettung sei euer Helm und das Wort Gottes
das Schwert, das der Geist* euch gibt.

18 Betet dabei zu jeder Zeit und bittet Gott in
der Kraft seines Geistes. Seid wach und hört
nicht auf, für alle Gläubigen[e] zu beten. 19 Betet
auch für mich, daß Gott mir die rechten Worte in
den Mund legt und ich das Geheimnis der Guten
Nachricht freimütig bekanntmachen kann.
20 Auch jetzt im Gefängnis bin ich ein Botschafter
in ihrem Dienst. Betet darum, daß ich aus ihr die
Kraft gewinne, sie mutig und offen zu verkün-
den, wie es mein Auftrag ist.

Grüße und Wünsche

21 Ihr sollt aber auch etwas über mich erfahren,
damit ihr wißt, wie es mit mir steht. Tychikus,
der geliebte Bruder und treue Sachwalter im
Dienst des Herrn*, wird euch alles erzählen.
22 Ich schicke ihn eben deshalb zu euch, damit er
euch von mir berichtet und euch Mut macht.

23 Allen Brüdern und Schwestern[f] wünsche
ich den Frieden und die Liebe und das un-
erschütterliche Vertrauen, die von Gott, dem
Vater, kommen und von Jesus Christus, dem
Herrn*.

24 Die Gnade Gottes sei mit allen, die unseren
Herrn Jesus Christus lieben, und schenke ihnen
unvergängliches Leben!

a *So ist es …:* wörtlich *im Herrn*; denn das ist recht.*
b *Väter:* mögliche, aber weniger wahrscheinliche Übersetzung *Eltern.*
c Wörtlich *Ihr Sklaven, gehorcht euren irdischen Herren* (ebenso in Vers 9). Die Mehrzahlformen im Griechischen schließen die Frauen ein; vgl. Sacherklärung »Sklaven«.
d Wörtlich *die bösen Geister im Himmel.* Es sind die unteren Bereiche des »Himmels« gemeint; vgl. 2,2 und Anmerkung dort. e Wörtlich *für alle Heiligen*.*
f Vgl. Anmerkung zu Phil 1,12.

6,1 Kol 3,20 **6,2-3** *nach* Dtn 5,16 **6,4** Kol 3,21 **6,5-8** Kol 3,22-25; 1 Tim 6,1-2a; Tit 2,9-10; 1 Petr 2,18-21 **6,6** 1 Kor 7,22 **6,8** 2 Kor 5,10 S **6,9** Kol 4,1; Jak 2,1 S **6,10** 1 Kor 16,13 S **6,11-17** 2 Kor 10,4 S; Jes 59,17; Weish 5,17-20 **6,11** Jak 4,7 **6,12** 2,2; 1,21 S; 1 Petr 5,8-9 **6,13** Röm 13,12 **6,14** Jes 11,5 **6,15** Jes 52,7 S **6,17** Hebr 4,12 S **6,18-19** 3,14; Kol 4,2-4; Lk 18,1 S; Röm 15,30 S **6,19** Apg 4,29 **6,20** 3,1 S **6,21** (Tychikus) Apg 20,4; Kol 4,7-8; 2 Tim 4,12

DER BRIEF DES APOSTELS PAULUS AN DIE GEMEINDE IN PHILIPPI
(Philipperbrief)

Inhaltsübersicht

Eingangsgruß

1 Paulus und Timotheus, die Jesus Christus
dienen, schreiben diesen Brief an alle in
Philippi, die Gott durch Jesus Christus für sich
ausgesondert hat,[a] an die ganze Gemeinde mit
ihren leitenden Mitgliedern[b] und den Diako-
nen.[c]
2 Gnade und Frieden* sei mit euch von Gott,
unserem Vater, und von Jesus Christus, dem
Herrn*.

Paulus, im Gefängnis für die Gute Nachricht, betet für die Gemeinde

3–4 In allen meinen Gebeten denke ich an euch
alle und danke dabei meinem Gott. Jedes Gebet
für euch wird mir zum Dank, und ich bin voll
Freude darüber, 5 daß ihr euch so eifrig für die
Gute Nachricht* einsetzt, seit dem Tag, an dem
ihr sie angenommen habt, und bis heute. 6 Ich
bin ganz sicher: Gott wird das gute Werk, das er
bei euch angefangen hat, auch vollenden bis zu
dem Tag, an dem Jesus Christus kommt.
7 Ich kann gar nicht anders, als so über euch
denken; denn ich trage euch alle in meinem Her-
zen, gerade jetzt, da ich für die Gute Nachricht
im Gefängnis bin und sie vor Gericht verteidige
und ihre Wahrheit bezeuge. Ihr alle habt ja teil
an der Gnade, die Gott mir damit erweist. 8 Er
weiß auch, wie sehr ich mich nach euch allen
sehne mit der herzlichen Liebe, die Jesus Chri-
stus in mir geweckt hat.
9 Ich bete zu Gott, daß eure Liebe immer rei-
cher wird an Einsicht und Verständnis. 10 Dann
könnt ihr in jeder Lage entscheiden, was das
Rechte ist, und werdet an dem Tag, an dem Chri-
stus Gericht hält, rein und ohne Fehler dastehen,
11 reich an guten Taten, die Jesus Christus zum
Ruhm und zur Ehre Gottes durch euch gewirkt
hat.

Die Gefangenschaft des Apostels dient der Verbreitung der Guten Nachricht

12 Ihr sollt wissen, Brüder und Schwestern,[d]
daß meine Gefangenschaft sogar zur Verbrei-
tung der Guten Nachricht* beigetragen hat.
13 Die Beamten am Sitz des Statthalters[e] und
alle, die meinen Prozeß verfolgt haben, wissen
jetzt, daß ich angeklagt bin, weil ich Christus
diene. 14 Und gerade weil ich im Gefängnis sitze,
sind die meisten Brüder und Schwestern[f] hier
am Ort durch den Beistand des Herrn* voller
Zuversicht und getrauen sich, die Botschaft Got-
tes nun erst recht und ohne Furcht weiterzu-
sagen.
15 Manche tun es zwar, weil sie neidisch sind
und mich ›ausstechen‹ wollen; aber andere ver-
künden Christus in der besten Absicht. 16 Sie tun
es aus Liebe zu mir; denn sie wissen, daß Gott
mich dazu bestimmt hat, vor Gericht die Gute
Nachricht zu verteidigen. 17 Die anderen aller-
dings verbreiten die Botschaft von Christus in
unehrlicher und eigennütziger Absicht. Sie wol-
len mir in meiner Gefangenschaft Kummer be-
reiten.
18a Aber was macht das? Auch wenn sie es
mit Hintergedanken tun und nicht aufrichtig –

a *an alle, die Gott ...*: wörtlich *an die Heiligen* in Christus Jesus.*
b Wörtlich *mit den Aufsehern.* Von dem entsprechenden griechischen Wort ist das Wort »Bischof« abgeleitet; vgl. Sacherklärung »Gemeindeleiter«.
c Diakoninnen könnten mit eingeschlossen sein; vgl. Röm 16,1 und Sacherklärung »Diakon«.
d *Brüder und Schwestern* steht für ein einziges griechisches Wort, das als Mehrzahlform nicht nur, wie herkömmlich übersetzt, die »Brüder« bezeichnet, sondern auch je nach Zusammenhang die gesamte Gemeinde aus Männern und Frauen (siehe dazu Sacherklärung »Bruder«).
e *Die Beamten ...*: wörtlich *Das ganze Prätorium*.*
f Siehe Anmerkung zu Vers 12.

1,1 1 Kor 4,17 S **1,6** 2,13; 1 Thess 5,24 S **1,7** 2 Kor 7,3; Eph 3,1 S **1,8** 2 Kor 5,14 **1,10** Röm 12,2; (Tag) Phil 1,6; 2,16; 1 Kor 1,8; 2 Kor 5,10 S; 1 Thess 3,13; 5,23; (ohne Fehler) Eph 5,27 S **1,11** Joh 15,8 **1,12** 2 Tim 2,9; Eph 3,1 S **1,15-17** 2 Kor 2,17 S

die Hauptsache ist, daß Christus auf jede Weise verkündet wird.

Wie es auch ausgeht: die Zukunft heißt Christus

18b Darüber freue ich mich; aber auch künftig werde ich Grund haben, mich zu freuen. 19 Denn ich weiß, daß meine Gefangenschaft – gleichgültig, wie sie endet – zu meiner Rettung führt. Das verbürgen mir eure Gebete und Jesus Christus, der mir durch seinen Geist* beisteht. 20 Ich hoffe und erwarte voller Zuversicht, daß Gott mich nicht im Stich läßt. Ich vertraue darauf, daß auch jetzt, so wie bisher stets, Christus *an mir* und *durch mich* groß gemacht wird, ob ich nun am Leben bleibe oder sterbe.

21 Denn Leben, das ist für mich Christus; darum bringt Sterben für mich nur Gewinn. 22 Aber wenn ich am Leben bleibe, kann ich noch weiter für Christus wirken. Deshalb weiß ich nicht, was ich wählen soll. 23 Es zieht mich nach beiden Seiten: Ich möchte am liebsten aus diesem Leben scheiden und bei Christus sein; das wäre bei weitem das beste. 24 Aber es ist wichtiger, daß ich noch hier ausharre, weil ihr mich braucht.

25 Darauf baue ich und bin deshalb ganz sicher, daß ich euch allen erhalten bleibe. Dann kann ich euch helfen, daß ihr weiterkommt und die volle Freude erlebt, die der Glaube schenkt. 26 Und ihr werdet euch noch viel zuversichtlicher dessen rühmen* können, was Jesus Christus durch mich an euch getan hat, wenn ich wieder bei euch bin und unter euch wirken kann.

Für Christus kämpfen und leiden

27 Das wichtigste ist: Lebt als Gemeinde so, daß ihr der Guten Nachricht* von Christus Ehre macht, ob ich euch nun besuchen und sehen kann oder ob ich nur aus der Ferne von euch höre. Steht alle fest zusammen in derselben Gesinnung! Kämpft einmütig für den Glauben und für die Gute Nachricht. 28 Laßt euch von den Gegnern in keiner Weise einschüchtern! Gott will ihnen durch eure Standhaftigkeit zeigen, daß sie verloren sind, ihr aber gerettet werdet.

29 Gott hat euch die Gnade erwiesen, daß ihr etwas für Christus tun dürft – nicht nur ihm vertrauen, sondern auch für ihn leiden. 30 Ihr habt jetzt denselben Kampf zu bestehen wie ich. Was für ein Kampf das ist, habt ihr früher an mir erlebt und hört es jetzt von mir aus der Ferne.

Der Weg, den Christus ging, als Maßstab für das Leben der Christen

2 Bei euch gibt es doch das ermutigende Wort im Auftrag von Christus; es gibt den tröstenden Zuspruch, der aus der Liebe kommt; es gibt Gemeinschaft durch den Heiligen Geist*; es gibt herzliches Erbarmen. 2 Dann macht mich vollends glücklich und habt alle dieselbe Gesinnung, dieselbe Liebe und Eintracht! Verfolgt alle dasselbe Ziel! 3 Handelt nicht aus Selbstsucht oder Eitelkeit! Seid bescheiden und achtet den Bruder oder die Schwester[a] mehr als euch selbst. 4 Denkt nicht an euren eigenen Vorteil, sondern[b] an den der anderen, jeder und jede von euch!

5 Habt im Umgang miteinander stets vor Augen, was für einen Maßstab Jesus Christus gesetzt hat:[c]

6 Er war in allem Gott gleich,
und doch hielt er nicht gierig daran fest,
so wie Gott zu sein.
7 Er gab alle seine Vorrechte auf
und wurde einem Sklaven gleich.
Er wurde ein Mensch in dieser Welt
und teilte das Leben der Menschen.
8 Im Gehorsam gegen Gott
erniedrigte er sich so tief,
daß er sogar den Tod auf sich nahm,
ja, den Verbrechertod am Kreuz*.

9 Darum hat Gott ihn auch erhöht
und ihm den Rang und Namen verliehen,
der ihn hoch über alle stellt.[d]
10 Vor Jesus müssen alle auf die Knie fallen –
alle, die im Himmel sind,
auf der Erde und unter der Erde;
11 alle müssen feierlich bekennen:
»Jesus Christus ist der Herr!«
Und so wird Gott, der Vater, geehrt.

Bewährung der Gemeinde auf dem Weg zur Vollendung

12 Meine Lieben! Ihr habt doch immer auf mich gehört. Tut es nicht nur, wenn ich unter euch anwesend bin, sondern jetzt erst recht, da ich fern

a Wörtlich *achtet einander.* b Viele Handschriften haben *sondern auch.*
c Wörtlich *Dies sinnt unter euch, was auch in Christus Jesus.*
d Wörtlich *und ihm den Namen verliehen, der über jeden Namen ist;* gemeint ist der Würdetitel *Herr** (Vers 11).

1,19 Röm 15,30 S **1,21** Gal 2,20, Kol 3,3-4 **1,23** 2 Kor 5,8-9 **1,27** Kol 1,10; 1 Thess 2,12; 4,1.7 **1,30** Apg 16,19-40 **2,2** Eph 5,2 S; 1 Kor 1,10-11 S **2,3** Röm 12,10 S; Gal 5,26 **2,4** 1 Kor 10,24 S **2,5** Joh 13,15; 1 Petr 2,21; Röm 15,5 **2,6** Joh 1,1-2; 17,5; Hebr 1,3 **2,7** 2 Kor 8,9; Joh 1,14 S **2,8** Hebr 5,8; 12,2 **2,9** Apg 2,33 S; Eph 1,21; Hebr 1,4 **2,10-11** Jes 45,23; Joh 5,23; Offb 5,13

von euch bin. Arbeitet an euch selbst mit Furcht und Zittern, damit ihr gerettet werdet! 13 Ihr könnt es, denn Gott selbst bewirkt in euch nicht nur das Wollen, sondern auch das Vollbringen, so wie es ihm gefällt.

14 Tut das alles ohne Murren und ohne Zweifel! 15 Ihr sollt ja rein und fehlerlos werden und euch als Gottes vollkommene Kinder erweisen mitten unter verirrten und verdorbenen Menschen; ihr sollt leuchten unter ihnen wie die Sterne am nächtlichen Himmel. 16 Dazu müßt ihr an der Botschaft festhalten, die euch das ewige Leben verspricht. Dann werdet ihr mein Ruhm* sein an dem Tag, an dem Christus kommt, weil meine Arbeit und Mühe nicht vergeblich gewesen sind.

17 Aber auch wenn ich bei meinem Dienst – diesem Opferdienst, in dem ich Gott euren Glauben darbringe – mein Blut wie ein dazugehöriges Trankopfer* vergießen muß: Ich freue mich und freue mich mit euch allen. 18 Freut ihr euch ebenso, und freut euch mit mir!

Timotheus und Epaphroditus

19 Ich hoffe im Vertrauen auf Jesus, den Herrn*, daß ich Timotheus bald zu euch schicken kann. Ich möchte auch von euch etwas erfahren, damit ich nicht mehr beunruhigt bin.

20 Ich habe sonst niemand, der so zuverlässig ist und sich so selbstlos wie er um euch kümmern wird. 21 Die andern kümmern sich alle nur um ihre eigenen Angelegenheiten und nicht um Jesus Christus und seine Sache. 22 Ihr wißt, wie bewährt er ist. Ihr habt selbst erlebt, wie er sich mit mir zusammen für die Gute Nachricht* eingesetzt hat – so wie ein Sohn dem Vater zur Hand geht.

23 Ihn also hoffe ich euch schicken zu können, sobald ich sehe, wie mein Prozeß ausgehen wird. 24 Aber im Vertrauen auf den Herrn rechne ich sogar damit, daß ich euch in Kürze selbst besuchen kann.

25 Es erschien mir notwendig, Epaphroditus zu euch zurückzuschicken, meinen Bruder, Mitarbeiter und Mitstreiter. Ihr hattet ihn zu mir geschickt als Überbringer eurer Gabe, mit der ihr meinem Mangel abhelfen wolltet. 26 Jetzt aber sehnte er sich so sehr nach euch allen und war in Sorge, weil ihr von seiner Krankheit gehört hattet. 27 Es stand tatsächlich schlimm um ihn; er war dem Tode nah. Aber Gott hat sich über ihn erbarmt – und nicht nur über ihn, sondern auch über mich. Habe ich doch schon Kummer genug!

28 Um so schneller schicke ich jetzt Epaphroditus zu euch zurück, damit ihr euch freut, ihn wohlbehalten wiederzusehen, und ich selbst eine Sorge weniger habe. 29 Empfangt ihn als Bruder und nehmt ihn voll Freude auf. Solchen Menschen müßt ihr Achtung entgegenbringen. 30 Denn beim Einsatz für Christus wäre er fast zu Tode gekommen. Er hat sein Leben gewagt, um mir den Dienst zu leisten, den ihr selbst mir nicht leisten konntet.

Aufruf zur Freude

3 Ich komme zum Schluß, meine Brüder und Schwestern.[a] Freut euch mit Freude, die vom Herrn* kommt! Ich schreibe euch immer wieder dasselbe; aber mir ist das keine Last, und euch macht es noch sicherer.

Menschliche Vorzüge und Leistungen zählen nicht

2 Nehmt euch in acht vor diesen elenden Hunden, diesen falschen Missionaren, diesen Zerschnittenen! 3 Ich nenne sie so, denn die wirklich Beschnittenen* sind wir, die der Geist* Gottes befähigt, Gott in der rechten Weise zu dienen. Denn wir bauen nicht auf Vorzüge, die nur irdisch-menschlich sind,[b] sondern rühmen* uns allein damit, daß wir zu Jesus Christus gehören.

4 Auch ich könnte mich auf solche Vorzüge berufen. Wenn andere meinen, sie könnten mit irdischen Vorzügen großtun – ich hätte viel mehr Grund dazu. 5 Ich wurde beschnitten, als ich eine Woche alt war. Ich bin von Geburt ein Israelit aus dem Stamm Benjamin, ein Hebräer* von reinster Abstammung. Was die Stellung zum Gesetz* angeht, so gehörte ich zur strengen Richtung der Pharisäer*. 6 Mein Eifer ging so weit, daß ich die christliche Gemeinde verfolgte. Gemessen an dem, was das Gesetz vorschreibt, stand ich vor Gott ohne Tadel da.

7 Aber dies alles, was mir früher als großer

a Siehe Anmerkung zu 1,12.
b *Vorzüge, die …:* wörtlich *Fleisch**. Paulus denkt hier an die Vorzüge im religiösen Sinn, die nach Auffassung der Juden (und der judenchristlichen Missionare, die die Beschneidung fordern; Vers 2) eine Vorzugsstellung vor Gott begründen und die er in den Versen 5-6 im einzelnen aufzählt.

2,13 1,6; Joh 15,5; Röm 7,18 **2,15** Dan 12,3; Mt 5,14; Eph 5,8 **2,16** (Ruhm) 2 Kor 1,14; 5,12; 1 Thess 2,19; 2 Thess 1,4; 1 Kor 1,31 S; (Tag) Phil 1,10 S; (nicht vergeblich) 1 Kor 15,2 S **2,17** (Opferdienst) Röm 15,16; 2 Tim 4,6; 1 Joh 3,16 **2,18** 3,1; 4,4 **2,19** 1 Kor 4,17 S **2,25** 4,18 **2,29** 1 Kor 16,16.18 **3,1** 2,18 S **3,2** 2 Kor 11,13; Gal 5,12 **3,3** Röm 2,28-29 S **3,4** 2 Kor 11,18.21 **3,5** Röm 11,1 S; Gen 17,9-14 S **3,6** Apg 8,3 S **3,7-8** Mt 13,44.46; Weish 7,8-10

Vorzug erschien, habe ich durch Christus als Nachteil und Schaden erkannt. 8 Ich betrachte überhaupt alles andere als Verlust im Vergleich mit dem überwältigenden Gewinn, daß ich Jesus Christus als meinen Herrn* kenne. Durch ihn hat für mich alles andere seinen Wert verloren, ja, ich halte es für bloßen Dreck. Nur noch Christus besitzt für mich einen Wert.

9 Zu ihm möchte ich um jeden Preis gehören. Deshalb will ich nicht mehr durch mein eigenes Tun vor Gott als gerecht bestehen. Ich suche nicht meine eigene Gerechtigkeit*, die aus der Befolgung des Gesetzes* kommt, sondern die Gerechtigkeit, die von Gott kommt und denen geschenkt wird, die glauben. Ich möchte vor Gott als gerecht bestehen, indem ich mich in vertrauendem Glauben* auf das verlasse, was er durch Christus für mich getan hat.[a]

10 Ich möchte nichts anderes mehr kennen als Christus, damit ich die Kraft seiner Auferstehung erfahre. Ich teile mit ihm sein Leiden und seinen Tod, 11 in der Hoffnung, daß ich wie er zur Auferstehung der Toten gelange.

Wir sind noch nicht am Ziel!

12 Ich meine nicht, daß ich schon vollkommen bin und das Ziel erreicht habe. Ich laufe aber auf das Ziel zu, um es zu ergreifen, nachdem Jesus Christus von mir Besitz ergriffen hat. 13 Ich bilde mir nicht ein, Brüder und Schwestern,[b] daß ich es schon geschafft habe. Aber die Entscheidung ist gefallen! Ich lasse alles hinter mir und sehe nur noch, was vor mir liegt. 14 Ich halte geradewegs auf das Ziel zu, um den Siegespreis zu gewinnen. Dieser Preis ist das ewige Leben, zu dem Gott mich durch Jesus Christus berufen hat.

15 So wollen wir denken – wenn wir uns zu den ›Vollkommenen‹ zählen.[c] Wenn ihr in irgendeiner Einzelheit anderer Meinung seid, wird euch Gott auch das noch offenbaren. 16 Aber laßt uns auf jeden Fall auf dem Weg bleiben, den wir als richtig erkannt haben.

17 Haltet euch an mein Vorbild, Brüder und Schwestern, und nehmt euch ein Beispiel an denen, die so leben, wie ihr es an mir seht. 18 Ich habe euch schon oft gewarnt und wiederhole es jetzt unter Tränen: Es gibt viele, die die Botschaft vom gekreuzigten Christus* bekämpfen. 19 Ihr Ende ist die ewige Vernichtung. Sie dienen nicht Gott, sondern ihren rein menschlich-irdischen Neigungen.[d] Statt der Herrlichkeit bei Gott warten auf sie Spott und Schande.

20 Wir dagegen haben schon jetzt Bürgerrecht im Himmel, bei Gott. Von dort her erwarten wir auch unseren Retter, Jesus Christus, den Herrn*. 21 Er wird unseren schwachen, vergänglichen Körper verwandeln, so daß er genauso herrlich und unvergänglich wird wie der Körper, den er selber seit seiner Auferstehung hat. Denn er hat die Macht, alles seiner Herrschaft zu unterwerfen.

Ermahnung zu Eintracht, Freude und Streben nach dem Guten. Friedenswunsch

4 Also, meine geliebten Brüder und Schwestern,[e] nach denen ich mich sehne, meine Freude und mein Siegeskranz: Steht fest in der Kraft, die der Herr* euch schenkt, meine Lieben!

2 Ich ermahne Evodia und ich ermahne Syntyche, daß sie sich als Schwestern im Glauben vertragen. 3 Dich aber, mein bewährter Syzygus,[f] bitte ich, daß du ihnen dabei hilfst. Die beiden haben sich mit mir für die Verbreitung der Guten Nachricht* eingesetzt, zusammen mit Klemens und meinen anderen Mitarbeitern, deren Namen im Buch des Lebens stehen.

4 Freut euch immerzu, mit der Freude, die vom Herrn kommt! Und noch einmal sage ich: Freut euch! 5 Alle sollen sehen, wie freundlich und gütig ihr zueinander seid. Der Herr kommt bald! 6 Macht euch keine Sorgen, sondern wendet euch in jeder Lage an Gott und bringt eure Bitten vor ihn. Tut es mit Dank für das, was er euch geschenkt hat. 7 Dann wird der Frieden* Gottes, der alles menschliche Begreifen weit übersteigt, euer Denken und Wollen im Guten bewahren, geborgen in der Gemeinschaft mit Jesus Christus.

a *indem ich mich ...:* wörtlich *durch den Glauben, der sich auf Christus richtet;* vgl. Anmerkung zu Röm 3,22.
b Siehe Anmerkung zu 1,12; ebenso für Vers 17.
c Dazu neigten offenbar gewisse Leute in Philippi im Gefolge der falschen Missionare (Vers 2; vgl. dagegen Paulus in Vers 12-13).
d *Sie dienen ...:* wörtlich *Der Bauch ist ihr Gott.* Mit *Bauch* bezeichnet Paulus in überspitzter Polemik das, was er in den Versen 4-6 aufgezählt hat und was mit der *Botschaft vom gekreuzigten Christus* (Vers 18) unvereinbar ist: Vertrauen auf das Gesetz* und auf seine Erfüllung und das Bewußtsein, in dieser Hinsicht »vollkommen« zu sein (Verse 12 und 15).
e Siehe Anmerkung zu 1,12.
f *Syzygus* bedeutet: Gefährte, Kamerad.

3,9 Röm 1,17 **3,10-11** Röm 6,5.8-11; 2 Kor 4,10 S **3,12** (laufe) 1 Kor 9,24-25 S **3,14** (Siegespreis) 1 Kor 9,24-25 S **3,17** 1 Kor 4,16 S **3,18** Gal 6,12 **3,19** Röm 16,18 **3,20** Eph 2,6; Hebr 13,14 **3,21** (verwandeln) Röm 8,29; 1 Kor 15,43-53; Kol 3,4; (Macht) 1 Kor 15,25.28 **4,1** 1 Thess 2,17-20 **4,3** Offb 3,5 S **4,4** 2,18 S **4,5** (kommt bald) Röm 13,11-12; 1 Kor 16,22; Hebr 10,25; Jak 5,8; Offb 22,20 **4,6** Mt 6,25 par; 1 Petr 5,7; Ps 37,5 **4,7** Joh 14,27 S; Kol 3,15

8 Im übrigen, meine Brüder und Schwestern:[a]
Richtet eure Gedanken auf das, was schon bei
euren Mitmenschen[b] als rechtschaffen, ehrbar
und gerecht gilt, was rein, liebenswert und an-
sprechend ist, auf alles, was Tugend heißt und
Lob verdient. 9 Lebt so, wie ich es euch gelehrt
und euch als verbindliche Weisung weiterge-
geben habe und wie ihr es von mir gehört und
an mir gesehen habt. Gott, der Frieden* schenkt,
wird euch beistehen!

Dank für die Unterstützung

10 Es war für mich eine große Freude und ein Ge-
schenk vom Herrn*, daß eure Fürsorge für mich
wieder einmal zum Aufblühen kam. Ihr wolltet
ja schon die ganze Zeit etwas für mich tun, aber
es ergab sich keine Gelegenheit.

11 Ich sage das nicht, weil ich in Not war. Ich
habe gelernt, in jeder Lage zurechtzukommen
und nicht von äußeren Umständen abhängig zu
sein:

12 Ich kann Not leiden,
ich kann im Wohlstand leben;
mit jeder Lage bin ich vertraut.
Ich kenne Sattsein und Hungern,
ich kenne Mangel und Überfluß.
13 Allem bin ich gewachsen
durch den, der mich stark macht.

14 Aber es war freundlich von euch, daß ihr an
meiner Notlage Anteil genommen und mir ge-
holfen habt. 15 Ihr wißt ja, ihr in Philippi: Am
Anfang meiner Missionstätigkeit, als ich die
Gute Nachricht* von Mazedonien aus weiter-
trug, wart ihr die einzige Gemeinde, von der
ich als Gegenleistung für meinen Dienst etwas
annahm. 16 Schon nach Thessalonich habt ihr
mir etwas für meinen Unterhalt geschickt und
auch später bei der einen oder andern Gelegen-
heit.

17 Denkt nicht, daß es mir auf euer Geld an-
kommt! Mir liegt daran, daß sich euer eigenes
Guthaben vermehrt – ich meine: daß euer
Glaube einen Ertrag bringt, der euch bei Gott
gutgeschrieben wird.[c]

18 Ich bestätige, daß ich durch Epaphroditus
den ganzen Betrag erhalten habe. Es ist mehr als
genug; ich habe nun wirklich alles, was ich
brauche. Diese Gabe ist wie ein Opfer*, dessen
Duft zu Gott aufsteigt und an dem er seine
Freude hat.

19 Gott, dem ich diene, wird euch alles geben,
was ihr braucht, so gewiß er euch durch Jesus
Christus am Reichtum seiner Herrlichkeit* teil-
haben läßt. 20 Gott, unser Vater, sei gepriesen für
immer und ewig! Amen

Grüße und Schlußwunsch

21 Grüßt alle, die zur Gemeinde gehören – alle,
die mit Jesus Christus verbunden sind![d] Die
Brüder, die bei mir sind, lassen euch grüßen.
22 Es grüßen euch alle Christen hier am Ort, die
ganze hiesige Gemeinde,[e] besonders die, die im
kaiserlichen Dienst stehen.

23 Die Gnade des Herrn* Jesus Christus sei
mit euch![f]

a Siehe Anmerkung zu 1,12.
b *schon bei euren Mitmenschen:* verdeutlichender Zusatz. Der Apostel nimmt hier Bezug auf Haltungen und Werte, die in weiten Kreisen der damaligen heidnischen Gesellschaft in hohem Ansehen standen.
c *Mir liegt daran ...:* wörtlich *Ich suche die Frucht, die sich mehrt zur Gutschrift auf euer Konto.*
d Wörtlich *Grüßt jeden Heiligen* in Christus Jesus.* *e* Wörtlich *Es grüßen euch alle Heiligen*.*
f Wörtlich *mit eurem Geist;* siehe Anmerkung zu Gal 6,18.

4,9 1 Kor 4,16 S **4,11** 1 Tim 6,6-8 **4,12** 2 Kor 6,10 **4,13** 2 Kor 12,9-10 **4,15** 2 Kor 11,8-9 **4,16** (Thessalonich) Apg 17,1 **4,17** 1 Kor 9,11-12 **4,18** 2,25; (Opfer) Lev 3,5; Hebr 13,16

DER BRIEF DES APOSTELS PAULUS AN DIE GEMEINDE IN KOLOSSÄ
(Kolosserbrief)

Inhaltsübersicht

Eingangsgruß

1 Paulus, Apostel* von Jesus Christus nach
dem Willen Gottes, und der Bruder Timo-
theus schreiben diesen Brief. 2 Er richtet sich an
alle in Kolossä, die Gott für sich ausgesondert
hat,[a] die Brüder und Schwestern,[b] die durch
Christus zum Glauben an Gott gekommen sind.
Gnade und Frieden* sei mit euch von Gott,
unserem Vater!

Dank des Apostels für den lebendigen Glauben der Gemeinde

3 Immer, wenn wir für euch beten, danken wir
Gott, dem Vater unseres Herrn* Jesus Christus.
4 Wir haben von eurem Glauben gehört, der
durch Jesus Christus in euch lebt, und von eurer
Liebe zu allen Christen.[c] 5 Sie beide erwachsen
aus eurer festen Hoffnung auf das Leben, das
Gott im Himmel für euch bereithält. Er hat es
euch durch das Wort der Wahrheit, die Gute
Nachricht*, zugesichert.
6 Diese Gute Nachricht ist nicht nur bei euch,
sondern in der ganzen Welt bekannt. Überall
breitet sie sich aus und bringt Frucht. Sie tut es
auch bei euch, seit dem Tag, an dem euch Gottes
Gnade verkündet worden ist und ihr von der
Wahrheit der euch verkündeten Botschaft über-
zeugt worden seid.
7 Unser geliebter Epaphras, der zusammen
mit uns Christus dient, hat euch diese Botschaft
zuerst bekanntgemacht. Er ist treu in seinem
Dienst für Christus, den er an euch tut. 8 Durch
ihn haben wir auch von der Liebe gehört, die der
Geist* Gottes in euch geweckt hat.

Das Leben der Christen im Licht

9 Deshalb hören wir auch nicht auf, für euch zu
beten, seit wir von euch gehört haben. Wir bit-
ten Gott, daß er euch durch seinen Geist* mit
aller Weisheit und Einsicht erfüllt und euch er-
kennen läßt, was sein Wille ist. 10 Denn ihr sollt
ja so leben, wie es dem Herrn* Ehre macht, und
stets tun, was ihm gefällt. Euer Leben soll als
Frucht gute Taten aller Art hervorbringen, und
ihr sollt immer besser verstehen, was Gott von
euch will.
11-12 Gott möge euch stärken mit seiner
ganzen Kraft und göttlichen Macht, damit ihr
alles geduldig und standhaft ertragen könnt und
ihm, dem Vater, voll Freude dankt. Denn er hat
euch befähigt, teilzuhaben am Leben seiner hei-
ligen Engel* im Reich des Lichtes. 13 Er hat uns
aus der Gewalt der dunklen Mächte* gerettet
und uns unter die Herrschaft seines geliebten
Sohnes* gestellt. 14 Durch seinen Sohn und mit
ihm verbunden sind wir aus der Macht des
Bösen befreit und haben die Vergebung für
unsere Schuld.

Christus, Bild Gottes und Bringer des Friedens

15 Er ist das Bild des unsichtbaren Gottes,
der erstgeborene Sohn* des Vaters,
aller Schöpfung voraus und ihr weit überlegen.
16 Denn in ihm ist alles erschaffen worden,
was im Himmel und auf der Erde lebt,
die sichtbaren Geschöpfe auf der Erde
und die unsichtbaren im Himmel –
  die Thronenden, die Herrschenden,
  die Mächte, die Gewalten.[d]
Alles hat Gott durch ihn geschaffen,
und alles findet in ihm sein letztes Ziel.
17 Er steht über allem,

a *Er richtet sich ...:* wörtlich *an die Heiligen* in Kolossä.*
b Siehe Anmerkung zu Philipper 1,12. c Wörtlich *zu allen Heiligen**.
d Die Ausleger sind sich weitgehend einig, daß Paulus in den Versen 15-20 ein altes Christuslied zitiert. Durch einzelne Zwischenbemerkungen (eingerückte Zeilen) setzt er es in Beziehung zu Themen, die ihm im Blick auf die Gemeinde in Kolossä besonders wichtig sind. Zu der Zwischenbemerkung in *Vers 16* vgl. 2,10.15.18.23 und Sacherklärung »Engel«; zu der in *Vers 18* vgl. 1,24; 2,19; zu der in *Vers 20* vgl. 1,22; 2,13-14 sowie Röm 5,1-10; 2 Kor 5,14-21.

1,4 Eph 1,15 **1,5** 1 Petr 1,3-4; Eph 1,13 **1,7** (Epaphras) 4,12; Phlm 23 **1,9-10** Phil 1,9 **1,10** Phil 1,27 **1,11-12** Eph 1,18 **1,13** Eph 2,2; 1,21 S; Apg 26,18 S **1,14** Eph 1,7 **1,15** (Bild) 2 Kor 4,4; Hebr 1,3; Weish 7,26; (unsichtbar) 1 Tim 6,16 **1,16** Joh 1,3 S

und alles besteht durch ihn.
18 Er ist das Haupt des kosmischen Leibes,
das heißt: der Gemeinde.

Er ist der Anfang der neuen Schöpfung,
der Erstgeborene aller Toten,
der zuerst zum neuen Leben gelangt ist,
damit er in jeder Hinsicht der Erste sei.
19 Denn Gott gefiel es,
in ihm die ganze Fülle des Heils
Wohnung nehmen zu lassen.
20 Durch ihn wollte Gott alles versöhnen
und zu neuer, heilvoller Einheit verbinden.
Alles, was gegeneinander streitet,
wollte er zur Einheit zusammenführen,
nachdem er Frieden* gestiftet hat
durch das Blut*, das Jesus am Kreuz* vergoß;
alles, was auf der Erde und im Himmel lebt,
sollte geeint werden durch ihn
und in ihm als dem letzten Ziel.

Lebenswende durch die Gute Nachricht

21 Das gilt auch für euch. Einst standet ihr Gott
fremd und feindlich gegenüber und habt das
durch eure bösen Taten gezeigt. 22 Aber weil
Christus in seinem menschlichen Leib den Tod
auf sich nahm, hat Gott jetzt mit euch Frieden*
gemacht. Als sein heiliges* Volk steht ihr jetzt
rein und fehlerlos vor ihm da.

23 Ihr müßt nur im Glauben fest und unerschütterlich bleiben und dürft euch nicht von der Hoffnung abbringen lassen, die euch durch die Gute Nachricht* gegeben ist. Ihr habt sie gehört, und sie ist in der ganzen Welt verkündet worden. Mich, Paulus, hat Gott in seinen Dienst genommen, damit ich sie überall bekanntmache.

Der Dienst des Apostels

24 Ich freue mich, daß ich jetzt für euch leiden
darf. An den Leiden von Christus würde noch
etwas fehlen, wenn ich sie nicht durch das, was
ich selbst körperlich leide, ergänzen würde – seinem Leib* zugute, der Gemeinde. 25 Zu ihrem
Dienst bin ich bestellt durch das Amt, das Gott
mir zu eurem Besten übertragen hat.

Seine Botschaft soll ich überall verbreiten.
26 Ich soll das Geheimnis enthüllen, das er seit
Urzeiten allen Generationen verborgen gehalten
hatte, jetzt aber denen offenbart hat, die er in
seine Gemeinschaft rief.[a] 27 Ihnen wollte er zeigen, welch herrlichen Reichtum dieses Geheimnis für euch, die nichtjüdischen Völker, in sich birgt: Christus mitten unter euch, gerade euch! Das bedeutet die sichere Hoffnung, daß Gott euch Anteil gibt an seiner Herrlichkeit*!

28 Diesen Christus verkünden wir. Und wir
hören nicht auf, jeden einzelnen in der Gemeinde zu ermahnen und jedem einzelnen in der Gemeinde den Weg zu zeigen, den uns Christus gewiesen hat.[b] Das tun wir mit der ganzen Weisheit, die uns gegeben ist. Denn wir möchten jeden und jede in der Gemeinde dahin bringen, daß sie vor Gott dastehen in der Vollkommenheit, die aus der Verbindung mit Christus erwächst.

29 Eben dafür kämpfe ich und mühe mich ab, und Christus selbst wirkt durch mich mit seiner Kraft, die sich in mir als mächtig erweist.

Sorge um die Empfänger des Briefs

2 Es liegt mir daran, daß ihr wißt, wie sehr es bei diesem meinem Kampf um euch in Kolossä geht und auch um die Gemeinde in Laodizea und überhaupt um alle, die mich persönlich nicht kennengelernt haben.
2 Ich möchte,
daß sie alle Mut bekommen und in Liebe zusammenhalten und daß sie zur ganzen reichen Fülle des Verstehens gelangen und Gottes Geheimnis begreifen, nämlich Christus.
3 In ihm
sind alle Schätze der Weisheit und Erkenntnis verborgen.

4 Ich sage das, damit euch niemand durch
Überredungskünste hinters Licht führt.
5 Obwohl ich fern von euch bin, bin ich im Geist bei euch und freue mich zu sehen, wie fest ihr zusammenhaltet und wie unerschütterlich euer Vertrauen auf Christus ist.

6 Ihr habt Jesus Christus als den Herrn* angenommen; darum lebt nun auch in der Gemeinschaft mit ihm und nach seiner Art!
7 Seid in ihm
verwurzelt und baut euer Leben ganz auf ihn. Bleibt im Glauben fest und laßt euch nicht von dem abbringen, was euch gelehrt worden ist. Hört nicht auf zu danken für das, was Gott euch geschenkt hat.

Christus muß die Mitte bleiben

8 Gebt acht, daß euch niemand mit der leeren
Vorspiegelung einfängt, euch die wahre Religion

a Wörtlich *jetzt aber seinen Heiligen* offenbart hat.*
b *jedem einzelnen den Weg …:* wörtlich *jeden Menschen zu lehren.*

1,18a (Haupt) Eph 1,22 S; (Leib) Eph 1,23 S **1,18b** (der Erste) Apg 4,2 S; Offb 1,5; 1 Kor 6,14 S **1,19** 2,9; Eph 1,23 **1,20** 2 Kor 5,19; Eph 1,22 S; 1,7 S; (Frieden) Eph 2,14 S **1,21-22** Eph 2,12-13 **1,22** Röm 5,10; Eph 5,27 S **1,23** Gal 1,16 **1,24** (für euch leiden) Eph 3,13; 2 Kor 4,10-12; 2 Tim 2,10 **1,26-27** 2,2; 4,4; Eph 3,6 S **1,28** Eph 4,13 **1,29** Eph 3,20; Phil 4,13 **2,1** 4,13.15-16; Offb 3,14 **2,2** 1,26-27 S **2,3** 1 Kor 1,24.30 **2,4** Röm 16,18 **2,5** 1 Kor 5,3 **2,7** Eph 3,17

zu bringen.[a] Das beruht doch alles auf Menschenlehren und hat nur mit den kosmischen Mächten* zu tun, aber nicht mit Christus.

9 In Christus allein wohnt wirklich und wahrhaftig die Heilsmacht Gottes in ihrer ganzen Fülle, 10 und durch ihn allein wird euch die Fülle des Heils zuteil, nicht durch irgendwelche anderen Mächte. Denn Christus ist das Oberhaupt jeder Macht und Gewalt im ganzen Kosmos.

11 Durch Christus seid ihr auch beschnitten* worden – nicht am Körper, sondern so, daß ihr den ganzen Körper, sofern er unter der Herrschaft der Sünde steht, abgelegt habt. Dies geschah in der Christus-Beschneidung, 12 der Taufe*. Als ihr getauft wurdet, seid ihr mit Christus begraben worden, und durch die Taufe seid ihr auch mit ihm zusammen auferweckt worden. Denn als ihr euch taufen ließt, habt ihr euch ja im Glauben der Macht Gottes anvertraut, der Christus vom Tod auferweckt hat.

13 Einst wart ihr tot, denn ihr wart unbeschnitten, das heißt in ein Leben voller Schuld verstrickt. Aber Gott hat euch mit Christus zusammen lebendig gemacht. Er hat uns unsere ganze Schuld vergeben. 14 Den Schuldschein, der uns wegen der nicht befolgten Gesetzesvorschriften belastete, hat er für ungültig erklärt. Er hat ihn ans Kreuz* genagelt und damit für immer beseitigt. 15 Die Mächte und Gewalten, die diesen Schuldschein gegen uns geltend machen wollten,[b] hat er entwaffnet und vor aller Welt zur Schau gestellt, er hat sie in seinem Triumphzug mitgeführt – und das alles in und durch Christus.

Über Christus hinaus brauchen wir nichts

16 Darum soll euch niemand verurteilen wegen eurer Eß- und Trinkgewohnheiten oder weil ihr bestimmte Festtage oder den Neumondstag* oder den Sabbat* nicht beachtet. 17 Das alles ist nur ein Schatten der kommenden neuen Welt; doch die Wirklichkeit ist Christus, und die ist schon zugänglich in seinem Leib*, der Gemeinde.[c]

18 Niemand soll euch das Heil absprechen, der sich in Demutsübungen und Engelverehrung gefällt und das mit irgendwelchen visionären Erlebnissen begründet. Solche Menschen blähen sich grundlos auf in ihrer rein irdischen Gesinnung, 19 statt sich an Christus zu halten, der doch der Herr über alles ist und das Haupt des Leibes*, der Gemeinde.[d] Von ihm her wird der ganze Leib zusammengehalten und versorgt, damit er zur vollen Größe emporwächst, wie es Gott gefällt.

20 Wenn ihr mit Christus gestorben seid, seid ihr den kosmischen Mächten* weggestorben. Warum tut ihr dann so, als ob ihr noch unter ihrer Herrschaft lebtet? Ihr laßt euch vorschreiben: 21 »Dies sollst du nicht anfassen, das sollst du nicht kosten, jenes sollst du nicht berühren!« 22 Alle diese Dinge sind doch zum Gebrauch und Verzehr bestimmt! Warum laßt ihr euch dann von Menschen darüber Vorschriften machen?

23 Es sieht nur so aus, als ob diese selbstgewählte Verehrung, die Demutsübungen und die Kasteiung des Körpers Zeichen besonderer Weisheit seien. In Wirklichkeit bringt das alles uns Gott nicht näher, sondern dient nur der Befriedigung menschlicher Selbstsucht und Eitelkeit.

Ein neues Leben durch Christus

3 Wenn ihr nun mit Christus auferweckt seid, dann orientiert euch nach oben, wo Christus ist! Gott hat ihm den Ehrenplatz an seiner rechten Seite gegeben.

2 Richtet also eure Gedanken nach oben und nicht auf die irdischen Dinge! 3 Ihr seid ja schon gestorben, und euer Leben ist mit Christus bei Gott verborgen. 4 Wenn einmal Christus, euer Leben, allen sichtbar wird, dann werdet ihr mit ihm zusammen in der ganzen Herrlichkeit sichtbar werden, die euch jetzt schon geschenkt ist.

5 Darum tötet alles, was an euch noch irdisch ist: Unzucht, Ausschweifung, Leidenschaft, böse Lust und die Habsucht. Habsucht ist soviel wie Götzendienst. 6 Wegen dieser Dinge kommt das

a Wörtlich *daß euch niemand mit der Philosophie* und leerem Trug einfängt.*

b *die diesen Schuldschein ...:* verdeutlichender Zusatz. Vorausgesetzt ist hier offenbar die jüdische Anschauung, daß Engel das himmlische Schuldbuch führen, nach dem Gott im Endgericht urteilt; sie verbindet sich mit der Anschauung, daß überirdische Mächte dem Menschen feind sind und ihn vom himmlischen Heil ausschließen wollen.

c *doch die Wirklichkeit ...:* wörtlich *doch der Leib ist des Christus.* »Leib« bedeutet hier zunächst *Wirklichkeit* im Gegensatz zu *Schatten.* So betrachtet *ist* Christus der »Leib«. Da Paulus aber sagt »der Leib ist *des* Christus«, denkt er offenbar gleich weiter und bezieht die Gemeinde als den Leib von Christus mit ein (vgl. Vers 19).

d *statt sich an Christus ...:* wörtlich *und halten sich nicht an das Haupt.* Das Haupt-Sein von Christus gilt für den Kosmos mit seinen Mächten (vgl. Verse 10 und 15) und für die Gemeinde, seinen »Leib« (vgl. 1,18); es ist hier auf beides zu beziehen.

2,9 1,19; Eph 1,21 S **2,11** Eph 2,11; Röm 2,28-29 S **2,12** 3,1; Eph 2,6; Röm 6,3-4 S **2,13** Eph 2,1.5 **2,14** Eph 2,15-16; 1 Petr 2,24 **2,15** Eph 1,21 S **2,16** Röm 14,1-6; Gal 4,10; 1 Tim 4,3 **2,17** Hebr 8,5 S **2,18** 1,16; Eph 1,21 S **2,19** Eph 1,22 S; 1,23 S **2,20** Gal 4,3-5.9 **2,21-22** Mk 7,7 par; Hebr 13,9 S **3,1** 2,12 S; Apg 2,33 S **3,2** Mt 6,33 **3,4** 1,27; Phil 3,21; 1 Joh 3,2 **3,5-8** Gal 5,19-21 S **3,5** Röm 6,6.11; 8,13; Gal 5,24 **3,6** Eph 5,6 S

Gericht Gottes.[a] 7 Auch ihr habt früher entsprechend gelebt, als ihr noch ganz dem Irdischen verhaftet wart.

8 Aber jetzt müßt ihr das alles ablegen, auch Zorn und Aufbrausen, Boshaftigkeit, Beleidigung und Verleumdung. 9 Belügt einander nicht mehr! Ihr habt doch den alten Menschen mit seinen Gewohnheiten ausgezogen 10 und habt den neuen Menschen angezogen: den Menschen, der in der Weise erneuert ist, daß er nun Gott erkennt und weiß, was Gott will – der erneuert ist nach dem Bild dessen, der ihn am Anfang nach seinem Bild geschaffen hat!

11 Wo diese Erneuerung geschehen ist, da zählt es nicht mehr, ob jemand zu den Griechen gehört oder zu den Juden, ob jemand beschnitten* ist oder unbeschnitten, ob jemand zu einem unzivilisierten Volk gehört oder gar zu einem Stamm von Wilden,[b] ob jemand im Sklavenstand* ist oder frei. Was einzig noch zählt, ist Christus, der in allen lebt und der alles wirkt.

Anweisungen für alle

12 Ihr seid von Gott erwählt, der euch liebt und zu seinem heiligen Volk[c] gemacht hat. Darum zieht nun wie eine neue Bekleidung alles an, was den neuen Menschen ausmacht: herzliches Erbarmen, Freundlichkeit, Bescheidenheit, Milde, Geduld. 13 Ertragt einander! Seid nicht nachtragend, wenn euch jemand Unrecht getan hat, sondern vergebt einander, so wie der Herr euch vergeben hat. 14 Und sozusagen über das alles darüber zieht die Liebe an, die alles andere in sich umfaßt. Sie ist das Band, das euch zu vollkommener Einheit zusammenschließt.

15 Der Frieden*, den Christus schenkt, soll euer ganzes Denken und Tun bestimmen. In diesen Frieden hat Gott euch alle miteinander gerufen, denn ihr seid ja durch Christus *ein* Leib*. Dankt Gott dafür!

16 Gebt dem Wort Raum, in dem Christus bei euch gegenwärtig ist. Laßt es seinen ganzen Reichtum unter euch entfalten. Unterweist und ermahnt einander mit aller Weisheit. Singt Gott aus vollem Herzen Psalmen, Hymnen, Loblieder, wie seine Gnade sie schenkt und sein Geist* sie euch eingibt. 17 Alles, was ihr tut und was ihr sagt, soll zu erkennen geben, daß ihr Jesus, dem Herrn*, gehört. Euer ganzes Leben soll ein einziger Dank sein, den ihr Gott, dem Vater, durch Jesus Christus darbringt.

Anweisungen für einzelne Gruppen

18 Ihr Frauen, ordnet euch euren Männern unter! So ist es der Gemeinschaft mit dem Herrn* angemessen.

19 Ihr Männer, liebt eure Frauen und seid nicht rücksichtslos gegen sie.

20 Ihr Kinder, gehorcht euren Eltern in allem! So verlangt es die Gemeinschaft mit dem Herrn.

21 Ihr Väter,[d] behandelt eure Kinder nicht zu streng, damit sie nicht entmutigt werden!

22 Ihr Sklaven und Sklavinnen, gehorcht in allem euren irdischen Herren und Herrinnen![e] Tut es nicht nur äußerlich, um euch bei ihnen einzuschmeicheln. Dient ihnen aufrichtig, als Menschen, die Christus als Herrn* ernst nehmen. 23 Alles, was ihr tut, tut von Herzen, als etwas, das ihr für den Herrn tut und nicht für Menschen. 24 Seid euch bewußt, daß ihr dafür vom Herrn das ewige Leben als Lohn bekommt. Dient mit eurem Tun Christus, dem Herrn! 25 Denn wer Unrecht tut, wird dafür bestraft werden. Gott ist ein unparteiischer Richter.

4 Ihr Herren und Herrinnen, behandelt eure Sklaven und Sklavinnen, wie es recht und billig ist! Seid euch bewußt, daß auch ihr einen Herrn im Himmel habt!

Weitere Ermahnungen

2 Laßt nicht nach im Beten und werdet nicht müde, Gott unablässig zu danken! 3 Betet auch für uns, daß Gott uns eine Tür öffnet und wir sein Geheimnis bekanntmachen können: die Botschaft von der Rettung durch Christus, für die ich jetzt im Gefängnis bin. 4 Bittet Gott darum, daß ich dieses Geheimnis offenbar machen kann, wie es mein Auftrag ist.

5 Im Blick auf die, die nicht zur Gemeinde gehören, und im Unterschied zu ihnen sollt ihr leben wie Menschen, die wissen, worauf es

a In vielen Handschriften wird hinzugefügt: *über die Menschen, die Gott nicht gehorchen* (vgl. Eph 5,6).
b *zu einem unzivilisierten …:* wörtlich *Barbar ist oder Skythe.*
c *zu seinem heiligen Volk:* wörtlich *heilig;* siehe Sacherklärung »Heilige«.
d *Väter:* mögliche, aber weniger wahrscheinliche Übersetzung *Eltern.*
e Im Griechischen steht jeweils nur ein Wort (*Sklaven* bzw. *Herren;* ebenso in 4,1), doch schließen die griechischen Mehrzahlformen Frauen mit ein (vgl. Sacherklärung »Sklave«).

3,7 Eph 2,3.11-12; 4,22; 5,8; Tit 3,3; 1 Kor 6,11 **3,9-10** Eph 4,22-24 **3,11** 2,11; Gal 3,27-28 S **3,12-15** Eph 4,2-4 **3,13** Eph 4,32 S **3,14** Eph 5,2 S **3,15** (Frieden) Phil 4,7.9; Eph 4,3; 1 Kor 7,15 S; (Leib) Eph 1,23 S **3,16-17** Eph 5,19-20; Hebr 13,15 **3,18** Eph 5,22-24 S **3,19** Eph 5,25-33 S **3,20** Eph 6,1-3 **3,21** Eph 6,4 **3,22-25** Eph 6,5-8 S **3,25** Röm 2,11 **4,1** Eph 6,9 **4,2** Lk 18,1 S **4,3** Röm 15,30 S **4,4** 1,26-27 S **4,5** 1 Thess 4,12; Eph 5,16

ankommt, und sollt die Zeit, die euch noch verbleibt, gut ausnutzen. [6] Wenn ihr Außenstehenden über euren Glauben Auskunft gebt, so tut es immer freundlich und in ansprechender Weise.[a] Bemüht euch, für jeden und jede die treffende Antwort zu finden.

Empfehlungen, Grüße und Anweisungen

[7] Über mein Ergehen wird euch Tychikus ausführlich berichten, der geliebte Bruder und treue Sachwalter, der mit mir zusammen im Dienst für den Herrn* steht. [8] Ich schicke ihn gerade deshalb zu euch, damit er euch von uns berichtet und euch Mut macht. [9] Mit ihm zusammen schicke ich den treuen und geliebten Bruder Onesimus, der ja zu euch gehört. Die beiden werden euch alles erzählen, was hier vorgeht.

[10] Es grüßt euch Aristarch, der mit mir im Gefängnis ist, ebenso Markus, der Vetter von Barnabas. Seinetwegen habe ich euch ja schon Anweisungen gegeben. Nehmt ihn freundlich auf, wenn er zu euch kommt! [11] Auch Jesus mit dem Beinamen Justus läßt euch grüßen. Diese drei sind die einzigen aus dem Judentum,[b] die noch mit mir zusammen für die Aufrichtung der Herrschaft* Gottes arbeiten. Sie sind mir ein wirklicher Trost geworden.

[12] Es grüßt euch Epaphras, der zu euch gehört und im Dienst von Jesus Christus steht. Ständig kämpft er in seinen Gebeten für euch, daß ihr euch als reife Christen bewährt und ganz davon erfüllt seid, in allem den Willen Gottes zu tun. [13] Ich kann bezeugen, wieviel Mühe und Plage er für euch auf sich nimmt und ebenso für die Glaubenden in Laodizea und Hiërapolis.

[14] Es grüßen euch unser lieber Lukas, der Arzt, und Demas.

[15] Grüßt die Brüder und Schwestern[c] in Laodizea, besonders Nympha und die Gemeinde in ihrem Haus.

[16] Wenn dieser Brief bei euch vorgelesen worden ist, dann schickt ihn nach Laodizea, damit er auch dort verlesen wird. Und lest auch den Brief, den ich nach Laodizea geschrieben habe.

[17] Sagt Archippus: Sei treu im Dienst für den Herrn und erfülle den Auftrag, den du erhalten hast!

[18] Mit eigener Hand schreibe ich, Paulus, hier meinen Gruß. Vergeßt meine Ketten nicht!

Die Gnade sei mit euch!

DER ERSTE BRIEF DES APOSTELS PAULUS AN DIE GEMEINDE IN THESSALONICH

(1. Thessalonicherbrief)

Inhaltsübersicht

Eingangsgruß

1 Paulus, Silvanus und Timotheus schreiben diesen Brief an die Gemeinde in Thessalonich, die Gott, dem Vater, und Jesus Christus, dem Herrn*, gehört:

Gnade und Frieden* sei mit euch!

Die Gemeinde in Thessalonich als Vorbild

[2] Wir danken Gott immerzu für euch alle, wenn wir in unseren Gebeten an euch denken. [3] Vor Gott, unserem Vater, erinnern wir uns stets voll Dank daran, was als Frucht eurer Gemeinschaft mit Jesus Christus, unserem Herrn*, bei euch herangereift ist: wie bewährt euer Glaube ist und wie aufopfernd eure Liebe und wie unerschütterlich eure Hoffnung.

[4] Gott liebt euch, Brüder und Schwestern,[d] und wir wissen, daß er euch dazu erwählt hat, ihm zu gehören. [5] Denn als wir euch die Gute Nachricht* verkündeten, geschah das nicht nur

a *in ansprechender Weise:* wörtlich *(Euer Wort sei) mit Salz gewürzt.*
b Wörtlich *aus der Beschneidung*.* c Siehe die folgende Anmerkung.
d *Brüder und Schwestern* steht für ein einziges griechisches Wort, das als Mehrzahlform nicht nur, wie herkömmlich übersetzt, die »Brüder« bezeichnet, sondern auch je nach Zusammenhang die gesamte Gemeinde aus Männern und Frauen (siehe dazu die Sacherklärung »Bruder«).

4,6 Eph 4,29 S; 1 Petr 3,15 **4,7-8** (Tychikus) Eph 6,21 S **4,9** Phlm 10 **4,10** (Aristarch) Apg 19,29 S; (Markus) Apg 12,12 S **4,12** 1,7 S **4,13** 2,1 S **4,14** (Lukas) 2 Tim 4,11; Phlm 24; (Demas) 2 Tim 4,10; Phlm 24 **4,15** Röm 16,5 S **4,16** 1 Thess 5,27; Eph 3,4 **4,17** Phlm 2 **4,18** 1 Kor 16,21 S; Eph 3,1 S **1,1** (Silvanus) 2 Thess 1,1; 1 Petr 5,12; 2 Kor 1,19; Apg 15,22 S; (Timotheus) 1 Kor 4,17 S; (Thessalonich) Apg 17,1 **1,5** 2,13; 1 Kor 2,4; 4,20

mit dem Wort, sondern zugleich mit Taten, in denen sich die Macht Gottes zeigte, mit dem Beistand des Heiligen Geistes* und mit großer Überzeugungskraft. Ihr wißt ja, wie wir unter euch gelebt und gewirkt haben, um euch die Rettung zu bringen.

6 Ihr aber seid unserem Beispiel gefolgt und damit dem Beispiel unseres Herrn. Obwohl ihr schwere Anfeindungen ertragen mußtet, habt ihr die Botschaft mit der Freude angenommen, die der Geist Gottes schenkt. 7 So seid ihr ein leuchtendes Vorbild für alle Glaubenden in Mazedonien und Achaia* geworden.

8 Und nicht nur dorthin ist die Botschaft des Herrn von euch aus gelangt; es hat sich auch überall sonst herumgesprochen, daß ihr euch Gott zugewandt habt. Wir brauchen niemand etwas davon zu erzählen. 9 Wo wir auch hinkommen, sprechen sie davon, was für ein segensreiches Wirken wir unter euch entfalten konnten. Überall erzählen sie, wie ihr euch von den Götzen abgewandt habt und dem wahren und lebendigen Gott dient – 10 und wie ihr nun vom Himmel her seinen Sohn* erwartet, den er vom Tod auferweckt hat: Jesus, der uns vor dem bevorstehenden Gericht rettet.

Die Glaubwürdigkeit der Verkündiger

2 Aber auch ihr selbst, Brüder und Schwestern,[a] erinnert euch ja noch genau an das Wirken, das wir unter euch entfaltet haben: daß es von Gott gesegnet und nicht vergeblich war.[b] 2 Wie ihr wißt, hatten wir zuvor in Philippi viel ausstehen müssen und waren mißhandelt worden. Trotzdem faßten wir im Vertrauen auf unseren Gott den Mut, euch ungescheut seine Gute Nachricht* zu verkünden, obwohl es auch bei euch zu harten Auseinandersetzungen kam.

3 Ihr könnt daran sehen: Wenn wir zum Glauben rufen, folgen wir nicht irgendwelchen Hirngespinsten. Wir tun es auch nicht in eigennütziger und betrügerischer Absicht. 4 Nein, Gott hat uns geprüft und für würdig befunden, mit dem Dienst an der Guten Nachricht betraut zu werden – deshalb und nur deshalb verkünden wir sie! Wir wollen nicht Menschen gefallen, sondern ihm, der unsere geheimsten Gedanken kennt.

5 Ich habe euch nie nach dem Mund geredet – ihr wißt es. Genausowenig ging es mir jemals insgeheim um den eigenen Vorteil – Gott kann es bezeugen! 6 Ich wollte auch nicht von Menschen geehrt werden, weder von euch noch von irgend jemand sonst.

7 Als Apostel* von Christus hätte ich meine Autorität hervorkehren können; aber statt dessen war ich sanft und freundlich zu euch,[c] wie eine stillende Mutter zu ihren Kindern. 8 Ich hatte eine solche Zuneigung zu euch, daß ich bereit war, nicht nur Gottes Gute Nachricht mit euch zu teilen, sondern auch mein eigenes Leben. So lieb hatte ich euch gewonnen.

9 Ihr erinnert euch doch, Brüder und Schwestern, daß ich keine Mühe gescheut habe. Während ich euch Gottes Gute Nachricht verkündete, habe ich Tag und Nacht für meinen Lebensunterhalt gearbeitet, um niemand von euch zur Last zu fallen. 10 Ich rufe euch selbst und Gott als Zeugen an: Mein Verhalten gegen euch, die ihr die Gute Nachricht annahmt, war gottgefällig, redlich und untadelig. 11 Ihr wißt selbst: Ich war zu euch allen, zu jedem einzelnen, wie ein Vater zu seinen Kindern. 12 Ich habe euch ermutigt und angespornt und euch beschworen, ein Leben zu führen, das Gott Ehre macht. Er hat euch doch dazu berufen, in seiner neuen Welt[d] zu leben und seine Herrlichkeit* mit ihm zu teilen.

Dank an Gott für die Annahme der Verkündigung in Thessalonich

13 Darum danke ich Gott auch unaufhörlich dafür, daß ihr die Botschaft, die wir euch brachten, nicht als Menschenwort aufgenommen habt, sondern als Wort Gottes, das sie tatsächlich ist. Und als Wort Gottes erweist sie sich auch wirksam unter euch, die ihr dieser Botschaft glaubt.

14 Das zeigt sich daran, Brüder und Schwestern, daß es euch ebenso ergangen ist wie den christlichen Gemeinden in Judäa.[e] Ihr habt von euren Landsleuten dasselbe erduldet, was sie von ihren jüdischen Landsleuten erdulden mußten. 15 Diese haben schon Jesus, den Herrn*, getötet und ebenso die Propheten*, und auch uns haben sie verfolgt. Sie mißfallen Gott und

a Siehe Anmerkung zu 1,4; ebenso für die Verse 9, 14 und 17. b *daß es von Gott …:* wörtlich *daß es nicht leer war.*
c In der Mehrzahl der Handschriften heißt es: *waren wir* (d.h. ich) *unter euch wie Unmündige* (nur ein Buchstabe Unterschied). d Wörtlich *in seiner Königsherrschaft*.*
e Wörtlich *wie den Gemeinden Gottes in Christus Jesus, die in Judäa sind.*

1,6 1 Kor 4,16 S **1,8** Röm 1,8 **1,9** Apg 14,15; Joh 17,3 **2,2** Apg 16,19-24; 17,1-9 **2,3** 2 Kor 2,17 S **2,4** Gal 1,10 **2,5** Apg 18,3 S **2,6** Joh 5,41.44 **2,7** 1 Kor 9,12 **2,8** 2 Kor 12,15 **2,9** Apg 18,3 S **2,10** 2 Kor 1,12 **2,11** Apg 20,31; 1 Kor 4,14-15; Gal 4,19; 1 Tim 1,2; 2 Tim 1,2; Tit 1,4 **2,12** Phil 1,27 S; (Herrlichkeit) Röm 5,2 S **2,13** 1,5; Gal 1,11-12 **2,14** Apg 17,5 **2,15** Apg 2,23; Mt 5,12 S; 2 Kor 11,23-29 S; Apg 14,19 S; Röm 11,28

sind allen Menschen feindlich gesinnt. [16] Denn sie wollen verhindern, daß wir den anderen Völkern[a] die Gute Nachricht* verkünden, die sie retten kann. So machen sie fortgesetzt das Maß ihrer Sünden voll. Aber das Strafgericht Gottes hat sie schon in vollem Umfang erreicht.

Paulus in Sorge um die Gemeinde

[17] Brüder und Schwestern! Wir sind richtig verwaist, wenn auch nur vorübergehend, seit wir von euch getrennt sind. Wir sind es auch nur äußerlich, nicht in unseren Herzen; aber wir sehnen uns so sehr nach euch, daß wir nach einer Möglichkeit suchten, euch wiederzusehen. [18] Wir hatten die feste Absicht, zu euch zu kommen. Ich, Paulus, versuchte es mehrere Male; aber der Satan* hinderte uns daran. [19] Ihr seid doch unsere Hoffnung und unsere Freude und unser Siegeskranz, auf den wir stolz sein können,[b] wenn Jesus, unser Herr*, kommt. Ja, gerade auch ihr! [20] Ihr seid doch unsere Ehre und unsere Freude!

3 Schließlich hielt ich es nicht länger aus. Ich beschloß, mit Silvanus[c] in Athen zu bleiben, [2] und schickte Timotheus zu euch, unseren Bruder und Gottes Mitarbeiter bei der Verbreitung der Guten Nachricht* von Christus. Er sollte euch in eurem Glauben stärken und ermutigen, [3] damit niemand von euch durch die Verfolgungen in seinem Glauben wankend wird.

Ihr wißt ja selbst, daß wir Verfolgung erleiden müssen. [4] Schon als ich noch bei euch war, habe ich euch vorausgesagt, daß sie uns verfolgen werden. Das ist nun eingetreten, und ihr habt es an euch selbst erlebt.

[5] Darum hielt ich es nicht mehr aus und schickte Timotheus zu euch, um zu erfahren, wie es um euren Glauben steht. Ich war in Sorge, der Versucher könnte euch zu Fall gebracht haben und meine ganze Arbeit könnte vergeblich gewesen sein.

Beruhigung durch Nachrichten aus Thessalonich

[6] Aber soeben ist nun Timotheus von euch zurückgekehrt und hat uns gute Nachrichten über euren Glauben und eure Liebe gebracht. Er hat uns erzählt, daß ihr euch oft und gern an uns erinnert und euch ebensosehr nach uns sehnt, wie wir uns nach euch sehnen.

[7] Ihr habt euren Glauben bewahrt, Brüder und Schwestern,[d] und das hat uns mitten in unserer Angst und Sorge neuen Mut gegeben. [8] Jetzt leben wir wieder auf, weil wir wissen, daß ihr feststeht in der Verbundenheit mit dem Herrn*.

[9] Wir können unserem Gott nicht genug für euch danken und für die große Freude, die er uns an euch erleben läßt. [10] Tag und Nacht bitten wir ihn von ganzem Herzen, daß wir euch wiedersehen dürfen. Denn wir möchten euch gerne helfen, daß an eurem Glauben nichts mehr fehlt.

[11] Wir bitten Gott, unseren Vater, und Jesus, unseren Herrn, uns den Weg zu euch zu ebnen. [12] Der Herr lasse eure Liebe zueinander und zu allen Menschen wachsen und überströmen, so daß sie so stark wird wie unsere Liebe zu euch. [13] Er mache euch innerlich stark, damit ihr vor Gott, unserem Vater, in untadeliger Heiligkeit* dasteht, wenn Jesus, unser Herr, mit allen seinen Engeln* kommt. Amen.

Ein Leben, das Gott gefällt

4 Brüder, ihr habt von uns gelernt, wie ihr leben sollt, um Gott zu gefallen; und ihr lebt auch schon so. Nun bitten und ermahnen wir euch im Namen von Jesus, dem Herrn*, daß ihr darin auch weiterhin Fortschritte macht.

[2] Ihr wißt, welche Anweisungen wir euch in seinem Auftrag gegeben haben. [3] Gott will, daß ihr heilig* seid: daß ihm euer ganzes Leben gehört. Das bedeutet, daß ihr euch von Unzucht fernhalten sollt. [4] Jeder von euch Männern soll lernen, mit seiner Frau so zusammenzuleben, wie es Gott und den Menschen gefällt. [5] Ihr sollt nicht blind eurer Leidenschaft folgen, wie die Menschen,[e] die Gott nicht kennen. [6] Es soll sich auch keiner Übergriffe erlauben und seinen Bruder bei Geschäften übervorteilen.[f]

Wir haben euch das schon früher gesagt, und wir haben euch nachdrücklich gewarnt: Wer so etwas tut, den wird der Herr bestrafen. [7] Gott hat uns nicht dazu berufen, daß wir ein zuchtloses Leben führen, sondern daß wir sein heiliges Volk sind und ihm Ehre machen. [8] Wer also diese

a Herkömmliche Übersetzung *den Heiden**. b Wörtlich *unser Siegeskranz des Rühmens**.
c Wörtlich *Wir beschlossen, allein in Athen zu bleiben (und schickten)*; vgl. 1,1. d Siehe Anmerkung zu 1,4.
e Wörtlich *die Menschen der nichtjüdischen Völker* (die sog. *Heiden**).
f Manche Ausleger beziehen den Satz noch auf das Vorhergehende und übersetzen: *und seinen Bruder in der* (= dieser) *Sache betrügen*, d.h. durch Ehebruch.

2,16 Mt 23,31-32 **2,17** 3,10 **2,19-20** Phil 2,16 S; 4,1 **3,1** Apg 17,14 **3,2** 1 Kor 4,17 S **3,3b** 2 Thess 1,4; Eph 3,13; 2 Tim 3,12 **3,4** Apg 14,22 **3,5** 1 Kor 15,2 S **3,6** Apg 18,5 **3,10** 2,17 **3,12** Gal 6,10 S **3,13** Phil 1,10 S **4,1** Kol 1,10 **4,3** 1 Kor 6,13 **4,7** Phil 1,27 S; 1 Petr 1,15-16 **4,8** 1 Kor 6,19-20

Anweisungen in den Wind schlägt, lehnt sich nicht gegen einen Menschen auf, sondern gegen Gott, der euch seinen Heiligen Geist* gegeben hat, damit ihr so leben könnt, wie es ihm gefällt.[a]

9 Über die Liebe zu den Brüdern und Schwestern[b] brauchen wir euch nichts zu schreiben. Gott selbst hat es euch ins Herz gegeben, einander zu lieben. 10 Ihr erweist solche Liebe ja auch allen Glaubensgeschwistern in ganz Mazedonien. Wir bitten euch, daß ihr darin noch vollkommener werdet!

11 Betrachtet es als Ehrensache, ein geregeltes Leben zu führen. Kümmert euch um eure eigenen Angelegenheiten, und arbeitet für euren Lebensunterhalt, wie wir euch das gesagt haben. 12 Lebt so, daß ihr denen, die nicht zur Gemeinde gehören, keinen Anstoß gebt und niemand zur Last fallt.

Was ist mit denen in der Gemeinde, die sterben, bevor Jesus wiederkommt?

13 Wir wollen euch nicht im unklaren lassen, liebe Brüder und Schwestern,[c] wie es mit denen aus eurer Gemeinde steht, die schon gestorben sind. Dann braucht ihr nicht traurig zu sein wie die übrigen Menschen, die keine Hoffnung haben. 14 Wir glauben doch, daß Jesus gestorben und auferstanden ist. Ebenso gewiß wird Gott auch die Verstorbenen durch Jesus und mit ihm zusammen zum ewigen Leben führen.

15 Mit einem Wort des Herrn* sage ich euch: Die Brüder und Schwestern, die schon gestorben sind,[d] werden gegenüber uns, die beim Kommen des Herrn noch am Leben sind, nicht benachteiligt sein. 16 Wenn Gottes Befehl ergeht, der oberste Engel* ruft und die himmlische Posaune* ertönt, wird Christus, der Herr, selbst vom Himmel kommen. Zuerst werden dann alle, die im Vertrauen auf ihn gestorben sind, aus dem Grab auferstehen. 17 Danach werden wir, die noch am Leben sind, mit ihnen zusammen auf Wolken in die Luft gehoben und dem Herrn entgegengeführt werden, um ihn zu empfangen. Dann werden wir für immer mit ihm zusammensein. 18 Macht euch also damit gegenseitig Mut!

Jederzeit bereit sein!

5 Über die Frage, wann das geschehen wird, Brüder und Schwestern,[e] zu welchem näheren Zeitpunkt es eintreten wird, brauchen wir euch nichts zu schreiben. 2 Ihr wißt selbst ganz genau, daß der Herr* so unvorhergesehen kommt wie ein Dieb in der Nacht. 3 Wenn die Menschen sagen werden: »Alles ist ruhig und sicher«, wird plötzlich Gottes vernichtendes Strafgericht über sie hereinbrechen, so wie die Wehen über eine schwangere Frau. Da gibt es kein Entrinnen.

4 Ihr aber lebt ja nicht in der Dunkelheit, Brüder und Schwestern, so daß euch der Tag des Herrn wie ein Dieb überraschen könnte. 5 Ihr alle seid vielmehr Menschen, die dem Licht und dem Tag gehören. Und weil wir nicht mehr der Nacht und der Dunkelheit gehören, 6 wollen wir auch nicht schlafen wie die anderen, sondern wach und nüchtern sein.

7 Wer schläft, tut es in der Nacht, und wer sich betrinkt, tut es in der Nacht. 8 Wir aber gehören dem Tag und wollen deshalb nüchtern sein. Wir wollen Glauben und Liebe als Panzer anlegen und die Hoffnung auf Rettung als Helm. 9 Denn Gott hat uns nicht dazu bestimmt, daß wir seinem Gericht verfallen, sondern daß wir durch Jesus Christus, unseren Herrn, gerettet werden.

10 Er, unser Herr, ist für uns gestorben, damit wir zusammen mit ihm leben. Das gilt für uns alle, ob wir noch am Leben sind, wenn er kommt, oder ob wir schon vorher gestorben sind.

11 Macht also einander Mut und helft euch gegenseitig weiter, wie ihr es ja schon tut.

Abschließende Anweisungen

12 Brüder und Schwestern, wir bitten euch: Erkennt die an, die sich für euch abmühen und in der Gemeinde des Herrn* Verantwortung übernehmen, um euch den rechten Weg zu zeigen. 13 Wegen des Dienstes, den sie an euch tun, sollt ihr ihnen mit Hochachtung und Liebe begegnen. Lebt in Frieden und Eintracht miteinander!

14 Wir bitten euch weiter, liebe Brüder und

a *damit ihr …:* verdeutlichender Zusatz.
b Wörtlich *Über die Bruderliebe* (bzw. *Geschwisterliebe*); siehe Sacherklärung »Bruder«.
c Siehe Anmerkung zu 1,4.
d *Die Brüder …:* wörtlich *Die Entschlafenen.* Derselbe Ausdruck steht im Griechischen auch in den beiden vorangehenden Versen.
e Siehe Anmerkung zu 1,4; ebenso für die Verse 4, 12, 14, 25 und 27.

4,9 Gal 6,10 S; (ins Herz) Jer 31,33-34 **4,11** 2 Thess 3,10.12; Eph 4,28; 1 Thess 2,9 **4,12** Kol 4,5 **4,13** Eph 2,12; 1 Kor 15,19 **4,14** Röm 14,8-9; 1 Kor 15,3-4.12.20 **4,15-16** Mk 13,26 S; 1 Kor 15,51-52 **4,17** (zusammensein) Joh 12,26 S; Röm 5,17; Phil 1,23 **5,1** Mk 13,32 par **5,2** Mt 24,27 S; (wie ein Dieb) Mt 24,43 S **5,3** Jer 6,14-15; Mt 24,39 par **5,5-8** Röm 13,11-12; Eph 5,8-9 **5,8** 2 Kor 10,4 S **5,9** 1,10 **5,10** 4,14; Röm 14,8-9 **5,12** 1 Kor 16,15-18; 1 Tim 5,17 **5,13** (Frieden) Mk 9,50 S **5,14** 2 Thess 3,6.11-12.15

Schwestern: Weist die zurecht, die ein ungeregeltes Leben führen. Ermutigt die Ängstlichen. Helft den Schwachen und habt Geduld mit allen. 15 Achtet darauf, daß niemand von euch Böses mit Bösem heimzahlt. Bemüht euch vielmehr stets, das Gute zu tun, im Umgang miteinander und mit allen Menschen.

16 Freut euch immerzu! 17 Laßt nicht nach im Beten! 18 Dankt Gott in jeder Lebenslage! Das will Gott von euch als Menschen, die mit Jesus Christus verbunden sind.

19 Unterdrückt nicht das Wirken des Heiligen Geistes*. 20 Verachtet nicht die Weisungen*, die er euch gibt. 21 Prüft aber alles, und nehmt nur an, was gut ist. 22 Von jeder Art des Bösen haltet euch fern!

Schlußwort und Grüße

23 Gott selbst aber, der uns seinen Frieden* schenkt, vollende euch als sein heiliges* Volk und bewahre euch im Innersten unversehrt, fehlerlos an Seele und Leib, für den Tag, an dem Jesus Christus, unser Herr*, kommt. 24 Gott ist treu, der euch berufen hat; er wird euch auch vollenden.

25 Betet auch ihr für uns, Brüder und Schwestern! 26 Grüßt alle in der Gemeinde mit dem Friedenskuß*. 27 Ich beschwöre euch bei dem Herrn, diesen Brief vor allen Brüdern und Schwestern zu verlesen.

28 Die Gnade unseres Herrn Jesus Christus sei mit euch.[a]

DER ZWEITE BRIEF DES APOSTELS PAULUS AN DIE GEMEINDE IN THESSALONICH

(2. Thessalonicherbrief)

Inhaltsübersicht

Eingangsgruß

1 Paulus, Silvanus und Timotheus schreiben diesen Brief an die Gemeinde in Thessalonich, die Gott, unserem Vater, und dem Herrn* Jesus Christus gehört:

2 Gnade und Frieden* sei mit euch von Gott, unserem Vater, und von Jesus Christus, dem Herrn.

Christus kommt zum Gericht

3 Wir müssen Gott immerzu für euch danken, Brüder und Schwestern![b] Wir haben allen Grund dazu, denn euer Glaube wächst, und die gegenseitige Liebe nimmt bei allen, bei jedem einzelnen von euch, zu. 4 Mit Stolz erzählen wir in den Gemeinden Gottes von eurer Standhaftigkeit und Treue in all den Verfolgungen und Leiden, die ihr zu ertragen habt. 5 Diese Verfolgungen beweisen euch, daß Gott ein gerechtes Gericht halten wird und euch ehrenvoll in seine neue Welt[c] aufnehmen will, für die ihr ja leidet. 6 Denn es entspricht der Gerechtigkeit Gottes, daß er die, die euch Leiden bereiten, selbst leiden läßt 7 und daß er euch, die ihr jetzt leiden müßt, mit uns zusammen von allen Leiden befreit.

Das wird geschehen, wenn Jesus, der Herr*, vom Himmel kommt und alle ihn sehen werden. Er kommt mit den Engeln*, die seine Befehle vollstrecken, 8 und in loderndem Feuer, um Vergeltung zu üben an allen, die Gott nicht ehren und die Gute Nachricht* von Jesus, unserem Herrn, nicht gehorsam annehmen. 9 Als Strafe verhängt der Herr in seiner Macht und Herrlichkeit* ewiges Verderben über sie. 10 Das geschieht an dem Tag, an dem er kommt, um von allen, die ihm gehören,[d] von allen, die zum Glauben* an ihn gekommen sind, geehrt und umjubelt

a Wörtlich *sei mit eurem Geist*. Wahrscheinlich liegt eine hebräische Ausdrucksweise zugrunde, die mit »Geist« den ganzen Menschen bezeichnet. Dasselbe gilt für *im Innersten* (wörtlich *den Geist*) in Vers 23, wo dem Satzbau nach nicht die gewohnte dreigliedrige Formel »Leib, Seele, Geist« vorliegt.
b Siehe Anmerkung zu 1 Thess 1,4. c Wörtlich *in die Königsherrschaft* Gottes*.
d Wörtlich *von seinen Heiligen**.

5,15 Röm 12,17 S **5,16** Phil 2,18 S **5,17** Lk 18,1 S **5,19-20** 1 Kor 14,39 **5,21** 1 Kor 14,29; 1 Joh 4,1; Eph 5,10 **5,23** 2 Kor 13,11 S; Phil 1,10 S **5,24** 1 Kor 1,8-9; Phil 1,6; 2 Thess 1,11; 3,3 **5,25** Röm 15,30 S **5,26** Röm 16,16 S **5,27** Kol 4,16 S **1,1** 1 Thess 1,1 **1,4** Phil 2,16 S; 1 Thess 3,3b **1,5** Phil 1,28 **1,6** Röm 12,19; Offb 18,6 **1,7b** Mt 25,31 S; 1 Thess 4,16-17 **1,8** Jes 66,15; Röm 2,8; 1 Petr 4,17

zu werden – auch von euch, denn ihr habt ja der Botschaft geglaubt, die wir euch gebracht haben.

11 Im Blick darauf beten wir auch immerzu für euch. Wir bitten unseren Gott, euch würdig zu machen für das ewige Leben, zu dem er euch berufen hat. Durch seine Macht führe er alle eure guten Vorsätze und euer Wirken aus dem Glauben heraus zur Vollendung. 12 So soll der Name* unseres Herrn Jesus durch euch zu Ehren kommen – und ebenso auch ihr durch ihn. Die Gnade unseres Gottes und des Herrn Jesus Christus wird euch dazu verhelfen!

Was zuvor noch geschehen muß: Das Auftreten des Antichrist

2 Ihr wartet darauf, Brüder und Schwestern,[a] daß Jesus Christus, unser Herr*, kommt und wir mit ihm vereinigt werden. Wir bitten euch aber: 2 Laßt euch nicht so rasch verwirren oder erschrecken durch die Behauptung, der Tag, an dem der Herr kommt, stehe unmittelbar bevor. Glaubt es nicht, auch wenn sich jemand auf eine Eingebung des Heiligen Geistes* beruft oder auf irgendeinen Ausspruch oder auf einen Brief von mir. 3 Laßt euch durch nichts und niemand täuschen: Erst muß es dahin kommen, daß viele ihrem Glauben untreu werden. Der Feind Gottes muß auftreten, der alles Böse in sich vereint[b] und der zum Untergang bestimmt ist. 4 Er wird sich gegen alles auflehnen und sich über alles erheben, was als göttlich und verehrungswürdig gilt. Ja, er wird seinen Thron im Tempel Gottes aufstellen und wird behaupten, er sei Gott!

5 Erinnert ihr euch nicht, daß ich euch dies angekündigt habe, als ich noch bei euch war? 6 Inzwischen wißt ihr aber auch, wodurch das noch aufgehalten wird. Der Feind Gottes kann erst hervortreten, wenn die Zeit dafür reif ist. 7 Im verborgenen ist die Macht der Auflehnung zwar schon am Werk; doch der, der sie bisher noch zurückhält, muß ihr erst noch den Weg freigeben.

8 Dann erst wird der Feind Gottes[c] offen hervortreten. Aber Jesus, der Herr*, wird ihn mit dem bloßen Hauch seines Mundes töten, wenn er in seiner Herrlichkeit* kommt.

Die Gefährdung durch den Antichrist

9 Der Feind Gottes wird bei seinem Auftreten vom Satan* unterstützt, so daß er aufsehenerregende Wunder vollbringen und die Menschen damit blenden kann. 10 Alle, die verlorengehen, wird er durch seine bösen Künste täuschen. Sie erliegen ihnen, weil sie ihr Herz nicht der Wahrheit* geöffnet haben, die sie retten könnte. 11 Deshalb liefert Gott sie dem Irrtum aus, so daß sie der Lüge Glauben schenken. 12 Alle, die der Wahrheit nicht geglaubt haben, sondern am Bösen Gefallen hatten, werden so ihre Strafe finden.

Aufruf zur Standhaftigkeit an die Erwählten

13 Doch für euch, Brüder und Schwestern,[d] müssen wir Gott immerzu danken. Ihr seid von Jesus, dem Herrn*, geliebt. Von allem Anfang an hat Gott euch dazu erwählt,[e] daß ihr gerettet werdet. Und das werdet ihr, weil Gottes Geist* euer Leben bestimmt und euch heilig* macht und weil ihr der Wahrheit* Gottes glaubt. 14 Durch die Gute Nachricht*, die wir euch gebracht haben, hat Gott euch dazu berufen, an der Herrlichkeit* unseres Herrn Jesus Christus teilzuhaben.

15 Steht also fest, Brüder und Schwestern, und haltet euch an die Überlieferungen, an alles, was ich euch mündlich oder brieflich gelehrt habe. 16 Gott, unser Vater, hat uns seine Liebe erwiesen und uns in seiner Gnade einen ewig gültigen Trost und eine sichere Hoffnung geschenkt. Wir bitten ihn und unseren Herrn Jesus Christus, 17 euch getrost und mutig zu machen und euch Kraft zu geben zu allem Guten, in Wort und Tat.

Abschließende Bitten und Wünsche

3 Im übrigen: Betet für mich, Brüder und Schwestern! Bittet darum, daß die Botschaft des Herrn* sich rasch verbreitet und überall so wie bei euch mit Dank gegen Gott angenommen wird. 2 Bittet auch darum, daß Gott mich vor den Anschlägen böser und schlechter Menschen rettet. Denn nicht alle nehmen den Glauben an.

3 Doch der Herr ist treu. Er wird euch stärken und vor dem Bösen beschützen. 4 Er gibt mir

a Siehe Anmerkung zu 1 Thess 1,4.
b *der Feind …:* wörtlich *der Mensch der Gesetzlosigkeit;* siehe Sacherklärung »Antichrist«.
c Hier heißt er *der Gesetzlose.*
d Siehe Anmerkung zu 1 Thess 1,4; ebenso für Vers 15 und für 3,1.6.13.
e Nach anderer Überlieferung *Gott hat euch als Erstlingsfrucht (seiner neuen Schöpfung) erwählt;* siehe Sacherklärung »Erstling«.

1,11 1 Thess 5,25; 5,24 S **2,1-2** 1 Thess 4,15–5,3 **2,3** 1 Tim 4,1; 1 Joh 2,18 S **2,4** Dan 11,31.36 **2,8** Jes 11,4; Offb 19,15 **2,9** Mt 24,24 S **2,13** Röm 8,30 **2,14** 1 Thess 5,9 **2,16** Röm 8,39 S; 1 Thess 1,4 **3,1** Röm 15,30 S **3,3** Joh 17,15 S; 1 Thess 5,24 S; 1 Kor 10,13

auch das Vertrauen zu euch, daß ihr jetzt und in Zukunft meinen Anweisungen folgen werdet. 5 Der Herr richte euer ganzes Denken und Wollen darauf, daß ihr Gott liebt und standhaft zu Christus haltet.

Spezielle Mahnung: Die Pflicht zur Arbeit

6 Brüder und Schwestern! Wir befehlen euch im Namen unseres Herrn* Jesus Christus: Meidet den Umgang mit allen in der Gemeinde, die ihre täglichen Pflichten vernachlässigen und den Anweisungen nicht folgen, die sie von uns erhalten haben.

7 Ihr wißt selbst, wie ich bei euch gelebt habe. Das muß euch ein Vorbild sein. Ich habe mich nicht vor der Arbeit gedrückt 8 und bei niemand umsonst mitgegessen. Ich habe keine Mühe gescheut und habe Tag und Nacht für meinen Lebensunterhalt gearbeitet, um keinem von euch zur Last zu fallen. 9 Dabei hätte ich sehr wohl das Recht gehabt, Unterstützung von euch zu verlangen. Aber ich wollte euch ein Beispiel geben, dem ihr nachleben sollt. 10 Ich habe es euch ja auch ausdrücklich gesagt, als ich bei euch war: Wer nicht arbeiten will, soll auch nicht essen.

11 Nun höre ich, daß es einige unter euch gibt, die ein ungeregeltes Leben führen. Sie arbeiten nicht, sondern treiben sich unnütz herum. 12 Ich ermahne sie im Namen des Herrn Jesus Christus mit allem Nachdruck, daß sie einer geregelten Arbeit nachgehen und ihren Lebensunterhalt selbst verdienen.

13 Brüder und Schwestern, werdet nicht müde, das Gute zu tun! 14 Wenn jemand meinen Anweisungen in diesem Brief nicht folgen will, so merkt ihn euch und geht ihm aus dem Weg, damit er sich schämt. 15 Behandelt ihn aber nicht wie einen Feind, sondern ermahnt ihn als Bruder oder Schwester.[a]

16 Der Herr selbst aber, von dem aller Frieden* kommt, schenke euch jederzeit und auf jede Weise seinen Frieden. Der Herr stehe euch allen bei!

Eigenhändiger Gruß

17 Zum Schluß mein persönlicher Gruß! Ich, Paulus, schreibe ihn mit eigener Hand. Dies ist meine Handschrift. Daran sind alle meine Briefe zu erkennen.

18 Die Gnade unseres Herrn* Jesus Christus sei mit euch allen.

DER ERSTE BRIEF DES APOSTELS PAULUS AN TIMOTHEUS

(1. Timotheusbrief)

Inhaltsübersicht

GEFAHR DURCH FALSCHE LEHREN UND AUFTRAG AN TIMOTHEUS

(Kapitel 1)

Eingangsgruß

1 Diesen Brief schreibt Paulus, Apostel* von Jesus Christus durch einen Auftrag von Gott, der unser Retter ist, und von Jesus Christus, auf den wir hoffen. 2 Ich, Paulus, schreibe an Timotheus, der mir ein richtiger Sohn geworden ist, weil ich ihn zum Glauben geführt habe:

Gnade, Erbarmen und Frieden* sei mit dir von Gott, dem Vater, und von Jesus Christus, unserem Herrn*!

Die Irrlehrer in Ephesus und der Auftrag an Timotheus

3 Es gilt noch, Timotheus, was ich dir aufgetragen habe, als ich nach Mazedonien abreiste! Damals habe ich dich gebeten, in Ephesus zurückzubleiben und dafür zu sorgen, daß bestimmte Leute dort keine falschen Lehren verbreiten. 4 Sie sollten sich nicht mit uferlosen Spekulationen über die Anfänge der Welt und die ersten Geschlech-

a Wörtlich: *als Bruder**.

3,6 3,12; 1 Thess 5,14 **3,8** Apg 18,3 S **3,9** 1 Kor 9,4.15; 4,16 S **3,10.12** 1 Thess 4,11 S **3,11** 1 Tim 5,13 **3,13** Gal 6,9 **3,15** 1 Thess 5,14; Mt 18,15-17 **3,16** 2 Kor 13,11 S **3,17** 1 Kor 16,21 **1,2** (Timotheus) 1 Kor 4,17 S; (Sohn) 1 Thess 2,11 S; Tit 1,4 **1,3-7** (falsche Lehren) 4,1-10; 6,3-5.20-21; 2 Tim 2,16-18.23-26; Tit 1,10-16; 3,9-11 **1,3** (Ephesus) Apg 20,1 **1,4** (Spekulationen) 4,7; 2 Tim 4,4; Tit 1,14; 3,9

terfolgen[a] befassen; denn das führt nur zu unfruchtbaren Spitzfindigkeiten, anstatt dem Heilsplan Gottes zu dienen, der auf den Glauben* zielt.

5 Jede Unterweisung der Gemeinde muß zur Liebe hinführen, die aus einem reinen Herzen, einem guten Gewissen und einem aufrichtigen
Glauben kommt. 6 Davon haben sich einige
abgewandt und haben sich in leeres Gerede
verloren. 7 Sie wollen Lehrer des göttlichen Gesetzes* sein; aber sie wissen nicht, was sie sagen, und haben keine Ahnung von dem, worüber sie so selbstsicher ihre Behauptungen aufstellen.

8 Wir dagegen wissen: Das Gesetz, das Gott gegeben hat, ist gut, wenn es in der rechten
Weise gebraucht wird. 9 Wir dürfen nämlich
eines nicht vergessen: Das Gesetz ist nicht für Menschen da, die tun, was Gott will, sondern für solche, die sich um Recht und Ordnung nicht kümmern. Es ist für Sünder bestimmt, die Gott und seine Gebote verachten, für Leute, die Vater
und Mutter töten, Mord 10 und Unzucht be-
gehen und als Männer mit Knaben oder ihresgleichen verkehren, für Menschenhändler und solche, die lügen und falsche Eide schwören oder sonst etwas tun, was im Widerspruch zur gesunden Lehre steht.

11 Diese Lehre entspricht der Guten Nachricht*, die mir anvertraut worden ist – der Botschaft von der Herrlichkeit, die der ewige und in sich vollkommene Gott uns geben will.

Dank für Gottes Erbarmen

12 Ich bin voll Dank gegenüber Jesus Christus, unserem Herrn*, der mir für meinen Auftrag die Kraft gegeben hat. Denn er hat mich für vertrauenswürdig erachtet und in seinen Dienst
genommen, 13 obwohl ich ihn doch früher be-
schimpft, verfolgt und verhöhnt habe. Aber er hat mit mir Erbarmen gehabt, weil ich nicht wußte, was ich tat. Ich kannte ihn ja noch nicht.
14 Er, unser Herr, hat mir seine Gnade im Überfluß geschenkt und mit ihr den Glauben und die Liebe, die aus der Verbindung mit ihm erwachsen.

15 Es ist ein wahres Wort und verdient volles Vertrauen: Jesus Christus ist in die Welt gekommen, um die Sünder zu retten. Unter ihnen bin
ich selbst der schlimmste. 16 Deshalb hatte er
gerade mit mir Erbarmen und wollte an mir als erstem seine ganze Geduld zeigen. Er wollte mit mir ein Beispiel aufstellen, was für Menschen künftig durch den Glauben* – das Vertrauen auf ihn – zum ewigen Leben kommen können.
17 Gott, der ewige König, der unsterbliche, unsichtbare und einzige Gott, sei dafür in alle Ewigkeit geehrt und gepriesen! Amen.

18 Mein Sohn Timotheus, ich lege dir den Auftrag, mit dem ich dich zurückließ, erneut ans Herz.[b] Er entspricht den prophetischen Worten, die über dich ergangen waren. Erinnere dich an sie und schöpfe aus ihnen Kraft für den guten Kampf, den du zu kämpfen hast.

19 Bewahre den Glauben und ein reines Gewissen! Manche haben in ihrem Glauben Schiffbruch erlitten, weil sie nicht auf die Stimme
ihres Gewissens gehört haben. 20 Hymenäus
und Alexander gehören zu ihnen. Ich habe sie dem Satan* übergeben, damit er sie bestraft. So sollen sie lernen, Gott nicht mehr mit ihrer Lebensführung zu beleidigen.

WEISUNGEN FÜR DAS LEBEN DER GEMEINDE (Kapitel 2–3)

Das Gebet für alle Menschen, besonders die Regierenden

2 Das Erste und Wichtigste, wozu ich die Gemeinde aufrufe, ist das Gebet, und zwar für alle Menschen. Bringt Bitten und Fürbitten und
Dank für sie alle vor Gott! 2 Betet für die Regie-
renden und für alle, die Gewalt haben, damit wir in Ruhe und Frieden leben können, in Ehrfurcht vor Gott und in Rechtschaffenheit.

3 So ist es gut und gefällt Gott, unserem Retter.
4 Er will, daß alle Menschen zur Erkenntnis der
Wahrheit kommen und gerettet werden. 5 Denn
dies ist ja unser Bekenntnis:[c]

Einer ist Gott,
und einer ist der Vermittler
zwischen Gott und den Menschen:
der Mensch Jesus Christus.
6 Er gab sein Leben,

a *mit uferlosen …:* wörtlich *mit Mythen und endlosen Genealogien.* Wahrscheinlich ist an Ausdeutungen des 1. Mosebuches (Genesis) gedacht, wo die Urgeschichte der Menschheit und Israels am Leitfaden der Abstammungsverhältnisse geschildert wird (vgl. Tit 1,14; 3,9).
b *ich lege dir …:* wörtlich *diesen Auftrag* (vgl. Vers 3) *übergebe ich dir.* c Wörtlich *Denn.*

1,5 Röm 12,9 S; (Gewissen) 1 Tim 1,19; 2 Tim 1,3; 2,22; Tit 1,15 **1,6** 6,4.20; Tit 1,10 **1,8** Röm 7,12.16 **1,9-10** Gal 5,19-21 S **1,10** (gesunde Lehre) 6,3; 2 Tim 1,13; 4,2-3; Tit 1,9; 2,1.7-8 **1,13** Apg 8,3 S **1,15** Röm 5,8; Lk 15,2; 19,10 S **1,16** 1 Kor 15,9-10 S **1,18** 4,14; (Kampf) 6,12; 2 Tim 4,7-8; 1 Kor 9,24-25 **1,19** 1,5 S **1,20** (Hymenäus) 2 Tim 2,17; (Alexander) 2 Tim 4,14; (Satan) 1 Kor 5,5 **2,1** Eph 6,18-19 S **2,2** Esra 6,10 S **2,4** Ez 18,23; 2 Petr 3,9; 2 Tim 2,25b **2,5** 1 Kor 8,6 **2,6** Gal 1,4 S; Hebr 9,28 S

um die ganze Menschheit
von ihrer Schuld loszukaufen.

Das gilt es zu bezeugen in dieser von Gott vor-
herbestimmten Zeit. 7 Um es öffentlich zu ver-
künden, hat Gott mich zum Apostel* eingesetzt.
So ist es; ich sage die reine Wahrheit. Er hat
mich zum Lehrer berufen, damit ich die nicht-
jüdischen Völker[a] zum Glauben und zur Wahr-
heit führe.

Das Verhalten von Männern und Frauen im Gottesdienst

8 Ich will, daß überall in den Gottesdiensten die
Männer reine Hände zu Gott erheben, im Her-
zen frei von Zorn oder Streitsucht.
9 Ebenso will ich, daß die Frauen im Gottes-
dienst passend angezogen sind. Sie sollen sich
mit Anstand und Schamgefühl schmücken
anstatt mit auffallenden Frisuren, goldenem
Schmuck, Perlen oder teuren Kleidern. 10 Gute
Taten sollen ihre Zierde sein. So gehört es sich
für Frauen, die zeigen wollen, daß sie Gott
ehren.
11 Die Frauen sollen still zuhören und das
Gehörte in sich aufnehmen; sie müssen sich völ-
lig unterordnen. 12 Ich lasse nicht zu, daß sie vor
der Gemeinde sprechen oder sich über die Män-
ner erheben. Sie sollen sich ruhig und still ver-
halten. 13 Denn zuerst wurde Adam geschaffen,
dann erst Eva. 14 Es war auch nicht Adam, der
vom Verführer getäuscht wurde; die Frau ließ
sich täuschen und übertrat das Gebot Gottes.
15 Eine Frau soll Kinder zur Welt bringen;
dann wird sie gerettet.[b] Sie muß aber auch an
Glauben und Liebe festhalten und in aller Beson-
nenheit ein Leben führen, wie es Gott gefällt.

Voraussetzungen für das Amt des Gemeindeleiters

3 Es ist ein wahres Wort: »Wenn jemand die
Leitung einer Gemeinde erstrebt, dann
sucht er eine große und schöne Aufgabe.«
2 Ein Gemeindeleiter[c] soll ein Mann sein, an
dem es nichts auszusetzen gibt. Er darf nur ein-
mal verheiratet sein. Er muß nüchtern, beson-
nen und charakterfest sein. Er muß gastfreund-
lich und ein guter Lehrer* sein. 3 Er soll kein
Trinker oder gewalttätiger Mensch sein, sondern
ein freundlicher und friedliebender Mann. Er
darf auch nicht am Geld hängen.
4 Er muß die Pflichten eines Familienober-
haupts vorbildlich erfüllen und Kinder haben,
die ihn achten und ihm gehorchen. 5 Denn
wenn jemand seine eigene Familie nicht zu lei-
ten versteht, wie kann er dann die Sorge für die
Gemeinde Gottes übernehmen?
6 Er darf nicht erst vor kurzem Christ gewor-
den sein; sonst wird er stolz, und der Teufel
bringt ihn so weit, daß Gott ihn verurteilen muß.
7 Auch außerhalb der Gemeinde muß er in gutem
Ruf stehen; es darf nichts Belastendes gegen ihn
vorgebracht werden können. Sonst kann ihm
der Teufel daraus einen Strick drehen.

Anforderungen an die Diakone

8 Auch die Diakone* müssen ehrbare Männer
sein. Auf ihr Wort muß man sich verlassen kön-
nen. Sie dürfen nicht übermäßig Wein trinken
und nicht darauf aus sein, sich zu bereichern.
9 Sie sollen durch ein untadeliges Leben dem Ge-
heimnis des Glaubens Ehre machen. 10 Zuerst ist
zu prüfen, ob sie auch geeignet sind. Nur wenn
ihnen niemand etwas nachsagen kann, dürfen
sie zum Dienst zugelassen werden.
11 Auch die Diakoninnen[d] müssen ehrbar
sein, nicht klatschsüchtig, sondern nüchtern und
in allem zuverlässig.
12 Ein Diakon darf nur einmal verheiratet sein.
Er muß seine Kinder zum Guten anhalten und
sein Hauswesen ordentlich führen. 13 Wer sei-
nen Diakonendienst gut versieht, verschafft sich
damit Ansehen in der Gemeinde. Er kann im
Umgang mit ihr offen und freimütig auftreten als
einer, dessen Glaube an Jesus Christus sich in
der Ausübung seines Dienstes bewährt hat.

Die Gemeinde als Zeugin für Gottes Geheimnis

14 Dies alles schreibe ich dir, obwohl ich hoffe,
dich bald besuchen zu können. 15 Aber für den
Fall, daß mein Kommen sich hinauszögert, sagt

a Herkömmliche Übersetzung *die Heiden**.
b Die Rolle, die hier den Frauen zugewiesen wird, entspricht einerseits (Vers 11-12) einem bestimmten Idealbild der damaligen Gesellschaft sowie den Verhaltensnormen in den jüdischen Synagogengemeinden. Andererseits (Vers 15) ist sie zu erklären aus der Abwehr von Lehren, die im Geborenwerden ein Verhängnis sahen und deshalb jede Mitwirkung dabei untersagten (vgl. 4,3 und Sacherklärung »Gnosis«).
c Griechisch *episkopos,* wovon das deutsche Wort »Bischof« abgeleitet ist; vgl. Sacherklärung »Gemeindeleiter«.
d Wörtlich *die Frauen.* Formulierung und Aussage sprechen nicht dafür, daß es sich um die Ehefrauen der Diakone handelt; vgl. auch Röm 16,1.

2,7 Röm 1,5 S **2,8-9** 1 Petr 3,7.3-5 **2,10** 5,10 **2,11-12** 1 Kor 14,34-35 S **2,13** Gen 2,7.21-22; 1 Kor 11,8-9 **2,14** Gen 3,1-6.13; 2 Kor 11,3 **2,15** 5,14; Tit 2,4-5 **3,2-7** Tit 1,6-9; 1 Petr 5,1-4 **3,2** Hebr 13,2 S **3,11** Tit 2,3 **3,15** Eph 2,19-22

dir dieser Brief, wie wir uns in Gottes Hausgemeinschaft verhalten sollen. Diese Hausgemeinschaft ist die Gemeinde des lebendigen Gottes, der Pfeiler und das Fundament der Wahrheit.

16 Niemand kann es bestreiten: Groß und einzigartig ist die geheimnisvolle Wahrheit unseres Glaubens:

In der Welt erschienen als schwacher Mensch,
im Himmel in seiner göttlichen Würde bestätigt –
so wurde Christus den Engeln* gezeigt
und den Völkern der Erde verkündet.
Überall in der Welt fand er Glauben,
und im Himmel erhielt er die höchste Ehre.

WEISUNGEN FÜR DIE AMTSFÜHRUNG VON TIMOTHEUS (4,1–6,10)

Abwehr falscher Lehren

4 Der Geist* Gottes sagt durch den Mund von Propheten[a] klar und deutlich voraus, daß in den letzten Tagen dieser Welt manche den Glauben preisgeben werden. Sie werden sich Leuten anschließen, die sie mit ihren Eingebungen betrügen, und werden den Lehren dunkler Mächte folgen.

2 Diese Leute sind scheinheilige Lügner, die ein schuldbeladenes Gewissen haben. 3 Sie lehren, daß Christen nicht heiraten dürfen, und verbieten ihnen, bestimmte Speisen zu essen – während doch Gott diese Speisen geschaffen hat![b] Wer Christus angenommen und die Wahrheit erkannt hat, darf sie essen, nachdem er das Dankgebet darüber gesprochen hat.

4 Denn alles, was Gott geschaffen hat, ist gut. Wir brauchen nichts davon abzulehnen, sondern dürfen alles essen, nachdem wir Gott dafür gedankt haben. 5 Es wird durch das Wort Gottes und durch das Gebet rein*.

6 Wenn du den Brüdern und Schwestern[c] diese Anweisungen gibst, bist du ein guter Diener von Jesus Christus. Als ein solcher nährst du dich vom Wort Gottes und von der wahren Lehre, die du dir zur Richtschnur genommen hast. 7 Gottlose und kindische Spekulationen über die Anfänge der Welt[d] dagegen mußt du ablehnen.

Übe dich darin, Gott zu gehorchen! 8 Sich in körperlichen Entbehrungen zu üben, bringt nur wenig Nutzen. Aber sich im Gehorsam gegen Gott zu üben, ist für alles gut; denn es bringt Gottes Segen für dieses und für das zukünftige Leben.

9 Dies ist ein wahres Wort und verdient volles Vertrauen. 10 Auf dieses Ziel hin mühen wir uns und setzen unsere Kräfte ein; denn wir haben unsere Hoffnung auf den lebendigen Gott gesetzt. Er ist der Retter aller Menschen, und besonders derer, die im Glauben* mit Jesus Christus verbunden sind.

Timotheus als Vorbild, Lehrer und Seelsorger

11 Das sollst du allen gut einschärfen. 12 Niemand soll dich verachten, weil du noch jung bist. Sei allen Glaubenden ein Beispiel mit deinem Reden und Tun, deiner Liebe, deinem Glauben und deiner Reinheit.

13 Bis ich komme, lies wie bisher aus den Heiligen Schriften* vor, predige und unterrichte. 14 Vernachlässige nicht die Gabe, die Gott dir geschenkt hat, als die Ältesten* dir aufgrund prophetischer Weisungen* die Hände auflegten.

15 Mühe dich um das, was dir aufgetragen ist, damit deine Fortschritte allen sichtbar werden. 16 Achte auf dein Leben und auf deine Lehre; überprüfe sie beide ständig. Dann wirst du dich selbst retten und die, die dir zuhören.

5 Fahre einen Älteren nicht hart an. Wenn du ihn zurechtweisen mußt, dann sprich zu ihm, als ob er dein Vater wäre. Ebenso sollst du die jungen Männer ermahnen wie Brüder, 2 die älteren Frauen wie Mütter und die jungen Frauen wie Schwestern, mit der gebotenen Zurückhaltung.

Die Witwen in der Gemeinde – ihre Versorgung und ihr Dienst

3 Begegne den Witwen mit Achtung, wenn es sich um echte Witwen handelt, die niemand unterstützt. 4 Wenn jedoch eine Witwe Kinder oder Enkel hat, sollen die sich zuerst einmal darum bemühen, ihre Pflichten gegenüber der Familie zu erfüllen, und ihrer Mutter oder Großmutter vergelten, was sie an ihnen getan hat. So gefällt es Gott.

a *durch den Mund ...*: verdeutlichender Zusatz (vgl. Offb 2,7; 19,10; 22,6). b Vgl. dazu Sacherklärung »Gnosis«.
c Siehe Anmerkung zu 1 Thess 1,4. d Siehe Anmerkung zu 1,4.

3,16 Röm 1,3-4; Phil 2,6-11; (Mensch) Joh 1,14; (bestätigt) Apg 2,33 S; 2,36; Eph 1,20; (gezeigt) Hebr 1,6; (verkündet) 1 Tim 2,7; 2 Tim 4,17; Mt 28,18-19; Mk 16,20; (Glauben) Kol 1,6.23; (Ehre) Lk 24,50-51 S; Eph 1,21; Hebr 1,13; 2,9 **4,1** 2 Tim 3,1 S; Mt 24,10 S **4,3** (heiraten) 1 Kor 7,1; (Speisen) Hebr 13,9 S; (Dankgebet) 1 Kor 10,30 S **4,4** Gen 1,31; Mk 7,15 S **4,7** 1,4 S **4,8** 6,6 **4,10** (Retter) Tit 3,4 S **4,12** Tit 2,7 **4,13** 2 Tim 3,15 **4,14** 1,18; Apg 6,6 S **5,1** Lev 19,32

5 Eine echte Witwe dagegen, die ganz allein
steht, hat gelernt, ihre Hoffnung einzig auf Gott
zu setzen, und hört nicht auf, Tag und Nacht zu
ihm zu beten. 6 Wenn sich eine dem Vergnügen
hingibt, ist sie schon tot, auch wenn sie noch
lebt. 7 Schärfe das allen Witwen ein, damit ihre
Lebensführung zu keinem Tadel Anlaß gibt.

8 Kümmert sich aber jemand nicht um die not-
leidenden Witwen der eigenen Familie, beson-
ders wenn sie im selben Haus wohnen, dann
verleugnet dieser Mensch den Glauben und ist
schlimmer als ein Ungläubiger.

9 Eine Frau soll erst dann in das Verzeichnis
der Witwen eingetragen werden, wenn sie über
sechzig Jahre alt ist. Außerdem darf sie nur ein-
mal verheiratet gewesen sein. 10 Sie muß für ihre
guten Taten bekannt sein: daß sie ihre Kinder
ordentlich erzogen hat und gastfrei gewesen ist,
daß sie den Mitchristen, die sie besuchten,[a] die
Füße gewaschen und denen geholfen hat, die in
Schwierigkeiten waren; kurz, daß sie sich auf
jede Weise bemüht hat, Gutes zu tun.

11 Die jüngeren Witwen nimm nicht in das
Verzeichnis auf. Ihr sinnliches Verlangen kann
sie dazu treiben, daß sie sich von Christus ab-
wenden und wieder heiraten wollen. 12 Dann
machen sie sich schuldig, weil sie das Verspre-
chen[b] nicht halten, das sie Christus gegeben
haben. 13 Außerdem gewöhnen sie sich ans
Nichtstun und gehen von Haus zu Haus – und
nicht nur das: Sie werden geschwätzig, mischen
sich in fremde Angelegenheiten und reden
Dinge, die sich nicht gehören.

14 Deshalb möchte ich, daß die jüngeren Wit-
wen wieder heiraten, Kinder haben und sich um
ihren Haushalt kümmern. Dann geben sie unse-
ren Gegnern keine Gelegenheit, schlecht über
uns zu reden. 15 Denn schon haben sich einige
von Christus abgewandt und folgen dem Satan*.

16 Wenn eine Christin Witwen in ihrer Fami-
lie hat, muß sie selbst für sie sorgen und darf
diese Last nicht der Gemeinde aufbürden. Die
Unterstützung der Gemeinde soll ganz den
alleinstehenden Witwen zugute kommen.

Die Ältesten der Gemeinde

17 Älteste*, die ihren Dienst gut versehen, haben
doppelten Lohn verdient, besonders wenn sie
als Prediger und Lehrer* arbeiten. 18 In den Heili-
gen Schriften* heißt es: »Einem Rind, das zum
Dreschen eingespannt wird, darfst du das Maul
nicht zubinden.« Es heißt auch: »Wer arbeitet,
hat ein Anrecht auf seinen Lohn.«

19 Eine Klage gegen einen Ältesten höre nur
an, wenn sie von zwei oder drei Zeugen bestätigt
wird. 20 Wenn einer sich wirklich etwas zuschul-
den kommen ließ, dann sollst du ihn vor den
anderen Ältesten zurechtweisen, damit auch sie
gewarnt sind.

21 Ich beschwöre dich bei Gott, bei Jesus Chri-
stus und bei den heiligen Engeln*, daß du in
solch einem Fall völlig unparteiisch vorgehst. Sei
nicht voreingenommen gegen irgend jemand,
aber begünstige auch keinen.

22 Lege niemand zu schnell die Hände auf, um
ihn in das Ältestenamt einzusetzen; sonst
machst du dich mitschuldig, wenn er sich ver-
fehlt. Sieh zu, daß du nicht in so etwas verstrickt
wirst.

23 Trinke nicht nur Wasser! Nimm ein wenig
Wein dazu, um deinen Magen zu stärken; du
bist ja so oft krank.

24 Die Sünden mancher Menschen sind allen
sichtbar und laufen ihnen gleichsam voraus zum
Gericht Gottes; bei anderen sind sie schwerer zu
erkennen – sie laufen ihnen dann eben hinter-
her. 25 Ebenso ist es auch mit den guten Taten:
Sie sind allen sichtbar, und wenn es einmal nicht
der Fall ist, können sie doch nicht auf die Dauer
verborgen bleiben.

Die Sklaven und Sklavinnen

6 Sklaven* oder Sklavinnen, die nichtchrist-
lichen Herren oder Herrinnen[c] dienen müs-
sen, sollen diesen mit aller schuldigen Achtung
begegnen. Sie sollen niemand Anlaß geben,
schlecht über Gott und unsere Lehre zu reden.

2a Wenn ein Sklave einen Christen zum Herrn
hat – und dasselbe gilt für eine Sklavin gegen-
über ihrer Herrin –, darf er ihn deshalb nicht
weniger achten, weil er sein Bruder ist. Er muß
ihm sogar noch besser dienen, weil ein Herr, der
Christ ist und sich von Gott geliebt weiß, ihm ja
auch viel Gutes tut.

Gewinnsucht als Beweggrund der Irrlehrer

2b So sollst du lehren, in diesem Sinn sollst du
alle ermahnen. 3 Wenn jemand etwas anderes

a Wörtlich *den Heiligen**.
b Die Aufnahme in den Kreis der »echten« Witwen, die von der Gemeinde unterstützt wurden, war offenbar mit dem Gelübde künftiger Ehelosigkeit verbunden und verpflichtete zu einem Leben, das dem Gebet gewidmet war (Vers 5).
c Vgl. Anmerkung zu Eph 6,5; ebenso für den Einschub im folgenden Vers.

5,5 Lk 2,37; 18,7 **5,10** 2,10; (gastfrei) Hebr 13,2 S; (Füße waschen) Joh 13,14 **5,13** 2 Thess 3,11 **5,14** 1 Kor 7,9 **5,17** 1 Thess 5,12 **5,18** *zit* Dtn 25,4; 1 Kor 9,9.12-14; Mt 10,10 par **5,19** Mt 18,16 S **5,20** Gal 2,14 **5,22** Apg 6,6 S **6,1-2a** Eph 6,5-8 S **6,3** 1,10 S

lehrt und sich nicht an die gesunden Worte
unseres Herrn* Jesus Christus und die allge-
meine christliche Lehre hält, 4 dann ist er ein-
gebildet und unwissend. Er hat einen krank-
haften Hang zu spitzfindigen Untersuchungen
und Wortgefechten. Daraus entstehen Neid und
Streit, Beleidigungen, böse Verdächtigungen
5 und fortwährender Zank.

Solche Menschen haben ihren gesunden Ver-
stand verloren. Sie sind so weit von der Wahr-
heit abgeirrt, daß sie meinen, Gott zu dienen sei
ein Mittel, sich zu bereichern.

6 Gewiß bringt es großen Gewinn, Gott zu
dienen, wenn jemand nur sein Herz nicht an
irdischen Besitz hängt. 7 Was haben wir in die
Welt mitgebracht? Nichts! Was können wir aus
der Welt mitnehmen? Nichts! 8 Wenn wir also
Nahrung und Kleidung haben, soll uns das
genügen.

9 Wer unbedingt reich werden möchte, gerät
in Versuchung. Er verfängt sich in unsinnigen
und schädlichen Wünschen, die ihn zugrunde
richten und ins ewige Verderben stürzen.
10 Denn Geldgier ist eine Wurzel alles Bösen.
Manche sind ihr so verfallen, daß sie dem Herrn
untreu wurden und sich selbst die schlimmsten
Qualen bereiteten.

ERMAHNUNG ZUR TREUE IM AUFGETRAGENEN DIENST (6,11-21)

Treue zum übernommenen Auftrag

11 Du aber gehörst Gott, deshalb fliehe vor all-
dem! Jage dagegen der Gerechtigkeit nach, der
Gottesfurcht, dem Glauben, der Liebe, der Ge-
duld und der Freundlichkeit! 12 Kämpfe den
guten Kampf des Glaubens, damit du das ewige
Leben gewinnst, zu dem Gott dich berufen hat.
Zu diesem Kampf hast du dich in besonderer
Weise verpflichtet,[a] als du vor vielen Zeugen das
gute Bekenntnis abgelegt hast.

13 Ich befehle dir vor Gott, von dem alles
Leben kommt, und vor Jesus Christus, der vor
Pontius Pilatus für das gute Bekenntnis eingetre-
ten ist: 14 Erfülle den Auftrag, der dir gegeben ist,
so zuverlässig, daß dich kein Tadel trifft, und
bleibe darin treu, bis Jesus Christus, unser Herr*,
kommt.

15 Wann das geschieht, das bestimmt Gott
selbst, der in sich vollkommene und alleinige
Herrscher, der König der Könige und Herr aller
Herren. 16 Er allein ist unsterblich. Er lebt in
unzugänglichem Licht; kein Mensch hat ihn je
gesehen, und keiner kann ihn jemals sehen. Ihm
gehört Ehre und ewige Macht! Amen.

Mahnung an die Reichen in der Gemeinde

17 Ermahne die, die im Sinne dieser Welt* reich
sind, nicht überheblich zu werden. Sie sollen ihr
Vertrauen nicht auf etwas so Unsicheres wie
den Reichtum setzen, der wieder zerrinnen
kann; vielmehr sollen sie auf Gott vertrauen, der
uns alles reichlich gibt, wenn wir es brauchen.
18 Sie sollen Gutes tun, freigebig sein und ihren
Reichtum gerne mit anderen teilen. Wenn sie an
guten Taten reich werden, 19 schaffen sie sich
einen sicheren Grundstock für die Zukunft, da-
mit sie das wirkliche Leben gewinnen.

Letzte Mahnung an Timotheus

20 Lieber Timotheus, bewahre unverfälscht, was
dir anvertraut worden ist! Wende dich ab von
dem gottlosen Geschwätz dieser Leute und von
den fragwürdigen Behauptungen, die sie im
Namen einer fälschlich so genannten ›Erkennt-
nis‹* aufstellen. 21 Schon manche, die sich darauf
eingelassen haben, sind vom Weg des Glaubens
abgekommen.

Die Gnade sei mit euch allen!

a *Zu diesem Kampf …:* verdeutlichender Zusatz. Die Fortsetzung will Timotheus offensichtlich an die Einsetzung in sein Amt erinnern, bei der er vor der Gemeinde oder den Ältesten (*vielen Zeugen;* vgl. 2 Tim 2,2) ein besonderes (Glaubens-) *Bekenntnis* ablegte.

6,4 2 Tim 2,14 **6,6** 4,8; Hebr 13,5 **6,7** Ijob 1,21 S **6,9** Spr 28,22 **6,11** 2 Tim 3,17 **6,12** 1,18 S; 4,14 **6,13** Mt 27,11-26; Joh 18,28–19,16 **6,14** 1,3.18 **6,15** Apg 1,7 **6,16** (Licht) Ps 104,2; (sehen) Ex 33,20 S; Joh 1,18 S **6,17** Ps 62,11; Lk 12,15.20; Jak 5,1 **6,19** Mt 6,20 par; Lk 16,9 **6,20** 2 Tim 1,14; 1 Tim 1,4 S; 6,4 **6,21** 1,6; 2 Tim 2,18

DER ZWEITE BRIEF DES APOSTELS PAULUS AN TIMOTHEUS
(2. Timotheusbrief)

Inhaltsübersicht

TREUE ZUR GUTEN NACHRICHT AUCH IN VERFOLGUNG (1,1–2,13)

Eingangsgruß

1 Diesen Brief schreibt Paulus, zum Apostel*
von Jesus Christus bestimmt durch den Wil-
len Gottes und dazu beauftragt, das Leben zu
verkünden, das uns durch Jesus Christus ver-
sprochen ist. 2 Ich schreibe an Timotheus, mei-
nen lieben Sohn:

Gnade, Erbarmen und Frieden* sei mit dir
von Gott, dem Vater, und von Jesus Christus,
unserem Herrn*!

Dank des Apostels für Timotheus

3 Wenn ich an dich denke, bin ich voll Dank
gegen Gott, dem ich mit reinem Gewissen diene,
wie es schon meine Vorfahren taten. Tag und
Nacht denke ich unablässig an dich in meinen
Gebeten. 4 Ich erinnere mich an deine Ab-
schiedstränen und sehne mich danach, dich wie-
derzusehen, damit ich mich so recht von Herzen
freuen kann. 5 Ich habe deinen aufrichtigen
Glauben vor Augen, denselben Glauben, der
schon in deiner Großmutter Loïs und deiner
Mutter Eunike lebte und der nun – da bin ich
ganz sicher – auch in dir lebt.

Ermahnung zur Treue

6 Darum ermahne ich dich: Laß die Gabe wieder
aufleben, die Gottes Geist* in dich gelegt hat und
die dir geschenkt wurde, als ich dir die Hände
auflegte! 7 Denn Gott hat uns nicht einen Geist
der Feigheit gegeben, sondern den Geist der
Kraft und der Liebe und der Besonnenheit.

8 Bekenne dich also offen und ohne Scheu zur
Botschaft von unserem Herrn*! Schäme dich
nicht meinetwegen, weil ich für ihn im Gefäng-
nis sitze, sondern sei bereit, mit mir für die Gute
Nachricht* zu leiden. Gott gibt dir die Kraft dazu.

9 Er hat uns gerettet und uns dazu berufen,
ihm ganz als sein Eigentum zu gehören –
nicht wegen unserer guten Taten,
sondern aus seinem eigenen freien Entschluß.
Ihm gehören wir aus reiner Gnade,
wie er sie uns durch Jesus Christus geschenkt
hat schon vor aller Zeit.
10 Jetzt aber ist diese Gnade offenbar geworden,
als Jesus Christus, unser Retter, auf der Erde
erschien.
Er hat dem Tod die Macht genommen
und das unvergängliche Leben ans Licht
gebracht.

Darum geht es in der Guten Nachricht*, 11 die
ich als Apostel* und Lehrer* öffentlich bekannt-
zumachen habe.

12 Darum muß ich auch dies alles erleiden.
Aber ich stehe dazu; denn ich weiß, wem ich
Glauben geschenkt habe, und bin überzeugt,
daß er die Macht hat, bis zum Tag des Gerichts
sicher zu bewahren, was er mir anvertraut hat.

13 Halte dich an die gesunden Worte, die du
von mir gehört hast. Nimm dir daran ein Bei-
spiel, wie du selber reden sollst. So hast du teil
an dem Glauben und der Liebe, wie sie durch
Jesus Christus in uns leben. 14 Bewahre die
Lehre, die dir anvertraut worden ist! Der Geist
Gottes, der uns geschenkt wurde, wird dir die
Kraft dazu geben.

Schlechte und gute Erfahrungen mit Mitarbeitern

15 Du weißt ja, daß alle in der Provinz Asien*
mich im Stich gelassen haben, auch Phygelus
und Hermogenes. 16 Der Herr* schenke den
Angehörigen von Onesiphorus sein Erbarmen.
Er hat mich oft ermutigt. Daß ich im Gefängnis
bin, hat ihn nicht abgeschreckt, er hat sich nicht

1,2 1 Kor 4,17 S; 1 Thess 2,11 S **1,3** (Gewissen) 1 Tim 1,5 S; (Vorfahren) Röm 11,1 S **1,5** Apg 16,1 **1,6** Apg 6,6 S **1,7** Röm 8,15 **1,8** Röm 1,16; 2 Tim 2,9; Eph 3,1 S **1,9** Eph 2,9 S **1,10** (Retter) Tit 3,6 S **1,11** Röm 1,5 S **1,13** 3,14 **1,14** 1 Tim 6,20 **1,15** 4,16 **1,16-18** (Onesiphorus) 4,19

ängstlich von mir zurückgezogen. 17 Sobald er
hier in Rom ankam, hat er nach mir gesucht, bis
er mich fand. 18 Und was er in Ephesus alles für
die Gemeinde getan hat, weißt du besser als ich.
Unser Herr möge ihm helfen, am Tag des Ge-
richts bei Gott Erbarmen zu finden!

Aufforderung zu ganzem Einsatz in der Weitergabe des Glaubens

2 Du aber, mein Sohn, werde stark durch die
Gnade, die dir durch Jesus Christus ge-
schenkt ist! 2 Was ich dir vor vielen Zeugen als
die Lehre unseres Glaubens übergeben habe,
das gib in derselben Weise an zuverlässige Men-
schen weiter, die imstande sind, es anderen zu
vermitteln.

3 Nimm es auf dich, als treuer Soldat im
Dienst von Jesus Christus zusammen mit mir für
ihn zu leiden. 4 Niemand, der in den Krieg zieht,
kümmert sich noch um seine Alltagsgeschäfte,
sondern es geht ihm einzig darum, die Anerken-
nung seines Befehlshabers zu finden. 5 Ein
Sportler, der an einem Wettkampf teilnimmt,
kann den Preis nur gewinnen, wenn er sich
streng den Regeln unterwirft. 6 Der Bauer, der
sich müht und plagt, hat auch als erster das An-
recht, vom Ertrag des Feldes zu essen. 7 Du ver-
stehst, was ich damit sagen will. Der Herr* wird
dir in allem das rechte Verständnis geben.

Zusage für treues Aushalten in Kampf und Leiden

8 Halte dir Jesus Christus vor Augen, auferweckt
vom Tod, aus der Nachkommenschaft Davids*,
wie es der Guten Nachricht* entspricht, die ich
verkünde! 9 Um ihretwillen leide ich; sie haben
mich sogar wie einen Verbrecher in Fesseln ge-
legt – aber das Wort Gottes kann nicht in Fesseln
gelegt werden. 10 Ich ertrage das alles für die
Menschen, die Gott erwählt hat, damit auch sie
durch Jesus Christus gerettet werden und die
ewige Herrlichkeit erhalten.

11 Es ist ein wahres Wort:

Wenn wir mit Christus gestorben sind,
werden wir auch mit ihm leben.
12 Wenn wir mit ihm geduldig leiden,
werden wir auch mit ihm herrschen.
Wenn wir aber nicht zu ihm halten,
wird auch er nicht zu uns halten.
13 Und doch bleibt er treu,
auch wenn wir ihm untreu sind;
denn er kann sich selbst nicht untreu werden.

ZUR AUSEINANDERSETZUNG MIT DER IRRLEHRE (2,14–3,9)

Vom Verhalten gegenüber den Irrlehrern

14 Erinnere alle, die in der Gemeinde Verantwor-
tung tragen,[a] an dieses Wort und beschwöre sie
bei Gott, daß sie sich vor der Gemeinde nicht in
fruchtlose Diskussionen einlassen, die den
Zuhörenden nur Schaden bringen. 15 Bemühe
dich, daß du vor Gott bestehen kannst – mit dei-
ner Lebensführung und deinem unbeirrbaren
Wirken, als einer, der das Wort der Wahrheit*,
die Gute Nachricht* von Jesus Christus,[b] klar
und unverkürzt verkündet.

16 Auf das gottlose Geschwätz gewisser Leute
laß dich nicht ein! Sie werden sich immer noch
weiter von Gott entfernen, 17 und ihre Lehre
wird wie ein Krebsgeschwür um sich fressen.
Ich denke zum Beispiel an Hymenäus und Phile-
tus, 18 die von der Wahrheit der Guten Nachricht
abgeirrt sind, wenn sie behaupten, unsere Auf-
erstehung sei bereits geschehen.[c] Damit bringen
sie manche vom wahren Glauben ab.

19 Aber das sichere Fundament, das Gott ge-
legt hat, ist unverrückbar. Es trägt den Abdruck
von Gottes Siegel, auf dem zu lesen ist: »Der
Herr kennt die, die zu ihm gehören.« Und: »Wer
sich zum Namen* des Herrn bekennt, muß auf-
hören, Unrecht zu tun.«

20 In einem großen Haushalt gibt es eben
nicht nur Gefäße aus Gold und Silber, sondern
auch solche aus Holz oder Ton. Die einen sind
für ehrenvolle Anlässe bestimmt, die andern die-
nen als Behälter für den Abfall. 21 Wer sich von
solchen Lehren fern- und rein hält, wird ein Ge-
fäß zu ehrenvollem Gebrauch, ein heiliges* Ge-
fäß, dem Hausherrn von Nutzen und fähig zu
jeder guten Tat.

Vom Verhalten gegenüber denen, die der Irrlehre verfallen sind

22 Hüte dich vor den Leidenschaften, die einen
jungen Menschen in Gefahr bringen. Bemühe
dich um Gerechtigkeit, Glauben, Liebe und Frie-
den, zusammen mit allen, die sich mit reinem

a *alle, die …:* verdeutlichender Zusatz im Blick auf die Fortsetzung.
b *die Gute …:* verdeutlichender Zusatz; entsprechend in Vers 18. c Siehe Sacherklärung »Gnosis«.

2,2 1 Tim 1,18; 4,14 **2,3** 1 Tim 1,18 S **2,5** 1 Kor 9,24-27 S **2,8** Mt 1,1 S; 1 Kor 15,4 S **2,9** Eph 3,1 S; Phil 1,12-14 **2,10** Kol 1,24 S **2,11** Röm 6,8 **2,12** Röm 5,17 S; Mt 10,32-33 par **2,13** Röm 3,3-4 S **2,14-18** 1 Tim 1,3-7 S **2,14** 1 Tim 6,4.20 **2,16** 1 Tim 1,3-7 S **2,17** (Hymenäus) 1 Tim 1,20 **2,19** (der Herr kennt) *nach* Num 16,5; Joh 10,14 **2,20** Röm 9,21 S **2,21** 3,17 **2,22** 1 Tim 6,11; 1,5 S

Gewissen zum Herrn* bekennen. [23] Laß dich nicht auf die unsinnigen und fruchtlosen Spitzfindigkeiten dieser Leute ein; du weißt, daß das nur zu Streitigkeiten führt. [24] Ein Mensch, der dem Herrn dient, soll aber nicht streiten, sondern allen freundlich begegnen. Er muß in der Lage sein, ihnen die wahre Lehre zu vermitteln. Er darf sich nicht provozieren lassen, [25] sondern muß die Gegner verständnisvoll auf den rechten Weg weisen.

Vielleicht gibt Gott ihnen die Gelegenheit zur Umkehr und läßt sie zur Besinnung kommen, so daß sie die Wahrheit erkennen. [26] Dann können sie sich aus der Schlinge befreien, in der sie der Teufel gefangen hatte, um sie für seine Absichten zu mißbrauchen.

Die Zeit vor dem Ende der Welt und das Treiben der Irrlehrer

3 Du mußt wissen: In der letzten Zeit vor dem Ende der Welt stehen uns schlimme Zustände bevor. [2] Die Menschen werden selbstsüchtig, geldgierig, prahlerisch und eingebildet sein. Sie werden Gott lästern, ihren Eltern nicht gehorchen und vor nichts mehr Ehrfurcht haben. Sie sind undankbar, [3] lieblos und unversöhnlich, verleumderisch, unbeherrscht und gewalttätig, sie hassen das Gute, [4] sind untreu und unzuverlässig und aufgeblasen vor Überheblichkeit. Sie kümmern sich nicht um das, was Gott Freude macht, sondern suchen nur, was ihre eigene Lust vermehrt. [5] Sie geben sich zwar den Anschein der Frömmigkeit, aber von der wahren Lehre, von der Kraft, aus der echte Frömmigkeit lebt,[a] wollen sie nichts wissen. Halte dich von diesen Menschen fern!

[6] Aus diesen Kreisen kommen nämlich die Leute, die sich in die Häuser einschleichen. Sie suchen gewisse Frauen für sich zu gewinnen, die mit Sünden beladen sind und von allen möglichen Leidenschaften umgetrieben werden, [7] solche, die immerzu lernen wollen und doch nie zur Erkenntnis der Wahrheit durchdringen können.

[8] So wie die ägyptischen Zauberer Jannes und Jambres[b] sich Mose widersetzten, so widersetzen sich diese Verführer der Wahrheit*. [9] Aber sie werden keinen großen Erfolg haben; es wird noch allen offenbar werden, daß sie im Unverstand handeln, genauso wie sich das bei den Ägyptern gezeigt hat.

DAS VORBILD DES APOSTELS (3,10–4,8)

Orientierung am Vorbild des Apostels, an der überlieferten Lehre und an den Heiligen Schriften

[10] Du aber hast dich an meiner Lehre, meiner Lebensführung und meinem Lebensziel ausgerichtet. Du hast dich an das Vorbild meines Glaubens, meiner Geduld und meiner Liebe gehalten. Du kennst meine Standhaftigkeit [11] in allen Verfolgungen und Leiden; du hast es in Antiochia, Ikonion und Lystra miterlebt und weißt, was ich dort alles durchstehen mußte – und aus all diesen Gefahren und Leiden hat mich der Herr gerettet.

[12] Alle, die in der Bindung an Jesus Christus ein Leben führen wollen, das Gott gefällt, werden Verfolgungen erleiden. [13] Die Verführer und Schwindler dagegen bringen es noch weit – auf dem Weg ins Verderben! Betrüger sind sie und selbst Betrogene!

[14] Du aber bleibe bei dem, was du gelernt und worauf du dein Vertrauen gesetzt hast. Du weißt, wer deine Lehrer waren, [15] und du kennst auch seit deiner Kindheit die Heiligen Schriften*. Sie können dich den Weg zur Rettung lehren, die dir zuteil wird durch den Glauben, der sich auf Jesus Christus gründet. [16] Sie dienen dir aber auch bei deiner Aufgabe als Lehrer der Gemeinde.[c] Denn jede Schrift, die von Gottes Geist* eingegeben wurde, ist nützlich für die Unterweisung im Glauben, für die Zurechtweisung und Besserung der Irrenden, für die Erziehung zu einem Leben, das Gott gefällt. [17] Mit den Heiligen Schriften in der Hand ist der Mensch, der sich Gott zur Verfügung gestellt hat, ausgerüstet für alle Aufgaben seines Dienstes.

Das Testament des Apostels

4 Ich ermahne dich nachdrücklich vor Gott und vor Jesus Christus, der alle Menschen richten wird, die Lebenden und die Toten! Ich beschwöre dich, so gewiß Christus erscheinen und seine Herrschaft* aufrichten wird: [2] Ver-

a *von der wahren …:* wörtlich *von ihrer Kraft.*
b Nach der jüdischen Überlieferung heißen so die Ägypter, die Mose vor dem Pharao mit ihren Künsten zu widerlegen suchten (vgl. Ex 7,11.22).
c *Sie dienen …:* verdeutlichender Zusatz im Blick auf die Fortsetzung, wo es wörtlich heißt *ist auch(!) nützlich.*

2,25b 1 Tim 2,4 S **3,1** 1 Tim 4,1; 2 Petr 3,3; Jud 18; 1 Joh 2,18 S **3,2-4** Gal 5,19-21 S **3,8** Ex 7,11.22; 8,3.14 **3,10** 1 Kor 4,16 S **3,11** Ps 34,20; (Antiochia) Apg 13,50; (Ikonion) Apg 14,5; (Lystra) Apg 14,19; (Leiden) 2 Kor 11,23-29 S **3,12** Apg 14,22; 1 Thess 3,3b S **3,15-16** 1 Tim 4,13; 2 Petr 1,21; Röm 15,4 **3,17** 2,21 **4,1** Apg 10,42 S **4,2** Apg 20,20

künde den Menschen die Botschaft Gottes, gleichgültig, ob es ihnen paßt oder nicht! Rede ihnen ins Gewissen, weise sie zurecht und ermutige sie! Werde nicht müde, ihnen den rechten Weg zu zeigen!

3 Denn es wird eine Zeit kommen, da werden sie die gesunde Lehre unerträglich finden und sich Lehrer nach ihrem Geschmack aussuchen, die sagen, was ihnen die Ohren kitzelt. 4 Sie werden nicht mehr auf die Wahrheit hören, sondern sich fruchtlosen Spekulationen[a] zuwenden. 5 Du aber mußt in jeder Hinsicht ein klares Urteil behalten. Mach dir nichts daraus, wenn du dafür leiden mußt. Erfülle deinen Auftrag als Verkünder der Guten Nachricht;[b] tu deinen Dienst mit ganzer Hingabe.

6 Für mich ist nun die Zeit gekommen, daß mein Blut wie ein Trankopfer* ausgegossen wird und ich aus diesem Leben scheide. 7 Ich habe den guten Kampf des Glaubens gekämpft. Ich bin am Ziel des Wettlaufs, zu dem ich angetreten bin. Ich habe den Glauben unversehrt bewahrt und weitergegeben. 8 Nun wartet auf mich der Siegeskranz*, mit dem der Herr*, der gerechte Richter, mich an seinem Gerichtstag belohnen wird – und nicht nur mich, sondern alle, die sehnlich darauf gewartet haben, daß er kommt.[c]

PERSÖNLICHE MITTEILUNGEN (4,9-22)

Anweisungen und Mitteilungen. Der Apostel vor Gericht

9 Komm so bald wie möglich zu mir! 10 Demas hat mich verlassen und ist nach Thessalonich gegangen, weil ihm mehr an dieser Welt* gelegen ist als an der kommenden; Kreszens ging nach Galatien und Titus nach Dalmatien. 11 Nur Lukas ist noch bei mir. Bring Markus mit; er kann mir gute Dienste leisten. 12 Tychikus habe ich nach Ephesus geschickt.

13 Bring, wenn du kommst, meinen Mantel mit, den ich in Troas bei Karpus zurückgelassen habe. Bring auch die Buchrollen* mit, vor allem die aus Pergament.[d]

14 Alexander, der Schmied, hat mir viel Böses angetan. Der Herr* wird ihm nach seinen Taten das Urteil sprechen. 15 Nimm auch du dich vor ihm in acht; er hat sich unserer Lehre und Weisung besonders hartnäckig widersetzt.

16 Als ich mich das erste Mal vor Gericht verteidigte, hat niemand zu mir gehalten. Alle haben mich im Stich gelassen – Gott möge es ihnen nicht anrechnen! 17 Doch der Herr stand mir bei und gab mir Kraft. Denn durch mich soll ja die Verkündigung seiner Botschaft zum Ziel kommen: Alle Völker sollen sie hören:[e] Und so hat er mich noch einmal aus dem Rachen des Löwen gerettet.

18 Der Herr wird mich auch künftig vor allen bösen Anschlägen retten und mich sicher in sein himmlisches Reich bringen. Gepriesen sei er für immer und ewig! Amen.

Schlußgrüße und Segenswünsche

19 Grüße das Ehepaar Priska und Aquila und die Angehörigen von Onesiphorus. 20 Erastus blieb in Korinth, Trophimus habe ich in Milet gelassen, weil er krank war. 21 Sieh zu, daß du noch vor Anbruch des Winters hier bist.

Eubulus, Pudens, Linus und Klaudia lassen grüßen, ebenso alle anderen Brüder und Schwestern.[f]

22 Der Herr* sei mit dir![g]

Die Gnade sei mit euch allen!

a Wörtlich *Mythen;* siehe Anmerkung zu 1 Tim 1,4. b Wörtlich *als Evangelist**.

c *die sehnlich ...:* wörtlich *die sein Erscheinen geliebt haben.* Damit kann das zweite, endgültige Kommen von Jesus gemeint sein (vgl. Vers 1; 1 Tim 6,4; Tit 2,13), aber auch sein erstes Kommen mit all seinen Folgen für die Rettung der Menschen (vgl. 1,10; Tit 2,11; 3,4).

d *Pergament* ist gegenüber Papyrus das wertvollere Schreibmaterial. Bei beiden Arten von Rollen handelt es sich wohl um Abschriften von Büchern des Alten Testaments.

e Wahrscheinlich denkt Paulus nicht an eine weitere Missionstätigkeit (vgl. Verse 6-8), sondern sieht das *Ziel* darin, daß sein öffentlicher Prozeß vor dem kaiserlichen Gerichtshof in der Welthauptstadt Rom und sein eventueller Zeugentod (Vers 18) alle Völker der Welt mit der Guten Nachricht von Jesus Christus konfrontieren.

f Siehe Anmerkung zu 1 Thess 1,4. g Wörtlich *mit deinem Geist;* siehe Anmerkung zu Gal 6,18.

4,3 1 Tim 4,1; Sir 32,17 **4,4** 1 Tim 1,4 S **4,5** 2,3 **4,6** Phil 2,17 S **4,7-8** 1 Kor 9,24-25 S; 1 Tim 1,18 S **4,10** Phil 2,21; (Demas) Kol 4,14 S; (Titus) 2 Kor 2,13 S **4,11** (Lukas) Kol 4,14 S; (Markus) Apg 12,12 S **4,12** (Tychikus) Eph 6,21 S **4,14** (Alexander) 1 Tim 1,20 **4,16** 1,15 **4,17** Apg 23,11; 1,8; (Rachen) Dan 6,21; Ps 22,22 **4,18** Mt 6,13 S; 2 Kor 1,10 **4,19** (Priska und Aquila) Apg 18,2 S; (Onesiphorus) 2 Tim 1,16-18 **4,20** (Erastus) Apg 19,22; Röm 16,23; (Trophimus) Apg 21,29 S

DER BRIEF DES APOSTELS PAULUS AN TITUS
(Titusbrief)

Inhaltsübersicht

Paulus im Dienst der Guten Nachricht

1 Diesen Brief schreibt Paulus, ein Diener Got-
tes und Apostel* von Jesus Christus.
Ich, Paulus, soll die Menschen, die Gott er-
wählt hat, zum Glauben und zur wahren Gottes-
verehrung führen. 2 Sie sollen wissen, daß sie
auf ein ewiges Leben hoffen dürfen. Das hat
Gott, der nicht lügt, schon vor unendlich langer
Zeit versprochen; 3 jetzt aber, zum vorherbe-
stimmten Zeitpunkt, hat er seine Zusage öffent-
lich bekanntmachen lassen. Mit ihrer Bekannt-
machung bin ich durch einen Auftrag von Gott,
unserem Retter, betraut.
4 Ich schreibe an Titus, der im Glauben wie
ein echter Sohn mit mir verbunden ist:
Gnade und Frieden* sei mit dir von Gott, dem
Vater, und von Jesus Christus, unserem Retter!

Die Einsetzung von Ältesten

5 Ich habe dich, Titus, in Kreta zurückgelassen,
damit du tust, was ich selbst nicht mehr aus-
führen konnte: In jeder Stadt solltest du Älteste*
einsetzen. Denk dabei an meine Anweisungen!
6 Einem Ältesten darf niemand etwas nachsagen
können. Er darf nur einmal verheiratet sein.
Auch seine Kinder sollen sich zur Gemeinde hal-
ten; sie dürfen nicht in dem Ruf stehen, lieder-
lich oder ungehorsam zu sein.
7 Denn ein Gemeindeleiter[a] darf als Hausver-
walter Gottes keinerlei Anlaß zum Tadel geben.
Er soll nicht anmaßend oder jähzornig sein, auch
kein Trinker oder gewalttätiger Mensch. Er darf
nicht darauf aus sein, sich zu bereichern, 8 son-
dern soll gastfreundlich sein und das Gute lie-
ben. Er soll besonnen sein, gerecht, untadelig
und beherrscht. 9 Er muß sich an die zuverläs-
sige Botschaft halten, wie sie ihn gelehrt worden
ist. Dann wird er in der Lage sein, die Gemeinde
auf dem rechten Weg zu halten und den Geg-
nern ihren Irrtum nachzuweisen.

Gegen das Treiben der Irrlehrer

10 Es gibt viele Schwätzer und Verführer, die sich
der Wahrheit nicht unterordnen wollen, beson-
ders unter den bekehrten Juden. 11 Du mußt
ihnen das Wort verbieten; denn durch ihre ver-
werflichen Lehren bringen sie ganze Familien
vom rechten Weg ab, und das nur in der schänd-
lichen Absicht, sich zu bereichern.
12 Einer von ihren eigenen Landsleuten hat als
Prophet über sie gesprochen, als er sagte: »Die
Kreter lügen immer. Sie sind Raubtiere, liegen
auf der faulen Haut und denken nur ans Fres-
sen.« 13 Er hat die Wahrheit gesagt. Darum mußt
du diese Leute hart anfassen, damit ihr Glaube
wieder gesund wird.
14 Sie sollen sich nicht mit jüdischen Spekula-
tionen über die Anfänge der Welt[b] beschäftigen
und sich nicht von Leuten, die der Wahrheit den
Rücken gekehrt haben, vorschreiben lassen,
was rein* und was unrein ist. 15 Für die, die ein
reines Gewissen haben, ist alles rein. Für die da-
gegen, die durch Schuld befleckt sind und den
Glauben aufgegeben haben, ist nichts rein; ihr
ganzes Denken und Fühlen ist beschmutzt.
16 Diese Leute behaupten, Gott zu kennen,
aber durch ihre Taten beweisen sie das Gegen-
teil. Sie sind zu verabscheuen, denn sie wollen
nicht hören und sind unfähig, irgend etwas
Gutes zu tun.

Die Pflichten von Männern, Frauen und Sklaven

2 Du aber lehre alle in der Gemeinde, so wie
es der gesunden Lehre entspricht!
2 Die älteren Männer fordere auf, nüchtern,
ehrbar und besonnen zu sein, gesund im Glau-
ben, in der Liebe und in der Standhaftigkeit.
3 Ebenso sage den älteren Frauen, daß ihre

a Vgl. Anmerkung zu 1 Tim 3,2. b Wörtlich *mit jüdischen Mythen;* vgl. Anmerkung zu 1 Tim 1,4.

1,2 1 Petr 1,3-5; (versprochen) Gal 3,6.17-18 1,3 1 Tim 2,6-7 1,4 (Titus) 2 Kor 2,13 S; (Sohn) 1 Thess 2,11 S 1,5 Apg 14,23 1,6-9 1 Tim 3,2-7 S 1,9 1 Tim 1,10 S 1,10-16 1 Tim 1,3-7 S 1,14 1 Tim 1,4 S 1,15 1 Tim 1,5 S; Mk 7,15 S; Röm 14,14.20 1,16 1 Tim 6,20; 2 Tim 3,5 2,1 1 Tim 1,10 S 2,2 1 Tim 5,1 2,3-5 1 Tim 3,11; Eph 5,22-24 S

Lebensführung der Würde des Christenstandes[a] entsprechen muß. Sie sollen nicht andere verleumden oder dem Trunk verfallen sein. Als Lehrmeisterinnen eines guten Lebenswandels 4 müssen sie die jüngeren Frauen dazu anleiten, daß sie ihre Männer und Kinder lieben, 5 besonnen und zuchtvoll leben, ihren Haushalt ordentlich führen und ihren Männern gehorchen, damit Gottes Botschaft nicht in Verruf kommt.

6-7 Entsprechend fordere die jungen Männer auf, in allem besonnen und beherrscht zu sein. Sei du selbst ihnen ein Vorbild im Tun des Guten. Lehre die Wahrheit unverfälscht und mit gebührendem Ernst, 8 in gesunden und unanfechtbaren Worten. Dann können unsere Gegner uns nichts Schlechtes nachsagen und müssen sich beschämt zurückziehen.

9 Die Sklaven* und Sklavinnen sollen ihren Herren oder Herrinnen[b] in allem gehorchen und ihnen zu Willen sein. Sie sollen ihnen nicht widersprechen 10 und nichts unterschlagen, sondern ihnen treu und zuverlässig dienen. Mit allem, was sie tun, sollen sie der Lehre Gottes, unseres Retters, Ehre machen.

Die Rettung gilt allen Menschen und verpflichtet die Gemeinde zu vorbildlichem Leben

11 Denn die rettende Gnade Gottes ist offenbar geworden, und sie gilt allen Menschen. 12 Sie bringt uns dazu, daß wir dem Ungehorsam gegen Gott den Abschied geben, den Begierden, die uns umstricken, und besonnen, gerecht und fromm in dieser Welt leben, 13 als Menschen, die auf die beseligende Erfüllung ihrer Hoffnung warten und darauf, daß unser großer Gott und Retter Jesus Christus[c] in seiner Herrlichkeit* erscheint. 14 Er hat sein Leben für uns gegeben, um uns von aller Schuld zu befreien und sich so ein reines Volk zu schaffen, das nur ihm gehört und alles daran setzt, das Gute zu tun.

15 In diesem Sinn sollst du lehren, ermahnen und zurechtweisen. Tu es mit allem Nachdruck! Niemand darf deine Autorität anzweifeln.

Das Verhalten zu Staat und Mitmenschen und seine Begründung

3 Erinnere alle in der Gemeinde daran, sich der Regierung und den staatlichen Behörden unterzuordnen. Sie sollen ihnen gehorchen und darüber hinaus bereit sein, bei allem Guten mitzuwirken.

2 Ermahne sie, über niemand schlecht zu reden und nicht zu streiten, sondern friedfertig zu sein und allen Menschen freundlich zu begegnen.

3 Wir wollen nicht vergessen, daß wir selbst früher unverständig und ungehorsam waren. Wir waren vom rechten Weg abgeirrt und wurden von allen möglichen Wünschen und Leidenschaften beherrscht. Wir lebten in Bosheit und Neid, waren hassenswert und haßten uns gegenseitig.

4 Aber dann erschien die Freundlichkeit und Menschenliebe Gottes, unseres Retters. 5 Wir selbst hatten keine guten Taten vorzuweisen, mit denen wir vor ihm hätten bestehen können. Nein, aus reinem Erbarmen hat er uns gerettet durch das Bad der Taufe – das Bad, in dem wir zu einem neuen Leben geboren wurden, erneuert durch den Heiligen Geist*.[d] 6 Ihn hat er in reichem Maß über uns ausgegossen durch Jesus Christus, unseren Retter. 7 Durch dessen Gnade können wir vor Gott als gerecht* bestehen, und darum sind wir auch eingesetzt zu Erben des ewigen Lebens, auf das wir nun hoffen dürfen.

Zusammenfassender Appell an Titus

8 Diese Botschaft ist wahr und vertrauenswürdig. Ich erwarte, daß du mit Nachdruck für sie eintrittst und sie weitergibst. Du mußt darauf hinwirken, daß alle, die zum Glauben an Gott gekommen sind, sich ernsthaft darum bemühen, das Gute zu tun. Das ist recht und bringt den Menschen Nutzen.

9 Dagegen beteilige dich nicht an den sinnlosen Untersuchungen über die Geschlechterfolgen der Urväter[e] und an Streitigkeiten über das jüdische Gesetz*. Das ist nutzlos und führt zu nichts.

a *der Würde …:* wörtlich *dem Heiligen/Heiligtum.* b Siehe Anmerkung zu Eph 6,5.
c *unser großer Gott …:* möglich auch die Deutung *der große Gott und unser Retter Jesus Christus.*
d *durch das Bad der Taufe …:* wörtlich *durch das Bad der Wiedergeburt und Erneuerung durch den Heiligen Geist.* Zur Verbindung von Taufe und Geistempfang siehe Sacherklärung »Taufe«.
e Siehe Anmerkung zu 1 Tim 1,4.

2,6 1 Joh 2,14 **2,7** 1 Kor 4,16 S; 1 Tim 4,12 **2,9-10** Eph 6,5-8 S **2,11** 1 Tim 2,4 **2,13** 1 Kor 1,7 **2,14** (rein) Ez 37,23; Eph 5,26; Hebr 9,14; 1 Joh 1,7.9; (Volk) Gal 1,4 S **3,1** Röm 13,1 S **3,3** Kol 3,7 S **3,4** 1,3; 2,11; 1 Tim 2,3; 4,10 **3,5** Eph 2,9 S; Röm 6,4 S; Eph 5,26 S; Joh 3,5; 1 Petr 1,3 **3,6** (Geist) 1 Kor 6,11; Röm 8,9-16; Gal 5,25; (ausgegossen) Apg 2,33 S; (Retter) Tit 2,13; 2 Tim 2,10; Phil 3,20; 1 Joh 4,14 **3,7** Röm 3,24; 5,1-11 **3,9** 1 Tim 1,4 S

10 Wer solche Irrlehren verbreitet, den sollst
du zurechtweisen, einmal und noch ein zweites
Mal. Hört er dann immer noch nicht auf dich, so
mußt du ihn aus der Gemeinde ausschließen.
11 Du siehst ja, daß ihm nicht mehr zu helfen ist.
Wenn er weiter auf dem falschen Weg bleibt,
dann tut er es bewußt und spricht sich selbst das
Urteil.

Persönliche Aufträge und Briefschluß

12 Sobald ich Artemas oder Tychikus zu dir
schicke, komm möglichst schnell zu mir nach
Nikopolis. Ich habe beschlossen, den Winter
dort zu verbringen. 13 Sorge gut für Zenas, den
Rechtskundigen, und für Apollos, damit sie alles
bekommen, was sie für ihre Weiterreise brau-
chen. 14 Auch unsere Gemeinden[a] müssen ler-
nen, Gutes zu tun, wo es nötig ist, sonst bringt
ihr Glaube keine Frucht.

15 Alle, die bei mir sind, lassen dich grüßen.
Grüße die, die durch den Glauben in Liebe mit
uns verbunden sind.

Die Gnade sei mit euch allen!

DER BRIEF DES APOSTELS PAULUS AN PHILEMON
(Philemonbrief)

Eingangsgruß

Paulus, der für Jesus Christus im Gefängnis ist,
und der Bruder Timotheus schreiben diesen
Brief. Er richtet sich an Philemon, der von Gott
und von uns geliebt und unser Mitarbeiter ist,
2 sowie an unsere Schwester Aphia, unseren
Mitstreiter Archippus und die Gemeinde in Phi-
lemons Haus:

3 Gnade und Frieden* sei mit euch von Gott,
unserem Vater, und von Jesus Christus, dem
Herrn*.

Glaube und Liebe Philemons

4 Ich danke meinem Gott jedesmal, Philemon,
wenn ich in meinen Gebeten an dich denke.
5 Denn ich höre von deiner Liebe und deinem
Glauben: dem Glauben an Jesus, den Herrn*,
und der Liebe, die du allen Christen[b] erweist.

6 Und meine Bitte an Gott ist: Der Glaube, an
dem du Anteil hast, möge sich bei dir dahin aus-
wirken, daß du all das Gute erkennst, das unter
uns im Blick auf Christus und zu seiner Ehre zu
tun ist.

7 Es war mir wirklich eine große Freude
und hat mir Mut gemacht, von der Liebe zu
hören, die du den Brüdern und Schwestern[c]
erweist. Du hast ihren Herzen wohlgetan, lieber
Bruder!

Paulus verwendet sich für Onesimus

8 Deshalb möchte ich auch nicht von meiner
Vollmacht Gebrauch machen. Ich könnte dir ja
unter Berufung auf Christus einfach befehlen,
was du zu tun hast; 9 aber um der Liebe Raum zu
geben, bitte ich dich nur. Ich, Paulus, als ein
Mann von Alter und Autorität, dazu jetzt auch
noch ein Gefangener für Jesus Christus, 10 ich
bitte dich für meinen Sohn, den ich hier im Ge-
fängnis gezeugt, das heißt zum Glauben geführt
habe: für Onesimus! 11 Früher hattest du an ihm
nur einen Nichtsnutz, aber jetzt kann er dir und
mir von Nutzen sein.[d]

12 Ich schicke ihn hiermit zu dir zurück – was
sage ich: Ich schicke dir mein eigenes Herz!
13 Ich hätte ihn gerne bei mir behalten, damit er
mir an deiner Stelle Dienste leistet, jetzt, da ich
für die Gute Nachricht* im Gefängnis sitze.
14 Aber ohne deine Zustimmung wollte ich nichts
entscheiden. Du sollst die gute Tat ja nicht unter
Zwang, sondern aus freiem Willen tun!

15 Vielleicht ist er ja nur deshalb eine Zeitlang
von dir getrennt worden, damit du ihn nun für
alle Zeiten zurück hast, 16 und das nicht als Skla-

a Die jüdischen Gemeinden, die es im ganzen Osten des Römischen Reiches gab, verfügten über ein gut organisiertes System gegenseitiger Hilfeleistung.

b Wörtlich *allen Heiligen**. c Wörtlich *den Heiligen**.

d Paulus verwendet ein zweifaches Wortspiel, einmal mit dem Namen Onesimus = »der Nützliche«, zum anderen mit dem Doppelsinn »unbrauchbar – gut brauchbar« und »unchristlich – gutchristlich« (das griechische Wort *chrestos* = »brauchbar« wurde damals schon wie *christos* = »Christus/christlich« ausgesprochen).

3,10 Mt 18,15-17 3,12 (Tychikus) Eph 6,21-22 S 3,13 (Apollos) Apg 18,24 S 3,14 (Frucht) Gal 5,22-23; Kol 1,10 1 (Timotheus) 1 Kor 4,17 S 2 (Archippus) Kol 4,17; (Hausgemeinde) Röm 16,5 S 7 Röm 12,10 9 Eph 3,1 S 10 (Onesimus) Kol 4,9; (Sohn) 1 Thess 2,11 S 13 Phil 2,25.30 14 (nicht unter Zwang) 2 Kor 9,7 16 1 Kor 7,22

ven, sondern als viel mehr: als geliebten Bruder. Das ist er jedenfalls für mich in höchstem Maße; aber wieviel mehr muß er es dann für dich sein, im täglichen Leben und in der Gemeinde des Herrn*!

17 Wenn es stimmt, daß wir beide für Christus arbeiten und ich also gewissermaßen dein »Geschäftspartner« bin,[a] dann nimm ihn auf, als ob ich es selber wäre. 18 Wenn er dich geschädigt hat oder dir etwas schuldet, dann rechne es *mir* an. 19 Ich, Paulus, schreibe hier mit eigener Hand: Ich werde es dir erstatten. Ich könnte auch sagen: Rechne es *dir* an; denn du bist mir ja schließlich dich selber schuldig![b]

20 Ja, lieber Bruder, ich möchte gerne, daß du mir eine Freude machst, so gewiß wir durch den Herrn verbunden sind! Tu meinem Herzen wohl durch die Liebe, die von Christus kommt![c]

21 Ich schreibe dir im Vertrauen darauf, daß du dich mir nicht widersetzen wirst. Ich bin sicher, du wirst sogar noch mehr tun, als ich erbitte. 22 Halte auch schon ein Quartier für mich bereit! Denn ich rechne zuversichtlich damit, daß Gott eure Gebete erhört und ich euch wiedergeschenkt werde.

Grüße

23 Epaphras läßt dich grüßen, der hier mit mir für Jesus Christus im Gefängnis sitzt; 24 ebenso grüßen meine Mitarbeiter Markus, Aristarch, Demas und Lukas.

25 Die Gnade unseres Herrn* Jesus Christus sei mit euch![d]

DER BRIEF AN DIE HEBRÄER
(Hebräerbrief)

Inhaltsübersicht

GOTTES OFFENBARUNG IN SEINEM SOHN (1,1–4,13)

Gott hat durch seinen Sohn gesprochen

1 In der Vergangenheit hat Gott in vielfältigster Weise durch die Propheten* zu unseren Vorfahren gesprochen. 2 Aber jetzt, am Ende der Zeit, hat er zu uns gesprochen durch den Sohn*.

Ihn hat Gott dazu bestimmt,
daß ihm am Ende alles als sein Erbbesitz
gehören soll.
Durch ihn hat er auch am Anfang die Welt
geschaffen.
3 Die ganze Herrlichkeit* Gottes leuchtet
in ihm auf;
in ihm hat Gott sein innerstes Wesen
sichtbar gemacht.
Durch sein machtvolles Wort sichert er den
Bestand des Weltalls.
Nachdem er sein Leben zum Opfer
gebracht hat,
um uns von unseren Sünden zu reinigen,
hat er sich im Himmel an die rechte Seite der
göttlichen Majestät gesetzt.
4 Er steht so hoch über den Engeln*,
wie der Sohnesname, den Gott ihm
verliehen hat,
den Engelnamen an Würde übertrifft.

Der Sohn steht über den Engeln (Sieben Belege aus den Heiligen Schriften)

5 Hat Gott etwa je zu einem Engel* gesagt:
»Du bist mein Sohn,
heute habe ich dich dazu gemacht«?

Oder auch:

»Ich will sein Vater sein,
und er soll mein Sohn sein«?

a Wörtlich *Wenn du mich nun zum Teilhaber hast.* Paulus verwendet offenbar bewußt einen Ausdruck, der sowohl geistlich als auch geschäftlich verstanden werden kann.
b Weil Philemon dem Apostel seinen Glauben und damit das ewige Heil verdankt.
c *durch die Liebe ...:* wörtlich *in Christus;* vgl. Vers 7.
d Wörtlich *mit eurem Geist;* siehe Anmerkung zu Gal 6,18.

19 1 Kor 16,21 S 23 (Epaphras) Kol 1,7 S 24 (Markus) Apg 12,12 S; (Aristarch) Apg 19,29 S; (Demas und Lukas) Kol 4,14 S 1,2 (Sohn) 3,6 S; (geschaffen) Joh 1,3 S 1,3 (leuchtet) Kol 1,15 S; (Seite) Hebr 8,1 S 1,4 Phil 2,9 S 1,5 *zit* Ps 2,7; Apg 13,33; Mt 3,17 S; Hebr 5,5; *zit* 2 Sam 7,14

6 Und er sagt doch auch, wenn er ihn mit allen
Rechten des Erstgeborenen[a] in die Welt ein-
führt – in die himmlische und zugleich die künf-
tige irdische:[b]

»Alle Engel Gottes sollen sich vor ihm
niederwerfen.«

7 Von den Engeln heißt es:

»Gott macht seine Engel zu Stürmen
und seine Diener zu flammendem Feuer.«

8 Aber zum Sohn sagt er:

»Gott, dein Thron bleibt bestehen für Zeit
und Ewigkeit!
Dein königliches Zepter bürgt für gerechte
Herrschaft.
9 Du hast das Recht geliebt und das Unrecht
gehaßt;
darum, Gott, hat dein Gott dich erwählt
und dir Ehre und Freude gegeben,[c]
mehr als allen, die zu dir gehören.«

10 Von ihm heißt es auch:

»Am Anfang hast du, Herr, die Erde gegründet
und die Himmel* mit eigenen Händen geformt.
11 Sie werden vergehen, du aber bleibst.
Sie werden alt und zerfallen wie Kleider.
12 Du wirst sie zusammenrollen wie einen
Mantel;
sie werden ausgewechselt wie ein Gewand.
Du aber bleibst derselbe,
und deine Jahre enden nicht.«

13 Niemals hat Gott zu einem Engel gesagt:

»Setze dich an meine rechte Seite!
Ich will dir deine Feinde unterwerfen,
sie als Schemel unter deine Füße legen.«

14 Die Engel sind doch alle nur Geister, die Gott
geschaffen hat zum Dienst an den Seinen. Er
schickt sie denen zu Hilfe, die Anteil an der end-
gültigen Rettung haben sollen.

Die große Rettungstat nicht mißachten!

2 Darum müssen wir uns erst recht nach dem
richten, was wir gehört haben, damit wir
nicht am Ziel vorbeitreiben. 2 Schon die Bot-
schaft, die einst Mose von Engeln* überbracht
wurde, war verbindlich, und wer nicht auf
sie hörte und gegen sie verstieß, erhielt die ver-
diente Strafe. 3 Wie sollten dann *wir* heil davon-
kommen, wenn wir jetzt das große Rettungs-
werk Gottes mißachten?

Dieses Rettungswerk hat damit angefangen,
daß der Herr* es verkündet hat, und es ist uns
bestätigt worden von denen, die ihn gehört
haben. 4 Gott selbst hat dazu seine Beglaubi-
gung gegeben durch staunenswerte Wunderzei-
chen und machtvolle Taten und durch die Gaben
des Heiligen Geistes*, die er nach seinem Willen
ausgeteilt hat.

Jesus als Retter der Menschen mußte den Menschen gleich werden

5 Die kommende Welt, von der ich spreche, hat
Gott nicht der Herrschaft von Engeln* unter-
stellt. 6 Vielmehr heißt es an einer Stelle in den
Heiligen Schriften*:

»Was ist der Mensch, daß du an ihn denkst?
Was der Sohn eines Menschen, daß du dich um
ihn kümmerst?
7 Du hast ihn – den Menschensohn* – für eine
kurze Zeit erniedrigt,
ihn tiefer gestellt als die Engel.
Dann aber hast du ihn gekrönt mit Ruhm und
Ehre
8 und hast ihm alles unterworfen.«

Obwohl es heißt, daß Gott ihm alles unterwor-
fen hat und nichts davon ausgenommen ist,
sehen wir jetzt noch nicht, daß er über alles
herrscht. 9 Aber wir sehen, wie Jesus, der für
kurze Zeit tiefer gestellt war als die Engel, wegen
seines Sterbens mit Ruhm und Ehre gekrönt
worden ist. Denn Gott hat in seiner Gnade ge-
wollt, daß er allen Menschen zugute den Tod er-
leidet.

10 Weil Gott wollte, daß viele Kinder Gottes in
sein herrliches Reich aufgenommen werden, hat
er den, der sie zur Rettung führen sollte, durch
Leiden zur Vollendung gebracht. Das war der
angemessene Weg für Gott, den Ursprung und
das Ziel von allem. 11 Denn der Sohn*, der die
Menschen Gott weiht, und die Menschen, die
von ihm Gott geweiht werden, stammen alle
von demselben Vater. Darum schämt der Sohn

a *ihn mit allen ...:* wörtlich *den Erstgeborenen.* Das Wort ist im Licht von Kol 1,15.18 zu sehen (vgl. Röm 8,29; Offb 1,5).
b *in die himmlische ...:* verdeutlichender Zusatz. Bei *Welt* ist zunächst an die himmlische Welt gedacht (vgl. 1 Tim 3,16; Phil 2,10; Offb 5,8-13), doch ist diese als Anfang und Urbild der endgültigen irdischen Wirklichkeit mit dieser in eins gesehen (vgl. 2,5).
c *erwählt und ...:* wörtlich *dich mit Öl der Freude gesalbt.*

1,6 Ps 89,28; *nach* Ps 97,7 **1,7** *nach* Ps 104,4 **1,8-9** *nach* Ps 45,7-8 **1,10-12** *zit* Ps 102,26-28 **1,13** *zit* Ps 110,1; Hebr 8,1 S **1,14** Ps 34,8 S **2,2** Apg 7,53 S **2,3** 10,29; 12,25; (angefangen) Mk 1,1 S **2,4** (Wunderzeichen) Joh 2,11 S; (Geistesgaben) 1 Kor 12,4-11 S **2,6-8** *nach* Ps 8,5-7 **2,8** 1 Kor 15,27 **2,9** Phil 2,8-9 **2,10** 12,2; Röm 11,36; 8,29 **2,11** Mt 25,40; Mk 3,35 par; Joh 20,17

sich nicht, sie seine Brüder zu nennen. 12 Er sagt
zu Gott:

»Ich will dich meinen Brüdern bekanntmachen;
in der Gemeinde will ich dich preisen.«

13 Er sagt auch:

»Ich will mein Vertrauen auf Gott setzen!«

und fährt fort:

»Hier bin ich mit den Kindern, die Gott mir
gegeben hat.«

14 Weil diese Kinder Menschen von Fleisch und
Blut sind, wurde der Sohn ein Mensch wie sie,
um durch seinen Tod den zu vernichten, der
über den Tod verfügt, nämlich den Teufel. 15 So
hat er die Menschen befreit, die durch ihre
Angst vor dem Tod das ganze Leben lang Skla-
ven gewesen sind.

16 Nicht für die Engel setzt er sich ein, sondern
für die Nachkommen Abrahams*. 17 Deshalb
mußte er in jeder Beziehung seinen Brüdern und
Schwestern[a] gleich werden. So konnte er ein
barmherziger und treuer Oberster Priester* für
sie werden, um vor Gott Sühne* zu leisten für
die Sünden des Volkes. 18 Weil er selbst gelitten
hat und dadurch auf die Probe gestellt worden
ist, kann er nun den Menschen helfen, die eben-
falls auf die Probe gestellt werden.

Jesus steht über Mose

3 Darum, meine Brüder und Schwestern, die
ihr Gott geweiht und zur Teilhabe an der
himmlischen Welt berufen seid, schaut auf Jesus,
den bevollmächtigten Gesandten[b] Gottes und
Obersten Priester*, zu dem wir uns bekennen.

2 Er war dem, der ihn eingesetzt hat, genauso
treu wie Mose, von dem gesagt wird: »Er war
Gott treu in seinem ganzen Haus« – nämlich
dem »Haus« Gottes, dem Volk Israel.[c] 3 Doch wie
der Erbauer eines Hauses mehr geehrt wird als
das Haus selbst, so verdient Jesus viel größere
Ehre als Mose. 4 Jedes Haus wird von jemand er-
baut. Der aber, der alles erbaut hat, ist Gott.

5 Mose war ein Hinweis auf Dinge, die erst in
Zukunft verkündet werden sollten. Er war treu
»*in* seinem ganzen Haus«, als *Diener*. 6 Christus
aber ist der *Sohn**, der *über* Gottes Haus gestellt
ist. Sein »Haus«, Gottes Haus, sind wir, die Ge-
meinde, wenn wir mit Zuversicht und freudigem
Stolz an dem festhalten, worauf wir hoffen.

Die Ruhe Gottes für sein Volk

7 Darum gilt, was Gott durch den Heiligen Geist*
sagt:

»Seid heute, wenn ihr *seine* Stimme hört,
8 nicht so verstockt wie damals eure Vorfahren,
die sich gegen mich, Gott, auflehnten
an jenem Tag der Prüfung in der Wüste.
9–10 Sie haben mich herausgefordert
und mich auf die Probe gestellt,
nachdem sie vierzig Jahre lang gesehen hatten,
was ich tat.
Diese Generation hat mich angewidert;
ich sagte: ›Alles, was sie wollen, ist verkehrt;
nie haben sie meine Wege verstanden.‹
11 Schließlich schwor ich in meinem Zorn:
›In meine Ruhe nehme ich sie niemals auf!‹«[d]

12 Achtet darauf, liebe Brüder und Schwestern,
daß niemand von euch ein widerspenstiges, un-
gehorsames Herz hat und sich von dem lebendi-
gen Gott abwendet. 13 Ermahnt euch gegenseitig
jeden Tag, solange jenes »Heute« gilt, damit nie-
mand von euch dem Betrug der Sünde erliegt
und sich dem Ruf dieser Stimme verschließt.
14 Wir gehören erst wirklich zu Christus, wenn
wir die Zuversicht, die uns am Anfang geschenkt
wurde, bis zum Ende unerschütterlich festhal-
ten!

15 Wenn es heißt:

»Seid heute, wenn ihr seine Stimme hört,
nicht so verstockt wie damals eure Vorfahren,
die sich gegen Gott aufgelehnt haben«,

16 so stellt sich doch die Frage: Wer waren denn
die, die einstmals »die Stimme gehört« und sich
dann »gegen Gott aufgelehnt« haben? Es waren

a *Brüder und Schwestern* gibt ein einziges griechisches Wort wieder, das als Mehrzahlform nicht nur, wie herkömmlich übersetzt, die »Brüder« bezeichnet, sondern auch je nach Zusammenhang die gesamte Gemeinde aus Männern und Frauen (siehe dazu Sacherklärung »Bruder«); entsprechend in 3,1.12.

b Wörtlich *Apostel**.

c *nämlich dem »Haus« Gottes ...:* verdeutlichender Zusatz; entsprechend *Gottes Haus* in Vers 6 (beim zweiten Vorkommen).

d Nach Ps 95,11 sollte das in der Wüste umherziehende Volk Israel im Land Kanaan *Ruhe* finden. Der Verfasser des Briefes verbindet die Psalmstelle mit der Aussage von Gen 2,2-3 über die Ruhe Gottes nach der Schöpfung und versteht diese Ruhe als ein eigenes Schöpfungswerk, nämlich die Erschaffung der »ewigen Ruhe«, der kommenden neuen Welt Gottes (vgl. 4,3b-10).

2,12 *zit* Ps 22,23 **2,13** *nach* Jes 8,17-18 **2,14** Joh 1,14 S; Röm 8,3; 1 Joh 3,8 **2,15** Röm 8,21 **2,16** Jes 41,8-9 **2,17** 5,2; Phil 2,7; 1 Joh 2,2 **2,18** 4,15 S **3,1** 4,14 S **3,2** *nach* Num 12,7 **3,6** (Sohn) 1,2; 4,14; 6,4-6; 7,3.28; 10,29; Joh 1,34 S; (Haus) Hebr 10,21; Eph 2,21; 1 Kor 3,16 S **3,7-11** *zit* Ps 95,7-11 **3,8** Ex 17,7; Num 20,2-5 **3,9-10** Num 14,33 S **3,11** Num 14,21-23

alle, die Mose aus Ägypten geführt hatte! 17 Wer waren denn die, die Gott »vierzig Jahre lang angewidert« haben? Es waren die, die gesündigt hatten und dann tot in der Wüste lagen! 18 Wer waren denn die, denen Gott »schwor«: »In meine Ruhe nehme ich sie niemals auf!«? Es waren die, die sich ihm widersetzt hatten! 19 Wir sehen: Sie konnten nicht in die Ruhe Gottes gelangen, weil sie Gott das Vertrauen verweigert hatten.

4 Darum dürfen wir nicht leichtfertig sein, sondern müssen darauf achten, daß nicht womöglich jemand von uns zurückbleibt. Denn Gottes Zusage, Menschen in seine Ruhe aufzunehmen, gilt ja weiter. 2 Genauso wie den Leuten damals in der Wüste ist auch uns die Gute Nachricht* verkündet worden, die Botschaft, daß wir in Gottes Ruhe aufgenommen werden sollen.[a] Aber denen hat diese Botschaft nichts genützt; sie ist ihnen nicht in Fleisch und Blut übergegangen – was durch die Kraft ihres Vertrauens hätte geschehen müssen.[b]

3a So werden auch wir nur in die Ruhe Gottes hineinkommen, wenn wir im Vertrauen festbleiben; sonst gilt, was Gott von den anderen gesagt hat:

»Ich schwor in meinem Zorn:
›In meine Ruhe nehme ich sie niemals auf!‹«

Gottes Ruhe – die Zusage, die weiterhin offensteht

3b Dabei stehen doch Gottes Werke schon seit Vollendung der Weltschöpfung fertig da – auch seine Ruhe! 4 Es heißt vom siebten Schöpfungstag: »Am siebten Tag ruhte Gott von aller seiner Arbeit aus.«

5 An der vorher genannten Stelle heißt es jedoch: »In meine Ruhe nehme ich sie niemals auf!« 6 Dann muß es also noch Leute geben, die aufgenommen werden, nachdem die anderen, die die Gute Nachricht* zuerst gehört haben, durch ihren Ungehorsam ausgeschlossen blieben.

7 Deshalb setzt Gott aufs neue einen Tag fest, ein neues »Heute«! Nach so langer Zeit läßt er – ich habe es schon angeführt – durch David ausrufen:

»Seid heute, wenn ihr seine Stimme hört,
nicht so verstockt!«

8 Denn hätte schon Josua das Volk in die Ruhe hineingeführt, dann würde Gott nicht noch von einem anderen Tag *danach* sprechen. 9 Folglich steht die versprochene Ruhe, der große Sabbat*, dem Volk Gottes erst noch bevor. 10 Denn wer in die Ruhe Gottes gelangt ist, ruht auch selbst aus von seiner Arbeit, so wie Gott ausruht von der seinen.

11 Wir wollen also alles daransetzen, zu dieser Ruhe zu gelangen! Niemand soll – nach dem abschreckenden Beispiel, das damals das Volk in der Wüste gab – durch Ungehorsam zu Fall kommen und von ihr ausgeschlossen bleiben.

12 Das Wort Gottes ist lebendig, es ist eine wirkende Macht. Es ist schärfer als das schärfste beidseitig geschliffene Schwert. So wie ein Schwert tief einschneidet, die Gelenke durchtrennt und das Mark der Knochen freilegt, so dringt das Wort Gottes ins Innerste von Seele und Geist. Es deckt die geheimen Wünsche und Gedanken des Menschenherzens auf und hält über sie Gericht. 13 Es gibt niemand, dessen Inneres vor Gott verborgen wäre. Alles liegt nackt und bloß vor den Augen dessen da, dem wir Rechenschaft schuldig sind.

JESUS ALS UNSER OBERSTER PRIESTER (4,14–10,18)

Jesus, unser Oberster Priester, tritt bei Gott für uns ein

14 Laßt uns also festhalten an der Hoffnung, zu der wir uns bekennen.[c] Wir haben doch einen unvergleichlichen Obersten Priester*, der alle Himmel* durchschritten hat und sich schon bei Gott, im himmlischen Heiligtum, befindet:[d] Jesus, den Sohn* Gottes.

15 Trotzdem ist er nicht jemand, der kein Mitgefühl für unsere Schwächen haben könnte. Er wurde ja genau wie wir auf die Probe gestellt – aber er blieb ohne Sünde. 16 Darum wollen wir mit Zuversicht vor den Thron unseres gnädigen Gottes treten. Dort werden wir, wenn wir Hilfe brauchen, stets Liebe und Erbarmen finden.

5 Jeder Oberste Priester wird *aus* den Menschen genommen und *für* die Menschen eingesetzt, um ihre Angelegenheiten vor Gott

a *die Botschaft ...:* verdeutlichender Zusatz.
b *sie ist ihnen nicht ...:* Nach dem besser bezeugten Text müßte übersetzt werden *da sie nicht durch vertrauenden Glauben mit denen verbunden waren, die es gehört hatten.*
c Wörtlich *festhalten an dem Bekenntnis* (vgl. 10,23).
d *und sich schon ...:* verdeutlichender Zusatz.

3,17 Num 14,29; 1 Kor 10,5.10 **4,4** *nach* Gen 2,2 **4,8** Dtn 31,7; Jos 22,4 **4,12** 1 Petr 1,23; Jes 55,11 S; (Schwert) Jes 49,2; Eph 6,17; Weish 18,16; Offb 1,16 S **4,14** 2,17-18; 3,1; 5,5-6.10; 7,24-28; 8,3.6; 9,11; (bei Gott) 8,1 S; (Sohn) 3,6 S **4,15** 2,18; 5,2; (ohne Sünde) 7,26; 9,12; 1 Joh 3,5 S **4,16** 10,19 S

zu vertreten: Er soll Gaben und Opfer* für ihre Sünden darbringen. 2 Weil er selbst ein schwacher Mensch ist, kann er mitfühlen mit den Unwissenden und Irrenden. 3 Weil er in seiner Schwachheit selber sündigt, muß er sogar für sich selbst Opfer darbringen, nicht nur für das Volk.

4 Auch nimmt sich niemand selbst die Würde, Oberster Priester zu sein. Er erhält sie vielmehr durch Gottes Berufung, so wie Aaron. 5 So hat sich auch Christus nicht selbst die Würde des Obersten Priesters genommen, sondern Gott hat sie ihm gegeben, der zu ihm sagte:

»Du bist mein Sohn,
heute habe ich dich dazu gemacht.«

6 Und an einer anderen Stelle sagt Gott:

»Du bist Priester auf ewig,
nach der Art Melchisedeks.«

7 Als er noch auf der Erde lebte, hat Jesus sich im Gebet mit Bitten und Flehen an Gott gewandt, der ihn vom Tod retten konnte; mit lautem Rufen und unter Tränen hat er seine Not vor ihn gebracht. Weil er treu zu Gott hielt, ist er schließlich auch erhört worden.

8 Und doch: Obwohl er Gottes Sohn war, hat er zunächst durch das, was er durchmachen mußte, Gehorsam gelernt. 9 Nachdem er nun das Ziel erreicht hat, ist er für alle, die ihm gehorchen, zum Begründer ihrer endgültigen Rettung geworden. 10 Denn Gott hat ihn zum Obersten Priester ernannt – und zwar zum Obersten Priester »nach der Art Melchisedeks«.

Der Zustand der Angeschriebenen und die Größe des Themas

11 Hierüber muß ich nun einiges sagen. Das ist nicht leicht, zumal ihr stumpf geworden seid und Mühe habt, zuzuhören und mitzudenken. 12 Ihr solltet inzwischen längst andere unterrichten können; statt dessen habt ihr wieder jemand nötig, der euch ganz von vorne das ABC der Botschaft Gottes erklärt. Ihr braucht wieder Milch statt fester Nahrung.

13 Wer Milch braucht, ist ein kleines Kind, das die Sprache der Erwachsenen noch nicht versteht. 14 Erwachsene aber brauchen feste Nahrung – solche Leute nämlich, die durch beharrliche Übung ihr Wahrnehmungsvermögen geschärft haben, um Gut und Böse zu unterscheiden.

6 Deshalb wollen wir jetzt die Anfangslektionen der christlichen Botschaft hinter uns lassen und uns dem zuwenden, was für die im Glauben Erwachsenen bestimmt ist. Ich will mich also nicht noch einmal mit den grundlegenden Themen befassen wie der Abkehr vom Götzendienst und der Hinwendung zum wahren, lebendigen Gott, 2 der Taufe[a] und der Handauflegung, der Auferstehung* der Toten und dem letzten Gericht. 3 Ich werde jetzt vielmehr weitergehen, und wenn Gott will, wird es euch von Nutzen sein.

4-6 Denn es ist unmöglich, Menschen, die Gott *einmal* mit seinem Licht erfüllt hat und die ihm dann den Rücken kehren, dahin zu bringen, daß sie sich Gott wieder zuwenden. Sie haben doch schon die Gaben des Himmels gekostet und den Heiligen Geist* empfangen. Sie haben erfahren, wie zuverlässig Gottes Wort ist, und haben schon die Kräfte der kommenden Welt gespürt. Und dann haben sie trotzdem Gott den Rücken gekehrt und haben damit den Sohn Gottes noch einmal ans Kreuz* genagelt, sich selbst zum Gericht, und ihn öffentlich zum Gespött gemacht.[b]

7 Gott segnet den Boden, der den reichlich auf ihn fallenden Regen aufnimmt und Pflanzen wachsen läßt für die, die den Boden bebauen. 8 Aber der Boden, der nur Dornen und Disteln trägt, ist nichts wert. Ihm droht, daß er von Gott verflucht und zum Schluß verbrannt wird.

Ermutigung zum Durchhalten

9 Aber auch wenn ich so hart rede, meine Lieben, bin ich doch überzeugt, daß es um euch so schlimm nicht steht und daß ihr gerettet werdet. 10 Denn Gott ist nicht ungerecht. Er vergißt nicht, was ihr getan habt. Ihr habt anderen Christen[c] geholfen und tut es noch. Damit beweist ihr eure Liebe zu ihm. 11 Ich wünsche nur sehn-

a Wörtlich *der Lehre von den Taufen*. Die Mehrzahl *Taufen* ist vielleicht daher zu erklären, daß in der *Lehre* nicht zuletzt auch das Verhältnis zwischen Johannestaufe (siehe Sacherklärung »Täufer«) und christlicher Taufe zu behandeln war (vgl. Joh 3,25-26; Apg 19,1-6). Die Mehrzahl könnte aber auch ein Hinweis auf ein dreimaliges Untergetauchtwerden des Täuflings sein, wie es sich sehr früh in der Kirche herausbildete.

b Die Verse 4-6 entspringen der leidvollen Erfahrung mit abgefallenen Christen und wollen die Gemeinde eindringlich warnen (vgl. Verse 7-8; 10,26-27). Sie dürfen nicht verstanden werden als Aufruf zu selbstquälerischen Zweifeln (siehe Vers 9).

c Wörtlich *den Heiligen**.

5,2 2,17-18; 4,15; 7,28 **5,3** 7,27; 9,7; Lev 9,7; 16,6 **5,4** Ex 28,1 **5,5** 1,5 **5,6** *zit* Ps 110,4; Hebr 6,20 S **5,7** Mk 14,32-42 par **5,8** 3,6 S; 4,15; Phil 2,8 **5,9** 7,27 S **5,10** 4,14 S; 6,20 S **5,12-13** 1 Kor 3,1-2; 1 Petr 2,2 **5,14** 13,9; Röm 16,19; 1 Kor 14,20; Eph 4,14 **6,4-6** 10,26-29; 12,25; 2 Petr 2,20 **6,8** Mk 4,7.18-19 **6,10** 10,32-34

lichst, daß jeder und jede von euch genau den-
selben Eifer auch an den Tag legt, wenn es
darum geht, die Hoffnung auf das, was Gott uns
versprochen hat, mit voller Kraft bis zum Ende
durchzuhalten. 12 Ihr dürft darin nicht nach-
lassen! Nehmt euch ein Beispiel an denen, die
Vertrauen und Ausdauer bewahrt und darum
empfangen haben, was Gott versprochen hat.

Gott ist zuverlässig und treu

13 Gott machte Abraham* eine Zusage und
schwor bei seinem eigenen Namen, da er bei
nichts Höherem schwören konnte als bei sich
selbst. 14 Er sagte: »Ich gebe dir mein Wort, daß
ich dich überaus segnen und dir viele Nachkom-
men geben werde.« 15 Und so wartete Abraham
beharrlich und erhielt, was Gott ihm verspro-
chen hatte.

16 Menschen schwören beim Namen eines
Größeren, und der Eid dient dazu, die Aussage
zu bekräftigen und jeden Zweifel zu beseitigen.
17 So bekräftigte auch Gott seine Zusage mit
einem Eid. Damit wollte er den Menschen,
denen die Zusage galt, die feste Gewißheit
geben, daß seine Absicht unumstößlich ist. 18 Er
wollte uns doppelte Sicherheit geben: durch die
Zusage und durch den Eid; und da Gott nicht
lügen kann, ist auf beide unbedingt Verlaß.

Das soll uns einen starken Ansporn geben,
daß wir unsere Zuversicht nicht preisgeben und
an der Hoffnung auf die uns zugesagte Erfüllung
festhalten. 19 Diese Hoffnung ist für uns wie ein
sicherer und fester Anker, der hineinreicht bis
ins innerste Heiligtum, in das Allerheiligste* hin-
ter dem Vorhang im himmlischen Tempel.
20 Dorthin ist Jesus uns vorausgegangen, um uns
den Weg zu bereiten; denn so wurde er zum
Obersten Priester* nach der Art Melchisedeks,
und das heißt: auf ewig.

Jesus Christus, Priester auf ewig nach der Art Melchisedeks (7,1–10,18)

Melchisedek, das Bild des Sohnes Gottes

7 Dieser Melchisedek nämlich war König von
Salem und Priester des höchsten Gottes. Er
ging Abraham entgegen, als der vom Sieg über
die Könige heimkehrte, und segnete ihn. 2 Ihm
gab Abraham den zehnten* Teil von allem, was
er erbeutet hatte. Sein Name bedeutet »König
der Gerechtigkeit«; er heißt aber auch »König
von Salem«, und das bedeutet »König des Frie-
dens*«. 3 Er hat weder Vater noch Mutter; einen
Stammbaum von ihm gibt es nicht. Seine Lebens-
zeit hat weder Anfang noch Ende – darin gleicht
er dem Sohn* Gottes.

Dieser Melchisedek also bleibt Priester auf
ewig.

Melchisedek steht über Abraham und den Priestern aus dessen Nachkommenschaft

4 Wie groß dieser Melchisedek ist, seht ihr daran,
daß sogar der Stammvater Abraham* ihm den
zehnten Teil von allen wertvollen Stücken seiner
Beute gab.

5 Nun sammeln ja die unter den Nachkom-
men von Levi*, denen das Priestertum über-
tragen wurde, den Zehnten* vom Volk Israel
ein. Sie erheben den Zehnten von ihren Brü-
dern, obwohl diese genau wie sie selbst Nach-
kommen Abrahams sind; sie haben durch das
Gesetz* den Auftrag dazu. 6 Aber Melchisedek,
der abstammungsmäßig überhaupt nichts mit
Levi zu tun hat, nimmt sogar von Abraham
den Zehnten! Und er *segnet* Abraham, dem doch
Gott seine Zusagen gegeben hat. 7 Wer segnet,
ist ohne Zweifel größer als der, der gesegnet
wird.

8 Und hier, im Fall der Nachkommen von
Levi, sind es sterbliche Menschen, die den Zehn-
ten entgegennehmen. Dort aber, im Fall von
Melchisedek, ist es einer, von dem in den Hei-
ligen Schriften* bezeugt wird, daß er ewig
lebt!

9 Um es geradeheraus zu sagen: Als Abraham
Melchisedek den Zehnten gab, da gab ihn zu-
gleich auch Levi, dessen Nachkommen in Israel
den Zehnten einsammeln. 10 Denn Levi war da-
mals schon im Samen seines Ahnherrn Abra-
ham gegenwärtig, als der mit Melchisedek zu-
sammentraf.

Das Priestertum der Nachkommen Levis abgelöst durch das Priestertum nach der Art Melchisedeks

11 Dem Volk Israel wurde das Priestertum* der
Nachkommen Levis gegeben; es wurde durch
das Gesetz* angeordnet, und das Gesetz steht
und fällt mit ihm.

Hätte nun durch dieses Priestertum die Voll-
endung des Volkes vor Gott erreicht werden
können, dann wäre es ja nicht nötig gewesen,
noch einen anderen Priester aufzustellen, einen

6,12 11,1–12,1 6,13-14 *nach* Gen 22,16-17 6,18 (nicht lügen) Num 23,19 S 6,19 (Allerheiligstes) 9,3 S 6,20 4,14 S; (Melchisedek) Gen 14,17-20; Ps 110,4; Hebr 5,6.10; 7,1-4 7,1-4 6,20 S 7,5 Num 18,21

»nach der Art Melchisedeks« und nicht nach der Art Aarons! [12] Wenn aber das Priestertum sich ändert, bedeutet das notwendig, daß auch das Gesetz sich ändert.

[13] Und in der Tat: Der, auf den sich dies alles bezieht, gehört einem anderen Stamm an als dem Stamm Levi, einem Stamm, aus dem noch nie jemand als Priester am Altar gestanden hat. [14] Unser Herr* ist bekanntlich aus dem Stamm Juda hervorgegangen, den Mose nie erwähnt hat, wenn er vom Priestertum sprach.

[15] Aber noch viel deutlicher zeigt sich die Veränderung an folgendem: Es wird ein Priester aufgestellt, der wie Melchisedek von ganz anderer Art ist – [16] der nicht Priester ist aufgrund einer menschlich-irdischen Bestimmung des Gesetzes, sondern aufgrund der Macht seines unvergänglichen Lebens. [17] In den Heiligen Schriften* heißt es: »Du bist Priester auf ewig, nach der Art Melchisedeks«!

[18] Die frühere Bestimmung wird außer Kraft gesetzt, weil sie schwach und nutzlos war. [19] Denn in keiner Hinsicht hat das Gesetz es geschafft, daß die Menschen vor Gott vollkommen und untadelig dastehen können. An die Stelle des vom Gesetz verordneten Priestertums tritt deshalb eines, das eine bessere Hoffnung begründet: das uns die Möglichkeit eröffnet, *wirklich* Gott nahen und vor ihm bestehen zu können.

Das neue Priestertum – eidlich bestätigt und von ewigem Bestand

[20] Das neue Priestertum ist außerdem durch einen Eid eingeführt worden. Als die anderen zu Priestern eingesetzt wurden, hat Gott nicht geschworen. [21] Jesus aber wurde mit einem Schwur zum Priester eingesetzt; ihm gilt das Wort:

»Der Herr hat geschworen,
und er wird es nicht zurücknehmen:
›Du bist Priester auf ewig.‹«

[22] Deshalb ist Jesus auch der Garant für einen besseren Bund*.

[23] Es gibt noch einen weiteren Unterschied: Von den anderen Priestern gab es viele, weil sie sterben mußten und der Tod sie hinderte, Priester zu bleiben. [24] Jesus aber lebt für immer, und sein Priestertum ist deshalb unvergänglich. [25] Darum kann er auch vollständig und für immer alle retten, die sich durch ihn an Gott wenden. Er lebt für immer, um bei Gott für sie einzutreten.

Lobpreis auf Jesus als Obersten Priester

[26] Jesus ist der Oberste Priester*, den wir brauchen: Er ist heilig, an ihm ist nichts Verwerfliches, er hat keinen Fehler. Er ist ganz anders als wir sündigen Menschen und wurde über alle Himmel* erhoben. [27] Er muß nicht wie die Obersten Priester vor ihm täglich zuerst für die eigenen Sünden und dann für die des Volkes opfern. Er sühnte die Sünden aller ein für allemal, als er sich selbst zum Opfer brachte. [28] Das Gesetz* Moses machte Menschen voller Fehler zu Priestern; der göttliche Schwur, der *nach* dem Gesetz ergangen ist, ernannte dazu den Sohn*, der für ewig zur Vollendung gelangt ist.

Alter und neuer Priesterdienst

8 Dies ist der Punkt, auf den alles ankommt: Wir haben einen Obersten Priester*, der Platz genommen hat zur rechten Seite Gottes auf dem Thron der göttlichen Majestät im Himmel. [2] Dort versieht er den priesterlichen Dienst im himmlischen Allerheiligsten*, in dem einzig wahren Heiligen Zelt*, das von Gott und nicht von einem Menschen errichtet worden ist.

[3] Jeder Oberste Priester wird dazu eingesetzt, Gott Gaben und Opfer* darzubringen. Auch unser Oberster Priester muß darum etwas zu opfern haben.

[4] Wäre er nun auf der Erde, so könnte er nicht einmal Priester sein, denn hier gibt es ja Priester, die nach den Vorschriften des Gesetzes* Opfergaben darbringen. [5] Sie verrichten ihren Dienst allerdings in einem Heiligtum, das nur einen Schatten, nur eine unvollkommene Nachbildung des wahren Heiligtums darstellt, das im Himmel ist. Denn als Mose daranging, das Heilige Zelt zu errichten, erhielt er von Gott die Weisung: »Gib acht, daß alles genau nach dem Urbild angefertigt wird, das ich dir hier auf dem Berg gezeigt habe.«

[6] Nun ist aber Jesus zu einem viel höheren Priesterdienst berufen worden als die Priester auf der Erde. Sein Priesterdienst ist um soviel

7,14 Gen 49,10; Mt 2,6; Apg 13,23; Offb 5,5 S **7,17** *zit* Ps 110,4; Hebr 5,6 **7,19** 9,9; Röm 3,20 S **7,22** 8,6 S **7,25** 10,14; Röm 8,34; 1 Joh 2,1 **7,26** 4,15 S **7,27** 5,3; (ein für allemal) 5,9; 7,25; 9,12.26.28; 10,10.12; Röm 6,10; 1 Petr 3,18 **7,28** 3,6 S **8,1** 4,14 S; (rechte Seite) 1,3.13; 10,12; 12,2; Apg 2,33 S; Ps 110,1 **8,5** (Schatten) 9,9; 10,1; Kol 2,17; (Zelt) Hebr 9,2; *zit* Ex 25,40 **8,6** (neuer Bund) 7,22; 8,13; 9,15; 12,24; Lk 22,20 S

höher, als der Bund* besser ist, der durch Ver-
mittlung von Jesus zwischen Gott und den Men-
schen geschlossen wurde. Dieser Bund gründet
auf besseren Zusagen als der erste.

Alter und neuer Bund

7 Wäre am ersten Bund* nichts auszusetzen ge-
wesen, so hätte es keinen zweiten gebraucht.
8 Aber Gott mußte sein Volk tadeln; er sagte ja zu
ihnen:

»Die Zeit kommt, da werde ich mit dem Volk
von Israel und dem Volk von Juda einen neuen
Bund schließen. 9 Er wird nicht dem Bund glei-
chen, den ich mit ihren Vorfahren geschlossen
habe, als ich sie bei der Hand nahm und aus
Ägypten herausführte. Sie haben sich nicht an
diesen Bund gehalten; darum habe ich sie sich
selbst überlassen.«

Und weiter sagte der Herr: 10 »Der neue Bund,
den ich dann mit dem Volk Israel schließen will,
wird völlig anders sein: Ich werde ihnen meine
Gesetze nicht auf Steintafeln, sondern in Herz
und Gewissen schreiben. Ich werde ihr Gott
sein, und sie werden mein Volk sein. 11 Niemand
muß dann noch seinen Mitbürger belehren oder
zu seinem Bruder sagen: ›Lerne den Herrn ken-
nen!‹ Denn alle werden dann wissen, wer ich
bin, von den Geringsten bis zu den Vornehm-
sten. 12 Ich will ihnen ihren Ungehorsam ver-
geben und will nie mehr an ihre Sünden den-
ken.«

13 Wenn Gott von einem »neuen Bund«
spricht, dann hat er damit den ersten für veraltet
erklärt. Was aber veraltet und verbraucht ist,
wird bald verschwinden.

Der Gottesdienst des alten Bundes

9 Nun hatte auch schon der erste Bund* Vor-
schriften für den Gottesdienst, und er hatte
das irdische Heiligtum. 2 Da war ein Zelt aufge-
richtet mit zwei Räumen: Der vordere Raum
hieß »das Heilige«; in ihm befanden sich der
Leuchter und der Tisch und auf dem Tisch die
geweihten Brote*. 3 Hinter dem zweiten Vor-
hang lag der andere Raum, genannt »das Aller-
heiligste*«. 4 Darin standen der goldene Altar,
auf dem Weihrauch* verbrannt wurde, und die
Bundeslade*, die ganz mit Gold überzogen war.
In ihr lagen der goldene Krug mit dem Manna*,
der Stab Aarons, an dem Blüten gewachsen
waren, und die Steintafeln mit dem Bundes-
gesetz*. 5 Über der Lade waren die Keruben*, die
auf die Gegenwart Gottes hinwiesen.[a] Sie breite-
ten ihre Flügel aus über der Deckplatte, auf der
die Sünden gesühnt wurden. Aber davon soll
jetzt nicht im einzelnen die Rede sein.

6 Das Heiligtum besteht also aus zwei Teilen.
In den vorderen Teil des Zeltes gehen die Priester
jeden Tag und verrichten dort ihren Dienst.
7 Den hinteren Teil darf nur der Oberste Priester*
betreten, und das auch nur einmal im Jahr. Dabei
nimmt er Blut* mit und opfert es für sich und für
die Menschen, die ohne bösen Willen schuldig
geworden sind.

8 Der Heilige Geist* weist mit alldem auf fol-
gendes hin: Solange noch der vordere Teil des
Zeltes besteht und der Zugang zum hinteren Teil
den genannten Einschränkungen unterliegt, ist
dies ein Zeichen dafür, daß der Zugang zum
eigentlichen – himmlischen – Allerheiligsten
noch nicht eröffnet worden ist. 9 Der vordere Teil
des Zeltes ist ein Sinnbild für die gegenwärtige
Zeit und den in ihr herrschenden Zustand: Da
werden Opfer* und Gaben dargebracht, die nicht
die Kraft haben, die Menschen, die sie darbrin-
gen, in ihrem Innern vollkommen zu machen, so
daß ihr Gewissen sie nicht mehr anklagt. 10 Da
geht es allein um Vorschriften über Essen und
Trinken und über religiöse Waschungen, also
um äußerliche, irdisch-vergängliche Vorschrif-
ten, die nur auferlegt waren bis zu dem Zeit-
punkt, an dem Gott die wahre Ordnung aufrich-
ten würde.

Der Gottesdienst des neuen Bundes

11 Jetzt aber ist Christus gekommen als der Ober-
ste Priester*, dessen Opfer* uns in Gottes Augen
wirklich vollkommen gemacht hat.[b] Er ist
durch den vorderen Teil des Zeltes hindurchge-
gangen – des Zeltes, das größer und vollkomme-
ner ist, weil es nicht von Menschen errichtet
wurde, und das heißt: nicht zu dieser Welt*
gehört. 12 Und er ist ein für allemal hineingegan-
gen in das eigentliche, das himmlische Allerhei-
ligste*. Das tat er nicht mit dem Blut von Böcken
und jungen Stieren, sondern mit seinem eigenen

a Wörtlich *die Keruben der Herrlichkeit**.

b Wörtlich *der Oberste Priester der (Wirklichkeit) gewordenen Güter.* Zahlreiche Handschriften haben *der zukünftigen Güter.*

8,8-12 *zit* Jer 31,31-34; Hebr 10,16-17 **9,2** (Zelt) 8,5; Ex 26,1-3; (Leuchter) Ex 25,31-39; (Tisch) Ex 25,23-30 **9,3** (Allerheiligstes) Ex 26,31-33; Lev 16,1-2; Hebr 6,19; 9,7.12; 10,20 **9,4** (Altar) Ex 30,1-10; (Bundeslade) Ex 25,10-22; (Manna) Ex 16,31-34; (Stab) Num 17,21-26; (Steintafeln) Ex 25,16 **9,5** Ex 25,18-22 **9,6** Num 18,2-4 **9,7** 9,25; 13,11; Lev 16,1-19 **9,9** 8,5 S; 7,19 **9,10** Lev 11,1-47; 15,1-33; Num 19,1-22 **9,11** 4,14 S **9,12** 7,27 S; (eigenes Blut) 9,25; 12,24; 13,12.20; Röm 3,25-26 S; 1 Petr 1,18-19

Blut.* Und so hat er uns für immer von unserer
Schuld befreit.
13 Menschen, die im Sinn der religiösen Vor-
schriften unrein* geworden sind, werden durch
Besprengung mit dem Blut von Böcken und Stie-
ren und der Asche einer Kuh äußerlich von ihrer
Befleckung gereinigt. Wenn das Blut der Tiere
diese Kraft hat, 14 um wieviel mehr wird dann
das Blut von Christus uns im Innern reinigen
von den Folgen unseres Götzendienstes, so daß
wir dem lebendigen Gott dienen können! Denn
in der Kraft des ewigen göttlichen Geistes hat
Christus sich selbst als fehlerloses Opfer Gott
dargebracht.

Der neue Bund – rechtskräftig durch Tod und Blut von Jesus

15 Deshalb kommt auch durch Christus der neue
Bund* zustande, damit alle, die Gott berufen hat,
das zugesagte ewige Erbe empfangen. Christus
ist in den Tod gegangen, um sie von den Folgen
ihres Ungehorsams unter dem ersten Bund zu
erlösen.
16 Wenn ein Testament wirksam werden soll,
muß erst der Tod dessen nachgewiesen werden,
der es aufgesetzt hat. 17 Denn erst durch seinen
Tod tritt es in Kraft; solange er lebt, hat es keine
Bedeutung.[a]
18 So wurde ja auch schon der erste Bund
durch Blut* in Kraft gesetzt. 19 Mose teilte zu-
nächst dem ganzen Volk die einzelnen Gebote
mit, wie sie im Gesetz* festgelegt sind. Dann
vermischte er das Blut der Jungstiere und Böcke
mit Wasser, tat Ysop* und rote Wolle hinzu und
besprengte damit zuerst das Gesetzbuch und
dann das ganze Volk. 20 Dabei sagte er: »Durch
dieses Blut wird der Bund besiegelt, den Gott mit
euch geschlossen hat.« 21 Ebenso besprengte
Mose mit dem Blut auch das Zelt und alle Ge-
räte, die beim Gottesdienst gebraucht werden.
22 Nach dem, was im Gesetz steht, gibt es fast
nichts, was nicht durch Blut gereinigt* werden
muß. Und es gilt in der Tat: Schuld wird nicht
vergeben, wenn nicht Blut dafür fließt.

Christus das einmalige und endgültige Opfer

23 Alle Nachbildungen der himmlischen Wirk-
lichkeit müssen auf solche Weise gereinigt wer-
den; aber für die himmlischen Urbilder selbst
sind bessere Opfer nötig.
24 Christus ging nicht in ein Allerheiligstes*,
das Menschen errichtet haben und das doch nur
eine unvollkommene Nachbildung des wirk-
lichen Allerheiligsten ist. Er ging in den Himmel
selbst, um von jetzt an ständig in der Gegenwart
Gottes zu verweilen und bei ihm für uns einzu-
treten.
25 Der Oberste Priester* des jüdischen Volkes
muß Jahr für Jahr aufs neue in das Allerheiligste*
hineingehen, mit fremdem Blut, dem Blut von
Böcken und Jungstieren. Doch Christus ist nicht
in den Himmel gegangen, um sich immer wie-
der selbst zu opfern; 26 er hätte dann ja seit An-
fang der Welt schon viele Male den Tod erleiden
müssen. Nein, jetzt, am Ende der Zeiten, ist er er-
schienen, um ein für allemal die Sünde der Welt
dadurch fortzuschaffen, daß er sich selbst zum
Opfer brachte.
27 So wie jeder Mensch nur einmal sterben
muß, danach kommt er vor Gottes Gericht, 28 so
wurde auch Christus nur einmal geopfert, um
die Sünden aller Menschen wegzuschaffen.
Wenn er zum zweitenmal erscheint, dann nicht
nochmals wegen der Sünde, sondern nur noch,
um alle, die auf ihn warten, endgültig zu retten.

Die endgültige Sündenvergebung

10 Im Gesetz* zeigt sich nur ein Schatten
von dem, was Gott künftig schenken will
– ein Schatten, nicht die eigentliche Gestalt. Des-
halb kann das Gesetz die Menschen, die im irdi-
schen Heiligtum vor Gott treten, auch niemals
zur Vollendung führen – obwohl nach Anord-
nung des Gesetzes Jahr für Jahr immer wieder
dieselben Opfer* für sie dargebracht werden.
2 Wenn die Menschen durch das Gesetz und
die von ihm vorgeschriebenen Opfer ein für
allemal von ihren Sünden gereinigt werden
könnten, dann hätten sie doch einmal mit dem
Opfern aufhören müssen, weil sie sich nicht
mehr schuldig gefühlt hätten. 3 Doch durch diese
Opfer werden sie nur Jahr für Jahr aufs neue
an ihre Sünden erinnert! 4 Denn das Blut* von
Stieren und Böcken kann niemals die Schuld be-
seitigen.
5 Darum sagte Christus, als er in die Welt kam,
zu Gott:

a Das Wort, das in der griechischen Übersetzung des Alten Testaments zur Wiedergabe von »Bund*« verwendet worden war, wurde in der griechischsprechenden Welt zur Zeit der Apostel nur noch in der Bedeutung von »Testament« verwendet. Doch gerade in dieser Bedeutung konnte das Wort für die Menschen von damals Licht werfen auf den unlösbaren Zusammenhang zwischen dem Tod von Jesus und dem Zustandekommen des neuen Bundes.

9,13 Num 19,1-10.17 **9,14** 9,28 S **9,15** 8,6 S **9,19-20** *nach* Ex 24,6-8; (Ysop) Num 19,6 **9,22** Lev 17,11 **9,23** 8,5 S **9,26** 7,27 S **9,28** 9,14.26; 10,10.12.14; Gal 1,4 S; (aller Menschen) Mk 10,45 par; Joh 1,29; 1 Tim 2,6; 1 Joh 2,2 **10,1** 7,19; 8,5 S **10,3** 9,7 **10,5-7** *nach* Ps 40,7-9

»Opfer und Gaben hast du nicht verlangt;
aber du hast mir einen Leib gegeben.
6 Über Brandopfer* und Sühneopfer* freust du
dich nicht.
7 Da habe ich gesagt: ›Hier bin ich, Gott!
Ich will tun, was du von mir verlangst,
wie es in den Heiligen Schriften* über mich
vorausgesagt ist!‹«

8 Zuerst sagte er: »Opfer und Gaben hast du
nicht verlangt, über Brandopfer und Sühneopfer
freust du dich nicht«, obwohl alle diese Opfer
vom Gesetz vorgeschrieben sind. 9 Dann aber
hat er gesagt: »Hier bin ich, Gott! Ich will tun,
was du von mir verlangst.«
So hebt Christus die alte Ordnung auf und
setzt die neue in Kraft. 10 Durch das, was Gott
»verlangt« hat, nämlich dadurch, daß Jesus
Christus seinen eigenen »Leib« zum Opfer
brachte, sind wir nun ein für allemal von jeder
Schuld gereinigt und zu Gottes Eigentum ge-
worden.
11 Jeder Priester verrichtet Tag für Tag seinen
Dienst und bringt wieder und wieder die glei-
chen Opfer, die doch niemals die Sünden weg-
schaffen können. 12 Christus dagegen hat nur
ein einziges Opfer für die Sünden gebracht
und dann für immer den Platz an Gottes rech-
ter Seite eingenommen. 13 Dort wartet er nur
noch darauf, daß Gott ihm seine Feinde als
Schemel unter die Füße legt. 14 Denn mit einem
einzigen Opfer hat er alle, die Gottes Eigentum
werden sollen, für immer zur Vollendung ge-
führt.
15 Auch der Heilige Geist* bezeugt uns das.
Nachdem es zunächst in den Heiligen Schriften*
heißt:

16 »Der Bund, den ich dann mit ihnen schließen
werde, wird völlig anders sein, sagt der Herr.
Ich werde ihnen meine Gesetze nicht auf Stein-
tafeln, sondern in Herz und Gewissen schrei-
ben«,

17 heißt es dann:

»Ich will nie mehr an ihre Sünden und an ihre
bösen Taten denken.«

18 Wenn aber die Sünden vergeben sind, ist ein
Opfer nicht mehr nötig.

DAS GOTTESVOLK AUF DEM WEG DES GLAUBENS (10,19–13,17)

Die Hoffnung nicht aufgeben und Gemeinschaft halten!

19 Liebe Brüder und Schwestern![a] Wir haben
also freien Zutritt zum Allerheiligsten*! Jesus hat
sein Blut* geopfert 20 und uns den Weg durch
den Vorhang hindurch frei gemacht, diesen
neuen Weg, der zum Leben führt. Der »Vorhang«
aber, das ist er selbst, so wie er in einem irdi-
schen Leib gelebt hat. 21 Wir haben also einen
ganz unvergleichlichen Obersten Priester*, der
über das Haus Gottes gesetzt ist.
22 Darum wollen wir vor Gott hintreten
mit offenem Herzen und in festem *Glauben;*
unser Gewissen wurde ja von aller Schuld ge-
reinigt und unser Leib in reinem Wasser ge-
waschen.
23 Wir wollen an der *Hoffnung* festhalten, zu
der wir uns bekennen, und wollen nicht schwan-
ken; denn Gott, der die Zusagen gegeben hat,
steht zu seinem Wort.
24 Und wir wollen aufeinander achtgeben und
uns gegenseitig zur *Liebe* und zu guten Taten an-
spornen.
25 Einige haben sich angewöhnt, den Gemein-
deversammlungen fernzubleiben. Das ist nicht
gut; vielmehr sollt ihr einander Mut machen.
Und das um so mehr, als ihr doch merken müßt,
daß der Tag näherrückt, an dem der Herr*
kommt!

Warnung vor der Abkehr von der erkannten Wahrheit

26 Wir haben die Wahrheit kennengelernt. Wenn
wir jetzt wieder vorsätzlich sündigen, gibt es
kein Opfer mehr, um unsere Sünden gutzu-
machen. 27 Wir müssen dann ein schreckliches
Gericht fürchten; denn wie ein Feuer wird Got-
tes Zorn alle vernichten, die sich gegen ihn auf-
lehnen.
28 Wer gegen das Gesetz* Moses verstößt,
wird ohne Mitleid getötet, wenn seine Schuld
durch zwei oder drei Zeugenaussagen festge-
stellt ist. 29 Um wieviel schlimmer wird dann be-
straft werden, wer den Sohn* Gottes mit Füßen
tritt und das Blut* des Bundes, das ihn rein und
heilig gemacht hat, wie eine gewöhnliche Sache

a Siehe Anmerkung zu 2,17.

10,10 7,27 S **10,11** Ex 29,38 **10,12** 8,1 S **10,13** Ps 110,1; 1 Kor 15,25 **10,16-17** *nach* Jer 31,33-34; Hebr 8,10-12 **10,19** 4,16; 9,8; Röm 5,2; Eph 3,12 **10,20** (Vorhang) 9,3; Mt 27,51; (Weg zum Leben) Hebr 9,14-15 **10,21** 4,14 S; (Haus) 3,6 S **10,22** 4,16; Ez 36,25 S; Eph 5,26 S **10,23** 4,14 **10,24** 13,1 S **10,25** Phil 4,5 S **10,26-29** 6,4-6 **10,27** Jes 26,11 **10,28** Dtn 19,15 S **10,29** (Blut) 9,12; (beleidigen) 2,3; Mk 3,29 par

abtut und den Geist* beleidigt, dem er die Gnade verdankt!

30 Wir kennen doch den, der gesagt hat: »Ich werde Vergeltung üben und sie für alle Bosheit hart bestrafen.« Es heißt an derselben Stelle auch:[a] »Der Herr wird seinem Volk das Urteil sprechen.« 31 Dem lebendigen Gott in die Hände zu fallen, ist schrecklich!

Beispiele tapferen Vertrauens aus der Anfangsgeschichte der eigenen Gemeinde

32 Erinnert euch doch an die Zeiten, als ihr gerade mit dem göttlichen Licht erleuchtet worden wart und dann sogleich einen harten, leidvollen Kampf durchstehen mußtet! 33 Die einen wurden öffentlich beleidigt und mißhandelt, die andern standen denen treu zur Seite, die dies ertragen mußten. 34 Ihr habt mit den Gefangenen gelitten, und wenn euch euer Eigentum weggenommen wurde, habt ihr das mit Freude ertragen; denn ihr wußtet, daß ihr einen viel besseren Besitz habt, der euch nicht genommen werden kann.

35 Werft nur jetzt eure Zuversicht nicht weg, die doch so reich belohnt werden soll! 36 Ihr braucht Kraft zum Durchhalten, damit ihr weiterhin tut, was Gott von euch will, und so auch bekommt, was er versprochen hat. 37 Es heißt ja in den Heiligen Schriften*:

»Noch eine kurze, ganz kurze Zeit, dann kommt der, den Gott angekündigt hat. Er wird sich nicht verspäten. 38 Wer mir im Glauben vertraut und das Rechte tut, wird durch sein Vertrauen am Leben bleiben. Wer aber mutlos aufgibt, mit dem will ich nichts zu tun haben.«

39 Wir gehören doch nicht zu den Menschen, die den Mut verlieren und deshalb zugrunde gehen! Vielmehr gehören wir zu denen, die Gott im Glauben vertrauen und das Leben gewinnen.

Beispiele vorbildlichen Vertrauens aus der Geschichte des Gottesvolkes

11 Glauben* heißt Vertrauen, und im Vertrauen bezeugt sich die Wirklichkeit dessen worauf wir hoffen. Das, was wir jetzt noch nicht sehen: im Vertrauen beweist es sich selbst.[b] 2 In diesem Vertrauen haben unsere Vorfahren gelebt und dafür bei Gott Anerkennung gefunden.

3 Durch solches Vertrauen gelangen wir zu der Einsicht, daß die ganze Welt durch das Wort Gottes geschaffen wurde und alle sichtbaren Dinge aus Unsichtbarem entstanden sind.

4 Aus solchem Vertrauen brachte *Abel* Gott ein besseres Opfer* als sein Bruder Kain. Denn weil Abel Gott vertraute, nahm Gott sein Opfer an und bestätigte damit, daß Abel vor ihm als gerecht* bestehen konnte. Durch sein Vertrauen spricht er noch heute zu uns, obwohl er doch längst gestorben ist.

5 In solchem Vertrauen lebte *Henoch;* deshalb wurde er zu Gott entrückt und mußte nicht sterben. In den Heiligen Schriften* heißt es von ihm: »Niemand konnte ihn finden, weil Gott ihn weggeholt hatte.« Und bevor dies berichtet wird, wird ihm das Zeugnis ausgestellt, daß Gott an ihm Gefallen hatte. 6 Es ist aber unmöglich, daß Gott an jemand Gefallen hat, der ihm nicht vertraut. Wer zu Gott kommen will, muß ja fest damit rechnen, daß es ihn gibt und daß er die Menschen belohnt, die ihn suchen.

7 In solchem Vertrauen befolgte *Noach* die Anweisungen Gottes, obwohl von der angekündigten Katastrophe noch nichts zu sehen war. Er gehorchte Gott und baute die Arche*, in der er mit seiner ganzen Familie gerettet wurde. Durch sein Vertrauen sprach er der Welt* und ihrem Unglauben das Urteil und erhielt dafür von Gott den Lohn, der den Gerechten für ihr Vertrauen zugesagt ist.

8 In solchem Vertrauen gehorchte *Abraham,* als Gott ihn rief. Er brach auf in das Land, das er als Erbbesitz bekommen sollte, und verließ seine Heimat, ohne zu wissen, wohin er kommen würde. 9 Und in solchem Vertrauen lebte er in dem Land, das Gott ihm zugesagt hatte, als ein Fremder und in Zelten, zusammen mit Isaak und Jakob, die dieselbe Zusage bekommen hatten. 10 Denn er wartete auf die Stadt mit festen Grundmauern, die Gott selbst entworfen und gebaut hat.

a *an derselben Stelle:* verdeutlichender Zusatz. Die hier angeführte Aussage von Dtn 32,36 meint im ursprünglichen Zusammenhang: »Der Herr wird sein Volk richten = richtend für es eintreten«; sie wird hier im gegenteiligen Sinn verstanden: »richtend gegen sein Volk auftreten«.

b Wörtlich *Der Glaube ist ein Festsein des Erhofften und ein Beweis der unsichtbaren Dinge.* Die verbreitete Deutung *Der Glaube ist eine feste Zuversicht (auf das Erhoffte) und ein Überzeugtsein (von den unsichtbaren Dingen)* scheint zwar vom Zusammenhang her passender, ist jedoch von den griechischen Wortbedeutungen her nicht zu rechtfertigen. Der Verfasser will offenbar den festen Grund benennen, der den Glauben trägt und der sich im unerschütterlichen Vertrauen der Glaubenden *als* dieser tragende Grund bezeugt.

10,30 *zit* Dtn 32,35; *nach* Dtn 32,36 **10,34** 11,26; 13,14 **10,35-36** 3,14; 6,11-12 **10,37-38** *nach* Hab 2,3-4 **10,38** Röm 1,17; Gal 3,11 **10,39** 1 Petr 1,9 **11,1** Röm 8,24-25; 2 Kor 4,18; 5,7 **11,3** Gen 1,1 S; Ps 33,6.9; 2 Makk 7,28; Röm 4,17 **11,4** Gen 4,3-10 **11,5** Gen 5,21-24; Sir 44,16; Weish 4,10 **11,7** Gen 6,13-27; 1 Petr 3,20 **11,8** Gen 12,1-5 **11,9** Gen 35,27 **11,10** 13,14 S

11 In solchem Vertrauen bekam Abraham
die Kraft, mit *Sara,* seiner unfruchtbaren Frau,
einen Nachkommen zu zeugen, obwohl beide
schon sehr alt waren. Er hielt Gott, der ihm
einen Sohn versprochen hatte, für vertrauens-
würdig.[a] 12 So bekam dieser eine Mann, der fast
schon tot war, so viele Nachkommen, wie es
Sterne am Himmel oder Sandkörner am Meeres-
strand gibt.

13 In solchem Vertrauen sind sie alle gestor-
ben – Abraham, Isaak und Jakob.[b] Sie haben
zu Lebzeiten nicht bekommen, was Gott ihnen
versprochen hatte. Doch sie sahen es aus der
Ferne und freuten sich darauf. Sie bekannten
sich offen dazu, daß sie Gäste und Fremde auf
der Erde waren.

14 Wenn sie so etwas sagen, bringen sie damit
zum Ausdruck, daß sie ihre wahre Heimat erst
noch suchen. 15 Wenn sie nämlich unter »Hei-
mat« das Land verstanden hätten, aus dem sie
weggezogen waren, dann hätten sie Gelegen-
heit gehabt, dorthin zurückzukehren. 16 Doch sie
sehnten sich nach einer besseren Heimat, nach
der himmlischen, und deshalb schämt Gott sich
auch nicht, ihr Gott – der Gott Abrahams, Isaaks
und Jakobs[c] – zu heißen. Er hatte ja auch schon
eine Stadt für sie gebaut.

17 In solchem Vertrauen brachte Abraham,
als Gott ihn auf die Probe stellte, seinen Sohn
Isaak zum Opfer. Er war bereit, Gott seinen ein-
zigen Sohn zu geben, obwohl ihm Gott doch
die Zusage gemacht 18 und gesagt hatte: »Durch
Isaak wirst du Nachkommen haben.« 19 Denn
Abraham rechnete fest damit, daß Gott auch
Tote zum Leben erwecken kann. Darum be-
kam er auch seinen Sohn lebendig zurück –
als bildhaften Hinweis auf die künftige Auf-
erweckung.[d]

20 In solchem Vertrauen segnete *Isaak* seine
Söhne Jakob und Esau. Er rechnete fest damit,
daß die Segensworte einst in Erfüllung gehen
würden.[e]

21 In solchem Vertrauen segnete *Jakob* vor sei-
nem Tod die beiden Söhne Josefs und gab jedem
seinen besonderen Segen. Gestützt auf seinen
Wanderstab neigte er sich vor Gott und betete
ihn an.

22 In solchem Vertrauen erinnerte *Josef* vor
seinem Tod an den von Gott angekündigten
Auszug der Israeliten aus Ägypten und gab An-
weisungen, was dann mit seinen Gebeinen ge-
schehen sollte.

23 In solchem Vertrauen hielten die *Eltern von
Mose* ihr Kind nach dessen Geburt drei Monate
lang versteckt. Sie sahen seine Schönheit und
ahnten, daß Gott Großes mit ihm vorhatte.[f] So
hatten sie keine Angst, dem Befehl des Königs
zu trotzen.

24 In solchem Vertrauen wehrte sich *Mose,* als
er erwachsen war, dagegen, daß die Leute ihn
»Sohn der Königstochter« nannten. 25 Er zog es
vor, mit dem Volk Gottes mißhandelt zu werden,
anstatt für kurze Zeit gut zu leben und dabei
Schuld auf sich zu laden. 26 Er war sicher, daß
alle Schätze Ägyptens nicht so viel wert waren
wie die Schande, die wir zusammen mit Chri-
stus ertragen. Denn er blickte auf die künftige
Belohnung.

27 In solchem Vertrauen verließ Mose
Ägypten[g] und fürchtete sich nicht vor dem Zorn
des Königs. Er hatte den unsichtbaren Gott vor
Augen, als ob er ihn wirklich sehen würde, und
das gab ihm Mut und Ausdauer.

28 In solchem Vertrauen führte Mose das
Passafest* ein und befahl, die Türpfosten und
Türbalken mit Blut zu bestreichen, damit der
Todesengel die erstgeborenen Söhne der Israeli-
ten verschone.

29 In solchem Vertrauen konnten *die Israeli-
ten* das Rote Meer durchqueren wie trockenes
Land. Als die Ägypter das auch versuchten, er-
tranken sie.

30 Solches Vertrauen brachte die Mauern von
Jericho zum Einsturz, nachdem die Israeliten sie-
ben Tage lang um die Stadt gezogen waren.

31 Solches Vertrauen rettete der Hure *Rahab*
das Leben. Sie hatte die israelitischen Kund-
schafter freundlich aufgenommen; deshalb
wurde sie nicht zusammen mit den anderen
getötet, die sich Gott widersetzten.

a Weniger wahrscheinliche Deutung von Vers 11: *Weil auch sie solches Vertrauen hatte, bekam Sara trotz ihrer Unfruchtbarkeit die Kraft, einen Nachkommen zur Welt zu bringen, und dies noch in ihrem Alter. Denn sie hielt …*
b *sie alle …:* wörtlich *diese alle.*
c *der Gott Abrahams …:* verdeutlichender Zusatz.
d *als bildhaften Hinweis …:* wörtlich *als Gleichnis.*
e *Er rechnete …:* wörtlich *im Blick auf die kommenden Dinge.*
f *Sie sahen …:* wörtlich *Sie sahen, daß es ein schönes Kind war* (vgl. Ex 2,2). Schönheit ist hier als Kennzeichen des Erwähltseins durch Gott verstanden (vgl. 1 Sam 9,2; 16,12).
g Daß Mose Ägypten *verließ* (vgl. Ex 2,15), wird von der hier herangezogenen frühjüdischen Tradition positiv gesehen: als erster Schritt zur Gottesbegegnung von Ex 3 und zur Befreiung des Volkes aus Ägypten.

11,11 Gen 17,19; 18,11-14; 21,2; Röm 4,19-20 **11,12** Gen 12,2 S; Sir 44,21; 2 Kor 1,9 S **11,13** Gen 23,4; 47,9; Ps 39,13 **11,16** 13,14 S; (Gott Abrahams) Ex 3,6; Mk 12,26 par **11,17** Gen 22,1-14; Jak 2,21 **11,18** *zit* Gen 21,12 **11,19** 2 Kor 1,9 S **11,20** Gen 27,27-29.39-40 **11,21** Gen 47,31–48,20 **11,22** Gen 50,24-25; Ex 13,19 **11,23** Ex 2,2; 1,22 **11,24** Ex 2,10-12 **11,26** 12,2; 13,13 **11,27** Ex 11,4-8; 12,51; 13,21-22 **11,28** Ex 12,1-14 **11,29** Ex 14,21-29 **11,30** Jos 6,12-21 **11,31** Jos 6,23 S

32 Soll ich noch mehr aufzählen? Die Zeit würde nicht ausreichen, um von *Gideon* und *Barak* und *Simson* und *Jiftach,* von *David* und *Samuel* und den *Propheten** zu erzählen. 33 In solchem Vertrauen kämpften sie gegen Königreiche und trugen den Sieg davon. Sie sorgten für Recht und durften erleben, daß Gott seine Zusagen erfüllt. Sie verschlossen den Rachen von Löwen 34 und löschten glühendes Feuer. Sie entrannen dem Tod durch das Schwert. Sie waren schwach und wurden stark. Im Kampf wuchsen ihnen Heldenkräfte zu, sie trieben fremde Heere zurück.

35 In solchem Vertrauen bekamen Frauen ihre Toten als Auferstandene lebendig zurück. Doch andere in Israel ließen sich zu Tode foltern, sie weigerten sich, die angebotene Freilassung anzunehmen; denn sie wollten zu einer weit besseren Auferstehung* gelangen.

36 Andere wiederum wurden verspottet und ausgepeitscht*, gefesselt und ins Gefängnis geworfen. 37 Sie wurden gesteinigt*, zersägt und mit dem Schwert hingerichtet. Sie zogen in Schaf- und Ziegenfellen umher, notleidend, bedrängt, mißhandelt. 38 Wie Flüchtlinge irrten sie durch Wüsten und Gebirge und lebten in Höhlen und Erdlöchern. Die Welt war es nicht wert, daß solche Menschen in ihr lebten.

39 Diese alle fanden durch ihr Vertrauen bei Gott Anerkennung, und doch haben sie bis heute noch nicht bekommen, was Gott den Seinen versprochen hat. 40 Gott hatte für uns noch etwas Besseres vorgesehen, deshalb sollten sie erst zusammen mit uns zur Vollendung gelangen.

Das Vertrauen auch im Leiden nicht aufgeben: Das Beispiel von Jesus

12 Alle diese Zeugen, die uns wie eine Wolke umgeben, spornen uns an. Darum laßt uns durchhalten in dem Wettlauf, zu dem wir angetreten sind, und alles ablegen, was uns dabei hindert, vor allem die Sünde, die uns so leicht umgarnt! 2 Wir wollen den Blick auf Jesus richten, der uns auf dem Weg vertrauenden Glaubens vorausgegangen ist und uns auch ans Ziel bringt. Er hat das Kreuz* auf sich genommen und die Schande des Todes für nichts gehalten, weil eine so große Freude auf ihn wartete. Jetzt hat er den Platz an der rechten Seite Gottes eingenommen.

3 Denkt daran, welche Anfeindung er von den sündigen Menschen erdulden mußte! Das wird euch helfen, mutig zu bleiben und nicht aufzugeben.

Das Vertrauen auch im Leiden nicht aufgeben: Gott erzieht uns

4 In eurem Kampf gegen die Sünde ist es bis jetzt noch nicht auf Leben und Tod gegangen. 5 Und da habt ihr schon die ermutigenden Worte vergessen, die Gott an euch, seine Kinder gerichtet hat:

»Nimm es an, mein Sohn, wenn der Herr dich hart anfaßt! Verlier nicht den Mut, wenn er dich schlägt! 6 Denn wen der Herr liebt, den erzieht er mit Strenge; und wen er als seinen Sohn annimmt, dem gibt er auch Schläge.«

7 Ertragt also die Schläge! Gott behandelt euch als seine Kinder! Gibt es einen Sohn, der von seinem Vater nicht mit Strenge erzogen wird? 8 Alle seine Kinder hat Gott so erzogen. Wenn es euch anders erginge, dann wärt ihr ja sozusagen unehelich geboren und nicht seine rechtmäßigen Kinder.

9 Unsere leiblichen Väter erzogen uns mit Strafen, und wir hatten Respekt vor ihnen. Erst recht sollen wir uns unserem himmlischen Vater[a] unterordnen, damit wir das ewige Leben gewinnen. 10 Unsere leiblichen Väter straften uns eine Zeitlang, wie es ihnen gerade gut schien. Aber Gott handelt an uns zu unserem Besten, damit wir an seiner Heiligkeit* Anteil bekommen.

11 In dem Augenblick, in dem wir gestraft werden, bereitet uns das nicht Freude, sondern Schmerz. Aber später bringt es denen, die durch diese Schule gegangen sind, als Frucht Frieden* und die Annahme bei Gott.

Aufruf zu ernsthaftem Neubeginn

12 Macht also die erschlafften Hände wieder stark, die zitternden Knie wieder fest! 13 Geht auf rechten Wegen, damit die lahm gewordenen Füße nicht auch noch verrenkt, sondern wieder heil werden! 14 Bemüht euch um Frieden mit

a Wörtlich *dem Vater der Geister* (vgl. 1,14) im Gegensatz zu den *Vätern unseres Fleisches** (so wörtlich für *Unsere leiblichen Väter*).

11,32 Ri 6,11–8,32; 4,4–5,31; 13,2–16,31; 11,1–12,7; 1 Sam 16,1–1 Kön 2,11; 1 Sam 1,1–25,1 **11,33** (Löwen) Ri 14,6-7; 1 Sam 17,34-36; Dan 6,1-27 **11,34** (Feuer) Dan 3,23-25 **11,35** (Frauen) 1 Kön 17,17-24; 2 Kön 4,18-37; (foltern) 2 Makk 6,18–7,42 **11,36** Jer 20,2; 37,15 **11,37** Jer 26,23; 2 Chr 24,21 **11,38** 1 Makk 2,29-31; 2 Makk 6,11 **12,1** 1 Kor 4,16 S; 9,24-25 S **12,2** 2,10; 13,13; 8,1 S **12,5-6** *zit* Spr 3,11-12 **12,6** Offb 3,19 **12,7** Dtn 8,5 S **12,10** (Anteil) Mt 5,48; Jak 3,17; Röm 5,2 S **12,12** Jes 35,3 **12,13** Spr 4,26-27 **12,14** (Frieden) 12,11; 1 Kor 7,15 S; Ps 34,15; Mt 5,9

allen in der Gemeinde[a] und darum, daß ihr hei-
lig* seid und euer ganzes Leben Gott gehört.
15 Gebt aufeinander acht, daß niemand die
Gnade Gottes verscherzt und daß nicht jemand
unter euch wie eine giftige Wurzel ausschlägt
und viele vergiftet. 16 Keiner von euch soll ein
ausschweifendes Leben führen wie Esau. Weil
er Gott nicht ehrte, verkaufte er das Vorrecht des
Erstgeborenen für eine einzige Mahlzeit. 17 Und
ihr wißt, als er später den Segen seines Vaters
und damit sein Erbe haben wollte, wurde er ab-
gewiesen. Es war zu spät zur Umkehr*, auch
wenn er noch so sehr und unter Tränen nach
einer Möglichkeit dazu suchte.

Noch einmal: Die Größe und der Ernst der Berufung

18 Ihr seid nicht zu dem Berg Sinai* gekommen,
den man berühren konnte. Ihr seid nicht zum
lodernden Feuer gekommen, zur Dunkelheit
und schwarzen Nacht, zum Sturm, 19 zum Schall
der Posaune* und zu der donnernden Stimme.
Als das Volk Israel diese Stimme hörte, bat es
darum, kein weiteres Wort hören zu müssen.
20 Denn sie konnten den Befehl nicht ertragen,
der lautete: »Auch kein Tier darf den Berg
berühren, sonst muß es gesteinigt* werden.«
21 Ja, so furchtbar war der Anblick, daß sogar
Mose sagte: »Ich zittere vor Angst!«
22 Ihr seid vielmehr zum Berg Zion* gekom-
men und zur Stadt des lebendigen Gottes. Diese
Stadt ist das himmlische Jerusalem mit seinen
vielen tausend Engeln*. 23 Ihr seid zu einer fest-
lichen Versammlung gekommen, zur Gemeinde
von Gottes erstgeborenen Söhnen und Töch-
tern,[b] deren Namen im Himmel aufgeschrieben
sind. Ihr seid zu Gott gekommen, der alle Men-
schen richtet, und zu den seligen Geistern: den
Menschen, die den Willen Gottes getan haben
und schon vollendet sind.[c] 24 Ihr seid zu Jesus
gekommen, der als Mittler den neuen Bund* in
Kraft gesetzt hat, und zu dem reinigenden Blut*,
das – anders als Abels* Blut – Vergebung zu-
spricht, nicht nach Vergeltung ruft.[d]
25 Gebt also acht und verweigert euch dem
nicht, der jetzt spricht! Das Volk, das am Berg
Sinai den nicht hören wollte, der auf der Erde
sprach, ist der Strafe nicht entgangen. Wieviel
weniger werden wir ungestraft davonkommen,
wenn wir den zurückweisen, der vom Himmel
spricht! 26 Damals erschütterte seine Stimme die
Erde, aber jetzt hat er angekündigt: »Noch ein-
mal werde ich die Erde zum Beben bringen, und
den Himmel dazu!«
27 Die Worte »noch einmal« weisen darauf
hin, daß bei dieser Erschütterung die ganze Welt,
die Gott geschaffen hat, umgewandelt werden
soll. Nur das bleibt unverändert, was nicht er-
schüttert werden kann.
28 Wir wollen dankbar sein, weil wir schon
jetzt Anteil an jener neuen Welt[e] bekommen,
die durch nichts erschüttert werden kann. Laßt
uns Gott in heiliger Scheu und Ehrfurcht danken
und ihm dienen, wie es ihm gefällt! 29 Denn
auch *unser* Gott ist ein verzehrendes Feuer!

Einzelne Ermahnungen

13 Hört nicht auf, einander als Brüder und
Schwestern zu lieben.[f] 2 Vergeßt nicht,
Gastfreundschaft zu üben, denn auf diese Weise
haben einige, ohne es zu wissen, Engel* bei sich
aufgenommen. 3 Denkt an die Gefangenen, als
ob ihr selbst mit ihnen im Gefängnis wärt!
Denkt an die Mißhandelten, als ob ihr die Miß-
handlungen am eigenen Leib spüren würdet!
4 Die Ehe soll von allen geachtet werden. Ihr
dürft das Ehebett nicht durch Untreue be-
flecken; denn Gott wird alle verurteilen, die Un-
zucht treiben und Ehebruch begehen.
5 Seid nicht hinter dem Geld her, sondern seid
zufrieden mit dem, was ihr habt. Gott hat doch
gesagt: »Niemals werde ich dir meine Hilfe ent-
ziehen, nie dich im Stich lassen.« 6 Wir dürfen
also getrost sagen:

»Der Herr steht mir bei;
nun fürchte ich nichts mehr.
Was könnte ein Mensch mir schon tun?«

7 Haltet das Andenken der Gemeindeleiter*
lebendig, die euch in der Anfangszeit die Bot-
schaft Gottes verkündet haben. Erinnert euch
daran, wie sie gelebt haben und wie sie gestor-

a *in der Gemeinde:* verdeutlichender Zusatz; vgl. Röm 14,19; 2 Tim 2,22.
b *Söhnen und Töchtern:* wörtlich *Söhnen**.
c *zu den seligen …:* wörtlich *zu den Geistern der vollendeten Gerechten;* siehe Sacherklärung »Seele«.
d *anders als …:* wörtlich *besser* (oder *Besseres*) *redet als das Blut Abels.* e *neuen Welt:* wörtlich *Königsherrschaft**.
f *Hört nicht auf …:* wörtlich *Die Bruderliebe* (bzw. *Geschwisterliebe*) *soll bleiben;* vgl. Sacherklärung »Bruder«.

12,15 Dtn 29,17; Gal 1,6 **12,16** Gen 25,29-34 **12,17** Gen 27,30-40 **12,18-19** Ex 19,16-22; 20,18-21 **12,20** *nach* Ex 19,12-13 **12,22** 13,14 S; Gal 4,26 **12,23** (Namen) Offb 3,5 S **12,24** 8,6 S; 9,12 S; Gen 4,10 **12,25** 2,2; 3,7-19; 6,4-6 **12,26** Ex 19,18; *nach* Hag 2,6.21 **12,28** 13,14 S **12,29** Dtn 4,24 S **13,1** 6,10; 10,24; 13,16; Gal 6,10 S; 1 Petr 1,22 S **13,2** (Gastfreundschaft) Röm 12,13; 1 Tim 3,2; 5,10; 1 Petr 4,9; 3 Joh 5-8; (Engel) Gen 18,1-8; 19,1-3 **13,3** 10,34; Mt 25,36 **13,4** 1 Kor 7,2-4; 1 Thess 4,3-7 **13,5** Phil 4,11-12; 1 Tim 6,7-10; *nach* Dtn 31,6.8 **13,6** *zit* Ps 118,6 **13,7** 1 Kor 4,16 S

ben sind. Folgt dem Beispiel, das sie euch mit
ihrer Glaubenstreue gegeben haben.
8 Jesus Christus ist derselbe gestern und heute
und für alle Zeiten!
9 Laßt euch nicht durch alle möglichen frem-
den Lehren verführen. Gottes Gnade wird euch
innerlich fest machen. Speisen können das nicht
bewirken. Sie haben denen nichts genützt, die
sich mit ihnen befaßten.[a] 10 Wir haben einen
Altar, von dem die, die noch dem alten Heilig-
tum dienen, nicht essen dürfen.
11 Die Leiber der Tiere, deren Blut der Ober-
ste Priester* ins Allerheiligste* bringt, werden
außerhalb des Lagers verbrannt. 12 So ist auch
Jesus außerhalb der Stadt gestorben, um durch
sein Blut* das Volk von aller Schuld zu reinigen.
13 Also laßt uns zu ihm vor das Lager hinaus-
gehen und die Schande mit ihm teilen.[b] 14 Denn
auf der Erde gibt es keine Stadt, in der wir blei-
ben können. Wir sind unterwegs zu der Stadt,
die kommen wird.
15 Durch Jesus wollen wir Gott jederzeit und
in jeder Lebenslage Dankopfer darbringen; das
heißt: Wir wollen uns mit unserem Beten und
Singen zu ihm bekennen und ihn preisen. 16 Ver-
geßt nicht, Gutes zu tun und mit anderen zu tei-
len. Das sind die Opfer, an denen Gott Gefallen
hat.
17 Gehorcht euren Gemeindeleitern und folgt
ihren Anweisungen. Ihre Aufgabe ist es, über
euch zu wachen, und sie werden über ihren
Dienst Rechenschaft geben müssen. Das sollen
sie mit Freude tun können anstatt mit Seufzen
und Stöhnen; denn das würde für euch böse Fol-
gen haben.

BRIEFSCHLUSS (13,18-25)

Abschließende Bitten, Gebetswünsche, Mitteilungen und Grüße

18 Betet für mich! Ich bin sicher, daß ich ein
reines Gewissen habe; denn ich will ja stets in
allem das Rechte tun. 19 Um so mehr bitte ich
euch: Betet zu Gott, daß ich euch möglichst bald
wiedergegeben werde.
20 Gott ist es, der Frieden* bringt. Er hat den
großen Hirten der Schafe aus dem Reich der
Toten heraufgeführt, Jesus, unseren Herrn*,
durch dessen Blut* er den ewigen Bund* in Kraft
gesetzt hat. 21 Er mache euch fähig, all das Gute
zu tun, das er haben will; er schaffe in uns durch
Jesus Christus, was ihm gefällt. Ihm gehört die
Ehre für immer und ewig! Amen.
22 Ich bitte euch, liebe Brüder und Schwe-
stern,[c] nehmt dieses Wort der Ermahnung und
Ermutigung bereitwillig an; ich habe mich ja so
kurz wie möglich gefaßt.
23 Ihr sollt noch wissen, daß unser Bruder Ti-
motheus aus dem Gefängnis freigelassen wurde.
Wenn er rechtzeitig hierherkommt, werde ich
ihn mitbringen, wenn ich euch besuche.
24 Grüßt alle eure Gemeindeleiter* und alle,
die zur Gemeinde gehören![d] Die Brüder aus Ita-
lien lassen euch grüßen.
25 Die Gnade sei mit euch allen!

a Die *fremden Lehren* könnten jüdischen Ursprungs gewesen sein und – in jüdischen Gemeinden außerhalb Palästinas – religiöse Mahlfeiern propagiert haben, die eine innerliche Beziehung stiften sollten zu den Opfern* auf dem Altar in Jerusalem und den dort gehaltenen Opfermählern und wie diese selbst religiöse Stärkung vermitteln sollten. Aber dies alles gehört der Vergangenheit an (vgl. 9,8-12). Der folgende Vers 10 stellt klar: Christen beziehen ihre Kraft von einem anderen *Altar* her: von Christus und seinem Opfer.

b Die Parallele zum Geschick der Opfertiere bringt das Schmachvolle am Sterben des Gekreuzigten *außerhalb der Stadt* in eine positive Verbindung mit seiner heilschaffenden Sühneleistung. Das kann die Christen, selbst Ausgestoßene in ihrer Umwelt, dazu ermutigen, ihr Geschick bewußt mit Jesus zu *teilen,* anstatt sich durch die *Schande* abschrecken zu lassen.

c Siehe Anmerkung zu 2,17. *d* Wörtlich *und alle Heiligen**.

13,8 Jes 41,4; Sir 42,21 **13,11** 9,7 S **13,12-13** Mk 15,20-22 par **13,14** 11,9-10.13.16; 12,22.28; Phil 3,20; 1 Petr 2,11; Offb 21,2 **13,15** Eph 5,19-20; Ps 50,23 **13,16** 13,1 S; Phil 4,18; Sir 35,4 **13,17** Ez 3,17; 1 Kor 16,16; Apg 20,28-31; 1 Petr 5,1-4 **13,18** Röm 15,30 S; Hebr 10,22; Apg 24,16 S **13,20** (Hirt) Jes 63,11; Joh 10,11 S; (Bund) Hebr 9,12 S; 8,6 S **13,23** (Timotheus) 1 Kor 4,17 S

DER BRIEF VON JAKOBUS
(Jakobusbrief)

Inhaltsübersicht

Briefeingang

1 Jakobus, der Gott und dem Herrn* Jesus Christus dient, grüßt das Volk Gottes, das über die ganze Welt zerstreut ist und dort in der Fremde lebt.

Glaube und Zweifel

2 Meine Brüder und Schwestern,[a] nehmt es als Grund zur Freude, wenn ihr in vielfältiger Weise auf die Probe gestellt werdet. 3 Denn ihr wißt: Wenn euer Glaube erprobt wird, führt euch das zur Standhaftigkeit; 4 die Standhaftigkeit aber soll zum Tun des Rechten und Guten führen, damit ihr in jeder Hinsicht untadelig seid und euch zur Vollkommenheit nichts mehr fehlt.

5 Wenn aber jemand von euch nicht weiß, was er in einem bestimmten Fall tun muß, soll er Gott um Weisheit bitten,[b] und Gott wird sie ihm geben. Denn er gibt sie allen gerne und hält niemand seine Unwissenheit vor. 6 Er muß Gott aber in festem Vertrauen bitten und darf nicht zweifeln. Wer zweifelt, gleicht den Meereswogen, die vom Wind gepeitscht und hin und her getrieben werden. 7 Solch ein Mensch kann nicht erwarten, daß er vom Herrn etwas empfängt; 8 denn er ist in sich gespalten und unbeständig in allem, was er unternimmt.

Armut und Reichtum

9 Wenn ein Bruder arm und unterdrückt ist, soll er sich damit rühmen*, daß er bei Gott hochangesehen ist. 10 Wer dagegen reich und mächtig ist, soll sich bewußt sein, daß er Gott damit keinen Eindruck machen kann; denn wie eine Blume auf der Wiese wird er vergehen. 11 Wenn die Sonne mit ihren sengenden Strahlen emporsteigt, verdorren die Blätter, und die Blüte fällt ab; ihre ganze Schönheit ist dahin. Genauso werden die Reichen zugrunde gehen, und mit all ihren Unternehmungen hat es ein Ende.

Woher die Versuchungen kommen

12 Freuen darf sich, wer auf die Probe gestellt wird und sie besteht; denn Gott wird ihm den Siegeskranz* geben, das ewige Leben, das er allen versprochen hat, die ihn lieben.

13 Wenn ein Mensch in Versuchung gerät, soll er nicht sagen: »Gott hat mich in Versuchung geführt.« So wie Gott nicht zum Bösen verführt werden kann, so verführt er auch niemand dazu. 14 Es ist die eigene Begehrlichkeit, die den Menschen ködert und einfängt. 15 Wenn jemand ihr nachgibt, wird die Begehrlichkeit gleichsam schwanger und gebiert die Sünde. Und wenn die Sünde ausgewachsen ist, bringt sie den Tod hervor.

16 Meine lieben Brüder und Schwestern,[c] täuscht euch nicht! 17 Lauter gute Gaben, nur vollkommene Gaben kommen von oben, von dem Schöpfer[d] der Gestirne. Bei ihm gibt es kein Zu- und Abnehmen des Lichtes und keine Verfinsterung. 18 Aus seinem freien Willen hat er uns durch das Wort der Wahrheit*, durch die Gute Nachricht,[e] ein neues Leben geschenkt. So sind wir gleichsam die Erstgeborenen[f] seiner neuen Schöpfung.

a Herkömmliche Übersetzung *Meine Brüder,* doch siehe Anmerkung zu Hebr 2,17. Im Jakobusbrief stehen die *Schwestern* nicht so im Blick wie in den Paulusbriefen; sie sind jedoch über die Männer mitgemeint wie in den jüdischen Gemeinden, denen Jakobus nahesteht. Die Übersetzung erinnert daran von Fall zu Fall.
b Wörtlich *Wenn jemandem Weisheit* fehlt, bitte er Gott.* c Siehe Anmerkung zu Vers 2; ebenso für Vers 19.
d Wörtlich *Vater.* e *durch die Gute Nachricht*:* verdeutlichender Zusatz.
f Wörtlich *die ersten Früchte;* siehe Sacherklärung »Erstling«.

1,1 Mk 6,3 par; Apg 21,18 S; 1 Kor 15,7; Gal 2,9 **1,2-3** Röm 5,3-5; 1 Petr 1,6-7; 4,13 **1,5** Spr 2,6 **1,6** 5,13; Mt 7,7 S; Eph 4,14 **1,9** 2,5 **1,10-11** Jes 40,6-8; Ijob 14,2; Ps 90,5-6 **1,10** 5,1 **1,12** 5,11; 1 Kor 9,24-25 S; Weish 5,16 **1,13** Sir 15,11-20; 1 Kor 10,13 **1,14-15** 1 Joh 2,16-17; Röm 7,7-10; 6,19-21 **1,17** Mt 7,11 par; Gen 1,14-18 **1,18** Joh 1,13; 1 Petr 1,23; Röm 8,19-23

Hören und Handeln

19 Denkt daran, liebe Brüder und Schwestern:
Jeder soll stets bereit sein zu hören, aber sich
Zeit lassen, bevor er redet, und noch mehr, be-
vor er zornig wird. 20 Denn im Zorn tut niemand,
was vor Gott recht ist. 21 Legt also alles Gemeine
und Schlechte ab und nehmt bereitwillig das
Wort an, das Gott euch ins Herz gepflanzt hat.
Denn sein Wort hat die Macht, euch zu retten.

22 Es genügt nicht, dieses Wort nur anzu-
hören. Ihr müßt es in die Tat umsetzen, sonst be-
trügt ihr euch selbst! 23 Wer die Botschaft Gottes
nur hört, aber nicht danach handelt, ist wie ein
Mensch, der in einen Spiegel blickt: 24 Er sieht
sich, wie er ist, und betrachtet sich kurz. Aber
dann geht er weg und vergißt sofort, wie er aus-
sah. 25 Anders der Mensch, der tief und anhal-
tend in das vollkommene Gesetz* Gottes blickt,
das uns frei macht. Er hört nicht nur hin, um es
gleich wieder zu vergessen, sondern handelt da-
nach. Er darf sich freuen; denn Gott segnet sein
Tun.

26 Wenn jemand sich einbildet, Gott zu ehren,
aber seine Zunge nicht im Zaum halten kann, ist
seine ganze Gottesverehrung wertlos, und er be-
trügt sich selbst. 27 Ihr ehrt Gott, den Vater, auf
die rechte Weise, wenn ihr den Waisen und Wit-
wen in ihrer Not beisteht und euch nicht an dem
ungerechten Treiben dieser Welt* beteiligt.

Warnung vor Vorurteilen

2 Meine Brüder, ihr glaubt an Jesus Christus,
unseren Herrn*, der Gottes Herrlichkeit*
teilt und dem alle Ehre zusteht.[a] Dann dürft
ihr unter euren Glaubensbrüdern nicht Unter-
schiede machen, je nachdem, ob jemand in der
sozialen Rangordnung hoch oder niedrig steht!

2 Nehmt einmal an, ihr seid zum Gottesdienst
versammelt, und es kommt ein reicher Mann
mit goldenen Ringen und in vornehmer Klei-
dung herein und ebenso ein armer Mann in
Lumpen. 3 Und ihr sagt zu dem gutgekleideten
Mann respektvoll: »Bitte, hier ist noch ein be-
quemer Platz!« Aber zu dem Armen sagt ihr:
»Du kannst dort hinten stehen«, oder auch: »Setz
dich hier neben meinen Stuhl auf den Boden!«
4 Trefft ihr da nicht höchst fragwürdige Unter-
scheidungen und urteilt nach verwerflichen
Maßstäben?

5 Hört gut zu, meine lieben Brüder! Hat Gott
nicht gerade die erwählt, die in den Augen die-
ser Welt* arm sind, um sie aufgrund ihres Glau-
bens reich zu machen? Sie sollen in Gottes neue
Welt kommen,[b] die er denen versprochen hat,
die ihn lieben. 6 Ihr aber verachtet die Armen!
Und wer unterdrückt euch und bringt euch vor
Gericht? Die Reichen! 7 Sind sie es nicht, die den
hohen Namen* lästern, der bei der Taufe[c] über
euch ausgerufen wurde?

8 Handelt nach dem wahrhaft königlichen
Gesetz*: »Liebe deinen Mitmenschen wie dich
selbst!« Dann tut ihr recht. 9 Wenn ihr aber dabei
Unterschiede macht, begeht ihr eine Sünde und
steht vor dem Gesetz als Übertreter da. 10 Denn
wer das gesamte Gesetz befolgt, aber gegen ein
einziges Gebot verstößt, hat gegen alle ver-
stoßen und ist vor dem ganzen Gesetz schuldig
geworden. 11 Derselbe Gott, der gesagt hat:
»Brich nicht die Ehe!«, hat auch gesagt: »Morde
nicht!« Wenn du also keinen Ehebruch begehst,
aber jemand tötest, bist du ein Übertreter des
Gesetzes.

12 Redet und handelt als Menschen, die einst
vor Gott nach dem Gesetz beurteilt werden sol-
len, das wahrhaft frei macht. 13 Wer selbst kein
Erbarmen gehabt hat, über den wird auch Gott
erbarmungslos Gericht halten. Wenn aber je-
mand barmherzig war, dann gilt:[d] Das Erbar-
men triumphiert über das Gericht.

Glaube und Liebe

14 Meine Brüder und Schwestern,[e] was hat es für
einen Wert, wenn jemand behauptet: »Ich ver-
traue auf Gott, ich habe Glauben*!«, aber er hat
keine guten Taten vorzuweisen? Kann der bloße
Glaube ihn retten? 15 Nehmt einmal an, bei euch
gibt es einen Bruder oder eine Schwester, die
nichts anzuziehen haben und hungern müssen.
16 Was nützt es ihnen, wenn dann jemand von
euch zu ihnen sagt: »Ich wünsche euch das
Beste; ich hoffe, daß ihr euch warm anziehen

a Wörtlich *an unseren Herrn Jesus Christus (den Herrn) der Herrlichkeit.*
b Wörtlich *Sie sollen die Königsherrschaft* erben.*
c *bei der Taufe*:* verdeutlichender Zusatz. Durch Ausrufen des Namens (in diesem Fall von Jesus) wurde eine Person oder Sache zum Eigentum des Namensträgers erklärt.
d *Wenn aber …:* verdeutlichender Zusatz.
e Siehe Anmerkung zu 1,2. In Vers 15 wird die *Schwester* auch im griechischen Text genannt.

1,19 3,2; Sir 5,11; Koh 7,8-9 **1,21** Kol 3,8 **1,22** (Tat) Mt 7,24.26 par; Jak 2,17 S **1,25** 2,12 S; 2,24; Joh 13,17 **1,26** 3,2.8-10; Ps 141,3 S **1,27** Jes 1,17 S; Ps 10,14.18; 1 Joh 2,15-17 **2,1** (Unterschiede) 2,9; Dtn 1,17; 16,19; Ps 82,2-3; Spr 17,15 S; Röm 2,11 S **2,5** 1,9; Lk 6,20-21; 1 Kor 1,26-28 **2,8** *zit* Lev 19,18; Mk 12,31 S **2,9** 2,1 S **2,10** Mt 5,19; Gal 3,10; 5,3 **2,11** *zit* Ex 20,14.13 **2,12** 1,25 **2,13** Mt 5,7; 18,32-35 **2,14** Mt 7,21

und satt essen könnt!« –, aber er gibt ihnen nicht, was sie zum Leben brauchen? 17 Genauso ist es auch mit dem Glauben: Wenn er allein bleibt und aus ihm keine Taten hervorgehen, ist er tot.

18 Aber vielleicht wendet jemand ein: »Hast du überhaupt Glauben?« Darauf antworte ich: »Ich habe die Taten! Zeig mir doch einmal *deinen* Glauben, wenn du mir nicht die entsprechenden Taten zeigen kannst! Aber ich will dir *meinen* Glauben aus meinen Taten beweisen. 19 Du glaubst, daß nur *einer* Gott ist? Gut! Das glauben die bösen Geister* auch – und zittern vor Angst.

20 Du gedankenloser Mensch! Willst du nicht einsehen, daß ein Glaube, der nicht zu Taten führt, nutzlos ist? 21 Wurde nicht unser Ahnherr Abraham* aufgrund seines Tuns vor Gott als gerecht* anerkannt – nämlich weil er seinen Sohn Isaak als Opfer auf den Altar legte? 22 Du siehst also: Sein Glaube und seine Taten wirkten zusammen; sein Glaube wurde durch sein Tun vollkommen.

23 Auf diese Weise bestätigte sich das Wort in den Heiligen Schriften*: »Abraham glaubte Gott, und dies rechnete Gott ihm als Gerechtigkeit* an.« Er wird sogar Freund Gottes genannt. 24 Ihr seht also, daß ein Mensch aufgrund seiner Taten von Gott als gerecht anerkannt wird und nicht schon durch bloßen Glauben.

25 War es nicht ebenso bei der Hure Rahab? Auch sie wurde doch aufgrund ihrer Taten als gerecht anerkannt – weil sie die Kundschafter bei sich aufnahm und auf einem geheimen Fluchtweg aus der Stadt entkommen ließ. 26 Genauso wie der menschliche Leib ohne den Lebensgeist tot ist, so ist auch der Glaube ohne entsprechende Taten tot.

Die gefährliche Macht der Zunge

3 Meine Brüder, nicht zu viele von euch sollten Lehrer* der Gemeinde werden wollen. Ihr wißt ja, daß wir Lehrer vor Gottes Gericht strenger beurteilt werden als die anderen.

2 Wir alle sind in vieler Hinsicht fehlerhafte Menschen. Wer nie ein verkehrtes Wort redet, ist ein vollkommener Mensch; er ist fähig, auch seinen ganzen Leib im Zaum zu halten. 3 Wir legen den Pferden das Zaumzeug ins Maul, damit sie uns gehorchen; so lenken wir das ganze Tier. 4 Oder denkt an ein Schiff: Es ist groß und wird von starken Winden getrieben; trotzdem wird es mit einem winzigen Ruder gesteuert, wohin der Steuermann es haben will. 5 Ebenso ist es mit der Zunge: Sie ist nur klein und bringt doch gewaltige Dinge fertig.

Denkt daran, wie klein die Flamme sein kann, die einen großen Wald in Brand setzt! 6 Auch die Zunge ist ein Feuer. Sie ist eine Welt voller Unrecht und beschmutzt den ganzen Menschen. Sie setzt unser Leben von der Geburt bis zum Tod[a] in Brand mit einem Feuer, das aus der Hölle* selbst kommt. 7 Der Mensch hat es fertiggebracht, alle Tiere zu bändigen: Raubtiere, Vögel, Schlangen und Fische. 8 Aber die Zunge hat noch niemand bändigen können; sie läßt sich nicht unter Kontrolle bringen.

Die Zunge ist voll von tödlichem Gift. 9 Mit ihr loben wir Gott, unseren Herrn und Vater – und mit ihr verfluchen wir unsere Mitmenschen, die nach Gottes Bild geschaffen sind. 10 Aus demselben Mund kommen Segen und Fluch. Meine Brüder und Schwestern,[b] das darf nicht sein! 11 Eine Quelle läßt doch nicht aus der gleichen Öffnung genießbares und ungenießbares Wasser fließen. 12 Meine Brüder und Schwestern, auf einem Feigenbaum wachsen doch keine Oliven, an einem Weinstock hängen keine Feigen, und eine salzige Quelle kann niemals Süßwasser hervorbringen!

Die Weisheit, die von Gott kommt

13 Will jemand unter euch als klug und weise gelten? Dann zeige er das in der ganzen Lebensführung, mit der Bescheidenheit, die den Weisen ansteht! 14 Wenn ihr dagegen bittere Eifersucht und Streit in euren Herzen hegt, dann rühmt euch nicht eurer Weisheit* und verdreht damit die Wahrheit!

15 Diese Art von Weisheit kommt nicht von oben, sie ist irdisch, sinnlich und teuflisch. 16 Wo Eifersucht und Streit herrschen, gibt es Unordnung und jede Art von Gemeinheit. 17 Aber die Weisheit von oben ist zuerst einmal rein und klar; sodann ist sie freundlich, nachgiebig, zum Frieden bereit. Sie ist voller Erbarmen und bringt viele gute Taten hervor. Sie kennt weder Vorurteil noch Verstellung. 18 Die Saat der Gerechtigkeit geht nur bei denen auf, die auf Frieden* aus sind, und bei ihnen bringt sie Frucht.

a *unser Leben …:* wörtlich *das Rad/den Kreis des Lebens/Werdens.*
b Siehe Anmerkung zu 1,2; ebenso für Vers 12.

2,17 Gal 5,6; 1 Joh 3,18 **2,19** Dtn 6,4; (böse Geister) Mk 1,24 par **2,21** Gen 21,9.12; Hebr 11,17 **2,23** *zit* Gen 15,6; 2 Chr 20,7 S **2,24** Röm 3,28; 4,2-5 **2,25** Jos 6,23 S **3,2-10** Ps 141,3 S; Spr 13,3 S **3,2** 1,26; Sir 14,1 **3,3** Ps 32,9 **3,6** Spr 16,27; Mk 7,15.20-23 par **3,8** Ps 140,4 **3,9** (Gottes Bild) Gen 1,26-27 **3,12** Mt 7,16 par **3,14** 1 Kor 3,1-3; Gal 5,20 **3,15** 1,5.17 **3,17** Mt 5,48; 1 Kor 13,4-7; Gal 5,22-23 **3,18** Mt 5,9

Warnung vor Untreue gegen Gott

4 Woher kommen denn die Kämpfe und Strei-
tigkeiten zwischen euch? Doch nur aus den
Leidenschaften, die ständig in eurem Innern
toben! 2 Ihr verzehrt euch nach etwas, was ihr
gerne hättet. Ihr mordet[a] und seid eifersüchtig,
aber das bringt euch dem ersehnten Ziel nicht
näher. Ihr versucht es mit Kampf und Gewalt;
aber ihr bekommt trotzdem nicht, was ihr wollt,
weil ihr Gott nicht darum bittet. 3 Und wenn ihr
ihn bittet, bekommt ihr es nicht, weil ihr nur in
der Absicht bittet, eure unersättliche Genuß-
sucht zu befriedigen.

4 Eure Liebe gehört nicht Gott, ihr handelt an
ihm wie Ehebrecher! Wißt ihr denn nicht:[b]
Freundschaft mit dieser Welt* bedeutet Feind-
schaft gegen Gott. Wer sich also mit der Welt be-
freunden will, verfeindet sich mit Gott. 5 Es heißt
nicht umsonst in den Heiligen Schriften:[c] »Mit
Leidenschaft erhebt Gott Anspruch auf den
Geist, den er, der Schöpfer, in uns wohnen ließ.«
6 Aber in seiner Gnade will er uns noch viel
mehr schenken; denn es heißt auch: »Gott
widersetzt sich den Überheblichen, aber denen,
die gering von sich denken, wendet er seine
Liebe zu.«

7 Deshalb ordnet euch Gott unter! Leistet dem
Teufel Widerstand, und er wird vor euch fliehen.
8 Nähert euch Gott, und er wird sich euch
nähern. Reinigt eure Hände von Schuld, ihr
Sünder! Gebt eure Herzen Gott hin, ihr Zwie-
spältigen! 9 Klagt über euren Zustand, trauert
und weint! Nicht mehr lachen sollt ihr, sondern
weinen. Euer Jubel soll sich in Jammer ver-
kehren und eure Freude in Trauer. 10 Beugt euch
tief vor dem Herrn, dann wird er euch groß
machen!

Nicht verurteilen

11 Liebe Brüder und Schwestern, verleumdet ein-
ander nicht! Wer seinen Bruder oder seine
Schwester[d] verleumdet oder verurteilt, verleum-
det und verurteilt damit das Gesetz* Gottes, das
ein solches Verhalten untersagt. Anstatt das Ge-
setz zu befolgen, wirft er sich zum Richter auf.
12 Aber nur Gott, der das Gesetz gegeben hat,
darf richten. Er allein kann verurteilen oder frei-
sprechen. Für wen hältst du dich, daß du deinen
Mitmenschen verurteilst!

Nicht überheblich sein

13 Nun aber zu euch, die ihr sagt: »Heute oder
morgen werden wir in die und die Stadt reisen!
Dort werden wir ein Jahr lang Geschäfte
machen und viel Geld verdienen.«

14 Woher wißt ihr denn, was morgen sein
wird? Was ist euer Leben? Es gleicht einem
Dampfwölkchen, das aufsteigt und sich sogleich
wieder auflöst. 15 Sagt lieber: »Wenn der Herr es
will, werden wir noch leben und dies oder jenes
tun.« 16 Ihr aber seid stolz und überheblich; und
ein solcher Stolz ist verwerflich.

17 Im übrigen gilt: Wer die Zeit und die Mittel
hat, Gutes zu tun, und es nicht tut, macht sich
schuldig.

Warnung an die Reichen

5 Hört zu, ihr Reichen! Weint und jammert
über das Elend, das auf euch zukommt!
2 Euer Reichtum verfault, eure Kleider werden
von den Motten zerfressen, 3 und eure Schätze[e]
setzen Rost an. Dieser Rost wird euch anklagen
und euer Fleisch wie Feuer verzehren.

Ihr habt in den letzten Tagen der Welt
Reichtümer angehäuft. 4 Ihr habt den Leuten, die
auf euren Feldern gearbeitet haben, den verdien-
ten Lohn vorenthalten. Das schreit zum Him-
mel! Eure Erntearbeiter klagen, und ihre Klage
ist bis zu den Ohren des Herrn, des Herrschers
der Welt,[f] gedrungen.

5 Euer Leben auf der Erde war mit Luxus und
Vergnügen ausgefüllt. Während der Schlachttag
schon vor der Tür stand, habt ihr euch noch
gemästet.[g] 6 Ihr habt den Schuldlosen verurteilt
und umgebracht, der sich nicht gegen euch ge-
wehrt hat!

a *Ihr mordet:* Was damit gemeint ist, wird in 5,4-6 gesagt. Manche Ausleger vermuten, daß ein im Griechischen ähnlich klingendes Wort gemeint ist: *Ihr seid neidisch.*

b *Eure Liebe . . . :* wörtlich *Ehebrecher! Wißt ihr nicht.* Zu dem hier gebrauchten Bild siehe Sacherklärung »Hurerei«.

c Das Zitat stammt aus einer uns unbekannten Schrift.

d Wörtlich *Liebe Brüder* und *Wer seinen Bruder;* siehe Anmerkung zu 1,2.

e Wörtlich *euer Silber und Gold;* vgl. Sir 29,10.

f Wörtlich *des Herrn Zebaot*.*

g Wörtlich *Ihr habt eure Herzen gemästet am Schlachttag.* Mit dem *Schlachttag* ist entweder der Tag des göttlichen Gerichts gemeint (vgl. Verse 3 und 8-9) oder ein Unglückstag, an dem die Armen »geschlachtet« werden sollen.

4,1 Röm 7,5 **4,4** Mt 6,24 par; 1 Joh 2,15 **4,6** *nach* Spr 3,34; 1 Petr 5,5; Mt 23,12 S **4,7** Eph 6,12; 1 Petr 5,8-9 **4,8** Sach 1,3; Mal 3,7; (Hände) Jes 1,16; Ps 18,21.25 **4,10** 1 Petr 5,6 **4,11** Lev 19,16; Weish 1,11; Ps 101,5 **4,12** 1 Kor 4,5; Röm 14,4; Mt 7,1 par **4,13-14** Spr 27,1; Lk 12,18-20 **4,14** Ijob 7,9 **4,15** Apg 18,21; 1 Kor 4,19; 16,7 **4,16** 1 Joh 2,16 **4,17** Lk 12,47 **5,1** 1,10; Lk 6,24 **5,2-3a** Mt 6,19 par **5,4** Lev 19,13 S **5,5** Jer 12,3

Geduldig warten

7 Liebe Brüder und Schwestern,[a] haltet geduldig
aus, bis der Herr* kommt! Seht, wie der Bauer
voller Geduld auf die kostbare Frucht der Erde
wartet. Er weiß, daß sie zum Wachsen den
Herbstregen und den Frühjahrsregen* braucht.
8 Auch ihr müßt geduldig ausharren! Faßt
Mut; denn der Tag, an dem der Herr kommt, ist
nahe. 9 Klagt nicht übereinander, sonst muß Gott*
euch verurteilen. Der Richter steht schon vor der
Tür.
10 Liebe Brüder und Schwestern, denkt an die
Propheten*, die im Auftrag des Herrn geredet
haben. Nehmt euch ein Beispiel daran, wie
standhaft sie ihre Leiden ertrugen! 11 Allen, die
durchhalten, ist unvergängliche Freude gewiß.
Ihr habt gehört, wie geduldig Ijob* die Proben
ertrug, die ihm auferlegt wurden, und wißt, wie
der Herr ihn am Ende belohnt hat. Der Herr ist
voller Liebe und Erbarmen.
12 Vor allem laßt das Schwören, wenn ihr
irgend etwas beteuern wollt, meine Brüder!
Schwört weder beim Himmel noch bei der Erde,
noch bei sonst etwas. Euer Ja muß ein Ja sein
und euer Nein ein Nein. Wenn ihr es anders hal-
tet, verfallt ihr dem Gericht Gottes.

Das Gebet für die Kranken

13 Wer von euch Schweres zu ertragen hat, soll
beten. Wer von euch glücklich ist, soll Loblieder
singen. 14 Wer von euch krank ist, soll die Älte-
sten* der Gemeinde rufen, damit sie für ihn
beten und ihn im Namen des Herrn mit Öl
salben. 15 Ihr vertrauensvolles Gebet wird den
Kranken retten. Der Herr wird die betreffende
Person wieder aufrichten und wird ihr vergeben,
wenn sie Schuld auf sich geladen hat.
16 Überhaupt sollt ihr einander eure Verfeh-
lungen bekennen und füreinander beten, damit
ihr geheilt werdet. Das inständige Gebet eines
Menschen, der so lebt, wie Gott es verlangt,
kann viel bewirken. 17 Elija war ein Mensch wie
wir. Er flehte zu Gott, es nicht regnen zu lassen,
da fiel dreieinhalb Jahre kein Tropfen auf das
Land. 18 Dann betete er nochmals; da schenkte
der Himmel Regen, und die Erde brachte wieder
ihre Früchte hervor.
19 Meine Brüder, wenn jemand unter euch
vom rechten Weg abirrt und ein anderer bringt
ihn zur Umkehr, 20 dann soll der wissen: Wer
einen Menschen, der sündigt, von seinem Irr-
weg abbringt, rettet ihn vor dem Tod und macht
viele eigene Sünden gut.

DER ERSTE BRIEF DES APOSTELS PETRUS
(1. Petrusbrief)

Inhaltsübersicht

LEBEN IN DER HOFFNUNG
(1,1–2,10)

Eingangsgruß

1 Diesen Brief schreibt Petrus, der Apostel* von
Jesus Christus, nach Pontus, Galatien*, Kap-
padozien, Asien* und Bithynien.
Ich schreibe an die Erwählten Gottes, die dort
als Fremde in dieser Welt* leben, mitten unter
Ungläubigen. 2 Gott, der Vater, hat euch erwählt,
wie er es von Anfang an beschlossen hatte. Er
hat euch durch den Heiligen Geist* ausgeson-
dert und zubereitet, damit ihr euch Jesus Chri-
stus im Gehorsam unterstellt und durch sein
Blut* rein gemacht werdet.
Gnade und Frieden* sei mit euch in immer
reicherem Maß!

Hoffnung auf eine herrliche Zukunft

3 Gepriesen sei der Gott und Vater unseres
Herrn* Jesus Christus! In seinem großen Erbar-
men hat er uns neu geboren und mit einer
lebendigen Hoffnung erfüllt. Diese Hoffnung
gründet sich darauf, daß Jesus Christus vom Tod

a Siehe Anmerkung zu 1,2; ebenso für Vers 10.

5,7 2 Petr 3,3 **5,8** Phil 4,5 S; Mt 24,27 S **5,9** Mt 7,1-2 par **5,10** Mt 5,12 S **5,11** 1,12; (Ijob) 1,21-22; 2,10; 42,10-17; (Erbarmen) Ex 34,6 S **5,12** Mt 5,33-37 S **5,13** 1,5-6; Apg 16,25 **5,14** Mk 6,13 **5,15** Mk 16,18 S **5,16** Ps 32,3-5; Spr 28,13; 1 Joh 1,8-9 **5,17** 1 Kön 17,1 S; Lk 4,25 **5,18** 1 Kön 18,41-45 **5,19** Gal 6,1 **5,20** 1 Petr 4,8 **1,1** (Fremde) 2,11 S; Jak 1,1 **1,2** (erwählt) 1 Petr 2,9 S; (rein gemacht) Hebr 12,24 **1,3** 2 Kor 1,3 S; 1 Petr 1,23; Tit 3,5 S

auferstanden ist. 4 Sie richtet sich auf das neue
Leben, das Gott schon jetzt im Himmel für euch
bereithält als einen Besitz, der niemals vergeht
oder verdirbt oder aufgezehrt wird. 5 Wenn ihr
Gott fest vertraut, wird er euch durch seine
Macht bewahren, so daß ihr die volle Rettung er-
langt, die am Ende der Zeit offenbar wird.

6 Deshalb seid ihr voll Freude, auch wenn ihr
jetzt – wenn Gott es so will – für kurze Zeit
leiden müßt und auf die verschiedensten Pro-
ben gestellt werdet. 7 Das geschieht nur, damit
euer Glaube sich bewähren kann, als festes Ver-
trauen auf das, was Gott euch geschenkt und
noch versprochen hat.[a] Wie das vergängliche
Gold im Feuer auf seine Echtheit geprüft wird, so
wird euer Glaube, der viel kostbarer ist als Gold,
im Feuer des Leidens geprüft. Wenn er sich als
echt erweist, wird Gott euch mit Ehre und Herr-
lichkeit belohnen an dem Tag, an dem Jesus
Christus sich in seiner Herrlichkeit* offenbart.

8 Ihn liebt ihr, obwohl ihr ihn nie gesehen
habt. Auf ihn setzt ihr euer Vertrauen, obwohl
ihr ihn jetzt noch nicht sehen könnt. Und darum
jubelt ihr mit unaussprechlicher und herrlicher
Freude. 9 Denn ihr wißt, daß euer Vertrauen,
euer Glaube, euch die endgültige Rettung brin-
gen wird.

10 Nach dieser Rettung schauten schon die
Propheten* aus. Sie haben euch angekündigt,
welches Gnadengeschenk Gott euch zugedacht
hat, 11 und sie haben eifrig gesucht und ge-
forscht, um herauszufinden, wann und wie dies
alles eintreffen sollte. Der Geist*, den wir durch
Christus empfangen haben, war schon in ihnen
wirksam und zeigte ihnen im voraus die Leiden,
die Christus erdulden mußte, und die Herrlich-
keit, die ihm daraufhin zuteil wurde.

12 Gott ließ sie erkennen, daß sie ihre Offen-
barungen nicht für sich selbst empfangen hat-
ten, sondern für euch, denen dies alles jetzt
verkündet worden ist. Die Boten der Guten
Nachricht* haben es euch bekanntgemacht, aus-
gerüstet mit dem Heiligen Geist, den Gott ihnen
vom Himmel gesandt hat. Sogar die Engel* bren-
nen darauf, etwas davon zu erfahren.

Aufruf zu einem Leben, das Gott gefällt

13 Darum seid wach und haltet euch bereit![b]
Bleibt nüchtern und setzt eure ganze Hoffnung
auf die Gnade, die Gott euch schenken wird,
wenn Jesus Christus in seiner Herrlichkeit* er-
scheint. 14 Lebt als gehorsame Kinder Gottes und
nicht mehr nach euren selbstsüchtigen Wün-
schen wie damals, als ihr die Wahrheit noch
nicht kanntet. 15 Euer ganzes Tun soll ausgerich-
tet sein an dem heiligen* Gott, der euch berufen
hat. 16 In den Heiligen Schriften* heißt es ja: »Ihr
sollt heilig sein, denn ich bin heilig.«

17 Ihr ruft Gott im Gebet als »Vater« an –
ihn, der jeden Menschen als unbestechlicher
Richter für seine Taten zur Rechenschaft zie-
hen wird. Führt darum, solange ihr noch hier
in der Fremde seid, ein Leben, mit dem ihr vor
ihm bestehen könnt!

18 Ihr wißt, um welchen Preis ihr freigekauft
worden seid, damit ihr nun nicht mehr ein so
sinn- und nutzloses Leben führen müßt, wie ihr
es von euren Vorfahren übernommen habt.
Nicht mit Silber und Gold seid ihr freigekauft
worden – sie verlieren ihren Wert –, 19 sondern
mit dem kostbaren Blut* eines reinen und feh-
lerlosen Opferlammes, dem Blut von Christus.
20 Ihn hatte Gott schon zu diesem Opfer be-
stimmt, bevor er die Welt schuf. Jetzt aber, am
Ende der Zeit, hat er ihn euretwegen in die Welt
gesandt. 21 Durch ihn habt ihr zum Glauben ge-
funden an den Vater, der ihn von den Toten auf-
erweckt und ihm göttliche Herrlichkeit gegeben
hat. Darum setzt ihr nun euer Vertrauen und
eure Hoffnung auf Gott.

22 Ihr habt die rettende Wahrheit im Gehor-
sam angenommen und dadurch euer Denken
und Fühlen gereinigt, um eure Brüder und
Schwestern aufrichtig lieben zu können.[c] Liebt
einander nun auch von ganzem Herzen! 23 Ihr
seid doch als neue Menschen wiedergeboren
worden, aber diesmal nicht gezeugt durch den
Samen von sterblichen Menschen, sondern
durch das Wort Gottes, das lebt und für immer
bestehen bleibt.

24 Ihr wißt ja: »Alle Menschen sind vergäng-
lich wie das Gras; mit all ihrer Herrlichkeit er-
geht es ihnen wie den Blumen auf der Wiese.
Das Gras verdorrt, die Blumen verwelken;
25 aber das Wort des Herrn bleibt für immer in
Kraft.«

Und eben dieses Wort ist euch als die Gute
Nachricht* verkündet worden.

a *als festes Vertrauen …:* verdeutlichender Zusatz.
b Wörtlich *Darum umgürtet die Hüften eures Sinnes* (= Denkens und Wollens).
c *um eure Brüder …:* wörtlich *zu ungeheuchelter Bruderliebe* (bzw. *Geschwisterliebe;* vgl. Sacherklärung »Bruder«).

1,6-7 2 Kor 4,17; Jak 1,2-3 **1,7** Jes 48,10 S **1,8** 2 Kor 5,7; Joh 20,29 **1,10-11** 2 Petr 1,19-21 **1,12** Eph 3,10 **1,14** Röm 12,2 **1,16** *zit* Lev 19,2b **1,17** (Vater) Jer 3,4 S; Mt 6,9 par; Röm 8,15 S; (unbestechlicher Richter) Röm 2,11 S; (Rechenschaft) Röm 2,6 S; (Fremde) 1 Petr 2,11 S **1,18** Mk 10,45 S **1,19** (Blut) Hebr 9,12 S; (Opferlamm) Joh 1,29 S; 1 Kor 5,7 **1,20** Eph 1,4-5; Apg 2,23 **1,22** 2,17; 3,8; 4,8; Hebr 13,1 S; 2 Petr 1,7 **1,23** 1,3; Jak 1,18 S; Hebr 4,12 **1,24-25** *zit* Jes 40,6-8; Jak 1,10-11 S

Der lebendige Stein und das heilige Volk

2 Macht darum Schluß mit allem, was un-
recht ist! Hört auf zu lügen und euch zu ver-
stellen, andere zu beneiden oder schlecht über
sie zu reden. [2] Wie neugeborene Kinder nach
Milch schreien, so sollt ihr nach dem unver-
fälschten Wort Gottes verlangen, um im Glau-
ben zu wachsen und das Ziel, eure Rettung, zu
erreichen. [3] Ihr habt doch schon gekostet, wie
gütig Christus, der Herr*, ist.
[4] Kommt zu ihm! Er ist der lebendige Stein,
den die Menschen als unbrauchbar weggewor-
fen haben; aber bei Gott ist er ausgesucht und
wertvoll. [5] Laßt euch selbst als lebendige Steine
zu einem geistigen Haus erbauen, zu einer Prie-
sterschaft, die Gott geweiht ist und die ihm, ver-
mittelt durch Jesus Christus, Opfer* darbringt,
Opfer geistiger Art, an denen er Gefallen hat,
nämlich den Opferdienst des ganzen Lebens.[a]
[6] In den Heiligen Schriften* heißt es: »Seht
her, ich lege auf dem Zionsberg* einen Stein,
einen ausgesuchten, wertvollen Grundstein.
Wer sich auf ihn verläßt, wird nicht zugrunde
gehen.«
[7] Wertvoll ist dieser Stein für euch, die ihr
euch auf Jesus Christus verlaßt. Aber für die, die
ihn ablehnen, gilt:

»Der Stein, den die Bauleute als wertlos
weggeworfen haben,
ist zum Eckstein* geworden.
[8] An ihm stoßen sich die Menschen.
Er ist zum Felsblock geworden,
an dem sie zu Fall kommen.«

An ihm stoßen sich alle, die dem Wort Gottes
nicht gehorchen. Doch so hatte es Gott für sie
bestimmt.
[9] Ihr aber seid das erwählte Volk, das Haus
des Königs, die Priesterschaft, das heilige* Volk,
das Gott selbst gehört. Er hat euch aus der Dun-
kelheit in sein wunderbares Licht gerufen, da-
mit ihr seine machtvollen Taten verkündet.
[10] Früher wart ihr nicht sein Volk; aber jetzt
seid ihr das Volk, das Gott gehört. Früher galt
euch nicht sein Erbarmen; aber jetzt habt ihr
sein Erbarmen erfahren.

VORBILDLICHES VERHALTEN IN DER WELT (2,11–4,11)

Frei zum Tun des Guten

[11] Ihr wißt, meine Lieben, daß ihr Gäste und
Fremde in dieser Welt* seid. Darum ermahne ich
euch: Gebt den Leidenschaften nicht nach, die
aus eurer selbstsüchtigen Natur aufsteigen[b] und
die ständig mit eurem guten Willen im Streit lie-
gen. [12] Euer Leben mitten unter den Menschen,
die Gott nicht kennen,[c] muß einwandfrei sein.
Wenn sie euch alles mögliche Böse nachsagen,
sollen sie eure guten Taten sehen und von ihren
eigenen Augen eines Besseren belehrt werden.
Vielleicht kommen sie dann zur Besinnung und
preisen Gott für ihre Rettung am Tag seines Ge-
richts.
[13] Fügt euch um des Herrn willen jeder von
Menschen gesetzten Ordnung. Ordnet euch
dem Kaiser unter, der an höchster Stelle steht.
[14] Ordnet euch seinen Vertretern unter, die er
eingesetzt hat, um alle zu bestrafen, die Unrecht
tun, und alle mit Anerkennung zu belohnen, die
das Rechte tun.
[15] Denn Gott will, daß ihr durch eure guten
Taten alle zum Schweigen bringt, die aus Dumm-
heit und Unwissenheit gegen euch reden.
[16] Handelt als freie Menschen; aber mißbraucht
eure Freiheit nicht, um ein zuchtloses Handeln
damit zu entschuldigen. Denkt daran, daß ihr
nur frei seid, weil Gott euer Herr geworden ist.[d]
[17] Ehrt alle Menschen, liebt die Gemeinschaft
der Brüder und Schwestern,[e] fürchtet Gott, ehrt
den Kaiser!

Christus als Beispiel

[18] Ihr Sklaven* und Sklavinnen, ordnet euch
euren Herren und Herrinnen unter, und erweist

a *nämlich ...:* verdeutlichender Zusatz.
b *Gebt den Leidenschaften ...:* wörtlich *Gebt den fleischlichen Begierden nicht nach;* vgl. Sacherklärung »Fleisch«.
c *Menschen, die ...:* herkömmliche Übersetzung *Heiden**.
d *Denkt daran ...:* wörtlich *sondern (verhaltet euch) als Sklaven Gottes.*
e Wörtlich *liebt die Bruderschaft;* vgl. Sacherklärung »Bruder«.

2,1 Jak 1,21; 4,11; Eph 4,25 **2,2** 1 Kor 3,2 S **2,3** Ps 34,9 **2,4** Ps 118,22; Jes 28,16 **2,5** 1 Kor 3,16; Eph 2,21-22; (Priesterschaft) 1 Petr 2,9; Jes 61,6; (Opfer) Röm 12,1 **2,6** *nach* Jes 28,16; Röm 9,33 **2,7** *zit* Ps 118,22; Mk 12,10-11 par; Apg 4,11 **2,8** *nach* Jes 8,14; Röm 9,33; Lk 2,34 **2,9** 2,5; (erwähltes Volk) 1,1-2; Ex 19,5-6 S; (Gott als König) 1 Tim 1,17; 6,15; (heiliges Volk) Lev 19,2; Dtn 14,2; Tit 2,14; (Licht) Apg 26,18 S **2,10** Hos 2,25; Röm 9,25 **2,11** (Fremde) 1,1.17; Ps 39,13 S; Hebr 13,14 S; (Streit) Röm 7,15.17-23; Gal 5,17 **2,12** Mt 5,16 S **2,13-14** Röm 13,1 S **2,15** 3,16 **2,16** Gal 5,13 S **2,17** 1,22 S; Phil 2,12; Mk 12,17 par; Spr 24,21 **2,18-21** Eph 6,5-8 S

ihnen den schuldigen Respekt,[a] nicht nur den guten und freundlichen, sondern auch den launischen. 19 Es ist eine Gnade Gottes, wenn jemand ohne Schuld nur deshalb Kränkungen erfährt und leiden muß, weil er im Gewissen an Gott gebunden ist. 20 Habt ihr etwa Grund, euch zu rühmen, wenn ihr ein Unrecht begangen habt und dafür geschlagen werdet? Aber wenn ihr das Rechte getan habt und dafür leiden müßt, ist das eine Gnade von Gott. 21 Und eben dazu hat er euch berufen. Ihr wißt doch:

Christus hat für euch gelitten
und euch ein Beispiel gegeben,
damit ihr seinen Spuren folgt.
22 Ihr wißt: »Er hat kein Unrecht getan;
nie ist ein unwahres Wort aus seinem Mund
gekommen.«
23 Wenn er beleidigt wurde,
gab er es nicht zurück.
Wenn er leiden mußte,
drohte er nicht mit Vergeltung,
sondern überließ es Gott,
ihm zum Recht zu verhelfen.
24 Unsere Sünden hat er ans Kreuz*
hinaufgetragen,
mit seinem eigenen Leib.
Damit sind wir für die Sünden tot
und können nun für das Gute leben.
Durch seine Wunden seid ihr geheilt worden!
25 Ihr wart wie Schafe, die sich verlaufen haben;
jetzt aber seid ihr auf den rechten Weg
zurückgekehrt
und folgt dem Hirten, der euch leitet und
schützt.

Anweisungen für Eheleute

3 Für euch Frauen gilt dieselbe Regel: Ihr müßt euch euren Männern unterordnen, damit die von ihnen, die das Wort nicht hören wollen, durch eure Lebensführung auch ohne Wort für den Glauben gewonnen werden. 2 Das kann geschehen, wenn sie sehen, daß ihr ihnen Respekt erweist und ein vorbildliches Leben führt.[b]

3 Putzt euch nicht äußerlich heraus mit aufwendigen Frisuren, kostbarem Schmuck oder prächtigen Kleidern. 4 Eure Schönheit soll von innen kommen! Freundlichkeit und ein ausgeglichenes Wesen sind der unvergängliche Schmuck, der in Gottes Augen Wert hat.

5 Auf diese Weise haben sich auch früher die frommen Frauen geschmückt, die ihre Hoffnung auf Gott setzten. Sie haben sich ihren Männern untergeordnet, 6 wie zum Beispiel Sara, die Abraham gehorchte und ihn ihren »Herrn« nannte.[c] Ihre Töchter seid ihr, wenn ihr das Rechte tut und euch davon durch keine Drohung abbringen laßt.

7 Ihr Männer müßt euch entsprechend verhalten. Seid rücksichtsvoll zu euren Frauen! Bedenkt, daß sie der schwächere Teil sind. Achtet und ehrt sie; denn sie haben mit euch am ewigen Leben teil, das Gott schenkt. Handelt so, daß nichts euren Gebeten im Weg steht.

Für die Gerechtigkeit leiden

8 Euch allen schließlich sage ich: Haltet in derselben Gesinnung zusammen und habt Mitgefühl füreinander! Liebt euch gegenseitig als Brüder und Schwestern![d] Seid gütig und zuvorkommend zueinander!

9 Vergeltet Böses nicht mit Bösem, und gebt Beleidigungen nicht wieder zurück! Im Gegenteil, segnet eure Beleidiger, denn Gott hat euch dazu berufen, seinen Segen zu empfangen. 10 Ihr wißt ja:

»Wer nach dem wahren Leben verlangt
und glückliche Tage sehen will,
der nehme seine Zunge gut in acht,
daß er nichts Schlechtes und Hinterhältiges sagt.
11 Er kehre sich vom Bösen ab und tue das Gute.
Er mühe sich mit ganzer Kraft darum,
mit allen Menschen in Frieden zu leben.
12 Denn der Herr hat ein offenes Auge für die,
die das Rechte tun,
und ein offenes Ohr für ihre Bitten.
Aber er wendet sich gegen alle, die Böses tun.«

13 Kann euch überhaupt jemand Böses antun, wenn ihr euch mit ganzer Hingabe darum be-

a *und erweist …:* wörtlich *in aller Furcht;* andere mögliche Übersetzung *aus Ehrfurcht vor Gott* (vgl. Vers 17). Zu *Sklavinnen/Herrinnen* siehe Anmerkung zu Eph 6,5.
b Oder *sehen, daß ihr ein vorbildliches Leben in Ehrfurcht vor Gott führt;* wörtlich *wenn sie euer reines Leben in Furcht sehen* (vgl. 2,18). c In Gen 18,12 heißt es wörtlich *und mein Herr* (= Ehemann) *ist auch schon alt.*
d Wörtlich *Seid bruderliebend* (bzw. *geschwisterliebend*); vgl. Anmerkung zu 1,22.

2,19-20 5,12 **2,20** 4,14 S **2,21b** 3,18; Mt 10,38-39 S; Phil 2,5 S **2,22** *zit* Jes 53,9; Joh 8,46; Hebr 4,15 S **2,23** 3,9; Jes 53,7; Mk 14,48-49.65 par; 15,5.16-20 par **2,24** Röm 6,10-11; Kol 2,4; (geheilt) Jes 53,5 **2,25** Jes 53,6; Ez 34,5-6.16; Joh 10,11 S **3,1-6** Eph 5,22-24 S **3,1** 1 Kor 7,16 **3,3** 1 Tim 2,9 **3,7** Eph 5,25-33 S; 1 Tim 2,8 **3,8** 1,22 S; Eph 4,2-3; Phil 2,2-3 **3,9** 2,23; Röm 12,17 S **3,10-12** *nach* Ps 34,13-17; Jak 1,26 **3,13** Röm 13,3

müht, das Gute zu tun? 14 Wenn ihr aber trotzdem leiden müßt, weil ihr tut, was Gott will, dann dürft ihr euch glücklich preisen. Habt keine Angst vor Menschen; laßt euch nicht erschrecken! 15 Christus allein ist der Herr; haltet ihn heilig* in euren Herzen und weicht vor niemand zurück![a]

Seid immer bereit, Rede und Antwort zu stehen, wenn jemand fragt, warum ihr so von Hoffnung erfüllt seid. 16 Antwortet taktvoll und bescheiden und mit dem gebotenen Respekt[b] – in dem Bewußtsein, daß ihr ein reines Gewissen habt. Dann werden alle beschämt sein, die euch verleumden, wenn sie sehen, was für ein einwandfreies Leben ihr in Verbindung mit Christus führt. 17 Wenn Gott es aber anders beschlossen hat und es auf sie keinen Eindruck macht,[c] ist es auf jeden Fall besser, für gute Taten zu leiden als für schlechte.

18 Auch Christus hat ja für die Sünden der Menschen gelitten, der Gerechte für die Schuldigen, ein für allemal. Damit hat er euch den Zugang zu Gott eröffnet. Als Mensch wurde er getötet, aber durch den Geist* Gottes wurde er zum Leben erweckt.

19 In diesem Zusammenhang geschah es auch, daß er zu den Geistern ging, die in der Totenwelt* gefangengehalten werden, und ihnen seinen Sieg verkündete.[d] 20 Sie waren ungehorsam gewesen zur Zeit Noachs, als Gott in seiner Geduld mit der Strafe noch wartete, solange Noach die Arche* baute. Nur wenige Menschen, nämlich acht, wurden damals in die Arche aufgenommen und durch das Wasser gerettet, das die Arche trug.

21 Das ist ein Hinweis auf das Wasser der Taufe*, die euch jetzt rettet. Denn der Sinn der Taufe ist ja nicht, daß der Körper vom Schmutz gereinigt wird. Wer sich taufen läßt, bittet damit Gott, sein Gewissen von aller Schuld zu reinigen. Das ist möglich, weil Jesus Christus von den Toten auferstanden 22 und zum Himmel aufgestiegen ist. Dort hat er den Ehrenplatz an Gottes rechter Seite eingenommen, und die Engel* und alle überirdischen Mächte und Gewalten sind ihm unterworfen.

Ein neues Leben

4 Christus also hat gelitten, und zwar körperlich. Darum rüstet auch ihr euch mit seiner Gesinnung aus, wenn ihr seinetwegen leiden müßt![e] 2 Denn wer einmal wegen Christus körperlich zu leiden hatte, in dem ist die Sünde abgestorben, und er wird sich für den Rest seines Lebens in dieser Welt* nicht mehr von menschlichen Leidenschaften fortreißen lassen, sondern nur noch tun, was Gott will.

3 Ihr habt euch ja lange genug an dem Treiben der Menschen beteiligt, die Gott nicht kennen;[f] ihr habt euch hemmungsloser Gier und Ausschweifung hingegeben, habt an wüsten Freß- und Saufgelagen teilgenommen und an einem abscheulichen Götzendienst.

4 Jetzt wundern sich die anderen, daß ihr bei ihrem zügellosen Treiben nicht mehr mitmacht, und beschimpfen euch deswegen. 5 Aber sie werden sich vor dem verantworten müssen, der schon bereitsteht, um über die Lebenden und die Toten das Urteil zu sprechen.

6 Deshalb wurde sogar den schon Verstorbenen die Gute Nachricht* verkündet, damit sie wie alle Menschen für ihre Taten zur Rechenschaft gezogen werden können, aber auch die Möglichkeit erhalten, zum Leben bei Gott zu gelangen.

Gute Verwalter der Gaben Gottes

7 Das Ende der Welt ist nahe. Seid besonnen und nüchtern, damit nichts euch am Beten hindert. 8 Vor allem laßt nicht nach in der Liebe zueinander! Denn die Liebe macht viele Sünden wieder gut. 9 Nehmt einander gastfreundlich auf, ohne zu murren.

10 Dient einander mit den Fähigkeiten, die Gott euch geschenkt hat – jeder und jede mit der eigenen, besonderen Gabe! Dann seid ihr gute Verwalter der vielfältigen Gnade Gottes. 11 Wenn jemand die Gabe der Rede hat, soll Gott durch

a *Christus allein …:* wörtlich *Vielmehr den Herrn*, Christus, heiligt in euren Herzen.* Hier und in der zweiten Hälfte von Vers 14 *(Habt keine Angst vor Menschen …)* wird auf Jes 8,12-13 angespielt und die Stelle auf Christus bezogen.
b Oder *und in der Furcht vor Gott* (vgl. 2,18; 3,2 und Anmerkungen dort).
c *und es auf sie …:* verdeutlichender Zusatz.
d *in der Totenwelt:* wörtlich *im Gefängnis; seinen Sieg:* verdeutlichender Zusatz.
e *wenn ihr seinetwegen …:* verdeutlichender Zusatz, ebenso *wegen Christus* im folgenden Satz. Es geht um das Ertragen von Leiden, die aus dem Bekenntnis zu Christus folgen, nicht um Krankheit.
f Vgl. Anmerkung zu 2,12.

3,14 4,14 S **3,15b** Kol 4,5-6; (Hoffnung) 1 Petr 1,3-5 **3,16** 2,15 **3,18** 2,21 S; Röm 5,6-8; Hebr 7,27 S; (der Gerechte) Apg 3,14 S **3,19** 4,6 **3,20** Gen 6,5-22; 2 Petr 2,5 **3,21** Röm 6,3-4 S; Eph 5,26 S; Apg 2,33 S **3,22** Apg 1,9 S; Eph 1,21 S **4,1** 2 Kor 4,10 S **4,2** 2,21 S **4,3** Gal 5,19-21 S; Eph 2,3; Tit 3,3 **4,5** Apg 10,42 S **4,6** 3,19 **4,7** (nahe) 1 Kor 7,29.31; 10,11; 1 Joh 2,18; Jak 5,8 S **4,8** 1,22 S; Jak 5,20 **4,9** Hebr 13,2 S **4,10** Röm 12,6-8 S **4,11** (Rede) 1 Kor 12,8; (Tat) Röm 12,7; (zur Ehre Gottes) 1 Kor 10,31

ihn zu Wort kommen. Wenn jemand die Gabe
der helfenden Tat hat, soll er aus der Kraft handeln, die Gott ihm verleiht.

Alles, was ihr tut, soll durch Jesus Christus zur Ehre Gottes geschehen. Ihm gehört die Herrlichkeit und die Macht für alle Zeiten! Amen.

BEWÄHRUNG IM LEIDEN
(4,12–5,14)

Mit Christus leiden

12 Meine Lieben, wundert euch nicht über die
harte Probe, die wie ein Feuersturm über euch
gekommen ist. Sie kann euch nicht unerwartet
treffen; 13 denn ihr leidet ja nur etwas von dem
mit, was Christus gelitten hat. Freut euch vielmehr darüber, denn wenn er in seiner Herrlich-
keit erscheint, werdet ihr erst recht von Freude
und Jubel erfüllt sein. 14 Ihr könnt euch glücklich
preisen, wenn ihr beschimpft werdet, nur weil
ihr euch zu Christus bekennt; denn dann ist der
Geist* Gottes bei euch, in dem Gottes Herrlich-
keit* gegenwärtig ist.

15 Natürlich darf es nicht sein, daß jemand
von euch als Verbrecher leidet, als Mörder oder
Dieb oder Aufrührer.[a] 16 Aber wer einzig wegen
Christus[b] leidet, soll sich nicht schämen, sondern sich ohne Scheu zum Christennamen bekennen und Gott dadurch ehren.

17 Denn jetzt ist die Zeit, in der das Gericht
Gottes bei seiner Gemeinde den Anfang nimmt.
Wenn es aber bei uns anfängt, wie wird es dann
am Ende denen ergehen, die Gottes Gute Nach-
richt* ablehnen? 18 Ihr wißt doch: »Sogar wer
Gott gehorcht, wird nur mit knapper Not gerettet. Was wird dann aus dem Sünder, der Gott
verachtet?« 19 Darum sollen alle, die nach dem
Willen Gottes zu leiden haben, sich ganz ihrem Schöpfer anvertrauen und nicht davon ablassen, das Rechte zu tun.

Vom Zusammenleben in der Gemeinde

5 Ich wende mich nun an die Ältesten* unter euch. Ich bin selbst Ältester der Gemeinde, und ich habe teil an den Leiden von Christus
wie an seiner Herrlichkeit*, die bald offenbar
werden wird. Deshalb ermahne ich euch: 2 Lei-
tet die Gemeinde, die Herde Gottes, die euch anvertraut ist, als rechte Hirten! Kümmert euch um sie, nicht weil es eure Pflicht ist, sondern aus innerem Antrieb, so wie es Gott gefällt. Tut es nicht, um euch zu bereichern, sondern
aus Hingabe. 3 In eurem Verantwortungsbereich
führt euch nicht als Herren auf, sondern gebt
euren Gemeinden ein Vorbild. 4 Dann werdet
ihr, wenn der oberste Hirt kommt, den Siegeskranz* erhalten, der nie verwelkt.

5 Euch Jüngeren aber sage ich: Ordnet euch den Ältesten unter! Überhaupt müßt ihr – das sage ich allen – im Umgang miteinander jede Überheblichkeit ablegen. Ihr wißt doch: »Gott widersetzt sich den Überheblichen, aber denen, die gering von sich denken, wendet er seine Liebe zu.«

6 Beugt euch also unter Gottes starke Hand, damit er euch erhöhen kann, wenn die Zeit gekommen ist.

7 Alle eure Sorgen werft auf ihn, denn er sorgt für euch.

8 Seid wachsam und nüchtern! Euer Feind,
der Teufel, schleicht um die Herde wie ein
hungriger Löwe. Er wartet nur darauf, daß er je-
mand von euch verschlingen kann. 9 Leistet ihm
Widerstand und haltet unbeirrt am Glauben fest. Denkt daran, daß die Gemeinschaft eurer Brüder und Schwestern[c] in der ganzen Welt die gleichen Leiden durchzustehen hat.

10 Ihr müßt jetzt für eine kurze Zeit leiden.
Aber Gott hat euch in seiner großen Gnade dazu
berufen, in Gemeinschaft mit Jesus Christus für
immer in seiner Herrlichkeit zu leben. Er wird
euch Kraft geben, so daß euer Glaube stark und
fest bleibt und ihr nicht zu Fall kommt. 11 Ihm
gehört die Macht für alle Zeiten. Amen*!

Abschließende Grüße

12 Ich habe euch diesen kurzen Brief mit Hilfe von Silvanus geschrieben, den ich als treuen Bruder schätze. Ich wollte euch ermutigen und euch bezeugen, daß ihr gerade in eurem Leiden[d] die wahre Gnade Gottes erlebt. Bleibt fest in dieser Gnade!

a *(als) Aufrührer:* vielleicht auch *wegen Einmischung in fremde Angelegenheiten.*
b *einzig wegen Christus:* wörtlich *als Christ;* vgl. Anmerkung zu Apg 11,26.
c *die Gemeinschaft …:* wörtlich *eure Bruderschaft* bzw. *Geschwisterschaft;* vgl. Anmerkung zu 1,22.
d *gerade in eurem Leiden:* verdeutlichender Zusatz; vgl. 2,19.

4,12 1,6-7 **4,13** 5,1; 2 Kor 4,10 S; (Herrlichkeit) Röm 5,2 S **4,14** 2,20; 3,14; Mt 5,10-12 **4,16** 2 Tim 1,8 **4,17** Jer 25,29 S; 2 Thess 1,8 **4,18** *nach* Spr 11,31 **4,19** Ps 31,6 **5,2** Joh 21,15-17 S; 1 Tim 6,5 **5,3** 2 Kor 1,24; 1 Kor 4,16 S **5,4** 1,4; 1 Kor 9,24-25 S **5,5** Eph 5,21; *zit* Spr 3,34; Jak 4,6 S **5,6** Jak 4,10 **5,7** Ps 55,23; Phil 4,6 S **5,8** 1 Thess 5,5-8; 2 Kor 2,11; Ps 22,14; Sir 27,10 **5,9** Eph 6,11-12; Jak 4,7 **5,10** Röm 5,2 S **5,12** (Silvanus) 1 Thess 1,1 S

13 Eure Schwestergemeinde hier in Babylon,[a]
die so wie ihr von Gott erwählt wurde, grüßt
euch; ebenso mein Sohn Markus. 14 Grüßt
einander mit dem heiligen Kuß, dem Zeichen
eurer Verbundenheit als Brüder und Schwe-
stern![b]

Frieden* sei mit euch allen, die ihr mit Chri-
stus verbunden seid!

DER ZWEITE BRIEF DES APOSTELS PETRUS

(2. Petrusbrief)

Inhaltsangabe

Eingangsgruß

1 Simon Petrus, der als Apostel* Jesus Christus
dient, schreibt diesen Brief an alle, die auf-
grund der Gerechtigkeit unseres Gottes und Ret-
ters Jesus Christus den gleichen kostbaren Glau-
ben empfangen haben wie wir Apostel selbst:
2 Gnade und Frieden* werde euch in reichem
Maß zuteil durch die Erkenntnis Gottes und
unseres Herrn* Jesus!

Ein Ziel, das jede Mühe wert ist

3 Ja, so ist es: Gott in seiner Macht hat uns alles
geschenkt, was wir zu einem Leben in wahrer
Frömmigkeit brauchen. Er hat es dadurch getan,
daß er uns Jesus Christus erkennen ließ, ihn, der
uns in seiner Herrlichkeit und Kraft berufen hat.
4 Durch ihn haben wir wertvolle, unüberbiet-
bare Zusagen erhalten: Wir sollen der Vernich-
tung entrinnen, der diese Welt* durch ihre Lei-
denschaften verfallen ist, und an der göttlichen
Unsterblichkeit teilhaben.
5 Setzt deshalb alles daran, daß aus eurem
Glauben sittliche Bewährung erwächst, aus der
sittlichen Bewährung Erkenntnis, 6 aus der Er-
kenntnis Selbstbeherrschung, aus der Selbstbe-
herrschung Standhaftigkeit, aus der Standhaftig-
keit echte Frömmigkeit, 7 aus der Frömmigkeit
Liebe zu den Glaubensgeschwistern,[c] aus der
Liebe zu den Glaubensgeschwistern Liebe zu
allen Menschen.
8 Wenn ihr dies alles habt und ständig darin
zunehmt, wird sich das auswirken und Frucht
bringen in einer vertieften Erkenntnis unseres
Herrn* Jesus Christus. 9 Wer dagegen all das
nicht hat, ist kurzsichtig und geistlich blind. Ein
solcher Mensch hat völlig vergessen, was es
bedeutet, daß er von seinen früheren Sünden
gereinigt worden ist.
10 Deshalb, meine Brüder und Schwestern,[d]
setzt alles daran, so zu leben, daß eure Berufung
und Erwählung gefestigt wird. Dann werdet ihr
niemals zu Fall kommen, 11 und Gott bereitet
euch einen herrlichen Einzug in das ewige Reich
unseres Herrn und Retters Jesus Christus.

Der Brief als Testament des Apostels

12 Darum werde ich euch immer wieder an diese
Zusammenhänge erinnern. Ihr wißt zwar Be-
scheid und seid fest in der Wahrheit gegründet,
die euch bekanntgemacht worden ist. 13 Aber ich
halte es für meine Pflicht, euch zu erinnern und
euch wach zu halten, solange ich noch bei euch
lebe.
14 Ich weiß allerdings, daß das Zelt meines
Körpers bald abgebrochen wird; unser Herr*
Jesus Christus hat es mir angekündigt. 15 Darum
schreibe ich dies für euch nieder, damit[e] ihr
auch nach meinem Tod jederzeit die Möglichkeit
habt, euch alles in Erinnerung zu rufen.

Unsere Hoffnung auf das Kommen des Herrn ist fest gegründet

16 Wir haben uns keineswegs auf geschickt er-
fundene Märchen gestützt, als wir euch ankün-
digten, daß Jesus Christus, unser Herr*, wieder-
kommen wird, ausgestattet mit Macht. Vielmehr
haben wir ihn mit eigenen Augen in der hohen

a Wahrscheinlich ein Deckname für Rom (vgl. Offb 17 und Sacherklärung »Babylon«).
b *dem heiligen Kuß* ...:* wörtlich *dem Kuß der Liebe.* Die Formulierung findet sich nur hier; gemeint ist dasselbe wie in Röm 16,16 und an den dort angegebenen Vergleichsstellen.
c Siehe Anmerkung zu Hebr 13,1. *d* Siehe Anmerkung zu Hebr 2,17.
e Wörtlich *Ich will aber Sorge tragen, daß.*

5,13 (Markus) Apg 12,12 S **1,2** Jud 2 **1,3** 1,16-17 **1,4** Jak 1,14-15 S; (teilhaben) Röm 5,2 S **1,7** Gal 6,10 S **1,9** Eph 5,26 S **1,11** 2 Tim 4,18; (Retter) 2 Petr 2,20; 3,18; Tit 3,6 S **1,14** 2 Kor 5,1; Joh 21,18-19

Würde gesehen, in der er künftig offenbar werden soll.[a] [17] Denn er empfing von Gott, seinem Vater, Ehre und Herrlichkeit – damals, als Gott, der die höchste Macht hat, das Wort an ihn ergehen ließ: »Dies ist mein Sohn*, ihm gilt meine Liebe, ihn habe ich erwählt.« [18] Als wir mit ihm auf dem heiligen Berg waren, haben wir diese Stimme vom Himmel gehört.

[19] Dadurch wissen wir nun noch sicherer, daß die Voraussagen der Propheten* zuverlässig sind, und ihr tut gut daran, auf sie zu achten. Ihre Botschaft ist für euch wie eine Lampe, die in der Dunkelheit brennt, bis der Tag anbricht und das Licht des Morgensterns* eure Herzen hell macht.

[20] Ihr müßt aber vor allem folgendes bedenken: Keine Voraussage in den Heiligen Schriften* darf eigenwillig gedeutet werden; [21] sie ist ja auch nicht durch menschlichen Willen entstanden. Die Propheten sind vom Geist* Gottes ergriffen worden und haben verkündet, was Gott ihnen aufgetragen hatte.

Falsche Lehrer und ihre Bestrafung

2 Aber genauso wie im Volk Israel falsche Propheten aufgetreten sind, werden auch unter euch falsche Lehrer auftreten, die gefährliche Irrlehren verkünden. Durch ihre Lebensführung werden sie den erhabenen Herrn verleugnen, der sie freigekauft hat. Damit werden sie sehr schnell ihren eigenen Untergang herbeiführen.

[2] Viele werden dem Beispiel ihres ausschweifenden Lebens folgen, und so wird ihretwegen die wahre Glaubenslehre in Verruf geraten. [3] In ihrer Habgier werden sie euch mit erfundenen Geschichten einzufangen suchen. Aber ihre Bestrafung ist bei Gott schon seit langem beschlossene Sache; ihr Untergang wird nicht auf sich warten lassen.

[4] Gott hat ja auch die Engel*, die sich gegen ihn vergangen hatten, nicht geschont, sondern sie in den tiefsten Abgrund* geworfen. Dort liegen sie gefesselt in der Finsternis und warten auf den Tag des Gerichts.

[5] Er hat auch die frühere Welt zur Zeit Noachs nicht geschont, sondern hat die große Flut über die Welt der gottlosen Menschen kommen lassen. Nur acht hat er gerettet: Noach*, der die Menschen zum Gehorsam gegen Gott aufgerufen hatte, und sieben andere mit ihm.

[6] Auch die Städte Sodom* und Gomorra hat Gott verurteilt und sie in Schutt und Asche sinken lassen. Er hat an diesem Beispiel gezeigt, wie es allen ergehen wird, die Gott nicht ernst nehmen. [7] Nur einen hat er gerettet: den rechtschaffenen Lot*, der unter dem zügellosen Leben der anderen zu leiden hatte. [8] Denn täglich mußte er unter seinen Mitbürgern Dinge sehen und hören, die ihm Qualen bereiteten.

[9] Der Herr weiß, wie er die, die ihn ehren, aus der Bedrängnis herausreißt. Aber alle, die Unrecht tun, läßt er warten, bis sie am Tag des Gerichts ihre Strafe bekommen. [10a] Besonders hart werden die bestraft, die ihren schmutzigen Begierden folgen und den Gedanken frech von sich weisen, daß Gott ihr Herr und Richter ist.[b]

Abrechnung mit den falschen Lehrern

[10b] Diese falschen Lehrer sind frech und anmaßend. Sie haben keine Hemmungen, überirdische Mächte zu lästern. [11] Sogar hohe Engel*, die noch stärker und mächtiger sind als diese Mächte, bringen vor Gott keine beleidigenden Anklagen gegen sie vor. [12] Aber diese falschen Lehrer handeln unvernünftig wie die wilden Tiere, die nur geboren werden, damit man sie fängt und tötet. Sie beschimpfen das, wovon sie keine Ahnung haben. Sie werden auch wie wilde Tiere vernichtet werden. [13] Für das Unrecht, das sie tun, bekommen sie den verdienten Lohn.

Sie lieben es, schon am hellen Tag zu schlemmen. Als Schmutz- und Schandflecken schwelgen sie in Täuscherei,[c] wenn sie es sich an euren Tischen wohl sein lassen. [14] Ihre Augen halten ständig Ausschau nach einer Frau, die bereit ist, sich mit ihnen einzulassen; ständig sind sie auf der Suche nach Gelegenheiten zu sündigen. Wohltrainiert in Besitzgier, suchen sie Menschen zu ködern, die im Glauben nicht gefestigt sind – die Strafe ist ihnen sicher![d]

[15] Sie haben sich vom geraden Weg abgewendet und die Richtung verloren; sie sind dem Weg

a *in der er ...:* verdeutlichender Zusatz. Gedacht ist hier und im folgenden an das Erlebnis der drei Jünger auf dem Berg der »Verklärung« nach Mk 9,2-8 par.
b *und den Gedanken ...:* wörtlich *und die Herrschaft verachten.*
c *in Täuscherei:* Durch einen Anklang im griechischen Wortlaut werden aus den Liebesmählern* (so wörtlich; *agapai*) von Jud 12 »Täuschungsmähler« (*apatai* = Täuschungen), d. h. die Gemeinschaft des Mahls ist nur eine vorgetäuschte.
d *die Strafe:* wörtlich *(sie sind) Kinder des Fluches.*

1,19 Röm 1,2; 13,12; 1 Petr 1,10-11; Ps 119,105 **1,21** 2 Tim 3,15-16 S **2,1-22** Jud 4-13 **2,1** Mt 7,15 **2,3** 1 Tim 6,5 **2,4** 1 Petr 3,19-20 **2,5** 3,6; 1 Petr 3,20 S **2,6** Gen 19,24-25 S **2,7** Gen 19,1-16 **2,9** Mt 6,13; 1 Kor 10,13; Offb 3,10; Ijob 4,7 S **2,14** Mt 5,28; 2 Tim 3,6-7; 1 Tim 6,5 **2,15** Num 22,7.17

gefolgt, den Bileam*, der Sohn Beors, gegangen
ist. Er liebte das Geld, das er als Lohn für seine
böse Tat erhalten sollte; 16 aber er mußte sich
sein Unrecht vorhalten lassen: Ein Esel, der doch
eigentlich nicht reden kann, sprach mit mensch-
licher Stimme und hinderte den Propheten dar-
an, sein unsinniges Vorhaben auszuführen.

17 Diese Menschen sind wie Quellen, die kein
Wasser geben, wie Nebelschwaden, die der
Sturm vor sich hertreibt. Gott hat ihnen einen
Platz in der tiefsten Finsternis bestimmt. 18 Sie
reden hochtrabende, leere Worte und ziehen
durch die Verlockungen eines ausschweifenden
Lebens Menschen an sich, die eben erst mit
knapper Not dem Leben im Irrtum entkommen
sind.

19 Freiheit versprechen sie ihnen – wo sie
doch selbst Sklaven der Vergänglichkeit sind.
Denn jeder ist ein Sklave dessen, der ihn besiegt
hat. 20 Sie haben unseren Herrn* und Retter
Jesus Christus kennengelernt und waren da-
durch schon einmal aus der Verstrickung in den
Schmutz der Welt* freigekommen. Aber dann
sind sie wieder von ihren alten Gewohnheiten
eingefangen und besiegt worden. Darum sind
sie am Ende schlimmer dran als am Anfang.

21 Es wäre besser gewesen, sie hätten den
rechten Weg nie kennengelernt, anstatt ihn ken-
nenzulernen und sich danach wieder von der
verbindlichen göttlichen Weisung abzuwenden,
die ihnen übergeben wurde. 22 Es ist ihnen er-
gangen, wie das Sprichwort sagt: »Der Hund
frißt wieder, was er erbrochen hat.« Oder wie
ein anderes Sprichwort sagt: »Die gebadete Sau
wälzt sich wieder im Dreck.«

Christus wird wiederkommen

3 Meine Lieben, dies ist schon der zweite
Brief, den ich euch schreibe. Mit beiden
rufe ich euch längst Bekanntes ins Gedächtnis,
aber ich will euch dadurch wachhalten und in
eurer unverdorbenen Gesinnung bestärken. 2 Er-
innert euch an das, was die heiligen Propheten*
vorausgesagt haben, und ebenso an die verbind-
liche Weisung unseres Herrn* und Retters, die
euch die Apostel* übergeben haben!

3 Ihr müßt euch vor allem darüber im klaren
sein: In der letzten Zeit werden Menschen auf-
treten, die nur ihren eigenen selbstsüchtigen
Wünschen folgen. Sie werden sich über euch
lustig machen 4 und sagen: »Er hat doch verspro-
chen wiederzukommen! Wo bleibt er denn?
Inzwischen ist die Generation unserer Väter
gestorben; aber alles ist noch so, wie es seit der
Erschaffung der Welt war!«

5 Sie wollen nicht wahrhaben, daß es schon
einmal einen Himmel und eine Erde gab. Gott
hatte sie durch sein Wort geschaffen. Die Erde
war aus dem Wasser aufgestiegen, und auf dem
Wasser ruhte sie. 6 Durch das Wort und das Was-
ser wurde sie auch zerstört, bei der großen Flut.
7 Ebenso ist es mit dem jetzigen Himmel und der
jetzigen Erde: Sie sind durch dasselbe Wort Got-
tes für das Feuer bestimmt worden. Wenn der
Tag des Gerichts da ist, werden sie untergehen
und mit ihnen alle, die Gott nicht gehorcht
haben.

8 Meine Lieben, eines dürft ihr dabei nicht
übersehen: Beim Herrn gilt ein anderes Zeitmaß
als bei uns Menschen. Ein Tag ist für ihn wie
tausend Jahre, und tausend Jahre wie ein ein-
ziger Tag. 9 Der Herr erfüllt seine Zusagen nicht
zögernd, wie manche meinen. Im Gegenteil:
Er hat Geduld mit euch, weil er nicht will, daß
einige zugrunde gehen. Er möchte, daß alle Ge-
legenheit finden, von ihrem falschen Weg umzu-
kehren.

Ein neuer Himmel und eine neue Erde

10 Doch der Tag des Herrn* kommt unvorher-
gesehen wie ein Dieb. Dann wird der Himmel
unter tosendem Lärm vergehen, die Himmels-
körper verglühen im Feuer, und die Erde und
alles, was auf ihr ist, wird zerschmelzen.[a]

11 Wenn ihr bedenkt, daß alles auf diese Weise
vergehen wird, was für ein Ansporn muß das
für euch sein, ein heiliges Leben zu führen, das
Gott gefällt! 12 Lebt in der Erwartung des großen
Tages, den Gott heraufführen wird! Tut das Eure
dazu, daß er bald kommen kann. Der Himmel
wird dann in Flammen vergehen, und die Him-
melskörper werden zerschmelzen. 13 Aber Gott
hat uns einen neuen Himmel und eine neue
Erde versprochen. Dort wird es kein Unrecht
mehr geben, weil Gottes Wille regiert. Auf diese
neue Welt warten wir.

Ermutigung und Warnung

14 Meine Lieben, weil ihr darauf wartet, darum
setzt auch alles daran, daß eure Gemeinschaft

a *zerschmelzen:* Der griechische Text ist in verschiedenen Fassungen überliefert. Die bestbezeugte lautet: *wird gefunden werden,* was ohne willkürliche Ergänzungen unverständlich ist. Den Untergang im Feuer bezeugen die Verse 7 und 12.

2,16 Num 22,28-33 **2,19** Joh 8,34 S **2,20** (Retter) 1,11 S; (schlimmer) Mt 12,45 par **2,21** Lk 12,47-48 **2,22** Spr 26,11 **3,2-3** Jud 17-19 **3,3** 2 Tim 3,1 S **3,4** Mt 24,27 S; 24,48-51; Jer 17,15; Ez 12,22 **3,5** Gen 1,6-9; Hebr 11,3 **3,6** 2,5; Mt 24,37-39 par **3,8** Ps 90,4 **3,9** Röm 2,4 S; Weish 11,23 S; 1 Tim 2,4 S **3,10** Mt 24,27-S; 24,43 S; Jes 24,4 S **3,13** (neuer Himmel – neue Erde) Offb 21,1 S; (kein Unrecht) Offb 21,27 S; Jes 60,21

mit dem Herrn durch nichts beeinträchtigt wird.
Bemüht euch, rein und fehlerlos vor ihm zu ste-
hen, wenn er kommt. 15 Begreift doch: Unser
Herr zögert nur aus Geduld, damit ihr gerettet
werdet!

Genau das hat euch auch unser lieber Bruder
Paulus geschrieben, dem Gott viel Weisheit ge-
geben hat. 16 Er sagt das in allen seinen Briefen,
wenn er über dieses Thema schreibt. Es gibt in
ihnen allerdings einige schwierige Stellen. Die
werden von unverständigen Leuten mißdeutet,
die im Glauben nicht gefestigt sind. Aber so ver-
fahren diese Leute ja auch mit den übrigen Hei-
ligen Schriften*. Sie verurteilen sich damit selbst
zum Untergang.

17 Ihr, meine Lieben, wißt das jetzt alles im
voraus. Seid auf der Hut und laßt euch nicht von
denen in die Irre führen, die jede Ordnung
verachten. Sonst verliert ihr den festen Stand
und kommt zu Fall. 18 Lebt immer mehr aus
der Gnade unseres Herrn* und Retters Jesus
Christus und lernt ihn immer tiefer erkennen.
Ihm gehört die Ehre, jetzt und in Ewigkeit!
Amen*.

DER ERSTE BRIEF VON JOHANNES

(1. Johannesbrief)

Inhaltsübersicht

GEMEINSCHAFT MIT GOTT, SÜNDENVERGEBUNG UND GEGENSEITIGE LIEBE (1,1–2,17)

Das lebenbringende Wort

1 Was von allem Anfang an da war,
was wir gehört haben,
was wir mit eigenen Augen gesehen haben,
was wir angeschaut haben
und betastet haben mit unseren Händen,
nämlich das Wort*, das Leben bringt –
davon schreiben wir euch.
2 Das Leben ist offenbar geworden,
und wir haben es gesehen;
wir sind Zeugen dafür
und berichten euch von dem unvergänglichen Leben,
das beim Vater war
und sich uns offenbart hat.
3 Was wir so gesehen und gehört haben,
das verkünden wir euch,
damit ihr in Gemeinschaft mit uns verbunden seid.
Und die Gemeinschaft, die uns miteinander verbindet,
ist zugleich Gemeinschaft mit dem Vater
und mit Jesus Christus, seinem Sohn*.
4 Das erfüllt uns mit großer Freude.[a]
Und wir schreiben euch diesen Brief,
damit unsere Freude vollkommen wird.

Gott ist Licht

5 Von ihm, dem offenbar gewordenen Wort*,
haben wir die Botschaft gehört, die wir euch
weitersagen: Gott ist Licht, in ihm gibt es keine
Spur von Finsternis. 6 Wenn wir behaupten, Ge-
meinschaft mit Gott zu haben, und gleichzeitig
im Dunkeln leben, dann lügen wir und tun
nicht, was der Wahrheit entspricht. 7 Leben wir
aber im Licht, so wie Gott im Licht ist, dann
haben wir Gemeinschaft miteinander, und das
Blut*, das sein Sohn* Jesus für uns vergossen
hat, reinigt uns von jeder Schuld.

8 Wenn wir behaupten, ohne Schuld zu sein,
betrügen wir uns selbst, und die Wahrheit* lebt
nicht in uns. 9 Wenn wir aber unsere Verfehlun-
gen eingestehen, können wir damit rechnen,
daß Gott treu und gerecht ist: Er wird uns dann
unsere Verfehlungen vergeben und uns von aller
Schuld reinigen, die wir auf uns geladen haben.
10 Wenn wir behaupten, nie Unrecht getan zu
haben, machen wir Gott zum Lügner, und sein
Wort lebt nicht in uns.

a Verdeutlichender Zusatz.

3,15 Röm 2,4 S **3,17-18** Jud 24-25 **3,17** 1 Kor 10,12; Mk 13,5 par **3,18** (Retter) 1,11 S **1,1-2** Joh 1,1-2.14; (Leben) Joh 4,14; 6,35; 8,12; 11,25; (Zeugen) Joh 15,27 S **1,4** Joh 15,11 S **1,5** 1 Tim 6,16 **1,6** 2,4 S **1,7** Jes 2,5; (Blut) Hebr 9,12 S; Offb 1,5; 5,9; 7,14 **1,9** Ps 32,3-5 S

Christus ist unser Helfer

2 Meine lieben Kinder, ich schreibe euch
dies, damit ihr kein Unrecht tut. Sollte aber
jemand schuldig werden, so haben wir einen,
der beim Vater für uns eintritt: Jesus Christus,
den Gerechten, der ohne Schuld ist.[a] 2 Durch sei-
nen Tod hat er Sühne für unsere Schuld geleistet,
ja sogar für die Schuld der ganzen Welt.

3 Ob wir Gott wirklich kennen, erkennen wir
daran, daß wir auf seine Befehle hören. 4 Wer
behauptet, ihn zu kennen, ihm aber nicht ge-
horcht, ist ein Lügner, und die Wahrheit* lebt
nicht in ihm. 5 Wer aber Gottes Wort befolgt, bei
dem hat die göttliche Liebe ihr Ziel erreicht. Und
daran erkennen wir, daß wir Gemeinschaft mit
ihm haben. 6 Wer behauptet, ständig Gemein-
schaft mit ihm zu haben, muß so leben, wie
Jesus gelebt hat.

Das neue Gebot

7 Ihr Lieben, was ich euch schreibe, ist kein
neues Gebot, sondern das alte, das ihr von An-
fang an kennt. Es ist die Botschaft, die ihr gehört
habt. 8 Und doch ist es das stets neue Gebot – so
wie Christus es verkündet und selbst erfüllt hat
und wie er es euch gegeben und euch zu seiner
Erfüllung befähigt hat.[b] Denn die Dunkelheit
weicht zurück, und das wahre Licht leuchtet
schon.

9 Wer behauptet, im Licht zu leben, aber
seinen Bruder[c] nicht liebt, ist immer noch im
Dunkeln. 10 Nur wer seinen Bruder liebt, lebt
wirklich im Licht. Und im Licht gibt es nichts,
wodurch er zu Fall kommen könnte.[d] 11 Wer
aber seinen Bruder nicht liebt, lebt in der Dun-
kelheit. Er tappt im Dunkeln und weiß nicht, wo
sein Weg endet; denn die Dunkelheit hat ihn
blind gemacht.

12 Meine lieben Kinder, ich schreibe euch, um
euch daran zu erinnern, daß eure Verfehlungen
vergeben sind. Das verbürgt der Name Jesus
Christus.

13 Ihr Väter, ich erinnere euch daran, daß ihr
den erkannt habt, der von Anfang an da ist.

Ihr jungen Leute, ich erinnere euch daran,
daß ihr den Teufel besiegt habt.

14 Ihr Kinder, ich erinnere euch daran, daß ihr
den Vater erkannt habt.

Ihr Väter, ich erinnere euch daran, daß ihr
den kennt, der von Anfang an da ist.

Ihr jungen Leute, ich erinnere euch daran,
daß ihr stark seid; denn das Wort Gottes ist in
euch lebendig, und ihr habt den Teufel besiegt.

15 Liebt nicht die Welt* und das, was zu ihr
gehört! Wer die Welt liebt, in dessen Herz gibt es
keine Liebe zum Vater. 16 Die Welt ist erfüllt von
der Gier der Triebe und Sinne, von der Gier der
Augen, vom Prahlen mit Geld und Macht. Das
alles kommt nicht vom Vater, sondern gehört
zur Welt. 17 Die Welt vergeht, und mit ihr die
ganze Lust und Gier. Wer aber tut, was Gott will,
wird ewig leben.

WARNUNG VOR IRRLEHRERN
(2,18–4,6)

Der Christusfeind

18 Meine Kinder, die letzte Stunde ist da! Ihr habt
gehört, daß der Antichrist* kommen wird, und
er ist schon da: Viele ›Antichristen‹ sind aufge-
treten, und daran erkennen wir, daß es die letzte
Stunde ist. 19 Sie waren früher mit uns zusam-
men; aber sie gehörten nicht wirklich zu uns,
sonst wären sie bei uns geblieben. Sie haben
sich von uns getrennt, damit sie allesamt bloßge-
stellt würden als solche, die nie zu uns gehört
haben.

20 Ihr aber habt von Christus den Heiligen
Geist* empfangen,[e] und ihr alle habt die wahre
Erkenntnis. 21 Ich schreibe euch also nicht, weil
ich meine, daß ihr die Wahrheit noch nicht
kennt! Ihr kennt sie sehr wohl und wißt deshalb
auch, daß aus der Wahrheit keinerlei Lüge kom-
men kann.

a Wörtlich *den Gerechten;* siehe Apg 3,14 und Vergleichsstellen dort.
b Wörtlich *Und doch schreibe ich euch ein neues Gebot, etwas, das wahr ist in ihm und in euch.* Es ist *wahr,* sofern es Wirklichkeit ist (in Christus, seiner Lebenshingabe) und Wirklichkeit schafft (in uns; vgl. Joh 15,5-17); siehe Sacherklärung »Wahrheit«. Stets *neu* bleibt es, weil es durch nichts überholt werden kann.
c *Bruder:* Die johanneische Gemeinde mit ihrem jüdischen Hintergrund ist offensichtlich stark durch den Vorrang des männlichen Elements geprägt (vgl. die Verse 13-14). Die Frauen sind zwar sicherlich mitgemeint; aber die Übersetzung kann dies, ohne den Text zu verfremden, nicht zum Ausdruck bringen.
d Möglich ist auch die Übersetzung *Und an ihm* (der im Licht lebt) *ist nichts, wodurch andere zu Fall kommen könnten.*
e Wörtlich *habt das Salböl von dem Heiligen.* Mit *Salböl* (bzw. der Salbung damit) ist die Ausrüstung der Empfänger für ihren Auftrag gemeint; vgl. Joh 14,26; 16,13.

2,1 Röm 8,34; Hebr 7,25; (Gerechte) Apg 3,14 S **2,2** 4,10; Joh 1,29 **2,4** 1,6; 4,6; Joh 8,44 **2,5** (befolgt) 2,17; 5,3; 2 Joh 6; Joh 14,15 S **2,6** Joh 13,15; 15,4-5 S **2,7-8** Joh 13,34 S **2,7** 2,24; 3,11 **2,8** Joh 8,12 S; Röm 13,12 **2,9** 3,10.15; 4,20 **2,12** 3,5 S; Apg 4,12 S **2,15** Jak 4,4 **2,16** Röm 13,14; Eph 2,3 **2,17** 1 Kor 7,31; 1 Joh 2,5 S **2,18** 4,3; 2 Joh 7; 2 Thess 2,3-4 **2,19** Apg 20,30 **2,20** 2,27 S

22 Wer ist der Lügner? Der, der verneint, daß Jesus der versprochene Retter[a] ist. Das ist der Antichrist; er verneint mit dem Sohn* auch den Vater. 23 Wer den Sohn leugnet, hat auch keine Verbindung mit dem Vater. Wer sich aber zum Sohn bekennt, ist auch mit dem Vater verbunden.

24 Bewahrt also in eurem Herzen die Botschaft, die ihr von Anfang an gehört habt. Wenn das, was ihr von Anfang an gehört habt, in eurem Herzen bleibt, dann werdet auch ihr stets mit dem Sohn und dem Vater verbunden bleiben. 25 Und das ist es auch, was Christus uns versprochen hat: ewiges Leben.

26 Soviel über die Leute, die euch irreführen wollen. 27 Ihr aber habt von Christus den Heiligen Geist[b] empfangen. Solange dieser Geist in euch bleibt, habt ihr keinen anderen Lehrer nötig. Denn er belehrt euch über alles. Was er sagt, ist wahr und keine Lüge. Tut darum, was der Geist euch lehrt: Bleibt mit Christus vereint!

Kinder Gottes und Kinder des Teufels

28 Bleibt also mit ihm vereint, meine Kinder! Dann werden wir voll Zuversicht sein, wenn er erscheint, und müssen nicht als Schuldige vor ihm stehen, wenn er kommt. 29 Ihr wißt doch, daß Christus nie etwas Unrechtes getan hat. Dann wißt ihr auch, daß jeder, der das Rechte tut, genau wie Christus Gott zum Vater hat.

3 Seht doch, wie sehr uns der Vater geliebt hat! Seine Liebe ist so groß, daß er uns seine Kinder nennt. Und wir sind es wirklich: Gottes Kinder! Deshalb kennt uns die Welt* nicht; sie hat ja auch ihn nicht erkannt.

2 Ihr Lieben, wir sind schon Kinder Gottes. Was wir einmal sein werden, ist jetzt noch nicht sichtbar. Aber wir wissen, wenn es offenbar wird, werden wir Gott ähnlich sein; denn wir werden ihn sehen, wie er wirklich ist.

3 Alle, die das voller Zuversicht von ihm erwarten, halten sich von allem Unrecht fern, so wie Christus es getan hat. 4 Wer sündigt, lehnt sich gegen Gott auf, denn Sünde ist nichts anderes als Auflehnung gegen Gott. 5 Ihr wißt doch, daß Christus auf die Erde gekommen ist, um die Sünden der Menschen wegzuschaffen. In ihm gibt es keine Spur von Sünde. 6 Wer mit ihm verbunden bleibt, sündigt nicht mehr. Wer aber sündigt, hat ihn nie gesehen und kennt ihn nicht.

7 Laßt euch von niemand irreführen, meine lieben Kinder! Wer das Rechte tut, kann wie Christus vor dem Urteil Gottes bestehen. 8 Wer sündigt, stammt vom Teufel, denn der Teufel hat von Anfang an gesündigt. Der Sohn Gottes aber ist auf die Erde gekommen, um die Werke des Teufels zu zerstören.

9 Wer Gott zum Vater hat, sündigt nicht, weil das Erbgut seines Vaters in ihm wirkt.[c] Ein solcher Mensch kann gar nicht sündigen, weil er von Gott stammt. 10 Aber wer Unrecht tut oder seinen Bruder nicht liebt, stammt nicht von Gott. Daran sind die Kinder Gottes und die Kinder des Teufels zu erkennen.

Ihr sollt einander lieben!

11 Die Botschaft, die ihr von Anfang an gehört habt, lautet: Wir sollen einander lieben! 12 Wir sollen nicht sein wie Kain*, der vom Teufel stammte und seinen Bruder ermordete. Warum hat er ihn ermordet? Weil seine eigenen Taten schlecht waren, aber die seines Bruders gut.

13 Wundert euch also nicht, meine Brüder,[d] wenn die Welt* euch haßt. 14 Wir wissen, daß wir den Tod hinter uns gelassen und das unvergängliche Leben erreicht haben. Wir erkennen es daran, daß wir unsere Brüder lieben.

Wer dagegen nicht liebt, bleibt im Tod. 15 Wer seinen Bruder haßt, ist ein Mörder, und ihr wißt, daß in keinem Mörder ewiges Leben sein und bleiben kann.

16 Christus gab sein Leben für uns hin; daran haben wir erkannt, was Liebe ist. Auch wir müssen deshalb unser Leben für unsere Brüder einsetzen. 17 Angenommen, jemand hat alles, was er in der Welt braucht. Nun sieht er seinen Bruder Not leiden, verschließt aber sein Herz vor ihm. Wie kann er dann behaupten, er liebe Gott?

Wer liebt, darf auf Erbarmen hoffen

18 Meine lieben Kinder, unsere Liebe darf nicht nur aus schönen Worten bestehen. Sie muß sich

a Wörtlich *der Christus**.
b Wörtlich *das Salböl,* ebenso für *Geist* in der Fortsetzung; siehe dazu Anmerkung zu Vers 20.
c Wörtlich *weil sein Same in ihm bleibt.*
d *Brüder:* siehe Anmerkung zu 2,9.

2,22 4,2-3; 2 Joh 7 **2,23** 4,15; 2 Joh 9 **2,24** 2,7 S **2,25** Joh 5,24 S **2,27** Joh 14,16 S **2,28** Joh 15,4-5 S; 1 Joh 3,21 S **2,29** 3,7.10 **3,1** 3,10; 4,6; Joh 1,12 S; Röm 8,14-17 **3,2** 1 Kor 13,12; 2 Kor 3,18; Phil 3,21; Kol 3,4 **3,5** (Sünden wegschaffen) 1,7.9; 2,2.12; 4,10; Joh 1,29; 1 Petr 2,24 S; (ohne Sünde) 1 Joh 2,22 S; 3,18; 2 Kor 5,21 **3,6** 3,9; 5,18; Joh 15,4-5 **3,8** Joh 8,44 S; Mt 12,26-29 par **3,10** 2,9.29 **3,11** Joh 13,34 S; 1 Joh 4,11 S **3,12** Gen 4,8; Jud 11 S **3,13** Joh 15,18-19 S **3,14** Joh 5,24 **3,15** Mt 5,21-22; Offb 21,8 **3,16** Gal 1,4 S; Joh 15,13 S **3,17** Dtn 15,7 **3,18** Jak 2,15-17

in Taten zeigen, die der Wahrheit* entsprechen:
der Liebe, die Gott uns erwiesen hat. 19 Daran
werden wir erkennen, daß die Wahrheit Gottes
unser Leben bestimmt. Damit werden wir auch
unser Herz vor Gott beruhigen können, 20 wenn
es uns anklagt, weil unsere Liebe doch immer
Stückwerk bleibt. Denn wir dürfen wissen: Gott
ist größer als unser Herz und weiß alles, er kennt
unser Bemühen wie unsere Grenzen.[a]

21 Ihr Lieben, wenn unser Herz uns nicht
mehr anklagt, dann können wir mit Zuversicht
zu Gott aufschauen. 22 Wir erhalten von ihm,
worum wir bitten, weil wir seine Gebote befol-
gen und tun, was ihm gefällt. 23 Sein Gebot ist:
Wir sollen uns zu seinem Sohn* Jesus Christus
bekennen[b] und einander so lieben, wie er es
uns befohlen hat. 24 Wer Gottes Gebot befolgt,
bleibt mit Gott verbunden und Gott mit ihm.
Durch den Geist*, den er uns gegeben hat, wis-
sen wir, daß Gott in uns lebt.

Der wahre und der falsche Geist

4 Ihr Lieben, glaubt nicht allen, die vorgeben,
Botschaften des Geistes* zu verkünden![c]
Prüft sie, ob der Geist Gottes aus ihnen redet.
Denn diese Welt* ist voll von falschen Prophe-
ten*.

2 An folgendem Merkmal könnt ihr erkennen,
ob es sich um den Geist Gottes handelt: Wer be-
kennt, daß Jesus Christus ein Mensch von
Fleisch und Blut wurde, hat den Geist Gottes.
3 Wer das leugnet,[d] aus dem redet nicht der Geist
Gottes, sondern der Geist des Antichrists*. Ihr
habt gehört, daß er in die Welt kommen soll, und
er ist schon da.

4 Aber ihr, meine lieben Kinder, stammt von
Gott und habt die falschen Propheten besiegt. Er,
der in euch wirkt, ist mächtiger als der, der diese
Welt* regiert. 5 Sie stammen aus der Welt und
reden die Sprache der Welt. Deshalb hört die
Welt auf sie. 6 Aber wir stammen von Gott, und
wer Gott kennt, hört auf uns. Wer nicht von Gott
stammt, hört nicht auf uns. So können wir den
Geist der Wahrheit vom Geist des Irrtums unter-
scheiden.

GLAUBE UND LIEBE (4,7–5,21)

Gott ist Liebe

7 Ihr Lieben, wir wollen einander lieben, denn
die Liebe kommt von Gott! Wer liebt, hat Gott
zum Vater und kennt ihn. 8 Wer nicht liebt,
kennt Gott nicht; denn Gott ist Liebe.

9 Gottes Liebe zu uns hat sich darin gezeigt,
daß er seinen einzigen Sohn* in die Welt sandte.
Durch ihn wollte er uns das neue Leben schen-
ken. 10 Das Einzigartige an dieser Liebe ist: Nicht
wir haben Gott geliebt, sondern er hat uns ge-
liebt. Er hat seinen Sohn gesandt, damit er durch
seinen Tod Sühne leiste für unsere Schuld.

11 Ihr Lieben, wenn Gott uns so sehr geliebt
hat, dann müssen auch wir einander lieben.
12 Niemand hat Gott je gesehen. Aber wenn wir
einander lieben, lebt Gott in uns. Dann hat seine
Liebe bei uns ihr Ziel erreicht.

13 Gott hat uns Anteil an seinem Geist* ge-
geben. Daran können wir erkennen, daß wir
mit ihm verbunden sind und er mit uns. 14 Wir
haben es selbst gesehen und sind Zeugen dafür,
daß der Vater seinen Sohn als Retter in die Welt
gesandt hat. 15 Wer sich zu Jesus als dem Sohn
Gottes bekennt, in dem lebt Gott, und er lebt in
Gott. 16 Wir jedenfalls haben erkannt und halten
im Glauben daran fest, daß Gott uns liebt. Gott
ist Liebe. Wer in der Liebe lebt, lebt in Gott, und
Gott lebt in ihm.

17 Auch darin hat die Liebe Gottes bei uns ihr
Ziel erreicht, daß wir dem Tag des Gerichts voller
Zuversicht entgegensehen; denn so wie Christus
mit dem Vater verbunden ist, so sind ja auch wir
es in dieser Welt*. Die Liebe kennt keine Angst.
18 Wahre Liebe vertreibt die Angst. Wer Angst
hat und vor der Strafe zittert, bei dem hat die
Liebe ihr Ziel noch nicht erreicht.

19 Wir lieben, weil Gott uns zuerst geliebt
hat. 20 Wenn jemand behauptet: »Ich liebe Gott«,
und dabei seinen Bruder haßt, dann lügt er.
Wenn er seinen Bruder, den er sieht, nicht
liebt, dann kann er Gott, den er nicht sieht, erst
recht nicht lieben. 21 Christus gab uns dieses
Gebot: Wer Gott liebt, muß auch seinen Bruder
lieben.

a *er kennt …:* verdeutlichender Zusatz, ebenso zuvor *weil unsere Liebe immer Stückwerk bleibt.* Zu *weiß alles* vgl. Joh 21,17.
b *zu seinem Sohn …:* wörtlich *an den Namen* seines Sohnes … glauben.*
c Wörtlich *glaubt nicht jedem Geist;* damit ist hier der Geist der Menschen gemeint, der vom Geist Gottes oder vom Teufel inspiriert sein kann.
d Zu den im 1. Johannesbrief bekämpften Irrlehrern siehe Sacherklärung »Gnosis«.

3,21 2,28; 4,17 **3,22** Joh 15,16 S **3,23** Joh 6,29; 13,34 S **3,24** Joh 15,4-5 S; 1 Joh 4,13 S **4,1** 1 Thess 5,21 S; 1 Joh 2,18 S; Mt 7,15 S **4,2** 1 Kor 12,3 S; Joh 1,14 **4,3** 2,18 S; 2,22 **4,4** 5,5 **4,6** 3,1 S; 2,4 S **4,9-10** Joh 3,16 S **4,10** 2,2; 3,5 S **4,11** 3,11; 4,21; 2 Joh 5; Joh 13,34 S **4,12** Joh 1,18; 1 Joh 2,5; 4,17 **4,13** Joh 14,16 S; Röm 8,4-6.9.14 **4,14** Joh 15,27 S; Joh 4,25 S **4,15** 2,23 **4,16** Joh 15,4-5 S **4,17** 4,12; 3,21 S; Joh 3,18; 5,24-25 **4,20** 2,9 S **4,21** 4,11 S

Der Sieg über die Welt

5 Wer glaubt, daß Jesus der versprochene Retter[a] ist, hat Gott zum Vater. Und wer den Vater liebt, der ihn gezeugt hat, wird auch alle anderen lieben, die vom selben Vater stammen.

2 Doch ob wir die Kinder Gottes auch wirklich lieben, das erkennen wir daran, daß wir *Gott* lieben, und das heißt: seine Gebote befolgen. 3 Die Liebe zu Gott ist nur echt, wenn wir nach seinen Geboten leben. Und seine Gebote sind nicht schwer zu befolgen; 4 denn alle, die Gott zum Vater haben, siegen über die Welt.

Der Sieg über die Welt ist schon errungen – unser Glaube ist dieser Sieg! 5 Denn wer kann die Welt besiegen? Nur wer im Glauben daran festhält, daß Jesus der Sohn* Gottes ist!

Die Zeugen für Jesus Christus

6 Jesus Christus kam zu uns mit dem Wasser seiner Taufe und mit dem Blut seines Todes. Er kam nicht allein mit dem Wasser, sondern mit Wasser und mit Blut.[b] Der Geist* bezeugt dies, und der Geist sagt die Wahrheit.

7 Es gibt also drei Zeugen: 8 den Geist, das Wasser und das Blut. Die Aussagen dieser drei Zeugen stimmen überein. 9 Wenn wir schon die Zeugenaussage von Menschen annehmen, dann hat die Zeugenaussage Gottes noch viel mehr Gewicht. Es ist die Aussage, mit der Gott für seinen Sohn* eingetreten ist.

10 Wer den Sohn Gottes anerkennt,[c] trägt dieses Zeugnis in seinem Herzen. Wer Gott nicht glaubt, macht ihn zum Lügner; denn er verwirft die Aussage, die Gott über seinen Sohn gemacht hat. 11 Diese besagt: Gott hat uns ewiges Leben gegeben, und wir erhalten dieses Leben durch seinen Sohn. 12 Wer den Sohn Gottes hat, hat auch das Leben. Wer aber den Sohn nicht hat, hat auch das Leben nicht.

Briefschluß und Nachschrift

13 Ich habe euch diesen Brief geschrieben, damit euch aufs neue bewußt wird: Ihr habt das ewige Leben, so gewiß ihr euch zu seinem Sohn Jesus Christus bekennt.[d]

14 Wir sind voller Zuversicht, daß Gott uns hört, wenn wir ihn um etwas bitten, das seinem Willen entspricht. 15 Und wenn wir wissen, daß er uns hört, wissen wir auch, daß wir schon haben, worum wir ihn bitten.

16 Wenn jemand sieht, daß sein Bruder eine Sünde tut, die nicht zum Tod führt, soll er zu Gott beten, und Gott wird dem Bruder das Leben geben. Das betrifft die, deren Sünden nicht zum Tod führen. Es gibt aber eine Sünde, die den Tod bringt. In einem solchen Fall sage ich nicht, daß ihr beten sollt. 17 Jedes Unrecht ist Sünde. Aber nicht jede Sünde führt zum Tod.

18 Wir wissen: Wer Gott zum Vater hat, sündigt nicht; denn der Sohn des Vaters schützt ihn, und der Teufel kann ihm nicht schaden. 19 Wir wissen, daß wir von Gott stammen; doch die ganze Welt ist in der Gewalt des Teufels.

20 Wir wissen aber: Der Sohn* Gottes ist gekommen und hat uns die Augen geöffnet, damit wir den einzig wahren Gott erkennen. Wir sind mit dem einzig wahren Gott verbunden, so gewiß wir verbunden sind mit seinem Sohn Jesus Christus. Der ist der einzig wahre Gott, der ist das ewige Leben.

21 Meine lieben Kinder, hütet euch vor den falschen Göttern!

a Wörtlich *der Christus**.
b Im ersten Satz wörtlich *kam durch Wasser und Blut.* Die Aussage richtet sich gegen die in dem Brief bekämpften Irrlehrer. Nach ihnen war es für die Rettung der Menschen allein wichtig, daß der Sohn Gottes in die Welt kam und dort als solcher offenbar wurde (durch die Himmelsstimme bei der Jordantaufe: *Wasser*); der schmachvolle Tod am Kreuz *(Blut)* hatte für sie keinerlei Heilsbedeutung (vgl. Sacherklärung »Gnosis«).
c Wörtlich *Wer an den Sohn Gottes glaubt.*
d *zu seinem Sohn …:* wörtlich *an den Namen* seines Sohnes … glaubt.*

5,1 Joh 4,25 S **5,3** Mt 11,30 **5,4** Joh 16,33 **5,5** 4,4; Röm 8,37-39 **5,6** Joh 19,34; 16,13 **5,10** Röm 8,16; Gal 4,6 **5,11-12** Joh 5,24 S **5,13** Joh 20,31 **5,14-15** Joh 15,16 S **5,15** Mk 11,24 **5,16** Mk 3,28-29 par **5,18** 3,6; (Teufel) Joh 17,15 S **5,19** Joh 12,31; Gal 1,4 **5,20** Joh 1,14.18; 17,3; (der wahre Gott) Joh 20,28 **5,21** 1 Kor 10,14

DER ZWEITE BRIEF VON JOHANNES
(2. Johannesbrief)

Eingangsgruß

Vom Ältesten* an die von Gott erwählte Herrin
und ihre Kinder:[a] an die Gemeinde, die ich liebe,
weil wir miteinander verbunden sind durch die
Wahrheit*, die von Gott kommt. Und nicht nur
ich allein liebe sie, sondern alle, die Gottes
Wahrheit kennen. 2 Denn diese Wahrheit bleibt
in uns und wird bei uns sein in Ewigkeit.

3 Gnade, Erbarmen und Frieden* werden mit
uns sein von Gott, dem Vater, und von Jesus
Christus, dem Sohn* des Vaters, so daß wir auch
untereinander in der Wahrheit und in der Liebe
verbunden bleiben.

Aufruf zur gegenseitigen Liebe

4 Ich habe mich sehr gefreut, unter deinen Kin-
dern einige zu finden, die in der Wahrheit*
leben, nämlich nach dem Gebot, das wir vom
Vater empfangen haben. 5 Deshalb bitte ich dich,
liebe Herrin, dieses Gebot auch weiterhin zu be-
folgen. Ich schreibe dir damit nicht ein neues
Gebot; es ist ja dasselbe, das wir von Anfang an
gehabt haben, und es lautet: Wir sollen einander
lieben! 6 Darin besteht die Liebe, daß wir nach
den Geboten des Vaters leben, und sein Gebot
ist dasselbe, das ihr von Anfang an gehört habt;
danach sollt ihr nun auch leben.

Kein »Fortschritt« über Christus hinaus!

7 In der Welt sind nämlich neuerdings viele Ver-
führer unterwegs. Sie leugnen, daß Jesus Chri-
stus ein Mensch von Fleisch und Blut wurde.[b] In
ihnen ist der große Verführer, der Antichrist*,
schon erschienen.

8 Nehmt euch in acht, damit ihr nicht verliert,
was ihr erarbeitet habt,[c] sondern den vollen
Lohn bekommt. 9 Wer nicht bei dem bleibt, was
Christus gelehrt hat, sondern darüber hinaus-
geht, hat keine Verbindung mit Gott. Wer sich
aber an das hält, was Christus gelehrt hat, hat
den Vater und auch den Sohn*.

10 Wenn also jemand zu euch kommt und
euch etwas anderes lehrt, dann laßt ihn nicht in
euer Haus. Ihr sollt ihn nicht einmal grüßen;[d]
11 denn wer ihn grüßt, ist an seinen schlechten
Taten mitbeteiligt.

Briefschluß

12 Ich hätte euch noch viel zu sagen, aber ich
möchte es nicht schriftlich tun. Ich hoffe, euch
zu besuchen und persönlich mit euch zu spre-
chen. Dann wird an unserer gemeinsamen
Freude nichts mehr fehlen.

13 Die Kinder eurer von Gott erwählten
Schwester[e] lassen euch grüßen.

a *Herrin* ist eine ehrenvolle Bezeichnung für die Gemeinde, wie sie damals auch für politische Gemeinwesen gebraucht wurde; die *Kinder* sind die Mitglieder der Gemeinde (so auch in den Versen 4, 5 und 13).
b Vgl. 1 Joh 4,2-3 und Sacherklärung »Gnosis«. c Einige Handschriften haben statt dessen *was wir erarbeitet haben.*
d Der Gruß wurde als Segenswunsch verstanden und ausgesprochen: »Frieden sei mit dir!«
e Gemeint ist die Schwestergemeinde; vgl. Vers 1.

1 3 Joh 1 4 3 Joh 3 5-6 1 Joh 4,11 S; 2,7 6 1 Joh 2,5; Joh 14,15 S 7 1 Joh 4,1-3; 2,18 S 9 1 Joh 2,23 10 Röm 16,17 S 12 3 Joh 13-14

DER DRITTE BRIEF VON JOHANNES
(3. Johannesbrief)

Eingangsgruß

Vom Ältesten* an den geliebten Gaius, den ich
liebe, weil wir miteinander verbunden sind
durch die Wahrheit*, die von Gott kommt.
2 Mein Lieber! Ich wünsche dir, daß es dir in
jeder Hinsicht gut geht und du gesund bist, so
wie ich das von deinem inneren Leben weiß.
3 Als unsere Brüder zurückkamen,[a] haben sie
bezeugt, wie treu du zur Wahrheit stehst und
in ihr lebst. Darüber habe ich mich sehr ge-
freut. 4 Nichts macht mich glücklicher, als zu
hören, daß meine Kinder der Wahrheit gemäß
leben.

Aufnahme und Unterstützung wandernder Glaubensboten

5 Mein Lieber, du bist sehr treu in deinen
Bemühungen für die Brüder, auch wenn sie
aus fremden Gemeinden kommen. 6 Die Brüder
aus der unseren[b] haben vor versammelter Ge-
meinde von deiner Liebe berichtet. Wenn sie
nun erneut zu euch kommen, dann hilf ihnen,
daß sie ihre Reise so fortsetzen können, wie es
Gottes würdig ist, in dessen Dienst sie stehen.
7 Sie haben sich auf den Weg gemacht, um die
Botschaft von Christus zu verkünden,[c] und
nehmen von den Ungläubigen keine Unterstüt-
zung an. 8 Darum sind wir verpflichtet, solche
Menschen zu unterstützen. So helfen wir mit,
die Wahrheit* zu verbreiten, die von Gott
kommt.

Harte Kritik an Diotrephes und Empfehlung für Demetrius

9 Ich habe der Gemeinde einen Brief geschrie-
ben. Aber Diotrephes, der sich für den Wichtig-
sten hält, verweigert die Annahme und ver-
hindert, daß er vorgelesen wird. 10 Wenn ich
komme, werde ich ihm alles vorhalten, was er
getan hat. Er lügt und erzählt unglaubliche
Dinge über uns. Aber das ist noch nicht alles.
Er nimmt die durchreisenden Brüder nicht auf!
Und wenn andere sie aufnehmen wollen, ver-
bietet er es ihnen und schließt sie aus der Ge-
meinde aus.
11 Mein Lieber, nimm dir nicht das Schlechte
zum Vorbild, sondern das Gute! Wer Gutes tut,
stammt von Gott. Wer Schlechtes tut, hat ihn nie
gesehen.
12 Demetrius stellen alle ein gutes Zeugnis
aus; die Wahrheit selbst empfiehlt ihn. Auch ich
kann nur das Beste über ihn sagen, und du
weißt, daß meine Empfehlungen immer wahr-
heitsgemäß sind.

Schlußworte

13 Ich hätte dir noch viel zu sagen, aber ich will
es nicht schriftlich tun. 14 Ich hoffe, dich bald zu
sehen, und dann werden wir uns persönlich
über alles aussprechen.
15 Ich wünsche dir Frieden*! Die Freunde hier
lassen grüßen. Grüße die Freunde dort, jeden
persönlich!

a Wörtlich *Als (die) Brüder kamen;* siehe Anmerkung zu Vers 6.
b Wörtlich *Sie.* Im folgenden Satz ist *Wenn sie nun … kommen* verdeutlichender Zusatz, der der wahrscheinlichsten Deutung entspricht. Wandernde Missionare aus der Gemeinde des »Ältesten« waren von Gaius gastlich aufgenommen worden und sollen das auch künftig werden.
c *um die Botschaft …:* wörtlich *um des Namens* willen.*

1 2 Joh 1 3 2 Joh 4 5-8 Hebr 13,2 S 6 Tit 3,13 11 1 Joh 2,29 13-14 2 Joh 12

DER BRIEF VON JUDAS
(Judasbrief)

Eingangsgruß

Judas, der Jesus Christus dient, ein Bruder von
Jakobus, schreibt diesen Brief an alle, die Gott,
der Vater, berufen hat und liebt und die er be-
wahrt für den Tag, an dem Jesus Christus wie-
derkommt.
2 Erbarmen und Frieden* und Liebe mögen
euch in reichem Maß von Gott zuteil werden!

Falsche Lehrer

3 Meine Lieben, eigentlich drängt es mich, euch
etwas über die Rettung zu schreiben, auf die wir
gemeinsam hoffen. Doch ich sehe, es ist dring-
licher, daß ich euch ermahne und euch aufrufe:
Tretet entschieden für den überlieferten Glau-
ben ein, der dem heiligen Volk Gottes[a] ein für
allemal anvertraut worden ist. 4 Denn gewisse
Leute haben sich bei euch eingeschlichen, Men-
schen, die Gott nicht ernst nehmen. Sie deuten
die Botschaft von der Gnade unseres Gottes als
Freibrief für ein zügelloses Leben und verraten
damit Jesus Christus, der allein unser Herr* und
Herrscher ist. Gott hat schon längst die Strafe für
sie festgesetzt.
5 Obwohl ihr über alles Bescheid wißt, möchte
ich euch daran erinnern, daß der Herr zwar zu-
erst sein Volk aus Ägypten gerettet hat, danach
aber hat er alle vernichtet, die ihm nicht glaub-
ten. 6 Denkt auch an die Engel*, die ihre Herr-
scherwürde preisgegeben und den Wohnsitz
verlassen haben, den Gott ihnen angewiesen
hatte. Gott hält sie mit dauerhaften Fesseln in
tiefer Finsternis gefangen bis zum großen Tag
des Gerichts. 7 Und vergeßt nicht Sodom* und
Gomorra und die umliegenden Städte! Ihre Be-
wohner haben sich auf ganz ähnliche Weise ver-
gangen wie jene Engel und wollten mit Wesen
anderer Art geschlechtlich verkehren.[b] Als war-
nendes Beispiel für alle sind sie mit ewigem
Feuer bestraft worden.
8 Ebenso schänden auch diese Träumer ihre
eigenen Körper. Sie wollen nichts davon wissen,
daß Gott ihr Herr und Richter ist, und lästern die
überirdischen Mächte. 9 Das tat nicht einmal der
Engelfürst Michael*, als er dem Teufel gegen-
überstand, der ihm den Leichnam Moses streitig
machen wollte. Er wagte es nicht, ihn mit belei-
digenden Worten zu verurteilen, sondern sagte
nur: »Der Herr soll dich strafen!«[c]
10 Aber diese Menschen lästern über alles,
wovon sie nichts verstehen – und wovon sie
allein etwas verstehen, das bringt ihnen den
Untergang: die naturhaften Triebe und Instinkte,
die sie mit den vernunftlosen Tieren teilen!
11 Weh ihnen! Sie haben den Weg Kains* ein-
geschlagen. Des Geldes wegen sind sie auf den-
selben Abweg geraten wie Bileam*. Wie Ko-
rach* haben sie sich durch ihre Auflehnung
zugrunde gerichtet.
12 Sie sind ein Schandfleck[d] für eure Liebes-
mähler*, an denen sie unverfroren teilnehmen
und es sich wohl sein lassen. Sie sind wie Hir-
ten, die nur für sich selber sorgen, wie Wolken,
die vom Wind vorbeigeweht werden und keinen
Regen bringen. Sie sind wie Bäume, die zur Ern-
tezeit ohne Früchte dastehen, Bäume, die abge-
storben sind und auch noch umgehauen wer-
den, völlig entwurzelte Bäume! 13 Sie gleichen
den Wogen auf dem Meer: Ihre schändlichen
Taten treten hervor wie der Schaum auf der
Brandung. Sie sind wie aus der Bahn geratene
Sterne. Gott hält ihnen einen Platz in der tiefsten
Finsternis bereit, wo sie für immer bleiben
müssen.
14 Henoch, der siebte Nachkomme Adams,
hat auch ihnen die Strafe angekündigt, als er
sagte: »Gebt acht! Der Herr kommt mit vielen

a Wörtlich *den Heiligen**.
b Während die »Gottessöhne« (= Engel) von Gen 6,1-3 Menschenfrauen heirateten, haben in Sodom umgekehrt Menschen den Verkehr mit Engeln gesucht (mit den Boten, die bei Lot eingekehrt waren; Gen 19,5-11).
c Judas bezieht sich hier auf eine jüdische Überlieferung (sog. »Himmelfahrt Moses«), von der in der Bibel sonst nichts erwähnt wird. Zum ganzen Zusammenhang siehe Sacherklärung »Engel«.
d Oder *sind gefährliche Klippen (für euch bei euren ...)*.

1 (Judas) Mk 6,3 par 2 2 Petr 1,2 3 1 Tim 1,18 4-13 2 Petr 2,1-22 4 Gal 5,13 5 Ex 12,51; Num 14,29-30; 1 Kor 10,5 6 Gen 6,1-3; 1 Petr 3,19-20 8 Eph 1,21 9 (Michael) Dan 10,13 S; (strafen) Sach 3,2 11 (Kain) Gen 4,3-8; 1 Joh 3,12; Hebr 11,4; (Bileam) Num 22,7.17; (Korach) Num 16,1-34 12 (Hirten) Ez 34,8 13 Jes 57,20 14 (Henoch) Hebr 11,5 S; (Engel) Mt 25,31 S

tausend heiligen Engeln, 15 um über alle Men-
schen Gericht zu halten. Alle, die nicht nach
Gott gefragt haben, werden dann verurteilt für
die Taten, mit denen sie sich gegen ihn aufge-
lehnt, und für die frechen Reden, mit denen sie
ihn beleidigt haben.«[a]

16 Diese Menschen haben ständig etwas zu
murren und sind unzufrieden mit ihrem Schick-
sal. Sie folgen ihren Begierden, machen große
Worte und sagen den Menschen Schmeiche-
leien, um sich Vorteile zu verschaffen.

Ermahnung zur Treue und Verhaltensregeln

17 Ihr aber, meine Lieben, sollt euch daran er-
innern, was euch die Apostel* unseres Herrn*
Jesus Christus im voraus gesagt haben. 18 Sie
haben euch immer wieder eingeschärft: »In der
letzten Zeit werden Spötter auftreten, denen
nichts heilig ist und die nur ihren eigenen
schlimmen Begierden folgen.« 19 Diese Leute
sind es, die Spaltungen hervorrufen. »Sinnes-
menschen«[b] sind sie, den Geist* Gottes haben
sie bestimmt nicht!

20 Ihr aber, meine Lieben, gründet euch auf
den hochheiligen Glauben, den ihr angenom-
men habt. Baut auf diesem Fundament weiter!
Betet in der Kraft des Heiligen Geistes! 21 Bleibt
im Schutz der Liebe Gottes und wartet geduldig
darauf, daß Jesus Christus, unser Herr, wieder-
kommt und euch in seinem Erbarmen das ewige
Leben schenkt.

22 Mit denen, die im Glauben unsicher gewor-
den sind, habt Erbarmen und kümmert euch um
sie.[c] 23 Andere könnt ihr vielleicht gerade noch
aus dem Feuer des Gerichts retten. Mit wieder
anderen sollt ihr zwar Erbarmen haben und für
sie beten, nehmt euch aber in acht und meidet
jeden Kontakt mit ihnen, selbst mit der von ihrer
sündigen Natur infizierten Kleidung.

Abschließender Lobpreis

24 Gott hat die Macht, euch vor dem Versagen zu
bewahren und dahin zu bringen, wo ihr fehler-
los und voll Freude seine Herrlichkeit sehen
werdet. 25 Ihm, dem einzigen Gott, der uns rettet
durch Jesus Christus, unseren Herrn*, gehören
Herrlichkeit, Hoheit, Macht und Herrschaft
von Ewigkeit her, jetzt und in alle Ewigkeit!
Amen*.

a Zitat aus einer Henoch zugeschriebenen jüdischen Schrift aus dem 2./1. Jh. v. Chr. (Henoch 1,9).
b Wörtlich *Psychiker.* So nannten die Anhänger der sog. Gnosis die gewöhnlichen Christen, die nicht über eine höhere Erkenntnis verfügten (vgl. Sacherklärung »Erkenntnis«). Sich selbst betrachteten sie als »Geistmenschen« (Pneumatiker). Für solche Geistmenschen hielten sich vermutlich auch die hier bekämpften Irrlehrer, während sie sich aufgrund ihres Lebenswandels als das genaue Gegenteil erweisen.
c *und kümmert …:* verdeutlichender Zusatz, ebenso *und für sie beten* im folgenden Vers. Das geforderte Erbarmen soll ganz konkret sein, aber die Grenzen einhalten.

15 Röm 2,6 S 17-19 2 Petr 3,2-3 18-19 2 Tim 3,1 S; 3,2-8; (Geist) Gal 5,22-25 20 Kol 2,7 23 Sach 3,2 24 1 Thess 5,23; Phil 1,10; 2 Petr 3,14

DIE OFFENBARUNG AN JOHANNES
(Offenbarung)

Inhaltsübersicht

DER AUFTRAG AN DEN SEHER JOHANNES
(Kapitel 1)

Über dieses Buch

1 In diesem Buch steht die Offenbarung, die Jesus Christus von Gott anvertraut worden ist, damit er seinen Dienern zeigt, was sich in Kürze ereignen muß.

Jesus Christus sandte seinen Engel* zu seinem Diener Johannes und machte ihm dies alles
bekannt. 2 Johannes bezeugt die Botschaft, die von Gott kommt und für die Jesus Christus als Zeuge eingetreten ist – alles das, was er selbst gesehen hat.

3 Dem, der die prophetischen Worte in diesem Buch anderen vorliest, und denen, die sie hören und sie beherzigen, ist Freude ohne Ende gewiß; denn die Zeit ist nahe, daß alles hier Angekündigte eintrifft.

Grüße an die sieben Gemeinden

4 Johannes schreibt an die sieben Gemeinden in der Provinz Asien*:

Gnade und Frieden* sei mit euch von Gott
– von ihm, der *ist* und der *war* und der *kommt* –
und von den sieben Geistern vor seinem Thron [a]
5 und von Jesus Christus, dem treuen Zeugen,
der als erster von allen Toten
zu neuem Leben geboren worden ist
und über die Könige der Erde herrscht.
Ihm, der uns liebt,
ihm, der sein Blut* für uns vergossen hat,
um uns von unseren Sünden freizukaufen,
6 der uns zu Königen [b] gemacht hat
und zu Priestern,
die seinem Gott und Vater dienen dürfen:
Ihm gehört die Ehre und die Macht
für alle Zeiten! Amen*.

7 Gebt acht, er kommt mit den Wolken! Alle werden ihn sehen, auch die, die ihn durchbohrt haben. Alle Völker der Erde werden seinetwegen jammern und klagen; das ist gewiß. Amen*!

8 »Ich bin der Erste und der Letzte [c] – der *ist* und der *war* und der *kommt*, der Herrscher der ganzen Welt«, sagt Gott, der Herr.

Christus erscheint Johannes

9 Ich, Johannes, schreibe euch von der Insel Patmos. Ich bin euer Bruder und teile mit euch die Bedrängnis und die Hoffnung auf Gottes neue Welt [d] und die Standhaftigkeit im Ausharren bei Jesus. Ich bin hierher verbannt worden, weil ich öffentlich verkündet habe, was Gott gesagt hat und wofür Jesus als Zeuge eingetreten ist.

10 Am Tag des Herrn [e] nahm der Geist* Gottes von mir Besitz. Ich hörte hinter mir eine laute
Stimme, die wie eine Posaune* klang. 11 Sie sagte: »Schreib das, was du siehst, in ein Buch, und schicke es an die sieben Gemeinden in Ephesus,

a Die Zahl Sieben deutet auf Vollständigkeit (Wochentage; vgl. Gen 2,1-3); die *sieben Geister* sind bildhafter Ausdruck für die Fülle des *einen* Gottesgeistes (siehe Sacherklärung »Geist Gottes«).
b Wörtlich *zum Königtum;* daß es um die Berufung zur Herrschaft geht, zeigt sich in 5,10, wo der gleiche Ausdruck steht und erweitert wird. Vgl. auch Ex 19,6; Jes 61,6; 1 Petr 2,9.
c Wörtlich *das Alpha und das Omega.* Alpha ist der erste und Omega der letzte Buchstabe des griechischen Alphabets.
d *die Hoffnung ...:* wörtlich *die Königsherrschaft*.*
e *Tag des Herrn:* wörtlich *der dem Herrn gehörende (geweihte) Tag;* später die allgemein übliche Benennung des christlichen Sonntags.

1,1 (in Kürze) 22,6 **1,3** 14,13 **1,4** 3,1; 4,5; 5,6 **1,5** (erster) Kol 1,18 S; (Blut) 1 Joh 1,7 S **1,6** 20,4.6; 22,5; Röm 5,17; (Priester) Ex 19,6; Jes 61,6; 1 Petr 2,5.9; Offb 5,10; 7,15; 20,6; 22,3b **1,7** Mk 13,26 S; (durchbohrt) Sach 12,10; Joh 19,34.37 **1,8** Jes 44,6 S; Offb 1,17; 2,8; 21,6; 22,13 **1,10** 4,2; 17,3; 21,10; Ez 8,3

Smyrna, Pergamon, Thyatira, Sardes, Philadelphia und Laodizea!«

12 Ich wandte mich um und wollte sehen, wer zu mir sprach. Da erblickte ich sieben goldene Leuchter. 13 In ihrer Mitte stand jemand, der wie ein Mensch aussah. Er trug ein langes Gewand und hatte ein breites goldenes Band um die Brust. 14 Sein Kopf und sein Haar strahlten wie weiße Wolle, ja wie Schnee.[a] Seine Augen brannten wie Flammen. 15 Seine Füße glänzten wie gleißendes Gold, das im Schmelzofen glüht, und seine Stimme klang wie die Brandung des Meeres. 16 Er hielt sieben Sterne in seiner rechten Hand,[b] und aus seinem Mund kam ein scharfes, beidseitig geschliffenes Schwert. Sein Gesicht leuchtete wie die strahlend aufgehende Sonne.

17 Als ich ihn sah, fiel ich wie tot vor seinen Füßen zu Boden. Er legte seine rechte Hand auf mich und sagte: »Hab keine Angst! Ich bin der Erste und der Letzte. 18 Ich bin der Lebendige! Ich war tot, doch nun lebe ich in alle Ewigkeit. Ich habe Macht über den Tod und die Totenwelt*.

19 Schreib alles auf, was du siehst – was die Gegenwart und was die Zukunft betrifft.

20 Du siehst die Sterne in meiner rechten Hand und die sieben goldenen Leuchter. Ich sage dir, was sie bedeuten: Die sieben Sterne sind die Engel* der sieben Gemeinden, und die sieben Leuchter sind die Gemeinden selbst.«

SENDSCHREIBEN AN DIE SIEBEN GEMEINDEN (Kapitel 2–3)

Die Botschaft an Ephesus

2 »Schreibe an den Engel* der Gemeinde in Ephesus:

Er, der die sieben Sterne in seiner rechten Hand hält und zwischen den sieben goldenen Leuchtern einhergeht, läßt euch sagen:

2 Ich weiß von allem Guten, das ihr tut, und ich kenne euren Einsatz und eure Ausdauer. Euren Einsatz: Ihr duldet niemand unter euch, der Böses tut; und die Leute, die sich als Apostel* ausgeben, aber keine sind, habt ihr geprüft und als Lügner entlarvt. 3 Und eure Ausdauer: Um meinetwillen habt ihr gelitten und doch nicht aufgegeben.

4 Aber etwas habe ich an euch auszusetzen: Eure Liebe ist nicht mehr so wie am Anfang. 5 Denkt darüber nach, von welcher Höhe ihr herabgestürzt seid! Kehrt um und handelt wieder so wie zu Beginn! Wenn ihr euch nicht ändert, werde ich zu euch kommen und euren Leuchter von seinem Platz stoßen. 6 Doch eins spricht für euch: Ihr haßt das Treiben der Nikolaïten* genauso wie ich.

7 Wer Ohren hat, soll hören, was der Geist* den Gemeinden sagt!

Allen, die durchhalten und den Sieg erringen, gebe ich vom Baum des Lebens zu essen, der im Garten Gottes steht.«

Die Botschaft an Smyrna

8 »Schreibe an den Engel* der Gemeinde in Smyrna:

Er, der der Erste und der Letzte ist, der tot war und wieder lebt, läßt euch sagen:

9 Ich weiß, daß ihr unterdrückt werdet und daß ihr arm seid. Aber in Wirklichkeit seid ihr reich! Ich kenne die üblen Nachreden, die von Leuten über euch verbreitet werden, die sich als Angehörige des Gottesvolkes[c] ausgeben. Aber das sind sie nicht, sondern sie gehören zum Satan*. 10 Habt keine Angst wegen der Dinge, die ihr noch erleiden müßt. Der Teufel wird einige von euch ins Gefängnis werfen, um euch auf die Probe zu stellen. Zehn Tage lang werden sie euch verfolgen. Haltet in Treue durch, auch wenn es euch das Leben kostet. Dann werde ich euch als Siegespreis ewiges Leben schenken.

11 Wer Ohren hat, soll hören, was der Geist* den Gemeinden sagt!

Allen, die durchhalten und den Sieg erringen, wird der zweite und endgültige Tod nichts anhaben.«

Die Botschaft an Pergamon

12 »Schreibe an den Engel* der Gemeinde in Pergamon:

Er, der das scharfe, beidseitig geschliffene Schwert hat, läßt euch sagen:

13 Ich weiß, daß ihr dort wohnt, wo der Thron

a Mit diesen Worten wird in Dan 7,9 Gott beschrieben.
b Vgl. Sacherklärung »Morgenstern«; ebenso in 2,1 und 3,1.
c Wörtlich *als Juden*.

1,12 Sach 4,2.10b **1,13** Dan 7,13 S; Offb 14,14 **1,16** (Schwert) 2,12.16; 19,15.21; Hebr 4,12 S **1,17** Dan 8,17 S; Offb 1,8 S **1,18** 1 Kor 15,25-26; Röm 14,9 **2,1** 1,20.16; Eph 1,1 S **2,2** 2 Kor 11,13; 1 Joh 4,1 **2,7** (Baum des Lebens) 22,2.14.19; Gen 2,8-9; 3,22 **2,8** 1,8 S; 1,18 **2,9** Jak 2,5; 2 Kor 6,10; (Satan) Offb 3,9; 2 Kor 11,14-15 **2,10** Mt 10,28 par; 1 Kor 9,24-25 S **2,11** (zweiter Tod) 20,6.14; 21,8 **2,12** 1,16 S

des Satans[a] steht. Ihr habt euch zu meinem Namen bekannt und euer Vertrauen zu mir nicht widerrufen, nicht einmal, als mein treuer Zeuge Antipas bei euch getötet wurde, dort, wo der Satan wohnt.

14 Trotzdem habe ich einiges an euch auszusetzen: Bei euch gibt es Anhänger der Lehre Bileams*. Der stiftete Balak an, die Israeliten zur Sünde zu verführen. Da aßen sie Fleisch vom Götzenopfer* und trieben Unzucht. 15 Solche Leute gibt es auch bei euch – solche, die der Lehre der Nikolaïten* folgen. 16 Kehrt um! Sonst komme ich in Kürze über euch und werde gegen diese Leute mit dem Schwert aus meinem Mund Krieg führen.

17 Wer Ohren hat, soll hören, was der Geist* den Gemeinden sagt!

Allen, die durchhalten und den Sieg erringen, werde ich von dem verborgenen Manna* zu essen geben. Auch einen weißen Stein werden sie alle bekommen; darauf steht für jeden ein neuer Name, den nur jeder selbst kennt.«

Die Botschaft an Thyatira

18 »Schreibe an den Engel* der Gemeinde in Thyatira:

Der Sohn* Gottes, dessen Augen wie Feuer glühen und dessen Füße wie gleißendes Gold glänzen, läßt euch sagen:

19 Ich kenne euer Tun. Ich kenne eure Liebe, eure Glaubenstreue, euren Dienst füreinander und eure Standhaftigkeit. Ich weiß, daß dies alles jetzt noch mehr bei euch zu finden ist als früher.

20 Aber eins habe ich an euch auszusetzen: Ihr duldet diese Isebel, die sich als Prophetin* ausgibt. Mit ihrer Lehre verführt sie meine Diener, Unzucht zu treiben und Fleisch von Tieren zu essen, die als Götzenopfer* geschlachtet worden sind. 21 Ich habe ihr Zeit gelassen, sich zu ändern; aber sie will ihr zuchtloses Leben nicht aufgeben.[b] 22 Darum werde ich sie aufs Krankenbett werfen. Alle, die sich mit ihr eingelassen haben, werden Schlimmes durchmachen müssen, wenn sie nicht den Verkehr mit dieser Frau abbrechen. 23 Ich werde auch ihre Kinder durch eine Seuche töten. Dann werden alle Gemeinden wissen, daß ich die geheimsten Gedanken und Wünsche der Menschen kenne. Ich werde mit jedem von euch nach seinen Taten verfahren.

24 Aber ihr anderen in Thyatira seid dieser falschen Lehre nicht gefolgt. Ihr habt die sogenannten ›Tiefen des Satans‹[c] nicht kennengelernt. Dafür will ich euch keine weitere Prüfung auferlegen. 25 Aber haltet fest, was ihr habt, bis ich komme!

26 Allen, die den Sieg erringen und sich bis zuletzt an das halten, was ich gelehrt und vorgelebt habe, werde ich Macht über die Völker geben; 27 sie werden die Völker mit eisernem Zepter regieren und zerschlagen wie Tontöpfe. 28 Es ist dieselbe Macht, die ich von meinem Vater bekommen habe, und als Zeichen dafür werde ich ihnen den Morgenstern* geben.

29 Wer Ohren hat, soll hören, was der Geist* den Gemeinden sagt!«

Die Botschaft an Sardes

3 »Schreibe an den Engel* der Gemeinde in Sardes:

Er, dem die sieben Geister* Gottes dienen und der die sieben Sterne in der Hand hält, läßt euch sagen:

Ich kenne euer Tun. Ich weiß, daß ihr in dem Ruf steht, eine lebendige Gemeinde zu sein; aber eigentlich seid ihr tot. 2 Werdet wach und stärkt den Rest, der noch Leben hat, bevor er vollends stirbt. Was ich bei euch an Taten vorgefunden habe, kann in den Augen meines Gottes noch nicht bestehen.

3 Erinnert euch daran, wie ihr die Botschaft anfangs gehört und aufgenommen habt! Richtet euch doch nach ihr und lebt wieder wie damals! Wenn ihr nicht wach seid, werde ich euch wie ein Dieb überraschen; ihr werdet nicht wissen, in welcher Stunde ich komme.

4 Aber einige von euch in Sardes haben sich[d] nicht beschmutzt. Sie werden weiße Kleider tragen und immer bei mir sein; denn sie sind es wert.

5 Alle, die durchhalten und den Sieg errin-

a In Pergamon gab es viele Tempel, die griechischen Göttern geweiht waren. Beim *Thron des Satans** geht es aber vermutlich um Tempel zu Ehren der Stadt Rom und des römischen Kaisers. Durch diesen Kult waren die Christen besonders gefährdet.

b Der Vorwurf ist derselbe wie in Vers 14; vgl. Sacherklärung »Nikolaïten«.

c Die Angegriffenen nahmen vermutlich in Anspruch, die »Tiefen der Gottheit« zu erforschen. Johannes bezeichnet ihre Erkenntnis als Teufelswissen.

d Wörtlich *ihre Gewänder;* das Gewand ist das Sichtbare am Menschen und steht für die ganze Person (vgl. unsere Redewendung »eine reine Weste haben«).

2,14 2,20; Num 31,16; 25,1-3 **2,15** 2,6 **2,16** 3,11 S; 1,16 S **2,17** Ps 78,23-25; Joh 6,48-51 **2,18** 1,14-15 **2,20** 1 Kön 16,31; 2 Kön 9,22; (Götzenopfer) Num 25,1-8; Apg 15,20 S **2,23** 22,12 S **2,25** 3,11 S **2,26-27** 12,5; 19,15; Ps 2,8-9 **2,28** 22,16 **3,1** 1,4 S; 1,16 **3,3** Mt 24,43 S **3,4-5** 6,11 S **3,5** (Buch) 13,8; 17,8; 20,12b.15; 21,27; Ex 32,32 S; Phil 4,3; Hebr 12,23

gen, werden solch ein weißes Kleid tragen. Ich will ihren Namen nicht aus dem Buch des Lebens streichen. Vor meinem Vater und seinen Engeln* werde ich mich offen zu ihnen bekennen.

6 Wer Ohren hat, soll hören, was der Geist* den Gemeinden sagt!«

Die Botschaft an Philadelphia

7 »Schreibe an den Engel* der Gemeinde in Philadelphia:

Er, der heilig ist und Treue hält, er, der den Schlüssel Davids* hat – wo er öffnet, kann niemand zuschließen, und wo er zuschließt, kann niemand öffnen –, er läßt euch sagen:

8 Ich kenne euer Tun. Ich habe euch eine Tür geöffnet, die niemand zuschließen kann. Eure Kraft ist nur klein. Trotzdem habt ihr euch nach meinem Wort gerichtet und das Bekenntnis zu mir nicht widerrufen.

9 Hört gut zu! Ich werde Menschen zu euch schicken, die zum Satan* gehören. Sie werden behaupten, daß sie zum Volk Gottes gehören;[a] aber das ist nicht wahr, sie lügen. Ich werde dafür sorgen, daß sie sich vor euch niederwerfen und euch ehren. Sie werden erkennen, daß ich euch erwählt habe und liebe.

10 Ihr habt mein Wort beherzigt, mit dem ich euch zum Durchhalten aufrief. Darum werde ich euch in der Zeit der Versuchung bewahren, die demnächst über die ganze Erde kommen und alle Menschen auf die Probe stellen wird. 11 Ich komme bald! Haltet fest, was ihr habt, sonst bekommen andere den Siegeskranz*!

12 Alle, die durchhalten und den Sieg erringen, werde ich zu einer Säule im Tempel meines Gottes machen, und sie werden immer darin bleiben. Ich werde den Namen meines Gottes auf sie schreiben und den Namen der Stadt meines Gottes. Diese Stadt ist das neue Jerusalem, das von meinem Gott aus dem Himmel herabkommen wird. Ich werde auch meinen eigenen neuen Namen auf sie schreiben.

13 Wer Ohren hat, soll hören, was der Geist* den Gemeinden sagt!«

Die Botschaft an Laodizea

14 »Schreibe an den Engel* der Gemeinde in Laodizea:

Er, der Amen* heißt, der wahrhaftige und treue Zeuge, der vor allem da war, was Gott geschaffen hat, läßt euch sagen:

15 Ich kenne euer Tun und sehe, daß ihr weder warm noch kalt seid. Wenn ihr wenigstens eins von beiden wärt! 16 Aber ihr seid weder warm noch kalt; ihr seid lauwarm. Darum werde ich euch aus meinem Mund ausspucken. 17 Ihr sagt: ›Wir sind reich und gut versorgt; uns fehlt nichts.‹ Aber ihr wißt nicht, wie unglücklich und bejammernswert ihr seid. Ihr seid arm, nackt und blind.

18 Ich rate euch, von mir Gold zu kaufen, das im Feuer gereinigt wurde; dann werdet ihr reich. Ihr solltet euch auch weiße Kleider kaufen, damit ihr nicht nackt dasteht und euch schämen müßt. Kauft Salbe und streicht sie auf eure Augen, damit ihr sehen könnt! 19 Alle, die ich liebe, weise ich zurecht und erziehe sie. Macht also Ernst und kehrt um!

20 Gebt acht, ich stehe vor der Tür und klopfe an! Wenn jemand meine Stimme hört und öffnet, werde ich bei ihm einkehren. Ich werde mit ihm das Mahl halten und er mit mir.

21 Allen, die durchhalten und den Sieg erringen, werde ich das Vorrecht geben, mit mir auf meinem Thron zu sitzen, so wie ich selbst den Sieg errungen habe und nun mit meinem Vater auf seinem Thron sitze.

22 Wer Ohren hat, soll hören, was der Geist* den Gemeinden sagt!«

DIE SIEBEN SIEGEL (Kapitel 4–7)

Gottesdienst im Himmel

4 Danach blickte ich auf und sah im Himmel eine offene Tür. Die Stimme, die vorher zu mir gesprochen hatte und die wie eine Posaune* klang, sagte: »Komm herauf! Ich werde dir zeigen, was nach diesen Ereignissen geschehen muß.«

2 Sofort nahm der Geist* von mir Besitz, und ich sah: Im Himmel stand ein Thron, und auf dem Thron saß einer. 3 Er strahlte wie die Edelsteine Jaspis und Karneol. Über dem Thron stand ein Regenbogen, der leuchtete wie ein Smaragd. 4 Um den Thron standen im Kreis vierundzwanzig andere Throne, darauf saßen vierundzwanzig Älteste*. Sie trugen weiße Kleider und goldene Kronen*. 5 Von dem Thron gingen Blitze,

a Wörtlich *daß sie Juden seien.*

3,7 Jes 22,22; Mt 16,19 **3,9** 2,9 S **3,10** Lk 21,19; 2 Petr 2,9 S **3,11** (bald) 2,16; 22,7.12.20; (Siegeskranz) 1 Kor 9,24-25 S **3,12** (Name Gottes) 14,1; 22,4; (Stadt) 21,2 S **3,14** 2 Kor 1,20; (Zeuge) Offb 1,5 **3,17** 1 Kor 4,8 **3,18** 6,11 S **3,19** Hebr 12,5-6 S **3,20** Joh 14,23; Mt 8,11 par **3,21** 1,6 S; Hebr 8,1 S **4,1** 1,10; 19,11 **4,2** 1,10 S; (Thron) 5,7 S; Ps 11,4 S **4,4** (Älteste) Jes 24,23; Offb 5,5.8.10; 7,11.13; 11,16; 14,3; 19,4; (weiß) Offb 6,11 S **4,5** (Blitze) Ex 19,16; Ez 1,13-14; Offb 8,5; 11,19; 16,18; 17,9; (sieben) Offb 15,1 S; Sach 4,2.10b; (Geister) Offb 1,4 S

Rufe und Donnerschläge aus. Vor dem Thron
brannten sieben Fackeln, das sind die sieben
Geister* Gottes. [6] Im Vordergrund war etwas
wie ein gläsernes Meer, so klar wie Kristall.

In der Mitte, im inneren Kreis um den Thron,
waren vier mächtige Gestalten*, die nach allen
Seiten voller Augen waren. [7] Die erste sah aus
wie ein Löwe, die zweite wie ein Stier, die dritte
hatte ein Gesicht wie ein Mensch, und die vierte
glich einem fliegenden Adler. [8] Jede der vier Ge-
stalten hatte sechs Flügel, die innen und außen
mit Augen bedeckt waren. Tag und Nacht rufen
sie unaufhörlich:

»Heilig, heilig, heilig ist der Herr,
der Gott, der die ganze Welt regiert,
der war und der ist und der kommt!«

[9] Die vier mächtigen Gestalten rufen Preis, Ehre
und Dank aus für den, der auf dem Thron sitzt
und in alle Ewigkeit lebt. [10] Jedesmal, wenn sie
das tun, werfen sich die vierundzwanzig Älte-
sten nieder vor dem, der auf dem Thron sitzt,
und beten den an, der ewig lebt. Sie legen ihre
Kronen vor dem Thron nieder und sagen:

[11] »Würdig bist du,
unser Herr und Gott,
daß alle dich preisen und ehren
und deine Macht anerkennen.
Denn du hast die ganze Welt geschaffen;
weil du es gewollt hast, ist sie entstanden.«

Das Lamm und das Buch

5 In der rechten Hand dessen, der auf dem
Thron saß, sah ich eine Buchrolle*. Sie war
innen und außen beschrieben und mit sieben
Siegeln verschlossen. [2] Und ich sah einen mäch-
tigen Engel*, der mit lauter Stimme fragte: »Wer
ist würdig, die Siegel aufzubrechen und das
Buch zu öffnen?« [3] Aber es gab niemand, der es
öffnen und hineinsehen konnte, weder im Him-
mel noch auf der Erde, noch unter der Erde.

[4] Ich weinte sehr, weil niemand würdig war,
das Buch zu öffnen und hineinzusehen. [5] Da
sagte einer der Ältesten* zu mir: »Hör auf zu
weinen! Der Löwe aus dem Stamm Juda und
Nachkomme[a] Davids* hat den Sieg errungen. Er
ist würdig; er wird die sieben Siegel aufbrechen
und das Buch öffnen.«

[6] Da sah ich direkt vor dem Thron, umgeben
von den vier mächtigen Gestalten* und vom
Kreis der Ältesten, ein Lamm stehen. Es sah aus,
als ob es geschlachtet wäre. Es hatte sieben Hör-
ner und sieben Augen; das sind die sieben Gei-
ster* Gottes, die in die ganze Welt gesandt wor-
den sind.

[7] Das Lamm ging zu dem, der auf dem Thron
saß, und nahm die Buchrolle aus seiner rechten
Hand. [8] Und als es sie genommen hatte, warfen
sich die vier mächtigen Gestalten und die vier-
undzwanzig Ältesten vor dem Lamm nieder.
Jeder Älteste hatte eine Harfe und eine goldene
Schale mit Weihrauch*; das sind die Gebete der
Menschen, die zu Gottes heiligem Volk ge-
hören.[b] [9] Sie sangen ein neues Lied:

»Du bist würdig, das Buch zu nehmen
und seine Siegel aufzubrechen!
Denn du wurdest als Opfer* geschlachtet,
und mit deinem vergossenen Blut*
hast du Menschen für Gott erworben,
Menschen aus allen Sprachen und Stämmen,
aus allen Völkern und Nationen.
[10] Zu Königen hast du sie gemacht
und zu Priestern für unseren Gott;
und sie werden über die Erde herrschen.«

[11] Dann sah und hörte ich Tausende und aber
Tausende von Engeln, eine unübersehbare Zahl.
Sie standen mit den vier mächtigen Gestalten
und den Ältesten um den Thron [12] und riefen
mit lauter Stimme:

»Würdig ist das geopferte Lamm,
Macht zu empfangen, Reichtum und Weisheit,
Kraft und Ehre, Ruhm und Preis!«

[13] Und ich hörte alle Geschöpfe im Himmel, auf
der Erde, unter der Erde und im Meer laut mit
einstimmen:

»Preis und Ehre, Ruhm und Macht
gehören ihm, der auf dem Thron sitzt,
und dem Lamm, für immer und ewig.«

[14] Die vier mächtigen Gestalten antworteten:
»Amen!« Und die Ältesten fielen nieder und be-
teten an.

Die Siegel

6 Dann sah ich, wie das Lamm das erste von
den sieben Siegeln aufbrach. Und ich hörte,
wie eine der vier mächtigen Gestalten* mit Don-

a Wörtlich *Wurzel(sproß);* vgl. Jes 11,1.10. b Wörtlich *die Gebete der Heiligen**.

4,6 15,2; Ez 1,22 **4,7** Ez 1,5-12; 10,14 **4,8** Jes 6,2-3; Ez 1,18; 10,12-13 **5,1** 5,7 S; Ez 2,9-10; Dan 12,4 **5,5** (Älteste) 4,4 S; (Löwe) Gen 49,9; (Nachkomme Davids) Mt 20,30-31 S **5,6** (Lamm) 5,9.12; 6,1-17; 7,17; 12,11; 13,8; Joh 1,29 S **5,7** (der auf dem Thron) 4,2.9; 5,1.13; 6,16; 7,10.15; 19,4; 20,10; 21,5; 1 Kön 22,19 S; Ez 1,26-28 **5,8** 8,3-4; Ps 141,2 **5,9** Ps 96,1 S **5,10** 1,6 S **5,11** Dan 7,10; Hebr 12,22 **5,13** Phil 2,10; Ps 150,6

nerstimme sagte: »Komm!« 2 Da erblickte ich ein weißes Pferd. Sein Reiter hatte einen Bogen und erhielt eine Krone*. Als Sieger zog er aus, um zu siegen.

3 Dann brach das Lamm das zweite Siegel auf. Ich hörte, wie die zweite der mächtigen Gestalten sagte: »Komm!« 4 Da kam wieder ein Pferd hervor, ein rotes. Sein Reiter wurde ermächtigt, den Frieden von der Erde zu nehmen, damit sich die Menschen gegenseitig töteten. Dazu wurde ihm ein großes Schwert gegeben.

5 Dann brach das Lamm das dritte Siegel auf. Ich hörte, wie die dritte der mächtigen Gestalten sagte: »Komm!« Da erblickte ich ein schwarzes Pferd. Sein Reiter hielt eine Waage in der Hand. 6 Aus dem Kreis der vier mächtigen Gestalten hörte ich eine Stimme rufen: »Eine Ration Weizen oder drei Rationen Gerste für den Lohn eines ganzen Tages.[a] Nur Öl und Wein zum alten Preis!«

7 Dann brach das Lamm das vierte Siegel auf. Ich hörte, wie die vierte der mächtigen Gestalten sagte: »Komm!« 8 Da erblickte ich ein leichenfarbenes Pferd. Sein Reiter hieß Tod, und die Totenwelt* folgte ihm auf den Fersen. Ein Viertel der Erde wurde in ihre Macht gegeben. Durch das Schwert, durch Hunger, Seuchen und wilde Tiere sollten sie die Menschen töten.

9 Dann brach das Lamm das fünfte Siegel auf. Da sah ich unterhalb des Altars die Seelen der Menschen, die man umgebracht hatte, weil sie an Gottes Wort festgehalten hatten und als seine Zeugen treu geblieben waren. 10 Sie riefen mit lauter Stimme: »Herr, du bist heilig und hältst, was du versprichst! Wie lange willst du noch warten, bis du die Bewohner der Erde vor Gericht rufst und Vergeltung an ihnen übst, weil sie unser Blut vergossen haben?« 11 Sie alle erhielten lange weiße Gewänder, und es wurde ihnen gesagt: »Gebt noch für kurze Zeit Ruhe, denn eure Zahl ist noch nicht voll. Von euren Brüdern, die Gott dienen genau wie ihr, müssen noch so viele getötet werden, wie Gott bestimmt hat.«

12 Ich sah, wie das Lamm das sechste Siegel aufbrach. Da gab es ein gewaltiges Erdbeben. Die Sonne wurde so dunkel wie ein Trauerkleid, und der Mond wurde blutrot. 13 Wie unreife Feigen, die ein starker Wind vom Baum schüttelt, fielen die Sterne vom Himmel auf die Erde. 14 Der Himmel verschwand wie eine Buchrolle*, die zusammengerollt wird.[b] Weder Berg noch Insel blieben an ihren Plätzen. 15 Alle Menschen versteckten sich in Höhlen und zwischen den Felsen der Berge: die Könige und Herrscher, die Heerführer, die Reichen und Mächtigen und alle Sklaven und Freien. 16 Sie riefen den Bergen und Felsen zu: »Fallt auf uns und verbergt uns vor dem Blick dessen, der auf dem Thron sitzt, und vor dem Zorn des Lammes! 17 Der große Tag, an dem sie Gericht halten, ist gekommen. Wer kann da bestehen?«

Die 144000 mit dem Siegel auf der Stirn

7 Danach sah ich an den äußersten Enden der Erde vier Engel* stehen, in jeder Himmelsrichtung einen. Sie hielten die vier Winde zurück, damit kein Wind auf der Erde, auf dem Meer und in den Bäumen wehte.

2 Von dorther, wo die Sonne aufgeht, sah ich einen anderen Engel emporsteigen, er hatte das Siegel des lebendigen Gottes in der Hand. Mit lauter Stimme wandte er sich an die vier Engel, denen Gott die Macht gegeben hatte, dem Land und dem Meer Schaden zuzufügen, 3 und sagte: »Verwüstet weder das Land noch das Meer, noch die Bäume! Erst müssen wir die Diener unseres Gottes mit dem Siegel auf der Stirn kennzeichnen.«

4 Und ich hörte, wie viele mit dem Siegel gekennzeichnet wurden. Es waren hundertvierundvierzigtausend aus allen Stämmen des Volkes Israel:

5–8 Zwölftausend vom Stamm Juda wurden
gekennzeichnet,
zwölftausend vom Stamm Ruben,
zwölftausend vom Stamm Gad,
zwölftausend vom Stamm Ascher,
zwölftausend vom Stamm Naftali,
zwölftausend vom Stamm Manasse,
zwölftausend vom Stamm Simeon,
zwölftausend vom Stamm Levi,
zwölftausend vom Stamm Issachar,
zwölftausend vom Stamm Sebulon,
zwölftausend vom Stamm Josef
und zwölftausend vom Stamm Benjamin
wurden mit dem Siegel gekennzeichnet.

a *Ration/Rationen:* Das griechische Wort bezeichnet die Tagesration für einen einzelnen. Verglichen mit den damals üblichen Preisen ergibt sich eine acht- bis zwölffache Verteuerung.
b Den Himmel stellte man sich als Gewölbe oder Zelt über der Erde vor.

6,2-8 Sach 1,8; 6,1-7; Offb 19,11.14 **6,8** Jer 24,10 S **6,9** (Zeugen) 1,2.9; 12,11.17; 19,10; 20,4 **6,10** Ps 13,2-3 S **6,11** (weißes Gewand) 3,4-5.18; 4,4; 7,9.13; 15,6; 19,8.14 **6,12-13** 8,12; Joël 2,10 S; Mt 24,29 S **6,14** Jes 34,4; Hebr 1,12 **6,15** Jes 2,10.19.21; Jer 4,29 **6,16** Lk 23,30 S; Offb 5,7 S **6,17** Joël 2,11; Mal 3,2; Nah 1,6; Zef 1,14-18 **7,1** Jer 49,36; Dan 7,2 **7,2-3** (Siegel) 9,4; 14,1.3; 22,4; Ez 9,4.6 **7,4** 14,1.3 **7,5-8** 21,12-13 S

Die große Menge aus allen Völkern

9 Danach sah ich eine große Menge Menschen, so viele, daß niemand sie zählen konnte. Es waren Menschen aus allen Nationen, Stämmen, Völkern und Sprachen. Sie standen in weißen Kleidern vor dem Thron und dem Lamm und hielten Palmzweige in den Händen.

10 Mit lauter Stimme riefen sie: »Der rettende Sieg gehört unserem Gott, der auf dem Thron sitzt, und dem Lamm!«

11 Alle Engel* standen im Kreis um den Thron und um die Ältesten* und um die vier mächtigen Gestalten*. Sie warfen sich vor dem Thron zu Boden, beteten Gott an 12 und sprachen: »Das ist gewiß: Preis und Herrlichkeit, Weisheit und Dank, Ehre, Macht und Stärke gehören unserem Gott für immer und ewig. Amen!«

13 Einer der Ältesten fragte mich: »Wer sind diese Menschen in weißen Kleidern? Woher kommen sie?«

14 Ich antwortete: »Herr, *du* mußt es wissen!«

Er sagte zu mir: »Diese Menschen haben die große Verfolgung durchgestanden. Sie haben ihre Kleider gewaschen und im Blut* des Lammes weiß gemacht. 15 Darum stehen sie vor dem Thron Gottes und dienen ihm Tag und Nacht in seinem Tempel. Er, der auf dem Thron sitzt, wird bei ihnen wohnen. 16 Sie werden keinen Hunger oder Durst mehr haben; weder die Sonne noch irgendeine Glut wird sie versengen. 17 Das Lamm in der Mitte des Thrones wird ihr Hirt sein und sie an die Quellen führen, deren Wasser Leben spendet. Und Gott wird alle ihre Tränen abwischen.«

DIE SIEBEN POSAUNEN (Kapitel 8–11)

Das siebte Siegel

8 Als das Lamm das siebte Siegel aufbrach, wurde es im Himmel ganz still, etwa eine halbe Stunde lang.

2 Dann sah ich, wie die sieben Engel*, die immer vor Gott stehen, sieben Posaunen* erhielten.

3 Ein anderer Engel kam mit einer goldenen Räucherpfanne* und stellte sich an den Altar. Er erhielt eine große Menge Weihrauch, um ihn auf dem Altar vor Gottes Thron als Opfer darzubringen, zusammen mit den Gebeten aller Menschen in Gottes heiligem Volk.[a] 4 Aus der Hand des Engels, der vor Gott stand, stieg der Weihrauch in die Höhe, zusammen mit den Gebeten der Menschen.

5 Dann nahm der Engel die Räucherpfanne, füllte sie mit Feuer vom Altar und warf es auf die Erde. Da blitzte und donnerte und dröhnte es heftig, und die Erde bebte.

Die ersten vier Posaunen

6 Darauf machten sich die sieben Engel* bereit, die sieben Posaunen* zu blasen.

7 Der erste Engel blies seine Posaune. Hagel und Feuer, mit Blut gemischt, fiel auf die Erde. Ein Drittel der Erde und ein Drittel aller Bäume verbrannten, auch alles Gras verbrannte.

8 Dann blies der zweite Engel seine Posaune. Etwas, das wie ein großer brennender Berg aussah, wurde ins Meer geworfen. Ein Drittel des Meeres wurde zu Blut. 9 Ein Drittel aller Meerestiere starb, und ein Drittel aller Schiffe wurde vernichtet.

10 Dann blies der dritte Engel seine Posaune. Ein großer Stern, der wie eine Fackel brannte, stürzte vom Himmel. Er fiel auf ein Drittel der Flüsse und auf die Quellen. 11 Der Stern heißt »Wermut«.[b] Ein Drittel des Wassers wurde bitter. Viele Menschen starben an diesem Wasser, weil es vergiftet war.

12 Dann blies der vierte Engel seine Posaune. Ein Drittel der Sonne, des Mondes und der Sterne wurden durch Schläge getroffen. Ihr Licht verlor ein Drittel seiner Helligkeit, und ein Drittel des Tages und der Nacht wurden finster.

13 Dann sah ich einen Adler, der hoch in der Luft flog, und hörte ihn mit lauter Stimme rufen: »Schrecken, Schrecken, Schrecken![c] Wenn erst die anderen drei Engel ihre Posaunen blasen, wird es denen, die auf der Erde leben, schrecklich ergehen!«

Die fünfte Posaune

9 Dann blies der fünfte Engel* seine Posaune*. Ich sah einen Stern,[d] der vom Himmel auf die Erde gestürzt war. Dieser Stern

a Wörtlich *den Gebeten aller Heiligen**; entsprechend in Vers 4.
b Der bittere Wermut galt als giftig; vgl. Jer 9,14; 23,15; Klgl 3,19.
c Wörtlich *Wehe, wehe, wehe;* entsprechend in 9,12 und 11,14.
d Auch bei dem *Stern* handelt es sich um einen Engel, der einen Auftrag Gottes ausführt.

7,9 (Kleider) 6,11 S; (Palmzweige) Lev 23,40 **7,14** (Verfolgung) Dan 12,1; Mk 13,19 par; (gewaschen) Offb 1,5; 22,14; Ps 51,9 **7,15** 5,7 S; 21,3 **7,16-17** Jes 49,10; Lk 6,21 **7,17** (Hirt) Joh 10,11 S; (Wasser) Offb 21,6 S; (Tränen) Offb 21,4; Jes 25,8; Ps 126,5-6 **8,2** (Posaunen) Mt 24,31 **8,3** 5,8; Ex 30,1.7-8 **8,5** Ez 10,2 **8,7-12** (Drittel) 9,15.18; Ez 5,2.12 **8,7** Ex 9,23-25 **8,8** 16,3-4 S **8,12** 6,12; Jes 13,10 S **9,1** (Abgrund) 20,1; 11,7; Lk 8,31; Ijob 26,6

erhielt die Schlüssel zu dem Schacht, der in
den Abgrund* führt. 2 Er öffnete den Schacht,
da quoll Rauch daraus hervor wie aus einem
großen Ofen und verdunkelte die Sonne und die
Luft.
3 Aus dem Rauch kamen Heuschrecken auf
die Erde, denen die Kraft von Skorpionen ge-
geben war. 4 Sie durften weder dem Gras noch
den Bäumen, noch anderen Pflanzen Schaden
zufügen; sie sollten nur die Menschen quälen,
die nicht mit dem Siegel Gottes auf der Stirn ge-
kennzeichnet waren. 5 Es war ihnen verboten,
diese Menschen zu töten; sie durften sie nur
fünf Monate lang quälen. Die Menschen sollten
solche Schmerzen leiden, wie wenn ein Skor-
pion sie gestochen hätte. 6 Während dieser fünf
Monate werden die Menschen den Tod suchen,
ihn aber nicht finden. Sie möchten dann gerne
sterben, aber der Tod wird vor ihnen fliehen.
7 Die Heuschrecken sahen aus wie Pferde, die
in die Schlacht ziehen. Auf ihren Köpfen trugen
sie goldene Kronen*, und sie hatten Gesichter
wie Menschen. 8 Ihr Haar war wie Frauenhaar
und ihre Zähne wie Löwenzähne. 9 Ihre Brust
war wie mit einem eisernen Panzer bedeckt.
Ihre Flügel machten einen Lärm, als ob viele mit
Pferden bespannte Wagen in die Schlacht roll-
ten. 10 Sie hatten Schwänze und Stacheln wie
Skorpione. In ihren Schwänzen steckte die Kraft,
die Menschen fünf Monate lang zu quälen.
11 Der Engel, der für den Abgrund zuständig ist,
herrscht als König über sie. Auf hebräisch* heißt
sein Name Abaddon, auf griechisch Apollyon;
das bedeutet: der Zerstörer.
12 Diesem ersten Schrecken werden noch
zwei weitere folgen.

Die sechste Posaune

13 Dann blies der sechste Engel* seine Posaune*.
Ich hörte eine Stimme, die von den vier Hör-
nern* des goldenen Altars kam, der vor Gott
steht. 14 Die Stimme sagte zu dem sechsten
Engel mit der Posaune: »Laß die vier Engel frei,
die am Eufrat, dem großen Strom, in Fesseln
liegen!«
15 Die vier Engel wurden freigelassen. Sie wa-
ren auf das Jahr, den Monat, den Tag und die
Stunde genau für diesen Zeitpunkt dazu bereit-
gestellt, um ein Drittel der Menschheit zu töten.
16 Man nannte mir die Anzahl ihrer berittenen
Truppen; es waren Millionen und aber Millio-
nen.[a]
17 Ich sah die Reiter mit ihren Pferden: Ihr
Brustpanzer war feuerrot, blau und schwefel-
gelb. Die Pferde hatten Köpfe wie Löwen, und
aus ihren Mäulern kamen Feuer, Rauch und
Schwefel. 18 Feuer, Rauch und Schwefel sind die
drei Katastrophen, durch die ein Drittel der Men-
schen vernichtet wurde. 19 Die tödliche Wirkung
der Pferde geht von ihren Mäulern und von
ihren Schwänzen aus. Ihre Schwänze sehen aus
wie Schlangen mit Köpfen. Mit ihnen fügen sie
den Menschen Schaden zu.
20 Aber die Menschen, die nicht durch diese
Katastrophen getötet wurden, änderten sich
nicht. Sie hörten nicht auf, die Dämonen und
Götzen aus Gold, Silber, Bronze, Stein und Holz
anzubeten, diese selbstgemachten Götter, die
weder sehen noch hören, noch gehen können.
21 Nein, sie änderten sich nicht; sie hörten nicht
auf zu morden, Zauberei und Unzucht zu treiben
und zu stehlen.

Der Engel und das kleine Buch

10 Dann sah ich einen anderen mächtigen
Engel* vom Himmel auf die Erde herab-
steigen. Er war von einer Wolke umgeben, und
ein Regenbogen stand über seinem Kopf. Sein
Gesicht war wie die Sonne, und seine Beine gli-
chen Säulen aus Feuer. 2 Er hielt ein kleines Buch
geöffnet in der Hand. Seinen rechten Fuß setzte
er auf das Meer und seinen linken Fuß auf das
Land. 3 Er rief mit einer lauten Stimme, die sich
wie Löwengebrüll anhörte, und auf seinen Ruf
antworteten die sieben Donner mit Gebrüll. 4 Ich
wollte aufschreiben, was sie sagten; aber ich
hörte eine Stimme vom Himmel: »Was die sie-
ben Donner gesagt haben, sollst du geheimhal-
ten! Schreib es nicht auf!«
5 Dann hob der Engel, den ich auf dem Meer
und dem Land stehen sah, seine rechte Hand
zum Himmel. 6 Er schwor bei dem, der in alle
Ewigkeit lebt, der den Himmel, die Erde, das
Meer und alle ihre Bewohner geschaffen hat,
und sagte: »Die Frist ist abgelaufen! 7 Wenn der
Tag gekommen ist, daß der siebte Engel seine
Posaune* bläst, wird Gott seinen geheimen Plan
ausführen, so wie er es seinen Dienern, den Pro-
pheten*, angekündigt hat.«
8 Dann sprach die Stimme aus dem Himmel

a Wörtlich *20000 mal 10000*. Zehntausend (= 1 Myriade) ist im Griechischen das höchste Zahlwort; es handelt sich also um eine unermeßliche Menge.

9,2 Gen 19,28 **9,3-11** Ex 10,12-20 **9,4** 7,2-3 S **9,6** Ijob 3,21 S **9,7** Joël 2,4 **9,13** 8,3 **9,14** 7,1 **9,15** 8,7-12 S **9,20-21** 16,9 **9,20** (Götzen) Dan 5,4.23; Ps 115,4-8; 135,15-17; Jes 44,9-20 S **10,1** 4,3 **10,3** Jer 25,30-31 **10,6** Dan 12,7; Offb 6,11 **10,7** (Propheten) 22,6; Am 3,7-8

noch einmal zu mir: »Geh und nimm das offene
Buch aus der Hand des Engels, der auf dem Meer
und dem Land steht!«
[9] Ich ging zu dem Engel und bat ihn, mir das
Buch zu geben. Er sagte zu mir: »Nimm und iß
es! Es wird dir bitter im Magen liegen, aber in
deinem Mund wird es süß sein wie Honig.«
[10] Ich nahm das kleine Buch aus seiner Hand
und aß es. Es schmeckte wie Honig. Aber als ich
es hinuntergeschluckt hatte, lag es mir bitter im
Magen.
[11] Dann sagte mir jemand: »Du mußt noch ein
weiteres Mal als Prophet verkünden, was Gott
mit den Völkern, Nationen, Stämmen und Köni-
gen vorhat.«

Die zwei Zeugen

11 Dann erhielt ich ein Rohr, das wie ein
Meßstab war, und jemand sagte: »Steh auf
und miß den Tempel* Gottes aus und den Altar
darin. Zähle, wie viele Menschen dort beten.
[2] Aber den äußeren Vorhof des Tempels laß weg!
Dort brauchst du nicht zu messen, weil er den
Fremden preisgegeben wird. Zweiundvierzig
Monate lang werden sie die Heilige Stadt* ver-
wüsten. [3] Ich werde meine zwei Zeugen beauf-
tragen. Sie sollen Trauerkleidung tragen und
während dieser zwölfhundertsechzig Tage pro-
phetisch reden.«
[4] Diese beiden Zeugen sind die zwei Ölbäume
und die zwei Leuchter, die vor dem Herrn der
Erde stehen. [5] Wenn jemand versucht, sie zu ver-
letzen, kommt Feuer aus ihrem Mund und ver-
nichtet ihre Feinde. Auf diese Weise werden alle
getötet, die ihnen Schaden zufügen wollen. [6] Sie
haben die Macht, den Himmel zu verschließen,
so daß es nicht regnet, solange sie ihre prophe-
tische Botschaft ausrichten. Sie haben auch die
Macht, alle Gewässer in Blut zu verwandeln
und die Erde mit allen möglichen Katastrophen
zu erschüttern, sooft sie wollen.
[7] Wenn sie ihre Botschaft vollständig ausge-
richtet haben, wird ein Tier aus dem Abgrund*
kommen und gegen sie kämpfen. Es wird sie be-
siegen und sie töten. [8] Ihre Leichen werden auf
dem Platz mitten in der großen Stadt liegen, in
der ihr Herr gekreuzigt wurde. Geistlich gespro-
chen heißt diese Stadt »Sodom« und »Ägypten«.
[9] Menschen aus aller Welt, aus allen Völkern,
Stämmen und Sprachen werden sich dreiein-
halb Tage lang die beiden Toten ansehen. Man
wird nicht zulassen, daß die Toten beerdigt
werden. [10] Die Menschen auf der Erde werden
sich über den Tod dieser beiden freuen, sie wer-
den jubeln und sich gegenseitig Geschenke
schicken; denn diese Propheten haben die Men-
schen gequält.
[11] Nach dreieinhalb Tagen kam der Lebens-
geist Gottes wieder in die beiden Propheten, und
sie standen auf. Alle, die das sahen, erschraken
sehr. [12] Dann hörten die zwei Propheten eine
mächtige Stimme vom Himmel, die ihnen be-
fahl: »Kommt herauf!« Ihre Feinde sahen zu, wie
sie in einer Wolke zum Himmel hinaufstiegen.
[13] In diesem Augenblick gab es ein heftiges Erd-
beben. Ein Zehntel der Stadt wurde zerstört;
siebentausend Menschen kamen bei dem Erd-
beben ums Leben. Die Überlebenden waren zu
Tode erschrocken und erwiesen Gott im Himmel
Ehre.
[14] Das war der zweite Schrecken. Aber gebt
acht, der dritte Schrecken wird bald folgen!

Die siebte Posaune

[15] Dann blies der siebte Engel* seine Posaune*.
Da erhoben sich im Himmel laute Stimmen, die
sagten: »Jetzt gehört die Herrschaft über die Erde
unserem Gott und seinem gesalbten* König,[a]
und sie werden für immer und ewig regieren.«
[16] Die vierundzwanzig Ältesten*, die vor Gott
auf ihren Thronen sitzen, warfen sich zu Boden
und beteten Gott an. [17] Sie sagten:

»Wir danken dir, Herr, unser Gott,
du Herrscher der ganzen Welt,
der du bist und der du warst!
Du hast deine große Macht gebraucht
und die Herrschaft angetreten!
[18] Die Völker haben sich aufgelehnt;
darum bist du zornig geworden.
Jetzt ist die Zeit gekommen,
Gericht zu halten über die Toten.
Nun ist die Zeit der Belohnung
für deine Diener, die Propheten*,
und für dein heiliges Volk,[b]
alle, die deinen Namen* ehren,
Hohe und Niedrige.
Nun ist die Zeit der Bestrafung
für alle, die die Erde zugrunde richten:
Jetzt werden sie selbst zugrunde gerichtet.«

[19] Gottes Tempel im Himmel wurde geöffnet,
und man konnte die Lade* mit den Zeichen des

a *unserem Gott ...:* wörtlich *unserem Herrn und seinem Christus**. b Wörtlich *für die Heiligen**.

10,9-10 Ez 2,8–3,3 11,1 21,15 S; 1 Kor 3,16 S 11,2 (42 Monate) 12,6.14; 13,5; Dan 8,14 S 11,4 Sach 4,1-3.11-14 11,5 Jer 5,14; 2 Kön 1,10 11,6 1 Kön 17,1; Ex 7,17-19 11,7 13,1-2 S; 9,1 S 11,8 Lk 13,33-34; (Sodom) Gen 18,20 S 11,12 2 Kön 2,11; Apg 1,9 11,15 Dan 2,44 S 11,16 4,4 S 11,18 Ps 2,1-5 11,19 15,5; (Lade) Ex 25,9-20

Bundes sehen. Dann blitzte es und donnerte und dröhnte; die Erde bebte und schwerer Hagel fiel nieder.

DER DRACHE UND SEINE ÜBERWINDUNG
(Kapitel 12–14)

Die Frau und der Drache

12 Darauf sah man am Himmel eine gewaltige Erscheinung: Es war eine Frau, die war mit der Sonne bekleidet und hatte den Mond unter ihren Füßen und trug auf dem Kopf eine Krone* von zwölf Sternen. 2 Sie stand kurz vor der Geburt, und die Wehen ließen sie vor Schmerz aufschreien.

3 Dann zeigte sich am Himmel eine andere Erscheinung: ein großer, roter Drache* mit sieben Köpfen und zehn Hörnern. Jeder Kopf trug eine Krone. 4 Mit seinem Schwanz fegte der Drache ein Drittel der Sterne vom Himmel und schleuderte sie auf die Erde. Er stand vor der Frau, die ihr Kind gebären sollte, und wollte es verschlingen, sobald es geboren wäre.

5 Die Frau brachte einen Sohn zur Welt, der alle Völker der Erde mit eisernem Zepter regieren wird. Das Kind wurde sofort nach der Geburt entrückt und zum Thron Gottes gebracht. 6 Die Frau aber flüchtete in die Wüste; dort hatte Gott ihr einen Zufluchtsort geschaffen, an dem sie zwölfhundertsechzig Tage lang mit Nahrung versorgt werden sollte.

7 Dann brach im Himmel ein Krieg aus. Michael* mit seinen Engeln* kämpfte gegen den Drachen. Der Drache mit seinen Engeln wehrte sich; 8 aber er konnte nicht standhalten. Er und seine Engel durften nicht länger im Himmel bleiben. 9 Der große Drache wurde hinuntergestürzt! Er ist die alte Schlange, die auch Teufel oder Satan* genannt wird und die ganze Welt verführt. Er wurde auf die Erde hinuntergestürzt mit allen seinen Engeln.

10 Dann hörte ich eine mächtige Stimme im Himmel sagen:

»Jetzt ist es geschehen: Unser Gott hat gesiegt!
Jetzt hat er seine Gewalt gezeigt
und seine Herrschaft angetreten!
Jetzt liegt die Macht in den Händen des Königs,
den er gesalbt und eingesetzt hat![a]
Der Ankläger unserer Brüder ist gestürzt;
er, der sie Tag und Nacht vor Gott beschuldigte,
ist nun aus dem Himmel hinausgeworfen.
11 Unsere Brüder haben ihn besiegt
durch das Blut* des Lammes
und durch die Botschaft,
die sie empfangen und bezeugt haben.
Sie waren bereit, ihr Leben zu opfern
und den Tod auf sich zu nehmen.
12 Darum freue dich, Himmel,
mit allen, die in dir wohnen!
Ihr aber, Land und Meer, müßt zittern,
seit der Teufel dort unten bei euch ist!
Seine Wut ist ungeheuer groß;
denn er weiß, er hat nur noch wenig Zeit!«

13 Als der Drache sah, daß er auf die Erde geworfen war, begann er, die Frau zu verfolgen, die den Sohn geboren hatte. 14 Aber die Frau erhielt die beiden Flügel des großen Adlers, um an ihren Zufluchtsort in der Wüste zu fliehen. Dort sollte sie dreieinhalb Jahre mit Nahrung versorgt werden und vor der Schlange sicher sein.

15 Die Schlange schickte aus ihrem Rachen einen Wasserstrom hinter der Frau her, um sie fortzuschwemmen. 16 Aber die Erde kam der Frau zu Hilfe: Sie öffnete sich und schluckte den Strom auf, den der Drache aus seinem Rachen ausstieß.

17 Da wurde der Drache wütend über die Frau und ging fort, um ihre übrigen Nachkommen zu bekämpfen. Das sind die Menschen, die Gottes Gebote befolgen und als Zeugen für Jesus treu bleiben.

Die zwei Tiere

18 Dann trat der Drache* ans Ufer des Meeres.
13 Und ich sah ein Tier aus dem Meer heraufsteigen, das hatte zehn Hörner und sieben Köpfe. Auf jedem Horn trug es eine Krone, und auf seine Köpfe waren Herrschertitel geschrieben, die Gott beleidigten.

2 Das Tier, das ich sah, war wie ein Leopard, hatte Füße wie Bärentatzen und einen Rachen wie ein Löwe. Der Drache verlieh dem Tier seine eigene Befehlsgewalt, seinen Thron und seine große Macht. 3 Einer der Köpfe des Tieres sah aus, als hätte er eine tödliche Wunde erhalten; aber die Wunde wurde geheilt.

Die ganze Erde lief dem Tier staunend nach. 4 Alle Menschen beteten den Drachen an, weil er seine Macht dem Tier verliehen hatte. Sie be-

a *Jetzt liegt …:* wörtlich *und die Macht gehört seinem Christus**.

12,2 Jes 7,14 **12,3** 12,9 S **12,4** Dan 8,10 **12,5** 2,26-27 S **12,6** Mt 2,13; (1260) Offb 11,2 S **12,7** Dan 10,13 S **12,9** (Drache) 13,2; 16,13; 20,2; Lk 10,18 S; Gen 3,1 **12,10** 11,15; Sach 3,1 S **12,11** 1 Joh 2,14; 5,4; 1,7 S; Offb 5,6 S **12,14** (dreieinhalb Jahre) 11,2 S **12,17** 11,7; 13,7 **13,1-2** (Tier) 11,7; 13,11-17; 16,10; 17,3.7-13; 19,20; Dan 7,3 **13,2** 12,3; 2 Thess 2,9

teten auch das Tier an und sagten: »Wer kommt
diesem Tier gleich? Wer kann es mit ihm aufneh-
men?«
5 Das Tier durfte unerhörte Reden halten, mit
denen es Gott beleidigte, und es konnte zwei-
undvierzig Monate lang seinen Einfluß ausüben.
6 Es öffnete sein Maul und lästerte Gott und sei-
nen Namen, ebenso sein Heiligtum und alle, die
im Himmel wohnen. 7 Gott ließ zu, daß es mit
seinem heiligen Volk[a] Krieg führte und es be-
siegte; es bekam Macht über alle Völker und
Nationen und über Menschen aller Sprachen.
8 Alle auf der Erde werden es anbeten, alle, deren
Namen nicht seit Beginn der Welt im Lebens-
buch des geopferten Lammes stehen.
9 Wer Ohren hat, soll gut zuhören: 10 Wer
dazu bestimmt ist, gefangen zu werden, kommt
in Gefangenschaft. Wer dazu bestimmt ist, mit
dem Schwert getötet zu werden, wird mit dem
Schwert getötet. Dann braucht Gottes heiliges
Volk Standhaftigkeit und Treue!
11 Dann sah ich ein anderes Tier aus der Erde
heraufsteigen. Es hatte zwei Hörner wie ein
Lamm, aber es redete wie ein Drache. 12 Unter
den Augen des ersten Tieres übte es dessen
ganze Macht aus. Es brachte die Erde und alle
ihre Bewohner dazu, das erste Tier mit der ver-
heilten Wunde anzubeten.
13 Das zweite Tier tat große Wunder: Vor allen
Menschen ließ es Feuer vom Himmel auf die
Erde regnen. 14 Durch die Wunder, die es im Auf-
trag des ersten Tieres tun konnte, täuschte es
alle Menschen, die auf der Erde lebten. Es über-
redete sie, ein Standbild zu errichten zu Ehren
des ersten Tieres, das mit dem Schwert tödlich
verwundet worden und wieder ins Leben zu-
rückgekehrt war. 15 Das zweite Tier bekam
sogar die Macht, das Standbild des ersten Tieres
zu beleben, so daß dieses Bild sprechen konnte
und dafür sorgte, daß alle getötet wurden, die es
nicht anbeteten.
16 Dieses Tier hatte alle Menschen in seiner
Gewalt: Hohe und Niedrige, Reiche und Arme,
Sklaven und Freie. Sie mußten sich ein Zeichen
auf ihre rechte Hand oder ihre Stirn machen.
17 Nur wer dieses Zeichen hatte, konnte kaufen
oder verkaufen. Das Zeichen bestand aus dem
Namen des ersten Tieres oder der Zahl für die-
sen Namen.
18 Hier geht es um Weisheit. Wer Verstand
hat, kann herausfinden, was die Zahl des Tieres
bedeutet, denn sie steht für den Namen eines
Menschen. Es ist die Zahl sechshundertsechs-
undsechzig.[b]

Der Gesang der Freigekauften

14 Dann sah ich etwas ganz anderes: Das
Lamm stand auf dem Zionsberg*. Bei
ihm waren hundertvierundvierzigtausend Men-
schen. Sie trugen seinen Namen und den
Namen seines Vaters auf ihrer Stirn.
2 Dann hörte ich einen Schall aus dem Him-
mel. Es klang wie das Rauschen eines mächtigen
Wasserfalls und wie lautes Donnerrollen, aber
zugleich hörte es sich an wie Musik von Harfen-
spielern. 3 Vor dem Thron und vor den vier mäch-
tigen Gestalten* und den Ältesten* sangen die
Engel[c] ein neues Lied. Dieses Lied konnten nur
die hundertvierundvierzigtausend Menschen
lernen, die von der Erde losgekauft worden sind.
4 Sie haben sich rein gehalten vom Verkehr mit
Frauen[d] und folgen dem Lamm überallhin. Sie
sind aus der übrigen Menschheit losgekauft wor-
den als Eigentum[e] für Gott und das Lamm. 5 Nie
hat jemand aus ihrem Mund eine Lüge gehört,
es ist kein Fehler an ihnen.

Die drei Engel

6 Dann sah ich einen anderen Engel* hoch am
Himmel fliegen. Er hatte eine Botschaft, die nie-
mals ihre Gültigkeit verlieren wird.[f] Die sollte er
allen Bewohnern der Erde verkünden, allen Völ-
kern und Nationen, den Menschen aller Spra-
chen. 7 Er rief mit lauter Stimme: »Nehmt Gott
ernst und erweist ihm Ehre! Die Zeit ist gekom-
men: Jetzt hält er Gericht! Betet ihn an, der den
Himmel, die Erde, das Meer und die Quellen ge-
schaffen hat!«
8 Dem ersten Engel folgte ein zweiter und
sagte: »Gefallen! Gefallen ist das mächtige Baby-
lon*, das alle Völker gezwungen hatte, den tod-
bringenden Wein seiner Unzucht* zu trinken!«

a Wörtlich *mit den Heiligen*;* entsprechend in Vers 10.
b Die Buchstaben des Alphabets haben im Hebräischen und Griechischen Zahlenwert. Die Zahl 666 wurde schon früh auf den Kaiser Nero bezogen.
c Wörtlich *sangen sie;* vgl. 5,11.
d Die Deutung dieser Aussage ist unsicher. Vielleicht handelt es sich bei *Verkehr mit Frauen* um die bekannte bildliche Umschreibung des Götzendienstes (siehe Sacherklärung »Hurerei«).
e Wörtlich *als Erstlinge**. *f* *eine Botschaft …:* wörtlich *ein ewiges Evangelium**.

13,5-6 Dan 7,25; 11,36; Offb 11,2 S **13,8** 3,5 S; 5,6 S **13,10** Jer 15,2; Offb 14,12 S **13,11** Mt 7,15 **13,13** 16,14 S **13,14-15** (Standbild) 14,9.11; 15,2; 16,2; 19,20; 20,4; Dan 3,5 **13,16-17** 14,9; 19,20; 20,4 **14,1** (Zionsberg) Jes 4,5; Joël 3,5; (144 000) Offb 7,3-14 **14,3** 4,4.6; 5,9 S **14,8** 18,2 S; 17,2 S

9 Ein dritter Engel folgte ihnen. Er rief mit lau-
ter Stimme: »Wer das Tier und sein Standbild ver-
ehrt und das Zeichen des Tieres auf seiner Stirn
oder seiner Hand anbringen läßt, 10 wird den
Wein Gottes trinken müssen. Es ist der Wein
seiner Entrüstung, den er unverdünnt in den
Becher seines Zornes gegossen hat. Wer das Tier
verehrt, wird vor den Augen des Lammes und
der heiligen Engel mit Feuer und Schwefel ge-
quält. 11 Der Rauch von diesem quälenden Feuer
steigt für alle Zeiten zum Himmel. Alle, die das
Tier und sein Standbild verehren und das Kenn-
zeichen seines Namens tragen, werden Tag und
Nacht keine Ruhe finden. 12 Hier muß Gottes
heiliges Volk[a] Standhaftigkeit beweisen, alle, die
Gottes Gebote befolgen und in Treue zu Jesus
halten.«

13 Dann hörte ich eine Stimme vom Himmel,
die sagte: »Schreib auf: Freuen dürfen sich alle,
die für ihr Bekenntnis zum Herrn* sterben müs-
sen – von jetzt an!«

»So ist es«, antwortet der Geist*, »sie werden
sich von ihrer Mühe ausruhen; denn ihre Taten
gehen mit ihnen und sprechen für sie.«

Die Erde ist reif für die Ernte

14 Ich sah eine weiße Wolke; darauf saß einer,
der wie ein Mensch aussah. Er hatte eine gol-
dene Krone* auf dem Kopf und eine scharfe
Sichel in der Hand. 15 Dann kam wieder ein
Engel* aus dem Tempel. Er rief dem, der auf der
Wolke saß, mit lauter Stimme zu: »Laß deine
Sichel schneiden, und bring die Ernte ein! Die
Stunde für die Ernte ist gekommen, die Erde ist
reif!« 16 Da warf der, der auf der Wolke saß, seine
Sichel über die Erde, und die Ernte wurde einge-
bracht.

17 Ich sah einen anderen Engel aus dem Tem-
pel im Himmel kommen; auch er hatte eine
scharfe Sichel. 18 Ein weiterer Engel kam vom
Altar. Es war der Engel, der für das Feuer zustän-
dig ist. Er rief dem mit der scharfen Sichel mit
lauter Stimme zu: »Laß deine scharfe Sichel
schneiden, und schneide die Trauben am Wein-
stock der Erde ab! Sie sind reif!« 19 Der Engel
warf seine Sichel über die Erde, die schnitt die
Trauben vom Weinstock. Er warf die Trauben in
die Weinpresse, die den Zorn Gottes bedeutet.
20 Außerhalb der Stadt wurden sie in der Presse
ausgedrückt. Da kam ein Blutstrom aus der
Weinpresse, der stieg so hoch, daß er den Pfer-
den bis an die Zügel reichte, und floß sechzehn-
hundert Wegmaße[b] weit.

DIE SIEBEN ZORNSCHALEN UND DER UNTERGANG BABYLONS
(Kapitel 15–18)

Die Engel mit den letzten Katastrophen

15 Dann sah ich eine weitere große und
staunenerregende Erscheinung am Him-
mel: sieben Engel*, die sieben Katastrophen
bringen. Dies sind die letzten Katastrophen,
denn mit ihnen geht Gottes Zorn zu Ende.

2 Ich sah etwas wie ein gläsernes Meer, das
mit Feuer vermischt war. Auf diesem Meer sah
ich alle die stehen, die den Sieg über das Tier er-
langt hatten und über sein Standbild und die
Zahl seines Namens. Sie hielten Harfen in den
Händen, die Gott ihnen gegeben hatte. 3 Sie san-
gen das Lied, das Mose, der Diener Gottes, ver-
faßt hatte, und das Lied des Lammes:

»Herr, unser Gott, du Herrscher der ganzen Welt,
wie groß und wunderbar sind deine Taten!
In allem, was du planst und ausführst,
bist du vollkommen und gerecht,
du König über alle Völker!
4 Wer wollte dich, Herr, nicht fürchten
und deinem Namen keine Ehre erweisen?
Alle Völker werden kommen
und sich vor dir niederwerfen;
denn deine gerechten Taten
sind nun für alle offenbar geworden.«

5 Danach sah ich, wie im Himmel der Tempel,
das Heilige Zelt*, geöffnet wurde. 6 Die sieben
Engel mit den sieben Katastrophen kamen aus
dem Tempel. Sie waren in reines, weißes Leinen
gekleidet und trugen ein breites goldenes Band
um die Brust. 7 Eine von den vier mächtigen
Gestalten* gab den sieben Engeln sieben gol-
dene Schalen. Sie waren bis an den Rand gefüllt
mit dem Zorn des Gottes, der in alle Ewigkeit
lebt.

8 Der Tempel war voller Rauch, der von der
Herrlichkeit und Macht Gottes ausging. Keiner
konnte den Tempel betreten, solange nicht die

a Wörtlich *müssen die Heiligen**.
b *Wegmaße:* griechische Maßangabe *Stadien**. Die Strecke ist hier nicht umgerechnet; denn die Zahl ist symbolisch zu verstehen (40 x 40) und soll das furchtbare Ausmaß des Strafgerichts ausdrücken.

14,9 13,14-15 S **14,10** 15,7; 16,1.19; Jer 25,15 S **14,11** 19,3 S **14,12** 13,10; Lk 8,15; Röm 15,4 **14,13** Jes 57,1-2; (freuen) Offb 1,3; 16,15; 19,9; 20,6; 22,7.14; (ausruhen) Hebr 4,9-10 **14,14-20** (Ernte) Joël 4,13 S **14,14** 1,7.13 **14,19** 19,15; Jes 63,1-6 **15,1** (sieben) 1,4 S; 8,2.6; 15,7; 17,1; 21,9 **15,2** 4,6; 13,14-15 S; 13,18 **15,3** (Mose) Ex 15,1; (Taten) Ps 111,2 **15,4** Jes 2,2-3 S **15,5** 11,19 **15,6** 6,11 S; Dan 10,5 **15,7** 14,10 S **15,8** Jes 6,4 S; Ex 40,34-35

sieben Katastrophen zu Ende waren, die von
den sieben Engeln gebracht wurden.

Die Schalen mit dem Zorn Gottes

16 Dann hörte ich eine mächtige Stimme aus
dem Tempel, die sagte zu den sieben
Engeln*: »Geht und gießt die sieben Schalen mit
dem Zorn Gottes über die Erde aus!«
2 Der erste Engel ging und goß seine Schale
auf die Erde. Da bekamen alle, die das Kennzeichen des Tieres trugen und sein Standbild
anbeteten, ein schmerzhaftes und schlimmes
Geschwür.
3 Der zweite Engel goß seine Schale ins Meer.
Da wurde das Wasser zu Blut wie von Toten,
und alle Lebewesen im Meer gingen zugrunde.
4 Der dritte Engel goß seine Schale in die Flüsse und Quellen, da wurden sie zu Blut.
5 Ich hörte, wie der Engel, der für das Wasser
zuständig ist, sagte: »Du Heiliger, der du bist und
warst, in diesen Urteilen hast du dich als gerechter Richter erwiesen.
6 Allen, die das Blut des heiligen Gottesvolkes[a] und seiner Propheten* vergossen haben, hast du Blut zu trinken gegeben.
Sie haben es verdient!«
7 Dann hörte ich eine
Stimme vom Altar her sagen: »So ist es, Herr,
unser Gott, du Herrscher der ganzen Welt; deine
Urteile sind wahr und gerecht!«
8 Der vierte Engel goß seine Schale auf die
Sonne. Da wurde der Sonne erlaubt, die Menschen mit ihren glühenden Feuerstrahlen zu
quälen.
9 Und die Menschen wurden von glühender Hitze versengt. Sie verfluchten den
Namen Gottes, der Verfügungsgewalt hat über
solche Katastrophen; aber sie änderten sich
nicht und wollten Gott nicht die Ehre geben.
10 Der fünfte Engel goß seine Schale auf den
Thron des Tieres. Da wurde es im ganzen Herrschaftsbereich des Tieres dunkel. Die Menschen
zerbissen sich vor Schmerzen die Zunge.
11 Sie
verfluchten den Gott des Himmels wegen ihrer
Qualen und ihrer Geschwüre; aber sie hörten
nicht auf mit ihren schändlichen Taten.
12 Der sechste Engel goß seine Schale in den
Eufrat, den großen Strom; da trocknete er aus. So
wurde den Königen, die von Osten her einbrechen, ein Weg gebahnt.
13 Dann sah ich, wie aus
den Mäulern des Drachen*, des Tieres und des
falschen Propheten drei unreine Geister hervorkamen, die aussahen wie Frösche.
14 Es sind
dämonische Geister, die Wunder tun: Sie suchen
alle Könige der Erde auf, um sie zum Kampf zu
sammeln für den großen Tag Gottes, des Herrschers der ganzen Welt.
15 »Gebt acht, ich werde wie ein Dieb kommen! Wer wach bleibt und seine Kleider anbehält, darf sich freuen. Sonst müßte er nackt
umherlaufen, und seine Schande würde für alle
sichtbar.«
16 Die drei Geister versammelten die Könige
an einem Ort, der auf hebräisch* Harmagedon
heißt.
17 Der siebte Engel goß seine Schale in die
Luft. Da kam eine mächtige Stimme von dem
Thron im Tempel, die sagte: »Es ist ausgeführt!«
18 Es blitzte und donnerte und dröhnte, und die
Erde bebte heftig. Seit es Menschen auf der Erde
gibt, hat man ein so schweres Erdbeben noch
nicht erlebt.
19 Die große Stadt wurde in drei
Teile gespalten, und die Städte aller Völker wurden zerstört. Gott rechnete ab mit dem großen
Babylon*: Es mußte den Wein aus dem Becher
trinken, der mit seinem glühenden Zorn gefüllt
war.
20 Alle Inseln verschwanden, und die Berge
wurden nicht mehr gesehen.
21 Es hagelte zentnerschwere Eisbrocken vom Himmel auf die
Menschen. Sie verfluchten Gott wegen dieses
Hagels, denn er war schrecklich.

Die große Hure

17 Einer der sieben Engel*, die die sieben
Schalen trugen, kam zu mir und sagte:
»Tritt her! Ich werde dir zeigen, wie die große
Hure bestraft wird, die Stadt, die an vielen Wasserarmen erbaut ist!
2 Die Könige der Erde haben
sich mit ihr eingelassen. Alle Menschen sind betrunken geworden, weil sie sich am Wein ihrer
Unzucht* berauscht haben.«
3 Der Geist* Gottes nahm Besitz von mir, und
der Engel trug mich in die Wüste. Dort sah ich
eine Frau. Sie saß auf einem scharlachroten Tier,
das über und über mit Namen beschrieben war,
die Gott beleidigten. Das Tier hatte sieben Köpfe
und zehn Hörner.
4 Die Frau trug ein purpur- und
scharlachrotes Gewand und war mit Gold, kostbaren Steinen und Perlen geschmückt. In ihrer
Hand hielt sie einen goldenen Becher. Er war mit
unanständigen und schmutzigen Dingen gefüllt,
den Zeichen ihrer Zuchtlosigkeit.
5 Auf ihrer Stirn
stand ein geheimnisvoller Name: »Babylon*, die

a Wörtlich *der Heiligen**.

16,1 15,1 **16,2** 13,14-15 S; Ex 9,10 **16,3-4** 8,8; Ex 7,17-21 **16,6** 17,6; 18,24; 19,2; Ps 79,10 **16,9** 9,20-21 **16,10** (Tier) 13,1-2 S; (dunkel) Ex 10,21-22 **16,12** Jes 11,15; Jer 51,36 **16,13-14** Ex 8,2; (Drache) Offb 12,9 S **16,14** (Wunder) 13,13-14; 19,20; Mk 13,22 par; 2 Thess 2,9; (Kampf) Offb 14,11-21 **16,15** Mt 24,43 S **16,17-21** 16,1 **16,18** 4,5 S; 6,12-13 **16,19** 18,2 S; 14,10 S **16,21** 11,19; 16,9 **17,1** Jer 51,13 **17,2** 14,8; 18,3; Jer 51,7 **17,3** 1,10 S; (Tier) 13,1-2 S **17,4** 18,3.16 **17,5** Jer 2,20 S

Große, die Mutter aller Hurerei und aller Greuel auf der Erde.« 6 Ich sah, daß die Frau betrunken war vom Blut der Menschen aus Gottes heiligem Volk.[a] Sie hatte das Blut aller getrunken, die als Zeugen für Jesus getötet worden waren. Ich war starr vor Entsetzen, als ich sie sah.

7 »Warum bist du so entsetzt?« fragte mich der Engel. »Ich verrate dir das Geheimnis dieser Frau und das Geheimnis des Tieres mit den sieben Köpfen und den zehn Hörnern, auf dem sie sitzt. 8 Das Tier, das du gesehen hast, war früher einmal und ist jetzt nicht mehr. Und es wird wieder aus dem Abgrund* auftauchen – um in seinen Untergang zu rennen. Die Menschen auf der Erde – alle, deren Namen nicht seit Beginn der Welt im Buch des Lebens stehen – werden staunen, wenn sie das sehen: Das Tier, das früher da war und jetzt nicht mehr ist, das ist wiedergekommen!

9 Hier braucht es einen Verstand, der deuten kann. Die sieben Köpfe bedeuten sieben Hügel. Das sind die Hügel, auf denen die Frau sitzt. Sie stehen außerdem für sieben Könige. 10 Davon sind fünf gefallen, einer herrscht noch, und der letzte ist noch nicht erschienen. Wenn er kommt, darf er nur kurze Zeit bleiben. 11 Das Tier, das war und nicht mehr ist, ist ein achter König. Es ist aber auch einer von den sieben Königen und rennt in seinen Untergang.

12 Die zehn Hörner, die du gesehen hast, sind zehn Könige, deren Herrschaft noch nicht begonnen hat. Eine Stunde lang werden sie zusammen mit dem Tier königliche Macht bekommen. 13 Diese zehn verfolgen dasselbe Ziel und übergeben ihre Macht und ihren Einfluß dem Tier. 14 Sie werden gegen das Lamm kämpfen. Aber das Lamm wird sie besiegen. Denn es ist der Herr über alle Herren und der König über alle Könige, und bei ihm sind seine treuen Anhänger, die es erwählt und berufen hat.«

15 Der Engel sagte weiter zu mir: »Du hast das Wasser gesehen, an dem die Hure sitzt. Das sind Völker und Menschenmassen aller Sprachen. 16 Die zehn Hörner, die du gesehen hast, und das Tier werden die Hure verabscheuen. Sie werden ihr alles fortnehmen, so daß sie nackt ist. Sie werden ihr Fleisch fressen und sie verbrennen. 17 Denn Gott hat ihr Herz so gelenkt, daß sie seine Absichten ausführen. Sie handeln gemeinsam und überlassen dem Tier ihre Herrschaftsgewalt, bis sich Gottes Voraussagen erfüllen.

18 Die Frau, die du gesehen hast, ist die große Stadt, die die Könige der Erde in ihrer Gewalt hat.«

Der Untergang Babylons

18 Danach sah ich einen anderen Engel* aus dem Himmel herabkommen. Er hatte große Macht, und sein Glanz erhellte die ganze Erde. 2 Er rief mit starker Stimme: »Gefallen! Gefallen ist Babylon*, die große Stadt! Jetzt wird sie von Dämonen und unreinen Geistern* bewohnt. Alle Arten von unreinen* und abscheulichen Vögeln hausen in ihren Mauern. 3 Alle Völker haben von ihrem Wein getrunken, dem schweren Wein ausschweifender Unzucht*. Die Könige der Erde haben es mit ihr getrieben. Die Kaufleute der Erde sind durch ihren ungeheuren Wohlstand reich geworden.«

4 Dann hörte ich aus dem Himmel eine andere Stimme, die sagte: »Auf, mein Volk! Verlaßt diese Stadt! Sonst werdet ihr mitschuldig an ihren Sünden und bekommt Anteil an ihren Strafen. 5 Denn Gott hat ihr schändliches Tun nicht vergessen. Ihre Sünden häufen sich bis an den Himmel! 6 Behandelt sie so, wie sie es mit euch getan hat; zahlt ihr alles zweifach heim. Gießt ein Getränk in ihren Becher, das doppelt so stark ist wie das, was sie für euch bereithielt. 7 Gebt ihr soviel Schmerzen und Trauer, wie sie sich Glanz und Luxus geleistet hat. Sie sagt zu sich selbst: ›Als Königin sitze ich hier! Ich bin keine Witwe, und Trauer werde ich niemals kennenlernen!‹ 8 Deshalb werden an einem einzigen Tag alle Katastrophen über sie hereinbrechen, Krankheit, Unglück und Hunger, und sie wird im Feuer umkommen. Denn Gott, der Herr, der sie verurteilt hat, ist mächtig.«

9 Wenn die Könige der Erde, die mit ihr Unzucht getrieben und im Luxus gelebt haben, den Rauch der brennenden Stadt sehen, werden sie ihretwegen jammern und klagen. 10 Sie werden sich in weiter Entfernung halten, weil sie Angst vor den Qualen der Stadt haben. Sie werden klagen: »Wie schrecklich! Wie furchtbar! Das große und mächtige Babylon! Innerhalb einer Stunde ist das Gericht über dich hereingebrochen!«

11 Auch die Kaufleute auf der Erde werden um sie weinen und trauern; denn niemand kauft mehr ihre Waren: 12 Gold und Silber, kostbare Steine und Perlen, feinstes Leinen, Seide, pur-

a Wörtlich *vom Blut der Heiligen**.

17,6 16,6 S **17,7-8** 13,1-2 S **17,8** 13,14; (Buch) 3,5 S **17,9** 13,18 **17,12** Dan 7,7.24 **17,14** 19,19; (Herr) 19,16; 1 Tim 6,15 **17,15** 17,1 **17,16** Ez 23,29; Hos 2,5 **17,17** 17,13 **18,2** (gefallen) 14,8; 16,19; Jes 21,9 S; (Dämonen) Zef 2,14 S **18,3** 17,2 S **18,4** Jer 51,45 S; 2 Kor 6,17 **18,5** Gen 18,20 **18,6** Jer 25,14 S **18,7-8** Jes 47,8-9 S **18,8** 17,16 **18,9-10** Ez 26,16-17; 27,30-36

pur- und scharlachrote Stoffe; seltene Hölzer,
Gegenstände aus Elfenbein, Edelholz, Bronze,
Eisen und Marmor; 13 Zimt, Salbe, Räucherwerk,
Myrrhe und Weihrauch; Wein, Öl, feines Mehl
und Weizen, Rinder und Schafe, Pferde und
Wagen, und sogar lebende Menschen.

14 »Das Obst, das du über alles liebtest, gibt es
nicht mehr. Dein Reichtum und dein verführeri-
scher Glanz sind vergangen, beides wird sich
nicht mehr wiederfinden!«

15 Die Kaufleute, die durch ihre Geschäfte in
dieser Stadt reich geworden sind, werden sich
in weiter Entfernung aufhalten, weil sie Angst
haben vor den Qualen der Stadt. Sie werden
trauern und klagen 16 und sagen: »Wie schreck-
lich! Wie furchtbar für diese mächtige Stadt!
Sie war es gewohnt, sich in feinstes Leinen,
in Purpur- und Scharlachstoffe zu kleiden. Sie
schmückte sich mit Gold, kostbaren Steinen und
Perlen. 17 Und innerhalb einer einzigen Stunde
hat sie den ganzen Reichtum verloren!«

Die Kapitäne und die Reisenden, die Matro-
sen und alle, die ihren Unterhalt auf See verdie-
nen, hielten sich in weiter Entfernung. 18 Als sie
den Rauch der brennenden Stadt sahen, riefen
sie: »An diese großartige Stadt kam keine her-
an!« 19 Sie streuten Staub auf ihre Köpfe, weinten
und jammerten laut: »Wie schrecklich! Wie
furchtbar für diese große Stadt! Durch ihre
Schätze sind alle reich geworden, die Schiffe auf
dem Meer haben. Und innerhalb einer einzigen
Stunde ist sie vernichtet worden!«

20 »Himmel, freu dich über ihren Untergang!
Freu dich, heiliges Gottesvolk;[a] freut euch, ihr
Apostel* und Propheten*! Gott hat sie verurteilt
für alles, was sie euch angetan hat.«

21 Dann hob ein starker Engel einen Stein auf,
der war so groß wie ein Mühlstein*. Der Engel
warf ihn ins Meer und sagte: »Babylon, du mäch-
tige Stadt! Genauso wirst du mit aller Kraft
hinuntergeworfen, nichts wird von dir übrigblei-
ben! 22 Die Harfenspieler und Sänger, die Flöten-
spieler und Trompetenbläser werden nie mehr
in dir zu hören sein. Kein Handwerker, der
irgendein Handwerk betreibt, wird jemals wie-
der in dir leben. Das Geräusch der Mühle wird
verstummen. 23 Niemals mehr wird in dir eine
Lampe brennen. Der Jubel von Braut und Bräuti-
gam wird in dir nicht mehr zu hören sein. Deine
Kaufleute waren die einflußreichsten der Erde,
und mit deiner Zauberei hast du alle Völker ver-
führt! 24 Das Blut der Propheten* und der Men-
schen aus Gottes heiligem Volk ist in dieser Stadt
geflossen. Sie ist für das Blut aller Menschen ver-
antwortlich, die auf der Erde ermordet worden
sind.«

DIE HOCHZEIT DES LAMMES UND DIE NEUE SCHÖPFUNG

(Kapitel 19–22)

Jubel über den Untergang Babylons

19 Danach hörte ich im Himmel das laute
Rufen einer großen Menge:

»Halleluja – Preist den Herrn!
Heil, Herrlichkeit* und Macht gehören unserem
Gott!
2 Seine Urteile sind wahr und gerecht.
Er hat die große Hure verurteilt,
die mit ihrer Unzucht* die Erde zugrunde
gerichtet hat.
Er hat das Blut seiner Diener gerächt,
das an ihren Händen klebte.«

3 Und wieder riefen sie: »Halleluja – Preist den
Herrn! Der Rauch der brennenden Stadt steigt
für alle Zeiten zum Himmel!« 4 Die vierundzwan-
zig Ältesten* und die vier mächtigen Gestalten*
warfen sich nieder und beteten Gott an, der auf
dem Thron saß. Sie riefen: »Amen! Halleluja!«

Die Hochzeit des Lammes

5 Dann sprach eine Stimme vom Thron her:

»Preist unseren Gott, ihr seine Diener
und ihr alle, die ihr ihn verehrt,
Hohe und Niedrige miteinander!«

6 Dann hörte ich das Rufen einer großen Menge.
Es klang wie die Brandung des Meeres und wie
lautes Donnerrollen. Sie riefen:

»Halleluja – Preist den Herrn!
Der Herr hat nun die Herrschaft angetreten,
er, unser Gott, der Herrscher der ganzen Welt!
7 Wir wollen uns freuen und jubeln
und ihm die Ehre geben!
Der Hochzeitstag des Lammes ist gekommen;
seine Braut hat sich bereitgemacht.
8 Ihr wurde ein herrliches Kleid gegeben
aus reinem, leuchtendem Leinen!«

a Wörtlich *(Freut euch) ihr Heiligen***; entsprechend in Vers 24 *(Blut der) Heiligen.*

18,12-13 Ez 27,12-24 **18,15** Jes 47,15 S **18,16** 17,4 **18,18-19** Ez 27,29-34 **18,20** Jer 51,48 **18,21** Jer 51,63-64 **18,22** Jes 24,8; Ez 26,13 **18,23** Jer 7,34 S; (Kaufleute) Jes 23,8; (verführt) Jes 47,12 **18,24** 16,6 S; Jer 51,49; Jes 26,21; Ez 24,7-8 **19,2** 16,6 S; Dtn 32,43 **19,3** (Rauch) 14,11; 18,9.18; Jes 34,10 **19,4** 4,4 S; 4,6; 5,7 S **19,7** (Braut) 21,2 S **19,8** 6,11 S

Das Leinen steht für die gerechten Taten der
Menschen in Gottes heiligem Volk.[a]
9 Dann sagte der Engel zu mir: »Schreib auf:
Freuen darf sich, wer zum Hochzeitsmahl des
Lammes eingeladen ist.« Und er fügte hinzu:
»Dies alles sind zuverlässige Worte Gottes.«
10 Ich warf mich vor ihm nieder, um ihn an-
zubeten. Aber er sagte zu mir: »Tu das nicht! Ich
bin nur ein Diener wie du und wie deine Brüder,
die als Zeugen durch Jesus bestätigt sind. Bete
Gott an!«

Die Bestätigung durch Jesus ist der Geist*, der ihnen prophetische Worte eingibt.

Der Reiter auf dem weißen Pferd und das Gericht über das Tier

11 Dann sah ich den Himmel weit geöffnet. Da
stand ein weißes Pferd. Auf ihm saß einer, der
heißt der Treue und Wahrhaftige. Er urteilt und
kämpft gerecht. 12 Seine Augen waren wie Flam-
men, und auf dem Kopf trug er viele Kronen. Ein
Name stand auf ihm geschrieben, den nur er
selbst kennt. 13 Sein Mantel war voller Blut, und
sein Name ist »Das Wort Gottes«. 14 Die Heere
des Himmels folgten ihm. Alle ritten auf weißen
Pferden und waren in reines weißes Leinen ge-
kleidet.
15 Aus seinem Mund kam ein scharfes
Schwert, mit dem er die Völker besiegen wird.
Er wird sie mit eisernem Zepter regieren und sie
zertreten, wie man die Trauben in der Wein-
presse zertritt. So vollstreckt er den heftigen
Zorn Gottes, des Herrschers der ganzen Welt.
16 Auf seinem Mantel und auf seinem Schenkel
stand sein Name: »König der Könige und Herr
der Herren«.
17 Dann sah ich einen Engel*, der stand in der
Sonne. Er rief allen Vögeln, die hoch am Himmel
flogen, mit lauter Stimme zu: »Kommt, versam-
melt euch für Gottes großes Festmahl! 18 Kommt
und freßt das Fleisch von Königen, Heerführern
und Kriegern! Freßt das Fleisch der Pferde und
ihrer Reiter, das Fleisch von allen Menschen,
von Sklaven und Freien, von Hohen und Niedri-
gen!«
19 Dann sah ich das Tier zusammen mit den
Königen der Erde. Ihre Heere waren angetreten,
um gegen den Reiter und sein Heer zu kämp-
fen. 20 Das Tier wurde gefangengenommen und
auch der falsche Prophet, der unter den Augen
des Tieres die Wunder getan hatte. Durch diese
Wunder hatte er alle verführt, die das Zeichen
des Tieres angenommen und das Standbild des
Tieres angebetet hatten. Das Tier und der falsche
Prophet wurden bei lebendigem Leib in einen
See von brennendem Schwefel geworfen. 21 Alle
übrigen wurden durch das Schwert vernichtet,
das aus dem Mund dessen kommt, der auf
dem Pferd reitet. Alle Vögel wurden satt von
ihrem Fleisch.

Die tausend Jahre

20 Danach sah ich einen Engel* aus dem
Himmel herabkommen, der hatte den
Schlüssel zum Abgrund* und eine starke Kette
in der Hand. 2 Er packte den Drachen*, die alte
Schlange, die auch Teufel und Satan* genannt
wird, und fesselte ihn für tausend Jahre. 3 Der
Engel warf ihn in den Abgrund, schloß den Ein-
gang ab und versiegelte ihn. So konnte der Dra-
che die Völker tausend Jahre lang nicht mehr
verführen. Wenn sie um sind, muß er für eine
kurze Zeit freigelassen werden.
4 Dann sah ich Thronsessel. Alle, die auf
ihnen Platz nahmen, wurden ermächtigt, Ge-
richt zu halten. Ich sah auch die Seelen der
Menschen, die enthauptet worden sind, weil sie
öffentlich für Jesus und das Wort Gottes ein-
traten. Sie hatten weder das Tier noch sein
Standbild angebetet und trugen auch nicht das
Kennzeichen des Tieres auf ihrer Stirn oder ihrer
Hand. Sie wurden wieder lebendig und herrsch-
ten zusammen mit Christus tausend Jahre lang.
5 Die übrigen Toten wurden erst wieder leben-
dig, als die tausend Jahre um waren.
Dies ist die erste Auferstehung. 6 Freuen dür-
fen sich die Auserwählten, die an der ersten
Auferstehung teilhaben. Der zweite Tod, der
endgültige, kann ihnen nichts anhaben. Sie wer-
den Gott und Christus als Priester dienen und
tausend Jahre lang mit Christus herrschen.

Die Niederlage des Satans

7 Wenn die tausend Jahre um sind, wird der
Satan* aus seinem Gefängnis freigelassen. 8 Er
wird ausziehen, um die Völker an allen vier
Enden der Erde zu überreden – das sind Gog

a Wörtlich *der Heiligen**.

19,9 Mt 22,2; Lk 14,15-16; Jes 25,6 **19,10** 22,8-9; (Zeugen) 6,9 S **19,11** Mt 3,16 S **19,12** 1,14-15 **19,13** Jes 63,1-6; Joh 1,1 **19,14** 6,11 S **19,15** (Schwert) 1,16 S; (Zepter) 2,26-27 S; (Trauben) Jes 63,1-6 **19,16** 17,14 S **19,17-18** Ez 39,4.17-19 **19,19** 17,12-14; Ps 2,2; Sach 14,2; Ez 38,2-9.14-16 **19,20** 13,1-2 S; 13,14-15 S; (Schwefel) 20,10 S **19,21** 1,16 S **20,1** 10,1; 18,1; (Abgrund) 9,1 S **20,2** 12,9 S **20,4** Dan 7,9.22; Röm 5,17 S **20,6** 2,11 S; (Priester) 1,6 S **20,8** Ez 38,2.10-15

und Magog.[a] Sie sind so zahlreich wie der Sand am Meer, und der Satan wird sie alle zum Kampf sammeln. 9 Sie ergossen sich über die ganze Erde und umstellten das Lager des heiligen Gottesvolkes[b] und die von Gott geliebte Stadt. Aber es regnete Feuer vom Himmel, das sie vernichtete.

10 Dann wurde der Teufel, der sie verführt hatte, in den See von brennendem Schwefel geworfen, in dem schon das Tier und der falsche Prophet waren. Dort werden sie für alle Zeiten Tag und Nacht gequält.

Das abschließende Gericht. Der Tod des Todes

11 Dann sah ich einen großen weißen Thron und den, der darauf sitzt. Die Erde und der Himmel flüchteten bei seinem Anblick und verschwanden für immer. 12 Ich sah alle Toten, Hohe und Niedrige, vor dem Thron stehen.

Die Bücher wurden geöffnet, in denen alle Taten aufgeschrieben sind.[c] Dann wurde noch ein Buch aufgeschlagen: das Buch des Lebens. Den Toten wurde das Urteil gesprochen; es richtete sich nach ihren Taten, die in den Büchern aufgeschrieben waren. 13 Auch das Meer gab seine Toten heraus, und der Tod und die Totenwelt* gaben ihre Toten heraus. Alle empfingen das Urteil, das ihren Taten entsprach.

14 Der Tod und die Totenwelt wurden in den See von Feuer geworfen. Dieser See von Feuer ist der zweite, der endgültige Tod. 15 Alle, deren Namen nicht im Buch des Lebens standen, wurden in den See von Feuer geworfen.

Der neue Himmel und die neue Erde

21 Dann sah ich einen neuen Himmel und eine neue Erde. Der erste Himmel und die erste Erde waren verschwunden, und das Meer war nicht mehr da. 2 Ich sah, wie die Heilige Stadt, das neue Jerusalem, von Gott aus dem Himmel herabkam. Sie war festlich geschmückt wie eine Braut, die auf den Bräutigam wartet.

3 Vom Thron her hörte ich eine starke Stimme: »Jetzt wohnt Gott bei den Menschen! Er wird bei ihnen bleiben, und sie werden seine Völker sein. Gott selbst wird als ihr Gott bei ihnen sein. 4 Er wird alle ihre Tränen abwischen. Es wird keinen Tod mehr geben und keine Traurigkeit, keine Klage und keine Quälerei mehr. Was einmal war, ist für immer vorbei.«

5 Dann sagte der, der auf dem Thron saß: »Jetzt mache ich alles neu!«

Zu mir sagte er: »Schreib diese Worte auf, denn sie sind wahr und zuverlässig.« 6 Und er fuhr fort: »Ja, sie sind in Erfüllung gegangen! Ich bin der Erste und der Letzte,[d] der Anfang und das Ende. Wer durstig ist, dem gebe ich umsonst zu trinken. Ich gebe ihm Wasser aus der Quelle des Lebens.

7 Alle, die durchhalten und den Sieg erringen, werden dies als Anteil von mir erhalten. Ich werde ihr Gott sein, und sie werden meine Söhne und Töchter sein.[e] 8 Aber die Feiglinge und Treulosen, die Abgefallenen, Mörder und Ehebrecher, die Zauberer, die Götzenverehrer und alle, die sich nicht an die Wahrheit halten, finden ihren Platz in dem See von brennendem Schwefel. Das ist der zweite, der endgültige Tod.«

Das neue Jerusalem

9 Einer von den sieben Engeln*, die die sieben Schalen mit den sieben letzten Katastrophen getragen hatten, näherte sich mir und sagte: »Komm her! Ich werde dir die Braut zeigen, die Frau des Lammes!«

10 Der Geist* nahm von mir Besitz, und in der Vision trug mich der Engel auf die Spitze eines sehr hohen Berges. Er zeigte mir die Heilige Stadt Jerusalem, wie sie von Gott aus dem Himmel herabkam.

11 Sie strahlte die Herrlichkeit Gottes aus und glänzte wie ein kostbarer Stein, wie ein kristallklarer Jaspis. 12 Sie war von einer sehr hohen Mauer mit zwölf Toren umgeben. Die Tore wurden von zwölf Engeln bewacht, und die Namen der zwölf Stämme Israels waren an die Tore geschrieben. 13 Nach jeder Himmelsrichtung befanden sich drei Tore, nach Osten, nach Süden,

a Ezechiël (Kap 38–39) spricht von dem Fürsten Gog aus dem Land Magog, der als Feind des Gottesvolkes aus dem Norden heranzieht. Hier stehen *Gog und Magog* als symbolische Namen für die Völker, die aus allen vier Himmelsrichtungen die Heilige Stadt angreifen.
b Wörtlich *der Heiligen**. c *in denen ...*: verdeutlichender Zusatz, der den Schluß des Verses aufnimmt.
d Wörtlich *Ich bin das Alpha und das Omega;* vgl. Anmerkung zu 1,8.
e Wörtlich *meine Söhne* (im Griechischen in der Einzahl formuliert: *mein Sohn*); vgl. dazu Sacherklärung »Söhne«.

20,9 Ez 38,22 **20,10** (Schwefel) 19,20; 20,14; 21,8; 14,10; Mt 25,41; Jud 7 **20,11** 5,7 S; (verschwanden) 6,14; 21,1; Mk 13,31 par; 2 Petr 3,10 **20,12b** 3,5 S **20,13** 2,23; Röm 2,6 S **20,14** 2,11 S **20,15** 3,5 S **21,1** Jes 65,17 S; 2 Petr 3,13 **21,2** 21,9–22,5; 3,12; Jes 52,1; Gal 4,26; Hebr 11,16; 12,22; (Braut) Offb 21,9 S **21,3** Sach 2,9; 2 Kor 6,16; Lev 26,12 S **21,4** (Tränen) 7,17 S; (Tod) Jes 26,19 S **21,5** 5,7 S; (neu) 21,1; Jes 65,17 S; 2 Kor 5,17 S **21,6** 1,8 S; (Wasser) 22,1; 7,17; Sach 14,8 S; Joh 7,37 **21,7** 2 Sam 7,14 S; Ez 11,20 S **21,8** 21,27 S; 20,10 S; 2,11 S **21,9–22,5** Jes 54,1-17 S; Tob 13,9-18 **21,9** 15,1; (Braut) 19,7; 21,2; 22,17 **21,10** 1,10 S; Ez 40,2 **21,11** Jes 60,1-3.19; Ez 43,2 **21,12** 7,5-8; Gen 35,22b-26; Ex 28,21; Ez 48,30-35

nach Norden und nach Westen. 14 Die Stadt-
mauer war auf zwölf Grundsteinen errichtet, auf
denen die Namen der zwölf Apostel* des Lam-
mes standen.

15 Der Engel, der zu mir sprach, hatte einen
goldenen Meßstab, um die Stadt, ihre Tore und
ihre Mauern auszumessen. 16 Die Stadt war
viereckig angelegt, ebenso lang wie breit. Der
Engel maß die Stadt mit seinem Meßstab. Sie
war zwölftausend Wegmaße[a] lang und ebenso
breit und hoch. 17 Er maß auch die Stadtmauer.
Nach dem Menschenmaß, das der Engel ge-
brauchte, war sie hundertvierundvierzig Ellen
hoch.

18 Die Mauer bestand aus Jaspis. Die Stadt
selbst war aus reinem Gold erbaut, das so durch-
sichtig war wie Glas. 19 Die Fundamente der
Stadtmauer waren mit allen Arten von kost-
baren Steinen geschmückt. Der erste Grundstein
ist ein Jaspis, der zweite ein Saphir, der dritte ein
Chalzedon, der vierte ein Smaragd, 20 der fünfte
ein Sardonyx, der sechste ein Karneol, der siebte
ein Chrysolith, der achte ein Beryll, der neunte
ein Topas, der zehnte ein Chrysopras, der elfte
ein Hyazinth und der zwölfte ein Amethyst.
21 Die zwölf Tore waren zwölf Perlen. Jedes Tor
bestand aus einer einzigen Perle. Die Haupt-
straße war aus reinem Gold, so durchsichtig wie
Glas.

22 Einen Tempel sah ich nicht in der Stadt.
Gott, der Herrscher der ganzen Welt, ist selbst
ihr Tempel, und das Lamm mit ihm. 23 Die Stadt
braucht weder Sonne noch Mond, damit es hell
in ihr wird. Die Herrlichkeit* Gottes strahlt in
ihr, und das Lamm ist ihre Leuchte.

24 In dem Licht, das von der Stadt ausgeht,
werden die Völker leben. Die Könige der Erde
werden ihren Reichtum in die Stadt tragen.
25 Ihre Tore werden den ganzen Tag offenstehen,
mehr noch: Sie werden nie geschlossen, weil es
dort keine Nacht gibt. 26 Pracht und Reichtum
der Völker werden in diese Stadt gebracht.
27 Aber nichts Unwürdiges wird Einlaß finden.
Wer Schandtaten verübt und lügt, kann die Stadt
nicht betreten. Nur wer im Lebensbuch des
Lammes aufgeschrieben ist, wird in die Stadt
eingelassen.

22 Der Engel zeigte mir auch den Strom mit
dem Wasser des Lebens, der wie Kristall
funkelt. Der Strom entspringt am Thron Gottes
und des Lammes 2 und fließt in der Mitte der
Hauptstraße durch die Stadt.[b] An beiden Seiten
des Flusses wachsen Bäume: der Baum des
Lebens aus dem Paradies.[c] Sie bringen zwölfmal
im Jahr Frucht, jeden Monat einmal. Mit ihren
Blättern werden die Völker geheilt. 3 In der Stadt
wird es nichts mehr geben, was unter dem
Fluch Gottes steht.

Der Thron Gottes und des Lammes wird in
der Stadt stehen. Alle, die dort sind, werden Gott
als Priester dienen, 4 sie werden ihn sehen,
und sein Name wird auf ihrer Stirn stehen.
5 Es wird keine Nacht mehr geben, und sie
brauchen weder Lampen- noch Sonnenlicht.
Gott, der Herr, wird über ihnen leuchten, und
sie werden für immer und ewig als Könige
herrschen.

Jesus, der Herr, kommt

6 Jesus sagte zu mir: »Diese Worte sind wahr
und zuverlässig. Gott, der Herr, der den Prophe-
ten seinen Geist* gibt, hat seinen Engel* ge-
sandt, um seinen Dienern zu zeigen, was sich in
Kürze ereignen muß. 7 Gebt acht! Ich komme
bald! Freude ohne Ende ist allen gewiß, die
die prophetischen Worte dieses Buches beher-
zigen.«

8 Ich, Johannes, habe das alles gehört und ge-
sehen. Als es vorüber war, warf ich mich vor
dem Engel, der mir diese Dinge gezeigt hatte,
nieder, um ihn anzubeten. 9 Er aber sagte: »Tu
das nicht! Ich bin ein Diener Gottes wie du und
deine Brüder, die Propheten*, und wie alle, die
sich nach den Worten dieses Buches richten.
Bete Gott an!«

10 Dann sagte Jesus zu mir: »Du mußt das
Buch, in dem diese prophetischen Worte stehen,
nicht für später versiegeln; denn die Zeit ihrer
Erfüllung ist nahe. 11 Wer Unrecht tut, mag es
weiterhin tun. Wer den Schmutz liebt, mag sich
weiter beschmutzen. Wer aber recht handelt,
soll auch weiterhin recht handeln. Und wer
heilig ist, soll weiter nach Heiligkeit streben.

12 Gebt acht, ich komme bald, und euren

a Vgl. Anmerkung zu 14,20. Die Maßangabe enthält die Symbolzahl 12 für das Volk Gottes (12 Stämme Israels, 12 Apostel), dasselbe gilt für die 144 Ellen* in Vers 17.

b Deutung unsicher, weil zwei Bilder (aus Gen 2,8-9 und Ez 47,13) ineinander übergehen.

c Wörtlich *(An beiden Seiten) wächst Holz des Lebens;* vgl. 2,7 und die Vergleichsstellen dort.

21,14 Hebr 11,10; Eph 2,20 **21,15** 11,1; Ez 40,3 **21,16** Ez 48,16-17 **21,18-21** Jes 54,11-12 S; Ez 28,13 **21,23** 22,5; Jes 60,1-2.19-20 S **21,24-26** Jes 60,3.11 **21,27** 21,8; 22,15; 1 Kor 6,9-10; 2 Petr 3,13; Jes 35,8; 52,1; Ez 44,9; (Lebensbuch) Offb 3,5 S **22,1-2** Ez 47,1-12 S **22,3b** (Priester) 1,6 S **22,4** Ps 17,15 S; Mt 5,8; (Stirn) Offb 14,1 **22,5** 21,23 S; (herrschen) 1,6; Dan 7,18.27 **22,6** (zuverlässig) 19,9; 21,5; (Propheten) 10,7; Apg 11,27 S; 1 Kor 14,1; (in Kürze) Offb 1,1.3 **22,7** (bald) 3,11 S; (Freude) 1,3 **22,8-9** 19,10 **22,10** Dan 12,4 **22,11** Dan 12,10; Jes 56,1 **22,12** (Taten) 2,23; 6,10; 16,6; 19,2; 20,12-13; Mt 16,27 S

Lohn bringe ich mit. Jeder empfängt das, was seinen Taten entspricht. 13 Ich bin der, der alles erfüllt,[a] der Erste und der Letzte, der Anfang und das Ende.

14 Freude ohne Ende erwartet alle, die ihre Kleider reinwaschen.[b] Sie empfangen das Recht, die Frucht vom Baum des Lebens zu essen und durch die Tore in die Stadt hineinzugehen. 15 Aber die Verworfenen, die Zauberer, die Ehebrecher und die Mörder müssen draußen vor der Stadt bleiben. Dort sind auch die Götzenanbeter und alle, die das Falsche lieben und tun.

16 Ich, Jesus, habe meinen Engel gesandt, um euch dies alles mitzuteilen; die Gemeinden sollen es zuverlässig wissen. Ich bin der Wurzelspross[c] und Nachkomme Davids*. Ich bin der leuchtende Morgenstern*.«

17 Der Geist und die Braut antworten: »Komm!« Wer dies hört, soll sagen: »Komm!« Wer durstig ist, soll kommen, und wer von dem Wasser des Lebens trinken will, wird es geschenkt bekommen.

Warnung und Zusage

18 Ich, Johannes, warne jeden, der die prophetischen Worte aus diesem Buch hört: Wer diesen Worten etwas hinzufügt, dem wird Gott die Qualen zufügen, die in diesem Buch beschrieben sind. 19 Wenn aber jemand von diesen Worten etwas wegnimmt, wird Gott ihm seinen Anteil an der Frucht vom Baum des Lebens und an der Heiligen Stadt wegnehmen, die in diesem Buch beschrieben sind.

20 Der aber, der dies alles bezeugt, sagt: »Ganz gewiß, ich komme bald!«

Amen*, komm doch, Herr* Jesus!

21 Die Gnade unseres Herrn Jesus sei mit allen!

a Wörtlich *Ich bin das Alpha und das Omega;* vgl. Anmerkung zu 1,8. b Vgl. 7,14 und Anmerkung zu 3,4.
c Vgl. Anmerkung zu 5,5.

22,13 1,8 S **22,14** 7,14 S; (Baum) 2,7 S; (hineingehen) Ps 118,19-20 **22,15** 21,27 S; Eph 5,5 **22,16** 5,5 S; (Morgenstern) 2,28; Num 24,17 **22,17** (Braut) 21,9 S; (Wasser) 21,6 S **22,18-19** Dtn 4,2 S **22,18** Dtn 29,19-20 **22,19** 2,7 S **22,20** 3,11 S; 1 Kor 16,22

ANHANG

INHALT

NACHWORT

Zum Charakter dieser Übersetzung

Von einer Übersetzung wird erwartet, daß sie die Aussagen ihrer Vorlage unverfälscht, genau und verständlich wiedergibt. Bei der Verschiedenheit der Sprachen ist dieses Ziel nicht einfach dadurch zu erreichen, daß die fremdsprachige Vorlage Wort für Wort in die eigene Sprache umgesetzt wird. Auch die Forderung, einen Begriff der fremden Sprache jeweils mit ein und demselben Begriff der eigenen Sprache wiederzugeben, geht an der Sprachwirklichkeit vorbei. Sowenig der Satzbau in den verschiedenen Sprachen übereinstimmt, sowenig decken sich die oftmals breit gefächerten Bedeutungen eines Begriffs in der einen Sprache völlig mit denen eines entsprechenden Begriffs in der anderen. Wie beim Satzbau, so muß der Übersetzer daher auch bei der Wortwahl den Gesetzen der eigenen Sprache Rechnung tragen und aus den möglichen Bedeutungen eines fremdsprachigen Begriffs diejenige zum Ausdruck bringen, die im jeweiligen Zusammenhang des Originals beabsichtigt ist.

Das gilt in besonderem Maß für eine Übersetzung, die – soweit irgend möglich – für Leserinnen und Leser ohne besondere Vorkenntnisse und zusätzliche Erklärungen verständlich sein möchte. Ihr oberster Grundsatz heißt: Der *Sinngehalt* des fremdsprachigen Textes muß einen der eigenen Sprache *angemessenen Ausdruck* finden. Eine sklavische Bindung an formale Eigentümlichkeiten des fremdsprachigen Textes ist hier nicht am Platz (z. B. die Voranstellung der Negation »Nicht sollst du stehlen« in 2 Mose/ Exodus 20,15 oder Genitivkonstruktionen wie »Straßen der Rechtheit« statt »sichere Wege« in Psalm 23,3).

Die sprachliche *Form* des Originaltextes muß notfalls preisgegeben werden, damit sein *Inhalt* in unserer Sprache angemessen und unmittelbar verständlich wiedergegeben werden kann. Ein solcher Übersetzungstyp wird »kommunikativ« genannt, weil er auf Kommunikation angelegt ist, d. h. sich an den Verstehensmöglichkeiten einer breitgestreuten Zielgruppe orientiert. (Über die verschiedenen Übersetzungstypen informiert die Broschüre »Deutsche Bibelübersetzungen. Information und Bewertung«, Heft 10 der Reihe »Wissenswertes zur Bibel«, zu beziehen durch die Deutsche Bibelgesellschaft.)

Eine Übersetzung, die nach diesem Grundsatz verfährt, vereint die selbstverständliche Treue zum Original mit dem Bemühen um größtmögliche Verständlichkeit. Sie kann genauer als eine »wörtliche« Übersetzung angeben, was die Aussage des Textes an einer bestimmten Stelle ist. Sie *entfaltet* den originalen Sinn einer Aussage und schöpft ihn aus, so gut das beim heutigen Stand unserer Erkenntnis möglich ist; aber sie fügt ihm keine willkürlichen, textfremden Deutungen hinzu. Wo die Wiedergabe sich, um den Text verständlich zu machen, sehr weit von einer wörtlichen Übersetzung entfernen muß, wird diese in einer Fußnote angeführt, so daß die Lesenden den Umsetzungsvorgang nachvollziehen können.

Ein Beispiel für die Entfaltung eines Begriffs bietet die Wiedergabe von »Himmelreich« oder »Reich Gottes«. Die wörtliche Übersetzung wird heute von den meisten mißverstanden – als ginge es um ein Reich, das im Himmel ist; gemeint ist aber in der Bibel: das Herrsein Gottes, der Bereich, in dem dieses Herrsein sich verwirklicht, und alles, was der Mensch aufgrund dieses Herrseins erwarten darf. Je nach dem Textzusammenhang sind deshalb in der vorliegenden Bibelübersetzung verschiedene Entsprechungen gewählt worden: im Blick auf die Gegenwärtigkeit des Gottesreiches »Gott richtet seine Herrschaft auf«; im Blick auf seine Zukunftsdynamik »Wenn Gott sein Werk vollendet…«; im Blick auf das Vollendungsziel: »Gottes neue Welt« (vgl. die Sacherklärung »Königsherrschaft Gottes«).

Es gibt allerdings Fälle, in denen die Form des Textes ein wesentliches Moment der Aussage, des Inhalts, darstellt. Das gilt vor allem für die biblische Bildersprache und die dichterisch geformten Stücke des Alten Testaments. Hier gilt es, nicht nur den Inhalt wiederzugeben, sondern zugleich ein *passendes Gegenstück für die Form* zu finden: das entsprechende Bild, den angemessenen Rhythmus. Wo die Übersetzung Texte in Versform wiedergibt, ahmt sie nicht einfach die

metrische Form des Originals nach, sondern bedient sich entsprechender Formen aus unserem eigenen Kulturkreis, weil unsere Reaktion auf sprachliche Formen durch eben diese Kultur bedingt ist. Aus diesem Grund wurde bei der Übersetzung der Prophetenbücher auf die Versform sogar weithend verzichtet, obwohl im Original die meisten Prophetensprüche metrisch geformt sind. Im altisraelitischen Kulturkreis verlieh die poetische Form einer Aussage erhöhten Nachdruck, während sie ihr für unser Sprachgefühl den Charakter des Subjektiven oder gar Erdichteten aufprägt. Und das würde dem Anspruch der prophetischen Botschaft genau widersprechen.

Die gründliche Überarbeitung der »Guten Nachricht« 1997 war von der Absicht geleitet, den Textsinn noch genauer und treffender wiederzugeben, aber auch die in Bildwahl und Sprachform der Originaltexte beschlossene Information noch besser zu berücksichtigen. Um nur ein Beispiel zu nennen: Es macht eben auch einen Unterschied im Informationsgehalt, ob ich in den Prophetenbüchern einfach formuliere »Der Herr sagt« oder dem Original entsprechend »Das Wort des Herrn erging« und »So spricht der Herr«.

Durchgängig wurde die straffende Wiedergabe breit und wiederholungsreich formulierter Texte auf ihre Angemessenheit geprüft und in vielen Fällen eine ausführlichere Fassung gewählt. Auch auf zahlreiche Umstellungen in der Informationsabfolge konnte verzichtet werden. Als Nebenergebnis dieser veränderten Übersetzungsstrategie hat sich die Anzahl der in der Zählung zusammengefaßten Verse um mehr als ein Drittel verringert.

Ganz bewußt wurde bei der Überarbeitung auch wieder die Brücke zu vertrauten Begriffen geschlagen. So werden die Grundwörter der Theologie des Apostels Paulus, Glaube und Gerechtigkeit, jetzt beibehalten und zugleich in entfaltender Wiedergabe verdeutlicht (vgl. Römer 1,16-17; 3,21-31; siehe die Seiten 194 und 197 im Neuen Testament).

Nicht zuletzt ist es ein Anliegen der neubearbeiteten »Guten Nachricht«, eine Sprachform zu finden, die Frauen nicht diskriminiert oder ausgrenzt. Dabei geht es nicht um die kurzsichtige Anpassung an einen Modetrend, sondern um einen Akt der Gerechtigkeit. Daß die Bibel aus einer patriarchalisch bestimmten Welt kommt, ist eine Tatsache, die sich in Sprache und Inhalt vielfältig niederschlägt. Die Übersetzung darf und will dies in keiner Weise vertuschen. Aber daneben gibt es den oft verkannten Anteil von Frauen an Werden und Geschichte des Volkes Israel, und es gibt unübersehbare Impulse zu einer Neuorientierung im Sinne der Gleichwertigkeit von Mann und Frau im Kreis der Menschen, die sich Jesus anschlossen, sowie in den frühen christlichen Gemeinden. Diese Impulse sind durch männerzentrierte Auslegungs- und Übersetzungstraditionen verschüttet worden, wie sich beispielhaft an der Anrede »Brüder« in den Paulusbriefen erkennen läßt (siehe dazu die Sacherklärung »Bruder«).

In Anknüpfung an diese Impulse sucht die Übersetzung eine Sprache zu finden, die Männer und Frauen in gleicher Weise anspricht. Es werden Anstöße aus dem Weg geräumt wie das gedankenlos viel zu häufig gebrauchte Wörtlein »man«; es wird aber zugleich darauf bestanden, daß der nach der grammatischen Form »männliche« Plural für Personengruppen (Griechen, Juden usw.) nach allgemeinem deutschem Sprachgebrauch Frauen prinzipiell einschließt und nicht der disjunktiven Ausfaltung (in »Griechen und Griechinnen« usw.) bedarf.

Die Textgrundlage der Übersetzung

Übersetzt wurde aus den hebräischen, aramäischen und griechischen Grundtexten nach den jeweils neuesten wissenschaftlichen Ausgaben. Für das Alte Testament liegt zugrunde die älteste vollständig erhaltene hebräisch-aramäische Handschrift, der Codex Leningradensis aus dem Jahr 1008 n. Chr., der in der *Biblia Hebraica Stuttgartensia* abgedruckt ist. Er bietet die Textform, die von den jüdischen Überlieferern, den sog. Masoreten, zwischen 750 und 1000 n. Chr. einheitlich festgelegt worden ist.

Da der Zeitpunkt dieser Festlegung von der Abfassungszeit der betreffenden Schriften viele Jahrhunderte entfernt ist, können Übermittlungsfehler nicht ausgeschlossen werden. Tatsächlich ist es immer wieder möglich, unverständliche oder schwerverständliche Stellen mit Hilfe älterer Handschriften (z. B. aus Qumran) sowie der alten Übersetzungen zu erhellen.

Die alten Übersetzungen (vor allem die griechische, syrische und altlateinische) können als Zeugen für einen ursprünglicheren Text herangezogen werden, weil sie zum Teil lange vor der Festlegung des Textes durch die Masoreten angefertigt worden sind, auf der Grundlage von älteren hebräischen Handschriften, die uns nicht erhalten blieben. Die Übersetzung geht jedoch nur in gut begründeten Fällen vom Text der Masoreten ab und verzeichnet solche Abweichungen regelmäßig in einer Fußnote.

In der Beurteilung der Textüberlieferung schließen sich die Übersetzer weitgehend dem Urteil einer Gruppe von Fachleuten der alttestamentlichen Wissenschaft an, die im Auftrag des Weltbundes der Bibelgesellschaften Entscheidungshilfen für Bibelübersetzer erarbeitet haben (*Preliminary and Interim Report on the Hebrew Old Testament Text Project*, Band 1 bis 5, United Bible Societies, Stuttgart 1976–1980 und *Dominique Barthélemy, Critique textuelle de l' Ancien Testament*, Band 1 bis 3 [Orbis Biblicus et Orientalis 50/1 bis 50/3], Fribourg/Schweiz und Göttingen 1982, 1986, 1992).

Für das Neue Testament wurde der griechische Text zugrunde gelegt, wie er in der 27. Auflage des *Novum Testamentum Graece* von Nestle-Aland und der 4. Auflage des *Greek New Testament* der United Bible Societies gleichlautend vorliegt. Diese Textfassung wurde von einem internationalen und interkonfessionellen Team von Fachleuten im Auftrag der Bibelgesellschaften erarbeitet. Wenn die Übersetzung gelegentlich einmal eine andere überlieferte Leseart bevorzugt, geben auch hier die Fußnoten darüber Rechenschaft.

Für die »Spätschriften des Alten Testaments«, die nicht in allen Ausgaben dieser Bibelübersetzung enthalten sind, wurde die Septuaginta-Ausgabe von Alfred Rahlfs und, soweit sie vorliegt, die große Göttinger Septuaginta-Ausgabe zugrunde gelegt. Diese Spätschriften, die vollständig nur in griechischer Sprache überliefert sind, zählten zur Zeit der Entstehung des Neuen Testaments zu den Heiligen Schriften des Judentums in der griechischsprechenden Welt und wurden von der Urchristenheit zusammen mit allen Schriften des Alten Testaments als ihre Heilige Schrift übernommen

Am Ende des ersten Jahrhunderts n. Chr. haben die jüdischen Schriftgelehrten – auch in Abgrenzung gegen die Christen – den »Kanon« ihrer Heiligen Schriften auf die Bücher beschränkt, die seither als »Hebräische Bücher« (Biblia Hebraica, hebräisches Altes Testament) überliefert werden.

Die Kirche hat jedoch die vom Judentum ausgeschiedenen Schriften bis zur Reformationszeit weiterhin ihrer Heiligen Schrift zugezählt. Erst Martin Luther, der als erster das Alte Testament aus dem hebräischen Grundtext ins Deutsche übersetzte, hat die nur griechisch überlieferten Schriften des Alten Testaments herausgezogen und ihnen einen Platz direkt vor dem Neuen Testament gegeben als Schriften, die nach seiner Auffassung »der Heiligen Schrift nicht gleich gehalten und doch nützlich und gut zu lesen sind«.

In der katholischen und den orthodoxen Kirchen sind sie bis heute vollwertiger Bestandteil des Alten Testaments. Sie werden auch in evangelischen Kreisen zunehmend beachtet als wichtiges Bindeglied zwischen Altem und Neuem Testament und als Voraussetzung für ein besseres Verständnis der neutestamentlichen Schriften.

Aufgrund einer Vereinbarung zwischen dem Weltbund der Bibelgesellschaften und dem vatikanischen Sekretariat für die Einheit der Christen über die Erarbeitung und Herausgabe interkonfessioneller Bibelübersetzungen (1968) werden sie in dieser Bibelübersetzung nach Luthers Vorbild vor dem Neuen Testament eingeordnet.

In der katholischen Kirche werden diese Schriften als »Deuterokanonische Schriften«, in den evangelischen Kirchen als »Apokryphen« bezeichnet. Für diese Bibelausgabe wurde aufgrund einer Vereinbarung zwischen den evangelischen und katholischen Bibelgesellschaften bzw. Bibelwerken des deutschsprachigen Raums die leichter verständliche Bezeichnung »Spätschriften des Alten Testaments« eingeführt, auch wenn es darunter Schriften gibt, die in etwa gleichzeitig mit den spätesten Teilen des hebräischen Schriftenkanons entstanden sind.

Mit der besonderen Geschichte dieser Spätschriften hängt es auch zusammen, daß sie in den verschiedenen Bibelausgaben nach unterschiedlichen Textgrundlagen und mit gelegentlich abweichender Kapitel- und Verszählung wiedergegeben werden. Insbesondere geht die Fassung Luthers aufgrund einer unzulänglichen Textvorlage eigene Wege. Die Kapitel- und Verszählung richtet sich in der Gute-Nachricht-Bibel nach den erwähnten griechischen Textausgaben, bei Abweichungen nach der Göttinger Ausgabe. Die Reihenfolge der betreffenden Schriften orientiert sich in dieser Bibel an der Abfolge der Schriftengruppen im Alten Testament: geschichtliche Bücher – Bücher in dichterischer Form (speziell Weisheitsschriften) – prophetische Bücher. Innerhalb der geschichtlichen Bücher wird die historische Abfolge (der dargestellten Ereignisse, nicht der Abfassung) gewählt. Eine tabellarische Übersicht der Abfolge und Zählung in den verschiedenen deutschen Bibelausgaben findet sich in dem Taschenbuch »Bibelkunde im Überblick«, das 1997 bei der Deutschen Bibelgesellschaft erscheint.

Von manchen Spätschriften gibt es in der grie-

chischen Überlieferung verschiedene Textfassungen. Das Buch Tobit wird in dieser Bibelübersetzung (anders als in den meisten deutschen Bibelübersetzungen bisher) nach der ausführlicheren Fassung des Codex Sinaiticus wiedergegeben, die Zusätze zum Buch Daniel nach der Fassung von Theodotion. Vom Buch Sirach sind außer der griechischen Fassung auch hebräische Fragmente bekannt, die jedoch nur in den Fußnoten berücksichtigt werden. Dieses Verfahren wurde gewählt, da das griechische Buch Sirach, das allein vollständig vorliegt, nicht eine einfache Übersetzung, sondern eine bewußte Bearbeitung darstellt und in dieser Form in die Heilige Schrift der Alten Kirche aufgenommen wurde.

Entstehung der Übersetzung und Übersetzer

Die Übersetzung ist ein Gemeinschaftswerk von Theologen aus der evangelischen und aus der katholischen Kirche sowie aus dem Raum der evangelischen Freikirchen. Sie wurde erarbeitet im Auftrag der Bibelgesellschaften und Bibelwerke aller deutschsprachigen Länder Europas.

Nach einer Vorstufe unter dem Titel *Gute Nachricht für Sie – NT 68*, die sich stark an der amerikanischen Übersetzung *Good News for Modern Man* (Today's English Version) orientierte, erschien 1971 das Neue Testament *Die Gute Nachricht* in einer stark überarbeiteten, selbständigen Fassung, dann 1977 eine umfangreiche Auswahl aus dem Alten Testament. Die vollständige Bibel mit abermals verbessertem Neuem Testament erschien 1982 unter dem Titel *Die Bibel in heutigem Deutsch – Die Gute Nachricht des Alten und Neuen Testaments.*

An diesen Textfassungen waren zahlreiche Übersetzer, auch aus der damaligen DDR, beteiligt. Die Endfassung des Textes von 1982 wurde durch einen Redaktionskreis verantwortet, dem als Übersetzer Hellmut Haug, Rudolf Kassühlke und Joachim Lange angehörten, dazu als Vorsitzender Siegfried Meurer (Deutsche Bibelgesellschaft, Stuttgart), als Übersetzungsberater des Weltbundes der Bibelgesellschaften Jan de Waard, als Vertreter des Bibelwerks in der DDR für das Alte Testament Jürgen Reich und für das Neue Testament Ekkehard Runge. Die Übersetzer wurden beraten durch Fachleute der alttestamentlichen Wissenschaft, deren Namen im Nachwort der Ausgabe von 1982 aufgeführt sind.

Die Revision von 1997 lag in den Händen der drei Hauptübersetzer von 1982, dazu trat für das Alte Testament Rolf Schäfer. Beraten wurden die Übersetzer durch Vertreter der Bibelgesellschaften und Bibelwerke sowie durch namhafte Fachleute der Bibelwissenschaft, die kritische Gutachten zu einzelnen Büchern beisteuerten: Alfons Deissler (Freiburg), Hubert Frankemölle (Paderborn), Heinz Giesen (Hennef), Walter Groß (Tübingen), Klaus Haacker (Wuppertal), Wilhelm Hemecker (Graz), Hans-Joachim Kittel (Erfurt), Hans-Josef Klauck (Würzburg), Bernhard Lang (Tübingen), Jürgen Roloff (Erlangen), Rudolf Schnackenburg (Würzburg), Heinz Schwantes (Gera), Harald Schweizer (Tübingen), Michael Theobald (Tübingen), Erich Zenger (Münster). Die biblischen Vergleichsstellen wurden von Klaus D. Fricke neu durchgeprüft und ergänzt.

Sieben Frauengruppen haben auf Einladung der Deutschen Bibelgesellschaft 1988/89 fast den gesamten Text durchgearbeitet, Anstöße aus der Sicht von Frauen notiert und Verbesserungsvorschläge unterbreitet. Kritik und Vorschläge wurden zusammengefaßt von Hildburg Wegener in Band 1 der Reihe »Bibel im Gespräch«: *Die vergessenen Schwestern. Frauengerechte Sprache in der Bibelübersetzung,* Stuttgart 1993; dort sind auch die Namen der beteiligten Frauen verzeichnet. Während der Revisionsarbeit wurden die Übersetzer beraten durch Susanne Bucher-Gillmayr, Monika Fander, Hannelore Jahr, Renate Jost und Beate Stemmer.

An der Erfassung und wiederholten Korrektur der Texte haben mitgewirkt Christine Hertel und Brigitte Reichel.

In der Beurteilung der Textüberlieferung schließen sich die Übersetzer weitgehend dem Urteil einer Gruppe von Fachleuten der alttestamentlichen Wissenschaft an, die im Auftrag des Weltbundes der Bibelgesellschaften Entscheidungshilfen für Bibelübersetzer erarbeitet haben (*Preliminary and Interim Report on the Hebrew Old Testament Text Project,* Band 1 bis 5, United Bible Societies, Stuttgart 1976–1980 und *Dominique Barthélemy, Critique textuelle de l' Ancien Testament,* Band 1 bis 3 [Orbis Biblicus et Orientalis 50/1 bis 50/3], Fribourg/Schweiz und Göttingen 1982, 1986, 1992).

Für das Neue Testament wurde der griechische Text zugrunde gelegt, wie er in der 27. Auflage des *Novum Testamentum Graece* von Nestle-Aland und der 4. Auflage des *Greek New Testament* der United Bible Societies gleichlautend vorliegt. Diese Textfassung wurde von einem internationalen und interkonfessionellen Team von Fachleuten im Auftrag der Bibelgesellschaften erarbeitet. Wenn die Übersetzung gelegentlich einmal eine andere überlieferte Leseart bevorzugt, geben auch hier die Fußnoten darüber Rechenschaft.

Für die »Spätschriften des Alten Testaments«, die nicht in allen Ausgaben dieser Bibelübersetzung enthalten sind, wurde die Septuaginta-Ausgabe von Alfred Rahlfs und, soweit sie vorliegt, die große Göttinger Septuaginta-Ausgabe zugrunde gelegt. Diese Spätschriften, die vollständig nur in griechischer Sprache überliefert sind, zählten zur Zeit der Entstehung des Neuen Testaments zu den Heiligen Schriften des Judentums in der griechischsprechenden Welt und wurden von der Urchristenheit zusammen mit allen Schriften des Alten Testaments als ihre Heilige Schrift übernommen

Am Ende des ersten Jahrhunderts n. Chr. haben die jüdischen Schriftgelehrten – auch in Abgrenzung gegen die Christen – den »Kanon« ihrer Heiligen Schriften auf die Bücher beschränkt, die seither als »Hebräische Bücher« (Biblia Hebraica, hebräisches Altes Testament) überliefert werden.

Die Kirche hat jedoch die vom Judentum ausgeschiedenen Schriften bis zur Reformationszeit weiterhin ihrer Heiligen Schrift zugezählt. Erst Martin Luther, der als erster das Alte Testament aus dem hebräischen Grundtext ins Deutsche übersetzte, hat die nur griechisch überlieferten Schriften des Alten Testaments herausgezogen und ihnen einen Platz direkt vor dem Neuen Testament gegeben als Schriften, die nach seiner Auffassung »der Heiligen Schrift nicht gleich gehalten und doch nützlich und gut zu lesen sind«.

In der katholischen und den orthodoxen Kirchen sind sie bis heute vollwertiger Bestandteil des Alten Testaments. Sie werden auch in evangelischen Kreisen zunehmend beachtet als wichtiges Bindeglied zwischen Altem und Neuem Testament und als Voraussetzung für ein besseres Verständnis der neutestamentlichen Schriften.

Aufgrund einer Vereinbarung zwischen dem Weltbund der Bibelgesellschaften und dem vatikanischen Sekretariat für die Einheit der Christen über die Erarbeitung und Herausgabe interkonfessioneller Bibelübersetzungen (1968) werden sie in dieser Bibelübersetzung nach Luthers Vorbild vor dem Neuen Testament eingeordnet.

In der katholischen Kirche werden diese Schriften als »Deuterokanonische Schriften«, in den evangelischen Kirchen als »Apokryphen« bezeichnet. Für diese Bibelausgabe wurde aufgrund einer Vereinbarung zwischen den evangelischen und katholischen Bibelgesellschaften bzw. Bibelwerken des deutschsprachigen Raums die leichter verständliche Bezeichnung »Spätschriften des Alten Testaments« eingeführt, auch wenn es darunter Schriften gibt, die in etwa gleichzeitig mit den spätesten Teilen des hebräischen Schriftenkanons entstanden sind.

Mit der besonderen Geschichte dieser Spätschriften hängt es auch zusammen, daß sie in den verschiedenen Bibelausgaben nach unterschiedlichen Textgrundlagen und mit gelegentlich abweichender Kapitel- und Verszählung wiedergegeben werden. Insbesondere geht die Fassung Luthers aufgrund einer unzulänglichen Textvorlage eigene Wege. Die Kapitel- und Verszählung richtet sich in der Gute-Nachricht-Bibel nach den erwähnten griechischen Textausgaben, bei Abweichungen nach der Göttinger Ausgabe. Die Reihenfolge der betreffenden Schriften orientiert sich in dieser Bibel an der Abfolge der Schriftengruppen im Alten Testament: geschichtliche Bücher – Bücher in dichterischer Form (speziell Weisheitsschriften) – prophetische Bücher. Innerhalb der geschichtlichen Bücher wird die historische Abfolge (der dargestellten Ereignisse, nicht der Abfassung) gewählt. Eine tabellarische Übersicht der Abfolge und Zählung in den verschiedenen deutschen Bibelausgaben findet sich in dem Taschenbuch »Bibelkunde im Überblick«, das 1997 bei der Deutschen Bibelgesellschaft erscheint.

Von manchen Spätschriften gibt es in der grie-

(Ex 20,22-26), auf dem Opfertiere verbrannt wurden (→ Opfer). Kleinere Altäre dienten der Verbrennung von Weihrauch (→ Räucheraltar, → Rauchopfersäule). Wenn im Zusammenhang mit dem → Heiligen Zelt oder dem Jerusalemer → Tempel vom Altar ohne nähere Kennzeichnung gesprochen wird, ist der → Brandopferaltar gemeint. – Am Altar eines Heiligtums konnten Verfolgte Schutz finden (»Asyl«; Ex 21,13-14; 1 Kön 1,50-51; 2,28-30).

Älteste Die Stellung der Ältesten gründete ursprünglich in der Würde des Alters: In Familie und Sippe gilt die Autorität der Alten. Obwohl im Grundsatz alle Familienoberhäupter den gleichen Rang hatten, übten im größeren Verband des Stammes die Häupter der mächtigsten Familien die Autorität aus, im Krieg als Anführer und im Frieden durch Rechtsprechung. Sie bildeten eine Art Adel.

Aus Vertretern dieser Stammesältesten bildete sich vermutlich das gesamtisraelitische Gremium der »Ältesten Israels« (2 Sam 5,3; 1 Kön 8,1). In den Städten entwickelte sich aus der Ältestenverfassung eine Art Stadtaristokratie, die als lokale Behörde die Ortschaft verwaltete und Recht sprach. Unter dem Königtum verloren die Ältesten an Einfluß, gewannen ihn aber neu im babylonischen → Exil (Jer 29,1) und nach der Rückkehr (→ Ältestenrat). In den jüdischen Gemeinden außerhalb Palästinas war die Verwaltung zumindest der → Synagoge einem Ältestenrat unterstellt.

Nach jüdischem Vorbild wurde auch ein Teil der christlichen Gemeinden ursprünglich von einer Gruppe von Ältesten geleitet (Apg 14,23; 20,17; 1 Tim 5,17-22; Tit 1,5). Diese Leitungsform scheint in der Jerusalemer Urgemeinde ihre Wurzeln zu haben (Apg 11,30; 15,4.6; 21,18). Zur weiteren Entwicklung → Gemeindeleiter.

In der Offenbarung (Offb 4–5) sind die 24 Ältesten eine Art himmlischer Thronrat mit zugleich königlichen und priesterlichen Funktionen.

Ältestenrat Das leitende Gremium der jüdischen Gemeinde nach der Rückkehr aus dem babylonischen → Exil (vgl. Esra 5,9; 10,8). In der Makkabäerzeit wird es mehrfach neben den führenden Männern aus der Makkabäerfamilie erwähnt. In der römischen Zeit ist es als Synedrium (in dieser Übersetzung »Jüdischer → Rat«) bekannt.

Amalek(iter) Normadenstamm auf der nördlichen Sinaihalbinsel, in der Frühzeit gefährlicher Feind Israels (Ex 17,8-16; Ri 3,13; 6,3.33; 1 Sam 15; 27,8; 30,1-20; 1 Chr 4,43).

Amen Das (hebräische) Wort hat den Sinn von »So ist es/So sei es!«, wenn es von der Gemeinde zur Bestätigung von Segen oder Fluch ausgerufen wird (Dtn 27,15-26) oder die Gemeinde sich mit diesem Wort hinter das Gebet eines einzelnen stellt (1 Kor 14,16). Im Neuen Testament gewinnt das Gebet wie auch das abschließende Amen seine besondere Zuversicht und Festigkeit aus der in Christus erfahrbar gewordenen Treue Gottes und aus der Tatsache, daß Christus selbst das Gebet seiner Gemeinde mitträgt (2 Kor 1,20; an dieser Stelle wird darauf angespielt, daß das Gemeindegebet schließt mit den Worten »durch Jesus Christus, unseren Herrn, Amen«).

Die Einleitung von Jesusworten mit »Amen« drückt aus, daß Jesus selbst die Wahrheit seines Wortes verbürgt. In dieser Übersetzung wird das Wort nur beibehalten, wo es im Grundtext verdoppelt steht (*Amen, Amen* = »Amen, ich versichere euch«), sonst wird es durch die Formel »Ich versichere euch« wiedergegeben.

Ammon(iter) Nachbarvolk Israels im südlichen Ostjordanland mit der Hauptstadt Rabba bzw. Rabbat-Ammon (Karte PA, D5/D6). Von David unterworfen, später wieder selbständig, dann unter der Herrschaft der → Babylonier und ihrer Nachfolgereiche.

Amoriter »Amoriterland« (Amurru) ist die frühbabylonische Bezeichnung für Palästina und Syrien. In der Bibel Bezeichnung für die vorisraelitische Bevölkerung Gesamtpalästinas, aber auch für einen Einzelstamm in Mittelpalästina (neben anderen kleinen Volksgruppen wie u. a. den Girgaschitern, Hiwitern, Perisitern und den in Jerusalem ansässigen Jebusitern; vgl. Dtn 7,1).

Amtsschurz Wichtiges Stück der Amtskleidung des → Obersten Priesters: ein schurzähnliches Kleidungsstück mit breiten Schulterbändern, das vermutlich über dem Priesterhemd und dem Obergewand getragen wurde (Ex 28,6-14; vgl. 28,31.39).

Anakiter, Anakssöhne Als riesenhaft geltende Sippen in Hebron und Umgebung, die den israelitischen Kundschaftern Angst einjagten (Num 13,33) und von Josua und Kaleb vernichtet wurden (Jos 11,21-22; 15,13-14).

Angriffsrampe → Rammbock.

Antichrist Eine Gestalt, in der die Macht des Bösen und der Gottfeindlichkeit in der Endzeit, vor dem endgültigen Sieg Gottes und seines gesalbten Königs (→ Christus), persönlich auftritt und die Menschen zu verführen sucht (2 Thess 2,3; das »Tier aus dem Abgrund« von Offb 11,7;

SACHERKLÄRUNGEN

Erklärt werden die Wörter, die im Bibeltext einen Stern (*) tragen. Zu den Abkürzungen der biblischen Bücher siehe vorn Seite 8* sowie die »Gebrauchsanweisung« Seite 12*, zu den Kürzeln für die farbigen Landkarten siehe Seite 437 des Anhangs. Ein Pfeil (→) vor einem Wort verweist auf die entsprechende Sacherklärung.

A

Abba Aramäisch »(lieber) Vater«, als Anrede im Familienkreis gebraucht. Jesus verwendete das Wort in der Gebetsanrede an Gott (Mk 14,36) und brachte damit die innige Verbundenheit mit seinem himmlischen Vater zum Ausdruck. Der → Geist, den Jesus den Seinen schenkt, gibt ihnen Anteil an dieser vertrauten Gottesnähe, wenn er sie ermächtigt und ermutigt, im geistgetragenen Gebet Gott genau wie Jesus als »Abba« anzurufen (Röm 8,15; Gal 4,6). Auch im damaligen Judentum ist die vertraute Anrede gelegentlich bezeugt, gebräuchlich war jedoch das feierliche »Ab«.

Abel → Kain.

Abendmahl → Mahl des Herrn.

Abendopfer Im → Tempel in Jerusalem wurde täglich am Morgen und am Abend ein → Brandopfer dargebracht (Ex 29,38-42; Num 28,3-8), wobei laut jüdischer Überlieferung der Abend um 15 Uhr begann.

Abib (»Ährenmonat«) Althebräischer Monat, später → Nisan; etwa Mitte März bis Mitte April.

Abgrund Der unterirdisch gedachte Aufenthaltsort dämonischer Mächte (Lk 8,31; Offb 9,1.11) und des → Antichrist vor seinem Auftreten (Offb 11,7; 17,8), aber auch das Verlies, in dem der → Satan gefangengehalten wird (Offb 20,1-3).

Abraham Stammvater Israels (zum Namen vgl. Gen 17,4-5). Wer zum erwählten Volk Israel gehört, ist »Sohn« oder »Tochter« Abrahams (Lk 13,16; 19,9; Mt 3,9 par). Erwartet wurde, daß die Nachkommen Abrahams bzw. die unter ihnen, die im letzten Gericht als → gerecht anerkannt werden, mit ihm am Festmahl in Gottes neuer Welt teilnehmen dürfen (Mt 8,11 par; Lk 16,22). Im Neuen Testament ist Abraham Vorbild des Glaubens (Röm 4; Hebr 11,8-19; vgl. Gen 15,6) und Vater des neuen Gottesvolkes, der Glaubenden aus allen Völkern (Röm 4,11-12).

Achaia Römische Provinz im südlichen Teil des heutigen Griechenland mit der Hauptstadt Korinth. An sie und die Hafenstadt Kenchreä (Röm 16,1) ist gedacht, wenn Paulus von den Christen »in Achaia« spricht.

Achortal Der Name bedeutet Unglückstal. Die Lage ist umstritten, entweder am Nordwestende des Toten Meeres (Karte PA, C6) oder im Nordwesten von Jericho in der Nähe der Stadt Ai (Karte PA, B1). Das Tal spielt im Zusammenhang der Inbesitznahme des Landes → Kanaan eine Rolle: Hier wurde Achan, der sich an gebanntem Gut (→ Bann) vergriffen hatte, mit seiner gesamten Familie gesteinigt und damit vom Besitz des Landes ausgeschlossen (Jos 7,24-26). Bei Hosea (Hos 2,17) wandelt sich das »Unglückstal« zum Hoffnungszeichen, wenn Israel durch eben dieses Tal zum zweiten Mal von Gott in sein Land geführt wird.

Adar Der 12. Monat nach dem babylonischen → Kalender, etwa Mitte Februar bis Mitte März.

Agrippa → Herodes (5, 6).

Alarmhorn → Widderhorn.

Allerheiligstes Der innerste Raum des → Heiligen Zeltes und des Jerusalemer → Tempels, der als Gottes »Wohnung«, der Ort seiner unsichtbaren Gegenwart, ihm allein vorbehalten war. Der dunkle, fensterlose Raum – im Jerusalemer Tempel ein Kubus von 5 m Seitenlänge – enthielt die → Bundeslade mit den Gesetzestafeln und der Deckplatte, an der einmal im Jahr am → Versöhnungstag vom → Obersten Priester die Sühnehandlung vollzogen wurde (Lev 16,11-17); sonst durfte dieser Raum nicht betreten werden.

Aloë Ein indischer Baum, zugleich Bezeichnung für dessen wohlriechendes Harz, das u.a. als Duftstoff beim Begräbnis verwendet wurde (Joh 19,39).

Alraunfrucht Die Frucht der Alraune ist klein, scharf riechend und ähnelt einem Apfel. Sie galt als Mittel zur Förderung der Fruchtbarkeit.

Altar Opfertisch im Freien aus Erde oder Stein

bis 14 n. Chr.) in ihren späteren Abschnitten eine Zeit allgemeinen Friedens war.

auspeitschen Die örtlichen Synagogengerichte (→ Synagoge) konnten bei Verstößen gegen die vom → Gesetz vorgegebene Ordnung die Strafe der Auspeitschung verhängen (Mk 13,9; Apg 5,40; 22,19). Das Höchstmaß war auf vierzig Hiebe begrenzt (Dtn 25,3); um die Grenze nicht aus Unachtsamkeit zu überschreiten, wurden im Höchstfall neununddreißig verabreicht (2 Kor 11,24). – Römische Behörden gebrauchten gegenüber Nichtrömern die Auspeitschung als abschreckende Maßnahme (Lk 23,16; Joh 19,1) und um Geständnisse zu erpressen (Apg 22,24-25).

Aussatz Eine Sammelbezeichnung für verschiedene Hautkrankheiten, zu denen nicht nur die Lepra zählt, die erst in der Alexanderzeit aus Indien eingeschleppt wurde, sondern z. B. auch die Psoriasis, die Schuppenflechte. Aussatz galt als etwas Unheimliches und wurde dämonischer Einwirkung zugeschrieben, deshalb machte er kultisch unrein (→ rein). Der Unreine wurde aus der Gemeinschaft der Gesunden, der Reinen, ausgesondert (Lev 13,45-46). Wenn eine Heilung stattfand, galt der Priester als Sachverständiger, der sie bestätigen mußte (Lev 13,2-44; 14,1-3). – Als »Aussatz« bezeichnet und entsprechend behandelt wurde auch Pilz- und Schimmelbefall an Häusern und Gebrauchsgegenständen (Lev 13,47-59; 14,33-53).

B

Baal Der Wortsinn ist eigentlich »Herr« oder »Besitzer«. Im Lauf der Zeit wurde das Wort zu einem Göttertitel und schließlich zum Namen des kanaanitischen Wettergottes. Im Wettergott Baal sahen die → Kanaaniter den Herrn über Donner und Blitz, Wolken, Regen und Schnee. Er wurde oft als Krieger mit gehörntem Helm dargestellt, in der einen Hand eine Keule, in der andern ein Bündel Blitze.
Das Absterben der Pflanzendecke während der sommerlichen Trockenperiode erklärte man mit Baals Abstieg in die → Totenwelt, das Wiederaufleben der Natur am Beginn der Regenzeit mit seiner Rückkehr von dort. Als Herr über den lebenswichtigen → Regen (ein entscheidender Faktor für die Fruchtbarkeit des Landes) stand Baal in enger Verbindung mit der Muttergottheit → Aschera und der Fruchtbarkeits- und Liebesgöttin → Astarte. Im Nordreich → Israel, das sich aufgrund seiner geographischen Lage mehr als Juda mit den kanaanitischen Kulten auseinandersetzen mußte, spielte der Baalskult zeitweise eine wichtige Rolle. Er wurde von manchen Königen sogar gefördert (1 Kön 16,31-32), von andern wie auch von den → Propheten heftig bekämpft (1 Kön 18; 2 Kön 10,18-28).
Die Verehrung Baals als Macht der Fruchtbarkeit war völlig unvereinbar mit Israels Glauben an Gott, den alleinigen Schöpfer und Herrn der Welt. Die Teilnahme am kanaanitischen Fruchtbarkeitskult, den man sich jedoch kaum als ein sexuelles Ritual vorzustellen hat (→ Aschera), war Israel untersagt, weil dieser Kult ein Geschenk Gottes – die Fruchtbarkeit von Land, Menschen und Vieh – an die Stelle Gottes, die Gabe an die Stelle des Gebers setzt. Im Sprachgebrauch Israels bekam deshalb der Göttername »Baal« immer mehr den Sinn von »Götze«. Wenn in der Mehrzahl von »den Baalen« die Rede ist, sind entweder allgemein die fremden Götter gemeint, oder es ist an die zahlreichen Baalsheiligtümer im Land gedacht.

Baal-Sebub → Beelzebul.

Babylon (Babel) Stadt am Eufrat (Karte AO, F3), seit dem 2. Jahrtausend v. Chr. Herrschaftszentrum des Vorderen Orients (→ Babylonien; als Name für die Provinz Babylonien innerhalb des Babylonischen und Persischen Reiches wird in der Übersetzung ebenfalls »Babylon« verwendet; Dan 2,49; 3,1).
Im Neuen Testament wird der Name der alten mesopotamischen Hauptstadt als Deckbezeichnung für die römische Weltmacht und ihre Hauptstadt Rom gebraucht (1 Petr 5,13; Offb 18). Vergleichspunkt ist die Feindschaft gegen das Gottesvolk: Der römische Kaiser läßt die Christen verfolgen; die Babylonier haben Jerusalem und seinen Tempel zerstört und die Oberschicht des Landes in die Verbannung geführt.

Babylonien Das Schwemmland um Eufrat und Tigris südöstlich des heutigen Bagdad (Karte AO, F3-F4) mit dem Hauptort → Babylon. Zuerst ist diese Gegend vermutlich im 5. Jahrtausend v. Chr. besiedelt worden. In der Bibel zugleich Bezeichnung für das Neubabylonische Reich, dessen Herrscher Nebukadnezzar (604–562 v. Chr.) Juda besiegte, Jerusalem zerstören und die Oberschicht des Landes nach Babylonien deportieren ließ (→ Exil).

Bann Der Begriff gehört in den Zusammenhang des sog. »Heiligen Krieges« und bedeutet, daß die gesamte Kriegsbeute menschlichem Gebrauch und menschlicher Verfügung entnommen ist und Gott als dem eigentlichen Kriegsherrn gehört. Im strengsten Fall wurden die

Siedlungen mit Feuer zerstört und alles Lebendige mit dem Schwert vernichtet. Aus den biblischen Berichten läßt sich erkennen, daß diese Form des Krieges nur aus besonderen Anlässen und mit eng begrenzten Zielen (z.B. als Strafaktion) geübt wurde. Die generelle Forderung des 5. Mose-Buches (Deuteronomium) nach Ausrottung aller vorisraelitischen Bewohner → Kanaans ist in der Praxis nicht durchgeführt worden (vgl. Ri 1; 2,1-3; 3,1-6). In ihr spiegelt sich das Bestreben, Israel vor fremden Einflüssen zu schützen, die seinem Glauben gefährlich werden konnten und, wie der Kampf der Propheten (Hosea, Jeremia, Ezechiël) zeigt, auch tatsächlich wurden.

Baschan Hochebene von sprichwörtlicher Fruchtbarkeit im nördlichen Ostjordanland (Karte PA, D-E 3-4). Wenn bei Amos (Am 4,1) die Frauen von Samaria mit Baschanskühen verglichen werden, dann karikiert das den üppigen Wohlstand der Oberschicht.

Bdelliumharz (Num 11,7) Das in Form durchscheinender Kügelchen ausgeschwitzte Gummiharz des in Südarabien heimischen Balsambaums.

Beelzebul Ursprünglich Baal-Sebul (vermutlich »Herr der hohen Wohnung«; → Baal), ein Gott der → Philister. Der Name wird von den Israeliten in »Herr der Fliegen« umgedeutet (= Baal-Sebub in 2 Kön 1,2). Im Judentum Bezeichnung für den obersten der bösen → Geister (Mt 10,25; 12,24).

Befreier → Löser.

Bel Anderer Name für den babylonischen Hauptgott Marduk.

Belagerungsturm Fahrbarer Holzturm, der auf einer Rampe an die Mauer einer belagerten Stadt herangefahren wurde. Er war mit Truppen bemannt, die von oben auf die Belagerten schießen und über Fallbrücken die Mauern erstürmen konnten.

Berg Berge spielen in den Religionen vieler Völker eine herausragende Rolle – als Sitz der Götter, als Orte der Gottesnähe und der Gottesoffenbarung (→ Götterberg). In den Überlieferungen Israels sind es maßgeblich der → Sinai und der → Zion.

Wenn in den Evangelien wiederholt von »dem« Berg gesprochen wird, auf den Jesus geht (ohne daß er identifiziert wird oder für uns identifizierbar wäre; vgl. Mt 5,1; 15,29; 28,16; Mk 3,13; Lk 9,28; Joh 6,3), dann ist dies nicht ein Hinweis auf einen bestimmten Berg, sondern auf Jesus und seine Bedeutung: Er betet und handelt auf dem Berg, d.h. er lebt und wirkt aus einer besonderen Gottesnähe heraus und verkörpert Gottes letzte, entscheidende Offenbarung.

Bergpredigt Die Bergpredigt ist uns in zweifacher Gestalt überliefert: bei Matthäus (Kap 5–7) und bei Lukas (Lk 6,20-49). Nach Mt 5,1 fand sie *auf* dem → Berg statt, nach Lk 6,17 *am Fuß* des Berges (daher auch »Feldrede« genannt).

Die Fassung der Rede bei *Lukas* ist wesentlich kürzer als die bei Matthäus, doch tritt in ihr gerade deshalb das Gebot der Feindesliebe als Hauptthema stark hervor (Lk 6,27-36). Die Angeredeten sind mehr als bei Matthäus als materiell Notleidende gesehen (6,20-26).

Die Fassung der Rede bei *Matthäus* ist maßgeblich bestimmt durch die Frage nach der Geltung und rechten Auslegung des Mose-Gesetzes (Mt 5,17-20; 7,12): Jesus deckt den eigentlichen Willen Gottes auf, der hinter den Gebotsformulierungen steht, und fordert – in Auseinandersetzung mit damaligen Fehlformen der Frömmigkeit, die sich stets wiederholen können – dazu auf, diesen Gotteswillen radikal zu erfüllen (5,21-48; 7,15-23).

Feindesliebe und Verzicht auf Wiedervergeltung sind das Herzstück der Bergpredigt bei Matthäus (5,43-48) wie bei Lukas. Die Jünger und Jüngerinnen von Jesus haben im Umgang mit anderen die selbstlose, verzeihende Liebe Gottes zu bezeugen, die ihnen selbst in Jesus begegnet ist und die die Erfüllung einer solchen Forderung erst möglich macht.

(1) Mt 5,3-4: → Seligpreisungen.

(2) Mt 5,43: »hasse deinen Feind«: Dies wird im Alten Testament nicht gefordert. Jesus nimmt hier Bezug auf die Art, in der zu seiner Zeit die Geltung des angeführten Gebots aus Lev 19,18 von religiös engagierten Kreisen gerne eingegrenzt wurde (→ Mitmensch). Die Gemeinschaft von → Qumran sah es als religiöse Pflicht ihrer Mitglieder an, »alle Söhne des Lichtes (= die Mitglieder der Qumrangemeinde) zu lieben … und alle Söhne der Finsternis (= das abtrünnige Israel und die nichtjüdischen Völker) zu hassen«. Eine solche Haltung kann sich allerdings durchaus auf das Alte Testament berufen; vgl. etwa Ps 139,19-22; 149,6-9.

Auch das Gebot, die Feinde zu lieben, hat seine alttestamentliche Vorgeschichte; vgl. Ex 23,4-5; Lev 19,33-34; Ijob 31,29-30; Spr 24,17; 25,21-22. Doch hat Jesus angesichts des bevorstehenden Anbrechens der → Königsherrschaft Gottes das Liebesgebot in dieser uneingeschränkten Form ganz betont in die Mitte gerückt und seine Erfüllung zum Kennzeichen der Zugehörigkeit

zum Kreis seiner Jünger und Jüngerinnen erhoben.
(3) Mt 5,48: Das Wort »vollkommen« meint von seinem hebräischen Ursprung her nicht sittliche Vollkommenheit, sondern Ungeteiltsein: daß jemand etwas ganz und ungeteilt tut oder ist. Vers 48 will im Licht von Vers 20 gelesen werden und erhält seine inhaltliche Füllung vom unmittelbar Vorausgehenden her (Verse 43-47, besonders Vers 45).
(4) Mt 6,23: Das »böse Auge« ist ein in der Bibel öfter verwendetes Bild für Mißgunst, Neid, Habgier. In Lk 11,34-36 erscheint die in Mt 6,22-23 vorliegende Folge von Bildworten in einem anderen Zusammenhang und einer anderen Deutung.

Beschneidung, beschneiden, beschnitten Die Beschneidung ist für Israel Zeichen des → Bundes zwischen Gott und seinem Volk. Vollzogen wird sie durch das Abtrennen der Vorhaut am männlichen Glied, nach Gen 17,9-14 am 8. Tag nach der Geburt.
Daß Gott mehr erwartet als nur die äußere Beschneidung, lehrt der Aufruf zu einer »Beschneidung des Herzens« (Jer 4,4; Kol 2,11). In den frühen judenchristlichen Gemeinden entstand die Frage, ob Nichtjuden, die Christen werden wollten, beschnitten und damit zuerst in das Judentum aufgenommen werden müßten (vgl. Apg 15,1-33; Gal 2,1-10; 5,2-6).

Besessener → Geist, böser.

Bevollmächtigter Das Wort steht in dieser Übersetzung für »Knecht (Gottes)«, v. a. in den sog. »Gottesknechts-Liedern« Jes 42,1-4; 49,1-6; 50,4-11; 52,13–53,12.
»Knecht« bezeichnet im Alten Testament nicht nur den → Sklaven; es ist zugleich ehrende Bezeichnung für höchste Würden- und Vollmachtsträger. Hohe Beamte, Minister, Feldherrn sind die bevorzugten »Knechte« des Königs; Abraham, Mose, David sind die bevorzugten »Knechte« Gottes (in dieser Übersetzung zumeist »Diener«).
Der »Knecht« in den genannten Abschnitten des Jesaja-Buches ist eine einzigartige Gestalt. Seine vertraute Nähe zu Gott (Jes 42,1; 49,1-3; 50,4), die Größe seines Auftrags an Israel und darüber hinaus an den nichtjüdischen Völkern (49,6), sein Leiden und Sterben und die Weise, wie Gott durch ihn seine Pläne verwirklicht (52,13–53,12), das alles hat im Alten Testament nicht seinesgleichen. Ob die Aussagen über den Knecht = Bevollmächtigten Gottes ursprünglich auf eine Gestalt aus der Zeit des Propheten oder auf diesen selbst gingen, läßt sich nicht entscheiden. Offenkundig ist jedoch, daß sie »gezielt« auf Jesus, seine Sendung und sein Geschick, passen. Schon früh sahen deshalb die christlichen Gemeinden in der Gestalt des »Bevollmächtigten« einen prophetischen Hinweis auf Jesus Christus und fanden darin insbesondere den Schlüssel für das Verständnis seines Leidens und Sterbens (vgl. Mt 12,17-21; Apg 8,30-35). Wenn Jesus ohne nähere Erläuterung als »Knecht/Bevollmächtigter Gottes« bezeichnet wird (Apg 3,13.26; 4,27.30), ist jeweils an diese prophetischen Zusammenhänge zu denken.

Bileam Der Magier, der Israel verfluchen soll (Num 22–24), gilt im Neuen Testament als Vorbild geldgieriger Irrlehrer (vgl. Num 22,7.37) und wegen Num 31,16 als Beispiel eines Verführers (Offb 2,14).

Block (1) Foltergerät: ein Balkengerüst, in das Gefangene unter Verdrehung des Körpers eingespannt wurden (Jer 20,2-3; 29,26).
(2) Gerät zur Fluchtverhinderung: ein hölzerner Block, in den die Füße der Gefangenen eingeschlossen wurden (Ijob 13,27 [Anmerkung]; Apg 16,24).

Blut Das Blut gilt als Quelle und Sitz des Lebens. Da Gott der Lebensspender ist, gehört es ihm und darf von Menschen nicht gegessen oder getrunken werden. Das führt in Israel zu der Forderung, nur solches Fleisch zu essen, in dem keinerlei Blut zurückgeblieben ist (Gen 9,4), und damit zu einer Form des Schlachtens, bei der das gesamte Blut des Tieres ausfließt (Schächtung). Bei der rituellen Schlachtung (Opferung) wird das Blut der Opfertiere aufgefangen und an den Altar gegossen. Außerdem wird bei bestimmten Opferarten (→ Opfer) das Opferblut als Sühnemittel verwendet, um die verunreinigende Wirkung menschlicher Verfehlungen aufzuheben. Von daher wird im Neuen Testament der Opfertod von Jesus als → Sühne für die Sünden der Menschen verstanden (Hebr 9–10). In anderem Zusammenhang dient das Blut von Opfertieren zur Besiegelung des → Bundes zwischen Gott und seinem Volk (Ex 24,6-8). Auf diesem Hintergrund deutet Jesus seinen Tod als Inkraftsetzung des neuen Bundes (Lk 22,20).
Im Alten Testament wird das Blut (= Leben) des Menschen unter Gottes besonderen Schutz gestellt (Gen 9,5). Vergossenes Menschenblut schreit zum Himmel um Rache (Gen 4,10) und fordert den Tod des Mörders (→ Blutrache); wenn keine Sühne dafür geleistet wird, bringt es Unheil über das Land (Dtn 21,1-9).

Blutbräutigam Der Ausdruck ist – wie der ganze Bericht Ex 4,24-26 – schwer zu deuten; doch scheint er auf einen urtümlichen Zusammenhang zwischen Beschneidungsakt und Hochzeit hinzuweisen.

Blutrache, Bluträcher Nach uraltem Rechtsempfinden fordert jeder Mord Sühne (vgl. Gen 9,5; → Blut). Bevor es eine öffentliche Gerichtsbarkeit gab, oblag diese Sühne dem Sippenverband. Der nächste männliche Verwandte des Ermordeten (der »Bluträcher«) hatte die Pflicht, den Mörder oder an seiner Stelle ein Mitglied von dessen Sippe zu töten. Schon im Alten Testament findet sich das Bestreben, dem Mißbrauch der Sippenrache entgegenzuwirken (→ Asylstädte und Ex 21,23-25). Das Neue Testament führt darüber hinaus zum grundsätzlichen Verzicht auf Rache (Mt 5,38-39; Röm 12,19-21).

Blutschande Das Alte Testament nennt in Lev 18,6-18 eine Reihe von Verwandtschaftsgraden, die eine eheliche Verbindung ausschließen. Im gleichen Zusammenhang findet sich das Verbot des Götzenopfers (17,7), das Verbot des Blutgenusses (17,10-12) und des Genusses von ungeschächteten Tieren (17,13-16). Alle diese Vorschriften gelten nicht nur für die Israeliten, sondern ebenso für die Fremden, die unter ihnen leben (17,8-10.13.15; 18,26). Nach Apg 15,20 wurden sie auch den Christen aus nichtjüdischen Völkern auferlegt – offensichtlich aus Rücksicht auf die gesetzestreuen Judenchristen, die sich sonst durch den Umgang mit ihnen verunreinigt hätten (→ rein).

Bocksgeister Dämonische Wesen in Bocksgestalt, wie sie der Volksglaube auch anderenorts kennt (vgl. den griechischen Gott Pan).

Brandopfer Opferart, bei der das Opfertier mit Ausnahme der Haut bzw. des Fells vollständig auf dem → Altar verbrannt wurde (→ Opfer).

Brandopferaltar Altar im Freien, auf dem → Brandopfer dargebracht wurden. Im Jerusalemer → Tempel befand er sich im innersten Vorhof vor dem Eingang des Tempelhauses.

Brautgeld, Brautpreis Der Betrag, den der Vater des Bräutigams oder dieser selbst dem Vater der Braut zu bezahlen hatte. Er konnte auch in Form von Naturalien und Dienstleistungen (Arbeit oder Kriegsdienst) erbracht werden.

Brot, ungesäuertes Brot ohne → Sauerteig in Form von Fladen (→ Fladenbrot). Brot, das mit Sauerteig gebacken wurde, durfte im Opferdienst nicht verwendet werden. Einen hervorragenden Platz hat das ungesäuerte Brot im → Passafest.

Brotbrechen Brot war nicht nur Grundnahrungsmittel, sondern auch Grundbestandteil einer jeden Mahlzeit in Palästina. So kann »das Brot essen« (so wörtlich in Lk 14,1.15) als Bezeichnung für eine ganze Mahlzeit stehen. Jedes gemeinsame Mahl wurde außerdem vom Hausvater oder Tischältesten mit einem Segensgebet über einem Stück Brot eröffnet, das dann zerbrochen und als erstes an die Mahlteilnehmer ausgeteilt wurde. Nach diesem Mahleröffnungsritus, der in den Speisungsberichten besonders hervorgehoben wird (Mk 6,41 par; 8,6 par) und beim letzten Abendmahl eine herausragende Rolle spielte (Mk 14,22 par; → Passamahl), wird das → Mahl des Herrn in ältester Zeit auch »Brotbrechen« genannt (Apg 2,42.46; 20,7.11; vgl. Lk 24,30.35).

Brote, Fest der Ungesäuerten Festwoche im Anschluß an das → Passafest, während der Brot nur ungesäuert gegessen werden darf (Mazzenfest von hebräisch Mazzot; → Brot, ungesäuertes). Das Korn der neuen Ernte soll nicht mit dem alten → Sauerteig in Berührung kommen, der deshalb vorher beseitigt werden muß (darauf spielt Paulus in 1 Kor 5,6-8 an).

Brote, geweihte Das Brot, das nach der Vorschrift von Ex 25,30 ständig in zwölf Laiben auf einem Opfertisch im zentralen Heiligtum der Israeliten ausgelegt sein mußte.

Brotfladen → Fladenbrot.

Bruder »Bruder« bezeichnet in der Sprache des Alten Testaments nicht nur den leiblichen Bruder oder Stiefbruder, sondern auch allgemeiner den Blutsverwandten (z. B. Neffen: Gen 13,8) und des weiteren den Angehörigen desselben Stammes oder Volkes (Ex 2,11; Dtn 15,3.7; → Mitmensch). Im 5. Mose-Buch (Deuteronomium) findet sich das Wort gehäuft, um die geschwisterliche Zusammengehörigkeit der Glieder des Gottesvolkes zum Ausdruck zu bringen bzw. an sie zu appellieren.

Im Neuen Testament bezeichnet »Bruder« den Mitchristen. Die durch den → Heiligen Geist bestätigte gemeinsame Zugehörigkeit der Gemeindemitglieder zu Christus und dem gemeinsamen Vater im Himmel kommt in dieser Bezeichnung zum Ausdruck (Mt 23,8; vgl. Röm 8,12-17).

Weil dabei im Neuen Testament die weiblichen Gemeindemitglieder nicht ausgeschlossen, sondern in aller Regel eingeschlossen zu denken sind, spricht die Übersetzung dort, wo dies eindeutig der Fall ist, von »Brüdern und Schwestern«. Wenn Paulus in seinen Briefen das Wort als Anrede gebraucht, ist zu beach-

ten, daß das griechische Wort in der Mehrzahl sowohl »Brüder« als auch »Brüder und Schwestern« bedeuten kann (Mehrzahl *adelphoi;* die Formen für Bruder und Schwester haben im Griechischen ohnehin denselben Stamm: *adelph-os/adelph-e*). Der Zusammenhang entscheidet jeweils darüber, welche Bedeutung zutrifft. Daß Paulus in der Regel die Frauen mit im Blick hat, ergibt sich deutlich aus Phil 4,1-2 oder Röm 16,17 nach 16,3-15. Dasselbe gilt natürlich für das Wort »Bruderliebe« *(phil-adelphia),* das korrekterweise mit »Geschwisterliebe« übersetzt werden müßte. So wie die Einzahl »Bruder« für den Mitchristen, findet sich auch öfter die Einzahl »Schwester« für die Mitchristin (z. B. Röm 16,1; Phlm 2).

Wenn die Übersetzung die Reihenfolge »Brüder und Schwestern« wählt, hält sie sich damit an die Abfolge, die immer dort anzutreffen ist, wo im Neuen Testament neben den »Brüdern« ausdrücklich auch die »Schwestern« genannt werden (u. a. Mk 3,35; 10,29-30; Lk 14,26; Jak 2,15).

Buchrolle (Schriftrolle) Bücher wurden im Altertum auf Papyrus oder präparierte Tierhäute (Pergament) in nebeneinanderstehenden Spalten geschrieben, die »Blätter« seitlich aneinandergeheftet und die so entstehende lange Bahn zu einer Rolle eingerollt. Die uns heute geläufige Form des »Buches« mit gehefteten Blättern kommt erst im 1. Jh. n. Chr. auf.

Bul Althebräischer Monat, etwa Mitte Oktober bis Mitte November.

Bund Das Wort bezeichnet ursprünglich ein Rechtsverhältnis auf Vertragsbasis unter Gleichberechtigten oder einen Vasallitätsvertrag zwischen einem stärkeren und einem schwächeren Partner. Der Bund zwischen Gott und seinem Volk ist nicht ein Vertrag zwischen gleichgestellten Partnern. Immer geht die Initiative von Gott aus, der mit einem einzelnen oder dem ganzen Volk Israel in ein besonderes Verhältnis tritt. Dieses Verhältnis umfaßt von Gott her die Zusicherung von Heil und Segen (z. B. Land- und Nachkommenschaftszusage), vom Menschen her die Verpflichtung zur Treue gegenüber Gott und seinen Geboten.

Auf die Erfahrung, daß Israel durch Götzendienst und soziale Ungerechtigkeit den Bund mit Gott immer wieder gebrochen hat und zu einer dauerhaften Umkehr von sich aus nicht fähig ist, antwortet die prophetische Zusage des »neuen Bundes«, bei dem Gott selbst die Voraussetzungen schafft, daß die Menschen die Bundesverpflichtungen erfüllen (Jer 31,31-34). Diese Zusage sieht das Neue Testament in Jesus Christus erfüllt: Er ist durch seinen Tod am Kreuz der Begründer des neuen Bundes geworden, der nicht nur dem Volk Israel, sondern Menschen aus allen Völkern gilt (1 Kor 11,25; Hebr 8,6-13; 9,15).

Bundesgesetz Der → Bund zwischen Gott und seinem Volk fordert vom menschlichen Bundespartner die Einhaltung von Verpflichtungen, die im Bundesgesetz niedergelegt sind. Die Mose-Bücher enthalten eine Fülle von Gesetzesbestimmungen, die in diesem Zusammenhang zu sehen sind (→ Gesetz). Als geschlossenes Bundesgesetz stellt sich uns das 5. Mose-Buch (Deuteronomium) dar, das unter König Joschija zu einer Erneuerung des Bundes führte (2 Kön 22–23). Speziell sind als »Bundesgesetz« zu betrachten die → Zehn Gebote, die auf Tafeln geschrieben in die → Bundeslade gelegt wurden.

Bundeslade Die »Lade« war ein an Stangen tragbarer hölzerner »Kasten« mit goldener Deckplatte, die als Thronsitz des unsichtbaren Gottes gedeutet werden kann und von zwei → Keruben als Thronwächtern flankiert wird (Ex 25,10-22). Dieses tragbare hochheilige Gerät (vgl. 1 Sam 6,19; 2 Sam 6,6-9) wurde von den Israeliten bei ihren Wanderungen und Kriegszügen (Num 10,35-36; 1 Sam 4,3; 2 Sam 11,11) mitgeführt und im → Allerheiligsten ihres Heiligtums aufgestellt (1 Kön 8,1-9). Sie ist seit der Zerstörung des Jerusalemer → Tempels 587 v. Chr. verschwunden.

Der Name der »Deckplatte« erinnert an die hebräische Wendung vom »Bedecken (= Unschädlichmachen) der Schuld«. Tatsächlich wurde an der Deckplatte am → Versöhnungstag die jährliche Sühnehandlung vollzogen (Lev 16,11-16). Sie galt als der Ort, an dem der heilige, unnahbare Gott für sein Volk gnädig gegenwärtig ist (Ex 25,22; Lev 16,13).

Bürger, Bürgerrecht Das römische Bürgerrecht hatten ursprünglich nur die Stadtrömer und die Bewohner einiger weniger römischer Provinzen sowie der als → Kolonien gegründeten Städte. Später konnte es als Belohnung oder gegen Bezahlung von jedermann erworben werden. Ein römischer Bürger hatte Anrecht auf ein besonderes Rechtsverfahren, er war gegen die Willkür der Provinzbehörden in mancher Hinsicht geschützt und konnte an den Kaiser als obersten Richter appellieren (Apg 25,11).

Bußfeier, Bußtag Bußtage, d. h. Volksfasttage und Volkstrauertage, wurden angesetzt, um eine drohende Not abzuwenden oder eine Be-

leidigung Gottes zu sühnen. Fand man einen Schuldigen heraus, sei es mit Hilfe eines Gottesurteils oder durch Zeugenaussagen, dann mußte er hingerichtet werden; sein Besitz verfiel dem König. In 1 Kön 21,9 mißbraucht die Königin Isebel einen solchen Bußtag zu einem offenbaren Justizmord.

Nach der Zerstörung Jerusalems 587 v. Chr. wurden regelmäßige Fasttage eingeführt, an denen das Volk in gottesdienstlichen Feiern sein Schicksal beklagte, seine Schuld bekannte und die Hilfe Gottes anrief (Sach 7,1-6; 8,18-19).

Bußübungen Um Trauer über die eigene Schuld oder die Schuld des Volkes zu bekunden und Gott gnädig zu stimmen, wurden → Bußtage ausgerufen und durch strenges → Fasten und stundenlange Gebete in hingestreckter Gebetshaltung (vgl. Neh 8,6) begangen. Solche »Bußübungen« gehören vor allem zum → Versöhnungstag.

C

Chaldäa, Chaldäer Name für ein Gebiet und dessen Bewohner im südlichen Babylonien (Karte AO, F4-G4). Seit Nebukadnezzar II., dessen Dynastie chaldäischer Herkunft ist, wird der Name für das ganze Babylonien gebraucht.

Christus Das Wort bedeutet »der Gesalbte« (von griechisch *christos*, hebräisch *maschiach*) und bezeichnet ursprünglich den durch → Salbung im Auftrag Gottes eingesetzten König Israels (1 Sam 12,3; 16,6; 24,7 usw). Als der vorbildliche König in jeder Hinsicht galt → David. Ihm sind durch Prophetenmund große Zusagen gemacht worden: Seine Dynastie soll für immer Bestand haben; seine Nachkommen, die Könige von Juda, sollen den Status von »Söhnen Gottes« haben (2 Sam 7,11b-16). In der Herrschaft dieser »Gesalbten« realisiert sich Gottes heilbringende Herrschaft über Israel. Und weil der Gott Israels der Herr der ganzen Welt ist, dürfen sich die Könige aus dem Haus Davids zugleich berufen wissen, die Herrschaft Gottes weltweit durchzusetzen (vgl. die zum Teil mit der Thronbesteigung des Königs verbundenen Psalmen 2; 45; 72; 110; 132).

Die Könige aus dem Haus Davids sind selten auch nur annähernd dieser unerhört großen Berufung gerecht geworden. Doch hat Israel nie aufgehört zu glauben und zu hoffen, daß Gott zu seinen Zusagen steht und eines Tages den eigentlichen »Sohn Davids« senden wird, *den* Gesalbten (Messias), in dem alle diese Zusagen ihre Erfüllung finden werden, voll und für immer.

Die Hoffnungen, die sich zur Zeit von Jesus mit dem Titel des »Gesalbten« verbanden, waren überwiegend machtpolitischer Art: der Messias werde vor allem einmal das Joch der heidnischen Weltmacht Rom zerbrechen. Jesus ist deshalb nicht als Messias/Christus aufgetreten, und wo er den Titel aus dem Mund anderer akzeptiert, stellt er immer zugleich die Bedeutung klar, die er für ihn hat (Mt 11,2-6; Mk 8,29-33; 14,61-62; Joh 18,36-37). Die kurzschlüssigen politischen Hoffnungen werden von ihm abgewiesen (Mk 12,13-17; Lk 13,1-3). Dennoch gelang es der jüdischen Führung, Jesus beim römischen Statthalter als Messias im politisch-revolutionären Sinn zu verklagen und seine Hinrichtung als angeblichen »König der Juden« durchzusetzen (Mk 15,26 par).

Von seinem Kreuzestod her hat der Christus-Titel für die frühe christliche Gemeinde seine entscheidende inhaltliche Füllung erhalten. Im Licht der Ostererfahrung bekennt sie: Gerade als der Gekreuzigte ist Jesus der Messias/Christus (1 Kor 1,18-25; Gal 6,12-16). Durch sein Sterben am Kreuz hat er sein eigentliches messianisches Werk vollbracht: die Schuld aller Menschen gesühnt (→ Sühne) und den Weg geebnet für ihrer aller Begnadigung im letzten Gericht.

Nach diesem urchristlichen Denken geschah die Inthronisation von Jesus als Messias/Christus und »Sohn Gottes« in seiner Auferweckung und Erhöhung zu Gott (Apg 2,36; Röm 1,3-4); die entsprechenden Verse der alten Thronbesteigungspsalmen waren sozusagen die ersten Osterlieder der Christenheit (Apg 2,34-36; 13,32-33). Die Herrschaft dieses Messias/Christus setzt sich durch in der weltweiten christlichen Mission (Apg 1,6-8) und wird vollendet bei seiner Wiederkunft am Ende der Geschichte (Apg 3,20-21; 1 Kor 15,24-28).

Der Titel »Christus« wurde schon sehr bald – gefüllt mit dem beschriebenen neuen Inhalt – wie eine Art Beiname für Jesus gebraucht: »Jesus Christus«.

D

Dämonen Für biblisches Denken in frühjüdischer und neutestamentlicher Zeit ist es ausgemacht, daß die Götter, denen die nichtjüdischen Völker ihre Opfer bringen, gar nicht existieren. Dennoch ist es nicht ungefährlich, sich solchen »Phantomen« zuzuwenden. Ihr Platz nämlich ist besetzt von widergöttlichen, dämonischen Mächten, die darauf aus sind, die Phantomverehrer an sich zu binden und aus

der Gemeinschaft mit dem wahren und einzig wirklichen Gott zu lösen (Bar 4,7; 1 Kor 10,20).

Dan Sohn Jakobs und israelitischer Stamm, der nach einer ersten Siedlungszeit westlich von Juda dem Druck der → Philister weichen mußte und seinen endgültigen Wohnsitz am oberen Jordanlauf fand (Ri 18).

Daniel Neben dem Empfänger der Visionen des Daniel-Buches gibt es einen anderen Träger dieses Namens (eigentlich in der leicht abweichenden Form *Danel*), der in Ez 14,14-20 neben Noach und Ijob als vorbildlich Gerechter genannt wird. Eine Danielgestalt mit dieser Eigenschaft ist aus → kanaanitischer Tradition bekannt. Ezechiël nennt offenbar bewußt drei vorbildliche Gestalten, die nicht zu Israel gehörten.

Dankopfer Tieropfer zum Dank für Gottes Hilfe, dargebracht in der mit einem Opfermahl verbundenen Form des → Mahlopfers (vgl. Ps 22,26-27). Zum Dankopfer gehört das Ausgießen eines → Trankopfers (der in Ps 116,13 erwähnte »Becher«; vgl. Num 15,8-10).

David, Sohn Davids David war der bedeutendste altisraelitische König (um 1000 v. Chr.). Im Judentum zur Jesuszeit war man weitgehend der Auffassung, daß der erwartete Retter und Heilbringer ein Nachkomme (»Sohn«) Davids sein und dessen Reich wiederherstellen werde (vgl. Mt 21,9; Mk 11,10). So wird »Sohn Davids« zu einem Christustitel (→ Christus).
Wer den Schlüssel Davids hat (Offb 3,7), verfügt über den Zugang zur neuen Welt Gottes, dem himmlischen Jerusalem (Jerusalem = Stadt Davids). Das Neue Testament zitiert David außerdem als Verfasser der ihm zugeschriebenen Psalmen.

Davidsstadt Name der von David eroberten Jebusiterstadt (alter Kern Jerusalems; → Zion).

Dedan Arabischer Wüsten- und Händlerstamm an der Gold- und Weihrauchstraße (Karte AO, D5).

Diakon, Diakonin Von Männern (1 Tim 3,8.12) wie auch von Frauen (Röm 16,1; 1 Tim 3,11) ausgeübtes Amt, dem der »Dienst an den Tischen« (so am Ende von Apg 6,2 wörtlich) anvertraut war, d. h. die Sorge für die Bedürftigen der Gemeinde und damit letztlich die Verwaltung ihrer materiellen Güter. Ob die Diakone und Diakoninnen darüber hinaus am Dienst der Verkündigung und Lehre beteiligt waren, ist unter den Auslegern umstritten (→ Gemeindeleiter).

Drache Bild für die gottfeindliche Macht. Aus dem alten → Babylon kennen wir die Vorstellung, daß die zentrale Schöpfungstat Gottes in der Besiegung des Chaosdrachens bestand. Auch in Gen 1,2 wird Schöpfung als Überwindung des Chaos verstanden, das mit dem → Meer in Verbindung gesehen wird (→ Leviatan). In der Endzeit wird die widergöttliche Macht endgültig besiegt (Jes 27,1; Offb 12,3-9).

Dreißig Helden Die alten Kampfgefährten Davids (2 Sam 23,18-39 par), die später offenbar eine in Jerusalem kasernierte Elitetruppe bildeten (Neh 3,16).

Dreschen (Dreschplatz, Dreschschlitten) Gedroschen wurde im alten Israel, indem man einen »Schlitten« (d. h. ein auf der Unterseite mit scharfen Steinen gespicktes Brett) von Zugtieren über die Ähren ziehen ließ, die auf dem festgestampften Boden ausgebreitet waren. Anschließend warf man das gedroschene Getreide mit der → Worfschaufel in die Luft, damit der Wind die Spreu davontragen konnte. Wegen des Windes wurden Dreschplätze bevorzugt auf Berghöhen angelegt (vgl. 1 Chr 21,18-20; 22,1). Hos 9,1 scheint darauf hinzudeuten, daß damit auch eine räumliche Nähe zu Opferstätten → Baals mit den entsprechenden Fruchtbarkeitsriten gegeben war.

E

Eckstein Ein Stein, der durch seine besondere Beschaffenheit für das Bauwerk unverzichtbar ist, entweder als besonders großer Grundstein, der das Gebäude trägt, oder als Stein, der zwei aneinanderstoßende Mauern verbindet, oder auch als besonders behauener krönender Schlußstein, der das Gewölbe trägt oder die Mauerkrone ziert. Beim bildhaften Gebrauch des Wortes klingen alle diese Eigenschaften an.

Eden Obwohl der Garten Eden als Ursprung tatsächlich existierender Flüsse, wie des Eufrat, beschrieben wird (Gen 2,10-14), ist es nicht möglich, seine Lage geographisch festzulegen. Der Name klingt an das hebräische Wort für »Wonne« an. In der alten griechischen Übersetzung steht dafür *paradeisos,* wovon unser »Paradies« abgeleitet ist.

Edom(iter) Nachbarvolk Israels, das auf Jakobs Bruder Esau zurückgeführt wird (Gen 36,1-9). Es wohnte südlich des Toten Meeres in dem Seïr genannten Bergland östlich des Jordangrabens (Karte AO, C4). Unterwerfung durch Israel (zuerst unter David; 2 Sam 8,13-14) und Selbständigkeit wechselten mehrfach ab. Nach der Zerstörung Jerusalems 587 v. Chr. machten sich die Edomiter die Schwäche Judas zunutze (vgl. Obd 10-14; Ps 137,7) und drangen in Süd-

juda ein. Um 300 v. Chr. entrissen ihnen die aus der Wüste kommenden → Nabatäer das alte Stammland östlich des Jordans und drängten sie ganz in das nun nach ihnen Idumäa genannte südjudäische Gebiet (Karte PN, A7-C7).

Efa Hohlmaß für Getreide (dies wurde in Israel nicht gewogen, sondern abgemessen), wahrscheinlich ca. 22 Liter. 10 Efa ergeben 1 Kor (oder Homer = Eselsladung). Bei der Umrechnung der Gewichte werden folgende Werte zugrunde gelegt: für Getreidekörner 1 Efa = 16–17 kg (1 l = 750 g); für Mehl 1 Efa = 10–12 kg (1 l = 500–600 g).

Efraïm Jüngster Sohn Josefs. Als wichtigster Stamm des Nordreichs → Israel (Karte PA, C5-C6) kann Efraïm auch für das ganze Nordreich stehen (z. B. Jes 7,8-9; Hos 11,8-9).

Eiche Das Hebräische hat vier ähnlich klingende Bezeichnungen für einen »großen, hohen Baum« *(ela, elon, alla, allon)*. Im Land der Bibel kommen dafür verschiedene Eichenarten und die Terebinthe *Pistazia atlantica* in Frage (im Wuchs der Eiche ähnlich, nur mit gekerbten Blättern). Eine sichere Zuordnung der Bezeichnungen ist nicht möglich. Nur bei *allon* besteht eine gewisse Wahrscheinlichkeit, daß es sich um die Eiche handelt. An den entsprechenden Stellen wird deshalb keine alternative Übersetzungsmöglichkeit verzeichnet (z. B. Gen 35,8; Jes 2,13).

Eichental → Eiche.

eingeboren(er Sohn) Herkömmliche Übersetzung des griechischen Wortes *monogenēs* (in dieser Übersetzung »einzig«). Es bedeutet »der Art bzw. Abstammung nach einzig und einzigartig«. Häufig dient das Wort in der griechischen Übersetzung des Alten Testaments als Wiedergabe des hebräischen *jachid* und gewinnt dadurch die zusätzliche Bedeutung »einziggeliebt«. Im Johannes-Evangelium wird das Wort verwendet, um das einzigartige Verhältnis auszudrücken, in dem Jesus Christus zu Gott, dem Vater, steht (»eingeborener Sohn«; Joh 3,16.18; vgl. 1 Joh 4,9), auch dort, wo dieses Verhältnis nicht ausdrücklich angesprochen ist (Joh 1,14.18).

Eingebungen, prophetische → Weisungen, prophetische.

Elam(iter) Land und Volk östlich von → Babylonien mit der Hauptstadt Susa (Karte AO, G3/G4), nacheinander unter assyrischer, medischer und schließlich persischer Oberherrschaft. In kriegerischen Zusammenhängen werden die Elamiter als Bogenschützen erwähnt (Jes 22,6; Jer 49,35).

Elija Prophet der israelitischen Frühzeit (1 Kön 17–21; 2 Kön 1,1–2,18), der in einer Zeit des Abfalls von Gott den wahren Gottesdienst wiederherstellte. Entsprechend der Prophetie von Mal 3,23-24 erwartete das Judentum, daß Elija vor dem Endgericht und dem Anbruch der → Königsherrschaft Gottes noch einmal auftritt. Für Jesus ist diese Erwartung mit dem Erscheinen des → Täufers Johannes erfüllt (Mt 11,13-14; 17,10-13). Von seiner endzeitlichen Rolle abgesehen wurde Elija auch als der große Nothelfer seines Volkes angerufen (Mk 15,35-36 par).

Elischa (1) Als Prophet der Nachfolger von → Elija. Er heilte einen höheren Offizier des syrischen Nachbarreiches vom Aussatz (2 Kön 5).
(2) Name der Insel Zypern.

Elle Hebräisches Längenmaß, das wie unsere Elle am menschlichen Unterarm abgemessen wurde; ca. 46 cm, die Großelle ca. 52 cm (vgl. Anmerkung zu Ez 40,5). Sie wird unterteilt in die Spanne (½ Elle) und die Handbreite (⅓ Spanne).

Elul Der 6. Monat des Jahres nach dem babylonischen → Kalender, etwa Mitte August bis Mitte September.

Emmaus In Lk 24,13 wahrscheinlich Ammaus (heute Kulonje) 6,5 km westlich von Jerusalem. Das im 1. Makkabäer-Buch mehrfach genannte Emmaus (= heute Amwas; Karte PN, B6) liegt mit 33 km zu weit entfernt.

Engel Das entsprechende hebräische Wort bedeutet »Bote/Gesandter«. In den älteren Schriften des Alten Testaments ist wiederholt vom »Engel des → Herrn« oder vom »Engel Gottes« die Rede. Dabei handelt es sich um einen Boten mit einem ganz bestimmten Auftrag, der hinter dem Auftrag völlig zurücktritt. Manchmal identifiziert sich dieser Engel so sehr mit Gott, daß der Eindruck entsteht, Gott selbst zeige sich hier in sichtbarer Gestalt (Gen 16,7-13; 22,11; 31,11.13; Ex 3,2; 23,20-23; Ri 2,1; 6,11-24; 13,3-23).
Die Bezeichnung »Engel« wird auch für die himmlischen Wesen verwendet, die zur Umgebung Gottes gehören. Gott wird dabei als König gedacht; die Engel bilden seinen »Hofstaat«, der die Herrlichkeit Gottes preist und seinen Willen ausführt (→ Gottessöhne). Sie können unterschiedlichen Gruppen oder »Klassen« zugewiesen (Eph 3,15) und in unterschiedlichen Gestalten vorgestellt werden (→ Kerub, → Seraf).
Nach jüdischer Auffassung wurde Mose am Berg Sinai das → Gesetz durch Engel übergeben (Apg 7,38.53; Gal 3,19; Hebr 2,2). Den ver-

schiedenen Bereichen der Schöpfung sind Engel als göttliche Beauftragte und Sachwalter zugeordnet (Offb 7,1-2; 14,18; 16,5), ebenso den Völkern (Dan 10,13.20-21; 12,1) und auch jedem einzelnen Menschen (Mt 18,10; Apg 12,15); dasselbe ist in Offb 2–3 auch für jede christliche Gemeinde vorausgesetzt.

Engel können sich auch gegen Gott stellen und als Mächte des Bösen die Menschen unterjochen (Röm 8,38; 2 Kor 12,7; Offb 12,7.9; → Mächte, → Satan). Am Ende der Welt wird über sie Gericht gehalten werden (1 Kor 6,3; 15,24).

Der Engelglaube kann zu einer Überbewertung der Macht und Bedeutung der – guten wie gottfeindlichen – Engel führen und entsprechend zu einer Minderbewertung der Macht und Bedeutung von Jesus Christus. Das Neue Testament verkündet, daß Christus allen Engeln weit überlegen ist (Phil 2,10; Hebr 1,4-14; 2,5-18; 1 Petr 3,22) und daß insbesondere die gottfeindlichen Engelmächte durch ihn besiegt und entmachtet wurden (Röm 8,37-39; 1 Kor 15,24-25; Eph 1,20-22; Kol 2,8-10.15).

Engelfürst Nach dem Daniel-Buch (Dan 10,20-21) haben ganze Völker und Reiche ihren → Engel, der entsprechend seiner erweiterten Verantwortung einen höheren Rang einnimmt (als Fürst unter den Engeln bzw. »Erzengel«). Darin spiegelt sich die Überzeugung, daß sich in der Menschengeschichte nicht nur ein irdisches Geschehen abspielt, sondern zugleich eine Auseinandersetzung zwischen überirdischen Mächten.

Epilepsie, Epileptiker Das in Mt 4,24; 17,15 verwendete griechische Wort ist von »Mond« abgeleitet (»mondsüchtig«). Die antike Medizin brachte epileptische Anfälle mit dem Mondwechsel in Verbindung.

Erbbesitz Der dem einzelnen Israeliten gehörende Anteil am Gesamtbesitztum seiner Sippe. Er kann nicht einfach veräußert werden, da er sonst dem Gesamteigentum der Sippe verlorenginge. Wenn er aus Not verkauft werden muß, soll er vom Nächstverwandten erworben werden (→ Löser). Der von den Vorfahren ererbte Besitz ist geradezu geheiligt, so daß der Erwerb durch einen Fremden, gleichgültig wen, schlimmstes Unrecht wäre (vgl. 1 Kön 21,3).

Erkenntnis → Gnosis.

Erlaßjahr In jedem 49. Jahr sollte im alten Israel die ursprüngliche Besitzordnung wiederhergestellt werden. Denn im Ideal galt Grundbesitz als unveräußerlich (→ Erbbesitz). Ebenso sollten → Sklaven israelitischer Volkszugehörigkeit in diesem Jahr die Freiheit wiedererlangen (Lev 25; nach Ex 21,2 schon im 7. Jahr).

Erntefest → Pfingstfest.

Ersterträge → Früchte, erste.

Erstgeburt Zum Zeichen, daß alles Leben eigentlich Gott gehört, wurden in Israel die männlichen Erstgeburten des (→ reinen) Viehs Gott als → Opfer dargebracht. Beim Menschen wurde die Erstgeburt durch ein Ersatzopfer ausgelöst. Das konnte bei jedem Priester im Land geschehen; wenn Jesus nach Lk 2,22 dazu in den → Tempel gebracht wurde, so deutet dies an, wo er hingehört (vgl. Lk 2,49).

Erstgeerntetes → Früchte, erste; → Erstling.

Erstling, Erstlingsgabe Erster Teil der Ernte (→ Früchte, erste) oder → Erstgeburt beim Vieh, die Gott als Gabe oder → Opfer dargebracht wurden (Ex 23,19; 13,11-12), zum Zeichen dafür, daß ihm die gesamte Ernte bzw. der ganze Nachwuchs der Tiere gehört. Im übertragenen Sinn werden die Erstbekehrten christlicher Gemeinden (Röm 16,5; 1 Kor 16,15) so bezeichnet, auch die Christen insgesamt als »Erstlinge« der Völker (Offb 14,4) und als »Erstlinge« von Gottes neuer Schöpfung (Jak 1,18; 2 Thess 2,13 [Anmerkung]). Wenn Christus »Erstling der Toten« genannt wird (1 Kor 15,20.23), wird damit die Gewißheit zum Ausdruck gebracht, daß alle Verstorbenen, die im → Glauben mit Christus verbunden waren, so wie er Gott gehören und zum neuen Leben auferweckt werden.

Esau Zwillingsbruder von → Jakob, der sein Erstgeburtsrecht um ein Linsengericht an seinen Bruder abtrat. Die Umkehrung der natürlichen Rangordnung wird der Mutter Rebekka schon vor der Geburt ihrer Söhne von Gott vorausgesagt (Gen 25,23; Röm 9,11-12). Die Rivalität der Brüder setzt sich fort in der zwischen Israel und → Edom, als dessen Stammvater Esau gilt (Gen 36,1.9.15.19).

Essig Bei dem Getränk, das Jesus am → Kreuz gereicht wurde (Mk 15,36 par), handelt es sich um sauren Wein oder Weinessig, der zum nachhaltigen Stillen starken Durstes besonders geeignet ist und deshalb das normale Getränk der Soldaten war. Davon zu unterscheiden ist das Getränk, das Jesus unmittelbar vor der Kreuzigung gereicht werden sollte (Mk 15,23 par). Hier handelt es sich um Wein mit einem betäubenden Zusatz (→ Myrrhe oder Weihrauch), der die Schmerzen lindern sollte. Einen solchen Betäubungstrank vor der Hinrichtung zu reichen entsprach jüdischer Sitte. Jesus hat diesen Trunk abgelehnt.

Eunuch Vor allem die Haremswächter, aber

auch andere Hofbeamte waren in vielen Teilen der Alten Welt Eunuchen, d. h. künstlich zeugungsunfähig gemacht. Ein solcher Eingriff war für das Empfinden des antiken Menschen deshalb schwerwiegend, weil er das Fortleben in den Nachkommen unmöglich machte. In Israel war die Kastration bei Mensch und Tier verboten; zudem war der Eunuch vom Tempelgottesdienst ausgeschlossen (Lev 22,24; Dtn 23,2), allenfalls durfte er den äußeren Vorhof des → Tempels betreten. Ein sich anbahnender Wandel zeigt sich in Jer 39,16-18 (vgl. 38,7-13); Jes 56,3-5; Weish 3,14. Wenn Gott sich in Jesus Christus der gesamten Menschheit zuwendet, werden auch die Verschnittenen einbezogen. Dies gibt dem Einzelfall der Taufe des Eunuchen aus Äthiopien (Apg 8,27-39) seine grundsätzliche Bedeutung.

Etanim Der 1. Monat des althebräischen Jahres (→ Kalender), etwa Mitte September bis Mitte Oktober.

Eucharistie → Mahl des Herrn.

Evangelist Neben den → Aposteln, → Propheten (3) und → Lehrern gab es in der ersten Christenheit auch Männer, die eine besondere Gabe zur Verkündigung des Evangeliums, der → Guten Nachricht, besaßen (Apg 21,8; Eph 4,11).

Exil (Verbannung, Wegführung) Zur »Befriedungspolitik« der altorientalischen Herrscher gehörte es seit dem 2. Jahrtausend v. Chr., die Oberschichten (Priester, Kaufleute, Handwerker) eroberter Provinzen untereinander auszutauschen. In der Bibel wird von zwei Deportationen berichtet:

(1) Die assyrische: Im 8. Jh. v. Chr. eroberte der → Assyrerkönig Sargon II. Samaria und deportierte die Oberschicht des Nordreiches nach Gosan im oberen Mesopotamien (Karte AO, E2). Im Gegenzug ließ er Leute aus → Babylonien und → Elam ansiedeln (→ Samariter).

(2) Die babylonische Verbannung: Im 6. Jh. v. Chr. eroberte der → Babylonierkönig Nebukadnezzar II. Juda und deportierte 597 und 587 v. Chr. die Oberschicht nach Babylonien, ohne eine neue Oberschicht in Juda anzusiedeln. Die Verbannten konnten in geschlossenen Siedlungen am Kanal Kebar nördlich von → Babylon wohnen (vgl. Ez 2,15), so daß der nationale Zusammenhalt gewahrt blieb und sich die Hoffnung auf Rückkehr erhalten konnte, die sich dann nach dem Sieg des Perserkönigs Kyrus erfüllte (Esra 1).

F

Familie, königliche In den Diadochenreichen, die aus dem Kriegszug Alexanders d. Gr. entstanden waren, wurde die Zugehörigkeit zur königlichen Familie als ein Ehrentitel an hohe Würdenträger verliehen, die in einem besonderen Vertrauensverhältnis zum König standen (→ Freund des Königs).

Fasten Verzicht auf Essen und Trinken wurde in Israel als → Sühne für eigene oder fremde Sünden geübt, aber auch aus Trauer und zur Unterstützung eines Gebetes. Üblicherweise dauerte ein Fasten einen Tag (24 Stunden), bei besonderen Anlässen auch länger. Zur Zeit von Jesus war es bei manchen Frommen Sitte geworden, zweimal wöchentlich zu fasten (Lk 18,12; Mk 2,18). Der einzige offizielle und das ganze Volk verpflichtende Fasttag war jedoch der → Versöhnungstag.

Jesus nimmt in Mt 6,16-18 Stellung zur Fastenpraxis. Für seine Jünger lehnt er das Fasten ab, solange er bei ihnen ist (Mk 2,18-20 par). Die Leiter der Gemeinde fasten vor der Aussendung von Missionaren (Apg 13,1-3) und der Einsetzung von → Ältesten (Apg 14,23).

Fasttag → Bußtag.

Fladenbrot Brot wurde in Form von → Ringbroten und Rundbroten (Rundlaiben) gebacken. Am verbreitetsten war jedoch die Fladenform. Fladenbrot wurde auf Backplatten oder in der heißen Aschenglut gebacken. Die Fladen waren im Durchmesser etwa 20–50 cm groß und 0,2 bis 1 cm dick. Das Mehl wurde mit Wasser angerührt und ungesäuert (ohne Treibmittel) gebacken. Fladenbrot wurde nicht geschnitten, sondern gebrochen (Mk 14,22).

Fleisch »Fleisch« ist im Hebräischen ein grundlegender Begriff zur Bezeichnung der Seinsart des Menschen. Er wird in dieser Übersetzung je nach Zusammenhang unterschiedlich wiedergegeben.

Zunächst bezeichnet »Fleisch« den ganzen Menschen als leiblich-seelische Einheit. So sind Mann und Frau in ihrer Verbindung »*ein* Fleisch« (und nicht nur *ein* Leib; Gen 2,24); »alles Fleisch« bedeutet: alle Menschen. Im übertragenen Sinn bezeichnet »Fleisch«:

(1) den Bereich des Irdischen, Menschlichen und Leiblichen, der der Vergänglichkeit unterworfen ist (Jes 40,5 wörtlich: »Alles Fleisch ist Gras«). In diesen Bereich trat der → Sohn Gottes ein, als er Mensch wurde (Joh 1,14; Röm 8,3).

(2) Im negativen Sinn ist dagegen der Begriff

»Fleisch« gebraucht, wenn Paulus mit ihm beschreibt, daß Denken, Wollen und Handeln des Menschen nicht von Gott und seinem Willen bestimmt wird, sondern nur vom Irdischen, vom Menschlich-Allzumenschlichen, ja von der menschlichen Selbstsucht, der Sünde (Röm 8,1-17; Gal 5,13-26; Eph 2,3; Phil 3,3-4). Fleisch beschreibt hier den Tatbestand, daß die Sünde sich des Menschen und seiner Glieder so bemächtigt, daß sein »Fleisch« wie eine fremde Macht sein ganzes Wesen bestimmt und ihn in den Tod führt (Röm 7,5-25). Im Gegensatz dazu steht der → Geist, durch den Gott in Christus rettend den Menschen ergreift, ihn zum Handeln in Liebe und Selbstzucht bewegt und zum ewigen Leben führt.

Fluch Für hebräisches Denken ist das gesprochene Wort eine wirkende Macht. Es gibt den bedingungslosen Fluch, der den Adressaten unter allen Umständen trifft, und den bedingten, der über ihm vorerst nur schwebt, ihn aber trifft, wenn er sich zuschulden kommen läßt, wovor in der Verfluchung gewarnt wurde (Lev 5,1; Dtn 27,14-26). Der Fluch dringt in den Menschen ein (Ps 109,18-19), zerstört dessen Familie und wirkt sich über Generationen aus (Gen 9,25; Num 22,6.12), wie entsprechend der → Segen einzelnen und ihren Familien über Generationen Glück und Gedeihen schenkt.

Fluchwort Was es heißt, daß jemand oder etwas »zum Fluchwort wird«, geht aus Jer 29,22 hervor: Sein Schicksal wird anderen durch einen Fluch angedroht (als positives Gegenstück vgl. Gen 26,4; 48,20).

Fremdarbeiter Wenn Ausländer oder Menschen aus einem anderen Stamm irgendwo in Israel – für kürzer oder länger – Aufnahme fanden, waren sie auf ihre Arbeitskraft angewiesen. Sie befanden sich in einer halbabhängigen Stellung, die für uns von der des → Lohnarbeiters schwer zu unterscheiden ist.

Freund des Königs Ehrentitel für königliche Würdenträger (→ Familie, königliche).

Frieden Anders als im abendländischen Denken ist Frieden im orientalisch-biblischen nicht einfach die Abwesenheit von Krieg, sondern ein viel weiterer und vornehmlich positiv gefüllter Begriff. »Frieden« (hebräisch *schalom*) meint: umfassendes Glück, Wohlergehen des einzelnen und der Gemeinschaft, gelungenes Leben in gelungenen Beziehungen – zueinander, zu sich selbst, zur Umwelt, zu Gott. Ein Idealbild dessen, was »Frieden« in diesem Sinne heißt, zeichnet Ps 72, wo das Wort an zentralen Stellen, in Vers 3 und in Vers 7 (dort mit »Wohlstand« übersetzt), vorkommt.

Für biblisches Denken hat die gelungene Beziehung zu Gott grundlegende Bedeutung für alle anderen Beziehungen. Heilvolles Leben in allen Dimensionen, die das Leben ausmachen, ist nur möglich, wo Gott geehrt wird und seine Rechts- und Lebensordnungen bewahrt werden (Ps 85,9-14; 119,165; 147,10-14; Jes 32,15-18; 48,18; 54,13; 57,21).

Im Neuen Testament ist »Frieden« vor allem die Wiederherstellung des durch die Sünde gestörten Verhältnisses zu Gott und das daraus erwachsende umfassende Heil (Lk 1,79; 2,14; Apg 10,36). Jesus Christus »ist unser Frieden« (Eph 2,14; vgl. Mi 5,4), weil aufgrund seines Opfertodes das gestörte Verhältnis der Menschen zu Gott wieder in Ordnung gebracht ist.

Die Menschen des Alten wie auch des Neuen Testaments begrüßen und verabschieden sich, indem sie einander »Frieden« wünschen. Wenn dies die von Jesus ausgesandten Boten tun sollen (Lk 10,5), so geht es um den Frieden, den Gott durch die Aufrichtung seiner → Königsherrschaft in Jesus Christus ermöglicht und schafft. Wenn der vom Tod auferstandene Jesus seinen Jüngern den Frieden wünscht (Lk 24,36; Joh 20,19.21.26), wenn Paulus dies zu Beginn seiner Briefe den Gemeinden gegenüber tut (z. B. Röm 1,7; 1 Kor 1,3), so geht es um den Frieden, den Gott der Welt erschlossen hat im Leben, Sterben und Auferstehen von Jesus.

Der Friedenswunsch, der im Friedensgruß ausgesprochen wird, ist nach biblischem Denken nicht nur ein – ohnmächtiger – Wunsch, sondern bringt von Gott bzw. von Christus her diesen Frieden mit für alle, die ihr Herz dafür öffnen (Mt 10,12-13; Lk 10,5-6).

Friedenskuß Wörtlich »heiliger Kuß«. Zeichenhafter Ausdruck der Gemeinschaft zwischen Menschen, die den von Gott durch Christus geschenkten → Frieden zur Grundlage ihres Lebens gemacht haben. Der Friedenskuß scheint fester Bestandteil jeder gottesdienstlichen Versammlung der frühen christlichen Gemeinden gewesen zu sein. Daß jeweils am Ende eines Briefes dazu aufgefordert wird, dieses Zeichen zu setzen, läßt vermuten, daß es seinen Platz am Ende des ersten Teils der Versammlung hatte (dem »Wortgottesdienst«, in dessen Verlauf der Brief vorgelesen wurde) bzw. zu Beginn des zweiten Teils, der Mahlfeier (→ Mahl des Herrn).

Fronarbeit, Frondienst Unentgeltliche zwangsweise Dienstleistung für den Grund-

oder Landesherrn. Öffentliche Arbeiten wurden im Altertum (wie noch im Mittelalter) vielfach in Fronarbeit ausgeführt.

Früchte, erste (erstgeerntete) Als Dank an Gott, den Geber der Ernte, und als Zeichen dafür, daß ihm eigentlich die ganze Ernte gehört, wurden die zuerst geernteten Früchte (z. B. die erste Garbe eines Feldes) ans Heiligtum abgeliefert (→ Erstgeburt).

Frühregen, Frühjahrsregen → Regen.

Fußwaschung (Joh 13,10) Wer zu einem Festmahl eingeladen war, pflegte vorher zu Hause ein Bad zu nehmen; im Haus des Gastgebers brauchten nur noch die vom Weg staubig gewordenen Füße gewaschen zu werden. Unter Hinweis auf diesen Brauch weist Jesus die Bitte von Petrus (Joh 13,9) zurück. Es geht jetzt allein um den Sklavendienst der Fußwaschung, den Jesus den Jüngern leistet – zeichenhafter Ausdruck für die bevorstehende äußerste Erniedrigung im Kreuzestod und für die Zueignung der Rettung, die aus dieser Erniedrigung erwächst. Das vorhergehende »Bad«, durch das die Jünger »rein« sind, ist als Bild für die reinigende Wirkung des Umgangs mit Jesus in der nun zurückliegenden Zeit zu verstehen (vgl. Joh 15,3). In der altkirchlichen Auslegung wurde es dann gern mit der → Taufe gleichgesetzt, und die Fußwaschung lebte (in manchen Kirchen bis heute) fort im Fußwaschungsritus der Gründonnerstagsliturgie.

G

Gabriel In der jüdischen Engellehre wird Gabriel zu den sogenannten → Engelfürsten, den »Erzengeln«, gezählt, die zur engsten Umgebung Gottes gehören.

Galatien Kleinasiatische Landschaft (Karte RP, F2-G2), die seit dem 3. Jh. v. Chr. von keltischen Stämmen bewohnt wurde (sprachlich mit dem Landschaftsnamen verwandt ist Gallien und gälisch). Die Römer schufen nach der Eroberung dieses Gebietes eine Provinz mit dem gleichen Namen, die aber außer dieser Landschaft auch noch Teile von Phrygien, Pisidien, Pamphylien, Lykaonien und Isaurien umfaßte. Wer die Adressaten des Galaterbriefs sind, ist in der Auslegung umstritten. Größere Wahrscheinlichkeit spricht für die Bewohner der Landschaft Galatien (Apg 16,6; 18,23).

Galbanum Ein in Syrien heimisches wohlriechendes Arzneikraut, dessen Saft für die im Gottesdienst gebrauchte → Weihrauchmischung verwendet wurde.

Galiläa Das Gebiet zwischen dem See → Gennesaret und der Küstenebene, ursprünglich Siedlungsgebiet der Stämme Ascher, Sebulon und Naftali (PA/PN C3-C4). Es wird 733 v. Chr. Provinz des → Assyrerreichs und steht von da an unter der Oberherrschaft der verschiedenen Nachfolgereiche. Seit 104 v. Chr. wieder unter jüdischer Herrschaft; Einwanderer aus → Judäa stärken das jüdische Element, neben dem es jedoch geschlossene heidnische Bevölkerungsgruppen gibt. Zur Zeit von Jesus ist Galiläa Basis militanter nationalistischer jüdischer Gruppen (Apg 5,37; → Zeloten).

Gebetsriemen Aufgrund von Dtn 6,8 und ähnlichen Stellen befestigen die Juden während des Gebets Kapseln mit bestimmten Schriftstellen durch Riemen an Stirn und linkem Oberarm. Zur Zeit von Jesus trugen viele Fromme die Gebetsriemen den ganzen Tag.

Gefängnis (Geister im Gefängnis) Nach jüdischer Überlieferung werden die → Engel, die sich nach Gen 6,4 durch den Verkehr mit Menschenfrauen vergangen hatten, zur Strafe im Innern der Erde gefangengehalten. Das gleiche gilt nach dieser Überlieferung (aufgrund des engen Zusammenhangs von Gen 6,1-4 mit 6,5-7) für die ganze Generation von Menschen, die, durch das Tun dieser Engel verführt und verdorben, der → Sintflut anheimfielen. Diese Überlieferung aufgreifend, sagt der Apostel in 1 Petr 3,19-21 und 4,6: Wie damals Noach und die Seinen »durch das Wasser der Sintflut hindurch«, so werden jetzt die Glaubenden durch die → Taufe gerettet. Der Sieg von Christus aber, der dies möglich macht, wurde von ihm selbst sogar in jenen finsteren Gefängnissen und sogar jener exemplarisch bösen Generation verkündet. So haben *alle* Toten die Botschaft gehört und damit die Chance erhalten, im letzten Gericht doch noch der Rettung teilhaftig zu werden (1 Petr 4,6).

Geißel Die bei den Römern übliche Geißel, bestehend aus Lederriemen, die mit Knochen- und Metallstücken versehen waren, wurde im Rahmen der Geißelung angewandt, die der Kreuzigung eines Verbrechers vorauszugehen pflegte und so auch an Jesus vollzogen wurde (Mk 15,15 par; → Kreuz). Eine solche Geißelung konnte schon für sich allein genommen den Tod zur Folge haben.

Geist, böser Dämonische Macht, die von einem Menschen Besitz ergreift und ihn völlig beherrscht. Die Tatsache solcher »Besessenheit«, wie sie das Neue Testament bezeugt, zeigt an, in welcher Lage sich die Menschheit befindet: Sie ist oft nicht ihr eigener Herr, sondern zer-

störerischen Mächten ausgeliefert. Wenn Jesus die Dämonen »austreibt«, bekundet sich darin, daß Gott seine → Königsherrschaft aufzurichten beginnt (Mt 12,28; Lk 11,20). Auch bestimmte Krankheiten, vor allem psychisch krankhaftes Verhalten, wurden auf den Einfluß böser Geister zurückgeführt. Diese Geister werden gelegentlich als »unrein« bezeichnet (so wörtlich z. B. Mt 10,1; Mk 1,23; Lk 4,33), und zwar deshalb, weil sie unrein machen, d. h. die von ihnen Besessenen von der Teilnahme am Gottesdienst ausgeschlossen sind (→ rein).

Geist Gottes → Heiliger Geist.

geistlich »Geistlich« ist im biblischen Sinn, was vom → Geist Gottes kommt (Röm 15,27; 1 Kor 9,11). Es kann letztlich nur von Menschen erfaßt und angeeignet werden, die ihrerseits vom Geist Gottes bestimmt sind (1 Kor 2,10–3,4; vgl. Joh 3,3-7; 6,52-65).

»Geistlich« werden in 1 Kor 10,1-4 auch Dinge und Vorgänge des Alten Testaments genannt, die auf ihre Weise bereits damals etwas von der geistlichen Wirklichkeit vermittelten, die jetzt, im Neuen Testament, unter ganz ähnlichen zeichenhaften Dingen und Vorgängen vermittelt wird. So weisen Wolke und Meer (Ex 14,19-22) auf die → Taufe, das → Manna (Ex 16,13-18.35-36) auf das → Mahl des Herrn voraus. Daß der Fels, aus dem Mose mit seinem Stab Wasser schlug (Num 20,7-11), dem Volk auf der Wüstenwanderung folgte, wurde aus Num 21,16 gefolgert.

Geldwechsler Wechsler gab es im → Tempel, weil die → Tempelsteuer in tyrischen Schekeln, der damals wertvollsten Währung, bezahlt werden mußte. Ebenso wie die Händler, die Tauben, Schafe und Rinder für das → Opfer verkauften, hatten sie ihren Platz im äußeren Vorhof des Tempels (siehe Skizze auf Seite 446).

Gelübde Versprechen an Gott in einer Notlage. Zu Apg 21,23 → Nasiräer.

Gelübdeopfer Ein aufgrund eines → Gelübdes Gott versprochenes Opfer (→ Dankopfer).

Gemeindeleiter Die frühchristlichen Gemeinden wurden zu Beginn teils nach jüdischem Vorbild von einer Gruppe von → Ältesten geleitet, teils – wohl in Anlehnung an bestimmte Ämter im griechischen Vereinswesen – von Gemeindeleitern (griech. *episkopoi*) und → Diakonen/Diakoninnen (Phil 1,1; 1 Tim 3,8.11). Wo beide Formen der Gemeindeleitung aufeinandertrafen, wurde zwischen der Aufgabe der Ältesten und der der Gemeindeleiter nicht unterschieden (vgl. Apg 20,17 mit 20,28, wo »Aufsicht und Leitung« *episkopoi* wiedergibt, oder Tit 1,5 mit 1,7). Auch die Gemeindeleiter nahmen zunächst ihre Aufgabe als Kollegium wahr (Phil 1,1). Erst in nachneutestamentlicher Zeit finden wir die verschiedenen Formen der Gemeindeleitung ganz miteinander verschmolzen und die altkirchliche Ämterordnung voll ausgeprägt: *ein* Gemeindeleiter (*episkopos*/Bischof), unter ihm das Kollegium der Gemeindeältesten (*presbyteroi*/Priester), dazu die Diakone/Diakoninnen *(diakonoi)*.

Gennesaret Ort südwestlich von Kafarnaum und nach ihm benannter See in → Galiläa (Karte PN, D3), im Alten Testament Kinneret genannt (Karte PA, D3; in dieser Übersetzung jedoch ebenfalls »Gennesaret«).

Gerstenfladen Aus Gerstenmehl hergestelltes → Fladenbrot.

gerecht, Gerechter Als »gerecht« wird im Deutschen ein Mensch bezeichnet, der sich so verhält, wie es dem allgemeinen Rechtsempfinden entspricht. »Gerecht« im Sinn des Alten Testaments ist der Mensch, der sich nach dem → Gesetz richtet, in dem Gott seinem Volk seinen Willen kundgetan hat. Verschiedentlich meldet sich jedoch schon im Alten Testament das Bewußtsein, daß letztlich kein Mensch vor Gott als »gerecht« bestehen kann (z. B. Ijob 4,17; 15,14; Ps 143,2). Im Frühjudentum wird der »gerechte« Mensch zum Gegenstand endzeitlicher Hoffnung; der Messias (→ Christus) wird als der »Gerechte« erwartet und ersehnt. Vom Erscheinen dieses Gerechten hängt die Rettung Israels ab (Jes 53,11). Diese Schriftstellen und Traditionen stehen im Hintergrund, wenn Jesus im Neuen Testament als »gerecht« (so wörtlich in Lk 23,47; 1 Joh 2,29; 3,7) oder als »der Gerechte« bezeichnet wird (Apg 3,14; 7,52; 22,14; 1 Petr 3,18; 1 Joh 2,1).

Durch sein Sterben und Auferstehen hat Gott den Menschen einen Weg eröffnet, auf dem auch sie vor ihm »als gerecht bestehen« können: den Weg des vertrauenden → Glaubens (siehe dazu v. a. → Gerechtigkeit).

Gerechtigkeit (→ gerecht) Im Gegensatz zum deutschen Begriff »Gerechtigkeit«, der auf die Erfüllung einer formalen Rechtsnorm zielt, geht es beim biblischen Verständnis von »Gerechtigkeit« immer um die Beziehung zwischen Personen, die in dem »rechten«, beiden Seiten gerecht werdenden Verhältnis zueinander stehen sollen. Gerecht ist, wer sich der idealen Form einer solchen Beziehung – sei es zwischen Menschen oder zwischen Gott und Mensch – »entsprechend« verhält.

Im Verhältnis zwischen Gott und seinem Volk ist die Grundlage der gegenseitigen Beziehung

der → Bund, in dem Gott den Menschen Heil zusagt und dafür von ihnen Dank und Gehorsam erwartet (Ps 50,5-6). Gottes »Gerechtigkeit« ist demnach seine Treue und Verläßlichkeit, die Einlösung seiner Zusagen, sein rettendes, heilschaffendes Handeln (Ps 36,6-8). Die Übersetzung verwendet dafür im allgemeinen nicht das mißverständliche Wort »Gerechtigkeit«, sondern drückt das Gemeinte direkt und eindeutig aus, z. B. Treue (Ps 7,18; 40,11; 71,16.19), Einlösung von Versprechen (Ps 11,7; 103,6), rettendes Eingreifen (Jes 45,8; 59,16).

Vom Menschen her ist »Gerechtigkeit« zentral die Erfüllung der Gebote Gottes. In diesem Sinn – als Gehorsam gegen Gott und sein → Gesetz – versteht auch Jesus bei Matthäus das Wort. Vor allem in der → Bergpredigt geht es ihm darum, daß der Wille Gottes im Gesetz radikal erfaßt und erfüllt wird (Mt 5,6.17-20; vgl. 3,15).

Bei Paulus liegt alles Gewicht darauf, daß der allein auf sich selbst gestellte Mensch mit seinem Bemühen um die »Gerechtigkeit« letztlich scheitern muß (Röm 7,7-25; Gal 3,10-12). Paulus hat erkannt, daß Gott durch Tod und Auferstehung von Jesus einen neuen Weg zur »Gerechtigkeit« geschaffen hat: den Weg des vertrauenden → Glaubens. Weil der Mensch trotz allen Strebens nach dem Guten von sich aus nicht fähig ist, Gottes Willen zu erfüllen, ist Gott bereit, ihm den Gehorsam des Menschen Jesus Christus anzurechnen (Röm 4,25; 1 Kor 1,30). Wer für sich Gottes Urteil über die Sünde anerkennt und den stellvertretenden Tod von Jesus für sich gelten läßt, gilt vor Gott als »gerecht« (Röm 3,19-28). Auf der Grundlage dieser geschenkten Gerechtigkeit, von ihr im Innersten angerührt und verwandelt, ist der Mensch dann auch fähig, den Willen Gottes zu tun (Röm 6,1-23).

Gerichtspolizisten Wörtlich »Diener/Gehilfen«. In entsprechenden Zusammenhängen höchstwahrscheinlich die Vollzugsgehilfen des jüdischen → Rats.

gesalbter (König) → salben.

Gesetz Das Judentum bezeichnete die fünf Mose-Bücher als »Gesetz« (Tora = Weisung) und umschrieb das Alte Testament mit »das Gesetz und die Propheten« (Mt 5,17; 7,12; 22,40). Der Begriff »Gesetz« konnte aber auch auf das ganze Alte Testament ausgedehnt werden. Seit der Zeit Esras (vgl. Neh 8–10) bestimmte das Mosegesetz das gesamte Leben des jüdischen Volkes und grenzte es streng gegen die übrigen Völker ab. Von besonderer Bedeutung wurden dafür die Gesetze über die → Beschneidung und den → Sabbat sowie die Reinheitsvorschriften (→ rein). Die Frage nach der bleibenden Geltung des Mosegesetzes führte in der Urchristenheit zu ernsten Auseinandersetzungen (Apg 15; Gal 2).

Gesetzbuch → Bundesgesetz, → Gesetz. Als »Gesetzbuch Moses« wird gelegentlich speziell das 5. Mose-Buch (Deuteronomium) angesprochen (Jos 8,31; 2 Kön 22,8.11; 23,2.21.24).

Gesetzeslehrer (in anderen Übersetzungen »Schriftgelehrte«) Ausgebildete und ordinierte jüdische Theologen, deren Aufgabe das Studium und die Auslegung des → Gesetzes war. Da die fünf Mose-Bücher auch als Gesetzessammlung für das bürgerliche Leben galten, waren diese Theologen zugleich Juristen. Sie traten erst in der Zeit nach dem babylonischen → Exil auf, als das religiöse Gesetz für das Leben der Juden eine immer größere Bedeutung gewann. Ihr großes Vorbild war → Esra (vgl. Esra 7,6.10.25); erste schriftliche Erwähnung finden sie in den Makkabäer-Büchern (1 Makk 7,12; 2 Makk 6,18).

Die meisten Gesetzeslehrer der neutestamentlichen Zeit gehörten der religiösen Gemeinschaft der → Pharisäer an. Sie hatten ein engmaschiges Netz von Bestimmungen ausgearbeitet, die sicherstellen sollten, daß die göttlichen Gebote (etwa das Ruhegebot am → Sabbat) auf keinen Fall übertreten wurden (vgl. Mk 2,23–3,6). In den Schulen der Gesetzeslehrer hatten sich im Lauf der Zeit feste Auslegungstraditionen herausgebildet, die zum Teil für nicht weniger verbindlich gehalten wurden als das geschriebene Gotteswort selbst (Mk 7,3; Gal 1,14).

Nach Mt 13,52; 23,34 gab es auch in der christlichen Gemeinde Gesetzeslehrer, die wohl die Aufgabe hatten, die Auslegung des Gesetzes durch Jesus, wie sie u. a. in der → Bergpredigt (Mt 5–7) vorliegt, auf die aktuelle Situation der Gemeinden anzuwenden.

Gestalten, mächtige Bei den vier »lebenden Wesen« (so wörtlich) vor Gottes Thron in Offb 4 und 5 handelt es sich offenbar um Engelwesen, die den Thron bewachen. Sie erinnern an die → Serafen in Jes 6,2 und die entsprechenden Gestalten in Ez 1.

Getsemani Der Name bedeutet »Ölkelter« und bezeichnet einen Garten mit Olivenbäumen am Fuß des westlichen Ölbergabhangs mit einer (vielleicht verfallenen?) Ölpresse.

Gewaltiger Wiedergabe der hebräischen Gottesbezeichnung *Schaddai* (oder *El Schaddai*),

deren genaue Bedeutung nicht mehr bekannt ist. Die Wiedergabe mit »der Gewaltige« folgt dem Vorbild der alten griechischen Übersetzung, die *Schaddai* vermutlich mit einem hebräischen Wort für »überwältigen« in Zusammenhang gebracht und meist mit »der Allherrscher« wiedergegeben hat. Nach neuerer Auffassung bedeutet *Schaddai* möglicherweise »Bergbewohner«; in diesem Sinne würde es den Gott bezeichnen, der auf dem → Götterberg wohnt und von dort aus über die Welt herrscht.

geweiht, Geweihte(r) (1) → Nasiräer.

(2) Als »Geweihte« wurden in Israel Männer und Frauen bezeichnet, die sich in besonderer Weise dem Dienst einer fremden Gottheit geweiht hatten; nach Dtn 23,18 war dies in Israel verboten. In der Sprache des Alten Testaments wird die Beteiligung der Geweihten an fremden Kulten → Hurerei genannt. Früher wurde daraus häufig der Schluß gezogen, die Geweihten seien eine Art Tempelprostituierte, die sich an sexuellen Ritualen und Ausschweifungen beteiligten. Dies ist jedoch sehr zweifelhaft. In Hos 4,14 werden Prostituierte und Geweihte zwar miteinander verglichen, gleichzeitig ist aber klar, daß man mit der Prostituierten »beiseite geht«, mit der Geweihten dagegen »Opferfleisch ißt«. Die Bezeichnung der Geweihten als »Prostituierte« ist wahrscheinlich bildhaft gemeint, als abwertendes Urteil über Leute, die sich fremden Gottheiten hingeben und damit dem Gott Israels untreu werden.

(3) Personen oder Gegenstände können Gott unwiderruflich »geweiht« werden und gehören dann ihm bzw. seinem Heiligtum (vgl. → Bann).

Gewölbe → Himmelsgewölbe.

Gihon-Quelle → Schiloach.

Gilead Bezeichnung für eine bergige Landschaft im mittleren Ostjordanland mit der gleichnamigen Stadt (Karte PA, D4-D5), gelegentlich für das gesamte Ostjordanland.

Glaube (Vertrauen) »Glaube(n)« ist ein vieldeutig schillerndes Wort. Im Sprachgebrauch der Bibel bezeichnet es nicht ein Wissen mit geringerem Sicherheitsgrad, sondern das unerschütterliche Vertrauen auf Gott und seine Heilszusagen. Von solchem Vertrauen kündet schon das Alte Testament (Gen 15,6; Ex 14,31; Ps 27,13-14; 116,10; Jes 7,9; 28,16), im Neuen wird es zum beherrschenden Thema. Es wird dort in verschiedener Weise entfaltet:

(1) Jesus weckt in den Menschen, die ihm begegnen, das Vertrauen, daß er helfen, d. h. von den Mächten der Krankheit, der → Besessenheit und Sünde befreien kann (Mk 2,5; 5,34; 9,23-24; 10,52; Mt 8,10; Lk 7,50). In Jesus spüren die Menschen Gottes Nähe, seine rettende Zuwendung; deshalb »glauben« sie ihm.

(2) Bei Johannes begegnet Jesus den Menschen darüber hinaus mit dem direkten Anspruch, in ihm den von Gott gesandten Heilbringer zu erkennen und anzuerkennen: den Einen, in dem sich für die Menschen ewiges Leben oder ewiger Tod entscheiden (Joh 3,15-16; 6,47-51; 11,25-26). Es geht jedoch nicht darum, einen Glaubenssatz über Jesus für wahr zu halten (etwa, daß er der → »Sohn Gottes« sei), sondern das Heil in entschiedenem Vertrauen anzunehmen, das er in Person ist (→ Ich-bin-Worte).

(3) Bei Paulus steht nicht die Person von Jesus, sondern das Handeln Gottes durch und an Jesus im Mittelpunkt: Durch seinen Tod und seine Auferweckung hat Gott eine Heilswirklichkeit geschaffen, die allen Menschen zuteil wird, die sie in vertrauendem Glauben für sich gelten lassen. Seine Zuspitzung erhält der Glaube bei Paulus durch den strikten Gegensatz gegen die »Werke des → Gesetzes«, durch die Absage an jeden Versuch, auf der Grundlage eigener Leistungen, und seien sie noch so »gottgefällig« (Röm 10,1-4; Phil 3,6-11), vor Gott bestehen zu wollen (Röm 3,21-30; → Gerechtigkeit). Glaube bedeutet den rückhaltlosen Verzicht, vor Gott noch mit irgend etwas auftrumpfen zu wollen (→ rühmen), und ein Vertrauen, das schlechthin alles von Gottes Gnade erwartet (1 Kor 4,7; 2 Kor 12,9).

(4) Beginnend schon zu Lebzeiten von Jesus (Mk 8,27-29), sich entfaltend in der Situation nach Ostern (Apg 2,36; Röm 10,9; 1 Kor 15,1-5.11; 1 Thess 4,14), nimmt Glaube auch die Gestalt des »Glaubens, *daß* ...« an, verstärkt durch die Auseinandersetzung mit Irrlehrern (1 Joh 2,22-24; 4,2-3.15; 2 Joh 7; → Gnosis). Doch bleibt die Grundbedeutung von Glaube als Vertrauen auch hier immer erhalten. Es geht nicht in erster Linie um das Für-wahr-Halten bestimmter Tatsachen, sondern um das Sichgründen auf das Handeln Gottes, von dem die betreffenden Bekenntnissätze sprechen (vgl. für den Glauben an Gott als Schöpfer Röm 4,17 und Hebr 11,3).

Gleichnis Das Wort bezeichnet die verschiedensten Formen bildlicher Rede. Ein Gleichnis im engeren Sinn ist ein als Erzählung ausgeführter Vergleich, wobei regelmäßig wiederkehrende Vorgänge des alltäglichen Lebens als

Bild benutzt werden (z. B. Saat und Ernte in Mk 4,26-32, Suchen und Finden in Lk 15,4-10). Eine »Parabel« dagegen nimmt als Vergleichsgröße einen einmaligen, außergewöhnlichen Fall (z. B. Mt 20,1-15; Lk 15,11-32; 16,1-8). Bei Gleichnis und Parabel kommt es darauf an, jeweils den Vergleichspunkt oder »springenden Punkt« zu finden; es sollen nicht alle Einzelzüge des Bildes ausgedeutet werden (z. B. das Auskehren des Hauses in Lk 15,8!).
Bei der Allegorie dagegen besitzt die Erzählung Einzelzüge, die jeweils als einzelne eine bestimmte Bedeutung tragen. Für das Verständnis der Gesamtaussage ist es hier wichtig, den Sinn dieser Einzelzüge zu kennen (z. B. Mk 12,1-12 die Bedeutung des Weinbergs, des Besitzers, der Pächter usw.). Manche Gleichnisse von Jesus sind schon früh als Allegorien verstanden und allegorisch ausgedeutet worden (vgl. Mk 4,3-9 mit Mk 4,13-20 oder Lk 14,16-24 mit Mt 22,1-14).
Eine eigene Gruppe bilden die Beispielerzählungen: Erzählungen, die die gemeinte Sache an einem praktischen Fall vorführen, der je nachdem als einladendes oder abschreckendes Beispiel dient (z. B. Lk 10,29-37; 12,16-21; 16,19-31; 18,9-14).
Die Gleichnisse von Jesus sind ganz geprägt vom drängenden Ernst seiner Verkündigung vom nahen Anbruch der → Königsherrschaft Gottes und stehen in ihrem Dienst. Sie sind ein Appell, der die Hörer zum Mitdenken, Weiterdenken und Umdenken auffordert.

Gnosis Bezeichnung für eine spätantike Geistesströmung, die sich seit dem Ende des 1. Jh. auch auf christliche Gemeinden auszuwirken beginnt und im 2. Jh. der am bittersten bekämpfte Feind der Alten Kirche wurde (vgl. 1 Tim 6,20-21). Sie ist bestimmt von einer tief pessimistischen Einstellung gegenüber der Materie und der Leiblichkeit. Diese gelten als die minderwertige Schöpfung eines niederen, bösen Geistes (z. T. mit dem Gott des Alten Testaments gleichgesetzt). Das Innerste und Eigentliche des Menschen gehört nicht dieser schlechten Welt an, ist vielmehr ein Lichtfunke, der aufgrund eines urzeitlichen Sündenfalls – oder eigentlich eines kosmischen Unglücksfalls – in die Materie verbannt wurde. Der Mensch kennt von sich aus nicht den Grund seines Elends, er empfindet es oft nicht einmal und hat kein Bewußtsein seiner wahren Herkunft und Seinsart. Ein Bote aus dem Lichtreich muß kommen, ihn aus dem Schlaf der Selbstvergessenheit aufwecken und ihm die Erkenntnis darüber bringen, wer er dem Wesen nach ist, woher er gekommen ist und wohin er eigentlich gehört.
In solcher Erkenntnis (griechisch »Gnosis«) liegt schon die »Erlösung«; sie realisiert sich in der Rückbesinnung auf die eigene göttliche Seinsart und vollendet sich in der Rückkehr in das Reich des Lichtes, in das der göttliche Bote den Weg bahnt. »Erlösung« hat für den Gnostiker also nichts zu tun mit Einsicht in persönliche Schuld und mit Lossprechung von dieser Schuld aufgrund des Kreuzestodes von Jesus; es geht vielmehr um das Durchschauen und Rückgängigmachen des »kosmischen Betriebsunfalls«. Sofern Erlösung in diesem Sinne die radikale Herauslösung des Seelenfunkens aus der materiellen Welt ist, verliert der Gedanke einer leiblichen → Auferstehung seinen Sinn, und die Gnostiker können behaupten, die als zukünftig erwartete Auferstehung sei an ihnen schon geschehen, indem sie zur »Erkenntnis« ihres wahren Wesens gelangt sind (vgl. 2 Tim 2,18).
Die zu dieser Art »Erkenntnis« Erwachten verachten die Materie und lehnen es ab, sich für die Ordnungen der gegenwärtigen Welt zu interessieren und sich für ihren Fortbestand zu engagieren; sie entziehen sich jeder innerweltlichen Verantwortung. Speziell »christliche« Gnostiker fühlen sich den Weisungen des alttestamentlichen → Gesetzes gegenüber frei und überlegen; stammt dieses doch von dem niederen Geist, der mit dessen Hilfe sein mangelhaftes Schöpfungswerk funktionsfähig halten will. Die Welt- und Leibverachtung des Gnostikers äußert sich teils – nach außerbiblischen Zeugnissen überwiegend – in rigoroser Askese, besonders auch in Ehe- und Geschlechtsfeindlichkeit (vgl. 1 Tim 4,1-5), teils in deren Gegenteil, d. h. in einem Libertinismus, der bewußt die sittlichen, dem Leben dienenden Ordnungen ignoriert und zu zerstören sucht (vgl. Jud 7-8.18).
Für gnostisch infizierte Christen ist es ausgemacht, daß der Erlöser Jesus, aus der Sphäre Gottes herabsteigend, sich unmöglich mit der Materie verbunden haben und wirklich Mensch geworden sein kann. Vielmehr hat er sich – in der Taufe am Jordan – nur äußerlich und zum Schein mit einem Menschenleib verbunden, den er vor der Passion wieder verließ. Die »Erlösung« hat er vollbracht, indem er den Menschen die »Erkenntnis« (Gnosis) brachte; das Sterben am → Kreuz trägt dazu nichts bei. Diese Verbiegung und Entleerung der christ-

lichen Botschaft wird bekämpft in Joh 1,14; 1 Joh 4,2-3; 2 Joh 7; vgl. auch 1 Tim 2,5-6; 3,16.

Goldstück Ein Goldstück (Mine) entspricht 100 Silberstücken (Denar, Drachme). Das Silberstück ist zur Zeit des Neuen Testaments der durchschnittliche Tageslohn eines Arbeiters (Mt 20,2).

Götterberg Wie die Griechen sich ihre Götter auf dem Olymp wohnend vorstellten, so gibt es im Alten Orient die Anschauung von einem Götterberg im Norden. Israel brachte den Glauben an die Überlegenheit des eigenen Gottes dadurch zum Ausdruck, daß gesagt wurde, der → Zionsberg in Jerusalem sei der wahre Götterberg (Ps 48,3).

Götterfiguren → Hausgötter.

Gottesberg Der Berg → Sinai (oder Horeb) als Ort der Gegenwart Gottes (→ Götterberg).

Gottesfürchtiger → Proselyt.

Gottessöhne »Sohn« bezeichnet im Hebräischen nicht nur die leibliche Abstammung, sondern auch allgemeiner ein Verhältnis der persönlichen Nähe und zugleich Unterordnung (vgl. Spr 2,1; 3,1; Mk 2,5). »Gottessöhne« nannte man Himmelswesen, die zur Umgebung Gottes gehören wie der Hofstaat zu einem König (Ijob 1,6). Auch die Gottessöhne von Gen 6,1-2 sind solche Zwischenwesen, vielleicht Götter zweiter Ordnung des alten → kanaanitischen Götterhimmels, die wie die griechischen Götter geschlechtliche Verbindungen mit Menschen eingehen.

Gottesurteil Entscheidung Gottes über Schuld oder Unschuld durch das Los oder ein anderes Zeichen.

Gottgeweihte → Nasiräer.

Götzenopfer → Opferfleisch.

Grenze, ägyptische Als Grenze Ägyptens galt ursprünglich vermutlich das Wadi (= Tal mit nur zeitweiser Wasserführung) Besor, das südlich von Gaza ins Mittelmeer mündet (Karte PA, A7; vgl. 1 Sam 30,9-10), in nachexilischer Zeit das etwa 75 km weiter südlich gelegene Wadi el-Arisch.

Gute Nachricht (Evangelium, griechisch *euangelion*) Das Wort hat innerhalb der Bibel seine Vorgeschichte in der Heilsverkündigung im zweiten Teil des Jesaja-Buches (Jes 52,7-10; 40,9-11). Im Neuen Testament wird es zuerst und vor allem auf die Botschaft von der Auferweckung und Erhöhung des gekreuzigten Jesus angewandt (1 Kor 15,1-5; Röm 1,1-4) bzw. auf die Botschaft von dem dadurch erschlossenen Heil (Röm 1,16-17; 1 Thess 1,10; Apg 5,42; 17,18; 20,24). In Jesus Christus, vornehmlich in seinem Tod und in seiner Auferweckung, hat Gott seine endzeitliche → Königsherrschaft aufgerichtet (vgl. Jes 52,7) und läßt dies in der »Guten Nachricht« verkünden.
Der Verfasser des Markus-Evangeliums bezieht den Begriff »Gute Nachricht/Evangelium« dann auch auf das vorösterliche öffentliche Auftreten von Jesus, auf seine Worte und Taten und seine Verkündigung der anbrechenden Gottesherrschaft (Mk 1,1.14-15). Von Mk 1,1 her wurden später auch die Schrift des Markus selbst sowie die anderen gleichgearteten Schriften (von Matthäus, Lukas und Johannes) »Gute Nachricht/Evangelium« genannt.

H

Handmühle → Mühlstein.

Hasidäer Hebräisch *hasidim* = die Frommen. Eine Sammlungsbewegung gesetzestreuer Juden in der Makkabäerzeit (1 Makk 2,42). Aus ihr gingen später die → Pharisäer hervor.

Hauptmann, Hauptleute In den folgenden Fällen handelt es sich um die Wiedergabe von Rangbezeichnungen, die dem lateinischen Centurio (= »Hundertschaftserster«) entsprechen:
(1) Hauptmann von Kafarnaum (Mt 8,5 par).
(2) Hauptmann unter dem Kreuz (Mk 15,39.44 par).
(3) Hauptmann Kornelius von Cäsarea (Apg 10,1.22).
(4) Hauptleute der römischen Garnison in Jerusalem (Apg 21,32 usw.).
(5) Hauptmann am Amtssitz des → Statthalters in Cäsarea (Apg 24,23).
(6) Hauptmann, der Paulus nach Rom begleitet (Apg 27,1 usw.).
Zu den Hauptleuten der Tempelwache → Tempelwache.
Jerusalem hatte in neutestamentlicher Zeit eine ständige römische Garnison, bestehend aus einer Kohorte (ca. 1000 Mann) unter dem Befehl eines *Chiliarchen* = »Tausendschaftsersten«, in dieser Übersetzung »der Kommandant (der römischen Garnison)«; vgl. Joh 18,12; Apg 21,31-33; 22,26-29 usw. Die Kohorte war untergebracht in der Burg Antonia an der Nordwestecke des äußeren Tempelvorhofs (die »Kaserne« in Apg 21,34 usw.).

Hausgemeinschaft Das Wort »Haus« bezeichnet in der Bibel nicht nur ein Gebäude, sondern auch und vor allem die Menschen, die darin leben: die Familie, das gesamte Hausgesinde eingeschlossen (vgl. Ex 20,17). Das Wort kann auch das Herrscherhaus, die Dyna-

stie, bezeichnen (»Haus Davids«: 2 Sam 7,11-16; Am 9,11).

Hausgott Hausgötter, d. h. kleine Götterfiguren, die als gute Geister das Haus beschützen sollen, sind aus vielen Kulturen bekannt und in älterer Zeit auch in Israel verbreitet (2 Kön 23,24).

Hebräer Der Name wird als Bezeichnung für die Israeliten zunächst überwiegend von Außenstehenden und gegenüber Außenstehenden gebraucht (Gen 14,13; 40,15; Ex 3,18; 1 Sam 4,6; 13,3; 29,3). Seine Bedeutung ist nicht gesichert. Man bringt ihn in Verbindung mit den Apiru, die in ägyptischen und assyrischen Quellen des 2. Jahrtausends v. Chr. erwähnt werden und die u. a. vom 15. bis 12. Jh. als Fremdarbeiter in Ägypten bezeugt sind. In den Samuel-Büchern ist damit vermutlich ein bestimmter Teil der Bevölkerung gemeint, der mit wenig Macht und geringen Rechten ausgestattet war und außerhalb der kanaanitischen Städte, im Bergland und an den Rändern des Kulturlandes lebte. Das frühe Israel gehörte zu diesen Hebräern, aber nicht alle Hebräer gehörten zu Israel.

In der Zeit nach dem babylonischen → Exil wird das Wort zum Ehrennamen und zur jüdischen Selbstbezeichnung (Jona 1,9). Speziell und im Unterschied zu »Israeliten« (als dem erwählten Gottesvolk allgemein) bezeichnet dann »Hebräer« den Diasporajuden palästinischer Herkunft oder den Juden reiner Abstammung, der die Traditionen der Vorfahren streng bewahrt (2 Kor 11,22; Phil 3,5; vgl. 2 Makk 7,31).

hebräisch (→ Hebräer) Als Name für die Sprache kann »hebräisch« sowohl das Althebräische als auch die spätere Umgangssprache → Aramäisch bezeichnen. In der Offenbarung (Offb 9,11; 16,16) ist jeweils Hebräisch, im Johannes-Evangelium (Joh 5,2; 19,13.17.20; 20,16) jeweils Aramäisch gemeint.

Heiden Unter »Heiden« verstehen wir heute Menschen oder Völker, die nicht den christlichen Glauben teilen. Im Ansatz gibt es diesen Sprachgebrauch schon im Neuen Testament (1 Petr 2,12; 3 Joh 7 [Übersetzung: »Ungläubige«]). Vorherrschend ist dagegen vom Alten Testament her die Vorstellung einer Zweiteilung der Menschheit in das Gottesvolk Israel und die übrigen »Völker« (so die wörtliche und genaue Übersetzung; doch wird für diese Völker ein anderes Wort gebraucht als für das »Volk« Israel, nämlich *gojim*). Was das Gottesvolk von all diesen Völkern trennt, ist, daß es den einen Gott kennt und verehrt und sein → Gesetz besitzt und befolgt (vgl. Röm 9,1-5), kurz: daß es das von Gott »erwählte Volk« ist. Durch Jesus Christus ist diese Zweiteilung der Menschheit an ihr Ende gekommen: Das Heil wird allen Völkern angeboten (Röm 1,16), und auch dem Gottesvolk Israel wird es nur durch das neue Gnadenangebot Gottes zuteil (Röm 3,19-20; 11,32; Gal 2,16-17). Deshalb werden durch Christus »Juden und Heiden« zu dem einen neuen Gottesvolk (Eph 2,11-18).

heilig, heiligen, Heiligkeit »Heilig« ist im Alten Testament alles, was Gott und der göttlichen Sphäre zugehört. Das ist aus priesterlicher Sicht der → Tempel und dort wieder in besonderem Maße die heiligen Geräte, die Altäre, die → Bundeslade und der innerste Raum des Tempels, der das »Allerheiligste« heißt. Nur wer selbst geheiligt (geweiht) ist, kann sich dieser Sphäre nahen, ohne Schaden zu nehmen (Num 4,15; Ex 30,29). Die → Opfer, die Gott dargebracht werden, sind in abgestuftem Maße heilig, und entsprechend dürfen unterschiedliche Personenkreise einen Anteil davon verzehren: beim Mahlopfer die ganze Gemeinde (Lev 7,15-21), bei den Erntegaben ans Heiligtum und bei bestimmten Opferanteilen alle Angehörigen der Priesterfamilien (Num 18,11-19), bei den Sühneopfern die Priester allein (Lev 6,19-22).

Es gehört zum Dienst der Priester, genau zu unterscheiden – und das Volk unterscheiden zu lehren – zwischen »heilig« und »unheilig« (profan), also die Grenze zu wahren zwischen der Sphäre des heiligen Gottes und des unheiligen Menschen (Lev 10,10). Zugleich aber haben die Priester zwischen beiden Sphären zu vermitteln, damit die Menschen imstande sind, Gott heilige Gaben darzubringen, und damit von dem heiligen Gott dafür Heil in das Leben der Menschen einströmen kann.

Was von den Menschen als Voraussetzung erwartet wird, ist, daß sie in kultischem Sinn → rein sind. Ein wichtiger Schritt wird mit der Erkenntnis vollzogen, daß die äußerliche Reinheit nicht genügt, sondern daß Gottes Heiligkeit von dem Menschen, der ihr begegnen will, die Reinheit des Herzens und das Tun des Rechten verlangt (vgl. Ps 15). »Ihr sollt heilig sein; denn ich, der HERR, euer Gott, bin heilig« (Lev 19,2) – so steht es über dem Kapitel, in dem sich der berühmte Satz findet: »Liebe deinen Mitmenschen wie dich selbst.«

Eine letzte Vertiefung und Radikalisierung findet der Begriff der Heiligkeit im Neuen Testament. Es geht jetzt um die Heiligkeit, die es

ermöglicht, in der neuen Welt Gottes (→ Königsherrschaft Gottes) und der darin gewährten unmittelbaren Gottesnähe zu leben. In Betracht kommt hier nur noch die Reinheit und Heiligkeit des Herzens (Mt 5,8; Mk 7,1-23), und zwar in einer Qualität, wie sie durch menschliches sittliches Streben letztlich nicht zu erreichen und erst recht nicht durch die Opfer und Riten des alttestamentlichen Opferdienstes herzustellen ist. Nach christlichem Bekenntnis kommt die hierzu erforderliche Reinheit und Heiligkeit einzig aus dem Opfertod, den Jesus allen zugute auf sich genommen hat (Röm 3,25; Hebr 9,13-14; 10,10.14.29; 13,12), und sie wird denen zugeeignet, die sich in vertrauendem → Glauben durch die → Taufe Gott und Jesus Christus und dem Wirken des Heiligen → Geistes anheimgeben (1 Kor 6,11; Eph 5,25-26; Tit 3,5-7). Die den Christen in der Taufe geschenkte Heiligkeit und Reinheit will jedoch in der verbleibenden Zeitspanne dieses Lebens mit Gottes Hilfe bewahrt und bewährt werden (Röm 6,19-22; 1 Thess 3,13; 4,3-7).

Heilige(r) Im Alten Testament wird die Bezeichnung »der Heilige« am häufigsten für Gott selbst gebraucht (z. B. Jes 1,4; 30,11; Hos 11,9), sodann auch für Wesen, die Gott besonders nahestehen und sozusagen zu seiner Sphäre gehören: die Engel (wie die Übersetzung in diesem Fall direkt sagt) und die Glieder des Volkes, das er für sich ausgesondert hat (Dan 7,18).

Im Neuen Testament wird Jesus als »der Heilige« bezeichnet (Apg 3,14; vgl. Lk 1,35) oder als »der Heilige Gottes« (Mk 1,24; Joh 6,69), vor allem aber werden die Christen »Heilige« genannt (z. B. Röm 1,7; 1 Kor 1,2; Kol 3,12). »Die Heiligen« heißen sie – in Anlehnung an Aussagen über das Volk Israel (Ex 19,6) – als das endzeitliche Gottesvolk (vgl. Dan 7,18.22.25.27). Demgemäß spricht die Übersetzung häufig von »Gottes heiligem Volk«. Damit nicht das Mißverständnis entsteht, die Christen seien »heilig« aufgrund eigenen Strebens und eigener Vollkommenheit, spricht Paulus in den Briefeingängen (wörtlich) von »berufenen Heiligen«: zu Gottes Volk gehörend aufgrund von Gottes Ruf; und er stellt klar, daß ihre »Heiligkeit« in der Verbindung mit Jesus Christus gründet (1 Kor 1,2.30; Phil 1,1 wörtlich: »Heilige/Geheiligte in Christus Jesus«; → heilig).

Heilige Schriften Die Bücher, die heute in unserem Alten Testament zusammengefaßt sind, waren für das Judentum zur Zeit von Jesus und ebenso für die frühe Christenheit »Heilige Schrift«; doch wurden zu ihr auch noch eine Reihe von sehr spät entstandenen Büchern gerechnet, die von den Juden des 1. Jh. n. Chr. aus dem »Kanon« ihrer Heiligen Schriften ausgeschieden worden sind. Diese Spätschriften des Alten Testaments – wie die Deuterokanonischen Schriften bzw. Apokryphen in dieser Bibelausgabe heißen – blieben in der christlichen Kirche bis zur Reformationszeit allgemein als Heilige Schrift anerkannt. (In der katholischen Kirche und den orthodoxen Kirchen sind sie es weiterhin; in den evangelischen Kirchen werden sie unterschiedlich beurteilt.) Im Neuen Testament werden darüber hinaus sogar noch weitere frühjüdische Schriften als »heilige« zitiert (vgl. Jak 4,5; Jud 14-15).

Die neutestamentlichen Schreiber sprechen von »der (heiligen) Schrift« als einem einheitlichen Gotteswort in der Einzahl. Die Übersetzung verwendet trotzdem die Mehrzahl »Schriften«, da »die Heilige Schrift« für heutige Christen die Bibel aus Altem und Neuem Testament bezeichnet.

Heiliger Geist Das hebräische Wort für Geist bedeutet ursprünglich »Wind, Hauch«. Gemeint ist damit das Lebensprinzip, das der Schöpfung zugrunde liegt (Gen 1,2), das Gott seinen Geschöpfen verliehen hat und über das er jederzeit verfügt (vgl. Ps 104,29-30). Vom Geist Gottes gehen aber auch spezielle Wirkungen auf bestimmte Menschen aus: Der Geist kommt über einen Menschen und treibt ihn zu einer bestimmten Tat (Ri 3,10; 13,25). Er beseelt die ekstatischen Prophetengemeinschaften (1 Sam 10,10-12) und kann einen → Propheten ganz real an einen anderen Ort versetzen (1 Kön 18,12; vgl. Ez 8,3). Wenn der Geist Gottes für dauernd von einem Menschen Besitz ergreift wie von David (1 Sam 16,13) oder einer prophetischen Gestalt (Jes 42,1; 61,1), ist dies das Zeichen einer besonderen Verbundenheit mit Gott und Beauftragung durch ihn (vgl. Joh 1,32-34).

Propheten des Alten Testaments haben für die Zukunft eine Ausgießung des Gottesgeistes über das ganze Volk verkündet (Ez 36,27; Joël 3,1-2). Sie ist nach dem Zeugnis des Neuen Testaments durch Jesus Wirklichkeit geworden, der nicht nur selbst seit seiner Taufe vom Geist Gottes erfüllt war (Mk 1,10; Lk 4,1.18), sondern diesen Geist auch den Seinen vermittelt hat (Lk 24,49; Apg 2,32-33; Joh 14,16; 15,26). Mit der → Taufe (z. T. auch Handauflegung; Apg 8,17; 19,6) wird allen Glaubenden der Geist verliehen. Seine Einwohnung ist Zeichen und Ge-

währ dafür, daß sie an der neuen Welt Gottes teilhaben (Eph 1,13-14). Der Geist äußert sich in zahlreichen Geistesgaben und gibt durch sie der Gemeinde Wachstum, Form und Halt (Röm 12,3-8; 1 Kor 12,1-11; Eph 4,7-13). Aber schon daß jemand Christus als den → Herrn erkennen und an ihn glauben kann, ist das Werk des Geistes (1 Kor 12,3).

Heiliges Zelt Transportables Zeltheiligtum der Israeliten während der Wanderzeit (Ex 26; 40,16-35; vgl. Skizze Seite 83). Die hebräische Bezeichnung lautet wörtlich »Zelt der Begegnung« (Gottes mit seinem Volk; vgl. Ex 29,42-43). Nach der Seßhaftwerdung des Volkes im Land → Kanaan verlor das Heilige Zelt seine Bedeutung. Nach Jos 18,1; 19,51 stand es in Schilo. Von weiteren Stationen wissen 2 Chr 1,3 und 1 Kön 8,4. Das Zelt, in dem David die → Bundeslade aufgestellt hat (2 Sam 6,17 par), läßt keinen Zusammenhang mit dem Heiligen Zelt der Wüstenzeit erkennen. – Die Vorschriften für den Priester- und Opferdienst am Heiligen Zelt im 2.–4. Mose-Buch gelten sinngemäß für den → Tempel in Jerusalem.

Helden, die Dreißig → Dreißig Helden.

Heldenlieder Das »Buch der Heldenlieder« (Jos 10,13; 2 Sam 1,18) stellte wahrscheinlich eine Sammlung von Geschichtsdokumenten in poetischer Form dar, die uns nicht erhalten ist.

Helfer (Joh 14,16.26; 15,26; 16,7.13) Das griechische Wort *parákletos* hat die Bedeutung »Helfer, Fürsprecher, Beistand, Anwalt vor Gericht«. Dies alles ist zunächst Jesus selbst für seine Jünger, wie aus Joh 14,16 hervorgeht. Doch verspricht Jesus an eben dieser Stelle, der Vater werde ihnen einen »anderen Helfer« geben, den → Heiligen Geist. Seine Aufgabe wird es sein, die Stelle von Jesus einzunehmen (sein »Stellvertreter« zu sein) und sein Werk weiter und zu Ende zu führen.

Hellenisten (Apg 6,1) Zur Zeit des Neuen Testaments gab es in Jerusalem viele Juden, die irgendwo in der weltweiten jüdischen Diaspora geboren und aufgewachsen waren oder lange Zeit dort gelebt hatten, dann aber – meist aus religiösen Gründen – wieder nach Jerusalem gezogen waren (vgl. Apg 2,5-11). Die Weltsprache Griechisch war inzwischen für sie zur Muttersprache geworden. Sie bildeten in Jerusalem auf landsmannschaftlicher Basis eigene → Synagogengemeinden (Apg 6,9).
Juden, die aus diesen Kreisen zur christlichen Gemeinde stießen, werden auch in dieser eine relativ eigenständige Gruppe gebildet haben. Als Menschen, die in Jerusalem immer noch neu und fremd waren und auch keinen Halt mehr fanden in ihrer speziellen Synagogengemeinde, waren sie mehr als ortsansässige Judenchristen auf Hilfe und Unterstützung durch die Gemeinde angewiesen.
Nach Meinung vieler Ausleger erhält diese griechischsprechende Gruppe in den sieben Männern, die dann gewählt werden (Apg 6,2-6), nicht so sehr Garanten für die gerechte Berücksichtigung bei der Lebensmittelverteilung, sondern so etwas wie ein eigenes Leitungsgremium. Es fällt auf, daß von keinem aus dem Kreis dieser Sieben berichtet wird, er habe sich im diakonischen Dienst betätigt. Statt dessen treten zwei von ihnen – Stephanus und Philippus – als überragende Verkünder der Christusbotschaft hervor (vgl. Apg 6,8–7,60; 8,5.26.40).

Hermes Bei den alten Griechen der Bote, der die Aufträge des Götterkönigs → Zeus überbringt.

Herodes (1) Herodes der Große war von 37–4 v. Chr. römischer Vasallenkönig in Palästina. In seine Regierungszeit fällt die Geburt von Jesus (Mt 2,1; Lk 1,5).
(2) Herodes Archelaus, Sohn von Herodes (1), herrschte 4 v. – 6 n. Chr. als Ethnarch (= Volksfürst) über Judäa, Samarien und Idumäa (Mt 2,22). Sein Gebiet wurde danach einem römischen → Statthalter unterstellt.
(3) Herodes Antipas, Sohn von Herodes (1), herrschte 4 v. – 39 n. Chr als Tetrarch (= Viertelsfürst) über Galiläa und Peräa, wurde jedoch volkstümlich als »König« bezeichnet (Mk 6,14; Joh 4,46). Er ließ den → Täufer Johannes hinrichten (Mk 6,14-29).
(4) Philippus, Sohn von Herodes (1), herrschte 4 v. – 34 n. Chr. als Tetrarch über Gaulanitis und Trachonitis (Lk 3,1). Er gründete die Stadt Cäsarea Philippi (Mk 8,27).
(5) Agrippa I., Enkel von Herodes (1), wird volkstümlich »Herodes« genannt, da er kurze Zeit (41–44 n. Chr.) das Reich seines Großvaters unter seiner Herrschaft vereinigte. Er ließ den Apostel Jakobus, den Bruder von Johannes, hinrichten (Apg 12,1-23).
(6) Agrippa II., Sohn von Agrippa I., Bruder von Berenike (die 48–69 n. Chr. bei ihm lebte) und von Drusilla, hatte eine kleine Herrschaft nördlich von Palästina (50–94 n. Chr.). Als römischem Vertrauensmann für Angelegenheiten des Jerusalemer → Tempels und Schwager des Statthalters Felix läßt Festus ihm den Gefangenen Paulus vorführen (Apg 25,13–26,32).

Herodias Frau von Herodes Antipas (→ Hero-

des 3). Aus politischem Ehrgeiz hatte sie sich von dessen Halbbruder Herodes Philippus (nicht identisch mit Herodes 4) getrennt und Antipas zur Verstoßung seiner ersten Frau veranlaßt.

Herr »Herr« in der Schriftart Herr ist in dieser Übersetzung (im Anschluß an eine alte Tradition) Wiedergabe des hebräischen Gottesnamens, der mit großer Wahrscheinlichkeit *Jahwe* gelautet hat. Gesichert sind lediglich die Konsonanten JHWH (das auslautende *H* ist stumm). Da die jüdischen Gelehrten, die den hebräischen Text mit Vokalen versahen, den Gottesnamen aus Scheu nicht mehr aussprachen, haben sie statt der ursprünglichen Vokale die Vokale des hebräischen Wortes für »Herr« eingesetzt, das beim Vorlesen an dieser Stelle gesprochen werden sollte (*adonaj*; das anlautende *a* in der Schreibung verkürzt zu *e*). Durch ein Mißverständnis ist später daraus das Kunstwort JeHoVaH geworden. Die ursprüngliche Form des Gottesnamens läßt sich erschließen aus der Kurzform *Jah,* die z. B. in Hallelu-Jah (Preist Jahwe) enthalten ist, sowie aus alten griechischen Texten.

Nach den Grundsätzen dieser Übersetzung wird die Schreibweise Herr nicht mechanisch für ein JHWH im hebräischen Text eingesetzt, sondern sinngemäß angewandt. Sie steht also auch dort, wo aus übersetzungstechnischen Gründen ein hebräisches *er* im Deutschen durch den vollen Namen wiedergegeben wird oder wo die Übersetzung bei Prophetenworten zur Verdeutlichung die Einleitungsformel »Der Herr sagt(e)« hinzufügt. Umgekehrt kann der hebräische Gottesname im Deutschen auch durch bloßes *er* wiedergegeben werden. Wenn »Herr« in normaler Schreibweise erscheint, steht es (wörtlich oder sinngemäß) für hebräisches *adonaj* = »Herr«.

Mit dem Gottesnamen verbundene erweiterte Gottesbezeichnungen werden folgendermaßen wiedergegeben: *adonaj JHWH* = »der Herr, der mächtige Gott«; *JHWH zebaot* = »der Herr, der Herrscher der Welt«; *JHWH elohe (= Gott) zebaot* und ähnliche Erweiterungen = »der Herr, der Herrscher der ganzen Welt«. Die fast nur in Gen 1–3 vorkommende Zusammenstellung *JHWH elohim (= Gott)* wird durch »Gott, der Herr« wiedergegeben.

Jahwe ist ein Eigenname, der den Gott Israels von anderen Göttern unterscheidet. Erst im Lauf der Zeit setzt sich die Erkenntnis durch, daß er der einzige Gott ist und alle anderen Götter »tote Götzen« sind (Ps 96,5; vgl. 1 Kor 8,4-6). Die Bedeutung des Namens Jahwe ist umstritten. In Ex 3,13-15 wird eine Deutung aus dem Zeitwort *sein* gegeben, die das Wesen des Gottes Israels als *Dasein für sein Volk* sehr gut zum Ausdruck bringt.

Herr (Jesus Christus) Unter den Würdetiteln, die zum Ausdruck bringen, was Jesus für das Heil der Menschen bedeutet (→ Christus, → Menschensohn), nimmt der Titel »Herr« eine herausragende Stellung ein. Er kann ganz allgemein als Anrede an Höhergestellte gebraucht werden; in der »heidnischen« Umwelt des Neuen Testaments wurden die verschiedensten Götter mit diesem Titel bedacht (vgl. 1 Kor 8,5). Ihnen gegenüber ist Jesus in einzigartiger Weise »der Herr« (1 Kor 8,6; Phil 2,9-11). Für die inhaltliche Füllung dieses Titels ist jedoch entscheidend, daß das Wort »Herr« in der griechischen Übersetzung des Alten Testaments an die Stelle des Gottesnamens getreten ist (→ Herr). Damit ist die Möglichkeit gegeben, Aussagen des Alten Testaments über Gott direkt auf Jesus zu beziehen (z. B. Joël 3,5 in Apg 2,21 und in Röm 10,9-13) und so – ohne Jesus mit Gott gleichzusetzen – seine entscheidende Heilsbedeutung zum Ausdruck zu bringen.

Da das Wort »Herr« sich im Neuen Testament sowohl auf Gott als auch auf Christus beziehen kann, läßt sich manchmal schwer entscheiden, welche Möglichkeit gemeint ist. Bei eindeutigem Bezug auf Christus wird das Wort in der Übersetzung beim ersten Vorkommen innerhalb eines Abschnitts mit einem Stern versehen. (Die Schreibung Herr bei Bezug auf Gott, den Vater, kann nur im Alten Testament angewendet werden, da sie den hebräischen Gottesnamen vertritt, für den im Neuen Testament bei Zitierung aus dem Alten eben das griechische Wort für »Herr« steht.)

Herrlichkeit Das zugrundeliegende hebräische Wort bezeichnet im Alten Testament das, was einer Person oder Sache Gewicht und Ansehen verleiht und damit auch Macht und Autorität. Wo von der »Herrlichkeit des → Herrn« die Rede ist, geht es zusätzlich um die sichtbare Erscheinung der göttlichen Majestät (Ex 16,10; Lev 9,6.23; Ez 1,27-28a), die als strahlender Lichtglanz zu denken ist. Nach Ex 33,18-23 und anderen Stellen ist der Anblick dieser Lichterscheinung für sterbliche Menschen tödlich. Aber in prophetischen Visionen wird sie von Jesaja (Kap 6) und Ezechiël (Kap 1–3) geschaut und beschrieben.

Im Neuen Testament bezeichnet der Ausdruck Gottes unvergängliches Leben, an dem nicht

nur der auferstandene Christus, sondern durch ihn auch die Gemeinde teilhat. Nach Joh 1,14; 2,11 war diese Herrlichkeit an Jesus schon während seines Erdenlebens wahrnehmbar.

Herrschaft (Gottes) → Königsherrschaft (Gottes).

Herrscher dieser Welt Der → Satan (siehe auch → Welt).

Het →Hetiter.

Hetiter Von ihrem Stammland im Inneren Kleinasiens aus gründeten die Hetiter im 2. Jahrtausend v. Chr. ein bedeutendes Reich. Als es um 1200 v. Chr. zerbrach, bildeten sich aus seinen Resten in Nordsyrien neue Königreiche. Deren Bewohner und mit ihnen auch die Bewohner Palästinas wurden in der assyrischen Geschichtsschreibung »Hetiter« genannt. Daher erklärt sich wohl das Vorkommen der Bezeichnung für einen Teil der vorisraelitischen Bevölkerung des Landes → Kanaan. In diesem Sinn erscheint in der Völkertafel in Gen 10,15 Het, der Stammvater der Hetiter, als Sohn → Kanaans.

Himmel Das entsprechende hebräische Wort steht grammatisch in der Mehrzahl, bezeichnet aber ursprünglich nicht eine Vielzahl von »Himmeln«. Es steht für das, was über der Erde und dem Meer ist, auch den Luftraum, für den das Hebräische kein eigenes Wort hat (→ Himmelsgewölbe). Der so verstandene »Himmel« ist – wie die Erde – Schöpfung Gottes (Gen 1,1). Gott ist über ihn wie über die ganze Schöpfung hoch erhaben (1 Kön 8,27). Wenn dennoch vom Himmel als dem Wohnbereich Gottes gesprochen wird (Ps 2,4; 11,4; 14,2; Mt 6,9), so ist dies der menschlich-bildhafte Versuch, Gottes absolute Weltüberlegenheit auszudrücken.

Daß auch der Himmel Gott nicht »fassen« kann, wird in 1 Kön 8,27 dahin zugespitzt, daß selbst »der Himmel des Himmels« (so wörtlich; ebenso in Dtn 10,14) es nicht vermag. Als man später im Judentum die Mehrzahlform beim Wort zu nehmen begann, wurde aus solchen Ansätzen die Vorstellung von verschiedenen »Stockwerken« des Himmels, wobei man sich im obersten – man rechnete mit drei, sieben, zehn Himmeln – den gegenwärtigen Ort des → Paradieses dachte (2 Kor 12,2-4). Die unteren Zonen des »Himmels« stellte man sich in bestimmten Kreisen als von dämonischen Mächten beherrscht vor (→ Mächte).

Himmelsgewölbe, -kuppel Der Himmel wurde im Alten Orient als eine riesige Kuppel oder Schale vorgestellt. Darüber befand sich nach dieser Anschauung der Himmelsozean, von dessen Wasser der Regen gespeist wird, und über diesem die Wohnung Gottes (Ps 104,1-3; → Himmel).

Himmelskönigin Gottheit, die wahrscheinlich der babylonischen Ischtar ähnlich war und vor allem von Frauen verehrt wurde, auch im Juda der späteren Königszeit (Jer 44,17). Ihre Symbole waren Mondsichel und Venusstern.

Himmelsozean → Himmelsgewölbe.

Himmelswelten → Himmel.

Hin Flüssigkeitsmaß, etwas mehr als 3,5 l. Die nächsthöhere Einheit, das Bat, faßte die sechsfache Menge (ca. 22 l).

Hinnom-Tal Tal westlich und südlich von Jerusalem, das in das Kidrontal mündet. Bis zur Reform des Königs Joschija (639–609 v. Chr.; 2 Kön 23,10) war dort eine Opferstätte, an der Kinder geopfert wurden (→ Moloch). Nach der Zerstörung und Entweihung durch Joschija wurde das Tal als Ausländerfriedhof und Schuttabladeplatz benutzt. In der Form Gehinnom oder Gehenna (Ge = Tal) ist der Name des Tals zum Inbegriff der → Hölle geworden.

Hochzeit, heilige Die im Alten Orient verbreitete rituelle Verbindung eines hochgestellten Menschen mit einer Gottheit durch deren menschlichen Repräsentanten (z. B. die Priesterin). Der ursprüngliche religiöse Sinn (Hochzeit von Himmel und Erde zur Weckung und Steigerung der Lebenskräfte eines Volkes und Landes) ist mit der Zeit verblaßt und hat die Tür geöffnet zu Mißbräuchen, von denen 2 Makk 1,14 ein Beispiel gibt.

Hölle, Höllenstrafe Im Neuen Testament wie im frühen Judentum Strafort für die Verdammten nach dem letzten Gericht. »Hölle« ist Wiedergabe des griechischen Wortes *ge'enna* (Gehenna), hinter dem das hebräische *gehinnom* steht (→ Hinnom-Tal; vgl. Jes 66,24).

Hofstaat, himmlischer → Gottessöhne, → Engel.

Horeb In einem Teil der alttestamentlichen Schriften Name für den Berg der Gottesoffenbarung, der sonst → Sinai genannt wird.

Horn → Widderhorn.

Hörner Das Horn (des Stiers) ist Sinnbild der Kraft und Macht (1 Kön 22,11), auch der politischen Macht (Sach 2,2). Die Hörner an den vier Ecken des → Brandopferaltars sind Sinnbild der göttlichen Macht und Gegenwart, darum Gegenstand von Sühnehandlungen (Ex 29,12; 30,10; Lev 16,18; → Blut) sowie Zufluchtsstätte (→ Altar).

Horoniter Sanballat, der Statthalter der persischen Provinz → Samarien, wird vermutlich

nach seinem Heimatort Horoniter genannt. Zu denken ist an den Doppelort Bet-Horon (PA, A1 und B6), der demnach nicht nur von Juden besiedelt war.

Hurerei So wie die Ehe im Alten Testament als Bild der intakten Beziehung zwischen Gott und seinem Volk dient (Hos 2,16-22), wird die Prostitution zum Bild für den Treubruch Israels gegenüber seinem Gott (Hos 2,4-15; Jer 3,6-10; Ez 16; 23). Zur Frage religiös motivierter Prostitution → Aschera; → geweiht (2).

I

Ich-bin-da Deutung des hebräischen Gottesnamens Jahwe aus dem Anklang an das Zeitwort *sein* (Ex 3,14), das zugleich ein Wirken, ein *Sein-für* aussagt. Der Gott Israels trägt einen Eigennamen, den diese Übersetzung nach altem Brauch durch → HERR wiedergibt.

Ich-bin-Worte Worte im Johannes-Evangelium, in denen Jesus in besonders hoheitsvoller und anspruchsvoller Weise von sich selbst spricht. Sie bestehen im allgemeinen aus drei Elementen: 1. einer Selbstvorstellung (»Ich bin«), in der Jesus die Formel verwendet, mit der im Alten Testament Gott von sich spricht und sich seinem Volk gegenüber als den alleinigen Retter und Herrn der Welt bezeichnet (vgl. Jes 41,4.10.13; 48,12; 51,12 usw.); 2. einem Bildwort (z.B. »das Licht für die Welt«); 3. einer Zusage, die an eine Bedingung geknüpft wird (z.B. »Wer mir folgt, tappt nicht mehr im Dunkeln, sondern ...«; Joh 8,12).
Die verwendeten Bilder sind solche, in denen seit je und überall die Sehnsucht der Menschen nach erfülltem Leben ihren Ausdruck gefunden hat: Brot (für Lebenserhaltung), Licht (für Orientierung), Weinstock (für Freude) usw. Alles, was unter diesen Sinnbildern von der Menschheit ersehnt und erstrebt wird, ist in Jesus – und nur in ihm – zu finden und will sich den Menschen schenken, die dieses Angebot im → Glauben annehmen.

Instrument, gatitisches Die Vortragsanweisung der Psalmen 81, 84 usw. ist nicht sicher zu deuten. Entweder ist von einem Musikinstrument aus der Philisterstadt Gat (Karte PA, B6) die Rede, oder es handelt sich um eine Melodieangabe: »Zu singen nach der Weise der Keltertreter« (hebr. *gat* = Kelter).

Ijob (Hiob, Job) Er gilt als Beispiel geduldigen Leidens, auf das am Ende eine große Belohnung folgt (Jak 5,11; vgl. Ijob 1–2 und 42).

Isai Vater des Königs → David.

Israel Beiname des israelitischen Stammvaters Jakob, den er nach dem nächtlichen Kampf mit Gott bzw. seinem → Engel am Jabbok erhielt (Gen 32,29; vgl. 35,10). Der Name bedeutet »Gott kämpft (für sein Volk)« oder noch wahrscheinlicher »Gott herrscht«. Als Volksname bezeichnet er einerseits das gesamte Zwölf-Stämme-Volk, andererseits seit der Trennung von Juda (1 Kön 12,1-24) das Nordreich Israel, das nach seinem Hauptstamm auch Efraïm genannt wird. In dem Maß, in dem der Name seine politische Bedeutung verliert, wird er zum Ehrennamen des Gottesvolkes (Jes 48,1; Röm 9,4; 2 Kor 11,22; Gal 6,16).

J

Jakob Enkel von → Abraham und neben diesem der eigentliche Stammvater des Volkes → Israel. Er trägt auch selbst den Namen Israel (vgl. Gen 32,29; 35,10); zur Deutung des Namens Jakob siehe Anmerkung zu Gen 25,26.

Jeschurun Ehrenname für das Volk → Israel (Dtn 32,15; 33,5.26; Jes 44,2), dessen Bedeutung nicht sicher ist, vielleicht »der Redliche« als Gegenbildung zu »Jakob«, der als »Betrüger« verstanden werden kann (siehe Anmerkung zu Gen 25,26).

Jesus Griechische Namensform des hebräischen Namens Jeschua, dessen Langform Jehoschua im Griechischen mit Josua wiedergegeben wird. Beide Namensformen bedeuten »der HERR rettet«. In Mt 1,21 wird die »Rettung« mit Bezug auf Ps 130,8 auf die Errettung aus den Sünden und ihren Folgen gedeutet.

Joch Das Querholz, das den paarweise vorgespannten Zugtieren über den Nacken gelegt und mit Stricken am Hals befestigt wurde. In der Mitte war es mit der Wagendeichsel oder dem Pflug verbunden. »Unter dem Joch sein« wird von daher zum Bild für Sklaverei, Unterdrückung und Fremdherrschaft; »das Joch auf sich nehmen« bezeichnet aber auch die Übernahme von Verpflichtungen, den Gehorsam gegenüber dem → Gesetz oder einem Lehrer (vgl. Anmerkung zu Mt 11,29-30).

Jona, Zeichen Jonas Im Jona-Buch des Alten Testaments wird erzählt, daß der flüchtige Prophet drei Tage im Bauch des Fisches verbrachte, bis dieser ihn an Land spie. Jesus vergleicht sich in Mt 16,4; Lk 11,30 in doppelter Hinsicht mit Jona: als wunderbar vom Tod Erretteter und als einer, der das Gericht bringt. Wie Jona aus dem Fischbauch als Verkünder des Gerichts nach Ninive kam, so wird Jesus als der vom Tod Auferstandene wiederkommen zum Gericht über die, die ihm nicht geglaubt haben.

Auch in Mt 12,39-40 werden die Grabesruhe von Jesus und seine Auferweckung am dritten Tag den Gegnern nicht als ein »Beweis« in dem von ihnen erwünschten Sinn in Aussicht gestellt, sondern als Auftakt der Ereignisse, die für sie das Gericht bedeuten.

Juda (1) Sohn Jakobs mit Lea und Stammvater des gleichnamigen Stammes.
(2) Stammesgebiet Juda (Karte PA, B-C 6-7).
(3) Königreich Juda (2 Sam 2,1-4; 1 Kön 12,19-20; 14,21 usw.).
(4) Persische Provinz Juda, seit der Übernahme der Herrschaft in → Babylon durch Kyrus 539 v. Chr. (Kartenskizze unten Seite 443).
(5) Zur weiteren Entwicklung → Judäa.

Judäa Griechische Form von → Juda (4). Auch unter griechischer Herrschaft (→ Seleuziden) Name der Provinz bzw. Unterprovinz, wurde Judäa unter den → Makkabäern zur Bezeichnung für das ganze jetzt unter jüdischem Einfluß stehende Gebiet (ab 104 v. Chr. Königreich), ebenso ab 37 v. Chr für das Königreich von → Herodes d. G.; beide Königreiche erreichten annähernd den Umfang von Davids Großreich. Nach dem Tod von Herodes 4 v. Chr. wurde sein Reich aufgeteilt; über die Schicksale des Kernlandes Judäa (Karte PN, B6-C6) informiert die Zeittafel unten Seite 415/16.

Juden (bei Johannes) Im Johannes-Evangelium ist immer wieder von »den« Juden die Rede. Die Redeweise ist auffallend, auch wenn sich dem Zusammenhang in der Regel entnehmen läßt, wer des näheren gemeint ist. Es sind die führenden Kreise, die verantwortlich sind für die Hinrichtung von Jesus, oder das Volk, das ihm großenteils kritisch, ja feindlich gegenübersteht, in dem es aber auch solche gibt, die sich positiv zu ihm stellen (Joh 10,19-21; 11,45; 12,11).
Wenn pauschal von »den« Juden gesprochen wird und der negative Ton dabei spürbar überwiegt, so spiegelt sich darin die Tatsache, daß die christlichen Gemeinden, aus denen das Johannes-Evangelium stammt und für die es geschrieben ist, inzwischen ihren formellen Ausschluß aus der → Synagoge erfahren mußten (vgl. schon Joh 9,22; 12,42; 16,2-3). Ihre Erfahrungen mit dem Judentum sind inzwischen nur noch negative. »Die Juden« repräsentieren für sie eine Welt – genauer »die« Welt, die sich dem Angebot Gottes in Jesus Christus und der Herausforderung durch ihn entzieht und widersetzt. Die unheilvollen Auswirkungen, die das nicht mehr differenzierende und negativ besetzte Reden von »den« Juden später und bis in unsere Tage gehabt hat, liegen auf der Hand und müssen den Christen eine bleibende Warnung sein.

Jünger Ähnlich wie die → Gesetzeslehrer (vgl. Mt 22,16; Mk 2,18) und der → Täufer Johannes (Mt 11,2; Mk 2,18; Lk 11,1; Joh 1,35) hatte auch Jesus »Schüler« (so wörtlich), die ihm auf seinen Wanderungen folgten und sich seiner Autorität unterstellten. Jünger von Jesus sind im Neuen Testament nicht nur die zwölf → Apostel, sondern darüber hinaus noch ein weiterer Kreis von Männern (Mk 2,15). Auch viele Frauen befanden sich im Gefolge von Jesus; der geprägte und für die Jüngerschaft typische Ausdruck »Nachfolge/nachfolgen« wird auf sie ebenso angewandt wie auf die Männer (Mk 15,41 par). Wo Lukas von der »großen Menge der Jünger« spricht (Lk 6,17; 19,37), sind sie zweifellos mitgemeint (siehe Anmerkung zu Lk 6,17), und in der Apostelgeschichte von Lukas wird »die Jünger« vollends zur Bezeichnung für die Gemeinde als ganze, Männer und Frauen (vgl. Apg 6,1 und Anmerkung dort; siehe ferner Mt 28,19 und Anmerkung).
Beim jüdischen → Rabbi gehörten die Schüler/Jünger für die Zeit ihrer Ausbildung zum Haushalt ihres Lehrers und bildeten mit ihm eine Lern- und Lebensgemeinschaft. Bei öffentlichen Auftritten ging der Meister voran, seine Schüler »folgten ihm« in angemessenem Abstand. Wenn Jesus durch das Land zog, muß sein Erscheinungsbild in vielem dem eines solchen Rabbis mit dem Kreis seiner Jünger geglichen haben. Doch hatte Jesus keinen festen »Haushalt«, und seine Jünger waren angewiesen, seine Heimatlosigkeit und Ungeborgenheit zu teilen (Mt 8,19-20 par). Sie mußten für ihre Ausbildung auch nichts bezahlen, und wie ihr Meister und zusammen mit ihm lebten sie in äußerster materieller Anspruchslosigkeit, ganz vertrauend auf die Fürsorge Gottes (Mt 6,11.25-34), der für sie in besonderer Weise zum »Vater« wurde, wie er es für Jesus war (→ Abba; Mt 6,9).
Während die Jünger eines Rabbis sich um Aufnahme in dessen Schülerkreis bewerben, ergreift Jesus die Initiative und »beruft« seine Jünger (Mk 1,16-20 par), und zwar ausdrücklich, »wen er will« (Mk 3,13; vgl. Joh 15,16). Der Ruf löst aus allen weltlichen Sicherungen und aus tiefsten menschlichen Bindungen und kann geltende, ja »heilige« menschliche Rechte, Ansprüche, Pflichten souverän außer Kraft setzen (Mk 2,13-14; 10,21 par; Lk 9,59-62). Wer den Ruf annimmt, muß mit seinem Leben abgeschlos-

sen haben (Mk 8,35 par; Lk 14,26); er muß »sich und seine Wünsche aufgegeben« haben und damit rechnen, in dieser Welt verkannt, verachtet und möglicherweise wie ein Verbrecher hingerichtet zu werden (Mk 8,34 par).

Wie die Wunder, die Jesus vollbringt (Mt 12,28 par), ist der Jüngerkreis von Jesus ein Zeichen der anbrechenden → Königsherrschaft Gottes, und in diesem Sinn ist er »Salz für die Erde« und »Licht für die Welt« (Mt 5,13-16). Die Jünger werden darüber hinaus von Jesus auch ausgesandt, um durch Wort und Tat das Kommen der Herrschaft Gottes zu verkünden und zu bezeugen; sie werden an Auftrag und Werk von Jesus beteiligt (Mk 3,13-15; Lk 9,1-6; 10,1-12.16).

Im Sinn des erweiterten Jüngerbegriffs, wie er sich bei Lukas findet, weist der Auferstandene in Mt 28,19 die Apostel an, Menschen aller Völker »zu Jüngern« zu machen. Mit solcher Jüngerschaft ist nicht unbedingt die buchstäbliche Nachahmung der Existenz der ersten Jesusjünger – mit Besitzverzicht, Heimatlosigkeit, eventuell Ehelosigkeit und Zeugentod – verbunden, wohl aber eine Neuorientierung des ganzen Lebens nach den Maßstäben und aus den Kräften der kommenden Welt Gottes, wie sie in der → Taufe begründet ist und sich auslebt in der Befolgung dessen, was Jesus seine Jünger und Jüngerinnen »gelehrt« hat (Mt 28,19-20; dabei ist vornehmlich an die Weisungen der Bergpredigt Mt 5–7 zu denken). Jüngerschaft ist nicht die Sonderexistenz besonders Erwählter und Geforderter, sondern – wie der Sprachgebrauch der Apostelgeschichte deutlich macht – die Lebensform der Christen überhaupt, die »sich und ihre Wünsche aufgeben« (Mk 8,34) und in den Spuren von Jesus gehen.

Junia Der griechische Text in Röm 16,7 ist sprachlich nicht eindeutig: Der Name steht im Akkusativ (Wenfall), der je nach Betonung eine Frau *(Junían)* oder einen Mann *(Juniân)* bezeichnen kann. Betonungszeichen fehlen in den frühen Bibelhandschriften, doch die kirchlichen Schriftsteller der ersten Jahrhunderte haben stets einen Frauennamen angenommen. Entsprechend wurde in den Bibelhandschriften vom 7./8. Jh. ab *Junían* geschrieben. Für eine Frau spricht auch, daß der Frauenname Junia in der außerbiblischen antiken Literatur vielfach belegt ist, ein Männername Junias aber bis heute nicht nachgewiesen werden konnte.

Die Ansicht, daß es sich bei der betreffenden Person um einen Mann namens Junias handle, wird zum ersten Mal im 13. Jh. in der lateinischsprechenden Kirche des Westens vertreten. Sie wird hier sehr schnell Allgemeingut der Ausleger und ist es bis heute geblieben, während die orthodoxen Kirchen des Ostens immer noch an der althergebrachten Auffassung festhalten. Wenn es sich um eine Frau handelt, ist sie möglicherweise die Ehefrau von Andronikus (vgl. das Ehepaar Aquila und Priska/Priszilla in Apg 18,2 und an den dort angegebenen Vergleichsstellen). Beide sind sie »Apostel«, offenbar in demselben Sinn wie Paulus (→ Apostel 1).

K

Kain Erster Sohn von Adam und Eva, der seinen Bruder Abel erschlug (Gen 4,1-16; 1 Joh 3,12; Jud 11).

Kalender Das altisraelitische Jahr begann im Herbst. Im 8. Jh. v. Chr. wurde für Handel und Verkehr der assyrische Kalender übernommen, bei dem das Jahr im Frühjahr beginnt, doch wurde das Neujahrsfest nach wie vor – und wird von den Juden bis heute – im Herbst begangen (Num 29,1). Seit dem babylonischen → Exil wurden die babylonischen Monatsnamen gebraucht; von den älteren Bezeichnungen haben sich nur vier erhalten (sie haben jeweils eigene Sacherklärungen, ebenso die babylonischen Monatsnamen). Der Monatsbeginn fällt nicht mit dem heutigen zusammen, außerdem gab es Schaltmonate, um den Mondkalender (Monat = Mondperiode) mit dem Sonnenjahr in Übereinstimmung zu bringen. Die Bedeutung des Mondes für die Zeitrechnung kommt in der wichtigen Rolle des → Neumondstages zum Ausdruck.

Kalmus Wohlriechendes Rohr oder Gras aus dem Jemen oder aus Vorderindien, das zur Herstellung des heiligen Salböls (Ex 30,23-25) benutzt wurde.

Kanaan(iter) (griechisch Kanaanäer) Die Kanaaniter waren die Bewohner des Landes Kanaan (Palästina), bevor es von den Israeliten in Besitz genommen wurde, und bildeten auch unter deren Herrschaft noch einen bestimmten Anteil der Landesbewohner (Ri 1,27-33). Der Name bezeichnet jedoch gelegentlich auch nur einen Teil der vorisraelitischen Bevölkerung neben anderen Volksgruppen (→ Amoriter). Abstammungsmäßig und kulturell zählen zu den Kanaanitern auch die Bewohner → Phöniziens bis zum Orontes (vgl. Gen 10,15-18). Die Ostgrenze Kanaans bildete der Jordan (Jos 22,9-10). Gegenüber dem Hirten- und Bauernvolk der Israeliten werden die Kanaaniter gelegentlich als Händlervolk angesprochen (Hos 12,8).

Kassia Wohlriechende Blüten und Blätter des ostasiatischen Baumes, dessen innere Rinde das Zimtgewürz (Ps 45,9) liefert.

Kaufvertrag Ein Kaufvertrag, wie er in Jer 32, 10-14 erwähnt wird, war auf ein Stück Pergament geschrieben, das eingerollt und versiegelt wurde. Die Abschrift blieb unversiegelt und konnte jederzeit eingesehen werden, war aber zugleich durch die versiegelte Fassung vor Änderungen geschützt.

Kedar Nomadisierende Händler in der arabischen Wüste, als Kämpfer gefürchtet (Karte AO, D4).

Kelter (-treter) Die Weintrauben wurden im alten Israel durch Stampfen mit den bloßen Füßen ausgepreßt. Von daher erklärt sich das Bild vom Keltertreter in Jes 63,1-6.

Kemosch Hauptgott der → Moabiter. Bis zur Zeit Joschijas gab es östlich von Jerusalem einen Altar dieses Gottes (2 Kön 23,13; vgl. 1 Kön 11,7). Der moabitische König Mescha erwähnt um 840 v. Chr. den Gott in einer Inschrift, in der er beschreibt, wie viele israelitische Ortschaften er für ihn mit dem → Bann belegt, d. h. ausgerottet hat.

Keniter Mit den Israeliten verwandter → midianitischer Stamm, der halbnomadisch im Bereich des judäischen Stammesgebietes umherzog (Ri 1,16) und später sogar zu Juda gerechnet wurde (1 Sam 15,6; 27,10; 30,29).

Kephas Beiname des Apostels Simon, griechische Form des → aramäischen *kefa,* was »Fels« bedeutet (→ Petrus).

Kerub(en), Kerubenfiguren Geflügelte Wesen, aus Tier- und Menschengestalt gemischt. Solche Wesen sind als Wächterfiguren in bildlichen Darstellungen aus dem Alten Orient bekannt. In der Bibel finden sie sich als Wächter vor dem Paradies, die die Rückkehr der Menschen in den Garten → Eden verhindern sollen (Gen 3,24). Zwei Keruben standen als Wächter bei der → Bundeslade im → Allerheiligsten des Tempels (1 Kön 6,23-27) bzw. waren auf der Deckplatte der Bundeslade angebracht (Ex 25,18-22). Wenn von dem Gott Israels gesagt wird, daß er »über den Keruben thront« (1 Sam 4,4; Ps 80,2), dann erinnert dies an ihre Funktion als Trägerfiguren von Herrscherthronen in bildlichen Darstellungen. Auch die Vision des Propheten Ezechiël von Gott auf seinem »Thronwagen« entspricht diesem Bild (Ez 1,5-12; die »geflügelten Gestalten« von dort werden in 10,1 Keruben genannt).

Kewan (und Sakkut) Assyrisch-babylonische Sterngötter, Erscheinungsformen des Saturn. Die Überlieferer des hebräischen Textes (Masoreten) gaben den beiden Namen, damit sie beim Vorlesen nicht ausgesprochen wurden, die Vokale des hebräischen Wortes für Scheusal *(schikkuz);* so entstanden die Formen Kiwun bzw. Kijun und Sikkut.

Kislew Der 9. Monat des babylonischen Jahres (→ Kalender), etwa Mitte November bis Mitte Dezember.

Kittäer Die Bewohner der Insel Zypern (nach der Stadt Kition).

Klagelied → Totenklagelied.

Kolonie, römische Eine Ansiedlung römischer Bürger (ausgediente Soldaten oder Verbannte) außerhalb Italiens. Die Bewohner einer »Kolonie« besaßen das römische → »Bürgerrecht«.

Königsherrschaft (Gottes) Wörtliche Übersetzung des herkömmlich mit »Reich Gottes« wiedergegebenen Begriffs und zentraler Gegenstand der Verkündigung Jesu. Wenn Jesus den baldigen Anbruch der »(Königs-)Herrschaft Gottes« ansagt, dann antwortet er damit auf Erwartungen, die zu seiner Zeit im Judentum lebendig waren. Israel hatte die staatliche Selbständigkeit verloren und stand seit dem babylonischen → Exil unter der Herrschaft fremder Reiche; nach dem Intermezzo der makkabäischen Erhebung und der kurzen Blüte eines neuen Königtums wurde die Herrschaft der Römer nur um so drückender empfunden. Die Hoffnungen richteten sich auf einen Heilskönig (→ Christus), der das Reich → Davids wiederherstellen und Israel zum politischen Mittelpunkt der Welt machen sollte; noch weiter gehende Hoffnungen richteten sich auf ein Eingreifen Gottes, das diese ganze von Unrecht, Leiden und Tod beherrschte Welt verwandeln und anstelle der Weltreiche ein »Reich Gottes« heraufführen würde (Dan 7–11; diese Erwartungen knüpften sich an die Gestalt des → Menschensohns). In der gegenwärtigen Welt – so das Empfinden der Frommen – war von einer »Herrschaft Gottes«, vom Erweis seines Herrseins und von dem Heil und → Frieden, die er durch seinen → Bund seinem Volk versprochen hatte, nicht das mindeste zu spüren.

Jesus knüpft mit seiner Botschaft vom bevorstehenden Anbrechen der »Herrschaft Gottes« an diese weiter gehende Erwartung an; von einer politischen Zukunftsvision ist bei ihm nirgends etwas zu finden (→ Christus). Gottes »Reich« ist der Weltzustand, in dem die Menschen Gott die Ehre erweisen und einander nach seinem Willen lieben (vgl. die drei ersten

Bitten des Vaterunsers; Mt 6,9-10), in dem aber auch Leiden und Tod ein Ende haben (vgl. die Seligpreisungen Mt 5,3-9). Im Blick darauf gibt Jesus dem Willen Gottes im → Gesetz die radikale Zuspitzung auf das Liebesgebot (Mt 5,21-48); im Blick darauf nimmt er die »verlorenen Schafe« des Volkes Israel in seine Gemeinschaft auf (Lk 15) und gibt in seinen Heilungen und Dämonenaustreibungen einen Vorgeschmack von Gottes kommender neuer Welt (Mt 11,2-6; 12,28 par).

Mit Jesus und seinem Wirken ist das Gottesreich schon mitten in der gegenwärtigen Welt im Anbrechen (Lk 17,20-21) und zieht die Menschen, die sich Jesus anschließen, in radikaler Weise in diesen Prozeß hinein (Mt 13,44-46; Mk 8,34-38; Lk 14,25-33). Der Frage, ob und wie sich Gottes Herrschaft durchsetzen werde, begegnet Jesus mit den sog. »Kontrastgleichnissen« (z. B. Mk 4,2-8.26-29.30-32; Mt 13,33). Sie besagen: Der entscheidende Anfang ist gemacht. Auch wenn er geringfügig und ohnmächtig erscheinen mag in dieser Welt: Gott wird sein Werk vollenden! Dies ist nicht das Ergebnis eines kontinuierlichen, positiv fortschreitenden innerweltlichen Prozesses; vgl. vielmehr Mk 13,7-20 par; Mt 24,37-44.

Die Übersetzung sucht der Bedeutungsfülle des Begriffs der »(Königs-)Herrschaft Gottes« gerecht zu werden, indem sie jeweils verdeutlicht, welcher Gesichtspunkt bzw. welche »Phase« im Blickpunkt steht: der maßgebliche Anfang in der Verkündigung und den Taten von Jesus (= »Gott richtet seine Herrschaft auf«), die endgültige Durchsetzung im Gericht und der Neuschaffung der Welt (= »Gott vollendet sein Werk«) oder das Vollendungsziel (= »Gottes neue Welt«).

Statt von der »Herrschaft Gottes« spricht das Matthäus-Evangelium, um nach jüdischer Sitte das Wort »Gott« möglichst nicht auszusprechen, vorwiegend von der »Herrschaft des Himmels«, was in dieser Übersetzung, da es für uns mißverständlich ist, nicht nachgeahmt wird.

Königsmutter Die Mutter des regierenden Königs hatte im Königshaus Davids (also im Südreich → Juda) wegen der erblichen Thronfolge eine bedeutende Stellung. Die Bezeichnung meint also nicht einfach einen Verwandtschaftsgrad, sondern einen Würdetitel (1 Kön 15,13; Jer 13,18; 22,26).

Korach In Jud 11 ein Beispiel für Auflehnung gegen Gottes Ordnungen (vgl. Num 16,1-11).

Korban Das Wort, das im Alten Testament das Gott dargebrachte → Opfer bezeichnet, leitet im frühen Judentum die in Mk 7,11 zitierte Gelöbnisformel für Weihegeschenke ein. Mit dieser Formel konnte man den Jerusalemer → Tempel zum alleinigen Erben seines Besitzes einsetzen. Der auf solche Weise Gott »geweihte« Besitz durfte von seinen Besitzern nicht mehr veräußert werden; auch die Nutznießung blieb auf den Besitzer selbst beschränkt, bis mit dessen Tod alles dem Tempel verfiel. Auf solche Weise konnte sich ein Sohn unter dem Vorwand der Frömmigkeit der Sorgepflicht gegenüber seinen Eltern entziehen.

Kreuz, Kreuzigung Aus Persien stammende Hinrichtungsart, die von den Römern an Sklaven, Räubern und Aufrührern vollstreckt wurde. Das griechische *stauros* (mit »Kreuz« übersetzt) bezeichnet zunächst nur den senkrecht in der Erde befestigten »Pfahl«. An diesem wurde zur Hinrichtung ein Querholz aufgehängt, an dem die ausgestreckten Arme zuvor festgebunden bzw. die Hände angenagelt worden waren; die Füße wurden danach am Pfahl angebunden oder festgenagelt (wie im Fall von Jesus: Joh 20,25). Das Querholz – und nur dies – hatte der Hinzurichtende selbst zum Richtplatz zu tragen (Mk 15,21 par; 8,34 par). Der Tod trat bei Gekreuzigten durch Durst, Erschöpfung und Kreislaufkollaps ein, oft erst nach Tagen (vgl. Mk 15,44-45). Um ihn schneller herbeizuführen, konnten die Unterschenkel zertrümmert werden (Joh 19,31-32). Wenn die Fußstützung wegfiel und das ganze Gewicht des Körpers an den Armen hing, trat sehr bald der Erstickungstod ein.

Kriegshorn → Widderhorn.

Krone Als herrscherliche Kopfzier in der Offenbarung (Offb 4,4; 9,7; 12,1 usw.) der goldene Stirnreif, wie ihn antike Könige trugen.

Kusch Das Land südlich von Ägypten; nach der griechischen Übersetzung des Alten Testaments mit »Äthiopien« wiedergegeben. In der Völkertafel Gen 10,6-7 steht Kusch einerseits in enger Beziehung zu Ägypten (Mizraim), andererseits über das Rote Meer hinweg mit Arabien (Seba usw.). Mit Kusch in Gen 10,8 sind dagegen wahrscheinlich die Kassiter (babylonisch *kasch*) gemeint, ein kaukasisches Reitervolk, das im 2. Jahrtausend v. Chr. nach Mesopotamien einwanderte.

Im 8. und 7. Jh. v. Chr. konnten sich die Kuschiter zeitweilig der Herrschaft über Ägypten bemächtigen und aus dieser Machtposition heraus sogar gegen → Assyrien antreten (2 Kön 19,9; Jes 20; 37,9). Man findet Kuschiter als Söld-

ner in den ägyptischen Armeen, aber auch im Dienst der Könige von Juda (2 Sam 18,21-23; Jer 38,7-13). Für die römische Zeit siehe unter »Äthiopien«.
Kusch galt im Altertum als das fernste Land, als das Ende der Welt. Doch auch bis dahin reicht die Macht des Gottes Israels (Am 9,7; Jes 11,11), und auch die Kuschiter werden sich einst dem Gott Israels zuwenden und ihn anbeten (Jes 18,7; Zef 3,9-10; Ps 68,32; 87,4; vgl. Apg 8,26-39).

L

Ladanum Genannt neben Mastix und Tragakant. Alle drei sind Gewürzstoffe aus dem Harz gewisser Bäume oder Sträucher, auch zum Räuchern gebraucht.

Lade → Bundeslade.

Lampe Im Normalfall zunächst eine kleine flache Tonschale (»Lichtschale«), mit Öl gefüllt, am Rand an einer Stelle ausgebuchtet oder zusammengekniffen, damit der Docht eingelegt werden kann. In späterer Zeit und zur Zeit des Neuen Testaments ist das Tongefäß geschlossen und hat nur zwei Öffnungen: eine größere zum Nachfüllen des Öls (vgl. Mt 25,3-4.8) und eine kleinere für den Docht.

Laubhüttenfest Wichtigstes, abschließendes Erntefest, eines der drei israelitischen Hauptfeste. Es wurde mit einer Wallfahrt nach Jerusalem im Herbst (Anfang Oktober) gefeiert und dauerte etwa eine Woche (Ex 23,16; Num 29,12-38; Dtn 16,13-15). Neben dem Wohnen in »Laubhütten« (Lev 23,42-43; Neh 8,14.17) bestand der Brauch, daß von Priestern täglich Wasser aus dem Teich → Schiloach geschöpft und zum Morgenbrandopfer auf den → Altar gegossen wurde (vgl. Joh 7,37-38). Jede Nacht wurde der Tempel festlich beleuchtet, wobei im Frauenvorhof vier große Leuchter aufgestellt wurden, die die Umfassungsmauern des Tempels überragten und so ihr Licht über ganz Jerusalem breiteten (vgl. Joh 8,12 im Zusammenhang mit 7,37).

legen (sich zu Tisch legen) Bei festlichen Anlässen folgten die Juden zur Zeit von Jesus der griechisch-römischen Sitte und tafelten im Liegen. Man lag auf Postern schräg zu dem niedrigen Tisch in der Mitte, die Füße nach hinten gestreckt (vgl. Lk 7,36-38), stützte sich auf den linken Ellenbogen und langte mit der rechten Hand zu. Der rechte Tischnachbar befand sich mit seinem Kopf jeweils etwa auf der Höhe der Brust oder des Schoßes seines linken Tischnachbarn. Der Platz rechts vom Gastgeber oder Tischherrn galt als Ehrenplatz (vgl. Joh 13,23.25; Lk 16,23). Die Übersetzung spricht nur dort von »liegen«, wo es wie in Lk 7,36 zum Verständnis der Situation nötig ist (also auch nicht beim letzten Mahl von Jesus; Joh 13,23.25).

Legion Größte Abteilung des römischen Heeres, 4000–6000 Mann. Ausdruck für eine hohe Zahl.

Lehrer (1) Der Titel, der Esra beigelegt wird, lautet wörtlich »Schreiber«, ergänzt durch den Zusatz »kundig im Gesetz Moses« (Esra 7,6; vgl. 7,11-12). Der Zusatz stellt klar, daß Esra dieses → Gesetz nicht geschrieben, sondern studiert hat, um auf seiner Grundlage das Leben der Juden in der persischen Provinz Juda zu ordnen (Esra 7,25-26; 9–10; Neh 8). Esra wurde auf diese Weise zum Urbild der späteren → Gesetzeslehrer.
(2) Schüler (→ Jünger) um sich zu versammeln ist Sache des »Lehrers«. Jesus gleicht darin den → Gesetzeslehrern seiner Zeit, und wie sie wird er oft mit → »Rabbi« angeredet (z. B. Mk 9,5; 11,21; Joh 1,38.49; 3,2) bzw. mit dem entsprechenden »Lehrer« (z. B. Mt 8,19; Mk 4,38). Für die Jünger – und für seine Gemeinde – ist er »der« Lehrer (Mt 23,8; vgl. 28,19; Mk 14,14).
(3) In den frühchristlichen Gemeinden gab es neben → Aposteln und → Propheten auch Lehrer (1 Kor 12,28-29; Eph 4,11; vgl. Apg 13,1). Von Gottes → Geist berufen, war es wohl ihre Aufgabe, die den Glauben an Christus begründende Überlieferung (z. B. 1 Kor 15,3-5; Röm 1,3-4; 1 Kor 11,23-25) wie auch die Weisungen, die das sittliche Leben der Christen betreffen (→ Bergpredigt), zu bewahren und in der Gemeinde lebendig zu erhalten. Grundlegend geschah diese Art von Unterweisung bei der Vorbereitung der Täuflinge auf die → Taufe (vgl. Röm 6,17). Die Lehrer hatten auch die Aufgabe, die Schriften des Alten Testaments im Licht des Christusglaubens auszulegen (vgl. 2 Tim 3,14-17).

Lehrmeister Im Unterschied zu dem aramäischen Wort → »Rabbi«, das einen Lehrer jüdischer Prägung bezeichnet, meint das in Mt 23,7-8 verwendete griechische Wort *kathegetes* einen Lehrer, der von griechischer Geistigkeit geprägt ist. Dieser Typ von Lehrern galt damals wahrscheinlich in manchen Kreisen als besonders »modern«.

Leib (von Christus) Paulus nennt die Gemeinde den »Leib von Christus«. In 1 Kor 12,12-31 ist »Leib« ein Bild für die Einheit eines aus verschiedenen Teilen bestehenden Ganzen (Organismus). Es handelt sich jedoch um mehr

als ein Bild. Die Kirche ist nicht nur *wie* der Leib, sie ist *der* Leib von Christus (1 Kor 12,27). Im Epheser- und Kolosser-Brief wird dagegen zwischen Christus als Haupt und der Gemeinde als Leib unterschieden (Eph 1,10; 4,15-16; Kol 1,18; 2,19).

Wahrscheinlich ist diese für uns heute schwierige Vorstellung so zu verstehen: Beim Abendmahl (Eucharistie) hat die Gemeinde Anteil am Leib von Christus, der für sie in den Tod gegeben wurde (1 Kor 10,16). Durch diese Anteilhabe wird die Gemeinde aber selbst »Leib von Christus« (1 Kor 10,17), d. h. der Bereich, in dem Christus herrscht. Bei der → Taufe wird der Christ in den Leib von Christus »eingegliedert« (1 Kor 12,13). Er wird in die ihm voraus bestehende, in Christus gegründete Gemeinde aufgenommen. In der Gemeinde, dem Leib von Christus, sind schon heute die natürlichen und sozialen Unterschiede unter den Menschen, die in der Welt noch gelten, aufgehoben (1 Kor 12,13; Gal 3,28).

Leibgarde Eine Söldnertruppe von König David, die aus Nichtisraeliten bestand. Der Name »Kereter und Peleter« (davon unser »Krethi und Plethi«!) läßt an Leute aus Kreta und dem → Philisterland denken.

Lendenschurz Ein leinenes Kleidungsstück, das von den Männern direkt auf dem Leib getragen und praktisch nie abgelegt wurde. Wer nur mit dem Lendenschurz bekleidet ist, wird als »nackt« bezeichnet.

Levi Sohn von → Jakob und israelitischer Stamm. Die Nachkommen von Levi stellten die → Priester und die → Leviten.

Leviatan Bildliche Verkörperung der Mächte, die sich Gottes Schöpfermacht entgegenstellen und von ihm besiegt werden. Der Leviatan wird vorgestellt als Seeungeheuer (→ Drache) mit mehreren Köpfen, das sich zusammen mit der Urflut gegen Gott auflehnt (Ps 74,13-14; → Meer). Die Schilderung in Ijob 40,25–41,26 zeichnet deutlich das Krokodil, doch mit den Farben einen Urdrachen.

Leviten Sie gelten ebenso wie die → Priester als Nachkommen des Stammvaters Levi (Gen 29,34; Ex 6,16-25). Im System der zwölf Stämme erhalten sie keinen Landanteil, sondern werden für den Dienst am Heiligtum ausgesondert (Num 18,20-24). Ursprünglich hatten sie offenbar auch den Priesterdienst an den → Opferstätten im Land ausgeübt (vgl. Ri 17,7-13; Ez 44,9-14). Mit der Zentralisierung des Opferdienstes nach dem unter König Joschija aufgefundenen → Gesetzbuch (1 Kön 22; vgl. 2 Kön 23,8b-9 mit Dtn 12,4-7) wurden die Leviten zu Helfern der Jerusalemer Priesterschaft ohne priesterliche Rechte. Nach 1 Chr 25–26 sind ihnen spezielle Dienste im → Tempel anvertraut: als Sänger, Torhüter, Schatzmeister; dazu tritt die Aufgabe der religiösen Unterweisung (Neh 8,7-8).

Lichtschale → Lampe.

Liebesmahl (Agape) Bezeichnung für die Mahlfeiern der urchristlichen Gemeinden, die noch untrennbar mit dem Abendmahl/eucharistischen Mahl verbunden waren (→ Mahl des Herrn). Durch das gemeinsame Essen kam die Verbundenheit der Gemeindemitglieder, die sich wie eine große Familie fühlten, zum Ausdruck; doch zeigten sich auch schon früh böse Mißstände (1 Kor 11,17-34; Jud 12), die dann später zur eindeutigen Trennung von Sättigungsmahl und sakramentalem Mahl führten.

liegen (zu Tisch) → legen.

Lohnarbeiter (Tagelöhner) Wer weder Grundbesitz noch andere Einkünfte besaß, mußte seine Arbeitskraft verdingen. Neben den unfreien »leibeigenen« → Sklaven steht der freie Arbeiter, der – als Nichtgrundbesitzer – nur eingeschränkte bürgerliche Rechte besaß. Er wurde für kürzere oder längere Zeit angeheuert und nach einem Tagessatz (nach Mt 20,2 = ein → Silberstück) entlohnt.

Lose, heilige In der Brusttasche des → Obersten Priesters befanden sich die »Urim und Tummim«, die wahrscheinlich als Lose zur Klärung wichtiger und schwieriger Fragen verwendet wurden. Auch sonst wurden Entscheidungen durch das Los herbeigeführt; es wurde als Mittel gebraucht, um den Willen Gottes zu erkennen oder Verborgenes zu enthüllen. Die Wendung vom »Werfen« oder »Fallen« des Loses deutet an, wie der Vorgang des Auslosens zu denken ist: Das Ja- und das Nein-Los (1 Sam 14,41-42) oder auch die Losstäbchen für mehrere Gruppen (Jos 7,14-18; 1 Sam 10,20-21; Jona 1,7) oder Personen (Apg 1,26) werden in einem Behälter geschüttelt, bis eines herausfällt; das Los wird also nicht »gezogen«.

Löser Der »Löser« ist der nächststehende männliche Verwandte, der einem in Not geratenen Sippenangehörigen beizustehen hat. Dies kann geschehen durch »Auslösung« verpfändeten oder verkauften Grundbesitzes (Lev 25,25) oder durch Freikauf aus Schuldsklaverei (Lev 25,48-49). In Rut 3,12; 4,1-6 kommt zur Auslösung von Grundbesitz die Pflicht zur Heirat der Witwe eines kinderlos verstorbenen Verwandten hinzu (vgl. Dtn 25,5-10).

In übertragenem Sinn hofft Ijob darauf, daß Gott für ihn als »Löser« eintritt (Ijob 19,25), und den Verbannten im babylonischen → Exil sagt Gott zu, daß er als ihr »Löser«, ihr Befreier und Erlöser, handeln wird, indem er sie aus der Gewalt der Babylonier befreit (Jes 41,14; 43,3.14; 49,7.26; 54,5.8; »erlösen« bedeutet hier grundlegend »freikaufen«, vgl. jedoch Jes 45,13).

Lot Er wurde mit seiner Familie aus dem zum Untergang bestimmten → Sodom gerettet (Gen 19,12-22). Seine Frau blickte gegen das Verbot zurück und erstarrte zur Salzsäule (19,26).

Lud In der Völkertafel in Gen 10,22 den Nachkommen von Sem zugerechnet und wohl identisch mit den kleinasiatischen Lydern; sonst Hilfsvolk der Ägypter und deshalb eher in Nordafrika zu suchen (Jes 66,19; Jer 46,9; Ez 30,5).

M

Mächte Nach jüdischer Auffassung sind den verschiedenen Bereichen der Schöpfung → Engel als göttliche Beauftrage und Sachwalter zugeordnet. Solche Engel können sich gegen Gott stellen, ihren Auftrag verraten und nur noch darauf aus sein, in dem ihnen anvertrauten Bereich eine Gegen-Herrschaft gegen Gott aufzurichten. Ihr Bestreben ist es dann, die Menschen von Gott fernzuhalten und unter der eigenen angemaßten Herrschaft, im eigenen usurpierten Machtbereich festzuhalten. Nach verbreiteter Anschauung haben diese gottfeindlichen Engelmächte in den unteren Himmelsschichten (→ Himmel) und dem Luftraum zwischen Himmel und Erde ihren Ort; von dorther üben sie ihre Herrschaft aus (Eph 6,12). Doch ist ihre Herrschaft im tiefsten schon überwunden, seit der auferstandene Christus alle diese Räume sieghaft durchschritten und hoch über ihnen den Platz an der rechten Seite Gottes eingenommen hat (Eph 1,20-22; 4,8-10; Phil 2,9-11; Kol 2,15; 1 Petr 3,22).
Für Paulus ist das → Gesetz in der Hand solcher Engelmächte zu einem Instrument geworden, um Menschen zu versklaven und sie von Gott und der Rettung, die er ihnen in Jesus Christus zugedacht hat, fernzuhalten (Gal 4,1-5.8-11).

Mächtiger → Gewaltiger.

Magier In Apg 13,6-11 steht im Griechischen dasselbe Wort wie für die → Sterndeuter in Mt 2,1. Hier handelt es sich um eine jener schillernden Gestalten, die damals die religiös haltlos gewordenen Massen mit ihrem »übernatürlichen« Wissen und Können beeindruckten und ihr Brot oft als »Hofastrologen« verdienten (vgl. auch Apg 8,9-24).

Mahl des Herrn Die Mahlfeier der christlichen Gemeinde geht zurück auf das letzte Mahl von Jesus mit seinen Jüngern (Mk 14,22-24 par), ist aber auch zu sehen auf dem Hintergrund der Tischgemeinschaft, die Jesus mit den »Zolleinnehmern und Sündern« (so wörtlich in Mk 2,16; Lk 15,2) gepflegt hat. In Fortführung dieser Mahlgemeinschaft wurde das Abendmahl/eucharistische Mahl in den ersten Christengemeinden noch zusammenhängend mit einer gemeinsamen Mahlzeit aller Gläubigen gefeiert (→ Liebesmahl). Mißstände, die dabei auftraten (1 Kor 11,17-34), führten später zu einer Trennung.

Mahlopfer Das Mahlopfer wird als Dankopfer oder → Gelübdeopfer gefeiert. Mit ihm stattet das Volk oder ein einzelner mit seinen Angehörigen und Freunden Gott seinen Dank für Rettung aus schwerer Not ab. Nachdem die Fettstücke, die als wertvollster Teil des Opfertieres gelten, auf dem → Brandopferaltar für Gott verbrannt worden sind (Lev 3) und der Opferpriester den ihm zustehenden Anteil erhalten hat* (Lev 7,28-34), wird der Rest des Opfertieres von der feiernden Gemeinde im Tempelbereich verzehrt (Lev 7,15-21). Wie die Tischgemeinschaft Menschen in besonderer Weise verbindet, so stiftet das Opfermahl an der Stätte der Gegenwart Gottes Gemeinschaft zwischen Gott und den Menschen, die hier sozusagen Gäste an Gottes Tisch sind.

Makkabäer Der Beinahme des jüdischen Befreiungskämpfers Judas in 1 Makk 2,4; 3,1 bedeutet »der Hammer« (aramäisch *makkaba*). Er ging später auf die ganze Nachkommenschaft seines Vaters Mattatias (1 Makk 2) über, die als Familie und dann Dynastie der »Makkabäer« bezeichnet wird.

Mam(m)on Das aramäische Wort *mamon* ist Bezeichnung für den Besitz (in Geld und in Sachwerten). Besitz kann den Menschen so an sich binden, daß er all sein Sinnen und Trachten auf ihn richtet, sein Herz an ihn hängt und sein ganzes Vertrauen darauf setzt. So wird der »Mammon« zu einem Herrn, neben dem für Gott im Herzen und im Handeln eines Menschen kein Platz mehr ist. Die versklavende Macht dieses »Herrn« wird illustriert durch die in Mk 10,17-27 par überlieferte Begebenheit.

Manna Wunderbare Speise der Israeliten auf ihrem Wüstenzug (»Brot vom Himmel«; Ps 78,24-25; Joh 6,31). Nach der Beschreibung in Ex 16,31 handelt es sich möglicherweise um die

Absonderungen einer Schildlaus, die sich vom Saft der Manna-Tamariske ernährt. Die Beduinen benutzen sie heute noch als Honigersatz.

Mantel → Obergewand.

Maranata (1 Kor 16,22) Wohl als Gebetsruf aus der → aramäischsprechenden Urgemeinde übernommen. Es bedeutet »Unser Herr, komm!« oder »Unser Herr kommt!« (vgl. Offb 22,20). Der Gebetsruf wie die vorangehende Fluchformel haben nach späteren Zeugnissen ihren Platz in der Liturgie des Herrnmahls (Abendmahl/Eucharistie), das wohl im Anschluß an Briefverlesung und → Friedenskuß (1 Kor 16,20) gefeiert wurde. Der Ruf läßt erkennen, wie sehr das → Mahl des Herrn ausgerichtet ist auf das endgültige Erscheinen des Herrn (vgl. Mk 14,25 par; 1 Kor 11,26-32).

Mastix → Ladanum.

Maulbeerfeigenbaum Baum, der hauptsächlich als Bauholz verwendet wurde. Seine Früchte waren nicht sehr wertvoll und konnten nur durch Anritzen jeder einzelnen Frucht kurz vor der Ernte zur Reife gebracht werden, während sie sonst durch Insektenbefall verdarben (Hinweise auf Maulbeerfeigenzucht finden sich in 1 Chr 27,28; Am 7,14).

Meder Iranischer Stamm, der das medisch-persische Hochland bewohnte. Er war zuerst den → Assyrern tributpflichtig, unterstützte 612 v. Chr. die → Babylonier bei der Eroberung von → Ninive und wurde unter Kyrus ein Teil des großen Persischen Reiches.

Meer Das Meer ist nach alter gemeinsemitischer Vorstellung Sinnbild der gottfeindlichen, die Schöpfung und ihre Ordnung bedrohenden Macht. Der Schöpfungsvorgang selbst kann darum als Kampf gegen das »Urmeer« beschrieben werden, das im Meerdrachen (→ Leviatan) persönliche Gestalt annimmt (Ijob 26,12-13; 38,8-11). Wenn Jesus den Sturm auf dem (wörtlich) »Meer« stillt, bekundet sich in seinem herrscherlichen Wort die Macht, der alle Urgewalten gehorchen (Mk 4,39; vgl. Jes 44,27; Ps 89,10-11; 93,3-4).

Meile In Mt 5,41 steht das lateinische Lehnwort *milion* (von *mille* = »tausend«, nämlich Schritte), eine Strecke von knapp 1,5 km (= 8 → Stadien). Die Aussage von Mt 5,41 bezieht sich auf Dienstleistungen wie wegkundige Begleitung oder Lastentragen, zu denen römische Soldaten die Bevölkerung jederzeit zwingen konnten (vgl. Mk 15,21 par).

Melchisedek Der alttestamentliche Priesterkönig (Gen 14,17-20), dem sich Abraham – und mit ihm die Priesterschaft aus seinen Nachkommen (Hebr 7,6-10) – unterordnete, dient dem Verfasser des Hebräerbriefs dazu, die unvergleichliche Priesterwürde von Jesus Christus zu veranschaulichen (Hebr 7). Schlüsselstelle ist dabei das in Hebr 7,17.21 angeführte Wort aus Ps 110,4.

Meni (und Gad) Es handelt sich wahrscheinlich um Gestirngötter, also schicksalbestimmende Mächte; Gad ist als syrische, Meni als arabische Gottheit bezeugt.

Menschensohn Bei dem »Menschensohn«, dessen Kommen von frommen jüdischen Kreisen zur Zeit des Neuen Testaments erwartet wurde, handelt es sich nach dem Daniel-Buch – anders als das Wort vermuten läßt – um eine übermenschlich-himmlische Gestalt, der nach dem letzten Gericht von Gott die Weltherrschaft übertragen werden soll (Dan 7,13-14). Nach einer außerbiblischen Schrift – und ebenso dem Zeugnis des Neuen Testaments – wird der Menschensohn selbst in Gottes Auftrag das letzte Gericht abhalten.

Jesus hat schon in seinem Erdenleben die Vollmacht des Menschensohnes in Anspruch genommen, als er entschied, was vor Gott zu tun erlaubt ist und was nicht (Mk 2,28), und als er Menschen die Vergebung ihrer Schuld zusprach (Mk 2,10). Die himmlische Machtstellung des Menschensohnes wurde Jesus zuteil, als Gott ihn vom Tod auferweckte (vgl. Mt 28,18-20 mit Dan 7,14). Der kommende Menschensohn, von dem Jesus zunächst wie von einem Dritten sprechen konnte (Lk 12,8-9; Mk 8,38), wird also niemand anderes sein als der auferstandene Herr selbst (Mk 13,26; 14,62).

Im äußersten Kontrast zu seiner künftigen Machtstellung hat Jesus als dieser »Menschensohn« auf der Erde ein Leben in Niedrigkeit und Verachtung geführt (Mt 8,20; 11,19). Mit Gottes Vorauswissen und nach Gottes Willen ist es geschehen, daß der »Menschensohn« zunächst »den Menschen ausgeliefert«, daß der von Gott bestellte Weltrichter vor ein menschliches Gericht gestellt und zum Tod verurteilt wurde (Mk 8,31; 9,31; 10,33-34). Nach Mk 10,45 ist Jesus ein Menschensohn, der sein Leben als Lösegeld für die Menschen hingab – der Richter gibt sein Leben für diejenigen, die einst vor seinem Gericht stehen werden!

Meschech, Meschech-Tubal Meschech und Tubal waren zwei kleinasiatische Völker, die ihren Wohnsitz zunächst in Zilizien und Phrygien hatten und dann von den Kimmeriern (biblisch = Gomer; Ez 38,5-6) zum Schwarzen Meer hin abgedrängt wurden.

Messias Griechische Form des hebräischen *maschiach* = »der Gesalbte« (→ salben). Ursprünglich Bezeichnung des israelitischen Königs (1 Sam 12,3; 16,6; 24,7 usw.), verbindet sich mit dem Begriff nach dem Ende des Königtums die Erwartung eines neuen, Israel von der Fremdherrschaft befreienden endzeitlichen Königs, des »Messias« (→ Christus).

Michael Einer der → Engelfürsten; Schutzengel des Gottesvolkes (Dan 10,20-21). Als Anführer der Engelheere kämpft er gegen den → Satan (Offb 12,7).

Midian(iter) Das Stammesgebiet der Midianiter lag im Nordwesten der arabischen Halbinsel. Sie waren Kamelnomaden und durch ihre Beweglichkeit, die sie zu weitausgreifenden Raubzügen befähigte (Ri 6,1-5), ihren Gegnern überlegen.

Millo Wahrscheinlich eine Aufschüttung zur Befestigung Jerusalems, vielleicht im Nordosten der alten → Davidsstadt, beim Übergang zum Tempelbezirk (siehe Kartenskizze Jerusalem I).

Mitmensch Als »Nächster« – so die verbreitete deutsche Übersetzung – wird im Alten Testament jeder Angehörige des eigenen Volkes bezeichnet (Lev 19,13.16-18), und auch die Fremden, die in den Dörfern oder Städten mit den Israeliten zusammenleben, werden einbezogen, wenn geboten wird, sie – genau wie den »Nächsten« – zu lieben »wie dich selbst« (Lev 19,33-34). Im Verlauf schwerer Kämpfe um die Bewahrung des Glaubens Israels und um die rechte Auslegung des → Gesetzes hatte sich der Begriff des »Nächsten« in den beiden Jahrhunderten v. Chr. jedoch so verengt, daß er zur Zeit von Jesus in der Praxis soviel bedeutet wie »Glaubensgenosse« oder politisch-religiöser »Gesinnungsgenosse« (Parteifreund). Das hatte für die vom Gesetz ursprünglich gemeinte und geforderte Mitmenschlichkeit Folgen, die Jesus in Mt 5,43-48 und Lk 10,30-37 kritisiert.

Moab(iter) Mit Israel verwandtes Volk (Gen 19,36-37). Von guten Beziehungen zeugen Rut 1,1; 1 Sam 22,3-4; von Spannungen Num 22–24; Ri 3,12-30. Ursprüngliches Siedlungsgebiet war das fruchtbare Hochland südlich des Arnons (Karte PA, D7-D8). David unterwarf die Moabiter (2 Sam 8,2); in der Mitte des 9. Jh. v. Chr. gewann König Mescha die Selbständigkeit zurück und dehnte seine Herrschaft auf das Gebiet nördlich des Arnons aus, wobei nach einer Inschrift Meschas der Stamm Gad aufgerieben wurde. Seit Mitte des 8. Jh. assyrischer und dann babylonischer Vasallenstaat; Ende des 5. Jh. ins Reich der → Nabatäer eingegliedert.

Moloch Ein Gott Moloch, dem Kinder geopfert wurden, ist außerhalb der Bibel nicht bezeugt; jedoch ist aus Phönizien ein Begriff für eine Opferart *(mlk)* bekannt, der damit in Zusammenhang stehen könnte. Die Namensform »Moloch« stammt aus der alten griechischen Übersetzung; die jüdischen Überlieferer haben zu den Konsonanten *mlk* die Vokale des Wortes Schande *(boschet)* hinzugefügt, so daß die Form »Molech« entstanden ist (vgl. Anmerkung zu 1 Chr 8,33). Daß Gott eigentlich jeder erstgeborene Sohn »gehört«, ist auch in Israel anerkannt, doch wird dafür ein Ersatztier geopfert (Ex 13,1.11-13; vgl. Gen 22,13).

Morgenopfer → Abendopfer.

Morgenstern Sterne in der Hand eines Gottes oder eines menschlichen Herrschers sind auf antiken bildlichen Darstellungen Sinnbild für Macht und Herrschaft. Das gilt auch für die »sieben Sterne« (wahrscheinlich das Sternbild des Kleinen Bären) von Offb 1,16; 2,1; 3,1 und ebenso für den »Morgenstern« (= Planet Venus) von Offb 2,28.
In Offb 22,16, wo Jesus selbst als »der leuchtende Morgenstern« bezeichnet wird, ist wahrscheinlich auf die Prophetie von Num 24,17 Bezug genommen. In 2 Petr 1,19 bezieht sich das Bild auf die Wiederkunft von Christus.

Mose (hebräisch Mosche, griechisch-lateinisch Moses) Von Gott aus dem »brennenden Dornbusch« heraus berufen (Ex 3), führt er das Volk Israel aus Ägypten (Ex 5–14) und empfängt am Berg → Sinai von Gott die Zehn Gebote und weitere Gesetze für sein Volk. Sein Name ist für immer mit dem Gesetz (hebräisch Tora) verbunden, dem das Judentum seine religiöse Identität verdankt (→ Bund, → Gesetz).

Mühlstein Das Korn für den täglichen Bedarf wurde auf einem muldenförmig vertieften Stein (Unterstein) mit einem dazu passenden Reibstein (Oberstein) zerquetscht und zerrieben. Die Handmühle gehörte zu jedem Haushalt und durfte als lebenswichtig nicht gepfändet werden (Dtn 24,6). Der Oberstein (»Mühlstein«) eignete sich als Wurfgeschoß (Ri 9,53; 2 Sam 11,21). Die von Eseln getriebene Mühle (seit römischer Zeit) hat einen entsprechend größeren Oberstein (Mk 9,42 par wörtlich »Eselsmühlstein«; Offb 18,21 »großer Mühlstein«).

Myrrhe Duftendes Harz eines immergrünen Baumes, das sehr begehrt war und zur Herstellung von Parfüm, Salböl, Gewürz sowie als

Wohlgeruch bei der Bestattung verwendet wurde (Joh 19,39), außerdem als betäubender Zusatz zum Wein (Mk 15,23).

N

Nabatäer Aus der arabischen Wüste kommend, wurden die Nabatäer im 5./4. Jh. v. Chr. im früheren → edomitischen Gebiet um Petra seßhaft. Sie gründeten ein Reich, das das ganze Ostjordanland umfaßte und zeitweise bis nach Damaskus reichte (2 Kor 11,32).

Nabel der Erde Als Mittelpunkt der Erde (oder des Landes?) gilt der seit alters heilige Berg Garizim (Karte PA/PN C5). Auch andere berühmte Heiligtümer tragen diesen Namen. In Ez 38,12 wird die Bezeichnung auf Jerusalem oder auf das ganze Land Israel übertragen.

Nachricht, Gute → Gute Nachricht.

Nahrungsvorschriften Da es Juden verboten ist, das Fleisch bestimmter Tiere (vgl. Lev 11 par) oder Blut von irgendeinem Tier zu genießen, darüber hinaus bei der Zubereitung und beim Verzehr aller Speisen auf Reinheit der Töpfe und Schalen (vgl. Mk 7,4; Mt 23,25) geachtet werden muß, ist es ihnen kaum möglich, am Tisch eines Nichtjuden – der diese Vorschriften nicht kennt und nicht befolgt – mitzuessen (vgl. Dan 1,8; Tobit 1,10-11; Jdt 10,5; 12,1-4.17-19; Apg 10,9-15; 11,3). Auf jeden Fall ist es in solcher Lage erforderlich, auf das Essen von Fleisch zu verzichten.

Wenn in der Bibel stellenweise Fleischkost abgelehnt wird, geschieht es demnach nicht aus einem grundsätzlichen Vegetarismus. Das gilt auch für die Christen der frühen Gemeinden, die damit rechnen mußten, daß das Fleisch, das ihnen bei Einladungen angeboten und auf dem Markt verkauft wurde, von einem Götzenopfer stammte (→ Opferfleisch).

Name (von Gott, von Jesus) Für biblisches Denken ist der Name nicht eine austauschbare Äußerlichkeit (Faust: »Schall und Rauch«), sondern aufs engste mit der Person des Namensträgers, dessen Wesen und Wirken verbunden. Es hat deshalb eine entscheidende Bedeutung, daß Gott im Alten Testament, wie alle Götter des Altertums, einen Eigennamen trägt (→ Herr). Durch das betende Anrufen und feierliche Aussprechen des Gottesnamens wird Gott selbst gegenwärtig, z. B. im Segenszuspruch der Priester (Num 6,22-27) oder wenn der Name als Akt der Besitzergreifung über etwas ausgerufen wird (Jes 43,7; Jer 14,9; Am 9,12). In älterer Zeit wurde der Name Gottes zur Beteuerung der Wahrheit einer Aussage im Schwur angerufen, später aus Scheu vor Mißbrauch (Ex 20,7) überhaupt nicht mehr ausgesprochen, nur noch vom → Obersten Priester bei der Erteilung des in Num 6,22-26 überlieferten Segens (Sir 50,20). Wenn der → Tempel in Jerusalem als Wohnsitz für Gottes »Namen« bezeichnet wird (Dtn 12,5), so bedeutet dies, daß Gott dort für sein Volk zu finden ist und ihm seine ganze Heils- und Segensfülle zuwenden will (1 Kön 8,27-53).

Das Entsprechende gilt im Neuen Testament vom Namen Jesus: Der Name steht für die Person. Was »in seinem Namen« getan wird, geschieht also nicht etwa nur im Auftrag oder in der Vollmacht von Jesus, sondern wirklich durch ihn, den auferstandenen, erhöhten Herrn, der in und durch seinen Namen seiner Gemeinde zugewandt und gegenwärtig ist, um in ihrer Verkündigung und durch ihr Handeln zur Wirkung zu kommen. »Im Namen von Jesus« ist daher oft gleichbedeutend mit »durch Jesus«; für »Name von Jesus« könnte oft einfach »Jesus« gesagt werden. Zur Taufe »auf den/im Namen von Jesus« → Taufe.

Narde, Nardenöl Ein schnell verdunstendes Fett, das mit dem Wurzelextrakt einer im Himalaja wachsenden Pflanze parfümiert wurde. Durch ihre Einfuhr aus einem so fernen Land war die Narde sehr teuer (Mk 14,3-5; Joh 12,2-5).

Nasiräer (von hebräisch *nasir* = Geweihter) Gottgeweihte heißen im Alten Testament Menschen, die sich als für Gott ausgesondert verstehen und dies durch eine bestimmte Lebensweise kundtun. Es kam vor, daß solche Gottgeweihten ihr ganzes Leben in dieser Ausnahmesituation verbrachten, wie z. B. Simson (Ri 13,5). Häufiger scheint es jedoch gewesen zu sein, daß sich jemand für eine begrenzte Zeitspanne dem ausschließlichen Dienst Gottes weihte. Bestandteil des Gelübdes war die Enthaltung von bestimmten Nahrungsmitteln, vor allem aber alkoholischen Getränken. Zum Zeichen ihrer »Weihe« ließen die Nasiräer in der Regel ihr Haupthaar nicht schneiden (Num 6,1-8).

Wenn jemand auf Zeit ein solches Gelübde ablegte, mußte er als Abschluß ein ziemlich kostspieliges Opfer darbringen (Num 6,13-20). In diesem Zusammenhang steht die Aufforderung an Paulus (Apg 21,23-26), die Opferkosten für arme Nasiräer zu übernehmen und dadurch zugleich seine eigene Gesetzestreue zu beweisen. Damit er aber auch selbst an den Opferhandlungen im → Tempel teilnehmen kann, muß er, da er durch seinen Auslandsaufenthalt

→ unrein geworden ist, sich zuvor den sieben Tage dauernden Reinigungszeremonien unterziehen. Auch hierzu wird Paulus in Apg 21,24 aufgefordert. (Die verkürzte und unklare Darstellung wird daher rühren, daß Lukas bzw. schon sein Gewährsmann als Heidenchristen mit den jüdischen Gebräuchen nicht genügend vertraut waren.)

Nazoräer Häufiger noch als »Nazarener« – d. h. »der aus Nazaret« – wird Jesus im Neuen Testament als »Nazoräer« bezeichnet (z. B. Mt 26,71; Joh 18,5.7; Apg 2,22). Beides könnte zumindest später als gleichbedeutend gebraucht worden sein; doch verbirgt sich hinter dem Ausdruck »Nazoräer« möglicherweise eine alte Bezeichnung für Jesus als Messias (→ Christus), deren Anklang an Nazaret einen erwünschten Doppelsinn ergab. Nach Mt 2,23 geht die Bezeichnung »Nazoräer« auf die alttestamentlichen Propheten zurück. Vielleicht ist sie von Jes 11,1 herzuleiten, wo von dem »Sproß« (hebräisch *nezär*) die Rede ist, der aus dem Baumstumpf Isai hervorwächst. Vielleicht spielen auch die »Gottgeweihten« (hebräisch *nesir;* → Nasiräer) des Alten Testaments als prophetische Hinweise auf den Messias/Christus eine Rolle (vgl. Ri 13,5.7; 16,17).

Nebo Babylonischer Gott, der als Sohn des babylonischen Hauptgottes Marduk galt (Jes 46,1; der Name ist in Nebukadnezzar enthalten).

Neumondfest, Neumondstag Der Tag, an dessen Vorabend der zunehmende Mond wieder sichtbar wurde, galt als Monatsbeginn (→ Kalender). Der Mond war in der altorientalischen Welt jedoch nicht nur für den Kalender bedeutsam, sondern zog auch vielfach göttliche Verehrung auf sich. In Israel war der Gestirnkult zwar untersagt, doch wurde der Neumondstag besonders feierlich begangen (vgl. Ps 81,4; 1 Sam 20,5.24-27). Daß solche Feste häufig entarteten, geht aus Hos 2,13 hervor.

Nikolaïten Ihr Name wird mit Nikolaus von Antiochia (Apg 6,5) in Verbindung gebracht; über ihre Lehre ist nicht viel bekannt. Wahrscheinlich fühlten sie sich als Christen hoch erhaben über alles Irdische und meinten, auch Unzucht und Teilnahme an den Götzenopfern (→ Opferfleisch) könne ihnen nicht mehr schaden (Offb 2,6.14-15).

Ninive Eine Stadt von sprichwörtlicher Größe, Hauptstadt des Assyrischen Reiches (Karte AO, E2/F2; → Assyrien).

Noach (Noah) Als vorbildlich → Gerechter mitten in der verdorbenen Menschheit wurde er mit seiner Familie vor der → Sintflut (und durch sie hindurch; 1 Petr 3,20) in der → Arche gerettet (Gen 6,5–8,22).

Norden Die geheimnisvoll-unbestimmte Ankündigung eines Feindes »aus dem Norden« spielt in der biblischen Prophetie vor allem bei Jeremia eine Rolle (siehe Jer 1,14 und Vergleichsstellen dazu). Feindliche Heere konnten Israel/Juda aufgrund der geographischen Gegebenheiten nur von Süden (Ägypter) oder Norden (Assyrer, Babylonier) erreichen; im Osten bildete die syrisch-arabische Wüste eine unüberwindliche Barriere.

O

Obergewand (Oberkleid) Das Obergewand bestand in der Regel aus einem großen rechteckigen Stück Woll- oder Leinenstoff. Beim Tragen wurde das eine Ende so über die linke Schulter gelegt, daß ein Teil des Tuches die linke Vorderseite des Körpers bedeckte; der andere, größere Teil des Tuches wurde um den Rücken und unter der rechten Achsel hindurch nach vorne geführt, wo sein Ende entweder mit der linken Hand festgehalten oder über die linke Schulter nach hinten geworfen wurde. Eine andere Form des Obergewands bestand aus zwei knapp körperlangen rechteckigen Stoffbahnen, die oben und an der Seite zusammengenäht waren, mit Öffnungen für Kopf und Arme. Die Seitennähte und der untere Saum waren gelegentlich mit Borten oder → Quasten verziert.
Das Obergewand diente auch zum Transport trockener Güter wie z. B. Getreide (Rut 3,15) und als Unterlage (Dtn 22,17) bzw. Decke (Ex 22,25-26). Zum Zeichen der Trauer und des Entsetzens wurde in Israel das Obergewand »zerrissen«, worunter ein mehr oder weniger tiefgehender Einriß zu verstehen ist.

Oberster Priester (in anderen Bibelübersetzungen »Hoherpriester«) Schon vor dem babylonischen → Exil gab es in Jerusalem und an anderen Heiligtümern im Land »Oberpriester«, von denen einzelne – in nachexilischer Berichterstattung – auch schon als »Oberster Priester« bezeichnet werden (2 Kön 12,11; 22,4.8; 23,4). Doch wird das Amt des Obersten Priesters in seiner alles andere Priestertum überragenden Bedeutung erst nach dem Exil, d. h. dem Ende des Königtums greifbar. Der erste namentlich bekannte nachexilische Oberste Priester ist Jeschua (Hag 1,1; 2,2; Sach 3; 6,9-15). In persischer und frühhellenistischer Zeit wurde der Oberste Priester mehr und mehr auch das politische Haupt der jüdischen Ge-

meinde; die Priester aus dem Geschlecht der → Makkabäer legten sich die Königswürde bei. Von den Römern wurden die Befugnisse des Amtes zurückgeschnitten; doch blieb auch zu dieser Zeit der Oberste Priester der Vorsitzende des jüdischen → Rates und oberster Repräsentant der jüdischen Gemeinde.

Ochsenstachel Zum Antreiben der Rinder verwendete man einen Stab mit einer scharfen Spitze.

Ofel Teil des Südosthügels von Jerusalem, zwischen dem Tempelberg und der alten → Davidsstadt gelegen.

offenbaren, Offenbarung Das hebräische Wort, das früher oft mit »schauen/Vision« übersetzt wurde, ist ein spezifischer Ausdruck für den prophetischen Offenbarungsempfang, und zwar gerade auch für die Wortoffenbarung. Er kennzeichnet diesen Vorgang als Erfahrung in einem besonderen Bewußtseinszustand, der dem tiefen Schlaf verwandt – deshalb gelegentlich mit Nacht und Traum verbunden – und doch zugleich hellwach ist. Visionen sind bei den biblischen → Propheten die Ausnahme (Jes 6,1-7; Jer 1,9-13; Ez 1; Am 7,1-9; 8,1-3; Sach 1,7–6,8).

Ofir Goldland, wahrscheinlich in Südwest-Arabien. Zur Zeit Salomos fuhren die Goldschiffe vom Golf von Akaba (Elat; Karte AO, C4) nach Ofir.

Ölberg Seit alter Zeit für heilig gehaltener Berg etwa 1 km östlich von Jerusalem. Er gehört zu einem Höhenzug, der Jerusalem von Norden und Osten umgibt.

Onyx → Räucherklaue.

Opfer, Opfergaben Das Opfer ist eine bei allen Völkern des Altertums verbreitete, besonders wichtige und feierliche Form des Gottesdienstes, mit dem Sinn, der Gottheit Verehrung darzubringen, ihre Gunst zu gewinnen oder ihre Strafe abzuwenden. Es gibt blutige und unblutige Opfer. Zu den unblutigen zählen Früchte, Getreide, Brot, Wein, Öl, Weihrauch, für die blutigen sind geeignet Rinder, Kälber, Schafe, Ziegen, Tauben. Wichtigstes Opfer ist das *Brandopfer* (Lev 1), das in Israel in der Regel zweimal täglich, als Morgen- und → Abendopfer, dargebracht und bei dem das Opfertier ganz und gar auf dem Altar verbrannt wurde.

Die gewöhnlichste Opferart ist das *Mahlopfer* (Lev 3); jede Schlachtung war ursprünglich ein solches Opfer. Die Innereien und die Fettstücke wurden zusammen mit einem Brandopfer dargebracht, während das Fleisch des geschlachteten Tieres beim *Opfermahl* im Bereich des Heiligtums von der Familie oder Gemeinde verzehrt wurde. Der hebräische Ausdruck könnte am besten als »Gemeinschaftsopfer« übersetzt werden, weil durch das Mahl Gemeinschaft zwischen den Essenden und Gott gestiftet wurde, dessen Anteil man auf dem Altar verbrannte (Lev 7,28-31). Mahlopfer sind meist *Dankopfer* eines einzelnen oder einer Gruppe, die aus besonderem Anlaß (Rettung aus Krankheit und Not) dargebracht werden.

Zur → Sühne von schwerwiegenden Verstößen gegen das göttliche → Gesetz dient das *Sühneopfer,* bei dem der Priester mit dem Blut des Opfertieres bestimmte Sühnehandlungen vornimmt und die Fettstücke auf dem Altar verbrennt (Lev 4). Das Fleisch wurde von den Priestern verzehrt (Lev 6,17-23). Die Sühnewirkung dieses Opfers betraf Verfehlungen, die unbeabsichtigt und unwissend begangen wurden.

Mit dem Sühneopfer verwandt ist das *Wiedergutmachungsopfer,* mit dem eine über das Opfer hinausgehende Wiedergutmachung verbunden ist und durch das auch bestimmte wissentlich und willentlich begangene Verfehlungen gesühnt werden konnten (Lev 5,14-26).

Das *Speiseopfer* (Lev 2) bestand in einer Naturalabgabe: Mehl oder Backwaren mit Öl oder auch Getreide von → Erstlingsabgaben. Es konnte als selbständiges Opfer (Lev 6,13-16; Num 5,15) oder in Verbindung mit anderen Opfern (Num 28–29) dargebracht werden. Eine Handvoll wurde mit Weihrauch auf dem Altar verbrannt; der Rest fiel dem Priester zu (Lev 6,7-11).

Das *Trankopfer,* bei dem roter Wein am Altar ausgegossen wurde, steht immer in Verbindung mit anderen Opfern, vor allem dem Brandopfer (Num 28–29).

Für das *Räucheropfer* wurde eine besondere Mischung von → Weihrauch und verschiedenen anderen Bestandteilen hergestellt (Ex 30,34-38). Die Weihrauchmischung wurde auf Räucherpfannen (Lev 10,1) oder auf dem Räucheraltar im Innern des Heiligtums (Lk 1,9) verbrannt.

Seit der Zerstörung des zweiten Jerusalemer → Tempels im Jahr 70 n. Chr. wird der Opferdienst nicht mehr ausgeübt. Die christliche Gemeinde sieht ihn in seinem eigentlichen Sinn erfüllt und abgelöst durch das Opfer, das Jesus mit seinem Sterben gebracht hat (Röm 3,25-26; Eph 5,2; Hebr 8,1–10,18). Als Antwort darauf ist sie gehalten, ihr ganzes Leben Gott zum Opfer zu weihen (Röm 12,1). Der → Apostel Paulus versteht seine Missionsarbeit unter den nicht-

jüdischen Völkern als einen Opferdienst für Gott (Röm 15,16; Phil 2,17).

Opferfleisch Ursprünglich war jede Schlachtung eines Tieres ein → Opfer. Opferschlachtungen in heidnischen Tempeln und anschließende Mahlzeiten spielten zur Zeit des Neuen Testaments bei Nichtjuden eine große Rolle. Das den Götzen geweihte Fleisch wurde auch auf dem Markt verkauft. Dies stürzte manche Christen in Gewissensnöte (1 Kor 8–10).

Opferlamm In dem Bild von Jesus als (wörtlich) »Lamm Gottes« mischt sich das Bild von dem geduldig (und stellvertretend) leidenden Lamm aus Jes 53,4-7 mit dem Bild von Jesus als dem neutestamentlichen → Passalamm (1 Kor 5,7; 1 Petr 1,19).

Opfermahl → Mahlopfer, → Opfer.

Opferstätte Wiedergabe eines hebräischen Begriffs, der wörtlich »Höhe« bedeutet und einen umgrenzten heiligen Bezirk mit Opferaltar oder auch eine größere Opferstätte mit einem Tempelbau bezeichnet (1 Kön 3,4; 2 Kön 23,15). Das Wort wird für die im Land verstreuten Opferplätze gebraucht (1 Kön 3,27; 2 Kön 12,4; 14,4 usw.), die es nach Dtn 12,2-4 in Israel nicht geben durfte und die von Hiskija und Joschija beseitigt wurden (2 Kön 18,4; 23,8.19).

Orakeltasche → Lose, heilige.

P

Paradies Lehnwort aus dem Persischen, wo es einen herrschaftlichen Park bezeichnet. In der griechischen Übersetzung des Alten Testaments steht es für den Garten → Eden. Jüdische Kreise erwarteten, daß das Paradies mit dem Lebensbaum (Gen 2,8-9; 3,24) in der Endzeit wiederkehren werde (vgl. Offb 22,2.14.19). In der Gegenwart dagegen ist es verborgen, und zwar im dritten → Himmel (2 Kor 12,2-4). Es galt nach jüdischem Glauben als Aufenthaltsort der verstorbenen Frommen in der Zeit zwischen ihrem Tod und der allgemeinen → Auferstehung am Ende der Welt (vgl. Lk 23,43).

Passafest, Passamahl Frühjahrsfest zur Erinnerung an den Auszug Israels aus Ägypten (Ex 12,1-28). Der Name »Passa« (hebräisch *pesach,* aramäisch *pas'cha;* so auch die griechisch-lateinische Wiedergabe), über dessen ursprünglichen Sinn sich nichts Sicheres sagen läßt, wird in Ex 12,27 als gnädiger, die Israeliten verschonender »Vorübergang« des HERRN gedeutet.
Nach der Gottesdienstreform von König Joschija mit ihrer Zentralisation des Opfergottesdienstes im Sinne von Dtn 12 wurde das Passa nicht mehr an den Wohnsitzen, sondern nur noch als Wallfahrtsfest in Jerusalem gefeiert (2 Kön 23,21-23). Das Passalamm – nunmehr als → Opfer verstanden – durfte nur im Tempel geschlachtet, sein Fleisch nur innerhalb der Mauern Jerusalems verzehrt werden; sein Blut wurde am Fuß des → Brandopferaltars ausgegossen.
Für das Passamahl mußten die Hausbesitzer Jerusalems den Pilgern Räume zur Verfügung stellen. Hauptbestandteil der Mahlzeit war das Schaf- oder Ziegenböckchen. Als Beigaben wurden eine Art bitterer Salat und Fruchtmus genossen, dazu Brot, wie es zu jeder Mahlzeit gehört (in diesem Fall jedoch ungesäuert, d. h. ohne → Sauerteig gebacken). Dem eigentlichen Hauptmahl ging eine Art Vormahl voraus, bei dem die Geschichte vom Auszug aus Ägypten erzählt wurde. Hierzu wurde ein Becher mit Wein gereicht (vgl. Lk 22,17). Die Hauptmahlzeit wurde wie jedes jüdische Mahl dadurch eröffnet, daß der Hausvater ein kurzes Lobgebet über einem Stück Brot sprach, dieses dann zerbrach und an alle austeilte. Ebenso wurde das Passamahl wie jedes jüdische Festmahl dadurch beschlossen, daß der Hausvater über einem Becher mit Wein das Dankgebet sprach und dieser Becher dann die Runde machte. An diese Formen konnte Jesus bei der Stiftung des Abendmahls/der Eucharistie anknüpfen (Mk 14,22-24 par; → Brotbrechen).
Bis heute wird das Passa im Judentum in dieser Form gefeiert, jedoch seit der Zerstörung des → Jerusalemer Tempels 70 n. Chr. ohne das Passalamm, an das nur noch ein Knöchelchen erinnert. Wie schon zur Zeit von Jesus wendet sich der Blick von der einst geschehenen zur künftig zu erwartenden endgültigen Befreiung (vgl. Mk 14,25 par; 1 Kor 11,26; → Maranata). Zum Abschluß werden die Psalmen 114–118 gesungen.
Das Passafest geht unmittelbar in das siebentägige Fest der → Ungesäuerten Brote über, das nicht nur in Jerusalem, sondern überall an den Wohnsitzen gefeiert wurde.

Passalamm → Passafest.

Passaopfer Das Schlachten der Passalämmer geschah am Nachmittag vor dem Passafest im → Tempel in Jerusalem, wobei das Blut als Opfer an den → Altar geschüttet wurde.

Paulus → Saulus.

Perser, Persien Die Perser sind ein iranischer Volksstamm, der zu weltgeschichtlicher Bedeutung aufgestiegen ist. Die achämenidischen Könige schufen seit etwa 640 v. Chr. das Persische Weltreich, das nach Siegen über die → Ela-

miter, die → Assyrer und die → Babylonier den gesamten Vorderen Orient umspannte. Erst Alexander d. Gr. konnte das Perserreich im Jahr 330 v. Chr. besiegen.

Petrus Beiname des → Apostels Simon (Mt 4,18). Die latinisierte Form des griechischen *Petros* ist die Übersetzung des aramäischen *kefa(s);* beides bedeutet »Fels«. Der Beiname hebt nicht eine besondere Charakterstärke seines Trägers hervor, die Petrus im Gegenteil öfter vermissen läßt (vgl. insbesondere Mk 14,66-72 par), vielmehr bezeichnet er die Funktion, die dem Namensträger von Jesus zugedacht ist (Mt 16,18).

Pfahl, geweihter → Aschera.

Pfeilschlange Sie hat ihren Namen von der Fähigkeit, aus eingerollter Stellung wie ein Pfeil auf ihr Opfer loszuschießen. Auch die Tatsache, daß sie sich nicht um ihre Jungen kümmert, mag dazu beigetragen haben, daß sie als unheimlich galt und in Jes 34,15 zusammen mit dämonischen Wesen genannt wird (→ Bocksgeister).

Pfingstfest Im alten Israel das mittlere der drei großen Jahres- und Wallfahrtsfeste, das dem Abschluß der Weizenernte folgte (»Erntefest«; Ex 23,16). Weil es sieben Wochen nach dem → Passafest gefeiert wurde, erhielt es nach dem griechischen Wort für fünfzig den Namen Pfingsten (*pentekoste* = 50. Tag). Wurde am Passafest der Auszug aus Ägypten gefeiert, so gedachte das Judentum seit dem 1. Jh. n. Chr. am Pfingstfest besonders der Gabe des → Gesetzes am → Sinai. Der Bericht von Ex 19,16-19 wurde im Lauf der Zeit in dem Sinne ausgeschmückt, daß Gott in einer Sprache wie aus Feuer dem Volk die Gebote mitgeteilt habe. Auch sollen die Gebote damals in allen siebzig Sprachen der Welt ergangen sein. Vor diesem Hintergrund verkünden die Ereignisse des ersten christlichen Pfingstfestes (Apg 2,1-13) die endzeitliche Vollendung dessen, was einst am Sinai geschah: Jetzt wird, wie von den Propheten angekündigt, Gottes Volk von Gottes → Geist ergriffen und in der Kraft dieses Geistes neu geschaffen (Joël 3,1-5; Ez 36,26-27).

Pharisäer Das Wort bedeutet »Abgesonderte«. Seit den Makkabäerkriegen die stärkste religiöse Partei, die das Erbe Israels in Ehren hielt und mit leidenschaftlichem Eifer für die pünktliche Beobachtung des → Gesetzes bis in die Kleinigkeiten des alltäglichen Lebens hinein kämpfte. Ihr Ziel war es, durch Gesetzestreue die Vorbedingung für die Erfüllung der messianischen Verheißungen zu schaffen. (Überlieferter Ausspruch eines jüdischen Rabbis: »Wenn die Israeliten nur zwei Sabbate vorschriftsmäßig halten würden, so würden sie sofort erlöst werden.«)

Die Pharisäer suchten die Reinheitsvorschriften, wie sie für die diensttuenden Priester im Jerusalemer → Tempel galten, für das ganze Volk in seinem alltäglichen Leben verbindlich zu machen. Ganz Israel sollte als ein priesterlich → reines, auch und gerade in diesem Sinn → heiliges Volk dem Kommen des → Messias und der → Königsherrschaft Gottes entgegenleben. Dabei galt es, nicht nur das im Gesetz Moses Niedergeschriebene, sondern auch die mündlich überlieferten genauen und strengen Anwendungsregeln zu beachten, die von den früheren Gesetzeslehrern aufgestellt worden waren (vgl. Mk 7,5 par; Gal 1,14).

Den Zusagen Gottes vertrauend, glaubten die Pharisäer im Unterschied zu den → Sadduzäern an die → Auferstehung der Toten und an die Existenz von → Engeln (vgl. Apg 23,8).

Zunächst eine Laienbewegung, waren die Pharisäer doch bald eng verbunden mit dem Stand der ordinierten → Gesetzeslehrer. Nach der Eroberung Jerusalems durch die Römer 70 n. Chr. wurden sie die für die Neugestaltung des Judentums entscheidende Kraft.

Vor allem im Matthäus-Evangelium wird den Pharisäern formalistische Gesetzeserfüllung, Blindheit für den eigentlichen Willen Gottes, Scheinheiligkeit und Hochmut vorgeworfen (Mt 23). Ihre minutiöse Behandlung aller nur denkbaren Einzel- und Grenzfälle führe nur dazu, den elementaren Gotteswillen, der in den Geboten laut wird, zu verdunkeln und das von Gott her Gemeinte – besten Gewissens – gerade *nicht* zu tun (Mt 23,23-24). Damit wird eine Gefahr angesprochen, in der gerade Fromme stehen, die es mit dem Willen Gottes sehr ernst nehmen, und in der auch Christen oftmals stehen. Das Pharisäertum zur Zeit von Jesus darf jedoch nicht allein von solchen Auswüchsen her beurteilt werden. Der ehemalige Pharisäer Paulus gibt den Blick auf ein Pharisäertum anderer Art frei (Phil 3,5-6; Röm 10,2).

Philister Etwa gleichzeitig mit Israel aus dem ägäischen Raum über Kreta und Zypern in den Vorderen Orient eingewandert (vgl. Jer 47,4; Am 9,7). Lange Zeit hatte Israel unter ihrer Übermacht zu leiden. Sie bildeten einen Städtebund, die später so genannte Pentapolis (= Fünf-Städte), zu dem Gaza, Gat, Aschdod, Aschkelon und Ekron gehörten, die jeweils von

einem »Fürsten« regiert wurden. Von den Philistern (hebräisch *pelischtim*) hat die gesamte Landschaft ihren Namen »Palästina« erhalten. Zum ersten Mal finden wir die Bezeichnung in diesem Sinn bei dem griechischen Geschichtsschreiber Herodot (5. Jh. v. Chr.); die Römer gebrauchten sie nach der Niederschlagung des zweiten jüdischen Aufstands 132–135 n. Chr. als Provinznamen, um die bisherige Bezeichnung → Judäa durch einen neutralen Begriff zu ersetzen, an dem sich keine nationalistischen Leidenschaften entzünden konnten.

Philosophie In der Spätantike wird der Begriff so umfassend gebraucht, daß er religiöse Weltbilder und Heilslehren einschließt. In diesem Sinn handelt es sich bei der »Philosophie«, vor der im Kolosserbrief (Kol 2,8) gewarnt wird, um eine Anleitung, sich aus der Bindung an die Materie zu befreien, um nach dem Tod – verstanden als Ablegen des Körpers – in die himmlische Welt aufsteigen zu können. Als Vorbedingung dazu gelten vor allem → Fasten und Verehrung der → Engel als der Mächte, die der entkörperten Seele den Weg freigeben sollen (Kol 2,16.18.20-23). Paulus setzt dem entgegen, daß die Glaubenden mit Christus schon jetzt an der himmlischen Welt teilhaben und dafür keine besonderen Leistungen erbringen müssen (Kol 1,11-13; 2,9-12; 3,1-4).

Phönizien, Phönizier Die Phönizier waren die Bevölkerung der bedeutenden Handelsstädte Tyrus und Sidon und ihres Hinterlands (Karte PA, C1-C2). Zu Israel bestanden Handelsbeziehungen und vor allem in der älteren Zeit eine gute Nachbarschaft (1 Kön 5,15; Esra 3,7; vgl. jedoch Am 1,9-10; Ez 26,2; Joël 4,4-8).

Prätorium Der Begriff begegnet im Neuen Testament in verschiedenen Zusammenhängen:

(1) Im Prozeß gegen Jesus (Mk 15,16 par) bezeichnet er den Amtssitz des römischen → Statthalters Pontius Pilatus in Jerusalem (wahrscheinlich nicht die Burg Antonia im Nordwesten des Tempelplatzes, sondern der Herodianische Königspalast am Westrand der Stadt).

(2) In Apg 23,35 bezeichnet Prätorium den Palast von → Herodes d. Gr. in Cäsarea am Mittelmeer, der als offizieller Sitz des römischen Statthalters diente.

(3) In Phil 1,13 hängt die Deutung vom Abfassungsort des Briefes ab. In Ephesus wäre Prätorium die Residenz des Statthalters für die Provinz → Asien, in Rom vermutlich die Kaserne der Prätorianergarde, in Cäsarea am Mittelmeer der Palast von Herodes.

Priester, Priesterdienst Im Alten Testament Personen, die aufgrund ihrer Familienzugehörigkeit und ihrer besonderen Weihe dazu bestimmt waren, die Gottesdienste zu leiten, → Opfer darzubringen und den Willen Gottes zu deuten. Nach dem → Gesetz durften nur Nachkommen Aarons den Priesterdienst verrichten (Ex 40,12-15; Num 18,1-7), während die → Leviten für die übrigen Dienste im Heiligtum zuständig waren. Die Priester wurden in 24 Dienstgruppen eingeteilt (1 Chr 24,1-19), die sich in genau festgelegter Reihenfolge im Tempeldienst ablösten. An der Spitze der Priesterschaft stand in der Zeit nach dem → Exil der → Oberste Priester (herkömmlich »Hoherpriester«).

Priester, führende Die führende Gruppe des jüdischen → Rates, die zugleich dessen Exekutivkomitee bildete, bestehend aus Mitgliedern der vornehmsten priesterlichen Familien (→ Sadduzäer), aus denen auch der → Oberste Priester gewählt wurde. Diese Gruppe stellte außerdem den Befehlshaber der → Tempelwache, der zugleich Stellvertreter des amtierenden Obersten Priesters war (Apg 4,1).

Priester, Oberster → Oberster Priester.

Priesterschurz (hebräisch Efod)

(1) Leinenes Kleidungsstück als Bestandteil der Amtskleidung der → Priester; zu unterscheiden vom → Amtsschurz des Obersten Priesters. Über das Aussehen läßt sich nichts Sicheres sagen.

(2) Prächtig verzierter Schurz ähnlich dem → Amtsschurz des Obersten Priesters, zu dem eine Tasche mit → Losen zur Orakelerteilung gehört. Wenn er nicht vom Priester zu diesem Zweck getragen wurde, wurde er im Heiligtum »aufgestellt« (Ri 17,5; 1 Sam 21,10 [Anmerkung]).

Prophet (→ Prophetin)

(1) *Prophetie in Israel:* Nach unserem Sprachgebrauch ist ein Prophet jemand, der die Zukunft kennt. Das Wesentliche beim biblischen Prophetentum liegt jedoch nicht in der Zukunftsschau. Der Prophet ist ein Mensch, den Gott (oder der → Geist Gottes) zu seinem Sprecher gemacht hat. Die Propheten verkünden dem Volk Gottes oder einzelnen aus diesem Volk, besonders den führenden Kreisen, was Gott ihnen in einer bestimmten Situation zu sagen hat. Das kann Mahnung, Gerichtsdrohung, aber auch Trost und Ermutigung sein.

In der Frühzeit Israels war das Prophetentum mit ekstatischen Erscheinungen verbunden. Der Geist ergriff vom Propheten Besitz wie eine fremde Macht, die über ihn kam (1 Sam 10,5-6.10-12). Bezeichnend für diese Stufe ist

auch, daß die Propheten in der Regel kollektiv auftraten (→ Prophetengemeinschaft).

In der Königszeit Israels traten neben dem fortbestehenden Prophetentum der älteren Art Propheten auf, die über diesen Rahmen weit hinauswuchsen. Als einzelne, die Gott berufen hatte, prangerten sie die herrschenden Zustände an. Sie maßen die Verhältnisse der Gegenwart und das Verhalten der Verantwortlichen am Rechtswillen Gottes, wie er im → Gesetz gegeben war. Ebenso unerbittlich prangerten sie die Entartung des Glaubens (→ Baal) und des Gottesdienstes an. Und sie sahen die Katastrophe kommen, die das Verhalten des Volkes und seiner Führer unweigerlich herbeirufen mußte. Aber auch die neue Zukunft, die dem Volk danach noch einmal geschenkt werden soll, wird von den Propheten angekündigt. Sie wird geschaut im Bild eines umfassenden Friedens, der auch die anderen Völker umgreift und teilweise mit der Gestalt eines Friedensbringers verknüpft ist (→ Messias).

Die Propheten richteten ihre Botschaft in der Regel mündlich aus; erst später wurden ihre Worte (zum Teil von ihnen selbst) aufgeschrieben.

Die großen Propheten des 8. bis 6. Jahrhunderts v. Chr. standen oft in heftiger Auseinandersetzung mit dem Berufsprophetentum, das sich sowohl am Jerusalemer → Tempel als auch in Bet-El, dem Reichsheiligtum Nordisraels, herausgebildet hatte. Propheten dieser Art verkündeten in der Regel eher das, was dem Volk, insbesondere dem König, gefiel und was ihnen selbst Gewinn brachte (vgl. 1 Kön 20,10-13; Am 7,14). Mit solchen Propheten müssen sich die »echten« Propheten des öfteren auseinandersetzen (Jes 28,7; Jer 6,13-15; 23,9-32; 28,1-17; Ez 13,1-16).

(2) *Jesus als Prophet:* Die Frage, wer Jesus ist, hat nicht nur seine Jünger beschäftigt. Jesus steht beim Volk im Ansehen eines Propheten (vgl. Mt 21,11.46; Lk 7,16; 24,19; Joh 4,19). Die Leute meinen, in ihm sei einer der großen alttestamentlichen Propheten wiedererstanden (Mk 8,28) oder sogar »der Prophet« erschienen, den Mose in Dtn 18,15.18 – nach dem frühjüdischen Verständnis dieser Stelle – angekündigt hatte (Joh 6,14; 7,40). Die letztere Auffassung wird von der nachösterlichen Gemeinde ausdrücklich geteilt (Apg 3,22-23; 7,37).

(3) *Prophetie im frühen Christentum:* In den ersten christlichen Gemeinden ist »Prophetie« eine Gabe des → Heiligen Geistes neben anderen Geistesgaben. Der Prophet verkündet, was Gott ihm offenbart hat (1 Kor 14,26-32). Zur prophetischen Rede können Weissagungen für die Zukunft gehören (Apg 11,27-28; Offb 1,1-2); die neutestamentlichen Propheten haben aber vor allem die Aufgabe, die gegenwärtige Lage im Licht des Willens Gottes zu beleuchten, der Gemeinde Weisungen ihres Herrn zu übermitteln und sie zu ermutigen und zu trösten. Paulus gibt der prophetischen Rede den Vorrang vor der Rede in unbekannten → Sprachen, weil der Prophet mit verständlichen Worten redet und dem Aufbau der Gemeinde dient (1 Kor 12–14). Gleichwohl soll auch die prophetische Rede von der Gemeinde geprüft werden (1 Thess 5,20-21). Dies gilt insbesondere im Blick auf die Gefahr, die von falschen Propheten ausgeht (Mt 7,15; 24,11.24; 1 Joh 4,1; Offb 2,20).

In der frühen Kirche waren → Apostel, Propheten und → Lehrer die wichtigsten Träger der Verkündigung der Guten Nachricht von Jesus Christus (1 Kor 12,28; Eph 4,11-12; 2,20; vgl. auch Mt 23,34).

Prophetengemeinschaft In der Frühzeit des Alten Testaments traten die → Propheten in der Regel in Gruppen auf, die in ordensähnlichen Gemeinschaften zusammenlebten (1 Sam 10,10-12; 19,18-21; 2 Kön 2,3-7; 4,1.38-44; 6,1).

Prophetenjünger Mitglied einer → Prophetengemeinschaft.

Prophetin (→ Prophet 1, 3) Im Alten wie im Neuen Testament haben auch Frauen teil am prophetischen Dienst. Im Alten Testament werden als Prophetinnen genannt: Mirjam (Ex 15,20), Debora (Ri 4,4), Hulda (2 Kön 22,14), Noadja (Neh 6,14), die Frau des Propheten Jesaja (Jes 8,3); auch Hanna in Lk 2,36 gehört noch hierher. Für das Neue Testament vgl. Apg 2,17-18; 21,9; 1 Kor 11,5.

Proselyt (griechisch: der Hinzugekommene) Ein Nichtjude, der durch Beschneidung rechtsgültig zum Judentum übergetreten und zur Einhaltung des ganzen → Gesetzes verpflichtet ist.

Vom Proselyten ist zu unterscheiden der *Gottesfürchtige,* ein Nichtjude, der am jüdischen Synagogengottesdienst teilnimmt und das Mose-Gesetz teilweise einhält.

Provinz Asien → Asien.

Purim-Fest Ein im Diasporajudentum entstandenes jüdisches Fest, von dessen Ursprung das Ester-Buch erzählt (Est 9). In seiner heutigen Form enthält es Elemente, die bestimmten Zügen unseres Faschings/Karnevals entsprechen (Verkleidung, Verspottung von Strohpuppen).

Put Volk, das für Ägypten Hilfstruppen stellte und im Zusammenhang mit Libyen genannt wird (Jes 66,19; Jer 46,9; Ez 30,5; Nah 3,9).

Q

Quasten Nach Num 15,38-40 sollten die Israeliten an den vier Zipfeln des aus einem rechteckigen Stück Tuch bestehenden → Obergewands Quasten anbringen, um sich an die Gebote Gottes zu erinnern. Durch besonders lange Quasten brachten die → Pharisäer offenbar zum Ausdruck, daß sie es mit der Befolgung des → Gesetzes sehr ernst nahmen (vgl. Mt 23,5).

Quirinius Publius Sulpicius Q. war kaiserlicher Beauftragter (Legat) für den Orient. Als im Jahr 6/7 n. Chr. → Judäa (mit Idumäa und Samarien) römische Prokuratur wurde, wurden unter Quirinius die Bewohner des Landes und ihr Besitz für die Erhebung von Steuern registriert. Vielleicht bezieht sich Lk 2,1-3 darauf; vielleicht ist aber auch eine um 8/7 v. Chr. beginnende erste Erfassung gemeint.

Qumran Klosterähnliche Niederlassung nordwestlich des Toten Meeres, die um 150 v. Chr. gegründet und 68 n. Chr. von den Römern zerstört wurde. Die Wurzeln der Qumran-Gemeinde liegen, wie die der → Pharisäer, in den Kreisen der → Hasidäer, die dem Einfluß (und der zwangsweisen Einführung) griechischer Sitte und Religion um 170 v. Chr. Widerstand leisteten (in ihrem Namen »Essener« oder »Essäer« lebt die Bezeichnung »Hasidäer« fort). Die Emigration in der Wüste erfolgte als Protest dagegen, daß der Makkabäer Jonatan (aus dem niederen Landpriestergeschlecht der Hasmonäer) 153 v. Chr. das Amt des → Obersten Priesters und 151/150 auch königliche Würden übernahm (1 Makk 10,15-21.65).

Streng endzeitlich ausgerichtet, erwartete die Qumran-Gemeinde einen messianischen Obersten Priester aus dem Geschlecht Aarons und den messianischen König aus dem Geschlecht Davids. Die Gemeinde betrachtete sich als das einzig wahre Israel und als zwischenzeitlichen Ersatz für den → Tempel, der ihnen als entweiht galt. Unter strengster Beobachtung des → Gesetzes, insbesondere auch seiner → Reinheitsvorschriften (beides wurde in Qumran noch weit strenger ausgelegt als bei den Pharisäern), lebte die Gemeinde dem als nahe erwarteten Anbruch der → Königsherrschaft Gottes entgegen, vor dem aber noch der Endkampf der »Söhne des Lichts« (= Qumran-Gemeinde) mit den »Söhnen der Finsternis« (= das abtrünnige Israel und die Heidenvölker) auszufechten war.

Jesus unterscheidet sich durch seine Verkündigung von der anbrechenden → Königsherrschaft Gottes, seine grundsätzliche Offenheit für ganz Israel und auch für die Heiden sowie durch seine Einstellung zum → Gesetz, speziell zu den Reinheitsvorschriften, radikal von Qumran und der dort herrschenden Geistigkeit. Auch Ehe- und Besitzverzicht sind bei Jesus von der Wurzel her anders begründet als in Qumran, wo Fragen der Reinheit für den priesterlichen Dienst und den zu erwartenden »heiligen Krieg« für beides den Ausschlag gaben.

R

Rabbi Aramäisch »mein Herr/mein Meister«; wörtlich »mein Großer«. Ehrende Anrede für die → Gesetzeslehrer, die auch Jesus gegenüber gebraucht wird (→ Lehrer).

Rabbuni Eine Steigerung der schlichten Anrede → »Rabbi«. In Mk 10,51 gilt sie Jesus als dem Sohn → Davids, in Joh 20,16 dem Auferstandenen.

Rächer → Bluträcher.

Rahab (1) Name der Prostituierten, die die israelitischen Kundschafter aufnahm (Jos 2).
(2) Name für das mythische Seeungeheuer als Inbegriff der widergöttlichen Macht (gleichbedeutend mit → Leviatan). Er wird auch auf Ägypten als den Feind des Gottesvolkes übertragen (Jes 30,7 wörtlich).

Rahelgrab Rahel, die Mutter Josefs und Ahnfrau der Hauptstämme des Nordreichs (vgl. Dtn 33,13-17) sowie des Stammes Benjamin, war nach 1 Sam 10,2 in der Nähe von Rama im Gebiet von Benjamin bestattet worden (Karte PA, B1). Eine andere Überlieferung (Gen 35,19; 48,7) sucht Rahels Grab bei Betlehem in Juda. Unter Voraussetzung dieser zweiten Lokalisierung findet Matthäus in der Klage von Jer 31,15 einen prophetischen Hinweis auf das Schicksal von Müttern in Betlehem nach der Geburt von Jesus (Mt 2,16-18).

Rammbock Gepanzerter Wagen mit einer Rammspitze, mit der die Mauer einer belagerten Stadt berannt wurde, um sie zum Einsturz zu bringen. Er konnte auch mit dem → Belagerungsturm zu einer Art Mehrzweckwaffe verbunden werden. An die Mauer herangeführt wurden beide auf einer aufgeschütteten Rampe.

Rat, jüdischer (Rat der Juden) Zur Zeit von Jesus die oberste Behörde des Judentums unter dem Vorsitz des → Obersten Priesters.

Sie wurde gebildet durch 71 Männer aus den Kreisen der vornehmsten Priester, der führenden → Gesetzeslehrer und der → Ratsältesten, angesehener Männer aus dem Laienstand. Die Römer hatten die weltliche Vollmacht des Rates eingeschränkt, erkannten jedoch seine Autorität in religiösen Entscheidungen an.

Ratsältester, Ratsmitglied Nichtpriesterliche und nichttheologische Mitglieder des jüdischen → Rates (vgl. → Älteste).

Räucheraltar → Räucheropfer.

Räucherklaue (griechisch Onyx; Sir 24,15) Eine Meeresschnecken-Art, deren Gehäuse beim Verbrennen einen stark riechenden, beißenden Rauch entwickelt.

Räucheropfer, -pfanne Als Duftopfer für die Gottheit wurde im Altertum → Weihrauch oder eine Weihrauchmischung verbrannt (→ Opfer). Für den Gott Israels geschah dies im → Heiligen Zelt und im → Tempel in Jerusalem auf dem speziell dafür bestimmten Räucheraltar im Innern des Heiligtums oder auf bronzenen Räucherpfannen vor dem → Brandopferaltar.

Räuchersäule Säulenförmiger Aufsatz auf dem Altar, auf dem Weihrauch verbrannt wurde.

Regen Im Vorderen Orient regnet es nur im Winterhalbjahr. Hauptregenzeit ist Oktober bis Februar; gewitterartige »Frühregen« gibt es ab Mitte September. Die letzten leichten Niederschläge erfolgen im März/April (Frühjahrsregen, wörtlich »Spätregen«); sie sind wichtig für die Entwicklung der Getreidekörner in den Ähren des Wintergetreides.

Reichsfürst Das Persische Weltreich war in mehr als 20 Reichsländer und rund 120 Provinzen eingeteilt. An der Spitze der Reichsländer (Satrapien) standen als Stellvertreter des Großkönigs die Reichsfürsten (Satrapen).

rein (unrein) Wegen der → Heiligkeit Gottes muß der Mensch, der sich ihm naht – sei es in der anbetenden Gemeinde, sei es beim Privatopfer –, rein sein. Dabei ist »rein« zunächst kein moralischer Begriff, sondern bezieht sich auf körperliche Vorgänge, die von der Nähe Gottes fernzuhalten sind – vermutlich weil sie zur Einflußsphäre dämonischer Naturmächte gehören, denen sich die Menschen der Frühzeit ausgesetzt sahen. Dazu zählt alles, was mit den Bereichen von Tod und Sexualität zu tun hat, aber auch Hautkrankheiten (→ Aussatz). Auch jede Berührung mit Menschen, die die Reinheitsvorschriften des → Gesetzes nicht beachteten, machten »unrein«. Ein wichtiges Gebiet waren die Bestimmungen über reine und unreine Speisen (→ Nahrungsvorschriften). Die Gesetzestreuen zur Zeit des Neuen Testaments dehnten diese Bestimmungen, die für → Priester und jeden, der den → Tempel betreten wollte, verbindlich waren, auf den ganzen Alltag aus und verschärften sie. Wenn die → Pharisäer also nichts mit ungewaschenen Händen aßen und streng die Reinheitsgesetze einhielten (Mk 7,1-4; vgl. Joh 2,6), dann nicht aus hygienischen, sondern aus religiösen Gründen: Sie wollten sich als Gottes erwähltes Volk rein bewahren.

Um so befremdlicher und bedenklicher erschien die Haltung und das Verhalten von Jesus in dieser Sache, wenn er alle äußeren Reinheitsvorschriften der Reinheit des Herzens unterordnete (Mk 7,1-23). Noch bei den jungen christlichen Gemeinden drohte zeitweilig die Einheit zu zerbrechen über der Frage, ob Christen nichtjüdischer Herkunft, die sich nicht an die Reinheitsvorschriften des Mose-Gesetzes hielten, mit Christen jüdischer Herkunft, die dies weiterhin taten, zusammenleben und z. B. das → Mahl des Herrn gemeinsam feiern könnten (Gal 2,11-16; vgl. Apg 15,20-21; → Blutschande).

Reinheitsvorschriften, reinigen, Reinigung → rein.

Reinigungseid Bei einem Gerichtsverfahren wurde solch ein Eid als Beweismittel angenommen, wenn keine Zeugen die Unschuld des Angeklagten beweisen konnten (vgl. Ex 22,10; Lev 5,21-22).

Reinigungsopfer (Lk 2,24) Wenn eine Frau durch die Geburt eines Kindes für eine bestimmte Zeit unrein wurde (→ rein), mußte nach Ablauf dieser Frist ein → Opfer zur Wiederherstellung der Reinheit dargebracht werden (Lev 12).

Reinigungswasser Mischung aus Wasser und einer auf bestimmte Weise hergestellten Asche, mit der Menschen und Gegenstände besprengt wurden, die unrein geworden waren (→ rein). Die Zubereitung und Anwendung ist in Num 19 beschrieben.

Richter Die großen Richter des Richter-Buches sind gottbegnadete Volksführer, während die kleinen Richter (Ri 10,1-5; 12,8-14), die Könige und auch Männer wie Josua und Samuel den Richtertitel im allgemein üblichen Wortsinn tragen.

Ringbrot Eigentlich »Lochbrot«: runder Brotlaib, der in der Mitte durchstochen ist und so auf einer Stange aufgehängt werden kann, zum Schutz gegen Schimmel und Tierfraß.

Rogel-Quelle Grundwasserbrunnen südöstlich

von Jerusalem an der Grenze zwischen den Stämmen Juda und Benjamin (Jos 15,7; 18,16; siehe Kartenskizze Jerusalem I). Der Name bedeutet »Walker-Quelle«, was darauf hinweist, daß dort die Walker (Tuchmacher) von Jerusalem ihrer Arbeit nachgingen (→ Schiloach). Nach 1 Kön 1,9 könnte es sich um eine alte Kultstätte handeln.

rühmen, Ruhm Es ist natürlich, daß ein Mensch sich seiner Vorzüge und Leistungen »rühmt«. Vor Gottes Urteil wird solcher Ruhm relativiert oder zunichte, sofern nicht anerkannt wird, daß alles, was Menschen von sich rühmen, Geschenk der Gnade ist (1 Kor 4,7; Röm 3,27-28). Deshalb ist das rechte Rühmen ein solches, das die Taten Gottes rühmt (1 Kor 1,31 nach Jer 9,22-23; Gal 6,14). Weil Paulus von einer Tat Gottes weiß – und von einer in ihr begründeten Hoffnung –, die alles, was Menschen leisten und erreichen können, verblassen läßt, »rühmt« er sich paradoxerweise seiner Leiden und Schwächen, weil die Kraft Gottes über sie, ja gerade in ihnen triumphiert (Röm 5,3-5; 2 Kor 12,9-10). Er kann aber auch voller Stolz auf sein Missionswerk blicken und in den Gemeinden, die er Christus als ein heiliges Volk zuführt, seinen »Ruhm« vor dem Richterstuhl Gottes sehen (Phil 2,16; 1 Thess 2,19) – einen Ruhm, den er letztlich nicht sich selbst zuschreibt, sondern der Gnade Gottes, die durch ihn gewirkt hat (Röm 15,17-19; 2 Kor 10,13-18).

S

Saba Land und Volk in Südarabien im Gebiet des heutigen Jemen. Intensive Landwirtschaft mit Hilfe von Bewässerungsanlagen; großer Wohlstand durch Handel mit Indien und Afrika (Weihrauch, Gold, Edelsteine, Elfenbein). Anfangs Priesterstaat, später Königtum.

Sabbat Der Sabbat ist der Schlußtag der siebentägigen Woche, die erstmals bei den Israeliten nachweisbar ist. Zunächst ist für diesen Tag lediglich Arbeitsruhe vorgeschrieben (Ex 20,9-11 par). Doch wurde der Tag, vielleicht mitbestimmt durch die an diesem Tag gehaltenen Gottesdienste, im Bewußtsein der Israeliten mehr und mehr zu einem ausschließlich Gott geweihten Tag und in der Zeit nach dem babylonischen → Exil neben der → Beschneidung zu einem Unterscheidungsmerkmal Israels von anderen Völkern und zu einem Zeichen des → Bundes zwischen Israel und seinem Gott (Neh 10,32; 13,15-22; Jes 56,1-8).

Zur Zeit des Neuen Testaments hatten die → Gesetzeslehrer bis ins einzelne festgelegt, welche Tätigkeiten am Sabbat verboten und welche allenfalls erlaubt waren. So durfte man z. B. nur einen »Sabbatweg«, d. h. etwa 900 Meter weit, gehen. Bereits das Abreißen von Ähren galt als verbotene Erntearbeit (Mk 2,23-24). Nur wenn ein Leben auf dem Spiel stand, war es erlaubt, am Sabbat zu heilen. Indem Jesus gegen solche Festlegungen verstößt (Mk 2,28), bringt er den ursprünglichen Sinn des Sabbats wieder zur Geltung: Er ist ein Tag, an dem der Mensch vor Gott aufatmen darf und Gottes Güte für ihn erfahrbar wird (Mk 2,27; 3,4). Während die → Pharisäer durch rigorose Handhabung des Sabbatgebots bemüht sind, dem Kommen der → Königsherrschaft Gottes vorzuarbeiten, bricht in den Heilungen, die Jesus oft gerade an einem Sabbat vollbringt, Gottes Herrschaft schon zeichenhaft herein.

Sabbatjahr Wie der Mensch an jedem siebten Tag seine Arbeit ruhen lassen muß, so soll im alten Israel das Land in jedem siebten Jahr einen → Sabbat halten, d. h. unbebaut bleiben und brachliegen (Lev 25,1-7). Israelitische Sklaven sollen in diesem Jahr die Freiheit erhalten (Ex 21,2-6; nach Lev 25,39-43 in jedem 49. Jahr), und es sollen alle Schulden erlassen werden (Dtn 15,1-3). Die Vorschriften über das Sabbatjahr wurden offenbar vielfach nicht beachtet (Lev 26,34-35; 2 Chr 36,21; Jer 34,8-22), von der nachexilischen Gemeinde jedoch neu übernommen (Neh 10,32b).

Sack Zur Bekundung der Trauer über den Verlust nahestehender Menschen, aber auch als Zeichen der Trauer vor Gott über eigene Verfehlungen oder solche des ganzen Volkes (→ Bußfeier) trugen Männer und Frauen im alten Israel den Sack, d. h. ein einfaches Kleidungsstück, das aus dunklem Ziegen- oder Kamelhaar gewoben war und vielleicht die Form eines Lendenschurzes hatte. Es konnte auch unter dem – zum Zeichen der Trauer zerrissenen – Obergewand getragen werden (vgl. 2 Kön 6,30; Jdt 8,5).

Sadduzäer Eine jüdische Religionspartei, der die vornehmen Priestergeschlechter und Vertreter der weltlichen Aristokratie angehörten. Die Sadduzäer lehnten alle Lehren ab, die über das wörtlich im → Gesetz (den fünf Mose-Büchern) Enthaltene hinausgingen, so z. B. den Glauben an die → Auferstehung der Toten und die Existenz von → Engeln (vgl. Apg 23,8). Der Name leitet sich wahrscheinlich von dem Priester Zadok her, den Salomo zum Oberpriester am Jerusalemer → Tempel machte (1 Kön 2,35;

1 Chr 29,22; Ez 44,15-16). Als führende Fraktion im jüdischen → Rat trugen sie politisch die Hauptverantwortung. Sie waren auf den Ausgleich mit den Römern bedacht, um dem jüdischen Volk die letzten Reste politischer Freiheit zu wahren.

salben, Salbung Die Salbung wurde durch Einreiben oder Begießen des Kopfes und Leibes mit Öl (Olivenöl) vorgenommen. Sie war ein Zeichen der Lebensfreude und des Wohlstandes; deswegen unterließen Trauernde die Salbung. Außerdem hatte sie ihren besonderen Platz im religiösen Leben. Bestimmte Gegenstände und Personen wurden von Propheten oder Priestern gesalbt und damit für den Dienst Gottes geweiht: heilige Steine (Gen 28,18), das → Heilige Zelt, der → Altar (Ex 30,26-29), Propheten (1 Kön 19,15-16), Priester (Ex 30,30) und Könige (1 Sam 10,1; 16,1.13; → Christus).

Salomohalle Eine Säulenhalle an der Ostseite des äußeren Vorhofs in dem von Herodes d. Gr. (→ Herodes 1) errichteten Neubau des Jerusalemer → Tempels. Sie war auch Nichtjuden zugänglich und wurde für die religiöse Unterweisung benutzt.

Samarien, Samariter Nach der Eroberung des Nordreiches → Israel durch die → Assyrer errichteten diese auf dem alten Reichsgebiet eine Provinz, die nach Samaria, der bisherigen Hauptstadt des Landes, den Namen Samarien erhielt (2 Kön 17,24). Sie bestand in allen Nachfolgereichen der Assyrer bis hin zu den → Seleuziden als Provinz bzw. Verwaltungseinheit weiter und ging dann im Königreich der → Makkabäer und später von → Herodes d. Gr. auf (→ Judäa; zu den weiteren Schicksalen vgl. die Zeittafel unten Seite 415/16).

Als Samariter bezeichnet man die Mischbevölkerung, die seit der Assyrerzeit dieses Gebiet bewohnte. Sie entstand durch Ansiedlung unterworfener Völkerschaften aus dem syrisch-mesopotamischen Raum, die sich offenbar mit Resten der israelitischen Bevölkerung vermischten und deren Religion, die Verehrung des »Landesgottes«, übernahmen (2 Kön 17,24-41).

Von den aus dem babylonischen → Exil zurückgekehrten Judäern wurden sie nicht als Israeliten anerkannt, und ihre Mithilfe beim Wiederaufbau des → Tempels wurde zurückgewiesen (Esra 4,2-3; Hag 2,10-14). Zur Zeit von Jesus galten sie bei den Juden als Ketzer, weil sie nur die fünf Mose-Bücher (das → Gesetz) als → Heilige Schriften anerkannten und ihnen der Berg Garizim und nicht der → Zion als der in Dtn 12,5-12 vorgeschriebene *eine* Ort für den Gottesdienst galt. Sie und ihr Land wurden von den Frommen verachtet und gemieden.

Sara Frau von → Abraham und Ahnfrau des Volkes Israel (Gen 17,15-19; Jes 51,2), die noch im Alter den von Gott versprochenen Sohn gebar (Gen 18,9-14; 21,1; Röm 4,19; Hebr 11,11).

Satan In der israelitischen Rechtspraxis der Ankläger (»Staatsanwalt«), der die Vergehen des Beschuldigten aufzählt (Ps 109,6; vgl. Sach 3,1-2). In der Zeit nach dem babylonischen → Exil kennt man auch einen Ankläger beim himmlischen Gericht, der vor Gottes Thron die Sünden der Menschen vorbringt. Im Buch Ijob (1,6; 2,1) wird er zu den → Gottessöhnen, d. h. zum himmlischen Hofstaat, gezählt. Doch wird hier schon deutlich, daß er Welt und Menschen vor Gott zu verleumden und schlecht zu machen und sie in die Rebellion gegen Gott zu treiben sucht. In neutestamentlicher Zeit ist der Satan schließlich zum Gegenspieler Gottes geworden, dem Teufel, der als Herr dieser → Welt gilt, aber endlich von Gott überwunden und vernichtet wird.

Sauerteig Als Treibmittel wurde beim Brotbacken ein Stück gegorener Teig verwendet, der vom letzten Backen aufgehoben worden war. So war stets Sauerteig im Haus; nur aufs → Passafest mußte aller Sauerteig entfernt werden (vgl. 1 Kor 5,6-8). Auch für → Speiseopfer und bei → Mahlopfern durfte kein Sauerteig verwendet werden, wahrscheinlich weil die Gärung als eine Art Fäulnisprozeß die unversehrte Ursprünglichkeit und Reinheit der Gabe verletzt (→ rein). Sauerteig hat die Eigenschaft, »ansteckend« zu sein; darauf beruht das Gleichnis vom Sauerteig (Mt 13,33) und auch die Warnung in Mk 8,15 par, sich nicht von der Lehre der → Pharisäer beeindrucken zu lassen.

Säulen Ehrenname für Jakobus, Petrus und Johannes als Führer der Jerusalemer Urgemeinde. Er erinnert an das Bild von der Gemeinde als → Tempel Gottes (1 Kor 3,16; Offb 3,12) und bezeichnet die drei als tragende Glieder der Gemeinschaft (vgl. das Bild vom Fundament in Eph 2,20). Mit Jakobus ist der Bruder von Jesus gemeint (Mk 6,3 par).

Saulus Der jüdische Name des Apostels Paulus (Apg 7,58; 8,1.3; 9,1; 11,25; 13,1; = Saul mit griechisch-lateinischer Endung; vgl 1 Sam 13,1). Paulus ist sein zweiter Name, den er als römischer → Bürger trug. In der Apostelgeschichte wird von 13,9 an nur noch der Name Paulus verwendet, d. h. von dem Augenblick an, wo Paulus erstmals als der große geisterfüllte und voll-

mächtige Verkünder der → Guten Nachricht in der nichtjüdischen Welt hervortritt.

Schear-Jaschub Prophetischer Name, den Jesaja offenbar auf Gottes Befehl seinem Sohn gegeben hat (Jes 7,3). Der Sinn ist nicht eindeutig: »Nur (oder: Wenigstens) ein Rest kehrt um (oder: kehrt zurück)«. Der Gedanke eines Restes findet sich auch in Jes 10,21-22; 8,16-18.

Schebat Der 11. Monat des babylonischen Jahres (→ Kalender); etwa Mitte Januar bis Mitte Februar.

Scheidungsurkunde Die Vorschrift von Dtn 24,1 wurde gegeben, um die Willkür des Mannes zu begrenzen und der geschiedenen Frau ein erträgliches Weiterleben zu ermöglichen. Ihr Sinn wird verkehrt, wenn Männer sie als »Erlaubnis« (vgl. Mk 10,2.4 par) ansehen, ihre Frauen zu entlassen. Nach dem Zusammenhang von Mk 10,2-9/Mt 19,3-8 ist diese Vorschrift sozusagen im Zorn gegeben worden für ein Volk, das nicht bereit und kaum noch fähig ist, zu erkennen und zu tun, was Gott eigentlich will. Sie ist gegeben »mit Rücksicht auf« die Hartherzigkeit des Volkes – nicht in erster Linie seine Fühllosigkeit gegen Mitmenschen, sondern die fehlende Bereitschaft, Gott und seinem heilsamen Willen zu folgen. Daß es die Vorschrift gibt und daß sie praktiziert werden muß, stellt demnach ein ständiges Belastungszeugnis gegen dieses Volk dar und beweist, daß es ein abtrünniges Volk ist. Der letzte Beweis dieser »Verstocktheit« ist es, wenn die Vorschrift zur Schadensbegrenzung als Freibrief für die menschliche (männliche) Willkür verstanden wird (siehe dazu auch → Unzuchtsklausel).

Scheusal, entsetzliches Der Ausdruck geht in Mt 24,15 und Mk 13,14 auf das Daniel-Buch zurück (Dan 9,27; 11,31; 12,11). Wörtlich lautet er »Greuel der Verwüstung«, wobei »Greuel« alles bezeichnet, was unrein ist und unrein macht (→ rein). Er bezieht sich bei Daniel auf die Entweihung des Jerusalemer → Tempels durch Antiochus IV. Epiphanes. Dieser ließ 168 v. Chr. auf dem großen → Brandopferaltar vor dem Tempelhaus einen kleinen Altar aufstellen, auf dem Opfer für den Griechengott → Zeus dargebracht wurden. Dadurch wurde das ganze Heiligtum »verwüstet«, d. h. kultisch unrein, so daß der jüdische Opfergottesdienst unmöglich gemacht und Priester und Gemeinde vertrieben wurden; das Tempelgebiet verödete (1 Makk 1,54.59). Diese religionspolitische Maßnahme war Teil der Bemühungen, die Einheit des → Seleuzidenreiches zu festigen (1 Makk 1,41-53). In Mt 24,15/Mk 13,14 muß der Ausdruck nicht auf eine genaue Wiederholung dieses Vorgangs deuten, bezeichnet aber auf jeden Fall Maßnahmen, die ihm entsprechen. Der Höhepunkt endzeitlicher Verfolgungen wird dadurch erreicht, daß der Staat die Religion völlig sich und seinen Zwecken dienstbar macht – zuletzt so sehr, daß er und seine Vertreter praktisch die Stelle Gottes selbst einnehmen und keinen Gottesdienst mehr dulden, der nicht ihnen gilt (vgl. 2 Thess 2,3-4; Offb 13).

Schekel Gewicht, mit dem Metalle, aber auch Gold und Silber als Zahlungsmittel gewogen wurden (→ Silberstück). Wert nach gefundenen Gewichten ca. 11,5 g, der königliche Schekel (2 Sam 14,26) ca. 13 g. Der Schekel wird unterteilt in 20 Gera (ca. 0,5 g); 50 Schekel = 1 Mine (ca. 575 g), 3000 Schekel oder 60 Minen = 1 »Zentner« von ca. 34,5 kg.

Schilfmeer Hebräische Bezeichnung für das Rote Meer, eingeschlossen den Golf von Akaba (Elat; Karte AO, C4) und den Golf von Suez mit dessen nördlicher Fortsetzung in den Bitterseen entlang des heutigen Suezkanals. Die Beschreibung der Marschroute der ausziehenden Israeliten in Ex 13,17–14,9 legt nahe, daß der »Durchzug durchs Meer« im Bitterseengebiet stattfand und mit dem »Meer« einer der flachen Schilfseen jener Gegend gemeint ist. Wenn trotzdem vom »Meer« gesprochen wird, läßt sich daran ablesen, daß Israel seine Rettung vor der Streitmacht des Pharaos als Entsprechung zum Vorgang der Weltschöpfung verstand, die in sinnbildlicher Sprache als Besiegung des → Meeres gefeiert wurde (vgl. Jes 51,9-10).

Schilo (Silo) In der Vorkönigszeit ein wichtiges Heiligtum im Bergland Efraïm (Karte PA, C5), an dem die → Bundeslade aufbewahrt wurde (1 Sam 4,3). Es wurde etwa um 1050 v. Chr. zerstört, vermutlich von den → Philistern.

Schiloach (-kanal, -teich) (Siloah) Das hebräische Wort bedeutet »Sender« (von Wasser) und kann einen Kanal oder eine Art Wasserleitung bezeichnen. In Jes 8,6 ist von dem Kanal die Rede, der das Wasser der außerhalb Jerusalems am Abhang zum Kidron-Tal entspringenden → Gihon-Quelle am Fuß der Stadtmauer entlang nach Süden zu einem Teich führte, der vermutlich der Bewässerung der königlichen Gärten diente (der »alte Teich« von Jes 22,11, der später zwischen alter und neuer Mauer zu liegen kam).

Der im Neuen Testament erwähnte und bis heute so genannte Teich Schiloach wird von derselben Quelle gespeist, jedoch durch den

unter König Hiskija (725–697 v. Chr.) durch den Fels geschlagenen 533 m langen Tunnel, der im 19. Jh. wiederentdeckt wurde (2 Kön 20,20; vgl. Kartenskizze Jerusalem I).
Bei dem »oberen Teich« von 2 Kön 18,17; Jes 7,3 handelt es sich entweder um ein Sammelbecken für Regenwasser im Nordwesten der → Davidsstadt oder wahrscheinlicher um den »alten« oder einen anderen Teich im Süden bei den königlichen Gärten. (Das erwähnte Tuchmacherfeld dürfte wegen des Wasserbedarfs für Walken und Bleichen des Leinens bei der → Rogel-Quelle = »Walker-Quelle« gelegen haben.)

Schinar Bezeichnung für die Landschaft Babylonien, die eng mit der Geschichte vom Turmbau in Babel (Gen 11,1-9) verknüpft ist und deshalb Babylonien als ein Land charakterisieren kann, von dem alle Auflehnung gegen Gott ihren Ausgang nahm (Sach 5,11).

Schlacken Die Gewinnung und Läuterung von Edelmetallen wird in der Bibel zum Bild für die Prüfung des Glaubenslebens auf seine Echtheit und die Läuterung des Gottesvolkes und einzelner Frommer durch Strafgerichte und Leiden. Insbesondere geht es dabei um die Ausscheidung von Verunreinigungen, wie sie durch das Erhitzen von Gold und Silber geschieht (Spr 17,3; 27,21; Sach 13,9; 1 Petr 1,7).
In spezieller Weise dienen die Vorgänge bei der Silbergewinnung zum Vergleich. Als Ausgangsstoff wurde hier in alter Zeit silberhaltiger Bleiglanz verwendet. Ihm wurden in einem ersten Schmelzvorgang durch Beigabe anderer Metalle die Schwefelbestandteile entzogen; anschließend wurde das Blei (durch Oxidation zu Bleiglätte) vom Silber getrennt. In beiden Phasen fielen »Schlacken« an. Der zweite Vorgang war jedoch besonders schwierig und konnte leicht mißlingen, so daß nur silberhaltige Bleiglätte (»silbrig glänzende Schlacke«; Jes 1,22) oder minderwertiges Silber (Jer 6,29-30) dabei herauskam. So mußte dieser zweite Arbeitsgang unter Umständen wiederholt werden (Jes 1,25).
In Ez 22,18 werden die beiden Phasen des Schmelzvorgangs nicht streng auseinandergehalten, da der Prophet nur am Abfallprodukt interessiert ist; außerdem nimmt er offenbar einen total mißlungenen Schmelzprozeß an, der anschließend wiederholt werden muß (Verse 19-21): Das Abfallprodukt »Schlacke« muß nochmals in den Schmelzofen!

Schlange Die Schlange im Paradies ist nicht eine Verkörperung des Teufels, sondern – wie der Text Gen 3,1 eindeutig sagt – ein Geschöpf Gottes. Die biblische Erzählung kann so verstanden werden, daß sich im Gespräch Evas mit der Schlange ein innerer Vorgang (Dialog) im Menschen selbst spiegelt (vgl. Jak 1,13-14). An der Frage nach dem Ursprung des Bösen ist der biblische Erzähler nicht interessiert.

Schriften, Heilige → Heilige Schriften.

Schutzengel Der Schutzengel, den jeder Mensch nach jüdischem Glauben hat (→ Engel), wird in Apg 12,15 als sein Doppelgänger verstanden, der ihm täuschend ähnlich sieht.

Schweinefleisch → rein.

Seele Nach biblischer Vorstellung besteht der Mensch nicht aus Körper und Seele, sondern ist als ganzer, je nach Blickpunkt, entweder → Fleisch oder »Seele«, d. h. Träger von Leben (der *nefesch* als dem Lebensprinzip/Lebenshauch/Lebensatem; Gen 2,7). Doch konnte im Frühjudentum, als das ewige Schicksal des Menschen in den Blick trat, der Begriff *nefesch* den Menschen bezeichnen, sofern Gott ihm die Vollendung in einem »ewigen Leben« zugedacht hat (Mt 10,28 wörtlich: »Fürchtet euch nicht vor denen, die nur den Körper, aber nicht die Seele töten können. Fürchtet euch vor Gott, der Körper und Seele ins ewige Verderben schicken kann«). In derselben Bedeutung kann das Wort → Geist gebraucht werden (z. B. Hebr 12,23). Nicht von einer unsterblichen Seele ist dabei die Rede, sondern von dem »Lebenshauch«, den Gott in den Menschen gelegt hat, dem innersten Wesen, dem »Selbst« des Menschen, das jedoch ohne Körper nicht leben kann, weshalb eine leibliche, leibhaftige Auferstehung erwartet wird (vgl. 1 Kor 15,35-49; 2 Kor 5,1-5).
In der Zwischenzeit zwischen Tod und Auferweckung wird dieser für sich allein nicht lebensfähige Kern des Menschen bei Gott »aufbewahrt« (Weish 3,1-9). Der Aufbewahrungsort konnte verschieden angegeben werden (vgl. Offb 6,9; Hebr 12,23). Es konnte auch auf jede bestimmte Vorstellung verzichtet werden im Gedanken an das einzig Wichtige, daß die Seelen bei Gott bzw. bei Christus sind (Röm 14,8-9). Ebenso konnte die ausdrückliche Feststellung, daß es sich »nur« um die Seelen/Geister der Verstorbenen handle und ihr Zustand ein ganz vorläufiger sei, unterbleiben (z. B. Lk 23,43).
Über den Grad der Bewußtheit und »Seligkeit«, in dem sich die Verstorbenen in diesem Zwischenzustand befinden, wurde unterschiedlich gedacht. Die Vorstellungen reichen von einem

unbewußten, schlafähnlichen Zustand (so vielleicht 1 Thess 4,13-18; wörtlich »die Schlafenden/Entschlafenen«) bis zu einem vorwegnehmenden Kosten der endgültigen Seligkeit (Lk 23,43; Hebr 12,23). Wichtiger als solche Vorstellungen ist für das Neue Testament die Gewißheit, ja Erfahrung, daß die Gemeinschaft mit dem auferstandenen Christus schon jetzt eine Seligkeit gewährt, die der Tod nicht unterbrechen kann (Röm 8,38; 14,8-9; 2 Kor 5,6-8; Phil 1,21-23; Joh 11,25-26).

Seligpreisungen Was für die → Bergpredigt als ganze gilt, gilt speziell auch für die Seligpreisungen: Lukas bietet eine wesentlich kürzere Fassung als Matthäus (vgl. Lk 6,20-23 mit Mt 5,3-12); bei Lukas stehen materiell Notleidende im Blickpunkt, während bei Matthäus mehr bestimmte Frömmigkeitshaltungen angesprochen werden.

(1) Mt 5,3: »die nur noch von Gott etwas erwarten«: wörtlich »die Armen in bezug auf den Geist«. Entsprechend der Bedeutungsbreite von »arm« und »Geist« im Hebräischen überlagern und durchdringen sich zwei Bedeutungen: »arm/arm an Lebenskraft« aufgrund wirtschaftlicher Not und gesellschaftlicher Ausgrenzung (= mutlos, verzweifelt) und: »gebeugt/gottergeben in der Gesinnung« (= demütig, alles von Gott erhoffend). Der Ausdruck »arm in bezug auf den Geist« spielte damals in der Gemeinschaft von → Qumran eine wichtige Rolle.

(2) Mt 5,4: »die unter dieser heillosen Welt leiden«: wörtlich »die Trauernden«. Im Blickpunkt stehen nicht so sehr Menschen, die durch persönliche Not oder persönliche Schicksalsschläge niedergebeugt sind, sondern solche, die unter der Gott-losigkeit, der Verborgenheit Gottes in der Welt, insbesondere unter der notvollen Situation des Gottesvolkes, der Gemeinde, leiden (im Hintergrund stehen Stellen wie Jes 61,2-3; 66,10-13). Wenn es in der zweiten Vershälfte heißt (wörtlich): »denn sie werden getröstet werden«, so ist damit das rettende, heilschaffende Eingreifen Gottes am Ende der Geschichte gemeint.

Seeschlange → Leviatan.

Segen Er wird als Übertragung von lebenwirkender und lebenerhaltender Kraft verstanden, ebenso wie der → Fluch zerstörende Wirkung hat. Die Wirkung des Segens hängt aber auch von Art und Bedeutung der sprechenden Persönlichkeit ab. Bestimmte Menschen sind mit besonderer Segensmacht begabt. Das kann bei Sterbenden mit der Todesnähe zusammenhängen (Jakob in Gen 48), es kann Folge einer besonderen Begabung sein (wie bei Bileam in Num 22–24), aber auch in einer Amtsstellung und Weihe gründen wie bei den → Priestern, die zum Abschluß des Gottesdienstes die Gemeinde segnen (Num 6,22-27). In Israel ist letztlich Gott der Geber des Segens, auch wenn er ihn durch Worte und Hände von Menschen weitergibt.

Seher Altertümliche Bezeichnung der → Propheten, die auf die Fähigkeit der Hellsichtigkeit, des »zweiten Gesichts«, anspielt.

Seïr (hebräisch »behaart/bewaldet«) Ein Bergland im Gebiet von → Edom. Als die Edomiter sich nach der Zerstörung Jerusalems 587 v. Chr. im Bergland westlich der Senke zwischen Totem und Rotem Meer festsetzten, erhielt auch dieses Gebiet den Namen Seïr (vgl. Jos 11,17; 12,7, wo dieser spätere Sprachgebrauch vorliegt).

Seleuziden Griechisches Geschlecht, das nach dem Tod Alexanders d. Gr. eines seiner Nachfolgereiche beherrschte, die Nachkommen von Seleukus I. (312–280 v. Chr.). Das Reich der Seleuziden reichte zur Zeit seiner größten Ausdehnung vom Bosporus bis an die indische Grenze. Mit dem ägyptischen Reich der Ptolemäer kämpften die Seleuziden verschiedentlich um Syrien/Palästina. Durch die Politik des Seleuziden Antiochus IV. (175–164 v. Chr.), der die griechische Kultur und Religion als einigendes Band seines Reiches überall durchzusetzen versuchte, wurden die Makkabäerkämpfe ausgelöst (1 Makk 1–2).

Seraf Die → Engel, die in Jes 6,2 den Thron Gottes umgeben, werden im Hebräischen *serafim* (Einzahl *saraf*) genannt. Das Wort hängt mit »brennen« zusammen und kann Schlangen bezeichnen (wegen ihres brennenden = giftigen Bisses; Num 21,6.9), speziell unheimliche Wüstentiere (»Drachen«; Jes 14,29; 30,6). Schlangenartig könnten auch die Serafen von Jes 6,2 vorzustellen sein, als geflügelte Schlangen oder als Mischwesen mit menschlichem Gesicht, Schlangenkörper und Vogelflügeln, wie wir sie von altorientalischen Bildwerken kennen.

Siegeskranz Die Sieger in den Olympischen und anderen Wettkämpfen wurden durch einen auf dem Kopf getragenen Kranz aus Ölbaum- oder Lorbeerzweigen geehrt.

Signalhorn → Widderhorn.

Silbermünze, Silberstück Der hebräische Schekel, der römische Denar oder die griechische Drachme. Bevor es geprägte Münzen gab,

wurden die Silberstücke gewogen (→ Schekel). Zur Zeit des Neuen Testaments ist ein Silberstück der übliche Tageslohn eines → Lohnarbeiters (Mt 20,2).

Sinai Der Berg, an dem Gott sich seinem Volk Israel geoffenbart und seinen → Bund mit ihm geschlossen hat (Ex 19–24; anderer Name Horeb). Seine genaue Lage ist aus der Bibel nicht zu entnehmen.

Sintflut Bezeichnung für die verderbenbringende Flut, aus der Noach und die Seinen in der → Arche gerettet wurden (Gen 6,5–8,22). Das deutsche Wort bezeichnet eine »große Flut« und hat sprachlich nichts mit »Sünde« zu tun, so richtig es der Sache nach wäre, die Flut als Strafe für die Sünden der Menschheit zu bezeichnen.

Siw Der 8. Monat des althebräischen Jahres (→ Kalender), etwa Mitte April bis Mitte Mai.

Siwan Der 3. Monat des babylonischen Jahres (→ Kalender), etwa Mitte Mai bis Mitte Juni.

Sklave, Sklavin Sklaverei gab es in der ganzen Alten Welt in mannigfachen Formen und unter den verschiedensten Bedingungen. In Israel wurde unterschieden zwischen volksfremden Sklaven und solchen aus dem eigenen Volk. Ein Israelit konnte zum Sklaven eines anderen werden, wenn er stark verschuldet war oder sich ihm in einer Notlage freiwillig verkaufte; auch Eltern verkauften ihre Kinder in solchen Fällen. Ein israelitischer Sklave durfte jedoch nicht für entwürdigende Dienste gebraucht werden; er mußte wie ein → Lohnarbeiter behandelt und im → Sabbatjahr freigelassen werden. Für als Sklaven verkaufte Mädchen erläßt das Gesetz besondere Schutzbestimmungen (Ex 21,7-11).

Ausländische Sklaven wurden im Krieg erbeutet oder auf dem Sklavenmarkt (z. B. in Tyrus) gekauft. Sie zählten praktisch zur Familie, mußten jedoch die niederen Dienste verrichten und konnten auch weiterverkauft werden, was bei den israelitischen Sklaven untersagt war, die im 7. Jahr freigelassen werden mußten (Ex 21,2; siehe jedoch 21,5-6).

In der griechisch-römischen Welt konnten Sklaven zu bedeutenden Stellungen aufsteigen; aber es gab daneben ein Heer von namenlosen Haus- und Arbeitssklaven. In den frühen christlichen Gemeinden war der Anteil dieser Sklaven und Sklavinnen offenbar hoch. Sie waren innerhalb der Gemeinde den Freien völlig gleichgestellt (Gal 3,28); doch bestehen die Schreiber der neutestamentlichen Briefe darauf, daß die Sklaven und Sklavinnen im Alltagsleben ihre Pflichten erfüllen und an der bestehenden Sozialordnung nicht rütteln (Eph 6,5-9; Kol 3,22; 1 Tim 6,1-2). Der Brief des Apostels Paulus an Philemon zeigt jedoch, daß die Brüderlichkeit in der Gemeinde ansatzweise auch zu einer gesellschaftlichen Neuorientierung führen kann.

Sodom (und Gomorra) Kanaanitische Städte, die nach Gen 19,12-29 wegen ihrer Sünden vernichtet wurden. Vielleicht am Südwestufer des Toten Meeres gelegen, sind sie wahrscheinlich schon in der mittleren Bronzezeit durch eine Naturkatastrophe untergegangen. Beide Städte gelten als Symbol der Verruchtheit; die Art ihrer Schuld wird unterschiedlich angegeben (siehe Vergleichsstellen zu Gen 18,20).

Sohn Davids → David.

Sohn Gottes (→ Söhne) Im Alten Testament konnte ganz Israel, im Frühjudentum auch der einzelne exemplarisch → Gerechte in Israel »Sohn Gottes« genannt werden (Ex 4,22-23; Hos 11,1; Weish 2,17-20). Das Neue Testament sieht in beidem einen prophetischen Hinweis auf Jesus Christus, in dem dieser Titel seine wahre Erfüllung finden sollte (vgl. Mt 2,15; 27,43).

Vor allem aber galt im Alten Testament der König Israels als Gottessohn (vgl. 2 Sam 7,14). Bei seiner Thronbesteigung wurde er zum »Sohn Gottes« eingesetzt (Ps 2,7), d. h. er sollte an Gottes Stelle über das Volk regieren. Es ist daher möglich, daß schon das Judentum den erhofften König der Endzeit, den Messias, als Gottessohn bezeichnet hat. Nach frühen urchristlichen Bekenntnissen ist Jesus zum »Sohn Gottes« im Sinn von Ps 2,7 mit seiner Auferstehung geworden (Röm 1,3-4; Apg 13,33; → Christus).

Tiefer und umfassender ist die Sohn-Gottes-Bezeichnung, wie sie z. B. in Gal 4,4; Kol 1,13-18; Joh 1,14; Hebr 1,2-3 vorliegt. Sie ist vor dem Hintergrund der Aussagen über die »Weisheit« Gottes zu verstehen, führt aber zugleich weit darüber hinaus (→ Weisheit).

Neben der Bezeichnung »Sohn Gottes« gibt es für Jesus auch die Bezeichnung »der Sohn« bzw. »der → eingeborene Sohn« (v. a. bei Johannes). Während sich die erste Bezeichnung aus der Messias-Vorstellung (→ Christus) herleitet und an 2 Sam 7,14; Ps 2,7 anknüpft, bringt die zweite die Würde von Jesus als → Menschensohn und auf Erden erschienene → Weisheit Gottes zum Ausdruck. An vielen Stellen durchdringen sich die Vorstellungen gegenseitig und sind ihre Inhalte miteinander verschmolzen.

Jesus selbst hat seine einzigartige Nähe zum Vater in der Gebetsanrede »Abba« zum Ausdruck gebracht (→ Abba).

Söhne (Gottes) Nach frühjüdischem Denken bewährt sich der einzelne Israelit als → »Sohn Gottes«, je mehr er in der Nachahmung Gottes, seines Vaters, Fortschritte macht und die Art seines Vaters annimmt, z. B. etwa wie dieser → Frieden schafft (Mt 5,9, wo die Zusage der Sohnschaft zweifellos nicht allein den »Söhnen« = Männern gilt). Grundsätzlich ist Sohnschaft/Kindschaft nicht etwas, was sich der Mensch verdienen kann, sondern sie ist Gottes Geschenk (Gal 3,26-27; 1 Joh 3,1-2).

Im israelitischen Erbrecht spielen die Söhne als die zuerst und eigentlich Erbberechtigten (Ausnahme Num 27,1-11; 36,1-13) eine maßgebliche Rolle. Von daher ist es zu verstehen, wenn im Neuen Testament, sobald vom Geschenk des ewigen Heils unter dem Bild des »Erbes« und des »Erbens« gesprochen wird, öfter von »Söhnen« die Rede ist (Röm 8,14-17; Gal 3,26–4,7), obwohl Frauen mit Sicherheit eingeschlossen sind, was die Übersetzung in solchen Fällen zum Ausdruck bringt.

Sonntag Die Übersetzung gebraucht unsere Wochentagsbezeichnung, wo es nach jüdischem Brauch wörtlich heißt »der Tag nach dem → Sabbat« bzw. »der erste Tag der Woche« (Mt 28,1; Mk 16,2; Lk 24,1; Joh 20,1.19; Apg 20,7). Dieser Tag ist der Tag der Entdeckung des leeren Grabes und – nach Lukas und Johannes – auch des ersten Erscheinens des Auferstandenen. Die Christen nannten ihn den »Tag des Herrn«, d. h. des auferstandenen → Herrn Jesus Christus (Offb 1,10) und feierten an ihm das → Mahl des Herrn (Apg 20,7).

Speiseopfer Opfergaben in Naturalien (Getreide, Backwerk, Feldfrüchte) als selbständiges Opfer oder Beigabe zu anderen Opfergaben (→ Opfer).

Speisevorschriften → Nahrungsvorschriften.

Sprachen, unbekannte (Sprachen des Geistes) Die Wirkung des → Heiligen Geistes zeigte sich in der frühen Kirche unter anderem im sog. Zungenreden (1 Kor 12,10), das noch heute bzw. heute wieder in christlichen Kreisen anzutreffen ist. Nach den gegenwärtigen Erfahrungen geschieht dieses Sprechen bei vollem Bewußtsein, jedoch so, daß der Sprechende sich dem Wirken des Geistes öffnet. Es kann sich dabei um eine dem Sprechenden unbekannte verständliche Sprache handeln (wie in Apg 2,4) oder um eine völlig unbekannte Ausdrucksweise. Paulus geht in 1 Kor 14 auf diese Gabe ausführlich ein, weil sie in der dortigen Gemeinde anscheinend überbewertet wurde.

Sproß Bezeichnung für den → Messias, der aus der Wurzel der Familie Davids »entsprießt« (Jes 11,1). Er scheint zuerst in Jer 23,5 so genannt worden zu sein (wörtlich: »Tag, an dem ich David einen gerechten Sproß erwecken werde«). Sacharja nimmt diese Bezeichnung in seiner Prophetie auf (Sach 3,8; 6,12; → Nazoräer).

Stadie Griechisches Wegmaß, je nach Maßstab zwischen 175 und 200 m.

Stakte Unbekannter Bestandteil der Weihrauchmischung des Heiligtums. Stakte ist die griechische Wiedergabe des betreffenden hebräischen Wortes und bedeutet »Tropfen«.

Statthalter Im Römischen Reich gab es senatorische Provinzen, die einem vom römischen Senat eingesetzten Prokonsul unterstanden (Apg 13,7; 18,12), und imperatorische Provinzen, die einem vom Kaiser (Imperator) eingesetzten Legaten unterstellt waren (Lk 2,2).

Im Unterschied dazu standen → Judäa und → Samarien und 44–66 n. Chr. vorübergehend ganz Palästina unter einem Präfekten (nach 41 n. Chr. trägt er den Titel Prokurator), der in Cäsarea residierte. Die Präfektur in Judäa und Samarien war eingerichtet worden, nachdem es unter der Regierung des Herodessohnes Archelaus (→ Herodes 2) zu ständigen Konflikten zwischen ihm und den Juden gekommen war. Der Präfekt bzw. Prokurator hatte vor allem das Steuerwesen zu überwachen und in wichtigen Fällen als Richter zu wirken; ihm war es vorbehalten, Todesurteile auszusprechen und vollstrecken zu lassen. Er verfügte über eine Truppenmacht. Zu besonderen Anlässen – vor allem an den hohen jüdischen Festen, wo wegen der in Jerusalem zusammenströmenden Volksmassen besondere Vorsichtsmaßregeln nötig waren – kam er von Cäsarea nach Jerusalem hinauf und brachte Verstärkung für die dortige römische Garnison mit.

Erwähnt werden im Neuen Testament der Präfekt Pilatus (26–36 n. Chr.) und die Prokuratoren Felix (52–60) und Festus (60–62).

Schon im Neuen Testament selbst werden die Titel größtenteils nicht unterschieden: Präfekt und Prokuratoren ebenso wie der Legat in Lk 2,2 werden »Statthalter« (griechisch *hegemon*) genannt; nur in Apg 13,7-8.12; 18,12; 19,38 erscheint die Bezeichnung »Prokonsul« (griechisch *anthypatos*). Die Übersetzung gebraucht ohne Unterschied den Begriff »Statthalter« (in Apg 19,38 »Behörden«).

Staub (von den Füßen schütteln) Wenn Ju-

den aus nichtjüdischem Gebiet nach Israel zurückkehrten, pflegten sie den Staub von den Füßen zu schütteln, um nichts »Verunreinigendes« (→ rein) in das Heilige Land mitzuschleppen. Im Zusammenhang der Aussendung der → Jünger (Mk 6,11 par) und der urchristlichen Mission (Apg 13,51; ähnlich 18,6) bedeutet es Abbruch der Beziehungen und Überantwortung an Gottes Gericht.

Steige Steiler Weg, der einen Gebirgsanstieg hinauf- bzw. hinabführt.

Stein, heiliger → Steinmal.

steinigen, Steinigung Die Steinigung war eine Form der Todesstrafe, die bei besonders schweren Vergehen als feierliche Form des Ausschlusses aus dem Gottesvolk angewandt (Lev 24,10-14; Dtn 17,2-7; 21,18-21), aber auch als Lynchjustiz geübt wurde. In neutestamentlicher Zeit wurde eine offizielle Steinigung in folgender Form vollzogen: Der zu Steinigende wurde durch einen »Zeugen« (Apg 7,58) von einem Felsen oder einer Mauer rückwärts hinabgestürzt; wenn er noch lebte, ließ der zweite »Zeuge« einen schweren Stein auf seine Brust fallen.

Steinmal Ein aufrecht hingestellter heiliger Stein: (a) als Denkstein für einen Vertragsschluß und Grenzstein (Gen 31,45); (b) als Grabstein (Gen 35,20); (c) als Gedenkstein an heiliger Stätte (Gen 28,18); (d) anstelle eines Götterbildes oder in Verbindung mit Götterbildern, darum in Israel streng verboten (Ex 34,13; Lev 26,1; Dtn 7,5; 12,3) und trotzdem immer wieder errichtet (1 Kön 14,23; 2 Kön 3,2).

Sterndeuter Das so übersetzte griechische Wort (*magoi* = unser »Magier«) bezeichnete zunächst die Mitglieder einer persischen Priesterkaste (vgl. Dan 1,20), die sich mit Sternkunde und Astrologie befaßten, sodann allgemein babylonische und sonstige Astrologen.

Stierbild Die im Alten Testament erwähnten Stierbilder (»goldenes Kalb«) waren keine Götterbilder. Sie wurden nicht angebetet, sondern galten als Träger des unsichtbar auf ihnen thronenden Gottes (1 Kön 12,28-30; Hos 8,5-6). Trotzdem lag die Verwechslung zwischen Bild und Gott nahe (Ex 32,4).

Streitwagen Eine zugleich bewegliche und »schwere« Waffengattung. Der Streitwagen war in der Regel mit zwei Mann besetzt, dem Wagenlenker und dem Bogenschützen; gelegentlich kam noch ein Schildhalter dazu.

Sühne Gott muß nach biblischem Verständnis nicht von Menschen durch → Opfer oder Leistungen »versöhnt« werden, vielmehr ist er es, der die schuldig gewordenen Menschen mit sich versöhnt (2 Kor 5,18-20). Er tut dies nicht durch eine einfache Absichtserklärung, sondern im Alten Testament ursprünglich dadurch, daß er den Opferdienst stiftet, durch den diese Versöhnung wirksam werden kann (→ Versöhnungstag, → Sündopfer). Dies entspricht der alttestamentlichen Vorstellung von einem Unheilszusammenhang, der durch die Sünde hervorgerufen wird (vgl. Ps 7,15-17; Jes 5,18; 9,17-20) und der nur aufgehoben werden kann, wenn er sich an einem Ersatzopfer ausgewirkt hat. Entscheidend für die Wirkung des Opfers ist jedoch, daß Gott es annimmt (vgl. Gen 4,4-5).
Nach dem Vorbild alttestamentlicher Sühnehandlungen versteht das Neue Testament den Tod von Jesus als ein Opfer, das ein für allemal die Schuld der Menschen gesühnt hat (Röm 3,25; Hebr 9,28).

Sühneopfer Opfer zur → Sühne für unbeabsichtigt und unwissend begangene Verfehlungen (→ Opfer).

Synagoge (griechisch »Versammlung«) Versammlungsstätte jüdischer Gemeinden, wo am Sabbat ein Wortgottesdienst mit Gebet, Schriftlesung, Predigt und abschließendem Segen abgehalten wird. Jeder in den → Heiligen Schriften kundige jüdische Mann kann aufgefordert werden, die Schriftlesung vorzunehmen und eine Auslegung zu geben (vgl. Lk 4,16-21; Apg 13,15).
Die Verwaltung der äußeren und inneren Angelegenheiten einer Synagogengemeinde lag in den Händen eines Kollegiums von → Ältesten. An Synagogenbeamten gab es den Synagogenvorsteher, der für die ordnungsgemäße Abwicklung des Synagogengottesdienstes zu sorgen hatte, und den Synagogendiener, der ihm dabei zur Hand ging (Lk 4,20).
In der Synagoge tagte in neutestamentlicher Zeit – und noch lange darüber hinaus – das örtliche Synagogengericht. Auf den Spruch von drei Richtern hin konnte es gegenüber Juden, die gegen Vorschriften des → Gesetzes verstoßen hatten, die Strafe der Auspeitschung verhängen (Dtn 25,2-3), die vom Synagogendiener auszuführen war (Mk 13,9; Apg 22,19; 2 Kor 11,24; → auspeitschen).

Synagogengemeinde Gemeinde, die sich um eine bestimmte lokale → Synagoge scharte (→ Hellenisten), aber auch das in der Form von Synagogengemeinden religiös-rechtlich verfaßte Judentum seit dem 1. Jh. n. Chr.
Mit dem »Ausschluß aus der Synagogengemeinde« (Joh 9,22.35; 12,42; 16,2; Lk 6,22 [An-

merkung]) ist nicht der sog. »Synagogenbann« gemeint, eine Besserungsstrafe, die, auf Zeit verhängt, mancherlei Einschränkungen im Verkehr mit den jüdischen Volks- und Glaubensgenossen auferlegte. Vielmehr geht es um die völlige, unwiderrufliche Verstoßung aus der jüdischen Volks- und Religionsgemeinschaft. Die so Verstoßenen wurden in jeder Hinsicht gemieden und boykottiert, eine Maßnahme, die oftmals an den Lebensnerv der Betroffenen rührte.

Synagogengericht → Synagoge.

Synagogenvorsteher → Synagoge.

Syrer, Syrien Der Name »Syrien« ist aus einer Verkürzung des Namens → Assyrien durch griechische Schriftsteller entstanden und bezeichnet das Gebiet um Damaskus vom Eufrat bis zur Nordgrenze Palästinas. In dieser Übersetzung ist er zumeist Wiedergabe von »Aram«, was im Alten Testament für das Reich der → Aramäer von Damaskus steht. Die Aramäer/Syrer waren die unmittelbaren Nachbarn des Nordreichs → Israel; zwischen beiden gab es andauernd kriegerische Konflikte, dann aber auch Bündnisse gegen den gemeinsamen Feind Assyrien (→ Syrisch-Efraïmitischer Krieg). Die politische Selbständigkeit endete etwa gleichzeitig mit der des Nordreichs Israel.

Syrisch-Efraïmitischer Krieg Mit dem Regierungsantritt von Tiglat-Pileser III. (745 v. Chr.) setzte eine neue Phase assyrischer Expansionspolitik ein. In den eroberten Gebieten mußte der assyrische Staatsgott als Erster der Götter verehrt werden; die staats- und kulturtragende Oberschicht wurde verpflanzt und durch eine fremde ersetzt. Angesichts dieser Bedrohung machte eine Reihe von syrisch-palästinischen Kleinstaaten den Versuch, sich gemeinsam gegen die → Assyrer zu behaupten. Führend in dem antiassyrischen Bündnis waren → Syrien und das Nordreich Israel (Efraïm). Da König Ahas von Juda sich weigerte, dem Bündnis beizutreten, zogen die verbündeten Könige Rezin von Damaskus und Pekach von Samaria im Jahr 733 v. Chr. gegen Jerusalem, um ihn abzusetzen und einen Mann ihres Vertrauens als neuen König einzusetzen. Anstatt nach der Botschaft des Propheten Jesaja (Jes 7,1-9) auf Gottes Eingreifen zu vertrauen, rief Ahas den Assyrerkönig zu Hilfe und unterwarf sich ihm durch eine Tributzahlung. Diese Politik führte zwar zu dem von Ahas gewünschten Erfolg; die Verbündeten zogen von Jerusalem ab. Doch aufs Ganze gesehen war sie verhängnisvoll: Tiglat-Pileser trennte noch im selben Jahr → Galiläa und das Ostjordanland von Nordisrael ab und machte 732 Syrien zur assyrischen Provinz. Juda wurde zum assyrischen Vasallenstaat, in dem der assyrische Staatskult eingeführt werden mußte (2 Kön 16,10-18).

T

Tammus (Ez 8,14; Dan 11,37) Sumerischer Hirtengott, der mehr und mehr zum Gott der jährlich sterbenden und wieder erstehenden Vegetation wurde. Der Tammuskult drang im 8./7. Jh. v. Chr. bis nach Palästina vor. Beweint wird Tammus während des Wartens auf den → Regen im Herbst, und zwar von den Frauen, die sinnbildlich an der Stelle der auf Befruchtung durch den »Himmelstau« wartenden Erde stehen. Die sog. »Adonisgärtchen« (Jes 17,10-11) gehören zur Verehrung eines ähnlichen Gottes, des phönizischen Adon (griechisch Adonis): Rasch aufgehende Samen sollen seine Auferstehung sinnbildlich darstellen und in magischer Weise die Lebenskraft derer steigern, die sie ausgesät haben.

Tarschisch Wahrscheinlich die phönizische Kolonie Tartessus an der spanischen Mittelmeerküste mit bedeutenden Silberminen (Jer 10,9). Die großen Handelsschiffe der → Phönizier, die u. a. bis dorthin fuhren, trugen den Namen Tarschisch-Schiffe.

Taufe (1) Von allem Anfang an wurden Menschen – und zwar ausschließlich – durch die Taufe in die christliche Gemeinde aufgenommen. In der christlichen Taufe lebt die Taufe fort, die der → Täufer Johannes geübt hat, und demgemäß ist auch mit ihr die Forderung radikaler → Umkehr verbunden. Doch im übrigen hat sich die Bedeutung der Taufe tiefgreifend gewandelt aufgrund des Sterbens und Auferstehens von Jesus und nicht zuletzt, weil er selbst sich hat taufen lassen und diese seine Taufe »gelebt« hat (→ Taufe 2). Die christliche Taufe stellt deshalb die Vergebung der Sünden nicht nur für den Tag des Gerichts in Aussicht, vielmehr spricht sie dem Täufling hier und jetzt diese Vergebung wirksam zu – um des Todes willen, den Jesus auf sich genommen hat. Auch die Rettung im Gericht und die Teilhabe am Leben in Gottes neuer Welt (→ Königsherrschaft Gottes) verspricht sie nicht nur für die Zukunft, sondern gibt schon jetzt ersten, entscheidenden Anteil daran durch das Geschenk des → Heiligen Geistes. Sie stellt in die Lebensgemeinschaft mit dem auferstandenen Jesus und stiftet Gemeinschaft mit allen, die gleichfalls durch die Taufe zu Christus gehören (1 Kor

12,13). In der Taufe schafft Gott durch Jesus Christus in der Kraft des Heiligen Geistes die neutestamentliche Gemeinde, den Anfang der neuen Welt und Menschheit (→ Erstling).

Diese Taufe wird gespendet (wörtlich) *im Namen* oder *auf den Namen von Jesus Christus* (Apg 2,38; 10,48; 19,5; nach Mt 28,19 *auf den Namen des Vaters und des Sohnes und des Heiligen Geistes*). Entsprechend der damaligen Bedeutung dieser Ausdrucksweise heißt das: Sie wird vollzogen *im Auftrag von Jesus Christus und zur Übereignung an ihn.*

In neutestamentlicher Zeit und in der Alten Kirche – in manchen Kirchen und christlichen Gemeinden bis heute – wird die Taufe in der Regel durch Untertauchen des ganzen Menschen im Wasser gespendet. Diese Praxis vor Augen, kann Paulus in Röm 6,3-11 von einem »Eingetauchtwerden in Christus« sprechen, einem »Mitsterben (des alten Menschen) mit ihm«.

Die Taufe setzt beim Täufling Glauben (Mk 16,16; Apg 2,41; 18,8) und Umkehr (Apg 2,38; 3,19; 17,30; 26,20) voraus und ist nicht »übertragbar«. Die in 1 Kor 15,29 erwähnte Praxis einer stellvertretenden Taufe wird von Paulus nicht gutgeheißen, sie dient im nur als Argument dafür, daß die Angesprochenen die Hoffnung auf die endzeitliche → Auferstehung der Toten doch offenbar sehr ernst nehmen. Daß bei der Taufe ganzer → Hausgemeinschaften (Apg 16,15.33; 18,8; 1 Kor 1,16) gelegentlich auch Kleinkinder mitgetauft wurden, läßt sich nicht ausschließen, aber auch nicht beweisen.

(2) Wenn *Jesus* sich der Taufe durch Johannes unterzieht, gewinnt sie für ihn eine ganz eigene Bedeutung. Nicht Umkehrwille und Sündenvergebung stehen im Blick (vgl. 2 Kor 5,21; Hebr 4,15; 1 Joh 3,5); die Berichte über dieses Ereignis (Mk 1,9-11 par) stellen vielmehr klar, daß Jesus mit der Übernahme dieser Taufe öffentlich seinen Dienst als Messias (→ Christus) angetreten hat – einen Dienst, der zuletzt darauf hinausläuft, für die Sünden der Menschen zu sterben und ihnen so den Zugang zum Leben bei Gott zu öffnen (Joh 1,29-31.35-36; Lk 12,50; Mk 10,38). Weil Jesus diesen Weg im Gehorsam (vgl. Hebr 5,8) beschritten hat, wird er von der Himmelsstimme zum → Sohn Gottes erklärt, als den ihn die Gemeinde nach seinem Tod und seiner Auferstehung erkennen und bekennen wird.

Nach Mt 3,15 hat Jesus seine Taufe verstanden als Auftakt zu einem Leben, in dem er – angesichts der nahen Gottesherrschaft und entsprechend der Umkehrforderung des → Täufers – den Willen Gottes ohne Abstriche erfüllen wollte.

Täufer (Johannes) Im Vorfeld des Auftretens von Jesus kündigte Johannes das Kommen der → Königsherrschaft Gottes an und rief zu radikaler → Umkehr auf. Die Taufe, die er spendete (das griechische Wort bedeutet »Eintauchen/Untertauchen«), unterscheidet sich von allen rituellen Waschungen und Tauchbädern jener Zeit, z. B. auch in → Qumran. Während diese »Taufen« von den Menschen an sich selbst und wiederholt vollzogen wurden und auf kultische Reinheit (→ rein) abzielten, handelt hier der Täufer in prophetischer Vollmacht an den Täuflingen, und die Taufe ist ein einmaliger Akt, mit dem die zu Taufenden sich angesichts des bevorstehenden Gottesgerichts als Sünder bekennen, zur Umkehr bereit erklären und durch das Untertauchen im Wasser schon vorweg zeichenhaft dem Gericht unterwerfen, damit ihnen, wenn es dann wirklich kommt, Vergebung ihrer Sünden und Rettung zuteil werden.

Der Täufer weist – ursprünglich wohl drohend – auf den »Mächtigeren« hin, der nach ihm kommt (Mk 1,7 par). Damit meint er offenbar den zum Gericht kommenden → Menschensohn, der die Menschen »mit Geist und Feuer taufen« werde (Mt 3,11; Lk 3,16). Im Mund des Täufers ist »taufen« hierbei ein Bild für den Vollzug des Gerichts, und »Geist« meint wahrscheinlich »Sturm« (das griechische wie das entsprechende hebräische Wort kann beides bedeuten). Sturm und Feuer sind Bilder für die Wucht, mit der das Endgericht alles Gottwidrige treffen und vernichten wird. (Die Christen hätten, wenn diese Annahmen zutreffen, aufgrund ihrer Erfahrung mit Jesus und dem von ihm gesandten Geist in dem Täuferwort einen Hinweis auf die Ausgießung des → Heiligen Geistes entdeckt; vgl. Apg 2,2-4.)

Das Auftreten von Jesus, in dem die Gnade Gottes das Gericht sozusagen überholte und Gottes Herrschaft ganz anders aufleuchtete, konnte der Täufer offenbar nicht verstehen, ohne durch eine schwere innere Krise zu gehen (vgl. Mt 11,2-6 par). In den Augen von Jesus ist er dennoch von allen Menschen, die bis dahin gelebt hatten, der bedeutendste (Mt 11,2-6 par).

Tebet Der 10. Monat des babylonischen Jahres (→ Kalender), etwa Mitte Dezember bis Mitte Januar.

Teich, oberer → Schiloach.

Tempel Der Tempel in Jerusalem war – wie schon das → Heilige Zelt – nicht Versammlungshaus der Gemeinde, sondern Wohnung Gottes (Ex 40,34; 1 Kön 8,13). Der Tempel Salomos war ein Langhausbau, der aus drei Teilen bestand: Vorhalle, Heiliges und → Allerheiligstes, und der mit 30 m Gesamtlänge etwa die Größe einer Dorfkirche hatte (ausführliche Beschreibung in 1 Kön 6; die Einrichtung entspricht der des Heiligen Zeltes in Ex 40). Der Tempel war von zwei Vorhöfen umgeben: einem inneren, in dem der große → Brandopferaltar stand, und einem äußeren, dessen Umfassungsmauer den südlich des Tempels gelegenen Königspalast mit einschloß. Nebukadnezzar zerstörte den ersten Tempel 587 v. Chr. Nach der Rückkehr der Judäer aus der Verbannung wurde er an der alten Stelle in bescheidenerer Ausstattung wieder aufgebaut (Tempelweihe 515 v. Chr.).

Herodes d. Gr. (→ Herodes 1) ersetzte diesen Tempel durch einen großartigen Neubau, wobei jedoch die Grundmaße des Heiligen und des Allerheiligsten unverändert blieben. Dabei wurde der innere Vorhof neu gegliedert (Vorhof der Priester, der Männer, der Frauen; siehe Skizze unten Seite 446) und der äußere erheblich erweitert und mit großartigen Säulenhallen umgeben. Der äußere Vorhof war für jedermann, auch für Nichtjuden, zugänglich. In einem begrenzten Bereich dieses riesigen Platzes hat man sich auch die Stände der Geldwechsler vorzustellen und der Händler, die Opfertiere zum Kauf anboten (Mk 11,15 par).

Der Jerusalemer Tempel wurde 70 n. Chr. bei der Eroberung Jerusalems durch Titus zerstört und nie wieder aufgebaut.

Tempeldiener Wörtlich »die (dem Heiligtum) Geschenkten«. Sklaven, die die niederen Dienste am → Tempel zu verrichten hatten (vgl. Jos 9,26-27). Den Aufgaben nach sind sie kaum von den »Sklaven Salomos« im selben Textzusammenhang (Esra 2,43-58 par) zu unterscheiden.

Tempelsteuer Jeder erwachsene Jude hatte jährlich einmal eine Steuer für den → Tempel in Jerusalem zu zahlen; nur → Priester und zum Teil auch → Gesetzeslehrer waren davon befreit. Die Steuer wurde auf Ex 30,11-16 zurückgeführt und war in tyrischen Schekeln, der damals wertvollsten Währung, zu entrichten. Einem halben tyrischen Schekel (vgl. Ex 30,13) entspricht in griechischer Währung eine Doppeldrachme (= 2 Drachmen; römisch 2 Denare; 1 Drachme/1 Denar ist der Tageslohn eines Arbeiters). Die Münze, die in Mt 17,24-27 erwähnt wird (1 Stater = 4 Drachmen), entspricht dem Steuersatz für zwei Personen.

Tempelwache In Lk 22,4.52 werden neben den »führenden« → Priestern die Hauptleute der Tempelwache genannt. Es handelt sich um Offiziere der Tempelpolizei, einer unter jüdischem Befehl stehenden Polizeitruppe, die für die äußere Ordnung im Tempelbereich zuständig war. Ihr »Befehlshaber« (Apg 4,1), der oberste Verantwortliche für diese Truppe, stammte aus den führenden Priesterkreisen und folgte rangmäßig unmittelbar auf den → Obersten Priester.

Terebinthe → Eiche.

Teufel → Satan.

Theudas Ein jüdischer Widerstandskämpfer dieses Namens ist 44–46 n. Chr. aufgetreten und durch den römischen Prokurator Fadus enthauptet worden.

Timotheus Der vertrauteste aller Mitarbeiter des Apostels Paulus (Phil 2,19-22) stammte aus einer – nach jüdischer Anschauung unerlaubten – jüdisch-heidnischen Mischehe (Apg 16,1). Wegen der jüdischen Mutter galt der Sohn dennoch als Jude und mußte → beschnitten werden. Paulus tut es (Apg 16,3) entsprechend den Grundsätzen von 1 Kor 9,20 und Gal 6,15. Im Fall von Timotheus liegen die Dinge anders als im Fall des gebürtigen Nichtjuden Titus, dessen Beschneidung für Paulus – gerade im Blick auf entsprechende Forderungen bestimmter judenchristlicher Kreise – nicht in Frage kam (Gal 2,3).

Tofet Opferstätte im → Hinnom-Tal, an der Kinder geopfert wurden (→ Moloch).

Torhüter Drei hochgestellte → Priester, die unmittelbar auf die beiden höchsten Priester folgten. Vermutlich mußten sie am Tempeleingang die kultische Reinheit der Besucher prüfen, bevor diese in das Heiligtum gehen durften (→ rein); außerdem hatten sie die Abgabe der → Tempelsteuer zu überwachen. Ihre ursprüngliche Aufgabe war wohl, dafür zu sorgen, daß niemand auf die Schwelle trat (daher wörtlich »Hüter der Schwelle«).

Totenklage Die Trauer um einen Verstorbenen wurde im Altertum durch laut ausgestoßene Klagerufe zum Ausdruck gebracht (Mk 5,38-39). Die persönliche Klage wurde verstärkt und unter Umständen stellvertretend übernommen von eigens dafür bestellten Personen (Jer 9,16). Die normale Dauer der Totenklage betrug sieben Tage, für besonders angesehene Verstorbene dreißig Tage (Dtn 34,8). Ein Beispiel für

eine ganz knapp formulierte Klage bietet Jer 22,18, für ein ausführliches → Totenklagelied 2 Sam 1,17-27.

Totenklagelied Beim Tod wohlhabender oder bedeutender Persönlichkeiten trat neben die einfache → Totenklage ein von Musik begleitetes Lied, das die Verdienste des Verstorbenen rühmte und sein Los und das seiner Hinterbliebenen beklagte. Die → Propheten (besonders Ezechiël) bedienen sich dieser Form als eines prophetischen Stilmittels: Sie stimmen die Klage nicht über einen Verstorbenen, sondern über einen noch Lebenden an.

Totenwelt, Totenreich Unterirdischer Aufenthaltsort der Verstorbenen, die dort in schattenhafter Weise weiterleben. In der Offenbarung (Offb 1,18; 20,13) ist die Totenwelt das Reich, in dem der Tod herrscht, und der Aufenthaltsort der Toten bis zur → Auferstehung (siehe auch → Hölle).

Tragakant → Ladanum.

Trankopfer Als Trankopfer wurde roter Wein am Altar ausgegossen, stets in Verbindung mit anderen → Opfern.

Trauer (-bräuche, -brot) Die Trauer um einen Verstorbenen wird im alten Israel außer durch die → Totenklage durch eine Anzahl auffallender Trauerbräuche zum Ausdruck gebracht. Die Menschen zerrissen die Kleidung, banden den → Sack um, nahmen den Turban ab und ließen Haar und Bart ungepflegt. Auf den Kopf streuten sie sich Staub und Asche, schlugen sich auf Brust oder Hüften (Frauen auf die entblößten Brüste), rauften sich das Haar oder schnitten es ab und fügten sich Schnittwunden zu. Ähnlich ist das Verhalten bei einem persönlichen oder öffentlichen Unglücksfall. Das »Trauerbrot« wurde als Gabe der Nachbarn und Freunde in das Trauerhaus gebracht, um nach einer Zeit des Fastens die Trauernden in die Welt der Lebenden zurückzuholen (Jer 16,7; Ez 24,17).

Tubal → Meschech.

U

Überapostel Missionare mit einem besonderen Anspruch, die sich Paulus überlegen dünkten (→ Apostel 4).

übereignen, symbolisch Opferteile, die den Priestern zustanden, wurden vorher durch einen Darbietungsritus Gott als dem eigentlichen Empfänger des → Opfers sinnbildlich zugeeignet (Emporheben oder Schwingen in Richtung auf den Altar).

Umkehr Das deutsche Wort »umkehren« entspricht genau der Grundbedeutung des hebräischen Wortes *schub*. Gemeint ist die Umkehr auf einem Weg, der in die Irre oder ins Verderben führt, und der Neubeginn auf dem rechten, heilvollen Weg. In der Bibel wird mit diesem Wort dazu aufgefordert, Gott erneut ganz ernst zu nehmen, sich aus gottwidrigen Bindungen zu lösen und künftig nur seinen Willen zu tun. Es geht um ein radikales Umdenken, das ein neues Handeln einschließt und zur Folge hat.
»Umdenken« *(metanoia)* ist das griechische Wort, das im Neuen Testament an die Stelle des genannten hebräischen tritt und dessen Gehalt auf typisch griechische Weise vermittelt. Seine herkömmliche Wiedergabe mit »Buße« läßt an Bußleistungen und »Trauerarbeit« denken; dagegen ist Umkehr nach biblischem Verständnis zuerst und vor allem Aufbruch in ein neues, erfülltes Leben.

unbeschnitten, Unbeschnittene Die → Beschneidung gilt in Israel als Zeichen des → Bundes mit Gott (Gen 17,9-14). »Unbeschnitten« kann deshalb zu einem Schimpfwort für Angehörige von Völkern werden, die nicht wie Israel in einem besonderen Verhältnis zu Gott stehen. Es kann sogar auf Völker angewandt werden, die selbst die Beschneidung geübt haben (Ägypter und Phönizier; so in Ez 32,21.30 wörtlich). Entstanden ist das Schimpfwort wahrscheinlich in der Auseinandersetzung mit den → Philistern, die Israel als dessen nächste Nachbarn lange Zeit schwer zu schaffen machten (vgl. 1 Sam 17,26).

ungesäuert → Brot, ungesäuertes.

Ungesäuerte Brote → Brote, Fest der Ungesäuerten.

unrein, Unreinheit → rein.

Unzucht Das Wort bezeichnet vor allem den Verkehr mit Prostituierten, aber darüber hinaus in einem umfassenden Sinn Vergehen im Bereich der Sexualität. Im übertragenen Sinn bezeichnet es Götzendienst (Jer 3,6; Offb 15,8; → Hurerei).

Unzuchtsklausel Während in Lk 16,18 und Mk 10,11 die Ehescheidung, d. h. die Entlassung der Frau durch den Mann (→ Scheidungsurkunde), uneingeschränkt untersagt wird, findet sich in Mt 5,32; 19,9 dieselbe Aussage mit der Einschränkung: »abgesehen vom Fall einer Unzuchtssache«. Wie ist sie zu verstehen? Manche Ausleger denken bei »Unzucht« an die verbotenen Verwandtschaftsgrade von Lev 18,6-18, die auch in der Regelung von Apg 15,19-21 eine Rolle spielen (→ Blutschande); es wäre

dann zu übersetzen: »Wer sich von seiner Frau trennt, außer er hat mit ihr in einer vom Gesetz verbotenen Verbindung gelebt …«
Näherliegend ist es, an den Fall des Ehebruchs der Frau zu denken. Die Einschränkung steht dann im Zusammenhang mit der Diskussion, die die → Gesetzeslehrer zur Zeit von Jesus über diese Frage führten, wobei es um die Deutung der Scheidungsbedingung in Dtn 24,1 ging. Die Formulierung dort, nach der der Mann die Frau entlassen kann, wenn er (wörtlich) »eine schandbare/widerwärtige Sache an ihr findet«, wurde von der Schule des Rabbi Hillel in einem weiten, von der Schule des Rabbi Schammai in einem engen Sinn ausgelegt. Nach der weiten Deutung konnte die anstößige »Sache« in einer Kleinigkeit bestehen, nach der engen kam ausschließlich »Ehebruch« in Frage; in diesem Fall bestand allerdings die gesetzliche Pflicht, die Frau zu entlassen (wie dies Josef in Mt 1,19 erwägt). Versteht man die »Unzuchtssache« in diesem Sinn, so haben wir in der »Unzuchtsklausel« bei Matthäus genau die Formulierung von Dtn 24,1, wie die Schule von Schammai sie verstand: »abgesehen er findet eine schandbare Sache = Unzuchtssache = Ehebruch an ihr«.

V

Verbannung → Exil.

verlobt, Verlobung Die jüdische Verlobung stellt ein rechtsverbindliches Eheversprechen dar. Die eheliche Gemeinschaft wird erst nach der Heimholung der Braut durch den Bräutigam (also nach der Hochzeit) aufgenommen. Die Mutter von Jesus mußte demnach aufgrund ihrer Schwangerschaft als Ehebrecherin angesehen werden (Mt 1,18-25). Josef hätte das Recht gehabt, sie anzuklagen, was möglicherweise zum Todesurteil über sie geführt hätte (vgl. Dtn 22,20-21).

Versöhnungstag (hebräisch Jom kippur) Der große Feiertag, der am 10. Tag des 7. Monats, fünf Tage vor dem → Laubhüttenfest, im alten Israel begangen wurde und im Judentum noch heute als jährlicher Bußtag begangen wird. In umfassenden Sühneriten wurden, solange der → Tempel in Jerusalem bestand, Priester, Volk und Heiligtum von der Befleckung durch Sünden gereinigt. Der → Oberste Priester brachte dabei das Opferblut in das → Allerheiligste des Tempels, das er nur an diesem Tag betrat, und der »Sündenbock« wurde, beladen mit den Sünden der ganzen Gemeinde, in die Wüste getrieben (Lev 16). Der Hebräerbrief sieht in der jährlichen Darbringung des Opferbluts einen prophetischen Hinweis auf das einmalige Opfer, das Jesus am Kreuz für die Sünden der Menschen vollbracht hat (Hebr 9,1–10,18; → Sühne).

verunreinigen → rein.

Vorderasien (wörtlich »Asien«) Das Gebiet des → Seleuzidenreiches, das zur Zeit seiner größten Ausdehnung von Kleinasien bis zum Indus reichte.

Vorhang Mit dem Tempelvorhang, der beim Sterben von Jesus zerriß (Mk 15,38 par), dürfte der Vorhang vor dem → Allerheiligsten gemeint sein. Das Zeichen ist wahrscheinlich im Licht von Mk 15,29; 14,58; 13,2 zu verstehen; es bedeutet den Untergang des → Tempels. Dieser Tempel kann und soll – nach allem, was Jesus und damit Gott angetan worden ist – nicht mehr der Ort sein, an dem Gott seinem Volk nahe ist, das Volk seine Gottesdienste feiert und → Versöhnung erfährt; dieser »Ort« wird in Zukunft allein noch Jesus sein, der Gekreuzigte und Auferstandene (vgl. Mk 14,58; Joh 2,19-22).

Vorhof Das → Heilige Zelt und der Jerusalemer Tempel waren von »Vorhöfen« umgeben, die zusammen den heiligen Bezirk bildeten (→ Tempel).

W

Wahrheit Mit den Wörtern »wahr/Wahrheit« bezeichnen wir in der Regel die Übereinstimmung zwischen einer Aussage und dem entsprechenden Sachverhalt, denken also an ein Verhältnis zwischen der Wirklichkeit und unserem Denken und Sprechen über sie. Nach hebräischer Auffassung ist Wahrheit jedoch eine Eigenschaft, die eine Sache oder Person oder ein Wort selbst hat oder nicht hat. »Wahr« ist etwas, wenn es hält, was es verspricht. Wahrheit meint Zuverlässigkeit, eine vor allem im Verlauf der Geschichte immer neu erfahrene Zuverlässigkeit, also: Beständigkeit, Treue, haltgebende Wirklichkeit (so wie wir von einem »wahren Freund« oder einem »wahren Wort« sprechen).
Diese Art von Wahrheit kommt vor allem Gott zu. Gelegentlich muß das Wort in diesem Zusammenhang geradezu mit »Zuverlässigkeit« und »Treue« übersetzt werden (Röm 3,7; 15,8). Sie kommt auch dem Wort der Verkündigung zu, sofern darin die rettende und haltgebende Liebe Gottes bekanntgemacht wird (Eph 1,13; Kol 1,5; 2 Thess 2,10.12).
Vor allem im Johannes-Evangelium spielt das

Wort »Wahrheit« eine Rolle. Es bezeichnet die in Jesus zugänglich gewordene Wirklichkeit Gottes, die für den Menschen »Freiheit« (Joh 8,31-32), »Licht« (3,21) und »Leben« (14,6) bedeutet, aber nicht jedermann ohne weiteres bewiesen werden kann (18,37-38). Nach Tod und Auferstehung von Jesus bleibt die »Wahrheit« zugänglich durch den → Geist Gottes, ja, sie wird jetzt erst recht erschlossen (16,12-15). Deshalb wird der Geist auch »Geist der Wahrheit« genannt (14,16-17; 15,26). Durch Jesus vermittelt und durch den Geist voll erschlossen, muß diese »Wahrheit« das Leben der Glaubenden bestimmen (4,23-24; 1 Joh 1,6.8; 2,4).

Wasserschacht (1 Sam 17,7; 2 Sam 21,19) Eine Schachtanlage, durch die man von Jerusalem zur außerhalb gelegenen → Gihon-Quelle hinabsteigen konnte (nicht zu verwechseln mit dem später durch den Fels gehauenen → Schiloachkanal). Vermutlich drangen die Männer Davids durch diesen Schacht in die Stadt ein (2 Sam 5,8).

Weberbaum So heißen die Querstangen an den beiden Enden des Webstuhls, an denen die Kettfäden befestigt wurden. Sie konnten eine beträchtliche Dicke erreichen.

Weihegaben Gaben oder → Opfer, die jemand in besonderer Not oder aus Dankbarkeit für erlebte Hilfe für Gott bestimmt hatte.

weihen (Lk 2,22) → Erstgeburt.

Weihrauch Ein weißes Baumharz, dessen Verbrennung einen kräftigen, würzigen Duft verbreitet. Zum »Räuchern« im Jerusalemer Tempel wurde eine besondere Weihrauchmischung verwendet (Ex 30,34-38). Gold, Weihrauch und → Myrrhe (Mt 2,11) sind Gaben, die eines Königs würdig sind.

Weiser, Weisheit Als weise gilt im alten Israel, wer geübt und fähig ist, etwas richtig, meisterhaft zu tun. So zeigt sich Weisheit schon in der Beherrschung irgendeiner geistigen und handwerklichen Fähigkeit (Ex 31,1-11; Jer 9,16 wörtlich). Vor allem aber zeigt sie sich in der Fähigkeit, den Zusammenhang von Ursachen und Wirkungen im eigenen Leben und im Zusammenleben der Menschen zu erkennen und das eigene Leben und das der Gemeinschaft diesen Erkenntnissen entsprechend zu gestalten. Letztlich geht es der Weisheit darum, zu erkennen, wie Welt und Leben eigentlich geordnet sind und wie der Mensch sich diesen Ordnungen am besten einzufügen hat – zum eigenen Wohl und zum Wohl aller.

Israel wetteiferte mit den großen Kulturvölkern seiner Zeit in der Formulierung und Sammlung entsprechender Einsichten (siehe v. a. die biblischen Bücher »Sprichwörter« und »Sirach«). Wie David als urbildlicher Psalmsänger, so galt Salomo als »Vater« dieser Weisheitsdichtung. (Was über seine sprichwörtlich gewordene Weisheit in 1 Kön 5,12-13 gesagt wird, bezieht sich allerdings auf eine Art von Sprüchen, die in der Bibel nicht überliefert sind und die naturkundliches Wissen zum Inhalt haben.) Ungeachtet der internationalen Verflechtung stand für Israel immer fest: Alle Weisheit kommt letztlich von Gott; und Gott ernst zu nehmen, ist aller Weisheit Anfang (Ijob 28,28; Spr 1,7; Sir 1,14.16).

Das Verhältnis der Weisheit zu Gott wird im Lauf der Zeit immer mehr durchdacht und gedanklich entfaltet. Gott ist der Ursprung aller Weisheit (Spr 2,6; Weish 8,21; Sir 1,1). In Weisheit hat er die Welt geschaffen (Spr 3,19-20), und seine Weisheit trägt sie und hält sie im Innersten zusammen (Sir 1,9-10; Weish 8,1). Gottes Weisheit ist in den großen Königen, → Propheten und Weisen seines Volkes am Werk (1 Kön 3,11-12.28; Esra 7,25; Dan 1,17; Weish 7,27; 9,9-19). Ihre vollkommenste Offenbarung aber ist das → Gesetz Moses (Sir 24,23-29; Bar 4,1-4).

Die Weisheit kann als Person gedacht werden. Vor aller Schöpfung war sie bei Gott, und durch sie wurde alles geschaffen (Spr 8,22-31; Weish 8,3-4; Sir 24,1-6). Durch sie offenbart sich Gott den Menschen und ruft sie zu einem vollkommenen, erfüllten Leben (Spr 1,20-33; 8,32-36; 9,1-6). Die Weisheit sucht Wohnung auf Erden und findet sie in Israel (Sir 24,7-13; vgl. Bar 3,15-38). »Sie ist ein Hauch, der von dem allmächtigen Gott ausgeht, ein reiner Ausfluß seiner Herrlichkeit ... Sie ist der Abglanz des ewigen Lichtes, der ungetrübte Spiegel von Gottes Macht, das Abbild seiner Vollkommenheit« (Weish 7,25-26). Der jüdische Philosoph Philo von Alexandria bezeichnet die Weisheit als den »Erstgeborenen Sohn Gottes«, als »Bild Gottes«, als »Anfang der Schöpfung«.

So wurden in der Beschäftigung mit der göttlichen Weisheit im Judentum die Bilder und Begriffe bereitgestellt, mit deren Hilfe die ersten Christen die einzigartige Würde von Jesus Christus erfassen und angemessen ausdrücken konnten (Joh 1,1-18; Kol 1,15-18; Hebr 1,1-3; → Sohn Gottes, → Wort); denn in Jesus Christus ist Gottes Weisheit in Person auf der Erde erschienen (vgl. Mt 11,19.28-30; Lk 7,35; 11,49; 1 Kor 1,18-25.30).

Weisungen, prophetische → Prophet (3).

Welt, diese Die neutestamentliche Redeweise von »dieser Welt« bezeichnet die Menschenwelt als eine, die sich von Gott abgewandt hat und seinen → Sohn, in dem er der Welt seine Liebe zugewandt hat (Joh 3,16), abweist. Dadurch wird der Bereich, in dem die Menschen leben, zu einer Welt, die unter Gottes Gericht steht (Joh 3,19) und vom Bösen beherrscht ist (Gal 1,4; Eph 6,12; → Herrscher dieser Welt). Menschen, die durch Christus von ihren Sünden befreit und neugemacht worden sind, sind schon jetzt der Macht des Bösen entrissen und zählen nicht mehr zu »dieser Welt«, auch wenn sie noch in ihr leben. Sie zeigen das durch ein gewandeltes Verhalten (Röm 12,2; 1 Kor 5,9-11), warten aber zugleich auf die neue Welt, in der das Gute die einzige Macht ist (2 Petr 3,13).

Widderhorn (hebräisch Schofar) Die gewundenen Hörner des männlichen Fettschwanzschafs *(Ovis ammon aries)* wurden nach Entfernung des Marks als Blashörner gebraucht. Sie geben einen dumpfen, durchdringenden Ton und dienten als Signal-, Alarm- und Kriegshörner. Auch festliche Anlässe wurden durch Hörnerblasen gefeiert und bekanntgemacht (Lev 25,8-9; 1 Kön 1,34.39; 1 Chr 15,28; Ps 81,4). Wenn die Übersetzung von der »Posaune« spricht, die Gottes Kommen – am Berg → Sinai und zum letzten Gericht – ankündigt, ist wörtlich ebenfalls von diesem »Widderhorn« die Rede (Ex 19,16-19; 1 Thess 4,16; 1 Kor 15,52; Offb 1,10; 4,1; 8,2 usw.).

Wiedergutmachungsopfer Eine Art des Sühneopfers, die mit einer zusätzlichen Wiedergutmachungsleistung gekoppelt ist (→ Opfer).

worfeln, Worfschaufel Mit einer Worfschaufel wurde bei Wind das gedroschene Getreide in die Luft geworfen, um es von der Spreu zu trennen (→ Dreschen).

Wort »Am Anfang war das Wort«: Das Lied, mit dem das Johannes-Evangelium eröffnet wird, bedient sich bestimmter Vorstellungen damaliger jüdischer Religion und außerjüdischer Philosophie, um Würde und Bedeutung von Jesus angemessen zu verkünden. Es ist zunächst im Licht von Gen 1 zu lesen: Gottes Wort hat die Welt ins Dasein gerufen (»Gott sprach«). Eben diese Macht, der die Welt Dasein, Licht und Leben verdankt, ist als ein Mensch von Fleisch und Blut inmitten der Welt erschienen (Joh 1,1-4.14).
Noch mehr erschließt sich das Lied im Zusammenhang der Vorstellungen, die im Judentum über die göttliche → Weisheit ausgebildet worden waren. Diese Weisheit, die vor aller Schöpfung da war, durch die alles geschaffen wurde (Weish 9,1-2), die schon lange zu dieser Welt, speziell aber zu Israel in spannungsreicher, wechselvoller Beziehung stand (Joh 1,5.9-12), ist in Jesus persönlich auf den Plan getreten (Joh 1,14). Indem jedoch nicht von der »Weisheit«, sondern vom »Wort« gesprochen wird, ist bewußt jener Begriff (griechisch *logos*) gewählt, der in der damaligen Philosophie die alles durchwaltende göttliche Weltvernunft bezeichnet. Diese steht in der Person von Jesus vor aller Welt da. Auf diese Weise wird sein Rang und Anspruch auch der nichtjüdischen Welt gegenüber deutlich gemacht.
Im Unterschied zu den Vorstellungen, auf die das Lied Bezug nimmt und denen es seine Bilder und Begriffe entleiht, wird in ihm jedoch betont, daß das »Wort«, das in Jesus ein Mensch wurde, nicht ein Geschöpf – und sei es auch das erste und vornehmste –, sondern selbst *Gott* ist (Joh 1,1-2; vgl. 1,18; 20,28; 1 Joh 5,20) und daß es in Jesus wirklich und wahrhaftig *Mensch,* ein Mensch von Fleisch und Blut, wurde (1,14; vgl. 1 Joh 4,2-3; → Gnosis).

Wunderzeichen Alle Wunder, die Jesus wirkt, haben den Charakter von »Zeichen«: Sie weisen voraus auf das Heil der im Kommen begriffenen → Königsherrschaft Gottes und lassen von ihr schon etwas erfahrbar werden in der gegenwärtigen Welt. Sie können → Glauben wecken (Joh 2,11) oder den Glauben stärken, sie sind aber auch immer so oder so »erklärbar« (vgl. Mk 3,22; Apg 2,12-13). Sie taugen also nicht als zwingender Beweis und sind auch niemals so gemeint. Jesus lehnt es ab, sich und seine Botschaft den Gegnern gegenüber durch Wunder zu legitimieren (Mk 8,11-13). Andererseits sind seine Taten insgesamt eindeutig genug, so daß denen, die Jesus ablehnen und nur immer neue Beglaubigungswunder verlangen, das Gericht droht (Lk 11,16.29-30).
Im Johannes-Evangelium sind sieben Wunder von besonders anspruchsvoller Art und großer zeichenhafter Aussagekraft ausgewählt (2,1-10; 4,46-54; 5,1-9; 6,1-15; 6,16-21; 9,1-7; 11,17-33), um gerade im Anschluß an sie den hohen Anspruch von Jesus und das Problem Glaube-Unglaube zu thematisieren (vgl. insbesondere 2,11; 5,9b-47; 6,22-71; 9,8-41; 11,45-53).

X

Xanthikus Griechisch-mazedonischer Monat, Mitte Februar bis Mitte März.

Y

Ysop Ein Strauch, dessen Büschel bei der kultischen Reinigung zur Besprengung gebraucht wurden. Wahrscheinlich handelt es sich bei dem Ysopkraut, das bei kultischen Handlungen verwendet wurde (Ex 12,22; Lev 14,4; Num 19,6), nicht um den echten Ysop, der in Palästina nicht vorkommt, sondern um eine Origano-Art (den Zwergstrauch *Origanum syriacum* bzw. *Majorana syriaca*).

Z

Zebaot Das hebräische Wort *zebaot* bedeutet »Heerscharen/Heeresmacht«. Es ist in Genitivverbindung mit »Gott« oder dem Gottesnamen (»Gott/HERR der Heerscharen«) im Alten Testament der am häufigsten gebrauchte »Titel« für Gott. Er bringt Gottes königliche Würde zum Ausdruck, die er als Herrscher über die »Heere«, d. h. über alle Mächte im Himmel und auf der Erde, hat. »JHWH Zebaot« ist der Name, unter dem Gott am Jerusalemer Tempel verehrt wurde (zu seiner Übersetzung → HERR).

Zebojim (Adma und Zebojim) Die Städte Adma und Zebojim werden zusammen mit → Sodom und Gomorra genannt, deren Schicksal sie teilten und in deren Nachbarschaft sie vermutlich lagen (Dtn 29,21-22; vgl. Hos 11,8).

Zehn Gebote Israel hat die »Zehn Gebote« als Urkunde des → Bundes verstanden, den Gott mit seinem Volk schloß (Dtn 4,12-13). Diese Gebote gelten deshalb als eine Art Verfassung oder Grundgesetz. Sie sind in Ex 20 und in Dtn 5 überliefert. Beide Fassungen stimmen im Grundbestand überein. Bemerkenswerte Abweichungen sind die unterschiedliche Begründung für den Ruhetag (→ Sabbat) und die in Dtn 5,21 gegenüber Ex 20,17 veränderte Reihenfolge von »Frau« und »Haus«.

In den einzelnen Religionsgemeinschaften kam es zu unterschiedlichen Zählungen der Gebote: In der römisch-katholischen Kirche und in den evangelisch-lutherischen Kirchen werden die beiden ersten Gebote (Verbot der Verehrung fremder Götter und Verbot von Gottesbildern) zu einem einzigen zusammengefaßt; zum Ausgleich wird am Ende das Verbot des Begehrens in zwei Gebote aufgeteilt. Die griechisch-orthodoxe Kirche und die reformierten Kirchen zählen Fremdgötter- und Bilderverbot als 1. und 2. Gebot und belassen das Verbot des Begehrens ungeteilt als 10. Gebot. Das Judentum faßt einerseits Fremdgötter- und Bilderverbot zu einem Gebot zusammen, läßt andererseits aber auch das Verbot des Begehrens ungeteilt und zählt dafür die Einleitung »Ich bin der HERR, dein Gott« als 1. Gebot. Der hebräische Text enthält keine Zählung der Gebote; die Übersetzung fügt in Klammern die beiden kirchlichen Zählungen hinzu, an erster Stelle die katholisch-lutherische, an zweiter die orthodox-reformierte.

Zehn Städte (griechisch Dekapolis) Zur Zeit des Neuen Testaments ein Verbund von ursprünglich zehn überwiegend ostjordanischen Städten mit hauptsächlich nichtjüdischer Bevölkerung und hellenistischer Kultur (Karte PN, D-E 3-6; im Neuen Testament werden erwähnt Gadara und Gerasa). Das Gebiet galt als heidnischer Fremdkörper im Heiligen Land.

Zehnter, zehnter Teil Der zehnte Teil vom Ernteertrag (Korn, Wein, Öl) mußte als Gabe an Gott und zum Unterhalt der → Priester und → Leviten ans Heiligtum abgeliefert oder zum Geldwert zuzüglich 20% abgelöst werden (Num 18,20-32; Dtn 14,22-29). Auch vom Vieh sollte der Zehnte entrichtet werden (Lev 27,32-33; 2 Chr 31,6). Dahinter steht wie bei der Abgabe der Erstgeburt und der ersten Früchte der Gedanke, daß aller Ernte- und Viehsegen Gott zu verdanken ist.

Weil die Zehntgesetze im 4. Mose-Buch (Num 18,20-32) und noch einmal im 5. Mose-Buch (Dtn 14,22-29) überliefert sind, wurde im Judentum die Erhebung eines zweiten und sogar dritten Zehnten eingeführt (Tob 1,6-8). Die → Pharisäer gaben den Zehnten selbst vom Ertrag der kleinsten Gartenkräuter (Mt 23,23) und auch von dem, was sie einkauften (Lk 18,12) – für den Fall, daß der Erzeuger landwirtschaftlicher Produkte es versäumt hatte, den Zehnten abzuführen.

Zeloten Diese jüdische Partei der »Eiferer« verweigerte aus religiösen Gründen die Unterwerfung unter das heidnische Römerreich und lehnte es ab, den Römern Steuern zu bezahlen (vgl. Mk 12,13-17 par). Sie erwarteten ein nationalistisches Reich unter einem neuen → David. Den Anbruch dieses messianischen Reiches versuchten sie durch gewalttätige Aktionen herbeizuzwingen. Sie standen hinter den Aufständen gegen Rom, die 70 n. Chr. zur Zerstörung Jerusalems durch die Römer führten.

Unter den Jüngern von Jesus gab es zumindest einen, der wahrscheinlich früher dieser Bewegung angehört oder nahegestanden hatte: Simon mit dem Beinamen »der Zelot« (Lk 6,15) bzw. »der Kananäer« (von aramäisch *kananaja* = Eiferer/Zelot; Mt 10,4). Der Beiname »Iska-

riot« für den Verräter Judas kann auf dreierlei Weise erklärt werden: Mann aus Kariot (= Kerijot; Jos 15,25), Heuchler/Verräter (von aramäisch *iskarja*) und »Sikarier«. Die Sikarier (Dolchmänner; von lateinisch *sica* = Dolch) bildeten eine besonders radikale Gruppe innerhalb der zelotischen Bewegung. Der Beiname »Barjona« für Simon Petrus in Mt 16,17 ist wahrscheinlich als »Sohn von Johannes« zu verstehen (vgl. Joh 1,42); doch ist auch die Deutung »Aufrührer« (aramäisch *barjon*) nicht auszuschließen.

Zelt, Heiliges → Heiliges Zelt.

Zeltmacher Die Tätigkeit des »Zeltmachers« war sicher nicht auf Zelte beschränkt. Da diese in der Regel aus Leder (Tierhäuten) angefertigt wurden, ist außerdem nicht an einen textil-, sondern eher an einen lederverarbeitenden Beruf zu denken: Lederarbeiter, Sattler. – Paulus legt Wert darauf, daß er sich seinen Unterhalt mit eigener Hand verdient (siehe Vergleichsstellen zu Apg 18,3).

Zentner Das in der Übersetzung mit »Zentner« wiedergegebene hebräische Maß (kikkar, griechisch Talent) hat nur etwa 34,5 kg. Damit in der deutschen Übersetzung runde und gelegentlich symbolische Zahlen nicht in völlig andere Zahlenwerte umgesetzt werden müssen, wird in vielen Fällen das hebräische Maß nicht in moderne Werte umgerechnet. In solchen Fällen wird in den entsprechenden Zusammenhängen das Wort »Zentner« beim ersten Vorkommen mit einem Stern versehen, in den übrigen Fällen gilt: 1 Zentner = 50 kg.

Zeus In der griechisch-römischen Religion oberster Gott, Beherrscher von Himmel und Erde und Göttervater.

Zimbel Lärminstrument in Tellerform. Bestandteil der Tempelmusik.

Zimmermann Das griechische Wort meint einen Handwerker, der Holz und Steine bearbeitet, also etwa »Bauhandwerker«.

Zion (Zionsberg, -stadt) Ursprünglicher Name der von David eroberten Jebusiterfestung, die dann »Davidsstadt« genannt wurde (2 Sam 5,6-9; siehe Kartenskizze Jerusalem I). Später ging der Name auf den Tempelberg über und wurde schließlich zur Bezeichnung für ganz Jerusalem und seine Bewohner (Beispiele für die verschiedenen Bedeutungen im Stichwortverzeichnis unten Seite 436). In der Kreuzfahrerzeit wurde der Name irrtümlich auf den Westhügel der Stadt übertragen.
Nach hebräischem Sprachgebrauch werden Städte und Länder als Frauengestalten personifiziert; entsprechend wird von Jerusalem als der »Tochter/Jungfrau Zion« gesprochen. In der Regel sagt die Übersetzung dafür »Zionsstadt«.

Zoba Königreich nördlich von Damaskus, verbündet mit den → Syrern, von David besiegt (2 Sam 8,3-12; 10,6-19).

Zölesyrien (wörtlich »das niedriggelegene Syrien«) Der nordwestliche Teil des Reiches der → Seleuziden, zwischen oberem Eufrat und Mittelmeer.

Zolleinnehmer Zur Zeit des Neuen Testaments wurden in Palästina Zölle eines Bezirks, wie Marktzölle, Grenzzölle usw., verpachtet, wahrscheinlich an den Meistbietenden. Die Pächter ihrerseits hatten wieder Unterpächter angestellt. Auch sie mußten einen festgelegten Betrag abliefern, kassierten jedoch den Zoll in die eigene Tasche. Es gab zwar feste Tarife, doch verleitete dieses System zum Betrug. Kein Wunder, daß die Zolleinnehmer Dieben und Räubern gleichgestellt wurden. Da sie überdies im Dienst der heidnischen (römischen) Besatzungsmacht standen und durch ihren Beruf häufig mit Nichtjuden in Berührung kamen, galten sie als »unrein« (→ rein). Von den Frommen wurden sie verachtet und gehaßt; der Umgang mit ihnen wurde gemieden.

Zwölf Die Einsetzung eines speziellen Kreises von zwölf → Jüngern, die Jesus in besonderer Weise an seiner Sendung und Vollmacht teilhaben läßt (Mk 3,13-19), hat den Charakter einer prophetischen Zeichenhandlung: mit ihr macht Jesus seinen Anspruch auf das Zwölfstämmevolk Israel geltend (vgl. Mt 10,5-15). Sofern von den ursprünglich zwölf Stämmen nach dem → Exil nur noch zwei übriggeblieben waren, Juda und Benjamin, schließt die Zwölfzahl zugleich die Ankündigung der endzeitlichen Wiederherstellung und Vollendung Israels ein (vgl. Offb 7,4-8).
Die Zwölf gehören zu den ersten Zeugen des Auferstandenen (1 Kor 15,5) und sind damit auch die ersten »Apostel«. Nach Lk 6,13 hat Jesus sie sogleich bei ihrer Berufung als solche bezeichnet (Lukas möchte überhaupt nur sie als Apostel gelten lassen; → Apostel 1, 2).

ZEITTAFEL ZUR GESCHICHTE ISRAELS UND ZU DEN ANFÄNGEN DES CHRISTENTUMS

Israels Frühzeit

Israel	*Assyrien/Tyrus*	*Ägypten*
um 1230 Seßhaftwerden israelitischer Stämme im Land Kanaan	1274–1244 Salmanassar I.	1290–1224 Ramses II. 1224–1204 Merenptah
etwa 1200–1012 Richterzeit bis auf Samuel; Philisterkämpfe	1115–1077 Tiglat-Pileser I.	
1012–1004 Saul		
1004 Schlacht am Gebirge Gilboa		
1004–998 David König in Hebron		
997–965 David König in Jerusalem	973–942 Hiram v. Tyrus 966–935 Tiglat-Pileser II.	
965–926 Salomo		946–925 Schoschenk I. (Schischak)
962–955 Tempelbau		
926 Teilung des Reiches	932–910 Assurdan II.	

Das geteilte Reich

Juda	*Israel*	*Umwelt*
926–910 Rehabeam	926–907 Jerobeam I.	922 Palästinischer Feldzug Schischaks von Ägypten
910–908 Abija	907–906 Nadab	
908–868 Asa	906–883 Bascha	
	883–882 Ela	
	882–878 Kampf zwischen Tibni und Omri	
	882–871 Omri	
	876 Gründung Samarias	
868–847 Joschafat	871–852 Ahab Prophet Elija	873–842 Ittobaal von Tyrus 858–824 Salmanassar III. von Assyrien
	853 Ahab kämpft bei Karkar gemeinsam mit Damaskus gegen Salmanassar III.	
852 Joram Mitregent	852–851 Ahasja	
847–845 Joram	851–845 Joram	
845 Ahasja	845 Revolution Jehus	
845–840 Atalja	845–818 Jehu	
840–801 Joasch	841 Tribut Jehus an Salmanassar III.	845–801 Hasaël von Damaskus
	818–802 Joahas	
801–787 (773) Amazja um 788 Kampf zwischen Amazja und Joasch	802–787 Joasch	nach 801 Benhadad von Damaskus

Juda	*Israel*	*Umwelt*
787–736 Asarja (Usija)	787–747 Jerobeam II.	
756–741 Jotam Mitregent und König	Prophet Amos	
	Prophet Hosea	
	747 Secharja (6 Monate)	
	747 Schallum (1 Monat)	
	747–738 Menahem	745–727 Tiglat-Pileser III. (Pul) von Assyrien
741–725 Ahas Mitregent und König	738 Tribut an Tiglat-Pileser III.	
736 Tod Usijas, Berufung des Propheten Jesaja	737–736 Pekachja	
	735–732 Pekach	734 Züge gegen die Philister, Damaskus und Israel
	732 Revolution Hoscheas	
725–697 Hiskija	731–723 Hoschea	
	722 Eroberung Samarias, Ende des Reiches Israel	726–722 Salmanassar V. von Assyrien

Juda bis zur Zerstörung Jerusalems

Juda	*Umwelt*
725–697 Hiskija	721–705 Sargon von Assyrien
	711 Feldzug gegen die Philister (Jesaja 20,1)
701 Belagerung Jerusalems durch Sanherib	704–681 Sanherib von Assyrien
Prophet Micha	
696–642 Manasse	690–663 Tirhaka von Ägypten
	680–669 Asarhaddon von Assyrien; erobert 671 Ägypten (Memfis)
641–640 Amon	
639–609 Joschija	
Prophet Zefanja	
628 Beginn der Reform Joschijas	
627 Berufung des Propheten Jeremia	
622 Auffindung des Gesetzbuches; Zentralisation des Opferkultes in Jerusalem	612 Eroberung Ninives durch Babylonier und Meder
609 Joschija fällt im Kampf gegen Necho bei Megiddo; Joahas König	609–594 Necho von Ägypten
608–598 Jojakim	
605 Niederschrift der Reden des Propheten Jeremia	605 Sieg des Kronprinzen Nebukadnezzar über die Ägypter bei Karkemisch
	604–562 Nebukadnezzar von Babylonien
604 Jojakim unterwirft sich Nebukadnezzar	604 Zug gegen Syrien; Einnahme Aschkelons (Jeremia 36,9)
601 Abfall Jojakims	601 Unentschiedener Kampf Nebukadnezzars gegen Ägypten
etwa 6.12.598 bis 16.3.597 Jojachin	
16.3.597 Einnahme Jerusalems, Gefangennahme Jojachins; 1. Exil	597 Zug Nebukadnezzars gegen Jerusalem
597–587 Zidkija	
594 Koalition gegen Babylonien (Jeremia 27)	594–588 Psammetich II. von Ägypten
593 Berufung des Propheten Ezechiël	
589 Erneuter Abfall von Babylonien	
Mitte Jan. 588 Beginn der Belagerung Jerusalems durch Nebukadnezzar	
588 Die Ägypter unter Hofra von den Babyloniern zurückgeschlagen	588–569 Hofra von Ägypten
etwa Aug. 587 Jerusalem erobert; 2. Exil	
März 560 Freilassung Jojachins	561–560 Amelmarduk (Ewil-Merodach)

Juda in persischer Zeit

Juda	*Persien*
	588 Kyrus König von Persien; seit 553 König von Medien
Prophet Deuterojesaja	29.10.539 Einzug in Babylon
538 Edikt von Kyrus, erste Rückkehr der Weggeführten nach Jerusalem, Beginn des Tempelbaus	24.3.538–Aug. 530 Kyrus König in Babylon 12.4.529–522 Kambyses; erobert 525 Ägypten
520 Statthalter Serubbabel, Oberster Priester Jeschua, Propheten Haggai und Sacharja	521 –486 Darius I.
1.4.515 Tempelweihe	
Prophet Maleachi	485–465 Xerxes (Ahasveros)
458 Esra	464–424 Artaxerxes (Artahsasta)
445–433 Nehemia; Mauerbau	

Die Zwischenzeit zwischen Altem und Neuem Testament

Palästina	*Das Reich Alexanders*
332 Alexander in Jerusalem	336 Alexander d. Gr. wird König von Mazedonien
332 –323 Palästina unter mazedonischer Herrschaft	332 Alexander erobert Tyrus und besetzt Syrien und Ägypten
	331 Gründung von Alexandria. Einnahme Babylons durch Alexander
	330 Tod Darius' III. Kodomanus. Ende des Perserreiches
	323 Tod Alexanders
323 –312 Palästina unter der Herrschaft verschiedener Nachfolger Alexanders	323 –301 Verwaltung und nachfolgende Aufteilung des Alexanderreiches durch seine Nachfolger, die sog. Diadochen

Palästina	*Ägypten*	*Syrien/Mesopotamien*
312 –198 Palästina unter ägyptischer Herrschaft	323 –283 Ptolemäus I. Lagi, Begründer der Dynastie der Ptolemäer (bis 30 v. Chr.)	312 –280 Seleukus I. Nikator, Begründer der Dynastie der Seleuziden (bis 64 v. Chr.)
	305 Ptolemäus I. König von Ägypten	309/8 Seleukus I. König von Babylon
	285–246 Ptolemäus II. Philadelphos	280–261 Antiochus I. Soter
	274–271 Erster Syrischer Krieg um den Besitz von Palästina	
	260–253 Zweiter Syrischer Krieg	261 –246 Antiochus II. Theos
	246–221 Ptolemäus III. Euergetes	246–226 Seleukus II.
	246–241 Dritter Syrischer Krieg	226–223 Seleukus III.
218 –217 Palästina unter syrischer Herrschaft	221 –205 Ptolemäus IV. Philopator	223 –187 Antiochus III. der Große

	Palästina		*Ägypten*		*Syrien/Mesopotamien*
217	Ptolemäus IV. besiegt Antiochus III. bei Rafia und zwingt ihn zur Aufgabe Palästinas	205–181	Ptolemäus V. Epiphanes		
198	Schlacht bei Paneas. Palästina endgültig unter syrischer Herrschaft			190	Antiochus III. unterliegt den Römern in der Schlacht bei Magnesia
175	Einsetzung Jasons als Oberster Priester	181–145	Ptolemäus VI. Philometor	187–175	Seleukus IV. Philopator

	Palästina		*Syrien/Mesopotamien*
171	Menelaus wird Oberster Priester	175–164	Antiochus IV. Epiphanes
169	Antiochus IV. beraubt den Jerusalemer Tempel	169	Erster Feldzug gegen Ägypten
168	Apollonius plündert und zerstört Jerusalem. Bau der sog. Akra (Festung). Verbot des jüdischen Gottesdienstes und Darbringung heidnischer Opfer im Tempel	168	Zweiter Feldzug gegen Ägypten
166	Beginn des jüdischen Widerstandes gegen die syrische Religionspolitik		
166–161	Judas Makkabäus Führer des jüdischen Kampfes gegen die Syrer		
166/65	Antiochus IV. beauftragt den Reichsverweser Lysias mit der Leitung des Kampfes gegen die Juden		
165	Lysias schließt Frieden mit Judas. Übergabe Jerusalems außer der Festung an die Juden. Reinigung und Wiederweihe des Tempels	164–162	Antiochus V. Eupator
163/62	Judas und seine Brüder kämpfen gegen syrische Truppen in verschiedenen Gegenden des Landes. Antiochus V. und Lysias ziehen gegen Jerusalem. Alkimus wird Oberster Priester	162–151/50	Demetrius I.
161	Judas besiegt Nikanor, fällt jedoch bald danach gegen Bakchides. Jonatan, Bruder von Judas, übernimmt die Leitung des Kampfes		
153	Jonatan übernimmt das Amt des Obersten Priesters	153	Alexander Balas erhebt sich gegen Demetrius
151/50	Jonatan wird als abhängiger Teilherrscher anerkannt	151/50–146/45	Alexander II. Balas
		148/47	Demetrius, Sohn Demetrius' I., tritt gegen Alexander auf
		146/45–139	Demetrius II. Nikator
143	Ermordung Jonatans durch Tryphon	145–140	Machtkämpfe zwischen Demetrius und Tryphon, dem Vormund Antiochus' VI.
143/42	Simeon, Bruder von Jonatan und Judas, Oberster Priester und Fürst der Juden. Anerkennung der Unabhängigkeit durch Demetrius II.		
141	Simeon durch Volksbeschluß erblicher Oberster Priester, Feldherr und Fürst. Dynastie der Makkabäer bzw. Hasmonäer	140	Demetrius gerät in parthische Gefangenschaft
		139–128	Antiochus VII. Sidetes
135	Ermordung Simeons		

Palästina	*Syrien/Mesopotamien*
135–104 Johannes I. Hyrkan, Sohn Simeons, unterwirft die Idumäer und Samariter	133 Pergamon fällt an Rom 129 Die Parther besetzen Babylon
104–103 Aristobul I., Sohn Hyrkans, nimmt den Königstitel an	
103–76 Alexander Jannäus, Bruder Aristobuls kämpft gegen die Nabatäer und Pharisäer	86 Eroberung Athens durch die Römer
76–67 Salome Alexandra, Witwe von Aristobul und Jannäus, Königin. Ihr Sohn Hyrkan II. Oberster Priester. Die Pharisäer werden zur herrschenden Partei	
67–63 Aristobul II., Bruder Hyrkans II., Oberster Priester und König	64 Pompejus macht den syrischen Reststaat zur römischen Provinz Syria
63 Hyrkan und der Idumäer Antipater (Vater von Herodes d. Gr.) verbünden sich mit den Nabatäern. Pompejus nimmt Aristobul gefangen und erstürmt den Tempel. Hyrkan II. erneut Oberster Priester unter römischer Oberaufsicht. Ende des makkabäischen Königtums, Palästina unter römischer Herrschaft	

Zeit des Neuen Testaments

Römische Kaiser	*Palästina*	*Jesus. Urgemeinde*
30 v.–14 n. Augustus	4 v. Tod Herodes d. Gr. Archelaus wird Herrscher in Judäa, Samarien und Idumäa, Herodes Antipas in Galiläa und Peräa, Philippus im nördlichen Ostjordanland und Lysanias im Antilibanosgebiet (s. Beischrift zur Farbkarte PN)	etwa 7 v. Geburt Jesu
	6 n. Verbannung von Archelaus. Sein Gebiet wird römische Präfektur	
14–37 Tiberius	26–36 Pontius Pilatus Präfekt in Judäa, Samarien und Idumäa	28 Auftreten Johannes des Täufers um 30 Tod Jesu
	34 Philippus stirbt kinderlos. Sein Gebiet wird der römischen Provinz Syrien einverleibt	35 (32) Bekehrung von Paulus
37–41 Kaligula	37 Herodes Agrippa I. erhält als Günstling Kaligulas die ehemaligen Herrschaftsbereiche von Philippus und Lysanias	37/38 (34/35) 1. Aufenthalt von Paulus in Jerusalem (Galater 1,18-19), anschließend Wirksamkeit in Syrien und Zilizien
	39 Absetzung von Herodes Antipas. Galiläa und Peräa fallen an Herodes Agrippa I.	

Römische Kaiser	*Palästina*	*Jesus. Urgemeinde*
41–54 Klaudius	41 Herodes Agrippa I. erhält auch das bisher von römischen Präfekten verwaltete Gebiet von Judäa, Idumäa, Samarien	43/44 Verfolgung der Gemeinde in Jerusalem. Tod des Apostels Jakobus
	44 Tod von Herodes Agrippa I. Sein Gebiet wird römische Prokuratur	um 47 sog. 1. Missionsreise (Apg 13–14)
49 Vertreibung von Juden aus Rom		48 (50) Zusammenkunft der Apostel in Jerusalem (Apg 15)
	50 Herodes Agrippa II., Sohn von Herodes Agrippa I., erhält vom Kaiser das kleine Königreich Chalkis, dazu das Recht der Aufsicht über den Jerusalemer Tempel, wenig später auch die ehemaligen Territorien von Philippus und Lysanias. Judäa, Idumäa, Samarien, Galiläa und Peräa bleiben römische Prokuratur	48/49–51/52 (50–52) 1. Reise von Paulus nach Kleinasien und Griechenland (2. Missionsreise; Apg 15,36–18,22)
		51 (52) In Korinth Zusammentreffen von Paulus mit dem Statthalter der Provinz Achaja, L. Iunius Gallio (Apg 18,12-17)
		51/52–55/56 (52–54) 2. Reise von Paulus nach Kleinasien und Griechenland (3. Missionsreise; Apg 18,23–21,17)
54–68 Nero	52–60 (53–55) Antonius Felix, Prokurator von Judäa, Idumäa, Samarien, Galiläa und Peräa	
	um 55 Kaiser Nero schenkt Agrippa I. Teile von Galiläa und Peräa	57 Paulus zu Pfingsten in Jerusalem
		57–60 Gefangenschaft von Paulus in Jerusalem und Cäsarea (Apg 21,33–26,33)
	60 (55) Porzius Festus, Nachfolger von Antonius Felix	60/61 (55/56) Überführung von Paulus nach Rom (Apg 27,1–28,16)
64 Brand Roms. Christenverfolgungen		62 (58) Ende des lukanischen Berichts (Apg 28,30)
	66 Beginn des Jüdischen Aufstandes	
	70 Belagerung und Zerstörung Jerusalems	

Die Zeittafel wurde von Alfred Jepsen (†) zur Verfügung gestellt. Manche Daten sind umstritten, andere können nur vermutungs- oder annäherungsweise angegeben werden.

HERRSCHER IN DER MAKKABÄERZEIT

Ptolemäer	*Seleuziden*	*Makkabäer*	*Oberste Priester*
Ptolemäus VI. 181–169	Seleukus IV. Philopator 187–175	Judas Makkabäus 166–161	Onias III. um 190–175
Ptolemäus VIII. 169–164	Antiochus IV. Epiphanes 175–164	Jonatan 161–143	Jason 175–172
Ptolemäus VI. 164–145	Antiochus V. (Vormund: Lysias) 164–162	Simon 143–135	Menelaus 172–162
Ptolemäus VIII. Physkon 145–116	Demetrius I. Soter 162–150	Johannes Hyrkan 135–104	Alkimus 162–159
	Alexander Balas 153/52–145		???
	Demetrius II. 147–139		Jonatan 153–143
	Antiochus VI. (Vormund: Tryphon) 145–142		
	Tryphon 142–138		
	Antiochus VII. Sidetes 138–128		
	Demetrius II. 128–125		

DIE SELEUZIDISCHEN HERRSCHER IN PALÄSTINA

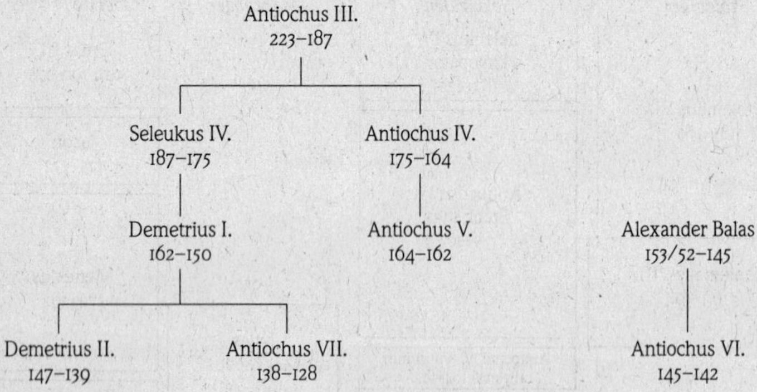

STICHWORTVERZEICHNIS

Das Verzeichnis enthält wichtige Namen und Orte sowie Hinweise auf zentrale Themen. Bestimmte Sach- und Personengruppen sind zur besseren Übersicht unter umfassenderen Stichwörtern zusammengefaßt (z. B. Könige, Priester, Propheten, Gleichnisse, Wunder); bei bedeutenden Personen findet sich eine Übersicht über die Lebensdaten.

Die angeführten Stellen bilden in der Regel eine Auswahl. Wenn ein Wort oder eine Geschichte mehrfach überliefert ist, wird nur eine Stelle angegeben und durch ein zugesetztes p (= parallele Überlieferung) auf die übrigen hingewiesen. Hierzu und zur Zitierweise siehe die »Gebrauchsanweisung« auf Seite 12* der Einführung, für die Abkürzungen der biblischen Bücher dort Seite 8*.

ORTSREGISTER ZU DEN LANDKARTEN IN FARBE

AO = Der Alte Orient zur Zeit des Alten Testaments
PA = Palästina zur Zeit des Alten Testaments
PN = Palästina zur Zeit des Neuen Testaments
RP = Die Reisen des Apostels Paulus

Beispiele

Aram AO D2-D3 = Die Gebietsbezeichnung »Aram« findet sich in den Quadraten D2 bis D3 der Karte AO

Maon PA B7/C7 = Die Ortsbezeichnung »Maon« findet sich auf der Grenze der Quadrate B7 und C7 der Karte PA

Nikopolis RP C2; D1; G3/H2 = Die Ortsbezeichnung »Nikopolis« findet sich in der Karte RP dreimal: die gesuchte Stadt ist entweder die im Quadrat C2 oder die im Quadrat D1 oder die auf der Grenze der Quadrate G3 und H2

Dan PA D2 (2mal) = Die Bezeichnung »Dan« findet sich im Quadrat D2 der Karte PA zweimal – einmal als Orts- und einmal als Gebietsbezeichnung

LANDKARTEN

Israel und seine Nachbarn unter Saul und David

Bibeltexte: 1 Samuel 8–31; 2 Samuel 1–24; 1 Könige 1–2

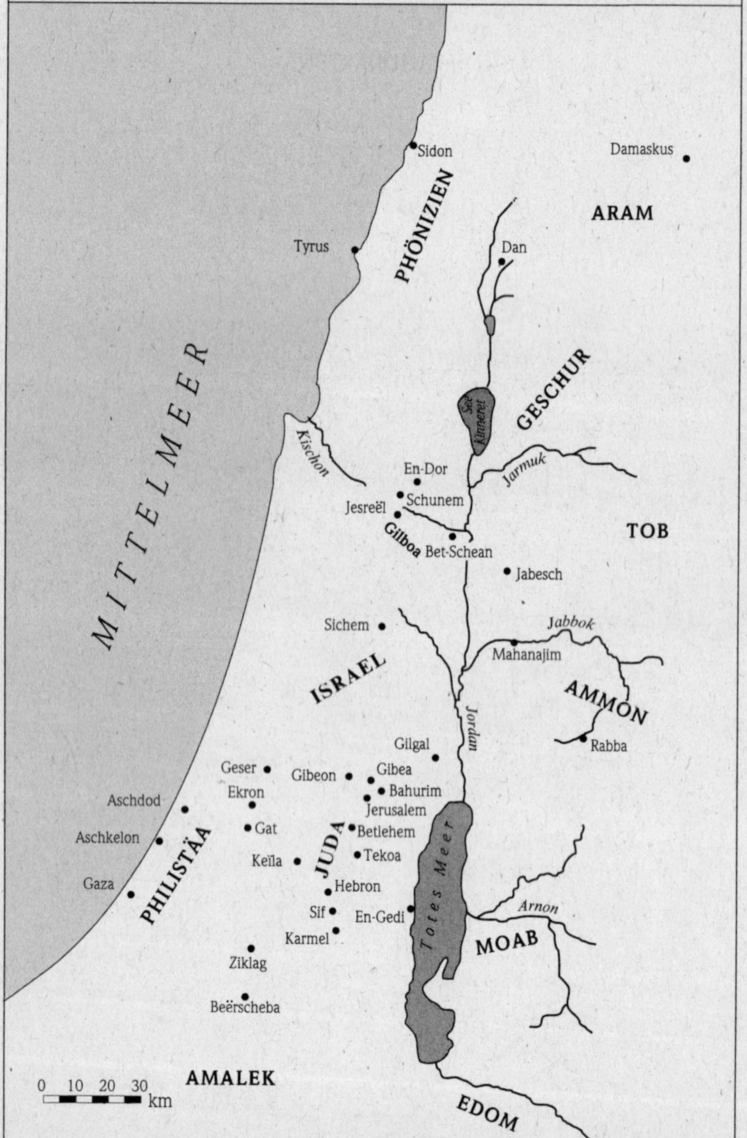

Die persische Provinz Juda (um 440 – 332 v. Chr.)
Bibeltexte: Esra, Nehemia

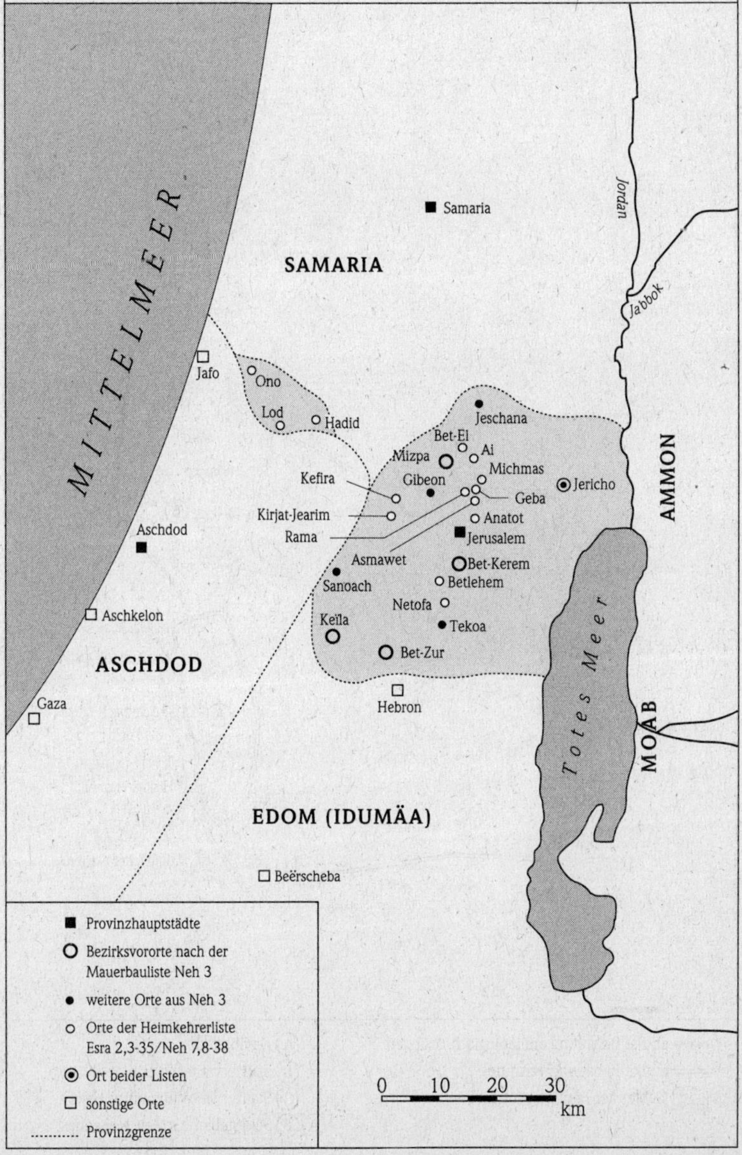

Jerusalem I: alttestamentliche Zeit

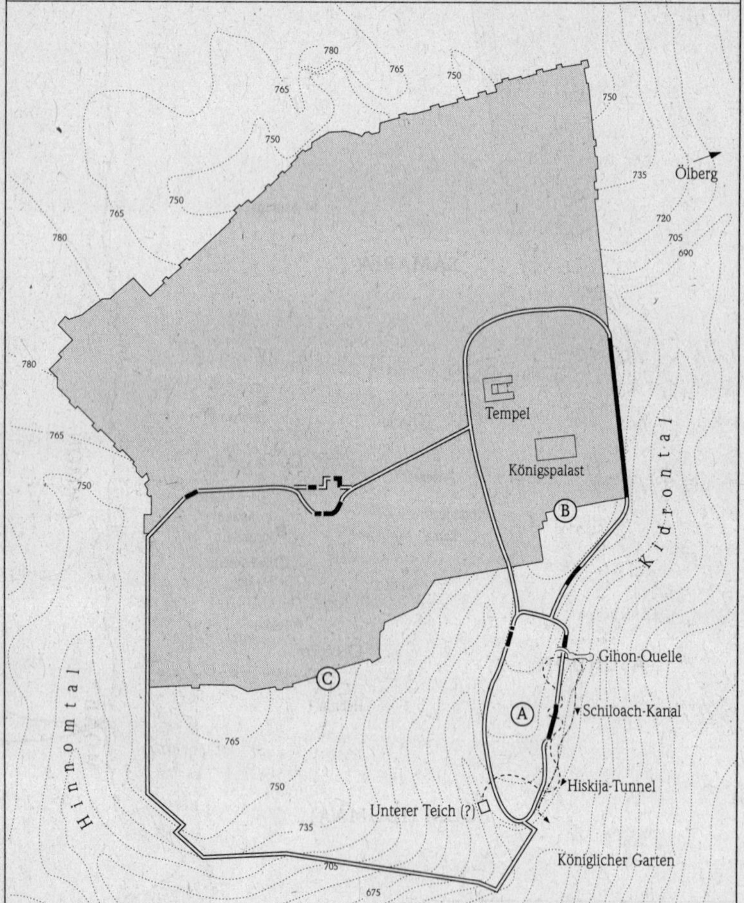

antike Bebauung archäologisch gesichert

antike Bebauung vermutet

Gebiet der heutigen Altstadt

(A) Davidsstadt

(B) Stadterweiterung unter Salomo

(C) Stadterweiterung unter Hiskija

(A)(B) Stadtgebiet zur Zeit Nehemias

Jerusalem II: neutestamentliche Zeit

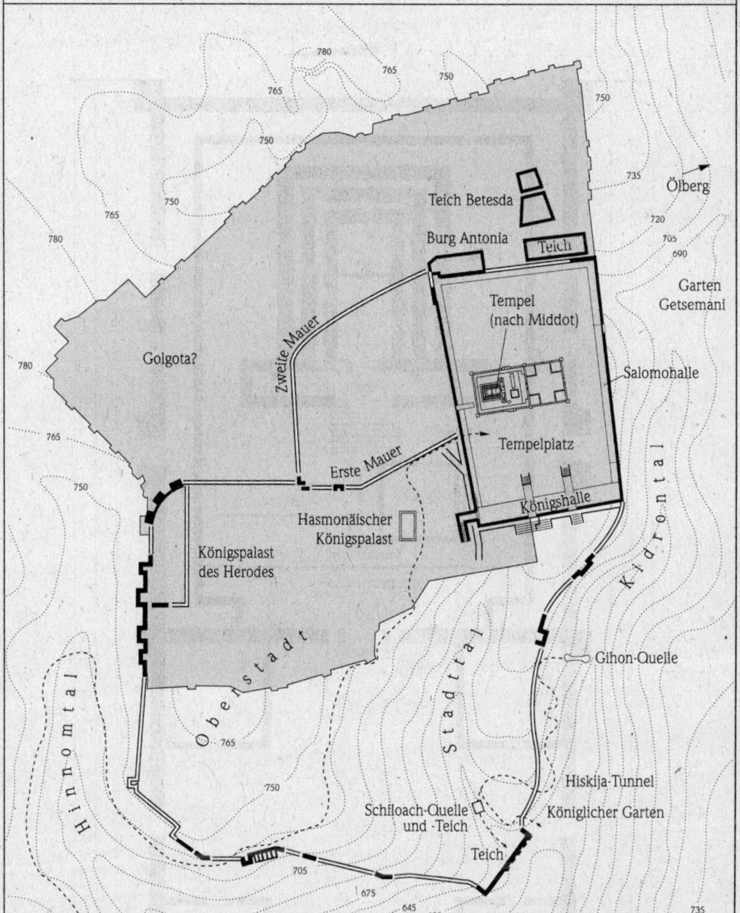

antike Bebauung archäologisch gesichert

antike Bebauung vermutet

Gebiet der heutigen Altstadt

Plan des herodianischen Tempels in Jerusalem (Rekonstruktion)

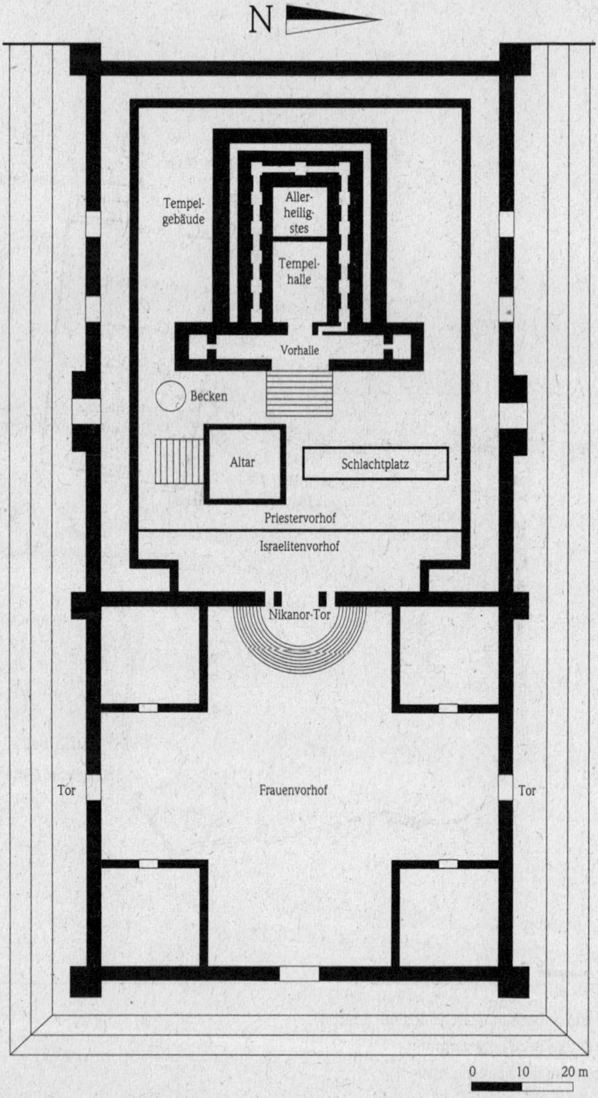

LANDKARTEN IN FARBE

Bearbeitung Karl Elliger
Revision Siegfried Mittmann
Gestaltung Deutsche Bibelgesellschaft Stuttgart
und Kartographisches Institut Helmut Fuchs Leonberg

DIE REISEN DES APOSTELS PAULUS
Maßstab 1:14 000 000
0 100 200
Kilometer
Erste Reise
Zweite Reise
Dritte Reise
Reise nach Rom
unter 0
0 bis 200
200 bis 500
500 bis 1000
1000 bis 2000
2000 bis 3000
Italien
Rom
Tres-Tabernae
Forum Appii
Puteoli
Rhegion
Sizilien
Syrakus
Malta
Dalmatien
Illyrien
Thrazien
Mazedonien
Nikopolis
Philippi
Neapolis
Amphipolis
Apollonia
Thessalonich
Beröa
Samothrake
Epirus
Nikopolis
Achaja
Korinth
Kenchreä
Athen
Griechenland
Troas
Assos
Adramyttion
Lesbos
Mitylene
Pergamon
Thyatira
Chios
Sardes
Smyrna
Ephesus
Samos
Samos
Patmos
Milet
Kos
Knidus
Rhodos
Rhodos
Patara
Myra
Lyzien
Karien
Lydien
Mysien
Philadelphia
Hierapolis
Laodizea
Kolossä
Phrygien
ASIA
Bithynien
Pontus
Sinope
Galatien
GALATIA
Ankyra
Tavium
Pessinus
Kappadozien
Armenien
Eufrat
Lykaonien
Antiochia
Ikonion
Lystra
Derbe
Pisidien
Pamphylien
Attalia
Perge
Zilizien
Tarsus
Nikopolis
Antiochia
Seleuzia
Salamis
Paphos
Zypern
Syrien
Palmyra
Phönizien
Sidon
Damaskus
Tyrus
Ptolemaïs
See Gennesaret
Cäsarea
Antipatris
Jerusalem
Totes Meer
Arabien
Petra
Kreta
Phönix
Lasäa?
Guthafen
Salmone?
Kauda
MITTELMEER
Kyrene
Große Syrte
Libyen
Alexandria
Saïs
Ägypten
A
B
C
D
E
F
G
H
1
2
3
4
5